धुनों की यात्रा

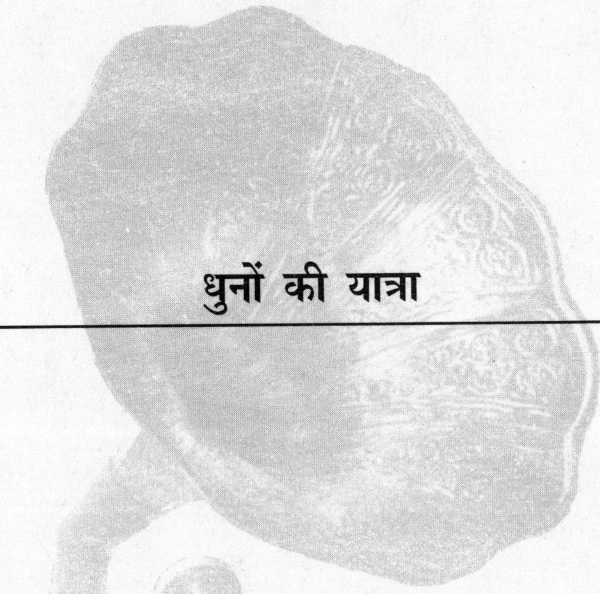

धुनों की यात्रा

हिन्दी फिल्मों के संगीतकार : 1931-2005

पंकज राग

राजकमल प्रकाशन

ISBN : 978-81-267-1169-7

मूल्य : ₹2495

पहला संस्करण : 2006
पाँचवाँ संस्करण : 2022

प्रकाशक : राजकमल प्रकाशन प्रा. लि.
1-बी, नेताजी सुभाष मार्ग, दरियागंज
नई दिल्ली-110 002

शाखाएँ : अशोक राजपथ, साइंस कॉलेज के सामने, पटना-800 006
पहली मंजिल, दरबारी बिल्डिंग, महात्मा गांधी मार्ग, प्रयागराज-211 001
36 ए, शेक्सपियर सरणी, कोलकाता-700 017

वेबसाइट : www.rajkamalprakashan.com
ई-मेल : info@rajkamalprakashan.com

मुद्रक : बी.के. ऑफसेट
नवीन शाहदरा, दिल्ली-110 032

DHUNON KI YATRA (Hindi Filmon ke Sangeetkar : 1931-2005)
by Pankaj Rag

द्वितीय संस्करण की भूमिका

फ़िल्मी गीत सुनने का शौक तो मुझे बचपन से ही था, पर यह शौक पिछले पन्द्रह वर्षों में बड़ी तेज़ी से बढ़ा, और बढ़ते-बढ़ते obsession की हद तक पहुँच गया। सुनने के साथ-साथ फ़िल्म संगीत से जुड़ी जानकारियाँ होने ही लगती हैं, और इसी सिलसिले में यह भी लगा कि हालाँकि कुछ प्रमुख फ़िल्मी संगीतकारों पर तो अलग-अलग कुछ किताबें आई हैं, पर आरम्भ से अभी तक के संगीतकारों और उनके द्वारा सृजित संगीत की संदर्भयुक्त प्रवृत्तियों पर कोई समेकित पुस्तक अभी तक नहीं निकली। इसी सोच से करीब सात साल पहले इस किताब का काम शुरू हुआ पर नौकरी की मसरूफियत इतनी थी कि इसे पूरी करने में सात वर्ष लग गए।

मेरी कोशिश रही है कि न केवल महत्त्वपूर्ण और लोकप्रिय संगीतकारों की, बल्कि उन विस्मृत संगीतकारों के बारे में भी यथासम्भव जितनी विश्लेषणात्मक जानकारी सम्भव है, उसका इस किताब में समावेश हो सके। मैंने प्रयास किया है कि न केवल संगीतकारों की जीवनी के विवरण दिए जाएँ (हालाँकि कई विस्मृत संगीतकारों की जीवनी के बारे में तो अथक प्रयास के बाद भी विशेष जानकारी न मिल पाई) और न सिर्फ़ उनकी फ़िल्मी संगीत यात्रा को ही रेखांकित किया जाए, बल्कि उनकी संगीत प्रवृत्ति की विश्लेषणात्मक विवेचना भी हो। रचनाओं में शास्त्रीय रागों और तालों का असर, लोक रंग का प्रभाव या अन्य बारीकियों तथा गीतों की विशिष्टताओं का भी वर्णन करने का प्रयास मैंने किया है। इन संगीतकारों के संगीत की विशेषताओं को बदलते सामाजिक-आर्थिक-राजनीतिक संदर्भ के साथ देखने की भी कोशिश की गई है, हालाँकि संगीत के क्षेत्र में संदर्भों के सूक्ष्म बदलावों का असर कई बार तुरत-फुरत और सीधे-सीधे नहीं भी होता है, शायद इसलिए भी कि संगीत का एक अपना सैद्धांतिक शास्त्र और ढाँचा भी होता है और उसकी बारीक परिवर्तनों के प्रति प्रतिक्रिया कई बार धीमी या उदासीन भी हो जाती है। फिर भी, जब भी संगीत शैलियों में परिवर्तन परिलक्षित हुए हैं, तो उन्हें संगीतकारों की चर्चा में एक पूरे सामाजिक, आर्थिक या राजनीतिक परिवेश से सम्बद्ध कर ही उनकी धाराओं के विभिन्न प्रस्तारों और संयोजनों के साथ विश्लेषित करने का प्रयास मैंने किया है। चाहे स्वतंत्रता-आंदोलन से जुड़ी राजनीतिक-सामाजिक चेतना हो, स्वतंत्रता के बाद के वर्षों का उल्लास हो, स्वतंत्र भारत के विभिन्न आयामों का फ़िल्म संगीत पर असर हो, या फिर पिछले दशकों में धर्म और बाज़ार के बढ़ते या नए आकारों में आच्छादित करते प्रभाव से निकली दिशाएँ हों—इन सभी का असर फ़िल्मी संगीतकारों की शैलियों पर कमोबेश आता ही रहा है और भिन्न-भिन्न अध्यायों में इन सब का कहीं कम तो कहीं ज्यादा ज़िक्र भी किया गया है। कई संगीतकारों पर तो अलग-अलग अध्याय ही है। कई अन्य संगीतकारों को दशकों के क्रम में अन्य संगीतकारों की चर्चा में शामिल किया गया है। इनमें से कई तो एक दशक से अधिक तक सक्रिय रहे, पर ऐसी स्थिति में उनकी चर्चा उस दशक के अन्य संगीतकारों के शीर्षक के अंदर की गई है जिस दशक में वे चर्चा में आए या अधिक चर्चित रहे। इसी प्रकार दशकों की कुछ प्रवृत्तियों वाले आलेखों के बाद संगीतकारों पर अलग-अलग अध्यायों को दशकों के अनुसार संयोजित करने में भी इसी तथ्य का ध्यान रखा गया है। उदाहरण के तौर पर हालाँकि एस.एन. त्रिपाठी का आगमन तो चौथे दशक के अंत में ही हो गया था, पर उनकी चर्चा छठे दशक की प्रवृत्तियों के आलेख के बाद की गई है जब उनकी शैली अपनी खास विशिष्टताओं के कारण अधिक चर्चित

हुई। इसी प्रकार आर.डी. बर्मन की आधुनिक शैली ने अपनी छाप तो सातवें दशक में ही छोड़ दी थी, पर उसका व्यापक प्रभाव अगले दशक में होने के कारण उनकी चर्चा आठवें दशक की प्रवृत्तियों वाले आलेख के बाद की गई है।

कई गुमनाम संगीतकारों के जीवन के बारे में तो जानकारी का सर्वथा अभाव ही रहा। जिनके बारे में सुना था कि उनके पास ऐसी जानकारी है, उनमें से कइयों के पास कोई भी ऐसी विरल जानकारी मिली नहीं। कुछ ऐसे भी थे जिन्होंने वादे किए पर जानकारी दी नहीं। फ़िल्म संगीत के शौकीनों के बीच भी एक संकीर्णता कभी-कभी आ ही जाती है। बहरहाल, किताब पूरी करने का पिछले एकाध वर्ष में बहुत दबाव मेरे मित्रों और परिवार की ओर से रहा और अंततः यह पूरी हो भी गई। अब यह बहुत बृहद् तो हो ही गई है, क्योंकि इस विषय पर समग्र किताब का अभाव था। फिर भी उम्मीद है कि फ़िल्म संगीत के शौकीन इसे समग्रता से ही ग्रहण करेंगे।

फ़िल्म संगीत पर लिखने वाला कोई भी व्यक्ति हरमिंदर सिंह 'हमराज़' का तो कृतज्ञ रहेगा ही, क्योंकि उन्हीं की बदौलत फ़िल्मों के गीतों और संगीतकारों के वर्षवार नाम हमें बने-बनाए तौर पर उपलब्ध हो जाते हैं। इस क्षेत्र में शोध के लिए उनके द्वारा संकलित हिंदी फ़िल्म गीत कोश तो अमूल्य ही माने जाने चाहिए।

मैं राष्ट्रीय फ़िल्म अभिलेखागार और विशेष तौर पर उनकी लाइब्रेरियन सुश्री वीणा क्षीरसागर का आभारी हूँ, जिन्होंने बहुत ही अल्प समय में मुझे आवश्यक सामग्री और चित्र उपलब्ध कराए। दुर्लभ तथ्यात्मक जानकारी और चित्रों के लिए मैं खास तौर पर बैतूल के श्री महेश पाराशर का शुक्रगुज़ार हूँ। उन्होंने कई पत्रिकाओं के दुर्लभ पुराने अंक मुझे उपलब्ध कराए और कई दिनों तक अपने पास रखने की अनुमति भी दी। इस किताब को लिखने के लिए कई संगीतकारों के भूले-बिसरे संगीत को संगृहीत कर सुनना भले ही दुरूह कार्य हो, पर उसका अपना आनंद था। ऐसे कई विरल गीतों और तस्वीरों के लिए मैं भोपाल के मित्र श्री अतुल वर्मा, नागपुर के श्री हँसमुख दलवाड़ी, रेणुकूट के अपने दोस्त श्री राजीव श्रीवास्तव और इंदौर के श्री सुमन चौरसिया का आभारी हूँ। कुछ आवश्यक विषयक और चाक्षुष सामग्री के लिए इंटरनेट की कई साइट्स का मैं आभार प्रदर्शित करना चाहूँगा—विशेषकर संगीत रसिक व्यक्तियों के ग्रुप RM IM, श्री गौतम चट्टोपाध्याय का सलिल चौधरी पर विशेष साइट salilda.com, uiowa.edu, bollywood501, upperstall.com, राजन परीकर के ज्ञानवर्धक sawf.org के अधीन अध्यायों का। इसी संदर्भ में मैं 'माधुरी', 'रंगभूमि', 'फ़िल्मफ़ेयर', 'प्ले बैक एंड फ़ास्ट फ़ारवर्ड' के अंकों का और योगेश यादव की गायकों और संगीतकारों पर लिखी पुस्तकों का भी आभारी हूँ। हर अध्याय के अंदर संदर्भ का उल्लेख इस किताब में किया ही गया है—उन सभी संदर्भों के प्रति भी मैं कृतज्ञता प्रकट करता हूँ। शास्त्रीय संगीत का कोई ज्ञान न होने के कारण गीतों के राग-ताल की बारीकियों के लिए मुझे दूसरे संदर्भों पर निर्भर रहना पड़ा है। रागों के उल्लेख में कुछ ग़लतियाँ अवश्य होंगी—इसके लिए पहले ही क्षमा चाहूँगा। राग-ताल और संगीत की कई बारीकियों पर चर्चा के लिए मैं श्योपुर, मध्यप्रदेश के श्री सुरेश राय का और बैतूल के प्रो. के.के. चौबे, स्वर्गीय श्री प्रदीप त्रिवेदी, श्री दिनेश जोसफ़, श्री सुरेश जोशी, श्री महेश पाराशर, आमला के श्री मदन गुगनानी और उनकी 'स्वरांजलि संस्था' का विशेष तौर पर कृतज्ञ हूँ जिनके साथ फ़िल्म संगीत का आनंद लेते हुए कितनी ही अविस्मरणीय शामें गुज़रीं। इस किताब के ले-आउट एवं टंकण में सहयोग के लिए मैं विशेष तौर पर भोपाल के श्री राजेश यादव का आभारी हूँ।

मेरी पत्नी वंदना और बच्चों—नीलाशी तथा अतीत—ने अपनी व्यस्त दिनचर्या में से भी इस काम के लिए मुझे पर्याप्त समय देने के लिए क्या कुछ नहीं किया। इसे मैं और केवल मैं ही महसूस कर सकता हूँ।

इस पुस्तक को पाठकों ने तहेदिल से स्वीकार किया जिससे इसका इतनी जल्दी पुनःमुद्रण हो रहा है, इसके लिए मैं सभी पाठकों का शुक्रगुज़ार हूँ। पुस्तक में जो कहीं-कहीं दो-चार छोटी-मोटी त्रुटियाँ आ गई थीं (कई बार अपने लिखे के प्रूफ़ को खुद पढ़ने में भी कुछ प्रत्यक्ष त्रुटियाँ पकड़ में नहीं आती हैं) उन्हें भी यथासंभव इस पुनःमुद्रण में सुधार लिया गया है।

—पंकज राग

अनुक्रमणिका

आरम्भिक संगीतकार

फ़िल्म संगीत का आरम्भ हमें बोलती फ़िल्मों के आगमन से ही मानना चाहिए। मूक फ़िल्मों के दौर में तो बड़े शहरों में स्क्रीन के पास एक ऑरकेस्ट्रा रहा करता था जो पर्दे पर चल रही कहानी के बदलते भावों के अनुकूल संगीत बजाया करता था, पर बोलती फ़िल्मों के साथ गीत-संगीत भी फ़िल्म का अंतरंग हिस्सा बन कर आए और संगीतकार की भी एक महत्त्वपूर्ण शख्सियत बनी। अतः पहला संगीतकार हम 14 मार्च, 1931 को बम्बई के मैजेस्टिक सिनेमा में रिलीज प्रथम बोलती फ़िल्म 'आलमआरा' (1931) के संगीतकार **फ़िरोज़शाह मिस्त्री** को ही मानेंगे। पहला हिंदुस्तानी गाना इसी फ़िल्म में था जिसे गाया था फ़िल्म के अभिनेता डब्ल्यू.एम.खान.ने। एक फ़कीर के रोल में डब्ल्यू.एम. खान ने गाया : 'दे दे खुदा के नाम पे प्यारे, ताकत है गर देने की; कुछ चाहे अगर तो माँग ले मुझसे, हिम्मत हो गर लेने की'। मात्र एक तबले और एक हारमोनियम के साथ सृजित इस गीत का रेकॉर्ड नहीं बना था, पर प्रथम बोलती फ़िल्म को देखने के लिए उमड़ी अपार भीड़ के बीच हर शहर में नवीनता के प्रतीक के रूप में यह गीत अत्यंत लोकप्रिय हुआ। इसी फ़िल्म का फ़िरोजशाह मिस्त्री का स्वरबद्ध जुबैदा के स्वर में 'बदला दिलवाएगा यारब तू सितमगरों से' भी खूब चला था। 'दे दे खुदा के नाम पे प्यारे' से ही कमेंट्री के रूप में कोरस का भी चलन फ़िरोजशाह मिस्त्री ने ही फ़िल्म संगीत में शुरू किया था। फ़िरोजशाह मिस्त्री के साथ इस फ़िल्म में संगीतकार बी. ईरानी भी थे जो सहायक और वादक के रूप में ऑरकेस्ट्रा में काम करते रहे थे। मुन्नीबाई का गाया 'अपने मौला की मैं जोगन बनूँगी' भी फ़िल्म का एक हिट गीत था। यह गीत राग भैरवी पर आधारित था। फ़िरोजशाह मिस्त्री इसी वर्ष की इम्पीरियल की अन्य निर्मित फ़िल्म 'दौलत का नशा' और 'दगाबाज आशिक' (1932) के भी संगीतकार रहे। मिस्त्री स्वयं अच्छे गायक भी थे, और वेस्टर्न इम्पीरियल थियेटर्स में लगने वाली मूक फ़िल्मों में पहले भी पर्दे के पास बैठ कर संगीत दिया करते थे।

'आलमआरा' का एक दृश्य

आरम्भिक संगीतकारों में कई संगीतकार तो अपने हुनर से महान फ़िल्मी संगीतकारों की श्रेणी में गिने गये। इनमें से आर. सी. बोराल, पंकज मल्लिक, मास्टर कृष्णराव, मधुलाल मास्टर जैसे कुछ संगीतकारों पर तो इस पुस्तक में अलग अध्याय द्वारा ही ज़िक्र किया गया है। शेष के बारे में यहाँ उल्लेख करना अनिवार्य है ।

आरम्भिक फ़िल्म संगीत का चरित्र narrative का तो था ही तथा कहानी को आगे बढ़ाने में अकसर गीतों की सहायता ली जाती थी। साथ ही विभिन्न भावों की अभिव्यक्ति के लिए भी गीत उपयुक्त माने जाते थे। आरम्भिक फ़िल्मी संगीत में ऑरकेस्ट्रेशन बहुत कम था। शब्दों के बोलों के द्वारा कथ्य एवं भावाभिव्यक्ति पर अधिक ज़ोर था। वाद्य यंत्रों में अकसर हारमोनियम, तबला, वॉयलिन या अधिक से अधिक ढोलक, बाँसुरी से काम चल जाता था। चूँकि पार्श्व गायन की पद्धति आरम्भ में नहीं थी इसलिए कई वर्षों तक यह चलन भी था कि नायक-नायिका अपने गीत स्वयं गाते थे। चूँकि नायक-नायिका कोई बहुत कुशल गाने वाले भी नहीं होते थे, अतः गीत की स्वर-रचना भी बहुत जटिल नहीं रहती थी। अकसर धीमी लय के गीत ही कम्पोज़ किए जाते थे। आरम्भिक फ़िल्म निर्माण संस्थाएँ 'स्टूडियो' ही थीं तथा संगीतकार भी स्टूडियो के मुलाज़िम होते थे। अतः अकसर एक स्टूडियो से बनी फ़िल्मों के

संगीतकार भी नियत रहते थे। फ़्री-लांसिंग का ज़माना तो बहुत बाद में आया।

आरम्भिक संगीतकारों के संगीत में अकसर राग-रागिनियों का शुद्ध रूप मिलता है। रागों को तोड़ने-मरोड़ने की प्रवृत्ति कम थी, शायद इसलिए चौथे और पाँचवें दशक के आरम्भिक वर्षों के फ़िल्म संगीत में मिठास और कोमलता के लिए रागों में छेड़-छाड़ न करने के कारण मेलोडी का वह आकर्षक रूप कम मिलता है जो अगले दो दशकों में आया। ठेके भी सामान्य और एकसुरापन लिए ही रहते थे। पराधीन भारत की समस्याओं को उजागर करते और देशभक्ति के गीतों का चलन भी कुछ हद तक फ़िल्मों में था, पर ऐसे गीतों में ब्रिटिश शासन के विरुद्ध उठ खड़े होने का आह्वान अधिक था, और भारतीय समाज के अंदर अंतर्निहित वर्ग-भेद और शोषण के खिलाफ़ आवाज़ें कम उठीं। राष्ट्रवाद के विराट आच्छादन ने भारतीय समाज के अंदर व्याप्त कुरीतियों के विरुद्ध सामाजिक या राजनीतिक चेतना के स्वर को अधिक नहीं पनपने दिया, पर यह अवश्य हुआ कि अनिल विश्वास जैसे कुछ संगीतकारों ने पहली बार कोरस के रूप में सामूहिक स्वर की अभिव्यक्ति को जगह दी। इस अभिव्यक्ति के लिए आम आदमी की संस्कृति में व्याप्त लोकसंगीत को भी कुछ स्थान मिलने लगा। यह प्रवृत्ति अगले दशक में और परिपक्व हुई। चौथे दशक के अंत में यह प्रवृत्ति आने तो लगी, पर मूलतः तो इस दशक का संगीत पारसी थियेटर शैली, मराठी नाट्य शैली या पारम्परिक महफ़िलों और कोठों के संगीत की शैली से ही प्रभावित रहा। पारसी थियेटर के असर के कारण अकसर गायक-गायिकाएँ 'लाउड' गायन करते थे। फ़िल्म जगत में उस वक्त आए अधिकांश कलाकार भी थियेटरों या कोठों की पृष्ठभूमि से आए, अतः इन संगीत प्रवृत्तियों का असर होना स्वाभाविक भी था। काली पाँच के रेंज पर अपने अनुनासिक स्वरों से deliberate, mannered (गायिकाओं द्वारा भी मर्दानी शैली में) ढंग से शब्दों की अभिव्यक्ति आम चलन था। महिला गायकों में vibrato गायन का असर अधिक था।

फ़िल्मों में गानों की अधिकता भी एक तरह से पारसी थियेटर शैली का ही विस्तार था। आरम्भिक फ़िल्मी गीत एक तरह से एक मौखिक संस्कृति से उपजे थे जहाँ बोलचाल को सीधी-सादी तुक-भरी धुनों में पिरोने की प्रवृत्ति भी बहुत प्रबल थी। उदाहरण के लिए बॉम्बे टॉकीज़ में सरस्वती देवी ने बिलकुल नर्सरी राइम की शैली में गीत बनाए। शास्त्रीय संगीत के ज्ञाता कुछ संगीतकारों ने कभी-कभी अवश्य सुंदर शास्त्रीय बंदिशों को भी फ़िल्मों में जगह दी पर सुरुचिपूर्ण, aesthetic कला के रूप में संगीत को सँवारने या ढालने की प्रवृत्तियों का विकास इस दौर में कम ही था। अपवाद के रूप में न्यू थियेटर्स की फ़िल्मों का संगीत अवश्य आया जो लोक संगीत, थियेटर, महफ़िली या शास्त्रीय संगीत से अलग जाकर रवींद्र संगीत, choir और पाश्चात्य हार्मनी के तत्त्वों को तथा वॉयलिन, चेलो, पियानो, मैंडोलिन और double bass के उपयोग को समाहित कर एक विशिष्ट प्रकार का नया स्वर बन कर उभरा, पर उसके संगीतकारों की चर्चा हम अलग-अलग अध्यायों के द्वारा ही करेंगे।

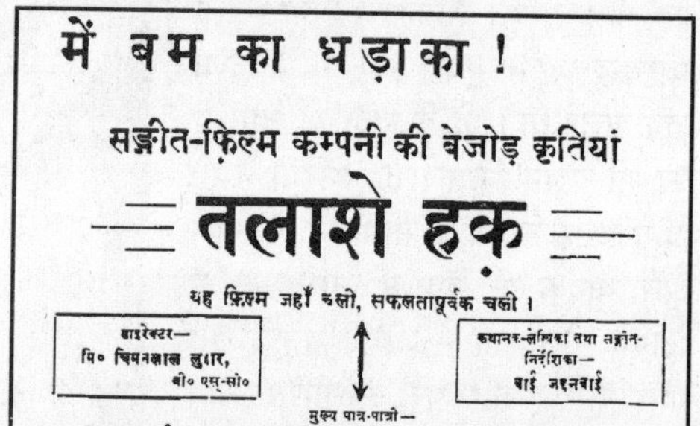

जद्दनबाई की संगीत फ़िल्म कम्पनी का प्रचार

आरम्भिक वर्षों के संगीतकारों में प्रसिद्ध अभिनेत्री मीनाकुमारी के पिता **मास्टर अली बक्श** भी थे जिन्होंने कृष्णाटोन फ़िल्म कम्पनी की 'हीर राँझा' (1931), वीनस मूवीटोन की 'गुनहगार' (1936), और पुंज रतन प्रोडक्शन्स की 'वायदा' (1940) में संगीत दिया। 'हीर राँझा' सुप्रसिद्ध निर्माता-निर्देशक ए. आर.कारदार की निर्देशित प्रथम फ़िल्म थी। रामचंद्र ठाकुर निर्देशित 'आरती' (1945) में अली बक्श अशोक घोष के साथ संगीतकार थे। वहीं प्रसिद्ध अभिनेत्री नरगिस की माँ **जद्दनबाई** न सिर्फ कुशल गायिका थीं बल्कि उन्होंने अपनी निर्मित फ़िल्म 'तलाश-ए-हक' (1935) में संगीत देकर फ़िल्म जगत की पहली महिला संगीतकार होने का गौरव भी प्राप्त किया। 'तलाश-ए-हक' में उनकी छोटी बच्ची नरगिस ने बेबी रानी के नाम से अपनी पहली फ़िल्मी भूमिका निभाई थी और उन पर 'प्यारे अब्बा, तुम्हें अब पाऊँ कहाँ' गीत भी फ़िल्माया गया था। 'तलाश-ए-हक' में जद्दनबाई ने स्वयं भी अपनी ठेठ शास्त्रीय मिश्रित कोठे की शैली में 'घोर घोर घोर घोर बरसत मिहरवा', 'दिल में जब से किसी का ठिकाना हुआ' जैसे कुछ गीत अपने ऊपर फ़िल्माए थे। जद्दनबाई की संगीतबद्ध अन्य फ़िल्मों में 'हृदय मंथन' (1936) के राग गुनकली पर आधारित गीत 'डमरू हर कर बाजे', 'सावन के बदरा घिर आए', 'सूने दिल का कहीं

अश्कों से पता मिलता है', कोठे की शैली में 'हमारी सेजरिया सैंया एक बेरी आजा', गालिब की गज़ल 'दिल ही तो है न संगोखिश्त' जैसे कई अच्छे गीत थे तथा 'मैडम फ़ैशन' (1936) में राग गांधारी पर रचित 'छूम छनन बिछुआ बाजे' के अलावा 'हो प्याला मद का भरा हुआ', 'चली जा गोरी नैया किनारे किनारे', 'यही आरजू थी दिल की कि क़रीबे यार होता' और बेबी रानी उर्फ नरगिस पर फ़िल्माया 'पालन हारे मोरी आज सुनो' जैसे कई गीत थे। जद्दनबाई ने अपनी बनाई कम्पनी का नाम रखा था संगीत फ़िल्म कंपनी, और अपनी फ़िल्मों का निर्देशन भी वे स्वयं ही करती थीं। 'जीवन स्वप्न' (1937), 'मोती का हार' (1937) जैसी कुछ अन्य फ़िल्मों में भी जद्दनबाई ने संगीत दिया था।

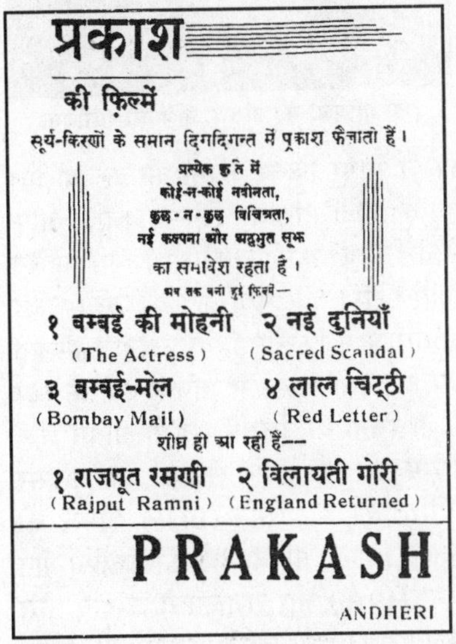

राजकुमारी

आरम्भिक संगीतकारों में 'प्रकाश' के लिए 'एक्ट्रेस' (1934) और गायिका राजकुमारी की प्रथम फ़िल्म 'नई दुनिया' (1934, जिसमें उन्होंने अपने ऊपर फ़िल्माए 'प्रीत की रीत सिखा जा बालम' और 'प्रियतम, तुम घन बन आओ' गाए थे) से शुरू होकर 'बम्बई की सेठानी', 'बॉम्बे मेल', 'लाल चिट्ठी', 'शमशीर-ए-अरब' (सभी 1935) और 'स्नेहलता' तथा 'पासिंग शो' (1936) जैसी जयंत द्वारा अभिनीत फ़िल्मों में संगीत देने वाले **लल्लूभाई नायक** भी एक चर्चित हस्ती थे। पार्श्वगायिका राजकुमारी ने अपने आरम्भिक दौर के अधिकांश गीत लल्लूभाई नायक के ही संगीत-निर्देशन में गाए थे। 'बम्बई की सेठानी' में राजकुमारी ने अभिनय के साथ-साथ 'हमसे क्यों रूठ गये बंसी बजाने वाले' गीत भी गाया था। 'बॉम्बे मेल' (1935) के गीत बहुत लोकप्रिय हुए थे। 'किसकी आमद का यूँ इंतज़ार है' को राजकुमारी ने (लल्लूभाई और इस्माइल के साथ) बहुत खूब गाया था और आज भी लगभग नगण्य ऑरकेस्ट्रा के साथ राजकुमारी की आवाज़ का माधुर्य इस गीत को सुनते ही आकर्षित कर जाता है। इसी फ़िल्म में 'बातों बातों में दिल' धीमी लय में पारम्परिक अंदाज़ में एक अच्छी ग़ज़ल थी, जिसमें राजकुमारी की तानें खूब जमी थीं। राजकुमारी का ही 'कागा रे जइयो पिया की गलियन' भी उन दिनों लोकप्रिय रहा था। 'पासिंग शो' का 'शरद मयंक न तब मुख सम है' भी बहुत सुंदर गीत था। 'स्नेहलता' में भी राजकुमारी के कई गीत थे। 'ख्वाब की दुनिया' में भी राजकुमारी के गाए 'कली कली पर है भ्रमर' और 'आओ आओ प्राण प्यारे' जैसे मीठे गीत थे। बलवंत भट्ट निर्देशित 'तोप का गोला' (1936) में जयंत के साथ नूरजहाँ थीं, और 'हिज़ हाइनेस' (1937) तथा 'ख्वाब की दुनिया' (1937) में सरदार अख्तर। 'हिज़ हाइनेस' तथा 'लेडीज़ ओनली' (1939) में लल्लूभाई ने शंकरराव व्यास के साथ मिलकर संगीत दिया था। 'हीरो नं. 1' (1939) के वर्षों बाद 'भक्त विलवानंद' (1948) में पुनः लल्लूभाई शंकर राव व्यास के साथ नज़र आए पर लल्लू भाई नायक के कम गीत ही यादगार बन सके और 'प्रकाश' में भी पहले शंकरराव व्यास ने और फिर नौशाद ने उनकी जगह ले ली। यह तथ्य भी कम रोचक नहीं है कि गुमनामी की ज़िंदगी जी रहे लल्लूभाई नायक को संगीत में सहायता के लिए वर्षों बाद शंकर-जयकिशन अपनी फ़िल्म 'पटरानी' के लिए लाए थे।

पटवर्धन

'प्रकाश' के संगीतकार यदि **लल्लूभाई नायक** थे तो 'इम्पीरियल फ़िल्म्स' के लिए संगीत देते थे **प्राणसुख नायक**। गुजरात के संगीत फलक पर प्राणसुख नायक एक बड़ा नाम था। तमाशा और नौटंकी से मिलते-जुलते गुजरात के 'भवाई' नृत्य नाटक के क्षेत्र में प्राणसुख नायक ने कई प्रदर्शन करके अपना नाम चिरस्थायी रूप से दर्ज़ करा लिया है। गुप्तकालीन पृष्ठभूमि पर बनी इम्पीरियल की 'माधुरी' (1932) में उन्होंने शास्त्रीय गायक और फ़िल्म के नायक पटवर्धन से कई गीत गवाए थे। पटवर्धन के शास्त्रीय गीत 'सरिते सुगंध शोभे वसंत' एवं 'कैसे जाऊँ कैसे माधुरी' और नायिका सुलोचना की खूबसूरती दोनों ने मिलकर फ़िल्म को सुपरहिट बना डाला था। 'माधुरी' ही वह फ़िल्म थी जिसके गीत 'सरिता सुगंध शोभे वसंत' के रूप में फ़िल्म के किसी गीत को लेकर पहली बार फ़िल्म संगीत के क्षेत्र

'इम्पीरियल' की प्रसिद्ध अभिनेत्री सुलोचना

में कोई रेकॉर्ड जारी हुआ, और यह तथ्य अकेले ही प्राणसुख नायक को एक ऐतिहासिक महत्व दे जाता है। 'भारती माता' (1932), 'डाकू की लड़की' (1933), 'दोरंगी दुनिया' (1933), 'सती अनुसूया' (1933), 'सौभाग्य सुंदरी' (1933), 'सुलोचना' (1933), 'देवकी' (1934), 'रुक्मिणी हरण' (1934) में उनका संगीत था। इसके अलावा पारसी पृष्ठभूमि पर 1934 में बनी इम्पीरियल की 'गुल सनोबर' (जिसका 'तेरी राह पाक है ऐ खुदा' चर्चित गीत था) और आधुनिकता बनाम पारम्परिकता के संघर्ष को दर्शानेवाली 'इंदिरा एम.ए.' (1934) में भी उनका ही संगीत था जिसका 'मिलन पिया प्यारे' गीत खूब लोकप्रिय रहा था। सुलोचना और डी. बिल्मोरिया अभिनीत रोमांचक फ़िल्म 'पिया प्यारे' (1934) के 'पिया प्यारे सजनवा पे', 'जा मैं तोसे नाही बोलूँ' जैसे गीतों तथा विधवा विवाह को लेकर 'आँखें खोल अब नींद से सो ली बहुत समाज' जैसे गीतों के साथ बनी 'समाज की भूल' (1934) जैसी इम्पीरियल की फ़िल्मों के बाद प्राणसुख नायक ने सागर फ़िल्म कंपनी की कन्हैयालाल माणिकलाल मुंशी लिखित कहानी पर बनी चर्चित फ़िल्म 'डॉ. मधुरिका' (1935) और महबूब की निर्देशित प्रथम फ़िल्म 'जजमेंट ऑफ़ अल्लाह' (1935) में संगीतकार की भूमिका निभाई थी। 'जजमेंट ऑफ़ अल्लाह' में उन्होंने कई गज़लें कम्पोज़ की थीं जिनमें गालिब की गज़ल 'कोई उम्मीदबर नहीं आती' भी शामिल थी। 'डॉ. मधुरिका' के 'चलो जल्दी कहीं चल कर नई नगरी बसाएँगे', 'मैं जिनकी तलाश में फिरता हूँ, वो पर्दानशीं मिलतीं नहीं' जैसे गीतों में उनके सहायक अशोक घोष थे। इसी फ़िल्म में सबिता देवी के स्वर में 'मोरी प्यारी प्यारी गैया' पारम्परिक लय की ही रचना थी, जिसमें छंद के अंतिम शब्द को खींचकर गवाया गया था, और गीत की मध्यम लय अंत में द्रुत लय की ओर अग्रसर होती थी। नंदलाल जसवंतलाल निर्देशित इम्पीरियल की 'पुजारिनी' (1935), 'बम्बई की बिल्ली' (1936), मोतीलाल अभिनीत 'जीवन लता' (1936), सबिता देवी के लोकप्रिय गीत 'निसदिन श्याम श्याम जपती' वाली 'लग्न बंधन' (1936) और राजकुमारी के गाए 'तेरा कोई नहीं रोकनहार' जैसे मीरा भजनों वाली 'कुलवधू' (1937), बॉम्बे पिक्चर्स की 'शहीद मोहब्बत' (1936) और सागर की 'सिल्वर किंग' (1935), 'डेक्कन क्वीन' (1936), 'दो दीवाने' (1936), सरदार अख्तर के गीतों वाली हिट फ़िल्म 'स्टेट एक्सप्रेस' (1938—जिसमें एक गुरिल्ले ने भी रोल किया था), 'सागर का शेर' (1937) आदि उनकी अन्य प्रमुख फ़िल्में थीं। प्राणमुख नायक का संगीत कमोबेश उस दौर में चल रहे संगीत की लीक पर ही था, तथा कोई स्मरणीय प्रायोगिक विशेषता उनके संगीत में नहीं आ पाई पर 'डेक्कन क्वीन' में सुरेन्द्र से गवाया 'याद न कर दिले हजीं भूली हुई कहानियाँ' की हलकी चढ़ती-लहराती स्वरलहरियों को लोगों ने खूब सराहा। 'डेक्कन क्वीन' में प्राणसुख नायक ने 'बालम आए बसो मोरे मन' की धुन पर ही सुरेन्द्र से 'बिरहा की आग बसी मेरे मन में' गवाया और यही गीत सुरेन्द्र को रातों-रात हिट करा गया। सुरेन्द्र के इन सदाबहार गीतों के कारण भी प्राणसुख नायक ने फ़िल्म संगीत के इतिहास में हमेशा के लिए अपनी जगह बना ली है।

'डॉ. मधुरिका' की नायिका सबिता देवी

संगीतकार **बृजलाल वर्मा** भी हिंदी फ़िल्मों के बिलकुल आरंभिक संगीतकारों मे गिने जाएँगे। हिंदी फ़िल्मों की दूसरी टॉकी फ़िल्म मादन थियेटर्स, कलकत्ता की 'शीरीं फ़रहाद' (1931) में इनका संगीत था। मास्टर निसार और कज्जन के गाये गीत उन दिनों खूब ही चले थे। मास्टर निसार का गाया 'वो मुकद्दर न रहा वो ज़माना न रहा' गली-गली में गूँजा था। वर्षों बाद मास्टर निसार ने 1971 में बम्बई की संगीत संस्था मंजरी द्वारा संयोजित 'यादें' कार्यक्रम में यह गाना मंच पर पुनः गाकर लोगों को विभोर कर दिया था। मादन थियेटर्स, बृजलाल वर्मा, निसार और कज्जन का संयोग तो उन दिनों लोकप्रियता का पर्याय ही बन गया था। बृजलाल वर्मा के संगीत में मास्टर निसार और जहाँआरा कज्जन के अभिनीत और गाए 'लैला मजनू' (1931) के 'तेरी कुदरत का जलवा देखकर', 'दिल ये कहता है दिलरूबा तू है', 'तपिश है रंज है गम है', 'राहत का इस तरह से ज़माना गुजर गया' जैसे पुरानी गज़ल शैली में गाए नग़मे, 'शकुन्तला' (1931) के ढेर सारे गीत, 'गुलरू ज़रीना' (1932) के 'दिन पाया बहार का', 'होरी मुझे खेल

कज्जन

मास्टर निसार

को टेसू मँगा दे', 'मोरे मन समाय गई' और पारसी रस्मोरिवाज को रेखांकित करता 'क्या ही था नोरोज़ सुबह होम सा गम ना था' जैसे गीत काफ़ी चले थे। मादन थियेटर्स की 'बिलवामंगल' (1932) में मास्टर निसार ने कृष्ण की भूमिका की थी। बृजलाल वर्मा का संगीत तो पारम्परिक था, पर इस फ़िल्म में एक मुसलमान नायक के कृष्ण की भूमिका को स्वीकार न कर पाने के कारण लाहौर में दर्शकों ने फ़िल्म का आक्रामक विद्रोह किया था। चौथे दशक के सार्वजनिक जीवन में बढ़ती साम्प्रदायिकता का यह एक उदाहरण था। मादन थियेटर्स की 'आँख का नशा' (1933), 'ध्रुवचरित्र' (1933), 'तुर्की शेर' (1933) तथा नौटंकी शैली के गीतों से भरी 'ज़हरी साँप' (1933) जैसी फ़िल्मों में कज्जन ने बृजलाल वर्मा के लिए कई गीत गाए थे। बृजलाल वर्मा के संगीत के साथ जहाँआरा कज्जन की अदाएँ मानो साकार हो उठती थीं। ये वही कज्जन थीं, जिनकी खातिर सेठ करनानी ने उस जमाने में 24 लाख में मैडन उर्फ़ मादन थियेटर ही खरीद लिया था। कहा जाता है कि कज्जन ने अपने साड़ी बनाने वाले को कह रखा था कि जो साड़ी वह पहने, वह पूरे हिंदुस्तान में कोई और न पहने। कलकते में वायसराय डे कप के उपलक्ष्य पर ढेर राजे, महाराजाओं और महारानियों के बीच में भी अपनी अलग ही पहचान लेकर कज्जन प्रकट होती थीं और लोग पागल हो जाते थे। 'रूपकुमारी' (1934), 'सखी लुटेरा' (1934), 'अपराधी अबला' (1935) जैसी फ़िल्मों के बाद मादन थियेटर्स की 'मेरा प्यारा' (1935) में वर्मा के संगीत में कज्जन का गाया 'मेरा प्यारा दिलारा दुलारा सजन' उस ज़माने में सुपरहिट हुआ था। मादन थियेटर्स की ही 'प्रेम की रागिनी' में वर्मा ने एक बहुत सुंदर पूरबी लोकगीत 'कौन रंग मुंगवा कौन रंग मोतिया' भी शामिल किया था। बाद में इसी लोकगीत का थोड़ा बदला रूप 'हीरा-मोती' में लेकर रोशन ने हिट कराया था। वैसे बृजलाल वर्मा ने हॉलीवुड स्टूडियो, कलकत्ते की मोतीलाल द्वारा संगीतबद्ध 'सीताहरण' में बतौर हारमोनियम वादक भी काम किया था पर मूलतः वे कम्पोज़र ही थे। भारत लक्ष्मी की 'तकदीर की तोप' (1939) में मास्टर निसार के 'ओ चंद्रमुखी, ओ मृगनयनी' तथा 'चली है अब के कुछ ऐसी हवा ज़माने में' के अलावा दर्मा ने 'इश्क तेरे ने मैं पट्टियाँवें' जैसा एक पंजाबी-गुजराती-मारवाड़ी गीत भी कम्पोज़ किया था। भारत लक्ष्मी की ही 'मतवाली मीरा' (1940) में मुख्तार बेगम से 'मेरे तो गिरधर गोपाल' और 'जोगी मनवा' जैसे मीरा भजन बड़ी खूबसूरती से गवा कर वर्मा ने लोकप्रिय बनाया था। आगे के वर्षों में गज़ल गायिका के रूप में प्रसिद्ध हुईं कमला झारिया से भी वर्मा ने इस फ़िल्म में 'सुन री सखी एक गोप सुता की सुंदर कथा सुनाऊँ' गीत गवाया था। वर्षों बाद भारत लक्ष्मी की इसी थीम पर बनी 'गिरधर गोपाल की मीरा' (1949) में पुनः सरस मीरा भजन उन्होंने कम्पोज़ किये। पर इस वक्त तक उनका ज़माना बीत चुका था, और आज तो उनका नाम अतीत की गर्त में खो गया है।

सैयद आगा हसन अमानत द्वारा लखनऊ के आखिरी चिराग नवाब वाजिद अली शाह के लिए लिखे 'इंद्रसभा' पर (1932) में बनी इसी नाम की फ़िल्म के संगीतकार थे **वज़ीर खान और नागरदास नायक**। वज़ीर खान ने धुनें बनाई थीं और नागरदास नायक ने मुख्यतः हारमोनियम के सहारे उनकी रेकॉर्डिंग की थी। हालाँकि इन संगीतकारों का नाम आज पूर्णतः विस्मृत है, पर हिंदी फ़िल्म संगीत के इतिहास में ये इसलिए अमर रहेंगे क्योंकि उन्होंने इस फ़िल्म में 71 गीतों को रखा था जो किसी फ़िल्म के सर्वाधिक गीतों के मामले में आज तक का रेकॉर्ड है। हिंदी लोक नाट्य मंडलियों की रासलीला शैली का इस फ़िल्म के कई गीतों में इस्लामी रवायत के साथ खूबसूरत सम्मिश्रण था। हिंदुस्तानी गज़ल के अलावा बृजभाषाभाषी महिलाओं की जनानी बोली वाले गीतों में लोक शैली, पारसी थियेटर शैली और यहाँ तक कि यूरोपियन ऑपेरा शैली के कुछ अंशों का प्रभाव भी झलकता है। मास्टर निसार और कज्जन ने अधिकांश गीत गाए थे और 'कटी रात मजे में सारी', 'कब से खड़ी हूँ तेरे द्वार', 'चमन को यूँ मेरे साक़ी ने मैखाना बना डाला', 'दिल दे दिया है उनको देखे वो क्या करेंगे', लोक शैली के 'महाराज दे नेहा

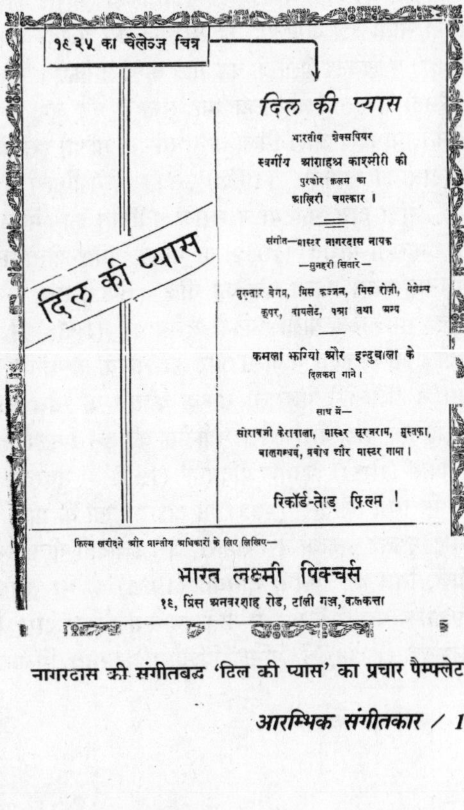

१९३५ का चैलेञ्ज चित्र

दिल की प्यास

दिल की प्यास

भारतीय शेक्सपियर

स्वर्गीय आग़ाहश्र काश्मीरी की

पुरजोर क़लम का

आख़िरी चमत्कार।

संगीत—मास्टर नागरदास नायक

—सुनहरी सितारे—

मुख़्तार बेगम, मिस कज्जन, मिस रोज़ी, पेशेन्स कूपर, वायलेट, पन्ना तथा अन्य

कमला झरिया और इन्दुबाला के

दिलकश गाने।

साथ में—

सोराबजी केरावाला, मास्टर सूरजराम, मुस्तफ़ा, बालगन्धर्व, प्रबोध और मास्टर गामा।

रिकॉर्ड-तोड़ फ़िल्म !

फ़िल्म ख़रीदने और प्रान्तीय अधिकारों के लिए लिखिए—

भारत लक्ष्मी पिक्चर्स

१६, प्रिंस अनवरशाह रोड, टॉली गञ्ज, कलकत्ता

नागरदास की संगीतबद्ध 'दिल की प्यास' का प्रचार पैम्फ्लेट

लगै, हमार कोई का करिबै' (जिसका मिलता-जुलता रूप हमें वर्षों बाद 'अपने सजना से नेहा लगैने, हमार कोई का करिहै' में मिला), 'आओ गुइयाँ मिल गाएँ' आदि गीत अपने ज़माने के बेहद लोकप्रिय गीत थे। मास्टर निसार का गाया 'क्या तड़पने का मज़ा जब दिलरूबा पर्दे पर हो' को तो कई समीक्षक हिंदी फ़िल्मों का पहला सुपरहिट गीत भी मानते हैं। अपने 71 गीतों, नृत्यों के साथ, 'इंद्रसभा' आज तक एक अनूठी संगीतमय प्रस्तुति के लिए याद की जाती है। नागरदास ने निसार और कज्जन अभिनीत 'चतरा बकावली' (1932) में भी 49 गीत कम्पोज़ किए थे। 'मधुर मुरली' (1933) सम्भवतः 'नल दमयंती' (1933), 'भक्त के भगवान' (1934), 'गरीबी की दुनिया' (1934) और मादन थियेटर्स की कई अन्य फ़िल्मों में भी नागरदास ने संगीत दिया था।

बृजलाल वर्मा की ही तरह नागरदास के संगीत का पहला चरण यदि मादन थियेटर्स के साथ था तो दूसरा दौर भारत लक्ष्मी पिक्चर्स, कलकत्ता के साथ रहा । भारत लक्ष्मी के बैनर तले 'इंसाफ़ की तोप' (1934) में नागरदास ने गोस्वामी तुलसीदास के 'राम नाम को कल्पतरो' को भी स्वरबद्ध किया था और अपने ज़माने के मशहूर थियेटर और फ़िल्म आर्टिस्ट मास्टर फ़िदा हुसैन से 'तू मालदार, कंगला हूँ मैं' भी गवाया था हालाँकि विट्ठलदास पाँचोटिया के अनुसार गीतों की धुनें वास्तव में उनकी अपनी थीं।[1] पर इस दौर की उनकी उल्लेखनीय फ़िल्म थी 'रामायण' (1934) जिसमें उन्होंने तुलसीदास की मशहूर रचना 'श्री रामचंद्र कृपालु भजमन' (जिसे कई दशकों बाद हरिओम शरण ने अपनी मखमली आवाज़ में गाकर अमर बना दिया) फ़िदा हुसैन से गवाई थी। इस फ़िल्म के भक्ति गीत वास्तव में बहुत सुंदर बने थे, विशेषकर राजकुमारी का गाया 'भूल गए क्यों अवधबिहारी, मेरे प्राणाधार तुम्हीं हो'। भारत लक्ष्मी की 'बलिदान' (1935) में नागरदास ने एक देशप्रेम का लोकप्रिय गीत कम्पोज़ किया था 'जागो जागो भारतवासी'। फ़िदा हुसैन के अनुसार फ़िल्म में उनकी गाई हुई एक कव्वाली भी थी—'ज़ख़्मी तीरे-नज़र से जिगर हो गया'।[2] फ़िदा हुसैन से उन्होंने भारत लक्ष्मी की 'डाकू का लड़का' (1935) में 'फिर तीरे नज़र में छेद जिगर' और 'गैर मौजूद नहीं इश्क किसे हो' जैसी गज़लें भी गवाई थीं। 'दिलजानी' (1936) में फ़िदा हुसैन से पुनः गवाए 'जिधर उनकी तिरछी नज़र हो गई' के अलावा 'आज नज़रिया न मारो' जैसे गीतों में नागरदास ने कोठों के प्रचलित संगीत की शैली अच्छी तरह उभारी थी। मादन थियेटर्स द्वारा निर्मित फ़िल्म के अधिकारों को खरीदकर भारत लक्ष्मी द्वारा जारी की गई 'दिल की प्यास' (1935) में प्रसिद्ध गज़ल गायिका कमला झारिया के स्वर में भजन 'नंदलाला गोपाला मुरलीवाला रे' और इंदुबाला का एक चर्चित गीत 'जो कि होना आश्नाए दर्दे दिल' नागरदास की प्रतिभा के अन्य उदाहरण हैं। नूरजहाँ के अभिनय (7-8 वर्ष की उम्र में) की पहली फ़िल्म 'गैबी गोला' (1935) के संगीतकार भी नागरदास ही थे। 'कुँवारी या विधवा' (1935) में पं. सुदर्शन के लिखे 'भारत की दीन दशा का तुम्हें भारतवालों, कुछ ध्यान नहीं' और 'जागो जागो भारतवासी अपना सोता देश जगाओ' को स्वरबद्ध कर मशहूर बनानेवाले नागरदास ने भारत लक्ष्मी पिक्चर्स, कलकत्ता की 'खुदाई खिदमतगार' (1937) में थियेटर शैली के कई गीत कम्पोज़ किए। 'खेत ही है सबका आधार' (विट्ठलदास, साथी), 'मीठी बोली फिर बोली कोयलिया' (हरिमती), बहुत मशहूर रहा 'यह सुना है मैंने जादू है' और 'छोटी दुनिया बड़ी रंगीली' (फ़िदा हुसैन), 'साकी इधर भी जान' और 'छीन लिया दिल आँख मिला के' (माणिक माला) इस फ़िल्म के ही गीत थे। भारत लक्ष्मी की ही 'समाज पतन' (1937) और सीताराम सिनेटोन की 'कर्मवीर' (1938) उनकी अन्य फ़िल्में थीं।

सुंदर दास भाटिया ने सरोज मूवीटोन की 'भर्तृहरि' (1932—दामोदर दास के साथ) और 'मालती माधव' (1932) के भक्ति शृंगार गीतों की रचना के साथ सरदार अख्तर की अभिनीत प्रथम फ़िल्म 'ईद का चाँद' (1933) तथा सरदार अख्तर एवं हरिश्चंद्र बाली की प्रमुख भूमिकाओं वाली 'नक्शे सुलेमानी' (1933) में मुस्लिम पृष्ठभूमि के अनुसार गीत कम्पोज़ किए। इंदौर में जन्मे और कई नाटक कम्पनियों से गुज़र कर आए कलाकार अशरफ़ खान ने (जिन्होंने गुजराती नाटक कंपनी के साथ मालवपति मंजू की भूमिका में बहुत लोकप्रियता पाई थी) सरोज मूवीटोन की इन फ़िल्मों तथा 'रूप बसंत' (1933), 'गाफ़िल मुसाफिर' (1934), 'होथल पद्मिनी' (1934) में सुंदरदास के संगीत निर्देशन में कई गीत गाए थे। 'तिलस्मी तलवार' (1934) में अशरफ़ खाँ के गाए 'हरदम ज़बाँ से नाम खुदा का लिया करो', 'मुझको खुदाया तेरा सहारा' जैसे इबादती गीत सराहे गए थे । सुंदरदास गोल्डेन ईगल मूवीज़, सिंध की 'फ़रेबी दुनिया' (1935) के भी संगीतकार थे। सरोज की 'मॉडर्न गर्ल' (1935) में मास्टर निसार से गीत गवानेवाले सुंदर दास ने वेराइटी पिक्चर्स, बम्बई की 'शोख दिलरूबा' (1936) में अनिल विश्वास के साथ मिलकर संगीत दिया था। गोल्डन ईगल

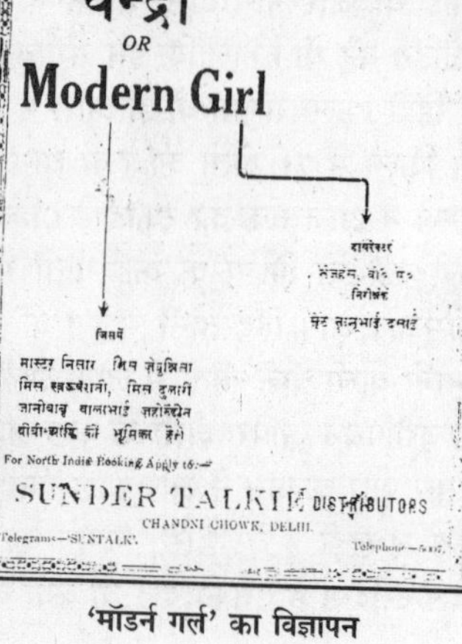

'मॉडर्न गर्ल' का विज्ञापन

मूवीटोन की 'मॉडर्न यूथ' (1937) और वेरायटी पिक्चर्स दी 'साथी' (1937) के बाद क्रिशिन मूवीटोन की 'मास्टर मैन' (1938), 'राजकुमारी' (1938) और अमीरजान, पद्मादेवी के गीतों वाली 'ज़माना' (1938) में संगीत देकर सुंदरदास ने सरोज मूवीटोन के बाद क्रिशिन मूवीटोन के जरिये अपने को फ़िल्म-जगत में कायम रखा। मेहरा पिक्चर्स की 'देखा जाएगा' (1939) में सुंदरदास ने 'आजा ओ जाने वाले', 'वह कटे इधर आ मैं कहूँ उहूँ उहूँ' और 'पपीहा बोले पीउ पीउ' जैसे दीनानाथ मधोक के लिखे गीत खुर्शीद से रसपूर्ण तरीके से गवाए थे। परम्परागत संरचना के भीतर संगीत देनेवाले सुंदरदास की कृतियों में रस और लालित्य की एक धारा हमेशा बहती रही।

गोविन्द राव तेम्बे

पूना के मशहूर प्रभात स्टूडियो ने इन वर्षों में कुछ बड़े संगीतकारों से श्रोताओं का परिचय कराया। प्रभात की पहली बोलती फ़िल्म 'अयोध्या का राजा' (1932) के संगीतकार और नायक थे **गोविन्द राव तेम्बे**। इस फ़िल्म का 'सकल जगत में छत्रपति सुमरत सब जन' बेहद लोकप्रिय रहा था। इस फ़िल्म में तेम्बे और दुर्गा खोटे ने स्वयं ही अपने गीत गाये थे। इसी वर्ष की निर्मित 'माया मछिन्द्र' में तेम्बे ने मराठी संगीत शैली में तानों के साथ 'छोड़ आकाश को सितारे ज़मीं पर आए' को स्वरबद्ध कर और गाकर अमर बना दिया। 'जलती निशानी' (1932) में 'मोद मुदित माती, मधुकर कली खिलखिलाती' की सुंदर कम्पोज़िंग भी तेम्बे की ही देन थी। गोविन्दराव तेम्बे एक साथ संगीतकार, गायक, अभिनेता, नाटककार–सभी थे, जो इस समय की थियेटर संस्कृति के प्रभुत्व का ही असर था। तेम्बे का जन्म कोल्हापुर में हुआ था। आरम्भिक जीवन में लिपिक, वकील और सर्कस के मैनेजर के रूप में भी तेम्बे ने काम किया था। हारमोनियम बजाने में तेम्बे को महारथ हासिल थी और हारमोनियम को भारतीय शास्त्रीय संगीत का उपयुक्त वाद्य बनाने की क्रांतिकारी भूमिका तेम्बे ने निभाई थी। हारमोनियम से स्वर की शुद्ध कोमल अभिव्यक्ति (सस्ते करतबों से अलग जाकर) की परिकल्पना और उसका साकार तेम्बे की ही देन है। भास्कर बुआ बाखले के कई गायनों में तेम्बे ही हारमोनियम पर संगीत करते थे। शास्त्रीय संगीत के अपने विराट ज्ञान के लिए तेम्बे भास्कर बुआ बाखले और खान साहब अल्लादिया खान को श्रेय देते थे। मराठी में उन्होंने सुगम संगीत को भी नई परिभाषा दी। यह वह वक्त था जब शास्त्रीय और लोकप्रिय संगीत के बीच दीवारें थियेटर और नाटक मंडलियों द्वारा तोड़ी जाने लगी थीं तथा 'संगीत नाटक' विधा लोकप्रिय हो रही थी। गोविन्दराव तेम्बे पर भी उस वक्त के 'संगीत नाटक' के कर्णधार उस्ताद अल्लादिया खान, भास्कर बुआ आदि का गहरा प्रभाव पड़ा था। तेम्बे बाल गंधर्व की मंडली के संगीतकार बने और फिर उन्होंने शिवराज नाटक मंडली नाम का अपना खुद का नाट्य दल बनाया। तत्पश्चात् उन्होंने प्रभात फ़िल्म कंपनी में काम आरम्भ किया और मराठी 'अयोध्येया राजा' (हिंदी संस्करण 'अयोध्या का राजा') में मराठी फ़िल्मों का पहला हिट एकल गीत दुर्गा खोटे के स्वर में गवाया 'बाला का झोप येयिना'। 1934 में वे कलकत्ता भी गये और फ़िल्म 'सीता' में पृथ्वीराज के साथ इस फ़िल्म में प्रमुख भूमिका की तथा गीत भी गाए। एक अच्छे अभिनेता के रूप में भी तेम्बे की ख्याति थी।

प्रभात स्टूडियो में 'माया मछिन्द्र' की शूटिंग के समय सेट का एक दृश्य

पर तेम्बे स्टेज संगीत और फ़िल्म संगीत में अंतर की आवश्यकता को अधिक नहीं समझ पाए। उनका फ़िल्म संगीत भी मूलतः उस वक्त के प्रचलित नाट्य-मंडलियों का ही संगीत रहा। हारमोनियम का विस्तृत प्रयोग भी इसी तथ्य की पुष्टि करता है। उनकी असली उपलब्धि फ़िल्मों से अलग ही मानी जाएगी। 'मान अपमान' और 'विद्याहरण' जैसे मराठी नाटकों का उनका शास्त्रीय और पूरब अंग का अर्द्धशास्त्रीय संगीत आज तक याद किया जाता है। मराठी में 'संगीत नाटक' के बाद के ख़याल गायन पर उन्होंने विस्तृत काम किया था। 'जीवन विहार', 'माँझा संगीत व्यासंग' और रागों का नया वर्गीकरण करती 'कल्पना संगीत' नाम की उनकी पुस्तकें भी प्रकाशित हुई थीं। 'तुलसीदास', 'पटवर्धन' आदि नाटकों को उन्होंने खुद लिखा, मंचित किया और उसके संगीत पक्ष के द्वारा ख़याल गायकी का अति सुंदर रूप प्रस्तुत किया। 'जयदेव' और 'महाश्वेता' जैसे उनकी लिखी 'स्वरनाटिकाएँ' बहुत चर्चित रही थीं। यह मराठी साहित्य की एक नई विधा थी।

फ़िल्मों में वे मुख्यतः प्रभात की आरम्भिक फ़िल्मों के अलावा बाबूराव पेंटर की भी कुछ फ़िल्मों के संगीतकार रहे। 'अयोध्या का राजा' (1932), 'जलती निशानी' (1932), 'माया मछिन्द्र' (1932) के अलावा भारत में निर्मित पहली रंगीन फ़िल्म शांताराम की

'सैरंध्री' (1932), 'सीता' (1933), बाबूराव पेंटर की 'उषा' (1935), 'राज मुकुट' (1935), 'असीर-ए-हवस' (1936), 'विषवमन' (1936) में भी इन्हीं का संगीत था। मराठी फ़िल्म 'सिंहगढ़' (1933) में पवाड़ा सैन्य शैली के 'मर्द मराठा मावल चा' और 'ज्याचि कीर्ति सार्या जगत' जैसे गीतों को उन्होंने यादगार बनाया था। 'राज मुकुट' के भी 'आली री मोरी आँखिया', 'अब तो जीवन धरे रे', 'प्यारे कान्हा जाने दे मोहे', 'आइयो जमुना तीर कन्हाई' आदि कई उल्लेखनीय गीत थे। 'उषा' के 'आओ बसंत संग सजनी', 'मनमोहना कन्हैया' आदि गीतों में शास्त्रीय और सुगम संगीत का मिश्रण तो था पर नाट्य संगीत के आच्छादित प्रभाव से मुक्त नहीं था।

बाबूराव पेंटर की 'प्रतिभा' (1937) में उन्होंने प्रसिद्ध शास्त्रीय गायिका हीराबाई बरोडकर से भी तीन गीत गवाए थे। पर तेम्बे फ़िल्म संगीत की नई उभरती ज़रूरतों के साथ अपनी शैली बदलने में असफल रहे। उनकी बाद की 'साथी' (1938), नसीम बानो के गीतों वाली मिनर्वा की 'वासंती' (1938), 'नंदकुमार' (1938) जैसी फ़िल्मों की असफलता का एक कारण यह भी था। 1 अक्टूबर, 1955 को दिल्ली में हृदयाघात से तेम्बे की मृत्यु हुई ।

केशवराव भोले

गोविन्दराव तेम्बे की नाट्य-शैली के प्रचलित प्रभाव से हटकर थे **केशवराव भोले,** जो 1933 में संगीतकार के रूप में तेम्बे की जगह प्रभात स्टूडियो में आए । इससे पहले भोले कृष्णा सेन की 'कृष्णावतार' (1932), अरविन्द सिनेटोन की 'नूरे ईमान' (1937) में संगीत दे चुके थे। अमरावती में जन्मे और मेडिकल की पढ़ाई बीच में छोड़ने वाले भोले ने ऑरकेस्ट्रा की कम्पोज़ीशंस में कुछ अभिनव प्रयोग किए और यह कोशिश की कि वाद्यों के विभिन्न प्रकारों का एक साथ बिना सुर से भटके आगे सुंदर उपयोग सम्भव हो। पियानो, हवाइयन गिटार और वॉयलिन का प्रवेश अपनी रचनाओं में भोले ने ही कराया। नाट्यमन्वांतर दल के नाटक 'अंधल्यांची शाला' (1933) में उन्होंने प्रचलित नाट्य संगीत शैली से अलग जाकर पहली बार पियानो, हवाइयन गिटार और वॉयलिन को एक साथ एक नये रूप में प्रयुक्त किया, और संगीत का नाटक के अंशों की समय सीमा बाँधने के लिए भी सफलतापूर्वक उपयोग किया। प्रभात स्टूडियो के सर्वाधिक मशहूर हिट गीतों में भोले की संगीत रचनाएँ शामिल हैं। 'अमृत मंथन' (1934) में सामने बजते हुए संगीत के साथ ही अभिनेताओं के रिहर्सल और शॉट हुए थे जिससे कि संगीत और भावों के उद्‌गार में गजब का सामंजस्य था।[3] संगीत के scales का चयन भी भोले अभिनेताओं के स्वर उद्‌गार को ध्यान में रखकर ही किया करते थे। 'अमृत मंथन' में बोलती आँखों के क्लोज़अप के चर्चित होने में भी भोले का संगीत काम आया था। 'अमृत मंथन' के शांता आप्टे का गाया पारम्परिक गज़ल शैली में 'रात आई है नया रंग जमाने की लिए' और नए प्रयोगात्मक अंदाज़ में ठहर-ठहरकर गाया गया 'कमसिनी में दिल पे' बेहद चर्चित रहे थे। 'कमसिनी में दिल पे' को तो प्रसिद्ध तबलावादक अहमद जान थिरकवा कई महफ़िलों में वर्षों तक गाकर पेश करते थे। वसंत देसाई ने भी इस फ़िल्म में एक गीत गाया था—'सखी री श्याम बड़ी ठिठयारो'। फत्तेलाल और दामले का कला-निर्देशन, ध्वनि-प्रयोग, शांताराम के जर्मनी के expressionist सिनेमा से प्रभावित फ़ोकस के विभिन्न कोणों और शैलियों के प्रयोग के साथ भोले का संगीत 'अमृत मंथन' को सिने इतिहास का एक प्रयोगात्मक मील स्तम्भ बनाता है। 'अमृत मंथन' सिल्वर जुबली मनानेवाली पहली बोलती फ़िल्म थी।

'संत तुकाराम'

प्रभात की व्ही. शांताराम निर्देशित रामायण की एक कहानी पर आधारित 'चंद्रसेना' (1935) में भी भोले का ही संगीत था। 'मदिरा छलकन लागी', 'रंगीली रसवाली', 'नेक ठहर मेरे मन अस आए' जैसे गीतों में उन्होंने अपने संगीत की विशिष्टता दिखाई थी। कैमरामैन केशवराव ढैबर की निर्देशित चर्चित फ़िल्म 'राजपूत रमणी' (1936) में मराठी स्टेज के नामी-गिरामी, अभिनेता नानासाहब फटक और शांता आप्टे की प्रमुख भूमिकाएँ थीं तथा भोले के संगीत निर्देशन में शांता आप्टे के गाए 'अब प्यारे प्यारे' और 'घड़ियाँ आईं सुखदाई' का शांता आप्टे की लोकप्रियता में एक बड़ा योगदान रहा।

भोले की सर्वाधिक चर्चित फ़िल्म मराठी में बनी 'संत तुकाराम' (1936) थी। विष्णुपंत पगनीस द्वारा तुकाराम की भूमिका में और भोले के संगीत-निर्देशन में कुछ बेहतरीन अभंग और भक्ति रचनाएँ गाई गयी थीं जो बहुत सराही गईं । 'संत तुकाराम' के पारम्परिक साढ़े 31 बीट्स

की रिद्‌म (जो औरतों के चक्की पीसने की ताल से बहुत समानता रखती है) का उपयोग भोले ने 'आधी बीज एकले' जैसी रचनाओं में बहुत सुंदरता से किया था। 'संत तुकाराम' फ़िल्म न सिर्फ़ मराठी भाषियों के बीच बल्कि अन्य प्रांतों में भी बेहद लोकप्रिय रही थी (कलकत्ते में तो इसने गोल्डेन जुबली मनाई थी) और इस लोकप्रियता के पीछे भोले की संगीत-प्रस्तुतियों के कौशल की बड़ी भूमिका थी ।

'कुंकू'

व्ही. शांताराव के निर्देशन में बनी फ़िल्म 'दुनिया न माने' (1937—मराठी में 'कुंकू') में शांता आप्टे के 'एक था राजा' और 'मोरे रामा रे' और वासंती के गाए 'अहा भारत प्यारा है' और 'भारत शोभा में है सबसे आला' जैसे लोकप्रिय गीतों के अलावा फ़िल्म के आधुनिक सुधारवादी तेवर को अभिव्यक्त करता शांता आप्टे के स्वर में लांगफेलो की प्रसिद्ध अंग्रेजी कविता 'In the world's broad field of battle, Be not like dumb, driven cattle' को भी गवा्कर भोले ने अभिनव प्रयोग किया था। इस फ़िल्म की सफलता ने शांता आप्टे को भारत की चोटी की गायिका-अभिनेत्री का दर्ज़ा दिलाया था। 'कुंकू' में पृष्ठभूमि में पार्श्व संगीत की जगह सिर्फ़ पार्श्व ध्वनि का प्रयोग करके भोले ने एक और अभिनव पहल की थी। इसी प्रकार हिंदी-मराठी में बनी 'माझा मुल्गा' उर्फ 'मेरा लड़का' (1938) के मराठी संस्करण में भोले ने कई हिट गीत दिये जिनमें 'पाहु रे किती वाट' (शांता हुबलीकर) और 'या सागले जन लौकर या' (शाहू मोडक) को तो आज भी याद किया जाता है। हिंदी संस्करण के हिट गीतों में उपरोक्त गीत का हिंदी रूप 'देखूँ कब तक बाट' (शांता हुबलीकर) और 'भँवरे तू न सता' (शांता हुबलीकर) विशेष चर्चित रहे थे। दामले, फत्तेलाल निर्देशित प्रभात की ही मराठी-हिंदी फ़िल्में 'संत ज्ञानेश्वर' (1940) के यशवंत और शाहू मोड्क के गाए भक्ति गीत, 'संत सखु' (1941) की भक्ति रचनाएँ (विनोदिनी दीक्षित और वसंत देसाई के स्वर में) और राजा नेने निर्देशित 'दहा बजता/दस बजे' (1942) के 'उसने कहा इनकार क्यों बनने में मेरी चाँदनी' जैसे बिलकुल हलके ऑरकेस्ट्रेशन के साथ विस्तृत छंद और धीमी लय के रूमानी गीतों में भी भोले की प्रयोगधर्मिता साफ़ झलकती है। अठारहवीं सदी के मराठा साम्राज्य के षड्यंत्रों का मुख्य न्यायाधीश रामशास्त्री प्रभुने की जीवन कथा के माध्यम से वर्णन करनेवाली मराठी-हिंदी फ़िल्म 'प्रभात' की 'रामशास्त्री' (1944) में भी भोले-दामले का संगीत था। पर इस फ़िल्म के साथ ही भोले का प्रभात के साथ एक दशक पुराना सम्बन्ध समाप्त हो गया। राजा नेने, धर्माधिकारी आदि के साथ उन्होंने 'प्रभात' को छोड़ दिया और स्वतंत्र रूप से कुछ वर्षों तक काम किया। राजा नेने निर्देशित शोभना समर्थ अभिनीत 'तारामती' (1945—रामचंद्र पाल के साथ), एम.जी. रगनेकर की मराठी फ़िल्म 'कुबेर' (1947), मराठी फ़िल्म 'भाग्यरेखा' (1948) और मराठी-हिंदी फ़िल्म 'पारिजातक/श्रीकृष्ण सत्यभामा' (1951) 'प्रभात' से अलग भोले की आखिरी फ़िल्में थीं। अपनी आखिरी फ़िल्म के सभी गीत भोले ने शास्त्रीय संगीत में दक्ष और हीराबाई बड़ोडकर की शिष्या मालती पांडे से गवाये थे। 'लिख रही हूँ चित्र तेरा मैं विमल मन के पटल पर', 'मैं मोहन की मतवारी रे' और 'फूले पारिजात रे' जैसे छायावादी बिम्बयुक्त गीतों की धुनें भोले ने बड़ी सुंदर और मधुर बनाई थीं। पर यही भोले की आखिरी फ़िल्म रही। इसके बाद फ़िल्म-जगत से उन्होंने संन्यास ले लिया। 1964 में उन्होंने अपनी आत्मकथा 'माझे संगीत : रचना और दिग्दर्शन' लिखी जो उनके संगीतात्मक प्रयोगों का एक अच्छा विश्लेषणात्मक परिचय देती है। 10 सितम्बर, 1977 को उनकी मृत्यु हुई।

मास्टर मोहम्मद वाडिया मूवीटोन की स्टंट फ़िल्मों में संगीत दिया करते थे। इससे पहले उन्होंने कृष्णटोन की 'हरिश्चंद्र' (1931) में अभिनेता और संगीतकार की भूमिका निभाई थी और विजया सिनेटोन की 'सीता स्वयंवर' (1933) में 20 गीत कम्पोज़ किए थे। पारसी थियेटर के रंग से सराबोर वाडिया की प्रथम फंतासी 'लाल-ए-यमन' (1933) में उन्होंने संगीत देने के अलावा एक सूफ़ी फ़कीर की भूमिका भी निभाई थी और 'गाफ़िल बंदे कुछ सोच ज़रा' जैसे गीत स्वयं गाने के अलावा फ़िरोज दस्तूर से भी

कई गीत गवाए थे। फ़िरोज दस्तूर के गाए गीत वाडिया की 'काला गुलाब' (1934) के 'अरे नादां शादमां बनकर क्यों इतराए खल्क में', 'होता शरीके-किस्मत गर आस्माँ हमारा', 'लब पे आती है हँसी और ज़िगर जलता है' जैसे गीत कुछ चले थे। इस फ़िल्म में संगीतकार जयदेव ने भी एक भूमिका की थी। वाडिया से अलग कृष्णा फ़िल्म कंपनी की 'खाक का पुतला' (1934) में मास्टर मोहम्मद ने गालिब की मशहूर गज़ल 'कोई उम्मीदबर नहीं आती' की तर्ज़ भी बनाई थी। 'वीर भारत' (1934) में मास्टर मोहम्मद के संगीत-निर्देशन में जयदेव पर दो गीत फ़िल्माए गए थे : 'रखो जो आग दामन में' और 'परायी पीर जाने वीर भारत हो तो ऐसा हो'। हिन्दी की पहली गीतविहीन फ़िल्म 'नौजवान' (1937) के संगीतकार भी मास्टर मोहम्मद ही थे। 'देश दीपक', 'हिंद केसरी', 'हंटरवाली', 'नूरे यमन', 'फौलादी मुक्का', 'जय भारत', 'मिस फ्रंटियर मेल', 'पहाड़ी कन्या', 'एशियाई सितारा', 'तूफ़ानी टारजन' जैसी इस वक्त की (अधिकांश नाडिया अभिनीत) फ़िल्मों में शारीरिक करतबों की भरमार थी और संगीत पक्ष का महत्त्व कम था हालाँकि 'देश दीपक' के 'नसीबा मेरा चमका' (हुस्नबानो, पुरी), 'अलअमान अज़दान कहरे' (मास्टर मोहम्मद) और 'हमको है जाँ से प्यारा' (सरदार मंसूर), 'हिंद केसरी' के 'घनन गरजी भादों की मेघ धारा' (मास्टर मोहम्मद) और 'बिरहा में जल रही हूँ' (राधारानी, सरदार मंसूर), 'हंटरवाली' के 'गुज़री दो बातें और फ़साना बदल गया' (मास्टर मोहम्मद) और 'मने चाकर राखो जी' (गोविन्द गोपाल, पार्टी), 'नूरे यमन' (1935) के 'खुदा के ज़िक्र से गाफ़िल न हो खुदा के लिए' (मास्टर मोहम्मद), 'जय भारत' (1936) के देशभक्ति भरे 'हम वतन के वतन हमारा' (मास्टर मोहम्मद, साथी) और प्यारू कव्वाल से गवाए साम्प्रदायिक सद्भाव वाले 'कोई नहीं है गैर बाबा' तथा कव्वालीनुमा 'बुरा किसको मानूँ भला किसको मानूँ', 'मिस फ्रंटियर मेल' (1936) की बशीर कव्वाल की गाई कव्वालियाँ 'राहे मयखाना बता देना' और 'करेगा हरेक कद्रजानी', 'हरीकेन स्पेशल' (1939) के वत्सला कुमठेकर के गाए 'शीतल पवन सुखदाई' जैसे गीतों को मास्टर मोहम्मद के उल्लेखनीय गीतों में गिना जा सकता है। इसी प्रकार 'लुटारू ललना' (1938) में 'झंडा ऊँचा रहे हमारा' (सरिता, साथी) जैसा देशभक्तिपूर्ण उत्प्रेरक गीत इसे एक प्रकार का ऐतिहासिक महत्त्व दे जाता है। वहीं 'जगत का सपना' (सरिता, मास्टर मोहम्मद, साथी) भले ही संगीत-कौशल से परिपूर्ण न हो, पर गीत के बीच के संवादों और शब्दों ने उस वक्त की राजनीति में हिंदू-मुस्लिम अलगाववाद की प्रवृत्ति को नकारते हुए हिंदू-मुसलमान एकता को रेखांकित करने की भूमिका निभाई थी।

'हरीकेन हंसा' (1937) में मास्टर मोहम्मद के स्वरबद्ध 'प्रेमी जग में' (हुस्न बानो) की भजन जैसी पावनता और शनैः-शनैः बढ़ती गति एवं आरोह की प्रस्तुति और 'ये दुनिया प्रेम की बस्ती है' (मा. मंसूर) की 'रघुपति राघव राम' जैसी शीतलता बेहद प्रभावशाली कम्पोज़ीशंस में गिनी जानी चाहिए। वाडिया से हटकर शंकर टॉकीज की 'मंदिर' (1937), एडवांस फ़िल्म्स की 'अनारबाला' (1940) जैसे फ़िल्मों की असफलता के बाद मास्टर मोहम्मद वर्षों खोये रहे। बॉम्बे फ़िल्म कंपनी की पौराणिक फ़िल्म 'सती सीता' (1946) और 'बंसत पिक्चर्स' की होमी वाडिया निर्देशित जॉन कावस और नाडिया की 'शेर-ए-बगदाद' (1946) से उनकी वापसी भी कमोबेश नज़रअंदाज़ हो गई हालाँकि 'सती सीता' में 'मंद मंद चलत पवन सनन सनन' तथा 'ऋतु सावन की प्यारी, फूल खिले हैं डारी-डारी' जैसे लयपूर्ण प्राकृतिक गीत फ़िल्म के कुल जमा 20 गीतों में शामिल थे। 'फ़्लाइंग प्रिंस' (1946) में उन्होंने अभिनेता की भूमिका भी निभाई थी पर संगीत के क्षेत्र से मास्टर मोहम्मद अब दूर हो चले थे। मास्टर मोहम्मद भले ही पारसी थियेटर और उस दौर की लाक्षणिक संगीतधारा की प्रवृत्तियों वाला संगीत ही दिया करते थे, पर फ़िल्म संगीत के इतिहास में देशभक्ति और साम्प्रदायिक सद्भाव के अपने कई गीतों के कारण उनका एक महत्त्वपूर्ण स्थान माना जाएगा।

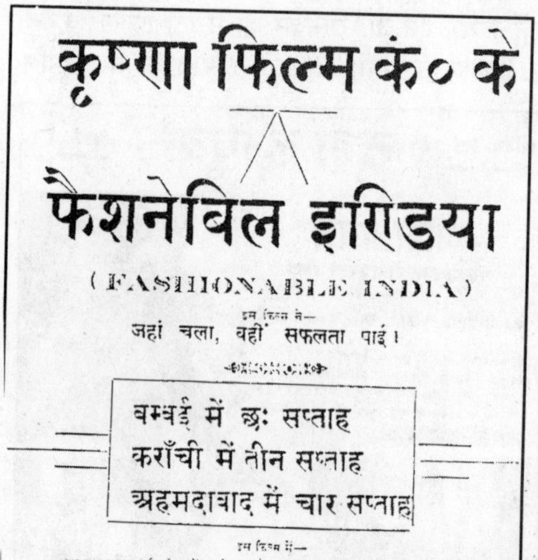

गंधर्व सिनेटोन की 'बाला जोबन' (1934), ओरिएंटल टॉकीज पंजाब की 'विष्णु भक्ति' (1935, जिसनें अमीरबाई कर्नाटकी ने भी भूमिका की थी) जैसी फ़िल्मों के बाद मोहन सिन्हा द्वारा निर्देशित हिट फ़िल्म 'फ़ैशनेबल इंडिया' (1935), 'रोमांटिक इंडिया' (1936), 'बढ़े चलो', 'स्वराज के सिपाही' (1937), 'अनुराधा' (1940) और एम. भवनानी की 'डबल

बद्री प्रसाद चरित्र अभिनेता की एक भूमिका में

क्रॉस', 'हिमालय की बेटी', 'यंग्रीला' (1938), 'जम्बो का बेटा' (1939), 'झूठी शर्म' (1940), 'ज़ेवर' (1942) के संगीतकार **बद्री प्रसाद** भी आरम्भिक दौर के उन संगीतकारों में हैं जिन्हें आज हम भूल चुके हैं। वैसे 'फ़ैशनेबल इंडिया' (जिनके कुछ गीतों की धुनें मधुलाल मास्टर ने भी बनाई थीं) के 'Daisy Daisy give me answer do' और 'Oh jolly good fellow' जैसे अंग्रेज़ी गीत लोकप्रिय रहे थे। 'रोमांटिक इंडिया' (1936) के 'सुना दो प्रेम की मीठी तान' (नूरजहाँ) 'नहीं चैन पिया बिन आए' (स्नेहलता), 'मत होना बेहोश कभी' (नूरजहाँ), 'इकरार करो इनकार करो' (श्यामसुंदर, राधारानी) जैसे गीतों में बद्री प्रसाद का बनारसी रंग झलकता था। मोहन सिन्हा निर्देशित 'स्वराज के सिपाही' (1937) के 'जागो जागो भारतवासी', 'जोशे जुनूँ में कब तक दिल की', 'बेला फूले आधी रात', 'जीवन के उस पार मिलूँगी', 'खुली चाँदनी में आओ हिल मिल हम तुम प्रेम करें' जैसे देशभक्ति और प्रणय गीतों का संगम बद्रीप्रसाद ने निस्संदेह मधुर बनाया था। अभिनेता डेविड के अभिनय की प्रथम फ़िल्म 'जम्बो द एप मैन' (1937) के संगीतकार भी बद्रीप्रसाद ही थे। इस फ़िल्म में उन्होंने सरला देवी से कई गीत भी गवाए थे। स्वतंत्र निर्माता के रूप में भावनानी की प्रथम फ़िल्म 'डबल क्रास' में उन्होंने फ़ैटी प्रसाद, अमीना, गौहर, बशीर कव्वाल जैसे कई थियेटर कलाकारों से गीत गवाये थे। 'हिमालय की बेटी' में बद्रीप्रसाद ने 'भँवर गुन गुन गूँज रहा है', 'नदिया किधर बही जाती', 'प्रेम पुजारी प्रेम पुजारिन' जैसे कई गीत इनाक्षी रामाराव और प्रोफेसर रामानंद से गवाये थे। भावनानी की 'जम्बो का बेटा' (1939) में वत्सला कुमठेकर और विमला कुमारी से उन्होंने गीत गवाए। भावनानी की ही 'झूठी शर्म' (1940) के 'पिया घर आना रे' (विमला कुमारी), 'वन का पंछी बोले प्रीतम' (विमला कुमारी), 'ओ सजनी बादल आये' (विमला कुमारी, बद्रीप्रसाद), 'फूलो की लाई हूँ माला' (इकबाल बीबी) जैसे गीतों को कुछ लोकप्रियता मिली थी। भावनानी की उपरोक्त दोनों फ़िल्मों में ऑरकेस्ट्रेशन वाल्टर कॉफ़मैन का था।

मूलतः बनारस के रहनेवाले बद्रीप्रसाद चरित्र अभिनेता के रूप में वैसे आज भी याद किए जाते हैं। बनारस के भेलपुरा में रामलीला में अभिनय से शुरू कर कलकत्ता के रंगमंच और संगीत की दुनिया में होते हुए वे बम्बई आए थे। 'आज़ाद', 'दर्द', 'शबाब', 'छोटी बहन', 'अनोखी रात' जैसी कई मशहूर फ़िल्मों में और कुल मिलाकर करीब 100 फ़िल्मों में चरित्र अभिनेता के रूप में वे पर्दे पर दिखे। शेरो-शायरी के बेहद शौकीन और हिंदी, संस्कृत, उर्दू साहित्य के अच्छे जानकार बद्रीप्रसाद ने रेडियो के लिए भी कई नाटक लिखे थे । संगीतकार के रूप में वे पाँचवें दशक के आरम्भ तक ही सक्रिय रहे। 'मधुसूदन' (1941) के 'अब हमें आएँगे ज़िंदगानी के मज़े', 'बढ़े चलो बढ़े चलो कदम बढ़ाए जाओ' और बनारसी लोकशैली से प्रभावित 'हाथी झूले ससुर दरवज़वा' जैसे गीत, या फिर 'वनमाला' (1941) के 'अपनी पिया की बनी हूँ दीवानी' या 'सपने में पिया आएँगे' उत्तर भारतीय प्रचलित शैली और लोक रंग से प्रभावित रचनाएँ थीं, पर संगीतकार के रूप में कुल मिलाकर बद्रीप्रसाद को असफल ही माना जाएगा।

आरम्भिक दौर की सबसे बड़ी निर्माण कम्पनियों में रणजीत फ़िल्म्स, रणजीत मूवीटोन और उसके मालिक सेठ चंदूलाल शाह का नाम एक वजनदार मीलस्तम्भ की तरह लिया जाता है । 'रणजीत' ने कई संगीतकारों को अपनी फ़िल्मों में मौका दिया पर उसके आरम्भिक और प्रथम संगीतकार थे फ़िल्म 'देवी देवयानी' (1931) में उस्ताद **झंडे खाँ**। मूलतः गुजरानवाला के रहनेवाले झंडे खाँ शास्त्रीय संगीत के उस्ताद तो थे ही, और सारंगी के क्षेत्र में भी अपना नाम रखते थे। साथ ही फ़िल्मों के लिए शास्त्रीय संगीत का सरल, सरस रूप प्रस्तुत करने की कला के भी पारंगत थे। बचपन से ही झंडे खाँ ने हारमोनियम तथा अन्य कई वाद्य-यंत्रों को बजाने में उस्तादी हासिल की तथा उसके बाद बम्बई जाकर उस्ताद छज्जू खान, नाज़िर खान तथा भेण्डी बाजार के खादिम हुसैन खान साहब से भी शिक्षा ग्रहण की। झंडे खाँ थियेटर की संगीत

रंजीत की दो अभिनेत्रियाँ—माधुरी तथा गोहर

चंदूलाल शाह

दुनिया में बहुत मशहूर रहे तथा जुबली, न्यू अल्फ्रेड तथा पारसी अल्फ्रेड थियेटरों के नाटकों के लिए उन्होंने सैकड़ों गीत बनाए, जो अपने ज़माने में बहुत मशहूर रहे। महाभारत नाटक के संगीत के कुछ हिस्सों का तो एच.एम.व्ही. द्वारा रेकॉर्ड तक निकाला गया। उस वक्त के नाटकों में आरम्भ में गाए जाने वाले गीतों में अकसर कोरस का प्रयोग होता था तथा ऐसे गीतों को स्वरबद्ध करने में झंडे खाँ ने विभिन्न शास्त्रीय तथा अर्द्धशास्त्रीय संगीत शैलियों का इस्तेमाल किया। 'दिलफ़रोश' नाटक में झंडे खाँ का स्वरबद्ध गीत 'दिले नादाँ को हम समझाए जाएँगे' बहुत मशहूर रहा था। फ़िल्मों में टॉकीज़ के आगमन के बाद झंडे खाँ फ़िल्मों में भी सक्रिय हुए एवं रणजीत स्टूडियो की कई फ़िल्मों में उन्होंने संगीत दिया। 'रणजीत' की 'चार चक्रम' (1932) के गीतों गौहर अभिनीत 'राधा रानी' (1932) के वात्सल्य और शृंगारप्रधान गीतों, 'सती सावित्री' (1932) के 'बचेंगे अगर हमसे छुपेंगे किधर', 'राजताज सकल साज', 'रसिक बिहारी बतियाँ तिहारी' आदि गीतों, 'भूतिया महल' (1932) के 'साकी ने मेरे घर को मैखाना बना डाला', 'लगी है मोहे पिया मिलन की आस', 'भोला शिकार' (1933) के 'तेरी कुदरत की बलिहारी' एवं 'अरी रहने दो तुम बड़े बेवफा हो', 'भूलभुलैया' (1933) के 'गोरी तेरे नैना जुल्म करें', 'मत नैना की मारो कटारी सनम', 'तुझे मेरे दिल की बता क्या खबर', 'परदेशी प्रीतम' (1933) के 'जफ़ा न करना दगा न करना' जैसे गीतों से फ़िल्म संगीत में अपनी पहचान बनानेवाले झंडे खाँ ने 'शैलबाला' (1932), 'मिस 1933' (1933) 'विश्वमोहिनी' (1933),

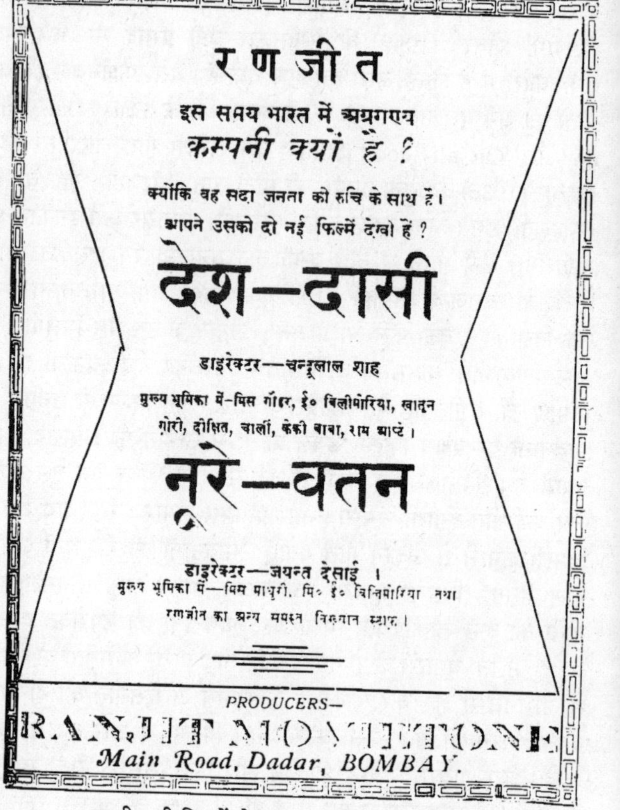

रणजीत की फ़िल्मों के प्रचार का एक दुर्लभ अभिलेख

रणजीत की मशहूर पौराणिक फ़िल्म 'वीर वब्रुवहन' (1934), 'तारा सुंदरी' (1934), 'प्रभु की दुनिया' (1935) और 'प्रभु का प्यारा' (1936) के बाद रणजीत से नाता तोड़ लिया और अजंता सिनेटोन की 'दुख्तरे हिंद' (1935), अमृत फ़िल्म्स की 'अंजुमन की दुनिया', ईस्टर्न आर्ट्स की 'भारत की बेटी' (1935), दरयानी प्रो. की 'फ़िदा-ए-वतन', ईस्टर्न आर्ट्स की 'शेर का पंजा', गोल्डन ईगल की 'प्रेम बंधन' (1936—अनिल विश्वास के साथ) और विष्णु सिनेटोन की 'पयामे हक' (1939—श्याम बाबू के साथ) में भी संगीतकार की हैसियत से काम किया। पर झंडे खाँ की सबसे प्रसिद्ध फ़िल्म रही केदार शर्मा निर्देशित भगवतीचरण वर्मा के मशहूर उपन्यास पर बनी 'चित्रलेखा' (1941) 'चित्रलेखा' न सिर्फ़ मेहताब के स्नान दृश्य के कारण चर्चित हुई बल्कि गायिका-नायिका रामदुलारी के गाए सुंदर गीतों ने भी इसकी लोकप्रियता में एक महत्त्वपूर्ण योगदान दिया। इस फ़िल्म के संगीत की विशेषता यह थी कि झंडे खाँ ने विरोध के बावजूद फ़िल्म के सभी गीत राग भैरवी पर आधारित किए थे तथा भैरवी के द्वारा ही विविध रसों को उभारा था। रामदुलारी के स्वर में जलतरंग के अद्भुत प्रयोग के साथ 'तुम जाओ बड़े भगवान बने' सरगम आधारित लम्बी तानों के साथ कम्पोज किया। 'नीलकमल मुस्काए, भँवरा झूठी कसमें खाए' और 'सैंया साँवरे भये बावरे' जैसे गीतों की कम्पोज़ीशन बेहद आकर्षक थी और कोई आश्चर्य की बात नहीं है कि ये गीत उन दिनों खूब चले थे। यह भी गौर करने लायक है कि 'तुम जाओ बड़े भगवान बने' के मूल भाव को लेकर ही दुबारा बनी 'चित्रलेखा' (1964) में साहिर ने 'संसार से भागे फिरते हो' की रचना की थी।

दादर के पास कादर मैंशन में रहनेवाले नमाज़ी झंडे खाँ भले ही नाटे क़द के हों, पर अपने ज़माने के वे एक भव्य संगीतकार थे और अपनी अंतिम फ़िल्म 'शहंशाह अकबर' (1943) में उन्होंने 'अकबर महाबली की जय हो' जैसा स्तुति गीत खूब भव्यता से कम्पोज़ किया था। राजघरानों के ऐसे स्तुति गीत फ़िल्मों में कम ही कम्पोज़ हुए हैं और इस गीत की कम्पोज़ीशन की तुलना 'मुगले आजम' के ऐसे गीत से या 'रज़िया सुलतान' के खय्याम द्वारा कम्पोज़ खूबसूरत ताजपोशी गीत से की जा सकती है। इसी फ़िल्म में

झंडे खाँ की कल्पना पर 'जाग-जाग मन भज बनवारी', 'श्याम नहीं आए जिया मोरा जाए', 'पिया बिन सावन-भादों नैन' और 'मन दर्शन का अभिलाषी प्यासे मोरे नैन' जैसे गीतों की रचना की गई थी, तथा शास्त्रीय आधार को कायम रखते हुए सुमधुर, सरस गीतों की रचना करने का अपना फ़न झंडे खाँ ने इन गीतों में भी बख़ूबी कायम रखा था। हमीद पिक्चर्स की 'जीवन का साज़' प्रदर्शित तो न हो सकी, पर इसमें झंडे खाँ ने अमीरबाई से परम्परागत नाट्यशैली में 'बिछड़ा बचपन' बहुत ख़ूबसूरती से गवाया था। इस गीत का ऑरकेस्ट्रेशन, विशेषकर सारंगी का प्रयोग लाजवाब था। फ़िल्म का ही एक अन्य गीत 'सजनी से साजन मिल गए' के भी इंटरल्यूड्स का वाद्य-संयोजन बहुत प्रभावशाली था। इस गीत के हर अंतरे में परिवर्तित लय और गति का प्रयोग भी विशिष्ट प्रभाव छोड़ता है। 'लाहौरी लाला', 'रावी पार', 'पगली' (अन्य तीन संगीतकारों के साथ) झंडे खाँ की स्वरबद्ध अन्य उल्लेखनीय फ़िल्में रही हैं। झंडे खाँ ने कम फ़िल्में कीं, पर अपने दौर के स्तरीय संगीतकारों की श्रेणी में उनका नाम बहुत ऊपर आएगा। नौशाद, गुलाम मुहम्मद, हेमंत कुमार तथा श्याम सुन्दर जैसे कलाकारों ने भी झंडे खाँ के अधीन काम किया। प्रसिद्ध ग़ज़ल गायिका बेगम अख़्तर और प्रसिद्ध अभिनेता मास्टर निसार ने उस्ताद झंडे खाँ से भी संगीत शिक्षा ली थी। 1951 में झंडे खाँ का वृद्धावस्था में निधन हुआ तथा उन्हें गुजरानवाला में ही दफ़नाया गया।

गंगाप्रसाद पाठक

रणजीत के प्रारम्भिक संगीतकारों में झंडे खाँ के बाद **बन्ने खाँ, गंगाप्रसाद पाठक** और **रेवाशंकर मारवाड़ी** के नाम प्रमुख थे। रणजीत की मूक फ़िल्म 'गुणसुंदरी' (1927) को पुनः आवाज़ के इस दौर में चंदूलाल शाह ने 1934 में प्रस्तुत किया था जिसके संगीतकार रेवाशंकर मारवाड़ी और गंगाप्रसाद पाठक थे। ज़माने की प्रचलित शैली का ही संगीत 'गगरी छलक न जाए' और 'मोरा सैंया सौतनिया के द्वार' जैसे गीतों में था। गंगाप्रसाद पाठक मूलतः मध्यप्रदेश के विदिशा के रहनेवाले थे और ग्वालियर घराने के शास्त्रीय संगीत के गायक तथा पखावजी के रूप में फ़िल्मों में आने के पूर्व भी अच्छी ख़ासी प्रतिष्ठा पा चुके थे। पाठक ने इस फ़िल्म में खलनायक की भूमिका भी की थी। यही जोड़ी रणजीत की 'रात की रानी' (1935) में भी थी। इसी वर्ष की रणजीत की दूसरी हिट फ़िल्म 'सितमगर' (1934) के 'या रब ये तेरे बंदे रहे ज़िंदा', और कव्वाली 'इधर देखता हूँ उधर देखता हूँ' जैसी रचनाओं के संगीतकार रेवाशंकर के साथ बन्ने खाँ थे। बन्ने खाँ सारंगी बहुत अच्छी बजाते थे और कमला मूवीटोन, लाहौर की 'राधेश्याम' (1932) में हारमोनियम वादक नवाब खाँ, तबला वादक जतीबक्श और सारंगी वादक एस.डी. खुर्शीद के साथ संगीतकार के रूप में उनका योगदान रहा था। इसी फ़िल्म में प्रसिद्ध गायिका राजकुमारी ने बालिका के रूप में अभिनय किया था। बन्ने खाँ और गंगाप्रसाद पाठक ने मिलकर रणजीत की 'नादिरा' (1934) में भी कथ्य के अनुरूप मुस्लिम परिवेश का संगीत दिया था, पर फ़िल्म चली नहीं । 'तूफ़ानी तरुणी' (1934) में पाठक ने 'महामंत्र है यह जपा कर' नामक जाप भी गाया था। उपरोक्त तीनों ही संगीतकार परम्परावादी थे और इन फ़िल्मों में उस वक्त के प्रचलन के अनुरूप संगीत कहानी के भावों को अभिव्यक्त करने का एक सीधा-सादा माध्यम था । झंडे खाँ के साथ 'तारा सुंदरी' (1934) में संगीत देनेवाले गंगाप्रसाद पाठक ने रणजीत से अलग भी अम्बिका मूवीटोन की गुंजाल निर्देशित 'अपराधी' (1935) में संगीत दिया था और एच. मेहता निर्देशित 'मीठी नज़र' में अभिनेता की भूमिका निभाने के साथ गीत भी गाया था, पर रणजीत से अलग वे अपनी कोई जगह बना न सके। रेवाशंकर ने बन्ने खाँ के साथ मिलकर या अलग-अलग रणजीत की मशहूर फ़िल्म 'बैरिस्टर्स वाइफ़' (1935) के 'ग़मे मोहब्बत हमें न था जब', 'बनाएँ बड़ी बतियाँ' और सम्भवतः हिंदी फ़िल्मों की पहली कव्वाली रही 'नजरिया ताने है तीर कमान' जैसे गीतों के अलावा 'कश्मीरा' (1934), 'कॉलेज गर्ल' (1935), 'कीमती आँसू' (1935), 'नूरे वतन' (1935), 'चालाक चोर' (1936), 'राजरमणी' (1936), 'दिल का डाकू' (1936, जिसमें पाठक भी तीसरे संगीतकार थे), 'सिपाही की सजनी' (1936), 'मतलबी दुनिया' (1936), 'रंगीला राजा' (1936), 'ज्वालामुखी' (1936), 'लहरी लाला' (1936) में भी संगीत दिया था, पर इन फ़िल्मों के पारम्परिक शैली के गीतों का कोई स्थायी प्रभाव नहीं था और वे आज विस्मृति के अँधेरों की नज़र हो चुके हैं।

'प्रभु का प्यारा' (1936) में बन्ने खाँ ने पहली बार झंडे खाँ के साथ मिलकर संगीत दिया था। सरला सिनेटोन की नवीनचंद्र पद्मावती अभिनीत 'गाजी दिलेर' में भी रेवाशंकर और बन्ने खाँ ने रणजीत के परचम से हटकर संगीत दिया था। पर यह एक अपवाद ही था। 'मिट्टी का पुतला', 'परदेशी पंछी', 'शमा परवाना', 'ज़मीन का चाँद' (सभी 1937) जैसी फ़िल्मों से वे पुनः रणजीत के साथ हुए । रेवाशंकर ने स्वतंत्र रूप से रणजीत की 'शराफ़ी लूट' (1937) को संगीतबद्ध किया तो बन्ने खाँ ने स्वतंत्र रूप से रणजीत की 'दिल फ़रोश' (1937) में संगीत देते हुए 'साँच कहूँ सजनी' जैसा एक अच्छा गीत कम्पोज़ किया था। 'परदेशी पंछी' (1937) 'शमा

परवाना' (1937), 'ज़मीन का चाँद' (1937) के भी वे स्वतंत्र संगीतकार थे। पर अपने संगीत में कुल मिलाकर विशेषता की कमी के कारण भी रणजीत में ज्ञानदत्त के आविर्भाव ने इन संगीतकारों का भविष्य सीधे ही समाप्त कर दिया। वर्षों बाद भगवती प्रोडक्शंस की 'रिवाज़' (1947) और 'मातृभूमि' (1949) में रेवाशंकर का नाम पुनः संगीतकार के तौर पर मिलता है, पर यह वापसी अनदेखी ही रह गई।

बी.एस. हूगन का नाम आज कितने जानते होंगे! पर एक ज़माना था जब वे संगीत के इतने बड़े उस्ताद के रूप में मिनर्वा में जाने जाते थे कि सी. रामचन्द्र ने भी पाश्चात्य संगीत के notations की प्रारम्भिक शिक्षा मिनर्वा में हूगन से ही ली थी। सी. रामचंद्र की जिन पाश्चात्य धुनों पर पूरा जमाना थिरकता था, उनके बीज सी. रामचंद्र की संगीत-शैली में हूगन ने ही डाले थे।

अजंता सिनेटोन की निसार अभिनीत 'अफ़ज़ल' (1933) के 'तुम्हें न भूलूँगा सीने में जब तलक दम है', 'हुस्नवालों का भला हो कि सता रखा है' आदि गीतों, 'मायाजाल' (1933) की निसार और बिब्बो की भूमिकाओं को जीवंत करते मुकुंदलाल सीमाब के लिखे 'फस्ले गुल आई है गुल बाग में खंदा होंगे', 'मैं इंकलाबे ज़माना हूँ' जैसे शायराना गीतों और निसार और बिब्बो की ही अभिनीत 'रंगीला राजपूत' (1933) के राजस्थानी रंगवाले गीतों के साथ हूगन ने अपना फ़िल्मी सफ़र आरम्भ किया था। पाश्चात्य संगीत आसक्ति अजंता सिनेटोन की 'दर्दे दिल' (1934) में हूगन द्वारा हिंदुस्तानी गीतों के साथ वाल्टर कॉफ़मैन के ऑरकेस्ट्रा के उपयोग से प्रकट होती है। हूगन ने मशहूर संगीतकार झंडे खाँ के साथ 'मज़दूर' (1934) में और फिर अकेले 'सैरे परिस्तान' (1934) में बिब्बो और निसार से कई गीत गवाए थे। मुंशी प्रेमचंद लिखित कहानी पर बनी फ़िल्म 'द मिल' उर्फ़ 'मज़दूर' (1934), जिसे ब्रिटिश शासन ने 2 वर्ष के लिए प्रतिबंधित कर दिया था, में प्रेमचंद के कथ्य के अनुरूप हूगन ने 'हमारी फूल बगिया में आओ महाराज', 'प्रेम नगर की राह कठिन है', 'पत राखो न राखो तिहारी मर्जी' जैसे कई गीतों को लोकगीतों की धुनों पर सजाया था। सूरदास का मशहूर भजन 'प्रभु मोरे अवगुण चित्त न धरो' और मीरा रचित 'मोरी धानी चुनरिया इतर ग़म के' की कम्पोज़ीशंस इस फ़िल्म के संगीत के आकर्षण थे।

'सोने का शहर' का एक दृश्य

'द मिल' की राष्ट्रवादी इतिहास में जगह भले ही बन गई हो, पर व्यावसायिक दृष्टि से यह फ़िल्म असफल ही रही, और अजंता सिनेटोन के डूबने के पीछे भी इसका बड़ा हाथ रहा। फ़िल्म 'सोने का शहर' (1935) में भी 'हैं आशिक व माशूक जहाँ' तथा 'पेट हाय पेट हाय पेट का घड़ा' जैसे गीत हूगन द्वारा ही सृजित थे। मिनर्वा की 'मीठा ज़हर' (1938) में हूगन ने नसीम बानो से 'फूलन की माला अपने देवता को पहनाऊँगी' और 'सखी मन की बात तोसे कहूँ' और शीला से 'अब तो मैं बनूँगी स्टार फ़िल्म की' तथा 'मनमोहन कल घर आएँगे' जैसे श्रृंगारप्रधान गीत गवाए थे और अधिक सफल रहे। 'सखी मन की बात' की शैली पाश्चात्य ऑरकेस्ट्रा संचालन की शैली से बेहद प्रेरित की।

मिनर्वा मूवीटोन में मीर साहब के पहले के दिनों के संगीतकारों के रूप में हूगन के अलावा **बुनयाद हुसैन** और **हबीब खां** का ज़िक्र भी अनिवार्य है। **बुनयाद हुसैन** ने 'सईद-ए-हवस' (1936) में दुर्रानी से उनका प्रथम गीत 'मस्तों को ऐन फर्ज़ है पीना शराब का' गवाया था। बुनियाद हुसैन बुंदू खान के नाम से भी जाने जाते थे, और शास्त्रीय संगीत के इतने अच्छे ज्ञाता था कि उनकी तानों के लिए उन्हें 'तान-ए-तलवार' बुंदू खान के नाम से भी जाना जाता था। 'मस्तों को ऐन फ़र्ज़ है' में पारम्परिक गज़ल शैली के अनुरूप न रहकर बुंदू खान ने कम्पोज़ीशन में तानों का भी समावेश किया जिसे गाते हुए दुर्रानी काफ़ी परेशान भी हुए थे। फ़िल्म में बुनियाद हुसैन ने ज़लील माणिकपुरी की गज़ल 'बात साकी की न टाली जाएगी' भी कम्पोज़ किया था। सेंट्रल स्टूडियोज़ की रुस्तम मोदी निर्देशित 'गुल बकावली' (1947) में भी बुंदू खान ने फ़िरोज़ दस्तूर के साथ संगीत दिया था। वहीं **हबीब खान** ने मिनर्वा की 'आत्मतरंग' (1937) में फ़िरोज़ दस्तूर में कई खूबसूरत भजन गवाए थे।

'मिनर्वा' के मालिक सोहराब मोदी

जब-जब मिनर्वा मूवीटोन का नाम आता है, इसकी कई भव्य फ़िल्मों के संगीतकार **मीर साहब** का नाम भी ज़ुबान पर आ जाता है। मीर साहब अपने ज़माने में स्वयं भी एक विराट व्यक्तित्व थे। संगीतकार सी. रामचंद्र उन्हीं के पास हारमोनियम-वादक के रूप में नियुक्त हुए थे और 'पुकार' जैसी फ़िल्मों में उनके सहायक रहे थे। मिनर्वा में आने के पहले भी मीर साहब ने सरोज मूवीटोन

की 'किमियागर' (1936—जिसमें उन्होंने ग़ालिब की गज़ल 'दिले नादाँ तुझे हुआ क्या है' कम्पोज़ की थी), 'सिपहसालार' (1936), 'ईमान फ़रोश' (1937) तथा 'कल की बात' (1937) और किशन चंद आर्ट की 'बहादुर किसान' (1938) जैसी फ़िल्मों में संगीत दिया था। निर्देशक के रूप में भगवान की प्रथम फ़िल्म 'बहादुर किसान' में ही मीर साहब ने खान मस्ताना से पहला गीत 'बालम गए परदेश री सजनी' गवाया था। मीर साहब शास्त्रीय संगीत के अच्छे ज्ञाता थे, साथ ही ग़ज़ल, ठुमरी आदि विधाओं पर भी उनकी उस्तादी थी। उनकी काबिलीयत से प्रभावित होकर ही सोहराब मोदी ने मिनर्वा मूवीटोन में उन्हें संगीतकार की हैसियत से नियुक्त किया और 'डिवोर्स' उर्फ़ 'तलाक' (1938) तथा 'जेलर' (1938) के संगीत ने मीर साहब की प्रतिष्ठा को पुख्ता किया। शोलापुर के स्टेशन मास्टर की पुत्री रोशनआरा ने शीला के नाम से इन फ़िल्मों में अभिनय किया था और मराठी-मुसलमानी मिश्रण-भरे लहज़े में खूबसूरत गीत गाए थे । 'जेलर' (1938) के 'प्रीत का दुःख है अपार' को अच्छी लोकप्रियता मिली थी । 'जेलर' में गीत लिखे थे उन्हीं कमाल अमरोही ने जो बाद में चलकर मशहूर निर्माता बने। 'डिवोर्स' (1938) का अर्द्धशास्त्रीय होरी गीत की शैली का 'फ़ीके रंग खेला फाग चुनरिया रंग नहीं पाई है' (नसीम), 'अब सखि रैन गई अँधियारी' (शीला, खान मस्ताना), 'गाता है बुलबुल बार-बार' (नसीम, प्रेम अदीब), 'वो आए न आए यहाँ' (शीला) जैसे गीत भी उस ज़माने में सराहे गए थे। मीर साहब के संगीत निर्देशन में खान मस्ताना ने कुछ बड़े लोकप्रिय गीत गाए। 'ओ माँझी ओ माँझी' (डिवोर्स), 'काया रेत घरौंदा है' (जेलर), 'पनघट पर एक छबीली' (मैं हारी) इसके अच्छे उदाहरण हैं। मीर साहब ने ही इनका अलमस्त स्वभाव देखकर इन्हें खान मस्ताना नाम दिया था, और मीर साहब ही अपने साथ खान मस्ताना को मिनर्वा में लाए थे ।

परी चेहरा नसीम

'पुकार' का एक दृश्य

मिनर्वा की 'वासंती' (1938) में तेम्बे के साथ मीर साहब भी संगीतकार थे पर मीर साहब की सबसे चर्चित फ़िल्म थी सोहराब मोदी के अभिनय और परी चेहरा नसीम के शाही सौंदर्य से सजी 'पुकार' (1939)। इस फ़िल्म में सी. रामचंद्र उनके सहायक थे और 'तुम बिन मोरी कौन खबर ले' (शीला) जैसे कुछ गानों की धुनें उन्होंने ही बनाई थीं। सोहराब मोदी की खर्चीली और महलों के भव्य सेटों से भरपूर ऐतिहासिक फ़िल्मों में 'पुकार' पहली थी, और कमाल अमरोही की पटकथा ने फ़िल्म में जान फूँक दी थी । मीर साहब के संगीत में नसीब बानो का गाया दार्शनिकता के भाव को समाहित करता 'ज़िंदगी का साज़ भी क्या साज़ है' अपनी मर्मस्पर्शी धुन और धीमी लय पर सुरों के लहराव के प्रभाव के कारण आज भी याद किया जाता है। इस गीत को मीर साहब के कम्पोज़ किए गए सबसे खूबसूरत गीतों में शुमार किया जा सकता है। 'धोए महोबे घाट हो हो धोबिया रे' (सरदार अख्तर साथी) की लोकसंगीत की शैली भी खूब ही चली थी। भक्तिरस से पूर्ण 'तुम बिन हमरी कौर खबर ले गोवर्धन गिरधारी' (शीला), 'साँवरवा ला वही रे साँवर' (नसीम, सरदार अख्तर), 'काहे को मोरे छेड़े रे' (सरदार अख्तर, साथी) और 'गीत सुनो वह गीत भैया' (शीला) की रूमानियत और लचक भी खूब सराहे गए थे । नसीम और शीला का ही गाया 'ईद की सादतें' और मेनकाबाई का महफ़िली अंदाज़ का 'दिल में तू आँखों में तू' भी उस वक्त लोकप्रिय हुए थे। नसीम बानो की आवाज़ का सबसे सुंदर इस्तेमाल मीर साहब ने ही किया। फ़िल्म 'मैं हारी' (1940) के 'गंगा के उस पार' गीत में भी नसीम की आवाज़ अच्छी खिली थी। पर इस फ़िल्म का सबसे मशहूर गीत रहा था खान मस्ताना के स्वर में 'पनघट पे एक छबीली'। हलका क्लासिकी रंग लिए इस गीत के साथ—साथ ऑरकेस्ट्रा भी खूब जमा था।

सोहराब मोदी की अन्य भव्य फ़िल्म 'सिकंदर' (1941) में भी मीर साहब की कम्पोज़ीशन सुनने को मिलती है। द्वितीय विश्वयुद्ध की पृष्ठभूमि में उस वर्ष प्रासंगिकता को रेखांकित करता और साथ-साथ उस पर प्रश्नचिह्न लगाता यूनानी सिपाहियों के जोशीले अंदाज़ पर फ़िल्माए गए 'ज़िंदगी है प्यार से, प्यार में बिताए जा' (खान मस्ताना, साथी) का अपना ऐतिहासिक महत्त्व था। यह गीत आज भी उतना ही याद आता है जितना इस फ़िल्म में पृथ्वीराज कपूर और सोहराब मोदी का जानदार अभिनय। इस फ़िल्म में मीर साहब और रफ़ीक गजनवी दोनों ने ही संगीत दिया था और यह गीत रफ़ीक की कम्पोज़ीशन थी। वहीं द्वितीय विश्वयुद्ध में जीत की कामना करता मीर साहब द्वारा रचित 'जीते देश हमारा' (शीला, साथी) गीत उन दिनों राजकीय-सामाजिक समारोहों के अंत में गाया जाता था। शीला उर्फ़ रोशनआरा के मीठी मराठी स्पर्श लिए इस ज़माने की नाटक कम्पनियों की प्रचलित शैली के 'सावन के दिन आए', 'फुलवारन में लागे चोर मलिनिया सो रही' जैसे गीत भी लोकप्रिय रहे थे। मिनर्वा की ही 'फिर मिलेंगे' (1942) में मीर साहब ने अधिकांश

गीत मेनका और सरदार अख्तर से गवाए थे। बाद में इन्हीं सरदार अख्तर ने प्रसिद्ध निर्माता-निर्देशक महबूब से शादी की थी। 'सिपाही तूने जीत लिया मैदान लड़ता चल तू' (सरदार अख्तर) को कुछ लोकप्रियता भी मिली थी, पर 'पगले काहे होत अधीर' (मेनका), 'आ मन तुझको समझाएँ' (सरदार अख्तर) जैसे गीत नहीं चल पाए। मिनर्वा के 'पत्थरों का सौदागर' (1944) के 'पी शराब, क्यों हिजाब, आज कल शबाब है' (राजकुमारी, साथी) 'परदेसी निकला चोर' (शीला, राजकुमारी) आदि गीत भी अच्छे कम्पोज़ीशन के बावजूद सफल नहीं हुए।

'लाल हवेली'

दरअसल मीर साहब के संगीत में व्यावसायिक लोकप्रियता के तत्त्व कम थे। उनके संगीत को सुनकर गावतकियों और मसनदों की पुरानी महफ़िलों और दादरों, गज़लों के दौर का आभास होता है, जब संगीत एक परिष्कृत सम्भ्रांत वर्ग विशेष द्वारा पोषित किया जाता था। आम आदमी को लुभानेवाले तत्त्व उनके संगीत में यदाकदा ही आए। रिद्म पर उनका जोर बहुत कम था और ऑरकेस्ट्रेशन में तबले, हारमोनियम और एकाध वाद्यों के अलावा उन्होंने कम ही प्रयोग किए। मुशायरे महफ़िलों में फबनेवाली शायराना धुनों पर ही इनका विश्वास रहा। यह विश्वास मिनर्वा से अलग जाकर बॉम्बे सिनेटोन की सुरेन्द्र, नूरजहाँ और बच्ची नूरजहाँ के रोल में मीना कुमारी द्वारा अभिनीत 'लाल हवेली' (1944) के संगीत में भी मुखर हो उठता है, विशेषकर सुरेन्द्र के गाए मशहूर गीत 'यही फ़िक्र है शाम पिछले सवेरे, हसीनों की गलियों के हो हेरे फेरे' में। रबाब आधारित इस धुन में धीमी अदायगी के साथ गज़ल की पूरी लज्ज़त उभर आई है। इसी फ़िल्म में तबले के लाजवाब ठेके के साथ 'क्यों मन ढूँढ़े प्रेम नदी का किनारा' (सुरेन्द्र), 'दिल लेकर मुकर न जाना' (नूरजहाँ, सुरेन्द्र) और नूरजहाँ के अकेले गाए 'बनती नज़र आती नहीं तदबीर नहीं' तथा 'तेरी याद आए साँवरिया' भी पुरानी शैली के ही गीत थे। वैसे ऑरकेस्ट्रेशन और रिद्म के नए-नए प्रयोगों का दौर दशक के अंत तक इतना हावी हो गया कि मीर साहब का संगीत लगभग विस्मृत-सा हो चला। 'ज़ीनत' (1945) में भी हाफ़िज़ खाँ के कम्पोज़ किए गीत तो सुपरहिट रहे, पर मीर साहब के गीत अधिक नहीं चल सके।

'त्रिया चरित्र' (1935) और दुर्गा खोटे के गाए 'रूठ गए क्यों कुँअर कन्हाई' जैसे 21 गीतों वाली 'नंद कुमार' (1938) जैसी फ़िल्मों के बाद मिनर्वा मूवीटोन जैसे बड़े बैनर की 'भरोसा' (1940) में संगीत देने का मौका मिला था संगीतकार **जी.पी. कपूर** को, पर कुछ विशेष सफलता हाथ नहीं लगी। 'नजराना' (1942) में उन्होंने संगीत देने के साथ-साथ फ़िल्म का निर्देशन भी किया (यह फ़िल्म मारवाड़ी भाषा में भी बनी थी) और आशिक हुसैन, अनुराधा तथा ललिता बाई से क्रमशः 'आँखों में अश्क दिल में गम लब पर हँसी हो', 'आँखों के आँसू बहे थे' और 'चुरा ली नैनन नें क्यूँ रात' जैसे प्रेम गीत गवाए। 'नज़राना' के लिए कलाकारों की तलाश में जी.पी.कपूर जब जोधपुर आए तो उन्हें एक युवा कलाकार बहुत भाया और उसे उन्होंने ब्रेक दिया। यह थे महीपाल जो आगे चलकर प्रसिद्ध अभिनेता और गीतकार बने और जिनकी खोज करने का श्रेय इस प्रकार जी.पी. कपूर को ही जाएगा। मिनर्वा की ही 'उलटी गंगा' (1942) में 'आजादी के वीरो, बढ़े चलो' (शीला, साथी) और 'ऐ आज़ादी के मतवालो' (लीला) जैसे देशभक्ति गीतों की रचना भी कपूर ने की, पर कुल मिलाकर सिने-संगीत में उनका योगदान कम ही रहा। वर्षों बाद नानूभाई वकील निर्देशित 'राजमहल' (1953) में गोविन्दराम के साथ संगीतकार के रूप में 'अदा-ओ-नाज़ को ज़ालिम तेरे शमशीर कहते हैं' (आशा, शमशाद, साथी) और 'इधर आओ एक बार फिर प्यार कर लें' (आशा, मदन, महेन्द्र) जैसे गीतों के साथ उनका नाम फिर आया था।

संगीतकार **दामोदर शर्मा** के नाम से आज की पीढ़ी पूर्णतः अपरिचित है, पर एक ज़माना था, जब वे चौथे-पाँचवें दशक की ढेर सारी फ़िल्मों के संगीतकार थे। पैरामाउंट के बैनर तले बनी फ़िल्मों में दामोदर शर्मा का संगीत एक आम बात हो गई थी। 'बगदाद का चोर' (1934) के 'रट ले उसका नाम तू बंदे' जैसे फ़कीरी गीत और 'दीदाए मस्ती की मस्तियाँ मस्ती भी हो रही है' जैसे सांसारिक गीत, 'चलता पुर्जा' (1934) के 'जय दुर्गे दुर्गति परिहारिणी' जैसे भक्ति गीत, 'हूरे बगदाद' (1934) के 'मैं आज कैसा मेरा आलमे शबाब आया' और 'न घबड़ा ए दिल शैदा' जैसे शायराना तबीयत के गीतों से उन्होंने अपनी विविधता का परिचय दिया। 'खूनी खंजर' (1935), 'तूफानी तमंचा' (1935), 'बंसरी वाला' (1936), 'बुलबुले ईरान' (1936), 'फ़र्जे अदा' (1936), जैसी फ़िल्मों में उनका संगीत असफल ही रहा। पैरामाउंट के बाहर भी शर्मा ने 'चीन का जादूगर' (1935), 'मिसर का सितारा' (1935, जो मशहूर साउंड रिकॉर्डिस्ट मीनू कत्रक की पहली फ़िल्म थी जिसमें शर्मा के अधूरे काम को मुन्नीबाई ने पूरा किया था और जो नूरजहाँ की भी पहली फ़िल्म थी), 'लहरी लुटेरा' (1937) में संगीत दिया था। इंडियन लिबर्टी के बैनर तले 'गुरु घंटाल' (1937), 'काला भूत' (1937), 'सिंहलद्वीप

की सुंदरी' (1937), 'तारणहार' (1937), 'अल्लादीन एंड द वंडरफुल लैम्प' (1938), 'भेदी बुर्का' (1938), और 'बाँके साँवरिया' (1938) जैसी कई फ़िल्मों को भी दामोदर शर्मा ने संगीतबद्ध किया था। 'बाँके साँवरिया' का वत्सला कुमठेकर का गाया 'बारी उमर लड़कैया न छेड़ो सैंया सेज चढ़त मोरी पायल बाजे' कुछ लोकप्रिय रहा था। एक अंतराल के बाद फिर पैरामाउंट की नानूभाई वकील निर्देशित 'मधु बंसरी' (1939) में बाँसुरी की मीठी तान के साथ 'कोयलिया कूक सुनाती', 'मनमोहन मुरली वाले', 'रंग रसिया आओ री' (वत्सला कुमठेकर) जैसे गीतों के साथ दामोदर शर्मा जुड़े। पैरामाउंट और इंडियन लिबर्टी दोनों ही के परचम तले नानूभाई वकील निर्देशित 'संसार नैया' (1939), पैरामाउंट की 'सन ऑफ अल्लादीन' (1939), 'सुनहरी टोली' (1939), 'अफ़लातून औरत' (1940), 'गोलीबार' (1940), 'रेशमी साड़ी' (1940), 'मेरे राजा' (1941), 'शेख चिल्ली (1947—खान मास्ताना के साथ)', मोहन पिक्चर्स की 'फ़रमान' (1942), 'मोटरवाली' (1942), 'सरोवर की सुंदरी' (1942—बशीर के साथ), 'नया ज़माना' (1943—रामगोपाल पांडे के साथ), 'जादुई झूला' (1943), 'जादुई क़िस्मत' (1944), 'अल्लाद्दीन' (1945), 'अलीबाबा' (1946—रामगोपाल के साथ) जैसी कई फ़िल्मों में इनका संगीत आया, पर अधिक नहीं चला। वैसे 'अलीबाबा' (1946) में उनकी धुन 'आँसू न गिरे' से ही मिलती धुन 'ज़ीनत' की 'आहें न भरी शिकवे न किए' में भी थी। मोहन पिक्चर्स की 'हूरे बगदाद' (1946) में पारम्परिक गज़ल शैली में 'ख्वाब में कौन मेरे आ के गया' अलबत्ता एक अच्छी कम्पोज़ीशन थी। वहीं रमणीक पिक्चर्स की 'दुलहन' (1943), 'रेखा' (1943), मोहन पिक्चर्स की 'जादुई बंसरी' और 'रतन मंजरी' (1948), प्रभा पिक्चर्स की 'जादुई चित्र' (1948) आदि में शर्मा का संगीत उपेक्षित ही रहा। दामोदर शर्मा अगले दशक में संगीत सहायक बनने पर मजबूर हो गये तथा कुछ फ़िल्मों में वे ए.आर. क़ुरैशी के संगीत सहायक रहे।

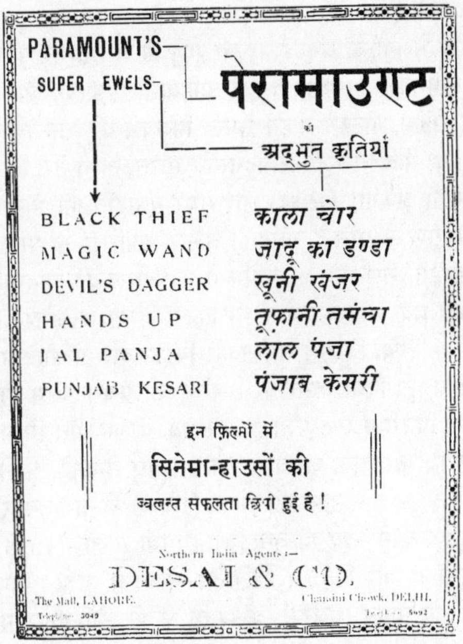

'पैरामाउण्ट' की फ़िल्मों का प्रचार

इम्पीरियल की मोती गिडवानी निर्देशित भारत की प्रथम सम्पूर्ण रंगीन फ़िल्म के रूप में चर्चित 'किसान कन्या' (1937) के संगीतकार होने का श्रेय **रामगोपाल पांडे** को जाता है। इस फ़िल्म में निसार और पद्मा देवी के गाए 'बोले आली मेरे सूने शांत हृदय में', 'ऐसा नगर बसाया' जैसे कई सुंदर गीत थे। बाद में संगीतकार बने गुलशन सूफ़ी ने भी 'चैन मेरा छीन लिया' गीत इस फ़िल्म में गाया था। पांडे ने 'मतवाली जोगन' (1936), इम्पीरियल की 'मेरे लाल' (1937—एच.सी. वाली के साथ) और 'वसंत बंगाली' (1938), सिने कलर की 'मदर इंडिया' (1938), फेडरल पिक्चर्स की 'एक्ट्रेस क्यों बनी' (1939), वाडिया की 'फ़्लाइंग रानी' (1934), मोहन पिक्चर्स की 'कैप्टन किशोरी' (1940) और 'दीपक महल' (1940—भगतराम के साथ), सर्किल पिक्चर्स की 'परफ़ेक्ट मैन' (1938), सुपर पिक्चर्स की 'डॉटर्स ऑफ इंडिया' (1939), मनसुख पिक्चर्स की 'चलती दुनिया' (1940), मोहन पिक्चर्स की 'तातार का चोर' (1940—भगतराम बातिश के साथ), 'बुलबुले बगदाद' (1941), 'शहज़ादी' (1941) तथा 'नया ज़माना' (1943—दामोदर शर्मा के साथ) और उसके बाद 'बंदूकवाली' (1944), 'अलीबाबा' (1946—दामोदर शर्मा के साथ), 'आँख का चाँद' (1946), 'बगदाद का चोर' (1946), 'हूरे जंगल' (1946), 'अंगूरबाला' (1947) जैसी कई फ़िल्मों में संगीत तो दिया पर उनके संगीत का कोई स्थायी प्रभाव फ़िल्म संगीत पर नहीं आ पाया। इसका एक कारण पांडे द्वारा ज़माने की परिपाटी के अनुसार ही संगीत देना था। वैसे पांडे में रिद्म की एकरसता कम थी, और 'अंगूरवाला' (1947) की 'रूत बसंत की आई' जैसी तेज रिद्म की कुछ झंकृत करने वाली रचनाओं का भी सृजन उन्होंने किया। पर संगीत संरचना में कमोबेश नवीनता की कमी और संरचना के भीतर रहकर ही थोड़ी-बहुत विविधता के ये प्रयास उन्हें बहुत आगे नहीं ले जा पाए।

आरम्भिक फ़िल्म संगीत के एक अग्रणी किंतु विस्मृत संगीतकार गुजरात के **एस.पी.राणे** भी थे। सागर मूवीटोन की बोलती फ़िल्मों के वे पहले संगीतकार थे। 'माया बाज़ार' (1932) और 'मीरा बाई' (1932) उनकी उल्लेखनीय आरम्भिक फ़िल्में थीं। मीरा पर बनी हिंदी फ़िल्मों में बोलते युग की इस प्रथम फ़िल्म में 'मेरो तो गिरधर गोपाल', 'दरस बिन दूखन लागे नैन' जैसे कई भजन

थे जो ज़ुबैदा पर फ़िल्माए गए थे । बेहद प्रसिद्ध गुजराती फ़िल्म 'नरसिंह मेहता' (1932—जो गुजराती की प्रथम फ़िल्म थी) के प्रभाती एवं भजनों के संगीतकार भी राणे ही थे। सागर मूवीटोन की जाल मर्चेंट और ज़ुबैदा अभिनीत 'ज़रीना' (1932), 'चंद्रहास' (1933), 'महाभक्त' (1933), 'मिर्जा साहिबान' (1933), 'प्रेमी पागल' (1933) के अलावा राणे ने महालक्ष्मी लिमिटेट, बम्बई की 'बुलबुले पंजाब' (1933), गोल्डन मोहन साउंड पिक्चर्स की 'आजकल' (1934) में भी संगीत के सुर बिखेरे थे। 'गृहलक्ष्मी' (1934) में के.सी. डे का गाया गीत 'न रंज कर बदनसीब भारत, अभी तेरी है आबरू बाकी' काफ़ी चर्चित रहा था। सागर की ही 'फैंटम ऑफ़ द हिल्स' (1934), 'सती अंजनी' (1934) और मयूर मूवीटोन की 'बनारसी ठग' (1936) के बाद प्रफुल्ल घोष द्वारा निर्मित और निर्देशित 'माँ' (1936) में राणे ने प्रसिद्ध गायिका कमला झारिया से 'मन की बतियाँ कासे बोलूँ' और 'रह रह उठती टीस हृदय में' जैसे गीत गवाए। एम.पी. राणे की अन्य फ़िल्मों में 'औरत की ज़िंदगी' (1937), 'इम्पीरियल मेल' (1939) आदि कुछ विशेष नहीं रहीं और दशक के अंत तक राणे का नाम भी फ़िल्म जगत से ओझल हो गया।

एक विस्मृत संगीतकार **विट्ठलदास पाँचोटिया** भी थे, जो अन्य कई संगीतकारों की तरह मादन थियेटर्स, कलकत्ता की फ़िल्मों में संगीत दिया करते थे । भारत की प्रथम हास्य फ़िल्म 'मुफ़लिस आशिक' (1932) में वे नायक, गायक और संगीतकार तीनों ही थे। फ़िल्म में एक पंजाबी और एक बंगला गीत मिलाकर कुल 29 गीत थे जिनकें विट्ठलदास के गाए 'अपने आशिक को न तरसाया करो', 'बस एक जलवे में हम बन गए सौदाई', 'खूने जिगर पीते हैं बन ग़म ग़म में तेरे यार' जैसे गीत शामिल थे। विट्ठलदास जी के अनुसार 'इंसाफ़ का तोप' (1934) के संगीतकार के रूप में हालाँकि नाम उनके गुरु नागरदास का है, पर वास्तव में गीतों की धुनें उन्होंने स्वयं ही बनाई थीं। 'गैबी गोला' (1935) के भी प्रमुख संगीतकार विट्ठलदास ही थे। बिट्ठलदास पाँचोटिया प्रतिभा के धनी थे और निर्देशन, अभिनय—सभी में उन्होंने अपना जौहर दिखाया था।

मादन थियेटर्स, कलकत्ता के ही संगीतकार **मास्टर मोहन** भी थे जिनकी संगीतबद्ध और कज्जन तथा पेशेंस कपूर अभिनीत 'पति भक्ति' (1932) का गीत 'जगदीश गुण गाया नहीं गायक हुआ तो क्या हुआ' बहुत लोकप्रिय रहा था। यह भी एक रोचक तथ्य है कि दशकों बाद इसके ठीक विपरीत भाववाला मुकेश का गैरफ़िल्मी भजन 'सुर की गति मैं क्या जानूँ, एक भजन करना जानूँ' भी बहुत हिट रहा था। मास्टर मोहन पारसी थियेटर की दुनिया में भी कलाकार और संगीतकार के रूप में अपना स्थान रखते थे।

प्रो.बी.आर. देवधर को शास्त्रीय संगीत के प्रकांड विद्वान (उन्हीं के नाम पर देवधर स्कूल ऑफ़ म्यूज़िक है) के रूप में तो सभी जानते हैं, पर यह कम ही लोग जानते होंगे कि फ़िल्म संगीत के आरम्भिक दौर में उन्होंने शारदा मूवीटोन की 'सस्सी पुन्नू' (1932) और प्रसिद्ध अभिनेता जयराज की प्रथम बोलती फ़िल्म ईस्टर्न फ़िल्म्स लि., हैदराबाद की 'शिकारी' (1932) जैसी फ़िल्मों में संगीत दिया। नागेन्द्र मजूमदार निर्देशित 'पतित पावन' (1933) में 'आओ लाओ फूलों के कमान तानो सखि राग रचो', 'सांचे मन के सीता', 'मेरा गान सुनिए ज़रा' जैसे शास्त्रीय राग आधारित सुंदर गीतों का सृजन तथा 'ज़हरे-इश्क' (1933) में गालिब की मशहूर गज़ल 'नुक्ताचीं है गमे दिल' की कम्पोज़ीशन भी देवधर ने बखूबी की थी। वीणा पिक्चर्स की स्वयं द्वारा निर्मित 'नीला' (1935) में भी देवधर ने 'प्रेम पथिक क्यों उदास', 'फूलन लागी फुलवारी', 'कैसे झूलूँ अकेली चमेली की डार रे' जैसे सरस लयपूर्ण गीत बनाए थे। सरोज मूवीटोन की 'राइफ़ल गर्ल' (1938), रोज़ पिक्चर्स की खुर्शीद की अदाकारी वाली 'धर्मबंधन' (1940), नूतन पिक्चर्स की 'मदारी मोहन' (1940—के. नारायण राव के साथ), जनक पिक्चर्स की 'अंगूठी' (1943—अशोक घोष और भोजक के साथ), जनक पिक्चर्स की 'मास्टरजी' (1943—एन. मजूमदार के साथ) में भी उनका संगीत था। प्रसिद्ध गायिकाओं—लक्ष्मीशंकर और सरस्वती राणे ने भी बी. आर.देवधर से संगीत शिक्षा पाई थी।

शांता आप्टे और शाहू मोडक के बाल अभिनय की प्रथम फ़िल्म सरस्वती सिनेटोन की पेंढारकर की 'श्याम सुंदर' (1932) के संगीतकार थे **बापूराव केतकर**। इस फ़िल्म में उन्होंने राधा की भूमिका में शांता आप्टे से 'दर्शन दो भगवान' व 'दरस दिखा दो जामों का साँवरिया' और शाहू मोडक से 'उसे कौन मारे जिसे प्रभु जी सँभाले' जैसे लोकप्रिय गीत गवाए थे। यह सम्भवतः प्रथम भारतीय फ़िल्म थी जिसने सिल्वर जुबली मनाई थी (बम्बई के न्यू वेस्टएंड में)। 'सती सुलोचना' (1935) में भी केतकर ने संगीत दिया था। केतकर शास्त्रीय संगीत के उन उस्तादों में गिने जाएँगे जिन्होंने इक्का-दुक्का फ़िल्मों में अपनी किस्मत आजमाई पर मूलतः शास्त्रीय संगीत से ही जुड़े रहे। प्रसिद्ध शास्त्रीय संगीतज्ञ भास्कर बुआ बाखले के शिष्य केतकर ने काफ़ी हद तक शास्त्रीय संगीत में भास्कर बुआ की परम्परा को ही आगे बढ़ाया था।

गोविन्दराव तेम्बे और केशवराव भोले जितने बड़े और वैभवशाली तो नहीं, पर मराठीभाषी ढेरों संगीतकारों में हिंदी सिने संगीत में अपेक्षाकृत महत्त्वपूर्ण भूमिका निभानेवाले आरम्भिक दौर के संगीतकारों में **अन्ना साहब माइनकर** और **दादा चाँदेकर** के नाम प्रमुख

हैं। अन्ना साहब माइनकर का जन्म 1904 में पुणे के पास के साँगली में हुआ था। उनके वकील पिता ने अन्ना साहब के बचपन से ही संगीत के शौक का आदर किया और अल्लादिया खाँ तथा अब्दुल करीम खान से उन्होंने शिक्षा ग्रहण की। बम्बई में उनके प्रोग्राम भी होने लगे तथा कर्नाटक और हिंदुस्तानी शैली की संगीत शिक्षा बड़ौदा, मैसूर और इंदौर राज्यों में जारी रही। फिर अन्ना साहब लखनऊ आए और वहाँ जमालुद्दीन बक्श से उत्तर भारतीय संगीत की बारीकियाँ सीखीं। लखनऊ के कई प्रतिष्ठित घरानों में उन्हें शिक्षक का काम भी मिला पर उनकी स्वतंत्र प्रवृत्ति को यह अधिक दिनों रास नहीं आया। फ़िल्मों में आने के पूर्व ही एच.एम.व्ही. से उनके रेकॉर्ड निकल चुके थे। अन्ना साहब बड़े मृदुभाषी और विनोदप्रिय थे तथा फ़िल्म नगरी में काफ़ी सफल रहे।

अन्ना साहब माइनकर

सरस्वती सिनेटोन पूना की प्रसिद्ध तबला नवाज़ अहमद जान थिरकवा के तबलावादन से सजी फ़िल्म 'आवारा शहज़ादा' (1933), 'भक्त प्रह्लाद' (1934) और 'भेदी राजकुमार' (1934) उनकी आरम्भिक फ़िल्में थीं। 'आवारा शहज़ादा' में माइनकर ने शाहू मोडक की आवाज और अहमद खान थिरकवा की तबले की संगत पर 'मुझे पामाल करके चल दिए मस्ताना चालों से' और 'मुहब्बत से मुझको बुलाना किसी का' जैसी सुंदर गज़लें कम्पोज़ की थीं।

अन्ना साहब माइनकर इम्पीरियल के अनुबंधित संगीतकार के रूप में सुलोचना, डी. बिल्लीमोरिया की 'अनारकली' (1935), दुलारी अभिनीत 'चलता पुरजा' (1935) और नंदलाल जसवंतलाल निर्देशित 'जंगल क्वीन' (1936) में कार्यरत रहे। 'अनारकली' में उन्होंने गालिब की गज़ल 'नुक्ताचीं है ग़मे-दिल' के अलावा 'न समझो कि दिल की लगी दिल्लगी' जैसा फ़िल्म का लम्बा थीम सांग भी कम्पोज़ किया था। 'पिया बिन नहीं आवत चैन', 'तेरे इश्क के चलन को मेरे दिल से कोई पूछे', 'भूल कर इश्क किया था' जैसे रूमानी गीतों की कम्पोज़ीशन फ़िल्म की कहानी के अनुरूप ही थी। 'चलता पुर्जा' में अन्ना साहब ने 'हो लाल गोकुल का उजियाला' और 'सुंदर श्याम हमारे प्यारे' जैसे सुंदर कृष्ण भक्ति गीत कम्पोज़ किए थे, पर शीघ्र ही इम्पीरियल से अलग होकर भी उन्होंने संगीत देना जारी कर दिया और वीनस पिक्चर्स की 'गुनहगार' (1936), हंस पिक्चर्स की विनायक निर्देशित और अभिनीत 'धर्मवीर' (1937) और 'प्रेमवीर' (1936), इम्पीरियल की 'गुलाम डाकू' (1936) में वे संगीतकार बने। 'हमारी बेटियाँ' (1936), 'महामाया' (1936), 'जंगल क्वीन' (1936), 'लयलो निहार' (1936—जिसमें उन्होंने सरला देवी से मंजर इलाहाबादी के लिखे कुछ गीत गवाए थे), 'शाने हिंद' (1936), 'डेंजर सिगनल' (1937), 'दुनिया क्या है' (1938) में भी वे संगीतकार थे।

अन्ना साहब माइनकर शास्त्रीय संगीत के अच्छे ज्ञाता थे तथा फ़िल्म संगीत में मराठी संगीत और शास्त्रीय संगीत दोनों को ही आधार बनाकर उन्होंने गीत कम्पोज़ किए। कई मराठी फ़िल्मों में उनका संगीत बहुत लोकप्रिय रहा था। अत्रे पिक्चर्स की जागीरदार निर्देशित सामाजिक सुधारवादी फ़िल्म 'चरणों की दासी' (1941) में वनमाला के लिए पार्श्व गायिका के रूप में शास्त्रीय संगीत गायिका और स्टेज अभिनेत्री सरस्वती राणे से अन्ना साहब ने कई गीत गवाए जिनमें 'अमुआ पे आई अनोखी बहार' बहुत हिट रहा था। इस फ़िल्म में एस.डी. बातिश ने भी 'देखो रे लोगो, चोर चुराय लिए जाय है' में अपनी आवाज़ दी थी। सनराइज़ पिक्चर्स के प्रसिद्ध निर्देशक व्ही.एम. व्यास के संचालन में बनी 'घर की लाज' (1941) में शांता हुबलीकर से उन्होंने महाराष्ट्र की नाट्यशैली में राग यमन पर आधारित 'गोकुल अब तो जाऊँ' और 'सजना, मैं तो कोई राह न जानूँ' जैसे गीत गवाए, जो अपनी आत्मीय शैली के कारण पसंद किए गए। पर इस फ़िल्म की सबसे खूबसूरत और लोकप्रिय रचना तो कल्याणी की गाई और एहसान रिज़वी की लिखी गज़ल थी— 'दिल है तुम्हारी याद की दुनिया लिए हुए'। यह वही कल्याणी थी जिनका नामकरण (असली नाम ज़रीना) न्यू थियेटर्स में उनके आगमन के बाद आर.सी. बोराल ने किया था और जिन्होंने पंकज मल्लिक के साथ 'मुक्ति' में काम भी किया था और गीत भी गाए थे। पंकज मल्लिक के साथ गाए 'मुक्ति' के सुप्रसिद्ध गीत 'शराबी सोच न कर मतवाले' की तर्ज़ पर ही अन्ना साहब ने कल्याणी से इस फ़िल्म में भी तेज वॉयलिन और गिटार पर वीणा का असर पैदा करती संगत के साथ, 'जवानी सुंदर छब दिखलाए' गवाया था। एहसान रिज़वी, कल्याणी और अन्ना साहब का साथ फिर व्ही.एस. व्यास निर्देशित 'प्रभात' (1941) में भी 'आ आरी निंदिया, रात के पर्दों में लहराती हुई' जैसी हिट मेलोडी के साथ चमका था। इसी फ़िल्म में मराठी होते हुए भी पंजाबी ढंग की गायकी वाली व बरकत अली खाँ से ठुमरी की शिक्षा पाई गायिका अभिनेत्री वत्सला कुमठेकर की मादक आवाज़ में उन्होंने 'गठरी तोर से बँधवाऊँ' और 'उषा हुई बहुरानी' जैसे गीत गवाए थे। 'सुख सुहाए साजना' (शांता, खान मस्ताना) भी बड़ा सुपरहिट गीत था। संजीवन आर्ट की माधव काले और राजकुमारी अभिनीत 'सच्चा सपना' (1942), प्रदीप पिक्चर्स की मोहन सिन्हा निर्देशित 'वकील साहब' (1943),

कीर्ति पिक्चर्स की 'आशीर्वाद' (1943) में अन्ना साहब के गीत विशेष सफल न हो सके और वे धीरे-धीरे भुला दिए गए। अस्वस्थता के कारण 1945 में मात्र 41 वर्ष की आयु में उनका निधन हो गया।

दादा चाँदेकर

दादा चाँदेकर इस दौर का एक बड़ा मशहूर नाम हुआ करता था। 19 मार्च, 1897 को कोल्हापुर में जन्मे शंकर विष्णु चाँदेकर ने नीलकंठ बुआ जंगम से राष्ट्रीय संगीत सीखा था तथा किर्लोस्कर और बलवंत नाटक कम्पनी में वर्षों हारमोनियम-वादक रहने के बाद वे कोल्हापुर सिनेटोन से जुड़े। 'स्वराज्य सीमेवर', 'नेताजी पालकर', 'लगन पहाव कएन' जैसी मराठी फ़िल्मों में तो वे वर्षों से सक्रिय रहे, पर हिंदी फ़िल्म जगत में भी पाँचवें दशक में मास्टर विनायक की निर्मित फ़िल्मों के लिए तो वे एक तरह से स्थायी संगीतकार रहे। निम्बालकर ने अपनी फ़िल्म 'कालिया मर्दन' (1935) में कृष्णलीला के गीतों के लिए चाँदेकर का संगीत लिया था। चाँदेकर ने वात्सल्य रस के यशोदा पर फ़िल्माए 'कन्हैया लाल प्यारा मेरा दुलारा', 'हे दीनबंधो धाओ मेरे लाल को बचाओ' जैसे बड़े सुंदर गीत रचे थे। इंदुबाला के गाए 'रात दिन मेरे दिल से यूँ खेल खेलना' और 'कृष्ण मेरे प्राण प्यारे' भी लुभावनी धुनों पर रचित गीत थे। विनायक ने अपनी फ़िल्म 'ब्रह्मचारी' (1938) में दादा चाँदेकर का संगीत लिया था। राष्ट्रीय स्वयंसेवक संघ के ब्रह्मचर्य के आदर्शों पर व्यंग्य करती इस हिट फ़िल्म में मीनाक्षी का गाया 'जमुना बीच खेलूँ खेल' (मराठी संस्करण में 'जमुना जली खेलु खेल') एक seduction song था जो खूब लोकप्रिय हुआ था। अभिनेत्री मीनाक्षी शिरोडकर आज की मशहूर अभिनेत्री नम्रता शिरोडकर की ही दादी थीं। परम्परागत शैली में 'सारंगी रसिया मिला' (मीनाक्षी, विनायक) भी मशहूर हुआ था। चाँदेकर ने विष्णुपंत जोग से 'रात दिन दरिया में' और 'रूप का मेला' जैसे सुंदर लावणी गीत गवाए थे।

'ब्रह्मचारी' का एक दृश्य

विनायक की इससे पहले की फ़िल्म 'ज्वाला' (1938) में गीत तो धम्मन खाँ ने कम्पोज़ किए पर पार्श्व संगीत दादा चाँदेकर का ही था। 'ज्वाला' ही वह फ़िल्म थी जिसकी असफलता ने हंस पिक्चर्स की बुरी दशा (इसके बाद की फ़िल्म 'ब्रह्मचारी' की सफलता के बावजूद) कर दी थी। मास्टर विनायक की 'ब्रांडी की बोतल' (1939) में भी दादा चाँदेकर ही संगीतकार थे। इस फ़िल्म में अपने समय के राजनीतिक माहौल को प्रखरता से प्रस्तुत करते 'झंडा ऊँचा रहे हमारा', 'लेंगे लेंगे केसरिया स्वराज लेंगे' के अलावा एक व्यंग्य गीत 'बगीचा ये सरकारी काहे ये तोड़ी कली चम्पा की' के द्वारा जीवन के हर पहलू में अंग्रेजी सरकार की दखलंदाजी और racism के विरुद्ध स्वर उठाने का प्रतीकात्मक प्रयास था। हंस पिक्चर्स की 'घर की रानी' (1940) में चाँदेकर ने बड़ा कोमल संगीत दिया था। मीनाक्षी के गाए 'पिया देखो जल में चाँद ढल गया', 'साजन बिन सावन सूना', 'सहेली साँझ दिया बाती', 'मेरी सेजों के सिंगार प्राण के प्राण तुम्हीं रसिया', 'नयना बरसे दैया', 'मेरी मेहँदी रंग ले आई' (मास्टर विनायक के साथ) जैसे गीत इसी फ़िल्म में थे। हंस पिक्चर्स की व्यावसायिक असफलता के बाद जब मास्टर विनायक ने 'नवयुग चित्रपट' का निर्माण किया तो दादा चाँदेकर को संगीतकार के रूप में जारी रखा और 'अमृत' (1941) में पुनः उनके संगीत-निर्देशन में 'मेरे कैसे कटेंगे अकेले के दिन' (मीनाक्षी) लोकप्रिय रहा था। शराबी बने बाबूराव पेंढारकर की पत्नी के रोल में ललिता पवार पर फ़िल्माए 'बोलो प्यारे प्यारे बोल बोलो' भी काफ़ी सराहा गया। मराठी नाट्य-संगीत का दादा चाँदेकर के संगीत पर प्रभाव 'अमृत' के गीतों की तानों में साफ़ झलकता है। नवयुग की ही 'संगम' (1941) में दादा चाँदेकर ने प्रसिद्ध साहित्यकार अमृतलाल नागर के लिखे 'कलकत्ते से आया नवाब अटरियन झाँके' (वत्सला कुमठेकर), 'धीरे-धीरे डोले चाँद का पलना' (श्यामा बाई), 'आ जा आ जा मेरे नैनन बीच समा जा' (मीनाक्षी, सुरेश) जैसे 13 गीतों एवं सुप्रसिद्ध छायावादी कवि जयशंकर प्रसाद के लिखे 'अरे कहीं देखा है तुमने' (मीनाक्षी) को सुरों में ढाला था। नवयुग

के परचम तले 'लड़ाई के बाद' (1943) में स्नेहप्रभा और शाहू मोडक के युगल स्वरों में 'क्या लुत्फ़ है जीने में' और 'फिर जा लगे गगन से टूटे हुए सितारे' जैसे गीतों के अलावा दादा चाँदेकर ने स्नेहप्रभा से 'सजनी चाँद निकल आया, मैं क्यूँ न नाचूँ', एक अंग्रेजी गीत 'I owe you' तथा गज़ल शैली में एक खूबसूरत कम्पोज़ीशन 'कोई ठिकाना हमें ज़ेरे आसमाँ न रहा' भी गवाई। इस गज़ल में दादा चाँदेकर ने सारंगी का बड़ा सुंदर इस्तेमाल किया था। नवयुग की 'दिन-रात' (1945) में स्नेहप्रभा प्रधान और परेश बनर्जी के युगल स्वरों में 'काहे को नैन मिलाए, नैन मिलाने वाले' की दादा चाँदेकर ने एक बड़ी मोहक धुन बनाई थी। नवयुग की 'मैं तेरा हूँ' (1947) और 'मोती' (1947—एस. असलम के साथ) के बाद दादा चाँदेकर ने नवयुग की ही 'फूल और काँटे' (1948) में कुछ बहुत अच्छे गीत कम्पोज़ किए। मुकेश से पहली बार गवाते हुए 'बल्ले बल्ले जवानी लहराए' की झूमती धुन के अलावा मीना कपूर के स्वर में रिद्मिक धुन पर 'न इधर के रहे न उधर के रहे' (हालाँकि एच.एम.व्ही. द्वारा रिलीज़ 'हिट्स ऑफ़ मीना कपूर' में यह गीत संगीतकार गिरधर का बताया गया है) काफ़ी लोकप्रिय रहा था। दादा चाँदेकर ने कई सारे मराठी नाटकों एवं गैरफ़िल्मी गीतों की भी संगीत रचना की थी। उनकी संगीतबद्ध रचना 'रूसला कान्हा' की धुन पर ही वर्षों बाद रोशन ने 'देवर' फ़िल्म का 'रूठे सैंया हमारे सैंया क्यों रूठे' की रचना की थी। यह तथ्य कम महत्त्वपूर्ण नहीं है कि अपने पिता से छुपाकर चोरी-चोरी 'ब्रह्मचारी' देखनेवाली लता मंगेशकर की 13 वर्ष की उम्र में अभिनीत फ़िल्म 'पहिली मंगलागौर' (मराठी) और इसी में लता के फ़िल्मों में गाए एक आरम्भिक गीत 'नब्ली चैत्राची नवलायी' के संगीतकार दादा चाँदेकर ही थे। अपने अंतिम वर्षों में दादा चाँदेकर पूना रेडियो स्टेशन वे संगीत संचालक के रूप में भी कार्यरत रहे। 27 जनवरी, 1976 को उनकी मृत्यु हुई।

उन दिनों एक बड़ा नाम था **मुश्ताक हुसैन** का। शास्त्रीय संगीत के उस्ताद माने जानेवाले मुश्ताक हुसैन के सहायक के बतौर तो नौशाद ने भी कुछ दिनों काम किया था। 'बागबान' और 'इंडस्ट्रियल इंडिया' जैसे चौथे दशक की फ़िल्मों में नौशाद उनके सहायक थे। ईस्ट इंडिया की प्रथम फ़िल्म 'औरत का प्यार' (1933), 'स्टेप मदर' उर्फ 'सौतेली माँ' (1935), 'बंगल टॉकीज़ की मधु बोस निर्देशित 'बला की रात' (1936), स्टार फ़िल्म्स, कलकत्ता की ज़लज़ला' (1936) मोहन पिक्चर्स की 'भेदी त्रिशूल' (1938) उनकी आरम्भिक फ़िल्में थीं। 'औरत का प्यार' में उन्होंने मुख्तार बेगम से अर्द्धशास्त्रीय अंदाज़ में कई गीत गवाए थे। पर उनका संगीत विशेष तौर से ए. आर. कारदार निर्देशित 'बागबान' (1938) में उल्लेखनीय रहा, जहाँ उन्होंने अशरफ़ खान से ठुमरी शैली में मुरकियों भरी 'रो रो नैन गवाऊँ सजनवा आन मिलो' और 'बसा ले अपने मन में प्रीत' तथा सितारा से 'सो जा मेरे लाल' जैसी अच्छी कम्पोज़ीशंस गवाई थीं। मुश्ताक हुसैन के संगीत को भी सुनते ही गावतकियों और मसनदों से सजी महफ़िलों का वह जमाना याद आ जाता है जब बड़े सुकून से पान, ज़र्दे, शराब और नृत्य के बीच गज़लों, ठुमरियों और दादरों का दौर चलता था। ज़माने की स्वतंत्रता प्रेम की हवा वाले अंतरे 'भारत माता है दुखियारी दुखियारे हैं सब नर-नारी, तू ही उठा ले फूँक कर मुरली, तू ही बन जा श्याम मुरारी, तू जागे तो दुनिया जागे' को भी 'बसा ले अपने मन में प्रीत' के बीच शास्त्रीय ठुमरी के ही अंदाज़ में ढालना एक प्रकार से इस दौर के संगीतकारों के सामाजिक आधार की सीमाओं को ही प्रकट करता है।

'बागबान' में नांदरेकर और विमलाकुमारी

बहरहाल, 'इंडस्ट्रियल इंडिया' (1938—अनिल विश्वास और एच.सी.बाली के साथ), 'पति-पत्नी' (1937—एच.सी.बाली के साथ), सुपर पिक्चर्स की 'कन्यादान' (1940), ईस्टर्न पिक्चर्स की 'बादल' (1942), हिंद पिक्चर्स की 'छेड़ छाड़' (1943), भारत प्रोडक्शंस की 'डू ऑर डाई' (1944—केलकर के साथ), स्टार की 'दासी या माँ' (1946), नेशनल आर्टिस्ट की 'बॉम्बे' (1949—चेतूमल के साथ) जैसी कई फ़िल्मों में मुश्ताक हुसैन ने संगीत दिया, और उनकी शैली कमोबेश शास्त्रीय आधारवाली रचनाओं, ठुमरियों और पारम्परिक गज़लों के इर्द-गिर्द ही घूमती रही। 'जो खिज़ाँ हुई वो बहार हूँ, जो उतर गया वो खुमार हूँ' ('औरत का प्यार'), 'दर्द हो

साजिश हो बेतानी हो' और 'साकी तेरे कुर्बान मतवाला कर दे' (फ़ख्रे आलम कव्वाल—'स्टेप मदर'), अनीस लिखित 'इशारे क्या निगाहे—नाच दिलरूबा के चले' (स्टेप मदर), 'सनम तुम्हारे रसीले नैना', 'साकी तू पिला दे शराब का एक जाम' ('बला की रात') जैसे गीत इसके स्पष्ट उदाहरण हैं। मुश्ताक हुसैन के गीज आज पूर्णतः विस्मृत हो चुके हैं। 'भेदी त्रिशूल' के 'जिसे आसमाँ से गिरा दिया वो मिटा हुआ सा मज़ार है', 'इन शोख हसीनों पे जो माइल नहीं होते' और 'एक रोज़ का रोना हो तो रो कर सबर आए' अब किसे याद होंगे? 'बादल' के 'जीना क्या है मरना क्या' (अफ़जल लाहौरी), 'धीरे-धीरे चुपके चुपके' (अमीरबाई), 'आओ चलें उस पार सजनी' (अमीरबाई, ज़हूर रजा), 'छेड़-छाड़' (1943) का दुर्रानी का गाया 'पी कहाँ गाए जा बावरे', 'दासी या माँ' (1946) के 'गा मेरे मन गा' (शाहू मोडक, शांतारीन) और 'न सुनो मुझसे दास्ताँ मेरी' (शाहू मोडक, शांतारीन), 'बॉम्बे' (1949) का 'अब तो चुप रहने की आदत हो गई' (राम सहगल) जैसे गीतों के साथ मुश्ताक हुसैन भी धीरे-धीरे धूमिल होते गए।

दशक के भूले-बिसरे संगीतकारों में एक थे **बसंत कुमार नायडू**। रेक्स पिक्चर्स की जाल मर्चेंट और वत्सला कुमठेकर अभिनीत 'पक्के बदमाश' (1939) में इनके संगीतबद्ध गीतों में एक अंग्रेजी गीत भी था—'How sweet little sip of pinkish port'। रेक्स पिक्चर्स की ही 'थंडर' (1939), 'देश भक्त' (1940) के बाद रेक्स के बैनर से हट कर चंद्रा आर्ट प्रोडक्शंस (1940) की देशभक्ति पूर्ण फ़िल्म 'जंगे आज़ादी' (1940) में 'वीरो, वीरो, हो जाओ कुर्बान' जैसा उत्प्रेरक गीत बसंत कुमार की ही देन था। हरिश्चंद्र पिक्चर्स की 'रंगीला जवान' (1940), 'लहरी जीवन', (1941), ऍम्पायर पिक्चर्स की 'मेरे साजन' (1941—खान मस्ताना के साथ), कमला टॉकीज़ की 'सुहाना गीत' (1941), आर्टिस्ट कम्वाइन की डी.बिलीमोरिया निर्देशित 'जवानी की पुकार' (1942) जैसी फ़िल्मों के बाद नेशनल स्टुडियोज़ की 'लालाजी' (1942) में उन्हें अनिल विश्वास से भी 'मुहब्बत में रस्ते वो पेश आ रहे है' और 'निंदिया खोई दियो नैना में आए के' जैसे गीत गवाने का मौका मिला। भारत प्रोडक्शन की 'भागता भूत' (1943), 'सर्कस गर्ल' (1943—बलसारा के साथ), ईस्टर्न पि. की 'दावत' (1943), 'पी लो ऐ जानेवालो, दुनिया शराबखाना' (राजकुमारी, खान मस्ताना) जैसे गीत वाली रमनलाल देसाई निर्देशित 'मुहब्बत की जीत' (1943), खान मस्ताना और अनीस खातून के गाए 'तूने बहुत घरौंदे खेले' और 'पी कहाँ पी कहाँ' जैसे लोकप्रिय गीतों वाली 'नई ज़िंदगी' (1943), चंद्राआर्ट की 'वतन की पुकार' (1943), जय पिक्चर्स की निर्देशित 'बेड़ा पार' (1944), सेंट्रल पिक्चर्स की 'चमकती बिजली' (1946), कमला टॉकीज़ की 'टूटे दिल' (1947) जैसी फ़िल्मों के साथ वे कायम रहे पर संगीत की दृष्टि से बसंत कुमार दशक की प्रचलित एकरसतायुक्त ठेके के पारम्परिक गीतों के साथ कुछ विशेष यादगार उपलब्धि नहीं अर्जित कर पाए।

चौथे दशक में आए एक पूर्णतः विस्मृत संगीतकार **बशीर देहलवी** भी थे जिन्होंने ए.म. खान निर्देशित 'काला जिगर' (1939); 'रत्ना लुटारी' (फ़जल के साथ), 'भोली लुटारन' (1940), 'अल्लादीन लैला' (1941) और 'सरोवर की सुंदरी' (1942—दामोदर शर्मा के साथ) में संगीत देने के बाद सिल्वर फ़िल्म्स, बम्बई की 'झंकार' (1942) में राजकुमारी से खुसरो की प्रसिद्ध रचना 'काहे को ब्याही विदेश रे' तथा अमानत अली खान से 'नैहर से मैं चली पीहर को' गवाया था। उन्होंने प्रमिला के स्वर में एक पंजाबी गीत 'रात हनेरी माही वे वच चमकन तारे' को फ़िल्म में जगह दी थी। 'कलाकार' (1942) में बशीर देहलवी ने कई भाषाओं वाला एक गीत 'You are my sweetheart' भी कम्पोज़ किया था। बशीर देहलवी ने 'सहेली' (1942) में रतनबाई और पहाड़ी सान्याल से कई गीत गवाए थे, और 'उजाला' (1942) में रतनबाई तथा नसीम से। रतनबाई के स्वर में इस फ़िल्म का 'मैं गीत मधुर-मधुर सुनाऊँ, मैं मीठी लय में गाऊँ' आज एक बीते युग की याद दिलाता है। बशीर देहलवी की संगीतबद्ध एक अन्य फ़िल्म थी हुस्न बानो और याकूब अभिनीत 'कोशिश' (1943) जिसमें उन्होंने दुर्रानी से 'ऐ हिंद के सपूतो, जागो हुआ सवेरा' और 'हिंदुस्तान वालो गीता के वरक उलटो' जैसे देशभक्ति गीत गवाए थे । हुस्नबानो के 'आओ सजन, झुलाएँ' और 'मन का मीठा राग, खेले सुख का फाग' जैसे गीतों के बावजूद बशीर को लोकप्रियता नहीं मिली। 'बड़े नवाब साहब' (1944) के 'पास तुम हो तो दिल को करार है', 'दो दिन की है ये ज़िंदगी' जैसे अमीरबाई और हमीदा के शायराना गीत भी चले नहीं। पुनः ए.एम. खान के निर्देशन में बनी 'हवाई खटोला' (1946) भी पिट गई और वे एक गौण संगीतकार के रूप में भी आगे न बढ़ पाए।

बोलती फ़िल्मों के ग्लैमर ने कई संगीत ज्ञाताओं को संगीतकार बनने के आकर्षण के साथ फ़िल्मी दुनिया में खींचा। ग्लैमर का नया हौवा था और उस वक्त

तक असफलताओं और ठोकरों का फ़िल्मी दुनिया की बड़ी परम्परा नहीं बन पायी थी। इसलिए ढेरों संगीतकार अपनी किस्मत आजमाने आए, पर आरम्भिक बोलती फ़िल्मों के दौर में ही कई संगीतकार एकाध दो फ़िल्मों में ही चुक गए। असफलता की कहानी शुरू से ही शुरू हो गई। वहीं कुछ संगीतकारों ने कम ही फ़िल्मों में अच्छा संगीत दिया और उनके कुछ गीत लोकप्रिय भी रहे, फिर भी वे अधिक आगे न जा पाए। आइए, एक सरसरी निगाह इस दौर के ऐसे पन्नों पर डालें!

संगीतकार **राधाचरण भट्टाचार्य** ने राधा फ़िल्म कम्पनी, कलकत्ता की 'चार दरवेश' (1933) के बाद 'हरि भक्ति' (1934) में 'तुम अद्‌भुत हो राधा प्यारी', 'नीलकांत मणि सम अंग वरण' जैसे सरस भक्ति गीत कम्पोज़ किए थे। वहीं ईस्ट इंडिया फ़िल्म कम्पनी, कलकत्ता के बैनर तले निर्मित बेगम अख्तर के अभिनयवाली और उनके स्वर में 'वो असीरे दाने बला हूँ जिसे चैन तक भी न आ सके' जैसी गज़लों वाली फ़िल्म 'किंग फ़ॉर ए डे' (1933) के संगीतकार थे **मोतीबाबू** और **एन.आर.भट्टाचार्य**।

छत्रपति सिनेटोन, कोल्हापुर की हिंदी फ़िल्म 'कुरुक्षेत्र' (1933) के संगीतकार एक **भुर्जी खाँ** साहब थे, जिन्होंने फ़िल्म में नीलकंठराव चिखलीकर से 'चनलागिरि वासिनी शक्तियाँ' और 'धरणि पर शरण नहिं जाऊँ' जैसे धार्मिक दार्शनिक गीत गवाए थे। राष्ट्र सिनेटोन की अप्रदर्शित फ़िल्म 'जादूगरिन' (चौथा दशक) मे भी उनका संगीत था। भुर्जी खाँ साहब शास्त्रीय संगीत के अच्छे उस्ताद थे। मास्टर विनायक की फ़िल्मों की प्रसिद्ध गायिका-नायिका मीनाक्षी शिरोडकर ने उन्हीं से संगीत सीखा था। यह भी एक रोचक तथ्य है कि शोभा गुर्टू की गायिका माता मेनकाबाई भी उनकी शिष्या रही थीं।

संगीतकार **के.आर. गोरे** ने राजपूताना फ़िल्म्स की 'भूल का भोग' (1935) में संगीत दिया था पर चले नहीं। राधा फ़िल्म्स की निंबालकर और काली बर्मन की भूमिकाओं वालो 'दक्ष यक्ष' (1935) के संगीतकार के रूप में नाम था **मास्टर मंज़ूर** का। मास्टर मंजूर संगीतकार अमीर अली के छोटे भाई थे, और चूँकि अमीर अली एच.एम.व्ही. के साथ अनुबंधित थे इसलिए 'दक्ष यज्ञ' में संगीत देने के बावजूद नाम उनके छोटे भाई का आया। एक **अमीर साहब** भी हुए जो नॉवल्टी सिनेटोन की 'निर्दोष अबला' (1935) के संगीतकार थे। ये अमीर अली ही थे या कोई और, यह ज्ञात नहीं है।

एक और नाम जो क्षणिक रूप से आया और चला गया, **आर.टी.हीरा** का था जिन्होंने अशोक सिनेटोन की 'छप्पन छुरी' (1934), स्वास्ति पिक्चर्स की धीरूभाई देसाई निर्देशित 'दर्दे उल्फ़त' (1935), इंदु फ़िल्म कार्पोरेशन की जयराज-लीला चिटणीस अभिनीत, राजहंस निर्देशित 'बेरोज़गार' (1936), राय पि. की राजहंस की निर्देशित जयराज और लीला चिटणीस की ही जोड़ी की 'छोटी-सी दुनिया' (1939) और राय पिक्चर्स की 'जुआरी' (1939) को संगीतबद्ध किया था। पर इनका भी कोई यादगार प्रभाव न रहा। आदर्श चित्रा की सुकुमार चटर्जी निर्देशित 'धुआँधार' (1935) को संगीतबद्ध किया था **शूलपाणी मुखर्जी** ने। गीत तो कुछ खास नहीं थे, पर यह उल्लेखनीय फ़िल्म इसलिए मानी जाएगी चूँकि यह लीला चिटणीस के अभिनय की पहली फ़िल्म थी । **जी.ए.खान** ने जुबली सिने की 'गैबी इंसान' (1935) में संगीत दिया था। मशहूर निर्माता-निर्देशक भवनानी ने अपनी 'जंग बहादुर' (1935) में **जी.एस. देवालकर** को संगीतकार चुना था। भवनानी की 35 गीतों वाली (जिसमें अधिकांश सहगान थे) 'शादी की रात' (1935) और 'दिलावर' (1936) में भी वही संगीतकार थे। पर भवनानी की 'जागरण' (1936) में संगीतकार बनकर आए **एस.पी.मुखर्जी**।

ज़ोहरा 'कारवाने हुस्न' में

ब्रो. लहानू (कालकूट, 1935; सुंदरी, 1936), कंवल मूवीटोन के अनुबंधित संगीतकार **बी.बी. गांगुली** (कारवाने हुस्न और स्त्री धर्म, 1935), **प्रो.रत्नाकर** (मर्दे मैदाँ, 1935) **नवाब खान** (मिर्ज़ा साहिबान, 1935), **कन्हैया पवार** (नसीम के अभिनयवाली पहली फ़िल्म 'हैमलेट', 1935), **वामनराव सडोलीकर** (नागानंद, 1935), **जमशेदजी खान** (होमी मास्टर निर्देशित 'ज़ाते शरीफ़', 1936; 'नया ज़माना', 1935; 'जगत केसरी', 1937), **अब्दुल करीम खान** (मौत का तूफ़ान, 1935; वो कौन, 1935 और संभवतः अब्दुल करीम मास्टर के नाम से साधु या शैतान, 1939), **साबर खान** (माँ की ममता, 1936), **कांतिलाल पाठीगर** (प्रीत की रीत, 1935; पंजाब का सिंह, 1936; गुलबंद, 1937), **नीरेन लाहिड़ी** ('आशियाना', 1936), **आर.एस. पाठक** (भक्त चेला, 1936; सती पिंगला, 1937), **सरदार अमरसिंह** (डर्बी का शिकार, 1936; जांबाज़ मलिका, 1936 जैसी नेशनल पिक्चर्स की फ़िल्में और वर्षों बाद भी शांति पिक्चर्स की 'घर की नुमाइश', 1949 जो 1962 में पुनः 'जय हो मोह ब्बत की' के नाम से जारी की गई थी), **गोविन्दम** (जीवन ज्योति, 1937), **दयाल गोस्वामी** (रेडर्स ऑफ़ द रेल रोड, 1936), **चाकेकर हिन्दलेकर** (मेरा वतन, 1939), **के. एम. पवार** (पाक दामन, 1940), **एच.आर.भल्ला** (फ़िरोज दस्तूर के गीतोंवाली दिल्ली एक्सप्रेस, 1935), **मास्टर जियासुद्दीन** (शाही

लुटेरा, टाइपिस्ट गर्ल, 1935), **सोमनाथ पटपट** (श्री सत्यनारायण, 1935), **मुश्ताक अहमद बरेलीवाले** (ईस्ट इंडिया कम्पनी, कलकत्ता की कारदार निर्देशित 'सुल्ताना', 1934), **प्रो. जंगम** (शाहू चोर, 1936), **चिमनलाल शाह** (भारत का जीवन, 1937), **जोसेफ़ डेविड** (वामन अवतार, 1934—जिसके गीतकार भी वही थे), **क्यू.एस. ज़हूर** (प्रेम-यात्रा, 1937) जैसे ढेरों संगीतकार आते और जाते रहे।

जद्दन बाई के अलावा इस दशक की अन्य महिला संगीतकारों में एक **मुख्तार बेगम** ने भी अपनी अभिनीत फ़िल्म 'प्रेम की आग' (1936) में संगीत दिया था, भले ही उनका नाम आज कोई नहीं जानता हो। इस दौर की कई पेशेवर गानेवालियों ने फ़िल्मी दुनिया में कदम रखा था, अधिकांश तो अभिनेत्रियाँ-गायिकाएँ बनीं, पर कुछ ने अपने संगीत के ज्ञान से एकाध फ़िल्मों में संगीत निर्देशन भी कर डाला। ऐसा ही एक नाम था **गौहर कर्नाटकी** का, जो प्रसिद्ध गायिका अमीरबाई कर्नाटकी की बहन थीं। उन्होंने कई फ़िल्मों में प्रमुख भूमिकाएँ तो कीं ही, जयभारत मूवीटोन की 'चाबुक सवार' (1937) में संगीत भी दे डाला। तारा फ़िल्म्स की 'मेरी भूल' (1937) में संगीत देने का काम किया था **शिवरानी घोष** ने। 'अदले जहाँगीर' (1934) व सुरेन्द्र बिब्बो की मशहूर जोड़ी की फ़िल्म 'कज़्ज़ाक की लड़की' (1937) की संगीतकारा थीं **इशरत सुलताना**।

मिहिर किरण भट्टाचार्य का नाम आज कोई नही जानता, पर सहगल और न्यू थियेटर्स की ही 'देवदास' (1934) की तवायफ़ की भूमिका पर मशहूर हुई राजकुमारी को मुख्य भूमिका में लेकर बनाई गई न्यू थियेटर्स की 'कारवाने हयात' (1935) में उन्होंने अद्भुत गीत रचे थे । सहगल के स्वर में 'हैरत-ए-नज़ारा आखिर बन गई रानाइयाँ' तो आज भी अपनी मालकौंस आधारित अभूतपूर्व बंदिश से अभिभूत कर देता है । गज़ल शैली में 'दिल में तेरी निगाह जिगर तक उतर गई' (सहगल), 'ये कूच के वक्त कैसी आवाज़' (पहाड़ी सान्याल) भी हिट गीत थे। मिहिर किरण मशहूर संगीतकार तिमिर बरन के भाई थे।

प्रसिद्ध शात्रीय गायक **फ़िरोज़ दस्तूर** ने भी 'लाले यमन', 'काला गुलाब', 'वामन अवतार', 'बागे-मिश्र' जैसी कई आरम्भिक दौर की फ़िल्मों में गाया था, और कुछ में तो संगीत भी दिया था। 'लाले-यमन' की उनकी गायी 'कातिल तोरी नज़रिया' और 'जाओ सिधारो फतह पावो' बिलकुल शास्त्रीय रचनाएँ थीं। नरोत्तम व्यास निर्देशित 'सुनहरा बाल' (1938) के कई वर्षों बाद पुनः रुस्तम मोदी निर्देशित 'गुलबकावली' (1947—बुंदू खान के साथ) में उनकी संगीतबद्ध 'आलम शबाब का है' (मेनका, फ़िरोज़ दस्तूर), 'तूफ़ान खेज़ मौजें' (फिरोज दस्तूर), 'मैं तो गाऊँगी गीत' (मेनका), 'उन्हें किस्सा-ए-ग़म' (मेनका), 'जब तसव्वुर में तेरी तस्वीर' (मेनका), 'ये बाग ये बहारें' (फिरोज दस्तूर) जैसी कई अच्छी कम्पोज़ीशंस थीं।

संगीतकार **अमूल्य चरण विश्वास** का नाम भी इस दौर की कुछ फ़िल्मों में आता है। विनसेट पिक्चर्स की सरोजिनी (1937) के बाद मोहर पिक्चर्स की 'चाबुकवाली' (1938), 'जंगल का जवान' (1938), 'वीर बाला' (1938) में उनका संगीत था। प्रसिद्ध निर्देशक **हीरेन बोस** ने अपनी निर्देशित 'इंडिया इन अफ्रीका' (1939—सुधीर घोष दस्तीगार के साथ) में संगीत देते हुए विचित्र बोलोंवाला 'भीमी टाका उलुआ उलुआ बरमनि बस आ' गीत कम्पोज़ किया था। संगीतकार रहने से पहले एच.एम.व्ही. में स्थायी गायक कलाकार रहे **छैलाराम सोलंकी** उर्फ मास्टर छैला ने सबसे पहले पायनियर फ़िल्म्स, कलकत्ता की 'आतशी तूफ़ान' (1933) में संगीत दिया था। उस ज़माने के एच.एम.व्ही. के कई बेहद लोकप्रिय गीतों को स्वर देनेवाले पटियाले के भाई छैला यही छैलाराम थे या कोई और, मैं नहीं जानता। एजरा मीर निर्देशित मदान थियेटर्स की 'अनोखा प्रेम' (1934), 'गैबी गोला' (1935) के कुछ गीत, 'जहाँआरा' (1935) 'रशीदा' (1935), 'नारी राज' (1936), 'प्रेम की देवी' (1936), शांति मूवीटोन की 'सजीव मूर्ति' (1935), 'सती तोराल' (1935), आदि में मा. छैला का संगीत था। स्टार फ़िल्म्स की 'मि. 420' (1937) के बाद फिरोज निज़ामी की संगीतबद्ध प्रसिद्ध फ़िल्म 'विश्वास' (1943) में मास्टर छैला ने भी सुरेन्द्र के स्वर में एक गीत की तर्ज़ बनाई थी। दरबारी की छाया लिए 'गा नभ के पंछी गा' एक शास्त्रीयप्रधान उदात्त रचना की, जिसमें वॉयलिन की तीव्र गति के इंटरल्यूड्स आकर्षक थे।

गंधर्व सिनेटोन की बाबूराव पटेल निर्देशित 'सती महानंदा' (1933) के संगीतकार **एम.जी. तेम्बे** थे। कोल्हापुर सिनेटोन की भालजी पेंढारकर निर्देशित 'आकाशवाणी' (1934) के संगीतकार **गुंडोपंत बालावलकर** ने आगे भी कोल्हापुर में बनी भालजी की ही 'पार्थकुमार' (1934) के भक्ति गीतों को संगीत दिया। जागीरदार की निर्देशित 'होनहार' (1936) में उनके संगीत में शाहू मोडक ने गीत गाए थे। गंधर्व सिनेटोन की बाबूराव पटेल निर्देशित 'महारानी' (1934) में संगीतकार बने **एन. चाफेकर** जबकि गंधर्व सिनेटोन की बाबूराव पटेल निर्देशित 'परदेशी सैंया' (1935) में संगीतकार के रूप में **दिनकर राव अमेमवाल** को लिया गया। हिमालय पिक्चर्स की जागीरदार निर्देशित 'सिंहासन' (1934—अम्बिकाचरण मजूमदार के साथ), रूपम आर्ट्स की 'बिखरे मोती' (1935—जी.एस. मुले के साथ तथा सागर की मोतीलाल बिम्बो और कृष्णाकुमारी के अभिनय से सजी 'कैप्टेन कीर्तिकुमार' (1937) के संगीतकार थे **भास्कर राव**। 'तेरा है संसार सारा' (मोतीलाल), 'रैन अँधेरी चंद्र के खातिर' (बिम्बो), 'क्यों चले गये उस पार' (रामकुमारी) जैसे गीत लोकप्रिय रहे थे।

मास्टर मोतीलाल ने मदान थियेटर्स, कलकत्ता की कज्जन अभिनीत 'आँख का तारा' (1932) में लोकप्रिय संगीत दिया था। पायनियर फ़िल्म्स, कलकत्ता की 'कन्या विक्रम' (1934) में उन्होंने 'हमारा वो तुम्हारा है तुम्हारा वो हमारा है' जैसे गीतों के साथ कुल 21 गीत कम्पोज़ किए थे। पॉयनियर फ़िल्म्स की ही 'अस्मत का मोती' (1935), कलकत्ते में ही बनी 'डिवाइन सैक्रीफ़ाइस' (1935), 'बैंडिट ऑफ़ द एयर' (1936), 'नूर-ए-वहदत' (1936), 'सीता हरण' (1936) उनकी प्रमुख फ़िल्में थीं।

ए.आर. कुरैशी के दौर से पहले मोहन पिक्चर्स की 'साइकिलवाली' (1939) जैसी कुछ स्टंट फ़िल्मों के संगीतकार रहे थे **कृष्ण स्वामी,** वहीं फ़िल्म कॉर्पोरेशन ऑफ इंडिया द्वारा निर्मित प्रथम भारतीय हवाई चित्र 'आशा' (1938) के संगीतकार थे **विक्रम चौधरी।** इसी दौर के संगीतकारों में **प्रेम कुमार** (न होनेवाली बात, 1938, इम्पीरियल मेल, 1939—राणे के साथ) और **राम पाठक** (सिकंदर सिनेटोन की 'प्यारा दुश्मन', 1935) के भी नाम लिए जा सकते हैं। अजंता सिनेटोन की भावनानी निर्देशित प्रेमचंद की लिखी 'नवजीवन' (1935) के संगीतकार के लिए **कॉफ़मैन** को चुना गया था, पर गीत चले नहीं। **प्रो. रमज़ान खाँ** फ़िल्म 'जवानी का नशा' (1935) के संगीतकार थे, जिनमें बेगम अख्तर ने नायिका का रोल किया था और 'याद में तेरी जहाँ को भूलता जाता' जैसी ग़ज़ल और 'कोयलिया मत कर पुकार' जैसी ठुमरी शैली की रचनाएँ गाई थीं। कारदार निर्देशित 'मंदिर' के संगीतकार भी रमज़ान खाँ ही थे।

रॉयल सिनेटोन , बम्बई की 'आलिफ़ लैला' (1933) के संगीतकार **कीकूभाई याग्निक** ने विष्णु सिनेटोन की 'सूर्यकुमारी' (1933) में 'मधुर' के लिखे 'वसुधा सुधा मधुराधरा' और 'नटवर का मधुर कैसा विश्व नाट्य' जैसे लालित्यपूर्ण गीतों की धुनें बनाई थीं। 'अम्बरीश' (1934), 'बुलबुल परिस्तान' (1934), 'डोलती नैया' (1934), 'मीठी नज़र' (1935) 'शेवरलेट 1936' (1937), 'दुनिया क्या है' (1938—अन्ना साहब के साथ), 'फैशनेबुल वाइफ' (1938), 'तलवार का धनी' (1938) जैसी उनकी संगीतबद्ध कई फ़िल्में आईं पर अधिक लोकप्रियता उन्हें नहीं मिल सकी।

ईस्टर्न आर्ट्स, सिंध की बनी मोती गिदवानी निर्देशित 'इंसान या शैतान' (1933) के संगीतकार थे **चंडीराम** (संगीतकार बुलो सी. रानी के पिता) जिन्होंने 'प्रेम परीक्षा' (1935) में जद्दनबाई और मेहताब से गीत गवाए थे। 'यास्मीन' (1935) में उन्होंने अमीरबाई कर्नाटकी और रतनबाई से कई गीत गवाए थे। इन फ़िल्म पर पारसी थियेटर का काफ़ी प्रभाव था।

भारतीय पृष्ठभूमि पर विदेशी शैली को आकर्षित करने के लिए निर्मित इंग्लैंड के सहयोग से इंग्लिश-अमेरिकी शैली की रोमांटिक फ़िल्म 'कर्मा' (1933) के निर्माता हिमांशु राय ने यह फ़िल्म 'हिमांशु राय इंडो-इंटरनेशनल टॉकीज़' के बैनर तले बनाई थी। यह फ़िल्म हिमांशु राय और देविका रानी के बेवाक चुंबन दृश्य के लिए अधिक मशहूर रही थी और **अर्नेस्ट ब्रॉडहर्स्ट** के संगीत के लिए कम, हालाँकि अर्नेस्ट ने इस फ़िल्म में देविका रानी से 'Now the moon her light has shed' जैसा अंग्रेज़ी गीत भी गवाया था।

एक भूले-बिसरे नाम **मास्टर बसंत** का उल्लेख तो हमें अवश्य करना चाहिए। वे दवे ब्रदर्स की शंकर राव और पुतली अभिनीत 'रत्न मंजरी' (1935), मास्टर बिट्ठल अभिनीत 'राजतरंग' (1935) और कीकूभाई देसाई की लिखित और निर्देशित 'मध्यरात का मेहमान' (1938) के संगीतकार थे। फिर वर्षों बाद बॉम्बे फ़िल्म कम्पनी के स्वप्नचित्र 'मैजिक कैप' (1946) में उन्हें बतौर संगीतकार अवसर मिला। 'रिपोर्टर' (1946) के संगीतकार के रूप में मास्टर बसंत मंसूर का नाम भी आता है।

लक्ष्मी सिनेटोन की स्टंट फ़िल्म 'धरती कम्प' (1934) के संगीतकार **मूलराज कापड़िया** का संगीत हिट रहा, विशेषकर 'साँवरिया रे काहे मारे नजरिया', जिसे बाद में 'पन्ना' (1944) में अमीर अली ने राजकुमारी से गवाया। कई वर्षों के अंतराल के बाद चंद्रा आर्ट प्रोडक्शंस की दीनानाथ अशोक निर्देशित 'स्नेह लग्न' (1938) में उन्हें फिर संगीत देने का मौका मिला। 'वतनफ़रोश' (1943—पन्नालाल के साथ) में पुनः उनका संगीत था। चौथे दशक के अंत में **भीष्मदेव चटर्जी** का नाम भी फ़िल्म कार्पोरेशन ऑफ इंडिया कुछ उल्लेखनीय फ़िल्मों के संगीतकार के रूप में आया। चटर्जी मेगाफ़ोन रेकॉर्ड कम्पनी में बतौर कम्पोज़र काम करते थे। केदार शर्मा निर्देशित, प्रथम फ़िल्म ऑफ़ बीट फ़िल्म कार्पोरेशन ऑफ इंडिया के 'औलाद' उर्फ 'दिल ही तो है' (1939) में उन्होंने रमोला देवी और रामदुलारी से कई गीत गवाए। 'पाँव से रौंदा हमें अपनों ने' पारम्परिक गज़ल शैली की रचना की जबकि 'जानेमन नज़रें इधर तो कीजिए' जैसे रामदुलारी के गाए कई चलताऊ गीत भी फ़िल्म में थे। 'द राइज़' (1939) में उन्होंने केदार शर्मा के लिखे कई गीतों के लिए छाया देवी का स्वर लिया। फ़िल्म कार्पोरेशन की ही 'हिंदुस्तान हमारा' (1940) के उनके कम्पोज़ किए 'हिंदोस्ताँ के हम हैं हिंदोस्ताँ हमारा', 'भारत माता नीर बहाए', 'पहरे पे जो पर्वत है', जैसे गीतों ने देशभक्ति की भावना में रचे भारत के कई नौजवानों को प्रेरित किया। फ़िल्म कॉर्पोरेशन की 'कैदी' (1940) में चटर्जी ने ग़ालिब की दो मशहूर गज़लें 'दिल ही तो है न संगोखिश्त' और 'रहिए अब ऐसी जगह चल कर' को स्वरबद्ध किया था। भीष्मसेन चटर्जी बड़े पढ़े-लिखे व्यक्ति थे और मूलतः अंग्रेजी के शिक्षक थे। सचिन देव बर्मन ने भी उनसे सीखा था। शास्त्रीय संगीत के बहुत अच्छे ज्ञाता चटर्जी एक नर्म स्वभाव के साधु जैसे व्यक्ति थे और जल्दी ही फ़िल्मों

को छोड़ वे संन्यासी हो गए। फ़िल्मों से अधिक शास्त्रीय संगीत में उनका नाम है और ध्रुपद गायन के रूप में उनका कालजयी स्थान है। 1977 में उनकी मृत्यु हुई।

सागर मूवीटोन ने जद्दनबाई, याकूब अभिनीत 'नाचवाली' (1934) के लिए संगीतकार चुना **बलराम सिंह** को। बलराम के संगीत निर्देशन में जद्दनबाई ने कई गीत गाए थे। बलराम सिंह सागर की 'अनोखी मुहब्बत' (1934) के भी संगीतकार थे। प्रीमियर फ़िल्म्स की गुंजाल निर्देशित 'रात की बात' (1935) में भी उनका संगीत था। सुंदर मूवीटोन की 'तूफ़ान एक्सप्रेस' (1938) के संगीतकार थे **बलदेव नायक** जिन्होंने जाल मर्चेंट और राजकुमारी से कई गीत गवाए थे। बलदेव नायक ने कुछ अरसे तक मास्टर मोहम्मद और मधुलाल मास्टर के साथ सहायक संगीतकार के रूप में भी काम किया। वाडिया की 'जय स्वदेश', 'विजय कुमार' जैसी फ़िल्मों में वे मधुलाल के सहायक थे। वाडिया की 'मंथन' (1941) के 'मेरे जीवन की आशाएँ' (राजकुमारी) और 'जीवन की आशाएँ बड़ी-बड़ी थीं' (राजकुमारी, साथी) जैसे गीत चले नहीं। फिर वर्षों बाद हरिश्चंद्र पिक्चर्स की 'इनाम' (1946) और 'लाट साहब' (1946) में काम मिला। आचार्य आर्ट की 'शतरंज' (1946—मास्टर माधवलाल के साथ) में भी उनका संगीत अनसुना ही रह गया। महालक्ष्मी सिनेटोन ने नानूभाई वकील निर्देशित 'ननंद-भौजाई' (1934), 'नंद के लाला' (1934) और प्रेमचंद के प्रसिद्ध उपन्यास 'सेवासदन' (1934) के लिए संगीत का काम सौंपा था **दिनकर एस. बिडकर** को। महालक्ष्मी सिनेटोन की स्थापना भारत की पहली टॉकी फ़िल्म 'आलमआरा' की नायिका ज़ुबैदा ने ही नानूभाई वकील के साथ मिलकर की थी। इस फ़िल्म में ज़ुबैदा और जद्दनबाई के साथ-साथ बेबी फ़ातिमा के नाम से छोटी-सी नरगिस ने भी अभिनय किया था। फ़िल्म में 'दयामयी भारत को अपनाओ' (समूह गीत) जैसा देशभक्ति गीत भी था तथा 'आईना रख दो कि घबराता है दिल' और 'शीशे से न रख मतलब ऐ साकिए मैख़ाना' जैसे जद्दनबाई के गाए ग़ज़लनुमा गाने भी थे। 'फूफाजी के आने पर खुशियाँ मनाएँगे', 'भाई सुधाकर मान कहा दो घर यूँ तू बर्बाद न कर' जैसे सामाजिक गीत भी दिनकर ने 'ननंद-भौजाई' में कम्पोज़ किए थे। 'नंद के लाला' (1934) में अधिकांशतः रासलीला के ही गीत थे। 'नंद के लाला' में भी अपवाद स्वरूप एक देशभक्ति गीत था—'दुराचार पापी करता देश बेसहारा' जो भारतवासियों की पराधीनता पर एक मार्मिक प्रस्तुति थी तथा सविनय अवज्ञा आंदोलन की असफलता के बाद के इस वर्ष में बहुत लोकप्रिय रही। 'इश्क लैला' (1934) में दिनकर का संगीत कथ्य के अनुरूप मुस्लिम परिवेश में पनपे रोमांस और इबादत का संगीत था। महालक्ष्मी की ही 'बॉम्ब शेल' (1935) में संगीतकार दिनकर राव ने खुर्शीद से 'देखो न मुझको बनाना', 'तेरी सूरत नज़र में है' और 'काहे जोबन पे इतराय' जैसे रोमांटिक गीत गवाए। महालक्ष्मी की 'गुलशने-आलम' (1935) के बाद एक दशक से अधिक के अंतराल के बाद दिनकर एस. बिडकर को बॉम्बे फ़िल्म्स की मास्टर विट्ठल अभिनीत 'जादूगर' और 'तलवारवाला' (1946) और सवेरा फ़िल्म प्रोडक्शन की 'मुहब्बत की दुनिया' (1946) में अवसर मिला पर गीत चले नहीं।

मोती गिडवानी निर्देशित मनहर मूवीटोन की 'नूर महल' (1934) में दुलारी के गाए 'राज के दोनों जहाँ मालिके कौनों मकाँ', 'लुत्फ़ जन्नत में कहाँ जो लुत्फ़ वीराने में है', 'बज़्मे आलम में रहो मेहरे दरख्शाँ होकर' जैसे गीतों के संगीतकार थे **दिलीपचंद बेदी**। बसंत पिक्चर्स की 'शाही लकड़हारा' (1934) के संगीतकार के रूप में बेदी ने भगवानदास से एक ठुमरी 'जबीं पर सादगी नीची निगाहें' के अलावा मारुति, बोहरा और तारा से कई गीत गवाए थे। 'वीर पूजन' (1934) में फिर भगवान दास से 'पिया नहीं आए मैं क्या करूं गुइयाँ' जैसी ठुमरी और मास्टर बच्चू से 'दूर से आए थे साथी' जैसी गज़ल गवानेवाले बेदी भास्कर बुआ के शिष्य थे, खुद भी बहुत अच्छे शास्त्रीय संगीत के ज्ञाता थे और लाहौर आदि शहरों के कई अखिल भारतीय स्तर के संगीत concerts में उन्हें विशेष तौर पर गाने के लिए बुलाया जाता था। प्राण नेविले की किताब 'लाहौर—ए सेंटिमेंटल जर्नी' में 6 दिसम्बर. 1937 से 22 जनवरी, 1938 तक लाहौर के मिंटो पार्क में चलनेवाले 'Arts & Industries Exhibition' का विज्ञापन छपा है जिसमें पं. नारायण राव व्यास के साथ पं. दिलीप चंद बेदी के गायन के प्रोग्राम का भी ज़िक्र है।[4] हुस्नलाल सरीखे कई संगीतकारों ने उनसे संगीत सीखा था। **ए.एस. ज्ञानी** 'विजय मार्ग' (1938) में हूगन और अमान अली खाँ के साथ संगीतकार रहे। संगीतकार ए.एस. ज्ञानी ने भावनानी प्रोडक्शंस की 'दिलावर' (1936) में बी. देवासकर के साथ संगीत दिया था। 'चित्रलेखा' में झंडे खाँ के साथ ज्ञानी भी संगीतकार थे और उनके स्वरबद्ध 'ज़रा धीरे धीरे जाना' (रामदुलारी) को कुछ लोकप्रियता मिली थी।

संगीतकार **धम्मन खान** अपने उत्कृष्ट संगीत के कारण एकाध फ़िल्मों में ही संगीत देने के बावजूद यादगार रहेंगे। धम्मन खान मास्टर विनायक की हंस पिक्चर्स के बैनर तले बनी पहली फ़िल्म 'छाया' (1936) के संगीतकार थे। धम्मन खान शास्त्रीय संगीत के बहुत बड़े उस्ताद थे और शोभा गुर्टू की माँ मेनकाबाई भी उनकी शिष्या रही थीं। 'छाया' का संगीत शास्त्रीय आधारित संगीत का उत्तम उदाहरण है। 'गूँजत क्यों भँवरा' (रत्नप्रभा) में शास्त्रीय तानों का बड़ा सुंदर प्रयोग था, इंदिरा वाडकर के गाए लोकप्रिय गीत

'अँधियारी रजनी है' और 'मतवाली मोहिनी' का अदम्य आकर्षण था और चकबस्त की कविता पर आधारित 'रखिया बँधाओ भैया' (रत्नप्रभा) में राग मांड का अद्भुत इस्तेमाल था। विनायक ने उन्हें फिर 'ज्वाला' (1938) में अवसर दिया जिसमें उन्होंने पुनः रत्नप्रभा से कई अच्छे गीत गवाए। फ़िल्म तो बुरी तरह पिट गई (और जैसाकि हम पहले भी कह चुके हैं, उसकी असफलता ने हंस पिक्चर्स की भी हालत ख़राब कर दी), पर रत्नप्रभा के गाए 'किस विध बाजे हो सितार', 'दीवानी दुनिया क्या जाने' आदि गीतों की संगीत रचना बड़ी सशक्त थी।

अभिनेत्री लीला मिश्रा की प्रथम अभिनीत फ़िल्म 'गंगावतरण' (1937) के भक्ति गीतों के संगीतकार थे **विश्वनाथ बुवा जाधव**। दादा साहब फालके ने अपने retirement से शाहू महाराज, कोल्हापुर के आमंत्रण पर वापस आकर इस फ़िल्म का निर्देशक बनना कबूल किया था, पर बड़े बैनर की यह फ़िल्म ऐसी पिटी कि कोल्हापुर सिनेटोन को भी ले डूबी। शालिनी सिनेटोन की 'ध्रुवकुमार' (1938) में भी विश्वनाथ बुवा का ही संगीत था।

सुरेश बाबू माणे

रघुवीर रामनाथकर और **सुरेश बाबू माणे** दिग्वीर सिनेटोन की भक्तिप्रधान 'संत तुलसीदास' (1934) के संगीतकार थे, जिनमें प्रोफेसर जी.एन. जोशी ने अपने खास अंदाज़ में 'सकल कामना हीन जे राम', 'गुरुपद रज मृदु मंजुल अंजन', 'क्या कहूँ न जानूँ री सखी री', 'बिन रघुपति नहिं कोई अपना' आदि कई गीत गाए थे। प्रो. सुरेश बाबू ने सरस्वती सिनेटोन की मोतीलाल अभिनीत 'सच है' (1939) में संगीत देने के अलावा कई गीत भी स्वयं गाए। सुरेश माणे शास्त्रीय संगीत के विद्वान थे और शांता हुवलीकर जैसी प्रसिद्ध कलाकार ने भी उनसे संगीत सीखा था।

सगीर उर्फ सगीर आसिफ़ 'तिलस्मी हीरा' (1934, जिसमें कमलाबाई ने कई गीत गाए थे), 'विजय डंका' (1938), 'गरीब के लाल' (1939), 'बहाना' (1942), 'हसरत' (1946), 'निशाना' (1946), 'खूनी' (1946—के. नारायण राव के साथ) जैसी कई फ़िल्मों के संगीतकार रहे पर उनकी रचनाएँ कभी भी अधिक चर्चित नहीं रहीं। सगीर ने 'गरीब के लाल' में पहली बार अब्दुल करीम (गुलाम मुहम्मद के भाई) से तबला बजवाया था।

इक्का-दुक्का फ़िल्मों के गौण संगीतकारों में **इमाम बक्श** ('मिस्टर एंड मिसेज बॉम्बे', 1936), **शंकर राव खाटू** (1936 की 'विलेज गर्ल' और 'सागर', 'कन्या'), **कन्हैया पवार** (सोहराव मोदी निर्देशित प्रथम फ़िल्म 'हैमलेट', 1935), **रमणी मुखर्जी** ('कंट्री गर्ल', 1936) के भी नाम लिए जा सकते हैं। न्यूटोन फ़िल्म प्रो. कलकत्ता ने 'आहे-मज़लुमाँ' (1935) में **मुहम्मद हुसैन** का संगीत लिया था, जिसमें इंदुबाला का गाया 'ग़म की कहानी किससे मैं कहूँ' अच्छा चला था। कई वर्ष बाद प्राण की प्रमुख भूमिका वाली 'नेक दिल' (1948) में असगर के साथ एक मुहम्मद हुसैन का संगीत था। हो सकता है, वे वही मुहम्मद हुसैन हों!

इसी प्रकार **अमीर हुसैन खान** (हिम्मते मर्दा, 1935; भगवान निर्देशित 'क्रिमिनल्स', 1936), **मास्टर रत्नकांत** (रंगभूमि, 1935), **अनाथ बोस** (वामक अजरा, 1935), **मास्टर कासम** और **इस्माइल** (ब्लैक बॉक्स, 1936), **एस.एन. मंजरेकर** (कालकूट, 1935; वनसुंदरी, 1942), **प्रो. जमीरुद्दीन खान** (दलित कुसुम, 1936, जिसके सभी गीतों के गीतकार थे द्वारिका प्रसाद मिश्र जो बाद में मध्यप्रदेश के मुख्यमंत्री बने), **पंडित हंसराज** ('मस्ताना माशूक', 1936) जैसे संगीतकारों का भी कोई स्थायी प्रभाव नहीं रहा। आज यह सोचना अजीब-सी अनुभूति जगाता है कि उस ज़माने की बम्बई में किस-किस मुहल्ले में न जाने कितने ऐसे संगीतकारों ने अपने संघर्ष के दिन गुजारे होंगे और निराश होकर उनमें से कई देश के, पता नहीं, किस-किस शहर में गुमनाम-सी मौत की नज़र हो गए होंगे। व्यावसायिकता की दुनिया के कटु सत्य आरम्भ से ही हमारे फ़िल्म जगत में विद्यमान रहे हैं।

संदर्भ

1. हरमिंदर सिंह 'हमराज़' : हिंदी फ़िल्म गीत कोश, खंड 1
2. वही
3. ए. राजाध्यक्ष, पॉल विलेमेन : इनसाइक्लोपीडिया ऑफ़ इंडियन सिनेमा
4. प्राण नेविले : लाहौर—ए सेंटीमेंटल जर्नी

मधुलाल दामोदर मास्टर

'भारत पे काले बादल छाएँगे कब तक'

मधुलाल दामोदर मास्टर

21 जून, 1903 को जन्मे मधुलाल दामोदर मास्टर आए थे कॉमेडियन बनने और बन गए संगीत निर्देशक। वैसे संगीत में उनका दखल आरम्भ से ही था, और यही कारण है कि कृष्णाटोन के मालिक माणिकलाल पटेल ने उन्हें कृष्णाटोन में साउंड टेक्निशियन का काम देने के बाद वहाँ से हटाकर संगीत-निर्देशक का काम सौंप दिया। 'घर की लक्ष्मी' और 'हरिश्चंद्र' में वे संगीत सहायक थे। एक ध्रुपदिये के पुत्र रहे मधुलाल मास्टर ने बड़ौदा में संगीत शिक्षा ली थी जहाँ के संगीत स्कूल के प्रिंसिपल डॉ. फ्रेडिलिस्क से उन्होंने स्टाफ नोटेशन और ऑरकेस्ट्रा के गुर सीखे। चित्रकार, रत्नकार और काष्ठकला के क्षेत्रों से होते हुए ही इस बहुआयामी व्यक्तित्व ने फ़िल्मों में प्रवेश लिया।

मधुलाल दामोदर मास्टर की संगीतबद्ध प्रथम फिल्म कृष्णाटोन की 'नवचेतन' (1932) थी जो मात्र 7 दिनों में बन गई थी और जिसमें बद्रीप्रसाद ने प्रमुख भूमिका निभाई थी। 'नवचेतन' के 'खयाले मुफ़लिसी हाय मुझे हरदम मसलता है', 'प्यारा प्यारा प्यारा सुंदर हुस्न तुम्हारा' और भारत मूवीटोन की 'खुदा दोस्त' (1932–जिसके प्रमुख अदाकार मास्टर मुहम्मद थे) के 'हम राहे मौला अपनी हस्ती को मिटाएँगे', 'जलवा नज़र आया मुझे परवरदिगार का', 'फज़लोकरम किए तो ज़माना गुजर गया', 'कहीं अब्रे रहमत होता है', 'बेकसों का मेरे मौला तुझे वाली देखा' जैसे इबादती गीतों की बातें अब अकादमिक ही रह गई हैं—ये गीत अब कभी सुनाई नहीं पड़ते। इस वक्त तो कई स्टूडियोज़ का संगीत विभाग शैशव में ही था और ऑरकेस्ट्रा के लिए मधुलाल मास्टर ने बम्बई के कुछ ईसाई वादकों को किराए पर लिया था। इस समय संगीत और संवाद की रेकॉर्डिंग की एकल पद्धति थी और दोनों रेकॉर्डिंग एक साथ की जाती थी, जिसमें बार-बार कट होता था और वादकों को बहुत कष्ट उठाना पड़ता था। इसे दूर करने के लिए मधुलाल ने मेट्रोनोम को प्रयुक्त किया और निर्देशक को दृश्यों की शृंखला को संगीत के बीट्स के अनुसार संयोजित कर कट करने की शिक्षा भी दी। यह एक अभिनव प्रयोग था।[1] भारत मूवीटोन के ही बैनर तले बनी सबसे लम्बी फंतासी 'हातिमताई-I और II, III, IV' (1933) में भी मधुलाल मास्टर ने ढेर सारे गीत कम्पोज़ किए थे। पुरानी थियेटर शैली का असर उनके इस दौर के गीतों पर साफ़ दिखाई देता है। पर साथ ही फ़िल्म के कथानक के अनुरूप उन्होंने इस फ़िल्म में विभिन्न देशों के संगीत की झलक भी पेश की। उदाहरण के लिए जापान का संगीत प्रभाव देने के लिए उन्होंने सफ़ेद गली से जापानी वेश्याओं को लाकर काम लिया और अरबी संगीत हेतु नागपाड़ा के अरबों और उनके रबाब वाद्यों का इस्तेमाल किया। इस फ़िल्म की सफलता से खुश होकर मधुलालजी की तनख्वाह भी मालिक ने बढ़ाकर 250/- प्रति माह कर दी थी। कृष्णा फ़िल्म कम्पनी, बम्बई की 'लंका दहन' (1933) के आख्यानात्मक भक्ति गीत, न्यू एरा पिक्चर्स की 'मत्स्य गंध' (1934) में दाग की गज़ल 'भँवें तनती हैं खंजर हाथ में है तन के बैठे हैं' और 'हे भानु, उदय हो', 'चमन में बसंत ऋतु आई', 'ये शीतल वायु वन की' जैसे प्रकृति के अभिसार के गीत, जयंत पिक्चर्स की 'रणचंडी' (1934) के मेहताब के 'पिउ पिउ कोयलिया पुकारे' और 'प्रीतम सबसे निराला मेरा मैं वारी जाऊँ री' जैसे शृंगारिक गीत और कृष्णा फिल्म कम्पनी की 'सोने की चिड़िया' (1934) के 'मैं तुझमें समा जाऊँ तू मुझमे समा जाए' और 'मौला के लिए कुछ दे दो हमें, देगा सखियो, अल्लाह तुम्हें' जैसे सुरीले गीतों के साथ मास्टर ने अपनी विविधता को इस तरह

रेखांकित करने में सफलता पाई कि वे शीघ्र ही एक बड़ी हस्ती के रूप में देखे जाने लगे। 'सोने की चिड़िया' में साउंड रेकॉर्डिंग का दृश्य मास्टर जी पर ही फ़िल्माया गया था।[2]

बसंत सिनेटोन की 'बसंत सेना' (1934) में मधुलाल मास्टर ने ज़ोहरा से 'सजीली मोहे बलम घर बार' और 'कैसे कटे रजनी सजनी अब पिया बिन' जैसे गीतों में अपने संगीत-कौशल का जादू फिर से दिखाया। सितारा के गाए 'छेड़ो ना गोपाल लाल' इस फ़िल्म की श्रेष्ठ संगीत कृति थी। 'बाल हत्या' (1935) में मधुलाल मास्टर ने फिरोज दस्तूर से कुछ नीतिप्रधान गीत गवाए थे। इस फ़िल्म के कुछ गीतों की धुनें अनिल विश्वास ने बनाई थीं।

मधुलाल मास्टर ने बद्रीप्रसाद के साथ कृष्णा फ़िल्म कम्पनी की तकनीकी रूप से अपेक्षाकृत विकसित फ़िल्म 'फ़ैशनेबुल इंडिया' (1935) में संगीत दिया था। श्यामसुंदर का गाया 'हमें तुम छोड़कर जाते हो, जाओ' उस ज़माने में अच्छा चला था, पर सर्वाधिक लोकप्रियता फ़िल्म के अँग्रेज़ी गीतों 'Daisy Daisy give me answer do', 'Oh jolly good fellow' और 'The more we are together' को मिली थी। 'लहरी जवान' (1935) में मधुलाल ने कुछ अच्छे देशभक्ति गीतों की धुन बनाई थी। फ़िल्म 'ज़िंगारो' (1935) के 'प्यारे प्यारे तेरे हिकमत पर मैं बारी' में मधुलाल मास्टर ने अपनी प्रयोगात्मक शैली का अच्छा उदाहरण पेश किया। इस गीत में उन्होंने सप्त स्वर में से 'स' का प्रयोग न करते हुए नए ढंग की धुन प्रस्तुत की थी। यह भी एक रोचक तथ्य है कि मधुलालजी के ऑरकेस्ट्रा में पन्नालाल घोष और सज्जाद, दोनों ने ही वादक के रूप में काम किया था।

'बाज़ बहादुर' (1936) फ़िल्म तो पिट गई पर उसके कुछ गीत बहुत सुंदर बने थे। राग बिहाग पर आधारित 'हाँ, मैं तो गाती हूँ राग बिहाग' (जेनाबाई पवार), 'मधुर मधुर सपना बन बस गई' (मास्टर फकीरा), 'मरदाण भवमय तारनहार मात भवानी' (कमला बाई), 'अपने पिया की मैं तो प्रेम दुलारी' (जेनाबाई पवार) रचनात्मकता के हिसाब से याद किए जा सकते हैं। अनिल विश्वास के साथ दरयानी प्रोडक्शन, बम्बई की 'दुखियारी' (1937) में भी मधुलाल ने संगीत दिया था। इम्पीरियल फ़िल्म कम्पनी के साथ जुड़कर मधुलाल मास्टर ने 'पंजाब लांसर्स' (1937) में न केवल संगीत दिया बल्कि एक फ़कीर की भूमिका निभाई थी और 'फ़ाकों से मर रहे हैं हिंदोस्तान वाले' जैसा देशभक्ति गीत स्वयं बड़ी खूबसूरती से गाया था। इसी फिल्म के मास्टर निसार के गाए 'वादे मुरदन गर पयामे वस्ले यार आया तो क्या' तथा 'तेरा हुस्न बेशक बड़ी चीज़ है' जैसे गीत तो अब दुर्लभ हो गए हैं।

फ़कीर मुहम्मद के गाए गीतों वाली 3 दिनों में निर्मित फ़िल्म 'लाल बुझक्कड़' (1938) के बाद मधुलाल मास्टर वाडिया मूवीटोन के साथ सम्बद्ध हो गए। गीतकार वाहिद कुरैशी की पहली फ़िल्म वाडिया मूवीटोन की 'रंगीला मजदूर' (1938), वाडिया की ही धीमी लय में कव्वालीनुमा शैली में 'परेशां है क्यूँ' (अहमद दिलावर) और 'मस्ताना बनाया मुझे दीवाना बना दे' (अहमद दिलावर) जैसे गीतोंवाली 'जंगल किंग'(1939) और 'डायमंड क्वीन' (1940), इला देवी के गाए और वाहिद कुरैशी के लिखे गीतोंवाली 'कहाँ है मंज़िल तेरी' (1939), देशप्रेम के 'कैद में आए नंददुलारे भारत के रखबारे' (सरिता, सरदार मंसूर) जैसे गीतों से सजी 'पंजाब मेल' (1939), मोहन पिक्चर्स की 'हातिमताई की बेटी (1940—भगतराम बातिश के साथ) जैसी फ़िल्मों के संगीत की कोई विशेष चर्चा नहीं हुई, पर वाडिया की 'हिंद के लाल' (1940) में उनके कम्पोज़ किए 'छग मग डोले देश की नैया' (मास्टर मोहम्मद), 'भारत की पत राखो भगवत', 'ये हिंद का लाल मुबाकर हो' (अहमद दिलावर) जैसे देशप्रेम के गीतों का अपना ऐतिहासिक महत्त्व है। स्वतंत्रता-आंदोलन के इस दौर में वाडिया की ही 'जय स्वदेश'(1940) में मधुलाल मास्टर ने पुनः देशभक्तिपूर्ण 'भारत पे काले बादल छाएँगे कब तक' (वत्सला कुम्ठेकर, अहमद दिलावर), 'जय स्वदेश जय-जय स्वदेश' (अहमद दिलावर, सरदार मंसूर, साथी) जैसे गीतों को कम्पोज़ कर लोकप्रिय बनाया था। वाडिया के बैनर तले मधुलाल के संगीतबद्ध कई गीत हिट हुए थे। हालाँकि वाडिया की 'विजय कुमार' (1940) का पार्श्वसंगीत तंतुवादक आचार्य लक्ष्मणराव चव्हान और मृदंग वादक माखनलाल के सहयोग से तैयार हुआ था, पर 'मत भूल दीवाने दुनिया है एक सपना' (अमीर जान), 'प्यारी सुरतिया कैसी' (सरदार मंसूर), 'ऋतु आई प्यारी प्यारी' (सरिता, सरदार मंसूर), 'जाना है उड़ जाना' (सरिता, सरदार मंसूर) और हास्य गीत 'Whisky जी भर के पियो' (अहमद दिलावर, साथी) जैसे गीतों के संगीत पर मधुलाल मास्टर का प्रभाव भी था। वाडिया की 'बम्बईवाली' (1941) के फ़िदा हुसैन के गाए 'वो कहते हैं इश्क को' और 'जनाने नामे जा समझे हैं हम' के अलावा राधारानी और साथियों के स्वर में नारी-स्वतंत्रता पर केंद्रित 'भारत की नार अब जागी है, निकली

है अब घर से' का सामाजिक महत्त्व भी ध्यान रखने योग्य है। वाडिया की 'जंगल प्रिंसेस' (1942) के बाद मधुलाल मास्टर ने मोहन पिक्चर्स के बैनर तले बाबूभाई वकील निर्देशित 'ताज महल' (1941) में संगीत कम्पोज़ किया, पर गीतों को विशेष सफलता नहीं मिली। आचार्य आर्ट प्रोडक्शन की 'आगे कदम' (1943—रामचंद्र पाल के साथ) भी खास नहीं चली और मधुलाल मास्टर खो से गए। वर्षों बाद बसंत पिक्चर्स की होमी वाडिया निर्देशित नाडिया और जॉन कावस की 'जंगल का जवाहर' (1952) में मधुलाल मास्टर अंतिम बार संगीतकार के रूप में आए, पर ज़माना बदल चुका था और शंकर-जयकिशन, सी. रामचंद्र, सचिन देव बर्मन और रोशन के इस युग में मधुलाल मास्टर के 'प्यारे पप्पू गोरे पप्पू' (श्याम सुंदर, सुलोचना कदम), 'चाँद को कहते मुहब्बत वाले' (सुलोचना कदम), 'मुहब्बत की दुनिया बसाते रहेंगे' (उमा देवी) जैसे गीतों ने कोई हलचल पैदा नहीं की। मधुलाल मास्टर का संगीत पारसी थियेटर शैली के पारम्परिक प्रभाव से बदलते दौर में भी मुक्त नहीं हो पाया, पर यह निर्विवाद है कि स्वतंत्रता-पूर्व के फ़िल्म संगीत की देशभक्ति और राजनीतिक चेतनाप्रधान गीतों की धारा में मधुलाल मास्टर के संगीतबद्ध गीतों का प्रमुख स्थान रहा। इस तथ्य का संज्ञान अधिक नहीं लिया गया है, पर इस कारण मधुलाल मास्टर आरम्भिक संगीतकारों में अपना एक विशिष्ट स्थान रखते हैं।

'ताजमहल' का एक दृश्य

फ़िल्मी दुनिया के बदलते रंग-ढंग मास्टरजी को रास नहीं आए और उन्होंने फ़िल्म लाइन छोड़कर कठपुतली प्रदर्शन कला की ओर रुख किया। यहाँ भी उन्हें अपार सफलता मिली, वस्तुतः तो बतौर संगीतकार मिली सफलता से भी कहीं ज्यादा। राज कपूर की 'मेरा नाम जोकर' का 'जोकर' मास्टरजी द्वारा ही निर्मित था। इस विधा में तो उन्हें अंतर्राष्ट्रीय स्तर पर भी सराहा गया और International Puppeteers Organisation के वे एकमात्र भारतीय सदस्य थे। Indian Institute of Puppetry के निदेशक तो वे थे ही।[3] अल्ला रखा, रविशंकर और विलायत खान जैसे बड़े कलाकारों की आदमकद कठपुतलियाँ भी उन्होंने बनाईं जो बड़ी चर्चित रहीं। मधुलाल मास्टर ने 'So This is Bombay' नामक एक फ़िल्म का निर्देशन भी किया, पर फ़िल्म असफल साबित हुई।

मास्टरजी का सम्मान इतना था कि हिंदी फ़िल्म गीत कोश, खंड-1 के विमोचन समारोह के अवसर पर नौशाद और राजकुमारी जैसे कलाकारों ने भी उनका चरण स्पर्श कर उनसे आशीर्वाद लिया था। मास्टरजी को फिल्मों में कॉमेडियन बनने का तो अवसर नहीं मिला, पर 8 अक्टूबर, 1988 के इस समारोह में उन्होंने अपने फिल्मी जीवन के संस्करणों को मंच से एक कॉमेडियन की तरह सुनाकर लोगों को लोट-पोट कर दिया था।[4]

मधुलाल मास्टर दीर्घायु रहे और शिवानी पार्क रोड माहिम में रहते थे, पर उनका अंत बड़ा ही दुखद रहा। उनकी पत्नी एक दुर्घटना में घायल होकर अस्पताल में भर्ती थीं, मास्टरजी घर में अकेले थे। यह 18 जून, 1990 की घटना थी। मास्टरजी का खाना लेकर जब सुबह टिफ़िनवाला उनके घर आया तो मास्टरजी लहूलुहान मृत पड़े थे। किसी ने रात में उनकी हत्या कर दी थी।[5]

संदर्भ

1. बसंत कर्नाड : 'मीट द मरक्यूरियल मधुलाल मास्टर, सिने विज़न', खंड, II, नं. II
2. कृष्ण कुमार शर्मा : लिस्नर्स बुलेटिन, सितम्बर, 1990
3. वही
4. वही
5. वही

आर.सी. बोराल

'तड़पत बीते दिन रैन'

आर.सी. बोराल

हिंदी फ़िल्मों में पार्श्वगायक की शुरुआत आर.सी. बोराल के संगीत-निर्देशन में प्रारम्भ हुई और इस कारण हिंदी फ़िल्म संगीत के आरम्भिक दौर के संगीतकारों में बोराल का नाम सबसे ऊपर आता है।

19 अक्टूबर, 1903 को बोराल का जन्म एक प्रसिद्ध संगीत परिवार में हुआ था। उनके पिता लालचंद बोराल अपने जमाने के मशहूर गायक और पखावजवादक थे। संगीत महफ़िलें उनके घर, ज़ाहिर है, अकसर ही जमा करती थीं और आर.सी. बोराल को बचपन से ही संगीत के लिए बहुत अनुकूल माहौल मिला। पर पिता की असामयिक मौत हो गई और बोराल की शिक्षा का भार उनके बड़े भाई ने सँभाला। पंडित विश्वनाथ राव से इन्होंने धमाल की शिक्षा ली। ग्वालियर घराने के प्रसिद्ध सरोद-वादक उस्ताद हाफिज अली खाँ ने बोराल की प्रतिभा को पहचानकर उनके बड़े भाई को सलाह दी कि उन्हें तबले की तालीम के लिए उस्ताद मजीद खाँ के पास भेजें। वहीं से तबले के प्रति विशेष अनुराग पनपा और लखनऊ संगीत सम्मेलन में बोराल की संगीत प्रतिभा को खूब तारीफ़ मिली। संगीत-समाज ने मुग्ध होकर इन्हें 'सारस्वत महामंडल' की उपाधि से भी नवाज़ा।[1] इनकी ख्याति को देखकर इंडियन ब्रॉडकास्टिंग कम्पनी (जो बाद में 'आकाशवाणी' हो गई) में इन्हें संगीत के विभागाध्यक्ष का आमंत्रण मिला और वहाँ वे और भी चमके। 1931 में बोराल ने न्यू थियेटर्स में काम शुरू किया और 'चोशेर मेय' तथा 'चोर कांटे' जैसी मूक फ़िल्मों में स्टेज के ऑरकेस्ट्रा का संचालन भी किया।

ऑरकेस्ट्रा को बोराल ने नया रूप दिया। तबला, पेटी, वॉयलिन के साथ-साथ चेलो, बाँसुरी, ऑर्गन आदि वे लाए। न्यू थियेटर्स के जनक बी.एन. सरकार बोराल को बतौर संगीतकार न्यू थियेटर्स में लाए थे। न्यू थियेटर्स में 'देना पाओना' से लेकर अंतिम फ़िल्म 'नोतून फसल' तक बोराल ने अपना दबदबा कायम रखा। न्यू थियेटर्स के ध्वनि इंजीनियर मुकुल बोस के साथ बोराल ने amplifier का प्रयोग भी संगीत में प्रारम्भ किया था। वाद्य-यंत्रों के द्वारा 'साउंड इफ़ेक्ट' देना उनकी एक महत्त्वपूर्ण उपलब्धि थी। बोराल के संगीत विशेषता थी पाश्चात्य और हिंदुस्तानी संगीत का सम्मिश्रण। परंतु ऑरकेस्ट्रा में वे अधिकतर हिंदुस्तानी वाद्यों का ही प्रयोग करते थे। इस स्वदेशी ऑरकेस्ट्रा के गठन की प्रेरणा उन्हें रवींद्रनाथ ठाकुर से मिली थी। रवींद्र संगीत, लोकसंगीत, पारम्परिक गज़ल, ठुमरी आदि को एक सरल, कर्णप्रिय रूप में प्रस्तुत करना इनकी विशेषता थी। न्यू थियेटर्स की सामाजिक, भावुक फ़िल्मों के अनुकूल बोराल का संगीत भी कोमल सुरों को धीमी लय में पिरोकर आगे बढ़ता था। वहाँ ताल से अधिक महत्त्व भाव को मिलता था। न्यू थियेटर्स का संगीत शास्त्रीय संगीत की परिपाटी से अलग भावनाओं का सुगम और सरस रूप

'देना पाओना' का एक दृश्य

प्रस्तुत करता था। यहाँ कलकत्ते के पढ़े-लिखे बुद्धिजीवी वर्ग की आधुनिकता भी थी और रवींद्रनाथ की साहित्यिकता और काव्यात्मकता का असर भी। बंगाली भद्रलोक के संस्कार, सुधार और जिज्ञासा की जिन भिन्न धाराओं के अंतर्द्वंद्व से बीसवीं सदी में उसकी संस्कृति का जो संश्लिष्ट रूप उभरा था, उसके सभी अवयवों का प्रतिनिधि बनकर उभरा था न्यू थियेटर्स का संगीत।

प्रसिद्ध गायक कुंदनलाल सहगल की खोज यदि हरिश्चंद्र बाली ने की थी, तो बोराल ने ही उनकी प्रतिभा को पहचाना और निखारा। बाली अकसर बोराल से सहगल की तारीफ़ किया करते थे पर मुलाकात नहीं करवा पाए थे। बोराल एस्प्लेनेड के पास एक पान की दुकान पर सहगल की प्रतिभा उनके गुनगुनाहट-भरे स्वर को सुन कर भाँप चुके थे, पर परिचय नहीं हुआ था। घर लौटने पर एच.सी. बाली (जो बोराल के साथ ही रहते थे) के कमरे में उन्होंने एक व्यक्ति को ज़मीन पर सोए देखा। अगले दिन सुबह बाली ने बोराल से उस व्यक्ति का परिचय कराया कि यह वही व्यक्ति था जिसका वे ज़िक्र करते रहे थे कि वह बहुत अच्छा गाता था और फ़िल्मों में काम करने को इच्छुक था तो बोराल के आश्चर्य का ठिकाना नहीं रहा—क्योंकि वह लड़का (सहगल) वही था जिसे बोराल ने पान की दुकान पर देखा था। जल्दी ही बोराल सहगल की प्रतिभा के कायल हो गए और बोराल की सिफ़ारिश पर ही सहगल को न्यू थियेटर्स में 200 रुपए पारिश्रमिक पर रख लिया गया। जब सहगल ने बोराल के न्यू थियेटर्स के कमरे में हारमोनियम पर पहली बार अपनी उंगली फेरी और गाना शुरू किया तो जैसे जादू हो गया। इधर-उधर के कमरों से लोग आकर विस्मृत खड़े हो गए। वह एक भजन था और लोगों ने उसे वशीभूत होकर सुना। वहीं पास के एक कमरे में के.सी. डे का मेकअप चल रहा था। उन्होंने सहगल की आवाज़ सुनी तो बेचैन हो उठे और उस कमरे की ओर खिंचे चले आए। सहगल ने भजन के बाद खयाल, फिर गज़ल सुनाई। के.सी. डे सुनते रहे और इतने भावुक हो गए कि जब सहगल ने गाना खत्म किया तो उन्होंने अपने दोनों हाथों को सहगल के सिर पर रख कर उन्हें आशीर्वाद दिया।

कानन देवी को भी हम तक पहुँचाने का श्रेय भी बोराल को ही जाएगा। इसी तरह पहाड़ी सान्याल, उमा शशि, अमित वरन जैसे अनेक कलाकार बोराल के संगीत के कारण ही प्रसिद्ध हुए।

न्यू थियेटर्स, कलकत्ता की 'मोहब्बत के आँसू' (1932) बोराल की संगीतबद्ध सहगल के अभिनय की प्रथम फ़िल्म थी। इस फ़िल्म में ही सहगल के जादू-भरे स्वर में और अख्तरी मुरादाबाजी के स्वर में कई गीत थे—'नवाज़िश चाहिए इतनी ज़मीने कूवे जाना की', 'हम इज़तराबे कल्ब का खुद इंतहा करते' जैसी गज़लें अब विस्मृत हो गई हैं, पर इनका भी एक ज़माना था। फ़िल्म 'सुबह का सितारा' (1932) में सहगल के साथ रतनबाई थीं (जो कलकत्ते के बहू बाज़ार की एक मशहूर तवायफ थीं और इमाम बाँदी जिनका असली नाम था) और इस फ़िल्म के 'न सरूर हूँ न खुमार हूँ', 'खुली है बोतल भरे हैं सागर', 'आरज़ू इतनी है अब मेरे दिले नाशाद की' जैसे कई गीत खूब चले थे। सहगल को लोकप्रियता की चोटी पर पहुँचाने में यदि किसी संगीतकार का नाम सबसे ऊपर आएगा तो वह आर.सी. बोराल ही होंगे। सुरूर-भरी गज़लें, रूमानी नग़में, दिलकश ठुमरियाँ—बोराल ने क्या कुछ नहीं कम्पोज़ किया सहगल के लिए!

फ़िल्म 'ज़िंदा लाश' (1932) के गीतों ने बोराल की प्रतिभा की एक बार फिर परस्तिश की। 'सारा आलम धोखा है, यह जीना है', 'गुजरे हाँ यूँ ही कटे दिन रैन', 'आँखों में सर रहता है क्यों', 'लगी करेजवा में चोट', 'जनते हो तुम मुहब्बत किस कदर इस दिल में है', 'सजा मिली है मुझे तुमसे दिल लगाने की', 'पहले तो शौक में ख़ाक दरे-मैखाना बनूँ'—किस गीत को दूसरे से कम कहा जा सकता है! सहगल का जादू बोराल के साथ इस तरह रच-बस गया था कि न्यू थियेटर्स की देवकी बोस निर्देशित प्रथम हिंदी फ़िल्म 'पूरन भगत' (1933) में हालाँकि सहगल की कोई भूमिका नहीं थी, पर सिर्फ़ उनके गीतों के लिए पर्दे पर उन्हें गाते हुए फ़िल्माया गया था। तराने से युक्त यमन कल्याण पर आधारित 'राधे रानी दे डारो न बंसरी मोरी रे' तो सहगल और बोराल की जुगलबंदी का एक अद्भुत नमूना बनकर उभरा। 'दिन नीके बीते जात हैं', 'अवसर बीतो जाए', 'भजूँ मैं तो भाव से श्री गिरधारी' जैसे सहगल के अंतर्मन से निकले गीत एक तरफ़, तो के.सी. डे के राग धानी के सुरों को लेकर सृजित 'जाओ जाओ ऐ मेरे साधो' और 'क्या कारण है अब रोने का' जैसी जोगी शैली की उदात्त रचनाएँ दूसरी तरफ़ रखकर देखें और बोराल के संगीत के स्थायी प्रभाव का कारण समझ में आ जाएगा।

चंद्रवती देवी को बंगाली फ़िल्म जगत में स्टार बनानेवाली बाँग्ला फ़िल्म 'मीरा' और इसका हिंदीकृत रूप बनकर आई फ़िल्म 'राजरानी मीरा' (1933) बोराल की उपलब्धि का अगला मील का पत्थर साबित हुई। देवकी बोस निर्देशित तथा पृथ्वीराज कपूर, पहाड़ी सान्याल और 'प्रभात' से खास इस भूमिका को निभाने कलकत्ते आई दुर्गा खोटे अभिनीत इस फ़िल्म में 'मेरे तो गिरधर गोपाल', 'चाकर राखो जी' और 'बसो मोरे नैनन में नंदलाल' जैसे भक्ति रस में सराबोर गीतों ने खूब लोकप्रियता पाई थी। पेशे से तवायफ़ और शास्त्रीय

संगीत की अच्छी ज्ञाता इंदुबाला (जो मैसूर राजदरबार में राज गायिका भी रही थी) के अभिनीत और गाए 'पिया मिलन की आस' तथा 'चंद्रकला-सी श्वेत रात थी' इस फ़िल्म में बोराल की संगीत-प्रतिभा के अन्य उदाहरण थे।

नितिन बोस निर्देशित और उमा शशि तथा सहगल की अभिनीत भक्तिप्रधान फ़िल्म 'चंडीदास' (1934, जो कि देवकी बोस निर्देशित बंगाली 'चंडीदास' की हिंदी रीमेक थी) आर.सी. बोराल की सबसे लोकप्रिय फ़िल्मों में गिनी जाएगी। उमा शशि और सहगल के गाए 'प्रेम नगर में बनाऊँगी घर मैं' तो जनमानस का सबसे पसंदीदा गीत बन गया था। 'तड़पत बीते दिन रैन' (सहगल) के द्वारा बोराल सहगल के स्वर के दर्द को अपने चरम पर पहुँचाने में सफल रहे थे। 'छाई बसंत आई बसंत' (पहाड़ी सान्याल), 'देखत वाको ही रूप प्रेम का पुजारी' (सहगल), 'बसंत ऋतु आई आली' (उमा शशि) के द्वारा बोराल ने विविध भावनाओं के संगीतमय प्रस्तुतीकरण की अपनी विशेषता को भली भाँति रेखांकित करने में सफलता पाई थी। वहीं न्यू थियेटर्स की पहाड़ी सान्याल, पृथ्वीराज, सहगल, हुस्नबानो और उमा शशि अभिनीत नितिन बोस की 'डाकू मंसूर' (1934) के 'शिकवा नहीं है मुझको या 'रब न कुछ गिला है', 'इशरत क्या है कुछ भी नहीं', 'ढला सूरज शाम हुई हर सिम्त अँधेरा जब छाया', 'कैसी शरम है सर क्यों झुकाया', 'वो मुझसे दूर भी है लापता भी है' आदि शायराना गीतों को व्यावसायिक सफलता तो उतनी नहीं मिली, पर बोराल की कम्पोज़ीशन की परिपक्वता में कहीं दोष नहीं था। इसी फ़िल्म से सिंगापुर में जन्मी हुस्नबानो हीरोइन के रूप में प्रतिष्ठित हुई थीं।

नितिन बोस

उमा शशि एवं सहगल फ़िल्म 'चण्डीदास' में

न्यू थियेटर्स की प्रमथेश बरुआ निर्देशित 'रूपलेखा' (1934) में बोराल के संगीत-निर्देशन में सहगल के गाए 'सब दिन होत न एक समान' को सहगल के प्रशंसक आज तक गुनगुनाते हैं। यह तथ्य भी कम ही लोग जानते होंगे कि बोराल की संगीतबद्ध 'आफ्टर द अर्थक्वेक' (1935) उर्फ इंक़लाब (जो बिहार के भीषण भूकम्प से प्रभावित होकर बनाई गई थी) में बोराल ने केदार शर्मा से उन्हीं का लिखा एक सुंदर गीत गवाया था—'आओ री चमेली एक बात बताएँ'। यह भी एक रोचक तथ्य है कि राज कपूर ने इस फ़िल्म में बाल कलाकार की भूमिका निभाई थी। 'देवदास' के बंगला संस्करण (1935) में भी बोराल का ही संगीत था। इस फ़िल्म में उनके संगीत-निर्देशन में सहगल का गाया 'गोलाप होए उठूक फूटे' गली गली में गूँजा था।

हिंदी फ़िल्मों में पार्श्वगायन को लाने का श्रेय भी बोराल को ही जाता है। फ़िल्म थी नितिन बोस की निर्देशित 'धूप-छाँव' (1935), और गीत था—'मैं खुश होना चाहूँ, खुश हो न सकूँ जब तक है तेरा' (पारुल घोष, सुप्रवा सरकार, हरिमति)। पंकज मल्लिक ने अपनी आत्मकथा में इसका विस्तृत विवरण किया है। नितिन बोस स्टूडियो जाते समय अपनी कार से पंकज मल्लिक के घर से उन्हें लेते हुए जाते थे। एक दिन उनके घर के सामने कई बार हॉर्न देने पर भी पंकज मल्लिक नहीं निकले, और काफ़ी देर बाद अपने पिता के बताने पर कि नितिन बोस उनकी बाहर कार में प्रतीक्षा कर रहे हैं, वे हड़बड़ाते हुए बाहर आए और देरी का कारण बताते हुए कहा कि वे अपने मनपसंद अंग्रेज़ी गानों का रेकॉर्ड सुनते हुए गा रहे थे, इसी कारण हॉर्न की आवाज़ नहीं सुन सके। इसी बात पर नितिन बोस को विचार आया कि क्यों न इसी प्रकार पार्श्वगायन लाया जाए। उन्होंने बोराल से चर्चा की और अपने पूरे कौशल के साथ बोराल ने इस विचार को साकार करते हुए इसे 'धूप-छाँव' में आज़माया।

'धूप-छाँव' का जो गीत अत्यंत लोकप्रिय हुआ था, वह उमा शशि और पहाड़ी सान्याल के स्वरों में 'मोरी प्रेम की नैया चली जल में' था। वैसे गीत को सुनने में कोई खास बात नहीं नज़र आती। वॉयनिल के इंटरल्यूड्स सुंदर हैं, पर कुल मिलाकर संगीत और गायकी दोनों ही साधारण किस्म के हैं। इससे कहीं अच्छा और यादगार गीत तो था के.सी. डे के स्वर में राग मांड की छाया लिए 'तेरी गठरी में लागा चोर मुसाफिर'। 'धूप-छाँव' का ही 'अंधे की लाठी तू ही है' के.सी. डे के गाए बेहद मार्मिक अविस्मरणीय गीतों के रूप में आज भी कइयों को याद है। 'प्रेम कहानी सखी' (उमा शशि) में भी लोक और शास्त्रीय शैलियों का संगम बहुत सराहा गया।

बोराल और पंकज मल्लिक ने मिलकर पी.सी. बरुआ निर्देशित 'माया' (1936) में संगीत दिया जिसमें बोराल के संगीत-निर्देशन

में पहाड़ी सान्याल का गाया 'गाए जा गाए जा बेक़रार दिल गाए जा' कुछ लोकप्रिय रहा था। पंकज मल्लिक न्यू थियेटर्स की मशहूर फ़िल्म 'मंज़िल' (1936) में भी बोराल के सहायक थे। पंकज मल्लिक का गाया 'सुंदर नारी प्रीतम प्यारी' तो लोकप्रियता के कीर्तिमान ही बना गया था पर शरत्चंद्र के उपन्यास 'गृहदाह' पर आधारित इस फ़िल्म में हरिमती के स्वर में 'गुले तस्वीर में बू बास मेरी जान कहाँ', 'आए सबनी शुभ दिन आए' और 'सारी दुनिया गोरखधंधा' जैसे गीत भी इस वक्त अच्छे चले थे। 'मिलियनेयर' (1936) उर्फ 'करोड़पति' में भी बोराल और पंकज मल्लिक के संगीत-निर्देशन में कई गीत हिट हुए थे। सहगल के गाए 'जगत में प्रेम ही प्रेम भरा है', सहगल और पहाड़ी सान्याल के युगल स्वरों में 'जो नौकरी दिला दे', राजकुमारी के स्वर में अनूठी अभिव्यक्ति भरे 'घिर कर आई बदरिया' आदि गीत अच्छे चले थे। 'अनाथ आश्रम' (1937) में बोराल के संगीत-निर्देशन में 'मन प्रेम की ज्योत जला सजनी' (उमा शशि, पहाड़ी सान्याल), 'पायल बाजे छनन सखी'(कल्याणी), 'सखी मथुरा नगरी जा' (हरिमती) जैसे गीत लोकप्रिय रहे। 'मन प्रेम की ज्योत' में पार्श्व में ऑर्गन संगीत के साथ ऊँची और लहरदार पट्टियों पर सुरों की चाल बड़ी लुभावनी रही थी। ऑर्गन संगीत यूँ तो रवींद्र संगीत (जो कि अन्य विधाओं के साथ चर्च संगीत को भी समाहित करके निकला था) का ही एक आंतरिक हिस्सा था, पर ऑर्गन संगीत बोराल पंकज मल्लिक के मुकाबले कम ही लेकर आए। जैसाकि पहले भी उल्लिखित है, बोराल का झुकाव स्वदेशी वाद्यों की ओर अधिक था, पंकज मल्लिक में अपेक्षाकृत पाश्चात्य ऑरकेस्ट्रेशन और हार्मनी की ओर जोर अधिक था।

सहगल और लीला देसाई 'प्रेसीडेंट' में

'मुक्ति' (1937) में मुख्य संगीतकार हालाँकि पंकज मल्लिक थे, पर बोराल के संगीत-निर्देशन में कानन देवी के गाए 'न जाने क्या है दिल का राग' और 'कैसा उजड़ा चमन खुशी का' खूब लोकप्रिय रहे थे। न्यू थियेटर्स की कई फ़िल्मों में बोराल और पंकज मल्लिक ने साथ-साथ संगीत दिया। न्यू थियेटर्स की प्रसिद्ध फ़िल्म 'प्रेसीडेंट' (1937) भी ऐसी ही एक फ़िल्म थी जिसमें बोराल के संगीत-निर्देशन में बिलावल पर आधारित 'एक राजा का बेटा' अपनी अनूठी शैली के कारण सुपरहिट रहा था। 'प्रेसीडेंट' का ही सहगल का गाया 'एक बँगला बने न्यारा' तो आज तक बोराल और सहगल की सर्वश्रेष्ठ कृतियों में गिना जाता है। न्यू थियेटर्स की इसी फ़िल्म के कथानक से प्रभावित होकर गुरुदत्त ने 'बहारें फिर भी आएँगी' का निर्माण लगभग तीन दशक बाद शुरू किया था। बोराल की सबसे मशहूर फ़िल्म 'विद्यापति' (1937) के संगीत पर तो एक अध्याय लिखा जा सकता है। मिथिला के इतिहास प्रसिद्ध राजा शिव सिंह, उनकी रानी लक्ष्मी और कवि विद्यापति के बीच के प्रेम त्रिकोण पर आधारित कथानक के अनुरूप लिखे केदार शर्मा की खूबसूरत रचनाओं को बोराल ने बड़ी लुभावनी, मधुर तर्ज़ों में बाँधकर वातावरण को सजीव बनाने में अपना बहुमूल्य योगदान दिया। कानन देवी के कई सबसे लोकप्रिय गीत इसी फ़िल्म से थे। बंगाली संगीत का स्पर्श लिए झूलन-भरे सुरों पर सजाया 'डोले हृदय की नैया' से बोराल ने संगीत के माध्यम से तूफ़ान में सचमुच डोलने का अहसास कराया है। 'अम्बुआ की डाली-डाली' (कानन, धूमी खान) में शास्त्रीय संगीत का बहुत ही सुगम प्रयोग कर झूलने का चित्र सजीव कर दिया गया है। के.सी. डे. का गाया सुपरहिट गीत 'पनघट पे कन्हैया आता है', 'दर्शन हुए तिहारे साजन' (पहाड़ी सान्याल), 'देखत है अब बाट पिया की' (कानन, के.सी. डे), 'गोकुल से आए गिरधारी' (के.सी. डे), 'एक बाँस की थी पतली सीली' (पहाड़ी सान्याल), 'मोरे अँगना में आवे आली' (कानन), 'तन का कर ले बंद किवाड़ा (कानन, के.सी. डे)', 'काहे देर करत सजनी' (कानन, के.सी. डे), 'पिया मिलन को जात हैं हँ' (के.सी. डे, पहाड़ी सान्याल, कानन) जैसे गीतों में बोराल ने माधुर्य को मानो साकार कर दिया है।

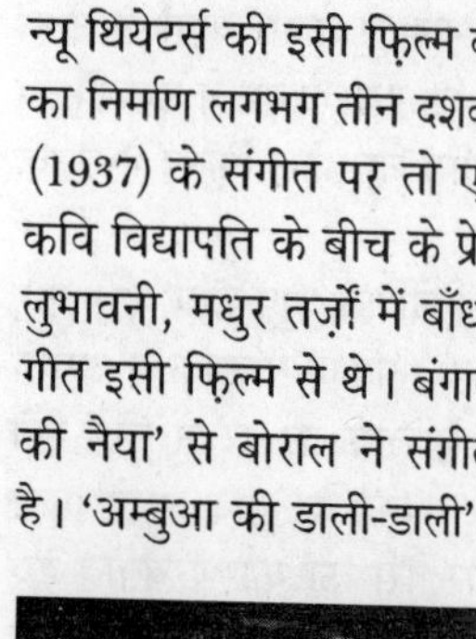

कानन देवी

प्रसिद्ध बाँग्ला साहित्यकार उपेन्द्रनाथ गाँगुली की

सुधारवादी कहानी पर निर्मित 'अभागिन' (1938) में बोराल ने संगीत के मामले में कोई विशेष उपलब्धि अर्जित नहीं की हालाँकि आरज़ू लिखित और कमल झारिया से गवाए 'तुमसे माँगने में लाज आए कोमल मन और दान' तथा 'जिगर के घाव को ऊपर का मरहम कब मिटाता है' अच्छी रचनाएँ थीं। पर फणि मजुमदार की प्रथम निर्देशित सहगल और कानन देवी की अदाकारी वाली फ़िल्म 'स्ट्रीट सिंगर' (1934) ने तो सफलता की कई मंज़िलें तय कीं। सहगल की सबसे प्रसिद्ध फ़िल्मों में यदि इसकी गिनती होती है, तो इसका कुछ श्रेय बोराल के संगीत को अवश्य जाएगा। वाजिद अली शाह के पारम्परिक गीत 'बाबुल मोरा नैहर छूटल जाए' को उस्ताद फय्याज़ खाँ ने भी खूब गाया था, पर इस फ़िल्म में भैरवी में बनाई बोराल की धुन और सहगल की गायकी ही आज तक श्रोताओं के दिलोदिमाग पर छाई है। दर्द की अभिव्यक्ति की इंतहा यदि फ़िल्म संगीत में तलाशी जाए तो इस गीत का ज़िक्र जरूर आएगा। इस गीत की रेकॉर्डिंग भी बड़े प्रयोगात्मक ढंग से हुई थी। सहगल इसे चलते हुए गा रहे थे और माइक्रोफ़ोन उनके ऊपर आगे चलते एक ट्रक के द्वारा लटकाया गया था। 'जीवन बीन मधुर न बाजे' (सहगल) को भी कल्याण थाट में बोराल ने बेहतरीन ढंग से ढाला। 'घूँघरवा बाजे छननवा छुन' (कानन), 'सुकून दिल का मयस्सर गुलो समर में है' (कानन, सहगल), 'रुत है सुहानी मस्त हवाएँ' (कानन, सहगल), 'प्रीतम से प्रीत निभाऊँगी' (कानन), 'लक्ष्मी सूरत दरस दिखाए' (कानन, सहगल) और 'साँवरिया प्रेम की बंसी सुनाए' (कानन, सहगल) जैसे विविध रसों के कितने ही मधुर गीत इस फ़िल्म में बोराल ने कम्पोज़ कर 'स्ट्रीट सिंगर' को दशक की सर्वश्रेष्ठ म्यूज़िकल्स में से एक बना दिया।

वहीं 'जवानी की रीत' (1939) के कानन के गाए, और हिट रहे 'कौन मन लुभाया कैसे मन में आया', 'बन में भी जो महकं, लूट लियो मन धीर' और 'चली पवन हरसों लहक रही सरसों' जैसे स्निग्ध प्रकृति और मानवीय प्रेम के गीत भी बोराल की प्रतिभा का सही प्रतिबिम्ब प्रस्तुत करते हैं। 'सपेरा' (1939) में भी कानन के स्वर में 'सपनों में कोई आता है, कोई चुपके से कह जाता है', 'मोरे घर आओ सजन रे, पी पी पी डाल डाल और कुंज कुंज' और 'मन में मेरे आँधी बन जा' जैसे गीत उस समय तो पसंद किए ही गए थे। बाँग्ला कथाकार उपेन्द्रनाथ गाँगुली की ही कहानी 'शुभ योग' पर आधारित न्यू थियेटर्स की 'हार जीत' (1940—बाँग्ला में 'अभिनेत्री') कलकत्ते के रंगमंच की दुनिया पर केंद्रित फ़िल्म थी जिसमें बोराल ने एक बार फिर कानन और पहाड़ी सान्याल से बहुत सुंदर गीत गवाए। कानन के गाए लोकप्रिय एकल गीत 'तुम मनमोहन, तुम सखियन संग', 'कैसे सुंदर फूलन के हार' और 'मैं हिरणी हरे भरे वन की' के अलावा कानन और पहाड़ी सान्याल के युगल स्वरों का प्रयोगात्मक 'मस्त पवन शाखें लहराए, वन मोर पपीहा गाए' तो सुपरहिट रहा था। इस गीत को तो एच.एम. व्ही ने अपनी 'यादों की मंज़िल' शृंखला में भी शामिल किया है।

बोराल की संगीतबद्ध नितिन बोस निर्देशित 'लगन' (1942) के गीतों ने तो लोकप्रियता का नया इतिहास ही रच डाला। सहगल के स्वर में खमाज थाट पर आधारित 'काहे को राड़ मचाई' और 'ये कैसा अन्याय दाता' तो घर-घर में गूँजा था। वहीं राग देस पर आधारित 'मैं सोते भाग जगा दूँगा' और 'हट गई लो कारी घटा' जैसे सहगल के गीतों ने संगीत पारखियों को उन्मादित कर दिया था। 'लगन' में कानन देवी के स्वर में 'तुम बिन कल न आवे' में बोराल ने कानन के स्वर के 'थ्रो' का बहुत सुंदर इस्तेमाल किया। 'मद-भरी मद भरी मतवारी' (कानन) में शास्त्रीय शैली का, और 'हमारी लाज निभाओ स्वामी' (कानन) में धीमी लय में आरोह-अवरोह का बहुत अच्छा प्रयोग है। कानन के ये गीत आज भी उनके सदाबहार गीतों के रूप में संगीतप्रेमी याद करते हैं। 'लगन' फ़िल्म के गीतों से ही सहगल की रोमांटिक छवि पूर्णतः स्थापित हुई थी। इस छवि ने आगे के वर्षों में भी गुरुदत्त समेत अनेक निर्देशकों, नायकों पर नायकत्व को परिभाषित करने में अपना प्रभाव डाला।

'सौगंध' (1942) के लोकशैली के 'अब आई बसंत बहार' (असित बरन), और 'राजा बेटी केकराला गूँथजू' (असित बरन, इंद्राणी राय) जैसे लोकप्रिय गीतों के साथ-साथ शांति और असित बरन के गाए 'रंग गई आज मन की बगिया' जैसे बोराल के अनजाने गीत भी सुंदर लगते हैं। 'वापस' (1943) के 'तुमने मुझसे प्रेम जताकर' (असित बरन) में बोराल ने आधुनिक गीत शैली के अंदर मुखड़े के हर शब्द पर जोर देकर जो खींचने का प्रयोग किया है, वह सुनने में बहुत आकर्षक लगता है। 'वापस' के 'अलबेला मस्ताना एक हंसों का जोड़ा' (असित बरन, सुप्रवा सरकार) और 'हम कोचवान प्यारे' बड़े लोकप्रिय रहे थे। 'वापस' के संगीत के लिए बोराल को बंगाल फ़िल्म जर्नलिस्ट एसोसिएशन का पुरस्कार भी मिला था। इसी प्रकार विमल राय की निर्देशित प्रथम फ़िल्म 'हमराही' (1945) में न सिर्फ रवींद्रनाथ ठाकुर रचित 'मधुगंधे भरा मधु स्निग्ध छाया' के साथ बोराल ने रवींद्र संगीत की छटा बिखेरी बल्कि 'जन गन मन अधिनायक जय हे' के पूर्ण रूप को भी फ़िल्म के शीर्षक गीत के रूप में स्थान दिया। यह गीत बाद में स्वतंत्र भारत का राष्ट्रगीत बना, यह तो सभी जानते ही हैं। इसी फ़िल्म में उन्होंने पारम्परिक गज़ल शैली में बिनता बोस से 'जिगर के दाग' भी खूबसूरती से गवाया था। न्यू थियेटर्स की ही 'वसीयतनामा' (1945) के असित बरन के गाए लोकप्रिय 'मन फूले नहीं समाए' (भारती के साथ),

'काहे मन बेचैन सजनी' और असित तथा सुमित्रा के गाए 'भूल जा तू दुनिया का ग़म', 'अंजानगढ़' (1948) में पंकज मल्लिक और उत्पला सेन के स्वर में लावण्य-भरा रवींद्र संगीत पर आधारित 'संसार के आधार पर दया हम पे दिखाओ' (हालाँकि इस फ़िल्म में पंकज मल्लिक के गाए गीतों की स्वर रचना उनकी अपनी ही थी) और विमल रॉय निर्देशित 'पहला आदमी' (1950) के 'तारों की रोशनी में दुनिया नई बसाएँ' (संध्या, अपरेश लाहिड़ी), बहुभाषी गीत 'क्यों न खुशी के गीत गाएँ', 'हम चले नई दुनिया बसाने' (संध्या, अपरेश लाहिड़ी), 'अश्कों में छुपी उल्फ़त की कहानी है' (संध्या) जैसे गीतों के साथ बोराल का सफ़र जारी रहा, पर बम्बई में फ़िल्मी व्यवसाय का केंद्रित होना और हिंदी फ़िल्मों का कलकत्ते से बड़ी तेजी से विलुप्त होने का अर्थ यह भी था कि बोराल को हिंदी फ़िल्मों में मिलनेवाले अवसर कम होते गए। न्यू थियेटर्स का ज़माना भी गुज़रने लगा था। वैसे बोराल की प्रतिभा कायम थी और नितिन बोस लिमिटेड की 'दर्दे दिल' (1953) में लता से गवाई बेहद खूबसूरत गज़ल 'न तो दिन ही दिन वो टूटे मेरे, न वो रात रात मेरी रही' और आधुनिकता-भरी शैली की 'प्यार हो गया मुझे' (आशा) को सुनते ही श्रोता उनकी उस्तादी का कायल हो ही जाता है। प्रकाश पिक्चर्स की 'श्री चैतन्य महाप्रभु' (1953) में तो बोराल ने अपना पुराना जादू एक बार फिर दिखाकर चमत्कार ही कर दिया है। 'क्या हो गया मुझे, क्या हो गया जो भ्रमर सा फिरे' (तलत) जैसी कवितामय कृति को सुंदर सुरों में बाँधकर कोरस के साथ बोराल ने पूरा वातावरण सजीव कर दिया है। इंटरल्यूड्स में हवाइयन गिटार और पूरे गीत में तबले का बहुत सुंदर प्रयोग है। रासलीला की शैली में 'गोकुल कदम की छाँव' (आशा, रफ़ी), 'कजरारे नैना छुप-छुप घात करे' (लता), 'वो गोकुल का ग्वाला था' (लता, धनंजय), 'तेरी प्रीत समझ न आए' (लता), 'निमाई चाँद ओ गोरे चाँद, (बिनोता चक्रवर्ती) जैसे कई बेहद मधुर गीतों के साथ यह फ़िल्म बोराल के अंतिम दौर की विशिष्ट उपलब्धि रही।

अमर मल्लिक प्रोडक्शन, बम्बई की 'स्वामी विवेकानंद' (1955) में एक बार फिर बोराल ने बंगाली मुहावरे से युक्त संगीत दिया था। इस फ़िल्म में हेमंत से 'पथिक अकेला बढ़ता जा' और रफ़ी से 'हे शिवशम्भो, हे त्रिपुरारी' जैसे सुंदर गीत बोराल ने गवाए थे, पर फ़िल्म की सबसे उल्लेखनीय रचना थी तलत के स्वर में 'चूर करो अभिमान को मेरे'। इस गीत को तो एच.एम.व्ही. ने तलत के 'रेयर मेलोडीज़' कैसेट में भी स्थान दिया था। हिंदी की उपरोक्त चर्चित कई फ़िल्में बाँग्ला में भी बनी थीं और इनमें से अधिकांश में बोराल ने स्वतंत्र रूप से, या पंकज मल्लिक के साथ मिलकर संगीत दिया था। पाँचवें दशक में भी 'पश्चिम', 'प्रतिश्रुति', 'उदयेर पाथे', 'बिराज बहू', 'परित्राण', 'स्पर्शमणि' आदि कई बाँग्ला फ़िल्मों में बोराल ने संगीत दिया।

बाँग्ला फ़िल्म 'सागर संगमेय' (1959) में श्रेष्ठ संगीत के लिए बोराल को राष्ट्रपति पुरस्कार भी मिला था, पर यह उनका फ़िल्मों में अंतिम दौर ही था। अपनी आखिरी फ़िल्म 'नतून फसल' (1960) के बाद उन्होंने फ़िल्मों से मुख मोड़ लिया, पर आकाशवाणी के साथ सम्बन्ध जारी रहा। वे कुछ वर्षों तक संगीत रिसर्च अकादमी के सलाहकार भी रहे थे।

आर.सी.बोराल ने ही भारत की पहली संगीतमय कार्टून फ़िल्म बनाई थी। चार्ली चैपलिन की 'A city life' उन्होंने 40 बार देखी थी और उसी से कहानियों में संगीत देने की प्रेरणा भी मिली थी। 'भूलेर शेषे', 'लाख टाका' और 'भोला मास्टर' के नाम से तीन कथाचित्रों का निर्माण भी बोराल ने किया था। बोराल संगीत में एक legend की तरह माने जाते हैं। 1978 में उन्हें संगीत नाटक अकादमी पुरस्कार और 1979 में फ़िल्म जगत के सर्वोच्च पुरस्कार दादा साहब फ़ालके पुरस्कार से नवाज़ा गया था। 1981 में उनकी मृत्यु हुई।

संदर्भ

1. माधुरी, 8 जनवरी, 1982

पंकज मल्लिक

'दुख भरे दुख वाले, शराबी सोच न कर मतवाले'

पंकज मल्लिक

हिंदी फ़िल्मों में आधुनिकता और पाश्चात्य प्रभाव के मेलोडी के साथ समन्वयन का सूत्रपात हमें पंकज मल्लिक के ही संगीत में मिलता है। कलकत्ता के एक मध्यवर्गीय परिवार में 20 अप्रैल, 1904 को जन्मे पंकज मल्लिक को बचपन से ही संगीत का इतना शौक था कि अपने पड़ोसी (जो इराक में नौकरी करते थे और चाभी पंकज के घर छोड़ गए थे) की अनुपस्थिति में उनके हारमोनियम पर चोरी-चोरी अभ्यास करते रहते थे। आगे चलकर पंकज मल्लिक ने संगीत दुर्गादास बंद्योपाध्याय, लक्ष्मीबाई मित्तर (जिनसे उन्होंने रवींद्र संगीत की शिक्षा ली) और फिर दीनेंद्रनाथ टैगोर से सीखा। पिता की मृत्यु और आर्थिक परेशानियों की वजह से वे अपनी कॉलेज की शिक्षा पूरी न कर पाए, पर संगीत-साधना जारी रही। बीलोफोन कम्पनी के लिए उनका पहला रेकॉर्ड 1926 में जारी हुआ और कलकत्ता रेडियो से भी निर्माता, संगीतकार, गायक के रूप में उनका सम्बन्ध शुरू हुआ (जहाँ उनका साथ आर.सी. बोराल से हुआ) जो 'संगीत शिक्षार असर' और सालाना 'महिषामर्दिनी' जैसे प्रोग्रामों तक जारी रहा। इंटरनेशनल फ़िल्मक्राफ्ट की मूक फ़िल्मों 'चेशेर मेय' और 'चोरकांता' के लिए 1931 में उन्होंने बोराल के साथ ऑरकेस्ट्रा भी संयोजित किया। 1931 की बंगाली फ़िल्म 'देना पाओना' में उन्होंने पहली बार बोराल के साथ संगीत दिया।

हिंदी फ़िल्मों में स्वतंत्र संगीतकार के रूप में पंकज मल्लिक की फ़िल्म 'यहूदी की लड़की' (1933) की विशेष रूप से चर्चा की जाती है। हालाँकि इस फ़िल्म में पंकज मल्लिक का वह आधुनिक, पाश्चात्य हार्मनी को ऑरकेस्ट्रेशन और अभिव्यक्ति के जरिये समाविष्ट करता विशिष्ट रूप गौण है, पर सहगल के गाए कुछ अभूतपूर्व गीतों के कारण इस फ़िल्म का नाम हिंदी फ़िल्म इतिहास में अमर हो चुका है। नौटंकी की प्रचलित शैली काफ़ी में कम्पोज की गई गालिब की मशहूर ग़ज़ल 'नुक्ताचीं है ग़मे दिल' हो, या पारम्परिक शैली में 'लग गई करेजवा में चोट', 'लाख सही अब पी की बतियाँ' हो या अरबी शैली का पुट लिए 'ये तसर्रुफ़ अल्ला-अल्ला' की मदमाती रिद्म हो, पंकज मल्लिक और सहगल का संयुक्त नशा किसी भी तरह से बोराल और सहगल की जुगलबंदी के जादू से कम नहीं लगता। रतनबाई के स्वर में 'अपने मौला की जोगन बनूँगी', 'निबाह उल्फत का इन दो नाजुकों में सख्त मुश्किल है' जैसे गीत उस ज़माने के कोठों पर प्रचलित गीतों की याद ताजा कर देते हैं। पी.सी. बरुआ निर्देशित 'माया' (1936) में पंकज मल्लिक के साथ बोराल भी संगीतकार थे। इसी फ़िल्म में पंकज मल्लिक का गाया राग दुर्गा पर आधारित 'सुंदर नारी प्रीतम प्यारी' सुपरहिट रहा था और आज भी पंकज मल्लिक के गाए बेहतरीन गीतों में इस गीत को गिना जाता है।

'मिलियनेयर' उर्फ 'करोड़पति' (1936) में भी बोराल के साथ पंकज मल्लिक ही संगीतकार थे।

हिंदी फ़िल्मों में संगीतकार के रूप में पंकज मल्लिक की सबसे उल्लेखनीय फ़िल्म थी 'बरुआ' और कानन देवी अभिनीत 'मुक्ति' (1937)। बाँग्ला में भी बनी थी यह फ़िल्म और रवींद्रनाथ ठाकुर की रचनाओं का फ़िल्मों में बृहद् स्तर पर इस्तेमाल इसी फ़िल्म ने पहली बार किया था। बाँग्ला संस्करण में अधिकांश धुनें तो स्वयं रवींद्रनाथ की थीं, पर सर्वाधिक लोकप्रिय गीत 'दिनेर शेशे घूमेर देशे' की धुन स्वयं पंकज मल्लिक ने बनाई थी। यह पहला मौका था जब गुरु रवींद्रनाथ ने अपनी रचना की धुन किसी और संगीतकार को बनाने की स्वीकृति दी थी। रवींद्र संगीत का व्यापक इस्तेमाल पंकज मल्लिक अपनी रचनाओं में करते रहे, पर उन्होंने रवींद्र संगीत को भी अपनी आधुनिकता की छाप देकर एक नये रूप में आधुनिक, सुधारवादी बंगाली 'मध्यवित्त श्रेणी' के घरों में स्थापित किया। बहरहाल, 'मुक्ति' के हिंदी संस्करण के कुछ गीतों की धुन तो आर.सी. बोराल ने बनाई, पर अधिकांश गीत पंकज मल्लिक के ही कम्पोज़ किए हुए थे। पंकज मल्लिक के स्वर में 'कौन देश है जाना बाबू' और 'दुख भरे दुख वाले, शराबी सोच न कर मतवाले' अपने ज़माने के सुपरहिट गीत थे। रवींद्र संगीत की छाप लिए राग देस पर आधारित 'साँवरिया मन आया रे' (कानन), 'हम बेकसों का पूछने वाला कोई नहीं' (कल्याणी), सारंग पर आधारित 'अम्बवा की डाली डाली' आदि भी खूब चले थे। बोराल द्वारा स्वरबद्ध 'कैसा उजड़ा चमन खुशी का' (कानन) का ऑरकेस्ट्रेशन पंकज मल्लिक ने ही किया था।

न्यू थियेटर्स की सहगल की अमर फ़िल्म 'प्रेसीडेंट' (1937) में भी बोराल के साथ पंकज मल्लिक संगीतकार थे। हालाँकि अधिकांश हिट गीत बोराल के हिस्से में गए, पर ऑरकेस्ट्रेशन पर पंकज मल्लिक का असर साफ़ दिखाई पड़ता है। हालाँकि 'पूरन भगत' के सहगल के दो भजनों और 'चंडीदास' के 'प्रेमनगर में' के पीछे पंकज मल्लिक का भी बड़ा हाथ था, पर श्रेय बोराल को ही गया—यह सहायक होने की त्रासदी थी जो कई संगीतकारों को झेलनी पड़ी है।

सहगल अभिनीत समाजवादी सामूहिक कृषि की अपील करनेवाली फ़िल्म 'धरती माता' (1938) में 'दुनिया रंग रंगीली बाबा' (पंकज मल्लिक, सहगल, उमा शशि), 'किसने यह सब खेल रचाया' (सहगल), 'जाग सजनिया नवयुग आया' (उमा शशि) और 'अब मैं काह करूँ कित जाऊँ' (सहगल) जैसे गीतों की लोकप्रियता के पीछे पंकज मल्लिक की अनूठी संगीत-शैली का अपना हाथ था। न्यू थियेटर्स की 'बड़ी दीदी' (1939) शरत्‌चंद्र की लेखनी पर आधारित अपने ज़माने की बड़ी चर्चित फ़िल्म रही थी। पंकज मल्लिक के स्वरबद्ध 'जीवन एक पहेली पंछी', 'ये क्या तरीके हैं सय्याद, ज़ुल्म ढाने के', 'बोलो-बोलो रे बंधु' जैसे गीत फ़िल्म के कथ्य के साथ सटीक बैठे थे हालाँकि कोई बहुत स्थायी प्रभाव इस फ़िल्म के संगीत का नहीं रहा था। स्थायी प्रभाववाले संगीत के मामले में तो 'दुश्मन' (1939) की अधिक चर्चा की जाएगी, क्योंकि इसी फ़िल्म में पंकज मल्लिक ने सहगल से उनका अमरलयपूर्ण गीत 'कहूँ क्या आस निरास भई' गवाया था। कितनी अद्‌भुत धुन है इसकी, क्या लाजवाब रिद्म है और क्या खूबसूरत गायकी है! वास्तव में कुंदनलाल सहगल का नाम जब-जब आता है, तो इस गीत की चर्चा अपरिहार्य हो जाती है। 'दुश्मन' का ही 'प्यारी-प्यारी सूरतों' (सहगल) अलग शैली की एक रचना थी जिसकी वाद्य रिद्म और गायकी की लय अलग-अलग चलते हुए भी एक सुंदर हार्मनी पैदा करने में सफल है। अन्हैया बिलावल की छाया लिए 'प्रीत में है जीवन' भी अच्छी रचना थी।

यदि 'दुश्मन' में पंकज मल्लिक ने सहगल से अमर गीत गवाया, तो फणि मजुमदार की निर्देशित बंकिमचंद्र के प्रसिद्ध उपन्यास पर आधारित 'कपाल कुंडला' (1939) में उन्होंने अपनी स्वरबद्ध रचना 'पिया मिलन को जाना' को अनूठी शैली में स्वयं स्वर देकर सहाबहार बना दिया। ऐसे कई संगीतप्रेमी आज भी इस बदलती रुचि के दौर में मौजूद हैं जो इस गीत को सुनकर पागल से हो जाते हैं। फिर आप खुद सोच सकते हैं कि चौथे दशक में इस गीत ने क्या गजब ढाया होगा। न्यू थियेटर्स की लीला देसाई अभिनीत पीरियड फ़िल्म 'नर्तकी' (1940) पंकज मल्लिक के संगीत और गायक की एक और सुपरहिट फ़िल्म रही। इस फ़िल्म के बंगाली संस्करण में बंगाल के संत कवि चंडीदास के कई गीतों को पंकज मल्लिक ने खूबसूरती से स्वरबद्ध कर बेहद लोकप्रिय बनाया था। हिंदी संस्करण में आरज़ू के लिखे कई गीत सुपरहिट रहे थे, विशेषकर पंकज मल्लिक द्वारा राग जोगिया पर सृजित 'ये कौन आज आया सवेरे सवेरे' खुद उन्हीं के स्वर में आज भी मंत्रमुग्ध कर देता है। 'मद भरी रुत जवान है' (पंकज मल्लिक), 'आँख मूँदकर ध्यान मूरख' (राधारानी), 'प्रेम का नाता छूटा' (पंकज मल्लिक), 'कौन तुझे समझाए' (पंकज मल्लिक, साथी) जैसे गीत भी उन दिनों खूब सराहे गए थे। इन सभी गीतों में गायन के साथ-साथ ऑरकेस्ट्रेशन का भी अपना अलग अस्तित्व था जो उन दिनों बहुत निराली बात थी।

सहगल और पहाड़ी सान्याल अभिनीत लोकप्रिय फ़िल्म 'ज़िंदगी'(1940) के केदार शर्मा लिखित कई गीतों की अपार मकबूलियत के पीछे भी सहगल की गायकी के साथ-साथ पंकज मल्लिक के संगीत और ऑरकेस्ट्रेशन की नई शैली का बड़ा भारी हाथ था। 'मैं क्या जानूँ, क्या जादू है' तो एकदम नई शैली का ही गीत था, जिसमें स्वरों के द्रुत गति से उतार-चढ़ाव और छोटे तानों का ज़बर्दस्त

प्रयोग पंकज मल्लिक ने किया था। सहगल का गाया यमन पर आधारित यह गीत तो स्वर-सम्राज्ञी लता मंगेशकर का भी पसंदीदा गीत रहा है जिसे वे फ़िल्मों में आने से पहले कई महफ़िलों और सम्मेलनों में गाया करती थीं, और जिसे अभी कुछ वर्ष पूर्व ही उनके द्वारा संगीत हस्तियों को समर्पित 'श्रद्धांजलि' कैसेट्स में भी गाकर शामिल किया गया है। इसी फ़िल्म का दूसरा सुपरहिट गीत था धीमी लय और अद्भुत तल्लीनता से गाया 'सो जा राजकुमारी सो जा' (सहगल)। सहगल का गाया 'दीवाना है राहत से मैं बेगाना हूँ' भी बड़ी कलात्मक कृति थी, भले ही आज यह भुला दी गई है। 'डॉक्टर'(1941) के गीतों में तो पंकज मल्लिक संगीतकार और गायक के रूप में फ़िल्म जगत पर छा ही गए। घोड़े की टाप के पहले इस्तेमाल के रूप में तेज ताल पर सृजित 'चले पवन की चाल', आधुनिक संगीत तरंगों और अपनी विशिष्ट तानों और आरोह-अवरोह को उद्भासित करता अल्हैया बिलावल पर आधारित 'आई बहार आज', पारम्परिक ठुमरी शैली में 'महक रही फुलवारी', आख्यानात्मक शैली में अपने ज़माने में अति लोकप्रिय रहा 'कब तक निराश की अँधियारी', संजीदा दर्द-भरी तर्ज़ लिए वॉयलिन और पियानो पर पंकज मल्लिक की खास आधुनिकता की छाया के साथ 'गुज़र गया वो जमाना' और गज़ल शैली में 'आज अपनी मेहनतों का मुझको तमगा मिल गया' जैसे बेहद मक़बूल रहे गीतों के साथ पंकज मल्लिक ने अपनी बहुमुखी प्रतिभा का जबर्दस्त परिचय दिया था। इला घोष के स्वर में 'आपन जीवन दर्पण' भी खूब हिट रहा था। 'प्राण चाहे नैन न चाहे' और 'चले पवन की चाल' जैसे गीतों में ऑरकेस्ट्रा के आधुनिकीकरण का प्रयोग बेहद लुभावना था। दरअसल पंकज मल्लिक अपने ज़माने के हिसाब से बहुत आधुनिक संगीतकार थे। पाश्चात्य हार्मनी का फ़िल्म संगीत में प्रयोग करनेवाले वे पहले ही होंगे। रवींद्र संगीत के अंदर छिपे ऑर्गन आधारित चर्च संगीत की शैली भी उनकी रचनाओं में बोराल से कहीं अधिक प्रखर है। न्यू थियेटर्स की सौम्य सुकोमल भावप्रवण रचनाओं के साथ पंकज मल्लिक की आधुनिक रचनात्मकता और हार्मनी ने हमें उस ज़माने के सुंदरतम गीतों से साकार कराया है। 'काशीनाथ' (1943) में पंकज मल्लिक ने असित बरन के रवानगी-भरी लय में 'हम चले वतन की ओर' और अपने ज़माने के प्रशंसित गीत 'मैं जान गया पहचान गया' में पाश्चात्य ऑरकेस्ट्रेशन और शैली के प्रयोग की आकर्षक छटा बिखेरी थी। के.सी. डे की संगीतबद्ध 'आँधी' (1940) में पंकज मल्लिक ने गाने के साथ-साथ अभिनय भी किया था।

द्वितीय विश्वयुद्ध की पृष्ठभूमि में कलकत्ते की रंगमंचीय जिदंगी का चित्रण करती न्यू थियेटर्स की 'मेरी बहन' (1944) में एक बार फिर मल्लिक ने सहगल के स्वर में अविस्मरणीय गीत कम्पोज़ किए। शुद्ध कल्याण तीन ताल पर सृजित 'दो नैना मतवारे तिहारे हम पे जुल्म करें' की ठुमरी फ़िल्मी अंदाज़ में श्रोताओं के दिलोदिमाग पर आज तक छाई है। 'छुपाना ऐ प्यारी सजनिया' और 'अब कातिले तक़दीर मुझे इतना बता' भी कम लोकप्रिय नहीं रहे थे। इन गीतों की प्रसिद्धि का अंदाज़ा इसी से लगाया जा सकता है कि बाद में पंकज मल्लिक ने इन गीतों को एक प्राइवेट एलबम के लिए खुद गाकर पुनः रेकॉर्ड करवाया था।

मधु बोस निर्देशित 'मीनाक्षी' (1942) ने साधना बोस को स्टार तो बनाया ही, साथ ही हमें पंकज मल्लिक की कुछ अन्य सुंदर प्रस्तुतियों को सुनने का भी अवसर दिया। 'अब प्रीत की जीत मनाएँ साजन' में बाँग्ला शैली और पारम्परिक वाद्यों के साथ भी एक आधुनिक स्पर्श लाने में पंकज मल्लिक सफल रहे। के.सी. डे के गाए 'तू गाए जा, कोई तेरा गीत सुने न सुने', 'मन मूरख कहना मान' और 'कोई ले लो भइया ताबीज़, है मेरा बड़े काम का' जैसे गीत भी इसी फ़िल्म के थे।

बंबई में ढेर सारी फ़िल्म कम्पनियों और सितारों के जमघट ने कलकत्ते की फ़िल्म कम्पनियों के दिन खराब कर दिए थे। न्यू थियेटर्स के भी सहगल, पृथ्वीराज जैसे कई आर्टिस्ट बंबई जा बसे थे और न्यू थियेटर्स द्वारा निर्मित फ़िल्मों की संख्या भी घटने लगी थी। 'मीनाक्षी' के कई वर्षों बाद न्यू थियेटर्स की 'ऊँच नीच' (1948) में पंकज मल्लिक का संगीत था। पर सुधा मुखर्जी के स्वर में लालित्य और रसपूर्ण 'प्यार की पहली घड़ी में प्रीतम का मुखड़ा' तथा 'फूल कहे धन्य हूँ मैं' जैसे गीतों की कम्पोज़ीशन के बावजूद बड़े स्टार्स के न होने से न्यू थियेटर्स की यह फ़िल्म अधिक चर्चित नहीं हुई। 'अंजानगढ़ (1948) में यूँ संगीत तो बोराल का था, पर अपने गाए गीतों की धुनें पंकज ने स्वयं बनाई थीं। रवींद्र संगीत से प्रभावित 'संसार के आधार' (पंकज, उत्पला सेन), लीक से हटकर रचित गीत 'तू ज़रा हट कर' जैसे सरस गीत इस फ़िल्म में भी थे। 'मंजूर' (1949) के आसावरी की छाया लिए तेज रिद्म में बाँसुरी के सुंदर सुरों से सजाया 'मतवाले नैनों से' (असित बरन), रिद्म परिवर्तन और आधुनिक रूप लिए 'हृदय में फूल रहे हैं फूल' (असित बरन), ऑफ़ बीट रचना 'सुंदर सपनों में तुम्हारे' (उत्पला सेन), 'वह दिन न रहे रातें न रहीं' (इला घोष) और लाजवाब-सी आधुनिकता लिए 'रिमझिम रिमझिम बरसे पानी' (इला घोष, असित बरन) जैसे सुंदर गीत भी अधिक चले नहीं। 'रूप कहानी' (1950) के कवितामय 'बादल दल ने राजकुमारी का एक महल बनाया' और 'चंद्रमा के देश में' जैसे गीतों का और 'छोटा भाई' (1948) के गीतों का भी यही हश्र रहा। न्यू थियेटर्स के बैनर से पहली बार अलग हट कर शरत्चंद्र के प्रसिद्ध उपन्यास 'बिंदूर छेले' पर आधारित

एच.एम. फ़िल्म्स, कलकत्ता की 'छोटी माँ' (1952) के 'इस मन के भौंरे का गुनगुन' जैसे गीत भी अनसुने से ही रह गए। उपरोक्त वर्णित कई हिंदी फ़िल्में बाँग्ला में भी बनी थीं पर उनके संगीत के अलावा भी पंकज़ मल्लिक ने 'रामेर सुमति' (1947), 'प्रतिवाद' (1948), 'नवीन जात्रा' (1953), 'राजकमल' (1955), 'आह्वान' (1961) और 'विद्यालिता करुणा जानवी जमुना' (1972) आदि क़ई बाँग्ला फ़िल्मों में संगीतकार की भूमिका निभाई थी।

पर न्यू थियेटर्स की 'यात्रिक' (1952) और आर्ट फ़िल्म्स ऑफ एशिया लिमिटेड की रवींद्रनाथ ठाकुर लिखित रचना पर आधारित 'ज़लज़ला' (1952) के गीतों से पंकज मल्लिक की कुछ हद तक पुनः लोकप्रियता और चर्चित वापसी हुई। 'यात्रिक' का बेहद प्रभावशाली शिव स्त्रोत 'हे चंद्रचूड़ मदनांतक शूलपाणे (पंकज मल्लिक, साथी) हो या मीरा भजन 'मीरा कहे बिना प्रेम से नहि मिले नंदलाला' (विनोता चक्रवर्ती) हो, अपने ज़माने में बेहद लोकप्रिय रहा और एच.एम.व्ही. द्वारा अपने 'द फ़ैबुलस इयर्स' कैसेट्स में शामिल पं. भूषण का लुभावना गीत 'तू ढूँढता है जिसको बस्ती में या कि वन में' (धनंजय भट्टाचार्य) हो या फिर उतना ही मोहक पर कम लोकप्रिय 'दिलवाले दिलगीर हुआ क्या सोच रहा है तू' (धनंजय भट्टाचार्य) हो, पंकज मल्लिक इस फ़िल्म से अपने संगीत की पूरी विराटता और महिमा के साथ छा गए हैं। 'राम नाम का' (धनंजय) भी उन दिनों बहुत लोकप्रिय रहा था। कोरस और समूह गीतों का प्रयोग इस फ़िल्म की विशेषता थी। विष्णु स्तुति, कुमार सम्भवम, राग देस पर आधारित शिव प्रार्थना 'जय शिव ओंकारा', 'उप निषद्वाक्य', 'पुष्पांजलि' जैसी इस फ़िल्म की अन्य भी कई संगीत गीत रचनाएँ बेहद प्रभावशाली बनी थीं। 'यात्रिक' की तुलना में 'ज़लज़ला' का संगीत कमज़ोर था, फिर भी नाविक गीत 'पवन चले जोर' (पंकज मल्लिक, साथी), 'आज सही इनकार मगर कल करना होगा प्यार' (उत्पला सेन) और आधुनिक पश्चिमी ऑरकेस्ट्रेशन के साथ पुनः ऑफ़ बीट सी लुभावनी रचना अली सरदार जाफ़री लिखित 'मुझे वो देख कर जब मुस्कराएँगे तो क्या होगा' (गीता) का अपना आकर्षण था। न्यू थियेटर्स की 'नया सफ़र' (1953), अशोक फ़िल्म्स कलकत्ता की 'चित्रांगदा' (1954), सरगम पिक्चर्स की 'कौन करता है किसी का इंतज़ार', 'ऐ मेरे दिल, तू ज़रा तो सँभल', 'अपनी प्रीत की ढूँढ़ रहा हूँ' और 'भूल हुई क्या मेरी' जैसे स्वयं के गाए आधुनिक स्पर्शवाले गीतों की 'कस्तूरी' (1954—जमाल सेन के साथ) हिंदी में पंकज की अंतिम प्रस्तुतियाँ थीं। आधुनिक ऑरकेस्ट्रा, पाश्चात्य संगीत का प्रभाव, पार्श्वसंगीत का निखार—यह सब पंकज मल्लिक का ही विशिष्ट योगदान है। उन्होंने हज़ारों गैर फ़िल्मी गीतों (बाँग्ला और हिंदी) की धुनें भी तैयार कीं और कई को तो अपना स्वर भी दिया। यमन कल्याण आधारित 'ये रातें ये मौसम' सुनकर तो विश्वास नहीं होता कि इतनी आधुनिक शैली की रचना इतने वर्ष पहले कैसे हो गई! यमन कल्याण पर ही सृजित 'तेरे मंदिर का हूँ दीपक जला रहा', पाश्चात्य शैली का 'प्राण चाहे नैना न चाहे', 'न कर इतना प्यार पंछी', 'याद आए कि न आए' जैसे कितने ही गीत आज भी बाँध लेते हैं। पंकज मल्लिक बहुत अच्छे स्टेज आर्टिस्ट भी थे और कई गीतों का एक अंतरा बाँग्ला में और एक हिंदी में गाकर उन्होंने एक नई शुरुआत भी स्टेज प्रोग्रामों में की थी। उन्होंने 'धरती माता', 'कपाल कुंडला', 'नर्तकी' आदि कई फ़िल्मों में अभिनय भी किया था। पढ़े-लिखे भी वे बहुत थे, और अध्यात्म तथा साहित्य के पठन-पाठन में डूबे रहने का शौक युवावस्था से लेकर अंत तक उनके साथ रहा। रवींद्र नाथ के अलावा शैलेन कुमार, सुरेंद्र मोहन मुखोपाध्याय जैसे कई बंगाली और पं. भूषण, पं. सुदर्शन, फ़य्याज हाशमी जैसे कई हिंदी-उर्दू के गीतकारों की रचनाओं को भी उन्होंने गाया। पंकज मल्लिक बड़े मृदु स्वभाव के व्यक्ति थे। बाद के वर्षों में उन्होंने कलकत्ता रेडियो से संगीत शिक्षण का एक लोकप्रिय प्रोग्राम भी प्रारम्भ किया था। 'गीत वाल्मीकि', 'स्वर लिपिका', 'राग लक्षण', 'गीत मंजरी' और 'महिषासुर मर्दन' जैसी कई पुस्तकों की भी उन्होंने रचना की थी। एक बुद्धिजीवी स्पर्श उनकी रचनाओं में हमेशा ही झलकता है। एक बार 1952 में दंगे-फ़साद के दिनों वे भीड़ में फँस गए, पर भीड़ ने उन्हें पहचानकर गाना सुनाने की जन फ़रमाइश की तो उन्होंने बुद्धिशीलता का परिचय देते हुए हिंसा के खिलाफ़ 'हिंसाय उन्मत्त पृथ्वी नित्य निठुर द्वंद्व' गीत गुनगुना कर भीड़ में से कइयों को शर्मिंदा कर दिया था। संगीत में विशिष्ट उपलब्धियों के लिए उन्हें 'सुरसागर' की उपाधि भी मिली थी। 1970 में उन्हें 'पद्मश्री' और 1973 में 'दादा साहब फालके पुरस्कार' से नवाज़ा गया। 19 फरवरी, 1978 को उनका निधन हुआ।

तिमिर बरन

'कैसे कोई जिए, ज़हर है ज़िन्दगी'

तिमिर बरन

संगीतप्रेमी भट्टाचार्य परिवार में 10 जुलाई, 1904 को जन्मे तिमिर बरन को संगीत के संस्कार जन्म से ही मिले थे। यह वही भट्टाचार्य परिवार था जिसने तांत्रिक विद्या भी साधी थी और उनके शिष्यों में भारतीय शास्त्रीय संगीत का केंद्र माने-जानेवाला पाथेर घाट ठाकुरों का परिवार भी था। जब भी तिमिर बरन ठाकुरों के घर जाते थे तो गुरु रवींद्रनाथ के साथ भी संगीत की बैठक होती थी। तिमिर बरन सितार, हारमोनियम सभी कुशलता से बचपन से ही बजाते थे। राजेंद्रलाल चट्टोपाध्याय से उन्होंने क्लैरिनेट और बैंजों भी सीखा। एक बार बैंजों खराब हो जाने पर तिमिर बरन उसे ठीक कराने गोवर्धन म्यूजिक शॉप में ले गए तो गोवर्धन ने उनसे कहा कि बैंजों तो बच्चों का वाद्य है, वे सरोद क्यों नहीं सीखते? गोवर्धन ने उन्हें सरोद दिलाया तो उन्होंने अपनी उँगलियाँ सरोद के तारों पर फेरीं और पाया कि यह तो अद्भुत वाद्य है। खुशी-खुशी तिमिर अपने बड़े भाई को लेकर वापस दुकान आए और अपने भाई से सरोद सीखने की जिद की। वहीं गोवर्धन से उन्हें उस्ताद अमीर खान साहब का पता चला और छः महीने वाद गोवर्धन तिमिर बरन के लिए एक नया सरोद बनाकर और उस्ताद अमीर खान को लेकर तिमिर बरन के पास पहुँच गए। उस वक्त सरोद बजाने वाले गिने-चुने ही थे, और अमीर खान ने तिमिर को सरोद सिखाना शुरू किया। सरोद सीखने के लिए तिमिर बरन अमीर खान के साथ गौरीपुर भी जाकर वर्षों रहे। कलकत्ते की एक महफ़िल में उन्होंने अलाउद्दीन खान साहब को सुना और उनसे प्रभावित होकर उन्हें अपना गुरु बनाना चाहा। अलाउद्दीन खान शुरू में तो नहीं माने पर तिमिर बरन ने उनका पीछा नहीं छोड़ा और अंततः अलाउद्दीन खान मान गए और तिमिर बरन को अपने साथ मैहर ले गए। अलाउद्दीन खान के साथ सरोद में पारंगत होने के उपरांत उदय शंकर ने अपने नृत्य दल का ऑरकेस्ट्रा संचालित करने के लिए तिमिर बरन को चुना और 1930 से वे उदय शंकर के साथ यूरोप और अमेरिका की यात्रा भी कर आए। नृत्यों तथा नृत्य-नाटिकाओं में ऑरकेस्ट्रा का प्रयोग करनेवाले पहले संगीतकार तिमिर बरन ही थे। उदय शंकर के बाद उन दिनों विदेशों में जिस भारतीय कलाकार का नाम लिया जाता था, वे तिमिर वरन ही थे।[1]

पर तिमिर बरन धीरे-धीरे इस दल में ऊब चले थे और उन्होंने अंततः उदय शंकर को राजी कर लिया कि उनके बदले उस्ताद अलाउद्दीन खान को अपने दल में शामिल कर लें। तिमिर बरन ने मधु बोस के साथ 'अलीबाबा', 'विद्युतपर्व' जैसे नाटकों में भी ऑरकेस्ट्रा संचालन का काम किया और भारतीय वाद्य-यंत्रों से ही पश्चिमी सिम्फनी के कुछ अंशों की रचना की। जावा और बाली की यात्रा के बाद जाइलोफोन का उपयोग भी बरन ने मधु बोस के नाटकों में प्रारम्भ कर दिया।

इस वक्त तक तिमिर बरन इतने मशहूर और प्रतिष्ठित हो चुके थे कि प्रमथेश बरुआ ने आर. सी. बोराल और पंकज मल्लिक जैसे संगीतकारों के रहते हुए भी तिमिर बरन को न्यू थियेटर्स की फ़िल्मों के लिए ऑरकेस्ट्रा संचालन करने के लिए नियुक्त कर लिया। बरुआ की 'देवदास' के बंगाली संस्करण के संगीतकार बोराल और पंकज मल्लिक थे, पर स्टूडियो नं. दो में हिंदी संस्करण के फ़िल्मांकन के दौरान मैनेजर जतींद्रनाथ मित्र के कहने पर बरुआ ने थोड़ी हिचकिचाहट के बाद तिमिर बरन को 'देवदास' (1935) के हिंदी संस्करण

का संगीतकार बना दिया। हालाँकि कहा जाता है कि 'देवदास' के दो मशहूर गीतों—काफ़ी आधारित 'बालम आए बसो मोरे मन में' और राग देस आधारित 'दुख के दिन अब बीतत नाहीं'—के स्वरकार स्वयं गायक सहगल ही थे, पर 'बालम आए बसो मोरे मन में' में ऑरकेस्ट्रा के tempo को बढ़ाकर इस मेलोडी प्रधान गीत को अविस्मरणीय बनाने में कम योगदान तिमिर बरन का नहीं था।[2] 'बालम आए बसो' वह पहला रेकॉर्ड था जो लता मंगेशकर ने खरीदा था। लता का सहगल-प्रेम किसी से छिपा नहीं है। वहीं 'दुख के दिन' और लोकप्रिय ठुमरी 'पिया बिन नहीं आवत चैन' में भी सहगल की दर्द-भरी आवाज़ के साथ वॉयलिन के सुर कदम से कदम मिलाकर दर्द को और गहराते हैं। पहाड़ी सान्याल की गाई गज़ल 'छूटे असीर तो बदला हुआ ज़माना था' और राजकुमारी के स्वर में 'नाहीं आए घनश्याम' का भी अपना आकर्षण था।

न्यू थियेटर्स की बाँग्ला फ़िल्म 'बिजेन्य' (1935) के बाद एक बार फिर सहगल अभिनीत 'पुजारिन' (1936) में तिमिर बरन ने अविस्मरणीय संगीत दिया। तिमिर बरन का संगीत न सिर्फ़ ज़माने के हिसाब से फ़िल्म के narrative के विकास के लिए उपयोगी था, बल्कि ऑरकेस्ट्रा संचालन का उनका अपना अनूठा अंदाज़ भी गीतों की लोकप्रियता में कम सहायक नहीं था। हिंदी फ़िल्म संगीत को जो लोकप्रियता न्यू थियेटर्स की फ़िल्मों ने दिलाई, उसके पीछे बोराल और पंकज मल्लिक के साथ-साथ तिमिर बरन का नाम भी अग्रणी है। 'पुजारिन' के सहगल के प्रसिद्ध गीत 'जो बीत चुकी सो बीत चुकी' को तिमिर बरन ने भीमपलासी और बागेश्वरी के सुरों में बखूबी ढाला और हारमोनियम, वॉयलिन तथा तबले की संगत ने इस गज़ल को सहगल के चिरस्मरणीय गीतों में से एक बना दिया। धीमी लय में सहगल के ही खुमार भरे 'पिये जा और पिये जा', के.सी. डे का गाया 'फल कर्मों का हम ना भोगें' और 'मूरख तुझे कौन समझाए' के अलावा 'पुजारिन में 'देवदास' की तवायफ़ की भूमिका वाली राजकुमारी के भी गीत थे जो आज विस्मृत हो गए हैं। न्यू थियेटर्स की 'अधिकार' (1938) में तिमिर बरन ने रवींद्र संगीत का उपयोग किया। इस बाँग्ला फ़िल्म में एक हिंदी गीत भी था। उसे सुनकर बरुआ कुछ नहीं बोले और तिमिर बरन संशय में आ गए कि शायद बरुआ को उनका संगीत रास नहीं आया। पर एक दिन जब तिमिर बरन पहाड़ी सान्याल के साथ बरुआ के दफ्तर में बैठे थे तो उस गीत का ज़िक्र करते हुए बरुआ ने पहाड़ी सान्याल से कहा कि तिमिर ने एक लाजवाब गीत कम्पोज़ किया है। तब जाकर तिमिर बरन को राहत मिली और उनका आत्मविश्वास काफ़ी बढ़ गया।[3] वहीं फ़िल्म के हिंदी संस्करण के 'सुहाग की रातें आईं सजनी' (पहाड़ी सान्याल), 'बरखा की रात आई' (पंकज मल्लिक), 'कहाँ वो बचपन का प्यार सपना' (पंकज मल्लिक, पहाड़ी सान्याल) जैसे गीत उल्लेखनीय थे। लगभग नगण्य आरकेस्ट्रा के साथ 'बरखा की रात' को सुनना अविस्मरणीय अनुभूति है। 'कहाँ वो बचपन का प्यारा सपना' (पंकज मल्लिक, पहाड़ी सान्याल) भी अपनी nostalgic शैली के साथ खूब लोकप्रिय रहा था। तिमिर बरन के संगीत की ख़ासियत थी उनकी अप्रत्याशित संगीतात्मक राह और सूक्ष्म ताल आधार। संगीत समीक्षक हृषि दीक्षित के अनुसार यह बताना बड़ा मुश्किल रहता था कि अब उनकी धुन क्या रूप लेगी। पर इस अप्रत्याशितता के अंदर भी तिमिर बरन के संगीत के कुछ सुस्पष्ट अवयव हमेशा रहते थे—थोड़ी खींची हुई तान, शब्दों के टुकड़ों की अलग-अलग धुनों में पुनरावृत्ति, ऊँची पट्टिका पर गीत को ले जाने की कला।[4]

पर न्यू थियेटर्स में तिमिर बरन बोराल और पंकज मल्लिक से फ़िल्मों की संख्या में काफ़ी पीछे ही रहे। 1940 में उन्होंने तेलगु, तमिल फ़िल्म 'धर्मपत्नी' में भी संगीत दिया। कुछ दिनों के लिए तिमिर बरन बम्बई भी गए जहाँ उन्होंने सिरको प्रोडक्शंस की 'दीपक' (1940), चिमनलाल त्रिवेदी की 'लक्ष्मी' और 'सुहाग' (1940) तथा सागर और वाडिया की कुछ फ़िल्मों में भी संगीत दिया। अपने पुराने साथी मधु बोस की नृत्य फ़िल्म 'कुमकुम' ऐसी ही एक चर्चित फ़िल्म थी। वाडिया मूवीटोन की मधु बोस निर्देशित 'राज नर्तकी' (1941) न सिर्फ़ पृथ्वीराज के अभिनय और साधना बोस के नृत्य के कारण चर्चित हुई, बल्कि तिमिर बरन ने सुप्रवा घोष से 'श्याम से नैन मिला आई', 'आज रास रचाए बनवारी' जैसे शृंगारिक रास गीत गवाकर भी फ़िल्म की लोकप्रियता में इजाफ़ा किया। यह फ़िल्म अँग्रेज़ी में भी बनी थी और अमेरिका में भी रिलीज़ हुई थी। 'उत्तरायन', 'समाज' और 'वंदिता' जैसी गैर हिंदी बाँग्ला फ़िल्मों में भी तिमिर बरन का ही संगीत था। दरअसल मधु बोस के प्रभाव में तिमिर बरन ने न्यू थियेटर्स छोड़ ही दिया था और साधना बोस के दल में शामिल होकर नृत्य नाट्य की दुनिया में वे काफ़ी दिनों तक रत रहे। इस दल के साथ भारत के दौरे के बाद 1943 में कलकत्ते लौटकर तिमिर बरन ने भारतीय सिम्फ़नी ऑरकेस्ट्रा पर ही अपना ध्यान केंद्रित रखा। टैगोर के वे निकट सहयोगी तो थे ही।

तिमिर बरन की सबसे बड़ी उपलब्धि रही 'वंदे मातरम' का कम्पोज़ीशन। दरअसल 1939 में सुभाषचंद्र बोस 'वंदे मातरम' को ऐसी धुन देना चाहते थे कि वह कोरस के रूप में गाई जाए और मातृभूमि के लिए प्रेम का संचार करने में पूर्णतः सफल रहे। तिमिर बरन ने यह बीड़ा उठाया और कोरस के साथ राग दुर्गा में 'वंदे मातरम' को कम्पोज़ कर अविस्मरणीय बना दिया। जब सुभाषचंद्र बोस ने आज़ाद हिंद फौज का नेतृत्व किया तो सिंगापुर रेडियो से इसी 'वंदे मातरम' को बजवाया।

पाँचवें दशक में तिमिर वरन ने कुछ समय के लिए ऑल इंडिया रेडियो के लिए भी काम किया। रवींद्रनाथ टैगोर के 'क्षुधिता पाषाण' के लिए ऑरकेस्ट्रा संचालन हो, या अहिंसा के थीम पर भारत के स्वतंत्रता-दिवस को नमन करती सिम्फ़नी हो, ऑल इंडिया रेडियो के भीतर भी उनकी सृजनात्मक क्षमता चमकती ही रही।

तिमिर बरन बीच-बीच में फ़िल्मों की ओर भी लौटते रहे। उमा प्रोडक्शन, कलकत्ता की 'सम्पत्ति' (1949) में सुप्रभा सरकार और तलत महमूद से उन्होंने कुछ सुंदर गीत गवाए थे जिनमें तलत के स्वर में 'मन की मैना बोल रही है' की बंगाली छाया लिए परम्परागत धुन लोकप्रिय रही थी। 'मुझको अपना बनाया' (तलत, सुप्रभा) की पृष्ठभूमि में तेज रिद्म का प्रयोग, पारम्परिक शैली में गज़ल 'हाय ये मैंने क्या किया' (तलत) और कीर्तन शैली में रिद्म परिवर्तन के साथ 'रंगीन बहारें हैं' (तलत, सुप्रभा) फ़िल्म के अन्य सुंदर गीत थे। बम्बई की फ़िल्म नगरी में भी उन्होंने 'बादबान' (1954) में एस.के. पाल के साथ संगीत दिया, और फ़िल्म का 'कैसे कोई जिए, ज़हर है ज़िन्दगी... आया तूफ़ान' (हेमंत, गीता) रवींद्र संगीत से प्रेरित अपनी लाजवाब कम्पोज़ीशन के कारण अत्यन्त लोकप्रिय हुआ। पश्चिमी पाकिस्तान में निर्मित 'अनोखी' (1955), 'फ़नकार' और पूर्वी पाकिस्तान में निर्मित 'जोग वियोग' (1970) में भी उन्होंने संगीत दिया। भारत में उनकी संगीतबद्ध अन्य प्रमुख बाँग्ला फ़िल्मों में 'बिचारक' (1959), 'थाना ठेके आरची' (1965), 'दिव रात्रिक काव्य' (1970) और 'डाक दिए जाइ' (1978) के नाम लिए जा सकते हैं। इस दौर में उनकी अविस्मरणीय उपलब्धि थी 1971 में बाँग्लादेश युद्ध के समय मुजीब-उर-रहमान के बंदी बनाए जाने पर खूनी युद्ध के कथ्य को ध्यान में रखकर बनाई गई सिम्फ़नी 'मुक्ति संग्राम'। 30 जून, 1971 को इसका प्रदर्शन कला मंदिर में हुआ था। पूर्वी और पश्चिमी दोनों बंगालों के वाद्य यंत्रों के साथ बनाई गई उनकी एक और संगीत कृति 'बंग जनिनी' भी उल्लेखनीय है। यह तिमिर बरन की आखिरी स्टेज प्रस्तुति थी। 1975 में बने 'विश्व के इतिहास' में उन्होंने संगीत दिया था। 1979 में उनकी कृतियों का आखिरी एलबम रिलीज हुआ था। अपने अंतिम वर्षों में वे शांतिनिकेतन के संगीत विभाग से सम्बद्ध रहे थे। 29 मार्च, 1987 को 83 वर्ष की अवस्था में उनका निधन हुआ।

फ़िल्म 'सम्पत्ति' में तलत महमूद

कुल मिलाकर तिमिर बरन फ़िल्मों से अधिक स्टेज पर संगीत प्रस्तुतियों के सृजनधर्मी थे। उत्कृष्ट सरोदवादक और बेहतरीन संगीत के सुंदर मिश्रण की सिम्फ़नी और नृत्य नाटिकाओं के श्रेष्ठ कम्पोज़र के रूप में उनकी ख्याति विदेशों तक फैली। फिर भी अपने कुछेक गीतों के सहारे ही फ़िल्म संगीत संसार उन्हें सदा एक बड़े संगीतकार के रूप में स्मरण करेगा।

संदर्भ

1. सिनेमा विज़न, खंड II, नं. II . अरुण चट्टोपाध्याय के साथ साक्षात्कार
2. वही
3. वही
4. हृषि दीक्षित : 'अभी तो मैं जवान हूँ' शृंखला—इंटरनेट

(1946) में घटक के साथ पंडित अमरनाथ थे पर गीतों को खास सफलता नहीं मिल पाई। श्रीराज पिक्चर्स, कलकत्ता की 'ऐसा क्यों' (1947) के देशभक्ति गीत 'हमारे देश ने हमको जगाया', संजीदा नग़मों 'ठुकरा दे वो नज़रों से' (जगन्मय मित्रा), 'मंज़िल की जुस्तजू में खुद ही न भटक जाएँ', 'किसको सुनाए अपना दुख दर्द का फ़साना', 'वह दिन कहाँ गए, वह ज़माने कहाँ गए' और 'ओ प्यारे सुनाए जा' (राधारानी, गौरी मित्रा, साथी) जैसे गीतों में पुनः परम्परागत शैली के बीच अच्छे प्रयोगात्मक स्पर्श थे। कमलदास गुप्ता के साथ संगीतबद्ध गीतांजलि मूवीटोन, कलकत्ता की काननबाला, परेश बनर्जी अभिनीत 'फ़ैसला' (1947) के गीत भी काफ़ी अच्छे थे और इनकी सराहना भी हुई थी। 'पनघट पे मधु बरसाय गयो री' की खूबसूरत धुन के साथ-साथ लय की एक बड़ी आकर्षक रवानगी थी जो इसे आम कृष्ण भजनों की शैली से अलग ठहराती है। 'खुली हवा में उड़ने वाला पंछी प्रीत न जाने', 'यूँ किसने सिखाया तुम्हें हिम्मत न हारना', 'कोई दिल का बन गया मेहमान क्यों', 'कोई सुन ले हमारी फ़रियाद' और इन सबसे बढ़कर कल्याणी दास और हेमंत का गाया सुमधुर युगल गीत 'मैंने पहचान लिया, तुमने पुकारा है मुझे' इस फ़िल्म की खूबसूरत प्रस्तुतियों के रूप में याद की जाती हैं। हीरेन बोस की 'बंजारे' (1948) के 'झूम रही मस्ती में यह फूलों की डाली' और 'बादल आए घेर-घेर दामिनी दमके बेर-बेर' जैसे प्रकृति गीतों के लिए भी अनुपम घटक प्रशंसा के पात्र हैं, भले ही इन गीतों को व्यावसायिक सफलता नहीं मिल पाई हो।

व्यावसायिक रूप से कमोबेश हिंदी में अनुपम घटक असफल ही रहे। यही कारण है कि उन्होंने अधिक ध्यान बाँग्ला फ़िल्मों पर ही लगाया। हिंदी में वर्षों के अंतराल बाद 'शमशीर' (1953—जिसके रिलीज़ होने के पूर्व ही घटक की मृत्यु हो चुकी थी) के गीत 'धीरे-धीरे आना पिया चलके' (आशा) की धुन उन्होंने बनाई थी, पर सेंसर ने इस गीत को फ़िल्म से ही हटवा दिया। इस फ़िल्म के प्रमुख संगीतकार अरुण कुमार थे। अनुपम घटक ने अरुण कुमार के साथ मिलकर सम्भवतः 'तन मन डोले करूँ मैं क्या' (पी. भानुमती) की धुन भी बनाई थी पर रेकॉर्ड पर नाम सिर्फ़ अरुण कुमार का ही आया।[3] दुर्भाग्यवश मात्र 36 वर्ष की उम्र में ही अनुपम घटक का निधन हो गया, पर आज भी बंगाली संगीत दुनिया में उन्हें एक बड़े संगीतकार के रूप में याद किया जाता है।

संदर्भ

1. आशीष राजाध्यक्ष एवं पॉल विलेमेन : एन इनसाइक्लोपीडिया ऑफ़ इंडियन सिनेमा
2. योगेश एस. यादव : हिंदी फ़िल्म सिंगर्स, 1987
3. हरमिंदर सिंह 'हमराज़' : हिंदी फ़िल्म गीत कोश, खंड 3

एच.सी. बाली

'भागी गई प्रेम वन को मैं लेने सुंदर फूल'

20 मार्च, 1906 को जन्मे हरिश्चंद्र बाली ने भास्कर बुआ बाखले, विलायत हुसैन खान और मौला बक्श से संगीत शिक्षा प्राप्त की थी तथा वे एक माने हुए ख़याल गायक तो थे ही, साथ ही वे फ़िल्म संगीत के आरम्भिक दौर की एक बड़ी हस्ती थे। सरोज मूवीटोन की 'नक्शे सुलेमानी' (1933) जैसी फ़िल्मों में नायक की भूमिका करने के अलावा और भी कई फ़िल्मों में उन्होंने अभिनय किया था, पर मुख्यतः उनकी ख्याति संगीतकार के रूप में ही थी।

त्रिलोक सिनेटोन, बम्बई की 'औरत का दिल' (1933) तथा डी.एन. मधोक निर्देशित 'दीवानी' (1934) एच.सी. बाली के संगीत से सजी पहली हिंदी फ़िल्में थीं। प्रसिद्ध गायक रामनंद शर्मा (जो कि प्रसिद्ध भजन 'जैसा सूरज की गर्मी से' के रचयिता और गायक शर्मा बंधुओं के पिता थे) से बाली ने उनके अभिनीत 'वतन परस्त' (1934) में भी 'पहले तो माला में फिर तस्बीदाने में' और 'वक्त पर आ के वो पर्दे को हटा देता है' गवाया था। कोल्हापुर सिनेटोन द्वारा प्रदर्शित अभिनेत्री प्रमिला की पहली फ़िल्म 'भिखारिन' (1935) के संगीतकार भी हरिश्चंद्र बाली ही थे। फ़िल्म के अभिनेता मास्टर विनायक और अभिनेत्री रतनबाई से उन्होंने 'ज़माना एक वो भी था मेरे हाले परेशां का', 'निशां रंजोगम के हुए क्यों अयाँ' और 'जोश जुनूँ ने कर दिए नूरो नज़र अलग' जैसे ग़ज़लनुमा गीत इसी फ़िल्म में गवाए थे। अपने ज़माने की मशहूर खूबसूरत अभिनेत्री प्रमिला की भी यह पहली फ़िल्म थी और उन पर भी एक अज़ीब गीत फ़िल्माया गया था—'तिलचट्टा हाय तिलचट्टा छिपकली ने पकड़ लिया'।

'भिखारिन' में रतनबाई

बाली आर.सी. बोराल के बहुत करीबी थे तथा उन्हीं के साथ रहते थे। अपने गीतों से अधिक बाली इस कारण फ़िल्म जगत में अमर रहेंगे कि प्रसिद्ध गायक कुंदनलाल सहगल की खोज उन्होंने की थी। सहगल उन दिनों टाइपराइटर के पुर्जों के सेल्समैन थे और बाली उनके गायन से इतने प्रभावित हुए कि उन्होंने बोराल से सहगल का जिक्र किया। बोराल ने एस्प्लेनेड की पान की एक दुकान पर एक लड़के को एक दिन बड़ी मधुरता से गुनगुनाते सुना था पर परिचय नहीं हुआ था। बाली के ज़िक्र करने पर बोराल ने उन्हें सहगल को लेकर आने के लिए कहा और जब बोराल घर लौटे तो बाली के कमरे में एक व्यक्ति को सोया देखा। अगले दिन बोराल के आश्चर्य का ठिकाना नहीं रहा जब उन्होंने पाया कि वह व्यक्ति (सहगल), जिसे बाली बोराल से मिलाने लाए थे, तो वही लड़का था जिसे उन्होंने सिगरेट की दुकान पर गुनगुनाते सुना था। बहरहाल यहीं से सहगल के लिए न्यू थियेटर्स के द्वार खुल गए, पर इसका श्रेय हरिश्चंद्र बाली को ही जाएगा।

फ़िल्म 'भिखारिन' में प्रमिला

एच.सी. बाली का संगीत ज्ञान चर्चा का विषय रहा था और इसी प्रतिष्ठा के कारण जब देवकी बोस ने बम्बई में देवकी बोस प्रोडक्शन्स की स्थापना की तो दुर्गा खोटे और जयराज की भूमिकाओं वाली अपनी 'पीरियड' फ़िल्म 'जीवन नाटक' (1935) में संगीतकार के रूप में बाली को चुना। दरबारी कवि की शैली में मारुति राव के गाए 'हो सावधान, बस कदम न आगे धरना', 'फिर लौट चलो कुदरत की ओर', 'मनुआ कुदरत की सब माया', और रामप्यारी का गाया प्रणय गीत 'भागी गई प्रेम वन को मैं लेने सुंदर फूल' जैसे गीतों की रचना इसी फ़िल्म में हुई थी। एच.सी. बाली की अन्य संगीतबद्ध फ़िल्मों में 'हिंद महिला' (1936) तथा इम्पीरियल की 'जंगल क्वीन' (1936—अन्ना साहब सावरकर के साथ), 'सरला' (1936), 'मेरे लाल' (1937—राम गोपाल के साथ), 'टू वीमेन' (1937), 'उसने क्या सोचा' (1937) और 'वाह री दुनिया' (1937) में संगीत दिया था। 'सरला' में बाली ने जफ़र की प्रसिद्ध गज़ल 'न किसी की आँख का नूर हूँ' को भी स्वरबद्ध किया था। इसी प्रकार 'उसने क्या किया' (1937) में बाली ने ग़ालिब की गज़ल कोई उम्मीदबर नहीं आती' को स्वरों में ढाला था। बाली ने भी कुल मिलाकर उस समय की प्रचलित संगीत परिपाटी में ही संगीत रचना की। पर अपने शास्त्रीय गायन के हुनर के कारण उनकी संगीतबद्ध कई रचनाओं में एक क्लासिकल रंग आ जाता था।

मोहन सिन्हा निर्देशित 'इंडस्ट्रियल इंडिया' (1938) में हरिश्चंद्र बाली ने अनिल विश्वास और मुश्ताक हुसैन के साथ काम किया था। इसी प्रकार जनरल फ़िल्म्स की 'पति पत्नी' (1939) में भी बाली ने मुश्ताक हुसैन के साथ काम किया था। मनसुख पिक्चर्स, बम्बई की 'कल्याणी' (1940), लुहार निर्देशित हिंदुस्तान सिनेटोन की 'जादू भरी बाँसुरिया' (प्रेम अदीब, शोभना समर्थ) जैसे लावण्य भरे गीतों वाली 'सौभाग्य' (1940), ओरिएंट फ़िल्म्स की 'सीधा रास्ता' (1941), गुंजाल निर्देशित सिरको प्रोडक्शन्स की 'तुलसी' (1941) और देवकी बोस निर्देशित शांता आप्टे के गीतों वाली 'अपना घर' (1941), 'गा गा रे जिया गाने' (राजकुमारी) जैसी मीठी धुन और ललिता पारूलकर के कई गीतों वाली वीनस पिक्चर्स की 'कीर्ति' (1942), 'आओ साजन आज' (मोहनतारा तलपडे) जैसे शृंगार गीतों वाली चंद्र सिनेटोन की नरोत्तम व्यास निर्देशित 'मामाजी' (1942), ललिता पारुलकर के गाए 'कौन है वो कोई बताए' और 'तेरा दिल है मेरा रे दीपक' जैसे प्रणय गीतों वाली 'नारी' (1942), वजाहत हुसैन मिर्जा के निर्देशन में बनी शोभना समर्थ और प्रेम अदीब की भूमिकाओं वाली 'स्वामीनाथ' (1942) जैसी कितनी ही फ़िल्मों में बाली ने उस दौर में संगीत दिया। इनमें से 'मामाजी' में बाली ने ही पहली बार मोहनतारा तलपडे को सोलो गाने का अवसर दिया था। मोहनतारा हीराबाई झावेरी, श्यामलाबाई मयगाँवकर और नवरंग मास्टर से शास्त्रीय संगीत सीख कर आई थी और बाद में पाँचवें दशक की प्रमुख गायिकाओं में उनकी गिनती हुई। अतः बाली को सहगल के अलावा इस गायिका को भी आगे बढ़ाने का कुछ श्रेय अवश्य जाएगा। विष्णुपंत पगणिस की आखिरी फ़िल्म 'महात्मा विदुर' (1943) के भी संगीतकार बाली ही थे, और उन्होंने इस फ़िल्म में 'यदि तुम संकट में घिर जाओ', 'हर काम में रहते प्रभु हमारे', 'अँखियन में नींद समाई', 'कित जाए छिपे साँवरिया' और 'जगत में खिली प्रेम फुलवारी' जैसे कई भक्ति भाव के गीत गवाए थे। 'Love is Blind' नामक एक फ़िल्म के लिए उन्होंने लता से भी कुछ गीत गवाए थे, पर फ़िल्म बनी नहीं।

'हर हाइनेस' (1946), और 'जनता' (1947) बाली की संगीतबद्ध आखिरी फ़िल्में थीं और इन फ़िल्मों के कुछ देशभक्ति और संघर्ष को रेखांकित करते गीतों के कारण इनका ऐतिहासिक महत्त्व है। 'जनता' में ही राजेंद्र कृष्ण ने अपना पहला फ़िल्मी गीत लिखा था। 'जनता' में नायिका की भूमिका विजया दास ने की थी जो बाद में सत्यजित राय की पत्नी बनीं। इसके बाद बाली ने फ़िल्म-जगत से नाता तोड़-सा लिया और 24 जून, 1976 को जलंधर में उनकी मृत्यु हो गई।

के.सी. डे

'कहाँ है सीता रामदुलारी'

के.सी. डे

के.सी. डे को पुराने गीतों के प्रेमी अधिकांशतः उनके गाए 'तेरी गठरी में लागा', 'बाबा मन की आँखें खोल', 'पनघट पे कन्हैया आता है' आदि गीतों के लिए याद करते हैं, पर उन्होंने कुछ फ़िल्मों में संगीत भी दिया था। कलकत्ता में जन्मे कृष्णचंद्र डे तेरह साल की उम्र में दुर्गापूजा के दिनों में दोपहर की धूप में पतंग उड़ा रहे थे और इसी में सूरज की तेज रोशनी की चकाचौंध से उनकी आँखों की रोशनी जाती रही। पर यह दुर्भाग्य भी उन्हें संगीत से विमुख नहीं कर पाया। दब्बीर खाँ जैसे कई उस्तादों से उन्होंने विधिवत् संगीत शिक्षा ली। उनकी आवाज़ में गज़ब की ताकत थी और बला का दर्द भी। के.सी. डे मन्ना डे के चाचा थे और मन्ना डे को एक अच्छा गायक बनाने की शिक्षा में उनका बहुत बड़ा योगदान था। संगीतकार सचिन देव बर्मन ने भी के.सी. डे से संगीत सीखा था।

संगीतकार के रूप में के.सी.डे की प्रथम हिंदी फ़िल्म ईस्ट इंडिया फ़िल्म कम्पनी, कलकत्ता की 'आबे-हयात' (1933) थी, पर उनकी उल्लेखनीय फ़िल्म ए.आर. कारदार निर्देशित इसी कम्पनी की गुल हामिद, सविता देवी अभिनीत 'चंद्रगुप्त' (1934) मानी जाएगी, जिसमें के.सी. डे ने अपनी प्रतिभा का अच्छा परिचय दिया था। 'पिया के दर्शन बिन मोरे अब नाहीं पावत सुख चैन' जैसे विरह गीत हों, या 'लट उलझी सुलझा जा रे बालम' जैसे शृंगार गीत हों, 'कह रहा है आसमाँ यह मन समाँ कुछ भी नहीं' का दर्शन हो या 'तीनों लोकों में छा रही महिमा अपरम्पार' की भक्ति हो, के.डी. डे इन सभी भावनाओं के साथ सफल साबित हुए। कलकत्ते के ऐंग्लो इंडियन परिवार की इरीना गैस्पर ने सविता देवी के नाम से इस फ़िल्म में अपने ऊपर फ़िल्माए गीत भी के.सी. डे के संगीत निर्देशन में गाए थे।

फ़िल्म 'चंद्रगुप्त' का एक दृश्य

जो आलोचक के.सी. डे को मुख्यतः भजनों के गायक या बैरागी शैली और भक्ति भाव का संगीत सृजक मानते हैं उन्हें ईस्ट इंडिया कम्पनी की 'किस्मत की कसौटी' (1934) के गीतों को सुनना चाहिए। रामपुर रियासत में फ़िल्माई इस तस्वीर के सभी गीत मुस्लिम परिवेश में रचे-बसे हैं और 'अभी तो जाँ तलब हूँ', 'भला महबूब का कैसे हमें एतबार हो', 'इब्तिदा लाइल्ला', 'देखें न अपने नाले कब तक असर करेंगे' जैसे गीतों के साथ के.सी. डे के संगीत ने इस पूरे परिवेश को अभिव्यक्त करने में पूरा न्याय किया है।

के.सी. डे के संगीत की सबसे प्रसिद्ध फ़िल्मों में पृथ्वीराज कपूर और दुर्गा खोटे के लाजवाब अभिनय वाली ईस्ट इंडिया फिल्म कम्पनी की देवकी बोस निर्देशित 'सीता' (1934) का नाम आएगा। एक समय में मैसूर की राजगायिका की पदवी प्राप्त करनेवाली कलकत्ते की इंदुबाला से इस फिल्म में के.सी. डे ने शास्त्रीय ढंग से 'वन से लौटे हुए तुम राजा' और 'कहाँ है सीता रामदुलारी' जैसे गीत गवाकर बेहद लोकप्रिय बनाया था। इसी फिल्म में गोविंदराव तेम्बे ने भी वाल्मीकि की भूमिका में 'मत छोड़ चिंता कल्पना', 'वंदो रघुपति करुणानिधान', 'मनुआ भज ले सीताराम' और 'परम गहन माया प्रभु तेरी' जैसे गीत के.सी. डे के संगीत-निर्देशन में गाए थे।

सचिन देव बर्मन ने भी इस फ़िल्म में गाया था। 'सीता' ही वह पहली फ़िल्म थी जिसने कोई अंतर्राष्ट्रीय पुरस्कार जीता था। वेनिस में 1935 के तीसरे सिनेमोटाग्राफ़िक आर्ट अंतर्राष्ट्रीय एक्जीबिशन में उसे स्वर्ण पदक मिला था।

के.सी. डे कलकत्ते के बाद बम्बई की फ़िल्मों में भी सक्रिय हुए और वहाँ सागर मूवीटोन में संगीतकार के रूप में अनुबंधित हुए। अभिनेता मोतीलाल के अभिनय की प्रथम फिल्म 'शहर का जादू' (1934) में के.सी. डे ने ही संगीत दिया था। मोतीलाल कोई गायक नहीं थे, पर फिर भी उस जमाने की प्रथा के अनुसार इस फ़िल्म में उन्होंने अपने ऊपर फिल्माया अपना प्रथम गीत के.सी. डे के संगीत-निर्देशन में गाया था—'हमसे सुंदर कोई नहीं है'। फ़िल्म में के.सी. डे के खुद पर फ़िल्माए 'करम क्या-क्या न फ़रमाया', 'हुआ आशाओं का अवसान', 'विश्वास रखो मन में', सितारा के गाए 'ये अच्छे मेहरवाँ तुम हो' और सविता देवी के गाए 'आज सखी जागे जागे मोरे भाग' और 'न रखेंगे हम तो गरज़ कहीं' बेहतर कम्पोज़ीशंस थीं।

ईस्ट इंडिया कम्पनी, कलकत्ता की देवकी बोस निर्देशित 'सुनहरा संसार' (1936) के.सी. डे की संगीत-प्रतिभा का एक अन्य उदाहरण माना जाएगा। धीरेन दास के गाए 'वह तेरा रखवारा काहे सोये' जैसे के.सी. डे की लाक्षणिक बैरागी शैली के गीतों के अलावा इस फ़िल्म में रंजीत राव और अमीना के स्वर में एक सुंदर रोमांटिक गीत 'तुम्हारा नाम सुन लेना, मेरा मदहोश हो जाना' भी डे ने कम्पोज किया था। ए.आर. कारदार निर्देशित मोतीलाल थियेटर्स, कलकत्ता की बनी 'मिलाप' (1937), एसोसिएटेड प्रोडक्शन्स, कलकत्ता की 'आँधी' (1940), जिसमें अपनी खास शैली में 'चला गया तूफ़ान' गाने के अलावा के.सी. डे ने पंकज मल्लिक से 'जो दिल साथ टूटने से घबरा रहा है' और पंकज मल्लिक और राधारानी से 'प्रेम बँसुरिया बजाओ', 'बृज के राजन मनमोहन', 'मैं पत्तों में छुपी कली हूँ' और 'बेदर्दी अरे बेदर्दी तू क्या देख न पाया' जैसे खूबसूरत युगल गीत गवाए थे, भी इसी ज़माने की फ़िल्में थीं। लक्ष्मी प्रोडक्शन की 'मेरा गाँव' (1942) में भी के.सी. डे की संगीत प्रतिभा 'मेरा गाँव सुहाना प्यारा', 'शीतल चंद्रिका छाई गगन में' और 'छूट गई अंधे की लाठी' जैसे गीतों में प्रत्यक्ष हुई, हालाँकि गीत विशेष लोकप्रिय न रहे। लक्ष्मी प्रोडक्शंस की फणि मजुमदार के निर्देशन में लीला देसाई और जयराज की भूमिकाओं वाली 'तमन्ना' (1942) में भी डे को ही संगीतकार लिया था, पर 'है कौन देस तुम्हारा मुसाफिर', 'जागो आई उषा' और 'यूँ याद में तुम्हारी दिल बेक़रार क्यों है' जैसे गीत भी लोकप्रियता के दृष्टिकोण से असफल ही रहे। यहाँ यह उल्लेख करना आवश्यक है कि 'जागो आई उषा' मन्ना डे का (बेबी सुरैया के साथ) पहला गाना था। 'बदलती दुनिया' (1943—हरिभाई भोजक, खान मस्ताना और मधुकर के साथ) का डे का संगीतबद्ध और स्वयं गाया 'इस बदलती दुनिया में तू राह खुदा की चल' अवश्य लोकप्रिय हुआ था। नीतिप्रधान गीतों की पारम्परिक शैली होते हुए भी डे ने इसे बेहतरीन तन्मयता से गाया था।

राजकुमार निर्देशित 'सुनो सुनाता हूँ' (1944) के 'चला जा मुसाफ़िर', 'सुनो सुनाता हूँ तुमको एक अनोखा अफ़साना' और 'तेरी गली में चोर साँवरिया' तथा पृथ्वीराज अभिनीत 'देवदासी' (1945) के ऊँची पट्टी पर श्लोक के अंदाज़ में गाए 'हरि मुरारे मधुकैट मारे' और 'हरि के नाम बिना रे' की पावन, पवित्र शैली के गीत के.सी. डे की विशिष्ट संगीत शैली को रेखांकित करते हैं, जिसमें भगवान और मानवीय जीवन की पूज्य भावनाओं के लिए उपयुक्त स्वरों का बाहुल्य रहता था तथा भक्ति और अध्यात्म का एक असरकारी प्रभाव बनता था। पारुल घोष के मीठे स्वर में 'मैं क्षमा आपसे चाहूँ' की धीमी लयकारी भी डे की संगीत-कुशलता का एक बहुत अच्छा परिचय देती है। उस वक़्त के समाज के एक बहुत बड़े वर्ग के लिए भक्ति और नैतिकता के मूल्य एक-दूसरे के पूरक थे तथा भक्ति का आत्मिक रूप बहुत महत्त्वपूर्ण था। के.सी. डे का संगीत इस विचारधारा के संगीत के रूप में अपना अलग महत्त्व रखता है। के.सी. डे की संगीत रचनाओं में हमें ताल पक्ष के कई प्रयोग मिलते हैं। यह एक रोचक तथ्य है कि के.सी. डे के पास तबले के छोटे-छोटे तोड़ों का अपूर्व संग्रह था जिनमें से कुछ को उन्होंने अपनी फ़िल्मी संगीत रचनाओं में भी प्रस्तुत किया।

फणि मजुमदार की निर्देशित 'दूर चलें' (1946) में भी संगीत के.सी. डे का था। इस फ़िल्म में बलराज साहनी और उनकी पत्नी दमयंती को ब्रेक मिला था। अनिल विश्वास की पत्नी और प्रसिद्ध पार्श्वगायिका मीना कपूर के पार्श्वगायन वाली प्रथम फ़िल्म भी 'दूर चलें' ही थी। अतः मीना कपूर से फ़िल्म-जगत को परिचित कराने का श्रेय भी के.सी. डे को ही जाता है, यह बहुत कम लोग जानते हैं। 'आज यह कैसी व्याकुलता' (सती देवी आदि), के.सी. डे और मीना कपूर के गाए 'न रोना न रोना' और 'अनजाने से पहचाने', 'दूर कहीं दूर चलें' और 'घर लौट चलें' जैसे समूह गीतों के माध्यम से के.सी. डी ने फिल्म के कथानक के अनुकूल संगीत दिया था। यह दूसरी बात है कि उन्हें व्यावसायिक सफलता और शोहरत नहीं मिल पाई।

फिल्म संगीत की पाँचवें दशक के अंत की बदलती धारा में के.सी. डे के नीतिप्रधान, भक्तिप्रधान गानों की जगह कम हो चली। 1946 में ही के.सी. डे ने पुनः कलकत्ते का रुख किया। बंगाल के संगीत की ज़मीन पर तो के.सी.डे पहले भी और कलकत्ते लौटने के बाद भी बहुत सक्रिय रहे और 'आमार कविता होराजे', 'मेघ हेरि नीलगगने' आदि उनकी कई रचनाएँ तो कालजयी हो चुकी हैं। 1962 में कलकत्ते में ही आजन्म अविवाहित के.सी. डे का निधन हो गया।

हरिप्रसन्न दास

'मैं हूँ पिया की जोगनिया, मेरा जोग निराला है'

एच.पी. दास उर्फ़ हरिप्रसन्न दास पाँचवें दशक के फ़िल्म संगीत का एक महत्त्वपूर्ण नाम था। बंगाल में चटगाँव के रहनेवाले दास का संगीत न्यू थियेटर्स की मुख्य धारा से कुछ अलग और बंगाल की बाउल, वैष्णव-परम्परा के तत्त्वों के अधिक नज़दीक रहा है। दास के संगीतबद्ध भावनात्मक या प्रणय गीत भी न्यू थियेटर्स की प्रचलित शैली में पूरी तरह नहीं ढाले जा सकते।

बंगाल के संगीत के कई पहलू हरिप्रसन्न दास के संगीत और वाद्य-संयोजन में स्पष्ट मुखरित होते हैं। पर न्यू इंडिया फिल्म्स कलकत्ते की 'ब्लड फ्यूड' (1935) के 'उठ जाग मुसाफिर' और 'आई रात बहार आई, मोर पपीहा बागन बोले' जैसे गीत चले नहीं, और हरिप्रसन्न दास को फिर कुछ अरसे तक स्वतंत्र रूप से अवसर नहीं मिला। न्यू थियेटर्स में शामिल होकर दास फिल्म 'दुश्मन' (1939) में पंकज मल्लिक के सहायक भी रहे।

पर हिंदी फ़िल्म-जगत ने हरिप्रसन्न दास को कुल मिलाकर आरम्भ में तो उपेक्षित ही किया। वर्षों के अंतराल के बाद लक्ष्मी प्रोडक्शन की फणि मजुमदार के निर्देशन में 'मोहब्बत' (1943) में उन्हें फिर मौका मिला। इस फ़िल्म का संगीत वास्तव में रसपूर्ण था। 'सखी री प्रीत न जाने कोय' (शांता आप्टे, के.सी. डे), 'चाँदनी रात है' (के.सी. डे) और मीरा का भजन 'मैं गिरधर के घर जाऊँ' (शांता आप्टे) में माधुर्य का सुंदर पुट दास ने दिया था।

लक्ष्मी प्रोडक्शन ने नंदलाल जसवंत लाल की निर्देशित शांता आप्टे, वनमाला और पहाड़ी सान्याल की अदाकारी वाली संस्कृत की प्रसिद्ध रचना पर आधारित 'कादम्बरी' (1944) का संगीत भी हरिप्रसन्न दास को ही सौंपा। हरिप्रसन्न दास का संगीत इस फिल्म में अपने चरम पर था। बंगाल के संगीत की उनकी लाक्षणिक शैली शांता आप्टे के गाए 'कल मैंने एक सपना देखा' में बखूबी मुखरित हुई है। शांता आप्टे के गाए लम्बे गीतों 'मेरे पास देखो कोई आओ ना', 'रक्षा करो मंगलमय कामदेव', आह्वान-भरा 'आग लगा दो आज मेरे मधुवन में... किसने बुलाया है मुझे', 'मेरे जन्म मरण के साथी', 'लिखो लिखो री सखी' के अतिरिक्त फिल्म में राजकुमारी के स्वर में एक मधुर गीत 'मैं हूँ पिया की जोगनिया, मेरा जोग निराला है', और मन्ना डे के स्वर में 'ओ प्रेम दीवानी सँभल के चलना' भी था। इस फ़िल्म के गीत 'किसने बुलाया है मुझे' की रेकॉर्डिंग का एक बहुत रोचक प्रसंग, नलिन शाह ने अपने आलेख 'Fame, Fortune and Frustration in Music' Playback and Fastforward', फरवरी, 1987) में उद्धृत किया है। शांता आप्टे उस समय बहुत ही मशहूर थीं और अकसर शाम में ही रेकॉर्डिंग करती थीं क्योंकि उन्हें डर था कि दिन में भीड़ उन्हें पहचान लेगी और स्टूडियो के पास घेर लेगी। शांता आप्टे का भाई जो उनके साथ आता था, रेकॉर्डिंग के समय सभी बाहरी व्यक्तियों के बाहर निकल जाने पर भी जोर देता था। उपरोक्त गीत की रेकॉर्डिंग शांता आप्टे को राजकुमारी के साथ करनी थी। शांता आप्टे के भाई ने बाहरी व्यक्तियों को बाहर निकालने की अपनी सनक में राजकुमारी के साथ आए उनके पिता को भी बाहर निकलने को कहा। राजकुमारी ने गुस्से में प्रतिवाद किया कि बाहरी व्यक्ति इस हिसाब से शांता आप्टे का भाई भी होता है इसलिए पहले वही बाहर निकले। झगड़ा इतना बढ़ा कि राजकुमारी रेकॉर्डिंग छोड़कर निकल आईं और शांता आप्टे के साथ फिर कभी नहीं गाने का प्रण कर लिया। परिणाम यह हुआ कि इस गीत को शांता आप्टे और राजकुमारी की आवाज़ में अलग-अलग रेकॉर्ड किया गया, और बाद में मिलाया गया।

हरिप्रसन्न दास के आगामी संगीत सफ़र में उनकी संगीतबद्ध भारत प्रोडक्शंस की 'मीना' (1944) तो कुछ खास नहीं रही, पर ताजमहल पिक्चर्स की 'बेगम' (1945) का उनका संगीत सराहा गया। सआदत हसन मंटो ने अपनी पुस्तक 'मीनाबाज़ार' में 'बेगम' के निर्माण का बड़ा रोचक वर्णन किया है। 'बेगम' में नसीम बानो की वस्त्र-सज्जा बहुत चर्चित रही थी।

बहरहाल 'बेगम' में नसीम के स्वर में गोपाल सिंह नेपाली के कई गीत थे। 'बुझ रही है आँसुओं की आग पानी में' और 'दिल याद में किसी की ज़रा रोने लगा रे' जैसे दर्दीले सुर एक तरफ़, तो 'कंलियों में हूँ अनारकली', 'आई जवानी पगली आई रे' और 'आँखों से आँखों का इंतजार' जैसे खुशनुमा सुर दूसरी तरफ़। 'बेगम' में अशोक कुमार ने भी एक गीत गाया था—'आँखें तो हुई बंद मगर दर्द जगा रे'। इसी फ़िल्म में हरिप्रसन्न दास और रफ़ी का भी साथ हुआ था—'दिल दिए चले दिल लिए चले' (रफ़ी, मोहनतारा) के रूमानी सुरों को लेकर।

मन्ना डे से गवानेवाले पहले संगीतकारों में एच.पी. दास का नाम भी आता है। मन्ना डे ने एच.पी. दास के संगीत सहायक के रूप में ही अपना फिल्मी सफ़र शुरू किया था। नितिन बोस की बेहद प्रशंसित फ़िल्म फिल्मिस्तान की 'मज़दूर' (1945), जिसके निर्माण का वर्णन बलराज साहनी ने भी अपनी पुस्तक में बड़ा रोचक वर्णन किया है, में बीनापानी मुखर्जी से 'हुई दिल की दुनिया झिलमिल' और 'आबाद दिल की दुनिया' जैसे गीतों के अलावा दास ने फ़िल्म में अमीरबाई और मन्ना डे से 'ये रंग बिरंगी डोर है' गीत गवाया था। पर रचना बिलकुल stereotyped ही लगती है, और खुशी के भावों का रूपांतरण गीत में डालने में दास असफल ही रहे हैं। मन्ना डे का स्वर अवश्य उस वक्त भी बहुत परिपक्व लगता है। मन्ना डे और रफ़ी को दास ने फणि मजुमदार निर्देशित 'इंसाफ़' (1946) में भी गवाया। हमीदा के साथ रफ़ी का गाया 'रूखी सूखी मैं खा लूँगी' तो कुछ खास नहीं था, पर मन्ना डे के गाए 'नयनों के बादल बरस रहे' और 'ओ री मोरे बालमवा तुम बिन कल न पड़े' (राजकुमारी के साथ) अच्छी रचनाएँ थीं।

मन्ना डे पहली बार संगीतकार भी हरिप्रसन्न दास के साथ ही बने। दोनों की संगीतबद्ध फ़िल्म थीं—लक्ष्मी प्रोडक्शन की नंदलाल जसवंतलाल निर्देशित 'सती तोराल' और 'वीरांगना' (1947)। मन्ना डे के आरम्भिक दौर में दास ने उन्हें बहुत सहारा दिया था, यह निर्विवाद है। एच.पी. दास ने तो बतौर संगीतकार मन्ना डे को अपना जूनियर ही बना लिया था। इन दोनों ने फणि मजुमदार निर्देशित देव आनंद अभिनीत 'हम भी इंसान हैं' (1948) में भी संगीत दिया। इस फिल्म में परवेज़ कापड़िया नामक एक गायक ने कई गीत गाए थे। बंगाल के फ़िल्म-जगत में भी दास सक्रिय थे। ऋत्विक घटक की फ़िल्म 'नागरिक' (1952) में हरिप्रसन्न दास का ही संगीत था। 26 सितम्बर, 1989 को उनका निधन हुआ।

रफ़ीक गज़नवी

'ज़िंदगी है प्यार से, प्यार में बिताए जा'

रफ़ीक गज़नवी

चौथे और पाँचवें दशक के फ़िल्म-संगीत में एक बहुत बड़ा नाम रफ़ीक गज़नवी का था। रफ़ीक की आशिक-मिजाज़ी के किस्से बड़े मशहूर रहे हैं, पर संगीत के उस्ताद की उनकी प्रतिष्ठा इस सबके बावजूद कायम रही। 1906 में जन्मे रफ़ीक का गला बचपन से ही मधुर था, स्कूल के उत्सवों में उनका गायन होता ही रहता था। बचपन में पास रहने वाले एक दृष्टिहीन गायक से उन्होंने संगीत के कई गुर सीखे और मैट्रिक पास करते-करते वे मशहूर हो चुके थे। ग्रामोफ़ोन कम्पनी वालों ने उन्हें लखनऊ बुलाया और उनके गीतों के कई रेकॉर्ड निकाले। इसके बाद रफ़ीक लाहौर लौटे और वहाँ शिक्षा के लिए गवर्नमेंट कॉलेज में दाखिला लिया। 'रावी' पत्रिका का सम्पादन भी किया तथा पं. पलुस्कर के गंधर्व महाविद्यालय में भी सीखा। पटियाले में उस्ताद फ़तेह अली, आसिफ अली और अली बख़्श से रागों के साथ लोकप्रिय लयों के सम्मिश्रण की कला सीखने के बाद उन्होंने उत्तर भारत में जगह-जगह गाकर शोहरत कमाई। उनकी प्रतिभा से प्रभावित होकर अमेरिकन आर्ट सोसायटी ने उन्हें स्वर्ण पदक से सम्मानित किया। लाहौर के अंतर्राष्ट्रीय संगीत समारोह में रफ़ीक गज़नवी ने पंजाब सूबे का प्रतिनिधित्व किया था। लाहौर की सांस्कृतिक दुनिया में रफ़ीक एक बहुत बड़ा नाम हो चुका था। उनकी शायरी और कम्पोज़ीशन्स तो लाहौर की कोठेवालियाँ भी अकसर गाती थीं। गाने की रफ़ीक ने एक विशिष्ट शैली भी विकसित की जिसमें ख़यालनुमा मुरकियों का समावेश रहता था। रफ़ीक गज़नवी ओरिएंटल फ़िल्म, लाहौर की जे.के. नंदा निर्देशित 'पवित्र गंगा' (1932) के 'आज इस महबूब से मिलना मुझे मंजूर है' और 'बिजलियाँ मेरे दिलो जाँ, ये गिराए जाओ' जैसे महफ़िली गीतों के कम्पोज़र बने। महाराष्ट्र सिनेटोन की ऐतिहासिक फ़िल्म 'पृथ्वीराज संयोगिता' (1933) में पर्दे पर चंदबरदाई की भूमिका निभाने के साथ गज़नवी ने भाट शैली के 'पृथ्वीराज जिधर तेग उठा देते हैं', 'वीरन को अपमान बुरा है' जैसे गीत कम्पोज़ भी किए और गाए भी। पर रसिक तबीयत के गज़नवी की असली अदा इस फ़िल्म में भी 'जियरा जलाए अब जात है सुन मोरी गुइयाँ', 'कैसे कल पाऊँ गुरयाँ पिया नहिं आए' और 'सखी री नेह के नैना लागे' जैसी शृंगारप्रधान रचनाओं में ही खिली।

रफ़ीक गज़नबी की कम्पोज़ीशंस में कोठों और महफ़िलों के संगीत का रंग साफ झलकता है। चूँकि रफ़ीक एक बहुत उम्दा शास्त्रीय संगीत के ज्ञाता थे, इसलिए इस रंग को वह एक आभिजात्य प्रदान कर सस्ता होने से बचा ले जाते थे। दूसरे शब्दों में रफ़ीक गज़नवी का संगीत उस ज़माने के तथाकथित बड़े घरों और घरानों की शाहाना तौर-तरीक़ों के साथ फबता विलासिता का संगीत था। 'जवानी दीवानी' (1934) के मशहूर गीत 'सितम ही करना जफ़ा ही करना निगाहे उल्फ़त कभी न करना' (ज़ोहरा) तथा 'हुस्न ने सीखी गरीब आज़ारियां' (रफ़ीक) और 'दिल को बहलाऊँ कहाँ तक कि बहलता ही नहीं' (रफ़ीक) जैसे गीतों में इसी खास वर्ग के अपने प्रेम-मुहब्बत के गिलों-शिकवों की अभिव्यक्ति है। वैसे तो उस ज़माने के कई संगीतकारों में महफ़िलों और कोठों की परम्पराओं का असर झलकता है (इसलिए भी कि अधिकांश ने अपनी जिंदगी इन्हीं महफ़िलों और कोठों के आसपास शुरू की थी) पर रफ़ीक गज़नवी में यह रंग अधिक लबरेज़ और मांसल लगता है। शायद इसकी एक वजह खुद रफ़ीक की बेहद रंगीनमिजाज़ी भी रही हो।

प्रास्पेरिटी फ़िल्म, बम्बई की जे.के. नंदा निर्देशित 'बहन का प्रेम' (1935) में संगीत रफ़ीक का ही था। जयंत पिक्चर्स, बम्बई की 'प्रेम पुजारी'(1935) के तो नायक, संवाद लेखक और संगीतकार—सभी रफ़ीक ही थे। 'कुछ ना सुहाए जिया घबराए', 'तेरे नाजों अदा ने मारा सनम', 'हसीनों की जितनी तहरदारियाँ हैं', 'हो भर भर सागर पियो', 'तुम तो सनम हरजाई' जैसे कितने ही अपनी विशिष्ट शैली के नगमे रफ़ीक ने इस फ़िल्म में कम्पोज़ किए थे।

रफ़ीक की जीवन-शैली शराब, औरतों और महफिलों के इर्द-गिर्द इतनी व्यस्तता से घूमती थी कि संगीत-साधना के लिए अधिक वक्त उन्हें नहीं मिलता था। एक अंतराल के बाद सी. लुहार निर्देशित 'कौन किसी का' (1939) में रफ़ीक फिर संगीतकार के रूप में नजर आए। इस फ़िल्म का संगीत आज हमसे खो सा गया है, वरना 'वो चाँदनी रातें वो प्यार की बातें' (नज़ीर, खुर्शीद), 'मनवा काहे होत उदास' (शोभना समर्थ), बसंत का अभिनंदन करते 'ले लो खेले बेले के हार' (खुर्शीद), 'फूल ले लो फूल' (खुर्शीद) तथा 'साजन सुन लो मन का गीत' (मा. इकबाल) और 'मैं बाग की सुंदर तितली'(खुर्शीद, नज़ीर) जैसे गीतों की सरसता और रोमांस प्रभावशाली रहा होगा।

इस दशक की रफ़ीक गज़नवी की सबसे प्रसिद्ध फ़िल्म थी 'सितारा' (1939)। एज़रा मीर निर्देशित जिप्सी कैम्पों की पृष्ठभूमि पर बनी इस फ़िल्म के गीतों में एक नशा था जो रतनबाई, खुर्शीद, सादिक अली, आरिफ हुसैन और खुद रफ़ीक के स्वरों में बड़े सुंदर तरीके से साकार हुआ था। 'प्रीतम आ जा आँखों से दिल में समा जा', 'नहीं बताती नहीं दिखाती इसने मेरी आँखें की नींदें लूटी हैं' और 'बेकस को बर्बाद करोगे' जैसे रतनबाई के गाए गीतों के अतिरिक्त 'भूली हुई कहानियाँ' (सादिक अली), 'भूलने वाले याद न आ' (आशिक हुसैन), 'अरमान भरे दिन और तारों भरी रातें' (रफ़ीक), 'मैं प्रेम बाग की पक्षी' (खुर्शीद), 'साजन गए किस ओर' (खुर्शीद), 'सजनी आओ प्रेम से जी बहलाएँ' (आशिक हुसैन, खुर्शीद) जैसे कितने ही प्रेम के विभिन्न पहलुओं को अभिव्यक्त करते गीत रफ़ीक ने इस फ़िल्म के लिए जिप्सी कैम्प के रोमांस के अनुकूल सफलतापूर्वक कम्पोज़ किए थे।

सआदत हसन मंटो की कहानी 'कीचड़' पर बनी हिंदुस्तान सिनेटोन के वर्ग संघर्ष पर आधारित 'अपनी नगरिया' (1940) की अलग-सी कहानी के अनुसार रफ़ीक को कुछ हद तक अपनी शैली भी बदलने को मजबूर होना पड़ा। 'मज़दूर मज़दूर मज़दूर मज़दूर, जीवन है तेरा प्यारा', 'मिट्टी को शीश चढ़ाएँगे' जैसे ज़मीन से जुड़े गीतों के लिए रफ़ीक को अपनी विकसित शैली छोड़नी पड़ी, पर कुल मिलाकर इस फ़िल्म में भी 'खिलेगी आज मेरी फुलवारी', 'मैं वो प्रेम हूँ जो कुचल गया', 'मोरी बगिया में आए माली' जैसे गीतों के जरिए रफ़ीक अपने और मंटो की कहानी के साथ बहुत अच्छा नहीं बैठ पाया। रफ़ीक (1940) में 'आना आना खेल 'जो किरणें चितवन चुरा चुरा' भूल रहा दीवाने' (रफ़ीक), 'कैसे (रफ़ीक) जैसे गीत रफ़ीक ने अपने अनूपलाल मंडल लिखित उपन्यास का संगीत भी विशेष लोकप्रिय न

मिनर्वा की ऐतिहासिक फ़िल्म के साथ दूसरे संगीतकार थे रफ़ीक marching song की तरह में बिताए जा' (खान मस्ताना, साथी)

'सिकंदर'

परम्परागत रंग में ही नज़र आए फ़िल्म के संगीत पक्ष का मेल गज़नवी की संगीतबद्ध 'बहूरानी' खिलाने' (किशोर साहू, अनुराधा), (किशोर साहू, मिस रोज़), 'क्यों भूले कौन भुलाए प्रेम कहानी' खास अंदाज में ही दिए थे, पर 'मीमांसा' पर आधारित इस फ़िल्म हो पाया।

'सिकंदर' (1941) में मीर साहब गज़नवी। यूनानी सिपाहियों के फ़िल्माया 'ज़िंदगी है प्यार से, प्यार रफ़ीक की ही कम्पोज़ीशन थी। द्वितीय विश्वयुद्ध की प्रासंगिकता को एक साथ रेखांकित करते और उसपर प्रश्नचिह्न लगाते इस गीत का ऐतिहासिक महत्त्व है। यह गीत रफ़ीक की सबसे प्रसिद्ध और कालजयी रचना बन चुका है। सिरको प्रोडक्शन की ए.आर. कारदार निर्देशित सितारा और जयराज के अभिनय वाली 'स्वामी' (1941) में रफ़ीक के कम्पोज़ किए कुछ गीत बहुत लोकप्रिय हुए थे। विशेषकर सितारा और खान मस्ताना के गाए 'जीवन मधुर बनाएँ, आओ प्यार करें' की पृष्ठभूमि में लोक संगीत की छाया लिए वाद्य-संयोजन, इंटरल्यूड में वॉयलिन के

साथ सितार का प्रयोग तथा गीत की लय से अलग रिद्म का अपना एक अलग-सा अस्तित्व इस गीत की विशेषताएँ बनकर उभरा। हलका शास्त्रीय रंग लिए बाँसुरी की लगातार चलती पृष्ठभूमि के साथ 'बिरहन जागे आधी रात' (राजकुमारी) एक सरस रचना थी तो यमन की छाया लिए 'कौन किसी का मीत रे' (सितारा, राजकुमारी) का अपना आकर्षण था। हिंद पिक्चर्स की सितारा और नज़ीर अभिनीत 'कलयुग' (1942) में भी रफ़ीक का ही संगीत था। मंटो की लिखी किताब 'मीनाबाज़ार' में तो रफ़ीक पर एक पूरा अलग आलेख ही है। इसके अनुसार सितारा और रफ़ीक के बीच कुछ दिनों तक काफी तगड़ा रोमांस चला था। इश्क के मामले में तो मंटो के अनुसार रफ़ीक सिद्धहस्त हो चले थे। कभी वे अनवरी नामक एक कोठे वाली को भगाकर ले जाते थे, तो फिर उसे छोड़ने के बाद शीदन नामक एक बहन से इश्क करते थे, और फिर उसी की बहन ज़ोहरा के साथ रहने लगते थे। रफ़ीक के संगीत-निर्देशन में हिंद पिक्चर्स की 'सोसायटी' (1942) में दोनों ने मिलकर 'नैनों में नैन डाले मतवाले आ', 'हाय जवानी' जैसे रूमानी गीत भी गाए थे। भारत टॉकीज की 'किसकी बीवी' (1942) के गीतों में भी रफ़ीक का टोन शृंगारिक और रोमांटिक ही था। इसी प्रकार 'दुहाई' (1943) में भी रफ़ीक के कम्पोज़ किए और शांता आप्टे के साथ उनके स्वयं के गाए 'मान गई मैं अब मान गई' और 'मोहे नींद न आए हाय हाय' भी उनकी संगीत के रसिक पहलू को ही प्रकट करने वाली रचनाएँ थीं। 'दुहाई' के बारे में एक रोचक तथ्य यह है कि इस फ़िल्म में गायिका-नायिकाओं के रूप में प्रसिद्ध शांता आप्टे और नूरजहां दोनों ही थीं। 'दुहाई' बम्बई में नूरजहाँ की पहली फ़िल्म थी, और खूब चली थी।

सआदत हसन मंटो

पर अपनी रसिकता के बावजूद रफ़ीक का व्यक्तित्व ऐसा था कि लोग प्रभावित हुए बिना नहीं रहते थे। हालाँकि मंटो ने अपनी पुस्तक 'मीनाबाज़ार' में रफ़ीक की आवाज की आलोचना करते हुए लिखा है कि रफ़ीक गाते कम थे और तरह-तरह के चेहरे बनाकर भाव प्रकट अधिक करते थे (जैसे हारमोनियम पर एक नोट निकाला और कहा 'हाय' मानो आत्मा ही ओतप्रोत हो गई हो), पर उन अदाओं के पीछे भी लोग रफ़ीक को एक संगीत की बड़ी हस्ती तो समझते ही थे। मंटो ने भी माना है कि खुद स्वर-सम्राज्ञी नूरजहाँ उनकी संगीत प्रतिभा की कायल थीं। 'सितारा' की रेकॉर्डिंग के समय एक बार एजरा मीर, मंटो और रफ़ीक एक कमरे में कुछ चर्चा कर रहे थे और बगल के कमरे में रफ़ीक का ऑरकेस्ट्रा बज रहा था। बातों में सभी मशगूल थे, पर रफ़ीक ऐसे संगीतमर्मज्ञ थे कि वहीं से उन्होंने एकाएक पकड़ लिया कि एक वॉयलिन थोड़ा बेसुरा बज रहा है और उसे ठीक करने ऑरकेस्ट्रा के पास दौड़ पड़े।[1] रफ़ीक के संगीत ज्ञान की यही छवि शायद उन्हें महबूब की 'नज़्मा' (1943) के लिए संगीतकार चुनने में काम आई। निर्माता के रूप में महबूब की यह पहली फ़िल्म लखनऊ की पृष्ठभूमि पर बनाई गई थी, और रफ़ीक का संगीत लखनऊ की संस्कृति के नवाबी संस्कार वाले आभिजात्य वर्ग के विलासी पक्ष को प्रकट करने के लिए एकदम उपयुक्त था। वॉयलिन, बाँसुरी और जलतरंग के साथ 'नज़र कुछ आज ऐसा आ रहा है' (अशोक कुमार, मुमताज शांति) को लगभग मुशायरे की अदायगी से रफ़ीक ने बहुत खूब प्रस्तुत किया। अशोक कुमार के गाए 'मुझे जो खिलाते हैं पानों में मिर्चें' भी बहुत लोकप्रिय रचना थी। 'तरसी हुई है मुद्दत से आँखें' (अशोक कुमार), भैरव और भैरवी के मिश्रण से बनाया गया 'आ जा दिल को नहीं है करार' (सितारा, अशोक कुमार), 'जल जा पतंगे' (सितारा, अशोक कुमार), 'क्या मुहब्बत का यही अंजाम है' (अशोक कुमार) आदि गीतों में रफ़ीक ने लखनवी मुहब्बत का पूरा रंग भर दिया था। यह भी एक दिलचस्प तथ्य है कि महबूब की फ़िल्मों के आरम्भ में पार्श्व से 'मुद्दई लाख बुरा चाहे तो क्या होता है, वही होता है जो मंजूरे खुदा होता है' वाली जो उद्घोषणा होती है, वह रफ़ीक गज़नवी के स्वर में ही होती है।

शौकत हुसैन रिज़वी ने जब शोभना समर्थ और नूरजहाँ को साथ लेकर 'नौकर' (1943) में निर्देशित किया, तो संगीत के लिए रफ़ीक और शांतिकुमार को चुना। इस फ़िल्म का जो गीत बेहद लोकप्रिय हुआ वह तो मानो रफ़ीक ने अपने व्यक्तित्व को ही ध्यान में रखकर बनाया था। गीत था 'बस्ती की लड़कियों में बदनाम हो रहा हूँ' जो कि रफ़ीक की दिलफेंक जिंदगी की स्वीकारोक्ति ही बन गया। नूरजहाँ के गाए 'जिन्हें करना था दिल आबाद' में रफ़ीक ने दर्द उभारने के लिए हीर गायन शैली का सुन्दर प्रयोग किया था। इस फ़िल्म का पार्श्वसंगीत भी प्रतीकात्मक ढंग से भावों को उभारने में सहायक रहा है। 'नौकर' की स्क्रिप्ट सआदत हसन मंटो की लिखी हुई थी और मंटो ने अपनी 'मीनाबाज़ार' में 'नौकर' की शूटिंग के समय के वाकयात का बड़ा रोचक वर्णन किया है।

सोहराब मोदी ने 'सिकंदर' के बाद मिनर्वा की 'पृथ्वीवल्लभ' (1943) में भी सरस्वती देवी के साथ रफ़ीक को संगीतकार लिया था और 'पंछी उड़ चल अपने देश' (मेनका, रफ़ीक), 'तैलप की नगरी में जाना नहीं है' (मेनका, रफ़ीक, साथी) तथा 'आँखों में मुस्कुराए जा' (मीना, मेनका, शीला) इस फ़िल्म की रफ़ीक की उल्लेखनीय कृतियाँ थीं।

'नौकर' में नूरजहाँ

बहरहाल, महबूब प्रोडक्शन की 'तक़दीर' (1943) में भी रफ़ीक ही संगीतकार बने रहे। यह नायिका के रूप में चौदह वर्षीया नरगिस की पहली फ़िल्म थी। इस फ़िल्म में हाथ में हँसुआ लिए नरगिस पर फ़िल्माए 'मेरी माता भारत माता' (शमशाद, मोतीलाल, साथी) से हमें नरगिस के लगभग दो दशक बाद के 'मदर इंडिया' के प्रसिद्ध रोल का पूर्वाभास मिलता है। 'तकदीर' में रफ़ीक ने पहली बार शमशाद से कई गीत गवाए। इसी फ़िल्म में गाने के लिए महबूब खाँ के इसरार पर शमशाद लाहौर छोड़कर बम्बई आई थीं। 'छम छम छम ...घनघोर घटाएँ छाई' (शमशाद, मोतीलाल, साथी) में रफ़ीक ने एक तरफ लगातार पृष्ठभूमि में मृदंग की बीट्स का प्रयोग किया है, वहीं दूसरी ओर 'छम' को pause के साथ विलम्बित करके और कई tones के shades देकर रिद्म के बाहर डाला है। ऐसा ही अभिनव अदायगी का प्रयोग 'आप क्यूँ क्यूँ, आप क्यूँ आएँगे' (शमशाद, मोतीलाल) में नज़र आता है जहाँ पहले 'क्यूँ' के बाद बड़ा लुभावना-सा प्रश्नवाचक विराम और दूसरे 'क्यूँ' के बाद हलका-सा खिंचाव गाने की खूबसूरती में इज़ाफ़ा कर देता है। 'बाबूजी दरोगाजी' भी शमशाद के स्वर में खूब लोकप्रिय हुआ था।

मिनर्वा में रफ़ीक को 'एक दिन का सुल्तान' (1946) में फिर मौका मिला (इस बार शांतिकुमार देसाई और डी. गडकर के साथ) पर 'गरीबों की दुनिया जहाँ से निराली' (अमीरबाई), 'हम बहिश्त के मालिक' (समूह गीत) जैसे गीतों ने अधिक प्रभावित नहीं किया। 'लैला मजनू' (1945) में भी गोविंदराम के गीतों के मुकाबले रफ़ीक की कम्पोज़ की हुई 'फ़रियाद क्यूँ मेरी जवानी पे तुझे रहम न आया' (ज़ोहरा) जैसे गीत फीके ही रहे। विभाजन के बाद रफ़ीक पाकिस्तान चले गए और वहाँ भी फ़िल्मी दुनिया में सक्रिय रहे। उन्होंने 'मण्डी' जैसी कुछ फ़िल्मों का निर्माण भी किया। उनकी पुत्री भी पाकिस्तान फ़िल्मों में अभिनेत्री रहीं तथा मशहूर अदाकारा सलमा आगा भी रफ़ीक की ही नातिन हैं। 1974 में रफ़ीक का निधन हो गया, पर चौथे-पाँचवें दशक के सामंतवादी विलासीधारा के संगीत का जब-जब ज़िक्र आएगा, रफ़ीक गज़नवी का संगीत और उनका व्यक्तित्व बहुत याद आएगा।

संदर्भ

1. सआदत हसन मंटो : मीनाबाज़ार

शांति कुमार देसाई

'फ़लक के चाँद का हमने जवाब देख लिया'

संगीतकार शांति कुमार देसाई का नाम आज शायद ही कभी सुनाई देता हो, पर एक ज़माने में उनको सराहनेवाले कई थे। चुन्नीलाल पारिख निर्देशित विक्ट्री पिक्चर्स, बम्बई की 'नवभारत' (1934) में शांति कुमार ने 'नव संदेश है परिवर्तन का, नव भारत के नवजीवन का' जैसा उत्प्रेरक देशप्रेम का गीत रचा था। 'मेरे गुलरु में जो रंगीनिओ ज़ेबाई है' और 'देख सुरतिया प्यारी लागी जिगर में प्रेम कटारी' जैसी परम्परागत रचनाएँ भी इस फ़िल्म में भरपूर थीं। जयंत पिक्चर्स की स्टण्ट फ़िल्म 'मैजिक हॉर्न' (1935), 'तकदीर' (1935) और विक्ट्री पिक्चर्स की 'कातिल कटार' (1935) के बाद देसाई को जयंत पिक्चर्स की मेहताब अभिनीत 'भोली भिखारन' (1936) में काम करने का अवसर मिला। इस फ़िल्म में देसाई ने बड़ा ख़ुमार-भरा संगीत दिया था, विशेषकर 'मैं अजल का मस्त हूँ, जन्नत है मयखाना मेरा' और 'पिए जाऊँ जब तक न बेहोश हूँ मैं' जैसे गीतों में। ताल प्रोडक्शन, बम्बई की 'जन मुरीद' (1936), न्यू इंडिया मूवीटोन की 'जवाहिरे-हिंद' (1937), जयभारत मूवीटोन की 'देवबाला' (1938), विश्वकला मूवीटोन की 'घूँघटवाली' (1938) जैसी फ़िल्मों की असफलता के बाद शांति कुमार की संगीतबद्ध सुंदर मूवीटोन की 'छोटे सरकार' (1938) के राजकुमारी के गाए 'प्रेम डगरिया महा अगम है', 'सुख-चैन के दिन सब बीत गए' और 'जो सुहाग बन के उजड़ गया मैं वो हार में वो सिंगार हूँ' कुछ चर्चित रहे थे।

सबिता और चन्द्रमोहन, फ़िल्म 'फ़ैशन'

शांति कुमार देसाई की अन्य फ़िल्मों में 'पुनर्जन्म' (1938), देशभक्ति गीत 'जागो जागो भारतवासी, जागो' वाली 'शरीफ़ डाकू' (1938), अमीरबाई कर्नाटकी के गीतों 'ज़रा नैनों से नैना मिलाओ' और 'लग चली बादे सबा' वाली 'बागी' (1939), शमीम अख़्तर के गाए गीतों वाली 'ईमानदार' (1939), राजकुमारी के गाए 'झूलन के दिन आए', 'हँसते-हँसते जाना प्रीतम', 'प्रेम नहीं किस ओर जगत में' और 'पपीहरा, तू पी-पी पुकारे' जैसे मीठे गीतोंवाली 'जादू नगरी' (1940), विष्णु पिक्चर्स की धीरुभाई देसाई निर्देशित 'प्यार' (1940), विष्णु मूवीटोन की 'रानी साहिबा' (1940—श्यामबाबू के साथ), प्रह्लाद मूवीटोन की अप्रदर्शित 'देवकन्या' (चौथे दशक में), सायाजी प्रोडक्शंस की 'मेरी ख्वाहिश' (1941—बसंत के साथ), तरुण पिक्चर्स की 'प्रभात' (1941—अन्ना साहब माइनकर के साथ), नेशनल आर्टिस्ट्स की 'मेरी दुनिया' (1942—महादुलाल के साथ), सनराइज़ पिक्चर्स की कज्जन के गाए 'मन फूला नहीं समाता' और 'दिल तीरे मुहब्बत का हुआ जब ये निशाना' जैसे गीतों वाली 'सुहागन' (1942), सनराइज़ पिक्चर्स की ही ज़िया सरहदी निर्देशित 'स्वप्न' (1942) और 'दुहाई' (1943—रफ़ीक गज़नवी और पन्नालाल घोष के साथ), फज़ली ब्रदर्स की सरदार अख्तर के गाए 'कड़वा फल नेकी का निकला' और 'जो न किसी से बन सके' जैसे आरज़ू लखनवी के लिखे गीतों वाली 'फ़ैशन' (1943), शौकत रिज़वी निर्देशित सनराइज़ की ही 'नौकर' (1943—रफ़ीक गजनवी के साथ) और पुनः सनराइज़ की 'कॉलेजियन' (1944) का नाम लिया जा सकता है। सनराइज़ से जुड़ने के कारण उन्हें इस प्रोडक्शन की फ़िल्मों का संख्या के हिसाब से तो फायदा रहा, पर

लोकप्रियता की दृष्टि से शांति कुमार कभी बहुत आगे नहीं बढ़ पाए। परम्परागत ढंग की कुछ अच्छी ग़ज़लें अवश्य उन्होंने समय-समय पर कम्पोज़ कीं जिनका एक nostalgic महत्त्व है।

शांति कुमार देसाई की संगीतबद्ध जुपिटर आर्ट पिक्चर्स की कल्याणी की पारम्परिक शैली में ग़ज़ल 'ढूँढ़ता है दिल बहाना' वाली 'किस्मतवाला' (रतनलाल के साथ—इसी फ़िल्म से शांतिकुमार दिलीप ढोलकिया को फ़िल्मों में लाए थे), सनराइज़ की 'धनवान' (1946) और 'अमर आशा' (1947) जैसी फ़िल्मों के संगीत को भी कोई खास सफलता नहीं नसीब हुई, पर मिनर्वा की 'एक दिन का सुल्तान' (1945—रफ़ीक गज़नवी और डी. गडकर के साथ) के दुर्रानी के गाए रूमानी गीत 'फ़लक के चाँद का हमने जवाब देख लिया' को खूब लोकप्रियता मिली। मुक्ति प्रोडक्शन की 'गौरव' (1947) में संगीतकार शांति कुमार देसाई का स्वरबद्ध 'मैं नयनों का सावन बुलाने चली हूँ', (ज़ोहरा) भी लोकप्रिय रहा था। कोहिनूर पिक्चर्स की 'घर की बहू' (1947) में भी आर.सी. राय के साथ देसाई का संगीत था और 'हम धरती के लाल, हमको धरती से ही प्यार' (पारो, साथी) कुछ चर्चित रहा था। शांति कुमार ने कुछ गैरहिन्दी फ़िल्मों में भी संगीत दिया, जिसमें मराठी फ़िल्म 'रायगढ़' (1940) में तो उनके साथ दूसरे संगीतकार लता मंगेशकर के पिता और अपने ज़माने के नामी गायक दीनानाथ मंगेशकर थे।

रतनमाला और किशोर कुमार अभिनीत 'सती विजया' (1948) में शांति कुमार ने किशोर से भी गीत गवाया। हालाँकि रेकॉर्ड पर 'प्यार करें, हाँ-हाँ प्यार करें' केवल ज़ोहरा-साथियों के स्वर में लिखा है पर गाने में किशोर की आवाज़ साफ सुनाई देती है। यह जानकारी मुझे अपने मित्र और दुर्लभ संगीत संग्रह के मालिक श्री अतुल वर्मा (भोपाल) से मिली है।

श्री भानु पिक्चर्स की नानाभाई भट्ट निर्देशित 'लवकुश' (1951) में धीमी लय पर गीता के मीठे स्वर में 'कहे चकोरी—हे चाँद, तुम चितचोर' लोकशैली से प्रभावित एक सुंदर रचना थी। पर शांति कुमार देसाई का संगीत मूलतः चौथे-पाँचवें दशकों में प्रचलित परम्परागत ढाँचे का ही संगीत रहा। पाँचवें दशक के अंतिम वर्षों की नई धारा के आगे उखड़ जानेवाले संगीतकारों में देसाई भी रहे। यही कारण है कि शांति कुमार देसाई इसके बाद संगीत क्षेत्र से वर्षों खोए से रहे। वर्षों बाद 'तेरे द्वार खड़ा भगवान' (1964) में उनके गीत फिर से सुनाई दिए। मियाँ की मल्हार पर आधारित मन्ना डे का गाया 'नाच मेरे मोर, ज़रा नाच' और सुधा का गाया 'जब से देखा तुझे, मुझे जलाए जिया' जैसी अच्छी रचनाएँ देसाई ने शाहू मोडक और सुलोचना अभिनीत इस फ़िल्म में कम्पोज़ की थीं।

मास्टर कृष्णराव

'सुनो-सुनो, वन के प्राणी, बनी हूँ आज तुम्हारी रानी'

मास्टर कृष्णराव का जन्म 21 जनवरी, 1898 को आलंदी (महाराष्ट्र) के एक गरीब परिवार में हुआ था। मास्टर कृष्णराव का परिवार इतना निर्धन था कि उनकी माँ को लोगों के घर झाड़ू लगाने का काम करना पड़ता था। कम उम्र में ही मास्टर कृष्णराव 'नाट्यकला प्रवर्तक' नामक एक ड्रामा कम्पनी में भर्ती हो गए थे। इस कम्पनी के तहत 'संत सखू' नाटक में उन्होंने भगवान विट्ठलनाथ की भूमिका निभाई। राग खमाज में उनके कौशल-भरे गायन को सुनकर पंडित भास्कर बुआ ने उन्हें अपना शागिर्द बना लिया। 1951 में वे बाल गंधर्व की नाट्य-मंडली में शामिल हो गए तथा पंडित भास्कर बुआ बाखले जैसे संगीत विशारद से मंचीय गायन की शिक्षा ग्रहण की। गाने की उनकी खास शैली थी जो सहज थी और तानों का भी उनकी गायकी में बड़ा सहज प्रवाह था। 'कुलवधू' (जिसमें ज्योत्स्ना भोले का गाया प्रसिद्ध गीत 'बोला अमृत बोला' शामिल था) और 'भूमिकन्या सील' जैसे नाटकों में संगीत देते हुए उन्होंने मराठी नाटकों की शुद्ध राग आधारित संगीत की परिपाटी को तोड़कर उसे भावगीतों के करीब लाने का सूत्रपात किया। पूरे देश में जगह-जगह मास्टर कृष्णराव ने कम उम्र में ही भ्रमण कर लिया। 17 वर्ष की अल्पायु में उन्होंने अपना स्वतंत्र प्रोग्राम भी दिया और फिर स्टेज शो देने का उनका सिलसिला वर्षों तक जारी रहा।

मास्टर कृष्णराव

20 वर्षों तक बाल गंधर्व की नाट्य-मंडली में रहने के बाद उन्होंने प्रभात स्टूडियो में कार्यभार सँभाला। दरअसल हुआ यूँ कि शांताराम ने बाल गंधर्व से फ़िल्मों में गाने का आग्रह किया पर शांताराम के आगे बाल गंधर्व में यह शर्त रखी कि वे अगर फ़िल्मों में गाएँगे तो मास्टर कृष्णराव के निर्देशन में ही, अन्यथा नहीं। शांताराम ने शर्त मान ली और इस प्रकार 'धर्मात्मा' से उनके फ़िल्मी संगीत सफर की शुरुआत हुई। प्रभात फिल्म कम्पनी, कोल्हापुर में व्ही. शांताराम के निर्देशित फ़िल्मों का अगर अपना अकादमिक और ऐतिहासिक महत्त्व है तो इस महत्त्व के पीछे शांताराम की निर्देशन-कला के साथ-साथ मास्टर कृष्णराव के संगीत का भी कुछ योगदान तो मानना ही पड़ेगा। बाल गंधर्व और रत्न प्रभा अभिनीत 'धर्मात्मा' (1935) के साथ प्रभात से मास्टर कृष्णराव जुड़े तो फिर कई वर्षों तक जुड़े रहे। धर्मात्मा (1935) के बाल गंधर्व के गाए 'प्रेम ब्रज बिहारी प्रेम है पुजारी', 'सब कहते जिसको नीचा', 'यह जग की फुलवारी प्रभुजी', 'प्रभो, सहारे एक तुम्ही हो', 'धन्य-धन्य नारी जाति', 'तन को साफ मन को साफ कर ले', 'चरण कमल में प्रभु के माथ नवाऊँ आज' और 'यदि चाहो भारत बन जाए स्वर्ग' जैसे शास्त्रीय और मराठी नाट्यशैली में गीतों को सुनना आज भी रोमांचित कर देता है। इसी फ़िल्म से वासंती की भी पहचान बनी थी और 'धर्मात्मा'

में कृष्णराव के संगीत में उनका गाया 'आज आएँगे नाथ हमारे घर' लोकप्रिय भी रहा था।

मास्टर कृष्णराव की सबसे उल्लेखनीय फिल्म थी प्रभात चित्र, पूना की शांताराव निर्देशित 'अमर ज्योति' (1936)। इस फिल्म में शांता आप्टे के गाए 'सुनो, सुनो, वन के प्राणी, बनी हूँ आज तुम्हारी रानी' को आज तक हिंदी फ़िल्म संगीत के पहले दशक के सबसे लोकप्रिय और आकर्षक गीतों में गिना जाता है। इस गीत की तर्ज़ मास्टर कृष्णराव ने यमन कल्याण पर बनाई थी। आरम्भ में शांताराम इस गीत से विशेष प्रभावित नहीं हुए थे। तब अनुकूल भाव लाने के लिए मास्टर कृष्णराव ने अंगोछा लपेटकर शांता आप्टे का साज-शृंगार उतरवाकर इसे रेकॉर्ड करवाया। शांता आप्टे और नांदरेकर के युगल स्वरों में गाए 'आज हमें बन बेहद भाता' और 'अब मैंने जाना है, हाय प्रेम क्या है' भी उन दिनों बेहद मकबूल हुए थे। 'अमर ज्योति' में प्रसिद्ध संगीतकार वसंत देसाई ने न सिर्फ अभिनय किया था बल्कि 'भूल जा भूल जा भुलाऊँ कैसे' और शास्त्रीय आधारित 'कारज की जोत सदा ही जरे' गीत भी गाए थे। 'कागज़ की जोत' तो संगीतकार जयदेव का भी पसंदीदा गीत रहा। 'अमर ज्योति' के पार्श्वसंगीत में तबले, सारंगी, गिटार आदि से सागर की लहरों, गम्भीर या शांत भावों का इतना लुभावना चित्रण मास्टर कृष्णराव ने किया कि इस फ़िल्म का पार्श्वसंगीत एक मीलस्तम्भ बन चुका है। कुछ इतालवी निर्देशक, जो 'प्रभात' में भ्रमण पर आए थे, भी इस पार्श्वसंगीत से बेहद प्रभावित हुए थे। मास्टर कृष्णराव ने हिंदी में कोई बहुत अधिक फ़िल्में नहीं कीं पर जो भी कीं, उनमें अपने संगीत का खास स्पर्श अवश्य छोड़ा। केशवराव भोले की तरह मास्टर कृष्णराव अधिक innovative तो नहीं थे, पर शुद्ध शास्त्रीय बंधनों में जकड़े हुए भी नहीं रहे। मराठी भावगीत शैली और शास्त्रीय संगीत का सुगम पक्ष उनकी रचनाओं में हमेशा झलकता रहा। ऑरकेस्ट्रा का अधिक प्रयोग उनकी रचनाओं में न होकर बल बोल और कविता पक्ष पर रहा। उनके गीत सुनने में आसान लगते थे पर कहीं-कहीं जटिल मुरकियों और आलाप का भी प्रयोग रहता था।[1] यह कहा जा सकता है कि शास्त्रीयता के विधान को उन्होंने छोड़ा तो नहीं, पर उसके अंदर रहकर भी संगीत में एक प्रकार की सुगमता लाकर प्रभात की सामाजिक फ़िल्मों के संदर्भ में उन्होंने फ़िल्म-संगीत को आम आदमी के मनोभावों के अनुकूल बनाने की प्रशंसनीय कोशिश लगातार की।

शास्त्रीयता के बावजूद काफ़ी हद तक लावण्य और लालित्य कृष्णराव के संगीत के आधार स्तम्भ रहे। प्रभात की ही 'वहाँ' (1937) के शांता आप्टे के गाए बेहद लोकप्रिय रहे 'हर गली में है बगीचे, फूल फल है सब रस रस रस' में इन विशेषताओं का अद्भुत साकार होता है। 'मंगल जंगल में रहता है' (शांता आप्टे) भी एक सरस शास्त्रीय पावनता लेकर सराबोर कर देता है। 'मुझे न भेजो नदी किनारे' (शांता आप्टे) के 'मुझे' के साथ प्रयुक्त मींड की तो सी. रामचंद्र भी अकसर तारीफ़ किया करते थे। प्रभात की ही दामले और फत्तेलाल निर्देशित 'गोपाल कृष्ण' (1938) ने बाल कृष्ण के रूप में राम मराठे को प्रसिद्धि दिलाई। कृष्णराव ने राम मराठे से (जो बड़े होकर प्रसिद्ध शास्त्रीय संगीतज्ञ भी बने) 'निर्धन का तू है धन', 'तू मेरी मैया, मैं लाल तेरा' जैसे गीत इस फ़िल्म में गवाकर मराठे की प्रतिभा का परिचय दे दिया था। फ़िल्म में वात्सल्य रस और गौ प्रेम पर आधारित शांता आप्टे के स्वर में 'बचपन का याद आया भूला हुआ ज़माना', 'कान्हा सबको सोहे मंगल रूप तुम्हारा', 'ग्रास ये प्रीति का मोद से खा ले', 'मोदमयी ये कपिला गाय सजाऊँ' जैसे कई गीत थे।

मास्टर कृष्णराव की संगीतबद्ध एक बेहद चर्चित फ़िल्म रही थी शांताराम की निर्देशित 'आदमी' (1939), जो मराठी में भी 'माणूस' नाम से निर्मित हुई थी। नायिका शांता हुबलीकर ने इस फ़िल्म में एक वेश्या की भूमिका की थी और उसके मनोभावों को संगीत के माध्यम से कृष्णराव ने बखूबी अभिव्यक्त किया है। इस फिल्म में शांता हुबलीकर का गाया बहुभाषी गीत (हिंदी, उर्दू, पंजाबी, गुजराती, तेलगू, बाँग्ला और तमिल में), 'अब किसलिए कल की बात' बेहद लोकप्रिय रहा और अपने अनूठेपन के कारण फ़िल्मी गीतों के इतिहास में अमर हो गया है। इस गीत के तेलगू, बाँग्ला और तमिल भागों के संगीतकार क्रमशः बी.एन. भूषण,

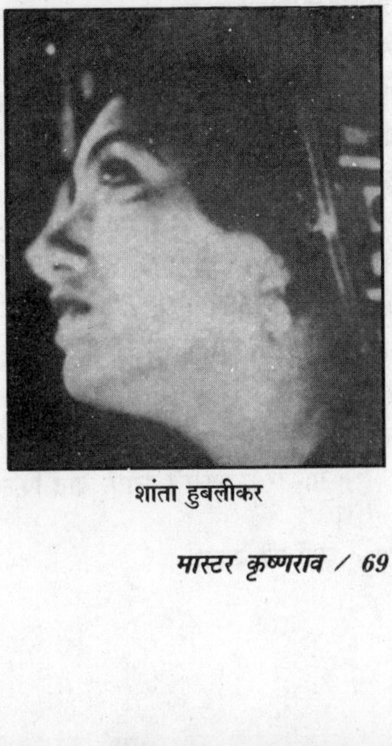

शांता हुबलीकर

एन.सी. गांगुली, और एस. रामातीर्थम थे। 'आदमी' के अन्य गीत 'मन पापी भूल' (सुंदराबाई), 'जाग जाग जाग जाग मीठी नींद से जरा' (सुंदराबाई, शाहू मोडक), 'बरजोरी कर के सैंया ने बैंया मरोड़ी' (राम मराठे), 'प्रेमी प्रेमनगर में जाएँ' (शांता हुबलीकर, शाहू मोडक), 'सो जा सपने की आशा' (शांता हुबलीकर), 'मैं जान गई पहचान गई' (मंजू), 'बहार आई प्यारी' (शांता हुबलीकर)—सभी इस दौर के हिट गीत रहे थे, भले ही आज हमें इनकी झलक भी सुनाई नहीं पड़ती। 'सो जा सपने की आशा' (शांता हुबलीकर) का फ़िल्मांकन दो पृष्ठभूमियों के साथ हुआ था—एक दृश्य मंदिर का था तो दूसरा गाँव के बाहर का। इन दोनों दृश्यों के लिए कृष्णराव ने भावानुकूलता लाने के लिए अलग-अलग लय और स्केल का प्रयोग किया था।[2]

'आदमी' के पश्चात् 'पड़ोसी' (1941) में कृष्णराव ने अनीस खातून और बलवंत सिंह से 'वन में बहार आ गई', 'वह दिन बिसरे न मोरे राजा', 'साथी जनम मरण का तू', 'मैं गीत सुनाती रहती हूँ' और 'कैसा छाया है उजाला रसिया' जैसे पंडित सुदर्शन के लिखे गीत गवाए। फिल्म के मराठी संस्करण के गीत कहीं अधिक लोकप्रिय रहे थे, विशेषकर सुंदरता से फिल्मांकित 'लाख लाख चंदेरी तेजाची' (समूह गान) और 'राधिका चतुर बोले'। बाँसुरी का 'वन में बहार आ गई' के साथ का प्रयोग तो अप्रतिम था। इस गीत के सृजन के समय बाँसुरी का वह टुकड़ा सुनकर शांताराम दौड़े चले आए थे। मास्टरजी ने उन्हें आश्वस्त किया कि वे और भी अच्छा टुकड़ा उनके लिए प्रस्तुत करेंगे, पर शांताराम अड़े रहे कि उन्हें तो वैसा ही चाहिए। पर जब उसमें भी परिष्कार कर मास्टर कृष्णराव ने पूरी धुन उन्हें सुनाई तो शांताराम ठगे से रह गए।[3]

मास्टर कृष्णराव के लिए संगीत हमेशा एक पवित्र आराधना-सी रही। ऊपर उल्लिखित यह कहानी तो सर्वविदित है ही कि जब हीरोइन शांता आप्टे पूरे साज-शृंगार के साथ रेकॉर्डिंग के लिए पधारीं तो मास्टर कृष्णराव ने अनुकूल भाव लाने के लिए रेकॉर्डिंग तब तक नहीं की जब तक शांता आप्टे साज-शृंगार उतारकर सीधी-सादी वेशभूषा में नहीं आईं। कृष्णराव कम्पोज़र इतने अच्छे थे कि बिना किसी वाद्य की सहायता के भी वे संगीत कम्पोज़ कर सकते थे।

प्रभात से हटकर शूद्रक की प्राचीन कृति 'मृच्छकटिकम' पर आधारित अत्रे पिक्चर्स के बैनर तले बनी 'वसंत सेना' (1942) में भी मास्टर कृष्णराव ने शब्द और काव्य पक्ष को ही उद्भासित करता शास्त्रीय आधारित संगीत दिया था। 'झनझन वीणा बाजे सरगम सुंदर साजे' (वनमाला, शाहू मोडक), 'जा रे पपीहा पिया को सुना दे' (वनमाला) और 'आओ साजन आओ रे, दरस दिखाओ' (वनमाला) जैसे गीतों को उदाहरण के रूप में गिना जा सकता है। वैसे शांताराम के साथ मास्टर कृष्णराव का सम्बन्ध जारी रहा। 'प्रभात' से हट कर जब शांताराम ने 'राजकमल' की स्थापना की, तो 'माली' (1944) का उन्हें न केवल संगीत दिया बल्कि अमीरबाई कर्नाटकी के साथ उन्हें मुख्य भूमिका भी दी। इस फिल्म के पार्श्व संगीतकार थे वसंत देसाई, पर कृष्णराव ने 'मन बोल तू हर हर गंगा', 'जिस जगह बैठा हूँ मैं' और 'गोकुल के घनश्याम' जैसे गीत स्वयं बड़ी तन्मयता से गाए और कम्पोज़ किए थे। 'हम तो भोले भाले माली' (मास्टर विट्ठलराव), 'प्राणी प्रीतम कहाँ मिलेंगे भगवान' और 'सुनो-सुनो री, कान्हा ने बंसी बजाई' (अमीरबाई कर्नाटकी) जैसे इस फ़िल्म के गीत तो आज पूर्णतः भुलाए जा चुके हैं।

प्रभात की विश्राम बेड़ेकर निर्देशित 'लाखारानी' (1945)—जिसमें गुरुदत्त भी पर्दे पर पहली बार एक समूह नृत्य में दिखे थे—में भी कृष्णराव का संगीत प्रशंसित रहा था। 'हृदय में मूर्ति जिसकी है', 'जाग उठो भगवान', 'मुरलीवाले, तुम जवाब दो' जैसे गीत उस ज़माने में लोकप्रिय रहे थे, और कृष्णराव स्वयं इस फ़िल्म के गीत अपने प्राइवेट कंसर्ट में भी अकसर गाया करते थे। मास्टर कृष्णराव ने विकास पिक्चर्स के बैनर तले श्रीधर पारसेकर की संगीतबद्ध 'मेरी अमानत' (1947) में अभिनय करने के साथ-साथ अपने ऊपर फिल्माए गए 'उठो ना भाई देखो, तो भोर भई', 'कुदरत की है बड़ाई भाई', 'सोते हो क्या गिरधारी' और 'तुम ही प्रभु राह दिखाओ' को स्वरबद्ध भी किया और स्वयं गाया भी। यह तथ्य कम ही लोग जानते हैं कि 15 अगस्त, 1947 को जो पहला गीत स्वतंत्र भारत के स्वतः रेडियो से प्रसारित हुआ, वह मास्टरजी की ही आवाज़ में गाया 'वंदे मातरम' था।

पर इसके बाद मास्टर कृष्णराव का नाम फ़िल्म संगीत से विलुप्त ही हो गया। फ़िल्म संगीत की तेजी से उभरती शैलियों के सामने मास्टर कृष्णराव की मराठी शैली की शास्त्रीय तानों और नाट्य और भाव संगीत की शैली दिनातीत हो गई। वर्षों बाद मास्टर कृष्णराव को माणिक चित्र, बम्बई की 'कीचक वध' (1959) में संगीत देने का अवसर मिला और उन्होंने अच्छा संगीत दिया भी। लता के स्वर में 'आज मिलन की राह है अधर न बोले' खूबसूरत आलापों, बाँसुरी के सुंदर प्रयोग और रिद्म परिवर्तन के अच्छे प्रयोग वाली एक बड़ी सुंदर प्रभावशाली रचना थी। लता, रफ़ी के युगल स्वरों में 'हो ओ गोरी आँखों में डाले कजरा' में कृष्णराव ने वृंदावनी सारंग के रूप में अपनी शास्त्रीय शैली की छाप छोड़ी है। इस गीत में प्रयुक्त तराना तो लाजवाब ही है।

मास्टर कृष्णराव इसके बाद फ़िल्मों में नज़र नहीं आए। पर हिंदी-मराठी फिल्मों के आरम्भिक वर्षों में अपने संगीत से उन्होंने

जो कीर्तिमान बनाए, उसके पुरस्कारस्वरूप पद्मभूषण से भी नवाज़ा गया। फिल्मों से अलग होने के बाद वे सदाशिव पेठ, पुणे में रहते थे। 20 अक्टूबर, 1974 को पुणे में ही 76 वर्ष की उम्र में उनका निधन हो गया।

संदर्भ

1. माधुरी, 26 नवम्बर, 1971
2. वीणा चिटको : माइ फ़ादर मास्टर कृष्णराव, सिनेमा विज़न, खंड II, नं. II
3. बि. स्व. मिश्रा : लिस्नर्स बुलेटिन, अप्रैल-मई, 1973

अनिल विश्वास

'बादल-सा निकल चला, यह दल मतवाला रे'

हिंदी फ़िल्म संगीत में ऑरकेस्ट्रा और कोरस के प्रभाव को स्थापित करने का श्रेय यदि किसी को जाएगा तो वे अनिल विश्वास ही होंगे। अनिल विश्वास इतने विराट कम्पोज़र थे कि उनकी विशेषताओं को वर्गीकृत करना आसान नहीं है। ऑरकेस्ट्रा की शैली एक तरफ़, बंगाल का लोकगान और लोकवाद्य शैली दूसरी तरफ़, गज़लों, ठुमरियों की विधा का प्रयोग अपनी जगह और हलके-फुलके फ़िल्मी माहौलानुकूल गीत भी अपनी जगह—क्या न था अनिल विश्वास के संगीत में! अनिल विश्वास ने ही फ़िल्म संगीत में अन्य विधाओं से अलग एक राजनीतिक-सांस्कृतिक धारा के संगीत का सूत्रपात किया, और इसे बहुत आगे तक ले गए। लोकशैली की धुन को राजनीतिक अर्थव्यंजकता देने में कोरस का लाजवाब प्रयोग उन्हीं की देन है, जिसे आगे चलकर सलिल चौधरी ने एक नया विस्तार और नई दिशा दी।

अनिल विश्वास

अनिल विश्वास का जन्म बरीसाल (अब बाँग्लादेश) में 7 जुलाई, 1914 को हुआ था। उनकी माँ को संगीत में रुचि थी और उनकी प्रेरणा से ही अनिल विश्वास का संगीत-जीवन अपना सूत्रपात कर पाया। चार-पाँच साल की उम्र से ही गाना और तबला बजाना उन्होंने शुरू कर दिया था और कुछ ही वर्षों में नाटकों में काम करना भी प्रारम्भ हुआ। कुछ और बड़े होने पर संगीत की महफ़िलों में भी वे गाने लगे। उस समय से ही वे अपने गीत कम्पोज़ करके गाया करते थे। (स्वतंत्रता-आंदोलन की ललकार और विशेषकर क्रांतिकारी दलों के आह्वान से प्रभावित होकर उन्होंने मैट्रिक से ही अपनी पढ़ाई छोड़ दी और क्रांतिकारी गतिविधियों में शामिल हो गए। बम भी बनाए और जेल भी गए। अनिल विश्वास के मित्र प्रोफेसर सत्यव्रत घोष के अनुसार बरीसाल जेल में बहुत मच्छर थे और सोना बड़ा मुश्किल था। अतः समय बिताने के लिए संगीत ही सहारा बनता था और अनिल विश्वास इसमें स्वाभाविकतः अग्रणी भूमिका निभाते थे। एक विशेष गीत जो उस समय अकसर गाया जाता था, वह था 'लाठी मार भाँगरे लाला, जोता सब बंद शाला', अर्थात् लाठी मारकर जेल के ताले तोड़ दो और मुक्त हो जाओ।

अपने पिता की मृत्यु (1930) के बाद अनिल विश्वास ने बरीसाल छोड़ दिया और वेश बदलकर कलकत्ता आ पहुँचे। जेब में पैसे बहुत कम थे और कलकत्ता पहुँचने के लिए भी कुली का काम करना पड़ा था। कलकत्ता में उनकी जानपहचान के मात्र पन्नालाल घोष (बाद के प्रसिद्ध बाँसुरीवादक) थे जो उनके बचपन के दोस्त और बहनोई थे, और उनकी बड़ी बहन और बहनोई के घर ही उन्हें ठहराया गया। कलकत्ते में भी एक होटल में वे आजीविका के लिए बर्तन धोने लगे। उसी होटल में मनोरंजन सरकार नामक एक जादूगर खाने के लिए आते थे। उन्होंने एक दिन अनिल विश्वास को गुनगुनाते सुना तो अपने साथ एक संगीत प्रेमी रामबहादुर अघोरनाथ के घर संगीत महफ़िल में ले गए। वहाँ कवि जीतेंद्रनाथ बागची और मेगाफ़ोन ग्रामोफ़ोन कम्पनी के मालिक जे.एन. घोष भी थे। अनिल विश्वास ने जब वहाँ श्यामा संगीत सुनाया तो सभी बड़े प्रसन्न हुए। रायबहादुर अघोरनाथ ने उन्हें अपने पौत्रों को संगीत सिखाने के लिए अपने घर ही रख लिया। पर कुछ दिनों में इस प्रकार की ज़िंदगी से ऊबकर

अनिल विश्वास पाँच रूपए महीने पर एक अन्य जगह संगीत सिखाने चल पड़े।

पुलिस अब भी उनकी तलाश में थी, और एक दिन वे पकड़ में आ गए तथा चार महीने तक जेल में रहे। वहाँ पिटाई भी खूब हुई। पुलिस को उनके विरुद्ध कोई प्रमाण न मिला और उन्हें छोड़ना पड़ा। पर साथ ही पुलिस ने उनको सरकारी जासूस बनने का प्रलोभन दिया, ताकि वे क्रांतिकारियों के भेद दे सकें। चूँकि वह बेकार थे, इसलिए अनिल विश्वास ऊपर से मान गए, पर वस्तुतः पुलिस को गलत जानकारियाँ देते रहे। यह सिलसिला भी अधिक न चल सका। जल्दी ही पुलिस समझ गई कि जानकारियाँ गलत आ रही हैं, और विश्वास फिर बेकारों की कतार में शामिल हो गए।

उन दिनों काज़ी नज़रुल इस्लाम मेगज़ीन रेकॉर्ड कम्पनी में काम करते थे, और अनिल विश्वास बचपन से ही काज़ी के बड़े प्रशंसक रहे थे। वे काज़ी से मिले और उनकी मदद से उन्होंने कुछ गज़लों को गाकर रेकॉर्ड भी करवाया, लेकिन कम्पनी की अंदरूनी राजनीति की वजह से ये रेकॉर्ड नहीं बन पाए। लेकिन वहीं के एक संगीतकार मंजू खाँ साहब मुर्शिदाबादी के सम्पर्क में आकर गज़ल गायन की कई बारीकियाँ अनिल विश्वास ने ज़रूर सीख लीं। तत्पश्चात् निताई मोतीलाल ने अपने रंगमहल थियेटर में काम दिया, और उनके सहायक के रूप में अनिल विश्वास ने पाँच नाटकों में संगीत भी दिया, अभिनय भी किया और गीत भी गाए। जिस लोक रंग के संगीत को लेकर अनिल विश्वास आगे बहुत प्रसिद्ध होनेवाले थे, उसका सूत्रपात उन्होंने इन नाटकों में पूर्वी बंगाल के लोकगीतों और प्रहसनों के द्वारा सफलतापूर्वक किया। तीन वर्षों तक चालीस रूपए महीने पर वे वहाँ कार्यरत रहे। थियेटर के अनुभव से उन्हें लोगों के संगीत सम्प्रेषण की बारीकियों की अच्छी जानकारी होगी। संगीत में अनिल विश्वास अब अधिक समय देने लगे थे। हिंदुस्तान म्यूज़िकल कम्पनी के द्वारा पन्नालाल घोष के बाँसुरीवादन की पहली रेकॉर्डिंग के लिए गीत अनिल विश्वास ने ही लिखा था और एक छोटा-मोटा ऑरकेस्ट्रा भी इसकी रेकॉर्डिंग के लिए इस्तेमाल किया। वे एक बहुत अच्छे ढाक, ढोल, तबला और ढोलक वादक थे, और बंगाली ढोल को कुछ नाटकों और गीतों में उन्होंने अपने कलकत्ते के प्रवास के दौरान ही अपनाना शुरू कर दिया था। साथ ही ख़याल, ठुमरी, दादरा एक तरफ़ और वैष्णव कीर्तन, लोकसंगीत और रवींद्र संगीत का ज्ञान दूसरी तरफ़—सभी कुछ उन्होंने बड़े लगन से अर्जित किया। आगे चलकर फ़िल्म 'हमदर्द' में उन्होंने ख़याल, गज़ल, कव्वाली, गीत—सभी का उपयोग बड़े सिद्धहस्त ढंग से किया। रवींद्रनाथ टैगोर से विश्वास मिले भी थे। उन्होंने रवींद्रनाथ की कृतियों को एक ऐसे format में संगीतबद्ध किया, जैसा पहले नहीं किया गया था। गुरुदेव रवींद्रनाथ उनके इस कार्य से काफ़ी प्रभावित भी हुए थे।

इन्हीं दिनों अनिल विश्वास की मुलाकात फ़िल्म-निर्देशक हीरेन बोस से हुई। बोस ने उन्हें समझाया कि अगर कुछ बनना है तो बम्बई की फ़िल्मों में काम करना पड़ेगा। इस प्रकार अनिल विश्वास का पदार्पण बम्बई के फ़िल्म जगत में हुआ।[1]

अनिल विश्वास का संगीत उल्लेखनीय इसलिए भी है कि उन्होंने उस समय तक प्रचलित शास्त्रीय राग आधारित रचनाओं से हटकर संगीत में लोकप्रियता के तत्त्वों का समावेश किया। यहाँ इस समय की संगीत रचनाओं में एक नीरसता और ढर्रे पर बँधे रहने की परम्परा थी, वहीं विश्वास ने फ़िल्म-संगीत को एक रस दिया। उन्होंने धुनों को मोहक बनाया, ऑरकेस्ट्रा को विस्तार दिया और लोकसंगीत से लेकर रंगमंचीय संगीत, हर विधा के लोकप्रिय अवयवों का अपने संगीत में सुंदर सम्मिश्रण किया। अनिल विश्वास ने न केवल पहली बार 12 सदस्यीय ऑरकेस्ट्रा का प्रयोग किया बल्कि वे पहले संगीतकार थे, जिन्होंने मेलोडी के साथ काउंटर मेलोडी को भी गीतों में इस्तेमाल किया। अपनी राजनीतिक और जागरूक पृष्ठभूमि के कारण ज्ञान मुखर्जी और महबूब की कई फ़िल्मों में संगीत पक्ष को उन्होंने एक सामाजिक-राजनीतिक संस्कृति की परिभाषा दी। उनका संगीत ऐसी फ़िल्मों में मात्र रोमांस, प्रकृति प्रेम या कोठों पर प्रचलित संगीत न होकर एक प्रगतिशील बयान का रूप लेने में भी सक्षम रहा। यहाँ तक कि जहाँ संगीत का आधार शास्त्रीय था, वहाँ भी परिस्थिति के हिसाब से अनिल विश्वास ने इसे बेहद सरल और सरस तरीके से प्रयुक्त किया।

बम्बई में 1934 में पदार्पण के बाद अनिल विश्वास पहले कुमार मूवीटोन के साथ जुड़े। कलकत्ते से वे अपने साथ चार साजिंदे भी लाए थे जो एक साथ कई वाद्य बजाना जानते थे—इस तरह वॉयलिन, पियानो, हवाइयन गिटार, ट्रंपेट, मैंडोलिन, चेलो जैसे वाद्यों के साथ अनिल विश्वास ऑरकेस्ट्रा के क्रांतिकारी शुरुआत की भूमिका तैयार करके ही आए थे। ऑरकेस्ट्रा का महत्त्व और पाश्चात्य संगीत के तत्त्वों के प्रयोग का महत्त्व विश्वास ने आरम्भ से ही पहचाना। कुमार मूवीटोन के व्ही.एम. कुमार से मतभेद होने के बाद वे राम दरयानी की ईस्टर्न आर्ट सिंडिकेट के साथ सम्बद्ध रहे। मधुलाल मास्टर के साथ संगीतबद्ध 'बाल हत्या' (1935) में ही उन्होंने अपनी राजनीतिक चेतना का परिचय शक्ति की माता की आराधना वाले समूह गीत 'काली माँ तू

प्यारी तुम जग जननी, माता दे शक्ति हमको' द्वारा स्पष्ट कर दिया था। 'भारत की बेटी' (1935) में उस्ताद झंडे खाँ के साथ संगीत देते हुए उन्होंने फ़िल्म के पार्श्वसंगीत के अलावा तीन गीत भी कम्पोज़ किए, जिनमें 'दीन दयाल दया करके भवसागर लेकर पार मुझे' और विशेषकर 'तेरे पूजन को भगवान बना है मंदिर आलीशान' उल्लेखनीय और लोकप्रिय थे। पर स्वतंत्र संगीतकार के रूप में उनकी प्रथम फ़िल्म ईस्टर्न आर्ट्स की हीरेन बोस निर्देशित 'धर्म की देवी' (1935) थी, जिसमें उन्होंने फ़कीर की भूमिका भी निभाते हुए 'क्षमा करो तुम क्षमा करो यह कहकर सब चिल्लाते हैं', 'कुछ भी नहीं भरोसा दुनिया है आनी जानी' और 'कर हाल पे अपने रहम ज़रा यूँ कुदरत को तू यूँ नाशाद न कर' जैसे गीत स्वयं गाए। 'कुछ भी नहीं भरोसा' की रेकॉर्डिंग का शरद दत्त ने अनिल विश्वास पर लिखी अपनी पुस्तक में बड़ा रोचक वर्णन किया है। पार्श्वगायन के अभाव में आउटडोर शूटिंग रात के वक्त इस तरह की जा रही थी कि फ़कीर की भूमिका में अनिल विश्वास को सड़क पर चलते हुए गाना था और माइक्रोफ़ोन सँभाले हुए एक आदमी और ट्राली पर वादक बैठकर पीछे-पीछे चल रहे थे। गाना लगभग खत्म होने को था कि बारिश शुरू हो गई, रात के अँधेरे में दिखाई नहीं दिया कि सामने गड्ढा है और विश्वास, साजिंदे—सभी उस पानी के गड्ढे में जा गिरे। चोट तो खास नहीं आई, पर पूरे गाने की रेकॉर्डिंग नए सिरे से करनी पड़ी।[2] इस फ़िल्म के एकाध गाने में सिंधी लोकधुन की प्रेरणा उन्हें फ़िल्म के अभिनेता गोप ने दी थी। संगीत में सरस तत्त्वों के प्रवेश का आभास उन्होंने इस फ़िल्म के 'न भूलो न भूलो प्रिय आज को यह अर्पण अनुराग', 'जिधर देखो जहाँ देखो उसी शै में रमा वह है' और 'अजब हाल अपना होता जो विसाल यार होता' जैसे गीतों में दे दिया था। यही प्रवृत्ति हमें 'प्रेम-बंधन' (1936) के 'कैसे कटे मोरी सूनी रे सेजरिया', 'चैन न आए जब पिया मुध आती', 'बिन देखे तुम्हारे मैं मर जाऊँगी', 'प्रतिभा' (1936) के 'जा जा रे भौंरा' (सरदार अख्तर), 'झूला झूल झूल झूल' (सरदार अख्तर), 'आज देखी मैंने जीवन ज्योति' (नज़ीर, (रदार अख्तर), 'पिया की जोगन' (1936) के अति लोकप्रिय 'ये माना हमने मुहब्बत की दवा तुम हो' (सरदार अख्तर), 'बढ़कर परी से शक्ल मेरे दिलरूबा की है', 'साकी हो सहने बाग हो' (अनिल विश्वास, सरदार अख्तर), 'संगदिल समाज' (1936) के 'नैनों के तीर चलाओ न हम पर' (सरदार अख्तर), 'प्रीत की रीत बसी है मन में', 'वह मुहब्बत के मज़े और वह मुलाकातें गईं', कव्वालीनुमा 'क्या लुत्फ ज़िंदगी का', 'शेर का पंजा' (1936) के 'ऐसी चलत पवन सुखदाई', 'साँवरिया बाँके मदमाते', 'क्या नैना मतवाले निकले', 'तोहार फुलवारिया में न जइहो रे' और कव्वाली की शैली के 'चिलम जो गाँजे की भरी पीते हैं सब यार', 'शोख़ दिलरूबा' (1936) के खुर्शीद के गाए (मयजोशी मदहोशी है जहाँ में ज़िंदगानी मस्तों की', 'बुलडॉग' (1937) के 'आशा आशा मोरे मुरझाए मन की आशा' (युसुफ़ एफेंदी), 'जेंटिलमैन डाकू' (1937) के 'हृदय सेज पर फूल बिछाए आओ बैठो', 'नदिया पे आजा सैंया सावन आया), 'इंसाफ़' (1937) के 'जल भरने को पनघट पे सखियाँ आती हैं' (सहगान), 'दिल की गहराइयों में छुपाएँ', 'हृदय में प्रेम बसाएँ' और 'आज बना सुंदर संसार' आदि में कहीं कम और कहीं अधिक नज़र आती है। इस दौर में नई शैली की लोकप्रियता का चरम गीत था फ़िल्म 'मनमोहन' (1936) का—'तुम्हीं ने मुझको प्रेम सिखाया' (सुरेन्द्र, बिब्बो)। हालाँकि नाम संगीतकार के रूप में अशोक घोष का था, पर अनिल विश्वास के अनुसार इस गीत की धुन के सृजक वे स्वयं थे। सागर मूवीटोन की महबूब निर्देशित इस फ़िल्म का यह गीत 'क्या मैं अंदर आ सकती हूँ?' संवाद की अदायगी से प्रारम्भ होता था, और यह अदा न सिर्फ़ नवीन थी, बल्कि गीत की धुन भी अपनी सुगमता और सरसता से जनसाधारण के बीच बेहद लोकप्रिय रही।

दरअसल अनिल विश्वास की जिन विशेषताओं का ज़िक्र हम पहले कर चुके हैं, वे परिपक्व हुईं सागर मूवीटोन की उनकी संगीतबद्ध फ़िल्मों में। महबूब की आधुनिकता को संगीत के आधुनिक और लीक से हटे मुहावरों के साथ अनिल विश्वास के संगीत ने भी बलवती किया। सुरेन्द्र, मोतीलाल और बिब्बो अभिनीत सामंतवादी मूल्यों पर प्रश्नचिह्न लगाते फ़िल्म 'जागीरदार' (1937) में 'पुजारी मोरे मंदिर में आओ' (सुरेन्द्र, बिब्बो), 'बाँके बिहारी भूल न जाना' (मोतीलाल, माया बनर्जी), 'नदी किनारे बैठ के आओ, खेल में जी बहलाएँ' (मोतीलाल, माया बनर्जी), 'अगर देनी है मुझको हुरे-जन्नत' (सुरेन्द्र), 'जिनके नैनों में रहते हैं तारे' (सुरेन्द्र), 'वो ही पुराने खेल जगत के' (अनिल विश्वास) जैसे गीत खूब लोकप्रिय रहे थे। महबूब और अनिल विश्वास की दोस्ती भी खूब जमी और दोनों प्यार से एक दूसरे को 'मवाली' और 'बंगाली' पुकारा करते थे।

सागर मूवीटोन की ही हीरेन बोस निर्देशित 'महागीत' (1937) के जिया सरहदी के लिखे 'आए हैं घर महाराज मैं जाऊँ' (सुरेन्द्र, माया बनर्जी), 'प्रेम का पुष्प खिला मन मेरे' (सुरेन्द्र) में भी गीत-संगीत का वह सुलभ, सुगम्य सरल रूप मिलता है जो शास्त्रीय रागों और तानों की दुनिया से अलग एक अधिक जाने-पहचाने और नज़दीकी संसार से लोगों का परिचय कराता था। कहते हैं कि 'महागीत' के ही 'जीवन है एक कहानी' में अनिल विश्वास ने बंबई की फ़िल्म इंडस्ट्री में प्ले बैक उर्फ पार्श्वगायन

का पहला प्रयोग किया था (हालाँकि बम्बई की फ़िल्म नगरी में इसका श्रेय कई सरस्वती देवी को भी देते हैं)। महबूब निर्देशित 'हम, तुम और वह' (1938) में औरत की इस समय के समाज में दबी और दबाई पारम्परिक दायरों से अलग प्रेम की इच्छा की अभिव्यक्ति को साकार करते 'प्रेम का है संसार' (समूहगीत), 'सजनी प्रेम का राग सुना दो', 'हमें प्रीत किसी से नहीं करनी' (हरीश, माया बनर्जी) जैसे गीत भी ज़माने के हिसाब से नए और आधुनिक ही थे। ज़िया सरहदी निर्देशित (महेन्द्र ठाकुर के साथ) 'पोस्टमैन' उर्फ 'अभिलाषा' (1938) के 'आओ सखी कहीं छुपकर बैठें' (बिब्बो, हरीश), 'बदली ओट छिप छिप जाए' (सितारा), 'दिल की कहानी दिल की ज़ुबानी' (बिब्बो), 'कामरेड्स' उर्फ 'जीवनसाथी' (1939) के 'मधुर मिलन का चित्र बनाएँ' (माया बनर्जी, सुरेन्द्र) या राजनीतिक अर्थव्यंजकता वाले 'हमें हुआ है देश निकाला' (सुरेन्द्र) या 'आन बसे परदेश सजनवा' (ज्योती, सुरेन्द्र) और धर्म तथा समाज के मापदंडों पर प्रश्नचिह्न लगाती महबूब की 'एक ही रास्ता' (1939) के 'मुझे मिल जाएगी उनकी उमरिया' (वहीदन, अनिल विश्वास) या बंगाली लोकशैली का 'भई हम परदेसी लोग' (अनिल विश्वास) जैसे गीतों में भी कहीं कथ्य, कहीं शैली, कहीं भाव में अनिल विश्वास का संगीत एक नया रास्ता बनाता नज़र आता है। महबूब की ही 'वतन' (1938) में नज़रूल गीत की तर्ज पर 'रंगे जाँ से खूँ उछल पड़े' (बिब्बो, अनिल विश्वास, साथी), 'जहाँ तू है वही मेरा वतन है' (माया बनर्जी) और बहुलोकप्रिय 'क्यों हमने दिल दिया' (सितारा) आदि इसी रंग की दिलकश प्रस्तुतियाँ थीं। अनिल विश्वास के संगीत का यह पहलू सागर की सर्वोतम बादामी निर्देशित फ़िल्मों में भी नज़र आता है। 'कोकिला' (1937) में कोरस गीतों का अपना अभिनव प्रयोग अनिल विश्वास ने 'नैनन के सैन से बुलाई हो शाम', 'सागर गाए पर्वत गाए', 'मोहे घर के द्वारे लागा जमुनिया का पेड़' जैसे गीतों में सफलता से किया था।

कोरस गीतों के साथ यह निहित था कि जिस गीत को कई लोग गाते हैं, वह गीत जनता भी आसानी से गुनगुना सकती है। जनमानस एक तरह से इस कोरस का ही विस्तारित रूप बनकर अनिल विश्वास के संगीत को एक लोकप्रिय आधार प्रदान करनेवाला कारक बन गया। जनरल फ़िल्म्स की 'निराला हिंदुस्तान' (1938) का—'धनवानो धनवानो, गरीबों की परवाह करो' (समूहगीत) भी विश्वास के संगीत में एक राजनीतिक-सामाजिक महत्त्वपूर्ण बयान-सा दखल रखता था। '300 डेज़ एंड आफ़्टर' (1938) के मोतीलाल के गाए 'घर अपना ये कुर्सी अपनी' और 'इक तुम न हुईं तो क्या हुआ' भी अपनी आधुनिक शैली के कारण बेहद लोकप्रिय रहे थे। अनिल विश्वास के पास इस वक्त 12 साजिंदों का ऑरकेस्ट्रा था, जो उस समय के हिसाब से बड़ी चीज़ थी। चूँकि राजनीतिक-सामाजिक चेतना के गीतों में जीवंतता, जोश और तीव्रता का होना आवश्यक था, अतः यह भी कहा जा सकता है कि ऑरकेस्ट्रा का विस्तार इस तरह के गीतों के लिए अनिवार्य था और इस प्रकार ऑरकेस्ट्रा के क्रांतिकारी परिवर्तन के पीछे यह भी एक महत्त्वपूर्ण कारण रहा होगा।

सागर मूवीटोन की लुहार की निर्देशित स्टंट फ़िल्मों में अनिल विश्वास के संगीत की आधुनिकता या समकालीन सामाजिकता का रूप उतना मुखर नहीं है। 'डायनामाइट' (1938) के 'कलियाँ खिलीं' (बिब्बो, सुरेन्द्र), 'जा री सखी साजन से कह दे' (माया बनर्जी, सुरेन्द्र) जैसे गीत पारम्परिक मुहावरे के ही गीत थे। वहीं नंदलाल जसवंतलाल निर्देशित 'कॉमरेड्स' (1939) में यदि एक तरफ अपने ज़माने का लोकप्रिय परंतु पारम्परिक शब्दावली का गीत 'नाच नाच मन मोर' (ज्योति), 'आन बसे परदेस सजनवा' (सुरेन्द्र, ज्योति) तथा 'मधुर मिलन का चित्र बनाएँ' (सुरेन्द्र, माया बनर्जी) थे, तो दूसरी तरफ़ 'जागो जागो सोनेवालो अब तो हुआ सबेरा' और 'कर दे तू बलिदान' जैसे संदेशात्मक उत्प्रेरक गीत भी थे।

अनिल विश्वास के सुगम, लोगों की ज़ुबान पर चढ़नेवाले संगीत का एक महत्त्वपूर्ण मील स्तम्भ था सागर की फ़िल्म 'ग्रामोफ़ोन सिंगर' (1938)। जिस सुगम संगीत को गैर फ़िल्मी गीतों से जगमोहन या पंकज मल्लिक ने लोकप्रिय बनाया, उसी रूप का अपने ज़माने का बेहद मक़बूल रहा राग मल्हार के स्पर्श के साथ सृजित गीत 'काहे अकेला डोलत बादल' (सुरेन्द्र) इस फ़िल्म की विशिष्ट उपलब्धि थी। 'मैं तेरे गले की माला' (सुरेन्द्र, बिब्बो) भी अपने ज़माने में जबर्दस्त लोकप्रिय रहा था। फ़िल्म के 'एक छोटा-सा मंदिर बनाएँगे' (सुरेन्द्र), 'वो दिल कि जिसको खुदा पर न एतबार आया' (सुरेन्द्र), 'मुझको मेरी ख़बर सुना जाते' जैसे जिया सरहदी के सीधे-सादे बातचीत के अंदाज के लिखे गीतों को मकबूल धुन देकर अनिल विश्वास ने जनसाधारण की रोजमर्रा की ज़िंदगी की सोच में शामिल करा दिया। यह भी उल्लेखनीय है कि ज़ोहराबाई अम्बालेवाली का गाया प्रथम गीत 'पिया घर नाही अकेली मोहे डर-डर लागे' भी इसी फ़िल्म में था।

महबूब निर्देशित 'अलीबाला' (1940) का 'हम और तुम और ये खुशी' (वहीदन, सुरेन्द्र) तो हलके टुकड़ों पर विराम के साथ आगे बढ़ती अपनी अदायगी के कारण एक सदाबहार गीत ही बन चुका है। मूलतः राग सारंग पर आधारित इस गीत में

अनिल विश्वास ने कहीं लगने ही नहीं दिया है कि हम कोई दुरूह, जटिल शास्त्रीय रचना सुन रहे हैं—ऐसी सरल और सरस रचनाओं को बिना शास्त्रीयता का आधार खोए शास्त्रीयता की पारम्परिक परिपाटियों से निकालकर जनमानस तक बोधगम्य तरीके से पहुँचाना ही अनिल विश्वास की ख़ासियत थी। 'अलीबाबा' में अरबी शैली के संगीत को अनिल विश्वास लेकर आए थे। 'दिल का साज बजाए जा' और 'तेरी आँखों ने किया बीमार हमें' जैसे सुरेन्द्र-वहीदन के गीत भी इसी शैली के थे। मैडोलिन और ट्रम्पेट का उपयोग भी पहली बार फ़िल्मों में इस फ़िल्म में उनके ही द्वारा किया गया। यह फ़िल्म हिंदी और पंजाबी दोनों में बनी थी, और शुरू में पंजाबी में संगीत देने से आनाकानी कर रहे विश्वास के अहम को उनके बारे में अखबारों में अनाप-शनाप छपवाकर और इस प्रकार चुनौती देकर पंजाबी में भी संगीत दिलवाने के वाकिये का शरद दत्त ने अपनी पुस्तक में दिलचस्प वर्णन किया है।[3] महबूब की मशहूर फ़िल्म 'औरत' (1940—जिसे बाद में महबूब ने दोबारा 'मदर इंडिया' के नाम से करीब दो दशकों बाद बनाया) के ग्रामीण शोषण के कथ्य के बीच स्थित ग्रामीण राग-रंग की अभिव्यक्ति के लिए तो अनिल विश्वास ने जनमानस के बीच प्रचलित लोकरंग के गीतों की छटा ही विखेर दी। 'बादल आए गगरी सूखी' फ़िल्मों में ग्रामीण सामूहिक व्यथा की अपनी तरह की पहली लोक-अभिव्यक्ति थी। कोरस के लाजवाब प्रयोग के रूप में 'काहे करता देर बराती' (अनिल विश्वास, साथी), 'मोरे आँगना में लाया बबुआ', पारम्परिक शैली का 'मैं न कहूँगी मेरा भैया री अनोखा', होली गीत 'आज होली खेलेंगे साजन के संग' (अनिल विश्वास, साथी), 'मेरे बाँके साँवरिया' (हरीश, वत्सला कुमठेकर), 'बोल बोल रे बोल वन के पंछी' (सुरेन्द्र, ज्योति), 'सुनो पंछी के राग करे कोयल पुकार' (अनिल विश्वास, ज्योति, सरदार अख्तर, सुरेन्द्र, हरीश, साथी) जैसे गीत फ़िल्म की ग्रामीण पृष्ठभूमि के साथ खूब जमे थे। वहीं नौटंकी शैली में 'अपने मस्तों को बेसुध बना दे' (सुरेन्द्र, ज्योति) भी खूब हिट रहा था। 'तुम रूठ गईं प्यारी सजनिया' (सुरेन्द्र, ज्योति) एक लोकप्रिय प्रेम गीत की तरह वर्षों गाया जाता रहा।

वहीदन बाई

सागर स्टूडियोज़ से अम्बालाल पटेल के जाने के बाद फ़ज़लभाई ने कार्यभार सँभाला। नाम भी बदलकर 'नेशनल स्टूडियोज़' कर दिया गया। 'औरत', जो सागर के परचम तले बनी थी, नेशनल के बैनर तले रिलीज़ हुई। ए.आर. कारदार की प्रगतिशील फ़िल्म 'पूजा' (1940) भी इसी के बैनर तले निर्मित हुई। हालाँकि फ़िल्म के 'एक बात कहूँ मैं साजन' (सरदार अख्तर, ज़हूर रजा), 'आज पिया घर आएँगे' (मितरा, सरदार अख्तर), 'लट उलझी सुलझा जा बालम' (ज्योति) जैसे गीत शृंगारप्रधान थे, पर संगीतकार अनिल विश्वास ने अब तक अपनी खास शैली और विशिष्ट पहचान बना ली थी।

पाँचवें दशक में तो अनिल विश्वास एक बहुत बड़ा नाम बन कर प्रतिष्ठित हो चुका था। एक तरफ़ प्रगतिशील गीतों—देश प्रेम और मानव-प्रेम की भावना से ओतप्रोत सामाजिक-राजनीतिक रूप से सजग गीत तो दूसरी तरफ़ लोक या शास्त्रीय आधार को लेकर अपनी ख़ास सरस सहज शैली में उसका रूपांतरण। और इन सबके पीछे ऑरकेस्ट्रा का विस्तार और कोरस का विलक्षण प्रयोग, जिन विधाओं का तो फ़िल्मी बम्बई संगीत की दुनिया में उन्हें संस्थापक ही माना जा सकता है। हम कह ही चुके हैं कि जनचेतना की अभिव्यक्ति के लिए कोरस का व्यापक प्रयोग सबसे पहले अनिल विश्वास ने ही किया।

दशक के उनके उल्लेखनीय प्रगतिशील राष्ट्रवादी गीतों में नेशनल स्टूडियो की 'अप्सरा' (1941) के 'कदम बढ़ाओ नारियो', 'हमारी बात' (1943)—जो

'रोटी' में सितारा और शेख मुख्तार

देविका रानी की बतौर अभिनेत्री अंतिम फ़िल्म थी—के कोरस के अच्छे प्रयोग के साथ क्रांतिकारी गीत 'करवटें बदल रहा है आज सब जहान' (सुरैया, अरुण कुमार, साथी) और उत्प्रेरक, उत्तेजक मतवाला गीत 'बादल सा निकल चला यह दल मतवाला रे' (अनिल विश्वास, साथी) आज भी सुनने के बाद जोश और रोमांच से भर देते हैं। दरअसल अनिल विश्वास का संगीत एक तरह की राजनीतिक-सांस्कृतिक धारा को फ़िल्म संगीत के मध्य परिभाषित करने का प्रयास बन कर अपनी ऐतिहासिक जगह रखता है। 'रोटी' (1942) के 'रोटी रोटी रोटी क्यूँ रटता' (अशरफ़ खान), 'हे मक्कार ज़माना' और 'गरीबों पर दया करके बड़ा एहसान काहे हो' (अशरफ़ खान) जैसे मौखिक संगीत का उपयोग फ़िल्मों में नया था और एक प्रकार से Brechtian mode का भारतीय रूपांतरण भी कहा जा सकता है।[4] यही अशरफ़ खान बाद में जाकर पीर बन गए थे। 'क्यूँ रहता रोटी रोटी' के दर्द को उभारने के लिए विश्वास द्वारा रचनात्मक तरीके से राग मिश्र मालकौंस का उपयोग किया गया।

अनिल विश्वास ने जिस राजनीतिक-सांस्कृतिक धारा को स्थापित किया, उसकी सबसे बड़ी लहर बॉम्बे टॉकीज की अपने ज़माने की सुपरहिट फ़िल्म 'किस्मत' (1943) बनकर आई। इस लहर का एक अतरंग हिस्सा बने मध्यप्रदेश से हिंदी साहित्य की धारा को फ़िल्मों में ले कर आने वाले कवि प्रदीप। प्रदीप का लिखा 'आज हिमालय की चोटी से फिर हमने ललकारा है' (अमीरबाई, अन्य स्वर, कोरस) तो इतना मशहूर हुआ कि इस गीत को सुनने के लिए सिनेमा हॉल में भीड़ उमड़ने लगी और लोग उत्साह और उत्तेजना से अपनी कुर्सियों पर खड़े होने लगे। यहाँ तक कि ब्रिटिश सरकार ने सी.आई.डी. को यह जाँच सौंप दी कि देखें कि इस गीत का क्या असर हो रहा है। पर ब्रजेन्द्र गौड़ के भाई धर्मेन्द्र गौड़ (जो सी.आई.डी. में थे और जिन्हें यह काम सौंपा गया था) ने हक़ीकत को दरकिनार कर रिपोर्ट ऐसी दी कि इस गीत को रंगमंच का हिस्सा बताते हुए इसका कोई ख़ास असर ही नहीं दर्शाया।[5] इस गीत की धुन को बाद में वर्षों तक आकाशवाणी ने फौजी भाइयों के लिए कार्यक्रम में बजाया गया। अनिल विश्वास ने इस गीत में भी कोरस का लाजवाब प्रयोग किया था। जैसा पहले भी रेखांकित किया गया है, दरअसल अनिल विश्वास की राजनीतिक-सांस्कृतिक धारावाले संगीत में कोरस का प्रयोग एक विशिष्ट और ख़ास तत्व लगातार रहा। इस गीत के कोरस में स्वयं प्रदीप का भी स्वर था। 'किस्मत' के गीत ऐसे चले कि फ़िल्म कलकत्ते के रॉक्सी थियेटर में पूरे तीन वर्ष तक चली। अनिल विश्वास की इस समाजवादी-साम्यवादी राजनीतिक-सांस्कृतिक धारा के अन्य गीतों में 'भूख' (1947) के डॉ. सफ़दर आह लिखित 'सारे जग में पेट का धंधा' (अनिल विश्वास), 'जय जननी भारत माता', 'सोना-चाँदी खाओ अमीरो', 'इस जग के गरीबों का नहीं कोई ठिकाना' (गीता), 'दो सितारे' (1951) के 'सो जा सो जा बेटे गरीब के' (सुरैया) आदि गीतों को गिना जा सकता है।

'आसरा' के 'साँझ भई बंजारे' (अनिल विश्वास) की रेकॉर्डिंग का किस्सा कम रोचक नहीं है। इसी वक्त अनिल विश्वास को मुकेश से मोतीलाल ने मिलवाया था और अनिल विश्वास ने उस आवाज़ में एक गजब की कशिश और आकर्षण पर प्रशिक्षण का अभाव पाया था। कई रिहर्सलों के बाद भी मुकेश इस गीत में वह बंगाल की माटी मिश्रित दार्शनिकता नहीं ला पा रहे थे जो अनिल विश्वास चाहते थे। अंततः यह गीत अनिल विश्वास ने अपने स्वर में ही रेकॉर्ड किया और गीत अमर भी हो गया। मुकेश काफ़ी निराश हुए और उन्होंने यह भी कहा कि अगर अनिल विश्वास अपने गीतों को स्वयं ही गाते रहेंगे तो उनके जैसे नए गायकों को मौका कैसे मिलेगा। पर अनिल विश्वास ने मुकेश को भुलाया नहीं और 'पहली नज़र' के 'दिल जलता है तो जलने दे' की कहानी और उसका परिणाम तो सर्वविदित हो ही चुके हैं।

अनिल विश्वास के इस दौर के सरस मधुर गीतों में सागर की 'कामरेड्स' (1939) की ठुमरी 'मोपे डार गए' (वहीदन), नेशनल की 'बहन' (1941) के 'हवा बसंत की डोल रही है' (नलिनी जयवंत, हरीश) और 'नहीं खाते हैं भैया मेरे पान' (नलिनी जयवंत, शेख़ मुख़्तार) तथा 'आई जवानी जिया लहराए' (शेख मुख़्तार) जैसे हिट गीत, नेशनल की ही 'नई रोशनी' (1941) के 'वो पूछते हैं ऐ दिल' (सरदार अख़्तर, हरीश), 'अपने पिया को रिझाऊँ मैं' (सरदार, अख़्तर), 'गाओ गाओ प्रेम का राग' (हुस्न बानो, हरीश), 'गरीब' (1942) के 'मुहब्बत की दुनिया' (सुरेन्द्र) और 'मुझको जीने का बहाना' (सुरेन्द्र) तथा 'तेरी याद में वो मजा पा रहा हूँ' (सुरेन्द्र), 'विजय' (1942) का 'कौन है तेरा' (राजकुमारी, अनिल विश्वास) आदि के अलावा फ़िल्म 'बसंत' (1942) के गीतों की भी चर्चा की जानी चाहिए। हालाँकि नाम संगीतकार के रूप में पन्नालाल घोष का आता है पर घोष ने इसमें ऑरकेस्ट्रेशन और पार्श्वसंगीत का काम किया था। गीतों की तर्ज़ अनिल विश्वास की थी। यह प्रसिद्ध अभिनेत्री मधुबाला की भी पहली फ़िल्म थी, जिसमें उन्होंने बेबी मुमताज नाम से बाल कलाकार की भूमिका की थी और फ़िल्म में स्टेज पर 'मेरे छोटे से मन में मेरी छोटी-सी दुनिया' गाया था, और काफ़ी अच्छा गा दिया था। एक रोचक तथ्य यह भी है कि फ़िल्म में इस स्टेज

शो के बाद छोटी मधुबाला दर्शकों से कहती है कि 'आप लोग कल आइए तो और सुनाऊँगी गाना'। अभिनेत्री निम्मी, जो उस वक्त उतनी ही छोटी रही होंगी, ने अपने माँ-बाप के साथ यह फ़िल्म देखी और मधुबाला के इस संवाद को सुनकर कई दिनों तक अपनी माँ को छिप करके फ़िल्म को बार-बार दिखलाने ले जाती रही, क्योंकि आखिर पर्दे पर छोटी मधुबाला ने फिर आने को कहा था।[5] 'बसंत' (1942) के कई अच्छे गीत 'तुमको मुबारक हो ऊँचे महल में' (पारुल घोष, साथी), 'काँटा लगो रे साजन का मोहे राह चली न जाए' (पारुल घोष, खान मस्ताना) जो कि उत्तरप्रदेश की लोक धुन पर आधारित था, ग़ज़ल शैली में 'उम्मीद उनसे क्या थी और कर वो क्या रहे हैं' (पारुल घोष) आदि खूब ही कर्णप्रिय और खूब लोकप्रिय रहे थे। 'आया बसंत सखी' गीत में बाँसुरी के साथ अनिल विश्वास के ऑरकेस्ट्रा का पन्नालाल घोष ने सुंदर संयोजन किया था। नेशनल की 'अपना-पराया' (194२) में हल्के तरंगित ऑरकेस्ट्रा के साथ 'ओ परदेसी घर आजा' खूब लोकप्रिय रहा और आज भी राजकुमारी के गाए सर्वाधिक लोकप्रिय गीतों में इसकी गिनती होती है। इस गीत की विशेषता इसकी धुन से अधिक गीत के समानांतर निरंतर प्रवाहित होता ऑरकेस्ट्रा के विभिन्न टुकड़ों का बेजोड़ सम्मिश्रण है। 'जवानी' (1942) का सुरेन्द्र का गाया 'ध्यान उसका लगाए बैठे हैं' भी अपने ज़माने में खूब लोकप्रिय रहा था। गज़ल शैली के इस गीत में अंतरे के बोलों की अदायगी के बीच बाँसुरी का प्रयोग भाव अभिव्यक्ति को और भी सशक्त करता है। राग बसंत पर आधारित 'आई बसंत ऋतु मदमाती' (सुरेन्द्र, हुस्न बानो) और 'बदनाम न हो जाना' (सुरेन्द्र, हुस्न बानो) तथा इसी फ़िल्म का 'बीत गई बीत गई' (सुरेन्द्र, हुस्न बानो) भी अच्छे चले थे। फ़िल्म 'रोटी' (1942) न सिर्फ महबूब को कुशल फ़िल्मकार के रूप में स्थापित करनेवाली फ़िल्म के रूप में याद की जाती है, बल्कि समाज की आर्थिक-सामाजिक विषमता को अभिव्यक्त करनेवाली इस फ़िल्म में अनिल विश्वास ने अख्तरी फैजावादी उर्फ बेगम अख्तर से भी 'उलझ गए नैनवा', 'वो हँस रहे हैं आह किए जा रहा हूँ मैं', 'फिर फ़सले बहार आई दिले दीवाना', 'चार दिनों की जवानी मतवाले पी ले', 'ऐ प्रेम तेरी बलिहारी हो' और 'रहने लगा है दिल में अँधेरा तेरे बगैर' जैसे गीतों को ठुमरी, गज़ल शैली में लेकर ऐतिहासिक बना दिया है। यह दूसरी बात है कि बेगम अख्तर ने अपने अर्द्धशास्त्रीय गीतों का फ़िल्म में उपयोग देखकर मुकदमा कर दिया। 'रोटी' की कहानी अनिल विश्वास की ही लिखी थी और इसका विचार उन्हें तब आया था जब महबूब अस्पताल में थे और परहेज के कारण रोटी से महरूम होकर दही खाखरा खाते थे। फ़िल्म में सितारा के स्वर में बंगाली संगीत का प्रभाव लिए 'सजना साँझ भई, आन मिलो' भी एक उल्लेखनीय रचना थी, जिसमें सितार का बड़ा सुंदर प्रयोग था। यह गीत गुलाम हैदर का पसंदीदा गीत था। रोटी के ही 'मेघराज आए' (समूह गीत) में विश्वास ने अनोखे बोलों का उपयोग किया था।

पर विशुद्ध संगीत की दृष्टि से बाम्बे टॉकीज लिमिटेड की 'हमारी बात' (1943) अनिल विश्वास की अधिक उल्लेखनीय फ़िल्म कही जाएगी। अनिल विश्वास ने भी नेशनल स्टूडियो छोड़कर बॉम्बे टॉकीज़ का दामन थामा, जहाँ वे वर्षों तक कार्यरत रहे। महबूब की महबूब स्टूडियो के लिए उनके पुराने दोस्त ने उन्हें बुलाया नहीं, वे खुद जाने में संकोच करते रहे और इस तरह महबूब के साथ और आगे काम वे न कर सके।

'हमारी बात' के क्रांतिकारी भावप्रधान गीतों का जिक्र हम पहले ही कर चुके हैं। पर पारुल घोष का गाया 'मैं उनकी बन जाऊँ रे' फ़िल्म का सबसे लोकप्रिय गीत साबित हुआ। 'इंसान क्या जो ठोकरें नसीब की न खा सके' (पारुल घोष, अनिल विश्वास), हलका-फुलका 'बिस्तर बिछा दिया है तेरे दर के सामने' (सुरैया, अरुण कुमार), और कर्णप्रिय 'ऐ वादे सबा इठलाती आ मेरा गुंचा-ए-दिल तो सूख गया' (पारुल घोष) जैसे अन्य उल्लेखनीय गीतों के साथ यह फ़िल्म अनिल विश्वास की उपलब्धियों में गिनी जाएगी। 'हमारी बात' का एक और महत्त्व यह है कि इस फ़िल्म में चपरासी की भूमिका में राज कपूर ने फ़िल्मों में अपना पहला रोल किया था। 'किस्मत' (1945) को भी न सिर्फ़ 'दूर हटो ऐ दुनिया वालो' बल्कि अनिल विश्वास की संगीतबद्ध रसपूर्ण 'धीरे-धीरे आ रे बादल' (अमीरबाई, अरुण कुमार) के लिए भी याद किया जाता है। प्रदीप पहली बार अनिल विश्वास जैसी बड़ी हस्ती के साथ काम कर रहे थे, और इस गीत को उन्होंने डरते-डरते ही लिखा था। पर अनिल विश्वास ने भैरवी और एक ताल में इतनी अच्छी धुन बनाई कि खेमचंद प्रकाश ने भी मुक्तकंठ से गीत में सात मात्रा को आठ मात्रा में बदलने की प्रशंसा की।[7] सीटी का भी

पहला प्रयोग हमें इसी गीत में मिलता है। इसी प्रकार अपनी बहन पारुल घोष से अनिल विश्वास ने बड़ी मीठी कीर्तन और लोकमिश्रित तर्ज़ में 'पपीहा रे मेरे पिया से कहियो जाए' इसी फ़िल्म के लिए गवाया। यह इतनी सुंदर धुन थी कि इसका इस्तेमाल वर्षों बाद प्रदीप ने अपने गीत 'पिंजड़े के पंछी रे' के लिए कर डाला। अनिल विश्वास ने ही इस फ़िल्म में स्वरो के सुंदर उतार-चढ़ाव के साथ 'घर-घर में दीवाली है मेरे घर में अँधेरा' (अमीरबाई) रचा था। प्रदीप तो इस गीत के लिए पूरे बावन अंतरे लिख लाए थे—हर अंतरे के भाव अलग-अलग थे। बड़ी मुश्किल से अनिल विश्वास ने अंतरों को छाँटा—तीन हिस्सों में तीन प्रकार के भावों के लिए और फिर इसकी धुन बनाई। स्वयं अनिल विश्वास के अनुसार यह शैली गुलाम हैदर से आई—और इसे शास्त्रीय ढंग से 'स्थायी, अंतरा, संचारी और आभोग' के अनुसार इस गीत में उन्होंने ढाला। पर केवल रवींद्र संगीत का भी ऐसा ही ढाँचा रहा है।[8] अनिल विश्वास पर केवल रवींद्र संगीत ही नहीं बल्कि बंगाल का लोक संगीत भी उतना ही असर करता था। यह 'किस्मत' के ही 'अब तेरे सिवा कौन मेरा कृष्ण कन्हैया' (अमीरबाई) सुनकर जाना जा सकता है। इस बंगाली शैली के भजन की पृष्ठभूमि में बाउल कीर्तन संगीत का बड़ा सुंदर प्रयोग है। 'किस्मत' के 'हम ऐसा किस्मत को क्या करें' (अमीरबाई, अरुण कुमार, साथी), 'तेरे हुस्न के दिन फिरेंगे' (अरुण कुमार) और भैरवी आधारित 'पिउ पिउ बोल प्राण' (प्रदीप) भी अपने ज़माने के लोकप्रिय गीत रहे थे।

यदि 'किस्मत' में अनिल विश्वास के साथ प्रदीप थे तो 'चार आँखें' (1944) और 'ज्वार भाटा' (1944) में उनका साथ गीतकार और रसपूर्ण रचयिता नरेन्द्र शर्मा ने दिया। 'चार आँखें' के तो शीर्षक संगीत का भी रेकॉर्ड निराला था। तारा, प्रताप के स्वरों में 'आँखों में आँखें डाल दो' के ऑरकेस्ट्रेशन में पार्श्व में घुँघरू के प्रयोग और धुन के अंतरों की बीच बदलाव इस गीत की विशेषता बन गया। तारा के स्वर में दादरा शैली में 'राम करे कहीं नैना ना उलझे' के साथ भी घुँघरू का प्रयोग लाजवाब था। दिलीप कुमार अभिनीत प्रथम फ़िल्म 'ज्वार भाटा' में 'किस्मत' जैसी बात तो नहीं बनी, पर फ़िर भी इस फ़िल्म का एक गीत 'भूल जाना चाहती हूँ भूल पाती ही नहीं' (पारुल घोष, चितलकर) तो अति सुंदर हैं। यह एक off beat अलग सी रचना है, बंगाली संगीत शैली का प्रभाव भी है और साथ ही वॉयलिन और पियानो के आधुनिक शैली के टुकड़ों से दर्द की अभिव्यक्ति बहुत खूबी से हुई है। 'ज्वार भाटा' के होली गीत 'सा रा रा' में शुद्ध ग्रामीण उल्लास की लाजवाब अभिव्यक्ति भी यादगार रही। दरअसल 'ज्वार भाटा' के गीत भले ही विश्वास के 'किस्मत' के गीतों के समान सुपरहिट न रहे हों, पर विश्वास की लाक्षणिक शैली—जो आगे के वर्षों में स्थापित होती गई—के सभी अवयव कमोबेश इस फ़िल्म के संगीत में हमें मिलते हैं—पूरबी लोकशैली, बंगाली कीर्तन का अंदाज़, पियानो का प्रयोग आदि।

मुनव्वर सुल्ताना 'पहली नज़र' में

यह वह दौर था जब अधिकांश कलाकार स्टूडियो प्रथा से अलग होकर स्वतंत्र पेशेवर रूप अख्तियार कर रहे थे। अनिल विश्वास भी बॉम्बे स्टूडियो से अलग अब एक स्वतंत्र संगीतकार बने। उनकी संगीतबद्ध मज़हर आर्ट प्रोडक्शन

मुकेश को पार्श्वगायन का पहला अवसर अनिल विश्वास ने ही दिया

की 'पहली नज़र' (1945) तो मुकेश के गाए प्रथम पार्श्वगीत 'दिल जलता है तो जलने दे' के कारण हिंदी फ़िल्म इतिहास में अमर हो चुकी है। निर्माता पहले इस गीत को किसी और से गवाना चाहते थे, पर फ़िल्म के नायक मोतीलाल (जिन्होंने मुकेश को दिल्ली में एक शादी में गाते सुना था और जिनके पास मुकेश दिल्ली से रहने और किस्मत आज़माने आए थे) अड़ गए कि यह गीत या तो वह स्वयं गाएँगे या फिर मुकेश। अनिल विश्वास मुकेश के ख़ैरख्वाह थे ही। इस गीत की रेकॉर्डिंग का समय, कहा जाता है, मुकेश के ज़हन से ही निकल गया था और वे काफ़ी देर से पहुँचे। कहते हैं, इस पर अनिल विश्वास को इतना गुस्सा आया कि उन्होंने मुकेश को चाँटा मार दिया। मुकेश शर्म से अकेले जाकर फूट-फूटकर रोए, पर उसके बाद उन्होंने इस गीत को सहगल की शैली में ऐसा गाया कि राग दरबारी आधारित इस गीत ने उन्हें रातों-रात विख्यात कर दिया। लोगों को विश्वास ही नहीं हुआ कि यह गीत सहगल ने नहीं बल्कि एक नए लड़के ने गाया है। यह तथ्य भी कम रोचक नहीं है कि रेकॉर्डिंग के बाद भी निर्माता इस गीत को फ़िल्म से निकालना चाहते थे। मुकेश को जब यह पता चला तो वे भागे-भागे निर्माता के पास गए, विनती की और बड़ी मुश्किल से निर्माता इसे फ़िल्म में रखने को राजी हुए। आज यदि 'पहली नज़र' को याद किया जाता है तो इसी गीत के कारण—यह विडम्बना नहीं तो और क्या है! और यह भी विडम्बना देखिए कि 1976 में अमेरिका-कैनेडा की यात्रा पर गए मुकेश के आखिरी शो में पार्श्वगायक के रूप में उनका यह पहला गाना स्टेज पर उनका गाया आखिरी गीत साबित हुआ। स्टेज की उस रेकॉर्डिंग को सुनिए और लगता है जैसे गीत के अंत में 'दिल जलता है' के आरोह में मुकेश मानो ऊँचाई के चरम पर ही पहुँच गए हैं। हालाँकि यह गीत सहगल शैली में था और बहुत लोकप्रिय भी रहा ही, पर फिर भी मुकेश को सहगल की शैली से हटकर अपना अलग अंदाज़ विकसित करने की सलाह अनिल विश्वास ने दी जो आगे चलकर मुकेश को मुकेश के रूप में स्थापित करने में बहुत लाभकारी रही।

'पहली नज़र' के अन्य गीत आज़ हमसे खो गए हैं पर तेज रिद्म पर 'तय कर के बड़ी दूर की पुरपेच डगरिया' (मुकेश), 'पहली नज़र का तीर रे' (मुकेश, नसीम अख्तर), 'जवानी ये भरपूर दिकलश अदाएँ' (मुकेश, नसीम अख्तर) जैसे गीत भी कर्णप्रिय ही थे। अनिल विश्वास के कुछ अच्छे मधुर गीतों में दिलीप कुमार अभिनीत बॉम्बे टॉकीज़ की 'मिलन' (1946) के क्लैरिनेट के सुंदर प्रयोग के साथ 'सुहानी बेरिया बीता जाए' (पारुल घोष), 'मैं किसकी लाज निभाऊँ' (पारुल घोष), भैरवी आधारित 'जिसने बजा दी बाँसुरी' (पारुल घोष), बंगाल की संगीत शैली का स्पर्श लिए 'भूख' (1947) का संजीदा सा 'आँखों में क्यों अश्क' (गीता) और तेज लय में 'देखो हरा हरा वन' (अनिल, शमशाद, साथी), पहाड़ी सी शैली में धीमी लहरों जैसा प्रभाव लिए 'मँझधार' (1947) के 'मेरा चाँद आ गया मेरे द्वारे' (सुरेन्द्र, खुर्शीद), 'नैया' (1947) के ज़ोहराबाई के गाए 'आई मिलन की बहार रे' और 'सावन-भादों नैन हमारे' शामिल किए जा सकते हैं। पर जिन फ़िल्मों से उनको सर्वाधिक प्रसिद्धि मिली, उनमें 'अनोखा प्यार' (1948) का नाम बहुत ऊपर आएगा। दिलीप कुमार और नर्गिस अभिनीत इस फ़िल्म में तो अनिल विश्वास ने खूबसूरत धुनों की झड़ी ही लगा दी। 'याद रखना चाँद-तारो इस सुहानी रात को' की सुंदर धुन तो भुलाए नहीं भूलती। इसे मीना कपूर ने भी गाया है, लता ने भी और मुकेश ने भी। दरअसल फ़िल्म के साउंड ट्रैक पर कई गीत मीना कपूर की आवाज़ में है पर उनके बीमार हो जाने के कारण रेकॉर्ड लता मंगेशकर की आवाज़ में जारी किए गए। ऐसे गीतों में यमन कल्याण पर आधारित 'एक दिल का लगाना बाकी था सो दिल भी लगाकर देख लिया', यमन कल्याण पर ही आधारित 'मेरे लिए वो ग़म-ए-इंतज़ार छोड़ गए', पारम्परिक दादरा ताल पर सृजित 'ऐ दिल मेरी वफ़ा में कोई असर नहीं है' और बेहद कर्णप्रिय 'अब याद न कर भूल जा ऐ दिल वो फ़साना' (मुकेश के साथ) को सुनकर ऐसा लगता है

मीना कपूर के साथ अनिल विश्वास

कि लता तो लता थी हीं, पर मीना कपूर भी कुछ कम नहीं थी। इसी आवाज़ पर मोहित होकर अनिल विश्वास ने आगे चलकर अपनी पहली पत्नी आशालता विश्वास के रहते हुए भी मीना कपूर से विवाह किया। वैसे तो बड़ी मीठी सी धुन लिए 'मेरे फूलों में छिपी है जवानी', 'घड़ी-घड़ी पूछो ना जी' और लोक धुन पर आधारित 'भोला भाला री मोरा बलमा' जैसे लता के गीत भी अच्छे ही थे, पर पहले उल्लिखित गीतों के सामने फीके कहे जाएँगे। अलबत्ता मुकेश की परिचित शैली में 'जीवन सपना टूट गया' का स्थायी प्रभाव अभी तक क़ायम है। यह गीत मूलतः विश्वास ने सहगल-नूरजहाँ को लेकर बनने वाली एक फ़िल्म के लिए कम्पोज़ किया था जिसका निर्देशन नूरजहाँ के पति शौकत रिजबी करने वाले थे। पर शौकत के पाकिस्तान जाने के कारण फिल्म खटाई में पड़ गई, और इसी धुन को तब 'अनोखा प्यार' के लिए अनिल विश्वास ने लता और मुकेश से गवा लिया। इस दौर में नौशाद और अनिल विश्वास दोनों ने ही मुकेश के स्वर को दिलीप कुमार के लिए बखूबी इस्तेमाल किया। वैसे भी पर्दे के ट्रैजेडी किंग के लिए पार्श्वगायन के दर्दीले सुरों के बादशाह की आवाज़ बेमेल तो कभी लग ही नहीं सकती थी, भले ही आगे इस द्वय को एक साथ कम ही प्रस्तुत किया गया हो।

माइक्रोफ़ोन के कई गुर लता ने अनिल विश्वास से सीखे

मुकेश इस दौर में बिलकुल चोटी पर तेजी से पहुँच रहे थे, और इस दौर में उनके कई खूबसूरत गीत आए। अनिल विश्वास की संगीतबद्ध 'वीणा' (1948) में उनके गाए तीन दुर्लभ अमूल्य रत्न शामिल हैं। सन् 2000 में एक चैरिटी शो के सिलसिले में नितिन मुकेश जब बैतूल आए तो मैंने उन्हें 'वीणा' का ही 'गोकुल की एक नार छबीली जमुना तट पर आई रे' कैसेट पर बजाकर सुनाया। नितिन इस गीत को पहली बार सुन रहे थे और गीत की अद्भुत रिद्मिक धुन को सुनकर गद्गद हो उठे थे। 'वीणा' में ही गज़लनुमा शैली में कुछ तेज लय का समावेश करते हुए अनिल विश्वास ने मुकेश से 'वो तीखी नज़रों से मेरे दिल पर' बहुत आकर्षक तरीके से गवाया था। मुकेश के स्वर में ही 'मेरे सपनों की रानी रे तू लाखों में लासानी रे' उपरोक्त दोनों गीतों के सामने कुछ कमज़ोर लगता है। 'वीणा' में अनिल विश्वास ने चितलकर उर्फ सी. रामचंद्र से नरेन्द्र शर्मा का लिखा 'कोई श्याम रंग कोई भोरी' भी बड़े मोहक अंदाज़ में गवाया। 'राही चल तू प्रीत नगरिया' (मन्ना डे), विषादभरा सुंदर 'पंछी और परदेसी दोनों नहीं किसी के मीत' (शमशाद) और 'चंद्र किरण के डाल हिंडोले' (शमशाद) जैसे सुंदर गीत भी 'वीणा' में थे, पर 'पंछी और परदेसी' को छोड़कर अधिक लोकप्रियता इस फ़िल्म के संगीत को नहीं मिली। 'वीणा' ही वह अंतिम फ़िल्म थी जिसमें अनिल विश्वास और नरेन्द्र शर्मा ने एक साथ काम किया।

सुरैया, मोतीलाल अभिनीत 'गजरे' (1948) का अनिल विश्वास का संगीत अधिक लोकप्रिय रहा, विशेषकर सुरैया का गाया 'दूर पपीहा बोला रात आधी रह गई' और सुरों के बेहतरीन परिवर्तन और ऑरकेस्ट्रा के सुसंगत प्रयोगवाला 'कब आओगे बालमा बरस-बरस बदली भी बिखर गई' (लता)। 'अंदाज़' की रेकॉर्डिंग की तरह 'बरस-बरस बदली' की रेकॉर्डिंग पर भी राज कपूर मौजूद थे, और लता के अनुसार तो इसी गीत से प्रभावित होकर (हालाँकि 'अंदाज़' के गीतों का प्रभाव भी रहा ही होगा) राज कपूर ने 'बरसात' के लिए गाने का लता को आमंत्रण भेजा था। बहरहाल, धीमी लय में 'घर यहाँ बसाने आए थे' (लता), कर्णप्रिय 'प्रीतम तेरा मेरा प्यार' (लता), विरह की धीमी लहरों को बिखेरती 'कब तक करेगी ज़िंदगी' (लता), रसपूर्ण 'ओ दुपट्टा रंग दे मेरा रंगरेज' (सुरैया), 'जलने के सिवा मन क्या है यहाँ' (सुरैया) जैसे फ़िल्म गीत भी अनिल विश्वास के सहज लावण्य की छटा बिखेरते चलते हैं।

सुरैया, देव आनंद अभिनीत चर्चित फ़िल्म मोहन सिन्हा निर्देशित 'जीत' (1949) में श्यामबाबू पाठक के साथ अनिल विश्वास भी संगीतकार थे। लता का गाया मुरकियों से भरा 'हँस ले गा ले ओ चाँद' खूब लोकप्रिय रहा था। राजनीतिक-सामाजिक चेतना के प्रति विश्वास की प्रतिबद्धता दिखानेवाला गीत 'चाहे कितनी कठिन डगर' भी इसी फ़िल्म में था। वहीं 'गज़रे' की तरह सुरैया भी 'तुम मीत मेरे तुम प्राण मेरे' और 'कुछ फूल खिले अरमानों के' की प्रणय संवेदनाओं के साथ खूब जमी हैं। लता के स्वर की मिठास इस दौर में बड़ी लुभावनी लगती है—'मस्त पवन है चंचल धारा' में तो यह अपने चरम पर है। वहीं 'गर्ल्स स्कूल' (1949) में दो संगीतकार थे—सी. रामचंद्र और अनिल विश्वास। दोनों ही शीर्षस्थ। पर सी. रामचंद्र के चुलबुले फड़कते गीतों के

बीच भी अनिल विश्वास की कमसिन प्रेम भरी धुन 'नये रास्ते पे हमने रखा है कदम' (लता) अपना प्रभाव छोड़ने में सफल रही। 'गर्ल्स स्कूल' के लिए ही अनिल विश्वास ने पहली बार लता को रेकॉर्ड किया था—'तुम्हीं कहो मेरा मन क्यों रहे उदास' के लिए—भले ही फ़िल्म 'अनोखा प्यार', 'गजरे' आदि के बाद रिलीज़ हुई हो।

लता मंगेशकर भी यह मानती हैं, रेकॉर्डिंग के समय इस तरह साँस लेना कि उसकी आवाज़ माइक्रोफ़ोन में न आए, यह उन्होंने अनिल विश्वास से ही सीखा। ऑरकेस्ट्रा के बीच आवाज़ के इंद्राज़ और फिर उसके फ़ेड आउट की ऐसी तकनीक कि साँस सुनाई न दे और ऑरकेस्ट्रा के प्रवाह में कोई कमी न आए, लता को अनिल विश्वास से ही मिली। लता के उच्चारण को बोलों के हिसाब से विकसित करने और मराठी लहजे से मुक्ति दिलाने में भी अनिल विश्वास का बड़ा योगदान था। मुकेश की तरह लता को भी नूरजहाँ के प्रभाव से मुक्त कराकर उनकी स्वतंत्र शैली विकसित कराने में अनिल विश्वास का ही सबसे बड़ा हाथ था। अनिल विश्वास ही वह संगीतकार थे जिन्होंने कभी यह बयान दिया था कि 'लता की आवाज़ में आत्मा है जब कि आशा की आवाज में शरीर'। लेकिन इस सब के बावजूद लता ने 1967 की अपनी पसंदीदा 10 गानों की फेहरिस्त में विश्वास का एक भी गीत नहीं रखा—कारण क्या था, यह तो विचार का ही विषय होगा वरना भले ही अपनी पत्नी मीना कपूर को भी विश्वास ने कई सुंदर गीत दिए हों, पर यह तो उन्होंने लता के लिए ही कहा था कि फिल्म-जगत में एक बार जब लता आ गईं तो फिर वे जटिल से जटिल रचनाएँ भी इस आत्मविश्वास से कम्पोज़ कर सकते थे कि लता उन्हें सहजता से गाने में पूर्णतः सक्षम रहेंगी। लता के गाए 'लाडली' (1949) के गीतों में गुरु अनिल विश्वास और शिष्या लता की युगल जोड़ी माधुर्य और सटीकता के उत्कर्ष पर है। भैरवी आधारित 'तुम्हारे बुलाने को जी चाहता है' की मिठास तो आज तक कम नहीं हुई है। पियानो की तरंगों पर सजे इस गीत को कई श्रोता तो लता के साथ अनिल विश्वास का सर्वश्रेष्ठ गीत मानते हैं। यह गीत फ़िल्म के अन्य गीतों पर भारी पड़ता है वरना ढोलक के सुंदर प्रयोग वाला 'ज़िंदगी की रोशनी तो खो गई' (लता), चुलबुले भाव वाला 'कैसे कह दूँ बजरिया के बीच' (लता) और बेहद लोकप्रिय और प्रभावशाली 'आँखें कह गईं दिल की बात' (बातिश) भी इसी फ़िल्म की सुंदर प्रस्तुतियाँ थीं, जो 'तुम्हारे बुलाने को जी चाहता है' की लावण्य-भरी विराटता के आगे दब-सी गईं।

तलत के साथ अनिल विश्वास

तलत महमूद को भी बंबई की फ़िल्मी दुनिया में स्थापित करने का श्रेय भी अनिल विश्वास को ही जाता है। तलत कलकत्ते में तो गा चुके थे, पर शाहिद लतीफ़ निर्देशित 'आरज़ू' (1950) के लिए वे पहली बार बंबई की फ़िल्मी दुनिया में कदम रख रहे थे। तलत अपनी आवाज़ की जिस लर्ज़िश या कम्पन के लिए जाने जाते हैं, उसे कायम रखने की सलाह भी अनिल विश्वास ने ही दी थी, वरना दूसरों के कहने पर तलत अपने स्वर की स्वाभाविक कम्पन को दबाने में लग गए थे। और तलत का बंबई की फ़िल्मी दुनिया का वह पहला गीत भी क्या लाजवाब बना था! 'ऐ दिल मुझे ऐसी जगह ले चल जहाँ कोई न हो' के साथ तो तलत रातोंरात लोगों के दिलों में बैठ गए। दरबारी के सुरों के साथ तलत की आवाज़ की वह भावुक लर्ज़िश इस गीत को बेमिसाल बना गई। आज भी इसे एक बार सुनकर मन नहीं भरता—बार-बार सुनने को जी चाहता है।

आसावरी थाट के राग अनिल विश्वास के चहेते रहे हैं और 'आरजू' (1950) का 'कहाँ तक हम उठाए ग़म' (लता) का शिल्प और हुनर इस तथ्य को भली भाँति रेखांकित करता है। क्या कशिश-भरी धुन है इसकी भी! 'आरज़ू' के गीत बड़े मीठे थे। बाँसुरी की तानों के बीच 'मेरा नरम करेजवा डोल गया' (लता) धीमी लहराती तर्ज़ लिए 'उन्हें हम जो दिल से' (लता), प्यार-भरे निवेदन के बीच बाँसुरी के मीठे छितराए टुकड़ों वाले 'आँखों से दूर जा के जाना न दिल से दूर' (लता) और 'आई बहार जिया डोले' (लता, साथी) इसके बहुत अच्छे उदाहरणों में गिने जाएँगे। अनिल विश्वास के स्वर में 'हमें मार चला ये ख़याल ये ग़म' नौटंकी शैली का जबर्दस्त गीत था जो आज दुर्भाग्य से भुला दिया गया है। इसके अलावा तीन भागों में एक बहुत अच्छा स्टेज ड्रामा भी संगीत की विभिन्न शैलियों को समाहित करते हुए कम्पोज़ किया गया था—'जाओ सिधारो...लो ये आफ़त भी टली ...अपने पहलू में समझता था कि दिल रखती है तू' (शमशाद, बातिश, मुकेश, साथी)। इसी प्रकार 'बेकसूर' (1950) में भी कव्वालीनुमा 'ख़बर किसी को नहीं वो किधर को देखते हैं' (दुर्रानी, मुकेश, रफ़ी, साथी) भी बहुत आकर्षक कम्पोज़ीशन थी। पर

अधिक मक़बूल हुई लता की गाई मिठास-भरी तीन धुनें—लोकशैली का ताल पक्ष पर जोर डालता अति सुंदर 'हुए उनसे नैना चार अब मैं क्या करूँ', मुजरा शैली में 'मतवाले नैनों वाले मैं वारी वारी जाऊँ', और शास्त्रीय रंग लिए हुए भैरव आधारित 'आई भोर सुहानी आई'। 'मतवाले नैनों वाले के मैं' गीत के पहले लता के स्वर में वही पँक्तियाँ हैं जो वर्षों बाद 'अनीता' में मुकेश के गाए गीत का मुखड़ा बना—'गोरे-गोरे चाँद से मुख पर काली-काली आँखे हैं...'। आरज़ू लखनवी का क़लाम आनंद बख़्शी का गीत बन गया।

'लाजवाब' (1950) में भी लता के कई गीत थे, पर सबसे मशहूर रहे लता-मुकेश का बेहतरीन ऑरकेस्ट्रेशन के साथ वाल्ट्ज की शैली में सदाबहार दर्दीला दोगाना 'ज़माने का दस्तूर है ये पुराना' और मीना कपूर के स्वर में बेहद मोहक सी कशिश लिए 'जब कारी बदरिया छाएगी और याद तेरी तड़पाएगी' जिसे अनिल विश्वास ने पूरब अंग में कम्पोज़ किया था। 'डिंगू नाचे रे गोरी डिंगू' (लता, अनिल विश्वास, साथी) भी लोकशैली की एक अच्छी रचना थी।

अनिल विश्वास ने अपनी आग़ामी फ़िल्मों में भी लता और मीना कपूर दोनों को ही बराबर का मौका दिया। अच्छी गायिका के अलावा मीना कपूर का व्यक्तिगत मोह तो था ही, और लता से तो कोई संगीतकार अलग रहना ही नहीं चाहता था। इसी प्रकार पुरुष गायकों में मुकेश और तलत अनिल विश्वास के पसंदीदा गायक बने रहे। डी.डी. कामथ की देव आनंद अभिनीत 'आराम' (1951) में एक तरफ़ पियानो और हारमोनियम की बेहतरीन संगत के साथ 'शुक्रिया ऐ प्यार, तेरा शुक्रिया' को लेकर तलत थे (पर्दे पर भी यह गीत तलत पर ही फ़िल्माया गया था) तो दूसरी ओर बड़ी दिलक़श सी धुन और आकर्षक अंदाज़ में 'ऐ जाने ज़िगर दिल में समाने आ जा' के साथ मुकेश थे और इन सबके साथ इठलाती अदा के साथ 'रूठा हुआ चंदा है रूठी हुई चाँदनी', 'मन में किसी की प्रीत बसा ले', काउंटर मेलोडी के इस्तेमाल के साथ 'मिल-मिलकर बिछड़ गये नैन' और जौनपुरी आधारित 'बालमवा नादान' जैसे लोकप्रिय गीतों को लेकर लता थीं। अनिल विश्वास के फ़िल्म निर्माण के क्षेत्र में पदार्पण को इंगित करती 'वेरायटी प्रोडक्शन्स' की आशालता विश्वास (उनकी पत्नी) द्वारा निर्मित 'बड़ी बहू' (1951) में पन्नालाल घोष की सुंदर शैली के इंटरल्यूड्स के साथ पंजाबी लोक 'बोलियाँ' की शैली पर 'काहे नैनों में कज़रा भरो' (लता, मुकेश), चाल की अलमस्ती को अभिव्यक्त करता अनूठे ताल में 'प्यार की राह पर क्या भटकने का डर' (लता, मुकेश), और मीठी-सी लोक धुन लिए 'निंदिया आई रे, नन्ही को मोरी' (राजकुमारी) तथा 'बदली तेरी नज़र तो नज़ारे बदल गए' (लता) जैसे गीत भी खूब लोकप्रिय रहे थे। वहीं सुरैया, देव आनंद अभिनीत 'दो सितारे' (1951) में जलतरंग के सुंदर प्रयोग वाला 'मेरे दिल की धड़कन में ये कौन समा गया' (सुरैया), भड़कती रिद्म पर उछलती-कूदती लता की आवाज़ में 'इधर खो गया या उधर खो गया' या सुरैया के स्वर में 'मुझे तुमसे मुहब्बत है मगर अब तक कहाँ हो तुम' की आकर्षक धुनें भी अच्छी चली थीं। मीना कपूर और साथियों के स्वर में 'दे दे कन्हैया' लोकधुन पर आकर्षक रचना थी।

'सीने में सुलगते हैं' की रेकॉर्डिंग पर अनिल विश्वास लता और तलत के साथ

तलत अनिल विश्वास के लिए उतने ही प्रिय हो चले थे, जितने मुकेश। 'दोराहा' के गीत पहले रफ़ी के स्वर में रेकॉर्ड कराए गए थे पर हीरो शेखर के कथानक के हिसाब से उभरे चरित्र में जो नरमी, जो आभिजात्य आना चाहिए था, वह रफ़ी के स्वर में अनिल विश्वास नहीं खोज पाए। इसलिए वे गीत तलत के स्वर में पुनः रेकॉर्ड कराए गए, और 'दिल में बसा के मीत बना के' तथा 'तेरा ख़याल दिल से भुलाया नहीं अभी' को आज सुनकर लगता है कि इन्हें तलत से बेहतर कोई गा ही नहीं सकता था। जो दर्द, जो संगीत के साथ अपनी कम्पित आवाज़ का तादात्म्य तलत स्थापित करते हैं, वह अनूठा ही है। 'दोराहा' का राग मल्हार की छाया लिए एक अन्य बेहद खूबसूरत गीत है 'मुहब्बत तर्क की मैंने' (तलत)। इस गीत का ऐतिहासिक महत्त्व भी है, क्योंकि सम्भवतः यह फ़िल्मों में साहिद लुधियानवी की लिखी पहली नज़्म है।[9] दरअसल अनिल विश्वास ने रफ़ी को कभी भी अपने गीतों के लिए उपयुक्त नहीं समझा। बकौल उनके रफ़ी की खुली, उन्मुक्त आवाज़ उनके नर्म कोमल भावों को अभिव्यक्त करने के लिए उपयुक्त नहीं थी। यही कारण है कि दिलीप कुमार के लिए 'तराना' (1951) में उनकी आवाज़ बनकर तलत आए

और क्या खूब आए! राम दरयानी की निर्देशित इस चर्चित फ़िल्म का संगीत तो आज तक सुपरहिट है—विशेषकर यमन कल्याण पर आधारित तलत (लता के साथ) के दर्दीले सोज़-भरे स्वर में 'सीने में सुलगते हैं अरमाँ'। यह गीत तलत के सर्वश्रेष्ठ गीतों में हमेशा ही शुमार होता रहेगा। इस गीत के सामने 'तराना' के अन्य उत्कृष्ट गीतों भी नहीं ठहर पाते वरना 'नैन मिले नैन हुए बावरे' (लता, तलत) की मदहोश करती तर्ज़, काफ़ी थाट पर आधारित 'बेईमान तोरे नैनवा' (लता) का शिल्प, 'एक मैं हूँ एक मेरी बेबसी' (तलत) और 'वो दिन कहाँ गए बता' (लता) का दर्द, 'मोसे रूठ गयो मोरा साँवरिया' (लता) और 'यूँ छुम-छुम के मेरा आना' (लता) की मिठास किसी भी तरह से कमतर नहीं थे। 'आराम' और 'तराना' फ़िल्मों के ऑरकेस्ट्रा के लिए अनिल विश्वास ने ए.बी. अल्ब्युकर्क, पीटर डोरैडो तथा राम सिंह (जिसे ए.आ.पी. पार्टी के नाम से जाना जाता था) जैसे गोवा के वादकों से बजवाया था। गोवा से फ़िल्म संगीत में कई वादक इस दौर में आए थे। दरअसल गोवा में संगीत लिपि भी शासकीय विद्यालयों के पाठ्यक्रम में विषय के रूप में शामिल थी।

'वारिस' में तलत और सुरैया

यह अफ़सोसजनक है कि तलत और मुकेश दोनों ने ही कम गीत गाए, वरना अनिल विश्वास के साथ हमें उनके और भी कई लाजवाब गीत सुनने की इच्छा तो होती है। तलत के स्वर में सुरैया के साथ उनकी अभिनीत 'वारिस' (1959) के गीत तो आज तक लोकप्रिय हैं। धीमी लय में मेलोडी से भरी गज़ल 'कभी है ग़म कभी खुशियाँ' (तलत), सितार के सुंदर प्रयोग के साथ गज़ल शैली में ही अति सुंदर 'दूर होते नहीं जो दिल में रहा करते हैं' (सुरैया, तलत), सुंदर ऑरकेस्ट्रेशन के साथ 'घर तेरा अपना घर लागे' (सुरैया, तलत), मुजरा शैली में गाई राजकुमारी की प्रसिद्ध ठुमरी 'सौतन घर न जा' और सबसे बढ़कर आज तक उतना ही लोकप्रिय रवींद्र संगीत पर आधारित 'राही मतवाले तू छेड़े इस बार' (तलत, सुरैया) इसके अनन्य उदाहरण हैं। अप्रदर्शित 'जासूस' में भी अनिल विश्वास से तलत एक बहुत ही सुकोमल सरस गीत गवाया था—'जीवन है मधुवन तू इसमें फूल खिला'। इस गीत की नर्म कम्पोज़ीशन को तो आज भी संगीतप्रेमी याद करते हैं। पियानो का प्रयोग इस गीत में बहुत ही सुंदर लगता है। मुकेश तो इस दौर में फ़िल्म-निर्माण के चक्कर में पार्श्वगायन से लगभग दूर से ही गए थे और इस कारण हम अनिल विश्वास और मुकेश के साथ के बहुत से सम्भावित गीतों से वंचित रह गए। इस दौर में बस 'मान' (1954) में मुकेश और अनिल विश्वास एक साथ आए और 'दम भर का था दौर खुशी का' मुकेश की विशिष्ट शैली में आज तक लोकप्रिय है।

पर इस दौर की अनिल विश्वास की तीन सर्वाधिक उल्लेखीन फ़िल्मों—'हमदर्द' (1953), 'महात्मा कबीर' (1954) और 'फरेब' (1953)—में गायक तलत या मुकेश न होकर मन्ना डे और किशोर कुमार थे। 'हमदर्द' (1953) तो शास्त्रीय संगीत आधारित कम्पोज़ीशन्स के लिए हिंदी फ़िल्म संगीत के इतिहास में अमर हो चुकी है। स्वयं अनिल विश्वास की ही प्रोडक्शन 'वेरायटी प्रोडक्शन्स' (निर्मात्री—आशालता विश्वास) के बैनर तले बनी इस फ़िल्म में 'ऋतु आए ऋतु जाए सखी री' (मन्ना डे, लता) एक बेहतरीन रागमाला थी, जिसमें ख़याल अंग का प्रयोग था और गौड़ सारंग, गौड़ मल्हार, जोगिया और बहार पर आधारित लाजवाब टुकड़े थे। कम्पोज़ीशन और गायकी के इतने सुंदर उदाहरण फ़िल्म संगीत में कम ही मिलते हैं। मन्ना डे के दो और बेजोड़ गीत इसी फ़िल्म से हैं—शास्त्रीय रंग पर द्रुत लय के ऑरकेस्ट्रेशन के इंटरल्यूड्स के साथ 'मेरे मन की धड़कन में कोई नाचे' और गज़ल शैली में मजरूह का अति सुंदर कलाम 'तेरा हाथ हाथों में आ गया'। लता का गाया दादरा ताल पर सृजित और सुंदर 'उधर तेरी नज़र बदली' और मन्ना डे, साथियों की कव्वाली 'न तो हमसा ज़माने में', 'हमदर्द' के लाजवाब गीतों के अन्य उदाहरण हैं। 'तेरे नैना रसीले कटीले' (मन्ना डे), 'सपने तुझे बुलाएँ' (गीता), 'तेरे सब ग़म मिले' (लता) भी बड़े अच्छे गीत थे। 'हमदर्द' में विश्वास ने ख़याल, गज़ल, रवीन्द्र संगीत, सुगम संगीत, कव्वाली—सभी विधाओं का प्रयोग किया था। इस फिल्म में पं. रामनारायण ने सारंगी बजाई थी। 'महात्मा कबीर' में पुनः मन्ना डे के स्वर में 'झीनी झीनी रे बीने चदरिया', 'घूँघट का पट खोल रे', 'बाबुल मोरा नैहर', 'मनुआ तेरा दिन-दिन बीता जाए' और 'सतगुरु मोरा रँगरेज' (अनिल विश्वास के साथ) जैसी रचनाएँ निर्गुण भक्ति की एक बेहद प्रभावशाली संगीत धारा का सृजन करती हैं। फ़िल्म संगीत में कबीर के दोहों, भजनों का इतना सुंदर उदाहरण फिर नहीं मिलता है। सी.एच. आत्मा के स्वर में 'राम रस बरसे रे मन' चंद्रशेखर पांडे द्वारा लिखा गया था और अपने ज़माने में बेहद

लोकप्रिय रहा था। 'मोरे मंदिर अब...घूँघट का पट' आशा और मन्ना डे के द्वारा राग जयजयवंती की बहुत सुंदर रसपूर्ण प्रस्तुति थी। अनिल विश्वास के संगीत की एक और विशिष्टता थी–बंगाली कीर्तन की ताल का प्रयोग। यह और भी दिलचस्प है कि इस ताल का प्रयोग उन्होंने कीर्तन गीतों के अलावा अन्य भावों के गीतों के लिए भी किया–उदाहरण के तौर पर 'फ़रेब' का 'मेरे मन में समा', 'बड़ी बहू' का 'रमैया बिन नींद न आवे', 'दो सितारे' का 'सो जा रे सो जा', 'मेहमान' का 'आँखों में चितचोर समाए' और 'संस्कार' के 'दिल शाम में डूबा जाता है' के पृष्ठभूमि संगीत का जिक्र किया जा सकता है।

शाहिद लतीफ़ और इस्मत चुगतई की निर्देशित 'फरेब' (1953) के हीरो किशोर कुमार थे और ज़ाहिराना तौर पर गीत उनके ही स्वर में थे। नर्म और मुलायम अंदाज़ के दो लोकप्रिय गीत–'हुस्न भी है उदास उदास' और 'आ मुहब्बत की बस्ती बसाएँगे हम' (लता के साथ), इस फ़िल्म की दो उत्कृष्ट उपलब्धियाँ रही हैं–शास्त्रीय आधार लेकर उसका इतना सुगम रूपांतर और वॉयलिन का कोमल उपयोग 'आ मुहब्बत की बस्ती' में शायद अनिल विश्वास से बेहतर कोई नहीं ला सकता था। लता के स्वर में 'जाओगे ठेस लगा के बहुत' भी अत्यंत सुंदर रचना थी।

यह अफ़सोसजनक है कि वह राजनीतिक-सांस्कृतिक धारा जिसके संगीत पक्ष का विश्वास पाँचवें दशक में प्रतिनिधित्व करते थे, अब उनके संगीत से लुप्त-सी हो गई। उस प्रकार की फ़िल्में एक तो स्वतंत्रता उपरांत कम बनने लगी थीं, क्योंकि नई-नई प्राप्त स्वतंत्रता का उत्साह और आशाओं की लहर ने कुछ अरसे तक समाज में व्याप्त विसंगतियों, वर्ग-विभेद, कुरीतियों आदि के आक्रोश को कुछ हद तक दबाए रखा, पर वक्त के साथ-साथ मोहभंग भी तेजी से होने लगा और सामाजिक विडम्बनाओं, आर्थिक विषमताओं को प्रकट करनेवाली फ़िल्मों और फ़िल्म-निर्माताओं को पुनः कुछ जगह मिलने लगी। ख्वाजा अहमद अब्बास की 'आकाश' (1953), 'राही' (1953) और गीतविहीन 'मुन्ना' (1954) जैसी फ़िल्मों में पुनः अनिल विश्वास को बतौर संगीतकार चुना गया। 'आकाश' में अनिल विश्वास ने शंकर दासगुप्ता से 'अजीब है ज़िंदगी की मंजिल' जैसे सुंदर गीत गवाए, मीना कपूर से भी पियानो के हलके सुरों पर पाश्चात्य शैली में 'भीगी भीगी रात आई' और 'मेरे दिल के गीत चुप के' जैसे कर्णप्रिय गीत गवाए, और इन सबसे बढ़कर नीची पट्टी पर लता के स्वर में 'सो गई चाँदनी, जाग उठी बेकली' और 'सारा चमन था अपना' जैसे प्रभावशाली गीतों की सृष्टि की। मुल्क राज आनंद के उपन्यास पर बनी फ़िल्म 'राही' (1953) के संगीत में राजनीतिक-सामाजिक चेतना का पहलू अधिक मुखर था। लम्बा गीत 'एक कली और पतियाँ...क्या क्या जुल्म हमपे ढाए रे विदेसिया ...हमारे भी तो दिन हैं आने वाले...मशाल से मशाल जलाकर निकले' (हेमंत, लता, मीना, साथी) में हालाँकि प्रतीक विदेशी सत्ता का था, पर भोजपुरी लोकशैली के भिन्न प्रकारों से सँवारे इस गीत में जुल्म और सत्ता के विरुद्ध जिन सुंदर लाक्षणिक भावाभिव्यक्ति का प्रयोग किया गया था उनमें कई दूरगामी राजनीतिक चेतनाएँ निहित थीं। मार्चिंग सांग की बीट के बीच बाँसुरी के सुंदर मीठे टुकड़ों के संयोजन से सृजित 'ये ज़िंदगी है इक सफ़र' (हेमंत), अपने ज़माने में बेहद लोकप्रिय रहा। पंजाब की लोक धुन पर आधारित 'ओ जाने वाले राही इक पल रूक जाना' (लता) जैसे गीतों में भी अनिल विश्वास एक लम्बे अंतराल के बाद फिर अपनी चिर परिचित भारतीय avant garde की ज़मीन पर लगते हैं। 'जालियाँवाला बाग की ज्योति' (1954) का 'मत रो धरतीमाता' (समूह गीत) भी इसी शैली का गीत था। वैसे 'राही' का सबसे लोकप्रिय गीत 'राही मतवाले, तू छेड़ इक बार मन का सितार' (तलत, सुरैया) अनिल विश्वास ने रवींद्र संगीत पर आधारित किया था और इसकी मधुर धुन आज तक लोगों के बीच गाई-गुनगुनाई जाती है।[1] चाँद सो गया तारे सो गए' जैसी मधुर लोरी भी इसी फ़िल्म में थी जिसे विश्वास ने पूर्वोत्तर की खासी जनजाति की लोकधुन पर आधारित किया था। इसी प्रकार 'मुन्ना' हालाँकि गीतविहीन फ़िल्म थी, पर अनिल विश्वास ने इस फ़िल्म में अलग-अलग पात्रों के चरित्र को उभारने के लिए अलग-अलग वाद्यों को चुनकर एक नया प्रयोग किया।

पर यह भी सच है कि शंकर-जयकिशन, ओ.पी.नैयर और सचिन देव बर्मन की बढ़ती लोकप्रियता के बीच अनिल विश्वास की कुछ सुंदर रचनाओं के साथ श्रोताओं ने उतना न्याय नहीं किया जितना होना चाहिए था। 'मेहमान' (1954) का सुकोमल 'मन का पंछी मस्त पवन में उड़ता झोंके खाए' (मीना कपूर) और मेलोडी भरा 'आती है लाज' (लता), 'मान' (1954) का कशिश भरा 'मैं क्या करूँ रुकती नहीं अश्कों की रवानी' (मीना कपूर), राग देस पर आधारित 'मेरे प्यार में' (लता) तथा सामाजिकता से चैतन्य गीत 'ये पहाड़...कह दो कि मुहब्बत से', फ़णि मजुमदार द्वारा निर्देशित फ़रार' (1957) का 'इक नया तराना, इक नया फ़साना' (गीता), 'पैसा ही पैसा' (1956) के किशोर के स्वर की पूरी सम्भावनाओं को प्रत्यक्ष करता 'पैसे का मंतर, पैसे का जंतर' और लता, साथियों के स्वर में नृत्यात्मक 'पायल मोरी बाजे', महेश कौल की निर्देशित 'अभिमान' (1952) के घरेलू 'घर की रानी हूँ जी' (गीता) और श्रृंगारयुक्त 'कल रात पिया ने बात कही कुछ ऐसी' (गीता) जैसे गीत आए-गए होकर ही रह गए। छठे दशक

के मध्य से ही अनिल विश्वास को मिलनेवाली फ़िल्मों की संख्या भी तेजी से घटने लगी थी। वैसे 'मान' फ़िल्म में अनिल विश्वास का कम्पोज़ किया सुंदर-सा एक गीत था—'अल्लाह भी है मल्लाह भी है, कश्ती है कि डूबी जाती है' (लता)। दरअसल यह गीत अनिल विश्वास ने 'मुग़ल-ए-आज़म' के लिए रेकॉर्ड किया था। के. आसिफ़ ने 'मुगल-ए-आज़म' की योजना बहुत पहले ही बनाई थी, और बतौर संगीतकार गोविंदराम और फिर अनिल विश्वास को चुना था। पर जब 'मुगल-ए-आज़म' का निर्माण रुक गया तो अनिल विश्वास ने इस गीत को 'मान' के लिए ले लिया।

अनिल विश्वास पियानो का उपयोग भावनाओं को उभारने के लिए बहुत सुंदरता से करते थे। 'बसंत' के 'एक दुनिया बसा ले', 'आराम' के गीतों, 'आकाश' के 'भींगी-भींगी रात आई', 'लाडली' के 'तुम्हारे बुलाने को', 'जासूस' के 'जीवन है मधुवन', 'ज्वार भाटा' के 'भूल जाना चाहती है', 'फरेब' के 'हुस्न भी है' जैसे गीतों के अलावा 'नाज़' (1954) के 'झिलमिल सितारों के तले, आ मेरा दामन थाम ले' (लता) में भी इसका प्रयोग बेहतरीन था। गीत का आरम्भ पियानो के कोमल तरंगों से करके गीत में रिद्म परिवर्तन करते हुए आह्लाद भरे मूड का रूपांतरण भी अनिल विश्वास ने बड़े कलात्मक ढंग से किया है। 'नाज़' ऐसी पहली हिंदी फ़िल्म थी, जिसकी शूटिंग विदेश में की गई थी। फ़िल्म में लता के गाए 'ऐ दिन दुखड़ा किसे सुनाएँ', 'कहती है अब तो ज़िंदगी करने के इंतजार में' और ऊँची पट्टी पर गाया 'आँखों में दिल है होंठों पर जान' भी अच्छे गीत थे। वर्षों बाद अनिल विश्वास फिर इस फ़िल्म में अरबी संगीत का प्रभाव लेकर आए थे। अनिल विश्वास ने अपने कोमल रूमानी गीतों में अकसर बहुत हलके ऑरकेस्ट्रेशन का प्रयोग किया। उदाहरण के तौर पर 'दोराहा' के 'लूटा है ज़माने ने' (लता) को सुनिए और संगीतकार का कौशल बिलकुल प्रत्यक्ष हो जाएगा। भिन्न स्थायी के लिए भिन्न धुनों का प्रयोग भी उनकी रचनाओं में कहीं-कहीं मिलता है। सैक्सोफ़ोन का प्रयोग उन्होंने कई बार धुन से अलग हटकर एक तरह की counter-melody बनाते हुए बिलकुल स्वतंत्र रूप से किया।

'दोराहा' की ही तरह 'पैसा ही पैसा' में भी रफ़ी की रेकॉर्डिंग रद्द हुई थी। किशोर कुमार हीरो थे और उस वक्त कई फ़िल्मों में अभिनय की व्यस्तता के कारण वे रेकॉर्डिंग के लिए समय नहीं निकाल पा रहे थे। इसलिए उनके ही सुझाव पर 'पैसे का मंतर' गीत रफ़ी की आवाज़ में रेकॉर्ड कर लिया गया था। पर बाद में जब पिक्चराइज़ेशन का मौका आया तो किशोर अड़ गए कि इसे वे खुद गाएँगे। जब मनाने पर भी वे नहीं माने तो अंततः रफ़ी की रेकॉर्डिंग रद्द की गई और किशोर ने इस गीत को गाया। पर यह रफ़ी की महानता थी कि दो-दो बार अनिल विश्वास के निर्देशन में उनके रेकॉर्ड किए हुए गीत कैंसिल होने के बावजूद जब 'हीर' (1956) के लिए अनिल विश्वास ने उन्हें बुलवाया तो वे बिना किसी गिला-शिकवा के चले आए।[10] 'हीर' में अनिल विश्वास के निर्देशन में 'ओ ख़ामोश ज़माना है' (गीता के साथ), बेहद प्रभावशाली 'ले जा उसकी दुआएँ' और 'अल्लाह तेरी ख़ैर करे' जैसे उनके गीत आए। 'हीर' की पंजाबी थीम के लिए रफ़ी की खुली आवाज़ का कोई विकल्प अनिल विश्वास के पास भी न था। फ़िल्म की नामावली के साथ रफ़ी के स्वर में पंजाबी में भी कुछ पंक्तियाँ थीं—'जदों इश्क दे कम नूँ हथ लाइए'। 'बेकसूर' (1950) की कव्वाली, अप्रदर्शित 'शिकवा', 'पैसा ही पैसा' के अलावा 'हीर' और 'संस्कार' ही ऐसी फ़िल्में थीं, जिनमें अनिल विश्वास और रफ़ी साथ आए। 'संस्कार' (1958) में भी रफ़ी के स्वर में 'भगवान भी खुश-खुश, शैतान भी हो राजी' एक अच्छी रचना थी।

पर रफ़ी के साथ अनिल विश्वास कभी भी जमे नहीं। 'हीर' में भी रफ़ी के गाए गीतों से अधिक (सम्भवतः 'ले जा उसकी दुआएँ' को छोड़कर) लोकप्रियता मिली 'ओ साजना छूटा है जो दामन तेरा' (हेमंत, गीता, साथी) की बहुत सुंदर धुन को। यह गीत आज तक लोकप्रिय है, और रेडियो पर फ़रमाइशी गीतों के प्रोग्राम में अभी भी यदा-कदा सुनाई दे जाता है। हेमंत के गुंजायमान अंदाज़ में 'एक चाँद का टुकड़ा' की रूमानी धुन और एच.एम.व्ही. द्वारा गीता दत्त के 'रेयर जेम्स' कैसेट्स में शामिल 'बुलबुल में है चमन के' भी फ़िल्म की अच्छी कृतियाँ थीं। हेमंत कुमार के साथ एक और सुपरहिट गीत अनिल विश्वास ने 'जलती निशानी' (1957) में दिया था। 'कह रही है ज़िंदगी, जी सके तो जी' हेमंत के ख़ास आधुनिक अंदाज़ में खूब जमा और इस गीत को चाहने वाले आज तक हैं। इस फ़िल्म में अनिल विश्वास ने पृष्ठभूमि में कोरस का उयोग पुनः इस विधा में अपनी चिरपरिचित पारंगता से किया है। 'रूठ के तुम तो चल दिए' (लता) भी राग हेमंत पर आधारित इस फ़िल्म का एक मेलोडीप्रधान खूबसूरत गीत था जो लोकप्रिय भी रहा। 'ओ साकी रे ऐसा जाम पिला नज़रों से' (लता, हेमंत, साथी) में अनिल विश्वास ने पुनः आलाप और कोरस का बहुत अच्छा इस्तेमाल किया था। इसी फ़िल्म में अपनी वापसी के लिए संघर्षरत मुकेश को अनिल विश्वास ने पुनः मौका दिया लता के साथ एक सुंदर दोगाने 'दिल है बेकरार क्यों' में।

फ़िल्मों में मामले में घटती संख्या के इस दौर में अनिल विश्वास के संगीत को सर्वाधिक सफलता मिली अपने मित्र निर्देशक ख्वाजा अहमद अब्बास की नर्गिस, बलराज साहनी, ओलिग अभिनीत 'परदेसी' (1957) में। नेहरू-युग की भारतीय-रूस मैत्री के आधार पर भारत-सोवियत सहनिर्माण के बैनर तले इस फ़िल्म को संगीत-प्रेमी आज भी मीना कपूर के गाए सर्वाधिक लोकप्रिय गीत 'रसिया रे मनबसिया रे' के कारण याद करते हैं। इस गीत में पन्नालाल घोष की बाँसुरी, सितार और संतूर के इंटरल्यूड्स तो लाजवाब हैं ही, पर जयजयवंती की छाया लिए इस गीत की सबसे बड़ी ख़ासियत है इसकी लोकशैली लिए अतिकर्णप्रिय धुन और मीना कपूर की बेहद मीठी गायकी। यह गीत तो मन-मस्तिष्क पर जादू-सा कर देता है। 'परदेसी' के निर्माण के दौरान ही विश्वास और मीना कपूर की शादी भी हुई। फ़िल्म में मीना कपूर के गाए दो और बड़े सुंदर गीत थे—तानपूरे की पृष्ठभूमि में हलकी बाँसुरी के साथ सुकोमल लोकशैली की लोरी—'रो मत ललना, झुलाऊँ तोहे पलना' और मराठी लोक धुन पर मन्ना डे के साथ गाया 'रिम झिम झिम बरसे पानी'। सितार, तबले की अद्‌भुत संगत के साथ 'नादिर धीम ताना देरे ना...ना जा ना जा बलम' भी राग गौड़ सारंग पर आधारित लता की गाई एक अद्‌भुत शास्त्रीय रचना थी, जिसे लता के लिए अनिल विश्वास की बनाई श्रेष्ठ कम्पोज़ीशन्स में आसानी से गिना जा सकता है। 'परदेसी' का 'ये हिंदुस्तान है प्यारे' (मन्ना डे, साथी) भी लोक-शैली पर आधारित एक सशक्त रचना थी। 'फिर मिलेंगे जाने वाले यार दसवी दानिया' भी कव्वाली की शैली में एक अद्‌भुत कोरस गीत था।

अनिल विश्वास की लता के लिए बनाई सर्वश्रेष्ठ कम्पोज़ीशन पर तो विवाद हो सकता है, पर आशा के लिए उनकी कम्पोज़ की हुई सर्वश्रेष्ठ रचना को चुनने पर तो सभी 'संस्कार' (1958) के 'दिल शाम से डूबा जाता है' पर आसानी से सहमत होंगे। जयजयवंती का पुट लिए अद्‌भुत धुन, बेहद सुंदर गायकी और पृष्ठभूमि में बंगाली कीर्तन व बाउल गीतों में प्रयुक्त शैली की तबले की गत—कुल मिलाकर इसे अनिल विश्वास की एक उल्लेखनीय रचना बनाती है।

ख्वाजा अहमद अब्बास की चर्चित फ़िल्म 'चार दिल चार राहें' (1959) में गीतकार साहिर लुधियानवी और संगीतकार अनिल विश्वास का साथ हुआ। राज कपूर और मीना कुमारी अभिनीत इस फ़िल्म में पुराने संगीतकार बद्रीप्रसाद की भी एक प्रमुख भूमिका थी। फ़िल्म का सबसे चर्चित दृश्य था जब पूरा जनसमूह मिलकर एक समाजवादी गीत 'साथी रे कदम कदम से दिल से दिल मिल रहे हैं हम' (मुकेश, मन्ना डे, महेन्द्र कपूर, मीना कपूर, साथी) गाता है। इस गीत में अनिल विश्वास पुनः अपनी परिचित राजनीतिक-सामाजिक ज़मीन पर दिखाई देते हैं। फ़िल्म के अन्य गीत भिन्न प्रकृति के थे, जिनमें रागमाला की तरह यमन कल्याण, बिहाग, भैरव पर आधारित लता का लम्बे अंतरोंवाला गीत 'इंतज़ार और अभी और अभी' बहुत प्रभावशाली और लोकप्रिय रहा था। इस गीत के फ़िल्मांकन में हर अंतरे के पहले घड़ी के घंटों की ध्वनि का संगीत से सम्मिश्रण बहुत अच्छा बन पड़ा था। पंजाबी लोकशैली पर 'कच्ची है उमरिया' (मीना कपूर, साथी) तो बिलकुल अलमस्त करनेवाला गीत था। लोकसंगीत पर अनिल विश्वास की पकड़ का यह एक श्रेष्ठ उदाहरण है। 'नहीं किया तो कर के देख' (मुकेश), 'होली खेलें नंदलाल' (मीना कपूर, साथी), 'कोई माने न माने मगर जानेमन' (लता) भी ठीक-ठाक ही थे। एक तरह से यह भी कहा जा सकता है कि भले ही इस प्रकार की फ़िल्मों के अभाव के कारण स्वतंत्रता के बाद के दशकों में विश्वास द्वारा कम्पोज़ किए गए राजनीतिक-सामाजिक चेतना के गीतों की संख्या कम हो गई हो, पर अन्य थीम के गीतों के लिए भी लोक शैली और कोरस का प्रयोग उन्होंने कायम रखा, और इस कारण उनका संगीत अभी भी इस दृष्टिकोण से जनमानस की आवाज़ को केंद्र में रखकर चलनेवाला संगीत कहा जा सकता है। यदि स्वतंत्रता-पूर्व की 'ज्वार भाटा' के होली गीत 'सा रा रा' लोक अभिव्यक्ति का विशुद्ध रूप था, तो स्वतंत्रता पश्चात् की 'राही' के रसिया गीत 'होली खेले नंदलाला' और 'महात्मा कबीर' की होरी 'सियावर रामचंद्र' भी ग्रामीण सामूहिक संस्कृति को उतनी ही कुशलता से उभारते थे। हालाँकि यदा-कदा उन्होंने पंजाबी लोकशैली ('कच्ची है उमरिया—चार दिल चार राहें'), गोआ की लोकशैली ('दिल चुरा लूँ—फ़रार) या मराठी लावणी ('पल्ला डोरी पल्ला'—अभिमान) जैसी लोकशैलियों का भी प्रयोग किया पर ज्यादातर प्रेम उन्हें पूरबी या बाँग्ला लोकसंगीत से ही रहा। शास्त्रीय संगीत और लोकसंगीत के भेद को सुगम रचनाओं द्वारा किस तरह खत्म करके शास्त्रीय आधार को लोकरंग में समाहित किया जा सकता है, यह कल उन्होंने तिलंग और बिहाग जैसे रागों को पूरबी लोकरंग की ओर मोड़कर दिखा दिया। उसी प्रकार बाँग्ला लोकशैली के अंदर ख़माज राग के अंशों का भी रचना-निर्माण में उनका प्रयोग इसी कौशल को इंगित करनेवाला बना। उदाहरण के तौर पर 'मिलन' के 'सुहानी बेरिया नीली जाए' और अन्य कई गीतों में बिहाग तथा बाँग्ला लोकशैली का सुंदर सम्मिश्रित प्रयोग, 'हमारी बात' के 'इंसान क्या जो' में ख़माज आधारित बंगाली लोकशैली का प्रयोग और 'घर यहाँ बसा ले' (गजरे), 'आँखें भर-भर के जीने' (आकाश) और 'कुछ शरमाते' (गर्ल्स स्कूल)

में बिहाग के प्रयोग से लोक रंग की खुशबू लाने में अनिल विश्वास की प्रयोगात्मकता अपने चरम पर थी।

राग बसंत के प्रति विश्वास के प्रेम के उदाहरण हम पहले देख ही चुके हैं। यहाँ यह भी इंगित करना आवश्यक है कि राग बसंत पर आधारित गीत बनाना तो एक तरफ़, विश्वास कई बार दूसरे रागों पर आधारित गीतों के बीच भी बसंत के टुकड़ों का मिश्रण बड़ी खूबी से करते थे। 'आ मुहब्बत की बस्ती' के यमन कल्याण में बसंत का पुट, 'ओ मेरे राँझना' के इंटरल्यूड के बीच बसंत का सुंदर टुकड़ा—ऐसे कई उदाहरण दिए जा सकते हैं। बिहाग, बसंत, ख़माज और आसावरी थाट के रागों के अतिरिक्त मल्हार और यमन कल्याण का स्पर्श भी विश्वास की कई रचनाओं में मिलता है। 'काहे अकेला डोलत बादल' (ग्रामोफ़ोन सिंगर), 'बदली तेरी नज़र' (बड़ी बहूद्ध, 'सो गई चाँदनी' (आकाश), 'उधर तेरी नज़र' (हमदर्द), 'मुहब्बत तर्क की मैंने' (दोराहा) आदि अनेक उदाहरण दिये जा सकते हैं।

अनिल विश्वास को भले ही अब इक्का-दुक्का फ़िल्में ही मिलती हों, पर संगीत वे अभी उत्कृष्ट ही दे रहे थे। विजय भट्ट की निर्देशित ऐतिहासिक फ़िल्म 'अंगुलिमाल' (1960) का अद्‌भुत शीर्षक गीत 'बुद्धम् शरणम् गच्छामि' इसका सशक्त उदाहरण है। आराधना के बौद्ध रूप को प्रकट करता यह गीत अंदर तक आंदोलित कर देता है—मन्ना डे की अभूतपूर्व गायकी और कोरस के अद्‌भुत प्रयोग दोनों ही गीत की रिद्म के साथ बढ़ते हुए मन को बड़ा सम्बल प्रदान करते हैं। राग बहार पर आधारित 'आई आई बसंती बेला' (लता, मन्ना डे, मीना कपूर) भी एक लोकप्रिय सराहनीय कम्पोज़ीशन की जो लोकप्रिय भी रही। गीत तो सभी अच्छे थे—चाहे आरती मुखर्जी का गाया प्रथम गीत 'धीरे धीरे ढल रे चंदा' हो, रवींद्र संगीत पर आधारित 'मेरे चंचल नैना, मधु रस के भरे' (मीना कपूर, साथी) और 'तेरे मन में कौन नैनन में कौन' (लता, मीना कपूर, साथी) हो या फिर 'मुरलीवाले गोपाल तेरी शरण में' (आशा) और 'बड़े आए शिकारी शिकार करने' (मन्ना डे, आशा) लेकिन इन लावण्य-भरे गीतों को अधिक लोकप्रियता नसीब नहीं हुई। अपने इस असफल दौर में अनिल विश्वास को 'रिटर्न ऑफ़ मिस्टर सुपरमैन' (1960), 'लकी नम्बर' (1961), 'हमें खेलने दो' (1962) जैसी स्टंट या बच्चों की फ़िल्मों से समझौता करना पड़ा। महेश कौल निर्देशित 'सौतेला भाई' (1962) में उन्होंने पुनः उत्कृष्ट संगीत दिया। मुजरा शैली में राग अडाना पर आधारित 'जा मैं तोसे नाही बोलूँ' (लता) तो लाजवाब शास्त्रीय आधारित कम्पोज़ीशन थी। मुजरे और कव्वाली की मिली-जुली शैली में 'अब लागी नाहीं छूटे रामा' (मीना कपूर, लता, अनिल विश्वास), मीठे सुरों के साथ असमिया लोकशैली बीहू के खिलते सुरों को लेकर सृजित 'फूले बन बगिया खिली कली कली' (मीना कपूर, मन्ना डे) आदि भी बड़े अच्छे गीत थे। पर इस सबसे अनिल विश्वास के कैरियर को कोई फ़ायदा नहीं हुआ। 'मीरा का चित्र' के भजन 'मैं तो गिरधर के घर जाऊँ' (मीना कपूर) और 'म्हाणे चाकर राखो जी' (मीना कपूर, स्वप्ना सेना) रेडियो पर खूब बजे पर फ़िल्म ही रिलीज़ नहीं हो पाई।

फ़िल्म-जगत में अनिल विश्वास की अंतिम फ़िल्म मोतीलाल द्वारा निर्मित और निर्देशित 'छोटी-छोटी बातें' (1965) रही। फ़िल्म मोतीलाल के सहज अभिनय के कारण भी यादगार बन गई है, इस फ़िल्म के तुरंत बाद मोतीलाल के निधन के कारण भी, और अनिल विश्वास के बेहतरीन संगीत के कारण भी। कोमल सारंग पर आधारित 'कुछ और ज़माना कहता है, कुछ और है ज़िद मेरे दिल की' मीना कपूर के स्वर में मुशायरे की शैली में ज़बर्दस्त असर करता है। सारंगी, तबले और सितार के साथ यह गीत अपनी सुंदर तर्ज़ और गायकी के कारण मीना कपूर और अनिल विश्वास दोनों की ही सर्वेश्रेष्ठ रचनाओं में अपना स्थान रखता है। बिहार की लोकशैली पर 'मोरी बाली रे उमरिया' (लता, साथी) और 'अंधी है दुनिया' (मन्ना डे, साथी) भी अच्छे गीत थे। 'मोरी बाली रे उमरिया' की धुन अपने कलकत्ता के दिनों में विश्वास ने बिहार के कुछ मजदूरों को आग तापते हुए गाते सुना था और यह धुन उनके मन में रच-बस गई थी। वहीं 'दिल का करे न कोई मोल' सिंधी लोकधुन पर आधारित था। राग नंद कल्याण पर 'ज़िंदगी का अजब फ़साना है' (मुकेश, लता) शायराना अंदाज़ में रचित एक अन्य बहुत सुंदर तर्ज़ थी। इस फ़िल्म में शैलेन्द्र के लिखे कुछ गीतों को अनिल विश्वास ने बहुत अच्छी शायराना तर्ज़ दी थी। पर इस फ़िल्म का सबसे अच्छा गीत में दर्द से सराबोर मुकेश के स्वर में 'ज़िंदगी ख्वाब है या हमें भी पता' को मानूँगा। यह गीत एक तरह से मोतीलाल को श्रद्धांजलि की तरह था और कहते हैं कि इसे मुकेश ने खुद ही कम्पोज़ किया था पर नाम अनिल विश्वास का रहा। इस फ़िल्म के पार्श्वसंगीत का काम बाकी था और मोतीलाल को अनिल विश्वास को कुछ पारिश्रमिक देना शेष रह गया था। उन्होंने इसके लिए अनिल विश्वास को दिल्ली से बुलवाया। पर जब अनिल विश्वास दिल्ली से फ़िल्म के रिलीज़ होने के समय बंबई पहुँचे, तो पहुँचकर पता चला कि मोतीलाल अत्यंत गम्भीर हालत में हैं। विश्वास ने आनन-फानन में फ़िल्म का पार्श्वसंगीत तैयार किया पर इसके एक दिन बाद ही मोतीलाल गुज़र गए। विश्वास के लिए भी यह वक्त अच्छा नहीं था। फ़िल्मों की कमी तो थी ही,

अचानक भाई और बड़े बेटे की हुई मौतों ने अनिल विश्वास को तगड़ा सदमा पहुँचाया। उन्होंने बम्बई पूरी तरह ही छोड़ दी और दिल्ली का रुख किया, जहाँ वे ऑल इंडिया रेडियो में चीफ़ प्रोड्यूसर बन गए।

ऑल इंडिया रेडियो में रहते हुए रूस की यात्रा के बाद अनिल विश्वास के मन में एक 'नेशनल ऑरकेस्ट्रा' बनाने की धुन सवार हुई, पर सरकारी तंत्र से अधिक सहयोग उन्हें नहीं मिल पाया। वैसे ऑल इंडिया रेडियो के लिए अनिल विश्वास ने नरेंद्र शर्मा के कुछ बेहद मधुर गीतों को संगीतबद्ध किया था जिसमें मन्ना डे के स्वर में शास्त्रीय बंदिश 'नाच रे मयूरा' बहुत मशहूर हुई थी। ऑल इंडिया रेडियो के विविध भारती सेवा के उद्घाटन के अवसर पर पहला गीत 'नाच रे मयूरा' ही प्रसारित किया गया था। ऑल इंडिया रेडियो में रहते हुए उन्होंने वाद्यवृंद की 21 रचनाएँ तैयार कर ली थीं जिसमें रवींद्रनाथ की कविता से प्रेरित 'वासवदत्ता' की बहुत तारीफ़ हुई थी। दिल्ली में स्टेज पर प्रस्तुत किए जानेवाले 'कृष्ण जन्माष्टमी' के पार्श्वसंगीत का भार भी अनिल दा ने वर्षों तक सँभाला।

बाद में वे जवाहरलाल नेहरू विश्वविद्यालय में संगीत के सलाहकार भी रहे। संगीत की कक्षाएँ भी वे चलाते रहे और कलकत्ते की एक कम्पनी के लिए उत्तरी क्षेत्र में रेकॉर्ड निर्माण का दायित्व भी सँभाला। अंतर्राष्ट्रीय बाल वर्ष में दिल्ली के विद्यालयों में बच्चों के समूहों का गान भी उन्होंने करवाया था। 'हम लोग', 'बैसाखी' और 'फिर वही तलाश' जैसे टी.व्ही. सीरियलों में उन्होंने संगीत दिया। 'हम लोग' के शीर्षक गीत के लिए अनिल विश्वास ने फ़ैज़ की रचना 'आइए हाथ उठाएँ हम भी' को लिया था। भारतीय वाद्यों के आकार में परिवर्तन कर उनसे ज्यादा सुर निकालने का उनका प्रयास भी इसी दौर में वर्षों चलता रहा। 'ऋतु आए ऋतु जाए' नाम से उन पर शरद दत्त द्वारा एक पुस्तक भी लिखी गई है। अनिल विश्वास ने खुद भी गज़ल पर बाँग्ला में एक पुस्तक लिखी है—'गज़लेर रंग'। गज़लों पर उनका शोध कार्य तो बहुत महत्त्वपूर्ण है, चाहे 'गज़लेर रंग' हो, या चुनिंदा गज़लों का संग्रह 'रंगे तजज्जुल' हो। संस्कृति मंत्रालय, भारत सरकार ने उनका सम्मान करते हुए उन्हें 'नेशनल फ़ैलो एमेरिट्स' बनाया। मध्यप्रदेश शासन के लता मंगेशकर पुरस्कार से भी अनिल विश्वास को सम्मानित किया गया। दिल्ली के साउथ एक्सटेंशन में रहते हुए ही 31 मई, 2003 को उनकी मृत्यु हुई।

संदर्भ

1. डॉ. श्याम परमार : माधुरी, 29 दिसम्बर, 1967
2. शरद दत्त : ऋतु आए, ऋतु जाए
3. वही
4. आशीष राज्याध्यक्ष और पॉल विलमैन : एन इनसाइक्लोपीडिया ऑफ़ इंडियन सिनेमा
5. रजनी कुमार पंड्या : आपकी परछाइयाँ
6. हृषि दीक्षित : 'अभी तो मैं जवान हूँ' शृंखला, इंटरनेट
7. रजनी कुमार पंड्या : वही
8. वही
9. वही
10. वही

अशोक घोष

'कोई दिन ज़िंदगी के गुनगुनाकर ही बिताता है'

अशोक घोष के नाम के साथ मुकेश का गाया प्रथम फ़िल्मी गीत जुड़ा है। फ़िल्म 'निर्दोष' (1941) में अठारह वर्षीय मुकेश की खूबसूरत आवाज़ में उन्हीं पर फ़िल्माया 'दिल ही बुझा हुआ हो तो फ़सले बहार क्या' सुनना आज भी रोमांचित कर देता है। हालाँकि अनिल विश्वास के अनुसार 'निर्दोष' के इस गीत की धुन उनकी थी, और अशोक घोष का नाम दिया गया था, पर अभिलेखों में तो मुकेश के पहले गीत के संगीतकार दर्ज़ होने के कारण अशोक घोष अमर हो गए हैं।

अपने ज़माने की मशहूर अभिनेत्री बिब्बो

अशोक घोष ने हिंदी फिल्मों में सागर मूवीटोन में प्राणसुख नायक के सहायक के रूप में चर्चित फिल्म 'डॉ. मधुरिका' (1935) में काम किया था। पर उनका असली नाम हुआ सागर मूवीटोन के बिब्बो और सुरेंद्र अभिनीत तथा महबूब द्वारा निर्देशित 'मनमोहन' (1936) से। इस फ़िल्म का सुरेंद्र और बिब्बो का गाया 'तुम्हीं ने मुझको प्रेम सिखाया' ने तो लोकप्रियता के रेकॉर्ड तोड़ दिए थे। गीत के आरम्भ में 'क्या मैं अंदर आ सकती हूँ' का संवाद-रूपी प्रश्न एक नया प्रयोग था जो लोगों को बहुत भाया। आज इस गीत को सुनकर आश्चर्य होता है कि कैसे राग भीम पलासी पर आधारित यह गीत गली-गली का गीत बन गया था, पर उस ज़माने के संदर्भ में देखने पर यह बात समझ में बेहतर आ सकती है। वैसे अनिल विश्वास के अनुसार इस गीत की ('जो गुज़री है हम पर अगर हम बता दें' की) धुन वास्तव में उनकी थी, फिर भी अभिलेखों में तो अशोक घोष का नाम ही इस सुपरहिट गीत के साथ लिया जाता है। इसी फ़िल्म में 'ख़िज़ाँ ने आ के चमन को उजाड़ देना है' (सुरेंद्र, बिब्बो), 'प्रेम ही मन का मीत सखी री' (बिब्बो), 'आओ सुनाऊँ मैं तुमको कहानी' (सुरेंद्र, बिब्बो), 'सावन बन आओ आज' (सुरेंद्र), 'शोख-भरी आँखों में मेरी प्रेम की गंगा बहने दो' (सुरेंद्र) जैसे गीत भी उन दिनों अच्छे चले थे पर इनका 'तुम्हीं ने मुझको प्रेम सिखाया' की तरह का यादगार प्रभाव न बन सका।

नलिनी जयवंत

नेशनल स्टूडियो की 'संस्कार' (1940) में अशोक घोष ने तारा हरीश तथा बाद में चोटी की अभिनेत्री निम्मी की माँ वहीदन तथा मौसी ज्योति से बड़े खूबसूरत गीत गवाए थे। विशेषकर जौनपुरी पर आधारित 'मद-भरी अँखियाँ ये मतवाली' (हरीश) तो बहुत ही मक़बूल हुआ था। 'सखी री बालम दे दे उधार' (हरीश, ज्योति), 'प्रीतम प्राणाधिक प्राणेश्वर' (वहीदन), 'कैसे रैन कटी मोरी आली' (वहीदन, ज्योति), 'आई रजनी काली काली' (ज्योति, सतीश), 'फागुन के दिन चार' (ज्योति, हरीश), 'सुंदर सजनी सुंदर साज' (हरीश, मिस रोज़) जैसे गीत भी इन दिनों खूब लोकप्रिय रहे थे। नेशनल स्टूडियो की ही 'कसौटी' (1941) में अशोक घोष ने वीणा कुमारी के स्वर में 'कहीं तुम किसी से मुहब्बत न करना' और 'सैंया को न जाने दूँगी' जैसी पारम्परिक रचनाओं को सुरों में बड़ी दिलकशी से ढाला था।

अशोक घोष के संगीत की विशेषता थी गज़लों का सृजन, और ऐसी गज़लों की रचना के समय

वे उसके पारम्परिक शास्त्रीय आधार को कायम रखते थे। फिल्म 'निर्दोष' के मुकेश के गाए पहले गीत का ज़िक्र हम पहले ही कर चुके हैं, पर यह भी एक रोचक तथ्य है कि इसी फिल्म में 'मनमोहन' (1936) के सुरेंद्र, बिब्बो के मशहूर गीत को पुनः मुकेश और नलिनी जयवंत से गवाया गया। मुकेश, नलिनी जसवंत का गाया 'मैं हूँ परी, वन की परी' जैसा एक और गीत भी इस फ़िल्म में था।

बहरहाल, भले ही कुछ धुनों में अनिल विश्वास का हाथ रहा हो, पर नेशनल स्टूडियो की फिल्मों में संगीतकार के रूप में अशोक घोष का नाम रहना रूटीन ही हो गया था। इसी के परचम तले नलिनी जयवंत और हरीश (जो मुकेश के दोस्त थे और जिन्होंने ही अपने प्रयास से मुकेश को 'निर्दोष' में काम दिलाया था) अभिनीत 'राधिका' (1941) के भी 'नाचो गाओ खुशी मनाओ' (नलिनी जयवंत, नूरजहाँ, 'कैसे मन समझाऊँ' (हरीश) जैसे गीत उन्होंने कम्पोज़ किए। अनिल विश्वास के साथ अशोक घोष भी नेशनल स्टूडियोज की 'गरीब' (1942) के संगीतकार थे और इस फिल्म में उन्होंने गज़ल की शैली में धीमी लय के अंतरों और अपेक्षाकृत तेज लय के मुखड़े की कम्पोज़ीशन के साथ सुरेंद्र से एक खूबसूरत और लोकप्रिय गीत 'तेरा जग देख लिया' गवाया था। महबूब द्वारा निर्मित इस फिल्म की पटकथा जिया सरहदी ने लिखी थी, और ख्वाजा अहमद अब्बास के अनुसार इसी फ़िल्म से उन्हें अपनी तरह की राजनीतिक फ़िल्मों को बनाने की प्रेरणा मिली थी।

अशोक घोष जितने प्रतिभाशाली थे, उतना प्रतिदान उन्हें मिला नहीं। नेशनल स्टूडियोज के बैनर से अलग तो उन्हें बहुत ही कम अवसर मिले, और मिले तो भी जनक पिक्चर्स की 'अँगूठी' (1943—प्रो. देवधर और भोजक के साथ), लक्ष्मी प्रोडक्शन की 'शराफ़त' (1943), 'इनकार' (1943), सुरेंद्र के गाए देशभक्ति गीत 'जागो जागो नौजवान, भारत माता की संतान' वाली 'मिस देवी' (1944), स्क्रीन अट्रैक्शन कॉर्पोरेशन की 'आरती' (1945—अली बक्श के साथ) जैसी फ़िल्मों से कोई विशेष फ़ायदा उन्हें नहीं पहुँचा। 'नेशनल' से अलग उनकी सर्वश्रेष्ठ प्रस्तुति नलिनी जयवंत प्रोडक्शन्स की 'गुंजन' (1948) को ही माना जाएगा, जिसमें उन्होंने मुकेश से सरस्वती कुमार दीपक लिखित सुंदर गीत 'कोई दिन ज़िंदगी के गुनगुनाकर ही बिताता है' को गज़ल शैली में और एस.आर. साज लिखित 'जलने वाले तुझको क्या, उनको ख़बर हो या न हो' को बड़े दिलकश अंदाज़ में गवाया था।

सरस्वती देवी

'मैं तो दिल्ली से दुलहन लाया रे'

मूलतः पारसी सरस्वती देवी का असली नाम खुर्शीद मिनोचर होमजी था। 1912 में जन्मी सरस्वती देवी को भारतीय फ़िल्मों की (जद्दनबाई के बाद) दूसरी पेशेवर महिला संगीतकार होने का गौरव प्राप्त है। जद्दनबाई ने तो एकाध फ़िल्मों में ही संगीत दिया, पर सरस्वती देवी तो पेशेवर संगीतकारा के रूप में लगभग एक दशक तक बॉम्बे टॉकीज़ और सिनर्वा मूवीटोन की फ़िल्मों में छाई रहीं। इस दृष्टि से उन्हें भारतीय फिल्मों की पहली बड़ी पेशेवर महिला संगीतकार भी कहा जा सकता है।

सरस्वती देवी

सरस्वती देवी ने प्रसिद्ध संगीताचार्य पंडित विष्णुनारायण भातखंडे से संगीत सीखा था। उनके शारदा संगीत विद्यालय में (जहाँ सरस्वती देवी की माँ भी सचिव थीं) सरस्वती देवी को शास्त्रीय शिक्षा मिली। मैट्रिक पास करने के बाद लखनऊ के मॉरिस कॉलेज में भी सीखा और बाद में उन्होंने वहीं अध्यापन भी किया। मॉरिस कॉलेज़ के ज़माने में ही सरस्वती देवी ने जलसों में गाना शुरू कर दिया था। पर विधिवत् गाना उन्होंने 1927 से शुरू किया जब बम्बई में इंडियन ब्रॉडकास्टिंग कम्पनी के रेडियो स्टेशन की शुरुआत हुई। वहाँ सरस्वती देवी ऑर्गन बजाकर गाती थीं और उनकी बहनें सेडरन और दो छोटी बहनें क्रमशः सितार, दिलरुबा और मैंडोलिन पर उनका साथ देती थीं। 'होमजी सिस्टर्स' के नाम से उनकी यह ऑरकेस्ट्रा पार्टी उन दिनों खूब लोकप्रिय हुई थी।[1]

हिमांशु राय

1933-34 में बम्बई में थियोसॉफ़िकल सोसायटी के एक जलसे में वे गाने आई थीं। वहीं हरींद्रनाथ चट्टोपाध्याय ने इनका परिचय हिमांशु राय से कराया। हिमांशु राय उन दिनों 'बॉम्बे टॉकीज़' की स्थापना में लगे थे। सरस्वती देवी के संगीत ज्ञान से प्रभावित होकर उन्होंने सरस्वती देवी को 'बाम्बे टॉकीज' में शामिल होने का आग्रह किया, और सरस्वती देवी के इस प्रतिकार के बावजूद कि वे शास्त्रीय संगीत जानती थीं और फिल्म संगीत में उनका अनुभव नगण्य है अंततः उन्होंने सरस्वती देवी को शामिल होने पर सहमत कर ही लिया।[2] वहीं साथ ही उनकी बहन माणिक को भी बॉम्बे टॉकीज़ में शामिल किया गया। परम्परावादी पारसी परिवार और समाज में दोनों बहनों के फ़िल्मों में शामिल होने का घोर विरोध हुआ और एक बार तो हिमांशु राय के साथ कार में बैठी सरस्वती देवी को पारसी समाज के लोगों ने घेरकर बाहर खींच लिया था, पर कुशाग्र बुद्धि के व्यवसायी हिमांशु राय ने सरस्वती देवी को देविका रानी बताकर उनकी जान बचाई। पारसी समाज के इस विरोध को देखते हुए ही हिमांशु राय

उस ज़माने का बॉम्बे स्टूडियो

ने दोनों बहनों का नाम बदलकर सरस्वती देवी और चंद्रप्रभा रख दिया ताकि लोगों में अधिक बात न फैले।[3] फिर भी बॉम्बे टॉकीज़ की पहली फ़िल्म 'जवानी की हवा' (1935) में दोनों पारसी बहनों की भूमिका का पारसी फेड्रल काउंसिल के द्वारा ज़ोरदार विरोध किया गया और इम्पीरियल सिनेमा के सामने जुलूस निकाले गए। अंततः बॉम्बे टॉकीज़ के ट्रस्ट बोर्ड के पारसी सदस्यों (जिनमें फ़ीरोज सेठ व सर कौसाजी जहाँगीर भी शामिल थे) के हस्तक्षेप और समझाने-बुझाने से मामला शांत हुआ। फिर भी इस फ़िल्म का प्रदर्शन कई दिनों तक पुलिस संरक्षण में करना पड़ा।

धीरे-धीरे विरोध शांत हो गया और सरस्वती देवी बॉम्बे टॉकीज़ में जम गईं। उन्हें पूरी स्वतंत्रता अपने संगीत के मामले में हिमांशु राय ने दे रखी थी। स्टूडियो में नए संगीत कक्ष की स्थापना, वाद्य यंत्रों का क्रय आदि सभी काम सरस्वती देवी ने ही किया। अच्छे वादकों की खोज की गई, तथा संगीत के जानकार व्यक्तियों को अपने दल में सरस्वती देवी ने शामिल किया। सितार के लिए पंडित माधवलाल, तबले के लिए करुणाशंकर जोशी और कई व्यक्ति, जो सरस्वती देवी के लखनऊ के परिचित थे, भी इस दल में आए और जम गए। लखनऊ से आए संगीत ज्ञाताओं में एक एस.एन. त्रिपाठी भी थे, जो अपने आरम्भिक दिनों में सरस्वती देवी के सहायक के रूप में ही कार्यरत रहे।[4]

देविका रानी

इस ज़माने में अभिनेता और अभिनेत्री अपने गीत स्वयं ही गाते थे। देविका रानी को संगीत सिखाने का काम भी सरस्वती देवी के ही जिम्मे आया। देविका रानी कोई गायिका तो थीं नहीं, न ही अशोक कुमार ही कोई बेहतरीन गायक थे। अतः इनके गले की सीमाओं को ध्यान में रखकर ही सरस्वती देवी को गीत कम्पोज़ करने पड़ते थे। इस मजबूरी के कारण उस समय के कई गुणी संगीतकार भी अपनी प्रतिभा का खुला, विस्तीर्ण, काल्पनिक इस्तेमाल नहीं कर पाते थे। यही कारण है कि सरस्वती देवी के गीत भी संगीत की दृष्टि से nursery rhyme की तरह बड़े सीधे-सादे लगते हैं, और ऐसा बहुत कम ही प्रतीत होता है कि वे शास्त्रीय संगीत की इतनी अच्छी ज्ञाता थीं। शास्त्रीय राग पर आधारित उनके जीत भी क्लिष्ट नहीं लगते, यह एक तरह की उपलब्धि भी मानी जानी चाहिए, मात्र गायकों की सीमाओं की मजबूरी नहीं। सरस्वती देवी के ऐसे गीतों में जलतरंग का उपयोग भी उनकी विशिष्टता रही है। इस ज़माने के उनके कई गीत सितार, क्लैरिनेट, तबले और जलतरंग पर ही कम्पोज़ किए गए हैं।

'जवानी की हवा' (1935) में देविका रानी, नजमुल हुसैन, जे.एस. कश्यप, माणिक रिख और मसीह ने गीत गाए थे। 'सखी री मोहे प्रेम का सार बता दे' (देविका रानी, माणिक रिख), 'मैं मिल जाऊँ तुझसे यही जुस्तजू है' (मसीह), आदि गीत लोकप्रिय हुए थे। इस फिल्म में सरस्वती देवी ने एक गरबा गीत 'उधड़ियाँ उर द्वार आज गावो सम्हेलडी' भी रखा था। एस.एन. त्रिपाठी की खलनायक की भूमिका वाली 'जीवन नैया' (1936) को आज भी हम अशोक कुमार की पहली फ़िल्म के रूप में याद करते हैं। इसी फिल्म में अशोक कुमार के लोकप्रिय गीत 'मैं तुममें हूँ तुम मुझमें हो' के अलावा अशोक कुमार के स्वर में 'कोई हमदम न रहा, कोई सहारा न रहा' भी था, जिसे वर्षों बाद उनके भाई किशोर कुमार ने लगभग उसी धुन के साथ संगीतबद्ध कर 'झुमरू' (1961) में गाया था। 'तुम जो रूठे हो मज़ा आ जाएगा' (सुनीता देवी, मसीह), 'प्रेम की नदिया जीवन नैया' (चंद्रप्रभा), 'जीवन है सपना' (चंद्रप्रभा), 'क्यों आँख मिला के अब आँख दिखाते हो' (एच. मसीह), 'ऐ री दैया लचल-लचक चलत मोहन आवे' (एस.एन. त्रिपाठी) आदि इस फ़िल्म के अन्य उल्लेखनीय गीत थे, जिनमें से आखिरी गीत तो स्वयं एस.एन. त्रिपाठी ने ही स्वरबद्ध किया था।

'अछूत कन्या' में देविका रानी और अशोक कुमार

सरस्वती देवी के संगीत को अपार लोकप्रियता मिली अशोक कुमार, देविका रानी अभिनीत 'अछूत कन्या' (1936) से। इस फिल्म का राग पीलू पर आधारित 'मैं बन की चिड़िया बन ही बन में' तो इन दोनों की आवाज में गली-गली का गीत बन गया था। इस गीत का अभ्यास दोनों को एक माह तक सहायक संगीतकार एस.एन. त्रिपाठी से कराया था। 'अछूत कन्या' के समाजोद्धारक थीम की प्रशंसा स्वयं महात्मा गांधी ने भी की थी। बेहद लोकप्रिय रही इस फ़िल्म में परम्परा और परिवर्तन की लहरों के बीच के संघर्ष की कहानी के साथ साथ सरस्वती देवी के कई लोकप्रिय गीत चलते हैं। राग देस पर आधारित 'उड़ी हवा में जाती है' (देविका रानी), मालकौंस पर आधारित 'हरि बसे सकल संसारा', मांड पर आधारित 'किसे करता मूरख प्यार' (अशोक कुमार), अपने उसी नर्सरी राइम शैली में राग दुर्गा पर आधारित 'खेत की मूली' (देविका रानी) तथा 'कित जाए हो खेवनहार' (सरस्वती देवी) भी अच्छे चले थे। वहीं 'जन्मभूमि' (1936) के राष्ट्रभक्ति के गीतों में 'जय-जय जननी जन्मभूमि' (चंद्रप्रभा, साथी), 'गई रात आया प्रभात', 'सेवा के हम व्रतधारी' (अशोक कुमार), मालकौंस पर

आधारित 'माता ने जन्म दिया जीने के लिए' (देविका रानी, चंद्रप्रभा, साथी) और मांड पर आधारित 'दुनिया कहती मुझको पागल' (चंद्रप्रभा) जैसे गीत लोकप्रिय गीत थे।

'धूप-छाँव' के लिए आर.सी. बोराल द्वारा पहली बार पार्श्वगायन का प्रयोग करने का तथ्य तो सर्वविदित है, पर यह पार्श्वगायन कलाकारों ने स्वयं अपने ऊपर किया था। सरस्वती देवी ने एक साक्षात्कार में अनौपचारिक रूप से पहली बार दूसरे की आवाज लेकर पार्श्वगायन पद्धति को आज़माने का श्रेय स्वयं को और हिमांशु राय को दिया है। उनके अनुसार 'जवानी की हवा' के ही एक गीत के फ़िल्मांकन के समय उनकी बहन चंद्रप्रभा (जिन पर यह दृश्य फ़िल्माया जाना था) का गला खराब हो गया था और सभी लोग चिंतित थे कि अब क्या होगा? तभी हिमांशु राय ने स्वयं यह तरीका सरस्वती देवी को सुझाया कि वह स्वयं गा दें और चंद्रप्रभा सिर्फ होंठ हिलाती रहें। पहले तो सरस्वती देवी की समझ में बात नहीं आई, पर सोचने पर लगा कि किया जा सकता है। उन्होंने ऐसा ही किया और गीत सफलतापूर्वक रेकॉर्ड भी हो गया।[5] वैसे पता नहीं यह कौन-सा गीत था क्योंकि हरमिंदर हमराज़ के गीतकोश के 'सौरभ' के उसी अंक के उद्धरण में 'जवानी की हवा' का कोई भी गीत चंद्रप्रभा या सरस्वती देवी के नाम नहीं है।[6] हो सकता है कि उस गीत का रेकॉर्ड ही नहीं निकाला गया हो, क्योंकि सरस्वती देवी के ही अनुसार फ़िल्म 'ममता और 'मियाँ बीबी' (1936) के लिए भी एक सीन में देविका रानी ग्रामोफ़ोन डिस्क सुनती दिखती हैं और डिस्क के समय का हिसाब लगाकर खुद सरस्वती देवी ने ही उस गीत को गाया और उतना फ़िल्मांकन भी हो गया, पर आरम्भ में राग दुर्गा पर आधारित उस गीत 'कां जानूँ काहू की बात सखी' का भी रेकॉर्ड नहीं निकाला गया था।[7] बाद में लोगों के बीच गीत की लोकप्रियता को देखते हुए इसका रेकॉर्ड निकाला गया था।

सरस्वती देवी ने राग मांड का उपयोग अपने कई गीतों के लिए किया। 'इज़्ज़त' (1937) के लोकप्रिय गीत 'मतवाले नैनों वाली' (अशोक कुमार, देविका रानी) का आधार मांड ही था। इसी फ़िल्म के 'प्रेम डोर में बाँध हमें' (सुनीता देवी, मुमताज अली), 'नगरी लगे सूनी सूनी' (देविका रानी), 'भरने दे मोहे नीर' (देविका रानी, अशोक कुमार) और यमन कल्याण पर आधारित 'कित जाओगे कन्हैया' (देविका रानी) भी चर्चित गीत थे। देविका रानी और किशोर साहू को लेकर बनाई गई 'जीवन प्रभात' (1937) के 'बने चाँदी का पालना' (देविका रानी), 'तुम मेरी, तुम मेरे साजन' (देविका रानी, किशोर साहू), 'होरी आई रे कान्हा' (सरस्वती देवी, साथी), 'उन मोटर वालों के यहाँ म्हारी उमा दीदी ब्याही जाएगी' (देविका रानी, किशोर साहू), ग़ज़ल शैली में 'चले वे बड़े दुश्मन जाँ बनकर' (बलवंत सिंह), 'प्रेम कहानी' (1937) के 'नदी किनारे खड़ी सोचती क्या' (अशोक कुमार, माया देवी), 'बरखा आय गई' (चंद्रप्रभा) और 'आया ख़याले यार में' (अशोक कुमार), प्रसिद्ध पौराणिक कथा पर आधारित 'सावित्री' (1937) के अशोक कुमार के गाए 'जल' भरने आई गुजरिया', 'ये सुनो गीत संगीत' और 'मय वही चंद्र वही', 'भाभी' (1938) के शास्त्रीय कजरी शैली की 'झुकी आई बदरिया' और 'नन्हीं नन्हीं बुँदियाँ' (रेणुका देवी), 'फूल सजा तुम मेरो मन भँवरा' (रेणुका देवी) और 'बन तितली मैं फूल-फूल पर जाती' (मिस मीरा), 'निर्मला' (1938) के 'तुम और मैं और मुन्ना प्यारा' (देविका रानी, अशोक कुमार) 'जन्म लिया तो जी ले बंदे' (बलवंत सिंह—जिसे सुनकर ही ऑल इंडिया रोडियो के बुखारी साहब ने बलवंत सिंह को रेडियो में काम दिलवाया—बलवंत सिंह की धुन से ही आकाशवाणी का कार्यक्रम वर्षों आरम्भ होता रहा है), 'दुख-सुख से है जिनका नाता' (देविका रानी, अरूण कुमार आदि), 'कोई क्या जाने घायल मन की पीर' (देविका रानी), 'मानना ही पड़ेगा' (अशोक कुमार) और 'बोलो सजनी बोलो चंदा को देख' (अशोक कुमार, देविका रानी) 'वचन' (1938) के 'आ रे पंछी प्यारे पंछी आ' (देविका रानी) और 'है है दोनों ही पर हासिल क्या' (अशोक कुमार) 'दुर्गा' (1938) के भैरवी आधारित 'अब जागो राधा रानी' (बलवंत सिंह) और 'नदी पार है आम की बगिया' (देविका रानी) जैसे कई गीत उन दिनों गाए-गुनगुनाए गए, पर 'अछूत कन्या' वाला स्थायी प्रभाव तो फिर 'कंगन' (1939) के संगीत में ही आ पाया। इस फ़िल्म के आधे गीत वैसे रामचंद्र पाल ने कम्पोज़ किए थे। लीला चिटणीस की प्रथम बड़ी हिट के रूप में प्रसिद्ध इस फ़िल्म में समय की बढ़ती माँग के अनुसार ऑरकेस्ट्रेशन की विविधता और पाश्चात्य पद्धतियों की छाया भी थी। इस तरह का संगीत देने में सरस्वती देवी की शास्त्रीय संगीत शिक्षा कुछ आड़े आती थी और इसीलिए बॉम्बे टॉकीज द्वारा रामचंद्र पाल को इस फ़िल्म के लिए दूसरे प्रमुख कम्पोज़र के रूप में लाया गया। फिर भी सरस्वती देवी के संगीतबद्ध किए गए 'हवा तुम धीरे बहो' (लीला चिटणीस), काफ़ी आधारित 'सूनी पड़ी है सितार' (लीला चिटणीस), राग बहार के सुंदर प्रयोग के साथ 'राधे-राधे बंसी रही पुकार' (अरुण कुमार, कोरस), 'मैं तो आरती उतारूँ घनश्याम की' (प्रदीप, लीला चिटणीस, साथी) और राग बिहाग की छाया लिए 'अरे रे कबीर' (प्रदीप, साथी) काफी लोकप्रिय गीत थे। 'हवा तुम धीरे बहो' कवि प्रदीप का लिखा पहला फ़िल्मी गीत था जिसे उन्होंने आधे घंटे में ही लिखकर हिमांशु राय को प्रभावित कर दिया था। चर्चित अभिनेत्री हंसा वाडकर की प्रथम महत्त्वपूर्ण संगीतमय फंतासी 'नवजीवन' (1939) में सरस्वती देवी

ने हंसा वाडकर से चार एकल गीत गवाए थे, जिनमें 'प्यारी के प्राण, भारती की शान' जैसे उद्‌बोधक गीत के साथ 'चंद्र किरण से पूछा मैंने' जैसा प्रणय गीत भी शामिल था। विवाह के प्रति भिन्न दृष्टिकोणों के माध्यम से समकालीन राजनीतिक विचारधाराओं को उद्‌घाटित करनेवाली अशोक कुमार, लीला चिटणीस, हंसा वाडकर अभिनीत 'आज़ाद' (1940) में भी हंसा वाडकर से गीत गवाने का यह सिलसिला जारी रहा। इस फ़िल्म में रामचंद्र पाल फिर सरस्वती देवी के साथ-साथ दूसरे संगीतकार थे। यही बात 'बंधन' (1940) के बेहद लोकप्रिय संगीत के साथ भी हुई, जिसके मशहूर गीत (जिसे बाल पाठशाला के पाठ्‌यक्रम में भी जगह मिली) 'चल चल रे नौजवान' की धुन के मुखड़े का श्रेय अशोक कुमार और अंतरे का उनकी बहन सती देवी ले गए, तो सदाबहार गली-गली में आज तक चनेवालों द्वारा गुनगुनाए जाने वाले 'चने जोर गरम बाबू मैं लाया मजेदार' (अरुण कुमार) की सरल, सरस, कर्णप्रिय धुन का सेहरा सरस्वती देवी के हिस्से आया। इस फ़िल्म का एक और बहुत सुंदर गीत था 'मनभावन लो, सावन आया रे' (लीला चिटणीस) जिसमें सरस्वती देवी ने पुनः जलतरंग का बेहतरीन उपयोग किया है। लीला चिटणीस, सुरेश के स्वरों में 'अपने भैया को नाच नचाऊँगी' की सीधी-सादी मचलती तर्ज़, 'रुक न सको तो जाओ' (अरुण कुमार) की सुंदर अदायगी, 'कैसे छुपोगे अब तुम ओ सलोने' (लीला चिटणीस) की प्यार भरी शैली और भैरवी आधारित 'पिउ पिउ बोले' (प्रदीप) इस फ़िल्म में पुनः रेखांकित करते हैं कि सरस्वती देवी के संगीत की मुख्य विशेषता थी सरलता और सरसता का मधुर सम्मिश्रण। गीतों में जटिलता इतनी कम है कि लगता ही नहीं कि शास्त्रीय संगीत को प्रकांड जानकार संगीतकारा ने इन धुनों की रचना की है। सरस्वती देवी के कुछ गीतों में कोरस का भी सुंदर उपयोग मन को लुभाता रहा है। यह बात कम ही लोग जानते हैं कि सरस्वती देवी के कोरस में छोटे से किशोर कुमार और रायबहादुर चुन्नीलाल के पुत्र मदनमोहन भी गा चुके हैं। जलतरंग का सरस्वती देवी जैसा सुंदर सहज उपयोग कम ही संगीतकारों ने किया।

'बंधन' सुपरहिट फ़िल्म थी। अपेक्षाकृत कम सफल स्नेहप्रभा और किशोर साहू अभिनीत 'पुनर्मिलन' (1940) में रामचंद्र पाल मुख्य संगीतकार थे और सरस्वती देवी के हिस्से मात्र एक गीत 'मेरा गीत भरा संगीत भरा मनवा' (स्नेहप्रभा) ही आया। पर 'झूला' (1941) की सफलता के पीछे तो सरस्वती देवी का एकल संगीत ही था। 'ना जाने किधर आज मेरी नाव चली रे' (अशोक कुमार) तो अपने ज़माने का सुपरहिट गीत बनकर छा गया था। वहीं 'मैं तो दिल्ली से दुलहन लाया रे' (अरुण कुमार, रहमत बानो) की नृत्यात्मक कलात्मक धुन हर बैंड वाले की पसंदीदा धुन बन गई थी। एक मज़ेदार बात यह है कि कोल्हापुर में पृथ्वीराज कपूर के साथ गए किशोरवय शम्मी कपूर इस गीत पर अपनी नृत्यप्रतिभा का कमाल दिखाकर पूरे ट्रूप का मनोरंजन किया करते थे। बंजारी युवती के पर्दे पर फ़िल्माए नृत्य का बंजारा समाज ने उन दिनों विरोध भी किया था, पर इससे इस गीत की लोकप्रियता बढ़ी ही। 'देखो हमारे राजा की आज सगाई है' (अरुण कुमार, रहमत बानो) की उल्लसित तर्ज़, 'हिंडोला कैसे झूलूँ, मेरा जिया डोले' (लीला चिटणीस) की दोलन-भरी धुन, 'झूले के संग झूलो' (लीला चिटणीस) की मोहक शैली, 'मेरे बिछड़े हुए साथी' की प्रदीप के स्वर में सोज-भरी लय और 'आज मौसम सलोना सलोना रे' (अशोक कुमार), 'एक बात बताओ हमे गोरी' (लीला चिटणीस, अशोक कुमार) और 'मुझे मत भूलना मेरे चितचोर' (लीला चिटणीस, अशोक कुमार) जैसे प्रणय गीत सभी उन दिनों के हिट गीत थे और खूब सुने-सुनाए गए। वैसे यह भी कहा जाता है कि फ़िल्म के कई गीतों की स्वर-रचना प्रदीप ने स्वयं की थी।

कुक्कू और मुमताज़ अली—
'मैं तो दिल्ली से दुलहन लाया रे'

एस. मुखर्जी की निर्मित 'कंगन' और 'बंधन' के बाद 'झूला' की सफलता ने यह सिद्ध कर दिया था कि बॉम्बे टॉकीज़ के इस नए निर्माता में हिमांशु राय से बढ़कर ही दर्शकों की रुचि की पकड़ थी। बाम्बे टॉकीज़ के जर्मन निर्देशक फ़्रैंज ऑस्टेन की द्वितीय विश्वयुद्ध के शुरू होने पर हुई गिरफ़्तारी और हिमांशु राय की मृत्यु (1940) के बाद देविका रानी ने निर्माण हेतु दो अलग दल बना लिये थे—अमिय चक्रवर्ती एक के नियंत्रक थे और एस. मुखर्जी तथा रायबहादुर चुन्नीलाल दूसरे के। सरस्वती देवी एस. मुखर्जी के दल द्वारा निर्मित फ़िल्मों की संगीतकार रहीं और अमिय चक्रवर्ती वाले दल ने अनिल विश्वास पर भरोसा किया। बहरहाल एस. मुखर्जी की 'नया संसार' (1941) में भी सरस्वती देवी के संगीत-निर्देशन में 'मैं हरिजन की छोरी' (राजकुमारी, अरुण कुमार, कोरस), 'चलो चलो भूलभुलैया खेलें' (रेणुका देवी), 'एक नया संसार बसा लें' (रेणुका देवी, अशोक कुमार), 'अखबार का दफ़्तर है ये' (सुरेश, साथी) जैसे गीत हिट हुए थे। 'नया संसार' ख्वाजा अहमद अब्बास लिखित पहली महत्त्वपूर्ण फ़िल्म थी। पर 'झूला' और 'नया संसार' बॉम्बे

टॉकीज़ के परचम तले सरस्वती देवी की आखिरी फिल्में रहीं। इसके कुछ अरसे बाद ही आपसी विवादों के कारण रायबहादुर चुन्नीलाल और एस. मुखर्जी का दल अलग हो गया और उन्होंने 'फ़िल्मिस्तान' फ़िल्म कम्पनी की स्थापना कर ली।

बॉम्बे टॉकीज़ के विवादों और परेशानियों के चलते सरस्वती देवी का भी वहाँ काम करना मुश्किल हो चला था। वे इतनी प्रतिष्ठित थीं कि सोहराब मोदी ने उन्हें अपनी मिनर्वा मूवीटोन में काम करने के लिए बुलाया। पर बॉम्बे टॉकीज़ जैसे सरल, nursery rhyme जैसी सुबोध धुनों के लिए सोहराब मोदी की भव्य, विराट फिल्में उपयुक्त नहीं थीं। हालाँकि 'भक्त रैदास' (1943) के 'शुभ नाम प्रभु का साचा' (परेश बनर्जी), 'राधे भजो कृष्ण, भजो' (सुधा घोष, बेबी शांत, अनंत मराठे), 'प्यारी प्यारी राधा रानी' (शीला) आदि भजन और 'पृथ्वीवल्लभ' (1943) के 'जीवन का युग आया' (अमीरबाई), 'हवा ने बाँधा है क्या रंग' (अमीरबाई) कुछ लोकप्रिय रहे थे, पर बॉम्बे टॉकीज़ का वह स्वतंत्र माहौल न मिलना सरस्वती देवी के संगीत पर भी असर करता साफ दिखाई देता है। 'प्रार्थना' (1943) के जहाँआरा कज्जन के गाए 'मुहब्बत का रास्ता दिखाया न होता', 'काहे नेहा लगाए साँवरिया', 'एक धुँधला-सा मोहब्बत का है नक्शा बाकी' जैसे गज़ल-ठुमरीनुमा गीतों में उस सहजता और सरलता के लिए बहुत कम स्थान था जिसके लिए सरस्वती देवी मशहूर थीं। 'परख' (1944—खुर्शीद अनवर के साथ) के 'समय तू जल्दी-जल्दी बीत' (इरा निगम) ज़रूर बहुत लोकप्रिय रहा था। पर 'डॉ. कुमार' (1944) के 'मीठा-सा दिल में दर्द है' (परेश बनर्जी) जैसे अपवादों को छोड़ दिया जाए तो मिनर्वा के बैनर तले 'डॉ. कुमार' (1944) के अन्य गीतों को खास सफलता नहीं मिली। मिनर्वा के बैनर से हटकर संगीतबद्ध नंदलाल जसवंत लाल निर्देशित 'आम्रपाली' (1945) के 'उड़ जाऊँ रे मैं तो तारों की दुनिया में', 'पिया मेरे साथ रहेंगें', 'रुनक झुनक चपल चरण नाच मोरे मन', 'इस दुनिया की पगडंडी पर तुम्हीं हो मेरे साथी' जैसे अमीरबाई के गीतों से अवश्य सरस्वती देवी की बॉम्बे टॉकीज़ वाली वह झलक थोड़ी दिखाई देती है। पर एक तरह से यह कहा जा सकता है कि बॉम्बे टॉकीज़ छोड़ना सरस्वती देवी की व्यावसायिक सफलता के दिनों का अंत ही था। लक्ष्मी प्रोडक्शंस की अमीरबाई ने गाए 'ऐ मेरा मधुनैना' वाली 'महारानी मीनल देवी' (1946) और 'नकली हीरा' (1948) तथा 'बैचलर हसबैंड' (1950), अत्रे पिक्चर्स की 'खानदानी' (1947), प्रकाश पिक्चर्स की 'उषाहरण' (1949) फिल्मों के संगीत की कोई विशेष चर्चा न हुई हालाँकि 'उषा हरण' (1949) में सरस्वती देवी ने लता मंगेशकर से भी 'आँगन में चाँदनी चमके चमाचम' (राजकुमारी के साथ) और अच्छी तानों के साथ 'लहरों पे कभी नाचूँ' जैसे सुंदर गीत गवाए थे। सरस्वती देवी को मिलनेवाली फ़िल्मों की संख्या कम होती ही रही, अंततः उन्होंने फ़िल्मों से संन्यास ही ले लिया। 1969 में एक बस-दुर्घटना में उनका पैर टूट गया और अंततः 10 अगस्त को 66 वर्ष की आयु में उनका निधन हो गया। पर आज भी जब-जब फ़िल्म इतिहास की बात होती है और बॉम्बे टॉकीज़ के स्वर्णयुग की बात की जाती है, तो सरस्वती देवी के 'मैं बन की चिड़िया' और 'न जाने किधर आज मेरी नाव चली रे' की सीधी-सादी प्यारी धुनों की याद आ जाती है।

संदर्भ

1. विश्वनाथ चटर्जी (सम्पा.) सौरभ, 1977—भेंटवार्ता शशिकांत किणीकर के साथ
2. वही
3. वही
4. वही,
5. वही
6. विश्वनाथ चटर्जी (सम्पा.)—सौरभ, 1977 में हरमिंदर सिंह हमराज—'बॉम्बे टॉकीज़'
7. विश्वनाथ चटर्जी (सम्पा.)—सौरभ, 1977—भेंटवार्ता, शशिकांत किणीकर के साथ

रामचंद्र पाल

'नाचो, नाचो प्यारे मन के मोर'

रामचंद्र पाल

एक ज़माने में संगीत की दुनिया में एक बड़ा नाम रामचंद्र पाल का था। कलकत्ता में 1909 में जन्मे, बादल खान से शिक्षा ग्रहण करने वाले तथा 1930-31 से फिल्मों से सम्बद्ध पाल ने आरम्भ में 'बिलवामंगल' (तमिल), 'सारंगधारा' (केवल पार्श्वसंगीत), 'रजनी' (बाँग्ला—1936), 'इंदिरा' (बंगला—1936) जैसी फ़िल्मों में संगीत दिया था। 1939 में दक्षिण भारत में बनी प्रथम हिंदी फिल्म 'प्रेम सागर' में भी उनका संगीत था। प्रसिद्ध गायिका सुब्बूलक्ष्मी के पति सुब्रमण्यम ने उन्हें इसके लिए अनुबंधित किया था। 'प्रेम सागर' के निर्देशक नरोत्तम व्यास ने पाल की प्रतिभा के बारे में हिमांशु राय को बताया जो उन दिनों एक ऐसे संगीतकार की तलाश में थे जो बॉम्बे टॉकीज की फिल्मों के ऑरकेस्ट्रेशन को आधुनिकता और विस्तार दे सके, और इस तरह रामचंद्र पाल का बॉम्बे टॉकीज़ में आगमन हुआ।

रामचंद्र पाल को ख्याति मिली बाम्बे टॉकीज की उनकी सरस्वती देवी के साथ मिलकर संगीतबद्ध फ़िल्मों से। लीला चिटणीस और अशोक कुमार अभिनीत 'कंगन' (1939) के पाँच गीतों की स्वर-रचना रामचंद्र पाल ने की थी। 'राधा राधा प्यारी राधा' और 'क्यों बजे हृदय वीणा के तार' जैसे लीला चिटणीस और अशोक के युगल गीत खूब लोकप्रिय रहे। पहली बार फ़िल्मों में लिख रहे प्रदीप और साथियों के स्वर में 'मोरे राम जिलावे राम' और कांतिलाल के स्वर में रवींद्र संगीत पर आधारित 'मरण रे, तू ही मेरा श्याम' के अलावा 'जल भरने चली री गुइया' (लीला चिटणीस) जैसे गीत भी पाल की ही देन थे। बंगाल का भटियाली लोकसंगीत फ़िल्मों में सबसे पहले पाल ही 'कंगन' में लेकर आए थे, 'बंद नाव का लंगर छोड़' गीत में। 'बंधन' (1940) का लोकप्रिय गीत 'चल चल रे नौजवान' (अशोकर, लीला, सुरेश आदि) भी रामचंद्र पाल के हिस्से ही गया हालाँकि इसकी धुन मूलतः अशोक कुमार की बहन सती देवी की सुझाई थी जब कम्पोज़ीशन के दौरान बात बन नहीं पा रही थी । प्रदीप के लिखे इस गीत को राष्ट्रीय आंदोलन के दीवानों ने सिर-आँखों पर लिया था तथा पंजाब और सिंध असेम्बली ने इसे राष्ट्रीय गीत जैसा दर्ज़ा दिया था। सिनेमा हॉल में प्रदर्शन रोककर इस गीत को बार-बार दिखाने की फ़रमाइश होती थी। 'बंधन' के शीर्षक संगीत में पाल ने पाश्चात्य ऑरकेस्ट्रेशन का प्रयोग किया। 'आज़ाद' (1940) में भी पाल ने अपनी संगीतबद्ध रचना 'हारिए न हिम्मत बिसारिए न राम' लुभावने तरीके से गाया था।

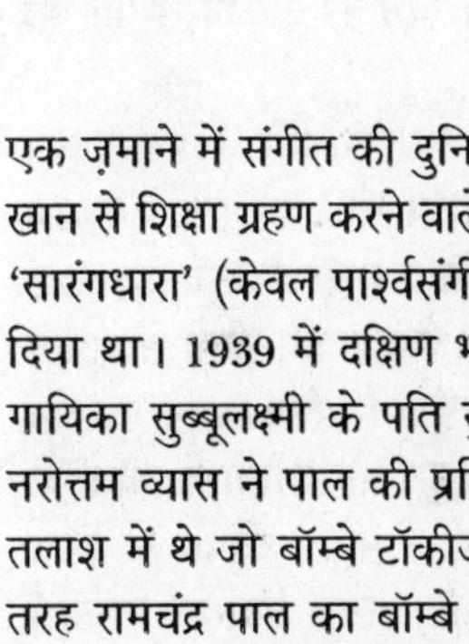

'पुनर्मिलन' (1940) के 'आओ बनाएँ घरवा प्यारा' (स्नेहप्रभा, किशोर कुमार), 'कर ले काम भज ले राम' (रामचंद्र पाल), 'आया रे परदेसी सजनवा' (रामचंद्र पाल, राजकुमारी), 'हँस ले जी भर कर हँस' (स्नेहप्रभा), 'ओ जीने वाले हँसते-हँसते जीना' (अरुण कुमार), सुपरहिट रहे 'नाचो नाचो प्यारे मन के मोर' (अरुण कुमार, स्नेहप्रभा), 'सूनी सेजरिया' (राजकुमारी) और 'दीप जला ले' (स्नेहप्रभा) जैसे पाल के संगीतबद्ध गीत बॉम्बे टॉकीज़ की परिपाटी में ही सीधी-सादी लेकिन दिल में उतरनेवाली धुनों से सजे थे। पर पाल का ऑरकेस्ट्रेशन पक्ष सरस्वती देवी से अधिक व्यापक था। पाश्चात्य ऑरकेस्ट्रेशन को बॉम्बे टॉकीज़ में लानेवाले पाल ही थे।

बॉम्बे टॉकीज़ की 'नया संसार' (1941) में पुनः पाल और सरस्वती देवी का संगीत था। 'मैं हरिजन की छोरी' (राजकुमारी, अरुण कुमार, साथी) के अंदर तराना शैली में शब्दों को throw करने का अभिनव प्रयोग बहुत प्रभावशाली बन पड़ा था। 'एक नया संसार बसा लें' (अशोक, रेणुका), 'अखबार का दफ़्तर है' (सुरेश, आदि), 'फूलों के गजरे गूँथूँगी' (रेणुका), 'नया ज़माना आया' (अरुण कुमार, प्रदीप), 'चलो चलो भूलभुलैया खेलें' (रेणुका), 'मेरा मन खो गया है' (अशोक) और 'मैं तो गाऊँगी आज' (रेणुका) जैसे गीतों में एक सहजता और सरसता थी जो बढ़े हुए ऑरकेस्ट्रेशन के बीच भी बॉम्बे टॉकीज़ के ट्रेड मार्क की तरह कायम थी।

बॉम्बे टॉकीज़ से हटकर आचार्य आर्ट प्रोडक्शन की किशोर साहू निर्देशित 'कुँआरा बाप' (1942) में पाल ने अपने संगीत में स्वयं 'काहे पाप से पाप छिपाए' गाया था, पर इस फ़िल्म के गीतों को विशेष लोकप्रियता नहीं मिली। प्रसिद्ध साहित्यकार अमृतलाल नागर ने भी इस फिल्म में गीत लिखे थे। आचार्य आर्ट प्रोडक्शन की ही 'उलझन' (1942) के 'मेरे झूले में सारा ज़माना' और 'अरे समधी तो दरजी का यार' जैसे सभूह गीत या 'आज बंसी तू ऐसी मधुर बोलना' (सरदार अख्तर), 'ऐ री पथक' (सरदार अख्तर), 'मेरे तन में' जैसे गीत भी खास नहीं चले। पर आचार्य आर्ट प्रोडक्शन की माधव लाल के साथ संगीतबद्ध 'आगे कदम' (1943) के गीत लोकप्रिय रहे, विशेषकर मोतीलाल का गाया 'वो रूठे हुए हैं मनाना पड़ेगा', 'दोस्त, दोस्तो, एक नया सबक सिखलाना होगा' (अंजलि देवी, मोतीलाल, साथी) 'काँटों-सा चुभा जाता है' (मोतीलाल, अंजलि देवी) और राजस्थानी लोक धुन पर आधारित 'हो मत पियो मेरे छैला तम्बाकुड़ी' (लीला पवार, अमृतलाल)।

अत्रे पिक्चर्स की 'तस्वीर' (1943), जनक पिक्चर्स की शोभना समर्थ और पृथ्वीराज अभिनीत 'नल-दमयंती' (1945) और रमणीक प्रोडक्शन की 'तारामती' (1945—के. भोले के साथ) जैसी पाल की संगीतबद्ध फिल्में कुछ विशेष नहीं कर पाईं। अयाज़ प्रोडक्शंस की 'लाज' (1946) में पाल ने राधारानी से 'नई दुनिया बसा ले सजनी', 'छाई हुई दुनिया में अभी रात है' और 'क्या साथ हमारा और इनका' जैसे गवाए गीतों में अपनी शैली से थोड़ा हटकर संगीत देने का प्रयास किया। 'फिर भी अपना है' (1946) में मुखराम शर्मा के लिखे गीतों के साथ, जनक पिक्चर्स की 'संतान' में अंजुम पीलीभीती के गीतों के साथ और 'उर्वशी' (1946—श्याम सुंदर और पैगनकर के साथ) में पंडित रघुवीर के लिखे गीतों के संग पाल पुनः अपनी परिचित शैली में ही सुनाई देते हैं। जनक पिक्चर्स के साथ उनका सफर 'घर घर की कहानी' (1947) में भी जारी रहा जहाँ 'आज चँदा को रुलाती है मेरी आवाज़ क्यों' और 'आज सूरज को जगाती है मेरी आवाज़ क्यों' जैसे दो पहलू के गीतों में पाल ने अपनी शैली के कोमल तत्त्वों को एक परिष्कृत अंदाज से पेश किया। यह पाल का दुर्भाग्य था कि जयंत फिल्म्स की सुरैया अभिनीत 'आकाश दीप' प्रदर्शित नहीं हो पाई, वरना कहा जाता है कि अपना सर्वश्रेष्ठ संगीत पाल ने इसी फ़िल्म में दिया था। भगवती चरण शर्मा लिखित 'पतझड़ के दिन काटे गिन-गिन, मेरे यौवन जाग रे', 'मैं तो तन मन से उनकी हो गई', 'छूटे लगे साथी, छूटा नगर गाँव', 'मेरी आँख खुली मैं जाग गई', 'एक हम हैं एक तुम हो एक ख्वाब की दुनिया है', राममूर्ति चतुर्वेदी लिखित 'लाज मोहे लागे', 'रिमझिम रिमझिम बुँदियाँ रे बरसे', 'रे हो दीप गगन गगन' और सरस्वती कुमार दीपक लिखित 'कौन संदेसा लाए बादल' जैसे गीतों में रामचंद्र पाल ने लोक, शास्त्रीय और सुगम संगीत का बहुत लावण्य-भरा मिश्रण प्रस्तुत किया था।

रामचंद्र पाल का बॉम्बे टॉकीज के ज़माने में जो नाम हुआ था, उसे आगे बढ़ाने में वे असफल ही रहे। भले ही चौथे दशक के बॉम्बे टॉकीज़ की व्याप्त वाद्य शैलियों में उन्होंने ऑरकेस्ट्रा को अधिक व्यापक बनाया हो, पर संगीत की उनकी मूल रचना पद्धति पारम्परिक ही थी। इसी पद्धति के भीतर वे शास्त्रीय, सुगम या बाँग्ला लोकस्पर्श के गीत सृजित करते रहे। ऑरकेस्ट्रा का उनका विस्तार भी पाँचवें दशक में तेज़ी से आए नए तालों और वाद्य संयोजनों के सामने पुराना पड़ गया। यही कारण है कि पाँचवें दशक के अंतिम वर्षों में फिल्म संगीत में आए परिवर्तनों के दौर में वे पूर्णतः विस्मृत रह गए। छठे दशक के प्रारम्भ में जारी 'भाई का प्यार' (1951) कोई नई फिल्म न होकर 'फिर भी अपना है' (1946) का ही पुनः प्रदर्शन थी। वर्षों बाद पाल ने स्वयं 'राजनंदिनी' (1962) का निर्माण और निर्देशन किया था और इसमें संगीत भी दिया, पर फ़िल्म ठीक से प्रदर्शित तक न हो पाई और रामचंद्र पाल केलुस्कर रोड, शिवाजी पार्क के अपने घर में गुमनामी की ज़िंदगी ही बिताते रहे।

ज्ञान दत्त

'निस दिन बरसत नैन हमारे'

मूलतः बंगाली, पर बंगलोर में जन्मे पाँचवें दशक के मशहूर संगीतकार और आज पूर्णतः विस्मृत ज्ञान दत्त अपने समय के कई संगीतकारों की तरह प्रारम्भ में 'रणजीत मूवीटोन' के साथ जुड़े। स्टूडियो प्रथा के इस दौर में, जब संगीतकार भी मासिक वेतन पर किसी स्टूडियो या निर्माता कम्पनी के साथ अनुबंधित रहता था, ज्ञान दत्त ने रणजीत के परचम तले 'तूफ़ानी टोली' (1937), 'वन की चिड़िया' (1938), 'बाजीगर' (1938), 'बिल्ली' (1938), 'गोरख माया' (1938), 'पृथ्वी पुत्र' (1938), 'प्रोफेसर वामन एम.एस.सी.' (1938), 'रिक्शावाला' (1938), 'सेक्रेटरी' (1938), 'अधूरी कहानी' (1939), 'नदी किनारे' (1939), 'ठोकर' (1939), 'संत तुलसीदास' (1939), 'अछूत' (1940), 'चिंगारी' (1940), 'मुसाफिर' (1940) आदि कई फ़िल्मों में संगीत दिया और एक पहचाना नाम बन गए। रणजीत से बाहर भी 'आपकी मर्जी' (1939), 'मुराद' (1939), 'सजनी' (1940) में उनका संगीत था। 'तूफानी टोली' में ज्ञान दत्त ने निम्मी की माँ और अपने समय में आगरे की मशहूर तवायफ़ रहीं वहीदन बाई से 'क्यों नैनन में नीर बहाए' गीत गवाने के अलावा कांतिलाल, कल्याणी आदि से कई गीत गवाए थे। 'वन की चिड़िया' (1938) के कांतिलाल और वहीदन के गाए रूमानी गीत 'नदी किनारे बैठ अकेले' और 'रजनी मधुर मिलन की सजनी', 'तितली' (1938) के 'या इलाही मिट न जाए दर्दे दिल' (कांतिलाल, सुनीता देवी—वही गीत जिसे गलत उच्चारण 'ददरे दिल' के साथ महमूद 1965 की फ़िल्म 'आरजू' में गाते दिखाए गए थे), सितार के सुंदर प्रयोग के साथ 'आज मिले वन में बनवारी' (इला देवी), मोटर की आवाज़ के साथ 'यह गाड़ी पों-पों वाली' (कल्याणी, कांतिलाल) और 'नीर भरन कैसे जाऊँ अकेली' (ईश्वरलाल, इला देवी) अपने ज़माने में सराहे गए थे। 'गोरख माया' (1938) के राजकुमारी के गाए 'क्या-क्या बनकर आऊँ', 'ले चल रे पिया', 'गाती हूँ मुझको गाना है', वो दिन गए हमारे' (कल्याणी के साथ), 'पृथ्वी पुत्र' (1938) के 'छलिया हो तुम श्याम बिहारी' (कांतिलाल, वहीदन बाई), 'और सुनाओ विश्वमोहिनी प्रेमरागिनी' (कांतिलाल, माधुरी), 'प्रोफेसर वामन एम.एस. सी.' (1938) के 'सुन री अलबेली मालनिया' (वहीदन), 'ऐ री सजनी रैन बीती जाए' (वहीदन), 'रिक्शावाला' (1938) के 'सूना है संसार पिया बिन' (वहीदन), 'आओ साजन आओ', 'मालनिया बन जाऊँ' (इला देवी, आर. वास्ती) और 'ना खोलूँगी घूँघटवा ना खोलूँगी' (इंदु बाला), 'द सेक्रेटरी' (1938) के ठुमरी शैली में 'नाहीं नाहीं खोलूँ घूँघट पट सैंया' (वहीदन), 'कहाँ छुपा है चितचोर' (कल्याणी), 'जमुना जल मैं भरन गई थी' (राजकुमारी), 'आपकी मर्ज़ी' (1939) के 'भँवरा रसिया रे मन बसिया' (खुर्शीद), 'जा न सकोगे बाँह छुड़ा के' (खुर्शीद), 'प्रेम लता लिपटी जाए' (सविता देवी, ज्ञान दत्त), 'अधूरी कहानी' (1939) का 'झूम रही डाल-डाल झूल रहे पत्ते' (रोज़, कांतिलाल), 'नदी किनारे' (1939) के गज़ल शैली में 'आराम कहाँ, दिल जो पड़ा' (कांतिलाल), 'मेरे मन की बीन बजा' (कांतिलाल, सितारा, साथी), 'वो दिल ही नहीं जिसमें न हो चाह' (कांतिलाल, कल्याणी), 'नदी किनारे आओ सजन' (ज्ञान दत्त, साथी), 'क्यों प्रेम का बाग लगाया' (इंदुबाला) और 'साजन निकले चोर' (इंदुबाला, राजकुमारी, ज्ञान दत्त), 'ठोकर' (1939) के वहीदन के गाए 'अच्छे ईसा हो मरीज़ों का ख्याल अच्छा हो', 'काली काली जो घटा छाई है' और 'मुसाफिर' (1940) के 'राधारानी रूठी', 'वो बिसरी कहानी' (वासंती) और 'मेरी आँखों में' (खुर्शीद) जैसे गीतों में उन्होंने रूमानी, विशेषकर युगल गीतों के सृजन में एक उन्मुक्तता दी जो उस समय की परिपाटी में कुछ हटकर था। जैसाकि स्पष्ट है, ज्ञान दत्त की इन आरम्भिक फ़िल्मों में उनके मुख्य पुरुष गायक कांतिलाल थे, जबकि स्त्री गायिकाओं मे उनकी प्रिय वहीदन, कल्याणी, इंदुबाला, इला देवी, राजकुमारी, खुर्शीद और

सितारा जैसी कई गायिकाएँ थीं।

'संत तुलसीदास' (1939) में ज्ञान दत्त का नाम संगीतकार के रूप में आया पर 'संत तुकाराम' की प्रसिद्धि वाले विष्णुपंत पगणीस के गाए 'राम से कोई मिल रे', 'बन चले राम रघुराई', 'जाऊँ कहाँ तक चरण तुम्हारे' और बेहद लोकप्रिय रहे 'माली माली माली, मेरे मन की बगिया फूली' (वासंती के साथ) जैसे गीतों को सुनकर पगणीस का इन गीतों की कम्पोज़ीशन पर प्रभाव स्पष्ट लगता है। इस फ़िल्म के मराठी संस्करण के गीतों के सृजन का काम पगणीस ने ही किया था। इस फ़िल्म के 'मेरे मामा के घर में' (वासंती, राम मराठे), 'आज मन फूला फूला रे' (वासंती) तथा 'मेरे नयन राम रस छाया' (वासंती) खूब लोकप्रिय रहे थे। महात्मा गाँधी और पटेल द्वारा आशीर्वाद प्राप्त 'अछूत' (1940) में ज्ञान दत्त ने भक्ति और प्रेम रस का सुंदर सम्मिश्रण 'बंसी बनूँ बंसीधर की' (कांतिलाल, वासंती, सितारा, साथी), 'कोई बजाओ न प्रेम की वीणा' (खुर्शीद), 'नाहीं बोलूँ लाख मनाए कृष्ण कन्हैया' (गोहर, ज्ञान दत्त) जैसे गीतों के द्वारा प्रस्तुत किया था। सुदामा प्रोडक्शन्स की सर्वोतम बदामी निर्देशित और पृथ्वीराज कपूर जैसी विराट हस्ती द्वारा अभिनीत 'सजनी' (1940) में 'मोरा पिया बसई कौन देस हो, 'मैं दीपक की बाती प्रियतम' (स्नेहप्रभा प्रधान) और 'मेरी गुइयाँ चली इठलाय' (स्नेहप्रभा प्रधान, साथी) जैसे श्रृंगारिक गीतों का सृजन कथ्य को और मुखरित करने में सफल रहा था। शरत्‌चंद्र के उपन्यास 'पंडित मोशाय' पर आधारित सुदामा प्रोडक्शन्स की ही 'चिंगारी' (1940) में ज्ञान दत्त ने पटगाँवकर से 'क्या पछताता मूरख मन' और 'राधेश्याम श्याम श्याम' जैसे गीत गवाए थे। 'मुसाफिर' (1940) का 'पिया जी आन मिलो हाय जिया जाए' (खुर्शीद, साथी) अपने ज़माने का बहुत हिट गीत था। यह अफ़सोसजनक है कि चौथे दशक का ज्ञान दत्त का संगीत आज लगभग पूर्णतः विस्मृत हो चुका है और उनके स्वरबद्ध इस दशक के गीत यदा-कदा ही सुनाई देते हैं। पर इन गीतों से यह निष्कर्ष स्पष्ट है कि ज्ञान दत्त मूलतः प्रेम और श्रृंगार के संगीतकार थे और उस समय के इस प्रकार के गीतों के लिए प्रचलित परिपाटी (जिसमें काफ़ी एकरसता थी) से हटकर उन्होंने ऐसे गीतों में सुगम और कर्णप्रिय मेलोडी के तत्त्वों को डालने की कोशिश की।

फ़िल्म 'शंकर पार्वती' में कमला चटर्जी

ऐसा लगता है कि पाँचवें दशक में ज्ञान दत्त ने अपने संगीत में धुन से अधिक धुन की भावप्रवणता पर ध्यान दिया। दूसरे शब्दों में ज्ञान दत्त को भावों का अग्रणी संगीतकार भी कहा जा सकता है। 'अरमान कुछ तो दिल में तड़प कर', 'नैनों से नैना मिला के', 'ये दर्द मुहब्बत है कैसे वो भला जाने' (खुर्शीद–बेटी, 1941), 'नदिया के तट पे खड़ी हूँ मोरे राजा' (लीला चिटणीस, अरुण–कंचन, 1941), 'इक मीठी नज़र बन के आँखों में समा जाओ' (राजकुमारी–ससुराल, 1941), 'लाओ तो ज़रा दिल को इसे दिल में छुपाऊँ' (शमीम–अरमान, 1942), 'वह कौन है–जो लेता है चुटकियाँ जिगर में' (अरमान, 1942), 'मत छेड़ दिलों के तार' (शमीम-रिटर्न ऑफ़ तूफ़ान मेल, 1942), 'हम तुमसे माँगते हैं आहों के बदले आहें' (अमीरबाई–बंसरी, 1943), 'अम्बुआ के नीचे', 'मन जाने क्यों लहराए', 'रस्मे वफ़ा और इश्क का' (सभी अरुण–सवेरा, 1942), 'कोयलिया मोरे अँगना में आजा री' (निर्मला देवी–सवेरा, 1942), 'कर ले रूप श्रृंगार, तुझे पिया बुलावे' (के.सी. डे–अँधेरा), 'पिया मिलन कैसे जाऊँ' (साधना बोस–शंकर-पार्वती, 1943), 'जो दिल में आए थे दर्द बन कर' (सुरेन्द्र–पैगाम, 1943), आदि गीत अच्छे बन पड़े हैं। 'ससुराल' के 'तोहे मोटर में बैठा दूँ' (मोतीलाल, कांतिलाल) और 'बीवी बोले नाहीं' (समूह गीत) जैसे हास्य गीत ज्ञान दत्त के संगीत का एक अलग पहलू प्रस्तुत करते हैं। 'बीवी बोले नाहीं' को पारम्परिक फाग शैली में अनूठे ढंग से कम्पोज़ किया गया था।

पर ज्ञान दत्त की इस दौर की सबसे लोकप्रिय फ़िल्में 'भक्त सूरदास' (1942), और 'नर्स' (1943) रहीं। 'भक्त सूरदास' के सहगल के गाए राग भटियार की छाया लिए हुए 'निस दिन बरसत नैन हमारे' तो भारतीय फ़िल्म संगीत की आत्मा में रच बस चुका है। भैरवी पर आधारित 'मधुकर श्याम हमारे चोर' (सहगल), 'मधुर-मधुर गा रे मनवा' (खुर्शीद), केदार पर आधारित 'पंछी बावरा चाँद-सी प्रीत लगाए' (खुर्शीद), 'नैना रे देखे उनके नैन' (खुर्शीद); राग देस पर आधारित 'कदम चले आगे मन पीछे भागे' (सहगल), भैरवी में 'सर पर कदम की छैंया' (सहगल, राजकुमारी), दरबारी के सुरों के साथ 'नैन हीन को राह दिखा प्रभु' (सहगल), 'रैन गई अब हुआ सवेरा' (सहगल), 'मैया मोरी मैं नहीं माखन खायो' (सहगल) जैसे गीतों ने लोकप्रियता के कई आयाम तय किए और आज भी सहगल की दर्द भरी और खुर्शीद की लज्ज़त-भरी आवाज़ से सँवारे गए इन गीतों की तर्ज़ यदा-कदा लोग गुनगुनाते मिल ही जाएँगे। 'मधुकर श्याम हमारे चोर'

खुर्शीद

की रेकॉर्डिंग के समय सहगल शराब में काफ़ी धुत थे। पर घबराए हुए ज्ञान दत्त को उन्होंने आश्वस्त किया और इस दशा में ही इतनी लाजवाब रेकॉर्डिंग की कि सभी वाह-वाह कर उठे। 'नैनहीन को राह दिखा प्रभु' तो 14 बार में रेकॉर्ड हुआ और फिर भी सहगल को संतोष नहीं हुआ। अंत में जब अंतिम रेकॉर्ड पूर्ण हुआ तो सहगल इतने भावुक हो गए कि फूट-फूटकर रो पड़े—इतनी मार्मिक धुन थी इस गीत की। राग केदार पर आधारित 'पंछी बावरा' तो खुर्शीद के सर्वश्रेष्ठों गानों में होगा। इसी प्रकार 'नर्स' फ़िल्म का सर्वाधिक प्रचलित गीत था राजकुमारी का गाया 'वो गए वहीं हम मिल के, टुकड़े हो गए मेरे दिल के'। इस गाने में गजब की भावप्रवणता है। फ़िल्म का धीमी लय पर 'कहानी बन गई मोरी' (खुर्शीद) भी लोकप्रिय रहा था।

'कहता है दिल ये बार-बार' (नलिनी जसवंत) जैसे हिट गीत वाली 'आदाब अर्ज़' (जिसमें गायक मुकेश ने भी भूमिका की थी), 'अनबन', 'इंसान', 'छमिया', 'ग़ज़ल' जैसी फ़िल्मों से गुज़रते हुए प्रदीप पिक्चर्स की 'पन्ना दाई' (1945) में ज्ञान दत्त ने बेगम अख्तर से दो दुर्लभ गीत गवाए—'फ़स्ले गुल आई, हमें याद तेरी सताने लगी' और 'मैं राजा को अपने रिझा कर रहूँगी'। खान मस्ताना का गाया 'चले मुसाफ़िर खाक वतन की लेकर हाथों में' भी अच्छा चला था। 'चाँद तारा' (1945) के 'आज मेरा मन डोले रे' (अमीरबाई, चार्ली) में पृष्ठभूमि में बंगाल की लोक रिद्म के साथ बाँसुरी का ज्ञान दत्त ने बेहतरीन प्रयोग किया था। वहीं 'कमला' (1946) के 'कोई प्राणों के तार' में ग़ज़ल शैली के साथ भैरवी के सुरों का बड़ा अच्छा समावेश था। पर 'भक्त सूरदास' वाली कामयाबी ज्ञान दत्त को अपनी आगामी फ़िल्मों ('दूल्हा', 'दीवानी', 'सम्राट अशोक', आदि) में से पुनः 'गीतगोविंद' (1947) में ही कुछ हद तक मिली। मेरा व्यक्तिगत मत है कि इस दशक के मन्ना डे के गाए सबसे सुंदर और रसपूर्ण गीत 'गीतगोविंद' में ही मिलते हैं। धीमी लय में आकर्षक छोटे तानों के साथ 'कित हो नंदकुमार' (मन्ना डे, राजकुमारी), पारम्परिक रसिया से अलग हटकर सृजित अपेक्षाकृत मंद लय में 'अपने ही रंग रंग डारूँ श्याम तोहे' (मन्ना डे, राजकुमारी, साथी), शास्त्रीय आधार पर सृजित 'झन झन झन झन पायलिया बाजे' (मन्ना डे) और ठुमरी अंग के प्रयोग से सुसज्जित 'श्याम मोरी बिंदिया बिखर न जाए' (मन्ना डे, राजकुमारी) के अतिरिक्त मन्ना डे और राजकुमारी के स्वरों में 'ललित लवंग लता परिशीलन' और 'छोड़ सखी आज लाज काहे जिया धड़के' में शृंगार-रस का सुंदर प्रयोग ज्ञान दत्त ने किया था। चार भागो में रचित 'चमकत दमकत दामिनी, शोर करत घनघोर' में भी समूह स्वर के साथ वाद्य-संयोजन में पहले की फ़िल्मों की अपेक्षा अधिक परिपक्वता और विविधता सुनाई देती है। वहीं 'चंदा की चाँदनी' (1948) में ज्ञान दत्त ने गीता राय से लगभग सभी गीत गवाए। 'तो बिन हमार पिया रे रूपक गवाए जिया रे' (गीता, सुलोचना) में बंगाली लोकशैली का आधार स्पष्ट है। 'दुखियारी' (1948) में सुरेन्द्र का 'जब दिल न हो पहलू में तो जीने का मज़ा क्या' और 'दुश्वार ज़माने में गरीबों का गुजर है' सुरेन्द्र के अच्छे गीतों में शुमार किया जा सकता है। इसी फ़िल्म में 'अब किसको सुनाऊँ मैं कथा कृष्ण मुरारी' में लता मंगेशकर ने ज्ञान दत्त के निर्देशन में पहली बार गाया। भजन जैसे शब्दों को गज़ल जैसी धुन और सितार के सुंदर प्रयोग से ज्ञान दत्त ने अनुपम बना दिया है। वॉयलिन के साथ मचलती शैली का 'तुम मीत हमारे हो' (सुरेन्द्र, ज़ोहरा) ठीक ठाक गीत था, पर रूमानी गीत 'तुम हमको भुला दे' (सुरेन्द्र) में 'भुलाना ना' की पुनरावृत्ति अलग ढंग से करके ज्ञान दत्त ने इसे अविस्मरणीय बना दिया है। इसी तरह 'लाल दुपट्टा' (1948) में पहली बार रफ़ी और सुरिंदर कौर को ज्ञान दत्त ने मौका दिया। 'लाल दुपट्टा' का गीता का गाया 'मीठी- मीठी बातें सुना के' गीता की आवाज़

सुरिन्दर कौर

रेहाना, निर्माता सतीश निगम, राज कपूर एवं हीरा सावंत फ़िल्म 'सुनहरे दिन' की शूटिंग पर

की शोखी के साथ अच्छा जमा था। 'नाव' (1948) में भी सुरिंदर कौर के स्वर में 'एक नज़र वो याद है उनकी' जैसी दर्दीली रचना आज भी अभिभूत करती है। 'हुआ सवेरा' (1948) में पुनः पियानो पर दर्द के सुरों के साथ 'जो साँस हूँ मैं' और फ़क़ीरी शैली में 'हँसते-हँसते जाना' जैसे रफ़ी के दो कर्णप्रिय दुर्लभ गीत थे। परन्तु इन सबसे बढ़कर ज्ञान दत्त की उल्लेखनीय फ़िल्म रही 'सुनहरे दिन' (1949)। 'भक्त सूरदास' के बाद लोकप्रियता की दृष्टि से 'सुनहरे दिन' के गानों को ही माना जाएगा। जहाँ 'भक्त सूरदास' में वाद्य-यंत्रों का कम प्रयोग था, वहीं 'सुनहरे दिन' में तर्ज़ को सजाने में पूरे गीत में ऑरकेस्ट्रेशन का अच्छा उपयोग किया गया है। इस फ़िल्म में ज्ञान दत्त पहली बार मुकेश को लाए और मुकेश के गानों को गाते हुए राज कपूर बेहद स्वाभाविक लगते हैं। 'दिल दो नैनों में खो गया, भला हुआ या बुरा हुआ' (मुकेश, सुरिंदर कौर) की रिद्म गजब की है। वहीं 'लो जी सुन लो तुमसे कहते हैं' (मुकेश, सुरिंदर कौर) में धीमी लयबद्धता के साथ दर्द की लहरों को उभारा गया है। 'बहारों ने जिसे छेड़ा है वो साजे जवानी है' (मुकेश) इस फ़िल्म का सबसे लोकप्रिय गीत बना। इसकी lilting, oscillating धुन के साथ ऑरकेस्ट्रेशन का फ़बता प्रयोग वास्तव में इसे पर्दे के किरदार की तरह रेडियो सिंगर का गीत बना देता है। एक और बेहद लोकप्रिय गीत रहा मुकेश और शमशाद के स्वरों में 'मैंने देखी जग की रीत मीत सब झूठे पड़े गए'। राग सारंग पर आधारित 'तुम संग अँखियाँ लगा के' (सुरिंदर कौर) और शमशाद का 'ठंडी-ठंडी हवा जो आए, कोई छोटी-सी बदरिया को छेड़ जाए' भी उस ज़माने के मशहूर गीत थे।

पर इतनी सफल फ़िल्म देने के बाद भी ज्ञान दत्त बहुत जल्द उपेक्षित हो गए। दिलरूबा (1950) में गीताराय और मुकेश से 'चिड़ैया उड़ी जाए रे' और 'ओ लिम्बो' (इन गीतों में मुकेश की आवाज़ है, यह तथ्य कम ज्ञात है) जैसे कुछ सुंदर गीत गवाने और 'घायल' (1951) के 'आज हमें चाँद लागे प्यारा' (बीनापानी), 'दिल टूटा हुआ' (मीना कपूर) और 'अरमान मेरे दिल के' (गीता) जैसे कर्णप्रिय नगमों तथा कहरवा ताल पर पहाड़ी की छाया लिए 'हज़ारों ख्वाहिशें ऐसी' (दुर्रानी) जैसी ग़ालिब की मशहूर गज़ल की कम्पोज़ीशन के बावजूद ज्ञान दत्त का सितारा डूबता गया। ज्ञान दत्त की अगली फ़िल्में 'दरियाई लुटेरा' (1952) और बागेश्वरी की छाया लिए 'आ मेरा कहाँ है मन' (तलत, जिम्मी) की खूबसूरती के बावजूद 'गुले बकावली' (1956) व्यावसायिक रूप में असफल रहीं और ज्ञान दत्त की शख्सियत का किसी को पता भी नहीं चल पाया। रणजीत मूवीटोन का अंत कई संगीतकारों के लिए त्रासद रहा पर सर्वाधिक असर शायद ज्ञान दत्त पर ही हुआ।

वर्षों बाद ज्ञान दत्त का नाम 'जनम-जनम के साथी' (1965) में संगीतकार के रूप में आया, पर लोकशैली के 'दे दे, दे दे मेरा दिल' (सुमन, मुकेश), या 'शमशान जला' (हेमंत) और 'यही है शाने ज़िंदगी' (हेमंत, इंद्राणी राय) जैसे गीत चले नहीं और ज्ञान दत्त का कॅरियर डूबा ही रहा। 3 दिसम्बर, 1974 को उनका निधन हुआ।

पाँचवें दशक की कुछ प्रवृत्तियाँ

पाँचवें दशक के फ़िल्म संगीत की बात करते ही संगीत की कई धाराओं की बात अवश्यम्भावी हो जाती है, और यह और भी महत्वपूर्ण इसलिए हो जाता है क्योंकि इनमें से कई धाराएँ कई जगहों पर एक-दूसरे से कभी मिलते, तो कभी काटते भी चलती थीं। पाँचवें दशक में स्वतंत्रता-आंदोलन अपने चरम पर था। 1942 के भारत छोड़ो आंदोलन में तो पहली बार कांग्रेस संगठन की नियंत्रित असहयोगात्मक जनआंदोलन की जगह 'करो या मरो' का नारा था। देश के विभिन्न हिस्सों में एक लहर ही चल पड़ी थी। द्वितीय विश्वयुद्ध के कारण बंगाल में अन्न का कृत्रिम अभाव पैदा करके जो भयंकर अकाल पड़ा, उसने जनमानस को झकझोड़ कर रख दिया। इप्टा भारतीय कम्युनिस्ट पार्टी के सांस्कृतिक संदेशवाहक के रूप में ही सीमित न था, बल्कि शोषण के विरुद्ध गरीबों के संघर्ष और देशप्रेमी तथा गैर-साम्राज्यवादी विचारधारा की आवाज़ को जगह-जगह पहुँचाने का काम कर रहा था। इस पूरे माहौल में हिंदी फ़िल्म संगीत की गई धाराएँ विकसित हुईं। सबसे महत्त्वपूर्ण परिवर्तन जो इस दशक के फ़िल्म संगीत में आया, वह था स्वतंत्रता-आंदोलन से प्रभावित संगीत। हालाँकि इस दिशा में सेंसर का खतरा प्रबल था, फिर भी प्रत्यक्ष या परोक्ष रूप से ऐसे कई गीतों की रचना हुई जो पराधीनता के विरुद्ध आह्वान करते हुए संघर्षरत होने की प्रेरणा देती थीं। ऐसे गीतों के लिए सामूहिक स्वर उर्फ़ कोरस के माध्यम से जनचेतना को मुखरित करने की कला भी फ़िल्म-संगीत का अभिन्न अंग बनी। हालाँकि बंगाल में इप्टा के माध्यम से जनचेतना को अभिव्यक्त करते सलिल चौधरी के विराट संगीत-सागर के सामने तो हिंदी फ़िल्म-संगीत के क्षेत्र में इस विधा के गीत कम ही बने, फिर भी अनिल विश्वास जैसे कुछ संगीतकारों का इस दिशा में किया गया प्रयास उल्लेखनीय है। पर जहाँ बंगाल में न सिर्फ़ स्वतंत्रता से प्रेरित बल्कि भारतीय समाज के अंदर व्याप्त वर्ग-विभेद और विद्रूपों के खिलाफ़ संघर्ष के स्वर को अभिव्यक्त करता संगीत भी प्रबल था, वहाँ हिन्दी फ़िल्म-संगीत में यह दूसरा पहलू कम ही आया। हालाँकि अनिल विश्वास ने 'निराला हिन्दुस्तान', 'कामरेड्स' के बाद इस दशक में भी 'हमारी बात', 'रोटी', 'भूख' आदि फ़िल्मों में समाज के अन्दर व्याप्त मूलभूत विसंगतियाँ और शोषण को रेखांकित करनेवाले कुछ गीतों में अपनी संगीत-प्रतिभा का कमाल दिखाया और 'जंगल में मंगल' में नंदराम ओंकारजी, 'चौरंगी' में नज़रूल इस्लाम तथा 'धरती के लाल' और 'नीचा नगर' में पंडित रविशंकर ने अपने संगीत के द्वारा शोषित वर्ग के स्वर को लय में ढाला, फिर भी अधिकांशतः यह धारा प्रमुख धारा के रूप में फ़िल्म-संगीत में नहीं आई। लोकसंगीत का बढ़ता इस्तेमाल इस दशक के फ़िल्म-संगीत में अवश्य आया पर चाहे गुलाम हैदर का ढोलक के प्रभुत्व वाला पंजाबी लोकरंजित संगीत हो या नौशाद की अवधी और पूरवी लोकसंगीत की धारा हो, यह लोकसंगीत ग्राम्य-जीवन में व्याप्त शोषण और आकुलता को कम प्रतिपादित करता था तथा लोकसंगीत के उल्लासपूर्ण त्यौहारी तथा रूमानी रंग को ज्यादा।

सामाजिक-राजनीतिक चेतना के गीतों के लिए न सिर्फ़ कोरस बल्कि ऑरकेस्ट्रा का विस्तार भी आवश्यक था और ऐसे गीतों में हमें ऑरकेस्ट्रा का एक अधिक जाग्रत रूप मिलता है। अनिल विश्वास इस दिशा में भी अग्रगामी रहे तथा यह भी कहा जा सकता है कि भले ही लोकसंगीत में राजनीतिक-सामाजिक चेतना का अंश अपेक्षाकृत कम आया, फिर भी यथार्थ की अभिव्यक्ति के लिए संगीत में लोक-मुहावरे का उपयोग भी एक तरह से पहली बार व्यक्ति से बढ़कर सामूहिक स्वर की महत्ता को रेखांकित करनेवाली महत्त्वपूर्ण उपलब्धि तो रहा ही। इस प्रकार इस दशक में पिछले दशक की पारम्परिक महफ़िली सामन्तवादी शैली की बहुतायत से हटकर लोकशैली का प्रभुत्व स्थापित करने में अनिल विश्वास, गुलाम हैदर तथा नौशाद की संगीत-रचनाओं का बड़ा हाथ रहा।

इसी दशक में फ़िल्म-संगीत काफी हद तक पारसी थियेटर शैली के प्रभावों से भी मुक्त हुआ तथा मेलोडी और अभिव्यक्ति

की नई विधाएँ और रीतियाँ विकसित हुईं, जो अगले कई दशकों तक फ़िल्म-संगीत की मूल संरचना को परिभाषित करती रहीं। सी. रामचंद्र जैसे संगीतकारों के माध्यम से पश्चिमी संगीत-शैलियों का भी आगमन हिन्दी फ़िल्म-संगीत में हुआ और बहुत लोकप्रिय भी रहा। लोकसंगीत के अलावा भक्ति संगीत, गज़लों तथा रूमानी सुगम दोगानों की विधा भी इस दशक में निखरी। हालाँकि अभी भी ठेकों और ताल की अदायगी का पुराना रंग मौजूद था पर उस संरचना के भीतर भी कुछ प्रयोग होने लगे थे। उदाहरण के तौर पर बुलो.सी. रानी ने गज़लों की मूल संरचना को कायम रखते हुए ही ताल और अभिव्यक्ति में कुछ परिवर्तन करके कुछ फ़िल्मी गज़लों को एक नया रंग देने की कोशिश की। दशक के अंत तक तो यह कहा जा सकता है कि पिछले दशक की लय और ताल की एकरसता से अलग अब फ़िल्म-संगीत में कई रसों से भरी विविधता भी प्रकट होने लगी थी, जिसका बहुआयामी विस्तार अगले दशक में भरपूर हुआ।

गुलाम हैदर

'बेदर्द तेरे दर्द को सीने से लगा के'

गुलाम हैदर

लता की गायन-शैली को तराशनेवाले तो कई थे—नौशाद, हुस्नलाल, अनिल विश्वास, सी. रामचंद्र वगैरह-वगैरह--पर जिस कम्पोज़र ने सबसे पहले लता में विश्वास किया और यह माना कि लता में चोटी की गायिका बनने के गुण हैं, वे थे गुलाम हैदर। वे गुलाम हैदर ही थे जो लता को लेकर फ़िल्मिस्तान के एस. मुखर्जी के पास मौका दिलाने ले गए थे, और जब मुखर्जी ने लता की आवाज़ सुनकर कहा कि यह आवाज़ चल नहीं सकती, तो गुलाम हैदर ने दो टूक जवाब दिया था कि यह आवाज़ चलेगी ही नहीं बल्कि दौड़ेगी और ऐसा दौड़ेगी कि आप सब इसके पीछे दौड़ते नज़र आएँगे। वह गुलाम हैदर ही थे जो मुखर्जी से इस असफल मुलाकात के बाद लता के साथ मलाड के बॉम्बे स्टूडियो में जाने के लिए गोरेगाँव स्टेशन पर ट्रेन पकड़ने आए थे, और वहीं प्लेटफार्म पर 555 सिगरेट की टिन पर उन्होंने बीट्स देना शुरू किया था। लता ने बीट्स के साथ-साथ गाना शुरू किया था और इस तरह 'मजबूर' (1948) के उस मशहूर गीत 'दिल मेरा तोड़ा हाय मुझे कहीं का न छोड़ा तेरे प्यार ने' की रचना का सूत्रपात हुआ, जिसने लता को हिट गायिकाओं की श्रेणी में ला खड़ा किया।

'गुल बकावली' का पोस्टर

'दिल मेरा तोड़ा' को ध्यान से सुनिए और गुलाम हैदर की संगीत-शैली की विशेषताएँ स्वयं परिभाषित हो जाएँगी। छोटे-छोटे मेलोडी के टुकड़े जो एक-दूसरे से जुड़कर मेलोडी के सम्पूर्ण वाक्य की रचना करते थे, और इन सबके आधार स्वरूप बनाई गई रिद्म की एक अनूठी शैली। रिद्म गुलाम हैदर की कृतियों का आधार स्तम्भ था, और tonalities, रिद्म, मीटर और मेलोडी के नोट्स के जोड़ पर संगीत की एक नई शैली, एक नया अंदाज़ उन्होंने विकसित किया।

नूरजहाँ

गुलाम हैदर का रिद्म मूलतः पंजाब की धरती से उठती अलमस्ती और उल्लास का रिद्म था। हैदराबाद (सिंध) निवासी गुलाम हैदर मूलतः डेंटिस्ट थे पर दाँतों की दुनिया से अधिक रुचि थियेटर में थी जहाँ युवावस्था से ही वे हारमोनियम बजाया करते थे। पंजाबी संगीत-शैली का जादू इसी दौर में विकसित हुआ था। बाबू गणेश लाल से शिक्षा प्राप्त गुलाम हैदर ने कलकत्ते में अल्फ्रेड और अलेक्सैंड्रा

थियेटर में हारमोनियम-वादक के रूप में कुछ दिनों तक काम किया और फिर अनारकली, लाहौर में स्थित ज़ीनोफ़ोन रेकॉर्डिंग कम्पनी में भी काम किया था तथा इस रेकॉर्डिंग कम्पनी के प्रमुख कम्पोज़र के रूप में उभरे थे। उस समय की उमराज़िया बेगम (जिनसे उन्होंने बाद में शादी कर ली) और शमशाद बेगम को भी प्रसिद्धि दिलाने में गुलाम हैदर का ही हाथ था। 1939 में प्रदर्शित फ़िल्म 'गुल बकावली' में एक नए स्वर में मशहूर गीत 'पिंजरे से बिना कैद जवानी' को उन्होंने आजमाया जो बाद में नूरजहाँ के नाम से छा गया। एक और गीत 'बस बस वे ढोलना' को अपार लोकप्रियता मिली और नूरजहाँ का नाम स्थापित हो गया। 'सस्सी पुन्नू' (1939), 'यमला जट' (1940) और 'चौधरी' (1940) जैसी पंजाबी फ़िल्मों में भी गुलाम हैदर ने नूरजहाँ से लोकप्रिय गीत गवाए थे। उमराज़िया और शमशाद के गाए कई गीतों को गुलाम हैदर के ज़ीनोफ़ोन कम्पनी के लिए रेकॉर्ड किया था जिन्होंने धूम मचाई थी। अतः फ़िल्म-जगत की प्रमुख गायिकाओं शमशाद, नूरजहाँ और लता से संगीत-प्रेमियों का साक्षात्कार कराने में गुलाम हैदर का प्रमुख योगदान हमेशा याद किया जाएगा। लाहौर में जन्मी शमशाद को बचपन से ही गाने का शौक था। गुलाम हैदर उनके परिवार के मित्र थे और उन्होंने ही इस आवाज़ की प्रतिभा को पहचानकर मात्र 13 वर्ष की उम्र में शमशाद से उनका पहला गाना रेकॉर्ड कराया 'हथ जोड़ा पखियाँ दा'। यह गीत इतना हिट रहा कि साल भर में ही गुलाम हैदर ने शमशाद से ज़ीनोफ़ोन रेकॉर्डिंग कम्पनी के लिए 200 से अधिक गीत रेकॉर्ड कराए।[1] लाहौर में बन रही शोरी, कारदार और बाद में पंचोली की फ़िल्मों से गुलाम हैदर एक प्रमुख कम्पोज़र के रूप में उभरे। उनकी आरम्भिक फिल्में थीं 'थीफ ऑफ इराक' (1934), 'स्वर्ग की सीढ़ी' (1939) और 'मजनू' (1935), पर इस दौरान की उनकी मशहूर रचनाओं में उमराज़िया बेगम तथा शमशाद बेगम द्वारा गाए 'इक बार फिर कहो ज़रा', 'अटालियाँ दे थल्ले पे गयी', 'महिया साडे', 'मेरा सलाम ले जा', 'दरबार से चला है', 'ओम जय जगदीश', 'पिया जाए देस परदेस', 'रावी के उस पार', 'तेरे पूजन को भगवान', 'कूक पपीहे कूक' और 'यमला जट' के 'कणका दियाँ फसलाँ पक्कियाँ नी' (शमशाद) तथा 'सोहनी पीले खेत नैन', 'सजना तेरे बिन जी' और 'बस बस वे ढोलना' (नूरजहाँ—पंचोली की फ़िल्म 'चौधरी') की विशेष चर्चा की जा सकती है।

शमशाद बेगम

पंचोली की 'खजांची' (1941) को तो फ़िल्म संगीत के क्षेत्र में क्रांतिकारी फ़िल्म माना जाएगा, क्योंकि हिंदी फ़िल्मों से पहली बार एक नए ढंग का रिद्म इस फ़िल्म में आया। यह गुलाम हैदर का पंजाबी रिद्म था जो ढोलक के अद्‌भुत प्रयोग के साथ जनमानस के दिलो-दिमाग पर जादू कर गया। परिशुद्ध सम्मिश्रण और सटीकता का फ़िल्म-संगीत में यह नया मोड़ था, जहाँ तबले के बोलों का अपना अस्तित्व और ढोलक के प्रभुत्व का अपना अलग आचरण था। पुराने दरबारी और रबाबी वादकों (जैसे पटियाला घराने के सितारवादक फ़तेह अली खाँ, क्लैरिनेट वादक सोनी खान) को इकट्ठा कर बनाए गए ऑरकेस्ट्रा की शैली एक ताज़े हवा के झोंके की तरह आई। 'खजांची' का 'सावन के नज़ारे हैं आ हा आ हा' नवयुवतियों के लिए 'liberating' स्वर की नई शैली के साथ घर-घर का गीत बन गया और 'मोहे भाभी ला दो भइया', 'एक कली नाजों की पली', 'लौट गई पापन अँधियारी', 'पीने के दिन आए पिये जा', और पारम्परिक लोकशैली के प्रशंसित 'दीवाली फिर आ गई सजनी' जैसे फ़िल्म के अन्य गीतों के साथ शमशाद बेगम को हिंदी फ़िल्मों की अग्रणी गायिका के रूप में स्थापित कर गया। 'खजांची' का संगीत इतना मक़बूल हुआ कि 'खज़ांची' के नाम से प्रतिभा खोज की एक नई प्रतियोगिता ही शुरू हुई और मज़ेदार बात यह रही कि इसमें बालिका लता मंगेशकर ने भी हिस्सा लिया और विजयी रहीं।

'खजांची' अगर शमशाद के लिए नींव का पत्थर बनी, तो पंचोली की ही 'खानदान' (1942) नूरजहाँ के लिए मीलस्तम्भ साबित हुई। अपने विशिष्ट रिद्म और छोटे टुकड़ों की मेलोडी से सम्पूर्ण रचना की सृष्टि की शैली गुलाम हैदर 'खानदान' के भी 'मेरी अम्मी का राज भला', 'उड़ जा पंछी उड़ जा', 'मार गई रे हमें तेरी नज़रिया', 'आया आया मेरे बाग

का माली' जैसे गीतों में ला धूम मचा गए। पर इस फ़िल्म का सबसे चर्चित गीत 'तू कौन-सी बदली में मेरे चाँद है आजा' (नूरजहाँ) को गुलाम हैदर ने एक अलग अंदाज़ में राग पटदीप पर आधारित करके कम्पोज़ किया। हारमोनियम और तबले की संगत के बीच नूरजहाँ की आवाज़ बड़ी खूबसूरती से ऊपर-नीचे तैरती है और आज भी इस गीत को सुनना रोमांचित कर जाता है। 'मेरे लिए जहान में चैन न करार है' (नूरजहाँ) में भी दर्द बड़ी मीठी मासूम आवाज़ में उभरा है। इसी फ़िल्म में शमशाद का गाया 'पी ले पी ले मोरे राजा' भी लोकप्रिय गीत रहा था।

पंचोली की ही 'ज़मींदार' (1942) कमर जलालवादी के लिखे प्रथम फ़िल्मी गीत और शमशाद के गाए 'दुनिया में गरीबों को आराम नहीं मिलता' की समाजवादी पुकार के लिए हमेशा याद की जाती रहेगी। 'अरमान तड़पते हैं' (शांता आप्टे) और आरती गीत 'मोहे अपने ही रंग में रंग दे' (शांता आप्टे) भी लोकप्रिय रचनाएँ थीं और शमशाद के ही गाए 'मेरे हाल पे बेबसी हो रही है' तथा गज़ल 'लोग मुझको खुश समझते हैं' भी अच्छी ही रचनाएँ थीं। यह पहली बार था कि शांता आप्टे मराठी संगीतकारों से हटकर पंजाब की रिद्म के साथ गा रही थीं। 'मोरे देवरा की हो गई सगाई रे', 'चुभ गई मोरे मन में बलमा नैनवा की सुई' की लोक रिद्म के अतिरिक्त राग देस पर आधारित लोक धुन 'जा री सखी मोरे पी को सुना दे' भी लोकप्रिय रहे थे। पंचोली की जिस आखिरी फ़िल्म में गुलाम मुहम्मद ने संगीत दिया था, वह थी एम. इस्माइल और रागिनी अभिनीत 'पूँजी' (1943)। शमशाद के गाए पंजाब के अपने लोकप्रिय रिद्म के साथ 'गाड़ी वाले दुपट्टा उड़ा जाए रे', 'क्या मस्त हवाएँ हैं', 'बलमवा रे सजनवा रे जब से नैना से नैना लगे', 'कान में बालियाँ झूमर वालियाँ' (एक पुरुष स्वर भी इस गीत में था) और बहुलोकप्रिय 'अब जाग उठे हैं हम' जैसे गीतों के साथ गुलाम हैदर ने फिर अपना सिक्का जमा लिया था।

शमशाद के स्वर को तो गुलाम हैदर एक झरने की तरह गतिमान और सहज मानते थे। लता के आने के पहले तो उनके लिए शमशाद ही सर्वश्रेष्ठ थीं। यहाँ तक कि वर्षों बाद जब गुलाम हैदर पाकिस्तान जा चुके थे और उन्होंने सुना कि शमशाद ने लता की प्रतिद्वन्द्विता से घबराकर शास्त्रीय संगीत सीखना शुरू कर दिया है तो पाकिस्तान से ही उन्होंने डाँटते हुए शमशाद को ऐसा करने से रोका कि इससे उनके स्वर की स्वाभाविक गतिशीलता ही खत्म हो जाएगी।[2]

'पूँजी' की सफलता के कुछ ही दिनों बाद गुलाम हैदर बम्बई के आकर्षण में खिंचे इस महानगरी में आ गए। बम्बई में 'भाई' (1944) में श्याम सुंदर के अलावा गुलाम हैदर भी संगीतकार बने और ज़ीनत बेगम के साथ मिलकर उन्होंने 'साजन आ जा, साजन आ जा, खेलें दिल के खेल' को आवाज़ भी दी। इसी फ़िल्म का एक देशभक्ति गीत 'हिंदू मुस्लिम सिख ईसाई आपस में हैं भाई भाई' भी अच्छा चला था। गुलाम हैदर की प्रसिद्धि को देखते हुए फ़िल्मिस्तान ने अशोक कुमार और नसीम अभिनीत अपनी बहुप्रचारित पहली फिल्म 'चल चल रे नौजवान' (1944) का संगीत उन्हें सौंपा। नसीम और अशोक कुमार के स्वरों में सुंदर बीट्स के साथ एक नया गीत 'सुनो सजनिया' खूब मशहूर रहा। इस फ़िल्म में एक अन्य मशहूर संगीतकार रफ़ीक गजनवी ने भी अभिनय किया था और अपने गीत स्वयं गाए थे। तूफ़ानी माहौल के फ़िल्मांकन के बीच रफ़ीक गजनवी का गाया 'आया तूफ़ान जाग भारत की नारी' इस जमाने के राजनीतिक और सामाजिक आंदोलनों को रेखांकित करनेवाला गीत था। राष्ट्रवाद और साम्प्रदायिकता के खिलाफ सभी धर्मों की एकता का आह्वान करनेवाली इस फ़िल्म में 'जय भारत देश' (अशोक कुमार, साथी), 'बोलो हर हर महादेव अल्लाहो अकबर' (अशोक कुमार, साथी) जैसे गीत भी गुलाम हैदर ने कम्पोज़ किए थे। बॉम्बे टॉकीज़ से छिटके हुए दल के बनाए 'फ़िल्मिस्तान' के बैनर तले इस फिल्म को असफल तो नहीं कहा जा सकता, पर 'किस्मत' जैसी सफलता इसे किसी भी क्षेत्र में न मिल सकी।

पर फ़िल्मी संगीतकारों के एसोसिएशन को बनाने की पहल करनेवाले गुलाम हैदर अपने-आपमें इतने विशिष्ट व्यक्तित्व बन चुके थे कि एक ज़माने में 'खजांची' के बाद पंचोली के आग्रह पर मात्र एक रैले साइकिल माँगनेवाले हैदर ने महबूब प्रोडक्शन की 'हुमायूँ' (1945) के संगीत के लिए महबूब से 50,00 रुपए माँगे। मुगलिया शान-शौकत की इस फिल्म का 'हुस्न कहता जा रहा है बादशाही कुछ नहीं' (शमशाद, पुरुष स्वर, साथी) धीमी लय पर बड़े शानदार ढंग से बढ़कर उस माहौल को जिंदा करने में सफल रहा है। 'रस्मे उल्फत किसी सूरत में निभाए न बने' में गज़ल को एक नई शैली से बड़े लुभावन तरीके से गुलाम हैदर ने गवाया था। 'नैना भर आए नीर' और 'मैं तो ओढ़ूँ गुलाबी चुनरिया' फ़िल्म के हिट गीत थे।

नरगिस फ़िल्म 'हुमायूँ' में

के. आसिफ की प्रथम निर्देशित फ़िल्म 'फूल' (1945—जिसकी कहानी प्रसिद्ध उर्दू कथाकार मंटो ने लिखी थी) में गुलाम हैदर ने सुरैया से 'नैना बावरे पी बिना भए उदास'

और 'कहीं दिल लेने वाला' जैसे गीत गवाए थे। इस फ़िल्म के लिए ही गुलाम हैदर पहली बार बम्बई आए थे (भले ही फ़िल्म कुछ वर्षों बाद रिलीज़ हो सकी) और वह भी तब जब उन्हें पारिश्रमिक के रूप में 25,000/- मिल गए। गुलाम हैदर ही वह पहले संगीतकार थे जिन्होंने संगीतकारों के पारिश्रमिक को भी एक स्तर और एक प्रतिष्ठा दी। ऐतिहासिक फिल्म 'बैरम खाँ' (1946) में शमशाद के गाए पंजाबी उत्फुल्लता लिए 'जब चाँद जवाँ होगा', 'ये चाँदनी रातों में छुप-छुप के मुलाकातें' और मशहूर इबादती गीत 'बेचैन जुदाई में हूँ सरकारे मदीना' (खान मस्ताना के साथ), 'जग बीती' (1946) में सुरैया के 'बिगड़ी हुई तकदीर' और 'गुलशन पे है बहार, कोयल की है पुकार' और मिनर्वा मूवीटोन की 'शमां' (1946) के मेलोडी प्रधान 'इक याद किसी की याद रही' (शमशाद, दुर्रानी) और 'इक तेरा सहारा' (शमशाद) जैसे गीतों ने गुलाम हैदर को लोकप्रियता के शीर्ष पर पहुँचा दिया। 'दिल ठंडी हवा में' (शमशाद, हमीदा) में 'हाँ हाँ हाँ' के प्रयोग से गुलाम हैदर ने फिर 'खजांची' वाला जादू जगाने की कोशिश की। 'शमां' का पार्श्वसंगीत भी अपने जमाने में बड़ा प्रशंसित हुआ था। एक और रोचक तथ्य यह है कि मेहताब पर फ़िल्माए 'शमां' के गीत शमशाद के स्वर में थे, पर इन्हीं गीतों को सुरैया की आवाज़ में भी रेकॉर्ड किया गया था।[3]

'शमां' में जाफ़री बेगम, मेहताब और वास्ती

मिनर्वा की ही 'मँझधार' (1947) में गुलाम हैदर ने सुरेंद्र और खुर्शीद से कुछ सुंदर गीत गवाए थे। खुर्शीद के 'जिसके मिलने की तमन्ना थी', 'आज मोहे साजन घर जाना', 'नाचे है मन मौज मगन में', खुर्शीद-सुरेंद्र के युगल स्वरों में 'मेरा चाँद आ गया मेरे द्वारे' और विशेषकर गति और scale के परिवर्तन के साथ कम्पोज़ किए गए 'क्यों तू मुझसे रूठ गई' (सुरेंद्र) उल्लेखनीय हैं। इस अंतिम गीत में गुलाम हैदर ने ऑरकेस्ट्रेशन में पश्चिमी वाद्य-यंत्रों का भी सुंदर प्रयोग किया है। 'बुततराश' (1947) में गुलाम हैदर ने पहली बार मुकेश से गवाया था और मुकेश, हमीदा का गाया 'दूर कहीं इस जग से' एक आकर्षक कम्पोज़ीशन थी।

नरगिस, बेगम पारा अभिनीत 'मेहँदी' (1947), मीना, अमरनाथ की 'पतझड़' (1948) और प्राण अभिनीत 'बरसात की एक रात' (1948) के गीत तो विशेष सफल नहीं हुए पर बॉम्बे टॉकीज़ की 'मजबूर' (1948) के संगीत ने तो धूम मचा दी। 'मजबूर' ही वह फ़िल्म थी जिसमें लता को पहला महत्त्वपूर्ण ब्रेक मिला था और इसका श्रेय जाता है गुलाम हैदर को। दरअसल 1947 से ही फ़िल्मिस्तान की 'शहीद' के निर्माण की तैयारी बड़े भव्य तरीके से जोर-शोर से चल रही थी। इस फ़िल्म का संगीत सौंपा गया था गुलाम हैदर को। गुलाम हैदर ने उस ज़माने में 'शहीद' के लिए एक लाख रुपए माँगे थे, और अंततः 75,000/- जैसी बड़ी रक़म पर ही माने। गुलाम हैदर ने लता को सुना था और लता से इतने प्रभावित हुए थे कि लता के कैरियर को आगे बढ़ाने की भरपूर कोशिश करते हुए न सिर्फ 'मजबूर' के गीतों के लिए उन्होंने लता को चुना बल्कि 'शहीद' के लिए भी लता के नाम को प्रस्तावित किया। इसी तारतम्य में लता को लेकर वे फ़िल्मिस्तान में 'शहीद' के निर्माता शशधर मुखर्जी के पास लता को लेकर गए। रोचक तथ्य यह है कि 'शहीद' के लिए उन्होंने प्रयोगात्मक तौर पर लता के साथ फ़िल्मिस्तान के मालिक रामबहादुर चुन्नीलाल के पुत्र मदनमोहन (जो आगे चल कर महान संगीतकार बने) के स्वरों में 'पिंजड़े में बुलबुल' नामक एक-दो गाना रेकॉर्ड किया था। पर शशधर मुखर्जी ने लता को सुनने के बाद उनकी आवाज़ को 'बहुत पतली' पाकर 'शहीद' के लिए मनाही कर दी। मदनमोहन की आवाज़ तो अस्वीकृत हुई ही। कहा जाता है कि शशधर मुखर्जी ने लता को सुनने के बाद गुलाम हैदर से कहा कि यह आवाज़ चल ही नहीं सकती। जैसाकि हमने पहले भी कहा है, गुलाम हैदर को लता पर अटूट विश्वास था और उन्होंने छूटते ही जवाब दिया कि 'मुखर्जी साहब, आप जो भी कहें, पर यह आवाज़ चलेगी ही नहीं, बल्कि दौड़ेगी और ऐसी दौड़ेगी कि एक दिन आप और अन्य निर्माता इसके पीछे-पीछे दौड़ेंगे।'

संघर्षरत लता के लिए गुलाम हैदर जैसे बड़े संगीतकार का यह विश्वास एक बहुत बड़ा सम्बल था। फ़िल्मिस्तान से निराश लौटते हुए बॉम्बे स्टूडियो जाने के लिए गोरेगाँव रेलवे स्टेशन पर ट्रेन के इंतज़ार में ही गुलाम हैदर ने 'मजबूर' के लिए 'दिल मेरा तोड़ा' की धुन बनाई, 555 सिगरेट के टिन पर बीट्स दी और वहीं लता उनकी धुन पर गुनगुनाने भी लगीं। लता का पहला सुपरहिट गाना गोरेगाँव रेलवे स्टेशन पर निर्मित हुआ। प्लेटफॉर्म का वह कोना सम्भवतः आज भी होगा, पर गोरेगाँव पर सुबह चर्च गेट जानेवाले आम लोगों की भीड़ में कितने लोग जानते होंगे कि वे जहाँ रोज़ खड़े होते हैं वहीं उनकी आदर्श और पूज्य लता मंगेशकर के कैरियर का पहला मीलस्तम्भी पत्थर निर्मित हुआ था।

बहरहाल 'दिल मेरा तोड़ा, हाय मुझे कहीं का न छोड़ा' लता की विशिष्ट गायकी, गुलाम हैदर की सुंदर धुन और छोटे रिद्मिक बीट्स के उनके खास अंदाज़ के कारण बहुत हिट हुआ। इस गीत की रेकॉर्डिंग के बाद ही गुलाम हैदर ने कह दिया था कि जिस तरह नूरजहाँ को दुनिया के सामने लाने का श्रेय उन्हें मिला था, उसी तरह एक और बड़ी गायिका को इस गीत से वे प्रस्तुत कर रहे हैं और दुनिया इसके लिए हमेशा उनकी शुक्रगुजार रहेगी। लता मंगेशकर ने भी माना है कि शब्दों की स्पष्ट और साफ़ अदायगी की सीख उन्हें गुलाम हैदर से ही मिली थी।[4] ताल और काल बोध पर लता की पकड़ के पीछे भी गुलाम हैदर की शिक्षा का हाथ मानना ही चाहिए।

वैसे 'मजबूर' का सबसे हिट गाना लता और मुकेश दोनों की आवाज़ों में था। नई-नई स्वतंत्रता का जश्न मनाते भारतवासियों के लिए बड़ी सुंदर रिद्म पर केंद्रित 'अब डरने की कोई बात नहीं अँगरेजी छोरा चला गया वो गोरा गोरा चला गया' का अपना अदम्य आकर्षण था और यह गीत भारत की गली-गली में गुनगुनाया गया। गुलाम हैदर को लता पर इतना भरोसा था कि 'मजबूर' के आठ गीतों में से सात में लता की आवाज़ थी। 'अब कोई जी के क्या करे' और 'पिया मिलने को आ' जैसे गीतों में लता की युवा और अपेक्षाकृत कच्ची आवाज़ का अपना आकर्षण है। 'शहीद' (1948) का भी देशभक्ति आधारित 'टोडी बच्चे तेरी ऐसी की तैसी' (ललिता देउलकर, साथी) 'अब डरने की कोई बात नहीं' के सामने तो फीका रहा, पर 'शहीद' के 'वतन की राह में वतन के नौजवाँ शहीद हों' (खान मस्ताना, रफ़ी, साथी) ने तो लोकप्रियता का भी कीर्तिमान बनाया और यह रफ़ी के आरम्भिक हिट गानों में से एक माना जाता है। गीत की धुन, गायकी और रवानगी गजब की है और यह गीत आज भी अकसर सुनाई देता है। 'शहीद' के लिए लता को न गवा पाने के कारण गुलाम हैदर ने सुरिंदर कौर से भी कुछ गीत गवाए और 'हम कहाँ और तुम कहाँ', 'आना है तो आ जाओ' और सबसे बढ़कर 'बदनाम न हो जाए मुहब्बत का फ़साना' सुपरहिट रहा। इस गीत में पुनः गुलाम हैदर ने मेलोडी के साथ रिद्म पर अपनी उस्तादी को भली भाँति सिद्ध किया। 'आजा बेदर्दी बालमा' की lilting धुन को लेकर गुलाम हैदर ने गीता के साथ अच्छा समाँ बाँधा था।

दिलीप और कामिनी कौशल, फ़िल्म 'शहीद'

यह तथ्य भी कम रोचक नहीं है कि अशोक कुमार और गीता दत्त को लेकर 'पद्मिनी' (1948) के लिए गुलाम हैदर ने मज़ेदार राजस्थानी लोकशैली में 'सपेरा बीन बजा गयो रे' कम्पोज़ किया था जो खूब लोकप्रिय भी रहा था। यह फ़िल्म जगत के लिए अफसोसजनक है कि गुलाम हैदर और लता का साथ बहुत कम रहा। रिद्म आधारित कई कम्पोज़र्स के लिए लता को गाने के अवसर कम ही मिल पाए। ओ.पी. नैयर के लिए तो कभी नहीं, आर.डी. ने भी रिद्म आधारित गाने अधिकतर आशा से ही गवाए। यदि गुलाम हैदर पाकिस्तान न चले जाते तो यह सम्भव है कि लता की गायकी का एक और सुंदर पहलू गुलाम हैदर की रिद्मिक कम्पोज़ीशन के साथ हमारे सामने आता। बहरहाल गुलाम हैदर ने लता के साथ जो अंतिम गीत रेकॉर्ड किया वह 'मेहँदी' के लिए था, पर मेहँदी में इस्तेमाल न होकर 'पद्मिनी' (1948) में लिया गया। इस गीत की कहानी लता को आज तक याद है और हरीश भिमानी ने अपनी पुस्तक 'इन सर्च ऑफ़ लता मंगेशकर' में इसका ज़िक्र भी किया है। एक शाम लता को यह संदेश मिला कि गुलाम हैदर लता को 'मेहँदी' की एक रेकॉर्डिंग के लिए बॉम्बे टॉकीज़ स्टूडियो में याद कर रहे हैं। लता गईं भी पर जब वे वहाँ पहुंचीं तो गुलाम हैदर फिल्म का पार्श्वसंगीत रेकॉर्ड कर रहे थे, इसलिए लता ने बाहर इंतज़ार किया। समय बीतता रहा, लता को भूख भी लगी थी, पर संकोची स्वभाव के कारण उन्होंने इस बारे में किसी से न कहा। चाय का इंतज़ाम था, पर पेट खराब होने के कारण लता ने चाय पीना भी मुनासिब न समझा। कई घंटों की भूख-प्यास के बाद गुलाम हैदर बाहर निकले और लता को देखकर चौंक गए। दरअसल वे भूल गए थे कि उन्होंने लता को बुलवाया था लेकिन वे भी कम नहीं थे। उन्होंने तुरंत गीत के बोल मँगवाए और वहीं धुन बनाई। फिर

पियानो पर पूरी मेहनत के साथ गीत को कम्पोज़ किया और जब रेकॉर्डिंग हुई तो सुबह होने वाली थी। रात की इस मेहनत का ही नतीजा बनकर निकली थी वह दिलकश और सम्भवतः गुलाम हैदर की सबसे अच्छी कम्पोज़ीशन 'बेदर्द तेरे दर्द को सीने से लगा के'। इस गीत को 'मेहँदी' में क्यों नहीं शामिल किया गया, यह तो पता नहीं पर इस गीत में लता की आवाज़ अपनी सारी सम्भावनाओं के साथ पूरी ताकत से उभरी है। इसकी धुन भी गुलाम हैदर की रिद्म आधारित रचनाओं से अलग और बेहद परिष्कृत है।

इस गीत को रेकॉर्डिंग के तत्काल बाद गुलाम हैदर पाकिस्तान चले गए। दरअसल विभाजन के बाद ज्यादा पैसों का लोभ भी उनके वादकों को लाहौर जाने से नहीं रोक पाया और अंततः गुलाम हैदर ने स्वयं भी पाकिस्तान का ही रुख किया। बम्बई में उनकी कई फ़िल्में अधूरी ही रह गईं, जिनके बाकी गीत दूसरे संगीतकारों को लेकर बनाए गए। 'कनीज़' (1949) में गुलाम हैदर द्वारा कम्पोज़ जीनत बेगम के 'अपनी रूठी हुई किस्मत को मना लूँ तो हँसूँ' भी एक सुंदर परिष्कृत कम्पोज़ीशन थी, पर गुलाम हैदर के पाकिस्तान जाने के कारण इस फ़िल्म के कई बचे हुए गीतों को हंसराज बहल से और पार्श्वसंगीत ओ.पी. नैयर से कम्पोज कराना पड़ा। 'पुतली' (1950) में भी गुलाम हैदर का बचा हुआ काम अज़ीज़ हिंदी ने पूरा किया। 'आबशार' तो 1953 में रिलीज़ हुई, जिसमें गुलाम हैदर ने मुनव्वर सुलताना से कुछ गीत गवा रखे थे, शेष बचे हुए गीत मुहम्मद शफी और भोला श्रेष्ठ ने कम्पोज़ किए।

गुलाम हैदर बड़े अनुशासित कम्पोज़र थे। अपवादों को छोड़कर वे किसी गीत की धुन बनाने में चार-पाँच दिन लेते थे और फिर लाल मुहम्मद साजरी, फतेह अली खाँ जैसे अपने सहायकों के साथ हफ़्ते भर रिहर्सल चलती थी। लेकिन यह विडम्बना है कि उनकी सबसे मशहूर और प्रशंसित धुनें 'दिल मेरा तोड़ा' और 'बेदर्द तेरे दर्द को सीने से लगा के' तुरत-फुरत में बनाई गई थीं।

पाकिस्तान में भी गुलाम हैदर संगीत देते रहे। नूरजहाँ के गाए हिट गीतों 'बचपन के यादगारों', 'लो चल दिए वो हमको तसल्ली दिए बग़ैर' और 'सखी री नहीं आए साजनवा' वाली 'गुलनार' और 'लैला' उनकी अंतिम फ़िल्में थीं। पर इसी बीच उन्हें कैंसर ने आ घेरा और 1953 में मात्र 45 वर्ष की उम्र में वे इस दुनिया को छोड़ गए।

संदर्भ

1. निर्मल कुमार : लिस्नर्स बुलेटिन, अंक 18, अगस्त-सितम्बर, 1974
2. राजू भारतन : लता मंगेशकर—ए बायोग्राफी
3. हरमिंदर सिंह हमराज़ (सम्पा.) : लिस्नर्स बुलेटिन, अंक 28, फरवरी, 1977
4. हरीश भिमानी : इन सर्च ऑफ़ लता मंगेशकर

गोविंदराम

'कारी-कारी रात, अँधियारी रात में कारे-कारे बदरवा छाए'

गोविंदराम

आज पूर्णतः विस्मृत गोविंदराम एक ज़माने में इतने महत्त्वपूर्ण संगीतकार थे कि जब के.आसिफ ने 'मुगल-ए-आज़म' फ़िल्म की योजना बनाई थी तो संगीतकार के रूप में पहले गोविंदराम को ही चुना था। यह दूसरी बात है कि वर्षों बाद जब 'मुगल-ए-आज़म' की पुनः नए सिरे से शुरुआत हुई तो इस वक्त तक गोविंदराम फ़िल्मी दुनिया को अलविदा कह चुके थे। जिन दो संगीतकारों ने सी.रामचंद्र को सर्वाधिक प्रभावित किया था, उनमें एक थे सज्जाद और दूसरे पं.गोविंदराम।[1]

1937 में फ़िल्म 'जीवन ज्योति' से अपने कैरियर की शुरुआत करनेवाले गोविंदराम ने आरम्भिक फ़िल्मों कमला मूवीटोन, लाहौर की रूप.के. शोरी निर्देशित 'खूनी जादूगर' (1939), 'हिम्मत' (1941), 'आबरू', 'पगली', 'सहारा' और 'सलमा' (सभी 1943) से ही अपना सिक्का जमा लिया। 'हिम्मत' का गीत 'नई दिल्ली के मीठे बेर' लोकप्रिय हुआ था। 'हिम्मत' में गोविंदराम ने पंजाब की मशहूर गायिका उमराज़िया बेगम से भी गीत गवाए थे। यह तथ्य बहुत कम लोग जानते हैं कि 'पाकीज़ा' का मशहूर गीत 'इन्हीं लोगों ने ले लीना दुपट्टा मेरा' 'हिम्मत' में वर्षों पूर्व गोविंदराम के संगीत-निर्देशन में शमशाद ने गाया था और धुन भी लगभग वही थी। दरअसल यह धुन उस ज़माने के कोठों पर गाई जानेवाली एक पारम्परिक प्रचलित बंदिश थी जिसका फ़िल्मों में भी प्रयोग किया गया। 'पगली' का शमशाद का गया 'उम्मीद तड़पती है, रोती है तमन्नाएँ' भी एक अच्छा गीत बना था। नज़ीर और सितारा अभिनीत 'आबरू' और 'सलमा' के ज़्यादातर गीत सितारा ने गाए थे। 'आबरू' में 'इन्हीं लोगों ने ले लीना दुपट्टा मेरा' को गोविंदराम ने पुनः गवाया था। सितारा, दुर्रानी का 'गोरी बाँके नयन से चलाए जदुआ' ने भी अच्छी लोकप्रियता पाई थी। वहीं 'सहारा' का समूह गीत 'गोरी कर ले हार सिंगार' लोकसंगीत की एक अच्छी प्रस्तुति थी। निर्मला और अरुण अभिनीत नानाभाई भट्ट निर्देशित 'चालीस करोड़' (1945) में ज़ोहरा, निर्मला और खान मस्ताना की आवाज़ों का गोविंदराम ने उपयोग किया, पर विशेष सफलता मिली 'लैला-मजनू' (1945) के संगीत को जिसमें रफ़ीक गज़नवी और गोविंदराम दोनों ने संगीत दिया था। इस फ़िल्म का सर्वाधिक उल्लेखनीय गीत गोविंदराम के हिस्से आया। ज़ोहरा और खान मस्ताना के गाए गीत 'जा रहा है कारवाँ ज़िंदगी का कारवाँ', 'मार्चिंग सांग' की रिद्म लिए हुए, एक बुलंद रचना है जिसमें अंतरों के बीच में धुन से तारतम्य स्थापित करते हुए सुंदर आलाप का प्रयोग गाने की सुंदरता बढ़ा देता है। इस गीत ने अपार लोकप्रियता अर्जित की। बातिश, रफ़ी और साथियों की आवाज़

'मुग़ल-ए-आज़म' की योजना (1944-45) के समय की दुर्लभ छबि

में 'तेरा जलवा जिसमें देखा वो दीवाना हो गया' भी मकबूल हुआ था। इसी फ़िल्म के गीत 'सखी की खैर माई बाबा की खैर, तेरा अल्लाह निगहबाँ' तो एक अद्भुत रचना है जिसमें चलती ट्रेन जैसी रिद्म के साथ बिलावल थाट पर गवाए समूह स्वर सम्मोहित कर देते हैं। इसी प्रकार 'हमारा संसार' (1945) का ज़ोहरा का 'कौन जीवन में मेरे समाये जा रहा है' गोविंदराम की सशक्त कृतियों में माना जाएगा और ज़ोहरा के हिट गीतों में शामिल किया जाता है। इसी फ़िल्म में गोविंदराम ने रफ़ी से एक भावनाप्रधान गीत भी गवाया था—'ऐ दिले नाकाम तमन्ना अब जीने की तमन्ना छोड़ दे', जो कि रफ़ी का पहला अच्छा सोलो था। 'नसीब' (1945) में अपने इस सफल हुनर को जारी रखते हुए गोविंदराम ने राजकुमारी से 'उन्हें याद आए गुज़रा ज़माना' और 'हाले दिल तुमको सुनाया जाएगा' जैसी सुंदर ग़ज़लें गवाईं। 'परिंदे' (1945) में पारुल घोष के 'कभी तो जागो ऐ सोने वालो' में गोविंदराम पारम्परिक गज़ल की परिचित शैली लेकर बड़ी सुंदरता से आए थे। सुरेन्द्र अभिनीत 'रत्नावली' (1945) में सुरेन्द्र, नसीम का 'ये मेरे हैं मै इनकी हूँ' भी लोच-भरी एक अच्छी रचना थी। 'सस्सी पुन्नू' (1946) ने 'लैला-मजनू' जैसी सफलता तो नहीं प्राप्त की पर 'मौसम बहार आया क्या खुशग़वार आया' (शमशाद, ज़ोहरा) लोकप्रिय हुआ था तथा रफ़ी, दुर्रानी एवं साथियों के स्वर में 'आशिकों का काफ़िला, ये आशिकों का काफ़िला' भी चर्चित रहा था। वैसे गोविंदराम मूलतः पंजाब स्कूल के ही संगीतकार माने जाते हैं, पर पंजाब स्कूल की खास रिद्म से अलग भी उन्होंने रिद्म के प्रयोग किए। साथ ही रिद्म को उन्होंने मेलोडी पर हावी होने से भी काफ़ी हद तक बचाया। गोविंदराम के संगीत में गुज़रे ज़माने की छाया भी थी और नए बदलते परिवेश का आग्रह भी। पारम्परिकता और प्रयोगात्मकता के बीच एक संतुलित poise कायम रखनेवाले इस दौर के कुछ संगीतकारों का प्रतिनिधित्व करता उनका संगीत उन्हें इस कारण भी महत्त्वपूर्ण बनाता है। वाद्य-संयोजन की क्रमबद्धता या आवाज़ और वाद्य के बीच के संतुलन पर भी वे उतना ही ध्यान देते थे जितना तर्ज़ या लय के सृजन पर।

संगीत और विविधता की दृष्टि से 'दो दिल' (1947) गोविंदराम की सफल फ़िल्मों में गिनी जाएगी। इस फ़िल्म में गोविंदराम ने पहली बार मुकेश की आवाज़ ली। 'कागज़ की मेरी नाव और दूर किनारा है' (सुरैया, मुकेश) अपनी दर्द-भरी डोलती लय और हल्के ऑरकेस्ट्रेशन के सामंजस्य से एक बड़ा प्यारा गीत बन गया है। 'जिया बेईमान, बस में पराये हैं' (मुकेश) में लोकशैली की छाप है जबकि 'प्यार जता के अपना बना के वो गए, वो गए' (मुकेश) की धुन तो साधारण है पर ऑरकेस्ट्रेशन का संयोजन गज़ब का है। 'माटी का बुत आ गया, दिल ही तो है आ गया' (सुरैया, मुकेश) इस फ़िल्म का सबसे हिट गीत रहा था। मुकेश का गाया 'ले मटकी आजा राधा री' की शैली भी इसी गीत से मिलती-जुलती है और इन दोनों गीतों में 'हो हों जी' की तान से मुखड़े का समापन पाँचवें दशक के कई गीतों में प्रयुक्त typical शैली है। 'हमारे सैंया दारू पी के आए' (राजकुमारी, मुकेश) की धुन मस्ती-भरी है और इस गीत में मुखड़े और अंतरे के बीच के इंटरल्यूड में ऑरकेस्ट्रेशन का बड़ा अच्छा प्रयोग है। 'दो दिल' फ़िल्म का एक उल्लेखनीय गीत सुरैया का गाया 'फिर नैन बावरे भर भर आए' भी था जिसमें लयपूर्ण वाद्य-संयोजन के साथ सुरैया की आवाज़ पूरी तन्मयता के साथ उभरती है। 'दो दिल' के संगीत में पं.गोविंदराम ने वॉयलिन का बड़ा सटीक और अभिनव प्रयोग किया था।

राम दरयानी निर्देशित 'दूसरी शादी' (1947) में भी गोविंदराम का संगीत सुपरहिट रहा था। ज़ोहरा का 'टूटा हुआ दिल गाएगा क्या गीत सुहाना' ज़ोहरा के सर्वाधिक लोकप्रिय गीतों में शुमार किया जाता रहा है। शमशाद के गाए 'अब भूली कथाएँ याद न कर, फिर सावन के दिन आएँगे' की तिलक कामोद आधारित तर्ज़ के लोच ने इस गाने को अपार लोकप्रियता तो दी ही, साथ ही अपने ज़माने का एक यादगार गीत बना दिया। एच.एम.व्ही. ने इस गाने को 1946-56 के अपने 'द फैबुलस इयर्स' कैसेट में इसी कारण स्थान दिया है। इसी फ़िल्म में राजकुमारी की मीठी आवाज़ में 'देखो जी आई सुहानी रात' भी बहुत सुंदर रचना थी। 'दूसरी शादी' का एक और सदाबहार हिट गाना था शमशाद, राम कमलानी का गाया 'ओ भंगियो के राजा मेरा नन्हा सा दिल बहला जा' जो फ़िल्म संगीत के अच्छे हास्य गीतों में से एक माना जाता है। राम कमलानी से गोविंदराम ने 'माँ का प्यार' में भी शमशाद के साथ 'मेरी मोटर चले' और 'मोरे लहँगा ला दे मखमल का' जैसे चुलबुले गीत गवाए थे। राम दरयानी निर्देशित 'घर की इज्ज़त' (1948) में भी गोविंदराम के संगीत-निर्देशन में शमशाद और ज़ोहरा के युगल स्वरों में 'बाग में कोयलिया यही गाए रे' काफ़ी मशहूर हुआ था। 'निस्बत' (1949) में भी जलतरंग के उत्कृष्ट प्रयोग के साथ 'ये फूलों का मौसम' (ज़ोहरा) और 'रुखसत हुई हर शोखी' (शमशाद) सुंदर कम्पोज़ीशन्स रही थीं। 'निस्बत' का ही ज़ोहरा का गाया 'जिऊँ

किस तरह कुछ सहारा नहीं' आज हम भूल चुके हैं, पर गोविंदराम की यह रचना एक ज़माने में ख़ूब सुनी और सराही जाती थी।

फ़िल्म-जगत में लता मंगेशकर के आगमन ने कई संगीतकारों की रचनाओं को पहले की अपेक्षा अधिक परिष्कृत बनाया। गोविंदराम भी उनमें से एक थे। लता के आगमन का अर्थ था एक ऐसी गायिका का मिलना जो मुश्किल, ऊँचे सप्तक की रचनाएँ भी आराम से गाने में समर्थ थी। अतः संगीत-सृजन में पहले की वे बंदिशें नहीं थीं जो दूसरी गायिकाओं के सीमित रेंज के कारण संगीतकार को अपने पंख नहीं फैलाने देती थीं। 'भोली' (1949) और 'माँ का प्यार' (1949) में लता के साथ गोविंदराम ने श्रेष्ठ संगीत दिया।

दरअसल, यह बड़े आश्चर्य की बात है कि पाँचवें दशक में लता की आवाज़ की कोमलता को पहचानकर (जो उस समय की गायिकाओं की मर्दानी गायकी से बिलकुल अलग एक नई चीज़ थी) उनसे खूबसूरत मृदु, कोमल और नर्म गाने गवानेवाले संगीतकारों में समीक्षक सी. रामचंद्र, अनिल विश्वास, हुस्नलाल-भगतराम या नौशाद का नाम तो प्रमुखता से लेते हैं, पर गोविंदराम को बिलकुल ही उपेक्षित कर देते हैं। वास्तविकता यह है कि चाहे 'भोली' का भैरवी में रचित 'दिल तोड़ने वाले क्या तूने किया है' हो या 'माँ का प्यार' (1949) का 'सो जा मेरे नन्हे' और 'मूरख मन काहे होत अधीर' हो, या फिर 'चोर' (1950) का बिलावल थाट में सृजित 'तू चंदा क्यों मुस्काए रे' और 'सरकार' (1951) का 'कभी ऐसे में आ जाओ बालम सुहानी रात है' जैसे गीतों को सुना जाए तो इन गानों की कोमलता अन्य चर्चित संगीतकारों की लता के लिए सृजित रचनाओं में कहीं भी उन्नीस नहीं लगती। 'सो जा मेरे नन्हे' तो एक अद्‌भुत कम्पोज़ीशन है जिसमें जलतरंग का बेहद कल्पनाशील प्रयोग है। पता नहीं इस गाने को लोग फ़िल्म-संगीत की अच्छी लोरियों की चर्चा में क्यों विस्मृत कर देते हैं! 'सो जा मेरे नन्हे' और 'तू चंदा क्यों मुस्काए रे' की शैली 'बरसात' (1949) की शंकर-जयकिशन रचित 'हवा में उड़ता जाए मेरा लाल दुपट्टा मलमल का' से कहीं-कहीं मेल खाती है। दरअसल 'सो जा मेरे नन्हे' का रेकॉर्ड <u>N</u> 35915 नम्बर का है जो कि 'हवा में उड़ता जाए' के रेकॉर्ड <u>N</u> 35918 से मात्र 3 रेकॉर्ड के अंतर पर है । दोनों एक ही समय की और एक ही शैली की रचनाएँ हैं, पर जहाँ 'हवा में उड़ता जाए' आज भी लोगों को याद है वही गोविंदराम के 'सो जा मेरे नन्हे' को शायद बहुत कम लोग जानते हैं। शायद अंतर इस बमुश्किल परिभाषित touch या श्रोताओं की पसंद की पकड़ का था जो कुछ संगीतकारों की रचनाओं का अधिक लोकप्रिय बनाता है और कुछ की रचनाओं को कम लोकप्रिय। रोशन भी अपने आरम्भिक दौर में इसी कमी से अभिशप्त रहे थे।

बहरहाल, गोविन्दराम के संगीत पर लौटें तो रिद्म और लय की सुंदरता उनके संगीत का विशिष्ट पहलू था। काफ़िलानुमा गीत या ग्रुप सांग्स में उन्होंने बड़े सृजनात्मक अंदाज़ में रिद्म का प्रयोग किया है। 'जा रहा है कारवाँ ज़िंदगी का कारवाँ', 'आशिकों का काफ़िला, ये आशिकों का काफ़िला' और 'सखी की खैर माई बाबा की खैर' (लैला-मजनू) हो या 'दिल तोड़नेवाले' (भोली) हो या 'जलपरी' (1952) का लता का गाया काफ़ी थाट पर रचित 'बर्बाद हुई दिल की दुनिया' हो—सभी में कहरवा ताल का भिन्न-भिन्न मोहक रूप मिलता है।

इस दौर में गोविंदराम की अन्य उल्लेखनीय रचनाओं में सितार के सुंदर प्रयोग के साथ लता का गाया 'बन गई प्रेम दीवानी मैं तो' (चोर, 1950) और ऑरकेस्ट्रेशन की बेहतरीन mixing को लिए लता का ही 'हम दिल की कहानी क्या कहते' (शादी की रात, 1950) जैसे गीतों को शामिल किया जा सकता है (हालाँकि इस आखिरी गीत में स्वरकार एस. मोहिंदर थे)। 'जीवन-नौका' (1952) का 'प्रेम के सुहाने गीत गा' (रफ़ी, शमशाद) बिलकुल अलग ढंग की रचना है जिसमें रिद्म भी बिलकुल अलग किस्म का है। पाश्चात्य शैली की इस रचना में आलाप का प्रयोग भी हिंदुस्तानी शास्त्रीय संगीत जैसा न लगकर पाश्चात्य सिम्फ़नी जैसा प्रभाव छोड़ता है।

छठे दशक के आरम्भिक दौर में गोविंदराम ने मोहन पिक्चर्स की कुछ फ़िल्मों में बड़े यादगार गीत दिए हैं। 'राजमुकुट' (1950) का मुकेश का 'दो दिलों के मिल जाने का ये बहाना हो गया' फिर से रिद्म पर गोविंदराम की ज़बर्दस्त पकड़ को दर्शानेवाला गीत है। वहीं मोहन पिक्चर्स की 'सरकार' (1951) में लता के लोकप्रिय गीत 'कभी ऐसे में आ जाओ बालम सुहानी रात है' की प्यारी कम्पोज़ीशन के साथ-साथ लता का 'तेरी आबाद दुनिया में हाय बर्बाद हम क्यों हैं' और पुनः 'लैला-मजनू' के मार्चिंग सांग के रिद्म की याद दिलाता रफ़ी और साथियों का 'कदम-कदम पे लिख रही हैं ज़िंदगी कहानियाँ' जैसे गीत इस फ़िल्म को गोविंदराम की एक महत्त्वपूर्ण फ़िल्म बनाते हैं। अशोक कुमार, नलिनी जयवंत अभिनीत 'जलपरी' (1952) भी 'सरकार' की ही भाँति गोविंदराम की उल्लेखनीय फ़िल्म रही। 'बर्बाद हुई दिल की दुनिया' के अतिरिक्त लता का ही 'कारी-कारी रात, अँधियारी रात में कारे-कारे बदरवा छाए, ऐसे में कहीं मेरा चाँद निकल आए तो मज़ा आए' अभिव्यक्ति की दृष्टि से एक अनूठी रचना थी जो एच.एम.व्ही. के लता के 'रेयर जेम्स' कैसेट में भी शामिल किया गया है। जहाँ भैरवी पर सृजित 'बनाने वाले क्या तूने यही दुनिया बनाई है' (आशा, रफ़ी)

में गोविंदराम धुन से एक आराम और serenity का एहसास कराते हैं, वहीं रफ़ी का 'हिम्मत बड़ी है, हिम्मत से काम ले' से अपने सृजित जोशीले गीतों की अगली कड़ी का। इसी प्रकार 'राजमहल' (1953) का आशा का गाया 'कुछ जान न थी पहचान न थी हम उनसे मुहब्बत कर बैठे' भी एक अच्छी रचना थी। गोविंदराम ने कई पंजाबी फ़िल्मों में भी संगीत दिया था जिनमें रूप शोरी की 'मँगती' लाहौर के एक सिनेमा हॉल में 75 हफ़्ते चली थी और उसका संगीत भी बेहद लोकप्रिय रहा था।

पर छठे दशक के नए संगीतकारों की भीड़ में गोविंदराम ज्यादा न चल सके । उनकी अंतिम महत्त्वपूर्ण फ़िल्म थी मधुबाला और शम्मी कपूर अभिनीत लेखराज भाकरी की 'नक़ाब' (1955) जिसमें लता मंगेशकर से पुनः उन्होंने सुंदर गीत गवाए थे। 'ऐ दिल की लगी कुछ तू ही बता इस इश्क में क्या-क्या होता है', 'मेरे सनम तुझे मेरी कसम' और 'हम तेरे सितम का कभी शिकवा न करेंगे' जैसी कृतियाँ लता के अच्छे गीतों में रखी जा सकती हैं। लता और रफ़ी का 'कब तक उठाएँ और ये गम़ इंतजार का' भी एक सशक्त रचना है जिसमें कुछ संगीतकों के अनुसार voice modulation में रफ़ी ने लता को भी पीछे छोड़ दिया है।[2] पर इस फ़िल्म का सबसे मक़बूल गीत बना तलत की लरज़ती आवाज़ में 'तेरा ख़याल दिल को सताए तो क्या करें' जिसका ऑरकेस्ट्रेशन उतना ही सुंदर और सम्मोहक है जितना गाने की धुन और गायकी । इस गीत को सुनने के बाद यह विश्वास करने को जी चाहता है कि अगर गोविंदराम को 'मुगल-ए-आज़म' में संगीत देने का मौका मिल गया होता तो भी 'मुगल-ए-आज़म' के संगीत की कहीं से तौहीन नहीं होती।

संदर्भ

1. सरगम का सफ़र, नई दुनिया विशेषांक, जून, 1989
2. स्नेहल ओजा : 'अभी तो मैं जवान हूँ' शृंखला, इंटरनेट पर

शंकरराव व्यास

'हे चंद्रवदन चंदा की किरण, तुम किसका चित्र बनाती हो'

शंकरराव व्यास

23 जनवरी, 1898 को कोल्हापुर में पैदा हुए और पं. विष्णु दिगम्बर पलुस्कर के शिष्य शंकरराव व्यास फ़िल्मों से पहले शास्त्रीय संगीत के सेतु में सक्रिय रहे। अहमदाबाद में गुजरात संगीत विद्यालय और बम्बई में व्यास संगीत विद्यालय नामक संस्थाओं की स्थापना के अतिरिक्त उन्होंने शास्त्रीय संगीत पर कुछ ग्रंथों की भी रचना की। शंकरराव व्यास पाँचवें दशक की कई महत्त्वपूर्ण धार्मिक और पौराणिक चलचित्रों के संगीतकार के रूप में प्रसिद्ध रहे हैं। अपने संगीत में उन्होंने धर्म और आराधना के उस उदात्त और महिमामयी चरित्र को उद्भाषित किया जो आजकल के व्यावसायिक रात्रि जागरणों और टी.सीरीज के चालू कैसेट्स की बाढ़ में खो सा गया है। हालाँकि अपने शुरुआती संगीत-जीवन में उन्होंने रमणलाल वसंतलाल के प्रसिद्ध उपन्यास पर आधारित 'पूर्णिमा' (1938—जिसमें सरदार अख्तर ने और स्वयं शंकरराव ने कई गीत गाए थे) 'हुकुम का एक्का', 'बिजली' और अभिनेत्री के रूप में बालिका मीना कुमारी की पहली फ़िल्म 'लेदरफेस' (1939—नायक के साथ) और 'हिज़ हाइनेस' (1937), 'मि.एक्स' (1938), 'लेडीज़ ओनली' (1939), 'एक ही भूल' (1940)—जिसमें अमीरबाई कर्नाटकी ने 'पिया मिलन को जाना' और 'मैं फूलों की सुगंध बनकर' (अधिकारी के साथ) जैसे सुंदर भावनात्मक गीत गाए थे—जैसी 'प्रकाश' द्वारा निर्मित सामाजिक फ़िल्मों में संगीत दिया, पर शीघ्र ही 'सरदार' (1940) के अमीरबाई के गाए 'हरि गुण गा ले मनवा', 'मोरे सनम मरण के साथी' जैसे भजनों और उससे भी बढ़कर 'नरसी भगत' (1940), 'भरत-मिलाप' (1942) और 'रामराज्य' (1943) के लोकप्रिय संगीत से उन्होंने अपनी धाक भक्ति-पौराणिक फ़िल्मों के संगीतकार के रूप में जमा ली। 'नरसी भगत' के विष्णुपंत पगणीस के 'राधे गोविंद बोलो रे पंछी', 'नागर नंद जी के लाल', 'वैष्णव जन तों तेने कहिए' और 'नंदलाल पत मोरी राखो' तथा 'घनश्याम रंग रंग जाऊँ' (राम मराठे) और 'दीन दयाल सकल दुख भंजन', 'झूलना झुलावे नंदलाल' (दोनों अमीरबाई कर्नाटकी) जैसे भक्ति गीतों ने अच्छी लोकप्रियता प्राप्त की थी। 'भरत-मिलाप' में शाहू मोडक और अमीर बाई के अलावा उन्होंने जी.एम.दुर्रानी से तुलसीदास की रचना 'रघुकुल रीत सदा चली आई' गवाया तथा तुलसी का भजन 'श्री रामचंद्र कृपालु भज मन' को एक मधुर सामूहिक गीत के रूप में रेकॉर्ड करवाया। लोकगीत की शैली में गवाए 'आए रघुवीर आए गंगा के तीर' (अमीरबाई, साथी) इस फ़िल्म की सबसे उल्लेखनीय कृति थी। 'भरत-मिलाप' से ही शोभना समर्थ और प्रेम अदीब की राम-सीता की जोड़ी बनी थी जो घर-घर आराध्य दृष्टि से देखी जाने लगी थी। फ़िल्म की एक सूक्ति 'भावना से कर्तव्य ऊँचा है' उन दिनों बहुत प्रसिद्ध हुई थी।

पर अभूतपूर्व सफलता व्यास को मिली प्रकाश पिक्चर्स के 'रामराज्य' (1943) से। भीमपलासी पर आधारित उसका गीत 'वीणा मधुर-मधुर कुछ बोल' सरस्वती राणे के स्वर में अमर हो चुका है। राम आप्टे और मधुसूदन के स्वर में काफ़ी पर सृजित 'भारत की एक सन्नारी की हम कथा सुनाते हैं' घर-घर में सुना गया और स्वतंत्रता के इस दौर में गाँधीवादी 'रामराज्य' की परिकल्पना को

एक जीवंत स्वर देने में सफल रहा—भले इस 'रामराज्य' को विभिन्न वर्गों, समुदायों के लोगों ने अपने-अपने नज़रिये से देखा और समझा हो। 'रामराज्य' ही वह अकेली फ़िल्म थी जिसे महात्मा गाँधी ने भी देखा था। शोभना समर्थ इस फ़िल्म में 'सीता' की भूमिका के लिए वर्षों तक याद की जाती रहीं। गाँधीवादी आदर्शों का एक गीत 'ओ चलो हम जनसेवा में, जीवन यह बलिदान करें' शंकरराव व्यास की अगली फ़िल्म 'कविता' (1944) में भी था। वैसे 'कविता' में दुर्रानी और ज़ोहरा के स्वर में प्रेम-गीत 'कैसे निभेगी प्रीत सजनी' भी उन दिनों लोकप्रिय हुआ था। 'रामराज्य' में पृष्ठभूमि से गूँजता एक अत्यंत सुंदर गीत 'हे सूर्यदेव जगदीश' को आज हम भले ही भूल गए हों, पर शास्त्रीय संगीत के गायक फूलाजी बुआ से शंकरराव व्यास ने इस गीत को बहुत खूब गवाया था।

यह उल्लेखनीय है कि मन्ना डे को इन आरंभ के इन वर्षों में अवसर अधिकाशंतः शंकरराव व्यास द्वारा ही दिया गया। न्यू थियेटर्स की समाप्ति के बाद मन्ना डे भी बम्बई आ गये थे। 'रामराज्य' के निर्माता विजय भट्ट इस फ़िल्म के कुछ गीत के.सी.डे. से गवाना चाहते थे। लेकिन के.सी.डे. का सिद्धांत था कि वे सिर्फ अपने ऊपर फ़िल्माए गीत ही गाते थे और प्लेबैक के लिए उन्होंने अपने भतीजे मन्ना डे का नाम सुझाया। भट्ट आशंकित तो थे कि क्योंकि किरदार बूढ़े का था और मन्ना डे की उम्र मात्र 22 वर्ष थी। लेकिन के.सी.डे की सिफारिश पर विजय भट्ट थोड़ी हिचकिचाहट और रिहर्सल के बाद के.सी.डे का गाना मन्ना डे से गवाने को राजी हो गये। शंकरराव व्यास को भी दुविधा थी पर एक बार जब उन्होंने मन्ना डे की आवाज़ सुनी तो उसके कायल हो गये और 'रामराज्य' के लिए वाल्मीकि पर फ़िल्माया गीत रेकॉर्ड करवाया। मन्ना डे ने 'अजब लेख विधि का पढ़ा न जाए', 'चल तू दूर नगरिया' और 'त्यागमयी तू गई' के साथ पूरा न्याय किया। उसके बाद से मन्ना डे शंकरराव व्यास के लिए तो मुख्य पुरुष गायक ही हो गये।

शंकरराव व्यास विजय भट्ट और शंकर भाई भट्ट द्वारा 1934 में स्थापित प्रकाश पिक्चर्स के स्थायी संगीतकार थे और इसके बैनर तले बनी ऐतिहासिक फ़िल्म 'विक्रमादित्य' (1945) में भी उन्होंने अमीर बाई तथा मन्ना डे के स्वरों में देशभक्ति गीतों की रचना की। 'विक्रमादित्य' में भक्ति-देशप्रेम के गीतों के अतिरिक्त मन्ना डे और राजकुमारी के स्वरों में 'है गगन में बादल ठहरे हुए' जैसा काव्यात्मक गीत भी शंकरराव व्यास ने सफलतापूर्वक गवाया। 'घूँघट' (1946) में शंकरराव व्यास ने निर्मला देवी से 'मन के चोर मोरे आये बलम परदेशी' और 'आती है याद तुम्हारी' जैसे रोमांटिक गीतों को गवा कर अपनी एक अलग इमेज़ बनाने का प्रयत्न किया, वहीं जय शक्ति पिक्चर्स की 'मेरा गीत' (1946) तथा प्रभाकर पिक्चर्स की 'वाल्मीकि' (1946) के साथ पहली बार 'प्रकाश पिक्चर्स' के बैनर से हटकर संगीत देते हुए 'आपस के झगड़ों ने देखो भारत को बर्बाद किया' जैसे देशभक्ति गीत के अलावा 'प्रिय एक बार मन मंदिर में रुमझुम करती आना' (मेरा गीत), 'रानी धीरे-धीरे चलो कमर न बल खाए' (वाल्मीकि) जैसे गीत भी बनाए। फिर भी 'वाल्मीकि' में प्रभुत्व सरस्वती राणे, शांता आप्टे और मन्ना डे के नैतिक भक्तिमय गानों का ही रहा। 'वाल्मीकि' में सरस्वती राणे का भीमपलासी पर आधारित 'राग-द्वेष को छोड़ के मनवा' बड़ा लोकप्रिय हुआ। फ़िल्मी दुनिया में इमेज़ आसानी से नहीं टूटती और शंकर राव व्यास का 'भक्त ध्रुव' (1947) 'भक्त बिल्वमंगल' (1948), 'भक्त गोपाल भैया' (1948) में पुनः नीति और भक्तिप्रधान भजनों को ही संगीत में सजाने का मौका मिला। 'भक्त ध्रुव' के 'भजन के दिल दो चार रे' (ललिता देउलकर) में व्यास ने मराठी गायन-शैली का प्रयोग किया था। वहीं 'मेरी नाव पड़ी मँझधार' (ललिता देउलकर) में पूरबी लोकसंगीत और 'मेरा दीपक जुग-जुग जले' (ललिता देउलकर) में बंगाली कीर्तन-शैली का संगीत देकर उन्होंने अभिनव प्रयोग किया। 'मधुकर श्याम हमारे चोर' (भक्त बिल्वमंगल) और 'गुरु बिन कौन बतावे ज्ञान' (भक्त गोपाल भैया) जैसे सूर और कबीर के भजनों ने शंकरराव व्यास को भक्तिप्रधान गीतों के संगीतकार वाली छवि को और पक्का ही कर दिया। 'राम बाण' (1948) में रामायण के प्रसंगों पर आधारित बड़े सुंदर गीतों की रचना भी व्यासजी ने की, साथ ही राजकुमारी और ललिता देउलकर से एक अद्भुत तराना भी गवाया।

शंकरराव व्यास मुख्यतः उस वक्त की शैली के अनुसार ही संगीत-सृजन करते थे तथा अपने भक्ति और नीतिप्रधान गीतों का आधार उन्होंने शास्त्रीय ही रखा। संगीत रूढ़ियों से मुक्त होकर प्रयोग करने की इच्छा उन्होंने कभी नहीं दिखाई। फ़िल्म 'राम-विवाह'

(1949) में उन्होंने पुनः राजकुमारी से उनके सर्वाधिक हिट गीतों में से एक गवाया—'हे चंद्रवदन चंदा की किरण, तुम किसका चित्र बनाती हो'। दरबारी पर आधारित यह गीत इतना मेलोडीप्रधान है कि सुननेवाले को आज पाँच दशकों बाद भी बाँधकर रख देता है।

'भगवान श्री कृष्ण' (1950) में शंकरराव व्यास ने पहली बार आशा भोंसले को मौका दिया—'सुंदर-सुंदर फूल कमल का प्यारा-प्यारा लागे' और पुरानी शैली में 'डोल रही क्यों उसकी नैया' को आशा की उस वक्त की महीन-सी आवाज़ में सुनना एक अलग ही अनुभूति है। फ़िल्म 'राम-दर्शन' (1950) के छः संगीतकारों के सोलह गीतों में व्यासजी के भी एकाध गीत थे और 'जीवन-तारा' (1951) के तीन संगीतकारों में भी व्यासजी शामिल थे। पर छठे दशक में पौराणिक, धार्मिक फ़िल्में कम भी बनने लगीं और लोगों की रुचि भी अलग विधाओं की फ़िल्मों की ओर अधिक होने लगी थी। अपनी छवि के बंधन से जकड़े व्यासजी को अलग प्रकार की फ़िल्मों में अवसर नहीं मिला। उनके हिस्से में वही 'द्रौपदी वस्त्रहरण' (1952), 'इंद्रासन' (1952), 'हरिदर्शन' (1953), 'महापूजा' (1954), 'राजयोगी भरथरी' (1954) और विजय भट्ट की पुरानी फ़िल्मों को संकलित कर बनी 'रामायण' (1954), 'गंगा मैया' (1955) जैसी फ़िल्में ही आती रहीं और 'झन झन झन झन बाजे मोरे मन का सितार' (आशा—'इंद्रासन'), 'आई आई हूँ कर के सिंगार' (द्रौपदी वस्त्रहरण) 'जय गणेश देवा' (रफ़ी—'महापूजा') जैसे गीतों के सृजन में ही उनकी प्रतिभा केन्द्रित होती रही। 'जीवन-नौका' (1950) जैसी सामाजिक फ़िल्में मिलीं भी तो गोविन्दराम के साथ। अधिकांशतः व्यासजी के हिस्से में अपेक्षानुसार वही 'तेरे मुखड़े में त्रिभुवन देख' (मन्ना डे, आशा—जीवन नौका), 'माँ मेरे दुखड़े दूर करों' (आशा—जीवन-नौका) और 'तेरी राम करे रखवाली' (मन्ना डे, साथी—हरिदर्शन) जैसे धार्मिक-नीतिप्रधान गीत ही आते रहे। यह दुर्भाग्य की बात है कि 'हे चंद्रवदन चंदा की किरण' जैसे मधुर गीत के रचयिता को आज सिर्फ़ कुछ ही लोग याद करते हैं।

श्यामबाबू पाठक

'जिस दिन से जुदा वो हमसे हुए'

श्यामबाबू पाठक

संगीतकार श्यामबाबू भी पाँचवें दशक की फ़िल्मी दुनिया की एक जानी-मानी हस्ती थे। श्यामबाबू पाठक का जन्म ग्वालियर में हुआ था, और सात वर्ष की उम्र से ही उनकी विधिवत् संगीत-शिक्षा प्रारंभ हो गई थी। अपने ज़माने के मशहूर शास्त्रीय संगीत के ज्ञाता पंडित विष्णु दिगंबर ने भी उन्हें आशीर्वाद दिया था। श्यामबाबू गाते बहुत अच्छा थे, और इस कारण पूरे देश भर के रजवाड़ों और महफ़िलों से उन्हें गाने का बुलावा आता रहा। इस भ्रमण से उन्हें देश के सभी हिस्सों के लोकसंगीत का भी ज्ञान हुआ जो बाद में चलकर उनके फ़िल्म-संगीत में भी जगह-जगह झलका।

फ़िल्मी दुनिया की तड़क-भड़क से आकर्षित होकर श्यामबाबू फ़िल्म नगरी की ओर उन्मुख हुए। संगीतकार के रूप में 'रॉयल कमांडर' (1938), 'रानी साहिबा'(1940), 'टोरपीडो' (1940) और 'शमशीरबाज़' (1940) जैसी फ़िल्मों की असफलता के बाद प्रसिद्ध निर्देशक वी.एम. व्यास ने सनराइज़ पिक्चर्स की 'मालन' (1942) और 'घर-संसार' (1942) में उन्हें अवसर दिया (हालाँकि 'घर-संसार' में musical effects शांतिकुमार देसाई का था) और 'मालन' के 'माला आई गजरा सुहाना लिए' (शांता हुबलीकर), 'दिल में तेरी याद लिए हम तो चलेंगे'(बलवंत सिंह, शांता हुबलीकर), 'धीरे हवा बहो धीरे' (शांता हुबलीकर), 'ऐसे बेदर्द हो तुम जिस पे कोई ज़ोर नहीं' (कल्याणी) तथा 'घर-संसार' के 'घर-संसार हमारा' (सरदार अख्तर), 'दिल्लगी दिल की लगी हो जाएगी' (कज्जन), 'झूलूँ हिंडोला शाम संग' (कज्जन), 'बादरवा बरसन को जाए' और 'जी में ठानी है कि हँस-हँस के रुलाना होगा' (कल्याणी) जैसे गीतों के द्वारा श्यामबाबू पाठक ने मेलोडी और लोक-रंग का सुंदर समन्वय प्रस्तुत किया। श्री गणेश पिक्चर्स की 'लाजवंती' (1942) उर्फ 'रेडियो सिंगर' में 'इधर खुशी, उधर खुशी', 'आ प्यार करें, आ साजन प्रेम विचार करें', 'मैं प्रीत किए पछताई रे', 'किस किसको सुनाऊँ तपे फुरकत की कहानी', 'राधिका पिक्चर्स' की 'प्यारा वतन' (1942) के 'गाओ कलियो हँस-हँस गाओ', 'बोले बोले कोयलिया काली', 'हमने तेरे खयाल को दिल में बसा लिया' आदि गीतों के श्यामबाबू ने पुनः प्रकृति और मानवीय भावनाओं के कोमल रूप को अपने संगीत से प्रकट किया।

कुछ वर्षों के अंतराल के बाद 'डबल फ़ेस' (1946) जैसी स्टण्ट फ़िल्म में उन्हें मौका मिला। इस फ़िल्म के गीतकार थे उस समय श्यामबाबू की तरह ही संघर्षरत इंदीवर जिनकी गीतकार के रूप में यह पहली फ़िल्म थी। 'दिल एक है, दो है उम्मीदवार, किसको करूँ प्यार' और 'रहते हैं अधूरे ही इंसान के इरादे' जैसे गीतों को उस वक्त भी उपेक्षा ही मिली थी। इंदीवर के गीत और पाठक का संगीत रसिक प्रोडक्शन की 'ब्लैक मार्केट' (1947) में भी था। हालाँकि गीत चले वहीं, पर एक गीत वास्तव में अपनी शब्दावली और धुन दोनों के लिए उल्लेखनीय था—'मौसम की छटा मनोहर हो, तुम्हारी हमारे पास, हमारी तुम्हारे पास दिल की एक धरोहर हो'। इंदीवर के लिखे 'नमक' (1947) के 'किसी की हो जाऊँ' (शबनम हुसैनी) और 'कभी जब उनकी याद आती है' (अंबिका रिज़वी) के संगीतकार भी श्यामबाबू ही थे।

कुछ हद तक श्यामबाबू पाठक को उसी स्कूल का संगीतकार माना जा सकता है जिस स्कूल के एस.एन. त्रिपाठी जैसे संगीतकारों ने आगे चलकर बहुत नाम कमाया। आत्मीय भावनात्मक प्रेम—चाहे वह भक्ति के प्रतीक के रूप में हो या सांसारिक—के कोमल रूप को प्रकट करनेवाला मधुर, मीठा संगीत, भारतीय वाद्ययंत्रों का प्रभाव आदि गुण इस स्कूल की विशेषताएँ थीं। यह भारतीय संगीत का रूमानी छायावादी रूप था, जो वर्षों एक धारा के रूप में फ़िल्म संगीत में बहता रहा। 'कृष्ण सुदामा' (1947) के 'मैं तो सो रही थी बंसी काहे को बजाई' (सुलोचना कदम), 'तुम हो प्रभु चाँद मैं हूँ चकोरा' (कृष्ण गोयल—जिन्हें श्यामबाबू ने ही बतौर गायक पहली बार पेश किया), 'मन प्रेम की गाँठों में मैं' या 'किस्मतवाली' (1947) के 'रातें हमारी प्यारी' (सुलोचना कदम, यशवंत भट्ट), 'तक़दीरवाले' (1948—रामप्रसाद के साथ संगीतबद्ध फ़िल्म) का 'बालों में रात है काली' जैसे गीत कमोबेश इसी शैली की छाया लेकर आए थे। सुलोचना कदम को फ़िल्मों में पहला अवसर देने वाले श्यामबाबू पाठक ही थे।

मोहन सिन्हा निर्देशित 'इम्तिहान' (1949) में श्यामबाबू के कुछ लुभावने गीत थे। इस फ़िल्म में प्रसिद्ध साहित्यकार हरिकृष्ण प्रेमी के लिखे कई गीतों को भी उन्होंने स्वरबद्ध किया था। 'पिया हमको नहीं पहचान पाए' (मोहनतारा), 'मैंने गोदी में चंदा पाया रे' (मोहनतारा), 'आते हैं मेरे घर में, वो आ के चले जाते हैं' (मोहनतारा), 'कोई जा के उन्हें समझाना' (सुरेंद्र), 'मन का अलबेला पंछी' (मोहनतारा), 'ज़िंदगी भाती नहीं और मौत भी आती नहीं' (गीता) जैसे कितने ही मनोहारी गीत मधुबाला और सुरेंद्र के अभिनय से सजी इस सामाजिक फ़िल्म में थे। सामाजिक फ़िल्म 'रेतमहल' (1949) के गीत और मोहन सिन्हा की निर्देशित 'जीत' (1949) में अनिल विश्वास के साथ-साथ संगीत देते हुए श्यामबाबू पाठक के स्वरबद्ध गीत भले ही अनिल विश्वास के लोकप्रिय रहे गीतों के सामने न चल पाए हों, और 'अच्छा जी' (1950) के इंदीवर लिखित गीतों को भी अधिक सफलता भले ही न मिली हो, पर 'जन्माष्टमी' और 'प्रीत का गीत' (दोनों 1950) में पाठक अपनी लावण्यमयी शैली के चरम पर जा पहुँचे। 'साँवरिया बंसीवाला, नंदलाला मतवाला' (अमीरबाई, रफ़ी, साथी), 'हाँ, बहियाँ क्यों हमसे छुड़ाए गए कान्हा' (गीता राय), 'मन माने की रात रे ऊधो' (गीता राय) और मृदंग के साथ बाउल शैली लिए 'मनमोहन आया जी, रो रो पुकारे राधिका' (गीता राय) आदि भरत व्यास के लिखे गीत यदि सुंदर थे, तो पाठक का संगीत राधाकृष्ण के प्रेम की उत्कंठा, आकांक्षा, मुलायमियत और रस से भरपूर था। इस फ़िल्म का गीता के स्वर में भरत व्यास का लिखा 'मोहन हमारे मधुबन में तुम आया न करो' (गीता) का माधुर्य इतना आकर्षक था कि वर्षों बाद इसी मुखड़े को लेकर एक सुमधुर भजन आज के लोकप्रिय गायक उदित नारायण ने अपने स्वर में रेकॉर्ड करवाया। रफ़ी के स्वर में 'देखो 5 पाँवों में पहन के पायलिया' में पाठक ने बाँसुरी और तबले के साथ इस गीत को मेलोडी और रिद्म का एक मनोहर रंग देने में सफलता पाई है। भरत व्यास के लिए इस गीत में रसखान के प्रसिद्ध दोहे की एक पँक्ति 'ताहि अहीर की छोहरियाँ छछिया भरी छाछ पे नाच नचावें' का उपयोग गीत के अंत को प्रभावशाली बनाने में सहायक रहा।

'प्रीत का गीत' (1950) में प्रसिद्ध कवि हरिकृष्ण प्रेमी के कुछ बेहद खूबसूरत गीत थे। मुकेश, गीता और ज़ोहरा के स्वरों में 'एक तरफ जल रहा दीपक' में हवाइयन गिटार का प्रयोग यदि सुंदर था तो इस कर्णप्रिय गीत के साथ मुकेश की सहज बहाव के साथ फैलती आवाज़ और भी खूबसूरत। मुकेश के ही स्वर में 'सखी री आना मेरे मन के आँगन में' में तो श्यामबाबू पाठक की रचनात्मकता अपनी तालबद्ध मृदुता के उत्कर्ष पर लगती है। 'जिसे हम याद करते हैं हमें उसने भुलाया है' (मुकेश) का पुनः हवाइयन गिटार के सुंदर प्रयोग के साथ उभारा दर्द, 'पायल बोले रे' (गीता, ज़ोहरा, मुकेश, साथी) की तरंग, 'किसी से हम नहीं कहते किसी को प्यार करते हैं' (गीता) का लावण्य और 'मैं हूँ पिया नदिया, तुम हो किनारा' (मुकेश, ज़ोहरा) की हवाइयन गिटार, वॉयलिन और जलतरंग से सजी प्रेम भरी मेलोडी—सभी पाठक की सर्वश्रेष्ठ फ़िल्म के रूप में 'प्रीत का गीत' को रेखांकित करते हैं।

भारत भूषण, आशा माथुर
फ़िल्म 'हमारी दुनिया में'

रसिक प्रोडक्शन की 'पर्दा' में भी श्यामबाबू का संगीत था, पर फ़िल्म प्रदर्शित ही न हो पाई। पर छठे दशक में किशोर साहू की भूमिका वाली 'हमारी दुनिया' (1952) में श्यामबाबू एक बार फिर उत्कृष्ट संगीत लेकर आए। इस फ़िल्म को आज भी संगीतप्रेमी लता के गाए संजीदा धुन और अरबी शैली के ऑरकेस्ट्रेशन की छाया लिए मधुर गीत 'जिस दिन से जुदा वो हमसे हुए' के लिए याद करते हैं। पर इसी फ़िल्म में इंदीवर के लिखे तेज रिद्म पर 'ज़िंदगी उसी की जो ज़िंदगी से खेले' (लता) और शृंगारप्रधान 'चंदा की चाँदनी है हो

हा' (मधुबाला झाबेरी), 'चुपके चुपके तीर चले' (गीता) और 'रात अरमाँ की सजी है' (राजकुमारी) जैसे गीतों को आज संगीतप्रेमी पूरी तरह भूल चुके हैं। वैसे इस फ़िल्म में श्यामबाबू भी कई गीतों में ज़माने के बदलते रंग के हिसाब से आधुनिक ऑरकेस्ट्रेशन और रिद्म की प्रधानता लेकर अपनी शैली से बदले हुए लगते हैं। श्यामबाबू की चिरपरिचित शैली के उदाहरण हमें किशोर साहू निर्मित और केदार शर्मा निर्देशित 'सपना' (1952) के 'छम छम बाजी मोरी रे पायलिया' (राजकुमारी), 'फुलवा चुनते काँटों लगो री' (शमशाद, रफ़ी, साथी) और 'ऐ कारी कोयलिया अब कोई को कुहू कुहू कूक रही' (गीता) और टाइगर फ़िल्म्स की 'वनराज' (1952) के 'मुझको चूमे चाँद की किरणें', 'तुम बाग मैं बहार' आदि गीतों में पुनः मिलते हैं। अपनी विशिष्ट शैली से अलग हटकर पारिवारिक कारणों से आए कई वर्षों के अंतराल के बाद श्यामबाबू पाठक पुनः 'बॉम्बे सेंट्रल' (1960) के हलके-फुलके गीतों के साथ वापस आए, पर इस तरह के गीतों को लेकर वे पूर्णतः असफल ही सिद्ध हुए। 'महबूबा' (1965) भी आई-गई ही रही और इस प्रकार एक और गुणी संगीतकार फ़िल्मी दुनिया को अलविदा कर गया। आठवें दशक के आरम्भ में उन्होंने पुनः फ़िल्मों में सक्रिय होने की कोशिश की पर प्रयास असफल ही रहा।

23 नवम्बर, 1980 को श्यामबाबू का बम्बई में 72 वर्ष की आयु में निधन हो गया।

खेमचंद प्रकाश

'घबरा के जो हम सर को टकराएँ तो अच्छा हो'

खेमचंद प्रकाश पाँचवें दशक के फ़िल्मी-संगीत की एक महत्त्वपूर्ण हस्ती थे, पर फ़िल्म संगीत के इतिहास में उनका नाम अंकित किया जाएगा—लता मंगेशकर को पार्श्वगायन का स्टार स्टेटस दिलाने वाले 'आएगा आएगा आनेवाला' के संगीतकार के रूप में। 'महल' (1949) के उनके इसी गीत की बदौलत लता रातों-रात अन्य गायिकाओं की तुलना में आगे निकल गई थीं। फ़िल्म-संगीत के एक अन्य लेजेंड किशोर कुमार के साथ भी खेमचंद प्रकाश का ही नाम जुड़ा है क्योंकि 'ज़िद्दी (1948) में पहली बार किशोर कुमार को पार्श्वगायक के रूप में पेश करने वाले खेमचंद प्रकाश ही थे। इस तरह पार्श्वगायन की दो चोटी की हस्तियों के उदय के साथ इस संगीतकार का नाम हमेशा लिया जाता रहेगा। खेमचंद प्रकाश का जन्म सुजानगढ़ (राजस्थान) में हुआ था। खेमचंद प्रकाश के पिता पं. गोवर्धन प्रसाद जयपुर दरबार के गायक थे और इस कारण बचपन से ही संगीत की प्रेरणा उन्हें मिली। कुछ दिनों तक कत्थक भी उन्होंने सीखा और फिर 19 वर्ष की उम्र में ही जयपुर दरबार में उन्हें भी दरबारी गायक बना दिया गया। फ़िल्म-जगत में आने से पहले खेमचंद प्रकाश नेपाल के भी राजदरबार में गायक रहे और फिर कलकत्ता में रेडियो कलाकार के रूप में काम भी किया। उनका गायन सुनकर प्रसिद्ध संगीतकार तिमिर बरन इतने प्रभावित हुए कि 'न्यू थियेटर्स' के लिए उन्हें अनुबंधित कर लिया। कहा जाता है कि 'देवदास' के 'बालम आए बसो मेरे मन में' और 'दुख के दिन अब बीतत नाहीं' के मूल स्वरकार खेमचंद प्रकाश ही थे, हालाँकि केदार शर्मा जैसी कुछ हस्तियों के अनुसार मूल धुन इन दोनों गीतों की सहगल ने स्वयं बनाई थी। 'स्ट्रीट सिंगर' का एक हास्य गीत 'लो खा लो मैडम खाना' खेमचंद प्रकाश पर ही फ़िल्माया गया था। वहीं खेमचंद प्रकाश की मुलाकात पृथ्वीराज कपूर से हुई जिनके परामर्श पर वे बम्बई आए।

खेमचंद प्रकाश

मूलतः राजस्थानी खेमचंद प्रकाश के संगीत में राजस्थान के लोकसंगीत की धारा तो अक्सर बहती ही थी, पर साथ ही फ़िल्म के कथानक के साथ उनके संगीत का स्वरूप भी बदलता था। शास्त्रीय संगीत का भी अपने गीतों में उन्होंने कई बार बड़ा कर्णप्रिय और सरल उपयोग किया। तिलक कामोद पर आधारित 'अब राजा भये मोरे बलम' (खुर्शीद) और 'मोरे बचपन के साथी छैला भूल जाए ना' (सहगल, खुर्शीद) जैसे 'तानसेन' (1943) के गीत या 'खिलौना' (1942) का 'बिंदिया मोरी चमकत' (स्नेहप्रभा) हो, राग दीपक पर आधारित सहगल का वह निराला गीत 'जगमग जगमग दिया जलाओ' (तानसेन, 1943) हो, मेघ मल्हार पर रचा 'तानसेन' का ही 'बरसो रे बरसो काले बदरा' (खुर्शीद) के संगीत की फुहारें हों, या 'मुमताज़ महल' (1944) का राग देस पर आधारित 'जो हम पे गुज़रती है' की संज़ीदगी और छायानट की मंत्रमुग्ध करनेवाली स्वरलहरियों की उड़ान के साथ 'चंदा रे जा रे जा रे' (ज़िद्दी—1948) में लता की आवाज़ हो, खेमचंद प्रकाश ने हमें कदम-कदम पर अपनी सशक्तता और हुनर से परिचित कराया है। 'महल' का संगीत

तो चरम मात्र था, वरना उनका फ़न तो 1940 के पूर्व से ही दृष्टिगोचर था। सुप्रीम पिक्चर्स की 'गाजी सलाउद्दीन' (1939) और 'मेरी आँखें (1939) से अपने सफ़र को शुरू करनेवाले खेमचंद प्रकाश 'दीवाली' और 'होली' जैसी फ़िल्मों के साथ रणजीत मूवीटोन से जुड़ गए और वर्षों जुड़े रहे। मोतीलाल अभिनीत ये दोनों फ़िल्में खूब सफल रही थीं। विशेषकर 'होली' के 'फागुन की रुत' (अमीरबाई, सितारा), 'पगले मन किसे सुनाता है' (कांतिलाल) 'धनवानों की दुनिया है' (कांतिलाल) और 'दीवाली' का 'काहे पंछी बावरिया क्यों न राग सुनाए' (कांतिलाल, बसंती) खूब हिट हुए थे। पृथ्वीराज अभिनीत रणजीत की ही 'आज का हिन्दुस्तान' (1940) और 'पागल' (1940) में भी खेमचंद प्रकाश का ही संगीत था। सुदामा प्रोडक्शन की 'होली डे इन बॉम्बे' (1941) में शोभना समर्थ और कांतिलाल से 'खींची चितवन चढ़े तेवर, अदा से तन के बैठे हैं' जैसा रस-भरा गीत गानेवाले खेमचंद प्रकाश ने रणजीत की 'परदेसी' (1941) में खुर्शीद से उनका मेलोडी से भरपूर आसावरी थाट पर आधारित सदाबहार हिट गीत गवाया—'पहले जो मुहब्बत से इनकार किया होता'। बेगम अख्तर की मशहूर ग़ज़ल 'ऐ मोहब्बत तेरे अंजाम पे रोना आया' की तर्ज़ की हलकी-सी छाया इस गीत में नज़र आती है। सहायक संगीतकार पं. जगन्नाथ प्रसाद ने खुर्शीद से इस गीत के लिए 15 दिनों तक रियाज़ करवाया, तब जाकर यह गीत रेकॉर्ड हुआ। इसी गीत को बम्बई आकाशवाणी पर गायिका सुरैया ने गाकर एक ज़माने में खूब वाहवाही लूटी थी। कांतिलाल के स्वर में 'भूला-भूला मन' और 'जाता है कहाँ तू', खुर्शीद का ही गाया 'मोरी अटरिया है सूनी' (स्नेहप्रभा के साथ), 'टूट गई है डाली', 'अब कहाँ बसेरा अपना' और 'कित जाऊँ रे मना' भी लोकप्रिय गीत थे जबकि 'दो नैन तुम्हारे' (खुर्शीद, कांतिलाल) पारम्परिक शैली का गीत था। इस दौर के खेमचंद प्रकाश के अन्य गीतों में 'प्यास' (1941) के 'भुलाना न याद करो न करो' (ईश्वरलाल, स्नेहप्रभा) एवं गोप, ईश्वरलाल द्वारा गाया मज़ाकिया गीत 'बनाने वाले घड़ा मुझको बनाया होता', 'शादी' (1941) के पारम्परिक शैली की भैरवी में 'ऐ दिल कहाँ ले जाऊँ' (खुर्शीद), और पारम्परिक गज़ल-शैली का 'कोई किसी से दिल न लगाए' (कांतिलाल) जैसे दर्दीले गीत, लोकशैली पर 'भिंगोई मोरी साड़ी रे' (खुर्शीद, साथी), भक्ति गीत 'हरि के गुण गाऊँ' (खुर्शीद, साथी), 'चाँदनी' (1942) का भावुक गीत 'दिल आह भर ऐसी' (खुर्शीद) 'दुःख सुख' (1942) के मुकेश व सितारा के रूमानी गीत 'अब देर न कर साजन, फूलों से जो मिलना है' और मोरी अटरिया पे आजा हो परदेसी', क्रमशः 'फ़रियाद' (1942) और 'इक़रार' (1942) के शृंगार रसप्रधान 'सैंया ना जाइयो ना जाइयो रे मेरी कसम परदेसवा' (राजकुमारी), बोलचाल शैली का 'रसिया आजा' (शमीम, ईश्वर लाल) और 'रात भई बलम आए द्वारे' (राजकुमारी), 'मेहमान' (1942) का चुहल की शैली में 'मेरी झोली में है मेरे चोर' (केसरी, राजकुमारी), नौटंकी शैली का 'अकेले होंगे री चलो जमुना के पार' (केसरी, राजकुमारी) व मोहक-सी अनूठी शैली में 'ये मेरे भैया ये उनका दिल है ये मेरी भाभी मुखड़े पे तिल है' (शमीम), 'खिलौना' (1942) का तिलक कामोद पर आधारित 'बिंदिया मोरी चमकन लागी' (स्नेहप्रभा), 'मेहमान' का 'ज़रा धीरे हो ज़रा धीरे सजनवा' (शमीम, रामा शुकुल), 'चिराग' (1943) का nostalgic गीत 'आओ फिर से याद करें भूले हुए अफ़सानों को' (वीणा कुमारी, ईश्वर लाल) और lilting धुन पर 'छिटकी हुई किरणें' (ईश्वर लाल), केदार शर्मा निर्देशित 'गौरी' (1943) का पारम्परिक ग़ज़ल शैली में 'मजबूर हैं इस दिल से ये खींच के लाये हैं' (शमीम), 'कुर्बानी' (1943) का वली साहब लिखित 'दिल दिया और ग़म लिया, ये क्या किया' (कौशल्या) और 'विषकन्या' (1943) का भावातिरेक से बहता 'नैया को खिवैया के किया हमने हवाले' (सुरेन्द्र, कंचनमाला) को उनके अच्छे गीतों में स्थान दिया जा सकता है।

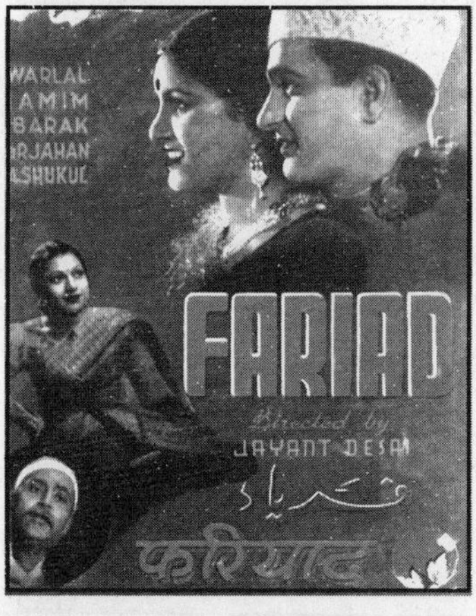

पर इन सभी को पीछे छोड़नेवाला संगीत दिया खेमचंद प्रकाश ने रणजीत की ही संगीतप्रधान 'तानसेन' (1943) में। सहगल और खुर्शीद के गाए गीतों ने तो धूम ही मचा दी और तिलक कामोद की स्वरयात्रा करते 'मोरे बालापन के साथी छैला भूल जइयो ना' (सहगल, खुर्शीद) और 'हो दुखिया जियरा रोये' (खुर्शीद) तथा 'अब राजा भये मोरे बलम' (खुर्शीद), सहगल के ही बहार पर आधारित 'बाग लगा दूँ सजनी', खुर्शीद के मेघ मल्हार पर सृजित 'बरसो रे बरसो काले बदरवा' और मेलोडीप्रधान 'घटा घनघोर, मोर मचाए शोर' जैसे गीत जनमानस के होंठों के गीत बन गए। सहगल का दीपक पर आधारित 'जगमग जगमग दिया जलाओ' के लिए खेमचंद प्रकाश ने महीने भर परिश्रम किया था और यह गीत तो दीपक राग का फ़िल्म-संगीत में किया गया अद्वितीय प्रयोग बनकर आज तक अछूता है। सहगल का ध्रुपद जैसी शैली में गाया 'सप्त सुरन तीन ग्राम', शंकरा पर आधारित 'रुनझुन रुनझुन चाल तिहारी',

'बिना पंख की पंछी हूँ मैं' और ठुमरी शैली में पीलू पर सृजित 'काहे गुमान करे री गोरी' जैसे गीत खेमचंद प्रकाश और सहगल के जुगलबंदी पर आधारित फ़िल्म संगीत के उस भूले-बिसरे मधुर युग की याद दिलाते हैं जब ऑरकेस्ट्रेशन का प्रभुत्व कम था और धुन तथा गायकी के द्वारा शब्दों की भाव-अभिव्यक्ति पर अधिक ज़ोर दिया जाता था। खेमचंद प्रकाश की कभी भी अधिक वाद्यों का प्रयोग करने की नीयत नहीं रही। उनका ऑरकेस्ट्रा बड़ा छोटा-सा होता था तथा बोलों की अभिव्यक्ति से संगीत का वातावरण निर्मित करने पर वे ऑरकेस्ट्रेशन से कहीं अधिक ज़ोर देते थे। भिन्न शास्त्रीय रागों का 'तानसेन' जितना विविध प्रयोग कम ही फ़िल्मों में मिलता है। संगीत की इसी ख़ासियत को लेकर आए खेमचंद प्रकाश रणजीत की ही 'भँवरा' (1944) के 'ठुकरा रही है दुनिया हम हैं कि सो रहे हैं' (सहगल, साथी), 'क्या हमने बिगाड़ा है क्यों हमको सताते हो' (अमीर बाई, सहगल, साथी), 'दिया जिसने दिल लूट लिया' (सहगल), 'मुस्कुराते हुए यूँ आँख चुराया न करो' (सहगल) और 'हम अपना उन्हें बना न सके' (सहगल) जैसे हिट गीतों के साथ। यह प्रश्न बेमानी है कि सहगल की गायकी ने ऐसे गीतों को हिट बनाया या खेमचंद प्रकाश की भावपूर्ण तर्ज़ों ने। दोनों ही एक दूसरे के पूरक थे। वैसे खेमचंद प्रकाश सहगल के बिना भी बेहद लोकप्रिय हो सकते थे। यह उन्होंने नवीन पिक्चर्स की 'भरथरी' (1944) में 'भिक्षा दे दे मैया पिंगला' (सुरेन्द्र) 'भँवरा मधुवन में मत जा' (सुरेन्द्र), 'सूना मंदिर मेरा' (अमीर बाई) और राग हेमंत की ठुमरी शैली में 'चंदा देश पिया के जा' (अमीर बाई) जैसे सुपरहिट देकर सिद्ध कर दिया। 'भर्तृहरि' में शास्त्रीय संगीत के साथ-साथ राजस्थानी लोकधुनों का भी बहुत अच्छा प्रयोग था। 'भर्तृहरि' या 'भरथरी' ही वह फिल्म थी जहाँ अपने ज़माने की मशहूर अभिनेत्री जहाँआरा कज्जन ने अपने अंतिम फिल्मी गीत गाए थे। कज्जन के स्वर में अर्द्धशास्त्रीय बंदिश की तरह 'कूकत कोयलिया' और 'घूँघट पट नाहीं खोलूँ' सुनना आज बहुत रोमांचक अनुभव है। 'मुमताज़ महल' (1944) में भी वली साहब की शायरी को राग देस पर निखारकर 'जो हम पे गुज़रती है सितारों से पूछिए' (खुर्शीद) के साथ-साथ 'न वो भूले न हम भूले' (खुर्शीद) और पारम्परिक ग़ज़ल शैली में 'जला पतंगा तो इसमें कसूर' एवं 'दिल की धड़कन बना लिया' खेमचंद प्रकाश ने बड़े दिलकश अंदाज़ से प्रस्तुत किया। गायिका खुर्शीद के अधिकांश लोकप्रिय गीतों के रचयिता खेमचंद प्रकाश ही रहे हैं। 'हमें भूल मत जइयो हो राजा जी' (ज़ोहरा, अज़ीज) और 'मुहब्बत में सारा जहाँ जल रहा है' (खुर्शीद) तथा 'बुलबुल आ तू भी गा' (खुर्शीद, साथी) जैसे 'शहंशाह बाबर' (1944) के रोमांटिक गीत हों या 'बंसी वाले श्याम बाँसुरिया बजा जा' (खुर्शीद) जैसे 'प्रभु का घर' (1945) और 'बंसी वाले श्याम प्यारे कृष्ण' (खान मस्ताना) जैसे 'धन्ना भगत' (1945) के कृष्णभक्ति गीत हों या खान मस्ताना का गाया मार्मिक 'पंछी पिंजरा हुआ फराना' हो, खेमचंद प्रकाश सभी में संगीत के द्वारा उपयुक्त भाव-सृष्टि करने में हमेशा की तरह सफल रहे।

के.एल. सहगल

मयूर पिक्चर्स की 'चलते चलते' (1947) में खेमचंद प्रकाश ने मन्ना डे को अवसर दिया। 'आज ना आई ना आई हैं दिल की तमन्नाएँ' (मन्ना डे, मीना कपूर) और 'आते हैं वो आहिस्ता-आहिस्ता हौले-हौले' (मीना कपूर, पतंजल) जैसे मधुर गीत या 'गाँव' (1947) का 'वतन की माटी हाथ में लेकर माथे तिलक लगा ले' (मुकेश, गीत राय, साथी) जैसा देशभक्ति गीत और 'मुलाकात' (1947) के 'दिल किसलिए रोता है' (नसीम बानो) और 'अब याद न आ भूलने वाले' (नसीम, बुलो सी. रानी) जैसे दर्दीले और 'काले-काले बादल में गोरा-गोरा चाँद' (बीना पानी मुखर्जी, अरुण कुमार) जैसा रोमांटिक गीत आज हम भूल चुके हैं। यह वह दौर था जब रणजीत मूवीटोन से अलग होकर खेमचंद प्रकाश अन्य बैनर्स के लिए प्रधानता से संगीत देने लगे थे। प्रकाश पिक्चर्स की 'समाज को बदल डालो' (1947) और फ़िल्मिस्तान लिमिटेड की किशोर साहू निर्देशित 'सिंदूर' (1947) में खेमचंद प्रकाश ने अमीर बाई कर्नाटकी से

उनके कुछ बेहतरीन हिट गीत गवाए। 'सिंदूर' के तिलक कामोद आधारित 'कोई रोके उसे', 'कह दे' और 'ओ रूठे हुए भगवान तुझे कैसे मनाऊँ' या 'समाज को बदल डालो' के 'नैना रो-रो के रह जाएँ' और गज़ल शैली में 'तू क्यों याद आता है याद आने वाले' का आकर्षण आज भी कायम है। 'सिंदूर' के 'किसी के मधुर प्यार में मन मेरा खो गया' (सुशील साहू, नसीम अख़्तर), 'सिलवा दे रे सजनवा मोहे रेशमी सलवार' (पारो, सुशील साहू) और 'समाज को बदल डालो' के 'तू क्यों याद आता है याद आने वाले' भी अच्छा चले थे। 'मेरा सुहाग' (1947) का नरेन्द्र शर्मा लिखित 'अब रात अँधेरी है और दूर किनारा है' भी हिट रहा था।

खेमचंद प्रकाश का प्रिय थाट ख़माज था और इसके कई राग-देस, जयजयवंती, झिंझोटी और तिलक कामोद उनके कई गीतों का आधार बने। जैसाकि हमने ऊपर देखा है, राग तिलक कामोद का इतना बहुआयामी प्रयोग इतने सरल तरीके से कम ही संगीतकारों ने किया है। दरअसल खेमचंद प्रकाश के संगीत की विशिष्टता थी उसकी भावप्रवणता और संगीत के माध्यम से कथानक के मूड को प्रकट करने की ख़ासियत। फिल्म-जगत में पार्श्वगायिका के रूप में लता मंगेशकर का आगमन इस भाव अभिव्यक्ति के हुनर को और भी निखार दे गया। लता के स्वर में एक गज़ब की सुर की शुद्धता थी जो खेमचंद प्रकाश की मेलोडी को बहुत रास आई। लता की आवाज़ को लेने में रणजीत के मालिक चंदूलाल शाह सहमत नहीं थे और इस बात को लेकर दोनों का विवाद इतना बढ़ा कि खेमचंद प्रकाश रणजीत छोड़कर बॉम्बे टॉकीज़ में आ गये।

बॉम्बे टॉकीज़ की 'ज़िद्दी' (1948) में लता की इसी सुर शुद्धता को लेकर खेमचंद प्रकाश ने छायानट पर आधारित कर एक बेहतरीन गीत बनाया। 'चंदा रे जा रे जा रे' की मोहकता फ़िल्म-संगीत के इतिहास में कभी नहीं कम हो सकती। लता के अनुसार इस मुखड़े की लम्बी पंक्ति 'चंदा रे जा रे जा रे पिया से संदेसा मोरा लैयो जा' को सुर में ढालना एक बेहद कठिन कार्य था, पर इसे भी खेमचंद प्रकाश ने बेहद सहजता एवं मधुरता से कर दिखाया। इसी फ़िल्म में किशोर कुमार से उनकी ज़िंदगी का पहला गीत गवानेवाले भी खेमचंद प्रकाश ही रहे। सहगल की शैली में गाया किशोर का जयजयवंती की छाया लिए दर्द-भरा 'मरने की दुआएँ क्यों माँगूँ जीने की तमन्ना कौन करे' आज भी कइयों को भाता है। किशोर और लता का पहला फ़िल्मी दोगाना 'यह कौन आया करके ये सोलह सिंगार' भी खेमचंद प्रकाश की ही देन बना। इस वक़्त लता नई-नई थीं और इस गीत की रेकॉर्डिंग के लिए आते हुए लोकन ट्रेन में अपने डिब्बे में खड़े एक दुबले-पतले लड़के को जब अपने पीछे गोरेगाँव स्टेशन पर उन्होंने उतरते देखा तो बड़ी घबड़ाई हुई खेमचंद प्रकाश के पास पहुँचीं और यह शिकायत की कि एक लड़के ने उनका बड़ी देर से पीछा कर रखा है। यह बताने के बाद जब वे पीछे मुड़ीं तो उस लड़के को पास खड़े देखकर वे और भी बदहवास हो गईं। खेमचंद प्रकाश ने जब वाकया समझा तो उन्होंने ज़ोर से ठहाका लगाया और लता से उस लड़के का परिचय कराते हुए कहा कि यह तो अभिनेता अशोक कुमार का भाई किशोर कुमार है और यही तुम्हारे साथ यह गीत गाएगा। इस प्रकार लता और किशोर की यह पहली मज़ेदार मुलाक़ात करानेवाले खेमचंद प्रकाश ही बने। 'ज़िद्दी' से खेमचंद प्रकाश का ऑरकेस्ट्रेशन भी अधिक मुखर लगता है। दरअसल पाँचवें दशक की समाप्ति तक फ़िल्म-संगीत में वाद्य-संयोजन के नये प्रयोग प्रारम्भ हो चुके थे और ऑरकेस्ट्रा में वाद्य-यंत्रों की संख्या भी बढ़ने लगी थी। पर खेमचंद प्रकाश के लिए गायकी की भाव-अभिव्यक्ति अभी भी वाद्य-अभिव्यक्ति से कहीं ऊपर मायने रखती थी। गज़ल-शैली में 'तुझको ओ बेवफ़ा हम ज़िंदगी का आसरा समझे' में उन्होंने लता से ऊँची पट्टी पर गवाकर भी भावों की तन्मयता को सुरक्षित रखा तथा लता की प्रतिभा का एक और आयाम प्रस्तुत किया। पुनः ख़माज थाट के राग झिंझोटी पर आधारित था फ़िल्म का 'चली पी को मिलन बन ठन के दुलहन' (शमशाद)।

'आशा' (1948) में भी खेमचंद प्रकाश ने लता के स्वर के खूबसूरत भावनाप्रधान पहलू प्रस्तुत किये। 'इक मूरत मनोहर रे मोरी अँखियन को तरसाये रे', 'कित जाय बसे हो मुरारी' और 'चेत चेत कर चले रे चतुर नर' जैसे लता के ये आरम्भिक गीत कितने सुंदर लगते हैं! पर इस फ़िल्म के जिस गीत से खेमचंद प्रकाश ने लता की आवाज को रहस्यमयी, रूहानी गुण देने में सफलता प्राप्त की वह था 'दूर जाए रे राह मेरी आज मेरी राह में'। इस गाने के प्रारंभ की शैली एक वर्ष बाद कम्पोज़ किये जानेवाले 'महल' के 'आएगा आने वाला' की शैली का पूर्वाभास कराती जान पड़ती है।

दरअसल लता की आवाज़ का सोना खेमचंद प्रकाश के भावप्रवण संगीत के लिए एक वरदान था। इस वरदान को अपनी सम्पूर्ण अभिव्यक्ति के साथ लता ने प्रकट किया 'महल' (1949) के 'आएगा आने वाला' में। पूरा वाद्य-संयोजन, वॉयलिन के गूँजते नोट्स और लता की रूहानी आवाज़ कथानक के अनुसार रहस्य का रोमांचक अहसास कराने में इतने सफल रहे कि लता इस गीत की बदौलत सुपरस्टारडम' प्राप्त कर गईं। इस गाने की रेकॉर्डिंग लता भी नहीं भूल पाई हैं। लता के ही अनुसार इस गीत की कम्पोज़ीशन और रिहर्सल में पाँच दिन लगे। खेमचंद प्रकाश ने इसे लता से बार-बार गवाया और हर बार थोड़ा-बहुत बदलाव और परिष्कार भी करते

'महल' का
78 आर.पी.एम.रेकॉर्ड

रहे। शायद यही कारण है कि राजू भारतन के अनुसार रेकॉर्डिंग रूम में जाने से पहले यह धुन लता के पूरे अंतर्मन का हिस्सा बन चुकी थी।[1] गीत के आरम्भ की दो पंक्तियाँ बड़े अनूठे ढंग में रेकॉर्ड की गईं थीं। दूर से पास आती आवाज़ का इफ़ेक्ट देने के लिए लता को रेकॉर्डिंग रूम में माइक से दूर खड़ा कर दिया गया और इन दो पंक्तियों को गाते हुए वे धीरे-धीरे माइक की तरफ आईं जिससे असर बखूबी पैदा हुआ। इन दो पंक्तियों को स्वयं कमल अमरोही ने लिखा था। बाद का भाग नक्शब का लिखा हुआ था। आरम्भिक दो पँक्तियाँ 'खामोश है ज़माना' को खेमचंद प्रकाश आरम्भ में नहीं रखना चाहते थे पर कमला अमरोही के ही बार-बार ज़ोर डालने पर वे राजी हो गये और वाकई इन आरम्भिक पँक्तियों से गाने में एक अलग ही प्रभाव पैदा हो गया। आज यह सोचना आश्चर्यजनक लगता है कि खेमचंद प्रकाश इस गीत की धीमी लय को लेकर इतने आशंकित थे कि एक बार तो उन्होंने इस गीत को फ़िल्म से निकालने का ही मन बना लिया था।

'महल' तो वास्तव में खेमचंद प्रकाश का अमर साउंडट्रैक है। पहाड़ी शैली में कम्पोज़ किया गया 'मुश्किल है बहुत मुश्किल, चाहत को भुला देना' (जिसे एक शॉट में ही फ़िल्माया गया था) और 'दिल ने फिर याद किया बेवफ़ा लौट भी आ' जैसे लता के गीतों में कम्पोज़ीशन का एक बेहद परिपक्व जादू है। पर इस फ़िल्म का जो गाना मुझे लाजबाव लगता है, वह राजकुमारी के स्वर में पूरी तल्लीनता के साथ उठता है और अपनी शैली और गायकी की विराटता में तन्मय कर देता है। 'घबड़ा के जो हम सर को टकराएँ तो अच्छा हो' में तो भाव अभिव्यक्ति के अपने हुनर को लेकर खेमचंद प्रकाश का संगीत अपनी चोटी पा गया है। इस गीत में खेमचंद प्रकाश ने स्वयं हारमोनियम बजाया था और भोला श्रेष्ठ ने तबले के ठेके दिए थे। राजकुमारी के स्वर में स्तब्ध वातावरण में दर्द के सुरों को गुंजायमान करती 'मैं वो हँसी हूँ लब पे जो आने से रह गई' और 'एक तीर चला दिल पे लगा' तथा राजकुमारी और ज़ोहरा के स्वर में मुजरा गीत 'ये रात फिर न आएगी' भी सुंदर गीत-रचना के कौशल के अच्छे उदाहरण हैं। फिल्म में राजकुमारी के स्वर में 'सुनो मोरे नैना' नाम का एक और गीत भी रेकॉर्ड किया गया था जो बाद में निकाल दिया गया।

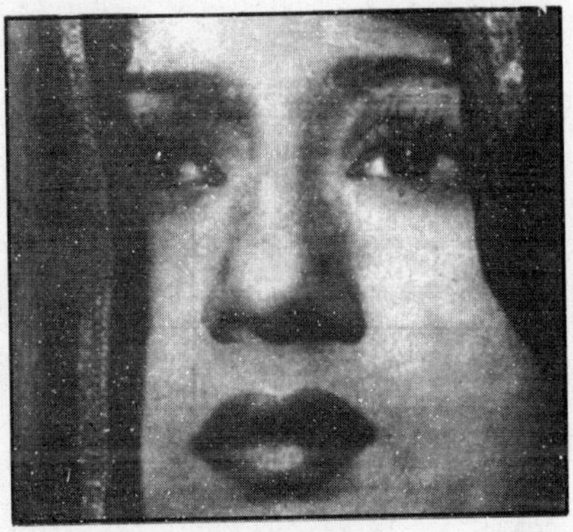
'महल' में मधुबाला

'महल' की तुलना में तो सब कुछ फीका ही लगता है, फिर भी 'सावन आया रे' (1949) के 'ऐ दिल न मुझे याद दिला बातें फरानी' (रफ़ी, शमशाद), 'नहीं फ़रियाद करते हम तुझे बस याद करते हम' (शमशाद) और अपने जमाने में बेहद लोकप्रिय रहे 'खुशी की आस रही दिल को' (खान मस्ताना) तथा 'रिमझिम' (1949) के 'न तुम आए न नींद आई' (शमशाद), 'रह न सकोगे हम बिन सजन पछताओगे' (शमशाद), यमन कल्याण का पुट लिए 'जगमग-जगमग करता निकल चाँद पूनम का प्यारा' (किशोर कुमार) जैसे हिट दर्दीले गीत, 'हवा तू जाकर उनसे कह दे' (रफी, रमोला) जैसा नौटंकी शैली का गीत या 'राजा तोरे बाग की मैं कोयलिया बन जाऊँगी' (शमशाद) जैसे चुलबुले गीतों ने भी खेमचंद प्रकाश की लोकप्रियता को ठोस आधार देने में महत्त्वपूर्ण भूमिका निभाई थी। दशक के अंत में कई नए संगीतकारों की लोकप्रियता की नई लहरों के बीच भी खेमचंद प्रकाश अपनी खास शैली के साथ एक स्थायी भूमिका का बड़ा किरदार निभा रहे थे। 'बिजली' (1950) के नौटंकी शैली के 'बड़ी ढोल में पोल है' (मुकेश, शमशाद, साथी), आशा, मुकेश के लोकशैली के 'हम तो हो गए बदनाम साँवरिया' और पारम्परिक अदायगी की शैली में 'तक़दीर बता क्या मेरी ख़ता जिसकी ये सजा पाती हूँ मैं' (आशा) या 'मुकद्दर' (1950) के भोला श्रेष्ठ के साथ संयुक्त रूप से संगीतबद्ध 'जब नैनों में कोई आन बसे फिर नींद कहाँ' (नलिनी जयवंत) या 'आहें भर भर के तुझे याद किया करती हूँ' (नलिनी जयवंत) जैसी रचनाओं में भी खेमचंद प्रकाश ने ऑरकेस्ट्रेशन की अपेक्षा धुनों और गायकी द्वारा भवना के सम्प्रेषण पर ही अधिक ध्यान दिया। 'मुकद्दर' फ़िल्म वैसे इस मामले में ऐतिहासिक रहेगी कि किशोर और आशा के साथ गाए पहले दोगाने इसी फ़िल्म से हैं–खेमचंद प्रकाश और भोला श्रेष्ठ द्वारा कम्पोज़ 'आती है याद हमको जनवरी-फरवरी' और जेम्स सिंह द्वारा स्वरबद्ध 'एक दो तीन चार, बागों में आई बहार'। वैसे 'मुकद्दर' उनकी अकेली ऐसी फ़िल्म कही जाएगी जिसमें खेमचंद प्रकाश ने भोला श्रेष्ठ के साथ पश्चिमी शैली से कुछ गाने कम्पोज़ किए। 'जब नैनों में कोई आन बसे' (नलिनी जयंत) जैसे गीतों के ऑरकेस्ट्रेशन में पश्चिमी छाया का प्रभाव है। फ़ाली मिस्त्री निर्देशित नरगिस, राजकुमार की 'जान-पहचान' (1950) में गीता और तलत के लयात्मक 'अरमान

भरे दिल की लगन किसके लिए है' में अवश्य ऑरकेस्ट्रा का कुछ अधिक और बड़े सुंदर ढंग से गीत की धुन में पिरोकर प्रयोग हुआ है, पर यहाँ भी गायकी की भाव-अभिव्यक्ति वॉयलिन पर भारी पड़ती है। तलत, गीता के सर्वश्रेष्ठ दोगानों में इस खूबसूरत तर्ज़ को जगह प्राप्त है। गीता का 'नैन मिला के दिल छीना सजन क्यों भूल गये' इस गीत के समक्ष हलका पड़ता है। पर राग केदार पर आधारित 'आओगे ना सावन' (गीता) की मासूमियत बड़ी प्यारी लगती है। शंकरदास गुप्ता के स्वर में 'दुःख से भरा हुआ है दिल' और 'हम क्या बताएँ तुमसे' की धीमी दर्दीली लय बड़ी प्रभावशाली बनी थी। पर 'महल', 'रिमझिम' या 'जान-पहचान' की सफलता की मंज़िलें अधिक नहीं फैल पाईं। दुर्भाग्यवश खेमचंद प्रकाश का बीमारी के बाद 10 अगस्त, 1950 को निधन हो गया। छठे दशक में उनकी मृत्यु के बाद प्रदर्शित 'जय शंकर' (1951) या 'श्रीगणेश जन्म' (1951—मन्ना डे के साथ संयुक्त रूप से संगीतबद्ध) के 'जय गणपति विजय हमारी हो' (सुलोचना कदम, साथी) जैसे भजनों के साथ ही उनकी संगीत-यात्रा समाप्त हुई। 'तमाशा' (1952) उनकी अंतिम फ़िल्म थी, पर उसे वह पूरी नहीं कर पाए और फ़िल्म के अधिकांश गीतों को मन्ना डे और एस.के. पाल ने ही संगीतबद्ध किया। अपनी प्रसिद्धि के दौरान अपनी एकमात्र बेटी सावित्री के लिए उन्होंने अपने पैतृक स्थान सुजानगढ़ में एक आलीशान हवेली बनवाई थी, पर बाद के आर्थिक संकटों में वह भी गिरवी रख दी गई, और आज वह किसी और की अमानत है। खेमचंद प्रकाश नहीं रहे, पर लता और किशोर के कॅरियर की जब भी कोई चर्चा होगी तो उनका नाम हमेशा लिया जाएगा।

संदर्भ

1. राजू भारतन—लता मंगेशकर : ए बायोग्राफ़ी

जी.ए. चिश्ती

'चाँदनी है मौसमे बरसात है'

जी.ए. चिश्ती

जी.ए. चिश्ती फ़िल्म संगीत के तथाकथित पंजाब स्कूल के संगीतकार थे तथा पं. अमरनाथ के सहयोगी भी थे। जालंधर के एक गाँव में 1905 में जन्मे चिश्ती बचपन से ही नात आदि गाया करते थे। लाहौर में उनकी मुलाकात आगा हश्र कश्मीरी से हुई तथा वे आगा साहब के मुलाज़िम हो गये और उन्हीं से संगीत भी सीखा। आगा साहब की मृत्यु के बाद रेकॉर्डिंग कम्पनी में शामिल होकर उन्होंने जद्दन बाई, अमीर बाई कर्नाटकी के कई गैर-फ़िल्मी गीतों को भी कम्पोज़ किया। उनकी पहली फ़िल्में 'दीनो दुनिया' (1936), शोरी की 'सोहनी महिवाल' (1938) आदि रहीं। रावी टॉकीज़, पंजाब की 'पाप की नगरी' (1939) से वे हिंदी फ़िल्मों में आए थे। इसके बाद वे कलकत्ते भी चले गए जहाँ उन्होंने कुछ वर्षों तक कार्य किया।

प्रसिद्ध निर्माता-निर्देशक आर.सी.तलवार की कई फ़िल्मों में चिश्ती का संगीत था। तलवार प्रोडक्शन्स की 'परदेशी ढोला' (1941) नामक पंजाबी फ़िल्म के बाद हिंदी में सर्वप्रथम उनकी 'खामोशी' (1942) में चिश्ती का संगीत था जिसमें उन्होंने रामदुलारी, रमोला और सुंदर सिंह से गीत गवाए थे। रामदुलारी, सुंदर सिंह का 'एक शहजादी थी बेहद हसीं', रामदुलारी के 'नयन हमारे बावरे' तथा 'घबड़ाता है दिल, लहराता है दिल' एवं रमोला, सुंदर सिंह के युगल स्वरों मे वॉयलिन के नोट्स के लहराते प्रयोग के साथ 'चाँदनी है मौसमे बरसात है, आओ डियर क्या सुहानी रात है' जैसे गीत अच्छे चले थे। सुंदरसिंह के स्वर में इस फ़िल्म में एक गीत था 'झूला डालें डार पर' जिसमें यह पँक्तियाँ थीं 'चल चमेली बाग में मेवा खिलाएँगे'। इन्हीं पंक्तियों को लेकर राज कपूर ने अपनी नवें दशक की फ़िल्म 'प्रेम रोग' में एक पूरा गीत ही रचवा डाला था। 'मनचली' (1943) का 'दर्दे ग़म उल्फ़त से लबरेज़ है पैमाना' (रामदुलारी), केदार शर्मा की 'कलियाँ' (1944) के 'साँवरे, बावरे बाँसुरी बजाए जा' (लीला सावंत, वी. भाटकर), मुखड़े और अंतरे के बीच लय परिवर्तन के साथ सृजित 'ले आए बहारों को' (लीला सावंत) और बाँसुरी के सुंदर इंटरल्यूड्स के साथ थोड़ा शास्त्रीय स्पर्श लिए 'गैया घर लाए गिरधारी' (लीला सावंत, ललिता परूलेकर), 'शुक्रिया' (1944—जिसके गीत 'एक शहर की लौंडिया नैनों के तीर चला गई' को सेंसर द्वारा प्रतिबंधित भी किया गया था) का तेज रिद्म पर कम्पोज़ किया 'हमारी गली आना अच्छा जी' (ज़ीनत बेगम, अमर) और सुंदर के गाए हिट गीत 'पीना पिलाना भुला गई', 'अलबेली' (1945) का लोकरस के लोच के साथ सृजित 'कोई ले लो सैंया मीठे चमन के अंगूर', 'ज़िद' (1945) के सुंदर के गाए 'मुद्दत बाद आए हो' या 'चला जा रहा हूँ किनारे-किनारे', नारंग प्रोडक्शन्स लाहौर की 'यह है ज़िंदगी' (1947) का 'अरमान भरे दिल को कैसे

बहलाएँ हम' तथा रावल प्रोडक्शन्स, कलकत्ता की 'झूठी कसमें' (1948) के 'सावन के दिन आए, पिया नहीं आए' (संध्या मुखर्जी) और 'अब आँसू पोंछ डालो, चुप रहो रोने से क्या हासिल' (धनंजय) जैसे गीतों के अंदर चिश्ती के संगीत में कहीं पंजाबी अंग की रवानगी तो कहीं पारम्परिक गज़ल-शैली की अदायगी झलकती है। चिश्ती ने अपने संगीत में भावों को उभारने के लिए वॉयलिन का भरपूर सुंदर उपयोग किया। प्रसिद्ध संगीतकार खय्याम कुछ अरसे तक चिश्ती के ही सहायक रहे थे। हुआ यूँ कि बम्बई में असफलता के बाद खय्याम लाहौर चले गए थे, और एक बार यूँ ही जब चिश्ती अपने साजिंदों के साथ किसी धुन पर काम कर रहे थे, तो चिश्ती किसी कारणवश स्वयं ही अपनी बनाई जा रही धुन का टुकड़ा भूल गए। जब काफ़ी परेशान हो गए तो फिर वहीं बैठे खय्याम ने उनसे इजाजत लेकर पूरा टुकड़ा बता दिया। चिश्ती इतने प्रभावित हुए कि उन्होंने खय्याम को अपने पास रख लिया पर कोई पारिश्रमिक उन्हें नहीं दिया। एच.एस.रवेल निर्देशित 'दो बातें' (1949—के.पी.सेन के साथ) और 'जवानी की आग' (1951) तथा एस.डी. नारंग निर्देशित 'नई भाभी' (1950—हरबक्श सिंह के साथ) में भी चिश्ती का संगीत था। दाउद चाँद की निर्देशित 'सस्सी' भले ही प्रदर्शित न हो पाई हो, पर इस फ़िल्म में चिश्ती ने 'चाँदनी रात में आ', 'न ये चाँद होगा न तारे रहेंगे' और 'निगाहें मिलाकर ज़रा मुस्करा दो' जैसे कई रूमानी गीतों की धुनें बनाई थीं। यह एक अत्यन्त रोचक और अनजान तथ्य है कि 'न ये चाँद होगा न तारे रहेंगे मगर हम हमेशा तुम्हारे रहेंगे' के न सिर्फ़ बोल बल्कि धुन भी वही है जो 'शर्त' के इस मशहूर गीत की है। सम्भवतः यह गीत विभाजन के बाद पाकिस्तान में जा कर चिश्ती ने इस मशहूर गीत की नक़ल में रचा हो, हालाँकि इस बारे में स्पष्ट जानकारी का अभाव है।

'फेरे' का एक दृश्य

विभाजन के बाद चिश्ती ने पाकिस्तान जाकर 'लख्ते जिगर' में नूरजहाँ से 'चंदा ओ चंदा मेरे दामन' जैसा सुंदर गीत गवाया। 'लख्ते जिगर' में ही नूरजहाँ की गाई लोरी 'चंदा की नगरी से आजा' को पाकिस्तान के रेकॉर्डिस्ट और संगीतकार अफ़ज़ल हुसैन ने अद्वितीय की संज्ञा दी थी। 'चंदा की नगरी से आ जा' और 'वो ख्वाब सुहाना टूट गया' जैसे गीत चिश्ती के सर्वश्रेष्ठ गीत भाने जाते हैं। कई पाकिस्तानी फ़िल्मों जैसे 'फेरे' (जो पाकिस्तान की पहली सिल्वर जुबली हिट थी और जिसमें मुनव्वर सुल्ताना और इनायत का गाया 'अँखियाँ लागे ना' जैसा मशहूर गीत भी था), 'जेलदार' (रूना लैला का गाया 'दो दिल एक दूजे को' इसमें शामिल था), 'पट्टन', 'सज्जन प्यारा', 'दूल्हा भट्टी', 'विछोरा' (नूरजहाँ का गाया 'परदेसी नल प्यार' हिट रहा था) में चिश्ती का संगीत था। चिश्ती बड़े सीधे स्वभाव के थे और उन्हें बाबाजी कहकर बुलाया जाता था। बाद में चिश्ती फ़कीर बन गए और 90 वर्षों से अधिक तक जीते रहे।[1] 25 दिसम्बर, 1994 को 89 वर्ष की उम्र में लाहौर में उनका निधन हुआ।

संदर्भ

1. हरमिंदर सिंह 'हमराज़' सम्पा. : लिस्नर्स बुलेटिन, फ़रवरी, 1989

नौशाद

'मोहे पनघट पे नंदलाल छेड़ गयो रे'

नौशाद

एक ज़माना था जब फ़िल्म 'दास्तान' के ट्रेलर में ऊँचे स्वरों में यह उद्घोषणा सुनाई देती थी—'चालीस करोड़ में एक ही नौशाद'। किसी संगीतकार को इतनी प्रतिष्ठा फ़िल्म-जगत में उस वक्त तक कभी नहीं मिली थी। नौशाद पहले संगीतकार थे जिन्होंने अपनी शख्सियत और अपने हुनर से संगीतकार का दर्जा भी नायक या निर्देशक के समकक्ष ला खड़ा किया। नौशाद ऐसे संगीतकार रहे हैं जिन्होंने फ़िल्मों में भी अपनी रचनाएँ भारतीय संगीत-पद्धति के अंदर ही विकसित कीं, और राग आधारित स्वरक्रम के साथ कभी तो विशुद्ध शास्त्रीय अंदाज़ की बंदिशें सृजित कीं, तो कभी शास्त्रीय संगीत के आधार में लोकसंगीत के अस्तित्व को स्वीकार करते हुए बहुत ही सरस और मीठे गीत बनाए। शास्त्रीय संगीत का नौशाद जितना सुगम रूप कम ही संगीतकारों में दिखाई देता है। पचास साल से अधिक सक्रिय रहनेवाले नौशाद ने अपने अंतिम दौर तक भी शास्त्रीय संगीत के इस आधार को बदलते ज़माने के बावजूद काफ़ी हद तक पकड़कर रखा, यह अपने-आपमें उनकी विशिष्टता को रेखांकित करने के लिए पर्याप्त है।

नौशाद का जन्म लखनऊ के कांधारी बाज़ार इलाके में 25 दिसम्बर, 1919 में हुआ था। तीन साल की उम्र में ही एक बार नौशाद ऐसे बीमार पड़े कि साँस रुक गई और घर-परिवार में मौत का सन्नाटा छा गया, पर कमाल देखिए कि बालक नौशाद की साँस वापस आ गई और मातम-भरे चेहरों पर खुशी के फूल खिल उठे। अपने संगीत से दुःख को राहत में बदलने का काम नौशाद आगामी वर्षों में बार-बार करेंगे, यह उस वक़्त किसको पता था!

नौशाद को बचपन से ही संगीत के प्रति गहरी रुचि थी। अपने एक साक्षात्कार में उन्होंने बचपन की उस घटना का बड़ा रोचक वर्णन किया है जब बाराबंकी के पास देवा शरीफ़ के उर्स में उन्होंने पेड़ के नीचे बैठे एक बाबा रशीद खाँ को 'छूटे असीर वो बदला हुआ ज़माना था' गाते सुना था, और गाने तथा बाँसुरी के सुरों से वे बहुत प्रभावित हुए थे। जब उनके वालिद अपने नए मकान घसियारी मंडी में परिवार को ले गए तो वहीं पास में एक साज़ की दुकान हुआ करती थी—एस. भोंपू एंड सन्स। जब भी नौशाद इस दुकान के पास से गुज़रते तो ठिठककर घंटों साज़ों को निहारते रहते थे। एक बार दुकान मालिक गुरबत अली ने फटकार दिया कि क्या रोज़-रोज़ का तमाशा लगा रखा है! नौशाद की विनती पर कि वे घंटे-दो घंटे दुकान में बैठने की इजाज़त दे दें, बदले में नौशाद कोई भी खिदमत कर देंगे, गुरबत अली मान गए। नौशाद बड़े लगन से दुकान की सफ़ाई करते, साज़ों को झाड़ते-पोंछते, उस्ताद गुरबत अली का हुक्का भी भर देते। उस्ताद भी उनकी सेवा के कायल हो गए और वक्त निकालकर नौशाद साज़ों के तारों पर हाथ भी साफ़ करने लगे। वह ज़माना मूक फ़िल्मों का था और लखनऊ के रॉयल सिनेमा में जब कोई मूक फ़िल्म लगती थी तो पर्दे की बगल में कुछ साजिंदे बैठकर दृश्य के हिसाब से बजाया करते थे। नौशाद जब भी फ़िल्म देखने जाते तो उनका ध्यान फ़िल्म के पर्दे पर कम और साजिंदों पर ज़्यादा रहता था। उन धुनों को अगले दिन दुकान में बैठकर साज़ों पर निकालने की कोशिश भी वे हमेशा ही करते

थे। रॉयल सिनेमा में हारमोनियम बजानेवाले लड्डन साहब के तो पीछे बैठकर वे मनोयोग से सुनते जाते थे और उनकी फ़नकारी का जायज़ा लेते रहते थे। घर लौटने में अकसर देर होती थी और वालिद का गुस्सा भी जायज़ था, पर नौशाद का संगीत-प्रेम तो एक फैलती लता की तरह मंज़िलें तय कर रहा था। एक दिन गुरबत अली दुकान ज़रा जल्दी पहुँच गए तो देखा कि नौशाद एक साज़ के साथ खोए हुए हैं। अब गुरबत अली को समझ में आया कि यह लड़का क्यों इस दुकान में नौकरी करने आया। पर मन ही मन वे रीझ भी गए और नौशाद को एक नया साज़ उपहार में देकर यह यकीन भी दिलाया कि उन्हें पूरी उम्मीद थी कि नौशाद आगे चलकर एक आला दर्ज़े के फ़नकार बनेंगे। किसी ने नौशाद की प्रतिभा की पहली बार खुले दिल से तारीफ़ की थी, और एक दिन जब गुरबत अली ने चुपचाप लड्डन मियाँ को बुलाकर नौशाद का बजाना सुनाया तो लड्डन मियाँ भी कायल हो गए और नौशाद को अपने साथ रखकर सिखाने का भी ऐलान कर दिया। पर दूसरी तरफ़ नौशाद के वालिद गाने-बजाने के सख्त विरोधी थे, और गुरबत अली का दिया साज़ जब उनकी निगाह में आया तो उन्होंने उसके टुकड़े-टुकड़े कर डाले और गुरबत अली के समझाने-बुझाने को भी नागवार ही माना। बहरहाल, सितार के उस्ताद भाई यूसुफ़ अली की और उस्ताद बब्बन खाँ की शागिर्दगी भी इन्हीं दिनों नौशाद ने की, पर उनका मन हमेशा कुछ अलग करने के लिए भटकता था। मॉडल हाउस में एक सुल्तान साहब थे जो ड्रामा क्लब चलाते थे। उनके ड्रामों के लिए गानों को नौशाद ने सुधारना शुरू किया और अचानक उन्हें लगा कि जिस काम की तलाश में वे भटकते थे, वह यही था। गानों की बेहतर धुनें बनाकर उन्हें बड़ी तसल्ली मिली। नादानमहल में हीरोज़ एसोसिएशन के बैनर तले निर्मित ड्रामों में उन्होंने संगीत पक्ष को सँभाला। उन्हीं दिनों 'न्यू ड्रामा कम्पनी' लखनऊ आई, और उनको नौशाद ने गीत-संगीत के बारे में जो सुझाव दिए, वे इतने पसंद आए कि नौशाद को उस कम्पनी में ही भर्ती कर लिया गया। कम्पनी के साथ कुछ दिनों इधर-उधर गए भी, पर जब कम्पनी ने दम तोड़ दिया तो नौशाद को घर लौटना पड़ा। वालिद का गुस्सा अपने शबाब पर था और उन्होंने फ़रमान जारी किया कि यदि घर में रहता है तो मिरासी बनने की तमन्ना छोड़नी होगी। पर नौशाद को तो शायद संगीत के लिए ही खुदा ने दूसरा जन्म दिया था। उन्होंने घर ही छोड़ दिया और बम्बई का रुख किया। एक दोस्त अब्दुल मजीद 'आदिल' ने अपने एक परिचित अलीम 'नामी' के नाम चिट्ठी दे दी, पर बम्बई पहुँचकर नामी साहब को ढूँढ़ने में ही कई दिन लग गए, और नामी साहब की हालत भी ऐसी नहीं थी कि जल्दी कुछ कर सकते। फिर भी उन्होंने काफ़ी वक्त बाद एक फ़िल्म कम्पनी का साजिंदों के लिए .देया इश्तहार देखकर नौशाद को वहाँ जाने की सलाह दी। इंटरव्यू के लिए बुलाया आया। ग्रांट रोड, खेतवाड़ी के एक ऑफ़िस में इंटरव्यू था और लेनेवाले थे मशहूर संगीतकार उस्ताद झंडे खाँ। इंटरव्यू देनेवालों की कतार में गुलाम मुहम्मद भी थे जो आगे चलकर नौशाद के वर्षों तक सहायक रहे। नौशाद इंटरव्यू और झंडे खाँ के नाम से काफ़ी घबड़ाए से रहे, पर फिर भी जैसे-तैसे कर के जो सूझा वह सुना दिया और काफ़ी नाउम्मीद से वापस आ गए। पर उनकी खुशी का ठिकाना नहीं रहा जब उन्हें मालूम हुआ कि उन्हें चुन लिया गया है और साथ ही गुलाम मुहम्मद भी चुन लिए गए थे। नौशाद को न्यू पिक्चर कम्पनी के लिए पियानोवादक के रूप में चालीस रुपए महीने पर रखा गया, और गुलाम मुहम्मद को साठ रुपए महीने पर। कम्पनी का स्टूडियो चेंबूर में था। अब नौशाद ने नामी साहब पर बोझ बने रहना उचित नहीं समझा और लखनऊ के ही एक अख्तर साहब के साथ दादर में रहने लगे। अख्तर साहब एक दुकान में सेल्समैन थे और उसी के अंदर रहा भी करते थे। रात को दुकान के भीतर बड़ी गर्मी लगती थी, इसलिए दोनों दोस्त बाहर फ़ुटपाथ पर आ जाते थे और वहीं बिस्तर लगा लेते थे।

सड़क के दूसरी तरफ़ ब्रॉडवे सिनेमा हॉल था जिसकी रोशनियाँ रात में जगमगाती थीं। जब बरसात होती थी, तो फ़ुटपाथ से हटकर शिवाजी भवन की सीढ़ियों पर शरण लेनी पड़ती थी और वहीं से सीढ़ियों पर खट-खट करती उस ज़माने की मशहूर हीरोइन लीला चिटणीस कई बार उनकी बगल से निकलकर इस बिल्डिंग में स्थित अपने निवास में चली जाया करती थीं। उस समय नौशाद को क्या अनुमान था कि कभी वे इसी हीरोइन की पिक्चर में संगीत देंगे। ब्रॉडवे सिनेमा में ही बाद में नौशाद की संगीतबद्ध 'बैजू बावरा' ने गोल्डन जुबली मनाई थी और भाव-विभोर होकर नौशाद ने सड़क के उस पार स्थित अपने कड़की के दिनों के फ़ुटपाथ को देखकर कहा था कि इस सड़क को पार करने में मुझे पंद्रह बरस लग गए।

पी.एल. संतोषी से दोस्ती भी उन्हीं दिनों हुई। संतोषी गीत लिखते वक्त नौशाद से सलाह-मशविरा भी करते। संगीत के अलावा साहित्य में भी नौशाद की अभिरुचि थी। संतोषी की शादी के बाद नौशाद परेल की एक चाल में दस रुपए माहवार पर रहने लगे। संघर्ष जारी रहा। उन्हीं दिनों न्यू पिक्चर कम्पनी की एक फ़िल्म बन रही थी—'सुनहरी मकड़ी'। कम्पनी के मालिक झंडे खाँ की एक धुन से संतुष्ट नहीं थे, मालिक हेनरी डोरग्वोच जो चाहता था, उसे झंडे खाँ की संगीत तबीयत कुबूल नहीं कर पा रही थी। नौशाद ने झंडे खाँ की मुश्किल देखी तो उनसे इज़ाज़त लेकर पियानो पर फ़ौरन उस गीत को एक नई धुन में ढाल दिया। हेनरी ने सुना तो

बहुत खुश हुए और नौशाद की तरक्की असिस्टेंट के रूप में हो गई, पर तनख्वाह वही रही और जब गाने पूरे हुए तो नौशाद का हिसाब भी चुकता कर दिया गया।

फिर काम की तलाश शुरू हो गई और इसी सिलसिले में नौशाद फ़िल्म सिटी कम्पनी पहुँचे जहाँ वे 'बागबाँ' फ़िल्म के लिए संगीतकार मुश्ताक हुसैन के सहायक बने, पर यहाँ भी बन रही तीन फ़िल्मों के काम पूरा होने पर नौशाद को रुख़सत कर दिया गया। रणजीत फ़िल्म कम्पनी उन दिनों 'मिर्ज़ा साहिबाँ' (पंजाबी) फ़िल्म की योजना बना रही थी। इसमें नौशाद के दोस्त मनोहर कपूर हीरो और संगीत-निर्देशक थे। उन्होंने नौशाद को साठ रुपए माहवार पर अपना सहायक रख लिया और उनके काम से फ़िल्म-निर्देशक और प्रसिद्ध गीतकार डी.एन. मधोक भी प्रभावित हुए थे। डी.एन. मधोक का साथ बड़ी क़िस्मतवाला साबित हुआ। मधोक ने रणजीत के मालिक सेठ चंदूलाल शाह से उनकी निर्माणाधीन 'कंगन' के संगीत के लिए सिफ़ारिश की। चंदूलाल शाह ने मधोक की बात मान ली। नौशाद की यह शर्त भी मान ली गई कि वे जो भी धुन बनाएँगे, उसकी स्वीकृति उन्हें सेठ जी से नहीं लेनी होगी। नौशाद ने जो पहला गीत कम्पोज़ किया, वह था 'बता दो मोहे कौन गली गए श्याम' जो उसी लीला चिटणीस ने गाया जिनका सीढ़ियों पर चप्पल खटखटाते हुए चढ़ जाना कभी लेटे हुए नौशाद देखा करते थे। पर इस गाने की रेकॉर्डिंग में नौशाद को बड़ी तकलीफ हुई। कारण था साजिंदों का असहयोगात्मक व्यवहार। वे इस बात को सहन नहीं कर पा रहे थे कि कल तक जो लड़का उनके साथ बजाया करता था, वह उन्हें संगीत-निर्देशक बनकर निर्देशित करे। साजिंदों के इस व्यवहार के कारण नौशाद ने 'कंगन' (1939) में मात्रा एक गीत कम्पोज़ करके इस्तीफा दे दिया और रणजीत को अलविदा कह दिया। वैसे यह एक गीत भी बहुत सुंदर था—अवधी-भोजपुरी लोकसंगीत की छाप इस पहले गीत से ही स्पष्ट है। बिरहा जैसी इसकी धुन उस ज़माने में पूर्वी उत्तरप्रदेश विशेषकर बनारस के कोठों पर गाई जानेवाली तर्ज़ों से भी खूब मेल खाती है। डी.एन. मधोक नौशाद से इतने प्रभावित थे कि वे हर जगह नौशाद की तारीफ़ों के पुल बाँध देते थे। उनकी सिफारिश पर ही भवनानी प्रोडक्शन्स की 'प्रेमनगर' (1940) में नौशाद को बतौर संगीतकार फिर रखा गया। फ़िल्म के गीत अभिनय करनेवाले कलाकारों—विमला कुमारी, रामानंद, हुस्न बानो आदि—ने गाए।[1]

नौशाद के संगीत की एक खासियत थी लोक-रंग और लोक अभिरुचि को ध्यान में रखते हुए शास्त्रीय आधार के गीतों की इस तरह प्रस्तुति कि वे दुरूह और नीरस न लगकर सुगम और गुनगुनाने लायक बनें। उन्होंने स्तर के साथ कभी समझौता नहीं किया, बल्कि एक-एक गीत पर वे भरपूर मेहनत करते थे। ऑरकेस्ट्रा में भी कई प्रयोग उन्होंने इस दशक में किए और कई नवीन धाराओं का सूत्रपात किया। पाँचवें दशक के उनके गीत बड़े सहज लगते हैं, मानो किसी आशु संगीतकार की प्रतिभा नदियाँ बहा रही हों और सभी उसमें स्नान करने खिंचे चले आ रहे हों। उत्तरप्रदेश के अवधी-पूरबी लोकगीतों और लोक रिद्म का भी फ़िल्मों में पहली बार प्रचुर इस्तेमाल करनेवाले नौशाद ही थे। उनके इस दशक के आगे उल्लिखित कई गीतों में इस लोकरस का बड़ा प्रांजल इस्तेमाल रहा।

प्रकाश पिक्चर्स की 'माला' (1941) के 'क्यों नैना भर आए बावरे' (श्रीमती घोष), 'दर्शन' (1941—जिसमें दुर्रानी को पार्श्व-गायन का पहला मौका मिला) के 'पीहर में पिया छेड़े' (मीरा, दुर्रानी) जैसे गीतों को तो विशेष सफलता नहीं मिल पाई, पर प्रकाश की 'स्टेशन मास्टर' (1941) में नौशाद का यह रंग उभरकर आया। राजकुमारी, सुरैया, अमीरबाई और प्रेम अदीब के गाए 'साजन घर आए', 'चलो चलो री सखी मधुवन में', 'काया की रेल निराली', 'कभी न हिम्मत हार बंदे', 'ये रेल हमारे घर की' आदि गीतों को सराहा गया और फ़िल्म सिल्वर जुबली हिट रही। इस सफलता से प्रभावित होकर कारदार (जिन्होंने कभी नौशाद को टाल दिया था) ने भी पाँच सौ रुपए महीने पर नौशाद को बतौर संगीत-निर्देशक अनुबंधित कर लिया। फ़िल्म-जगत का यह ज़माना भी क्या खूब था! बम्बई शहर की पुरानी गलियों और इमारतों में न जाने इस दुनिया की कितनी रोमांचक यादें छपी हैं। ग्रांट रोड, दादर और माहिम की वे ढेर सारी बिल्डिंगें जिनमें कभी अपने संघर्ष के दिनों में कितनी नामी-गिरामी हस्तियाँ रहती थीं, आज भी उस ज़माने के स्पंदनों और हरकतों को जीवंत कर देती हैं। दादर में एक होटल था जहाँ जीवन, नौशाद, प्रेम अदीब रोज़ मिलते थे और वहीं के. आसिफ से पहली मुलाकात भी नौशाद की हुई थी। आसिफ़ के 'फूल' के ऑफ़र को नौशाद कारदार के साथ अनुबंध के चलते नहीं ले पाए थे, पर दोस्ती बरकरार रही।

हालाँकि कारदार निर्देशित सिरको प्रोडक्शन्स की 'नई दुनिया' (1942) ने कोई खास हलचल नहीं पैदा की, पर इस फ़िल्म में बेबी सुरैया ने अपना पहला गीत गाया—'बूट करूँ मैं पॉलिश बाबू'। कारदार और नौशाद की टीम की सफलता कारदार प्रोडक्शन्स की 'शारदा' (1942) से ही शुरू हो गई। 'शारदा' सुपरहिट रही और सुरैया का हिट गीत 'पंछी जा, पीछे रहा है बचपन मेरा' एक तरह से बच्ची सुरैया का फ़िल्म-संगीत के इस दौर में जबर्दस्त आगमन का संकेत था। मटके के रिद्म का उपयोग इस गीत में करके नौशाद ने नई बात ही पैदा कर दी। कहते हैं कि इस गीत की धुन सोचते नौशाद मधोक के साथ रात में घोड़ागाड़ी पर सैर करने

निकले थे, और दोनों को ऐसी झपकी आई कि कोचवान अस्तबल में गाड़ी लगा गया और वे सोते ही रहे, पर इस सैर के बहाने धुन तो मिल ही गई। इसी फ़िल्म में नौशाद ने निर्मला देवी (आज के अभिनेता गोविंदा की माँ और आगे चलकर स्थापित हुई प्रसिद्ध ठुमरी गायिका) से भी 'तुम नहीं आते हो नहीं आओ', 'घिर आई बदरिया घर आओ' जैसे कर्णप्रिय गीत गवाए। निर्मला और सुरैया कारदार की 'कानून' (1943) में भी छाई रहीं और 'सैंया खड़े मोरे द्वार में' (निर्मला), 'एक तू हो एक मैं हूँ' (सुरैया), 'आ मोरे सैंया' (निर्मला), 'आए जवानी' (सुरैया, श्याम) आदि गीत अच्छे चले। कारदार की 'संजोग' (1943) के भी सुरैया के गाए बहुत हलके ऑरकेस्ट्रेशन के लोच-भरे गीत 'कोई चुटकी मेरे दिल में लिए जाए' और 'मोरी गली मोरे राजा' या 'आ मोरे साँवरे' जैसे गीतों को खूब पसंद किया गया। कारदार की ही 'नाटक' (1943) के 'क्या बताएँ' (ज़ोहरा) में कव्वालीनुमा शैली, 'न हो कोई वहाँ' (सुरैया, अमर) की रूमानी धुन के साथ बाँसुरी के छोटे तीव्र टुकड़ों और 'भूल जा ऐ दिल' (अमर) में बाँसुरी के सुंदर सामंजस्य के साथ पारम्परिक ग़ज़ल शैली का नौशाद ने सुंदर प्रयोग किया। पर इन सबसे बढ़कर रहा कारदार की 'नमस्ते' (1943) का 'आए भी वो गए भी वो, खत्म फ़साना हो गया' (पारुल घोष)। इस गीत को आसावरी थाट में रखते हुए भी नौशाद ने इसमें जो लहराता, डोलता प्रभाव पैदा किया, वह एक झटके में उन्हें इस वक्त की प्रचलित पारम्परिक परिपाटी से अलग और बहुत आगे स्थापित कर गया। इस गीत ने उस वक्त तो तहलका मचाया ही था, आज भी इसे चाहनेवाले हज़ारों हैं। आज भी स्वामी दयानंद के लिए आर्यसमाज के प्रशंसा गीत की धुन इसी गीत पर आधारित है। इसी प्रकार 'जीवन' (1944) का निर्मला देवी का गाया 'अँखियाँ मिला के भागना ना' भी अपने ज़माने में खूब लोकप्रिय रहा था। इसी फ़िल्म में निर्मला के स्वर में 'आए हो अभी' भी एक चुटीली, मेलोडियस रचना थी जिसके अंतरे में द्रुत ताल में तबले का और फ़िलर्स के रूप में वॉयलिन के छोटे टुकड़ों का तीव्र प्रयोग बहुत प्रभावशाली था। द्रुत ऑरकेस्ट्रेशन के बीच ज़ोहरा के गाए 'नैनों में नैना मत डालो' में हलका-सा ठुमरी अंग डालकर नौशाद ने रचना को प्रभावी बना दिया था।

शास्त्रीय और लोक आधार पर मनोहारी सरल धुनों के साथ नौशाद एक नयी प्रवृत्ति लेकर आए। संगीतकार को अपने दम पर इतनी प्रतिष्ठा पहले कभी नहीं मिली थी। इस वक्त की नौशाद की सबसे सफल फ़िल्म रही 'रतन'। 'रतन' के गीतों ने अपने झूमते-झुमाते लोक-रिद्म से लोगों को जकड़ लिया। दीनानाथ मधोक के लिखे गीत और नौशाद का संगीत तो ऊपर उल्लिखित भी कई फ़िल्मों में था और यह जोड़ी इस समय के फ़िल्म संगीत की सफलतम गीतकार-संगीतकार की जोड़ी थी, पर 'रतन' तो इस जोड़ी का उत्कर्ष था। 'मिल के बिछड़ गई अँखियाँ हाय रामा' (अमीरबाई) की अल्हड़ शोखी हो, 'रुमझुम बरसे बादरवा' (ज़ोहरा, साथी) की तन्मयता हो, 'अँखियाँ मिला के जिया भरमा के चले नहीं जाना' (ज़ोहरा) की लोच और मनुहार की बहती भावना हो या 'जब तुम ही चले परदेस लगाकर देस' (करन दीवान) का सहज, उदास तरन्नुम हो, इन सभी गीतों के ताजे झोंके ने लोकप्रियता के नए कीर्तिमान बनाए। 'जब तुम ही चले परदेस' तो इतना लोकप्रिय हुआ कि इसके साथ एक मज़ेदार कहानी जुड़ गई है। उसी ज़माने में नवोदित संगीतकार के रूप में सचिन देव बर्मन की 'शिकारी' कोई खास सफल नहीं हुई थी। उस पर सचिन दा को और भी बुरा तब लगा जब उन्होंने सुना कि उनका रसोइया किचेन में 'जब तुम ही चले परदेस' गुनगुना रहा था। रसोइया उनका और गीत नौशाद का गुनगुनाए! पर साथ ही इससे सचिन दा को एक सबक भी मिला कि गीत ऐसे बनाने चाहिए जो सहज ही सबकी ज़ुबान पर चढ़ जाएँ। यह सबक सचिन दा ने जीवन-भर याद रखा और इसके आधार में नौशाद के 'रतन' का यह गीत ही था। बहरहाल, 'रतन' के उपरोक्त गीतों के अलावा अन्य गीत 'परदेसी बालम आ बादल आए' (ज़ोहरा), 'अँगड़ाई तेरी है बहाना' (मंजू), 'आई दीवाली' (ज़ोहरा), 'ओ जानेवाले बालमवा लौट के आ' (ज़ोहरा) भी खूब लोकप्रिय हुए और ज़ोहराबाई 'रतन' के गीतों से चोटी की गायिका बन गईं। 'आई दीवाली' गीत में भैरवी में रिषभ का शुद्ध उपयोग करके नौशाद ने निराली बात ही पैदा कर दी। जिन दिनों 'रतन' रिलीज़ हुई, उन्हीं दिनों नौशाद की शादी लखनऊ में तय हो गई। चूँकि दोनों ही परिवारों में गाने-बजाने की खिलाफ़त थी, इसलिए यह बताया गया था कि लड़का बम्बई में दर्ज़ी है। अब मज़ा देखिए कि नौशाद मियाँ नौशा बनकर घोड़े पर बैठे हैं, और बैंडवाले बिना यह जाने कि धुनसृजक की ही बारात है, बड़े धूम से 'रुमझुम बरसे बदरवा' और 'अँखियाँ मिला के' की धुन बजाए जा रहे हैं। 'रतन' के संगीत की सफलता तो इसी से आँकी जा सकती है कि फ़िल्म के नेगेटिव की कीमत 75,000 रुपए थी जब कि गानों की रॉयल्टी से साढ़े तीन लाख रुपए आए और 'खजांची' का 'कीर्तिमान भी टूट गया। 'रतन' फ़िल्म के संगीत में नौशाद ने कई नई बातें पैदा कीं—सितार और बाँसुरी का मिला-जुला प्रयोग पहली बार इसी फ़िल्म में हुआ जो आज तक चल रहा है। ढोलक का भी इस्तेमाल इस फ़िल्म में अनूठे तरीके से हुआ। यह भी रोचक है कि इस ढोलक को वर्षों तक उनके सहायक रहे गुलाम मुहम्मद ने बजाया था। रेकॉर्डिंग के माइक्रोफ़ोन के अलावा एक माइक्रोफ़ोन को स्टूडियो के शौचालय में रखकर 'रतन' के गीतों में echo असर पैदा करना

भी एक अनूठा नयापन था।

कारदार प्रोडक्शन की 'गीत' में पुनः नौशाद के साथ निर्मला देवी थीं और इस बार 'बेदर्द ज़माना' (शाहू मोडक के साथ), 'चाँद खिल तारे मुस्काए', 'जाओ जी जाओ' जैसी सुरीली धुनों के साथ। फ़िल्म का अरबी शैली का 'साथी दिल बुझ ही गया' (ज़ोहरा) भी हिट रहा था। कारदार प्रोडक्शन्स की 'संन्यासी' (1945) के 'पीपल की छाँव तले' (ज़ोहरा, अमर), 'टूटी हुई कश्ती का बने कौन सहारा' (अमर), 'सुनो जी प्यारी कोयलिया' (ज़ोहरा, अमर) को भी कुछ लोकप्रियता मिली, पर इस फ़िल्म का विशिष्ट गीत था भैरव और भैरवी के मिले-जुले प्रभाव के साथ 'साँझ भई घर आया भोर भए उड़ जाना है' (शाम कुमार)। 'पहले आप' (1944) का ज़ोहरा का गाया नौशाद की इस दौर की लाक्षणिक रिद्म लिए 'चले गए चले गए' तो मशहूर रहा ही, साथ ही इसी फ़िल्म के कोरस गीत 'हिंदोस्ताँ के हम हैं' में पहली बार मुहम्मद रफ़ी को भी गाने का मौका नौशाद ने दिया। रफ़ी के बड़े भाई हामिद नौशाद के पिता की सिफ़ारिश साथ लेकर रफ़ी को नौशाद से मिलाने लाए थे। इस गीत के मुखड़े को मार्चिंग सांग जैसा और अंतरे को लोकगीत जैसा बनाकर दोनों का सम्मिश्रण बड़ी खूबसूरती से नौशाद ने किया था। वैसे 'रतन' की लोकप्रियता को टक्कर दी 'अनमोल घड़ी' (1946) के गीतों ने। महबूब प्रोडक्शन्स के बैनर तले नौशाद का काम करने का यह प्रथम अवसर था। नौशाद की अपार लोकप्रियता से प्रभावित होकर ही उन्हें यह बुलावा भेजा गया था। नौशाद और नूरजहाँ का अविस्मरणीय साथ इस फ़िल्म की एक यादगार उपलब्धि है। इस फ़िल्म में राग पहाड़ी पर नौशाद ने अविस्मरणीय गीत बनाए। 'आवाज़ दे कहाँ है' (नूरजहाँ, सुरेंद्र) की दर्द-भरी पुकार तो संगीत-प्रेमियों को भुलाए नहीं भूलती।

महबूब के साथ नौशाद

'अनमोल घड़ी' में नूरजहाँ

इस गीत की धुन के लिए नौशाद को अच्छा-खासा जूझना पड़ा था। वैसे सभी गीतों की धुन नौशाद ने फुटपाथ पर चलते-चलते ही बनाई थी, पर इस गीत की मन मुताबिक धुन मिल ही नहीं रही थी। थक-हारकर नौशाद चारपाई पर जा लेटे। सपने में देखा कि हारमोनियम बजा रहे हैं और एक धुन की छाया-सी गुज़र रही है। आँख खुली तो उसी छाया को लेकर आधी रात में हारमोनियम लेकर बैठ गए और उसी को हूबहू उतार दिया। परिणाम था 'आवाज़ दे कहाँ है'। इस गीत को जानकार फ़िल्म संगीत के इतिहास की अलौकिक कृति मानते हैं। इसकी कशिश और लहराते उतार-चढ़ाव की भंगिमाओं पर किसका बस चल सकता है!

मिश्र पहाड़ी पर ही आधारित 'जवाँ है मुहब्बत' (नूरजहाँ) की मस्त धुन भी आज तक लोगों के ज़ेहन में रची-बसी है। एक ज़माने में रेडियो सीलोन पर अकसर बजनेवाला यह हमेशाजवाँ गीत था। 'क्या मिल गया भगवान तुम्हें दिल को दुखा के' (नूरजहाँ) की सहज, सुगम्य दादरा ताल की नौ मात्रा की रिद्म को भी लोगों ने खूब पसंद किया। 'सोचा था क्या, क्या हो गया', 'मन लेता है अँगड़ाई' और 'मैं दिल में दर्द बसा लाई' जैसे सुरैया के गीत एक तरफ़ तो सदाबहार हिट नग़मा 'आजा मेरी बर्बाद मुहब्बत के सहारे', रिद्म के 'प्रवाह' के साथ कशिश-भरा 'मेरे बचपन के साथी मुझे भूल न जाना' जैसे नूरजहाँ के लाजवाब गीत, दूसरी तरफ़ और तीसरी ओर 'उड़न खटोले पे उड़ जाऊँ' (ज़ोहरा, शमशाद) और इन सब पर भारी पड़ता गम्भीर, आकर्षक शैली में सुरेंद्र के स्वर में वह रसिकों का चहेता कशिश-भरा गीत 'क्यों याद आ रहे हैं गुज़रे हुए ज़माने'—इन सबने मिलकर 'अनमोल घड़ी' को एक अनमोल खज़ाना ही बना डाला। और इन सबसे बढ़ा-चढ़ा वह गीत जो रफ़ी और नौशाद के साथ का पहला स्वतंत्र गीत था—'तेरा खिलौना टूटा बालक', रफ़ी को पहचान दिलाने वाले कुछेक गीतों में इस कशिश-भरे गीत को हमेशा जगह मिलेगी। यह गीत पहले दुर्रानी गानेवाले थे, पर उनकी व्यस्तता के कारण यह गीत रफ़ी के हिस्से में आया।

'आ जा मेरी बर्बाद मुहब्बत के सहारे' के साथ एक रोचक वाकया जुड़ा है। इसकी धुन जब शुरू-शुरू में नौशाद ने महबूब को सुनाई तो महबूब खाँ ने गाने में हेर-फेर करने जैसी सलाह देनी शुरू कर दी। नौशाद को यह बुरा लगा, और अगले दिन उन्होंने

महबूब को सबक सिखाने की तरकीब सोची। जब इस गाने का पिक्चराइजेशन हो रहा था तो नौशाद वहाँ पहुँच गए और कैमरे के व्यू फ़ाइंडर में झाँककर सेट और लाइट को बदलने की ढेर सारी सलाह दे डाली। महबूब झुंझला पड़े और कहा कि यह निर्देशन उनका काम नहीं है। जो काम नहीं आता, उसमें टाँग अड़ाना कहाँ की समझदारी है! नौशाद मुस्कुरा पड़े और बोले कि बस, यही बात मैं आपके मुँह से सुनना चाहता था। महबूब कुछ देर तो भौचक्के रहे, फिर समझ गए और ठठाकर हँस पड़े। उन्होंने अपनी गलती मान ली और नौशाद की धुनों के बारे में फिर कोई सलाह नहीं दी।

इस दौर की नौशाद की उल्लेखनीय फ़िल्मों में कारदार प्रोडक्शन्स की 'कीमत' (1946), 'शाहजहाँ' (1946) और 'दर्द' (1947) तो रही हीं, साथ ही महबूब प्रोडक्शन ने भी अनिल विश्वास, रफ़ीक गज़नवी जैसे संगीतकारों का दामन छोड़कर नौशाद की बढ़ती प्रतिष्ठा को देखते हुए 'ऐलान' (1947) के लिए नौशाद का चुनाव किया। 'कीमत' (1946) के लिए नसीम जैसी सीमित रेंज की गायिका से 'ऐ भूलनेवाले' के अंतरों में ऊँची पट्टी पर गवाकर नौशाद ने अपनी उस्तादी का परिचय तो दिया ही, साथ ही 'चाँद को गले से लगाए बदरवा' (नसीम) और वॉयलिन की सुंदर संगत के साथ पारम्परिक शैली में 'मन पगले स्वप्न दिखाए' (नसीम) जैसे गीतों से एक बार पुनः रेखांकित किया कि विशुद्ध भारतीय शैली के संगीत की उनकी सबसे अलग एक सरस परंतु पुख्ता स्थापित छवि बन चुकी थी। गज़लों की कम्पोज़ीशन में तो उन्होंने 'शाहजहाँ' (1947) में कमाल ही कर दिया, जहाँ कुंदनलाल सहगल ने उनका स्वरबद्ध अपना अंतिम अमर गीत गाया 'जब दिल ही टूट गया, तब जीकर क्या करेंगे'। पारम्परिक संरचना से अलग मजरूह सुल्तानपुरी के फ़िल्मों में लिखे इस प्रथम गीत को भैरवी में नौशाद ने इतनी सुंदर ताल दी, और सहगल ने उसे इतनी पीड़ा से गाया कि यह गीत लोकप्रियता के सभी रेकॉर्ड तोड़ गया। सहगल के मन की यह धारणा, कि शराब पीकर गाने से ही उनकी आवाज़ में असर आता है, को भी नौशाद ने इस गीत को सहगल से बिना शराब पिलाए रेकॉर्ड कराकर तोड़ा। शायद नौशाद अगर पहले मिल गए होते तो सहगल के शराब पीने की आदत इतना विकराल रूप नहीं ले पाती और इतनी कम उम्र में हमें सहगल को विदा नहीं करना पड़ता। गीतकार के रूप में मजरूह सुल्तानपुरी की प्रथम फ़िल्म भी 'शाहजहाँ' ही रही। उनकी लिखी गज़ल 'गम दिए मुस्तक़िल' की झिंझोटी आधारित दीपचंदी ताल 18 मात्रा की अनुपम धुन को सहगल ने इतनी कशिश से गाया कि कई सुननेवाले आज तक इसे सहगल का सर्वश्रेष्ठ गीत मानते हैं। सहगल के ही गाए बागेश्वरी आधारित 'चाह बर्बाद करेगी', बिहाग आधारित 'ऐ दिले बेकरार झूम', रूमानी शैली के 'कर लीजिए चलकर' और 'मेरे सपनों की रानी... रूही, रूही, रूही' (जिसमें मुहम्मद रफ़ी ने भी सहगल का साथ दिया था) जैसे गीत भी बहुत लोकप्रिय हुए थे। मुगल संस्कृति के संगीत-पक्ष को पहली बार किसी संगीतकार ने इतनी खूबसूरती से प्रस्तुत किया था। नौशाद ने यह कमाल आगे भी कई फ़िल्मों में किया। 'आग लगी दिल में' (नसीम अख्तर, ज़ोहराबाई), 'जब उसने गेसू बिखराए' (शमशाद) और 'जवानी के दामन को रंगीन' (शमशाद) जैसे गीतों में भी नृत्यात्मकता और रोमांस का वह लोकरंजित रूप था जो मुगलकाल के परिवेश में दरबारी संस्कृति के समकक्ष ही चलता था।

शकील बदायूँनी

'दर्द' फ़िल्म इसलिए भी उल्लेखनीय है कि इस फ़िल्म में पहली बार नौशाद और शकील बदायूँनी का साथ हुआ, और इसके बाद तो यह जोड़ी वर्षों शकील की मृत्यु तक साथ चली। शकील से नौशाद की मुलाकात पंजाब एसोसिएशन के एक मुशायरे में हुई थी, जहाँ शकील की शायरी से प्रभावित होकर नौशाद ने उनका परिचय कारदार से कराया, और कारदार ने 300/- रुपए तनख्वाह पर शकील को बतौर गीतकार अपने संस्थान में जगह दी। 'दर्द' सुरैया की फ़िल्म तो थी ही, और सुरैया के स्वर में 'दिल धड़के आँख मेरी फड़के', दरबारी के सुरों के साथ 'बीच भँवर में आन फँसा है', 'चले दिल की दुनिया जो बर्बाद करके' और 'हम थे तुम्हारे, तुम थे हमारे' जैसे मधुर गीत लोकप्रिय भी रहे थे। साथ ही शमशाद भी 'हम दर्द का अफ़साना दुनिया को सुना देंगे' के साथ खूब जमी थीं। पर 'दर्द' को यदि आज तक यादि किया जाता है, तो टुनटुन उर्फ़ उमा देवी के स्वर में दर्द-भरे रिद्मिक गीत 'अफ़साना लिख रही हूँ दिले बेकरार का' के कारण। उमा देवी का गाया यह गीत इतना मशहूर हुआ कि वर्षों तक घर-घर में गुनगुनाया गया। 'आज मची है धूम', 'ये कौन चला मेरी आँखों में समा कर' और 'बेताब है दिल' (सुरैया के साथ) जैसे उमा देवी के अन्य गीत भी उन दिनों चले थे, पर 'अफ़साना लिख रही हूँ' का husky प्रभाव तो आज तक कम नहीं हुआ है।

यह भी एक रोचक तथ्य है कि पाँचवें दशक के अंत तक आते-आते नौशाद पार्श्वगायकों के लिए रफ़ी और मुकेश को अन्य गायकों की अपेक्षा पसंद करने लगे थे, और उसमें भी इस वक्त तो उन्होंने अपनी महत्त्वपूर्ण फ़िल्मों के लिए मुकेश को रफ़ी से भी ऊपर ही माना। ज़ाहिर है, शुद्ध शास्त्रीयप्रधान रचनाओं का उनका दौर जो अगले दशक में आया, वह इस वक्त तक उनकी शैली

का हिस्सा नहीं बना था, और पाँचवें दशक के उनके लोकरंजित या राग आधारित गीतों की भी सरस और सुगम प्रस्तुति के लिए मुकेश की भावनाप्रधान आवाज़ का महत्व उनके लिए अधिक रहा होगा। 1948-49 के दौर में तो वैसे भी मुकेश ही नम्बर एक के गायक थे, और सम्भव है कि यदि खुद फ़िल्में बनाने और हीरो बनने की होड़ में वे नहीं पड़ते तो शायद रफ़ी का वर्चस्व अगले दशक में भी वैसा नहीं होता, जैसा हुआ।

बहरहाल, जहाँ एक तरफ़ नौशाद ने रफ़ी को 'दिल्लगी' (1949), 'दुलारी' (1949) और 'चाँदनी रात' (1949) में अवसर दिया, वहीं वे मुकेश को दिलीप कुमार जैसे चोटी के अभिनेता की आवाज़ के लिए 'मेला' (1948) और 'अंदाज़' (1949) में, और महबूब की 'अनोखी अदा' (1948) के लिए ले कर आए।

'दिल्लगी' (1949) वैसे तो सुरैया की फ़िल्म मानी जाएगी, जहाँ शकील बदायूँनी के लिखे और सुरैया के गाए 'चार दिन की चाँदनी फिर अँधेरी रात है', 'निराला मुहब्बत का दस्तूर', 'दुनिया क्या जाने तेरा अफ़साना', 'ले के दिल चुपके से किया मजबूर', 'मेरी प्यारी पतंग चली बादल के संग', 'तेरा ख़याल दिल से भुलाया न जाएगा' और इन सबसे बढ़कर सुपरहिट रहे 'तू मेरा चाँद मैं तेरी चाँदनी' (श्याम के साथ) और 'मुरली वाले मुरली बजा' जैसे मधुर सहज गीतों की धारा ही बह निकली थी, पर यहाँ रफ़ी से भी नौशाद ने दो बहुत अच्छे और लोकप्रिय गीत गवाए। श्याम पर फ़िल्माए 'तेरे कूचे से अरमानों की बस्ती ले के आया हूँ' दर्दीले सुरों के साथ भी खुली उन्मुक्त गायकी का नायाब नमूना था, तो राग तिलंग पर आधारित 'इस दुनिया में ऐ दिलवालो' की कशिश ने रफ़ी की बढ़ती पूछ और प्रतिष्ठा को रेखांकित करने में महत्त्वपूर्ण भूमिका निभाई।

महबूब की 'अनोखी अदा' (1948) तो एक तरह से मुकेश और सुरेन्द्र की जुगलबंदी ही कही जा सकती है। अपने ऊपर फ़िल्माए गीतों के साथ सुरेन्द्र 'बड़े भोले भाले हैं दिल लेने में', 'जले न क्यों परवाना' और 'क्यूँ उन्हें दिल दिया' के साथ सुरेन्द्र की खुमार-भरी रूमानियत बड़ी प्यारी लगती है। 'क्यूँ उन्हें दिल दिया' (सुरेंद्र, शमशाद) तो फ़िल्म का सर्वश्रेष्ठ गीत था, जहाँ बिलकुल अलग-सी कशिश-भरी धुन के बीच वॉयलिन से humming जैसा असर नौशाद ने पैदा किया था। वहीं दूसरी ओर मुकेश को नौशाद ने कभी भैरवी के साथ 'मंज़िल' की धुन में' की रवानगी-भरी धुन के साथ, कभी दरबारी काबड़ के गम्भीर सुरों के सहारे 'कभी दिल दिल से टकराता तो होगा' के साथ, कभी दर्दीली स्वरलहरियों को लेकर 'भूल गए क्यूँ दे के सहारा' (शमशाद के साथ) तो कभी आग्रह-भरे रूमानी संवेदना को आत्मसात कर 'ये प्यार की बातें ये सफ़र भूल न जाना' के साथ संगीत की एक ऐसी बयार की तरह प्रस्तुत किया कि इसके सामने फ़िल्म के उमा देवी के गाए झूलती धुनवाले लोकसंगीत आधारित 'काहे जिया डोले हो कहा नहीं जाए' और 'दिल को लगा के हमने कुछ भी न पाया' जैसे सुरीले गीत भी दब से गए।

वाडिया फ़िल्म्स की 'मेला' (1948) को मुकेश और नौशाद के साथ की बेमिसाल उपलब्धि माना जाना चाहिए। दिलीप कुमार और नरगिस पर फ़िल्माए इस फ़िल्म के ग्रामीण परिवेश के अनुरूप लोक रिद्म का व्यापक और कर्णप्रिय इस्तेमाल कर नौशाद ने बेहतरीन गीतों का सृजन किया। 'आई सावन रुत आई' (मुकेश, शमशाद) और बहुलोकप्रिय गीत 'गाए जा गीत मिलन के तू अपनी लगन के सजन घर जाना है' (मुकेश) में इसी रिद्म को भिन्न लयों के साथ नौशाद ने सुंदरता से प्रस्तुत किया था। शमशाद के स्वर में 'मोहन की मुरलिया बाजे', 'परदेस बलम तुम जाओगे' और तिलंग आधारित 'तकदीर बनी बनकर बिगड़ी दुनिया ने हमें बर्बाद किया' की मीठी धुनें यदि एक तरफ़ थीं तो दूसरी ओर 'मैं भँवरा तू है फूल' की द्रुत लय और आसावरी थाट के गम्भीर सुरों के साथ 'मेरा दिल तोड़ने वाले मेरे दिल की दुआ लेना' की मार्मिक तर्ज़ के साथ मुकेश और शमशाद ने श्रोताओं के एक बहुत बड़े वर्ग को झकझोड़ डाला था। फ़िल्म की सर्वश्रेष्ठ रचना थी मिश्र शिवरंजनी के दर्दीले सुर लेकर सृजित 'धरती को आकाश पुकारे' (मुकेश, शमशाद) जिसका 'आना ही होगा' का कशिश-भरा आग्रह मुकेश के स्वर में अभिभूत कर देता है। रफ़ी भी फ़िल्म में 'ये ज़िंदगी के मेले' की दार्शनिकता के साथ तो थे, पर प्रभुत्व मुकेश का ही था। 'धरती को आकाश पुकारे' को मूलतः एक छोटे टुकड़े के रूप में केवल शमशाद के स्वर में रेकॉर्ड किया गया था, पर यह दृश्य इतना हिट हुआ कि फ़िल्म के रिलीज़ होने के एक माह बाद नौशाद ने इसे शमशाद और मुकेश के स्वर में दोगाने के रूप में पुनः रेकॉर्ड कराया। 'मेला' में शमशाद का 'ग़म का फ़साना', और मुजरा शैली में ज़ोहरा का गाया 'फिर आह दिल से निकली' भी बड़ी रसीली रचनाएँ थीं।

नौशाद की संगीतकार के रूप में इस दौर की सफलता इतनी थी कि 1949 में ही उन्हें एक फ़िल्म के लिए एक लाख रुपए मिलने लगे थे। गुलाम हैदर जैसे कई संगीतकारों के पाकिस्तान चले जाने का फ़ायदा भी नौशाद और सी. रामचंद्र जैसे संगीतकारों को मिला ही, पर यह निर्विवाद है कि नौशाद ने इस वक्त तक अपनी अलग बेहद प्रतिष्ठित शख़्सियत तो बना ही ली थी। गायकों में मुकेश का प्रभुत्व तो महबूब प्रोडक्शन की 'अंदाज़' (1949) में भी कायम रहा, पर मुख्य गायिका के लिए उन्होंने ज़ोहरा, उमा देवी, निर्मला और शमशाद को छोड़कर 'अंदाज़' के लिए लता का चुनाव किया। लता को नौशाद से किसने मिलाया, इसको लेकर कई कहानियाँ और कई प्रसंग चर्चित हैं, जिनमें एक तो यह भी है कि नौशाद को लता के बारे में स्टूडियो में कार्यरत किसी मराठी चपरासी ने जानकारी दी। गुलाम हैदर और दुर्रानी का भी नाम इस सिलसिले में लिया जाता है। यह भी कहा जाता है कि कारदार स्टूडियो में बगल से गुनगुनाते हुए गुज़रती लता की सुरीली आवाज़ से प्रभावित होकर नौशाद ने उनकी खोज करवाई। पर शायद सच यह है कि 'मजबूर' में लता के साथ गा चुके मुकेश ने ही लता का तार्रुफ़ नौशाद से कराया था।

'अंदाज़' में दिलीप और नरगिस

बहरहाल, लता से नौशाद प्रभावित भी बहुत हुए और लता के साथ मेहनत भी उन्होंने बहुत की। न सिर्फ़ उर्दू के लफ़्ज़ों की शुद्ध अदायगी बल्कि शब्दों के अर्थ को आत्मसात कर उसकी भावनात्मक प्रस्तुति का कौशल भी नौशाद से लता ने सीखा। राजू भारतन ने लता पर लिखी अपनी किताब में भी इस तथ्य का ज़िक्र किया है कि धुन के रिहर्सल के पहले 'अंदाज़' के 'उठाए जा उनके सितम' को नौशाद ने लता से किस तरह 20-30 बार पढ़वाया ताकि शब्दों की अर्थव्यंजकता और बोलों के वजन पर पूरी पकड़ बन सके। शायद यही कारण है कि केदार के सुरों पर 'उठाए जा उनके सितम' की भावाभिव्यक्ति को सुनकर आदमी आज भी मंत्रमुग्ध रह जाता है। कहते हैं कि इस गीत की रेकॉर्डिंग को नौशाद ने इस गोपनीय चतुराई से व्यवस्थित किया था कि लता की आवाज़ जब माइक्रोफ़ोन से गूँजी तो वहाँ उपस्थित फ़िल्म से सम्बन्धित सभी नामी-गिरामी शख़्स अचम्भित रह गए। यह भी कहा जाता है कि वहाँ राज कपूर भी मौजूद थे, और उन्होंने रेकॉर्डिंग के बाद लता के पास जाकर कहा था कि आपने इतना अच्छा गाया, इतना अच्छा गाया कि मेरी तो आँखों में आँसू आ गए। लता के इस गायन से प्रभावित होकर ही राज कपूर ने 'बरसात' में लता की आवाज़ के साथ अपना सफ़र भी शुरू किया था। बहरहाल, 'अंदाज़' में लता की मीठी आवाज़ बिलावल के साथ 'मेरी लाडली री बनी है तारों की तू रानी', पहाड़ी के सुरों के साथ 'तोड़ दिया दिल मेरा' और बड़ी कर्णप्रिय हिलोर के साथ 'कोई मेरे दिल में खुशी बन के आया' जैसे गीतों में भी खूब फबी थी। कहते हैं, 'तोड़ दिया दिल मेरा' पंद्रह रिहर्सलों के बाद रेकॉर्ड हुआ था, और वह भी भरी बरसात में चारों तरफ़ पानी ही पानी के बीच। लता सीधे-सीधे नौशाद के खेमे की प्रमुख गायिका बन गईं और नरगिस के लिए नौशाद ने उनकी आवाज़ ली, जबकि शमशाद को पता भी न चला कि लता के साथ उनके बेहद मीठे दो गाने 'डर ना मुहब्बत कर ले' में उनकी आवाज़ नायिका के लिए न ली जाकर कुक्कू के ऊपर फ़िल्माई जा रही थी।[2]

यह भी मज़ेदार तथ्य है कि राज कपूर के लिए इस फ़िल्म में रफ़ी ने स्वर दिया, जबकि दिलीप कुमार के लिए नौशाद मुकेश को लाए। राज और नरगिस पर फ़िल्माया एक मात्र गीत 'यूँ तो आपस में बिगड़ते हैं खफ़ा होते हैं' (लता, रफ़ी) तो खास मकबूल नहीं हुआ, पर दिलीप के लिए मुकेश ने एक से बढ़कर एक गीत गाए। दिलीप यूँ तो मुकेश के पक्षधर नहीं थे, पर नौशाद ने उन्हें मुकेश की भावनाप्रधान गायकी के चमत्कार से संतुष्ट कर ही लिया। उस वक्त के संगीतकार और गायक कितनी मेहनत करते थे यह इसी तथ्य से स्पष्ट हो जाता है कि 'अंदाज़' के गानों की रिहर्सल के लिए मुकेश अपने घर मालाबार हिल्स से बीसियों बार लोकल ट्रेन से नौशाद के बांद्रा स्थित घर जाया करते थे। इसी परिश्रम का परिणाम बनकर आए 'अंदाज़' के राग झिंझोटी आधारित 'हम आज कहीं दिल खो बैठे', 'झूम झूम के नाचो आज गाओ खुशी के गीत' (जिसका मुखड़ा प्रेम धवन ने आज़ादी की खुशी में ताजमहल होटल के समारोह में गाया था), भैरवी आधारित 'टूटे ना दिल टूटे ना' और इन सबसे बढ़कर पियानो के साथ मदहोश करता भैरवी आधारित ही 'तू कहे अगर जीवन भर मैं गीत सुनाता जाऊँ' जैसे मुकेश के गाए गीत। 'अंदाज़' के लिए नौशाद ने मुकेश से 'सुनाऊँ क्या मैं ग़म अपना' जैसा सुमधुर गीत भी रेकॉर्ड कराया था (जो आज भी उपलब्ध हैं और चाव से सुना जाता है) पर उसे फ़िल्म में शामिल नहीं किया जा सका। मुकेश के इन गीतों में नौशाद ने पियानो का बहुत सुंदर उपयोग किया था।

लता से नौशाद इतने प्रभावित हो चुके थे कि 'अंदाज़' से भी पहले ताजमहल पिक्चर्स की 'चाँदनी रात' (1949) में शमशाद

के रिद्म प्रधान 'आँख मिली दिल चला गया', 'छाया मेरी उम्मीद की दुनिया में अँधेरा', 'छीन के दिल क्यूँ फेर ली आँखें', (रफ़ी के साथ), 'दो दिन की खुशी', 'खबर क्या थी कि गम' (रफ़ी के साथ), 'कैसे बजे दिल का सितार' (रफ़ी के साथ) और उमा देवी के 'चाँदनी रात है हाय क्या बात है' के साथ-साथ वे लता को भी दुर्रानी के साथ 'हाय छोरे की जात बड़ी बेवफ़ा' में गाने के लिए ला चुके थे। यह दूसरी बात है कि रसिक मिजाज़ दुर्रानी के द्वारा लता को सफ़ेद लिबास को छोड़ रंगीन कपड़े पहनने की अभद्र सलाह के वाकये से लता इतनी खफ़ा हो गईं कि दुर्रानी के साथ उन्होंने काम न करने की कसम ही खा ली (और 'हम लोग' में दुर्रानी के साथ की रेकॉर्डिंग बीच में छोड़कर चली गईं), और लता के बढ़ते कॅरियर के साथ ही दुर्रानी का सितारा भी उतनी ही तेजी से डूबता चला गया। कारदार प्रोडक्शन की 'दुलारी' (1949) में शमशाद नौशाद के लिए 'चाँदनी आई बन के प्यार को साजना' और 'न बोल पी पी मोरे अँगना' गा चुकी थीं पर एक बार 'अंदाज़' के दौरान लता की सुनहली आवाज़ का अनुभव हुआ, तो नौशाद ने 'दुलारी' के लिए भी शमशाद को बेहिचक छोड़कर शेष गीतों के लिए लता को ही लिया। 'ऐ दिल तुझे कसम है तू हिम्मत न हारना', 'आँखों में आ दिल में समा', 'दो दिन की बहार', 'न हम उनसे जुदा होंगे', 'कौन सुने फ़रियाद हमारी', 'तकदीर जगा कर आई हूँ' जैसे गीतों में लता बेहद मीठी और कर्णप्रिय थीं, पर 'दुलारी' लता से भी बढ़कर रफ़ी की फ़िल्म रही। न सिर्फ़ लता के साथ गाए सुरीले युगल गीतों 'मिल मिल के गाएँगे' और 'रात रंगीली मस्त नज़ारे' के कारण, बल्कि इन सबसे बढ़ कर फ़िल्म के सबसे लोकप्रिय और सदाबहार गीत 'सुहानी रात ढल चुकी न जाने तुम कब आओगे' की लाजबाव अदायगी के कारण। राग पहाड़ी पर आधारित इस हांटिंग धुन के साथ रफ़ी की आवाज़ क्या खूब गूँजती है! इस धुन को तो पपुआ न्यू गयाना में राष्ट्रीय गीत का भी दर्ज़ा प्राप्त है।

नौशाद और रफ़ी—एक दूसरे के बिना अधूरे

नौशाद की प्रतिष्ठा इस दौर तक इतनी बढ़ चुकी थी कि 'दास्तान' (1950) का एक ट्रेलर ही नौशाद की संगीत-प्रक्रिया की अभ्यर्थना में बनाया गया जिसमें नौशाद के व्यक्तित्व के महत्त्व को 'नौशाद, नौशाद, चालीस करोड़ में एक ही नौशाद' की उद्घोषणा के साथ रेखांकित किया गया। जैसा हम पहले भी कह चुके हैं, इतनी प्रतिष्ठा इस वक्त तक फ़िल्म संगीत में और किसी संगीतकार को नहीं नसीब हुई थी। ढेर सारी सिल्वर, गोल्डन और डायमंड जुबली मनानेवाले फ़िल्मों के संगीतकार नौशाद की 'दास्तान' भी सिल्वर जुबली हिट रही, और इसका संगीत कुछ अरबी स्पर्श लेते हुए भी कुछ हटकर ही नौशाद ने रचा। सुरैया के स्वर में लोच-भरी धुन के साथ 'ऐ शमा तू बता तेरा परवाना कौन है', राज कपूर और सुरैया पर फ़िल्माए 'दिल को तेरी तस्वीर से बहलाए हुए हैं' और 'तारा री यारा री' (सुरैया, रफ़ी), 'ये मौसम और ये तन्हाई' (सुरैया), 'नैनों में प्रीत है होंठों पे गीत हैं' (सुरैया), 'नाम तेरा है जुबाँ पर' (सुरैया) और 'मुहब्बत बढ़ा कर जुदा हो गए' (सुरैया) जैसे गीतों के साथ 'दास्तान' आज भी नौशाद और सुरैया के अनूठे, मीठे गीतों की यादगार फ़िल्म मानी जाती है।

'बाबुल' में नौशाद ने पहली बार तलत की आवाज़ ली। तलत और शमशाद के स्वरों में 'मिलते ही आँखें दिल हुआ' पर तो ज़माना आज तक झूमता आया है। 'मेरा जीवनसाथी बिछड़ गया', 'हुस्नवालों को न दिल दो', 'दुनिया बदल गई' (शमशाद के साथ), 'नदिया में उठा शोर' (रफ़ी शमशाद के साथ)—सभी बड़े लोकप्रिय गीत रहे। 'हुस्नवालों को न दिल दो' को रावलपिंडी में स्टेज पर गाकर मेहँदी हसन ने अपने आरम्भिक वर्षों में खूब वाहवाही लूटी थी पर कहा जाता है कि तलत नौशाद के सामने सिगरेट पीने का अपना शौक पूरा करने से नहीं चूके, और नौशाद जैसे अनुशासनप्रिय कम्पोज़र को यह गवारा नहीं हुआ। शायद यह भी एक कारण हो कि तलत कभी भी नौशाद के प्रमुख गायक नहीं बन सके। बहरहाल, 'बाबुल' तलत के साथ-साथ शमशाद की भी फ़िल्म रही और लता का गाया बेहद मीठा और उत्फुल्ल 'पंछी बन में पिया पिया गाने लगा' भी 'मिलते ही आँखें दिल हुआ', 'छोड़ बाबुल का घर मोह पी के नगर आज जाना पड़ा' और 'न सोचा था ये दिल लगाने के पहले' जैसे शमशाद के गीतों का व्यापक प्रभाव कम न कर सका। बहुत जल्द ही लता शमशाद को पूरी तरह परास्त करने में सफल रहीं, पर 'बाबुल' और 'दीदार' तक तो शमशाद की भी साख कायम ही थी।

नरगिस, निम्मी, दिलीप कुमार अभिनीत 'दीदार' (1951—जिसकी कहानी नौशाद ने ही लिखी थी) लता और रफ़ी दोनों के लिए ही महत्त्वपूर्ण फ़िल्म रही, क्योंकि इस फ़िल्म के द्वारा दोनों ही नौशाद के कैम्प में प्रमुख गायक-गायिका के रूप में जमने के प्रबल दावेदार हो चुके थे। यह तथ्य और भी महत्त्वपूर्ण इसलिए हो जाता है क्योंकि नौशाद अब तक इतने प्रतिष्ठित संगीतकार हो चुके थे कि जो भी गायक या गायिका उनके यहाँ प्रमुख होने का दावेदार बनता था, उसकी साख इतनी बढ़ जाती थी कि और भी संगीतकार उसे

गवाने के लिए आतुर हो जाते थे। हालाँकि शमशाद का वजूद नौशाद के लिए अभी भी कायम था, और 'चमन में रह के वीराना', 'बचपन के दिन भुला न देना' (लता के साथ) और 'नज़र फेरो न हमसे' (दुर्रानी के साथ) जैसे गीत बहुत लोकप्रिय भी रहे थे, फिर भी 'दीदार' में लता 'बाबुल' की तरह शमशाद के बाद नहीं बल्कि प्रमुख गायिका बन चुकी थीं। तिलंग पर आधारित 'मेरी कहानी भूलने वाले', देस पर आधारित 'ले जा मेरी दुआएँ' और मांड पर सृजित 'देख लिया मैंने किस्मत का तमाशा देख लिया' (रफ़ी के साथ) जैसे गीतों में लता ने दर्द का जैसा भावपूर्ण और परिष्कृत रूप पेश किया था, वह शमशाद का पंजाबीपन कभी ला नहीं सकता था। रफ़ी के गाए 'हुए हम जिनके लिए बर्बाद' और 'मेरी कहानी भूलने वाले' का दर्द अभी भी कुछ अतिरंजित और नाटकीय लग सकता था, पर लता की संतुलित गायकी ने यह सिद्ध करना प्रारम्भ कर दिया था कि गायिकाओं में उनके आसपास भी कोई नहीं था।

'Loves of Carman' पर आधारित 'जादू' (1951) में फ़िल्म के परिवेश के हिसाब से नौशाद कुछ रचनाओं में जिप्सी स्पेनिश लोकशैली का संगीत लेकर आए। यह फ़िल्म अपने अलग संगीत के लिए आज भी नौशाद की संगीतबद्ध अन्य फ़िल्मों से अलग ही दिखती है और इस कारण से यादगार भी है। 'जब नैन मिले नैनों से' (शमशाद, साथी) में 'लारा लुरारा' जैसे स्पेनिश लोक रिद्म की अभिव्यक्ति को नौशाद ने बड़ी कुशलता से इस्तेमाल किया। 'नादान मुहब्बत वालों के अरमान बदलते रहते हैं' (लता) के वाद्य संयोजन में जिप्सी परिवेश की रहस्यात्मकता गीत के दर्द को गहराने का काम करती है। फ़िल्म के कई गीतों में उत्तर भारतीय लोक रिद्म की भी झलक दिखती ही है। 'उलझ गया जिया मोरा नैनों के जाल में' (लता) इस संदर्भ में याद आता है, और 'लो प्यार की हो गई जीत बलम हम तेरे हो गए' (लता) में मूलतः पंजाबी रिद्म को एक जिप्सीनुमा कलेवर देने का प्रयास इतना सुंदर है कि यह गीत सुनना आज भी अभिभूत कर देता है। 'गिन-गिन तारे मैं हार गई रात को' (लता) ढोलक की रिद्म के साथ लोक रंग की बड़ी सुन्दर नृत्यात्मक प्रस्तुति थी और इक झूठ है' (रफ़ी) तो हीर शैली की अभिव्यक्ति थी ही।

महबूब प्रोडक्शन्स की 'आन' (1952) का 'मान मेरा एहसान अरे नादान' (रफ़ी) यदि लोकप्रिय रहते हुए भी साधारण ही रचना मानी जाएगी और 'दिल में छुपा के प्यार का तूफ़ान ले चले' (रफ़ी) की भावप्रवण तथा 'आज मेरे मन में सखी बाँसुरी बजाए कोई' (लता, साथी) की तरंगित मेलोडी स्तरीय रचनाएँ कही जाएँगी, तो 'तुझे खो दिया हमने पाने के बाद' (लता) की lilting धुन को तो उत्कृष्ट ही कहना होगा। अंतरे में शब्दों की पुनरावृत्ति और पूरे गीत में सितार का अद्भुत प्रभाव तो इस गीत को इस दौर के गाए लता के गीतों में विशिष्ट बना देता है।

नौशाद की अधिकांश रचनाएँ शास्त्रीय संगीत की राग आधारित रचनाएँ रही हैं। परंतु वे अकसर दुरूह या जटिल नहीं होती थीं। शास्त्रीय आधार लेकर भी वे रचनाओं को यथासम्भव सरलता देने की कोशिश करते थे ताकि आम श्रोता भी उनसे आसानी से तालमेल बैठा सके। एक-एक गीत पर महीनों का परिश्रम वे इसीलिए करते थे ताकि शास्त्रीय गुणवत्ता से समझौता किए बिना भी माधुर्य और सहजता के मापदंडों पर रचना बिलकुल perfect बैठे। 'आज़ाद' फ़िल्म के लिए एक लाख के ऑफ़र को भी उन्होंने इसलिए ठुकरा दिया कि निर्माता को बीस दिनों में ही सभी गीत चाहिए थे और perfectionist नौशाद अपनी रचनाओं के लिए वांछित मेहनत से समझौता नहीं कर सकते थे। गीत के साथ वाद्य संयोजन की उनकी रिहर्सलें अलग चलती थीं, और अकसर तो वे गायक-गायिका को ऑरकेस्ट्रा से अलग रखकर ही रिहर्सल कराते थे। पर वे अपने हुनर में इस प्रकार सिद्धहस्त थे कि रेकॉर्डिंग के समय जब गायक-गायिका और ऑरकेस्ट्रा का पहली बार भी साथ होता था, तब भी कहीं अपरिचितता की कठिनाई नहीं आ पाती थी। लता के साथ तो कई बार एक ही गीत का वे कई टेक करते थे, और फिर लता को ही सुनाकर यह फ़ैसला करने को कहते थे कि कौन टेक सर्वश्रेष्ठ रहा। नौशाद के लिए संगीत आराधना से कम कभी नहीं रहा है—शायद यही कारण है कि रेकॉर्डिंग के पहले स्टूडियो में वे अगरबत्तियाँ तक जलाया करते थे।

'बैजू बावरा' में भारतभूषण

शास्त्रीय संगीत का आधार लेकर भी कृतियों को अतिलोकप्रिय बनाने में यदि नौशाद अग्रणी रहे, तो इसका बहुत कुछ श्रेय 'बैजू बावरा' (1952) के संगीत को जाएगा। शास्त्रीय और पूरबी लोकशैलियों के अद्भुत सुरीले सम्मिश्रण से बने इस फ़िल्म के गीत तो आज तक सदाबहार बने हुए हैं। क्रमशः पीलू और देस के लोकरंजित सुरों के साथ 'झूले में पवन के' (रफ़ी, लता) तथा 'दूर कोई गाए' (लता, शमशाद, साथी) तथा भैरवी के पूरबी रूपांतर के रूप में 'तू गंगा की मौज मैं जमुना का धारा' (लता,

रफ़ी) जैसे गीत उस समय तो कोने-कोने में गूँजे ही और आज भी रेडियो पर अकसर सुनाई दे जाते हैं। दर्द के सुरों के साथ 'बचपन की मुहब्बत को' (लता) में मांड को सरसता से प्रयुक्त करने में भी नौशाद ने अपनी शास्त्रीय प्रतिबद्धता से समझौता नहीं किया। पर इससे भी अधिक उल्लेखनीय तथ्य यह है कि फ़िल्म के कई गीतों में तो उन्होंने शास्त्रीय संगीत की तकनीकी शुद्धता को भी माधुर्य का पर्याय बना डाला। 'ओ दुनिया के रखवाले' (रफ़ी) के दरबारी के सुरों को (चूँकि दरबारी बादशाह अकबर का पसंदीदा राग माना जाता है, अतः परिवेश को ध्यान में रखकर ही यह चुनाव किया गया था) अंतिम अंतरे में वे जिस खूबी से ऊँची पट्टी पर ले जाकर दर्द की इंतहा करते हैं वह फ़िल्म संगीत के इतिहास में बेमिसाल ही रहा है। इस गीत को लिखने में यदि शकील को आठ-दस दिन लगे थे, तो इसको कम्पोज़ करने में नौशाद ने भी उतना ही समय लगाया था—इतना अथक परिश्रम उसी ज़माने में किया जाता था। वहीं 'मन तड़पत हरि दर्शन को आज' (रफ़ी) में दर्द की संवेदना के मालकौंस आधारित सुर स्वरक्रम की निचली पादानों पर उतनी ही कशिश से केंद्रित रहते हैं। यह कहा जा सकता है कि ऊँचे और निचले scales पर समान कुशलता से गाकर रफ़ी ने इस फ़िल्म से ही सिद्ध कर दिया था कि तकनीकी रूप से वे मुकेश और तलत से मीलों आगे हैं। हालाँकि मुकेश और तलत दोनों ही इस दौर में नायक बनने की कोशिश में गाने के कई अवसर छोड़ रहे थे, और इसका फ़ायदा रफ़ी को पहुँचा, पर साथ ही 'बैजू बावरा' में जैसा गायन रफ़ी ने किया इसके बाद न सिर्फ़ नौशाद बल्कि अन्य संगीतकारों के लिए भी रफ़ी ही 'नम्बर वन' थे और बने रहे। रफ़ी को गायकों में अग्रणी स्थान दिलाने में यदि सबसे अधिक किसी फ़िल्म का हाथ था, तो वह फ़िल्म 'बैजू बावरा' ही थी।

रफ़ी के गाए उपरोक्त गीतों के समकक्ष ही था नौशाद द्वारा राग भैरव में सृजित 'मोहे भूल गए साँवरिया'। भावना ही सुर है और सुर ही भावना है की सूक्ति को साकार करती इस रचना में संवेदना का इतना गहरा और विराट प्रभाव है कि लता इस गीत की रेकॉर्डिंग के समय ही भावविह्वल होकर रो पड़ी थीं। आज भी अपने हर स्टेज शो में लता इस गीत को अवश्य गाती हैं। इस गीत में वाइब्रोफ़ोन का भी नौशाद ने दिलकश इस्तेमाल किया था। वस्तुतः 'बैजू बावरा' का संगीत न सिर्फ़ भावना प्रधान सुरों की अभ्यर्थना का अनुपम उदाहरण है (याद कीजिए गुजरी तोड़ी पर सृजित रफ़ी का गाया 'इंसान बनो') बल्कि इस फ़िल्म के लिए तो नौशाद ने शास्त्रीय संगीत के प्रति अपने अगाध अनुराग को विशुद्ध शास्त्रीय संगीत के ख्यातिप्राप्त गायकों को फ़िल्म के लिए गाने को बुलाकर भी प्रदर्शित किया। ऐसा वे आगे भी कई फ़िल्मों में करते रहे। राग देसी तोड़ी पर आधारित 'आज गावत मन मेरो झुम के' को डी.वी. पलुस्कर और अमीर खान के स्वरों में सुनना तो एक स्वर्गिक अनुभव है ही। उसी प्रकार अमीर खान के स्वर में पूरिया धनाश्री में 'तोरी जय-जय करतार' और मेघ मल्हार के सुरों के साथ 'मेघ राज आए धूनन धूनन धन' फ़िल्मों में शास्त्रीय बंदिश के अद्वितीय नमूने हैं।

अमीर खान साहब को नौशाद ने पुनः 'शबाब' (1954) के 'दुआ करो गिरधर' में राग मुलतानी के सुरों पर गवाया। नौशाद ने कई अप्रचलित रागों को भी फ़िल्म संगीत में प्रयुक्त कर अविस्मरणीय रचनाएँ दीं। 'शबाब' में रफ़ी के स्वर में 'महलों में रहने वाले' का प्रभाव राग शाहाना के सुरों के कारण अधिक संजीदा बना, तो 'आए न बालम' के दर्द को नौशाद ने राग जोगिया के सुर लगाकर एक फ़कीरी प्रभाव पैदा किया। वहीं दूसरी ओर जीवन में प्रेम की उत्फुल्लता और उल्लास को प्रकट करने के लिए 'मन की बीन मतवारी बाजे' (रफ़ी, लता) में नौशाद ने राग बसंत बहार तीन ताल का प्रयोग किया। 'जोगन बन जाऊँगी सैंया तारे कारण' (लता) की अद्भुत मिठास वृंदावनी सारंग से आई, तो 'मरना तेरी गली में' (लता) और 'जो मैं जानती बिसरत हैं सैंया' (लता) की उदास गम्भीरता बिलावल थाट के क्रमशः पहाड़ी और मांड की स्वरलहरियों द्वारा पैदा की गई है। पर 'शबाब' का सबसे खूबसूरत गीत 'चंदन का पलना रेशम की डोरी' (लता, हेमंत) पीलू आधारित सुरीली तरंगों को लेकर आया—यह गीत इतना मकबूल रहा कि आज भी रेडियो पर इसकी फ़रमाइश में हज़ारों खत आते हैं।

कारदार की सुरैया और सुरेश अभिनीत 'दीवाना' (1952) लोकप्रियता के हिसाब से इस दौर की कमज़ोर फ़िल्म थी। वैसे इस फ़िल्म में भी 'ओ तीर चलाने वाले तीर खाते जाएँगे' (लता), 'मोरा नाजुक बदन' (सुरैया) और बाल हृदयनाथ मंगेशकर से (जिनसे 'बैजू बावरा' में भी उन्होंने रफ़ी के साथ कुछ पँक्तियाँ गवाई थीं जो साउंडट्रैक पर मौजूद है) गवाए 'ये दुनिया कैसी है भगवान' जैसे अच्छे गीतों के साथ-साथ नौशाद ने रफ़ी से राग पहाड़ी पर आधारित एक उत्कृष्ट रचना गवाई थी—'तस्वीर बनाता हूँ तेरी खूने जिगर से। 'अमर' (1954) के खूबसूरत दादरा ताल की लय पर सृजित गीत 'तेरे सदके बलम' (लता) के पीछे भीमपलासी की स्वरलहरियाँ हैं या पीलू की, यह तो मैं नहीं जानता, पर नौशाद की शास्त्रीय आधार को सुगम रूप में रूपांतरित करने की कला दशक की इन फ़िल्मों में निखरती ही लगती है। इस गीत की रेकॉर्डिंग के एक दिलचस्प वाकये का उल्लेख राजू भारतन ने लता पर लिखी अपनी किताब में किया है। गीत में एक मुरकी थी जिसे ठीक-ठीक लेने में लता को रिहर्सल में भी दिक्कत हो रही थी। रेकॉर्डिंग के दिन

लता की तबीयत ठीक नहीं थी, और उन्होंने कुछ खाया भी नहीं था। रेकॉर्डिंग का तीसरा टेक हो रहा था जब लता एकाएक बेहोश हो गईं। अफ़रा-तफ़री में लोग दौड़े, और पानी-वानी छींटने पर लता को होश भी आया, पर लता की एकाग्रता देखिए कि होश में आने पर भी उनके मुँह से निकला कि नौशाद साहब, मैं वह मुरकी नहीं ले पाई। कला के प्रति इतने समर्पण ने ही 'अमर' तक लता को इस ऊँचाई तक पहुँचा दिया था जहाँ उनके आसपास भी कोई नहीं था। 'अमर' के ही 'जाने वाले से मुलाकात न होने पाई' के ग़ज़लनुमा प्रभाव के पीछे यमन के खूबसूरत सुरों का हाथ था। लता के गाए इस लोकप्रिय गीत को आशा भोंसले ने भी अपने स्वर में रेकॉर्ड कराया था, और यकीन मानिए, आशा का गाया गीत भी लता की भावनाप्रधान गायकी से कम नहीं ठहरता। दरअसल 'अमर' (1954) तक आशा की गायकी में भी एक गज़ब की परिपक्वता आ रही थी, जिसके बल पर आगे के कुछ वर्षों में ही वे चोटी की गायिका के रूप में स्थापित हो गईं। पर फ़िलहाल तो उन्हें सहनायिकाओं के लिए ही नौशाद उपयुक्त समझते थे और यही कारण है कि 'अमर' के उपरोक्त गीत या भैरवी पर आधारित 'खामोश है खेवनहार' या तिलक कामोद पर आधारित 'न शिकवा है कोई' के लिए लता ही थीं, आशा तो सहनायिका निम्मी पर फ़िल्माए 'एक बात कहूँ भोले पिया' या दरबारी आधारित 'राधा के प्यारे' के लिए ही ली गई। यहाँ भी 'न मिलता ग़म तो बर्बादी के अफ़साने कहाँ जाते' की खूबसूरत, संजीदा गायकी के लिए लता का ही चयन हुआ। वैसे 'अमर' का सबसे लोकप्रिय गीत तो भैरवी में रफ़ी के स्वर में 'इंसाफ़ का मंदिर है ये भगवान का घर है' के रूप में पूरी बुलंदी से गूँजा।

'अमर' में मधुबाला की एक अदा

शास्त्रीय संगीत के सरस रूपांतरण में बढ़ते रिद्म का प्रभाव प्रत्यक्ष रूप से नौशाद की संगीतबद्ध सनी आर्ट प्रोडक्शन्स की 'उड़न खटोला' (1955) के गीतों में भी नज़र आता है जहाँ पीलू आधारित बिना ऑरकेस्ट्रा के कोरस के विकल्प से संयोजित 'मोरे सैंया जी उतरेंगे पार हो' (लता) में लोकरंग की ताल, पहाड़ी आधारित 'ओ दूर के मुसाफ़िर' (लता, रफ़ी) और 'उड़नखटोले वाले राही' (लता, साथी) का दोलन और बिहाग या शायद पीलू आधारित 'हमारे दिल से न जाना धोखा न खाना' (लता) की मीठी लोच ने श्रोताओं को मंत्रमुग्ध किया। दर्द के लिए भैरव के सुर लेकर नौशाद 'सितारों की महफ़िल सजी', उदासी की गहराई लेकर 'न रो ऐ दिल', उल्लास के साथ 'घर आया मेहमान' और पूरी उत्कंठा को लेकर ऊँची पट्टी पर 'डूबा तारा उम्मीदों का' जैसे नगीनों के साथ लता के संग आए, तो साथ ही रफ़ी को लेकर जयजयवंती के साथ 'मुहब्बत की राहों में चलना सँभल के', पहाड़ी के साथ 'ओ दूर के मुसाफ़िर हमको भी साथ ले लो' और एक अलग ही अंदाज़ में भैरवी के साथ 'न तूफ़ाँ से खेलो, न साहिल से खेलो' जैसे सदाबहार गीतों को लेकर प्रस्तुत हुए। राजा नवाथे निर्देशित 'सोहनी महीवाल' (1958) में पुनः राग आधारित गीतों का यह सिलसिला जारी रहा, विशेषकर भैरवी आधारित नौशाद की लाक्षणिक मिठास और दोलन लिए 'तुम्हारे संग मैं भी चलूँगी' (लता), भूपाली आधारित रूमानी याचना से भरा 'मेरा बिछड़ा यार मिला दे' (लता) और निम्मी और भारतभूषण पर फ़िल्माए भैरवी में ही 'आने वाले को आना होगा' (लता, रफ़ी) जैसे गीतों के सहारे। 'ईद का दिन तेरे बिन है फीका' (लता, रफ़ी) भी दर्दीले सुरों के साथ एक बहुत अच्छी रचना थी जो दुर्भाग्य से अधिक लोकप्रिय न हुई।

नौशाद फ़िल्म संगीत के क्षेत्र में कई नए प्रयोगों और प्रणालियों के सूत्रपात में अग्रणी रहे हैं। 'आन' के लिए 100 सदस्यीय ऑरकेस्ट्रा का उपयोग करने वाले ने प्रथम संगीतकार थे। 'आन' के लिए ही उन्होंने पाश्चात्य संगीत notations की पद्धति भी विकसित की, जो किसी भी संगीतकार द्वारा भारत में किया गया पहला प्रयास था। इसे पुस्तिका के रूप में भी प्रकाशित किया गया था। नौशाद पहले संगीतकार थे जिन्होंने 'रतन' में ही स्वर और वाद्य के अलग tracks बनाकर उनकी 'मिक्सिंस' की थी। बाँसुरी और क्लैरिनेट का संयुक्त प्रयोग तथा सितार और मैंडोलिन का संयुक्त प्रयोग भी पहली बार नौशाद ने ही किया था। फ़िल्म-संगीत में एकॉर्डियन को लाने वाले भी वे पहले संगीतकार थे। 'रतन' के ज़माने से पार्श्वसंगीत को एक विशेष विधा के रूप में परिष्कृत करनेवाले पहले संगीतकार भी नौशाद ही माने जाते हैं। 'अंदाज़' फ़िल्म के riding sequence का पृष्ठभूमि संगीत भी पार्श्वसंगीत के मामले में नौशाद के हुनर को रेखांकित करता है। 'मेला' के नटराज नृत्य की कम्पोज़ीशन, 'दास्तान' में बीन संगीत की रचना, आदि अनेक उदाहरण दिए जा सकते हैं। यह भी गौरतलब है कि नौशाद पहले भारतीय हैं जिन्हें लंदन फ़िल्हार्मोनिक ऑरकेस्ट्रा को संचालित करने का श्रेय जाता है। नौशाद की कम्पोज़ीशन हमेशा फ़िल्म की कहानी और सिचुएशन को ध्यान में रखकर बनाई जाती थी। कौन-सा राग या कौन-सा वाद्य यंत्र किस भावना को उभारने के लिए सर्वश्रेष्ठ रहेगा, इस संबंध में नौशाद की उस्तादी ही रही

है। गीत के 'बोल' पक्ष पर अत्यधिक ध्यान देनेवाले नौशाद ने बाँसुरी और क्लैरिनेट तथा सितार और मैंडोलिन का एक साथ प्रयोग व्यापक ढंग से फ़िल्म-संगीत में प्रचलित कराया। बीन, डाफ़, वाइब्रोफ़ोन का भी व्यापक उपयोग फ़िल्म-संगीत में नौशाद की ही देन रही है।

कहा जा सकता है कि नौशाद के संगीत के दो पहलू रहे हैं—एक तो शास्त्रीय आधार का सरस, सुगम्य रूपांतरित लोकसंगीत (जिसमें भी अवधी और पूरबी लोकसंगीत की प्रचुरता रहती थी) और दूसरा शास्त्रीय आधारित आभिजात्य संगीत जिसमें कभी मुगलिया या लखनऊ के नवाबी 'कल्चर' की खूबसूरत भंगिमाएँ रहती थीं, तो कभी ईश्वर की आराधना करता उदात्त भक्ति-संगीत। साहित्य में भक्ति-साहित्य भले ही लोकरंजक और लोकसंस्कृति से प्रेरित रहा हो, पर नौशाद के भक्ति-गीतों में लोकरंग का इस्तेमाल कम ही मिलता है। लोकसंगीत का इस्तेमाल उन्होंने ग्रामीण त्यौहारों, उत्सवों या नायक-नायिका के प्रेम के भावों को उभारने के लिए ही किया, ईश्वर की अभ्यर्थना के लिए उन्होंने अकसर शुद्ध, गम्भीर क्लासिकी सुर ही लगाए। नौशाद का लोकसंगीत अधिकांशतः खुशनुमा ही रहा—सामूहिक स्वर का इस्तेमाल राजनीतिक-सामाजिक संघर्ष के स्वरों को अभिव्यक्त करने के लिए उन्होंने बहुत कम किया। नौशाद के संगीत की मूल प्रवृत्ति भारतीय शास्त्रीय संगीत-परम्परा की तरह ही कलावादी रही है—उनका लोकसंगीत भी समाज के अंदर व्याप्त विषमता, मजबूरियों और शोषण के चित्रण का माध्यम बहुत कम बना।

नौशाद के संगीत के इन पहलुओं की बारीकियाँ उनकी संगीतबद्ध कुछ उल्लेखनीय फ़िल्मों के संगीत से और भी स्पष्ट हो जाती है। लोकसंगीत या विशेषकर पूरबी लोकसंगीत का उनका हुनर 'मदर इंडिया' (1957) और 'गंगा जमुना' (1961) में सबसे मुखर रहा। महबूब ने अपने 'औरत' की रीमेक 'मदर इंडिया' के लिए अनिल विश्वास को न लेकर नौशाद को लिया और नरगिस के अभिनय के कारण अमर हो चुकी इस फ़िल्म के परिवेश के अनुरूप ही नौशाद आंचलिक संगीत की सुंदर धुनें लेकर आए। 'दुख भरे दिन बीते रे भैया' (मन्ना डे, रफ़ी, शमशाद, साथी) मेघ मल्हार की सुंदर सामूहिक लोक प्रस्तुति थी, 'जुंदरिया कटती जाए रे' (मन्ना डे) में ख़माज का लोक-रंग था, तो 'पी के घर आज प्यारी' (शमशाद, साथी) में पीलू का पारम्परिक विदाई रूप। 'नगरी नगरी द्वारे द्वारे' (लता) की ग्रामीण रंग से सराबोर वेदना, 'ओ जाने वाले जाओ' (लता) की भैरवी आधारित मिठास, 'घूँघट नहीं खोलूँगी सैंया तारे आगे' (लता) की आंचलिक प्रेम की अभिव्यक्ति, 'होली आई रे कन्हाई' (लता, शमशाद, साथी) का ग्रामीण शृंगारयुक्त उत्सवी रूप, 'गाड़ी वाले गाड़ी धीरे हाँक रे' (शमशाद, रफ़ी, साथी) का लोकाचार आधारित सहज उद्गार, 'ना मैं भगवान हूँ, ना मैं शैतान हूँ' (रफ़ी) की सीधा-सादी सरलता और 'दुनिया में हम आए हैं तो जीना ही पड़ेगा' (लता, मीना, उषा मंगेशकर) की गाँवों की विषमताओं और कठिनाइयों से उद्भूत दर्द—ग्रामीण-जीवन के सुख और दुख के विभिन्न पहलुओं को बहुत सरलता से नौशाद ने इस फ़िल्म में प्रस्तुत किया।

'गंगा-जमुना' की प्रत्येक लोक-अभिव्यक्ति के पीछे किसी शास्त्रीय राग का स्पर्श उल्लेखनीय है। जैसाकि पहले भी कहा गया है, शास्त्रीय संगीत के तत्त्वों का लोकरस में जितना सुगम रूपांतर नौशाद ने किया, वैसा कम ही संगीतकार कर पाए हैं। 'तोरा मन बड़ा पापी साँवरिया' (लता) के पीछे का ख़माज और पहाड़ी का लोच, 'दो हंसों का जोड़ा बिछड़ गयो रे' (लता) की लोकरंजित बिरहा के पीछे भैरवी के सुर तथा 'ना मानूँ ना मानूँ ना मानूँ रे' (लता) और 'ढूँढ़ो ढूँढ़ो रे साजना' (लता) के अल्हड़ शृंगार के पीछे पीलू का पुट इन सभी गीतों को बेहद लोकप्रिय बना गया। रफ़ी के स्वर में 'नैन लड़ जैहें तो मनवा मा कसक होइबे करी' और इस पर फ़िल्म में दिलीप कुमार के ठुमकों पर तो हर गाँव और कस्बे के लोग निछावर हो गए थे। हेमंत की आवाज़ में नीतिप्रधान गीत 'इंसाफ़ की डगर पे बच्चो दिखाओ चल के' ही लोकरस की इस धारा में एक अलग किस्म का द्वीप था, पर इसका भी अपना आकर्षण था जो आज तक कम नहीं हुआ है।

जहाँ तक 'आभिजात्य' संगीत का प्रश्न है, यहाँ तो सबसे बड़ा नाम 'मुग़ल-ए-आज़म' का ही रहेगा। के. आसिफ़ की 'मुग़ल-ए-आज़म' की योजना तो वर्षों पहले शुरू हो गई थी, पर फ़िल्म अंततः जाकर 1959 में पूरी हुई। आसिफ़ ने पहले फ़िल्म के लिए गोविंदराम और फिर अनिल विश्वास को संगीतकार के रूप में चुना था, पर अंततः नौशाद को लेकर ही वे निश्चिंत हुए। मुग़लिया वैभव की पृष्ठभूमि में बनी इस फ़िल्म के लिए भव्य संगीत तो एक अनिवार्यता थी ही और नौशाद ने भी इसके अनुरूप संगीत की विभिन्न बानगियाँ प्रस्तुत कीं। दरबारों के प्रचलित शास्त्रीय गायन की शैली के अनुरूप 'प्रेम जोगन' के लिए नौशाद का विचार सुप्रसिद्ध शास्त्रीय गायक बड़े गुलाम अली खाँ साहब को लाने का था। खान साहब पहले तो फ़िल्मों के लिए साढ़े तीन मिनट में शास्त्रीय गायन के ख़याल से ही चिढ़ गए, फिर के. आसिफ़ की सिगरेट पीते रहने की आदत ने उन्हें और नाराज़ किया। पर बड़ी

मुश्किल से आसिफ़ और नौशाद ने 25,000/- पारिश्रमिक का प्रस्ताव देकर उन्हें राज़ी किया। रेकॉर्डिंग के लिए स्टूडियो को बैठक की शक्ल दी गई। खान साहब ने गमक के साथ गायन शुरू किया, पर आसिफ़ को थोड़ी कोमल अभिव्यक्ति की तलाश थी। इसके लिए खान साहब ने फ़रमाइश की कि उन्हें फ़िल्म का सीन दिखाया जाए, तभी वे अनुकूल भाव लाएँगे। बहरहाल, खान साहब सीन देखकर मधुबाला के सौंदर्य पर भी रीझ गए और फिर राग सोहनी में 'प्रेम जोगन' की उन्होंने अविस्मरणीय प्रस्तुति देकर इस गीत को फ़िल्म-संगीत के इतिहास की एक धरोहर के रूप में स्थापित कर दिया। इससे उत्साहित होकर आसिफ़ और नौशाद ने पुनः 25000/- पारिश्रमिक पर उनसे शास्त्रीय शैली में रागेश्री आधारित बधाई गीत 'शुभ दिन आयो राजदुलारा' भी गवा लिया। हालाँकि परिवेश मुगल काल का था, पर नौशाद ने फ़िल्म में उन्नीसवीं सदी के लखनऊ के नवाब वाजिद अली शाह के दरबारी नर्तक बिंदादीन महाराज की प्रसिद्ध रचना 'मोहे पनघट पे नंदलाल छेड़ गयो रे' के ठुमरी अंग को भी बहुत सुंदर रूपांतर के साथ मधुबाला पर फ़िल्माया। राग गारा पर आधारित यह रचना इतनी लाजवाब बनी थी कि न केवल फ़िल्म के नृत्य-निर्देशक लच्छू महाराज (जो बिंदादीन के पोते थे) ही भाव-विभोर हो गए, बल्कि इस गीत के फ़िल्मांकन के समय उस समय बम्बई में रह रहे जुल्फ़िकार अली भुट्टो (जो बाद में पाकिस्तान के प्रधानमंत्री बने) भी मधुबाला के सौंदर्य से खिंचे हुए हर रोज सेट पर मौजूद रहने लगे थे। लच्छू महाराज ने ही यह सलाह दी थी कि इस गीत में कोरस भी होना चाहिए और उनकी सलाह पर ही नौशाद ने इस गीत को लता से पुनः रेकॉर्ड कराया था, और कोरस के लिए अन्य मंगेशकर बहनों का स्वर भी लिया था।

के. आसिफ़

'मुगल-ए-आज़म' का तो पूरा संगीत ही अविस्मरणीय है, चाहे वह केदार पर आधारित बेमिसाल (लता के 1967 में घोषित दस सर्वश्रेष्ठ गीतों में शामिल) इल्तज़ा 'बेकस पे करम कीजिए सरकारे मदीना' (लता) या जयजयवंती पर आधारित कव्वालीनुमा 'जब रात है ऐसी मतवाली' (लता) हो, या फिर यमन आधारित दुआ के रूप में 'खुदा निगहवान हो तुम्हारा' (लता), दरबारी आधारित कसक को प्रत्यक्ष करते 'मुहब्बत की झूठी कहानी पे रोए' (लता) या 'हमें काश तुमसे मुहब्बत न होती' (लता) और बिलावल पर रचित चुनौती को साकार करते 'ऐ इश्क ये सब दुनियावाले' (लता) जैसे गीत हों। 'मुगल-ए-आज़म' का सबसे मशहूर गीत तो रहा 'प्यार किया तो डरना क्या' (लता)। उत्तरप्रदेश की नौशाद की सुनी लोक-कहावत 'प्रेम किया क्या चोरी करी' को ही शकील ने मिलती-जुलती खूबसूरत शब्दावली दी और इस गीत को पूरा करने में दोपहर से शुरू कर अगली सुबह तक लगातार शकील और नौशाद ने मेहनत की थी। न सिर्फ़ शीशमहल के बीच मधुशाला के सैकड़ों प्रतिबिम्बों को प्रज्वलित करता अनुपम फ़िल्मांकन (गीत को अधिक प्रभावी बनाने के लिए खास तौर से इसकी कलर processing की गई थी) इसे अमर बना गया है, बल्कि echo effect के साथ चारों तरफ़ आवाज़ टकराने का असर लाने के लिए नौशाद ने लता की आवाज़ अलग-अलग टेक में रेकॉर्ड कर एक साथ मिलाया था। Echo का असर लाने के लिए लता स्टूडियो के कमरे से हलके चलते हुए बाथरूम में जाती थीं जहाँ अलग माइक लगा था और फिर वहाँ से गाती थीं। अल्पविकसित तकनीकों के दौर में भिन्न असर लाने के लिए संगीतकारों द्वारा इसी तरह की कोशिशें की जाती थीं। रफ़ी के स्वर में 'ऐ मुहब्बत ज़िंदाबाद' को ही व्यक्तिगत तौर पर मैं फ़िल्म का सबसे कमज़ोर गीत मानता हूँ। 'मुग़ल-ए-आज़म' के लिए मुबारक बेगम के स्वर में 'हुस्न की बारात चली' और 'मुझ पर ही चले क्यों तीरे नज़र' भी रेकॉर्ड किए गए थे, पर उन्हें फ़िल्म में शामिल नहीं किया गया।

मधुबाला—'मुगल-ए-आज़म' की अनारकली

वहीं दूसरी ओर लखनऊ की सुरुचिपूर्ण तहज़ीब की झलक (जो सातवें दशक तक भी काफ़ी हद तक महफ़ूज़ थी) लेकर नौशाद 'मेरे महबूब' (1963) में आए। कॉलेज के जलसे में गाई शायराना पेशकश 'मेरे महबूब तुझे मेरी मुहब्बत की कसम' बेमिसाल रचना थी जिसमें झिंझोटी के सुरों के साथ रोमांस अपने तहज़ीबी शिष्टाचार की आकर्षक भंगिमाओं के साथ प्रकट हुआ था। व्यक्तिगत तौर पर मैं इसे रफ़ी के सर्वश्रेष्ठ गीतों में एक मानता हूँ। भिन्न अंतरों में बदलते मूड्स के साथ अभिव्यक्ति की बदलती शैलियों का बेजोड़ समाँ

ही प्रस्तुत किया था रफ़ी ने। फ़िल्म का एक और लाजवाब, अत्यन्त कर्णप्रिय गीत था दरबारी कावड़ पर आधारित 'याद में तेरी जाग-जाग के हम, रात भर करवटें बदलते हैं' (रफ़ी, लता)। इस गीत की कशिश पर अपने ज़माने में कई श्रोता निछावर हो चुके हैं। 'मेरे महबूब' के अन्य गीत भी अपने ज़माने में बड़े मकबूल रहे थे। यमन कल्याण आधारित 'ऐ हुस्न ज़रा जाग तुझे इश्क जगाए' (रफ़ी), बिहाग आधारित 'तेरे प्यार में दिलदार' (लता), 'अल्लाह बचाए नौजवानों से' (लता, साथी), 'तुमसे इज़हारे हाल कर बैठे' (रफ़ी), 'मेरे महबूब में क्या नहीं, क्या नहीं' (लता, आशा)—सभी गीत उन दिनों घर-घर में सुने जाते थे।

सातवें दशक की फ़िल्मों में नौशाद की शास्त्रीय संगीत आधारित रचनाओं का कलेवर अधिक परिपक्व लगता है। पर साथ ही उनकी कृतियों में विविधता की कमी के कारण एक प्रकार की एकरसता भी दृष्टिगोचर होती है। ताजगी की कमी के कारण पुरानेपन की छाप उन पर लगती जा रही थी जो फ़िल्म-जगत की बदलती धाराओं के बीच नौशाद के लिए व्यावसायिक रूप से भी हानिकारक साबित हुई।

ऐसा नहीं था कि उनके गीतों की मिठास कम हो गई थी। नायकी कानड़ और केदार की छाप लिए 'चल दिए दे के ग़म' (लता—'सन ऑफ़ इंडिया, 1962), पहाड़ी के सुरों पर सृजित बहुलोकप्रिय गीत 'दिल तोड़ने वाले', (लता, रफ़ी—'सन ऑफ़ इंडिया, 1962), दरबारी का लोकरंजित, रसपूर्ण श्रृंगारिक गीत 'दैया रे दैया लाज मोहे लागे' (आशा—'लीडर,' 1964), यमन कल्याण का आधार लिए रिद्म पर निर्मित 'तेरे हुस्न की क्या तारीफ़ करूँ' (लता, रफ़ी—'लीडर', 1964), पुनः पहाड़ी का स्पर्श लिए 'दो सितारों का ज़मीं पर है मिलन आज की रात' (लता, रफ़ी—'कोहेनूर', 1960) या बिहाग आधारित 'चलेंगे तीर जब दिल पर' (लता, रफ़ी—'कोहेनूर', 1960) वाकई बहुत मधुर गीत थे और लोकप्रिय भी रहे, पर इस माधुर्य में नवीनता नहीं थी और उसकी राह भी प्रत्याशित थी। सलिल चौधरी ने एक बार आर.डी. बर्मन और नौशाद की तुलना करते हुए यह कहा भी था कि वे आर.डी. को इसलिए बेहतर मानते हैं क्योंकि आर.डी. हमेशा अपनी रचनाओं के साथ कुछ न कुछ अप्रत्याशित करते थे, जबकि नौशाद हमेशा 'predictable' या प्रत्याशित ही रहे। 'सन ऑफ़ इंडिया' (1962) का 'आज छेड़ो मुहब्बत की शहनाइयाँ दिल के टुकड़े हुए और जिगर लुट गया' (लता) बहुत मधुर गीत था, पर आधार में पुरानी बंदिश ही थी। नौशाद की संगीत-रचना का एक आराध्य ढाँचा था, जो भारतीय संगीत-परम्पराओं पर आधारित था और इस ढाँचे से छेड़छाड़ वे बहुत कम करते थे। इसी ढाँचे के अंदर उनका कौशल कभी जयजयवंती के रूप में 'ज़िंदगी आज मेरे नाम से शरनाती है' (रफ़ी—सन ऑफ़ इंडिया, 1962) के रूप में भावनाओं से ओत-प्रोत होता था, तो कभी ललित बनकर 'एक शहंशाह ने बनवा के हसीं ताजमहल' (रफ़ी, लता—'लीडर', 1969) के रूप में भव्यता पर प्रश्नचिह्न लगाते हुए भी भव्य ही लगता था। वह कभी 'नन्हा मुन्ना राही हूँ देश का सिपाही हूँ बोलो मेरे संग जय हिंद जय हिंद' (शांति माथुर—सन ऑफ़ इंडिया, 1962) या 'अपनी आज़ादी को हम हरगिज मिटा सकते नहीं' (रफ़ी—लीडर, 1964) के रूप में देशभक्ति की प्रचलित जोशीली शैली में प्रकट होता था, तो कभी राग केदार में कव्वालीनुमा ताल लेकर 'आज है प्यार का फ़ैसला ऐ सनम आज मेरा मुकद्दर बदल जाएगा' (लता—लीडर, 1964), शायराना सी रूमानी धुन लेकर 'आजकल शौके दीदार है क्या कहूँ' (आशा, रफ़ी—लीडर, 1964), पुकारती गूँज लिए 'दिल तोड़ने वाले तुझे दिल ढूँढ़ रहा है' (लता, रफ़ी—सन ऑफ़ इंडिया, 1962) या खुमार भरी अदा के साथ 'लीडर' (1964) के ही 'हमीं से मुहब्बत हमीं से लड़ाई' (रफ़ी—जिसकी गति को ही थोड़ा बदलकर शंकर-जयकिशन ने 'आरज़ू' का 'ऐ फूलों की रानी बहारों की मलिका' गीत रचा था) और 'मुझे दुनिया वालो, शराबी न समझो, मैं पीता नहीं हूँ पिलाई गई है' (रफ़ी) के रूप में प्रस्तुत होता था। नौशाद की कला का यदि एक रूप 'कोहेनूर' के राग हमीर के सुरों को लेकर विशुद्ध शास्त्रीय शैली में सितार की अद्‌भुत संगत के साथ 'मधुबन में राधिका नाचे रे' (रफ़ी) में झलकता है, तो उनका दूसरा रूप बड़े ही कसावट भरे तराशे सुरों के साथ 'सन ऑफ़ इंडिया' के 'दिया ना बुझे ही आज हमारा' (लता, साथी—यह बिहाग है या विलक्षणी तोड़ी, या क्या इसमें भैरवी का पुट भी है यह तो मैं बता नहीं सकता) और 'कोहेनूर' के ख़माज आधारित 'ढल चुकी शामे ग़म' (रफ़ी) की संवेदनशील प्रस्तुतियों में, और वहीं इनके समानांतर भावनाओं के संतुलन को तोड़कर अबाध विद्वंद्वता के साथ लोकरंग का जामा पहन उनका तीसरा रूप 'कोहेनूर' के होली गीत 'तन रंग लो जी आज मन रंग लो' (रफ़ी, लता, साथी) और भैरवी आधारित 'ज़रा मन की किवड़िया खोल' (रफ़ी, साथी) जैसे गीतों के साथ प्रकट होता है। पर इन सभी रूपों के आकार इस दशक में बड़े पहचाने से होते जा रहे थे। पहचान के ये रंग खूबसूरत तो अभी भी थे, पर यह खूबसूरती अब बार-बार देखी हुई आदत में शामिल हो रही थी, एकाध उदाहरण को छोड़कर यह खूबसूरती अब चमत्कृत और अभिभूत कम ही कर पाती थी।

बहरहाल, शास्त्रीय संगीत पर अपनी पकड़ और शास्त्रीय नोट्स को सरस, माधुर्य-भरी लय में रूपांतरित करने की अपनी कला को नौशाद ने सुबोध मुखर्जी निर्देशित 'साज़ और आवाज़' (1966) में पुनः प्रदर्शित किया। पटदीप और मधुवंती पर आधारित 'साज़

हो तुम आवाज़ हूँ मैं' (रफ़ी) और राग माड़वा पर आधारित 'पायलिया बावरी बाजे' (लता) उत्कृष्ट रचनाएँ थीं। 'किसने मुझे सदा दी किसने मुझे पुकारा' (रफ़ी, सुमन), 'दिल की मुराद लाई' (सुमन), 'दिल की महफ़िल सजी है चले आइए' (रफ़ी), 'न फूलों की दुनिया न तारों की दुनिया' (लता) और लज्जत-भरी 'तुम इश्क की महफ़िल हो' (आशा, रफ़ी) जैसी बेहद मेलोडी-प्रधान रचनाएँ इस फ़िल्म में थीं। 'दिल दिया दर्द लिया' (1966) का 'सावन आए या न आए जिया जब झूमे सावन है' (आशा, रफ़ी) तो इतनी विराट और कसी हुई कम्पोज़ीशन थी कि आज भी राग सारंग पर आधारित सम्भवतः सर्वश्रेष्ठ फ़िल्मी गीत के रूप में इस रचना को याद किया जाता है।

गज़लों की कम्पोज़ीशन के अपने जिस हुनर को नौशाद ने 'मुगल-ए-आज़म' और 'मेरे महबूब' में प्रदर्शित किया था, उसे उन्होंने 'दिल दिया दर्द लिया' (1966) और 'पालकी' (1967) से और भी पुख्ता किया। 'दिल दिया दर्द लिया' के 'कोई सागर दिल को बहलाता नहीं' (रफ़ी) की जसमोहिनी और कलावती में नौशाद ने इतनी अनुपम और संजीदा धुन दी कि श्रोता वाह-वाह कर उठे। यह गीत नौशाद की पहचानी शैली से अलग प्रयास के रूप में और भी महत्वपूर्ण हो जाता है। वहीं रफ़ी के 'गुज़रे हैं आज इश्क में हम उस मुकाम से' के दरबारी आधारित सुर और लता के कसक भरे 'फिर तेरी कहानी याद आई फिर तेरा फ़साना याद आया' का झिंझोटी युक्त प्रभाव इतना सुरुचिपूर्ण और आभिजात्य था (भले ही नौशाद की लाक्षणिक शैली का ही हो) कि यमन कल्याण आधारित शीर्षक गीत (रफ़ी), पीलू पर सृजित 'हाय हाय रसिया तू बड़ा बेदर्दी' (आशा) और अरबी शैली के 'क्या रंगे महफ़िल है दिलदारम' (लता, साथी) की सामान्यता पर पर्दा पड़ गया।

'पालकी', जिसकी कहानी स्वयं नौशाद ने लिखी थी, में लखनवी तहज़ीब की गज़लें अपनी कई बारीकियों के साथ प्रकट होती हैं। और इन सबके लिए नौशाद ने भिन्न शास्त्रीय रागों को बड़ी खूबसूरती से प्रयुक्त किया। 'दिल की कश्ती भँवर में आई है' (लता) के कोमल सुरों के लिए उन्होंने एक बहुत कम प्रचलित राग नारायणी को प्रयुक्त किया, तो विलम्बित तानों के साथ 'दिले बेताब को सीने से लगाना होगा' (रफ़ी, सुमन) के लखनवी अंदाज़ के लिए उन्होंने ऐसे मुशायरेनुमा गीतों के लिए प्रयुक्त यमन कल्याण का सहारा लिया। 'आज की रात है बस जलवा दिखाने के लिए' (रफ़ी) की नज़्मनुमा गुनगुनाहट के लिए उन्होंने सितार के सुंदर इंटरल्यूड्स पर राग गारा के सुरों को सजाया, तो 'कल रात ज़िंदगी से मुलाकात हो गई' (रफ़ी) रूपी शकील की बेहतरीन शायरी को राग केदार के रंग में बहुत ही खूबसूरती से ढाला। 'जाने वाले तेरा खुदा हाफ़िज' (लता) राग काफ़ी की गम्भीरता के साथ दिलोदिमाग पर असर करता है, 'मेरे घर से प्यार की पालकी चली गई' में मन्ना डे के स्वर का काँपता दर्दीला प्रभाव छू जाता है, 'मैं इधर जाऊँ या उधर जाऊँ' (रफ़ी, आशा, मन्ना डे, ए.नज़र) की कव्वाली झुमा देती है, 'चेहरे से अपने आज तो पर्दा हटाइए' (रफ़ी) की शायराना इल्तज़ा बहुत रूमानी लगती है तो 'ऐ शहरे लखनऊ, तुझे मेरा सलाम है' (रफ़ी) का एहतराम उत्तर मध्ययुगीन उस सामंती संस्कृति की याद दिला देता है, जहाँ मुगल वंश के खात्मे के बीच भी एक असाम्प्रदायिक मिश्र संस्कृति गज़लों, मुशायरों, नृत्य नाट्यों आदि की विभिन्न रस-भरी भंगिमाओं के साथ पनप रही थी।

दशक के अंत तक नौशाद की पहचानी शैली की एकरसता अब अपना पुराना जादू नहीं जगा पा रही थी। 'राम और श्याम' (1967) का 'मैंने कब तुमसे कहा था कि मुझे प्यार करो' (लता) अभी भी बहुत खूबसूरत लगता था, पहाड़ी पर आधारित 'आज की रात मेरे दिल की सलामी ले जा' (रफ़ी) को लोकप्रियता भी मिल जाती थी, 'बालम तेरे प्यार की ठंडी आग में जलते-जलते' (रफ़ी, आशा) की नृत्यात्मकता, 'मैं हूँ साथी तू है शराबी शराबी' (लता, रफ़ी) और 'आज सखी री मोरी पिया घर आए' (आशा, साथी) का खुमार या शृंगार अभी भी मधुर था, पर शैली वही नौशाद की परिचित सुनी-सुनाई शैली थी। एस.डी. बर्मन की तरह अपने गीतों में ताजगी भरते हुए चिरयुवा बने रहने की कला नौशाद के पास नहीं थी। 'आदमी' (1968) के 'कैसे हसीन आज बहारों की रात है' (महेन्द्र, रफ़ी—जिसे पहले महेंद्र की जगह तलत ने गाया था, पर बाद में मनोज कुमार के लिए महेंद्र का स्वर उपयुक्त समझकर तलत की आवाज़ हटा दी गई), 'न आदमी का कोई भरोसा' (रफ़ी) और 'आज पुरानी राहों से कोई मुझे आवाज़ न दे' (रफ़ी) के गम्भीर सुरों में या 'कारे बदरिया मारे नजरिया' (लता) और 'कल के सपने' (लता) के लालित्य-भरे सुरों में भी नौशाद की चिरपरिचित संगीत-शैली की ही गंध रही। 'संघर्ष' (1968) के 'मेरे पैरों में घुँघरू' (रफ़ी) की अतिलोकप्रिय रही लोकरंग की थिरकन, भैरवी आधारित 'मेरे पास आओ' (लता), 'छेड़ो न दिल की बात' (लता) या 'अगर यह हुस्न मेरा' (लता) जैसे गीतों में भी विविधता की कमी रही। 'गँवार' (1970) में तो नौशाद अपने स्तर से भी उतर गए। भोजपुरी फ़िल्म 'पान खाए सैंया हमार' (आशा) में भी नौशाद का संगीत साधारण ही कहा जाएगा।

नौशाद के लिए यह मजबूरी ही थी कि ज़माने के साथ चलने के लिए उन्हें भी पाश्चात्य ऑरकेस्ट्रेशन की तरफ़ मुड़ना ही पड़ा,

और राजेन्द्र कुमार, बैजयंती माला अभिनीत 'साथी' (1968) के ऑरकेस्ट्रेशन के लिए उन्होंने केरसी लॉर्ड की मदद ली। रागों के आधार पर बनाई गई धुनों का पाश्चात्य ऑरकेस्ट्रेशन के साथ सामंजस्य बहुत लोकप्रिय भी रहा ही, चाहे तिलंग पर आधारित बयार की तरह बहती और आंदोलित करती रचना 'मेरे जीवन साथी चली थी मैं तो प्यासी' (लता) हो, या वह सदाबहार गीत 'मेरा प्यार भी तू है ये बहार भी तू है' (मुकेश, सुमन) हो। वर्षों बाद नौशाद मुकेश को लेकर आए थे, और मुकेश के स्वर में भैरवी की अनुगूँज लिए 'हुस्ने जाना इधर आ, आईना हूँ मैं तेरा', सिम्फ़नी जैसी पृष्ठभूमि के साथ दरबारी की छाया लिए 'जो चला गया उसे भूल जा' (महेंद्र कपूर के अविस्मरणीय ऊँचे आह्वानों के साथ) और ग़ज़ल की शैली में अद्भुत ऑरकेस्ट्रेशन के साथ 'आँखें खुली थीं आए थे वो भी नज़र मुझे' आज भी मुकेश के हमेशाजवाँ गीतों के रूप में याद किए जाते हैं। इतना ही यादगार और कर्णप्रिय था लता के स्वर में ताज़गी-भरे यमन कल्याण के सुरों के साथ पियानो और गिटार के chords पर रचा गया 'ये कौन आया रोशन हो गई महफ़िल किसके नाम से'। पर नौशाद स्वयं तो इस फ़िल्म का अपना सर्वश्रेष्ठ गीत मानते हैं अन्य गीतों की अपेक्षा भारतीय संगीत की मेलोडी और वाद्य-संयोजन के साथ लता की गाई मीठी भैरवी 'मैं तो प्यार से तेरे पिया माँग सजाऊँगी'।

पर 'साथी' की सफलता के बावजूद ज़माना अब नौशाद का नहीं रह गया था। फ़िल्म-संगीत के आठवें दशक के परिवर्तनों के बीच झूमते युवावर्ग के पास अब नौशाद की मेलोडी के उस पुराने रूप के लिए कोई जगह नहीं थी। 'टाँगेवाला' (1972) के 'कर भला होगा भला' (मुकेश) और पंजाबी गिद्दा की शैली वाले 'आई रे खिलौनेवाली आई' (लता) जैसे गीत वक्त के सामने बासी थे। कलाकेंद्र फ़िल्म्स, मद्रास की राजेश खन्ना, मुमताज अभिनीत 'आईना' (1974) भी असफल रही और 'वो जो औरों की खातिर मर मिटे' (लता) और 'जाने क्या हो जाए जब दिल से दिल टकराए' (लता, रफ़ी) की लोकप्रियता भी क्षणिक ही रही। गुलाम मुहम्मद की मृत्यु के बाद 'पाकीज़ा' के पार्श्वसंगीत का काम ही इस दशक का नौशाद का सबसे उल्लेखनीय काम था, जहाँ उन्होंने इस पार्श्वसंगीत के बीच 'नज़रिया की मारी' (राजकुमारी), मिश्र पीलू आधारित 'कौन गली गयो श्याम' (परवीन सुल्ताना) और 'मोरा साजन सौतन घर जाए' (वाणी जयराम) जैसे बेहतरीन दादरों और ठुमरियों की रचना की। पूनम पिक्चर्स की असफल फ़िल्म 'माइ फ्रेंड' (1974) के 'मुझको एक महबूब तुम सा चाहिए' (लता), 'तुमको अगर प्यार दिया तो तुम क्या दोगे मुझे' (लता, रफ़ी), 'सुनहरा संसार' (1975) के कुछ लोकप्रिय 'कहीं सावन में भी ये दिल न तरसे' (मुकेश, लता) जैसी यात्रा से गुज़रते हुए नौशाद ने 'चम्बल की रानी' (1979) में पुनः अच्छा संगीत दिया—'ये बेकसी के अँधेरे ज़रा तो ढलने दे' (लता) और विशेषकर गौड़ सारंग आधारित बंदिश 'ऐसी नज़रिया मारे साँवरिया' (लता) के रूप में। 'धर्मकाँटा' (1982) के 'घुँघरू टूट गए' (आशा) जैसी प्रचलित बंदिश और अन्य गीत तात्कालिक रूप से लोकप्रिय अवश्य हुए, पर उनमें नौशाद का वह स्तर नहीं था जिसके लिए वे जाने जाते रहे हैं।

के. आसिफ़ की हज़ार मुश्किलों से बड़े लम्बे समय में पूरी की गई फ़िल्म 'लव एंड गॉड' (1986) में संदर्भ के अनुसार अरबी शैली का संगीत ले कर नौशाद आए। 'मोहब्बत खुदा है' (मन्ना डे, लता, साथी; रफ़ी, मन्ना डे, साथी/ आशा, साथी) कई टुकड़ों में भिन्न आवाज़ों के साथ रेकॉर्ड किया गया एक मधुर गीत था, 'गुलशन गुलशन सेहरा सेहरा' (रफ़ी, लता, साथी) इबादती शैली की दुआ थी, 'रहेगा जहाँ में तेरा नाम' की इबादती अभिव्यक्ति के लिए तो नौशाद रफ़ी, लता, मन्ना डे, तलत महमूद, बलवीर और साथियों सभी के स्वर लेकर आए थे, अरबी शैली के गुंजित प्रभाववाले 'अल्लाह तेरे साथ है' (रफ़ी, साथी) और नौशाद के पुराने अंदाज़ वाले 'ये नादानों की दुनिया है' (रफ़ी) को बड़ी शिद्दत से गवाया गया था, पर इन गीतों में कुछ भी ऐसा नहीं था जो इन्हें इस शैली के गीतों के परिभाषित रास्ते के अंदर या उससे अलग कोई विशिष्टता देता। फ़िल्म का सबसे अच्छा गीत था लता के स्वर में 'प्यार कहते हैं जिसे शोला है वो शबनम नहीं' जहाँ रूमानी भावनाओं का शायराना उद्गार अच्छा बन पड़ा था, पर लैला और कैस की चिरपरिचित कहानी पर आधारित संजीव कुमार और बीते दिनों की नायिका निम्मी अभिनीत इस फ़िल्म की असफलता के कारण यह गीत भी लोकप्रिय न रहा।

'आवाज़ दे कहाँ है' (1990) में नौशाद के साथ लता तो न थीं, पर अनुराधा पौड़वाल के साथ भी पहाड़ी, तिलंग, भैरवी और पीलू रागों पर आधारित अच्छे ही गीतों की रचना उन्होंने की थी। 'तेरी पायल मेरे गीत' (1993) में अवश्य उस पुराने नौशाद की याद ताज़ा हो जाती है। लता के स्वर में हरकतों और मुरकियों को समाविष्ट कर सृजित दरबारी आधारित खूबसूरत गीत 'क्या कहें आज क्या हो गया', किरवानी आधारित 'मुहब्बत का एक देवता-सा मिला', पीलू आधारित 'जब रात आए' और पारम्परिक बंदिश की बहुत सुंदर अभिव्यक्ति 'छूने न दूँगी शरीर नज़रिया से दिल भर दूँगी' (हरिहरन) विशेष रूप से उल्लेखनीय रहेंगे। पर उसके बाद की फ़िल्म 'गुड्डू' में आधुनिक संगीत की नौशाद की कोशिश पूर्णतः नाकाम ही रही।

नौशाद के पास पुरस्कारों और सम्मानों का तो ख़ज़ाना ही है। 'बैजू बावरा' के लिए फ़िल्मफ़ेयर पुरस्कार, 'गंगा जमुना' के लिए

'बंगाल फ़िल्म जर्नलिस्ट एसोसिएशन पुरस्कार' (1961), 'पालकी' के लिए 'सरस्वती पुरस्कार' से लेकर 'महाराष्ट्र गौरव पुरस्कार', 'दादा साहब फ़ालके पुरस्कार' (1982), 'लता मंगेशकर पुरस्कार' (1984), 'अमीर खुसरो एवार्ड' (1987), 'पद्मभूषण' (1992) और 'संगीत नाटक अकादमी पुरस्कार' (1993) जैसे बड़े सम्मानों से उन्हें नवाज़ा गया है। उनकी 25 फ़िल्मों ने सिलवर जुबली, 9 ने गोल्डेन जुबली तथा 3 फ़िल्मों ने प्लैटिनम जुबली मनाई। दूरदर्शन के लिए उनके जीवन पर कई फ़िल्में बनी हैं तथा उन पर कई किताबें भी लिखी गई हैं जिनमें मराठी में 'दास्तान-ए-नौशाद' और गुजराती में 'आज गावत मन मेरो' भी शामिल हैं। नौशाद वर्षों तक फ़िल्मी संगीतकार एसोसिएशन के अध्यक्ष रहे। शिकार और मछली पकड़ने के अपने ज़माने में वे बेहद शौकीन रहे हैं, और आज भी महाराष्ट्र स्टेट ऐंगलिंग एसोसिएशन के वे अध्यक्ष हैं। गुज़रे दिनों में शकील और मजरूह के साथ वे कई दिन पवई झील पर घंटों मछली पकड़ने में बिताते थे। टी.वी. धारावाहिक 'The Sword of Tipu Sultan', 'सरगम' और 'Akbar the Great', में नौशाद का ही संगीत रहा था। हेमंती शुक्ला के साथ उनके बाँग्ला एलबम को भी अच्छी सफलता मिली। रफ़ी को श्रद्धांजलि के तौर पर उनका निकाला एलबम 'मेरे सुर और तेरे गीत' भी बहुत मक़बूल रहा है, जिसमें उन्होंने अप्रदर्शित फ़िल्म 'हब्बा खातून' का एक बड़ा जबर्दस्त गीत 'जिस रात में ख्वाब आए' भी श्रोताओं तक पहुँचाया। इधर अपनी शायरी की किताब 'आठवाँ सुर' की रचनाओं को स्वयं कम्पोज़ कर उन्होंने हरिहरन और प्रीति उत्तम से भी गवाया है। अकबर खान ने अपनी फ़िल्म 'ताजमहल' में संगीत देने के लिए उन्हें अनुबंधित किया है। कुछ गैर-फ़िल्मी गीतों का सृजन भी नौशाद के हिस्से में आया है। रफ़ी के स्वर में 'ऐ मेरे लाडलो', 'बीते दिनों की यादें', 'मुहब्बत ख़ुदा है', मुकेश के स्वर में 'क्यूँ फेरी नज़र' आदि पर ऐसे प्रयास नौशाद ने कम ही किए।

संदर्भ

1. हरीश तिवारी : माधुरी, 9 जुलाई, 1971
2. राजू भारतन : लता मंगेशकर—ए बायोग्राफ़ी

दत्ता कोरगाँवकर

'रोशनी अपनी उसे यूँ ही मिटाकर चल दिए'

के. दत्ता

दत्ता कोरगाँवकर उर्फ के. दत्ता अपने ज़माने की एक विशिष्ट हस्ती थे। नूरजहाँ उनकी मनपसंद गायिका थीं, और नूरजहाँ की आवाज़ के मोहपाश से वह इतने बँधे थे कि विभाजन के बाद नूरजहाँ जब पाकिस्तान चली गईं तो के. दत्ता अधूरे ही रह गए। नूरजहाँ की जगह उन्होंने लता से गवाना तो शुरू कर दिया, पर उनकी कम्पोज़ीशन्स सुनकर लगता है कि लता से गवाए गीत भी नूरजहाँ को ही ध्यान में रखकर बनाए गए हों। सम्भवतः 1901 में जन्मे के. दत्ता का बचपन गिरगाम की गलियों में बीता, जहाँ के संगीतमय वातावरण की छाप उनपर बचपन से ही पड़ी। बचपन से ही अपनी माँ को भजन गाते हुए सुनकर के. दत्ता प्रभावित हो जाते थे तथा स्वयं भी कई स्टेज कार्यक्रमों में भाग लेने का सिलसिला बचपन से ही प्रारम्भ हो गया था। हालाँकि आज के. दत्ता का नाम विस्मृत हो चुका है, पर अपने सफल जमाने में ओपेरा हाउस थियेटर के पास रहनेवाले के. दत्ता के पास भी फ़िल्मी दुनिया में किस्मत आजमाने आए गायक-गायिकाओं की भीड़ लगी रहती थी।

बहरहाल संगीतकार के. दत्ता की संगीत-यात्रा मात्र 17 फिल्मों तक ही सीमित रही। मास्टर विनायक की फिल्म कम्पनी हंस पिक्चर्स की 'मेरा हक' (1939) और अरुण पिक्चर्स की भालजी पेंढारकर निर्देशित 'अलख निरंजन' (1940) के बाद सिरको प्रोडक्शंस की 'गीता' (1940) के संगीत-निर्देशक के रूप में उन्होंने कबीर के दोहे 'पाप कहन को व्रत तगाएँ' और 'नैनन के तीर होए करेजवा में पीर', 'सुंदर साड़ी फूलों वाली', 'कोई मन में बीन बजाए', 'प्रेम बिना यह जीवन खाली' जैसे प्रणय गीत कम्पोज़ किए। यह फिल्म मराठी में भी बनी थी, और मराठी संस्करण के गीतकार थे प्रसिद्ध मराठी नाटककार मामा वारेरकर। मज़हर खान निर्देशित 'याद' (1942) से के. दत्ता ने अपने-आपको स्थापित किया।[1] इस फिल्म का रूमानी दोगाना 'याद जब बेचैन करती है, चले आते हैं हम' (राजकुमारी, दुर्रानी) विशेष तौर पर मकबूल हुआ था। पर इससे भी कहीं अधिक हिट रहा था ज़िया सरहदी निर्देशित और नूरजहाँ अभिनीत 'नादान' (1943) का संगीत। इसी फिल्म से के. दत्ता पर नूरजहाँ का जादू छाया था। 'नाचती गा, गाए जा', 'अब तो नहीं दुनिया में कहीं अपना ठिकाना', 'एक अनोखा गम एक अनोखी मुसीबत', 'दिल दूँ कि न दूँ', 'बन बन जा बंजारे जा रे' जैसे गीतों द्वारा नूरजहाँ की विविधता का सुंदर उदाहरण पेश करनेवाले के. दत्ता की सबसे सुंदर रचना थी 'रोशनी अपनी उसे यूँ ही मिटाकर चल दिए'। इस गीत में तबले की तेज गत के साथ नूरजहाँ के स्वर को कम्पन-भरी लहर की तरह बड़ी खूबसूरती से के. दत्ता ने प्रस्तुत किया है। 'एक अनोखा गम' को भी भैरवी की छाया लेकर कहरवा पर बड़ी सुंदरता से कम्पोज़ किया गया था। यह गीत तो निर्माता-निर्देशक महबूब का पसंदीदा गीत था और वे अकसर कहा करते थे कि लगता है, यह गीत के. दत्ता ने खुदा के दरबार में खास तौर से बैठ कर बनाया है।

के. दत्ता की संगीतबद्ध आनंद ब्रदर्स की 'ज़मीन' (1943), ए. करीम निर्देशित 'बदमाश' (1944—खान मस्ताना के साथ) और भालजी पेंढारकर निर्देशित 'महारथी कर्ण' (1944) के गीत तो विशेष चर्चित नहीं हुए, पर प्रफुल्ल पिक्चर्स की मास्टर विनायक निर्देशित 'बड़ी माँ' (1945) के गीतों ने तो गज़ब ढा दिया। नूरजहाँ का गाया 'दिया जलाकर आप बुझाया' तो ज़बर्दस्त हिट हुआ। इसकी

कम्पोज़ीशन इतनी सशक्त थी कि ओ.पी. नैयर का भी उस जमाने का यह पसंदीदा गीत था। जब ओ.पी. नैयर स्वयं एक सफल संगीतकार बने तो उन्होंने के. दत्ता को एक पियानो भेंट किया था।[2] इस गीत में स्केलों का परिवर्तन अद्‌भुत था। बहरहाल 'बड़ी माँ' के अन्य गीत भी बड़े अच्छे थे। धानी या भीमपलासी पर स्वरबद्ध 'किसी तरह से मुहब्बत में चैन पा न सके' (नूरजहाँ) में सितार का प्रयोग अद्‌भुत था तो 'तुम हमको भुला बैठे हो' (नूरजहाँ) की कम्पोज़ीशन में बोलों के बीच अचानक विराम लाने का प्रयोग बड़ा लुभावना था। 'आ इंतज़ार है तेरा' भी नूरजहाँ की आवाज़ में अच्छा लगता है।

'बड़ी माँ' की एक विशेषता यह भी थी कि इसमें अपने पिता की मृत्यु के बाद घर की आजीविका चलाने को संघर्षरत लता मंगेशकर को मास्टर विनायक ने एक छोटी-सी भूमिका दी थी और अपने ऊपर फ़िल्माए दो गीतों को भी उन्होंने गाया था। कीर्तन शैली का 'माता तेरे चरणों में' और 'जननी जन्मभूमि... तुम माँ हो बड़ी माँ (दोनों ही कोरस के साथ) का लता के आरम्भिक गीतों के तौर पर ऐतिहासिक महत्त्व है। यह भी रोचक तथ्य है कि 'बड़ी माँ' के समय ही के. दत्ता और फ़िल्म के अन्य सदस्यों के साथ गेटवे ऑफ़ इंडिया के पास एक दिन शाम को टहलते हुए लता ने 'पैग़ाम' शब्द का उच्चारण ग़लत तरीके से बगैर नुक्ते के किया। के. दत्ता ने वहीं लता को रोका और स्पष्ट तौर पर समझाया कि यदि लता फ़िल्मों में अपना कैरियर बनाना चाहती हैं तो उन्हें उर्दू शब्दों का स्पष्ट उच्चारण सीखना होगा। लता इस सीख को कभी नहीं भूलीं, और उनकी शुद्ध अदायगी में के. दत्ता की इस सीख का कहीं न कहीं हाथ अवश्य रहा है।[3] यह तो सर्वविदित है कि लता उस समय नूरजहाँ को अपना आदर्श मानती थीं, और फ़िल्म के नूरजहाँ के गाए गीत भी रेडियो स्टेशन पर बिलकुल नूरजहाँ अंदाज़ में लता ने गाए थे। लता तो कुछ वर्षों तक नूरजहाँ प्रभाव में ही गाती रहीं, पर नूरजहाँ के पाकिस्तान जाने से के. दत्ता का संगीत मानो अपनी आत्मा और आत्मविश्वास खो बैठा।

वैसे 'यतीम' (1945) में राजकुमारी से के. दत्ता ने एक बेहतरीन गज़ल शैली की कम्पोज़ीशन गवाई थी—'कयामत है कि हम एक बेवफा से प्यार करते हैं'। अंतरे की अदायगी में शब्दों को खींचकर एक छोटी-सी तान का प्रयोग इस रचना को और भी विशिष्ट बनाता है। राजकुमारी के साथ दुर्रानी का गाया 'झूम रही बागों में' भी एक अच्छा लहराता गीत था। पर 'शाहकार' (1947) में आरज़ू लखनवी के लिखे गीत विशेष न रहे और 'रंगमहल' (1948) के 'जाने वाले ज़रा दुनिया का चलन देखता जा' (सुरैया) जैसे गीतों को भी विशेष सफलता नहीं मिली। के. दत्ता को नूरजहाँ के चले जाने के झटके से उबरने में काफ़ी वक्त लगा और इस बीच कई संगीतकार उनसे आगे निकल गए। 'मेरी कहानी' (1948) के सितार के सुंदर प्रयोग के साथ मचलती धुन पर 'दिल की दुनिया में हाँ' (गीता, सुरेंद्र), 'बुलबुल को मिला' (गीता, सुरेंद्र) 'रतन' के मशहूर गीत 'जब तुम ही चले परदेस' से प्रेरित मचलती मीठी तर्ज़ पर 'दिलवाले दिल का मेल' (लता) और बेहद मधुर 'दिल को तुम्हारी याद ने आकर हिला दिया' (सुरेंद्र) का स्तर और लोकप्रियता भी के. दत्ता के इस दौर में पीछे हो जाने को नहीं रोक सके।

के. दत्ता की वापसी हुई मधुकर पिक्चर्स की निगार और अजीत अभिनीत 'दामन' (1951) से। के. दत्ता के लिए लता नूरजहाँ का पर्याय तो कभी नहीं बन पाई, पर इस फ़िल्म में उन्होंने लता से एक अनूठा गीत गवाया, जिसके शब्दों में स्वयं लता मंगेशकर का नाम था। मचलती धुनवाले इस गीत के बोल थे—'तीरूलिल्ला तीरूलिल्ला तीरूलिल्ला ला, गाए लता, गाए लता, गाए लता गा'। इस विशिष्टता के कारण यह गीत फ़िल्म संगीत के इतिहास में अलग ही महत्त्व रखता है। इस फ़िल्म की एक ओर विशेषता थी लता और आशा का मिलकर गाया प्रथम युगल गीत—'ये रुकी-रुकी हवाएँ, ये बुझे-बुझे सितारे'। तेज रिद्‌म में कम्पोज़ 'चकोरी का चंदा से प्यार' (लता) भी हिट गीत था और 'चले हैं तीर नज़र के' (आशा) भी अच्छी रचना थी, पर फ़िल्म का सुपरहिट गीत रहा लता और रफ़ी का सदाबहार दोगाना 'ओ याद आने लगी दिल दुखाने लगी'। यह गज़ब की कम्पोज़ीशन थी, जो आज भी रोमांचित कर देती है। इस प्रकार के संजीदा धुनोंवाले गीतों में के. दत्ता अधिक जमते थे। एस.एम. युसुफ की 'गुमाश्ता' (1951) में भी 'तेरा गोरा-गोरा गाल हमको एकदम पसंद है' (दुर्रानी, शमशाद) जैसे गीत के मुकाबले फ़िल्म के लता के गाए संजीदा गीतों ने कहीं अधिक छाप छोड़ी है। जहाँ पिछले दशक की फिल्मों में के. दत्ता ने सितार का सुंदर प्रयोग किया था, वहीं इस फिल्म के भैरवी की छाया लिए कम्पोज़ किया हुआ 'कैसे तुम बिन करेगी उमरिया' में तथा परम्परागत शैली के मुखड़े के साथ अंतरों में ऑफ़ बीट स्वरों को लगाकर कम्पोज़

फ़िल्म 'गुमाश्ता' में
निगार सुल्ताना

किए गए 'यह दुनिया बड़ी बेवफ़ा हो गई है' में हवाइयन गिटार का बड़ा सटीक प्रयोग था।

इस दशक की के. दत्ता की सबसे महत्त्वपूर्ण फिल्म थी निगार और सुरेश अभिनीत 'रिश्ता' (1954)। 'साजन से पहली बार, हम कैसे बोलें हाय, हमें आपसे प्यार' की लाजवाब धुन तो सबसे पहले याद आती है। यह भी लगता है कि इस गीत की धुन भी नूरजहाँ के प्रभाव से मुक्त नहीं है, हालाँकि लता ने इसे बेमिसाल तरीके से गाया है और लता के 'रेयर जेम्स कैसेट्स' में भी यह गीत शामिल किया गया है। राग भैरव पर आधारित 'बेदर्द ज़माने से न शिकवा न शिकायत है' (लता), तलत के लर्ज़िश-भरे स्वर में 'वही चाँदनी है, वही आसमाँ है', मुबारक बेगम की आवाज़ में बेहद कर्णप्रिय 'क्या खबर थी यूँ तमन्ना खाक में मिल जाएगी' जैसे सभी गीत एक से बढ़कर एक थे और मकबूल भी हुए थे। पर इससे के. दत्ता के कॅरियर को कोई खास फ़ायदा नहीं हुआ। 'हरिहर भक्ति' (1956) के भैरवी पर आधारित 'चंदा का रंग लिए' (तलत, मुबारक) जैसे गीत भी नहीं चले, और के. दत्ता शंकर-जयकिशन, सचिन देव वर्मन और ओ. पी. नैयर के इस दौर में लुप्त हो गए। अगले दशक में 'अजनबी' (1966) जैसी फ़िल्मों का उनका संगीत 'न जाने बात क्या है जो तमन्ना गुनगुनाती है' (आशा), 'कली कली में गाए तराना' (सुमन) और 'ये नज़र ये हँसी' (सुमन, साथी) जैसी आधुनिक पर मेलोडीयुक्त रचनाओं के बावजूद चला नहीं। 'गल्याची शपथ' (जिसमें उन्होंने लता से भी गीत गवाए थे), 'रामगढ़चा राजबंदी' (1965) जैसी कुछ मराठी फ़िल्मों में भी उन्होंने संगीत दिया पर उसके बाद वे एक गुमनाम निर्वासित ज़िंदगी बिताने पर मजबूर हो गए। फ़िल्मी दुनिया को छोड़ने के बाद पूजा-पाठ और ज्योतिष के सहारे वे अपने दिन बिताते थे। 71 वर्ष की आयु में हृदयघात से बम्बई के जी.टी. अस्पताल में 23 दिसम्बर, 1978 को उनका निधन हो गया।

संदर्भ

1. हरसिंदर सिंह 'हमराज़' : लिस्नर्स बुलेटिन, अंक 36, मार्च 1979
2. इसाक मुजावर : 'जी स्टार', 31 जून, 1993
3. हरीश भिमानी : इन सर्च ऑफ़ लता मंगेशकर

पन्नालाल घोष

'मेरे जीवन के पथ पर छाई ये कौन'

प्रसिद्ध बाँसुरीवादक पन्नालाल घोष भी एक ज़माने में फ़िल्मी संगीतकार थे। नदी में बह रही एक बाँसुरी को नौ साल की उम्र में हाथ लगाने से शुरुआत करनेवाले पन्नालाल घोष ने अपने पितामह हरि कुमार घोष से बाँसुरी की विधिवत् शिक्षा ली, अपने पिता अक्षय कुमार घोष से सितार सीखा तो अपने मामा भावरंजन मजुमदार से गायन। स्वतंत्रता-संग्राम में भी शामिल हुए और व्यायामशाला में बॉक्सिंग भी सीधी। अखिल बंगाल बॉक्सिंग प्रतियोगिता में विजयी रहे पन्नालाल जब स्वतंत्रता-आंदोलन की गतिविधियों के कारण पुलिस की निगाहों में आए तो अपने जन्मस्थान बारिसाल को छोड़कर कलकत्ते भागे और वहाँ एक क्लब में एथलेटिक प्रशिक्षक हो गए।

अपनी बाँसुरी के साथ पन्नालाल घोष

कलकत्ते में ही बाँसुरी का उनका फ़न चमका। बाँसुरी को लेकर कई प्रयोग भी उन्होंने किए और धीरे-धीरे बड़ी हस्तियों से सीखते हुए संगीत-सम्मेलनों में भी बजाने लगे। आर.सी. बोराल के साथ 1936 में 'न्यू थियेटर्स' में उन्होंने काम शुरू किया। कुशी मोहम्मद खान से संगीत शिक्षा ग्रहण करने के साथ-साथ सरायकेतला राज के नर्तक दल के संगीतकार के रूप में यूरोप का भ्रमण भी कर लिया। फिर गिरिजाशंकर चक्रवर्ती से सीखने लगे, और उसके कुछ दिनों बाद ही बम्बई चले गए जहाँ बाम्बे टॉकीज की कई फ़िल्मों में संगीत देने का अवसर मिला। 'स्नेहबंधन' (1940) के 'अबरू की कमानों में' तथा 'स्नेह बंधन में बँधे हुए हम' जैसे खान मस्ताना एवं बिब्बो के हिट दोगानों के संगीत सृजक पन्नालाल घोष ही थे। बॉम्बे टॉकीज़ की देविका रानी-अशोक कुमार की हिट जोड़ी अभिनीत 'अंजान' (1941) में पन्नालाल घोष का संगीत खूब लोकप्रिय रहा था, विशेषकर 'मेरे जीवन के पथ पर छाई ये कौन' और 'प्यारे प्यारे सपने हमारे' (अशोक कुमार, देविका रानी) तो आज तक सुने जाते हैं। 'बसंत' (1942) के गीतों ने तो धूम मचा दी थी। वास्तव में 'बसंत' के धुन रचयिता अनिल विश्वास थे, पर ऑरकेस्ट्रेशन का पूरा काम पन्नालाल घोष ने किया था। पारुल घोष के खूबसूरत गीत 'उम्मीद उनसे क्या थी', पारम्परिक शास्त्रीय बंदिश के अंदाज़ में 'तुमको मुबारक हो ऊँचे महल ये', बेबी मुमताज उर्फ़ मधुबाला पर फ़िल्माया (उनका पहला) डोलता गीत 'एक छोटी-सी दुनिया रे', चटकती अनूठी शैली में 'हुआ क्या कुसूर जो हमसे हो दूर' (अमीरबाई) और पारुल तथा अरुण कुमार के स्वरों में विशिष्ट गीत 'आया बसंत सखी', 'गोरी मोहे ग़ंगा के पार' तथा लोकशैली का बेहद लुभावना गीत 'काँटा लागो रे सजनवा मोसे राह चली न जाए' इस फ़िल्म के यादगार गीत थे जिनमें कहीं बाँसुरी और तबले की जुगलबंदी, तो कहीं वॉयलिन, घुंघरू और तबले की साथ-साथ बढ़ती गत एक अच्छा समाँ बाँधती हैं ।

'बसंत' में मुमताज़ और प्रमिला

निर्देशक व्ही.एस.व्यास की 'दुहाई' (1943) में भी रफ़ीक़ गजनवी और शांति कुमार देसाई के साथ पन्नालाल घोष ने भी संगीत दिया था। पन्नालाल घोष के कई गीत उनकी पत्नी पारुल घोष (जो अनिल विश्वास की बहन थी) की आवाज़ में हमारे सामने आए। 'सवाल' (1943) के 'बीत गया पतझड़ फिर गुइयाँ' और 'चला चल मुसाफ़िर ये जग है सराय', 'पुलिस' (1944) का एक नई शैली में 'छुप छुप के' शब्दों पर सुंदर बल से प्रयुक्त कर्णप्रिय 'आता है कौन छुप-छुप के मेरे ख्वाब में' (प्रेम अदीब के साथ), 'बीसवीं सदी' (1945) के 'कूक रे तू प्राण पपीहे' और 'ओ निर्मोही माँग रही हूँ तुझसे अपना प्यार मैं' और 'आंदोलन' (1951) के 'वंदे मातरम' (सुधा, मन्नाडे, सैलेष के साथ), 'राधा ने किया शृंगार क्यों' जैसे पारुल के गीत अब भले ही विस्मृत हो गए हों, पर सुधी श्रोताओं के एक वर्ग ने इन्हें उस वक्त खूब सराहा था। भोर के संगीत सुरों के सुंदर प्रयोग के साथ सृजित फ़िल्म का 'सुबह की पहली किरण तक ज़िंदगी मुश्किल में है' (किशोर कुमार, मन्ना डे, शांति सुधा घोष, साथी) भी 'आंदोलन' फ़िल्म की एक अनूठी कृति थी जो अब पूर्णतः विस्मृत हो चुकी है। 'आंदोलन' में पन्नालाल घोष ने एक अच्छा 'बुद्ध नृत्य' भी कम्पोज़ किया था, जिसका रेकॉर्ड भी निकला था।

पन्नालाल घोष ने कई फ़िल्मों में बाँसुरीवादन भी किया था। 'बसंत बहार' के 'मैं पिया तेरी तू माने या न माने' में पन्नालाल की बाँसुरी लता से कम सुरीली नहीं लगती । लेकिन पन्ना बाबू का मन फ़िल्मों से कहीं अधिक शास्त्रीय संगीत में रमता था। फ़िल्म नगरी को पाँचवें दशक में ही छः महीने के लिए छोड़कर वे मैहर जाकर अलाउद्दीन खान साहब से सीखते रहे थे। फ़िल्मों से भी अधिक प्रसिद्धि उन्हें ऑल इंडिया रेडियो पर अपने बाँसुरीवादन के लिए मिली और पं. ओंकारनाथ ठाकुर और फ़य्याज़ खान साहब के कई गायनों में उन्होंने बाँसुरी की संगत की। ख़याल अंग गायकी, ध्रुपद अंग, तंत्रकार, झाल, ठुमरी, दादरा—हर विधा की शैली वे अपनी बाँसुरी से प्रकट करने में सक्षम थे। कठिन से कठिन तालों पर भी वे कुशलता से बाँसुरी बजाते थे। हिंदुस्तानी संगीत में bass बाँसुरी, छः तार तानपुरा, सुरपेटी आदि को स्थापित करने का श्रेय भी पन्नालाल घोष को ही जाता है। यह आश्चर्य होता है कि दीपावली, पुष्पचंद्रिका, हंसनारायणी, पंचवटी और चंद्रमौली जैसे कई नए रागों को लोकप्रिय बनानेवाले पन्ना बाबू ने फ़िल्मों के अपने संगीत में इस तरह के प्रयोग क्यों नहीं किए!

अपने अंतिम दिनों में पन्नालाल घोष भारतीय राष्ट्रीय वाद्यवृंद के कम्पोज़र कंडक्टर के अलावा ए.आई.आर. के प्रोड्यूसर भी रहे। 20 अप्रैल, 1960 को मात्र 49 वर्ष की उम्र में दिल्ली में उनका निधन हो गया।

हाफ़िज़ खान

'आहें न भरी शिकवे न किए'

हाफ़िज़ खान

अपने ज़माने के प्रसिद्ध गायक खान मस्ताना ने ही अपने असली नाम हाफ़िज़ खाँ को इस्तेमाल कर कई फ़िल्मों में संगीत दिया था। 1917 में जन्मे और मूलतः आगरा के निवासी हाफ़िज़ खान ने अपने पिता से सितार सीखा था और बाद में अपने ताऊ की शागिर्दी में कलकत्ता आ गए। पर कलकत्ते में उन दिनों न्यू थियेटर्स की फ़िल्मों के माध्यम से सहगल छा रहे थे, और हाफ़िज़ खान भी सहगल की गायकी से प्रभावित हो कर सितार की अपेक्षा गायन की ओर अधिक मुख़ातिब होने लगे। वैसे बाद में हैदराबाद और मद्रास में उन्होंने सितार के स्टेज शो भी किए और हैदराबाद में पिता के पास रहने आ गए। वहीं रेडियो स्टेशन पर काम करते एक पड़ोसी के प्रोत्साहन के कारण गायकी को नापसंद करनेवाले पिता से छुपकर गायन के कुछ रेडियो प्रोग्राम भी उन्होंने दिए। इसी पारिश्रमिक को लेकर गायन के क्षेत्र में अपनी किस्त आज़माने 1933-34 में वे बम्बई चले आए जहाँ कुछ संघर्ष के बाद मीर साहब के संगीत-निर्देशन में 'बहादुर किसान' (1938) में उन्होंने पहला फ़िल्मी गीत गाया 'बालम गए परदेश री सजनी, काहे नीर बहाए'। उनके मस्त स्वभाव को देखते हुए मीर साहब ने ही इन्हें खान मस्ताना नाम दिया था जिसे उन्होंने सहर्ष अपना लिया क्योंकि पिता को उनकी गायकी का पता न लगे इस कारण वे भी अपना असली नाम छुपाना ही चाहते थे। मीर साहब ही इन्हें मिनर्वा मूवीटोन में भी अपने साथ ले गए जहाँ अनुबंधित होकर 'ओ माँझी ओ माँझी' ('तलाक'—1938), 'काया रेत घरौंदा है' ('जेलर'—1938), 'पनघट पर एक छबीली पानी भरन को आई' ('मैं हारी'—1940) और इन सबसे बढ़कर प्रसिद्ध फ़िल्म 'सिकंदर' (1941) के लोकप्रिय गीत 'ज़िंदगी है प्यार से प्यार से बिताए जा' जैसे गीतों के द्वारा खान मस्ताना ने काफ़ी नाम कमाया, पर फिर सोहराब मोदी से गाने के अतिरिक्त सितार भी बजाने की बात पर झगड़ा हो गया। खान मस्ताना मिनर्वा छोड़ने को आमादा हो गए, पर बाद में समझौता हुआ तो इस बात पर कि सोहराब मोदी इन्हें फ़िल्मी 'वसीयत' (1940) में संगीत देने का प्रथम अवसर दें।[1]

मिनर्वा की 'वसीयत' (1940—जिसमें उन्होंने एक गीत भी गाया था, 'ओ जलवाए जानाना, फिर एक झलक दिखलाना'), पैरागॉन पिक्चर्स की 'वरजिनिया' (1940), ग्रेट इंडिया पिक्चर्स की 'अकेला' (1941), एम्पायर पिक्चर्स की 'मेरे साजन' (1941—बसंत कुमार नायडू के साथ) और पारामाउंट मूवीटोन की 'सर्कस की सुंदरी' (1941) संगीतकार के रूप में उनकी आरम्भिक फ़िल्में थीं। उनका आरम्भिक संगीत कमोबेश उस जमाने की प्रचलित शैलीवाला ही संगीत था पर 'वरजीनिया' (1940) के उनके स्वयं के गाए 'दिल में तेरी याद जब पाता हूँ मैं' में एक बिलकुल अनूठी धुन और मुखड़े और अंतरों के विभेद को विलोपित कर हलके ऑरकेस्ट्रेशन के साथ उन्होंने एक अलग पहल की थी। खान मस्ताना की संगीतबद्ध 'राजा रानी' (1942) के 'हँसते हँसते आना शरमाना बलखाना' (बेबी विमल, बाल गोविंद), 'सर्कस की सुंदरी' का 'यह खेल तमाशा दो दिन का' (खान मस्ताना) और 'बदलती दुनिया' (1943) के धीमी लय वाले 'कौन धीरे-धीरे मेरे मन में बैठा गा रहा' (मुमताज शांति) बेहद मशहूर रहे। 'बदलती दुनिया' के ही 'कब तक रहेंगे कैद' (मुमताज और खाऩ मस्ताना) और 'तू आज कोई ऐसा सजन गीत सुना दे' (खाऩ मस्ताना, मुमताज शांति), 'राहगीर' (1943)

'ज़ीनत' में नूरजहाँ

के 'ऐ ज़िंदगी हँसा दे, हर चीज़ हँस रही है' (ज़ोहरा, अयाज़), 'तलाश' (1943) के 'सुहानी सुहानी हो गई सुहानी सजन अपनी ज़िंदगानी' (ज़ोहरा, खान मस्ताना) या 'बदमाश' (1944), 'टैक्सी ड्राइवर' (1944), 'वीर कुणाल' (1945) और 'एयर मेल' (1946) के गीतों में उस ज़माने की प्रचलित शैली झलकती है। पर साथ ही उनकी रचनाओं में सितार का विशिष्ट उपयोग इस शैली के अंदर भी उनकी कृतियों को एक पहचान दिलाता था। पूर्णिमा प्रोडक्शन की किशोर साहू निर्देशित 'राजा' (1943) में प्रसिद्ध साहित्यकार अमृतलाल नागर के लिखे और किशोर साहू के गाए 'आँखों की ये शराब पिए झूम के निकले' की धुन भी खान मस्ताना को ही बनाने का सौभाग्य मिला था ।

संगीतकार के रूप में हाफ़िज़ खान उर्फ़ खान मस्ताना की उल्लेखनीय फ़िल्म 'ज़ीनत' (1945) को माना जाएगा। इस फ़िल्म में यूँ मीर साहब ने भी कुछ गीतों की धुनें बनाई थीं, पर प्रसिद्धि और लोकप्रियता खान मस्ताना के स्वरबद्ध किए गीतों को मिली। नूरजहाँ के कुछ बेहद प्रसिद्ध गीत इसी फ़िल्म से हैं। 'बुलबुलो मत रो यहाँ' की कर्णप्रिय धुन के साथ सितार का बेहद सुंदर प्रयोग आज भी मन को छू जाता है। दरबारी कानड़ पर आधारित इस रचना को हम नूरजहाँ के सर्वश्रेष्ठ गीतों में रख सकते हैं। यही वह गीत है जिसने नूरजहाँ को 'मलका-ए-तरन्नुम' का ख़िताब दिलाया था और जिसके सहारे वे जोहराबाई, खुर्शीद आदि को पीछे छोड़ चोटी पर आ गई थीं। नूरजहाँ के ही स्वर में 'नाचो सितारो, नाचो, अब चाँद निकलने वाला है', पीलू की मधुर सुरीली स्वर लहरियों पर रचित 'आ जा री निंदिया तू आ' और दर्द की बिम्बात्मक अभिव्यक्ति करता 'आँधियाँ ग़म की यूँ चली, बाग उजड़ के रह गया' जैसे गीत भी खूब प्रसिद्ध हुए थे। पर 'ज़ीनत' की सबसे प्रसिद्ध रचना थी, हाफ़िज़ खान की बनाई कव्वाली 'आहें न भरी शिकवे न किए' (नूरजहाँ, ज़ोहराबाई, कल्याणी) जिसे फ़िल्म संगीत की पहली मशहूर कव्वाली होने का गौरव भी प्राप्त है। इस कव्वाली ने यह धूम मचाई कि इसी के बाद मे फ़िल्म-संगीत में कव्वालियों का चलन ज़ोर पकड़ चला। साथ ही कव्वाली की इसी धुन को थोड़े फेरबदल के साथ कई संगीतकारों ने बार-बार प्रस्तुत किया। 'चौदहवीं का चाँद' की रवि के संगीत मे सजी 'शर्मा के यूँ फिर पर्दानशीं आँचल को सँवारा करते हैं' की धुन 'आहें न भरी' से काफ़ी हद तक प्रभावित लगती है ।

'ज़ीनत' जितनी सफलता संगीतकार के रूप में तो फिर हाफ़िज़ खान को नहीं मिली, पर 'भेदी दुश्मन' (1946) के 'छोड़ के सारे काम ले रब का अपने नाम' और कबीर लिखित 'भला जी तुम देखो रे लोगों के नाव में' जैसे भक्ति गीत, 'हमजोली' (1946) के ज़ोहरा द्वारा गाए 'कोयलिया बोले जिया मोरा डोले', नूरजहाँ के गाए वॉयलिन के तीव्र इंटरल्यूड्स 'फूलों में नज़र ये कौन आया' तथा 'राज़ खुलता नज़र नहीं आता', 'जीवन स्वप्न' (1946) के 'धीरे-धीरे सता रहे हो तुम, मेहरबाँ होते जा रहे हो तुम', 'भँवर' (1947) के 'है जो खिज़ाँ नसीब में, आएगी फिर बहार क्या' (नसीम), 'भूल न जाना' (1947) के तेज रिद्म में 'दिल लेकर भूल न जाना' (शबनम, खान मस्ताना) जैसे गीत पारम्परिक शैली के होते हुए भी सुंदर धुनों में सँवारे गए हैं। 'मेहरबानी' (1950) में तलत की मखमली पेशकश 'मिटने दे मेरी ज़िंदगी, अपना जहाँ बसाए जा' तथा तलत, लता के युगल स्वरों में मेलोडी से भरपूर 'तुमसे हो गया है प्यार' और एक बार फिर हाफ़िज़ खान के अपने प्रिय सितार के सुंदर प्रयोग के साथ 'बता ऐ चाँद अब कैसे कहें हम दास्ताँ अपनी' जैसे गीतों को सुनना आज भी एक सुखद अनुभूति है। 'ज़माने की हवा' (1952) में भी अन्य संगीतकारों के साथ खान मस्ताना के भी स्वरबद्ध कुछ गीत थे जिनमें 'मालन तो आई बीकानेर' आशा की युवा आवाज़ में अच्छी लगता है।

वैसे यह भी निर्विवाद है कि खान मस्ताना गायक के रूप में अधिक लोकप्रिय रहे। 'स्नेह बंधन में बँधे हुए हम' और 'अबरू की कमानों में' (बिब्बो के साथ, 'स्नेह बंधन', 1940), 'ये खेल तमाशा दो दिन का' (सर्कस की सुंदरी, 1941), 'सुख सुहाए आँगना' (शांता हुबलीकर के साथ, 'प्रभात', 1941), 'जीवन मधुर बनाएँ' (सितारा के साथ, 'स्वामी', 1941), 'तूने बहुत घरौंदे खेले' (नई ज़िंदगी, 1943), 'ओ इंसान बड़े इंसान' (नया तराना, 1943), 'चले मुसाफ़िर खाक वतन की लेकर हाथों में' ('पन्नादाई', 1945), 'बेचैन जुदाई में हूँ सरकारे मदीना' (शमशाद के साथ 'बैरम खाँ', 1945) और इन सबसे बढ़कर 'वतन की राह में वतन के नौजवाँ शहीद हो' (रफ़ी के साथ, 'शहीद', 1948) तथा 'खुशी की आस रही दिल को' (सावन आया रे, 1949) जैसे खान मस्ताना के गाए गीतों ने इन्हें चोटी का गायक बना दिया था तथा दुर्रानी के साथ इनकी प्रतिद्वन्द्विता की कई कहानियाँ (यहाँ तक कि पान में सिंदूर डालकर गला ख़राब करने की भी कहानी) उस ज़माने

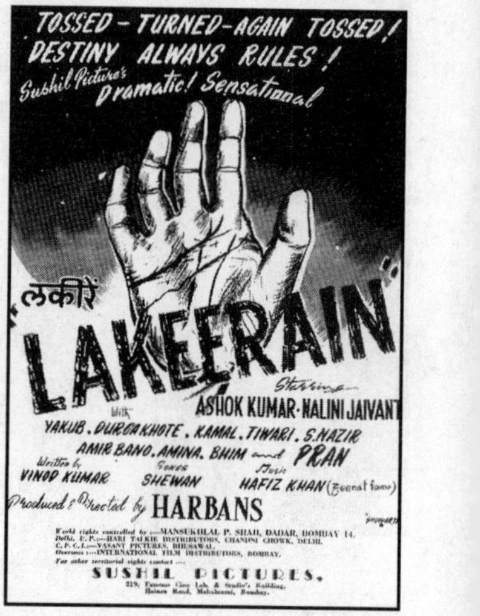

की फ़िल्मी दुनिया में गूँजती थी। अगर दुर्रानी के पास कारों का काफ़िला था, तो खान मस्ताना के पास बम्बई में पाँच-पाँच फ़्लैट थे। दोनों ही दोस्तों और चमचों से घिरे रहते थे, तरह-तरह की अफ़वाहें जन्म लेती थीं और स्टारडम की अपनी आकर्षक दुनिया थी ।

पर गायक के रूप में इनकी दुनिया अजीब तरह से खत्म हुई। हैदराबाद के रईस वली अहद के बुलावे पर उनकी पत्नी को संगीत सिखाने एक बार तो जाकर लौट आए, पर वली साहब की नाराज़गी पर जब पिता इन्हें फिर लेने आए तो मजबूरी में माफ़ी माँगने हैदराबाद जाना पड़ा और काफ़ी अरसे तक वहीं बँधकर रह जाना पड़ा। रईसजादों, रजवाड़ों के सामंतवाद का प्रभुत्व और हैसियत अभी भी इतना महत्त्वपूर्ण थे कि उनका वजन व्यावसायिक स्टारडम की दुनिया पर भारी पड़ता था। बहरहाल, वे जब तक वापस आए तब तक फ़िल्म-जगत में गायक के रूप में उनका स्थान छिन चुका था। वैसे भी मुकेश, रफ़ी, तलत के इस नए दौर में उनके या दुर्रानी के लिए अधिक अवसर नहीं बचा था। फिर भी संगीतकार के रूप में हाफ़िज़ खान अभी चुके नहीं थे। 'गुनहगार' (1953) और 'ज़माने की हवा' (1952) तो खास नहीं रहीं, पर 'लकीरें' (1954) उनके उत्कृष्ट संगीत की फ़िल्म बनकर आई और तलत के स्वर में तेज़ रिद्म पर 'दिल की धड़कन पे गा' को खूब लोकप्रियता मिली। लय और ताल का खूबसूरत संतुलन इस गीत की विशिष्टता है। एच.एम.व्ही ने तलत के 'रेयर जेम्स' कैसेट में इस गीत को शामिल करके उसके साथ पूर्ण न्याय किया है। इसी फ़िल्म के गीता के गाए 'दामन न छुड़ा यूँ दूर न कर' की कर्णप्रिय धुन को भी एच.एम.व्ही ने गीता के 'रेयर जेम्स' कैसेट्स में स्थान देकर नवाज़ा है। तलत, गीता का हिट दो गाना 'मुहब्बत की दुनिया में बरबाद रहना, मगर कुछ न कहना' इसी फ़िल्म का है। वॉयलिन के नोट्स के साथ-साथ गीता और तलत का धीमी लय में स्वरों का विस्तार बेहद आकर्षक बन पड़ा है। 'लकीरें' के गीतों में हाफ़िज़ खान ने लय को कहीं भगाकर, तो कहीं हलके-हलके लचीले ढंग से झूलन देकर बड़ा सुंदर प्रभाव पैदा किया है। वहीं उनकी संगीतबद्ध फ़िल्म 'वतन' (1954) में लोक-वाद्यों के साथ अरबी शैली की एक सुंदर मेलोडी 'जहाँ चाँद का नूर निखरा हुआ था' (आशा) भी प्रशंसनीय गीत था।

तलत ने अपने कुछ खूबसूरत गीत हाफ़िज़ खान के संगीत-निर्देशन में गाए, इस तथ्य की ओर कम ही लोगों का ध्यान गया है। यह एक रोचक तथ्य है कि एच.एस.व्ही के तलत के 'रेयर जेम्स' कैसेट्स में सर्वाधिक संख्या (तीन) हाफ़िज़ खान की स्वरबद्ध रचनाओं की है। 'मेहरबानी' के 'मिटने दे मेरी ज़िदगी' और 'लकीरें' के 'दिल की धड़कन पे गा' के अलावा 'मेरा सलाम' (1957) का सुंदर, दर्द-भरा 'हर शाम शामे-ग़म है हर रात है अँधेरी' भी इस संकलन में शामिल है। तीनों ही गीत शेवन रिज़्वी के लिखे हैं और इन सभी गीतों में इंटरल्यूड्स में वॉयलिन का तीव्र उपयोग संवेदना को उभारने के लिए बड़े सशक्त तरीके से किया गया है। इसी फ़िल्म में आशा, तलत का दोगाना 'हसीन चाँद सितारों का वास्ता आ जा' धीमी लहराती लय का बड़ा लोकप्रिय गीत रहा था। इस गीत में वाद्य-यंत्रों का प्रयोग अत्यंत हलका और न्यून रखा गया है जो गीत को और असरदार बनाता है।

संगीतकार के रूप में हाफ़िज़ खान का नाम अंतिम एक बार गौण फ़िल्म 'शरीफ़ डाकू' (1960) में नज़र आया। उसके बाद वे फ़िल्मी जगत से ओझल से हो गए, और जो ज़माना एक वक्त उन्हें सर-आँखों पर बैठाता था, उसने उन्हें पूरी तरह भुला दिया। 1971 में संगीत मंजरी द्वारा आयोजित 'यादें' में उन्हें गाने के लिए बुलाया गया था, पर इसके अलावा किसी को उनकी सुध न रही। हालत इतने बिगड़ गए कि उन्हें पैसे माँगने पड़ते थे। मोहम्मद रफ़ी ने भी पैसे देकर उनकी सहायता की थी।[2] जिस व्यक्ति के पास एक वक्त पाँच-पाँच फ़्लैट थे, उसने अपने आखिरी दिन माहिम की एक तंग, अँधेरी कोठरी में बिताए और यहीं 6 मार्च, 1972 को वे चल बसे।

संदर्भ

1. हरमिंदर सिंह 'हमराज़' : लिस्नर्स बुलेटिन, अंक 39, नवम्बर, 1979
2. हरीश भिमानी : इन सर्च ऑफ़ लता मंगेशकर

पंडित अमरनाथ

'रातें न रहीं वह, न रहे दिन वो हमारे'

फ़िल्म-संगीत में पंजाब स्कूल के मूर्धन्य संगीतकार पंडित अमरनाथ हुस्नलाल भगतराम जोड़ी के बड़े भाई थे। जालंधर में जन्मे पंडित अमरनाथ ने पहले तो स्टेज पर अभिनय और गायन किया और फिर फ़िल्मों में संगीत-निर्देशन की ओर मुड़े। तबले और हारमोनियम के विशेषज्ञ पंडित अमरनाथ का जन्म 1912 में हुआ था। पंजाब स्कूल की लाक्षणिक रिद्‌म आधारित शैली की छाप उनके संगीत में प्रचुरता से मिलती है। शोरी पिक्चर्स, लाहौर की 'निशानी' (1942, जिसके लिए रूप के. शोरी और उनके पिता ने सभी तकनीकी सहायकों और वादकों को व्यक्तिगत रूप से परिलक्षित कर रात-दिन काम करवाया था) के 'हुई दिल में पैदा जलन मीठी-मीठी', 'श्याम दिल लेके रूठ गए' (शमशाद), बत्रा प्रोडक्शन, बम्बई का 'आ दूर कहीं जाएँ' (सतीश बत्रा), 'धमकी' (1945) का मचलता गीत 'जब तुम यहाँ हम यहाँ' (मुनव्वर सुल्ताना), 'दर्दे मुहब्बत आह से कह दे' (ज़ीनत बेगम), 'शहर से दूर' (1946) का लोकसंगीत पर आधारित 'बरसात की रात काली काली रे', 'कैसे कहूँ' (1945) का मनुहार-भरा 'दामन न छोड़ देना', 'टूटे हुए दो दिल' (ज़ीनत बेगम) और 'दुखिया दिल का एक तराना' (ज़ीनत बेगम) में कहीं पंजाब की लय तो कहीं पारम्परिक गज़ल और ठुमरी का महफ़िली रंग नज़र आता है। प्रभात की 'पड़ोसी' का पंजाबी संस्करण 'गोवंडी' के नाम से रिलीज़ हुआ था और इसमें भी संगीत देने के लिए पंडित अमरनाथ को ही चुना गया था। एस.डी. बातिश के स्वर में पारम्परिक पंजाबी गीत 'पगड़ी सँभाल जट्टा' (जिसे ब्रिटिश सरकार ने प्रतिबंधित भी किया था) और 'ग़म दिल ना लगा रक्खी है' फ़िल्म के मक़बूल गीत थे। इसके अतिरिक्त शोरी पिक्चर्स की पंजाबी फ़िल्म 'कोयल' (1944) में भी पंडित अमरनाथ का ही संगीत था।

पंडित अमरनाथ एच.एम.व्ही. के साथ वर्षों सम्बद्ध रहे, और इसलिए कई गैर-फ़िल्मी रचनाओं के ऑरकेस्ट्रा-संचालन और संगीत में भी उनका हाथ प्रचुरता से रहता था। मास्टर मदन के रेकॉर्ड किए गए और अब आसानी से उपलब्ध 'यूँ न रह रह के', 'हैरत से तक रहा है', 'रावी तो पर ले', 'मोरी विनती मानो कान्हा रे', 'मन की मन ही में रही', 'बागाँ विच', 'चेतता है तो' तथा 'गोरी तोरी बइयाँ' जैसी आठ गज़लों, ठुमरियों और गीतों के संगीतकार पंडित अमरनाथ ही थे। खय्याम, एस.डी. बातिश जैसे कई संगीतकारों ने भी उनसे संगीत की कई बारीकियाँ सीखी थीं। पंजाब के संगीत का ग्रामीण लोकरंग तथा पारम्परिक संगीत महफ़िलों का क्लासिकी रंग दोनों ही पंडित अमरनाथ के संगीत में बड़ी शुद्धता से उमड़ते हैं और उस ज़माने के पंजाबी गाँवों और शहरों की जीवन-शैली की आकर्षक तस्वीर प्रस्तुत करते हैं।

पंडित अमरनाथ की सर्वाधिक सफल फिल्मों में प्रधान पिक्चर्स, लाहौर की 'दासी' (1944) का नाम लिया जाता है। प्रसिद्ध अभिनेता ओमप्रकाश की यह पहली फिल्म थी। इस फ़िल्म की विशेषता थी ज़ीनत बेगम के गाए गीत। 'रातें न रहीं वह, न रहे दिन वो हमारे' जैसी ज़बर्दस्त मेलोडी, 'हो रसिया कभी ले चल तू जमना के पार', 'धान के खेत में न जइयो मोरे राजा' और 'सुबह हुई और पंछी जागे' जैसी रिद्‌म आधारित तर्ज़ें, trot जैसे बीट्स पर आधारित 'वो दिन याद करो' (इन्हीं बीट्स पर बाद में ओ.पी. नैयर ने कई पंजाबी लोकधुनों को लोकप्रिय बनाया) जैसे ज़ीनत बेगम के गीत और बातिश के गाए और चर्चित 'खामोश निगाहें ये सुनाती हैं कहानी' जैसी रचनाओं के कारण 'दासी' एक उल्लेखनीय फिल्म बन गई है। यह निर्विवाद है कि लाहौर की ज़ीनत बेगम के सर्वश्रेष्ठ गीत पंडित अमरनाथ के ही संगीत-निर्देशन में ही रचे गए। ज़ीनत बेगम से पंडित अमरनाथ ने कई गैर-फ़िल्मी गज़लें भी गवाईं और

'शीरीं फ़रहाद' का पोस्टर

हलका का शास्त्रीय स्पर्श लिए ये गज़लें बड़ी खूबसूरत बनीं।

यह रोचक तथ्य कम ही जानते होंगे कि हेमंत कुमार के गाए प्रथम हिंदी फ़िल्मी गीत पंडित अमरनाथ के संगीत-निर्देशन में ही थे। फ़िल्म थी इंद्रपुरी स्टूडियो, कलकत्ता की 'इरादा' (1944) जिसमें पंडित अमरनाथ ने अपनी शैली बदलकर हेमंत से 'फिर मुहब्बत के पयाम आने लगे', 'आराम से जो रातें काटें वो अश्क बहाना क्या जाने' और 'नित नित के रूठने वाले साजन' (राधारानी के साथ) जैसे खूबसूरत आधुनिक सुगम शैली के गीत गवाए।

पंडित अमरनाथ की संगीतबद्ध माहेश्वरी पिक्चर्स पंजाब की 'रागनी' (1945) के 'उठ सोए हुए हुस्न तुझे इश्क जगाए' (ज़ोहरा) और 'इक हूक सी उठती है दिल में बार-बार क्यों', पंचोली आर्ट पिक्चर्स, लाहौर की चर्चित फिल्म 'शीरीं फ़रहाद' (1945—रशीद अत्रे के साथ) का 'ये दिल ये मेरे प्यार का घर तेरे लिए है' (शमशाद, बातिश), चित्रा प्रोडक्शन, लाहौर की 'झुमके' (1946) के 'बस एक निगाह में फ़ितने जगा सकती हूँ', 'बेकार जिए कोई', 'उनकी याद भुला दूँ कैसे', 'रात चाँदनी होती है', 'ओ भूलने वाले बता' आदि कई दिलकश नगमे या फिर शोरी पिक्चर्स, लाहौर की 'शालीमार' (अनुपम घटक और पृथ्वीराज के साथ संगीतबद्ध) तथा बम्बई में निर्मित 'शाम सबेरा' और 'आए बहार' (सभी 1946) के गीत अब पूर्णतः विस्मृत हो चुके हैं।

फ़िल्म 'मिर्ज़ा साहिबान' का एक दृश्य

अपने अनुज हुस्नलाल भगतराम के साथ संगीतबद्ध नूरजहाँ और त्रिलोक कपूर अभिनीत 'मिर्ज़ा साहिबान' (1947) पंडित अमरनाथ की सर्वाधिक लोकप्रिय फ़िल्म रही। नूरजहाँ के सुपरहिट गीत 'आजा तुझे अफ़साना जुदाई का सुनाएँ' तथा हलके ऑरकेस्ट्रेशन के साथ रूमानी, आत्मिक गीत 'हाथ सीने पे जो रख दो तो करार आ जाए' (नूरजहाँ, दुर्रानी), 'क्या यही तेरा प्यार था' (नूरजहाँ) और 'तुम आँखों से दूर हो' (नूरजहाँ, दुर्रानी) इस फ़िल्म की सदाबहार धुनों के रूप में आज भी याद की जाती है। 'हाय रे उड़ उड़ जाए मोरा रेशमी दुपटवा' (नूरजहाँ, शमशाद, ज़ोहरा, साथी), 'खाएँगी ठोकरे ये जवानी कहाँ-कहाँ', 'रात रंगीली आई, चाँदनी छाई' (ज़ोहरा, नूरजहाँ, शमशाद, साथी), 'सामने गली में मेरा घर है' (ज़ोहरा) जैसे इस फ़िल्म के गीत भी उन दिनों खूब चले थे। इस अंतिम गीत पर ही नृत्य करके कुक्कू रातों-रात हिट नर्तकी के रूप में विख्यात हो गई थीं। पंडित अमरनाथ 1947 में ही 'मिर्जा साहिबान' के निर्माण के दौरान चल बसे थे पर उनकी संगीतबद्ध कुछ फ़िल्में उनकी मृत्यु के बाद भी रिलीज़ हुईं। फ़िल्म 'रूपरेखा' (1948) के चार संगीतकारों में एक पंडित अमरनाथ भी थे। इस फ़िल्म में उन्होंने हिंदी साहित्य के सुपरिचित कवि हरिकृष्ण प्रेमी के गीत 'आज गीत के बोल बोल में उमड़ा है तूफ़ान' (विद्यानाथ सेठ) की भी धुन बनाई थी। पंडित अमरनाथ को यूँ तो 'पतझड़' (1948) का भी संगीत सौंपा गया था, पर निर्माता पंचोली से अनबन के कारण उनकी जगह गुलाम हैदर को ले लिया गया। 'पगडंडी' (1947) में भी ज़ीनत बेगम के गाए 'तुम जुग जुग जिओ जहाँ में' का संगीत पंडित अमरनाथ ने ही दिया था। क्वात्रा प्रोडक्शन की 'एक तेरी निशानी' (1949) में भी (शारदूल क्वात्रा के साथ) पंडित अमरनाथ संगीतकार थे। इस फ़िल्म में ज़ीनत बेगम के अलावा उन्होंने आशा भोंसले से भी दो-एक गीत गवाए थे, पर व्यावसायिक दृष्टि से पंडित अमरनाथ की ये आखिरी फ़िल्में असफल ही साबित हुईं।

रशीद अत्रे

'उन्हें भी राज़े उल्फ़त की न होने दी खबर मैंने'

पंजाब स्कूल के ही एक अन्य मशहूर संगीतकार रशीद अत्रे का नाम भी आज पूर्णतः विस्मृत हो गया है, पर पाँचवें दशक में उनके कई गीतों ने अच्छी लोकप्रियता पाई थी। अमृतसर में 1919 में जन्मे रशीद अत्रे के पिता खुशी मोहम्मद अपने ज़माने के अच्छे गायक और संगीतज्ञ थे। रशीद अत्रे ने संगीत की प्रारम्भिक शिक्षा खान साहब अशफ़ाक हुसैन से पाई और कई वाद्यों, विशेषकर तबले, में पारंगत हो गए। पाँचवें दशक के आरम्भ में 'पगली' (1943) फ़िल्म के दो गीतों, 'ममता' (1942) के गीतों के संगीतकार और 'पन्ना' (1944) में अमीर अली के सहायक के रूप में अत्रे का फ़िल्मी जीवन प्रारम्भ हुआ। 'पगली' (1943) में उनका कम्पोज़ किया 'ओ आइयो मैं आया' पंजाब की रिद्म की पूरी उत्फुल्लता लिए था। पंडित अमरनाथ के साथ संगीतबद्ध पंचोली की 'शीरीं फ़रहाद' (1945) के 'अरमानों की बस्ती में' (शमशाद) की सुंदर धीमी लय के पीछे पाश्चात्य ऑर्गन का असर बहुत खूबसूरत लगता है। शमशाद के ही स्वर में 'तू नहीं तो आसरा मुझको है तेरी याद का भी दर्द के भावों का अच्छा सृजन करती है। हिंदुस्तान फ़िल्म कॉर्पोरेशन की 1942 में बनी फ़िल्म 'पर्दानशीं' (1942) के संगीतकार के रूप में आर.ए. अत्रा का नाम आता है—पता नहीं ये रशीद ही थे या कोई और पर इस फ़िल्म की 'चली हवा ऐसी या इलाही' एक बड़ी अनूठी सशक्त रचना थी। इसी फ़िल्म में 'फूल महके मोरी फुलवारी' में राग बहार के पुट और बाँसुरी से भावाभिव्यक्ति ने गीत में जान डाल दी थी। रशीद अत्रे नवयुग चित्रपट में भी स्थायी संगीतकार की हैसियत से कुछ अरसे तक कार्यरत थे। नवयुग चित्रपट, बम्बई की 'रूम नं. 9' (1946) में पंजाब की उछलती-मचलती शैली में 'जिया मोरा कब कब जाए रे' (अमीरबाई) कुछ लोकप्रिय रहा था। इसी फ़िल्म में अत्रे ने रफ़ी से नख्शब जारचवी की गज़ल 'रहे तो कैसे रहे, दिल पे इख्तियार मुझे' बड़ी खूबसूरती से गवाई थी।

रशीद अत्रे

मूलतः पंजाब स्कूल के संगीतकार रशीद अत्रे ने आरम्भ से ही ग़ज़लों की कम्पोज़ीशन को अपनी विशिष्टता बनाने की कोशिश की। यही कारण है कि जब बॉम्बे टॉकीज़ में भी मुस्लिम सोशल फ़िल्म 'नतीजा' (1947) बनाई तो अपने स्थायी संगीतकारों को छोड़कर फ़िल्म के परिवेश के अनुरूप संगीत देने के लिए रशीद को अनुबंधित किया। रशीद अत्रे की सबसे चर्चित फ़िल्म याकूब, शमीम और रेहाना अभिनीत 'नतीजा' (1947) ही मानी जाएगी, जिससे उन्होंने नख्शब जारचवी की एक बेहतरीन गज़ल 'उन्हें भी राजे उल्फत की न होने दी खबर मैंने' को ज़ोहराबाई से गज़ल की पारम्परिक शैली में बड़ी खुसूसियत से गवाया था। पारुल घोष के स्वर में 'दुआ दे रहे हैं सज़ा पाने वाले' और 'ऐ खुदा ऐ मालिके' तथा 'बिगड़ी मेरी बना दो या शाहे मदीना' जैसे परिवेश के अनुकूल गीत भी प्रशंसित रहे थे। इसी फ़िल्म का ज़ोहरा का ही गाया 'मोरी बाली उमरिया साँवरिया' की मचलती धुन तो सुपरहिट रही थी। एच.एम.व्ही. ने अपने 'अँखियाँ मिलाके एंड अदर हिट्स ऑफ़ ज़ोहराबाई अम्बालावाली' कैसेट में इस गीत को जगह दी है। यह भी एक रोचक तथ्य है कि रशीद के संगीतबद्ध अधिकांश गीत नख्शब जारचवी के ही लिखे थे। फ़िल्म 'पारो' (1947) में

भी प्रमुख गीतकार नख़्शब जारचवी ही थे। इस फ़िल्म में अत्रे ने ए. असलम (जो कुछ फ़िल्मों के संगीतकार भी बने), सुलोचना कदम और राजकुमारी के स्वरों में 'ज़ख़्मों को नया ज़ख़्म लगाता है ज़माना' जैसे गीतों को सुरों में ढालने के अलावा स्वयं भी 'ओ माँझी ओ हमें, सहारा तेरा' (कल्याणी के साथ) और 'जीवन पंछी बोली बोले' जैसे गीत गाए थे।

नूरजहाँ
फ़िल्म 'अनारकली' में

रशीद अत्रे की संगीतबद्ध ग़ज़लों के सिलसिले में हमें 'रूम नं. 9', 'नतीजा' की गज़लों के अलावा शाहिद लतीफ निर्देशित 'शिकायत' (1948) की मोमिन की मशहूर गज़ल 'वो जो हम में तुममें करार था' को भी याद करना चाहिए जिसे उन्होंने कल्याणी और माणिक दादरकर से उत्कृष्ट ढंग से गवाया था। यह फ़िल्म इसलिए भी महत्त्वपूर्ण है क्योंकि प्रसिद्ध गीतकार जाँ निसार अख़्तर ने पहली बार इसी फ़िल्म के लिए गीत लिखे थे।

पर अत्रे ने असल नाम कमाया विभाजन के बाद पाकिस्तान में। नूरजहाँ के गाए दो सर्वश्रेष्ठ सदाबहार गीत फैज़ अहमद फैज़ की अमर कृति 'मुझ से पहली सी मुहब्बत मेरे महबूब न माँग' (फ़िल्म 'कैदी') और 'निगाहें मिलाकर बदल जाने वाले' (फ़िल्म 'महबूब') की रचना कर अत्रे अमर हो गए हैं। बागेश्वरी की छाया लिए 'लट उलझी सुलझा दे बालम' (नूरजहाँ–फ़िल्म 'सवाल'), नूरजहाँ के ही स्वर में 'ज़िन्दगी है या किसी का', 'सितारों मेरी आँखों के', आदि और 'आँखों से मिली आँखें' (मेहँदी हसन–फ़िल्म 'हज़ार दास्तान') भी उनकी लाजवाब कम्पोज़ीशन्स के रूप में यादगार बन चुकी हैं। इनायत हुसैन के द्वारा तीन गीतों की रेकॉर्डिंग के बाद 'अनारकली' (1958) फ़िल्म को निर्देशक से हुए विवाद के कारण छोड़ने के बाद इस फ़िल्म का संगीत अत्रे को ही सौंपा गया। 'नींद' (1959) में नूरजहाँ के स्वर में 'तेरे दर पर सनम चले आए' अत्रे की एक और सदाबहार कम्पोज़ीशन है। इन्हीं पँक्तियों को वर्षों बाद 'फिर तेरी कहानी याद आई' में भारत में लेकर एक और हिट गीत बना। 'रूही', 'खातून', 'सरफ़रोश', 'वादा', 'सात लाख', 'मुखड़ा', 'शहीद', 'गुलफ़ाम', 'फ़रिश्ता', 'मौसीकार', 'दुलहन', 'गहरा दाग', 'पायल की झंकार', 'महल' जैसी अनेक पाकिस्तानी फ़िल्मों में रशीद अत्रे के गीत बेहद लोकप्रिय रहे। पाकिस्तान के सम्मानित निगार एवार्ड से उन्हें तीन बार नवाज़ा गया। 18 दिसम्बर, 1967 को मात्र 48 वर्ष की उम्र में रशीद अत्रे दुनिया छोड़ गए।

कमल दासगुप्ता

'दुलहनिया छमा छम छमा छम चली'

कमल दासगुप्ता

चौथे दशक की हिंदी फ़िल्मों के संगीत-परिदृश्य पर चमकते तारों में एक बेहद चमकीला तारा कमल दासगुप्ता के नाम का भी था। यूँ तो कमल दासगुप्ता का अधिक योगदान गैरफ़िल्मी बाँग्ला और हिंदी गीतों, गज़लों के क्षेत्र में रहा, पर हिंदी फ़िल्मों में भी अभिनेत्री गायिका कानन देवी के सर्वश्रेष्ठ हिट गीत उन्हीं के हिस्से में आए थे। ढाका के एक संगीत पारखी परिवार में जन्मे कमल दासगुप्ता को बचपन से संगीत की शिक्षा अपने बड़े भाई विमल दासगुप्ता से मिली, जो एक जादूगर भी थे और एच.एम.व्ही. के ट्रेनर भी। हारमोनियम उन्होंने बहुत अच्छा सीखा, पर सुरों का ज्ञान इतना प्रखर हो चला कि संगीतकार बनने के बाद भी नोटेशन लिखने के लिए उन्हें हारमोनियम की जरूरत कभी नहीं पड़ी। वे दिमाग से सुर पैदा करते और उन्हें लिखते जाते। यह कौशल बहुत कम संगीतकारों के पास रहता है।

रवीन्द्र संगीत का प्रभाव कमल दासगुप्ता पर आरम्भ में कुछ तो अवश्य था, पर इससे कहीं अधिक वे नज़रूल इस्लाम के प्रशंसक थे। शुरुआत में आम तौर पर उन्हें कीर्तन शैली और रागप्रधान पारम्परिक रचनाओं के कम्पोज़र के रूप में जाना गया, पर वे शीघ्र ही इस दायरे से निकल गए और हिंदी में गीत की एक नई काव्यात्मक विधा के संगीतात्मक विस्तार में उनका बहुत बड़ा योगदान रहा। इस समय तक बाँग्लाभाषियों पर रवींद्र संगीत का ही असर था तो हिंदी भाषा-भाषी गज़ल, ठुमरी, नात, दादरा आदि पारम्परिक विधाओं की रचनाओं को ही गैर-फ़िल्मी की श्रेणी में रखने के आदी थे। पर कमल दासगुप्ता ने पहली बार ग्रामोफ़ोन कम्पनी में गीत की नई शैली रेकॉर्ड कराई, जो 'हिंदुस्तानी साँग' के नाम से रेकॉर्ड के लेबल पर आई और दो दशकों तक जारी रही। ऐसे गीतों की नई साहित्यिक-संगीतात्मक पहचान बनाने के लिए कमल दासगुप्ता ने पंडित मधुर, पंडित अंजुम जैसे गीतकारों से गीत लिखवाए।[1]

ऐसे गीतों के लिए उन्होंने प्रारम्भ में जगमोहन सुरसागर और जूथिका राय की आवाज़ें लीं। जगमोहन के गाए 'दिल को है तुमसे प्यार क्यों' और 'आज उसने फिर देखा है' जैसे असंख्य लोकप्रिय गीत और जूथिकाराय के तो लगभग सभी बाँग्ला और हिंदी गीत भजन, नात आदि कमल दासगुप्ता के संगीत-निर्देशन में ही बने थे। जगमोहन और जूथिका रॉय दोनों ही मानते थे कि उनकी लोकप्रियता के पीछे कमल दासगुप्ता का बहुत बड़ा हाथ था। उन्होंने मास्टर कमल के नाम से कुछ एकल और युगल गीत (जूथिका रॉय के साथ) भी गाए थे। जूथिका रॉय तो उन्हें अपनी आवाज़ को तराशने का श्रेय भी देती थीं। वहीं यह भी सर्वविदित था कि जूथिका कमल दासगुप्ता से शादी करना चाहती थीं, पर किसी कारणवश जब यह हो न सका तो वे आजन्म कुँवारी ही रहीं। कमल दासगुप्ता के संगीत-निर्देशन में जूथिका राय के गाए 'आमि मोरेर जूथिका', 'आँखों में मथुरा है', 'आँखों में मदीना है' अपने ज़माने के मशहूर गीत रहे थे।

जूथिका रॉय

हेमंत कुमार के स्वर में फ़ैयाज़ हाशमी के मशहूर गीत 'आज शराबी आँखों से' और 'मुसीबतों को भुला रहा' जैसे गीत तथा तलत महमूद के तपन कुमार नाम से (जो कमल दासगुप्ता ने ही दिया

था) उनके कॅरियर के आरम्भ में गवाए, लोकप्रिय बाँग्ला गीतों में से 'दुति पाखी दुति तीरे', 'घूमेरो छाया', जैसे गीतों के संगीतकार भी कमल दासगुप्ता ही थे। तलत के प्रसिद्ध गैरफ़िल्मी गीत फ़ैयाज़ हाशमी लिखित 'तस्वीर तेरी दिल मेरा बहला न सकेगी' के कम्पोज़र कमल दासगुप्ता ही थे।

कमल दासगुप्ता के प्रसिद्ध गैरफ़िल्मी बाँग्ला गीतों में 'आमि दूरन्तो' (जगन्मय मित्र), 'पृथ्वी आमार छाए' (कलकत्ता क्वॉयर), 'निशीर सपने' (धनंजय भट्टाचार्य), 'महावेदेव स्तुति' (जूथिका रॉय, कमल दासगुप्ता, मोहम्मद बक्शी), 'मोर जीवनेर' (धनंजय भट्टाचार्य), 'मोर विदाई' (धनंजय भट्टाचार्य), 'ए जीवने' (धनंजय भट्टाचार्य) जैसे अनेक गीतों के अलावा काज़ी नज़रूल इस्लाम की कृतियों की संगीत-रचनाओं को तो बंगाली जनमानस कभी भुला ही नहीं सकता। 'साँझेर पाखिरा फिर लो' जैसे नज़रूल गीतों के साथ कमल दासगुप्ता बंगाल के संगीत फ़लक पर कालजयी हो चुके हैं।

1936 से 1942 तक 'पंडित मोशाय', 'सर्वजनीन विवाहोत्सव', 'देवयानी' में संगीत देने के उपरांत पी.सी. बरुआ की हिंदी और बाँग्ला में बनी 'जवाब/शेष उत्तर' (1942) में संगीत देने का मौका कमल दासगुप्ता के लिए लोकप्रियता के नए द्वार खोल गया। कानन देवी के स्वर में 'दुनिया ये दुनिया तूफ़ान मेल' में ट्रेन की सीटी की आवाज़ और इंजन के रिद्म के साथ गूँजती कानन की आवाज़ इतनी लोकप्रिय हुई कि पूरे देश ने इस गीत के उल्लास को आत्मसात कर लिया। 'दूर देश का रहने वाला' (कानन, असित बरन) अलबत्ता परम्परिक शैली की रचना थी, पर फ़िल्म का सबसे खूबसूरत गीत था लहराते, थमकते रिद्म पर हलके-हलके बढ़ता अनिमा दासगुप्ता का गाया 'दुलहनिया छमा छम छमा छम चली'। राग हमीर का इतना सुंदर प्रयोग फ़िल्म संगीत में कम ही हुआ होगा। गीत सुनिए—आप खुद ही समझ जाएँगे। फ़िल्म के अन्य बेहद लोकप्रिय रहे गीतों में दर्द भरे सुरों को समेटे 'कुछ याद रहे तो सुन कर जा' की बाँग्ला शैली की धुन हो, या 'लूट रहा है कोई' (अनिमा दासगुप्ता) और 'ऐ चाँद छुप ना जाना' की भावनात्मक मेलॉडी हो—इन सभी को वयोवृद्ध आज तक याद करते हैं।

यदि गैरफ़िल्मी गीतों में कमल दासगुप्ता की पसंद जूथिका राय थीं, तो फ़िल्मी गीतों में उनकी और कानन देवी की जोड़ी खूब जमी। 'हॉस्पीटल' (1943) का मस्त गीत 'ज़रा नैनों से नैना मिलाय जाओ रे' हो, या परम्परागत गज़ल शैली में 'मेरी मजबूरियों ने मेरा दामन चाक कर डाला' हो, या फिर स्वरों के उतार-चढ़ाव वाला भजन 'प्रभुजी राखो लाज हमारी' को सुनें, कानन की विविधता को कमल दासगुप्ता ने किसी भी तरह आर.सी. बोराल से कम कुशलता से नहीं उभारा। देवकी बोस निर्देशित 'कृष्णलीला' (1946) में भी कानन के गाए गीत बड़े हिट रहे थे। 'अमृत के बरसैया मोरे अमृत के बरसैया', 'जय गोपिकारंजन जय हे', 'चंदा दूर गगन में बुलाए', 'मालन की रानी आई' और सबसे श्रेष्ठ राग बिहाग पर आधारित 'मेरे जनम जनम के साथी'—इन सभी की कम्पोज़ीशन आज भी आकर्षक लगती है। फ़िल्म में रणजीत राय का गाया 'मधुर मिलन है आज' और जगमोहन के स्वर में 'मन में बसा ले मनमोहन को' तथा 'प्रभु तेरी माया जो चाहे' भी लोकप्रिय गीत थे।

बरुआ की ही 'रानी' (1943) में पंडित मधुर की लिखी गज़ल 'जिंदगी एक मय है जिसको पी रही हूँ' में कमल दासगुप्ता ने बदलते रिद्म के साथ सुंदर प्रयोग कर गज़ल की एक परिवर्तित शैली प्रस्तुत की। पर संगीत की दृष्टि से कमल दासगुप्ता की मील स्तम्भ फ़िल्म थी 'मेघदूत' (1945)। देवकी कुमार बोस निर्देशित इस फ़िल्म में कमल गीतकार फैयाज़ हाशमी और गायक जगमोहन के रूप में अपनी गैरफ़िल्मी संगीत ज़िंदगी के सितारों के साथ खूब चमके। 'ओ वर्षा के पहले बादल' (जगमोहन) न सिर्फ एक उत्कृष्ट साहित्यिक कृति है, बल्कि संगीत के मापदंड पर भी पाँचवें दशक के सर्वश्रेष्ठ फ़िल्मी गीतों में इसकी गिनती की जा सकती है। बदलते भावों के अनुरूप नृत्य, वर्षा, बादल आदि के प्रभाव को संगीत के जरिए बेहतरीन ढंग से कमल दासगुप्ता ने प्रस्तुत किया है। दरबारी आधारित मुखड़ा, बदलती रिद्म का एक बार फिर बहुत सुंदर प्रयोग और वॉयलिन की पृष्ठभूमि पर क्लैरिनेट का अद्‌भुत इस्तेमाल इस गीत की अन्य बहुमूल्य विशेषताएँ हैं। कमल दासगुप्ता अपनी संगीत रचनाओं में रिद्म पर बहुत ध्यान देते थे और एक ही गीत के भीतर रिद्म के परिवर्तन से एक अलग व्यक्तित्व अपने कई गीतों को उन्होंने

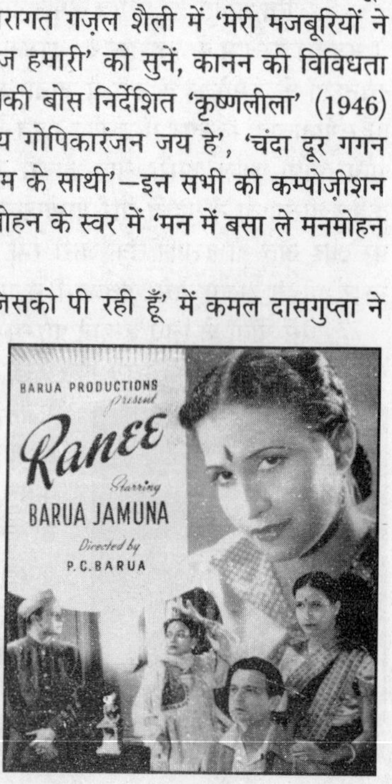

देने की सफल कोशिश की। मेघदूत के 'प्रेम के गीले पनघट पे मन मेरा फिसल जाए' और जगमोहन सुरसागर के गाए 'ऐ कमल अब तू क्या' भी अपने ज़माने में बेहद मशहूर हुए थे। बाँग्ला गायिका कल्याणी दास को बम्बई बुला कर 'बिंदिया' (1946) में बाँग्ला मिठास के साथ 'बादल गरज गरज के' और 'बादल बरस बरस के पैगाम सुना दें' (अमर के साथ) जैसे सुंदर गीतों के अलावा कमल दासगुप्ता ने लुहार निर्देशित इस फ़िल्म में हेमंत कुमार (अनिमा दासगुप्ता के साथ) से भी पंडित मधुर का गीत 'मेरा बचपन रूठा जाए' सुंदर शैली में गवाया था पर गीत खास हिट नहीं हुआ। पी.सी. बरुआ की 'पहचान' के भी 'अनजान राह में मुझे कोई बुला रहा है क्यों', 'हुआ इश्क का असर जब धीरे-धीरे' और 'जो उजड़ गई तो बहार है' जैसे सुमधुर गीतों और गज़लों को भी दुर्भाग्य से अधिक लोकप्रियता नसीब नहीं हुई।

कल्याणी, हेमंत और जगमोहन के बेहतरीन दिलकश गीतों के साथ द्वारका खोमला निर्देशित 'ज़मीन आसमान' (1946) को व्यावसायिक सफलता न मिलना कमल दासगुप्ता के हिंदी फ़िल्मी कॅरियर के शिखर पर एक जबर्दस्त झटका था। 'मेरी आँखों में ठहरा कौन' (कल्याणी), 'एक गीत सुनाना है हमें' (कल्याणी, जगमोहन), 'गाओ माता के गुण गाओ' (कल्याणी, साथी), 'परवाने को बुझे दिए' (कल्याणी, जगमोहन), 'एक रात कभी ऐसी आए, मैं सुनता रहूँ कोई गाए' (हेमंत), 'पपीहा तू पियू को पुकार' (कल्याणी, हेमंत), 'नजरें बता रही हैं, तुम दूर जा रहे हो' (कल्याणी), और 'रोने का रोग लग गया' (कल्याणी) जैसे फ़ैयाज़ हाशमी के लिखे गीतों में कमल दासगुप्ता द्वारा उद्भासित उनकी आधुनिक गीतों की वही शैली थी, जिसके लिए वे जाने जाते हैं। पर व्यावसायिक सफलता के तो हिंदी फ़िल्म-जगत में अलग ही dynamics रहे हैं और यहीं कमल दासगुप्ता मात खा गए। मधु बोस की टैगोर की कहानी पर आधारित 'गिरिबाला' (1947) चर्चित फ़िल्म थी, पर फ़ैयाज़ और पंडित मधुर के लिखे 'तुम चोर हो' (हेमंत, महिला स्वर), 'नज़र नीची किए हम आ रहे हैं', 'अपने भरोसे तुमने', 'ऐ चाँद ऐ सितारे' जैसे गीत लोकप्रिय नहीं हो पाए। पर कहरवा ताल पर कम्पोज़ 'मनमानी' (1947), का 'ऐ चमन बता' एक अच्छी रचना थी जो सराही गई। 'धीरे-धीरे आ तू इस नदी में' (कल्याणी, हेमंत) भी बड़ा मेलोडियस लोकप्रिय गीत था।

इसके बाद कमल दासगुप्ता की हिंदी फ़िल्म-जगत में पैठ कम हो गई। बाँग्ला फ़िल्म जगत में अलबत्ता इनकी सक्रियता जारी रही। 'गारमिल' (1942), 'सहधर्मिणी' (1943), 'विदेशिनी' (1944), 'नंदिता' (1945) आदि फ़िल्मों के सफल संगीतकार तो वे पहले से ही थे, आगे के वर्षों में 'रंगमती' (1949), 'अनुराधा' (1949), 'फुलवारी' (1951), प्रणव राय की 'प्रार्थना' (1952), 'नवविधान' और 'भगवान श्रीकृष्ण चैतन्य' (1954), 'व्रतचारिणी' (1955), 'मनरक्षा' (1956), 'गोविंददास' (1956), 'मधुमालती' (1957), और 'संधान' (1957) जैसी फ़िल्मों में इनका संगीत गूँजता रहा। पर बाँग्ला संगीत में कमल दासगुप्ता अपवादों को छोड़कर परम्परागत ढाँचे के ही संगीतकार माने गए। हिंदी में आधुनिक शैली के गीतों की तरह बाँग्ला संगीत में कोई आधुनिक लहर वे न ला पाए।

हिंदी फ़िल्म संगीत में 'फ़ैसला' (1947—अनुपम घटक के साथ), 'विजय माता' (1948), 'बचपन की प्रीति तोड़ चले' (गौरीकेदार, भट्टाचार्य) जैसे दर्द-भरे गीत वाली 'चंद्रशेखर' (1948), कल्याणी, जगमोहन और अनिसा दासगुप्ता के गीतोंवाली पी.सी. बरुआ की 'ईरान की एक रात' (1949) ही उनकी आखिरी फ़िल्में थीं। गीतों के भावों को उभारने में सिद्धहस्त कमल दासगुप्ता भले ही ऊपर से अपने गायकों-गायिकाओं की खुलकर प्रशंसा नहीं करते थे, पर अंदर से वे भावुक थे। अपना सारा पैसा उन्होंने अपने एक दोस्त के प्राइवेट बैंक में रखा था जो डूब गया और इस सदमे से वे उबर नहीं पाए। साथ ही बड़े भाई के निधन के बाद भाई के परिवार की ज़िम्मेदारी भी थी। स्वयं वे चेन-स्मोकर थे और पथरी की बीमारी भी थी। पथरी का ऑपरेशन कराने की जगह कमल दासगुप्ता ने दर्द कम करने के लिए मॉर्फ़ीन के इंजेक्शनों का सहारा लिया जो धीरे-धीरे आदत बन गई और उसने इनका स्वास्थ्य एकदम चौपट कर दिया। शारीरिक और मानसिक परेशानियों के कारण ही कमल दासगुप्ता की सोच भी भटकती गई, काम भी घटता गया। 'वधु वरण' (1967) दस वर्षों के अंतराल पर उनकी आखिरी बाँग्ला फ़िल्म थी। नैराश्य की पराकाष्ठा हुई तो उन्होंने देश की पूरी व्यवस्था से ही विमुख होकर ढाका जाना पसंद किया। वहीं उन्होंने इस्लाम धर्म भी स्वीकार कर लिया और शादी भी की। पूर्वी बंगाल की प्रसिद्ध गायिका फ़िरोज़ा बेगम उनकी पत्नी बनीं और कमल दासगुप्ता के संगीत-निर्देशन में उनके गाए नज़रूल गीत अत्यंत प्रसिद्ध हुए। 'तुम भुलाए न गए', 'चुपके चुपके रो लूँ', 'बिरहन के घर बदरी बरसे' जैसे कमल और फ़िरोज़ा बेगम के गीत आज भी अभिभूत कर देते हैं। क्षय रोग के कारण 1974 में ढाका में ही उनका निधन हुआ।

संदर्भ

1. वीरेन कोठारी : लिस्नर्स बुलेटिन, सितम्बर, 1999, अंक 110

सी. रामचंद्र

'तुम क्या जानो, तुम्हारी याद में हम कितना रोए'

सी. रामचन्द्र उर्फ रामचंद चितलकर उर्फ अन्ना साहब में संगीत के वे सभी तत्व मौजूद थे, जिनके विस्तार में सिने-संगीत की अलग-अलग धाराएँ निकलीं। सी. रामचंद्र को एक तरह से विद्रोही संगीतकार भी कहा जा सकता है, क्योंकि उन्होंने संगीत की कई परिपाटियों और मान्यताओं को ठुकराकर पाँचवें दशक में ही कई विदेशी संगीत-शैलियों के साथ भी प्रयोग किया। पर साथ ही शुद्ध भारतीय मेलोडी को निखार और तराशकर लता के स्वर में ऊँचाइयों तक पहुँचानेवाली कृतियाँ भी सी. रामचंद्र के ही हिस्से आएँगी। सी. रामचंद्र जैसी विविधता और अनेकरसता बहुत कम ही अन्य संगीतकारों में देखने को मिलती है।

सी. रामचन्द्र

सी. रामचंद्र का जन्म 12 जून, 1915 को महाराष्ट्र के अहमदनगर जिले के पुणेतांबे गाँव में हुआ था। उनके पिता स्टेशन मास्टर थे, और नागपुर में उनकी पदस्थापना के दौरान सी. रामचंद्र विनायक बुआ पटवर्धन के गंधर्व महाविद्यालय में संगीत भी सीखते रहे। फ़िल्मों का शौक उन्हें कोल्हापुर खींच ले गया जहाँ ललित पिक्चर्स में पचास रुपए की नौकरी के साथ एक्स्ट्रा के छोटे-मोटे रोल मिलने लगे। 1935 में फ़िल्म 'नागानंद' में नायक का रोल मिला, पर फ़िल्म बुरी तरह पिटी। उसके बाद मिनर्वा मूवीटोन में 'सईद-ए-हवस' और 'आत्म तरंग' जैसी फ़िल्मों में छोटे-मोटे रोल मिले। फिर अचानक बर्खास्तगी का नोटिस मिला। सी. रामचंद्र नोटिस पाकर चुप रहनेवालों में नहीं थे। वे मिनर्वा के मालिक सोहराब मोदी के पास पहुँच गए और सोहराब मोदी को बताकर कि उन्हें हारमोनियम बजाना आता है, मिनर्वा के संगीत-विभाग में नौकरी की गुज़ारिश की। मोदी मान गए और बुंदू खान के साथ हारमोनियम वादक के रूप में उन्हें लगा दिया गया। पर यह काम सिर्फ कागज़ी रहा। फिर हबीब खाँ ने उन्हें अपना सहायक बना लिया। बाद में मीर साहब के भी वे सहायक रहे और हूगन से पश्चिमी संगीत के कुछ सिद्धांत भी सीखे जो बाद में सी. रामचंद्र को अपनी अलग शैली विकसित करने में बड़े सहायक रहे। मिनर्वा में रहते-रहते सी. रामचंद्र ने 'मीठ़ाजहर', 'जेलर' और 'पुकार' फ़िल्मों में वादक के रूप में काम किया। 'पुकार' में उन्होंने शीला की गाई रचना 'तुम बिन मोरी कौन खबर ले' की धुन भी स्वयं बनाई थी और 'लाल हवेली' में पहली और आखिरी बार नूरजहाँ से अपनी धुन पर 'आओ मेरे प्यारे साँवरिया' गवाया था। इसी वक्त भगवान के निर्देशन में 'बहादुर किसान' बन रही थी। संगीतकार थे मीर साहब, और उनके सहायक के रूप में सी. रामचंद्र भी भगवान के सम्पर्क में आए। यह सम्पर्क दोस्ती में बदल गया, और आगे चलकर तो यह दोस्ती इतनी प्रगाढ़ हुई कि भगवान ने अपने संगीतकार के लिए सी. रामचंद्र को छोड़कर वर्षों इधर-उधर नहीं देखा। बहरहाल इस वक्त भी जब भगवान को तमिल फ़िल्म 'जयकोडी' (1939) का निर्देशन मिला तो उन्होंने संगीतकार के रूप में सी. रामचंद्र को ही लिया। पर बड़े आकर्षक व्यक्तित्व और रसिक तबीयत के मालिक तो सी. रामचंद्र शुरू से ही थे। फ़िल्म की नायिका से ही इश्क कर बैठे और चूँकि निर्माता भी इसी नायिका पर आशिक थे, अतः बात बिगड़ गई और बाहर कर दिए गए। फिर तमिल फ़िल्म 'वनमोहिनी' (1941) और 'नारद नारदी' मिली, पर संगीतकार के रूप में हिंदी में प्रवेश हुआ फ़िल्म 'सुखी जीवन' (1942) से। जो पहला गीत उन्होंने कम्पोज़ किया, वह था 'हिंदोस्ताँ हमारा है हमको जाँ से प्यारा'।

19 नवम्बर, 1942 को सी. रामचंद्र ने अपनी मकान-मालकिन की बेटी रतन ठाकुर से प्रेम-विवाह कर लिया। कुछ फ़िल्में भी मिलने लगीं। भगवान के अलावा जयंत देसाई ने भी अपने प्रोडक्शन में संगीतकार की जगह लिया और 'मनोरमा', 'ललकार', 'सम्राट चंद्रगुप्त' जैसी कई फ़िल्मों में मौका दिया। फ़िल्म 'मुस्कुराहट' (1943) में ही के.वी. शांताराम की तर्ज़ पर अन्न साहब से बदल कर सी. रामचंद्र लिखने लगे। पर जयंत देसाई ने जब अगली फ़िल्म में लाल मोहम्मद और सहगल को लेने की बात रखी तो अपमान समझकर सी. रामचंद्र ने उनसे 1000 रुपए तनख्वाह की माँग कर दी। जयंत देसाई ने 600 रुपए तक मानने की बात की और सहगल से गवाने का लालच दिया। यह सी. रामचंद्र का अहम इतना था कि उन्होंने दो टूक शब्दों में कहा कि सहगल अगर सहगल हैं, तो वे भी सी. रामचंद्र और नौकरी छोड़ दी। यह स्वाभिमान और अहम सी. रामचंद्र के साथ सारी ज़िंदगी रहा। इसके बाद वे फ़िल्मिस्तान से जुड़े और बहुत नाम कमाया पर स्वाभिमान से कभी समझौता नहीं किया।

सी. रामचंद्र से आरम्भ में ही कुछ नया करने की धुन थी। जहाँ केशवराव भोले, झंडे खाँ, गोविंदराव तेम्बे जैसे संगीतकार शास्त्रीय संगीत-परम्परा से कमोबेश बँधकर ही संगीत देते थे, और जहाँ आर.सी. बोराल और पंकज मल्लिक भी पाश्चात्य हार्मनी, counter melody और प्रयोगबद्धता एक सीमित हद तक ही ले गए, वहाँ सी. रामचंद्र ने पाश्चात्य और मध्य-पूर्व राष्ट्रों के संगीत तत्त्वों को हिंदुस्तानी सिने-संगीत में प्रचुरता लाकर तरह-तरह के प्रयोग किए। साथ ही नौशाद, खेमचंद्र प्रकाश और 'पंजाबी स्कूल' के संगीतकारों की तरह ही सी. रामचंद्र लोकसंगीत की शैलियों की ओर भी उन्मुख हुए। परिणामस्वरूप सी. रामचंद्र ने पाँचवें दशक के सबसे विविध ऑरकेस्ट्रा के प्रयोग से फ़िल्म-संगीत को नवाज़ा। इस ऑरकेस्ट्रा में कौंगो, बौंगो, ट्रम्पेट, गिटार, क्लैरनेट, सैक्सोफोन और हार्मोनिका जैसे विदेशी वाद्य भी थे, और साथ ही सारंगी, तबले, हारमोनियम, सितार और बाँसुरी जैसे भारतीय परम्परागत वाद्य भी।

दरअसल सी. रामचंद्र के संगीत का अध्ययन करना हो, तो उनकी दो अलग-अलग संगीत शैलियों का विश्लेषण करना लाज़िमी हो जाता है। पहली शैली का संगीत उनके हास्य प्रधान, कोरस प्रधान जिंदादिल और मस्त गानों की कम्पोजीशन में दिखता है, जिस प्रकार के गाने उन्होंने पाँचवें दशक की कई फ़िल्मों में बार-बार दिए। ऐसे हास्य गीतों में अकसर पाश्चात्य चाल-चलन और तरीकों को पाश्चात्य संगीत के मुहावरों के साथ इस अतिशयोक्ति से पेश किया जाता था, कि ऊपर से भारतीय परम्परा और संस्कृति से बिलकुल अलग हटकर चलनेवाला उनका इस प्रकार का संगीत प्रकारांतर से पाश्चात्य संस्कृति और तौर-तरीकों को ही हास्य-व्यंग्य का लक्ष्य बनाकर एक प्रकार से उनकी आलोचना का ही निहित पहलू प्रस्तुत कर देता था।[1] उदाहरण के तौर पर 'शहनाई' (1948) का प्रसिद्ध गीत 'आना मेरी जान मेरी जान संडे के संडे' (चितलकर, शमशाद, मीना कपूर) में 'मेरी' शब्द का उच्चारण और अन्य शाब्दिक तथा लयात्मक 'बिगाड़ों' से अँग्रेजियत का रूप अंततोगत्वा हास्य की ही सृष्टि करता है। अतः जहाँ 'संडे' जैसे शब्दों, प्रचुर मात्रा में पाश्चात्य वाद्य यंत्रों का प्रभाव तथा बेनी गुडमैन की जैज़ शैली का अल्टो सैक्स, गिटार, हारमोनिका तथा कोरस के सीटी बजाने के अंदाज़ से प्रत्यक्ष प्रभाव एक तरह से भारतीय संगीत परम्परा और मान्यताओं के खिलाफ विद्रोह की शैली का लगता है वहीं दूसरी तरफ कुल मिलाकर शैली के twisted मज़ाकिया उच्चारण और निहित अर्थव्यंजकता के द्वारा हास्य और व्यंग्य का अंतिम परिणाम अँग्रेजियत का उपहास भी बन जाता है। दूसरो शब्दों में सी. रामचंद्र के संगीत के विदेशी मुहावरे यदि भारतीय परम्परा और रूढ़ियों को चुनौती देते थे, तो दूसरी ओर उन्हीं मुहावरों और शैलियों को वह इस तरह प्रस्तुत करते थे कि अंततः विदेशी तौर तरीकों का मजाक ही बने। इस मायने में उनका विद्रोह एक सीमा के अंदर बँधा विद्रोह था। नई मिली स्वतंत्रता की पृष्ठभूमि में सामाजिक और राजनीतिक संदर्भ भी भारतीयता की विजय का ही था, और इस संदर्भ में विदेशी संगीत-शैलियाँ भारतीयता को पाश्चात्य सभ्यता पर विजयी दिखाने का एक माध्यम ही बन सकती थीं, भारतीयता को पूरी तरह दरकिनार कर एक अलग अस्तित्व इस वक्त के हिंदुस्तानी सिने-संगीत में उनका नहीं आ सकता था। यही कारण है कि इस प्रकार की संगीत-शैली सी. रामचंद्र ने अधिकांशतः गोप, याकूब और भगवान जैसे कॉमेडियनों पर फ़िल्माए गए हास्य गीतों के लिए ही प्रयुक्त किया, संजीदा भावनाओं के लिए वे भारतीय मेलोडी और ऑरकेस्ट्रेशन की ओर ही मुड़े।

बहरहाल उपरोक्त माध्यम के रूप में ही सही, पर सी. रामचंद्र ने ऐसे मज़ाकिया गीत भरपूर बनाए जिनमें विदेशी संगीत-मान्यताओं और ऑरकेस्ट्रेशन का ही आधार था। 'सरगम' (1950) का 'मैं हूँ एक खलासी मेरा नाम है भीम पलासी' (चिलतकर, साथी) भारतीय फ़िल्मों में रॉक एंड रोल का पहला प्रयोग माना जाता है, और यह उस समय जब रॉक एंड रोल विदेश में भी अधिक लोकप्रिय नहीं हुआ था। इसी फ़िल्म का 'मौसमे बहार यार, दिल है गुलज़ार यार' (लता, चितलकर, साथी) अरबी शैली का नायाब नमूना है। बाद में तो इस अरबी शैली को लेकर एस.एन. त्रिपाठी से उषा खन्ना और आर.डी. बर्मन तक ने कई गीत बनाए, पर इस वक्त यह एक अपेक्षाकृत नवीन उदाहरण था। 'संगीता' (1950) में भी विदेशी और भारतीय वाद्य-यंत्रों के मिश्रण के साथ 'गिरगिट की तरह हैं रंग

बदलते फैशन वाले बाबू' (लता, चितलकर) अपने ज़माने में एक नए किस्म का प्रयोग था जिसकी लेच भरी धुन खूब मशहूर हुई थी। लैटिन अमेरिकी और कैरिबियन बीट्स की झलक हमें 'खज़ाना' (1951) के 'बाबड़ी बूबडी बम' (लता, चितलकर, साथी) में भी मिलती है। 'सरगम' (1950) के 'सबसे बड़ा रुपैया' (रफी, लता, चितलकर) में भी लोक-धुनवाले बोलों की रिद्म पर विदेशी प्रभाव साफ झलकता है। इसी फ़िल्म के 'मोम्बासा' (लता, चितलकर) में तो सी. रामचंद्र अफ्रीकन बीट्स और रिद्म लेकर आए हैं जो हिंदी फ़िल्मों में इस तरह का पहला ही प्रयोग होगा। 'सरगम' के नाम पर ही उन्होंने बांद्रा में बनवाए अपने बँगले का नामकरण किया था। वह बँगला तो बाद में बिक गया पर पुणे के जिस बँगले में बाद में उनका परिवार रहता था, उसका नाम भी सरगम ही था।

भगवान की प्रसिद्ध फ़िल्म 'अलबेला' (1951) की 'मेरे दिल की घड़ी करे टिक टिक टिक' (लता, चितलकर) की रिद्म ढोलक और गिटार के साथ मेलोडी को और आकर्षक बनाती है। इसी फ़िल्म का 'दीवाना, परवाना' (लता, चितलकर) में बौंगो ड्रम, क्लैरिनेट और सैक्सोफोन के साथ क्लब डांस जैसे कोरस का प्रयोग सी. रामचंद्र के इसी प्रयोगात्मक शैली का उदाहरण कहा जाएगा। इसी फ़िल्म का सुपरहिट गीत 'शोला जो भड़के' (लता, चितलकर) में भी बौंगो, ट्रम्पेट, क्लैरिनेट और सैक्सोफ़ोन के असर से एक उल्लास और उत्फुल्लता का वातावरण निर्मित करने में सी. रामचंद्र सफल रहे थे। एम. अशरफ अजीज़ ने इसकी तुलना ऑफेनबैक के opera comique की bonfe variety या ज्यॉ रेन्वाय के 'French can can' में रचित इसी प्रकार के हर्षोल्लास के वातावरण से की है।[2] वहीं 'समाधि' (1950) के एक और सुपरहिट गीत 'गोरे गोरे ओ बाँके छोरे' (लता, अमीरबाई, साथी) भी इसी प्रकार के विदेशी वाद्य-संयोजन के साथ विदेशी डांस बीट 'Chico Chico Puerte Rico' पर आधारित उदाहरण कहा जाएगा। सी. रामचंद्र ने अपने बाँसुरी वादक पी. रमाकांत के नाम से भी कई फ़िल्मों में संगीत दिया (इनकम टैक्स से बचने के लिए)। जागृति पिक्चर्स के बैनर तले बनी 'भेदी बँगला' (1949) और 'भोले-भाले' (1949) ऐसी ही फ़िल्में थीं। इसी नाम से भगवान निर्देशित 'बाबूजी' (1950) के 'रेवड़ियाँ हैं रेवड़ियाँ' (सुलोचना कदम, अन्ना साहब), 'ज़रा सुनते जाना हों' (सुलोचना कदम, अन्ना साहब), 'बात मेरी मान लो' (सुलोचना कदम, अन्ना साहब), भगवान अभिनीत 'बख्शीश' (1950) के 'बैगन, भिंडी, कद्दू, शलगम', 'सैंया मोरे कोतवाल शहर के' और 'रुपया' (1950) के 'जिसे मैं प्यार करूँ वह कैसा हो, हो कोई सरकारी नौकर' जैसे हास्य-व्यंग्यप्रधान गीतों को उन्होंने अपनी विशिष्ट चुहल-भरी शैली के साथ संगीतबद्ध किया था।

सी. रामचंद्र की खासियत थी कि ऐसे मज़ाकिया या उल्लासपूर्ण गीतों में चाहे विदेशी वाद्य-संयोजन और रिद्म तथा बीट्स का प्रभाव हो, पर गीत की कर्णप्रियता और माधुर्य के साथ वे समझौता नहीं करते थे। 'अलबेला' (1951) के ही गीत 'शाम ढले खिड़की तले तुम सीटी बजाना छोड़ दो' में विदेशी और भारतीय वाद्यों का सुंदर समन्वय यदि एक तरफ है, तो दूसरी ओर धुन तो बिलावल थाट पर पहाड़ी के सुरों की छाया लिए ज़बर्दस्त मेलोडी का सृजन करती है। इसी फ़िल्म के व्यंग्यात्मक गीत 'भोली सूरत दिल के खोटे, नाम बड़े और दर्शन छोटे' (लता, चितलकर, साथी) में दादरा ताल की सृष्टि विदेशी वाद्य-यंत्रों के सहारे हुई है, और लहराती धुन के साथ भगवान का नृत्य इसे अमर और सदाबहार बनाने में उतना ही सहायक था जितना इसकी कर्णप्रिय धुन। वहीं 'किस्मत की हवा कभी नरम कभी गरम' (चितलकर) में जलतरंग के साथ चाइनावेयर या सिल्वरवेयर के बर्तनों जैसी आवाज़ें और 'दीवाना परवाना' (लता, चितलकर, साथी) एक ओर यदि बहुत बाद में बनी ऐलन पार्कर के 'फ़्रेम' (1981) के गीत नृत्य-दृश्यों का पूर्वाभास कराती है, तो दूसरी ओर हास्य-व्यंग्यात्मक संगीत-रचना के बावजूद गीत की धुन में एक ग़ज़ब का आकर्षण है। 'पतंगा' (1944) का अपने ज़माने का बेहद मशहूर गीत 'मेरे पिया गए रंगून वहाँ से किया है टेलीफून' (शमशाद, चितलकर) के प्रयोगात्मक वाद्य-संयोजन एवं बीट्स के बीच भी मेलोडी को पूर्णतः सुरक्षित रखने में सी. रामचंद्र सफल हुए हैं। 'पतंगा' के अन्य हास्य और अलमस्त गीतों में खूबसूरत ऑरकेस्ट्रेशन वाला 'नमस्ते, पहले तो हो गई नमस्ते' (चितलकर, शमशाद, मोहनतारा, रफ़ी, साथी), 'बोलो जी दिल लोगे तो' (शमशाद, रफ़ी) और oscillating शैली लिए 'प्यार के जहान की निराली सरकार है' (शमशाद, लता) भी खूब लोकप्रिय रहे थे। इसी फ़िल्म का 'ओ दिलवाले दिल का लगाना अच्छा है पर कभी कभी' (रफी, शमशाद), 'नदिया के पार' (1948) के 'इसलिए कि जिंदगी में प्यार किया जाए' (शमशाद, रफ़ी) और 'अलबेला' के 'हसीनों से मुहब्बत का' (चितलकर) में सी. रामचंद्र कव्वाली की शैली लेकर आए और अपनी प्रयोगधर्मिता का एक और परिचय दिया। कव्वाली की उनकी यह शैली प्यारेलाल संतोषी निर्देशित 'खिड़की' (1948) के 'किस्मत हमारे साथ है जलने वाले जला करें' (शमशाद, मोहनतारा, लता, चितलकर, रफ़ी, जी. एस. साजन, साथी) से शुरू होकर अपने उत्कर्ष पर पहुँची थी 'आज़ाद' (1955) के रघुनाथ जाधव और साथियों की गाई मशहूर कव्वाली 'मरना भी मोहब्बत में किसी काम न आया' में। यहाँ यह ज़िक्र करना लाजिमी होगा कि रोशन और नौशाद से पहले के दौर में सी. रामचंद्र ही कव्वालियों के पथप्रवर्तक बने थे।

सी. रामचंद्र के हास्य-व्यंग्यप्रधान उत्फुल्ल गीतों की शृंखला में फ़िल्म 'सगाई' (1951) के गीतों की चर्चा करना अनिवार्य है। 'डैडी जी मेरी मम्मी को सताना नहीं अच्छा' (लता, साथी) में लता की आवाज़ में बच्चे की मिठास इतनी सहजता से उभरी है कि पूरा गीत अपनी रिद्म और बीट्स के अलावा अपनी चाशनी सी मिठास का असर पूरे दिलो दिमाग पर छोड़ जाता है। 'ओ बाबू, कैसे दिल करूँ काबू' (लता, अमीरबाई) पश्चिमी कोरस आधारित मार्चिंग सांग की शैली का बेहतरीन उदाहरण है, तो 'झुकती है दुनिया, झुकाने वाला चाहिए' (रफ़ी, लता, चितलकर, साथी) का आलोचनात्मक कथ्य भारतीय समूह गीत की तर्ज़ लेकर भी उतने ही प्रभावी तरीके से उभरता है। 'एक दिन लाहौर की ठंडी सड़क ...तबीयत साफ़ हो गई साफ़' (रफ़ी, चितलकर, शमशाद) की द्रुत लय हास्य-व्यंग्य को और प्रभावशाली बनाने में मदद करती है। दरअसल सी. रामचंद्र अपने चहेते गीतकार प्यारेलाल संतोषी या राजेंद्र कृष्ण संगीतकार की माँग पर कई बार हास्य के पुट को गहरा बनाने या उसे संगीतात्मकता प्रदान करने के लिए निरर्थक शब्दों के टुकड़े भी गीत में पिरो देते थे। 'शिन शिनाकी बूबला बू' (1953) का शीर्षक गीत इन्हीं बेमतलब के शब्दों के साथ सी. रामचंद्र ने कम्पोज़ किया था, जो एम. अशरफ अजीज़ के शब्दों में अमेरिका के उस दशक में लोकप्रिय 'do-wop' संगीत का ही प्रभाव दिखाता है। पर जहाँ अमेरिका में 'शा ना ना', 'ऊ', 'आ' जैसे शब्दों का प्रयोग आवाज़ों के जरिए वाद्य हार्मनी के स्थान पर 'street corner harmony' जैसे नए प्रयोग के लिए किया जाता था, वहीं सी. रामचंद्र ने 'शिन शिनाकी बूबला बू' को सहायक या हार्मनी के रूप में प्रयुक्त न कर अपनी मुख्य मेलोडी के बीच ही समायोजित किया।[3] वहीं यह तथ्य भी रेखांकित किया जाना चाहिए कि विदेशी वाद्य-संयोजन, बीट्स और special effects का प्रभाव उन्होंने भले ही प्रचुरता से अपनी हास्य खुशनुमा संगीत-रचनाओं के लिए किया हो, पर धुनें उन्होंने हर सम्भव मेलोडी को ध्यान में रखकर ही बनाई। 'ईना मीना डीका' (किशोर, आशा, 'आशा', 1957) जैसे scat singing के अपवादों को छोड़ दिया जाए, तो हर जगह उनकी मेलोडी-प्रधान धुनें परम्परा से हटकर लाए विदेशी ऑरकेस्ट्रेशन के प्रभाव को संतुलित करती थीं और irreverance के ऊपरी आवरण के भीतर भारतीयता के प्रति आस्था भी प्रदर्शित करती थीं। यह भी ध्यान देने योग्य है कि उस ज़माने की प्रासंगिकता को दर्शाते कई देशभक्ति के गीतों का सृजन भी सी.रामचंद्र ने किया। उनका हिंदी में पहला कम्पोज किया गीत 'हिंदोस्ताँ हमारा हमको है जाँ से प्यारा' (सुखी जीवन, 1942), 'भारत प्यारा देश हमारा' और 'सोया देश जगा दो' (मुस्कुराहट, 1943), 'माता की जय हो जननी की जय हो' (सम्राट चंद्रगुप्त, 1945), 'जागो भारत की रमणी जागो' (सावन, 1945), 'बाँटे न बँटेगा किसी से देश हमारा' (बासेती, साथी—'बच्चों का खेल' 1946), marching song की शैली में 'आज़ाद हैं हम आज से जेलों के ताले तोड़ दो' और 'सदियों से है गुलाम जन्मभूमि हमारी' (अहिंसा, 1947), 'कदम कदम बढ़ाए जा' (चितलकर, साथी, 'समाधि', 1950) जैसे गीतों में कहीं (जैसा कि ऊपर के उदाहरण दर्शाते हैं) देश के प्रति प्रत्यक्ष प्रेम और विश्वास है, तो कहीं (जैसा पहले कहा गया है) विदेशी सत्ता को विद्रूप का केंद्र बनाकर देशभक्ति प्रदर्शित की गई है। 'सरगम' के 'बूढ़ा है घोड़ा, लाल है लगाम' (चितलकर, लता) को गम्भीर भिक्षा गीत की शैली देकर और अंतिम अंतरे में भोजपुरी लोक छाप देकर 'बुड्ढा', 'ललवा' जैसे उपहास के सम्बोधनों का समावेश कर व्यंग्य की जो तीखी मार सी. रामचंद्र ने की है, वह लाजवाब ही कही जाएगी। देशभक्ति के सबसे चर्चित और लोकप्रिय गैरफ़िल्मी गीत 'ऐ मेरे वतन के लोगो' के कम्पोज़र भी सी. रामचंद्र ही थे, पर इसकी कहानी हम आगे कहेंगे।

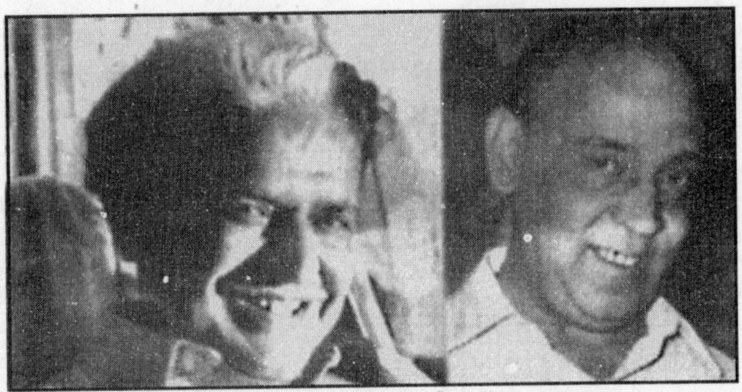

बेमिसाल जोड़ी—सी. रामचंद्र और राजेन्द्र कृष्ण

भगवान के चहेते संगीतकार होने के नाते भी भगवान की कॉमेडियन की छवि को ध्यान में रखने की अनिवार्यता ने भी सी. रामचंद्र के हलके-फुलके और हास्य गीतों की संख्या में बेशुमार वृद्धि की। 'माशूक तो क्या मिलते, केला भी नहीं मिलता' (बदला, 1943), 'आ गया मोरे सर पर भूत भूत भूत' (बहादुर, 1944), 'नगमा-ए-सहरा' (1945) के गीत, 'दोस्ती' (1946) का 'शबाबे मस्ती है इस अंगूर के पानी में', 'बहादुर प्रताप' (1947) का 'नजरियों से लड़ गई नजरियाँ', 'मतवाले' (1947) का 'पहली मुलाकात हुई गरमा गरम बात हुई', 'जलन' (1948) के 'जवानी गारत होती है' (चितलकर) और मचलते थिड़कते बीट्स के साथ 'नज़र मिली, तुम भी मिले' (ललिता देउलकर, चितलकर), 'तुम्हारी कसम' (1948) के 'ऐ भाइयो, खटमल से कभी दिल न लगाना' और 'ये बाप रे बाप फँस गए हैं हम', 'बच के रहना' (1949) के 'Steady please नाम का असली पांडु', 'सर पर है सवार सनीचर' आदि 'भेदी

बँगला' (1949) का 'अपना डर से पतला हाल' जैसे गीतों को बार-बार गुनगुनाया जा सकता है। 'अलबेला' के गीत इसी शैली का उत्कर्ष थे। 'अलबेला' के सुपरहिट गीत 'शोला जो भड़के' की कहानी कम रोचक नहीं है। यह गीत फ़िल्म की कहानी के लगभग समापन पर फ़िल्माया गया था, और थोड़ा बेमेल लग रहा था। अतः सी. रामचंद्र और कई अन्य लोगों का सुझाव था कि इस गीत को फ़िल्म से हटा दिया जाए। पर भगवान अड़ गए और गीत शामिल रहा। आज भगवान का यह निर्णय कितना सही था, यह तो इस गीत को आज की पीढ़ी के बच्चे-बच्चे की जुबान पर देखकर ही पता चल जाता है। 'भोली सूरत दिल के खोटे' में भगवान के प्रसिद्ध नृत्य का निर्देशन नृत्य-निर्देशक कृष्ण कुमार ने किया था। कृष्ण कुमार नर्तक-नर्तकियों के यूनियन के नेता भी थे, और फ़िल्म-जगत की अंदरूनी गंदगी के चलते कुछ चिढ़े हुए दलालों ने उनकी हत्या करवा दी। उस समय इस गीत के फ़िल्मांकन का रिहर्सल तो हो चुका था, पर अंतिम फ़िल्मांकन शेष था। कृष्ण कुमार की याद को श्रद्धांजलि देने के लिए इस गीत का फ़िल्मांकन कृष्ण कुमार की तस्वीर को सामने रखकर किया गया था।

ईश्वरलाल अभिनीत कई फ़िल्मों में भी हास्य-व्यंग्यप्रधान गीतों की काफी गुंजाइश रहती थी। 'ललकार' (1944) के 'पढ़ोगे-लिखोगे होगे खराब' और 'प्यार करे रे धोबनिया की पायल', 'सम्राट चंद्रगुप्त' (1945) के 'ये अलबेली नार यार मेरा नाम खोंमचे वाली' (रेवाशंकर, राजकुमारी) आदि ऐसे कई उदाहरण हैं जिनके साथ अपने ज़माने में लोग झूम-झूम गए थे। हलके-फुलके अन्य गीतों की फ़ेहरिस्त में 'भक्त राज' (1943) के राजकुमारी के गाए 'मोरे राजा जी मार गए तोरे नैनवा' में नौटंकी शैली की उच्छृंखलता को 'होए' जैसे शब्दों की उचकती अदायगी और भी प्रखर बनाती है। 'मिस्टर झटपट' (1943) का 'मेरे मन में उछाले आए', मीर साहब के साथ सहायक के रूप में 'लाल हवेली' (1944) का 'तुम भूल के फंदे में हसीनों के न आना' (चितलकर), चार्ली के गाए और उन्हीं पर फ़िल्माए 'एक कहर बरपा करता है जब आए बुढ़ापा' (रौनक, 1944), 'सफ़र' (1946) के बेहद मेलोडियस 'कभी याद कर के गली पार करके चले आना हमारे अँगना' (बीनापानी, चितलकर) और जलतरंग, वॉयलिन, तबले और जाइलोफोन से रचित मोहक रिद्म पर रचे 'छोटी सेठानी जी तेरे फिराक में हम तो हो गए बदनाम' (बीनापानी, चितलकर), 'शहनाई' (1947) के 'चढ़ती जवानी में झूलो झूलो मेरी रानी' (गीता, नीनापानी, चितलकर, साथी), 'खिड़की' (1948) के 'फ़िफ़्टी-फ़िफ़्टी' (शमशाद, चितलकर, रफ़ी), 'गर्ल्स स्कूल' के 'राम भरोसे मेरी गाड़ी चली जाए' (शमशाद, चितलकर), 'गोरी एक बात सुन' (शमशाद, चितलकर) और 'ओ शहर के बाँके बाबू' (शमशाद, चितलकर), 'जिगर' (1944) के 'कलेजा मोरा धड़के' (लता, चितलकर), 'रोशनी' (1944) का 'मेरे दिल का कबूतर' (शमशाद, चितलकर), 'साँवरिया' (1944) के 'चले गए अँग्रेज़' (चितलकर) और 'जरा बचके मारो पिचकारी' (ललिता, चितलकर) और अप्रदर्शित फ़िल्म 'नज़राना' के 'टिकट बढ़ते गए' (शमशाद, चितलकर) का ज़िक्र किया जा सकता है। फ़िल्म 'सगाई' (1951) के हास्य गीत 'हसीनों की गाड़ी ये आशिक का घोड़ा' (चितलकर, रफ़ी) की राजेंद्र कृष्ण लिखित पंक्ति 'चले आ रहे हैं हजामत बना के' के पीछे एक रोचक कहानी है। राजेंद्र कृष्ण को फ़ाइव स्टार होटल में चाय पीने का बड़ा शौक था। एक बार बीस रुपए बचाकर श्यामसुंदर के साथ वे ताज में गए अपना शौक पूरा करने। पर वहाँ दाढ़ी बनवाने में ही दस रुपए लग गए, और इसी झटके के अनुभव पर आधारित कर बाद में उन्होंने यह पँक्ति लिख डाली।

सी. रामचंद्र के इन हलके-फुलके गीतों में एक गजब की spontaneity मिलती है। यह भी सर्वविदित है कि जहाँ नौशाद एक गीत के पीछे महीनों की मेहनत करते थे, वहीं सी. रामचंद्र घंटो में धुन की रचना से लेकर उसको ऑरकेस्ट्रा के साथ सेट भी कर लेते थे। परिणामस्वरूप सी. रामचंद्र की संगीत रचनाओं में सहजता और प्राकृतिक flow मिलता है, जो अन्य संगीतकारों से उन्हें अलग ठहराता है। कई बार ऐसे गीतों को गाने के लिए वे गायकों की तलाश में मेहनत करना भी गंवारा नहीं करते थे। इसके विपरीत तुरत-फुरत वे स्वयं चितलकर के नाम से अपनी आवाज़ दे देते थे। इससे गीत की सहजता और भी बढ़ जाती थी, क्योंकि अपनी कृतियों को सबसे ज्यादा तो संगीतकार ही समझता है। ऐसे उत्फुल्ल गीतों में पाँचवें दशक के 'अजी प्यार से' (सुलोचना, चितलकर—'बच के रहना'), 'हम चले शहर की ओर' (चितलकर—'जिगर') और छठे दशक के 'उस्ताद पेड्रो' (1951) के 'तेरे दिल पे जादू कर गया रे मेरा पान मुहब्बत वाला' (लता, चितलकर) और 'दिल का इंजन सीटियाँ मारे' (लता, चितलकर), 'घुंघरू' (1952) का बेहद आकर्षक 'मेरे पीछे पीछे आ के ओ छोरे गोरे मत खाँस रे' (चितलकर, शमशाद), 'शिन शिनाकी बूबला बू' (1952) के शीर्षक गीत (लता, चितलकर) और 'कुछ चर्चे हो कुछ चुहलें हों' (लता, किशोर, साथी), 'साथी' (1952) का 'हसीना सँभल-सँभल कर चल' (गीता, चितलकर), 'लहरें' (1953) के 'भोली सूरत दिल के खोटे' की तर्ज पर 'मेरे राजा के नैनों में रानी समाई' (हेमंत, शमशाद) और 'खिली खेत में सरसों' (लता, किशोर), 'पहली झलक' (1954) के 'चरणदास को पीने की' (किशोर) और 'ऊँची-ऊँची दुकान' (लता) जैसे गीत अपनी सहज आकर्षक अभिव्यक्ति के कारण आज तक याद किये जाते हैं।

सहजता का यह गुण न सिर्फ़ उनके हास्य गीतों में झलकता है बल्कि उनके मेलोडी-प्रधान, शांत, संजीदा गीतों में भी उतना ही दृष्टिगोचर है। उनकी इस दूसरी शैली के गीत भी सी. रामचंद्र की आरम्भिक फ़िल्मों से ही उनकी प्रथम शैली के उत्फुल्ल गीतों के साथ-साथ मिलते हैं। उनकी प्रथम हिंदी फ़िल्मों भगवान निर्देशित 'सुखी जीवन' (1942) के 'मनवा मोरा होले' और 'बदला' (1943) के 'पहले ही बेकरार था, और भी दिल दुखा दिया' जैसे गीत, 'भक्त राज' (1943) का 'मत कर तू अभिमान, झूठी तेरी शान' (बासंती, विष्णुपंत पगनीस), 'ज़बान' (1943) का 'पिया देस हैं जाना' (ईश्वरलाल), 'दिल की बात' (1944), का 'धीरे-धीरे निकला चाँद सुहाना' (वनमाला, सी. रामचंद्र), 'मनोरमा' (1944) का जलतरंग की पृष्ठभूमि में कोमल अभिव्यक्ति वाला 'अब किसके सहारे मैं जिऊँ कृष्ण कन्हाई' (लीला चिटणीस), 'रौनक' (1944) का 'दुनिया किसी को हाय मजबूर न करे' (हमीदा), 'सम्राट चंद्रगुप्त' (1945) का वॉयलिन, जलतरंग और तबले के ऑरकेस्ट्रेशन से सजा 'पिया पिया रट के मैं हो गई पपीहा' (सुरैया), फ़िल्मिस्तान लिमिटेड के 'सफ़र' (1946) के बाँसुरी और तबले की शांत संगीत लहर के बीच स्थापित 'कह के भी न आए तुम अब छुपने लगे तारे' (रफ़ी) और गज़ल की शैली लिए 'अब तो हमारे हो गए, इकरार करें या ना करें' (रफ़ी) ऐसे ही उदाहरण हैं। माधुर्य और कर्णप्रियता के ऐसे ही नमूने हमें रेहाना, निहाल और मुमताज अली अभिनीत 'रोशनी' (1949) में मिलते हैं जहाँ ललिता और चितलकर के स्वर में 'हम याद करेंगे' की प्यारी-सी तर्ज़ प्रभावित करती है, 'दिल मेरे उड़ जा' (चितलकर) की हलकी-हलकी ऊपर चढ़ती शैली और सारंगी के टुकड़े आकर्षण पैदा करते हैं, पहले ही उल्लिखित 'मेरे दिल का कबूतर' (शमशाद, चितलकर) अपने मजाकिया प्रभाव से झूमने पर मजबूर करता है तथा 'पहन चुनरिया काली' (गीता, चितलकर, साथी) की लोकशैली की तर्ज़ और इंटरल्यूड्स में बाँसुरी का मीठा प्रयोग भी अच्छा लगता है।

जयंत देसाई की नौकरी छोड़ने के बाद फ़िल्मिस्तान लिमिटेड के साथ जुड़े सी.रामचंद्र ने कई फ़िल्मिस्तान की कई महत्त्वपूर्ण फ़िल्मों में सदाबहार संगीत दिया। 'सफ़र' के अलावा एक मशहूर फ़िल्म 'लीला' (1947) थी जिसके रूमानी गीत 'तुम साथ रहो जीवन भर तो मैं प्रेम करूँ सुख पाऊँ' (चितलकर, बीनापानी) की बेहद मधुर धुन सुन कर अचानक ही लगता है जैसे इसी metre पर धीमी लय और थोड़े परिवर्तनों के साथ तो नौशाद का मशहूर गीत 'तू कहे अगर जीवन भर मैं गीत सुनाता जाऊँ, मन बीन बजाता जाऊँ' (अंदाज़, 1949) भी है। अमीर बाई के गाए 'मैं जानती हूँ' और 'ओ प्रीतम प्यारे' के अलावा इसी फ़िल्म से मशहूर ठुमरी के मुखड़े के बोल लिए 'मैंने लाखों के बोल सहे साँवरिया तेरे लिए' (बीनापानी) के रूप में एक अन्य मधुर रचना का सृजन सी. रामचंद्र ने किया था। 'सफ़र' के समान ही सफल रहा था जेम्स हिल्टन की रचना 'Random Harvest' पर आधारित फ़िल्मिस्तान की अशोक कुमार, रेहाना अभिनीत 'साजन'(1947) का संगीत। ज़ोहराबाई की आवाज में फड़कता हुआ गीत 'ठंडी ठंडी रेत पें खजूर के तले' तो आज भी झकझोड़ जाता है। इस फ़िल्म में सी. रामचंद्र ने लोक संगीत से प्रभावित मेलोडीज़ का सुंदर उपयोग किया है। 'ठंडी ठंडी रेत में' में पंजाब के लोक रंग की buoyancy और उछाल है तो, 'चोर आ गए नगरिया हमार, ननंद जरा जागना' (ललिता देउलकर) पूरबी रंग की लोकधुन से प्रभावित लगती है। 'हम बंजारे संग हमारे', 'सँभल के जइयो हो बंजारे' (ललिता देउलकर, रफ़ी), गीता राय, साथी) और 'मैं हूँ जयपुर की बंजारन' (ललिता देउलकर, रफ़ी) के रिद्म और वाद्य-संयोजन में राजस्थानी लोकशैली की छटा है। 'ओ बाबू गली में तेरी चाँद चमका' (रफ़ी) की लचकती धुन भी राजस्थान की मिट्टी की गंध का हलका आभास देती है। इस फ़िल्म की सबसे लोकप्रिय रचना 'हमको तुम्हारा ही आसरा' (ललित देउलकर, रफ़ी) अलबत्ता लोकरंग से हटकर तबले की सुंदर ताल की रवानगी के साथ राग बिहाग की एक बेहतरीन प्रस्तुति कही जाएगी।

फ़िल्मिस्तान की ही 'शहनाई' (1947) तो सी. रामचंद्र की सर्वाधिक हिट फ़िल्मों में मानी ही जाएगी। यह फ़िल्म पहले गुलाम हैदर को मिली थी। गुलाम हैदर द्वारा कार्य में विलम्ब हो रहा था, जिसे देखते हुए फ़िल्मिस्तान के मालिक राय बहादुर चुन्नीलाल ने सी. रामचंद्र से तब तक एक गाना काम आगे बढ़ाने के लिए रेकॉर्ड कर देने को कहा। पर सी. रामचंद्र ने पूरी फ़िल्म के संगीत की माँग की। पी.एल. संतोषी और एस. मुखर्जी ने उनका साथ दिया और अंततः यह फ़िल्म उन्हें मिल गई और क्या खूब मिली! इसके मशहूर गीत 'आना मेरी जान संडे के संडे', 'जवानी की रेल चली जाए' आदि का ज़िक्र हम सी. रामचंद्र के हलके-फुलके पहली श्रेणी के गीतों में कर चुके हैं। कम ही लोग जानते होंगे कि 'शहनाई' के 'आना मेरी जान संडे के संडे' की बंदिश सी. रामचंद्र ने गोवा के एक बटलर के मुँह से सुनी थी—'माझी एकत्याची माझी एकत्याची...'। यह भी उल्लेख करना आवश्यक है कि सी. रामचंद्र के ऑरकेस्ट्रा में चिक चॉकलेट जैसे गोवा के कई वादक थे और इस कारण उनके कई मस्ती-भरे गीतों में न सिर्फ़ विदेश बल्कि गोवा के रिद्म की भी छाया रहती थी। बहरहाल, यहाँ हम इस फ़िल्म के अमीरबाई के गाए मशहूर मुजरा-शैली के 'मार कटारी मर जाना' का ज़िक्र करेंगे, जिसे हारमोनियम, तबले और सितार के साथ सी. रामचंद्र ने बहुत दिलकश तरीके से कम्पोज़ किया है। इसी फ़िल्म

से अमीरबाई के ही साथ 'अजी आओ मोहब्बत की खा लें कसम' में चितलकर ने लोक के साथ शोख रंग बखूबी डाला। कामिनी कौशल और दिलीप कुमार अभिनीत किशोर साहू निर्देशित 'नदिया के पार' (1948) से फ़िल्मिस्तान ने सी. रामचंद्र के संगीत के साथ लोकप्रियता के नए झंडे गाड़े। लोकशैली और धुनवाले 'मोहे राजा जी ले चल नदिया के पार' (ललिता देउलकर, रफ़ी) के इंटरल्यूड्स में गिटार के लुभावने प्रयोग और 'हा हा हा' जैसे टुकड़ों के प्रयोग से आधुनिकता की आकर्षक अनुभूति करानेवाले सी. रामचंद्र ने इस फ़िल्म में लोकगीतों पर आधारित बीट्स और तर्ज़ 'नजरिया में भर हो' (ललिता देउलकर, चितलकर, साथी), 'ओ गोरी ओ छोरी कहाँ चली हो' (लता, चितलकर), 'कठवा के नइया ब नइहे रे मलहवा' (ललिता, चितलकर, पी. चंदर, एस.एल. पुरी) और 'दिल ले के भागा दगा दे के भागा' (ललिता, साथी) जैसे गीतों में प्रयुक्त कर उन्हें खूब लोकप्रिय बनाया। इस फ़िल्म की मकबूल कव्वाली 'इसलिए कि ज़िंदगी में प्यार किया जाए' (शमशाद, रफ़ी) का उल्लेख हम पहले ही कर चुके हैं। फ़िल्मिस्तान की अपेक्षाकृत कम लोकप्रिय 'साँवरिया' के भी ऊपर वर्णित गीतों के अलावा 'तुम्हें मालूम हो तुम्हें हम याद करते हैं' (शमशाद, चितलकर) जैसी सुंदर, सरल रचना की अपनी खासियत थी। अपार लोकप्रिय गीत 'गोरे गोरे ओ बाँके छोरे' भी फ़िल्मिस्तान की ही फ़िल्म 'समाधि' (1950) में था। 'सरगम' के लोकप्रिय रहे वर्णित गीत भी फ़िल्मिस्तान की ही देन थे।

रफ़ी और तलत जैसे गायकों के आने के बाद सी. रामचंद्र ने अपना गाना धीरे-धीरे कम कर दिया। मुकेश उन्हें कभी पसंद नहीं आए, हालाँकि मुकेश से पहला गीत उन्होंने मोतीलाल अभिनीत फ़िल्म 'मेरा मुन्ना' (1948) में पाँचवें दशक में ही ललिता देउलकर के साथ गवाया था 'ना ना ना तुम हम पे हँसो न पिया हम पे हँसो ना' और गाना कुछ बुरा भी नहीं था। पर सी. रामचंद्र की मेलोडी में असल निखार आया लता से। हालाँकि लता से उन्होंने (जैसा कि पहले वर्णित है) अपने हल्के-फुल्के मज़ाकिया, पाश्चात्य संगीत प्रभाववाले गीत भी भरपूर गवाए और सुपरहिट कराए, पर लता के साथ उनकी वास्तविक जुगलबंदी भारतीय संगीत शैली की हलके ऑरकेस्ट्रेशन के संजीदा, दर्दीले, कोमल, रूमानियत-भरे गीतों में ही सही मायने में फलीभूत हुई। सी. रामचंद्र के संगीत-निर्देशन ने लता को भी गायकी की कई बारीकियाँ समझाईं और विविधता के नए कीर्तिमान दिए। सी. रामचंद्र ने 'लाल हवेली' (1947) में मीर साहब के सहायक के रूप में नूरजहाँ से अपना कम्पोज़ किया हुआ एक गीत गवाया था—'आ जाओ प्यारे साँवरिया' और बेहद प्रभावित होकर नूरजहाँ को उन्होंने अपनी आदर्श आवाज़ बना ली थी। पर नूरजहाँ तो शीघ्र ही पाकिस्तान चली गईं। लता ज़रूर तेजी से उभर रही थीं। सी. रामचंद्र ने भी स्वीकार किया है कि आरम्भ में लता के गीत वे नूरजहाँ के आदर्श को ध्यान में रखकर ही बनाते थे।[4] पर जल्दी ही लता की मौलिकता और विराटता इस कदर उभरी कि न सिर्फ़ उनके गीत सिर्फ उनके लिए ही बनाना अनिवार्य हो गया, वे स्वंय ही चरम आदर्श बन गईं। लता के आगमन के पूर्व ललिता देउलकर भी सी. रामचंद्र की पसंदीदा गायिका थीं और 'साजन', 'नदिया के पार' जैसी फ़िल्मों में उनके गाए गीत सुपरहिट हुए थे, पर 'जवानी की रेल चली जाए' (जिसके कोरस में एक गायिका लता भी थी और यही से दोनों का परिचय हुआ था) के बाद एक बार लता आईं तो सी. रामचंद्र ललिता, अमीरबाई, ज़ोहरा, वासंती, राजकुमारी, बीनापानी सभी को गौण कर पूरी तरह लतामय हो गए। राजू भारतन के अनुसार लता ने भी उनके लिए जितने मन और तन्मयता से गाया, वैसा शायद पहले किसी के लिए नहीं गाया होगा।[5] दरअसल लता के साथ सी. रामचंद्र का रिश्ता मात्र व्यावसायिक न रहकर बेहद आत्मीय मधुर संबंधों का हो गया था। सी. रामचंद्र मात्र लता की आवाज को तराशने तक ही नहीं, बल्कि भावनाओं को गीत की आत्मा में लता के स्वर में इतने मन से रचाने बसाने में सफल रहे कि उनके संगीत-निर्देशन में लता के गाए गीत आज भी मिसाल की तरह याद किए जाते हैं। व्यक्तिगत प्रेम से उपजे संगीत में कोमलता, मेलोडी और अदायगी सभी अपने चरम पर थीं।

लता के लिए सी. रामचंद्र ने खास तौर पर बेहद मधुर गीत बनाए

लता के लिए सी. रामचंद्र का आग्रह इस कदर बढ़ गया कि सुरैया अभिनीत 'दुनिया' (1949) में खुद सुरैया को यह शंका थी कि शायद उनके गीत भी लता ही गाएँ। पर सी. रामचंद्र ने सुरैया की गायिका-नायिका की इमेज की कद्र करते हुए उनकी इस शंका को निर्मूल किया और 'दुनिया' में सुरैया से पाश्चात्य प्रभावयुक्त अनूठा गीत, 'सच हुई हुई हुई सच' और 'मेरे दिल में आओ और बस जाओ' जैसे खूबसूरत गीत गवाए। पर अन्य गायिकाएँ अब अपवाद ही थीं। शमशाद जैसी गायिकाएँ कभी-कभी कुछ गीतों के लिए बुला ली जाती थीं, पर सी. रामचंद्र के दिलोदिमाग पर लता के अलावा किसी और की आवाज बैठ ही नहीं पाई। लता के साथ मचलते रिद्म पर 'जिगर' (1949) के 'चोरी-चोरी तुमसे मुलाकात हुई' के संग एक तरफ वे झूम जाते थे, तो दूसरी ओर अरबी शैली के वाद्य-संयोजन के साथ धीमी लय पर लता (रफ़ी के साथ) को 'नमूना' (1948) के

'तड़प के मुझे अब छोड़ दिया' के साथ हलका प्रवाह देने का काम भी वे उतनी ही कुशलता से करते थे। लता ने स्वयं स्वीकार किया है कि सी. रामचंद्र के अनुसार मेलोडी का कर्णप्रिय होना और गीत के tempo और रिद्म का श्रोताओं को बहाकर तो जाने के गुण उनकी कम्पोज़ीशन के प्रेरक तत्व थे। उनकी मेलोडी का स्वर अमूमन सरल ही रहता था, पर यह सरलता इतनी मीठी थी कि श्रोता बरबस खिंचे चले आते थे। लता ने 'राम राम पहुणे' में जब संगीत दिया था, तो सी. रामचंद्र ने उन्हें सहायक संगीतकार की भूमिका तक निभाई थी।

राजू भारतन ने अपनी बेहतरीन किसाब 'लता मंगेशकर ए बायोग्राफ़ी' में फ़िल्म दर फ़िल्म लता और सी. रामचंद्र के सर्वश्रेष्ठ एकल गीतों तथा तलत और रफ़ी के साथ के युगल गीतों पर अपना अभिमत दिया है। उन्होंने यह सफर 'पतंगा' से शुरू किया है, पर हम इसे 'नमूना' (1949) की खोज-भरी मेलोडी 'इक ठेस लगी, आँसू टपके, इक चोट लगी दिल टूट गया' से शुरू करेंगे। ऐसी दर्दीली रचनाएँ या फिर सपनीली रूमानी रचनाएँ जो अपनी सहज कम्पोज़ीशन और वाद्य-यंत्रों के कम प्रयोग से मन छू लेती हैं, सी. रामचंद्र ने लता से बार-बार गवाईं। 'पतंगा' (1949) के पूर्व उल्लिखित मशहूर हलके-फुलके गीतों के अलावा लता के स्वर में 'दिल से भुला दो तुम हमें हम न तुम्हें भुलाएँगे' की कशिश-भरी धुन का आकर्षण चिरस्थायी लगता है। इसी से मिलती-जुलती धुन को लेकर करीब 40 वर्ष बाद खय्याम ने 'अंजुमन' में शबाना आज़मी से गवाया था। लता के स्वर में श्रुतिमधुर गीत 'कभी खामोश हो जाना' और फैलाव वाला पुकारता गीत 'ओ जाने वाले तूने अरमानों की दुनिया लूट ली' शमशाद के गाए 'दुनिया को प्यारे फूल और सितारे' एवं 'गोरे गोरे मुखड़े पे गेसू जो छा गए' से कहीं अधिक परिष्कृत और स्तरीय रचनाएँ लगती हैं, और कोई भी यह कह सकता है कि जितने प्यार से सी. रामचंद्र ने लता के गाए गीतों को सँवारा है, उसका छोटा हिस्सा भी शमशाद के हिस्से के गीतों को नहीं मिला है। फ़िल्म का 'ठुकरा के मुझे ओ जाने वाले' तो उस ज़माने में कोल्हापुर की वेश्याओं तक के बीच बहुत मकबूल रहा था। मधुबाला, याकूब अभिनीत 'सिपहिया' (1949) की लता की गाई रचनाओं में दर्द-भरी धुन पर निर्मित 'दर्द लगा के ठेस लगा के चले गए' और 'आराम के ये साथी क्या-क्या' की तर्ज़ें तो खास प्रभावित नहीं कर पाती हैं, पर फ़िल्म का सबसे मशहूर चर्चित गीत 'ऐ आँखें अब न रोना' (लता, चितलकर) और गज़ल जैसी शैली में गाई 'हँसी हँसी न रही और खुशी खुशी न रही' (लता) में सी. रामचंद्र फिर अपने चिरपरिचित माधुर्य के साथ आए हैं। लता, चितलकर के स्वर में 'लगा है कुछ ऐसा निशाना' में सी. रामचंद्र ने दादरा ताल पर कव्वाली के ठेके देकर अभिनव प्रयोग दर्शाया है।

देवानंद, मधुबाला अभिनीत 'निराला' (1950) तो मेलोडियस संगीत की दृष्टि से सी. रामचंद्र के लिए इस दशक का मीलस्तम्भ मानी जाएँगी। 'निराला' के निर्माताओं की चुनौती थी कि इंटरवल के बाद आनेवाले गीत 'महफ़िल में जल उठी शमां' की मधुबाला की खूबसूरत अदाओं द्वारा अभिव्यक्ति देखे बिना यदि इंटरवल में ही दर्शक उठ जाएँगे तो उनके पैसे वापस कर दिए जाएँगे। इस चुनौती ने दर्शकों की उत्सुकता तो जगाई ही, पर साथ ही अपनी सीट पर इंटरवल के बाद वे इसलिए भी चिपके रहे कि वाकई इस लाजवाब गीत को पर्दे पर मधुबाला द्वारा गाए जाते देखना एक दुर्लभ सौभाग्य से कम नहीं था।[6] वही, 'निराला' में ही लता के गाए अन्य गीतों में मीठी धुन और कोरस के अच्छे प्रयोग वाला 'ज़ोर लगा दो ज़ोर', कोमल धीमी लय और पृष्ठभूमि के बेहद हलके ऑरकेस्ट्रेशन के साथ सी. रामचंद्र की ऐसे गीतों के लिए लाक्षणिक long drawn smooth curve लेकर बनाई गई 'मजबूर मेरी आँखें बर्बाद मेरा दिल', जिसमें एक स्वर दूसरे में पूरी सहजता से घुल मिल जाता है[7], और इन सबसे बढ़कर रिद्म को गति देकर खूबसूरत तर्ज़ को और भी खूबसूरत बनानेवाले हुनर के साथ अभिव्यक्त 'ऐसी मोहब्बत से हम बाज़ आए' के उदाहरण सी. रामचंद्र और लता के उस खास सामंजस्य की ओर इंगित करते हैं जिसके कारण फ़िल्म-जगत को इतने अच्छे गीत मिले।

फ़िल्मिस्तान लिमिटेड की 'समाधि' (1950) के 'गोरे-गोरे ओ बाँके छोरे' की लोकप्रियता से सामने तो फ़िल्म के अन्य गीत फीके थे, पर इसके बावजूद इस फ़िल्म में सी. रामचंद्र और लता का साथ दो बेहद खूबसूरत एकल गीतों के माध्यम से हुआ था। भैरवी पर रचित 'वह पास आ रहे हैं, हम दूर जा रहे हैं' गज़ल की कोमलतम अदायगी का एक बेहतरीन उदाहरण माना जाएगा, जिसमें जलतरंग के प्रयोग ने और भी सुंदरता भर दी है। अपने मेलोडी प्रधान गीतों में सी. रामचंद्र द्वारा कम्पोज गज़लों की चर्चा भी उनकी संगीत विशेषताओं के अध्ययन के लिए अनिवार्य ही है। पर इसके बारे में कुछ विस्तार से हम आगे जिक्र करेंगे। फ़िलहाल तो आइए, 'समाधि' के उस दूसरे गीत की ओर चलें। मधुर आलाप से शुरू कर के बेहद आग्रह और yearning के साथ गाए इस गीत 'अभी शाम आएगी निकलेंगे तारे' की कम्पोज़ीशन वास्तव में गूँजती वेदना का अहसास दिलाती है। वॉयलिन का इंटरल्यूड्स में प्रयोग दर्द को गहराने में बहुत असरकारी लगता है। इसी प्रकार 'संगीता' के उपरोक्त वर्णित 'गिरगिट की तरह है रंग बदलते' के अलावा इस फ़िल्म में भी सी. रामचंद्र ने लता से कई खूबसूरत गीत गवाए थे—मचलती रिद्म पर कम्पोज़ 'जब से मिली है नज़र दिल है मेरा डगर

मगर', संजीदा सुरों को समेटे 'तेरी गली में कोई दीवाना गाता', विशुद्ध मेलोडी से युक्त खूबसूरत तर्ज़ वाला 'ज़रा सुनो सुनो क्या कहें निगाहें', उदास सुरों को वॉयलिन के उतार-चढ़ाव के साथ अभिव्यक्त करती धुन 'नाउम्मीद हो के भी दुनिया में जिए जाते हैं', कहरवा पर मीठी धुन 'दिल लूट लिया' और इन सबसे बढ़कर सितार, जलतरंग के साथ कोमल विदेशी वाद्य यंत्रों के संयोजन के साथ बनाई गई वह सदाबहार अनुपम तर्ज़ 'जो मुझे भुला कर चले गए, मुझे याद उनकी सताए क्यों'।

फ़िल्मिस्तान लिमिटेड की राज कपूर और रेहाना अभिनीत 'सरगम' के कई लोकप्रिय गीतों का ज़िक्र हम पहले कर चुके हैं। पर एक लाजवाब गीत और था 'सरगम' में—लता और चितलकर के युगल स्वरों में 'वो हमसे चुप हैं हम उनसे चुप हैं' की बेहद मेलोडियस और आकर्षक धुन आज भी कानों में शहद घोलती है। इसके अलावा फ़िल्म के शास्त्रीय ढंग लिए राग देवगांधार या शायद जौनपुरी पर आधारित लता, सरस्वती राणे और साथियों के स्वर में 'तू छेड़ सखी सरगम' और इस गीत में प्रयुक्त सितार को तो सी.रामचंद्र की एक बेहतरीन रचना माना ही जाएगा। 'कोई किसी का दीवाना न बने' (लता) इन गीतों के सामने फीका लगता है। 'बाम्बे टॉकीज़' की अशोक कुमार और नलिनी जयवंत अभिनीत फ़िल्म 'संग्राम' का मोटर कार में बैठी नलिनी जयवंत पर फ़िल्माए मचलते गीत 'दिन आए प्यारे-प्यारे बरसात के' का तो रेकॉर्ड ही नहीं निकाला गया, पर जिन गीतों के रेकॉर्ड निकले उनमें 'दिल दिया है आपने तो मेहरबानी आपकी' (लता, साथी) यदि साधारण है, तो 'नज़र से नज़र जो मिलाई गई है' (लता, साथी) अच्छी लगती है, और bathing suits में झील में नाव पर सवार अशोक कुमार और नलिनी जयवंत पर फ़िल्माया 'उल्फ़त के जादू का दिल में असर है' (लता, चितलकर) कोई खास प्रभाव नहीं पैदा कर पाता है। 'संग्राम' ही इस दशक की ऐसी फ़िल्म है जिसमें सी. रामचंद्र और लता के साथ का जादू कुछ खास असर नहीं कर पाता है। वस्तुतः लता के सभी गीतों से अधिक सुंदर लगता है अरुण कुमार का गाया 'वो उनका मुस्कुराता, शरमाना चले जाना'। पर 'संग्राम' अपवाद ही कही जाएगी, वरना लता के साथ तो सी. रामचंद्र का हुनर जादू की तरह चलता था। पाँचवें दशक की अप्रदर्शित 'नज़राना' जैसी महत्त्वहीन फ़िल्म में भी सी. रामचंद्र ने लता से प्रसिद्ध कवि और गीतकार गोपाल सिंह नेपाली की अत्यंग कशिश-भरी एक बड़ी मीठी कम्पोज़ीशन गवाई थी—'क्या सोच के बनाई तुमने दुनिया राम जी'।

सी. रामचंद्र की भगवान के साथ सबसे मशहूर फ़िल्म 'अलबेला' (1951)—जिसके निर्माण की ढेर सारी चर्चा भगवान ने सी. रामचंद्र के साथ ही चर्चगेट के एक रेस्तराँ में बैठकर की थी और जिसके लिए सी. रामचंद्र ने भगवान से यह वादा किया था कि इस फ़िल्म के लिए वे ऐसे गीत रचेंगे, जिन्हें दुनिया भूल नहीं पाएगी—के बेहद लोकप्रिय कई गीतों का ज़िक्र हम सी. रामचंद्र के हास्य प्रधान, उत्फुल्ल पश्चिमी शैली से प्रभावित गीतों की चर्चा में कर ही चुके हैं। पर 'अलबेला' इतने तक ही सीमित नहीं थी। इसी फ़िल्म में सी. रामचंद्र और लता का संयुक्त जादू 'धीरे से आजा री अँखियन में' के साथ अपने चरम पर था। फ़िल्म संगीत के इतिहास की सर्वश्रेष्ठ लोरियों में इसकी गिनती की जाती है। गीत के फ़िल्मांकन की कहानी भी कम रोचक नहीं है। इस गीत के फ़िल्मांकन के लिए सेट तैयार था, पर राजेंद्र कृष्ण गीत लिखने के लिए बैठ ही नहीं पा रहे थे। सी. रामचंद्र ने अंततः एक तरीका खोजा कि किस तरह उन्हें एक जगह बैठा लिया जाए ताकि ध्यान केंद्रित कर वे गीत लिख सकें। उन्होंने फ़ोन करके राजेंद्र कृष्ण को अपने घर बुलाया और अपनी पत्नी से कहा कि उनके आने के बाद तुम बाहर से ताला लगाकर अपनी बहन के यहाँ जाकर बैठ जाओ, और जब तक मैं फ़ोन न करूँ, मत आना। राजेंद्र कृष्ण आए और सी. रामचंद्र की पत्नी बाहर से ताला बंद कर अपनी बहन के यहाँ जा बैठीं। मरते क्या न करते, राजेंद्र कृष्ण घर के अंदर ऐसे फँसे कि अंत में गीत लिखना ही पड़ा। इस गीत की धुन की कड़ी भी सी. रामचंद्र को रात के समय बरामदे पर बैठे-बैठे एक चमकते तारे के आकाश से गुजरते देखकर मिली थी। बहरहाल, राजेंद्र कृष्ण के लिखे गीत को धुन के साथ सेट करने में रात के ग्यारह बज गए। पर उसी समय फ़िल्मांकन की emergency को ध्यान में रखते हुए सी. रामचंद्र ने फ़ेमस स्टूडियो में एडिटिंग कर रहे भगवान को फ़ोन करके बुलाया और धुन सुनाई। धुन इतनी खूबसूरत थी कि पसंद तो आनी ही थी। इसी तरह जन्म हुआ एक अमर, अविस्मरणीय

सी.रामचंद्र के अभिन्न मित्र भगवान जिनकी अधिकांश फ़िल्मों में उन्होंने संगीत दिया

गीत का।[8] राग पीलू और खेमटा 9 मात्रा ताल पर सृजित इस कोमल गीत में लता की आवाज के मुलायमियत को सी. रामचंद्र ने बेजोड़ तरीके से उभारा है। इस गीत की रचना पर प्रसिद्ध सरोदवादक उस्ताद अली अकबर खान ने भी सी. रामचंद्र को एक समारोह में खोजकर बधाई दी थी।[9]

'अलबेला' में लता के अन्य खूबसूरत नग़मे भी थे। 'दिल धड़के नज़र शरमाए तो समझो प्यार हो गया' की रवानगी और मिठास यदि मन लुभाती है तो रफ़ी के साथ गाए 'महफ़िल में तेरी कौन ये दीवाना आ गया' ऑरकेस्ट्रा के बेहतरीन प्रयोग और मेलोडियस धुन दोनों से ही प्रभावित करता है। 'अलबेला' के गीत 'बलमा बड़ा नादान रे प्रीत की न जाने पहचान रे' की अर्थव्यंजकता एक प्रणय गीत की थी, पर सी. रामचंद्र ने इसे मुजरे की शैली में सजाया। नायिका गीताबाली को यह ताल रास नहीं आई थी, पर भगवान ने सी. रामचंद्र का साथ दिया और कोई परिवर्तन नहीं करने दिया। गीत बेहद हिट रहा और सी. रामचंद्र तथा भगवान की बात सच साबित हुई।[10] वहीं मधुबाला अभिनीत 'खज़ाना' (1951) के तो सभी आठ गीतों में लता मौजूद थी। 'धीरे धीरे धीरे धीरे ग़म का ज़माना गया' (लता, साथी) तो एक ताजे बयार की तरह झूमती हमारे ज़हन में प्रवेश करता है और देर तक याद रह जाता है। 'मुहब्बत में इतनी जवानी न होती' सी. रामचंद्र की लाक्षणिक ताल को लेकर बनाई गई रचना थी, 'सोई सोई चाँदनी है' तो मेलोडी की चाँदी ही लेकर आई थी और इसे सुनकर आज भी बरबस गुनगुनाने का मन करता है, 'ऐ चाँद प्यार मेरा तुझसे ये कह रहा है' में धीरे-धीरे बढ़ते सुर ऊँची पट्‌टी पर चढ़ते चले गए हैं और लता ने इसे बहुत खूबी से गाया भी है। 'कर दे जरा इशारा तेरे नाम का सहारा' में लता की आवाज़ की सहज पावनता बहुत खूबसूरती से प्रत्यक्ष कराने में सी. रामचंद्र को सफलता मिली है। इसी फ़िल्म में लता के दो युगल गीत भी चर्चा के काबिल हैं। 'मुझे तुमसे बहुत है प्यार, नहीं ज़रा-ज़रा' (रफ़ी के साथ) तेज गति का एक फड़कता गीत है जिसका ऑरकेस्ट्रेशन भी इस गति के साथ बड़ी कुशलता से correspond करता है। 'बाबडी बूवडी बम बम' (चितलकर, साथियों के साथ) थोड़े लैटिन अमेरिकन और थोड़े कैरिबियन बीट्स पर सृजित सी. रामचंद्र के पहली शैली की पूर्व उल्लिखित रचना थी, पर कोई विशेष असर नहीं करती।

'सगाई' (1950) के कई गीतों की चर्चा हम सी. रामचंद्र के गीतों के प्रथम वर्गीकरण की शृंखला में कर चुके हैं। यहाँ हम इस फ़िल्म के दूसरी मेलोडीप्रधान शैली के गीतों का जिक्र करेंगे। इस कड़ी में लता, साथियों के 'आँखों से जो भी आँसू बहेगा' और लता के अकेले गाए दर्दीले 'दिल की कहानी कहना तो चाहे' का नाम भर लिया जा सकता है, पर विशेष उल्लेख तो हमें तलत और लता के उस मशहूर युगल गीत का करना होगा जिसके शब्दों 'मुहब्बत में ऐसे जमाने भी आए, कभी रो दिए हम कभी मुस्कुराए' की धीमी, नाजुक मेलोडी आज भी सी. रामचंद्र के सर्वश्रेष्ठ कम्पोज़ीशन में गिनी जाती हैं। फ़िल्म-संगीत में मधुरता का पर्याय यह गीत लता-तलत के चोटी के दो गानों में हमारी यादगार में हमेशा कायम रहेगा—ऐसे गीत भुलाए नहीं जा सकते।

सी. रामचंद्र तलत के साथ

तलत के स्वर की लरज़िश और नर्मी का जितना खूबसूरत इस्तेमाल अनिल विश्वास ने किया, उनका ही सी. रामचंद्र ने भी किया। मदनमोहन के साथ मिलकर संगीतबद्ध 'शबिस्तान' (1951) के 'हम हैं तेरे दीवाने' (गीत, तलत) में सी. रामचंद्र ने इस लरज़िश को एक तेज रिद्म के बीच सुंदरता से स्थापित करने में सफलता पाई। तेज रिद्म के गीतों में तलत की आवाज़ का बेहतरीन इस्तेमाल आगे चलकर सलिल चौधरी ने भी बखूबी दिया था। 'शबिस्तान' फ़िल्मिस्तान लिमिटेड की वही फ़िल्म थी जिसकी शूटिंग के दौरान घोड़े से गिर कर अभिनेता श्याम की मृत्यु हो गई। 'शबिस्तान' में ही हेलेन पहली बार फ़िल्मों में एक समूह नृत्य में नज़र आई थीं। गीता-तलत के स्वरों में 'कहो एक बार मुझे तुमझे प्यार' भी इस फ़िल्म का एक लोकप्रिय गीत रहा था।

पर सी. रामचंद्र के संगीत-निर्देशन में तलत के बेहतरीन युगल गीत लता मंगेशकर के साथ ही माने जाएँगे। 'परछाईं' (1952) के तलत के युगल और एकल गीत तो इस मामले में फ़िल्म-संगीत के अद्‌भुत नगीने ही हैं। 'अपनी कहो कुछ मेरी सुनो' का राग शायद पीलू है (वैसे मैं निश्चित तौर पर नहीं कह सकता), पर राग जो भी हो, यह पूरा गीत तो दादरा ताल के अभिनव सी. रामचंद्रीय प्रयोग और बैंजों के अद्‌भुत उपयोग के लिए यादगार माना जाएगा। संगीतमय छोटे टुकड़ों को हलके झटकों के progression के साथ किस खूबसूरती से सी.रामचंद्र ने आगे बढ़ाया है! राग बागेश्वरी पर आधारित तलत के गाये 'मोहब्बत ही न जो समझे वो ज़ालिम प्यार क्या जाने' ने अपने जमाने के युवाओं को तो मदहोश कर दिया था। सितार और सारंगी के बहुत खूबसूरत टुकड़ों का प्रयोग इस गीत को तलत के सबसे लोकप्रिय गीतों में से एक बनाने में अपना योगदान रखता है। 'किसी ने मुझको मेरे घर में आ के लूट

लिया' (लता, तलत) की मचलती रिद्म के दीवाने तो आज भी कई हैं, पर जो गीत आज विस्मृत होने के बावजूद लाजवाब कम्पोज़ीशन का उदाहरण थीं, वह थी—'फुसफुसाहट' सी कोमलता (राजू भारतन के शब्दों में) लिए और bass ऑरकेस्ट्रा के प्रयोग के साथ रचित 'दिल दिल से कह रहा है, जो तू है वही मैं हूँ' (लता, तलत)। तलत, लता की मधुर रचनाओं में 'साकी' (1952) का 'किसे मालूम था एक दिन मोहब्बत बेजुबाँ होगी' की लाजवाब मेलोडियस धुन, 'दुनिया गोल है' (1955) का पूरबी लोक शैली पर अतिसुंदर 'लागी लागी करेजवा में चोट रामा' और 'कवि' (1954) के 'तेरे रस्ते पे हमने एक घर बना लिया है' तो lilting यादगार रचनाएँ हैं और फ़िल्म-संगीत को एक अनूठी पहचान देती हैं। 'कवि' में तलत के दो बड़े अच्छे एकल गीत भी थे—बेहद मशहूर रहा खुमार भरी लरज़िश लिए 'मैं पी के नहीं आया' और तलत के 'रेयर जेम्स' कैसेट में शामिल बेहद खूबसूरत गज़ल 'हम करके मोहब्बत ये समझे रोने से हँसी कुछ दूर नहीं'। 'मीनार' (1954) का तलत, लता का गाया 'ज़रा मुड़ के तो देखो साजना' की मधुर धुन भी अपने ज़माने में खूब चली थी पर फ़िल्म का सबसे खूबसूरत गीत था तलत के ही स्वर में 'कभी तन्हाइयों में भी एक ऐसी घड़ी आई'। क्या खूब गज़ल की कम्पोज़ीशन थी और क्या खूब गायकी थी! सी. रामचंद्र के लिए फ़िल्म की सिचुएशन का अपनी धुनों के सृजन के लिए बड़ा महत्त्व था। 'परछाईं' के 'मुहब्बत ही न जो समझे' की आरम्भ में उन्होंने दूसरी धुन बनाई थी, पर फ़िल्म के तड़क-भड़क के सेट को देखकर सी. रामचंद्र को अपनी धुन इस सिचुएशन के लिए पूरी तरह अनुपयुक्त लगी। निर्माता शांताराम तो खर्चे को देख कर हिचकिचा रहे थे, पर सी. रामचंद्र के लिए यह सिद्धांत इतना महत्त्वपूर्ण था कि उन्होंने अंततः शांताराम को उस दिन की शूटिंग रद्द करने के लिए मना ही लिया। कुछ दिनों बाद सेट के अनुरूप सी. रामचंद्र नई धुन ले कर हाज़िर थे, और गीत सिचुएशन के हिसाब से इतना सटीक था कि सुपरहिट हुआ। अपनी इन्हीं खासियतों के कारण सी. रामचंद्र व्यावसायिक रूप से भी जन अभिरुचि के अनुरूप संगीत देते हुए बेहद लोकप्रिय संगीतकार रहे। अपने सफलतम दौर में उनकी 26 फ़िल्मों ने सिलवर जुबली और 3 फ़िल्मों ने गोल्डेन जुबली मनाई थी।

सी. रामचंद्र के संगीत-निर्देशन में तलत के गाए अन्य प्रसिद्ध गीतों में 'सुबह का तारा' (1954) का पहाड़ी पर आधारित 'गया अँधेरा हुआ उजाला, चमका चमका सुबह का तारा', (लता के साथ) अपना विशिष्ट स्थान रखता है। इसी फ़िल्म का 'अपनी नाकामी से मुझको काम है' नूर लखनवी की बड़ी सुंदर गज़ल थी, जिसे तलत से उनके विशिष्ट अंदाज में सी. रामचंद्र ने गवाया था। 'इंसानियत' (1955) का 'आई झूमती बहार लाई दिल का करार' (लता के साथ) भी खूब सराहा गया था, और 'यास्मीन' (1955) का भैरवी में कम्पोज़ 'तुम अपनी याद भी दिल से' (लता के साथ) और 'बेचैन नज़र बेताब जिगर' तो सी. रामचंद्र के साथ तलत के सबसे लोकप्रिय गीतों में शीर्ष स्थान पर ही थे। 'किसी से प्यार है हमको मगर हम न बताएँगे' (लता, तलत—देवता, 1956) अलबत्ता अधिक लोकप्रिय न रहा।

सी. रामचंद्र के द्वारा संगीतबद्ध तलत के एक व युगल गीतों के सामने, रफ़ी के युगल व एकल गीत कमज़ोर ही माने जाएँगे। 'साकी' (1952) के 'आ गई है इश्क पे बहार' की अरबी जिप्सी शैली, 'इंसानियत' (1955) का कुछ लोकप्रिय रहा 'अपनी छाया में भगवन बिठा ले मुझे' और 'बाँसुरिया बोले' तथा 'ऐसी नैनवा की लागी कटार' (आशा के साथ) लोकप्रिय रहे थे पर तलत के गीतों से फीके ही थे। 'लुटेरा' (1955) का 'वीरान मेरा मेरा दिल है, दिल की बहार बहार आजा' अलबत्ता अपने जमाने की काफी प्रशंसित कृति थी। जैसे रफ़ी की सी. रामचंद्र के साथ सबसे उल्लेखनीय फ़िल्म 'नौशेरवाँ-ए-आदिल' (1957) मानी जाएगी।। मिनर्वा मूवीटोन के बैनर तले बनी नसीम बानो की इस अंतिम फ़िल्म और राजकुमार की इस पहली फ़िल्म में रफ़ी के स्वर में 'ये हसरत थी कि इस दुनिया में बस दो काम-कर जाते' की धुन तो श्रोताओं द्वारा वर्षों गुनगुनाई जाती रही। वहीं लता के साथ सुंदर ऑरकेस्ट्रेशन के संग 'तारों की जुबाँ पर है मुहब्बत की कहानी' और स्वरों के बेहतरीन उतार-चढ़ाव के साथ कम्पोज़ किया गया 'भूल जाएँ सारे गम' भी सदाबहार हिट गीत रहे थे।

तलत और रफ़ी के साथ सी. रामचंद्र कितने भी जमे हों, लता के साथ तो वे अलौकिक ही लगते थे। जहाँ हलके-फुलके गीतों में वे लता को एक अल्हड़ता से उछालते चलते थे, वहीं दूसरी तरफ गम्भीर दर्द-भरे या नाजुक लज़्ज़त-भरे रूमानी गीतों में वे लता के साथ अद्वितीय परिपक्वता पर खरे उतरते थे। यदि हम फ़िल्मवार ही पुनः आगे बढ़ें तो लता के एकल गीतों में 'उस्ताद पेड्रो' (1951) के दर्द-भरे 'किसी को दे गए हो क्या निशानी', 'छत्रपति शिवाजी' (1952) के 'मद भरे पवन में जैसे दिए की लौ बलखाए रे' के ज़िक्र के बाद हमें विशेष तौर पर 'घुँघरू' (1952) के 'काली काली रतियाँ याद सताए' (लता) पर तो चर्चा ही करनी पड़ेगी। मूल धुन में दर्द का भाव है पर पृष्ठभूमि में पूरे गीत के दौरान द्रुत गति के तबले की ताल को प्रयुक्त कर सी. रामचंद्र ने उदास सुरों को भी अपनी विशिष्ट शैली का नायपन दे दिया है। तारीफ़ की बात यह है कि इस प्रयोग से दर्द की भावना कहीं भी कमती

नहीं है बल्कि contrast से और अधिक असर ही करती। दरअसल चाहे गीत हास्यप्रधान या पाश्चात्य शैली के हों, या संजीदे, रूमानी भारतीय ढंग के, सी. रामचंद्र का तबले, ढोलक या बौंगों का रिद्म हमेशा उनका मजबूत और अनिवार्य घटक रहा। उनके आलोचकों द्वारा अकसर कहा गया कि उदास गीतों में सी. रामचंद्र अकसर अपने खुशनुमा वॉयलिनों और ड्रमों का प्रयोग करते थे।[11] पर यही तो उनकी खासियत थी कि परम्परा से हटकर नए प्रयोगों से वे हिचकिचाए भी नहीं, और न ही इन प्रयोगों से गीत का मूल प्रभाव नष्ट होने दिया, बल्कि यूँ कहें तो फ़िल्म-संगीत में दर्द की अभिव्यक्ति का एक नया पहलू ही उन्होंने प्रस्तुत कर दिया। 'घुँघरू' के 'बदनाम हो रहा है अब इश्क का फ़साना' में तो इंटरल्यूड्स में उन्होंने रिद्म के साथ कोरस की humming के द्वारा दर्द को एक सुंदर परिभाषा दी। 'घुँघरू' के ही 'दिल बेकरार सो जा' (लता) से भी तबले और वॉयलिन की संगत अप्रत्याशित रूप से तेज लय में चलती है, और असर बेहतरीन हुआ है। राम कमलानी निर्देशित 'हंगामा' (1952) के 'ऐ दर्दे मुहब्बत आ तुझको सीने से लगा कर प्यार करूँ' (लता) में हारमोनियम का प्रयोग इस खूबसूरत धुन को चार चाँद लगा देता है, हालाँकि सी. रामचंद्र की यह धुन अनिल विश्वास के 'अनोखा प्यार' के मशहूर गीत 'एक दिल का लगाना मुश्किल था' के बहुत आसपास लगती है। 'हंगामा' के ही 'अरे ये क्या किया तूने' (लता) में भी सी. रामचंद्र ने मेलोडी को अपने ऑरकेस्ट्रेशन से एक नया रंग दिया। लता, चितलकर का गाया 'झूम झूम झूम झूम रही प्यार की दुनिया' की रेशमी लहर जैसी मधुरता में चितलकर कहीं भी तलत से कम नहीं लगते।

'परछाईं' (1952) के तलत के एकल और युगल गीतों की चर्चा ऊपर हो चुकी है। उतना ही खूबसूरत लगता है लता का गाया 'कटते हैं दुख में ये दिन पहलू बदल बदल के' जिसमें सितार और सारंगी के टुकड़ों का प्रयोग 'मुहब्बत भी न जो समझे' से कम नहीं था। काफ़ी थाट पर आधारित इस गीत को लता और सी. रामचंद्र के साथ के सर्वश्रेष्ठ गीतों में माना जाना चाहिए। राग पहाड़ी पर सृजित 'चंदा की छाँव में, ठंडी ठंडी हवाओं में' (लता) गीत अधिक लोकप्रिय होते हुए भी 'कटते रहे दुख में' के सामने कमज़ोर ही था। 'परछाईं' में लता के कुछ अन्य एकल गीत भी सुपर बने थे—'ऐ दर्दे जिगर मेरे दर्दे जिगर रात क्यों कटी', 'नैना लगा के सुख ले गयो' और 'डूब जाए जो किस्मत का तारा'। 'परछाईं' के समय तक तो सी. रामचंद्र पूरी तरह लता को समर्पित हो चुके लगते हैं। लता की ज़िद के कारण ही उन्होंने व्ही. शांताराम को इस बात के लिए राज़ी किया था कि फ़िल्म में जयश्री अपने ऊपर फ़िल्माए गीत स्वयं नहीं गाएँगी, बल्कि लता ही उनके लिए गाएँगी।

पर जो गीत सी. रामचंद्र और लता का यादगार गीत बन चुका है, वह था 'शिन शिनाकी बूबला बू' (1952) का 'तुम क्या जानो तुम्हारी याद में हम कितना रोए'। राजू भारतन के अनुसार यदि मदनमोहन के लिए लता गज़ल का पर्याय थी, तो सी. रामचंद्र के लिए इस ठुमरी के साथ-साथ लता 'मराठी नूरजहाँ' के पद से सुशोभित करने लायक बनी। क्या गजब कम्पोज़ीशन थी—सारंगी, तबला, गिटार और हारमोनियम के साथ लता की दर्द-भरी आवाज़ जादू की तरह फैलती चलती है। कहरवा 8 मात्रा में बनाई इस खमाज आधारित धुन में खमाज में वर्जित कोमल 'ग' का स्थायी में प्रयोग करके सी. रामचंद्र ने धुन को जो खूबसूरती दी थी, वह अद्वितीय है। लता को आरम्भिक दौर में 'मराठी नूरजहाँ' कहने वाले सी. रामचंद्र धीरे-धीरे इतने लतामय हो गए कि नूरजहाँ से तुलना तो दूर, फ़िल्म इंडिया के सम्पादक बाबूराव पटेल ने तो यहाँ तक कह दिया कि लता यदि उबासी भी लेंगी तो सी. रामचंद्र उसे राग दरबारी में कोई धुन बता देंगे। एक बार लता के आने के बाद शमशाद, वगैरह तो उनके खेमे से इस प्रकार लुप्त हुई कि फिर वापस ही नहीं आ सकीं। यहाँ तक कि शमशाद द्वारा रेकॉर्डिंग के वक्त की गई एक ग़लती पर भड़क कर सी. रामचंद्र ने उनसे अभद्रता तक कर दी और फिर माफ़ी तक नहीं माँगी—शमशाद की अब उन्हें ज़रूरत ही नहीं रह गई थी। यह भी एक महत्त्वपूर्ण तथ्य है कि लता के लिए अधिकांशतः सी. रामचंद्र ने एकल (या कोरस के साथ) गीत ही बनाए। राजू भारतन के अनुसार लता के लिए बनाए 298 गीतों में से 200 में लता अकेली (या कोरस के साथ) थीं।

लता और सी. रामचंद्र के यादगार सफर में 'साकी' (1952) का तेज गति के साथ कुक्कू पर फ़िल्माया 'पास नहीं, हाथ आइए न लगाइए' और 'इश्क में जो कुछ न होना था' तथा सम्भवतः अल्हैया बिलावल की छाया लिए बेहद सुंदर 'जा री निंदिया जा', भजन शैली में 'तुम बिन मेरी कौन खबर ले गोवर्धन गिरधारी', अपेक्षाकृत ऊँची पट्‌टी पर बेहद कलात्मक 'ऐ प्यार तेरी दुनिया से हम बस इतनी निशानी ले के चले', साँस के नियंत्रण के अद्‌भुत कमाल से गाया तेज पश्चिमी रिद्म पर 'मोहे लागे जग फीका फीका', भजन शैली में सुंदर तानों और बाँसुरी के प्रयोग वाला 'छेड़ गए मोहे सपने में श्याम' और अत्यंत मेलोडियस और कर्णप्रिय 'जी चाहता है अब तो दुनिया से रूठ जाएँ' जैसे सी. रामचंद्र की स्वयं निर्मित 'झाँझर' (1953) के गीत (हालाँकि यह आश्चर्यजनक है कि 'झाँझर' के गीतों को व्यावसायिक सफलता अधिक नहीं मिली और सी. रामचंद्र का बनाया न्यू मार्ट प्रोडकशन अपनी पहली फ़िल्म में ही असफल हो गया), 'झमेला' (1953) का बेहद मेलोडियस और lilting धुन वाला 'देखो जी देखो मेरा दिल ले के दगा नहीं देना'

(चितलकर के साथ) और 'लड़की' (1953) का 'मेरे वतन से अच्छा कोई वतन नहीं है', के नाम लिए जा सकते हैं। इसी सिलसिले में 'शगूफा' (1953) के अति मधुर और लोकप्रिय 'तुम मेरी ज़िंदगी में तूफान बन के आए' (चितलकर के साथ), 'छीन सके तो छीन ले' की अनूठी धुन और तालबद्धता, मिठास से परिपूर्ण 'अपना पता बता दे', 'ये हवा ये समां' और ठुमरी शैली का 'घिर-घिर आई काली बदरिया', oscillating धुन पर बड़ा ही खूबसूरत 'ये कैसी खुशी है, ये कैसा नशा है' और शृंगारिक भावाभिव्यक्ति के साथ 'छोटा सा मोरा नादान बालमा', 'लहरें' (1953) का 'आजा रसिया' और' 'भोली भाली राधिका नटखट कन्हैया', 'पहली झलक' (1954) के अद्‌भुत शास्त्रीय आधार लिए 'कैसे आए सखी ऋतु सावन की' (जो सम्भवतः लता के गाए सर्वश्रेष्ठ शास्त्रीय ढंग के गीतों में स्थान रखेगा) जिसमें लता के आलाप एवं तान और सितार तथा बाँसुरी के इंटरल्यूड्स चमत्कृत कर देते हैं, इसी फ़िल्म के लोकप्रिय गीत 'न मारो नजरिया के बाण' (जिसमें यमन कल्याण के सुरों के साथ तबले के ठेके का अच्छा प्रयोग सी. रामचंद्र द्वारा किया गया था) तथा 'छोड़ो जी छोड़ो कलाई' की मीठी धुन का भी ज़िक्र आवश्यक है। फ़िल्म के हलके-फुलके गीतों की चर्चा पहले की जा चुकी है, पर लता के उपरोक्त गीतों के अलावा इस फ़िल्म में हेमंत की धीर गम्भीर आवाज़ में गवाया 'ज़मीं चल रही आसमाँ चल रहा है' भी उल्लेखनीय माना जाएगा। 'मीनार' (1954) के धीमी लय की मेलोडी 'बर्बादे मोहब्बत को' और 'मेहँदी लगे ये मेरे हाथ', फ़िल्मिस्तान की आई.एस. जौहर निर्देशित 'नास्तिक' (1954) का प्रसिद्ध गरबा गीत 'कान्हा बजाए बँसुरी और ग्वाले बजाए मंजीरे', मैंडोलिन के सुंदर प्रयोग के साथ भैरवी में कम्पोज़ 'होने लगा है मुझसे जवानी का असर' (हालांकि इस फ़िल्म का सबसे प्रसिद्ध गीत तो प्रदीप का गाया 'देख तरे संसार की हालत क्या हो गई भगवान' ही रहेगा) और अत्यंत कुशलतापूर्वक कम्पोज़ किया गया 'गगन झनझना रहा' (हेमंत और साथियों के साथ) जैसे गीत भी सी. रामचंद्र और लता के उस खास रिश्ते की ओर इंगित करते हैं जिसने फ़िल्म-संगीत का एक अलग अध्याय ही बना डाला था। 'गगन झनझना रहा' में हेमंत के स्वर का bass असर और लता की तानों का दुर्लभ संगम बेहद प्रभावशाली था। वहीं 'जय जय राम रघुराई' (लता, साथी) की मिठास, 'तेरे फूलों से भी प्यार' (लता) का सितार, मैंडोलिन का प्रयोग—ये सभी मिलकर 'नास्तिक' को सी. रामचंद्र की एक यादगार प्रस्तुति बनाते हैं।

राजू भारतन ने सी. रामचंद्र द्वारा स्वरबद्ध राधाकृष्ण के प्रतीकात्मक प्रेमगीतों का विशेष तौर पर लता के संदर्भ में उल्लेख किया है। 'झाँझर' का 'छेड़ गए मोहे सपनों में श्याम' तो बाँसुरी के प्रयोग और गायकी की कलाकारी के कारण विशेष उल्लेखनीय है। इस गीत का कथ्य राधा कृष्ण का होते हुए भी इसका मेलोडिक नियोजन सी. रामचंद्र ने मुजरा-शैली में करके इसे अभूतपूर्व बना दिया है। लता की तानें तो इस गीत में गज़ल की हैं। 'लहरें' (1953) का 'भोली-भाली राधिका नटखट कन्हैया' में तबले की सुंदर ताल की पृष्ठभूमि में लता से अद्‌भुत मिठास पैदा करने में सी. रामचंद्र सफल रहे हैं। 'नास्तिक' (1954) का प्रसिद्ध गरबा गीत 'कान्हा बजाए बँसुरी और ग्वाले बजाएँ मजीरे' (लता, साथी) तो फ़िल्म-संगीत में गरबा के परिपक्व प्रयोग का सर्वश्रेष्ठ उदाहरण आज तक माना जाता है।

पर सी. रामचंद्र और लता के सुनहरे सफर का मीलस्तम्भ तो 'अनारकली' (1953) को ही माना जाएगा। फ़िल्मिस्तान की बीना राय और प्रदीप कुमार अभिनीत इस फ़िल्म को अगर सिने प्रेमी आज तक नहीं भुला पाए हैं तो इसमें इस फ़िल्म के गीतों का बहुत बड़ा हाथ है। सिंधु भैरवी के सुरों की छाया लिए 'ये जिंदगी उसी की है' (लता) का जादू तो आज भी सर चढ़ कर बोलता है। कई संगीतप्रेमी ऐसे हैं जो अनारकली के गीतों को 'मुगल-ए-आज़म' से बढकर मानते हैं। बागेश्वरी में दादरा ताल पर 'जाग दर्दे इश्क जाग' एक झकझोड़ने वाली अनुभूति जगाता है, तो दूसरी तरफ 'अनारकली' की गज़लें सी. रामचंद्र को गज़ल विधा के भी एक बड़े कम्पोज़र के रूप में स्थापित करती है। 'मुझसे मत पूछ मेरे इश्क में क्या रखा है' का इज़हार, रागेश्री में सृजित 'मुहब्बत ऐसी धड़कन है' और अपने-आपमें अभूतपूर्व रचना 'जमाना ये समझा कि हम पी के आए' इसमें से श्रेष्ठतम रचना चुनना वाकई एक चुनौती है। 'ज़माना ये समझा' में हिचकी का प्रयोग तो अपूर्व का और बहुत लोकप्रिय भी रहा, भले ही निर्माता शशधर मुखर्जी ने इसे 'हलका' मानते हुए सी. रामचंद्र को रुपये 70,000/- हर्जाने का कानूनी नोटिस थमा दिया हो। सी. रामचंद्र की गज़ल कम्पोज़ीशन्स और मदनमोहन की गज़लों में एक महत्त्वपूर्ण अंतर यह था कि सी. रामचंद्र अपनी गज़लों के भी वाद्य-संयोजन में अपनी शैली के अनुरूप एक नृत्यात्मक lilt जैसा असर पैदा करते थे, जो

'अनारकली' में बीना राय की एक मुद्रा

कि मदनमोहन की गम्भीर शैली से अलग थी। साथ ही तंतु-वाद्यों के बाद बाँसुरी के टुकड़ों का प्रयोग भी सितार से पहले लाना उनकी एक और विशिष्टता थी।[12] वैसे यह भी याद रखना चाहिए कि मदनमोहन सी. रामचंद्र के साथ भी 'शबिस्तान' जैसी फ़िल्मों में काम कर चुके थे, और गज़ल के कुछ गुर तो उन्होंने सी. रामचंद्र से भी सीखे ही होंगे। तलत के गाए 'हम करके गोहब्बत में समझे' (कवि) और 'कभी तन्हाइयों में भी एक ऐसी घड़ी आई' (मीनार) जैसी गज़लों की अपेक्षा यह नृत्यात्मक असर 'अनारकली' की लता की गई गज़लों में अधिक मुखर था। रागेश्री पर आधारित 'मुहब्बत ऐसी धड़कन है' की ताल का कमाल हो, या 'मुझसे पूछ मेरे इश्क में क्या रखा है' की कशिश हो या फिर 'ज़माना ये समझा कि हम पी के आए' का 'अभूतपूर्व नशीला खुमार हो इन सभी में गज़ल एक नए रंग में झूमती-सी लगती है। बचपन में अपने पिता को बाथरूम में गुनगुनाती मराठी धुन 'मूर्तिमंत्र भीति उत्रि' पर आधारित था काफ़ी, किरवानी और भीमपलासी के बदलते सुरों पर सृजित दादरा ताल छः मात्रा में उस्ताद हलीम जाफ़र के सितार के साथ अनारकली का यादगार गीत 'ये ज़िंदगी उसी की है'। मजरूह सुलतानपुरी ने तो एक बार यहाँ तक कह दिया कि सी. रामचंद्र की 'अनारकली' की गज़लों से ही नौशाद ने गज़लों की कम्पोज़ीशन सीखी। सी. रामचंद्र की खासियत यह भी थी कि वे बिना बोलों के धुन नहीं बनाते थे, और यही कारण है कि शब्दों और अर्थव्यंजकता के अनुसार ही उनकी तर्ज़ों की संवेदना मनोनुकूल लगती थीं। राग जोगिया पर आधारित 'दुआ कर गमे दिल' की धुन तो उन्होंने गीत मिलते ही तत्काल मिनटों में बना दी थी, और वहाँ मौजूद सलिल चौधरी भी आश्चर्यचकित रह गए थे। नौशाद भले ही गीतों को माँजने में महीनों लगाते रहे हों, सी. रामचंद्र की धुनें तो तुरत-फुरत ही बनती थीं, और कम सुरीली नहीं रहती थीं।

बहरहाल 'अनारकली' तो आज तक सी. रामचंद्र की सबसे यादगार फ़िल्म मानी जाती है। 'ज़िंदगी प्यार की दो चार घड़ी होती है' (हेमंत), 'ओ आसमां वाले शिकवा है जिंदगी' (लता), 'आजा अब तो आजा' (लता) जैसे कितने ही और नगीने के इस फ़िल्म में। 'अनारकली' के गीतों को सुन कर यह विश्वास करना कठिन हो जाता है कि इनकी धुनें सी. रामचंद्र ने आनन फ़ानन ही बनाई थीं। दरअसल उन दिनों वे अपनी निर्मित 'झाँझर' पर अत्यधिक काम कर रहे थे। फ़िल्मिस्तान वालों को लगा कि 'झाँझर की अपेक्षा सी. रामचंद्र 'अनारकली' की उपेक्षा कर रहे हैं। उन्होंने सी. रामचंद्र को कानूनी नोटिस थमा दिया। सी. रामचंद्र ने यह देखकर जल्दी-जल्दी 'अनारकली' के गीत रेकॉर्ड किया—यहाँ तक कि एक ही दिन में चार गीत रेकॉर्ड कर डाले। पर गुणवत्ता से कहीं समझौता नहीं था। यह प्रतिभा और विशुद्ध प्रतिभा थी कि बिना मेहनत के सी. रामचंद्र इतना उत्कृष्ट संगीत रच सकते थे। यह भी कम रोचक नहीं है कि 'ज़माना ये समझा कि हम पी के आए' फ़िल्मिस्तान वालों को पसंद नहीं था। अगर उनकी बात चल जाती तो हम हिंदी फ़िल्म संगीत के एक बेहतरीन गीत से महरूम रह जाते।

'सुबह का तारा' के तलत के गाए गीतों की चर्चा हम पहले कर चुके हैं। लता इस फ़िल्म में 'गया अँधेरा' में तो थी हीं, साथ ही 'यूँ ही हुए बदनाम साँवरिया तेरे लिए' की ठुमरी को महफिल मुशायरे की शैली में कहरवा पर 'कहूँ कासे मन की बात, जियरवा हाले डोले हो' को लोकशैली पर बाँधकर और 'चली बन के दुल्हन' को राग झिंझोटी पर सजाकर सी. रामचंद्र ने लता के साथ दुर्लभ एकल नगीनों का सिलसिला जारी रखा।

सी.रामचंद्र की छठे दशक की यादगार फ़िल्मों में दिलीप कुमार, मीनाकुमारी अभिनीत 'आज़ाद' (1955) की चर्चा अकसर की जाती है। दिलीप कुमार तो सी. रामचंद्र के बड़े अच्छे मित्रों में थे और ओमप्रकाश, दिलीप, सी. रामचंद्र भगवान और रमेश सहगल अपनी कई रातें शराब के साथ ओम प्रकाश के घर की छत पर बिताते थे जहाँ से चाँद को देखकर दिलीप खलील जिब्रान की लेखनी को याद किया करते थे। पर 'झमेला' के बाद सी. रामचंद्र और भगवान में भी अनबन हो गई थी और बाद में ओम प्रकाश की मध्यस्थता से ही सुलह हुई।

बहरहाल 'आज़ाद' में दिलीप की आवाज़ के लिए तलत रेकॉर्डिंग के लिए उपलब्ध न हो सके तो स्पॉट पिक्चराइज़ेशन तत्काल किए जाने की माँग ने सी. रामचंद्र को ही उनकी जगह माइक पर ला खड़ा किया और 'कितना हसीं है मौसम कितना हसीं सफ़र है' (लता के साथ) में सी.रामचंद्र ने तलत effect देकर एक रोचक प्रसंग ही रच डाला। इस गीत के सामने तो बड़े-बड़े सिर झुकाते हैं। वस्तुतः 'आज़ाद' फ़िल्म का पूरा संगीत ही मिठास का पर्याय था। लता के सर्वश्रेष्ठ गीतों में शामिल 'देखो जी बहार आई बागों में खिली कलियाँ' में क्या नर्मी है, क्या कोमलता है, क्या अदायगी है! बिनाका गीतमाला के सालाना पायदान पर रहनेवाला भैरवी आधारित यह गीत आज भी कानों में शहद घोलता है। वहीं लता के 'जा री जा री ओ काली बदरिया' में रिद्म के साथ स्वर का क्या गज़ब संतुलन उभरा था सी. रामचंद्र ने। फ़िल्म के बेहद चर्चित गीत 'राधा ना बोले न बोले न बोले रे' (लता) में बागेश्वरी लगता है मानो अपनी प्रतिष्ठित जगह पा गई हो। संगीत-समीक्षकों ने तो इस गीत को सर-आँखों पर बिठाया ही है, साधारण श्रोता भी इसके

साथ-साथ आज तक झूमते गुनगुनाते हैं। लता और उषा के 'अपलम चपलम चपलाई रे' तो उन दिनों घर-घर में गूँजा था और नवयुवतियों का पसंदीदा गीत बना था। 'आज़ाद' (1955) में ही सी. रामचंद्र ने उस वक्त तक फ़िल्मों में कम ही प्रयुक्त विधा कव्वाली का प्रयोग कर 'मरना भी मुहब्बत में क़िसी काम न आया' (रघुनाथ जाधव, पार्टी) को खूब लोकप्रिय बनाया। दरअसल 'आज़ाद' के निर्माता एस.एच.एस. नायडू इस फ़िल्म के लिए पहले नौशाद को लेना चाहते थे, पर नायडू चाहते थे कि सभी गीत एक महीने में ही तैयार हो जाएँ। अपने एक-एक गीत पर महीनों मेहनत करनेवाले नौशाद ने यह शर्त देखकर नायडू को मना कर दिया। अंततः सी. रामचंद्र ही तैयार हुए मगर नौशाद के बराबर एक लाख पारिश्रमिक की अपनी शर्त मनवाकर। गीतकार राजेंद्र कृष्ण और सी. रामचंद्र को मद्रास बुलवाया गया। आठ दिन बीत जाने पर भी न एक गीत ही लिखा गया और न किसी गीत की धुन तैयार हुई। नवें दिन वापस फ़्लाइट से सी. रामचंद्र को बम्बई वापस लौटना था। नायडू घबराए, पर सी. रामचंद्र ने उनसे कहा कि अभी तो एक रात और आधा दिन बाकी है और वे फ़िक्र न करें। नायडू तो चिंतित ही रहे, पर एक ही रात में सी. रामचंद्र और राजेंद्र कृष्ण ने मिलकर पाँच गीत तैयार कर दिए और सभी एक से बढ़कर एक। संगीत की नैसर्गिक प्रतिभासम्पन्न ही कोई संगीतकार यह गजब कर सकता था। 'आज़ाद' में ही लता के दो अन्य सुंदर गीतों-मुजरा शैली के 'पी के दरस को तरस रही अँखियाँ' और 'कितनी जवाँ है रात कोई याद आ गया', 'दुनिया गोल है' (1955) में दो-दो मैंडोलिन की हार्मनी का असर पैदा करता 'बाबूजी हमें तुम्हारा बस प्यार चाहिए' (लता), 'तीरंदाज़' (1955) के क्लैपर्स, एकॉर्डियन आदि के साथ अरबी शैली का 'ये हसीन शाम', भैरवी में समूह गीत 'ऐ पर्दानशीं' और भैरवी में ही 'बड़ी बेवफा है उड़ती हवा है' जैसे लता के गीत भी सी. रामचंद्र की यादगार रचनाएँ न होने के बावजूद सुंदर लगती हैं। वहीं जैमिनी पिक्चर्स, मद्रास की एस.एस. वासन निर्मित दिलीप कुमार, देव आनंद और बीना राय अभिनीत 'इंसानियत' (1955) के लिए तो सी. रामचंद्र ने 17 गीत कम्पोज किए जिनमें से 'चुप चुप चुप होने लगा कुछ' (लता) तो सालाना बिनाका के चोटी के गीतों में आकर आज भी यादगार बना हुआ है। तलत और रफ़ी के गाए इस फ़िल्म के गीतों की चर्चा हम पहले ही कर चुके हैं। नासिर खाँ, बेगम पारा, ज़बीन अभिनीत पंचोली प्रोडक्शन की 'लुटेरा' (1955) भी सी. रामचंद्र की कोई चर्चित फ़िल्म तो नहीं थी, पर इस फ़िल्म में भी रबाब के लाक्षणिक प्रयोग के साथ अरबी-शैली और राग भैरवी के संयोग से 'लो इश्क मुस्कुराया' (लता), काफ़ी लोकप्रिय रहा 'वीरान मेरा दिल है' (लता, रफ़ी) तथा 'साज बजाती मयखाने में छम छम करती आई शाम' (आशा) जैसे गीत बुरे नहीं कहे जा सकते।

पर 'अनारकली' और 'आज़ाद' के मुकाबले सी. रामचंद्र की यदि कोई फ़िल्म आएगी, तो वह निस्संदेह 'यास्मीन' (1955) ही होगी। कारदार की इस फ़िल्म में पहली बार सी. रामचंद्र को भी कारदार स्टूडियो के आधुनिक संगीत-यंत्रों को इस्तेमाल करने का अवसर मिला (जिसे कारदार के लिए नौशाद इस्तेमाल करते रहे थे) और इस मौके का फ़ायदा उठाकर उन्होंने अविस्मरणीय संगीत की रचना कर डाली। भैरवी में कम्पोज़ 'तुम अपनी याद भी दिल से भुला जाते तो अच्छा था' (तलत, लता) और बेहद खूबसूरत अरबी वाद्यों के संयोजन के साथ तलत के गाए 'बेचैन नजर बेताब जिगर' की चर्चा तो हम पहले भी कर चुके हैं पर वस्तुतः यह फ़िल्म तो सी. रामचंद्र के संगीत और लता के स्वर की अद्भुत एकात्मकता के कारण याद की जाएगी। राजू भारतन ने स्वयं अपनी पुस्तक में उस वाकये का ज़िक्र किया है जब आधी रात में सी. रामचंद्र के साथ बैठकर उन्होंने सी. रामचंद्र से 'यास्मीन' के 'आँखों में समा जाओ इस दिल में रहा करना' का रेकॉर्ड बजवाया और सम्भवतः गीत ने ऐसी यादों को झकझोड़ा कि सी.रामचंद्र स्वयं भावुक हो गए। भारतन के अनुसार यह उत्कृष्ट गीत इतना मुलायम, इतना कोमल और इतना मर्मस्पर्शी बना है कि निस्संदेह ही इसकी रचना सी. रामचंद्र ने लता के साथ अपने रूमानी रिश्ते के कुछ बेहद प्रिय पलों में की होगी।[13] बिलकुल हलका-सा ऑरकेस्ट्रेशन वाला यह गीत सचमुच आप आधी रात में सुनें–आप, यकीनी तौर पर जॉनिसार अख्तर के शब्दों में, सी. रामचंद्र के संगीत और लता की गायकी सभी से अभिभूत रह जाएँगे। एच.एम.व्ही. ने इसे लता के 'रेयर जेम्स' कैसेट में यूँ ही जगह नहीं दी है।

पर यह गीत 'यास्मीन' के लता के सबसे मकबूल गीतों में नहीं है, भले ही व्यक्तिगत तौर पर मैं इसे फ़िल्म का सबसे खूबसूरत और लता के सर्वश्रेष्ठ गीतों में से एक मानूँगा। लता के सबसे मकबूल गीतों में तो सबसे पहले अद्भुत कशिश से युक्त भैरवी में कम्पोज़ 'मुझपे इल्ज़ामे बेवफाई है' याद आएगा। सी. रामचंद्र कितनी अच्छी गज़ल कम्पोज़ करते थे, उसका यह गीत एक प्रमुख उदाहरण है। मदनमोहन द्वारा लता से गवाई सर्वश्रेष्ठ गज़लों से यह टक्कर ले सकता है। लता के ही स्वर में 'अब वो रातें वहाँ, अब वो बातें कहाँ' की haunting मैलोडी भी कम आकर्षक नहीं है और उतने ही सुंदर है 'दिल उनको ढूँढ़ता है हम दिल को ढूँढ़ते हैं', 'बेचैन करनेवाले तू भी न चैन पाए', मैंडोलिन के संगीत सुरों पर सँवारा गया भैरवी में ही 'हँस-हँस के हसीना से नज़र चार किए जा', 'मुहब्बत में पहला कदम रखनेवाले' और रिद्म और गति के आकर्षक परिवर्तनों तथा 'साकी' के 'आई है इश्क पे बहार' के ऑरकेस्ट्रा इंटरल्यूड्स

के मेल खाते टुकड़े से सजा 'भर भर के जाम पिला दे'।[14] 'यास्मीन' तो लता और सी. रामचंद्र का लाजवाब संगम ही है।

यह बात और भी महत्त्वपूर्ण इसलिए हो जाती है क्योंकि लता के साथ का यह मधुर रिश्ता और इससे उत्पन्न मिठास की सदाबहार लड़ी में 'यास्मीन' अंतिम महत्त्वपूर्ण फ़िल्म रही। लता के साथ फ़िल्में और भी आईं और कुछ गीत बड़े सुंदर भी सी. रामचंद्र द्वारा सृजित किए जाते रहे। उदाहरण के तौर पर खान साहब अब्दुल करीम खान की मूल रचना को लेकर भैरवी में 'कैसे आऊँ जमुना के तीर' (देवता, 1956) में सी. रामचंद्र ने अपना हुनर बखूबी दिखाया था। 'देवता' के ही लता, तलत की ऊपर उल्लिखित रचना 'किसी से प्यार है हमको मगर हम न बताएँगे' की प्यारी सी मेलोडी, 'शतरंज' (1956) की बड़ी लोकप्रिय रही 'बदली में छुपे चाँद ने कुछ हमसे कहा है' (लता, हेमंत) की नाज़ुक, अनौपचारिक-सी धुन, इसी फ़िल्म का लता का गाया 'हवा है सर्द-सर्द और दिल में भी है दर्द' और इन सबसे बढ़कर 'आशा' (1957) की वह भूली-बिसरी गरबा की बीट्स पर बेहद कुशलता से कम्पोज़ की हुई बहुत सुंदर मेलोडी 'तू न आया और होने लगी शाम रे' (जिसके अंत में 'साँवरिया' के बाद आरोह पर लता ने कमाल ही कर दिया है), 'बारिश' (1957) के बेहद लोकप्रिय रहे 'कहते हैं प्यार जिसको पंछी जरा बता दे' (चितलकर के साथ), बेहद मधुर 'फिर वही चाँद वही हम वही तन्हाई है' (चितलकर के साथ) एवं 'ये आशा थी कभी हम बहार देखेंगे' की स्निग्ध तर्ज़—ये सभी सी. रामचंद्र की लता के साथ बनाई उत्कृष्ट रचनाओं में गिने जाएँगे, पर 'अनारकली' या 'यास्मोन' की तरह ऐसी कोई फ़िल्म लता के साथ वे पुनः न दे सके जिसका पूरा संगीत ही अपने स्वर्णिम लतामय स्वरूप से आच्छादित कर दे। दरअसल इस दौर में सी. रामचंद्र ने आशा भोंसले को भी स्थान देना प्रारम्भ कर दिया था और 'आशा' के रॉक एंड रोल scat singing पर आधारित किशोर के बेहद लोकप्रिय गीत 'ईना मीना डीका' को आशा ने गाने में किशोर से कम कमाल नहीं दिखाया था। 'शतरंज' के राजेंद्र कृष्ण के लिखे और बड़ी मधुर धुन में मैंडोलिन, गिटार और वॉयलिन के हलके प्रयोग के साथ सन्नाटे के बीच उभरती-फैलती 'कहीं से शाम होते ही सितारे आ ही जाते हैं', 'बारिश' के रॉक एंड रोल पर ही आधारित आशा के 'My Favourites' कैसेट्स में भी शामिल हेलेन पर फ़िल्माए बहुचर्चित 'मि. जॉन या बाबा खान या लाला रोशनदान' और 'हम तो जानी प्यार करेगा' (चितलकर के साथ), 'आशा' का ही बहुत मधुर 'सो जा रे चंदा सो जा चंदनिया अरज करे' जैसे गीतों के साथ आशा ने अपना एक अलग अस्तित्व बनाना प्रारम्भ कर ही दिया था।

यह वह दौर था जब सी. रामचंद्र की दशक के प्रारम्भ का प्रभुत्व अब उतना जगमगाता नहीं रह गया था, और ओ.पी. नैयर तथा शंकर-जयकिशन के चमकते सितारों की ज्योति उनके मुकाबले अधिक प्रज्वलित हो चली थी। सी. रामचंद्र के कम्पोज़ किए नग़मे अभी भी दिलकश और लोकप्रिय हो रहे थे, पर उनका ग्लैमर खत्म होने लगा था। 'नौशेरवाँ-ए-आदिल' (1957) के रफ़ी के पूर्व उल्लिखित गीतों के अलावा लता से उन्होंने बड़ी मीठी और मुलायम शैली में 'भीनी-भीनी है मीठी-मीठी है धीमी-धीमी है क्यों हवा' जैसा कर्णप्रिय गीत, और 'तलाश' (1957) में लता और आशा से क्रमशः 'दिल है लुटा हुआ जहाँ' और 'रात है सितारों वाली' जैसे मधुर गीत अवश्य गवाए, पर दिलोदिमाग़ पर छा जानेवाला उनका संगीत अब अपनी ढलान पर ही था। एल.वी. प्रसाद की बहुप्रशंसित फ़िल्म 'शारदा' (1957)- जिसमें अभिनय के लिए मीनाकुमारी को विशेष पुरस्कार मिला था—के हीरो राज कपूर के लिए सी. रामचंद्र को मुकेश को लाना पड़ा, हालाँकि मुकेश की गायकी को वे अधिक पसंद नहीं करते थे। जो गीत बना, वह था 'जप जप जप जप जप जप जप रे' जिसमें 'जप जप' के साथ मुकेश से भी उन्होने गतिशील पुनरावृत्ति की कलाकारी दिखवा ही दी थी। वैसे सी. रामचंद्र ने अपने प्रिय आराध्य सांई बाबा के लिए जो गैर-फ़िल्मी गीत 'हो शिरडी के सांई बाबा' कम्पोज़ किया था, वह मुकेश से ही गवाया था, और यह गीत मुकेश की intense शैली में बहुत खूब भी था, पर कुल मिलाकर मुकेश का साथ उन्होंने बहुत ही कम लिया। 'शारदा' के ही लता के गाए 'निखिल भुवन' का सौंदर्य भी बेहतरीन था। बहरहाल 'शारदा' का जो गीत सबसे प्रशंसित रहा था, वह था लता और आशा दोनों से गवाया गया 'ओ चाँद जहाँ वो जाएँ'। यमन कल्याण की छाया लिए बनी इस रचना ने यह भी सिद्ध कर दिया कि पार्श्वगायन के क्षेत्र में आशा बड़ी तेजी से लता के समकक्ष आ रही थीं।

'शारदा' में राज कपूर और मीना

आशा के सी. रामचंद्र की संगीत-दुनिया में बढ़ता महत्त्व इस तथ्य से भी रेखांकित होता

है कि देव आनंद और वैजयंती माला अभिनीत चर्चित फ़िल्म 'अमरदीप' (1958) के 12 गीतों में से 7 आशा के हिस्से आए और मात्र दो लता के। आशा और रफ़ी के युगल स्वरों में 'देख हमें आवाज़ न देना' अपने कोमल गायन और सुंदर धुन के कारण खूब लोकप्रिय हुआ था। यह दूसरी बात है कि लता के हिस्से में आए दोनों गीत ही फ़िल्म की सर्वश्रेष्ठ गीत थे—भीमपलासी पर तबले की अद्भुत ताल के साथ 'मेरे मन का बावरा पंछी' और 'दिल की दुनिया बसा कर साँवरिया तुम न जाने कहाँ खो गए'। दरअसल सी. रामचंद्र का दिल तो लता के लिए था ही। पर वह समय भी आने लगा था जब सी. रामचंद्र और लता के चर्चित मधुर रिश्ते में दूरियाँ बढ़ने लगी थीं। सी. रामचंद्र के अनुसार जहाँ उनके लिए लता से रिश्ता इश्क-भर था, और शादी की बात उनके मन में नहीं थी, वहीं लता इस रिश्ते के प्रति अधिक गम्भीर थीं और बकौल सी. रामचंद्र उनसे विवाह करना चाहती थीं। यह मनमुटाव दिनों-दिन बढ़ता ही गया। हालाँकि बसंत जोगलेकर की फ़िल्म 'कारीगर' (1958) में लता से सी. रामचंद्र ने मिश्र भैरवी में 'भई बैरन काली रतियाँ' के अलावा भी कई गीत गवाए थे (वैसे फ़िल्म की एक बड़ी दिलक़श गज़ल 'शबाब आने से पहले उनका आलम कुछ और ही था' गवाने के लिए सी. रामचंद्र चाँद अग्रवाल को लाए थे) और जेमिनी पिक्चर्स की वासन निर्मित 'राज तिलक' (1958) का दादरा ताल को तोड़कर बनाया गया 'आज न जाने रह-रह कर क्यूँ दिल यह मेरा डोले' सी. रामचंद्र द्वारा लता के लिए सृजित श्रेष्ठ गीतों में माना जाएगा, पर जल्द ही यह मनमुटाव इस कदर बढ़ गया कि लता ने सी. रामचंद्र से बिलकुल ही नाता तोड़ लिया। जैसाकि कई संगीतकारों के साथ हुआ, सी. रामचंद्र के स्वर्ण युग की यह समाप्ति का भी संकेत रहा। कहा यह भी जाता है कि एक बार रेकॉर्डिंग के समय रेकॉर्डिस्ट के साथ शराब पीते हुए सी. रामचंद्र ने लता का कुछ ऐसा मज़ाक उड़ाया कि लता बहुत बुरा मान गईं, पर यह निर्विवाद है कि बढ़ती दूरियों अन्य गहरे कारणों से थीं और इस वाकये ने तो उसे precipitate मात्र किया। सी. रामचंद्र ने अपनी आत्मकथा 'माझ्या जीवनाची सरगम' में जिस 'सीता' का वर्णन किया है वह लता मंगेशकर ही थीं। सी. रामचंद्र, जिन्होंने एक वक्त लता की जिद के आगे अपने स्वाभिमान को तोड़कर व्ही. शांताराम से 'परछाईं' के लिए जयश्री की जगह लता की आवाज़ लेने का भरपूर आग्रह किया था, इस मनमुटाव के कारण घाटे में रहे। वासन को लता ने यहाँ तक कह दिया था (सी. रामचंद्र की आत्मकथा के अनुसार) कि सी. रामचंद्र की जगह वे किसी दूसरे संगीतकार को ले लें—वासन जिसको कहें उसी से लता संगीत दिला देंगी पर सी. रामचंद्र को हटा दें। दोनों के बीच अनबन इतनी बढ़ गई कि सी. रामचंद्र अक़सर लता के लिए न कहनेवाले शब्दों का प्रयोग करने लगे, फिर भी किसी और से लता की आलोचना सुनने के लिए वे तब भी तैयार नहीं थे। उनका संगीत हमेशा लता को ही केंद्र में रखकर बनता था, और लता का जाना एक तरह से उनके संगीत से आत्मा का निकल जाना था। हालाँकि 'तलाक' (1958) में दादरा ताल के बेहद आकर्षक परिवर्तनों के साथ मन्ना डे और आशा भोंसले को लेकर सृजित 'मेरे जीवन में किरण बन के बिखरने वाले' जैसी अद्भुत रचनाएँ वे अब भी दे सकते थे, पर इस तरह का परिणाम अपवाद ही बनता गया।

लता का विकल्प आशा को होना ही था, और 'नवरंग' (1958) के लोकप्रिय गीतों में आशा और महेंद्र कपूर का वर्चस्व रहा। पर मालकौंस पर आधारित 'आधा है चंद्रमा रात आधी' (महेंद्र कपूर) और 'तू छूपी है कहाँ' (मन्ना डे, आशा) जैसे हिट गीत हों, अभिनेत्री संध्या की शैली के अनुरूप अनूठे इठलाते अंदाज़ में गाया 'आ दिल से दिल मिला ले' (आशा) या प्रणय को एक पवित्र भाव से प्रस्तुत करता 'तुम मेरे मैं तेरी' (आशा) हों, सौंदर्य का एक कोमल संगीतात्मक वर्णन करता 'श्यामल श्यामल वरण' (महेंद्र कपूर) हो, कवि-सम्मेलन की शैली का 'कविराजा कविता के मत अब कान मरोड़ो' या पहाड़ी के सुरों को लेकर बनाए गए होली गीत 'अरे जारे हट नटखट' (आशा, महेंद्र कपूर, चितलकर) का आह्लाद हो, लोकप्रियता के बावजूद इन गीतों की शैली सी. रामचंद्र वाली कम और व्ही. शांताराम के प्रभाववाली अधिक लगती है। वह मिठास की धारा जो सी. रामचंद्र लता के लिए अपने दिल से लेकर आते थे, इन गीतों में नहीं बहती। जेमिनी पिक्चर्स, मद्रास की वासन निर्मित 'पैगाम' (1959) का संगीत भी जेमिनी की पूर्व निर्मित फ़िल्मों में दिए गए संगीत से कुल मिलाकर कमज़ोर ही ठहरता है, हालाँकि 'इंसान का इंसान से हो भाईचारा' में अवश्य सी. रामचंद्र मन्ना डे को गायन की बुलंदियों पर पहुँचाने में सफल रहे थे। 'आँचल' (1960) में 'गा रही है ज़िंदगी' (आशा, महेंद्र कपूर) की मीठी लोकप्रिय धुन के बावजूद 'साँवरिया रे अपनी मीरा को भूल न जाना' में सुमन लता की जगह लेने में बिलकुल असफल रहीं, तो 'सरहद' (1960) के 'नाचो घूम घूम घूम घूम घूम के' (चितलकर, आशा) के पश्चिमी रिद्म और 'आजा रे लागे न मोरा जिया' (आशा, साथी) में सी. रामचंद्र का विशिष्ट प्रभाव पहले के मुकाबले कम ही लगा। प्रभु दयाल की निर्देशित 'अमर रहे यह प्यार' (1961) में प्रदीप के गाए 'आज के इंसान को क्या हो गया' और कर्णप्रिय धुन वाली 'मेरे अँधेरे घर में चाँद कोई छाया' (आशा) की सफलता भी सीमित ही रही। भारत विभाजन और साम्प्रदायिकता पर बनी 'अमर रहे यह प्यार' एक गम्भीर फ़िल्म थी जिसके निर्देशक प्रभु दयाल ने फ़िल्म के रिलीज के बाद नायिका नलिनी जयवंत से शादी कर ली थी।

लता के विमुख होने का अर्थ यह भी था कि सी. रामचंद्र के व्यावसायिक बाजार का पैमाना भी बड़ी तेजी से गिरने लगा। उनको मिलनेवाली फ़िल्मों की संख्या में बेहिसाब कमी हो गई थी। 'छोटी बहन' का संगीत पहले उन्हें सौंपा गया था, पर 'शारदा' की व्यावसायिक असफलता के कारण फ़िल्म उनसे लेकर शंकर-जयकिशन को दे दी गई। इसी बीच व्ही. शांताराम की फ़िल्म 'स्त्री' (1961) में सी. रामचंद्र और लता का पुनः साथ हुआ। लता की वापसी की कहानी भी बड़ी रोचक है। लता ने व्ही. शांताराम से 'स्त्री' में गाने की इच्छा जाहिर की। सीधे सी. रामचंद्र से तो वे बात करने से कतरा रही थीं, पर व्ही. शांताराम की फ़िल्म में गाने का लोभ भी नहीं छोड़ पा रही थीं। लता की ज़िद पर ही व्ही. शांताराम ने सी. रामचंद्र को पुनः लता मे गवाने के लिए राजी किया। सी. रामचंद्र तो अंदर ही अंदर लता के जादू से पूरी तरह मुक्त नहीं ही हो पाए थे, और वे तैयार हो ही गए। बहरहाल चाहे पेशेवर व्यावहारिकता का कारण हो या भावनात्मक, इस बहाने 'स्त्री' में पुनः हमें सी. रामचंद्र और लता के कुछ सुंदर गीतों को सुनने का अवसर तो मिल ही गया।

यह भी लता की व्यावहारिकता का ही पहलू है कि जब उन्हें पता चला कि दिल्ली में पंडित नेहरू के सामने गाए जाने के लिए पंडित प्रदीप के लिखे 'ऐ मेरे वतन के लोगो' की रिहर्सल सी. रामचंद्र आशा भोंसले से करवा रहे हैं, तो उन्होंने सी. रामचंद्र से अनबन को भुला कर प्रदीप के द्वारा सी. रामचंद्र को ख़बर भिजवाई कि यह गीत वे गाना चाहती हैं। सी. रामचंद्र को लता से लाख शिकायतें रही हों, पर अंदर से वे अब भी इतने लतामय थे कि कहते हैं कि न सिर्फ़ पहले उन्होंने लता को शामिल कर इस गाने को युगल गीत की शक्ल में लता और आशा से रिहर्सल करवाया बल्कि बाद में लता की जिद पर आशा को दरकिनार कर यह गीत अकेले लता से गवा दिया। लता का 'ऐ मेरे वतन के लोगो' यदि पंडित नेहरू की आँखों में आँसू ले आया, और आज तक अमर बना हुआ है, तो इसके पीछे सी. रामचंद्र की अद्‌भुत धुन का बहुत बड़ा हाथ है, भले ही दिलीप कुमार ने अपनी परिचित कूटनीति से एक समारोह में इस गीत का परिचय देते हुए कम्पोज़र का नाम लेना छोड़ दिया हो। सी. रामचंद्र के मन से लता कभी नहीं गईं। लता की बीमारी की ख़बर सुन कर वे बेचैन रहकर लता का सही हाल जानने के लिए आदमी ढूँढ़ते थे, लता के लिखे प्रेमपत्रों को सहेजकर रखते थे और बाद में किसी और के हाथ न पड़ जाएँ इस डर से लता को ही लौटा देते थे, पर लता की ओर से जो बेरुखी आई, वह अंदर से कम नहीं हुई। 1967 की अपने संगीत जीवन की सिल्वर जुबली मनाते वक्त घोषित अपने सर्वश्रेष्ठ 10 गीतों में सी. रामचंद्र का एक भी गीत लता ने नहीं चुना। फ़रमाइशों के बावजूद 'ये ज़िंदगी उसी की है' उन्होंने अपने स्टेज कार्यक्रमों में बहुत बाद में गाना शुरू किया।

'स्त्री' में लता की वापसी मात्र काम के रिश्ते की वापसी थी। दिलों का वह मधुर रिश्ता जिसकी चर्चा कइयों ने की है, पुनः नहीं आया। 'भीमपलासी पर आधारित 'ओ निर्दयी प्रीतम' की समीक्षकों ने कितनी ही तारीफ़ की हो, पर रेकॉर्डिंग के समय लता के गायन में जब एक 'अपस्वर' लग गया तो भी सी. रामचंद्र उसे सुधरवाने में हिचकिचा गए। यह औपचारिकता लता के साथ के उनके पुराने दिनों में तो कभी नहीं आ सकती थी, पर अब वक्त और रिश्ते दोनों बदल चुके थे। बहरहाल, लता और महेंद्र के साथ कुछ खूबसूरत गीतों का सृजन एक बार फिर 'स्त्री' में हुआ। 'कौन हो तुम कौन हो' (महेंद्र कपूर) अपने कोमल आहिस्ता स्वरों के कारण और 'आज मधुवातास डोले मधुरिया से प्राण भर लो' (लता, महेंद्र कपूर) अपनी स्निग्ध बयार जैसी लहराती तर्ज़ के कारण खूब सराहे गए। लता के ही गाए मिश्री की मिठास लिए 'अँगना में सूरज मुस्काया' की शुद्ध भारतीय तर्ज़ के साथ बड़ी उपयुक्तता से फबता था हलका पश्चिमी ऑरकेस्ट्रेशन। शास्त्रीय आधार लिए 'बसंत है आया' के साथ आशा भी थीं, पर लता को पाकर सी रामचंद्र ने उन्हें फिर से द्वितीय स्थान पर ही रखा। 'स्त्री' के 'झिलमिल-झिलमिल तारों का' को सी. रामचंद्र ने नेपाल के 'भैलो' लोकगीत की धुन पर बनाया था।

बहरहाल इन गीतों के कारण 'स्त्री' अवश्य सी. रामचंद्र की एक स्मरणीय उपलब्धि रही। लेकिन लता की वापसी के दिनों में यदि सी. रामचंद्र की लता के लिए बनाई कोई रचना उनके बीते दिनों के गौरव की सबसे अधिक याद दिलाती है तो हमें 'बहूरानी' (1962) के राग हेमंत पर बनाए गए 'बलमा अनाड़ी मन भाए' का नाम लेना होगा। उस्ताद बड़े गुलाम अली खान की मूल रचना के मुखड़े को लेकर और उसे गति देकर सृजित यह गीत आज भी लता के कई प्रेमी लता के गाए श्रेष्ठतम गीतों में गिनते हैं। 'बहूरानी' के ही 'मैं जागूँ सारी रैन सजन तुम सो जाओ' की लाजवाब धुन और 'उम्र हुई तुमसे मिले फिर भी जाने क्यूँ' (हेमंत के साथ) की बेहतरीन तालबद्धता के कारण 'बहूरानी' इस दौर में सी. रामचंद्र की सफलतम फ़िल्मों में गिनी जाएगी। वैसे 'जितने दूर उतने पास' रिलीज़ न हुई वरना आधुनिक ऑरकेस्ट्रेशन पर गिटार के साथ लता के 'हमने अपना तुम्हें समझा' तो इतना सुंदर है कि मुखड़े के साथ हम लहराते ही रहते हैं।

पर लता की यह वापसी पेशेवर तौर पर भी अस्थायी ही रही। लता फिर से सी. रामचंद्र की हर फ़िल्म के लिए उपलब्ध नहीं रही थीं और यही कारण है कि सातवें दशक की फ़िल्मों में सी. रामचंद्र के जो भी कुछ गीत चर्चित रहे, उनमें अधिकांश दूसरी आवाजों के साथ थे। उदाहरण के तौर पर सत्येन बोस निर्देशित 'दाल में काला' (1964) के मज़ाकिया 'दो आँखें जनानी' (आशा, किशोर) या रूमानी 'चाँद चुपचाप है सितारे गुमगुम' (किशोर), भगवान की 'हम दीवाने' (1965) का चितलकर की सुपरिचित हलकी शैली का 'गोरी तूने मेरा दिल चुराया है', 'ज़िंदगी और मौत' (1965) का गिटार पर बेहद लोकप्रिय और कर्णप्रिय 'दिल लगाकर हम ये समझे जिंदगी क्या चीज़ है' (महेंद्र कपूर, आशा), 'तस्वीर' (1966) के महेंद्र कपूर के गाए रूमानी 'तस्वीर भी देखी है', 'नज़र बदली जमाने की', 'चले कहाँ हो मेरी धड़कने बढ़ा के' (सुमन के साथ) और बड़ी दिलकश अलग-सी तर्ज़ वाली 'मैं तेरी दिल तेरा है मितवा' (आशा), आदि। 'वहाँ के लोग' (1967) का खास मुकेश के गले के लिए बनाया 'हम तुझसे मुहब्बत कर के सनम' और महेंद्र कपूर के लिए सृजित शायराना 'तुम कितनी खूबसूरत हो', 'पायल की झंकार' (1938) के दो बेहद खूबसूरत 'मुखड़े पे गेसू छा गए' और 'ऐ मेरे सोए हुए प्यार' (किशोर) के नाम तो लिए ही जाएँगे। 'वीर भीमसेन' (1964) में पूरबी लोकशैली में 'झुक गई रे पलक' और 'पायल की झंकार' (1968) का 'तू आए न आए मगर जाने वाले' लता के साथ उनकी अंतिम कोशिशें थीं, पर उनमें वह पुरानी मिठास नहीं थी। सी. रामचंद्र का हिंदी फ़िल्मों में यह अंतिम दौर ही था। राजू भारतन ने लता पर लिखी अपनी पुस्तक में सी. रामचंद्र की उस डायरी का एक पॉकेटमार द्वारा गायब करने का भी वर्णन किया है जिसमें उन्होंने ढेर सारी धुनों की रूपरेखा नोट कर रखी थी। यह भी सी. रामचंद्र के लिए एक बड़ा धक्का था। भोजपुरी फ़िल्म 'मितवा' (1966) में अवश्य उन्होंने अपनी पुरानी कला लता के साथ 'सपना देख जुड़ा गइले' और 'कौन नगरिया तू' जैसे गीतों में प्रदर्शित की पर ये गीत हिंदी फ़िल्म-संसार में अनसुने ही रहे।

'शेर दिल' (1965), भगवान की ही 'लाबेला' (1966) जैसी फ़िल्मों का संगीत तो बिलकुल ही पिटा-पिटा-सा था। 'रूठा न करो' (1970) के 'The Swinging Safari' की नकल पर बने 'आपका चेहरा माशा अल्ला' (रफ़ी, आशा), शीर्षक गीत 'ऐ मेरी शोला बदन' और 'तुम भी खूबसूरत हो' (किशोर) जैसे कुछ लोकप्रिय रहे गीतों से सी. रामचंद्र ने अंतिम बार अपनी ओझल होती हुई उपस्थिति दर्ज़ की थी। हिंदी में उनकी अंतिम पेशकश 'तूफ़ानी टक्कर' (1978) तो कब आई और कब गई पता भी न चला। हिंदी फ़िल्मों की असफलता के इस दौर में सी. रामचंद्र ने कुछ मराठी फ़िल्मों (धनंजय, गुरुकुल, आदि) के निर्माता, संगीतकार और अभिनेता के रूप में एक प्रयास अवश्य किया, पर कोई विशेष सफलता नहीं मिली। एन.टी. रामाराव की तेलगू फ़िल्म 'अकबर, सलीम, अनारकली' (1978) में सी. रामचंद्र ने अवश्य एक बार फिर 'अनारकली' के गीतों की याद 'रेमी आगिपोनी' और 'बेला एरिंगा' जैसे हिट गीतों से दिलाने में सफलता पाई थी।

सी. रामचंद्र ने 'Academy of Indian Music' नामक संस्था भी चलाया, जहाँ प्रमिला दातार और कविता कृष्णमूर्ति उनकी शिष्याएँ रहीं। रंगमंच पर 'भुलाए न बने' कार्यक्रम में वे काफी अर्से तक अपनी पुरानी फ़िल्मों के गीत स्वयं पेश किया करते थे। मराठी के पुराने कवियों पर आधारित उनका कार्यक्रम 'रसयात्रा' चर्चित रहा था। अपने अंतिम दिनों में वे अल्सर से पीड़ित रहे और बम्बई में 5 जनवरी, 1982 को 72 वर्ष की आयु में वे चल बसे। सी. रामचंद्र आज भले ही जीवित न हों, पर फ़िल्म-संगीत में जब भी जीवंतता की बात आएगी तो उनका नाम अवश्य आएगा।

संदर्भ

1. एम. अशरफ़ अजीज़ : 'प्ले इट अगेन राम', सिनेमा विज़न, खंड II, अंक II
2. वही
3. वही
4. राजू भारतन : लता मंगेशकर—ए बायोग्राफ़ी
5. वही
6. वही
7. 'अभी तो मैं जवान हूँ' शृंखला—इंटरनेट—एच. दीक्षित
8. माधुरी, 27 फरवरी, 1987 तथा राजू भारतन : लता मंगेशकर—ए बायोग्राफी
9. राजू भारतन : वही
10. माधुरी : वही
11. एम. अशरफ़ अजीज़ : 'प्ले इट अगेन राम', सिनेमा विज़न, खंड II. अंक II
12. वही
13. राजू भारतम : लता मंगेशकर—ए बायोग्राफी
14. स्नेहल ओजा : 'अभी तो मैं जवान हूँ'—इंटरनेट शृंखला

फ़िरोज़ निज़ामी

'यहाँ बदला वफ़ा का बेवफ़ाई के सिवा क्या है'

फ़िरोज़ निज़ामी

पाँचवें दशक के पंजाब स्कूल के एक विराट संगीतकार के रूप में फ़िरोज़ निज़ामी की रचनाएँ हिंदी फ़िल्म-संगीत के पटल पर अपनी अमिट छाप छोड़ चुकी हैं। लेकिन निज़ामी में 'पंजाब स्कूल' का रिद्म इतना प्रखर नहीं है जितना उनकी शास्त्रीय पृष्ठभूमि और किराना घराना के संगीत और विविध संस्कृतियों का प्रभाव। दरअसल फ़िरोज़ निज़ामी एक बहुत अच्छे शास्त्रीय गायक के रूप में भी उतने ही विख्यात थे जितने एक कम्पोज़र के रूप में। उस्ताद अब्दुल बहीद खान के शिष्य रहे फ़िरोज़ निज़ामी का व्यक्तित्व बहुआयामी था और यह गुण उनके परिवार में भी था। उनके छोटे भाई नज़र मुहम्मद यदि मशहूर क्रिकेटर थे, तो निज़ामी स्वयं एक गायक, कम्पोज़र और संगीत-शास्त्री तथा अँग्रेज़ी में संगीत पर लिखे उनके शोध लेख वर्षों पाकिस्तान टाइम्स में छपते रहे। उर्दू में लिखी उनकी 'असरार-ए-मौसीकी' पंजाब विश्वविद्यालय के संगीत के स्नातक पाठ्यक्रम की एक निर्धारित पुस्तक थी। सूफ़ी दर्शन का भी निज़ामी का ज्ञान सर्वविदित था और इस विषय पर उनकी पुस्तक 'सरचश्मा-ए-हयात' काफ़ी मशहूर रही थी। होम्योपैथी, metaphysics और अनुभवातीत चिंतन का भी शौक रखनेवाले निज़ामी का संगीत एक तरह से प्रगतिशील संगीत था जो दायरों में बँधकर नहीं रहा तथा शास्त्रीय, लोक, प्रचलित—यहाँ तक कि हिंदू पूजन-पद्धतियों—सभी स्रोतों की विशिष्टताओं से परिभाषित हुआ।[1]

दरअसल उनकी संगीत-दृष्टि को व्यापक और प्रगतिशील बनाने में दिल्ली के ऑल इंडिया रेडियो (जहाँ वे 1929 में इस्लामिया कॉलेज, लाहौर से स्नातक होने के बाद कार्यरत रहे थे) में सआदत हसन मंटो, कृश्न चंदर और खुर्शीद अनवर जैसे अन्य सहकर्मियों की सोहबत और विचारों के आदान-प्रदान का भी बड़ा हाथ रहा था। दिल्ली में निज़ामी पुल बंगश में रहते थे और यहीं मुहम्मद रफ़ी ने भी कुछ दिनों तक आ कर उनसे संगीत सीखा था।

एक व्यक्ति की अनियमित पदोन्नति को लेकर रेडियो के सभी सहकर्मियों ने साथ-साथ ही इस्तीफ़ा भी दिया और इसके बाद निज़ामी ने बम्बई का रुख किया। उन्हें बतौर संगीतकार वहाँ पहला अवसर जे.बी.एच. वाडिया की वाडिया मूवीटोन की 'विश्वास' (1943—मास्टर छैला के साथ) में मिला। निज़ामी के संगीत में इस फ़िल्म के सुरेंद्र और मेहताब के गाए गीत बेहद लोकप्रिय रहे। 'दुनिया नई बसाई सजनी' (सुरेंद्र, मेहताब) में स्वरों के बेहतरीन उतार-चढ़ाव के साथ एक निर्बाध की रवानगी है, वहीं 'सावन की रुत आए सजनवा' (सुरेंद्र, मेहताब) की बंदिश में थोड़ी शास्त्रीयता निहित करते हुए भी निज़ामी ने पृष्ठभूमि में बाँसुरी के लगातार बजते छोटे टुकड़ों के प्रयोग से एक लुभावना प्रवाह पैदा करने का सफल प्रयास किया था। सफ़दर आह का लिखा 'भूल जा जो देखता है' (सुरेंद्र) क्लासिकी गज़ल शैली को अपेक्षाकृत द्रुत लय प्रदान की हुई रचना थी जो खूब मकबूल रही थी। मज़हर आर्ट्स की 'बड़ी बात' (1944) में निज़ामी ने अमीरबाई और राजकुमारी से कुछ अच्छे गीत गवाए थे : 'इकरार के पर्दे में मुझको न सजा देते' (अमीरबाई), 'जाऊँ कैसे मैं बीच बाज़ार' (राजकुमारी), 'क्यूँ देख रही हो मुझे' (दुर्रानी, अमीरबाई), 'बगिया को सिंगार' (खान मस्ताना, अमीरबाई) और 'मेरा बालम बड़ा हरजाई रे' (राजकुमारी) रसपूर्ण रूमानी गीतों के उदाहरण हैं। 'मेरा बालम बड़ा हरजाई रे' के इंटरल्यूड्स में सितार के छोटे क्षणिक टुकड़ों का प्रयोग बड़ा आकर्षक था। निज़ामी की रचनाओं में स्वरों के उतार-चढ़ाव बहुलता से मिलते हैं और बिना लय तथा निरंतरता को बिगाड़े इन उतार-चढ़ाव के गीतों को गाना इतना आसन भी नहीं था जितना गीतों को सरसरे ढंग से सुनने पर लगता है। दरअसल फ़िरोज़ निज़ामी की रचनाएँ ध्यान से सुनी जानेवाली रचनाएँ हैं—वे पहली बार सीधे-सीधे सुनकर उतना प्रभाव नहीं छोड़तीं जितना बार-बार ध्यान से सुनने पर, क्योंकि तभी कम्पोज़ीशन की कई बारीकियों का सही ढंग से आस्वादन होता

है। अपनी हर रचना में निज़ामी अपने कुछ नए स्पर्श देते ही थे। इसीलिए ऊपर से परिचित-सी लगती शैली में भी ध्यान से सुनने पर नई सूक्ष्म आभाएँ दिखने लगती हैं। मोतीलाल और चंद्रप्रभा अभिनीत 'उमंग' (1944) के 'खिल उठा सारा चमन क्यूँ', 'एक था राजा एक थी रानी', 'गाते-गाते जीवन बीता', 'दिल में हज़ार दर्द हों आँखों में मुस्कुराएँगे' जैसी रचनाएँ इसका सजीव उदाहरण हैं। लुहार निर्देशित 'उस पार' (1944) के मुकेश और कुसुम के गाए 'ज़रा बोले री हाँ क्या लोगी इस दिल का किराया' की धुन यदि पंजाब स्कूल के रिद्म के आसपास लगती है, तो इंटरल्यूड्स में वॉयलिन और बाँसुरी की जुगलबंदी परिष्कृत संगीत समारोहों की याद दिलाती है। 'उस पार' का दुर्रानी का गाया 'पंछी भूला कल का गाना' उस ज़माने में बेहद लोकप्रिय रहा था।

वाडिया मूवीटोन की ही मोतीलाल, निर्मल अभिनीत 'पिया मिलन' (1945) फ़िरोज़ निज़ामी की एक उल्लेखनीय फ़िल्म थी। ज़ोहरा की आवाज़ में 'जाग उठो नारियो, देश की दुलारियो' की प्रगतिशीलता या 'आए दिन पिया मिलन के आए' का माधुर्य, निर्मला के स्वर में 'रो रहा है कोई मुस्कुराने के लिए' या 'सुना दो मुहब्बत के नगमें सुना दो' की कशिश या राजकुमारी के स्वर में 'लो डूब गया खुर्शीद अब देखो अँधेरा छाने लगा' की मेलोडी में निज़ामी ने अपने संगीत के विविध रंगों को प्रस्तुत किया था। पर 'जुगनू' के पहले के दौर की सर्वश्रेष्ठ प्रस्तुति निज़ामी ने 'अमर राज़' (1946) के 'मैं कब छेड़ूँ प्रेम तराना' (मोहनतारा, रफ़ी) में दी थी। वाडिया मूवीटोन की इस फ़िल्म के इस गीत में निज़ामी ने शुद्ध शास्त्रीय कम्पोज़ीशन की बेमिसाल अभिव्यक्ति दी है। छोटे टुकड़ों के बाद अंतरे में रफ़ी के स्वर में आरोह का कमाल और अंत में लाजवाब तराना—क्या खूब कम्पोज़ीशन थी! रफ़ी के आरम्भिक दौर का मैं इसे श्रेष्ठतम गीत मानता हूँ और आश्चर्य है कि रफ़ी के 'यहाँ बदला वफ़ा का बेवफाई के सिवा क्या है'—की चर्चा तो संगीत समीक्षकों ने खूब की है पर इस गीत को भूल गए हैं, जबकि रफ़ी ने अपनी प्रतिभा और शास्त्रीय संगीत पर अपनी पकड़ का जो कमाल इस गीत में दिखाया है वह इस दशक में तो और किसी गीत में नहीं। दरअसल रफ़ी की प्रतिभा को नौशाद से पहले ही फिरोज़ निज़ामी ने पहचाना और प्रस्तुत किया था।

एस.एस. यूसुफ़ की 'नेक परवीन' (1946) में निज़ामी ने 'तेरी जात पाक है ऐ खुदा' (हमीदा, साथी), 'दुनिया में भी नज़र कर ओ आसमाँ वाले' (जीनत) और 'दुनिया गरीबों को क्यूँ जीने नहीं देती' (जीनत, हमीदा) जैसे इबादती पर सामाजिक वर्गभेद को भी रेखांकित करनेवाले गीतों को कम्पोज़ किया था। पर उतनी ही कुशलता से हिंदू भजन शैली में 'रंगीन कहानी' (1947) के 'तुझ बिन कौन सहारा भगवान' (अमीरबाई) को भी कम्पोज़ करने में निज़ामी सक्षम थे।

दिलीप कुमार और नूरजहाँ फ़िल्म 'जुगनू' में

निज़ामी की संगीत शख्सियत का सर्वश्रेष्ठ उदाहरण तो शौक़त हुसैन रिज़वी निर्देशित नूरजहाँ और दिलीप कुमार अभिनीत 'जुगनू' (1947) ही माना जाएगा। 'जुगनू' को भले ही मोरारजी देसाई ने एक अधेड़ प्रोफ़ेसर के नायिका (सुलोचना) के प्रति प्रेम को अनैतिक मानते हुए प्रतिबंधित कर दिया हो, पर 'जुगनू' का संगीत तो हिंदी सिने-संगीत के इतिहास में मीलस्तम्भ बन चुका है। नूरजहाँ के स्वर में 'आज क़ी रात साज़े दिले पुरदर्द न छेड़' दादरा ताल के अनूठे अलग प्रयोग के साथ कम्पोज़ की गई एक लाजवाब तर्ज़ थी जिससे प्रेरणा लेकर बाद के वर्षों में भी गीत बनते रहे। 'मुझसे मत पूछ मेरे इश्क में क्या रखा है' जैसे सुपरहिट गीत की धुन भी 'आज की रात' से ही प्रेरित होने में कोई संदेह नहीं लगता। प्रसिद्ध गायिका रोशनआरा बेगम से निज़ामी ने अदीब का लिखा 'देश की पुरकैफ़ रंगीं सी फिज़ाओं में कहीं' बड़ी शिद्दत से गवाया था। रिद्म के परिवर्तन के साथ रचित आख्याननुमा यह लम्बा गीत अपनी अर्धव्यंजकता, प्रासंगिकता और कम्पोज़ीशन के कारण इतिहास में हमेशा अपना स्थान रखेगा। नूरजहाँ के स्वर में 'तुम भी भुला दो हम भी भुला दें प्यार पुराने गुज़रे ज़माने' भी धीमी लय में एक सुंदर कम्पोज़ीशन थी। नूरजहाँ के बेहतरीन आलापों के साथ निज़ामी के लाक्षणिक आरोह-अवरोह और बदलते रिद्म के साथ सृजित 'उमंगें दिल की मचलीं मुस्कुराई ज़िंदगी अपनी' को भी कम्पोज़ीशन के हिसाब से परिपाटी से बिलकुल अलग एकदम नया प्रयोग माना जाना चाहिए। इसकी आधुनिकता इसे अपने ज़माने से बहुत आगे की रचना बनाती है। तर्ज़, रिद्म और स्वर के लगातार बदलाव के साथ गीत की निरंतरता को बनाए रखने का इतना सुंदर प्रदर्शन इस दौर के अन्य किसी गीत में तो याद नहीं आता। यह दूसरी बात है कि खाँसी की ध्वनियों के कथ्य के अनुरूप स्वाभाविक प्रयोग के साथ 'हमें तो शामे ग़म में काटनी है ज़िंदगी अपनी' (नूरजहाँ) की संजीदा दर्दीली धुन कहीं अधिक लोकप्रिय हुई और नूरजहाँ के यादगार नग़मों में आज तक

गिनी जाती है।

पर 'जुगनू' का सबसे लोकप्रिय और सदाबहार गीत था रफ़ी, नूरजहाँ के स्वर में 'यहाँ बदला वफा का बेवफाई के सिवा क्या है' ही रहा है। निज़ामी ने इस गीत की राग यमन कल्याण पर बहुत सुंदर तर्ज़ बनाई थी, और रफी ने इसे अपने उन्मुक्त अंदाज से बखूबी गाया भी था। संगीत-रचना कोई जटिल नहीं थी, बल्कि समीक्षक हृषि दीक्षित के अनुसार तो एक ही पुनरावृत्त होती हुई संगीतात्मक संरचना पूरे गीत में थी, फिर भी यह निज़ामी का कमाल था कि इसके बावजूद कहीं भी एकरसता नहीं आई है।[2] रफ़ी को गायकों की अग्रिम पंक्ति में स्थान दिलाने में इस गीत का बहुत बड़ा हाथ रहा है। अपने ज़माने में यह मुहल्ले-मुहल्ले गाए जानेवाला गीत था। राजनीतिक आज़ादी भले ही मिल रही हो, पर पारम्परिक सामाजिक बंधनों और रूढ़ियों का प्रभाव अभी इतना सशक्त था कि उन्मुक्त प्रेम की परिणति बेवफ़ाई में होना स्वाभाविक था (भले ही इसके पीछे सामाजिक मर्यादाओं की मजबूरी हो) और यही कारण है कि यह गीत देश के युवाओं को उनकी ही भावनाओं को प्रतिबिम्बित करता लगा। फ़िल्म के एक अन्य गीत 'वो अपनी याद दिलाने को' रफ़ी ने न सिर्फ़ अपना स्वर दिया था बल्कि विशेष अतिथि-भूमिका में वे इस गीत के समय पर्दे पर भी थे।

देश के विभाजन के बाद फिरोज़ निज़ामी वापस लाहौर लौट गए जहाँ फज़ली की 'दुपट्टा' और शौकत हुसैन रिज़वी की ही 'चनवे' में उनका संगीत सुपरहिट रहा। 'दुपट्टा' के नूरजहाँ के गाए 'चाँदनी रातें', 'साँवरिया तोहे कोई पुकारे' और 'तुम ज़िंदगी को ग़म का फसाना' तथा 'चनवे' के 'तेरे मुखड़े पे काला-काला तिल वे', 'मुंडिया सियालकोटिया', 'चन दे आ टोटिया', 'चंगा बना रे सानू खिलौना' पाकिस्तान के सदाबहार गीतों में आज भी अपना स्थान रखते हैं। कराची के ईस्टर्न स्टूडियो की भी कई फ़िल्मों में निज़ामी ने संगीत दिया। 'किस्मत', 'इंतख़ाब', 'राज़', 'अन्याय', 'गुलाम', 'मंज़िल', 'सौगात' जैसी उनकी अनेक फ़िल्मों ने छठे और सातवें दशक में पाकिस्तान में कामयाबी का झंडा गाड़ा। शास्त्रीय गायक के रूप में भी रेडियो पाकिस्तान से निज़ामी गाते रहे। पाकिस्तान आर्ट्स काउंसिल के संगीत विभाग के अध्यक्ष के रूप में उनकी नियुक्ति हुई और 15 नवम्बर, 1975 में अपनी मृत्यु तक वे उस पद पर रहे।

संदर्भ

1. सईद मलिक : 'फ़िरोज़ निज़ामी—इन सर्च ऑफ एक्सेलेंस'—'द नेशन मिडवीक', पाकिस्तान
2. हृषि दीक्षित : 'अभी तो मैं जवान हूँ' शृंखला—इंटरनेट

खुर्शीद अनवर

'जब तुम ही नहीं अपने, दुनिया ही बेगानी है'

खुर्शीद अनवर

पाँचवें दशक के बेहद लोकप्रिय संगीतकार ख़ुर्शीद अनवर अपने छात्र-जीवन में पूरे पंजाब विश्वविद्यालय में एम.ए. दर्शनशास्त्र में प्रथम आए थे और उस ज़माने के प्रतिष्ठित ICS परीक्षा के लिखित चरण में भी सफल रहे थे, पर साक्षात्कार में शामिल न होकर उन्होंने संगीत का क्षेत्र चुना। अपने संगीत-जीवन की शुरुआत उन्होंने कई अन्य संगीतकारों की तरह ऑल इंडिया रेडियो से की, जहाँ वे संगीत विभाग में प्रोड्यूसर थे। संगीत के प्रति रुचि बचपन से ही थी और उस्ताद तवक्कल हुसैन खाँ से उन्होंने संगीत की विधिवत् शिक्षा भी ग्रहण की थी। उनकी पहली फ़िल्म कारदार की पंजाबी में बनी 'कुड़माई' (1941) थी, जिसके गीत खूब चले थे। हिंदी फ़िल्मों में संगीत निर्देशन का काम उन्होंने 'इशारा' (1943) से प्रारम्भ किया, जिसके निर्देशन भी 'कुड़माई' के निर्देशक जे.के. नंदा ही थे।

खुर्शीद अनवर अपनी बुद्धिजीवी छवि को फ़िल्म संगीत में भी ले कर आए। वे यह मानते थे कि पारम्परिक शास्त्रीय और रोमांटिक अंदाज़ों से अलग एक संगीतकार को नई शैलियों का विकास करना चाहिए। खुर्शीद अनवर की संगीत रचनाओं की विशेषता उनकी tonality और मेलोडी में microtonal pitches पर बल था। साथ ही 'मींड' का प्रभाव (स्वर को ऊँची पट्टी से नीचे तक glide कराना) भी उनकी रचनाओं में अकसर झलकता था।[1] बचपन में ही हरियाणा के लोकसंगीत का प्रभाव भी उन पर हुआ था और 'इशारा' (1943) तथा 'सिंगार' (1949) के गीतों में हरियाणा के लोकगीतों का परिष्कृत रूप हमें साफ नज़र आता है।[2] 'इशारा' के हिट गीत 'पनघट पे मुरलिया बाजे' (सुरैया) और 'सजनवा आ जा रे खेलें दिल के खेल' (गौहर सुलताना) में लोकसंगीत के साथ-साथ 'मींड' का प्रभाव और microtonal pitches के टुकड़ों का असर भी स्पष्ट नज़र आता है। पृथ्वीराज कपूर के सितार के साथ पर्दे पर सुरैया के पाँव ऐसे थिरके कि यादगार बन गए। गौहर सुलताना का ही गाया 'शबनम नीर बहाए' भी अपने ज़माने में खूब लोकप्रिय रहा था। कहा जाता है कि फ़िल्म 'शारदा' के 'घिर घिर आई बदरिया' की मूल कम्पोज़ीशन खुर्शीद अनवर की थी और बाद में जब उनकी जगह बतौर संगीतकार नौशाद को लिया गया तो गीतकार मधोक ने हुबहू वही धुन नौशाद से रेकॉर्ड करवा ली। सोहराब मोदी निर्देशित 'परख' (1944) में सरस्वती देवी के संगीतबद्ध दो गीतों के अलावा शेष 7 गीतों की धुन खुर्शीद अनवर ने बनाई थी। इस फ़िल्म में इरा निगम के गाए 'कोई क्या जाने इसे दर्द हमारा क्या है' और 'दुनिया है ये प्यार की दुनिया' की कम्पोज़ीशन्स में भी tonality पर ज़ोर साफ झलकता है। 'गुरूरो नाज़ से गेसू का बल खाना नहीं अच्छा' आरज़ू लखनवी की सशक्त रचना थी जो काफ़ी सराही गई थी। गाफ़िल हरनालवी का लिखा 'आए दिन प्यार के साजना' (कौशल्या, पुरुष स्वर) भी इस फ़िल्म का एक चर्चित गीत रहा था। इरा निगम उन दिनों दिल्ली के चूड़ीवालान मुहल्ले में रहती थीं और रोशन, जो दिल्ली आकाशवाणी में थे, उनके पड़ोसी और परिचित थे।

नक्शब और नौशाद के साथ खुर्शीद अनवर

इरा के स्वर से प्रभावित होकर रोशन ही खुर्शीद अनवर को लेकर उनके घर आए थे, और फिर 'परख' में उनसे गीत गवाए गए।

ज़िया सरहदी निर्देशित 'यतीम' (1945) के 'झूम रही बागों में भींगी हुई डालियाँ' (दुर्रानी, राजकुमारी) और 'मैं उससे करूँ प्यार वो मुझसे करे प्यार' (दुर्रानी) की मेलोडी में भी एक रचनात्मक नवीनता लाने की कोशिश नज़र आती है, पर 'यतीम', 'आज और कल' (1947) और 'पगडंडी' (1947) के गीत विशेष लोकप्रिय न हो सके। खुर्शीद अनवर की सर्वाधिक चर्चित और प्रशंसित फिल्म थी जे.के. नंदा निर्देशित 'परवाना' (1947) जो सहगल की भी आखिरी फ़िल्म थी। सहगल इस फ़िल्म तक शारीरिक रूप से काफी कमज़ोर हो चले थे, फिर भी शूटिंग जारी रही। इस फ़िल्म के तो सभी गीत लोकप्रिय रहे थे। इन सभी गीतों में मेलोडी की निरंतरता, tonality का प्रभाव और माधुर्य के अंदर भावव्यंजकता का सम्मिश्रण खुर्शीद अनवर का लोहा मनवाता है। सुरैया के स्वर में 'जब तुम ही नहीं अपने, दुनिया ही बेगानी है' की कर्णप्रिय मेलोडी हो, या 'मेरे मुंडेरे न बोल, जा कागा कागा जा' में 'जा जा जा' की अदायगी में 'थ्रो' की अदा हो या 'पापी पपीहा रे पी पी न बोल' की लोकशैली के बीच बाँसुरी का सुंदर उपयोग हो—इन सभी गीतों को सुरैया के श्रेष्ठतम गीतों में आसानी से शामिल किया जा सकता है। खुर्शीद अनवर ने सुरैया की गायन प्रतिभा की तारीफ़ में कहीं कहा भी था कि सुरैया कम्पोज़ीशन हूबहू अभिव्यक्त करने में सक्षम थीं। 'परवाना' के कई गीतों में खुर्शीद अनवर ने वाद्यों का सुंदर उपयोग कर भावों को गहनता प्रदान की है। राजकुमारी के लोक शैली में गाए 'सैंया ने उंगली मरोड़ी रे' में बाँसुरी के टुकड़ों का, सहगल के गज़ल शैली में गाए 'ऐ फूल हँस के बाग में कलियाँ खिलाए जा' में वॉयलिन का और सहगल के ही गाए बेहद खूबसूरत ग़ज़ल 'मोहब्बत में कभी ऐसी भी हालत पाई जाती है' में सितार का प्रयोग ऐसे ही उदाहरण हैं। सहगल के ही ख़माज़ पर गाए 'उस मस्त नज़र पर पड़ी जो नज़र...कहीं उलझ न जाना' आज भी सहगल के प्रेमी बड़े चाव से सुनते हैं।

फ़िल्म 'सिंगार' (1949) के मधुर संगीत के लिए खुर्शीद अनवर पुरस्कृत भी हुए थे। इस फ़िल्म में उनके सहायक के रूप में रोशन ने काम किया था।[3] सुरिंदर कौर के गाए 'दिल आने के ढंग निराले हैं', 'चंदा रे मैं तेरी गवाही लेने आई' और सुरैया के गाए 'नया नैनों में रंग नई उठी उमंग' तथा 'वो दिन किधर गए' की अच्छी तारीफ़ हुई थी। खुर्शीद अनवर के बारे में सुरिंदर कौर ने एक मुलाकात (लिस्नर्स बुलेटिन, सितम्बर, 1981) में बताया कि 'सिंगार' की रेकॉर्डिंग के समय वे चाहते थे कि सुरिंदर कौर गाने के साथ हाव-भाव भी प्रदर्शित करें, पर सुरिंदर कौर ने असमर्थता दिखाई कि वे भाव आवाज़ में ला सकती हैं, एक्शन से नहीं। बहरहाल इस फ़िल्म में हरियाणा के लोकसंगीत का अच्छा प्रभाव नजर आता है। धीमी डोलती लय में 'चंदा रे मैं तेरी गवाही लेने आई' अपने-आपमें अनूठी रचना है, जिसको एच.एम.व्ही. ने अपने 'द —फैबुलस इयर्स, 1946-56' कैसेट्स में भी शामिल किया है। वहीं मचलती मीठी धुन वाली 'नया नैनों में रंग, नई उठी उमंग' तो इतनी सुंदर रचना है कि इसे एच.एम.व्ही. ने सुरैया के 'रेयर जेम्स' कैसेट्स में जगह दी है। अशोक कुमार और मधुबाला अभिनीत 'निशाना' (1950) में खुर्शीद अनवर ने नक्शब के गीतों को शमशाद, गीता और

फ़िल्म 'निशाना' के मुहूर्त की तस्वीर

राजकुमारी जैसी चोटी की गायिकाओं से गवाया था, पर बाँसुरी के मीठे प्रयोग वाले 'कभी मुरली बजाई श्याम ने' (गीता) जैसे एकाध गीत छोड़कर अन्य गीत मकबूल न हुए।

खुर्शीद अनवर के हिस्से लता का कोई गीत क्यों न आया इसकी एक रोचक कहानी है। दरअसल खुर्शीद अनवर ने लता को उनकी मशहूरियत के दिनों के पहले एक फ़िल्म के गीत की रिहर्सल के लिए बुलाया था। लता जब पहुँचीं तो खुर्शीद अनवर नहीं थे और कमरे में एक हारमोनियम वादक और एक सारंगी वादक बैठे थे। कुछ देर बाद हारमोनियम वादक ने लता को गाना सीखने के लिए बुलाया। लता ने पूछा कि वे अगर खुर्शीद अनवर नहीं हैं तो वे कैसे गाना सिखा सकते हैं। इस पर हारमोनियम वादक ने उन्हें उत्तर में बताया कि खुर्शीद अनवर स्वयं न तो हारमोनियम बजा सकते थे और न ही गाते थे—वे तो सिर्फ़ धुनें कम्पोज़ करते थे। लता के लिए यह आश्चर्यजनक था और यह कहते हुए कि वे उस संगीतकार के लिए नहीं गा सकतीं जो स्वयं गीत नहीं सिखा सकता, वे लौट आईं।[4] इस वाक्ये पर खुर्शीद अनवर के कुछ चहेतों ने आपत्ति लेते हुए इसे ग़लत भी बताया है। पर इस विवाद को रहने भी दें तो भी यह तो कहा ही जा सकता है कि यदि लता जानती रहतीं कि आगे चलकर खुर्शीद अनवर कितने बड़े कम्पोज़र बनेंगे तो वे सम्भवतः न भी लौटतीं, और यदि खुर्शीद अनवर को पता होता कि लता कितनी बड़ी गायिका होने की क़ाबिलीयत रखती हैं तो सम्भवतः वे भी गायब नहीं रहते। पर इत्तफ़ाक का भी ज़िंदगी में कभी-कभी बड़ा महत्त्व रहता है, और यह शायद परिस्थितिजन्य इत्तफ़ाक ही था कि खुर्शीद अनवर और लता साथ काम न कर सके। वैसे खुर्शीद अनवर की तारीफ़ में यह तो कहना ही पड़ेगा कि

बिना किसी वाद्य के सहारे कम्पोज़ की हुई उनकी धुनों की मेलोडी न सिर्फ़ हृदय से निकलती थी बल्कि उनकी रचनाओं में ध्वनि और अनुभूति का सम्मिश्रण बेहद दिलकश था। अपने ज़माने के हिसाब से उन्होंने लीक से हटकर भी बहुत सुंदर धुनें बनाईं जो आज भी यादगार हैं।

बहरहाल भारत में खुर्शीद अनवर की आखिरी फ़िल्म थी 'नीलमपरी' (1952) जिसके 'जब तक चमके चाँद सितारे' (गीता, दुर्रानी) और 'रात चाँदनी करे इशारे' (गीता) फ़रमाइशी प्रोग्रामों में खूब बजे थे। इनके बाद खुर्शीद अनवर पाकिस्तान जा बसे और पाकिस्तान में वे कहीं अधिक चर्चित हुए। 'ज़हरे इश्क', 'चिंगारी', 'घूँघट', 'इंतज़ार', 'कोयल', 'शौहर', 'हीर राँझा' जैसी अनेक हिट फिल्मों में उन्होंने संगीत दिया था। 'इंतज़ार' के नूरजहाँ के गाए मियाँ की तोड़ी में 'जिस दिन से पिया दिल ले गए', 'गज़ब किया तेरे वादे पे एतबार किया', 'ओ जाने वाले रे' और 'सावन की घनघोर घटा' तथा 'कोयल' के नूरजहाँ के ही स्वर में जयजयवंती आधारित 'दिल का दिया जलाया' और 'महकी फ़िज़ाएँ' सुपरहिट हुए थे। तिलक श्याम आधारित 'सागर रोए लहरें शोर मचाएँ' भी सुपरहिट रचना थी। नूरजहाँ तो खुर्शीद अनवर से इतनी प्रभावित थीं कि उन्हें 'कम्पोज़र्स कम्पोज़र' का खिताब दे दिया था। लता मंगेशकर ने भले ही खुर्शीद अनवर के लिए गाया न हो, पर उन्होंने भी एक साक्षात्कार में 'इंतज़ार' के गीतों को अपना पसंदीदा बताया था। पाकिस्तानी फ़िल्मों 'ख़ाक और खून', 'परायी आग' और 'शीरी फरहाद' के लिए उन्हें पाकिस्तानी हुकूमत ने 1979-80 में हैदरअली एवार्ड और 'प्राइड ऑफ परफॉर्मेंस' के लिए 'सितारा-ए-इम्तियाज़' का खिताब दिया था।[5] पाकिस्तान में उन्हें आदर से ख्वाजा साहब कहा जाता था। भारत के भी ऑल इंडिया म्यूज़िक डायरेक्टर्स एसोसिएशन ने 1982 में उन्हें भारतीय फिल्म जगत की गोल्डन जुबली पर एक सम्मान-पत्र दिया था जिस पर लिखा था 'Mortal man Immortal melodies'। प्रसिद्ध पाकिस्तानी शायर फैज़ अहमद फैज़ खुर्शीद अनवर को पाकिस्तान का Musical Spokesman कहा करते थे। 70 वर्ष की उम्र में 30 अक्टूबर, 1985 को वे लाहौर में खुदा को प्यारे हो गए।

संदर्भ

1. सईद मलिक : 'खुर्शीद अनवर—ए कम्पोज़र्स कम्पोज़र'
2. वही
3. कैयूम अज़ीज़ : हरमिंदर सिंह हमराज (सम्पा.), लिस्नर्स बुलेटिन, अंक 62, अगस्त, 1985
4. हरीश भिमानी : इन सर्च ऑफ़ लता मंगेशकर
5. कैयूम अज़ीज़ : हरमिंदर सिंह हमराज (सम्पा.), लिस्नर्स बुलेटिन, अंक 62, अगस्त, 1985

एस.के. पाल

'नगरी मेरी कब तक यूँ ही बर्बाद रहेगी'

संगीतकार रामचंद्र पाल के भतीजे संगीतकार सूर्यकांत उर्फ एस.के. पाल का नाम भी पाँचवें दशक का एक चर्चित नाम हुआ करता था। डब्ल्यू.जेड. अहमद ने जब नीना को लेकर (जिनसे बाद में उन्होंने शादी की) अपनी प्रोडक्शन कम्पनी शालीमार पिक्चर्स की 'एक रात' (1942) बनाई, तो संगीतकार के रूप में एस.के. पाल को लिया। नीना गाने में कमज़ोर थीं और रेकॉर्ड पर भले ही उनका नाम रहता था, पर वास्तविक रूप से गीत ताराबाई उर्फ सितारा (कानपुर) गाया करती थीं।

यमन पर आधारित धीमी लय का 'मैं तो गई प्रीतम को ढँढ़ने' फ़िल्म का अच्छा ही गीत बना था, पर 'एक रात' (1942) में गालिब की मशहूर गज़ल 'दिल ही तो है' न संगोखिश्त तबला, सितार और वॉयलिन के साथ पारम्परिक शैली की कम्पोज़ीशन के बावजूद कोई विशेष प्रभाव नहीं छोड़ती। नीना की कहानी भी बड़ी रोचक है। मंटो ने अपनी 'मीनाबाज़ार' में नीना पर एक पूरा आलेख ही लिख डाला। नीना का असली नाम शाहिदा था और वह मोहसिन अब्दुल्ला की बड़ी घरेलू-सी बीवी थी--वही मोहसिन जो पहले बाम्बे टॉकीज और फिर शालीमार में लैब इनचार्ज के रूप में काम करते थे। मोहसिन दिलफेंक प्रवृत्ति के थे और अभिनेत्री स्नेहप्रभा के पीछे पागल थे। दूसरी तरफ़ डब्ल्यू. जेड. अहमद, जो दरबार लगाने के भी शौकीन थे (उनके दरबार में एक समय कृश्न चंदर, भरत व्यास, सागर, निज़ामी, जाँ निसार अख्तर और जोश मलीहाबादी जैसे नामी-गिरामी लोग बैठते थे), मुँह में सिगार दबाए रखने के भी आदी थे और पान भी चबाते थे, यूँ तो शादीशुदा थे, पर पता नहीं क्यों उनकी नज़र में शाहिदा आ गई और अपने मातहत मोहसिन को अधिक वेतन पर खुश रखके और बातों से प्रभावित कर उन्होंने शाहिदा को ही 'एक रात' के लिए नीना के रूप में काम करने को मोहसिन को मना लिया। दो माह तक अपनी चालाक दूरदृष्टि से अहमद ने नीना को 'एक रात' के लिए एक 'रहस्यमयी लड़की' के रूप में विज्ञापित कर फ़िल्म के प्रति लोगों का कौतूहल बढ़ा दिया था। बाद में तो अहमद ने बड़ी चतुराई से नीना को मोहसिन से अलग करा, फिर अपने साथ रहने पर ही राज़ी कर लिया।

बहरहाल, डब्ल्यू.जेड. अहमद ने 'शालीमार' के बैनर तले नीना, जयराज अभिनीत 'प्रेम संगीत' (1943) के लिए भी एस.के. पाल को ही संगीतकार रखा। भरत व्यास का पहला गीत इसी फ़िल्म के लिए लिखा गया था। इस फ़िल्म में भरत व्यास ने भी एकल गीत गाया था 'घायल करके हमसे पूछते हो दर्द होता है'। फ़िल्म के दो खूबसूरत गीत थे अमीर बाई के स्वर में हलके ऑरकेस्ट्रेशन के साथ दर्द के सुरों को समेटे 'मन रे मत रो' और प्रकृति की सुंदरता को प्रकट करता कुछ रवींद्र संगीत की शैली लिए 'नाचे झनन झनन मन की वीणा' (अमीर बाई, अन्य स्वर)। 'बढ़ चले मौत से भी लड़ने हम हिंदुस्तानी' और 'मैं आगरे से जूता लाया रे' (भरत व्यास, शांता ठक्कर) भी इस ज़माने में लोकप्रिय हुए थे। पर एस.के पाल की सर्वाधिक चर्चित फ़िल्मों में शालीमार की 'मन की जीत' (1944) को गिना जाएगा और वह इसलिए कि इस फ़िल्म का उनका कम्पोज़ गीत 'मोरे जोबना का देखो उभार' (ज़ोहरा) की शाब्दिक अश्लीलता को लेकर खूब छींटाकशी हुई थी। डब्ल्यू.जेड. अहमद के दरबार में जोश मलीहाबादी भी अपना स्तर इस कदर गिरा चुके थे कि उनके जैसे प्रगतिशील शायर की कलम से भी ऐसा सस्ता-सा गीत लिखा गया। इस गीत में शब्दों के अनुरूप पाल ने लोकशैली की buoyancy दी थी। फ़िल्म के सितारा के गाए 'ऐ चाँद ना इतराना' में एस.के. पाल ने पृष्ठभूमि में बाँसुरी के सुंदर उपयोग से चार चाँद लगा दिए हैं। इस गीत की तथा सितारा के स्वर में ही 'नगरी मेरी कब तक यूँ ही बर्बाद रहेगी' की मेलोडियस धुनें उन

दिनों खूब लोकप्रिय हुई थी। राजस्थानी लोकशैली में भरत व्यास और शांता का 'छिप छिप कर मत देख भँवरजी' भी उन दिनों अच्छा चला था। 'मन की जीत' ही चरित्र अभिनेता तिवारी की भी पहली फ़िल्म थी।

शालीमार की 'गुलामी' (1946) उर्फ 'Rape of Burma' में नीना की जगह रेणुका देवी थीं, निर्देशन भी डब्ल्यू.जेड. अहमद की जगह वाधवानी का था और गाने वाले भी भरत व्यास, मसूद परवेज़ के साथ लगभग सभी गीतों में रेणुका देवी ही थीं। इन गीतों की खूबी थी चार बड़े मशहूर साहित्यिक जगत के शायरों-कवियों द्वारा इनका लिखा जाना। मजाज़ का मशहूर कलाम (जो बाद में 'ठोकर', 1954 में सरदार मलिक ने तलत से गवाकर अमर बना दिया) 'ऐ ग़मे दिल क्या करूँ' को भी इस फ़िल्म में एस.के. पाल ने रेणुका और मसूद परवेज़ से गवाया था। जोश का मशहूर कलाम 'ऐ वतन मेरे वतन, तुझपे मेरी जाँ निसार' (मसूद, रेणुका) की भी पाल ने अच्छी-सी धुन बनाई थी। अख़्तर-उल-इमान के लिखे रेणुका के स्वर में 'कुछ दिन बीते इस धरती पर' और 'जागी रग रग में जागी उमंगें' और भरत व्यास के लिखे 'इस नश्वर संसार में अजर अमर दो नाम' (स्वयं भरत व्यास के स्वर में), प्रतीक देशभक्ति गीत 'आ जा रे ओ गीता के भगवान' (रेणुका, भरत व्यास, साथी) जिसमें बंगाल के संगीत की भी छाया थी, 'नाचो छनन छून' (रेणुका, मसूद परवेज़), 'छाई घटा घनघोर गगन में' (रेणुका, साथी) जैसे काव्यात्मक गीत भी फ़िल्म में थे, पर फ़िल्म की असफलता के कारण ये गीत सुने अधिक नहीं गए और एस.के. पाल की यह उल्लेखनीय फ़िल्म गुमनाम-सी ही रह गई। अख़्तर-उल-इमान और कृश्न चंदर ने मिलकर इस फ़िल्म के संवाद लिखे थे।

'पृथ्वीराज संयुक्ता' में नीना

शालीमार की नीना, पृथ्वीराज अभिनीत 'पृथ्वीराज संयुक्ता' (1946) में भी अख़्तर उल इमान, जोश और भरत व्यास के लिखे गीत थे, पर नीना के नाम से सितारा के गाए 'सुंदर सपना बन के आती नयनन में कौन समाया', 'क्या जाने मन क्या करता है' जैसे कोमल गीत भी अच्छी कम्पोज़ीशन के बावजूद अधिक चले नहीं। शालीमार की डब्ल्यू.जेड. अहमद निर्देशित 'मीराबाई' (1947) में मीरा के भजन उन्होंने सितारा (कानपुरी) से खूबसूरती से गवाए थे। 'कौन गली गयो श्याम' एक उत्कृष्ट कम्पोज़ीशन थी, जिसमें बाँसुरी के सुंदर प्रयोग और कीर्तन जैसे वाद्य-संयोजन के साथ ठुमरी मिश्रित भजन की शैली अपनाई गई थी, पर मीरा के पाल के स्वरबद्ध भजन उसी वर्ष प्रदर्शित मद्रास की 'मीरा' के सुब्बूलक्ष्मी के गाए भजनों के सामने टिक नहीं पाए। आखिर पर्दे पर नीना (और गायन में सितारा) सुब्बूलक्ष्मी वाली महानता और पावनता कहाँ से ला पातीं? 'शहज़ादी' में जोश के लिखे 'बंद कलियों को' और 'जब से बुलबुल तूने' जैसे गीतों को पाल ने पुनः स्वरबद्ध किया था। 'रंगीला राजस्थान' (1949) में कल्ला और भरत व्यास भी पाल के साथ संगीतकार थे।

पाल का संगीत मूलतः कोमल स्वरलहरियों वाला संगीत था। इस दौर के संस्कारवादी मध्यवर्गीय समाज की प्रेम-संवेदनाओं के बीच ही उन्होंने अपनी ज़मीन तलाशी। जोश और मजाज़ जैसे प्रगतिशील शायरों (वैसे जोश ने फ़िल्मों के लिए मुश्किल से एकाध ही स्तरीय प्रगतिशील रचना की) के इस धारा के कलामों के साथ भी पाल का संगीत अपनी कोमल सौम्यता को पूरी तरह त्याग नहीं पाया। भारत में प्रगतिशील आंदोलन मध्यवर्ग की संस्कारी मानसिकता को भेदने में काफ़ी हद तक असफल ही रहा, और पाल की यह प्रवृत्ति भी इसी स्थिति का उदाहरण कहा जा सकता है।

शालीमार की फ़िल्मों के अलावा एस.के. पाल ने प्रभात फ़िल्म कम्पनी, पूना की 'सीधा रास्ता' (1947) में संगीत देते हुए पारुल घोष से कुछ गीत गवाए। इंडिया फ़िल्म कॉर्पोरेशन की 'नई रीत' (1945) में गायिका मीना कपूर के कई गीतों में बड़े ही संतुलित स्वर में गवाया मधुर गीत 'आओ जीवन का गाना गाएँ नया' भी शामिल था। चित्रवाणी की 'बेबस' (1950, पं. गणपत राव के साथ) के गीत पाल की लोकप्रियता की एक अच्छी उपलब्धि साबित हुए थे। दर्द-भरे माधुर्य को लिए 'क्या तुझको हुआ आखिर' (गीता, मुकेश) और 'तुम जब से मिलकर दूर गए' (मुकेश) काफ़ी लोकप्रिय रहे। 'मैं तुमसे मुहब्बत करता हूँ' (मुकेश) और इठलाता 'मेरा दिल तेरा दिल' (गीता, पुरुष स्वर) जैसे गीत आज भी सुनने में सुंदर लगते हैं। 'भीष्म प्रतिज्ञा' (1946) के 'चंचल पवन चले' (गीता), 'ओ पगले मनवा है' (गीता) और 'ढल गया आशा का सूरज' (आशा) जैसी अबाध कम्पोज़ीशन्स, अप्रदर्शित फ़िल्म 'बटोही' के मन्ना डे के गाए 'भजन बिना इस तन का क्या' और 'नाना काया नगर बसाना' जैसे भजन या फिर 'सागर' (1951) का लालित्य-भरा 'रो रो कर तेरी राह तकूँ' (गीता), बाम्बे टॉकीज की विमल राय निर्देशित 'माँ' (1952) का मार्मिक 'वह आँखें क्या आँखें जिनमें आँसू की धार नहीं' (मन्ना डे), बॉम्बे टॉकीज की ही फ़णि मजुमदार निर्देशित 'तमाशा' (1952) का 'थी जिनसे पल भर की पहचान' (आशा) जैसे कोमल गीतों को अधिक लोकप्रियता तो न मिली पर इनके सहारे एस.के. पाल. फ़िल्मी दुनिया में टिके रहे। बॉम्बे टॉकीज़ की

समाप्ति से उनका एक और सहारा छिन गया, पर बॉम्बे टॉकीज़ के सम्बद्ध कलाकारों द्वारा 'बाम्बे टॉकीज़ वर्कर्स इंडस्ट्रियल को-ऑपरेटिव सोसायटी' के बैनर तले बनी 'बादबान' (1954) में तिमिर बरन के साथ मिलकर संगीत देते हुए एस.के. पाल ने अपनी आम शैली से कुछ अलग और अपने जीवन का शायद सबसे लोकप्रिय गीत रचा। 'कैसे कोई जिए' (हेमंत, गीता) न सिर्फ उस वर्ष के बिनाका के चोटी के गीतों में था, बल्कि बंगाली स्पर्श लिए ऑफ़ बीट सी इस गूँजती धुन को तो संगीत समीक्षक भी फ़िल्म संगीत की एक अविस्मरणीय कृति मानते हैं। 'बादबान' के 'हर रोज कहा हर रोज सुना' (गीता), 'जाती है आज नैया मेरी' (मन्ना डे, साथी), 'देखो चंचल है मेरा जिया' (आशा) जैसे गीत भी सुंदर ही थे, पर 'कैसे कोई जिए' का व्यक्तित्व इतना विराट था कि इसके सामने बाकी सब धूमिल रह गया। इसी प्रकार पाल के संगीत निर्देशन में 'प्यासे नैन' (1954) में आशा के बेहतरीन अलापों के साथ 'मेरे जीवन में आया है कौन' (तलत, आशा) की स्निग्ध तर्ज़ को तो एच.एम.व्ही. ने भी तलत, आशा के 'डुएट्स टु रिमेम्बर' कैसेट में शामिल किया था।

सिनेवर्कर्स सोसायटी के बैनर तले निर्मित 'ढोला मारू' (1957) में एस.के. पाल कथ्य के अनुरूप राजस्थानी लोकसंगीत लेकर 'आज की ये बातें राजा भूल मत जइयोजी' (भारत, मन्ना डे), 'ऐ जी मोरी फर-फर अँखियाँ' (आशा), 'सुन सुन मोरी गौरी भात' (आशा, साथी) के साथ तो जमे ही, साथ ही गरबा जैसी शैली में 'काजल बिन मेरी फीकी है अँखियाँ' (लता) का भी जादू साथ लेकर आए। यह गीत और लता के स्वर में दर्द-भरी धुन लिए 'कठिन विरह की पीर' इसलिए भी उल्लेखनीय है क्योंकि लता के साथ पहली बार और आखिरी बार एस.के. पाल का साथ हुआ था।

एस.के. पाल की अधिकांश रचनाओं में एक मिठास रहती थी। यह मिठास कहीं बंगाल की लोकसंस्कृति का प्रतीकात्मक बिम्ब बनकर सुरों में ढलती थी, तो कहीं फ़िल्म के कथानक के अनुसार वह राजस्थान की लोकनृत्य-शैलियों का उल्लास और शृंगार ले कर आती थी। पाल कोई बहुत बड़े या प्रयोगवादी संगीतकार नहीं थे, पर उन्हें संगीत के उस दौर का प्रतिनिधि संगीतकार माना जा सकता है जब औसत का अर्थ भी मेलोडी के एक परिभाषित आकार और रास्ते को मानकर चलना था, और इस यात्रा में कभी-कभी मीलस्तम्भ भी बन ही जाते थे।

बुलो. सी. रानी

'घूँघट के पट खोल रे तोहे पिया मिलेंगे'

बुलो. सी. रानी

रणजीत मूवीटोन ने जिन फ़िल्म-प्रतिभाओं को उभरने का मौका दिया उनमें संगीतकार बुलो. सी. रानी का नाम भी ख़ास तौर से लिया जाना चाहिए। रणजीत में स्वतंत्र संगीतकार बनने से पूर्व उन्होंने कुछ दिनों तक ज्ञानदत्त और खेमचंद प्रकाश के सहायक के रूप में भी काम किया था। मूलतः सिंधी (सिंध में 6 मई, 1921 को जन्मे) बुलो. सी. रानी के पिता चंडीरमाणी भी अपने समय के सुप्रसिद्ध संगीतकार रहे थे। बुलो. सी. रानी बचपन से ही शाह लतीफ़ आदि के सूफ़ियाना कलामों के शौकीन थे। फ़िल्मों के लिए संगीत देने का शौक बुलो. सी. रानी को पहले लाहौर खींच लाया जहाँ वे गुलाम हैदर से मिले। 'खानदान' के 'तू कौन सी बदली' की रेकॉर्डिंग भी देखने का सौभाग्य उन्हें प्राप्त हुआ। गुलाम हैदर ने तो उन पर खास ध्यान नहीं दिया, लेकिन वहीं डी. एन. मधोक से उनकी पहचान हुई जो उन्हें अपने साथ बम्बई ले आए। 'चाँदनी', 'दुख-सुख', 'तानसेन', 'बादशाह बाबर' आदि में वे रणजीत के लिए खेमचंद प्रकाश के सहायक रहे। 'तानसेन' के गीत 'हो दुखिया जियरा' (खुर्शीद) की धुन सम्भवतः बुलो. सी. रानी की ही थी, भले ही नाम खेमचंद प्रकाश का दिया गया।

बुलो. सी. रानी पाँचवें और छठें दशक के एक चर्चित संगीतकार रहे हैं । पाँचवें दशक में भी, जब गानों में बोलों और अदायगी पर अधिक ध्यान दिया जाता था, बुलो. सी. रानी ने वाद्य-संयोजन और वाद्य-प्रयोग का एक विशिष्ट, प्रखर और सजीव रूप पेश किया जो उनकी अधिकांश रचनाओं में साफ़ झलकता है। बुलो. सी. रानी ने ऑरकेस्ट्रा का उपयोग मात्र बोलों के समर्थन के लिए न कर उसे एक अलग अस्तित्व और व्यक्तित्व दिया। हालाँकि पाँचवें दशक के हिंदी फ़िल्म-संगीत में पारसी थियेटर की अति नाटकीयता-भरी शैली का प्रभाव काफी कम हो रहा था, पर अभी भी परम्परागत शैली की गज़लों, दादरों या भावुक गीतों की अतिरंजना व्याप्त थी। बुलो. सी. रानी को इस दशक की गज़लों के बहुत अच्छे कम्पोज़र के रूप में भी याद किया जाना चाहिए। उन्होंने अकसर गज़लों के पारम्परिक रूप को ही अपनाया, लेकिन कभी-कभी गज़लों की मूल संरचना के भीतर ही ताल और अभिव्यक्ति में कुछ परिवर्तन कर उस दौर की कई गज़लों को एक नया रंग देने की भी कोशिश की।

अमीर बाई

'पैग़ाम' (1943) में ज्ञानदत्त के साथ संगीत देने के उपरांत बुलो. सी. रानी को रणजीत मूवीटोन की 'पगली दुनिया' (1944) में प्रथम बार स्वतंत्र रूप से संगीत देने का अवसर मिला। इस फ़िल्म में और अपनी कुछ अन्य आरम्भिक फ़िल्मों में उन्होंने भोला के नाम से गीत भी गाए। 'शंकर-पार्वती' (1943—संगीतकार ज्ञानदत्त) में 'ओ जोगी, ओ बैरागी', 'पगली दुनिया' का उनका और अमृतलाल का गाया 'पगले उदास क्यों रहता है' और अमीर बाई के स्वर में

'श्याम भई घर आजा' तथा माधुर्य से सराबोर 'गर हमको जलाओगे' लोकप्रिय रचनाएँ रही थीं। कहा जाता है कि 'शंकर-पार्वती' का अपना गाया यह गीत कम्पोज़ भी उन्होंने स्वयं किया था। 'कारवाँ' (1944) के 'आँखों में इंतज़ार की दुनिया लिए हुए' (ज़ोहरा) और 'सूनी पड़ी है प्यार की दुनिया' (अमीरबाई) को अपने जमाने में खूब प्रसिद्धि मिली थी। इसी फ़िल्म में एक मधुर दोगाना 'मेरी दो-दो अँखियाँ लाल हुईं' बुलो. सी. रानी ने स्वयं अमीरबाई के साथ गाया था।

बुलो. सी. रानी की आरम्भिक फ़िल्मों के संगीत में प्रकृति का मनोहारी रूप संगीत के माध्यम से बहुत सुंदर तरीके से उभरता है। इस संदर्भ में केदार शर्मा की 'चाँद चकोरी' (1945) के अमीरबाई के गाए 'सैंया ओ सैंया तोए बुलबुल कहूँ' और 'हवा तुम कासिद बन कर आ जाना' और इनसे भी बढ़कर 'मूर्ति' (1945) के गीतों का उल्लेख किया जा सकता है। 'मूर्ति' का खुर्शीद का गाया राग सारंग पर सृजित 'अम्बुआ पे कोयल बोले' में अमवाड़ी की प्राकृतिक घटा को जलतरंग जैसे वाद्यों से बुलो. सी. रानी ने बड़े मनोहारी रूप में उभारा है। इसी फ़िल्म का तिलक कामोद आधारित 'बदरिया बरस गई उस पार' (खुर्शीद, हमीदा, मुकेश) जबर्दस्त लोकप्रिय हुआ था तथा लय और ऑरकेस्ट्रेशन के संयोजन के मामले में इस गीत को एक विशिष्ट स्थान प्राप्त है। वहीं इस फ़िल्म के मुकेश के दो दुर्लभ पुरानी गज़लनुमा शैली में गाए गीतों—'माना कि तुम हसीन हो, अहले शबाब हो' तथा 'हसीनों से हसीनों को मुहब्बत हो ही जाती है'—की कसी हुई कम्पोज़ीशन से बुलो. सी. रानी ने संगीत के विभिन्न पहलुओं पर अपनी पकड़ का अहसास कराया है। गज़ल शैली में खुर्शीद के स्वर में 'मेरा चाँद सलोना' भी उन दिनों हिट रहा था। पाँचवें दशक के अच्छे संगीतमय फ़िल्मों में 'मूर्ति' बुलो. सी. रानी के उत्कृष्ट संगीत की वजह से हमेशा अपना स्थान रखेगी।

'मूर्ति' से स्थापित हुए बुलो. सी. रानी ने 'प्रभु का घर' (1945) में खेमचंद प्रकाश के साथ मिलकर संगीत दिया था। 'पिया मेरा केवड़े का फूल काँटेदार' और 'मेरी सजनी सारंगी सी बोले' जैसे शामा और फिरोज़ दस्तूर के गाए गीतों की शोखी को उस वक्त श्रोताओं ने खूब पसंद किया था। इस दौर के उनके अन्य उल्लेखनीय गीतों में 'सजा कर मेरी उम्मीदों को ज़ेरे आसमाँ रख दो' (स्वयं बुलो. सी. रानी—'प्रीत', 1945), 'रूठ गए मोसे मनमोहन अब सावन को क्या करूँ' (मोहनतारा तलपडे—'धरती', 1946), 'ऐ ऐ ऐ हिचकी आई रे' (ज़ोहरा, ए.आर. ओझा, साथी—'कौन हमारा', 1947), 'दिल दिया इंसान को बेदिल बनाने के लिए' (मोहनतारा—'वो ज़माना', 1947), 'मोहे बाँका बलम लगे प्यारा' और 'भींगी-भींगी पलके हैं' (जोहरा—बेला, 1947) और इन सबसे बढ़कर 'राजपूतानी' (1946) के गीतों को शुमार किया जा सकता है। 'बेला' के दसों गीत ज़ोहरा से गवाकर बुलो. सी. रानी ने एक अनूठा उदाहरण पेश किया था।

'राजपूतानी' का 'जा परवाने जा कहीं शमा जल रही है' (मुकेश, हमीदा) की haunting, insistent धुन अपने ज़माने में अति लोकप्रिय हुई थी और इसे मुकेश के आरम्भिक यादगार गीतों में स्थान प्राप्त है। वहीं हमीदा के गाए 'मोरा छैल भँवर कुसुम्बो पीवे' में बुलो. सी. रानी ने विशुद्ध राजस्थानी लोकरंग का प्रयोग किया था। हमीदा के ही स्वर में 'सरोवर छलक लहराया' की शानदार कम्पोजीशन थी। मुकेश के ही स्वर में 'किए जा प्यार किए जा प्यार न हिम्मत हार' के ऑरकेस्ट्रेशन में बुलो. सी. रानी ने वॉयलिन का बड़ा सजीव प्रयोग किया है। ऑरकेस्ट्रेशन का इस प्रकार का जीवंत प्रयोग ही बुलो. सी. रानी की विशेषता बन गया था।

इस दौर में मुकेश बुलो. सी. रानी के प्रमुख गायक बनकर उभरे जबकि हमीदा, मोहनतारा तलपडे, अमीरबाई और ज़ोहराबाई प्रमुख गायिकाएँ रहीं । वैसे बुलो. सी. रानी उन थोड़े संगीतकारों में से हैं जिन्होंने पाँचवें दशक में ही मन्ना डे को गाने का अवसर दिया। 'धरती' में 'ओ धरती क्यों रूठ गई माँ धरती', 'श्रवण कुमार' (1946) में 'गाँव से चल दूर ऐ भारत का साँवरिया' जैसे गीतों के उदाहरण दिये जा सकते हैं। फ़िल्म 'पिया घर आजा' (1947) में तो बुलो. सी. रानी ने अभिनेत्री मीना कुमारी से ही उन पर फ़िल्माए सभी गीत गवा लिए। 'धरती' में हमीदा के स्वर में राग बागेश्वरी पर सृजित 'बोल पपीहा बोल' उनका एक और उल्लेखनीय गीत था। सहगल अभिनीत एक फ़िल्म के लिए, कहते हैं, बुलो. सी. रानी ने तलत महमूद से भी एक गीत गवाया था, पर सहगल की मृत्यु के कारण यह फ़िल्म अधूरी ही रह गई।

रणजीत मूवीटोन से अलग हटकर संगीत देने का प्रथम अवसर बुलो. सी. रानी को मिला नर्गिस आर्ट कन्सर्न की अख़्तर हुसैन निर्देशित और नर्गिस, जयराज अभिनीत 'अंजुमन' (1948) में। इस फ़िल्म का मुकेश, शमशाद का गाया 'कैसे बताऊँ उनसे इस दिल को प्यार क्यूँ है' अच्छा चला था हालाँकि इसकी धुन और शैली उस वक्त के प्रचलित अंदाज़ से अधिक भिन्न नहीं थी। 'अंजुमन' का जो गाना अधिक लोकप्रिय नहीं हुआ, पर जिसे सुनना आज भी अच्छा लगता है वह है गज़लनुमा शैली को आगे बढ़ाता हुआ मुकेश के ही स्वर में 'वो तीर कलेजे पर इक शोख ने मारा है' । बुलो. सी. रानी ने निस्संदेह हमें कुछ अच्छी ग़ज़लें दी हैं। 'अंजुमन' में ही नर्गिस, उमादेवी के स्वर में एक मुशायरे को भी बुलो. सी. रानी ने सफलतापूर्वक लयबद्ध किया था। रणजीत मूवीटोन से अलग

हटकर जिन फ़िल्मों में बुलो. सी. रानी ने संगीत दिया उनमें 'गुणसुंदरी' (1948) का 'शमा जलती है मगर जलता नहीं परवाना' (अमीरबाई) भी लोकप्रिय हुआ था।

पर अपवादों को छोड़ दिया जाए तो बुलो. सी. रानी मुख्यतः रणजीत मूवीटोन के ही संगीतकार थे। गज़लनुमा 'दिल से तेरा ख़याल न जाए तो क्या करें' (शमशाद), बैण्ड के ऑरकेस्ट्रेशन के साथ गाये 'मधुर सुरों में सुनो झमेला' (राज खोसला—वही जो बाद में मशहूर निर्देशक बने), 'सोचा था क्या, क्या हो गया' (ए.आर. ओझा), 'ऐ सामने आने वाले बता, क्यों चाँद मेरा मुझसे है खफ़ा' (शमशाद, रफ़ी) और सवाल-जवाब की महफ़िली शैली में कम्पोज़ 'किसी से हमने पूछा मुहब्बत किसको कहते हैं' (रफ़ी) या शास्त्रीय तथा लोकशैलियों का मिश्रण लिए 'रंग दे रंग से चुनरिया' (मोहनतारा) जैसे गीत रणजीत मूवीटोन की ही 'मिट्टी के खिलौने' (1948), 'भूलभुलैया (1949), 'गरीबी' (1949), 'बिछड़े बलम' (1948) जैसी फ़िल्मों की देन थे। 'मिट्टी के खिलौने' में अपनी पारम्परिक गायिकाओं से हटकर बुलो. सी. रानी ने शमशाद की आवाज़ ली जबकि 'भूल-भुलैया' में पहली बार गीता राय को और 'गरीबी' में पहली बार रफ़ी को अवसर दिया। 'भूल-भुलैया' में उनका ए.आर. ओझा के साथ गाया 'दिल की बस्ती अजीब बस्ती है' खूब पसंद किया गया था। यह वही ए.आर. ओझा थे जिनके गुजराती गीत 'राख न रमाकड़ा मारा रामें रमता राख्या रे' ने एक ज़माने में गुजरात में धूम मचाई थी। रणजीत मूवीटोन की ही 'नज़ारे' (1949) में एक बार फिर बुलो. सी. रानी ने मुकेश से दरबारी का सुर लिये एक लाजवाब सा गीत गवाया—'उनकी गली में आए हम, कह दे कोई हुज़ूर से'। इसमें गज़ल को कहरवा ताल में ढालकर एक नया रंग देने की कोशिश की गई है। मुकेश के स्वर में इस गीत को सुनना आज भी एक स्वर्गिक अनुभव है। 'नज़ारे' की नायिका थीं बाद में खलनायिका के रूप में शीर्ष पर पहुँचनेवाली शशिकला। इसी फ़िल्म में शमशाद का गाया 'छुपा रखी हैं सीने से तुम्हारी याद बरसों में, दुर्रानी का गाया 'सात समुंदर के पार कहाँ जो अपने देश में बात है' तथा इन दोनों के युगल स्वरों में 'कोई है जो किराए पे ले ले, मेरे दिल का बँगला खाली है' जैसे गीत अच्छे लोकप्रिय हुए थे। संजीदा गज़लें हों या चुलबुले, नटखट गीत दोनों ही प्रकार के कम्पोज़ीशन बुलो. सी. रानी एक जैसी सहजता से करते थे। 'दरोगाजी' (1949) में फूल बेचते हुए अपनी भूमिका में नरगिस का आगमन गीत 'लेजा लेजा लेजा बाबू ये मेरी निशानी' (गीता) अपनी सहज रचनात्मकता से फूलो का एक बगीचा ही खिला देता है। दूसरी तरफ बुलो. सी. रानी ने 'नारद मुनि' (1949) में जोगी शैली की 'ये जग है दो दिन का मेल' को निर्गुण गायकी के अंदाज़ में स्वयं गाकर बहुत मार्मिक बना दिया है।

दिलीप कुमार और नरगिस फ़िल्म 'जोगन' में

पर जिस फ़िल्म ने बुलो. सी. रानी को शीर्ष स्थान और प्रतिष्ठा दिलाई, वह थी केदार शर्मा निर्देशित नरगिस और दिलीप कुमार की 'जोगन' (1950)। इस पूरे फ़िल्म की शूटिंग मात्र 29 दिनों में पूरी हुई थी और दिलीप कुमार की भावप्रवण आँखों का पहला क्लोज़अप शॉट इसी फ़िल्म के लिए लिया गया था। लता के गाए गैरफ़िल्मी और फ़िल्मी मीरा के भजनों की बहुत चर्चा हुई है, पं. रविशंकर द्वारा स्वरबद्ध 'मीरा' में वाणी जयराम के गाए मीरा भजनों की प्रशंसा भी कइयों ने की है, पर जो सहजता बुलो. सी. रानी गीताराय के स्वर में जोगन के मीरा भजनों में ला पाए उसकी पुनरावृत्ति कोई और नहीं कर सका। सितार के सुंदर असर के साथ कहरवा में 'घूँघट के पट खोल रे तोहे पिया मिलेंगे' और 'जोगी मत जा जा मत जा' को गीता ने इस सहज प्रवाह से गाया है कि गानों में डूब हम पहले जाते हैं और बाद में ही यह मनन कर पाते हैं कि पहला गीत दरबारी से अधिक जौनपुरी लगता है और दूसरी रचना भैरवी थी। गीता, साथियों के गाए सम्भवतः राग तिलक कामोद पर आधारित 'डारो रे रंग डारो रे' के उल्लास के बीच जलतरंग के अद्भुत प्रयोग से बुलो. सी. रानी पुनः सिद्ध करते हैं कि वाद्य-संयोजन के वे कितने सक्षम उस्ताद थे। इसी तरह शायद बिलावल थाट पर तैरती 'ए री मैं तो प्रेम दीवानी' (गीता) की तरंगों के बीच इकतारे का प्रयोग उतना ही सम्मोहक है। 'सुंदरता के सभी शिकारी' तो शायद तलत के सर्वश्रेष्ठ गानों में गिना जाएगा। तलत की आवाज़ का कम्पन इस गीत में अपने उत्कर्ष पर है। मीरा-भजनों से अलग 'ज़रा थम जा तू ऐ साजन' (गीता) की धुन भी यादगार ही रहेगी। शमशाद के गाए मुजरा-शैली के कम्पोज़ गीत 'काहे नैनों में नैना डाले रे', 'जिन आँखों की नींद हराम हुई' और गीता के स्वर में विरह की वेदना लिए भजन 'प्यारे दर्शन दीजो आय' और 'सखी री चितचोर नहीं आए' की मिठास आज भले ही विस्मृत हो गई हो, वरना गीत तो ये भी बड़े सुंदर से थे। जोगिया आधारित 'उठ तो चले अवधूत' की धुन भी बड़ी मनमोहक थी।

गुडलक पिक्चर्स की 'वफ़ा' (1950) में बुलो. सी. रानी का विनोद के साथ दिया संगीत खूब लोकप्रिय हुआ। यह सच है कि इस गीत का सर्वाधिक यादगार गीत 'कागा रे जा रे जा रे' विनोद के हिस्से में आया, पर उसी लता और अपने पसंदीदा मुकेश के साथ 'अरमान भरा दिल टूट गया' जैसी रचना रचकर बुलो. सी. रानी भी अधिक पीछे नहीं रहे। इसी फ़िल्म का हसरत जयपुरी लिखित 'बर्बाद मुकद्दर ने मेरे मुझको किया है' और अज़ीज़ कश्मीरी लिखित 'अपनी-अपनी किस्मत है, बर्बाद कोई' जैसे दो खूबसूरत दर्द भरे गीत लता से गवाने का श्रेय भी बुलो. सी. रानी के हिस्से में ही आया। फ़िल्म 'मगरूर' (1950) में भी राम पंजवानी के साथ मिलकर संगीतबद्ध 'बड़ी भूल हुई तुझे प्यार किया' (श्रीमती बिश्नीलाल) खूब सराहा गया था। मद्रास में बनी ऐतिहासिक फ़िल्म 'लवंगी' (1950) में उन्होंने सी.एस. राम के साथ मिलकर संगीत दिया था और श्रीमती रुक्मिणी तथा गीता राय से गीत गवाए थे।

पर कुल मिलाकर रणजीत मूवीटोन के पतन का बुलो. सी. रानी के संगीत सफ़र पर भी बहुत बुरा प्रभाव पड़ा। छठे दशक में क्रमशः रणजीत मूवीटोन द्वारा निर्मित फ़िल्में कम होती गईं और बुलो. सी. रानी को मिलनेवाली फ़िल्मों की संख्या भी उसी के अनुसार तेजी से घटी। नरगिस आर्ट कन्सर्न की 'प्यार की बातें (1951) और तैमूर आर्ट प्रोडक्शन्स की 'इज़्ज़त' (1952), फ़ॉल्कन फ़िल्म्स की गीता दत्त के स्वर में haunting धुन और अरबी शैली की 'रात अभी बाकी है' वाली 'बगदाद' (1952), शंकर थियेटर्स की निर्मल (1952), सुपर पिक्चर्स की बेहद कर्णप्रिय धुन 'इसे न और लूटिए' (लता) वाली 'गुल सनोबर' (1953), वसंत पिक्चर्स की 'हुस्न का चोर' (1953) जैसी फ़िल्मों में सिर्फ़ 'प्यार की बातें' (1951) के ही दो गीत सुपरहिट रहे। 'आँसू बहाओ तुम इधर हम इस तरफ़ आहें भरें' (मुकेश, गीतादत्त) की धुन इतनी कशिश-भरी है कि आज भी मुग्ध कर देती है। वहीं 'मस्त चाँदनी झूम रही है नाच रही है' (मुकेश, गीता दत्त) का आह्लाद भी खूब चला। 'हुस्न का चोर' (1953) के 'धीरे-धीरे दिल में समा' (संध्या, शंकर दासगुप्ता) और 'दिल लगाने वाले आपसे हजारों हैं' (आशा, रफ़ी) की मचलती धुनों को भी उस वक्त कुछ तात्कालिक मकबूलियत नसीब हुई थी। 'बगदाद' का उपरोक्त गीत वे पहले लता से गवाना चाहते थे पर लता ने इस धुन को सुनकर उनसे कहा कि यह गीता की आवाज़ के लिए अधिक उपयुक्त है, और इस कारण यह गीत गीता के हिस्से आया। यों इक्का-दुक्का गीत जैसे 'निर्मल' का तलत का गाया और तबले, वॉयलिन की मनोहर संगत में सजाया 'तुम्हारी दिल की दुनिया को नज़र में ले के जाऊँगा' (जो एच.एम.व्ही. द्वारा निकाले तलत के 'रेयर जेम्स' कैसेट्स में शामिल हैं) या रणजीत मूवीटोन की 'औरत तेरी यही कहानी' (1954) का तलत का ही गाया समधुर 'तुम चाँद से हसीन हो, तारों से पूछ लो' (जिसे एच.एम.व्ही. ने अपने तलत के 'रेयर मेलोडीज़' कैसेट में जगह दी है) बुलो. सी. रानी की प्रतिभा दर्शाते रहे, पर 'जोगन' वाला सम्पूर्ण संगीत उन्होंने फिर एक अन्य भक्ति फ़िल्म में ही दिया। वह फ़िल्म थी मीनार मूवीज़ की 'बिल्वामंगल' (1954) जिसमें सी.एच. आत्मा और सुरैया ने न सिर्फ़ अभिनय किया बल्कि बड़े ही खूबसूरत गीत भी गाए। 'बिल्वामंगल' का साउंडट्रैक सुनकर लगता है कि इस फ़िल्म में बुलो. सी. रानी को अपनी प्रतिभा दिखाने का जो अवसर मिला उसका उन्होंने बखूबी इस्तेमाल किया। 'चुभ गए दो नैना मतवारे' (सी.ए. आत्मा) और 'पनघट पे मोरे श्याम' (सी.एच. आत्मा) जैसे गीत न सिर्फ़ दिल से बनाए और गाए गए हैं बल्कि किसी भी संगीत प्रेमी के लिए उन्हें सुनना दिलो दिमाग से डूब जाने जैसा है। 'ये रात दिन का फेरा' में पखावज, सारंगी और तबले के साथ बुलो सी. रानी ने फ़कीरी या बाउल-शैली से मिलती-जुलती धुन बाँधी है और सी.एच. आत्मा ने भी इस धुन के साथ यथोचित न्याय किया है। ये सभी गाने एच.एम.व्ही. के 'सी.एच. आत्मा के रेयर जेम्स' कैसेट्स में शामिल किए गए हैं। इस फ़िल्म का मेरा पसंदीदा गीत है 'मोहन प्यारे अब आरे साज पर गा रे' (सी.एच. आत्मा) जिसमें सितार के साथ-साथ सी.एच. आत्मा की आवाज़ का संगम बड़ा प्रभावशाली बन पड़ा है। सुरैया का गाया हिट गीत 'परवानों से प्रीत सीख लें' में स्नेहल ओजा के अनुसार उनका नियंत्रण और निखार अन्य गानों के मुकाबले अधिक है।[1] सुरैया की आवाज़ 'जाके नैन प्यारे-प्यारे हैं' में बेहद मीठी लगती है और तर्ज़ भी उतनी ही मधुर है। पता नहीं इस गाने को लोग कैसे भूल गए, वरना सुरैया में इतनी मिठास अन्य कई नामी-गिरामी संगीतकार भी नहीं पैदा कर पाए थे। सी.एच. आत्मा की तरह ही सुरैया के भी एच.एम.व्ही. के द्वारा निकाले 'रेयर जेम्स' कैसेट्स में इस फ़िल्म का गीत है—'हम इश्क के मारों को दो दिल जो दिए होते'। यह आश्चर्य है कि यह गज़ल क्यों अधिक नहीं चली, वैसे सुरैया ने इसे गाया तो पूरी तल्लीनता से है। गज़लें कम्पोज़ करने में बुलो.सी. रानी का महारत अभी भी पुरज़ोर ढंग से क़ायम था। फ़िल्म 'हसीना' (1955) की तलत की गाई जॉनिसार अख्तर की ग़जल 'ऐ जज़्बये इश्क तेरा कब एतबार आए' के शब्द जितने सुंदर हैं, उतनी ही सुंदर थी उसकी धुन। लता का गाया जॉनिसार अख्तर का ही 'फ़िजाँ चुप है हवा चुप है नज़ारे कुछ नहीं कहते' (मधुर मिलन, 1955) भी इस ग़ज़ल के सामने फीका लगता है। 'हसीना' में ही बुलो. सी. रानी ने स्वयं आशा के साथ मिलकर धीमी लय में एक बेहद खूबसूरत गीत भी गाया था—'अरे ओ चाँद मेरे दिल की हालत उनसे कह देना'। 'हसीना' में ही मुशायरे की शैली में 'दिल पे कैसी बेरुखी छाने लगी' को जरा ध्यान से सुनिए। लगता है, इस धुन में

बुलो. सी. रानी के सहायक सी. अर्जुन का योगदान अधिक रहा होगा, क्योंकि इसी को आधार मानकर वर्षों बाद सी. अर्जुन ने मुबारक बेगम के स्वर में वह मशहूर गैर फ़िल्मी ग़ज़ल 'दिल सरापा आरज़ू है इन दिनों' की धुन कम्पोज़ की थी।

वैसे 'मधुर मिलन' (1955) का संगीत कुछ मिलाकर काबिलेतारीफ़ था। कुल सात गीतकारों ने इस फ़िल्म के गीत लिखे थे, यह एक मजेदार तथ्य है। राजा मेहँदी अली खान का लिखा 'दिल प्यार की महफ़िल है दिलदार चले आओ' (लता) को सुनकर धिड़कना ही काफ़ी नहीं है। हमें तलत, रफ़ी के एस.एच. बिहारी लिखित 'कभी आँसू बहाते हैं कभी फ़रियाद करते हैं' और जॉनिसार अख्तर की आसावटी थाट पर सृजित और वॉयलिन के नोट्स के साथ-साथ बड़ी दिलकश धुन में गायी लता के 'ठुकरा के हमें यूँ न जा' जैसी रचनाओं के साथ ग़मजदा भी उतनी ही तल्लीनता से होना पड़ता है।

बुलो.सी. रानी ने कई गीतकारों के साथ गीत बनाए। इंदीवर के लिखे 'शिकार' (1955) के 'रंगों के बदलने से तस्वीर न बदलेगी' और अर्शी अजमेरी जैसे कम जाने-पहचाने शायर के लिखे इसी फ़िल्म के 'मैं खुश हूँ तो दुनिया में खुशी छाई हुई है' जैसे गीतों को लता से उन्होंने एक जैसी मेहनत से ही गवाया था। इंदीवर का ही लिखा फ़िल्म का 'बहार देख के दिल और बेकरार हुआ' (मोती सागर, सुधा) उस ज़माने में चर्चित हुआ था। वहीं कवि-गीतकार गोपाल सिंह नेपाली के लिखे गीतों को 'वीर राजपूतानी' (1955) के लिए उन्होंने बड़ी मधुरता से स्वरबद्ध किया था। 'म्हारों छैल भँवर हँस के ताके' (लता) में राजस्थानी संगीत के रंग के साथ घुँघरू का लाजवाब प्रयोग करके, 'चंदा से चकोरी जुदा है' (रफ़ी, आशा) में ऑरकेस्ट्रेशन के प्रयोग से विरह की भावना को उभारकर और 'तरसे जिया बरसे पिया नैन बारह मास रे' (लता) में सितार के सुंदर प्रयोग के साथ काफ़ी थाट पर एक उत्कृष्ट धुन की रचना करके बुलो. सी. रानी ने 'वीर राजपूतानी' को एक दिलकश संगीतमय फ़िल्म बनाया था। रफ़ी, मीना कपूर का गाया 'आबरू' (1956) का 'तुमको दिल दे बैठे हैं, अब देखो क्या फल पाते हैं' में भी लय-ताल का अच्छा प्रयोग था, वहीं 'बादशाह सलामत' (1956) का 'आग लगे ऐसी मोहब्बत को' (आशा, साथी) भी कर्णप्रिय थी। फ़िल्म 'रसिया' के लता के 'चुपके-चुपके दिल मेरा', 'वह हमसे चुप हैं' और अन्य सुंदर गीतों की रेकॉर्डिंग भी 1954 में हुई थी, पर यह फ़िल्म कभी रिलीज़ ही नहीं हो सकी।

बहरहाल सुंदर गीतों के लगातार सृजन के बावजूद बुलो. सी. रानी शायद वह हलका-सा touch नहीं सम्प्रेषित कर पा रहे थे जिसकी वजह से गाने हिट होते हैं। छठे दशक में काफ़ी अरसे तक रोशन भी इसी कमी से मार खाते रहे थे। 'नूरे चमन' (1956) या 'जहाज़ी लुटेरा' (1957) के कव्वालीनुमा गीत हों, या 'राम नवमी' (1956) के 'पतियाँ लिख दो रे' (आशा), 'टुन्नक-टुन्नक बोले रे मेरा इकतारा रे' (आशा, प्रदीप) और 'खा लो मीठे मीठे बेर, खिलाए शबरी' (आशा) जैसे भक्तिरस के गीत हों, या 'जीवन साथी' (1957) का 'पीपल तले घर मेरा' (मन्ना डे, सुधा मल्होत्रा और साथी) जैसी सुंदर कोरस रचना हो—ये सभी गीत भी 'मधुर मिलन' या 'वीर राजपूतानी' के गीतों की तरह लोगों की याददाश्त का हिस्सा नहीं बन सके। उस ज़माने के चमक रहे संगीतकार ओ.पी. नैयर की शैली पर रचित 'मैं जीता जग हारा, मेरे पूरे पाँच बने दुश्मन के पौ बारह' (रफ़ी) भी वह लोकप्रियता नहीं दिला सका जिसकी अपेक्षा कर इस चलती शैली में बुलो. सी. रानी ने अपने सुरों को ढाला था। जिस लोकप्रियता की तलाश बुलो.सी. रानी रणजीत मूवीटोन के अस्त हो चुके दिनों से ही कर रहे थे, वह मिली 'अल हिलाल' (1958) की कव्वाली 'हमें तो लूट लिया मिल के हुस्न वालों ने' (इस्माइल आज़ाद, कोरस) से। इस कव्वाली के सृजन में बुलो.सी. रानी का कितना हाथ था और इस्माइल आज़ाद की अपनी शैली का कितना, यह तो मैं नहीं जानता, पर इतना ज़रूर है कि यह कव्वाली हिंदी फ़िल्मों की सर्वाधिक लोकप्रिय कव्वालियों में गिनी जाती है, और आज भी संगीत-प्रेमियों के दिलो-दिमाग़ में ताज़ी बनी हुई है।

पर इस कव्वाली की लोकप्रियता अपवाद ही साबित हुई। बुलो. सी. रानी की धुनों को किसी बड़े बैनर या अवसर का सहारा फिर भी नहीं मिला और वे स्टंट या वेशभूषा प्रधान फ़िल्मों से ही गुज़ारा करते रहे । 'टिन टिन टिन' (1959), 'ब्लैक टाइगर' (1960) जैसी फ़िल्मों से असफलता का दौर जारी रहा। 'ब्लैक टाइगर' (1960) के 'परवाना कहता है क्या अफ़साना' (गीता, महेंद्र कपूर) में तो बुलो.सी. रानी ओ.पी. नैयर की शैली की पूरी नकल पर ही उतर गए। 'पेड्रो' (1960) की इस्माइल आज़ाद की कव्वाली 'जवानी बड़ी चीज़ है हुस्नवालों' भी 'हमें तो लूट लिया' का जादू पुनः नहीं जगा सकी, न ही वर्षों बाद अपने एक समय के चहेते गायक मुकेश से गवाया सुंदर इबादती गीत 'ऐ मोमिनो सुनो ये कहानी नमाज़ की' (अब्दुल्ला, 1960) ही कुछ विशेष कर पाया। 'अनारबाला' (1961) का बेहद कर्णप्रिय गीत 'बहारे लुटा के नज़ारे दिखा के, न जाना मेरे दिल की दुनिया में आ के' (सुमन, सुबीर सेन) और 'रूम नं. 17' (1961) की पुनः इस्माइल आज़ाद से गवायी कव्वालियाँ 'हुस्न की शान गई' और 'सब को मालूम हैं मैं शराबी हूँ फिर भी कोई पिलाए तो मैं क्या करूँ' भी अधिक से अधिक बुलो.सी. रानी के अस्तित्व को पूरी तरह से खत्म होने से रोकने भर में सफल थे—कोई विशेष चढ़ाव उनके कॅरियर को सातवें दशक में भी नहीं मिल पाया। 'हमें तो लूट लिया' के बाद इस्माइल आज़ाद और

अन्य कव्वालों से अपनी कई फ़िल्मों में कव्वालियाँ गवाने का उन्होंने फार्मूला ही बना लिया था (जैसे 'पेड्रो', 'रूम नं. 17', 'जादू महल', 'मैडम ज़ोरो', 'छुपा रुस्तम', 'जादू') पर यह फ़ार्मूला भी कोई खास रंग नहीं दिखा पाया। बात प्रतिभा से अधिक किसी बैनर के सहारे की थी वरना सुंदर रचनाएँ तो बुलो.सी. रानी अब भी बनाने में सक्षम थे। भैरवी थाट पर एकॉर्डियन की संगत पर सजाया 'हम भी खो गए हैं, दिल भी खो गया है' (मुकेश, कमल बारोट—मैडम ज़ोरो, 1962 जो एच.एम.व्ही. द्वारा निकाले गए 'रोमांटिक डुएट्स' के रेयर जेम्स में स्थान रखता है), राग मालकौंस पर आधारित अति सुंदर रचना 'जय जय श्री गणेश' (सुमन, श्री गणेश, 1962), 'कभी तुम पास आते हो, कभी तुम दूर जाते हो' (सुमन, साथी—श्री गणेश, 1962), 'मैं हूँ दीवाना बड़ा मस्ताना' (मुकेश—हक़दार, 1964, जो मुकेश के एच.एम.व्ही. द्वारा निकाले गए 'रेयर जेम्स' कैसेट में शामिल किया गया है), 'जो इश्के हक़ीकी रखता हो' (रफ़ी, जानी बाबू, साथी—'सन ऑफ़ हातिमताई', 1965) और 'छुपा रुस्तम' (1964) की लाजबाव कव्वाली 'अजी दिल में क्या बात है कुछ तो कहिए' (जानी बाबू, उषा मंगेशकर साथी) जैसे गीत किसी भी तरह से बुरे नहीं कहे जा सकते, पर खास चले नहीं। उनकी सम्भवतः अंतिम फ़िल्म 'सुनहरे क़दम' (1966) में भी उनका संगीत बेहद कर्णप्रिय था। 'माँगने से जो मौत मिल जाती' (लता) की बहुप्रशंसित दर्दीली धुन हो, या 'ना तो इनकार किया, ना तो इक़रार किया' (सुधा, दुर्रानी) और 'ये घर आपका हैं चले आइए जी' (सुधा, दुर्रानी) जैसे शोख गीत हों, बुलो. सी. रानी का संगीत जाते-जाते भी सिर्फ़ एक बेहतर अवसर की माँग करता जान पड़ता है।

हिंदी फ़िल्मी दुनिया को अलविदा कहने के बाद भी बुलो. सी. रानी सिंधी संगीत और गैरफ़िल्मी गज़लों की कम्पोज़ीशन के साथ सक्रिय रहे। उनकी सिंधी फिल्मों का संगीत बेहद लोकप्रिय रहा। 'नकली शान' (1972) में उन्होंने मुकेश और आशा हरगुनानी से 'अँख फड़के' और 'हसीन रात आ' जैसे सुंदर दोगाने भी गवाए थे। उनकी अर्द्धशास्त्रीय अंदाज़ में स्वरबद्ध (चंडीरमाणी के साथ) हसरत मोहानी की मशहूर गज़ल 'भुलाता लाख हूँ' (उषा आमोनकर), दर्द का कलाम 'तोहमते चंद अपने' (निर्मला देवी), ज़ौक की प्रसिद्ध रचना 'लाई हयात आई' (श्रुति सडोलिकर), महिशर की शायरी 'मुद्दतें हो गई हैं' (कविता कृष्णमूर्ति), जज़्बी की गज़ल 'मरने की दुआएँ' (श्रुति सडोलिकर), गालिब की कालजयी कृति 'नुक्ताचीं है ग़मे दिल' (उषा आमोनकर), बहादुर शाह 'जफ़र' की ऐतिहासिक रचना 'न किसी की आँख का नूर हूँ' (श्रुति सडोलिकर), मोमिन की यादगार ग़ज़ल 'वो जो हममें तुममें करार था' (कविता कृष्णमूर्ति) आदि ग़ज़लों को समाविष्ट कर निकाले उनके एलबम की तारीफ़ तो हुई, पर लोकप्रियता नसीब नहीं हुई। स्टेज शो, विद्यार्थियों को संगीत की शिक्षा देना आदि भी उन्होंने शुरू किया। पर निराशा और स्वास्थ्य की खराबी के साथ-साथ टूटते हुए 5, शंकर कुंज, 210/5, कैडेल रोड, माहिम के अपने पुराने घर को छोड़ अंधेरी के नए घर में उपेक्षित ज़िंदगी जीना ही उनकी तकदीर बन गई और निराशा में 24 मई, 1993 को 73 वर्ष की आयु में उन्होंने आत्महत्या कर ली। 'जोगन' की मीरा को स्वर देने वाली गीता दत्त और संगीत देनेवाले बुलो. सी. रानी दोनों की ही मृत्यु निराशा से भरी और त्रासद रही, यह भी एक अजीब इत्तफ़ाक है।

संदर्भ

1. स्नेहल ओजा—इंटरनेट—'अभी तो मैं जवान हूँ' शृंखला, गीत क्र. 184

सज्जाद हुसैन

'वो तो चले गए ऐ दिल याद से उनकी प्यार कर'

सज्जाद हुसैन

हिन्दी फ़िल्म-जगत के संगीतकारों में यदि दो सबसे complex या जटिल संगीतकारों का चयन किया जाना हो, तो सलिल चौधरी और सज्जाद हुसैन का नाम आएगा। सज्जाद की कम्पोज़ीशन्स परिपाटी की कम्पोज़ीशन्स नहीं थीं। एक ज़माना था जब उनकी रचनाओं को गाने से पहले बड़े-बड़े गायक-गायिकाओं की रूह काँपती थी। एक तो दुरूह रचना, इस पर से सज्जाद का गुस्सैल स्वभाव! सज्जाद के साथ निभाना आसान नहीं था। सज्जाद को अपनी काबिलीयत पर दम्भ भी बहुत था। पूरी फ़िल्मी दुनिया के वे दो ही संगीतकारों को संगीतकार मानते थे—एक गुलाम हैदर और दूसरे वे खुद। कहा जाता है कि एक बार वे लता से रिहर्सल करा रहे थे, और किसी स्थान पर लता उस तरह नहीं गा रही थीं जैसा सज्जाद चाहते थे। बस, साहब! सज्जाद को आया गुस्सा और उन्होंने लता को डाँटते हुए कहा—'लताजी, ठीक से गाइए, यह नौशाद मियाँ का गाना नहीं है।' नौशाद की भी यह हस्ती थी सज्जाद के सामने!

पर लता की काबिलीयत के कायल सज्जाद भी थे। जिस ज़माने में लता अमानत खान से संगीत सीखती थीं, उसी वक्त अमानत खान ने अपने दोस्त सज्जाद से लता की बेहतरीन प्रतिभा के बारे में ज़िक्र किया था और सज्जाद ने इस तारीफ़ को खरा ही पाया। सच तो यह है कि लता और नूरजहाँ के अलावा वे किसी और को गाने लायक समझते ही नहीं थे। उनकी जटिल रचनाओं को गाना हर किसी के बस की बात भी नहीं थी, पर सज्जाद को खुशी तभी मिलती थी, जब नूरजहाँ या लता गाएँ—वैसे गवाया तो उन्होंने भी कइयों से।

मध्यप्रदेश के सीतामऊ में सज्जाद का जन्म संगीतज्ञों के एक परिवार में हुआ था। उनके पिता मोहम्मद अमीर खान सितार अच्छा बजाते थे, और अपने सभी बच्चों को वे सितार का रियाज़ करवाते थे। पर सज्जाद मात्र सितार से संतुष्ट नहीं रहे—एक बार सितार पर पकड़ हो गई तो वे अन्य वाद्यों की ओर बढ़े और वॉयलिन, वीणा, जलतरंग, बाँसुरी, पियानो, बैंजो, एकॉर्डियन, गिटार, क्लैरिनेट आदि सभी में प्रवीणता हासिल की। मैंडोलिन तो उनके हाथों में कुछ और ही हो जाता था। कहा जाता है कि पूरे देश में सज्जाद जैसा मैंडोलिन वादक दूसरा नहीं था। मैंडोलिन पर भारतीय राग-रागिनियों को बजाना एक बेहद कठिन कार्य है, पर सज्जाद ने वह भी कर दिखाया। कलकत्ते के अखिल भारतीय शास्त्रीय संगीत के सम्मेलन (1956) में उन्होंने हरिकौंस, शिवरंजनी और ठुमरी को इस उस्तादी से बजाया कि उपस्थित दिग्गज (जिनमें निखिल बनर्जी, अलाउद्दीन खान, बड़े गुलाम अली खान, अहमद जान थिरकवा, अली अकबर खान और विनायक राव पटवर्धन जैसी विराट हस्तियाँ शामिल थीं) चमत्कृत रह गए। यह माना जाता था कि मैंडोलिन में 'मींड़' का प्रभाव लाना असम्भव है क्योंकि आवाज़ उठकर खत्म हो जाती है। पर सज्जाद ने इस सम्मेलन में मैंडोलिन से मींड़ का प्रभाव पैदा कर और रागों को बजाकर सभी को स्तम्भित कर दिया। बड़े गुलाम अली खान ने परीक्षा लेने के लिए एक मुश्किल लड़ीदार तान निकाली तो सज्जाद ने मैंडोलिन पर हुबहू उसे उतारकर श्रोताओं को आश्चर्यचकित कर दिया।[1]

यह सज्जाद का दुर्भाग्य ही रहा कि एक ओर अपनी दुरूह रचनाओं और गुस्सैल तथा असामाजिक स्वभाव के कारण उन्हें फ़िल्में भी अधिक नहीं मिलीं, वहीं दूसरी तरफ फ़िल्मी लेबल लग जाने के कारण शास्त्रीय संगीत-जगत में भी उनकी महारत को वह स्थायी स्थान नहीं मिल पाया जिसके वे हकदार थे। दरअसल, वाद्यों पर अपनी पारंगत स्थापित करने के बाद वे अपनी किस्मत आजमाने चौथे दशक के अंत में ही बम्बई चले आए थे। वहाँ पंडित हनुमान प्रसाद ने जब इस वन मैन ऑरकेस्ट्रा को देखा तो सज्जाद को अपना सहयोगी बना लिया।[2] ए.आर. देसाई प्रोडक्शन्स की 'गाली' (1944) में सज्जाद भी हनुमान प्रसाद के साथ संगीतकार थे और 'अब लागी पे लागी राम' (निर्मला), 'तरस तरस गए बीत बरस' (निर्मला) तथा 'अब आजा आजा दिन न लगे' (निर्मला, करन दीवान) जैसे तीन गीतों की तर्ज़ सज्जाद ने ही बनाई थी।

हनुमान प्रसाद सज्जाद से इतने प्रभावित थे कि सज्जाद शौकत हुसैन रिजवी (जो बाद में नूरजहाँ के पति बने) से उन्होंने 'दोस्त' (1944) फ़िल्म के लिए बतौर स्वतंत्र संगीतकार सज्जाद की सिफारिश की, और इसी का परिणाम था कि बतौर स्वतंत्र संगीतकार सज्जाद की प्रथम फ़िल्म 'दोस्त' (1944) में सज्जाद को नूरजहाँ से गवाने का अवसर मिला।[3]

सज्जाद की अलग पहचान तो हमें 'दोस्त' से ही नज़र आने लगती है। सुर और ताल की complexity उनकी विशेषता थी। स्वरों का जबर्दस्त उतार-चढ़ाव छोटे-छोटे संगीतमय शाब्दिक टुकड़ों के साथ फैलता चलता था। सज्जाद की कई रचनाओं में अंतरे को सुनकर यह पता ही नहीं चल पाता था कि मुखड़ा कैसा होगा, पर अंतरे के सुरों को वे तरह-तरह के मोड़ देने के बाद ऐसे घुमाते थे कि मुखड़ा इसके बाद बिलकुल सटीक बैठता था। सज्जाद के गीतों का ताल भी विलक्षण ही होता था। ताल का बदलाव भी बिलकुल अलग-सा प्रभाव पैदा करता था—सज्जाद के कम्पोज़ीशन्स की रिद्म को भी किसी एक खाके में रखकर देखना बड़ा मुश्किल है। 'दोस्त' के 'अब कौन है मेरा' (नूरजहाँ) में मुखड़े की धीमी लहर जैसी धुन के बाद यह लहर अंतरे में हलके से ऊपर-नीचे बढ़ती उतरती है और आखिरी अंतरे में काफ़ी ऊँची पट्टी पर पहुँचकर बड़ी खूबी से समुद्री लहर की तरह उतर जाती है। नूरजहाँ की आवाज़ में इस गीत को सुनकर यह पता चल जाता है कि क्यों सज्जाद नूरजहाँ को इतनी अच्छी गायिका मानते थे। अपने कई गीतों में सज्जाद छोटे आरम्भिक टुकड़े के बाद एक तीव्र से pause या विराम का बड़ा दिलकश प्रभाव पैदा करते थे, जो उनके संगीत की एक खासियत ही बन गई थी। यह तीव्र pause 'दोस्त' के ही 'अलम पर अलम और सितम पर सितम हम उठाए हुए हैं' (नूरजहाँ) में 'अलम पर अलम' के बाद एकदम मुखर हो उठता है। इस गीत में भी अंतरे की लय और ताल मुखड़े से बिलकुल अलग ही सज्जाद ने बनाई थी। उनकी कई रचनाओं में countermelody की वाद्य पृष्ठभूमि भी रचनाओं की ऑफ़बीट परिभाषा का ही अभिन्न अंग लगती हैं। 'दोस्त' का सबसे मशहूर गीत 'बदनाम मुहब्बत कौन करे और इश्क को रूसवा कौन करे' (नूरजहाँ) आज तक संगीतप्रेमी याद करते हैं। पाँचवें दशक में प्रचलित दर्दीले गीतों की शैली से इसकी भी शैली अलग ही है। 'बदनाम' शब्द के बाद का तीव्र pause, अंतरे का चढ़ाव और फिर उतरते हुए मुखड़े में मिलने का कौशल सज्जाद की शैली को रेखांकित करता है, और फ़िल्म-संगीत समीक्षक हृषि दीक्षित के अनुसार इस पूरे गीत का मूड आम दर्दीले गीतों में अलग कहीं-कहीं ढीठ-सा बनाकर सज्जाद ने एक अलग ही प्रयोग किया है।[4] इसी फ़िल्म का 'मेरे सजना रे आ के दरस दिखा' (नूरजहाँ) भी सज्जाद की लाक्षणिक ऑफ़बीट शैली और पृष्ठभूमि में स्पैनिश गिटार के chords के साथ बड़ी लुभावनी लगता है। पर 'दोस्त' की सफलता को भी सज्जाद भुना नहीं पाए। नूरजहाँ के प्रेमी (और फिर पति) शौकत हुसैन रिज़वी का कथन कि 'दोस्त' के गीतों की लोकप्रियता में सज्जाद का नहीं बल्कि नूरजहाँ का हाथ है सज्जाद के अहम को ठेस पहुँचा गया और नूरजहाँ की गायकी को पसंद करने के बावजूद सज्जाद ने ठान ली कि वे नूरजहाँ से फिर न गवाएँगे। इसीलिए 'जुगनू' जैसी प्रतिष्ठित फ़िल्म भी उनके हाथ से निकल गई।

सज्जाद ने रमणीक देसाई के निर्देशन में स्टार प्रोडक्शन्स की 'धर्म' (1945) में रतनबाई और नसीम से कुछ गीत गवाए थे, पर इन गीतों को असफलता ही हाथ लगी। जुपिटर आर्ट की 'तिलस्मी दुनिया' (1946), प्रेम पिक्चर्स की प्रेम अदीब और नजमा अभिनीत 'कसम' (1947) और मोहन सिन्हा निर्देशित मुरारी पिक्चर्स की 'मेरे भगवान' (1947) भी चली नहीं, हालाँकि 'मेरे भगवान' में सज्जाद ने गीताराय से 'मुझे बावरी बावरी लोग कहें मैं गीत पिया के गाती हूँ' जैसी सुंदर रचना गवाई थी और

'कसम' के 'ऐ दि बता किसको करूँ प्यार', 'सुना जा कोई गीत', 'दामन को हाथ से', 'या रब हमारी आह में' और 'वो जिसको मिटा बैठे' जैसे गीतों में अपनी लाक्षणिक शैली की सुंदर अभिव्यक्ति दी थी। सफलता के मापदंड से सज्जाद की संगीतबद्ध मोहन सिन्हा निर्देशित मुरारी पिक्चर्स के ही बैनर तले बनी '1857' का उल्लेख अनिवार्य हो जाता है। जोश-भरे 'दिल्ली तेरे किले पर होंगे निशां हमारे' के अलावा इस फ़िल्म में सज्जाद ने सुरैया और सुरेन्द्र से कुछ बेहतरीन गीत गवाए थे। 'तेरी नजर में मैं रहूँ मेरी नजर में तू' (सुरैया, सुरेन्द्र) की अरबी शैली में 'तू' के बाद सज्जाद का वही लाक्षणिक sharp pause और उसके बाद बहुत सुंदर आलाप का छोटा टुकड़ा यदि मुखड़े को बेहद आकर्षक बनाता है, तो अंतरे की पंक्तियों के अंतिम शब्द को इसी टुकड़े की धुन के साथ लहरा कर खींचना अंतरे में चार चाँद लगा देता है। इसी से मिलता-जुलता आलाप का टुकड़ा बाद में हुस्नलाल भगतराम ने 'शमा परवाना' के 'बेकरार है कोई' में इस्तेमाल करके उस गीत को भी यादगार बना दिया। सम्भवतः इसके मूल में सज्जाद की इस सदाबहार धुन की याद प्रेरक रही हो। 1857 में सुरेन्द्र की आवाज़ में एक और बहुत खूबसूरत गीत का—'वो पहली मुलाकात ही बस प्यार बन गई'। इस गीत में भी 'मुलाकात' के बाद सज्जाद की वह खासा झटकेदार pause तो मौजूद था, पर इस गीत में मुखड़े और अंतरे के बीच लय और ताल की निरंतरता सज्जाद ने कायम रखी है। गीत के आखिरी अंतरे में सुरेंद्र से humming करा कर सज्जाद ने एक बेहद मधुर प्रस्तुति दी है। '1857' के गीतों में सुरैया के गाए कुछ गीतों की चर्चा आवश्यक हो जाती है। भैरव और भैरवी के मिश्रण तथा गिटार के chords और वॉयलिन के नोट्स के साथ सृजित 'ग़मे आशियाँ सताएगा कब तक', (जो सुरैया और सी. रामचंद्र दोनों का पसंदीदा गीत था) ऑफबीट शैली में ही गिटार के ही chords पर रिद्म के साथ 'मेरी हो गई उनमें बात' और इन्हीं chords के साथ कहरवा ताल में ऊपर नीचे जाते सुरों को सहेजे हुए 'उम्मीदों का तारा' तथा छोटे छोटे संगीतमय टुकड़ों को कुशलता से इधर उधर के permutations के साथ रचित पुनः ऑफबीट 'झमक झमक लिए तेरा तमक' (शमशाद, साथी) सज्जाद को एक अलग खास शैली के संगीतकार के रूप में स्थापित करते हैं। रिद्म के लिए गिटार के कॉर्ड्स का इस्तेमाल भी सज्जाद की एक खास विशिष्टता थी, जो उनकी शैली को एक अलग पहचान दिलाती है। फ़ेवरिट फ़िल्म्स की 'रूपलेखा' (1949) के भी दो खूबसूरत गीतों का श्रेय सज्जाद को जाता है। 'कभी चाँदनी रातों में (सुरिन्दर कौर, रफ़ी) की मधुर धुन यदि खूब थी तो वॉयलिन के बेहतरीन प्रयोग के साथ शायराना मिजाज़ लिए 'तीर पे तीर खाए जा' (रफ़ी) की तर्ज़ बहुत ही खूब थी। सज्जाद की संगीतबद्ध फ़िल्मों में शाहीन पिक्चर्स की देवानंद और निगार सुलताना की अदाकारी वाली 'खेल' (1950) का दर्जा बहुत ऊपर आएगा। इसी फ़िल्म से लता और सज्जाद का साथ हुआ था और क्या दिलकश कम्पोज़ीशन्स दी थीं सज्जाद ने इस कोकिल कंठी गायिका के साथ! 'भूल जा ऐ दिल मुहब्बत का फ़साना' तो लता के इस दशक के सर्वश्रेष्ठ गीतों में होगा। 'फ़साना' के बाद abrupt pause देकर सज्जाद अपने परिचित रूप में हैं, पर पूरी धुन तो मानो मिठास का पर्याय है। काफ़ी थाट में बनी यह धुन बागेश्वरी के करीब लगती है, पर इसमें गांधार का प्रयोग नहीं है। अंतरे में शब्दों को विलम्बित करता लयनुमा खिंचाव, हलका उतार-चढ़ाव और पृष्ठभूमि में चलता सज्जाद का विलक्षण ठेका—यह सब मिलकर इस गीत को सज्जाद के सबसे लोकप्रिय गीतों में एक बनाता है। लता ने इस फ़िल्म में एक और गीत गाया था, और कम्पोज़ीशन के हिसाब से यह बेमिसाल ही कहा जाएगा। 'जाते हो तो जाओ हम भी यहाँ वादों के सहारे जी लेंगे' मिश्र भैरवी पर आधारित एक बड़ी जटिल रचना है, जिसमें सुरों के उतार-चढ़ाव का खेल तो मुखड़े से ही शुरू हो जाता है। गीत में लता से बड़े सुंदर तान भी सज्जाद ने लिवाए हैं। धुन जटिल होते हुए भी बेहद कर्णप्रिय बन सकती थी, इसका यह गीत एक अनुपम उदाहरण है। तबले पर एकदम अलग सी प्रस्तुति तो सज्जाद की खासियत थी ही। वॉयलिन का सामूहिक प्रभाव भी सज्जाद की रचनाओं में खूबसूरती में झलकता था। 'दोस्त' के गीतों में संजीदगी को उभारने के लिए इसका प्रयोग बेहतरीन था, वहीं 'खेल' के 'साजना दिन बहुरे हमारे' (गीता) में वॉयलिन सज्जाद की लाक्षणिक ऑफ़बीट रिद्म के साथ साथ चलती है। इस गीत के अंतरे में तो सज्जाद ने धुन को और लय को बिलकुल ही बदल दिया है, और फिर एक लहरदार घुमाव दे कर वापस मुखड़े की लय के साथ आत्मसात कर दिया है। मीना कपूर के गाए 'तोड़ गए हाय तोड़ गए, अरमान भरा

सुरेन्द्र और सुरैया '1857' में

दिल तोड़ गए' में सज्जाद ने एक बार फिर काफ़ी थाट पर तर्ज़ को आधारित किया था। इस गीत में ठेका विलम्बित लय में शास्त्रीय खयाल जैसा देकर गीत में एक अनूठापन पैदा करने में सज्जाद पुनः सफल रहे। शमशाद के गाए 'कहे मुझसे जवानी' में चार शाब्दिक टुकड़ों को एक साथ बिना अंतराल के कम्पोज़ करके सज्जाद ने एक बार फिर अपनी अलग शैली का अहसास जगा दिया है। शमशाद ने इसे गाया भी अपनी स्वाभाविक उत्फुल्लता के साथ है। यही बिना साँस लिए बिना अंतराल के कई पंक्तियों को एक साथ एक whole में पिरोने की तकनीक सज्जाद ने शमशाद के ही गाए 'वो आएँगे, वो आएँगे, गगन की नीली नीली ओढ़नी को सर पर ओढ़ के' में और भी खूबी से इस्तेमाल किया है। जी.एम. दुर्रानी के स्वर में 'हमें अब ये जीना गवारा नहीं है' में स्वरों का लहरदार-सा उतार-चढ़ाव एक बार फिर बेहद लुभावना बन पड़ा है और वॉयलिन की अनुकूल लहरें इस गीत को एक कशिश- भरी सुंदरता देने में फिर से खूब काम आई हैं।

'खेल' जैसा संगीत 'मगरूर' (1950) में तो नहीं था, पर जिन दो गीतों की धुनें सज्जाद ने बनाई थी (शेष के संगीतकार बुलो. सी. रानी और राम पंजवानी थे), उनमें शमशाद के गाए 'तुम्हें बागों के सावन के नजारे याद करते हैं' एक अच्छी रचना थी, जिसमें वॉयलिन का इस्तेमाल फिर बहुत कुशलता से हुआ था। वॉयलिन का भावों के साथ तादात्म्य स्थापित करता प्रयोग जितनी कलात्मकता के साथ सज्जाद ने किया, वैसा कम ही संगीतकारों ने किया होगा।

के. आसिफ़ की नरगिस और दिलीप कुमार को लेकर निर्मित 'हलचल' (1951) में मोहम्मद शफ़ी और सज्जाद दोनों को ही संगीतकार के रूप में अनुबंधित किया गया था। सज्जाद के हिस्से में आए गीतों में मुजरा-शैली में राजकुमारी से गवाए 'कोई किस तरह राज़े उल्फ़त छिपाए' और विषण्ण-सी उत्कंठित शैली में बनाई खूबसूरत मेलोडी 'लुटा दिल मेरा हाय आबाद होकर' (लता) को आज हम भले ही भुला बैठे हों, पर अरबी शैली की छाया लिए 'आज मेरे नसीब ने मुझको रुला-रुला दिया' को हम कैसे भूल सकते हैं? पूरी धुन यदि उदासी का एक आलम जीवंत कर देती है तो लता की बेमिसाल गायकी उसे अमरत्व प्रदान कर देती है। मेलोडी अगर किसी को कहते हैं, तो उसका उदाहरण है यह गीत। स्वरों का हल्का लोच, भाव उत्पन्न करने के लिए शब्दों का दीर्घीकरण सज्जाद की कला के वे अनूठे पहलू थे जो इस गीत में अपने चरम पर हैं। सज्जाद ने स्वयं यदि इस गीत को अपनी सर्वेश्रेष्ठ रचना माना है तो अधिक आश्चर्य की बात नहीं है।

वैसे सज्जाद की शैली के कई तत्त्वों की पुनरावृत्ति उनकी कई रचनाओं में मिलती है और इस मुद्दे पर उनकी आलोचना भी की जा चुकी है। सज्जाद के गीत अकसर base के स्वरों के आसपास में ही शुरू होते थे। पर एक तरह से देखा जाए तो शैली तो हर संगीतकार की अपनी रहती ही है, और सज्जाद की शैली की खासियत उसका अन्य समकालीन संगीतकारों से (और बाद के संगीतकारों से भी) बिलकुल अलग रहना था। यह एक ऑफ़बीट शैली थी, जो बड़े जटिल संगीतमय टुकड़ों का एक अलग ही रिद्म में सृजन करती थी, और फिर उन टुकड़ों को अद्भुत कौशल से मेलोडी की एक समष्टिता प्रदान करती थी। यही सज्जाद की महानता थी और यही उनकी विशिष्टता थी।

पर यह भी सच है कि लीक से अलग रहने की सज्जाद की शैली अलग होते हुए भी सलिल चौधरी के संगीत की तरह क्रांतिकारी नहीं थी। सज्जाद की शैली जनोन्मुख न होकर आत्मनिष्ठ थी, आत्मकेन्द्रित थी। उसमें श्रेष्ठता का दम्भ तो कूट-कूट कर भरा था, पर यह दम्भ भारतीय संगीत शैली के सामंतवादी आभिजात्य की धारा का ही एक हिस्सा था–अलबत्ता एक नई अभिव्यक्ति। जिस अरबी शैली का इस्तेमाल उन्होंने अपने संगीत में बहुतायत से किया, वह भी जनवादी लोकशैली न होकर शाही दरबारों और शहजादों-शहजादियों के रोमांस की रहस्यात्मकता के बीच की ही संगीत शैली थी।

सज्जाद की संगीत शैली का सबसे परिपक्व रूप हमें एम. सादिक की निर्मित और निर्देशित मुधबाला के सौंदर्य से सजी फ़िल्म 'सैंया' (1951) में मिलता है। फ़िल्म के आठ गीतों में से सात लता के स्वर में थे और सभी एक से बढ़कर एक थे। 'वो रात दिन वो शाम की गुज़री हुई कहानियाँ' के लहराते उतार-चढ़ाव में तो सज्जाद मुश्किल धुन बनाने की अपनी विशेषता के चरम पर थे। वॉयलिन के तीव्र प्रभाव के साथ आलाप का लहराना, और बिना किसी विराम के स्वरों को लगातार दोलायमान करते जाना लता को छोड़कर किसी और गायिका के बस की बात नहीं थी। इस गीत को कभी शाम के धुँधलके में या रात की निस्तब्धता के बीच सुनिए–संगीत का दिलोदिमाग पर असर होना किसे कहते हैं, पूरी तरह मालूम हो जाएगा। वहीं रिद्म का एक दूसरा झंकृत रूप था 'हवा में दिल डोले मचलकर बोले' (लता, साथी)। क्या खूबसूरत लचीली धुन थी और 'डोलने' का क्या गजब असर पैदा किया था, स्वर और वाद्य-संयोजन के मेल ने! आज भी इसे सुनकर मन झूम झूम जाता है। वहीं कोरस के बड़े लुभावने प्रयोग और वॉयलिन के आकर्षक आरम्भिक टुकड़ों के साथ 'खयालों में तुम हो' (लता, साथी) में फिर अंतरे

के बदले रूप के साथ मुखड़े का मेल सज्जाद ने अपने चिरपरिचित कौशल से किया है। इस गीत का ऑरकेस्ट्रेशन तो लाजवाब है, और सज्जाद का सामूहिक वॉयलिन-प्रयोग अपने पूर्ण उत्कर्ष पर है।

इतने खूबसूरत गीतों को सुनने के बाद लगता है कि सज्जाद ने इस फ़िल्म के लिए अपना सर्वश्रेष्ठ योगदान दे दिया होगा। पर नहीं, यह तो मात्र आगाज़ था। विश्वास न हो तो सुनिए 'काली काली रात में दिल बड़ा सताए' (लता) और महसूस कीजिए इन शब्दों के बाद 'तेरी याद आए' का जादू जैसा असर पैदा करनेवाला प्रयोग। इस गीत में एक बार फिर अंतरे की धुन सज्जाद ने ऐसी बनाई है कि लगता ही नहीं है कि यह इसी गीत का टुकड़ा है, पर पुनः जिस कुशलता से इस टुकड़े को मूल धुन के साथ सज्जाद ने जोड़ा, वह तो बेमिसाल ही है। इस गीत को कई संगीतप्रेमी सज्जाद की सबसे उत्कृष्ट रचना मानते हैं। पूरे गीत में सज्जाद ने रात की खामोशी के बीच उद्वेलित करनेवाला एक haunting असर पैदा कर दिया है जो वशीभूत कर लेता है। सज्जाद की सम्मोजित करनेवाली शैली का एक और बेहतरीन उदाहरण था लता के स्वर में 'किस्मत में खुशी का नाम नहीं'। उदास सुरों को बाँधकर बेहतरीन मेलोडी बनाने में सज्जाद का वाकई कोई जवाब नहीं था। 'सैंया' का एक और बहूमूल्य गीत लता के स्वर में 'तुम्हें दिल दिया तो क्या किया मैंने' पुनः एक off beat रचना थी, जिसमें भावनाओं का बहाव स्वर लहरियों के साथ और वॉयलिन की तरंगों के साथ एक बार फिर सज्जाद की परिचित शैली में हल्के से झूलता चलता है। इस गीत में तो सज्जाद ने मुखड़े और अंतरे के विभाजन को लगभग समाप्त ही कर दिया है। इंटरल्यूड्स नहीं के बराबर है, पर लय बदलती और फैलती चलती है और इस बदलाव के साथ कदम से कदम मिलाकर गाना और फैलाव को मोड़कर मुखड़े की धुन के साथ connect करना लता के ही बस की बात थी। इस गीत में बेसुरे होने के खतरे बेहिसाब थे, पर लता भी लता ही थीं। लता से अलग फ़िल्म का अकेला गीत रफ़ी के स्वर में था—'उस पार इस दीवार के जो रहते हैं, कोई कह दे उनसे जा के जो हम कहते हैं'। एक तेज तालबद्ध लय में इस गीत को ढालकर सज्जाद ने रफ़ी से बड़ी खूबसूरती से गवाया था, पर लता के बेमिसाल बीतों की तुलना में यह खूबसूरती भी कम ही लगती है।

सज्जाद का गुस्सैल तेवर और मुश्किल धुनें इतनी चर्चित हो चली थीं कि जब आर.सी. तलवार ने अपनी 'संगदिल' (1952) के लिए उन्हें बतौर संगीतकार लेना चाहा था तो कइयों ने सलाह दी थी कि सज्जाद के मूड और perfection की उनकी 'सनक' के नखरे उठाना आसान नहीं है और सज्जाद को लेकर तलवार को पछताना पड़ेगा। पर तलवार नहीं माने और दिलीप कुमार, मधुबाला इस फ़िल्म में उन्होंने संगीत के लिए सज्जाद को ही मुँहमाँगे दाम का वादा कर चुना, और सज्जाद के साथ ऐसी तन्मयता से काम किया कि 'संगदिल' का संगीत व्यावसायिक दृष्टि से सज्जाद की सफलतम उपलब्धियों में गिना जाने लगा। 'वो तो चले गए ऐ दिल याद से उनकी प्यार कर' की खूबसूरती तो फ़िल्म संगीत का यदि कोई अंत होगा, तो इस अंत तक कायम रहेगी। सज्जाद की अन्य रचनाओं की अपेक्षा यह कम मुश्किल रचना थी, पर भावों की तल्लीनता से एक हलके लहर जैसा प्रभाव सज्जाद इसमें भी लाने में पूर्णतः सफल रहे हैं। खमाज और कलावती की छाया लेकर दादरा ताल पर बनाई इस कृति को लता ने अपने पूरे दिलोजान से गया है और यही कारण है कि एच.एम.व्ही. ने लता के 60 वर्ष पूरे होने पर 'डायमंड्स फ़ॉरएवर' नाम से जो लता के चार कैसेट्स का सेट निकाला, उसमें इस गीत को भी शामिल किया गया।

'संगदिल' का लता, तलत का गया वह अद्भुत दो गाना याद है आपको—'दिल में समा गए सजन, फूल खिले चमन चमन, प्यार भी मुस्कुरा दिया'। राजेन्द्र कृष्ण के सरस शब्दों को अतुलनीय मिठास दी है सज्जाद ने। छोटे शाब्दिक टुकड़ों के बाद हलके pauses का सिलसिला तो इस गीत में मुखड़े के शुरू होकर अंतरों तक चलता है। यूँ गीत का मूल आधार तो कल्याण थाट है, पर दादरा ताल को तोड़कर waltz शैली में ballroom dance जैसा लहराता असर सज्जाद ने बेहद खूबसूरती से पैदा किया है। वैसे 'संगदिल' का सबसे मशहूर गीत था तलत महमूद का गाया हमेशा जवाँ 'ये हवा ये रात ये चाँदनी तेरी इक अदा पे निसार है'। तलत के चाहनेवाले तो इसे तलत के सर्वश्रेष्ठ गीतों में शुमार करते ही हैं, खुद संगीतकार मदनमोहन भी इससे इतने प्रभावित रहे कि फ़िल्म 'आखिरी दाँव' के इसी तर्ज और छंद पर उन्होंने रफ़ी से 'तुझे क्या सुनाऊँ मैं दिलरुबा तेरे सामने मेरा हाल है' कम्पोज़ किया और सुपरहिट बना डाला। सज्जाद को इतना गुस्सा आया कि म्यूज़िक डायरेक्टर्स एसोसिएशन की मीटिंग में उन्होंने मदनमोहन को जा पकड़ा और उनसे डपटकर पूछ बैठे कि सज्जाद की धुन

'संगदिल' में दिलीप और मधुबाला

की नकल करने की उन्हें हिम्मत कैसे हुई? मदनमोहन भी कम नहीं थे—पूरी विनम्रता के साथ उन्होंने सज्जाद की महानता को रेखांकित करनेवाला उत्तर प्रस्तुत किया, 'दूसरे किसी संगीतकार की कोई धुन ऐसी अनुपम थी ही नहीं कि उसकी नकल की जाती'। जवाब इतना सटीक था कि सज्जाद का अहम भी तुष्ट हो गया और बात भी सँभल गई। बहरहाल 'ये हवा ये रात की चाँदनी' की रूमानियत, तलत का संयत स्वर और तबले की थापों तथा सितार की झंकार के बीच इस ग़ज़लनुमा गीत की पँक्तियों का विस्तार हिंदी फ़िल्म-संगीत की एक अविस्मरणीय उपलब्धि मानी जाएगी। यह दूसरी बात है कि सनक की हद तक perfectionist सज्जाद गाने के 17 रीटेक के बाद भी इंटरल्यूड के एक टुकड़े से संतुष्ट नहीं थे और मरते दम तक भी इस गीत को जब भी सुनते थे तो यही अफ़सोस ज़ाहिर करते थे कि वादक ने उसे उस तरह नहीं ही बजाया, जैसा वे चाहते थे। फ़िल्म के तलत के गाए एक और बेहद खूबसूरत गीत की चर्चा अधिक नहीं हुई है, पर पियानो और वॉयलिन के चमत्कारी प्रभाव के साथ 'कहाँ हो कहाँ हो मेरे जीवन सहारे' की मेलोडी 'संगदिल' के अन्य गीतों के समकक्ष ही ठहरेगी।

'संगदिल' के दो और गीत अकसर चर्चा में नहीं आते पर दोनों ही लाजवाब रचनाएँ थीं। गीता की उन्मुक्त सहज आवाज में clappers के साथ 'दर्शन प्यासी आई दासी' में पृष्ठभूमि में लगातार बचता जलतरंग एक अद्‌भुत भक्ति भाव के वातावरण का सृजन करता है। वही बाँसुरी के सुंदर उपयोग के साथ आशा और गीता के स्वरों में 'धरती से दूर गोरे बादलों के पार' भी एक मीठी रचना है जो सज्जाद की शैली से अलग आम परिपाटी की होते हुए भी बड़ी काव्यात्मक और सुंदर लगती है। 'संगदिल' का पार्श्वसंगीत भी बेहद सराहा गया था। रामानंद सागर की एमिली ब्रांटे की 'Wuthering Heights' से प्रेरणा लेकर लिखी पटकथा में ज़िंदगी के तनाव, परेशानियाँ, पागलपन, आशंकाओं जैसी मनःस्थितियों या खँडहरों, नदियों की पृष्ठभूमि में रहस्य का वातावरण सजीव करने में सज्जाद ने बेहद खूबसूरत संगीतमय टुकड़ों की रचना की थी।[5]

हरमिंदर हमराज के गीतकोश के अनुसार सज्जाद ने 'लाजवंती' नामक एक फ़िल्म में भी लता से आठ गाने रेकॉर्ड करवाये थे, पर फ़िल्म प्रदर्शित ही न हो सकी। सज्जाद शायद ऐसे अकेले संगीतकार थे जो कोई भी सहायक नहीं रखते थे। धुन से लेकर ऑरकेस्ट्रेशन के बारीक पहलुओं (यहाँ तक कि तबले के बोलों को लिखना भी) तक उनका अकेला हाथ रहता था जो बार-बार संगीत को तराशता रहता था जब तक कि रचना perfect न हो जाए।

सज्जाद की 'फ़र्ज़ और इश्क' भी पूरी न हो सकी

यह निर्विवाद है कि सज्जाद की उत्कृष्ट रचनाएँ लता के साथ ही हैं। लता का जादू उन पर इतना था कि एक बार जब राजू भारतन ने बड़े आग्रह से उनसे (जो अपने अलावा किसी कम्पोज़र को कुछ मानते ही नहीं थे) किसी अन्य संगीतकार की एक रचना इंगित करने को कहा जो सज्जाद अपने कम्पोजीशन्स के समकक्ष मानते हों, तो बड़े टाल-मटोल के बाद उन्होंने दादा बर्मन के 'मेघा छाए आधी रात' का नाम ले लिया, पर तुरंत ही जोड़ दिया कि कम्पोज़ीशन में कुछ खास नहीं है, वह तो लता की गायकी है जो इसे बड़ा बनाती है।[6] सज्जाद ने लता के साथ पहचान फ़िल्मी दुनिया को अलविदा कहने के भी कई वर्षों बाद तक कायम रखी। माहिम के अपने फ्लैट में बैठे सज्जाद भले ही किसी को इंटरव्यू न देते हों, अपने किसी रेकॉर्ड पर ऑटोग्राफ के रूप में हस्ताक्षर करने के पूर्व अपने शक्की स्वभाव के कारण रेकॉर्ड को बजाकर (यह तसदीक करने के बाद कि रेकॉर्ड उनकी ही कम्पोजीशन है) ही ऑटोग्राफ़ देते हों, पर लता के घर जाकर पूरे परिवार से अकसर गप्पें मारने पहुँचने का सिलसिला उन्होंने जारी रखा।[7]

हालाँकि आर.सी. तलवार का विश्वास सज्जाद पर कायम रहा, पर सज्जाद की अव्यावहारिकता और कुछ हद तक सनकी स्वभाव के कारण उनको फ़िल्में मिलने का सिलसिला ख़त्म-सा ही हो गया। तलवार की 'रुख़साना' (1955) में लता की बीमारी की वजह से उन्हें आशा से समझौता करना पड़ा, और यह भी एक कारण था कि 'रुख़साना' का उनका संगीत 'सैंया, 'खेल' या 'संगदिल' जैसा प्रभाव उत्पन्न नहीं कर पाता है। मीना कुमारी और किशोर कुमार अभिनीत इस फ़िल्म में किशोर से तो उन्हें गवाना ही पड़ा। किशोर, आशा का वो गाना 'यह चार दिन बहार के, हँसी खुशी गुजार के' में फिर सज्जाद ने sharp pause और लहरों की तरह स्वरतरंग का प्रभाव पुनः पैदा करने में सफलता पाई है। गीत के पीछे आलाप का बहता हुआ प्रभाव भी

बड़ा आकर्षक बन पड़ा है। आशा के स्वर में 'तुम्हें हम याद करते हैं कहाँ हो तुम' में लता के गीतों जैसी बात तो नहीं आ पाई है पर आशा का गाया 'तेरे जहाँ से चल दिए देते हुए दुआएँ हम' को लोकप्रियता भी मिली और सम्भवतः इसके कम्पोज़ीशन में भावाभिव्यक्ति का सुंदर असर देखकर ही एच.एम.व्ही. ने इसे आशा के 'मेलो गोल्ड' कैसेट में शरीक भी किया। वैसे सज्जाद के बेहतरीन गीतों के सामने यह भी फीका ही लगता है। मुबारक बेगम गाया कव्वालीनुमा तर्ज पर 'भरी महफ़िल में लुट जाते हैं' में कुछ भी विशेष नहीं है। लता की आवाज में रेकार्ड फ़िल्म का एकमात्र गीत 'तेरा दर्द दिल में बसा लिया' ही फ़िल्म की उल्लेखनीय गीत रहा। दरबारी में दीपचंदी ताल पर बनाया यह गीत वास्तव में अपनी सुंदरता से सिद्ध करता है कि सज्जाद का मन लता के साथ ही रमता था।

वर्षों बाद विश्राम बेडेकर की निर्देशित पृथ्वीराज और सुरैया की चर्चित फ़िल्म 'रुस्तम सोहराब' (1963) में सज्जाद को एक अवसर मिला और इस फ़िल्म में सज्जाद के संगीत को अभूतपूर्व सफलता मिली। रफ़ी, मन्ना डे, सादत और साथियों के स्वर में गवाई मशहूर कव्वाली 'फिर तुम्हारी याद आई ऐ सनम' पर तो पूरा देश झूम-झूम गया। रोशन की किसी भी कव्वाली से इस उत्कृष्ट रचना की तुलना की जा सकती है, हालाँकि सज्जाद अपने बनाए लता के गीतों के सामने इसे कुछ खास नहीं समझते थे। कम्पोज़ीशन के हिसाब से सज्जाद की यह दलील मायने भी रखती है जब हम इसी फ़िल्म में लता का गाया 'ऐ दिलरुबा नज़रें मिला' सुनते हैं। अरबी शैली के गीत तो बहुत बने हैं, पर इस शैली में बने गीतों में यह गीत सर्वश्रेष्ठ माना जा सकता है। लगता है मानो निस्तब्ध रेगिस्तान में गूँजती स्वरलहरियों के माध्यम से सज्जाद ने अरब का रोमांस और रेगिस्तान की असीमता का रहस्य दोनों ही जीवंत कर दिए थे। राग किरवानी पर कम्पोज़ की गई इस धुन में सज्जाद की ऑफ़बीट शैली की छाप भी अपने कई अवयवों के साथ मौजूद है। लता ने स्वयं भी माना है कि दबे स्वर में आलाप लेने की कला उन्होंने सज्जाद से ही सीखी। 'ऐ दिलरुबा' में लता के ही अनुसार सज्जाद चाहते थे कि किसी भी सुर पर जोर दिए बिना हरेक नोट को आराम से और सुकून से गाया जाए, और लता ने सज्जाद की इस ख्वाहिश के साथ पूरा न्याय किया है। अरब शैली के आलापों का सज्जाद जैसा प्रयोग हिंदी फ़िल्म-जगत में कोई और नहीं कर पाया।

अब यह मैं आप पर छोड़ता है कि आप 'ऐ दिलरुबा' को बेहतर समझते हैं या इसी फ़िल्म में सुरैया के गाए 'ये कैसे अजब दास्तां हो गई है' को। सुरैया की आवाज़ का इतना सुंदर इस्तेमाल शायद ही कोई और संगीतकार कर पाया हो। अरबी शैली की रिद्म और ऑरकेस्ट्रेशन के साथ भारतीय मेलोडी का यह अद्‌भुत उदाहरण है। सुरैया इतनी मीठी और आकर्षक तो कभी नहीं लगी थी—मैं तो इसे निस्संदेह सुरैया का सर्वश्रेष्ठ गीत मानूँगा। इस गीत को सैकड़ों बार सुना होगा, पर एक बार और सुनने पर भी यह उतना ही ताजा और मदहोश करनेवाला लगता है।

'रुस्तम सोहराब' की ऐसी रचनाओं के सामने तो अच्छी से अच्छी रचनाओं का ठहरना मुश्किल हो जाएगा और यही बात फ़िल्म के अन्य गीतों के साथ हुई वरना अरबी नृत्य-शैली की रिद्म लिए 'अब देर हो गई वल्लाह' (आशा) और वतनपरस्ती की अभिव्यक्ति करता 'माजदरान, माजदरान, मेरे वतन मेरे जहान' (तलत) जैसे गीत भी अपनी बेहतरीन कम्पोज़ीशन के कारण उल्लेखनीय हैं। 'रुस्तम सोहराब' में सज्जाद ने कई अरबी ईरानी वायमंत्रों का इस्तेमाल वातावरण को सजीव करने में बखूबी किया।

यह एक बहुत बड़ी विडम्बना है कि इतनी सफल फ़िल्म के बाद सज्जाद पूरी तरह उपेक्षित हो गए। आठवें दशक में 'मेरा शिकार' (1973) और 'आखिरी सज़दा' (1977) नामक दो फ़िल्मों में संगीतकार के रूप में 'सज्जाद' नाम हमराज के गीतकोश में हमें मिलता है। मैं नहीं जानता कि ये वही सज्जाद हैं या कोई और, पर लगता है कि ये वही सज्जाद होंगे, क्योंकि 'मेरा शिकार' का आशा का गाया 'ओ तेरी चाहत में जिएँ, तेरी हसरत में मरें' गीत मेरे संग्रह में है और इस गीत पर सज्जाद की शैली की इतनी अमिट छाप है कि लगता है यह 'रुस्तम सोहराब' का ही अरबी शैली का एक गीत है। बहरहाल, यह तो निर्विवाद है कि सज्जाद जैसे कम्पोज़र को उनकी काबिलीयत के हिसाब से फ़िल्म जगत ने बिलकुल नहीं पूछा। उनकी माली हालत भी साधारण ही रही और उनके पुत्रों को विभिन्न संगीतकारों के ऑरकेस्ट्रा में वादक के रूप में काम करके गुजारा करना पड़ा। सज्जाद माहिम के अपने फ्लैट में उतने ही रूखे, उतने ही अक्खड़ बने रहे, और अक्टूबर, 1995 को अपनी मृत्यु तक कटी-कटी एक असामाजिक-सी जिंदगी ही जीते रहे। एच.एम.व्ही. ने उनकी और श्यामसुंदर की याद में 1993 में 'ऑल टाइम ग्रेट्स' शृंखला में दो कैसेट्स का एक अमूल्य तोहफा श्रोताओं को अवश्य प्रस्तुत किया था, पर अपने नाम के 'हुसैन' को एक 'एस' से लिखने वाले सज्जाद (आखिर 'हुसैन' में दो 'एस' लगाने का आधार ही क्या है?) इस पर भी अपने स्वभाव के अनुरूप शायद कुढ़े ही होंगे कि एच. एम.व्ही. वालो ने भले ही उनका कैसेट निकाला हो, पर उनके नाम के साथ 'हुसैन' में double 's' कैसे लगा दिया?

सज्जाद की मृत्यु पर संगीतकार अनिल विश्वास ने यहाँ तक कहा कि सज्जाद ही एक ऐसे संगीतकार थे जिन्हें 'मौलिक संगीतकार' का खिताब दिया जा सकता है। नूरजहाँ ने उनकी मौत पर ग़मगीन स्वर में यह कहा कि ऐसे लोग रोज पैदा नहीं होते। पर सज्जाद के जनाजे में फ़िल्म-जगत से मात्र खय्याम और पंकज उधास (जिनके ऑरकेस्ट्रा में सज्जाद का पुत्र काम करता था) ही शामिल थे। फ़िल्म-जगत जब किसी को भुलाता है तो पूरी क्रूरता से भुलाता है।

संदर्भ

1. राम प्रकाश शुक्ल, 'निर्मोही', लिस्नर्स बुलेटिन, अंक 56, फरवरी, 1984
2. वही
3. वही
4. हृषि दीक्षित : 'अभी तो मैं जवान हूँ'—इंटरनेट शृंखला, क्र. 360)
5. राम प्रकाश शुक्ल 'निर्मोही' : लिस्नर्स बुलेटिन, अंक 56, फरवरी, 1984
6. राजू भारतन : लता मंगेशकर—ए.बायोग्राफी
7. नई दुनिया : सरगम का सफर, जून, 1989

श्यामसुंदर

'बहारें फिर भी आएँगी मगर हम-तुम जुदा होंगे'

श्यामसुंदर

हिन्दी फ़िल्म-संगीत के प्रारंभिक वर्षों में जिस 'पंजाब स्कूल' का हम ज़िक्र करते हैं श्यामसुंदर उर्फ़ श्यामसुंदर गाबा उस स्कूल की एक अमूल्य कड़ी थे। पर 'पंजाब स्कूल' के संगीत मुहावरों के बीच भी प्रयोगात्मकता का ज़िक्र अगर किया जाए तो श्यामसुंदर का नाम सबसे ऊपर आएगा। पंजाबी ढोलक, तबले या वॉयलिन का तरंगित उपयोग तथा गुंजायमान पहाड़ी शैली का सुंदर अभूतपूर्व प्रयोग उनके संगीत की विशिष्टता थी। एक ज़माने में प्रसिद्ध संगीतकार झंडे खाँ के ऑरकेस्ट्रा में वॉयलिन बजानेवाले श्यामसुंदर ने हिंदी के अलावा पंजाबी फ़िल्मों में भी संगीत दिया था। यह कम ही लोग जानते होंगे कि मोहम्मद रफ़ी की खोज का श्रेय भी श्यामसुंदर को ही जाता है। लाहौर में 1938 के साल प्रसिद्ध गायक कुंदनलाल सहगल के साथ श्यामसुंदर भी गये थे। वहीं बीच प्रोग्राम में माइक्रोफ़ोन में कुछ गड़बड़ी आने के कारण प्रोग्राम रोक देना पड़ा और दर्शकों में शोर-गुल होने लगा। इस शोर-गुल को शांत करने किशोर वय मोहम्मद रफ़ी को मंच पर लाया गया और रफ़ी ने बिना माइक अपनी सुरीली आवाज़ में पंजाबी गीत गाकर जनता को ऐसा मंत्रमुग्ध किया कि सहगल ने तो उन्हें गले लगाया ही, श्यामसुंदर ने अपनी पंजाबी फ़िल्म 'गुल बलोच' में उन्हें पहली बार गाने का ही मौका दे दिया। 'गुल बलोच' का यह गाना 'सोनियेनी हीरेयेनी तेरी याद ने बहुत सताया' बहुत ही मशहूर हुआ और रफ़ी के लिए आगे के द्वार खुल गये।

इंद्रा मूवीटोन, पंजाब की 'जंगी जवान' (1943—असलम के साथ), प्रभात फिल्म कम्पनी, पूना की 'नई कहानी' (1943) और कारवाँ पिक्चर्स, बम्बई की 'भाई' (1944—गुलाम हैदर के साथ) श्यामसुंदर की आरम्भिक फ़िल्में थीं। 'नई कहानी' का दुर्रानी का गाया 'नींद हमारी ख्वाब तुम्हारे कितने मीठे कितने प्यारे' चर्चित गीत रहा था। 'प्रभात' की शुद्ध शास्त्रीय संगीत-परम्परा को तोड़कर मेलोडी आधरित 'नई कहानी' का संगीत बदलते ज़माने की रुचियों के साथ चलने की एक कोशिश थी जो बहुत सफल रही, हालाँकि 'प्रभात' के शास्त्रीय संगीत पंडित केशवराव भोले ने शास्त्रीयता के आधार से हटने की आलोचना की थी। वैसे श्यामसुंदर अपने रंग में आए नूरजहाँ की गायकी के साथ के. अमरनाथ निर्देशित 'विलेज गर्ल' (1945) से। नूरजहाँ की आवाज़ की कशिश और तरन्नुम को पकड़कर वॉयलिन के उतार-चढ़ाव के साथ सुसज्जित 'बैठी हूँ तेरी याद का लेकर के सहारा' या 'किस तरह भूलेगा दिल उनका ख़्याल आया हुआ', 'साजन परदेसी बलम परदेसी मन को सताए' और 'ये कौन हँसा, किसने सितारों को हँसाया' जैसे सदाबहार अमर गीतों की कम्पोज़ीशन ने श्यामसुंदर का सिक्का जमा दिया। नूरजहाँ की आवाज़ और उनका अंदाज़ श्यामसुंदर की पसंद और पहचान बन गए। 'विलेज गर्ल' के 'अजी दिल हो काबू में' (समूह गीत) के रेकॉर्डिंग के समय की एक कहानी प्रसिद्ध गायक दुर्रानी ने अपने एक इंटरव्यू में बताई थी। रेकॉर्डिंग के समय एक लड़का ठीक से गा नहीं पा रहा था। रफ़ी भी पास ही खड़े थे। दुर्रानी ने उन्हें बुलवाया और गवाया, और रफ़ी ने इस खूबसूरती से गाया कि श्यामसुंदर एक बार फिर रफ़ी का लोहा मान गये। 'भाई जान' (1945) में भी 'ऐ वादे सबा कुछ तूने सुना', 'चुपके से दिल में आ बसे'

और अपने न दिन थे' जैसे नूरजहाँ के सुंदर गीत थे, हालाँकि रेकॉर्ड पर वही गीत ज़ीनत बेगम के स्वर में दिए गए थे। 'देवकन्या' (1946) में अमीरबाई का गाया 'पिया मिलन को जाने वाली सँभल-सँभल के चल' पूरब अंग की छाप के साथ सरोद के उत्कृष्ट प्रयोग से सजी श्यामसुंदर की एक लाजवाब कम्पोज़ीशन थी जिसमें यमन कल्याण, शिवरंजनी, बहार और आसावरी रागों का क्रमवार उपयोग गीत को यादगार गीत बन गया। शमशाद ने भी इस फ़िल्म में पंडित श्यामसुंदर के लिए 'एक नज़र में मेरे मन को चुराया' और 'आज मेरे घर आएँगे, वो आज मेरे घर आएँगे' जैसे सुंदर गीत गाए।

आर.सी. पाल और पैगनकार के साथ 'उर्वशी' (1946) में और लच्छीराम के साथ 'आरसी' (1947) में श्यामसुंदर ने संगीत दिया था। सरशार सैलानी की 'हम जिनको चाहते हैं उसे कुछ खबर नहीं', 'ओ भूलने वाले ग़म में तेरे हम अपना फ़साना भूल गए' और 'इश्क बेवफ़ा ने शीशा-ए-दिल चूर कर दिया' जैसी रचनाओं को दिलशाद बेग़म और दुर्रानी से श्यामसुंदर ने 'एक रोज़' (1947) में दिलकश अंदाज़ से गवाया पर फ़िल्म कामयाब न हो सकी। फ़िल्मिस्तान की 'एक्ट्रेस' (1948) का संगीत अवश्य बेहद मक़बूल रहा। 'हम अपने दिल का फ़साना उन्हें सुना न सके' और 'ऐ दिल मेरी आहों में इतना तो असर आए' रफ़ी के स्वर में गम्भीर लयपूर्ण रचनाएँ थीं तो 'हैलो-हैलो जेंटिलमेन' (शमशाद, ललिता देउलकर, साथी) नयी मिली आजादी को रेखांकित करता एक उल्लासपूर्ण गीत था जो अपनी प्रासंगिकता के कारण खूब चला। श्यामसुंदर का यह दौर एक सफल दौर था। उनकी दो सुपरहिट फ़िल्में 'बाज़ार' और 'लाहौर' इसी वक्त आईं और उनके गीत जबर्दस्त रूप से लोकप्रिय रहे। 'ज़रा सुन लो हम अपने प्यार का अफ़साना' (लता, राजकुमारी, साथी) और 'छल्ला दे जा निशानी तेरी मेहरबानी' (शमशाद, रफ़ी, सतीश बत्रा) की पंजाबी रिद्म यदि खूब चली, तो 'बाज़ार' के ही काफी थाट में रचे 'ऐ मुहब्बत उनसे मिलने का बहाना बन गया' (लता, रफ़ी) या 'अपनी नजर से दूर वो उनकी नज़र से दूर हम' (लता, रफ़ी) और [illegible]ेल उनको याद न करना' (लता) की धुनों और ताल में एक आकर्षक सी प्रयोगात्मकता थी तथा लय और गायकी में एक थपथपाता-सा सुकून था, जो पं. श्यामसुंदर की विशिष्टता बनता जा रहा था। इसका सबसे मशहूर उदाहरण है 'बाज़ार' का ही लता का गाया 'साजन की गलियाँ छोड़ चले' जो पहाड़ी पंजाबी शैली में कम्पोज़ की गई एक सदाबहार रचना है और लता के सदाबहार गीतों में शामिल है। लता पर इस वक़्त तक नूरजहाँ की शैली का कितना प्रभाव था, यह इस गीत की अदायगी से स्पष्ट हो जाता है।

लता से श्यामसुंदर की पहली मुलाकात तो यूँ बहुत पहले ही मास्टर विनायक की फ़िल्म के निर्माण के समय ही हो गई थी जब लता बाल कलाकार थीं और श्यामसुंदर एक गायक बनने का ख्वाब देख रहे थे, पर उनका साथ-साथ काम करना 'बाज़ार' से ही शुरू हुआ। लता के इस आरम्भिक दौर में उनके स्वर के दर्द की बारीकियों को सर्वाधिक सुंदरता से उभारनेवाले संगीतकारों में श्यामसुंदर का नाम अवश्य ही ऊपर रहेगा। इसका सबसे विशिष्ट प्रमाण है नरगिस और करन दीवान अभिनीत 'लाहौर' (1949) का संगीत। इस फ़िल्म की सबसे मशहूर और चर्चित ग़ज़ल 'बहारें फिर भी आएँगी मगर हम-तुम जुदा होंगे' (लता) को तो लता द्वारा 1967 में अपनी गायकी के सिल्वर जुबली समारोह में अपने दस सर्वश्रेष्ठ गीतों में शामिल किया गया था और बाद में इसी धुन पर मदनमोहन ने 'बाग़ी' (1953) की अपनी मशहूर ग़ज़ल 'हमारे बाद अब महफ़िल में अफ़साने बयाँ होंगे' की रचना की थी। कहीं भूपाली और कहीं कलावती का पुट लिए दादरा ताल में सृजित 'सुन लो सजन दिल की बात' (लता, करन दीवान) भी इस फ़िल्म का एक हिट गीत था हालाँकि इस गीत की रिद्म मूलतः उसी पुरानी पंजाबी शैली की थी, और श्यामसुंदर ने लता से इसे नूरजहाँ की परिचित शैली में गवाकर नूरजहाँ की याद ताज़ा की थी। 'टूटे हुए अरमानों की एक दुनिया बसाएँ' (लता) और 'वही रोता हुआ इक दिल इधर भी है' (करन दीवान) भी खूब चले पर विशिष्टता की बात करें तो याद रहता है लता और करन दीवान का 'दुनिया हमारे प्यार की यूँ ही जवाँ रहे'। आरम्भ में ही ऑरकेस्ट्रा गीत की पृष्ठभूमि तैयार करने में खूब सफल रहा है और क्या गजब धुन और गायकी है इस गीत में! श्यामसुंदर की प्रयोगात्मकता का यह एक सटीक उदाहरण है—लीक से अलग की शैली जो कहीं-कहीं हलकी शास्त्रीयता की ओर

उन्मुख होते हुए भी मेलोडी को पूरे यत्न से सहेज रखने में सपफल होती है।

'चार दिन' (1949) में सुरैया के स्वर में 'एक बेवफ़ा की याद ने तड़पाकर मार डाला', 'भाई बहन' (1950) में प्रेमलता और मुकेश की आवाज़ों में 'किसी को क्या ख़बर हमारे दिल पर' और शमशाद के स्वर में यमन कल्याण पर आधारित 'ठंडी हवा के झोंके', 'निर्दोष' (1950) में लता के स्वर में असद भोपाली का वह अलग-सा पंजाबी शैली का गीत 'ये मेरी चलती फिरती लाश', 'कमल के फूल' (1950) में तलत की आवाज़ में 'जलती है दुनिया जलती रहेगी' और सुरैया का गाया 'सज़ा मिली है किसी से ये दिल लगाने की' और 'काले बादल' (1951) का दुर्रानी का गाया 'तड़पना और चुप रहना, मुहब्बत और क्या होगी' जैसे गीत श्यामसुंदर की प्रतिभा दर्शानेवाले गीत हैं। पंजाब के संगीत में ताल पर बल था और श्यामसुंदर ने भी ढोलक और तबले के साथ बीट्स पर आधारित बेहद लुभावने गीत बनाए। तबले के लिए अकसर वे प्रसिद्ध तबला नवाज़ अब्दुल करीम को लाते थे। 'कमल के फूल' (1950) का 'कोई दिल में समाया चुपके चुपके' (सुरैया), 'ढोलक' (1951) का मैंडोलिन और ढोलक से सजा सुपरहिट गीत 'चोरी-चोरी आग सी दिल में लगाकर चल दिए' (सुलोचना कदम) और 'मुखड़ा' (1951) का 'अँखियाँ मिला के अँखियों की नींद चुरा के' (सुलोचना कदम) इसके बेमिसाल उदाहरण हैं। 'ढोलक' तो श्यामसुंदर के संगीत का नगीना ही है। सुलोचना कदम से उनके सर्वश्रेष्ठ गीत श्यामसुंदर ने ही गवाए। 'चोरी-चोरी आग सी' तो पंजाब शैली में संगीतकारों का प्रतिनिधि गीत है ही, इस फ़िल्म के अन्य गीतों को भी सुलोचना कदम से बड़ी खूबसूरती से गवाने में श्यामसुंदर सफल रहे। 'मौसम आया है रंगीन' में कोरस का प्रभाव और 'हौले हौले' शब्दों की पुनरावृत्ति का प्रयोग सुंदर बन पड़ा है, 'छलक रहा है निगाहों से प्यार थोड़ा-सा' (सुलोचना कदम) और 'मगर ऐ हसीना-ए-बेख़बर' (रफ़ी, सुलोचना कदम) क्रमशः पाश्चात्य शैली और दादरा-ग़ज़ल शैली की दो अलग ढंग की विविध रचनाएँ हैं जिनमें पाश्चात्य शैली के प्रयोग में श्यामसुंदर की कमज़ोरी और भारतीय शैली के सृजन में कमाल एक साथ ही दिखाई पड़ जाता है। पर 'ढोलक' के संगीत की चर्चा मात्र सुलोचना कदम की गायकी की चर्चा तक सीमित करना बेइंसाफ़ी होगी। लता, रफ़ी के दो आकर्षक दोगाने भी इसी फ़िल्म की देन हैं—'कि इस पल रुक जाना सरकार' की शोख चंचल रिद्म और 'ऐसे रसिया का क्या एतबार' की बदलती ताल संरचना श्यामसुंदर की अमूमन पंजाबी शैली के भीतर रहकर भी प्रयोगात्मकता के प्रयास के सशक्त उदाहरण हैं। श्यामसुंदर की यही प्रयोगात्मकता 'काले बादल' (1951) के सुलोचना के गाए 'उल्फ़त जिसे कहते हैं', 'किसी मजबूर का जलता हुआ घर', 'दिल ही दिल में' और 'तेरी नज़र ने मेरी नज़र से' जैसे गीत और 'अलिफ़ लैला' (1953) में और भी बलवती होती है, विशेषकर 'खामोश क्यों हो तारो, उम्मीद के सहारो' (लता, रफ़ी) में जो शायद लता, रफ़ी के सर्वश्रेष्ठ दोगानों में शुमार किया जा सकता है।[1] 'क्या रात सुहानी है' (लता, रफ़ी) पंजाबी हीर की एक सुंदर अभिव्यक्ति थी, पर कई स्थानों पर 'साजन की गलिया छोड़ चले' की पुनरावृत्ति जैसी लगती है। 'अलिफ़ लैला' के गीतकार थे साहिर लुधियानवी और ज़ाहिर है, गीतों के शब्द आम फ़िल्मी गीतों से कहीं ऊँचे स्तर के थे। लता के स्वर में 'बहार आई खिली कलियाँ हँसे तारे चले आओ' शिवरंजनी में एक बड़ी जटिल कम्पोज़ीशन है जिसकी पृष्ठभूमि में वाद्य-संयोजन ऐसा है मानो एक रहस्य के वातावरण की निरंतरता परिभाषित हो रही हो। लता के ही स्वर में 'तुझको भुलाना मेरे बस में नहीं' एक मीठी, प्यारी-सी धुन है।

पर श्यामसुंदर की सफलता उनके शराब पीने की लत ने सीमित की। 'लाहौर' की रेकॉर्डिंग के दौरान श्यामसुंदर के शराब पीने की लत के कारण ही लता और श्यामसुंदर में अनबन हो गई थी और महीनों दोनों की बातचीत बंद रही। दरअसल शराब के नशे में श्यामसुंदर को अपनी ज़बान पर लगाम नहीं रहता था और वे काफ़ी भद्दी भाषा का प्रयोग करने लगते थे। हालाँकि लता 'आलिफ़ लैला' में वापस श्यामसुंदर के लिए गाने आईं पर इस दौर तक श्यामसुंदर की शराब की आदत हदों को पार कर चुकी थी और उनके काम और सेहत दोनों पर असर होने लगा था। 'अलिफ़ लैला' में श्यामसुंदर के प्रमुख सहायक मदनमोहन थे, और इसी फ़िल्म के निर्माण के दौरान पीलिया के कारण श्यामसुंदर की मृत्यु भी हुई थी। शेष बचे गीतों की धुन मदनमोहन ने बनाई थी। श्यामसुंदर के पुत्र विजय गाबा हौजखास में एक स्टेशनरी की दुकान चलाते हैं। इनका परिवार दिल्ली के मालवीय नगर मुहल्ले में बस गया है।[2]

संदर्भ

1. नई दुनिया : सरगम का सफ़र, 2. लिस्नर्स बुलेटिन, फ़रवरी, 1988

ए.आर. कुरैशी

'तुमको फुरसत हो तो मेरी जान, इधर देख भी लो'

जम्मू के पास की शंकरगढ़ तहसील के फगवाल गाँव में जन्मे और वहाँ के वाशिन्दे अल्लारखा को बचपन में ही संगीत और विशेषकर तबले की दीवानगी थी, पर घरवाले उन्हें गायक बनाना चाहते थे। इसलिए वे पंडित वीरचन्द्र से ध्रुपद और गायन की शिक्षा लेने लगे। पर रामलीला और रासलीला के तबलचियों को देख-देखकर लगा तबले का शौक इतना बढ़ा और इस कदर तक हावी हो गया कि मात्र 13-14 साल की उम्र में अल्लारखा ने घर छोड़ दिया और घूम-फिरकर गुरदासपुर की एक सराय के एक कमरे में 2 रुपये महीने पर कमरा लेकर अपना तबला बाजा वहाँ जमा लिया। बड़ी मुश्किल में दो-चार शागिर्द ही जुटे। आखिर इतने कम उम्र बालक के पास कौन अपने बच्चे का संगीत सिखाने भेजता! अकेले कमरे में तबले पर थिरकते हाथ थे और ढेर सारी तमन्नाएँ थीं। और एक अवसर मिल ही गया। गुरदासपुर में एक संगीत-सम्मेलन हुआ। इस सम्मेलन में जब एक ध्रुपदीय के साथ कोई संगत न कर सका तो कुछ लोगों ने अल्लारखा को ही आज़माइश के लिए बुला लिया और अल्लारखा ने 19 मात्रा का छंद ताल डेढ़ घंटे तक गायक के साथ बजाकर अपना सिक्का जमा लिया। फिर तो इस सम्मेलन के तीनों दिन अल्लारखा का वादन हुआ और वे सीधे ही उस्ताद अल्लारखा ही कहे जाने लगे। उनके कमरे में लोगों और चाहनेवालों की भीड़ लगी रहने लगी।

'अल्लारखा' उर्फ ए.आर. कुरैशी

पर अरमान बड़े थे। लाहौर की संगीत प्रतिष्ठा से आकृष्ट होकर अल्लारखा अपना सामान उठाकर अपने चाचा के पास लाहौर आ पहुँचे। चाचा की दुकान सँभाली, ट्यूशन भी किया और रात को रियाज़ भी। लाहौर के 'तेज़ाब अहाता' की एक संगीत महफिल में प्रसिद्ध तबलावादक मियाँ कादिर बक़्श पखावजी से मुलाकात हुई और उन्हें अपने बजाने से मोह लिया। कादिर बख़्श और लाल मोहम्मद से उन्होंने बहुत कुछ सीखा। कुछ प्रसिद्धि मिली तो रेडियो रेकॉर्डिंग कम्पनी में संगीत देना और लाहौर रेडियो के संगीत विभाग में बाकायदा काम शुरू कर दिया। इस वक्त के कला प्रेमी रेडियो के डायरेक्टर जनरल बुखारी उन्हें इसरार कर दिल्ली ले आये। वहाँ भी मकबूलियत मिली। फिर 1937 में अल्लारखा स्थानांतरित होकर बम्बई आये। वहाँ उस्ताद आसिफ़ अली से गायन भी सीखने लगे और फिर ग़ज़लें गाना और कम्पोज़ करना भी शुरू किया। इसी सिलसिले ने फ़िल्मों की ओर भी मोड़ा।

प्रसिद्ध तबलावादक अल्लारखा ने ही ए.आर. कुरैशी के नाम से पाँचवें और छठे दशक की कई फ़िल्मों में संगीत दिया। अपने संगीत ज्ञान के बावजूद उनके हिस्से में अकसर स्टंट, काल्पनिक या मुस्लिम इबादती फ़िल्में ही आईं जिस कारण भी प्रमुख संगीतकारों की जमात में वे शामिल न हो सके।

मोहन पिक्चर्स वाले दवे भाइयों की अधिकांश फिल्मों में ए.आर. कुरैशी का ही संगीत हुआ करता था। हालाँकि उनकी आरम्भिक फ़िल्मों जैसे सनराइज़ की 'महासती अनुसूइया' (1943—अविनाश व्यास के साथ), मैग्नेट पिक्चर्स की 'घर की शोभा' (1944), सनराइज़ पिक्चर्स की 'माँ-बाप' (1944), 'कुल-कलंक' (1945) और 'घर' (1945) तथा हिन्द पिक्चर्स की 'माँ-बाप की लाज' (1946), 'आज़ाद हिन्दुस्तान', 'देशसेवा', 'धन्यवाद' (1948) में से अधिकांश सामाजिक फ़िल्में थीं पर 'फ़रियाद न कर आँसू न बहा' (ज़ोहरा बाई—'घर',

1945) या 'रघुपति राघव राजाराम' और 'वैष्णव जन' जैसे गाँधीवादी भजनों ('आज़ाद हिन्दुस्तान') जैसे एकाध गीतों को छोड़ दिया जाए तो 'माँ-बाप' के अलावा इन फ़िल्मों में भी ए.आर. कुरैशी का संगीत विशेष सफल नहीं हो पाया। 'माँ-बाप', जो कलकत्ते में सौ हफ़्ते चली थी, के 'जाते थे तो जाओ मुसाफ़िर' (राजकुमारी) 'आज कर ले जी भर के श्रृंगार' (अमीरबाई) और 'शाम हुई ओ पंछी' (अमीरबाई) जैसे गीत मधुर थे और अल्लारखा ने भी राजकुमारी के साथ 'मधुर सुरों में गाए चाँदनी' में स्वर मिलाया था। मोहन पिक्चर्स और ए.आर. कुरैशी का साथ नाडिया अभिनीत स्टंट फ़िल्म 'हिम्मत वाली' (1947) से शुरू हुआ तथा 'सर मस्त हैं हम दीवाने हैं' और 'वो चाँद निकला' जैसे उल्लसित गीतोंवाली 'किस्मत का सितारा' (1947), 'जादुई अंगूठी' (1948), अलाउद्दीन की बेटी' (1949), 'जादुई सिंदूर' (1949), 'रूप बसंत' (1949) के साथ आगे बढ़ता गया। पर संगीत की दृष्टि से ए.आर. कुरैशी इन स्टंट/काल्पनिक फ़िल्मों में कुछ खास न कर पाए।

अपने इसी असफल दौर में उन्हें एम. सादिक निर्देशित 'सबक' (1950) मिली और इस फ़िल्म का संगीत उनके लिए पहली बार मक़बूलियत लाया। आशा भोंसले का गाया 'दिल में शमाँ जला के तेरे इंतज़ार' की मोहक धुन आज भी प्रिय लगती है। रफ़ी और सुरिन्दर कौर के दो गीत 'तू यूँ आसमाँ पर खड़ा मुस्कुराए' और 'कुछ कह दो हमें न बेकरार करे वो जिसे मेरा दिल प्यार करे' की धुनों और वाद्य-संयोजन का तालमेल गज़ब का था। लय, ताल में तो तबलानवाज़ ए.आर. कुरैशी की छाप भी स्पष्ट नजर आती है। इस फ़िल्म का जी. एम. दुर्रानी का गाया 'नी म ग म प हाय राम जी' की ताल भी बड़ी आकर्षक बनाई गई है और यह एच. एम.व्ही. द्वारा निकाले कैसेट 'मूड्स ऐंड मेमोरीज़ ऑफ़ जी.एम. दुर्रानी' में शामिल है। 'सबक' में ए.आर. कुरैशी ने यह सिद्ध किया कि यदि उन्हें और अधिक सामाजिक एवं संगीत के अवसर वाली फ़िल्में मिलतीं तो उनका हुनर अधिक निखरकर सामने आ सकता था। यही तथ्य उनकी संगीतबद्ध और राज कपूर, नरगिस अभिनीत 'बेवफ़ा' (1952) भी सिद्ध करती है। बड़े सितारोंवाली फ़िल्म में काम करने का यह उनका प्रथम अवसर था और उनके संगीत की सर्वश्रेष्ठ फिल्म भी 'बेवफ़ा' ही कही जाएगी। 'तुमको फुर्सत हो तो मेरी जान इधर देख तो लो' और 'दिल मतवाला लाख सँभाला फिर भी किसी पर आ गया' जैसी विशिष्ट रूमानी धुनें और ऑरकेस्ट्रेशन के साथ ए.आर. कुरैशी ने इन गीतों को तलत महमूद के सर्वश्रेष्ठ गीतों में शामिल करा दिया है। 'दिल मतवाला' को तो उन्होंने अपने साथ पहली बार इस फिल्म में गा रहीं लता' से भी गवाया था। यह गीत एच.एम.व्ही. ने लता की 'रेयर मेलोडीज़' कैसेट में शामिल किया है। लता का ही गाया 'बदनसीबी का गिला ऐ दिले नाशाद न कर' एक कशिश-भरा मधुर गीत है जिसे सुनकर आश्चर्य होता है कि लोग इसे क्यों भूल गये। 'इसी का नाम दुनिया है' (लता) और 'तू आये न आये तेरी खुशी' (तलत) की दर्द-भरी सुंदर तर्ज़ें भी आज श्रोताओं के बीच से गुम हो गयी हैं, वरना गीत तो ये दोनों भी अच्छे बने थे।

पर 'सबक' और 'बेवफ़ा' अपवाद ही रहे। ए.आर. कुरैशी को मिलनेवाली फ़िल्मों की संख्या भी घटती गई और जो फ़िल्में मिलीं वे भी अधिकता वेशभूषा प्रधान, स्टंट या मुस्लिम सोशल-धार्मिक ही थीं। 'लैला' (1954), 'नूर महल' (1954), 'हातिमताई की बेटी' (1955) और 'सखी हातिम' (1955) जैसी फ़िल्मों के उनके कुछ गाने अलबत्ता मशहूर हुए। 'काली कमली वाले तुझको लाखों सलाम' (आशा, रफ़ी—हातिमताई की बेटी), 'आसमाँ से मुझपे भी बरसा दे आज' (आशा—हातिमताई की बेटी), 'रुके न राह में कदम खुदा तुम्हारे साथ है' (रफ़ी, साथी—सखी हातिम), मार्चिंग साँग अंदाज़ में सृजित 'हर फ़कीर की दुआ' (रफ़ी, साथी—सखी हातिम) कमोबेश अच्छे चले। 'आलमआरा' (1956) का 'करता है इक...दिलसोज ये बयाँ' (रफ़ी) तो रोज़े की तारीफ़ में गाया एक बड़ा मार्मिक गीत बना है। 'शान-ए-हातिम' (1958) का 'दुआ है यही ताजदार मदीना' (रफ़ी, आशा) में भी इबादत की तन्मयता अच्छी उभरी है।

ऐसे इबादती गीतों के अलावा भी कुछ अच्छे गीत ए.आर. कुरैशी ने इस दौर में कम्पोज़ किये थे। ऐसे गीतों में 'हातिमताई की बेटी' (1955) का सुधा मल्होत्रा का गाया 'घबरा न प्यार कर ले', 'खानदान' (1955) का 'लाखों के बोल सहे तेरे लिए', तलत महमूद की सुंदर ग़ज़ल 'जेरे दीवार खड़े हैं तेरा क्या लेते हैं' (सखी हातिम), अपने उस्ताद तबलची होने का प्रमाण लिए त्रिताल और कहरवा के मिश्रण तथा अद्भुत सितार-प्रयोग के साथ सृजित 'लौट आई बसंत बहार' (आशा), 'बस में तकदीर नहीं आह में तासीर नहीं' (आशा, रफ़ी—'इन्द्रसभा', 1956), कव्वालीनुमा गीत 'ये चाँद में सितारे ये रात याद रखना' (आशा, रफ़ी—'लाल-ए-यमन', 1956) तलत-सुधा का 'ऐ गर्दिशे ज़माना कब तक ये ग़म सहेंगे' जैसा धीमा नर्म गीत ('अलाउद्दीन लैला', 1957) तथा 'चाँदनी है भींगी

भींगी रात है' (सिमसिम मरजीना, 1958) जैसे बेहतरीन लयबद्ध गीत शुमार किये जा सकते हैं। उनके इस आखिरी दौर का बिलकुल अलग शैली का संगीत 'परवीन' (1957) में मिलता है, जहाँ उन्होंने आशा भोंसले से मुजरे के अन्दाज़ में 'सजन रसिया से, बलम रसिया से उलझ गये नैना' और 'काहे को लाये मोरे कंगना' जैसे सुंदर गीत गवाये थे।

इसके बाद अल्लारखा रविशंकर के साथ जुड़े और तबलानवाज़ के रूप में खूब विदेशों की यात्राएँ कीं। ख्याति बढ़ती गई और वे देश के शीर्षस्थ तबलानवाज़ कहलाने लगे। उन्होंने पद्मश्री भी पाया और 1982 में संगीत नाटक अकादमी के सम्मान से भी नवाज़े गये। पंजाब वाज शैली की तबलानवाज़ी को स्वीकार्य बनाने में सबसे बड़ा हाथ अल्लारखा का ही माना जाएगा। नानूभाई वकील निर्देशित 'ईद का चाँद' (1964) में कैफ़ी आज़मी लिखित 'इनसान को इनसान बना देता है रोज़' (लक्ष्मीशंकर) ए.आर. कुरैशी का अंतिम उल्लेखनीय फ़िल्मी गीत कहा जा सकता है, पर कुल मिलाकर ए.आर. कुरैशी फ़िल्म-संगीत में अपना कोई स्थायी प्रभाव नहीं छोड़ पाये। 3 फरवरी, 2000 को 81 वर्ष की उम्र में उनका निधन हो गया। आज यदि फ़िल्मों में हम कभी-कभी उन्हें याद भी करते हैं तो सिर्फ 'बेवफ़ा' या 'सबक' के गानों के ही साथ।

हुस्नलाल-भगतराम

'दिल ही तो है तड़प गया, दर्द से भर न आए क्यूँ'

हुस्नलाल-भगतराम की जोड़ी हिंदी फ़िल्म-संगीत की पहली संगीतकार जोड़ी थी और अपने ज़माने की सुपरस्टार जोड़ी भी थी। हुस्नलाल वॉयलिन के उस्ताद थे, तो भगतराम हारमोनियम के। हुस्नलाल का जन्म 8 अप्रैल, 1920 को जालंधर के कामा नामक गाँव में हुआ। वहीं भगतराम 1914 में पैदा हुए। दोनों ने शास्त्रीय संगीत की शिक्षा पंडित दिलीपचंद्र बेदी से प्राप्त की। हुस्नलाल ने पटियाला के उस्ताद बशीर खाँ से वॉयलिन सीखा। इसके अलावा दोनों ने ही संगीत की कई बारीकियाँ अपने बड़े भाई पं. अमरनाथ से भी सीखीं, जो कि चौथे-पाँचवें दशक के मशहूर संगीतकार रहे थे। रफ़ी के महात्मा गाँधी के ऊपर गाए ऐतिहासिक गीत 'सुनो सुनो ए दुनिया वालो बापू की यह अमर कहानी' के संगीतकार हुस्नलाल-भगतराम ही थे। यूँ भगतराम ने भगतराम बातिश के नाम से चौथे दशक से ही फ़िल्मों में संगीत देना शुरू कर दिया था, और 1939 में 'बहादुर रमेश', 'भेदी कुमार', 'चश्मावाली', 'मिडनाइट मेल' तथा 1940 में 'दीपक महल' (रामगोपाल पांडे के साथ), 'हमारा देश', 'हातिमताई की बेटी' (मधुलाल मास्टर के साथ), 'संदेश' और 'तातार का चोर' नामक फ़िल्मों में संगीत दिया था। पर इन फ़िल्मों से कोई विशेष बात नहीं बनी, और हुस्नलाल-भगतराम की जोड़ी के रूप में ही इनका संगीत उल्लेखनीय रहा। वैसे तो हुस्नलाल अच्छे शास्त्रीय गायक भी थे, पर अधिकांश समय इन्होंने फ़िल्मों को ही दिया। संगीतकार शंकर और खय्याम ने भी अपने आरम्भिक वर्षों में हुस्नलाल के साथ काम किया था और इनसे संगीत की कई बारीकियाँ सीखीं थीं।

हुस्नलाल-भगतराम

इस संगीत-द्वय की पहली फ़िल्म थी 'बेगम पारा' और प्रेम अदीब की अदाकारी वाली प्रभात की 'चाँद' (1944)। प्रभात की नाट्य, शास्त्रीय संगीत आधारित फ़िल्मों से हटकर पहली बार पंजाबी शैली का संगीत आया। वॉयलिन के ऊपर-नीचे होते नोट्स के साथ मंजू का गाया 'दो दिलों को ये दुनिया मिलने ही नहीं देती' खूब हिट हुआ था। पूरी फ़िल्म के संगीत में हुस्नलाल की वॉयलिन की उस्तादी की स्पष्ट छाप है। लगातार पृष्ठभूमि में बजती हुई वॉयलिन के साथ आकर्षक ताल पर बनाया गया 'समझे थे जिसे अपना निकला बेगाना' और 'ऐ दिल मुझे रो लेने दे' (दुर्रानी), अपेक्षाकृत तेज लय में 'ऐ चाँद बता मुझको क्या इसी का नाम है प्यार' (दुर्रानी, ज़ीनत बेगम) और 'आए हैं बलमा दिन प्यारे-प्यारे' (ज़ीनत बेगम, दुर्रानी) जैसे गीतों के साथ हुस्नलाल-भगतराम एक नई शैली लेकर आए। धुनों को पैमाने से ऊपर-नीचे खिसकाकर रागों की अभिव्यक्ति में हुस्नलाल-भगतराम ने एक नया ही असर पैदा किया। यह खासियत उनके संगीत-जीवन में हमेशा कायम रही। उदाहरण के तौर पर 'आधी रात' (1950) के गीत 'लुट गई उम्मीदों की दुनिया' में कोमल निषाद का इस ढंग से इस्तेमाल किया गया कि गोरख कल्याण राग का

वातावरण ही बदल गया है। इसी तरह 'अफ़साना' (1951) के लता के खूबसूरत मशहूर गीत 'कहाँ है तू मेरे सपनों के राजा' में हुस्नलाल-भगतराम ने तीव्र मध्यम का उपयोग इस चतुराई से किया है कि राग पहाड़ी केदार बनने से बच जाता है।

देव आनंद की पहली फ़िल्म 'हम एक हैं' (1946) के संगीतकार भी हुस्नलाल-भगतराम ही थे। 'ओ चरखी वाले ज़रा ढील दे', 'हो नदिया किनारे मोरा गाँव रे' और 'कभी रुके ना यह नैया हमारी छोटी सी' जैसे ग्रामीण परिवेश के उल्लिखित गीत इसी फ़िल्म से थे। नर्गिस अभिनीत 'नर्गिस' (1946) के लिए भी निर्देशक डी.डी. कश्यप (जो 'चाँद' में भी निर्देशक थे) के साथ हुस्नलाल-भगतरामद्वय ने अमीरबाई से कई एकल गीत गवाए थे। 'हीरा' (1947) में अभिनेत्री पारो देवी ही उनकी मुख्य गायिका थीं, और 'मिर्ज़ा साहेबान' (1947) में नूरजहाँ तथा जोहराबाई। 'मिर्ज़ा साहेबान' का संगीत उन्होंने अपने अग्रज पं. अमरनाथ के साथ मिलकर दिया था। हलके वाद्य-प्रभाव के साथ मशहूर रूमानी, रूहानी गीत 'हाथ सीने पे जो रख दो तो करार आ जाए' (नूरजहाँ, दुर्रानी), 'क्या यही तेरा प्यार था' (नूरजहाँ), 'तुम आँखों से दूर हो हुई नींद आँखों से दूर' (नूरजहाँ, दुर्रानी), जैसे गीत इसी फ़िल्म के थे। संगीत की दृष्टि से सुपरहिट रही इस फ़िल्म में 'हाय रे उड़-उड़ जाए मोरा रेशमी दुपटवा' और 'रात रंगीली आई' (जोहरा, नूरजहाँ, शमशाद, साथी), 'खाएगी ठोकरें ये जवानी कहाँ-कहाँ' (दुर्रानी) और 'सामने गली में मेरा घर है' (ज़ोहरा) जैसे गीतों के साथ-साथ नूरजहाँ का हमेशाजवाँ गीत 'आज तुझे अफसाना जुदाई का सुनाए' तो गली-गली में गुनगुनाया गया था। पर इस फिल्म के संगीत का अधिक श्रेय हुस्नलाल-भगतराम की अपेक्षा पं. अमरनाथ को ही गया है जिनकी इस फ़िल्म-निर्माण के दौरान ही मृत्यु हो गई थी।

हुस्नलाल-भगतराम की 'मोहन' (1947), 'रोमियो एंड जूलियट' (1947) जैसी फ़िल्मों का संगीत कुछ विशेष असर नहीं दिला सका। डी.डी. कश्यप निर्देशित 'आज की रात' (1948) के सुरैया के 'क्यों ले चला है ऐ दिल मुझे प्यार की गली में', 'मेरे आँसुओं मेरी हसरतों' (दुर्रानी के साथ) और 'आज की रात मुहब्बत है जवाँ' जैसे गीत भी कुछ विशेष मकबूलियत पाने में असफल ही रहे और यही बात 'लखपति' (1948) के मीना कपूर के गाए गीतों के साथ रही। पर 'प्यार की जीत' (1948) के सुरैया के गीतों ने यह सिलसिला तोड़ा और ऐसा तोड़ा कि हुस्नलाल-भगतराम फ़िल्म-आकाश पर छा गए।

इस फ़िल्म का मूल रंग पंजाबी है। पंजाब के लोक बीट्स और अदायगी की प्रचलित शैली की छटा बिखेरते हुए राग पीलू में 'ओ दूर जाने वाले, वादा न भूल जाना' (सुरैया) और 'कोई दुनिया में हमारी तरह' (सुरैया) की मेलोडी 'तेरे नैनों ने चोरी किया मेरा छोटा सा जिया, परदेसिया' (सुरैया) की मिठास आज तक हमारे दिलोदिमाग को आंदोलित करती है। 'तेरे नैनों ने चोरी किया' में धुन का बहाव, 'तेरे नैनों के बाद' का हलका pause और तबले, ढोलक की खींचनेवाली बीट्स ने इस गीत को इतना मशहूर किया कि हुस्नलाल-भगतराम ने अपने कई गीतों में इस शैली का प्रयोग कर उन्हें सुपरहिट बनाया। पंजाबी लोकरंग से प्रेरित 'रुत रंगीली है सुहानी रात है' (सुरैया, मीना कपूर, सुरिंदर कौर, साथी) भी इस फ़िल्म का एक उल्लेखनीय गीत था, पर जो गीत वाकई सर चढ़कर बोला वह था 'इक दिल के टुकड़े हज़ार हुए, कोई यहाँ गिरा कोई वहाँ गिरा'(रफ़ी)। सारंगी का क्या अद्‌भुत प्रयोग है इस गीत में और रफ़ी ने इस गीत को इतनी कशिश से गाया है कि पंजाब के गाँवों में घूमते सूफ़ी फ़कीर याद आ जाते हैं। 'प्यार की जीत' के लिए ही सुरिंदर कौर का पहला गीत रिकॉर्ड हुआ था—'इतने दूर हैं हुज़ूर'। यह दूसरी बात है कि उनके गीतों की 'शहीद' फिल्म पहले रिलीज़ हो गई। पंजाब का यह रंग वॉयलिन के सुरों के उतार-चढ़ाव के बीच 'अमर कहानी' (1949) के सुरैया के 'याद आ रहा है दिल को भूला हुआ फ़साना' और 'दीवाली की रात पिया घर आने वाले हैं' में भी बीच-बीच में झलकता है।

दरअसल पंजाबी शैली का संगीत हुस्नलाल-भगतराम की खासियत भी बन गया और बाद में चलकर कुछ हद तक यह उनकी मजबूरी भी—यहाँ तक कि उन पर विविधता का अभाव और पुनरावृत्ति के आरोप भी लगने लगे। पंजाब की लोकगंध के बीच पनपे प्यार की संगीतमय अभिव्यक्ति के सर्वश्रेष्ठ उदाहरणों में 'मीनाबाजार' (1950) के 'माही ओ दुपट्टा मेरा दे दे' और हीर शैली में 'पास आके हुए हम दूर', 'बिरहा की रात' (1950) के 'छोटा-सा फ़साना है तेरे मेरे प्यार का', वॉयलिन के बेहतरीन प्रभाव के साथ 'सावन-भादों' (1949) का 'सदा रहे यही दिन बलमजी', 'छोटी भाभी' (1950) का सारंगी के typical अभिनव प्रयोग के साथ 'खुशी का ज़माना गया', 'आँसू' (1953) का 'सुन मेरे साजना' जैसे रफ़ी, लता के दो गानों का नाम लिया जा सकता है। यह तथ्य रेखांकित किया जाना चाहिए कि रफ़ी और लता के आरम्भ के दोगानों में सबसे खूबसूरत दोगाने हुस्नलाल-भगतराम के ही संगीत-निर्देशन में गाए गए। कभी 'जलतरंग' (1949) का 'ज़रा तुमने देखा तो प्यार आ गया' सुनिए, typical हुस्नलाल-भगतराम अंदाज़ में 'ज़रा' के बाद pause और फिर भटके के सुरों के आगे बढ़ने को आजमाइए और आप

मानेंगे कि सुंदरता में यह दोगाना रफ़ी, लता के श्रेष्ठ गानों से टक्कर ले सकता है। इंग्लिश फ़्लूट का इस गीत में बड़ा सुंदर उपयोग किया गया है। इसी तरह 'आधी रात' (1950) का 'हमें दुनिया को दिल के ज़ख्म दिखलाना नहीं आता' की लाजवाब मेलोडी और रिद्म का जादू तो कभी कम होनेवाला नहीं है। कभी रात की स्तब्धता में इसे सुनिए—नींद उड़ जाएगी। 'छोटी भाभी' (1950) के 'मैंने कहा बाबूजी इतना बताओगे' में भी लता और रफ़ी की आवाज़ों तथा गाने की स्निग्धता एक साथ घुल मिलकर बहुत आकर्षक असर पैदा करती है।

दरअसल लता का साथ हुस्नलाल-भगतराम और लता दोनों के लिए ही वरदान साबित हुआ। लता के रूप में हुस्नलाल-भगतराम को एक ऐसी आवाज़ मिली जो कोकिल कंठी होने के साथ-साथ धुनों के उतार-चढ़ाव के साथ बड़ी ही सहजता से तैरने में, और लघु टुकड़ों के बीट्स के साथ पूरे सामंजस्य से मचलने में सक्षम थी। दूसरी तरफ लता की आवाज़ और गायन शैली को निखारने में जिन संगीतकारों को श्रेय जाता है, उनमें हुस्नलाल का नाम भी लिया जाता है। हुस्नलाल ने न सिर्फ़ लता को 'बड़ी बहन' के 'चुप चुप खड़े हो' के द्वारा एक महत्त्वपूर्ण ब्रेक दिया बल्कि संगीत की कई बारीकियाँ सिखाईं। हुस्नलाल व्यक्तिगत तौर पर भी लता के काफ़ी करीब थे, और कहा तो यह भी जाता है कि नौशाद या अनिल बिश्वास से बढ़कर उन्होंने लता की गायकी को निखारने में मदद की। हृदयनाथ मंगेशकर ने भी बालावस्था में हुस्नलाल से ही वॉयलिन सीखा था।

'बड़ी बहन' (1949) में हुस्नलाल-भगतराम और लता ने साथ में मिलकर संगीत का इतिहास ही रच डाला। अपने ज़माने के सुपरहिट गीत 'चुप चुप खड़े हो ज़रूर कोई बात है' (लता, प्रेमलता) के मचलते बीट्स हों, भैरवी की छाया लिए पंजाबी शैली से रँगे 'चले जाना नहीं नैन मिला के' (लता) का आग्रह हो, 'जो दिल में खुशी बन कर आए' (लता) की शुद्ध मेलोडी हो, लता के इन गीतों के कारण ही डी.डी. कश्यप की निर्देशित 'बड़ी बहन' का नाम हमें आज तक याद है। लता के सामने सुरैया हमेशा कमजोर ही सिद्ध हों, ऐसा भी जरूरी नहीं है। कम से कम 'बड़ी बहन' के 'वो पास रहे या दूर रहे नज़रों में समाए रहते हैं', 'तुम मुझ को भूल जाओ अब हम न मिल सकेंगे' और मुलतानी काफ़ी में कम्पोज़ 'बिगड़ी बनानेवाले बिगड़ी बना दे' जैसे सदाबहार गीतों की सुरैया की दुनिया लता की अपेक्षा कहीं भी फीकी नहीं पड़ती है।

'बड़ी बहन' हुस्नलाल-भगतराम के जीवन की सबसे बड़ी हिट साबित हुई। लता और सुरैया उनके इस संगीत सफर के दो बड़े स्तम्भ साबित हुए। यदि सुरैया के साथ 'बालम' (1949) में 'देख ली और दुनिया वाले तेरी दुनिया देख ली' की वेदना के सुर छू जाते हैं, तो 'साँवरिया' (1949) के छोटे-छोटे टुकड़ों की तालबद्धता वाली 'चाहे चोरी-चोरी आओ, चाहे छुप-छुप आओ' के साथ लता हमें उतनी ही भावात्मकता से गुदगुदाती है। यदि 'नाच' (1949) में फिर वही हुस्नलाल-भगतराम अंदाज़ में 'छाया समाँ सुहाना' में 'छाया' के बाद हलके विराम के बाद अचानक छा जाती धुन के साथ सुरैया (रफ़ी के साथ) सहजता से झूम जाती हैं और 'बाट तकूँ मैं तेरी कोठे चढ़ के', 'ऐ दिल किसे सुनाऊँ यह दुःख भरा अफ़साना' तथा 'ऐ इश्क हमें बर्बाद न कर' (रफ़ी के साथ) जैसे गीतों में लय की लहरों पर अपना कौशल दिखाती हैं, तो वहीं 'ऐ चाँद ज़रा सुन ले छोटा सा फ़साना है' (प्यार की मंज़िल, 1950) की मधुर धुन पर हुस्नलाल के साथ, और इसी फ़िल्म के 'आँखों से दूर हो के' की दर्दीली तर्ज़ पर वॉयलिन और हवाइयन गिटार के साथ लता भी सुरों के साथ अपनी आत्मा ही उड़ेल देती हैं। वैसे सुरैया का महत्त्व लता के आने के बाद कम होना स्वाभाविक था, और सुरैया ने स्वयं भी राजू भारतन के सामने एक साक्षात्कार में स्वीकार किया था कि लता के साथ जब वे 'बालम' के 'ओ ओ ओ परदेशी मुसाफिर' के रूप में अपना पहला दोगाना रिकॉर्ड कर रही थीं तो लता का गाना शुरू करते ही वे लता के गायन-कला की प्रतिभा से भौचक्की खड़ी रह गई थीं।

हुस्नलाल-भगतराम के इस दौर के संगीत में कम वाद्यों का ही प्रयोग मिलता है। तबला, ढोलक, बाँसुरी, सारंगी, हवाइयन गिटार, और वॉयलिन तथा हारमोनियम ही उनके मुख्य वाद्य थे। इन्हीं के साथ वे झटकदार बीट्स के गीत भी रच लेते थे, और धीमी लय के दर्द-भरे या प्यार-भरे रूमानी गाने भी। उनके कम्पोज़ीशन्स में सहजता होती थी, और शब्दों के छोटे समूहों की इकाई बनाकर ताल और धुन के सृजन से यह सहजता और भी आकर्षक हो जाती थी। वॉयलिन के साथ सुरों को दोलित करने की उनकी कला, झटकेदार विराम और फिर विस्तार की उनकी अदाएँ ही वे विशेषताएँ थीं, जिनके कारण वे इतने मकबूल रहे। 'सावन-भादों' (1949) के लता के गाए 'इस दो रंगी दुनिया में कोई खुशकिस्मत, कोई बदकिस्मत' में 'कोई खुशकिस्मत' और 'कोई बदकिस्मत' के टुकड़ों को बीट्स के परिवर्तन के साथ एक बड़े सुंदर मनोहर अंदाज़ में प्रस्तुत किया गया है। इसी फ़िल्म के 'तेरी आँखियाँ साजन चोर-चोर' (लता) में ढोलक के साथ पंजाबी शैली के तेज रिद्म का अच्छा प्रयोग है। 'जलतरंग' (1949) का 'लुट गई उम्मीदों की दुनिया' (लता) में वॉयलिन और हवाइयन गिटार से दर्द की भावाभिव्यक्ति बड़े शानदार ढंग से हुई है।

लता के साथ न सिर्फ़ मचलते बीट्स के बल्कि दर्दीले सुरों के भी बड़े खूबसूरत गीत हुस्नलाल-भगतराम के हिस्से में जाते हैं। 'दिल ही तो है तड़प गया' (आधी रात, 1950) में सारंगी, बाँसुरी और सितार का सुंदर उपयोग उतना ही प्रभावित करता है जितना गाने की धुन। यह गीत तो आज भी सदाबहार बना हुआ है और हुस्नलाल की मृत्यु के बाद जब राजू भारतन ने लता से उनकी नज़र में हुस्नलाल के ख़ास गीतों की जानकारी चाही तो लता ने विशेष तौर पर इस गीत का ज़िक्र किया था। 'गौना' (1950) का 'अगर दिल किसी से लगाया न होता' रफ़ी के 'माँगी मोहब्बत पाई जुदाई' से इक्कीस ही ठहरता है। 'मीनाबाज़ार' के 'हाय दिल भी दिया तो किसको दिया', 'छोटी भाभी' के 'दुनिया वालों बड़ा है मुश्किल' और 'दर्दे जुदाई है ग़म की घटा छाई है', 'प्यार की मंज़िल' के 'बिछड़े हुए साजन की क्यों याद आती है' और 'भींगा हुआ दामन है तो आँखों में है पानी' और मुकेश के साथ गाए 'सरताज' (1950) के 'जो दिल ही तोड़ना था क्यों दिया फिर आसरा तुमने' जैसे खूबसूरत गीतों का भी इस संदर्भ में ज़िक्र किया जा सकता है। 'सरताज' में ज़ोहरा और मुकेश के स्वरों से बड़े तेज रिद्म पर 'मनवा में प्यार डोले, सारा संसार डोले' भी हुस्नलाल-भगतराम की एक अनूठी, बेहद लोकप्रिय रचना रही है। 'मीनाबाज़ार' का शीर्षक गीत (लता, रफ़ी, साथी) भी एक उत्कृष्ट कम्पोज़ीशन है। 'छोटी भाभी' (1950) के 'मैंने कहा बाबूजी इतना बताओगे' (लता, रफ़ी) में क्लैरिनेट और बाँसुरी के सुंदर प्रयोग के साथ इंटरल्यूड में सिम्फ़नी जैसा इस्तेमाल और 'दर्दे जुदाई है' (लता) में पियानो, वॉयलिन की जुगलबंदी से आरम्भ आज भी उतना ही सुंदर लगता है जितना गीत के निर्माण के वक्त लगता था। वैसे पाँचवें दशक के संगीत की बात हो और हुस्नलाल-भगतराम की स्वरबद्ध रफ़ी के 'सुनो सुनो ऐ दुनिया वालो, बापू की यह अमर कहानी' का ज़िक्र न हो तो बात अधूरी ही रहेगी। बापू की मृत्यु पर रिकॉर्ड किए इस गीत ने तो भारतीय जनमानस को झकझोड़कर रख दिया था। रफ़ी को चोटी का गायक बनवाने में इस गीत का भी अपना योगदान था।

पर यह मानना पड़ेगा कि हुस्नलाल-भगतराम की शैली में अधिक विविधता नहीं थी और पंजाबी पहाड़ी या पंजाबी काफ़ी साथ उनका obsession भी अकसर शैली की पुनरावृत्ति कराता था। जैसे 'राखी' (1949) का डफ़ और बाँसुरी के सुंदर प्रयोग वाला 'दिल किसी ने छीन लिया पहली मुलाकात में' (लता) घुमा-फिराकर 'चुप चुप खड़े हो जरूर कोई बात है' की ही पुनरावृत्ति है। बातिश, लता के स्वरों में 'हुस्न का गरूर बुरी बात है हुजूर' (सूरजमुखी, 1950) की धुन भी 'चुप चुप खड़े हो' से काफ़ी मिलती है। 'बिरहा की रात' (1950) के 'छोटा-सा फसाना है तेरे मेरे प्यार का' (लता, रफ़ी) की बीट्स भी 'चुप चुप खड़े हो' वाली ही है। 'राजा हरिश्चंद्र' (1952) की 'गोरी-गोरी चाँदनी और पूनम की रात रे' (लता) के बारे में भी हूबहू वही बात लागू होती है। इसी तरह 'मीनाबाजार' (1950) के 'पास आ के हुए हम दूर' (रफ़ी, लता) की हीर शैली में भी 'इक दिल के टुकड़े हज़ार हुए' की छाया नज़र आती है। पंजाब की इस लोकशैली पर बाद में भी कई लोकप्रिय फ़िल्मी गीत बनते ही रहे हैं। 'दीदार' (1951) में नौशाद के 'हुए हम जिनके लिए बर्बाद' (रफ़ी) का भी मूल यही है। हुस्नलाल-भगतराम ने भी 'शगन' (1951) के 'दम तोड़ते हैं अरमाँ' (रफ़ी) में पुनः यही शैली प्रयुक्त की है। इसी तरह 'मीनाबाजार' (1950) का 'अपना बना के छोड़ नहीं जाना' (लता, रफ़ी) और 'आँसू' (1953) का 'सुन मेरे साजना' एक ही पंजाबी शैली की दो अभिव्यक्तियाँ कही जा सकती हैं। 'आँसू' के इसी गीत के नोट्स पर बाद में शिव-हरि ने 'साहिबा' का शीर्षक गीत कम्पोज़ किया था। 'सूरजमुखी' (1950) के 'दूर से एक परदेसी आया' (गीता) की पंजाबी लोकशैली भी बड़ी सुनी सुनाई सी लगती है। 'नाच' (1949) की हवाइयन गिटार के साथ दरबारी पर बनाई तर्ज़ 'ऐ इश्क हमें बर्बाद न कर' (रफ़ी, सुरैया) की धुन भी कुछ बदलाव के साथ कई बार प्रयुक्त हुई लगती है। हुस्नलाल-भगतराम की पंजाबी फ़िल्मों—'शाह जी', 'मैं जट्टी पंजाब दी', 'सपनी' आदि—के संगीत में भी पंजाबी संगीत-शैलियों की पुनरावृत्ति कई बार होती है।

बी.आर. चोपड़ा की प्रथम फिल्म 'अफ़साना' (1957) के संगीतकार हुस्नलाल-भगतराम ही थे। ग़ाफ़िल हरनालवी की मशहूर रचना 'अभी तो मैं जवान हूँ' को इस फिल्म में उन्होंने लता से जिस खूबसूरत अंदाज़ में गवाया है, उसके वर्णन के लिए शब्द नहीं मिलते। मैं तो लता के 'अभी तो मैं जवान हूँ' को मलिका पुखराज के गाए कहीं अधिक मशहूर हुए इस गीत से बेहतर ही समझता हूँ। एच.एम.व्ही. ने भी लता मंगेशकर के रेयर जेम्स कैसेट्स की शुरुआत इसी

गीत से की है।

बहरहाल 'अफ़साना' का उनका संगीत बड़ा लोकप्रिय रहा था, भले ही वह 'चौपाटी पर तुझसे जो कल आँख मटक्का हो गया' (रफ़ी, शमशाद) जैसा हलका-फुलका गीत हो, या 'किस्मत बिगड़ी दुनिया बदली फिर कौन किसी का होता है' जैसा मुकेश का धीर-गम्भीर दर्दीला गीत, 'आज कुछ ऐसी चोट लगी है' (लता) के ग़म-भरे स्वर हों या अंतरे को रिद्मविहीन करके बनाया गया कर्णप्रिय 'वो पास भी रह कर पास नहीं' (लता) या फिर हुस्नलाल-भगतराम के पसंदीदा पहाड़ी पर आधारित तीव्र मध्यम के बेहतरीन उपयोग के साथ तराशा हुआ 'कहाँ है तू मेरे सपनो का राजा' (लता)।

सुरैया, देव आनंद की चर्चित फ़िल्म 'सनम' (1951) के 'ओ सनम, मैं तुम्हें पुकारूँ सनम-सनम' (रफी, सुरैया) में पंजाबी के साथ अरबी संगीत शैली और वाद्यों का बड़ा दिलकश प्रयोग है, और यह गीत खूब लोकप्रिय भी हुआ। इसी फिल्म का 'इसका क्या मतलब' तो सुरैया के 'रेयर जेम्स' कैसेट्स में भी शामिल किया गया है। 'होंठों पे किसी का नाम' (सुरैया) और 'नया नया है प्यार' (सुरैया, शमशाद, एम.डी. बातिश) भी इस फ़िल्म के हिट गीत रहे थे। 'स्टेज' (1951) में सरदार मलिक ने भी कुछ गीतों की धुनें बनाई थीं, पर इस फ़िल्म का भी सर्वाधिक हिट गीत था लता, रफ़ी के स्वरों में सीधी-सपाट रचना 'दिल लेके दिल दिया है, अहसान क्या किया है'। 'राजा हरिश्चंद्र' में 'तू चँदा मैं चाँदनी' (लता, रफ़ी) में भी हुस्नलाल-भगतराम ने सुंदर मेलोडी दी थी। 'काफ़िला' (1952) में हुस्नलाल-भगतराम ने किशोर कुमार से पहली और आखिरी बार गवाया और 'लहरों से पूछ लो या किनारों से पूछ लो' (लता के साथ) तथा 'वो मेरी तरफ यूँ चले आ रहे हैं' की gliding मेलोडी आज तक लोकप्रिय बनी हुई है। तलत, गीता के 'चोरी चोरी दिल में समाया' में ढोलक के साथ इस बार वे उत्तर प्रदेश की लोकशैली लेकर आए थे। 'आँसू' (1953) की पंजाबी पहाड़ी शैली के 'सुन मेरे साजना देखो जी मुझको भूल जाना' (लता, रफ़ी) के साथ-साथ इसी फ़िल्म में लता, रफी का एक और बड़ा नाजुक मधुर दो गाना है—'दिन प्यार के आए रे' जिसकी रिद्म 'सुन मेरे साजना' से बेहतर ही है। 'फ़रमाइश' (1953) में हुस्नलाल-भगतराम और तलत का साथ हुआ था, और तलत का 'मोहब्बत की हम चोट खाए हुए हैं' उनके 'रेयर जेम्स' कैसेट्स का हिस्सा बन चुका है। रफ़ी, मीना मंगेशकर के स्वरों में 'आपने छीन लिया दिल इसे क्या कहते हैं' ग़ज़ल शैली में हुस्नलाल-भगतराम की आम शैली से हटकर कम्पोज़ की गई एक बहुत खूबसूरत रचना है, जिसमें तबले के ठेके तो जबर्दस्त दिए गए हैं। रिद्मप्रधान रचना 'तुम दिल को तोड़ दोगे' (लता) भी बड़ी आकर्षक बन पड़ी थी।

पर शंकर-जयकिशन और ओ.पी. नैयर के चढ़ते दौर में हुस्नलाल-भगतराम का संगीत बिखरने लगा। हुस्नलाल व्यावहारिक तो कभी थे नहीं—चाहे निर्माता खड़ा रहे, वे वॉयलिन का रियाज़ नहीं छोड़कर उठते थे। संगीत में भी विविधता की कमी धीरे-धीरे फ़िल्मों की सख्या कम करती गईं। 'शमां परवाना' (1954) और 'अदल-ए-जहाँगीर' (1955) उनकी अंतिम उल्लेखनीय फ़िल्में थीं। वैसे निर्माता-निर्देशक डी.डी. कश्यप का विश्वास उन पर से कभी नहीं उठा—'शमां परवाना' इसका प्रज्वलित उदाहरण है। मूलतः अरबी शैली के संगीत से सजी इस फिल्म में 'हो जाके लागे नैना वो पाए नहीं चैना' (आशा, सुरैया, साथी) का संगीत बड़ा 'ऑफ बीट' लगता है, जो हुस्नलाल-भगतराम के लिए नवीन उपलब्धि मानी जाएगी। कोरस का प्रयोग, मटके की बीट्स, आलाप का उतार-चढ़ाव और धुनों तथा रिद्म का अंतरे के बीच में ही परिवर्तन इस गीत की विशेषताएँ हैं। सुरैया का 'मेरा दिलदार न मिलाया', सुरैया, रफ़ी के 'शामे बहार आई करके सिंगार आई', रफ़ी का 'तूने मेरा यार न मिलाया', सुरैया, साथियों के स्वर में 'अलविदा ओ जाने तमन्ना' और सुरैया का ही 'ओ परवाने शमा को अपनी रुसवा न करना' जैसे गीत सुरैया और शम्मी कपूर अभिनीत इस फ़िल्म में लोकप्रिय रहे थे। पर इन सबसे बढ़कर मकबूल और विशिष्ट गीत था 'बेकरार है कोई आ, ऐ मेरे दिलदार आ' (सुरैया, रफ़ी)। अरबी शैली का होते हुए भी यह गीत एक अलग छाप लिए हुए है। धुन ऐसी है कि सुरों का उतार-चढ़ाव, फ़िल्म के रूप में वाद्यों की जगह आलाप का प्रयोग, आलाप का ऊपर नीचे होना और इतना सब कुछ एक जबर्दस्त मेलोडी की संरचना को कायम रखते हुए करने में हुस्नलाल-भगतराम सफल हुए हैं। सारंगी और तबले के साथ बाँसुरी और मैंडोलिन के सामंजस्य ने इस गीत में चार चाँद लगाए हैं। इस गीत को मैं हुस्नलाल-भगतराम की आखिरी शमां ही मानूँगा, पर इस शमां की ज्योति आज तक रोशनी का नयापन देती है भले ही इसकी धुन कुछ हद तक सज़्जाद के 'तेरी नज़र में मैं रहूँ' से प्रेरित हो। 'अदल-ए-जहाँगीर' (1955) के 'चाँद-सितारे करते इशारे' (तलत, महिला स्वर), 'अपना ही घर लुटाने दीवाना जा रहा है' (रफ़ी) 'ऐ मेरी ज़िंदगी तुझे ढूँढू कहाँ' (लता), 'लैला को मजनू का प्यार मिला' (लता) और सबसे अधिक उनकी प्रिय मुलतानी काफ़ी पर आधारित 'ऐ मेरी जिंदगी तुझे ढूँढू कहाँ' (तलत) जैसे गीत भी कुछ लोकप्रिय हुए थे। 'अदल-ए-जहाँगीर' के 'साँवरिया तुम्हारी नज़र लागे प्यारी' (लता, साथी) में हुस्नलाल-भगतराम ने दादरा शैली का इस्तेमाल किया। उल्लेखनीय यह है कि इस दादरा में

उन्होंने तबले की जगह ढोलक बजवाया, पर इन फ़िल्मों के बाद हुस्नलाल-भगतराम की व्यावसायिक माँग बुरी तरह घट गई। यहाँ तक कि एक ज़माने में उनसे बहुत कुछ सीखनेवाली लता मंगेशकर ने भी इस वक्त उनसे लगभग मुँह मोड़ लिया था।[1]

इसके बाद के दौर में हुस्नलाल-भगतराम के उल्लेखनीय गीतों में 'दीवाली की रात पिया घर आने वाले हैं' (सुरैया), 'याद आ रहा है दिल को भूला हुआ जमाना' (सुरैया) जैसे 'कंचन' (1954) के गीत (वस्तुतः 'अमर कहानी', 1949 के गीतों को पुनः 'कंचन' में जारी किया गया था), नौशाद जैसी शैली का 'सैंया तोरी बैंया में' (लता, मि. चक्रम, 1955), 'भगवान तुम्हारी दुनिया में क्यों दिल ठुकराए जाते हैं' (रफ़ी) और भैरवी में 'सुन ले अरज मेरी' (आशा) जैसे 'आनबान' (1956) के गीत, 'ट्राली ड्राइवर' का वही सुरों के उतार-चढ़ाव के साथ कम्पोज़ किया हुआ 'यह रात यह नजारे' (रफ़ी) और 'अप्सरा' (1961) के बेहद लुभावने और मेलोडियस 'है ज़िंदगी इतनी हसीं' (आशा, तलत), 'हरदम तुम्हीं से प्यार किए जा' (आशा, तलत) और 'छुप-छुप के चले आओ' (सुमन), 'ऐ माँ मेरी यादों को' (रफ़ी—शहीद भगत सिंह, 1963) और शंकर-जयकिशन शैली के प्रभाव की छाप लिए भैरवी में 'तू मेरे साथ में तेरे साथ' (तलत, आशा) की गिनती की जा सकती है। 'दुश्मन' (1957), 'जन्नत' (1957), 'कृष्ण सुदामा' (1957), 'टारजन एंड द सर्कस' (1965) जैसी फ़िल्मों के साथ वे उपस्थित अवश्य रहे, पर वस्तुतः छठे दशक के मध्य से ही उनका संगीत हलचल मचाना बंद कर चुका था। हुस्नलाल-भगतराम की आखिरी फ़िल्म थी 'शेर अफगान' (1966) जिसमें उन्होंने अपनी शैली को परिवर्तित कर सुमन से 'फूल इतने कभी चमन', 'ऐ दो जहाँ के मालिक' और 'इश्क से आँखें मिलीं' जैसे नगमे और मुकेश और सुमन से एक सुंदर दोगाना 'ऐ बहारे जिंदगी तुम मिल गए सब कुछ मिला' भी गवाया था, पर इस फ़िल्म को भी लोकप्रियता नसीब नहीं हुई। हालात इतने खराब हो गए कि हुस्नलाल ने फिल्म-जगत को छोड़ दिया और दिल्ली के पहाड़गंज की चूनामंडी में रहने लगे और संगीत की शिक्षा देने लगे। शास्त्रीय संगीत में कुछ नए प्रयोग करने की उनकी योजना थी। 28 दिसम्बर, 1968 की सुबह वे टहलने निकले और वहीं मृत्यु हो गई। भगतराम ने फिल्मी जगत तो नहीं छोड़ा, पर आर्थिक हालत उनकी भी इतनी बुरी हो गई कि जीविका के लिए उन्हें लक्ष्मीकांत-प्यारेलाल के ऑरकेस्ट्रा में वादक बनने पर मजबूर हो जाना पड़ा। भगतराम की मृत्यु 1973 में हुई। आज दोनों ही नहीं हैं, पर 'चुप-चुप खड़े हो ज़रूर कोई बात है' देश में हर रोज़ कहीं न कहीं ज़रूर बजता है।

संदर्भ

1. राजू भारतन : लता मंगेशकर—ए बायोग्राफी

पंडित रविशंकर

'जाने काहे जिया मोरा डोले रे'

पंडित रविशंकर

पंडित रविशंकर शास्त्रीय संगीत और सितार की दुनिया में एक विराट अंतर्राष्ट्रीय व्यक्तित्व रखते हैं पर समय-समय पर फ़िल्मों में भी उन्होंने अविस्मरणीय संगीत दिया है। 1920 में बनारस में जन्मे रविशंकर का परिवार कलाकारों का परिवार रहा है (उनके भाई उदयशंकर और भतीजे आनंदशंकर प्रसिद्ध नृत्य-निर्देशक और संगीतकार रहे हैं)। अलाउद्दीन खाँ साहब से शिक्षा पाए रविशंकर ने 1944 में ऑल इंडिया रेडियो में भारतीय राष्ट्रीय वाद्यवृन्द की स्थापना में अपना योगदान दिया था। सितारवादन में उन्होंने न केवल भारत में बल्कि विश्वस्तर पर अपना नाम स्थापित किया है। यदि एक तरफ उन्होंने नट भैरव, कामेश्वरी और परमेश्वरी जैसे नए रागों को श्रोताओं तक पहुँचाया, तो दूसरी ओर पाश्चात्य संगीत के साथ fusion की नई दिशाएँ खोजीं।

हिंदी फ़िल्मों में रविशंकर का पदार्पण हुआ चेतन आनंद निर्देशित 'नीचा नगर' (1946) और ख्वाजा अहमद अब्बास निर्देशित 'धरती के लाल' (1946) जैसी प्रगतिशील यथार्थवादी फ़िल्मों से। 'नीचा नगर' को 1947 में फ्रांस के फ़िल्म समारोह की 11 प्रविष्टियों में स्थान हासिल करने का भी गौरव प्राप्त हुआ था। 'एक निराली ज्योत बुझी है', 'कब तक घिरी रात रहेगी' और 'उठो कि हमें वक्त की गर्दिश ने' जैसे गीतों के साथ रविशंकर ने फ़िल्म में समाज में व्याप्त शोषण, वर्ग-भेद के विरुद्ध संघर्ष को रेखांकित करता उल्लेखनीय संगीत दिया था जो फ़िल्म-संगीत की आम परिपाटी से अलग एक चेतन, प्रगतिशील धारा को रेखांकित करता था।

बिजोय भट्टाचार्य के बाँग्ला नाटक 'नबन्न' पर आधारित फिल्म 'धरती के लाल' का 'भूखा है बंगाल' विविध भाषाओं में लिखित एक तीखा यथार्थवादी गीत था जिसे रविशंकर ने बहुत सुंदरता से कम्पोज़ किया था। यह हमारे देश की त्रासदी है कि ऐसे गीत हमारी स्मृति से आज पूरी तरह गायब हो चुके हैं। फ़िल्म में 'केकरा केकरा नाम बताव इस जग में बड़ा लुटेरवा हो', 'बीते हो सुख के दिन आई दुख की रतियाँ हो रामा', 'अब न जबां पर ताले डालो' (मुमताज़ शांति) जैसे अली सरदार जाफ़री, प्रेम धवन, नेमीचंद जैन और वामिक के लिखे कई यथार्थवादी और प्रगतिशील गीत थे जिन्हें रविशंकर ने लोक और शास्त्रीय शैलियों के सुंदर समन्वय के साथ प्रस्तुत किया था। फ़िल्म के साउंड ट्रैक पर आलापों और तानों के साथ कहानी के अंत को रेखांकित करती बहुत सुंदर कम्पोज़ीशन थी जिसका भी रेकॉर्ड निकला था। शीर्षक संगीत में कोरस के प्रभाव से पीड़ित मानवता की पुकार की बहुत सुंदर अभिव्यक्ति आज तक याद की जाती है।

पंडित रविशंकर ने सत्यजित रे की 'पाथेर पांचाली' में भी सितार बजाया था, यह तथ्य कम लोग जानते हैं। डॉ. इकबाल की प्रसिद्ध रचना 'सारे जहाँ से अच्छा हिंदोस्ताँ हमारा' के भी स्वरकार रविशंकर ही थे। यह भी कम ही लोग जानते हैं कि हृषिकेश मुखर्जी ने अपनी फ़िल्म 'अनुराधा' के लिए पहले लता मंगेशकर को संगीतकार बनने का अनुरोध किया था। लता के तैयार न होने पर उस समय के चोटी के संगीतकार शंकर-जयकिशन फ़िल्म में रचनात्मक संगीत की सम्भावनाओं को देखते हुए अपने लाखों की फीस छोड़कर मात्र रुपये 20,000/- में ही 'अनुराधा' का संगीत देने को इच्छुक थे। पर हृषि दा सहमत नहीं हुए और पंडित

रविशंकर को फिल्म के संगीत का जिम्मा मिला।

'अनुराधा' के गीतों की धुनें एक ही दिन में तैयार हो गईं, यह गीतों की उत्कृष्टता को देखते हुए विश्वास नहीं होता, पर यह हक़ीकत है और रविशंकर की अदम्य प्रतिभा का एक और उदाहरण। गीतों की धुन से लेकर ऑरकेस्ट्रेशन की एक-एक बारीकी रविशंकर अपने ही निर्देशन में सँवारते थे। 'अनुराधा' को भले ही व्यावसायिक सफलता न मिली हो, पर उसके संगीत की उत्कृष्टता तो अपने-आपमें मिसाल है। भिन्न शास्त्रीय रागों पर और सितार के अद्‌भुत ऑरकेस्ट्रेशन से सजाए लता के चार खूबसूरत गीतों को आम श्रोताओं के बीच भले ही मकबूलियत न मिली हो, पर भैरवी में 'साँवरे-साँवरे' की सुरीली तानें, तिलक कामोद में 'जाने कैसे सपनों में' की मीठी लहरियाँ, माँझ खमाज में 'कैसे दिन बीते' की अंतर्वेदना और जंसमोहिनी में 'हाय रे वो दिन' का उद्‌गार कौन सुरुचिपूर्ण संगीत प्रेमी भुला पाएगा? एक भावनात्मक फिल्म का उतना ही संवेदनशील संगीत! यहाँ तक कि 'ले के दिल का साज़ हम गीत गाने आ गए' (मन्ना डे, महेंद्र कपूर, साथी) में एक अलग सी कर्णप्रिय रिद्‌म से बहुत सुंदर समाँ बाँधा था रविशंकर ने।

भावनाओं का संगीत—'अनुराधा'

जहाँ 'अनुराधा' में शास्त्रीय संगीत का परिष्कार था, वहीं 'गोदान' (1963) में प्रेमचंद के अमर उपन्यास की कथाभूमि को अवधी और पूरबी लोकसंगीत का इतना सुंदर स्पर्श रविशंकर ने दिया कि फ़िल्म की असफलता के बावजूद गीत बहुत लोकप्रिय रहे। रफ़ी के स्वर में 'पिपरा के पतवा सरीखे डोले मनवा' का आह्लाद हो, या तिलक कामोद के सुर लगाकर सृजित चैती 'हिया जरत रहत दिन रैन हो रामा' का बाँसुरी और सितार के कोमल आरम्भ के बाद मुकेश के स्वर से अभिभूत करता विषाद हो, रविशंकर ग्रामीण-संगीत के हर रूप में माधुर्य ही माधुर्य बिखेर रहे थे। शहनाई, सितार, बाँसुरी और घुँघरू के साथ प्रकृति के चंचल रूप को साकार करते परिदृश्य के बीच माँझ खमाज के लोकरूप में 'जाने काहे जिया मोरा डोले रे' (लता), ताल वाद्यों के लोक रिद्‌म के साथ गजब की कर्णप्रियता के साथ 'ओ बेदर्दी क्यों तड़पाए' (गीता, महेंद्र कपूर, साथी), बाँसुरी, शहनाई, जलतरंग और सितार की सहलाती लहरों के बीच पारम्परिक पूरबी सोहर धुन 'जनम लियो ललना' (आशा, साथी), पारम्परिक ग्रामीण होली गीत 'जोगीरा सा रा रा' (रफ़ी, साथी) और राग देस का लोकरस आधारित बिदाई गीत 'चली आज गोरी पिया की नगरिया' (लता) जैसे सभी गीत एक से बढ़कर एक थे, और ग्रामीण परिवेश का इतना सुंदर संगीत फिर शायद ही हिंदी फ़िल्म-संगीत में पुनः आया। इस फ़िल्म का ऑरकेस्ट्रेशन तो अद्‌भुत ही था। हर इंटरल्यूड ही अलग-अलग वाद्य-संयोजन की नवीनता लेकर आया।

वर्षों बाद गुलज़ार की निर्मित 'मीरा' के लिए रविशंकर पुनः आए। चूँकि मीरा के गैरफ़िल्मी भजनों को हृदयनाथ लता से गवा चुके थे, और लक्ष्मी-प्यारे लता के इस पारिवारिक रिश्ते को कदापि छेड़ना नहीं चाहते थे, अतः कहा जाता है कि उन्होंने इसमें संगीत देने की असमर्थता जाहिर की। कारण जो भी हो, लता भी इस फ़िल्म में गाने के लिए तैयार नहीं हुई। रविशंकर और लता के विराट व्यक्तित्वों के अहम ने साथ आने का विशेष प्रयास भी नहीं किया और इस कारण 'मीरा' (1979) के लिए रविशंकर ने वाणी जयराम से गवाया। शास्त्रीय संगीत का राजस्थानी संदर्भ में भजनों के लिए इस्तेमाल वाकई सुंदर था, इसमें दो मत नहीं है, और यमन आधारित 'जो तुम तोड़ो पिया', भैरवी आधारित 'श्याम मने चाकर राखो जी', गुजरी तोड़ी पर सृजित 'ए री मैं तो प्रेम दीवानी', खमाज आधारित 'मेरे तो गिरधर गोपाल', जयजयवंती आधारित 'प्यारे दर्शन दीजो', गुजरी तोड़ी पर सृजित 'बाला मैं बैरागन', मल्हार आधारित 'बादल देख डरी' और देस आधारित 'मैं साँवरे के रंग' जैसे वाणी जयराम के गाए गीत बहुत अच्छे भी बने। 'ए री मैं तो प्रेम दीवानी' की रेकॉर्डिंग के समय तो रविशंकर ने वाणी जयराम से आठ-आठ बार 'ए री मैं तो प्रेम दीवानी' और 'मेरा दर्द न जाने कोए' पंक्तियों को ऊँची पट्टी पर गवा कर एक साथ ऐसा मिलाया कि अचम्भित करनेवाला echo effect पैदा हो गया।[1] पर फ़िल्म असफल रही और इन गीतों को भी अधिक लोकप्रियता नहीं नसीब हुई, भले ही वाणी जयराम को इन गीतों के लिए फ़िल्मफ़ेयर का सर्वश्रेष्ठ गायिका पुरस्कार मिला हो।

ब्रिटिश पॉप ग्रुप Beatles के साथ काम करके रविशंकर ने भारतीय संगीत को पाश्चात्य पॉप संगीत का भी अंग बनाया था। बाँग्लादेश की स्वाधीनता कंसर्ट में जॉर्ज हैरिसन के साथ रविशंकर भी शामिल थे। यहूदी मेनुहिन के साथ रविशंकर की जुगलबंदी को संगीत-इतिहास का एक मीलस्तम्भ माना जाए तो कम नहीं होगा। एशियाड 1982 का संगीत भी रविशंकर की ही

देन था। ज्याँ रामपाल, यामामोतो और मिशासिता जैसे संगीतज्ञों के साथ सम्बद्ध रहनेवाले भारत के अकेले संगीतकार रविशंकर ने भारतीय संगीत की आध्यात्मिकता को पश्चिम संगीत फ़लक तक पहुँचाने में महत्त्वपूर्ण योगदान दिया है। स्वीडन की रॉयल संगीत अकादमी के पोलर संगीत सम्मान पद्मभूषण और 1999 में भारत के सर्वोच्च सम्मान भारतरत्न से पुरस्कृत पंडित रविशंकर अभी भी सक्रिय हैं। उनकी आत्मजीवनी 'रागमाला' के नाम से कुछ ही वर्ष पूर्व प्रकाशित हुई है।

संदर्भ

1. राजू भारतन : लता मंगेशकर–ए बायोग्राफ़ी

राम गाँगुली

'ऐसे टूटे तार कि मेरे गीत अधूरे रह गए'

राम गांगुली

राज कपूर द्वारा निर्मित पहली फ़िल्म 'आग' (1948) के संगीतकार होने के कारण राम गाँगुली का नाम फ़िल्म-संगीत के इतिहास में चिरस्थायी रहेगा। पृथ्वीराज कपूर के मशहूर पृथ्वी थियेटर्स के द्वारा निर्मित और प्रदर्शित कई नामी नाटकों के संगीतकार होने का श्रेय भी राम गाँगुली को ही जाता है। पर इस सबके बावजूद फ़िल्म-संगीत के फ़लक पर राम गाँगुली कभी भी चोटी के आसपास नहीं रहे।

5 अगस्त, 1928 को जन्मे राम गाँगुली बचपन से ही संगीतप्रेमी थे और उस्ताद अलाउद्दीन खान से उन्होंने सितार सीखा था। मात्र 17 वर्ष की आयु में ही ऑल इंडिया काँग्रेस अधिवेशन में सितार बजाकर उन्होंने प्रशंसा पाई थी। उनकी प्रतिभा को पहचानकर प्रसिद्ध संगीतकार आर.सी. बोराल ने उन्हें न्यू थियेटर्स में जगह दिलाई, पर उन्हें असली पहचान मिली पृथ्वी थियेटर्स के नाटकों के संगीतकार के रूप में। प्रसिद्ध नाटक 'दीवार' में तो उनके संगीत-निर्देशन में अभिनय करते हुए राज कपूर के गाए गीत 'हम बाबू नए निराले हैं' का तो रेकॉर्ड भी निकला था।

फ़िल्मों के स्वतंत्र संगीतकार के रूप में उन्हें जयंत देसाई प्रोडक्शन की ऐतिहासिक फ़िल्म 'महाराणा प्रताप' (1946) में पहली बार संगीत देने का अवसर मिला, पर नायिका खुर्शीद या ज़ोहराबाई के गाने कुछ खास नहीं चले और यही हश्र उनकी अगली संगीतबद्ध फ़िल्म जयंत देसाई प्रोडक्शन की 'महातुलसी वृंदा' (1947) का भी रहा जिसके सरस्वती राणे और पुतुल चटर्जी के गाए गीत असरदार नहीं रहे। इन फ़िल्मों में गाँगुली का संगीत पाँचवें दशक की सामान्य शैली का ही था और कुछ विशेष बात उनमें नहीं प्रकट हुई।

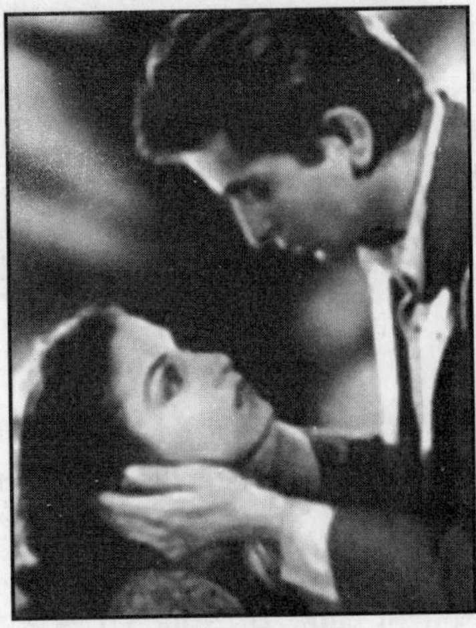
'आग' का एक दृश्य

राज कपूर की पहली फ़िल्म 'आग' (1948) के लिए राम गांगुली का चयन स्वाभाविक था, क्योंकि पृथ्वी थियेटर्स से जुड़े राज के लिए गाँगुली एक जाने-पहचाने संगीतकार थे। इस फ़िल्म में उनके सहायक थे शंकर और जयकिशन जो पृथ्वी थियेटर्स में ही क्रमशः तबला और हारमोनियम बजाया करते थे। 'आग' एक नए फ़िल्म का, नए मुहावरों के साथ पाँचवें दशक की नाटकीय भावुकता से हटकर तीव्र संवेदनाओं और तीव्र प्रभावात्मकता को रेखांकित करने का प्रयास था, पर राम गाँगुली का संगीत उस प्रभाव को मात्र बहजाद लखनवी के लिखे और मुकेश के गाए 'जिंदा हूँ इस तरह कि ग़मे जिंदगी नहीं' में ही पकड़ पाया। यह गीत तो वास्तव में लाजवाब रचना थी, जिसमें भावनाओं की तीव्रता को धुन और वाद्य-संयोजन दोनों झकझोड़ने के अंदाज में उद्भासित करते हैं। मुकेश और राज कपूर के स्वर्णिम साथ का यह एक अमर उद्गार था, जो आज भी संगीतप्रेमियों को रोमांचित कर देता है। वैसे तो 'आग' के अन्य गीत भी मशहूर हुए; जैसे—'काहे कोयल शोर मचाए रे' (शमशाद), 'कहीं का दीपक कहीं की बाती'

(शमशाद, शैलेश), 'रात को जी चमके तारे' (शमशाद, मुकेश), 'दिल टूट गया जी छूट गया' (शमशाद), 'न आँखों में आँसू' (शमशाद) और गतिशील दोलन की शैली वाला 'रब मेरे अरज सुन' (मुकेश, शैलेश, साथी)– पर इन गीतों को उस समय की प्रचलित धारा के अंदर ही स्थान मिलेगा।

राज कपूर की स्वप्निल, रचनात्मक दृष्टि फ़िल्म निर्माण के हर पहलू में कुछ नया करने के लिए बेताब थी, और 'बरसात' (1949) के संगीत को लेकर, यह आश्चर्य का विषय नहीं है, कि राम गाँगुली के संगीत की दृष्टि और राज की आकांक्षा के बीच तालमेल नहीं हो पाया। राज को अपने संगीत के लिए अधिक उपयुक्त लगे राम गाँगुली के उत्साही सहायक शंकर और जयकिशन और जब उन्हें पता चला कि राम गाँगुली 'बरसात' के लिए बनाई धुन किसी दूसरे निर्माता की फ़िल्म के लिए भी प्रयुक्त कर रहे हैं तो 'बरसात' के संगीतकार के रूप में उन्होंने राम गाँगुली को बदल डाला। कहते हैं कि राम गाँगुली 'बरसात' के एकाध गानों की धुन बना चुके थे, और वे गाने रखे भी गए पर उनका नाम नहीं आया।

राम गाँगुली के लिए यह एक बड़ा झटका साबित हुआ, पर यह भी निर्विवाद है कि राम गाँगुली राज कपूर की विराट संगीत दृष्टि के हिसाब से अनुपयुक्त ही होते। राम गाँगुली ऑरकेस्ट्रेशन के साथ अपनी परिचित शैली में ही संगीत देते रहे, चाहे 'बनवासी' (1948) का 'हम न रहेंगे बेबस, बेदम और बेचारे' (शैलेश, साथी) हो या 'जलसा' (1948) के धार्मिक, राजनीतिक, सामाजिक गीत हों। 'हम मजदूर' जैसे यथार्थवादी गीत के अलावा 'जलसा' में मुकेश का गाया एक दुर्लभ गीत भी था—'आज़ाद हो गया हिंदुस्तान' जो अब ढूँढ़े नहीं मिलता। प्रसिद्ध फ़िल्म 'रामदर्शन' (1950) के छः संगीतकारों में एक नाम राम गाँगुली का भी था, पर उनके गीतों को विशेष प्रसिद्धि नहीं मिली। 'अनमोल मोती' (1949) का 'नैनों से नैन मिलाना ना' (शमशाद, शैलेश) भी 'आग' की शैली का ही गीत था।

1951 में राम गाँगुली ने स्वयं 'दीपक' (1951) फ़िल्म का निर्माण किया। पृथ्वीराज और विजयलक्ष्मी अभिनीत इस फ़िल्म के गीत मधुकर राजस्थानी और नरेंद्र शर्मा ने लिखे थे। उमा देवी का गाया 'दिल को भाया, मन को भाया', अमीरबाई के स्वर में 'सदमे खाए जा' (ज़ोहरा के स्वर में भी) जैसे गीतों में भी राम गाँगुली अपनी उसी शैली पर चलते लगते हैं।

संगीत की दृष्टि से 'आग' के बाद राम गाँगुली की उल्लेखनीय फ़िल्में थीं—'संगम' (1954) और 'गवैया' (1954)। विजयलक्ष्मी और सुरेंद्र अभिनीत 'गवैया' में राम गाँगुली ने पहली बार अपने संगीत में विविधता दिखाई। एक तरफ शास्त्रीय प्रधान तराना 'वृंदावन की कुंज गलिन में' (नरेश, ताज) तो दूसरी तरफ वह लाजवाब धीमी लय का भावुक गीत 'तेरी याद का दीपक जलता है'। इसे तलत ने भी भिन्न गति के साथ दो बार गाया, और सुरेंद्र ने भी एक बार, पर सुरेंद्र का गाया गीत अधिक सराहा गया और आज भी इसकी गिनती सुरेंद्र के गाए सर्वश्रेष्ठ गीतों में की जाती है। मुबारक के स्वर में पारम्परिक शैली में गज़ल 'नहीं अच्छा है प्यार भरे दिल को सताना' अपनी दिलकश दादरा ताल की लय से और सुरेंद्र के स्वर में तबले के सुंदर ठेके के साथ 'नज़र से जब ये' अपनी कशिश-भरी धुन से आज भी प्रभावित कर जाते हैं। तलत के स्वर में राग तिलंग के अर्द्ध-शास्त्रीय अंदाज़ में 'आज मेरा मन बीन बजाए', सुरेंद्र की आवाज़ में बेहतरीन गज़ल 'हमारी आँखों से दिल के टुकड़े अब आँसू बनकर निकल रहे हैं', मुबारक बेगम के स्वर में 'अपनी बर्बादी मुझे मंजूर है' जैसी कई दिलकश रचनाएँ 'गवैया' में थीं। पर फ़िल्म में राम गाँगुली की सर्वश्रेष्ठ प्रस्तुति थी राग भैरवी पर आधारित 'ऐसे टूटे तार कि मेरे गीत अधूरे रह गए'। यह गीत आज भी तलत के सदाबहार लोकप्रिय गीतों में गिना जाता है। अपने प्रिय वाद्य सितार का प्रयोग राम गाँगुली ने इस फ़िल्म के संगीत में बखूबी किया था।

'संगम' के गीत 'गवैया' जितने उत्कृष्ट तो नहीं थे, फिर भी राम गाँगुली का एक नवीन पहलू पेश करते हैं। ऑरकेस्ट्रेशन में आधुनिकता लिए 'तेरा बचपन एक कहानी' (तलत, मुबारक) और 'मिल जाए तुमसे आ के सहारा' (तलत, गीता) तो खास नहीं चले, पर तलत, गीता और साथियों के स्वरों में रात के पूरे सुहाने वातावरण को सजवी करता गीत 'रात है अरमां भरी' काफ़ी लोकप्रिय हुआ।

1957 में पृथ्वीराज कपूर के प्रसिद्ध नाटक 'पैसा' पर जब इसी नाम की फ़िल्म बनी तो ज़ाहिर था, संगीतकार के रूप

में मूल नाटक के संगीतकार राम गाँगुली को ही लिया गया। नज़ीर अकबराबादी लिखित रफ़ी के स्वर में 'पैसा ही रंग रूप है', शमशाद और साथियों के स्वर में लोकशैली में 'अपने बाबुल का घर छोड़ के', गीता के स्वरं में 'दीप जलेंगे', गीता दत्त के ही स्वर में मार्मिक धुन में पिरोया सूरदास का भजन 'तुम मेरी राखो लाज हरि' इस फ़िल्म की अच्छी कृतियाँ थीं पर व्यावसायिक सफलता मिली नहीं। यही हश्र 'टेन ओ क्लॉक' (1958) का भी रहा, जिसमें आशा के मनमोहक अंदाज में गाए 'चाँद निकला सितारे धीमे पड़े', मुकेश के गाए 'आगाज़े तमन्ना देखा है' और गीता के गाए 'सँभल-सँभल कर चलना' और 'होंठों पे लाली है' जैसे गीत भी चले नहीं। वैसे राम गाँगुली ने 1955 में 'पोस्ट मास्टर' फ़िल्म के लिए भी 'मैं हूँ एक हवा का झोंका' (ओमप्रकाश वर्मा) और 'तू ही मेरी ज़िंदगी है' (मुबारक, ओम प्रकाश वर्मा) जैसे मधुर गीत रेकॉर्ड कराए थे पर दुर्भाग्य से फ़िल्म पूरी न हो पाई। 'मैं हूँ एक हवा का झोंका' उस ज़माने में रेडियो पर खूब लोकप्रिय रहा था। इसी प्रकार फ़िल्म 'राग-रागिनी' में उन्होंने मुकेश से गवाया था पर यह फ़िल्म भी पूरी नहीं बन पाई।

राम गाँगुली के फ़िल्मी जीवन की अंतिम उल्लेखनीय फ़िल्म थी 'साया' (1961)। गीता के स्वर में पाश्चात्य ढंग का 'धोखे में तुम न आना' और तलत एवं आशिमा बनर्जी के स्वरों में गज़ल की नज़ाकत लिए 'अब मुश्किल है फिर से मिलना' कुछ चले भी, पर इन छोटी सफलताओं से उनके हाथ कुछ लगा नहीं। कोई भी निर्माता उनके पास नहीं आता था, और राम गाँगुली धीरे-धीरे पूरी तरह गुमनाम हो गए। उन्होंने बम्बई छोड़ दिया और कलकत्ता में रहने लगे जहाँ 65 वर्ष की उम्र में 1983 में उनका निधन हो गया।

लच्छीराम तमर

'ऐ दिल मचल-मचल के यूँ रोता है ज़ार-ज़ार क्या'

लच्छीराम तमर

एक भूले-बिसरे संगीतकार। कई संगीतप्रेमी भी लच्छीराम का नाम नहीं जानते। पर एक ज़माना था जब लच्छीराम की पहली फ़िल्म 'आरसी' (1947) ने सिल्वर जुबली मनाई थी।

लच्छीराम का जन्म हिमाचल की कुठार रियासत में हुआ था। इनके पिता राणा साहब जगजीत चंद्र के दरबार में कर्मचारी थे। बचपन में ही पिता की मृत्यु के बाद लच्छीराम का लालन-पालन संगीतप्रेमी राणा जगजीत चंद्र के द्वारा हुआ, और लच्छीराम के आरंभिक संगीत शिक्षक भी वही थे। बाद में दरबार के उस्ताद नूरे खाँ से उन्होंने शिक्षा ग्रहण की। 20-21 वर्ष की उम्र में लच्छीराम दिल्ली आए और एच.एम.वी. में नौकरी कर ली। लच्छीराम ने इस कम्पनी के लिए कई गीत गाए। डॉ. नज़्मी की मशहूर ग़ज़ल 'हमसे ख़ताएँ होंगी हमसे कुसूर होगा' उनका पहला रेकॉर्ड था। मास्टर लच्छीराम के गाए कुछ हिमाचली लोकगीतों के रेकॉर्ड भी निकले। इस नौकरी के साथ-साथ दिल्ली रेडियो स्टेशन पर भी लच्छीराम प्रोग्राम देते थे। उनके गाने से ही रेडियो स्टेशन पर गाने के प्रोग्राम का मुहूर्त हुआ था। ग़ालिब की ग़ज़ल 'दिल ही तो है न संगोखिश्त' दिल्ली रेडियो से लच्छीराम ने गाकर प्रशंसा भी बटोरी।[1]

लच्छीराम को ढूँढ़ा प्रसिद्ध लेखक-निर्देशक अजीज़ कश्मीरी ने जो शोरी पिक्चर्स के प्रतिनिधि के रूप में संगीत-निर्देशक की तलाश में लाहौर से दिल्ली आए थे। साढ़े सात सौ मासिक के अनुबंध पर लच्छीराम फ़िल्मों में संगीत देने लगे। आरम्भ में 'चम्पा' में अनुपम घटक के साथ संगीत दिया और 'बदनामी' और 'शालीमार' के संगीत सहायक रहे जिनके मुख्य संगीतकार पं. अमरनाथ थे। स्वतंत्र रूप से मिली पहली फ़िल्म 'आरसी' थी जिसके 'क्या हमसे पूछते हो किधर जा रहे हैं हम' और 'आशियाँ अपना लुटा अपनी नज़र के सामने' जैसी बातिश की गाईं और सरशार सैलानी की लिखी ग़ज़लें खूब लोकप्रिय रहीं। इस फ़िल्म में लच्छीराम ने अपनी जन्मभूमि के हिमाचली लोकसंगीत पर आधारित 'तेरे बिना बालम जिया मोरा डोले' और 'घनी घनी छैंया ओ राजा अमवा के पेड़ की' जैसे गीत भी कम्पोज़ किए जो अच्छे चले थे।[2] महिन्द्रा पिक्चर्स लाहौर की चाँद प्राण अभिनीत 'मोहिनी' (1947) में भी लच्छीराम ने भाईलाल के साथ संगीत दिया पर यह फ़िल्म नहीं चल पाई। डॉन फ़िल्म्स, पंजाब की 'डायरेक्टर' (1947) में फ़तेह अली खान के साथ लच्छीराम भी संगीतकार थे, पर इस फ़िल्म की सफलता भी कम ही रही।

देश-विभाजन के कारण लच्छीराम को लाहौर छोड़ना पड़ा और वे नाहन (सिरमौर) चले आए। तभी लाहौर के विस्थापित कुछ लोगों ने मिलकर देहरादून में 'गुरु-दक्षिणा' फ़िल्म प्रारम्भ की जो बहुत बाद में 1950 में रिलीज़ हुई। इस फ़िल्म में भी लच्छीराम ने सरशार सैलानी के गीतों की धुन बनाई थी और प्रेमपाल, मास्टर मदन, इरा निगम आदि ने स्वर दिए थे। सरशार सैलानी से मित्रता के कारण बम्बई बुलावा आया और नेशनल फ़िल्म प्रोड्यूसर्स, बम्बई की 'बिरहन' (1948) में सरशार और बेकल के गीतों को संगीत से सँवारने का अवसर मिला। इस फ़िल्म में 'आ जा आ जा ओ चाँद हमारे', 'टूटे हुए दिल की न सुनो हमसे कहानी' और 'मेरा दर्दे दिल की दुनिया में दवा कोई नहीं' जैसी दिलशाद बेगम की गाई ग़ज़लें और गीत थे पर एक बार फिर

सफलता हाथ नहीं लगी।

लच्छीराम को एक अच्छा ब्रेक मिला रणजीत मूवीटोन की मधुबाला, देव आनंद अभिनीत फ़िल्म 'मधुबाला' (1950) में। इस फ़िल्म में 'ये दुनिया है बेवफ़ाई की, वफ़ा का राज क्या जाने' (दुर्रानी), 'अब न जागेगी ये किस्मत सो चुकी' (आशा), कव्वाली बीट्स पर 'पूछा मैंने दिल से आपके' (आशा) और 'जवानी के ज़माने में जो दिल न लगाएगा' (शमशाद, तलत, साथी) जैसे अच्छे गीत थे। इस वक्त का लच्छीराम का संगीत पारम्परिक शैली का ही था जिसमें कम वाद्ययंत्रों का इस्तेमाल था और ज़ोर शब्दों के वजन को उभारने पर था।

'मधुबाला' के संगीत से व्यावसायिक फायदा मिल सकता था, पर इसी बीच लच्छीराम बुरी तरह बीमार पड़ गए, और वह भी टी.बी. से, जो उस समय अत्यंत भयानक रोग माना जाता था। बीमारी से जूझते रहे, एक फेफड़ा भी जाता रहा और इसी के साथ उनकी गायकी भी मृतप्राय हो गई। पर संगीतकार लच्छीराम ने हार नहीं मानी। भले ही निरंजन पिक्चर्स की 'ससुराल' फ़िल्म बन नहीं पाई पर गीताबाली अभिनीत 'अमीर' (1954) के 'तुम्हें याद होगा बागे मुहब्बत लगाया था हमने' (आशा) की गुनगुनाहट-भरी स्वरलहरियों के साथ उन्होंने फिर से संगीत जगत पर हलकी-सी दस्तक दी। 'शहीद भगत सिंह' (1954) में बिस्मिल के प्रसिद्ध गीत 'सरफ़रोशी की तमन्ना अब हमारे दिल में है' को रफ़ी के स्वर में गवाने का श्रेय भी प्रेम धवन ('शहीद') से पहले लच्छीराम को ही मिलेगा। बीमारी की अवस्था में ही 'शहीद भगत सिंह' के अलावा 'महारानी झाँसी' (1952) और 'गुरु घंटाल' (1956) का भी संगीत लच्छीराम ने तैयार किया था, पर 'महारानी झाँसी' के आशा के गाए 'ले लो वीर बहादुर ले लो' जैसे देशभक्ति गीत या 'गुरु घंटाल' के 'भींगी भींगी चाँदनी में भींगे मेरा दिल' (आशा) या 'हम आपके हैं हमसे तो पर्दा न कीजिए' (रफ़ी, आशा) जैसे रूमानी गीत लोकप्रिय नहीं हुए। यही बात 'हज़ार परियाँ' (1959) के गीतों पर भी लागू हुई।

यह कहा जा सकता है कि लच्छीराम फ़िल्म-जगत में सफल नहीं हुए। वे स्वाभिमानी थे, बहुत गुणी थे पर अपने गुणों को निखारने का अच्छा अवसर फ़िल्म-जगत में उन्हें नहीं मिला। बीमारी के बाद शराब, सिगरेट छोड़ी तो तथाकथित यार-दोस्तों ने भी उन्हें भुला दिया। लच्छीराम की विशेषता ग़ज़लों की कम्पोज़ीशन थी और 1956 में गाफ़िल और सरशार की शायराना गजलों और नग़मों को उन्होंने 'दो शहज़ादे' के लिए मुबारक़ बेगम और आशा के स्वरों में रेकॉर्ड भी किया था। पर अरबी शैली के वाद्य-संयोजन वाली 'ऐ ग़म दिल तेरा यारा' (मुबारक), 'धड़कते हुए दिल को' (मुबारक), 'ज़िन्दगी के साज़ पर नग़म-ए-बहार गा' (आशा) जैसी रचनाओं वाली 'दो शहज़ादे' रिलीज़ ही न हो सकी। लच्छीराम के संगीतबद्ध मुकेश के गाए दो गैरफ़िल्मी भजन 'छोड़ झमेला झूठा जग का' और 'राम करे सो होय रे मनवा' को अवश्य कालजयी लोकप्रियता नसीब हुई है, और एच.एम.व्ही. द्वारा रिलीज़ किए गए मुकेश के भजनों के एलबम का शीर्षक भी लच्छीराम की धुन वाला 'राम करे सो होय' दिया गया है।

लच्छीराम का सफलतम दौर उनका आखिरी दौर बना। इस दौर में 'रज़िया सुलतान' (1961) के ख़माज थाट में कम्पोज़ किए 'ढलती जाए रात कह ले दिल की बात' (आशा, रफ़ी) के अरब शैली के संगीत को एक मेलोडी भरा मोड़ देकर लच्छीराम ने खूब लोकप्रिय बनाया। उनकी सफलतम फ़िल्म थी 'मैं सुहागन हूँ' (1964)। लता के 'ऐ दिल मचल मचल के यूँ रोता है ज़ार ज़ार क्या' में लता से क्या खूब ऊँची पट्टी पर गवाया है लच्छीराम ने और हवाइयन गिटार, तबला, वॉयलिन, मैंडोलिन सभी का क्या दिलक़श मिश्रण है इस कर्णप्रिय गीत को सँवारने में! यह गीत हमारी याददाश्त से क्यों निकल गया, यह आश्चर्य ही है। फ़िल्म का राग देस पर आधारित 'गोरी तेरे नैन कजर बिन कारे' (आशा, रफ़ी) एक अद्‌भुत उपलब्धि है जिसमें आशा की मुरकियाँ लाजवाब ही कही जाएँगी। रफ़ी के ऊँची पट्टी पर गाए 'सब जवाँ सब हसीं कोई तुमसा नहीं' की कर्णप्रिय धुन के प्रशंसक आज भी कई हैं। तलत के स्वर में असद भोपाली का लिखा 'ये किस मंज़िल पे ले आई मेरी बदकिस्मती मुझको' भी मशहूर गीत रहा है। इसी फ़िल्म में लच्छीराम ने मुकेश से भी दो पंक्तियाँ गवाई थीं—'बिगड़ी में कोई'—जो फ़िल्म के साउंडट्रैक पर मौजूद है।

पर यह सफल फ़िल्म लच्छीराम की आखिरी चमक ही थी। आज तो वे पूर्णतः विस्मृत हो चुके हैं।

संदर्भ

1. सत्येन : संगीत-निर्देशक लच्छीराम, माधुरी, 5 नवम्बर, 1965

2. वही

विनोद

'लारा लप्पा लारा लप्पा लाई रखदा'

अगर हिंदी फ़िल्मी गीतों के इतिहास के पचास सबसे हिट गानों की फेहरिस्त बनाई जाए तो उसमें निस्संदेह एक गाना होगा 'एक थी लड़की' (1949) का 'लारा लप्पा लारा लप्पा लाई रखदा'। यह गाना आज भी रेडियो और टी.वी. पर बजता है पर इसके संगीतकार को लोग भूल चुके हैं। इस संगीतकार का नाम था विनोद जो 28 मई, 1922 को लाहौर में पैदा हुए थे और जिनका असली नाम था एरिक राबर्ट्स। पियानो बजाने में माहिर विनोद फ़िल्मों में आने से पहले लाहौर के ही एक होटल में पियानो-वादक थे। पाँचवें दशक में फ़िल्मी दुनिया में आए विनोद ने 'पराए बस में' (1946—सहसंगीतकार), 'खामोश निगाहें' (1946), 'तारा' (1947) आदि में संगीत दिया, पर दुर्भाग्य से दो-तीन फ़िल्मों को छोड़ किसी का भी संगीत बहुत लोकप्रिय न हो सका। लोकप्रियता किस्मत की बात होती है क्योंकि प्रतिभा की कमी विनोद में किसी भी तरह नहीं थी। पर फ़िल्मी दुनिया की माया नगरी ने कई प्रतिभावान संगीतकारों से बेवक्त ही निगाह फेरी है। विनोद भी उनमें से एक हैं।

विनोद

वैसे विनोद के फ़िल्मी-संगीत के सफ़र का अगला पड़ाव शानदार रहा था। लाहौर में ही प्रसिद्ध निर्माता शोरी ने उन्हें अनुबंधित कर लिया था और विभाजन के बाद जब शोरी बम्बई आए तो विनोद भी उनके साथ ही आ गए। बम्बई में 'एक थी लड़की' (1949) एवं 'अनमोल रतन' (1950) का संगीत बेहद लोकप्रिय हुआ था और 'लारा लप्पा लारा लप्पा' (लता, दुर्रानी, रफ़ी, साथी) गली-गली में गूँजने वाला गीत बन गया था। नए स्वाधीन भारत के पाश्चात्य प्रभावित ऑफ़िस जाने वाले 'जेंट्ल मैन' वर्ग के फ़िल्मांकन के साथ तारतम्य बैठाता हुआ संगीत, लता की सुरीली आवाज़ और बड़े ही कौशल और लय के साथ जोड़ा गया कोरस का प्रभाव सभी इस गीत को अविस्मरणीय बनाते हैं। इसी फ़िल्म का लता और रफ़ी का युगल गीत 'अब हाले दिल या हाले जिगर कुछ न पूछिए' अपने सटीक फ़िल्मांकन और लयात्मक धुन के कारण आज भी खींचता है। शोरी फ़िल्म्स के बैनर तले बनी 'एक थी लड़की' में एक और दिलकश गीत था पंजाबी लोक धुन पर आधारित 'घिर-घिर के आई बदरिया साजनवा ना जा'। फ़िल्म संगीत-समीक्षक स्नेहल ओझा के अनुसार लता की आवाज़ में अभी वह परिपक्वता नहीं आई थी, जिसके हम आदी हैं, पर इसके बावजूद वॉयलिन, तबले और हारमोनियम के बीच उभरती लता की इस आवाज़ से भी प्यार हो आता है।[1] धीमी लय में सृजित नाजुक-सा रूमानी नग़मा 'ये शोख सितारे' (रफ़ी, लता) फ़िल्म की एक बड़ी प्यारी उपलब्धि थी, भले ही आज हम इसे भूल चुके हों।

रूप शोरी

मीना शोरी

विनोद की संगीतबद्ध 'कामिनी' और 'नागिन' तो पर्दे का मुख भी नहीं देख पाईं पर 'अनमोल रतन' का संगीत हिट रहा। 'अनमोल रतन' (1950) का सबसे लोकप्रिय गीत कहरवा ताल पर कम्पोज़ किया हुआ और बाँसुरी के सुंदर प्रयोग से सजा 'याद आने वाले फिर याद आ रहे हैं' (तलत, लता) अपनी जज़्बाती धुन से आकर्षित करता है। इसी फ़िल्म का 'शिकवा तेरा मैं गाऊँ दिल में समाने वाले' तो तलत-लता के अविस्मरणीय युगल गीतों में से एक है ही। तलत के ही स्वर में ~~भैरवी~~ में कम्पोज़ 'जब किसी के रुख पर जुल्फ़े आकर लहराने लगीं' कहरवा ताल पर मदहोश करती एक खूबसूरत गज़ल थी, तो लता के 'तारे वही हैं चाँद वही है' में रहस्य का वातावरण तथा अंतरे में अप्रचलित शैली का पुट इस गीत को भी विशिष्ट बनाता है। 'मोरे द्वार खुले हैं' (लता) तो 'सुहानी रात ढल चुकी' से प्रभावित लगती है और 'मेरे घूँघट में दो नैन पुकारे' (लता) की तेज रिद्म भी कुछ खास असर नहीं दिखाती पर निर्मला के स्वर में भैरवी में गाई ठुमरी 'लाखों में एक हमारे सैंया' और मलिका पुखराज की एक गज़ल से प्रेरित होकर कम्पोज की गई 'दर्द मिला है तेरे प्यार की निशानी' (लता) विनोद की प्रतिभा को रेखांकित करते हैं। संगीत-समीक्षक नलिन शाह के अनुसार 'दर्द मिला है' को बाद में कुछ बदलाव के साथ 'शर्त' में हेमंत कुमार ने 'मुहब्बत में मेरी तरह जो मिटा हो' और एन. दत्ता ने 'धूल का फूल' में 'तेरे प्यार का आसरा चाहता हूँ' में इस्तेमाल किया।

पर फ़िल्म-संगीत में विनोद की सबसे महत्त्वपूर्ण उपलब्धि फ़िल्म 'वफ़ा' (1950) का गीत 'कागा रे जा रे' (लता) ही माना जाएगा। स्नेहल ओझा के अनुसार यह गीत लता के दस सर्वश्रेष्ठ गीतों में से एक माना जाना चाहिए। सारंगी के इस्तेमाल में उस्ताद माने जानेवाले विनोद का फ़न और सारंगी का जौहर राग बागेश्वरी पर आधारित इस गीत में उत्कर्ष पर है।[2] यह भी आश्चर्यजनक है कि 'घिर-घिर के आई बदरवा' की लता की तथाकथित अपरिपक्व आवाज़ एक ही वर्ष में इतनी परिपक्व होकर सुरों पर गजब का नियंत्रण दिखाती है। शायद यह बात भी यहाँ उभरती है कि विनोद के संगीत की विशिष्टता के लिए लता की आवाज़ अनिवार्य थी। फ़िल्म 'तारा' (1949), 'मुखड़ा' (1951) और 'तितली' (1951) के गीतों में लता कहीं नहीं थी और इन फ़िल्मों का संगीत भी विशेष सफल नहीं हुआ। वैसे 'तितली' के 'मेरा मन झूम झूम झूम लहराए' (आशा, तलत) की मचलती धुन का अपना एक अलग आकर्षण है। छोटे आलापों और तानों के प्रयोग तथा लोकधुन के तत्त्वों को भी समेटे हुए यह रचना विनोद की प्रतिभा का एक विस्मृत उदाहरण है। उसी प्रकार 'मुखड़ा' (1951) में 'हमारी गली आओ श्याम' (ज़ीनत बेगम) पारम्परिक दादरा में कुछ परिवर्तन के साथ गवाई एक अच्छी रचना है।

निर्मल पिक्चर्स की 'सब्ज़ बाग' (1951) का आशा, रफ़ी का युगल गीत 'जो कुछ हमें कहना है इशारों में कहेंगे', पंजाबी मुहावरे से सजा 'अपनी तस्वीर से कह दो हमें देखा न करे' और लता के धीमी लय पर गाए 'मेरे दिल के तड़पने का तमाशा', 'मेरी बर्बादियों पर मुस्कुराते आ गया कोई' और 'वह आ के ख्वाब में दिल की कली' भी खूबसूरत रचनाएँ थीं पर अधिक लोकप्रियता हासिल नहीं कर सकीं। वैसे 'एक थी लड़की' की सफलता के बाद विनोद शोरी फ़िल्म्स के स्थायी संगीतकार बन चुके थे। शोरी फ़िल्म्स की अन्य कई फ़िल्में 'मुखड़ा' (1951), 'आग का दरिया' (1953), 'एक दो तीन' (1953), 'जलवा' (1955) और अप्रदर्शित रह गई 'लड़ाकी' (छठा दशक) में विनोद ने ही संगीत दिया।

फ़िल्म 'आग का दरिया' का तलत का एकल गीत 'एक दिल हज़ार गम कैसे जी सकेंगे हम' नीचे के स्वरों में गाई गई एक उत्कृष्ट रचना है जिसमें वाद्यों के संयोजन और बीट्स के साथ गाने की गति का अद्‌भुत सामंजस्य है। इस गीत को एच. एम.व्ही. ने तलत की 'रेयर मेलोडीज़' कैसेट में भी शामिल किया है। 'एक दो तीन' में संध्या मुकर्जी का गीत 'आ जा रे बलम तुझे मेरी कसम' को एक संगीत समीक्षक संध्या मुखर्जी के दो सर्वश्रेष्ठ गीतों में से एक मानते हैं। इस गीत में विनोद ने एक लोकधुन को सुन्दर और मौलिक ढंग से विकसित किया है।[3] गिटार की संगत के साथ राग जयजयवंती पर आधारित 'लो फिर चाँद निकल आया' (आशा) इस फ़िल्म की एक अन्य उपलब्धि थी। जागीरदार प्रोडक्शन की ऐतिहासिक फ़िल्म 'अगर शहीद' (1952) में भी विनोद ने वसंत देसाई के साथ संगीत दिया था, पर फ़िल्म प्रदर्शित न हो सकी।

फ़िल्मी दुनिया में अकसर ऐसा होता है कि कुछेक कारणों से किसी कलाकार की एक छवि बन जाती है और फिर उसका 'करियर ग्राफ़' भी उसी छवि के साथ चलने को मजबूर हो जाता है। शोख, चुलबुली अदाकारा मीना शोरी की कई फ़िल्मों में संगीत देने वाले विनोद के साथ भी ऐसा हुआ और वे छठे दशक में मुख्यतः हास्य फ़िल्मों के संगीतकार बनकर रह गए। 'लाडला' (1954), 'हा हा ही ही हू हू' (1955), 'ऊटपटाँग' (1955), 'श्रीनकद नारायण' (1955), 'मक्खीचूस' (1956), 'शेख चिल्ली' (1956) और 'गरमा गरम' (1957) जैसी हास्य फ़िल्मों में विनोद का ही संगीत था। ऐसी फ़िल्मों के हलके-फुलके हास्य गीत जैसे 'हाय बजे रात के बारह' (रफ़ी, शमशाद—'लाडला'), 'हा हा ही ही हू हू' का शीर्षक गीत (आशा भोंसले), 'मेरा नन्हा सा दिल

है' और 'लड़ गई रे' (रफ़ी, साथी—ऊटपटाँग), 'यह मुँह मसूर की दाल, जरा मुँह धोकर आना' (आशा, रफ़ी—श्रीनगदनारायण), 'सेठ जी तुमने किया कमाल' और 'ओ अरबपति की छोरी' (क्रमशः मुकेश तथा गीता, तलत--मक्खीचूस), 'झूठे का मुँह काला' (रफ़ी—शेखचिल्ली), 'जब जेब हो गरम गरम' (रफ़ी, आशा—गरमा गरम) कुछ दिन चले, लोगों का मनोरंजन किया और भुला दिए गए। वैसे ऐसा नहीं था की हास्य फ़िल्मों में सिर्फ हँसी-मज़ाक वाले गीत ही रहते थे। फ़िल्म 'लाडला' का तलत, आशा का 'प्यार नहीं छुपता छुपाने से' के बीट्स में एक मोहक ताजगी लगती है, 'गरमागरम' के 'आए हैं द्वारे तिहार' (आशा) की भाव्याभिव्यक्ति का अपना आकर्षण था। 'मक्खीचूस' के तलत, सुधा का 'दिल ले लो' की झूमती-झामती लय और सारंगी का प्रयोग भी संगीतकार की प्रतिभा का प्रत्यक्ष प्रमाण है। फिर भी ऐसा कहा जा सकता है कि ऐसी फ़िल्मों में विनोद की प्रतिभा को उभरने का पर्याप्त अवसर नहीं था और एक बेहतर संगीतकार टाइप्ड होकर चुकता चला गया । वैसे 'रम्मन' (1954), 'जलवा' (1955) और 'मुमताज़ महल' (1957) जैसी इक्की-दुक्की सामाजिक-ऐतिहासिक फ़िल्में भी मिलीं और उनमें 'हो गए बर्बाद हम' उनकी खुशी तो हो गई' (तलत—'रम्मन') और 'अपना बना के फिर क्यों भुलाया' (तलत, सुधा—'मुमताज़ महल') जैसे कोमल, मृदु गीतों की रचना भी हुई पर इस वक्त तक विनोद का फ़न भी धीरे-धीरे जाता सा लगता है। सुधा मल्होत्रा लता की जगह नहीं ले सकती थीं और लता की आवाज़ फ़िल्म 'ऊटपटाँग' के दो मधुर गीतों ('मेरी उल्फ़त सोई है यहाँ' और 'मोहब्बत ने कैसे दिये हमको धोखे') को छोड़कर 1951 के बाद विनोद को कभी नहीं मिली। वैसे विनोद ने आशा भोंसले से इस दौर में कुछ बड़े सुंदर गीत गवाए थे—'वफ़ा' (1950) का 'गहरी गहरी निंदिया में' (गीता के साथ) और 'आग का दरिया' (1953) का गज़लनुमा सितार, वॉयलिन और तबले के सुंदर सामंजस्य के साथ 'कहता था ज़माना मगर हमने न माना' का उदास भाग, 'लाडला' (1954) और 'सब्ज़बाग' (1951) के क्रमशः ऊपर उल्लिखित 'प्यार नहीं छुपता छुपाने से' (तलत के साथ) और 'जो कुछ हमें कहना है' (रफ़ी के साथ), 'एक दो तीन' (1953) का 'पिया जो बुलाए' (रफ़ी के साथ) आदि।[4] फिर भी 'कागा रे जा रे जा रे' और 'लारा लप्पा' का जादू विनोद आशा के साथ नहीं पैदा कर सके।

'लारा लप्पा' जैसे हिट गीत देनेवाले विनोद को दस वर्षों के अंदर ही 'मिस हंटर वाली' (1954) जैसी स्टंट फ़िल्म से समझौता करना पड़ा। मात्र चालीस की उम्र में दाढ़ी बनाते वक्त लगे ब्लेड के घाव से पनपे संक्रमण ने 25 फरवरी, 1959 को 'एक दिल हज़ार गम कैसे जी सकेंगे हम' के रचयिता को फ़िल्म-संगीत से हमेशा के लिए छीन लिया। विनोद का नाम आखिरी बार एम. के. शोरी की ही फ़िल्म 'एक लड़की सात लड़के' (प्रदर्शित 1961) में देखने को मिलता है जहाँ एस. मोहिंदर ने उनकी मृत्यु के बाद बाकी गीतों को संगीतबद्ध किया।

संदर्भ

1. स्नेहल ओझा : 'अभी तो मैं जवान हूँ' श्रृंखला, इंटरनेट
2. वही
3. वही
4. स्नेहल ओझा : 'गीत कितने गा चुकी हूँ इस दुखी जग के लिए' इंटरनेट RMIM वेबसाइट

दत्ता डावजेकर

'पाँव लागूँ कर जोरी'

दत्ता डावजेकर ने यूँ तो बहुत कम हिंदी फ़िल्मों में संगीत दिया पर उनका नाम अमर इसलिए रहेगा क्योंकि स्वर-सम्राज्ञी लता मंगेशकर से हिंदी फ़िल्म पार्श्वगायन के क्षेत्र में पहला गीत उन्होंने ही गवाया था। फ़िल्म 'आपकी सेवा में' (1947) की पारम्परिक बंदिश 'पाँ लागूँ कर जोरी' गायिका लता का हिंदी फ़िल्मों में पार्श्वगायन की शुरुआत थी, और इसके संगीतकार दत्ता डावजेकर थे।

दत्ता डावजेकर

दत्ता डावजेकर के पिता बाबूराव डावजेकर मराठी तमाशों और उर्दू नाटकों में तबला बजाया करते थे। दत्ता ने भी तबले का मूल ज्ञान उन्हीं से प्राप्त किया और गणपति उत्सव में तबला बजाया। धीरे-धीरे हारमोनियम तथा धुनें बनाने में भी वे हाथ आज़माने लगे थे। अपने शिक्षक के बीमार होने ने उन्हें गीतों के लिए धुनें बनाने का मौका दिया और धीरे-धीरे दत्ता डावजेकर कम्पोज़िंग और वाद्य-यंत्रों के बजाने में इतने पारंगत हो गए कि शांता आप्टे जैसी मशहूर हस्ती ने भी अपने कार्यक्रमों के लिए उन्हें बुला लिया तथा बीस रुपए महीने की अच्छी पगार पर वे इस ग्रुप के साथ लाहौर, अमृतसर, कलकत्ता, पटना आदि भी घूमते रहे।

फ़िल्मों में उनका पदार्पण मराठी फ़िल्मों से हुआ, कॉलेज के ज़माने के अपने दोस्त कोशी की फ़िल्म 'म्यूनिसिपैलिटी' (1941) से। 'सरकारी पाहुणे' (1942) में उन्होंने पर्दे पर प्रसिद्ध गायक विष्णुपंत जोग और नर्तकी वत्सला कुमठेकर की प्रतिद्वंद्विता को फ़िल्माने के लिए एक शास्त्रीय आधारित हिंदी गीत भी कम्पोज़ किया—'नाचे संगीत नटवर'—जो बहुत मशहूर रहा। फिर वे वसंत जोगलेकर के पास काम करने लगे। जोगलेकर ने एक दिन संघर्षरत लता मंगेशकर को उनके पास भेजा, और दत्ता डावजेकर लता से इतने प्रभावित हुए कि उन्होंने 'माझे बाल' (1943) में लता से गीत गवाए। इस फ़िल्म में एक गीत 'चल चल नव बाला' उन्होंने चारों मंगेशकर बहनों के स्वर में रेकॉर्ड किया जो एक कीर्तिमान ही होगा। अतः आशा भोंसले का गाया पहला गीत दत्ता डावजेकर की ही देन बना। दत्ता डावजेकर ने कोल्हापुर में मास्टर विनायक की फ़िल्म-कम्पनी में भी काम किया। लता के स्वर में उनके पार्श्वगायन-जीवन का जो पहला गीत भी दत्ता डावजेकर ने रेकॉर्ड किया था, वह 'आपकी सेवा में' (1947) की एक ठुमरी थी—'पाँव लागूँ कर जोरी'। लता की मीठी आवाज़ इस पहले गीत में ही अभिभूत कर देती है। लता के अन्य गीतों के अलावा इस फ़िल्म में रफ़ी के स्वर में भी एक गीत था—'मेरी आँखों के तारे'। दत्ता डावजेकर की संगीतबद्ध 'अदालत' (1948) में भी रफ़ी का 'दो विदा दो प्राण मुझको' उल्लेखनीय था।

पर हिंदी में दत्ता डावजेकर लता से पहली बार गवाने के अलावा कोई विशेष उपलब्धि अर्जित नहीं कर पाए। 'जीत किसकी' (1952) और 'गोलकुंडा का कैदी' उनकी अन्य फ़िल्में थीं। 'गोलकुंडा का कैदी' (1954) में जगन्नाथ के साथ संगीत देते हुए उन्होंने सुधा मल्होत्रा को मौका दिया और उनसे एक बड़ी मीठी रचना 'लहर में डोले, कोयल बोले' गवाया। कुछ फ़िल्मों में दत्ता डावजेकर ने सी. रामचंद्र तथा चित्रगुप्त के सहायक के रूप में भी काम किया।

लता के धुनों को आत्मसात करने की कला और उनके microphone sense की तारीफ़ दत्ता डावजेकर ने कई बार की। मराठी फ़िल्म 'गजभाऊ' के लिए गीत 'धान साख्य गिरधारी' का फ़िल्मांकन कुछ ऐसा था कि भरे पानी के मटके उठाकर नायिका दर्दीला गीत गा रही है। कई टेक के बाद भी जब लता वह दर्द पैदा नहीं कर पा रही थीं, तो मास्टर विनायक ने सचमुच ही पानी के भरे मटकों को लता से उठवाकर गवाया और तारीफ़ लता की कि सही भाव लाने के लिए वे यह कष्ट सहने को भी तैयार हो गईं।[1]

लता मंगेशकर दत्ता डावजेकर के कितनी करीब थीं, यह इस तथ्य से भी स्पष्ट हो जाता है कि जब मालती पेंढारकर ने 'मोहित्यांची मंजुला' फ़िल्म में लता से संगीत देने को कहा, तो लता (जो अपना नाम कुछ कारणों से प्रकट नहीं करना चाहती थीं और उन्होंने 'आनंदघन' नाम से ही संगीत दिया था) ने धुनें बनाने के बाद संगीत पक्ष में मदद के लिए हृदयनाथ की अनुपलब्धता के कारण जिसे राजदार बनाते हुए चुना वह दत्ता डावजेकर ही थे।

'सुलतान शहर के यार हम हैं म्यूनिसिपैलिटी वाले' और 'सैनिक हो तुमच्या साथी' जैसे दत्ता डावजेकर के गीत आज भी महाराष्ट्र में लोकप्रिय हैं। मराठी फ़िल्मों की दुनिया में दत्ता डावजेकर हिंदी की अपेक्षा एक बड़ा नाम रहा है। विनायक, जागीरदार, राजा पराँजपे, दत्ता धर्माधिकारी, राजा ठाकुर जैसे कई मशहूर निर्माताओं के साथ उन्होंने काम किया और 'रंगल्या, 'यात्री आश्या', 'पाहुण रे किती बात', 'जूना ते सोना', 'यशोदा', 'कल्याण सजीना', 'स्वराज्यचा शीलादर', 'सुखाची सावली', 'कोड़ालाँची कतला' और 'बाल शिवाजी' जैसी कई फ़िल्मों में संगीत दिया। 'बात पहाते पुण्येची' तो 1992 में रिलीज़ हुई। उन्होंने 12 नाटकों में भी संगीत दिया जिसमें 'Thank you Mr. Glad' के लिए तो उन्होंने ज़र्मन संगीत तक सीखा।

वृत्तचित्रों के पार्श्वसंगीत (जैसे एवरेस्ट पर बनी फ़िल्म) में अपने को यदा-कदा मसरूफ़ रखनेवाले दत्ता डावजेकर electronics के शौकीन रहे हैं और सुर पेटी जैसे वाद्यों को उन्होंने प्रचलित किया। क्ले वॉयलिन के आरम्भिक प्रयोग करनेवाले संगीतकारों में उनका नाम आता है। उन्हें 1995 में लता मंगेशकर पुरस्कार से भी सम्मानित किया गया है।

अंधेरी के लोखंडवाला कॉम्प्लेक्स में रह रहे इस शख्स के पास से गुज़रते हुए क्या कोई कभी सोचता होगा कि यह साधारण-सा दिखनेवाला इंसान लता मंगेशकर की गायकी का सूत्रधार है?

संदर्भ

1. हरीश भिमानी : इन सर्च ऑफ़ लता मंगेशकर

दौर के अन्य संगीतकार

फ़िल्म-उद्योग के बढ़ते आकार, स्टूडियो अनुबंधों के साथ-साथ फ्रीलांसिंग की बढ़ती प्रवृत्ति, आदि का अर्थ था फ़िल्म-व्यवसाय के हर पहलू और क्षेत्र में किस्मत आज़माने वालों की संख्या में बेहिसाब वृद्धि। फ़िल्म-संगीत का क्षेत्र भी इससे अछूता नहीं रहा। साथ ही उल्लेखनीय यह भी है कि न केवल थियेटर, शास्त्रीय संगीत या पारम्परिक कोठों की दुनिया से बल्कि अन्य तबकों से भी अपनी किस्मत आज़माने लोग फ़िल्म-संगीत की दुनिया में आने लगे थे। पाँचवें दशक में आए ऐसे कुछ कम प्रसिद्ध संगीतकारों पर भी निगाह डालना ज़रूरी है। इनमें से कुछ तो कई वर्षों तक सक्रिय रहे।

नवयुग चित्रपट की 'नया तराना' (1943) के संगीतकार के लिए दादा चाँदेकर की जगह **अमीर अली** को लिया गया था। 'याद कोई आ रहा है' (स्नेहप्रभा), 'आ नया तराना गाएँ' (स्नेहप्रभा प्रधान, साथी) 'ओ इंसान बड़े इंसान' (खान मस्ताना), 'इस दुनिया के अन्नदाता' (अली सरदार जाफ़री लिखित गीत जिसे खान मस्ताना ने गाया) आदि इस फ़िल्म की उल्लेखनीय संगीत कृतियाँ थीं। माहेश्वरी पिक्चर्स की 'पगली' (1943) में भी अमीर अली झंडे खाँ, गोविंदराम और रशीद अत्रे के साथ चौथे संगीतकार थे। नवयुग की 'पन्ना' (1944) उनकी सबसे उल्लेखनीय फ़िल्म थी, जिसमें राजकुमारी के गाए (हालाँकि फ़िल्म में इन गीतों का छायांकन शमशाद के स्वर के साथ हुआ था) 'सब हाल बता देंगे', तेज रिद्म में कहरवा पर 'जो हम पे गुज़रती है हम कैसे बताएँ' आदि भावनाप्रधान गीत काफ़ी सराहे गए थे। शमशाद के स्वर में 'ले लो मालिनिया हार' भी खूब लोकप्रिय हुआ था। राजकुमारी का गाया 'साँवरिया रे काहे मारे नज़रिया' तो इतना लोकप्रिय था कि नवें दशक की चर्चित फ़िल्म 'मिर्च मसाला' में नसीरुद्दीन शाह को ग्रामोफ़ोन पर यही गीत सुनते दिखाया गया है। 'पन्ना' फ़िल्म बंबई में 52 सप्ताह तक चली थी।

एक ऐसे ही विस्मृत संगीतकार थे रामपुर के रहनेवाले **धूमी खान**, जिन्होंने 'रहनुमा' (1948) में रफ़ी से 'किस्मत से कोई क्या बोले, दिल चुपके चुपके रो ले' जैसा सुंदर गीत गवाया था। इसी फ़िल्म का शमशाद, रफ़ी का 'एक अब्रे सियाह छाया' पंजाबी लोक-शैली की परम्परागत धुन लिए था। इंद्र मूवीटोन कलकत्ता की 'दोरंगिया डाकू' (1940), कोस्मोपालिटन प्रोडक्शन, कलकत्ता की 'याद रहे' (1940), 'अनोखी सेवा' (1949—मो. शफ़ी के साथ), और 'नकाबपोश' (1956—रामलाल के साथ) जैसी उनकी अन्य फ़िल्में असफल ही रही थीं। धूमी खान ने 'आहे-मज़लुमाँ' (1935) जैसी कुछ फ़िल्मों में प्रमुख भूमिकाएँ भी निभाई थीं। अपने कॅरियर के आरम्भ में न्यू थियेटर्स की कई फ़िल्मों में उन्हें गीत गाने का भी अवसर मिला था। 'विद्यापति' (1937) का कानन के साथ गाया 'अमुआ की डाली' तो अपने जमाने का सुपरहिट गीत था, जो आज भी कइयों को याद है। धूमी खान ने प्रसिद्ध पंजाबी फ़िल्म 'सस्सी पन्नू' में भी संगीत दिया था जिसमें बच्ची नूरजहाँ ने अभिनय भी किया था और गीत भी गाए थे।

संगीतकार प्यारेलाल, महेश, गणेश, नरेश, आनंद के पिता **रामप्रसाद** ने भी इस दौर की कई फ़िल्मों में संगीत दिया था। बाबा के नाम से फ़िल्म-जगत में मशहूर रामप्रसाद का संगीत ज्ञान इतना विशाल था कि बाद के कई संगीतकार (जैसे कल्याणजी, उत्तम सिंह, राजेश रोशन, हृदयनाथ मंगेशकर) भी संगीत, विशेषकर पाश्चात्य म्यूज़िकल नोटेशन या वॉयलिन सीखने उनके पास जाते रहे।

रामप्रसाद

मूलतः गोरखपुर के निवासी रामप्रसाद को भरतपुर नरेश किशन सिंह महाराज के प्रिय बैंड मास्टर 1912 में भरतपुर लेकर आए। रामप्रसाद उनकी बैंड में ट्रम्पेट बजाने लगे। आगरा के मिलिटरी बैंड में भी उन्होंने कुछ दिन ट्रम्पेट बजाया, फिर सर्कस में बैंड संचालक के रूप में भर्ती होकर कराची, लाहौर, कानपुर, दिल्ली, कलकत्ता आदि घूमा। कलकत्ते में कोलम्बिया और न्यू थियेटर्स में कुछ दिनों तक दिल रमा, और वहीं एक पोस्ट मास्टर की बेटी से शादी भी कर ली। रेडियो और बैंड की नौकरी करने के बाद वे अंततः 1938 में बम्बई आए तथा तारदेव में सेंट्रल स्टूडियो तथा महबूब और सागर कम्पनी में साज़ बजाने के अवसर मिले। रामप्रसाद को संगीतकार के रूप में फ़िल्म 'नई बात' (1947) में अवसर मिला और उन्होंने 'देखा री मैंने सुंदर निराला सपना सुहाना' जैसे भावुक गीत बनाए पर सफलता नहीं मिली। सुरैया और करन दीवान अभिनीत 'शक्ति' (1948) में (आज़म बेग के साथ) संगीत कुछ चला भी। 'काली घटाओ जाओ, सजन को समझाओ' (सुरैया) तो एक बहुत ही प्यारा गीत है जो एच.एम.व्ही. के सुरैया के 'रेयर जैम्स' कैसेट्स में भी शामिल है। रिदम के परिवर्तन के साथ 'झन झनन बाजे दिल का सितार' (सुरैया) भी एक आकर्षक रचना थी। अशोक कुमार अभिनीत 'अन्याय' तो कई जगह रिलीज़ भी न हो सकी, पर इसका गीत 'नगरी लागे सून-सून' (मीना कपूर) काफ़ी हिट रहा था। इसी प्रकार 'बानू' (1949) में रामप्रसाद के संगीत-निर्देशन में रफ़ी के दो बड़े सुंदर संज़ीदा गीत थे—'समझे थे कि गुज़रेंगे दिन चैन और खुशी से' और 'लो रुख बदल रहा है, फिर ज़िंदगी का धारा'। निगार सुलताना अभिनीत तथा 'देखो जी भुला न देना' (प्रेमलता, दुर्रानी) जैसे मेलोडी प्रधान गीतों वाली 'डोलती नैया' (1950) और 'बेदर्द' (1949) के संगीतकार भी रामप्रसाद ही थे, पर व्यावसायिक रूप से (संगीत का इतना ज्ञान होने के बावजूद) उनकी फ़िल्में असफल ही रहीं और पं. रामप्रसाद ने अपना समय अधिकांशतः के. दत्ता, सी.रामचंद्र, नौशाद आदि की फ़िल्मों में ट्रम्पेट वादक के रूप में गुज़ारा। कई मशहूर गीतों में (जैसे 'सुहानी रात ढल चुकी') में उनका ट्रम्पेट एक अलग छटा प्रस्तुत करता है। वर्षों बाद फ़िल्म 'मैजिक कारपेट' (1964), और 'चिल्ड्रेन फ़िल्म सोसायटी' की 'कुत्ते की कहानी' (1965) में उन्होंने फिर संगीत दिया, पर पंडित रामप्रसाद का वास्तविक योगदान कई संगीतकारों के गुरु के रूप में ही याद किया जाएगा, न कि संगीतकार के रूप में। 95 वर्ष की आयु में 22 अगस्त, 1995 को रामप्रसाद की मुम्बई में मृत्यु हो गई। इनके प्रसिद्ध पुत्र प्यारेलाल की योजना है कि रामप्रसाद के नाम पर पुणे में एक संस्थान खोला जाए।

सुशांत बनर्जी भी पाँचवें दशक की कुछ फ़िल्मों में बतौर संगीतकार आए थे। एलाएड फ़िल्म्स की 'जंगल की पुकार' (1946-जी. गोस्वामी के साथ) और भामा आर्ट् प्रोडक्शन की 'कुलदीप' (1946) उनकी आरम्भिक फ़िल्में थीं। 'कुलदीप' में उन्होंने 'इस जग के अन्नदाता देखो', 'आई पिया मिलन की बहार' और 'जब दर्द का किस्सा हम दुनिया को सुनाते हैं' जैसे कई गीत मोहनतारा तलपडे से गवाए थे। दुर्रानी के गाए 'ऐ चाँद सितारो, रातों के सहारो' और अमीरबाई के स्वर में गतिपरिवर्तन वाला 'दिल तू ही बता क्या तुझको हुआ' जैसे गीत भी इसी फ़िल्म की देन हैं।

महात्मा गाँधी के संदेशों से प्रेरित फ़िल्म 'द लास्ट मेसेज़' (1949) में आबिद हुसैन खाँ और सुशांत बनर्जी का संगीत था। जोश मलीहाबादी, एहसान रिज़वी, बहज़ाद लखनवी, शरीन भोपाली आदि मशहूर शायरों के कलामों से सजी इस फ़िल्म में शमशाद के गाए 'जगमग 5 है संसार', 'ऐ चाँद कभी न छुपना', 'इस दर्ज़े हूँ मैं मानूस अलम', ज़ोहरा, रफ़ी, शमशाद, विनोद, साथी के स्वर में 'न ठहर सके न तड़प सके', शैलेश मुखर्जी के गाए 'सदियों रोएगा संसार' के अलावा फ़िल्म में सुधा मल्होत्रा की फ़िल्मी जिंदगी के गाए कुछ आरम्भिक गीत—'ऐ बेकल बेचैन नदिया', 'मनवा उड़ा जाए' (उमा देवी के साथ) 'चल रहा स्वराज का झगड़ा' (विनोद आदि के साथ) भी शामिल थे।

'दीवानजी' की 'किसे अपना गम सुनाऊँ' (गीता राय) और अप्रदर्शित ईस्टर्न पिक्चर्स की 'मोनिका' के गज़ल की पारम्परिक शैली को एक खूब अच्छा प्रभाव देकर रचित 'एक तू कि सर उठा के चला' (मुकेश), 'आओ कान्हा हमारी गली' (लता, गीता राय) तथा सरस्वती राणे के साथ बनर्जी द्वारा स्वयं गाए 'उस पार तुझे ले जाना' और 'यह सेहरा तेरा' जैसे गीत सुशांत बनर्जी की अच्छी कम्पोज़ीशन्स थीं, पर लोकप्रियता के मापदंड पर पूर्णतः असफल रहीं। तलत, निर्मला, शंकर दासगुप्ता के गाए गीतोंवाली 'पिया' में भी एस. बनर्जी का ही संगीत था और फ़िल्म में 'नज़र आ निगाहों से छुप जाने वाले' जैसा मेलोडियस गीत भी था, पर यह फ़िल्म तो रिलीज़ ही न हो पाई।

वर्षों तक विस्मृत रहने के बाद सुशांत बनर्जी को प्रभा पिक्चर्स की 'हरिश्चंद्र' (1958) और फ़िल्मिस्तान लिमिटेड की गुंजाल

निर्देशित और बलराज साहनी अभिनीत 'घर गृहस्थी' (1958) में संगीत देने का अवसर मिला। पर 'मैं तो लाई हूँ सरकार देखो दिल्ली का बाज़ार' (गीता, मन्ना डे), 'हाय तेरा हुस्न मुरादाबादी मेरा इश्क जलालबादी' (रफ़ी, आशा) जैसे 'घर गृहस्थी' के चटपटे गीतों में कुछ भी विशेष न था। 'घर गृहस्थी' में मन्ना डे के गाए ग्रामीण चौपाली अंदाज़ में 'कसम है अपने सर की' और 'हरिश्चंद्र' में मन्ना डे के ही गाए 'चाहे सूरज टले चाहे चाँद', 'बड़ा नहीं इंसान बड़ा नहीं भगवान' और 'इंसान झोपड़ी का धनवानों से बढ़कर है' जैसे दार्शनिक नैतिक गीत भी व्यावसायिक रूप से असफल ही रहे। 'स्वर्ग से सुंदर देश हमारा' (1959) भी बनर्जी की असफल फ़िल्म ही रही।

हालाँकि 'मतलबी दुनिया' (1961) जयंती जोशी के स्वरबद्ध मुकेश के गाए 'सब प्यार की बातें करते हैं' और 'काँटों में रहनेवाले काँटों से क्या डरेंगे' के लिए याद की जाती है, पर सुशांत बनर्जी ने भी इस फ़िल्म में तलत, अमीर बाई और साथियों से एक अप्रतिम सुंदर देशभक्ति गीत 'जय जय भारत देश हमारा' गवाया था। यह गीत आज भी कई स्कूलों में 15 अगस्त और 26 जनवरी के उपलक्ष्य में गाया जाता है। एस. बनर्जी मात्र इसी गीत के कारण आज भी कभी-कभी याद कर लिए जाते हैं।

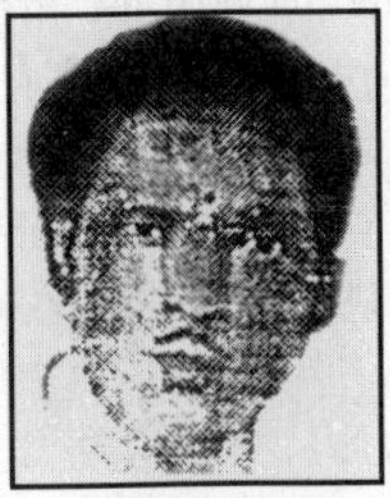

हनुमान प्रसाद

राजस्थान के सुजानगढ़ के रहनेवाले तथा कई वाद्यों और कत्थक के उस्ताद संगीतकार **हनुमान प्रसाद** भी पाँचवें दशक का एक चर्चित ख्यातिप्राप्त नाम था। गायिका गीता दत्त को पहला मौका देने के कारण भी उनका नाम हिंदी फ़िल्म-संगीत के इतिहास में चिरस्थायी रहेगा। हनुमान प्रसाद अकसर पंडित गौरीशंकर की कत्थक नृत्यशाला में जाया करते थे जो दादर में हिंदू कॉलोनी की तल मंज़िल पर स्थित था और जिसकी ऊपर की मंज़िल पर गीता का निवास था। वहीं से एक बार गाते हुए गीता की आवाज़ कानों में आई तो प्रभावित हनुमान प्रसाद दौड़ते हुए ऊपर पहुँच गए। गाना सुना और गीता के पिता देवेंद्र राय चौधरी से आग्रह किया कि वे गीता को 'भक्त प्रह्लाद' (1946) के एक कोरस में गाने की अनुमति दे दें। पिता ने अनुमति दी और इस प्रकार हनुमान प्रसाद के कारण ही हमारा एक बहुत बड़ी और महान गायिका से परिचय हो पाया। हालाँकि गीत में गीता को एक ही पंक्ति गानी थी, पर इसी ने एस.डी. बर्मन को इतना प्रभावित किया कि उन्होंने चंदूलाल शाह को मनाकर गीता के स्वर में 'मेरा सुंदर सपना बीत गया' रेकॉर्ड कर डाला, और इस गीत में गीता रातोंरात मशहूर हो गई।

फ़ज़ली ब्रदर्स की 'चौरंगी' (1942) में हनुमान प्रसाद का भी संगीत था हालाँकि इस फ़िल्म का विशिष्ट आकर्षण था काज़ी नज़रूल इस्लाम द्वारा 'चौरंगी है ये चौरंगी' जैसे उनके ही गीतों की उनके द्वारा बनाई गई धुनों का समावेश। फिर भी पारम्परिक गज़ल-शैली में अनीस खातून की गाई 'वो जब से आए' का अपना आकर्षण तो था ही। हनुमान प्रसाद को शास्त्रीय संगीत की बेहद कुशल पकड़ थी जिसके उदाहरण हमें फ़िल्म इंडिया के सम्पादक बाबूराव पटेल द्वारा निर्मित 'द्रौपदी' (1944) के कहरवा ताल पर कम्पोज़ किए 'शीतल चाँदनी खिली' (सुशीला रानी) और 'चमकत है अंग साँवले सुरंग रंग' (सुशीला रानी) की शास्त्रीय संरचना में बखूबी मिलते हैं। राग भूप पर आधारित 'कौन बगिया में' (सुशीला रानी) को हनुमान प्रसाद ने गज़ल शैली में मुरकियों के बहुल प्रयोग के साथ एक उल्लेखनीय रचना बना दी है। 'गाली' (1944) के भी मुख्य संगीतकार हनुमान प्रसाद की थे (सज्जाद के हिस्से में सिर्फ़ तीन ही गीत आए थे) और इस फ़िल्म का 'आह जले दिलों ने ली शोले उठे जहान में' (निर्मला, करन दीवान) तो फ़िल्म 'बहू-बेटियाँ' (1946) में भी शामिल किया गया। दरअसल सज्जाद की कई वाद्यों को बजाने में महारत को देखकर हनुमान प्रसाद ने ही उन्हें अपना सहयोगी बनाकर मौका दिया था, तथा 'दोस्त' के लिए सज्जाद को बतौर संगीतकार पहला स्वतंत्र अवसर देने के लिए शौकत हुसैन से सज्जाद की सिफ़ारिश भी हनुमान प्रसाद ने ही की थी। 'भक्त प्रह्लाद' (1946) का शमशाद का 'क्यूँ दूर हुआ मुझसे मेरी आँखों का तारा', 'जीना सीखो' (1946) का राजकुमारी का गाया 'जब उन्स न हो दिल में, इंसान हुए तो क्या', 'नई माँ' (1946) का विश्वयुद्ध में निर्मित परिस्थितियों पर कुठाराघात करता 'आया आया कंट्रोल का ज़माना' (समूह गीत) और स्वयं उनके द्वारा निर्देशित फ़िल्म 'रसीली' (1946) के उनके ही द्वारा लिखित 'आग़ाज़ चला अंजाम चला, वह रोता हुआ नाकाम चला' (नारायण, मुकेश) और 'दिल मुझको जलाता है, मैं दिल को जलाती हूँ' (रफ़ी, शमशाद) उनके उल्लेखनीय गीतों में शुमार किए जा सकते हैं। 'हिप-हिप हुर्रे' (1948) में उन्होंने कुछ अच्छे हास्य गीत भी कम्पोज़ किए जिनमें से पैरोडी गीत 'एक दिल तेरा एक दिल मेरा' (राजकुमारी, दुर्रानी, ज़ोहरा, साथी) अच्छा

चला था। 'मिडिल फ़ेल' (1948) के गीत कुछ ख़ास न थे, पर 'चिल्मन' (1949) में उन्होंने अपने सर्वश्रेष्ठ गाने कम्पोज़ किए। एक तरफ़ रफ़ी, मुकेश के स्वर में एक और दोगाना 'जले जलाने वाले हमको जैसे मोमबत्ती' जैसी फड़कती कव्वाली कम्पोज़ करके रफ़ी, मुकेश को इकट्ठे दूसरी बार साथ गवाकर उन्होंने इतिहास रचा, वहीं दूसरी तरफ़ रफ़ी के स्वर में कहरवा ताल में धीर, गम्भीर गीत 'ज़हे किस्मत तेरी महफ़िल में जो पैग़ाम आया है' और 'जब याद किया हम आ भी गए' तथा ज़ोहरा के स्वर में 'आज किसी ने छेड़ दिए हैं, दिल के तार हमारे' जैसी लाजवाब कम्पोज़ीशन्स भी उन्होंने दीं। 'चिल्मन' ही 'जन्नत' के नाम से 1949 में पुनः रिलीज़ हुई जिसमें 'चिल्मन' के दस गीतों के अलावा समूह गीत 'नूर का जलवा आँखों में है' तथा कल्याणी के स्वर में 'फ़रियाद करूँ किससे मैं लूँ किसका सहारा' भी शामिल थे। मधुबाला, महिपाल अभिनीत सोहराब मोदी निर्देशित 'दौलत' (1949) में भी संगीतकार के रूप में हनुमान प्रसाद को ही चुना गया था और इस फ़िल्म में हनुमान प्रसाद ने 'तुम एक नज़र देख चुके, एक नज़र और' (ज़ोहरा, शंकर, दासगुप्ता) एवं 'दिल खाकर चोट जुदाई की कुछ कर न सका' (शंकर दासगुप्ता) जैसी खूबसूरत धुनें दी थीं। 'अपनी छाया' (1950) में उन्होंने रिद्मप्रधान रचना 'ओ काले काले बादल' के लिए शमशाद के साथ मुकेश का स्वर भी लिया था। पर अपनी प्रतिभा के बावजूद दशक के मोड़ पर आई नई संगीत धाराओं की बाढ़ के सामने हनुमान प्रसाद अन्य कई संगीतकारों की ही तरह टिक नहीं सके। 'सौदागर' (1951) में सी. रामचंद्र की धुनों के सामने उनकी कम्पोज़ीशन्स फीकी रही। यूँ तो वे सातवें दशक तक मौजूद रहे पर मात्र एक-दो फ़िल्मों के साथ। 'उषा किरण' (1952) के 'ऐ चाँद तू न नज़र लगाना' (अमीरबाई, दुर्रानी) या ज़ोहरा और राजकुमारी के अन्य गीत तथा 'मुराद' (1961) का बेहद सुंदर राग भूपाली पर आधारित तथा कोरस के सुंदर आलाप और वॉयलिन के धीमे आरम्भिक प्रयोग से शुरू होकर अंत तक तीव्र रवानगी के अलंकरण से सजा 'मदीने के दाता हमें अब बचा लो' (सुमन) के बावजूद नई संगीत-शैलियों और नए संगीतकारों के सामने उनके नाम के साथ यादें ही बची रहीं। हनुमान प्रसाद अपने अंतिम वर्षों में नृत्य-शिक्षा तथा सांई बाबा की आराधना में व्यस्त रहे। बंबई में 1972 में उनका निधन हुआ।

पाँचवें दशक में भी स्टंट फ़िल्मों का दौर जारी रहा और स्टंट फ़िल्मों के संगीत की दुनिया में एक नाम **के. नारायण राव** का भी था। नूतन पिक्चर्स की 'मदारी मोहन' में वे प्रोफेसर देवधर के साथ संगीतकार थे। नेशनल थियेटर्स, बम्बई की 'खज़ांची का बेटा' (1943) में उन्होंने नायक यूसुफ़ एफेंदी से 'ज़िंदगी क्या है जिंदगी मेरी, गैर के हाथ है खुशी मेरी' जैसा संजीदा गीत गवाया था। नेशनल थियेटर्स की ही 'पिस्तौलवाली' (1943), कमल पिक्चर्स की 'दुनिया दीवानी' (1943) और अमृत पिक्चर्स की ई. बिलीमोरिया अभिनीत 'खूनी लाश' (1943) और 'कातिल' (1944) में भी के. नारायण राव का ही संगीत था। अपनी कई फ़िल्मों में उन्होंने यशवंत भट्ट से गीत गवाए थे, जैसे 'खूनी लाश' (1943) में 'कूक कोयलिया कूक' (नसीम के साथ), 'ओ जाने वाले ठहर ज़रा', जॉन कावस अभिनीत 'ब्लैक एंड व्हाइट' (1946) में 'यह रंग रंगीली दुनिया', 'धोखेबाज' (1946) में 'ये दुनिया है काँटों की ढेरी', 'जीवन की बीत गई सुख भोर', 'प्यारा देश हमारा है' (एस. राना के साथ) तथा 'चले लचक-लचक कर गोरी' (पुतली बाई के साथ) तथा 'व्हाइट फ़ेस' (1948) में 'ये दुनिया की रीत निराली है' और 'सुनो-सुनो क्या लाए संदेशा' (कुसुम के साथ)। पर के.नारायण राव का संगीत कभी भी लोकप्रिय नहीं रहा। 'लहरी कैमरा मैन' (1944), 'खूनी' (1946), 'माफ़ कीजिएगा' (1946), 'बहादुर नरेश' (1948), 'द डेयरिंग डिटेक्टिव' (1948) या नाडिया और जॉन कावस अभिनीत हिट फ़िल्म 'जंगल गॉडेस' (1948) जैसी फ़िल्मों का संगीत पक्ष गौण ही था। सामाजिक फ़िल्म 'जागृति' (1949) में हालाँकि नए आए प्रतिभाशाली गीतकार इंदीवर के लिखे 'आज़ादी मिली देश को, दुखियों को क्या मिला' जैसे क्रांतिकारी गीत थे, पर फ्रेनी श्रॉफ और यशवंत भट्ट के गाए ये गीत लोकप्रिय नहीं रहे । यह एक रोचक तथ्य है कि के. नारायण राव के गायक, गायिकाएँ इस दशक के स्थापित नाम नहीं थे। 'चुन्नू-मुन्नू' (1949), 'जागृति' (1949), 'नकली बाप' (1949), अप्रदर्शित 'हँस के जिओ' और 'मेरी आशा' (1950) जैसी सामाजिक फ़िल्मों में भी अधिकांश गानेवाले कम मशहूर नाम ही थे। यह भी एक कारण था कि के. नारायण राव की संगीतबद्ध ढेर सारी फ़िल्मों में संगीत की दृष्टि से एक भी फ़िल्म याद रखने लायक नहीं रही। वर्षों खोए रहने के बाद 'प्रिंसेज़ साबा' (1958) में एक बार फिर उन्हें अवसर मिला था, पर वही पुरानी असफलता फिर हाथ लगी ।

उस वक्त के संगीतकारों में एक बड़ा नाम था **लाल मोहम्मद** का। लाल मोहम्मद तबले के उस्ताद माने जाते थे और गुलाम

लाल मोहम्मद

हैदर के भी सहायक रहे थे। जयंत देसाई प्रोडक्शन की सहगल, सुरैया अभिनीत मशहूर फ़िल्म 'तदबीर' (1945) का संगीत लाल मोहम्मद ने ही दिया था जो जम कर लोकप्रिय हुआ। सहगल के गीतों में 'जनम-जनम का दुखिया प्राणी आया शरण तिहारी', 'मैं पंछी आज़ाद मेरा कहीं दूर ठिकाना रे', 'चाहे तू मिटा दे, चाहे तू बचा ले' और इन सबसे बढ़कर राग भीमपलासी पर आधारित 'हसरतें ख़ामोश हैं' तथा बनारसी अंग लिए हुए सम्भवतः जौनपुरी पर आधारित 'मैं किस्मत का मारा भगवान' ने खूब धूम मचाई थी। सुरैया का 'जाग ओ सोने वाले, कोई जगाने आया' और 'ओ उड़ने वाले पंछी' भी अच्छे चले थे। इसी फ़िल्म में सुरैया को सहगल के साथ 'रानी खोल दे अपने द्वार' जैसा लोकप्रिय गाना भी गाने का यादगार अवसर मिला था। राग देस पर आधारित इस गीत को सुनना आज भी अच्छा लगता है।

लाल मोहम्मद सहगल के गाए गीतों की संगीत-रचना के लिए हमेशा याद किए जाते रहेंगे। मोहन सिन्हा की निर्देशित और सहगल, सुरैया की ही जोड़ी द्वारा अभिनीत 'उमर ख़य्याम' (1946) में ख़य्याम की रूबाइयों पर आधारित गीतों के लिए उन्होंने बेहद सशक्त संगीत सृष्टि की थी । 'अल्लाह-अल्लाह अल्लाह ख़य्याम है' (सहगल) के संगीत में मुलायम-सा अरबी प्रभाव बहुत सुंदर बना था तथा 'हरे भरे बाग के फूलों पर रीझा ख़य्याम' (सहगल) में भी एक नर्म संरचना के भीतर धुनों का परिवर्तन बहुत आकर्षक लगता है। फ़िल्म में 'ख़य्याम है अल्लाह वाला' तथा 'ऐ सूफ़ी अल्लाह वाले' जैसे सुरैया के दिलक़श सूफ़ियाना नग़मे भी थे।

जयंत देसाई प्रोडक्शन्स की 'सोहनी महिवाल' (1946) में लाल मोहम्मद ने ज़ोहराबाई से ढेरों गीत गवाए। 'कोई आँखों में आ के समा गया', 'नहीं चिराग़े मोहब्बत जलाए जाते हैं' और 'चिनाब के बहते हुए पानी' (दुर्रानी के साथ) की गिनती ज़ोहराबाई द्वारा गाए अच्छे गीतों में की जा सकती है। फ़िल्म के कथ्य और पृष्ठभूमि के अनुरूप संगीत देना लाल मोहम्मद की ख़ासियत थी। पैगनकर के साथ मिलकर उन्होंने खुर्शीद अभिनीत 'मिट्टी' (1947) में भी संगीत दिया था, पर 'ठोकरें खाईं मुहब्बत में' जैसे एकाध गीत को छोड़कर गाने ख़ास लोकप्रिय नहीं हुए। फिर भी, सहगल के गाए कुछ यादगार गीतों के कारण कुछेक फ़िल्मों तक सीमित रहने के बावजूद लाल मोहम्मद एक बड़े संगीतकार के रूप में याद किए जाते हैं।

इसी प्रकार **एम.ए. रउफ़** 'तोहफ़ा' (1947) में गाए मुकेश के लाजवाब गीतों के लिए हनशा याद किए जाएँगे। हालाँकि इस फ़िल्म के musical effects रफ़ीक गज़नवी के थे, पर संगीतकार के रूप में नाम एम.ए. रउफ़ का ही आता है। मुकेश का ग़ज़ल शैली का अमर गीत 'कहाँ तक जफ़ा हुस्नवालों की सहते' तो हमेशाजवाँ गीत बन चुका है। मुकेश के इस फ़िल्म में कई बेहतरीन गीत थे। 'किसने छेड़ा मन के तार' और 'एक ऐसा गीत सुनाओ, तन मन में आग लगाओ' जैसे सुंदर एकल गीत एक तरफ़ और हमीदा के साथ 'जीने की सूरत हो गई' और 'मुहब्बत कर जवानी है' जैसे उत्फुल्ल युगल गीत दूसरी तरफ़। 'बीते दिन' (1947) में भी रउफ़ दिनकर राव के साथ संगीतकार थे। 'बसेरा' (1950) फ़िल्म के साथ रउफ़ का नाम बतौर संगीतकार फिर आया, पर मुबारक बेगम और सुलोचना कदम के गाए गीतों में 'तोहफ़ा' वाला आकर्षण वे नहीं ला पाए।

प्रसिद्ध गायक **जी.एम. दुर्रानी** ने भी पाँचवें दशक की 'अंगूरी' (1943), 'विजय लक्ष्मी' (1943), 'भाग्यलक्ष्मी' (1944) और 'धड़कन' (1946) में तथा गुंजन के नाम से सातवें दशक में 'किस्मत पलट के देख' (1961) और 'स्टेट एक्सप्रेस' (1961) में संगीत दिया था, पर गीत-संगीत साधारण ही थे।

8 जनवरी, 1914 को पैदा हुए और धार के के.जी. दरवणे से संगीत-शिक्षा प्राप्त संगीतकार **रॉबिन चटर्जी** का नाम अब भले ही विस्मृत हो गया हो, पर कलकत्ते में बनी 'राजलक्ष्मी' (1945) में तलत महमूद से उनके पहले हिंदी गीत 'जागो मुसाफिर जागो खोलो मन के द्वार' और 'तू सुन ले मतवाले' गवाने वाले संगीतकार चटर्जी ही थे। वॉयलिन के हलके प्रयोग के बीच भिन्न धुनों के अंतरों का गीत 'जागो मुसाफ़िर जागो' सुनना आज भी एक अनुपम अनुभूति है। उस समय तक तलत ने तपन कुमार के बाद से कई बाँग्ला गीतों को गाकर और कई गैरफ़िल्मी गीतों को स्वर देकर अच्छा खासा नाम कमा लिया था। आरम्भ में न्यू थियेटर्स में काम करनेवाले चटर्जी ने 'अधिकार' (1938) जैसी फ़िल्मों में कोरस में भी गाया। बाद में वे संगीतकार अनुपम घटक के सहायक के रूप में भी वर्षों कार्यरत रहे। एस.पी. प्रोडक्शन, कलकत्ता की अपूर्व मित्रा द्वारा निर्देशित 'तुम और मैं' (1947) में रॉबिन चटर्जी ने कानन देवी से

रॉबिन चटर्जी

'हम तुम जो गाते हैं गीत सुहाना', 'आशा दीप जलाओ साजन', 'ऐ मेरे प्रेमी ये तो कहो' और 'आवाज़ दी है किसने' जैसे रूमानी गीत गवाए थे। डीलक्स पिक्चर्स, कलकत्ता की 'वो दोनों' (1947), एसोसिएटेड पिक्चर्स, कलकत्ता की संध्यारानी मुखर्जी के गाए लावण्य भरे 'दिल भी उदास उदास' और 'आई मेरे जीवन की साँझ सुहानी' जैसे गीतों वाली 'सब्यसाची' (1948) के बाद हिंदी फ़िल्मों से चटर्जी वर्षों खोए रहे और फिर बसंत जोगलेकर निर्देशित 'फ़िरदौस' (1953) के संगीतकार के रूप में ही काफ़ी अंतराल के बाद उनका नाम आया। 'फ़िरदौस' में उन्होंने गीता, आशा और राजकुमारी से कई गीत गवाए थे, जिनमें मचलती धुन पर बनाया 'चाँदनी रात है ऐसे में आ के मिलो हमसे' (गीता) शामिल था। राम दरयानी निर्देशित 'पहली शादी' (1953) चटर्जी की सफल फ़िल्म रही। नरगिस और भारतभूषण अभिनीत इस फ़िल्म में हेमंत कुमार से चटर्जी ने 'आबाद को बर्बाद करना कोई' और 'मोसे कही न जाएगी' जैसे दो दिलकश नगमे गवाने के अतिरिक्त आशा और तलत के युगल स्वरों में एक मचलता दो गाना 'रात चाँदनी साथ तुम्हारा' भी गवाया था। राम दरयानी की ही 'मजबूरी' (1954) में पुनः रॉबिन चटर्जी को लिया गया और इस फ़िल्म में उन्होंने एक बहुत दिलकाश धीमी लय का रूमानी गीत 'ऐ दिल मेरे न रो' तलत और मीना कपूर से गवाया। शरतचंद्र की रचना पर आधारित 'शोभा' (1954), जे.के. नंदा की 'ढाके की मलमल' (1956) (मात्र एक गीत के लिए), 'मिस तूफ़ान मेल' (1958), 'पुलिस स्टेशन' (1959) जैसी उनकी संगीतबद्ध फ़िल्में असफल रहीं।

बाँग्ला संगीत के क्षेत्र में रॉबिन चटर्जी अलबत्ता एक बहुत बड़ा नाम रहा है और ढेर सारी बाँग्ला फ़िल्मों एवं गैरफ़िल्मी गीतों के वे सृजक रहे हैं। बंगाल के लोक और बाउल संगीत पर आधारित 'कमल लता' का 'ओ मन कोखन शुरू' और 'आकाश प्रदीप' का 'माँगो तुमि' (श्यामल मित्रा), 'विद्यासागर' के लोकधुन वाला 'माटीर घरे' (अल्पना बंद्योपाध्याय), 'बाबला' के 'जीवन पाराबारेर' (धनंजय भट्टाचार्य), 'दुखेर काछे' (उत्पला सेन), 'मायार संसार' (1962) का कशिश भरा 'घूम जाए' (हेमंत), 'लालू भूलु' का एकॉर्डियन पर सँवारा मस्ती भरा 'प्राण झरो ना जाग लो' (मानवेंद्र मुखर्जी, साथी), 'सृति टुको थाक' का लावण्य भरा 'कीछु खुशी कीछु' (संध्या मुखर्जी), 'पथे होलो देरी' के प्रणय भरा 'इ शुधु गानेर दिन' (संध्या मुखजी), 'सुकोमल ए मधुरा' (संध्या) और 'पलाश आर कृष्णचूड़ा' (संध्या), 'सागरिका' के प्रेमगीत 'हृदये आमार सुंदर' (अल्पना बंद्योपाध्याय), रिद्मप्रधान 'आमार स्वप्ने देखा' (श्यामल मित्र), 'ए मधुरात' (संध्या) और 'पाखी जाने' (संध्या), 'चंद्रनाथ' के सुकोमल और अति कर्णप्रिय 'मोरे भीरु से कृष्णकली' (संध्या) जैसे गीत आज तक लोकप्रिय हैं। सुचित्रा सेन की अभिनीत कई फ़िल्मों में रॉबिन चटर्जी के संगीत निर्देशन में संध्या मुखर्जी के गाए गीत तो बंगाली जनमानस का अमिट हिस्सा बन चुके हैं।

हिन्दी फ़िल्म-जगत में चटर्जी को अपेक्षाकृत कम सफलता मिली। 'चिमनी का धुआँ' में उन्होंने बेहद सुरीला 'काँप रही यह जीवन बाती' गीत सुमन के स्वर में गवाकर इस गीत की कम्पोज़ीशन के लिए सराहना भी पाई, पर दुर्भाग्य से यह फ़िल्म वर्षों बाद 1973 में प्रदर्शित हो सकी। भोजपुरी फ़िल्म 'सैंया से करले मिलनवा' (1966) का उनका संगीत भोजपुरी बोले जाने वाले इलाकों में तो हिट रहा और इस फ़िल्म में बाँसुरी के टुकड़ों के साथ दर्द को उभारकर सृजित 'निर्मोही दगा दे के' (सुमन) और मिठास-भरे 'धीरे-धीरे बोल' (सन्ध्या, रफ़ी) जैसे गीत अच्छे भी थे। पर हिंदी फ़िल्म-जगत से वे गायब ही हो गए। 61 वर्ष की उम्र में 1976 में बम्बई में उनका निधन हो गया।

श्रीधर पारसेकर

न्यू हंस पिक्चर्स की 'नगद नारायण' (1943) के कवि बेकल के लिखे 'क्यों बस गई आँखों-आँखों में' (राजकुमारी, खान मस्ताना), 'फूलों का राज़ बोलो' (राजकुमारी) और दादरा ताल पर बेहद मेलोडियस गीत 'आता है याद मुझको' (खान मस्ताना) आदि गीतों के संगीतकार **श्रीधर पारसेकर** ने आगे चलकर विकास पिक्चर्स की मास्टर कृष्णराव और मीनाक्षी अभिनीत 'मेरी अमानत' (1947) में मास्टर कृष्णराव के स्वरबद्ध किए कई गीतों के अलावा 'ये भारत की है शान ये अनुपम है तिरंगा झंडा' (समूह गीत), 'प्यारी प्यारी छाई घटा' (मीनाक्षी) जैसे गीत कम्पोज़ किए थे। 'अंधों का सहारा' (1948) में पारसेकर द्वारा संगीतबद्ध 'पंछी उड़ो आजाद हुए' (मोहनतारा, श्रीधर पारसेकर स्वयं) की अच्छी रिद्मिक धुन थी, जिसके माध्यम से उड़ने की भावना की सुंदर अभिव्यक्ति हुई थी। यशोधन चित्र की 'गोकुल का राजा'

(1954) में श्रीधर ने मोहनतारा से 'मोरी चलत डगरिया', 'न तोरी बंशी यों भावे', 'हे मुकुंदा राधिका के साँवरे' आदि कई राधा-कृष्ण लीला के सरस गीत कम्पोज़ किए थे। वैसे श्रीधर पारसेकर मराठी संगीत-क्षेत्र में एक जाना-माना नाम था। वे बहुत अच्छे शास्त्रीय संगीतज्ञ भी थे तथा कई मराठी फ़िल्मों का उनका संगीत बहुत लोकप्रिय रहा। शिवाजी की ज़िंदगी पर आधारित 'मर्द मराठा' (1951) के उनके स्वरबद्ध विनोदिनी दीक्षित, अमरशेख और मोहन तारा के गाए गीत अपने ज़माने में चर्चित रहे थे।

'चौरंगी' (1942) में हनुमान प्रसाद के अतिरिक्त पूर्वी बंगाल के सुप्रसिद्ध कवि और साहित्यकार **काज़ी नज़रूल इस्लाम** के भी कम्पोज किए गीत थे। हारमोनियम, तबले के साथ घुमंतू गायकों के अदाज़ में 'चौरंगी है ये चौरंगी' बड़ा रोचक गीत है और उस जमाने की चौरंगी की छटा का बड़ा सजीव वर्णन है। पर इससे भी आकर्षक था लोकशैली में गरीब मजदूर महिलाओं की दारुण अवस्था का चित्र खींचता 'सारा दिन छत पीटी हाथ मुँह दुखाई रे, तबहुँ तो पेट भर के खाए का न पाई रे'। समाज में व्याप्त वर्ग-भेद और शोषित ग़रीबों की व्यथा पर फ़िल्म-संगीत ने कम ही ध्यान दिया है और इस हिसाब से यह गीत अपना एक ऐतिहासिक महत्त्व रखता है।

जहाँ तक कलकत्ते की हिंदी फ़िल्म-संगीत की दुनिया का प्रश्न है, चित्ररूपा लिमिटेड की अंपूर्व मित्रा निर्देशित 'सुलह' (1944) में **अनिल बागची** ने संगीत दिया था। एक अन्य बाँग्ला संगीतकार थे **दखिना टैगोर** जिन्होंने पी.सी. बरुआ निर्देशित 'अमीरी' (1945) में संगीत देकर 'हालत से जिनकी गाफ़िल रहता है' जैसा गीत फ़िल्म के थीम की माँग के रूप में रेकॉर्ड कराया था। 'देखो देखो सजन मोरे' में बाँग्ला प्रभाव धुन और वाद्य-संयोजन में स्पष्ट था। 1916 में जन्मे दखिना टैगोर बंगाल के संगीत फ़लक पर एक बड़ा नाम था, भले ही हिंदी फ़िल्मों में उनकी भूमिका सीमित ही रही। वे वादक बहुत अच्छे थे और तार शहनाई और दिलरुबा बहुत अच्छी बजाते थे। कई प्रसिद्ध बाँग्ला फ़िल्मों में भी उन्होंने संगीत दिया था और वादन भी किया था। **धीरेन मित्तर** ने बी.आर. प्रोडक्शंस, कलकत्ता की 'बनफूल' (1945) में संगीत देकर हेमंत कुमार से एक खूबसूरत गीत 'लगा उससे लौ तू मददगार है' गवाया था। 'राजलक्ष्मी' (1945) में भी रॉबिन चटर्जी के साथ मित्तर संगीतकार थे। वहीं श्रीराज पिक्चर्स, कलकत्ता की 'बाप' (1946) के संगीतकार थे **के. पी. सेन**। सेन ने चिश्ती के साथ एच.एस. रवेल निर्देशित 'दो बातें' (1949) और 'आज़ादी के बाद' (1951) में भी संगीत दिया। अमर पिक्चर्स, कलकत्ता की 'शादी के बाद' (1949) में सेन ने जगन्मय मित्र उर्फ़ जगमोहन और गौरी मित्र से कुछ सुंदर गीत गवाए थे। इसी तरह **वीरचंद** एवं **कार्तिक चटर्जी** ने बंगाल फ़िल्म कॉर्पोरेशन की 'गरीब की लड़की' (1941) में संगीत दिया था। **हिमांशु दत्त सुरसागर** ने युनिटी प्रोडक्शंस कलकत्ता की कबीर के भजनों वाली 'भक्त कबीर' (1942) को संगीतबद्ध किया था। 'खद्दर ले लो भाई', ठुमरी शैली में 'राम नाम मुख बोल', लोकशैली में 'दुलहिन गाबहु मंगल चार', रिद्म और धुन के परिवर्तन के साथ 'एक साहब की साहिबी' भजन शैली में 'भज मन राम रहीमा' और 'साहब तुम तन लायक चोखे' जैसे फ़िल्म के सुंदर गीतों के कारण 'भक्त कबीर' दर्शक की एक उपलब्धि मानी जानी चाहिए। युनिटी की ही 'भाईचारा' (1943) में भी हिमांशु दत्त ने संगीत दिया था वैसे हिमांशु दत्त फ़िल्मों से अलग तो अपने ज़माने का एक बड़ा नाम था, पर हिंदी फ़िल्मों में उन्होंने कम ही संगीत दिया। **सुबल दासगुप्ता** आर.बी. पिक्चर्स, कलकत्ता की 'आरजू' (1944) के संगीतकार थे। पी.सी. बरुआ निर्देशित इंद्रपुरी स्टूडियो, कलकत्ता में निर्मित 'सुबह-शाम' (1944) में उन्होंने बहुत सुंदर संगीत दिया था। मुनीर लखनवी का कलाम 'उदासियाँ दिल में नौहगर हैं' उन्होंने पारम्परिक गजल शैली में बेहतरीन ढंग से कम्पोज़ किया था। कभी सुनिए—आप सचमुच झूम उठेंगे। इसी फ़िल्म में फैयाज़ हाशमी के लिखे 'माँगने वाले तू नहीं जाने दामन को फैलाना' और 'आपस में वहाँ प्यार है तकरार नहीं है' भी अच्छी क़म्पोज़ीशन्स थीं। 'निगाहों से शर्ते बफ़ा' भी तेज रिद्म की अच्छी ही रचना थी। एक और नाम **शैलेश दत्त गुप्ता** का भी आता है जो भारत लक्ष्मी, कलकत्ता की 'गृहलक्ष्मी' (1949) के संगीतकार थे। **गोपेन मल्लिक** और **हरबख्श सिंह** ने मिल कर बंगाल नेशनल स्टूडियोज़ की 'एक औरत' (1948) में संगीत दिया था। संध्या रानी से पारम्परिक शैली में 'नहीं मालूम मोहब्बत क्यों जिगर में घर बनाती है' के अलावा भैरवी में 'बहते हुए आँसू' इस फ़िल्म के उल्लेखनीय गीत थे। इस फ़िल्म के गीत 'सो जा ऐ बेकरारे दिल को version की तरह हेमंत कुमार ने भी गाकर रेकॉर्ड कराया था। बंगाल नेशनल स्टूडियोज़ ने 'लॉटरी' (1949) में संगीत के लिए भी हरबख्श सिंह को ही चुना था जिसमें उन्होंने कौशल्या से 'मेरे दिल की नगरिया में आया है चोर' और 'तमन्ना थी दिल में कि आबाद होंगे' जैसे गीत गवाए थे। चिश्ती के साथ वे बंगाल नेशनल स्टूडियोज की 'नई भाभी' (1950) में भी संगीतकार थे, और 'मैं सोई थी सपने में आए सजन' जैसा मधुर गीत इसी फ़िल्म में था।

पंडित गोवर्धन प्रसाद फ़जली ब्रदर्स की 'इस्मत' (1944) के संगीतकार थे। राजकुमारी के गाए 'वो कौन है दुनिया में जो नाशाद नहीं है' में उन्होंने पारम्परिक गज़ल शैली से हटकर आधुनिक गीत की शैली में स्वरों को सफलतापूर्वक ढाला था, जिसके कारण यह

भूला-बिसरा गीत आज भी मन मोह लेता है। वहीं 'दो जहाँ के अलीम' (राजकुमारी) मुशायरे के अंदाज़ में कम्पोज की गई एक बड़ी आकर्षक रचना थी।

पंडित गणपत राव का नाम भी पाँचवें दशक के संगीतकारों में 'कुरुक्षेत्र' (1945) के गीतों के कारण अमर हो गया है। 'कर्मफल की सोच न कर' के अलावा सहगल के गाए अमर रूमानी गीत 'मुहब्बत के गुल हाय तर गूँथता हूँ', 'आई है तू तो कैसे दिल अपना दिखाऊँ' और धीमी लय में यमन कल्याण पर आधारित 'किधर है तू ऐ मेरी तमन्ना' इसी फ़िल्म की देन हैं। राजेश्वरी कला मंदिर, कलकत्ता की 'शबरी' (1947) में उन्होंने जगन्मय मित्र उर्फ जगमोहन से 'विधना के खेल निराले हैं' और 'भजो रे मन राम वास' जैसे गीत गवाए जो अच्छे लोकप्रिय रहे थे। पं. गणपत राव की (एस.के. पाल के साथ) संगीतबद्ध 'बेबस' (1950) के मुकेश और गीता के गाए 'तुम जब से मिल दूर गए' (मुकेश), 'क्या तुझको हुआ आखिर' (मुकेश, गीता) आदि गीत चर्चित रहे थे।

इनायत हुसैन

बाद में पाकिस्तान जाकर मशहूर हुए संगीतकार **इनायत हुसैन** ने भी इस दौर की बम्बई की फ़िल्म नगरी में काम किया था। फ़िल्म 'कमली' में उन्होंने संगीत दिया था। नायिका थीं रानी किरण (आशा पोसले और पाकिस्तान की मशहूर गायिका कौसर परवीन की बड़ी बहन)। हमराज़ के गीत-कोश में फ़िल्म 'गलतफ़हमी' (1949) के और अप्रदर्शित फ़िल्म 'बसंत पंचमी' के संगीतकार के रूप में क्रमशः इनायत अली और इनायत के नाम आते हैं। यह पता नहीं कि वे इनायत हुसैन ही थे या कोई और, वैसे 'गलतफ़हमी' पंचोली स्टूडियो की फ़िल्म थी और इसमें मुनव्वर सुल्ताना, इकबाल बानो, इकबाल बेगम और आशा पोसले ने गीत गाए थे। अतः सम्भव है कि ये वही इनायत हुसैन हों। फ़िल्म 'दिलबहार' के लिए उन्होंने शमशाद, गीता, दुर्रानी आदि से कई गीत गवाए थे पर फ़िल्म ही रिलीज़ न हुई। बाद में इन्हीं गीतों को लेकर 'आकाशपरी' (1958) रिलीज़ की गई थी।

पर इनायत हुसैन को असली मकबूलियत पाकिस्तान में मिली जहाँ उन्होंने ज़ीनत बेगम के कई लोकप्रिय गीतों—'घनघोर घटाएँ लहराई हैं', 'मेरा साथी मेरे पास नहीं', नूरजहाँ के गाए 'जलते हैं अरमान मेरे', पाकिस्तान के मशहूर राष्ट्रवादी गीत 'चाँद रोशन चमकता सितारा रहे', आदि की धुन बनाई थीं। शास्त्रीय संगीत का पुट लेकर संगीत-रचना करने के शौकीन इनायत एक ही गीत की कई धुनें बनाते थे और सबसे अच्छी धुन को इस मेहनत के बाद ही चुनते थे। इनके मशहूर गीतों में 'जिसे देखो वही दुश्मन है' (मुनव्वर सुलताना—हिचकोले, 1949), 'मैं प्यार का दीया जलाता हूँ' (अली बक्श ज़हूर—हिचकोले, 1949), 'क्या सुनाएँ मजबूर जिंदगी का फ़साना' (मलिका पुखराज—शम्मी, 1950), 'मेरी आँख मस्तानी फड़के' (इकबाल बेगम—शम्मी, 1950), 'डाल पे पपीहा' (पुखराज पप्पू—महबूबा, 1953), 'मुहब्बत मुस्कुराई' (मुनव्वर सुलताना, फ़ज़ल हुसैन—आगोश 1953), 'पायल में गीत है छम छम के' (इकबाल बानो—गुमनाम, 1954) और इन सबसे बढ़कर सदाबहार गीत 'उल्फ़त की नई मंज़िल को चला' (इकबाल बानो—कातिल, 1955, जिसे वर्षों बाद भारतीय फ़िल्म 'कामसूत्र' में भी लिया गया) का ज़िक्र किया जा सकता है। इनायत की बाद की भी कई पाकिस्तानी फ़िल्मों—'इंतकाम', 'अनारकली', 'आँख का नशा', 'मासूम', 'दो रास्ते', 'एक तेरा सहारा', 'रिवाज़', 'लैला' आदि का संगीत सुपरहिट रहा। 24 मार्च, 1993 को इनायत हुसैन की मृत्यु हुई।

फ़ज़ली ब्रदर्स, कलकत्ता की 'मासूम' (1941) के संगीतकार थे **मुंशी मुबारक हुसैन**। वहीं **माधव लाल** ने मोहन पिक्चर्स की 'मुस्लिम का लाल' (1941) का संगीत दिया था। रामचंद्र पाल के साथ 'आगे कदम' (1943) के भी वे संगीतकार थे जिसका मोतीलाल का गाया 'वो रूठे हुए हैं मनाना पड़ेगा' बहुत लोकप्रिय हुआ था। मास्टर माधवलाल की बलदेव नाइक के साथ संगीतबद्ध 'शतरंज' (1946) में लीला चिटणीस गायिका थीं और सभी गीत मधुप ने लिखे थे। अज़ीज़ हिंदी के साथ आचार्य शाह की 'परिवर्तन' (1949) में भी उनका संगीत था।

उस्ताद मंझी खाँ और गोविंद राव टेम्बे के शिष्य रहे तथा मराठी फ़िल्म 'कन्होपात्रा' के 'विट्ठल विट्ठल गजरी' जैसे हिट गीत के कम्पोज़र **सी. बालाजी** ने पेंढारकर निर्देशित 'राजा गोपीचंद्र' (1938) और 'जीवन पिक्चर्स' की 'पैसा' (1941) में संगीत दिया था। मराठी नाट्य-संगीत से प्रभावित 'आए रे पिया' और शास्त्रीय आधार लिए 'पिया याद तेरी आती है' जैसे इंदिरा वाडकर के गाए दो बहुत सुंदर गीत इस फ़िल्म में सी. बालाजी ने कम्पोज़ किए थे। **के.सी. वर्मा** एवं **एस. नेबरेकर** सरस्वती सिनेटोन की 'आवाज़' (1942) के संगीत निर्देशक थे। के.सी. वर्मा ने विष्णु सिनेटोन की धीरूभाई देसाई निर्देशित 'बोलती बुलबुल' (1942) और 'भक्त प्रह्लाद' (1946—हनुमान प्रसाद के साथ), हिमालय थियेटर्स की 'सूरत' (1947), 'रूप मंदिर' की भगवान अभिनीत 'भोले पिया' (1949) में भी संगीत दिया था।

रतनलाल (एवं खेमराज) गुंजाल निर्देशित 'बारात' (1942) के संगीतकार थे। रतनलाल ने शांतिकुमार के साथ जुपिटर की 'किस्मतवाला' (1944) में भी संगीत दिया था, जिनमें कल्याणी ने परम्परागत शैली में 'ढूँढ़ता है दिल बहाना' गज़ल गाई थी। 'मंगलसूत्र' (1947) में रतनलाल ने उल्लेखनीय संगीत दिया था। 'ज़ालिम है बेरहम' का मुखड़ा भैरव में था और आधुनिक प्रभावों के साथ 'ज़ालिम' के बाद अचानक विराम देकर सुंदर प्रयोग किया गया था। इसी प्रकार लोकशैली के 'जिया डोले' गीत में double rhythm का प्रयोग था। रमणीक देसाई निर्देशित 'परशुराम' (1947) में रतनलाल ने सज्जाद की संगीतबद्ध 'तिलस्मी दुनिया' के तीन गीतों को शामिल किया था।

प्रसिद्ध शास्त्रीय संगीतज्ञ **ज्ञानप्रकाश घोष** ने नितिन बोस निर्देशित 'पराया धन' (1943) में राधा रानी से कई गीतों को गवाया था। विष्णु सिनेटोन की 'मुजरिम' (1944) में भी उनका संगीत था। हिंदी फ़िल्मों में तो उनका संगीत गौण ही माना जाएगा, पर बाँग्ला फ़िल्म 'बसंत बहार' का उनका शास्त्रीय संगीत अति प्रशंसित रहा था जहाँ उन्होंने ए.टी. कानन और माणिक वर्मा से 'नवेली कली', कानन से 'नबी के दरबार' तथा प्रसून बन्द्योपाध्याय से 'बाड़े-बाड़े बाँधो झूलना' जैसे शुद्ध शास्त्रीय गीत हिंदी में गवाए थे। 'डूवारकिन हारमोनियम' के जन्मदाता द्वारिका घोष के वे पौत्र थे और मशहूर तबलानवाज़ के रूप में भी उनकी ख्याति इतनी थी कि रविशंकर और अली अकबर खान के साथ पाँचवें और छठे दशक की कई रचनाओं में संगत घोष बाबू की ही रहती थी। ऑल इंडिया रेडियो में प्रोड्यूसर रहे ज्ञान प्रकाश घोष ने पारम्परिक और आधुनिक संगीत-शैलियों के सम्मिश्रण से 'रामायण गीति' कार्यक्रम भी सफलतापूर्वक चलाया था। उन्होंने 'जदुभट्ट' जैसी कई बाँग्ला फ़िल्मों में संगीत भी दिया। उनका एलबम 'द ड्रम्स ऑफ़ इंडिया', और तबला, पखावज, कत्थक और तराना को मिलाकर बनाई उनकी रचना 'चतुरंग' को बहुत कामयाबी मिली थी। ज्ञान प्रकाश घोष ने कई हिंदी भजनों की रचना की थी, जिनमें तुलसी की 'अबलौ नसानी' (अजय चक्रवर्ती), मीरा की 'आलि री मेरे नैना बान पड़ी' (संध्या मुखर्जी), सूर की 'चाँद मन हरि', (हेमंत), कबीर की 'तड़पै बिन बालम' (रघुनाथ पाणिग्रही), तुलसी के 'जाके प्रिय न राम वैदेही' और 'पिया बिन रहयो ना' (समूह गीत) जैसी कृतियाँ शामिल थीं। बाँग्ला में बेगम अख़्तर से उन्होंने 'कोयलिया शान', 'पिया भोलो अभिमान', 'फिरे कैने एलोना' जैसी अर्द्धशास्त्रीय रचनाओं की संगीत-सृष्टि की थी और ये सभी सुधी बंगाली श्रोताओं के बीच खूब लोकप्रिय रहे थे। 18 फरवरी, 1997 को 85 वर्ष की उम्र में ज्ञानप्रकाश घोष का निधन हुआ।

ज्ञानप्रकाश घोष

गुलशन सूफ़ी का नाम भी इसी दौर के संगीतकारों में लिया जाएगा । गुलशन सूफ़ी ने अपने कॅरियर का आरम्भ गायक के रूप में किया था । भारत की पहली रंगीन फ़िल्म 'किसान कन्या' (1937) में राम गोपाल पांडे के संगीत-निर्देशन में उन्होंने एक गीत गाया था 'चैन मेरा छीन लिया है तीखे नैनों ने'। फ़तेह अली खाँ के साथ एम.एस. यूसुफ़ की निर्देशित 'आईना' (1944) और पूनावाला निर्देशित स्टंट फ़िल्म 'फौजी जीवन' (1944) संगीतकार के रूप में उनकी आरम्भिक फ़िल्में थीं। 'फौजी जीवन' में उन्होंने स्वयं भी दो गीत गाए थे । गुलशन सूफ़ी ने कुछ अच्छी गज़लें कम्पोज़ की थीं। कल्याणी की आवाज़ में 'आईना' का 'मिलते ख्याल आए थे', ज्योति के स्वर में परम्परागत शैली का 'देवर' (1946) का 'बर्बाद किए जाओ ग़रीबों की खुशी को' तथा ख़ान मस्ताना के स्वर में 'जन्मपत्री' (1949) का परम्परागत शैली के अलग हटकर कहरवा ताल के साथ कम्पोज़ किया हुआ 'वो आ गए हैं प्यार की दुनिया लिए हुए' सुनने में आज भी अच्छे लगते हैं। एम.एस. यूसुफ़ निर्देशित 'दरबान' (1946) में बीनापानी मुकर्जी के 'मेरी वफ़ाओं का सिला इश्क ने मुझको क्या दिया' और 'हँसी तेरी क्यूँ न छीन लूँ भगवान' और राजकुमारी के स्वर में लोक दादरा शैली में 'बाली उमर मोरी गुइयाँ' जैसे गीतों के अलावा मुकेश और बीनापानी के स्वर में एक शोख दोगाना 'मैं नागिन हूँ बड़ी ज़हरीली' भी उन्होंने कम्पोज़ किया था। एस. सादिक निर्देशित 'साथी' (1946) में भी दुर्रानी से 'वह नज़रों में समाते जा रहे हैं' और शमशाद से 'आबाद कभी होंगे न बर्बाद ज़माना' जैसी सुंदर ग़ज़लें उन्होंने गवाई थीं। हालाँकि गुलशन सूफ़ी कभी हिट नहीं हुए, पर छठे दशक के मध्य तक कुछ फ़िल्मों के संगीतकार की हैसियत से वे मौजूद रहे। गीतकार अजीज़ कश्मीरी के कई गीतों के संगीतकार गुलशन सूफ़ी ही

रहे हैं और यही कारण है कि अज़ीज कश्मीरी को जब 'सब्ज़ बाग' (1951) का निर्देशन मिला तो विनोद के साथ उन्होंने गुलशन सूफ़ी को भी संगीत की ज़िम्मेदारी सौंपी। फ़िल्म में गुलशन सूफ़ी ने आशा भोंसले से 'याद तेरी आई तो मैं चोरी-चोरी रोई रे' जैसा सुंदर गीत गवाया था जिसमें दर्द के सुरों का प्रभाव डालने के लिए वॉयलिन, क्लैरिनेट और हवाइयन गिटार—तीनों का अच्छा प्रयोग है। बाद में 'फौलाद' (1963) के फ़ारूक कैसर ने इसी गीत से मिलता मुखड़ा लिखा 'याद तोरी आई तो मै छम-छम रोई रे' और विडम्बना यह कि यह गीत भी आशा ने ही गाया। नकल में लिखा गया यह गीत तो खूब हिट रहा पर 'सब्ज़ बाग' का गीत कोई प्रभाव पैदा न कर सका था। 'ज़माने की हवा' (1952) में गुलशन सूफ़ी के संगीत में तलत के गाए खूबसूरत गीत 'तड़प जाते हैं अब वो भी' को तो एच.एम.व्ही. ने तलत के 'रेयर मेलोडीज़' कैसेट में जगह दी, पर गुलशन सूफ़ी की 'फरियादी' (1953) का अंजाम बुरा ही रहा। हाँ, 'घमंड' (1955) के गीत अलबत्ता कुछ चर्चित रहे विशेषकर मुखड़े और अंतरे में रिदम के परिवर्तन के साथ बनाई गई तलत की गज़ल 'कुछ तो होगा जो किसी के दर पे आ जाता हूँ मैं' आज भी मन मोह लेती है। सुंदर मेलोडी के साथ दादरा ताल पर कम्पोज़ 'तेरे दिल की धड़कनें मेरे दिल में आए' (आशा, रफ़ी) भी गुलशन सूफ़ी के अच्छे गीतों में शुमार किया जाना चाहिए।

इसी फ़िल्म में गुलशन सूफ़ी ने बाद में प्रसिद्ध हुए संगीतकार सोनिक से भी 'सुबह का भूला शाम को घर लौट के घर आ जाए' जैसा सुंदर गीत गवाया था।

बसंत पिक्चर्स की होमी वाडिया निर्देशित 'फ्लाइंग प्रिंस' (1946) के लिए **अज़ीज़ खान** को संगीतकार के रूप में अनुबंधित किया गया था। पारम्परिक शैली की 'पी लो पी लो रात चाँदनी आई' या 'मेरे कृष्ण कन्हैया डोल रही है मेरे प्रेम की नैया' जैसे गीत चले नहीं। रुखसाना पिक्चर्स की 'पंडितजी' (1946) के 'औरों से नेहा लगा के भुला ना हमको साँवरिया हो', 'आई-आई निंदिया आई' जैसे गीतों का भी यही हश्र रहा। अज़ीज़ खान की उल्लेखनीय फ़िल्म 'इंतजार के बाद' (1947) मानी जाएगी, जिसमें जीनत बेगम के 'मत भूल के भी तुम प्यार करो', 'मुहब्बत में तेरी ऐ बेवफ़ा', 'कुछ तो वफ़ा होती' और 'अब कहाँ जाऊँ मेरा दुश्मन ज़माना हो गया' जैसे दिलकश नग़मे थे। पावर पिक्चर्स की अप्रदर्शित 'बहार' में भी नसीम अख्तर के स्वर में 'कोई हौले-हौले रे' अच्छी मेलोडियस रचना थी। 'उठो जागो' (1947) के 'प्रेम की नैया डोल रही है' (रफ़ी) और 'क्यों फूलों पे दुनिया दीवानी है' (आशिक हुसैन) जैसे गीत तो बेहद साधारण थे, पर वली साहब निर्देशित 'हीर-राँझा' (1948) में शर्माजी (उर्फ खय्याम) और वर्माजी के साथ अज़ीज़ खान का संगीत वास्तव में काबिलेतारीफ था। लता और दुर्रानी के स्वरों में 'खामोश फ़साना' है, 'दुनिया से छुप-छुप के', गीता और दुर्रानी की आवाज़ों में 'कफ़न की कैद में हमको है यादे आशियाँ बाकी' और लता के एकल स्वर में 'कैसे काटूँ ये काली रातें' बड़ी सुंदर मेलोडियस रचनाएँ थीं। पर सबसे उल्लेखनीय था इस फ़िल्म में खुसरो की पारम्परिक रचना 'काहे को ब्याही विदेस रे सुन बाबुल मोरे' जिसको अज़ीज़ हिंदी ने बड़े खुले ढंग से लता से गवाया है। लता के इस दशक के श्रेष्ठ गीतों में आलोचक इस गीत को कैसे भूल गए, यह सोचने का विषय है। बाद में इसी रचना को खय्याम ने करीब 35 वर्ष बाद जगजीत कौर से 'उमराव जान' में गवाकर अमर कर दिया, पर लता का गाया यह गीत हमारी याददाश्त में भी नहीं रहा, यह विडम्बना नहीं तो और क्या है! 'ज़माने की हवा' (1952—गुलशन सूफ़ी, जेड. शरमन और खान मस्ताना के साथ) में भी अज़ीज़ खान का संगीत था।

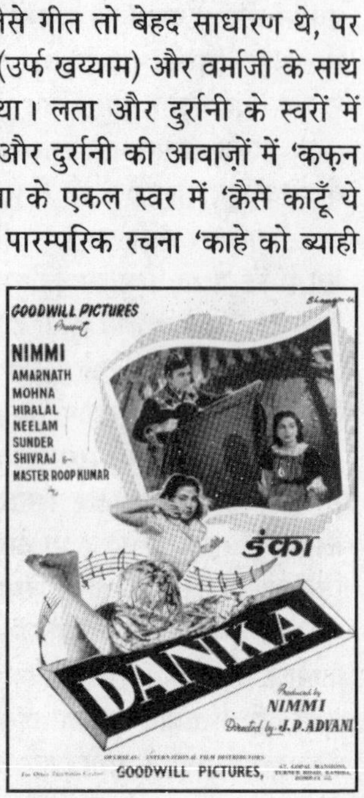

संगीतकार **अज़ीज़ हिंदी** का नाम आचार्य आर्ट प्रोडक्शन की 'परिवर्तन' (1949) में मास्टर माधवलाल के साथ संगीतकार के रूप में आया था। आचार्य आर्ट की 'शोहरत' (1949) में 'मेहमान बन के आए थे' (रफ़ी, हमीदा रफ़ी), 'गर जीना है तो प्यार करो जी' (खान मस्ताना), 'जमना के तीरे हो राजा' (हमीदा) जैसे गीत परम्परागत चलताऊ शैली में ही कम्पोज़ किए गए थे। फ़िल्म 'बीवी' (1950) अज़ीज़ हिंदी की उल्लेखनीय फ़िल्म थी, जिसमें उन्होंने खय्याम के साथ संगीत दिया था। 'कहीं चाँदनी कहीं अँधेरा' (मीना कपूर), 'बिरहा

की रात मोसे काटी नहीं जाती' (आशा), 'मेरे जीवन में आज नई रात रे' (मीना कपूर) जैसे झिलमिल रूमानी गीत अज़ीज़ हिंदी के संगीत की ही देन थे। पंजाब फ़िल्म कार्पोरेशन की वली साहब निर्देशित प्राण के नायक की भूमिकावाली 'पुतली' (1950) में गुलाम हैदर के साथ अज़ीज़ हिंदी का भी संगीत था। मीना कपूर के स्वर में 'वह मिले नहीं कई दिन से', 'तेरे बिना जिया मोरा लागे ना' और 'कोई अम्बुआ पे पिया पियू' जैसे गीतों में अज़ीज़ हिंदी ने अच्छी मेलोडी दी थी। राजकुमारी के मीठे स्वर में 'काली काली रात बीती जाए' वाली 'दिल के टुकड़े' तो रिलीज़' नहीं हो पाई, पर 'एक्टर' (1951) में अज़ीज़ हिंदी के बेहद मेलोडियस 'कैसे बिताऊँ जालिम काली काली रात रे' (मीना कपूर) और कव्वालीनुमा 'जैसे दुनिया में हम बेटिकट आ गए' (शमशाद, खान मस्ताना, साथी) तो खूब लोकप्रिय रहे। अजीज़ हिंदी का सबसे खूबसूरत गीत फ़िल्म 'डंका' (1954) का लता का गाया बेहद मधुर 'ये सितारे ये चाँद ये रातें जवाँ' माना जाना चाहिए। यूँ निम्मी द्वारा निर्मित और अभिनीत इस फ़िल्म में आशा भोंसले के गाए 'फिर मिलने के जमाने आ गए' (शमशाद के साथ), 'तुम मेरी ज़िंदगी में इक चाँद बन के आना', 'ये मस्ती का आलम', 'तू लाख किए जा सितम' जैसे कई लुभावने गीत थे, पर लता के इस गीत की कर्णप्रिय धुन की तो बात ही कुछ और थी। 'धूप छाँव' (1954) में भी भैरवी पर आधारित 'झुक के ज़मीं चूम रहा आसमाँ' (रफ़ी, आशा) की धुन बहुत दिलकश थी। इस गीत की धुन पर ही 'मोहर' (1959) का मदन मोहन का मशहूर गीत 'तुम हो साथ रात भी हसीन है' (लता) भी सृजित है, पर मदन मोहन के गीत जहाँ चर्चित रहा, वहीं अजीज़ हिंदी की यह धुन विस्मृत हो गई। फ़िल्म-संगीत में ऐसी कई विडम्बनाएँ क़दम-कदम पर मिलती हैं। 'डंका' और 'धूप छाँव' के गीत जाँ निसार अख्तर ने लिखे थे। अजीज़ हिंदी की अन्य फ़िल्मों में 'चलता पुर्जा' (1958) का भी ज़िक्र आता है।

इसी दौर के एक भूले-बिसरे संगीतकार **नरेश भट्टाचार्य** भी थे जिन्होंने एम. सादिक निर्देशित सुरैया, वास्ती और गोप अभिनीत 'डाक बँगला' (1947) में दीनानाथ मधोक के लिखे गीतों को संगीतबद्ध कर सुपरहिट बनाया था। इस पूरी फ़िल्म के गीत प्रकृति और मौसम के थीम के इर्दगिर्द घूमते थे और नरेश भट्टाचार्य ने उसके अनुरूप अपने संगीत में भी प्राकृतिक तथा ऋतु मौसमी सौंदर्य के विविध रूप प्रस्तुत किए। भैरवी में कम्पोज़ 'ऐसों से जी न लगाए कोई (सुरैया), 'पीपल की छाँव में' (सुरैया, इंद्रवदन भट्ट) और इन सबसे बढ़कर बहुलोकप्रिय गीत 'जब बादल घिर-घिर आएँगे' (मुकेश, सुरैया) फ़िल्म की उपलब्धियाँ थीं। मॉरिस कॉलेज के विद्यार्थी रहे नरेश भट्टाचार्य ने रेडियो की दुनिया में भी कुछ सक्रियता दिखाई थी।

नरेश भट्टाचार्य का नाम एस.वी. वेंकटरमण और रामनाथ के साथ चंद्रप्रभा सिनेटोन, मद्रास की मशहूर फ़िल्म 'मीरा' में भी आता है, पर सुब्बूलक्ष्मी के गाए मीरा के मशहूर भजनों 'बसो मोरे नैनत में नंदलाल', 'म्हारे चाकर राखो जी', खमाज आधारित 'मेरे तो गिरधर गोपाल', 'वृंदावन कुंज भवन' आदि का श्रेय वेंकटरमण को अधिक मिला है। 'बिहारी' (1948) में रामकृष्ण शिंदे के साथ संगीत देते हुए नरेश भट्टाचार्य ने 'आई रे ऋतु आई' (अमीरबाई, साथी) और रास-शैली में 'मन के बसैया' (अमीरबाई, ए.आर. ओझा) जैसे अमीरबाई से कई गीत गवाने के अलावा लता से भी एक गीत गवाया था—'सब्ज़े की दुर्फ़िशानी, फूलों का शामियाना'। नेशनल आर्टिस्ट की 'बाम्बे' (1949) में मुश्ताक हुसैन और चेतूमल के सहायक के रूप में जिस एन. भट्टाचार्य का नाम आता है और जिन्होंने चेतूमल के साथ मिलकर सुलोचना कदम और राम सहगल से कुछ गीत गवाए थे, सम्भवतः नरेश भट्टाचार्य ही थे। नरेश भट्टाचार्य का एक बेहद प्रशंसित और लोकप्रिय गीत फ़िल्म 'शोले' (1953) में था। 'ऐ दिल तू कहीं ले चल' (हेमंत) की धीमी गूँजती धुन बी.आर. चोपड़ा निर्देशित इस फ़िल्म की एक उपलब्धि थी। पर नरेश भट्टाचार्य का नाम यदि अमर है तो मुकेश के लिए उनके स्वरबद्ध दो गैरफ़िल्मी भजनों के कारण। 'पितु मातु सहायक स्वामी सखा' और 'सुर की गति मैं क्या जानूँ, एक भजन करना जानूँ' की मधुरता और लोकप्रियता क्या कभी कम हो पाएगी?

आज़ाद पिक्चर्स की 'नमक' (1947) में श्यामबाबू पाठक के साथ एक **नरेश चंद्र** का नाम दूसरे संगीतकार के रूप में आता है। इन्होंने अपना स्वरबद्ध एक गीत भी गाया था—'आँसू न थम सके दिल को ही थाम लेना', जिसे इंदीवर ने लिखा था। सम्भवतः ये नरेश भट्टाचार्य से अलग कोई और शख्सियत थी।

भारत प्रोडक्शन्स की 'सर्कस किंग' (1946) के संगीतकार थे **जे. अभ्यंकर** और **नागेश राव**। इस फ़िल्म के कई गीत उन्होंने शोभा नाम की एक गायिका से गवाए थे, पर गीता राय की भी आरम्भिक शैली की महक उनके गाए 'प्रीति किसी को न छोड़े' में साफ झलकती है। गिरधर बहार प्रोडक्शन्स, लाहौर की बनी 'रेहाना' (1946) के संगीतकार थे **कादिर फ़रीदी**। फ़िल्म में उन्होंने दिलशाद बेगम और जीनत बेगम से कई गीत गवाए थे। दिलशाद के स्वर में 'किसी की याद ने दिल का करार लूट लिया', 'अदा अदा तेरी मस्ते शाख हो के रही' और 'भर लाई हूँ जवानी सागर में' जैसे रसिक तबीयत के गीत इस ज़माने की महफिलों में

चलनेवाले गीतों के अनुरूप थे। जीनत बेगम और दिलशाद बेगम से युगल स्वरों में 'कहो कहो मेरे सरकार' भी सामान्य नोक-झोंक शैली की ही रचना थी। ज़ीनत और स्वयं कादिर फरीदी के स्वर में 'ऐ काफ़िले वाले मेरा पैगाम लिए जा' और इकबाल बानो (जो बाद में पाकिस्तान की बहुत प्रसिद्ध गायिका बन गईं) के स्वर में 'जवानी आज लहराई' फ़िल्म के उल्लेखनीय गीत थे। विभाजन के बाद गिरधर बहार प्रोडक्शन्स ने जब मुम्बई में गीताबाली की अदाकारी वाली 'गुलनार' (1950) बनाई, तो हंसराज बहल के साथ कादर फ़रीदी का ही संगीत लिया। 'तुम भूल न जाना' (ज़ीनत बेगम, कादर फरीदी), 'समझा था कि जी लेंगे मुहब्बत के सहारे' (ज़ीनत) और रूहअंगेज ख़ानम के गाए फ़ारसी गीत 'मुश्किल कब आसत' और 'दिल गाता चू मूये' इसी फ़िल्म की देन थे। गुलनार के संगीत में वाकई गुलों की महक थी।

फ़ज़ली ब्रदर्स की नूरजहाँ की प्रमुख भूमिका वाली 'दिल' (1946) में संगीत **जफ़र खुर्शीद** का था। नूरजहाँ के गाए 'ऐ हवा जा जा जा' में हवा में उड़ती भावनाओं का असर गायकी और ऑरकेस्ट्रेशन में ज़फ़र ने बहुत खूबसूरत ढंग से पैदा किया था। 'दे के मुझे वह दर्दे जिगर भूल गए क्या भूल गए' (नूरजहाँ), 'आई आई ये घड़ी सुहानी' (नूरजहाँ), 'भँवरा शोर न करना' (मोती, नूरजहाँ) जैसे गीत भी अच्छे बने थे। एक रोचक तथ्य यह है कि 'भँवरा शोर न करना' थीम की समानता के साथ-साथ सचिन देव बर्मन की गाई मशहूर धुन 'धीरे से आना बगियन में ओ भँवरा' की धुन से भी मिलती-जुलती थी। 'दिल' फ़िल्म के हिट रहने में उसके गीतों का भी बड़ा हाथ था। बम्बई में चल रही ट्रांसपोर्ट हड़ताल के बावजूद 'दिल' को प्रदर्शित कर रहे दोनों सिनेमा हॉलों में भीड़ बनी रहती थी। फ़जली ब्रदर्स ने अपनी 'रास्ता' (1947) में भी ज़फ़र खुर्शीद को ही संगीतकार रखा, पर नूरजहाँ की कमी फ़िल्म के गीतों में साफ प्रकट होती है। पयागी के साथ ज़फ़र खुर्शीद ने नॉवेल्टी आर्ट्स की 'भेदी लुटेरा' (1955) में संगीत दिया था, पर फ़िल्म असफल रही।

'सोना-चाँदी' का पोस्टर

न्यू बॉम्बे थियेटर की 'सोना-चाँदी' (1946) के संगीतकार थे **तुफ़ैल फ़ारूकी**। इस फ़िल्म में उन्होंने रफ़ी, शमशाद जोहरा और अमीरबाई जैसी प्रसिद्ध हस्तियों से गीत गवाए थे। शमशाद और रफ़ी के गाए 'बैठे हैं तेरे दर पर कुछ कर के उठेंगे' कव्वालीनुमा महफ़िली नोक-झोंक का रंग लिए गीत था जो कुछ लोकप्रिय रहा था। पंजाब फ़िल्म कॉर्पोरेशन की वली साहब निर्देशित 'देखोजी' (1947) में भी साबिर हुसैन के साथ तुफ़ैल ने संगीत दिया था। लोकसंगीत पर आधारित 'बालम मोहे ला दे चुनरिया हरी' के अलावा लोकशैली में ही फ़िल्म में एक और गीत 'झुमका गिरा रे बरेली के बाज़ार में' भी था। बाद में इसी मुखड़े का गीत 'मेरा साया' में मदनमोहन के संगीत-निर्देशन में जबर्दस्त रूप से हिट हुआ था, पर 'देखोजी' के 'झुमका गिरा दे' भी तो अब याद भी शेष नहीं है।

ए. करीम बसंत पिक्चर्स की स्टंट फ़िल्मों 'एटम बम' (1947), 'तूफ़ानी तीरंदाज', (1947), 'धूमकेतु' (1949), 'माया महल' (1949) के संगीतकार रहे थे। **नंदराम ओंकारजी** आज़ाद जीवन (1947) और 'बैरिस्टर' (1947) जैसी हरिश्चन्द्र पिक्चर्स के संगीतकार के रूप में उभरे थे। हरिश्चंद्र पिक्चर्स की 'जंगल में मंगल' (1947) में उन्होंने सुलोचना कदम से 'भगवान हे भगवान ये पाप है' जैसे भक्ति प्रतीक को लेकर गवाए गए सामाजिक गीत के अलावा 'रोज कुआँ खोदे भाई रोज पीएँ पानी' जैसा एक गरीबों की सामूहिक सहकारिता को रेखांकित करता समूह गीत भी कम्पोज़ किया था। नंदराम ओंकारजी आप भले ही पूर्णतः विस्मृत हो गये हों, पर इस ज़माने में हरिश्चंद्र पिक्चर्स के वे स्थायी संगीतकार के रूप में अपना महत्त्व रखते थे। हरिश्चंद्र पिक्चर्स की ही 'बहादुर जीवन' (1948) में उन्होंने गोप कमलानी से 'उम्मीदे बस्ल में हम जिंदगी बर्बाद करते हैं और 'अकेली मत जइयो राधे जमुना के तीर' गवाए थे। हरिश्चंद्र पिक्चर्स की ही 'सोने की चिड़िया' (1948) में भी उनका संगीत था।

संगीतकार **इंद्रवदन भट्ट** ने भी पाँचवें और छठे दशक की कुछ फ़िल्मों में संगीत-रचना की थी। लक्ष्मी प्रोडक्शन्स की रमणलाल देसाई निर्देशित 'जादुई पुतली' (1946) और 'टाइगर मैन' (1947), गीता पिक्चर्स की रमणलाल देसाई द्वारा ही निर्देशित 'धनवाले' (1948), 'दिलवाले' (1948), नारी घड़ियाली निर्देशित 'लाल बत्ती' (1947), लक्ष्मी प्रोडक्शन्स की मणिभाई व्यास निर्देशित निरुपा राय अभिनीत 'सत्यवान सावित्री' (1948) उनकी आरम्भिक फ़िल्में थीं। दिनकर पिक्चर्स की 'रूपसुंदरी' (1949) में भट्ट ने राजकुमारी से 'ओ रात सलोनी' और 'बसे हैं जो मन में बसेंगे वो हमारे' जैसे मृदु गीतं गवाए थे। लीला प्रोडक्शन्स की 'श्री राम-अवतार' (1950) में भट्ट ने 'भज नारायण, अब धर्म की नैया डूब रही' और 'चले तोड़ने शिव धनुष' जैसे

धार्मिक-पौराणिक गीतों को न सिर्फ़ कम्पोज़ किया था, बल्कि अपना स्वर भी दिया था। फ़िल्म में उन्होंने लीला मेहता और प्रेमलता बाई ने भी कुछ गीत गवाए थे, पर वे लोकप्रिय न हो सके। फ़िल्म 'दामाद' (1951) में शानू और राम पंजवानी के साथ संगीतकार रहे इंद्रवदन भट्ट का कम्पोज़ किया मजेदार गीत 'धोबिया रे तेरा छोरा बीच बजरिया छेड़ करे' (सुलोचना कदम, ईशु, बिश्वीलाल, राम पंजवानी) अवश्य कुछ चला था। लक्ष्मी प्रोडक्शन्स की 'राइडिंग हीरो' (1951) जैसी फ़िल्मों के साथ ही हिन्दी फ़िल्म-संगीत फ़लक की उनकी छोटी-सी यात्रा समाप्त हो चली।

एक और नाम जो चौथे, पाँचवें और छठे दशक की कई फ़िल्मों में नज़र आया था, वह **प्रेमनाथ** का था। 5 जुलाई, 1918 को पंजाब के गुजरानवाला में पैदा हुआ प्रेमनाथ ने मुलतान, लाहौर और अमृतसर में रहकर संगीत सीखा था। 'शहरे ख़ामोशी' में अभिनय करने के अलावा फ़िल्म 'सोहनी महीवाल' (1938) में उन्होंने गाया भी पर विवाहोपरांत उन्होंने पंजाब छोड़कर बम्बई का रुख किया और यहाँ संगीत-निर्देशक बने। भावनानी प्रोडक्शन्स की 'रंगभूमि' (1946) में प्रेमनाथ ने रफ़ी से कई गीत गवाए थे। तब रफ़ी इतने प्रसिद्ध नहीं हुए थे, पर प्रेमनाथ ने उनकी प्रतिभा पर भरोसा कर उनसे 'सूए मंजिल बढ़ाए चला चल' (रफ़ी, साथी), 'जो आगे बढ़े उसको पीछे हटा दे' (रफ़ी, शमशाद), 'आग लगी तन मन धन सब में' (रफ़ी, शमशाद), 'खुद समझ लो कि इल्तज़ा क्या है' (शमशाद, रफ़ी) जैसे गीत बड़ी उन्मुक्तता से गवाए थे। शमशाद के स्वर में 'आँख में आँसू लब पर आहें' और बीनापानी के स्वर में 'क्यों मानूँ भगवान तुझे मैं' फ़िल्म के अन्य उल्लेखनीय गीत थे।

वैसे प्रेमनाथ की शैली में कोई नवीनता या उत्कृष्टता नहीं थी। उस समय जो शैली चल रही थी, लगभग उसी के अनुरूप वे संगीत देते थे। प्रेम अदीब पिक्चर्स की जीवन के नायक-रूपी भूमिकावाली 'देहाती' (1947) के 'कैसे लिखोगी गोरी पतिया', 'मोरे कंगन में बालम गीत भरे रे', 'शाम से नैना मोरे झुक झुक जाए' जैसे शृंगारिक गीत चलती परिपाटी की ही रचनाएँ थीं। 'चंद्रहास' (1947) के 'जा जा रे जोगी जा', 'एक दिन राधा रानी से रूठ गए गिरधारी', 'जोगी के संग चली जाए रे जोगनिया' जैसे गीत भी लीक के ही गीत थे। सागर मूवीटोन की 'पहला प्यार' (1947) में शमशाद से 'हमें जिनसे है प्यार उनसे मैं क्या कहूँ', पारम्परिक बंदिश 'नजरियाँ से जी भर दूँगी' और 'हाय रे घिर के बादल आए' जैसे गीत शमशाद की उन्मुक्त शैली में गवाने के बाद रवींद्र आर्ट प्रोडक्शन्स (खुद की निर्मित फ़िल्म) की 'चाँद-सितारे' (1948) में प्रेमनाथ ने अपना सर्वश्रेष्ठ संगीत दिया। मुकेश के स्वर में 'काली घटाएँ हैं, ठंडी हवाएँ हैं, मस्त फिजाएँ हैं' मात्र तबले और वॉयलिन का आधार लेकर एक बहुत अच्छी कम्पोज़ीशन थी जो लोकप्रिय भी रही। लता मंगेशकर से 'मेरी नाव चले धीरे-धीरे', 'जब दिल में तेरे दर्द हो और रंग तेरा ज़र्द हो' और 'ऐ दुनिया के मालिक, मुझे तुझसे गिला है' जैसे सुंदर गीत और शमशाद, साथियों का गाया मचलता सावन गीत 'फिर छाई हैं काली घटाएँ' इसी फ़िल्म की देन हैं। दूसरी तरफ़ प्रेमनाथ ने गीता की नशीली आवाज़ का इस्तेमाल 'आ जा मेरे बालमा कैसी सुहानी रात है', 'दिल बार बार घबराए' और 'दिल से तुम्हारी याद भुलाई न जाएगी' में बखूबी किया। प्रेमनाथ ने सुपर पिक्चर्स के बैनर तले बनी कई फ़िल्मों में संगीत दिया था। प्रेमनाथ की संगीतबद्ध 'अलख निरंजन' (1950) के शीर्षक गीत (मुहम्मद फारूकी), 'पी चंदा मैं चाँदनी' (सुलोचना कदम), 'घिर के बादल आए' (सुलोचना कदम), 'गोपीचंद राजा नहाने को बैठा' (रफ़ी) 'अपने पिया की मैं जोगन बनूँगी' (सुलोचना कदम, साथी), 'मत जा जोगी' (राजकुमारी) आदि गीतों में से कई में प्रेमनाथ ने कथ्य के अनुकूल जोगी शैली का अच्छा संगीत दिया था।

छठे दशक में अस्पी ईरानी की सुपर पिक्चर्स के बैनर तले बनी 'बड़े भैया' (1951) में शमशाद, दुर्रानी और सुलोचना कदम के गीत तो पिट गए, पर सुपर पिक्चर्स की ही 'साया मछिंद्र' उर्फ गोरखनाथ (1951) में फिर से उन्होंने 'अलख निरंजन' वाली जोगी-शैली अपनाते हुए 'यह जग है परदेस जाना है पी के देस' (सुरेंद्र), 'चमक दमक कर जल जा' (रफ़ी) जैसे गीत तथा 'चुपके-चुपके जब से हुआ है प्यार' (सुरेंद्र, गीता), 'मेरे मन में झूला झूले' (गीत), 'कौन आया बन के मेरे जीवन का मीत रे' (शमशाद) और 'टूट गई हाय जीवन वीणा' (सुरेंद्र, गीता) जैसे रोमांटिक गीत भी कम्पोज़ किए थे जो अपने ज़माने में कुछ चर्चित भी रहे। इसके पश्चात् प्रेमनाथ काफी अरसे तक खोए रहे। 'कातिल कौन' तो रिलीज़ ही न हो सकी। उनकी वापसी हुई मार्कण्डेय पुराण पर आधारित 'सती वैशालिनी' (1959) से जिसमें उन्होंने राग मालकौंस और कहरवा ताल पर आधारित एक बहुत अच्छी रचना 'हे गौरी बात सुन' बनाई थी। उसके बाद वे यदा-कदा ही बतौर संगीतकार आए—'मैं हूँ जादूगर' (1965—नाशाद के साथ), 'टारज़न इन फ़ेरीलैंड' (1968—जिम्मी के साथ) में उनका आना न आने के ही बराबर था।

लता मंगेशकर से गवानेवाले पहले संगीतकारों की फ़ेहरिस्त में संगीतकार **डी.सी. दत्त** का नाम भी आता है। 'सोना-चाँदी' (1946—तुफ़ैल फ़ारूकी के साथ) के संगीतकार के रूप में उन्होंने लता से 'प्यारे बापू' गीत गवाया था, जो लता के आरम्भिक

गीतों में से एक है। इसी फ़िल्म में उन्होंने सरोज बोरकर से 'जय-जय घनश्याम' भी गवाया था। यह दूसरी बात है कि इन गीतों को सफलता नहीं मिली। नेशनल स्टूडियोज़ की प्रसिद्ध उर्दू लेखक कृश्न चंदर द्वारा निर्देशित 'सराय के बाहर' (1947) में भी दत्त संगीतकार थे और उन्होंने इस फ़िल्म में ग़ालिब की मशहूर ग़ज़ल 'फिर मुझे दीदाए तर याद आया' भी कम्पोज़ की थी। 'अंजना' (1948) में दत्त के स्वरबद्ध किए गीता राय के स्वर में 'मुझे कुछ याद आता है', 'दिल के गीत गाएँगे' और 'रिमझिम बरसे नैन' तथा गीता और शंकर दासगुप्ता के युगल स्वरों में 'सूरज जागा धरती जागी' और 'सब नगरी नगरी ढूँढ़ फिरो' जैसे गीतों में लालित्यपूर्ण सौन्दर्य था, पर अधिक लोकप्रियता इन गीतों को भी नसीब नहीं हुई। कृश्न चंदर द्वारा निर्देशित मॉडर्न थियेटर की 'दिल की आवाज़' (1948) के गीत भी असफल ही माने जाएँगे। संसार मूवीटोन की मुमताज शांति अभिनीत 'आहुति' (1950) में दत्त के कुछ अच्छे गीत मिलते हैं। 'लहरों से खेले चंदा, चंदा से खेलें तारे' (गीता, शंकर दासगुप्ता) एक मीठी रचना है तथा छोटे टुकड़ों की शब्दावली को बड़े लुभावने रूमानी अंदाज़ में कम्पोज़ किया गया है। 'मर के जीना हमें भी' (शंकर दासगुप्ता), 'चार दिनों की अठखेलियाँ' (गीता, शांति वर्मा, साथी), 'दिल के बस में है जहाँ' (गीता, शंकर दासगुप्ता) और अप्रत्याशित रूप से तेज रिद्म की 'दिल जो तुमको दे दिया' (गीता) आदि इस फ़िल्म की अन्य उल्लेखनीय कृतियाँ थीं। रमेश गुप्ता निर्देशित 'राम-दर्शन' (1950) के छः संगीतकारों में डी.सी. दत्त भी एक थे। बाँग्ला लोक-भजन शैली पर आधारित उनका कम्पोज़ किया 'देख के तेरी माया प्रभु मेरा मन ललचाया' (मुकेश), काव्यात्मक रूमानियत से पूर्ण 'है प्रिय तुम्हारे स्वागत को हैं प्राण मेरे तैयार' (मुकेश) और वात्सल्य की पवित्रता से भरे 'यशोदा जी उतारती कन्हैयाजी की आरती' जैसे फ़िल्म के बेहद सुंदर गीत डी.सी. दत्त की ही कम्पोज़ीशन की देन थे। मुकेश के ये दोनों गीत तो इस दौर के उनके श्रेष्ठतम गीतों में शुमार किए जा सकते हैं। कॉमेडी पिक्चर्स की 'सिम्बा' (1951) तो असफल रही, पर यह उल्लेखनीय है कि प्रसिद्ध निर्देशक एल.वी. प्रसाद की जुपिटर पिक्चर्स, मद्रास के बैनर तले निर्मित 'रानी' (1952) में संगीत देने के लिए डी.सी. दत्त को ही चुना गया था और उन्होंने दक्षिण भारत के प्रसिद्ध गायक गायिकाओं टी.ए. मोती और पी. भानुमती से कई गीत गवाए थे। डी.सी. दत्त का नाम वर्षों खोए रहने के बाद 'साहिल' (1959) में सुरेश-तलवार के साथ संगीतकार के रूप में आया पर आशा के गाए गीत सफल न रहे।

इसी दौर में आए कुछ अन्य संगीतकार हस्तियों में **प्रताप मुखर्जी** ने 'किसी से न कहना' (1942) में अमृतलाल नागर के लिखे गीतों की धुन बनाई थी। फ़िल्म का 'आज दुनिया सुहानी सुहानी लगे' बड़ा स्तरीय गीत था और लोकप्रिय भी रहा था। **सूफ़ी समाज** संगीतकार के रूप में होमी एण्ड यूसुफ, बम्बई की 'चीनी जादूगर' (1947) में पहले पहल आए। आगा अभिनीत उनकी संगीतबद्ध 'धूमधाम' (1949) में उन्होंने राजकुमारी से कुछ गीत गवाए थे। शमा प्रोडक्शन्स की पुनः आगा अभिनीत 'दिलबर' (1951) में भी उनका संगीत था। **के.एस. सागर** के द्वारा संगीतबद्ध 'फ़र्ज' (1947) का 'उमंगें मिट रही हैं आज वे नामों निशाँ होकर' उस ज़माने में कुछ चर्चित हुआ था। नवयुग चित्रपट की 'साजन का घर' (1948) के संगीतकार भी सागर ही थे, और उन्होंने इस फ़िल्म में सितारा बाई से कई दिलकश गीत गवाए थे। 'वो आए हमारी गली आए', 'वो ज़िंदगी में आए और आकर चले गए' तथा इठलाती धुन और इंटरल्यूड्स में सितार के हलके सुन्दर प्रयोग के साथ रचित 'मोहब्बत की नहीं जाती मोहब्बत हो ही जाती है' का विशेष उल्लेख किया जा सकता है। **पैगनकर** ने श्यामसुंदर और रामचंद्र पाल के साथ मिलकर 'उर्वशी' (1946) का संगीत रचा था। लाल मोहम्मद के साथ खुर्शीद अभिनीत 'मिट्टी' (1947) के पैगनकर भी दूसरे संगीतकार थे, पर इन फ़िल्मों का संगीत कुछ खास असर नहीं कर पाया। पैगनकर और कर्नाड ने राजा नेने प्रोडक्शन्स की 'शादी से पहले' (1947) में संगीत देते हुए लता और रफ़ी से एक दोगाना 'चलो हो गई तैयार, जरा ठहरो जी' गवाया था जो सम्भवतः लता और रफ़ी का गाया पहले दोगानों में ही होगा। इसी फ़िल्म में उन्होंने रफ़ी के एक विदाई गीत 'चली साजन घर जाए' में विदाई गीतों की पारम्परिक शैली से हटकर आरोहों और तानों के साथ एक शास्त्रीय रूप देने का सफल और अभिनव प्रयोग किया था।

मुकेश के गाए खूबसूरत गीत 'अर्शो पे सितारा है' मोतीलाल अभिनीत एजरा मीर की निर्देशित 'बीते दिन' (1947) की देन है। वॉयलिन के प्रभुत्ववाले इस गीत के स्वरकार और संगीतकार थे **दिनकर राव**। इसी फ़िल्म में उन्होंने अमीरबाई कर्नाटकी से भी 'मेरे दिल की तरह है सितार तार-तार', 'तुम्हारी याद को दिल से भुला कर' और 'घनघोर पर फिर छाई है' जैसे गीत गवाए थे। वहीं नरोत्तम व्यास के निर्देशन में बनी 'भाई दूज' (1947) के लिए **क्षीरोदचंद्र भट्टाचार्य** ने संगीत देते हुए सुमित्रा, जगन्नाथ और सुरेश से गीत गवाए थे। नरोत्तम व्यास की निर्देशित 'सेवा ग्राम' (1947) में संगीत देते हुए उन्होंने 'हम सोता देश जगाएँगे' जैसा देशभक्ति गीत कम्पोज़ किया था। जैसाकि नाम से ही प्रकट है, इस फ़िल्म का अपना ऐतिहासिक महत्त्व है।

हारमोनियम के पारंगत और नौशाद (तथा बाद में ओ.पी. नैयर के लिए बजाने वाले) के सहायक रहे **इब्राहिम** ने अज़ीज़ खान के साथ 'उठो जागो' (1947) का संगीत दिया था। ए. करीम निर्देशित 'पर्वत की रानी' (1948) में भी करीम के गीतों को मास्टर इब्राहिम ने स्वरबद्ध किया था। भगवान और हुस्न आरा अभिनीत 'बिगड़े दिल' (1949), लक्ष्मी प्रोडक्शन्स की, 'बैचलर हसबैंड' (1950–सरस्वती देवी के साथ), 'एक्टर' (1951–अज़ीज़ हिंदी के साथ) में भी इब्राहिम का संगीत था। **राज राय** ने खान मस्ताना के साथ 'आज का फ़रहाद' (1948) में संगीत दिया था, वहीं **हरी भाई** ने कुमार स्टूडियोज की खुर्शीद अभिनीत 'आप बीती' (1948) में 'मोरे सैंया भये कोतवाल अब डर काहे का' (राजकुमारी, गीता राय) जैसा लोकप्रिय हुआ गीत कम्पोज़ किया था। इसी फ़िल्म में राजकुमारी के स्वर में गोपाल सिंह नेपाली लिखित एक मधुर गीत 'वो पूछते रहे हम हाले दिल सुना न सके' और खुर्शीद के स्वर में हसरत लखनवी का कलाम 'उमर-भर तेरी वफ़ाएँ आज़माते जाइए' की कम्पोज़ीशन्स भी हरी भाई ने अच्छा बनाई थी। हरि भाई ने शामू के साथ बीमा प्रोडक्शन्स की 'बेगुनाह' (1949) को भी संगीत से सँवारा था।

जी.डी. कपूर ने 'आज़ादी की राह पर' (1948) में संगीत देते हुए दुर्रानी से बिस्मिल की मशहूर रचना 'दिल फ़िदा करते हैं, कुर्बान जिगर करते हैं' गवाई थी। यह भी एक रोचक तथ्य है कि साहिर लुधियानवी ने इस फ़िल्म के चार गीत लिखे थे जिनमें 'जाग उठा है हिंदुस्तान' (समूह गीत), 'मेरे जीवन में चरखे का राग सखि' (कविता, साथी), 'बदल रही है ज़िंदगी' (नानजी, साथी) और 'भारत जननी तेरी जय हो' (नानजी, गांधारी, साथी) जैसे आशावादी गीत थे। साहिर का निराशावादी या व्यंग्यात्मक रूप तो बाद में आया। इस वक्त भी आज़ादी के माहौल में तो सब तरफ़ आशाओं का संचार था। श्यामलाल गुप्त की रचना 'झंडा ऊँचा रहे हमारा, विश्व विजयी तिरंगा प्यारा' भी इसी फ़िल्म की एक महत्त्वपूर्ण रचना थी जिसे संगीतबद्ध कर जी.डी. कपूर ने एक तरह से फ़िल्म संगीत के इतिहास में अपना नाम लिखा लिया।

राजकमल कलामंदिर की दीवान शहर की अदाकारी वाली 'भूल' (1948) के संगीतकार थे **पुरुषोत्तम**। कोल्हापुर जिले में 1919 में पैदा हुए और कुमार गंधर्व की महफ़िलों में शिरकत करनेवाले पुरुषोत्तम में प्रतिभा थी, पर हिंदी फिल्मों में अवसर अधिक नहीं मिले। महाराष्ट्र चित्रवाणी के बैनर तले बनी 'मेरे लाल' (1948) में रफ़ी से 'बुझ गया दीप घिरा अँधियारा' और लता मंगेशकर से 'हमारा घर बन जाए महलों से प्यारा सुंदर' जैसे मनोहर कम्पोज़ीशन्स देने वाले पुरुषोत्तम के संगीत में पारम्परिकता से अलग जाकर कुछ करने की ललक भी कहीं-कहीं दीख पड़ती है। फ़िल्म 'अपना देश' (1949) में पुष्पा हंस के गाए कई गीतों में से ग़ालिब की मशहूर गज़ल 'कोई उम्मीद नहीं आती' इसका उल्लेखनीय उदाहरण है जिसमें पुरुषोत्तम ने गज़ल की पारम्परिक शैली से हटकर बड़े अनूठे ढंग से मचलते गीत की शैली डाली है। इसी फ़िल्म का 'दिले नाँदा तुझे' (पुष्पा हंस) बहुत मकबूल हुआ था। वसंत देसाई के संगीत की मशहूर फ़िल्म राजकमल कलामंदिर की व्ही. शांताराम निर्देशित 'दहेज' (1950) में पुरुषोत्तम ने भी 'दो दिन बहार फूल तो दिखला के' (जयश्री) और 'अब ज़िंदगी का बोझ उठाया न जाएगा' (कृष्ण गोयल) जैसे गीतों की संगीत-रचना की थी। पौराणिक फ़िल्म 'देवयानी' (1952) में भी आशा के गाए 'मधुर-मधुर सपनों में आज तो मैं खो गई' और 'मेरे मन में उमंग एक नई है तरंग' जैसे मीठे गीत थे जबकि संदेश पिक्चर्स की दुर्गा खोटे अभिनीत 'संदेश' (1952) में 'नस-नस में मेरी भर दर्द दिया' (आशा, दुर्रानी), 'आओ जी रघुराज आओ' और 'सोया गगन में चाँद' (माणिक वर्मा), 'ये दो आँखें तुझे दीखे हैं' (ज़ोहरा), 'बिसरी हुई वो बातें क्यों याद आ रही हैं' (आशा) जैसे गीत पुरुषोत्तम ने अपनी आकर्षक शैली में कम्पोज़ किए थे, पर अफ़सोस कि इन्हें अपेक्षित सफलता नसीब नहीं हुई।

एस. राजेश्वर राव उन दक्षिण भारतीय संगीतकारों में थे जिन्होंने कुछ उल्लेखनीय फ़िल्मों में संगीत दिया। उनके पिता महाराज विजयनगरम के दरबार में संगीतज्ञ थे और इस तरह संगीत उन्हें विरासत में मिला था। बचपन में ही मेलों और त्योहारों में लोक-हरिकथा के गायक के रूप में ही एम. राजेश्वर राव चर्चित हो चले थे, और उनकी रेकॉर्डिंग की हुई थी। तेलगू फ़िल्मों में अपनी गायन और हारमोनियम तथा तबला बजाने की प्रतिभा के कारण उन्हें बाल कलाकार के रूप में 'श्री कृष्ण लीलालु' (1935), 'माया बाज़ार' (1936) में काम करने का मौका मिला। 1939 में तेलगू फ़िल्म 'जयप्रद' के लिए संगीत देने का 17 वर्ष की आयु में ही उन्हें अवसर मिला और राजेश्वर राव ने orchestral harmony के पाश्चात्य सिद्धांत को प्रयोग करने वाले पहले तेलगू संगीतकार होने का श्रेय प्राप्त किया। 'इल्ललु' (1940) में उन्होंने बोराल और तिमिर बरन की शैलियों का एक समग्र आधुनिक रूप प्रस्तुत किया था। फ़िल्मों से अलग आर. वालसरस्वती के लिए पाँचवें दशक में बनाई कम्पोज़ीशन्स के द्वारा तेलगू गीतों का पाश्चात्य तकनीकों के साथ सामंजस्य का उदाहरण राजेश्वर राव ने प्रस्तुत कर काफ़ी नाम कमाया था। तमिल और हिंदी में बनी 'चंद्रलेखा' (1948) में किसी तमिल फ़िल्म द्वारा पहली बार अखिल भारतीय फ़िल्म बाज़ार को ध्यान में रखा गया। तमिल संस्करण

का राजेश्वर राव का कम्पोज़ गीत 'कोयलोकसरोची कूसी' सुपरहिट रहा था। इस फ़िल्म के संगीत में राजेश्वर राव ने कर्नाटक, हिंदुस्तानी, भरतनाट्यम के अलावा लैटिन अमेरिकी, पुर्तगाली और स्ट्रॉस के iltz प्रभावों को प्रयुक्त किया था। लेयोनार्ड की प्रसिद्ध फ़िल्म 'The Firefly' (1937) के 'Donkey serenede' का प्रभाव फ़िल्म के सर्कस ट्रूप द्वारा प्रदर्शित कोरस गीत (हिंदी संस्करण—'मत गा रे मत गा रे ये शोर बच्चे डर रहे') में साफ़ नज़र आता है।[1]

जेमिनी के बैनर तले बनी 'चंद्रलेखा' के हिंदी संस्करण में पंडित इंद्र और भरत व्यास ने गीत लिखे थे। बालकृष्ण कल्ला ने भी कुछ गीतों की धुन बनाई थी, जबकि पार्श्व संगीतकार आर. वैद्यनाथन और एस.डी. पार्थसारथी थे। उमा देवी के स्वर में 'मनभावन सावन आया', 'साँझ की बेला जिया अकेला' (मोती के साथ), 'ओ चाँद मेरे क्यों दूर खड़ा शरमाए' (कल्ला के साथ स्वरबद्ध), कई वॉयलिनों के तीव्र ऑरकेस्ट्रा के साथ यमन आधारित 'सजना रे आ जा रे रसिया' और 'बिछड़े दिल आज मिले हैं' (मोती के साथ) जैसे गीत राजेश्वर राव के ऊपर वर्णित संगीत विशेषताओं का अच्छा प्रमाण प्रस्तुत करते हैं। 'चंद्रलेखा' के गीत उस ज़माने के लोकप्रिय गीत थे, भले ही आज हम उन्हें भूल गए हों।

समय-समय पर हिंदी फ़िल्मों में भी अपनी उपस्थिति दर्ज़ करानेवाले राजेश्वर राव ने कल्ला और पार्थसारथी के साथ जेमिनी की 'निशान' (1949) में शमशाद से 'तेरी मेरी ये कहानी' और 'मोरे अँगना में बलमा आए' (मोती के साथ) जैसे गीत गवाए थे, पर ये गीत अधिक चले नहीं। वर्षों बाद पुनः हिंदी फ़िल्मों में उन्होंने जयशक्ति पिक्चर्स, मद्रास की अंजलि देवी अभिनीत 'अल्लादीन का चिराग' (1958) में संगीत दिया था, पर गीत लोकप्रिय न हुए। उसके भी कई वर्षों बाद राजगोपाल कृष्णन के साथ 'भक्त प्रह्लाद' (1967) में उन्होंने कई कर्णप्रिय भक्ति गीत रचे, पर इनकी भी विशेष चर्चा नहीं हुई। प्रताप पिक्चर्स सर्किट, मद्रास की 'दशावतार' (1976) में पुनः एस. राजेश्वर राव का (एस. रंगा राव के साथ) संगीत था और मन्ना डे, वाणी जयराम, एस. जानकी आदि के भक्ति-भाव गीत सरस थे, पर यह फ़िल्म और फिर 'अमर शिल्पी' (1977) आठवें दशक की संगीत धारा में खो सी गई। बॉम्बे टॉकीज़ की 'वसंत सेना' (1976) में एस. राजेश्वर राव का संगीत भी अनसुना ही रहा। 'यशोदा कृष्ण' (1976) के मन्ना डे, वाणी जयराम, महेंद्र कपूर और उषा मंगेशकर के गाए गीत भी चले नहीं। 'कुरुक्षेत्र' (1977) में भी उनका संगीत अनसुना ही गुज़र गया।

संगीतकार **मुकुंद मसूरेकर** का लोकशैली से प्रभावित लता की मीठी आवाज़ में 'दीदी' (1948) फ़िल्म का 'तेरे नयनों में बिंदिया निंदिया में सपने' याद है आपको? इस फ़िल्म को निर्देशित भी मसूरेकर ने ही किया था। इंदीवर और सरस्वती कुमार दीपक के कई सुंदर गीतों को इसमें मसूरेकर ने स्वरबद्ध किया था, जिनमें उपरोक्त गीत के अलावा 'हँसती हुई गाती हुई ज़िंदगानियाँ' (नलिनी मुलगाँवकर, शंकर दासगुप्ता, साथी), 'प्यारी रात आज आई है सुहाग की रात' (अमीरबाई, शंकर दासगुप्ता), 'मेरे दिल की दुनिया से तुम दूर होते जा रहे हो' (अमीरबाई), 'चुपके-चुपके आना मेरे राजा' (गीता) मिश्र भैरवी की छाया लिए 'भूल जाओ मेरे गीत' (गीता) आदि उल्लेखनीय थे। ऐसा ही एक गुम हो चुका नाम **मोतीनाथ** का था। उनकी संगीतबद्ध 'दुनियादारी' (1948) में स्वयं मोतीनाथ के अलावा सरोज वेलिनकर, जोहराबाई, राजकुमारी और अफ़ज़ल लाहौरी ने गीत गाए थे। 'उड़ने वाले पंक्षी' (अफजल लाहौरी) में धीमी लय में लहराते असर के साथ मोतीनाथ ने आधुनिक स्पर्श देने का सफल प्रयास किया था।

रवि रायचौधरी और कई गैरफ़िल्मी गीतों के प्रसिद्ध गायक **विद्यानाथ सेठ** ने चित्रकला मंदिर, बम्बई की 'रूपरेखा' (1948) में पंडित अमरनाथ और एस.डी. बातिश के साथ संगीतकारों की भूमिका निभाई थी। पर रवि रायचौधरी के संगीतबद्ध 'फूल खिले कितने निराले' (मुनव्वर सुलताना, विद्यानाथ सेठ), 'मैं तुम्हारी कौन' (मुनव्वर, ज़ीनत बेगम), 'सजनी क्यूँ प्यार जगाया था' (विद्यानाथ सेठ) और सेठ का संगीतबद्ध और गाया 'ओ गोरी काहे प्रीत करे' जैसे गीतों को खास सफलता नहीं मिली।

उदय शंकर की निर्मित मशहूर नृत्य फ़िल्म 'कल्पना' (1948) में न सिर्फ़ उदय शंकर के अद्भुत नृत्य थे (जिनकी तारीफ़ मशहूर अमेरिकी साहित्यकार जेम्स ज्वायस ने भी अपनी पुत्री को लिखे एक पत्र में की थी), बल्कि **विष्णुदास शिराली** का सुंदर संगीत भी था। 'दीप जलाओ जीवन के जगमग सपनों का', 'सदियों की बेहोशी में हम नाच रहे कठपुतलों से', 'भारत जय जय, भारत जय जय', 'हिंदोस्ताँ का बल है दल' जैसे गीतों के अलावा फ़िल्म में 'रासलीला', 'लोकगीत', 'ताल सपन', 'Eternal Melody', 'नृत्य द्वन्द्व' और 'कार्तिकेय' के नाम से नृत्य वाद्य-संयोजन के भी रेकॉर्ड जारी हुए थे। 'कल्पना' की बेहद कल्पनाशील संगीत प्रस्तुति के लिए शीराली का नाम हमेशा फ़िल्म-जगत के इतिहास में लिखा जाएगा। शिराली ऑरकेस्ट्रा के माने हुए जानकार थे और उदय शंकर के ग्रुप के ऑरकेस्ट्रा संचालक थे। उन्हें राष्ट्रपति पुरस्कार भी मिला था। 16 वर्षों तक वे फ़िल्म्स डिवीजन से भी सम्बद्ध रहे, और 1968 में फ़िल्म्स डिवीजन की 'महात्मा' में भी उन्होंने संगीत दिया था। संगीत-शिक्षा उन्होंने पं. विष्णु

दिगम्बर पलुस्कर से ली थी। 26 फरवरी, 1984 को 77 वर्ष की आयु में जम्मू में उनका निधन हुआ।

प्रसिद्ध पार्श्वगायिका **अमीरबाई कर्नाटकी** ने भी 'शहनाज़' (1948) नामक एक फ़िल्म में संगीत दिया था। यों कर्नाटक के बीजापुर जिले की रहनेवाली अमीरबाई 15 वर्ष की उम्र में ही फ़िल्मनगरी में आ चुकी थीं और एच.एम.व्ही. ने उनसे एक क़व्वाली भी गवाई थी जो अच्छी चली थी। उनकी बड़ी बहन गौहर फ़िल्मों की हीरोइन थी ही। अमीरबाई 'किस्मत' के सुपरहिट गीतों के बाद चोटी की गायिकाओं में गिनी जाने लगी थीं। 'शहनाज़' में अमीरबाई के स्वरबद्ध शायराना तबीयत लिए 'ऐ दिल तुझी को नींद न आई तमाम बात' (रफ़ी), रफ़ी के बेहतरीन आलापों वाली 'ज़िंदगी की राह में तेज़ चल' (रफ़ी, अमीरबाई, साथी), 'कुछ कह न सके' (अमीरबाई) 'मुझे तुमसे मोहब्बत है ये मेरी चाक दासानी' (रफ़ी, अमीर बाई), 'तेरे नज़दीक आते हैं' (अमीरबाई, रफी, साथी) जैसे कितने ही मधुर गीत इस फ़िल्म में अमीरबाई के खूबसूरत संगीत की याद दिला जाते हैं।

फ़िल्म ट्रेडर्स ऑफ इंडिया, कलकत्ता के बैनर तले बनी सुभाष बोस की इंडियन नेशनल आर्मी की कहानी पर बनी फ़िल्म 'सोल्जर्स ड्रीम' उर्फ़ 'सिपाही का सपना' (1948) के संगीतकार थे आज़ाद हिंद फौज प्रसिद्ध स्वतंत्रता-संग्राम सेनानी **कैप्टन राम सिंह**। यह एक अद्‌भुत फ़िल्म थी जिसमें 'नेताजी सुभाष चंद्र बोस की भी clippings शामिल थीं। इंडियन नेशनल आर्मी के ऑरकेस्ट्रा ने फ़िल्म के 'वर्षो गुजर गई है ज़ालिम का जुल्म सहते', 'तन से मोटे मन से मोटे तू ही आग लगाए', 'हिंदी सिपाही हिंदी सिपाही' जैसे गीतों को गाया था। 'हम देहली जाएँगे', 'सुभाष जी, वह जाने हिंद आ गए' और इन सबसे बढ़ कर I.N.A. का मशहूर गीत 'कदम कदम बढ़ाए जा' भी इस फ़िल्म में शामिल किए गए थे। इस फ़िल्म के साथ सत्य राय प्रोडक्शन्स की एक गीतों वाली documentary 'जयगान' का भी प्रदर्शन किया गया था जिसमें 1857 से 1942 तक भारतीय स्वतंत्रता-संग्राम की घटनाओं का चित्रण किया गया था। इसमें भी सुदीप्त भट्टाचार्य, सचिन गुप्त एवं पाद लाहिड़ी के संगीतबद्ध देशभक्ति गीत थे।[2]

संगीतकार **कृष्णदयाल** की 'ज़ंजीर' (1947) तो गौण थी पर उनके 'लेख' (1948) के गीतों ने तो धूम मचा दी थी। सुरैया और मुकेश के स्वरों में 'बदरा की छाँव तले नन्हीं नन्हीं बुँदिया' का तरन्नुम तो आज भी श्रोताओं का मन गुदगुदा जाता है। आशा, मुकेश की आवाज़ों में रवानगी का अंदाज़ लिए 'ये काफ़िला है प्यार का चलता ही जाएगा', मुकेश का सदाबहार दर्द भरा 'लुट गया दिन रात का आराम क्यों' और सुरैया का 'सीने पे मेरे वर्क़ गिराकर चले गए' जैसी मेलोडीज़ को मिलाकर फ़िल्म में कुल पन्द्रह गीत थे और यह इस दशक की एक यादगार संगीतमय फ़िल्म थी। पर जैसाकि अकसर फ़िल्मी दुनिया में होता है, कृष्णदयाल का चमत्कार क्षणिक रहा। अपनी अगली फ़िल्मों राज कपूर अभिनीत 'बावरा' (1950) की बेहतरीन शायराना कम्पोज़ीशन के बावजूद 'शमा जलती है तो परवाने चले आते हैं' (गीता, रफ़ी, लता), पारम्परिक शैली में 'ज़ुल्मी बना बलम के मार' (लता) व भैरवी आधारित 'मेरी दुनिया की शायद हर खुशी कम होती जाती है' (गीता), 'मलिका सलोनी' (1954) का 'वो आए हैं दिल को करार आ गया' (सुलोचना कदम) या 'विजयगढ़' (1954) के 'काम आएँगे न आँसू न ये आहें' (श्याम) जैसे गीतों से फिर 'लेख' जैसा जादू न जग पाया और कृष्णदयाल भी समय की गर्त में खो गए।

इस दौर के इक्का-दुक्का फ़िल्मों के संगीतकारों में **राम पंजवानी** का नाम भी लिया जा सकता है। राम पंजवानी सिंधी साहित्य, संस्कृति और संगीत के क्षेत्र में एक विराट व्यक्तित्व के रूप में मशहूर रहे हैं। 1911 में लरकाना में जन्मे राम पंजवानी सिंधी कविता और साहित्य के विद्वान तो थे ही, साथ ही बहुत अच्छे गायक भी थे। 1964 में 'अनोखा अजमूड़ा' के लिए साहित्य अकादमी पुरस्कार और 1981 में पद्मश्री से नवाज़े गए पंजवानी ने हिंदी फ़िल्मों में भी संगीत और गायन के क्षेत्र में थोड़ा योगदान दिया था। 'मग़रूर' (1950) में उन्होंने बुलो. सी. रानी के साथ दो गीतों को स्वरबद्ध किया था। शामू और इंद्रवदन भट्ट के साथ राम पंजवानी 'दामाद' (1951) के संगीतकार भी थे और उनका स्वरबद्ध किया 'कर राम भजन मन राम भजन' (राम पंजवानी, ईशू) एक बड़ा गजब-सा नौटंकी शैली का दिलचस्प गीत था। इसी तरह भगवान अभिनीत 'प्यार की बात' (1949) के संगीतकार थे **एन.ए. जलगाँवकर** जिन्होंने अल्लारखा और साथियों से 'तुझे मेरी कसम मेरे राजा' जैसा लम्बा गीत और उमा देवी से 'देखे तुम्हें अब मुझसे जुदा कौन करे' और ग़ज़ल-शैली में 'उनकी आँखों का इशारा' जैसे कई एकल गीत गवाए थे। फ़िल्म की सबसे कर्णप्रिय कम्पोज़ीशन की दादरा लाल पर लता देवी का गाया 'एक बार चले आओ'। पूरी फ़िल्म में जलगाँवकर ने हवाइयन गिटार का प्रचुर प्रयोग किया था।

पयामी एवं **शामू** ने अस्पी आज़ाद निर्देशित 'ये है दुनिया' (1948) में संगीत दिया था। **पयामी** द्वारा स्वरबद्ध शमशाद के स्वर में हम मुहब्बत करके पछताने लगे', 'दुनिया है बाजार इस बाज़ार में हम तुम' और 'नाच जवानी नाच, पैसे की झंकार पे

नाच' जैसे गीत शमशाद के दुर्लभ गीत बन के रह गए हैं। **शामू** ने हरिभाई के साथ 'बेगुनाह' (1949) का संगीत भी तैयार किया था। पयामी की संगीतबद्ध पाँचवें दशक की ही 'संसार तरंग' में उन्होंने शाम और गीता राय से गीत गवाए थे, पर बदकिस्मती में फ़िल्म प्रदर्शित नहीं हो पाई। फ़िल्म में शाम का गाया एक बहुत ही दर्दीला नग़मा था—'मेरे अरमानों की दुनिया दर्द से आबाद है'। इंदबदन भट्ट और राम पंजवानी के साथ संगीत देते हुए शामू ने श्रीमती विश्वीलाल से 'दामाद' (1951) में कई गीत गवाए थे। वहीं पयामी ने जफ़र खुर्शीद के साथ मिलकर 'भेदी लुटेरा' (1955) में भी संगीत दिया था, पर फ़िल्म असफल रही।

एक और संगीतकार थे **जे.डी. मजूमदार** जिन्होंने पाँचवें दशक की अप्रदर्शित फ़िल्म 'हवाई किला' को संगीतबद्ध किया था। 'आज़माइश' (1952) में किसी मजूमदार का संगीत था—पता नहीं वे यही थे या कोई और। जे. मजूमदार ने फारवर्ड पिक्चर्स की 'फूजीलामा' (1954) और स्टंट फ़िल्म 'लालू उस्ताद' (1956), 'महारानी' (1957—बसंत प्रकाश के साथ) में भी संगीत दिया था।

संगीत **मधुसूदन आचार्य** मुख्यतः फ़िल्म 'किनारा' (1949) के निर्माता, नायक संगीतकार और गायक के कारण याद किए जाते हैं। 28 नवम्बर, 1911 को अहमदाबाद में जन्मे आचार्य ने स्वतंत्रता-संग्राम में हिस्सा लिया, लाठी भी खाई और जेल में भी बंद रहे। उस्ताद अब्दुल करीम खाँ और उनके शिष्य बालकृष्ण से संगीत-शिक्षा के बाद कुछ दिनों तक रोशनआरा बेगम से भी सीखा। अहमदाबाद के मिल-मालिकों के साथ जापान भी जाकर स्टेज प्रोग्राम पेश करनेवाले आचार्य 1947 में बम्बई आए। रंगमंच थियेटर बनाने का उनका सपना तो सच नहीं हुआ, पर 'किनारा' फ़िल्म का निर्माण सफल रहा। 'किनारा' ठीक ठाक ही चली, पर अनुभवहीनता, वितरकों के साथ अनबन के कारण उन्हें नुकसान उठाना पड़ा। इस फ़िल्म में बिस्मिल्लाह खान और उनके भाई ने भी अभिनय किया था।[3] 'किनारा' के गीत बड़े अच्छे बने थे और मधुसूदन आचार्य ने स्वयं भी 'ओ रे ज़माने देख लिया तेरा ज़माना' तथा 'हम उन पर भरोसा किए जा रहे हैं' जैसे गीत गाए थे। 'किनारा' में आचार्य ने लता से भी एक गीत गवाया था—'जाने वाले ये जवानी चार दिन की'। 'किनारा' के बाद आचार्य नाटक लिखने और रंगमंच की दुनिया में ही व्यस्त रहे, और फ़िल्म-संगीत से नाता टूट-सा गया।

हेमंत नाम के एक अन्य संगीतकार (हेमंत कुमार नहीं) भी फ़िल्म-जगत में हुए हैं। अप्रदर्शित फ़िल्म 'हमारी कहानी' के लिए पाँचवें दशक में उन्होंने लता मंगेशकर से कई गीत गवाए थे। 'प्रीतम से जा के कह दे' जैसी जटिल कम्पोज़ीशन, 'मोहन क्यों नहीं आए', मल्हार से प्रारंभ होकर कई बार धुनों में परिवर्तन के साथ सृजित सुंदर गीत 'नैनों में मस्ती छाई' और 'आओ मेज बिछाए सजनी' जैसे एकल गीतों के अलावा लता ने बालकराम के साथ 'झूलो झूलो प्यार हिंडोले' और 'जय श्याम राधेश्याम' गीत भी गाए थे। बाद में हेमंत ने केदार के साथ **हेमंत-केदार** नाम से 'खौफ़नाक जंगल' (1955), 'पुलिस स्टेशन' (1959—पृष्ठभूमि संगीत), कैप्टेन इंडिया (1960) में भी संगीत दिया। 'कैप्टेन इंडिया' का 'मैं पढ़ रही हूँ तुमको, मेरी किताब तुम हो' (तलत, सुधा) आधुनिक ऑरकेस्ट्रेशन के साथ एक बहुत सुंदर शायराना तर्ज़ लेकर आयी थी, पर गीत कोई खास चला नहीं।

पाँचवें दशक में बनाई जा रही अप्रदर्शित फ़िल्म 'हमराज़' के संगीतकार थे **शंकर लाल**। 'खूबसूरत दुनिया' (1947), हलके-फुलके 'एक लड़का घर से निकल गया' (रफ़ी, गीता), 'ये मर्द के सर के दर्द हैं' (रफ़ी, शमशाद, साथी) जैसे गीतों वाली 'खुशबू' (1954) आदि में भी इनका संगीत था। वहीं **गिरधर** ने प्रसिद्ध संगीतकार-द्वय सोनिक-ओमी की आरम्भिक अप्रदर्शित फ़िल्म सेंट्रल इंडिया पिक्चर्स की 'इंतज़ार' (1950) और श्री श्याम चित्र की गुंजाल निर्देशित 'ईश्वर भक्ति' (1951) में संगीत दिया था।

इस दौर में भी ऐसे अनेक संगीतकार आए जो एकाध फ़िल्मों में संगीत देकर ही विलुप्त हो गए। यह बात कम ही लोग जानते होंगे कि अभिनेता **मोतीलाल** ने भी कुछ फ़िल्मों में संगीत दिया था। सचिन दास के नाम से आर्ट फ़िल्म्स, कलकत्ता की हेमेन गुप्ता निर्देशित 'तकरार' (1944) में उनका संगीतबद्ध गीत 'ले के चला दिल है मेरा किसकी गली में' थोड़ा-बहुत चला भी था। **पं. जगन्नाथ प्रकाश** ने मुरारी पिक्चर्स की मोहन सिन्हा निर्देशित पृथ्वीराज और शोभना समर्थ की अभिनीत 'श्रीकृष्णार्जुन युद्ध' (1945) में शास्त्रीय आधारित कई गीत कम्पोज़ किए थे जिनमें ऊँची पट्टी पर बनाया गया 'नाच, गुलाबी नाच', 'अमरप्रेम का गीत', 'धन्य हे भारत भूम' शामिल थे। रमणीक देसाई निर्देशित 'राहत' (1945) में वत्सला कुमठेकर से 'चंद्रमा के मुखड़े से बादल की चुनरी यह किसने हटा दी' जैसा शृंगारिक गीत गवाने वाले संगीतकार थे **एस. दत्त**। **जी.दामले** ने प्रभात की 'रामशास्त्री' (1944) के हिंदी संस्करण में संगीत दिया था और 'करो हमें प्रणाम करो जी', 'ओ मेरे भगवान अब तो हमसे रहा न जाए' (मीनाक्षी), 'तड़प तड़प कर तरस तरस कर' (मीनाक्षी) आदि गीतों का सृजन किया था। **बहराम ईरानी** नीनू मजुमदार के साथ स्टैंडर्ड पिक्चर्स की 'ब्लैक आउट' (1942) के संगीतकार रहे थे। दामोदर शर्मा के साथ मोहन पिक्चर्स की 'जादुई किस्मत' (1944)

में भी उनका संगीत था। कुछ अन्य गौण संगीतकारों में **लालूभाई भोजक** (प्रीतम, 1942; अंगूठी, 1943—देवधर और अशोक घोष के साथ), **खुर्शीद खान** (अबला, 1941), **छन्नालाल नाइक** (बसंत पिक्चर्स की हंटरवाली की बेटी, 1943, वतन फरोश, 1943—मूलराज कापड़िया के साथ) के नाम लिए जा सकते हैं। **छन्नालाल ठाकुर** ने सनराइज़ की 'भक्त के भगवान' (1947) में राजकुमारी से 'ऐ चाँद तू बता दे मेरा चाँद है कहाँ' जैसे खूबसूरत गीत, लोकशैली में 'सजनी छोटी-सी है बात' और सारंग आधारित 'आज है प्रथम मिलन' जैसे गीत गवाए थे। 'झलक' (1947) में भी उनका संगीत था।

असलम (जंगी जवान, 1943—श्यामसुंदर के साथ) और **एस. असलम** (मोती, 1947—दादा चाँदेकर के साथ) सम्भवतः एक ही व्यक्ति रहे होंगे। एस. असलम द्वारा संगीतबद्ध 'रुपए की कहानी' (1948) का गीत 'मज़ा बरसात का चाहो' को असलम ने नज़ीर अकबराबादी की इस प्रकार की रचनाओं के लिए प्रयुक्त सामूहिक तर्ज़ पर (जिसमें पुरुष और महिला गायक दोनों ही होते थे) सुंदरता से बनाया था। **अफ़ज़ल** (जंगी जवान, 1943) और **अफ़ज़ल लाहौरी** (स्टण्ट किंग, 1944) क्या एक ही संगीतकार थे, इसके बारे में मेरे पास पूरी जानकारी नहीं है। अफ़ज़ल लाहौरी ने 'लुटेरा' (1947) और 'सजनी' (1947—**एल. अमर** के साथ) में संगीत दिया था। 'सजनी' का एक गीत 'ज़ालिम तेरा ख्वाब सताए तो क्या करूँ' (मंजू) बहुत ही खूब कम्पोज़ किया गया था। राग भूपाली पर दादरा ताल में सृजित इस गज़ल में पश्चिमी संगीत के काड्र्स का भी उपयोग था और पियानो पर धीमा जैसा iltz प्रभाव भी उत्पन्न किया गया था।

एस.के. कादरी 'मोहब्बत की दुनिया' (1946) में दिनकर बिडकर के साथ दूसरे संगीतकार थे। **अयूब खान** ने नारीमन घड़ियाली निर्देशित 'नामुमकिन' (1946) में संगीत दिया था। **पी. मधुकर** 'वकील साहब' (1943—अन्ना साहब माइनकर के साथ) के संगीतकार थे जबकि **पल्सेकर** राजलक्ष्मी की 'महाकवि कालिदास' (1944) के प्रबोध डे और स्नेहप्रभा के गाए गीतों के संगीतकार थे। **वीर सिंह** 'तूफान' (1940), 'माया नगरी' (1944), 'फ़्लाइंग एक्सप्रेस' (1947) और **एच. एन. शर्मा** 'ब्लैक शर्ट' (1946), 'अटेन्शन' (1947) और 'मि. डायनामाइट' (1947) के संगीतकार रहे थे। **गीता वर्मा, बालमुकुंद** एवं **रीजराम** ने शंकरराव व्यास और गुलाम मुहम्मद के साथ जय शक्ति पिक्चर्स की 'मेरा गीत' (1946) में बतौर संगीतकार काम किया था। रीजराम ने खान मस्ताना के नाम 'एक्स्ट्रा गर्ल' (1947) में भी संगीत दिया था। 'रामदर्शन' (1950) के कई संगीतकारों में बालमुकुंद और रीजराम भी थे। 'हमारी दुनिया' (1956) में रीजराम श्यामबाबू के सहायक थे। **संगीतकार एम.ए. मुख्तार** ने अपराइट पिक्चर्स, बम्बई की 'चेहरा' (1946) में संगीत दिया था। इस फ़िल्म को मुकेश के चाहनेवाले मुकेश के गाए दर्दीले 'ओ प्राणी क्या सोचे क्या होए' और मस्ती भरी धुन वाले 'क्या जादू है तेरे पास पिया' (शमशाद के साथ) के कारण याद रखेंगे। एम.ए. मुख्तार 'परवाना' में खुर्शीद अनवर के सहायक रहे थे। बड़ी दुर्भाग्यपूर्ण स्थितियों में जालन्धर के साम्प्रदायिक दंगे में वे मारे गये। **नारायण राव व्यास** जुपिटर की नाड़ी घड़ियाली निर्देशित 'एवर रेडी' (1946) और दिलजीत पिक्चर्स की घड़ियाली निर्देशित ही 'रायल मेल' (1946) के संगीतकार थे। हुस्नबाबू और यशवंत भट्ट ने 'रॉयल मेल' के 'ऐ फूल बता कैसा होगा मेरा पिया' जैसे रूमानी गीत गाए थे। **पी. शंकर** ने राजहंस फ़िल्म्स की 'नीरा और नंदा' (1946) में ब्रजेंद्र गौड़ के लिखे गीतों को कृष्णाबाई से गवाया था। राजा परांजपे निर्देशित 'दो कलियाँ' (1948) में भी उन्हीं का संगीत था (हालाँकि एक गीत और स्टेज संगीत बसंत पवार का था)। **अली हुसैन** ने 'पनिहारी' (1946—एस.एन. त्रिपाठी के साथ) में संगीत देने के बाद 'कौन परदेसी' (1947) में गीता, मोहनतारा और अमीरबाई से गीत गवाए थे। मुरादाबाद के रहनेवाले अली हुसैन ने 'ओ जाने वाले' (1948) में शमशाद और मुकेश से एक द्रुत गति का दो गाना 'सजनवा प्रेम कहानी' और फ़िल्म का शीर्षक गीत 'ओ जाने वाले हमको भूल न जाना' गवाया था। **एस. कुरैशी** 'सिंदबाज जहाजी' (1946) और 'वस्ल की शब है न खाली जाएगी' जैसी कव्वाली शैली को शामिल कर बनी 'अरब का सितारा' (1946) के संगीतकार थे।

इसी प्रकार **साबिर हुसैन** ('देखोजी', 1947—तुफैल फारूखी के साथ), **एस. हबीब** ('नूरे अरब', 1946, 'सिल्वर क्वीन', 1946), **नियाज़ हुसैन शमी** ('पराए बस में', 1946—विनोद के साथ), **आर. रामनाथकर** ('सोफ़िया', 1946) जैसे कुछ परम्परागत शास्त्रीय संगीत और महफ़िली संगीत के ज्ञाताओं ने भी फ़िल्म-जगत में अपनी किस्मत आजमाई, पर फ़िल्मी दुनिया की सफलता उनसे रूठी ही रही। **भाईलाल** ('मोहिनी', 1947—लच्छीराम के साथ), **सरदार भीम सिंह** ('तूफ़ानी टक्कर', 1947), **असगर** ('नेक दिल, 1948—मोहम्मद हुसैन के साथ), **जे. खान** ('निर्दोष अबला, 1949) के भी असफलता के इसी संदर्भ में नाम लिए जा सकते हैं। **फ़तेह अली खान** गायक तो बहुत अच्छे थे ही, उन्होंने कुछ फ़िल्मों में संगीत भी दिया था। 'डायरेक्टर' (1947—लच्छीराम के साथ) इस दशक की उनकी उल्लेखनीय फ़िल्म रही। रमणीक देसाई की निर्देशित 'एक कदम' (1947) में संगीतकार **प्रकाश**

नाथ शर्मा ने शमशाद बेगम से 'अब फिर से फिर फिर से याद आए क्यूँ' और 'एक कदम एक और कदम' जैसे अच्छे गीत गवाए थे, पर बलराज साहनी की पत्नी दमयंती साहनी की अभिनीत इस फ़िल्म को व्यावसायिक सफलता मिली नहीं। **रामकृष्ण शिंदे** 'मैनेजर' (1947), 'बिहारी' (1948—नरेश भट्टाचार्य के साथ), 'किसकी जीत' (1948) के संगीतकार रहे। **बी.एस. ठाकुर** ने एस.यू. सन्नी निर्देशित 'शांति' (1947) में संगीत तो दिया ही था, साथ ही पारुल घोष और रफ़ी जैसी आवाजों को लेने के अलावा स्वयं भी कुछ गीत गाए थे। वहीं **सफदर मिर्ज़ा** ने मुराद पिक्चर्स की स्टंट फ़िल्म 'स्पीड क्वीन' (1947—शर्मा के साथ) में संगीत देने का काम किया था। **दत्ता ठाकर** ने केलकर निर्देशित 'अमर प्रेम' (1948) में राजकुमारी से 'वृन्दावन में भोर उठा के घूँघट श्याम निशा का' और रफ़ी तथा राजकुमारी के युगल स्वरों में 'आओ चलें मनवा मोरे दूर कहीं रे' जैसे सुंदर गीत गवाए थे। **आज़म बेग** ने रामप्रसाद के साथ मिलकर सुरैया और करन दीवान के अभिनय वाली 'शक्ति' (1948) में संगीत दिया था। उन्होंने रामप्रसाद के साथ सुरैया के लोकप्रिय गीत 'काली घटाओ जाओ सजन को समझाओ', 'अरमान भरा दिल ने गाया' और 'झन झनन बाजे दिल का सितार' गीतों की रचना की थी। वीणा कुमारी की निर्देशित, अभिनीत और उनके गीतों से भरी 'शौहर' (1948) के संगीतकार थे **मसूद,** पर गीत सफल न हो सके। राधा फ़िल्म्स लिमिटेड, कलकत्ता की 'बुनियाद' (1950) के संगीतकार द्वय **रॉबिन राय** और **जटाधर पायने,** इंडियन पिक्चर्स की 'चॉकलेट' (1950) के संगीत सृजक **मोहन शर्मा** भी इसी दौर में आए और लुप्त हो गए। मोहन शर्मा की संगीतबद्ध हिंद थियेटर्स की 'जय हिंद' तो प्रदर्शित न हो पाई, वरना शेखर के स्वर में 'आज कैसा गीत गाऊँ' और 'हौले-हौले पूरन जागे' (गीता, के.एस. रागी) जैसे गीतों को वाकई अधिक लोकप्रियता मिलती।

हरीश भारद्वाज ने 'अहिंसा पथ' (1949) में संगीत देते हुए कुछ गीत स्वयं भी गाए थे। **दत्ताराम गाडेकर** की स्वरबद्ध रचनाएँ 'विक्रम शशिकला' (1949) में थीं। **चेतूमल** नेशनल आर्टिस्ट की 'बॉम्बे' (1949) में मुश्ताक हुसैन के साथ संगीतकार थे। उन्होंने फ़िल्म के सहायक संगीतकार एन. भट्टाचार्य के साथ मिलकर सुलोचना कदम और राम सहगल के गाए कुछ गीतों की धुन तैयार की थी। **एस.बी. देवदास** ने भगवान अभिनीत 'जीते रहो' (1949) में दिलीप कुमार राय और रोहिणी राय से 'जब से बुलाया आपने', 'जीने आए हो जीते रहो', 'हुए दर्द से हम मजबूर', 'तुझमें है कौन वह अदा मुझे मालूम नहीं' जैसे दिलकश गीत कम्पोज़ किए थे, पर देवदास बस इस फ़िल्म के बाद हिंदी फ़िल्मों में नजर ही नहीं आए। एक उल्लेखनीय गीत जो उन दिनों प्रसिद्ध हुआ था, वह था 'कैसा कैसा बदल गया है ज़माना'। 'अपराध' उर्फ़ 'समाज की भूख' (1949) नामक फ़िल्म के इस गीत के संगीतकार थे मूलतः पंजाब के रहनेवाले कत्थक नृत्य में पारंगत **महावीर प्रसाद** जिन्होंने कई हस्तियों को संगीत-शिक्षा दी तथा बाद के वर्षों में लता के कई गैर-फ़िल्मी गीतों को भी कम्पोज किया।

दशक के अंतिम वर्ष में **बी. रामनाथ उर्फ़ वाधवा** ने मंजू फ़िल्म्स की 'दुश्मनी' (1950) में खान मस्ताना से एक असरकारी गीत 'आहों में बसा है कोई एक बार तो आ जा' गवाया था। 'हँसते रहना' में वाधवा ने लता से एक कमाल का गीत गवाया था—'है कितना सुहाना, है कितना सुहाना नज़ारा'। यह प्रकृति की सुंदरता को उद्भासित करती अलग-सी धुन लिए एक बड़ी मीठी रचना थी। मुखड़े के 'है' शब्द को हलका-सा खींचकर तेजी से अगले शब्दों पर आना और फिर रुक जाना धुन की अनुपम विशेषता थी। **आबिद हुसैन खाँ** ने सुशांत बनर्जी के साथ मिलकर फ़िल्मलैंड की गाँधीवादी संदेश से प्रेरित फ़िल्म 'द लास्ट मेसेज' (1949) में संगीत दिया था। कई नामी-गिरामी शायरों (जैसे जोश मलीहाबादी, वहजाद, लखनवी आदि) के लिखे गीतों वाली इस फ़िल्म में आबिद हुसैन खाँ और सुशांत बनर्जी के मिलकर स्वरबद्ध 'जगमग है संसार' (शमशाद), 'ऐ चाँद कभी न छुपना' (शमशाद), 'मनवा उड़ा जाए' (उमा देवी, सुधा मल्होत्रा), 'ऐ बेकल बेचैन नदिया' (सुधा मल्होत्रा), 'सदियों सोएगा संसार' (शैलेश मुखर्जी) जैसे गीत शामिल थे। **एम. गोलवालकर** और प्रसिद्ध गायिका अभिनेत्री **शांता आप्टे** ने मिलकर 'मैं अबला नहीं हूँ' (1949) का संगीत तैयार किया था। वहीं **चित्तराम** ने रामकृष्ण फ़िल्म कॉर्पोरेशन कलकत्ता की 'माया डोर' (1949) में संगीत दिया था। गीतकार **भरत व्यास** शालीमार पिक्चर्स, पूना से अपने आरम्भिक वर्षों में कई दिनों तक जुड़े रहे, और उनके कई गीतों की धुनें एस.के. पाल ने बनाई थीं। पर शालीमार की 'रंगीला राजस्थान' (1949) में वे न सिर्फ़ गीतकार थे, बल्कि पाल और कल्ला के अलावा फ़िल्म के तीसरे संगीतकार के रूप में राजस्थानी लोकशैली के रंग में 'ओ जंगल मंगल देश म्हाणे' (राजकुमारी, भाटकर, अन्य स्वर), 'यार नज़र तड़पावे' (राजकुमारी, भाटकर), 'पीपल की ओट चंद्रमा' (राजकुमारी, भाटकर), 'झिरमिर रे कि राम प्यारा' (सितारा, राजा गुल) जैसे गीत भी उन्होंने स्वयं ही कम्पोज़ किए थे। **प्रफुल्ल चौधरी** ने इंडियन नेशनल आर्ट पिक्चर्स की 'स्वयं सिद्धा' (1949) में तलत महमूद से 'जो बीत गया सो बीत गया, साथी ये नया ज़माना है' और हीर पर आधारित 'दिन बीत चले, ये राही मनचाही करने' जैसे प्रसिद्ध साहित्यकार भवानी प्रसाद मिश्र के लिखे खूबसूरत गीत गवाए थे। यह भी एक रोचक

तथ्य है कि कलकत्ते में प्रसिद्ध हुए तलत को बम्बई की बनी फ़िल्मों में भी आरम्भिक अवसर अनिल विश्वास और प्रफुल्ल चौधरी जैसे बंगाली संगीतकारों ने ही दिया। **टी.के. दास** ने शर्दूल क्वात्रा के साथ 'जलते दीप' (1950) में संगीत देकर गीता से नाज़िम पानीपती का कलाम 'हमें अपने दिल से जुदा कर रहे हो' गवाया था। संगीतकार **शांतिलाल शाह** रमेश गुप्ता निर्देशित भारतभूषण की अदाकारी वाली 'राम दर्शन' (1950) के छः संगीतकारों में शरीक थे। शमशाद के गाए 'दिल में मेरे याद उनकी, याद में इक पीर है' और रफ़ी के गाए 'हमें भूल जाना दिल न दुखाना' जैसे दर्दीले नग़मोंवाली फ़िल्म 'बिखरे फूल' तो प्रदर्शित ही न हो पाई। इनके संगीतकार **प्रकाश** थे। हो सकता है, ये 'एक क़दम' (1947) के प्रकाश नाथ शर्मा ही हों। आज ये सभी संगीतकार विस्मृति की गर्द में खो चुके हैं। पर यदि इनकी रचनाओं में से भी चयन करके कुछ खूबसूरत गीतों का एक एलबम कोई संगीत-कम्पनी निकाले तो पाँचवें दशक के फ़िल्म-संगीत की प्रवृत्तियों का प्रतिनिधित्व करता एक सुंदर नमूना श्रोताओं के सामने प्रस्तुत किया जा सकता है।

संदर्भ

1. राज्याध्यक्ष, विलेमैन : एन साइक्लोपीडिया ऑफ़ इंडियन सिनेमा
2. हरमिंदर सिंह 'हमराज़' : हिंदी फ़िल्म गीतकोश, खंड II
3. हरीश रघुवंशी : लिस्नर्स बुलेटिन, नवम्बर, 1984

छठे दशक की कुछ प्रवृत्तियाँ

छठे दशक का संगीत नई-नई प्राप्त स्वतंत्रता के उल्लास के परिप्रेक्ष्य में उभरी अभिव्यक्तियों का संगीत बनकर शुरू हुआ। स्वतंत्रता का अर्थ था राजनीतिक, सामाजिक धरातल पर भी एक नया माहौल जहाँ आशाओं और आकांक्षाओं के फलीभूत होने के अवसरों की कल्पना ने संगीत के उद्गार को भी नई भंगिमाएँ दीं। अब तक प्रयुक्त फ़िल्म-संगीत के रिद्म और ताल के प्रचलनों को छोड़कर रवानगी-भरा उन्मुक्त संगीत आया, मानो संगीत के स्तर पर भी पराधीनता के बंधनों को तोड़ डाला गया हो। शंकर-जयकिशन ने अपने सहज रिद्म से संगीत को एक नई परिभाषा दी। यह सम्भ्रांत वर्ग की ग़ज़लों, महफ़िली शैली के संगीत से अलग आम आदमी का संगीत था जिसे राज कपूर की समाजवादी स्पर्शवाली फ़िल्मों में अनुकूलता का वातावरण मिला। इस संगीत में धुनों की सहजता और गेयता थी जिसे आम आदमी भी राह चलते गुनगुना सकता था। पुरानी परिपाटियों से अलग रिद्म ही अब केंद्र था जिसके इर्दगिर्द गीतों का सृजन होता था। शंकर-जयकिशन ने पूर्वी यूरोप की कई प्रचलित रिद्मों और धुनों को उनकी तमाम उन्मुक्तता के साथ हिंदी फ़िल्मों में गीतों और पार्श्वसंगीत के लिए प्रयुक्त किया। संगीत के इस बेलौस प्रवाह में सलिल चौधरी जैसे संगीतकार ने तो देश-प्रदेश की सभी सीमाएँ तोड़कर संगीत के अंतर्राष्ट्रीय जनचेतना के माध्यम को रेखांकित करते हुए पाश्चात्य सिम्फ़नी, कॉर्ड पैटर्न और हार्मनी के तत्त्वों को बड़े मौलिक अंदाज़ से अपनी तरंगित तथा elegant संगीत-शैली में समाहित किया।

इसी उन्मुक्त वातावरण का एक पहलू बना नायक की रूढ़ियों को तोड़ती, पुरानी मान्यताओं को दरकिनार करती एक bohemian अलमस्त छवि के अनुरूप उभरा संगीत। देव आनंद की फ़िल्मों में परम्परागत मूल्यों और व्यवहार को तोड़ने के भाव अधिक थे, राज कूपर की फ़िल्मों की तरह आम आदमी के सामाजिक मूल्यों का सृजन पक्ष यहाँ कम था। सचिन देव बर्मन का संगीत इन नई छवि के अनुरूप ही आधुनिक बिम्ब-विधान लेकर आया। ओ.पी. नैयर ने भी अपनी कई रचनाओं में नए ज़माने के बेफ़िक्र माहौल को ही तालबद्ध किया। स्वतंत्रता उपरांत बढ़ते हुए नए मध्यम वर्ग और कामगारों के वर्ग की दर्शक और श्रोता मानसिकता ने परिष्कृत, one dimensional रूमानी संत जैसे नायक की पारम्परिक छवि को तोड़कर तिरस्कृत, उपेक्षित पर कोमलहृदयी नायक (राज कपूर और देव आनंद की फ़िल्में) की नई छवि को स्वीकार किया।

दशक के विस्तार के साथ-साथ स्वतंत्रता-पूर्व की सामाजिक सोच, विचारधाराएँ, परम्पराएँ और नैतिक मूल्य तेज़ी से बदलने लगे थे। संगीत में भी नए प्रतिवादी स्वर की और धाराएँ मुखर हुईं। अमेरिका से 'रॉक एंड रोल' का तेज़, sensual स्वर फ़िल्म-संगीत के फ़लक पर आया, और नई पीढ़ी के शम्मी कपूर, देव मुखर्जी आदि कलाकारों की अदाकारी और संगीत-भंगिमाओं के रूप में एल्विस प्रेस्ली और लिट्ल रिचर्ड की 'रॉक एंड रोल' का रूपांतरण अत्यंत लोकप्रिय रहा।

पर यह भी इंगित करना महत्त्वपूर्ण है कि हालाँकि दशक के अंत तक स्वतंत्रता से उद्भूत आशाओं और आकांक्षाओं तथा नेहरू के विकास मॉडेल से मोहभंग भी प्रारंभ हो चुका था, तथा 'प्यासा' जैसी फ़िल्मों के संगीत में समाज में व्याप्त वर्ग-भेद, शोषण और विसंगतियों पर कठोर प्रहार भी था, पर यह विद्रोह कभी भी हिंदी फ़िल्म-संगीत की एक धारा बनकर नहीं फैल गया। वूडी गथरी, पीट सीगर और लेडबेली ने अमेरिका में जिस तरह गरीबों, आवासहीनों और बेरोज़गारों की आवाज़ के रूप में 'talking blues' और 'folk balladry' की संगीत-शैली को लोकप्रिय बनाया था, और जिन्हें अपने संगीत में आत्मसात करके बॉब डिलन ने 'Blowing in the wind' जैसे गीतों के द्वारा अमेरिकी लोक-अधिकार और शांति-आंदोलनों को मजबूती दी थी, वैसी दिशा भारतीय फ़िल्म-संगीत कभी नहीं ले पाया।

एस. एन. त्रिपाठी

'गोरी-गोरी गोरियों के मुख पे चमचमाती आज चाँदनी-भरी सुहानी रात आ गई'

फ़िल्म-संगीत में मेलोडी का ज़िक्र आए और एस. एन. त्रिपाठी का नाम न आए, यह हो ही नहीं सकता। उनकी मेलोडी में शुद्ध भारतीयता थी और उस भारतीयता के अंदर भावों के अनुरूप विविधता थी। उन्हें अधिकांशः भक्ति-पौराणिक या ऐतिहासिक फ़िल्में ही नसीब हुईं, पर इन फ़िल्मों में ही उन्होंने एक से एक मधुर गाने बनाए। उल्लास का भाव लिए उनके कई गीतों में एक झंकार, एक नृत्यात्मकता मुखर होती है जो भक्ति-फ़िल्मों के शिवराम या अविनाश व्यास जैसे संगीतकारों से उन्हें अलग करती है। दूसरी तरफ़ 'संगीत सम्राट तानसेन' जैसी ऐतिहासिक फ़िल्मों में शास्त्रीय संगीत पर अपनी पकड़ को उन्होंने अभूतपूर्व ढंग से प्रस्तुत किया। साथ ही 'बिदेसिया' जैसी फ़िल्म में लोकसंगीत की जो बहार उन्होंने फैलाई, यह इस बात को भलीभाँति सिद्ध करता है कि मौके के अनुरूप उनके संगीत में सभी रंग थे और कोई भी रंग दबा हुआ नहीं था। बड़ी-बड़ी बैनरों के बड़े लोकप्रिय संगीतकारों के वर्चस्व के युग में 'जनम-जनम के फेरे' जैसी महत्त्वहीन फ़िल्म में 'ज़रा सामने तो आओ छलिये' को बिनाका की सालाना पायदान पर नम्बर एक का गीत बना पाना आसान नहीं था और यह कर दिखाकर उन्होंने फ़िल्म-जगत की व्यावसायिकता की तमाम परिपाटियों और परिभाषाओं को ही ध्वस्त कर दिया था। पर एस.एन. त्रिपाठी फ़िल्म-जगत में मात्र संगीतकार बनकर ही नहीं रहे। उन्होंने कुछ फ़िल्मों का निर्माण भी किया, निर्देशन भी किया और अभिनय के क्षेत्र में भी गए। यह भी एक कारण था कि पहली पायदान के संगीतकारों में वे नहीं आ पाए, हालाँकि एकमात्र कारण यह नहीं था। फिर भी जहाँ चित्रगुप्त उनसे कम विविधता के बावजूद सिर्फ़ संगीत पर केंद्रित रहकर ए. व्ही. एम. जैसे बड़े बैनर की फ़िल्में पाने लगे, वहीं एस.एन. त्रिपाठी की अन्य मसरूफ़ियतों ने, और कुछ भाग्य ने, उन्हें मात्र बी और 'सी' ग्रेड की फ़िल्मों तक ही सीमित रखा।

14 मार्च, 1913 को जन्मे एस. एन. त्रिपाठी मूलतः बनारस के रहनेवाले थे। चाचा बनारसी रंग के थे और संगीत का खूब शौक रखते थे। उन्हीं के कारण एस. एन. त्रिपाठी को भी उस ज़माने के नामी-गिरामी संगीतकारों को सुनने का सौभाग्य प्राप्त हुआ। उस ज़माने के मशहूर अभिनेता और संगीतकार बद्रीप्रसाद (जो बनारस से ही थे) जब बनारस में रहा करते थे, तो उनके साथ बैठकर नाटकों के दृश्यों के अनुरूप धुनें बनाने में एस. एन. त्रिपाठी भी मदद करते थे। वहाँ से बद्रीप्रसाद तो कलकत्ता के रंगमंच और फिर फ़िल्मी दुनिया में चले गए और एस.एन. त्रिपाठी संगीत-साधना के लिए लखनऊ के मॉरिस कॉलेज में दाखिल हो गए। देविका रानी और हिमांशु राय अपने लखनऊ प्रवास में इनसे इतने प्रभावित हुए कि अपने साथ बम्बई ले आए और बाम्बे टॉकीज़ में वॉयलिनवादक का काम दे दिया। फिर 'जीवन नैया' (1934) से वे बॉम्बे टॉकीज़ की संगीतकारा सरस्वती देवी के सहायक के रूप में काम करने लगे। 'अछूत कन्या' (1936) के सरस्वती देवी की कम्पोज़ीशन 'मैं बन की चिड़िया बन ही बन में' का अशोक कुमार और देविका रानी को एक माह तक अभ्यास कराने वाले एस. एन. त्रिपाठी ही थे। गायक के तौर पर 'जीवन नैया' में 'ऐ री दैया लचक-लचक मोहन आवे' गीत स्वयं की कम्पोज़ की हुई

संगीतकार एस.एन. त्रिपाठी

धुन पर उन्होंने स्वयं गाया था। बाम्बे टॉकीज़ में 'भाभी' (1938) तक करीब 10 फ़िल्मों में सहायक संगीतकार रहने के बाद उन्होंने बॉम्बे टॉकीज़ छोड़ दी।

स्वतंत्र रूप से संगीत-निर्देशन के रूप में पहली फ़िल्म इन्हें 'चंदन' मिली जो दो वर्ष बाद 1939 में रिलीज़ हुई। इस फ़िल्म में जिस प्रथम गीत की धुन उन्होंने बनाई थी उसे राजकुमारी के साथ मिलकर गाया भी था—'नन्हा-सा दिल देती हूँ परदेसी'। फिर उन्हें प्रकाश पिक्चर्स की 'चूड़ियाँ' (1942) मिली, जिसके 'चूड़ी लाया नहीं मनिहार' (अमीरबाई के साथ स्वयं गाया था), 'अमवा तले फिर से आओ सजनिया' (राजकुमारी, प्रेम अदीब), 'मान जाओ तोहे साड़ी बनारस की ला दूँ', 'चूड़ी हूँ मैं, एक कहानी हूँ मैं' (राजकुमारी) जैसे बनारसी लोक और नौटंकी रंग के गीत अच्छे लोकप्रिय हुए। इस लोकप्रियता के मद्देनज़र प्रकाश पिक्चर्स की 'पनघट' (1943) में भी उन्हें ही संगीतकार रखा गया। जहाँ 'चूड़ियाँ' में चूड़ी के थीम पर अनेक गीत थे, वहीं 'पनघट' में 'पनघट को चली पनिहारी' (राजकुमारी, अन्य स्वर), 'मोरी गगरी का नीर' (राजकुमारी, अन्य स्वर), 'पनघट पर पानी भरने' (राजकुमारी, एस. एन. त्रिपाठी, साथी) जैसे पनघट पर पानी भरने की ग्रामीण लोक-क्रिया को संगीत के माध्यम से अभिव्यक्त करते कई रसीले गीत थे जो लोकप्रिय रहे। 'मैं हूँ कली मतवाली' (राजकुमारी) और 'दूर चला चल तू कहीं' (राजकुमारी, एस. एन. त्रिपाठी) तो खूब चले थे। 'दुनिया तुम्हारी है' (1944), 'सेवा' (1947—वीर सिंह दुखा के साथ) जैसी फ़िल्मों के अलावा किशोर साहू और प्रोतिमा दासगुप्ता की 'शरारत' (1944) में खान मस्ताना के साथ एस. एन. त्रिपाठी ने भी संगीत दिया था। गीता पिक्चर्स की 'आधार' (1945), बसंत पिक्चर्स की होमी वाडिया निर्देशित 'बचपन' (1948), गौतम चित्र की मीरा और शांता पटेल की आवाज़ों में 'हाय मेरा सैंया तो सट्टेबाज है', 'मोरा पिया ट्राम चलावे' और 'मस्त जवानी आई, आई अँगड़ाई' जैसे चलताऊ गीतों से भरी 'जी हाँ' (1945), नरगिस और पहाड़ी सान्याल अभिनीत पूर्णिमा प्रोडक्शन की पावन गीतोंवाली 'रामायणी' (1945), शमशाद बेगम के 'कोई आया चंदा की बदली हटाता हुआ' और 'जयहिंद, जयहिंद, जयहिंद, ये हिंदी कहानियाँ' जैसी देशभक्ति सामूहिक रचना वाली एशियाटिक पिक्चर्स की 'मानसरोवर' (1946) आदि फ़िल्मों में अधिकांशतः एस. एन. त्रिपाठी ने उस ज़माने के हिसाब से जनता की पसंद को ध्यान में रखते हुए ही संगीत दिया था हालाँकि इनमें से कोई भी फ़िल्म-संगीत की दृष्टि से कोई विशेष उपलब्धि नहीं हासिल कर पाई। 'पनिहारी' (1946) में उन्होंने शांता आप्टे और सुरेंद्र से तथा 'उत्तरा अभिमन्यु' (1946) में उन्होंने अशोक कुमार और शांता आप्टे से गीत गवाए थे। 'उत्तरा अभिमन्यु' उनकी पहली धार्मिक पौराणिक फ़िल्म थी, जिसमें उन्होंने अभिनय भी किया था। अशोक कुमार के गाए 'दूर देश का संदेश प्रीत का मुझे मिला', 'लाज-भरे इन नैनन में सखी', 'सत्य है कि सपना है' और शांता आप्टे के 'मेरे मन जाग उठा अनुराग', 'हे प्रीतम मैं किस विध स्वागत आज करूँगी तेरा', 'मेरे मन मंदिर में मेरे देवता आओ' जैसे गीतों के साथ एस. एन. त्रिपाठी ने अपने संगीत की परिपाटी को बदलकर उदात्त शृंगारिक रचनाएँ कम्पोज़ कीं।

'उत्तरा अभिमन्यु' एस. एन. त्रिपाठी के लिए एक महत्त्वपूर्ण फ़िल्म मानी जाएगी। एक तो इस कारण से कि इस फ़िल्म के बाद ही धार्मिक-पौराणिक फ़िल्मों में संगीत देने का उनका सिलसिला प्रारम्भ हुआ और दूसरे कि इस फ़िल्म से ही उन्होंने अपने संगीत का रंग बदला तथा जनता की माँग की अपेक्षा सुंदर, स्तरीय संगीत की तरफ उनका झुकाव अधिक हुआ। नानाभाई भट्ट निर्देशित 'वीर घटोत्कच' (1949) में भी उन्होंने इस स्वर को कायम रखा और भक्तिरस, शृंगार-रस तथा लोक-रस की सुंदर छटा 'कर्मन की गति न्यारी जग में', 'मेरे दरस दीवाने नैन रे' (शांति शर्मा, सरोज, अन्य स्वर), 'गोरी अँखियों से अँखियों मिलाओ' (शांति शर्मा, सरोज, साथी), 'कहाँ चली ओ बृज की बाला' (मोहनतारा, रोहिणी राय), 'पहली ही पहचान में नैना' (मोहनतारा), 'आओ सखी मंगल गाओ' (शांति शर्मा, सरोज, अन्य स्वर) जैसे गीतों के द्वारा बिखेरी। इसी फ़िल्म में रफ़ी ने पहली बार एस. एन. त्रिपाठी के संगीत-निर्देशन में एक सुंदर मेलोडी गाई थी—'संदेश मेरा पा के मुझे दरस दिखाना' (मोहन तारा के साथ)। 'श्री गणेश महिमा' (1950) के शंकर-स्तुति गीत 'गाइए गणपति जग वंदन' और 'शम्भो महादेव शंकर त्रिलोचन' और गीता राय के 'तारों के पालने में झूले हमारा चाँद रे', 'मेरे नयनों में प्रीत, मेरे होंठों पर गीत' और 'सखी री मेरा मन नाचे मेरा तन नाचे' जैसे वात्सल्य और प्रेम-भाव के गीत भी सुंदर बने थे। इस दौर की एस.एन. त्रिपाठी की सबसे चर्चित फ़िल्म थी 'श्री रामभक्त हनुमान' (1948) जिसमें खुद एस. एन. त्रिपाठी ने विविध तरीकों से हनुमान का चेहरा बनाकर हनुमान का रोल किया था। इस फ़िल्म में मुकेश से उन्होंने दो दुर्लभ सुंदर गीत गवाए थे 'हे खग मृग हे मधुकर श्रेणी' और 'बीत चली बरखा ऋतु सीते' जो आज पूरी तरह विस्मृत हो चुके हैं। मुकेश और रफ़ी के आरम्भिक दौर की गायकी की यदि तुलना करनी हो तो 'श्री रामभक्त हनुमान' से बेहतर उदाहरण नहीं मिलेगा। जहाँ रफ़ी के गाए 'मधुर राग का नाम', 'राम राम जय श्रीराम' और 'भज ले राम राम

सियाराम' में यह स्पष्ट हो जाता है कि तकनीकी दृष्टिकोण और रेंज के मामले में रफ़ी शुरू से ही सिद्ध थे, वहीं जहाँ तक भावों की अभिव्यक्ति से अभिभूत करने का प्रश्न है, वहाँ मुकेश के गाए 'हे खग मृग हे मधुकर श्रेणी' और 'बीत चली बरखा ऋतु सीते' बेमिसाल ही ठहरते हैं। इस दौर में मुकेश की गायकी दिल के अंदर तक उतरकर असर करती है और यही कारण है कि पाँचवें दशक के अंत में मुकेश अनिल विश्वास, नौशाद, एस.डी. बर्मन सभी की पसंद थे। यदि अगले दशक में मुकेश हीरो बनने और फ़िल्म-निर्माण के चक्कर में नहीं पड़ते तो अपनी तकनीकी खामियों के बावजूद शायद उनका अस्तित्व रफ़ी की चोटी की यात्रा को एक मजबूत चुनौती देता।

बहरहाल, 'श्री रामभक्त हनुमान' पर बापस आएँ, तो इन उपरोक्त कृतियों के अलावा एस. एन. त्रिपाठी ने इस फ़िल्म के लिए अवधी लोकशैली और पुराने राजघरानों की प्रचलित स्तुति और अभिनंदन-शैली के कई खूबसूरत गीत भी कम्पोज़ किए। 'महाराजा ओ महाराजा', मल्हार आधारित 'काहे बरसत बदरवा' और 'बीत चली बरखा ऋतु' के परिशिष्ट के रूप में 'चंदा चमके तोरी अटरिया, बरखा बीती शरद ऋतु आई' ऐसे ही सुंदर उदाहरण हैं।

एस. एन. त्रिपाठी का फ़िल्मी जीवन कितना व्यस्त था, यह अंदाज हम इसी तथ्य में लगा सकते हैं कि उन्होंने करीब 250 फ़िल्मों में संगीत देने के अलावा करीब 200 फ़िल्मों में भूमिकाएँ कीं, 39 फ़िल्मों का निर्देशन किया और 37 फ़िल्मों में पटकथा-लेखन किया। मनोज कुमार को 'पिया मिलन की आस' और फ़िरोज खान को 'नादिरशाह' में ब्रेक देने वाले भी एस. एन. त्रिपाठी ही थे। 'उत्तरा अभिमन्यु' से धार्मिक-पौराणिक फ़िल्मों में संगीत देने का शुरू हुआ सिलसिला छठे दशक की अनेक फ़िल्मों द्वारा बदस्तूर जारी रहा और इस विधा की फ़िल्मों के प्रमुख संगीतकार एस. एन. त्रिपाठी को ही माना जाता है। ऐसी फ़िल्मों में उन्होंने भारतीय नारी के समर्पण, शृंगार और कोमलता के भावों को अपनी मीठी, कर्णप्रिय धुनों के द्वारा बहुत सफलतापूर्वक व्यक्त किया है।[1] दूसरी तरफ ऐसी फ़िल्मों के विशुद्ध भक्तिगीतों में भी एक संगीतमय झंकार और लालित्य देने में वे सफल रहे जिसके कारण एस. एन. त्रिपाठी के भक्तिगीतों में भी नीरसता नहीं झलकती। भारतीय मिट्टी की गंधवाले वाद्यों का प्रयोग, विशेषकर शहनाई का लाजवाब प्रयोग उनकी स्थायी विशिष्टता रही है। साथ ही गीतों की चित्रात्मकता भी एस.एन. त्रिपाठी का विशेष पहलू रहा है। एस.एन. त्रिपाठी स्वयं तो यह भी मानते थे कि चित्रांकन की जानकारी संगीतकारों को होनी चाहिए।

शृंगार और विविध नारी-भावनाप्रधान रचनाओं में 'लक्ष्मीनारायण' (1951) के मचलते 'गई बिरहा की रात, आया है नय प्रभात, चले आओ पिया हमरी नगरिया में' (गीता) और 'कुछ प्यार किए जाओ' (गीता, साथी), 'नवदुर्गा' (1953) का कशिश भरा 'छाई बिरहा की रात' (गीता) और लोकगीत का उल्लास लिए 'छम छम नाचे मेरे नैनों में प्यार' (गीता, रफ़ी), 'दुर्गा पूजा' (1954) का नृत्य की थिरकन को आत्मसात करता 'दिल की हर पुकार कहे आज बार-बार' (आशा, साथी), 'तिलोत्तमा' (1954) के 'फूलों से मारना, मुखड़ा सिंगारना' (आशा, साथी) और अपने-आपमें अनूठा 'नई रानी जी का राज़ हो गया' (आशा, साथी), यौवन की रवानगी लिए 'रत्न मंजरी' (1955) का 'मेरी बावरी चुनरिया हवा में उड़ी जाए' (आशा) और 'बजरंगबली' (1958) का 'कि आज मोरी चुनरी उड़ उड़ जाए', 'पन्ना' (1956) का इठलाता-लुभाता 'राजा जी मोरे मन के, पायल मोरी छनके' (आशा), 'रूपकुमारी' (1956) का नृत्यात्मक शास्त्रीय रंग लिए तरानों से सजा सम्भवतः जौनपुरी पर आधारित 'छूनन छूम छूम छूम पायल बाजे मोरी आली' (आशा), 'रामलीला' (1961) का 'देखा किस चंदा को आज तेरे मन को चैन न आए' (लता, साथी), 'जादूगर डाकू' (1962) का सुमधुर 'कोई प्यार भरी धुन छेड़ पिया' (लता, आशा), 'कवि कालिदास' (1959) का बदल-बदलकर धीमी और द्रुत लय में कम्पोज़ 'आज की रात चाँदनी अंग में' (सविता बनर्जी, उषा मंगेशकर) जैसे गीत अपना-अलग ही स्थान रखते हैं।

छठे दशक की कुछ फंतासी फ़िल्मों में भी एस. एन. त्रिपाठी ने परिवेश के अनुरूप थोड़ी अरबी शैली का संगीत दिया था। 'अल्लादीन और जादुई चिराग' (1952) के 'यूँ ही उल्फ़त के मारों पर' (शमशाद, रफ़ी) का वाद्य-संयोजन अरबी शैली का आभास देता है। होमी वाडिया की 'अल्लादीन और चालीस चोर' (1954) का संगीत एस. एन. त्रिपाठी ने चित्रगुप्त के साथ मिलकर दिया था। दरअसल चित्रगुप्त काफ़ी अरसे तक एस. एन. त्रिपाठी के सहायक रहे थे। इस फ़िल्म के भी 'देखो जी चाँद निकला पीछे खजूर के' (आशा), 'जरा नज़रें मिला लो, मुस्कुरा लो' (शमशाद, साथी), 'ऐ सबा उनसे कह जरा' (आशा, रफ़ी) जैसे गीतों में अरबी शैली स्पष्ट दृष्टिगोचर होती है। इस फ़िल्म के रफ़ी के गाए 'सिये जो, सिये जा' और शमशाद रफ़ी के युगल गीत 'चलो, चलो चलें हम बबूल के तले' एवं 'देखो, देखा हुजूर ये है एक अंगूर' को लोकप्रियता मिली थी। 'चिराग-ए-चीन' (1955) तो सफल

नहीं रही, पर होमी वाडिया की 'हातिमताई' (1956) ने संगीत की दृष्टि से नए कीर्तिमान स्थापित किए। रफ़ी, आशा के 'झूमती है नज़र झूमता है प्यार' की तरंगित पाश्चात्य ऑरकेस्ट्रेशन से सजी धुन और 'आ आ आ दिल मिला ले' (शमशाद) की मदहोश गायकी आज भी आकर्षक लगती है। पर जो गीत अजर अमर रहा, वह था 'परवरदिगारे आलम तेरा ही है सहारा' (रफ़ी)। इसकी तन्मयता-भरी लय हैदराबाद के नवाब को इतनी पसंद आई कि फ़िल्म देखते समय टॉकीज़ में ही वे भावुक होकर रो पड़े और मैनेजर से कहकर इस गीत को बारह बार प्रदर्शित करवाया।[2] दरअसल इबादती, भक्तिगीतों में एस.एन. त्रिपाठी का कोई जवाब ही नहीं था।

भक्तिप्रधान गीतों में 'हनुमान पाताल विजय'(1951) के समूह गीत 'हे शंकर प्रलयंकर' और 'हे अम्बे, हे जगदम्बे चंडी', 'दुर्गा पूजा' (1954) का 'जय हे दुर्गा माता' (आशा, साथी), 'इनाम' (1955) का 'तू है कि नहीं है भगवान बता दे' (रफ़ी), 'हातिमताई' (1956) का ऊँची पट्टी पर कम्पोज़ 'जाने वाले खुदा की रहमतों' (रफ़ी, सुमन), 'राजरानी मीरा' (1956) के परम्परा से हटकर द्रुत गति से कम्पोज़ 'पायो जी मैंने राम रतन धन पायो' (गीता, साथी) और लता के गाए सुंदर सरस 'करूँगी हाँ, मैं तो हरि से प्रीत करूँगी', 'आओ रे हे गिरधारी', भैरवी में 'जो तुम तोड़ो पिया' की सी बंदिश लिए 'तेरे संग प्रीत किए बड़ा दुःख होई रे', 'मोहे लागी लगन हरि चरनन की', 'दूखन लागे नैन दरस बिन' जैसे गीत, 'जनम जनम के फेरे' (1956) का शीर्षक गीत (रफ़ी, साथी) और 'तन के तम्बूरे में' (मन्ना डे), रफ़ी के गाए प्रार्थना शैली में अभिनव प्रयोग को दर्शाता 'खुदा का बंदा' (1957) के 'कुछ नेक काम कर जा' और 'फ़लक बोला खुदा के नूर का मैं आशिकाना हूँ', 'परिस्तान' (1957) के फ़कीरी शैली का 'तेरी हिफाजत खुदा करेगा' (रफ़ी) और 'तेरा ही सहारा है ज़माने में नज़र को' (आशा), 'राम हनुमान युद्ध' (1957) के 'राम राम भज राम राम' (दिलीप ढोलकिया), 'रख लाज मेरे सिंदूर की गौरा पार्वती' (लता) और बेहद सुंदर श्लोक के साथ आरम्भ तथा विभोर कर वाली धुन और तबले की लाजवाब ताल के साथ दूसरी पंक्ति के 'सुन' शब्द की पुनरावृत्ति से चमत्कृत करने वाली रचना 'विनती करत मोरी पायल रुन झुन' (लता) जैसे गीत एस.एन. त्रिपाठी को इस विधा के मूर्धन्य संगीतकार के रूप में रेखांकित करते हैं। आराध्य भाव समान रहने के बावजूद इन गीतों के अंदर धुनों और प्रस्तुति की एक विविधता एस.एन. त्रिपाठी ने हमेशा रखी। शायद यही कारण है कि उनके गीतों में 'रस' का तत्व इस विधा के अन्य संगीतकारों से कहीं अधिक रहा है।

छठे दशक के एस. एन. त्रिपाठी के कई गीत ऐसे हैं जो पूरी तरह विस्मृत हैं, पर आज भी उन्हें अगर सुना जाए तो अच्छा लगता है। 'रूपकुमारी' (1956) के प्यार की झिलमिल भावनाओं को प्रतिबिम्बित करते 'वो देखो उधर चाँद निकला गगन में, इधर आ गई चाँदनी मुस्कुराती' (मन्ना डे, गीता), सम्भवतः जौनपुरी आधारित 'छनन छनन पायल बाजे' (आशा) और 'आई बहार मुस्कुराई बहार, प्यार के देवता आ करें मिल के प्यार' (गीता), 'सती नागकन्या' (1956) का 'ये झिलमिल झिलमिल तारे' (आशा), 'जग्गा डाकू' (1959) का राजस्थान के लोकरंग की शोखी भरा 'तू रूप की नगरी का राजा, मैं प्यार की गलियों की रानी' (मन्ना डे, गीता), 'पक्षीराज' (1959) का मस्ती भरा 'क्यूँ न कहूँ परदेसी' (लता, मन्ना डे) और लोकगीत का सारा रस लिए हुए बेहद मधुर यमन पर आधारित 'पिया तोरे नैनवा से नयन मोरे लागे' (लता), 'दो आदमी' (1960) का कर्णप्रिय धुन से सजा 'मिलते मिलते मिल ही गए दो दिल प्यार की राहों में' (लता, मुकेश) और शास्त्रीय आधार लिए 'जागी सारी सारी रतियाँ' (आशा), 'सिंहलद्वीप की सुंदरी' (1960) का अपने-आपमें अनूठी मिठास से घुला 'गोरी गोरी चाँदनी चमेली जैसी रात में' (लता) और इसी फ़िल्म का बीन के सुंदर प्रयोग को रेखांकित करता लता, मुकेश का दोगाना 'ओ बीनवाले, तीन सुर तेरे बीन के ले गए दिल मेरा छीन के' जैसे गीतों को चुनकर एच.एम.व्ही. या किसी अन्य म्यूज़िक कम्पनी को चाहिए कि इस संगीतकार के ऐसे खोए नगीनों का एक कैसेट जारी करे।

पर उपरोक्त गीतों से अलग यदि एस.एन. त्रिपाठी के विराट संगीत-व्यक्तित्व की चर्चा करनी है, तो उनकी कुछ विशिष्ट फ़िल्मों के पूरे संगीत का विश्लेषण अनिवार्य हो जाता है। एस. एन. त्रिपाठी जिस तरह भक्ति-पौराणिक फ़िल्मों के लिए सबसे ऊपर गिने जाते थे, उसी प्रकार ऐतिहासिक पृष्ठभूमि या ऐतिहासिक व्यक्तित्वों को लेकर बनाई फ़िल्मों के लिए भी विशेषज्ञ संगीतकार के रूप में उन्होंने अपने-आपको प्रतिष्ठित करने में सफलता पाई थी। इसकी एक बहुत बड़ी वजह थी पूरे ऐतिहासिक परिदृश्य को संगीत के माध्यम से व्यक्त करने की उनकी सक्षमता।

'दिल्ली दरबार' (1956) का शैलेंद्र का लिखा और लता का गाया नृत्यात्मक झंकारयुक्त 'महफ़िल में कैसी छम छम, किसका है ये तराना' दरबार की शानोशौकत के माहौल से पूरी तरह मेल खाता है। एस.एन. त्रिपाठी की ऐतिहासिक फ़िल्मों की कड़ी में

'कवि कालिदास' (1959) का संगीत उतना ही विशिष्ट माना जाएगा जितना 'रानी रूपमती' (1959) का संगीत, भले ही लोकप्रियता 'रानी रूपमती' के संगीत को अधिक मिली हो। अपनी स्वयं की निर्देशित फ़िल्म 'कवि कालिदास' में भरत व्यास की सशक्त रचनाओं को उदात्त संगीत से कितनी खूबसूरती से सजाया गया था, यह अभिज्ञान शाकुंतलम् पर आधारित 'प्रणय विरह और मिलन की' (आशा, मन्ना डे, गीता) की आख्यानात्मक शैली के बीच पिरोए लचीले मेलोडी प्रधान टुकड़ों को सुनकर जाना जा सकता है। कालिदास की प्रसिद्ध रचना 'मेघदूत' पर आधारित गीत के पहले भाग 'अरे आषाढ़ के पहले बादल' (मन्ना डे, लता, साथी) को एस. एन. त्रिपाठी ने लोकशैली के ही बीच एक रागमाला की तरह कम्पोज़ किया था, जिसमें मेघ मल्हार, मियाँ की मल्हार और भूपाली के बदलते सुरों के साथ मृदंग का लाजवाब प्रयोग था। वहीं इस गीत के दूसरे भाग 'दूर देश अलकापुरी' (मन्ना डे, लता) में राग ललित का आधार देकर इस गीत को फ़िल्म ही की तरह ऐतिहासिक बनाने में एस. एन. त्रिपाठी सफल रहे थे। इसी फ़िल्म की लता की गायी 'शाम भई घनश्याम न आए' जैसी जयजयवंती आधारित सुंदर रचना आज क्यों विस्मृत हो गई है, यह ताज्जुब की बात है। अलबत्ता लोकशैली की छाया लिए भैरवी की विशुद्ध मेलोडी 'उन पर कौन करे जी विश्वास' (लता, रफ़ी) आज तक लोकप्रिय बनी हुई है। 'मैं हूँ जनम जनम की प्यासी' (लता), बीन के स्वर के साथ 'दूर देश से कोई' (गीता) और लोकशैली का 'आज की रात' (सविता, उषा मंगेशकर) इन गीतों के सामने भले ही कम पड़ते हों, पर अपने-आपमें 'कवि कालिदास' के ये गीत भी सुंदर ही कहे जाएँगे। इन सभी गीतों से प्राचीन भारत की गुप्तकालीन संस्कृति के रचनात्मक अवयवों को त्रिपाठी ने अत्यंत सजीवता से प्रस्तुत किया।

'रानी रूपमती' (1959) का नाम आए तो भारतभूषण और निरुपा राय की याद तो आती ही है, साथ ही साथ मुकेश के स्वर में 'आ लौट के आ जा मेरे मीत तुझे मेरे गीत बुलाते हैं' की स्वरलहरियों की याद आ जाती है। मैं नहीं जानता कि यह गीत फ़िल्मी राग मेघ की छाया लिए है या कितनी मधमाध सारंग की, पर मैं इतना अवश्य जानता हूँ कि यह गीत और इस गीत में शहनाई का जीवंत प्रयोग झकझोड़ देता है, आज भी अभिभूत कर देता है। 'रानी रूपमती' का संगीत भी एस. एन. त्रिपाठी ने शास्त्रीय और लोक—दोनों ही रंगों के अपने कौशल से सजाया था। शास्त्रीय संगीत के जाने-माने गायक कृष्णराव चोंकर के साथ रफ़ी से भैरवी में पारम्परिक रचना 'बाट चलत नई चुनरी रंग डारी' को उन्होंने विशुद्ध शास्त्रीय तानों के साथ गवाया तो दूसरी तरफ कहरवा ताल पर लोकगीतों की मेलोडी को 'फूल बगिया में बुलबुल बोले, डाल पे बोले कोयलिया' के द्वारा लता और रफ़ी के स्वरों में पूर्णतः उतारकर सदाबहार बना दिया। एक तरफ उन्होंने मन्ना डे के स्वर में दरबारी पर आधारित गुरु-गम्भीर रचना 'उड़ जा भँवर साया कमल का' और इसी के दूसरे भाग के रूप में लता के स्वर में सारंग पर आधारित बेहतरीन तानों से आच्छादित 'आजा आजा भँवर' जैसी रचनाएँ कम्पोज़ कीं, तो दूसरी ओर उषा मंगेशकर से उल्लास के चरम को प्रकट करती 'आँखों में सुरमा डाल के जब आएगी दुलहनिया' जैसी बेहद कर्णप्रिय प्रवहमान और मेलोडियस रचना गवाकर इसे उषा मंगेशकर के सर्वश्रेष्ठ गीतों में एक बना दिया। एस.एन. त्रिपाठी की 'रानी रूपमती' यदि पुनः सारंग पर आधारित द्रुत लय और तानों से भरपूर 'झनन झन बाजे पायलिया' (रफ़ी, लता) जैसी रचना के लिए याद की जाएगी, तो उतनी ही वह 'रात सुहानी झूमे जवानी' (लता) और दादरा ताल पर रची भूपाली आधारित 'जीवन की वीणा का तार बोले' (लता) की मेलोडी के लिए भी स्मरण की जाएगी। बाज़ बहादुर और रूपमती के ऐतिहासिक रोमांस को एस.एन. त्रिपाठी के संगीत ने एक उदात्त स्वर और चरित्र देने में पूरी सफलता पाई थी।

'रानी रूपमती' जैसा संगीत दुहराना कई अन्य संगीतकारों के लिए दुःसाध्य होता, पर एस. एन. त्रिपाठी ने 'संगीत-सम्राट तानसेन' (1962) में 'रानी रूपमती' से भी बढ़कर ही संगीत दिया, जो आश्चर्यजनक उपलब्धि थी। गायकी पर आधारित इस फ़िल्म के पूरे परिवेश को शास्त्रीय आधारित धुनों से उन्होंने पूर्णतः जीवंत कर दिया था। हेमंत पर आधारित 'सुध बिसर गई आज' (रफ़ी, मन्ना डे), खमाज थाट पर आधारित लता का सुरीला 'सखी कैसे धरूँ में धीर', दरबारी कानड़ के सुरों से सजा 'मितवा लौट आए री' (मन्ना डे) जैसे कम्पोज़ीशन्स आज भी एस. एन. त्रिपाठी की विशालता का परिचय देने में सक्षम हैं। ऊँची पट्टी पर कम्पोज़ किया हुआ और बेहद कशिश के साथ मुकेश से गवाया गया 'झूमती चली हवा याद आ गया कोई' के सोहनी आधारित सुरों को तो आज तक संगीतप्रेमी नहीं भूले हैं। मुकेश के आम रेंज के गीतों से अलग यह गीत मुकेश के सर्वाधिक

प्रशंसित गीतों में अपना स्थान बना चुका है। इसी फ़िल्म का एक अन्य अत्यंत लोकप्रिय और कर्णप्रिय गीत था महेंद्र कपूर और लता के युगल स्वरों में राग झिंझोटी पर सृजित 'बदली बदली दुनिया है मेरी, जादू है ये क्या तेरे नैनन का' जिसकी जानदार धुन उस वर्ष की सालाना बिनाका की पायदान पर सुशोभित हुई थी। प्रसिद्ध सितारवादक देबू चौधरी के किसी स्टेज वादन में शिरकत कीजिए—देबू जब राग झिंझोटी बजाते-बजाते बीच से 'बदली बदली दुनिया है मेरी' की धुन निकालते हैं तो इस कम्पोज़ीशन पर बरबस ही वाह-वाह निकल जाती है। कमल बारोट और महेंद्र कपूर के युगल स्वरों में जोगिया पर आधारित 'हे नटराज गंगाधर शम्भू' जैसा तानसेन रचित गीत यदि प्रभावित करता है, तो मन्ना डे के शास्त्रीय अंदाज में स्वामी हरिदास रचित 'सप्त सुरम तीन ग्राम' एवं राग वर्णनवाली 'राग भैरव प्रथम शांत रस जागे' तथा 'क्डान्तध क्डान्तधा क्डान्तधा त न न न न नदिया नारे' जैसी रचनाएँ एस. एन. त्रिपाठी के संगीत हुनर का मील स्तम्भ बनकर उभरती हैं। पूर्णा सेठ और पंढरी नाथ कोल्हापुरे के स्वरों में 'टूट गई मेरे मन की वीणा' का दर्द इस कदर आंदोलित करता है कि श्रोता रचना के आगे नतमस्तक हो जाता है। रफ़ी के स्वर में 'दीपक जलाओ' की ऊँची पट्टी के स्वर और लता, साथियों के स्वर में मल्हार आधारित 'मेघा आओ रे' फ़िल्म-संगीत की उदात्त कम्पोज़ीशन्स में गिनी जाएँगी। शास्त्रीय रागों का फ़िल्म-संगीत में सर्वाधिक विविधता से उपयोग करनेवाले संगीतकारों में नौशाद और वसंत देसाई के समकक्ष ही एस.एन. त्रिपाठी का नाम लिया जा सकता है।

एस.एन. त्रिपाठी ऐतिहासिक पृष्ठभूमि पर आधारित फ़िल्मों में संगीत कितनी सक्षमता से दिया करते थे, यह 'लालकिला' (1960) के संगीत को सुनकर जाना जा सकता है। 'लालकिला' की दो अविस्मरणीय गज़लों शिवरंजनी के उदास सुरों पर आधारित 'न किसी की आँख का नूर हूँ' और यमन कल्याण की खूबसूरत बंदिश को समाहित करता 'लगता नहीं है दिल मेरा उजड़े दयार में' के कारण यह फ़िल्म कभी भुलाई नहीं जा सकती। बहादुर शाह ज़फर का अकेलापन एक पूरी संस्कृति के बिखरने की पीड़ा बनकर संगीत के माध्यम से उभरता है, और सिर्फ हारमोनियम के सहारे रफ़ी का स्वर उस पूरे युग की संक्रांति का चित्र खींच देता है। गज़लों को शास्त्रीय रंग में बाँधने के एस.एन. त्रिपाठी के कौशल की तो गज़लों के बादशाह कहे जाने वाले मदनमोहन ने भी तारीफ की थी। 'जय चित्तौड़' (1961) का महलों, हवेलियों और मान-मर्यादा का राजस्थान एस.एन. त्रिपाठी के संगीत में 'भँवर मोहे जयपुर जइयो जी' (आशा) की अठखेलियों, 'ओ पवन वेग से उड़ने वाले घोड़े' (लता) का मालकौंस आधारित आह्वान और 'साँझ हो गई प्रभो तुम्हीं प्रकाश दो' (लता) के गम्भीर उदात्त स्वराकारों के साथ पूरी तरह जीवंत हो उठा था। 'साँझ हो गई प्रभो' की चर्चा अधिक नहीं हुई है, पर एक निस्तब्ध वातावरण के बीच आशा की दृढ़ ज्योति जगानेवाली इस गीत की संगीत-शैली वास्तव में काबिलेतारीफ़ है। स्नेहल ओझा जैसे कुछ समीक्षक इसे लता के दूसरे दूसरे 'अल्ला तेरो नाम' की श्रेणी में रखते हैं। राम मालकौंस पर आधारित इस प्रार्थना में कोमलत और पवित्रता का अद्भुत सम्मिश्रण है। इसी राजस्थान की संस्कृति को लेकर बनी ऐतिहासिक फ़िल्म 'वीर दुर्गादास' (1960) में लता, मुकेश का राजस्थानी लोक शैली का दोगाना 'थाने काजलियो बना लूँ' तो आज तक फ़िल्म संगीत श्रोताओं का पसंदीदा गीत बना हुआ है। यह भी विडम्बना ही है कि शेख मुख्तार, फिरोज खान अभिनीत 'नादिर शाह'(1968) का संगीत अधिक चर्चित नहीं हुआ, वरना क्या गजब का संगीत दिया था एस.एन. त्रिपाठी ने इस फ़िल्म में! 'मुहम्मद शाल रंगीले सजना, तुम बिन नहीं अब दिन रतिया कठिन सुहाए' (लता, रफ़ी) जैसी दरबारों में गाई जाने वाली मियाँ की मल्हार आधारित बंदिश सुनना एक स्वर्गिक अनुभूति है। लता के स्वर में 'आ मिले मिले आ मिले मिले फूलों तले हम तुमसे मिले' की मिठास और खुसरो की प्रसिद्ध रचना 'काहे को ब्याही बिदेस' (सुमन, श्यामा हेमाड़ी) का आकर्षण आज भी कायम है, बशर्ते इन गीतों को सुनने का मौका मिले।

पर इन सभी ऐतिहासिक फ़िल्मों की स्तरीय संगीत रचना से अलग जिस फ़िल्म ने एस. एन. त्रिपाठी को आम जनता के बीच सर्वाधिक लोकप्रिय बनाया, वह थी 'जनम जनम के फेरे' (1957)। निरुपा राय और मनहर देसाई की भक्ति प्रधान यह फ़िल्म न तो बड़े बैनर की थी न ही इसमें बड़े स्टार थे। पर इस फ़िल्म का गीत 'ज़रा सामने तो आओ छलिये छुप छुप छलने में क्या राज है' (लता, रफ़ी) की lilting धुन इतनी चली, इतनी चली कि सालाना बिनाका की चोटी का गीत बन गई। यह इतना आश्चर्यजनक तथ्य था कि समीक्षकों ने इसे fluke hit करार दे दिया, पर यह एस.एन. त्रिपाठी का ही कमाल था कि तमाम परिपाटी और समीक्षकों को ध्वस्त करते हुए उन्होंने एक छोटे बजट की भक्तिफ़िल्म के गीत को सभी बड़े बैनर्स के संगीतकारों को पछाड़कर चोटी पर पहुँचा दिया। सम्भवतः मिश्र शिवरंजनी का पुट लिए इस गीत की सरल धुन, विशुद्ध भारतीय मेलोडी और वाद्य-संयोजन फ़िल्म-जगत की तमाम व्यवसायी जोड़-तोड़ और हिसाब-किताब पर भारी पड़े।

इस गीत की सफलता का एक अर्थ यह भी था कि एस. एन. त्रिपाठी की माँग बढ़ी, पर यह माँग अकसर भक्ति और

ऐतिहासिक फ़िल्मों तक ही सीमित रही। इस दौर के एस. एन. त्रिपाठी के संगीत को सुनकर लगता है मानो संगीत के मीठे तत्व साकार हो उठे हैं। 'चंद्रमुखी' (1960) फ़िल्म का तो पूरा संगीत ही माधुर्य का पर्याय था। मुकेश के स्वर में 'नैन का चैन चुरा कर ले गई कर गई नींद हराम' के बेहद लोकप्रिय रहने के पीछे न सिर्फ़ राजस्थान की छाया लिए वाद्य-संयोजन का हाथ था, बल्कि पहाड़ी की अनुगूँज लिए सुरों की मंद लयात्मकता भी एक प्रमुख कारण था। लता, साथियों के स्वर में थिरकन-भरी काफी थाट पर आधारित 'नैनों में नैनों की बात हुई' को उसके माधुर्य के कारण एच.एम.व्ही. ने लता के रेयर जेम्स कैसेट में भी जगह दी है। राग बसंत बहार पर आधारित मन्ना डे के 'मनभावन संगीत सुहावन' की रचना तथा सितार, तबले और घुंघरू का पूरक प्रयोग इतना आकर्षक है कि एच.एम.व्ही. द्वारा इस गीत को मन्ना डे के रेयर जेम्स में शामिल करना पूर्णतः न्यायोचित लगता है। मुकेश, लता का दोगाना 'तेरा मन मेरा मन मिले प्रीत यूँ खिले कि दूर अँधेरे हों' की मेलोडी अगर मन छू जाती है और 'आज ऋतुओं का राजा आया' (रफ़ी, सुमन, साथी) झूमने कर मजबूर करता है, तो लता, सुधा के स्वरों में गौड़ सारंग पर आधारित 'चाँदनी झिलमिल करे तारों भरी ये रात है' तो मिठास की नदियाँ बहाती है। एस.एन. त्रिपाठी के मधुर संगीत और भरत व्यास के सुंदर शब्दों का अनुपम संगम थी 'चंद्रमुखी'। यह गौर करने लायक तथ्य है कि एस.एन. त्रिपाठी की कई मशहूर फ़िल्मों के गीतकार भरत व्यास ही रहे। 'कवि कालिदास', 'रानी रूपमती', 'जनम-जनम के फेरे', 'वीर दुर्गादास' आदि इसके प्रशस्त उदाहरण हैं। 'संगीत-सम्राट तानसेन' के गीतकार अलबत्ता शैलेंद्र थे।

विशुद्ध भारतीय मेलोडी, विशुद्ध भारतीय भावाभिव्यक्ति और विशुद्ध भारतीय संयोजन के तत्त्वों को रेखांकित करनेवाला एस. एन. त्रिपाठी का संगीत पौराणिक फ़िल्म 'अमृत मंथन' (1961) में लाजवाब तरीके से मुखरित हुआ। लता के स्वर में 'चाँद ढलने लगा दिल मचने लगा आ भी जा आ भी जा' की नाजुक लचीली धुन, खमाज थाट पर रचित मुकेश के स्वर में दर्द-भरा अनुपम गीत 'नैन बिना मेरी दुनिया अधूरी', आशा के स्वर में 'अंधकार छाया आकाश झनझनाया' और द्रुत गति में माड़वा के शास्त्रीय रंग प्रधान 'छूम छूनन छूम पायलिया बोले' (आशा, साथी) जैसी संगीत रचनाएँ आज भी अभिभूत कर देती हैं। एस. एन. त्रिपाठी की मैलोडी के सर्वश्रेष्ठ उदाहरणों में 'जादू नगरी' (1961) के लता के स्वर में रहस्यात्मक वातावरण की पृष्ठभूमि में प्रणय से पुकारती 'निगाहों में तुम हो खयालों में तुम हो' की सुमधुर धुन की बात की जा सकती है। इसी फ़िल्म के 'आँखें मेरी जादूनगरी' (लता) की शैली और वाद्य संयोजन अलबत्ता भारतीय और अरबी शैली का सम्मिश्रण हैं। इस दौर में 'पिया मिलन की आस' (1961) एस.एन. त्रिपाठी की एक अन्य चर्चित फ़िल्म रही थी, जिसका शिवरंजनी पर आधारित शीर्षक गीत 'पिया मिलन की आस रे' (लता), ऊँची पट्टी पर कीर्तन शैली में 'मनमोहन मुरली तेरी' (लता), गिटार और विदेशी वाद्य संयोजन के साथ मस्ती भरे 'पिकनिक में टिक टिक' करती (गीता, मन्ना डे, साथी), गरबा और पूरबी के मिश्रणवाले लोक रस की अनुपम मिठास लिए 'चाँदी का गोल-गोल चँदा' (लता, रफ़ी), कव्वालीनुमा 'गम छोड़ो ये सारे ज़माने का' (मुबारक बेगम) और रिद्म के परिवर्तन वाली सुंदर मेलोडी 'मन की गगरिया' (लता, रफ़ी) जैसे गीत याद किये जा सकते हैं।

एस. एन. त्रिपाठी की मेलोडी के अन्य खूबसूरत उदाहरणों में 'जादूगर डाकू' (1962) के 'बंसी न बजा रे जिया न तड़पा रे' (लता) और कोरस के लाजवाब प्रयोग के साथ संगीतमय फैलाव लिए 'न चाँद हो न सूरज हो' (मुकेश, साथी), 'माया जाल' (1962) का बेहद लुभावना और रूमानी 'अजी देखो ज़रा तो क्या, मौसम बड़ा प्यारा है' (लता, मुकेश), 'नाग देवता' (1962) के पूरबी लोकरंग की गंध लिए कर्णप्रिय 'तारों की ठंडी छैंया हम तुम मिले' (सुमन, मुकेश), शास्त्रीय रंग लिए 'जब कान्हा की मीठी मुरलिया' (सुमन) और प्रकाश मेहरा (जो बाद में प्रसिद्ध निर्देशक बने) लिखित और भीमपलासी पर आधारित 'झंकार पायल की तोसे विनती करे' (आशा), 'शिव पार्वती' (1962) के 'पलकों की छाँव में ममता का पलना' (आशा) और 'क्यों बागों में कूके कोयलिया' (आशा, उषा मंगेशकर, साथी), 'शेर खान' (1962) के अल्लाह की बंदगी में गाए मार्मिक गीत 'ऐ मेरे मुश्किल कुशां' (रफ़ी) और सुंदर तालबद्ध झूमती रचना 'चाहे टोके ज़माना' (लता), नानाभाई भट्ट निर्देशित 'कोबरा गर्ल' (1963) की कव्वाली 'निगाहों से दिलका सलाम आ रहा है' (सुमन, मुबारक) और इसी फ़िल्म का बेहद मधुर लालित्य-भरा 'नज़र को सँभालो ये क्या हो रहा है' (मुकेश, सुमन), आशा भोंसले और मुकेश के रेयर जेम्स कैसेट्स में शामिल 'देव कन्या' (1963) का लोकशैली की छाया लिए 'ज़रा पहचानो तो मैं कौन कहाँ से आई ये तो सज धज के मेरी प्रीत दुलहन बन आई', मालकौंस का शास्त्रीय रंग लिए 'पग घुँघरू बोले' (महेंद्र, आशा) और इसी फ़िल्म का पुनः लोकरंग आधारित 'सैंया छोड़ दे मेरा हाथ' (रफ़ी, आशा), 'परीक्षा' (1963) के 'मस्ती भरे हैं शोख नज़ारे' (सुमन) और 'अदा से मुस्कुरा देना' (सुमन, महेंद्र, साथी), 'बीन का जादू' (1963) का 'हर हर हर महादेव' (सुमन, साथी), 'शंकर खान' (1966) का 'दिल की बात ज़ुबाँ पर लाना' (सुनम, साथी) जैसे गीतों को

बहुत ऊपर रखा जा सकता है। यह दूसरी बात है कि इन गीतों में से कई उतने हिट नहीं हुए जितने खूबसूरत थे। इसी संदर्भ में एस. एन. त्रिपाठी की अप्रदर्शित फ़िल्म 'रानी चंद्रावती' के सुमन के गाए 'गोकुल से चले साँवरिया', 'बहारें आ गईं', 'रसीली निगाहों में मतवाली', सुबीर सेन के गाए विषाद गीत 'आह दिल में है, नयन में तीर है' और सुमन तथा सुबीर के युगल स्वरों में गाए 'ये पुकार किसके लिए गीत बन के आई' और 'ओ सुनो रे सुरों बंसी बजी रे' की मेलोडी का जिक्र भी किया जाना उचित रहेगा। एस. एन. त्रिपाठी के नृत्यात्मक या लोकशैली से रँगे गीतों में अकसर या तो पूर्वी उत्तर प्रदेश के लोकसंगीत की छाया रहती थी या (चूँकि अधिकांश ऐतिहासिक फ़िल्में राजस्थान की पृष्ठभूमि पर बनी होती थीं) राजस्थान की लोकसंस्कृति थी।

शास्त्रीय और लोकसंगीत का सम्मिश्रण भी इतने रचनात्मक ढंग से एस. एन. त्रिपाठी करते थे कि रचना अलग ही दिखने लगती थी। 'महाराजा विक्रम' (1965) के 'बाजे रे मधुर मधुर मन बीन सुहावन' (आशा, उषा मंगेशकर, साथी), शास्त्रीय आधार वाले 'माने ना मोरा बिछुआ बोले' (सुमन) और 'आओ मीत हमारे जियरा तुम को पुकारे' जैसे विस्मृत गीत हों, या हिट फ़िल्म 'महासती अनुसूया' (1965) का lilting धुन वाला रूमानी गीत 'बहुत दिनों से बिछड़ा मन का मीत मिला' (मुकेश, सुमन) या मेघ मल्हार आधारित 'मन मेरा झूले रे' (आशा) हो या फिर इसी फ़िल्म के शास्त्रीय संगीत आधारित 'घुँघरवा बोले' (सुमन,श्यामा हेमाड़ी) में लोक संगीत का वाद्य-संयोजन हो या फिर 'बीन का जादू' (1963) का पूरबी लोच लिए 'मैं तो नाचूँ तोरे आगे' (सुमन) व राजस्थानी लोक शैली का 'शाम ढली रात हुई जाने दो' (महेंद्र, सुमन) जैसे गीत हों, एस.एन. त्रिपाठी अपनी मिठास कभी नहीं खोते थे। एस.एन. त्रिपाठी द्वारा स्वयं निर्देशित 'कुँआरी' का पूरबी आधारित लोकरस से सराबोर 'जल भरी गगरी सा छलके जियरवा, बलमा बसे परदेस रे' (लता, साथी), लता के स्वर में पियानो की तरंगों पर उदास सुरों के साथ लहराते 'प्यार के पल छिन बीते हुए दिन हम तो न भूले तुम भूल गए' के शिवरंजनी आधारित मुलायम सुर, मुकेश और आशा के युगल स्वरों में 'कहता है मेरा दिल कि सनम तुम भी कहोगे' की कर्णप्रियता और मुकेश के ही दर्दीले स्वर में बड़ी अनूठी और आकर्षक लचीली धुन वाली 'ऐ मेरे दिल सुन मेरी जाँ, रह गए हम तुम चले गए मेहमाँ' को सुन कर आश्चर्य होता है कि इतनी खूबसूरत रचनाएँ उपेक्षित कैसे रह गईं। 'कुँआरी' की गिनती तो एस.एन. त्रिपाठी की श्रेष्ठतम फ़िल्मों में की जा सकती है। 'झन झन झन बाजे कैसी मधुर मधुर पाँव में' (आशा), 'हो मेरी पीली पगिया' (महेंद्र, मीनू पुरुषोत्तम) और 'आ हा हा पाँव में पैजनियाँ नाचे सजनिया' (महेंद्र) भी इसी फ़िल्म की अन्य प्रशंसनीय रचनाएँ थीं जो दुर्भाग्य से लोकप्रिय न हो पाईं।

पर एस.एन. त्रिपाठी का क्षेत्रीय फ़िल्म-जगत में पदार्पण खूब लोकप्रिय रहा। भोजपुरी फ़िल्म 'बिदेसिया' (1963) में पूर्वी उत्तर प्रदेश और बिहार की पारम्परिक कजरी, चैती और बिदेसिया लोकधुनों पर आधारित गीत बेहद लोकप्रिय हुए और गली-गली में बजे। 'जान ले के हथेली पे चलिबे' (गीता, कौमुदी मजुमदार, मन्ना डे), 'हँसि हँसि पनवा खिअउले बेइमनवा' (मन्ना डे, महेंद्र), बिदेसिया लोकधुन पर सृजित 'लेई बदरवा से कजरवा' (मन्ना डे) और 'दिनवाँ गिनत मोरी खिसकी उंगरिया'(सुमन), कजरी आधारित 'रिमझिम बरसेला' (गीता, कौमुदी) तथा 'इसक करै ऊ जिसकी जेब' (मन्ना डे, महेंद्र), चैती की शैली में 'बनि जइहौं बनि के जोगनिया हो रामा पिया के करनवा' (सुमन) और नौटंकी की शैली का 'हमें दुनिया कैरला बदनाम' (सुमन) जैसे गीतों से एस. एन. त्रिपाठी ने पूर्वी उत्तर प्रदेश और बिहार के ग्रामीण जनमानस में अपनी विशिष्ट जगह बना ली थी। भोजपुरी फ़िल्म 'जेकरा चरनवा में लगले परनवा' (1964) के विदाई गीत 'डोलिया सजाव बाबुल' (मुकेश) और सुमन के 'ढूँढ़त-ढूँढ़त आँख थकि गइले' और 'देख ली तोहार जब से बावरी सूरतिया' जैसे गीत, भोजपुरी फ़िल्म 'जोगिन' (1964) के 'बिरही जोगनिया के' (महेंद्र) और 'गंगिया रे जस तोर धार' (सुमन), तथा 'लोहा सिंह' (1966) के 'पैंया लागी' (आशा, उषा), 'बैरन रतिया रे' (सुमन) तथा 'झूला धीरे से झुलावे' (सुमन, महेंद्र) जैसे गीत भी इन इलाकों में एस.एन. त्रिपाठी की लोकप्रियता को आगे बढ़ाने में सहायक रहे। अवधी फ़िल्म 'गोस्वामी तुलसीदास' (1964) के 'आओ हे दुखिहारी शिव त्रिपुरारी' (महेंद्र), 'हे अंतर्यामी हरि' (उषा मंगेशकर) और 'केहिके गज मस्ते हाथी' (सुलोचना व्यास, साथी) भी खूब चर्चित रहे थे।

पर हिंदी फ़िल्मों में सातवें दशक के मध्य से संगीत की नई शैलि ेंं की लहर और पाश्चात्य ऑरकेस्ट्रेशन के बढ़ते आकर्षण के सामने एस. एन.

त्रिपाठी की शैली के संगीत के लिए मौके घटते गए। भक्ति पौराणिक फ़िल्में अभी भी मिलती थीं, पर लोगों की रुचि उस ओर से घटने लगी और यही कारण है कि 'लवकुश' (1967) के 'मोरे राम सुनो दुखिया की बिनती' (सुमन) और 'सोई रात चाँदनी सोई, सोए हैं चाँद चकोर रे' (सुमन), 'हर हर गंगे' (1968) के 'आये हो राजा जी देखो तो तुम्हारे दरबार में' (उषा तिमोथी, आशा), 'सती सुलोचना' (1969) के 'नारी पर अत्याचार हुआ' (मन्ना डे), मेलोडी प्रधान 'जीवन भर हम तुम साथ रहें' (सुमन) और 'बाजे बाजे घुँघरू छनन छनन' (सुमन) 'श्रीकृष्ण लीला' (1970) के लाजवाब धुन वाली 'गोरी-गोरी गोरियों के मुख पे चमचमाती आज चाँदनी भरी सुहानी रात आ गई' (आशा, साथी) और मधुर-सी लोरी 'पलकों का पलना नयनों की डोरी' (आशा) जैसी सुंदर रचनाओं की ओर भी ध्यान नहीं दिया गया, वरना 'गोरी-गोरी गोरियों के मुख पे चमचमाती' के शानदार कम्पोज़ीशन की तुलना तो एस. एन. त्रिपाठी के सर्वश्रेष्ठ गीतों से की जा सकती है। पूरी लम्बी पहली पँक्ति बिना किसी विराम के सम्पूर्णता से किस सुंदरता और सुरीले अंदाज़ में उभरकर सामने आती है, यह तो गीत सुनकर ही जाना जा सकता है।

समय की इस बदलती रुचि के साथ एस.एन. त्रिपाठी के पास काम भी बहुत कम हो गया। संयम की प्रवृत्ति उनमें कभी थी नहीं, अतः आर्थिक कठिनाई के इस दौर में उन्हें गाड़ी, घर भी बेचना पड़ा। आठवें दशक में वे मात्र भक्ति-फ़िल्मों के संगीतकार होकर रह गए, पर 'जय संतोषी माँ' की सी. अर्जुन वाली सफलता के आसपास भी उनकी फ़िल्में नहीं पहुँच सकीं। परिवार-नियोजन के लिए बनी फ़िल्म 'चौथा पालना' में उन्हें आशा से 'तू चौथा पालना मत बाँध' जैसे गीत गवाने पर बाध्य होना पड़ा। लता से गवाने के अवसर तो उन्हें दशक के मध्य से ही मिलना बंद हो गया था, पर लता के बिना भी मेलोडी का साथ उन्होंने अभी भी नहीं छोड़ा था। 'माया बाज़ार' (1971) के 'लल्ला लला दिन नए बहार के', 'धीरे आ रुनझुन करती', 'सुन जा ओ यशोदा माँ' और 'आज की रात सुहागिनी हो' जैसे मीठे गीत, 'संपूर्ण देवी दर्शन' (1971) के आरती गीत 'जय देवी माँ जय दुर्गा माता' (मन्ना डे, चंद्राणी मुखर्जी, साथी), गरबा शैली के 'माँ पावा ते गढ़ थी ऊतर्या महाकाली रे' और लम्बा गीत 'निज जन्मभूमि धरती माँ' (कई भागों में), 'वीर छत्रसाल' (1971) के सुमन के गाए शृंगार गीत 'निम्बुआ पे आओ मेरे' और 'हाय बेदर्दी पिया' तथा गिटार के रिद्म के साथ आधुनिकता की छाया लिए नीरज लिखित सुंदर लयपूर्ण 'तड़प तड़प उठे जिया' (सुमन), 'महाशिवरात्रि' (1973) का 'गाएँ हम नाचें हम नटवर कृष्ण नचाते तुम' (वाणी जयराम), 'बाल महाभारत' (1973) का 'आ जा रे तड़पती हूँ मैं तुम बिन यहाँ' (आशा), 'विष्णु पुराण' (1973) के मन्ना डे के गाए विविध अवतार गीत, 'हरे कृष्ण' (1974) के वाणी जयराम के स्वर में 'ओ कान्हा सुन विनती मोरी', 'आई आई आई ऋतु बसंत आई' तथा रफ़ी, सुमन के युगल स्वरों में बाँसुरी के साथ भैरवी आधारित 'बंसी की धुन सुन बलमू' जैसे कर्णप्रिय गीत, 'सुभद्रा हरण' (1974) का प्रणय गीत 'कहाँ जाए शरमाए अरी ओ प्रिय भोली सजनी' (मन्ना डे, वाणी जयराम), एन. टी. रामाराव अभिनीत 'श्री राम-हनुमान युद्ध' (1975) का 'जागिए रघुराई', 'गब्बर सिंह' (1976) का 'आज बहती नदिया देख के' (उषा मंगेशकर, महेंद्र कपूर), 'जय जगत जननी' (1976) का महेंद्र कपूर के स्वर में शीर्षक स्तुति गीत, 'नाग चम्पा' (1976) के अपनी ही पुरानी धुन पर सृजित 'बीन बजा मेरे मस्त सपेरे' (आशा) और 'देखो आज सुहागन की गोदी में खेले नन्हा राजकुमार' (आशा, मन्ना डे, साथी), 'तू ही काली तू ही दुर्गा' (1976) के वाणी जयराम के गाए सुमधुर 'अम्बिकेराग तुम' और 'मेरी सखी आ कुमकुम ला री', 'जय अम्बे माँ' (1977) का उत्प्रेरक गीत 'हाथो में हल और पाँवों में बल' (मुकेश, महिला स्वर), 'जय गणेश' (1977) की मशहूर प्रस्तुति 'जय गणेश जय गणेश जय गणेश देवा' (सुषमा श्रेष्ठ) और 'जय जय जी गणराज विद्या सुखदाता' (जयंत कुलकर्णी, पुष्पा पागधरे), पी. एल. संतोषी लिखित 'दिलेर' (1979) का अनूठा कवितामय गीत 'कल रात को बिजली बारिश ठंडी में अकेली पेड़ के नीचे', 'जय महाकाली' (1979) का 'पहली पहली रात रसिया अब तू मेरे संग है' (उषा मंगेशकर, भूपेंद्र)—यह सभी गीत कमोबेश मेलोडी प्रधान रचनाएँ थीं, पर न तो ये फ़िल्में सफल हुईं और न ही ये गीत ही चले। लोगों की रुचि बदल चुकी थी और एस. एन. त्रिपाठी की भारतीय सांस्कृतिक शैली का आकर्षण उस नए युग वर्ग के लिए नगण्य था, जो आर. डी. बर्मन की आधुनिक, नए temper की शैली की ओर भाग चला था। एस. एन. त्रिपाठी की भोजपुरी फ़िल्मों 'जहाँ बहे गंगा की धार' (1980) और 'जागल भाग हमार' (1983) को अवश्य बेहतर प्रतिक्रिया मिली, पर हिंदी फ़िल्मों की उनकी आखिरी फ़िल्मों 'सती सावित्री' (1981), 'एजेंट 1, 2, 3' (1982) और महासती तुलसी (1985) के संगीत को बप्पी लाहिड़ी के प्रभुत्व वाले अगले दशक ने पूरी तरह उपेक्षित कर दिया, हालाँकि 'सती सावित्री' में उन्होंने प्रीति सागर से एक अत्यन्त सुन्दर शास्त्रीय संगीत आधारित रचना गवाई थी—'स्वप्न जो स्वप्न वो मैंने जो देखा एक सुकोमल'। अपने आखिरी दिनों में एस.एन.

त्रिपाठी को फ़िल्म-जगत भूल-सा गया था। वे बीमार भी रहने लगे थे, और कई बार अस्पतालों में भर्ती भी रहे। 28 मार्च, 1988 को बांद्रा स्थित 'डायमंड नर्सिंग होम' में सवेरे लगभग ढाई बजे उन्हें खून की उल्टी हुई[3] और कुछ ही देर बाद 75 वर्षीय एस. एन. त्रिपाठी इस दुनिया को छोड़ वहाँ चले गए जहाँ से कोई मीत, कोई गीत या कोई संगीत भी किसी को वापस नहीं बुला पाया है।

संदर्भ

1. आर.एस. यादव : सरगम का सफर; नई दुनिया का प्रकाशन, जून, 1989

2. वही

3. हरमिंदर सिंह हमराज : लिस्नर्स बुलेटिन, अंक 73, जून, 1988

चित्रगुप्त

'दिल का दीया जला के गया ये कौन मेरी तन्हाई में'

चित्रगुप्त

फिल्म-संगीत में लता मंगेशकर से मधुरतम गीत गवानेवाले संगीतकारों में हम चित्रगुप्त को अकसर भूल जाते हैं। कारण यह है कि जहाँ मदनमोहन, रोशन, सी. रामचन्द्र और एस. डी. बर्मन जैसे संगीतकारों को बड़े बैनर की सुपरहिट फ़िल्में नसीब हुईं और इस कारण लता से गवाए उनके मधुर गीत चर्चा में आते रहे, वहीं चित्रगुप्त में भाग्य में बी और सी ग्रेड की फ़िल्मों की असफलता या अपेक्षाकृत कम मकबूलियत के कारण उनके द्वारा स्वरबद्ध किये लता के सुमधुर गीतों को सुनने का अवसर भी कम मिला और उनका उल्लेख भी कम हुआ। बहरहाल चित्रगुप्त के संगीत की विवेचना में उनके निर्देशन में लता द्वारा गाये गीतों के खजाने की चर्चा बेहद जरूरी लगती है। चित्रगुप्त का दुर्भाग्य था कि वे हमेशा अंडररेटेड रहे वरना कर्णप्रिय धुनें देने का उनका कौशल किसी भी संगीतकार से कम नहीं था।

चित्रगुप्त का जन्म और प्रारम्भिक शिक्षा बिहार के गोपालगंज जिले के कमरैनी गाँव में हुई थी। उनके बड़े भाई जगमोहन आज़ाद पत्रकार थे और संगीत का भी शौक रखते थे। चित्रगुप्त को संगीत की प्रेरणा उन्हीं से मिली और पं. शिव प्रसाद त्रिपाठी से उन्होंने बाकायदा संगीत की शिक्षा भी ली। भातखण्डे कॉलेज, लखनऊ से संगीत के नोट्स मँगवाकर भी वे रियाज़ करते थे। पटना विश्वविद्यालय में अर्थशास्त्र में एम.ए. और कुछ दिनों तक पटना में व्याख्याता भी रहे चित्रगुप्त शायद फ़िल्मी संगीतकारों की जमात में सबसे पढ़े-लिखे रहे होंगे। 1945 में उन्होंने बम्बई आने के बाद भी संगीत की शिक्षा जारी रखी। अपने बिहार के मित्र मदन सिन्हा के माध्यम से वे कुछ फ़िल्मी हस्तियों से मिले और संगीतकार एच.पी. दास ने उनसे एक कोरस में गवाया। बदामी नामक एक दोस्त ने उनका परिचय एस.एन. त्रिपाठी से कराया और कुछ दिनों तक चित्रगुप्त उनके साथ काम करते रहे। पहला स्वतंत्र अवसर उन्हें 'लेडी रॉबिनहुड' (1946) में मिला, जिसमें उन्होंने राजकुमारी के साथ दो गीत गाये। इस दौर में उन्होंने 'सुपरहिट हीरो' (1946) 'तूफ़ान क्वीन' (1946), 'जादुई रतन' (1947), 'शेक हैण्ड्स' (1947), 'स्टंट क्वीन' (1947), 'इलेवन ओ क्लॉक' (1948), 'माला द माइटी' (1948), 'टाइग्रेस' (1948), 'दिल्ली एक्सप्रेस' (1949), 'जोकर' (1949), 'शौकीन' (1949), 'सर्कसवाले' (1950) जैसी स्टंट फ़िल्मों; 'भक्त पुण्डलिक' (1949) और 'वीर बब्रुवाहन' (1950) जैसी कुछ भक्ति फ़िल्मों एवं 'जयहिन्द' (कुछ ही गीत—1948), 'हमारा घर' (1950), 'जोड़ीदार' (1950) जैसी एकाध सामाजिक फिल्मों में संगीत दिया। नादिया और जॉन कावस अभिनीत अधिकांश स्टंट फ़िल्में अपने स्टंट के कारण ही देखी जाती थीं और संगीत पक्ष उपेक्षित ही रहता था। कीर्तन-शैली में 'भक्त पुण्डलिक' के 'माता-पिता की सेवा करके' (चित्रगुप्त साथी), 'आँखों ने कहा दिल ने सुना' (उमा देवी), 'शौकीन' का 'ओ ताँगेवाले प्रेम नगर है जाना' (शांति शर्मा, चित्रगुप्त), 'वीर बब्रुवाहन' का 'धीरे-धीरे बहती नैया' (गीता) और 'हमारा घर' के 'कहाँ चले सरकार' (शमशाद, किशोर) तथा 'चोरी-चोरी मत देख बलम' (शमशाद रफ़ी) जैसे कुछ गीतों को छोड़कर चित्रगुप्त का संगीत भी उभर नहीं पाया। वैसे 'भक्त पुण्डलिक' के 'आँखों ने कहा दिल ने सुना' को उमा देवी के सर्वश्रेष्ठ गीतों में रखना चाहिए। हारमोनियम, घुंघरू और तबले

के साथ नौटंकी की शैली में यह गीत चित्रगुप्त के लोकसंस्कृति प्रेम का आभास दिलाता है।

हालाँकि चित्रगुप्त 1946 से ही मुख्यतः स्टंट, काल्पनिक और भक्ति फ़िल्मों में संगीत दे रहे थे पर उनका और लता का साथ बहुत बाद में जाकर ए.वी.एम. प्रोडक्शन की 'शिवभक्त' (1955) में हुआ। इस वक्त तक लता मंगेशकर चोटी की गायिका के रूप में प्रतिष्ठित हो चुकी थीं जबकि चित्रगुप्त स्टंट फ़िल्मों के दायरे से निकलकर भक्ति पौराणिक फ़िल्मों के संगीतकार के रूप में धीरे-धीरे पहचाने जाने लगे थे। 'शिवभक्त' में उन्हें मौका दिलाने वाले सचिन देव बर्मन थे जो उन दिनों ए.व्ही.एम. के कम्पोज़र के रूप में प्रतिष्ठित हो चले थे, पर ए.व्ही.एम. की धार्मिक फ़िल्म के लिए संगीत देने में अपने को अनुपयुक्त समझ रहे थे। उन्होंने ही चित्रगुप्त का नाम सुझाया। 'शिवभक्त' में चित्रगुप्त ने लता के स्वर में जौनपुरी में गजब के तबले की संगत के साथ एक अद्‌भुत तिल्लाना नृत्य गवाया था–'कैलाश नाथ प्रभु अविनाशी, नटराज मेरे मन के वासी'। साथ की पहली ही फ़िल्म में लता से तराना गवाने की जुर्रत चित्रगुप्त जैसे प्रतिभाशाली और सशक्त संगीतकार ही कर सकते थे। इस गीत में चित्रगुप्त का कम्पोज़ीशन उतना ही सटीक था जितनी लता की गायकी। इस नृत्य-गीत के अलावा इस फ़िल्म में लता से चित्रगुप्त ने तीन बेहद मधुर और स्नेहिल गीत भी गवाये थे–तबले और मैंडोलिन की रिद्‌म पर 'कहाँ जाके ये नैना लड़े कि हम तो रह गये खड़े के खड़े', 'देखो जी मेरी ओर मुस्कुरा भी तो दो' और रागेश्री पर आधारित मृदंग के एकरस रिद्‌म के साथ 'बार बार नाची, रहे तुम ही जन्म भर दूर दूर दूर'।

लता के साथ निर्मित अपनी मेलोडी को चित्रगुप्त ने भैरवी का आधार लेकर 'नज़र नज़र से उलझ गई है अभी मोहब्बत नई नई है' (इन्साफ़ 1956), 'बदरवा चले झूमके' और लोक शैली की मिठास लिये 'जिया लहराये' (जयश्री, 1956)ऋ 'मैं तो गिरधर के घर जाऊँ' (ज़िन्दगी के मेले', 1956), 'नाचे गोकुल की छोरियाँ (नीलमणि, 1957) जैसे गीतों से आगे बढ़ाया। चित्रगुप्त की मेलोडी में इस वक्त एक झुमाने और थिड़काने वाला अहसास मिलता है। भक्ति पौराणिक फ़िल्मों में ईश्वर प्रेम या प्रियतम के प्रेम में आह्लाद और झंकार से परिपूर्ण नृत्य या गीतों के लिए सम्भावना भी अधिक थी। ए.व्ही.एम. की सामाजिक फ़िल्म 'भाभी' (1957) में भी लता के 'जा रे जादूगर देखी तेरी जादूगरी' की मीठी-मीठी धुन पर कदम हौले-हौले स्वाभाविक रूप में ही ताल देते मालूम होते हैं। वहीं 'टाइ लगा के माना बन गये जनाब हीरो' हलकी स्वरलहरियों पर बड़ी प्यारी सी शरारत से टोकती जान पड़ती है। भैरवी में कम्पोज़ 'चली चली रे पतंग' (लता, रफ़ी) तो सुपरहिट होकर 1957 की वार्षिक बिनाका गीतमाला की नवीं पायदान पर आया ही पर 'छुपाकर मेरी आँखों को वो पूछें कौन हैं जी हम' (लता, रफ़ी) की स्निग्ध रूमानियत भरी धुन और संगीत के टुकड़ों को भी हम कैसे भूल सकते हैं? लता के स्वर की मिठास को अद्वितीय प्रकार से उभारने में चित्रगुप्त कितने सक्षम थे, यह 'भाभी' के राग मेघ मल्हार में कम्पोज़ 'कारे कारे बादरा, जा रे जा रे बादरा' की लय के साथ लहराते हुए ही जाना जा सकता है।

लता मधुर तो हमेशा ही थीं पर चित्रगुप्त के साथ झूमते या हौले-हौले स्फुरित होते हुए वे माधुर्य में विभोर लगती थीं। इसका एक प्रमुख कारण चित्रगुप्त की बेहद कर्णप्रिय धुनें थीं। चित्रगुप्त का गेय तत्त्व उनके संगीत की चरम उपलब्धि मानी जाएगी। 'नीलमणि' (1957) के सुमधुर गीत 'नन्द गाँव की कदम छाँव री' या 'हो मुरली वाले कैसे मैं आऊँ तेरे द्वार', साक्षी गोपाल (1957) के वात्सल्य में सराबोर लोरी 'तोरे पैंया पड़े तोरी मैया...सो जा रे कुँवर कन्हैया', 'मेरे मन में बसे नंदलाला' (लता, मन्ना डे) की बाउल शैली पर डोलती भक्ति धुन, 'कली एक तुम से पूछूँ बात' (लता रफ़ी) और 'मेरे नैना बड़े नादान' की झूमती लय, 'बालयोगी उपमन्यु' (1958) के 'हम गोरी गोरी मतवाली ग्वालिनियाँ' और 'चालबाज' (1958) के 'कोई दिल को लगे अपना अपना' का प्रेमभाव, 'राजसिंहासन' (1958) के 'ऐसी जुल्मी नजरिया से देखो नहीं राजा' का मनुहार या फिर 'तीसरी गली' (1958) का झूमता-झुमाता 'बीमार मोहब्बत का इतना-सा फसाना है' (लता, हेमंत) और अभिव्यक्ति की लचक से परिपूर्ण 'तोबा जी तोबा न पूछो मेरा हाल' जैसे स्वर्णिम मधुर उदाहरणों को लता की चर्चा में याद न किया जाना नाइंसाफ़ी नहीं तो और क्या है? मदनमोहन और रोशन, एस.डी. बर्मन और सी. रामचंद्र को सराहते-सराहते हम लता और मुकेश का वह अद्‌भुत, चाँदनी सा कोमल 'वो चाँद चमका वो नूर छलका, वो हलका-हलका नशा छा रहा है' (सन ऑफ़ सिंदबाद, 1958) कैसे भूल गये? क्या इससे अधिक मुलायम, नाजुक और मृदु गीत की रचना की जा सकती है? 'नाचे नागिन बाजे बीन'(1960) के अपेक्षाकृत कम सुने 'हम जान लुटा देंगे' और 'ओ राजा सैंया आती हूँ मैं तो रूक जाना' या 'बारात' (1960) के विस्मृत 'पकड़ी गई लो गोरी की चोरी पकड़ी गई' या लोकप्रिय रहे 'आजा रे तेरा एक सहारा', 'किंग कांग' (1962) के 'अब न छिपो रे छलिया' जैसे गीतों में रिद्‌म के साथ मेलोडी की जो लय चित्रगुप्त ने दी है, वह इतनी निरंतरता के साथ कौन दे पाया है?

'भाभी' से मिली सफलता ने तो चित्रगुप्त से मीठी धुनों की बरसात ही करा दी। मिठास थी तो लता थीं और लता थीं तो हर रंग की मेलोडी थी। कहीं 'बरखा बहार आई बूँदों के हार लाई' की फुहार थी, तो कहीं 'तड़पाओगे तड़पा लो हम तड़प तड़प कर भी तुम्हारे गीत गाएँगे' की बेक़रारी थी। 'बरखा' (1959) के ये गीत तो सुपरहिट हुए। मुकेश, लता का 'इक रात में दो दो चाँद खिले इक घूँघट में एक बदली में' तो सदाबहार रूमानी गीत ही बन गया है। 'वो दूर जो नदिया बहती है (लता, रफ़ी) और 'पूछूँगी एक दिन पिछले पहर में सोये हुए चाँद तारों से' की लोरी-शैली को हम लता के हिट गीतों में भले ही शामिल न करें पर इनकी मेलोडी बेजोड़ ही बनी थी। चाहे मीठी-सी कोमलता हो, या थिरकता झंकार हो, अभिभूत करता दर्द हो या मदहोश करती रूमानियत हो, चित्रगुप्त ने उतनी ही खूबी से लता के हर भाव के गीत को अप्रतिम सौंदर्य दिया।

कोमल, नाजुक गीतों की बात पहले करें तो ध्यान आता है 'डाका' (1959) का पाश्चात्य वाद्य-यंत्रों की नर्म सुगबुगाहट के साथ बजता हेमंत, लता का 'चाँद ने कुछ कहा तो तारों ने कुछ सुना, बात ही बात में जाने क्या हो गया'। हेमंत चित्रगुप्त के साथ इक्के-दुक्के गानों में ही आए, पर इस गाने में खूब जमे हैं। लता तो जैसे चित्रगुप्त के संगीत निर्देशन में और भी कोमल और लुभावनी हो जाती थीं। 'मेरे बाले की पलकों में आ' (कंगन, 1959) या 'चंदा लोरियाँ सुनाए' (नया संसार, 1959) जैसी मधुर लोरियाँ मानो ममता के प्यार भरे हलके स्पर्श से थपथपाती जान पड़ती हैं। ऐसा ही एक मुलायम, हृदयस्पर्शी गीत है 'हम मतवाले नौजवान' (1961) का 'दिल ने कुछ ऐसे पुकारा'। 'मैडम एक्स वाय जेड' (1959) जैसी अनसुनी फ़िल्म में तो चित्रगुप्त ने लता के साथ जैसे कोमल स्वरलहरियों का तार ही पकड़ लिया था। हल्के ऑरकेस्ट्रेशन के संग झिलमिलाता 'जादूभरी ये चाँदनी (लता) हो या एक मंद-मंद थिरकन में रचा बसा 'कुछ मेरी नजर मदहोश है' (लता) हो या फिर गिटार के सुंदर मद्धम प्रयोग के साथ 'कदम-कदम पे बहारें लुटाता' (लता, रफ़ी) हो–चित्रगुप्त तो इस फिल्म में लता के साथ कोमलता के शिखर पर ही पहुँच गये थे। 'सैमसन' (1964) के नाज़ुक और नर्म 'खुदा करे ओ जानेमन' (लता) को सुनकर उसकी खूबसूरती में श्रोता खो ही जाता है। ऐसे सुंदर गीत फ़िल्म की असफलता के कारण हम से खो गये, यह फ़िल्म संगीत के इतिहास का एक दुखद पहलू रहा है। ऐसे ही एक लाजवाब मीठे कोमल गीत 'चंदा से होगा वो प्यारा, फूलों से होगा वो न्यारा' (लता, पी. वी. श्रीनिवास) को 'मैं भी लड़की हूँ (1964) के साउंड ट्रैक से एच.एम.वी. ने अपने रोमांटिक डुएट्स के 'रेयर जेम्स' कैसेट में शामिल करके संगीतप्रेमियों को एक दुर्लभ उपहार दिया है। क्या गज़ब की रिद्म है, कितने सुंदर शब्द हैं और बिलावल थाट पर रचित कल्पना में दौड़ती गिटार और ऑर्गन की कितनी प्यारी संगीत तरंगें हैं, यह गीत सुनकर ही जाना जा सकता है। पर ऐसे कोमल गीतों की शृंखला में चित्रगुप्त चरम पर पहुँचे हैं लता के 'दिल का दिया जला के गया ये कौन मेरी तन्हाई में' (आकाशदीप, 1965) के साथ। संभवतः अल्हैया बिलावल के साथ कलावती के मखमली धागों से बुनी यह धुन और लता की बेमिसाल कोमल गायकी कइयों की नज़र में इसे लता के सर्वश्रेष्ठ गीतों में एक बनाती है। अप्रदर्शित फ़िल्म 'माँ' की लोरी की 'सो जा मेरी नन्हीं परी' की कोमलता तो अधिक लोगों ने सुनी ही नहीं होगी, पर प्रदर्शित फ़िल्म 'बैंक रॉबरी (1964) का वह अति मधुर, 'ऐ जाने जाना ये हमने न जाना कितना मुझे तुमसे प्यार है' सम्भवतः पहाड़ी और मांड का पुट लिये सृजित अपनी तैरती स्वरलहरियों के साथ भी हमारी याददाश्त से खो गया है, यह सचमुच ही दुःख देता है। लता के किसी भावी कैसेट में एच.एम. वी. को इस गीत को सचमुच स्थान देना चाहिए। यह अवश्य हमारा सौभाग्य है कि 'वासना' (1968) का 'ये पर्वतों के दायरे ये शाम का धुआँ' (लता, रफ़ी) अपनी पूरी रोमांचक और रहस्यभरी रूमानियत के साथ श्रोताओं की मकबूलियत के कारण आज भी याद रह गया है।

'आकाशदीप' का पोस्टर

लता के साथ चित्रगुप्त के रूमानियत-भरे संगीतमय गीतों की फ़ेहरिस्त तो बहुत लम्बी है। आधुनिक रंग लिए 'तुमसे कुछ कहना है गर तुम कुछ कहने दो' (लता, मुकेश–गेस्ट हाउस, 1959) या लोकरंग लिए 'लागी छूटे ना अब तो सनम' (लता, रफ़ी–'काली टोपी लाल रूमाल, 1959) की धुनों का आकर्षण तो सदाबहार है। वॉयलिन के सुन्दर नोट्स के साथ गुनगुनाने का अहसास दिलाता 'मुस्कुराओ कि जी नहीं लगता' (कंगन–1959), 'गैम्बलर' (1960) का 'नज़रों से आज दिल में समाने की रात है' (लता, मुकेश), 'पुलिस डिटेक्टिव' (1960) का 'इन तारों की महफ़िल' (लता, महेन्द्र), 'नाचे नागिन बाजे बीन' (1960) के 'चले हो सरकार' (लता, रफ़ी) और 'बीत गई है आधी रात' (लता, रफ़ी), 'चाँद मेरे आ जा' (1960) का 'तेरी आँखों में प्यार

'एक राज़' फ़िल्म का पोस्टर

मैंने देख लिया' (लता, रफ़ी), 'अपलम चपलम' (1961) के बेहद मधुर और लोकप्रिय 'चढ़े चंदा तो तुम ही चले आना' (लता, मुकेश) तथा रिद्म और क्लैप आधारित 'हम दर पे तेरे आ ही गये', पश्चिमी ऑरकेस्ट्रा के आकर्षक प्रयोग के साथ 'आँख मिचौली' (1961) के 'चलिये जी बेवफ़ा हैं हम' (लता) और 'जलेगा जहाँ सनम चुप रहिए' (लता), 'एक राज़' (1969) के मशहूर गीत 'उठेगी तुम्हारी नज़र धीरे-धीरे' (लता) और लता-किशोर के गाए 'अजनवी से बन के करो न किनारा' तथा अपने प्रिय राग कलावती पर आधारित 'नगमाए दिल को छेड़ के होंठों में क्यों दबा लिया', आकाशदीप' (1965) के ख़माज़ थाट पर अभूतपूर्व elegance और smoothness से कम्पोज़ किया हुआ 'मिले तो फिर झुके नहीं नज़र वही प्यार की' या फिर 'बड़ा आदमी' (1961) के 'जरा सँभालिए अदाएँ आपकी' (लता, महेन्द्र) और 'हमें तेरी नज़र ने है लूटा' (लता, महेन्द्र) तथा 'ऑपेरा हाउस' (1961) के 'देखो मौसम क्या बहार है' (लता, मुकेश), 'न मिलते हम तो कहो तुम किधर गये होते' (लता, मुकेश) एवं 'रस्ते में तेरे कब के हैं खड़े (लता, रफ़ी) जैसे गीतों में कुछ तो बड़े हिट रहे, पर जो नहीं भी चले उनमें भी माधुर्य का एक पुरनम अंदाज़ है जो खास चित्रगुप्ताना कहा जा सकता है। यह रूमानी संगीत भले ही 'बी' और 'सी' ग्रेड की फ़िल्मों में सिमटकर रह गया हो, पर इससे उसकी रूमानियत में कमी नहीं आती। 'डाल भी दे जुल्फ़ों की छाँव' (लता, रफ़ी—'रामूदादा' 1967), 'जाने कैसा छाने लगा' (लता—ज़बक़, 1961), बाँसुरी के साथ राग यमन पर सृजित 'सजना सावन आया' (लता, रफ़ी) और 'हम तुम्हारा नाम सुन के' (लता—'बैंड मास्टर, 1963), मिठास की शायराना सी कशिश लिए 'खिंचे-खिंचे से नज़र से नज़र चुराए हुए' (लता, 'काबली खान', 1963), शायराना सी रिद्म और शैली लिए आकर्षक धुन वाला 'तुझे इसकी खबर क्या' (लता—'बागी', 1964), जाता है तो जा (लता, रफ़ी—'किंगकांग, 1962), 'एक बात है कहने की' (लता, रफ़ी—'सैमसन', 1964) और पाश्चात्य और भारतीय वाद्यों के मिश्रित संयोजन के साथ 'हमने तो दिल दे दिया' (लता—'बर्मा रोड', 1962) 'कजरा न देखे' (लता—'सुहाग सिन्दूर', 1961), 'ऐ मेरी ज़िन्दगी तू नहीं अजनबी' (लता, रफ़ी—'प्यार का सपना', 1969) जैसे अनसुने या कम सुने गीतों में भी चित्रगुप्त उतने ही प्यारे लगते हैं, जितने यमन कल्याण आधारित 'बागों में खिलते हैं फूल' (लता, तलत—'सुहाग सिन्दूर', 1961), 'मौसम ये पुकारे मस्ती में ले चल' (लता, तलत—बर्मा रोड, 1962) 'कोई बता दे दिल है कहाँ' (लता, रफ़ी—'मैं चुप रहूँगी', 1962), कलावती आधारित 'आजा रे मेरे प्यार के राही' (लता, महेन्द्र—'ऊँचे लोग', 1965), 'ओ चंदा आज की रात न 'ढलना' (लता, महेन्द्र—'महाभारत', 1965) या 'कोई आनेवाला है' (लता, महेन्द्र—'मेरा कसूर क्या है', 1964) जैसे हिट गीतों में। 'तूफ़ान में प्यार कहाँ' (1966) और 'अफ़साना' (1966) जैसी फ़्लॉप फ़िल्मों में भी लता के क्रमशः 'जाने कैसा है ये प्यार', 'आधी रात को खनक गया मेरा कंगना' (रफ़ी और साथियों के साथ) एवं 'छीन के ले जाऊँगी मैं जिया' तथा 'प्यासे हुए नैन सुलग गयी शाम' और उन्मुक्त-सी लय और गति लिए 'जैसे कहीं लहरा के पवन चंचल निकले' जैसे गीतों की रचना में भी चित्रगुप्त का अपना दिलक़श अन्दाज उतना ही प्रखर था जितना 'बेज़ुबान' (1962) के बागेश्वरी पर आधारित मशहूर गीत 'दीवाने तुम दीवाने हम' या 'औलाद' (1968) के बिलावल थाट पर सृजित मीठे, अनुपम 'कब तक हुज़ूर रूठे रहोगे ले के गुस्से में प्यार' जैसे सदाबहार गीतों में। एच.एम.वी. द्वारा निकाले गये लता मंगेशकर के चार कैसेटों के सेट 'मेनी मूड्स' में शामिल 'जुल्फें उलझीं है मेरे कंगना में' (बर्मा रोड, 1962), 'मैं चुप रहूँगी' (1962) का ही 'मेरे दिल कभी तो कोई आएगा' (लता) और 'चाँद जाने कहाँ खो गया' (रफ़ी के साथ), 'मम्मी-डैडी' (1963) के 'तुमसे नज़र कुछ ऐसी मिली हम दिल को कहीं खो बैठे हैं' (लता, मुकेश) और 'ऐसा नहीं हूँ अजी मैं ऐसा नहीं हूँ' (लता, मुकेश), 'आकाशदीप' (1965) के 'सुनिए जाना क्या प्यार में शरमाना' (लता, महेन्द्र), 'प्यार का सपना' (1969) का पियानो की संगीत-लहरियों के साथ 'ये ज़िन्दगी हमारी

'महाभारत' का एक दृश्य

क्या खूब' (लता) और 'परदेशी' (1970) का बहुप्रसिद्ध 'लगी न टूटेगी प्यार में जालिमाँ जो बन पड़े कर ले बैरी जहाँ' (लता), आसावरी की छाया लिए 'जाता है तो जा' (किंगकांग–1962), पियानो पर आधुनिक-सी यमन कल्याण आधारित तर्ज़ 'ये ज़िन्दगी प्यारी' (प्यार का सपना, 1969), मुजरा शैली में 'बड़ा ही बेईमान (गैम्बलर), मीठी धुन लिए 'लागे उनकी मूरतिया' (माँ बाप), आधुनिक पाश्चात्य शैली का 'ओ देवता' (किंगकांग) और माधुर्य-भरे 'जो मैं छोटी सी' (सुहाग सिन्दूर, 1961) जैसे गीतों में चित्रगुप्त ने लता के स्वर के साथ रिद्‍म को कभी दीर्घ करके या कभी तोड़कर रूमानियत के निराले अंदाज़ पेश किए। 'बैरी बिछुआ बड़ा दुःख दे हो राम' (गंगा की लहरें, 1964), 'तुमने हँसी ही हँसी में क्यूँ दिल चुराया, जवाब दो' और 'ऐ मेरे प्यार बता–क्यूँ हुआ मुझसे ख़फ़ा' (लता, महेन्द्र–'घर बसा कर देखो', 1963) तथा 'अरमाँ था हमें जिनका वो प्यार के दिन आए' (लता, रफ़ी–'औलाद', 1968) जैसे रोमांटिक गीतों के रचयिता इस संगीतकार को दुर्भाग्य से अकसर underrate कर के देखा गया। पर यह तथ्य भी कम रोचक नहीं है कि फ़िल्म-जगत के सर्वश्रेष्ठ गीतकार साहिर लुधियानवी के साथ इस दौर में सचिन देव बर्मन, रोशन, खय्याम, जयदेव, रवि और एन. दत्ता की विशिष्ट monopoly को तोड़कर जिस एकमात्र संगीतकार ने एक फ़िल्म में (वैसे इससे पहले भी 1958 में 'पराजय' नामक फ़िल्म में दोनों का साथ हुआ था पर फ़िल्म अधूरी ही रह गई थी) साहिर के साथ संगीत दिया वह चित्रगुप्त ही थे। फ़िल्म थी 'वासना' (1968), और साहिर की शायराना रूमानियत को चित्रगुप्त ने किसी भी तरह उपरोक्त संगीतकारों से कम दिलकश तर्ज़ें नहीं दीं। यही कारण है कि लता और चित्रगुप्त के रूमानी शैली के गीतों की चर्चा का चरम में 'वासना' का गीत 'मैं सदके जाऊँ मेरे सैंया, तुम आये तो हो' को ही रखूँगा। मैं नहीं जानता कि यह शुद्ध कल्याण है या श्याम कल्याण या हेमन्त, पर जो भी है, वह निराला है। साहिर के शब्दों को महफ़िलों या वादियों के रंग में तो कई संगीतकारों ने ढाला है, विप्लवी विद्रोह की शायराना चमक भी ख़य्याम और एस. डी. बर्मन ने प्रदान की, जयदेव ने 'मुझे जीने दो' में साहिर की रचना को ग्रामीण मिट्टी की महक भी दे ही दी थी, पर एक अलग अंदाज़ के साथ मध्यवर्गीय छाप चित्रगुप्त ने ही इस गीत में दी। यह गीत आभिजात्य या सर्वहारा छवि से अलग एक cosy, संस्कारगत घरेलूपन लिए हुए आया जो हमारे मध्यवर्ग की पहचान है। चित्रगुप्त स्वयं भी बड़े घरेलू और पारिवारिक किस्म के इंसान थे–चाहे छुट्टी के दिन पूरे परिवार को साथ लेकर ड्राइव करते हुए लोनावाला जाना हो, या लता को अपने घर ले जाकर घर का बना स्वादिष्ट भोजन कराना हो। लता, उषा, मीना मंगेशकर, दिलीप ढोलकिया, गीतकार प्रेम धवन (जिनके लिखे गीतों में अधिकांश चित्रगुप्त के संगीत से ही सजे हैं) और चित्रगुप्त काम से अलग भी खूब मिलते-मिलाते थे। उनके पुत्र मिलिंद का नामकरण लता ने ही किया था। सुबह-सवेरे उठकर चित्रगुप्त बाकायदा रियाज़ किया करते थे, खार की 'प्रभात' बिल्डिंग के अपने घर के साथ ग्राउंड फ़्लोर के म्यूज़िक रूम में (जहाँ 1952-59 तक मदनमोहन कम्पोज़ किया करते थे) 1959 से 1986 तक उनकी कम्पोज़ीशन्स फलीभूत होती रहीं। चित्रगुप्त यदि एक तरफ़ धार्मिक किस्म के व्यक्ति थे तो दूसरी तरफ़ बेहद कर्मठ। यदि एक ओर वे उस टूटी चप्पल को ही रेकॉर्डिंग पर पहने रख सकते थे क्योंकि वे उसे भाग्यवान मानते थे (और जिस पर लता ने उन्हें मजाक-भरा उलाहना भी दिया था कि चित्रगुप्त को लता की गायकी से अधिक अपनी चप्पल पर भरोसा है), तो दूसरी तरफ़ था मेलोडी और लालित्य पर उनका अगाध विश्वास जो उनसे एक से बढ़कर एक कम्पोज़ीशन्स सृजित करवाता था। उनके पुत्र आनंद ने एक साक्षात्कार में बताया था कि चित्रगुप्त की व्यस्तता का 1964 का एक ज़माना वह भी था कि एक दिन आनंद बक्शी उनके घर के बगीचे में गीत लिख रहे थे, तो मजरूह कहीं और डटे हुए थे, राजेंद्र कृष्ण उनके संगीत-कक्ष में लगे थे और प्रेम धवन पिछवाड़े के नारियल के पेड़ के नीचे लिख रहे थे, और चित्रगुप्त बारी-बारी से एक हेडमास्टर की तरह सबके पास जाकर उनकी प्रगति आँक रहे थे।[1]

वैसे चित्रगुप्त बड़े सीधे-सादे इंसान थे–जिस वक्त शंकर-जयकिशन एक फ़िल्म के लिए पाँच लाख ले रहे थे, वहीं अपने लिए मात्र 20,000/- भी उन्होंने बड़े संकोच से माँगा था। उदारता उनमें इतनी थी कि 'दोस्ती' के लिए लक्ष्मी-प्यारे के साथ काम करने से हिचकिचा रहे मजरूह सुल्तानपुरी को उन्होंने ही बार-बार लक्ष्मी-प्यारे की प्रतिभा के बारे में बताते हुए इसरार करके काम करने के लिए राजी किया था। चित्रगुप्त के लिए संगीत एक आराधना थी। अपनी धुनों पर वे मेहनत भी खूब करते थे, विशेषतर से 'दिल का दिया जला के गया' और 'जाग दिले दीवाना' जैसे गीतों में तो उन्होंने अथक परिश्रम किया था। वे बड़े मृदुभाषी व्यक्ति थे। सभी से बहुत प्रेम से मिलना और बात करना उनके संस्कारी व्यक्तित्व का ही परिचायक था।

दरअसल मध्यवर्गीय परिवेश की गत, चाल और ख़ास ध्वनियों का संगीतात्मक रूपांतरण चित्रगुप्त के कई गीतों में हमें मिलता है। लता भी चित्रगुप्त के साथ कई बार बड़ी प्यारी-सी घरेलू सुघड़ संस्कारी नारी की छवि लेकर आती हैं। यह नारी कभी यमन आधारित 'जय-जय हे जगदम्बे माता' (गंगा की लहरें, 1964) जैसी कर्णप्रिय और जन-जन के बीच अमर हो चुकी आरती लेकर

आईं तो कभी 'सखी री बाजे मन की बाँसुरिया' (महाभारत, 1965) की तन्मयता से प्रभावित कर गईं। थिड़कता झंकार लिए चित्रगुप्त के साथ लता के कई गीतों में भी मध्यवर्गीय परिवेश की वह गंध मिलती है जिसकी हम चर्चा कर रहे हैं। 'कैसी धुन ये छेड़ी जादूगर' (मम्मी-डैडी, 1963), 'हो ननदिया मोरी रे' (तूफ़ान में प्यार कहाँ'—1966), भैरवी आधारित 'सजना काहे भूल गये' ('चाँद मेरे आजा'), मद्धिम लयवाले 'जल जा परायी आग में' (माँ बाप या 'शादी', 1962) के बेहद लोकप्रिय रहे 'आज की रात नया चाँद ले के आयी है' जैसे गीतों के द्वारा मध्यवर्गीय नारी का एक कोमल, प्रणयी किन्तु एक हद तक संयत और मर्यादित रूप उभरता है।

फ़िलहाल लता और चित्रगुप्त की इस जादुई जुगलबन्दी पर वापस आएँ तो थिरकते-मचलते गीतों की शृंखला को आगे ले जानेवाले गीतों में एक विशिष्ट स्थान 'गेस्ट हाउस' (1959) के दो मशहूर गीतों 'दिल को लाख सँभाला जी' और भैरवी का जादू जगाती 'तेरा जादू न चलेगा ओ सपेरे' का माना जाएगा। स्वरों को बाँधने में रिद्म का बेमिसाल प्रयोग इन दोनों गीतों में हमें मिलता है। इसी फ़िल्म का रिद्मप्रधान 'ठंडी ठंडी चली रे हवा' भी बड़ा सुंदर गीत है। वैसे तो गाने की सुंदर थिरकन का अहसास हमें 'गोरी ओढ़ के मलमल' (लता, रफ़ी—'काली टोपी लाल रूमाल, 1959), 'कन्हैया रे कन्हैया' (उषा के साथ—'नया संसार', 1959), 'फूलों पे निखार है' ('चाँद मेरे आजा', 1960), 'जाओ रसिया, हटो' ('कल हमारा है', 1959) और 'देखो पनिया भरन के बहाने' ('कंगन', 1959) के तबले के ठेकों के साथ भी होता है, पर इस प्रकार के थिरकते-मचलते गीतों की चरम उपलब्धि के लिए हमें फिर भैरवी की तरफ़ ही उन्मुख होना पड़ेगा और याद करना पड़ेगा 'काली टोपी लाल रूमाल' के ही अनुपम लावण्य से भरे 'दगा दगा वई वई वई' की अद्वितीय रिद्म और गायकी को। 'चिकोनम चिकोनम' के साथ तबले का क्या जबर्दस्त प्रयोग है और कितनी रवानगी के साथ लता ने इसे गाया है! वास्तव में फ़िल्म-संगीत को चित्रगुप्त की यह एक अनमोल भेंट है। ऐसे थिरकते गीतों में चित्रगुप्त के लता के साथ के कई हिट शामिल हैं। उदाहरण के लिए 'नया संसार' (1959) का मैंडोलिन युक्त 'एक एक पल में बदला ज़माना', 'चाँद मेरे आ जा' (1960) का 'चाँद को देखो जी' (रफ़ी के साथ), 'आपेरा हाउस' (1961) के 'सोना ना, सितारों का है कहना' और 'सैंया हाय हाय हाय', 'बर्मा रोड' (1962) का उषा मंगेशकर के साथ गाया वह सदाबहार अद्भुत गीत 'दगाबाज हो बाँके पिया', 'मैं चुप रहूँगी' (1962) का बिलावल थाट के सुरों पर निर्मित 'चाँद जाने कहाँ खो गया' (रफ़ी के साथ), 'शादी' (1962) का पहले भी उल्लिखित 'आज की रात नया चाँद ले के आयी है', 'गंगा की लहरें' (1964) के किशोर कुमार के साथ गाए दो सदाबहार गाने 'छेड़ो न मेरी ज़ुल्फें सब लोग क्या कहेंगे' और 'मचलती हुई हवा में छम-छम', 'औलाद' (1968) का 'हो नाज़ुक नाज़ुक बदन' (रफ़ी के साथ) और इन सबसे बढ़कर 'पतंग' (1960) का काफ़ी थाट पर कहरवा ताल में बड़े प्यार से रचित 'रंग दिल की धड़कन भी लाती तो होगी' को शामिल किया जा सकता है। पर लता के साथ चित्रगुप्त के ऐसे झूमते-मचलते कुछ और भी गीत हैं, जो अधिक लोकप्रिय न होते हुए भी कम नहीं आँके जा सकते। पश्चिमी और भारतीय ऑरकेस्ट्रा के सुंदर संयोजन और नृत्य के सुंदर बीट्स के साथ बनाए गए 'झूमे दिल मेरा' (लता, साथी—पुलिस डिडेक्टिव, 1960) और 'बलमा हँसोगे कैसे नहीं' (लता—'रामू दादा', 1961) जैसी बड़ी दिलकश लगने वाली रचनाओं को इस श्रेणी में बहुत ऊपर रखा जा सकता है। 'नाचे नागिन बाजे बीन' (1960) का 'मैं हूँ गोरी नागिन' (लता, रफ़ी, साथी), 'नई ज़िन्दगी' (1969) के 'बिखरी हैं लटें नागिन की तरह' और 'मेरे पाँव में बाँधो सितारे', पियानो एकॉर्डियन के साथ बड़ी मीठी सी रवानगी लिए 'दिल है सुहाना मस्ताना' (लता, साथी—'रामू दादा', 1961) की चर्चा भी ऐसे गीतों में की जानी चाहिए। पर इस प्रकार के गीतों की चर्चा के चरम उदाहरण के लिए मैं रूमानी शैली के लता-चित्रगुप्त के गीतों की तरह ही फिर 'वासना' (1968) के ही गीत का उल्लेख करना चाहूँगा। बिलावल थाट पर सृजित 'जीने वाले झूम के मस्ताना हो के जी' मैं क्या गज़ब उत्फुल्लता और मस्ती का आलम चित्रगुप्त ने भरा है। इस गीत की तुलना मैं इसी शैली के मद में एक ही गीत से कर सकता हूँ—शंकर-जयकिशन के 'इस दुनिया में जीना हो तो सुन लो मेरी बात' (गुमनाम) से। इन दोनों गीतों में से श्रेष्ठ कौन है, यह निर्णय तो मैं पाठकों पर ही छोड़ना उचित समझता हूँ। चित्रगुप्त और लता के ऐसे ही मचलते उल्लसित करते गीतों में 'गैम्बलर' के 'कोई तीखी तीखी आँखों', 'मम्मी-डैडी' के 'कैसी धुन ये छेड़ी', महाभारत के तन्मयता-भरे 'सखी री बाजे मन की बाँसुरिया' और 'हरी हरी धरती है' और 'तूफ़ान में प्यार कहाँ' के 'हो ननदिया मोरी रे' को भी गिना जा सकता है। आधुनिक ऑरकेस्ट्रेशन के साथ 'परदेसी' (1970) के मशहूर गीत 'लगी न छूटेगी प्यार में' की झकझोड़ती धुन हो या रवानगी-भरी 'कोई कैसे बचाए' (सन ऑफ़ सिन्दबाद) या 'प्यार का सरकस' (बाजीगर) जैसी धुनें हों, चित्रगुप्त के रिद्म का एक अपना अलग अंदाज़ था जो उन्हें और संगीतकारों से अलग करता था। मैंडोलिन का वृहत् प्रयोग जितना उनकी कृतियों में मिलता है, उतना और किसी संगीतकार में नहीं।

आह्लाद के साथ-साथ विषाद के नोट्स भी चित्रगुप्त लता के लिए उतनी ही बखूबी से सँवारते थे। 'चाँद मेरे आ जा' का भैरवी आधारित 'सजना काहे भूल गये' और 'काली टोपी लाल रूमाल' का 'न तो दर्द गया' जैसे मशहूर गीत हों, शहनाई की करुणा के साथ-साथ 'जा और कहीं रो शहनाई' की इल्तज़ा हो या 'अपलम चपलम' की वह अनूठी कृति 'सुबह होती है शाम होती है' या 'आधी रात के बाद' का वह अभिभूत करता नगमा 'मेरा दिल बहारों का वह फूल है' हो, चित्रगुप्त की कम्पोज़ीशन ऐसे गीतों के लिए भी काबिलेतारीफ़ होती थी। पर ऐसे दर्द-भरे गीत उन्होंने लता से कम ही गवाए।

लता के साथ चित्रगुप्त के शास्त्रीयप्रधान गीत भी बेमिसाल थे। 'ऊँचे लोग' (1965) के 'हाय रे तेरे चंचल नैनवा' को सुनकर तो लगता है मानो शृंगार अपने लुभावने चरम पर आ पहुँचा हो। इसके अंतरों में बोलों को हल्के से खींचकर भावुकता को यथार्थवादी रंग बहुत ही सुंदरता से दिया गया है–जैसे अंतरे के अंत में आए शब्द 'हम क्या-क्या समझाएँ' में 'क्या-क्या' का लुभावना खिंचाव। वहीं मालकौंस में 'ऑपेरा हाउस' के 'बलमा माने न' शास्त्रीय और लोकशैलियों का कुशल मिश्रण है। 'मैडम एक्स वाय ज़ेड' में लाजवाब मल्हार और मालकौंस की छाया लिए आधारित कम्पोज़ीशन 'माने न मनमोहन' में सितार और वॉयलिन की जुगलबंदी बड़ी आकर्षक बनी थी। 'एक राज़' के 'डगर चलत छलके बिछुआ' (ऊषा, लता) और 'तेल मालिश बूट पॉलिश' के 'बाट तकत थक-थक गये' (लता, मन्नाडे) जैसी कृतियाँ और अधिक लोकप्रिय क्यों नहीं हुईं, यह आश्चर्य का विषय है। यह तथ्य कम लोग जानते हैं कि चित्रगुप्त ने लता से स्वर्गीय लालबहादुर शास्त्री की पत्नी श्रीमती ललिता शास्त्री के लिखे दो गैर-फ़िल्मी गीत भी रेकॉर्ड कराए थे–'बता दे कोई मोहे शाम' और 'भोला भोला रटते रटते'।

चित्रगुप्त के संगीत में पूरबी लोकशैली की मिठास हमें जगह-जगह मिलती है। चाहे रिद्म प्रधान रचनाएँ हों या कोमल रूमानी नगमे हों या दर्दीले गीत हों, कितने ही गीतों में लोकसंस्कृति की ध्वनियों, भंगिमाओं, भावनाओं और चेष्टाओं की बहुतायत नज़र आती है। भोजपुरी की पहली फ़िल्म 'गंगा मैया तोहे पियरी चढ़ैबो' (1962) और 'लागी नाहीं छूटे रामा' (1963) में तो चित्रगुप्त ने लोकरस की गंगा ही बहा दी थी। 'हे गंगा मैया तोहे पियरी चढ़ैबो' (लता, उषा मंगेशकर) में राग पीलू का लोक रूपांतरण बहुत ही सरस और आकर्षक था। 'काहे बाँसुरिया बजउली' (लता), 'सोनुवा के पिंजरा में बंद भइल हाय राम' (रफ़ी), 'लुक छिप बदरा में चमके' (लता), 'मोरे करेजवा में पीर' (लता, उषा मंगेशकर) और 'अब तो लागत मोरा सोलवाँ साल' (सुमन)–सभी बिहार की पारम्परिक लोकशैली में इतने सुंदर बने कि इनकी लोकप्रियता ने बिहार और पूर्वोत्तर में नए कीर्तिमान स्थापित किए। वहीं 'लागी नाहीं छूटे रामा' (1963) के 'लाल लाल होंठवाँ से बरसे ललइया हो' (लता, तलत) की ग्रामीण गंध से रची-बसी धुन ने भी लोकप्रियता के रेकॉर्ड तोड़े। उसी प्रकार 'रखिया बँधाले भइया' (लता), मस्ती-भरे 'मुहवाँ से बोले' (आशा, मन्ना डे), 'मोरी कलइया सुकुमार' (लता), 'मनवा मसोसे रामा' (सुमन), 'जा जा रे सुगवा' (लता, तलत) और 'माथे की टिकुलिया' (सुमन, साथी) ग्रामीण जीवन के सहज प्रेम और शृंगार के कारण खूब सराहे गये। 'भौजी' (1965) में चित्रगुप्त ने बिहार के गाँवों में वात्सल्य रस से गाए जानेवाले पारम्परिक गीत को लता से गवाकर अमर ही बना दिया–'चंदा मामा आरे आ बारे आ नदिया किनारे आ'। अफ़सोस कि यह गीत अब आसानी से नहीं सुनाई देता। इसी प्रकार 'गंगा' (1965) के 'बनवा फूले बसंत रे' के साथ लता के स्वर में आंचलिक वातावरण को सजीव करती एक अनूठी प्रस्तुति चित्रगुप्त ने दी थी। कई हिन्दी फ़िल्मों के गीतों में भी कहीं विशुद्ध तो कहीं छाया के प्रभाव की तरह लोकसंगीत को चित्रगुप्त ने इस्तेमाल किया। 'इंतज़ार' (1973) के 'काहे को मोरा बिछुआ' और 'मोरा लागे नहीं चित्त' जैसे लता के गीत हों या 'औलाद' (1968) का 'नाज़ुक नाज़ुक बदन' या 'काली टोपी लाल रूमाल' का 'लागी छूटे ना अब तो सनम'–ऐसे गीतों की सांस्कृतिक ज़ड़ें लोकपरम्परा में होने के कारण इनकी मिठास सदा बनी रहेगी।

ऐसा नहीं था कि लता के साथ के पहले चित्रगुप्त के गीत लोकप्रिय न हुए हों। पाँचवें दशक के स्टंट फिल्मों के दौर के बाद छठे दशक के आरम्भिक वर्षों में चित्रगुप्त ने भक्ति पौराणिक फ़िल्मों और कुछ लोकप्रिय गीतों की रचना की थी, और इस दौर में आशा भोंसले उनकी प्रमुख गायिका थीं। इस दौर के उनके चर्चित गीतों में 'हमारी शान' (1951) के पूरबी लोक-शैली प्रधान 'जय कन्हैया लाल की' (शमशाद, चित्रगुप्त, साथी), 'भक्त पूरन' (1952) के 'एक दिन चमेली कुंज में' (आशा) और सुंदरता से पूर्ण भजन 'लगन मोहे लागी गुरु चरणन की' (लक्ष्मीशंकर, रफ़ी), 'सिंदबाद द सेलर' (1952) की बेहद लोकप्रिय रही सैक्सोफ़ोन, क्लैरिनेट और वॉयलिन की गत के साथ संयोजित 'अदा से झूमते हुए दिलों को चूमते हुए' (रफ़ी, शमशाद) और अरबी शैली के आलापों के साथ 'तेरा अल्लाह बेली' (रफ़ी, साथी), 'मनचला' (1953) के 'भगवान तुझे मैं खत लिखता' (चित्रगुप्त) और 'सरदी का बुखार बुरा' (चित्रगुप्त, किशोर), एस. एन. त्रिपाठी के साथ मिलकर संगीतबद्ध 'अलीबाबा और चालीस चोर' (1954) के 'देखो जी चाँद निकला पीछे खजूर के' (आशा), 'सिये जा सिये जा' (रफ़ी), 'ऐ सबा उनसे कह ज़रा' (आशा, रफ़ी),

'देखो देखो हुजूर ये हैं खट्टे अंगूर' (शमशाद, रफ़ी), 'मिस माला' (1954) के पाश्चात्य शैलीप्रधान 'नाचती, झूमती, मुस्कुराती आ गई प्यार की रात' (किशोर, गीता) और 'मंज़िल कहाँ मेरी' (किशोर), 'किस्मत' (1956) के waltz शैली में 'चाँद रात है' (आशा, रफ़ी) और कोरस के सुंदर प्रयोग के साथ 'ये समाँ ये चाँदनी' (आशा, साथी), 'शिवरात्रि' (1954) के बेहद लोकप्रिय और कर्णप्रिय 'आ गई महाशिव रात्रि पधारो शंकर जी' (आशा, साथी), 'हे गंगाधर पानी दो' (आशा) और 'शंकर की पूजा छूटे ना' (आशा), 'सल्तनत' (1954) का भैरवी आधारित 'हम थे इंतज़ार में' (आशा), 'सती मदालसा' की भैरवी 'कोई देखता रहे' (आशा) और 'राज दरबार' की भैरवी 'टूट गए सब साथ हमारे' (रफ़ी), 'गेस्ट हाउस' का लोकरंग-भरा 'निकला है गोरा गोरा चाँद' (सुमन, उषा) जैसे गीतों को शामिल किया जा सकता है। पर इस दौर की उनकी सर्वाधिक लोकप्रिय फिल्मों में 'नागपंचमी' (1953) और 'तुलसीदास' (1954) जैसी भक्ति-पौराणिक फिल्मों को सबसे ऊपर रखना होगा। 'नागपंचमी' में आशा के गाये कई गीत सुपरहिट रहे—'आरती करो हरिहर की करो, नटवर की करो' तो आज तक एक लोकप्रिय आरती के रूप में याद की जाती है। वहीं 'मेरी चुनरी उड़ाय लिये जाय' अपनी मचलती, थिड़कती धुन के कारण बेहद सराहा गया। 'ओ नाग कहीं जा बसियो' और 'मेरे पिया गये तो कहाँ गये' की कर्णप्रिय धुनें भी सुपरहिट रही थीं। इन सरस गीतों के रचयिता थे गोपाल सिंह नेपाली जो हिंदी साहित्य में भी शीर्ष स्थान रखते थे। नेपाली और चित्रगुप्त की जोड़ी फिल्म संगीत के इतिहास की चर्चित गीतकार-संगीतकार जोड़ियों में गिनी जाती है। 'तुलसीदास' के लोकप्रिय गीतों के पीछे भी यही जोड़ी थी। 'मुझे अपनी शरण में ले लो राम' (रफ़ी) की मार्मिक धुन आज भी प्रभावित करती है। 'नैया जल्दी से ले चलो मुझे सैंया के अँगना' (रफ़ी, आशा, साथी) की मीठी धुन के साथ कोरस का बड़ा अच्छा प्रयोग है। 'राधाजी के कुँअर कन्हैया' (रफ़ी, आशा), 'कहाँ छुपे हो राजाराम' (रफ़ी), 'हे महादेव, मेरी लाज रहे' (रफ़ी) जैसे गीतों में चित्रगुप्त ने लोक और भक्तिसंगीत का सुंदर सम्मिश्रण किया था। ऐसा ही बेहद लोकप्रिय सम्मिश्रण 'महाआरती सावित्री' (1955) के 'जग की रखवाली करनेवाली जगदम्बे मैया' (समूह गान), 'नवरात्र' (1955) के आज तक बजने वाला 'अम्बे तू है जगदम्बे काली' (रफ़ी, आशा, साथी), 'राजकन्या' (1955) के भैरवी आधारित 'जभी मोहन बजाये मुरलिया रे' (आशा, साथी), 'लक्ष्मीपूजा' (1957) के 'राम जिसे तारे हो कौन उसे मारे' (उषा मंगेशकर), 'पवनपुत्र हनुमान' (1957) के पारम्परिक 'को नहिं जानत है जग में' (मन्ना डे), 'बालयोगी उपमन्यु' (1958) के 'धीरज धर मनवा' (हेमंत), 'साक्षी गोपाल' (1957) के 'सुने धरती गगन पाताल' (रफ़ी) और गरबा बीट्स पर 'आज होगा वही तुम समझ लो सही' (रफ़ी) जैसे गीतों में मिलता है। चित्रगुप्त के भक्ति-गीत लोकसंगीत की ज़मीन से लिए गए थे और यही कारण है कि इनकी लोकप्रियता स्थायी रही है।

पर लता के आगमन ने चित्रगुप्त के गीतों को एक विस्तार और अतिरिक्त मिठास दी। 'शिव भक्त' के साथ लता के अलावा ए.वी.एम. प्रोडक्शन, मद्रास का बड़ा बैनर भी उन्हें पहली बार मिला और इस बैनर के कारण चित्रगुप्त को भक्ति-पौराणिक फिल्मों से अलग सामाजिक फ़िल्मों में विविध प्रकार के गीत कम्पोज़ करने का अवसर मिला। इसी बैनर के तले 'भाभी' (1957) के संगीत के साथ चित्रगुप्त अग्रणी संगीतकारों की जमात में शामिल हो गए। सीधे इंसान होते हुए भी चित्रगुप्त में एक व्यावहारिकता भी थी, जिसके कारण उन्हें काम की कमी नहीं रही। यह चित्रगुप्त की व्यावहारिकता का एक पहलू था कि दक्षिण भारत के एक बड़े बैनर को उन्होंने थामने में हिचकिचाहट नहीं महसूस की, जबकि एस.एन. त्रिपाठी अपनी अव्यावहारिकता के कारण बम्बई की भक्ति-पौराणिक और ऐतिहासिक फ़िल्मों की कड़ी से बाहर नहीं निकल पाए। 'बसंत पंचमी' (1956) के 'बादल पे मादल बाजे' (प्रदीप, आशा), 'श्रीकृष्ण भक्ति' (1955) के 'कोई भोर को जाए रे' (रफ़ी), 'किस्मत' (1956) की वाल्ट्ज़ शैली की धीमी लय की भैरवी 'चाँद रात है तू भी साथ है' (आशा, रफ़ी) और 'जिन्दगी के मेले' (1956) के कहरवा पर सृजित भजन 'मैं तो गिरधर के घर जाऊं रे' (लता) जैसे गीतों को बहुत पीछे छोड़ कर 'भाभी' (1957) के साथ चित्रगुप्त ने लोकप्रियता और गुणवत्ता दोनों ही दृष्टि से एक विराट आयाम प्राप्त कर लिया। सालाना बिनाका के ऊँचे पायदान पर आया राग पहाड़ी की छाया लिए वह सदाबहार मार्मिक गीत 'चल उड़ जा रे पंछी कि अब ये देश हुआ बेगाना' (रफ़ी) हो या उसी बिनाका की सालाना पायदान पर आया भैरवी आधारित 'चली चली रे पतंग मेरी' (लता, रफ़ी) की नाजुक रूमानियत हो या 'टाई लगाकर माना जनाब' (लता) और 'जारे जादूगर देखी तेरी जादूगरी' (लता) की नई-पुरानी संवेदनाओं की मधुर धरती हो, या फिर मेघ मल्हार में 'कारे कारे बादरा' (लता) जैसी उत्कृष्ट रचना हो, 'भाभी' के साथ बलराज साहनी, पंढरी बाई और चित्रगुप्त सभी ने

सुपरहिट फ़िल्म 'भाभी' में पंढरी बाई

नई शख्सियत पाई। यह भी एक रोचक तथ्य है कि 'चल उड़ जा रे पंछी' पहले तलत के स्वर में रेकॉर्ड किया गया था, पर किन्ही कारणों से पुनः रफ़ी से गवाया गया। वैसे तलत के साथ चित्रगुप्त ने 'इंसाफ़' (1056) में एक सदाबहार युगल गीत कम्पोज़ किया था—'दो दिल धड़क रहे हैं और आवाज एक है'। पहाड़ी पर आधारित इस तलत-आशा के दोगाने को आज तक दोनों के सर्वश्रेष्ठ युगल गीतों में स्थान मिलता है। तलत के साथ चित्रगुप्त 'बदल जाए दुनिया न बदलेंगे हम' (कैप्टन किशोर, 1957), 'सुहाग सिन्दूर' (1962) के लोकप्रिय मधुर गीत 'बागों में खिलते हैं फूल कसम तेरी आँखों की खाके' (लता के साथ), 'बर्मा रोड' (1962) के तरंग-भरे 'मौसम ये पुकारे' (लता के साथ), 'भगवान बालाजी' (1961) के दक्षिण भारतीय शास्त्रीय तानों के साथ 'सजना हिलमिल चलना' (आशा के साथ) जैसे गीतों को लेकर काफ़ी लोकप्रिय रहे थे।

पर तलत कभी भी चित्रगुप्त के प्रमुख गायक नहीं रहे। प्रमुख गायक उनके लिए रफ़ी और मुकेश ही थे। 'भाभी' के बाद 'साक्षी गोपाल' (1957) के 'कली बन तुम से पूछूँ बात' (लता के साथ) अत्यंत कर्णप्रिय तरन्नुम के साथ गवाया 'अब तो सहा नहीं जाता', गरबा बीट्स के साथ सृजित 'आज होगा वही तुम समझ लो वही' जैसे रफ़ी के गीत बड़े सुंदर बने थे, हालाँकि लता के गाये 'तेरे पैंया पड़े तेरी मैया', 'मेरे नैना बड़े नादान रे' और मन्ना डे, लता के बहुत आकर्षक भजन 'मेरे मन में बसे नंदलाला' का भी जबाव नहीं था। रफ़ी के साथ चित्रगुप्त 'चालबाज़' (1958) के 'ऐ मौत बुरा हो तेरा', 'माया बाजार' (1958) के 'हर फूल में मस्ती है' (आशा के साथ), 'ज़िम्बो' (1958) के सौम्य गीत 'ये माना दिल जिसे ढूँढ़े' (रफ़ी), 'बरखा' (1959) के 'आदमी चराग है' और 'वो दूर जो नदिया बहती है' (लता के साथ) जैसे गीतों के साथ आगे बढ़े। चित्रगुप्त के साथ रफ़ी मात्र भक्ति, रूमानी और मचलते गीतों तक ही सीमित नहीं थे, बल्कि नैतिक फलसफ़ेयुक्त गीतों की एक धारा ही इन दोनों ने बहा डाली। यदि 'काली टोपी लाल रूमाल' (1959) के 'ओ काली टोपी वाले' (आशा के साथ), 'गोरी ओढ़ के मलमल' की भाँगड़ा शैली (लता के साथ) और लोकशैली की मिठास लिए 'लागी छूटे ना अब तो सनम' (लता के साथ) जैसे गीत लोकप्रिय हुए, तो दूसरी ओर नज़ीर अकबराबादी की प्रसिद्ध रचना 'आदमी' की तर्ज़ में मजरूह के लिखे 'दीवाना आदमी को बनाती हैं रोटियाँ' ने जीवन के कटु यथार्थ को सटीक ढंग से ताजा कर इसे आम आदमी का गीत बना दिया। 'कंगन' (1959) के 'आँधियाँ ग़म की चलती हैं चलने भी दे', 'चाँद मेरे आजा' (1960) का 'ओ दुनिया वालो कैसा तुम्हारा ये संसार है', 'माँ बाप' (1960) का 'ले लो ले लो दुआएँ माँ-बाप की', 'पतंग' (1960) का 'ये दुनिया पतंग नित बदले यह रंग', 'तूफान में प्यार कहाँ' (1960) का नशीला सम्मोहक 'इतनी बड़ी दुनिया जहाँ इतना बड़ा मेला' जैसे गीत भी इसी धारा के गीत थे जिनके लिए चित्रगुप्त ने हमेशा रफ़ी को ही चुना। सातवें दशक में चित्रगुप्त और रफ़ी के साथ ने फ़िल्म-संगीत को विविध प्रकार के कर्णप्रिय गीतों की सौगात दी। 'बड़ा आदमी' (1961) का 'अगर दिल किसी से लगाया न होता' अपनी दर्द भरी धुन के कारण खूब लोकप्रिय रहा, वहीं इसी फिल्म का मालकौंस में रचित 'अँखियन संग अँखियाँ लागी आज' तो एक बेमिसाल शास्त्रीय रचना बनकर आज भी संगीत-समीक्षकों के मन-मस्तिष्क पर छाई हुई है। व्यक्तिगत तौर पर मैं इसे चित्रगुप्त की ही संगीतबद्ध 'मैं शादी करने चला' की माड़वा आधारित कृति 'अलबेली नार प्रीतम द्वारे' (मन्ना डे) से भी श्रेष्ठतर ही मानूँगा। 'मैं चुप रहूँगी' (1962) में ए.वी.एम. के बैनर तले 'कोई बता दे दिल है कहाँ' (लता के साथ), 'चाँद जाने कहाँ खो गया' (लता के साथ), 'खुश रहो अहले चमन' और 'मैं कौन हूँ मैं कहाँ हूँ' के साथ रफ़ी पुनः विविध रंगों में लोकप्रियता के शिखर पर थे। 'बाग़ी' (1964) में यमन की छाया के साथ 'बहार नज़र करूँ' और 'आप मौजूद यहाँ फिर हमें होश कहाँ', 'आधी रात के बाद' (1965) में कोमल स्पर्शवाले 'बहुत हसीं हैं तुम्हारी आँखें' (सुमन के साथ), 'आकाशदीप' (1965) में मजरूह के अनूठे शब्दों के साथ एक दिलकश धुन को लेकर 'मुझे दर्दे दिल का पता न था मुझे आप किसलिए मिल गए' और 'ऊँचे लोग' (1965) में खुमार-भरी नशीली अभिव्यक्ति के साथ लाजवाब करता 'जाग दिले दीवाना रुत जागी वस्ले यार की'—ऐसे गीतों को तो रफ़ी और चित्रगुप्त का हर दृष्टि से उत्कर्ष ही कहा जाना चाहिए। मजरूह के साथ ही 'अफ़साना' (1966) के रूमानियत-भरे 'चाँद कितनी दूर था', 'बिरादरी' (1966) के जबरदस्त होली गीत 'अरे रे रंग दो सभी को एक रंग में' (सुमन और मन्ना डे के साथ), 'वासना' (1968) का शरारती 'इतनी नाज़ुक न बनो' और पहाड़ी के सुरों को लेकर धुआँ-भरी शाम का चित्र सजीव करता 'ये पर्वतों के दायरे' (लता के साथ) जैसे गीतों को प्रस्तुत कर चित्रगुप्त रफ़ी के साथ अपने भक्ति-पौराणिक दौर से बहुत आगे, बहुत अलग और बहुत परिपक्व लगते हैं।

रफ़ी तो चित्रगुप्त के साथ आरम्भ से ही थे, पर मुकेश बहुत बाद में आए। 'सन ऑफ़ 'सिंदबाद' (1958) के बेहद कोमल स्पर्श वाले 'वो चाँद चमका, वो नूर छलका' (लता के साथ) के साथ मुकेश को एक रूमानी, मुलायम अंदाज़ में लेकर चित्रगुप्त आए, और इस गीत के बाद चित्रगुप्त के लिए मुकेश उतने ही प्रिय बन गए जितने रफ़ी थे। ए.व्ही.एम. की 'बरखा' (1959)

का 'एक रात में दो-दो चाँद खिले, एक घूँघट में एक बदली में' (लता के साथ) लोकप्रियता की हदें पार कर गया। 'गेस्ट हाउस' (1959) का 'तुमसे कुछ कहना है गर तुम कुछ कहने दो' (लता के साथ) फिर मुकेश को एक रूमानी लोकप्रिय अंदाज़ में लेकर आया और 'जिसका जूता उसी का सिर' एक अलग व्यंग्यात्मक रूप में। 'बारात' (1966) का राग सोहनी की छाया लिए सुपरहिट गीत 'मुफ़्त हुए बदनाम किसी की हाय दिल को लगा के', 'हम मतवाले के नौजवान' (1965) का 'साथी है अलबेला' और 'ज़बक' (1961) का पहाड़ी आधारित 'महलों ने छीन लिया' (लता के साथ) अपवाद ही थे, नहीं तो चित्रगुप्त ने मुकेश की चिरपरिचित दर्दीले गीतों के गायन की छवि से अलग जाकर उनका एक कोमल भावनाओं को अभिव्यक्त करता रूमानी रूप प्रस्तुत किया जो 'गैम्बलर' (1960) के 'नज़रों से आज दिल में समाने की रात है' (लता के साथ), 'पतंग' (1960) के संभवतः मिश्र केदार में सुपरहिट रहे 'तेरी शोख नज़र का इशारा' (लता के साथ), 'अपलम चपलम' (1961) के 'चढ़े चंदा तो तुम भी चले आना' (लता के साथ), 'हम मतवाले नौजवान' (1961) के 'बीते नहीं रात सनम' (सुमन के साथ), 'ऑपेरा हाउस' (1961) के 'देखो मौसम क्या बहार है' और 'न मिलते हम तो कहो तुम किधर गये होते' (लता के साथ), 'आँख मिचौली' (1962) के 'सुनिए तो ज़रा कहां रूठ के चले' जैसे खूबसूरत गीतों में बखूबी उभरता है। 'पतंग' (1960) का ही अति कर्णप्रिय 'दिल्ली है दिल हिन्दुस्तान का' (लता, साथियों के साथ), 'हम मतवाले नौजवान' (1961) का 'मत पूछिए दिल है कहाँ' (रफ़ी के साथ), और राग बिहाग पर आधारित शास्त्रीय रचना 'बन के चकोरी गोरी झूम-झूम नाचो री', 'रामूदादा' (1961) का बबम बबम बम बम लहरी', 'बर्मा रोड' (1962) का 'लूटो मज़े बहार के' (उषा मंगेशकर और साथियों के साथ) और 'तेल मालिश बूट पालिश' (1961) का 'एक आना तेल मालिश' जैसे गीत मुकेश की दर्दीली छवि से भिन्न एक झूमता-झुमाता चित्र प्रस्तुत करते हैं। 'आँख मिचौली' (1962) का 'वो तो जाते-जाते हमसे ख़फ़ा हो गये' एक अलग ही तरह का कोमल-सा रूमानी गीत है जिसे एच.एम.व्ही. ने मुकेश के 'रेयर जेम्स' में भी शामिल किया है। 'मैं शादी करने चला' (1962) में मुकेश और कमल बारोट के स्वरों में 'जब से हम तुम बहारों में' (जो रफ़ी, सुमन के द्वारा भी गाये इसी गीत से कहीं अधिक लोकप्रिय रहा), 'मम्मी-डैडी' (1963) के 'वाह रे ऊपर वाले', 'ऐसा नहीं हूँ अजी मैं' (लता के साथ), 'तुमसे नज़र कुछ ऐसी मिली' (लता के साथ) और 'तूफ़ान में प्यार कहाँ' (1966) का 'ले पी ज़रा और पी' जैसे गीतों के साथ मुकेश कितने सहज लगते हैं, यह इन गीतों को सुनकर ही जाना जा सकता है। एक गौण फ़िल्म 'रॉकेट गर्ल' (1962) में कमल बारोट के साथ मुकेश का गाया 'न जाने चाँद कैसा होगा' एक अविस्मरणीय सपनीले धुन के साथ सितारों के बीच अठखेलियाँ करता लगता है। इसी फ़िल्म में मन्ना डे और सुमन का गाया 'आ जा चलें पिया चाँद वाले देश में' भी एक बहुत ही सुन्दर गीत था।

सातवें दशक के मध्य से ही शंकर-जयकिशन, लक्ष्मी-प्यारे, एस.डी.बर्मन और कल्याणजी-आनंदजी के प्रभुत्व के बीच चित्रगुप्त को मिलने वाली फ़िल्मों की संख्या कम होती गई। 'एक राज़' (1963), 'गंगा की लहरें' (1964), 'मेरा कसूर क्या है' (1964), 'आकाशदीप' (1965), 'ऊँचे लोग' (1965) की सफलता के बाद व्यावसायिक रूप से एक विराम-सा लग गया। जहाँ किशोर कुमार के साथ 'एक राज़' में वह उत्कृष्ट रचना 'अगर सुन ले तो एक नगमा हुजूरे यार लाया हूँ' और मारू बिहाग में 'पायलवाली देखना' और 'गंगा की लहरें' (1964) में 'मचलती हुई हवा में छम-छम' और 'छेड़ो ना मेरी जुल्फ़ें' घर घर में गूँजे और जहाँ 'मेरा कसूर क्या है' का शीर्षक गीत, 'आज कोई आनेवाला है चाँद की डोलिया में हो के सवार' (लता, महेन्द्र), या 'आकाशदीप' के 'दिल का दिया' और 'मुझे दर्दे दिल का पता नहीं था' या 'ऊँचे लोग' के 'जाग दिले दीवाना', 'हाय रे तेरे चंचल नैनवा' और 'आ जा रे मेरे प्यार के राही' ने लाखों श्रोताओं को मंत्रमुग्ध कर दिया, वहीं सातवें दशक के अंतिम वर्षों में चित्रगुप्त की व्यावसायिक पैठ 'औलाद' के 'कब तक हुजूर रूठे रहोगे' और पाश्चात्य तथा हिंदुस्तानी संगीत के सवाल-जवाब वाला सुपरहिट गीत 'जोड़ी हमारी जमेगा कैसे जानी' (आशा, मन्ना डे) या 'वासना' और 'परदेशी' के गीतों के बावजूद पहलेवाली नहीं रही। इस दौरान चित्रगुप्त को हृदय का दौरा पड़ा और उसने उनके कॅरियर को और भी करारा झटका दिया। जितनी मेहनत चित्रगुप्त अपने गीतों में चाहते थे, वह अब करने में असमर्थ थे। वैसे भी पाश्चात्य संगीत के बढ़ते माहौल में चित्रगुप्त आत्मिक रूप से अपने को फ़िट नहीं पाते थे।

'साज़ और सनम' की रेकॉर्डिंग पर किशोर के साथ चित्रगुप्त

यही कारण है कि आठवें दशक की चित्रगुप्त की संगीतबद्ध फिल्में पूर्व की तरह

अंतिम नींद में सोए चित्रगुप्त

जादू नहीं जगा पाईं। हालाँकि कुछ गीत बीच-बीच में अभी भी बड़े खूबसूरत बनते थे, जैसे—'कभी धूप कभी छाँव' (1971) का लोकशैली की नृत्यात्मकता-भरा 'बदली में चाँद है, तो अँखियों में तुम (लता, रफ़ी, साथी), प्रेम की गंगा (1971) का 'कौन परी नीलगगन की चली' (रफ़ी), 'साज़ और सनम' (1971) के elegant और आधुनिक 'न रूठो हमें पास आने भी दो' (लता) तथा 'दिल से नज़र तक तेरे उजाले' (किशोर), संसार (1971) का 'हाथों में किताब, बालों में गुलाब' (किशोर), 'इंतज़ार' की लोकधुन में पिरोये 'काहे को मोरा बिछुआ बाजे रे' (लता) और 'मोरा लागे नहीं चित्त' (लता), 'जय महालक्ष्मी माँ' का शीर्षक गीत (उषा मंगेशकर, साथी) और 'जागृति महिमा' (1977) की मुकेश के स्वर में खूबसूरत आरती 'आनंद मंगल करो आरती'। पर 'शिकवा' (1974), 'बालक और जानवर' (1975), 'अंगारे' (1975), 'सिक्का' (1976), 'तूफ़ान और बिजली' (1976), 'अलाउद्दीन एंड द वंडरफुल लैम्प' (1978), 'शिव शक्ति' (1980) जैसी फिल्मों का संगीत पूरी तरह पिट गया। 'दो शिकारी' (1978) में अभिनेता विश्वजीत से बड़ी खूबी से गवाये 'बहार बीतने वाली है' और 'ऐ दिल मेरी जाँ' तथा दीदार सिंह परदेशी से गवाये 'ज़िंदगी ऐ ज़िंदगी' चर्चित अवश्य हुए पर इन गीतों के रेकॉर्डिंग लगभग 10 वर्ष पूर्व हुई थी और यह फ़िल्म (जो कि रेखा की अनुबंधित प्रथम फ़िल्म थी) कई कारणों से बहुत विलम्ब से रिलीज़ हुई थी। इसलिए यह गीत भी चित्रगुप्त के इस असफल दौर के गीत नहीं कहे जा सकते। वैसे भी अब ज़माना पाश्चात्य बीट्स का आ रहा था और चित्रगुप्त जैसों की जगह बेहद कमज़ोर हो चली थी। चित्रगुप्त ने इस वक्त एक बार फिर भोजपुरी फ़िल्मों की ओर रुख किया और 'धरती मैया', 'बिटिया भइल सयान', 'हमार भौजी', 'गंगा किनारे मोरा गाँव', 'सैंया मगन पहलवानी में', 'घर गृहस्थी', 'पिया के गाँव' आदि कई भोजपुरी फ़िल्मों में भी संगीत दिया, पर यहाँ भी कुछ गीतों को छोड़कर वह पुरानी मिठास नहीं ला पाये, भले ही 'बलम परदेसिया' के 'हँस के जो देख तू एक बेरिया', 'गोरकी पतरकी रे' जैसे गीत सुपरहिट रहे हों। हिंदी फ़िल्मों में 'ज्वाला दहेज की' (1981) के 'मोहे बलमा' (आशा) और 'माना सफ़र है' (किशोर, आशा), अप्रदर्शित 'अपना भी कोई होता' का सुमधुर प्रार्थना गीत 'दुनिया के बनाने वाले हम सबका भला करना' और अच्छी मेलोडी लिए 'ज़रा प्यार के सफ़र में' (सुलक्षणा, सुरेश वाडकर), 'इंसाफ़ की मंज़िल' (1988) के 'गोरी सपने में जब से देखा तुम्हें' और भोजपुरी फिल्मों में 'घर गृहस्थी' के लाजवाब लोकगीत 'जेठ महीनवा के दिन दुपहरिया', धरती मैया (1983) का 'संतोषी मैया सुनले अरजिया हमार' (उषा मंगेशकर, साथी) और 'जल्दी-जल्दी चल रे कहारा' (रफ़ी), 'घर-द्वार' (1985) का 'स्वर्ग से सुंदर' (चंद्राणी मुखर्जी) तथा 'संत रविदास' के भजन शैली के श्रुति मधुर 'माई री मोसे पिया बिन' (उषा मंगेशकर) और 'जब से मोहे नंदनंदन' जैसे कुछ गीतों को छोड़कर नवें दशक का उनका अल्प प्रयास गौण ही रहा। उनका अंतिम प्रयास फ़िल्म 'शिव गंगा' (1988) में था। वैसे उसी वर्ष उनके पुत्रों आनंद मिलिंद ने 'कयामत से कयामत तक' में बेहद सफल और लोकप्रिय संगीत देकर उनका सर गर्व से ऊँचा कर दिया। अपनी मौत तक चित्रगुप्त खार स्थित बँगले 'प्रभात' में रहते थे। 72 वर्ष की उम्र में 14 जनवरी, 1991 को बॉम्बे हॉस्पीटल में उनका निधन हो गया।

संदर्भ

1. राजीव विजयकर : स्क्रीन, 8 फरवरी, 2002

वसंत देसाई

'सैंया झूठों का बड़ा सरताज निकला'

वसंत देसाई

राग-रागिनियों पर नये विशुद्ध हिंदुस्तानी संगीत में समझौता नहीं करनेवालों में वसंत देसाई का नाम अग्रणी ही रहेगा। नौशाद भी अपनी legendary छवि के फिसलते दौर में 'साथी' में पश्चिमी ऑरकेस्ट्रा लेकर आए पर वसंत देसाई अपनी अंतिम फ़िल्म 'शक' (1975) तक बदलती प्रवृत्तियों से विमुक्त शास्त्रीय संगीत पर रचे-बसे गीतों में ही खोए रहे। इस प्रतिबद्धता ने लोकप्रियता को एक कसौटी के रूप में बहुत महत्त्वपूर्ण नहीं समझा और यही कारण है कि वसंत देसाई के लोकप्रिय गीतों की संख्या भी बहुत अधिक नहीं है।

सिद्धांत के साथ स्वाभिमान अकसर ही जुड़ जाता है और वसंत देसाई में तो इस स्वाभिमान से उपजा आत्मविश्वास भी था। नौशाद और सज्जाद लता के बिना अधूरे हो सकते थे पर वसंत देसाई का संगीत वाणी जयराम के साथ भी 'बोले रे पपीहरा' की तर्ज़ पर लता और पश्चिमी वाद्ययंत्रों के दौर में आठवें दशक में भी धूम मचा गया। उस संगीतकार की बात ही क्या जो 'झनक-झनक पायल बाजे' के गानों के लिए शिवकुमार शर्मा के संतूर और सामता प्रसाद के तबले के साथ घंटों गीत के टुकड़ों को सजाने में लगा सकता था।

मूलतः मराठी, सिंधु दुर्ग के एक गाँव में 1912 में जन्मे और अपने कीर्तनकार नाना और दशावतारी नाटकों से प्रभावित वसंत देसाई मात्र सत्रह वर्ष की उम्र से ही प्रभात स्टूडियो में 'खूनी खंजर' जैसी फ़िल्मों में अभिनेता और स्टूडियो सहायक के रूप में कार्यशील हो चुके थे। कसरत का शौक भी भरपूर था और ताउम्र देसाई कसरती शरीर के मालिक रहे। शुरू में तो वे चपरासी रहे पर पास के ही देवल क्लब में बड़े संगीतकारों का पान लाते-लाते स्वयं भी रियाज़ में बैठाए जाने लगे और फिर इनायत खान, डागर बन्धुओं से भी सीखा। उन्होंने गोविन्दराव तेम्बे, कृष्णाराव और भोले जैसे उस समय के मशहूर संगीतकारों के साथ सहायक के रूप में काम किया और साथ ही 'अयोध्येचा राजा' और 'अमर ज्योति' फ़िल्मों में गायक अभिनेता के रूप में लोकप्रिय भी हुए। अमर ज्योति में शांता आप्टे के साथ गाए युगल गीत के अतिरिक्त 'अयोध्येचा राजा' में 'जय-जय राजा धिराजे', 'हे दुनिया मैं जिवाच मै तर तुम्हीं माझ' (शजारी), 'पाप गुलामी' (वहाँ), 'आम्ही दैवाचे शेतकरी रे' (संत ज्ञानेश्वर) जैसे वसंत देसाई के गाए गीत उन दिनों खूब लोकप्रिय हुए थे। संगीतकार के रूप में वैसे तो 'छाया' और 'संत ज्ञानेश्वर' के दो गीत उन्होंने कम्पोज़ किए पर श्रेय भोले को गया। अतः प्रकट तौर पर उनकी आरम्भिक फ़िल्में रहीं वाडिया मूवीटोन की 'शोभा' (1942) और 'आँख की शर्म' (1943), बसंत पिक्चर्स की 'मौज' (1943) और सबसे महत्त्वपूर्ण राजकमल कलामंदिर की 'शकुंतला' (1943) जिसके साथ ही वसंत देसाई और व्ही. शांताराम का साथ-साथ सफ़र शुरू हुआ। 'आँख की शर्म' की मीनाक्षी की गाई गज़ल 'आँख मिलते ही मुहब्बत हो गई' सुनना आज भी आकर्षक लगता है। वाडिया को अपनी पहली मुलाकात के समय वसंत देसाई ने 'बिजली चमकन लागी' जैसी जो अर्द्धशास्त्रीय रचना गाकर सुनाई थी, उसे भी 'आँख की शर्म' में शामिल किया गया। 'शकुंतला' के गीत शास्त्रीय संगीत पर आधारित होते हुए भी रतन पिया और दीवान शरर के सीधे-सादे शब्दों और वसंत देसाई के शास्त्रीय आधार को भी लोकरंग की छाप देनेवाली प्रतिभा के कारण सुमधुर लगते हैं। हालाँकि अमीर बाई, ज़ोहरा और जयश्री की गायिकाओं

के रूप में प्रतिभा सीमित थी, फिर भी 'कमल है मेरे सामने', 'जीवन की नाव न डोले', 'मेरे बाबा ने बात मेरी मान ली' आदि गाने खूब लोकप्रिय हुए।

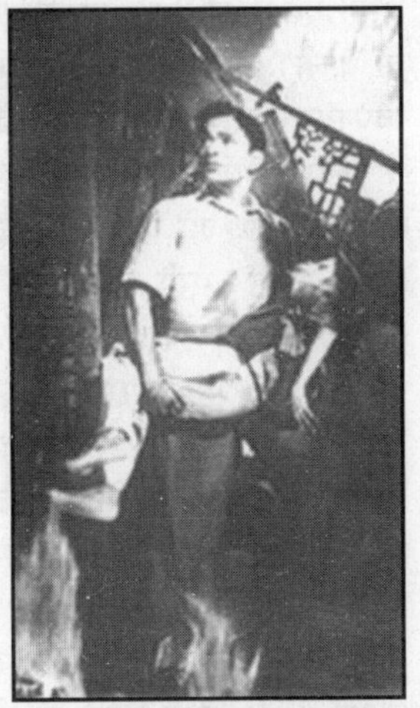

व्ही. शांताराम 'डॉ. कोटनीस की अमर कहानी' में

वसंत देसाई ने शास्त्रीय संगीत के कई गुर उस्ताद आलम खाँ और हैदराबाद के उस्ताद इनायत खाँ से और ध्रुपद धमार की बारीकियाँ डागर बंधुओं में सीखी थीं। प्रभात में ही तेम्बे, भोले और मास्टर कृष्णराव से भी बहुत कुछ सीखा ही था। यह फ़िल्म-जगत का ऐसा जमाना था जब हरेक स्टूडियो अपना चुनिंदा आर्टिस्ट, गीतकार और संगीतकार रखा करता था तथा स्टूडियो के नाम के साथ ही उनका नाम जुड़ा रहता था। स्वतंत्र (freelancing) खुले बाज़ार की प्रतिद्वन्द्विता अभी सीमित थी। वसंत देसाई भी राजकमल कलामंदिर की फ़िल्मों के संगीतकार हो गए तथा 'शकुंतला' के बाद व्ही. शांताराम की 'पर्वत पे अपना डेरा' (1944), 'डॉ. कोटनीस की अमर कहानी' (1946) तथा 'जीवन-यात्रा' (1946) में उन्होंने संगीत दिया। 'पर्वत पे अपना डेरा' का 'जिसको न कभी कुछ आए नज़र' की मार्मिक पुकारती धुन लोकप्रिय रही थी। Echo effect का इस फ़िल्म में उन्होंने अच्छा प्रयोग किया था। क्रमशः ज़ोहरा और अमीरबाई की सुन्दर गज़लें 'जो दर्द बन के ज़माने पे छाए जाते हैं' और 'परेशाँ हूँ कि क्यूँ मेरी', खान मस्ताना का रूमानी गीत 'सपनों में आने वाले' तथा नीतिप्रधान गीत 'आँखों वाले तू देख के चल' और 'आती है एक बार' जैसे गीत भी लोकप्रिय रहे थे। 'डॉ. कोटनीस की अमर कहानी' का जयश्री के गाए गीत 'चल आ, गुलामी नहीं तू जोश में आ' की धुन मशहूर चीनी रणगीत 'चिलाई' पर आधारित थी।[1] इसी प्रकार 'मैं हूँ नन्ही-नन्ही दुलहन' में भी चीनी प्रभाव था। ज़ीनत का गाया 'परदेसी रे' भारतीय लोकधुन की छाप लिए लगता है और यह गीत खूब चला था। यह फ़िल्म अंग्रेजी में भी बनी और उसका संगीत भी वसंत देसाई ने ही दिया था। देसाई की अन्य प्रभावी रचनाओं में 'जीवन-यात्रा' का 'ऐ रात सियाह' (ज़ीनत) रात की सारी रहस्यात्मकता को अपनी तर्ज़ में समेटने में सफल रहा था। इसी फ़िल्म में युवा लता की मीठी आवाज़ में 'चिड़िया बोले चूँ चूँ चूँ' सुनना बड़ा nostalgic लगता है। इसी वर्ष की फ़िल्म 'सुभद्रा' से वसंत देसाई ने 'राजकमल कलामंदिर' से अलग भी देखना आरम्भ किया। प्रफुल्ल पिक्चर्स की यह फ़िल्म इसलिए और भी महत्त्वपूर्ण है क्योंकि इस फ़िल्म में न सिर्फ लता मंगेशकर ने अभिनय किया बल्कि इसी फ़िल्म में वसंत देसाई ने पहली बार लता की आवाज़ में गीत कम्पोज़ किए। इस फ़िल्म के लता के गाये 'साँवरिया ओए बाँसुरिया बजाये गयो रे' में वसंत देसाई ने ग्रामीण परिवेश की सृष्टि अपने देशी वाद्ययंत्रों से बड़े ही अनूठे ढंग से की है।

वसंत देसाई के इस आरम्भिक दौर को उस वक्त की राजनीतिक-सामाजिक पृष्ठभूमि से अलग रखकर देखना सम्भव नहीं है। यह वह दौर था जब गाँधीवादी स्वतंत्रता-आंदोलन अपने सर्वाधिक उत्कर्ष से होकर 1942 में गुजर चुका था तथा सामाजिक स्तर पर भी 'स्वराज' कई रूपों में ग्रहण होने लगा था । विनायक पाटिल, व्ही. शांताराम, केशव दाते जैसे निर्देशक इस सबसे प्रभावित तो थे ही और 'डॉ. कोटनीस की अमर कहानी', 'अंधों की दुनिया', 'मंदिर' और 'मतवाला शायर रामजोशी' जैसी फ़िल्मों से गाँधीवादी नैतिकता से प्रभावित देशप्रेम और समाज-सुधार की बातों को उनकी फ़िल्में सामने ला रही थीं। 'राम जोशी' में महाराष्ट्र के ग्रामीण तमाशा गायकों की लोकविधा को फ़िल्म के मराठी और हिंदी संस्करणों में बसंत देसाई ने प्रयुक्त किया था। मराठी में भी बनी इस फ़िल्म में पंवाड़ा, लावणी, सवाल-जवाब जैसी लोकविधाओं का प्रभावशाली उपयोग था। 'सखी री मोरे निसदिन बिरहा सताए', 'छवि रूपकला री त्रिवेणी', 'यमुना तट पर खेलें होरी', मराठी लोक-पंवाड़ा की छाया लिए 'भई सावधान सोन भँवर उड़ जाएगा', 'धूप-छाँव के खेल-खेल में', लावणी की छाया लिए 'देखो मोरी उमरिया है बाली', गज़ल-शैली में 'अब तो है हमारा ये आलम' (ज़ोहरा) आदि फ़िल्म के ज़ोहरा और मनमोहन कृष्ण के गाए कई गीत थे। ज़ोहरा उस समय की प्रमुख गायिका थी तथा इस फ़िल्म के लिए उन्हें 40 हज़ार का पारिश्रमिक मिला था। पर इस दौर में चूँकि व्ही. शांताराम की फ़िल्मों के संगीतकार

वसंत देसाई रहे, अतः उनका संगीत भी संदेशात्मकता की भावना को ही उभारने में अधिक प्रयुक्त हुआ। 'गरीबों के दाता, गरीबों के वाली' (अंधों की दुनिया, 19947), 'पति छोड़ जो गई भाग' (मतवाला शायर रामजोशी, 1947), 'Quit India' (चले जाव), 'वैष्णवजन तो तेने कहिए' (मंदिर, 1948) जैसे गीतों का उद्‌देश्य मानो एक संदेशात्मक फ़िल्म की कला को मात्रा आगे बढ़ाने के लिए संगीतात्मक टुकड़ों के रूप में ही सीमित रह गया। कथ्य से बँधे होने के कारण इस संगीत में विस्तार की गुंजाइश भी कम थी, साथ ही पहले से निर्धारित संदेशों और उपदेशों से निर्देशित इन फ़िल्मों में प्रयोग की नवीनता के लिए भी कोई विशेष स्थान न था। ऐसी संदेशात्मक काव्यप्रधान फ़िल्मों के बीच भी 'अंधों की दुनिया' में लावणी संगीत का असर या 'सुनाऊँ हाले दिल कैसे' और 'कोई बतला दे मुझे दर्दे मुहब्बत क्यों' जैसी ग़ज़लें या शास्त्रीय आधार लिए 'यमुना तट पर खेले होरी' (मनमोहन कृष्ण साथी–'मतवाला शायर राम जोशी') जैसे उत्कृष्ट गीत फिर भी वसंत देसाई ने देते रहकर अपनी असीम प्रतिभा का परिचय दिया था। देशभक्ति प्रधान संदेशात्मक गीतों के लिए देसाई ने अकसर महाराष्ट्र की लोकसंस्कृति से प्रेरणा ली, और यही कारण है कि मराठी लोकसंगीत के विविध रूपों की छाया उनकी संगीतबद्ध इस दौर की फ़िल्मों में नज़र आती है।

स्वतंत्रता के बाद भी एक धार्मिक आदर्शवाद का प्रभाव, कम से कम दिखाने भर के लिए तो भारतीय फ़िल्मों की एक धारा पर काफ़ी दिनों तक रहा तथा वसंत देसाई भीमपलासी पर कम्पोज़ किए प्रार्थना गीत 'भज रे मधुर मधुर नाम' (लता, साथी) और 'हरि को बिसारो ना हरि ना बिसारेंगे' (लता, नरसिंह अवतार–1949), 'कहा राम हो राम, फिर श्रीमुख कभी न खोला' (लता, उद्धार–1949) जैसे गीतों के बीच ही बँधे रहे। हालाँकि 'पतझड़ के दिन बीत गए' और हवाइयन गिटार पर 'रात जा रही है' तथा 'बादर की चादर' में (उद्धार–1949), मार्चिंग सांग के अंदाज़ में 'तालीम का तराना' (रफ़ी, नई तालीम, 1949) जैसे गीत भी उन्होंने कम्पोज़ किए पर इस तरह के संगीत में वसंत देसाई कहीं से भी विशिष्ट नहीं लगते हैं। यदि इस दौर में वसंत देसाई के बेहद विशिष्ट गीत की चर्चा करनी हो तो 'नई तालीम' (1949) के 'आ गई है बहार' (लता) का जिक्र आएगा। यह वसंत देसाई का एक अलग ही आधुनिक अंदाज़ दिखाता है, जो भारतीय शास्त्रीय और लोकसंगीत से परे जाकर पियानो पर कोमल स्पर्श का अहसास कराता अत्यंत मर्मस्पर्शी गीत बनकर उभरा है। यह गीत भले ही आज हमारी स्मृति में न हो, पर इस गीत में वसंत देसाई अपने ज़माने के चलन से बहुत आगे की रचना करते नज़र आते हैं। वसंत देसाई ने अपने इस आधुनिक रूप का अधिक विस्तार आगे की फ़िल्मों में क्यों नहीं किया, यह तो अलग ही विषय बन जाएगा, पर इस प्रकार की शैली का उनका एक ही गीत इस शैली के कई अन्य संगीतकारों के गीतों पर भारी पड़ता है, इसमें कोई शक नहीं है।

वसंत देसाई के दशक के अंत की फ़िल्म 'दहेज' (1950) में लोकसंगीत की शैली में जयश्री की आवाज़ में 'अम्बुआ की डारी से बोले रे कोयलिया' गीत में कोयल की भाँति मधुरता की उत्पत्ति हुई है। 'दहेज' से ही कृष्ण गोयल भी अपने लोकप्रिय गीत 'आ जा निगाहों में आ जा' के साथ सामने आए थे। फ़िल्म 'हिंदुस्तान हमारा' (1950) के गीतों में तो कुछ विशेष नहीं था पर शिव नृत्य की संगीत सृष्टि के साथ पार्श्वसंगीत की विलक्षण प्रतिभा को उन्होंने रेखांकित अवश्य कर दिया। 'जिसे ढूँढ़ती फिरती हैं मेरी नज़र' (गीता, रफ़ी, शीशमहल, 1950), 'ओ छुप-छुप के (दुर्रानी, आशा–जीवनतारा, 1951) जैसे गीतों के साथ वसंत देसाई के संगीत का एक नया नटखट हलका-फुलका रूमानी पक्ष सामने आया। शमशाद के स्वर में 'शीशमहल' का 'ज़हर खाना मगर दिल लगाना नहीं' भी खूब लोकप्रिय रहा था। उसी प्रकार 'हैदराबाद की नाज़नीन' (1952) और 'आनंद भवन' (1953) में लता के गाए 'क्या-क्या न लोग चल बसे शौके जमाले यार में' और 'उस दिल की भला तस्कीन हो क्या' में प्रेम के दर्दीले पहलू को वसंत देसाई ने संजीदा धुनों से सजाने का प्रयास किया। 'हैदराबाद की नाज़नीन' में राजकुमारी के गाए 'नज़रों में समाने से करार आ न सकेगा' के छोटे आलाप की शुरुआत और गाने की मृदुलता इस गीत को राजकुमारी के अच्छे गीतों में जगह देती है। इस दौर का एक उल्लेखनीय परंतु भुला दिया गया गीत है फ़िल्म 'धुआँ' (1953) का 'मैं सागर की मस्त लहर' जिसका choral प्रभाव 'ऐ मालिक तेरे बंदे हम' का पूर्वाभास करा देता है हालाँकि इसमें शास्त्रीय स्पर्श अधिक मुखर है। जागीरदार प्रोडक्शन्स की ऐतिहासिक फ़िल्म 'अमर शहीद' (1952–विनोद के साथ) तो प्रदर्शित न हो सकी, पर इसी दौर में वसंत देसाई ने भारत में निर्मित प्रथम टेक्नीकलर फ़िल्म 'झाँसी की रानी' (1953) में भी संगीत देने का अवसर पाया जिसकी पृष्ठभूमि को उन्होंने सिंह और अग्नि नृत्य-संगीत तथा ग्वालियर नृत्य-संगीत से सजाया था।

'झाँसी की रानी' में
सोहराब मोदी और मेहताब

पर वसंत देसाई की ज़िंदगी और शायद हिंदी सिने-संगीत के इतिहास का भी मीलस्तम्भ बना व्ही. शांताराम निर्देशित 'झनक-झनक पायल बाजे' (1955) जिसका हरेक गीत शास्त्रीय संगीत के फ़िल्मी रूपांतरण का अनुपम उदाहरण बन गया है। नौशाद की ही शैली में इस फ़िल्म के शीर्षक गीत को वसंत देसाई ने एक शुद्ध शास्त्रीय गायक अमीर खाँ साहब से राग अडाना में बड़ी बुलंदी से गवाया। वहीं राग बागेश्वरी या सम्भवतः मालगूँजी के सुरों से सजा हेमंत और लता का 'नैन से नैन नाहीं मिलाओ' उदात्त प्रेम-गीतों की शृंखला का एक स्वर्णिम legend ही बन गया है। लता की आवाज़ में राग देस पर आधारित 'सैंया जाओ मोसे न बोलो' की तन्मयता आज भी मोहित करती है, वहीं भैरवी पर रचे 'जो तुम तोड़ो पिया' को लता अपने आवाज़ की गरिमा के अनुरूप ही प्रतिष्ठित कर पाने में सक्षम रहती हैं। 'मेरे ऐ दिल बता' (लता, मन्ना डे) की भैरवी आज भी सदाबहार गीतों की तरह सुना जाता है। मन्ना डे ने इस फ़िल्म में एक रागमाला भी गाई है जिसकी अभिव्यक्ति, बंदिश और वाद्य-संयोजन सभी वसंत देसाई की कल्पनाशक्ति के बेमिसाल उदाहरण हैं। इसी फ़िल्म से वसंत देसाई ने नृत्य-गीतों के संगीत-संयोजन (जिसकी झलक हमें 'हिंदुस्तान हमारा' और 'झाँसी की रानी' में भी मिली थी) में अपने को फ़िल्मी संगीतकारों के बीच सर्वश्रेष्ठ सिद्ध कर लिया। मन्ना डे और लता का गाया 'मुरली मनोहर मोहन गिरधार जमुना तट पर बिराजे है' हो, या आशा द्वारा गाया विश्वामित्र- मेनका नृत्य, शिव तांडव नृत्य-विरहिणी नृत्य गीत, 'सैंया जाओ जाओ' (लता), सामता प्रसाद और गोपीकृष्ण के तबले-घुंघरू की जुगलबन्दी—सभी की संगीत-रचना, ऐसा लगता है, मानो वर्षों से दबी (या दबाई) वसंत देसाई की शास्त्रीय संगीत की प्रतिभा को प्रतिशोध की तरह फ़िल्म-संगीत के आकाश पर अचानक प्रज्वलित करने के लिए ही बनाई गई हो। इस फ़िल्म के लिए पं. रामनारायण (सारंगी), पं. शिवकुमार शर्मा (संतूर) और तबलानवाज़ पं. सामता प्रसाद उर्फ गुदई महाराज के साथ घंटों की बैठकों में तराशे और सँवारे गए गीतों के पीछे का श्रम इतना सफल होगा यह आशा न तो व्ही. शांताराम को रही होगी और न ही वसंत देसाई को।

लता मंगेशकर, अमीर खान साहब और वसंत देसाई

'झनक-झनक पायल बाजे'

वसंत देसाई की ज़िंदगी का सफलतम दौर अब प्रारम्भ हो चुका था। वसंत देसाई एक तरफ धार्मिक मनोवृत्ति के भी व्यक्ति थे और यह मनोवृत्ति उनके आलंदी में ज्ञानेश्वर की अभ्यर्थना और मंदिरों में भजन गाने और गणपति उत्सव में शिरकत से लेकर धर्म को नैतिकता और मूल्यों की एक वृहद परिभाषा देते हुए राष्ट्रवाद को भी अपना धर्म समझने तक पहुँचती थी। वहीं दूसरी ओर हाथों में गजरा बाँधनेवाले वसंत देसाई रसिक भी थे ही। इन दोनों मनोवृत्तियों का उनके संगीत में स्पर्श हमेशा रहा—धर्म और नीति के गीत तथा शृंगार-गीत दोनों को वे उतना ही डूबकर बनाते थे। संगीत के सृजन के समय फ़िल्म के दृश्य के प्रति वे हमेशा जागरूक रहते थे। वे शब्दों में ही सुर ढूँढ़ते थे न कि अपने सुरों के लिए शब्द लिखवाते थे। संगीत की आत्मा की तलाश का ही नतीजा था कि उनकी रचनाओं में भूमिका, मुखड़ा, इंटरल्यूड्स और अंतरे—सभी एक दूसरे से अंदर तक जुड़े लगते थे। वसंत देसाई के संगीत की यह भी खासियत थी कि उनके इंटरल्यूड कभी भी 'filler' नहीं लगते थे, बल्कि पूरे गीत की आत्मा का ही हिस्सा बनकर उभरते थे। शास्त्रीय संगीत वसंत देसाई को उतना ही प्रिय था जितना फ़िल्म-संगीत और यही कारण है कि अपने घर में भीमसेन जोशी के गायन की महफ़िलें रखना यदि उन्हें आनंद देता था, तो फ़िल्मों में शास्त्रीय रागों पर आधारित गीतों का सृजन उन्हें परम संतोष। देखने में कसरती बदन के मालिक वसंत देसाई को कई लोग पहलवान समझने की भूल कर बैठते थे। 25 जून, 1976 के फ़िल्मफेयर के एक आलेख में जे.बी.एच. वाडिया ने इस घटना का बड़ा रोचक वर्णन किया है कि पहली बार वसंत देसाई जब वर्ली सी फ़ेस के उनके घर 'कासा द विंची' में उनसे मिलने आए तो वे उन्हें जिमनास्ट समझ बैठे थे। वाडिया को वसंत देसाई अकसर 'पल्लाच्या पोरी जरा जाफन जाफन' रचना गाकर सुनाया करते थे।

'झनक-झनक पायल बाजे' फ़िल्म की सफलता ने वसंत देसाई को कितना उत्साह दिया था, यह उनकी अगली फ़िल्म 'तूफ़ान

और दीया' (1956) के संगीत से ही प्रकट हो जाता है जहाँ उन्होंने 'निर्बल से लड़ाई भगवान की, ये कहानी है दीये की और तूफ़ान की' जैसे नैतिक गीत को मालकौंस में एक अभूतपूर्व बुलंद धुन के साथ मन्ना डे से गवाया। ऐसा लगता है, मानो सफलता के आत्मविश्वास ने स्वतः ही उपदेशात्मक कथ्य से कभी प्रभावित होकर सीमित हो जानेवाले उनके संगीत के बंधनों को अस्वीकार कर दिया था और यह दिखा दिया था कि अब चाहे कथ्य की सीमाएँ हों या संदेश की मजबूरियाँ, उनका संगीत अब ऐसे गीतों में भी जादू फूँक सकता है। इसी फ़िल्म में वसंत देसाई ने लोकसंगीत का बड़ा सुंदर प्रयोग किया है। 'मुरलिया बाजे री जमुना के तीर' (लता) में अवधी लोकगीत की छाप है तो 'गिरधारी म्हाने चाकर राखो जी' (लता) में राजस्थानी लोकगीत की और 'मेरी छोटी-सी बहन देखो गहने पहन' (लता, गीता) में पारम्परिक विदाई गीतों की। वहीं दूसरी ओर 'पिया ते कहाँ गयो नेहरा लगाय' (लता, साथी) मीरा के पारम्परिक भजन का राग आसावरी (या जौनपुरी) में शास्त्रीय रूपांतर है। लोकशैली से अलग 'मेरी आन भगवान' ऊँची पट्टी पर जोशीले अंदाज़ में गवाया गया एक गीत था। वहीं तलत, गीता के स्वर में 'अपनी नाकामी से मुझको काम है' तलत की एक और अच्छी गज़ल बनकर उभरा।

1957 में व्ही. शांताराम डाकुओं की समस्या का गाँधीवादी हल लेकर 'दो आँखें बारह हाथ में' आए (इस फ़िल्म को राष्ट्रपति का स्वर्णपदक तथा बर्लिन के फ़िल्म फेस्टीवल में 'सिल्वर बियर' से पुरस्कृत किया गया था) और साथ में आए वसंत देसाई 'ऐ मालिक तेरे बंदे हम' लेकर। नैतिकता से परिपूर्ण प्रार्थना गीतों को भी कितनी सुंदर धुन दी जा सकती है, यह उसी वसंत देसाई ने दिखाया जो पिछले दशक में ऐसे गीतों के सामने अपने संगीत को कई बार बँधा और दबा पाते थे। नतीजा था एक ऐसा गीत जो देश के हर विद्यालय का प्रार्थना गीत बना और आज तक बना है। वसंत देसाई के भैरवी पर कम्पोज़ किए इस गीत से आनेवाली कई पीढ़ियाँ प्रेरणा लेती रहेंगी—ऐसी विरासत विरलों को ही नसीब होती है। इसी फ़िल्म का लता का गाया 'सैंया झूठों का बड़ा सरताज निकला' भी बेहद लोकप्रिय हुआ था। इस गीत में वसंत देसाई ने चिंकारे का बहुत लावण्य-भरा उपयोग किया था। 'तक धुम धुम' (लता, साथी) और 'उमड़-घुमड़ कर आई रे घटा' (लता, मन्ना डे) भी अच्छे मस्ती-भरे गीत हैं पर एक और गाना जो उतना लोकप्रिय नहीं होते हुए भी बेहद सुंदर था, वह था—लता की आवाज में मराठी लोकसंगीत का स्पर्श लिए एक मधुर लोरी 'मैं जागूँ तू सो जा'। इस गीत में वाद्यों के साथ मंदिर की हलकी घंटी जैसा स्वर पृष्ठभूमि में लगातार बजता है और गाने को एक दैविक-सी पवित्रता से भर देता है ।

अपने इस सफल दौर में भी वसंत देसाई ने साल में मात्र एक या दो फ़िल्में ही लीं। राजकमल कला मंदिर के अलावा और बड़े बैनर की फ़िल्में मिलीं भी नहीं। शायद वसंत देसाई की शास्त्रीय छवि भी आड़े आई हो। पर इन कम फ़िल्मों में ही संगीत की छाप जनमानस में छोड़ने में वसंत देसाई सफल रहे। फ़िल्म 'मौसी' (1958) का गीत 'टिम टिम टिम तारों के दीप जले' (लता, तलत) एक बेहद आकर्षक धुन से सँवारा गया और उस वर्ष की बिनाका गीतमाला की ऊँची पायदान पर रहा। वहीं 'दो फूल' (1958) का राग कलावती पर आधारित आशा और साथियों के स्वर में 'आई परी रंग भरी किसने पुकारा' अपनी मिठास और कोरस के जबर्दस्त प्रयोग के कारण वसंत देसाई के संगीत में शायद आशा का सर्वाधिक लोकप्रिय गीत है। कोरल प्रभाव को गाने में सही जगह इस्तेमाल कैसे किया जाता है, यह अनिल विश्वास, सलिल चौधारी और शंकर-जयकिशन के बाद अगर किसी से सीखना है तो वसंत देसाई की ही याद आएगी। कोरस का अद्‌भुत प्रयोग 'मौसी' के 'जा री जा बाई, मैं देऊँ विदाई' (आशा, साथी) जैसे पूर्णतः विस्मृत गीत में भी मिलता है और 'अर्द्धांगिनी' (1959) के 'तूने जो इधर देखा' (रफ़ी, गीता, साथी) जैसे कम भूले गीतों में भी। 'दो फूल' में ही लता और आशा के स्वर में स्वर मिलाकर वसंत देसाई ने 'रूठी जाए रे गुजरिया' जैसा मधुर गीत भी गवाया, और 'तड़प-तड़प के कटी उम्र आशियाने में' (लता) जैसा मेलोडी प्रधान गीत तथा कलावती में 'आ जा आ जा रे हाय' (लता) जैसी मृदु रचनाएँ भी हमारे सापने प्रस्तुत की। मल्हार के अलावा कलावती को भी विविध रूपों में प्रस्तुत करने में वसंत देसाई अग्रणी संगीतकार रहे हैं। प्रणय के भाव के लिए कलावती का इतना सुंदर उपयोग कम ही संगीतकारों ने किया है जैसाकि ऊपर के उदाहरणों से स्पष्ट है। वहीं 'दो बहनें' (1959) में प्रदीप से गवाए अपने हिट गीत 'मुखड़ा देख ले प्राणी' के साथ नीतिप्रधान गानों के साथ उन्होंने अपना नाता बरकरार रखा।

'अर्द्धांगिनी' (1959) वसंत देसाई के लिए एक सफल फ़िल्म साबित हुई और 'अपने सैंया से नेहा लगइबे' (लता) में वे

फिर एक लोकधुन को खूबसूरत संगीत से बाँधने में सफल हुए। 'तेरा खत ले के सनम पॉव कहीं रखते हैं हम' लता के हिट गीतों में शामिल है हालाँकि इस गीत की धुन हमें वसंत देसाई से अधिक चित्रगुप्त शैली की लगती है। इसी फ़िल्म का एक और मधुर गीत है जो दुर्भाग्य से लोकप्रिय न हो सका–'प्यार में मिलना सनम होता है तकदीर में' (लता, सुबीर सेन)। इस फ़िल्म में भी राग यमन पर आधारित 'बड़े भोले हो, हँसते हो सुन के दुहाई' (लता) के साथ वसंत देसाई ने शास्त्रीय संगीत के लोक-रंजक रूप पर अपनी पकड़ को प्रदर्शित किया।

यह आश्चर्य नहीं है कि 'झनक-झनक पायल बाजे' के बाद वसंत देसाई की सफलतम फ़िल्म 'गूँज उठी शहनाई' (1959) भी शास्त्रीय संगीतप्रधान फ़िल्म थी। इस फ़िल्म के लिए वसंत देसाई उस्ताद बिस्मिल्लाह खान और रामलाल की शहनाई लेकर आए जिसने फ़िल्म के वाद्य-संयोजन को अलौकिक बना दिया। 'हौले-हौले घूँघट पट खोले' (लता, रफी, साथी) में कोरस मिले लोकसंगीत के बीच शहनाई की गति से भजन का समाँ बँधता है, वहीं राग गारा पर आधारित 'जीवन में पिया तेरा साथ रहे' (लता, रफ़ी) अपनी झनकती हुई तेज धुन से मन को आंदोलित कर देता है। राग बिहाग में सजा 'तेरे सुर और मेरे गीत' लता के सर्वश्रेष्ठ शास्त्रीय गीतों में माना जाता है तो जोगिया पर आधारित 'कह दो कोई न करे यहाँ प्यार' आज भी रफ़ी के चुनिंदा गीतों में शुमार होता है। लता, रफ़ी के झिंझोटी आधारित दोगाने 'तेरी शहनाई बोले, सुन के दिल तेरा डोले' में शहनाई तीसरी आवाज़ के रूप में जीवित हो उठती है। भैरवी में फ़िल्म के सदाबहार गीत 'दिल का खिलौना हाय टूट गया' (लता) का माधुर्य तो आज भी उतना ही प्रिय लगता है। इसमें शहनाई पर रामलाल हैं भले ही धुन की प्रेरणा बिस्मिल्लाह खान की रही हो। 'कोरस' के उस्ताद वसंत देसाई किस कदर हो चुके थे, यह देखने के लिए उनकी इसी फ़िल्म की रचना 'अँखियाँ भूल गई हैं सोना' (लता, गीता, साथी) अवश्य ही सुननी चाहिए जहाँ मधुरता की पराकाष्ठा एक तेज धुन के साथ भी कायम रखी गई है। इसी फ़िल्म में वसंत देसाई ने बिस्मिल्लाह खान की कजरी, दादरा, पहाड़ी, जयजयवंती, भैरवी के अलावा अमीर खान की आवाज में राग माला भी गवाया तथा बिस्मिल्लाह खान और अब्दुल हलीम जफ़र खान के बीच राग केदार में शहनाई और सितार की जुगलबंदी का भी प्रयोग किया।

लोकधुनों और शास्त्रीय धुनों पर समान अधिकार वसंत देसाई की पहचान बन चुकी थी। उन्होंने 'सम्राट पृथ्वीराज चौहान' (1959) में रफ़ी की आवाज़ में आल्हा तक गवा लिया ('धन्यवाद कविचंद पुकारे, जुग-जुग जियो कनौजी राम') और लता की आवाज़ को कहीं मल्हार की लय में 'ना ना ना बरसो बादल' तो कहीं एक बेहद कोमल रूप में 'छुप छुप के हमसे ना नैना मिलाओ' की तरह पेश किया। वहीं उन्होंने एक ओर 'स्कूल मास्टर' (1959) में लता और मन्ना डे के स्वर में अगर 'तार तार बज रहा दिल के सुर बहार का...आ, सजनिया आ' जैसी श्रमपूर्ण रचना को कम्पोज़ किया तो दूसरी ओर 'ओ दिलदार बोले इक बार' (लता, तलत) जैसा हलका-फुलका सुपरहिट गीत भी दिया। वसंत देसाई एक ऐसे कलाकार थे जिन्होंने हारमोनियम और तबले से लेकर उस समय के उपलब्ध हर वाद्ययंत्र को बजाने में सफलता प्राप्त की थी।

यह वक्त वसंत देसाई की सफलता का चरम ही साबित हुआ। फ़िल्में तो सातवें दशक में भी कुछ मिलती रहीं पर गानों को अधिक लोकप्रियता इस दशक में नहीं मिली। इस दशक के मध्य तक के उनके उल्लेखनीय सफल गानों में लता, तलत के स्वरों में लोक गंध लिए 'सावन के झूले पड़े', लता के स्वर में राग कलावती पर आधारित मधुर लोरी 'चंदा ढले पंखा झले मैया तुम्हारी' (प्यार की प्यास, 1961) दस भाषाओं का गीत 'किसका देश' ('प्यार की प्यास', 1961, जिसमें मराठी, मारवाड़ी, गुजराती, कश्मीरी और पंजाबी अंतरों में लता का स्वर था, हिंदी आरम्भ मन्ना डे और रानू मुखर्जी के स्वर में था, बँगला का 'सोनार बाँगला' अंश गीता दत्त की आवाज़ में था और तमिल का हिस्सा एम.एल. वसंतकुमारी ने गाया था), क्रमशः राग चंद्रकौंस और पूरिया धनाश्री पर आधारित लता के ही स्वर में अभिभूत करता हुआ 'सन सनन सनन जा रे ओ पवन' और 'रुक जाओ बनवासी राम' (संपूर्ण रामायण, 1961), इसी फ़िल्म के प्रकृति की ध्वनियों को रूपांतरित करता 'मेरे जीवन की पर्णकुटी में' (लता), लोकप्रिय रहा 'बार बार बगिया में' (आशा) और अत्यन्त कर्णप्रिय 'बादलो बरसो नयन की कोर से' (लता), लता और महेन्द्र के स्वर में भरत व्यास का वह भावपूर्ण गीत 'कल्पना के घन बरसते गीत गीले हो रहे' (अमर ज्योति, 1965), इन्हीं युगल स्वरों में भरत व्यास का ही 'चंद्रमा जा उनसे कह दे, ना बनो इतने कठोर' (भरत मिलाप, 1965) और शुद्ध सारंग आधारित 'चंद्रमुखी चंचल नयन' (लता, महेंद्र, साथी) को शामिल किया जा सकता है। शांताराम की 'लड़की सहयाद्री की' (1966) में पुनः वसंत देसाई का संगीत शास्त्रीयता का आधार लेकर ऊँचाइयों पर पहुँचा था। प्रसिद्ध शास्त्रीय गायक पंडित जसराज से 'वंदना करो अर्चना करो' राग अहीर भैरव में, और 'तोहार उँगली से' सुमन से राग पहाड़ी मांड में गवाकर वसंत देसाई ने उत्कृष्ट रचनाएँ दीं। वहीं अन्य

गीतों के पीछे भी कोई न कोई शास्त्रीय राग ही आधार था—'कहाँ चले छलिया लूट के जिया' (आशा), 'क्यूँ लगे लाज' (आशा) और 'मेरी झाँसी नहीं दूँगी' (आशा) के पीछे क्रमशः भीमपलासी, पीलू और मालकौंस था, तो 'शुभ्रकमल जब आएगा' (महेंद्र) और 'करो सब निछावर' (आशा, साथी) के आधार में क्रमशः जोगकौंस और वसंत देसाई का पसंदीदा मियाँ का मल्हार था।

वसंत देसाई फ़िल्मों में शास्त्रीय रागों के भिन्न प्रकारों को बहुलता से उपयोग करने में अपने समकालीन अन्य संगीतकारों से आगे ही माने जाएँगे—न सिर्फ़ प्रचलित बल्कि कम चर्चित रागों का भी फ़िल्मों में उपयोग करने की हिम्मत वे ही कर सकते थे। राग मल्हार के विविध रंगों का इतना विपुल प्रयोग कम ही संगीतकारों ने किया है। वसंत देसाई ने अपने संगीत में बड़े ऑरकेस्ट्रा का प्रयोग कभी नहीं किया। ज़माने की लीक से अलग उनके द्वारा 8-10 वादकों को ही रखा जाता था, और उन्हीं के बीच स्वर के साथ वाद्य-संयोजन वे अत्यंत कुशलता से करते थे।

दशक के अंतिम वर्षों में 'राम-राज्य' (1967—जो प्रसिद्ध अभिनेत्री बीना राय की अंतिम फ़िल्म थी) और 'आशीर्वाद' (1968) के गानों से फिर अपनी पहचान बनाने की कोशिश उन्होंने अवश्य की और सूरदासी मल्हार पर सँवारी गई रचना 'डर लागे गरजे बदरिया' तथा गुजरी तोड़ी पर रचा 'एक का बचपन' से लता की आवाज़ की उन बारीकियों को पेश करने में वसंत देसाई सफल हुए जो इस दौर के लाउड ऑरकेस्ट्रेशन में यदा-कदा ही उभर पाती थी। राग केदार पर आधारित 'था अँधेरा छाया हुआ' (मन्ना डे) की सृष्टि के आरम्भ को रेखांकित करती विराटता, भूपाली और कल्याण के सुरों के साथ 'आ जा तुझ बिन साधना अधूरी' (रफ़ी, लता) का आह्वान और 'कोटि-कोटि किरणों वाले आदित्य' (मन्ना डे, साथी) की आराधना 'राम-राज्य' के संगीत की दुर्लभ कृतियाँ थीं। हालाँकि दोनों फ़िल्मों के संगीत की तुलना की जाए तो 'गाओ री शुभ दिन आया', भीम पलासी के सुर लेकर कम्पोज़ 'रैन भई सो जा रे पंछी', 'हौले-हौले झुलनिया में झुलाओ' जैसे 'राम-राज्य' के गीतों में वसंत देसाई ने लोकरंग से श्रोताओं को सराबोर कर देनेवाले धुनों को बड़ी मेहनत से सजाया था, पर 'आशीर्वाद' के अशोक कुमार के गाए 'रेलगाड़ी छुक छुक छुक', 'नीना की नानी की नाव चली', 'झींगापुर ताकुर ताकुर' जैसे हलके-फुलके गीत कहीं अधिक हिट रहे। सच मायने में संगीत की गुणवत्ता की दृष्टि से 'आशीर्वाद' के सुंदर गीत थे गौड़ मल्हार में कम्पोज़ 'घिर घिर बरसे सावन अँखियाँ, साँवरिया घर आ' (लता) और शिवरंजनी पर आधारित 'जीवन से लम्बे हैं बंधु' (मन्ना डे)। पर 'एक था बचपन' की रेकॉर्डिंग के समय वसंत देसाई लता से एक खास tonal असर चाहते थे जो कि उनके अनुसार लता ने देने की कोई कोशिश भी नहीं की। हमेशा से साफ़-साफ़ अपनी बात कहने वाले वसंत देसाई ने इस बात को भी नहीं छुपाया जो निस्संदेह उस समय तक लगभग पूजी जाने वाली लता को नागवार ही गुज़रा होगा।

फ़िल्म 'आशीर्वाद' का एक दृश्य

पर नागवार यह वसंत देसाई को भी शायद कम नहीं गुज़रा था और यही कारण है कि इसके बाद वे लता से लगभग विमुख ही हो गए। वैसे वसंत देसाई, नौशाद, मदनमोहन और अन्य कई संगीतकारों की तरह वे कभी भी लतामय नहीं रहे थे और नए कलाकारों को मौका देने में वे कभी पीछे भी नहीं रहे थे। महेंन्द्र कपूर जैसे नए उभरे गायक को भी उन्होंने कई फ़िल्मों में अवसर दिया था। पर लता से विमुख होने का अर्थ था कि 'गुड्डी' (1971) में वे एकदम नई गायिका 'वाणी जयराम' को लेकर आए और ऐसी बुलंदी से आए कि घर-घर में 'बोले रे पपीहरा' के साथ न केवल जया भादुड़ी छाती चली गई बल्कि वाणी जयराम को लोग लता के लिए एक खतरा मानने लगे। यहाँ तक कि 'सुर सिंगार संसद' में वाणी के मियाँ की मल्हार में रचे 'बोले रे पपीहरा' ने लता के चारुकेशी में रचे 'बैंया ना धरो' (दस्तक) को पीछे छोड़ दिया। मदनमोहन लता के बिना अधूरे थे पर वसंत देसाई लता के बावजूद पूरे थे। अगर भैरवी में बनाया लता का 'ऐ मालिक तेरे बंदे हम' कभी हर विद्यालय का प्रार्थना गीत

वाणी जयराम

फ़िल्म 'गुड्डी' का एक दृश्य

था तो वाणी के स्वर में केदार में रचित 'हम को मन की शक्ति देना' ('गुड्डी') टूटती आस्थाओं के नए ज़माने का नया प्रार्थना गीत बनकर प्रचलित हुआ। सम्भवतः हमीर की छाया लिए मीरा की पारम्परिक रचना 'हरि बिन कैसे जिऊँ री' (वाणी जयराम) भी अच्छी ही कृति थी।

वसंत देसाई ने मराठी स्टेज और मराठी फ़िल्मों में भी संगीतकार के रूप में आरम्भ से ही महत्त्वपूर्ण भूमिका निभाई। 'पंडित राव जगन्नाथ', 'जय-जय गौरीशंकर', 'देव दीनाघड़ी धावली' (जिसमें उन्होंने कुमार गन्धर्व से भी 'उठी-उठी गोपाला' जैसी रचना गवाई थी) जैसे उनके नाटक तथा लावणी और पाँवड़ा जैसी लोकविधाओं से सजी उनकी मराठी फ़िल्म 'लोक शायर रामजोशी' और फिर 'साखड़फड़ा', 'ही माँझी लक्ष्मी', 'माँझी जमीन', 'काँचनगंगा' (जिसमें लता का गाया 'बोल वीणे बोल' बहुप्रशंसित रहा था), शांताराम की 'इये मराठी चियेनगरी' और 'शामची आई' जैसी फ़िल्मों के संगीत ने मराठी संसार में अपूर्व लोकप्रियता पाई। 'अमर भूपाली' उनकी सर्वाधिक प्रशंसित फ़िल्म रही है जिसमें राग भूपाली का अत्यंत सुन्दर प्रयोग था। 'घनश्याम सुंदरा' (लता) तो मराठी जनमानस का सवेरे का घर-घर में बजने वाला प्रार्थना गीत ही बन चुका है। इस फ़िल्म के बाँग्ला संस्करण में भी देसाई का संगीत था तथा 'घनश्याम सुन्दरा' के बाँग्ला संस्करण को लता और मन्ना डे के स्वरों में सुनना भी अनुपम अनुभव है।

विदेशी आक्रमण के समय वसंत देसाई की ख्याति का एक दूसरा पहलू सामने आया—हज़ारों की तादाद में स्कूली बच्चों से उन्होंने बम्बई के बैबोंन स्टेडियम में एक साथ 'जिंकु किना वा मारू' जैसे राष्ट्रीय समूह गीत गवाए। बम्बई के कई स्कूलों में 'जन मन गण' के कोरस गायन की शिक्षा से लेकर पंडित नेहरू के सामने शिवाजी पार्क में दशहरा के दौरान एक लाख बच्चों के समूह गीत जैसी सम्मोहक प्रस्तुतियाँ वे करते रहे थे। 'वसंत सुर प्रतिष्ठान' के नाम से उन्होंने इस विधा को एक संस्थात्मक रूप भी दिया। गाँव-गाँव घूमकर पाठ्य-पुस्तकों की अपने द्वारा स्वरबद्ध कविताओं को स्कूली छात्रों को सुनाने और गवाने में उन्होंने अपने को व्यस्त कर लिया। संगीत, समाज और शिक्षा के क्षेत्र में उनकी सेवा के लिए उन्हें पद्मश्री मिली और महाराष्ट्र विधान परिषद के वे सदस्य भी बने। कई वृत्तचित्रों को भी उन्होंने संगीतबद्ध किया और फ़ारेस्ड जड की प्रसिद्ध डॉक्युमेंटरी 'मानसून' में संगीत देने के लिए भी मल्हार-प्रेमी वसंत देसाई को ही चुना गया। पर जहाँ तक फ़िल्मों का सवाल था, यह फ़िल्म संगीत के उस भागते वक्त का प्रतीक है कि गुड्डी की अभूतपूर्व सफलता के बावजूद वसंत देसाई की वापसी नहीं हो सकी। हिंदी फ़िल्म-जगत में उनके हिस्से मात्र 'ग्रहण' (1973), 'अचानक' का पार्श्वसंगीत (1973), 'जय राधेकृष्ण' (1974), अप्रदर्शित 'राजा शिवछत्रपति' और 'रानी और लालपरी' (1975) जैसी फ़िल्में आईं। वाणी जयराम के माड़वा आधारित मधुर भजन 'एक तो मैं मुरली बिरहन' ('जय राधेकृष्ण'), मुजरा गीत 'वो हुस्न वाले वो नाज़ वाले' (शोभा गुर्टू—'राजा शिवछत्रपति') और दिलराज कौर के 'अम्मी की चुम्मी, पापा को प्यार' या 'सिंडरेला' और आशा के सुंदर गीत 'मेरा फूल बदन को' (सभी 'रानी और लालपरी') के बावजूद वसंत देसाई, आर.डी., एल.पी. और कल्याणजी-आनंदजी के ऑरकेस्ट्रेशन के दौर में पूरी तरह बेमेल हो रहे थे। यह वसंत देसाई के सिद्धांतवादी व्यक्तित्व के लिए ही सम्भव था कि इस नए संगीत से समझौता करना उन्हें गवारा नहीं हुआ और प्रधानमंत्री के 20-सूत्रीय कार्यक्रम के लिए गीत रेकॉर्ड करवाकर पेड्डर रोड के अपने घर की मंज़िल पर जाते हुए लिफ्ट दुर्घटना में उनकी दर्दनाक मृत्यु के बाद प्रदर्शित 'शक़' (1976) में भी उन्होंने शास्त्रीय संगीत का साथ नहीं छोड़ा। राग जयंती मल्हार में 'मेघा बरसने लगा है आज की रात' (आशा), राग कल्याणी में दादरा ताल छः मात्रा में 'दो नैनों के पंख लगा कर' (कु. फैयाज) और यमन कल्याण में पुरानी अनूठी शैली में 'अभी न परदा गिराओ' (जे. के. बैनर्जी) जैसे गुलज़ार के लिखे और लाजवाब ढंग से स्वरबद्ध किए गीत ही उनकी श्रद्धांजलि बने।

संदर्भ

1. हरमिंदर सिंह हमराज : गीतकोश, 1941-50

गुलाम मुहम्मद

'फिर मुझे दीद-ए-त्तर याद आया'

कुछ व्यक्तियों का यह दुर्भाग्य होता है कि उनकी शोहरत उनकी मृत्यु के पश्चात् ही मंज़िलें तय करती है। गुलाम मुहम्मद के साथ भी ऐसा ही हुआ। उनके संगीत को बेमिसाल शोहरत 'पाकीज़ा' (1972) के बाद मिली, पर 'पाकीज़ा' के प्रदर्शन तक गुलाम मुहम्मद की मृत्यु हुए कई वर्ष बीत चुके थे।

गुलाम मुहम्मद के संगीत की अपनी एक खासियत थी, और सबसे उल्लेखनीय बात यह थी कि हालाँकि वे वर्षों तक नौशाद के सहायक रहे पर नौशाद के संगीत से प्रभावित होते हुए भी उन्होंने अपने संगीत की एक अलग पहचान भी बनाई। यह काम आसान नहीं होता है क्योंकि किसी मूर्धन्य संगीतकार के सहायक के रूप में जाने-अनजाने ही उस संगीतकार की विशिष्ट शैली का प्रभाव आ जाना स्वाभाविक ही है, खास तौर से इसलिए भी क्योंकि उस विशिष्ट शैली को सँवारने में सहायक संगीतकार की भी अपनी एक भूमिका होती है। ऐसा दत्ताराम के साथ हुआ जो वर्षों शंकर-जयकिशन के संगीत की छाप से अलग नहीं हो सके। पर गुलाम मुहम्मद के ऊपर नौशाद का प्रभाव रहते हुए भी उतना व्यापक कभी नहीं रहा। आरम्भ से लेकर अंतिम स्वतंत्र फ़िल्म तक उनकी एक विशिष्ट शख्सियत और शैली भी उनके कई गीतों में झलकती रही और उन्हें एक अलग पहचान देती रही।

गुलाम मुहम्मद

राजस्थान के नाल गाँव में जन्मे गुलाम मुहम्मद मूलतः तबलावादक और ढोलकवादक थे तथा अपने पिता नबीबक्श (जो एक अच्छे तबलची थे) से बचपन में सीखने के बाद उन्होंने कई वर्ष संगीत, नृत्य और अभिनय के बीच लाहौर के न्यू अल्बर्ट थियेटर कम्पनी, बीकानेर की जे.बी.कम्पनी जैसे घुमंतू थियेटरों में गुजारे। हैदराबाद के गुलाम रसूल खाँ से उन्होंने तबला, ढोलक और पखवाज में और भी निपुणता हासिल की। बम्बई आने के बाद भी कई वर्ष लगभग बेकार से रहे। फिर जाकर 1932 में सरोज मूवीटोन में तबलावादक की हैसियत से उनको काम मिला तथा सरोज मूवीटोन की फ़िल्म 'राजा भर्तृहरि' में उनके तबलावादन की अच्छी तारीफ़ हुई। ख्याति बढ़ी तो अनिल विश्वास और फिर नौशाद के साथ जुड़े और कई वर्षों तक जुड़े रहे। नौशाद की 'संजोग' (1943) से लेकर 'आन' (1951) फ़िल्मों का तबला और ढोलक का ठेका वस्तुतः गुलाम मुहम्मद का योगदान है। 'आन' के बाद गुलाम मुहम्मद ने नौशाद के सहायक के रूप में तो काम करना बंद कर दिया पर अनौपचारिक रूप से दोनों एक दूसरे का साथ देते रहे। यहाँ तक कि गुलाम मुहम्मद को हृदय रोग हुआ तो उनके आग्रह पर नौशाद ने 'पाकीज़ा' के दो गाने रेकॉर्ड कर दिए।

पर नौशाद के सहायक रहते हुए भी गुलाम मुहम्मद को स्वतंत्र संगीतकार की हैसियत से फ़िल्में नहीं मिली हों, ऐसा नहीं है । उनकी स्वतंत्र संगीत-निर्देशक के रूप में प्रथम फ़िल्में थी 'मेरा गीत' (1946, अन्य कई संगीतकारों के साथ), 'डोली' (1947) और 'टाइगर क्वीन' (1947)। 'मेरा गीत' के गुलाम मुहम्मद के कम्पोज़ किए गए 'हमसे ही भले रूठे सारे जमाना' और 'तोरे बिना हो बालमा' शास्त्रीय आधार लिए हुए धीमी, मधुर धुनें थीं। 'डोली' का गीत 'दिल्ली की गलियों में जिया नहीं लागे' ज़ोहरा

और दुर्रानी की आवाज़ों में मशहूर हुआ था। पर उससे भी अधिक मशहूर हुए 'गृहस्थी' (1948) के गीत—शमशाद, हमीदा, चितलकर द्वारा गाया 'ओ मोटर वाली छोरी' तथा विशेषकर मुकेश और शमशाद का गुलाम मुहम्मद के ढोलक के लाजवाब ठेके के साथ सृजित युगल गीत 'तेरे नाज़ उठाने को जी चाहता है' और शमशाद का एकल गीत 'वाह रे ज़माने' को अपार लोकप्रियता मिली थी। 'काजल' (1948) के 'तारों-भरी रात है' (सुरैया, रफ़ी) और 'दिन पे दिन बीते' (सुरैया) अधिक हिट तो न हुए, पर धुनें बड़ी लुभावनी थीं। 'परायी आग' (1948) का 'मन गीत सुहाने' (ज़ोहरा) भी अच्छी धुन थी, पर उससे बढ़कर 'कुछ भी न कहा और कह भी गए' (हमीदा) छोटे-छोटे छंदों को उद्भासित करके बनाई एक अलग शैली की अनूठी रचना थी। ऐसे प्रयोगात्मक गीत गुलाम मुहम्मद ने ज्यादा नहीं बनाए, यह अफ़सोसजनक है। निगार अभिनीत 'दिल की बंस्ती' (1949) में लता के कशिश-भरे 'उनके हम कुछ कहते-कहते रह गए' और गीता की सोज़-भरी आवाज़ में दर्द को अभिव्यक्त करता 'हाय मोहब्बत का दस्तूर' भी अच्छी पर परिपाटी की ही कम्पोज़ीशन्स थीं। इसी दशक की अप्रदर्शित फ़िल्म 'रशीद दुलहन' में सितारा के स्वर में 'बदला नज़र आता है ज़माने का ज़माना' की सीधी-सादी सहज लय भी आकर्षक थी। 'माँग' (1950) के तलत के गाए 'मुहब्बत रंग दे जाती है' और बातचीत शैली में बनाई 'आओ बैठो बात सुनो' (लता, दुर्रानी) फ़िल्म के उल्लेखनीय गीतों में गिने जा सकते हैं। इन गीतों के संयोजन में कोई खास विशेषता नहीं झलकती है, पर इन गीतों के विश्लेषण से यह भी स्पष्ट हो जाता है कि अपवादों को छोड़कर गुलाम मुहम्मद शोख चुलबुले गीतों की अपेक्षा संजीदा धुनों के साथ अधिक सफल थे तथा भविष्य ने भी सिद्ध किया कि ऐसी ही धुनों के साथ उन्होंने अपनी अलग पहचान बनाई।

शशिकला और कामिनी कौशल फ़िल्म 'पगड़ी' में

गुलाम मुहम्मद की विशिष्टता रही कि अपनी आरम्भ की फ़िल्मों से ही उन्होंने सदाबहार हिट गाने बनाए। फ़िल्म 'पगड़ी' (1948) का तेज रवानगी और इंटरल्यूड में वॉयलिन के सुंदर प्रयोग को लेकर बना 'इक तीर चलाने वाले ने लूट लिया' (सितारा, मुकेश) तो आज तक लोकप्रिय है। 'ओ परदेसी याद में तेरी' (सितारा) में वॉयलिन और हवाइयन गिटार से विरह के भाव को गुलाम मुहम्मद ने अच्छा उभारा था। 'पारस' (1949) के मटके के ठेके के साथ 'इस दर्द की मारी दुनिया में मुझ-सा भी कोई मजबूर न हो' (लता) और 'दिल की लगी ने हमको दीवाना कर के छोड़ा' (रफ़ी) भी इसी तथ्य को भली भांति रेखांकित करते हैं। 'पारस' एक ऐसी फ़िल्म कही जा सकती है जिसके संगीत में नौशाद का प्रभाव स्पष्ट रूप से नज़र आता है। 'कोई पुकारे पिया पिया' (गीता) का आरम्भिक संगीत अंश काफी हद तक नौशाद के 'दुलारी' के 'तकदीर जगा कर आई हूँ' के आरम्भिक हिस्से से मेल खाता है। 'दिल ले के छुपने वाले' (लता, रफ़ी) की शैली भी काफ़ी हद तक नौशाद जैसी लगती है। 'पारस' और 'पगड़ी' का संगीत लोकप्रिय रहा। पर आरम्भिक फ़िल्मों में यदि किन्हीं दो फ़िल्मों को चुनकर गुलाम मुहम्मद के संगीत की चर्चा करनी हो तो शायद आम सहमति 'शायर' (1949) और 'परदेस' (1950) पर हो ।

'शायर' फ़िल्म का सबसे मशहूर गीत भैरवी में कम्पोज किया गया 'ये दुनिया है यहाँ दिल का लगाना किस को आता है' गुलाम मुहम्मद के संगीत-निर्देशन में गाया लता और मुकेश का एकमात्र युगल गीत है। इस गीत की कशिश तो बेमिसाल है ही, मुकेश की आवाज़ में दर्द के साथ-साथ एक अनूठा प्रवाह है जो मटके के ठेके के साथ-साथ गजब का तादात्म्य बनाता चलता है। यह आश्चर्य की बात है कि इस फ़िल्म और 'हँसते आँसू' के बाद गुलाम मुहम्मद ने मुकेश से कभी नहीं गवाया। शायद छठे दशक के आरम्भ में मुकेश द्वारा स्वयं का फ़िल्म-निर्माण और ज्यादातर सिर्फ अपनी निर्मित या अभिनीत फ़िल्मों में गाने के संकल्प ने जिन संगीतकारों से इस अवधि में मुकेश का साथ छुड़ाया, उनमें गुलाम मुहम्मद भी थे। ऐसे संगीतकारों जैसे नौशाद, सचिन देव बर्मन, गुलाम मुहम्मद ने अपनी आरंभिक फ़िल्मों में मुकेश का सहारा लिया था पर मुकेश के निर्माण की मसरूफियत और उनके द्वारा कम से कम गाने लिए जाने के फलस्वरूप वे सभी रफ़ी और तलत की तरफ मुड़ गए। नौशाद और सचिन देव बर्मन तो बीच-बीच में मुकेश की तरफ वापस भी मुड़े पर गुलाम मुहम्मद रफ़ी और तलत के साथ ही रहे।

'शायर' फ़िल्म में एक और सुन्दर युगल गीत था 'दो बिछड़े हुए दिल आपस में गए मिल' (लता, दुर्रानी), पर इस फ़िल्म का सबसे सुन्दर गीत था लता का 'मुहब्बत पर बहार आती, जहाँ गुलज़ार हो जाता'। शक़ील के शब्द, लता की आवाज़ और गुलाम

मुहम्मद की धुन तीनों मिलकर इस गीत को लता के सर्वाधिक खूबसूरत गीतों की शृंखला में स्थापित करते हैं। इसी फ़िल्म का एक और गीत 'हमें तुम भूल बैठे हो, तुम्हें हम याद करते हैं' (सुरैया) न सिर्फ बेहद कर्णप्रिय है, बल्कि सुनने वाले को यह भी बता देता है कि अब संगीत संयोजन और वाद्य-अलंकरण में भी गुलाम मुहम्मद एक परिपक्वता को हासिल कर चुके हैं।

'परदेस' के गीतों की शोखी मशहूर है, पर गुलाम मुहम्मद का एक और शोख गीत जो भुला दिया गया है, वह उसी वर्ष की फ़िल्म 'हँसते आँसू' का है और किसी भी तरह 'परदेस' के गानों से कम नहीं है। मुकेश और राजकुमारी की आवाजों में 'मैंने सपना जो देखा है रात' एक झरने की तरह इठलाता हुआ गीत है जो 'परदेस' के 'मेरे घूँघट वाले बाल' (शमशाद, साथी) से हर कदम पर टक्कर ले सकता है। 'परदेस' मिर्ज़ा गालिब से पहले की फ़िल्मों में गुलाम मुहम्मद की सबसे हिट फ़िल्म थी जो 'ओ जी धीरे धीरे, ओ जी हौले हौले' में लता की मधुरता और लोच तथा 'अँखियाँ मिला के ज़रा बात करो जी' (लता, रफ़ी) के संगीत-संयोजन के लिए हमेशा याद की जाएगी। लता का 'किस्मत बनाने वाले जरा सामने तो आ' एक संजीदा गीत है जिसे लता के अच्छे गीतों में शुमार किया जाता है। 'परदेस' शायद गुलाम मुहम्मद की अकेली फ़िल्म है जिसमें शोख, लचकदार गीत संजीदा गीतों से कहीं अधिक सफल बन पड़े और मकबूल हुए।

शायद इस वक्त तक गुलाम मुहम्मद ने शिद्दत से महसूस करना शुरू कर दिया था कि फ़िल्म-संगीत में ऑरकेस्ट्रेशन की एक अहम भूमिका होती है तथा वाद्य-तारतम्य और संगीत-संयोजन के बिना अच्छी धुनें भी माकूल असर नहीं छोड़तीं। 'पारस' और 'शायर' में मटके का बखूबी उपयोग करनेवाले गुलाम मुहम्मद ने 'परदेस' से ऑरकेस्ट्रेशन में अपना सिक्का जमा दिया और छठे दशक की प्रारम्भिक फ़िल्मों में भी धुन और वाद्य के संयोजन से उन्होंने कुछ बेजोड़ गीतों का निर्माण किया। फ़िल्म 'नाज़नीन' (1952) के 'आ गए दिल में तुम, मेरी महफिल में तुम' (लता) के interludes में मैंडोलिन का प्रयोग तथा पृष्ठभूमि में वॉयलिन के प्रयोग से एक 'सिम्फ़नी' जैसी संगीत रचना की सृष्टि होती है।[1] इसी फ़िल्म के 'नखरे दिखला के दिल ले लिया' (रफ़ी, शमशाद) की पंजाबी भाँगड़ा जैसी धुन के साथ-साथ ढोलक के बीट्स से गुलाम मुहम्मद ने अच्छा समाँ बाँधा है। फ़िल्म 'शीशा' (1952) के 'खुशी दिल से हँसी होंठों से रुखसत होती जाती है' (लता) में वॉयलिन और सारंगी का संयोजन तथा 'जवानी के रास्तें में आज मेरा दिल है' (लता) में आरंभ में बाँसुरी तथा interludes में सितार, वॉयलिन और तबले की क्रम से स्थापना के कारण ये गीत ऑरकेस्ट्रेशन के हिसाब से उत्कृष्ट रचनाएँ हैं। इसी फ़िल्म के शमशाद बेगम के गीत 'बेदर्दी ने दर्द मेरा जाना नहीं' में तबले और सितार के संयोजन को स्नेहल ओझा ने नौशाद के संगीत से मिलता-जुलता बताया है।[2] पर यह आश्चर्य की बात नहीं है क्योंकि इस वक्त नौशाद के संगीत के संयोजन में गुलाम मुहम्मद की उनके सहायक के रूप में अहम भूमिका रहती थी, अतः नौशाद के मूल संगीत के वाद्य-संयोजन में (खास तौर पर तबले को लेकर) कुछ तत्त्व तो गुलाम मुहम्मद के भी थे ही।

गुलाम मुहम्मद की विशेषता यह भी थी कि अपने संगीत के इस दौरे में उन्होंने ऑरकेस्ट्रेशन पर बल तो जरूर दिया पर धुनों की मधुरता और लय के प्रवाह की कीमत पर नहीं। नौशाद की तरह ही गुलाम मुहम्मद की संगीत-रचनाएँ भी भारतीय संगीत शास्त्र के विधान के अंदर ही रहीं और मेलोडी पर उनका भी ज़ोर बना रहा। सौंदर्यशास्त्र के हिसाब से भी देखें तो लयात्मक विविधता भले ही गुलाम मुहम्मद में कम रही हो, पर स्वरों के अंदर स्थायी अंतरे, पूर्वांग उत्तरांग, मंद्र—मध्य सप्तकों के बीच संतुलन उनके संगीत में अकसर नज़र आता है। 'अम्बर' (1952) का 'हम तुम ये बहार देखो रंग लाया प्यार' (लता, रफ़ी) अपनी आकर्षक ताल से, 'शमा जली परवाना आया' (लता, रफ़ी) और पंडित रामनारायण की सारंगी के साथ 'दुनिया में नहीं कोई वफादार' (लता, रफ़ी) अपनी कर्णप्रिय धुनों से तथा 'टूटेगी न प्यार की डोर' (लता) एवं 'दिल देके तुम्हें पछताए सनम' अपनी कोमल मधुरता से प्रभावित करते हैं। पाकीज़ा के उनके आगे वाले संगीत का हलका आभास लता के गाए 'अम्बर' के गीतों में अवश्य मिलता है। 'अजीब लड़की' (1952) का 'इक बेवफ़ा को दिल का सहारा समझ लिया' और 'छोड़ो जी पिया' (लता, तलत) अपने बोलों और ताल की परस्पर पूरकता से अजीब-सी कैफ़ियत पैदा करते हैं। 'लैला-मजनूं' (1953) में शक़ील के गीतों 'चल दिया कारवाँ' और 'आसमाँ वाले तेरी दुनिया से जी घबड़ा गया' को गुलाम मुहम्मद ने ऐसे संगीत से

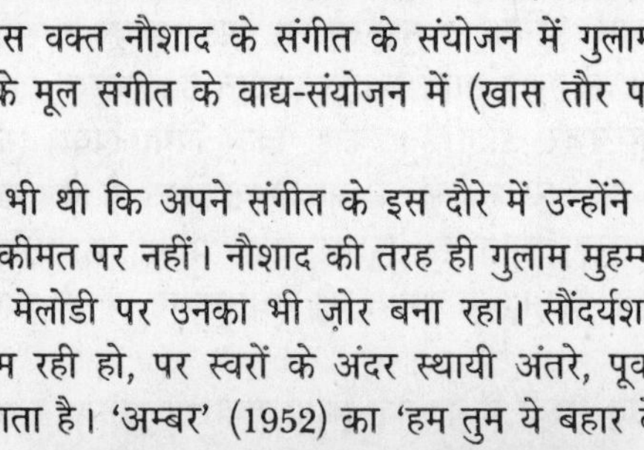

'दिले नादाँ' में तलत महमूद

बाँधा है कि रेगिस्तान की खामोशी के बीच जीवन के लिए चल रहे संघर्ष और उसी संघर्ष में से बटोरे गये प्यार के चित्र सजीव हो जाते हैं। गुलाम मुहम्मद और शकील बदायूँनी की जोड़ी ने नौशाद-शकील की जोड़ी की तरह नाम भले ही न कमाया हो पर फ़िल्म-संगीत के इन वर्षों में उन्होंने फ़िल्म-संगीत को कुछ दुर्लभ यादगार गीत दिए। 'रेल का डिब्बा' (1953) का 'भगवान तेरी दुनिया में इंसान नहीं है' (आशा) शक़ील की एक सुंदर रचना है जिसे गुलाम मुहम्मद ने छू जाने वाली तर्ज़ में बाँधा है। इस जोड़े की सबसे महत्त्वपूर्ण फ़िल्म निस्संदेह 'दिलेनादाँ' (1953) को ही माना जाएगा। 'ज़िन्दगी देने वाले सुन, तेरी दुनिया से दिल भर गया' और 'जो खुशी से चोट खाए वो जिगर कहाँ से लाऊँ' तो तलत के सर्वाधिक लोकप्रिय गानों में से हैं ही, पर 'दिलेनादाँ' में कुछ और भी बेहतरीन गीत थे। तलत का गाया 'ये रात सुहानी रात नहीं, ऐ चाँद सितारो सो जाओ' अपने खूबसूरत शब्दों के साथ-साथ एक कोमल ऑरकेस्ट्रेशन के प्रभाव के कारण मनोहर बन पड़ा है। खय्याम के अलावा गुलाम मुहम्मद ही ऐसे दूसरे संगीतकार थे जिन्होंने जगजीत कौर की आवाज़ अपने गीतों के लिए ली और क्या खूब ली ! 'ख़ामोश ज़िन्दगी को एक अफ़साना मिल गया', 'चंदा गाए रागिनी' और धीमी लहरों की ताल जैसी 'मुहब्बत की धुन बेक़रारों से पूछो' (तलत और सुधा के साथ)—'दिलेनादाँ' के ये तीनों गीत जगजीत कौर के उसी दिलकश, लरजते अंदाज को उद्भासित करते हैं जिसे बाद में ख़य्याम ने अपनी धुनों से एक अलग पहचान दी। 'दिलेनादाँ' में गुलाम मुहम्मद ने अपने पसंदीदा वाद्यों के अलावा स्पेनिश गिटार का भी बड़ा दिलकश प्रयोग किया था।

'मिर्ज़ा ग़ालिब' में सुरैया

'दिलेनादाँ' के साथ गुलाम मुहम्मद ग़ज़लनुमा गीतों को संगीतबद्ध करने की विशेषज्ञता की ओर बढ़ चले थे। जगजीत कौर के अलावा उन्होंने सुधा मल्होत्रा को भी 'दिलनादाँ' में मौका दिया, 'न वो हमारे न दिल हमारा' के साथ। सुधा की आवाज़ को उन्होंने फ़िल्म 'गौहर' (1953) में भी इस्तेमाल किया शकील की दो ग़ज़लनुमा गीतों के लिए—'साजन चले गए तुम सूनी बहार करके' और 'आवाज़ दे रहा है कोई आसमान से'। अगर गुलाम मुहम्मद की संगीत-यात्रा पर आज हम एक वस्तुनिष्ठ नज़र डालें तो शायद गुलाम मुहम्मद के लिए आगामी दौर ऑरकेस्ट्रेशन के संयोजन और प्रभाव से ज़्यादा शब्दों के अहसास को उभारने वाली शैली पर बल डालनेवाला लगेगा। किस्मत ने उन्हें ऐसा मौका भी दिया, और वह भी गालिब की शायरी के साथ 'मिर्ज़ा ग़ालिब' फ़िल्म में।

'मिर्ज़ा गालिब़' (1954) का संगीत गुलाम मुहम्मद के लिए एक मीलस्तम्भ था। इस एक फ़िल्म से ही वे अग्रणी संगीतकारों की श्रेणी में आ गए। रफ़ी, तलत और सुरैया की आवाज में ग़ालिब की ग़ज़लों को सुनना एक अविस्मरणीय अनुभव है। फ़िल्म-संगीत की प्रचलित धारा से अलग किसी फ़िल्म में ग़ज़लों का समावेश और वह भी गज़ल-गायकी की प्रारम्भिक परिपाटी से हटकर फ़िल्मी-संगीत की मधुरता को बरकरार रखते हुए करना, यह गुलाम मुहम्मद के बस की ही बात थी। यह भी ध्यान देने योग्य है कि तब तक नौशाद और मदनमोहन की फ़िल्मी ग़ज़लों का सुनहरा दौर भी आरम्भ नहीं हुआ था। अतः एक तरह से यह कहा जा सकता है कि ग़ज़ल को फ़िल्म-संगीत में एक नए रूप में लाने का श्रेय गुलाम मुहम्मद को जाना चाहिए।

'मिर्ज़ा गालिब' की हरेक ग़ज़ल अपने-आपमें शायरी और संगीत की बेमिसाल जुगलबंदी है। 'फिर मुझे दीदा-ए-त्तर-याद आया' (तलत), 'रहिए अब ऐसी जगह चल कर जहाँ कोई न हो' (सुरैया), 'दिले नादाँ तुझे हुआ क्या है' (तलत, सुरैया), भीमपलासी में सँवारी गई धुन 'ये न थी हमारी किस्मत' (सुरैया), 'है बस कि हर इक इशारे में निशाँ और' (रफ़ी) और 'आह को चाहिए एक उम्र असर होने तक' (सुरैया)—ये सभी बड़ी मेहनत और खुलूस से सँवारी रचनाएँ हैं। पर इस फ़िल्म की सबसे दिलकश दो रचनाएँ हैं—'इश्क मुझको नहीं वहशत ही सही' (तलत) और 'नुक्ताचीं है ग़मे दिल उसको सुनाए न बने' (सुरैया)। 'इश्क मुझको नहीं वहशत ही सही' में तलत की आवाज़ में लर्ज़िश के साथ-साथ एक बड़ी माकूल-सी तीव्र भावप्रवणता भी आ गई है जो इस गज़ल को तलत की सर्वश्रेष्ठ गायकी का दावेदार बना देता है। 'नुक्ताचीं है ग़मे दिल उसको सुनाए न बने' को भी समय-समय पर कई कलाकारों ने गाया है पर जो बात गुलाम मुहम्मद के संगीत में और सुरैया की आवाज़ में आई है वह मेरे विचार से कहीं और नहीं मिलती। सुरैया की आवाज़ इतनी अधिक मधुर कैसे हो गई है, यह हैरत करने की बात है। इसी फ़िल्म के साउंडट्रैक पर सुरैया की आवाज़ में 'हमने माना कि' एवं रफ़ी के स्वर में 'नहीं इश्क में तो इसका रंज' (रफ़ी का कलाम)

शायरी के रूप में गाई गई हैं जिनकी संगीत-संरचना भी लाजवाब है। ग़ालिब की ग़ज़लों की धुनें तो कई संगीतकारों ने बनाई हैं, पर गुलाम मुहम्मद ने अपेक्षाकृत तेज प्रवाह और गति और स्वरों के उतार-चढ़ाव पर जोर देकर एक अलग ही पहचान बनाई जो आम तौर पर अन्य संगीतकारों द्वारा बनाई गई धीमी, अतिरंजक रूप से गम्भीर तर्ज़ों की अपेक्षा अधिक आकर्षित करती है। मिर्ज़ा ग़ालिब को राष्ट्रीय फ़िल्म पुरस्कार मिलने में उसके संगीत का योदान कम नहीं था। उत्कृष्ट उर्दू शायरी को फ़िल्म संगीत के माध्यम में ढालने की इतनी शानदार कोशिश आगे की फ़िल्मों में 'बरसात की एक रात' (रोशन) 'मेरे महबूब' (नौशाद) 'प्यासा' (सचिन देव बर्मन) और 'कभी-कभी' (खय्याम) में ही नज़र आती है। मुशायरे के रूप में ढालकर उर्दू शायरी को गुलाम मुहम्मद ने एक और फ़िल्म 'पाक दामन' (1957) में संगीत से सजाया था और रफ़ी, चाँदबाला, मुबारक बेगम और खुद शायर शकील बदायूँनी की आवाज़ का इस्तेमाल किया। यहाँ भी परिणाम बेहद लुभावना बन पड़ा है। गुलाम मुहम्मद के संगीत में ताल वाद्यों का जोर रहना इन वाद्यों पर उनकी अपनी पकड़ के अनुसार स्वाभाविक ही था। अकसर उनकी रचनाओं में उनके भाई अब्दुल करीम का तबला, ढोलक या नाल रहता था। मुस्लिम सोशल पृष्ठभूमि की शायराना रचनाओं में ताल-वाद्यों का उनका हुनर यदि एक परिष्कृत और महफ़िली रूप में आता था, तो कई अन्य फ़िल्मों में एक बेलौस उत्फुल्लता के रूप में।

पर परिष्कृत संगीत की वाहवाही का एक अर्थ यह भी था कि आम आदमी के बीच लोकप्रिय हलके-फुलके संगीत के लिए ग़ुलाम मुहम्मद की छवि बेमेल हो गई। हालाँकि 'हूरे अरब' (1955) का लता का गाया 'तारा रारा रम मेरे दिल में सनम', कुंदन (1955) का 'आओ हमारे होटल में चाय पियो जी गरम गरम', 'दो गुंडे' (1959) का आशा भोंसले द्वारा गाया 'कहाँ जाते हो सैंया' और 'रेल का डिब्बा' (1953) का 'छम छम छम पायल बाजे' (शमशाद) भी आकर्षक बन पड़े हैं पर गुलाम मुहम्मद के इस दौर के साथ जिन गानों को याद किया जाता है उनमें 'कुंदन' के लता के स्वर में 'शिकायत क्या करें दोनों तरफ गम का फसाना है' और 'जहाँ वाले हमें दुनिया में क्यों पैदा किया तूने' तथा रफ़ी, लता का 'ये बहारों के दिन ये सुहाना समां', 'सितारा' (1955) की बेहद मधुर लोरी 'चंदा धीरे से आ अँखियन में' (लता), मेलोडी प्रधान लता के ही गाए 'जमुना के पार', और नौशाद शैली में 'तकदीर की गर्दिश' जैसे गीत तथा स्नेहल ओझा के शब्दों में 'एक गर्मी की सुबह की ठंडी, मंद हवा'[3] का असर करने वाली 'मालिक' (1958) का 'मन धीरे-धीरे गाए रे' (तलत, सुरैया) जैसी परिष्कृत रचनाएँ ही शामिल करनी होंगी।

पर संगीत की अपनी यही विशिष्टता गुलाम मुहम्मद के लिए फ़िल्मी दुनिया के माहौल में अभिशाप सिद्ध हुई। हालाँकि यह दौर फ़िल्मी संगीत का स्वर्णिम युग था पर इस स्वर्णिम युग की भी अपनी एक माँग थी, अपनी एक व्यावसायिकता थी और इस माहौल में छवि के अपने बंधन और अपनी कठिनाइयाँ थीं। शायद ऐसा मान लिया गया कि गुलाम मुहम्मद 'मिर्ज़ा गालिब', 'लैला-मजनू' और 'दिलेनादाँ' जैसे फ़िल्मों के लिए ही उपयुक्त संगीतकार हैं। अतः गुणवत्ता की दृष्टि में भले ही वे शीर्ष पर थे, पर व्यावसायिक सफलता (जिसमें संख्या का भी अत्यधिक असर रहता है) के पलड़े पर वे हलके पड़ गये। उनको मिलने वाली फ़िल्में कम होती गईं और हालाँकि छठे दशक के अंत में भी मिनर्वा मूवीटोन की 'दो गुंडे' में 'ऐसे मचले के नैन बदल के' (आशा), और 'भींगी पलकें उठा, मेरी जाँ गम न कर' (लता, रफ़ी), 'पाक दामन' में 'प्यार की चाँदनी लेकर रात आएगी', 'सुन दर्द भरी फरियाद' (आशा), रफ़ी, चाँदबाला के स्वर में बेहद लुभावने मुशायरे गीतों तथा बेहद मशहूर रहे शादी गीत 'मुबारक हो दूल्हा-दुलहन को ये शादी' (रफ़ी) और 'मालिक' के खूब लोकप्रिय रहे 'मन धीर-धीरे गए रे' (सुरैया, तलत) एवं 'ज़िंदगी की कसम हो चुके हम' (तलत) जैसी मेलोडी गुलाम मुहम्मद सृजित करने में सफल थे, पर 1957-60 के बीच उन्हें मात्र तीन फ़िल्मों 'पाक दामन' (1957), 'मालिक' (1958) और 'दो गुंडे' (1959) का संगीत देने का अवसर मिला। यह वक्त गुलाम मुहम्मद के लिए बेहद कठोर रहा होगा, क्योंकि 'मिर्ज़ा गालिब़' की सफलता से अपनी प्रतिभा का सिक्का जमा देने के बाद भी अवसर न मिलना नैराश्य की निस्संदेह इंतहा रही होगी। 'पाकीज़ा' भी अधूरी अटक चुकी थी और गुलाम मुहम्मद की ज़िन्दगी का सर्वश्रेष्ठ संगीत भी इसी के साथ कहीं गोदामों में कैद था।

इसी मनःस्थिति के बीच बुझते दीये की आखिरी लपट के रूप में आई 'शमा' (1961) और इसके गानों की सफलता ने कुछ हद तक 'मिर्ज़ा गालिब' के दिनों की याद गुलाम मुहम्मद को अवश्य दिल दी होगी। यह गौर करने की बात है कि एक बार फिर 'मिर्ज़ा गालिब़' की तरह उनकी इस फ़िल्म में भी लता का कोई गाना न था। सुरैया के साथ थी उभरती हुई गायिका सुमन कल्याणपुर, और सुमन की आवाज़ में कैफ़ी आज़मी का गीत 'दिल गम से जल रहा है पर धुआँ न हो' आज भी सुमन के सर्वश्रेष्ठ दस गीतों में शुमार किया जाएगा। जगजीत कौर, सुधा मल्होत्रा के बाद एक बार फिर एक श्रेष्ठ प्रतिभा की पहचान उस वक्त गुलाम मुहम्मद ने बनाई जब संगीतकारों की एक बड़ी जमात के लिए नई प्रतिभाओं की ओर देखने की फ़ुर्सत ही नहीं

थी। इस संजीदा धुन को सुमन ने वाक़ई खूबसूरत लय में गाया है। 'शमा' में ही थे सुरैया के सदाबहार हिट गीतों में शामिल होनेवाले वे रूमानी गीत-पीलू के स्वरों में कम्पोज़ किया गया पुनः पंडित रामनारायण की सारंगी और अब्दुल करीम के लुभावने तबले के संग 'धड़कते दिल की तमन्ना हो मेरा प्यार हो तुम' और 'आपसे प्यार हुआ जाता है' और इसी फ़िल्म में था गुलाम मुहम्मद की धुनों से सँवरा रफ़ी का कम सुना पर बेहद लुभावना गीत 'वो सादगी कहें इसे दीवानगी कहें'।

हालाँकि भोजपुरी में 'सैंया से नेहा लगइबे' (1964) में गुलाम मुहम्मद का संगीत हिट रहा, पर हिन्दी फ़िल्मों में 'शमा' गुलाम मुहम्मद की आखिरी शमा साबित हुई। 'पाक़ीज़ा' की अपार सफलता गुलाम मुहम्मद अपने जीते-जी न देख सके, क्योंकि 18 मार्च, 1968 को वे यह दुनिया छोड़ चुके थे और 'पाकीज़ा' इसके चार वर्ष बाद रिलीज़ हुई। 'पाकीज़ा' के संगीत देते समय उनकी माली हालत भी अच्छी नहीं थी—यहाँ तक कि वे हृदयरोग से ग्रस्त थे, पर हृदयरोग का इलाज तो दूर, उनके पास इतने पैसे भी नहीं थे कि वे ईद को धूम-धाम से मना सकें। विपन्नता ने उन्हें सुदूर बोरीबली में रहने को भी मजबूर कर दिया था।[4] यह अवश्य है कि 'पाक़ीज़ा' ने ग़ुलाम मुहम्मद का नाम सबकी ज़ुबान पर ला दिया। 'पाक़ीज़ा' में विशिष्टता और लोकप्रियता का वह दोहरा मुकाम ग़ुलाम मुहम्मद ने पा लिया था जो हर संगीतकार का ध्येय होता है। इस फ़िल्म का हर गीत संगीत का एक अध्याय हो सकता है। मुजरे को इतनी पाक़ीज़गी और दिलकश अंदाज में फ़िल्म-संगीत में उसके पहले कभी पेश नहीं किया गया था। यमन पर आधारित 'इन्हीं लोगों ने ले लीना दुपट्टा मेरा' में लता की खनक और कहरवा चार मात्रा में तबले की गमक का द्वय अपने चरम पर था। मांड की अपनी परिचित राजस्थानी शैली में कम्पोज़ किया गया 'ठारे रहियो ओ बाँके यार' में स्वर की तड़प की खींचने वाली अनुगूँज थी, यमन कल्याण और भूपाली का सम्मिश्रण लिए 'चलते -चलते यूँ ही कोई मिल गया था' में पार्श्वसंगीत और आवाज़ की अप्रतिम जादूगरी का बेमिसाल सम्मिश्रण था तो 'आज हम अपनी निगाहों का असर देखेंगे' में रात का आतंक और प्यार की आज़माइश दोनों को गुलाम मुहम्मद के संगीत ने लता की आवाज़ में मूर्त कर दिया था। इन चारों धुनों के सामने 'मौसम है आशिकाना' एक साधारण धुन लगने लगती है, इतना विराट था 'पाक़ीज़ा' का संगीत। 'पाकीज़ा' के थीम संगीत के लिए गायक भूपेन्द्र ने बारह तंतु गिटार को सरोद की तरह बजाया था, यह तथ्य कम रोचक नहीं है। 'पाक़ीज़ा' के दोगानों को बीमार होने के कारण गुलाम मुहम्मद के आग्रह पर नौशाद ने रेकॉर्ड किया था। इसलिए 'चलते-चलते' में नौशाद का प्रभाव परिलक्षित होता है। वैसे 'पाक़ीज़ा' का पार्श्वसंगीत तो गुलाम मुहम्मद की मृत्यु हो चुकने के कारण पूर्णतः नौशाद ने ही दिया और परवीन सुल्ताना, राजकुमारी आदि से बड़ी सुंदर ठुमरियाँ गवाईं। कायदा तो यह था कि इस विशिष्ट संगीत के लिए गुलाम मुहम्मद को मरणोपरांत फ़िल्मफेयर पुरस्कार दिया जाता, पर फ़िल्मफेयर की दुनिया में राजनीति इस वक्त तक इस कदर हावी हो चुकी थी कि पुरस्कार शंकर की 'बेईमान' को मिला, जिसका संगीत कुल मिलाकर लचर था और 'पाकीज़ा' के तो आसपास भी नहीं ठहरता था।

'पाक़ीज़ा' के ऊपर वर्णित गानों को तो हर कोई जानता है, इन पर चर्चा और इनकी वाहवाही भी बखूबी हो चुकी है, पर 'पाक़ीज़ा' के लिए गुलाम मुहम्मद के द्वारा कम्पोज़ किए गए उन गानों का भी जवाब नहीं है जो फ़िल्म में शामिल नहीं हुए और जिन्हें 'पाक़ीज़ा रंग बिरंगी' के नाम से एक अलग रेकॉर्ड में एच.एम.व्ही. ने रिलीज किया। 'पी के चले हम हैं शराबी' में लता की आवाज़ की कोमलता और तबले की ठमक के बीच गुलाम मुहम्मद ने जो 'हार्मनी' पैदा की है, वह अद्भुत है। लता की एकल आवाज़ में पहाड़ी पर कम्पोज़ किया 'चलो दिलदार चलो' फ़िल्म में शामिल किये गये लता-रफ़ी के युगल गीत से कहीं बेहतर बन पड़ा है। एकल गीत में प्रवाह, गति और तीव्रता का जो स्वाभाविक संगम है वह युगल गीत में थोड़ा निर्मित-सा लगता है। अन्य गीतों में 'प्यारे बाबुल तुम्हारी दुहाई' (लता) और 'कोठे से लम्बा हमारा बन्ना' (शमशाद) पारम्परिक विवाह गीतों की धुनें हैं, 'ये किसकी आँखों का नूर हो तुम' (रफ़ी) पारम्परिक मुशायरे की शैली का एक संगीतमय विस्तार है (खय्याम की कई रचनाओं में भी इस शैली का प्रयोग मिलता है), 'जाएँ तो अब कहाँ' (रफ़ी, शमशाद) कव्वाली की शैली में है तो 'बंधन बाँधो न' (शोभा गुर्टू) राग भूपाली पर आधारित शास्त्रीय रचना है। सुमन की आवाज़ में पारम्परिक मुजरे को पुनः जीवंत करता 'गिर गई रे मोरे माथे की बिंदिया' एक अनूठी रचना है और सुमन का आवाज़ पर नियंत्रण और फैलाव दोनों को प्रकट करता है। इसी तरह 'तन्हाई सुनाया करती है'

'पाकीज़ा' का एक दृश्य

(लता) एक कविता की तरह नरम और छूने वाली रचना बन पड़ी है। यह निष्कर्ष अनुचित नहीं है कि 'पाक़ीज़ा' के लिए गुलाम मुहम्मद ने अपनी क्षमता का बहुआयामी उपयोग किया और संगीत की हर विधा की बानगियाँ तलाशीं। यह दोहरे अफ़सोस का विषय है कि 'पाक़ीज़ा' गुलाम मुहम्मद के जीवनकाल में बन न सकी, और जब बनी तो उसमें कई बेहद ख़ूबसूरत गीत शामिल न किए जा सके।

संदर्भ

1. स्नेहल ओझा : 'अभी तो मैं जवान हूँ', संदर्भ शृंखला—इंटरनेट
2. वही
3. वही
4. नलिन शाह : 'फ़ेम फ़ारच्युन एंड फ़ेड आउट' : इंडियन एक्सप्रेस, 17 अप्रैल, 1999

अविनाश व्यास

'मेरे मतवारे नैनों में पी की झलक आ ही गई'

अविनाश व्यास

गुजराती के सफलतम संगीतकार अविनाश व्यास ने हिंदी फ़िल्मी जगत में भी कई फ़िल्मों में संगीत दिया था। हिंदी में उनकी अधिकांश फ़िल्में धार्मिक-पौराणिक प्रकृति की थी, और पृष्ठभूमि के अनुसार भारतीय संस्कृति के धार्मिक, प्राकृतिक और शृंगारिक रस से उनका संगीत लबालब भरा रहा। गुजराती संगीत उद्योग के सृजनकर्ताओं में से एक रहे व्यास ने नेशनल ग्रामोफोन के लिए विविध गुजराती संगीत कम्पोज़ किया था। अविनाश व्यास पाँचवें दशक में रेडियो के भी जाने-पहचाने नाम थे। 21 जुलाई, 1912 को अविनाश व्यास का जन्म अहमदाबाद में हुआ था। शास्त्रीय संगीत की प्रारम्भिक शिला उन्होंने उस्ताद अलाउद्दीन खाँ से ली। 1940 में वे बम्बई आए और एच.एम.व्ही. तथा यंग इंडिया रेकॉर्ड कम्पनी से वादक के रूप में अपने संगीत-जीवन की शुरुआत की। क्रिकेट और संगीत दोनों का ही जबर्दस्त शौक था, और क्रिकेट ही उन्हें बम्बई लाया था, पर यहाँ क्रिकेट के न होकर संगीत के हो गए। नेशनल ग्रामोफ़ोन कम्पनी ने उनका पहला गीत निकाला 1940 में। उसके बाद ऑल इंडिया रेडियो पर उनकी कम्पोज़ीशन्स आने लगी। के.एम. मुंशी ने उनकी प्रतिभा को पहचानकर उन्हें 'भारतीय विद्या भवन' के संगीत विभाग का अध्यक्ष बना दिया, और व्यास ने अपनी कई संगीत नाटिकाओं का मंचन भी किया।

हिंदी फ़िल्मों में आरम्भ में तो अविनाश व्यास को कोई विशेष सफलता नहीं मिली। उनका व्यक्तित्व भी कोई बहुत प्रभावशाली न था और बोलचाल में तुतलाहट की आदत भी व्यावसायिक दृष्टि से बंधनकारी ही थी। शुरुआती दौर में गुजराती होने के सम्बन्ध ही काम आए और निर्देशक व्ही.एम. व्यास ने अल्लारक्खा के साथ अविनाश व्यास को अपनी पौराणिक फ़िल्म 'महासती अनुसुइया' (1943) में अवसर दिया था। दुर्गा खोटे, शाहू मोदक, शोभना समर्थ जैसी हस्तियों वाली इस फ़िल्म में संगीत में कुछ विशिष्ट प्रभावों के लिए यूँ तो प्रसिद्ध संगीतकार शांतिकुमार को लिया गया था, पर अविनाश व्यास और अल्लारखा ने धुनें स्वयं बनाई थीं। 'मंगलम त्यौहार आया' (समूह गीत) और 'आओ आओ नहाओ, आओ देखो देखो गंगा आई' (समूह गीत) जैसे गीतों से अविनाश व्यास ने फ़िल्म की प्रकृति के साथ सामंजस्य बिठाया था। फ़िल्म का 'दीपक मेरे सौभाग्य का' (दुर्गा खोटे) बहुत कर्णप्रिय और लोकप्रिय गीत था। वाडिया मूवीटोन की भक्तिप्रधान 'कृष्ण भक्त बोडाणा' (1944) में संगीत-निर्देशक तो शंकर राव व्यास थे, पर स्वरकार अविनाश व्यास थे। इस फ़िल्म का संगीत भी सांस्कृतिक पृष्ठभूमि से उभरी ध्वनियों और भावनाओं पर ही आधरित था, जैसे 'चाँदनी चाँद से कहियो जाय, आज मेरे मोहन को ला दे', 'ओ रणछोड़ रंगीले' (समूह गीत) आदि। फ़िल्म के कथ्य के अनुसार 'लहरी बदमाश' (1944) में अविनाश व्यास का संगीत अवश्य फ़र्क लिए हुए था पर हुस्नआरा ईदन की ग़ज़लों में अविनाश वह स्वतः उद्भासित होनेवाली स्फूर्ति लाने में असफल रहे जो वे पौराणिक फिल्मों से ला रहे थे।

अविनाश व्यास का संगीत पौराणिक फ़िल्मों में एक चपलता, उल्लास और नृत्यात्मकता लिए हुए आता था। उनकी इस विशेषता को उभारने में गीता और आशा भोंसले की आवाज़ों की खनक का इस आरम्भिक दौर में विशेष योगदान रहा। जयंत देसाई निर्देशित तथा निरुपा राय और त्रिलोक कपूर अभिनीत प्रसिद्ध फिल्म 'भीमसेन' (1950) के 'आज मोरी बगिया में बुलबुल बोले' (गीता) की झूमती धुन, 'थनक थनक थै थै थै, सबसे बड़ा विधाता' (गीता), 'कोई आए कोई जाए जिया मोरा धक धक

करता जाए' या लोकशैली के 'पिया चुपके से आ के बोले रे'(आशा) आदि गीतों की बात करें, या जयंत देसाई की ही निर्देशित तथा निरुपा राय और त्रिलोक कपूर अभिनीत प्रसिद्ध फ़िल्म 'दशावतार' (1951) के पारम्परिक रिद्म से अलग हटकर भी भारतीयता की गंध दिलाते 'जय जगदीश हरे' (गीता, साथी), 'आज आनंद हो आज आनंद मंगल छाया' (समूह गीत) या 'मोरी गोरी के गाल हुए लाल रे' (आशा) जैसे गीतों की चर्चा करें, अविनाश व्यास की संगीतात्मकता के उपरोक्त विशिष्ट गुण आसानी से दिखाई पड़ते हैं। अविनाश व्यास की संगीत-शैली की इस दौर में सबसे प्रखर और मुखर फ़िल्म जयंत देसाई की ही निर्देशित तथा त्रिलोक कपूर और निरुपा राय की ही अभिनीत जयंत देसाई प्रोडक्शन बम्बई की 'हर हर महादेव' (1950) रही। यह फ़िल्म अपने ज़माने में सुपरहिट रही थी और इस फ़िल्म के सभी गीतों में ध्वनि और नृत्य के लय और ताल के अवयव अविनाश व्यास की प्रतिनिधि छाप लिए हुए थे। गीता के 'रेयर जेम्स' कैसेट में शामिल 'गुन गुन गुन गुंजन करता भँवरा' में भँवरे की गुंजन को वाद्यों में अभूतपूर्व ढंग से उभारा गया है। 'टिम टिमाटिम-टिमाटिम, टिम टिमाटिम तारे' (सुलोचना कदम, मुकेश) में गज़ब की रवानगी और संगीतमय रफ़्तार है। गीता के 'रुनझुन-रुनझुन चली जाऊँ, 'कंकर-कंकर से मैं पूछूँ, शंकर मेरा कहाँ है', 'शिव शंकर भोले भाले' आदि गीतों की विशेषता शाब्दिक ध्वनि के साथ रिद्म का सुंदर सम्मिश्रण है। कुल मिलाकर 'हर-हर महादेव' को पौराणिक, धार्मिक फ़िल्मों के आगामी दशकों के संगीत की कई विशेषताओं का पूर्वाभास करानेवाली फ़िल्म कहा जा सकता है।

त्रिलोक कपूर और निरुपा राय 'हर-हर महादेव' में

इस बीच धीरे-धीरे 'गुण सुंदरी', 'मंगलफेरा', 'अखंड सौभाग्य', 'गडणो वेल' आदि गुजराती फ़िल्मों के साथ अविनाश व्यास गुजराती फ़िल्म-जगत में शीर्ष पर पहुँच चुके थे। चतुर्भुज दोषी और जयंत देसाई के साथ गुजराती फ़िल्म-जगत को स्थापित करने वालों में अविनाश व्यास का नाम भी आता है। मनहर रस कपूर की आगे की गुज़राती फ़िल्मों में भी अविनाश व्यास का संगीत एक अहम हिस्सा बनकर उभरा। अविनाश व्यास गुजराती के गीतकार और कवि भी थे। उनका संगीत पारम्परिक और आधुनिक के बीच एक सेतु की तरह था, और पारम्परिक कथ्य को भी प्रेम-संगीत और रस के तत्त्वों में उन्होंने ऐसे नए अंदाज़ में ऐसे ढाला कि उनके बारे में कहा जाने लगा कि अविनाश व्यास ने पूरे गुजरात को गवा दिया।

हिंदी फ़िल्म-जगत के छठे दशक में अविनाश व्यास को कई फ़िल्में मिलीं, और अपने चपल, उल्लसित, नृत्यात्मक संगीत की परिधि में उन्होंने गुजराती गरबा और भवई संगीत का मोहक इस्तेमाल भी अकसर किया। इस दशक के आरम्भ के अविनाश व्यास के उल्लेखनीय हिंदी गीतों में 'छुमक छुमक छुम, नर्तन करता रूपानंद उत्सव आया रे' (आशा, साथी—जय महालक्ष्मी, 1951), 'हुआ राम का जन्म बधाई त्रिभुवन गाता है' (आशा, साथी—रामजन्म, 1951), 'ताना रीरी ताना रीरी ताना, राजा मोरी नगरी में धीरे धीरे आना' (आशा) और 'सनन सनन चले पवन'—(मालती पांडे) दोनों—'श्री विष्णु भगवान', 1951, 'राजरानी दमयंती' (1952) के 'पायल के छंद सखी बोलें' (आशा, साथी) और 'मैया तुम्हारे बिना प्राण दुखियारे' (महेश कुमार, सुलोचना कदम), 'जाने दे किस्मत की नाव' (मन्ना डे—भाग्यवान, 1953) और इन सबसे बढ़कर जयंत देसाई की 'शिव भक्ति' (1952) की स्तुति शैली की लुभावनी तालबद्ध रचना 'नित्य निरंतर बोले अंतर बोलो हर हर शिवशंकर (मुकेश, साथी) तथा 'वीर अर्जुन' (1952) का बागेश्वरी का शास्त्रीय रंग लिए अद्भुत उल्लसित रचना 'बाजे रुनझुन पायलिया झीनी' (आशा) और लोक-पूजन की सांस्कृतिक पावन शैली में 'करूँ गौरी पूजन मैं तो तन मन से' (आशा, साथी) जैसी सुंदर, सरस धुनों को शामिल किया जा सकता है।

हिंदी में अविनाश व्यास को पौराणिक-धार्मिक फ़िल्मों से हटकर बहुत ही कम फ़िल्में मिलीं। ऐसी फ़िल्मों में 'अधिकार' (1954) प्रमुख थी जिसमें किशोर कुमार पर फ़िल्माए 'कमाता हूँ बहुत कुछ पर कमाई डूब जाती है—(किशोर, गीता), 'बी.ए. एम. ए., पी.एच.डी. डिग्री लेकर बैठे हैं सब' (आशा, साथी), 'एक धरती है एक है गगन' (मीना कपूर) जैसे सामाजिक गीतों की चर्चा की जा सकती है। वेशभूषा प्रधान फ़िल्म 'हुकूमत' (1954) और आशा के 'सुन भी ले परवरदिगार' तथा 'तड़प-तड़प कर जान दे देंगे' जैसे गीतों के बावजूद ऐतिहासिक फ़िल्म 'मलिका-ए-आलम नूरजहाँ' (1954) में अविनाश व्यास का संगीत वह प्रभाव पैदा करने में असफल रहा जो धार्मिक प्रकृति की फ़िल्मों में उनका संगीत किया करता था। चित्रमहल, बम्बई की 'अंधेर नगरी चौपट राजा' (1955) में अवश्य उनका संगीत एक सफल परिवर्तन लेकर आया। तलत के 'दीप जल रहा है मगर रोशनी कहाँ' की

धीमी लय को तो एच.एम.व्ही. ने तलत के 'रेयर मेलोडीज़ कैसेट में शामिल भी किया है। तलत, सुधा के 'एक बार तो मिल लो गले' में सुंदर वाद्य-संयोजन के बीच विरह लोकधुन पर आधारित गीत के शब्द अच्छा प्रभाव छोड़ते हैं। भारतेन्दु हरिश्चंद्र के प्रसिद्ध नाटक के गीत 'अंधेर नगरी चौपट राजा, टके सेर भाजी टके सेर खाजा' के शब्दों को लेकर शमशाद और साथियों का गाया गीत भी हिंदी गीतों में अपनी शब्दावली के कारण अपना स्थान रखता है। वेशभूषा प्रधान फ़िल्म 'रियासत' (1955) का लता के स्वर में 'नाचो-नाचो रे घुँघरवा छन-छन' भी एक अच्छी ही रचना थी। परंतु अमृतलाल गाँधी और वल्लभ चोकसी द्वारा निर्मित सामाजिक फ़िल्म 'आधी रोटी' (1957), निर्माता पी.एन. अरोड़ा की 'नीलोफ़र' (1957), वसुंधरा चित्रा, बम्बई के परचम तले निर्मित आख्यात्मक फ़िल्म 'गोपीचंद' (1958), चित्राभारती, बम्बई की 'जंग बहादुर' (1958) आदि का उनका संगीत कोई विशेष सफलता अर्जित नहीं कर पाया।

कामिनी कौशल और महीपाल अभिनीत फ़िल्म 'ग्रेट शो ऑफ इंडिया (1958) के रूमानी 'आधी-आधी रात कोई सपनों में आता है' (आशा, मन्ना डे) और 'मीठी-मीठी याद तेरी दिल तड़पा गई' (मन्ना डे) तथा 'गृहलक्ष्मी' (1959) का 'कब दर्शन दोगे साँवरे मेरे नैना भए बाबरे' (आशा) जैसे कुछ सुंदर गीत अवश्य बीच-बीच में आते रहे पर व्यास का असली कौशल तो पुनः पौराणिक फ़िल्मों में ही प्रकट हुआ। उनमें भी उल्लेखनीय रही रमेश व्यास निर्मित 'चक्रधारी' (1954) जिसमें हेमंत कुमार के कुछ बड़े खूबसूरत गीत थे। 'बादल की पालकी पे हो के सवार' (आशा, हेमंत), 'चल रे चल मेरे चाक' (आशा, हेमंत), 'ओ दुनिया के मालिक राम' (हेमंत), 'चोरी चोरी चल दिये बड़े चोर निकले' (आशा), 'बोलो रे ज़मीन बोलो आसमान' (रफ़ी) और इन सबसे हटकर बंगाली लोकधुन पर आधारित हेमंत के मशहूर गीत 'आज गोरा हुआ रे बैरागी' जैसी प्रदीप लिखित सुंदर रचनाओं का इस फ़िल्म को चर्चित करने में बड़ा हाथ रहा था। शांतिकुमार निर्देशित 'महापूजा' (1954) में शंकर राव व्यास और मन्ना डे के साथ तीसरे संगीतकार के रूप में अविनाश व्यास ने 'हे घनश्याम सुनो मेरी अरजी' के लिए अमीरबाई कर्नाटकी की खोई हुई आवाज़ पुनः ली थी, और तलत से एक सुंदर भक्ति गीत 'काहे को बिसारा सत नाम' भी गवाया था। हेमंत कुमार को गीता के साथ 'एकादशी' (1955) के 'कहाँ ढूँढ़ता राम पगले तू ही मेरा राम' की पावन धुन में भी अविनाश व्यास लाए। इस फ़िल्म में 'धनन धनन धन धवन, बरखा की रुत आई', 'हौले -हौले चल हवा फूलों के अँगना में', 'झूलो झूलो रे झूलना झुलाऊँ' जैसे लता के कई बेहद चित्रात्मक और ध्वन्यात्मक गीत भी शामिल थे। वैसे अविनाश व्यास ने पहली बार लता से हिंदी फ़िल्म-जगत में काफ़ी अरसा गुज़ारने के बाद 'जगतगुरु शंकराचार्य' (1955) में जाकर गवाया, वरना आशा ही उनकी प्रमुख गायिका थीं। पुरानी मशहूर प्रभात फ़िल्म स्टूडियो, पुणे के सृजनकर्ताओं में से एक एस. फत्तेलाल द्वारा निर्देशित इस फ़िल्म में लता के स्वर में एक धीमी लय का गीत था—'चला रे चला रे सब छोड़ के धन और धाम चला'। हेमंत के स्वर में 'बड़े-बड़े ढूँढ़े पहाड़ और कण में ढूँढ़ना भूल गए' जैसी भरत व्यास की सुंदर शब्द रचनावाला गीत भी इसी फ़िल्म का है।

पौराणिक फ़िल्मों की इस लम्बी शृंखला में 'द्वारिकाधीश' (1956) में गुजराती लोकसंगीत और गरबा की भी छाया, कहीं कम कहीं ज़्यादा, नज़र आती है। 'मैंने मेहँदी रचाई रे कृष्ण नाम की' (आशा), 'सोलह कलाओं वाला गोकुल का ग्वाला' (मन्ना डे) और 'मैं नयना हूँ तुम काजल हो' (मन्ना डे, आशा, साथी) सुंदर बन पड़े थे। 'सुदर्शन चक्र' (1956) में भी गुजराती संगीत का प्रभाव कहीं-कहीं दृष्टिगोचर होता है। इस फ़िल्म में 'कोई दिन में न आ के करे मुझसे मुलाकात' (आशा), 'भीनी भीनी रात छाई चमके लाखों तारे' (आशा), नृत्यात्मकता लिए 'सुर मेरी पायलिया...मुझे मुझे मुश्किल में डाले' (आशा) और 'नर्तक एक नटराज अनेक, पर्वत अनेक गिरिराज एक' (आशा) जैसे गोपाल सिंह नेपाली के लिखे कई काव्यात्मक गीत थे। पर संगीत की गुणात्मकता की दृष्टि से रमनजी देसाई निर्मित 'नागमणि' (1957) इस दशक की अविनाश व्यास की बेहतरीन फ़िल्म गिनी जाएगी। आशा और उषा मंगेशकर के स्वर में विदाई गीत 'जाने वाली दुलहन खुशी-खुशी जाना' गंजब की सुंदर मेलोडी है। प्रदीप के स्वर में 'पिंजरे के पंछी रे तेरा दर्द न जाने कोई' तो एक अजर अमर रचना है ही और आज भी घर-घर में बजता है। 'आज किसी की बुझी हुई आँखों की ज्योति' (आशा), 'ओ देवताओ होश में आओ' (रफ़ी, अन्य स्वर) और 'आज नहीं तो कल बिखरेंगे ये बादल' (गीता) फ़िल्म के अन्य दिलकश गीत थे जो आज आसानी से सुनने को नहीं मिलते। 'तूने खूब रचा भगवान खिलौना माटी का' गीत भी 'पिंजरे के पंछी रे' की शैली की ही सुंदर मेलोडी है। इस फ़िल्म के नायक-नायिका भी त्रिलोक कपूर और निरुपा राय ही थे। दरअसल पाँचवें और छठे दशक की त्रिलोक कपूर, निरुपा राय की साथ-साथ अभिनीत लगभग सभी धार्मिक फ़िल्मों के संगीतकार अविनाश व्यास ही हुआ करते थे। बहरहाल अविनाश व्यास के संगीतबद्ध इस दशक के अन्य उल्लेखनीय पौराणिक फ़िल्मों के गीतों में 'राम-लक्ष्मण' (1957) का 'राम-नाम की महिमा देखो कैसी अपरम्पार रे' (मन्ना डे, साथी), 'संत

रघु' (1957) का तेज गति में 'घुँघरू और मैंडोलिन की संगत करता 'डगमग डोले जीवन की नैया, आजा बन के पतवार रे' (लता, तलत), 'शेषनाग' (1957) का सुधा मल्होत्रा के स्वर में भावनाप्रधान गीत 'मन के पास आ के तन से क्यों दूर हो', 'पति परमेश्वर' (1958) का 'ऋतु है बसंती' (आशा, मन्ना डे), 'चरणों की दासी' (1959) का 'दिन हो या रैन तुम बिन न चैन' (1959), 'भक्तराज' (1960) का 'काम न आएगा ये दुनिया का मेला' (रफ़ी) जैसे गीत उल्लेखनीय कहे जा सकते हैं, हालाँकि ये गीत अधिक लोकप्रिय नहीं हुए।

सातवें दशक में अविनाश व्यास गुजराती फ़िल्म-जगत के अधिक मसरूफ़ रहने लगे थे। लिहाज़ा हिंदी में उनकी फ़िल्मों की संख्या क्रमशः घटती गई। 'हवामहल' (1962), 'रॉयल मेल' (1963), 'बदमाश' (1969), 'तख़्त और तलवार' (1970) जैसी फ़ैंटेसी या स्टंट फ़िल्मों में एक बार फिर उनका संगीत असफल रहा, पर 'कैलाशपति' (1962) 'भक्त ध्रुव कुमार' (1964) और 'माता महाकाली' (1968) जैसी भक्ति फ़िल्मों का संगीत फिर से श्रेष्ठ था। 'कैलाशपति' तो अपने सोलह गीतों के साथ अविनाश व्यास की संगीत-यात्रा में मीलस्तम्भ मानी जाएगी। विशेषकर लता के दो बेहद खूबसूरत गीत—कहीं केदार और कहीं बसंत की छाया लिए 'मेरे मतवारे नैनों में पी की झलक आ ही गई' और चंद्रकौंस पर आधारित 'जा रे बादल जा देश पिया के जा' तो बेहद आकर्षक हैं। 'मेरे मतवारे नैनों में' गाने में झप ताल की तीव्र पृष्ठभूमि में धीमी लय की गायकी संगीत-रचना का उत्कृष्ट उदाहरण कहा जाएगा। इसके अतिरिक्त रफ़ी और साथियों के स्वर में 'चले भोले बाबा ब्याह रचाने को' तेज़ रवानगी-भरा एक मस्त भक्ति गीत है। महेन्द्र का गाया 'आते हैं काशी से हो कर' भी उस ज़माने में अच्छा चला था। धीरू भाई देसाई निर्देशित 'भक्त ध्रुव कुमार' (1964) में निरुपा राय के साथ अभिनेता शाहू मोदक थे और अविनाश व्यास ने निरुपा राय की फ़िल्मों के लिए सुंदर संगीत देने की अपनी परम्परा को क़ायम रखते हुए हेमंत से 'एक दीप जले आकाश' और सुमन से सुंदर वाद्य-संयोजन के साथ में 'एक सुंदर फूल हूँ' और 'दर्शन दीजो हर दर्शन' जैसे सुंदर गीत गवाए। धीरू भाई देसाई की ही 'माता महाकाली' (1968) में 'ऋतुराज साज सजकर आए' जैसा जटिल गीत और मुकेश के स्वर में 'जो उगता है वो ढलता है' और 'काया संग चली ये छाया' जैसे सुंदर कम्पोज़ीशन्स थे। पर इस सबके बावजूद इस दशक में बम्बई के अल्टामाउंट रोड पर अपने फ्लैट 'पुष्पक' में रहनेवाले अविनाश व्यास का मुख्य ध्यान गुजराती फ़िल्मों पर था। हिन्दी में एक तरफ तो भक्ति पौराणिक फ़िल्मों का बनना भी कम हो रहा था और दूसरी तरफ एस.एन. त्रिपाठी और शिवराम की इस क्षेत्र में अधिक माँग थी। 'ओ बेदर्दी जाने दे मेरे माथे की बिंदिया बिखर गई रे' (सुमन) और दरबारी के स्वरों पर सृजित 'धीरे बोल बैरन पायलिया' (सुमन) जैसे सरस गीतों के बावजूद 'सूर्य देवता' (1969) और सुमन के ही 'न हीरे न मोती रतन चाहिए', 'हे गोपाला तुम बिन कौन है अब रखवाला' या 'अमृत भरा है अंतर जिसका' जैसे मधुर गीतों के बावजूद 'डाकू और भगवान' (1975) और 'माँ बाप' (1978) जैसी हिंदी की इनकी फ़िल्में असफल ही रहीं। वहीं दूसरी तरफ गुजराती में वे ढेरों फ़िल्मों में संगीत देते रहे और 'मेहँदी रंग लाग्यो' (1960), 'हीरो मलात' (1961) 'कलपी' (1967) 'जेसल तोराल' (1971), 'सोन बैनी चुन दादी' (1976) जैसी फ़िल्में सुपरहिट रहीं। अपने कई स्टेज प्रोग्रामों में लता द्वारा गाई 'मेहँदी ते भावे मालवे' रचना सुनकर श्रोताओं के पागल हो जाने का सिलसिला वर्षों चला। शास्त्रीय बैले 'चौलादेवी' में उनका संगीत भी बेहद चर्चित रहा था। गीता के स्वर में उनका गुज़राती भजन 'राख न रमकड़ा मारा राने रमता राख्या रे' तो आज भी बेहद लोकप्रिय है। लता के स्वर में उनका कम्पोज़ किया हुआ 'माझम राते' तो लोकप्रियता की सीमाएँ तोड़ चुका है वैसे यही गीत पुरुषोत्तम उपाध्याय की संगीत-रचना भी एच.एम.व्ही. के द्वारा निकाले कैसेट 'मारा ते चित जो चोर' में बताई गई है, इसलिए गुजराती संगीत के जानकार ही इस विसंगति को सही बता पाएँगे। पर कहते हैं यह गीत शुरू में लता ने रणजीत स्टूडियो के गुजराती मालिक चंदूलाल शाह को प्रभावित करने और रणजीत में काम पाने के लिए अविनाश व्यास से सीखकर सेठ चंदूलाल को गाकर भी सुनाया था पर चंदूलाल ने लता की प्रतिभा को समझे बिना उन्हें खारिज कर दिया था। मुकेश के गाए कुछ बेहद अच्छे और लोकप्रिय गुजराती गीतों के भी संगीतकार अविनाश व्यास ही थे। 'आपन सहने हरतन', 'आज खारून अवतार', 'नज़र ने कह', 'पंखीरा ने पिंजडू' 'हे तने जाता जोई पनघट' जैसे कई लोकप्रिय गीत आज तक गुजराती श्रोताओं की जुबान पर चढ़े हैं। मन्ना डे के स्वर में उनकी कम्पोज़ की हुई रचना 'पिंजडु तो पिंजडु' भी घर-घर में सुनी जाती है। गुजराती में तो अविनाश व्यास संगीतकार, गायक, गीनकार, अभिनेता और लेखक सभी थे ही। उन्होंने 'राखना रमेकड़ा' जैसे कई नाटकों में काम भी किया और अपने पुत्र गौरांग व्यास के साथ मिलकर करीब 12,000 गुजराती गीतों की रचना की। उन्होंने क़रीब 75 नृत्य नाटिकाओं की रचना की जिसमें 'रास दुलारी', 'नरस यो', 'अनारकली', 'चौलादेवी', 'राम-शबरी' आदि प्रमुख हैं (अंतिम तीनों में तो आशा पारेख ने भी अभिनय किया था)।[1] गुजराती में तो आधुनिक ऑरकेस्ट्रेशन के साथ भी मेलोडी को

सँभालकर रखने में वे अंतिम दौर तक सफल रहे। आठवें दशक के अंत में भी 'माँ ते माँ' में 'सामी साँझनो' (आशा, भूपेंद्र) जैसा आधुनिक और कर्णप्रिय गीत रचने में वे सक्षम थे।

करीब 175 गुजराती फ़िल्मों में संगीत देनेवाले, गुजराती सुगम संगीत को नई दिशा देनेवाले और गुजरात संगीत अकादमी की ओर से 'गौरव पुरस्कार' से सम्मानित अविनाश व्यास को 1970 में भारत सरकार ने 'पद्मश्री' से भी सम्मानित किया था। 20 अगस्त, 1984 को अविनाश व्यास के निधन के साथ गुजराती संगीत ने अपना महास्तम्भ खो दिया।

संदर्भ

1. मुरलीधर सोनी–लिस्नर्स बुलेटिन, अंक 60, फ़रवरी, 1985

हंसराज बहल

'हाय जिया रोए, पिया नहीं आए'

हंसराज बहल

फ़िल्मी दुनिया में मास्टरजी कहे जानेवाले हंसराज बहल के सभी गीत हटा दें और मात्र एक गाया 'हाय जिया रोए' को पलड़े पर रखा जाए तो भी मास्टरजी सिर्फ़ इसी गीत भर से फ़िल्म-संगीत के इतिहास में हमेशा याद रखने लायक माने जा सकते हैं। इतनी खूबसूरत रचना है यह कि पूरा वातावरण मानो लता की आवाज़ और भाव के उद्वेग से स्तब्ध रह जाता है। दरबारी के तीन ताल पर रचित इस गीत में गजब का उतार-चढ़ाव है और सारंगी तथा बाँसुरी की दर्दीली तानों के बीच लता ने उसे बिलकुल खरेपन से गाया है। इस गाने को सुनकर यह अहसास हो जाता है कि हंसराज बहल क्यों लता को इस युग की सरस्वती मानते थे। पर ऐसा नहीं है कि आरम्भ में ही मास्टर जी लता की प्रतिभा को आँक पाए थे। शुरू-शुरू में तो उन्होंने लता की आवाज़ को 'राँगे के समान' करार दिया था और आशा की आवाज़ को प्रश्रय देने की सोच रखी थी।[1] हंसराज बहल के ही हिस्से में आशा भोंसले और मधुबाला झावेरी से उनके प्रथम सोलो गीत गवाने का श्रेय जाता है। 'रात की रानी' में आशा ने तथा 'मोतीमहल' में मधुबाला झावेरी ने अपना-अपना पहला एकल गीत मास्टरजी के ही संगीत-निर्देशन में गाया था। वैसे आशा का प्रथम फ़िल्मी गीत 'सावन आया आया रे' (चुनरिया, 1948) जो उन्होंने ज़ोहरा औरा गीताराय के साथ गाया था, भी हंसराज बहल के संगीत-निर्देशन में ही था। मधुबाला झावेरी से तो मास्टरजी ने जितने गीत गवाए उतने किसी भी अन्य संगीत-निर्देशक ने नहीं। लता के कायल होते हुए भी मास्टरजी कई अन्य संगीतकारों की तरह लता पर पूर्णतः आश्रित नहीं थे।

19 नवम्बर, 1916 को जन्मे हंसराज बहल ने अम्बाला के पं. चुन्नीलाल से संगीत-शिक्षा ली थी। अनारकली बाज़ार लाहौर में उन्होंने अपना स्कूल खोला था और स्टेज कार्यक्रम भी किए। एच.एम.व्ही. ने उन दिनों उसके कुछ गैरफ़िल्मी गीतों के रेकॉर्ड भी बनाए थे। फिर बम्बई का मोह उन्हें भी खींच लाया। बॉम्बे टॉकीज़ में उनका ट्रायल हुआ, प्रकाश पिक्चर्स की एक फ़िल्म में गोविंदराम के साथ काम करने का मौका मिला, दो सप्ताह तक नवयुग चित्रपट में भी किस्मत आज़माई। तदोपरांत पृथ्वीराज कपूर की सिफ़ारिश पर ही हंसराज बहल को 'पुजारी' (1946) में संगीतकार के रूप में पहला मौका मिला । इस फ़िल्म का संगीत यों तो कुछ खास लोकप्रिय नहीं हुआ, पर एक खास बात यह थी कि अदाकारा मधुबाला, जो उस समय बेबी मुमताज़ नाम की बाल कलाकार थी, ने इस फ़िल्म में 'भगवान मेरे ज्ञान के दीपक को जला दे' नामक गीत गाया था। अपनी दूसरी फ़िल्म 'ग्वालिन' (1946) में ही बहल ने मुकेश की आवाज़ का इस्तेमाल किया मुकेश और सुशीला रानी के स्वरों में 'लगत नज़र तोरी छलैयां मोरे गोरे बदन को' वाले गीत में। अपने आरम्भिक फ़िल्मों में मुकेश का इस्तेमाल कर मास्टरजी ने कई हिट दोगाने दिए। सुशीला रानी जयपुर घराने की शास्त्रीय संगीत की मानी हुई गायिका थीं जिन्होंने बाद में फ़िल्मइंडिया के सम्पादक बाबूराव पटेल से शादी की। 'छीन ले आज़ादी' (1947) के साथ बहल रणजीत मूवीटोन से जुड़े और इस फ़िल्म का मुकेश, शमशाद का गाया 'मोती चुगने गई रे हंसनी मानसरोवर तीर' तो ज़बर्दस्त हिट हुआ। 'चम्पाकली है उदास' (हमीदा) भी एक लोकप्रिय गीत था। रणजीत

की ही 'दुनिया एक सराय' (1947) में हमीदा और मुकेश का 'देख हमें मुस्काए क्यों बालमवा साजनवा' भी लोकप्रिय हुआ था। इस फ़िल्म में मास्टरजी ने इस फ़िल्म की सहनायिका मीनाकुमारी से भी कुछ गीत गवाए थे। रणजीत मूवीटोन की 'लाखों में एक' (1947) में बुलो सी. रानी के साथ मिलकर उन्होंने संगीत दिया और मुकेश की आवाज़ को फिर एक दोगाने के लिए इस्तेमाल किया 'आगरे से ओढ़नी मँगा दे बलमा' (शमशाद, मुकेश) वाले गीत में। प्यार की खींचतान-भरे मूड के युगल गानों के लिए मुकेश की आवाज़ को चुननेवाले मास्टरजी अकेले ही रहे होंगे। आरम्भिक फ़िल्मों में उन्होंने शायद मुकेश के विकल्प की तलाश की अधिक नहीं की और मुकेश के अलावा ए.आर. ओझा और फारूकी जैसे गायकों से ही काम चलाते रहे। ए.आर. ओझा उर्फ़ अमृतलाल के स्वर में 'लाखों में एक' का 'तुम्हें चंदा कहूँ या चकोरी' खूब लोकप्रिय रहा था। कुलदीन पिक्चर्स की 'चुनरिया' (1948) में पहली बार उन्होंने अन्य गायक-गायिकाओं के साथ भी प्रयोग किया। यों लता से पहली बार वे सम्भवतः अपनी पंजाबी फ़िल्म 'लच्छी' में 'नाले लम्मी वे नाले काली, हाय वे चन्ना रात जुदारयाँ वाली' नामक गीत गवा चुके थे पर इस बारे में निश्चित तौर पर मैं नहीं कह सकता, क्योंकि एच.एम.व्ही. द्वारा निकाले गये कैसेट में इस गीत का संगीतकार एस. मोहिंदर को बताया गया है। पर जो भी हो, यह गीत कितना मक़बूल था, यह इस तथ्य से पता चलता है कि यशपाल ने अपने मशहूर उपन्यास 'झूठा सच' के विभाजित भारत की पृष्ठभूमि में पंजाब से उखड़े और दिल्ली में पुनरस्थापन की कोशिश करते परिवार की लड़की के मुँह से इसी गीत के गुनगुनाने का वर्णन किया है।[2] बहरहाल, हिंदी फ़िल्मों में 'चुनरिया' में पहली बार लता ने उनके लिए गाया—'दिले नाशाद को जीने की हसरत हो गई तुमसे' परम्परागत गज़ल-शैली में गवाई एक बेहतरीन कम्पोज़ीशन है। वर्षों बाद लक्ष्मी-प्यारे के कम्पोज़ किए गए 'जीवन मृत्यु' के हिट गीत 'ज़माने में अजी ऐसे कई नादान' के आधार में भी मास्टरजी की यही धुन है, यह तथ्य भी अपने-आपमें रोचक है। लता का ही गाया 'आँख मेरी लड़ गई' पंजाबी शोखी की छटा वाला गीत था। रफ़ी भी पहली बार मास्टरजी के संगीत में गाने आए और इस बार का दोगाना मुकेश के स्वर में न होकर रफ़ी (और गीता) के स्वर में था 'फूल को भूल के ले बैठा खार, तेरा काँटों में है प्यार'। धीमी लय में रफ़ी के स्वर में 'सब कुछ लुटाया हमने आ कर तेरी गली में' भी एक उत्कृष्ट रचना बनकर सामने आई। जैसाकि ऊपर उल्लिखित है, 'चुनरिया' में ही आशा भोंसले ने अपना प्रथम फ़िल्मी गीत गीता और ज़ोहरा के साथ एक सहगायिका के रूप में गाया 'सावना आया रे, जागे मोरे भाग सखी री'।

पर इन फ़िल्मों के बावजूद मास्टरजी की विशिष्ट पहचान नहीं बन पाई थी और उन्हें 'पहली पहचान', 'गुणसुंदरी', 'मिट्टी के खिलौने' जैसी कई फ़िल्मों में अन्य संगीतकारों के साथ काम करना पड़ा। 'गुणसुंदरी' में उनके स्वरबद्ध दो गीत 'होटल का किनारा हो, नजारा प्यारा-प्यारा हो' (ए.आर. मेहता, लीला मेहता) और 'आना ना था जो दिल में' (ए.आर. ओझा, अमीरबाई) उस ज़माने में अच्छे चले थे पर इनका भी कोई स्थायी प्रभाव नहीं था। रणजीत मूवीटोन की 'परदेशी मेहमान' में पुनः अकेले संगीत देने का मौका उन्हें अवश्य मिला पर 'परवाने हो परवाने, तू क्या जलना जाने' (मुकेश, हुस्न बानो) और 'होशियार नौजवान जाग ऐ नौजवान' (मुकेश) से भी कोई विशेष फ़ायदा उनके कॅरियर को नहीं हुआ। 'सत्यनारायण' (1948), 'करवट' (1949) आदि भी असफ़ल ही रहीं, हालाँकि 'करवट' के 'दीवाना आ गया दामन से लिपट, कभी इस करवट' (पारो देवी) में, 'लिपट' और 'करवट' बोलों पर बल दे कर पंजाबी शैली के 'इस दिल के टुकड़े हज़ार हुए' वाला प्रभाव पैदा करने की कोशिश की गई थी।

पर प्रतिभा के धनी मास्टरजी ने हिम्मत नही हारी। लता की आवाज़ की कशिश को लेकर वे फ़िल्म 'चकोरी' (1949) में 'हाय चंदा गए परदेश, चकोरी यहाँ रो रो मरे' के साथ बुलंदी से वापस आए। इस गाने में इतनी ज़बर्दस्त वेदना थी कि श्रृंगार रस का गीत होने के बावजूद इस गाने की रेकॉर्डिंग के समय तबलावादक रो पड़ा क्योंकि उसे अपनी माँ याद आ गई थी। इसी फ़िल्म का 'तू हमसे जुदा है' (लता) भी दादर ताल पर सुंदर धुन लेकर आया गीत था। इसी वक्त की उनकी अन्य सफल फ़िल्म 'रात की रानी' (1949) में उन्होंने रफ़ी से उनका अमर गीत गवाया—'जिन रातों में नींद उड़ जाती है, वो सहर की रातें होती हैं'। इस गाने की तर्ज़ और लय में गज़ल अदायगी का वह अंदाज़ लेकर मास्टरजी आए थे जिस अंदाज़ को लेकर आगे के वर्षों में कई 'मुस्लिम सोशल' फ़िल्मों में रोशन जैसे संगीतकारों ने कई सफल गीत बनाए। दादरा ताल पर रचे इस गीत को सुनने पर काफ़ी, बहार और भीमपलासी—सभी रागों का अद्भुत मिश्रण लगता है। इसी फ़िल्म का लता, रफ़ी का गाया विलम्बित दादरा

ताल पर 'उस चाँद से प्यारे चाँद हो तुम, आकाश पे जो मुस्काता है' धीमी गति से गाया एक अत्यंत मेलोडी प्रधान गीत है जिसे इस दौर के लता, रफ़ी के खूबसूरत दो गानों की श्रेणी में आसानी से रखा जा सकता है। इस गीत को पहले मुकेश गानेवाले थे, पर रिहर्सल में मुकेश की आवाज़ उन्हें जँच नहीं रही थी, इसलिए रफ़ी को ले लिया गया। रफ़ी और लता के ही युगल स्वरों में 'सुन तो लो मेरा अफ़साना' की शैली 'करवट' के 'चाहे इस करवट' से मिलती-सी है, इस रचना में भी हंसराज बहल के पंजाब स्कूल की स्पष्ट छाया है। लता के एक अन्य गीत 'दिल तोड़ने वाले आ, मुख मोड़ने वाले आ' में भी कहरवा ताल के साथ scales के उतार-चढ़ाव से एक मृदु धुन का सृजन होता है। हंसराज बहल के लिए आशा भोंसले ने इसी फ़िल्म में अपना प्रथम एकल गीत गाया था—'है मौज में अपने बेगाने, दो चार इधर दो चार उधर'। फ़िल्म 'रूमाल' (1949) में भी रफ़ी के स्वर में 'दिल टूटा और अरमान लुटे' जैसा सरस गीत था। 'कनीज़' में गुलाम हैदर के पाकिस्तान चले जाने के बाद फ़िल्म के बचे दो गीतों की रचना भी हंसराज बहल ने की थी।

इन गीतों ने हंसराज बहल को फ़िल्मी दुनिया के एक चर्चित संगीतकार के रूप में स्थापित करा दिया। फ़िल्म 'बेकसूर' में अनिल विश्वास के साथ संगीत देते हुए हंसराज बहल ने लता और रफ़ी से दो लोकप्रिय युगल गीत गवाए—'अँखियाँ गुलाबी जैसे मद की प्यालियाँ' और 'हँस के न तीर चलाना' और 'गुलनार' (1950) में ज़ीनत बेगम की आवाज़ में कई गीत स्वरबद्ध किए। अपने पहचान के और प्रतिष्ठा के इस दौर में हंसराज बहल भी अन्य कई संगीतकारों की तरह मुकेश को भूल गए से लगते हैं और रफ़ी की तरफ़ उनका झुकाव स्पष्ट नज़र आता है।

पारम्परिक शैली की धुन और 'ला ला ला' की आधुनिक छाप के साथ 'साजन की ओर ले के, हाथों में हाथ ले के' (रफ़ी, लता—जेवरात, 1949), पंजाबी-शैली की रचना 'चले आओ जी मुझे तुमसे मोहब्बत है' और दर्दीली धुन के साथ 'जा तेरे मुकद्दर' (लता—जेवरात, 1949), 'चकोरी' के गीतों 'इक दुखिया जवानी की है', 'दिल की दिल ही में रही' और 'क्यों गर्म सर्द होते थे' से लेकर सुमधुर 'हम दिल की धड़कन की लय पर फुर्कत के गाने गाते हैं' (रफ़ी, सुरिंदर कौर—खामोश सिपाही, 1950), उसी पंजाब स्कूल की छाप के साथ 'मुहब्बत में नज़र मिलते ही बन जाते हैं अफ़साने' (रफ़ी, सुरैया—खिलाड़ी, 1950), 'कभी ये साथ ना छूटे' (रफ़ी, गीता, पारो—किसी की याद 1950), 'हम तुमसे वफ़ा करते' (रफ़ी, सुरैया—'शान', 1950), 'राहे वफ़ा में निकले हैं सीनों को तान के' (रफ़ी, सोनिक, साथी—कश्मीर, 1951) 'हमने भी प्यार किया, प्यार किया, प्यार किया' (रफ़ी, लता, गीता—नखरे, 1951), 'जाएगा जब यहाँ से कुछ भी न पास होगा' (रफ़ी, मधु—'मोती महल', 1952), 'यही है दुनिया तेरी भगवान' (रफ़ी, मधुबाला झावेरी—रेशम, 1952) जैसे गीतों से स्पष्ट है कि कुछ फ़िल्मों में देवेन्द्र और तलत महमूद (जैसे—'अपनी इज्जत' का तलत और मधुबाला झावेरी के हिट गीत 'दिल मेरा तेरा दीवाना' और 'प्यार की रूत दो रंगी' की आवाज़ के इस्तेमाल के बावजूद रफ़ी हंसराज बहल के प्रमुख गायक बन चुके थे। 'ख़ामोश सिपाही' (1950) का गीत 'मेरी दुनिया लुट रही थी' पहले एक नया लड़का 'कपूर' गानेवाला था, पर उसकी आवाज़ भी रेकॉर्डिंग के पहले मास्टरजी को जँची नहीं। मध्य रात्रि में उन्होंने रफ़ी को बुलवाया और सबेरे सात बजे जाकर यह गीत रफ़ी के स्वर में रेकॉर्ड हुआ। यह भी गौरतलब है कि गायिकाओं के चुनाव में मास्टरजी में ऐसा पूर्वग्रह नहीं दिखाई पड़ता है। उन्होंने 'खामोश सिपाही' में सुरिंदर कौर को प्रमुखता दी, तो सुरैया अभिनीत 'खिलाड़ी', 'शान', 'राजपूत', 'मोती महल', 'रेशम' में ज़ाहिर है सुरैया से ही गाने गवाए। इस दौर में सुरैया की आवाज़ में 'चाहत का भुलाना मुश्किल है' और 'दिले नाशाद न रो' ('खिलाड़ी'), ट्रम्पेट के सुंदर प्रयोग के साथ 'ओ परदेसी बालमा, अब ना तरसा ओ जालिमा' (शान), 'तड़प ऐ दिल' (शान)—जिसका सुरैया ने भी अपने एक, इंटरव्यूह में खास तौर से ज़िक्र किया था—'ये किसकी याद आ गई बहार बन के' (राजपूत) और इन सबसे बढ़कर 'राजपूत' का ही वह सदाबहार गीत 'रस्ते पे हम खड़े हैं दिले बेकरार लेकर' और 'मोतीमहल' का वह रूठलाता, नटखट गीत 'कभी न बिगड़े किसी की मोटर रास्ते में' जैसे गीत बहुत लोकप्रिय भी रहे थे। इसी प्रकार मास्टरजी ने 'किसी की याद' में गीता और पारो से गीत गवाए, तो 'राजा

'जग्गू' में श्यामा

'अपनी इज़्ज़त' में मुनव्वर सुल्ताना

रानी' (1950) में उन्होंने शमशाद, सुरिन्दर कौर और लता—सभी की आवाज़ें लीं। 'कश्मीर' में आशा, गीता और शमशाद के अलावा ज़ोहराबाई अम्बालेवाली से उनका एक दिलकश हिट गीत गवाया 'समझ लो नज़र से इशारा किसी का', तो 'नखरे' में उन्होंने गीता, लता और शमशाद को बराबर मौका दिया। 'राजपूत' में सुरैया के अतिरिक्त अन्य अभिनेत्रियों के लिए वे शमशाद, गीता, हमीदा और मधुबाला झावेरी को लाए तो 'फूलों के घर' (1951) में मुबारक बेगम को और 'अपनी इज्ज़त' (1952) में मधुबाला झावेरी के साथ राजकुमारी और शमशाद के स्वरों को सुरों में बाँधा। 'जग्गू' (1952) में उन्होंने मधुबाला झावेरी को पुनः प्रमुखता दी, पर आशा और लता से भी एक-एक गीत गवाया। पारम्परिक कोठे के गीत की लय पर लता के गाए 'दिल की दुनिया लूट कर ओ जाने वाले' फ़िल्म 'पेंशनर' 1954 में पुनः लिया गया और आशा की आवाज़ भी गिटार और पश्चिमी ऑरकेस्ट्रेशन के साथ अरबी शैली के 'अगर तेरी आँखों में आँखें' में खूब चमकी है। इसी प्रकार वे 'लंका दहन' (1952) में मधुबाला झावेरी के साथ वे गीता दत्त को लाए तो 'मोतीमहल' (1952) और 'रेशम' (1952) में सुरैया के साथ मधुबाला झावेरी और शमशाद भी प्रमुखता से आईं।

अन्य गायिकाओं के साथ यह बात लागू हो या न हो, पर यह आवश्यक है कि मधुबाला झावेरी को अलग पहचान और मौका देने का श्रेय मास्टरजी को ही जाएगा। मधुबाला झावेरी के lower octaves पर रचे गानों में एक खास लयकारी झलकती थी जैसे 'मोतीमहल' के गीत 'जाएगा जब यहाँ से कुछ भी न साथ होगा' में मधुबाला झावेरी ने रफ़ी के साथ नियंत्रित गायकी की एक अच्छी मिसाल पेश की है।[3] वहीं बदलती धुनों के साथ कहानी को विस्तार देता गीत 'तुम कौन हो राजकुमारी' (तलत, मधुबाला झावेरी) 'राजपूत' फ़िल्म की एक विशिष्ट कृति थी। 'अपनी इज्ज़त' में तलत के साथ के झावेरी के युगल गीत—कोमल और शास्त्रीय आधारित 'प्यार की रुत दोरंगी साजन' और 'दिल मेरा तेरा दीवाना'—आज भी प्रभावित कर जाते हैं। वैसे सुरैया की आवाज़ में भी एक अलग चुलबुली खनक पैदा करने में अपने कई गीतों में मास्टरजी ने सफलता अर्जित की। मोतीमहल का 'जब तेरी मेरी, ही मर्ज़ी' और 'कभी न बिगड़े किसी मोटर रस्ते में' इसके विशेष उदाहरण हैं। प्रसिद्ध गीतकार वर्मा मलिक को भी हिंदी फ़िल्मों में लाने का श्रेय हंसराज बहल को ही जाएगा। बहल की उनसे गहरी दोस्ती थी, और उन्हीं के कहने पर वर्मा मलिक 1949 में बम्बई आए थे और बहल के घर ही रहते थे। वर्मा मलिक को हिंदी फ़िल्मों में पहला मौका हंसराज बहल ने ही दिया था और फ़िल्म थी 'जग्गू' (1952)।

जैसाकि पहले भी इंगित किया गया है हंसराज बहल के इस दौर का संगीत वैसे मूलतः पंजाब स्कूल का प्रतिनिधि संगीत ही कहा जाएगा। पंजाब के लोकसंगीत—हीर, पहाड़ी आदि का असर उनकी कृतियों पर कहीं कम तो कहीं ज्यादा झलक ही जाता है। रफ़ी की आवाज ने ऐसे गीतों के साथ बखूबी न्याय किया। 'ख़ामोश सिपाही' (1950) का हीर शैली में 'हम दिल की हर धड़कन की लय पर' (रफ़ी, सुरिंदर कौर) और 'मेरी लुट गई दुनिया प्यार की' (रफ़ी) इसके स्पष्ट उदाहरण हैं। 'साजन की ओर ले के, हाथों में हाथ ले के' ('ज़ेवरात') में रफ़ी और लता की गायकी और 'ला ला ला' जैसे बोलों का प्रयोग इस गीत को एक पंजाबी अलमस्ती का रूप दे देता है जो सुनने में प्रिय लगता है। यही बात 'हम भी अकेले तुम भी अकेले' (रफ़ी, सुरैया—शान) के बारे में बखूबी कही जा सकती है। यह भी उल्लेखनीय है कि संगीत के इस दौर में हालाँकि मास्टरजी ने लता की आवाज़ का इस्तेमाल बखूबी किया और लता के स्वर में दोगानों के अलावा 'चले आओ जी मुझे तुमसे मोहब्बत है' (ज़ेवरात), 'जा तेरे मुकद्दर में हँसी है न खुशी हैं' (ज़ेवरात), 'दर्दे दिल थम जा ज़रा' ('खिलाड़ी'), कहरवा में अलग सी धुन लिए 'भँवरा बेईमान' और 'ना दिल लागे फूलों में' ('राजरानी'), 'याद तुम्हारी क्यों आए बालमा' ('नखरे') आदि गीत भी गवाए, परंतु जैसा कि ऊपर किए गए विश्लेषण से स्पष्ट है इस वक्त तक लता उनकी प्रमुख गायिका नहीं थीं और 'हाय चंदा गए परदेस' को छोड़कर लता की आवाज़ में कोई सदाबहार गीत देने में भी मास्टरजी सफल नहीं हो पाए थे। संगीत समीक्षक हृषि दीक्षित के अनुसार हंसराज बहल 'न्यूनतमवादिता' या सूक्ष्मता और नियंत्रण के उस्ताद थे। उनके संगीत में ऑरकेस्ट्रेशन या गायकी की करतबें न होकर ध्यानपूर्वक चयनित स्वरों या मेलोडिक प्रतिमानों का रूप ही प्रकट होता है।[4] बहल के पंजाबी लोकशैली के गीतों में तो हृषि दीक्षित का यह मत पूर्णतः सही नहीं प्रतीत होता है, लेकिन इससे हटकर बनाए हंसराज बहल के संगीत पर यह तर्क काफ़ी हद तक लागू किया जा सकता है। यह भी कहा जा सकता है कि पंजाबी लोकशैली से अधिक यह दूसरा स्निग्ध नियंत्रित पक्ष बहल के संगीत में मेलोडी के मामले में तो उत्तरोत्तर अधिक प्रकट होता गया है, पर साथ ही ऑरकेस्ट्रेशन की व्यापकता और उसका प्रभाव भी बढ़ता गया है।

1953 में हंसराज बहल की कोई फ़िल्म नहीं आई। वे वापस आए 'खैबर' के दो अत्यधिक मधुर युगल गीतों से। वर्षों

बाद एक बार फिर मास्टरजी मुकेश की ओर उन्मुख हुए और मुकेश तथा मधुबाला झावेरी के स्वरों में उन्होंने 'सब शिकवे मिटे दिल के, आपस में गले मिल के' एवं 'मैं तेरी तमन्ना करता हूँ, तक़दीर से लेकिन डरता हूँ' जैसे दो सदाबहार लोकप्रिय गाने दिए। 'हनुमान जन्म' (1954) में भी मुकेश और मधुबाला झावेरी की ही प्रमुखता रही और 'मन दुख से क्यों घबड़ाता है' तथा 'गोरी कुछ छोड़ मुख हमसे मोड़' में मुकेश के गले का स्वाभाविक दर्द सुंदर तरीके से उभरा है। 'दोस्त' (1954) के मस्त रिद्म वाले 'दिल दे के बहुत पछताए' (मधुबाला झाबेरी) और धीमी लय वाले राग मुलतानी के सुरों पर आधारित तलत के 'आये भी अकेला' भी लोकप्रिय रहे थे। पर, जैसाकि ऊपर इंगित किया गया है, अपने संगीत के 1954-60 के दौर में हंसराज बहल के संगीत में धीरे-धीरे ऑरकेस्ट्रेशन पर पहले के मुकाबले अधिक जोर दिखाई देता है और वाद्य-यंत्रों की विविधता भी बढ़ती नज़र आती है। मास्टरजी का यह दौर लता के कुछ अविस्मरणीय गानों और विभिन्न कलाकारों के स्वर में कुछ अत्यंत लोकप्रिय हुए युगल गीतों के लिए याद किया जाएगा। अपने भाई के साथ मिलकर निर्मित फ़िल्म संस्था एन.सी. फ़िल्म्स के बैनर तले बनी पहली फ़िल्म 'लाल परी' (1954) में मास्टरजी ने पश्चिमी वाद्य-यंत्रों का प्रयोग किया और एक ताज़ी, आधुनिक लगने वाली तर्ज़ पर गीता और तलत के स्वरों में एक सुपरहिट गीत गवाया—'कह रही हैं धड़कने पुकार कर, चुपके-चुपके धीरे-धीरे प्यार कर'। फ़िल्म-संगीत के बदलते परिवेश का यह एक प्रतिनिधि गीत माना जाना चाहिए। फ़िल्म 'दरबार' (1955) में तलत, गीता के स्वरों में पुनः हंसराज बहल एक दर्दीली धुन लेकर आए—'क्या पाया दुनिया ने दो प्यार भरे दिल तोड़ के' पर इस गीत में या इसी फ़िल्म के तलत के मुजरा शैली (हालाँकि गायक पुरुष थे) के 'तेरी अदा पर निसार करने मैं दिल को लाया तेरी गली में' में वह असर नहीं है जो 'कह रही है धड़कनें' से पैदा हुआ था। इसी वर्ष भारत की पहली psychological photoplay 'मानो न मानो' के रेकॉर्ड जारी हुए हालाँकि फ़िल्म 1955 में रिलीज़ हो सकी। इस फ़िल्म में मुकेश का आवाज़ में 'आवाज़ है ये प्यार की' अपने-आपमें एक बहुत खूबसूरत कशिश-भरे गीत के रूप में आज तक याद किया जाता है।

'दिले नादान ज़माने में मुहब्बत एक धोखा है, ये सब कहने की बातें हैं किसी का कौन होता है' के रूप में एक बेहद खूबसूरत, संजीदा तर्ज़ ले कर हंसराज बहल एन. सी. फ़िल्म्स की ही 'मस्त कलंदर' (1955) में आए। तलत और आशा के स्वर में मिश्र शिवरंजनी पर आधारित यह गीत आज भी अभिभूत कर देता है। इन्हीं युगल स्वरों में 'शाह बहराम' (1955) का 'पत्थर दिल हो गया दुनिया का' की लोच भरी swinging धुन भी बेहद लोकप्रिय हुई थी। गोल्डेन मूवीज़ की 'खुल जा सिम सिम' (1956) में रफ़ी, गीता, शशिराज के स्वरों में 'आज तेरा गुनहगार बंदा ग़म से घबड़ा कर' और तलत और गीता के युगल स्वरों में 'दोनों जहाँ के मालिक तेरा ही आसरा है' भी चर्चित हुए थे। पर इससे अधिक लोकप्रियता मिली बहल की अपनी बनाई फ़िल्म 'राजधानी' (1956) के गानों को। यही वह फ़िल्म है जिससे हंसराज बहल पूरी तरह लता की ओर झुक गए और फ़िल्म के सातों गानों में लता की आवाज़ है (छः एकल और एक युगल गीत)। लता के स्वर में 'दे दो मोरा कँगना' अपनी थिड़कती धुन और लता की रवानगी-भरी गायकी के कारण एक अविस्मरणीय गीत बन गया है। 'मैं नाचूँ छम्मक छैया' में वैसा असर तो नहीं आ पाया पर लता और तलत के दो गाने 'भूल जा सपने सुहाने भूल जा' में वॉयलिन के प्रभुत्व वाले ऑर्केस्ट्रेशन के alternative कोमल और तीव्र उपयोग के साथ तलत और लता के क्रमशः नीचे और ऊँचे स्केल पर गायकी का synchronization मास्टरजी के एक अभिनव प्रयोग के रूप में याद रखा जाएगा। यह एक महत्त्वपूर्ण तथ्य है कि तलत महमूद के कुछ बेहद लोकप्रिय और यादगार युगल गीतों के रचयिता हंसराज बहल रहे हैं।

हंसराज बहल की उल्लेखनीय फ़िल्मों में 'चंगेज़ खाँ' (1957) का नाम लोकप्रियता की दृष्टि से सबसे ऊपर आता है। जौनपुरी पर आधारित 'मुहब्बत ज़िंदा रहती हैं' न केवल रफ़ी के श्रेष्ठ गानों में शुमार किया जाता है बल्कि बिनाका गीतमाला के 1957 की लोकप्रियता की सालाना पायदानों में भी शामिल होकर ऊँचे स्थान पर रहा। ऊँची पट्टी पर गाए रफ़ी के गीतों में (विशेषकर अंत में) इस गीत की कम्पोज़ीशन अपनी श्रेष्ठता के कारण आज भी याद की जाती है। राग आधारित इस गीत में बदलते chords का प्रयोग हंसराज बहल की बढ़ती प्रयोगधर्मिता को रेखांकित करता है, पर यह प्रयोग भी संगीत की परम्पराओं को तोड़ने की हिमाकत नहीं कर पाता। यह कहा जा सकता है कि अपने इस दौर में हंसराज बहल अपने पंजाबी रूप को तोड़कर कुछ अलग करने को अग्रसर तो हुए लेकिन संगीत की परम्पराओं के भीतर ही। संगीत में उनका प्रयोग भाव-पक्ष को अधिक असरकारी या तीव्र बनाने तक ही सीमित रहा—नए भाव सृजित वह नहीं कर पाया। 'चंगेज खाँ' में लोकप्रियता के पैमाने से लता का 'जब रात नहीं कटती' रफ़ी के उपरोक्त गीत से काफ़ी पीछे रहा, पर सम्भवतः मिश्र भूपाली पर रचित इस गीत की तर्ज़ और गायकी मन मोहनेवाली है। 'चंगेज़ खाँ' का ही सुधा मल्होत्रा का गाया 'ओ रुक जा रुक जा रुक जा, लौट के आना होना' भी फ़िल्म

की उल्लेखनीय रचना थी। 'मिस बॉम्बे' (1957) भी मास्टरजी के लोकप्रिय फ़िल्मों में याद की जाती है। रफ़ी, सुमन का दोगाना 'दिन हो या रात हम रहें तेरे साथ, ये हमारी मर्ज़ी' अपनी रिद्म से आज तक श्रोताओं को झंकृत करता आया है। रफ़ी का मालकौंस पर आधारित सितार के सुंदर प्रयोग से युक्त 'ज़िंदगी भर गम जुदाई का मुझे तड़पाएगा' उनके अच्छे संजीदा गानों में शामिल किया जाता है और रेडियो प्रोगामों में इस गाने की फ़रमाइश अकसर सुनाई पड़ जाती हैं। ऑरकेस्ट्रेशन पर मास्टरजी के बढ़ते ज़ोर और असर का यह गीत भी परिचायक है। सारंगी, सितार और वॉयलिन का प्रयोग गाने के दर्द को बढ़ाने के लिए बड़े कुशल तरीके से किया गया है। 'ले चला जिधर यह दिल निकल पड़े' (रफ़ी) में भी एक अच्छा, सुकून भरा संगीत है, पुलिस बैंड जैसा रिद्म है और रफ़ी की आवाज़ बड़ी ताजी लगती है।[5]

पर गुणवत्ता का दृष्टिकोण 'हाय जिया रोए, पिया नहीं आए' (लता, 'मिलन' 1958) को मास्टरजी के सर्वश्रेष्ठ प्रयास का हकदार बना देता है। यह गाना एक बार सुन कर संतोष नहीं होता बल्कि बार-बार बजाने को जी चाहता है--इतनी दर्दीली, संवेदनशील धुनें कम ही बनती हैं। लता का ही 'सारी दुनिया से पूछा मिला ना निशां' भी झिंझोटी के सुरों को आत्मसात करती एक सुंदर रचना है और लता, मन्ना डे के युगल स्वरों में 'पिया जी मैं तो नित-नित आस लगाऊँ' भैरवी और बैरागी की छाया लिए एक श्रृंगारयुक्त लोकशैली की अच्छी रचना है।

वैसे गुणवत्ता के विचार से ही 'सावन' (1959) का मुकेश, लता द्वारा गाया 'नैन द्वार से मन में वो आ के तन में आग लगाए' भी एक ऊँचा स्थान रखता है। इस गीत को पंचगनी में फ़िल्माया गया था। नायक नीचे घाटियों में भेड़ चराते हुए गा रहा है और नायिक ऊपर पहाड़ी पर और इस सिचुएशन को हंसराज बहल ने मुकेश से निचले सप्तक में आवाज़ की पूरी खरज को उद्भासित करते हुए गवाकर और लता से ऊँचे सप्तक में गवा कर सजीव और सच्चा बना दिया है। 'सावन' के ही रफ़ी के काफ़ी आधारित 'देखो बिना बादल बरस रही बदली' और रफ़ी, शमशाद के 'भींगा भींगा प्यार का समाँ बता दे तुझे जाना है कहाँ' को अपार लोकप्रियता मिली थी। 'भींगा-भींगा प्यार का समाँ' की तर्ज़ और लय हमें ओ.पी. नैयर के कई गानों के रिद्म की याद दिला देती हैं। पंजाब के संगीत से दोनों ही प्रभावित थे, अतः यह कोई आश्चर्य की बात नहीं है। पर इसी फ़िल्म का एक गाना जो अधिक लोकप्रिय न होते हुए भी प्रभावित करता है, वह था 'कान्हा छेड़ो बाँसुरी, कन्हैया छेड़ो बाँसुरी' (लता)।

लता, मुकेश का 'मिस गुडनाइट' (1960) का गीत 'चलो चले दिल ले चले जहाँ, अजी दूर बड़ी दूर' सुनकर यह पता चल जाता है कि मास्टरजी अपने ऑरकेस्ट्रेशन में किस कदर परिपक्व हो चुके थे। 'मुड़ मुड़ के न देख' (1960) में मुकेश के स्वर में 'हसीन हो खुदा तो नही हो, रुको रुको हवा तो नहीं हो' जैसा हारमोनिका आधारित लोकप्रिय गीत, 'जहाँ तू तू तू वहाँ मैं मैं मैं' जैसा अनूठा शरारतपूर्ण गीत और आशा भोंसले की आवाज़ में 'मैं मर गई गर्मी से, ले चल शिमले' जैसा चुलबुला गीत प्रस्तुत कर मास्टरजी ने सिद्ध किया कि गम्भीर गीतों के सृजन के अलावा वे हलके-फुलके गानों की रचना भी करने में सक्षम थे। वैसे ओ.पी. नैयर जैसी अलमस्ती अवश्य लाने में वे असफल रहे हैं।

हंसराज बहल का दुर्भाग्य था कि अन्य कई सफल संगीतकारों की तरह किसी बड़े निर्माता या बड़े बैनर का वरदहस्त उन्हें प्राप्त नहीं था। अपने पिता निहालचंद्र के नाम से हंसराज बहल और उनके भाई गुलशन बहल द्वारा स्थापित एन.सी.फ़िल्म्स की फ़िल्मों में संगीतकार वे स्वयं रहते थे, पर एन.सी. फ़िल्म्स ने भी अधिकतर 'बी' ग्रेड फ़िल्मों का ही निर्माण किया। ऐसी फ़िल्मों का 'मीडिया प्रोजेक्शन' भी कम ही होता था और यही बात ऐसी फ़िल्मों के निर्माण से जुड़े कलाकारों के साथ भी लागू होती थी। साथ ही हंसराज बहल का निर्माता बनने का शौक भी महँगा पड़ा। सफल निर्माता तो वे बन नहीं पाए, साथ ही संगीत से भी हाथ धो बैठे। वरना काबिलीयत में वे बड़े-बड़ों से टक्कर ले सकते थे। उनकी एक विशिष्टता यह भी की कि वे पूरा संगीत स्वयं बनाते थे, सहायक शायद ही उन्होंने कभी रखा होगा।

सातवें दशक के फ़िल्म संगीत में तो हंसराज बहल लगभग पूर्णतः उपेक्षित रहे। 'गुल ए बकावली' में उन्होंने नए कलाकार सुरिंदर कोहली को मौका दिया पर रफ़ी के गाए दर्दीले 'जहाँ वाले तूने ये क्या ज़िंदगी दी' के अलावा गीत चले नहीं, 'दारा सिंह' (1964) में सुमन, मुकेश के स्वर में एक मधुर गीत 'पहले से क्यों हाँ ना की' तथा बागेश्वरी पर आधारित आशा के स्वर में 'छोड़ो छोड़ो मोरी बैयाँ' भी हिट नहीं हुए। 'एक दिन का बादशाह' (1964) में महेंद्र, आशा का 'रात भर हमको न उठने दिया मैखाने में' और महेंद्र का 'आज अपने भी नज़र आते हैं बेगाने में' और 'रुस्तमे हिंद' (1965) का 'मेरे पहलू में आके बैठो खुदा के वास्ते' (रफ़ी) सुंदर रचनाएँ थीं पर विशेष लोकप्रिय न हो सकीं। 'सुनहरा जाल' (1966) के तांगा रिद्म पर 'कितना हसीं मेरा पिया हाय अल्ला' (महेन्द्र, कमल बारोट) जैसे कोमल बाँसुरी के टुकड़ों से सँवारे गीत का भी यही हश्र रहा।

वैसे यह गौरतलब है कि अपने अंतिम दौर में मास्टरजी ने कुछ ग़ज़लनुमा फिल्मी गानों को अच्छी धुनें दी, जैसे—'तीन सरदार' (1965) का महेंद्र, उषा का 'तुम जो मिल जाओ फिर हमें क्या चाहिए, न ये जन्नत चाहिए, न ये दुनिया चाहिए' और महेंद्र, आशा का 'अपनी जुल्फों को सुँघा कर मुझे बेहोश करो', 'मुझे सीने से लगा लो' (1969) के 'मखमूर निगाहों में तेरी डूब गए हम' (आशा) आदि। फ़िल्मी जगत को शायद मास्टरजी चुपचाप अलविदा कहने के मूड में नहीं थे। फ़िल्म-संगीत के अपने इस अंतिम दौर में भी 'सिकंदर-ए-आज़म' (1965) में रफ़ी के स्वर में उन्होंने ऐसा गीत गवाया जो लोकप्रियता की मिसाल बन गया है। शुद्ध कल्याण पर सृजित 'जहाँ डाल-डाल पर सोने की चिड़िया करती है बसेरा वह भारत देश है मेरा' आज भी रेडियो और टी.वी. पर देशभक्ति के किसी भी कार्यक्रम में अनिवार्य रूप से बजता है, और सराहा जाता है। अफ़सोस यह है कि इस गाने को जानने वाले और गुनगुनाने वाले श्रोताओं में भी अधिकांश हंसराज बहल का नाम नहीं जानते। इसी फ़िल्म का मालकौंस आधारित 'ऐ माँ तेरे बच्चे कई करोड़' (महेंद्र) भी एक उल्लेखनीय रचना थी। इसी प्रकार 'दो आँखें' (1974) में 'कमल के फूल जैसा बदन तेरा चिकना' (रफ़ी) भी काफ़ी चला, अलबत्ता इस हलकेपन से भी मास्टरजी के कैरियर को कोई फायदा नहीं हुआ और वे धीरे-धीरे 'अली बाबा' (1975), 'बदमाशों के बदमाश' (1979) जैसी गौण फ़िल्मों के साथ ओझल हो गए। 20 मई, 1984 को कैंसर से मुंबई में उनका निधन हो गया। उनकी संगीतबद्ध 'इंसाफ़ का खून' (1988) उनकी मृत्यु के बाद प्रदर्शित हुई।

संदर्भ

1. राजू भारतन : लता मंगेशकर—ए बायोग्राफ़ी
2. यशपाल : झूठा सच, भाग 2, पृष्ठ 443
3. स्नेहल ओझा : 'अभी तो मैं ज़वान हूँ' शृंखला—इंटरनेट
4. हृषि दीक्षित : 'अभी तो मैं जवान हूँ' शृंखला—इंटरनेट

व्ही. बलसारा

'मोरे नैना सावन-भादों तोरी रह-रह याद सताए'

मन्ना डे और साथियों के स्वर में गैरफिल्मी choir गीत 'नज़ारों में हो तुम, खयालों में हो तुम' को याद कीजिए। कितना खूबसूरत ऑरकेस्ट्रा संचालन है। और इस संचालन का श्रेय जाता है व्ही. बलसारा को जिनका संगीत-विविधता और सौंदर्य का अच्छा उदाहरण प्रस्तुत कर सकता है। अफ़सोस की बात यह थी कि बलसारा को अधिक फ़िल्में स्वतंत्र संगीतकार के रूप में नहीं मिलीं, और अपना अधिकांश समय उन्होंने अन्य संगीतकारों के सहायक के रूप में बिताया।

बम्बई के पारसी परिवार में 22 जून, 1922 को जन्मे व्ही. बलसारा अपनी माँ और नानी का गायन बचपन से ही सुनते रहे थे। संगीत के प्रति आकर्षण इतना बढ़ा कि सेंट ज़ेवियर्स कॉलेज की पढ़ाई अधूरी छोड़कर वे एक ऑरकेस्ट्रा पार्टी में शामिल हो गए, और बम्बई की कई महफ़िलों, शादियों में इस ऑरकेस्ट्रा के सदस्य के रूप में प्रस्तुतियाँ देने लगे। इसी ऑरकेस्ट्रा दल में एक क्रिश्चियन वादक भी था जो फ़िल्मों में भी कभी-कभी वादक के रूप में काम करता था। एक बार एक फ़िल्म की रेकॉर्डिंग के लिए पियानोवादक की अनुपस्थिति के कारण तुरत-फुरत एक पियानोवादक की जरूरत पड़ी तो बलसारा के क्रिश्चियन मित्र ने उन्हें बुला लिया और इस प्रकार मात्र सोलह वर्ष की उम्र में फ़िल्मी संसार से बलसारा का परिचय हो गया।[1] यह वर्ष 1938 का था। शीघ्र ही ज़हूर राजा की ईस्टर्न पिक्चर्स की निर्माणाधीन 'बादल' के संगीतकार मुश्ताक हुसैन खाँ ने उन्हें अपना द्वितीय सहायक बना लिया। जहूर राजा की 'मज़ाक' (1943) के संगीतकार के रूप में नाम ज़हूर राजा का दिया हुआ है, पर वास्तव में संगीत देने का अधिकांश काम व्ही. बलसारा ने ही किया था और नायक पहाड़ी सान्याल से भी कुछ गीत गवाए थे। ज़हूर राजा की ही 'ओ पंछी' (1944) में 'वो गीत सुना दे', 'आज मेरे ख्याल पर', 'क्यूँ याद आ रहे हो' जैसे उनके मधुर गीत थे। भारत प्रोडक्शन्स की 'सर्कस गर्ल' (1943—बसंत कुमार के साथ) एवं कुछ अन्य स्टण्ट फिल्मों में उनका संगीत विशेष लोकप्रिय न हो सका, पर इसी बीच पार्श्वसंगीतकार के रूप में उनका नाम काफ़ी चमका और 'जीना सीखो' (1946), 'रंग महल' (1948) में पार्श्वसंगीत तथा 'प्यार की बातें' (1951) में नृत्य संगीत के लिए बलसारा को ही चुना गया। भारत विभाजन की पृष्ठभूमि पर बने 'रंगमहल' में स्त्री स्वर में आलाप के रूप में भारत माता द्वारा नौजवानों को प्रेरणा देने के लिए पारुल घोष की आवाज का उन्होंने बहुत सुंदर उपयोग किया।[2]

व्ही. बलसारा

मुश्ताक हुसैन, रफ़ीक गज़नवी, के. दत्ता, गुलाम हैदर, एस.ए. रउफ़, झंडे खाँ, मीर साहब, अनिल विश्वास, खान मस्ताना से लेकर बसंत देसाई, नौशाद, सी.रामचंद्र, शंकर-जयकिशन—सभी के साथ बलसारा ने सहायक के रूप में काम किया था। 'मदहोश', 'शबिस्तान', 'अंजाम', 'आशियाना', 'धुन', 'बागी', 'इल्ज़ाम' जैसी मदन मोहन की आरम्भिक फ़िल्मों में व्ही. बलसारा ही उनके सहायक थे। एक रूसी फिल्म के कथानक पर आधारित 'तलाश' (1952) में व्ही. बलसारा ने धन इंदौरवाला से कई गीत गवाए

थे। 'दाग' के 'ऐ मेरे दिल कहीं और चल' में एकॉर्डियन बजाने वाले बलसारा ने कई मशहूर गीतों में वादन किया था।

व्ही. बलसारा 1947 से 1950 तक एच. एम. व्ही. के साथ सम्बद्ध रहे और इस बीच तथा इसके बाद भी उन्होंने कई बेहतरीन गैरफ़िल्मी गीत कम्पोज़ किए। उदाहरण के तौर पर आशा भोंसले के गाए भरत व्यास के मशहूर गीत 'गीत कितने गा चुकी हूँ इस दुखी जग के लिए', मुकेश के गाए 'रूठी हुई तकदीर को', 'आबाद रहें मेरे दिल को जलाने वाले', मशहूर और दिलकश गुजराती गीत 'महताब सम मधुरो', 'होंठ पर होए खामोशी', बाँग्ला गीत 'मंद बोले तो के', मन्ना डे के गाए ऊपर उल्लिखित 'नज़ारों में हो तुम' और 'याद फिर आई', तलत के गाए 'मेरा प्यार मुझे लौटा दो', 'रात अँधेरी दूर किनारा' आदि। मुकेश से उनकी बड़ी गहरी दोस्ती थी।

'मदमस्त' में शकीला और सप्रू

बलसारा गीतों की धुनें बनाने के लिए हारमोनियम आदि लेकर नहीं बैठते थे। वे गीतकार से सुनकर गाने के छंद को ज़हन में बैठाते थे, और फ़िल्म के दृश्य के साथ उसे संयोजित कर धुन सृजन के पक्षधर थे। महेंद्र कपूर का गाया प्रथम फ़िल्मी गीत बलसारा की ही संगीतबद्ध 'मदमस्त' (1953) में था—'हमें आँखें दिखाते हैं' (बातिश और साथियों के साथ)। 'मदमस्त' का संगीत वाकई सुंदर था—आशा के गाए 'चाल अनोखी ढंग निराले' या बातिश, शमशाद और साथियों के स्वर में 'मैं लालपान की बेगम हूँ' जैसे चुलबुले गीत हों, या लता के स्वर में बेहद तरल और स्निग्ध 'कब बीत गई जीवन की सुबह' हो। 'कब बीत गई जीवन की सुबह' में व्ही. बलसारा ने पूरे गीत में पियानों का प्रयोग choir गीत की तरह ही किया है, जो उनकी एक खासियत ही थी। साथ ही इंटरल्यूड्स में ऑर्गन का प्रयोग भी बेहद रचनात्मक था। इस प्रकार के आधुनिक प्रयोग शैलियों के कारण कम फ़िल्मों के बावजूद बलसारा फ़िल्म-संगीत की एक अलग शैली के प्रतिनिधि संगीतकार के रूप में अपना अलग महत्व रखते हैं। छठे दशक के हिंदी फ़िल्म ऑरकेस्ट्रेशन में बलसारा का नाम हमेशा महत्त्वपूर्ण रहेगा—संगीतकार से भी अधिक एरेंजर या वादक के रूप में। 'मदमस्त' का लता के स्वर में सितार और तबले की संगत के साथ 'सुनाए हाले दिल का हम हमारा' भी काबिलेतारीफ़ रचना थी जो आज भी अभिभूत कर जाती है।

अपनी काबिलीयत के बावजूद बलसारा को फ़िल्में बहुत कम ही मिलीं। मन्ना डे के गाए देशभक्ति गीतोंवाली 'कुरबानी' तो प्रदर्शित भी न हो पाई। चिल्ड्रेन्स फ़िल्म सोसायटी की नितिन बोस निर्देशित 'चार दोस्त' (1956) में उनके लिए अधिक अवसर ही न था। बलसारा का 1954 में कलकत्ते वापस आना भी अधिक अवसर मिलने में बाधक रहा। पर कलकत्ते में उन्होंने संगीत और ऑरकेस्ट्रा के क्षेत्र में कई प्रयोग किए। कैलकटा यूथ क्वायर से गवाए 'आज सत्त' जैसे गीतों को आज भी याद किया जाता है।

बलसारा पर विश्वास किया एक उत्साही निर्माता निर्देशक प्रह्लाद शर्मा ने। भारत भूषण और सिमी को लेकर प्रसिद्ध मैथिली कवि विद्यापति के जीवन पर आधारित फ़िल्म 'विद्यापति' (1964) का जब उन्होंने निर्माण किया तो संगीतकार के रूप में बलसारा को लिया। और क्या अद्भुत संगीत दिया बलसारा ने इस फ़िल्म में! वे चाहते थे कि लता उनके गीत गाएँ, पर निर्माता की माली हालत इतनी अच्छी न थी कि वे लता को लेकर बम्बई जाकर रेकॉर्ड कराते। निर्माता प्रह्लाद शर्मा ने बलसारा से कहा कि वे लता से आग्रह करें कि वे कलकत्ता आकर गीत रेकॉर्ड कर दें। बलसारा ने कोशिश की और आश्चर्य कि लता तैयार हो गईं। गीत के रेकॉर्ड होने के बाद लता गीत की कम्पोज़ीशन से इतनी प्रभावित थीं कि उन्होंने आने-जाने के खर्च के अलावा पारिश्रमिक का एक पैसा नहीं लिया।

बहरहाल, इस फ़िल्म में लता के गाए 'मोरे नैना सावन भादो तोरी रह-रह याद सताए' को तो आज भी लता के प्रेमी उनके सर्वश्रेष्ठ गीतों में शुमार करते हैं। बेहद ऊँची पट्टी पर गवाए इस गीत में बलसारा ने राग शिवरंजनी और तोड़ी का प्रयोग बेहद कुशलता से किया है। पूरे गीत में शहनाई का जगह-जगह प्रयोग भी दर्द की अभिव्यक्ति को प्रकट करने में खूब सहायक रहा है। राग तोड़ी का प्रयोग बलसारा ने धनंजय भट्टाचार्य और रफ़ी से गवाए 'मोसे रूठ गए बनवारी' में भी किया है। यह गीत भी अच्छे कम्पोज़ीशन्स की एक प्रतिनिधि प्रस्तुति कही जा सकती है। इसके अतिरिक्त 'जय गंगे माँ' (रफी, साथी), 'सुनो सुनो रसिया' (लता, मलय मुखर्जी), 'मत जइयो परदेश सजनिया' (आरती मुखर्जी), 'अरे री भँवरा तोरे हित हमारा' (लता, मलय मुखर्जी), 'मानिनी अब उचित नहीं मान' (मलय मखुर्जी), 'पिया रे तूने मन की बात न जानी' (आरती मुखर्जी), और अति लावण्यमय 'माधव

की कहब सुंदरि रूपे' (रफ़ी) और 'चातुरी राधा गोरी' (रफ़ी) जैसे गीतों के द्वारा बलसारा ने मेलोडी की रस वर्षा ही कर दी थी। मैथिली लोकसंगीत और शास्त्रीय संगीत का यह संगम फ़िल्म संगीत-इतिहास में अपना अलग स्थान रखता है। धनंजय भट्टाचार्य के स्वर में प्रसिद्ध मैथिली लोकरचना 'कखन हरब दुख मोर भोलानाथ' और आरती मुखर्जी के स्वर में 'कुंज भवन सँ निकसल रे रोकल गिरधारी' का लोकरंजक प्रभाव आज भी बलसारा की इस फ़िल्म के आगे नतमस्तक कर देता है।

'विद्यापति' बलसारा के फ़िल्मी सफर का मीलस्तम्भ बनकर आई। इसके बाद कोई और उत्कृष्ट प्रस्तुति वे नहीं दे पाए। प्रह्लाद शर्मा ने अपनी 'वही लड़की' (1967) में एक बार फिर उन्हें अवसर अवश्य दिया, पर 'मुहब्बत की आँखों का आज पहला आँसू' (आरती, रफ़ी), 'आज वतन का ज़र्रा ज़र्रा' (मन्ना डे, साथी), लोकशैली आधारित 'बड़ा जुल्मी है मेरा साँवरिया' (पी. सुशीला) या 'रहोगे कल तक हमसे दूर' (रफ़ी) जैसे गीतों में 'विद्यापति' वाला जादू वे नहीं ला पाए। महेंद्र कपूर की ही तरह बलसारा ने चंद्राणी मुखर्जी को भी प्रथम बार फिल्मों में गाने का मौका दिया था। प्रह्लाद शर्मा के 'प्यार' (1969) में रफ़ी के साथ चंद्राणी के स्वर में दो गाना 'यह ठंडी हवा यह रंगी समाँ' चंद्राणी के प्रथम गीत के कारण अकादमिक महत्त्व का भले ही हो, पर गीत साधारण ही रहा। यही बात 'प्यार' के अन्य गीतों के बारे में भी कही जा सकती है। 'वही लड़की' और 'प्यार' के गीतों को सुनकर ऐसा लगता है कि व्यावसायिक सफलता पाने के लिए बलसारा ने अपनी मौलिक शैली तजकर शंकर-जयकिशन की शैली को आधार मानकर गीत बनाने की कोशिश की थी, पर अपनी विशिष्टता को त्यागकर भी शंकर-जयकिशन का चमत्कारी प्रभाव उत्पन्न करने में वे विफल ही रहे।

बलसारा ने 'रातेर अंधकारे', 'माणिक', 'पन्ना', 'रुद्र वीणा', 'छाया सूर्य', 'पथे एलो देखा' जैसी कई बाँग्ला फ़िल्मों में संगीत दिया। दो नेपाली और चार उड़िया फ़िल्मों में भी उनका संगीत था। इसके अलावा कई बाँग्ला फिल्मों में पार्श्वसंगीत और हेमंत कुमार, नचिकेता घोष, सलिल चौधरी आदि के लिए उन्होंने वाद्य-संयोजन का कार्य वर्षों तक किया। 1976 से 1984 तक वे 'इनरेको' से भी सम्बद्ध रहे। पियानो पर क्लासिकल बंदिशों को बजाने में तो उनकी विशिष्टता ही थी।

बाद के वर्षों में बलसारा ने 'जय बाबा वैद्यनाथ' (1979), अप्रदर्शित 'जोगी और जवानी' (जिसमें उन्होंने हेमंत से उनकी खास शैली में 'इंसानों से नफरत करना', सुमन और मनहर से मैथिली लोकगीत की धुन पर आधारित 'आज हम तुम हैं', मन्ना डे तथा सुमन से 'मर फागुन बुढ़वा' तथा मनहर से पारम्परिक दर्दीले बहुलोकप्रिय मैथिली गीत 'बढ़रे जतन सँ' की धुन पर आधारित 'इहो तन है हो रामा' जैसे गीत गवाए थे) जैसी कुछ और फ़िल्मों में संगीत दिया, पर ज्यादा समय वे कलकत्ता में अपने ऑरकेस्ट्रा ग्रुप को ही देते रहे।

संदर्भ

1. हरमिंदर सिंह हमराज : लिस्नर्स बुलेटिन, अंक 71, नवम्बर, 1987

2. वही

नीनू मजुमदार

'कारे बादर बरस-बरस कर जाएँ बार-बार'

बड़ौदा के गुजराती नागर ब्राह्मण परिवार में 9 सितम्बर, 1915 को जन्मे नीनू मजुमदार ने अपनी आरम्भिक संगीत शिक्षा अपने फ़िल्म-निर्देशक और संगीतज्ञाता पिता नागेंद्र मजुमदार से पाई थी। बाद में उस्ताद इमाम अली खाँ और फ़य्याज़ खाँ से भी उन्होंने संगीत सीखा। मैट्रिक के बाद नीनू मजुमदार ने स्कूल छोड़ दिया, अपने पिता के व्यवसाय में शामिल हुए पर वहाँ मन न रमा और गुजराती सुगम संगीत के गायन और संगीत-रचना में ही उनका वक़्त गुज़रने लगा। शास्त्रीय संगीत के साथ-साथ बंगाल के रवींद्र संगीत की ओर भी इसी वक्त झुकाव हुआ। उसके बाद नीनू ने कुछ वक्त तक उत्तर प्रदेश में खेती का व्यवसाय भी किया, और इस दौरान ठुमरी, दादरा जैसी शैलियों के साथ-साथ उत्तर प्रदेश की लोकशैलियों से भी प्रभावित हुए। यहीं सिद्धेश्वरी देवी से भी सम्पर्क हुआ। 1973 के बाद नीनू ऑल इंडिया रेडियो के साथ भी जुड़े और यह जुड़ाव वर्षों तक रहा, यहाँ तक कि प्रसिद्ध 'जयमाला' कार्यक्रम का निर्माण भी नीनू ने ही किया था।

नीनू मजुमदार

जहाँ तक फ़िल्मों का प्रश्न है, उनकी संगीतबद्ध प्रथम फ़िल्म 'ब्लैक आउट' (1942) ठीक से रिलीज़ भी न हो सकी।[1] इस फ़िल्म में नीनू ने लीला सावंत और रहमत बाई के साथ स्वयं भी क्रमशः 'साजन आओ चलें कहीं दूर' और 'हाय हाय हाय दिल को ले गए चोर' गीत गाए थे।

नीनू मजुमदार का आरम्भिक फ़िल्मी जीवन गायक और संगीतकार दोनों का ही था। गायक के रूप में एस.एन. त्रिपाठी की संगीतबद्ध 'चूड़ियाँ' (1942) का 'ओ जाने वाले तूने जीना जाना' उनका प्रथम फ़िल्मी गीत था। अपनी संगीतबद्ध फ़िल्मों में भी वे गाते ही रहे। एन.आर. देसाई प्रोडक्शन्स की हरीश और हुस्न बानो अभिनीत 'अमानत' (1943) में हुस्नबानो से 'पग बाँधे घुँघरवा पिया हरखाए' और 'क्या ज़माने की कहानी हो गई', तथा हरीश और हुस्नबानो के युगल स्वरों में 'प्राणों में गूँजी प्रेम पुकार किसी की' तथा 'सजनी तोहे सदा निहारा करूँ' जैसे प्रेम रस के गीतों को गवाने के अलावा नीनू मजुमदार ने स्वयं भी 'मेरा एक तारा टुन्नक टुन्नक बोले' और आरजू लखनवी का कलाम 'मौज करे दुनिया आनंदी बहार' (हरीश और ज्योति के साथ) जैसे गीत गाए थे। पर 'अमानत' या 'मास्टरजी' (1943—प्रो. बी.आर. देवधर के साथ) की उनकी संगीतबद्ध रचनाएँ बॉक्स ऑफ़िस पर फ़िल्मों की असफलता के बीच खोई ही रह गईं। 'प्रतिज्ञा' (1943) में उनके संगीतबद्ध गीतों को कवि प्रदीप ने लिखा था और मीना कुमारी (बेबी मीना), मोतीलाल, अमीरबाई आदि ने गाया था।

नीनू मजुमदार बहुत अच्छे बाँसुरीवादक थे। बाँसुरी उन्होंने बनारस में रहकर सीखा था। तिमिर बरन के ऑरकेस्ट्रा में बाँसुरी वादक के रूप में, तथा नेशनल स्टूडियो में अनिल विश्वास के सहायक के रूप में भी उन्होंने काम किया था।[2] स्वतंत्र संगीतकार के रूप में उनकी प्रथम सफल फ़िल्म सब आर्ट पिक्चर्स की प्रसिद्ध निर्देशक सी.एम. लुहार निर्देशित और जीवन के नायक की भूमिका वाली 'स्कूल मास्टर' (1943) को माना जा सकता है। इस फ़िल्म में वैसे तो भरत व्यास 'हमारा प्यारा हिंदुस्तान', 'वो हमसे रूठे, हम उनसे रूठे' (राजकुमारी), 'चलो रे भई छुट्टी हुई छुट्टी' (मास्टर इकबाल, साथी) जैसे कुछ गीतों के स्वरकार रहे थे, पर नीनू

की स्वरबद्ध कर्णप्रिय रचना 'कुछ भूल गई भूल गई भूल गई रे महाराजा तुम्हारे दुआर' (राजकुमारी, करन दीवान), उत्प्रेरक गीत 'सिपाही सिपाही अब तो बिगुल बजा' (नीनू मजुमदार, साथी) और सितार, तबले की सुंदर संगत के साथ कम्पोज़ किया हुआ शास्त्रीय रंग का आभास लिए 'नहीं आई पिया की पतियाँ' (राजकुमारी) उनसे इक्कीस रही थीं और खूब पसंद की गई थीं।

नीनू मजुमदार का संगीत शास्त्रीय संगीत से प्रभावित था—कहीं कम तो कहीं ज्यादा। यह शास्त्रीयता रमणीक प्रोडक्शन्स की जागीरदार निर्देशित 'किरण' (1944), आचार्य आर्ट की महेश कौल निर्देशित 'पारिस्तान' (1944) और स्टैंडर्ड पिक्चर्स की रमनलाल देसाई निर्देशित 'रंगीले दोस्त' (1944) के गीतों में तो कम नज़र आती है, और धीमी लय में पियानो और वॉयलिन के अति सुंदर नोट्स के साथ बिना रिद्म वाद्यों के बनाई गई 'मैं क्या करूँ' (1945) के अनूठे गीत 'आज हँस हँस के दो दो बातें' (सुरैया) में भी प्रखर नहीं थी, पर 'गुड़िया' (1947) के 'जा रे अब तू भूल राग पहले, जागी नई रागिनी' और 'जेलयात्रा' (1947), 'पुल' (1947) तथा सबसे बढ़कर 'गोपीनाथ' (1948) के गीतों में यह प्रमुखता से उभरी। विक्टर ह्यूगो की प्रसिद्ध रचना 'Les miserables' पर आधारित जागीरदार निर्देशित 'जेल-यात्रा' (1947) का सबसे विशिष्ट पहलू यह है कि अभिनेता राज कपूर के स्वयं गाए दो गीतों में से एक 'पिया मिलने नवेली जाए रे' इसी फ़िल्म से नीनू के संगीत-निर्देशन में है (दूसरा गीत 'दिल की रानी' में सचिन देव बर्मन का स्वरबद्ध किया हुआ था)। इस फ़िल्म में नीनू के भी गाए 'दुनिया सारी जेल रे' और 'ओ गोरी कहाँ चली उस पार' (मीना कपूर के साथ) जैसे गीत उल्लेखनीय हैं। यह तथ्य भी कम रोचक नहीं है कि अनिल विश्वास के सहायक रहे नीनू की भी मीना कपूर ही पसंदीदा गायिका रही हैं और मीना कपूर से पहली बार उन्होंने ही 'पुल' में गवाया था—'नाथ तुम जानत हो'। दरअसल मीना कपूर से अनिल विश्वास की मुलाकात नीनू के माध्यम से ही हुई थी।

राजलक्ष्मी पिक्चर्स की 'पुल' (1947) में 'नाथ तुम जानत हो सब घर की' और 'आए भी नहीं बीत गए दिन बहार के' (स्वयं नीनू के साथ) जैसी मीना कपूर की काबिलेतारीफ़ रचनाएँ थीं। महेश कौल निर्देशित चर्चित सामाजिक फ़िल्म 'गोपीनाथ' (1948) को भी न सिर्फ़ राज कपूर और तृप्ति मिश्रा की अदाकारी के लिए याद किया जाएगा, बल्कि मीना कपूर और नीनू मजुमदार की इस संगीतमय जुगलबंदी के लिए भी। फ़िल्म में सूरदास और मीराबाई लिखे कई भजन थे, और सूरदास का प्रसिद्ध गीत 'चले गए दिल के दामनगीर' को जोगिया पर आधारित कर तबले, बाँसुरी और सितार की संगत से नीतू ने अविस्मरणीय बना दिया है। शास्त्रीयता का यही पुट भैरवी पर आधारित 'आई गोरी राधिका, बृज में बल खाती' (नीनू, मीना कपूर) में माधुर्य से सराबोर है। इस गीत को सुनिए और आप जान जाएँगे कि इसी धुन को हूबहू लक्ष्मी-प्यारे ने 'सत्यम् शिवम् सुन्दरम्' के 'यशोमती मैया से बोले नंदलाला' में उतारकर रख दिया था। अब यह विडम्बना नहीं तो और क्या है कि लक्ष्मी प्यारे के इस गीत को ढेरों तारीफ़ें और लोकप्रियता मिली और नीनू की मूल रचना आज बहुत कम लोगों को ही याद है। भले ही लक्ष्मी-प्यारे इस तथ्य को नकारते हों पर यह सम्भावित है कि राज कपूर को अपने अभिनय की फ़िल्म 'गोपीनाथ' की यह धुन बखूबी याद रही हो, और उन्होंने ही लक्ष्मी प्यारे से इसी धुन पर अपनी फ़िल्म 'सत्यम् शिवम् सुंदरम्' में 'यशोमती मैया' कम्पोज़ करने का आग्रह किया हो। पर अच्छा लगता यदि 'यशोमती मैया' की सफलता का श्रेय कहीं नीनू मजुमदार की मूल धुन को भी किसी ने दिया होता। खैर, हम चर्चा नीनू की शास्त्रीय संगीत के असरकारी प्रयोग की कर रहे थे और 'गोपीनाथ' में ही नीनू ने मीरा के भजन 'मैं बिरहन बैठी जानूँ' को सारंग पर आधारित कर मीना कपूर से बड़ी खूबसूरती से गवाया था। 'सखी मोहे नींद न आए हो' (मीना कपूर) और 'बहुतेरो समझायो री लाखन वारे' (शमशाद) एवं लोक शैली की फ़कीरी धुन लिए मल्हार आधारित 'कारे बादर बरस बरस कर जाएँ बार-बार' (नीनू मजुमदार) जैसे बेहतरीन गीत भी 'गोपीनाथ' में नीतू के संगीत का ही कमाल थे। कव्वाली शैली में 'बाली उमर पिया मोर' (शमशाद, साथी), भैरवी शैली में 'और सावन की रुत' (शमशाद) नीतू के संगीत के विविध पहलू के इस फ़िल्म के अन्य उदाहरण हैं।

नीनू मजुमदार की स्वयं निर्देशित 'कुछ नया' (1948) बॉक्स ऑफिस पर कुछ नया कर दिखाने में भले ही असफल हुई हो, पर इस फ़िल्म में नीनू और मीना कपूर के गीत वाकई सुंदर थे। 'हे जी डगमग डोले हमारी नैया', बेहद खूबसूरत और प्रसिद्ध गीत 'लेना फ़कीरी फिर क्या दिलगीरी, सदा मगन में रहना जी', 'कर ले सिंगार', 'बहुत रही बाबुल घर दुलहिन' और 'कोई साफ़ न देखा दिल का' जैसे नीनू के स्वयं गाए गीत गायक के रूप में 'कुछ नया' को नीनू की सर्वश्रेष्ठ फ़िल्म बनाते हैं। 'पिया मिलन कैसे जाओगी गोरी' (मीना कपूर, नीनू), 'गली तो चारों बंद' (मीना कपूर), लम्बा गीत 'ऐसा देश हमारा संतो' (जनार्दन तंजावरकर) और 'घड़ी एक नहीं जाए रे' (मीना कपूर) जैसे इस फ़िल्म के अन्य गीत भी नीनू की स्निग्ध शीतल संगीत शैली के ही परिचायक हैं।

भगवान अभिनीत 'अफलातून' (1950) में भगवान की छवि के अनुरूप नीनू ने भी 'छिपो हमसे न ओ मेरी लैला, बोल

कैसा है तेरा छैला' जैसे हलके-फुलके गीत बनाए, पर इस भूमिका में वे बिलकुल नहीं जमे हैं। निरुपा रॉय और रंजना की जयराज के साथ अभिनीत 'राजरतन' (1953) के भरत व्यास के लिखे 'मेरे दिल की हो गई चोरी' (गीता) और 'मेरे दिल में आज मची हलचल रे' (आशा) जैसे गीत भी कुछ विशेष असर नहीं करते हैं। नीनू के संगीत की ख़ासियत फिर उभरी तो पंचोली प्रोडक्शन्स की 'भाई साहब' (1954) में जिसमें सी.एच. आत्मा ने अभिनय भी किया था और नीनू के संगीत-निर्देशन में कई बेजोड़ गीत भी गाए थे। शैलेंद्र का लिखा बेहद कर्णप्रिय स्वरूप देकर कम्पोज़ किया गया 'नज़र ने कह दिया अफ़साना मेरे प्यार के' तो अपने ज़माने में खूब लोकप्रिय रहा था, और सी.एच. आत्मा के प्रशंसक आज भी इसे हिंदी रूमानी गीतों का एक मीलस्तम्भ मानते हैं। शास्त्रीय और रूमानी रंग दोनों ही लेकर कम्पोज़ किया 'रात फागुन की...आधी रात खुल गई पलक', कोरस के साथ लोकशैली का 'मंज़िल तो है बड़ी दूर' और लय की बदलती गति के साथ 'घेरता है गर अँधेरा' जैसे सी.एच. आत्मा के गीतों को एच. एम.व्ही. ने भी सी.एच. आत्मा के रेयर जेम्स कैसेट्स में जगह देकर अमर बना दिया। मीना कपूर ने अब तक फ़िल्मों में गाना बहुत कम कर दिया था। अतः ऊपर उल्लिखित इन लाजवाब गीतों के अलावा नीनू ने लता मंगेशकर से पहली बार गवाते हुए 'चमन जल रहा है लुटा आशियाँ' और 'बालमा बेदर्दी' तथा कौमुदी मुंशी के साथ 'रातों को चोरी चोरी' (सी.एच. आत्मा और साथियों के भी साथ) और 'नगमा ए दिल सुना सुना' जैसे दिलकश रूमानी गीत स्वयं गाए।

कौमुदी मुंशी के साथ नीनू मजुमदार

कौमुदी मुंशी के साथ नीतू मजुमदार का सफ़र न सिर्फ़ अशोक स्टूडियोज़ की 'तीन तस्वीरें' (1954) के 'करके सिंगार चली', 'साँवरिया बाँसुरिया बजाए रे' और 'न पूछो जी हमसे' जैसे प्रेम धवन के लिखे शृंगारिक गीतों के जरिए आगे बढ़ा, बल्कि यह प्रेम और शृंगार वास्तविक जिंदगी में भी परवान चढ़ा और नीनू ने कौमुदी मुंशी से विवाह कर लिया। पर व्यावसायिक ज़िंदगी में नीनू मजुमदार शंकर-जयकिशन और ओ.पी. नैयर के चमत्कारी दौर में अपनी धीमी लय और शास्त्रीय रंग की रचनाओं के साथ और नहीं चल पाए। 1954 से 1975 तक उन्होंने आकाशवाणी का रुख किए रखा और वहीं काम करते रहे। 1967 में अवश्य फ़िल्म 'पूनम का चाँद' के जरिये उन्होंने एक वापसी का कदम फ़िल्मी दुनिया में बढ़ाया था, पर बेहद कर्णप्रिय होने के बावजूद 'आ भी जाओ बुझ ज जाए जवानी' के लिए (सुधा मल्होत्रा) 'न चंदा सोने देता है न सोने देते है तारे' (सुधा मल्होत्रा), 'नाचो नाचो री गुजरिया' (सुमन, मन्ना डे), 'इधर मत देख भँवरे' (सुधा मल्होत्रा) जैसे गीत बहुत कम सुने गये। नीनू मजुमदार ने गुजराती फ़िल्मों 'शरद पूनम' (1950), 'जीवन जुगारी' (1963) आदि में संगीत दिया था और ढेर सारे गैर फ़िल्मी गुजराती गीतों का भी सृजन किया था। गुजराती संगीत क्षेत्र में तो नीनू मजुमदार एक बहुत बड़ा नाम है। गुजराती में मीना कपूर के स्वर में 'कहो कोई चंदा', 'मन एकलू एकलू लागे', मन्ना डे के गाए 'पंखी ओए कल शोर', 'रेहेशे आमने मारी', 'लागी री लगन पिया', 'सपना रूपे आपना', तलत के स्वर में 'चढ्या अनमोल किश्ती पर' आदि गीत नीनू के संगीत-निर्देशन में आज तक लोकप्रिय बने हुए हैं।

वृद्धावस्था में नीनू मजुमदार

संगीत की दुनिया से संन्यास लेने के बाद नीनू बम्बई के विले पार्ले में रहा करते थे। उनके पुत्र उदय मजुमदार ने प्रख्यात टी.वी. सीरियल 'बुनियाद' में संगीत दिया था। नीनू मजुमदार की मृत्यु दीर्घायु प्राप्त कर 84 वर्ष की उम्र में मुम्बई में 3 मार्च, 2000 को हुई।

संदर्भ

1. योगेश यादव : हिंदी फ़िल्म सिंगर्स
2. वही

मोहम्मद शफ़ी

'एक झूठी-सी तसल्ली वो मुझे दे के चले'

मोहम्मद शफ़ी

संगीतकार मुहम्मद शफ़ी कभी भी चोटी के नामों में तो स्थान नहीं पा सके, पर पाँचवें और छठे दशक की कई फ़िल्मों में उन्होंने संगीत दिया था। 'हक़दार' (1946), 'कांगू' (1946), 'दो नैना' (1947), खान मस्ताना के गाए 'झुनक रे झुनि में झुनक' जैसे यथार्थवादी गीत वाली 'शिकारपुरी' (1947), 'अनोखी सेवा' (1949—धूमी खान के साथ) और 'बेदर्द' (1949) जैसी फ़िल्मों में उनका संगीत कोई विशेष प्रभाव नहीं उत्पन्न कर पाया था। वैसे उन्होंने 'घराना' (1944) में पारो और रफ़ी के गीतों के अलावा उस्ताद विलायत हुसैन खाँ का सितारवादन भी शामिल किया था। शफ़ी अपने ज़माने के अच्छे ऑरकेस्ट्रा अरेंजर माने जाते थे। न्यू थियेटर्स में बोराल और पंकज मल्लिक जैसे संगीतकारों के साथ प्रारम्भ में कार्य करने के बाद नौशाद की कई फ़िल्मों में वे सहायक रहे थे। सितार उनका प्रिय वाद्य था और उनकी रचनाओं में सितार का बहुल प्रयोग विशिष्ट रहा है। वैसे भी शफ़ी की पत्नी सितार के उस्ताद विलायत खान की बहन थी। पाँचवाँ दशक तो खास नहीं रहा पर छठे दशक की कई फ़िल्मों में उन्होंने लता से कुछ खूबसूरत एकल गीत गवाए थे। 'हलचल' (1951) को न सिर्फ़ सज्जाद के 'आज मेरे नसीब ने मुझको रुला-रुला दिया' की लाजवाब कम्पोज़िंग के लिए बल्कि फ़िल्म के दूसरे संगीतकार मोहम्मद शफ़ी के 'एक झूठी- सी तसल्ली वो मुझे दे के चले' (लता) की धीमी, मधुर लय के लिए भी याद किया जाता है। नरगिस, दिलीप कुमार अभिनीत के. आसिफ़ की इस फ़िल्म में शफ़ी ने 'प्रीत जता के मीत बना के भूल न जाना' (लता, रफ़ी) जैसा सदाबहार हिट गाना भी दिया था जिसे एच.एम.व्ही ने अपने 'ऑल टारम ग्रेट डुएट्स ऑफ़ द फ़िफ़्टीज़' में भी जगह दी है। लता, रफ़ी के 'किस्मत के सितारे डूब गए' और 'ओ बिछड़े हुए साथी जिऊँ कैसे बता' जैसे शफ़ी के कम्पोज़ किए हुए मधुर दोगाने और कुक्कू पर फ़िल्माया रिद्मप्रधान 'सो रहे हैं बेखबर' (शमशाद, साथी) जैसा गीत भी 'हलचल' से ही हैं। लता के ही स्वर में 'हाय सदके तेरे ओ बाँके मेरे' की बेहद कर्णप्रिय धुन क्यों अधिक लोकप्रिय नहीं हुई, यह ताज्जुब की बात है।

नीना मेकर अपनी पहली फ़िल्म 'अन्नदाता' में

उमर ख़य्याम फ़िल्म्स की अजीत और बीना को लेकर बनाई गई 'अन्नदाता' (1952) में भी मोहम्मद शफ़ी और लता मंगेशकर का साथ चला। 'कुछ देर हँसी आती है' की पारम्परिक संजीदा शैली, 'बहारों के डोले में आई है जवानी' की संयत रिद्म और पियानो एकॉर्डियन, वॉयलिन आदि का आधुनिक शैली का ऑरकेस्ट्रेशन, 'आई खुशी बन के बहार' की मीठी लोक-शैली की धुन और वाद्य संयोजन, 'सुन ले मेरी फ़रियाद बेदर्दी' और 'दिल दे भी दिया' की भावनात्मक अदायगी और 'आज की रात है जवाँ, दिल के मेहमान यहाँ' की फैलती रूमानी स्वर-लहरियाँ लता के सभी गीतों में शफ़ी ने अपने संगीत के विविध रंग अवश्य भरे, पर कुल मिलाकर

'हलचल' के मुकाबले इस फ़िल्म का संगीत कमज़ोर ही माना जाएगा। 'अन्नदाता, अन्नदाता, ऊँचे पर्वत बहता पानी' (शमशाद, रफ़ी, साथी), 'देखो जी प्यार करो' (शमशाद, रफ़ी, मीना मंगेशकर, साथी), 'खुशी गुनगुनाए नए गीत गाए' (दुर्रानी, शमशाद), 'गरीबों के नसीबों को जगा दें' (मन्नाडे) जैसे गीत भी साधारण ही कहे जाएँगे।

बी.एस. कल्ला के साथ शफ़ी की संगीतबद्ध 'कृष्ण कन्हैया' (1952) तो आई-गई होकर रह गई और गुलाम हैदर के पाकिस्तान चले जाने के कारण उनकी अधूरी छोड़ी फ़िल्म 'आबशार' (1953) को पूरा करने आए भोला श्रेष्ठ और शफ़ी की कम्पोज़ीशन्स में भी भोला श्रेष्ठ इक्कीस ही रहे, पर उमर खय्याम फ़िल्म्स की शेख मुख़्तार निर्मित 'दारा' (1953) में पुनः शफ़ी ने अच्छे गीत दिए। इंदीवर लिखित 'नैना झुके-झुके' (लता, साथी) की नृत्यात्मकता आज भी सुनने में बड़ी प्यारी लगती है। वहीं सबा अफ़ग़ानी की रचना 'उल्फ़त की कहानी इतनी थी' को बेहद धीमी लय में लता से सितार और तबले की संगत के साथ शफ़ी ने पुरज़ोर दर्द से गवाया है। अंजुम जयपुरी लिखित 'नैनों में झूम कर साजना' (लता, साथी) की न सिर्फ़ धुन बड़ी ऑफ़ बीट सी थी, बल्कि इस गीत में कोरस का धीमे आलापों के साथ बहुत प्रभावशाली प्रयोग शफ़ी ने किया है। पर 'दारा' का जो गीत सुपरहिट बनकर आज भी याद आता है, वह था हेमंत और लता के युगल स्वरों में 'दो बोल तेरे मीठे-मीठे'। यह गीत सुनने से लगता है जैसे हेमंत कुमार की ही कोई कम्पोज़ीशन हो। माँझी गीतों जैसी रिद्म, सुंदर आलाप और ऑरकेस्ट्रा का बिलकुल नपा तुला प्रयोग इस गीत की विशेषताएँ हैं।

मुहम्मद शफ़ी की सबसे उल्लेखनीय फ़िल्मों में 'हलचल' के बाद अनिल विश्वास की पहली पत्नी आशालता द्वारा निर्मित और रामानंद सागर निर्देशित 'बाजूबंद' (1954) का नाम आएगा । परम्परागत ठुमरी 'बाजूबंद खुल खुल जाए' को भैरवी में लता से बेहद खूबसूरती से गवाने मे शफ़ी सफल रहे। पूरी शास्त्रीय शैली में तानों, आलापों और मुरकियों के साथ सारंगी और तबले की संगत में इस गीत को सुनना आज भी अभिभूत कर देता है। वहीं कव्वाली शैली में 'आरजू ये है कि निकले दम तुम्हारे सामने' (लता), 'दिल की महफ़िल में आ के चले हो कहाँ' (लता), मुजरा शैली में 'मेरी वही तमन्ना तेरे वही बहाने' (लता), लम्बा गीत 'दिया बुझाओ झटपट' (दुर्रानी), 'बिना दोष सीता मैया' (आशा, हृदयनाथ) जैसे गीतों से सजी 'बाजूबंद' को शफ़ी के माधुर्य के एक अनुपम उदाहरण के रूप में याद किया जाता रहेगा। शफ़ी ने 'मंगू' (1954) के कुछ गीतों को भी संगीतबद्ध किया था। हालाँकि इस फ़िल्म के दूसरे संगीतकार ओ.पी. नैयर की अधिक चर्चा हुई पर शफ़ी की संगीतबद्ध 'कोई पुकारे धीरे से तुझे' एक सुंदर लोरी थी जो सुमन के पहले गीत के रूप में यादगार बन गई है। शमशाद और तलत के युगल स्वरों में एक सुंदर दोगाना 'मुहब्बत दिल के बस इतने से अफ़साने को कहते हैं' भी इसी फ़िल्म में शफ़ी ने कम्पोज़ किया था। 'ज़िंदगी' (1956) में भी शफ़ी ने कुछ अच्छे गीत कम्पोज़ किए थे, विशेषकर 'मुस्कुरा कर ज़ख्म खाना आ गया' (लता, तलत), 'अभी तो सजी है मुरादों की दुनिया' (लता) और 'अपना समझ के आँख मिलाने का शुक्रिया' (सुधा मल्होत्रा)।

शफ़ी फ़िल्म-संगीत की उस धारा के प्रतिनिधि संगीतकार रहे हैं, जिसके बीज सामंतवादी संस्कृति से रँगे महफ़िली ढंग की ग़ज़लों और ठुमरियों से उपजे थे। इस संगीत में एक अलग आभिजात्य था, एक परम्परागत ढाँचे से उभरी मेलोडी थी, पर उसकी सीमाएँ थीं और इन सीमाओं के बन्धनों में बँधी एक तरह की एकरसता भी थी। पर इस विधा के अच्छे कम्पोज़र होते हुए भी शफ़ी की गिनती कभी शीर्षस्थ संगीतकारों में नहीं हुई। ज़माने की बदलती प्रवृत्तियों के अनुसार अपने को ढालने में भी वे सफल नहीं रहे। सामन्तवादी संस्कृति के गुज़रते दौर के साथ उनका संगीत भी गुज़र-सा गया। योगेश यादव के अनुसार शफ़ी एम. नागरी के नाम से स्टंट फ़िल्मों 'शमशीरबाज' (1953), 'शेरदिल' (1954), 'कार्निवल क्वीन' (1955), 'बग़दाद का जादू' (1956), 'दिलेर डाकू' (1957), 'सर्कस क्वीन' (1959), 'चीनी जादूगर' (1959), आदि में मोहम्मद शफ़ी ने ही संगीत दिया था। पर इन फ़िल्मों में उनके हिस्से बलबीर, मुबारक बेगम जैसे कलाकार ही आए। विक्रम प्रोडक्शन्स, मद्रास की 'मोहब्बत की जीत' (1960) में उनका नाम बतौर संगीतकार पुनः आया। अब तक लता उनके नसीब की पहुँच से बाहर जा चुकी थी और उन्हें लक्ष्मीशंकर, सुधा और गीता से ही काम चलाना पड़ा। मन्ना डे और सुधा के गाए 'जा रे बलमा जा जा बलमा' में शफ़ी ने लोक-रंग का बहुत सुंदर रस घोलने में अवश्य सफलता पाई। तलत, सुमन का गाया 'कहिए, सुनिए ओ ओ दोनों इकरार करें' भी फ़िल्म का एक अच्छा गीत था। पर शफ़ी की वापसी से कोई हलचल नहीं हुई। 'तन्हाई' (1961), 'फाइट फाइट' (1965), 'इरादा' (1971—बिट्ठल मुमताज के साथ), 'बड़ी माँ' (1974), कुछ हद तक लोकप्रिय रही 'दयार—ए—मदीना' (1975—विशेषकर आशा के गाए. 'हम हवा में भी चिराग जला लेते हैं', 'मदद कीजिए ताज़दारे मदीना', 'मंजिल तलाश करते हैं मंजिल के आसपास' और रफ़ी, आशा के गाए सुंदर गज़ल 'गुलो का रंग जो निखरा') आदि फ़िल्मों में यदा-कदा दिखते वे फ़िल्म-संगीत नगरी को अलविदा कह गए। लम्बी बीमारी के बाद 30 अप्रैल, 1980 को उनकी मृत्यु हुई।

सचिन देव बर्मन

'जोगी जब से तू आया मेरे द्वारे'

सचिन देव बर्मन

सचिन देव बर्मन के संगीत का ज़िक्र आते ही लगता है मानो किसी फूलों के बगीचे में सुबह की ताज़ा हवा के बीच आदमी बैठा हो, भँवरों की गुनगुनाहट कानों में झंकृत हो रही हो, कहीं कोई मीठी-सी बाँसुरी बज रही हो और किसी पास के तालाब की लहरें आहिस्ता से किनारों से टकराती हुई दोलित हो रही हों। याद कीजिए 'गुनगुना रहे हैं भँवर खिल रही है कली-कली' का पहला अंतरा और आशा की आवाज़ की वह खनक जो दादा से बेहतर कोई और नहीं प्रस्तुत कर पाया, और उस खनक से निकली 'ज़रा देखो सजन बेईमान भँवरा कैसे' की गुनगुनाहट—दादा बर्मन के संगीत की पूरी प्रकृति इस एक वाक्य में ही प्रकट हो जाती है। सुबह तीन बजे उठने और रोज सुबह घूमने जानेवाले दादा की कई धुनों को सुनकर सुबह की बयार का एहसास होना कोई आश्चर्य की बात नहीं है—'सुन री पवन पवन पुरवैया', 'चुपके-चुपके चल री पुरवैया', 'ये किसने गीत छेड़ा' जैसे न जाने कितने धुनों का सृजन दादा ने सुबह-सवेरे के भ्रमण के बीच टकराती अनुभूतियों और ध्वनियों से प्रेरित होकर ही किया होगा। अलसुबह वाली ताज़गी तो दादा की रचनाओं में उनके बुढ़ापे तक खत्म नहीं हुई—हिंदी फ़िल्मों के चिर युवा और चिर आधुनिक संगीतकार के रूप में उनका अकेला अलग स्थान तो हमेशा बना रहेगा। चाहे लोकरस से या शास्त्रीय संगीत से प्रेरित रचना हो, या गिटार के chords पर आधारित संगीत विस्तार की बारीकियाँ हों, इन सभी में सचिन देव बर्मन एक नयापन, ताज़गी और चमत्कृत करनेवाली कलात्मकता लेकर अंत तक आते रहे।

10 अक्टूबर, 1906 को त्रिपुरा के राजपरिवार में जन्मे सचिन देव बर्मन के पिता नवद्वीप चंद्र बर्मन स्वयं भी बहुत अच्छे गायक और सितारवादक थे। बचपन से ही संगीत के प्रति अभिरुचि उनके व्यक्तित्व की निशानी थी, यहाँ तक कि एक बार कोमिल्ला आते हुए ट्रेन में जब दोस्तों के साथ बिना टिकट पकड़े गए और स्टेशन मास्टर के लॉकअप में बंद कर दिए गए, तो अपने मधुर भजन गायन से उन्होंने स्टेशन मास्टर की बहन को इतना प्रभावित कर लिया कि लॉकअप से तो छूटे ही, स्टेशन मास्टर ने बड़ी आवभगत भी की। बचपन में अपने पिता से संगीत के कई मूल तत्त्व सीखने के अलावा पिता की मृत्यु के उपरांत पारिवारिक द्वेष के कारण असम और त्रिपुरा के जंगलों में भटकते हुए उन्होंने पूर्वांचल के कई लोकसुरों को आत्मसात किया। सचिन देव बर्मन ने बादल खान, भीष्मदेव चटर्जी और के.सी.डे से भी संगीत के कई गुर सीखे। कलकत्ता में 'सुर मंदिर' के नाम से उन्होंने अपना संगीत विद्यालय भी खोला। काज़ी नज़रूल इस्लाम के साथ भी उनका सम्पर्क कई वर्षों तक रहा। 1935 के इलाहाबाद संगीत-सम्मेलन में युवा सचिन देव बर्मन ने अपने लोकगायन से प्रभावित किया, और इसके बाद उन्हें रेडियो पर भी मौके मिलने लगे।

फ़िल्मों में गाने का पहला अवसर उन्हें पंकज मल्लिक की संगीतबद्ध फ़िल्म 'यहूदी की लड़की' (1933) में मिला, पर बाद में उनके गानों को हटाकर यही गीत पहाड़ी सान्याल से गवा लिए गए। इस प्रकार पहली बार उनके गाए गीतों से रूबरू होने

का अवसर तिनकारी चक्रवर्ती की बाँग्ला फ़िल्म 'साँझेर पिदिम' (1935) में ही मिल पाया। धीरेन गाँगुली की फ़िल्म 'विद्रोही' (1935) में उन्होंने अभिनय भी किया। हिंदी फ़िल्मों में पहली बार उन्होंने 'सीता' (1934) फ़िल्म के लिए गाया। 1939 से वे संगीतकार के रूप में भी कलकत्ता में सक्रिय रहे। बाँग्ला फ़िल्म 'राजगी' (1930) उनकी संगीतबद्ध पहली फ़िल्म थी। 'राजकुमार निर्शोने' में भी उनका संगीत था। कलकत्ते में कई गैरफ़िल्मी हिंदी और बाँग्ला गीतों को भी उन्होंने आवाज़ दी। पर कलकत्ता में आशा से कम ही सफलता मिली और सचिन दा बम्बई आ गए।

माटुंगा में मन्ना डे के घर सचिन देव बर्मन का काफी आना-जाना था। वहीं पास में के.एन. सिंह और सहगल भी रहते थे और उन्हीं की फ़रमाइश पर दादा बर्मन ने अपना गैरफ़िल्मी गीत 'धीरे से आ जा री बगियन में' 1946 में रेकॉर्ड कराया था जिसने लोकप्रियता के कई कीर्तिमान तोड़े।

फ़िल्मिस्तान में सचिन देव बर्मन का सफ़र सावक वाचा निर्देशित 'शिकारी' (1946) से हुआ। बर्मा की पृष्ठभूमि पर विश्व-युद्ध के प्रोपेगेंडा की थीम पर बनी इस फ़िल्म की नायिका पारो के बारे में कुछ रोचक वाकयात मंटो ने अपनी पुस्तक 'मीना-बाज़ार' में बताए हैं। 'शिकारी' के चुलबुली धुन वाले 'कुछ रंग बदल' (शमशाद), 'जब घर में लगी आग' (पारो), 'दुनिया ने हमें दो दिन रहने न दिया' (अमीरबाई), 'जगमग है आसमाँ' (अशोक, पारो), 'रंगीला रे' (पारो) में सचिन दा ने कुल लोकरंग भी डालने का प्रयास अवश्य किया, पर गीतों को कोई अधिक सफलता नसीब नहीं हुई। मंटो की कहानी पर बने 'एट डेज़' (1946), जिसमें प्रसिद्ध साहित्यकार उपेन्द्रनाथ अश्क और स्वयं मंटो ने भी काम किया था, और वास्तव में जिसका निर्देशन अभिनेता अशोक कुमार ने किया था, दादा बर्मन की संगीतबद्ध अगली फ़िल्म थी। फ़िल्म का 'किसी से मेरी प्रीत लगी है' मीना कपूर के स्वर में मक़बूल हुआ था और एच.एम.व्ही. ने 'हिट्स ऑफ़ मीना कपूर' कैसेट में भी इस गीत को स्थान दिया है। 'एट डेज़' में सचिन दा ने स्वयं भी बाँग्ला लोक-वाद्ययंत्रों के प्रयोग के साथ लोकधुन की शैली में 'उम्मीद भरा पंछी' गीत गाया था।

मोहन सिन्हा की निर्देशित 'चित्तौड़ विजय' (1947—जिसमें राज कपूर ने भी अभिनय किया था) के गीतों, या फिर मोहन सिन्हा की ही 'दिल की रानी' (1947) के 'आएँगे मेरे मन के बसैया' (श्याम सुंदर), 'मेरे मोहन ने मुझको बुलाया' (गीता), 'क्यों बालम हमसे रूठ गए' (गीता) या राज कपूर के स्वयं गाए 'ओ दुनिया के रहने वाले' जैसे गीतों में सचिन देव बर्मन का संगीत एकरसता लिए हुए दशक की प्रचलित परिपाटी का ही संगीत था और यही कारण है कि इन्हें अधिक लोकप्रियता नहीं मिली। बर्मन निराश रहने लगे और इस निराशा की पराकाष्ठा तब हुई जब उन्होंने अपने ही रसोइए को रसोई में खाना बनाते वक्त नौशाद का कम्पोज़ किया मशहूर गीत 'जब तुम ही चले परदेस लगा कर ठेस तो प्रीतम प्यारा' (रतन) गुनगुनाते सुना। धक्का तो सचिन दा को बहुत लगा, पर साथ ही एक सीख भी मिली कि फ़िल्मों के गीत सरस और सहज ही ज़ुबान पर चढ़नेवाले होने चाहिए। इस सीख ने बर्मन दा की शैली में उस लालित्य और रस का संचार किया जो अब तक उनसे दूर था। फ़िल्मिस्तान की 'दो भाई' (1947) में गीता की आवाज़ में रवींद्र संगीत पर आधारित 'मेरा सुंदर सपना बीत गया' और 'याद करोगे याद करोगे' को सचिन दा ने इतनी सुंदर कशिश-भरी धुनें दीं कि गीतों को तो जबर्दस्त लोकप्रियता मिली ही, गीता रॉय भी रातों-रात गायिकाओं की अग्रणी श्रेणी में आ गईं। 'दो भाई' गीतकार राज मेहँदी अली खाँ की भी प्रथम फ़िल्म थी।

यह भी एक रोचक तथ्य है कि बाद के वर्षों में मुकेश को नापसंद कर उपेक्षित करने वाले बर्मन दा ने अपने आरम्भिक दौर की कई फ़िल्मों में मुकेश की आवाज़ ली और गीत लोकप्रिय भी रहे। देव आनंद के लिए संगीतबद्ध अपनी प्रथम फ़िल्म जीत प्रोडक्शन्स की 'विद्या' (1948) में मुकेश का गाया 'बहे न कभी नैन से नीर' आज तक मुकेश के सदाबहार गीतों में माना जाता है। सुरैया के गाए 'झूम रही झूम रही खुशियों की नाव', 'किनारे-किनारे चले जाएँगे', 'किसे मालूम था' और 'ओ कृष्ण कन्हाई' यदि मक़बूल हुए तो उनसे भी बढ़कर चला सुरैया के साथ मुकेश के स्वर में रवानगी भरा 'लाई खुशी की दुनिया हँसती हुई जवानी'। 'विद्या' की शूटिंग के दौरान ही नाव के उलटने और डूबती सुरैया को देव आनंद द्वारा बजाए जाने की घटना हुई थी जिसके बाद सुरैया और देव का रोमांस शुरू हुआ था।

न सिर्फ़ देव आनंद बल्कि दिलीप कुमार के लिए संगीतबद्ध अपनी पहली फ़िल्म 'शबनम' (1949) में भी दादा ने मुकेश की ही आवाज़ ली थी। मुकेश के गाए दर्द-भरे 'किस्मत में बिछड़ना था हुई क्यों उनसे मुलाकात रे' (गीता के साथ), शोखी भरे 'प्यार में तुमने धोखा सीखा ये तो बताओ कैसे' (शमशाद के साथ) और प्यार भरे 'तू महल में रहने वाली मैं कुटिया में रहने वाला' तथा 'तुम्हारे लिए हुए बदनाम' (शमशाद के साथ) जैसे गीत अच्छे चले थे। शमशाद के गाए 'ये दुनिया रूप की चोर'

(बहुभाषी गीत) और 'अब देख मज़ा' में सचिन दा के संगीत में पहली बार आधुनिकता की छाया आई—यही छाया अगले दशकों में ज़माने के साथ-साथ आधुनिकतम होती गई। 'शबनम' के संगीत पर फ़िल्मिस्तान के एस. मुखर्जी ने शुरू में तो नाक-भौं सिकोड़ा था, पर संगीत इतना कर्णप्रिय था कि वे बरबस उसे गुनगुनाने से नहीं बच पाए। 'शबनम' के गीतों से दादा बम्बई में पहचाने जाने लगे। 'कमल' (1949) के मचलती धुन पर 'मेरी कश्ती को' (गीता) और पाश्चात्य ऑरकेस्ट्रेशन के साथ 'प्यारा प्यारा है समाँ' (मोतीलाल, गीता) में भी दादा ने एक आधुनिक रंग देने का प्रयास किया था, पर सबसे अधिक सफलता मिली सुरेन्द्र के गाए 'मैं तो उदास हूँ मगर' और 'झूम झूम के नाच रे मनवा' को। पर कुल मिला कर दादा के आरम्भिक वर्ष संघर्ष के वर्ष रहे, और एक बार तो दादा इतने निराश हो गए थे कि 'मशाल' (1950) का संगीत बीच में ही छोड़कर वापस कलकत्ता चले जाने का उन्होंने मन बना लिया था।

बहरहाल 'मशाल' के गीतों को अच्छी सफलता मिली और दादा को पहली बार अपना भविष्य कुछ सुरक्षित लगा। बाँसुरी के सुंदर प्रयोग के साथ भैरवी में कम्पोज़ किया गया सुंदर गीत 'आँखों से दूर-दूर' (लता) की अपने ज़माने में खूब तारीफ़ हुई थी। अरुण कुमार के स्वर में 'जब तुम ही चले परदेस' के अंदर ही लय के थोड़े परिवर्तन के साथ सृजित 'जब तुम थे हमारे और हम थे तुम्हारे' बहुत ही मेलोडियस रचना के रूप में खूब लोकप्रिय रही। पर 'मशाल' के जिस गीत के कारण दादा को आज भी याद किया जाता है, वह था मन्ना डे के स्वर में 'ऊपर गगन विशाल'। बहुत ही ऊँची रेंज के गायन को इस कमाल से युवा मन्ना डे ने कर दिखाया कि यह गीत मन्ना डे का भी प्रथम हिट गीत रहा, और इस गीत से मन्ना डे भी चर्चित हो गए। इस गीत के कोरस में अशोक कुमार, किशोर कुमार और स्वयं सचिन दा ने भी स्वर दिया था।

'प्यार' (1950) वह पहली फ़िल्म थी जिसमें बर्मन दा ने किशोर कुमार से गवाया। किशोर की बहुमुखी गायन प्रतिभा पर अगाध विश्वास बर्मन दा को इसी फ़िल्म से हो गया था और किशोर ने इस फ़िल्म में 'मुहब्बत का छोटा सा', 'कच्ची-पक्की सड़कों पे मेरी टमटम', 'एक हम और दूसरे तुम', (गीता के साथ), 'ओ बेवफ़ा' (गीता के साथ) जैसे कई रिद्मप्रधान गीतों को आवाज़ दी। वैसे 'प्यार' की सबसे अच्छी रचना तो गीता के मीठे स्वर में 'वो सपने वाली रात' ही थी।

कई बार कुछ इत्तफ़ाकों से ही ज़िंदगी बनती है। यदि 'मशाल' का संगीत बीच में छोड़कर सचिन देव बर्मन वापस कलकत्ता चले जाते, तो न तो नवकेतन की फ़िल्मों के लिए उनका चुनाव होता, और न ही हम एक ऐसी शैली के ढेर सारे कर्णप्रिय गीत सुन पाते जो विशुद्धतः सचिन दा की थी, और बहुत विशिष्ट थी। 'नवकेतन' का यह सम्बन्ध सचिन देव बर्मन के लिए पूरी ज़िंदगी का सम्बन्ध साबित हुआ। कम ही ऐसा हुआ है कि किसी बैनर ने एक संगीतकार के प्रति इतना अटूट विश्वास और इतनी वफ़ादारी दिखाई। सचिन दा न केवल आनंद भाइयों के गहरे दोस्त बन गए बल्कि सुरैया, देव आनंद की ऐतिहासिक प्रेम कहानी में चोरी छिपे एक दूसरे के प्रेम-पत्र भी उन्होंने सफलतापूर्वक पहुँचाए। नवकेतन की 'अफ़सर' (1950) में सचिन दा ने पुनः ऐसी कर्णप्रिय धुनें बनाईं जो कोई भी सरलता से गुनगुना सकता था। बाँसुरी और सितार में टुकड़ों के साथ मल्हार आधारित 'मन मेर हुआ मतवाला' (सुरैया) तो अपने ज़माने में सुपरहिट रहा था, और आज भी सुरैया के सदाबहार गीतों में इसकी गिनती होती है। पीलू की छाया लिए 'नैन दीवाने इक नहीं माने' (सुरैया) फ़िल्म का दूसरा बेहद मक़बूल गीत रहा था। इस गीत में पियानो और बाँसुरी के टुकड़े भी अत्यन्त सुंदर थे। 'गुन गुन गुन गुन बोले रे भँवर' (सुरैया), लोकसंगीत की छाया लिए 'परदेसी रे जाते जाते जिया मोरा लिए जा' (सुरैया) जैसे सुंदर सरल और सरस गीतों से बर्मन ने फ़िल्म संगीत के फ़लक पर अपनी उपस्थिति को मजबूत कर लिया।

अगर 'अफ़सर' ने मजबूती दी तो 'बाज़ी' (1951) में धूमकेतु की तरह दादा को अग्रणी श्रेणी में ला खड़ा किया। गुरुदत्त निर्देशित इस फ़िल्म में आदर्श और नैतिकता की पुरानी परिपाटियों से हट कर हीरो देव आनंद की आधुनिक ग्लैमरस अपराधी जैसी छवि और गीताबाली की क्लब डांसर की भूमिका के अनुरूप बर्मन ने फ़िल्म में बड़ा चटकीला झूमता शोख संगीत दिया। साहिर लुधियानवी के साथ जोड़ी ज़बर्दस्त बनी जो आगे कई वर्षों तक चलती रही। 'बाज़ी' के कथानक और चरित्र के अनुकूल 'शरमाए काहे, घबराए काहे, सुन मेरे राजा' (शमशाद) की क्लबसांगनुमा लय या 'ये कौन आया कि मेरे दिल की दुनिया में बहार आई' (गीता) की ग्लैमरस शैली ने श्रोताओं को संगीत की एक ताज़ी

'बाज़ी' : नायक की नई छवि का नया संगीत

भंगिमा से परिचित कराया। यहाँ तक कि साहिर की गज़ल के आकार में लिखी हुई 'तदबीर से बिगड़ी हुई तकदीर बना ले' (गीता) को दादा ने बिलकुल गज़ल से हट कर स्पैनिश गिटार के साथ क्लब साँग की शैली में ढाल दिया। साहिर शुरू में तो बड़े सिटपिटाए और विरोध भी करते रहे, लेकिन जब गीत फ़िल्म का सर्वाधिक हिट गाना साबित हुआ तो सभी को यह मानना पड़ा कि दादा से बेहतर श्रोताओं की नब्ज़ कोई नहीं पहचानता था। 'बाज़ी' का हर गीत ही हिट रहा—'सुने गजर क्या गाए' (गीता, साथी), 'लाख ज़माने वाले, डाले दिले पे ताले' (गीता), पहाड़ी के सुरों पर आधारित गीता की नशीली आवाज़ में 'आज की रात पिया दिल न तोड़ो' और रिद्म के नवीन आयामों को परिभाषित करती रचना 'देख के अकेली मोहे बरखा सताए' (गीता, साथी)। फ़िल्म में दादा ने किशोर से भी एक अच्छा गीत गवाया था—'मेरे लबों पर देखो आज भी तराने हैं'। सचिन देव बर्मन इस दौर के अकेले संगीतकार थे जिन्होंने किशोर कुमार को बतौर पार्श्वगायक लगातार अवसर दिए और देव आनंद के लिए तो किशोर की आवाज़ उन्होंने कई फ़िल्मों में ली। गौण संगीतकार भोला श्रेष्ठ जैसे किशोर के गहरे मित्र को छोड़कर अन्य प्रमुख संगीतकार अधिकतर किशोर का उपयोग तभी करते थे जबकि गीत स्वयं अभिनेता किशोर पर फ़िल्माया जाना हो। पर दादा तो किशोर की आवाज़ के कायल थे—उनके लिए किशोर सर्वप्रथम गायक थे, फिर कुछ और। यही कारण है कि 'बाज़ी' के पहले भी 'प्यार' (1950) में राज कपूर के लिए वे मुकेश को न लेकर किशोर को लाए थे। किशोर जैसे सनकी आदमी के साथ रिहर्सल का भी दादा ने अनूठा तरीका खोज निकाला था। किशोर अच्छे खाने के बेहद शौकीन थे और जब भी दादा को किशोर के साथ रिहर्सल करना होता, वे फ़ोन पर किशोर को कहते कि उनके लिए रसगुल्ला या मछली लेकर वे किशोर के घर आ रहे हैं। किशोर के घर पहुँचकर दादा किशोर को पहले जी भरके खाने देते और उसके बाद बड़ी चतुराई से रिहर्सल शुरू कर देते।[1]

यह दादा बर्मन की एक और ख़ासियत थी कि उस ज़माने में जब अभिनेताओं के लिए पार्श्वगायकों की आवाज़ें निश्चित होती थीं, उन्होंने अलग-अलग फ़िल्मों में एक ही अभिनेता के लिए अलग-अलग पार्श्वगायक भी रखे, और संगीतकार के रूप में यह उनका कौशल था कि देव आनंद के लिए गाते हुए किशोर, रफ़ी, तलत और हेमंत—सभी उतने ही माकूल और सहज लगते थे। फ़िल्म आर्ट्स की गुरुदत्त निर्देशित ही 'जाल' (1952) में देव के लिए उन्होंने हेमंत की आवाज़ ली, और हेमंत के स्वर में 'ये रात ये चाँदनी फिर कहाँ, सुन जा दिल की दास्ताँ' के रूप में फ़िल्म-संगीत के इतिहास में एक चिरस्मरणीय रचना की सृष्टि की। क्या खूब कम्पोज़ीशन थी और रात के सन्नाटे में गूँजती आवाज़ का प्रभाव कितना नया और आधुनिक था! कोई आश्चर्य नहीं कि यह गीत आज भी हेमंत के सर्वाधिक लोकप्रिय गीतों में गिना जाता है। इस गीत के एक संस्करण में गीता की नशीली आवाज़ भी बहुत खूब जमी है। वस्तुतः यह गीत जगजीत कौर गाने वाली थी, पर सचिन दा के लिए गीता ही अंतिम पसंद बनी। 'जाल' की पृष्ठभूमि के अनुरूप गोवा के लोक रिद्म पर आधारित 'चोरी चोरी मेरी गली आना है बुरा' (लता, साथी), आधुनिक शैली की बयार लिए 'सोच समझ कर दिल को लगाना' (गीता), एक खास शोख अंदाज़ में—जो आगे चलकर दादा की लाक्षणिक शैली ही बन गई—'दे भी चुके हम दिल नज़राना' (किशोर, गीता) जैसे खूबसूरत गीतों के बीच 'पिघला है सोना दूर गगन पर' (लता) तो एक रत्न की तरह ही प्रकट हुआ। साहिर की खूबसूरत शायरी, शाम की सुनहरी रूमानियत को साकार करती यमन कल्याण आधारित अलौकिक-सी धुन—इस गीत की चर्चा लता के सर्वश्रेष्ठ गीतों के संदर्भ में अधिक क्यों नहीं की जाती, यह आश्चर्य का विषय है।

फ़िल्म चाहे नवकेतन के बैनर तले हो या अलग, देव आनंद के लिए तो अधिकांशतः बतौर संगीतकार सचिन दा को ही अनुबंधित किया जाता था। फ़ली मिस्त्री निर्देशित 'सज़ा' (1951) के humming शैली के बेहतरीन गीत 'आ गुपचुप गुपचुप प्यार करें' के लिए दादा हेमंत के साथ बंगाल की बेहतरीन गायिका संध्या मुखर्जी को लाए थे। संध्या से उन्होंने फ़िल्म में एक सोलो गीत भी गवाया था—'ये बात कोई समझाए रे'। यूँ तो 'सज़ा' में 'हो गई रे तेरी हो गई', 'हम प्यार की बाज़ी हारे', 'आजा तेरा इंतज़ार है' (तलत के साथ), पाश्चात्य रिद्म पर 'धक धक धक जिया करे धक' जैसे लता के कई गीत थे, पर जिस गीत के लिए 'सज़ा' को आज तक याद किया जाता है, वह था—'तुम न जाने किस जहाँ में खो गए'। बिलावल थाट पर पहाड़ी जैसी धुन के साथ साहिर के इस कलाम में सचिन दा बेहद लुभावना और रोमांचक प्रभाव डालने में सफल हुए थे। इस सदाबहार गीत को तो लता आज भी अपने हर कंसर्ट में गाती ही हैं।

मुधबाला, देव आनंद अभिनीत, फ़ली मिस्त्री की 'अरमान' (1953) में गीता के गाए लुभावने 'ये हँसी ये खुशी लाखों बरस यूँ ही आए' के साथ साहिर लिखित इस रचना ने पुनः 'बाज़ी' के रिद्म की याद ताजा कर दी, तो बाँसुरी के सुंदर fillers के साथ साहिर की ही लिखी 'मैं पंख लगा के उड़ जाऊँ' (आशा) के अंतरे में रिद्म को परिवर्तित करके 'लहरों में झूलूँ तारों को

छू लूँ' के टुकड़े के साथ दादा ने बड़ा लुभावना नया प्रयोग किया। बाद में इसी टुकड़े 'लहरों में झूलूँ' को 'सोसायटी' (1955) में विस्तार देकर एक पूरे गीत के रूप में सचिन दा ने आशा से ही गवाया था। इस बार दादा देव के लिए तलत की आवाज़ लेकर आए और तलत के स्वर में 'भरम तेरी वफ़ाओं का मिटा देते तो क्या होता' तलत की खास शैली में न केवल तात्कालिक रूप से खूब लोकप्रिय हुआ बल्कि आज तक तलत के सदाबहार नगमों में इसकी गिनती की जाती है। आशा के गाए 'जब दुनिया बदली है फिर क्यूँ न बदलें हम' में पियानो का दादा ने बड़ा अच्छा प्रयोग किया था। इसी फ़िल्म के 'बोल न बोल ऐ जाने वाले सुन तो ले' की धीमी प्यारी-सी धुन भी मक़बूल हुई थी और इस गीत को आशा और तलत के 'डुएट्स टु रिमेम्बर' कैसेट में भी शामिल किया गया है।

नवकेतन की 'आँधियाँ' (1952) और 'हमसफ़र' (1953) में तो अली अकबर खान को बतौर संगीतकार रखा गया था, लेकिन इन फ़िल्मों की सीमित सफलता के बाद पुनः सचिन दा नवकेतन की 'टैक्सी ड्राइवर' (1954) में बतौर संगीतकार अनुबंधित हुए और इस फ़िल्म के संगीत ने लोकप्रियता के नए आयाम तय करके यह सिद्ध कर दिया कि नवकेतन के लिए दादा का कोई पर्याय नहीं था। देव आनंद, कल्पना कार्तिक और शीला रमानी अभिनीत इस फ़िल्म में तलत के गाए राग जौनपुरी आधारित 'जाएँ तो जाएँ कहाँ' (हालाँकि इस गीत को फ़िल्म में लता ने भी गाया था) वार्षिक बिनाका गीतमाला की प्रथम पायदान का गीत बना। इसकी कशिश-भरी धुन तो आज भी रह-रह के ज़हन में कौंध ही जाती है। सम्भवतः तलत की ज़िंदगी का सबसे लोकप्रिय गीत भी यही रहा है। इस फ़िल्म में क्लब शैली के गीतों के लिए गीता या आशा को न लेकर और ऐसे गीतों को लता से गवा कर दादा ने एक नया उदाहरण ही पेश किया था और गिटार के नोट्स तथा पँक्तियों के बीच पियानो के प्रयोग वाले 'दिल जले तो जले', और 'दिल से मिला के दिल प्यार कीजिए' जैसे गीत खूब लोकप्रिय रहे थे। लोकप्रिय तो यूँ इस फ़िल्म के सभी गीत थे—'जीने दो और जियो' (आशा), 'ऐ मेरी ज़िंदगी आज रात झूम ले' (लता), इतालवी लोक धुन 'Tarantella' से प्रेरित 'चाहे कोई खुश हो चाहे गालियाँ हज़ार दे' (किशोर, जॉनी वाकर, साथी) और जगमोहन बक्शी (बाद के सपन जगमोहन वाले) तथा आशा का गाया वह सदाबहार शोख गीत—'देखो माने नहीं रूठी हसीना न जाने क्या बात है'।

देव आनंद की छवि के अनुरूप नवकेतन की फ़िल्मों में सचिन दा ने एक विशेष प्रकार की शोखी-भरे गीतों का सृजन किया जिसे फ़िल्म-संगीत की एक विधा का स्तर दादा ने दिया। इस शोखी में पहाड़ी झरने की चंचलता, ठंडी हवा की झूम और भावों का नैसर्गिक आह्लाद था जो इतनी चित्रात्मकता से न तो दादा के पहले कोई उभार पाया और न दादा के बाद। 'हाउस नं. 44' (1955) के 'पीछे पीछे आ के छू लो हमें पा के' (लता, हेमंत), सारंगी और तबले की सुंदर गत के साथ 'देख इधर ओ जादूगर' (आशा) और 'तुम चलो हमारे साथ बलमा डरियो ना' (आशा) की मुजरा शैली में हमें इसका आभास मिलता है जो 'फंटूश' (1956) के 'ओ जी ओ हमें आज कोई न छेड़ियो' (किशोर, आशा) से गुज़रते हुए 'नौ दो ग्यारह' (1957) के 'कली के रूप में चली हो धूप में' (रफ़ी, आशा), आशा की जबर्दस्त लहराती अदायगी वाले 'आ जा पंछी अकेला है' (रफ़ी के ही साथ) और इन सबसे बढ़कर आशा की खनकती शरारतपूर्ण आवाज़ के साथ किशोर को लेकर अपने ज़माने के सुपरहिट गीत 'आँखों में क्या जो रूपहला बादल' तथा 'पेइंग गेस्ट' (1957) के 'माना जनाब ने पुकारा नहीं' (किशोर), 'ओ निगाहें मस्ताना, देख समाँ है सुहाना' (किशोर, आशा) और उस सदाबहार नग़मे 'छोड़ दो आँचल ज़माना क्या कहेगा' (आशा, किशोर) से पूरी तरह स्थापित होता है। इस अंतिम गीत के 'छोड़ दो' के पहले आशा द्वारा बेहद नशीली शोखी-भरा 'अह' की अभिव्यक्ति तो फ़िल्म-संगीत की सर्वाधिक रसीली अभिव्यक्तियों में गिनी जाएगी। दादा की इस शैली का कोई मुकाबला नहीं था। यह एक ऐसे संगीतकार की शैली थी जो हर दिन और हर क्षण को जीता था और उसमें रस लेता था। सुबह-सवेरे घूमने का शौक संगीत में भी ताजा हवा की खुशबू लाता था और बर्मन की शैली इस खुशबू को आधुनिकता का विस्तार देती थी। देव आनंद के रूप में नए स्वाधीन भारत का एक ऐसा नौजवान था जो आधुनिक था, मस्त था, फ़ैशनेबल था और जो नैतिकता की पुरानी परिपाटियों से अलग मूल्यों को या कानून तथा अपराध की परिभाषा को एक नए दृष्टिकोण से देखता था। बर्मन का देव आंनद की फ़िल्मों का (तथा और भी कई फ़िल्मों के लिए प्रयुक्त) संगीत इस नई दृष्टि के अनुरूप और अनुकूल संगीत रहा, तथा अपनी निरंतर आधुनिक प्रयोगधर्मिता के कारण समय के साथ कदम मिलाकर भी यह आधुनिक ही रहा। देव आनंद की छवि के अनुरूप सचिन दा का संगीत भी प्रचलन के मापदंडों को कहीं तोड़कर तो कहीं बदलकर नए कलेवर में आया। यहाँ खुशी में एक बेलौस उमंग थी, शृंगार में अभिसार की नई अदा थी, और दर्द में भी एक आधुनिक संगीतात्मक बिम्ब-विधान था। 'तुम न जाने किस जहाँ में खो गए' से 'रुला के गया सपना मेरा' तक में दादा के संगीत का elegance समय के साथ-साथ बढ़ता ही गया। दादा की

यह बहुत बड़ी विशेषता थी कि उन्होंने अपनी आधुनिकता को सिर्फ़ बाहरी आडम्बर या तड़क-भड़क का जामा पहनाकर cheap या हलका नहीं बनाया, बल्कि अपनी संगीत रचना की समग्रता के साथ अपनी आधुनिकता को एकीकृत कर सुरीली अभिव्यक्ति के नए पहलू निकाले। एक समीक्षक हेमचंद पहारे ('नवरंग' में आलेख) के अनुसार यदि 'आज सजन मोहे अंग लगा ले' को मध्यवर्गीय बहन बेटियों द्वारा भी गुनगुनाए जाने पर एतराज़ नहीं था, तो यह आधुनिकता की सार्वजनिक स्वीकारोक्ति थी।

दादा की इस शोख, चंचल विधा के विस्तार (नवकेतन और देव आनंद की फ़िल्मों के बाहर भी) की चर्चा हम आगे करेंगे। पर यह रेखांकित करना आवश्यक है कि इस विधा के बाहर भी दादा के गीत उतने ही लुभावने और लोकप्रिय होते थे। ज़िंदगी को सम्पूर्णता से देखनेवाले इस संगीतकार का संगीत भी सम्पूर्ण था और ज़िंदगी की हर छटा का रंग उसमें चमकता था। याद कीजिए 'हाउस नं. 44' के 'फैली हुई हैं सपनों की बाँहें, आ जा चल के कहीं दूर'। कल्याण थाट के इर्द गिर्द घूमती स्वरलहरियाँ क्या इससे कोमल, इससे रूमानी और इससे सपनीली कभी हो सकती हैं? साहिर का लिखा यह गीत क्या लता के सर्वश्रेष्ठ गीतों में स्थान पाने लायक नहीं है? और फिर इसी फ़िल्म में 'तेरी दुनिया में जीने से तो बेहतर है कि मर जाते' (हेमंत) जैसा सदाबहार गीत ज़िंदगी का एक दूसरा पहलू उतनी ही सशक्तता से लेकर नहीं आता? 'चुप है धरती चुप हैं चाँद-सितारे' (हेमंत), 'दम है बाकी तो ग़म नहीं' (आशा), 'ऊँचे सुर में गाए जा' (किशोर) और 'देख इधर ओ जादूगर' (आशा) क्या सिद्ध नहीं करते कि दादा से बड़ा हरफ़नमौला संगीतकार हमने कम ही देखा है?

और फिर 'फ़ंटूश' (1956) के अपने छोटे से बेटे पंचम की धुन को लेकर सृजित बहुलोकप्रिय 'ऐ मेरी टोपी पलट के आ' और 'देने वाला जब भी देता पूरा छप्पर फाड़ के देता' जैसे हलके-फुलके गीत एक तरफ और इसी फ़िल्म में किशोर के ही स्वर में 'दुखी मन मेरे सुन मेरा कहना' जैसा दर्दीला संजीदा गीत दूसरी तरफ़। किशोर की आवाज़ की विविधता को इस दौर में तो दादा को छोड़कर और कोई पहचान नहीं पाया था। किशोर के स्वर के रूमानी स्पंदन को लेकर 'फंटूश' (1956) में ही यमन कल्याण, हमीर और कहीं-कहीं बिलावल के पुट लेकर आशा के साथ 'वो देखें तो उनकी इनायत' जैसा कितना सुंदर गीत सचिन दा ने बनाया था। यह किशोर ही थे जो एक तरफ़ 'हाय-हाय ये निगाहें' (पेइंग गेस्ट) जैसा हलका हास्य गीत गा सकते थे, तो दूसरी तरफ़ पूरी शिद्‌दत के साथ 'हम हैं राही प्यार के हमसे कुछ न बोलिए' (नौ दो ग्यारह) के साथ पूरे ज़माने को लेकर चल सकते थे। 'हम हैं राही प्यार के' और बाँसुरी के सुंदर इंटरल्यूड्स के साथ भैरवी आधारित 'माना जनाब ने पुकारा नहीं' (पेइंग गेस्ट) यदि किशोर की बहुमुखी प्रतिभा के उदाहरणों का एक पलड़ा बनाते हैं, तो 'दुखी मन मेरे' दूसरा और दोनों ही पलड़े लोकप्रियता और कला के स्तर पर बराबर ही ठहरते हैं। और इन सबके पीछे सचिन देव बर्मन का विविध बहुरंगी संगीत। यह विविधता कभी 'जॉनी जीने में क्या है (आशा-फ़ंटूश), 'सी ले ज़ुबाँ' (गीता—नौ दो ग्यारह) और क्या हो फिर जो दिल रंगीला हो' (आशा, गीता—नौ दो ग्यारह) की आधुनिक नशीली छटा बिखेरती थी, तो कभी शुद्ध कल्याण और भूपाली की छाया लेकर चाँद फिर निकला मगर तुम न आए' (लता—पेइंग गेस्ट) की अनुगूँज बनती थी, 'कभी फुलगेदवा न मारो डर जाऊँगी' (आशा—फ़ंटूश) की क्लासिकल मुजरा शैली और 'प्यार ने कितने सपने देखे' (आशा—फ़ंटूश) की मुलायम शैली लेकर आती थी तो कभी चैती जैसे लोकरंग को परिष्कृत कर 'ढलकी जाए चुँदरिया हमारी हो राम' (आशा—नौ दो ग्यारह) जैसे लाजवाब गीत और 'चुपके-चुपके रुकते-रुकते मैंने देखा' (लता—पेइंग गेस्ट) जैसी अनूठी रिद्म बनकर उभरती थी।

यह सचिन दा की विविधता नहीं तो और क्या थी कि नवकेतन के बैनर से हटकर फ़िल्मिस्तान के परचम तले जब देव आनंद के लिए वे 'मुनीमजी' (1955) में आए तो उन्होंने संगीत का एक बिलकुल अलग शास्त्रीय रंग भी प्रस्तुत किया। हालाँकि 'मुनीमजी' के 'जीवन के सफ़र में राही मिलते हैं बिछड़ जाने को' (किशोर) की यमन कल्याण आधारित रवानगी भरी और 'The Mexican Hat Dance' से प्रेरित धुन देव आनंद की bohemian छवि के ही अनुकूल थी (इसे फ़िल्म में लता से भी गवाया गया था) और 'नैना खोए-खोए तेरे दिल में ही कुछ होए रे' (लता, साथी), स्पैनिश गिटार के साथ 'दिल की उमंगें हैं जवाँ' (हेमंत, गीता, प्राण), 'एक नज़र बस एक नज़र' (लता) और अपने ज़माने के बेहद मशहूर गीत 'ओ शिवजी ब्याहने चले पालकी सजाए के' (हेमंत, साथी) में दादा बर्मन ने अपनी परिचित शैली में कही पाश्चात्य रिद्म और प्रवाह और कहीं लोकसंगीत की लय का प्रयोग किया लेकिन इनके साथ-साथ वे लता के स्वर में विशुद्ध शास्त्रीय प्रधान रचनाएँ भी लेकर आए। दादरा ताल में राग केदार पर आधारित 'साजन बिन नींद न आए' में बाँसुरी का बिलकुल अलग इस्तेमाल इस सुंदर रचना को अविस्मरणीय बना गया है। सुबह-सवेरे घूमने जानेवाले सचिन दा ने 'घायल हिरणिया मैं बन-बन डोलूँ' में प्रातः प्रकृति में व्याप्त पक्षियों की चहचहाहट और अन्य ध्वनियों का समावेश किया और काफ़ी में सृजित यह रचना (शाहाना की भी हलकी-सी छाया) फ़िल्म-संगीत के शास्त्रीय संगीत

आधारित गीतों में आज भी अपना स्थान रखती है। फ़िल्म की अन्य अविस्मरणीय रचना थी राग बिहाग पर आधारित 'आँख खुलते ही तुम छुप गए हो कहाँ' जिसे तबले और जलतरंग पर एक अलग ही रिद्म देकर दादा ने बेहद मेलोडियस बना दिया है।

शास्त्रीय संगीत की बर्मन दा की पकड़ तो मजबूत थी ही, लेकिन उनका विशिष्ट पहलू यह था कि शास्त्रीय आधारित रचनाओं को भी उन्होंने मेलोडी और माधुर्य की संरचना के अंदर ही रखकर प्रस्तुत किया। इसलिए अपवादों को छोड़कर उन्होंने कभी भी शास्त्रीय आधारित रचनाओं को जटिल नहीं होने दिया। अपने सहायक जयदेव से उनकी अकसर ये शिकायत रहती थी कि जयदेव धुनों को complex और मुश्किल बना देते थे, जबकि दादा की कोशिश रहती थी कि भले ही रचना का आधार शास्त्रीय हो, पर उसका रूप ऐसा बने कि राह चलता आदमी भी उसे आसानी से गुनगुना सके। ऐसे situations को छोड़कर जहाँ फ़िल्म के कथानक की ही माँग किसी शुद्ध शास्त्रीय रचना की हो, दादा ने हमेशा आम आदमी के संगीत बोध को ध्यान में रखकर ही रचनाएँ बनाईं। 'मनमोर हुआ मतवाला' (सुरैया-अफ़सर, 1950) जैसा मल्हार का सीधा-सादा गुनगुनाने वाला रूप कितने संगीतकार प्रस्तुत कर पाने में सफल रहे? इसी प्रकार 'बुज़दिल' (1952) में फ़य्याज़ खाँ की मूल रचना का नट बिहाग सरल और सुंदर रूपांतरण 'झन झन झन झन पायल' (लता) के रूप में दादा ने अद्वितीय कौशल से किया था। 'सोसायटी' (1955) के 'मेरी उमर से लम्बी हो गई' (लता) का शास्त्रीय आधार भी बहुत कसा हुआ था, भले ही यह गीत अधिक लोकप्रिय न हुआ हो। आशा के गाए 'लहरों में झूलूँ तारों को छूलूँ' (आशा) भी शास्त्रीय बंदिश का ही बेजोड़ रूप है जिसमें सितार की जुगलबंदी के साथ आशा की तानें और मुरकियाँ लाजवाब ही हैं। यह दुःखद है कि यह रचना आज पूर्णतः विस्मृत है।

फ़िल्मों में बहुत कम इस्तेमाल किए जानेवाले राग मुलतानी का इस्तेमाल सचिन देव बर्मन ने 'जीवन ज्योति' (1953) के 'लग गई अँखियाँ तुमसे मोरी' (गीता, रफ़ी) में हारमोनियम के बेहतरीन टुकड़ों के साथ किया।[2] यदि इसी फ़िल्म के 'छाई कारी बदरिया' (लता) के पीछे राग पीलू था तो बहार का इस्तेमाल उन्होंने डॉ. विद्या (1962) के चर्चित गीत 'पवन दीवानी न माने' (लता) में उतनी ही खूबसूरती से किया। वैसे तो सचिन देव बर्मन के कई फ़िल्मों के कई गीत विभिन्न रागों पर आधारित थे, पर शास्त्रीय संगीत का सर्वाधिक व्यापक इस्तेमाल उन्होंने किया 'मेरी सूरत तेरी आँखें' (1963), 'कैसे कहूँ' (1964) और 'गाइड' (1965) में। अशोक कुमार, प्रदीप कुमार और आशा पारेख अभिनीत 'मेरी सूरत तेरी आँखें' आज भी फ़िल्म संगीत में अहीर भैरव की कालजयी कृति 'पूछो न कैसे मैंने रैन बिताई' के लिए याद की जाती है। इस गीत के लिए सचिन दा मन्ना डे को लेकर आए थे, और मन्ना डे ने तो इस गीत में अपनी आत्मा ही उड़ेल दी है। वही 'तेरे बिन सूने नैन हमारे' (लता, रफ़ी) की धीमी लय पीलू और काफ़ी के प्रभाव से बड़ा स्थायी भावनात्मक प्रभाव छोड़ जाती है। भैरवी में 'नाचे मन मोरा मगन धिकना धीकी धीकी' (रफ़ी) पर कुर्बान होनेवाले तो आज भी हज़ारों हैं। इसमें स्थायी पंक्तियों के बाद तबले से उत्पन्न एक अजीब-सा हुंकार-भरा स्वर गीत की अनूठी विशेषता बन गया है। 'तेरे ख्यालों में तेरे ही ख्वाबों में' (लता) तो जौनपुरी में लय और ताल का अनुपम उदाहरण है ही। बर्मन दा की अपनी सुबह की शीतल हवा की ताज़गी वाला सुंदर संगीत लेकर आया था सुमन और मुकेश के स्वर में 'ये किसने गीत छेड़ा'। गिटार के chords के सुंदर इस्तेमाल के साथ मिश्र कलावती की छाया लिए यह गीत फ़िल्म-संगीत के बेहतरीन रूमानी गीतों में स्थान पाने लायक है।

'कैसे कहूँ' (1964) के संगीत की जितनी चर्चा होनी चाहिए थी उतनी भले ही न हुई हो, पर यह निर्विवाद है कि दादा की संगीतबद्ध सर्वश्रेष्ठ फ़िल्मों में इसे रखना होगा। शास्त्रीय संगीत का बेमिसाल प्रयोग एक तरफ़ राग अडाना में 'मनमोहन मन में हो तुम्हीं' (जिस पर बातिश को वर्ष के सुर सिंगार संसद के सर्वश्रेष्ठ गायक का पुरस्कार भी मिला था) की बंदिश के रूप में था, तो दूसरी तरफ़ पीलू के मुलायम सुरों के साथ 'तुम हमें प्यार करो या न करो' (लता) की मीठी अभिव्यक्ति में, और तीसरी ओर अल्हैया बिलावल के सुरों के साथ अपने लाक्षणिक लोच भरे pauses के साथ मिठास और कर्णप्रियता की बेमिसाल कृति 'हौले-हौले जिया डोले' (लता) के दोलन में। 'कैसे कहूँ तोसे जिया की मैं बतियाँ' (लता) जैसे गीत यही सिद्ध करते हैं कि 'कैसे कहूँ' में बर्मन ने शास्त्रीय संगीत का एक अत्यंत सरस और लोकरंजित रूप प्रस्तुत किया भले ही 'ज़िंदगी तू झूम ले ज़रा' (रफ़ी), 'दिल का दर्द निराला' (रफ़ी) और 'किसी की मुहब्बत में सब कुछ भुला के' (आशा, रफ़ी) जैसी दूसरी शैली के गीत भी लोकप्रिय रहे हों। शकील बदायूँनी के गीतों का नौशाद से अलग यह अनूठा ही रंग था।

आर.के. नारायण की चर्चित रचना पर आधारित 'गाइड' (1965) में दादा अद्भुत थे तो शास्त्रीय भी थे। यहाँ शास्त्रीयता 'कैसे कहूँ' की तरह सीधी और सहज तो नहीं थीं, पर सरसता भरपूर थी और जटिलता से तो दादा अपनी रचनाओं को बचा

'गाइड' : संवेदना और संगीत का अभूतपूर्व संगम

कर ही चलते थे। तिलंग में 'पिया तोसे नैना लागे रे' (लता) का जादू तो आज भी सर चढ़ कर बोलता है। अपनी पुरानी धुन 'पग ठुमक चलत' की रेकॉर्डिंग में हुई कमी (बाद में विस्तार से उल्लिखित) दादा को अंदर ही अंदर सालती रही होगी, तभी इसी झिंझोटी आधारित धुन का परिष्कृत रूप लेकर वे 'गाइड' में आए, और दादा के घर के टेरेस पर व्हिस्की के साथ दोपहर से शाम तक व्हिस्की की बोतल के साथ अकेले बैठकर शैलेंद्र ने उन्हें अद्वितीय शाब्दिक अभिव्यक्ति दी—'मोसे छल किए जाए, हाय रे हाय सैंया बेईमान'। घुँघरू, तबले की संगीत के साथ क्या सुंदर प्रस्तुति थी यह भी! पूरी फ़िल्म में तार शहनाई का क्या सुंदर उपयोग था! 'गाइड' में रफ़ी से धीमी, नाज़ुक शैली में रूमानी गीत गवाकर उन्होंने एक नवीन पहलू प्रस्तुत किया (जिस शैली के गीतों को उन्होंने आगामी फ़िल्मों में भी कायम रखा) पर उसके पीछे भी. शास्त्रीय रागों का लचीला किन्तु सुंदर प्रयोग था। 'तेरे-मेरे सपने अब एक रंग हैं' के पीछे राग गारा के सुर थे, तो 'दिन ढल जाए हाय शाम न जाए' का स्थायी बिलावल में और अंतरा यमन कल्याण में था। वहीं 'क्या से क्या हो गया बेवफ़ा तेरे प्यार में' (रफ़ी) झिंझोटी का एक दूसरा रूप था। 'गाता रहे मेरा दिल' (लता, किशोर) के लिए यदि पहाड़ी राग ही उपयुक्त था, तो अपने खास अंदाज़ में गाए बाँग्ला लोकधुन के 'अल्लाह मेघ दे' के पीछे पीलू और 'वहाँ कौन है तेरा' के पीछे पहाड़ी के सुर सहज ही लग गए थे। 'गाइड' संगीत की दादा की कलात्मकता का उत्कर्ष था और यह फ़िल्मफ़ेयर पुरस्कारों के पीछे की राजनीति ही थी कि इसे पुरस्कार से वंचित रहना पड़ा।

दादा की शास्त्रीय संगीत-शैली का एक भिन्न रूप प्रमोद चक्रवर्ती की 'ज़िद्दी' में भी प्रकट हुआ था जहाँ उन्होंने दरबारी काबड़ के सुरों को 'प्यार की आग में तन-बदन जल गया' (मन्ना डे) में एक हास्य के अंदाज़ में ढाला था, और 'रात का समाँ झूमे चंद्रमा' (लता) में पहाड़ी की नृत्यात्मक शैली को प्रस्तुत किया था। 'मैं तेरे प्यार में क्या-क्या न बना दिलबर' (गीता, मन्ना डे), 'तेरी सूरत से नहीं मिलती किसी की सूरत' (रफ़ी), 'ये मेरी ज़िंदगी एक पागल हवा' (लता) और 'चम्पाकली देखो झुक ही गई' (आशा, रफ़ी) जैसे गीतों की लोकप्रियता तो सदाबहार है ही। राग पीलू का इस्तेमाल दादा के कई गीतों में (जैसा हम देखते रहे हैं और आगे भी देखेंगे) मिलता है, पर उसकी प्रकृति में ओ.पी. नैयर वाली पंजाबी शैली का अंश भी नहीं मिलता। दादा के साथ हमें पीलू का बहुत सौम्य और सुरूचिपूर्ण रंग ही दिखता है।

अपने ऑरकेस्ट्रा के साथ दादा बर्मन

सिचुएशन के हिसाब से सटीक गीत बनाना सचिन दा की खासियत थी। अपने आरम्भिक वर्षों में वे ऑरकेस्ट्रेशन में कमज़ोर थे और अकसर फ़िल्मिस्तान के ज़माने में ऑरकेस्ट्रेशन में उनकी मदद के लिए सी. रामचंद्र को आना पड़ता था। लेकिन इस पक्ष को भी दादा ने सीखकर बहुत जल्दी मजबूत कर लिया। हालाँकि कई बार मूल धुन बनाकर वे अपने सहायकों एन. दत्ता और जयदेव को ऑरकेस्ट्रेशन का प्रारूप तैयार करने को कहकर अपना पसंदीदा पान खाने चले जाते थे, लेकिन ऑरकेस्ट्रेशन पर भी अंतिम मुहर वे अपनी ही लगाते थे। सिचुएशन और बोलों के हिसाब से सही वाद्यों का चुनाव दादा की विशिष्टता थी। ऑरकेस्ट्रा के अनावश्यक विस्तार या अलंकरण से वे छठे दशक की अपनी सभी फ़िल्मों में बचते हुए भी माकूल वाद्य का सही वक्त में वे ऐसा इस्तेमाल करने में कुशल हो गए थे कि अंतिम प्रभाव बहुत आकर्षक और जैसाकि दादा के संगीत की विशेषता थी, बहुत ताज़ा लगता था। सिचुएशन और ऑरकेस्ट्रेशन के सटीक इस्तेमाल से अपनी सहज कर्णप्रिय धुनों को आकर्षक बनाने के उदाहरणों में वैजयंतीमाला की प्रथम फ़िल्म ए.बी.एम., मद्रास की 'बहार' (1951) के रिद्मप्रधान 'सैंया दिल में आना रे' (शमशाद) 'दुनिया का मज़ा ले लो दुनिया तुम्हारी है' (शमशाद), 'कुसूर आपका' (किशोर) और संजीदा गीतों 'ऐ ज़िंदगी के राही, हिम्मत न हार जाना'

'बहार' में वैजयंतीमाला

(तलत) एवं भैरवी आधारित 'भगवान दो घड़ी ज़रा इंसान बन के देख' (गीता), 'बुज़दिल' (1951) के नज़रूल गीत से प्रभावित रिद्मप्रधान 'मैं अलबेली रुनझुन रुनझुन बाजे घूँघट मोरा' (लता), 'रोते-रोते गुज़र गई रात रे' (लता), 'जाने न हाय ये दुनिया' (लता), 'डर लागे दुनिया से बलमा हो' (लता, तलत), 'एक नज़र' (1951) के 'मुझे प्रीत नगरिया जाना है' (लता, रफ़ी), भैरवी आधारित मीठी तेज लय वाला 'दर्द लगे प्यारा-प्यारा' (लता), 'ये आँसू खुशी के आँसू हैं' (तलत), 'जाने वाले देखो हमें भूल न जाना (लता) और गीता दत्त के गाए 'बस चुपके ही चुपके से प्यार हो गया' और 'इक अल्हड़ बल्हड़ छोरी' के नाम सीधे ज़हन में उभरते हैं। दादा बर्मन की यह विशेषता मैंडोलिन के सुंदर प्रयोग के साथ 'चालीस बाबा एक चोर' (1954) के दादरा ताल की सुंदर मेलोडी को कभी 'ओ पिया प्यारे' (लता) की तरह उभारती है, तो कभी पाश्चात्य रिद्म पर इसी फ़िल्म के 'दिल में है बात ऐसी' (लता, किशोर) के साथ मोहक तरीके से प्रकट होती है, कभी 'सज़ा' के 'धक धक जिया करे' (लता) की पाश्चात्य बीट को एकॉर्डियन के अपने सटीक प्रयोग से निखार देती है तो कभी 'नौजवान' (1951) के 'पी पी पिया' (किशोर, शमशाद) की किशोर की मॉडलिंग युक्त पाश्चात्य तर्ज़ या रिद्म के परिवर्तनों के बीच शहनाई के बाहुल्य के साथ 'हमरे मुंडेरे बोले कागा' (राजकुमारी–बाबला, 1953) की लुभावनी धुन के साथ आकर्षित करती है।

सचिन दा के बारे में किशोर वालिया का मानना है कि उन्हें सही टोन और नोट की पहचान जबर्दस्त थी।[3] यह पहचान दादा के संगीत में लता के इस दशक के गाए गीतों में सबसे मुखर है। दादा के ये गीत जटिल न होते हुए भी notes की blending और tone का संयोजन इतनी कुशलता से करते थे कि गीत की भावना का एक-एक स्पंदन अलग से अपनी पहचान बनाता था। 'मद भरे नैन' (1955) का आ पलकों में आ' (लता) की गिटार और वॉयलिन की खिलती कलियों के बिम्ब के साथ कोमल स्वर-लहरियाँ, 'ओ ले के जिया पिया' (लता) की मीठी छटा, 'आज का दिन है प्यार का' (लता) का कहरवा पर लहराता प्रभाव और 'देखो मोसे साँची' (लता) की पवित्र आराधना–इन सभी में स्वर और tone का संतुलन लाजवाब ही कहा जा सकता है। 'मद भरे नैन' के 'आ पलकों में आ' को संगीत समीक्षक स्नेहल ओझा ने सचिन दा द्वारा लता के लिए बनाया सर्वश्रेष्ठ गीत माना है, विशेषकर गिटार का ऐसा अद्भुत प्रयोग तो फ़िल्म संगीत में दुर्लभ ही रहा है। एक इतालवी धुन से प्रभावित 'नौजवान' (1951) का मशहूर गीत 'ठंडी हवाएँ लहरा के आएँ' (लता) तो दादा की कम्पोज़िंग का बेमिसाल उदाहरण ही बन चुका है। पहाड़ी जैसी शैली में tone जैसे शीतल बयार की तरह बहते चलते हैं। राहुल देव बर्मन इस गीत की रेकॉर्डिंग के समय छोटे थे और पहली बार लता को रेकॉर्डिंग करते देख रहे थे। लता के पास खड़े होकर उन्हें गाते देख पंचम को कुछ सुनाई ही नहीं पड़ा और उन्हें लगा जैसे लता केवल होंठ हिला रही हों। लेकिन जब वे बाहर उस कमरे में पहुँचे जहाँ टेप हो रहा था तो वह हलकी अदायगी इतनी जबर्दस्त तीव्रता से प्रकट हो रही थी कि पंचम आश्चर्यचकित रह गए। लता के इस piccolo voice का गुण, जो माइक्रोफ़ोन पर सही जगह इतने प्रभावी ढंग से हिट करता था, ही लता को लता बनाता था और दादा बर्मन ने इस गुण को अपनी कितनी ही रचनाओं में अमर बना दिया। 'नौजवान' के इस गीत को तो न केवल श्रोतागण बल्कि दूसरे संगीतकार भी नहीं भूल पाए। वर्षों बाद रोशन ने इसका छंद विधान बदल कर इन्हीं notes पर 'ममता' का अविस्मरणीय गीत 'रहें न रहें हम' बनाया और फिर उसके कई साल बाद स्वयं पंचम 'सागर किनारे दिल ये पुकारे' (सागर) में इसी धुन को थोड़े बदलाव के साथ लेकर आए।

लता और दादा के स्वर और संगीत के संतुलित सम्मिश्रण के उदाहरण इस दौर के 'नौजवान' (1951 की लयपूर्ण मेलोडी 'दिल का दर्द न जाने दुनिया', चाँद उस्मानी की प्रथम फ़िल्म 'जीवन-ज्योति' (1953) की बाँसुरी के सुंदर टुकड़ों के बीच से उभरती प्यारी लोरी 'सो जा रे सो जा मेरी अँखियों के तारे', नरगिस और नासिर अभिनीत पुनः साहिर लुधियानवी के लिखे गीतों से सजी 'अंगारे' (1954) के दर्द प्रधान खूबसूरत गीत 'उन्हें खो कर दुखे दिल की दुआ', हवाइयन गिटार पर 'उम्मीद की झोली में क्यों भर दिए अंगारे', हलकी लय पर 'उस बस्ती को जाने वाले लेता जा पैग़ाम मेरा', और इन सबसे बढ़कर अद्धा दादरा ताल की लाजवाब लय और मैंडोलिन के खूबसूरत टुकड़ों से सजाया राग भूपाली आधारित 'प्यार भरी धड़कनों के हार ले के आऊँगी' और बेहतरीन मेलोडी युक्त 'तेरे साथ चल रहे हैं ये ज़मीन चाँद तारे' (तलत के साथ) में देखे जा सकते हैं। 'शहंशाह' (1953) के 'चाहत का खज़ाना है', अरबी शैली का 'गम क्यूँ हो' और बाँसुरी के बहुत अच्छे इस्तेमाल के साथ 'ख़ाक हुआ दिल जलते-जलते', 'चालीस बाबा एक चोर' (1954) का अरबी शैली का ही 'यारों ने बाँहें जो डाली गले', मैंडोलिन के साथ 'ओ

पिया प्यारे', 'दिल में है बात ऐसी' रोशन स्वरबद्ध 'अपनी नज़र से 'साजनवा हो जो साथ' जैसे विस्मृत के इस दौर के मधुर सामंजस्य की मैंडोलिन का भाव और लय उभारने के इस दौर के गीतों की विशेषता है।

दादा बर्मन के इस दौर के लय के सटीक इस्तेमाल से बहुत (1953) का 'रात खुशी की आई' लय के प्रवाह से आकर्षित करता है, पर कोरस के साथ 'रात के राही थक (लता से भी उन्होंने इस गीत को भैरवी आधारित 'जग में आए कोई, में और बाँसुरी के बेहतरीन इस्तेमाल

लता के साथ सचिन दा

(किशोर के साथ, जो मुकेश के गाए उनकी नज़र तक' से मिलती है), गीतों को सुनना भी लता और दादा याद ताज़ा कर देता है। बाँसुरी और के लिए बहुत उपयुक्त इस्तेमाल दादा

गीतों में सीधी-सादी मेलोडी स्वर और सरस हो कर उभरती थी। 'बाबला' अगर लता के स्वर में अपनी द्रुत तो इसी फ़िल्म के पियानो की तरंगों मत जाना' मन्ना डे के सधे स्वर में गवाया था), फ़कीरी शैली के मिश्र कोई जाए रे' तलत के लरज़ते स्वर के साथ बाँग्ला शैली में 'हमरे मुँडेर बोले कागा सखी री' अभिभूत करते हैं। सुरैया अभिनीत 'लाल कुँवर' (1952) के साहिर लिखित 'तुम जो मिले आरज़ू को दिल की राह मिल गई' (सुरैया) भी बड़ी आकर्षण रचना थी। 'मिस इंडिया' (1957) के 'ओ मोरे सजना आ जा रे आ जा' (लता) के भैरवी के साथ कहरवा ताल का सुंदर अलग-सा प्रयोग दादा ने किया था। इसी फ़िल्म में मन्ना डे के दो सुंदर गीत 'ठोकर नसीब की जो खाकर भी मुस्कुराए' (कोरस के साथ) और 'जाऊँ मैं कहाँ ये ज़मीं ये जहाँ छोड़ के' (लता के साथ) भी थे। 'शहंशाह' (1953) में साहिर के लिखे नग़में 'नाज़ों के पले काँटों पे चले' को दादा ने तलत से उनके स्वर की पूरी लर्ज़िश को उभारकर गवाया था और यह गीत आज भी शौकीन श्रोताओं के बीच मक़बूल बना हुआ है। कितनी सीधी-सादी धुन है इसकी और फिर भी प्रभाव कितना गहरा है! इसी फ़िल्म में शमशाद से गवाए 'जाम थाम ले' भी अरबी संगीत शैली के बीच अच्छा रोमांचक प्रभाव पैदा करता है। हवाइयन गिटार के साथ 'अंगारे' (1954) का 'डूब गए आकाश के तारे' (तलत) भी दर्द भरी रात की जीवंत अभिव्यक्ति करता है। साहिर के लिखे 'सोसायटी' (1955) के 'लहरों में झूलूँ' और 'जीवन ज्योति' (1953) के 'तस्वीरें बनती हैं, किरणें सी छनती हैं' आशा भोंसले के स्वर में दादा के इस दौर के संगीत की बहुत अच्छी उपलब्धियाँ हैं। 'लहरों में झूलूँ' की बेहतरीन तानों-भरी शास्त्रीय बंदिश की चर्चा हम पहले भी कर चुके हैं। 'तस्वीरें बनती हैं' भी स्वरों के उतार-चढ़ाव से भरी एक बहुत सुंदर रचना है जिसमें abrupt pause के द्वारा दादा ने पारम्परिक छंद से अलग जा कर स्वर रचना की है।

वैसे तो दादा आशा और गीता के साथ भी खूब जमते थे, पर फिर भी उनके लिए यदि लता थीं तो सब कुछ ठीक था। एक बार उन्होंने कहा भी था कि 'अगर लोता गाएगा, तो I am safe'। अगर दादा लता की किसी रेकॉर्डिंग से बहुत खुश हो जाते थे तो फौरन उन्हें पान पेश करना दशक में अपने पसंदीदा संगीतकार सलिल सचिन दा की ओर मुड़े तो दादा शरत्चंद्र फ़िल्म के बंगाली-परिवेश में भी लता को की उदासी अपनी पूरी गहनता के साथ लागी रे ये कैसी अनबुझ आग' और थी किसको यकीं था' में प्रकट होती थी, गीता के सम्मोहक स्वर में 'आन मिले की हो गई गोरी' जैसे गीतों में झलकता

'देवदास' में सुचित्रा सेन

नहीं भूलते थे। बिमल राय भी जब इस को छोड़कर 'देवदास' (1955) के लिए की मशहूर रचना पर आधारित इस लाना न भूले। यदि एक तरफ़ 'देवदास' तलत के गाए काफ़ी आधारित 'मितवा तिलक कामोद पर सृजित 'किसको ख़बर बंगाल का बाउल संगीत मन्ना डे के साथ आन मिलो, श्याम साँवरे' और 'साजन था, और ख़माज के स्वरों पर मुबारक बेगम गज़ल की मुजरा शैली को 'वो न आएँगे पलट कर उन्हें लाख हम बुलाएँ' के द्वारा अभिव्यक्त करती थीं (हालाँकि यह गीत भी मुबारक के कई फ़िल्मों को कई गीतों की तरह इस फ़िल्म में भी पूरा नहीं लिया गया), तो दूसरी तरफ़ जैसे चंद्रमुखी के व्यक्तित्व के बिना 'देवदास' अधूरा था वैसे ही लता के अब्दुल क़रीम के तबले की सुंदर संगत के साथ मारू बिहाग आधारित

'अब आगे तेरी मर्ज़ी' और 'जिसे तू कबूल कर ले वो अदा कहाँ से लाऊँ' के मुजरों के बिना दादा के लिए 'देवदास' का संगीत अधूरा ही था। इसी तरह 'सितारों से आगे' (1958) का सबसे लोकप्रिय गीत भले ही सचिन देव बर्मन के संगीत में 'ज़रा रुक जा, प्यारे रुक जा' के रूप में रफ़ी ने गाकर बिनाका गीत माला की चोटी की शृंखला में पहुँचाया हो, गिटार के chords के साथ आशा ने अप्रतिम मुलायमियत के साथ 'चंदा की चाँदनी का जादू' गाया हो और गीता का 'दिल ले गया ग़म दे गया' गीता के 'रेयर जेम्स' कैसेट्स में भी शामिल किया गया हो, परंतु फ़िल्म के सबसे महत्त्वपूर्ण गीतों के लिए तो दादा ने लता को ही चुना। कोरस की ताल के साथ 'आ खिलते हैं गुल' के सुंदर आलाप, 'महफ़िल में आए वो आज धीरे से' की गिटार, वॉयलिन और तबले के साथ फुसफुसाहट-सी अभूतपूर्व कोमलता और झिंझोटी में 'पग ठुमक चलत बल खाए' की शास्त्रीयता (जिसे बाद में दादा ने पुनः 'गाइड' के 'मोसे छल किए जाए' के रूप में इस्तेमाल किया) के लिए तो बस लता ही थीं।

यह भी अजीब विडम्बना है कि 'पग ठुमक चलत बल खाए' की रेकॉर्डिंग को लेकर हुई गलतफ़हमी इतनी बढ़ गई कि पूरे छः साल तक सचिन दा और लता ने एक दूसरे के साथ काम नहीं किया। यह वही दादा बर्मन थे जिन्होंने खुलेआम कहा था कि 'अगर लता गाएगा तो हम सेफ़ है'। हुआ ऐसा कि 'पग ठुमक जाए' की रेकॉर्डिंग से दादा प्रसन्न नहीं थे, और इस गीत को पुनः रेकॉर्ड कराना चाहते थे। उन्होंने अपने सहायक जयदेव से लता को फ़ोन करवाया कि वे इसे पुनः रेकॉर्ड करने के लिए आ जाएँ। लता ने जयदेव को कहा कि फ़िलहाल तो वे विदेश जा रही थीं और उनके पास बिलकुल भी वक्त नहीं था। इस पर जयदेव से दादा ने पुनः कहलवाया कि विदेश से लौटने पर लता पहली प्राथमिकता इस गीत की पुनः रेकॉर्डिंग को दें। लता इसके लिए तैयार नहीं थीं, और दादा ने भी झुँझलाहट में जयदेव के माध्यम से यह कहलवा डाला कि अलग लता विदेश से लौटने पर इस गीत को प्राथमिकता देने को तैयार नहीं हैं, तो फिर उनको भी लता की जरूरत नहीं है। ज़ाहिर है, बात लता को लग गई, पर जैसा कि राजू भारतन ने लता पर लिखी अपनी किताब में इंगित किया है, थोड़ा मनमुटाव तो दोनों के बीच पहले से ही चल रहा होगा वरना सीधे बात करने की अपेक्षा दादा जयदेव के माध्यम से लता से क्यों बात करते?

ज़ाहिर है, लता और दादा के मनमुटाव का सबसे अधिक फ़ायदा आशा और गीता को हुआ। 'नवकेतन' की 'फंटूश', 'नौ दो ग्यारह' और 'पेइंग गेस्ट' जैसी फ़िल्मों के शोख, नशीले गीतों के लिए तो आशा पहले भी दादा की प्रमुख गायिका थीं ही, अब दूसरी शैलियों के गीत के लिए भी दादा आशा की ओर मुड़े। और आशा ने भी दिखा दिया कि गायिका के रूप में अब वे इतनी परिपक्व हो चली थीं कि किसी भी प्रकार का गीत उनके स्वर में लता से कम नहीं खिलता था।

दादा बर्मन के साथ आशा के इस दौर के गीतों में विविधता और गहराई दोनों ही नज़र आती है। 'नवकेतन' की देव आनंद, मधुबाला अभिनीत 'काला पानी' (1958) के लोकशैली की परम्परागत छटा लिए मुजरा शैली का 'नज़र लागी राजा तोहे बँगले पर' का बिहाग आशा के स्वर में अपने पूरे सौंदर्य के साथ खिला और ऐसा महका कि इसकी खुशबू आज भी फीकी नहीं हुई है। मुजरा शैली में ही 'दिल लगा के कदर गई प्यारे' (आशा और सचिन देव बर्मन) और मुशायरे के अंदाज़ में 'जब नामे मुहब्बत लेके किसी नादन ने दामन फैलाया' (जिसके बीच में रिद्म को पूरी तरह परिवर्तित करके द्रुत चंचल पाश्चात्य अंदाज़ था) और दादा के विशिष्ट शोख अंदाज़ में 'अच्छा जी मैं हारी चलो मान जाओ' (आशा, रफ़ी) और 'दिल वाले अब तेरी गली में आ पहुँचे' (आशा, रफ़ी) जैसे आशा के लाजवाब सदाबहार गीत 'काला पानी' (निर्देशक राज खोसला) की ही देन हैं। यह विविधता नरगिस, बलराज साहनी अभिनीत 'लाजवंती' (1958) के गीतों में और भी प्रबल है। 'गा मेरे मन गा' का लहराता तरन्नुम यदि बौंगो के बीट्स गिटार के chords और इसके साथ लोकसंगीत की भी छाया ले कर आशा की humming और आलापों के द्वारा अत्याकर्षक बन पड़ा है तो 'कोई आया धड़कन कहती है' का तो जवाब ही नहीं है। मैंडोलिन की चटकदार संगत के साथ इस गीत की आह्लाद-भरी लय और अद्वितीय गायकी तो जादू ही कर देती है। यह भी रोचक तथ्य है कि इस मैंडोलिन को लक्ष्मीकांत ने बजाया था। लक्ष्मीकांत बहुत नर्वस थे और आशा ने ही उनका हौसला बढ़ांकर उन्हें अपने पास खड़ा कर के बजवाया था। परिणाम तो चमत्कृत करने वाला ही रहा। आशा के गाए सर्वश्रेष्ठ गीतों में मैं इसे मानता हूँ। 'लाजवंती' का एक और बेहद सुंदर गीत था 'कुछ दिन पहले एक ताल में कमल कुंज के अंदर एक हंस का जोड़ा'। दादा ने इस गीत में भी बड़े प्यारे और नर्म सुर लगाए थे। ऐसे ही कोमल सुरों के साथ 'चंदा रे चंदा रे छुपे रहना' की लोरी और कहानीनुमा अंदाज़ में' 'चंदा मामा, मेरे द्वारे आना' (मन्ना डे के साथ) भी बड़ी प्यारी रचनाएँ थीं। 'इंसान जाग उठा' (1959) के 'जानूँ-जानूँ रे' में आशा के साथ गीता थीं और आशा के स्वर की बेमिसाल खनक और गीता के स्वर की शृंगारिकता का द्वंद्व इस गीत को हिंदी फ़िल्म-संगीत के सर्वाधिक प्रशंसित शृंगार गीतों में स्थान दिला गया है। इसी फ़िल्म के 'चाँद सा मुखड़ा क्यूँ शरमाया' में आशा (रफ़ी

के साथ) के स्वर की मदहोशी धीमी दोलित लय के साथ अद्‌भुत कौशल से उभरी है।

लता की कमी ने सी. रामचंद्र जैसे विराट संगीतकार को भले ही तोड़ दिया हो, पर दादा बर्मन बिना लता के भी उतने ही सशक्त और लोकप्रिय रहे। इस सम्पूर्ण संगीतकार का मान इतना था कि बिना लता के भी न उनके पास फ़िल्मों की कमी हुई, न किसी बैनर ने उनसे मुँह मोड़ा। नवकेतन के अलावा गुरुदत्त भी जब 'प्यासा' और 'काग़ज़ के फूल' जैसी संजीदा फ़िल्मों की ओर मुड़े तो उन्हें दादा याद आए।

बिमल रॉय के लिए भी सलिल के साथ-साथ सचिन देव बर्मन अपनी जगह बना चुके थे। यदि दशक के उत्तरार्ध में सचिन दा के साथ साहिर की व्यापकता थी, तो अब मजरूह, शैलेंद्र और कैफ़ी आज़मी का भी बढ़ता साथ था। 'काला पानी' में मजरूह की लिखी गज़ल 'हम बेखुदी में तुमको पुकारे चले गए' को राग छायानट में ढालनेवाले दादा थे या उनके सहायक जयदेव, हम इस विवाद में नहीं पड़ेंगे, लेकिन यह निर्विवाद है कि यह गज़ल का एक नया नशीला देव आनंदीय रूप था जिसे आगे भी दादा ने रफ़ी और किशोर के साथ बहुधा इस्तेमाल किया। मजरूह के साथ दादा के शोख गीतों ने 'पेइंग गेस्ट', 'नौ दो ग्यारह' और 'काला पानी' जैसी फ़िल्मों से एक नई नवेली राह का आगाज़ किया।

पर इस दौर की सचिन दा की कालजयी फ़िल्में रहीं गुरुदत्त की 'प्यासा' (1957) और 'कागज़ के फूल' (1959)। 'प्यासा' के गीत साहिर के श्रेष्ठतम गीत माने जाते हैं और कथानक के अनुरूप पूँजीवादी सभ्यता और संस्थाओं की शोषक प्रवृत्तियों पर आक्रमण करता उनका गीत 'ये महलों ये तख़्तों ये ताजों की दुनिया' रफ़ी के स्वर में स्वतंत्रता के बाद के दशक की टूटती आस्थाओं का प्रतिनिधि गीत बन गया। ऐसा ही एक और लम्बा महत्त्वपूर्ण गीत था 'ये कूचे ये नीलमघर दिलकशी थे, ये लुटते हुए कारवाँ ज़िंदगी के'। ज़िंदगी को रसपूर्ण तरीके से जीनेवाले दादा बर्मन ने 'प्यासा' से यह सिद्ध कर दिया कि निराशा और विषाद की भावनाओं को अभिव्यक्त करने में भी वे किसी से पीछे नहीं थे। हेमंत के गाए लोकप्रिय गीत 'जाने वो कैसे लोग थे जिनके प्यार को प्यार मिला' की बिलावल आधारित कम्पोज़ीशन में तीव्र मध्यम के प्रयोग से दादा ने धुन में गजब की गम्भीरता ला दी।

दुनिया को जलाने और मिटाने का आह्वान करता 'प्यासा' का संगीतमय उत्कर्ष

पर जहाँ एक तरफ़ इस पूँजीवादी वर्ग भेद की सभ्यता को मिटाने का उद्‌घोष बेहद ऊँची पट्टी पर जाकर दादा ने रोंगटे खड़े कर देनेवाले अंदाज़ से कम्पोज़ किया, वही 'प्यासा' के कई गीत उन्होंने उतने ही हुनर से बड़े कोमल या शोख सुरों को लेकर सृजित किए। गीता के स्वर में 'जाने क्या तूने कही जाने क्या मैंने सुनी', या गीता, रफ़ी का गाया 'हम आपकी आँखों में इस दिल को बसा ले तो', या फिर गीता के ही स्वर में बंगाल की कीर्तन-शैली में रचा श्रृंगार गीत 'आज सजन मोहे अंग लगा लो' और रफ़ी के स्वर को जॉनी वाकर के अंदाज़े बयाँ पर प्रयुक्त करते हुए सदाबहार लोकप्रिय गीत 'सर जो तेरा चकराए या दिल डूबा जाए' (जो सभी चम्पी और मालिश वालों का प्रतिनिधि गीत बन गया) जैसे उदाहरण क्या फ़िल्म संगीत से कभी भुलाए जा सकेंगे? गीता के स्वर में 'रुत फिरे पर दिन हमारे फिरे न फिरे न' भी एक कम प्रचलित किंतु बहुत अच्छी रचना थी। 'प्यासा' का तो पूरा साउंड ट्रैक ही लाजवाब है। जगह-जगह रफ़ी और गुरुदत्त के स्वर में 'ये हँसते हुए फूल', 'ग़म इस कदर', 'जब हम चले तो', 'कौन आखिर जज़्बा', 'तंग आ चुके हैं', 'रूदाद-ए-गमे' जैसे खूबसूरत शेर बिखरे हुए हैं।

'कागज़ के फूल' (1959) में साहिर नहीं बल्कि कैफ़ी आज़मी और शैलेंद्र थे। यहाँ टूटती आस्थाएँ अधिक व्यक्तिगत थीं और 'देखी ज़माने की यारी, बिछड़े सभी बारी-बारी' (रफ़ी) का अंदाज़ 'प्यासा' वाला ही था। यहाँ भी गम्भीरता और हलकापन एक दूसरे को संतुलित करते थे, पर जहाँ 'प्यासा' के शोख, रूमानी और हलके गीतों के सामने 'काग़ज़ के फूल' के 'हार कभी जीत कभी' (रफ़ी, आशा), 'हम तुम जिसे कहता है शादी' (रफ़ी), 'एक दो तीन, चार और पाँच' (गीता, साथी), 'सन सन सन वो चली हवा' (रफ़ी, आशा, सुधा, साथी) जैसे गीत कमज़ोर थे, वहीं 'वक्त ने किया क्या हसीं सितम' (गीता) का दर्द 'प्यासा' के दर्द से कहीं भी कमतर नहीं था। गुरुदत्त की वास्तविक जीवन की घटनाओं के लेकर बनाई गई भारत की इस प्रथम सिनेमास्कोप फ़िल्म को 'प्यासा' के मुकाबले कम सफलता मिली लेकिन 'वक्त ने किया क्या हसीं सितम' की कोमल संवेदनशील रचना आज

तक इस गीत को गीता दत्त के श्रेष्ठतम गीतों में से एक के रूप में हमारे मन में बसाए हुए है।

व्यावसायिक रूप से यह दादा का बेहद सफल दौर था। राज खोसला निर्देशित 'सोलहवाँ साल' (1958) का 'है अपना दिल तो आवारा' (हेमंत) इतना लोकप्रिय हुआ कि 1958 की वार्षिक बिनाका का सबसे लोकप्रिय गीत बना। स्वयं उनके पुत्र पंचम के बजाय माउथ ऑर्गन के साथ इस गीत की झूमने-झुमानेवाली धुन ने तो युवावर्ग को मदहोश ही कर दिया। हालाँकि लोकधुन पर मैंडोलिन के साथ थिड़कता 'देखो मोरे लागा सोलहवाँ साल' (आशा, रफ़ी, सुधा मल्होत्रा), लोच भरा 'यही तो है वो यही तो है' (रफ़ी) 'नज़र की कटारी ये कैसी चली' (आशा) और 'ये भी कोई रूठने का मौसम है' (आशा) खास नहीं चले, पर 'है अपना दिल तो आवारा' की विराट लोकप्रियता ने बाकी गीतों की कम सफलता महसूस ही नहीं होने दी। किशोर कुमार अभिनीत 'चलती का नाम गाड़ी' (1958), 'अपना हाथ जगन्नाथ' (1959) और 'बेवकूफ़' (1959) में भी दादा का संगीत लोकप्रियता की बुलंदियों को छूने वाला था। अपने कथानक के अनुरूप 'चलती का नाम गाड़ी' फ़िल्म के संगीत में हास्य की धारा इतनी सशक्त थी कि इसने सचिन देव बर्मन को इस विधा के सबसे सशक्त श्रेणी के संगीतकारों की पंक्ति में ला खड़ा किया। 'बाबू समझो इशारे' (किशोर, मन्ना डे), हेनेसे अर्नी फ़ोर्ड के 'The watermelon song' से प्रेरित 'हम थे वो थी और समां रंगीन' (किशोर, अनूप), 'हम तुम्हारे हैं ज़रा घर से निकल कर देख ले' (किशोर, सुधा) 'इन हाथों से सबकी गाड़ी चल रही है' (किशोर, साथी) जैसे गीतों में असीमित और उन्मुक्त हास्य था, अबाध गायकी और निर्द्वन्द्व ऑरकेस्ट्रेशन के साथ। 'हाल कैसा है जनाब का' (आशा, किशोर) दादा के शोख गीतों की कड़ी का नया मील स्तम्भ बना, और आज तक गुनगुनाया जाता है। 'मैं सितारों का तराना' से शुरू करके 'पाँच रुपय्या बारह आना' का सिलसिला किशोर के मस्तिष्क की उपज थी, और यह हास्य शैली के रूमानी गीत के रूप में अनूठी अभिव्यक्ति ही थी। और इन सबके साथ कोमल नाजुक सहलाते सुरों के साथ दादा ने बनाया 'एक लड़की भींगी भागी सी'। हेनेसे अर्नी फोर्ड के ही 'Sixteen tons' से कुछ प्रेरित इस गीत से दादा बर्मन ने सिद्ध कर दिया कि ऐसे नर्म रूमानी गीतों को भी किशोर बखूबी गाने में सक्षम थे—यह और बात है कि अन्य संगीतकारों ने उन्हें एक दशक बाद ही अपनी सम्पूर्ण विविधता के साथ पहचाना।

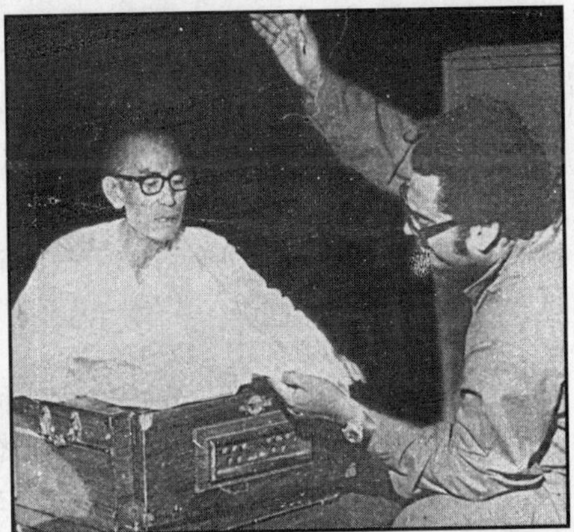

किशोर के साथ दादा बर्मन

किशोर और दादा के अद्भुत हास्य की छटा 'अपना हाथ जगन्नाथ' (1960) के 'परमिट परमिट परमिट', 'छाई घटा बिजली कड़की' (आशा के साथ), 'बन के गुलगुले' के साथ भी जारी रही, हालाँकि यहाँ भी दादा ने भैरवी के सुरों पर 'तुम जहाँ जहाँ हम वहाँ वहाँ' (किशोर, आशा) जैसा सुंदर रूमानी गीत और 'तुझे मिली रोशनी मुझको अँधेरा' (आशा) जैसा संजीदा गीत कम्पोज़ कर के अपने हरफ़नमौला होने का पुख्ता प्रमाण दे ही दिया। आइ.एस. जौहर निर्देशित 'बेवकूफ़' (1960) में न केवल किशोर के फड़कते अंदाज़ में 'माइकेल है तो साइकल है' (आशा के साथ) जैसे गीत लोकप्रिय हुए, बल्कि हल्की पाश्चात्य लय पर 'तुमी पिया चिकारा हूँ—3 गर्सिया' (आशा, किशोर, मन्ना डे) का अनूठा अंदाज़ और गीत के कलर चित्रांकन ने काफ़ी जम के मकबूलियत पाई। पर किशोर और दादा का इस दौर का सर्वश्रेष्ठ उत्फुल्ल और आधुनिक अंदाज़ हमें शक्ति सामंत निर्देशित 'नॉटी ब्वाय' (1962) में मिलता है जहाँ पाश्चात्य ऑरकेस्ट्रेशन के बीच 'हाय हाय वो मतवाली अदा' और आशा के साथ 'तार दिलों के अब जोड़ दो' , 'अब तो बतला अरे ज़ालिम मेरी क़िस्मत में क्या है', 'जहाँ भी गए हम' और 'हो गई शाम दिल बदनाम' का गतिशील अंदाज़ मन मोह लेता है।

देव आनंद और दादा बर्मन का साथ बदस्तूर जारी था। यदि 'एक के बाद एक' (1960) का संगीत सफल नहीं था तो 'बम्बई का बाबू', 'काला बाज़ार' और 'मंज़िल' के गीतों ने लोकप्रियता के कीर्तिमान स्थापित किए। 'बम्बई का बाबू' में दादा वर्षों बाद मुकेश को लेकर आए। मुकेश उनके पसंदीदा गायक कभी नहीं रहे और दादा ने कई बार मुकेश की अदम्य लोकप्रियता पर खुलेआम आश्चर्य भी प्रकट किया था। पर मुकेश के स्वर में 'चल री सजनी अब क्या सोचे' की अपार कालजयी लोकप्रियता ने दादा के आश्चर्य पर ही प्रश्नचिह्न लगाया। दर्द में डूबे हुए राग कलावती पर आधारित सुर और वेदना को गहराते कोरस की बहुत सुंदर humming—क्या खूब रचना हुई थी! दर्द के सुरों को बिलकुल अलग ढंग से इसी फ़िल्म के दूसरे बहुलोकप्रिय

गीत 'साथी न कोई मंज़िल दिया है न कोई महफ़िल' में दादा रफ़ी के स्वर में लेकर आए, और अपनी लाक्षणिक शोखी को 'देखने में भोला है दिल का सलोना' (आशा, साथी) के साथ प्रस्तुत किया। 'दीवाना मस्ताना हुआ दिल' (आशा, रफ़ी) के 'दीवाना' शब्द को हलके विरामों के साथ इस अदायगी के साथ दादा ने ढाला कि यह गीत दादा की चिर युवा प्रकृति का प्रतिनिधि गीत ही बन गया। विजय आनंद निर्देशित 'काला बाज़ार' में पुनः दादा का संगीत ताजा, युवा और उन्मुक्त रहा। 'कोई आया धड़कन करती है' वाला प्रभाव काफ़ी हद तक दादा आशा के स्वर में 'सच हुए सपने तेरे' में जगाने में सफल रहे और 'रिमझिम के तराने ले के आई बरसात' (गीता, रफ़ी) तथा 'साँझ ढली दिल की लगी थक चली पुकार के' (मन्ना डे, आशा) में उन्होंने पुनः अपना शोख, खुला बिंदास रूप प्रकट किया। 'ना मैं धन चाहूँ ना रतन चाहूँ' (गीता, सुधा) की भजन-शैली में रिद्म और tone का जो प्रभाव दादा लाए, वह एक सम्पूर्ण संगीतकार ही ला सकता था। रफ़ी के स्वर में 'खोया खोया चाँद खुला आसमान' की खुमार-भरी रूमानियत और 'अपनी तो हर आह एक तूफ़ान है' की संवेदना दादा और देव आनंद की जुगलबंदी के अनमोल उदाहरण है। इसी प्रकार देव आनंद की आधुनिक stylish छवि के अनुरूप निर्बाध, उन्मुक्त और सटीक था दादा की सदाबहार युवा प्रकृति के साथ आया 'मंज़िल' का संगीत। गिटार के कॉर्ड्स पर नशीले, आधुनिक सुरों के साथ 'याद आ गई वो नशीली निगाहें' इसका सर्वश्रेष्ठ उदाहरण था। अद्भुत कम्पोज़ीशन और बेहतरीन गायकी! हेमंत के गाए सर्वश्रेष्ठ गीतों में मैं इसे हमेशा से रखता आया हूँ। दादा की शोख रूमानी शैली के उदाहरण बनकर 'दिल तो है दीवाना न, भानेगा बहाना न' (रफ़ी, आशा), 'चुपके से मिले प्यासे प्यासे कुछ हम कुछ तुम' (गीता, रफ़ी), गुनगुनाहट-भरे तरन्नुम के साथ 'चाँद और मैं और तू' (मन्ना डे, आशा) जैसे गीतों को कैसे भुलाया जा सकता है? मन्ना डे के स्वर के विविध आयामों को उभारने में दादा बर्मन अग्रणी रहे हैं। 'अब किसे पता कल हो क्या' की झूमनेवाली धुन के साथ उनके स्वर में एक गजब सी मस्ती का आलम प्रकट करनेवाले यदि बर्मन दादा थे, तो भैरवी में शास्त्रीयता में हास्य का पुट ढालकर सदाबहार रचना 'हटो काहे को झूठी बनाओ बतियाँ' को मन्ना डे के स्वर में बेमिसाल भंगिमा से उभारनेवाली भी बर्मन की ही स्वर-रचना थी, और पाश्चात्य ऑरकेस्ट्रेशन के साथ तरन्नुम के समागम वाले गीत 'हमदम से गए हमदम की कसम हमदम न मिला' में मन्ना डे के स्वर की लोच को सामने लानेवाले भी सचिन दा ही थे।

'मंज़िल' यदि दादा के छठे और सातवें दशक की यात्रा के बीच की transitional प्रतिनिधि फ़िल्म थी तो 'मियाँ-बीवी राज़ी' (1960) उनके अगले दशक के संगीत सफ़र के पहले का ऐसा पड़ाव जहाँ आनेवाले रास्ते का आभास झिलमिलाने लगता है। 'छोड़ो-छोड़ो मोरी बहियाँ साँवरे' (सुमन) में वह अत्याकर्षक दोलन और oscillation मौजूद है जो अगले दशक की बर्मन दा की कई रचनाओं की विशेषता बन गया। बर्मन की अगले दशक की रचनाओं में जो elegance और कसावट प्रचुरता से उभरी उसकी झलक हमें सितार के बेहतरीन टुकड़ों के बीच सृजित पारम्परिक गज़ल की अदायगी लिप्त शैली पर आधारित 'खुली है आँख मगर ख्वाब है वही का वही' (सुमन) में मिल जाती है। उपरोक्त दोनों गीत सुमन कल्याणपुर द्वारा गाए इस दशक के सर्वश्रेष्ठ गीत कहे जा सकते हैं।

सचिन देव बर्मन का सातवें दशक का संगीत समय के साथ साथ और भी आधुनिकता लेकर आया। ऑरकेस्ट्रा को अपने आरम्भिक जीवन में महत्त्व न देनेवाले बर्मन दादा ने न केवल बढ़ते पाश्चात्य ऑरकेस्ट्रेशन को अपनाया, बल्कि उसके साथ पारम्परिक भारतीय और लोकवाद्यों का संतुलन उन्होंने इतनी खूबी से कायम रखा कि वे अधिक मेलोडियस भी लगे और आधुनिक वाली अपनी छवि भी बरकरार रखी। कई बार तो सितार को उन्होंने सोलो वाद्य की तरह बड़ी सुन्दरता से पेश किया। दादा का संगीत कभी फूहड़ नहीं लगा, बल्कि सातवें दशक में उसमें एक नई सुशिष्टता और नया लालित्य प्रकट हुआ। उनकी कम्पोज़ीशन्स में कसावट भी बढ़ी और प्रयोगात्मकता भी। इस दशक की उनकी कई रचनाओं में एक डोलता, झूलता हुआ अहसास उत्पन्न हुआ जो बहुत ही आकर्षक था। ऐसे गीतों में—जैसे 'जानी तुम तो डोले दगा देई के' (डॉ. विद्या) या 'हौले-हौले जिया डोले' (कैसे कहूँ)—स्वर-रचना के भीतर लहरदार विरामों और झटकों का उन्होंने बिलकुल नए ढंग का प्रयोग किया।

सातवें दशक में दादा और लता के साथ की वापसी भी हुई। यह वापसी भी बस ऐसे ही हो गई। कहाँ तो दोनों के बीच इतना मनमुटाव था कि दादा के पुत्र राहुल देव बर्मन की प्रथम फ़िल्म 'छोटे नवाब' के गीत की रिहर्सल के लिए लता दादा के घर के अंदर प्रवेश न करके घर के सामने की सीढ़ियों पर ही बैठकर पंचम के साथ रियाज़ करती थीं, और कहाँ ऐसा बदलाव कि बस दादा ने एक बार फ़ोन करके लता को अपने खास अंदाज़ में उलाहना दिया कि वे उनके गीत क्यों नहीं गाती और फिर गाने का न्यौता दिया और लता तैयार हो गई। लता के व्यावहारिक पहलू की चर्चा बहुत हुई है, और इस तथ्य से भी इनकार नहीं किया जा सकता कि लता यह महसूस करती ही होंगी कि दादा की रचनाओं को न गाकर तो वे अपना ही नुकसान कर

रही थीं।

लता की वापसी भी धमाकेदार ही हुई। 'डॉ. विद्या', 'बंदिनी', 'मेरी सूरत तेरी आँखें' में एक के बाद एक लुभावने गीतों की झड़ी ही लग गई। डॉ. विद्या (1962) के 'जानी तुम तो डोले दगा दई के' का अभूतपूर्व दोलन और उसे रंजित करता दादा का खास रिद्मिक लोकवाद्य तो बेमिसाल ही था। राग बहार में 'पवन दीवानी न माने उड़ावे मोरा घुँघटा' (लता) सुबह की शीतल ताजा हवा की तरह आई, और सुबह की स्निग्ध स्फूर्तिदायक बयार की अनुभूति वाले इस प्रकार के गीतों का सिलसिला दादा ने इस दशक और अगले दशक में अपनी मौत तक कायम रखा। यदि शोख, रूमानी गीतों का एक नया अंदाज़ दादा की छठे दशक की विशिष्टता थी, तो प्रातः की प्राणदायी वायु के झोंकों का एहसास कराती, या झूमती डालियों जैसे दोलन का असर पैदा करती, या फिर एक साथ दोनों की ही अनुभूति को जगाती रचनाएँ दादा की सातवें और आठवें दशक की रचनाओं की विशेषता बन गई। लता के स्वर में बेहद श्रुतिमधुर और लोकप्रिय 'खनके कँगना बिंदिया हँसे' और रिलीज़ न किया गया 'मैं कल फिर मिलूँगी इसी गुलिस्ताँ में' (रफ़ी, आशा) 'डॉ. विद्या' के ऐसे ही खूबसूरत गीत थे। यह खूबसूरती 'बंदिनी' (1963) के लता के दो अविस्मरणीय गीतों 'मोरा गोरा अंग लइ ले' और 'जोगी जब से तू आया मेरे द्वारे' में अपने शिखर पर है। गुलज़ार के लिखे प्रथम फ़िल्मी गीत 'मोरा गोरा अंग लइ ले' में दादा ने अपनी दोलन-शैली में बंगाल के लोकसंगीत का अद्भुत स्पर्श दिया था। गीत के इंटरल्यूड में तबले के कोमल प्रभाव का गजब का उदाहरण दादा ने प्रस्तुत किया है। साथ ही जलतरंग को सुरमंडल और तबले के रिद्म के साथ समन्वय के रूप में बजवाकर जो असर पैदा किया गया है, वह अभूतपूर्व ही कहा जा सकता है। वहीं 'जोगी जब से तू आया मेरे द्वारे' की ग्रामीण मिठास में जो लालित्य है वह आज तक अभिभूत करता है। सच, लता की वापसी के साथ सचिन देव बर्मन का संगीत एक नवपल्लवित कुसुम की तरह ही खिल उठा।

'मोरा गोरा अंग लइ ले'–'बंदिनी' में नूतन

आरम्भ से ही विभिन्न लोकशैलियों का उपयोग दादा ने अपनी रचनाओं में समय-समय पर किया। दादा ने 'नौजवान' (1951) के 'कहाँ ले के जैहो राम' (लता, किशोर) के बीच में पूरबी लोकशैली का स्पर्श और इसी फ़िल्म के 'पनघट पे देखो आई मिलन की बेला' (रफ़ी, गीता, साथी) में ब्रज की लोकशैली की छटा बिखेरी, तो 'मिस इंडिया' के 'वादे सवा कुछ तो बता' (लता) में 'दिल खो गया' वाले अंश के पहले 'जी जी जी' की पुनरावृत्ति से भैरवी में लावणी का हलका-सा स्पर्श और 'राधा कृष्ण' (1954) के 'नील गगन में मादल बाजे' (आशा, साथी), 'ऐसी बंशी बजाई' (लता), 'रास रचाओ जी' (आशा/लता, साथी), 'किन्ने मारा अबीर गुलाल' (लता, साथी) जैसे गीतों में उत्तर और पश्चिमी भारत के कृष्ण लीला संगीत, होरी और रसिया-शैलियों से प्रभावित रूप प्रस्तुत किए। पूरब की चैती और बिरहा का शुद्ध और थोड़ा परिष्कृत और नवीन रूप दादा बर्मन ने क्रमशः 'जीवन ज्योति' (1953) के 'छाई कारी बदरिया बैरनिया हो राम' (लता) और 'नौ दो ग्यारह' (1957) के पीलू आधारित 'ढलकी जाए चुँदरिया हमारी हो राम' (आशा) में अद्वितीय सुंदरता से प्रस्तुत किया था। 'शिवजी बियाहने चले' का पूरबी लोकरंग, सोलवाँ साल के 'देखो मोहे लागा सोलहवाँ साल' (रफ़ी, सुधा, आशा) का लोकसंगीत और 'जाल' के गीतों में गोआ की लोकशैलियों की झलक जैसे कितने ही उदाहरण दिए जा सकते हैं। बंगाल और पूर्वांचल के लोकरंग से रचे उनके स्वयं के गाए 'सुन मेरे बंधु रे', 'मेरे साजन हैं उस पार', 'सफल होगी मेरी आराधना', 'प्रेम के पुजारी हम हैं', 'वहाँ कौन है तेरा' जैसे गीतों के उदाहरण से तो सभी परिचित हैं ही। गीता के स्वर में उनकी संगीतबद्ध गैरफ़िल्मी रचना 'हौले हौले हवा' में भी लोकरस की प्यारी मिठास थी और यह गीत अपने ज़माने में रेडियो पर बजता भी खूब था। उनके गाए मशहूर हिंदी गैरफ़िल्मी गीतों–'प्रेम किए बिना रहा न जाए', 'कौन नगरिया', 'धीरे से आजा री बगियन में', 'मेरे श्याम' आदि में भी इस लोकशैली का प्रभाव भरपूर रहा है और यही उनकी विशिष्टता भी रही है। अपने कई गीतों में नज़रूल संगीत का भी उन्होंने बहुत सुन्दर इस्तेमाल किया–उदाहरण के लिए 'बुज़दिल' का 'मैं अलबेली' (लता), 'मुनीमजी' का 'घायल हिरणिया' (लता) और 'प्यासा' का 'जाने क्या तूने कही' (गीता)

में नज़रूल गीति का स्पर्श बहुत लुभावना था।

सातवें दशक के इस दौर के संगीत में दादा की रचनाओं में बंगाल और पूर्वांचल के भटियाली, सारी, धुमैल आदि लोक-संगीत का प्रभाव प्रखरता से दिखाई देता है। विमल रॉय के (सलिल के अलावा) दूसरे संगीतकार के रूप में सचिन देव बर्मन बहुत जमे, और विमल दा की 'सुजाता' (1959) और 'बंदिनी' (1963) में बंगाल के ग्रामीण परिवेश को उभारने के लिए वहाँ के लोकसंगीत की बेहद मधुर शैलियों को भी दादा ने अपने संगीत में समाहित किया। 'सुजाता' के समय लता से मनमुटाव जारी था, लेकिन दादा ने गीता और आशा के साथ लता की कमी नहीं महसूस होने दी। 'काली घटा छाए मोरा जिया' (आशा) की नटखट नाज भरी अदायगी के पीछे राग पीलू के सुरों का बेहद सुंदर उपयोग हो या जलतरंग के साथ कोमल-सी सहलाहट को लेकर 'नन्हीं कली सोने चली हवा धीरे आना' (गीता), आमोद और nostalgia की छाया लिए 'तुम जियो हज़ारों साल' (आशा, साथी) और 'बचपन के दिन भी क्या दिन थे' (गीता, आशा) जैसे सुंदर गीत हो, इनके पीछे कहीं बंगाल की मिट्टी की गंध थी तो कहीं दादा की विलक्षण मेलोडी की कसावट। 'सुजाता' के चिरस्मरणीय गीत 'जलते हैं जिसके लिए' को दादा ने तलत से गवाया, पर अपनी इच्छा के विपरीत और तुनकमिजाज़ दादा ऐसे थे कि तलत को रेकॉर्डिंग के पहले उन्होंने अपने खास बेबाक अंदाज़ में सचेत भी कर दिया कि 'मेरा गाना खराब मत करना'। तलत की रेकॉर्डिंग से भी वे खास खुश नहीं थे। पर विडंबना देखिए कि गीत इतना लोकप्रिय हुआ कि न केवल पुरस्कृत हुआ बल्कि आज तक तलत के सर्वश्रेष्ठ गीतों में इसकी गिनती की जाती है। राग काफी के सुरों को सहलाते हुए सृजित इस गीत को पुरस्कार मिलना कोई आश्चर्य नहीं है।

'सुजाता' ही वह फ़िल्म थी जिसमें दादा बंगाल की भटियाली शैली को हिन्दी फ़िल्मों में पहली बार अपने स्वर में लेकर आए थे, और 'सुन मेरे बंधु रे सुन मेरे मितवा' की माँझी शैली की विरह-भरी पुकार आज भी सचिन दा की श्रेष्ठतम रचनाओं में शामिल है। आगे चलकर इस शैली को दादा ने कई बार आजमाया और सभी के सभी गीत बेहद मकबूल रहे। 'बंदिनी' के लोकशैली के दुर्लभ गीतों में क्या हम सचिन देव बर्मन की खास भटियाली में 'ओ रे माँझी ओ रे माँझी मेरे साजन हैं उस पार' की आकुलता को कभी भूल सकते हैं? और क्या राग जोग का स्पर्श लिए 'ओ जाने वाले हो सके तो लौट के आना' अपनी दर्द-भरी तर्ज के साथ मुकेश के सबसे लोकप्रिय गीतों में आज तक नहीं गिना जाता? विषाद, कसक, निर्मलता और पावनता का इतना सुंदर संगम और कहाँ मिलेगा? लोकसंगीत के प्रयोग वाले पूरबी बिरहा 'अब के बरस भेज भइया को बाबुल' (आशा) का पीलू, 'ओ पंछी प्यारे' (आशा) के मेघ और जोग के पुट और 'मत रो माता लाल तेरे बहुतेरे' (मन्ना डे) जैसे फाँसी पर झूलते जाते समय गाए जानेवाले बलिदानी गीतों के साथ क्या बिमल रॉय की 'बंदिनी' में दादा बिमल रॉय की सलिल द्वारा संगीतबद्ध रचनाओं से आगे ही नहीं निकल गए हैं? ऑरकेस्ट्रेशन में दादा भले ही सलिल से हमेशा पीछे ही रहे हों, (हालाँकि उस ज़माने के मुकाबले जब फ़िल्मिस्तान के लिए संगीत देते हुए दादा को ऑरकेस्ट्रेशन में सी. रामचंद्र की सहायता लेनी पड़ती थी, उनका ऑरकेस्ट्रेशन सातवें दशक तक तो बहुत अच्छा और परिपक्व हो चुका था) पर जैसाकि अनिल विश्वास और खुर्शीद अनवर दोनों ने ही माना कि दादा इस वक्त तक फ़िल्म संगीत क्षेत्र के अकेले complete composer या पूर्ण संगीतकार का विशेषण भी पा चुके थे। यही कारण था कि भले ही लता मंगेशकर ने अपनी सिल्वर जुबली के अवसर पर अपने चुने दस सर्वश्रेष्ठ गीतों में दादा का ए़क भी गीत न रखा हो (मनमुटावों की खटास कुछ हद तक लता के अंदर शायद छूट ही जाती है), पर इस अवसर पर रात्रि में हुए अपने कंसर्ट को संयोजित करने का सम्मान उन्होंने दादा को ही दिया।

बहरहाल दादा के संगीतबद्ध या गाए कुछ बाँग्ला गीतों की रचना की चर्चा के बिना दादा पर यह आलेख अधूरा ही रहेगा। इन गीतों में भी दादा ने भटियाली, जात्रा, सारी जैसी कई लोकविधाओं को पल्लवित किया, और दादा के कई हिंदी फ़िल्मी गीतों के मूल में यही बाँग्ला धुनें रही हैं। 'आजो आकाशेर पथ', 'आँखें रुति झरे', 'आमि शेत परि', 'भालो लागे', 'बाजे ना बंशी गो', 'बंशी सुने आइ', 'ताक धुन ताक धुन बाजे बाँग्ला देशेरे ढोल', 'की कोरी आमि की कोरी', 'सुनो गो दखिनो हवा प्रेम करेछि आमि', 'तुमि चले जाइवी रे', 'धूम भूलेछि', 'अल्लाइ दोहाई' जैसे ढेरों उदाहरण दिए जा सकते हैं। 'आराधना' जैसी फ़िल्म तो अपनी सभी धुनों के साथ बाँग्ला में भी मौजूद थी। 'चैताली' के 'दैशिली' (लता) और हिंदी गीतों 'पायल बाज गई आज मेरी लाज गई' (लता), 'फूलों में से' (लता, उषा मंगेशकर) और ठुमरी अंग में 'शाम भई बिन श्याम' (लता) में सचिन देव बर्मन का पूरा लावण्य रिद्म और मेलोडी की अपनी सम्पूर्णता के साथ मौजूद था।

देव आनंद के साथ दादा का स्वर्णिम संगीत सफ़र इस दशक में भी 'तेरे घर के सामने' (1963), 'गाइड' (1965), 'तीन देवियाँ' (1965), 'ज्वेल थीफ़' (1967) और 'प्रेम पुजारी' (1970) के जरिए न केवल जारी रहा बल्कि लोकप्रियता के कीर्तिमान

भी बनाता रहा। 'एक घर बनाऊँगा तेरे घर के सामने' (लता, रफ़ी) की मेलोडियस रवानगी के पीछे लता के आलापों का कितना सुंदर प्रभाव डाला था दादा ने! इसी फ़िल्म के 'ये तन्हाई हाय रे हाय' (लता), 'देखो रूठा न करो' (लता, रफ़ी) और खुमार भरे 'तू कहाँ ये बता इस नशीली रात में' (रफ़ी) सीधी सादी धुनों में कलात्मकता के पुट डालने के दादा के हुनर के सशक्त उदाहरणों में गिन जाने चाहिए। यह भी एक महत्त्वपूर्ण तथ्य है कि इस दशक के कई रूमानी गीतों में सचिन दा ने पहाड़ी संगीत-शैली का बहुत सुंदर इस्तेमाल किया। 'तेरे घर के सामने' का 'दिल का भँवर करे पुकार' (रफ़ी) गुंजित पहाड़ी शैली का बेहतरीन उदाहरण है।

पहाड़ी की यही सुंदर शैली हमें 'गाइड' के 'गाता रहे मेरा दिल' (किशोर, लता) और 'ज्वेल थीफ़' के 'दिल पुकारे आ रे आ रे' (रफ़ी, लता) में मिलती है। 'गाइड' के गीतों की चर्चा हम पहले भी कर चुके हैं, पर 'तीन देवियाँ' (1965) का संगीत अलग शैली का होते हुए भी कम महत्त्वपूर्ण नहीं है। यह मान भी लिया जाए कि फ़िल्म की ख़ुमार-भरी ग़ज़ल 'कहीं बेख़याल होकर' (रफ़ी) की धुन वस्तुतः दादा की न होकर जयदेव की थी (क्योंकि बकौल मजरूह सुल्तानपुरी दादा गज़ल की विधा में कमज़ोर थे) तो भी यमनी बिलावल में 'लिखा है तेरी आँखों में किसका अफ़साना' (लता, किशोर), गारा आधारित 'ऐसे तो न देखो' (रफ़ी) और अपने चिरपरिचित उत्फुल्ल शरारती अंदाज़ में 'अरे यार मेरी तुम भी हो गजब' (किशोर, आशा), 'ख्वाब हो तुम या कोई हकीकत' (किशोर) और sensual अंदाज़ में 'उफ़ कितनी ठंडी है ये रुत' (आशा, किशोर) जैसे गीतों के साथ दादा लोकप्रियता के चरम पर थे। इस तरह की कुछ शोख शरारती धुनों के पीछे उनके सहायक और पुत्र पंचम की कल्पनाशक्ति का योगदान भी कम नहीं किया जा सकता, फिर भी दादा के प्रभाव को भी नज़रअंदाज़ नहीं कर सकते हैं। 'ज्वेल थीफ़' के होंठों में ऐसी बात मैं दबा के चली आई' (लता, भूपेंद्र, साथी) में वैजयंतीमाला का अनूठा अंदाज़ लोगों के दिलोदिमाग पर छा सा गया था। 'ये दिल न होता बेचारा' (किशोर) की 'River Kwai March' से प्रेरित धुन की लय और 'आसमाँ के नीचे' (लता, किशोर) गली-गली में गूँजे। 'रात अकेली है' (आशा) की आधुनिकता दादा की परिभाषा ही बन गई थी—समय के साथ-साथ चलने वाली आधुनिकता और बढ़ती उम्र के बावजूद समकालीन। 'रात अकेली है' के मुखड़े के अंत में कोमल, धीमी अदायगी के बाद अचानक 'जो भी चाहे कहिए' का चीख जैसा अंदाज़ तो निराला ही था, और इसमें असर लाने के लिए दादा ने आशा को यह कल्पना करने के लिए कहा कि कोई बच्चा कानों में हलके-हलके बोलते एकाएक जोर से 'कू' करता है। असर कितना लाजवाब था, यह तो हम देख ही चुके।

बेहद आधुनिक ऑरकेस्ट्रेशन के बीच लता की कुछ सबसे खूबसूरत मेलोडीज़ दादा के इस दौर के संगीत से ही उपजी है। दो दशक पुराना संगीतकार इस मामले में अन्य संगीतकारों को पीछे छोड़ गया है। दादा की रचनाओं को यदि ध्यान से देखा जाए तो लगता है कि उनकी रचनाओं के मूल नोट्स हमेशा राग आधारित होते थे, और फिर वे नोट्स के क्रम को chord का आधार देते थे। याद कीजिए 'ज्वेल थीफ़' का वह अद्भुत गाना 'रुला के गया सपना मेरा'। संवेदना, कशिश, माधुर्य और दिलक़शी—क्या नहीं है इस गीत में! और इन सबके बीच पहाड़ी के सुरों को एक chord आधारित अत्यंत आधुनिक अंदाज़ और वाद्य-संयोजन के बीच इतनी सुंदरता से तराशा गया है कि गहन रात में यदि इस गीत को सुना जाए तो आज भी रोम-रोम स्पंदित हो उठता है। यदि 'रुला के गया सपना' के तुरंत बाद 'तलाश' (1969) के 'कितनी अकेली कितनी तन्हा सी लगी तुझसे मिल के मैं आज' को सुना जाए तो क्या यह सत्य ज़ोरों से सामने नहीं आता कि दादा के संगीत में लता एक परिष्कृत आधुनिक रूप में कितने grace के साथ हमारे सामने आती हैं। 'प्रेम पुजारी' (1970) का 'रंगीला रे' लता के माधुर्य और आधुनिक ऑरकेस्ट्रेशन के संगम का चरम है। इतने कर्णप्रिय अंतरे दादा ही सृजित कर सकते थे। नीरज के साथ दादा की जोड़ी भी इसी गीत से जमी थी, जब शराब के लिए 'जल' शब्द का उपमान प्रस्तुत कर नीरज ने दादा को चमत्कृत कर दिया था।

दादा को रिद्म की जबर्दस्त पकड़ थी। अपनी रचनाओं में कौंगो या बौंगो रिद्म हो, चाहे लोक-थिरकन हो या चाहे रूपक ताल हो—रिद्म के इन प्रकारों पर दादा की रचनाएँ सहजता से झूम-झूम जाती थीं। कभी यह रिद्म मछली पकड़ने का शौक रखने वाले दादा के पसंदीदा बांद्रा रिज़र्ववायर की लहरों की तरह आहिस्ता-आहिस्ता 'ये दिल दीवाना है दिल तो दीवाना है' (लता, रफ़ी—'इश्क पर ज़ोर नहीं', 1970) के बेहतरीन ढंग से फ़िल्माए गीत के साथ प्रकट होती थी, तो कभी उनके पसंदीदा खेल टेनिस के टाइम्ड शॉट्स की तरह 'पलकों के पीछे से क्या तुमने कह डाला फिर से तो फ़रमाना' (लता, रफ़ी—'तलाश', 1969) के कसे नोटेशन्स के साथ गतिमान होती थी, और कभी तो अपने बँगले के नाम 'जेट' की तरह द्रुत गति से लोकरंग की तीव्रता और रस प्राप्त कर 'आज को झुनली रात मा' (लता, रफ़ी, साथी—'तलाश', 1969) के रूप में झकझोड़ जाती थी। मेलोडी, ऑरकेस्ट्रेशन,

शास्त्रीयता, लय, लोकरंग, परिष्कार—क्या कुछ नहीं था, दादा के इस दौर के संगीत में! यदि 'तलाश' (1969) में एक तरफ़ लता लोकशैली में राग बरवा के सुरों पर 'खाई है रे हमने कसम संग रहने की' (जो दादा के ही पुराने बाँग्ला गीत 'शुनो गो दखिनो हवा प्रेम कोरो छी आमि' की धुन पर आधारित था) में उड़ती-सी लगती हैं, तो दूसरी तरफ मन्ना डे छायानट के साथ 'तेरे नैना तलाश करें जिसे वो है' के जरिये हमें अपने कितनें नज़दीक लगते हैं। 'इश्क पर ज़ोर नहीं' में दादा के साथ लता कहीं पीलू के मचलते रूप में 'सच कहती है दुनिया' वाले शीर्षक गीत में भोली लगती थीं, तो कहीं धीमी लय पर दर्द के सुरों के साथ 'तुम मुझसे दूर चले जाना ना' में बेहर परिपक्व, वे कहीं 'मैं तो तेरे रंग राची रे' की पहाड़ी शैली के साथ तन्मय होती थीं तो कहीं मालकौंस की छाया लेकर गिटार और बाँसुरी की सुंदर मिश्रित लहर के बीच 'ओ मेरे बैरागी भँवरा' के साथ शृंगारिक लगती थीं। दादा गज़लों के सृजन में कमज़ोर रहे हों पर नीरज के शृंगारिक गीतों के साथ तो वे अद्वितीय ही लगते हैं। एकदम नई तकनीक पर पहले लोकरंग, फिर गीत, फिर वाद्य संगीत और फिर स्थायी का क्रमबद्ध आकार लिए 'फूलों के रंग से दिल की कलम से' (किशोर) जैसे प्रणय गीत को पहाड़ी का सुंदर शिल्प दे कर सुरीला बनाना हो, 'दूँगी तैनू रेशमी रूमाल' (लता) को पंजाबी लोकरंग का प्रत्याशित रूप देना हो, या 'शोखियों में घोला जाए फूलों का शबाब' (किशोर, लता) के नीरजनुमा प्यार के निर्माण को उसकी पूरी प्रक्रिया से गुज़ारते हुए अंत में अनूठे उद्घोष जैसे तरीके से तरंगित करना हो—यह सब दादा की सृजन क्षमता के लिए बायें हाथ के खेल जैसा था। भले ही दादा कई बार मूल स्वर रचना करके ऑरकेस्ट्रेशन का काम अपने सहायकों पर छोड़ पान खाने चले जाते हों, पर रेकॉर्डिंग रूम में अंतिम परिमार्जन वे स्वयं ही करते थे। यह भी एक रोचक तथ्य है कि दादा हारमोनियम के साथ बैठकर कम्पोज़ नहीं करते थे—उनकी कई बेहतरीन धुनों का जन्म समुद्र किनारे या टहलने जाते या ड्राइव करते हुए ही हुआ। 'तुम न जाने किस जहाँ में खो गए' की धुन यदि उन्हें मछली पकड़ते समय सूझी, तो 'जाने क्या तूने कही' सुबह टहलते हुए सुनी गई एक ध्वनि की प्रेरणा थी, 'जाएँ तो जाएँ कहाँ' की धुन एक बार रास्ता भूल कर आई तो 'ये रात ये चाँदनी फिर कहाँ' एक चाँदनी रात में खिड़की से बाहर झाँकते हुए।

दादा गज़लों के सृजन में सिद्धहस्त नहीं माने जाते थे, और शायद यही कारण हो कि मुस्लिम सोशल फ़िल्में उन्होंने संगीतबद्ध नहीं की। एकमात्र अपवाद है बिमल रॉय की 'बेनज़ीर' (1964), और यह भी बिमल रॉय के कारण ही सम्भव हुआ होगा। अशोक कुमार और मीना कुमारी अभिनीत यह दूसरी ही ऐसी फ़िल्म थी जब सचिन दा ने शकील बदायूँनी के साथ काम किया ('कैसे कहूँ' के अलावा)। 'बेनज़ीर' के गीतों को सुनकर ऐसा नहीं लगता कि यदि दादा चाहते तो गज़लें नहीं कम्पोज़ कर पाते। यह अवश्य है कि वे परम्परागत शैली से हटकर दादा के रंग में रँगी गज़लें होती पर वे वाक़ई बहुत खूबसूरत होतीं जैसा आभास हमें 'दिल में एक जाने तमन्ना ने जगह पाई है' (रफ़ी) की दिलकश लय के साथ हो ही जाता है। 'बेनज़ीर' के गीत अच्छे होते हुए भी लोकप्रिय न हुए। केदार पर आधारित और तनुजा पर फ़िल्मांकित 'मिल जा जाने जानाँ', 'हुस्न की बहारें लिए आए थे सनम', 'अलविदा जाने वफ़ा मेरी मंज़िल आ गई', 'बहारों की महफ़िल सुहानी रहेगी' और 'मुबारक है वो दिल' (उषा, आशा के साथ) जैसे लता के गीतों में दादा की अपनी शैली से अलग एक सुंदर किंतु भिन्न अहसास होता है।

सचिन दा की हमेशा से यह विशेषता रही कि वे किसी एक गायक पर निर्भर न रहकर कभी किशोर तो कभी रफ़ी तो कभी हेमंत या मन्ना डे को अपने गीतों के लिए चुनते रहे। किशोर को पार्श्वगायक के रूप में देखने वाले बड़े संगीतकारों में सचिन दा ही अकेले थे। फिर भी 'आराधना' (1969) के जिन गीतों से किशोर रातों-रात रफ़ी को पीछे छोड़कर चोटी पर जा पहुँचे, वहाँ किशोर को लाने में दादा का नहीं बल्कि उनके पुत्र पंचम का हाथ था। संगीत-समीक्षक राजू भारतन ने अपने एक आलेख में इस तथ्य का बड़ा रोचक वर्णन किया है कि दादा तो राजेश खन्ना के लिए रफी के पक्षधर थे और रफ़ी के स्वर में फ़िल्म के दो युगल गीत वे रेकॉर्ड भी करा चुके थे लेकिन इसके तत्काल बाद वे काफी बीमार बड़ गए और उनकी शेष गीतों के लिए बनाई गई मूल धुनों को सजाने और सँवारने का काम पंचम के गले आ पड़ा। पंचम रफ़ी के पक्षधर कभी थे नहीं और वे शेष गीतों के लिए किशोर को ले आए। दादा यदि आपत्ति करना चाह भी रहे हों तो उनकी बीमारी ने उन्हें इस लायक नहीं छोड़ा था और पंचम ने 'आराधना' के शेष गीतों को पूरी तरह ऐसा ताज़ा किशोराना मुहावरा दे दिया कि किशोर के गीत रातों-रात कोने-कोने में छा गए और राजेश खन्ना तथा किशोर दोनों को ही अपने-अपने क्षेत्रों में नम्बर एक के स्थान पर बिठा दिया। किशोर के गाए 'मेरे सपनों की रानी कब आएगी तू' की बेहद ताज़ा रिद्म आधारित कम्पोज़ीशन तो जैसे नए सुपरस्टार राजेश खन्ना की पहचान बन गई। देश भर की गली-गली में गाया गया यह गीत सम्भवतः दादा का सर्वाधिक हिट गीत होगा। वहीं 'रूप तेरा मस्ताना' (किशोर) पुरुष स्वर में sensuous गायकी की इंतहा ही मानी जाएगी। ऑरकेस्ट्रेशन अवश्य पंचमप्रधान है,

पर धुन भी बेमिसाल ही थी। राग दुर्गा पर आधारित 'कोरा कागज़ था ये मन मेरा' (लता, किशोर) की वादियों में गूँजती धुन, 'चंदा है तू मेरा सूरज हैं तू' (लता) की भूपाली, 'सफल होगी तेरी आराधना' (सचिन देव बर्मन) का दादा का अपना विशिष्ट अंदाज़, 'गुनगुना रहे हैं भँवर' (आशा, रफ़ी) की फिर प्रातः की खुशनुमा हवा-सी ताजगी और आशा के स्वर की खनक और लोच (विशेषकर अंतरे के शुरुआत के 'ज़रा देखो सजन बेईमान भँवरा' में तो यह बेमिसाल ही है), और 'बागों में बहार है' (रफ़ी, लता) का सवाल-जवाब–सभी गीत एक से बढ़कर एक थे और फ़िल्म-संगीत के फ़लक पर एक नई बयार की तरह ही आए। इन गीतों के साथ अगर पूरा ज़माना लहरा उठा था तो क्या आश्चर्य है?

'रूप तेरा मस्ताना'–'आराधना' में राजेश और शर्मिला

अपने खराब स्वास्थ्य के बावजूद बर्मन के संगीत की चिर-युवा प्रकृति समाप्त नहीं हुई। अगर यह मान भी लिया जाए कि उनके बिगड़े स्वास्थ्य के कारण ऑरकेस्ट्रेशन और अरेंजमेंट का कार्य कई बार राहुल देव बर्मन के जिम्मे आ जाता था और इस कारण 'युवा' तत्व ज़ाहिराना तौर पर आना स्वाभाविक था, फिर भी इस बात से इनकार नहीं किया जा सकता कि सचिन दा की धुनें भी उतनी ही ताज़ा और युवा हुआ करती थीं। और ऐसा भी नहीं है कि सचिन दा आठवें दशक में मात्र धुन बना कर रह जाते थे। जहाँ तक सम्भव होता था, वे संगीत के हर पहलू के प्रति जागरूक रहते थे। यहाँ तक कि जब पंचम 'बड़ा नटखट है ये कृष्ण कन्हैया' (अमर प्रेम) में संतुष्ट नहीं हो पा रहे थे तो दादा ने ही गीत में एक खास लोच की सलाह दी जिसके कारण ही गीत बेहद प्यारा और प्रभावी बन पाया। यदि तेजी से चोटी पर पहुँचते आर.डी. बर्मन 'दम मारो दम' और 'ये जो मुहब्बत है' जैसी धुनों से पूरे युवा वर्ग के मन-मस्तिष्क पर छा रहे थे, तो उसी दौर में वृद्ध दादा भी 'चूड़ी नहीं मेरा दिल है', 'ओ मेरी शर्मीली' और 'जाने क्या पिलाया तूने बड़ा मजा आया' के साथ उसी युवा वर्ग को उतनी ही ताजगी से सराबोर करने में अभी भी सक्षम थे। सच तो यह है कि दादा बर्मन भले ही बूढ़े और बीमार हो गए हों, उनका संगीत हमेशा युवा और ताजा रहा। 'गैम्बलर' (1971) में देव आनंद के खास अंदाज के अनुरूप frisky जीवंत अंदाज में 'चूड़ी नहीं मेरा दिल है' (किशोर, लता) कम्पोज़ कर उन्होंने पूरे ज़माने को झूमने पर मजबूर किया था। नीरज के रूप में एक अत्यंत प्रतिभाशाली गीतकार के गीत उन्हें मिले और नीरज की रूमानी, नशीली शायरी को 'दिल आज शायर है गम आज नगमा है, शब में गज़ल है सनम' (किशोर) के साथ उन्होंने स्थायी में तिलंग और अंतरे में भैरवी की छाया के साथ एक बिलकुल अलग-सी अविस्मरणीय धुन देकर अमर बना दिया। इसी नशे का दूसरा पहलू उन्होंने 'कैसा है मेरे दिल तू खिलाड़ी' (किशोर) के साथ एक मादक तर्ज़ में प्रस्तुत कर श्रोताओं को उन्मत्त कर दिया था। 'अपने होंठों की वंशी बना ले मुझे' (लता, किशोर) की glide करती कर्णप्रियता को भला कौन भूल सकता है? वहीं गारा आधारित धीमी लय में रफ़ी के 'मेरा मन तेरा प्यासा' की सम्मोहित करती लय 'गैम्बलर' के रवानगी-भरे संगीत के बीच एक शांत द्वीप का वातावरण सजीव करती है। इस गीत की अंतिम रिहर्सल दादा ने रफ़ी के साथ रेकॉर्डिंग स्टूडियो जाते हुए अपने फिएट में बैठकर की थी। Perfection के कायल दादा हमेशा से थे। कहते हैं कि यदि उन्हें किसी गायक-गायिका से दस दिन बाद भी गीत गंवाना होता था तो दस दिन पहले से वे सिर्फ उस कलाकार के गले का हाल देखने के लिए उसे फोन करते रहते थे। एक-दो बातें यूँ ही करके उसके गले के बारे में आश्वस्त होते ही वे फोन रख भी दिया करते थे।

सचिन दा का यह चिरयुवा-रूप प्रमोद चक्रवर्ती की धर्मेन्द्र, हेमा मालिनी अभिनीत 'नया ज़माना' (1971) के 'कितने दिन आँखें तरसेंगी' (लता), 'चोरों को सारे नजर आते हैं चोर' (लता) और उछाल-भरी रिद्म में 'रामा रामा गजब हुई गवा रे' (लता), 'प्रेमनगर' (1974) के 'बाई बाई मिस गुडनाइट' (किशोर, साथी), 'जुगनू' (1973) के 'गिर गया झुमका गिरने दो' (लता, किशोर), 'जाने क्या पिलाया तूने बड़ा मज़ा आया' (लता), 'तेरा पीछा ना मैं छोड़ूँगा' (किशोर) जैसे गीतों में बेहद प्रबल और लोकप्रिय रहा।

सुबोध मुखर्जी प्रोडक्शन्स की 'शर्मीली' (1971) का संगीत तो युवाओं का प्रतिनिधि संगीत ही रहा। 'ओ मेरी ओ मेरी ओ मेरी शर्मीली' (किशोर) के झटकों को सुनकर कौन कह सकता है कि यह दादा बर्मन की वृद्धावस्था की कम्पोज़ीशन थी? 'रेशमी उजाला है, मखमली अँधेरा' (आशा) का कैबरेनुमा उतार-चढ़ाव तो आज भी चमत्कृत कर देता है। बर्मन का ताज़ा शीतल हवा जैसा संगीत राग भीमपलासी में 'खिलते हैं गुल यहाँ, खिल के बिखरने को' (किशोर) और 'आज मदहोश हुआ जाए रे मेरा

फ़िल्म 'शर्मीली' में राखी

मन मेरा मन' (लता, किशोर) के साथ अपने उत्कर्ष पर था। किशोर के स्वर में 'कैसे कहें हम प्यार ने हमको क्या-क्या खेल दिखाए' एक नशीली कशिश पैदा करता है, तो राग पटदीप पर आधारित 'मेघा छाए आधी रात बैरन बन गई निंदिया' लता के स्वर में संवेदना को आंदोलित कर देता है। 'मेघा छाए आधी रात' की विशेषता यह भी है कि दोपहर के राग पटदीप पर बर्मन दादा ने रात के सजीव चित्रण का सफल प्रयोग किया था। संगीतकार सज्जाद हुसैन जैसे आत्ममुग्ध संगीतकार से भी जब उनकी कम्पोज़ीशन्स से अलग एक ऐसा गीत चुनने को कहा गया जो उनकी नजर में उनकी अपनी श्रेष्ठ कम्पोजीशन्स के समकक्ष हो तो उन्होंने भी 'मेघा छाए आधी रात' को ही चुना था। अपने-आपमें यह तथ्य अकेले इस गीत की रचनात्मक महानता को स्थापित करने के लिए पर्याप्त है।

बर्मन दादा की एक और उत्कृष्ट धुन जिसकी दुर्भाग्य से अधिक चर्चा नहीं हो पाई, नवकेतन की 'तेरे मेरे सपने' (1971) की नीरज लिखित 'मेरा अंतर एक मंदिर है तेरा' थी। लता से इस गीत को जिस आकंठ पावनता से उन्होंने गवाया है, वह ओतप्रोत कर देनेवाला है। देव आनंद की चिर-युवा शैली के अनुरूप इस फ़िल्म के 'हे मैंने कसम ली' (किशोर, लता), 'जीवन की बगिया महकेगी' (किशोर, लता) जैसे जवान हिट गीत और 'जैसे राधा ने माला जपी श्याम की' (लता) की तल्लीन करती अति लोकप्रिय धुन ने सफलता के कई सोपान तय किए थे, पर 'मेरा अंतर एक मंदिर' आज भी अपने स्थायी प्रभाव के कारण इस फ़िल्म में दादा बर्मन की सबसे विशिष्ट उपलब्धि रही।

यह भी स्थापित तथ्य है कि उम्र के अपने इस अंतिम दौर में भी अपनी ताज़गी को बनाए रखने के कारण बर्मन दादा की अनेक धुनें बेहद मकबूल हुईं और सराही गईं। 'अनुराग' (1972) के 'सुन री पवन पवन पुरवैया' (लता) में भैरव के सुरों के साथ सुबह की ठंडी बयार जैसी अनुभूति पैदा करना हो, या मिश्र खमाज में 'नींद चुराए चैन चुराए डाका डाले तेरी बंशी' (लता) की लोच हो, इसी फ़िंल्म के 'तेरे नैनों के मैं दीप जलाऊँगा' (लता, रफ़ी) और 'राम करे बबुआ हमार फुलवा को हमरी उमर लग जाए (किशोर) की लयकारी हो, 'ये गुलिस्ताँ हमारा' (1972) की पहाड़ी धुनों, बाँसुरी और समूह स्वरों के दिलक़श प्रयोग के साथ 'ओ तुशिमा री तुशिमा' (लता), 'रैना सोई सोई' (लता, एस.डी. बर्मन, आर.डी. बर्मन, साथी), 'मेरा नाम आओ' (डैनी, लता), 'गोरी गोरी गाँव की गोरी रे' (लता, किशोर) और 'क्या ये ज़िंदगी है' (लता, साथी) जैसे गीत हों, या 'ज़िंदगी ज़िंदगी' (1972) के भटियाली अंदाज़ में 'मेरा सब कुछ मेरे गीत रे' (मन्ना डे), 'जिंदगी ऐ जिंदगी' (एस.डी. बर्मन), 'पिया तूने क्या किया रे' (एस.डी. बर्मन) जैसे बर्मन दादा की विशिष्ट शैली के गीत हो, या फिर इसी फ़िल्म में किशोर का अपनी खास शैली में दर्द को अभिव्यक्त करता पीलू आधारित 'तूने हमें क्या दिया री ज़िंदगी' हो, बर्मन दादा की रचनात्मकता परिपक्व होते हुए भी कहीं से बासी नहीं हुई थी। किशोर से गवाए संजीदा या रूमानी गीतों में बर्मन दादा एक ग़ज़ब-सा नशीला प्रभाव उत्पन्न करते थे, जो और कोई संगीतकार नहीं कर पाया। किशोर के 'रेयर जेम्स' कैसेट में शामिल 'तूने हमें क्या दिया री ज़िंदगी' या 'गैम्बलर' के उपरोक्त गीत इसका सशक्त उदाहरण बनकर सामने आते हैं। 'क्या ये ज़िंदगी है' अच्छी कम्पोज़ीशन थी, पर दादा बर्मन के द्वारा इसे अपनी सर्वश्रेष्ठ कम्पोजीशन क्यों माना गया, यह आश्चर्य का विषय है। 'ज़िंदगी ज़िंदगी' के 'खुश रहो साथियो, तुम्हें छोड़ कर हम चले' (लता, किशोर) की चर्चा अधिक नहीं हुई है, पर बहुत ही खूबसूरत कम्पोजीशन के साथ यह भी दादा का एक याद रखने लायक गीत है।

आठवें दशक के बदलते दौर में–जब आर.डी. बर्मन, लक्ष्मी-प्यारे और कल्याणजी-आनंदजी के प्रभुत्व ने कई नामी गिरामी संगीतकारों को हाशिये पर ला खड़ा किया था–दादा बर्मन का स्थान सुरक्षित ही नहीं था, बल्कि कई बार तो उपरोक्त माहौल में भी सबसे वजनी था। सर्वश्रेष्ठ संगीतकार फ़िल्मफ़ेयर का पुरस्कार 'अभिमान' (1973) के लिए जीत कर दादा ने तो जैसे सभी

'अभिमान'–दादा का चिरस्मरणीय संगीत

चुनौतियों को पीछे छोड़ दिया था। और क्या अनुपम संगीत था 'अभिमान' का! जितनी अच्छी फ़िल्म थी, उससे भी बढ़कर उसका संगीत था। 'नदिया किनारे हेराय आई कंगना' को सुनना स्वर्गिक अनुभूति है। लता के गाए सर्वश्रेष्ठ गीतों में इसकी गिनती की जा सकती है। राग पीलू पर आधारित इस कम्पोज़ीशन में सुरों के उतार-चढ़ाव के बीच एक बड़ी लोच भरी रवानगी है जो बेमिसाल है। वहीं रवींद्र संगीत के स्पष्ट प्रभाव के साथ मिश्र खमाज में 'तेरे मेरे मिलन की ये रैना' लता, किशोर के गाए सर्वश्रेष्ठ दोगानों में अपना स्थान रखेगा। रूपक ताल में संगीतबद्ध 'तेरी बिंदिया रे आय हाय' (लता, रफ़ी) और 'तेरे-मेरे मिलन की ये रैना' के साथ बर्मन ने कोमलता और संवेदना के मिश्रित भावों से संगीत की एक नई धारा ही बहा दी है। 'पिया बिना पिया बिना बाँसिया बाजे ना' (लता) की शास्त्रीय पकड़ अभिभूत किए बिना नहीं रहती। फ़िल्म के अन्य गीत भी अच्छे बने थे अलबत्ता उपरोक्त चारों गीतों के मुकाबले अवश्य कमजोर रहे। 'मीत ना मिला रे मन का' (किशोर) खूब चला, लता की सिफ़ारिश पर मनहर को लेकर भैरवी में गवाया 'लूटे कोई मन का नगर', राग माँड पर आधारित 'अब तो है तुमसे हर खुशी अपनी' (लता) भी लोकप्रिय रहे थे। इसी फ़िल्म में अपने सहायक अरुण पौडवाल की पत्नी अनुराधा पौडवाल से बर्मन दादा ने पहली बार फ़िल्मों में अवसर देते हुए गीता का एक श्लोक गवाया था।

'अभिमान' के अप्रतिम सौन्दर्य से तुलना में भले ही दादा के उस दौर की अन्य फ़िल्मों का संगीत फीका पड़ जाए, पर वैसे देखा जाए तो राजेन्द्र सिंह बेदी निर्देशित चर्चित फ़िल्म 'फागुन' (1973) के अहीर भैरव पर आधारित 'संध्या जो आए मन उड़ जाए' (लता) का अपना एक अलग प्रशंसनीय स्वतंत्र अस्तित्व अवश्य है। 'फागुन' के होली गीत 'पिया संग खेलो होरी' (लता, साथी) और शोभा गुर्टू से गवाई पारम्परिक ठुमरी 'बेदर्दी बन गए कोई जाओ मनाओ' की भी अपनी सुंदरता थी।

किशोर से अपनी विशिष्ट खुमार-भरी शैली में दादा ने 'प्रेमनगर' (1974) के 'ये लाल रंग कब मुझे छोड़ेगा' को गवाकर खूब लोकप्रिय बनाया। 'बाई बाई मिस गुडनाइट' (किशोर, साथी) युवा दिलों का स्पंदन बना ही, अपने गाए बाँग्ला गीत का रूपांतर 'जा मुझे न अब याद आ' (किशोर), पूर्वांचल की पहाड़ियों की लोकधुन को आधार लेकर सृजित 'ठंडी हवाओं ने गोरी को घूँघट उठा दिया' (आशा, किशोर) भी लोकप्रिय रहे पर गुणवत्ता की दृष्टि से 'ये कैसा सुर मंदिर है जिसमें संगीत नहीं' (लता) और 'किसका महल है किसका ये घर है' (लता, किशोर) बेहतरीन रहे। बाँग्ला फ़िल्म 'सगीना महतो' के हिंदी रूपांतरण 'सगीना' (1974) में दादा और किशोर के गाने बहुत चले–विशेषकर 'साला मैं तो साहब बन गया' (किशोर, पंकज मित्रा) तो गली-गली में गूँजा। लोकशैली की छटा लिए 'गजब चमके बिंदिया तोरी आधी रात' (आशा, किशोर), 'ऊपर वाला दुखियों की नहीं सुनता रे' (किशोर, दिलीप कुमार) और दादा की खास शैली में 'तुमरे संग तो रैन बिताई कहाँ बिताऊँ दिन' (लता, किशोर) बर्मन दादा की चिरयुवा तबीयत के बहुत सुंदर उदाहरण हैं। बासु चटर्जी निर्देशित 'उस पार' (1974) में भी दादा ने लता से दो बहुत ही कर्णप्रिय गीत गवाए थे–'ये जब से हुई जिया की चोरी' और 'तुमने पिया दिया सब कुछ मुझको'। भटियाली शैली में मन्ना डे का गाया 'मितवा पिया मैंने क्या किया' भी बर्मन दादा की चिरपरिचित शैली की सुंदर प्रस्तुति थी।

इस दौर में बर्मन हृषिकेश मुखर्जी के पसंदीदा संगीतकार बन चुके थे। उनकी सुपरहिट कॉमेडी 'चुपके-चुपके' (1975) में वे 'अभिमान' वाला असर तो पैदा न कर पाए, पर सुबह की ताज़ी हवा सी उनकी संगीत-लहरियाँ 'चुपके-चुपके चल री पुरवैया' (लता) के साथ बहुत प्रभावी असर लेकर आई। राग पीलू पर आधारित इस गीत में मात्र कोमल गांधार का प्रयोग है। 'अब के सजन सावन में' (लता), 'सा रे गा मा' (रफ़ी, किशोर) भी लोकप्रिय रहे थे। एक लम्बे अंतराल के बाद दादा मुकेश को लेकर पुनः आए कलावती और यमन का पुट लेकर सृजित सुगंधित युगल गीत (लता के साथ) 'बागों में कैसे ये फूल खिलते हैं' के साथ।

इस वक्त तक दादा का स्वास्थ्य बुरी तरह बिगड़ चुका था। मृत्यु-पूर्व तो वे काफी अरसे तक कॉमा में ही रहे। हृषिकेश मुखर्जी की 'मिली' (1975) के अहीर भैरव की छाया लिए अतिसुंदर गुंजित प्रभाव वाली रचना 'आए तुम याद मुझे, गाने लगी हर धड़कन' (किशोर) और खिलखिलाती महकती रचना 'मैंने कहा फूलों से' (लता, साथी) के बाद 'बड़ी सूनी सूनी है जिंदगी ये जिंदगी' (किशोर) की रेकॉर्डिंग कराने में वे सक्षम नहीं थे। शुद्ध स्वरों और मार्मिक ऑरकेस्ट्रा के प्रयोग के साथ दर्द-भरी एकाकी

सचिन दा की अंतिम यात्रा–अरथी को कंधा देते मुकेश, पास में खड़े पंचम
दूसरी तस्वीर में जयदेव, हृषिकेश मुखर्जी और राज कपूर

रात के वातावरण को सजीव करते इस गीत की रेकॉर्डिंग दादा के पुत्र आर.डी. बर्मन ने सम्पादित की। यह भी एक कारण है कि गीत में दादा के साथ-साथ राहुल देव का प्रभाव भी स्पष्ट झलकता है।

'मिली' दादा बर्मन की अंतिम फ़िल्म थी, पर पूर्व की रेकॉर्ड की हुई कुछ फ़िल्में 'मिली' के बाद प्रदर्शित हुईं। प्रमोद चक्रवर्ती निर्देशित 'बारूद' (1976) में दादा ने पुनः मुकेश से 'तू शैतानों का सरदार है' गवाया जो कुछ लोकप्रिय भी रहा। पर फ़िल्म के दो चर्चित गीत रहे 'दिल काँटों में उलझाया है, एक दुश्मन पे प्यार आया है' (लता) और इन सबसे बढ़कर इंग्लिश फ़्लूट के प्रयोग के साथ अति सुंदर ऑफ़ बीट 'समुंदर समुंदर यहाँ से वहाँ तक, ये मौजों की चादर बिछी आस्माँ तक' (लता)। हृषिकेश मुखर्जी निर्देशित 'अर्जुन पंडित' (1976) के 'दिल मेरा उड़ा जाए' (किशोर), 'बादलों में वादियों में ढूँढ़ो रे' (लता) और 'बोलो प्रीतम' (लता) जैसे गीत खास सफल न रहे। समीर गाँगुली निर्देशित 'दीवानगी' (1976) का एक ही गीत दादा रेकॉर्ड कर पाए थे–'चल सपनों के शहर में तुझे ले जाता हूँ' (किशोर)। उनकी मृत्यु के बाद शेष गीतों के लिए रवींद्र जैन को बुलाया गया था। उनकी अंतिम रिलीज़ फ़िल्म 'त्याग' (1976) के 'एक राजा का एक बेटा था' (किशोर, सुषमा श्रेष्ठ) और अपनी ख़ास ख़ुशबू-भरी शैली में 'आ मन पुकारे, दिन तेरे बिन बीते ना' (लता, किशोर) भी उन दिनों लोकप्रिय रहे थे।

अपनी चिरयुवा प्रकृति के अनुरूप दादा ने अपनी ज़िंदगी को जी भरके जिया। उनके शौकों की चर्चा तो हम पहले भी कर चुके हैं, पर उनके संगीत ने भी उनकी ज़िंदगी को कई पुरस्कारों से सम्पन्न बनाया। 'प्यासा' के लिए उन्हें संगीत नाटक अकादमी पुरस्कार और लंदन की एशियन फ़िल्म सोसायटीज पुरस्कार मिला था। 1961 में सोवियत रूस जानेवालों में एक सदस्य सचिन दा भी थे। 1962 के हेलसिंकी के अंतर्राष्ट्रीय लोकसंगीत प्रतियोगिता की जूरी में भी उनका नाम था। 'कैसे कहूँ' के लिए सुर सिंगार संसद का स्वामी हरिदास सम्मान, 'तीन देवियाँ' और 'गाइड' के लिए बाँग्ला फ़िल्म जर्नलिस्ट्स एसोसिएशन पुरस्कार, 'अभिमान' के लिए फ़िल्मफ़ेयर पुरस्कार और 'ज़िंदगी-ज़िंदगी' के लिए राष्ट्रीय पुरस्कार से नवाज़े गए सचिन देव बर्मन को 1969 में पद्मश्री का खिताब भी मिला था। 31 अक्टूबर, 1975 को लम्बी बीमारी के बाद उनकी मृत्यु हो गई।

संदर्भ

1. अमीन सयानी : विश्वास नेरूरकर (सम्पा.) 'किशोर कुमार' में
2. राजन परीरकर–आलेख sawf.org में–इंटरनेट
3. किशोर वालिया : किशोर कुमार–द डेफ़िनिटिव बायोग्राफ़ी

अजीत मर्चेंट

'रात ने गेसू बिखराए'

अजीत मर्चेंट

संगीतकार अजीत मर्चेंट उसी बिल्डिंग में रहते थे जिमसें मुकेश। पर जहाँ मुकेश चोटी के गायक बने रहे, वहीं अजीत मर्चेंट के हिस्से में सफलता कम ही आ पाई। हिंदी से अधिक गुजराती संगीत-जगत में लोकप्रिय रहे अजीत मर्चेंट फ़िल्म 'दीवादांडी' (1950) के दिलीप ढोलकिया के गाए लोकप्रिय भजन 'तारी आँखनो अफ़ीनी' के संगीतकार के रूप में हमेशा याद किए जाएँगे। कहते हैं कि इस गीत के कुछ अंशों के संगीत नोट्स 'मेरा जूता है जापानी' की प्रेरणा के पीछे भी थे (शायद इसलिए भी कि 'तारी अँखिनो अफ़ीनी' की रेकॉर्डिंग के समय राज कपूर भी स्टूडियो में मौजूद थे)। एक वकील के पुत्र अजीत मर्चेंट का जन्म बम्बई में 1922 में हुआ था और बाकायदा भारतीय और पाश्चात्य संगीत शिक्षा उन्होंने अमान अली खाँ, शिव कुमार शुक्ल और एमी मार्करस से ली थी। नाटकों में, फ़िल्मों में तथा ऑल इंडिया रेडियो के संगीत प्रभाग में साथ-साथ काम करनेवाले मर्चेंट ने अनिल विश्वास और अशोक घोष के सहायक के रूप में शुरुआत की थी (कहते हैं कि फ़िल्म 'गुंजन' के गीतों की धुनों में मर्चेंट का अधिक योगदान था और संगीतकार अशोक घोष का कम)।

'इन्द्रलीला' का एक दृश्य

हरिश्चंद्र पिक्चर्स के बैनर तले हरीश की निर्देशित 'रिफ्यूजी' (1948) में संगीतकार के रूप में इस कम्पनी की कई फिल्मों में लिए गए नंदराम ओंकारजी की जगह अजीत मर्चेंट को लिया गया था। राम कमलानी और साथियों के गाए 'हमें घर सनम के तो जाना मना है' और हमीद मजनू के स्वर में 'सारे जहाँ से टकराना पर अपने घर को मिटाना ना' जैसे गीत आज याद भी नहीं आते। कई वर्षों के अंतराल के बाद तमिल फिल्म 'वन सुंदरी' के हिंदी संस्करण के रूप में बनी फ़िल्म 'राजकुमारी' (1955) में उन्होंने कुछ गीत कम्पोज़ किए थे जिनमें आशा, मुकेश के स्वर में एक् दोगाना भी था—'सुंदर मौसम समय सुहाना, ओ मन मेरे पिया कहाँ'। त्रिलोक कपूर और कुलदीप कौर अभिनीत 'इंद्रलीला' (1956) में अजीत मर्चेंट का संगीत कुछ चर्चित रहा था विशेषकर आख्यानात्मक शैली में गाया 'सज सोलह सिंगार दुलहनिया सुहागन चली पिया के द्वारे' (रफ़ी) और लोकशैली के माधुर्य और किलोल को लेकर बाँसुरी की मिठास के साथ सृजित रिद्‌म आधारित 'यमुना के तीरे सखी बजते मंजीरे' (आशा, साथी)। अभिनेत्री शांता आप्टे की अंतिम हिंदी फिल्म 'चंडी पूजा' (1957) में अजीत मर्चेंट का संगीत पुनः आया और प्रदीप के लिखे और गाए 'कोई लाख करे चतुराई' तथा 'सुनो सुनाऊँ तुम्हें एक कहानी' काफी लोकप्रिय भी रहे, पर इसका श्रेय प्रदीप को अधिक और मर्चेंट को कम जाता है। प्रदीप से ही उन्होंने पुनः 'रामभक्त विभीषण' (1958) में 'यह कथा भक्त भगवान की' गवाया।

अजीत मर्चेंट की कला की सबसे सुंदर अभिव्यक्ति हमें फ़िल्म 'सपेरा' (1961) में मिलती है। सुमन और मन्ना डे का गाया युगल गीत 'रात ने गेसू बिखराए' न सिर्फ बहुत कर्णप्रिय और लोकप्रिय रहा, बल्कि आज भी मन्ना डे के सर्वश्रेष्ठ युगल

गीतों में इसकी गिनती की जाती है। 'रूप तुम्हारा आँखों से पी लूँ' (मन्ना डे) भी एक सुंदर कृति थी जिसे एच.एम.व्ही. ने मन्ना डे के 'रेयर जेम्स' कैसेट में स्थान तक दिया है।

वैसे तो बी.जे. पटेल निर्देशित 'चैलेंज' (1964) के गीत भी अच्छे थे, विशेषकर आशा और मुकेश का दोगाना 'मैं भी हूँ मजबूर साजन'। पर इस गीत को या लता के 'बदले रे रंग बदले जमाना कई' और सुमन के 'कुछ तुमने कहा कुछ हमने सुना' को अधिक सफलता नहीं मिल पाई। 'लेडी किलर' (1968) के तेज रिद्म पर सृजित 'कातिल है तेरी हर अदा' (मुकेश), 'दिल करता है तुझे ही देखूँ' (कृष्णा कतले, मन्ना डे) या घर-घर में मशहूर जुबान के कमाल आँकने वाले शब्दों को लेकर बने 'कच्चा पापड़ पक्का पापड़' (कृष्णा कल्ले, मन्ना डे) और 'चाचा ने चाची को चाँदी के चमचे से चटनी चटाई' (कृष्णा कल्ले, मन्ना डे) जैसे इंदीवर के गीत और मर्चेंट का संगीत भी आज पूर्णतः विस्मृत ही कहे जाएँगे। गुजराती फ़िल्म-जगत में मर्चेंट अधिक सफल रहे और 'धरती का छोरा' नामक गुजराती फ़िल्म का उनका संगीत पुरस्कृत भी हुआ था।

जगजीत सिंह को भी पहला मौका अजीत मर्चेंट ने दिया था, यह तथ्य कम रोचक नहीं है। गुजराती में 'लागी राम भजन' को जगजीत सिंह के स्वर में सुनना एक अविस्मरणीय अनुभव है। अभी हाल ही में जगजीत सिंह ने अपने कंसर्ट शो के बनाए एलबम 'माइ जर्नी' में अपने आरम्भिक दौर में अजीत मर्चेंट की स्वरबद्ध एक बेमिसाल रचना 'रात खामोश है' को गाकर सुनाया तो ऐसा लगा कि इतना अच्छा कम्पोज़र क्यों इतना उपेक्षित रह गया।

धनीराम

'घिर-घिर आए बदरवा कारे'

धनीराम कभी भी मशहूर संगीतकारों में नहीं रहे। अग्रणी श्रेणी तो दूर, कई संगीतकारों की तरह उन्हें 'बी' और 'सी' ग्रेड की फ़िल्में भी अधिक नहीं मिलीं। फिर भी उन्होंने फ़िल्म-संगीत को कुछ ऐसे स्वर्णिम गीत दिए. हैं कि उनके संगीत पर अलग से चर्चा न्यायोचित जान पड़ती है।

धनीराम के संगीत का आधार शास्त्रीय था। शास्त्रीय संगीत को बड़ी ही खूबसूरती में लोच या मोड़ देकर उन्होंने लुभावने फ़िल्मी गीत बनाए। शास्त्रीय दुरूहता को माधुर्य देने के लिए वाद्य-संयोजन तथा विशेषकर सितार तथा अन्य तंतु वाद्यों का बड़ा सटीक प्रयोग धनीराम की विशेषता थी। पं. अमरनाथ की ही तरह धनीराम एच.एम.व्ही. से भी सम्बद्ध रहे, और फ़िल्मों में संगीतकार बनने से पहले धनीराम ने लाहौर की कुछ फ़िल्मों में गायक के रूप में भी किस्मत आज़माई थी। पं. अमरनाथ के संगीत-निर्देशन में 'झुमके' (1946) का 'तेरे बगैर भी दिलशाद कर तो सकता हूँ' और 'धमकी' (1945) का 'अपने कोठे मैं खड़ी' (मुनव्वर सुलताना के साथ) जैसे गीतों में उनकी आवाज़ थी, पर गायक के रूप में उन्हें फ़िल्मों में निराशा ही हाथ लगी।

कुलदीप पिक्चर्स की 'पपीहा रे' (1948) संगीतकार के रूप में उनकी पहली फ़िल्म थी। इस फ़िल्म के गाने अब कहीं भी सुनने को नहीं मिलते वरना इस फ़िल्म में पूरे बारह गाने थे जिनमें शीर्षक गीत 'पपीहा रे पपीहा, तू जा पिया के देश' भी शामिल था। 'बरखा की रुत है बाँके बलमवा' लोकसंगीत का प्रभाव लिए एक कर्णप्रिय रचना थी। कुछ वर्ष तक विस्मृत रहने के बाद धनीराम पुनः 'धुआँ' (1953) में आए जिसमें वसंत देसाई ने भी एक गीत कम्पोज़ किया था—'मैं सागर की मस्त लहर' (लता साथी)। लता और कृष्ण गोयल के स्वरों में 'कभी यह तो मुझसे पूछो, मुझे तुमसे प्यार क्यों है' एक लाजवाब कम्पोज़ीशन है जिसमें लता की आवाज़ की मिठास पूरी तरह उभारने में धनीराम की धुन सफल रही है। लता का ही गाया 'न चमको न चमको चंदा आज की रात' शास्त्रीय बंदिश जैसी रचना है जिसमें लता की आवाज़ का उतार-चढ़ाव और नियंत्रण धनीराम के संगीत-निर्देशन में चाँदनी की तरह ही झिलमिलाता है। बाँसुरी के सुंदर प्रयोग के साथ 'ज़िंदगी हमसे हुई दूर' भी काफी सुंदर गीत रहा। शायद धनीराम की प्रतिभा से ही प्रभावित होकर ए.वी.एम. प्रोडक्शंस ने धनीराम और आर. सुदर्शनम को 'लड़की' में संयुक्त रूप से अवसर दिया। इन दोनों का कम्पोज़ किया और किशोर कुमार की छवि से मेल खाता गीत 'शादी शादी शादी, किस्मत की बात है, मालिक के हाथ है' (किशोर कुमार) खूब लोकप्रिय रहा था, पर इस फ़िल्म को याद किया जाना चाहिए गीतादत्त के गाए और धनीराम और आर.सुदर्शनम के अद्भुत ढंग से कम्पोज़ किए 'बाट चलत नई चुनरी रंग डारी' में। इन्हीं शब्दों को 'रानी रूपमती' (1959) में रफ़ी और कृष्णराव चोंकर ने भैरवी में भी बहुत खूब गाया है, पर मेरी व्यक्तिगत पसंद धनीराम-आर. सुदर्शनम वाली रचना ही होगी। क्या लयकारी है, क्या सितार का

प्रयोग है और क्या जबर्दस्त गायकी है! एच.एम.व्ही. ने इसे गीतादत्त के 'रेयर जेम्स' कैसेट्स और अपने 'फैबुलस सिंगर्स 1946-56' कैसेट्स दोनों ही में शामिल करके गाने को सचमुच ही समुचित सम्मान दिया है। लता और गीता के संयुक्त स्वरों में 'मन मोर मचावे शोर' भी एक बड़ी दिलकश रचना थी।

हेमंत कुमार, अमीरबाई, मीना कपूर और प्रेमलता का गाया बी.आर. चोपड़ा निर्देशित 'शोले' (1953) का 'अनोखा जादूगर भगवान' भी धनीराम के हिट गीतों में से है। पर धनीराम की सर्वश्रेष्ठ फ़िल्म निर्माता निर्देशक लेखराज भाकरी की नादिरा और तलत महमूद अभिनीत 'डाक बाबू' (1954) को ही माना जाएगा। 'घिर घिर आए बदरवा कारे' को तो तलत से एकल रूप में या तलत, मुबारक के संयुक्त स्वरों में तीन ताल सोलह मात्रा में सम्भवतः केदार पर आधारित कर धनीराम ने फ़िल्म-संगीत के अमर गीतों में स्थान प्राप्त कराया। तलत के गिने-चुने शास्त्रीय शैली के गानों में सर्वश्रेष्ठ गीत यही होगा। विशेष बात यह है कि शास्त्रीय आधार को धनीराम ने बड़ा सुंदर और सुगम रूप दिया है तथा तबले और सितार की संगत को गाने के माधुर्य को विस्तार देने के लिए सुरम्यपूर्ण ढंग से प्रयुक्त किया है। आशा, तलत की आवाज़ों में कहरवा ताल के साथ 'दिल की दुनिया जगमगाई न जाने आज क्यों' को सुनना अगर एक सुखद अनुभूति है तो तलत के गाए 'ज़िंदगी में आए जब वो क्यों उन्हें ठुकरा दिया' (जो तलत के एच.एम.व्ही. द्वारा निकाले 'रेयर जेम्स' में शामिल है) और 'ये क्या है ढंग ज़माने का' (जो एच.एम.व्ही. द्वारा ही रिलीज़ किए गए तलत के 'रेयर मेलोडीज़ कैसेट्स' में स्थान रखता है) को सुनना धीमी स्वरलहरियों के सहलाते स्पर्श का आनंद लेना है। आशा के 'सपने टूट गए, मन में प्रीत जगाने वाले' जैसी दरबारी में उदात्त रचना गवाना एक बेहद सशक्त संगीतकार से ही सम्भव था। यह भी एक कम रोचक तथ्य नहीं है कि इस गीत की धुन से ही मिलती-जुलती धुन रवि ने 'तोरा मन दर्पण कहलाए' (काजल) में वर्षों बाद आशा से ही गवाकर खूब वाहवाही लूटी, पर यह गीत विस्मृत ही रह गया है। 'डाक बाबू' के संगीत की वास्तव में उतनी चर्चा नहीं हुई है जितनी होनी चाहिए थी।

'डाक बाबू' जैसा संगीत धनीराम फिर नहीं दे सके। 'गुल बहार' (1954) में मुबारक बेगम के स्वर में 'कलियों को चूमूँ, मैं तारों से खेलूँ' या 'इस हाथ दे उस हाथ ले', 'रूप बसंत' (1955) के आशा के गाए 'अब नैया कैसे पार लगे' जैसे गीत, 'शाही चोर' (1955) का 'चुपके-चुपके तेरी मुहब्बत' (आशा, साथी), 'आँख का नशा' (1956) का 'जाएगा जाने वाले कहाँ, मंजिल तो पास है' (सविता बनर्जी), 'शाही बाज़ार' (1957) का 'दिल मस्ताने झूम ले, आज गुलों को चूम ले' (आशा भोंसले)—ये सभी गीत वेशभूषा-प्रधान फ़िल्मों की पृष्ठभूमि पर कम्पोज़ करने पड़े अतः इनमें धनीराम के पास अपना पसंदीदा शास्त्रीय आधारित संगीत देने का कोई मौका नहीं था। नीलम प्रोडक्शन्स की सामाजिक फ़िल्म 'तकदीर' (1958) में शास्त्रीय संगीत आधारित अवसर तो नहीं, पर कुछ हद तक अपनी प्रतिभा दिखाने का अवसर धनीराम को फिर मिला तथा सुरैया से उन्होंने बेहद मीठे स्वर में 'हवा उड़ा कर लाई सावन के सपने' (जो सुरैया के एच.एम.व्ही. द्वारा रिलीज़ किए गए 'रेयर जेम्स' कैसेट्स में स्थान रखता है) और रफ़ी से उनके गम्भीर स्वर में 'दुनिया वालो इस दुनिया में सबसे बड़ी तकदीर' जैसे अच्छे गीत गवाए। शास्त्रीय संगीत को लुभावने रूप में ढालने की अपनी विशेषज्ञता प्रदर्शित करने का मौका उन्हें 'बाजे घुँघरू' (1962) में जाकर मिला जहाँ 'बाजे घुँघरू छना छन छन' (रफ़ी, सीता, सविता बनर्जी, साथी) और सितार के बेहद सुंदर टुकड़ों से सजा 'जरा मुरली बजा दे मेरे श्याम' (सविता बनर्जी) जैसे गीतों की रचना एक बार फिर उनकी प्रतिभा को रेखांकित करती है। 'मेरी बहन' (1962) में पहली बार मुकेश ने उनके साथ गाया—'नन्हे-मुन्ने नन्हे-मुन्ने लाल देश के'। दक्षिण भारत की प्रसिद्ध गायिका एस. जानकी से भी उन्होंने इस फ़िल्म में गीत गवाए थे। वर्षों उपेक्षित रहने के बाद मिली फ़िल्म 'आवारा लड़की' (1967) में शास्त्रीय शैली पर आधारित तलत से गवाए धनीराम के 'आओ बादल चैन से रोएँ, जलती धूप में मैं हूँ अकेला' सुनकर अभिभूत तो कोई आज भी हो सकता है, पर साथ ही यह विचार भी स्वयमेव ही आता है कि यदि कुछ निर्माताओं ने अपने 'बी' या 'सी' ग्रेड की सामाजिक फ़िल्मों में ही धनीराम को और अवसर दिया होता तो हमें शास्त्रीयता और सुगमता के बेहतरीन मिश्रण की पता नहीं कितनी और रस-भरी रचनाएँ सुनने को मिल सकती थीं।

नाशाद

'तस्वीर बनाता हूँ, तस्वीर नहीं बनती'

नाशाद

नाशाद पहले शौकत हैदरी और शौकत देहलवी के नाम से संगीत दिया करते थे। अपनी आरम्भिक फ़िल्मों 'जीने दो' (1948), 'सुहागी' (1948), 'टूटे तारे' (1948) और 'दादा' (1949) में से कई में उन्होंने मुख्यतः मुकेश की आवाज़ ली और कुछ हिट गाने दिए। 'जीने दो' का 'ऐ दुनिया बता दे हमें भगवान कहाँ है' (मुकेश) और 'टूटे तारे' का 'रहते हो अब तो हर घड़ी मेरी नज़र के सामने' (गीता के साथ) अपने ज़माने में लोकप्रिय हुए थे। इस दौर की उनकी सर्वाधिक चर्चित फ़िल्म शेख़ मुख़्तार, श्याम, मुनव्वर सुल्ताना और बेगम पारा अभिनीत उमर खैयाम फ़िल्म्स लिमिटेड की 'दादा' के संगीत में उन्होंने शोख और गम्भीर दोनों प्रकार के गानों के साथ अच्छी छाप छोड़ी। 'तेरा किसी से प्यार था, तू वो ज़माना भूल जा' (मुकेश, सुरिंदर कौर) सुकून से चलनेवाली एक बड़ी प्यारी धुन में सजा गीत है, जिसे बार-बार सुनने को जी चाहता है। 'मैं बोलूँ पिया पिया, तू बोले जिया जिया' (मुकेश, सुरिंदर कौर) भी एक सुंदर शोख रचना है जबकि 'ओ बड़ी ज़ुल्मी तमन्ना है आज मेरे दिल में' (मुकेश, सुरिंदर कौर) और 'सारी दुनिया फ़ोर ट्वेंटी' (मुकेश, सुरिंदर कौर, साथी) तीव्र वाद्य-प्रभाव के साथ सृजित धमाकेदार गाने हैं जो उस वक्त काफ़ी मकबूल हुए थे। फ़िल्म 'आइए' (1949) में मुबारक बेगम को पार्श्वगायक का पहला मौका देनेवाले शौकत हैदरी उर्फ़ नाशाद ही थे। 'मोहे आने लगी अँगड़ाई, आ जा आ जा बलम हरजाई' की परम्परागत शैली की धुन के साथ ही मुबारक बेग़म ने अपना फ़िल्मी सफ़र प्रारम्भ किया। 'आइए' में शौकत हैदरी ने लता के साथ एक दोगाना भी गाया था–'जिया डोले ही जिया डोले किसी के ख़याल में'। उस गीत में हमें नाशाद के बाद की फ़िल्म 'बारादरी' के 'भुला नहीं देना' का पूर्वाभास मिलता है। यह दूसरी बात है कि इस गीत जैसी सफलता इसे नहीं मिली। लता और दुर्रानी की गायकी के बावजूद इस फ़िल्म के गीत आज पूर्णतः विस्मृत हो चुके हैं।

नादिरा और अशोक कुमार फ़िल्म 'नग़मा' में

'दादा' के बाद के कुछ वर्ष शौक़त देहलवी के लिए अच्छे नहीं रहे। 'गज़ब' (1951) का 'तेरे दिल में मेरा दिल मिल गया, अच्छा हुआ या बुरा' (प्रेमलता, ज़ावर हुसैन) या 'चार चाँद' (1953) का तलत, आशा का 'है ये वही आस्मां और है वो ही ज़मीं' थोड़े बहुत चर्चित रहे, पर कुल मिलाकर उनका संगीत साधारण ही रहा। इस बुरे वक्त में ही जे. नक्शब की 'नग़मा' मिली। उन दिनों के

सुमन और तलत—फ़िल्म 'दरवाज़ा' के लिए नाशाद नई गायिका के रूप में सुमन को लाये

'बारादरी' में गीता बाली

मशहूर संगीतकार नौशाद थे जिनके नाम से ही फ़िल्में चलती थीं। इसी नाम का फ़ायदा उठाने के लिए श्रोताओं को धोखे में रखने के उद्‌देश्य से नक्शब ने शौकत देहलवी का नाम 'नाशाद' रख दिया कि शायद लोग नौशाद का संगीत समझकर फ़िल्म की ओर खिंचे चले आएँगे।

नक्शब की सोच कुछ भी रही हो, पर 'नाशाद' के लिए अब अत्यावश्यक हो गया था कि वे नौशाद के स्तर का संगीत दें। यह नाशाद की उपलब्धि मानी जाएगी कि नौशाद के स्तर का संगीत वे भले ही नहीं दे पाए हों, पर 'नग़मा' में उन्होंने ऊँचे स्तर का संगीत अवश्य दिया। धमकते ऑरकेस्ट्रेशन का मोह छोड़कर नाशाद ने हलके वाद्य-संयोजन का इस फ़िल्म में बड़ा सुंदर प्रयोग किया। तलत महमूद के गाए 'ओ तीर चलाने वाले ज़रा' ने अपनी मेलोडी और गायकी से बड़ी लोकप्रियता पाई। भैरवी में रचित इस गीत के तीन बार आए 'तीर चला' शब्दों में शुद्ध और कोमल रिषभ का सुंदर क्रमबद्ध प्रयोग इस गीत की विशेषता मानी जाएगी।[1] पर इस फ़िल्म का सबसे मशहूर गीत हुआ शमशाद का 'बड़ी मुश्क़िल से दिल के बेक़रारी को करार आया' जो आज भी हिन्दी फ़िल्म-संगीत का एक यादगार गीत माना जाता है। 'ऐ मेरे मजबूर दिल', 'काहे जादू किया मुझको इतना बता' बड़ी लुभावनी-सी कशिश लिए 'आ जा मेरे राजा मेरे प्रीतम' (शमशाद) और 'मिलते ही नज़र उनसे दिल आने को क्या कहिए' (तलत) जैसे गीत भी अच्छे चले। इस फ़िल्म में उन्होंने लोकधुन पर अफ़ज़ल हुसैन से भी एक गज़ल गवाई थी—'मौत आएगी मौत आती है'। प्रेमलता को नाशाद ने पुनः मौका दिया 'कहता है यह दिल चल उनसे मिल' में। यह एक रोचक तथ्य है कि आगे चलकर नाशाद ने प्रेमलता से ही विवाह कर लिया।

'नगमा' की सफलता के बाद इस्मत चुगताई और शाहिद लतीफ़ की 'दरवाज़ा' (1954) में नाशाद को पुनः अवसर मिला। इस फ़िल्म में नाशाद सुमन कल्याणपुर और सविता बनर्जी पर आश्रित रहे जिनके स्वरों में 'ए बी सी डी भी न जाने हम, करे गिटपिट बलम' और 'ओ देखो चाँद वह निकला प्यारा' जैसे गीतों का सृजन हुआ । पर इस फ़िल्म का एकमात्र याद रखने लायक गीत रहा तलत और नई गायिका सुमन का गाया एक धीमा, मृदु गीत 'एक दिल दो हैं तलबग़ार बड़ी मुश्किल है'। इसके विपरीत के. अमरनाथ प्रोडक्शन्स की 'बारादरी' (1955) का लगभग हर गीत हिट हुआ और यह नाशाद की सफलतम फ़िल्म सिद्ध हुई। तलत महमूद के स्वर में पहाड़ी का स्पर्श लेकर 'तस्वीर बनाता हूँ तस्वीर नहीं बनती' की तर्ज़ ने धूम मचा दी। नाशाद द्वारा गाने की लय के साथ-साथ सुहावनी-सी ताल का प्रयोग अजीब-सा मदहोश समाँ बाँध देता है। मीठी-सी बंदिश और मैंडोलिन की संगत में रफ़ी, लता का 'भुला नहीं देना जी भुला नहीं देना' इन दोनों के सर्वाधिक लोकप्रिय दोगानों में से है जिसके साथ पीढ़ियों तक भारतीय संगीतप्रेमी झूमते रहे हैं। लता मंगेशकर का 'अब के बरस बड़ा जुल्म हुआ' गीता बाली पर खूबसूरत तरीके से फ़िल्माया गया था और लोकशैली पर बने सर्वश्रेष्ठ हिन्दी फ़िल्म गीतों में स्थान रखता है। लता ने इसे इस उल्लास से गाया है कि एच. एम.व्ही. ने इस गाने को लता के 'रेयर जेम्स' कैसेट में प्रतिष्ठित स्थान देने के लिए चुना। लता और साथियों का 'पिया हो आई बैरन बहार' भी लोकशैली की सुगंध लिए हुए एक सुंदर गीत है। रफ़ी और लता का 'मुहब्बत की बस इतनी दास्ताँ है' एच.एम.व्ही.के 'ऑल हारम ग्रेट्स-डुएट्स ऑफ द फ़िफ़्टीज़' में शामिल है और आज भी उतना ही लोकप्रिय है जितना फ़िल्म के रिलीज़ होने पर था। इस गीत में नाशाद ने रबाब का दिलकश प्रयोग किया है। लता के स्वर में 'खो दिया मैंने पाकर किसी को' की धीमी गम्भीर धुन, 'दर्द भरा दिल' का जौनपुरी आधारित सोज़ और लता, शमशाद का 'छोड़ो-छोड़ो जी बहियाँ मोरी' की बलखाती, इठलाती शैली और अदा इस बात को सिद्ध करते हैं कि 'बारादरी' के रूप में नाशाद एक बार तो नौशाद के स्तर तक पहुँच ही गए थे।

'बारादरी' जितनी सफलता फिर नाशाद के हिस्से नहीं आई पर 'जवाब' (1955) के 'सो जा तू मेरे राज दुलारे' (तलत) और 'आज ग़म कल खुशी है' (रफ़ी) भी अच्छे चले। यह एक रोचक तथ्य है कि 'दरवाज़ा', 'बारादरी' और 'जवाब' में नाशाद के गीतकार खुमार बाराबंकवी रहे। हास्य फ़िल्म 'सबसे बड़ा रुपैया' (1955) में 'बनाने वाले ने रुपैया भैया गोल क्यूँ बनाया'

(रफ़ी, आशा, साथी) जैसे हास्य गीत, 'शहज़ादा' (आशा) जैसा श्रृंगार गीत और 'जल्लाद' दोनो जवाँ' (रफ़ी, आशा) जैसा सुंदर रूमानी भाई' (1957) के संगीत को अच्छी सफलता बात है' की मीठी धुन तो इस गाने को आशा, स्थान दिलाएगी। इस गाने में सीटी और प्रभावी प्रयोग है। 'कदम बढ़ाए जा' (रफ़ी, 'आवारा शहज़ादी' (1956) और ने नाशाद के कैरियर पर बुरा असर डाला, पर हाथों में हाथ' (लता, रफ़ी, साथी) जैसा मधुर तूफ़ान' (1958) के संगीत की सफलता ने यह थे। 'मुझे है ज़रा जज़्बाए दिल आज़माना' तले' (तलत) की शायराना धुनों और मुजरे की शमशाद) की शैली ने इस फ़िल्म में नाशाद की

शायराना रूमानियत : 'जिंदगी और तूफान' में प्रदीप तथा नूतन

(1955) में 'रात आई है घूँघट निकाले' (1956) का 'हुस्न यहाँ इश्क यहाँ, दोनो हसीं गीत देकर नाशाद चर्चा में कायम रहे। 'बड़ा मिली और 'चोरी-चोरी दिल का लगाना बुरी तलत के गाए बेहतरीन दोगानों में बहुत ऊपर humming तथा आलाप की तानों का बड़ा साथी) भी अच्छा लोकप्रिय हुआ था। 'महफ़िल' (1957), जैसी फ़िल्मों की असफलता 'हथकड़ी' (1955) में 'पिया जब से लिया तूने गीत देने में वे अभी भी सक्षम थे। 'ज़िंदगी या सिद्ध किया कि नाशाद अभी समाप्त नहीं हुए (आशा, तलत) और 'ज़ुल्फों की सुनहरी छाँव तर्ज़ पर 'अँगड़ाई भी वो लेने न पाए' (आशा, एक पूर्णतः नयी संगीत-शैली को पेश किया। जहाँ 'बारादरी' की शैली लोकरंग प्रधान थी, वहीं 'ज़िंदगी या तूफ़ान' का संगीत मुस्लिम social फ़िल्मों के आभिजात्य की छाप लिए हुए था। 'ज़िंदगी है या कोई तूफ़ान है' (आशा), 'हमारा क्या है हम तड़पे अगर तुमको करार है' (आशा, तलत) जैसे नक्शब के लिखे और नाशाद के स्वरबद्ध किए गीतों में भी यह प्रभाव साफ़ झलकता है।

नाशाद उन संगीतकारों में हैं जो बाद में (1966 में) पाकिस्तान चले गए पर पाकिस्तान में भी 'सालगिरह', 'ज़ीनत', 'नया रास्ता', 'रिश्ता है प्यार का', 'फिर सुबह होगी' जैसी कुछ फ़िल्मों में उन्होंने संगीत दिया था। चाहे भारत में रहे या पाकिस्तान में समय-समय पर कुछ खूबसूरत तर्ज और हिट धुनें देते ही रहे। भारत की उनकी अंतिम फ़िल्मों में 'ज़रा बच के' (1959) का 'प्यार जगाने वाला, नींदे चुराने वाला आ गया' (लता, मन्नाडे), 'कातिल' (1960) के मुकेश आशा के 'रेयर जेम्स' डुएट्स कैसेट में शामिल 'दिल तो हमारा बेकरार है', मधुर धुन वाला 'बेवफ़ा दे के दगा जाता है' (आशा) और 'सुनी किसी ने बेकही हमारी दास्ताँ' (रफ़ी, सुमन), 'प्यार की दास्ताँ' (1961) के 'सुन मेरी जाँ कह रही जुबाँ प्यार की दास्ताँ' (सुमन, तलत), 'लुट गया मेरे सपनों का डेरा' (रफ़ी) और 'तेरा मुस्कुराना बना इक फ़साना' (सुमन, रफ़ी) एवं 'रूपलेखा' (1962) के 'महफ़िल में तेरे हुस्न का दीवाना कौन है' (सुमन, रफ़ी) 'हो छलबलिया जादू कर गयो' (सुमन), 'भजन बिना बावरे' (रफ़ी, साथी) और 'चाँद है तारे भी है और यह तन्हाई है' (सुमन, रफ़ी) ऐसे ही गीत हैं जो आज भी नाशाद की याद दिला देते हैं। इसी प्रकार पाकिस्तानी फ़िल्मों में 'आफ़शान' के 'खुदा करे कि मुहब्बत में ये मकाम आए' (मेहँदी हसन), 'साल गिरह' के 'ले आई फिर कहाँ पर' (नूरजहाँ) 'फिर सुबह होगी' के 'दैया रे दैया काँटा चुभा' (रूना लैना), 'रिश्ता है प्यार का' के 'हम जिसके हैं दीवाने' (अहमद रशदी) और ज़ीनत के 'रफ़्ता रफ़्ता वो मेरी तस्कीं का सामां हो गए' और 'मोहे पनघट पे नंदलाल' (मेहँदी हसन) जैसे उनके अनेक गीतों को अभूतपूर्व सफलता मिली और पाकिस्तान में तो वे एक चोटी के संगीतकार के रूप में जाने गये। 64 वर्ष की आयु में 3 जनवरी, 1981 को लाहौर में नाशाद का निधन हो गया।

संदर्भ

1. हृषि दीक्षित : 'अभी तो मैं ज़वान हूँ' शृंखला इंटरनेट, गीत क्र. 414

ख़य्याम

‘कभी-कभी मेरे दिल में ख़याल आता है’

संगीत में सुकून की बात हो तो ख़य्याम याद आते हैं। भाग-दौड़, परेशानी, शोर-शराबे के बीच भी ख़य्याम का संगीत एक शांत, स्निग्ध महक की आगोश में ले लेता है। ख़य्याम की अपनी एक खास शैली रही है। परम्परागत रिद्मिक पैटर्न से अलग उनके रिद्म का क्रम मौलिक होता है, उनका वाद्य-चुनाव और वाद्य-संयोजन भी अन्य संगीतकारों से एक फ़र्क लिए होता है। ख़य्याम का मानना है कि स्थायी और अंतरे के संगीत की भी अपनी एक भाषा है। गीत की धुन के साथ उसकी स्वर-रचना का भी उतना ही ध्यान रखना आवश्यक है। प्रयोग में लाए जा रहे वाद्यों पर किस तरह के टुकड़े बजाए जाएँ जिससे नवीनता तो पैदा हो ही, उनकी एक अलग पहचान भी कायम हो, ये देखा जाना भी बहुत जरूरी है।’ ख़य्याम का सुकून-भरा संगीत हमेशा से ही उनकी विशिष्ट शैली में अलग छाप छोड़ता रहा है। यह अलग शैली उनकी आरम्भिक फ़िल्मों से भी झलकती है जब वह संगीतकार चिश्ती के वरदहस्त तले या अलग से शर्माजी के नाम से संगीत दे रहे थे। यूँ ख़य्याम का असल नाम मुहम्मद ज़हूर हाशमी है।

ख़य्याम का जन्म जालंधर के पास राहोन नामक गाँव में हुआ था। उनके पिता मस्जिद में इमाम थे। उनके एक शिक्षक नूरारामजी की पत्नी की हर रोज मंदिर के सामने गाई आरती से भी बाल ख़य्याम उतने ही प्रभावित थे जितना अपने पिता द्वारा लगाए गए अजान के स्वरों से। आरम्भ में एक्टिंग में लाहौर और बम्बई में अपनी किस्मत आज़माने की उन्होंने कोशिश की, पर असफल ही रहे। पंडित अमरनाथ और हुस्नलाल भगतराम की शागिर्दी भी इन्हीं दिनों उन्होंने की। बम्बई से लौटकर ही लाहौर में एक दिन संगीतकार जी.ए. चिश्ती के पास गये थे जब चिश्ती अपने साजिदों के साथ कोई धुन बना रहे थे। हुआ यूँ कि किसी कारणवश चिश्ती अपनी बनाई धुन का एक टुकड़ा भूल गए और काफ़ी कोशिशों के बाद भी जब उन्हें वह टुकड़ा याद नहीं आया, तो पास खड़े ख़य्याम ने उनसे इजाज़त लेकर वह टुकड़ा पूरा का पूरा सुना दिया। चिश्ती इतने प्रभावित हुए कि उन्होंने ख़य्याम को अपना सहायक बना लिया। पर पैसे की कमी तो थी ही क्योंकि चिश्ती शुरू में उन्हें कोई पारिश्रमिक नहीं देते थे। इसलिए ख़य्याम ने भारतीय सेना की नौकरी कर ली और द्वितीय विश्वयुद्ध में

साहिर, मुकेश और महेन्द्र के साथ ख़य्याम

दक्षिण-पूर्व एशिया में हुई लड़ाई में भाग लेने के उपरांत ही वापस फ़िल्म क्षेत्र में आये। पहले चिश्ती के ही साथ कलकत्ते में काम किया (जहाँ चिश्ती बी.आर. चोपड़ा कैम्प से जुड़े थे और चोपड़ा के कहने पर ही पहली बार चिश्ती ने ख़य्याम को 125 रुपये की तनख्वाह दी–यह परिचय चोपड़ा की बाद की फ़िल्मों में संगीत का काम मिलने के बीज के रूप में रहा)। 1946 में वे बम्बई आए जहाँ हुस्नलाल की बदौलत फ़िल्म ‘रोमियो एंड जूलियट’ में उन्होंने अभिनय भी किया था। हुस्नलाल भगतराम ने ज़ोहरा के साथ उन्हें एक युगल गीत गाने का मौका दिया–‘दोनों जहान तेरी दुनिया से हार के’। फिर उन्होंने शर्माजी के नाम से कुछ फ़िल्मों में अन्य संगीतकारों के साथ संगीत दिया। शर्माजी के रूप में भी उनका संगीत सुनकर लग जाता है कि यह ख़य्याम

का ही संगीत है। उदाहरण के तौर पर 'बीवी' (1950) का रफ़ी का गाया 'अकेले में वो घबराते तो होंगे' बिल्कुल ख़य्याम की लाक्षणिक धुन और शैली का अहसास देता है। बिलावल थाट और सम्भवतः पहाड़ी पर बने इस गीत में भी वही ख़ास सुकून और विशिष्ट रिद्म और धुन का अंदाज़ है जो उनकी बाद की कई फ़िल्मों में उनकी पहचान ही बन गया। पहाड़ी तो उनका पसंदीदा राग रहा है और पहाड़ी पर रचित फ़िल्मी गीतों के लिए सबसे पहले कोई भी ख़य्याम का ही नाम लेगा। पंजाबी लोकधुनों का भी ख़य्याम ने बड़ी सुंदरता से फ़िल्म-संगीत में प्रयोग किया है। उनकी आरंभिक फ़िल्मों में ही 'बीवी' (1950) के 'मेरे मन अँगना में चाँद चमका' (आशा) और उससे भी पहले 'हीर-राँझा' (1944) में 'उड़ फड़ जावीयां, ध्यू खंड खाणीया' जैसा पंजाबी गीत और 'दिल यूँ यूँ करता है' जैसा पंजाबी शैली का गीत था। इसी तरह ग़ज़लों की बंदिश बाँधने में भी उन्हें आरम्भ से ही महारत हासिल थी। वली साहब की फ़िल्म 'हीर-राँझा' के ही 'दिल बुझा जाता है नाशाद हुआ जाता है' (गीता) में इसकी हलकी-सी झलक नज़र आती है। स्वतंत्र रूप से अकेले संगीतकार के रूप में अपनी पहली फ़िल्म 'पर्दा' (1949) में पंजाबी लोकधुन पर 'इक दिल ने कहा' (रफ़ी) जैसे दर्द-भरे गीत, कहरवा ताल पर 'हम आपको ही चाहें (ज़ोहरा), 'मोहे नैनों के तीर न मार' (कल्याणी) तथा 'मियाँजी चोरी-चोरी मुलाक़ात न करो' (ज़ोहराबाई) जैसे चटक गीतों के अलावा उन्होंने राजकुमारी से एक सुंदर ग़ज़लनुमा गीत भी गवाया था—'दिल तेरे ग़मों का मैं कहूँ किससे फ़साना'।

परंतु कई वर्षों तक अकेले पूरी फ़िल्म का संगीत देने का उन्हें अवसर अधिक नहीं मिला। वली साहब ने एक फ़िल्म दी तो इस शर्त के साथ कि ख़य्याम नौशाद या गुलाम हैदर वाली शैली अपनाएँ, पर स्वाभिमानी ख़य्याम मुकर गए। 'चलो वहाँ चलें जहाँ बहार ही बहार हो' (दुर्रानी, चुन्नीलाल परदेसी), 'हमें छोड़ के न जाना' (आशा) और 'अब कहाँ जाएँ कि अपना मेहरबाँ कोई नहीं' (लता) जैसे उनके गीतों वाली 'प्यार की बातें' (1951) में भी वरिष्ठ संगीतकार बुलो सी. रानी ही थे जिनके 'आँसू बहाओ तुम इधर' और 'मस्त चाँदनी झूम रही है' जैसे मुकेश और गीता के लोकप्रिय गाने ख़य्याम के गानों पर भारी रहे। इसी तरह 'गुल सनोबर' (1953) में भी बुलो. सी. रानी साथ थे, अलबत्ता इस बार ख़य्याम भारी पड़े थे। लता के गाए 'कई ऐसे भी आँसू हैं जो आँखों में नहीं आते' लता के दर्दीले सुरों पर नियंत्रण की अच्छी अभिव्यक्ति थी। इस गाने की धुन ख़य्याम के अनुसार उन्होंने ही बनाई थी हालाँकि रेकॉर्ड पर बुलो. सी. रानी का नाम दिया गया है।[2] मीना कपूर के स्वर में 'कभी तुम ख्वाब में चुपके से आ जाते तो क्या होता' इस ग़ज़लनुमा गीत को नई शैली देने का प्रयास है। दरअसल ख़य्याम की उपलब्धियों का एक महत्त्वपूर्ण पहलू गानों को एक नयापन और नया अंदाज़ देने का आरम्भ से ही किया गया उनका प्रयास था। यह प्रयास सबसे सशक्त रूप में उभरा 'फ़ुटपाथ' (1953) के उस गीत में जो अकेले ही ख़य्याम को अमर बनाने के लिए पर्याप्त माना जाएगा। तलत महमूद की मख़मली आवाज़ में दादरा ताल छः मात्रा में 'शामे ग़म की कसम आज ग़मगीं हैं हम' बिलकुल नए तरीके की प्रस्तुति थी। इस नयेपन का अहसास हमें गीत के आरम्भ होने से ही हो जाता है जब गीत के पहले उभरता संगीत जैसे एक उदास सिम्फ़नी (की तरह) हवा में तैरती तैरती हुई उदास शाम का आभास देने लगता है।[3] ख़य्याम के अनुसार इस गीत का नयापन यूँ भी था कि इस गीत में तबला, ढोलक आदि परम्परागत ग़ज़ल के वाद्य यंत्रों के स्थान पर स्पेनिश गिटार और double bass से रिद्म दी गई तथा सोलो बॉक्स का फ़िल्म-संगीत में पहली बार प्रयोग किया गया जिससे एक अलग क़ामयाब प्रभाव पैदा हुआ।[4] 'शामे ग़म की कसम' की रेशमी धुन आज भी फ़िल्म-संगीत के इतिहास में एक नई तक़नीक के सूत्रपात के रूप में स्थान रखती है और ख़य्याम की अलग शख़्सियत की पहचान कराती है। दरअसल 'फ़ुटपाथ' के लिए खय्याम को अनुबंध मिलने की कहानी भी बड़ी रोचक है। जब निर्माता चंदूलाल शाह ने दिलीप कुमार को लेकर 'फ़ुटपाथ' की घोषणा की तो उनके दिमाग में संगीत के लिए तीन -चार संगीतकारों का नाम था। इसी समय नर्गिस की माँ जद्दनबाई ख़य्याम को उनके पास ले गईं। चंदूलाल शाह ने निर्णय लिया कि वे इस फ़िल्म का काम उस संगीतकार को देंगे जिसकी रचनाएँ उन्हें सर्वाधिक प्रभावित करेंगी। ख़य्याम की रचनाओं को सुनने के बाद दिलीप कुमार, अनवर हुसैन और चंदूलाल शाह सभी बेहद प्रभावित हुए और ख़य्याम को इस फ़िल्म का संगीतकार मुकर्रर कर लिया गया।[5] 'फ़ुटपाथ' के लेखक ज़िया सरहदी के सुझाव पर ही इस फ़िल्म से ख़य्याम ने शर्माजी के स्थान 'ख़य्याम' नाम से संगीत देना प्रारम्भ किया। 'शामे ग़म की कसम' से चंदूलाल शाह इतने प्रभावित हुए थे कि उन्होंने ख़य्याम को एक ग्रामोफ़ोन भेंट किया और उनकी तनख्वाह भी बढ़ा दी।

'शामे ग़म की क़सम' की अपार लोकप्रियता ने 'फ़ुटपाथ' के अन्य गानों को धूमिल कर दिया, वरना आशा की 'सो जा मेरे प्यारे सो जा सो जा' और 'कैसा जादू डाला ने बलमा न जानें', तलत, प्रेमलता और आशिमा बनर्जी का गाया 'ठंडी पवन चले साँझ ढले कुहू कुहू कोयल बोले', सम्भवतः कल्याण थाठ पर बनाया आशा का सुमधुर 'पिया आजा रे दिल मेरा पुकारे' भी

अच्छी ही रचनाएँ थीं। इसी फ़िल्म के 'अर रर र म सुहाना है ये मौसम' (आशा) में ख़य्याम ने वॉयलिन का बड़ा सुंदर और सहज इस्तेमाल किया था।[6]

पर 'फुटपाथ' की सफलता ने ख़य्याम के लिए फ़िल्मों के द्वार ज़्यादा खोल दिये हों, ऐसा नहीं है। उनके हिस्से छोटी-मोटी फ़िल्में ही बड़े अंतराल पर आती रहीं। 'धोबी डॉक्टर' (1954) में पुनः उन्होंने आशा भोंसले से 'पीहू पीहू बोले पपीहरा', 'आ जा बदली के संग मेरा जिया डोले रे', 'झिलमिल-झिलमिल तारे' जैसे रूमानी गीत गवाए पर हिट नहीं रहे। इसी फ़िल्म के नायक किशोर कुमार से भी 'चाँदनी रातों में चाँद कहाँ है मेरा' जैसा गीत भी उन्होंने गवाया, पर इस गाने का रेकॉर्ड ही जारी नहीं हुआ।[7] धनीराम के साथ उन्होंने 'गुल बहार' (1954) में भी संगीत दिया। इस फ़िल्म का तलत का गाया 'गर तेरी नवाज़िश हो जाये ग़र तेरा इशारा हो जाए' हिट भले ही अधिक न हुआ हो, पर भैरवी में कम्पोज़ किया यह गाना वाक़ई ख़य्याम की अलग-थलग शैली की बेहद मोहक छाप लिए हुए है। पियानो की तरंगों पर सजे इस गीत को कभी रात के सन्नाटे में सुनिए, ख़य्याम का जादू समझ में आ जाएगा। इसी फ़िल्म का मीना कपूर का गाया 'लगी ऐसी नहीं दिल की जो आँखों से नज़र आए' भी माधुर्य से परिपूर्ण है।[8]

दरअसल ख़य्याम के इस वक्त के गीत आज अधिक नहीं जाने जाते हैं। पर यदि उन गीतों को सुना जाए और उनमें से उल्लेखनीय गीतों की फ़ेहरिस्त बनाई जाए तो हमें पंजाबी हीर शैली पर बने 'कफ़न में डाला मुझे मेरे राज़दारों ने' (तलत, आशा, मुबारक़–'तातार का चोर', 1955) को पंजाबी लोकधुन की शैली की सुंदर अभिव्यक्ति के रूप में ऊँचा स्थान देना होगा। जैसाकि पहले कहा गया है, पंजाब के लोकसंगीत को ख़य्याम समय-समय पर बड़ी खूबसूरती से फ़िल्मों के कथानक के साथ मिलाकर स्थान देते रहे। 'बारूद' (1960) का पंजाबी गिद्दा शैली का 'रंग रंगीला साँवरा मुझे मिल गया जमुना पार' (लता, साथी) अपनी फड़कती रिद्म और percussion के अद्वितीय प्रयोग से सुपरहिट रहा था। 'बम्बई की बिल्ली' (1960) का 'दिलवालों की ज़ुल्मी नज़र से' (लता, साथी) भी पंजाबी शैली का ही एक थिरकता गीत था। 'शोला और शबनम' (1961) में 'अड़ी वे अड़ी' जैसे पंजाबी गीत को जगजीत कौर की ही आवाज़ में 'लड़ी वे लड़ी तुमसे आँख जो लड़ी' में प्रयुक्त कर ख़य्याम ने, भले ही मौलिक धुन पर नहीं, पर एक और सुपरहिट गीत अवश्य दिया था। इसी फ़िल्म में 'फिर नहीं आने वाली प्यारे ऐसी मिलन की रात' (आशा, मन्नाडे, साथी) भी पंजाबी लोकधुन पर ही आधारित था। कथानक के अनुसार बनाये गये अरबी संगीत शैली के आशा भोंसले के 'निगाहों में बसे ऐसे ख़यालों पे वो यूँ छाये' ('तातार का चोर', 1955) और 'थी एक शहज़ादी' (तलत), 'अलविदा जाने वफ़ा तेरा निगहबान खुदा' (लाला, रुख़–1958) भी बुरी रचनाएँ नहीं थीं, पर ख़य्याम कोई विशिष्टता इनमें नहीं दे सके। वैसे प्रसिद्ध साहित्यकारा इस्मत चुगताई के द्वारा निर्मित 'लाला रूख़' (1958) ख़य्याम के इस वक्त के संगीत की दृष्टि से चर्चित फ़िल्म रही। दादरा ताल के लाजवाब प्रयोग के साथ ख़माज थाट का (क्या यह राग देस है?) आशा भोंसले का एकल और आशा-तलत का युगल रूप से गाया रूमानी गीत 'प्यास कुछ और भी भड़का दी झलक दिखला के' ने लोकप्रियता के कई आयाम तय किये और आशा ने इसे अपने 'माइ फ़ेवरिट्स' कैसेट्स में जगह दी है। रफ़ी के 'है कली कली के लब पर तेरे हुस्न का फ़साना' न सिर्फ हिट रहा बल्कि इस गीत की तर्ज़ ने ख़य्याम की अलग शैली के संगीतकार वाली छवि को और पुख़्ता बनाया।

पत्नी जगजीत कौर एवं पुत्र के साथ ख़य्याम

पर इस दशक की ख़य्याम की सबसे उल्लेखनीय फ़िल्म मानी जाएगी दोस्तोएवस्की के उपन्यास 'क्राइम एंड पनिशमेंट' पर आधारित वामपंथी विचारधारा की फ़िल्म 'फिर सुबह होगी' (1960)। राज कपूर की अभिनीत फ़िल्म के लिए ख़य्याम को संगीत देने का अवसर कैसे मिला, यह कहानी भी कम रोचक नहीं है। गीतकार साहिर

लुधियानवी ने निर्माता रमेश सहगल को ख़य्याम का नाम सुझाया था क्योंकि साहिर की दलील थी कि इस फ़िल्म के कथानक और गीतों के लिए ऐसे संगीतकार की जरूरत थी जो विषय की गहराई को समझ सकता हो। रमेश सहगल को डर था कि राज कपूर शंकर-जयकिशन के लिए ज़ोर डालेंगे, फिर भी उन्होंने साहिर की बात पर विचार कर ख़य्याम और राज कपूर की एक बैठक करा दी। राज कपूर ने ख़य्याम को एक तानपूरा दिखाते हुए कहा कि यह तानपूरा उन्हें लता ने भेंट किया है और इस पर अभी कुछ नहीं बजा है, आप बताएँ कि आप क्या सुनाएँगे। ख़य्याम ने शाम के वातावरण के अनुकूल राग पूरिया धनाश्री सुनाया और राजकपूर इतने प्रभावित हुए कि उन्होंने रमेश सहगल को ख़य्याम को संगीतकार के रूप में आजमाने की स्वीकृति दे दी। इस आज़माइश में भी ख़य्याम सफल निकले। ख़य्याम ने फ़िल्म के शीर्षक गीत के लिए पाँच धुनें बनाई थीं। इस बैठकी में उन्होंने एक-एक कर के पाँचों धुनें राज कपूर को सुनाईं। राज कपूर ने कोई प्रतिक्रिया नहीं जताई तो ख़य्याम को ऐसा लगा मानो राज कपूर ने धुनों को पसंद नहीं किया, पर बात कुछ और थी। राज रमेश सहगल को एक अलग कमरे में ले गए और जब रमेश सहगल 45 मिनट बाद कमरे के बाहर निकले तो उन्होंने ख़य्याम को गले से लगा लिया और कहा कि राज कपूर को सभी पाँच धुनें इतनी अच्छी लगीं कि उन्होंने ख़य्याम को अपने मुताबिक सर्वाधिक उचित धुन चुनने की पूरी स्वतंत्रता दे दी है।[9]

'फिर सुबह होगी' फ़िल्म तो नहीं चली पर गीत खूब पसंद किये गये। मुकेश-आशा का शीर्षक गीत 'वो सुबह कभी तो आएगी' तो वामपंथी विचारधारा का प्रतिनिधि गीत ही बन गया। फ़िल्मी गीतों की रूमानी, पलायनवादी धारा से अलग समाज की बेकारी, भूख, गरीबी और वर्ग-भेद को बेबाकी से प्रकट करनेवाले इस गीत की धुन भी छू लेनेवाली थी और एच.एम.व्ही. ने इसे मुकेश-आशा के 'रेयर जेम्स' कैसेट में प्रतिष्ठित स्थान देकर इस गीत के ऐतिहासिक महत्त्व को भी रेखांकित किया है। धर्म और ईश्वरीय आस्था से मोहभंग दिखानेवाला गीत 'आसमां पे है खुदा और ज़मीं पे हम' (मुकेश) ने लोगों के मन को छुआ और खूब लोकप्रिय हुआ। अहीर भैरव और भैरवी का पुट लिए 'चीनो अरब हमारा हिन्दोस्ताँ हमारा, रहने को घर नहीं सारा जहाँ हमारा' का व्यंग्य ख़य्याम की अलग धुन और मुकेश की दिल से निकली गायकी के कारण श्रोताओं के बीच हाथोंहाथ लिया गया। साहिर और ख़य्याम की जुगलबन्दी का आरम्भ 'फिर सुबह होगी' के साथ चमत्कारी रहा था। आशा का कल्याण थाट पर आधारित 'दो बूँदें सावन की' भी अपने ढंग का अलग-सा ही गीत था जिसे आशा ने अपने 'माई फ़ेवरिट्स' कैसेट्स में स्थान दिया है। 'फिर न कीजे मेरी गुस्ताख़ निगाहों का गिला' (मुकेश, आशा) तो रोमांटिक फ़िल्मी गीतों की परम्परा में एक मील का पत्थर माना जाता है। यमन-कल्याण और कहरवा ताल पर इतनी मधुर धुन, इतनी शायराना शैली और इतनी प्यारी लय के साथ ख़य्याम ने इस गीत को बनाया है कि इस गीत का पर्याय फ़िल्म-संगीत में कम ही मिलता है। कव्वाली शैली में गाया रफ़ी, मुकेश का 'जिस प्यार में ये हाल हो उस प्यार से तौबा' अन्य गीतों के मुकाबले ही कम ठहरेगा वरना अपनी तरह का यह भी ख़य्याम का निराला ही गीत है।

युद्ध-विधवा एसोसिएशन के लिए दिल्ली के एक स्टेज शो में 'वो सुबह कभी तो आएगी' गाते हुए मुकेश और राखी

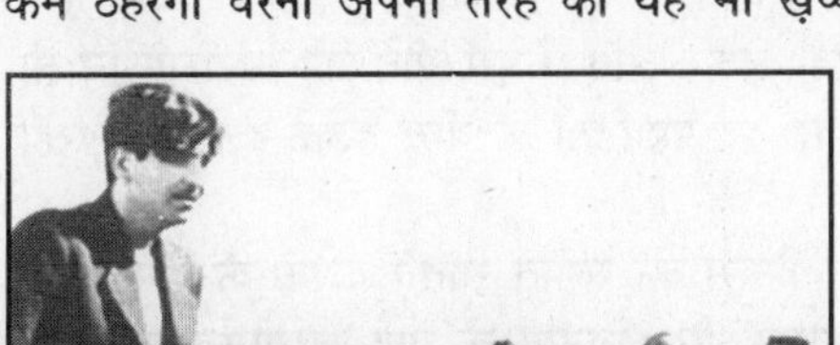

'वो सुबह कभी तो आएगी' का एक दृश्य

अस्पी ईरानी के 'बारूद' (1960) के लोकप्रिय गिद्दा शैली के 'रंग रंगीला साँवरा' (लता, साथी) की चर्चा हम पहले भी कर चुके हैं। इसी फ़िल्म में लता, हनी ईरानी के मजेदार गीत 'अटकन नटकन दही चटोकन राजा गये दिल्ली' और 'लिखोगे-पढ़ोगे तो आगे बढ़ोगे' (लता, रफ़ी, शेख मुख्तार, हनी ईरानी, साथी) की 'लिक्खो' पर जोर डालकर बनाई गई विलक्षण धुनों का उल्लेख लाज़िमी हो जाता है। बिलावट थाट पर आधारित था रफ़ी-लता का इस फ़िल्म का 'तेरी आँखों का रंग निराला है' पर यह गाना ख़य्याम की विशिष्ट शैली का न लगकर चित्रगुप्त की शैली का अधिक लगता है।

सफल और बेहद सुंदर संगीत देने के बावजूद ख़य्याम को अधिक फ़िल्मों के ऑफ़र नहीं मिले थे। इसका एक कारण यह भी था कि ख़य्याम किसी फ़िल्म को तभी लेते थे जब या तो उसका कथानक उन्हें पसंद आता था या संगीत

के लिए उसमें अवसर होता था।[10] कथानक के बारीक से बारीक़ पहलू की जानकारी लेकर ही वे संगीत बनाते थे। साथ ही दूसरों की धुनों की नकल करना भी उन्हें पसंद नहीं था। यही कारण है कि 'बरसात की रात' जैसी महत्त्वपूर्ण फ़िल्म भी उन्होंने अस्वीकार कर दी थी। हुआ यूँ कि भारत भूषण के भाई चन्द्र उनके पास उस्ताद फ़तह अली खाँ की कव्वाली का कैसेट लेकर आए और ख़य्याम के सामने अड़ गए कि 'बरसात की रात की' कव्वाली की भी वही धुन होनी चाहिए। ख़य्याम ने इनकार किया और फ़िल्म छोड़ दी।[11] बाद में रोशन ने इसी धुन पर 'ये इश्क इश्क है इश्क इश्क' कव्वाली 'बरसात की रात के लिए बनाई पर बहुत कम लोग जानते हैं कि मूल धुन नुसरतअली खाँ के पिता फ़तहअली खाँ की कव्वाली की है। कुछ वर्ष पहले फ़िल्मफ़ेयर को दिए एक इंटरव्यू में नुसरतअली खाँ ने भी इस बात का ज़िक्र किया था कि 'ये इश्क इश्क है इश्क इश्क' मूलतः उनके पिता की कव्वाली की धुन पर आधारित थी तथा इसे 'बरसात की रात' में उनके पिता से अनुमति लेकर इस्तेमाल कियां गया था।[12]

पता नहीं ख़य्याम ने अस्पी ईरानी की 'बम्बई की बिल्ली' को क्या सोचकर स्वीकार किया था क्योंकि लता के पहले उल्लिखित पंजाबी शैली के गीत को छोड़कर 'दिलदार तू है मेरा प्यार तू है' (गीता) 'दिल के पार हो गई' (गीता) 'मेरी अदाएँ बिजली गिरायें' (आशा) और 'जालिम ज़ुल्म न कर' (आशा) जैसे क्लब साँग शैली के गीत ख़य्याम की अपनी विशिष्ट शैली के अनुरूप नहीं पड़ते थे और ओ.पी. नैयर की शैली पर उतरने की उनकी कोशिश बुरी न भी हो पर उनके स्तर के आसपास नहीं आती थी। इस फ़िल्म से कहीं श्रेष्ठ संगीत था उनकी दशक के अंत की सम्भवतः अधूरी रह गई फ़िल्म 'हम हैं राही प्यार के' में। लता के गाये 'नैनों में कजरा लगा के मैं तो चली सज बन के' के रिद्म से या 'रात लगा के आई चंदा की बिंदिया'की घरेलू धुन से कौन प्रभावित नहीं होगा? या फिर कौन एक बार सुनकर भुला सकता है तलत-लता के उन दो खोए पर नर्म, कोमल 'बड़ी मुश्किल है तुम्हें भूल जाना' और 'राज़ सीने में मोहब्बत का छुपाये रखना' जैसे रूमानी युगल गीतों को? इस फ़िल्म का तलत का गाया 'ज़िन्दगी हसीन है ज़िन्दगी से प्यार कर' सुनिए और आप जानेंगे कि तलत का एक बेहतरीन रिद्म आधारित गीत इस फ़िल्म के रिलीज़ न होने से हमसे दूर रह गया।

सातवें दशक की फ़िल्मों में ख़य्याम के साथ एक नई गायिका भी रहती थी। वे थीं जगजीत कौर—वही जगजीत कौर जिनसे ख़य्याम ने आगे चलकर विवाह किया, वही जगजीत कौर जिनसे गुलाम मोहम्मद ने 'दिले नादान' (1953) में सुंदर गाने गवाए थे, पर अन्य संगीतकारों ने उन्हें पूर्णतः उपेक्षित कर रखा था। जगजीत कौर के पंजाबी धुन पर आधारित 'लड़ी रे लड़ी तुझ से आँख जो लड़ी' के अलावा उनकी नशीली आवाज़ में कहरवा ताल और सम्भवतः गुजरी तोड़ी पर रचा 'फिर वही सावन आया साजन आए ना' जैसी लोकधुन पर आधारित मिट्टी की महक लिए विरह भावना का सुंदर गीत भी 'शोला और शबनम' फ़िल्म में था। जगजीत कौर और रफ़ी के स्वर में 'पहले तो आँख मिलाना' भी पंजाबी अलमस्ती की शैली पर ही कम्पोज़ किया एक गीत था और जैसाकि पहले उल्लिखित है आशा, मन्नाडे और साथियों के स्वर में पंजाब की मिट्टी की खुशबू बिखेरता 'फिर नहीं आने वाली प्यारे ऐसी मिलन की रात' जैसा गीत भी इसी फ़िल्म का था। इस फ़िल्म को पंजाब की संगीत शैली के विविध रूपों में उद्भासित करनेवाली ख़य्याम की विशिष्ट फ़िल्म के रूप में याद किया जा सकता है। लता-रफ़ी का सुपरहिट गीत 'जीत ही लेंगे बाज़ी हम तुम खेल अधूरा छूटे ना' की रिद्म इस गाने की ख़ासियत थी। इस फ़िल्म के सबसे खूबसूरत गीत 'जाने क्या ढूँढ़ती रहती हैं ये आँखें मुझमें' (रफ़ी) के लिए ख़य्याम अपना पसंदीदा राग पहाड़ी लेकर आए । इस गीत की कम्पोज़ीशन तो बेमिसाल है। पहाड़ी का इतना सुंदर, इतना क़शिश-भरा उपयोग था मानो प्यार का दर्द पहाड़ियों के बीच हलके-हलके गूँज रहा हो। ऐसे ही गीतों से तो ख़य्याम विशिष्ट बनते थे।

सातवें दशक में ख़य्याम को फ़िल्में तो कम ही मिलती रहीं, पर उनकी हर फ़िल्म का संगीत सातवें दशक के क्रमांतर से लाउड होते जा रहे फ़िल्म-संगीत में एक सुकून-भरा पड़ाव ले कर आता था। 'शोला और शबनम' के बाद ख़य्याम की अगली लाजबाव प्रस्तुति थी 'शगुन' (1964)। 'फिर सुबह होगी' के बाद साहिर फिर उनके साथ थे। जहाँ 'फिर सुबह होगी' के गीतों के सामाजिकता का तीव्र रूप था, वहीं 'शगुन' के गीतों में ज़िन्दगी की परेशानियों के साथ वहीदा रहमान के सौंदर्य से मेल खाती आकंठ रूमानियत भी थी। जहाँ 'शोला और शबनम' में प्रभुत्व पंजाबी ग्रामीण संगीत का था, वहीं 'शगुन' की रूमानियत को अभिव्यक्त करते नाजुक गीतों के लिए ख़य्याम ने मुख्यतः पहाड़ी और यमन-कल्याण का सहारा लिया। 'पर्वतों के पेड़ों पर शाम का बसेरा है सुरमई उज़ाला है चम्पई अँधेरा है' (सुमन, रफ़ी) जैसी सम्मोहक शब्दावली को राग पहाड़ी की झिलमिलाती सुरलहरियों पर जिस मुलामियत से ख़य्याम ने उतारा है वह किसी और संगीतकार के बस की बात नहीं थी। पहाड़ी के ही एक अन्य रूप

को लेकर ख़य्याम जगजीत कौर के सर्वश्रेष्ठ बेहद लोकप्रिय गीत 'तुम अपना रंजोग़म अपनी परेशानी मुझे दे दो' में लेकर आए। 'शगुन' का तो हर गीत अपने-आपमें एक रत्न है। रफ़ी के गाए यमन कल्याण पर आधारित 'तुम चली जाओगी परछाइयाँ रह जाएँगी' और 'यह रात बहुत रंगीन नहीं इस रात में ग़म का ज़हर भी है' ख़य्याम की लाक्षणिक नज़्म शैली की धुनें हैं जिन्हें ख़य्याम ने अपनी बाद की फ़िल्मों में भी बदली-बदली शक्लों में पेश किया। इसी शैली की रचनाओं (जैसे 'बरसात की रात') के लिए रोशन ने भी यमन कल्याण का ही सहारा लिया था। दादरा ताल पर सुमन के खूबसूरत गीत 'ज़िन्दगी जुल्म सही जब्र सही ग़म ही सही' की भिन्न शैली, 'इतने क़रीब आ के भी क्या जाने किसलिए' (तलत, मुबारक़) की मनोहर धुन और 'बुझा दिये हैं खुद अपने हाथों मोहब्बत के दीये जला के' (सुमन) का दर्द-भरा साहिरी और ख़य्यामी अंदाज़ इस फ़िल्म के संगीत को अपनी-अपनी तरह से सजाते हैं। पर इन सबसे छिटककर ख़य्याम इस फ़िल्म में भी पंजाबी लोकधुन पर एक अमूल्य रचना देने के लोभ से नहीं बच सके। जगजीत कौर और साथियों का विवाह गीत 'गोरी ससुराल चली' आज भी तीन दशकों बाद फ़िल्म संगीत के सर्वश्रेष्ठ विवाह गीतों में गिना जाता है। इस तरह के विवाह-बिदाई गीत ख़य्याम ने अपनी आगे की फ़िल्मों में भी खूब दिए हैं। ऐसे गीतों के लिए जगजीत कौर और पामेला चोपड़ा की आवाजों का जादू कुछ अलग ही बोलता था।

बहरहाल अख़्तर मिरजा निर्देशित और शशि कपूर नंदा अभिनीत 'मोहब्बत इसको कहते हैं' (1965) ख़य्याम की अगली पेशकश थी और इस बार 'फिर सुबह होगी' के गायक मुकेश भी रफ़ी के साथ-साथ थे। इस बार गीतों में सामाजिकता का पुट भी न था बल्कि विशुद्ध रूमानियत थी और इस रूमानियत को उभारने के लिए ख़य्याम ने फिर यमन कल्याण के ही सुर थामे। कुछ मुशायरे, कुछ मुकाबले की शक्ल में चलत कहरवा की लाजवाब प्रस्तुति थी यमन कल्याण (सम्भवतः हमीर, केदार के भी पुट) पर आधारित 'हमसे होती मोहब्बत जो तुमको'। आशा और मुकेश के सर्वश्रेष्ठ युगल गीतों में से एक पंजाब के संगीत से कुछ हद तक प्रेरित इस गीत को सुनना मानो अनुभूति और सम्प्रेषण दोनों स्तरों पर झंकृत होकर और मंत्रमुग्ध हो जाना है। एच.एम.व्ही. ने आशा, मुकेश के 'रेयर जेम्स' कैसेट में इस विशिष्ट गीत को जगह देकर हमें एक दुर्लभ धरोहर दी है। यमन कल्याण का ही लुभावना रूप था मुकेश के स्वर की रूमानियत को उभारता हुआ वह शायराना शरारत लिया हुआ गीत 'इतना हुस्न पे हुज़ूर न गुरूर कीजिए'। मुकेश के 'रेयर जेम्स' कैसेट में शामिल इस गीत में यह तथ्य भरपूर रेखांकित होता है कि मुकेश सिर्फ दर्दीले गीतों के ही गायक नहीं थे उनकी आवाज़ का एक intense रूमानी पक्ष भी उतना ही सशक्त था, भले ही वह पक्ष फ़िल्म संगीत-समीक्षकों द्वारा कई बार उपेक्षित कर दिया गया हो। बहरहाल इस फ़िल्म का सबसे लोकप्रिय गीत था 'ठहरिए होश में आऊँ तो चले जाइएगा' (रफी, सुमन)। विश कृष्णन् के अनुसार बहुत कम गाने ऐसे होते हैं जो कि मेजर-सी-मेज़र-ए-माइनर कॉर्ड ई को लेकर चलते हैं। यह गीत उनमें से एक था और कई इसे ख़य्याम का सर्वश्रेष्ठ गीत भी मानते हैं।[13] हालाँकि यह गीत व्यक्तिगत तौर पर मुझे इसी फ़िल्म के उपरोक्त दोनों गीतों में कम अच्छा लगता है पर इस गीत के चाहनेवाले आज भी लाखों हैं। इसी फ़िल्म का एक और रूमानी गीत जो हिट नहीं हुआ पर अपनी कम्पोज़ीशन में सचमुच ही लाजवाब था, वह था रफ़ी के स्वर में 'मेरी निगाह ने क्या काम लाजवाब किया'। 'अजी तुम कितने हसीं हो मेरे दिल से तो पूछो' (आशा), 'जो हम पे गुज़रती है तन्हा किसे समझाएँ' (सुमन) और 'महफ़िल में आप आए जैसे कि चाँद आया' (सुमन, मुबारक़) भी इस फ़िल्म के अच्छे ही गीत कहे जाएँगे।

यह एक अत्यंत उल्लेखनीय तथ्य है कि 'फिर सुबह होगी', 'शोला और शबनम', 'शगुन' और 'मुहब्बत इसको कहते हैं' जैसी बेहतरीन संगीतवाली फ़िल्मों में लता मात्र 'शोला और शबनम' के एक गीत ('जीत ही लेंगे बाज़ी हम तुम') को छोड़कर कहीं नहीं थी। यह वह वक्त था जब ओ.पी. नैयर को रहने दें तो और संगीतकार लता के बिना अपने को कुछ अधूरा महसूस करते थे। पर ख़य्याम जगजीत कौर, आशा, सुमन और मुबारक़ बेग़म को लेकर भी उतने ही उत्कृष्ट गाने बनाने में महान सिद्ध हुए जितना अन्य संगीतकार लता के साथ अपने श्रेष्ठतम प्रयासों में। यह तथ्य संगीतकार के रूप में ख़य्याम को और भी विशिष्ट बनाता है।

लता के साथ ख़य्याम

लता को वापस लाए ख़य्याम इस दशक की आखिरी प्रस्तुति चेतन आनंद निर्देशित 'आखिरी खत' (1966) के पहाड़ी पर आधारित 'बहारो मेरा जीवन भी सँवारो' के लिए। कुलू घाटियों में फ़िल्मांकित इस फ़िल्म के लिए शायद पहाड़ी संगीत की आवश्यकता को ध्यान में रखकर ही चेतन आनंद मदनमोहन को छोड़ ख़य्याम को लेने के लिए राजी हो गए हों। वादियों

में गूँजती आवाज़ का अहसास करानेवाला यह गीत आज भी उतना ही ताज़ा लगता है जितना तीन दशक पहले। यही बात रफ़ी के 'रेयर जेम्स' में शामिल 'और कुछ देर ठहर और कुछ देर न जा' की अनुपम शैली के बारे में कही जा सकती है, और यही तथ्य उभरता है जब हम ख़य्याम के निर्देशन में भूपेन्द्र के प्रथम एकल गीत के साथ 'रुत जवाँ, जवाँ रात मेहरबां, छेड़ो कोई दास्ताँ' के रुकते-चलते नोट्स की तर्ज़ पर चलते हैं। 'मेरे चंदा मेरे नन्हे' वाली लोरी में लता हमेशा की तरह बड़ी मीठी लगती हैं, पर मन्नाडे और साथियों का 'O my darling' जैसे गीत में ख़य्याम बिलकुल ही नहीं जम पाये हैं। इस तरह के पाश्चात्य शैली प्रधान या क्लब गीतों में (जैसे 'बम्बई की बिल्ली' के गीत) ख़य्याम का वह जादू बिलकुल नहीं जग पाता था। ख़य्याम भी शायद यह जानते थे क्योंकि ऐसे प्रयास उन्होंने फिर बहुत कम ही किए।

कल्याणजी-आनंदजी, आर.डी. बर्मन, लक्ष्मी-प्यारे जैसे संगीतकारों के आगमन के साथ मेलोडी का व्यावसायिक रूप और बीट्स व रिद्म का एक ऐसा दौर चल चुका था जहाँ ख़य्याम के कोमल सुकून-भरे संगीत के लिए जगह दिन-ब-दिन कम होती जा रही थी। ख़य्याम के हिस्से में फ़िल्में बहुत कम तो हमेशा से ही रही थीं और यही कारण है कि ख़य्याम आरम्भ से ही गैर-फ़िल्मी ग़ज़लों, गीतों और भजनों के कम्पोज़ीशन की ओर भी ज़्यादा ध्यान दे सके। यूँ तो इस जगह हम ख़य्याम के फ़िल्म-संगीत की ही चर्चा कर रहे हैं पर चलते-चलते ख़य्याम की स्वरबद्ध सी.एच. आत्मा, बेगम अख्तर, मुकेश, तलत और रफ़ी जैसे फ़नकारों की गाई ग़ज़लों और भजनों पर एक नज़र तो डालना लाज़िमी हो ही जाता है। मुकेश के गाए 'हमसे भागा न करो दूर गज़ालों की तरह', 'अशआर मेरे यूँ तो ज़माने के लिए हैं', 'थरथरा उठती है खामोश फजाँ रात गए', 'हरेक हुस्न तेरा आईना लगे है मुझे', 'रही है दाद-ए-तलब उनकी शोखियाँ हमसे' जैसी जाँ निसार अख्तर की खूबसूरत गज़लों का एल.पी. अपने ज़माने में बहुत लोकप्रिय रहा था। फ़िल्मों से अलग गज़ल गायक के रूप में भी मुकेश को प्रतिष्ठित करने में खय्याम की कम्पोज़ की हुई गज़लों का बहुत बड़ा हाथ रहा है। ग़ालिब की मशहूर गज़ल 'हम इश्क को अपने भी गवारा नहीं करते' मुकेश के स्वर में आज तक यादगार बनी हुई है।

गज़लों की कम्पोज़ीशन में ख़य्याम का हुनर बेमिसाल ही था। अपनी स्वरबद्ध गज़लों में भी वे मेलोडी का एक कोमल और परिष्कृत अंग डालते थे जिससे गज़लें अपनी पारम्परिक स्वर-रचना से अलग लगती हुई बहुत कर्णप्रिय बन जाती थीं। बेगम अख्तर के स्वर में शकील बदायूँनी की रचना 'मेरे हमसफर मेरे हमनवाँ मुझे दोस्त बन के दगा न दे' सुनना एक अजीब-सी कशिश से भर देता है। 'खुशी ने मुझको', 'वो जो हममें तुममें करार था', गालिब की 'ये न थी हमारी किस्मत', और 'सब कहाँ कुछ लाला-ओ गुल' और वे दुर्लभ नगीने—सौदा की 'गुल फेंके है गैरों की तरफ़', मीर की 'उल्टी हो गईं सब तदबीरें', दाग की 'उज्र आने में भी है' और आतिश की 'सुन तो सही जहाँ में है तेरा फ़साना क्या' जैसे उदाहरण याद आते हैं।

गज़ल-सम्राट तलत महमूद की मखमली आवाज़ के कई गज़लों की धुन खय्याम की ही बनाई हुई है। 'बाज़ीचा-ए-अतफाल है दुनिया मेरे आगे', 'मेरी ज़िंदगी है ज़ालिम', 'नक्श फरियादी है', 'हंगामा-ए-ग़म से तंग आकर', 'आ गईं फिर से बहारें आ गईं', 'रो-रो बीता जीवन सारा', 'कौन कहता है तुझे' जैसी न जाने कितनी गज़लें और गीत हैं जो तलत के स्वर में ख़य्याम की मौसिकी की याद दिला जाती है। 'दीन-ए-खुदा के पासबाँ' और 'दर से हुसैन समझे' जैसे नात भी तलत ने ख़य्याम की मौसिकी के साथ ही गाए थे।

सी.एच. आत्मा के गाए 'जो राधा के गुण गाए', 'बाँसुरिया काहे भाए', 'कहूँ जो हाले दिल', 'सादगी पर उसकी मर जाने', रफ़ी के गाए मशहूर मधुर भजन 'तेरे भरोसे हे नंदलाल', 'पाँव पड़ूँ तोरे श्याम', गालिब की गज़लें 'गज़ब किया तेरे वादे पे एतबार किया', 'ये न थी हमारी किस्मत', आदि भी सुगम संगीत के क्षेत्र में भी ख़य्याम की संगीतकार के रूप में महत्त्वपूर्ण शख्सियत को ही रेखांकित करते हैं। वर्षा के गीतों पर निकाले गए एच.एम.व्ही. के मशहूर एलबम 'वर्षा ऋतु' में ख़य्याम ने पूरबी शैली में सुमन कल्याणपुर से 'बरसे बदरा' जैसा खूबसूरत गीत गवाया था।

ख़य्याम ने जाँ निसार अख्तर के लिखे 'आवाज़ दो हम एक हैं' और साहिर लुधियानवी के लिखे और रफ़ी के गाए 'वतन की आबरू खतरे में है' की भी सुंदर धुनें बनाई थीं। दूसरा गीत तो युद्ध के समय दिलीप कुमार, राजकुमार, सुनील दत्त और राजेंद्र कुमार को लेकर महबूब खाँ द्वारा बनाए गये एक वृत्तचित्र में था। 'सुनहरे वरक' नामक मशहूर टी.वी. सीरियल में ख़य्याम का ही संगीत था और खय्याम ने इसमें दाग देहलवी के कलाम 'गज़ब किया तेरे वादे पे एतबार किया' (कविता कृष्णमूर्ति), 'हमने उनके सामने' (जगजीत कौर), 'जाने वाली चीज़ का ग़म क्या' (हरिहरन), वली दक्कनी की रचना 'मत गुस्से के शोले से' (राज कुमार रिज़वी), रहीम की कृतियाँ 'रहिमन धागा प्रेम का' (सुरेश वाडकर) और 'रहिमन चुप होए बैठिए' (अनूप जलोटा) को

संगीतबद्ध किया था। हाल में ख़य्याम का संगीतबद्ध आशा भोंसले की गाई कुछ नई गज़लों का एक एलबम भी निकला है पर उसके 'आँचल में फूल', 'चाहा था एक शख़्स को', 'जाने क्या हाल हो', आदि गज़लों में ख़य्याम की वही परिचित शैली या 'उमराव जान' वाली शैली की पुनरावृत्ति मिलती है। कैफ़ी आज़मी की रचनाओं के एलबम 'शगुफ्तगी' के संगीतकार भी ख़य्याम रहे हैं, पर कोई विशेष बात इसमें भी वे नहीं ला पाए हैं।

बहरहाल, फ़िल्म-संगीत की ओर वापस आएँ तो वर्षों के अंतराल के बाद ख़य्याम 'प्यासे दिल' (1974) और 'संकल्प' (1974) में वापस नज़र आते हैं। चरणदास शोख निर्देशित 'प्यासे दिल' को आज कौन याद रखता है? पर हमें एच.एम.व्ही. का शुक्रगुज़ार होना चाहिए कि उसने अपने मुकेश के 'रेयर जेम्स' कैसेट्स में इसी 'प्यासे दिल' का एक बहुत-बहुत दिलकश रूमानी गीत देकर इस संगीत की याद को ज़िंदा रख दिया। 'तुम महकती जवाँ चाँदनी हो, चलती फिरती कोई रोशनी हो' जैसे जाँ निसार अख़्तर के सुंदर शब्दों को क्या चाँदनी-सी झिलमिलाती धुन और संगीत दिया है ख़य्याम ने और संगीत की लहरों में किस क़दर आकंठ डूबकर गाया है मुकेश ने! फ़िल्म भले ही न चली हो, पर ऐसे गीतों को हम फ़िल्मों के न चलने पर सुनने से महरूम रह जाएँ, यह कहाँ का न्याय है? इसी तरह न्याय का पलड़ा फिर झुकाया है एच.एम.व्ही. ने 'झुकती घटा हमसे कहे क्यों ये दिल प्यासा रहे' (महेन्द्र, जगजीत कौर) जैसे शोख़ और 'सखी री शरमाए दुलहन सज बन के' (जगजीत कौर, साथी) जैसे आह्लादपूर्ण पंजाबी धुन के विवाह गीत को 'हिट्स ऑफ जगजीत कौर' कैसेट में शामिल कर के। 'प्यासे दिल' का चौथा गीत भी सुंदर ही था—मुकेश का गाया 'ये दिलनशीं नज़ारे करते हैं क्या इशारे, ये कौन पर्वतों में छुपकर मुझे पुकारे'। 'संकल्प' (1974) में निर्देशक रमेश सहगल ने पुनः ख़य्याम का सहारा लिया। 'भीतर-भीतर खाए चलो' (मुकेश, महेन्द्र, साथी) तो साधारण गीत था पर 'सब ठाठ पड़ा रह जाएगा जब लाद चलेगा बंजारा' (मुकेश) अच्छी प्रस्तुति थी। फ़िल्म का सबसे अच्छा गीत था अहीर भैरव पर आधारित सुलक्षणा पंडित ओर विनोद शर्मा का गाया 'तू ही सागर तू ही किनारा'। पर कुल मिलाकर 'संकल्प' (1974) का स्तर ख़य्याम की प्रतिष्ठा के अनुरूप नहीं था। इस स्तर को हम वापस पाते हैं 'मुट्ठी भर चावल' (1975) में जाँनिसार अख़्तर के लिखे और मुकेश के गाए 'काहे पगली बरखा छाये तेरे इन दो नैनन में'। लोकधुन का इस गीत में यह कितना मार्मिक उपयोग है और मुकेश ने इसे दर्द की किस अनुभूति से भरकर गाया है, यह गीत सुनकर ही जाना जा सकता है। यह गीत हिट नहीं हुआ क्यों कि फ़िल्म ही बुरी तरह असफल रही, पर मुकेश के गाए सर्वश्रेष्ठ गीतों में इसकी गिनती की जा सकती है। अप्रदर्शित फ़िल्म 'हम एक हैं' के मुकेश के गाए 'किसकी है रचना ये' और 'राम कहो या रहीम कहो' (जगजीत कौर के साथ) भी बड़े अच्छे गीत थे, पर इन्हें कम ही लोग सुन पाए। ख़य्याम की 'संध्या' (1975) का संगीत कुछ अधिक चर्चित रहा। 'कब तेरे हुस्न का इनकार किया है मैंने' (महेन्द्र कपूर), 'ये दिलवाले जो दिल दे कर सिला चाहें' (सुलक्षणा पंडित) जैसे ख़ूबसूरत शायराना गीत खूब पसंद किये गये और इस सब से बढ़कर था यमन पर आधारित सुलक्षणा पंडित का 'अंग अंग रंग छलकाए' जिस गीत में सुलक्षणा पंडित एक बार नई चुनौती के रूप में दस्तक़ दे सकी थीं। पर इन छोटी-छोटी फ़िल्मों के दर्शक नहीं थे और ऐसे गीत इसी कारण कई लोग सुन भी नहीं पाते थे। ख़य्याम की वापसी पूरी तरह नज़रअंदाज़ ही रह जाती अगर यश चोपड़ा ने बी.आर. फ़िल्म्स से अलग हटकर अपने स्वतंत्र अस्तित्व की तलाश में बनाई फ़िल्म के लिए बी.आर. कैम्प के एन. दत्ता और रवि जैसे संगीतकारों से अलग हट एक ऐसे संगीतकार की तलाश न की होती जो उनकी फ़िल्मों के लिए पंजाबी और शायराना पुट लिए संगीत दे सकता हो। इस तरह आए ख़य्याम यश चोपड़ा के साथ और इस तरह आई 'कभी-कभी' (1976)।

जिन्हें ख़य्याम ने कई मौक़े दिए : सुलक्षणा पंडित

रूमानी संगीत की इंतहा : 'कभी-कभी'

'कभी-कभी' (1976) का संगीत आठवें दशक का बेमिसाल संगीत बन चुका है और इसकी चर्चा भी बहुत हो चुकी है। पर इतना कहना ही होगा कि इस

यश चोपड़ा

एक फ़िल्म की सफलता से ही पूर्णतः उपेक्षित ख़य्याम सीधे-सीधे प्रथम श्रेणी के हिट संगीतकारों की फ़ेहरिस्त में शामिल हो गए। सागर सरहदी के सशक्त यादगार संवादों को लिए उर्दू शायरी की तरह रूमानी और भावुक कथानक और निर्देशन के बीच अमिताभ की intense शायराना अदाकारी लेकर आई इस फ़िल्म में शायर नायक के लिए साहिर के उस पुराने नज़्म को शामिल किया गया जिसे महेंद्र कपूर पहले भी बी.आर. चोपड़ा की फ़िल्मी पार्टियों में गाया करते थे। पर इस बार धुन ख़य्याम की थी और इस लोकप्रिय नज़्म 'कभी-कभी मेरे दिल में ख़याल आता है' को गानेवाले थे मुकेश और लता। शायराना रोमांस की नाज़ुकता को उभारने के लिए ख़य्याम ने फिर अपने पसंदीदा यमन का ही सहारा लिया और 'कभी-कभी मेरे दिल में ख़याल आता है' यमन की कोमल स्वरलहरियों पर बेहद खूबसूरती से चलाया। और क्या चला था यह गीत! सालाना बिनाका की पहली पायदान ओर मुकेश को मरणोपरांत सर्वश्रेष्ठ गायक के फ़िल्मफ़ेयर पुरस्कार दिलाने का हकदार यही गीत बना। ख़य्याम को 'कभी कभी' के लिए सर्वश्रेष्ठ संगीतकार का पुरस्कार मिला। यह पुरस्कार 'कभी-कभी मेरे दिल में' के लिए जितना था उतना ही 'मैं पल दो पल का शायर हूँ' (मुकेश), 'मेरे घर आई एक नन्हीं परी' (लता) और 'तेरे चेहरे से नज़र नहीं हटती' (किशोर, लता) के लिए। यमन पर ही रचे 'मैं पल दो पल का शायर हूँ' को मुकेश ने अपनी पूरी आत्मा से गाकर अमर कर दिया। उसी धुन पर 'मैं हर एक पल का शायर हूँ' भी बनाया गया था। 'कभी-कभी' के शीर्षक गीत की रेकॉर्डिंग के एक दिन पूर्व ही मुकेश को दिल का दौरा पड़ा था, पर हॉस्पिटल में भी मुकेश गीत की रेकॉर्डिंग की ही चिंता करते रहे थे। शायद इसमें काम के प्रति उतनी लगन के साथ इतने खूबसूरत गीत के प्रति मोह भी शामिल है। फ़िल्म में यश चोपड़ा की ख़ासियत और ख़य्याम की विशेषता के अनुरूप संगीत में पंजाबी रस भी खूब ही था। 'सुर्ख जोड़े की ये जगमगाहट' (लता) के कोमल मुखड़े के बाद गीत का दूसरा भाग एक सुंदर पंजाबी विवाह गीत था—'साडा चिड़ियाँ दा चम्बा वे' (जगजीत कौर, पामेल चोपड़ा)। 'तेरे फूलों जैसा रंग तेरे शीशे जैसे अंग' (लता, किशोर) में भी पंजाबी अलमस्ती भरपूर थी।

कुल मिलाकर 'कभी कभी' का संगीत फ़िल्माकाश पर छा गया और उसी तरह अब शीर्ष पर पहुँच गए थे ख़य्याम। उनकी ज़िंदगी में तीस वर्ष बाद पहली बार उनके पास फ़िल्मों के ऑफ़र की भीड़ लग गई। यह ख़य्याम के लिए निस्संदेह बड़ा अजीब अनुभव रहा होगा। हालाँकि ख़य्याम ने अपने स्तर से समझौता करना स्वीकार नहीं किया, पर इतनी फ़िल्मों में संगीत देने का असर यह अवश्य हुआ कि अपने इस दौर में ख़य्याम के कई गीतों में हमें शैली की पुनरावृति, अपनी ही धुन की थोड़े बदलाव के साथ पुनः प्रस्तुति, वॉयलिन के एक ही नोट्स का इंटरल्यूड में बजने आदि से कुछ हद तक एकरसता की अनुभूति अवश्य होती है। हालाँकि यह रस मधुर ही था, पर 'शेर का हुस्न हो नग़मों की रवानी तुम हो (रफ़ी—चम्बल की कसम) जैसे गीतों को सुनकर ऐसा लगता है जैसे पहले भी इस शैली या तर्ज़ के गाने हम सुन चुके हों। यह मूलतः वही शैली थी जिसका उपयोग ख़य्याम ने 'शगुन' (1964) के 'तुम चली जाओगी परछाइयाँ रह जाएगीं' वाले गीत में किया था। यमन कल्याण या पहाड़ी का लगभग हर कोमल, रूमानी गीत में उपयोग भी ख़य्याम के इस प्रकार के कुछ गीतों में एक तरह की एकरसता का कारण है। यमन कल्याण और कहीं-कहीं शायद भूपाली का पुट लिए 'शंकर हुसैन' (1977) का 'कहीं एक मासूम नाज़ुक सी लड़की' (रफ़ी) वैसे बड़ी सुकोमल रचना थी और बड़ी हिट भी रही। 'अपने आप रातों में चिलमने सरकती हैं' (लता) की मख़मली, whispering सी अदायगी अगर सम्मोहक थी तो एक अलग शैली का बेमिसाल गीत था लता के ही स्वर में शायद भैरवी पर आधारित 'आप यूँ फ़ासलों से गुज़रते रहे दिल पे कदमों की आवाज़ आती रही'। 'शंकर हुसैन' के इन गीतों में तो ख़य्याम अपने चरम मुलामियत पर थे। वास्तव में ख़य्याम शब्दों के नहीं भावनाओं के कम्पोज़र थे। एकरसता और शैली की पुनरावृत्ति का आरोप अपनी जगह है, और स्तर तथा माधुर्य से समझौता न करना अपनी जगह।

शैली और धुन की कहीं-कहीं पुनरावृत्ति के बावजूद ख़य्याम का संगीत एक आधारभूत स्तर से नीचे कभी नहीं गया। हालाँकि यश चोपड़ा की 'त्रिशूल'(1978) के कथानक में संगीत के लिए अधिक जगह न थी, फिर भी ख़य्याम ने एक हद तक इस फ़िल्म में भी अपना स्तर क़ायम रखा। वैसे 'गापूची गापूची गम गम' (लता, नितिन मुकेश), 'मुहब्बत बड़े काम की चीज़ है' (येसुदास, किशोर, लता), 'जानेमन तुम कमाल करते हो' (लता, किशोर) काफ़ी हिट होने के बावजूद ख़य्याम के स्तर के पैमाने से साधारण ही रचनाएँ थीं और 'जा रही बहना जा' (किशोर, येसुदास, पामेल चोपड़ा) तथा 'जो हो यार अपना' (लता, किशोर) की पंजाबियत में भी कोई नवीनता न थी फिर भी इस वक्त के फ़िल्म-संगीत की स्थिति को देखते हुए अन्य कई फ़िल्मों के गीतों से बेहतर

ही माने गये 'त्रिशूल' के गीत। 'आपकी महकी हुई ज़ुल्फ को कहते हैं घटा' (येसुदास, लता) तो वाक़ई ख़य्यामी शैली का (शायद पहाड़ी में ही) एक सुंदर गीत था।

इस दौर के ख़य्याम के बेहतरीन गीतों में शामिल किए जा सकते हैं लता का सुरूर-भरा कहरवा और दादरा दोनों तालों के मिश्रण के साथ सम्भवतः कलावती पर सजाया 'कुछ और बहक जाऊँ तब मेरे क़रीब आना' (चम्बल की कसम, 1979), यमन कल्याण पर पुनः आधारित 'सिमटी हुई ये घड़ियाँ फिर से न बिखर जाएँ' (लता, रफ़ी—चम्बल की कसम), 'चंदा रे मेरे भैया से कहना' (लता—चम्बल की कसम), 'मैं न बताऊँगी' (सुलक्षणा पंडित—खानदान, 1979), 'ये मुलाकात एक बहाना है' (लता—खानदान, 1979), राग तिलंग पर आधारित 'माना तेरी नज़र में तेरा प्यार हम नहीं' (सुलक्षणा पंडित—खानदान, 1979), 'आज बिछड़े हैं कल का डर भी नहीं' (भूपेन्द्र—थोड़ी सी बेवफ़ाई, 1980), आँखों में हमने आपके सपने सजाए हैं' (लता, किशोर—थोड़ी-सी बेवफाई) और 'थोड़ी-सी बेवफाई' (1980) का ही वह सुपरहिट गीत 'हज़ार राहें मुड़ के देखीं कहीं से कोई सदा न आई' (किशोर, लता)। 'हज़ार राहें' में वॉयलिन के सुंदर प्रयोग पर तो सी. रामचन्द्र तक ने ख़य्याम की तारीफ़ की थी। वैसे तो यश चोपड़ा की रूमानी फ़िल्म 'नूरी' (1979) का पहाड़ी पर आधारित 'आ जा रे आ जा रे ओ मेरे दिलबर आ जा' (लता, नितिन मुकेश) सुपरहिट रहा था, पर नूरी के गीतों में ख़य्याम की वह कर्णप्रियता नहीं है जो कई बार शैली की पुनरावृत्ति के आरोप के बावजूद सभी ने उनकी रचनाओं में स्वीकार किया था। पहाड़ी पर ही रचित 'चोरी-चोरी कोई आए' (लता) या 'क़दर तूने न जानी' (आशा) कोमलता या माधुर्य का वह जादू नहीं जगा पाता जो ख़य्याम का ट्रेडमार्क बन गया था। मुकेश के निधन के बाद ख़य्याम ने नितिन मुकेश से मुकेश की खाली जगह भरने की कोशिश अवश्य की, पर मुकेश के bass भरी आवाज़ की कमी उन्हें इस दौर में अवश्य अखरी होगी।

फ़िल्म-संगीत के चौथे दशक में जहाँ बप्पी लाहिड़ी के धूम-धड़ाका संगीत ने माधुर्य और मेलोडी को समाप्त-सा कर दिया था, वहाँ ख़य्याम अकेले ही कोमल और मीठे संगीत के मोर्चे पर डटे रहे। 'दर्द' (1981) में लता का 'अहले दिल यूँ भी निभा लेते हैं' बड़ा मक़बूल हुआ और कोमल ऑरकेस्ट्रेशन के साथ 'न जाने क्या हुआ' (लता) तो मिठास की चरम उपलब्धि ही लगती है। 'आहिस्ता-आहिस्ता' (1981) का सुलक्षणा पंडित का गाया 'माना तेरी नज़र में' ('खानदान' में भी यह गीत था) और नितिन मुकेश का 'मतलब का है प्यार' भी हिट गाने थे। यश चोपड़ा की 'नाखुदा'(1981) में भी नितिन मुकेश ही थे। इस फ़िल्म में नितिन और लता के दो बेहतरीन रूमानी गाने खूब चले। 'हमें तुमसे मुहब्बत' एक सुंदर प्रेमगीत था, पर उससे भी कहीं श्रेष्ठ बना था खमाज थाट (और शायद कलावती?) पर आधारित 'तुम्हारी पलकों की चिलमनो में ये क्या छुपा है'। नितिन मुकेश के सर्वश्रेष्ठ गानों में इसकी गिनती की जा सकती है। 'नाखुदा' की एक कव्वाली 'हक़ अली अली' (नुसरत, मुजाहिद अली, साथी) आज भी बहुत अच्छी लगती है।

पर इस वर्ष ख़य्याम की magnum opus थी मुज़फ्फर अली की 'उमराव जान' (1981)। सर्वश्रेष्ठ संगीत का फ़िल्मफ़ेयर पुरस्कार यदि 1976 में 'कभी-कभी' के लिए मिला था, तो इस वर्ष और भी आगे जाते हुए न सिर्फ फ़िल्मफ़ेयर बल्कि सर्वश्रेष्ठ संगीतकार का राष्ट्रीय पुरस्कार भी इस फ़िल्म के लिए ख़य्याम के हिस्से में आया। उमराव जान के मुजरा गीतों के लिए ख़य्याम ने लता की आवाज़ न लेकर आशा भोंसले की आवाज़ ली। कारण भी ख़य्याम ने खुद ही अपने एक साक्षात्कार में बताया। ख़य्याम के अनुसार लता को लेने का एक अर्थ था कि 'पाकीज़ा' के hangover से 'उमराव जान' प्रभावित हो जाती जो उचित नहीं था। दूसरे नायिका रेखा की आवाज़ से आशा की क़शिश-भरी आवाज़ लता की महीन ऊँचे pitch की आवाज़ के मुकाबले अधिक मेल खाती लगती थी। उन्होंने 'उमराव जान' के लिए आशा की आवाज़ को उसके स्वाभाविक pitch से थोड़ा-सा नीचा करवाया और परिणाम गज़ब का रहा। कारण जो भी हो, आशा भोंसले ने इस फ़िल्म में अपनी सर्वश्रेष्ठ गायकी का प्रदर्शन किया और न सिर्फ़ सर्वश्रेष्ठ गायिका का राष्ट्रीय पुरस्कार पाया बल्कि इस फ़िल्म के गीतों को अमर बना दिया। ख़य्याम के पसंदीदा यमन कल्याण (साथ में भूपाली का भी स्पर्श) पर आधारित तबले और सारंगी के अविस्मरणीय प्रयोग के साथ 'इन आँखों की मस्ती के मैख़ाने हजारों हैं' और तबले की अद्‌भुत संगत के साथ गाया 'दिल चीज़ क्या है आप मेरी जान लीजिए' आज भी मंत्रमुग्ध कर देते हैं। यमन कल्याण और बिहाग की छाया लेकर सृजित 'ये क्या जगह है दोस्तो' को आशा ने अपने कैसेट्स 'माई फेवरिट्स' में शामिल करके इस दर्दीले तर्ज़ के साथ बखूबी न्याय किया है। आशा के ही 'जब भी मिलती है' की गायकी भी बेमिसाल है। कल्याण थाट पर ही रचा खुसरो का अमर गीत 'काहे को ब्याही बिदेस' जगजीत कौर ने इतनी खूबसूरती से गाया है कि लगता नहीं है कि इस गीत में कोई और कभी इतना सोज़ पैदा कर पाएगा। शाहिदा खान की आवाज़ में 'झूला किनने डाला' उत्तर प्रदेश की ठुमरी शैली के झूला गीतों का अनुपम उदाहरण है। ख़य्याम की यह विशेषता थी कि फ़िल्म के कथानक के क्षेत्र विशेष

के संगीत का पुट वे अवश्य लाते थे। तलत अज़ीज के स्वर में 'ज़िन्दगी जब भी तेरी नज़्म में लाती है हमें' ने लोकप्रियता के कई आयाम तय किये। 'उमराव जान' के राग माला गीत की चर्चा अकसर नहीं की जाती, पर उस्ताद गुलाम मुस्तफ़ा ख़ान, शाहिदा खान और साथियों के पक्के स्वर में भैरव थाट के अलाप से उठती और तोड़ी, केदार, काफ़ी, यमन कल्याण, मालकौंस से होकर भैरवी तक पहुँचती 'प्रथम घर ध्यान' एक अद्‌भुत कम्पोज़ीशन है जो ख़य्याम के हुनर पर एक अमिट ठप्पा लगा देती है। नायिका रेखा को यदि इस फ़िल्म के लिए सर्वश्रेष्ठ अदाकारा का राष्ट्रीय पुरस्कार मिला तो उसमें ख़य्याम के संगीत का भी एक बड़ा योगदान था जिसके दिलक़श सुरों पर अदायगी की भंगिमाएँ और भी प्रज्वलित होकर विकसित होती थीं।

हैदराबाद की पृष्ठभूमि पर बने 'बाज़ार' (1982) में ख़य्याम भी थोड़ा अलग संगीत लेकर आए। हैदराबाद के ही प्रसिद्ध गज़ल गायक तलत अज़ीज़ और लता के साथ मख़मली स्वरलहरी की फुहार इस बार खमाज थाट के सुमधुर गीत 'फिर छिड़ी रात बात फूलों की' बनकर बरसी थी। वहीं 'चले आओ सैंया रंगीली मैं बारी रे' में जगजीत कौर और पामेला चोपड़ा की चिरपरिचित जोड़ी ने हैदराबादी शादी के फूल बिखेरे। जगजीत कौर के ही स्वर में सम्भवतः मिश्र कलावती के प्रयोग से ख़य्याम ने एक अविस्मरणीय दर्दीला गीत कम्पोज़ किया—'देख लो आज हमको जी भर के' जिसे सुन कर अभिभूत होने वाले लाखों हैं। वहीं लता के 'दिखाई दिए यूँ कि बेखुद किया, हमें आपसे भी जुदा कर चले' की क़शिश क्या कभी कम हो पाएगी? और क्या हम कभी भूपेन्द्र की धीर गम्भीर आवाज़ में शायद मिश्र शिवरंजनी का पुट लिए 'करोगे बात तो हर बात याद आएगी' की कसक़ के बिना 'बाज़ार' के कथानक की याद कर पाएँगे? शायद नहीं, और यही वजह है कि 'बाज़ार' आज भी ज़हन में ख़य्याम की खुशबूदार फुलवारी की तरह ताज़ा है।

'बावरी' (1982) के यमन आधारित 'अब चरागों का कोई काम नहीं' (लता, येसुदास) में ख़य्याम ने अपने को दुहराया है, ऐसा लगता है। यह गीत 'खानदान' के 'ये मुलाकात इक बहाना है' से कहीं-कहीं मेल खाता-सा लगता है। 'दिल आखिर दिल है' (1982) का 'जब से देखा है तुम्हें (लता, सुरेश वाडकर) भी अगर 'नाखुदा' के ही गीतों की तरह ही बड़ी कर्णप्रिय धुन लेकर आया था, तो 'एक ही रिश्ता' (1982) का 'किरण किरण' (लता) कलकल बहते झरने सी तरंग और आकर्षण लेकर। वहीं 'दिले नादान' (1982) का अरबी शैली का 'तेरा इश्क है मेरी बंदगी' (लता, किशोर) कोई विशेष नवीनता नहीं पैदा कर सका पर 'चाँदनी रात में एक बार तुझे देखा है' (लता, किशोर) मिश्र भूपाली और यमन का सुंदर पुट लेकर वाक़ई एक बहुत ही सुंदर गीत बन पड़ा है।

यश चोपड़ा की फ़िल्म 'सवाल' (1982) का संगीत भी ख़य्याम के स्तर से कम का ही आँका जाएगा। आशा के स्वर में 'सबकी निगाह में सवाल है' में पाश्चात्य रंग देने की ख़य्याम की कोशिश पूर्व की तरह ही जम नहीं पाती और 'अब जान रहे या जाए' (आशा, नितिन) तथा जगजीत कौर, पामेला चोपड़ा का 'इधर आ सितमगर' भी साधारण ही लगते हैं। 'पर्वत के उस पार' (1988) के 'मैं ज़मीन पर चाँद' (अनवर), 'सेहरे की लड़ियाँ' (शब्बीर कुमार, साथी) और 'आ जा कि मेरी जान को करार नहीं है' (आशा, मोहम्मद अज़ीज़) भी साधारण ही गीत हैं। दरअसल 'बाज़ार' के बाद ख़य्याम की उल्लेखनीय फ़िल्म 'रज़िया सुलतान' (1983) ही मानी जाएगी। 'सल्तनत' के ज़माने की ईरानी-तूरानी शानो शौक़त लेकर ख़य्याम एक तरफ़ तो 'तराना जश्न-ए-ताजपोशी' की बेहद आकर्षक रचना (फतेह अली खाँ, परवीन सुल्ताना, मुहम्मद दिलशाद) और 'शुभ घड़ी आई' (जगजीत कौर, परवीन सुल्तान, सुलक्षणा पंडित, फ़य्याज अहमद खाँ, नियाज़ अहमद खाँ, मुहम्मद दिलशाद खाँ) लेकर आए, वहीं दूसरी तरफ़ इस वक्त के ग़ुलामों की अपनी अलग शख्सियत की पहचान कराती कब्बन मिर्ज़ा के स्वर में 'आई ज़ंजीर की झंकार ख़ुदा ख़ैर करे' जैसी बिलकुल अलग रोमांचक रचना भी उन्होंने दी। कब्बन मिर्ज़ा की आवाज़ को रेडियो पर सुनकर ख़य्याम ने ही उनको फ़िल्म में मौक़ा दिया था। आशा, जगजीत कौर एवं साथियों के स्वर में 'हरियाला बन्ना आया रे' वाला विवाह गीत इस बार एक शाही मुहर की छाप लेकर उभरा था, वहीं लता का 'चूम कर रात सुलाएगी तो नींद आएगी' ख़य्याम की lyrical शैली में भैरवी का दिलक़श और राजसी प्रयोग था। अरब के रेगिस्तानों की गूँज को प्रतिध्वनित करता 'ऐ दिले नादाँ' की कम्पोज़ीशन हमें सज्जाद हुसैन के 'ऐ दिलरुबा नज़रें मिला' (रुस्तम सोहराब) की याद दिला जाती है क्योंकि दोनों गीतों की शैली एक ही तरह की थी पर इस गीत की भी कम्पोज़ीशन लाजवाब थी। इस बार ख़य्याम का पसंदीदा यमन लता के गाए 'प्यास भड़की है सर-ए-शाम से जलता है बदन' की झंकृत धुन के बीच तरंगित हुआ। कमाल अमरोही की 'रज़िया सुलतान' भले ही व्यावसायिक दृष्टि से असफल रही हो, उसका संगीत तो यादगार ही कहा जाएगा। रज़िया सुल्तान ने यह सिद्ध कर दिया कि ख़य्याम का वाद्य-संयोजन इतना सशक्त है कि समग्रता को खंडित किए बिना संगीत का हर टुकड़ा अपने-आपमें अलग अस्तित्व रखने में सफल रहता है।

अपने इस आखिरी दौर में भी ख़य्याम अपनी विशिष्ट शैली को बरक़रार रखे हुए थे। भले ही उनपर 'टाइप्ड' होने का

आरोप कुछ लोग लगाते हों, पर यह टाइप्ड शैली भी मधुर और लुभावनी
धुनें पैदा करने में अंत तक सक्षम थी। 'मेरे अँगना मेहँदी का बूटा' (आशा-मेहँदी,
1983) का श्रृंगार, 'अकेलापन मिटा दो ना' (आशा—'बेपनाह, 1985) की शैली,
'पिछली याद भुला दो' (किशोर-मेहँदी, 1983) की शायरी, 'भर लें तुम्हें बाँहों
में निगाहों में बसा लें' (लता-लोरी, 1985) का रूमानी आग्रह, 'लोरी' के
ही 'आ जा निंदिया सोजा' (लता) और 'तुम्हीं से रोशन' (आशा, तलत अज़ीज)
की कोमलता इस धूम-धड़ाके वाले फ़िल्मी दौर में भी मेलोडी की आराधना कर
रहे थे। 'जानेवफ़ा' (1989) में एक बार फिर ख़य्याम ने आशा के साथ 'उमराव
जान' की तरह मुज़रा गीत प्रस्तुत किया, पर 'लहरा के गुज़र जाए', 'अब तो
हम हैं' और 'राज-ए-मुहब्बत दिल में छुपाना मुश्किल है' जैसे गीतों में वह
बात नहीं आ पाई। मुज़फ़्फ़र अली की 'अंजुमन' भले ही हिट न हुई हो, पर
ख़य्याम ने इस फ़िल्म में भी अतीव सौंदर्य से भरी धुनें दी थीं। शबाना
आज़मी से गवाना भी एक बड़ा लुभावना प्रयोग था। यमन पर आधारित 'मैं राह

कब से नई ज़िन्दगी की तकती हूँ' (शबाना आज़मी) की क़शिश और बिलावल थाट पर आधारित 'गुलाब जिस्म का यूँ ही नहीं खिला होगा' (भूपेन्द्र, शबाना आज़मी) की खुशबू एक तरफ़ और 'ऐसा नहीं कि हमको नहीं जानते हो तुम (शबाना आज़मी) की चुनौती और 'तुझसे होती भी तो क्या होती शिकायत मुझको' (शबाना आज़मी) की कसक दूसरी तरफ़! 'अंजुमन' यदि चल गई होती तो शायद उनका संगीत भी हर किसी की जुबान पर होता। ख़य्याम ने इस फ़िल्म में स्वयं भी गाया और ख़य्याम, जगजीत कौर की आवाज़ों में फैज़ का क़लाम 'कब याद में तेरा साथ नहीं, कब हाथ में तेरा हाथ नहीं' बिलावल थाट पर इस तरतीब से उठता है कि विश्वास करने को जी नहीं करता कि यह संगीतकार अपने फ़िल्मी सफ़र के आखिरी दौर में था। 'मजनून' तो अप्रदर्शित ही रही और 'धीमे-धीमे उज़ाले में सितारों का समाँ दिल को छू जाए कोई ख्वाब सुनहरा जैसे' तथा 'मुहब्बत की यही तो दास्तां है, कभी राहत कभी ये सोचें कहाँ हैं' जैसे गीतों को हम सुनने से वंचित रह गये। मुज़फ़्फ़र अली की 'ज़ूनी', 'दामन' तथा 'एक ही मंज़िल' जैसी फ़िल्में भी अप्रदर्शित ही रह गईं। फ़िल्मी-संगीत की दुनिया में आरम्भ से अंत तक अपनी एक अलग शैली, अपना एक अलग वजूद और एक पृथक् पहचान क़ायम रखनेवाले ख़य्याम को काश, हम आज की फ़िल्मों में भी सुन पाते!

संदर्भ

1. स्वतंत्र कुमार ओझा : 'नई दुनिया' विशेषांक 'सरगम का सफ़र', जून, 1989
2. हरमिंदर सिंह 'हमराज़' : हिंदी फ़िल्म गीतकोश, खंड 3
3. स्वतंत्र कुमार ओझा : वही
4. वही
5. 'द परफ़ेक्ट नोट' : एन इंटरव्यू विद ख़य्याम—कविता मिश्र, फ़िल्मफ़ेयर, दिसम्बर, 1995
6. वही
7. हरमिंदर सिंह 'हमराज़'—वही
8. स्नेहल ओझा—'अभी तो मैं जवान हूँ' श्रृंखला (इंटरनेट पर)
9. 'द परफ़ेक्ट नोट' : एन इंटरव्यू विद ख़य्याम—कविता मिश्र, फ़िल्मफ़ेयर, दिसम्बर, 1995
10. वही
11. वही
12. आर.एम.आर.एम. आर्टिकल नं. 181—इंटरनेट
13. विश कृष्णन : ख़य्याम—द मैन एंड हिज़ म्यूज़िक—इंटरनेट RMIM आर्काइव

एस.डी. बातिश

'ख्वाब में हमको बुलाते हो'

एस.डी. बातिश

एस.डी. बातिश उर्फ शिवदयाल बातिश का नाम यूँ तो विदेश में भारतीय शास्त्रीय संगीत के विद्वान और प्रचारक के रूप में आज अधिक जाना जाता है, पर एक ज़माना था जब बातिश फ़िल्मी दुनिया में एक अच्छे गायक और संगीतकार के रूप में पहचाने जाते थे। एस.डी. बातिश का जन्म दिसम्बर, 1914 को पटियाला में हुआ था। संगीत का शौक बचपन से ही था और सात वर्ष की उम्र में ही एक बार एक बारात का मनोरंजन करने बुलाए गए पेशेवर गायकों के बीच गाकर बातिश ने खूब वाहवाही लूट ली थी। संगीत के कद्रदान उन दिनों राजा-महाराजा हुआ करते थे, और भटिंडा में जब बातिश के पिता का तबादला हुआ तो वहाँ भ्रमण को आए कश्मीर के महाराज हरि सिंह के सामने भी बातिश ने अपना गीत सुनाकर तारीफ़ पाई। कॉलेज के ज़माने में बातिश ने पटियाला महाराजा के नाटक क्लब में शिरकत करते हुए 'परिवर्तन' नामक नाटक में अभिनय किया और गीत गाए थे जिन्हें दर्शक बार-बार सुनने की फरमाइश करते थे। इसी नाटक के निर्देशक विजय कुमार ने उनकी प्रतिभा को पहचानकर उन्हें बम्बई की फ़िल्मी दुनिया में किस्मत आज़माने की सलाह दी।[1]

1934 में बम्बई पहुँचकर अपनी गायकी से महफ़िलों में तो बातिश अच्छा जमे, लेकिन कैमरे के सामने अभिनय उन्हें रास नहीं आया और कुछ ही महीनों में वे वापस पटियाले पहुँच गए। वहाँ उन्होंने चंदनराम चरण से संगीत शिक्षा ली, और एक समारोह में पंडित मदन मोहन मालवीय को भी राग सोहनी के अपने गायन से मुग्ध कर दिया। इसी दौरान बातिश दिल्ली के ऑल इंडिया रेडियो पर भी गाने लगे और गायक के रूप में एच.एम.व्ही. के साथ भी जुड़े। एच.एम.व्ही. के संगीतकार पंडित अमरनाथ और रेडियो स्टेशन के निदेशक बुखारी साहब से भी घनिष्ठता बढ़ी। फ़िल्मों में गाने का काम भी मिलने लगा और पंडित अमरनाथ की संगीतबद्ध पंजाबी फ़िल्म 'गवांडी' (1942) का बातिश का गाया 'पगड़ी सँभाल जट्टा' खूब लोकप्रिय रहा। लाहौर की मशहूर फ़िल्म कम्पनी पंचोली आर्ट्स के बैनर तले बातिश को पं. अमरनाथ का सहायक संगीत-निर्देशक बनने का भी अवसर मिला। 'दासी' (1944) के बातिश के गाए गीत 'खामोश निगाहें' को अभूतपूर्व लोकप्रियता मिली जिसने एस.डी. बातिश को बतौर पार्श्वगायक स्थापित कर दिया। पंडित अमरनाथ के सहायक के रूप में फ़िल्म 'शाम सवेरा' के संगीत के सिलसिले में अपनी बम्बई यात्रा और वहाँ अमरनाथ और उनके भाइयों हुस्नलाल—भगतराम के साथ ग्रांट रोड के पास उन दिनों रह रहीं संघर्षरत लता मंगेशकर से अपनी पहली मुलाक़ात का बड़ा रोचक वर्णन बातिश ने स्वयं किया है।[2]

एक दुर्लभ तस्वीर—बातिश लता, सी.रामचंद्र और दुर्रानी के साथ

हालाँकि बुखारी के बम्बई ए.आई.आर. में जाने के बाद बातिश बम्बई रेडियो

(और कई अन्य स्टेशनों से भी) गाई ग़ज़लें 'दायम पड़ा हुआ तेरे देखो मेरा रास्ता' काफ़ी मकबूल तो वे विभाजन के समय 1947 में निर्देशित 'झुमके' (1946) के 'मैं बेगम के साथ) जैसे गीतों को कायम रखी थी, लेकिन 'खामोश मिल रही थी। बम्बई में पार्श्वगायक संगीतकार भी काम करना शुरू 'चुनरिया' (1948) के 'हँसी लेकर (1948) के 'दर्द बेशुमार है' (1949) का 'यह भोली सूरत

एस.डी. बातिश सुधा मल्होत्रा के साथ

से बाकायदा गाने लगे थे, (उनकी दर पर' और 'लाज़िम था कि रही हैं) पर बम्बई फ़िल्म-जगत से ही जुड़े। लाहौर में जे.के. नंदा तांगेवाला हो मैं तांगेवाला' (ज़ीनत गाकर बातिश ने अपनी पहचान निगाहें' वाली सफलता फिर नहीं के साथ-साथ बातिश ने बतौर किया। जहाँ गायक के रूप में आए थे रोकर चले', 'भूलभुलैया' (शमशाद के साथ), 'चार दिन' वाले' (राजकुमारी, रफ़ी के साथ), 'एक तेरी निशानी' (1949) के 'दिल दे के पछता गए' और 'कलेजे पर एक चोट खा कर चले', 'कनीज़' (1949) का 'दुनिया में अमीरों को आराम नहीं (रफ़ी के साथ), 'चोर' (1950) का 'तेरे गाँव में सजन' जैसे गीतों की सफलता सीमित ही रही और बातिश कभी भी पार्श्वगायकों की चोटी की पहली पँक्ति में नहीं पहुँच पाए, वहीं बतौर संगीतकार भी 'बलमा' (1948) 'खुश रहो' (1949) और 'रीत' असफल ही साबित हुईं। अनिल विश्वास के संगीत-निर्देशन में 'लाडली' (1949) का उनका गाया 'आँखें कह गईं दिल की बात' ज़रूर बहुत मकबूल रहा, लेकिन मुकेश, रफ़ी और तलत के आगमन के इस दौर में बातिश पीछे ही रहे।

छठे दशक में बातिश ने बतौर संगीतकार बम्बई की फ़िल्मी दुनिया में अपने को स्थापित तो कर लिया, लेकिन फ़िल्म-संगीत में कुछ नया या उल्लेखनीय प्रभाव वे नहीं छोड़ पाए। यह आश्चर्य का विषय है कि शास्त्रीय संगीत के प्रकांड ज्ञाता और गायक एस.डी. बातिश फ़िल्मों के लिए बहुत कम ही स्तरीय रचनाएँ दे पाए। कैफ़ी आज़मी के गीतों से सजी 'बहू बेटी' (1952) के 'दिल तोड़ भी दिया मुख मोड़ भी दिया' (मीना कपूर) के अलावा शेष गीत साधारण ही थे, हालाँकि सभी में गीता दत्त की आवाज़ थी। अशोक कुमार, नसीम और मोतीलाल अभिनीत 'बेताब' (1952) में 'मुफलसी जान से बेज़ार किए जाती है' (बातिश, बलवीर, साथी) और 'देख लिया तूने ग़म का तमाशा' (बातिश) के अलावा लता के स्वर में एक सुंदर कर्णप्रिय रचना अवश्य थी—'अभी कुछ रात बाकी है, चलाए जा नज़र के तीर'। पंजाब फ़िल्म कॉर्पोरेशन की 'अमर कीर्तन' (1954) में बातिश ने बाँसुरी के सुंदर प्रयोग के साथ 'जिन ध्याओ श्याम' (आशा, बातिश) जैसा कीर्तन भैरवी में कम्पोज़ करने के अलावा स्वयं ही भाव-विभोर करने वाला एक और कीर्तन 'प्रभु मोरी परीक्षा नाहीं करो' गाया था।

बातिश की बतौर संगीतकार सबसे उल्लेखनीय फ़िल्में फ़िल्मक्राफ्ट की 'हार-जीत' (1954) और स्टारलाइट पिक्चर्स की 'तूफ़ान' (1954) रहीं। कोमल सुरों के साथ रात की निःस्तब्धता को साकार करता 'खामोश हैं सितारे और रात रो रही है' (तलत), दर्द के आहिस्ता लहरों की तरह आगे बढ़ता 'तुझे आवाज़ देती है तड़प कर ज़िंदगी मेरी' (लता) और एकॉर्डियन के साथ क्लब सांग शैली में 'हो गया हो गया उनसे प्यार थोड़ा-सा' (मुबारक) जैसे 'हार जीत' के गीत और रवानगी-भरी शैली में 'बहुत दिन बीत गए बालमा' (लता), बिल्कुल ऑफ़बीट-सी परम्परागत छंद से अलग जाकर कम्पोज़ की गई रचना 'ख्वाब में हमको बुलाते हो' (लता), अपनी खास शैली में 'अरमान भरा दिल टूट गया' (बातिश) और गीता के रेयर जेम्स कैसेट्स में भी शामिल पारम्परिक शैली में 'कदम मेरे डगमगा रहे हैं' जैसे तूफ़ान (1954) के गीत यदि उत्कृष्ट नहीं तो अच्छे अवश्य कहे जा सकते हैं।

पर इन गीतों के अलावा बातिश का संगीत अमूमन साधारण ही रहा। पंजाब स्कूल के पंजाबी बीट्स का प्रभाव उनकी ढेर सारी रचनाओं में आया, पर इन गीतों में भी ओ.पी. नैयर वाली बात नहीं थी। 'हम तुम अनाड़ी' (आशा—साजिश, 1959), 'कभी हूँ कह के' (आशा—टीपू सुल्तान, 1959), 'तुम लाख चलाओ तीर' (आशा—एक अरमान मेरा, 1959), 'लगूँ मैं कैसी तुमको सनम' (आशा, रफ़ी—टीपू सुल्तान, 1959) जैसे गीत इसी शैली के उदाहरण हैं।

'दीवार' (1955), मार्चिंग सांग की शैली के 'इन्कलाब जिंदाबाद' (आशा, साथी) वाली फ़िल्मिस्तान की फ़िल्म 'हम भी कुछ कम नहीं' (1958), फ़िल्मिस्तान की ही 'एक अरमान मेरा' (1959) और 'साजिश' (1959), ग्लोबल फ़िल्म ब्यूरो की 'टीपू सुल्तान' (1959), आर.जी. प्रोडक्शन की 'ज़ालिम तेरा जवाब नहीं' (1960), इसी दशक की 'शहज़ादी' जैसी फ़िल्मों में बातिश का संगीत

औसत ही था। ऑरकेस्ट्रेशन में इनमें से कुछ फ़िल्मों में प्यारेलाल ने उनकी सहायता की थी, लेकिन कुल मिलाकर इन फ़िल्मों के गीतों में ऐसा कुछ भी नहीं था जो बातिश को सफलता या लोकप्रियता दिलाता। निर्मल कुमार के नाम से संगीत देते हुए बातिश ने 'लाल निशान' (1959) में साहिर लुधियानवी की लिखी कव्वाली 'सूरत तो देखिए' (रफ़ी, सुधा, साथी) और 'नखरेवाली' (1960) में शेरी भोपाली की लिखी कव्वाली 'अजी तसव्वुर से दिले जाँ में' भी कम्पोज़ की थीं पर उन्हें भी खास मकबूलियत नसीब नहीं हुई। गायक के रूप में अवश्य राग अडाना में एस.डी. बर्मन के संगीत-निर्देशन में 'कैसे कहूँ' (1964) के 'मनमोहन मन में हो तुम्हीं' के लिए सुर सिंगार संसद का तानसेन पुरस्कार बातिश को मिला। 'मेरी सूरत तेरी आँखें' के साउंडट्रैक पर 'पूछो न कैसे मैंने रैन बिताई' का उनका गायन भी लाजवाब ही था। रफ़ी के साथ 'चाँद की दुनिया' का उनका गीत 'हो के रॉकेट पे सवार' भी लोकप्रिय रहा था। रोशन की मशहूर कव्वाली 'ये इश्क इश्क है' में भी बातिश का स्वर शामिल था। ओ.पी. नैयर के संगीत-निर्देशन में रफ़ी के साथ गाई, कव्वाली 'हमने तो उनके सामने पहले तो खंजर रख दिया' भी खूब चली।

दरअसल बातिश का मन फ़िल्म-संगीत से अधिक शास्त्रीय संगीत में रमता था। फ़िल्म-जगत में मिली सीमित सफलता ने भी बातिश को फ़िल्मी दुनिया से विमुख करने में भूमिका निभाई थी। 1964 में वे इंग्लैंड चले गए जहाँ बी.बी.सी. रेडियो और टी.वी. पर उनके गायन और वादन के कार्यक्रम लोकप्रिय होने लगे। प्रवासियों के लिए बने कार्यक्रम में उनका कम्पोज़ किया और गाया 'नई जिंदगी नया जीवन' बहुत पसंद किया गया था। 1967 में वेनिस में अंतर्राष्ट्रीय लोक-समारोह में लोकगीतों की प्रस्तुति के साथ-साथ विचित्र वीणा पर उनकी शास्त्रीय प्रस्तुति से प्रभावित होकर टॉपिक रेकॉर्ड्स ने उनका अलग एलबम निकाला जो खूब सराहा गया। प्रसिद्ध गायक ग्रूप 'बीट्ल्स' की फ़िल्म 'हेल्प' के लिए बातिश को सितार और विचित्र वीणा बजाने के लिए खासतौर से आमंत्रित किया गया। 'बीट्ल्स' के 'While my guitar gently weeps' जैसी अमर रचना के रचयिता जॉर्ज हैरिसन से बातिश की अच्छी घनिष्ठता हो गई, और उनकी पत्नी पैटी हैरिसन को उन्होंने दिलरुबा भी सिखाया। माइकेल योर्क की फ़िल्म 'गुरु' के लिए बातिश ने ही योर्क को सितार की प्रारम्भिक शिक्षा दी थी।

बातिश का विदेश प्रवास संगीत की दृष्टि से बहुत सम्पन्न और विविध रहा। 'Musicasia' नाम से उन्होंने एक बहुत चर्चित पत्रिका भी प्रकाशित की। 'India My India', 'Thirteen Faces of India', 'Letter from Thimpu' जैसी documentaries में उन्हें संगीत देने का मौका मिला। अमेरिका जाकर उन्होंने कैलिफ़ोर्निया में 'Batish Institute of Music & Fine Art' की स्थापना की, तथा 'Ragopaedia', 'रसिक राग लक्षण मंजरी' और 'भारतीय संगीत वेद' जैसी महत्त्वपूर्ण रचनाओं के द्वारा विदेशियों को भारतीय शास्त्रीय संगीत की विराटता से परिचित कराया। अपने पुत्र अश्विन के साथ उन्होंने 'बातिश रेकॉर्ड्स' नामक रेकॉर्डिंग तथा प्रकाशन कम्पनी की भी स्थापना की है।

संदर्भ

1. इंटरनेट पर www.batish.com
2. S.D. Batish : The Golder Years–My Friends & Colleagues–www.raganet.com

रोशन

'बहुत दिया देने वाले ने तुझको, आँचल ही न समाये तो क्या कीजै'

कितनी कम उम्र में हमसे बिछड़ गये रोशन। एक ऐसा संगीतकार जिसे कई संगीतप्रेमी मेलोडी का पर्याय मानते हैं, एक ऐसा संगीतकार जो अपने स्वाभिमान के कारण निर्माताओं के आगे-पीछे न करने की सजा भी भुगतता था पर फिर अपनी प्रतिभा के बल पर छोटे बैनर की फ़िल्मों में भी बहुत बड़ा बनकर दिखा देता था। पंजाब के सुरजबाला जिले के भरिया गाँव में 1917 में जन्मे रोशन को बचपन से ही पढ़ाई में दिलचस्पी कम थी और संगीत में अधिक। स्कूल में नक्शे में लाहौर ढूँढ़ना उनके लिए टेढ़ी खीर था, पर हारमोनियम पर उँगली चलाने का बचपन से ही शौक़ था। पाँचवीं कक्षा में पंजाब छोड़कर वे अपने पिता के पास शाहजहाँपुर आ गये और वहीं मास्टर बर्वे से सीखने लगे तथा उनके साथ संगीत-यात्रा में शामिल होकर यात्राएँ भी कीं। उसके बाद लखनऊ के मॉरिस कॉलेज में तथा पंडित रतनशंकर से संगीत सीखा और भातखंडे तक को प्रभावित किया। फिर मैहर में अलाउद्दीन खान से सारंगी सीखी।[1] यह सारंगी उनके फ़िल्मी सफ़र में कदम-कदम पर झलकती है। सारंगी का रोशन जितना व्यापक इस्तेमाल शायद ही किसी और संगीतकार ने किया। मैहर में जा फैलने पर रोशन वापस दिल्ली पहुँचे जहाँ उनके भाई ने उन्हें एक स्कूल में दाखिल करा दिया। इसी स्कूल में मुकेश भी पढ़ते थे और स्कूल के मंच पर जब मुकेश गाते थे तो रोशन हारमोनियम पर उनका साथ देते थे।[2] यह दोस्ती फिल्मों में भी अंत तक कायम रही। रोशन दिलरुबा बहुत अच्छा बजाते थे और उनका दिलरुबा सुनकर ही ज़ेड.ए. बुखारी ने ऑल इंडिया रेडियो में रुपये 70/- वेतन पर उन्हें वादक की नौकरी दी, जहाँ रोशन ने 12 वर्ष बिताए। रेडियो स्टेशन में ही परीक्षा के लिए आई इरा से मुलाक़ात हुई। रोशन उन्हें गाना सिखाने घर आने लगे और धीरे-धीरे बढ़ता या सम्पर्क विवाह में परिणत हुआ।[3] इरा बंगाली थीं और रोशन के संगीत पर भी बंगाल के संगीत का प्रभाव (जो राजेश रोशन तक में क़ायम है) यहीं से शुरू हुआ। अनिल विश्वास से भी सम्पर्क हुआ और उनकी सलाह पर रोशन ने रेडियो स्टेशन छोड़ बम्बई का रास्ता पकड़ा और नए कलाकारों को अवसर देनेवाले केदार शर्मा (जिनसे उनकी दादर रेलवे स्टेशन पर इत्तफ़ाकन मुलाकात हुई) ने उन्हें अपनी फ़िल्म 'नेकी और बदी' (1949) में मौका दिया।

संगीतकार रोशन

मधुबाला और गीताबाली अभिनीत 'नेकी और बदी' के गीत आज सुनाई भी नहीं देते हालाँकि 'दिल लुभाने लगी सपने की दुनिया' (राजकुमारी) लोकप्रिय हुआ था। 'योंजी सेट लगाया है' (अमीर बाई, फ़िरोज़ दस्तूर) भी बड़ा मज़ेदार अलग किस्म का गीत था। पर सही मामले में रोशन की पहचान प्रारम्भ हुई केदार शर्मा की ही राज कपूर अभिनीत 'बावरे नैन' (1950) से। मुकेश की आवाज़ में 'तेरी दुनिया में दिल लगता नहीं वापस बुला ले' गाते हुए राज कपूर ने तहलका मचा दिया। यह गाना चला नहीं बल्कि दौड़ा और ऐसा दौड़ा कि वर्षों बाद भी एच.एम.व्ही. ने अपने 'बेस्ट ऑफ़ मुकेश' एल.पी. में इसे जगह दी। इस गीत

की कहानी भी कम रोचक नहीं है। रोशन उन दिनों अपनी पहली फ़िल्म की नाक़ामयाबी से बड़े चिंतित रहते थे। उनके स्वभाव में भी एक डर की भावना हमेशा ही रही थी। कोई ऊँचे स्वर में भी बोल दे तो वे घबरा जाते थे।[4] बहरहाल इसी चिंता में खोए हुए वे समुद्र तट पर टहलने निकल गए। दुःखी मनःस्थिति, समुद्र का किनारा और रोशन। इन सभी स्थितियों के बीच ही टहलते हुए उनके दिमाग़ में 'तेरी दुनिया में दिल लगता नहीं' की उदास-निराश धुन आई।[5] पर इस निराशा-भरे दरबारी के सुरों ने उनके जीवन में आशा का संचार ही कर दिया। 'बावरे नैन' आज की तारीख में भी एक बड़ी 'म्यूज़िकल' के रूप में याद की जाती है। 'ख़यालों में किसी के इस तरह आया नहीं करते' (मुकेश, गीता) की काफ़ी थाट पर आधारित धुन और गाने की लय की मोहकता बार-बार सुनने पर भी कम नहीं होती। राजकुमारी और मुकेश का गाया 'मुझे सच सच बता दो' भी अपनी कर्णप्रिय धुन और बाँसुरी के लुभावने प्रयोग से आज भी श्रोताओं के मन में रचा बसा है। राजकुमारी को लोग भूल गए हैं पर राजकुमारी की गायकी के प्रेमियों के लिए 'मेरे रूठे हुए बलमा, मेरे रूठे हुए चंदा' और 'क्यूँ मेरे दिल में दर्द जगाया जवाब दो' का आकर्षण हमेशा बरक़रार रहेगा। आशा, रफ़ी के स्वर में फ़क़ीरी शैली की 'मुहब्बत के मारों का हाल यही दुनिया में होता है' भी बड़ी खूबसूरत रचना थी। अन्तरे और स्थायी में अलग-अलग रिद्म का प्रयोग बहुत आकर्षक था। बाद में भी इस गुर को रोशन ने अपने कई गीतों में प्रयुक्त किया। वहीं राजकुमारी के स्वर में 'घिर घिर के आसमाँ पर' राजकुमारी की गायकी और रोशन की पसंदीदा बाँसुरी दोनों से ही प्रभावित करनेवाला गीत है।

'बावरे नैन' की सफलता ने रोशन को फ़िल्मी दुनिया में एक स्थायित्व तो दे ही दिया। केदार शर्मा की भी 'बेदर्दी' (1951) में पुनः मुकेश के हिट गीत 'दिल ने तो दिया धोखा, मुहब्बत ने सजा दी' (वैसे इस फ़िल्म में अभिनेत्री निम्मी से भी उन्होंने 'ननदिया जाने न दर्द' गवा कर एक रोचकता पैदा की थी) और शमशाद के 'ओ सर से सरकी चुनरिया' के साथ आगे कदम रखनेवाले रोशन के लिए 'हम लोग' (1951) और 'मल्हार' (1951) उल्लेखनीय फ़िल्में साबित हुईं। ज़िया सरहदी निर्देशित अपने ज़माने की प्रगतिशील फ़िल्म 'हम लोग' में मुकेश के लिए टापों की बीट्स पर बनाया एकॉर्डियन, बाँसुरी, वॉयलिन और सारंगी के साथ आधुनिकता की छाप लिए 'अपनी नज़र से उनकी नज़र तक एक ज़माना एक फ़साना', सुंदर मेलोडी का सृजन करता 'बहे अँखियों में धर' (लता), कोरस के बेहतरीन असर के साथ अन्तरे और स्थायी में रिद्म परिवर्तन वाला 'गाए चला जा' (लता, दुर्रानी, साथी), धीमी गत पर बाँसुरी और स्पेनिश गिटार के सुंदर प्रयोग के साथ कम्पोज़ किया गया सम्भवतः काफी थाट का 'दिल की परेशानियाँ, इश्क की वीरानियाँ' (मुकेश), लता के एच.एम.वी. द्वारा रिलीज़ किए 'रेयर जेम्स' कैसेट्स में शामिल सुंदर झंकृत करने वाला 'छुन छुन छुन बाजे पायल मोरी आ जा चोरी चोरी', लता का ही 'बहुत बुरा है हाल तेरे मजबूर का' और शमशाद, दुर्रानी के गाये मज़ेदार गीत 'बोगी बोगी बोगी कहाँ चली' जैसे गीतों के साथ पूरा साउंडट्रैक ही आकर्षक रहा। 'हम लोग' के लिए गौहर मामाजी वाला ने रोशन को स्वर्णपदक से भी नवाज़ा था, पर इससे भी बढ़कर था पार्श्वगायक मुकेश द्वारा निर्मित फ़िल्म 'मल्हार' (1951) का साउंडट्रैक। रोशन के लिए इस दौर के पसंदीदा गायक यदि मुकेश थे, तो मुकेश ने भी संगीतकार के रूप में रोशन को लेकर दोस्ती निभाई। इस फ़िल्म में रोशन बड़ी सीधी-सादी धुनों के साथ मधुर से मधुरतम गीत लेकर आए। 'गरजत बरसत भीजत' शीर्षक गीत के साथ लता की मधुर आवाज़ एक ऐसे समाँ का सूत्रपात करती है जो 'बड़े अरमानों से रखा है बलम तेरी कसम' (लता, मुकेश) जैसे सदाबहार गीत के साथ यमन कल्याण की मीठी स्वर-लहरियों के बीच फैलती है और मिश्र भैरवी के सुरों तथा घड़े के वाद्य प्रयोग के साथ 'कहाँ हो तुम ज़रा आवाज़ दो हम याद करते हैं' (लता, मुकेश) तथा 'एक बार अगर तू कह दे' (लता, मुकेश) जैसे रूमानी और भैरवी पर आधारित 'होता रहा ये ही अगर अंजाम वफ़ा का' (मुकेश), शिवरंजनी के सुरों से प्रारम्भ 'तारा टूटे दुनिया देखे' (मुकेश) और बाँसुरी के अभिनव प्रयोग के साथ 'दिल तुझे दिया था रखने को' (मुकेश) जैसे दर्दीले सुरों के साथ एक यादगार संगीत की सृष्टि करती है। यह रोशन का दुर्भाग्य नहीं तो और क्या था कि दोनों फ़िल्में 'हम लोग' और 'मल्हार' व्यावसायिक दृष्टि से पिट गईं वरना संगीत तो रोशन ने कमाल का दिया था। यह भी एक रोचक तथ्य है कि 'मल्हार' की शीर्षक धुन 'गरजत-बरसत' (लता) को लगभग एक दशक बाद रोशन ने 'बरसात की रात' में सुमन और कमल बारोट से पुनः गवाकर लोकप्रिय बनाया।

ख़्वाजा अहमद अब्बास की 'अनहोनी' (1952) के लिए रोशन इस बार राज कपूर के लिए तलत महमूद को लेकर आए ओर 'ये दिल है इक अरमान भरा' (तलत) को तलत के ही एक बाँग्ला गीत 'गोथा नोय आज़ी राते' पर आधारित एक अमर रचना बना गए। पियानो की तरंगों पर तलत क्या खूब फबते थे, यह गीत इसका उत्कृष्ट उदाहरण है। 'ज़िन्दगी बदली मुहब्बत का मज़ा आने लगा' की सारंगी के साथ उभरे मोहक तरन्नुम में लता के साथ राजकुमारी अपने उत्कर्ष पर थीं, तो सरदार जाफ़री

'नौबहार' फ़िल्म का एक दृश्य

के 'इस दिल की हालत क्या कहिए' (लता) जैसी ग़ज़ल, 'कहाँ है उन्हें ये राजे मुहब्बत' (लता) की मुजरा-शैली और 'समा के दिल में हमारे ज़रा ख़याल रहे' (लता, तलत) तथा मेरे दिल की धड़कन क्या बोले' (लता, तलत) की मिठास रोशन की बढ़ती परिपक्वता की ओर इशारा करते हैं। पर कम्पोज़र के रूप में उनकी सशक्तता की पहचान बने इसी वर्ष प्रदर्शित अशोक कुमार अभिनीत 'नौबहार' और 'राग-रंग' (जो अभिनेत्री गीता बाली और उनकी बहन की निर्मित फ़िल्म थी)। रोशन के संगीत में शास्त्रीय संगीत का कितना पुख़्ता आधार था यह भीमपलासी पर आधारित 'ए री मैं तो प्रेम दिवानी' (नौबहार) और यमन पर आधारित 'ए री अली पिया बिन' (रागरंग) जैसे लता के masterpieces को सुनकर जाना जा सकता है। 'ए री मैं तो प्रेम दीवानी' को तो 1967 में घोषित अपने दस सर्वश्रेष्ठ गीतों में लता ने स्थान दिया है। गीत में रोशन की पसंदीदा बाँसुरी के टुकड़े जगह-जगह हैं। शुद्ध निषाद के प्रयोग ने इस गीत की भाव-तीव्रता को और प्रखर बना दिया है। ग़ज़लों के कम्पोज़ीशन पर भी रोशन की पकड़ के उदाहरण हैं 'किसी सूरत लगी दिल की बहल जाए तो अच्छा हो' (तलत—नौबहार), 'वो पास नहीं मजबूर है दिल' (लता—नौबहार), 'और है दिल की लगी' (तलत—रागरंग) और 'दिले बेक़रार सोजा' (लता, तलत—रागरंग)। आगे चल के ग़ज़लों के जिस बेहतरीन कम्पोज़र के रूप में रोशन का नाम लिया जाने लगा उसके बीज इसी वक्त डाले गए से लगते हैं। मेलोडी से भरपूर धीमी गति का 'देखो जी मेरा जिया चुराए लिए जाए' (लता—नौबहार), 'करते हैं इशारे फ़लक में चाँद-तारे' (लता, त्रिलोक कपूर—रागरंग), काउंटर मेलोडी के प्रयोग के साथ 'किसकी नज़र का मस्त इशारा है ज़िन्दगी' (लता—रागरंग), शास्त्रीय ढंग का 'कजरारी मतवारी दो अंखियाँ' (राजकुमारी—नौबहार), 'कहाँ है तू कहाँ है मेरी दुनिया लूटने वाले' (लता—नौबहार) और 'यही बहार है दुनिया को भूल जाने की' (लता—रागरंग) जैसे गीतों की कम्पोज़ीशन भी सुंदर थी और रोशन की रचनात्मकता को रेखांकित करती है। यही रचनात्मकता हमें सितार, सारंगी और बाँसुरी के अभिनव प्रयोग के साथ स्वरबद्ध 'संस्कार' (1952) के तलत की ग़ज़ल 'मुहब्बत के झूठे सहारों ने लूटा' और लता के 'दो नैनों ने जाल बिछाया' तथा 'दो नैना उलझ गए' जैसे शैलेन्द्र के गीतों में मिलती है, और रचनात्मकता का यही व्यापक रूप 'शीशम' (1952) के 'सताएगा किसे तू आसमाँ जब हम नहीं होंगे' और 'इक झूठी-सी तसल्ली वो मुझे दे के चले' में मुकेश के स्वर के 'खरज' के साथ एक तरफ़ दर्दीले सुरों में उभरा तो दूसरी तरफ़ लता के 'बजे बाँसुरी चले साँवरी', 'मुस्कुराहट तेरे होंठों की मेरा शृंगार है' तथा लता, मुकेश की दादरा ताल पर रचे लाजवाब धुन 'सपनों में आना छेड़-छेड़ जाना' के साथ उल्लास की स्वर-लहरियाँ फैलाने में भी सक्षम रहा।

बाँसुरी और सारंगी का सुंदर प्रयोग रोशन की इस रचनात्मकता का एक विशिष्ट पहलू था जो 'शीशम' के गीतों में भी झलकता है, विशेषकर लता के 'बनाई है इतनी बड़ी किसने दुनिया' में। बाँसुरी का इतना बहुआयामी प्रयोग किसी और संगीतकार ने नहीं किया है। सारंगी को भी मुज़रा शैली के गीतों की परिधि से निकालकर रोशन ने बहुमुखी इस्तेमाल की नींव रखी। ओ. पी. नैयर को छोड़कर किसी संगीतकार ने सारंगी में इतनी सम्भावनाएँ नहीं तलाशीं। रोशन की विशिष्टता यह भी थी कि वे कभी अधिक ऑरकेस्ट्रा के पक्षधर नहीं रहे। वे उतना ही ऑरकेस्ट्रा काम में लाते थे जितना आवश्यक हो। बाँसुरी और सारंगी के इस्तेमाल के अलावा कई बार वे फ़िलर के रूप में बाँसुरी और सितार को मिलाकर बड़ा सुंदर संगम प्रस्तुत करते थे, जैसे 'बार बार तोहे क्या समझाए पायल की झंकार' के बाद का वह सुंदर टुकड़ा बाँसुरीवादक के रूप में हरिप्रसाद चौरसिया और सारंगीवादक के रूप में पं. रामनारायण से उन्होंने बजवाया। अरेंजिंग का काम भी रोशन बड़े लगन से घंटों मेहनत करके किया करते थे और यही कारण है कि उनके ऑरकेस्ट्रा में गीत भाव के अनुकूल एक सहज प्रवाह हमें मिलता है। उनके संगीत में यह विशिष्ट तत्त्व भी था कि शब्दों के भाव को संगीत के स्वरों से यथासम्भव समन्वित किया जाए। उनके गीतों में हमें ठेके की विविधता का बहुत सुंदर रूप दिखाई देता है। उदाहरण के लिए 'ताजमहल' के 'जो वादा किया वो निभाना पड़ेगा' के अंतरों के बीच के संगीत में कांगो रिद्‌म और गाने के साथ ढोलक की रिद्‌म का संगम अद्‌भुत है। 'बहू बेगम' के 'हम इंतजार करेंगे' के 'हम इंतज़ार करेंगे तेरा कयामत तक, खुदा करे' के बाद सीमा जौहरी के अनुसार रिद्‌म में जो लोच दिया गया है और 'कयामत हो' के बाद जो पिकअप किया गया है, उसने रिद्‌म की विविधता से एक अद्‌भुत आकर्षण भर दिया है।[6]

पर साथ ही ऐसा लगता है कि रोशन अपनी रचनात्मकता के इस दौर में फ़िल्म संगीत के उस गुर को नहीं साध पाए जो गानों को सुपरहिट बनाती है। मेलोडी प्रधान संगीत देने के बावजूद इनके संगीत में वह लोच या रवानगी नहीं थी जिन्हें इस्तेमाल कर ओ.पी. नैयर और शंकर-जयकिशन फ़िल्म-संगीत के आकाश पर छाते चले गये। रोशन के इस दौर के अधिकांश गीत दिमाग़ में तो रच-बस जाते हैं पर आम श्रोताओं के होंठों की गुनगुनाहट बनने वाला तत्व उनमें प्रखर नहीं था। वैसे स्नेहल ओझा जैसे समीक्षक श्रोताओं की भावनाओं पर असर करनेवाला तत्त्व सातवें दशक की अपेक्षा रोशन के संगीत के इसी दौर में पाते हैं,[7] पर स्नेहल ओझा को आम श्रोता नहीं माना जा सकता और उनकी टिप्पणी भी इसी तथ्य को रेखांकित करती है कि रोशन के इस दौर के संगीत में आलोचकों को प्रभावित करने की शक्ति अधिक थी तथा हिन्दी फ़िल्म संगीत के आम श्रोताओं को आन्दोलित करने वाली भंगिमाएँ कम। 'आगोश' (1953) के 'मुहब्बत एक शोला है' बचा दामन ज़माने' (लता) को स्नेहल रोशन के द्वारा सर्वश्रेष्ठ कम्पोज़ीशन्स में मानते हैं पर आम श्रोताओं के बीच यह गीत कुछ विशेष लोकप्रिय नहीं रहा। 'ओ धीरे-धीरे चढ़ गया नदी में पानी' (लता, हेमंत—'आगोश' 1953), 'किसी के आँख के आँसू हैं, सितारे न कहो' (लता—'आगोश' 1953), 'फूल चुन ले मेरे बालम' (लता—'नौबहार', 1952 और फिर 'फिरदौस', 1953 में भी शामिल) 'मेरे ख़यालों में आ के गले लगा जा' (तलत—गुनाह, 1953), मिठास की चरम अनुभूति पैदा करती 'बाप-बेटी' (1954) की लोरी 'ले चल री निंदिया ले चल हमें चल चंदा मामा के घर' और मेलोडी से परिपूर्ण 'दुनिया बनाने वाले रामजी' (लता), 'बाराती' (1954) के 'हाय कोई कह दे पपीहा से जा के' (लता) और 'आ फिर से मेरे प्यार की किस्मत सँवार दे' (लता) जैसे गीतों की कम्पोज़ीशन सुंदर होते हुए भी यह गीत फ़िल्मी शब्दावली में 'हिट' नहीं कहे जा सकते। इस दौर की रोशन की संगीत की दृष्टि से विशेष चर्चा योग्य फ़िल्में 'माशूका' (1953) और चाँदनी चौक' (1954) भी व्यावसायिक रूप से अधिक सफल नहीं रही। मुकेश और सुरैया अभिनीत 'माशूका' में मुकेश का एकमात्र हिट गाना रहा पियानो के मनोहर प्रयोग के साथ आसावरी थाट पर सृजित 'ओ दिल न लगाना जीने न देगा ये जमाना'। और गाने क्यों नहीं चले यह विडंबना ही है, नहीं तो 'मासूम दिल की हाँ पे ना' (मुकेश) की बेहतरीन धुन और गायकी, 'होली खेले नंदलाला' (सुरैया, मुकेश, साथी) की मोहक तरंग, 'मेरे मन में उठे उमंग पिया' और 'एक आस एक आसरा है मेरे श्याम का' में सुरैया की आवाज़ के साथ जबर्दस्त वाद्य-संयोजन क्या कम थे? और क्या कम थी सुरैया, मुकेश के स्वरों में पुनः रिद्म परिवर्तन के साथ वह अद्भुत लोरी 'झिलमिल तारे क्या करे इशारे सो जा राज दुलारे' जिसे स्नेहल ओझा फ़िल्म संगीत की सर्वश्रेष्ठ लोरियों में गिनते हैं।[8] और इन सबसे बढ़कर था किशोर कुमार और मीना कपूर के युगल स्वरों में बिलावट थाट को पाश्चात्य वाद्य-संयोजन और योडेलिंग के बीच जमाकर बनाया गया वह सदाबहार दोगाना 'ये समां हम तुम जवाँ पहलू से दिल सरक जाए'। क्या धुन थी, क्या रिद्म थी और क्या खूब गायकी थी! यह गीत कुछ चला भी, शायद इसलिए क्योंकि इसकी शैली में रोशन ने अपने अंदाज़ में अलग हटकर पाश्चात्य ढंग की आम श्रोताओं के बीच चलनेवाली बानगियों का प्रयोग किया था। पर ऐसा प्रयोग इस दौर में रोशन कभी-कभी ही करते थे-किशोर, लता के 'तू है चंदा मैं हूँ चकोर' (आगोश, 1953), 'कोई खुशनसीब होगा हम सा न इस जहां में' (मुकेश, किशोर,

मुकेश के कई खूबसूरत गीत रोशन की ही रचनाएँ रही हैं

फिल्म 'आगोश' में नूतन और नासिर खान

राम कमलानी—'मालकिन' 1953) और 'तेरी नज़रों ने हमको छेड़ा है' (चितलकर, आशा—'बराती', 1954) जैसे गीत उन्होंने कम ही बनाए। बी.आर. चोपड़ा निर्देशित हीरा फ़िल्म्स की 'चाँदनी चौक' (1954) का संगीत रचनात्मकता की ओर उनकी प्रतिबद्धता की पुनः पहचान कराता है तथा रफ़ी के 'जमीं भी वही है वही आसमां' और मुकेश का 'हमें ऐ दिल कहीं ले चल' की धीमी, सुंदर धुनों की लहरों या रोशन की पसंदीदा बाँसुरी की तरंगों पर मधुरता घोलती लता की 'आ जाएँ जाने वाले' और आकर्षक लोच भरे 'बहक चल नैना' जैसे गीतों में स्तर के विशुद्ध उदात्त रूप के साथ कहीं भी समझौता नहीं है। 'चाँदनी चौक' के ये गीत आज भी सुधी श्रोताओं की पसंद हैं, भले ही उन्होंने कभी लोकप्रियता के कीर्तिमान नहीं बनाए हों। वहीं सुंदर, शमशाद का हास्य गीत 'कभी चार बजे कभी पाँच बजे' उस समय भले ही चला हो, पर आज पूर्णतः विस्मृत है। उसी प्रकार 'मालकिन' (1953) में हवाइयन गिटार के प्रयोग के साथ सीधी-सादी छू जाने वाली रचना 'उनको अपना बना के' (लता), मैंडोलिन की तरंगों के साथ अंतरे और मुखड़े की अलग-सी लगने वाली धुनों को भी एक पूर्णता में समाहित करता 'ओ पिया मेरा भोला पिया' (लता, किशोर) तथा बाँसुरी के बेहतरीन प्रयोग के साथ कशिश-भरी बेहद रूमानी मुलायम धुन लिए 'मेरे प्रेम देवता' (लता) जैसे गीत लोकप्रिय न होते हुए भी अच्छे लगते हैं।

अच्छे संगीत के सृजक किन्तु व्यावसायिक लोकप्रियता के पलड़े पर हलके पड़ रहे रोशन को शायद इसी कारण के. अमरनाथ प्रोडक्शन्स की फ़िल्म 'महबूबा' (1954) में बीचोबीच हटाकर ओ.पी. नैयर को लया गया। इस वाक़ये में लता और ओ.पी. नैयर की दरार की कहानी फिर कभी सही, पर यह अवश्य है कि रोशन को लता का साथ हमेशा ही मिलता रहा। लता की पारखी संगीत दृष्टि ने बहुत पहले ही रोशन की प्रतिभा को पहचान लिया था और भले ही रोशन व्यावसायिक दृष्टि से अधिक सफल संगीतकार न थे, पर लता ने हमेशा उनकी कद्र की। यहाँ तक कि जब लता मंगेशकर ने अपनी फ़िल्म 'भैरवी' की घोषणा की तो रोशन को उसमें संगीतकार के रूप में चुन कर उन्हें एक विशिष्ट प्रतिष्ठा दी। यह एक ऐसा सम्मान था जिसके लिए मन ही मन बड़े से बड़े संगीतकार भी इच्छुक रहे होंगे। 'स्वर-सम्राज्ञी द्वारा कम्पोज़र्स के बड़े समूह में से किसे चुना जाएगा' की सारी अटकलों को शांत करते हुए रोशन का चुनाव वास्तव में सिद्ध करता है कि लता को उनकी संगीत प्रतिभा पर कितना विश्वास था। अल्हैया बिलावल में एकॉर्डियन के बेहतरीन प्रयोग के साथ सृजित 'अजी हमको है तुमसे प्यार' (लता, तलत—'महबूबा', 1954) और भैरव थाट में 'मोहे भूल गये साँवरिया' से मिलती-जुलती पर फिर भी अलग-सी लगती 'आके अब आता नहीं दिल को क़रार' (लता—'महबूबा', 1954) जैसी सुंदर कम्पोज़ीशन्स के रचयिता भले ही व्यावसायिक तौर पर अधिक न चल पा रहे हों, पर 'फ़लक मिलेगा तुझे क्या हमें मिटाने से' (लता, रफ़ी—'घर घर में दीवाली', 1955), 'कहाँ खो गई है बहार आते आते' (लता—'घर घर में दीवाली', 1955), 'दर्दे दिल तू ही बता कैसे ग़म की शाम है' (लता—जश्न, 1955) या 'छोरा छोरी' (1955) के पश्चिमी धुन लिए 'ये सुर्ख़ी और ये शाम' और भारतीय ग्रामीण चितवन लिए 'मार डाला साँवरिया ने' में लता बख़ूबी रोशन के साथ थीं। अपनी फ़िल्म 'अनुराग' के निर्माण की व्यस्तता के कारण मुकेश ने इस दौर में कई प्रस्ताव ठुकराए और इसका लाभ मिला रफ़ी को। रोशन के लिए भी मुकेश की मसरूफ़ियत के कारण रफ़ी ही प्रमुख गायक बन गए और घोड़े की टापों के बीट पर सृजित 'घर घर में दीवाली' (1955) का 'आधे उधर हैं आधे इधर, यह हज़रते दिल है न जाने किधर' के बाद रोशन और मुकेश फिर कई वर्षों बाद ही साथ हो पाए। 'छम छनन पायल बोली' (लता, रफ़ी—घर घर में दीवाली, 1955), 'आ बेदर्दी बलमा प्रीत का करें हिसाब' (लता, रफ़ी—छोरा छोरी', 1955), 'बहुत आसान है चिलमन में लग कर मुस्कुरा देना' (लता, रफ़ी—'रंगीन रातें, 1956), 'सबसे प्यारा सबसे न्यारा प्रभुजी नाम तुम्हारा' (लता, रफ़ी, साथी—'टकसाल', 1956), 'उनसे रिप्पी टिप्पी हो गई' तथा भैरवी में 'दुनिया की नज़र है बुरी' (रफ़ी, गीता—आगरा रोड, 1959) और नौटंकी शैली का 'दो रोटी' (1957) वह लाजवाब गीत 'बड़ी प्यारी कहानी है मुहब्बत की कहानी भी' (लता, रफ़ी) जैसे गीतों के साथ रफ़ी रोशन के लिए प्रमुख गायक बन रहे थे। ऐसा लगता है कि रोशन के संगीत

लता की घोषित पर अनिर्मित फिल्म 'भैरवी' के लिए लता ने रोशन को ही संगीतकार चुना

'टकसाल' में बलराज साहनी

में भी, धीरे ही सही, पर वह लचक आ रही थी जो गानों को आम श्रोताओं की पसंद बनाता है। 1956 की सालाना बिनाका गीतमाला के रनर अप गीतों में 'रंगीन रातें' के 'मोरे बलमा' हो मोरे साजना' (लता, गीता, साथी) और बेहद लुभावनी शायराना धुन पर रची गई 'बहुत आसान है चिलमन से लग कर मुस्कुरा देना' (लता, रफ़ी) के अलावा 'टकसाल' (1956) के 'सब से प्यारा सब से न्यारा प्रभुजी नाम तुम्हारा' (लता, रफ़ी, साथी) और लता के मीठे, स्निग्ध स्वर में अमीन सयानी के शब्दों में 'आराम से चलती तर्ज़' लिए (शायद) सिंधु भैरवी में 'दिल भी तेरा हम भी तेरे' भी थे। पर 'टकसाल' का ही वह अद्भुत धुनवाला मनोहर भजन क्यों अधिक नहीं चला, यह मेरे लिए आश्चर्य की बात है क्योंकि फ़िल्म-संगीत के मधुरतम कृष्ण भजनों में भी 'बृज के नंदलाला', राधा के साँवरिया, सभी दुःख दूर हुए जब तेरा नाम लिया' (लता) को मैं सबसे ऊपर रखूँगा। यह गीत तो रोशन की मेलोडी का उत्कर्ष है। इसी प्रकार जलतरंग का अद्भुत प्रयोग लिए काफी थाट पर रचा 'रंगीन रातें' का 'सखी हमरो अटल सुहाग' भी अधिक लोकप्रिय क्यों न हुआ, यह मैं समझ नहीं पाया हूँ। 'ए री मैं तो प्रेम दिवानी' से मिलता-जुलता भीमपलासी आधारित 'रंगीन रातें' का 'हम जागे जग सोए' (लता), 'टकसाल' की पूरबी लोकधुन आधारित 'आए सजना हमार' (बातिश, लक्ष्मी शंकर) और नेपाली धुन पर आधारित 'घूँघट हटाए के नज़रें मिलाए के' (सुधा, मुबारक) जैसे रोशन के इस दौर के कर्णप्रिय गीत भी अब पूर्णतः विस्मृत हो गए हैं।

आम श्रोताओं की पसंद को ध्यान में रखते हुए बनाये गये 'कॉफ़ी हाउस' (1957) के गीता दत्त के गाये क्लब सांग्स खूबसूरत होते हुए भी 'झूम झूम के जाम चूम के', 'इस महफिल में आना बच के' और 'यूँ देखते हो जैसे हमें जानते नहीं' के रूप में ओ.पी. नैयर या शंकर-जयकिशन वाला जादू नहीं जगा सके। दरअसल रोशन का जादू विशुद्ध भारतीय शैली मेलोडी के साथ ही जगता था जैसे 'दो रोटी' (1957) के काफी थाट में पूरब अंग की छाप लिए 'काली बदरिया मारे नज़रिया' या लोकशैली का दादरा 'तुमरे कारण हमरा जिया' (लता) या फिर 'अश्कों की कहानी क्या कहिए' जैसी लता की स्वर्णिम स्वर-लहरियों के साथ। लता 'राजा बेटा' फ़िल्म में भी 'मेरे लाडले' गीत के साथ थीं, पर यह फ़िल्म ही रिलीज़ न हुई। पर लता के जिस गीत को लेकर रोशन वास्तव में रचनात्मकता के साथ-साथ लोकप्रियता के उस मुश्किल आयाम को पा गए, वह रहा—'अजी बस शुक्रिया' (1958) का 'सारी सारी रात तेरी याद सताए'। यह वही भैरवी थी जिससे मिलती-जुलती धुन देकर 'परदेसियों से न अँखियाँ मिलाना' के साथ कल्याणजी-आनंदजी 'जब जब फूल खिले' में वर्षों बाद सुपरहिट गीत दे गए। बहरहाल, इस गीत की सफलता ने रोशन को वह आत्मविश्वास दिया जिसकी कमी उन्हें ख़टक रही थी। गीताबाली के लिए लता ने इस गीत को अभूतपूर्व कौशल से गाया भी था।

सुधा मल्होत्रा

पर इस आत्मविश्वास को जारी रखने के लिए रोशन को लता की ज़रूरत थी। 'अजी बस शुक्रिया' के ही शिवरंजनी आधारित 'लगे न मोरा जिया' और सारंगी, तबले और हारमोनियम के संग सृजित मुजरा गीत 'बेदर्दी नज़रें मिला' की लोकप्रियता के पीछे भी लता विद्यमान थीं। लता के बिना 'आँगन' (1959) 'दीप जलता रहे' (1959) और 'सी.आई.डी. गर्ल' (1950) जैसी फ़िल्में सफल न रहीं, हालाँकि 'दीप जलता रहे' में मार्चिंग सांग की शैली के 'एक दौर नया' (आशा, साथी) और मुजरा शैली में 'देखो जी रस ले गयो' (आशा) अच्छे गीत थे। वहीं प्रेमचंद की कहानी पर आधारित 'हीरा-मोती' (1959) में लोकरंग की छटा बिखेरते रोशन के साथ 'ओ बेदर्दी आ मिल जल्दी' में सम्भवतः अल्हैया बिलावल के साथ लता बड़ी उन्मुक्तता से उनके साथ थीं। पूरबी शैली पर आधारित सुधा मल्होत्रा और सुमन के स्वरों में लोकगीत 'कौन रंग मुँगवा कौन रंग मोतिया' अवश्य लता के बिना भी बेहतरीन साबित हुआ तथा चित्रगुप्त के किसी भी पूरबी शैली के लोकगीत के बराबर ही माना जाएगा। वहीं लोकरंग लिए

मुलायम सुरोंवाले 'इक दिन ये आँसू' (लता) में दो-तीन सितारों का साथ-साथ प्रयोग अनुपम था।

वैसे देखा जाए तो लोकरंग रोशन की कृतियों में प्रारम्भ से ही था। बाँसुरी का उनका प्रचुर लुभावना प्रयोग भी लोक-संस्कृति के वातावरण को सजीव करने में सहायक रहता था। 'हीरा-मोती' के उपरोक्त गीतों के अलावा 'चाँदनी चौक' के 'बन्नो के हाथ भरी मेहँदी' (लता, आशा, मीना, साथी), 'आँगन' के 'आँगन में बसियो राजा होए' (आशा), 'मधु' के 'धनी चुनर मोरी हाय रे' (लता), 'दूज का चाँद' के 'सजन सलोना माँग लो जी कोई' (लता, आशा) और 'हीर' आधारित 'लो अपना जहाँ दुनिया वालो' (असा सिंह : मस्ताना), होली गीत 'होली खेले नंदलाला' (मुकेश, सुरैया, साथी—'माशूका'), 'आरती' का 'बार-बार तोहे क्या समझाए' (लता, रफ़ी), 'ज़िन्दगी और हम' के 'धीरे से गगरी उतार रे' (लता), 'नई उमर की नई फ़सल' के 'मोरे सैंया गुलबिया का फूल' (सुमन, मीनू पुरुषोत्तम), 'बहू बेगम' के 'पड़ गये झूले सावन रुत' (आशा, लता, साथी) आदि कई गीतों में रोशन ने अवधी, पूरबी और पंजाबी लोकरंग के सुंदर उदाहरण पेश किए। कई बार रोशन लोकधुन पर रचनाएँ आधारित न कर के लोकगीतों की लय और लोच दूसरे धुनों के बीच भी ले आते थे। उदाहरण के तौर पर 'सूरत और सीरत' के 'बहुत दिया देने वाले ने तुझको', 'बरसात की रात' के 'मुझे मिल गया बहाना तेरी दीद का', 'अजी बस शुक्रिया' के 'सारी सारी रात तेरी याद सताए' के नाम लिए जा सकते हैं, जहाँ कशिश, उल्लास और शृंगार के भावों की अभिव्यक्ति इस कारण बहुत ही सहज और सुगम हो सकी है। 'आरती' के 'बार बार तोहे क्या समझाएँ' में लोकसंगीत को ठुमरी अंग में प्रस्तुत कर उन्होंने अलग ही प्रभाव पैदा किया है। हरिप्रसाद चौरसिया के अनुसार ठुमरी अंग लाते हुए रोशन ने स्वरों का इस ढंग से इस्तेमाल किया है कि यदि हम उस राग को पंचम से देखते हैं तो बागेश्वरी लगता है और जब मूलसा से देखते हैं तो लगता है कि ख़माज में ठुमरी गाई जा रही है।[9]

यह भी उल्लेखनीय है कि सम्भवतः अनिल विश्वास के सम्पर्क के प्रभाव के कारण पंजाब के रहनेवाले रोशन का लोकसंगीत पूरबी और बाँग्ला संगीत के तत्त्वों से अधिक परिपूर्ण था, पंजाबी से कम। बाँग्ला साहित्यकार प्रेमेन मित्रा की कहानी पर आधारित मीनाकुमारी और करन दीवान अभिनीत 'मधु' (1959) में लता फिर से 'बता दो कौन गली गए श्याम', धीमी मेलोडी में गाए 'काहे बनो जी अनजान' और भैरवी पर आधारित 'धानी चुनरी मोरी हाय रे' जैसे खूबसूरत गीतों के साथ थीं। तिलंग या खमाज़ पर आधारित 'बता दो कौन गली गए श्याम' को मन्ना डे ने भी बेहद कौशल से गाया था। 'मधु' में रोशन के प्रमुख गायक बन चुके रफ़ी थे लता के साथ 'तुमसे लगन लागी हाय ऐसी अगन जागी' और आशा के साथ 'ओ दे के बदनामी ज़माने भर की' जैसे सुंदर गीतों में। पर 'मैंने जीना सीख लिया' (1959) में वर्षों के अंतराल के बाद रोशन एक बार फिर मुकेश को एक गीत के लिए लेकर आए और सम्भवतः मालगूँजी पर आधारित 'तेरे प्यार को इस तरह से भुलाना' अपनी क़शिश-भरी धुन और गायकी के कारण आज भी मुकेश के सर्वश्रेष्ठ दर्दीले गीतों में शुमार किया जाता है।

दशक के अंत तक रोशन वास्तव में सफलता की ओर अग्रसर हो चले थे। शिवरंजनी पर आधारित 'तुम एक बार मुहब्बत का इम्तहान तो लो' (बावर, 1960) को रफ़ी से एक अविस्मरणीय गुनगुनाने वाली शैली में गवाकर रोशन ने एक मिसाल कायम कर दी। 'बाबर' में रोशन और साहिर का पहली बार साथ हुआ और सुधा मल्होत्रा ने सारंगी के सुंदर प्रयोग के साथ साहिर की 'सलामे हसरत कुबूल कर लो' और 'पयामे इश्क़ मुहब्बत हमें पसंद नहीं' की बंदिशों को क्रमशः यमन कल्याण और खमाज थाट में बड़ी शिद्दत से गाकर लोकप्रिय बनाया था। 'बाबर' में ही 'हसीनों के जलवे परेशान रहते' (रफ़ी, सुधा, मन्ना डे, आशा, साथी) वाली कव्वाली भी थी, पर कव्वाली के विशेषज्ञ के रूप में रोशन को स्थापित करने का श्रेय जाता है 'बरसात की रात' (1960) को।

'बरसाात की रात' का संगीत व्यावसायिक दृष्टि से रोशन का सफलतम संगीत था। 'ना तो कारवाँ की तलाश है' (मन्ना डे, आशा, सुधा, बातिश, साथी) का अंजाम हुआ 'ये इश्क इश्क है इश्क इश्क' (रफ़ी, मन्ना डे, बातिश, सुधा, साथी) में और फ़तेह अली खाँ से अनुमति उपरान्त ली गई उनकी धुन पर रोशन ने फ़िल्म-संगीत के इतिहास की सबसे हिट कव्वाली बना डाली।[10] यह एक तरह का समझौता तो अवश्य था जिसके लिए ख़य्याम तैयार नहीं हुए थे, पर ऐसे समझौते रोशन ने भी कम ही किए। इस कव्वाली का तरन्नुम, बहाव, उठाव बिलकुल अभिभूत कर देनेवाला है। इसकी रेकॉर्डिंग 29 घंटे में सम्पन्न हुई और तब जाकर वह ऐतिहासिक प्रभाव उत्पन्न हुआ, जैसा रोशन चाहते थे। भले ही धुन की प्रेरणा कहीं और से हो, पर उसका विस्तार इस कव्वाली की सुंदर विशेषताएँ बनकर आज तक लोगों के ज़हन में ताज़ा है। बहरहाल, 'बरसात की रात' में कव्वालियों की धूम रही। 'निगाहें नाज़ के मारों का' (आशा, सुधा, शंकर शम्भू, साथी) और 'जी चाहता है चूम लूँ' (आशा, सुधा, बलवीर, बंदे

हसन, साथी) जैसी कव्वालियाँ भी अच्छी चलीं। मल्हार पर आधारित संतूर और जलतरंग के साथ 'गरजत-बरसत सावन आयो रे' (सुमन, कमल बारोट–जो 'मल्हार' फ़िल्म के शीर्षक गीत की ही धुन थी) ने एक बार फिर रोशन के पुख़्ता शास्त्रीय आधार को प्रमाणित किया। वहीं दूसरी तरफ़ 'बरसात की रात' ने सिद्ध किया कि साहिर और रोशन की जोड़ी अब एक बेमिसाल संगीतमय जोड़ी बनकर उभरने लगी थी। साहिर के शायराना लफ़्ज़ों को धुनों में पिरोने के लिए ख़य्याम की तरह रोशन भी अकसर यमन कल्याण की तरफ़ ही झुकते थे, यह एक रोचक तथ्य है। रफ़ी द्वारा एकल तथा लता द्वारा युगल रूप में गाए 'ज़िन्दगी भर नहीं भूलेगी वो बरसात की रात' की यमन कल्याणी (या शायद यमनी बिलावल की) रूमानियत तो आज भी भुलाए नहीं भूलती। रफ़ी के स्वर में ही पीलू की छाया लिए 'मैंने शायद तुम्हें पहली भी कहीं देखा है' की कोमलता हो या 'मायूस तो हूँ वादे से तेरे कुछ आस नहीं' और 'क्या ग़म जो अँधेरी हैं राहें' की रंजिश हो, सभी भावों को रोशन ने बेहतरीन शायराना धुनें दीं। लता का मशहूर गीत 'मुझे मिल गया बहाना तेरी दीद का' भी 'बरसात की रात' का ही नगीना है।

'बरसात की रात' के बाद के दौर में कुछ संगीत-आलोचक यह मानते हैं कि रोशन लोकप्रियता की ओर अधिक ध्यान देने लगे थे। इसी तथ्य को दूसरी तरह से भी कहा जा सकता है कि रोशन की रचनाओं में अब वह लोच, वह touch आ गया था जो रचनाओं को आम श्रोताओं के बीच पसंदीदा बनाता है। सुधी आलोचक भले ही 'रागरंग' और 'नौबहार' की रचनात्मकता के सामने रोशन के सातवें दशक के प्रयासों को कम आँकें, पर माधुर्य में कमी तो रोशन के इस दौर के गीतों में भी नहीं है। 'होंठों पे हँसी पलकों पे हया आँखों में शरारत रहती है' (लता, मुकेश) जैसे वारंट (1961) के मृदु गीत हों या 'बार बार तोहे क्या समझाए पायल की झंकार' (लता, रफ़ी) जैसा 'आरती' (1962) का मिश्र ख़माज पर आधारित झंकृत गीत हो, रोशन का माधुर्य परिपूर्ण ही रहता था। 'आरती' के गीतों की चर्चा में ख़माज पर ही आधारित 'अब क्या मिसाल दूँ मैं तुम्हारे शबाब की' (रफ़ी) और पहाड़ी के सुर लिए 'कभी तो मिलेगी कहीं तो मिलेगी, बहारों की मंज़िल' (लता) की लाजवाब धुनों की बात अकसर की जाती है और ये गाने मशहूर भी बेहद रहे हैं, पर मेरे विचार से इन गानों से श्रेष्ठ था 'बने हो एक ख़ाक से तो दूर क्या क़रीब क्या'। मजरूह के अद्‌भुत, गम्भीर शब्दों की गरिमा को कम किए बिना एक अप्रतिम मीठी रचना देने का रोशन का यह प्रयास लता के स्वर में स्वर्गिक अनुभूति जगाता है। 'आरती' का ही कव्वालीनुमा 'वो तीर दिल पे चला' (आशा, रफ़ी) का अल्हैया बिलावल भी इस प्रकार की रचनाओं पर रोशन की विशेष दक्षता का परिचय देता है। वैसे कम स्वर्गिक नहीं लगता शैलेन्द्र के खूबसूरत शब्दों को बाँसुरी की तान के साथ मुकेश की आवाज़ में सम्भवतः शिवरंजनी का फट लिए 'बहुत दिया देने वाले ने तुझको, आँचल ही न समाये तो क्या कीजे' (सूरत और सीरत, 1962) को सुनना। इसी फ़िल्म की जटिल सोहनी आधारित रचना 'प्रेम लगन मन' (आशा) में त्रिताल नहीं लगाकर कहरवा का अद्‌भुत सुंदर प्रयोग रोशन ने किया है। इसी फ़िल्म का साहिर का लिखा 'गीत मेरा सुलाए जगाए तुझे, प्यार के पालने में झुलाए तुझे' (लता) भी एक बहुत ही मीठी और सुंदर रचना थी। वहीं 'ज़िन्दगी और हम' (1962) में तो रोशन मिठास की पराकाष्ठा पर ही पहुँच गए थे। 'धीरे से गगरी उतार रे' (लता) की अति सुंदर मेलोडी हो, 'मतवाली मुरलिया बाजी रे' के राग पीलू के सुर हों, 'तू हमको देख और हमारी नज़र से देख' (लता) की ग़ज़ल हो या 'जा रे जा रे मेरी छोड़ चुनरिया' (लता) का शास्त्रीय और लोक-सम्मिश्रण का माधुर्य हो, इस फ़िल्म में तो रोशन और लता की जोड़ी अप्रतिम ही लगती है, भले ही व्यावसायिक रूप से फ़िल्म के गीत रोशन की अन्य फ़िल्मों से कम ही सफल रहे हों।

'वल्लाह क्या बात है' (1962) फ़िल्म के रूप में तो असफल ही रही, पर रफ़ी के 'ग़मे हस्ती से बेगाना होता' से रोशन ने एक बार फिर यह सिद्ध कर दिया कि न सिर्फ़ कव्वाली बल्कि ग़ज़लों के कम्पोज़र के रूप में भी वे उत्कृष्ट थे। एच.एम. व्ही. द्वारा कितनी अधिक प्रमुखता मदनमोहन की ग़ज़लों को दी गई और कितनी कम रोशन के ग़ज़लों को यह तो संगीत की व्यावसायिक दुनिया के कुछ दुर्भाग्यपूर्ण पहलू हैं वरना सम्भवतः अल्हैया बिलावल पर रचित 'जुर्मे उल्फ़त पे हमें लोग सज़ा देते हैं' (लता–ताजमहल, 1963) या 'रहते थे कभी जिन के दिल में' (लता–ममता, 1966), 'यूँ हमको देख और हमारी नज़र से देख' (लता–ज़िन्दगी और हम, 1962), यमन पर आधारित 'दिल जो न कह सका वही राज़े दिल कहने की रात आई है' (लता, रफ़ी–भीगी-भीगी रात, 1965), 'पाँव छू लेने दो फूलों की इनायत होगी' (लता, रफ़ी–ताज़महल, 1963), दुनिया करे सवाल तो हम जवाब दें' (लता–बहू बेगम, 1967) और 'शराबी-शराबी ये सावन का मौसम' (सुमन–नूरजहाँ, 1967) जैसी यादगार ग़ज़लों के कम्पोज़र रोशन ही थे। रोशन के बारे में बहुत ही रोचक तथ्य यह है कि अपने असफल दौर की कुछ सुंदर धुनें जो हिट नहीं हुईं को उन्होंने अपने सफल दौर में पुनः हलके बदलाव के साथ इस्तेमाल किया और इस बार वे खूब सफल रहीं।

उदाहरण के लिए 'घर घर में दीवाली' का पहाड़ी के सुरों पर सजा सुंदर गीत 'कहाँ खो गई हैं' को बहुत कम लोगों ने सुना पर इसी को थोड़े बदलाव के साथ 'कभी तो मिलेगी कहीं तो मिलेगी बहारों की मंजिल राही' (आरती) के साथ पुनः प्रयुक्त कर सुपरहिट बना दिया गया। इसी प्रकार 'तुम्हारे कारण' (लता—दो रोटी) और 'काहे बनो जी अनजान' (लता, मधु) की धुनों को 'देवर' फ़िल्म में क्रमशः 'रूठे सैंया हमारे क्यों रूठे' और 'दुनिया में ऐसा कहाँ सबका नसीब है' के साथ फिर से आज़मा कर रोशन ने लोकप्रिय बना दिया। किस्मत का तर्क तो वाक़ई समझना बहुत मुश्किल है, शायद इसलिए कि वहाँ के तर्कों के पीछे की क्रियाओं को विवेचित नहीं किया जा सकता, सिर्फ़ देखकर अचम्भित रहा जा सकता है।

रोशन, मुकेश और राज कपूर

1963 रोशन का व्यावसायिक और लोकप्रियता के दृष्टिकोण से सफलतम वर्ष कहा जाएगा। राज कपूर अभिनीत 'दिल ही तो है' में साहिर लुधियानवी के साथ वे खूब जमे। शास्त्रीय रंग बिखेरता हुआ उनका एक रूप मन्ना डे के अमर गीत 'लागा चुनरी में दाग छुपाऊँ कैसे' की सिन्धु भैरवी के साथ जन-जन में फैल गया। जगह-जगह मुरकियों का इस्तेमाल, सारंगी और ठेके के साथ घुँघरू का इस्तेमाल, अंतिम चरण में द्रुत लय का तराना—इन सभी ने गीत को अविस्मरणीय बना दिया है। वहीं राज कपूर की नीली आँखोंवाली रूमानियत को उभारने के लिए रोशन ने एक बार फिर कल्याण थाट का ही सहारा लिया। कल्याण थाट पर आधारित बेमिसाल आग्रह से गाया 'गुस्से में जो निखरा है उस हुस्न का क्या कहना' या यमन कल्याण पर आधारित शिकायत और चुनौती के सम्मिश्रण से अभिव्यक्त 'तुम अगर मुझको न चाहो तो कोई बात नहीं' आज भी मुकेश के सर्वश्रेष्ठ गीतों में गिने जाते हैं। हिट तो इस फ़िल्म का हर गीत था—'दिल जो भी कहेगा मानेंगे दुनिया में हमारा दिल ही तो है' (मुकेश) की यमन कल्याण पर आधारित मासूम अदायगी से प्रारम्भ होकर 'चुरा न ले तुमको ये मौसम सुहाना' (मुकेश, सुमन) का मनुहार, यमन कल्याण पर ही आधारित 'तुम्हारी मस्त नज़र ग़र इधर नहीं होती' (लता, मुकेश) का खुमार, 'यूँ ही दिल ने चाहा था रोना रुलाना' (सुमन) और 'भूले से मुहब्बत कर बैठा नादां था बेचारा दिल ही तो है' (मुकेश) के दर्द से होता हुआ 'पर्दा उठे सलाम हो जाए' (आशा, मन्ना डे, साथी) और एक बार फिर यमन कल्याण पर ही आधारित 'निगाहें मिलाने को जी चाहता है' (आशा, साथी) की अलमस्ती तक का यह संगीत सफ़र वास्तव में रोशन के लिए लोकप्रियता की एक चिर आकांक्षित अनुभूति रही होगी। पर इतना काफ़ी नहीं था। वर्षों तक लोकप्रियता के लिए तरसते रोशन के लिए 'ताजमहल' (1963) का संगीत उनका पहला फ़िल्मफ़ेयर पुरस्कार लेकर आया। पहाड़ी पर आधारित 'जो वादा किया वो निभाना पड़ेगा' (लता, रफ़ी) तो गली-गली का गीत बनकर पहाड़ों में ही नहीं बल्कि मैदानों में भी गूँजा। इस गीत में भारतीय और पाश्चात्य रिदम शैलियों का मिला-जुला रूप बहुत प्रभावी है। गायक के साथ ढोलक पर ऑरकेस्ट्रा के साथ कौंगो रिदम, पियानो, वॉयलिन, बाँसुरी, मैंडोलिन, गिटार—सभी का सुंदर प्रयोग, गीत के बीच में 'जाना पड़ेगा' पर ढोलक का दिया गया कट—सभी बहुत मधुर लगते हैं।

अगर 'दिल ही तो है' और 'ताजमहल' के संगीत ने रोशन के लिए लोकप्रियता के नए आयाम खड़े किए तो 'चित्रलेखा' (1964) उनके लिए रचनात्मकता का मीलस्तम्भ बनी। साहिर और रोशन की जोड़ी ने इस फ़िल्म में भी अपना कमाल दिखाया और कल्याण थाट पर ही रचित 'संसार से भागे फिरते हो, भगवान को तुम क्या पाओगे' (लता) सुनकर यह कहना कठिन है कि साहिर के शब्द श्रेष्ठतर हैं या रोशन की धुन। लता के कामोद आधारित 'ए री जाने न दूँगी' या रफ़ी के यमन कल्याण आधारित 'मन रे तू काहे न धीर धरे' में भी उसी तरह श्रेष्ठतर रचना का चुनाव कठिन हो जाता है। 'छा गये बादल नील गगन पर' (आशा, रफ़ी), कलावती पर आधारित 'काहे तरसाए जियरा' (आशा, उषा) और 'सखी री मेरा मन उलझे तन डोले' (लता) जैसी उत्कृष्ट रचनाओं ने ही भगवती चरण वर्मा के उपन्यास पर आधारित इस फ़िल्म को संगीत की दृष्टि से यादगार बनाया है। रोशन ने इस फ़िल्म में ज़रीन दारूवाला के सरोद का बेहतरीन इस्तेमाल

'दूज का चाँद' में बी. सरोजा देवी

भी किया था। नितिन बोस निर्देशित 'दूज का चाँद' (1964) का संगीत यादगार तो नहीं बना, पर 'चाँद तकता है इधर आओ कहीं छुप जाएँ' (रफ़ी, सुमन), 'पड़े बरखा फुहार' (लता), 'सजन सलोना माँग लो जी' (आशा, लता) जैसी साहिर की रचनाओं के साथ माधुर्य की रुचिकर सृष्टि अवश्य करता था। 'लागा चुनरी में दाग' की शास्त्रीयता को आगे ले जाते हुए मन्ना डे से भैरवी में 'फुलगेंदवा न मारो' जैसा बेहतरीन गीत भी रोशन ने इसी फ़िल्म में गवाया था। मन्ना डे से उनके ही typical अंदाज़ में 'हाय रे मैं तो प्रेम दीवाना' जैसा गीत भी रोशन ने ही 'बेदाग़' (1965) के लिए गवाया था। 'बेदाग' (1965) में परिवर्तन यह था कि साहिर की जगह शकील थे, वरना 'मैंने ऐ जाने वफ़ा तुमसे मुहब्बत की है' (रफी, सुमन), 'ज़िन्दगी के मोड़ पर जो कोई रास्ता मिला' (रफ़ी) और 'आँखों-आँखों में न जाने क्या इशारे हो गए' (आशा, रफ़ी) की शायराना तर्ज़ें रोशन ने उसी लगन से बनाई थीं।

दरअसल न सिर्फ़ कव्वाली बल्कि अच्छी शायरी—चाहे ग़ज़ल और नज़्म हों या गीत—को कम्पोज़ करने में रोशन को संगीतकारों की श्रेणी में बहुत ऊँचा स्थान देना चाहिए। मजरूह के 'ऐसे तो न देखो कि बहक जाएँ कहीं हम' (सुमन, रफ़ी) की यमन कयाण की उनकी पसंदीदा बंदिश, 'भींगी रात' (1965) का ही रफ़ी के एच.एम.व्ही. कैसेट्स 'रेयर जेम्स' में शामिल 'मुहब्बत से देखा ख़फ़ा हो गए हैं' या रफ़ी के स्वर में ही 'जाने वो कौन है क्या नाम है उन आँखों का' की कल्पना के समान तैरती स्वरलहरियाँ अगर इस कम्पोज़र का एक पहलू थीं, तो उतनी ही शिद्दत से सुरों में पिरोए 'नई उमर की नई फ़सल' (1965) में नीरज लिखित 'कारवाँ गुजर गया गुबार देखते रहे' (रफ़ी) की अहीर भैरव आधारित धुन, 'आज की रात बड़ी शोख़ बड़ी नटखट है' (रफ़ी, रफ़ी, आशा) का इठलाता ख़ुमार, 'मेरो सैंया गुलबिया का फूल' (सुमन, मीनू, पुरुषोत्तम) की लोक-छटा और काव्यात्मक, साहित्यिक प्रणय को अपने विशिष्ट अंदाज़ में अभिव्यक्त करता मुकेश का 'देखती ही रहो आज दर्पण न तुम' और रफ़ी का 'इसको भी अपनाता चल' जैसे गीत इनका दूसरा पक्ष। दरअसल रोशन के संगीत में भिन्न नोट्स का सम्मिश्रण ऑरकेस्ट्रा के अंदर इतनी खूबी से होता था कि मेलोडी के अंदर रिद्मों का सृजन बेहद आकर्षक बन पड़ता था।[11] ऐसा एक जबर्दस्त उदाहरण यमन कल्याण के साथ 'दादी माँ (1966) के मशहूर गीत 'उसको नहीं देखा हमने कभी' (महेन्द्र, मन्ना डे) में मिलता है। इसी फ़िल्म का लता का 'चले आए रे हम तो चले आए रे सबसे बचा के अँखियाँ' notes के gliding प्रभाव का बड़ा अनुपम उदाहरण है। 'मैंने और क्या किया बलम' (आशा, महेन्द्र) और 'आ जा निंदिया तू आ' (लता) जैसी सुंदर रचनाएँ, ताँगे की रिद्म पर बाँग्ला प्रभाव के साथ सृजित 'जाने न दूँगा (मन्ना डे, आशा), बंगाल के ही लोकवाद्यों के प्रयोग के साथ 'संत लोग फ़रमा गए' (मन्ना डे, आदि) और रफ़ी की तन्मय आवाज़ में 'जाता हूँ मैं' की कर्णप्रिय धुन इस फ़िल्म की अन्य उपलब्धियाँ हैं।

रोशन की मेलोडी का बेहद रचनात्मक और लोकप्रिय रूप हमें साथ-साथ मोहन सहगल निर्देशित 'देवर' (1966) और असित सेन निर्देशित 'ममता' (1966) में दिखाई पड़ता है। यह भी एक रोचक तथ्य है कि साहित्यिक कृतियों पर आधारित कई फ़िल्मों में संगीतकार के लिए रोशन का ही चुनाव किया गया। दरअसल रोशन के संगीत का एक और विशिष्ट पहलू संगीत के माध्यम से अर्थपरक भाव्यव्यंजना और अभिव्यक्ति का कौशल भी रहा है, और यही कारण है कि अच्छी शायरी या साहित्यिक फ़िल्मों के साथ उनका कौशल और प्रखर रहा। 'देवर' भी ताराशंकर बंद्योपाध्याय के उपन्यास 'ना' पर आधारित थी और 'ममता' नीहार रंजन गुप्ता द्वारा लिखित उपन्यास 'उत्तर फाल्गुनी' पर। 'देवर' का लता का गीत 'दुनिया में ऐसा कहाँ सबका नसीब है' बड़ा मक़बूल हुआ था और 'रूठे सैंया हमारे हमारे सैंया क्यों रूठे' की लोच भी प्रभावशाली थी पर इस फ़िल्म को याद किया जाता है मुकेश के बहुमूल्य गीतों के लिए। बाँसुरी के सुंदर प्रयोग वाला 'आया है मुझे फिर याद वो जालिम गुज़रा ज़माना बचपन का' और भूप ताल पर सृजित 'बहारों ने मेरा चमन लूटकर ख़िज़ां को ये इल्ज़ाम क्यों दे दिया' की क्रमशः भैरवी और पीलू की बंदिशें आज भी अपने दर्दीले सुरों से बाँध लेती हैं। फ़िल्म के कथानक का पूरा दर्द, पूरी व्यथा मानो रोशन ने इन दोनों गीतों की कम्पोज़ीशन में उतार दी थी। वहीं 'ममता' के कथानक को पूरी व्यंजना के साथ रोशन ने 'रहते थे कभी जिनके दिल में हम जान से भी प्यारों की तरह' (लता) और 'रहें न रहें हम महका करेंगे बनके कली बन के सदा वादे वफ़ा में' (लता) जैसे मजरूह के गीतों में ढाल दिया। लता के गाये हुए इन गीतों के बारे में तो एक ही शब्द ज़हन में आता है—बेमिसाल। 'ममता' के कम्पोज़ीशन में रोशन अपने उत्कर्ष पर थे। 'रहें न रहें हम' तो आज भी सुनने पर इतना ताज़ा और प्यारा लगता है कि कम्पोज़ीशन पर रोमांच हो आता है। पहाड़ी के सुरों की छाप लिए 'रहें न रहें हम' को फ़िल्म के साउंडट्रैक पर सुमन और रफ़ी ने भी गाया है और यह दोगाने के रूप में भी बड़ा सुंदर लगता है। दरअसल 'रहें न रहें हम' की धुनः मूलतः एस.डी. बर्मन की 'नौजवान'

(1951) के गीत 'ठंडी हवाएँ लहरा के आएँ' (लता) से प्रेरित है, जो भी एक इतालवी धुन से प्रभावित थी और रोशन ने उसी का छंद थोड़ा बदल कर यह अद्‌भुत रचना कम्पोज़ की। बाद में इसी धुन में कुछ परिवर्तनों के साथ सचिन दा के पुत्र पंचम ने 'सागर' का मशहूर गीत 'सागर किनारे दिल ये पुकारे' कम्पोज़ किया था। पर यह रूपांतर इतने कौशल से किया गया कि 'रहें न रहें हम' 'ठण्डी हवाएँ' की अपेक्षा कहीं अधिक प्रभावित करता है। वहीं 'रहते थे कभी जिनके दिल में' तो मिश्र खमाज का पुट और सारंगी का पुनः अद्‌भुत प्रयोग लिए इतनी सुंदरता से उठता है कि मदन मोहन द्वारा लता के लिए कम्पोज़ की गई सर्वश्रेष्ठ ग़ज़लों से टक्कर ले सकता है। पीलू पर आधारित 'चाहे तो मोरा जिया ले ले' (लता)—जिसे कुछ संगीत समीक्षक दादा बर्मन की पीलू आधारित 'नदिया किनारे हेराए आई कंगना' का प्रेरणा स्त्रोत भी मानते हैं—कल्याण पर आधारित अपने प्रिय वाद्य बाँसुरी के अनुपम प्रयोग को लेकर सृजित 'इन बहारों में अकेले न फिरो' (आशा, रफ़ी), विविधता से भरपूर वह गीतों की लड़ी—पीलू और बसंत मुखड़ी की छाया लिए 'विकल मोरा मनवा', ठुमरी अंग में लोकशैली का 'हम गवनवा न जइबे हो' और ख़माज तथा बहार की छाया लिए 'सकल बन गगन चलत पुरवाई' (लता) और इन सबसे बढ़-चढ़कर लता-हेमंत का अविस्मरणीय, अद्वितीय 'छुपा लो दिल में यूँ प्यार मेरा'—ये सभी लाज़वाब रचनाएँ 'ममता' को हिन्दी फ़िल्म-संगीत के इतिहास के सर्वश्रेष्ठ साउंडट्रैकों में स्थान देती हैं। 'छुपा लो यूँ' के संगीत में रोशन ने मंदिर की पवित्रता लिए पावन प्रेम को उभारने के लिए मंजीरे और वाइब्रोफ़ोन के कोमल प्रभावों का इस्तेमाल करके बिना थाप के इस गीत को अमर बना दिया है। यह गीत उन चुनिन्दा गीतों में हैं जो मूलतः प्रेम गीत होते हुए भी आराधना का भाव जगाता है। इतना उदात्त संगीत कम गीतों में मिलता है। वैसे तो 'ममता' का शीर्षक संगीत और साउंडट्रैक की पृष्ठभूमि में उभरता वाद्य-संगीत भी लाजवाब ही था। और संध्या मुखर्जी के स्वर में शास्त्रीय बंदिश 'मोरे नैना रसीले' तो अनुपम थी। यह कितना हास्यास्पद था कि 1966 के सर्वश्रेष्ठ संगीतकार का पुरस्कार 'सूरज' के लिए शंकर-जयकिशन को मिला (या उन्होंने हासिल किया?) नहीं तो कहाँ 'सूरज' का संगीत और कहाँ 'ममता' या 'गाइड' जैसी फ़िल्मों का संगीत! अगर एवार्ड शंकर-जयकिशन को ही देना था और यदि 'आम्रपाली' या 'तीसरी कसम' के लिए दिया जाता तो एक बात होती। पर 'सूरज' के संगीत में तो बहुत कम रोशनी थी—'ममता' के रोशन से तो बहुत ही कम।

रोशन अंतर्मुखी और शांत व्यक्तित्व के मालिक थे। दम्भ उनमें बिलकुल भी नहीं था। किसी भी महफ़िल में हारमोनियम उठाकर किसी भी गायक का साथ दे देना उनके लिए आम बात थी। पर साथ ही निराशावादी विचार उनके अंदर हमेशा मँडराते रहते थे। अपनी व्यावसायिक सफलता के बारे में वे हमेशा आशंकित ही रहे। आत्मविश्वास की कमी थी और यही कारण है कि यदि लोग उनके किसी धुन की तारीफ़ करते थे तो वे बेहद प्रसन्न हो जाते थे। रोशन में व्यावहारिकता भी नहीं थी—किसी के पास काम माँगने में वे कतराते थे। ताल्लुकात बनाने और बढ़ाने का कौशल कम ही था इसलिए फ़िल्में उनके हिस्से में कम आईं पर जहाँ तक श्रेष्ठ शायरी को संगीतबद्ध करने का सवाल था उनका नाम बहुत ऊपर था। इसीलिए आज भी साहिर-रोशन जोड़ी की प्रतिष्ठा क़ायम है। यह प्रतिष्ठा जाँनिसार अख़्तर द्वारा निर्मित 'बहू बेगम' (1967) के लाजवाब लोकप्रिय गीतों ने और भी मज़बूत की। 'हम इंतज़ार करेंगे तेरा क़यामत तक' (आशा, रफ़ी) की धुन हम आज भी घूमते-फिरते गुनगुना ही लेते हैं। 'दुनिया करे सवाल तो हम क्या जबाव दें' (लता) और 'लोग कहते हैं कि तुमसे किनारा कर लें' (रफ़ी) में रोशन ने एक बार फिर ग़ज़ल की कम्पोज़ीशन पर अपनी पकड़ का उदाहरण दिया। 'वाकिफ़ हूँ खूब इश्क के तर्ज़े बयां से मैं' (रफ़ी, मन्ना डे, साथी) कव्वाली की की कला पर रोशन की महारथ का एक और नायाब नमूना था। लोकशैली में सृजित 'पड़ गये झूले सावन' (लता, आशा, रफ़ी, साथी), 'निकले थे कहाँ जाने के लिए' (आशा) जैसे गीत भी खूब चले। एम. सादिक की ही निर्देशित ऐतिहासिक पृष्ठभूमि पर पुनः मीनाकुमारी और प्रदीप कुमार को लेकर बनी 'नूरजहाँ' (1967) में भी रोशन ने लाजवाब संगीत दिया। इस बार गीतकार थे शकील और रोशन का हुनर शकील के साथ भी इतना सुंदर निखरा कि नौशाद की कमी कहीं भी शकील को महसूस नहीं हुई होगी। रोशन ने अपने पसंदीदा यमन कल्याण का सहारा लेकर आशा, रफ़ी से उनका एक अविस्मरणीय दोगाना 'आप जब से क़रीब आए हैं' में अपनी सुर गंगा

सुमन कल्याणपुर के साथ रोशन

को बहाया और लता के साथ 'रात की महफिल सूनी सूनी' और रफ़ी के साथ 'वो मुहब्बत वो वफ़ाएँ किस तरह हम भूल जाएँ' जैसे गीतों की छटा बिखेरी। पर 'नूरजहाँ' का यादगार गीत था संभव केदार और गौड़ मल्हार की स्वरलहरियों पर आधारित 'शराबी-शराबी ये सावन का मौसम, खुदा की कसम खूबसूरत न होता'। रोशन ने इस गीत के लिए लता को न लेकर सुमन को लिया और इस गाने को सुमन के सर्वश्रेष्ठ गीतों में से एक बनाने में सफलता पाई। ऐसे शायराना गीतों की कम्पोज़ीशन में रोशन मदनमोहन से भी कहीं भी पीछे न थे, भले ही मदनमोहन के रेकॉर्ड्स और कैसेट्स अधिक निकाले गए हों।

रोशन बहुत कम उम्र में ही चले गये। उनकी फ़िल्म 'अरमान भरा दिल' तो प्रदर्शित भी नहीं हो पाई। उनकी अंतिम फ़िल्म बनी अमित सेन निर्देशित 'अनोखी रात' (1968) जो कि उनकी मृत्यृ के बाद प्रदर्शित हुई। इस फ़िल्म का हर गीत न सिर्फ सुपरहिट था बल्कि लाजवाब भी था। कैफ़ी आज़मी के लिखे 'मिले न फूल तो काँटों से दोस्ती कर ली' को तो एच.एम.व्ही. ने रफ़ी के 'रेयर जेम्स—सेंटीनेंटल सांग्स ऑफ़ द सिक्सटीज़' में स्थान तक दिया है। आशा के 'मेरी बेरी के बेर मत तोड़ो' में रोशन ने जो रवानगी और हरकत का समावेश किया वह इस गीत को आशा के सर्वाधिक लोकप्रिय गीतों में से एक बनाता है। 'दुलहन से तुम्हारा मिलन होगा' (मुकेश) में बहुत ही सुंदर लोकरंग का पुट है पर इस फ़िल्म के दो गीत जो सदाबहार, अद्वितीय थे और जो हिन्दी फ़िल्म संगीत के इतिहास में हमेशा जगह बनाए रखेंगे, वे थे 'ओह रे ताल मिले नदी के जल में' (मुकेश, साथी) और 'महलों का राजा मिला कि रानी बेटी राज करेगी' (लता)। गुजरी तोड़ी का स्पर्श लिए 'ओह रे ताल मिले' की मार्मिक संवेदनशील धुन और गायकी तो आज तक लाखों संगीतप्रेमियों के दिलोदिमाग़ में बसी हुई है। इस गीत को सुनता श्रोता अपने आस-पास से एक स्तर ऊपर उठ जाता है। सीधे-सादे शब्दों में अभिव्यक्त यह गीत दर्शन को आम आदमी की समझ की परिधि में लाता है और यही इसका सर्वव्यापी और सार्वकालिक महत्त्व बन गया है।

'महलों का राजा मिला' की कम्पोज़ीशन आदि तो पूरी हो चुकी थी पर इसे रेकॉर्ड रोशन की मृत्यु के बाद किया जा सका क्योंकि इस गीत की रेकॉर्डिंग के पूर्व ही रोशन चल बसे। रोशन की पत्नी इरा रोशन ने 25 जुलाई, 1969 की माधुरी में रोशन की मृत्यु का मर्मस्पर्शी वर्णन किया था। रोशन उस दिन बहुत खुश थे और शाम साढ़े सात बजे तक ताश खेलते रहे। रात एक ओर तो निर्माता हरि वालिया के यहाँ 'लाट साहब' की सफलता की पार्टी थी और अलग दूसरी ओर 'ज्वेल थीफ' के प्रीमियर की पार्टी थी। रोशन ने प्रीमियर में छोटे लड़के राजेश रोशन को भेज दिया था और स्वयं पत्नी समेत हरि वालिया के यहाँ चले गये। रास्ते में भी रोशन खुश थे और गुनगुनाते जा रहे थे। पार्टी में एक वितरक ने उनसे कहा, 'मैं आपसे एक बात करना चाहता हूँ,' और रोशन अपने नर्वस स्वभाव के अनुरूप घबरा गए और पसीना आ गया। माहौल को हलका करने के लिए रोशन ने एक चुटकुला सुनाया पर चुटकुले पर हो रही हँसी के बीच ही वे बेहोश होकर गिर पड़े। लोग उनकी तरफ़ दौड़े, पर यह तो अंतिम बेहोशी थी। उनकी पत्नी जो उस चुटकुले के बीच हँसते हुए बाथरूम गईं और बाथरूम से हँसते हुए बाहर आईं को क्या पता था कि इस क्षणिक अंतराल के बीच ही रोशन हमसे हमेशा के लिए विदा हो जाएँगे। उसके कुछ दिनों बाद 'महलों का राजा मिला' की रेकॉर्डिंग का जिम्मा इरा रोशन के कन्धे पर आ पड़ा। रोशन की ताज़ी मृत्यु से विचलित वादकों का दुःख, अपने चहेते संगीतकार की मृत्यु से आहत लता का दुःख और अपने जीवनसाथी के बिछड़ने के आघात से ग्रस्त इला रोशन का दुःख पूरे माहौल पर आच्छादित था—इसलिए कोई आश्चर्य नहीं कि 'महलों का राजा मिला' की स्वाभाविक दर्दीली तिलक कामोद आधारित तर्ज़ की रेकॉर्डिंग में उपरोक्त दुःखों का प्रभाव इस दर्द को गहराते हुए और असरदार ही बना गया। आज भी हिन्दी फ़िल्म-संगीत के शोक-भरे गीतों में इस गीत को बहुत ऊपर रखा जाएगा।

रोशन ने फ़िल्म 'दूर नहीं मंज़िल' के लिए लोकधुन पर सुमन से एक बड़ा सुरीला गीत रेकॉर्ड कराया था 'लिये चल गडिया ओ मेरे मितवा दूर नहीं मंज़िल' पर उनकी मृत्यु के कारण शेष गीत शंकर-जयकिशन ने कम्पोज़ किये। रोशन के संगीत की आखिरी रिलीज़ की गई प्रस्तुति यही गीत है। अपनी मृत्यु के कुछ दिनों पूर्व ही उन्होंने विविध भारती के लिए विशेष जयमाला कार्यक्रम रेकॉर्ड कराया था जो उनकी मृत्यु के बाद 2 दिसंबर, 1967 को प्रसारित हुआ।

संदर्भ

1. सीमा जौहरी : फ़िल्म संगीत-निर्देशक रोशन व उनके समकालीन साहित्यकार, दिल्ली, 2002
2. राजीव श्रीवास्तव : मुकेश—सुरीले सफ़र की कहानी
3. इरा रोशन : माधुरी, 25 जुलाई, 1969
4. वहीं
5. स्नेहल ओझा : 'अभी तो मैं जवान हूँ' शृंखला इंटरनेट
6. सीमा जौहरी : वही
7. स्नेहल ओझा : वही
8. स्नेहल ओझा : वही
9. सीमा जौहरी : वही
10. इंटरनेट—आर.एम.आर.एम. आर्काइव्ज़, आर्टिक्ल 18—अशोक आधारेश्वर की ख़य्याम के फ़िल्मफ़ेयर इंटरव्यू (दिसम्बर, 1995—कविता मिश्रा) 'द परफ़ेक्ट नोट' पर टिप्पणी।
11. किशोर वलीचा : किशोर कुमार, द डेफिनिटिव बायोग्राफी

सरदार मलिक

'सारंगा तेरी याद में नैन हुए बेचैन'

आज सरदार मलिक का नाम बहुत कम लोग जानते हैं। उनके पुत्र अनु मलिक, दूसरी तरफ़, अकसर सुर्खियों में रहते हैं। अनु मलिक पर यह इल्ज़ाम भी लगता है कि वे पुरानी धुनों को चुराकर थोड़ा फेरबदल कर गीत बनाने में सिद्धहस्त हैं। सरदार मलिक पर यह इल्ज़ाम कभी नहीं लगा। तुलनात्मक दृष्टि से सरदार मलिक की फ़िल्म 'सारंगा' को यदि एक पलड़े पर रखा जाए और अनु मलिक के सम्पूर्ण गानों को दूसरे पर तो भी 'सारंगा' का ही पलड़ा अधिक भारी रहेगा, फिर भी यह विडम्बना नहीं तो और क्या है कि अनु मलिक आज के सुपर हिट संगीतकार हैं और सरदार मलिक कभी व्यावसायिक दृष्टि से चोटी के आसपास की बात तो दूर, हमेशा फ़िल्मों के लिए तरसते ही रह गए। बड़े बैनर की फ़िल्में तो उन्हें मिलीं ही नहीं। फ़िल्म संगीत की दुनिया की अपनी कटु भंगिमाएँ भी कम नहीं रही हैं।

सरदार मलिक

वैसे गुणात्मक दृष्टि से सरदार मलिक की 'सारंगा' के अलावा और कोई भी पूर्ण फ़िल्म विशिष्ट नहीं कही जा सकती पर इन फ़िल्मों में भी कुछेक गीतों की खूबसूरती अलबत्ता उनके संगीत सफर में समय-समय पर उभर जाती रही है। अपने ज़माने में उस्ताद अलाउद्दीन खान से संगीत और उदयशंकर से नृत्य की कई विधाएँ सीखने वाले सरदार मलिक युवावस्था में यदि एक ओर साम्यवादी कवि फ़ैज अहमद फ़ैज से प्रभावित रहे तो दूसरी ओर अल्मोड़ा की माँ आनंद माँ से। एक तरह से सरदार मलिक का संगीत उनके विचारों की व्यापकता की तरह संगीत की उस उदार धारा का प्रतिनिधित्व करता है जिसमें कट्टरपन नहीं था, हर तरह की भंगिमाओं को अपनाने की उदारता थी। वह कभी 'ऐ ग़मेदिल क्या करूँ ऐ वहशते दिल क्या करूँ' के रूप में समाज की क्रूरता पर चोट करता था, तो कभी समाज में व्याप्त लोकरंजित रस के आह्लाद और प्रेम को भी 'सारंगा' जैसी फ़िल्मों के संगीत से प्रकट करता था। सरदार मलिक कोई बड़े संगीतकार बनकर नहीं उभरे, न ही उनका संगीत कभी भी किसी धारा का प्रतिबद्ध संगीत रहा पर उनकी ख़ासियत इसमें थी कि उनका संगीत समाज के उस आम आदमी का संगीत था जो आज की तरह एक खास ढर्रे या लीक से बँधकर संकीर्ण नहीं हुआ था, उसमें एक खुलापन था, जो संगीत या समाज में व्याप्त भिन्न प्रकार की शैलियों या धाराओं का एक साथ स्वागत कर सकता था।

संगीतकार की दृष्टि से फ़िल्मों में सरदार मलिक का आगमन प्रभावहीन ही रहा और 'रेणुका' (1947) तथा 'राज़' (1949) जैसी उनकी आरम्भिक फ़िल्में उल्लेखनीय नहीं हैं। वैसे 'रेणुका' (1947) का 'ऐ बेवफ़ा ज़माने' (आर.पी. शर्मा) अच्छी प्रचलित धुन लेकर आया था। 'राज़' में सरदार मलिक ने बीनापाणि मुखर्जी से ढेर सारे गीत गवाए थे जिसमें 'आया क्या संदेशा लाया पंछी' एक बहुत अच्छी कम्पोज़ीशन थी। फ़िल्म 'स्टेज़' (1951) में आशा भोंसले का 'दिल मचलने लगा, जाग उठी धड़कने' अपनी तेज गति और गीता दत्त का गाया 'ओ जाने वाले दिल में तेरी याद रह गई' अपने उतार-चढ़ाव वाली धुन के बावजूद विशेष कर्णप्रिय नहीं लगते। 'लैला-मजनू' (1953) सरदार मलिक की पहली उल्लेखनीय फ़िल्म है। 'लैला-मजनू' (1953) में गुलाम मुहम्मद

के साथ-साथ सरदार मलिक ने भी संगीत दिया था और हालाँकि इस फ़िल्म के संगीत को मुख्यतः गुलाम मुहम्मद के संगीतबद्ध किए गीत तलत के स्वर में 'चल दिया कारवाँ' के लिए ही याद किया जाता है, पर सरदार मलिक ने भी इस फ़िल्म में 'बहारों की दुनिया पुकारे तू आ जा' (तलत, आशा) और 'देख ली ऐ इश्क़ तेरी मेहरबानी देख ली' (तलत, आशा) जैसी मधुर धुनों से मध्यकालीन अरब की पृष्ठभूमि में तरंगित होते रोमांस को प्रतिध्वनित करने की अच्छी कोशिश की है। पर इन सभी गीतों से बढ़कर सरदार मलिक का यादगार गीत बना है तलत और आशा का गाया 'ठोकर' (1954) का 'ऐ ग़मे दिल क्या करूँ'। मजाज़ की दिल को छूने वाली शायरी में रात के सन्नाटे के बीच फैलती इस ग़मज़दा धुन ने इतना दिलकश समाँ बाँधा है कि यह गीत आज भी रात की निस्तब्धता के बीच जब बजता है तो अपनी नई पुरानी सभी चोटें बरबस मुखर हो जाती हैं। स्वाधीनता की आशाओं से निराश होते हुए छठे दशक के युवावर्ग का मोहभंग और उसकी बेचारगी को मजाज़ के शब्दों ने जितनी कशिश से उभारा है, उतनी ही सरदार मलिक के संगीत और तलत की आवाज़ ने। 'ठोकर' फ़िल्म बेहतरीन शायरी और उत्कृष्ट संगीत का एक दिलक़श संगम प्रस्तुत करती है। हारमोनियम के लुभावने प्रयोग के साथ प्यारी गुनगुनाती धुन पर सृजित 'मौज की न तूफ़ान की ख़बर होती है' (आशा) गज़ल को एक अलग अंदाज़ में ढालने की कोशिश थी, तो 'हवा गुनगुनाए मौज मुस्कुराए' (आशा) पृष्ठभूमि में तबले के सुंदर नए प्रयोग से एक अलग आकर्षण की सृष्टि थी।

दरअसल सरदार मलिक ने अपने संगीत में अकसर हलके ऑरकेस्ट्रेशन का प्रयोग किया तथा उनके स्वरबद्ध किए अधिकांश गीतों की प्रकृति सुकोमल है। हल्के ऑरकेस्ट्रेशन और एक अविस्मरणीय धुन के साथ हेमंत कुमार और साथियों का गाया 'आबे हयात' (1955) का गीत 'मैं ग़रीबों का दिल हूँ वतन की ज़ुबाँ' सरदार मलिक के अविस्मरणीय गीतों में गिना जाता है। हेमंत कुमार की आवाज़ के bass का इस्तेमाल भीमपलासी पर आधारित इस गुनगुनाहट भरे rhythmic गीत में बड़ी खूबसूरती से किया गया है। कोरस का प्रयोग गाने की सुंदरता को बढ़ा देता है । फ़िल्म 'चोर बाज़ार' (1954) में सरदार मलिक ने लता मंगेशकर से पहली बार गवाते हुए 'चलता रहे ये कारवाँ' जैसा मृदु गीत सृजित किया। इसी फ़िल्म में तलत महमूद की आवाज़ में 'तेरे दर पर आया हूँ फरियाद ले कर' ने अच्छी लोकप्रियता हासिल की। यह गीत वास्तव में फ़िल्म 'लैला-मजनू' के लिए 1953 में रेकॉर्ड किया गया था पर उसे 'लैला-मजनू' से हटाकर 'चोर बाज़ार' में शामिल कर लिया गया।[1] 'चोर बाज़ार' में लता की दो सुंदर दर्द-भरी रचनाएँ भी शामिल थीं—'दर-दर की ठोकरें हैं' और 'हुई ये हमसे नादानी'। इसी फ़िल्म का गीतादत्त और साथियों का गाया 'झुक-झुक जाए नज़र शरमाए' भी उल्लेखनीय गीत था जिसमें भी कोरस का प्रभाव गाने की लय के साथ मनोहर तादात्म्य स्थापित करता है। पर इसी फ़िल्म के गीत 'निगाहें मिलीं और तुम मुस्कुराए' (आशा भोंसले) में शायद पहली बार सरदार मलिक ने लाउड ऑरकेस्ट्रेशन का सहारा लिया। इस गीत को सुनने से यह स्पष्ट हो जाता है कि सरदार मलिक का असर हलके वाद्य-संयोजन के साथ रचित कोमल गीतों में अधिक प्रभावशाली रहता है। 'निगाहें मिली और तुम मुस्कुराए' में एक शोर का अहसास होता है जो अखर जाता है। इसी फ़िल्म के गीता के स्वर में 'वो मारा रे मारा रे' गीत में सरदार मलिक के पश्चिमी ऑरकेस्ट्रा का प्रयोग भी कुछ खास प्रिय नहीं लगता हालाँकि इस गीत को एच.एम.व्ही. ने गीता दत्त के 'रेयर जेम्स' कैसेट में शामिल किया है।

मोहन सहगल की निर्देशित 'औलाद' (1954) का तलत महमूद का गाया गीत 'दुनिया तस्वीर है रोते हुए इनसानों की' भी अपने ज़माने में लोकप्रिय रहा था। भैरवी पर आधारित तेज रिद्म के साथ 'मन तिनक तिनक नाचे' (आशा) इस फिल्म की अन्य उल्लेखनीय कृति थी। फ़िल्म 'चमक चाँदनी' (1957) का उल्लेखनीय गीत सुधा मल्होत्रा के स्वर में 'मेरा जला रात भर दिया' को ही माना जाएगा। आशा की आवाज़ में 'बता दो ज़रा सखियों री मन की बात' कोई विशेष असर नहीं छोड़ता। इसी प्रकार 'टैक्सी 555' (1958) के 'कोई चाँद कोई तारा' में रफ़ी और गीता की अच्छी गायकी के बावजूद धुन में कोई नवीनता नहीं होने से गीत का कोई स्थायी प्रभाव नहीं रह पाता है। 'माँ के आँसू' (1959) के गीत बुरे नहीं थे पर खास लोकप्रियता नहीं हासिल कर सके। रफ़ी, मुबारक बेगम और साथियों की आवाज़ में 'चला चल मुसाफ़िर' एक लम्बा गीत है जिसे सरदार मलिक ने अच्छे संगीत से सजाया है । इसी फ़िल्म में नवोदित गायक महेंद्र कपूर से भी सरदार मलिक ने राजा मेहँदी अली खान के लिखे दो खूबसूरत गीत गवाए—'कि दिन ब दिन नक्श ज़माने का बदलता जा रहा है' और 'मैं गिर चुका हूँ सँभालो मुझे गरीब नवाज़' पर इन गीतों के रेकॉर्ड ही जारी नहीं किए गए। सरदार

मलिक ने स्वयं अपने द्वारा कम्पोज़ 'तुम मुझे अपना बना लो' तथा 'प्यार प्रेम के दिन और रातें' जैसे कुछ रोमानी गैरफ़िल्मी गीत भी गाए और इनके रेकॉर्ड भी निकले पर इन्हें भी लोकप्रियता नसीब नहीं हुई।

दरअसल सरदार मलिक को 1955-59 तक प्रतिवर्ष मात्र एक-एक फ़िल्म में ही संगीत देने का अवसर मिला। इसी असफल दौर के बाद 1960 का वर्ष आया और यह वर्ष सरदार मलिक के लिए उनके संगीत-जीवन का सफलतम वर्ष रहा। न सिर्फ उन्हें तीन फ़िल्में मिलीं—'मेरा घर मेरे बच्चे', 'सुपरमैन' और 'सारंगा', बल्कि सारंगा के गीतों ने तो धूम मचा दी।

जहाँ 'सुपरमैन' का संगीत असफल रहा, वहीं मिनर्वा मूवीटोन की 'मेरा घर मेरे बच्चे' और 'सारंगा' में सरदार मलिक ने मुकेश की आवाज़ का पहली बार सहारा लिया। 'मेरा घर मेरे बच्चे' में मुकेश के स्वर में सरदार मलिक ने तीन बेहद दिलकश धुनों की रचना की। 'वही ऊदी ऊदी घटाएँ हैं, एक तुम नहीं हो तो कुछ नहीं' में वेदना का स्वर मुकेश की सम्मोहित करती आवाज़ से सुनने वाले को इस कदर बाँध लेता है कि एच.एम.व्ही. ने मुकेश के 'विंटेज फेवरिट्स' कैसेट में इस गीत को शामिल किया है। 'चंदा के देस में रहती इक रानी' में हसरत के शब्दों, मुकेश के स्वर और सरदार मलिक की तर्ज में लोरी-सी मधुरता आई है, और बहुत हिट न होते हुए भी यह गीत फ़िल्म-संगीत के मधुरतम लोरियों में गिना जाना चाहिए। मुकेश और सुमन के स्वर में 'मेरा घर मेरे बच्चे' का तीसरा खूबसूरत गीत एक रूमानी दो गाना है—'बहारों से पूछो मेरे प्यार को तुम, तुम्हारे तराने हम गा रहे हैं'। इस गीत में सरदार मलिक ने मुकेश की आवाज़ के उस रूमानी सुर को उभारने में सफ़लता प्राप्त की है, जिसे सातवें दशक के कई गीतों से चित्रगुप्त और रवि ने स्थापित किया और जिसे आगे ले जाकर और प्रयुक्त कर कल्याणजी-आनंदजी, खय्याम, लक्ष्मीकांत-प्यारेलाल और दानसिंह ने मुकेश के दर्दीले गानों की इमेज से ज़रा हटकर उनसे कई भावपूर्ण रुमानी गीत गवाए।

मुकेश के साथ कई संगीतकारों का नाम लिया जाता है, पर आश्चर्य है कि सरदार मलिक का नाम अकसर छूट जाता है। सच तो यह है कि सरदार मलिक के हिट गीतों में कई मुकेश के ही साथ हैं। मुकेश के साथ उनका सफ़र देर से अवश्य शुरू हुआ पर जब शुरू हुआ तो ऐसी बुलंदी से कि 'सारंगा तेरी याद में नैन हुए बेचैन' सब की जुबान पर चढ़ गया। राग यमन पर आधारित गीत मुकेश बड़ी खूबसूरती से गाते थे और 'सारंगा' फ़िल्म का यह गाना तो बेहद दर्दीला होने के कारण उनकी दर्दीली आवाज़ और सरदार मलिक की मोहक तर्ज़ के कारण बेहद आकर्षक लगता है। इस गीत में थोड़ा ही कम पड़ता है, इसी फ़िल्म में मुकेश का गाया 'हाँ, दीवाना हूँ मैं, गम का मारा हुआ एक बेगाना हूँ मैं'। इस गाने में मुकेश की आवाज़ के उतार-चढ़ाव के साथ-साथ ही ऑरकेस्ट्रा भी लय स्थापित करता हुआ ऊपर-नीचे नोट्स में बड़े आकर्षक तरीके में बजता है। हालाँकि साउंड ट्रैक पर इस गीत का एक टुकड़ा रफ़ी के स्वर में भी है, पर रफ़ी मुकेश वाली बात नहीं ला पाए हैं।

'सारंगा' में फ़िल्म के कथानक की दृष्टि से सरदार मलिक ने लोकसंगीत का भी बेहद दिलकश प्रयोग किया। मुकेश और लता का गाया 'लागी तुम में लगन साथी छूटे ना' आज भी सुनने में बड़ा ही मीठा लगता है। मिट्टी में रची बनी धुन की मधुरता का अहसास इससे भी अधिक लता और साथियों के गाए 'दैया रे दैया एक कन्हैया आ के चमेली की छाँव में' गीत में होता है। यह गीत तो अपनी मधुरता में चित्रगुप्त, रोशन या एम.एन. त्रिपाठी के स्वरबद्ध किए उनके किसी भी लोकसंगीत पर आधारित गीत से टक्कर ले सकता है। इसी मुधर एहसास को सरदार मलिक जारी रखते हैं लता और रफ़ी के स्वरों में पिरोए सुपरहिट गीत 'पिया कैसे मिलूँ तुमसे, मेरे पाँव पड़ी ज़ंजीर' तथा आशा की आवाज़ में राग देस पर आधारित 'चली चली रे मैं तो देश पराए' से। लता और साथियों की आवाज़ में 'कोई घर आएगा प्यार जगाएगा' सुनने के बाद तो संगीत की मधुरता इतना तल्लीन कर देती है कि यह घोषित कर देने को जी चाहता है कि 'सारंगा' वास्तव में हिन्दी फ़िल्म इतिहास के श्रेष्ठ म्यूज़िकल्स में हमेशा-हमेशा शुमार रहेगा। सारंगा में चौदह गीतों के अतिरिक्त हेमंत कुमार और गीता दत्त की आवाज़ में 'चंद्र वदन मृग लोचनी', 'तुम कितने सुंदर सजन' जैसे मृदु दोहेनुमा गीत भी थे जो फ़िल्म के साउंड ट्रैक पर ही सुने जा सकते हैं। 'सारंगा' फ़िल्म भुला दी जाएगी पर उसका संगीत भुलाना आसान नहीं है।

मुकेश

यह हैरत की बात है कि 'सारंगा' के संगीत की लोकप्रियता के बावजूद सरदार मलिक को वही वर्ष में एक या दो फ़िल्में मिलती रहने का क्रम जारी रहा। सरदार मलिक भी 'सारंगा'

वाली सफलता दुहरा न सके। सातवें दशक में उनके द्वारा संगीतबद्ध किए उल्लेखनीय गीत उँगलियों पर गिने जा सकते हैं। फ़िल्म 'मदन मंजरी' (1961) का मुकेश और सुमन के स्वरों में 'सुन मोरे रसिया सुन मन बसिया' अपनी सुरीली धुन और इंटरल्यूड्स में सितार और मैंडोलिन के सुंदर प्रयोग से, इसी फ़िल्म का 'सारंगा तेरी याद में' के यमन-रूपी सुरों के साथ 'हम अपने ग़म को मजा कर बहार कर लेंगे' (आशा) अपनी कर्णप्रियता से और फ़िल्म 'नागज्योति' (1963) का मुकेश की भावातिरेक से भरी आवाज़ में 'सुन चाँद मेरी ये दास्तां मैं तुम्हें कहूँ' अपनी ऊँची रेंज पर सृजित धुन, मुकेश की तन्मयता से सराबोर दिल से निकली आवाज़ और सितार के प्रयोग से विशेष तौर पर आकर्षित करते हैं। यह तथ्य ध्यान देने योग्य है कि जब एम.एम.व्ही ने 1987 में मुकेश के 'विंटेज फ़ेवरिट्स' नाम का कैसेट निकाला तो उनमें शामिल किए गए मुकेश के 16 गीतों में से रोशन और अनिल विश्वास के अतिरिक्त सरदार मलिक ही वह तीसरे संगीतकार थे जिनके दो गीत शामिल किए गए—'मेरा घर मेरे बच्चे' का 'वही ऊदी ऊदी घटाएँ हैं' और 'नागज्योति' का 'सुन चाँद मेरी ये दास्तां'। बाकी सभी संगीतकारों के एक-एक गीत ही थे। मुकेश की चर्चा में सरदार मलिक का नाम कभी नहीं लिया जाता पर जैसाकि स्पष्ट है, मुकेश और सरदार मलिक की जोड़ी ने फ़िल्म संगीत को कुछ बेहद लुभावने गीत दिए हैं। सरदार मलिक के सफल गीतों में शायद सर्वाधिक गाने मुकेश के ही स्वर में हैं, यह तथ्य भी कम रोचक नहीं है। मुकेश अपनी तकनीकी कमियों से वाकिफ़ थे और कहा जाता है कि वे सरदार मलिक से कहा करते थे कि उनके लिए ऐसे गीत कम्पोज़ करें जिनमें सुरों से भटकने का खतरा कम हो। पर मजे की बात यह है कि 'सुन चाँद मेरी ये दास्तां' और 'वही ऊदी-ऊदी घटाएँ हैं' दोनों ही राग कलावती पर कम्पोज़ की हुई मुश्किल उतार-चढ़ाव लिए धुनें थीं ओर मुकेश फिर भी सुरों से बिलकुल नहीं भटके हैं। यह दुर्भाग्य है कि सरदार मलिक द्वारा मुकेश के स्वर में रेकॉर्ड किए कुछ गीतों के तो रेकॉर्ड ही नहीं बने, वरना हम उनके संगीत-निर्देशन में 'नागनंदिनी' का 'चंदन-सा बदन चेहरा गुलाब', या 'निष्कृति' और 'दिल मैंने तुझको दिया' जैसी फ़िल्मों के गीत भी सुनने का अनुपम आनंद उठा पाते।

फ़िल्म 'बचपन' (1963) में सरदार मलिक ने रफ़ी से पहाड़ी में कम्पोज़ किया एक बहुत सुंदर रूमानी गीत 'मुझे तुमसे मुहब्बत है मगर मैं कह नहीं सकता', और सुमन, रफ़ी से एक दिलकश दोगाना 'तेरे हम ओ सनम' गवा कर लोकप्रिय बनाया था। पर सरदार मलिक का संगीतबद्ध रफ़ी का गाया सबसे सुंदर गीत फ़िल्म 'नागमोहिनी' (1963) का 'हमने क्या प्यार किया, प्यार का बदला ना मिला' को ही मानना चाहिए। यों 'जंतर-मंतर' (1964 का सुमन-रफ़ी का दोगाना 'यूँ न हमें देखिए हम बार-बार कहते हैं' और दर्द-भरे 'रात का खामोश सन्नाटा' (आशा) की धुनें भी आकर्षक हैं। सुमन-रफ़ी के स्वर में एक और सुंदर दोगाना सरदार मलिक ने फ़िल्म 'रूपसुंदरी' (1964) के लिए बनाया—'आज की रात अजी होंठों को चुप रहने दो'। इसी फ़िल्म में लता के स्वर में 'मैं तुम्हारी रागिनी तुम गीत हो', सुबीर सेन की आवाज़ में 'अब तो ऐसा लगता है तुम इस जीवन में नहीं मिलोगी' और 'महारानी पद्मिनी' (1964) का सुमन का गाया 'नैना रे देखें उनके नैन' भी बुरे गीत नहीं थे, पर इन्हें लोकप्रियता नहीं मिली और फ़िल्म 'पाँच रतन' (1965) में संगीत देने के बाद सरदार मलिक ने जैसे मजबूरन संन्यास ही ले लिया। वैसे भी हलके ऑरकेस्ट्रेशन का ज़माना समाप्ति पर था और सरदार मलिक के पास एस.डी. बर्मन की तरह नवीन धुनों का खजाना या बड़े बैनरों का सहारा भी नही था कि इस 'लाउड' दौर में भी अपनी शैली को बरकरार रख पाते। वर्षों के बाद फ़िल्म 'ज्ञानी जी' (1977) में प्रेमनाथ के साथ उन्होंने फिर संगीत अवश्य दिया पर फ़िल्म-संगीत के इतिहास में उनका नाम तब तक खत्म ही हो चुका था। नवें दशक के आरम्भ में उन्होंने 'निगाहें' नामक एक फ़िल्म का निर्माण किया और फ़िल्म में बहुत खूबसूरत नगमें और गज़लें कम्पोज़ कीं। पर 'दिल मेरा काँच की चूड़ी ठहरा', 'खुशियों के कुछ पल ऐसे', 'याद हमारी आती है क्या', 'मैं बहुत दूर चला' जैसी सुंदर कृतियों के साथ उनके पुत्रों—अब्बू मलिक और अनु मलिक—की आवाज़ के कच्चेपन ने पूरा न्याय नहीं किया। सरदार मलिक कोई विशिष्ट संगीतकार नहीं थे, पर इतने गौण भी नहीं थे जिस कदर नज़रअंदाज किए गए। आखिर जिसने 'सारंगा' जैसी म्यूज़िकल दी, उसे और कुछ नहीं तो कम से कम और अच्छे मौके तो अवश्य ही मिलने चाहिए थे।

संदर्भ

1. हरमिंदर सिंह हमराज़ : हिन्दी फ़िल्म गीतकोश, 1951-60, पृष्ठ 162

स्नेहल भाटकर

'सोचता हूँ ये क्या किया मैंने, क्यों ये सिरदर्द ले लिया मैंने'

स्नेहल भाटकर का नाम केदार शर्मा की अधिकांश फ़िल्मों के संगीतकार के रूप में ही याद किया जाता है। स्नेहल के संगीत को गौर से सुनने वाले यह स्वीकार करेंगे कि पारम्परिक वेशभूषा और गाँधी टोपी धारण करनेवाले स्नेहल का संगीत मूलतः प्रयोगवादी था। फ़िल्म के कथानक के अनुसार या कभी-कभी इसके बिना भी विभिन्न शैलियों का गीत-सृजन स्नेहल की विशेषता थी। दरअसल स्नेहल का असल नाम वासुदेव भाटकर था और वे एच.एम.व्ही. कम्पनी में नौकरी करते थे। नौकरी के नियम आड़े आए इसलिए उन्होंने बी. वासुदेव के नाम से 'रुक्मिणी स्वयंवर' (1946—सुधीर फड़के के साथ) और राज कपूर, मधुबाला अभिनीत 'नीलकमल' (1947) में संगीत दिया। 17 जुलाई, 1919 को मुम्बई में जन्मे स्नेहल यानी वी.जी. भाटकर ने मैट्रिक के पूर्व ही पढ़ाई छोड़ संगीत में ध्यान केंद्रित करना शुरू कर दिया था। गिरगाम की भजन-मंडलियों के वे सक्रिय सदस्य रहे और संगीत-शिक्षा किसी से विधिवत् न लेकर स्वयं ही अनुभवों और अभ्यास से सीखा। भाटकर एच.एम.व्ही. में वर्षों कार्यरत रहे तथा बड़े शास्त्रीय गायकों के साथ हारमोनियम बजाया। केदार शर्मा से भी उनकी पहली मुलाक़ात एच. एम.व्ही. के लिए 'चित्रलेखा' के संगीतमय नोटेशन्स लेने के सिलसिले में ही हुई। इसी मुलाकात में स्नेहल ने केदार शर्मा को अपनी संगीतकार बनने की इच्छा से अवगत कराया। केदार शर्मा ने इसे याद रखा और न सिर्फ़ 'कलियाँ' का चिश्ती का छोड़ा अधूरा काम पूरा करवाया बल्कि कुछ वर्षों बाद जब 'नीलकमल' का काम उनके पास आया तो उन्होंने स्नेहल को ही याद किया। राज कपूर, मधुबाला और स्नेहल जैसे नए कलाकारों को लेकर 'नीलकमल' बनाने के उनके विचार का रणजीत के मालिक चंदूलाल शाह और गौहर ने घोर विरोध किया था और फ़िल्म की वित्तीय सहायता बंद कर दी थी। पर केदार शर्मा अपनी धुन के पक्के थे। उन्होंने हज़ार आर्थिक परेशानियों को झेलकर भी फ़िल्म पूरी की और स्नेहल को बतौर स्वतंत्र संगीतकार अपना पहला अवसर मिला। नायक के रूप में राज कपूर की पहली फ़िल्म 'नीलकमल' में भाटकर ने मुकेश से 'पत्थर से तुम दूध बहाओ' (ज़ोहरा के नाम), 'सोचता क्या है सुदर्शन के चलाने वाले' (हमीदा के साथ), 'प्यार से हमको कलेजे से' (ज़ोहरा के साथ), 'आँख जो देखे हैं धोख खाए हैं' (जोहरा के साथ) और 'रघुपति राघव' की तर्ज़ पर संस्कृत में 'दल कमलिनी' जैसे सरस गीत गवाए थे। कालांतर में वासुदेव नाम त्यागकर उन्होंने अपनी बेटी स्नेहल के नाम से संगीत देना चालू किया। अपने आरम्भिक दौर में स्नेहल ने कुछ फ़िल्मों में गाया भी था। 'रंगीला राजस्थान', 'कलियाँ' आदि फ़िल्मों में उनके गीत थे।

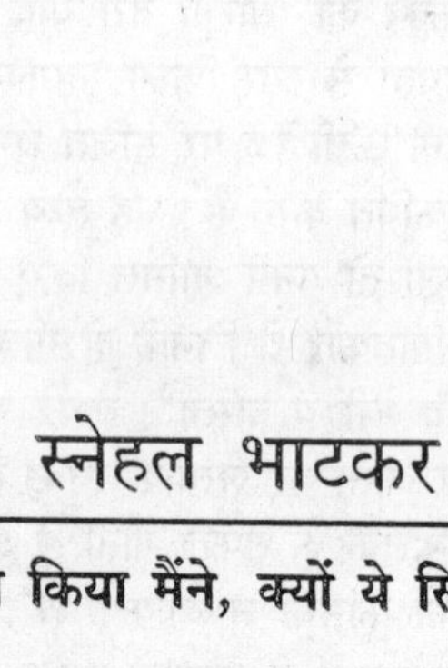

स्नेहल भाटकर

स्नेहल की विशिष्टता तो उनकी आरंभिक फ़िल्मों 'सुहागरात' (1948), 'संत तुकाराम' (1948), 'सती अहल्या' (1949) 'ठेस' (1949) आदि से ही झलकने लगी थी। गीताबाली और भारतभूषण को लेकर बनाई गई 'सुहागरात' (1948) में केदार शर्मा लिखित 'छोड़ चले मुँह मोड़ चले अब झूठी तसल्ली रहने दो' (राजकुमारी) और 'ये बुरा किया जो साफ़-साफ़ कह दिया' (राजकुमारी, मुकेश) जैसे तरन्नुम भरे गीत तो थे ही, साथ ही अमीर खुसरो की मशहूर रचना 'लखि बाबुल मोरे, काहे को दीन्ही विदेस' को

मुकेश के स्वर में पूरी करुणा उड़ेलकर गवाया गया था। इस गाने को कम लोगों ने सुना है, पर यह दुर्लभ गीत मुकेश के आरंभिक दौर के सर्वश्रेष्ठ दर्दीले गीतों में गिना जाएगा। इस फ़िल्म की खासियत थी पहाड़ी लोकसंगीत का फ़िल्मों में पहला उल्लेखनीय प्रयोग। 'किसी पापी संग उलझी अँखियाँ' (राजकुमारी, गीता) गीत पर नौशाद ने भी स्नेहल को बधाई दी थी। 'रुनझुम मतवाले बादल', 'बाजे मोरी पायल', 'मेरे दिल की धड़कनों' आदि गीत पहाड़ी लोक-संगीत पर ही आधरित थे। दामले और फत्तेलाल की मशहूर ऐतिहासिक जोड़ी द्वारा निर्मित 'प्रभात' की 'संत तुकाराम' का हिन्दी में डब किया हुआ संस्करण 1948 में बना पर रिलीज़ न हो सका। इस संस्करण में स्नेहल ने वी.जी. भाटकर के नाम से संगीत दिया और कई गीत भी गाए। 'पांडुरंग मेरे पांडु' (वी.जी. भाटकर), 'निसदिन हरि का ध्यान' (माणिक दादरकर), 'तुका जाता परम धता' (वी.जी. भाटकर) जैसे गीत फ़िल्म के रिलीज़ न होने से सुने ही नहीं जा सके। 'मीरा' (1947) में सुब्बूलक्ष्मी के गाए एक गीत 'पग घुँघरू बाँध' की संगीन रचना भी भाटकर ने की थी। 'सती अहल्या' (1949) के कमला कोटनीस के गाए गीत भी अधिक नहीं सुने गए पर इसी वर्ष रिलीज़ हुई केदार शर्मा निर्देशित 'ठेस' के गाने खूब हिट हुए। इस फ़िल्म में स्नेहल ने विविध तरीकों का प्रयोग किया। 'छुप-छुप के तीर चलाए न कोई' (राजकुमारी, मुकेश) में बोलों के प्रवाह को रोक कर और फिर गति देने की तर्ज़ में एक नवीनता थी तथा तबले का प्रयोग भी इस रिद्म के साथ बेहतरीन तरीके से समन्वयित था। 'रुत है सुहानी बादल छाए रे' (मुकेश, साथी) में मुखड़े के अंत को बार-बार दुहराकर विस्तार देने का प्रयोग भी अनूठा था और 'रोओगे पछताओगे' (राजकुमारी, मुकेश) में लय को खींचने की अदा भी प्यारी थी। 'भगवान जो तेरा भी भगवान कोई होता' (मुकेश), 'बात तो कुछ भी नहीं दिल है कि भर आया है' (मुकेश, रफ़ी) और 'बोलो बोलो सजन (मुकेश, राजकुमारी) अवश्य परम्परागत ढंग के ही गीत थे। 'पगले' (1950) का कव्वालीनुमा 'क्यूँ शिकवा करें क्यूँ आहें भरें' (मुकेश, तलत, खान, मस्ताना) भी एक अलग किस्म का प्रयास था।

फिल्म 'सुहागरात' में भारतभूषण एवं गीताबाली

यह स्नेहल की प्रतिभा का ही कमाल था कि शोभना समर्थ ने अपनी बेटी 'नूतन' को लेकर बनाई गई पहली फ़िल्म 'हमारी बेटी' (1950) के लिए स्नेहल का चुनाव संगीतकार के रूप में किया। नूतन ने इस फ़िल्म में एक गीत भी गाया 'तुझे कैसा दूल्हा भाए री बाँकी दुल्हनिया'। स्नेहल इस फ़िल्म में अपनी पसंदीदा आवाज़ों—मुकेश, गीता और राजकुमारी के अलावा लता मंगेशकर को भी लेकर आए। मुकेश का अमर दर्दीला गीत 'मुहब्बत भी झूठी, जमाना भी झूठा' इसी फ़िल्म की देन है। स्नेहल की प्रयोगवादिता गीता, मुकेश की 'किसने ये किसने ये किसने ये छेड़े तार मेरे दिल के सितार के' में बखूबी प्रकट हुई है जिसमें इस बार आरम्भिक बोलों की पुनरावृत्ति के साथ chord जैसा असर पैदा किया गया है। गीता, मुकेश के ही 'बेरुखी बस हो चुकी मत जाइए' में भी मोहक चुटीलापन है तथा 'दिल का मिलना मुश्किल है यूँ आँख तो मिल ही जाती हैं' (मुकेश, लता) में तल्लीनता के साथ-साथ एक रवानगी भी है जो इस गाने को मुकेश का एक अलग किस्म का यादगार गीत बनाती है। लता के 'पहली मुलाकात में हाथ ले के हाथ में' की झकोरी धुन में ग़ज़ब की मिठास है। 'मेरे सपने बने आज अपने' (लता) में भी स्नेहल ने बोलों की पुनरावृत्ति और अंतराल में सितार के मीठे प्रयोग से अपनी खास छाप छोड़ने में सफलता पाई है। गीत के बोलों को कभी रोककर, कभी विलम्बित कर और कभी दुहरा कर अलग किस्म की धुनों की सृष्टि करना स्नेहल की विशिष्ट प्रयोगवादिता का बेहतरीन उदाहरण कहा जाना चाहिए।

'पगले' (1950) में 'क्यों शिकवा करें क्यों आहें भरें' (मुकेश, तलत, खान मस्ताना) और 'भोला शंकर' (1951) में 'चंदा तुमको लाज न आए' (लता) जैसे कर्णप्रिय गीतों के रचयिता स्नेहल को छठे दशक के आरंभ से भक्ति-फ़िल्मों में संगीत देने के मौक़े सामाजिक फ़िल्मों की अपेक्षा अधिक मिले, पर 'नन्दकिशोर' (1951) में 'राधा के मन की मुरली का पुजारी' (लता) की शास्त्रीय जैसी धीमी बंदिश और 'कल भोर भए हरि जाएँगे' (लता) जैसे विरह के स्वरों में ढाले गीत अधिक सफल नहीं रहे। केदार शर्मा की 'गुनाह' (1953) में 'तू इश्क से डर बेमौत न मर' (लता) की धुन में एक नवीन प्रकार की रवानगी थी। ग़ज़ल के छंद के बावजूद इसे ग़ज़ल से अलग शैली में ढाला गया और बाँसुरी तथा सीटी का पूरक प्रयोग तो अनूठा ही था। हालाँकि इस फ़िल्म में भी स्नेहल ने यह बखूबी सिद्ध किया कि उनकी एक अलग संगीतमय शैली थी जो कथ्य के अनुरूप ही विभिन्न प्रयोगों के साथ विकसित होती रही, पर 'गुनाह' के गीतों में तलत के 'आज मेरा दिल रोने को चाहता है' के अलावा और किसी गीत को प्रसिद्धि नहीं मिल पाई। वैसे 'हम पर जादू डाल' (लता) और 'मेरे ख़यालों में' (तलत) भी अच्छे गीत थे। लीला चिटणीस

द्वारा निर्मित 'आज की बात' (1955) में तलत की खास शैली में 'प्यार की नज़रों में उनको देखता जाता है दिल' या 'वो चली ग़म की हवा' और 'आज की रात दिल में न रखना दिल की बाात' जैसे लता के गीत भी विशेष नहीं रहे। अलबत्ता 'कभी आप हँसे कभी नैन हँसे' (लता) की तेज़ बीट्स को कुछ लोकप्रियता अवश्य मिली, पर शंकर-जयकिशन और ओ.पी. नैयर जैसे बीट्स और रिद्म के विपुल सृजकों के प्रभुत्व के इस दौर में स्नेहल के प्रयास ज़माने से पिछड़े हुए से ही लगते हैं और यह एक कारण था कि प्रयोगधर्मिता के बावजूद स्नेहल के प्रयोगों की दिशा इस वक्त की चल रही संगीतधरा के साथ तादात्म्य स्थापित करने में असफल सिद्ध होती रही। यही कारण है कि 'आ जा तुझे एक बार मैं सीने से लगा लूँ' (कमल, आशा भोंसले—हबीबवली मोहम्मद ने ही कमल के नाम से गीत गाया था) जैसी दरबारी पर आधारित विलक्षण धुन, 'है दिल में मिलन की आस' (तलत) की लरज़िश और मुरकियों के साथ भैरवी में 'ये बहार बार-बार कह रही' (आशा) जैसी 'बिंदिया' (1955) की कम्पोज़ीशन्स या 'दिल के बदले दिल ही लूँगी' (आशा, मुकेश—डाकू, 1955) जैसी मधुर रचनाएँ भी स्नेहल को कोई विशेष स्थान नहीं दिला सकीं। 'दीवाली की रात' (1956) अवश्य इस दौर की स्नेहल की एक सफल फ़िल्म मानी जाएगी, पर फ़िल्म के लोकप्रिय गीत मिलिटरी बैण्ड की रिद्म पर 'ये खुशी का समाँ जिन्दगी है जवां' (तलत) और 'ज़िन्दगी किस मोड़ पर लाई मुझे' की धुनें वास्तव में शायद सहायक संगीतकार केरसी मिस्त्री की थी।[1] महेन्द्र कपूर का गाया प्रथम एकल गीत 'तेरे दर की भिखमंगी है दाता, दुनिया सारी' भी इसी फ़िल्म का था।[2] तलत, मधुबाला, झावेरी का 'कहने को बहुत कुछ था' और तलत के 'कहां मेरी मंजिल' की धुनें भी अच्छी थीं, पर स्नेहल की प्रतिभा का असली रंग निखरता है आशा के गाए 'जीवन-वीणा को जब छेड़े मन के मीठे तार' में। तबले का बेहतरीन प्रयोग, दिलकश गायकी और उत्तम कम्पोज़ीशन वाला यह गीत वास्तव में आशा के इस दौर के श्रेष्ठ गीतों में से एक है।

पर, कुल मिलाकर यह माना जा सकता है कि केदार शर्मा के अलावा किसी और बड़े निर्माता ने स्नेहल को मौका नहीं दिया, और अपनी प्रतिभाशाली प्रयोगात्मकता के बावजूद स्नेहल व्यावसायिक असफलता के कठिन दौर से जूझने पर मजबूर थे। केदार शर्मा ने भी इस दशक में अपने अस्तित्व की तलाश बच्चों के लिए फ़िल्में निर्देशित करना प्रारंभ करके की, और स्नेहल इन फ़िल्मों के भी संगीतकार बने। चिल्ड्रेन्स फ़िल्म सोसायटी की केदार शर्मा निर्देशित 'जलदीप' (1956) को 1957 में वेनिस में आयोजित अंतर्राष्ट्रीय फ़िल्म-समारोह में सर्वोत्तम बाल फ़िल्म का पुरस्कार मिला, पर 'जलदीप' (1956) 'हरिया' (1957), 'स्काउट कैम्प' (1958), पद्य रूप में महापुरुषों की जानकारी देनेवाली अप्रदर्शित 'गंगा की लहरें' आदि में एक खास शैली में बच्चों के खेल-खेल के हलके-फुलके या प्रेरणात्मक गीतों के कम्पोज़ीशन में संगीतकार की दृष्टि से स्नेहल के लिए सृजनात्मक संतोष पाने के लिए बहुत स्थान न था। यह स्नेहल की ही काबिलीयत थी कि इसके बावजूद उन्होंने नज़्म शैली में 'गंगा की लहरें' में 'कई साल बीते' जैसा सुंदर गीत और 'जलदीप' में 'तू अपने मन का दीप जला', प्रकृति के रूप को साकार करनेवाले 'देखी देखी देखी पंछी' (राजकुमारी, अन्य साथी) जैसे बहुत सुंदर गीतों का निर्माण किया। एक बड़े अंतराल के बाद स्नेहल को वापस लाने का श्रेय शोभना समर्थ को जाएगा जिन्होंने इस बार अपनी छोटी बेटी तनुजा को परदे पर लाने के लिए बनाई फ़िल्म 'छबीली' (1960) में 'हमारी बेटी' की ही तरह स्नेहल को संगीतकार चुना। स्नेहल भी इस बार सफलता पाने के लिए बेताब थे, और इसलिए विदेशी धुनों को ही कुछ फेरबदल के साथ फ़िल्म में लाए। 'लहरों पे लहर उल्फ़त है जवां' (हेमंत/नूतन) बहुत चला हालाँकि धुन की मौलिकता संदिग्ध थी। नूतन ने भी इस फ़िल्म में अपने गीत स्वयं गाए और 'ऐ मेरे हम सफ़र ले रोक अपनी नज़र' की सुंदर धुन खूब लोकप्रिय रही।

संगीतकार के रूप में स्नेहल की सबसे महत्त्वपूर्ण फ़िल्म केदार शर्मा निर्देशित 'हमारी याद आएगी' (1961) को माना जाना चाहिए। मुबारक बेगम ने अपनी ज़िन्दगी का सबसे लोकप्रिय एकल गीत स्नेहल के लिए इसी फ़िल्म में गाया। भीमपलासी की छाप लिए 'कभी तन्हाइयों में भी हमारी याद आएगी' स्वरों के उतार-चढ़ाव के कारण एक स्मरणीय रचना है। इस गीत में 'याद' शब्द को लंबी तान के साथ बेहद सुरीले ढंग से गवाया गया था। 'फ़रिश्तों की नगरी में आ गया हूँ' (मुकेश, मुबारक, साथी) भी अच्छा लम्बा गीत था। 'छैल छबीला छोकरा मुझे ले गया जमुना पार' (सुमन, रफ़ी) की धुन भी आकर्षक थी और 'जवां मुहब्बत हसीन आँखों में क्यों मुस्कुरा रही है' (लता, मुकेश) की शायराना तर्ज़ खूब बनी थी। मुकेश के स्वर में अथाह दर्द की अनुभूति लेकर आया था राग गारा पर आधारित 'आँखों में तेरी याद लिए जा रहा हूँ मैं' जिसे आसानी से मुकेश के श्रेष्ठतम दर्दीले गीतों में शुमार किया जा सकता है, पर इस फ़िल्म का सबसे उल्लेखनीय गीत था फ़िल्मी गीतों के सामान्य भाव से एकदम हटकर लिखा गया 'सोचता हूँ ये क्या किया मैंने, क्यों ये सिरदर्द ले लिया मैंने' (लता, मुकेश)। केदार शर्मा की इस शायराना

रचना की धुन भी स्नेहल ने भैरवी का सहारा लेकर इतनी ही उत्कृष्ट बनाई है, मैं तो इसे लता, मुकेश के सर्वश्रेष्ठ युगल गीतों में बहुत ऊपर रखता हूँ। पियानो, क्लैरिनेट और सितार के अनुपम प्रयोग के साथ दादरा ताल का बेहतरीन उपयोग इस गीत को हिन्दी फ़िल्म-इतिहास का अनूठा गीत बना देता है। पर इस उत्कृष्ट संगीत क़ा भी व्यावसायिक पहलू नगण्य ही रहा और स्नेहल मात्र चिल्ड्रेन्स फ़िल्म सोसायटी या केदार शर्मा के लिए ही संगीतकार के रूप में सीमित रहे। बाकी फ़िल्मी दुनिया की उपेक्षा तो बढ़ती ही गई। चिल्ड्रेन्स फ़िल्म सोसायटी की 'दीपक' (1963) जैसी फ़िल्मों को छोड़कर स्नेहल को उपेक्षित ही किया जाता रहा।

केदार शर्मा की ही 'फ़रियाद' (1964) में वैसे स्नेहल ने फिर अपनी प्रयोगवादिता के साथ उत्तम संगीत दिया था। सुमन की बेहद खूबसूरत ग़ज़ल 'हाले दिल उनको सुनाना था, सुनाया न गया' इसी फ़िल्म से है। इस गीत को परम्परागत गज़ल-शैली से हटकर, या रोशन, ख़य्याम, मदनमोहन की शैलियों से भी अलग बड़ी ऊँची पट्टी पर सुमन से गवाकर स्नेहल ने एक अभिनव प्रयोग दर्शाया है। कल्याण थाट पर रफ़ी, मुबारक के स्वरों में 'तूने तेरी नज़र ने तो काफ़िर बना दिया' भी श्रवणीय रचना मानी जाएगी जिसमें पार्श्व में बाँसुरी के साथ संगीत के नोट्स एक दूसरे में सुंदरता से समाहित हुए हैं। 'वो देखो, देखा, देख रहा था पपीहा' (सुमन, महेन्द्र) तो स्नेहल की प्रयोगात्मकता का चरम है। राजू भारतन के अनुसार इस गीत में जो उत्फुल्ल गति है वह श्रेष्ठ पश्चिमी संगीत से तुलनीय है।[3] हिंदी फ़िल्म-जगत की यह अनूठी ही रचना होगी जिसमें ब्रास वाद्य-यंत्रों के साथ आवाज़ द्रुत गति से फिसलती चली है।

पर उत्कृष्ट रचनाओं के बावजूद स्नेहल लोकप्रिय संगीतकारों में कभी नहीं गिने गए। उनकी यह इच्छा कि कोई उन्हें 'बैजू बावरा' की तरह ही किसी संगीतप्रधान फ़िल्म का संगीत सौंपना इच्छा ही रह गई। उनके गीतों में वह बात नहीं थी जो सड़क पर चलते जनसमूह को आंदोलित करती हो। केदार शर्मा ने भी 'फ़रियाद' के बाद वर्षों तक उनसे नाता तोड़ लिया। दोनों फिर 'पहला कदम' (1980) में साथ आए और इस फ़िल्म में स्नेहल ने सुधा मल्होत्रा और महेश चंदर की आवाज़ों में कुछ गीत रेकॉर्ड भी किए, पर तब तक 'सोचता हूँ ये क्या, ये क्या किया मैंने' जैसी विलक्षण रचना के कम्पोज़र को लोग भूल चुके थे। मराठी संगीत की दुनिया में वे कुछ दिनों तक और सक्रिय रहे, हिंदी में भी काफ़ी अंतराल के बाद 'प्यासे नैन' (1989) और 'सहमे हुए सितारे' (1994) आईं और 'प्यासे नैन' में उन्होंने राजकुमारी से आखिरी बार फ़िल्मों के लिए गवाया भी। पर धीरे-धीरे नए ज़माने ने उनसे मुख मोड़ लिया और वे दादर में कीर्ति कॉलेज के पास अपने आवास में एक गुमनाम-सी ज़िन्दगी ही बिताने पर मजबूर हुए।

संदर्भ

1. हरमिंदर सिंह 'हमराज़' : हिंदी फ़िल्म गीतकोश, खंड 3, पृष्ठ 289
2. वही
3. राजू भारतन : फ़िल्मफ़ेयर, 20 जून, 1967

सुधीर फड़के

'बाँध प्रीति फूल डोर'

सुधीर फड़के

महाराष्ट्र में सुधीर फड़के तो एक legend ही हैं। मराठी संगीत के इतिहास में उनका नाम शीर्ष पर ही है। ढेर सारी मराठी फ़िल्मों में संगीतकार और गायक सुधीर फड़के ने जी.डी. मडगुलकर की रचनाओं को संगीतबद्ध करके बहुत नाम कमाया। रामायण का सरल मराठी में मडगुलकर का भाषांतर 'गीत रामायण' के रूप में फड़के की कम्पोज़िंग के कारण ही आज भी मराठी भक्ति संगीत का सर्वाधिक लोकप्रिय उदाहरण बना हुआ है। जहाँ तक हिंदी फ़िल्म-संगीत का प्रश्न है, आम जनता तो उनका नाम 'भाभी की चूड़ियाँ' (1961) के सुप्रसिद्ध गीत 'ज्योति कलश छलके' (लता) के कारण ही जानती है। पर यह तो उनकी हिंदी में अंतिम दौर की फ़िल्म थी। सच तो यह है कि हिंदी में भी पाँचवें और छठे दशक की कई फ़िल्मों में सुधीर फड़के ने संगीत दिया था और कुछ बेहद लुभावने गीत कम्पोज़ किए थे।

कोल्हापुर में 1919 में जन्मे और गोआ मुक्ति-आंदोलन में भी सक्रिय रहे सुधीर फड़के ने ग्वालियर घराने के पंडित वामनराव पाध्ये से संगीत सीखा। 1929 में अपनी माता की मृत्यु के पश्चात् फड़के बम्बई चले गये जहाँ उन्होंने डॉक्टर भाजेकर तथा महाराष्ट्र संगीत विद्यालय से शिक्षा ग्रहण की। 1943 से 1945 तक उन्होंने ग्रामोफ़ोन कम्पनी में काम (जहाँ उनकी मुलाकात स्नेहल भाटकर से हुई) करने के बाद वासुदेव उर्फ़ भाटकर के साथ प्रदीप पिक्चर्स की 'रुक्मिणी स्वयंवर' (1946) में संगीत दिया था, पर स्वतंत्र संगीतकार के रूप में उनकी शुरुआत प्रसिद्ध प्रभात फ़िल्म कम्पनी, पूना के 'गोकुल' (1946–जिसके लिए उन्हें हुस्नलाल भगतराम के स्थान पर लिया गया हालाँकि हुस्नलाल भगतराम दो गीतों की धुन बना चुके थे) और 'आगे बढ़ो' (1947) के साथ हुई। 'रुक्मिणी स्वयंवर' (1946) का राग तिलंग पर आधारित 'मैं तारों की ओढ़ चुनरिया' एक अच्छी रचना थी तथा 'गोकुल' का क्रांतिकारी गीत 'हम तोड़ेंगे बंधन आजाद होंगे' समकालीन पराधीनता के संदर्भ में अपना ऐतिहासिक महत्त्व रखता है। 'आगे बढ़ो' में तो वॉयलिन और सितार से सावन का समाँ बाँधता 'सावन की घटाओ तुम धीरे-धीरे आना' खुर्शीद के साथ गाए मन्ना डे के आरम्भिक फ़िल्मी गीतों में से एक है। 'आगे बढ़ो' के पारम्परिक गज़ल अंदाज़ में 'तक़दीर में लिखा है' (खुर्शीद), तरंग लिए 'दुनिया प्यारी-प्यारी' (खुर्शीद) और भजन शैली में 'मैं खोज-खोज कर हारी' (खुर्शीद) जैसे गीत भी लोकप्रिय रहे थे। मास्टर कृष्णराव के बाद प्रभात फ़िल्म कम्पनी के स्थायी संगीतकार सुधीर फड़के ही रहे थे। जहाँ विजय पिक्चर्स की 'सीता स्वयंवर' (1948) में सुधीर फड़के ने प्रसिद्ध गायिका माणिक दादरकर और मालती पांडे से गीत गवाए थे, वहीं प्रभात की मधुबाला और रामसिंह अभिनीत 'अपराधी' (1949) में सितारा (कानपुर) के गाए कई गीत थे जिनमें 'जान-पहचान ना, साहब सलाम ना' की शोख अदा आकर्षक बनी थी।

जैसाकि स्पष्ट है, सुधीर फड़के ने हिंदी फ़िल्म-जगत में अकसर पौराणिक फ़िल्मों में ही संगीत दिया। नवझंकार प्रोडक्शन्स के 'जय भीम' (1949) में मराठी संगीत-शैली में सरस्वती राणे का गाया 'मन्द-मन्द पवन चले' और तेज़ रिद्म में ललिता देउलकर

का गाया 'हम दोनों पंछी उड़ जा रहे एक दिशा की ओर' जैसे गीत थे। सुधीर फड़के ने कुछ ही दिनों बाद इन्हीं ललिता देउलकर से विवाह भी किया। 'राम-प्रतिज्ञा' (1949) और 'श्रीकृष्ण-दर्शन' (1950) में भी फड़के का संगीत था।

अपनी आरम्भिक फ़िल्मों में सुधीर फड़के ने कई गायक-गायिकाओं से गीत गवाए। शास्त्रीय संगीत ज्ञाता गायक-गायिकाओं को भी उन्होंने फ़िल्मों के लिए आज़माया। दत्ता धर्माधिकारी निर्देशित 'माया बाज़ार' (1949) में प्रसिद्ध शास्त्रीय गायिका माणिक वर्मा से उन्होंने 'विरहा सताए बैरी' एक शोख़ अंदाज़ में गवाया, और बालकराम तथा ललिता फड़के को धीमी लय में मेलोडी-प्रधान गीत 'आज की रात निराली है' में मौका दिया।

इस दौर का फड़के का सबसे उल्लेखनीय संगीत 'संत जनाबाई' (1949) में मिलता है। भोर के शास्त्रीय सुरों को लेकर राग देशकार में सृजित वंदना गीत 'प्रभात वंदना करे' (मन्ना डे, साथी) तो आज भी पावनता से भर देता है। संत जनाबाई में 22 गीत थे, और प्रभात कम्पनी की इस फ़िल्म में न सिर्फ़ हंसा वाडकर का अभिनय बल्कि फ़िल्म का संगीत भी चिरस्मरणीय है। रफ़ी के स्वर में 'भज मन कमल नयन कमलेश', फड़के का स्वयं गाया 'सपने में सम्पदा जो पाई' और 'बिट्ठल नाम की माधुरी घर-घर छलक रही', 'राम रस बरसे रे भाई', 'मन का दीप जलाओ साधो', 'मेरे तो श्री हरि नाहीं दूजा', 'नयनों में मन में समाए' जैसे कितने ही गीत माधुर्य की गंगा बहाते हैं। एच.एम. व्ही. को चाहिए कि ऐसी फ़िल्मों के गीतों के भी कैसेट निकालकर श्रोताओं तक इस संगीत-सरिता को पहुँचाए।

सुधीर फड़के के आरम्भिक दौर के हिंदी फ़िल्मी गीतों में यदि कोई विशेष बात नहीं थी तो 'संत जनाबाई' (1949) से उनके संगीत ने एक अभूतपूर्व लावण्य आया जो छठे दशक की उनकी हर फ़िल्म में उनके साथ रहा। लावण्य और लालित्य फड़के के संगीत की दो प्रमुख विशेषताएँ बनीं, और चूँकि फड़के का आधार मूलतः शास्त्रीय संगीत या मराठी भाव-गीतों का होता था इसलिए ये विशेषताएँ भारतीय संगीत-परम्परा के अंदर ही स्थापित रहीं। भवभूति के प्रसिद्ध संस्कृत नाटक पर आधारित 'मालती माधव' (1951) इसका सर्वश्रेष्ठ उदाहरण कहा जाएगा। तबले और सितार के साथ 'मन सौंप दिया अनजाने में' में नरेंद्र शर्मा के काव्यात्मक शब्दों को उतनी ही सुंदर पद्यात्मक धुन के साथ फड़के ने बाँधकर लता के एक श्रेष्ठ गीत की सृष्टि की। 'मैं यौवन वन की कली' (लता) की तर्ज़ और वाद्य-संयोजन में एक सौंदर्य-भरी छंदबद्धता है जो इसे आम इठलाते गीतों से अलग करती है। 'नैनों से बहे जल की धारा, मन में मेरे अंगारे हैं' (लता, सुधीर फड़के) की धुन तो पारम्परिक विषाद वाली ही है, पर फ़िल्म के सर्वश्रेष्ठ और बहुचर्चित 'बाँध प्रीति फूल डोर' (लता) से तो फड़के ने फ़िल्म संगीत को एक निराली रचना दे दी है। सितार के बहुत सुंदर हलके स्पर्श के साथ राग जयजयवंती पर आधारित इसकी लोच-भरी धुन, अंतरे में आरोह के बाद अवरोह के हर शब्द पर हलका-सा बल इस गीत को फड़के के लावण्य की एक विशिष्ट प्रस्तुति के रूप में प्रतिष्ठित करते हैं। 1952 में कलकत्ता में हुए संगीत-समारोह में बड़े गुलाम अली खाँ की उपस्थिति में लता को जब गाना था तो उन्होंने कोई चलता फ़िल्मी गीत न सुनकर समारोह की गरिमा बरकरार रखने के लिए यही गीत चुना, और इस गीत की जटिल तानों को भी बेहद सहजता से गाकर सभी को मंत्रमुग्ध कर दिया। बड़े गुलाम अली खॉ ने इसी तरह की रचनाओं से प्रभावित होकर कुछ वर्षों बाद लता के लिए कहा था—'कमबख्त कभी बेसुरी नहीं होती'। इसी फ़िल्म के 'कोई बना आज अपना' (लता) में फड़के ने सहज भावपूर्ण अभिव्यक्ति दी है। 'मुरलीवाला' (1951) के 'राधा हमारी है' (लता, सुधीर फड़के, साथी) के आह्लाद में लोकरंग की छटा, 'रास रचाओ सखी' (लता, साथी) में ब्रज के रास की सम्पूर्ण छंदात्मक अभिव्यक्ति और बाँसुरी का इंटरल्यूड में एकल मीठा प्रयोग, 'चंदा चमका नीलगगन में' (लता) में हवाइयन गिटार के साथ दर्द की उभरती स्वर-लहरियाँ और 'मैया मेरी रे' (लता) में पूरबी लोकशैली इस फ़िल्म में भी फड़के के लावण्य-भरे संगीत के उदाहरण हैं।

एक स्टेज शो में सुधीर फड़के

वैसे फड़के को सही प्रसिद्धि मराठी फ़िल्मों और भावगीतों से मिली। 'पुधेचा पाऊल' (1950), 'लखाची गोरला' (1952), 'प्रतापगढ़' (1952), 'कुबेरचे धन' (1953), 'सौभाग्य' (1953), 'महारानी येसुबाई' (1954), 'ऊन पाऊस' (1954) आदि फ़िल्मों

के संगीत ने उनका नाम महाराष्ट्र के घर-घर में फैला दिया। हिंदी में उन्हें अपेक्षाकृत कम काम मिला। राजा नेने निर्देशित 'पहली तारीख' (1954) के 'ओ रोने वाले' (लता) की मेलोडी और 'हिसाब जरा सुनते' (ललिता देउलकर) की लावणी के अलावा शीर्षक गीत 'आज पहली तारीख है' में फड़के ने अपनी शैली से हटकर किशोर कुमार से इस गीत को मस्ती-भरे अंदाज़ में गवाकर खूब लोकप्रिय बनाया था। पर यह एक अपवाद ही था। आम तौर पर फड़के शास्त्रीय और काव्य आधारित लावण्य-भरे गीतों की रचना ही करते रहे। जहाँ एस.एन. त्रिपाठी के लावण्य में नृत्यात्मकता, lilt और झंकार के पहलू प्रशस्त रहते हैं, वहाँ फड़के का लावण्य अधिक संयत और काव्यात्मक था। यह भी एक कारण था कि फड़के के गीत आम लोगों के बीच एस.एन. त्रिपाठी के मुक़ाबले कम लोकप्रिय रहे। उदाहरण के तौर पर नवभारत चित्र की 'रत्नघर' (1955) में पाँचों गीत उन्होंने लता से गवाए पर लोकप्रियता नहीं मिली, हालाँकि 'ऐसे हैं सुख सपने हमारे', 'तुम्हें बाँधने के लिए मेरे पास क्या है, मेरा प्रेम है', और 'तू कहाँ चली कुछ बोल नदी की धारा' जैसे गीत तो अच्छे साहित्य के संगीत-रूपांतर के रूप में बड़ा स्थायी प्रभाव छोड़ते हैं। यह भी निर्विवाद है कि नरेंद्र शर्मा के कुछ सर्वश्रेष्ठ गीत सुधीर फड़के के संगीत-निर्देशन में ही कम्पोज़ हुए। एच.एम. व्ही. द्वारा नरेंद्र शर्मा की याद में रिलीज़ किए 'इन मेमोरियम' कैसेट के बारह गीतों में तीन सुधीर फड़के के कम्पोज़ किए हुए हैं। इन्हीं में से एक गीत है बसंत पेंटर निर्देशित 'सजनी' (1956) का अति मधुर धीमी लय में बाँसुरी के सुंदर fillers के साथ अभिभूत करता 'जा रे चंद्र जा रे' (लता)। हालाँकि 'सजनी' के 'निंदिया बुलाने वाली' (लता), 'रात अँधियारी है' (लता) और 'सावन के पास चली, मिलन की रजनी आ गई' (लता) भी अच्छे गीत हैं पर 'जा रे चंद्र जा' की शास्त्रीय आधारित मेलोडी का तो जवाब ही नहीं है।

प्रभात चित्र निर्मित अंतिम फ़िल्म 'गज गौरी' (1958) के संगीतकार भी फड़के ही थे। फ़िल्म में एक प्रभावशाली अष्टनायिका नृत्य गीत 'आज गरज घन उठी घटाएँ' (मन्ना डे, सुमन, साथी) और 'जय आर्य देवता हे सूर्य देवता' (मन्ना डे, साथी) के अलावा फड़के ने पूरबी लोकशैली में सुमन से एक बड़ा मार्मिक गीत गवाया था—'हे बड़ भागन सोन चिरैया, उड़-उड़ डाली पे आए'। यह गीत लोकप्रिय तो न हुआ पर लोकशैली की मिठास इसमें भरपूर थी।

फड़के ने वसंत पेंटर निर्देशित 'गोकुल का चोर' (1959) में भी बहुत अच्छा संगीत दिया था। 'धीरे-धीरे किसने छेड़े मन वीणा के तार' (लता) में इस बार फड़के का संयत लावण्य राग भूपाली के सुरों को साथ लेकर चला। 'नयना निगोड़े नादान' (लता) की मीठी धुन, सितार के बहुत अच्छे प्रयोग के साथ मिश्र मालकौंस पर आधारित 'तुम सुनो सुनो घनश्याम' (लता, साथी) और इठलाता स्वरव्यंजकता-भरा गीत 'मटके पे मटका' (लता) जैसी सुंदर मेलोडी प्रधान रचनाओं के कारण 'गोकुल का चोर' का संगीत 'मालती माधव' और 'भाभी की चूड़ियाँ' के समान ही फड़के की विशिष्ट उपलब्धि माना जाना चाहिए। प्राचीन भारतीय संस्कृति के रस, अलंकार और लावण्य की बहुरंगी संगीतात्मक अभिव्यक्ति के फड़के प्रतिनिधि संगीतकार माने जाएँगे। इन विशेषताओं का ध्वन्यात्मक प्रतीकीकरण उनकी रचनाओं में बड़े परिष्कार और संवेदनशीलता के साथ हुआ।

मीना कुमारी अभिनीत 'भाभी की चूड़ियाँ' (1961) लोकप्रियता के मापदंड से फड़के की सबसे प्रसिद्ध हिंदी फ़िल्म है। नरेंद्र शर्मा के उत्कृष्ट गीतों को उतनी ही उत्कृष्ट स्वर-लहरियों में बाँधकर फड़के ने इन गीतों को हिंदी फ़िल्म-संगीत के इतिहास में एक विशिष्ट स्थान दे दिया है। विशेषकर लता का गाया 'ज्योति कलश छलके' तो लता के गाए सर्वश्रेष्ठ गीतों में स्थान रखता है। भूपाली पर आधारित इस गीत में पवित्रता, सौंदर्य, शुभ्रता सभी कुछ है। भूपाली का आरम्भिक आलाप ही इतना सुंदर है कि सुननेवाला उत्सुक हो जाता है। सितार और बाँसुरी का प्रयोग फड़के की अन्य रचनाओं की ही तरह गीत को एक मुलायम स्पर्श देता है। फ़िल्म का एक अन्य अति सुंदर गीत है राग यमन पर आधारित 'लौ लगाती गीत गाती' (लता)। यमन का फ़िल्म-संगीत में उपयोग तो खूब हुआ है, पर मराठी शैली के हलके तानों से भरी शास्त्रीयता और मेलोडी दोनों का इतना सुंदर संगम कम ही संगीतकार दे पाए हैं। इसी फ़िल्म में फड़के ने पहली और आखिरी बार मुकेश से गवाया था और दोनों ही गीत बड़े प्रभावशाली थे। दरबारी कानड़ पर आधारित 'तुमसे ही घर घर कहलाया' की चर्चा मुकेश के गीतों में अधिक क्यों नहीं हुई है, यह आश्चर्यजनक है। आशा, मुकेश का दोगाना 'कहाँ उड़ चले हैं मन प्राण मेरे' की मेलोडी को तो एच.एम.व्ही. ने आशा, मुकेश के डुएट्स के रेयर जेम्स कैसेट में भी स्थान दिया है। 'मेरा नन्हा कन्हैया घर आया रे' (लता), 'मेरी लाज रखे गिरधारी' (लता) और एक अलग धीमी शैली में 'चाँद तू यहाँ है' (आशा) भी अच्छे गीत थे जो अन्य गीतों के साथ 'भाभी की चूड़ियाँ' को फड़के की अनुपम प्रस्तुति बनाते हैं।

यह भी अजीब विडम्बना है कि इतने लोकप्रिय संगीत के बाद भी फड़के हिंदी फ़िल्म-जगत से लगभग गायब ही हो गए।

मराठी फ़िल्म और गैरफ़िल्मी जगत में वे अवश्य छाए रहे और 'माझे घर माझी मानसे' (1956), 'घरचा झाला थोड़ा' (1957), 'जगच्या पथिवार' (1960), 'प्रपंच' (1961), 'माझी आई' (1961), 'सन्याची पाऊले' (1963), 'ते माझे घर' (1963) 'आधार' (1969), 'झेप' (1971), 'आराम हराम आहे' (1976), 'पुढचं पाऊस', 'जिवाचा सखा', 'लाखानी गोष्ठ', 'सुवासिनी' आदि ढेर सारी फ़िल्मों के साथ वे काफ़ी सक्रिय रहे। राजा परांजपे की कई फ़िल्मों में उनका संगीत रहा। भीमसेन जोशी के किराना घराने के गायन को भी वे कई मराठी फ़िल्मों में लाए। हिंदी में वर्षों के अंतराल के बाद आई फड़के की 'दरार' (1974) और फिर 'शेर शिवाजी' (1981) और 'सूरज' (1987) उपेक्षित ही रह गईं, पर मराठी में वे न केवल संगीत में बल्कि राजनीतिक-सामाजिक क्षेत्र में भी वर्षों सक्रिय रहे। सावरकर पर बनाई गई उनकी फ़िल्म 2002 में प्रदर्शित हुई। 29 जुलाई, 2002 को उनकी मृत्यु हुई।

एस. मोहिन्दर

'गुज़रा हुआ ज़माना आता नहीं दुबारा, हाफिज़ ख़ुदा तुम्हारा'

हिन्दी फ़िल्म-संगीत में सिख मौसिकार कम ही रहे हैं। उनमें से छठे और सातवें दशकों में जिन दो संगीतकारों ने कुछ नाम कमाया, वे थे—एस. मोहिन्दर और शारदूल सिंह क्वात्रा।

पुलिस सब-इन्स्पेक्टर पिता के पुत्र एस. मोहिन्दर का जन्म पंजाब के सिलनवाला गाँव में हुआ था। पिता बाँसुरी बहुत अच्छी बजाते थे, इस प्रकार संगीत-प्रेम के कुछ अंश एस. मोहिन्दर को विरासत में ही मिले। संगीत की रुचि ने उन्हें बड़े गुलाम अली खाँ और लक्ष्मण दास से शास्त्रीय संगीत भी सीखने को प्रेरित किया और फिर लाहौर रेडियो स्टेशन से भी वे कुछ वर्षों तक अपने संगीत के साथ जुड़े हुए रहे। पंजाबी की कुछ मशहूर फ़िल्मों में उनका संगीत बड़ा मक़बूल रहा। फ़िल्म 'लच्छी' में उन्होंने लता से 'नाले लम्बी वे नाले काली, हाथ वे चन्ना रात जुदायाँ वालीं' गीत गवाया था। यह गीत कितना मशहूर था, यह इस बात से पता चलता है कि यशपाल ने अपने मशहूर उपन्यास 'झूठा सच' के विभाजित भारत की पृष्ठभूमि में पंजाब से उखड़े और दिल्ली में बसे परिवार की एक मुख्य लड़की द्वारा इस गीत के गुनगुनाने का वर्णन किया है। विभाजन के बाद अपनी किस्मत आजमाने एस. मोहिन्दर भी बम्बई चले आए। अरुण प्रोडक्शन्स की 'सेहरा' (1948) में (जिनमें आज के मशहूर अभिनेता गोविंदा की माँ निर्मला नायिका और गायिका थीं और पिता अरुण नायक) उन्हें पहली बार अवसर मिला और इस फ़िल्म में उन्होंने स्वयं भी एक गीत गाया 'ऐ दिल उड़ा के ले चल'। परन्तु 'आँखों से बही जाती है' (अरुण कुमार) जैसे अपवादों को छोड़कर 'सेहरा' (1948) या 'मोहब्बत रोग बनकर' (शमशाद, रफ़ी) जैसी पंजाबी छाप के गीतोंवाली 'जीवनसाथी' (1949) जैसी आरंभिक फ़िल्मों का संगीत चला नहीं। रणजीत मूवीटोन की फ़िल्म 'नीली' (1950) में उन्होंने देवानंद और सुरैया की हिट जोड़ी के लिए अवश्य कुछ अच्छे लोकप्रिय गीत बनाये। सुरैया के स्वर में 'चोरी-चोरी आना ओ राजा मेरे दिल के' और 'फूल खिले हैं गुलशन में तू भी देख ले' जैसे गीतों के द्वारा एस. मोहिन्दर ने फ़िल्म-जगत को अपनी प्रतिभा से प्रभावित किया। इस दौर की विशेष लाक्षणिक शैली की फड़कती धुन के साथ सृजित 'फूल खिले हैं गुलशन में' को तो एच.एम. व्ही. ने सुरैया के 'रेयर जेम्स' कैसेट्स में भी स्थान दिया है। साथ ही जलतरंग के सुंदर प्रयोग के साथ यमन की छाया लिए 'नाचो नीले आकाश के तारों' भी एक अच्छी रचना थी। फ़िल्म 'शादी की रात' (1950) के गीत भी हिट रहे थे। हालाँकि संगीतकार के रूप में पंडित गोविन्दराम का नाम दिया गया था, पर 'पूछ रहे वे यार कि बीवी कैसी हो' (तलत, सुरिन्दर कौर, साथी), 'शहर अनोखा शहर रंगीला देहली' (अमीरबाई) और 'हम दिल की कहानी क्या कहते कुछ कह न सके' (लता) के स्वरकार एस. मोहिन्दर थे।[1]

एस. मोहिन्दर

फ़िल्मिस्तान लिमिटेड की 'श्रीमती जी' (1952) में जिम्मी और बसंत प्रकाश के साथ एस. मोहिन्दर ने भी संगीत दिया था। हालाँकि उनके दो गीत 'सो गया, सो गया' (गीता) और 'आ जा अरमान पुकारे' (शमशाद) रद्द कर दिए गए, पर एकमात्र गीत 'दो नैना तुम्हारे प्यारे-प्यारे' (हेमंत, गीता) की लयकारी को ही खूब सफलता मिली और यह गाना आज भी फ़रमाइशी फ़िल्मी गानों के प्रोग्रामों में बजता और बड़े चाव से सुना जाता है। 'श्रीमती जी' का पार्श्वसंगीत भी एस. मोहिन्दर ने ही दिया था।[2] इसी प्रकार फ़िल्म 'वीर अर्जुन' (1952) में भी अविनाश व्यास के अलावा मात्र एक गीत के लिए एस. मोहिन्दर आए और वह गीत था जी.एम. दुर्रानी के स्वर में 'यदुनाथ द्वारिकानाथ श्याम हैं नटवर'। एस. मोहिन्दर की स्वरबद्ध रणजीत मूवीटोन की फ़िल्म 'बहादुर' (1953) तो तबले और घुँघरू के साथ तेज गति के 'मीठी-मीठी खुशबू' (आशा), मेलोडीप्रधान कर्णप्रिय 'मुहब्बत के जमाने, निगाहों के फ़साने' (आशिमा बनर्जी—जिन्हें इस फ़िल्म में पहली बार गाने का अवसर मिला) और शास्त्रीय आधार लिए 'शाम की बहार आई' (आशा) की सारंगी और तबले की सुंदर जुगलबन्दी के बावजूद असफल रही, पर 'पापी' (1953) का संगीत सराहा गया। पंजाब के संगीत का प्रभाव इस फ़िल्म में भरपूर था। चंदूलाल शाह निर्देशित नरगिस, राज कपूर की इस फ़िल्म में राज कपूर की आवाज़ के लिए मुकेश को न लेकर एस. मोहिन्दर ने रफ़ी को लिया और रफ़ी के स्वर में 'तेरा काम है जलना परवाने चाहे शमा जले या न जले' खूब लोकप्रिय हुआ। 'मेरी ज़िन्दगी है तू, तुझको मेरी जुस्तजू' (आशा, रफ़ी) का फड़कता, पंजाबी रंग भी खूब चला और एच.एम.व्ही. ने इसे 1989 में रिलीज़ किए गये 'ऑल टाइम डुएट्स ऑफ़ द फ़िफ्टीज़ खंड 1' में शामिल करके इस गीत के महत्त्व को रेखांकित किया है। आशा के स्वर में 'अभी अभी बहार थी' भी बेहद कर्णप्रिय रचना थी। 'पापी' में 6 गीतकार थे, यह तथ्य भी कम रोचक नहीं है। हसरत जयपुरी के लिखे और आशा के गाए 'ऐ जज़्बए मुहब्बत इतना असर दिखा दे' में तंतु वाद्य फ़िलर्स का एस. मोहिन्दर ने अद्भुत प्रयोग किया है। इस गाने की धुन सुंदर होते हुए भी यह गाना अधिक हिट नहीं हुआ, हालाँकि इसी धुन से बेहद मिलती धुन पर 'परवरदिगारे आलम तेरा ही है सहारा' (हातिमताई, 1956) बनाकर एस. एन. त्रिपाठी ने खूब लोकप्रिय बना दिया। यह फ़िल्म संगीत-जगत की अजीब विडम्बना नहीं तो और क्या कही जाएगी? 'पापी' में ही आशा के 'न पहलू में दिल है' और 'कौन कहे उनको जाके ऐ हुज़ूर' में पंजाबी शैली का एस. मोहिन्दर ने खूबसूरत उपयोग करके इस पूरी फ़िल्म को ही एक विशिष्टता दी है। यह भी एक रोचक तथ्य है कि 'तेरा काम है जलना परवाने' आरम्भ में निर्माता ने गीत से असंतुष्ट होकर ठुकरा दिया था और बाद में पूरी शूटिंग के बाद फ़िल्म छोटी लगने के कारण उसकी लम्बाई बढ़ाने के लिए शामिल किया गया। 'पापी' से ही संबंधित एक और मज़ेदार (हालाँकि एस. मोहिंदर के लिए अंततः दुखदायी) कहानी है। दरअसल एस. मोहिंदर को 'अनारकली' के कम्पोज़र के रूप में भी अनुबंधित किया गया था, और उसके लिए उन्होंने दो गीत रेकॉर्ड भी कर लिए थे, पर निर्माता को ये गीत पसंद न आए और इस कारण एस. मोहिंदर ने उन्हें 'पापी' के लिए शामिल कर लिया। निर्माता ने फिर अपना निर्णय बदल दिया और उन गीतों की माँग की। अब एस. मोहिंदर को चुनना था कि वे 'पापी' के निर्माता को नाराज़ करें या फिर 'अनारकली' के। उस समय तक लगभग अनजान बीना राय की अपेक्षा राज-नरगिस की लोकप्रिय जोड़ी की 'पापी' को ही चुनना उन्हें अधिक व्यावहारिक लगा, पर इस निर्णय से एस. मोहिंदर के हाथों से 'अनारकली' निकल गई और चोटी पर आने का मौका भी।

एस. मोहिन्दर की विशिष्ट फ़िल्म थी 'नाता'(1955)। प्रसिद्ध अभिनेत्री मधुबाला (वस्तुतः उनके पिता) द्वारा निर्मित इस फ़िल्म के संगीत के लिए एस. मोहिंदर का चुना जाना एक रोचक तथ्य है जो एस. मोहिंदर और मधुबाला के पिता की एक दूसरे के प्रति दोस्ती और कद्र को रेखांकित करता है। एस. मोहिन्दर ने भी इस फ़िल्म को एक यादगार साउंडट्रैक दिया। हालाँकि 'मत समझो नीर बहाती हूँ' (लता) में हमें 'रामराज्य' के शंकरराव व्यास कृत 'हे चंद्रवदन चंदा की किरण तुम किसका चित्र बनाती हो' (राजकुमारी) की अनुगूँज मिलती है, पर इसके बावजूद दरबारी थाट पर सृजित यह गीत सरोद की लाजवाब संगति के साथ बड़ा सुंदर लगता है। 'लगन लगी है सजन मिलन की बढ़ती जाए लय धड़कन की' (लता) का सितार और लता की गायकी तो अप्रतिम है। इसी प्रकार लता के ही स्वर में काफ़ी थाट पर रचे गए 'इस बेवफ़ा जहाँ का दस्तूर है फ़राना' में सरोद और तबले

के ठेके के साथ एस. मोहिन्दर ने एक खूबसूरत कृति हमें दी है। लता का गाया 'जवानी झूलती है आशिक़ी झूला झुलाती है' एक अलग किस्म का फड़कता पंजाबी शैली का गीत है, पर इससे सुंदर है लता, सुध के स्वरों में 'घिर-घिर छाई मस्त घटाएँ, दूर पपीहा बोले' की उमंग। लता के स्वर में 'देखते-देखते जल गया आशियाँ' भी झिंझोटी पर आधारित एक मधुर कर्णप्रिय रचना थी। 'नाता' में ही एस. मोहिन्दर ने रफ़ी, बलबीर, लता, शमशाद और साथियों के स्वर में 'धड़के-धड़के रह-रहके दिल बावरा' जैसा समूह गीत भी रखा था, पर यह गीत लोकप्रिय होने के बावजूद कुछ विशेष प्रभाव नहीं छोड़ता। मेलोडीप्रधान 'मोरे सलोने कान्हा' (लता, सुधा) भी एक अच्छा गीत था। कुल मिलाकर 'नाता' लता के कुछ सुंदर एकल गीतों और सितार, सरोद के विशिष्ट प्रयोग के कारण एस. मोहिन्दर की एक उपलब्धि मानी जानी चाहिए।

दरअसल एस. मोहिन्दर के संगीत का एक ख़ास पहलू ही था उनके द्वारा संजीदा गीतों के सृजन में सितार और सरोद का बेहतरीन उपयोग। एस. मोहिन्दर कभी भी बड़े संगीतकार नहीं बन सके, पर कम से कम छठे दशक में तो दूसरी पायदान के संगीतकारों के बीच महत्त्वपूर्ण बने रहे और बीच-बीच में कुछ उत्कृष्ट रचनाओं के सृजन से प्रभावित भी करते रहे। ऐसे उत्कृष्ट गीतों में 'शहज़ादा' (1955) का एच. एम.व्ही. द्वारा निकाले गए तलत के 'रेयर जेम्स' कैसेट्स में शामिल मैंडोलिन की संगत के साथ 'ग़म न कर खुशी का दौर आएगा', 'कारवाँ' (1956) का अरबी शैली में 'ऐ सारबाँ सारबाँ किस राह का राही है तू' (लता, दुर्रानी), धीमी लय और दादरा ताल पर 'ऐ रात के मुसाफ़िर' (लता) एवं 'आ जा तुझे मुहब्बत आवाज़ दे रही है' (तलत), और एस. मोहिन्दर की सर्वाधिक हिट फ़िल्म 'शीरीं-फ़रहाद' (1955) के गीत शामिल किए जा सकते हैं।

'शीरीं-फ़रहाद' में तो एस. मोहिन्दर मानो अपना उत्कर्ष पा गये हैं। लता का बेहद लोकप्रिय गीत 'गुज़रा हुआ ज़माना आता नहीं दुबारा, हाफ़िज खुदा तुम्हारा' तो आज भी लोगों की यादों में रचा-बसा है। इस गीत में पंजाब की संगीत-शैली का असर स्पष्ट है। रफ़ी का 'हज़ारों रंग बदलेगा ज़माना' भी अपने ज़माने में खूब लोकप्रिय हुआ था और रफ़ी तथा साथियों के स्वर में 'आँखों में तुम्हारे जलवे हैं होंठों पे तुम्हारे अफ़साने' की कव्वाली तो बहुत ही अच्छी बन पड़ी है। इस कव्वाली को तो आज भी सुधी श्रोता बड़ी कसक से याद करते हैं। तलत के ख़ास अंदाज़ में गाए 'सुनाऊँ किसको अफ़साना, न अपना है न बेगाना' को भी एच.एम.व्ही. ने अपने उसी तलत के 'रेयर जेम्स' कैसेट्स में जगह देकर सम्मानित किया है। पर इन गीतों के अलावा 'शीरीं-फ़रहाद' की उपलब्धि का एक सुंदर पहलू हेमंत कुमार के तीन युगल गीत भी रहे हैं। हेमंत कुमार ने लता के साथ सम्भवतः भैरव थाट में बड़े ही अलग अरबी संगीत के अंदाज़ में कम्पोज़ किए गए 'आ जा ओ जाने वफ़ा' को तो अमर ही बना दिया। हेमंत और आशा के युगल स्वरों में 'ऐ दिलरुबा जाने वफ़ा तूने ये क्या जादू किया' में इस अंदाज़ को द्रुत कर एस. मोहिन्दर ने बड़ी मक़बूल धुन बनाई। हेमंत, आशा का 'खुशियों को लूटकर' अवश्य इन दोनों गीतों के मुक़ाबले कमज़ोर पड़ता है, पर कुल मिलाकर 'शीरीं-फ़रहाद' एस. मोहिन्दर का सबसे लोकप्रिय साउंडट्रैक रहा, इसमें दो मत नहीं है।

'सौ का नोट' (1955), 'सुल्तान-ए-आलम' (1956), 'पाताल परी' (1957) में एस. मोहिन्दर कुछ विशेष नहीं कर पाए हालांकि 'सुल्तान-ए-आलम' में उन्होंने मुकेश से उनका एक दुर्लभ गीत 'गिरेंगी बिजलियाँ कब तक, जलेंगे आशियाँ कब तक' गवाया था। अस्पी ईरानी निर्देशित और चाँद उस्मानी तथा जॉनी वाकर अभिनीत 'नया पैसा' (1958) के चुलबुले गीत या शीला रमानी और जयराज अभिनीत 'भगवान और शैतान' (1959) के उपदेशात्मक गीत भी असफल रहे। शीरी-फ़रहाद की सफलता को एस. मोहिन्दर कायम नहीं रख पाए, अलबत्ता इस दौर के भी उनके कुछ गीत अच्छे ही थे। 'ऐ जाने जहाँ जाते हो कहाँ' (रफ़ी, साथी—'पातालपरी'), 'मुसाफिर राह कर पैदा' (रफ़ी, आशा) और 'जवान आँखों में कितना सरूर होता है' (रफ़ी, आशा—'सुन तो ले हसीना', 1958) जैसे गीत बुरे नहीं कहे जा सकते। फ़िल्मिस्तान लिमिटेड की 'खूबसूरत धेखा' (1959) में तो एस. मोहिंदर ने मुकेश के लिए दो लाजवाब गीत कम्पोज़ किए। 'किसी का दिल चुरा लेना बड़ी प्यारी शरारत है' की रुकती-चलती तर्ज़ लोकप्रिय भी रही थी और 'ये जवानी ये हसीं रात खुदा खैर करे' तो अपने अंदाज़ में मुकेश का निराला ही गीत होगा। इस गीत में सितार का प्रयोग बहुत सुंदर है। शायद इसी कारण एच.एम.व्ही. ने इस जबर्दस्त धुन और वाद्य-संयोजन भरे गीत को मुकेश के 'विंटेज फ़ेवरिट्स' कैसेट में स्थान दिया है। इसी प्रकार मधुबाला लिमिटेड की ही फ़िल्म 'महलों के ख्वाब' (1960) में संगीत देने के लिए पुनः मिले मौके का फ़ायदा उठाकर एस. मोहिंदर ने 'ऐ जाने जिगर घुट-घुट के अगर रातें हों बसर क्या होगा' (किशोर, आशा) जैसा सदाबहार रोमांटिक गाना और 'गर तुम बुरा न मानो' (सुबीर सेन, आशा) जैसी बेहतरीन धुन बनाकर जैसे यह सिद्ध किया कि अभी वे चुके नहीं थे। चंदूलाल शाह निर्देशित 'ज़मीन के तारे' (1960) का 'ये ज़मीन हमारी ये आसमां हमारा' (आशा, मन्ना डे, साथी) और चर्च की प्रार्थना की शैली में एकॉर्डियन के सुंदर प्रयोग के साथ 'दीप गगन के तुम हो' (आशा, सुधा), अप्रदर्शित

फ़िल्मिस्तान लिमिटेड की 'दो दोस्त' के 'ये सोने की दुनिया यह चाँदी की दुनिया' (हेमंत) और 'चुप ज़मीं आसमाँ कह सके ना ज़ुबाँ' (जिसे एच.एम.व्ही. ने मन्ना डे के 'रेयर जेम्स' कैसेट में जगह दी है) या फ़िल्मिस्तान की ही 'एक लड़की सात लड़के' (1961) के गीतों के साथ एस. मोहिंदर अभी भी कायम थे।

सातवें दशक के आरम्भ में ही एस. मोहिंदर ने प्रभा पिक्चर्स की 'जय भवानी' (1961) में सदाबहार लोकप्रिय गीत दिए। सम्भवतः दरबारी में कम्पोज़ किया गया और वॉयलिन तथा क्लैरिनेट के सुंदर प्रयोगवाला 'यहाँ रात किसी की रोते कटे' (मुकेश) तो आज भी मुकेश के हिट दर्दीले गीतों में स्थान रखता है। सुमन, मुकेश के स्वरों में 'शमाँ से कोई कह दे कि तेरे रहते-रहते अँधेरा हो रहा' की धुन भी अलग हटकर थी और खूब लोकप्रिय हुई। 'झूम के पिया की गली'(सुमन) में भी सुंदर वाद्य-संयोजन, विशेषकर क्लैरिनेट का प्रयोग अच्छा लगता है। 'बेख़बर' (1964) के राग मल्हार पर आधारित 'क्यों चमके बिजुरिया सावन की' (आशा, साथी), 'इधर हमने पी ली कोई शै नशीली' (आशा), 'फिर तेरी याद नए गीत सुनाने आई' (रफ़ी) जैसे गीत काफ़ी चले थे। 'फिर तेरी याद नए गीत' तो एक अद्‌भुत कृति थी और मदनमोहन की रफ़ी से गवाई किसी भी ग़ज़ल के समकक्ष मानी जाएगी। पर 'बेखबर' हिंदी फ़िल्म-संगीत के पटल पर एस. मोहिंदर की आख़िरी उल्लेखनीय फ़िल्म कही जाएगी। सातवें दशक में एस. मोहिंदर कम ही हिंदी फ़िल्मों में आए। फिर भी हिंदी फ़िल्म-संगीत में उनके इस फीके अंतिम दौर में भी कुछ भूले-बिसरे गीतों की चर्चा हमें अवश्य करनी चाहिए। द्रुत दादरा ताल पर सृजित भोर के सुरों को लेकर सृजित 'पनिया भरन राधा आई जमना तट पे' (सुमन, साथी—बाँके साँवरिया, 1962), 'मौसम लहरा गया नशा-सा छा गया' (आशा, रफ़ी, 'पिकनिक', 1966), 'ज़राक खान' (1963) के 'शाम की तन्हाइयाँ हैं (आशा) और अफ़गानी ताल पर रचित 'तारों की छाँव तले शमाँ परवाना मिले' (सुमन, रफ़ी) और सम्भवतः बागेश्वरी पर आधारित लता का 'बलमवा बोलो ना' (पिकनिक, 1966) जैसे गीत बड़े अच्छे बने थे, भले ही आज हम उन्हें याद न करते हों। पर कुल मिलाकर 'रिपोर्टर राजू' (1962), 'कैप्टन शेरू' (1963), 'सरफ़रोश' (1964) 'प्रोफेसर एक्स' (1966), 'सुनहरे कदम' (1966—बुलो सी. रानी के साथ) जैसी स्टंट या छोटी फ़िल्मों से उकताकर एस. मोहिंदर पंजाबी फ़िल्मों की ओर अधिक मुड़ गये। यह एक तरह से उनके लिए बड़ा शुभ साबित हुआ क्योंकि हिंदी फ़िल्मों में हाशिए पर रहने वाले एस. मोहिंदर ने पंजाबी फ़िल्म 'नानक नाम जहाज़ है' में संगीत की ऐसी ऊँचाई को छू लिया कि उन्हें संगीत के लिए 1970 में राष्ट्रीय पुरस्कार मिल गया। फ़िल्म के 'दे शिवा वर मोहे' (महेंद्र), 'मेरे साहिब' (आशा), 'हम मैले तुम उज्जल करते' (मन्ना डे), 'रे मन ऐसो कर' (आशा), 'कल तारन गुरु नानक आया' (भाई समुंद सिंह रागी) जैसे शबद बेहद सराहे गये। एस. मोहिंदर के गैरफ़िल्मी शबद, रफ़ी के गाए 'हर का नाम सदा सुखदाई' और आशा के गाए 'मितर प्यारे', 'थिर थिर बैसो' भी खूब लोकप्रिय रहे हैं। बाबा फ़रीदुद्दीन गंज-ए-शक्कर के सूफ़ियाना कलाम को लेकर जगजीत सिंह, नीलम साहनी आदि के स्वरों में एस. मोहिंदर की कम्पोज़ की हुई धुनों का एक एलबम भी चर्चित रहा है। पंजाबी फ़िल्म 'तेरी-मेरी एक जिंदड़ी' में भी उनका संगीत लोकप्रिय रहा था।

जहाँ तक हिंदी फ़िल्मों का प्रश्न है, एस. मोहिंदर इक्का-दुक्का फ़िल्मों में नजर आते रहे। पी. एन. ए. थियेटर एंड मूवी वर्कशॉप की प्रयोगात्मक फ़िल्म 'संदली' में नवें दशक में भी 'ज़िंदगी क्या है' (भूपेन्द्र, दिलराज कौर) जैसा बेहद खूबसूरत नग़मा उन्होंने खय्याम की शैली में दिया था, पर इस गीत पर लोगों की निगाह नहीं पड़ी। 'दहेज' (1981) में संजय गांधी की मृत्यु पर कम्पोज़ 'अमर रहे संजय' का सामयिक महत्त्व जो भी रहा हो, संगीत के मामले में 'दहेज' भी साधारण ही थी। फ़िल्म-जगत से विदा लेकर एस. मोहिंदर अमेरिका में जा बसे।

संदर्भ

1. हरमिंदर सिंह हमराज : हिंदी फ़िल्म गीतकोश (खंड 2) के अनुसार
2. वही, पृष्ठ 95

शंकर-जयकिशन

'मुझे तुम मिल गये हमदम, सहारा हो तो ऐसा हो'

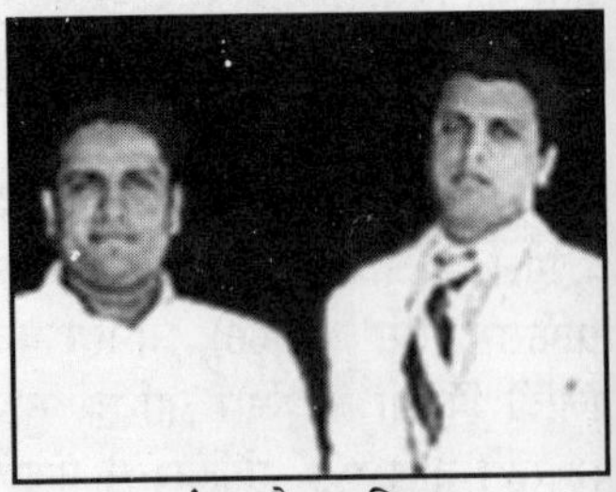

शंकर और जयकिशन

फ़िल्म-संगीत के क्षेत्र में सुपर स्टारडम की मंज़िल तक पहुँचकर वर्षों हर चुनौती को दरकिनार करते छाये रहनेवाले शंकरसिंह रघुवंशी और जयकिशन पंचोली अपने समय के जीते-जागते legend थे । कई फ़िल्म अभिनेताओं में अधिक दाम उन्हें फ़िल्म के संगीत के लिए मिलता था, उनकी कई फ़िल्मों का एक-एक गाना हिट होता था और उनके संगीतमय और व्यक्तिगत ज़िंदगी के किस्से बनते थे और सुने-सुनाए जाते थे ।

शंकर-जयकिशन का पसंदीदा राग था 'भैरवी'। इसे वे सदा सुहागिन राग कहते थे। जहाँ नौशाद की भैरवी गरिमामय और शास्त्रीय ढंग से उभरती थी, वही शंकर-जयकिशन ने भैरवी का प्रयोग बेहद सुगम तथा हलके-फुलके गानों के लिए भी नैसर्गिक सहजता से किया और अत्यंत आकर्षक धुनें बनाईं। यह उल्लेखनीय है कि शंकर-जयकिशन के अधिकांश सुपर हिट गाने भैरवी पर ही आधारित थे। भैरवी जैसे महिमामय राग का संयोग 'मेरा जूता है जापानी', 'रमैया वस्तावैया', 'आवारा हूँ', 'सब कुछ सीखा हमने न सीखी होशियारी' जैसे हलके-फुलके और सरल गीतों के लिए इतना सफलतापूर्वक करना शंकर-जयकिशन के ही बस की बात थी ।

15 अक्टूबर, 1922 को जन्मे शंकर के पिता रामसिंह रघुवंशी मूलतः मध्यप्रदेश के थे और काम के सिलसिले में हैदराबाद में बस गए थे। शंकर को बचपन से ही कुश्ती का शौक था, और उनका कसरती बदन बचपन के इसी शौक का बहुत हद तक परिणाम था। घर के पास के एक शिवमंदिर में पूजा-अर्चना के दौरान तबलावादक का वादन भी बचपन में बहुत आकर्षित करता था, और तबला बजाने की लगन भी दिनोंदिन बढ़ती गई। महफ़िलों में तबला बजाते हुए उस्ताद नसीर खान की निगाह उन पर पड़ी और शंकर उनके चेले हो गये। माली हालात ऐसे थे कि ट्यूशन भी करनी पड़ी। कहते हैं कि हैदराबाद में ही एक बार किसी गली से गुज़रते हुए तबला सुनकर शंकर एक तवायफ़ के कोठे पर पहुँच गए और तबलावादक को गलत बजाने पर टोक दिया। बात बढ़ी तो शंकर ने इस सफ़ाई से बजाकर अपनी काबिलियत का परिचय दिया कि वाह-वाही हो गई। शंकर अपनी कला को और निखारने के लिए एक नाट्य-मंडली में शामिल हो गये जिसके संचालक मास्टर सत्यनारायण थे और हेमावती (जो कहा जाता है कि आगे चलकर राज कपूर का पहला प्यार बनीं) भी वहीं कार्यरत थीं। जब सत्यनारायण और हेमावती ने बम्बई जाकर पृथ्वी थियेटर्स की नौकरी कर ली, तो शंकर भी 75 रुपए प्रतिमाह पर पृथ्वी थियेटर्स में तबलावादक बन गए। पृथ्वी थियेटर्स के नाटकों में कुछ छोटी-मोटी भूमिकाएँ मिलने लगीं और वहीं शंकर ने सितार भी बजाना सीख लिया।

4 नवम्बर, 1932 को जन्मे जयकिशन मूलतः गुजरात के बलसाड़ जिले के बासंदा गाँव के लकड़ी का सामान बनानेवाले परिवार से थे। परिवार गरीब था और जयकिशन के बड़े भाई बलवन्त भजन-मंडली में गा-बजाकर कुछ योगदान करते थे। जयकिशन की भी संगीत-शुरुआत इसी भजन-मंडली के साथ हारमोनियम बजाकर हुई। प्रारंभिक संगीत की शिक्षा बाड़ीलाल और प्रेमशंकर नायक से मिली बासंदा की ही प्रताप सिल्वर जुबली गायनशाला में (जिसे आज जयकिशन के नाम पर कर दिया गया है)। उस वक्त के मंदिरों के त्यौहार-संगीत और गुजराती आदिवासियों के नृत्य संगीत के तत्त्व उन्हीं दिनों जयकिशन के मन में घर क

गए जिसके कई shades बाद में उनके संगीत में भी समय-समय पर झलके। भाई बलवंत की नशे की लत से मौत के बाद जयकिशन अपनी बहन रुक्मिणी के पास बलसाड़ आ गए और अपने बहनोई दलपत के साथ कारखाने में कुछ दिन काम किया, फिर दलपत के साढ़ू के पास बम्बई में ग्रांट रोड के पास रहते हुए एक कपड़े के कारखाने में काम करने के साथ-साथ ऑपेरा हाउस के पास स्थित विनायक राव तांबे की संगीतशाला में हारमोनियम का रियाज़ जारी रखा।

शंकर और जयकिशन की मुलाकात भी अजीब ढंग से हुई। ऑपेरा हाउस थियेटर के पास की व्यायामशाला में कसरत के लिए शंकर जाया करते थे और वहीं दत्ताराम से उनकी मुलाकात हुई थी। दत्ताराम शंकर से तबले और ढोलक की बारीकियाँ सीखने लगे, और एक दिन उन्हें फ़िल्मों में संगीत का काम दिलाने के लिए दादर में गुजराती फ़िल्मकार चंद्रवदन भट्ट के पास ले गए। वहीं जयकिशन भी फ़िल्मों में काम की तलाश में आए हुए थे। इंतज़ार के क्षणों में ही बातों में शंकर को पता चला कि जयकिशन हारमोनियम बजाते थे। उस समय सौभाग्य से पृथ्वी थियेटर में हारमोनियम मास्टर की जगह खाली थी। शंकर ने प्रस्ताव रखा तो जयकिशन झट से मान गए, और इस तरह पृथ्वी थियेटर्स के परचम तले शंकर और जयकिशन साथ-साथ काम करने लगे। 'पठान' में दोनों ने साथ-साथ अभिनय भी किया।

काम के साथ-साथ दोस्ती भी प्रगाढ़ होती गई। शंकर साथ-साथ हुस्नलाल भगतराम के लिए भी तबला बजाने का काम करते थे, और दोनों भाइयों से भी संगीत की कई बारीकियाँ उन्होंने सीखीं। पृथ्वी थियेटर्स में ही काम करते-करते शंकर और जयकिशन राज कपूर के भी करीब आ गए। हालाँकि राज कपूर की पहली फ़िल्म के संगीतकार थे पृथ्वी थियेटर्स के वरिष्ठ संगीतकार राम गाँगुली और शंकर तथा जयकिशन उनके सहायक थे, लेकिन 'बरसात' के लिए संगीत की रेकॉर्डिंग के शुरुआती दौर में जब राज कपूर को पता चला कि 'बरसात' के लिए बनाई एक धुन राम गाँगुली उसी समय बन रही एक दूसरी फ़िल्म के लिए भी प्रयुक्त कर रहे थे तो वे आपा खो बैठे। शंकर-जयकिशन की प्रतिभा के तो वे कायल थे ही, और जब उन्होंने शंकर द्वारा उनकी लिखी कम्पोज़ीशन 'अम्बुआ का पेड़ है, वही मुंडेर है, मेरे बालमा, अब काहे की देर है' की बनाई धुन सुनी तो उन्होंने राम गाँगुली की जगह शंकर-जयकिशन को ही 'बरसात' का संगीत सौंप दिया (यही धुन बाद में 'जिया बेकरार है छाई बहार है' के रूप में 'बरसात' में आई)। वैसे भी राज कपूर अपनी फ़िल्मों से जो संवेदना और अनुभूति की सर्वथा नई ज़मीन तोड़ रहे थे, उसके लिए राम गाँगुली जैसे परम्परागत संगीतकार अनुपयुक्त ही थे। राज कपूर की फ़िल्में एक नई आधुनिक लहर की तरह आई थीं, और इसके लिए उन्हें एक ताजे संगीतमय वातावरण का संदर्भ चाहिए था जिसके लिए शंकर-जयकिशन से बेहतर उन्हें और कोई नहीं मिल सकता था। यह ऐसा संगीत था जो नई-नई प्राप्त स्वतंत्रता के आनंद और उल्लास को परम्परागत रूढ़ियों से मुक्त करके बेलौस और बेबाक ढंग से प्रस्तुत करता था। इस नएपन की लहर के लिए राज ने पूरी टीम ही नई चुनी। इप्टा के एक कवि-सम्मेलन में शैलेंद्र की 'जलता है पंजाब' कविता सुनकर राज कपूर ने उन्हें अपनी फ़िल्मों में गीत लिखने का न्यौता दिया था। प्रगतिशील विचारधारा के शैलेंद्र ने उस समय तो फ़िल्मों की व्यावसायिक ज़िंदगी को ठुकरा दिया पर पुत्र के जन्म के समय आर्थिक परेशानियों के आगे तंग होकर जब वे राज के पास गये तो राज कपूर ने उसी सौहार्दता के साथ उन्हें सर-आँखों पर बिठाया और 'बरसात' का गीतकार बना डाला। इसी प्रकार हसरत जयपुरी की लिखी 'मजदूर की लाश' से प्रभावित होकर पृथ्वीराज कपूर ने राज को उनका नाम सुझाया था। राज कपूर ने उन्हें हाथों-हाथ लिया और 'बरसात' के दूसरे गीतकार हसरत बने। गायिका के रूप में लता का नाम शंकर ने सुझाया। राज पहले भी तारीफ़ सुन चुके थे और 'अंदाज़' की रेकॉर्डिंग के समय लता की प्रतिभा से कायल भी हो चुके थे। मुकेश तो 'आग' से ही उनके साथ थे ही, और इस प्रकार एक नई टीम के साथ राज की फ़िल्मों ने व्यावसायिक फ़िल्म-जगत को यथार्थ, फ़ैंटेसी और रूमानियत की अभूतपूर्व भंगिमाएँ दीं जो बहुत लोकप्रिय और प्रशंसित रहीं।

'बरसात' की दर्दीली वॉयलिन
आर.के. फिल्म्स का प्रतीक ही बन गई

भैरवी के प्रति आकर्षण शंकर-जयकिशन में आरम्भ से ही रहा। अपनी पहली फ़िल्म 'बरसात' के संगीत में भैरवी ही भैरवी थी। कभी वह 'छोड़ गए बालम मुझ हाय अकेला छोड़ गए' (लता, मुकेश), 'मैं ज़िंदगी में हरदम रोता ही रहा हूँ' (रफ़ी) 'बिछड़े हुए परदेसी' (लता) या 'अब मेरा कौन सहारा' (लता) के रूप में संजीदा ढंग से प्रकट होती थी तो कभी 'बरसात में हमसे मिले तुम सनम' (लता) और 'मुझे किसी से प्यार हो गया' (लता) में शोख और रूमानी ढंग से। 'हवा में उड़ता जाए मेरा लाल दुपट्टा मलमल का' (लता) और हसरत जयपुरी के लिखे पहले फ़िल्मी

गीत 'जिया बेकरार है छाई बहार है' (लता) ने लोकप्रियता के नए रेकॉर्ड बनाए। शैलेंद्र के लिखे पहले फ़िल्मी गीत 'तिरछी नजर है पतली कमर है' (लता, मुकेश) नएपन की इस लहर के बीच अपने नवीन अंदाज़ में बेहद लोकप्रिय हुआ। 'मेरी आँखों में बस गया कोई रे' (लता) की पहाड़ी आधारित धुन और 'प्रेमनगर में बसने वालो' (लता) में आलाप और तान का अद्‌भुत गूँजता टुकड़ा साउंडट्रैक पर वॉयलिन की दर्दीली स्वरलहरियों के साथ 'बरसात' में शंकर-जयकिशन की प्रतिभा और विविधता के सशक्त पहलू बनकर उभरे।

'बरसात' में आर.के. फ़िल्म्स के साथ शंकर-जयकिशन का साथ शुरू हुआ जो वर्षों तक चलता रहा। इस एक फ़िल्म से ही शंकर-जयकिशन संगीत संसार में धूमकेतु की तरह छा गए। शंकर-जयकिशन के संगीत का मुहावरा नया था, अनूठा था और बेहद लुभावना था। जो उन्मुक्तता, आत्मविश्वास-भरी एक तरह की आक्रामकता उनके संगीत में आई, वह अब तक पहले नहीं सुनी गई थी। 'जिया बेकरार है' में हुस्नलाल (क्योंकि शंकर उनके साथ काम करते रहे थे) के हलके से प्रभाव को और दो-एक गीतों में राम गाँगुली की मूल धुन की छाया छोड़ दें तो 'बरसात' का संगीत फ़िल्म-संगीत में एक नई ताज़ी हवा की तरह आया। 'जिया बेक़रार है' की रेकॉर्डिंग के बाद आर.के. की पूरी टीम फ़ेमस स्टूडियो, तारदेव के बाहर सीढ़ियों पर बैठकर सशंकित मन से सोचती रही थी कि पता नहीं इस गीत का, इस फ़िल्म का और आर.के. का क्या होगा? उस समय किसे पता था कि यह टीम फ़िल्म-जगत की सबसे सफल टीम बनकर एक तरह से भारतीय फ़िल्मी दुनिया पर राज ही करने वाली है। शंकर और जयकिशन के रूप में पहली बार ऐसे संगीतकारों का उदय हुआ था, जो अपने साथ ऑरकेस्ट्रा का एक नया खुला प्रयोग लेकर आए। वाद्य-यंत्रों की इस नवीन झंकार के साथ सृजित गुनगुनी धुनों ने श्रोताओं पर नशा-सा कर दिया।

शंकर-जयकिशन के साथ आर.के. की टीम

छठा दशक शंकर-जयकिशन के लिए चोटी पर पहुँचने की यात्रा का दशक रहा। उनका संगीत लगभग हर फ़िल्म में हिट रहा और व्यावसायिक दृष्टिकोण से शंकर-जयकिशन एक सर्वाधिक विश्वसनीय नाम बन गया। इस दशक में शंकर-जयकिशन के संगीत की गुणवत्ता उच्च स्तर की रही—यह तथ्य उनकी लोकप्रियता को और भी महत्त्वपूर्ण बना देता है। संगीत के स्तर में समझौता किए बिना जनमानस की रुचि और पसंद के गीत लगातार बनाते रहना आसान नहीं है, और छठे दशक में शंकर-जयकिशन ने यह सिध्द कर दिया कि उन्हें इस मुश्किल को सरल करने की कला मालूम थी।

'राबिनहुड' के कथानक से प्रेरित मधुबाला, प्रेमनाथ अभिनीत अभिय चक्रवर्ती की 'बादल' (1951) फ़िल्म आज देखने में कुछ विशेष न लगे पर उसके गानों को आज भी बार-बार सुनने को जी चाहता है। मुकेश के स्वर में 'मैं राही भटकने वाला हूँ कोई क्या जाने मतवाला हूँ' की सीधी-सादी धुन के अंदर इतना आकर्षण भरना शंकर-जयकिशन के ही बस की बात थी। लता का 'उनसे प्यार हो गया, दिल मेरा खो गया', 'बरसात' के 'मुझे किसी से प्यार हो गया' का अगला पड़ाव लगता है। मिश्र भूपाली की छाया लिए लता, मुकेश का दोगाना 'ऐ दिल न मुझसे छुपा सच बता क्या हुआ' की रिद्‌म का आकर्षण आसानी से फीका नहीं पड़ सकता। इस गीत के आरम्भ में चर्च ऑर्गेन का प्रयोग भी बहुत दिलकश था। 'दो दिन के लिए मेहमान यहाँ' (लता) की भैरवी आधारित धुन में बाँसुरी और आलाप के प्रयोग से संगीतकारों ने दर्द के भाव की बड़ी सजीव सृष्टि की है।

एक गीत की रिकॉर्डिंग पर जयकिशन, रफ़ी और हसरत जयपुरी

अपने इस आरंभिक दौर में शंकर-जयकिशन पूरी तरह लतामय थे। 'काली घटा' (1951) के सभी छः गानों में लता थीं (पाँच एकल गाने) तो 'पूनम' (1952) और 'औरत' (1958) के सभी नौ-नौ गानों में सिर्फ लता थीं—और किसी के लिए स्थान ही नहीं था। भले ही शंकर-जयकिशन से लता ने अनिल विश्वास, सज्जाद, नौशाद की तुलना में कुछ नया नहीं सीखा हो, पर लता की आवाज़ के विभिन्न आयामों को इस संगीतकार-द्वय ने कुछ कम कुशलता से नहीं उभारा। 'काली घटा' के 'दिल में तू मेरे दिल में तू' और भैरवी आधारित 'हमसे न पूछो कोई प्यार क्या है' में जहाँ लता के स्वर में glide करती हुई रवानगी

प्रकट होती है और 'पूनम' (1952) के 'झूमे-झूमे दिल मेरा चंदा की चाँदनी में झूमे-झूमे दिल मेरा' में झूमती हुई थिरकन उभरती है, वहीं दाग (1952) के 'प्रीत ये कैसी बोल री दुनिया' की कशिश आज भी लाजवाब करने में सक्षम है।

दरअसल छठे दशक के उनके गीतों को सुनकर यह आश्चर्यजनक नहीं लगता कि शंकर-जयकिशन क्यों इतनी जल्दी इतने मशहूर हो गए। 'काली घटा' में ही 'ओ काली घटा घिर आई रे...मधुर मिलन है सजन' (लता, रफ़ी) की मेलोडी में बरसात का वातावरण सृजित हो जाता है तो 'इलाबेल आ रे, दिन हैं प्यारे-प्यारे' में वॉयलिन के प्रयोग से गीत की सुंदरता धूप-भरे दिन की तरह निखर जती है। 'नगीना' (1951) में सी.एच.आत्मा की धीर-गम्भीर आवाज़ में 'रोऊँ मैं सागर के किनारे' जैसा गीत शंकर-जयकिशन की प्रतिभा को रेखांकित करने के लिए पर्याप्त है। इस दौर के शंकर-जयकिशन में विविधता की कमी नहीं झलकती। जहाँ 'दिन सुहाने मौसम बहार का' (पूनम), 'नैनों से नैन हुए चार आज मेरा दिल आ गया' एवं 'उल्फ़त का साज छेड़ो समाँ सुहाना है' (औरत) जैसे गीतों में रिद्म और प्रवाह पर बल देकर शंकर-जयकिशन ने एक नई शैली की ही शुरुआत कर डाली, वहीं 'अब तो आ जा सनम फुरसत के मारे रो दिए' और 'दो दिन की ज़िंदगी में दुःखड़े हैं बेशुमार' जैसे लता के कोमल मेलोडीप्रधान गीतों का सृजन भी उतनी ही कुशलता से करने में वे सफल रहे।

पर छठे दशक के आरंभ की सफलतम फ़िल्में थीं 'आवारा' (1951) और 'दाग' (1952)। मुकेश के स्वर में 'आवारा हूँ' स्वाधीन भारत के रोजगार की तलाश में भटकते नौजवानों का प्रतिनिधि गीत तो बना ही, साथ ही अपने समाजवादी अपील के कारण सोवियत रूस में भी बेहद लोकप्रिय हुआ। राज कपूर को एक अंतर्राष्ट्रीय पहचान देने में जितनी भूमिका भैरवी में सृजित इस गीत की थी, उतनी और किसी की नहीं। सोवियत रूस में पियानो और एकॉर्डियन के अद्भुत प्रयोग वाले इस गीत को राज ने स्वयं भी दर्शकों की भीड़ के सामने अकसर गाया, और एक ट्रिप में वे मुकेश को साथ लेकर गए और वहाँ के दर्शकों के सामने रहस्योद्घाटन किया कि वस्तुतः आवाज़ मुकेश की थी, उनकी नहीं। ज़माने का सताया हुआ और विषम परिस्थितियों से जूझता नायक सड़क के आम आदमी को अपने से नज़दीक महसूस हुआ और राज कपूर की अपनी आरम्भिक हलकी समाजवादी पुट लिए फ़िल्मों की लोकप्रियता के पीछे शंकर-जयकिशन का सहज ही आम आदमी के होंठों पर चढ़ जाने वाली धुनों का बड़ा हाथ रहा। 'दम भर जो इधर मुँह फेरे ओ चंदा' ने पर्दे पर नरगिस-राज की जोड़ी के साथ नवीन और बेबाक फ़िल्मांकन के जरिये प्रेम को एक नई उन्मुक्त परिभाषा दी और यह गाना देश के युवावर्ग का पसंदीदा प्रेमगीत बना। आधे बने आर.के. स्टूडियो की दीवारों के बीच फ़िल्माए 'आवारा' के मशहूर स्वप्न दृश्य के गीत 'तेरे बिना आग ये चाँदनी, तू आ जा' (मन्ना डे, लता, साथी) की स्वप्निल तरंगों जैसी धुन और उनके तुरंत बाद भैरवी में 'घर आया मेरा परदेसी' (लता, साथी) की मैंडोलिन आधारित थिरकन अपनी विराटता में शंकर-जयकिशन को अपने समकालीनों से बहुत आगे ले गया। इस प्रकार के स्वप्न दृश्य का अभूतपूर्व फ़िल्मांकन और अद्वितीय संगीत इस तथ्य को रेखांकित कर गया कि राज कपूर की रचनात्मक नवीन दृष्टि के लिए उस समय शंकर-जयकिशन से अधिक उपयुक्त संगीतकार और कोई नहीं था। वैसे 'घर आया मेरा परदेसी' की प्रेरणा कुलसुम की गाई एक प्रसिद्ध रचना से ली गई थी पर उसका विस्तार, संयोजन और सपनीला फ़िल्मांकन बेहद मौलिक और प्रभावशाली था। सुबह से शुरू हुई इस रेकॉर्डिंग में राज कपूर इतना perfection चाहते थे कि अंतिम रेकॉर्डिंग होने तक रात के तीन बज गए। 'आ जाओ तड़पते हैं अरमां' में भी गायन शैली ने रात का वातावरण सृजित करने में सफलता पाई तो शंकर-जयकिशन ने 'एक दो तीन आजा मौसम है रंगीन' (शमशाद) में महफ़िल के शोर-गुल के उतार-चढ़ाव की पार्श्व ध्वनि के प्रभावी उपयोग से गाने में नाइट क्लब के वातावरण को बेहद सजीव बना दिया। पर इस फ़िल्म का सर्वाधिक सशक्त गीत था दरबारी कानड़ पर आधारित मुकेश का 'हम तुमसे मुहब्बत करके सनम रोते भी रहे हँसते भी रहे'। यह गाना आज भी अपने जीवंत चित्रांकन और मुकेश की दिलकश अदायगी के कारण मुकेश के यादगार गीतों में गिना जाता है। जयजयवंती पर आधारित 'जब से बलम घर आए जियरा मचल मचल जाए' (लता) को छोड़कर आवारा के सभी गानों के संदर्भ और अभिव्यक्ति का पहलू आधुनिक था जिसने फ़िल्म-संगीत में एक तरह की क्रांति ही ला दी। प्रेम और सामाजिकता के नए तेवर के साथ बनी राज कपूर की फ़िल्मों की सफलता में यह संगीत भी एक अनिवार्य हिस्सा बन गया। देर रात तक राज कपूर, लता, मुकेश, शैलेंद्र और हसरत के साथ 'म्यूज़िकल सिटिंग' और सफल रेकॉर्डिंग के बाद ईरानी कैफे या चौपाटी के पास जाकर खाना-पीना एक जीवन-शैली ही बन गई थी जो रचनात्मकता का पर्याय मानी जाने लगी थी।

'दाग' (1952) की सफलता शंकर-जयकिशन के लिए इसलिए और भी महत्त्वपूर्ण थी क्योंकि उन्होंने साबित कर दिया कि राज कपूर ही नहीं बल्कि दिलीप कुमार के लिए भी वे उतने ही मधुर गीत दे सकते थे। दिलीप कुमार की छवि से मेल करते गीत 'ऐ मेरे दिल कहीं और चल' को शंकर पहले मुकेश से गवाना चाहते थे, पर दिलीप के आग्रह पर पहली बार तलत को लाना पड़ा। यह प्रयोग गलत नहीं रहा और भैरवी पर आधारित तथा व्ही. बलसारा से बजवाए एकॉर्डियन की संगत के साथ 'ऐ मेरे दिल कही और चल' ने लोकप्रियता के मील के पत्थर गाड़े। जयकिशन और तलत का प्रयास 'हम दर्द के मारों का इतना ही ज़माना है' भी मैंडोलिन के सुंदर इस्तेमाल और कशिश-भरी धुन के कारण तलत के प्रेमियों को आज तक अभिभूत करता है। 'कोई नहीं मेरा इस दुनिया में' (तलत) में सारंगी, मैंडोलिन, सितार, वॉयलिन और एकॉर्डियन सभी का प्रयोग कुशलता में किया गया है। पहाड़ी पर आधारित 'प्रीत ये कैसी बोल री दुनिया' और 'काहे को देर लगाई रे' तो लता के सदाबहार गीत बन ही चुके हैं।

दिलीप और निम्मी 'दाग़' में

शंकर-जयकिशन अब तक पूर्णतः प्रतिष्ठित हो चुके थे। फ़िल्म भले ही असफल हो जाए, उनका संगीत सुपरहिट रहता था । आर.के. फ़िल्म्स की 'आह' (1953) की असफलता ने उसके गीतों की अपार सफलता को कहीं से भी प्रभावित नहीं किया और 'राजा की आएगी बारात रंगीली होगी रात' (लता) की भैरवी आज भी शादी-ब्याह में बैंड वाले बजाना नही भूलते। 'जाने न नज़र पहचाने जिगर' में बाँसुरी के सुंदर टुकड़ों के साथ मुकेश और लता की आवाज़ों में झरने के पानी सी छलछलाहट है जो इस गाने को फ़िल्म संगीत का एक न भूलनेवाला रूमानी दोगाना बनाती है। भैरवी पर ही आधारित 'सुनते थे नाम हम जिनका बहार से' में लता की चिरपरिचित रवानगी फिर से मुखर होती है तो स्वयं मुकेश पर फ़िल्माया 'छोटी-सी ये जिंदगानी रे' में तॉंगे के बीट्स के साथ दर्दीले शब्दों को बाँधनेवाली सम्भवतः मिश्र काफ़ी आधारित धुन बरबस ध्यान खींचती है। शुद्ध कल्याण आधारित 'ये शाम की तन्हाइयाँ' (लता), मालकौंस और भैरवी की छाया लिए 'आ जा रे अब मेरा दिल पुकारा' (लता, मुकेश) और सम्भवतः बागेश्वरी का पुट लिए 'रात अँधेरी दूर सवेरा' (मुकेश) के साथ जहाँ श्रोता दर्द में डूब जाता है, वहीं 'झनन झनन घुंघरवा बाजे में' लता की आवाज के साथ झूमने पर भी मजबूर हो जाता है—यही था शंकर-जयकिशन की लोकप्रियता का राज़। 'आह' के पार्श्वसंगीत में कथ्य के अनुरूप दर्द को उभारने के लिए राग शिवरंजनी का बेहतरीन उपयोग था। इसी प्रकार देवेंद्र गोयल की 'आस' (1953) का 'देखो जी देखो एक बार इस तरफ देखो' (लता, मुकेश) की दिलकश धुन हो, या किशोर साहू की 'मयूरपंख' (1953) के मैंडोलिन और वॉयलिन के सुंदर संगम के साथ भैरवी में 'खुशियों के चाँद मुस्कुराए रे' (लता), पुनः भैरवी आधारित 'मोहब्बत की दास्तां आज सुनो' (लता) और 'ये बरखा बहार सौतनिया के द्वार' (लता, आशा) जैसे लुभावने गीत हों, या फिर डी.डी. कश्यप की 'नया घर' में पियानो, जलतरंग और बाँसुरी के साथ 'लो आए हैं दिन प्यार करने के' (लता) की कोमल मिठास या तलत के 'हम उनके पास आते हैं' और 'उन्हें तू भूल जा ए दिल' की लज़्ज़त-भरी कशिश हो, शंकर-जयकिशन ने हमेशा श्रोताओं को अपने साथ गुनगुनाने पर बाध्य किया। 'उन्हें तू भूल जा' में पियानो और बाँसुरी के साथ brass ऑरकेस्ट्रा का प्रयोग मोहक-सी नवीनता लेकर आया था।

मुकेश, राज कपूर और शंकर एक गीत की रिहर्सल पर

शंकर-जयकिशन ताल, स्थायी, मुखड़ा और ऑरकेस्ट्रेशन के शिल्प में कई विविधताएँ लेकर आए। भारतीय फ़िल्म-संगीत में 'कॉर्ड्स' का गौरतलब प्रयोग पहली बार करने का श्रेय शंकर-जयकिशन को ही जाएगा। उनके व्दारा प्रयुक्त कई 'कॉर्ड पैटर्न' और रिद्म इटालियन, स्पेनिश, रूसी संगीत आदि से प्रेरित थे। उदाहरण के लिए 'आवारा' का शीर्षक गीत एक रूसी धुन से प्रेरित था, तो इसी फ़िल्म का 'घर आया मेरा परदेसी' प्रसिद्ध अरबियन गायिका (जो लता मंगेशकर की भी चहेती गायिका रही हैं) कुलसुम की 'अलाब अला दिल' से। 'यहूदी' और 'हलाकू' के कई गीतों में अरबी प्रभाव स्पष्ट था तो 'नगीना' के 'तूने हाय मेरे ज़ख्म जिगर को छू लिया' (लता) मिश्र की घाटियों की अनुगूँज लेकर आया। 'चोरी-चोरी' के 'जहाँ मैं जाती हूँ वहीं चले जाते हो' का चेकोस्लोवाकियन प्रभाव तो सर्वविदित है ही। रविराज प्रणामी ने विश्वास नेरूरकर की सम्पादित किताब में ऐसे

आर.के. की टीम उन दिनों एक परिवार की तरह थी

कई उदाहरण दिए हैं—'राजकुमार' के 'दिलरुबा दिल पे तू' का जिप्सी प्रभाव, 'एन इवनिंग इन पेरिस' के 'अकेले-अकेले कहाँ जा रहे हो' की इतालवी प्रेरणा, 'नई दिल्ली' के 'नखरेवाली' में ब्लूज़ का प्रभाव आदि। पर पाश्चात्य संगीत के साथ भारतीय शास्त्रीय या लोकसंगीत को भी शंकर-जयकिशन बड़े भौतिक तरीके से मिश्रण करने में सिद्धहस्त थे। हैदराबाद के रहनेवाले शंकर ने 'रमय्या वस्तावय्या' (श्री 420) और 'है आग हमारे सीने में' (जिस देश में गंगा बहती है) में आंध्र के लोकसंगीत का और साथ ही घाटम जैसे वाद्यों का प्रयोग भी विशेषकर धीमी गति के गानों (जैसे—'आ जा रे अब मेरा दिल पुकारा', 'दम भर जो उधर मुँह फेरे') में किया। फ़िल्म 'हलाकू' (1956) में मैंडोलिन, 'एन इवनिंग इन पेरिस' में accoustic गिटार और transicord, 'बसंत बहार' में बाँसुरी और अपनी कई फ़िल्मों में डफ़ और खंजरी का उन्होंने बहुआयामी प्रयोग किया। 'आवारा' के 'घर आया मेरा परदेसी' में तो वादकों को दूर खड़ा कर उन्होंने गाय की घंटियाँ बजवाकर जबर्दस्त असर पैदा किया था। एकॉर्डियन का भारी प्रयोग तो शंकर-जयकिशन के संगीत की विशेषता बन गया। आर.के. बैनर की फ़िल्मों में तो एकॉर्डियन एक सीधे-सादे सरल समाजवाद की कल्पना करने और जीनेवाले नायक के व्यक्तित्व का संगीतमय आधार ही बन गया। ड्रम और ढोलक आधारित रिद्म पर भी उन्होंने 'मेरा जूता है जापानी', 'आवारा हूँ' जैसी रचनाएँ बनाईं। भैरवी के सीधे-सादे प्रयोग के साथ-साथ उनके ड्रम बीट्स भी सीधे-सादे थे जो इन फ़िल्मों के नायक राज कपूर की सीधी-सादी छवि से मेल खाते थे। 'रिद्म' को स्थायी रख कर scale में परिवर्तन का प्रयोग भी उन्होंने अपने कई गीतों में किया। 'कहता है जोकर सारा ज़माना' इसका एक अच्छा उदाहरण है तो 'राजा की आएगी बारात' इसका अद्भुत उदाहरण। शंकर ने एक बार कहा था कि गीत कम्पोज़ करते समय राग, पट्टी आदि को सोचकर वे कम्पोज़ नहीं करते थे। एक बार जब सिचुएशन उनके दिमाग में बैठ जाती थी, तो फिर वे उसी को ध्यान में रखकर संगीत की अभिव्यक्ति के तरीके खोजते थे। जो बन जाता था, वह बाद में पता चलता था कि कौन-सा राग है, क्या है, आदि। शंकर-जयकिशन अपने गीतों पर अथक परिश्रम भी करते थे। 10-12 घण्टों तक लगातार रिहर्सल तो आम बात थी। 'जिस देश में गंगा बहती है' के 'आ अब लौट चलें' के कोरस का रवानगी-भरा असर तो 36 घंटों की रिहर्सल के बाद आ पाया। और इतने परिश्रम के बीच भी शंकर-जयकिशन ने अनेक वर्षों तक यह ध्यान अवश्य रखा कि धुनों की सरलता पर असर न आए—धुनें जटिल और दुरूह न हों बल्कि ऐसा असर पैदा किया जाए कि सुहासचंद्र कुलकर्णी के शब्दों में 'सादगी ही अलौकिक लगने लगे'।[1] यह भी कहा गया है कि उनकी धुनों में इतनी गहराई थी कि आप चाहे उन्हें पियानो पर बजाएँ, या मैंडोलिन पर या गिटार पर, ऐसा लगता था, मानो उसी वाद्ययंत्र को ध्यान में रखकर वह धुन बनाई गई थी। शंकर-जयकिशन ने फ़िल्म-संगीत के ऑरकेस्ट्रेशन में एक क्रांति-सी ला दी। एक बहुत बड़े ऑरकेस्ट्रा के साथ ही वे गानों की रेकॉर्डिंग करते थे। अकसर ही गाने की रेकॉर्डिंग के वक्त पचास से अधिक तो वॉयलिनवादक ही रहते थे। तंतु वाद्य-यंत्रों का भी पार्श्व में प्रयोग उनके गानों में अधिकांशतः बड़े कौशल से किया जाता था। विशेषकर लता, मुकेश के दोगानों में मुकेश की तकनीकी ख़ामियों को ढँकने के लिए मुकेश की आवाज़ के साथ तंतु वाद्य-यंत्रों का प्रयोग अधिक होता था। दरअसल शंकर-जयकिशन की ऑरकेस्ट्रा की तीव्रता फ़िल्म-संगीत के क्षेत्र में एक नई धारा का सूत्रपात करती है। कभी-कभी तो सौ-सौ वॉयलिन का एकसाथ बजना एक अद्भुत असरकारी प्रभाव छोड़कर स्तब्ध कर देता है। 'आ अब लौट चलें' (लता, मुकेश, साथी), 'तेरा जाना दिल के अरमानों का लुट जाना' (लता), 'सब कुछ सीखा हमने' (मुकेश), 'क्या हुआ ये मुझे क्या हुआ' (लता, आशा) जैसे कई उदाहरण इन वॉयलिनों की

ऑरकेस्ट्रा संचालित करते शंकर और जयकिशन

तरह ही दिमाग में कौंध से जाते हैं।

रविराज प्रणामी ने अपने आलेख में बहुत सही फ़रमाया है कि शंकर-जयकि़शन का ऑरकेस्ट्रा गायन के समकक्ष खड़ा रहता है।[2] इसमें उनके अरेंजर सेबेस्टियन के योगदान से इनकार नहीं किया जा सकता, लेकिन सेबेस्टियन तो कई अन्य संगीतकारों का भी संगीत अरेंज करते थे और शंकर-जयकिशन वाला प्रभाव यदि अन्य के साथ नहीं आ पाया तो शंकर-जयकिशन की अरेंजिंग में भी कल्पनाशीलता और पर्यवेक्षण के कौशल से इनकार नहीं किया जा सकता। चाहे वादक के रूप में पन्नालाल घोष की 'मैं पिया तेरी तू माने या न माने' की बाँसुरी हो, या बल्सारा का 'याद न जाए बीते दिनों की' का हारमोनियम हो, या रामप्रसाद और चिक चॉकलेट का 'अजीब दास्ताँ है ये' का अभूतपूर्व ट्रम्पेट हो, ढेर सारे गीतों में दत्ताराम का ढोलक हो और बलसारा का पियानो हो, या फिर बेशुमार गीतों का एकॉर्डियन हो, हरेक वाद्य गीत के साथ अपना समानांतर अस्तित्व बनाता चलता है। फ़िल्म-संगीत में वाल्ट्ज, स्विंग, रॉक एंड रोल, रेगी का प्रभाव शंकर-जयकिशन के संगीत सफर में भी एक नई पीढ़ी की परम्पराओं को तोड़ते और अपने स्वतंत्र अस्तित्व को रेखांकित करते बयान के रूप में स्वीकार्य हुआ। वादकों के बीच की बैलेंसिंग को एक नया आयाम देने में जयकिशन का कोई सानी नहीं था। कई अरेंजरों ने जय से ही यह कला सीखी थी।

छठे दशक के मध्य की फ़िल्मों की चर्चा यदि शंकर-जयकिशन के संदर्भ में की जाए तो 'पतिता' (1953), 'शिकस्त' (1953), 'बादशाह' (1954), 'श्री 420' (1955) और 'सीमा' (1955) का ज़िक्र अवश्यम्भावी हो जाता है क्योंकि इन्हीं फ़िल्मों से शंकर-जयकिशन ओ.पी. नैय्यर के अलावा अन्य संगीतकारों को विश्वसनीय तरीके से पीछे छोड़कर चोटी के संगीतकार बन सके। 'पतिता' (1953) के सभी गीत न सिर्फ़ हिट रहे बल्कि मधुरता की दृष्टि से भी उनको उच्च कोटि के गीतों में शामिल किया जा सकता है। 'हैं सबसे मधुर वो गीत जिन्हें हम दर्द के सुर में गाते हैं' ने तलत के स्वर में वास्तव में शब्दों को चरितार्थ किया। 'मिट्टी में खेलते हो बार-बार किस लिए' में pitch का परिवर्तन और पियानो का लुभावना प्रयोग शैलेंद्र के खूबसूरत शब्दों के साथ पूरा न्याय करते हैं। 'याद किया दिल ने कहाँ हो तुम' (हेमंत, लता) में जयकिशन की अलग-सी लगने वाली धुन और एकॉर्डियन के साथ ने मिलकर एक अद्भुत समाँ बाँधने में सफलता प्राप्त की है। 'किसी ने अपना बना के मुझको मुस्कुराना सिखा दिया' गाने की न सिर्फ़ धुन लाजवाब है बल्कि लता ने इसे इस खूबसूरती से गाया है कि गाने की रेकॉर्डिंग के बाद गद्गद होकर शंकर ने लता को सौ रुपए तारीफ़ के भेंट कर दिए थे। 'अंधे जहाँ के अंधे रास्ते' (तलत) में एकॉर्डियन और मैंडोलिन दोनों का अच्छा प्रयोग है पर यह गाना 'पतिता' के अन्य गानों के सामने कुछ कमज़ोर लगता है।

'शिकस्त' फ़िल्म खास चली नहीं और उसके गाने भी 'पतिता' के समान हिट नहीं हुए पर संगीत इस फ़िल्म का भी उल्लेखनीय है। शुरुआत का फ़िल्म शीर्षक संगीत ही लाजवाब बन पड़ा है। शंकर का कम्पोज़ किया हुआ 'कारे बदरा तू न जा' संगीतकार की बढ़ती हुई परिपक्वता को दर्शानेवाला गीत है। सितार, तबला और हारमोनियम की जबर्दस्त संगत पर तलत का 'सपनों की सुहानी दुनिया को आँखों में बसाना मुश्किल है' तलत के किसी भी संग्रह का स्वर्णिम रत्न बन सकता है। 'तूफ़ाँ में घिरी हैं मेरी तक़दीर की राहें' (तलत) इस गीत के सामने फीका है, पर तलत, लता का दोगाना 'जब जब फूल खिले' और हेमंत का शीर्षक गीत 'हम तो हैं खेल-खिलौने' शंकर-जयकिशन के उन दुर्लभ गानों में हैं जिनकी संगीतप्रेमियों को तलाश रहती है।

इसी प्रकार 'बादशाह' (1954) फ़िल्म किसी भी संगीतप्रेमी को हेमंत, लता के उस अलौकिक दोगाने 'आ नीले गगन तले प्यार हम करें' के लिए सदा-सदा याद रहेगी। यह गीत कोमलता और मृदुता की पराकाष्ठा है, यह कहना अतिशयोक्ति नहीं होगा। फ़िल्म-संगीत के सम्पूर्ण इतिहास के सर्वश्रेष्ठ रूमानी गीतों में इसे शामिल किया जा सकता है । हसरत के खूबसूरत शब्दों और वॉयलिन तथा एकॉर्डियन के साथ जयकिशन की दादरा ताल में रचित अविस्मरणीय धुन को लता और हेमंत ने इतनी तन्मयता से गाया है कि यह गीत मेलोडी का पर्याय बन गया है। भैरवी से अलग हटकर इसे जयकिशन ने सम्भवतः बागेश्वरी (या भीमपलासी की भी छाया?) में सजाया है। इस फ़िल्म का एक अन्य गीत 'गुल मुस्कुरा उठा बुलबुल ये गा उठा' (लता, साथी) वार्षिक बिनाका गीतमाला के शीर्षक गीतों में था, पर यह गीत या बाँसुरी, एकॉर्डियन और ढोलक पर सृजित भैरवी में 'ले गया ले गया' (लता, साथी) और हेमंत का हिट गीत 'रुला कर चल दिए इक दिन', 'आ नीले गगन के तले' के माधुर्य के सामने कहीं नहीं ठहरते।

'पूजा' (1954) शंकर-जयकिशन की कम सफल फ़िल्मों में गिनी जाएगी। इस फ़िल्म में पहली बार रफ़ी को प्रधान गायक के रूप में लेकर शंकर-जयकिशन आए थे और रफ़ी के स्वर में 'चल चल रे मुसाफ़िर चल' और 'सोच न मनवा, तेरी तकदीर बनाने वाला सोचेगा' कुछ हद तक लोकप्रिय भी हुए। रफ़ी के साथ कृष्णराव चोंकर जैसे शास्त्रीय गायक को लाकर शंकर-जयकिशन ने 'रुमझुम के न जाओ बंसरी' जैसा गीत भी गवाया, पर कुल मिलाकर इस फ़िल्म में शंकर-जयकिशन का वह जादू नज़र नहीं

आता जिसके लिए वे मशहूर हो चुके थे ।

परंतु 'सीमा' (1955) और 'श्री 420' (1955) की सफलता के तूफ़ान के सामने 'पूजा' की तुलनात्मक विफलता ने कोई प्रभाव नहीं छोड़ा। 'सीमा' में भैरवी में रचित 'सुनो छोटी-सी गुड़िया की लम्बी कहानी' में अली अकबर खान का सरोद, जयजयवंती पर आधारित 'मनमोहना बड़े झूठे' (लता) में लता की तानें, दरबारी पर बने 'तू प्यार का सागर है' में मन्ना डे की अभिभूत करने वाली गायकी—इन्हें कौन भुला सकता है? 'सुनो छोटी सी गुड़िया' को तो ख़ास तौर से शंकर ने अमजद अली खाँ के सरोद को ध्यान में रखकर कम्पोज़ किया था। खान साहब ने शंकर से कहा था कि फ़िल्मी संगीतकारों के मन में सितार के प्रति पूर्वग्रह भरा हुआ है, और सरोद को समझना उनके लिए कठिन होता है क्योंकि सरोद के टुकड़ों को तो एक सरोद बजानेवाला ही समझकर ढाल सकता है। शंकर ने यह चुनौती स्वीकार की और परिणाम था 'सुनो छोटी-सी गुड़िया की लम्बी कहानी'। अपने अभिन्न मित्र और सहयोगी प्रो. सुहासचंद्र कुलकर्णी को शंकर ने बताया था कि शुरू में इस गीत में सरोद के टुकड़ों की कल्पना उनके मन में नहीं थी, पर रेकॉर्डिंग के वक्त उन्हें यह ख़याल आया और बड़े रचनात्मक तरीके से इन टुकड़ों को गीत में शंकर पिरो गये।[3] रफ़ी के स्वर में 'कहाँ जा रहा है तू ऐ जाने वाले' और ढोलक के सुंदर उपयोग के साथ 'हमें भी दे दो सहारा कि बेसहारे हैं' और लता के स्वर में 'बात बात में रूठो ना' जैसे लोकप्रिय गीत भी इसी फ़िल्म में थे।

अपनी फ़िल्म के हर गाने को हिट कराने की कला शंकर-जयकिशन में भरपूर थी। इसका सबसे अच्छा उदाहरण 'श्री 420' (1955) बना। भैरवी में ही 'मेरा जूता है जापानी' (मुकेश) न सिर्फ़ सालाना बिनाका गीतमाला की पहली पादान पर आया, बल्कि देश-विदेश में सालों तक गुनगुनाया जाने वाला गीत बन गया। 'सर पे लाल टोपी रूसी' के साथ राज कपूर रूसी नागरिकों के चहेते बन गए तो 'फिर भी दिल है हिंदुस्तानी' के साथ हिंदुस्तानी युवावर्ग के उस समुदाय के प्रतिनिधि जिसका तमाम दुःख-दर्द के बावजूद अभी देश से पूर्णतः मोह भंग नहीं हुआ था। चूँकि मुकेश उन दिनों अपने स्वयं के फ़िल्म-निर्माण से वक्त निकाल कर अधिक गानों की रिहर्सल के लिए तैयार नहीं थे, अतः इस वर्ग ने मन्ना डे के सुर में सुर मिलाकर 'दिल का हाल सुने दिलवाला' भी झूम-झूम कर गाया। 'रमैया वस्तावय्या' (रफ़ी, लता, मुकेश) की भैरवी में शंकर दक्षिण भारतीय संगीत का रंग लेकर आए तो 'ईचक दाना बीचक दाना' (लता, मुकेश) में जयकिशन उत्तर भारतीय ग्रामीण रस का यमनी बिलावल रंग। यमन कल्याण पर रचा 'ओ जाने वाले मुड़ के ज़रा देखते जाना' और 'शाम गई रात आई कि बलम आ जा' में लता के स्वर और नरगिस की अदाकारी के साथ पूरा देश मग्न हो गया। बागेश्वरी का पुट लिए 'प्यार हुआ इकरार हुआ, प्यार से फिर क्यों उरता है दिल' (लता, मन्ना डे) नरगिस-राज के रोमांस की नयी तस्वीर लेकर आया और अपनी शानदार धुन और ऑरकेस्ट्रेशन से युवाओं के नस-नस की धड़कन बन गया। राज कपूर इस गीत से इतने प्रभावित थे कि फ़िल्म की रेकॉर्डिंग के दौरान ही एक छतरी मँगाकर नरगिस के साथ उसे फ़िल्मांकित करने की कल्पना को साकार करने लगे थे। छतरी के नीचे खड़े राज, नरगिस और सामने से आते हुए भविष्य के अभिनेता कपूर बच्चों का वह दृश्य तो अमर ही हो गया है। 'आवारा' की ही तर्ज़ पर क्लब संगीत के रूप में 'मुड़ मुड़ के न देख मुड़ मुड़ के' की संगीत-रचना भी बेहद लोकप्रिय हुई (जयकिशन स्वयं भी इस गीत में पर्दे पर नज़र आते हैं) और 'श्री 420' के साथ शंकर-जयकिशन संगीतकारों में शीर्ष की पदवी पा गए। इस सफलता को बरकरार रखने में मदद की 'चोरी-चोरी' (1956) के संगीत की अपार लोकप्रियता ने। मुकेश की फ़िल्म-निर्माण की व्यस्तता के कारण मन्ना डे और लता के साथ 'प्यार हुआ इकरार हुआ' के रोमांस को आगे बढ़ानें का काम 'ये रात भींगी-भींगी', 'आ जा सनम मधुर चाँदनी में हम', 'पंछी बनूँ उड़ती फिरूँ मस्त गगन में' और 'जहाँ मैं जाती हूँ वहीं चले आते हो' की थिरकती धुनों ने बखूबी किया। वहीं राग गारा पर आधारित 'उस पार साजन इस पार धारे' (लता, साथी) और शुद्ध कल्याण पर रचित जटिल किन्तु काबिलेतारीफ़ कम्पोज़ीशन 'रसिक बलमा' (लता)

'प्यार हुआ इकरार हुआ'

'दिल का हाल सुने दिल वाला'

ने शंकर-जयकिशन को लोकप्रियता के साथ प्रतिष्ठा भी दी। 'आल लाइन क्लियर' (रफ़ी), 'मनभावन के घर जाए गोरी' (लता, आशा) और 'सवा लाख की लाटरी' जैसे गीत भी खूब चले। मन्ना डे को भक्ति-गीतों से अलग एक नई रूमानी पहचान दिलाने में 'चोरी-चोरी' के गीतों का बड़ा हाथ रहा। आज यह सोचना आश्चर्यजनक लगता है कि 'चोरी-चोरी' के 'ये रात भींगी-भींगी' के रिहर्सल के समय निर्माता शेट्टी को जब यह पता चला कि गाना मुकेश नहीं बल्कि मन्ना डे गानेवाले हैं तो उन्होंने रेकॉर्डिंग ही रद्द कर दी थी। यह दूसरी बात है कि राज कपूर ने शेट्टी को मनाया और मन्ना डे ने इस अपमान का घूँट पीकर भी इतनी खूबसूरती से गाया कि शेट्टी भी कायल हो गए और मन्ना डे से माफ़ी माँगी। मन्ना डे की throw करती शैली में गाना एक विशिष्टता के रूप में इस फ़िल्म में उभरी।

बच्चों को केंद्र में रखकर राज कपूर की बहुप्रशंसित 'बूट पॉलिश' (1953) के संगीत की चर्चा में कई लोग 'नन्हे-मुन्ने बच्चे तेरी मुट्ठी में क्या है' (रफ़ी, आशा, साथी) और 'ठहर ज़रा ओ जाने वाले' (आशा, रफ़ी, साथी) जैसे हलके-फुलके गीतों के बाद बात बंद कर देते हैं, लेकिन इस फ़िल्म में भी कुछ उत्कृष्ट रचनाएँ थीं। मैंडोलिन के साथ लोकधुन की छाया लिए 'चली कौन से देस गुजरिया तू सज धज के' (तलत, आशा) तो अपने-आपमें अनूठी ही रचना थी जिसकी मिठास आज भी अभिभूत कर देती है। मल्हार और अडाना में 'लपक-झपक' (मन्ना डे, आशा, साथी) और केदार में 'कान्हा जा जा रे' (लता) जैसी उत्तम रचनाएँ इस बात का प्रमाण हैं कि शंकर-जयकिशन भैरवी से अलग भी कितने सशक्त थे। 'तुम्हारे हैं तुमसे दया माँगते हैं' (रफ़ी, आशा, साथी) जैसे सुंदर प्रार्थना गीत के इंटरल्यूड्स के ऑरकेस्ट्रा में हमें 'ओ बसंती पवन पागल' का आभास मिलता है। शंकर-जयकिशन ने कई बार अपने गीतों में इंटरल्यूड्स के ऑरकेस्ट्रा की धुन या पार्श्वसंगीत के किसी टुकड़े की धुन को लेकर आगे पूरा गीत ही बना डाला। जैसे 'आह' के शिवरंजनी आधारित पार्श्व स्कोर में और फिर 'जिस देश में गंगा बहती है' के पार्श्वसंगीत में हमें वर्षों बाद बनाई जानेवाली 'जाने कहाँ गए वो दिन' की धुन मिल जाती है। 'आह' में ही 'ओ बसंती पवन पागल' की मूल धुन भी हमें पार्श्वसंगीत में स्पष्ट सुनाई देती है।

शंकर-जयकिशन के संगीत सफ़र में 'बसंत बहार' (1956) एक उल्लेखनीय पड़ाव के रूप में माना जाता है, क्योंकि इस फ़िल्म में विशुद्ध शास्त्रीय संगीत देकर भी वे न सिर्फ़ बेहद लोकप्रिय रहे बल्कि उन्होंने अपने उन तमाम आलोचकों को करारा जवाब दिया जिनका मानना था कि शंकर-जयकिशन की लोकप्रियता इसलिए थी क्योंकि उनका आधार हलका-फुलका था तथा उनमें शास्त्रीयता की कमी थी। 'केतकी गुलाब जूही चम्पक बन फूले' जैसी रचना के लिए तो वे प्रसिद्ध शास्त्रीय गायक भीमसेन जोशी को मन्ना डे के साथ (घबराए हुए मन्ना डे ने इस गीत के लिए अब्दुल रहमान खाँ साहब से विशेष प्रशिक्षण भी लिया था) ले आए और बसंत बहार पर आधारित इस रचना की विशिष्टता आज तक बरकरार है। राग बसंत बहार पर ही आधारित था मन्ना डे का वह अजर अमर गीत 'सुर ना सजे क्या गाऊँ मैं' जिसकी लोकप्रियता ने यह दावा झुठला दिया कि शास्त्रीय गीत आम लोगों के बीच प्रचलित नहीं हो पाते। गुजरी तोड़ी पर आधारित रफ़ी का 'दुनिया न भाए मोहे अब तो बुला ले' बड़ी विराट रचना के रूप में उभरती है। रागेश्वरी में मन्ना डे, लता का 'नैन मिले चैन कहाँ, दिल है वहीं तू है जहाँ' की मिठास और सितार के उत्कृष्ट प्रयोग का क्या कहना! पर मिठास की चरम उपलब्धि है भैरवी पर आधारित 'मैं पिया तेरी तू माने या न माने' जिसमें बाँसुरी के लाजवाब प्रयोग से शंकर-जयकिशन एक अद्‌भुत रचना दे सके हैं। राजू भारतन के अनुसार तो ऐसा

लगता है मानो दो गायिकाएँ हों—लता और मियाँ की मल्हार आधारित 'भय भंजना वंदना का भी मिश्रण) 'बड़ी देर भई कब लोगे ख़बर 'जा जा रे जा बालमवा' (लता) से संगीत की और लता के 'कर गया रे कर गया मुझपे जादू बालमवा' के सितार और वॉयलिन की जुगलबंदी प्रतिष्ठा को उद्‌भासित करने में 'पटरानी' दस गानों में लता थीं (पुरुष गायक 'पूनम' ही गाने 'बसंत बहार' या 'चोरी-चोरी' की तरह भैरवी के सुरों का अविस्मरणीय प्रभाव चमत्कृत और बाँसुरी के साथ 'न जाने तुम कौन मेरी

साथ-साथ पन्नालाल घोष की बाँसुरी। शंकर के सुन हमारी' (मन्ना डे), पीलू आधारित (भैरवी मोहे राम' (रफ़ी) और बागेश्वरी पर आधारित उदात्त महिमा का अहसास होता है, तो आशा साँवरिया' से उसकी लोच का। 'जा जा जा रे तो लाजवाब ही थी। 'बसंत बहार' से मिली (1956) के संगीत का भी योगदान था। सभी और 'औरत' की भाँति था ही नहीं) और भले चले न हों पर 'कभी तो आ कभी तो आ' में कर देने को पर्याप्त था। भैरवी में ही सितार आँखों में समा गए' और शिवरंजनी आधारित

'चंद्रमा मद भरा क्यों झूमे बादर में' जैसे गीत भी शंकर-जयकिशन के खजाने के दुर्लभ मोती जैसे ही हैं। कहते हैं कि एक कुशल नृत्य निर्देशक के रूप में शंकर ने वैजयंतीमाला को इस फ़िल्म में नृत्य के टुकड़े भी स्वयं नृत्य कर समझाये थे। 'पावन गंगा' (लता) में यही कारण है कि तराने के साथ न सिर्फ़ सितार, तबले की संगत बल्कि शास्त्रीय नृत्य भी लाजवाब बन पड़ा था। सितार के सुंदर प्रयोग को हम भैरवी आधारित 'ओ बलमा तुम बेदर्दी' (लता) और 'सात समुंदर पार' में भी बख़ूबी सुन सकते हैं। नृत्य-गीतों की कम्पोज़ीशन तो शंकर से बेहतर शायद ही कोई और कर सकता था—'झनन झनन घुँघरवा बाजे' (आह), 'घुँघरवा मोरा छम-छम बाजे' (ज़िंदगी), 'तेरा जलवा जिसने देखा' (उजाला) आदि कई उदाहरण दिये जा सकते हैं। वहीं जयकिशन पार्श्वसंगीत के विशेषज्ञ थे और बिना किसी स्टाप वाच के दृश्य के साथ संगीत को सटीक रूप से फ़िट कर देने में उन्हें महारत हासिल थी। संगीत में 'कालबोध' की जयकिशन को गजब की पकड़ थी। दृश्य की लम्बाई को बीट गिनकर आँकना, 'मेरा नाम जोकर' के पार्श्वसंगीत के लिए राज कपूर के पूना वाले फ़ार्म पर एक महीने की तैयारी के बाद इस लम्बी फ़िल्म का पूरा पार्श्वसंगीत एक ही सप्ताह में रेकॉर्ड कर देना जैसे उनके कई हुनर के इर्द-गिर्द कहानियाँ घूमती थीं। शीर्षक गीतों का सृजन को शंकर-जयकिशन ने इस ऊँचाई पर पहुँचाया कि वह एक विधा ही हो गई। आम तौर पर नायक पर फ़िल्माए जानेवाले शीर्षक गीत को शंकर कम्पोज़ करते थे (जैसे—'होंठों पे सच्चाई रहती है', 'मेरा जूता है जापानी') तो नायिका पर फ़िल्माए जाने वाले शीर्षक गीत जयकिशन बनाते थे (जैसे—'दिल अपना और प्रीत परायी')। पर अपवाद भी थे, जैसे—'कठपुतली' का 'बोल री कठपुतली' शंकर की रचना थी। 'हरियाली और रास्ता' में तो दोनों ने ही एक-एक शीर्षक गीत बना डाला और निर्माताओं को दोनों ही गीत इतने पसंद आए कि शंकर की रचना 'बोल मेरी तक़दीर में क्या है' और जय की 'ये हरियाली और ये रास्ता'—दोनों को ही फ़िल्म में रखा गया।

वेशभूषाप्रधान फ़िल्म 'हलाकू' (1956) का अलग मंगोल-अरब शैली का संगीत भी खूब लोकप्रिय हुआ और 'आ जा कि इंतज़ार में, आने को है बहार भी' तथा बिहाग पर आधारित 'दिल का न करना एतबार कोई' लता और रफ़ी के यादगार डुएट्स बन चुके हैं। लता और आशा की जुगलबंदी ने 'अजी चले आओ तुम्हें आँखों से दिल में बुलाया' जैसा झूमता गीत दिया तो लता ने 'ओ सुनता जा, दिल का नगमा, प्यार की धुन पर' में तर्ज़ के अनूठेपन के साथ पूरा इंसाफ किया। 'नई दिल्ली' (1956) में किशोर कुमार नायक थे और शंकर-जयकिशन ने पहली बार किशोर से गवाया। 'नखरेवाली, देखने में देख लो है कैसी भोली भाली' को शंकर-जयकिशन ने 'टैप डांस' की ताल, कोरस और ट्रम्पेट के बेहतरीन उपयोग से गली-गली में लोकप्रिय बनाया। वहीं दूसरी तरफ़ लता और कोरस के साथ विशुद्ध भाँगड़ा शैली का 'तुम संग प्रीत लगाई रसिया' भी कम लोकप्रिय नहीं रहा। किशोर कुमार की अभिनय शैली को नज़र में रखते हुए शंकर-जयकिशन ने 'अरे भाई निकल के आ घर से' और 'मिलते ही नज़र आप मेरे दिल में आ गए' जैसे अलग शैली के गीतों का सृजन किया। लता के गाए 'ज़िंदगी बहार है मुहब्बत की बहार से', 'कोई मेरे सपनों में आया', लोक-विवाह गीत 'गोरी तेरे सपनों के सजना' जैसे गीतों का सृजन वैजयंतीमाला की नृत्य-शैली को ध्यान में रखकर ही किया गया प्रतीत होता है। वैजयंतीमाला के नृत्य की विविधता का ख़याल रखकर बनाया गया लता के स्वर में पीलू पर आधारित 'मुरली बैरन भई हो कन्हैया तेरी' तो अद्भुत रचना है। इस गीत की धुन जयकिशन ने बचपन में अपनी बहन मणिबेन द्वारा अकसर गुनगुनाए जानेवाले एक गीत से ली थी।

'नई दिल्ली' का संगीत खूब चला और ओ.पी. नैयर की बड़ी चुनौती को शंकर-जयकिशन ने सफलतापूर्वक झेला। कल्याण थाट पर आधारित 'राजहठ' (1956) के 'ये वादा करो चाँद के सामने' (लता, मुकेश) भी काफ़ी लोकप्रिय हुआ और सालाना बिनाका की पायदान पर आया। रफ़ी का राग गारा पर आधारित 'आए बहार बन के लुभा कर चले गए' भी अधिक पीछे नहीं रहा और लता का 'मेरे सपने में आना रे सजना' तो आज भी कानों में रस घोलता है।

शंकर-जयकिशन ने मन्ना डे से कितने खूबसूरत थिरकते दोगाने गवाए हैं यह 'Knock on the Wood' पर आधारित और रिलीज़ होने के तुरन्त बाद प्रतिबंधित फ़िल्म 'बेगुनाह' (1957) के xylophone beats पर 'दिन अलबेले प्यार का मौसम, चंचल मन में तूफ़ां' (मन्ना डे, लता) और 'बागी सिपाही' (1958) के 'समाँ ये प्यार का' (मन्ना डे, आशा) और 'ओ बेरहम तेरे सितम' (मन्ना डे, लता) को सुनने से पता चलता है। दरअसल—जैसाकि पहले भी इंगित किया गया है—शंकर-जयकिशन को ही श्रेय जाता है कि उन्होंने धार्मिक, उपदेशात्मक या शास्त्रीय गीतों के गायन से हटकर मन्ना डे के गले के रूमानी स्पंदन को पहचाना और उसका इस्तेमाल कर मन्ना डे को एक नई पहचान और लोकप्रियता दी। 'प्यार हुआ इकरार हुआ' और 'चोरी-चोरी' के गीत तो तत्कालीन भारतीय युवावर्ग के रोमांस के प्रतिनिधि और प्रतीक गीतों के रूप में याद किए जाते हैं। मन्ना डे की तरह मुकेश

के स्वर को भी उन्होंने नए अंदाज़ में ढालने में हिचकिचाहट नहीं दिखाई। न सिर्फ़ राज कपूर के लिए, बल्कि अन्य अभिनेताओं के लिए भी मुकेश को वे अकसर ले आते थे। जयकिशन पर स्वयं फ़िल्माया 'ऐ प्यासे दिल बेज़ुबाँ' की भैरवी आधारित धुन इतनी अलग और मोहक है कि एच.एम.व्ही. ने मुकेश के 'विंटेज फेवरिट्स' कैसेट में इस गाने को शामिल किया है। किशोर कुमार अभिनीत 'बेगुनाह' में किशोर के गाए 'आज न जाने पागल मनवा' और 'आजा रात बीती जाए' (उषा मंगेशकर के साथ) इस गीत के सामने फीके पड़ जाते हैं।

अमिय चक्रवर्ती की वैजयंती माला, बलराज साहनी अभिनीत 'कठपुतली' (1957) के अतिलोकप्रिय गीत 'बोल री कठपुतली' (लता) को तेज गति में और दर्द की धीमी लय दोनों में अद्‌भुत मिठास के साथ गवाकर शंकर-जयकिशन ने एक बार फिर बहुत प्रभावित किया। राग किरवानी पर आधारित सुबीर सेन से गवाए 'मंज़िल वही है प्यार की राही बदल गए', broken रिद्‌म के साथ सृजित 'दुनिया में चाँद-सूरज' (मुकेश, लता) और दादरा ताल में राग चंद्रनंदन के सुरों पर आधारित 'सो जा रे सो जा मेरे राजदुलारे' (लता) जैसे गीतों के साथ 'कठपुतली' वाकई एक सुंदर बनी musical थी। पर इस वर्ष की उनकी सबसे विशिष्ट फ़िल्म थी 'यहूदी' जिसका 'ये मेरा दीवानापन है' तो आज भी मुकेश का सदाबहार गीत ही बना हुआ है। इस गीत की धुन शंकर को पलँग पर लेटे-लेटे सूझी थी और धुन को उभारने के लिए उन्होंने 'डमी' शब्द के रूप में 'ये मेरा दीवानापन है' शब्दों को लिया जिसे बिना बदले शैलेन्द्र ने आगे पूरा गीत लिख दिया। इस गीत को शंकर मुकेश से गवाना चाहते थे और दिलीप कुमार तलत से। कहा जाता है कि अंततः toss हुआ, पर toss में मुकेश के जीतने के बावजूद दिलीप अपनी जिद पर कायम रहे। अंततः शंकर ने दिलीप के सामने यह प्रस्ताव रखा कि वे एक बार मुकेश की आवाज़ में इस गीत को सुन लें, और यदि फिर भी प्रभावित न हों तो फिर तलत की आवाज़ ले ली जाएगी। शंकर ने बड़ी होशियारी से रिहर्सल सुनने के लिए दिलीप को दोपहर में बुलवाया क्योंकि वे जानते थे कि अपने आरम्भिक प्रयासों में मुकेश कहीं-कहीं बेसुरे हो जाते थे और उनका असली असर दिखाने के लिए कई रियाज़ों की ज़रूरत होती थी जो सुबह से लेकर दोपहर तक शंकर कराने की योजना रखे हुए थे। और हुआ भी यही। जब दोपहर में दिलीप रेकॉर्डिंग रूम पहुँचे तो सुबह से शंकर ने मुकेश के साथ उनके गायन को इतना जबर्दस्त बना दिया था कि दिलीप कुमार चमत्कृत रह गए और इस तरह भैरवी आधारित यह गीत पूरे दशक भर हीरो बनने के चक्कर में कई अवसरों को गँवा कर उपेक्षित बने हुए मुकेश की वापसी का रास्ता बना गया।

मिस्र के राष्ट्रपति नासिर से 'अनाड़ी' के लिए
फ़िल्मफेयर पुरस्कार लेते हुए मुकेश

वर्ष के अंतिम बिनाका गीतमाला के चोटी के गीतों में 'यहूदी' का sensuous अरबी प्रभाव वाला 'मेरी जां मेरी जां' (लता) भी शामिल था। जयकिशन ने इस गीत को एक अभूतपूर्व नशीली अदायगी दी थी, पर गीत में 'वई वई वई' के टुकड़े को डालने का अनूठा सुझाव शंकर का था। यह वह समय था जब अपनी धुनें अलग-अलग बनाने के बावजूद एक दूसरे की रचनाओं में मदद और सुझाव देना शंकर और जयकिशन के लिए आम था। बाद के वर्षों में यह दोस्ताना सलाह-मशविरा भी व्यस्तता, व्यावसायिकता और उससे उपजी अंदरूनी प्रतिद्वंद्विता के कारण लुप्त होता गया। बहरहाल 'यहूदी' के अन्य लोकप्रिय गीतों में राग बिहाग पर आधारित 'दिल ये प्यार का तूफान' (लता) और 'आते जाते पहलू में आया कोई' (लता, साथी) भी शामिल थे।

पर 'यहूदी' के बावजूद 1957-58 के वर्ष शंकर-जयकिशन के लिए व्यावसायिक रूप से कमज़ोर वर्ष रहे। इन वर्षों में उनके पास आर.के. फ़िल्म्स या अन्य किसी बड़े बैनर की फ़िल्म नहीं थी। दूसरी तरफ़ ओ.पी. नैयर 'नया दौर', 'तुम-सा नहीं देखा', '12 O'Clock', 'हावड़ा ब्रिज', 'कभी अँधेरा, कभी उजाला', 'फागुन', 'रागिनी' और 'सोने की चिड़िया' तथा एस.डी. बर्मन 'नौ दो ग्यारह', 'पेइंग गेस्ट', 'प्यासा' की अपार सफलता के साथ शंकर-जयकिशन को इन वर्षों में काफ़ी पीछे छोड़ने में सफल रहे।

यह शंकर-जयकिशन के जीवट और भाग्य दोनों का ही कमाल था कि 1959 में बड़े ज़ोरदार ढंग से उनकी वापसी हुई और 'अनाड़ी', 'कन्हैया', 'मैं नशे में हूँ', 'उजाला', 'छोटी बहन', 'लव मैरेज' और 'शरारत' के गाने जबर्दस्त तरीके से लोकप्रिय हुए। 'अनाड़ी' के गानों ने तो लोकप्रियता के कीर्तिमान स्थापित किए और 'सब कुछ सीखा हमने न सीखी होशियारी' की भैरवी ने मुकेश को गायन के लिए उनका प्रथम (और गायक के वर्ग का पहली बार दिया गया) फ़िल्मफ़ेयर पुरस्कार दिलाया। 'वो चाँद खिला, वो तारे हँसे ये रात अजब मतवारी है' नूतन के शीतल सौंदर्य की तरह सराहा गया तो 'बन के पंछी गाएँ प्यार का तराना' (लता, साथी) ने यह सिद्ध किया कि कोरस के प्रयोग में शंकर-जयकिशन वास्तव में उस्ताद थे। चाहे लता के स्वर में दादरा 8 मात्रा में सृजित 'तेरा जाना दिल के अरमानों का लुट जाना' की स्वर-लहरियाँ या वॉयलिन के टुकड़ों के साथ दर्द को बढ़ाता प्रभाव हो या मुकेश के स्वर में 'किसी की मुस्कुराहटों पे हो निसार' की foxtrot आधारित अद्भुत ताल, शंकर-जयकिशन की भैरवी ने फिर अपने जादू से सभी को परास्त किया। 'दिल की नज़र से नज़रों की दिल से' (मुकेश, लता) में सीधे-सादे रिद्म को छोड़ उन्होंने 'वाल्ट्ज़' रिद्म का प्रयोग किया और इस गीत को अपने-आप एक बेजोड़ गीत बना दिया। वहीं 'छोटी बहन' के 'जाऊँ कहाँ बता ऐ दिल' को राग झिंझोटी में इतनी मोहक धुन दी कि लगता है, यह गाना खास मुकेश के गले के लिए बड़े प्यार से बनाया गया हो। वॉयलिन के अद्भुत प्रयोगवाले इस गाने के सामने तो 'छोटी बहन' के ही 'मै रंगीला प्यार का राही' (लता, सुबीर सेन) और 'भैया मेरे राखी के बंधन को निभाना' (लता) बेहद लोकप्रिय होते हुए भी कमज़ोर से लगते हैं। 'कन्हैया' के लोकप्रिय गीत 'रुक जा ओ जाने वाली रुक जा' की शैली तो उनकी पुरानी थी, पर 'मुझे तुमसे कुछ भी न चाहिए, मुझे मेरे हाल पे छोड़ दो' में दरबारी कानड़ की स्वरलहरी को उल्टे रूपक ताल में साध कर सितार की संगत पर उन्होंने मुकेश के खजाने को एक अभिनव अमर गीत दिया। उसी प्रकार 'नी बलिए रुत है बहार की' (लता, मुकेश, साथी) की तर्ज़ यदि पारम्परिक थी, तो 'याद आई आधी रात को कल रात की तौबा' (मुकेश) की शैली आम गानों से अलग हटकर नवीनता लिए हुए थी और लता का 'दिल में समा के' फ़िल्म का एक अन्य मधुर गीत बनकर प्रभावित करता था।

देवानंद, माला सिन्हा अभिनीत 'लव मैरिज' (1959) में पहली बार शंकर-जयकिशन को देव आनंद की फ़िल्म में संगीत देने का अवसर मिला। दिलीप, राज और देव की त्रिमूर्ति के राज और दिलीप के लिए वे मुकेश, मन्ना डे और तलत को लाते रहे थे। देव के लिए वे रफ़ी को लाए। जहाँ एक ओर रफ़ी के हलके-फुलके गीतों 'टीन कनस्तर पीट-पीट कर गला फाड़ कर चिल्लाना' और 'शी ने खेला ही से' की धुनें साधारण थीं, वहीं लता, रफ़ी के स्वरों में भैरवी पर ही आधारित 'धीरे-धीरे चल चाँद गगन में' तथा लता के एकल स्वर में 'कहे झूम-झूम रात ये सुहानी' की धुनें बेहद कर्णप्रिय थीं और आज तक लोकप्रिय हैं।

'नई दिल्ली' के बाद 'शरारत' में फिर शंकर-जयकिशन को किशोर के लिए संगीत देने का अवसर मिला। पर 'शरारत' की ख़ासियत यह है कि इस फ़िल्म में किशोर के गाए गीतों के अलावा मुहम्मद रफ़ी ने भी किशोर को प्ले बैक दिया। रफ़ी का गाया 'अजब है दास्तां तेरी ये जिंदगी' हिंदी फ़िल्मों के ऐसे फ़लसफ़ा प्रधान गीतों में अपनी सुंदर तर्ज के कारण विशिष्ट स्थान रखता है। किशोर का 'हम मतवाले नौजवान' और 'तूने मेरा दिल लिया' (गीता के साथ) तथा लता का 'देखा बाबू छेड़ का मजा' भी हिट हुए थे, पर इस फ़िल्म का सर्वाधिक लोकप्रिय गीत जो सालाना बिनाका गीतमाला में ऊँची पायदान पर आया था, वह था लता का 'तेरा तीर ओ बेपीर दिल के आर-पार है'। इस गाने में लता की आवाज़ में गजब की मिठास आई है, और ऑरकेस्ट्रा में हवाइयन गिटार और घुँघरू का प्रयोग तो इस गाने की spirit को कई गुणा बढ़ा देता है। इस गीत की कम्पोज़ीशन की ख़ासियत है कि गीत एक खास octave के ऊपर या नीचे कहीं नहीं गया है। 'उजाला' (1959) भी संगीत की दृष्टि में शंकर-जयकिशन की बेहतरीन फ़िल्म थी। जहाँ एक

हसरत जयपुरी

एक संगीतमय क्षण—जयकिशन, राज, शैलेन्द्र और मुकेश

तरफ़ इस फ़िल्म के संगीत में अद्‌भुत नृत्यात्मकता पहाड़ी पर आधारित ढोलकप्रधान 'मोरा नादान बालमा न जाने दिल की बात' (लता), 'तेरा जलवा जिसने देखा वो तेरा हो गया' (लता), 'छम छम लो सुनो छम छम' (लता, मन्ना डे, साथी), 'झूमता मौसम मस्त महीना' (लता, मन्ना डे) जैसे गीतों के माध्यम से झंकृत कर देती थी, वहीं दूसरी तरफ संगीत की दार्शनिकता दरबारी के सुरों के साथ 'अब कहाँ जाएँ हम ये बता ऐ ज़मीं' (मन्ना डे, साथी), 'सूरज ज़रा पास आ' (मन्ना डे, साथी) और बेहद कर्णप्रिय धुन के साथ 'दुनिया वालों से दूर जलने वालो से दूर' (मुकेश, लता) के साथ उभरती थी। फ़िल्म में रफ़ी और मुकेश के स्वरों में एक जीवंत दोगाना भी था—'यारो सूरत हमारी पे मत जाओ'।

पर जैसाकि शंकर-जयकिशन के साथ छठे दशक में सच रहा, उनका सबसे उत्कृष्ट संगीत इस वर्ष भी राज कपूर की फ़िल्म के लिए ही रहा। 'मैं नशे में हूँ' के शीर्षक गीत में मुकेश की आवाज़ के साथ ऑरकेस्ट्रा की ताल जानदार समाँ बाँधती है। ग़ालिब की ग़ज़ल 'ये न थी हमारी किस्मत' की धुन इतनी सुंदर बनी है कि यह गीत उषा मंगेशकर के गाए सर्वश्रेष्ठ एकल गीतों में माना जाएगा। इस गीत में था। क्लब संगीत का एक गाना 'नज़र-नज़र से कह रही है बात जिसमें रिद्‌म का एक नया प्रयोग में राज और नरगिस के अलगाव नरगिसी नज़र को दिल देंगे हम' हो, पर मुकेश ने इसे बड़ी दिलकश तो चाँद और तारे' को मोशन बीट्स पर मुकेश से बड़ी के हिसाब से इस फ़िल्म का सबसे कम्पोज किया लता का 'सजन पर आधारित इस गीत की रचना प्रकार 'एक फूल, चार काँटे' में न

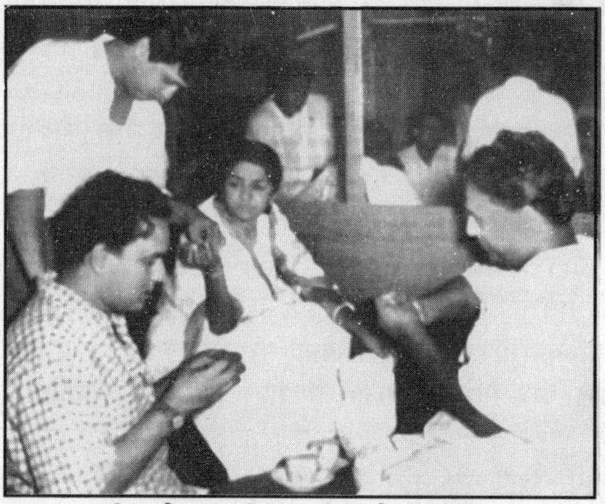

मुकेश और लता के साथ शंकर और जयकिशन

शंकर ने स्वयं हारमोनियम बजाया देने की परम्परा में इस बार प्यार की' (लता, मुकेश) था नज़र आता है। वास्तविक जीवन को नज़र में रख लिखे गए 'किसी राज पर भले ही न फ़िल्माया गया रवानगी के साथ गाया है। 'हम हैं शंकर-जयकिशन ने कोरस के साथ खूबसूरती से गवाया। परंतु स्तर उत्तम गीत रहा जयकिशन द्वारा संग काहे नेहा लगाए'। राग तिलंग तो बिलकुल अद्वितीय है। इसी केवल लता से गवाया पीलू पर आधारित 'बनवारी रे' बहुलोकप्रिय रहा तथा 'दिल ऐ दिल बहारों से मिले' (लता, तलत) में रिद्‌म की एक अलग मोहक शैली सामने आई, बल्कि मुकेश से भी उनकी लाक्षणिक शैली में 'सँभल के करना जो भी करना' तथा 'आँखों में रंग क्यूँ छाया' (लता के साथ) के अलावा शंकर-जयकिशन ने यमन की शास्त्रीय शैली में उनसे 'मतवाली वार ठुमक ठुमक चली जाए' गवाकर चमत्कृत कर दिया।

राज कपूर की 'जिस देश में गंगा बहती है' का संगीत भी राज कपूर की ही अन्य फ़िल्मों के संगीत की तरह लाजवाब था। समाजवाद के अपने रंग से गाँधीवाद की ओर बढ़ते और डाकुओं के हृदय-परिवर्तन को फ़िल्म में रेखांकित करते राज कपूर ने इस फ़िल्म में देश-प्रेम को मुकेश के भैरवी आधारित सदाबहार गीत (जिससे मुकेश अपना हर स्टेज शो शुरू करते थे) 'होंठों पे सच्चाई रहती है' और 'मेरा नाम राजू घराना अनाम' के साथ गली-गली में पहुँचाया। 'मेरा नाम राजू' में तो दत्ताराम के बजाय डफ़ के साथ दक्षिण भारतीय लिंगायत शवयात्रा में बजनेवाले वाद्यों का भी शंकर-जयकिशन ने बहुत सुंदर इस्तेमाल किया था। चोणक नामक ताल वाद्य का असर तो बहुत प्रभावशाली था। टेप के rewind होने की आवाज़ से प्रेरित होकर सृजित गीत 'हो मैंने प्यार किया हाय हाय क्या ज़ुल्म किया' (लता) में लता के मदहोश करनेवाले गायन को पद्‌मिनी की अत्यंत sensuous अदाओं के साथ जोड़कर शंकर-जयकिशन ने मानो राज कपूर को भी नरगिस के परिष्कृत मोह से निकालकर आर.के. फ़िल्म्स की एक ताजा संगीत-शैली का सूत्रपात किया। 'क्या हुआ ये मुझे क्या हुआ' और 'है आग हमारे सीने में' भी तीव्र ऑरकेस्ट्रेशन, तीखी संवेदना और गतिशील मेलोडी के ही उदाहरण थे। 'प्यार कर ले नईं तो फाँसी चढ़ जाएगा' (मुकेश) और 'बेगानी शादी में अब्दुल्ला दीवाना' (लता, मुकेश) भी लोकप्रिय गीत थे, और मुकेश के स्वर में पार्श्व से बजता कबीर का दोहा भी बहुत कर्णप्रिय था, पर फ़िल्म के सर्वश्रेष्ठ गीत तो थे लता के स्वर में 'ओ बसंती पवन पागल' और लता, मुकेश तथा साथियों का गाया 'आ अब लौट चले'। 'ओ बसंती पवन पागल' न सिर्फ़ ताल के अनूठे प्रयोग के कारण विशिष्ट रचना है, बल्कि स्वरों का उतार-चढ़ाव, दर्द की अभिव्यक्ति में प्रभावी अनुगूँज और जबलपुर के भेड़ाघाट की संगमरमरी चट्टानों के बीच बेहतरीन फ़िल्मांकन—सभी

मिलकर इसे एक अनुपम कृति बनाते हैं। इसी प्रकार इतालवी धुन 'Ciao Ciao Bambino' से कुछ हद तक प्रेरित 'आ अब लौट चलें' गीत की कम्पोज़ीशन तो फ़िल्म-संगीत में एक मीलस्तम्भ की तरह है। 36 घंटों की रिहर्सल का असर 'आ अब लौट चलें' की बेहद कसी हुई कम्पोजीशन में साफ नजर आता है। 'आ जा रे' की आलाप के साथ लता इतनी ऊँची पट्टी पर पहुँचती हैं कि आज भी आदमी चमत्कृत रह जाता है। कोरस का इतना सुंदर गुंजित प्रयोग तो शंकर-जयकिशन ने शायद ही किसी अन्य गीत में किया हो। यह गीत तो शंकर-जयकिशन की रचनात्मकता का परिपक्व चरम ही कहा जा सकता है।

शंकर-जयकिशन की अधिकांश धुनें पियानो पर ही बनती थीं। शायद यह भी एक कारण है कि उनकी रचनाओं में स्थूलता कम और रवानगी अधिक रहती थी। 'दिल अपना और प्रीत परायी' (1960) का 'अजीब दास्ताँ है ये, कहाँ शुरू कहाँ खत्म' (लता, साथी) में waltz की मूल शैली को जो अद्भुत गति और विस्तार उन्होंने दिया, वह इस गीत को दशक के अंत का बेमिसाल, आधुनिक गीत बना गया। भैरवी में 'शीशाए-दिल इतना ना उछाले' (लता, साथी), फ़िल्म का शीर्षक गीत (लता) या लोच-भरा 'मेरा दिल अब तेरा ओ साजना' (लता) जैसे फ़िल्म के इन सभी गीतों में एक उन्मुक्त-सी लहर है जो बहुत आकर्षित करती है। शम्मी कपूर, पद्मिनी अभिनीत 'सिंगापुर' (1960) का 'यह शहर बड़ा अलबेला' (मुकेश, साथी) यदि प्रभावित नहीं करता, तो इसकी कमी शंकर-जयकिशन राग गारा के सुरों के साथ 'अरे तू कहाँ खो गया बालम मतवारा' (लता) में पूरी कर देते हैं।

शंकर-जयकिशन अब तक सुपरस्टार बन चुके थे। संगीत-निर्देशकों में इतनी सफलता इस वक्त तक किसी को भी नसीब नहीं हुई थी। सुपर स्टारडम के अपने तक़ाजे भी थे, अपनी मजबूरियाँ भी थीं। यों धुनें शंकर और जयकिशन पहले भी अलग-अलग ही बनाते थे, पर व्यावसायिक सफलता की चोटी पर पहुँचने से काम और भी बँटने लगा था। जब एक संगीत-सृजन में लगता था, तो दूसरा इस अर्जित अपार धनराशि के व्यवस्थापन पर ध्यान देता था। जब दूसरा संगीत के साथ समय देता था तो पहले को व्यावसायिक पहलू पर ध्यान केंद्रित करना पड़ता था। पर संगीत दोनों ही अभी भी न केवल लोकप्रिय बल्कि बेहद स्तरीय दे रहे थे । एक तरफ़ 'तुम रूठी रहो मैं मनाता रहूँ' (लता, मुकेश), 'दिल मेरा एक आस का पंछी' (सुबीर सेन), भैरवी आधारित 'हाय मेरी उलझी नज़र' (लता), 'अपनी भी क्या ज़िंदगी है निराली' (मुकेश), एकॉर्डियन और गिटार के सुंदर प्रयोग से आरम्भ होते 'ऐ दिल प्यार की मंज़िल' (मुकेश) जैसे गीतों के साथ राजेन्द्र कुमार की 'आस की पंछी' (1961) सुपरहिट हो रही थी, तो दूसरी तरफ़ नासिर हुसैन की देव आनंद अभिनीत 'जब प्यार किसी से होता है' (1961) के 'जब प्यार किसी से होता है' (रफ़ी, लता), 'तेरी जुल्फ़ों से जुदाई तो नहीं माँगी थी' (रफ़ी), पहाड़ी के सुरों के साथ 'सौ साल पहले मुझे तुमसे प्यार था' (रफ़ी, लता), 'नज़र मेरे दिल के पार हुई' (लता) जैसे गीत लोकप्रियता का नया कीर्तिमान रच रहे थे। शम्मी कपूर अभिनीत 'ब्वॉय फ्रेंड' (1961) के लिए भी शंकर-जयकिशन ही 'धीरे चल धीरे चल ऐ भीगी हवा' (रफ़ी) जैसे तेज रिद्म के गीत रच रहे थे और देव आनंद, वहीदा अभिनीत 'रूप की रानी चोरो का राजा' (1961) में गिटार के अद्भुत तादात्म्य के साथ 'तुम तो दिल के तार छेड़कर हो गए बेख़बर' (तलत और लता) जैसे अद्भुत soft, serene रोमांटिक गाने और आशा के गाए बागेश्वरी पर आधारित 'जाओ न सताओ रसिया' के सुरों के भी सर्जक शंकर-जयकिशन ही थे। लगभग सभी प्रतिष्ठित सुपरस्टार या उभरते स्टार्स की फ़िल्मों के लिए शंकर-जयकिशन माँग बनते जा रहे थे। शम्मी कपूर को 'जंगली' (1961) में उनके अभिनय और स्टाइल ने जितनी लोकप्रियता दिलाई, उतनी ही उनकी boisterous अतिरंजक अभिनय शैली से match करती 'जंगली' के संगीत ने। 'चाहे कोई मुझे जंगली कहे' (रफ़ी) की भैरवी के साथ प्रयागराज की आवाज़ में 'याहू' शब्द का दिलचस्प प्रयोग शम्मी कपूर के अभिनय शैली का प्रतीक और पहचान बनकर कोने-कोने में गूँजा। नीना और फ्रेडरिक के गीत 'Sucu Sucu' से प्रेरित 'आई आई करूँ मैं प्यार सुकू सुकू' (रफ़ी) और राग पीलू पर आधारित 'दिन सारा गुजारा तोरे अँगना' (लता और रफ़ी) ने इसी शैली को और भी ठोस स्वरूप दिया। 'काश्मीर की कली हूँ मैं मुझमें ना रूठो बाबूजी' और 'जा जा जा मेरे बचपन कहीं जा' ने लता के स्वर से सायरा के फ़िल्मी पर्दे पर अल्हड़ता भरे प्रथम आगमन को जीवंत बनाने में कम योगदान नहीं दिया था। यमन कल्याण के मधुर सुरों को लेकर रचित 'एहसान तेरा होगा मुझ पर दिल

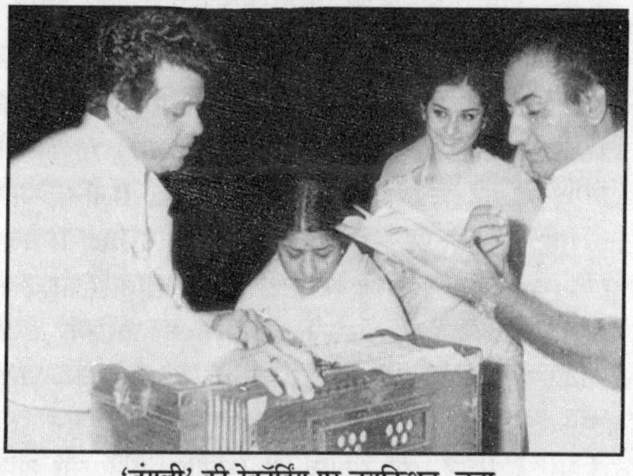

'जंगली' की रेकॉर्डिंग पर जयकिशन, लता, सायरा बानो और रफी

कहता है जो कहने दो' (रफ़ी, लता) तो उस वर्ष का सबसे लोकप्रिय गीत बनकर बिनाका की पहली पायदान पर आया और शम्मी कपूराना रोमांटिक नवयुवकों की गुनगुनाहट बन गया। सह-अभिनेताओं पर फ़िल्माया 'नैन तुम्हारे मजेदार जनाबे अली' (मुकेश, आशा) भी आज तक उतने ही चाव से सुना जाता है।

यह शंकर-जयकिशन का ही कमाल था कि लगातार कई फ़िल्मों के हर गाने को वे हिट बनाते चले गये। न सिर्फ़ स्टार नायकों, नायिकाओं बल्कि सहनायक या सहनायिका पर फ़िल्माया उनका गाना भी उतना ही हिट होता था। 'ससुराल' (1961) में यदि राजेन्द्र कुमार पर फ़िल्माया पहाड़ी पर आधारित 'तेरी प्यारी प्यारी सूरत को किसी की नज़र ना लगे' (रफ़ी) रवि के 'हुस्नवाले तेरा जवाब नहीं' से बराबरी की टक्कर ले सकता है, और राजेन्द्र पर ही फ़िल्माया 'सता ले ऐ जहाँ' (मुकेश) अपनी तर्ज़ और ऑरकेस्ट्रेशन से मुग्ध कर सकता है, तो महमूद और शोभा खोटे पर फ़िल्माया 'जानाँ तुम्हारे प्यार में शैतान बन गया हूँ' (मुकेश) एच.एम.व्ही. के 'द बेस्ट ऑफ़ मुकेश' एल.पी. में स्थान रखता है और 'अपनी उल्फ़त ये ज़माने का न पहरा होता' (लता, मुकेश) धुन को अद्धा दादरा ताल पर आधारित कर किस क़दर लुभावना बनाया जा सकता है, इसका अप्रतिम लोकप्रिय उदाहरण बनने योग्य है। दरअसल अभिनेता की अभिनय-शैली और पर्दे पर उसकी छवि को ध्यान में रखकर अपने संगीत की शैली बदलना शंकर-जयकिशन की वह विशेषता थी जो उन्हें व्यावसायिक दृष्टिकोण से अन्य संगीतकारों के मुकाबले कहीं आगे ले जाती थी। किशोर कुमार के लिए 'करोड़पति' (1961) में 'ओ लड़के बढ़ते-बढ़ते तू तो यहाँ भी आ गया' (किशोर, लता) और 'काबुल की मैं नार', (किशोर, लता) किशोर की छवि पर पूरे फ़िट बैठनेवाली शैली के गीत थे। मोहन सहगल निर्देशित इस फ़िल्म के और गाने भी कम नहीं थे। 'हाय सावन बन गए नैन' (आशा) राग सोहनी पर आधारित एक लोकप्रिय और प्रशंसित रचना है, वहीं दादरा ताल छः मात्रा में 'आप हुए मेरे बलम मैं तुम्हारी हुई' लता, मन्ना डे के रोमांटिक गानों की अगली कड़ी के रूप में दोगानों के एच.एम.व्ही. द्वारा निकाले 'रेयर जेम्स' में शामिल है। लता का ही 'सैंया न छेड़ो दिल के तार' एक अन्य सुंदर रचना थी। किशोर कुमार अभिनीत एक और फ़िल्म 'रंगोली' (1962) में भी किशोर-शैली के 'एक नज़र किसी ने देखा और दिल हुआ दीवाना' (लता, किशोर) और 'हम बेचारे प्यार के मारे' (किशोर) बड़े ही लोकप्रिय हुए। किशोर कुमार के संजीदा रूप में यमन कल्याण पर आधारित 'छोटी-सी ये दुनिया पहचाने रास्ते' अपनी सीधी-सच्ची धुन के कारण आज भी किशोर का श्रेष्ठ गीत बना हुआ है। 'रंगोली सजाओ' (किशोर) भी किशोर के लोकप्रिय गीतों में गिना जाता है। पर 'रंगोली' के सर्वश्रेष्ठ गीत है बागेश्वरी पर बनाया गया लता का सुंदर, सलोना 'जाओ जाओ नंद के लाला' और मुकेश, लता का गाया 'हम तुम ये खोई खोई राहें' जिसका अलग-थलग रिद्‌म के साथ वाद्य-संयोजन का प्रयोग गाने को एक स्फूर्त गति और प्रवाह देने में अत्यधिक सफल रहा है। 1962 में 'अनपढ़' में मदनमोहन के अभिजात्य संगीत के सामने सभी फ़िल्में फीकी भले ही लगें, पर यह फ़ीकापन मात्र तुलना का है। नहीं तो 'रंगोली' के अलावा 'आशिक', 'असली नकली', 'प्रोफ़ेसर', 'दिल तेरा दीवाना' और 'हरियाली और रास्ता' में शंकर-जयकिशन का संगीत लोकप्रिय होने के साथ-साथ कमोबेश अच्छे स्तर का ही था। 'लो आई मिलन की रात' (लता—'आशिक'), 'लाखों तारे आसमान में एक मग़न ढूँढ़े न मिला' (मुकेश, लता—हरियाली और रास्ता), तिलक कामोद पर सृजित 'तेरी याद दिल से मिटाने चला हूँ' (मुकेश—हरियाली और रास्ता), 'तुम जो हमारे मीत न होते' (मुकेश-आशिक), भैरवी का सुंदर रूप 'ओ शमाँ मुझे फूँक दे' (मुकेश, लता—आशिक), राग शिवरंजनी झप ताल में रचित 'आवाज़ दे के हमें तुम बुलाओ' (लता, रफ़ी—प्रोफ़ेसर), 'मैं चली मैं चली' (लता, रफ़ी—प्रोफेसर) और 'मैं आशिक हूँ बहारों का' (मुकेश—आशिक) की भैरवी में जहाँ दर्द और रोमांस के बेहतरीन सुर लगे थे, वहीं 'गोरी ज़रा हँस दे तू' (रफ़ी—असली-नकली), 'छेड़ा मेरा दिल ने तराना तेरे प्यार का' (रफ़ी—असली-नकली), 'दिल तेरा दीवाना है सनम' (लता, रफ़ी—दिल तेरा दीवाना) और बिलावल में रचित 'ऐ गुलबदन फूलों की महक काँटों की चुभन' (रफ़ी—प्रोफ़ेसर) में अलमस्ती का आलम था। भैरवी में ही 'मेहताब तेरा चेहरा' (मुकेश, लता—आशिक), 'इब्तिदाए इश्क में हम सारी रात जागे' (मुकेश, लता—हरियाली और रास्ता), 'तेरा मेरा प्यार अमर' (लता, असली नकली), भैरवी में 'मुझे कितना प्यार है तुमसे' और भीमपलासी में 'मासूम चेहरा' (रफ़ी, लता—दिल तेरा दीवाना), पुनः भैरवी आधारित 'बोल मेरी तकदीर में क्या है' (लता, मुकेश—हरियाली और रास्ता) 'तुझे जीवन की डोर से बाँध लिया है' (रफ़ी, लता—असली-नक़ली) जैसे गीतों की कभी धीमी और कभी तेज तर्ज़ और ताल से शंकर-जयकिशन अभी भी यह सिद्ध कर रहे थे कि मेलोडी पर उनकी पकड़ ऑरकेस्ट्रेशन के बढ़ने प्रभाव के कारण कम नहीं हुई थी। वैसे प्रवृत्ति यह बताने लगी थी कि ज़माना शम्मी कपूर का होने वाला है और शम्मी की छवि से मेल खाते boisterous, उत्फुल्ल, तीव्र संगीत में 'लाउड' हो जाने का ख़तरा ज़रूर था। यह 'लाउडनेस', 'प्रोफ़ेसर' के संगीत में भी झलकने लगा था, पर अभी तक इतना सँभला-सँभाला अवश्य था कि शोर में बदलने से

बचा रहे। यह आश्चर्यजनक ज़रूर था कि इस वर्ष का सर्वश्रेष्ठ संगीत का फ़िल्मफेयर पुरस्कार 'प्रोफ़ेसर' को मिला जबकि 'अनपढ़', 'बीस साल बाद' जैसी कहीं बेहतर फ़िल्में भी मैदान में थीं। खुद शंकर-जयकिशन की ही 'आशिक', 'असली-नक़ली' और 'हरियाली और रास्ता' का संगीत 'प्रोफ़ेसर' से इक्कीस ही था। यदि पुरस्कार शंकर-जयकिशन को ही मिलना था तो 'आशिक' की 'झनन झन झना के अपनी पायल, चली मैं आज मत पूछो कहाँ' जैसी राग शंकरा की अद्‌भुत उत्कृष्ट अभिव्यक्ति के लिए भी दिया जा सकता था। पर फ़िल्मफेयर पुरस्कारों में merit का स्थान गौण और लोकप्रियता तथा व्यावसायिकता का अधिक रहता था, यह बात तभी से ज़ाहिर होने लगी थी। फ़िल्मफ़ेयर पुरस्कारों में छलयोजन का कितना बड़ा हाथ था और व्यवसायी हो चुके शंकर-जयकिशन तिकड़म के गुर को किस तरह समझकर आज़माने लगे थे, यह आनेवाले वर्षों में और भी स्पष्ट तरीके से प्रकट हुआ, जब शंकर-जयकिशन की अपेक्षाकृत कमज़ोर फ़िल्में भी पुरस्कृत हुई और अन्य संगीकारों की कहीं बेहतर फ़िल्मों को नज़रअंदाज़ किया गया।

पर ये बातें आगे की जाएँगी। अभी तो इतना कहना काफ़ी है कि 'प्रोफ़ेसर' को पुरस्कार मिलना इस बात का भी इशारा था कि आनेवाला वक्त शम्मी कपूर की शैली के संगीत का था और चूँकि इस शैली का संगीत शंकर-जयकिशन दे रहे थे, अतः उनका भविष्य सुरक्षित था। वर्ष 1963 के सर्वश्रेष्ठ संगीत का पुरस्कार भी शंकर-जयकिशन को ही मिला। शायद पुरस्कार के असली हक़दार 'मेरे महबूब' के लिए नौशाद या 'दिल ही तो है' के लिए रोशन थे। पर शंकर-जयकिशन का 'दिल एक मंदिर' अधिक पीछे नहीं माना जा सकता। 'हम तेरे प्यार में सारा आलम खो बैठे' में जयकिशन ने तिलक कामोद के इतने प्यारे सुर लगाए हैं कि यह गीत लता का अमर, सदाबहार गीत बन गया है। 'जूही की कली मेरी लाडली' सुमन के सर्वश्रेष्ठ गीतों में से है ही। हालाँकि इससे सुंदर लोरियाँ फ़िल्म-संगीत में कई हैं, फिर भी रचना निस्संदेह स्तरीय है। 'रुक जा रात ठहर जा ओ चंदा' (लता) और राग जोगिया में 'दिल एक मंदिर है' (सुमन, रफ़ी) फ़िल्म के अन्य लोकप्रिय गीत थे। स्पैनिश गाने 'Besame Mucho' से प्रेरित 'याद न जाए बीते दिनों की' (रफ़ी) को शंकर ने एक कम प्रचलित राग किरवानी पर सृजित कर यादगार बना दिया है।

'याद न जाए' में शंकर-जयकिशन के संगीत की एक और विशेषता प्रखर रूप से उभरी है, और वह है contra melody। शंकर-जयकिशन के कई गीतों में मुख्य धुन के साथ समानांतर एक अन्य मेलोडी भी ऑरकेस्ट्रेशन के साथ-साथ बहती चलती है। सुहासचंद्र कुलकर्णी ने अपने उपरोक्त उल्लिखित आलेख में 'लव मैरेज' (1959) के 'कहाँ जा रहे थे' और 'छोटी बहन' (1959) के 'जाऊँ कहाँ बता ऐ दिल' में वॉयलिन के ऊँची pitch के प्रयोग को उदाहरणों के रूप में रेखांकित किया है। कुलकर्णी के अनुसार इस विशेषता से शंकर-जयकिशन एकल गीत के भीतर भी युगल गीत का आभास देने में सफल थे। 'दोस्त दोस्त ना रहा' में पहले 'दोस्त' के बाद दूसरे 'दोस्त' की थोड़ी विलम्बित अदायगी का असर इस contra melody के एक खास उदाहरण के रूप में उन्होंने वर्णित किया है।[4] शंकर-जयकिशन के संगीत की एक और विशेषता थी गीत के प्रारम्भ की संगीतमय भूमिका। उनके कई गीतों में यह भूमिका मात्रा औपचारिकता न होकर अपना एक अलग अस्तित्व रखती थी। उदाहरण के तौर पर 'ये मेरा प्रेम पत्र पढ़कर' (संगम) का जिक्र किया जा सकता है। स्वरग्राम या रागों का एक ही गीत में बहुत बारीक परिवर्तन भी शंकर-जयकिशन की एक और विशेषता थी। सुहासचंद्र कुलकर्णी ने 'राजा की आएगी बारात' के scale परिवर्तन की खूबसूरती और 'आ जा रे अब मेरा दिल पुकारा' के मालकौंस से षड्ज भैरवी से मध्य भैरवी और फिर मैंडोलिन द्वारा वापस षड्ज भैरवी की वापसी को बड़े कौशल से रेखांकित किया है।[5] सिचुएशन के अनुसार धुनों का सृजन शंकर-जयकिशन से बेहतर कोई और संगीतकार नहीं कर पाया। 'सब कुछ सीखा हमने न सीखी होशियारी' में पार्टी शैली की अदायगी के बीच अफ़सोस और दर्द की छाया की अभिव्यक्ति हो, या कमरे में अँधेरा कर पियानो पर शंकर द्वारा बनाई गई धुन 'एन इवनिंग इन पेरिस' का 'रात के हमसफर थक के घर को चले' हो, या राज कपूर की संगीत-बारीकियों के सुझावों को लेकर भिन्न तानों के साथ विस्तार से बढ़ाया गया 'बूट पॉलिश' का 'लपक-झपक तू आ रे बदरवा हो', या बिना काफ़िया का लम्बे मुखड़े का लिखा नीरज का 'कन्यादान' का 'लिखे जो खत तुझे' की प्रेम की निरंतरता का आभास कराती धुन हो, इस सभी उदाहरणों से इस तथ्य की पुष्टि होती है।

बहरहाल, यदि पुनः शंकर-जयकिशन के संगीत सफ़र पर वापस आएँ, तो पुनः एक से बढ़कर एक लोकप्रिय गीतों की बरसात हो जाती है। 'एक दिल सौ अफ़साने' का साउंडट्रैक भी प्रभावशाली था। राज कपूर के लिए मुकेश के गाए तीन एकल गीतों में जहाँ 'मस्त नज़र देख इधर' की धुन साधारण और शैली पुरानी है, वहीं 'सुनो जी सुनो हमारी भी सुनो' की रचना आकर्षक है। पर सर्वश्रेष्ठ, सर्वाधिक लोकप्रिय और अपनी तरह का अनुपम गीत है 'कुछ शेर सुनाता हूँ मैं जो तुझसे मुख़ातिब है'। हसरत की सुंदर शायरी को जयकिशन ने बड़ी शायराना धुन दी है और लहरों के progression की तरह बहनेवाली यह तर्ज़ ऊँचे सप्तक

और निचले सप्तक के बीच बड़े कौशल से oscillate करती है। इस फ़िल्म में लता के गाए 'एक दिल और सौ अफ़साने', 'दूर के ओ चंदा' में शंकर-जयकिशन अपने लाक्षणिक अंदाज़ में ही लगते हैं। पर इस फ़िल्म के सर्वाधिक लोकप्रिय गीत, 'तुम ही तुम हो मेरे जीवन में' (लता, रफ़ी) की कम्पोज़ीशन तो बिलकुल ही अलग है। 'तुम ही तुम' के साथ ड्रम के बीट्स को जमा कर बनाई गई रिद्म शंकर-जयकिशन की अन्य तालों से बिलकुल अलग एक 'ब्रोकेन मोशन' का एहसास देती है। एच.एम.व्ही. ने इसे अपनी 'यादों की मंज़िल' शृंखला के 1961-63 वाले कैसेट में शायद इस अनोखेपन के कारण ही स्थान दिया है।

प्रसाद प्रोडक्शन्स की राजेन्द्र कुमार, जमुना अभिनीत 'हमराही' (1963) शंकर-जयकिशन की प्रसिद्धि का एक और मीलस्तम्भ बनी। 'मन रे तू ही बता क्या गाऊँ' (लता) की शास्त्रीय आधारित संरचना की तारीफ़ तो आज तक की जाती है। रफ़ी के स्वर में 'ये आँसू मेरे दिल की ज़ुबान हैं' की तन्मयता हो, या 'वो दिन याद करो' (लता, रफ़ी) का तरन्नुम, 'कर के जिसका इंतज़ार' (लता, रफ़ी) की मेलोडी हो या 'दिल तू भी गा' (रफ़ी, साथी) की अभिव्यक्ति हो, 'हमराही' के गीत सुंदर, सरल श्रुतिमधुर गीतों की अनवरत शृंखला को आगे बढ़ाते रहे। फ़िल्म का सबसे मशहूर और चर्चित गीत रहा रफ़ी और मुबारक बेगम के स्वरों में 'मुझको अपने गले लगा लो ऐ मेरे हमराही'। मिश्र खमाज आधारित इस गीत को पहले लता गानेवाली थी, पर जयकिशन से व्यक्तिगत मनमुटाव (सम्भवतः पल्लवी जयकिशन के उनकी ज़िंदगी में आने के कारण, यदि राजू भारतन की लता पर लिखी किताब की बात मानी जाए) के कारण लता उसे गाने कभी नहीं आईं, और भले ही बाद में पल्लवी ने जयकिशन और लता का मेल करा दिया हो, पर यह गीत तो मुबारक बेगम की आवाज़ में ही रह गया, और आज भी उन्हें इसी गीत से याद किया जाता है।

1963 की सालाना बिनाका गीतमाला में शंकर-जयकिशन के पाँच गीतों ने स्थान पाकर एक बार फिर सिद्ध कर दिया कि लोकप्रियता के मामले में उनका स्थान सर्वोपरि था। हालाँकि 1961 और 1962 की तरह इस बार उनका गीत नम्बर एक पर न होकर नम्बर दो पर था। 'जो वादा किया वो निभाना पड़ेगा' के साथ रोशन का गीत चोटी पर था, पर दूसरे नम्बर के 'दिल एक मंदिर है', छठे पायदान के 'आवाज़ दे के मुझे तुम बुलाओ', तथा नौवें, चौदहवें और पंद्रहवें पायदान के क्रमशः 'रुक जा रात', 'मुझको अपने गले लगा ले' और 'ऐ गुलबदन' की बदौलत इस वर्ष भी शंकर-जयकिशन के वर्चस्व को कोई ख़तरा नहीं था। वैसे यदि सालाना बिनाका गीतमाला को लोकप्रियता का पैमाना मान कर 1961, '62 और '63 के शंकर-जयकिशन के सालाना बिनाका के चोटी के 15 गीतों में शामिल गीतों की फेहरिस्त बनाई जाए, तो 1963 के उपरोक्त गीतों के अलावा 1961 के क्रमशः 11वीं, 7वीं, छठी, चौथी, तीसरी और पहले पायदान के 'होंठों पे सच्चाई रहती है', 'एक सवाल तुम करो', 'दिल मेरा एक आस का पंछी', 'मेरा नाम राजू', 'हो मैंने प्यार किया' और 'तेरी प्यारी-प्यारी सूरत को', या 1962 के 'मैं आशिक हूँ बहारों का' (चौंदहवीं पायदान), 'ओ शमाँ मुझे फूँक दे' (12वीं पायदान), 'इब्तदाए इश्क में' (10वाँ स्थान), 'जब प्यार किसी से होता है', 'तेरी ज़ुल्फ़ों से जुदाई' और 'सौ साल पहले' (क्रमशः 9वाँ, सातवाँ और छठा स्थान) तथा 'चाहे कोई मुझे जंगली कहे' (चौथी पायदान) और प्रथम पायदान का 'एहसान तेरा होगा मुझ पर' जैसे गीत स्तरीय थे, पर स्तर के मापदंड से सर्वश्रेष्ठ नहीं थे। फ़िल्म संगीत की यह विडम्बना हमेशा से रही है कि स्तरीय गीतों को उतनी तात्कालिक लोकप्रियता नहीं मिली जितनी कुछ कम गुणवत्ता के गीतों को। 'जिस देश में गंगा बहती है' के कम्पोजीशन के हिसाब से सर्वश्रेष्ठ गीत 'ओ बसंती पवन पागल' तथा 'आ अब लौट चलें' इन पायदानों में कहीं नहीं आए। 1959 में भी 'छोटी बहन' के 'मैं रिक्शावाला', 'कली अनार की' और 'मैं रंगीला प्यार का राही' जैसे गीत सालाना बिनाका के चोटी के गीत बने, पर फ़िल्म का सर्वश्रेष्ठ और आज तक याद रखे जाना वाला गीत 'जाऊँ कहाँ बता ऐ दिल' उस वक्त की लोकप्रियता के हिसाब से उपरोक्त तीन साधारण गीतों से कमतर रहा।

तात्कालिक लोकप्रियता पाने के लिए स्तर से समझौता इसलिए कोई आश्चर्यजनक बात नहीं कही जानी चाहिए, और यह शंकर-जयकिशन के साथ भी सातवें दशक के अंतिम वर्षों में हुआ। पर फ़िलहाल तो शंकर-जयकिशन हर वर्ष कम से कम एकाध स्तरीय फ़िल्म और हर फ़िल्म में कम से कम एक-दो स्तरीय रचनाएँ तो दे ही रहे थे। मनोज कुमार अभिनीत 'अपने हुए पराये' (1964) में मुकेश से गवाया 'फिर कोई मुस्कुराया फिर एक फूल खिला' ऐसा ही उत्कृष्ट गीत था। पियानो की हलकी तरंगों पर फैलती इस गीत की स्वरलहरियाँ आज भी मदहोश कर जाती हैं। 'बहार बन के वो मुस्कुराए हमारे गुलशन में' (लता, साथी), 'अपने हुए पराए' (लता), 'दुपट्टे की गिरह में बाँध लीजिए' (मुकेश), 'गगन के चंदा न पूछ हमसे' (लता, सुबीर सेन) सभी कर्णप्रिय थे, पर उल्लेखनीय यदि कोई और गीत था तो 'फिर कोई मुस्कुराया' की ही धुन पर थोड़े परिवर्तनों के साथ इस बार लता से गवाया 'मैंने बुलाया और तुम आए अब दिल चाहे क्या'। इसी प्रकार 'आई मिलन की बेला' (1964) का संगीत भी

लोकप्रिय तो रहा ही–'ओ सनम तेरे हो गए हम' (लता, रफ़ी), 'आहा आई मिलन की बेला' (आशा, रफ़ी, साथी), 'तुम कमसिन हो नादां हो' (रफ़ी), सालाना बिनाका की चौदहवीं पायदान पर रहा 'लो बुरा मान गए' (रफ़ी) जैसे गीत भी ठीक ही थे, पर बिनाका की दसवीं और चौथी पायदान पर रहे क्रमशः भैरवी में 'तुम्हें और क्या दूँ मैं दिल के सिवा' (लता) और 'मैं कमसिन हूँ नादां हूँ' (लता) में संगीत की दृष्टि से गुणवत्ता भी उत्तम दर्जे की थी। 'मैं कमसिन हूँ' में लता की आवाज़ को गीत के अनुसार और भी युवा बनाकर पेश करना शंकर-जयकिशन की क़ाबिलीयत का नमूना था। प्रसाद प्रोडक्शन्स, मद्रास के चहेते संगीतकार बन चुके शंकर-जयकिशन ने 'बेटी-बेटे' (1964) में 'गोरी चलो न हंस की चाल' (आशा, रफ़ी), राग अडाना में 'राधिके तूने बंसरी चुराई' (रफ़ी), 'अगर तेरी जलवानुमाई न होती' (सुमन, रफ़ी) जैसे गीतों के अलावा एक बेहद उत्कृष्ट धुन प्रस्तुत की 'आज कल में ढल गया, दिन हुआ तमाम' (लता, रफ़ी) के साथ। यह रचना उदास सुरों के साथ इतनी शीतलता और कशिश के साथ प्रवाहित होती है, कि सचमुच एक शांत, नीरव शाम का ढलता मंजर आँखों के सामने आ जाता है। पं. जवाहरलाल नेहरू की मृत्यु पर शैलेंद्र के लिखे अति सुंदर गीत 'फूल खिलेगा बागों में जब तक गुलाब का प्यारा' को उतनी ही मार्मिक धुन पर मुकेश से इस वर्ष गवाने वाले भी शंकर-जयकिशन ही थे।

यह वही वक्त था जब गीतों की रॉयल्टी में पार्श्व गायक या गायिका के हिस्से को लेकर लता और रफ़ी में घोर अनबन हो गई थी और दोनों ने साथ युगल गीत गाना बंद कर दिया था। रफ़ी की शैली का विकल्प तो मुकेश में ढूँढ़ना मुश्किल था, पर लता का विकल्प सुमन की शैली में कुछ हद तक तो आसानी से मिल जाता था। यही कारण है कि लता-रफ़ी के मनमुटाव का अधिक नुकसान लता को हुआ। रफ़ी के साथ सुमन ने शंकर-जयकिशन के निर्देशन में कुछ बेहद लोकप्रिय दोगाने गाए और रफ़ी लता के झगड़े के ये वर्ष सुमन की फ़िल्मी ज़िंदगी के सर्वश्रेष्ठ वर्ष भी रहे। 'राजकुमार', 'अप्रैल फूल' जैसी कई फ़िल्मों में सुमन के गाए सुंदर दोगानों ने उन दिनों धूम मचाई थी।

मुकेश को राज कपूर ने अपनी आत्मा की आवाज माना

पर मुख्यतः यह वर्ष तो 'संगम' (1964) का रहा। लीक से हटकर इस बार शीर्षक गीत 'मेरे मन की गंगा' की धुन शंकर ने नहीं बल्कि जयकिशन ने बनाई और 'मेरे मन की गंगा' वार्षिक बिनाका गीतमाला का चोटी का गीत था। दूसरे पायदान पर भी जयकिशन रचित सुमधुर और उस ज़माने के युवावर्ग को बेहद प्रभावित करनेवाला प्रेम गीत 'ये मेरा प्रेमपत्र पढ़ कर कि तुम नाराज मत होना' (रफ़ी) रहा। कहते हैं कि जयकिशन ने इसी मुखड़े का प्रेमपत्र अपनी होने वाली पत्नी पल्लवी को लिखा था और इसी मुखड़े को हसरत जयपुरी ने विस्तार दिया। शंकर की कम्पोजीशन 'दोस्त दोस्त न रहा' हालाँकि गुणवत्ता की दृष्टि से बेहतर कम्पोज़ीशन थी, पर वार्षिक बिनाका गीतमाला में शिवरंजनी के सुरों की छाया लिए इस गीत का स्थान छठा था। हालाँकि लगभग आरम्भ से ही शंकर और जयकिशन अपनी धुनें अलग-अलग बनाते थे, पर उनमें एक समझौता था कि कोई भी सार्वजनिक रूप से यह प्रकट नहीं करेगा कि कौन-सी धुन किसकी थी। लेकिन इस बार जयकिशन ने एक साक्षात्कार में यह स्वीकार लिया कि 'ये मेरा प्रेमपत्र' उनकी कम्पोज़ीशन थी। शंकर ने बहुत बुरा माना और यहीं से शंकर-जयकिशन के सम्बन्धों में एक दरार की शुरुआत हो गई। धुन तो दोनों पहले भी अलग-अलग ही बनाते थे, पर अब एक-दूसरे की धुनों पर सुझाव और मशविरे का सिलसिला भी लगभग बन्द हो गया। शंकर और जयकिशन हालाँकि मनमुटाव से इनकार करते रहे लेकिन वस्तुतः आपसी अनबन कभी शंकर द्वारा 'तितली उड़ी' को 'बहारो फूल बरसाओ' से ऊपर लाने के प्रयास हेतु श्रोता संघों से पत्र भिजवाने के रूप में तो कभी 'राजकुमार' के न बिक रहे रेकॉर्डों को दो-ढाई लाख में खुद खरीदकर कृत्रिम लोकप्रियता स्थापित करने के रूप में उभरता रहा।

हालाँकि 'संगम' का हर गीत बहुत मकबूल हुआ–मुकेश और लता का वह अलौकिक दोगाना 'ओ मेरे सनम' हो, या सुनील गुप्ता (जो बाद में रवींद्र जैन के सहायक बने) के बजाय अद्भुत एकॉर्डियन के साथ 'हर दिल जो प्यार करेगा' (लता, मुकेश, महेंद्र) हो, या फिर वेनिस की लोकधुन पर आधारित 'इश लिबेदिश I love you' (विवियन लोबो–वही धुन जिस पर वर्षों बाद

आर.डी. बर्मन ने 'द ग्रेट गैम्बलर' में 'दो लफ़्ज़ों की दिल की कहानी' पुनः बनाई) हो—पर 'संगम' ने कई तरह की गलतफ़हमियाँ पैदा कीं जिससे वर्षों पुराने ताल्लुकातों में कड़वाहट आ गई। वार्षिक बिनाका की तीसरी पायदान पर भी 'संगम' का ही गीत 'मैं का करूँ राम मुझे बुढ्ढा मिल गया' था। इस गीत पर राज कपूर को रिझाने के लिए किया गया वैजयंतीमाला का नृत्य भले ही दर्शकों के बीच बेहद लोकप्रिय रहा हो, पर लता इस गीत के निहितार्थ से नाराज़ हो गईं। रॉयल्टी को लेकर राज कपूर से हुए झगड़े, या शंकर-जयकिशन से भी लता के मनमुटाव के पीछे ऐसे छोटे-छोटे कई कारण और कई कहानियाँ रही हैं जिनसे उन दिनों की फ़िल्मी पत्रिकाएँ रँगी रहती थी। इसी मनमुटाव को लता की सिल्वर जुबली पर उनके द्वारा घोषित 10 सर्वश्रेष्ठ गानों में शंकर-जयकिशन के एक भी गीत के न रहने के पीछे का कारण भी बताया गया।

दरअसल, 1964 में ऐसी कई परिस्थितियाँ निर्मित हो चलीं जिनका आगे चलकर शंकर-जयकिशन के कॅरियर पर बुरा असर पड़ा। शम्मी कपूर की छवि से मेल रखने के लिए एल्विस प्रेस्ली शैली के रॉक एण्ड रोल को व्यापक रूप से अपने संगीत में लाना भी स्तर के पैमाने पर एक समझौता था जो आगे चलकर महँगा पड़ा। हालाँकि अप्रैल फूल (1964) के 'एप्रिल फूल बनाया' (रफ़ी), 'आ गले लग जा मेरे सपने' (रफ़ी) 'मेरा नाम रीटा क्रिस्टीना' (लता) और 'मेरी मुहब्बत पाक मुहब्बत' (रफ़ी) जैसे पाश्चात्य प्रभावित, ऑरकेस्ट्रेशन के बाहुल्य वाले या लाउड गीतों के साथ-साथ 'तुझे प्यार करते हैं करते रहेंगे' (सुमन, रफ़ी) और 'उनकी पहली नज़र क्या असर कर गई' (लता) जैसे सुंदर मेलोडीप्रधान गीत भी थे, और शम्मी कपूर की ही 'राजकुमार' (1969) में 'जानेवाले ज़रा होशियार' (रफ़ी), 'आजा आई बहार' (लता) जैसे साधारण, लाउड गीतों के साथ-साथ झिंझोटी आधारित 'इस रंग बदलती दुनिया में' (रफ़ी), 'तुमने पुकारा और हम चले आए' (सुमन, रफ़ी) और बेहद कुशलता से कम्पोज़ किया 'तुमने किसी की जान को जाते हुए देखा है' (रफ़ी) भी मौजूद थे, पर कुल मिलाकर शम्मी कपूर की फिल्मों में एक ख़ास शैली का संगीत देने का अर्थ था बहुत ही ऊँची पट्टी पर बेहद प्रबल और heavy ऑरकेस्ट्रेशन वाले गीतों का शंकर-जयकिशन के संगीत में बढ़ता हुआ प्रवेश जो बाद में जा कर घातक सिद्ध हुआ।

पर जब तक शंकर-जयकिशन ने 'साँझ और सवेरा' (1964), 'आम्रपाली' (1966), 'तीसरी कसम' (1966) और 'गबन' (1966) जैसी फ़िल्मों में उत्कृष्ट संगीत देने का सिलसिला जारी रखा, तब तक उनके स्तर पर प्रश्नचिह्न नहीं लग पाया। हृषिकेश मुखर्जी निर्देशित 'साँझ और सवेरा' में तो कर्णप्रिय गीतों की उन्होंने झड़ी लगा दी। 'चाँद कमल मेरे चाँद कमल' (सुमन), मालकौंस आधारित 'ज़िंदगी मुझको दिखा दे रास्ता' (रफ़ी) और 'ओ सजना मेरे घर अँगना' (लता) जैसे गीत भले ही चर्चित न हुए हों, पर सिंधु भैरवी की तानों के साथ 'अजहुँ न आए बालमा, सावन बीता जाए' (रफ़ी, सुमन) द्वारा तो उन्होंने सुमन को एक प्रतिष्ठित स्थापत्य ही दे डाला। 'यही है वो साँझ और सवेरा' (आशा, रफ़ी), बेहद अच्छी कम्पोज़ीशन 'मनमोहन कृष्ण मुरारी' (लता) और 'तकदीर कहाँ ले जाएगी' (रफ़ी) जैस्रे गीतों के सहारे शंकर-जयकिशन ने एक बार फिर सिद्ध किया कि विशुद्ध भारतीय मेलोडी और शास्त्रीय रंग के गीतों में भी उनका विशिष्ट स्थान था। जेमिनी स्टूडियो, मद्रास की 'ज़िंदगी' (1964) के 'हम दिल का कंवल देंगे' (लता, साथी), 'धुँघरवा मोरा छम-छम बाजे' (आशा, रफ़ी), 'हम प्यार का सौदा करते हैं एक बार' (लता), बेहद लोकप्रिय रहे 'पहले मिले थे सपनों में' (रफ़ी), मींड और हरकतों के साथ बनाई गई उत्कृष्ट रचना 'मुस्करा लाडले' (मन्ना डे), 'हमने जफ़ा न सीखी' (रफ़ी) और 'इक नए मेहमान के आने की खबर है' (लता, साथी) जैसे मेलोडीप्रधान गीतों के साथ उन्होंने पुनः इसी तथ्य को रेखांकित किया। प्रेमचंद के प्रसिद्ध उपन्यास पर आधारित उसी नाम की 'गबन' (1966) में शंकर-जयकिशन ने एक बार फिर भारतीय लोकसंगीत और मेलोडी का सुंदर प्रस्तुतीकरण किया। 'आए रे दिन सावन के' (लता), बेहद कर्णप्रिय विवाह गीत 'सजन ले जाएगा तुझको घर और तुझ पर क्या-क्या सितम ढाएगा' (लता, साथी) और 'सोलह सिंगार कर के जो आई सुहाग रात' (रफ़ी), रूमानी गीत 'तुम बिन सजन बरसे नयन' (लता, रफ़ी), 'तुम्हारी कसम तुम बहुत याद आए' (लता), शृंगार गीतों में यादगार रहनेवाला 'मैंने देखा था सपनों में इक चंद्रहार, आज बालम ने पहना दिया' (लता) और इन सबसे बढ़कर रफ़ी के सर्वश्रेष्ठ गीतों में गिना जानेवाला 'एहसान मेरे दिल पे तुम्हारा है दोस्तो'—क्या एक से बढ़कर एक नगीने दिए थे शंकर-जयकिशन ने इस फ़िल्म में!

पर 'गबन' से भी उत्कृष्ट था 'आम्रपाली' (1966) का शास्त्रीय और नृत्य-शास्त्र आधारित संगीत। 'नाचो गाओ नाचो' जैसा समूह गान और प्रतियोगिता तथा श्वेताम्बर नृत्य-संगीत की अद्‌भुत कम्पोज़ीशन में हमें शंकर के नृत्य-निर्देशन की पकड़ साफ़ नजर आती है। वहीं दूसरी तरफ भूपाली में जयकिशन का 'नील गगन की छाँव में दिन रैन गले से मिलते हैं' (लता) क्या भूपाली के फ़िल्म-संगीत में प्रयुक्त सर्वश्रेष्ठ उदाहरणों में नहीं गिना जाएगा? इसी प्रकार कामोद और बिहाग की छाया लेकर मूलतः आर.

के. की अनिर्मित 'अजंता' के लिए रचित धुन को बदलकर लता की सुझाई पुरानी शास्त्रीय बंदिश पर 'जाओ रे जोगी तुम जाओ रे' (लता) क्या शंकर की सर्वश्रेष्ठ रचनाओं में नहीं गिनी जाएगी? क्या 'तड़प यह दिन रात की' (लता) की कसक इतने वर्षों बाद भी कम हो पाई है? और इन सबसे बढ़कर क्या उस बेमिसाल मुलायम से गीत की सितार पर सँवारी धुन—'तुम्हें याद करते-करते जाएगी रैन सारी' (लता) की डूबी हुई भावना को कोई भी संगीतप्रेमी कभी भुला पाएगा? 1966 में भी शंकर-जयकिशन अपने जीवन के सर्वश्रेष्ठ गीतों से भरी फ़िल्म प्रस्तुत कर सकते थे। फणीश्वरनाथ रेणु की कहानी 'मारे गए गुलफ़ाम' पर जब शैलेंद्र ने 'तीसरी क़सम' फ़िल्म बनाने की सोची तो राज कपूर और शंकर-जयकिशन तो उसमें होने ही थे। शंकर-जयकिशन के संगीत ने इस फ़िल्म में यह सिद्ध कर दिया कि बिहार के लोकसंगीत पर आधारित गीतों में वे चित्रगुप्त से कम नहीं थे, तो दूसरी ओर ग्रामीण नौटंकी शैली के गीतों के सृजन में भी वे लाजवाब ही थे। यदि एक तरफ भैरवी में मुकेश के साथ 'सजन रे झूठ मत बोलो' के द्वारा वे पुनः 1966 की वार्षिक बिनाका की चोटी पर थे, तो दूसरी तरफ खमाज आधारित लोकशैली के 'सजनवा बैरी हो गए हमार' (मुकेश) और भैरवी आधारित 'दुनिया बनाने वाले क्या तेरे मन में समाई' (मुकेश) के साथ मार्मिकता के अपने चरम पर। यदि बिहार के गाँवों का यथार्थ 'लाली-लाली डोलिया में लाली रे दुलहनिया' (आशा, साथी) में प्रमुखता से उभरता है, तो ग्रामीण मेलों की रात्रिकालीन बैठकों के बीच की सामुदायिकता 'चलत मुसाफ़िर मोह लिया रे पिंजरे वाली मुनिया' (मन्ना डे, साथी) में। 'चलत मुसाफ़िर' का फ़िल्मांकन तो अभिभूत कर देता है। गानेवाली मंडली में शैलेंद्र भी नजर आते हैं और राज कपूर तो हाथ के वाद्य को इतनी सहजता और सच्चाई से बजाते लगते हैं कि यकीन हो जाता है कि राज कपूर की संगीत की पकड़ वाकई विलक्षण थी। नौटंकी शैली के गीतों में जयजयवंती आधारित 'मारे गए गुलफाम' (लता), 'आ आ भी जा' (लता) और 'हाय गज़ब कहीं तारा टूटा' (लता) यदि अच्छे लगते हैं, तो आशा के गाए 'पान खाए सैंया हमारो' में उनके स्वर की खनक, मुरकियाँ और अदायगी तो विलक्षण। आशा के स्वर की शोखी, चंचलता, रसिकता इतनी लुभावनी कम ही गीतों में हो पाई है जितनी 'पान खाए सैंया हमारो' में। 'तीसरी कसम' के कई गीतों का तो रेकॉर्ड ही नहीं बना वरना पुराने पारसी थियेटर शैली की 'किस्सा होता है शुरू' (शंकर शम्भू), 'मैं सुनाती हूँ' (मुबारक, शंकर शम्भू) और 'तेरी बाँकी अदा पे' (शंकर शम्भू) जैसी नौटंकी शैली की रचनाएँ तो आज भी झुमा डालती हैं। वहीं साउंड ट्रैक पर सुमन के स्वर में 'दुनिया बनानेवाले क्या तेरे मन में' और मुकेश के स्वर में 'जियरा अब तो तनिको न माने' की गुनगुनाहट अभिभूत नहीं कर देती है? यह दूसरी बात है कि 'तीसरी कसम' बॉक्स ऑफिस पर पिट गई और इस गम ने शैलेंद्र को असामयिक मृत्यु की गोद में धकेल दिया वरना संगीत, कथा, निर्देशन, अभिनय—सभी दृष्टिकोण से 'तीसरी कसम' सातवें दशक की सर्वश्रेष्ठ फ़िल्मों में एक थी।

चिंतन के क्षण : शैलेन्द्र, मुकेश एवं राज कपूर

व्यावसायिक दृष्टिकोण से शंकर-जयकिशन इस समय चोटी पर थे और फ़िल्मी सितारों से अधिक उनका रेट था। 'संगम' से उभरे आपसी मनमुटाव का एक परिणाम यह था कि रामानंद सागर की 'आरज़ू' (1965) के गीतों को अकेले जयकिशन ने पाँच लाख रुपये लेकर कम्पोज़ किया और 'ऐ नर्गिसे मस्ताना' (रफ़ी), 'छलके तेरी आँखों से शराब और ज़्यादा' (रफ़ी), राग देस में दीपचंदी ताल पर 'अजी रूठ कर अब कहाँ जाइएगा' (लता) और 'अजी हमसे बच कर कहाँ जाइएगा' (रफ़ी), चारुकेशी दादरा ताल में 'बेदर्दी बालमा तुझको मेरा मन याद करता है' (लता) और नाज़ुक लुभावने सुरों के साथ 'ऐ फूलों की रानी बहारों की मलिका' (रफ़ी) जैसे लोकप्रिय गीतों की बाढ़ लगा दी। जब जयकिशन को विदेश जाना पड़ा और एक और गीत की गुंजाइश बाकी थी तो शंकर ने अनुरोध कर अडाना पर आधारित वह कव्वालीनुमा गीत 'जब इश्क कहीं हो जाता है' (आशा, मुबारक, साथी) कम्पोज़ किया, पर इसके अलग से पच्चीस हजार रुपये लिए। शंकर-जयकिशन की ऊँची माँग के बावजूद उनके पीछे

निर्माताओं की भीड़ रहती थी, और उनका संगीत फ़िल्म की सफलता का एक बड़ा कारण माना जाने लगा था। भले ही शम्मी कपूर अभिनीत फ़िल्मों के उनके गीत संगीत समीक्षकों को उनके गिरते स्तर का आभास दे रहे हों, पर आम जनता अभी भी उन गीतों पर झूमती रहती थी। वैसे 'बदतमीज़' (1966) के 'सूरत हसीं है लगता है दीवाना' (लता, साथी), 'हसीन हो तुम खुदा नहीं हो' (रफ़ी), 'बदतमीज कहो या जानवर' (रफ़ी), 'दिल को न मेरे तड़पाओ' (रफ़ी), 'पहला-पहला प्यार है' (सुमन), 'सिर्फ़ तुम ही तो हो जिसपे मरते हैं हम' (आशा, रफ़ी) जैसे गीत हों, या शम्मी कपूर की ही अभिनीत 'ऐन इवनिंग इन पैरिस' (1967) के 'ऐन इवनिंग इन पैरिस' (रफ़ी), 'आसमान से आया फरिश्ता' (रफ़ी), 'अकेले अकेले कहाँ जा रहे हो' (रफ़ी), या 'लाट साहब' (1967) के सिंधु भैरवी की छाया लिए 'सवेरे वाली गाड़ी से चले जाएँगे' (रफ़ी), 'मुझे जब से मुहब्बत हो गई' (लता), 'ओ रब्बा खैर' (आशा, रफ़ी) या फिर 'ब्रह्मचारी' (1968) के 'चक्के पे चक्का, चक्के पे गाड़ी' (रफ़ी, साथी) जैसे गीत सभी उदाहरण हैं कि शम्मी कपूर अभिनीत फ़िल्मों में उनकी शैली के अनुरूप लाउड, चमकदार संगीत देने के प्रयास में स्तर में गिरावट स्पष्ट नजर आती है। इस प्रवृत्ति से शंकर-जयकिशन इस दौर में इतने प्रभावित लगते हैं कि अन्य नायकों की अभिनीत कई फ़िल्मों में भी

इसी शैली का स्तरहीन संगीत प्रमुखता से आने लगा। उदाहरण के तौर पर देव आनंद अभिनीत 'प्यार मुहब्बत' (1966) के 'हुए आप नाराज़ खुदा खैर करे' (रफ़ी), 'हुर्रे-4 प्यार मुहब्बत के सिवा' (आशा, रफ़ी) जैसे गीत, 'अमन' (1967) के 'आमसुरू-4 मेरा वतन जापान' (लता) और 'The Champs' के 'Too much Tequila' से प्रेरित 'आज की रात ये कैसी रात' (रफ़ी, सायरा बानो) जैसे गीतों में लोकप्रियता के तात्कालिक तत्त्व भले ही रहे हों, पर शंकर-जयकिशन के पुराने स्तर के अनुरूप वे नहीं थे। अगाथा क्रिस्टी के प्रसिद्ध उपन्यास 'टेन लिट्ल निगर्स' पर आधारित 'गुमनाम' (1965) में निर्देशक राजा नवाथे की शीर्षक गीत को जल्दी रेकॉर्ड करने की हड़बड़ी को देखते हुए जयकिशन ने अपनी ताज़ा देखी हुई फ़िल्म 'Charade' का शीर्षक संगीत ही उठाकर 'गुमनाम है कोई' रच डाला। जहाँ गिटार के chords के साथ तरंगित 'इस दुनिया में जीना हो तो सुन लो मेरी बात' (लता) की कम्पोज़ीशन उत्कृष्ट थी, वहीं 'जान पहचान हो' (रफ़ी), बेहद लोकप्रिय रहे 'हम काले हैं तो क्या हुआ दिलवाले हैं' (रफ़ी, महमूद), 'जाने चमन शोला बदन पहलू में आ जाओ' (रफ़ी, शारदा) जैसे 'गुमनाम' के गीतों के साथ शंकर-जयकिशन नया पाश्चात्य प्रभावित किन्तु चलताऊ मसाला प्रस्तुत करते रहे।

परिश्रम में कमी, शंकर-जयकिशन के बीच आपसी समन्वय का अभाव, श्रोताओं की बदलती अभिरुचि, लता से सम्बन्धों में गिरावट जैसे कई कारण इस गिरते स्तर के पीछे गिनाए जा सकते हैं। एक और महत्त्वपूर्ण कारण था शंकर द्वारा शारदा को आगे लाना, और उसे दूसरी लता बनाने का दावा। जयकिशन, जो हमेशा लता के अधिक करीब रहे थे, इससे सहमत नहीं थे, और वैसे भी शारदा की पतली आवाज भले ही 'सूरज' (1966) के 'तितली उड़ी' और 'देखो मेरा दिल मचल गया' में ताज़गी भरी लोकप्रियता लेकर आई हो, पर इस आवाज में रेंज और गहराई की कमी शीघ्र ही झलकने लगी। ज़ाहिर है, लता शारदा को दिए जा रहे इस प्रश्रय के कारण शंकर से और भी विमुख हो गईं। वार्षिक बिनाका के दूसरे पायदान पर आए 'बहारों फूल बरसाओ' (रफ़ी) की लुभावनी शिवरंजनी, 'इतना है तुमसे प्यार मुझे मेरे राज़दार' (सुमन, रफ़ी) और 'चेहरे पे गिरी जुल्फें' (रफ़ी) की रूमानियत, शारदा के उपरोक्त गीतों की ताज़गी और 'कैसे समझाऊँ बड़े नासमझ को' (आशा, रफ़ी) की भैरवी के सहारे कम और फ़िल्मफ़ेयर की दुनिया में अपने ताल्लुकात के जरिये अधिक कामयाब होते हुए 'ममता' और 'दुलहन एक रात की' जैसी बेहतर फ़िल्मों को दरकिनार कर 'सूरज' के लिए फ़िल्मफेयर अवार्ड हासिल कर लेना एक बात थी, पर शारदा को 'जहाँ प्यार मिले' (1969) के बेहद फूहड़ गीत 'बात ज़रा है आपस की' के लिए सर्वश्रेष्ठ गायिका का फ़िल्मफ़ेयर एवार्ड दिलवाना तो इस प्रवृत्ति की

शारदा, लता और रफ़ी के साथ शंकर-जयकिशन

एक स्टेज शो में मुकेश और शारदा

अति ही थी। लता ने यह भाँप लिया था कि शंकर का शारदा-प्रेम उन्हें किसी भी हद तक ले जा सकता है, और इसी कारण उन्होंने बड़े माकूल ढंग से अपना नाम उस वर्ष से फ़िल्मफेयर के लिए नहीं गिने जाने की घोषणा करके अपनी गरिमा तो सुरक्षित रख ली, पर शंकर शारदा के प्रेम में पड़कर अपने स्तर को तेजी से गिराना नहीं रोक पाए। यहाँ तक कि राज कपूर अभिनीत फ़िल्मों में भी अब उनका संगीत शम्मी कपूर की फ़िल्मों की तरह ही लाउड ऑरकेस्ट्रेशन के साथ, अखरनेवाली ऊँची पट्टी पर शोरगुल की सृष्टि करने लगा। 'दीवाना' (1967), 'एराउंड द वर्ल्ड' (1967) और 'सपनों का सौदागर' (1968) को लीजिए–'दीवाना' (1967) के मिश्र खमाज आधारित 'दीवाना मुझको लोग कहे' (मुकेश) और 'पते की बात कहेगा' (मुकेश) की लयपूर्ण अभिव्यक्ति भी इस शोर के एहसास को धूमिल नहीं कर पाती। 'हम तो जाते अपने गाँव', 'तारों से प्यारे' और 'तुम्हारी भी जय जय' जैसे मुकेश के गीत अच्छे ही थे पर 'दीवाना' का एकमात्र गीत जो शंकर-जयकिशन के स्तर की पुरानी याद ताज़ा कर देता है 'ऐ सनम जिसने मुझे चाँद-सी सूरत दी है' (मुकेश) ही था। यमन कल्याण का पुट लेकर बनाई गई इस रूमानी धुन और गायकी दोनों में ही मदहोश कर देनेवाला जादू था। इसी प्रकार 'एराउंड द वर्ल्ड' (1967) के 'जोशे जवानी हाय रे हाय' (मुकेश), 'एराउंड द वर्ल्ड इन एट डॉलर्स' (मुकेश, शारदा), 'दिल लगाकर आपसे पछता रहे हैं जानेमन' (मुकेश) में भी ऑरकेस्ट्रा का शोर अखरता है। 'चले जाना ज़रा ठहरो' (मुकेश, शारदा) की सुंदर धुन में भी शारदा की आवाज़ भावविहीन लगती है। 'सपनों का सौदागर' (1968) का शीर्षक गीत (मुकेश), 'तुम प्यार से देखो' (मुकेश, शारदा), 'नादाँ की दोस्ती' (लता) और 'सीखा नहीं सबक तूने प्यार का' (लता) जैसे गीतों की मेलोडी भी ऑरकेस्ट्रेशन की तीव्रता के कारण स्थायी असर नहीं कर पाती। फ़िल्म का खूबसूरत गीत मुकेश के दर्दीले स्वर में वॉयलिन के बेहतरीन प्रयोग के साथ 'ओ ज़िंदगी ऐ मेरी बेबसी' ही था।

जयकिशन अपनी पत्नी पल्लवी के साथ

इस वक्त के शंकर-जयकिशन के कई गीत बड़े ऊँचे scales पर कम्पोज़ किए गए। 'कन्यादान' (1968) का नीरज लिखित 'लिखे जो खत तुझे' (रफी), 'प्रिंस' (1969) का (पेरिस के लिडो क्लब की डांसर्स की पोशाक से प्रभावित गीत) 'बदन पे सितारे लपेटे हुए' (रफ़ी), 'गुनाहों का देवता' का 'चाहा था बनूँ प्यार की राहों का देवता' (मुकेश) जैसे इस तरह के गीत लोकप्रिय भी खूब रहे। धमाकेदार रिद्म का प्रभाव (जो सम्भवतः जैज़ के बढ़ते असर का परिणाम था) भी 'कन्यादान' के 'मिल गए मिल गए आज मेरे सनम' (लता) और 'परायी हूँ परायी' (लता), 'दूरियाँ' के शीर्षक गीत, 'तुमसे अच्छा कौन है' के शीर्षक गीत आदि कई गीतों में बिलकुल स्पष्ट था।

शंकर-जयकिशन को इस दौर में भी 'हरे काँच की चूड़ियाँ' (1967), 'रात और दिन' (1967) और 'मेरे हुज़ूर' (1968) में अपनी शैली को अब तक मुख्य हो चुकी उनकी लाउड ऑरकेस्ट्रेशन और गायन की शैली से अलग रखने में कुछ सफलता मिली। 'हरे काँच की चूड़ियाँ' (1967) का शीर्षक गीत 'धानी चुनरी पहन' (आशा) तो विशुद्ध और खनखनाती मेलोडी थी। वहीं 'पंछी रे ओ पंछी' (आशा, रफ़ी) में भी रिद्म दहलाती नहीं है, बल्कि सहलाती है। 'मेरे हुज़ूर' (1968) तो शास्त्रीय और शायराना संगीत का उत्कृष्ट उदाहरण बनकर चर्चित हुआ। दरबारी कानड़ पर बनाए गए 'झनक-झनक तोरी बाजे पायलिया' (मन्ना डे) की कम्पोज़ीशन की दाद देने वाले आज भी हजारों हैं। 'रुख से ज़रा नकाब हटा दो मेरे हुज़ूर' (रफ़ी) की खूब लोकप्रिय रही रूमानी धुन, और राग गारा पर आधारित 'जो गुज़र रही है मुझपे उसे कैसे मैं बताऊँ' (रफ़ी) का शायराना अंदाज़ भी बहुत खूब था। वर्षों बाद अपने भाई की फ़िल्म के लिए पर्दे पर आई नरगिस को लेकर बनी 'रात और दिन' (1967) का संगीत भी कथ्य के

अनुरूप एक आधुनिक रहस्यवाद लेकर 'आवारा ऐ मेरे दिल' (लता), 'न छेड़ो कल के अफ़साने' (लता) और 'जीना हमको रास न आया' (लता) की गूँजती haunting धुनों में प्रकट हुआ। 'रात और दिन दिया जले' की संवेदना से भरी धुन को मुकेश और लता दोनों से अलग-अलग शंकर-जयकिशन ने गवाया, पर लोकप्रियता मुकेश के गाए गीत को मिली। फ़िल्म का सबसे खूबसूरत गीत था 'दिल की गिरह खोल दो चुप न बैठो कोई गीत गाओ' (मन्ना डे, लता) जिसके लिए शंकर-जयकिशन लहराते अंदाज़ में waltz की शैली लेकर आए।

'छोटी-सी मुलाकात' (1967) के शीर्षक गीत के लिए तो ज़माने के फैशन के अनुरूप twist की परिचित शैली ही लोकप्रिय रही, पर इस फ़िल्म में भी राग अडाना और नायकी कान्हरा की छाया लेकर सृजित 'कल नहीं पाए जिया, मोरे पिया' (लता) जैसी शास्त्रीय संगीत आधारित रचना ही आज तक याद की जाती है। सितार के सुंदर प्रयोग के साथ सुंदर मेलोडी 'जीव्न के दोराहे पर' (लता), शायराना तबीयत का 'ऐ चाँद की जेबाई' (रफ़ी) और अपने खास रिद्म के साथ 'तुझे देखा तुझे चाहा तुझे पूजा मैंने' (सुमन, रफ़ी) जैसे इस फ़िल्म के गीत तो लोकर्प्रिय रहे, पर 'कहीं और चल' (1968) के कुछ मकबूल रहे 'डूबते हुए दिल को तिनके का सहारा भी नहीं' (रफ़ी) के अलावा कोरस के सुंदर प्रयोग वाला 'पानी पे बरसे जब पानी' (लता, साथी) और यमन आधारित ('तुम रूठी रहो, मैं मनाता रहूँ' की झलक लिए) खूबसूरत गीत 'शोख आँखें देखकर' (आशा, रफ़ी) न चल पाए। 'भाई-बहन' (1969) के 'जाने न जाने तू ही न जाने' (मुकेश), 'धीरे-धीरे मुहब्बत जवाँ हो गई' (आशा, रफ़ी) या 'चंदा और बिजली' (1969) के काफ़ी आधारित 'काल का पहिया' (मन्ना डे) और 'तेरी चाहत में सनम' (आशा, रफ़ी) में शंकर-जयकिशन बासी ही लगे। 'दुनिया' (1968) के 'दूरियाँ नज़दीकियाँ बन गई' (किशोर, आशा) या 'तुमसे अच्छा कौन है' (1969) के 'जनम- जनम का साथ है निभाने को' (रफ़ी), 'रंगत तेरी सूरत सी किसी में नहीं-नहीं' (लता, रफ़ी), 'तुमसे अच्छा कौन है' (रफ़ी) और 'आँखों में आँखें न डालो, मुझे कुछ होता है' (लता) जैसे लोकप्रिय गीतों में भी शंकर-जयकिशन की शैली में कोई नवीनता नहीं दिखी। इस दौर की कई फ़िल्मों में शंकर के गवाए शारदा के heavy ऑरकेस्ट्रेशन के साथ ऊँची पिच के गीत भी पिटे-पिटाए ही रहे।

फ़िल्म-निर्माता सतीश वागले ने अपने आलेख 'Jaikishan Was Divinely Blessed' में जयकिशन के व्यक्तित्व की उदारता पर प्रकाश डाला है। वागले के अनुसार उनकी शादी का 40-50 हजार का खर्च जयकिशन ने अपने सर पर ही लिया। उन्हें निर्माता बनने का श्रेय भी जयकिशन का ही है। 'प्यार ही प्यार' (1969) के निर्माण के लिए जयकिशन ने भी धन लगाया, और इसी फ़िल्म के निर्माण के दौरान शंकर-जयकिशन को पद्मश्री मिलने की भी घोषणा हुई। पुरस्कार लेने दिल्ली गए जयकिशन ओबेरॉय होटल में ठहरे थे, और वहीं उन्होंने 'प्यार ही प्यार' के गीत 'मैं कहीं कवि न बन जाऊँ' का मुखड़ा स्वयं लिखा था और उसकी धुन बनाई थी। उस समय के फ़िल्म-वितरक (और राजश्री के जन्मदाता ताराचंद्र बड़जात्या) को यह गीत पसंद नहीं आया था, पर जयकिशन इस गीत की सफलता के बारे में आश्वस्त थे। बड़जात्या को वर्षों पहले 'दाग' का 'ऐ मेरे दिल कहीं और चल' भी पसंद नहीं आया था, और उस गीत ने लोकप्रियता के कई कीर्तिमान बनाए थे। 'मैं कहीं कवि न बन जाऊँ' हालाँकि उतना स्तरीय नहीं था, पर जयकिशन के दावे को सही करता हुआ यह गीत भी खूब चला।[6]

अब वह ज़माना था जब शंकर-जयकिशन की प्रतिष्ठा और लोकप्रियता अपने शीर्ष पर थी, पर स्तर घट गया था। दोनों के बीच आपसी मनमुटाव भी जारी ही था—विशेषकर शारदा को लेकर भी। ऑरकेस्ट्रेशन पर ज़ोर कई गीतों में अनावश्यक शोर पैदा करने लगा था। जैज़ तथा ब्रास बैंड का प्रभाव भी अधिकाधिक उनके गीतों में नज़र आने लगा था। शिक्षा के व्यापीकरण और शहरीकरण के इस बदलते दौर में पाश्चात्य सिद्धांतों, जीवन-शैलियों और कला-शैलियों के साथ-साथ पाश्चात्य संगीत-शैलियों का प्रभाव भी मध्यमवर्ग और उच्च-मध्यमवर्ग के लोगों के बीच फैल रहा था। दशक के अंत की शंकर-जयकिशन की संगीतबद्ध अधिकांश फ़िल्मों में इसका असर दिखता है, कई बार तो 'मेलोडी' और कर्णप्रियता को भी दरकिनार करके। पश्चिम में जैज़ के पुनरुद्धार के पीछे वर्षों से शोषित blacks और असहाय वर्गों की सामाजिक-राजनीतिक चेतना थी, पर शंकर-जयकिशन का संगीत सिर्फ़ जैज़ जैसी शैलियों का कृत्रिम हंगामा-भरा प्रभाव ही ला पाया।

'प्यार ही प्यार' के उपरोक्त गीत और 'देखा है तेरी आँखों में प्यार ही प्यार बेशुमार' (रफ़ी) के अलावा बाकी गीत यदि कोई असर पैदा नहीं कर पाए, तो 'सच्चाई' (1969) के 'सौ बरस की ज़िंदगी से अच्छे हैं' (आशा, रफ़ी) और 'ऐ दोस्त मेरे मैंने दुनिया देखी है' (रफ़ी, मन्ना डे) जैसे थोड़े-बहुत चलनेवाले गीत भी स्तर के पैमाने पर बिलकुल मामूली रहे। आत्माराम निर्देशित 'शिकार' (1968) में कृष्णा कल्ले और महेंद्र कपूर के स्वर में 'मेरे सरकार मेरी आहों का असर देख लिया' की शायराना धुन रवि द्वारा संगीतबद्ध इस प्रकार के गीतों की शैली से मेल खाती थी, पर लोकप्रियता मिली रफ़ी के गाए 'तुम्हारे प्यार में हम

बेकरार हो के चले' और इससे भी बढ़कर 'पर्दे में रहने दो पर्दा न उठाओ' (आशा, रफ़ी) को। 'पर्दे में रहने दो' के फ़िल्मांकन के बाद नायिका आशा पारेख इस गीत को निकलवाना चाहती थीं क्योंकि उनके अनुसार गीत के बोल अश्लील थे। आत्माराम भी पशोपेश में थे, पर जयकिशन बिलकुल अडिग रहे और एक बार फिर जयकिशन की ही बात सच साबित हुई क्योंकि इस गीत पर भी लोगों ने स्क्रीन पर पैसे फेंके और फ़िल्म की सफलता में इस गीत का बहुत बड़ा योगदान रहा। सिप्पी और जेमिनी, मद्रास की 'शतरंज' (1969) के 'जंगल में मोर नाचा' (लता), आशा की बेहतरीन गायकीवाला 'तुम्हें मैं अगर अपना साथी बना लूँ' (आशा, रफ़ी), 'अजनबी हूँ इस जहाँ में' (लता), 'भाई-भाई' (1970) के 'सपेरा बीन बजा बीन बजा नाचूँगी' (लता) और भैरवी आधारित 'मेरे महबूब तेरे दम से है' (रफ़ी), 'धरती' (1970) के 'ये मौसम भींगा भींगा है' (रफ़ी, लता), 'इश्क की मैं बीमार' (लता) और 'मेरी गली में आया चोर' (लता), 'ज्वाला' (1970) के 'थाम लो कलेजा सब अपना-अपना' (मुकेश), बेहद कर्णप्रिय 'आ जा रे आ जा रे मोरे सजन' (लता, मन्ना डे) और पुनः भैरवी आधारित 'अहा ले गई ओ जिया' (लता, आशा, साथी) जैसे गीतों में मेलोडी से इनकार तो नहीं किया जा सकता, पर साथ ही यह अधिकांशतः एक ही pattern की रचनाएँ लगने लगी थीं। फ़िल्म 'चालाक' (1969) तो बन ही नहीं सकी, वरना शंकर-जयकिशन ने इसमें भी मुकेश और शारदा से 'बता दे मेरी जान' गीत गवाया था।

'यकीन' (1969) का पूरा संगीत जयकिशन का था। पार्श्वसंगीत तो बहुत अच्छा था, और 'गर तुम भुला न दोगे' (रफ़ी) और 'यकीन कर ले मुझे मुहब्बत है तुमसे तुमसे' (रफ़ी) जैसे गीत लोकप्रिय भी रहे, पर वह बात नहीं थी जो पहले के शंकर-जयकिशन में रहा करती थी। जैसाकि पहले उल्लिखित है, शंकर-जयकिशन के संगीत में इस दौर में ऑरकेस्ट्रा के ब्रास सेक्शन का महत्त्व और जैज़ का प्रभाव बढ़ता ही जा रहा था। 1970 में उन्होंने 'Ragas in Jazz' नाम का एक रेकॉर्ड भी निकाला जिसमें कई रागों को उन्होंने जैज शैली के ऑरकेस्ट्रा के द्वारा बजवाया था। ब्रास सेक्शन की अतिरंजता से भरपूर 'तुम हसीं मैं जवाँ' (1970) का 'आपको पहले भी कहीं देखा है' या 'उमंग' (1970) के 'प्यार पर कोई बस तो नहीं' (किशोर) या 'सच्चा प्यार तो झुक नहीं सकता' (आशा, किशोर, साथी) या 'पहचान' (1970) के 'लो आई है जवानी रूप के नगमें गाती' (आशा) जैसे गीतों में पुनः एक लाउडनेस थी जो शंकर-जयकिशन का ट्रेड-मार्क बनती जा रही थी। धुनों में कर्णप्रियता और मोहकता लाने में वे अभी भी सक्षम थे, जैसा 'उमंग' (1970) के ही लाजवाब उत्प्रेरक गीत 'हम लोग हैं ऐसे दीवाने दुनिया को झुका कर मानेंगे' (किशोर), या 'पहचान' के मुकेश को फ़िल्मफेयर पुरस्कार दिलाने वाले भैरवी आधारित 'सबसे बड़ा नादान वही है', 'कर ले दिल की बात' (मुकेश, लता), 'आया न हमको प्यार जताना' (मुकेश, सुमन) और मुकेश की गजब-सी अलग गायकीवाले 'गंगाराम की समझ में न आए' (शारदा, सुमन और साथियों के साथ), या फिर 'पगला कहीं का' (1970) के झिंझोटी के सुरों को सहलाते 'तुम मुझे यूँ भुला न पाओगे' (रफ़ी, लता) और दो दिनों में रेकॉर्ड किए गए मजाकिया गीत 'मेरी भैंस को डंडा क्यों मारा' (मन्ना डे) जैसे गीतों से स्पष्ट है। पर उनकी धुनें अच्छी लगते हुए भी कई बार जलचमक-सी लगने लगी थीं, और लक्ष्मी-प्यारे, आर. डी. बर्मन और कल्याणजी-आनंदजी की नई शैलियों की चुनौती के सामने अब कुछ नया करने की ज़रूरत थी जिसकी पूर्ति jazz और ब्रास ऑरकेस्ट्रा शैलियों की आत्माविहीन नक़ल अधिक देर तक नहीं कर सकती थी।

जहाँ शंकर का व्यक्तित्व कड़ा, अनुशासनप्रिय और संजीदा था, वहीं जयकिशन बड़े शौकीन और रूमानी तबीयत के इंसान थे। जहाँ शंकर का अधिकांश समय अपने म्यूज़िक रूम में बीतता था, वहीं जयकिशन अपने मरीन ड्राइव स्थित मोरबी के महाराजा से खरीदे हुए गोविंद महल अपार्टमेंट में कम और चर्चगेट के 'गेलॉर्ड' या बांद्रा के 'बॉम्बेलिज़' रेस्तराँ में अधिक मिलते थे। एक बार तो उन्होंने रात दो बजे गेलॉर्ड से फ़ोन लगाकर मदन मोहन को जगाया और 'वो भूली दास्तां' के लिए बधाई दे डाली। 'गेलॉर्ड' तो उनका लगभग हर दिन का अड्डा ही बन गया था। 'गेलॉर्ड' के सामने शार्क स्किन सूट पहने खूबसूरत से जयकिशन अकसर मुस्कुराते हुए खूबसूरत लड़कियों से बातें करते नज़र आते थे। विल्सन कॉलेज की एक संगीत प्रतियोगिता में निर्णायक के रूप में गए जयकिशन की पल्लवी मारीवाला से मुलाकात, प्यार और फिर शादी पल्लवी के अपूर्व सौंदर्य के कारण अपने ज़माने में खूब चर्चित रहे। लता के साथ भी जयकिशन के मधुर सम्बन्धों की चर्चा की जाती थी और आरम्भिक दिनों में चौपाटी पर दोनों अकसर भेलपुरी खाते नजर आते थे। यूँ भी जब पहली बार जयकिशन लता के पास राज कपूर का कोई संदेश लेकर आए थे ('बरसात' के निर्माण के समय) तो लता ने उन्हें एक ऑफिस ब्वाय समझा था और अपनी बहन मीना से कहा था कि राज कपूर के ऑफिस ब्वाय भी कितने खूबसूरत होते हैं। कई रोमांटिक गीतों के मुखड़ों का जयकिशन ने ही सुझाव दिया था—'ये मेरा प्रेमपत्र पढ़कर कि तुम नाराज मत होना', 'मैं कहीं कवि न बन जाऊँ', अहमदाबाद में हवेलियों के झरोखों से प्रेरित होकर

सुझाया शिवरंजनी के सर्वथा नये प्रयोग वाला 'दिल के झरोखे में तुझको बिठा कर' आदि। 'ब्रह्मचारी' के इस सदाबहार गीत के मुखड़े को बिना साँस रोके गाने की सलाह शम्मी कपूर ने दी थी और इस गीत के पियानोवादकों में शंकर स्वयं भी शामिल थे। वैसे 'ब्रह्मचारी' का उत्कृष्ट गीत था 'मैं गाऊँ तुम सो जाओ' (रफ़ी)। इस गीत में हिंदी फ़िल्मों में पहली बार electric synthesiser का प्रयोग हुआ था। 'आजकल तेरे मेरे प्यार के चर्चे हर ज़ुबान पर' (रफ़ी, सुमन) की racy, ज़बर्दस्त धुन भी खूब लोकप्रिय रही थी।

'मेरा नाम जोकर' में नितिन मुकेश ने अपना पहला गीत गाया

वर्षों की मेहनत के बाद निर्मित राज कपूर की 'मेरा नाम जोकर' (1970) शंकर-जयकिशन के संगीत का उत्कर्ष माना जाता है—इसके बाद की कहानी तो उनके उतार की कहानी है। पार्श्व-संगीत में आर.के. की पहले की फ़िल्मों में प्रयुक्त शिवरंजनी आधारित धुन को इस बार 'जाने कहाँ गए वो दिन' के रूप में मुकेश से बेमिसाल ढंग से गवाकर शंकर-जयकिशन ने अमर बना दिया। शैलेंद्र की मृत्यु के कारण उनके लिखे मुखड़े 'जीना यहाँ मरना यहाँ' को उनके पुत्र शैली शैलेंद्र ने पूरा किया और इस गीत को बेहद कशिश-भरी धुन और जबर्दस्त ऑरकेस्ट्रेशन से सजाकर शंकर-जयकिशन ने इसे मुकेश का सदाबहार गीत ही बना दिया। 'कल खेल में हम हों न हों, गर्दिश में तारे रहेंगे सदा' तो एक तरह से आर.के. फ़िल्म्स, राज कपूर और मुकेश की ज़िंदगी का फलसफ़ा ही बन चुका है। 'ईचक दाना बीचक दाना' की धुन पर वृहद इस्तेमाल 'तीतर के दो आगे तीतर' (आशा, मुकेश, साथी) के रूप में बहुत लोकप्रिय हुआ, वहीं नितिन मुकेश की आवाज़ पहली बार 'With a cheer not a tear in your eyes, Wish me luck as you wave me goodbye' में पहली बार ली गई। राज कपूर को संगीत का कितना ज्ञान था, और गीतों को फ़िल्माने की उनकी कला कितनी उत्कृष्ट थी, यह प्रथम विश्वयुद्ध के इस गीत (जो बाद में बोर्डिंग स्कूलों का भी गीत बन गया) से छुट्टियों के लिए जाते स्कूली बच्चों और 'With a banjo on my knee' गीत से उनके छुट्टियों के बाद वापस स्कूल आने के खूबसूरत फ़िल्मांकन से स्पष्ट हो जाता है। 'मेरा नाम जोकर' के शंकर-जयकिशन के संगीत से ही उभरा वह लाजवाब गीत 'ए भाई ज़रा देख के चलो', जिसने आरम्भ में गाने में हिचकिचा रहे मन्ना डे को उनका पार्श्वगायन का प्रथम फ़िल्मफेयर पुरस्कार दिलवाया। भैरवी का सुर लगाकर major और minor scales में सृजित 'कहता है जोकर सारा ज़माना' (मुकेश), खूबसूरत कव्वालीनुमा 'दाग़ न लग जाए' (मुकेश, आशा), बेहद sensuous 'अंग लग जा बालमा' (आशा) और अर्द्धशास्त्रीय स्पर्श लिए 'काटे न कटे रैना' (आशा, मन्ना डे) जैसे लोकप्रिय गीतों के अलावा इस लम्बी फ़िल्म के लिए मुकेश के दो और गीत रेकॉर्ड कराए गए थे–'दा दा नीयत नीयत' (आशा के साथ) और 'गाओ गाओ झूम के गाओ' (शारदा के साथ) पर फ़िल्म की लम्बाई अत्यधिक बढ़ने के डर से इन गीतों को हटा दिया गया। इसी कारण से फ़िल्म के लिए शंकर द्वारा कम्पोज़ अद्भुत स्वप्न दृश्य भी पर्दे पर न आ पाया। लता और राज का रॉयल्टी को लेकर चल रहा मनमुटाव उस वक्त पूरी तरह सामने आ गया जब लता ने 'अंग लग जा बालमा' के अश्लील शब्दों को लेकर आपत्ति की और राज ने भी शब्द नहीं बदले बल्कि पहली बार अपनी एक फ़िल्म में ('आग' के बाद) लता की आवाज़ नहीं ली।

'मेरा नाम जोकर' के गीत तो सदाबहार बन गए, पर फ़िल्म इतनी बुरी तरह पिटी कि राज कपूर के मन में यह बात घर कर गई कि बिना लता मंगेशकर के उनकी फ़िल्में नहीं चल सकती हैं। 'कल आज और कल' ने इस तथ्य को पुष्ट ही किया।

14 सितम्बर, 1971 को जयकिशन की अल्पायु में मृत्यु हो गई। श्रद्धांजलि के रूप में हसरत जयपुरी ने उन पर गीत लिखा 'गीतों का कन्हैया चला गया' जिसे एक ई.पी. के रूप में मनहर से गवाकर रिलीज़ भी किया गया। जयकिशन की मृत्यु के बाद शंकर का अकेला ग्राफ़ गिरने लगा। फिर भी 1971-72 के वर्षों में शंकर-जयकिशन के कई गीत लोकप्रिय रहे, और कुछ गीत तो वाकई बहुत सुंदर भी थे। 'अलबेला' के 'देवता माना और पूजा तेरी तस्वीर को' (लता) की मिठास तो आज तक कम नहीं हुई है। वहीं पहाड़ी शैली में 'बलिदान' का सितार के खूबसूरत इंटरल्यूड्स के साथ 'चले आओ दिल में बचा के नज़र आहिस्ता आहिस्ता आहिस्ता' (लता) आज क्यों हमसे विस्मृत हो गया है, यह ताज्जुब की बात है। 'दुनिया क्या जाने' का 'साँझ सवेरे नैन तेरे मेरे' (आशा, किशोर), 'एलान' के 'आपकी राय मेरे बारे में क्या है' (रफ़ी, शारदा) और 'अंग से अंग लगा ले' (लता), 'जाने

जयकिशन के अंतिम संस्कार के समय गमगीन अन्य संगीतकार

जयकिशन की अंतिम यात्रा

अनजाने' के 'तेरी नीली नीली आँखों के दिल पे तीर चल गए' (रफ़ी, लता) और 'राम कसम बुरा न मानूँगी' (आशा), 'जवाँ मुहब्बत' का खूबसूरत रवानगी-भरी लय के साथ श्रुतिमधुर 'नज़र में रंग और मस्ती भरा तूफान ले के' (लता, साथी), सैक्सोफोन के साथ शायराना-सी धुन लिए 'जब मुहब्बत जवान होती है' (रफ़ी) और इस दौर की बढ़ती पाश्चात्य ब्रास बैंड की शैली के साथ 'न रूठो रूठो ना रूठो ना रूठो मेरी जान' (रफ़ी, आशा), 'मैं सुंदर हूँ' के उत्फुल्ल मस्ती भरे अंदाज़ के 'नाच मेरी जान फटाफट' (किशोर, आशा), 'दो मस्ताने दो दीवाने' (आशा, किशोर), 'आज मैं जवान हो गई हूँ' (लता), 'तुझे दिल की बात बता दूँ' (लता), 'मुझको ठंड लग रही है' (आशा, किशोर) और पैरोडी में 'कौन है' (मुकेश, मन्ना डे, आशा, महमूद आदि), 'नादान' के 'ऐ बादल झूम के चल' (मुकेश) और पियानो पर बनाया वह अविस्मरणीय गीत 'जीवन भर ढूँढ़ा जिसको वो प्यार मिला पर नहीं मिला' (मुकेश), 'पतंगा' के 'थोड़ा रुक जाएगी तो तेरा क्या जाएगा', 'झूम के गा यूँ आज मेरे दिल' और 'सोने देती है न ये रात' जैसे रफ़ी के विभिन्न मूड्स के गीत, 'प्रीतम' का सैक्सोफोन के साथ मस्त-सी रवानगी से भरा 'हाय दिल लगा तो ऐसा लगा चर्चा गली-गली' (लता), 'सीमा' के 'लड़की चले जब सड़कों पे' (किशोर) 'और वक्त थोड़ा-सा अभी कुछ और गुज़र जाने दें' (किशोर, आशा), 'यार मेरा' के 'दिल की किताब कोरी है' (सुमन, किशोर) और 'डर लगे तो गाना गा' (रफ़ी), 'आनबान' का तेज लय वाला 'तुम मेरी हो मेरे सिवा किसी की नहीं खाती हो कसम' (रफ़ी, लता), 'आँख मिचौली' का 'आ जा रे आजा छुप छुप के प्यार हम करेंगे' (किशोर, आशा), 'आँखों आँखों में' का पुनः इस दौर के अपने बेबाक अलमस्त अंदाज में 'दो बातें प्यार भरी कर लूँ' (आशा, किशोर), 'आँखों-आँखों में बात होने दो' (आशा, किशोर) और 'गया बचपन जो आई जवानी' (लता), 'दिल दौलत दुनिया' का 'साथ में प्यारा साथी है' (किशोर), 'रिवाज़' का 'मैं तेरी प्रेम दीवानी' (सुमन) जैसे गीत खूब चले थे। 'बेईमान' (1972) के लिए भले ही शंकर ने पुनः अपने प्रभाव का इस्तेमाल करके फ़िल्मफ़ेयर पुरस्कार जीता हो, पर मुकेश को सर्वश्रेष्ठ पार्श्वगायक का पुरस्कार दिलानेवाली 'जय बोलो बेईमान की' की भैरवी या 'ये राखी बन्धन है ऐसा' (लता, मुकेश) साधारण ही गीत थे, और उसी वर्ष की 'पाकीज़ा' के आगे तो कहीं ठहरने लायक भी नहीं थे। इन वर्षों में किशोर कुमार के लिए शंकर ने अपनी वही high pitch की शैली कायम रखी, पर किशोर के गले के स्पंदन के अनुरूप सुरों के उतार-चढ़ाव के सुंदर संयोजन से कुछ गीत शंकर ने बेहद सुंदर बनाए। उदाहरण के तौर पर 'लाल पत्थर' (1971) का राग किरवानी पर आधारित 'गीत गाता हूँ मैं गुनगुनाता हूँ मैं', 'जंगल में मंगल' (1972) का 'तुम कितनी खूबसूरत हो', 'दो झूठ' (1975) का 'चलो भूल जाएँ जहाँ को' (आशा के साथ), 'एक नारी एक ब्रह्मचारी' (1971) का 'ये प्यार तो मिलन है' और 'बंदगी' (1972) का किशोर के रेयर जेम्स कैसेट्स में भी शामिल 'ये टूटी बोतल के टुकड़े' जैसे गीतों को याद किया जा सकता है।

इस दौर के शंकर के अच्छे गीतों में 'जाने-अनजाने' (1971) के अडाना, काफ़ी, चंद्रकौंस, जयजयवंती और पार्श्व में भीमपलासी, धानी और परदीप जैसे भिन्न रागों से सुसज्जित 'छम छम बाजे रे पायलिया' (मन्ना डे), 'अर्चना' (1973) के कहरवा ताल पर सुंदर मेलोडी 'जैसे-जैसे प्रीतम से प्यार' (लता) और दरबारी में 'जिया में लागा मेरे बाण प्रीत का' (मन्ना डे), 'परदे

के पीछे' (1971) की सुंदर haunting धुन 'तेरे बिन जिया ना लगे' (लता), 'सीमा' (1971) का बहुत ऊँची पट्टी पर भैरवी में गवाया गुलज़ार का लिखा सुंदर-सा 'जब भी ये दिल उदास होता है' (रफ़ी, शारदा) जैसे गीतों को अवश्य याद करना चाहिए। 'लाल पत्थर' का उनका संगीत तो उत्कृष्ट था। जी.एस. दुर्रानी पर फ़िल्माया गया 'उनके ख़याल आए तो आते चले गए' राग गारा में बनाई गई एक बहुत सुंदर गज़ल थी और आज भी रफ़ी के बेहतरीन गीतों में इसकी गिनती की जाती है। इस फ़िल्म में सितार के लाजवाब प्रयोग को 'सूनी सूनी साँस के सितार पर' (आशा) के साथ शंकर ने जयजयवंती पर भी उतनी ही खूबसूरती से उभारा जितनी 'रे मन सुर में गा' (आशा, मन्ना डे) के साथ यमन (या मारू विहाग?) में। 'गीत गाता हूँ मैं' (किशोर) की किरवानी आज भी अभिभूत करती है। फ़िल्म में दुर्रानी के गाए कुरान खानी का अपना अलग आकर्षण था।

वहीं दूसरी तरफ़ 'अंदाज़' (1971) में जयकिशन के किशोर से गवाए अतिलोकप्रिय 'ज़िंदगी एक सफ़र है सुहाना' (जो जयकिशन का आखिरी गीत था) और 'रे मामा रे मामा रे' (रफ़ी) के साथ 'है ना बोलो बोलो' और 'दिल उसे दो जो जाँ दे दे' में शंकर-जयकिशन अब सीधे-सीधे 'Papa loves mama' और Beatles के 'With a little help from my friends' जैसी पाश्चात्य धुनों की नकल पर आ गए थे। आर.के. फ़िल्म्स की अपनी आखिरी फ़िल्म 'कल, आज और कल' (1971) में किशोर कुमार के उभरते सितारे के अनुरूप शंकर के सृजित 'आप यहाँ आए किसलिए' (आशा के साथ), 'जब हम होंगे साठ साल के' (आशा के साथ) और 'भँवरे की गुंजन है मेरा दिल' जैसे रणधीर कपूर की छवि के अनुरूप मजाकिया गीत और पीढ़ियों को कालबद्ध करता 'चलती जाए घड़ी' (किशोर, आशा, मुकेश) जैसे गीत चले तो बहुत पर 'कल, आज और कल' की तुलनात्मक असफलता (भारत-पाक युद्ध के ब्लैक आउट के ज़माने में) ने आर.के. कैम्प के दरवाज़े शंकर के लिए हमेशा के लिए बंद कर दिया।

आर.डी. बर्मन, लक्ष्मी-प्यारे और कल्याणजी आनंदजी के प्रभुत्व के इस दशक में शंकर के गिरते अस्तित्व को 'आज की ताजा खबर' (1973) के 'मुझे मेरी बीवी से बचाओ' (किशोर), 'अर्चना' (1973) के 'तन-मन तेरे रंग रँगूँगी' (लता), 'चोरी-चोरी' (1973) के 'तोरे जैसी छोरी' (मुकेश), 'दिलबर आ जा' (मुकेश, सुमन), 'चोरी-चोरी जो होना था' (मनहर, सुमन) और मुकेश की खास शैली का 'वास्ता ही न जब रहा तुमसे', 'इंटरनेशनल क्रुक' (1974) के 'पूछा जो प्यार क्या है' (किशोर, आशा), 'इंसानियत' (1974) के कर्णप्रिय 'मैं तुमसे प्यार करता हूँ' (मुकेश), 'दामन और आग' (1973) के यमन कल्याण आधारित 'थिड़का बदन' (लता, आशा), 'रेशम की डोरी' (1974) के 'बहना ने भाई की कलाई से प्यार बाँधा है' (सुमन), 'दो झूठ' (1975) के 'छतरी न खोल' (किशोर, उषा मंगेशकर) और कर्णप्रिय 'चलो भूल जाएँ' (लता, किशोर) जैसे गीत भी न सँभाल पाए। 'नैना' (1973) का आशा भोंसले को फ़िल्मफ़ेयर पुरस्कार दिलाने वाला 'होने लगी है रात जवाँ जागते रहो' और 'हमको तो जान से प्यारी हैं तुम्हारी आँखें' (रफ़ी) की आसावरी आधारित धुनें भी उस पुराने शंकर की छाया मात्रा प्रतीत होती हैं। राजू भारतन के अनुसार शंकर को अब निर्माताओं द्वारा वह पूरा 60 सदस्यों वाला ऑरकेस्ट्रा भी नहीं मिलता था जिसके साथ उनकी रचनात्मकता खिल जाती थी। ऐसा ऑरकेस्ट्रा अब उन्हें बस उनके पुराने विश्वासपात्र सोहनलाल कँवर ही देते थे, और यही कारण है कि कँवर की 'संन्यासी' (1975) में शंकर एक बार फिर अपने पुराने जादू-भरे रूप में है। 'संन्यासी' के लिए मुकेश के प्रयासों के कारण लता एक बार फिर शंकर के साथ गाने को तैयार हुईं और शंकर ने एक बार फिर अपनी उसी भैरवी और आकर्षक ऑरकेस्ट्रेशन के जोर से लता और मुकेश से 'चल संन्यासी मंदिर में', 'ये है गीता का ज्ञान', 'सुन बाल ब्रह्मचारी', 'बाली उमरिया भजन करूँ कैसे'—जैसे सुपरहिट गीतों को स्वर दिलवाया। मुकेश ने अपनी आम छवि से हटकर इन गीतों में एक अलग से हास्य की सृष्टि इतनी खूबसूरती से की है कि यदि आप 'चल संन्यासी' को गौर से सुनेंगे तो मुकेश के इस अंदाज़ में गाए एक अंतरे के बाद लता के स्वर में 'चल संन्यासी' के 'चल' के साथ एक बरबस हलकी-सी हँसी आ जाने का आपको आभास हो जाएगा।

बहरहाल 'संन्यासी' ने शंकर के डूबते सितारे को कुछ सहारा अवश्य दिया। पहली वाली बात तो नहीं आ पाई फिर भी कुछ गीत उनके पुनः चर्चित होने लगे। 'धूप-छाँव' (1977) का राग बागेश्वरी आधारित 'जूड़े में गजरा मत बाँधो' (रफ़ी) या 'आत्माराम' (1979) का लोच-भरा 'तुम्हारे बिन गुज़ारे हैं कई दिन अब न गुज़रेंगे' (लता, रफ़ी) जैसे गीत सुंदर भी थे और लोकप्रिय भी। 'दुनियादारी' (1977) का 'नाव कागज़ की गहरा है पानी' (रफ़ी, लता) भी अपने ज़माने में खूब चला था, हालाँकि धुन 'सुनो छोटी-सी गुड़िया की लम्बी कहानी' से ही प्रेरित थी। इसी फ़िल्म का 'तीन बजे बोला था बज गए चार' (अमित, आशा) हलका होते हुए भी रुचि के मामले में हलके होते जा रहे इस दौर का एक लोकप्रिय गीत था। 'गंगा और गीता' फ़िल्म प्रदर्शित न हो सकी, वरना इसमें शंकर ने मुकेश से 'कभी हममें तुममें करार था' जैसा गीत भी रेकॉर्ड करवा लिया था।

पर कुल मिलाकर यह वापसी क्षणिक ही रही। शंकर को फ़िल्म-जगत भुलाने लगा। राज कपूर भी उनके पास कभी वापस नहीं गये। 'द गोल्ड मेडल' (1979), 'गरम खून' (1980), 'नारी' (1981), 'चोरनी' (1981), 'ईंट का जवाब पत्थर' (1982), 'पापी पेट का सवाल है' (1984), 'इंतकाम की आग' (1986), 'काँच की दीवार' (1986) जैसी (जिनमें से कई सोहनलाल कँवर निर्मित ही थीं) वाहियात फ़िल्मों में शंकर पूर्णतः असफल रहे। अपनी अंतिम फ़िल्म 'कृष्णा-कृष्णा' (1986) में शारदा से उन्होंने कई गीत गवाए, पर उपेक्षित ही रहे। जयकिशन की मृत्यु पर उसकी चिता के पास दिल दहलाने वाले अंदाज़ में जोर-जोर रोने वाला यह संगीतकार महालक्ष्मी के अपने म्यूजिक रूम में फिर किसी वापसी का इंतजार ही करते-करते 1987 में चल बसा, पर आज भी हिंदी फ़िल्म संगीत के फलक पर सर्वाधिक लोकप्रिय गीतों के सृजन का श्रेय तो शंकर-जयकिशन के हिस्से ही आएगा।

संदर्भ

1. सुहासचंद्र कुलकर्णी : विश्वास नेरूरकर (सम्पा.) 'शंकर-जयकिशन' में आलेख
2. रविराज प्रणामी : विश्वास नेरूरकर (सम्पा.) 'शंकर-जयकिशन' में
3. सुहासचंद्र कुलकर्णी : विश्वास नेरूरकर (सम्पा.) 'शंकर-जयकिशन' में आलेख
4. वही
5. वही
6. सतीश वागले : विश्वास नेरूरकर (सम्पा.) 'शंकर-जयकिशन' में आलेख

शार्दूल क्वात्रा

'जब तुम ही हमें बर्बाद करो'

एस. मोहिंदर की तरह ही धर्म से सिख, शार्दूल क्वात्रा भी छठे दशक के संगीतकारों में कुछ चर्चित नाम था। एस. मोहिंदर के मुकाबले उन्हें सफलता कम मिली, पर उनके हिस्से में भी फ़िल्मी दुनिया के कुछ अच्छे गीत तो अवश्य हैं।

निहाल फ़िल्म कॉर्पोरेशन की 'जलते दीप' (1950) से उनका फ़िल्मी आगाज़ बुरा नहीं रहा। टी.के. दास के साथ संगीतकार के रूप में इस फ़िल्म में आए शार्दूल क्वात्रा ने इस फ़िल्म में रफ़ी से भैरवी में एक यादगार गीत गवाया था—'जलते दीप बुझ गए'। हवाइयन गिटार से दर्द को गहराते इस गीत को ऊँची पट्टी पर गवाकर शार्दूल क्वात्रा ने इस गहराई को और भी सघन बनाने का सुंदर प्रयास किया था। पंजाब आर्ट पिक्चर्स की 'शगन' (1951) में मुख्य संगीतकार हुस्नलाल भगतराम के अलावा शार्दूल क्वात्रा का भी संगीत था। क्वात्रा परिवार ने फ़िल्मी जगत की व्यावसायिक दुनिया में पैर जमाने के लिए क्वात्रा आर्ट प्रोडक्शन की स्थापना कर डाली, और एच.एस. क्वात्रा ने 'गूँज' (1952) फ़िल्म का निर्माण किया जिसका निर्देशन फणि मजुमदार जैसे मँजे हुए निर्देशक को सौंपा गया तथा नायिका के रूप में सुरैया को लिया गया। ज़ाहिर है, संगीतकार के रूप में तो शार्दूल क्वात्रा ही रहे। 'गूँज' फ़िल्म के गीतों ने तहलका तो नहीं मचाया, पर कुछ चर्चित अवश्य रहे। सुरैया के स्वर में 'चले जा रहे हो जो नज़रें चुराए' में हवाइयन गिटार और वायलिन का दर्द की तीव्रता को प्रकट करने के लिए एक बार पुनः अच्छा उपयोग था। 'दिल में उमंग सजन' (सुरैया, साथी) की उल्लास-भरी नृत्यात्मकता, 'ओ प्यारी मेरी मोना' (सुरैया, रफ़ी) का चुलबुलापन, या हीर की लोकधुन पर आधारित सुरैया के 'रेयर जेम्स' कैसेट में शामिल 'मेरी ज़िंदगी में तुम क्यों आए' में कुछ भी नया नहीं था, पर 'यह लहराते-बलखाते रास्ते' (रफ़ी, उमादेवी, त्रिलोक कपूर, साथी) में कोरस का सुंदर प्रयोग और 'प्यार भी आता है कभी गुस्सा भी आता है' (आशा, तलत) की रूमानियत कुछ उल्लेखनीय अवश्य है। शार्दूल क्वात्रा ने कुछ पंजाबी फ़िल्मों में भी संगीत दिया। फ़िल्म 'कोडे शाह' (1953) का गीत 'डाल विच पाके पल्ला' लोकप्रिय रहा था और यह एक रोचक तथ्य है कि बाद में रोशन की संगीतबद्ध 'अज़ी बस शुक्रिया' के गीत 'बेदर्दी नज़रे मिला' की धुन इस गीत की धुन से मिलती-जुलती है।

क्वात्रा फ़िल्म्स के बैनर तले बनी 'पिलपिली साहब' (1954) दशक की शार्दूल क्वात्रा की उल्लेखनीय फ़िल्म कही जानी चाहिए। 'लो आए झूमते पिलपिली' (मीना मंगेशकर, रफ़ी) के हास्य में पश्चिमी ऑरकेस्ट्रेशन का प्रयोग तो कुछ अलग असर नहीं कर पाया, पर 'चाँद सितारों में कौन बुलाए रे' में कोमल, रूमानी सुरों का प्रयोग बहुत अच्छा प्रभाव पैदा करता है। इस गीत को लता के साथ एक नए गायक शमिंदर ने गाया था। क्वात्रा ने शमिंदर की आवाज़ का उपयोग आगे भी किया। फ़िल्म का सबसे सुंदर गीत था लता के स्वर में 'जब तुम ही हमें बर्बाद करो'। तबले की हलकी रिद्‌म के साथ राग गुजरी तोड़ी पर आधारित इस गीत की कर्णप्रिय धुन, भावाभिव्यक्ति, स्वरों का चढ़ाव-उतार और अविरल मिठास मिलकर इस गीत को क्वात्रा का सम्भवतः सर्वश्रेष्ठ गीत बनाते हैं। फ़िल्म में लता का एक और खूबसूरत गीत था—'जिन्हें हम याद करते हैं'। गज़ल शैली में कम्पोज़ की इस रचना में लता के स्वर का स्पंदन बहुत आकर्षक बन पड़ा है। लता के स्वर में 'जाऊँ कहाँ मैं दाता' भी एक सुंदर रचना थी।

क्वात्रा प्रोडक्शन की 'तीसमार खाँ' (1955) अपेक्षाकृत कम चर्चित रही। गायक शमिंदर एक बार फिर आशा के साथ 'तूने दिल ले के मोरा मुझे कहीं का न छोड़ा' और गीता के साथ 'ले लो जी ले लो मेरा दिल ले लो' गीतों में आए पर बात कुछ जमी नहीं। 'ढूँढ़ती हैं तुझे निगाहें' (आशा) और 'जिनकी निगाहों ने छीना है दिल मेरा' (लता) जैसे गीत भी चले नहीं।

क्वात्रा प्रोडक्शन से अलग से शार्दूल क्वात्रा को कोई विशेष सफलता नहीं मिली। कुछेक गीत अवश्य उल्लेखनीय रहे। उदाहरण के तौर पर गीता की शोख आवाज़ में 'सन ऑफ़ अलीबाबा' (1955) का 'सनम तू आ जा', 'चार मीनार' (1956) का विश्वामित्र आदिल लिखित 'तेरी खुदाई देखी' (रफ़ी, सुधा), 'काला चोर' (1956) का कर्णप्रिय 'शाम सुहानी हो नदी हो पानी हो' (रफ़ी), 'एयर मेल' (1960) का ओ.पी. नैयर शैली में 'तुम्हीं ने दिल मेरा छीन के मुझको रुला दिया' (रफ़ी, सुमन) और 'देखा जाएगा' (1960) का 'भूल न जाना हमको गोरी' (महेंद्र, सुमन) के नाम लिए जा सकते हैं हालाँकि इन गीतों में भी कोई ऐसा विशिष्ट तत्त्व नहीं था जो शार्दूल क्वात्रा की अलग पहचान बनाता। क्वात्रा प्रोडक्शन से अलग इस दशक में शार्दूल क्वात्रा की सबसे उल्लेखनीय फ़िल्म थी 'मिर्ज़ा साहिबान' (1957)। श्यामा और शम्मी कपूर अभिनीत इस फ़िल्म में शार्दूल क्वात्रा ने पंजाब के लोकसंगीत का भरपूर उपयोग किया था। 'अरी ओ मक्की के फूटे दाने' (शमशाद, साथी), 'सुबह उठ कर मिर्ज़े यार ने साहिबां का ले लिया नाम' (रफ़ी, शमशाद, साथी), पंजाबी भाषा में 'नहीं रीस पंजाब दी' (रफ़ी, साथी) और इन सबसे बढ़कर कल्याण थाट और सम्भवतः यमन पर सृजित 'तबीयत ठीक थी और दिल भी बेकरार न था' (लता) इसके प्रमुख उदाहरण हैं। 'तबीयत ठीक थी' की तेज रिद्‌म और लय को तो एच.एम.व्ही. ने लता के 'रेयर जेम्स' कैसेट्स में भी शामिल किया है। पर यदि मेरी व्यक्तिगत पसंद ली जाए तो मैं शार्दूल क्वात्रा के श्रेष्ठतम गीतों में 'लेडी रॉबिनहुड' (1959) के निर्मला देवी और साथियों के स्वर में अद्‌भुत लयकारी की कव्वाली 'मैं बेचैन रहता हूँ वो जानते हैं' को रखूँगा। फ़िल्मों में वर्षों बाद गाने के लिए लाई गई निर्मला देवी की गायकी तो लाजवाब ही है और ताज्जुब होता है कि इतनी काबिल गायिका को फ़िल्मों में बाद के दशकों में अधिक अवसर क्यों न मिले।

यह एक दिलचस्प तथ्य है कि फ़िल्म-जगत में शार्दूल क्वात्रा की चर्चा उनके संगीत को लेकर कम और रफ़ी के साथ मकान को लेकर हुए उनके विवाद के कारण अधिक हुई। हुआ यूँ कि रफ़ी के मकान की ऊपरी मंजिल खाली थी, और उन्होंने रफ़ी से अपने सम्बन्धों के कारण कुछ महीनों के लिए वह जगह किराए पर ले ली। रफ़ी किराया लेना तो नहीं चाहते थे, पर क्वात्रा ने किराया भी पकड़ा ही दिया। फिर पता नहीं क्या बात हुई कि शायद मकान खाली करने की बात पर झगड़ा इतना बढ़ा कि क्वात्रा के परिवार ने रफ़ी के घरवालों के खिलाफ पुलिस में शिकायत दर्ज करा दी कि रफ़ी के घरवाले उन पर हमला करने वाले हैं, गाली-गलौज की है और खून करने की भी धमकी दी थी। बहरहाल, बात तो आई-गई हो गई पर कुछ अरसे तक इस वाक़्ये को लेकर शार्दूल क्वात्रा का नाम फ़िल्म-जगत में काफ़ी चर्चित रहा था।[1]

अगले दशक में भी शार्दूल क्वात्रा परिरेखा पर ही रहे। अक्कू निर्देशित 'जिप्सी गर्ल' (1961) के 'ओ मैंने कहा क्या' (सुमन, रफ़ी) और 'झूमो मस्तियों में' (सुधा, मुबारक), 'खिलाड़ी' (1961) का 'हटो-हटो जाओ जी जाओ' (गीता, रफी) या अक्कू द्वारा निर्देशित 'डेक्कन क्वीन' (1962) के 'गोरे-गोरे मुखड़े पे काला-काला तिल' और 'मैं हूँ गोरी मेम' जैसे गीत चलताऊ किस्म के ही थे। हेमंत, साथियों के स्वर में 'खिलाड़ी' का 'कभी यहाँ चले कभी वहाँ चले' अलबत्ता एक अच्छा गीत था और कुछ लोकप्रिय भी रहा था। मार्चिंग सांग की बीट लिए यह गीत सुनना आज भी बड़ा अच्छा लगता है। पंजाबी फ़िल्मों में अवश्य शार्दूल क्वात्रा संगीत देते रहे पर हिंदी में तो 'काला चश्मा' (1962), 'चंद्रशेखर आजाद' (1963) 'एक्सीडेंट' (1965) जैसी फिल्मों की असफलता

के बाद तो शार्दूल क्वात्रा विलुप्त ही हो गए। वर्षों बाद बाबूभाई मिस्त्री निर्देशित 'डाकू मान सिंह' (1971) और उसके भी लगभग एक दशक बाद दारा सिंह अभिनीत 'खेल मुकद्दर का' (1980) जैसी हिंदी फ़िल्मों में संगीतकार के रूप में उनका नाम तो देखने में आया, पर संगीत प्रभावहीन ही रहा। असफलताओं से उकताकर शार्दूल क्वात्रा ने देश छोड़ दिया और अमेरिका में जा बसे जहाँ वे आज भी सम्भवतः सेनफ्रांसिस्को में ज़िंदगी गुजार रहे हैं। यह भी अजीब इत्तफाक है कि इस दौर की हिंदी फ़िल्मों के दोनों ही सिख संगीतकार एस. मोहिंदर और शार्दूल क्वात्रा देश छोड़कर विदेश में जा बसे।

संदर्भ

1. रजनी कुमार पंड्या : 'आपकी परछाइयाँ'

बी.एन. बाली

'मुझको सनम तेरे प्यार ने जीना सिखा दिया'

छठे और सातवें दशक की फ़िल्मों की फेहरिस्त में संगीतकार बी.एन. बाली का नाम बार-बार नज़रों के सामने से गुज़रता है, पर साथ ही यह भी स्पष्ट हो जाता है कि बलदेवनाथ बाली के हिस्से में अधिकतर धार्मिक या छोटे बजट की स्टण्ट फ़िल्में ही आईं। बाली अच्छे गायक भी थे और अपनी पहली ही फ़िल्म 'बेदर्द' (1949—रामप्रसाद और मोहम्मद शफ़ी के साथ) में उन्होंने दर्द-भरा गीत 'झूठी है मुहब्बत' पूरी तल्लीनता से गाया था। सुरैया आर्ट कंसर्न की 'बहुत दूर' में बाली ने 'ऐ चाँद सुनहरी रातों के' (प्रेमलता), 'मैं चुपके-चुपके करूँ इशारे' (प्रेमलता) जैसे कुछ मधुर रूमानी गीत कम्पोज़ किए थे पर दुर्भाग्य से फ़िल्म प्रदर्शित ही न हो सकी। 'इंसान' (1952) में बाली ने बड़े मार्मिक अंदाज़ से एस.डी. बातिश से 'सँभल-सँभल कर चलना पगले, जग है अँधेरी रात' और शमशाद से मस्ती भरी शैली में 'मस्त जवानी मौसमे बरसात है' जैसे गीतों के द्वारा अपनी प्रतिभा का कुछ परिचय दे दिया था। 'फ़रियादी' (1953) का रफ़ी के गाए 'जल-जल के शमा की तरह फ़रियाद न करना', 'बगदाद का चोर' (1953) में मुकेश के स्वर में 'ऐ दुनिया के मालिक ये बता' जैसी दर्द-भरी तर्ज़ और उसी वर्ष 'मस्तानी' में पुनः रफ़ी के साथ 'कोई ऐसी हो मस्तानी' जैसी उल्लसित धुन कम्पोज़ करनेवाले बाली में विविधता की कमी नहीं थी, लेकिन कुछ ऐसा भी नहीं था जो उन्हें चोटी की कतार का दावेदार बनाता। 'बागी सरदार' (1956), 'माया नगरी' (1957), 'मिस पंजाब मेल' (1958), 'सितमगर' (1958—सी. रामनाथन के साथ), 'तिकड़मबाज' (1959), 'बहादुर लुटेरा' (1960) या हास्यगीत प्रधान 'जो हुआ उसे भूल जा' (1960) जैसी फ़िल्मों को असफलता ही मिली। साथ ही यह भी मानना ही पड़ेगा कि बाली ने दूसरे संगीतकारों की धुनों की नकल भी खूब की। 'पहला पहला प्यार' (1959) का 'जब उनका ख़याल आ जाता है' (रफ़ी) हंसराज बहल के ही मशहूर गीत 'जिन रातों में नींद उड़ जाती है' की धुन की नकल था, तो 'फ़्लाइंग रानी' का 'सपने में सैंया तुम आया न करो' (आशा, मन्ना डे) ओ.पी. नैयर के सदाबहार गीत 'एक परदेसी मेरा दिल ले गया' की नकल। 'राजा विक्रम' के 'तू उसका कर दे भला' (रफ़ी) के आरम्भ में 'भगवान' शब्द की पुकार बिलकुल 'बैजू बावरा' के 'ओ दुनिया के रखवाले' के 'भगवान' की पुकार की अखरनेवाली नकल है। 'फ़्लाइंग रानी' का आशा, मन्ना डे का गाया बेहद मधुर गीत 'मुझको सनम तेरे प्यार ने जीना सिखा दिया' बाली के इस दौर की उल्लेखनीय उपलब्धि है। पाश्चात्य ऑरकेस्ट्रेशन के स्पर्श के साथ वाल्ट्ज़ रिद्म में 'मुझको सनम तेरे प्यार में' खूब लोकप्रिय भी रहा और इस गीत की फ़रमाइशें आज भी रेडियो पर सुनाई दे जाती हैं।

इस गीत ने बाली को कोई विशेष लाभ तो अंततः नहीं पहुँचाया, पर इतना अवश्य किया कि बाली का नाम लोग जानने लगे। बाली में लक्ष्मी-प्यारे जैसी प्रतिभा तो नहीं थी कि स्टण्ट और छोटे बजट की फ़िल्मों के बावजूद अपना सिक्का जमा लेते। उनकी संगीतबद्ध 'हावड़ा एक्सप्रेस' (1961) के 'इक शरमाती नज़र' (रफ़ी), 'इंसान होकर इंसानियत को' (रफ़ी), 'ओ नीलगगन वाले' (उषा मंगेशकर) जैसे गीतों के साथ संगीत ठीक-ठाक था पर लोकप्रियता दूर रही। 'पाताल नगरी' (1963) में मुकेश का गाया 'आ तुझे पलकों में छुपा लूँ' अवश्य हिट रहा था। इसी फ़िल्म में आशा के स्वर में 'अपनी गरज पकड़ लीनी बइयाँ' शास्त्रीय आधार लेकर कम्पोज़ किया एक अच्छा गीत था पर चला नहीं।

बी.एन. बाली के बारे में एक खास बात यह थी कि उन्होंने कई नवोदित प्रतिभाओं को अपनी फ़िल्मों में गवाने के अवसर दिए। संगीत की दृष्टि से बाली की सर्वश्रेष्ठ फ़िल्म 'भक्त प्रह्लाद' (1965) में उन्होंने रेडियो लखनऊ की गायिका रहीं कृष्णा कल्ले, सुरेश राजवंशी और कमल बारोट को मौका दिया, और इसी फ़िल्म में पहली बार लता ने उनके लिए एक सुंदर गीत गाया 'ओ री निंदिया आ, लाल मेरा थक कर सोया'। पर फ़िल्म का यादगार गीत था सिंधु भैरवी के साथ चंद्रकौंस और मालकौंस का पुट लेकर सृजित आशा के स्वर में 'जोगी-जोगी रात बसंती'। निस्संदेह इसे बाली के संगीत-जीवन की श्रेष्ठ कृति माना जाना चाहिए। 'गोल्डेन आइज़' (1968) और 'सखी लुटेरा' (1969) में नवोदित गायिका उषा बलसावर को भी बाली ने गाने का अवसर दिया। 'जंगल की हूर' (1967) में कृष्णा कल्ले से क्लब शैली का 'आज खुशी का जाम' और कृष्णा कल्ले तथा उषा बलसावर से शास्त्रीय आधार वाला 'जा जा जा रे बेदर्दी' गवाने वाले भी बाली ही थे।

वैसे 'भक्त प्रह्लाद' को छोड़ बाली की ये फ़िल्में भी फ़्लाप रहीं। 'जंगल की हूर' (1967), 'थीफ़ ऑफ बगदाद' (1968), महमूद निर्देशित 'दो दिलवाले' (1973), हरयाणवी फ़िल्म 'वीरा शेरा' (1973) का भी यही हश्र रहा। आज बी.एन. बाली यदि याद रहते हैं तो मन्ना डे, अशा के 'मुझको सनम तेरे प्यार ने जीना सिखा दिया' के कारण। उनका बाकी संगीत लगभग विस्मृत-सा हो चुका है।

मदन मोहन

'वो चुप रहें तो मेरे दिल के दाग़ जलते हैं'

मदन मोहन

मदन मोहन उर्फ़ 'गज़ल सम्राट'। सच भी है, क्योंकि हिंदी फ़िल्म-संगीत में गज़लों की कम्पोज़ीशन मदन मोहन से बेहतर कोई नहीं कर सका। यही कारण है कि लता ने यदि उन्हें गज़लों का बादशाह कहा तो नौशाद 'अनपढ़' की उनकी दो गज़लों—'है इसी में प्यार की आबरू' और 'आप की नज़रों ने समझा प्यार के क़ाबिल मुझे'—के बदले तो अपनी सारी कृतियाँ देने को तैयार थे। मदन मोहन की रचनाओं में जो परिष्कार नज़र आता है, वह उन्हें अन्य संगीतकारों से अलग कर एक विशिष्ट स्थान देता है। उनकी परिष्कृत रचनाएँ साधारण लोगों के लिए नहीं थीं, बल्कि संगीत के पारखी रसिकों के लिए थीं। राजू भारतन ने सही ही कहा है कि मदन मोहन masses के नहीं, classes के कम्पोज़र थे और उनकी कृतियाँ ड्राइंग रूम में सुनने की कृतियाँ थीं।[1] यह भी एक कारण है कि मदन मोहन को आम जनता के बीच अपने समकालीन कुछ अन्य संगीतकारों की तरह लोकप्रियता नहीं मिली। उनकी रचनाएँ गलियों में कम गुनगुनाई गईं, सम्भ्रांत वर्ग में ज़्यादा सुनी और सराही गईं। दरअसल मदन मोहन का पूरा व्यक्तित्व ही aristocratic था। शर्ट्स पहनकर ड्राइव करते हुए टेनिस खेलने जाना, ब्रेबोर्न स्टेडियम में विशिष्ट गैलरी में क्रिकेट देखने का जुनून, अँग्रेज़ीदाँ चाल-ढाल, संगीत के नोटेशन्स तक अँग्रेजी में लिखना। उनका संगीत एक परिष्कृत जीवन-शैली के बीच तराशा sophisticated संगीत था जिसे जीते-जी उतनी लोकप्रियता न मिली लेकिन उनकी मृत्यु के बाद उनके संगीत की गुणवत्ता की चर्चा अन्य संगीतकारों से बढ़कर ही हुई।

फ़िल्मिस्तान के संस्थापक रायबहादुर चुन्नीलाल के पुत्र मदन मोहन कोहली का जन्म 25 जून, 1924 को बग़दाद में हुआ था। आरम्भिक शिक्षा उनकी बम्बई में हुई जिसके बाद कुछ दिनों तक उन्होंने सेना में काम किया। पर शौक संगीत का था, इसलिए सेना की नौकरी छोड़कर वे ऑल इंडिया रेडियो, लखनऊ के संगीत विभाग में काम करने लगे। यहीं पर उनकी मुलाकात फय्याज़ खाँ, रोशन आरा बेगम, रोशन, तलत महमूद, जयदेव और बेगम अख्तर से हुई। बेगम अख्तर की गज़लों का प्रभाव इन्हीं दिनों उन पर हुआ और ऑल इंडिया रेडियो के माहौल तथा बेगम अख्तर के सान्निध्य ने ही सम्भवतः गज़लों की पसंदगी का वह बीज उनके मन में डाला होगा जो आगे चलकर उनके संगीत का मुख्य हिस्सा बना।

रेडियो की दुनिया के बाद मदन मोहन फ़िल्मों की ओर उन्मुख हुए। राय बहादुर चुन्नीलाल को मदन मोहन का फ़िल्मी स्टूडियोज़ का चक्कर लगाना पसंद नहीं था। पर उनका शौक तो संगीत का था, और गुलाम हैदर ने 'शहीद' के लिए लता के साथ-साथ मदन मोहन की आवाज़ का भी ट्रायल लिया तथा दोनों के स्वर में एक युगल गीत 'पिंजड़े में बुलबुल बोले' को गवा-कर वे एस. मुखर्जी के पास ले गए। मज़ेदार बात यह है कि लता के साथ-साथ मदन मोहन की आवाज़ को भी मुखर्जी ने नाकाबिल समझकर अस्वीकृत कर दिया। जिस लता को आगे चलकर मदन ने हमेशा अपनी बहन माना और जिस 'मदन भैया' ने लता की ज़िंदगी के कुछ सबसे खूबसूरत गीतों का सृजन किया, उन दोनों का आगे चलकर संगीत की दुनिया में इतना विराट व्यक्तित्व

होगा, यह बेचारे मुखर्जी उस समय क्या समझते!

पर ऐसा नहीं है कि मदन मोहन आरम्भ से ही परिष्कृत ग़ज़लों के विशेषज्ञ रहे। उनकी आरम्भिक फ़िल्मों का संगीत तो कमोबेश उन दिनों प्रचलित संगीत की परिपाटी को लेकर ही चला। देवेंद्र गोयल की 'आँखें' (1950) का संगीत खूब लोकप्रिय रहने के बावजूद कोई अलग विशिष्टता नहीं रखता था। मीना कपूर के स्वर में 'मोरी अटरिया पे कागा बोले' पहाड़ी के सुरों को लेकर सृजित एक मचलता गीत था जो मक़बूल भी रहा और मीना कपूर के सर्वाधिक लोकप्रिय गीतों में आज तक शामिल है। शमशाद, मुकेश का 'हमसे नैन मिलाना B.A. पास करके' की शैली भी दशक में मज़ाकियों गीतों की प्रचलित शैली के क़रीब ही थी। सारंगी की आकर्षक संगत के साथ मुकेश के स्वर में 'प्रीत लगा के मैंने ये फल पाया' तो आज तक मुकेश के सदाबहार गीतों में गिना जाता है, पर उसकी शैली भी जानी-पहचानी थी। यह दूसरी बात है कि मदन मोहन ने एक बार कहा था कि उनकी पहचान स्थापित करने में इसी गीत का हाथ है। यह भी दिलचस्प तथ्य है कि हालाँकि जब मदन मोहन और लता 'शहीद' के लिए अपना दोगाना रेकॉर्ड कर रहे थे तो मदन मोहन ने लता से वादा लिया था कि संगीतकार के रूप में उनकी पहली फ़िल्म में वे गाएँगी, लेकिन 'आँखें' में लता कहीं नहीं थीं—कारण यह कि लता मदन मोहन को राय बहादुर चुन्नीलाल का अमीर, शौकीन किंतु casual लड़का ही समझ रही थीं जो बस शौकिया इस क्षेत्र में उतरा होगा। उन्होंने मदन मोहन को गम्भीरता से नहीं लिया, लेकिन 'आँखें' के गीतों की लोकप्रियता ने उनकी आँखें खोल दीं और उसके बाद तो जहाँ मदन मोहन थे वहाँ लता ही लता थीं। देवेंद्र गोयल की ही अगली फ़िल्म 'अदा' (1951) में लता और मदन मोहन की मेलोडी बाँसुरी के सुंदर प्रयोग के साथ 'साँवरी सूरत मन भाई रे पिया', 'आँखों-आँखों में उनसे प्यार हो गया' और 'प्रीतम मेरी दुनिया में दो दिन तो रहे होते' के द्वारा खूब चमकी। हालाँकि ग़ज़लों का वह परिष्कार अभी नहीं आया था, पर मदन मोहन ने 'अदा' के 'प्रीतम मेरी दुनिया में' और तलत से गवाए 'जिसे दिल में बसाना चाहा था उसे दिल में अपने बसा न सके' के द्वारा ग़ज़ल शैली में अपने हुनर का आभास तो दे ही दिया था। 'मदहोश' (1951) के राग आसावरी पर आधारित 'मेरी याद में तुम न आँसू बहाना' में तलत के साथ इस आभास को उन्होंने और पुख़्ता किया। आज भी तलत के सर्वश्रेष्ठ गीतों में इसकी गिनती करने वाले हज़ारों हैं।

मदन मोहन की इस दौर की कई रचनाओं में भैरवी का आग्रह स्पष्ट दिखता है। 'मदहोश' के 'हमें हो गया तुमसे प्यार' (लता) और 'मेरे दिल की नगरिया में आना' (लता), 'आशियाना' का शंकर-जयकिशन शैली के ऑरकेस्ट्रेशन वाला 'मैं न जानूँ मेरे दिल को ये क्या हो गया' (लता), 'धुन' का 'तारे गिन-गिन बीते' (लता) और 'निंदिया न आए' (लता), 'इंतज़ाम' का 'देखूँ कब तक तेरी मैं राह साजना' (आशा) जैसे गीत भैरवी के सुरों के इर्द-गिर्द ही रचे गए थे।

मदन मोहन के संगीत का यह संक्रमण काल था। पाँचवें दशक के संगीत की शैलियों का आग्रह पूरी तरह मिटा नहीं था, पर साथ ही मेलोडी का एक नया स्वर तलाशना जारी था, और यदा-कदा ग़ज़लों का प्रयोग भी उनकी अलग पहचान बनाने लगा था। जहाँ 'दिल धक धक धक' (चाँद, लता, साथी), 'छोड़ मुझे न जाना' (लता), 'पगड़ी पहन के तुर्रेदार' (शमशाद, दुर्रानी, साथी), 'मेरी आँखों की नींद ले गया' (लता) और 'जब आने वाले आते हैं (लता) जैसे 'मदहोश' के गीत; अभिनेता श्याम की शूटिंग के दौरान घोड़े से गिर कर मौत के लिए चर्चित 'शबिस्तान' (1951—सी. रामचंद्र के साथ) के हास्य प्रधान 'चिंचपोकली' (जिसमें शमशाद के साथ मदन मोहन ने भी स्वर दिया था) और अरबी शैली में 'है ये मौसमे बहार' (गीता, तलत) जैसे गीत 'अंजाम' (1952) के 'बोल ओ बाबू कहाँ चल्ला' (शमशाद) और 'मक्की के खेत में आना' (हमीदा, साथी), 'दाना पानी' (1953) का 'तुम हँसे तो ग़म शरमाया' (शमशाद, रफ़ी) जैसे गीतों में पाँचवें दशक की चलताऊ शैली ही प्रयुक्त हुई, वहीं दूसरी तरफ़ मदन मोहन की मेलोडी की अपनी खास शैली विकसित होने लगी थी। यह मेलोडी संयत और कसी हुई थी। मूलतः पंजाबी होते हुए भी मदन मोहन के यहाँ पंजाब स्कूल का रिद्म नहीं था बल्कि मीठे स्वरों की संरचना थी। मदन की रचनाओं में पंजाबी शैली की पहाड़ी या पीलू से उपजी अलमस्ती या नृत्यात्मकता नहीं थी—उनके सुर बड़े संयत और गम्भीर थे। यह कारण था कि रोशन के इस दौर के संगीत की तरह ही यह भी होंठों पर आसानी से नहीं चढ़ती थी लेकिन दिल पर इसका असर गहरा था। याद कीजिए 'आशियाना' (1952) के 'मेरा क़रार ले जा' (लता, तलत) और 'मुख मोड़ न लेना साजना' (लता) की शांत प्रगाढ़ता को, 'मेरे पिया से कोई जा के कह दे' (लता) के सुरीलेपन को और इन सबसे बढ़कर 'तुम चाँद के साथ चले आओ, ये रात सुहानी हो जाए' (लता) के यमन कल्याण के लाजवाब सुरों को। और याद कीजिए इस दौर के अपने पसंदीदा पुरुष गायक तलत महमूद के साथ सितार के सुंदर टुकड़ों से विभूषित राग केदार में भजन जैसी पवित्र अभिव्यक्ति के साथ 'मैं पागल मेरा मनवा पागल'। क्या गायकी थी और क्या खूब मेलोडी थी! ऐसे ही सुरों के साथ तो कुछ वर्ष बाद रवि ने 'दर्शन दो घनश्याम' जैसा

सदाबहार भजन ही रच डाला था। मदन मोहन की मेलोडी का ऑरकेस्ट्रेशन अकसर भारतीय रहता था। बाँसुरी के प्रयोग में तो वे रोशन के समान बहुमुखी नहीं थे, पर सितार के साथ तो वे बेमिसाल थे। 'मेरी याद में तुम न आँसू बहाना' का सितार कोई कैसे भुला सकता है? अपने ज़माने के प्रसिद्ध सितारवादक रईस खान तो उनकी फ़िल्मों के लिए स्थायी कलाकार ही बन गए थे। मैं नहीं जानता कि फ़िल्म 'खूबसूरत' (1952) में सितार रईस खान ने बजाया था या नहीं, लेकिन आरम्भ में सितार की झंकार और फिर इंटरल्यूड्स में बाँसुरी और सितार के सम्मिश्रण के साथ बागेश्वरी में तलत का गाया 'मेरी रातों के अँधेरे में उजाले तुम हो' हम कैसे भुला सकते हैं? सुरैया, नासिर खाँ अभिनीत इस फ़िल्म में मदन मोहन ने सुरैया से पहली बार गवाया और 'ये चाँद सितारे क्या जाने' को एच.एम.व्ही. ने सुरैया के रेयर जेम्स कैसेट्स में भी शामिल किया है।

मदन मोहन की मेलोडी की बात हो, तो 'निर्मोही' (1952) को तो याद करना ही पड़ेगा। 'कल जलेगा चाँद सारी रात' में 'रात' का लहराता आलाप, 'कहा भी न जाए पिया कहा भी न जाए' की मीठी अभिव्यक्ति, धीमी लय में बाँसुरी, मैंडोलिन और गिटार के साथ 'लाडले सो जा' की लोरी और कल्याण पर आधारित त्रिताल में वह यादगार कम्पोज़ीशन 'दुखियारे नैना ढूँढ़े पिया को'—लगता था मदन मोहन लता के लिए और लता मदन मोहन के लिए बनी थीं। 'बाग़ी' (1953) के अरबी शैली के 'दर्द की ऐ रात गुज़र जा', 'कहीं बिन आग जले न परवाना', 'तारे खिले आई रात' की सामान्यता की क्षतिपूर्ति करने के लिए पुनः अरबी वाद्ययंत्रों के बीच 'करके बदनाम मेरी नींदें हराम, कहाँ चला गया' के साथ लता को लाने वाले मदन मोहन ही थे। लता के लिए उनके मदन भैया का कद बढ़ता ही जा रहा था, और मदन के लिए तो लता का कोई पर्याय नहीं था। बावजूद इसके कि 'चाचा चौधरी' (1953) के लिए आशा ने यमन कल्याण पर सृजित मदन मोहन की बंदिश 'मेरे पिया छेड़े जिया' को अद्‌भुत सौंदर्य से अभिव्यक्त किया था। लता के साथ राज कपूर, नरगिस अभिनीत 'धुन' (1953) में तो मदन मोहन अपनी धुनों के माधुर्य से एक नई शैली का ही सूत्रपात करते हैं। पियानो के लाजवाब प्रयोग की निरंतरता के बीच भैरवी में 'तारे गिन गिन बीते सारी रात' (लता), और पियानो के साथ वॉयलिन और सम्भवतः पाइपनुमा वाद्य के साथ 'सितारों से पूछो नज़ारों से पूछो' में मदन मोहन यदि आधुनिक लगते हैं तो भैरवी में त्रिताल के अद्धे के साथ शास्त्रीय प्रधान 'निंदिया न आए' तो उनकी उत्कृष्टता का चरम ही था। लता, हेमंत के लोकप्रिय युगल गीत 'हम प्यार करेंगे' की चर्चा भले ही अधिक हुई हो, पर स्तर के लिहाज़ से तो 'धुन' को 'निंदिया न आए' की रचना के लिए ही याद किया जाएगा। 'धुन' के मशहूर गीत 'बड़ी बर्बादियाँ लेकर' का ज़िक्र हम आगे करेंगे। यहाँ तो इस क्रम में हमें एच. एस. रवेल की 'मस्ताना' (1954) के 'झूम झूम कर दो दीवाने' की शानदार कम्पोज़ीशन को याद करना पड़ेगा। रफ़ी के साथ मदन मोहन प्रसिद्ध शास्त्रीय गायिका लक्ष्मीशंकर को इस गीत में लाए और लक्ष्मीशंकर के गाए फ़िल्मी गीतों में यह गीत उनके श्रेष्ठतम प्रयासों में माना जाता है।

तलत की तरफ़ मदन मोहन का झुकाव भी मदन मोहन का ग़ज़ल प्रेम रेखांकित करता है। ग़ज़ल के जिस परिष्कृत और सुरूचिपूर्ण सर्जन के लिए हम मदन मोहन को याद करते हैं, इसका पहला स्पष्ट उदाहरण हमें 'खूबसूरत' (1952) के 'मुहब्बत में कशिश होगी तो एक दिन तुम को पा लेंगे' (तलत) में मिलता है। शौकत जौनपुरी का कलाम, तलत की चिरपरिचित गायकी और मदन मोहन द्वारा सहलाते सुरों का लुभावना प्रयोग—सभी मिलकर इस रचना को एक सुंदर कृति बनाते हैं। लता के साथ मदन मोहन की ग़ज़ल पहली बार 'निर्मोही' (1952) में आई—'अब ग़म को बना लेंगे जीने का सहारा'। यह बागेश्वरी में एक अच्छी, संतुलित रचना थी लेकिन लता के साथ ग़ज़ल का असली रंग खिला 'बाग़ी' (1953) के 'हमारे बाद अब महफ़िल में अफ़साने बयाँ होंगे' के साथ। यह श्यामसुंदर की कम्पोज़ 'लाहौर' फ़िल्म की 'बहारें फिर भी आएँगी' की बहर और शैली की ही कमोबेश पुनरावृत्ति थी और इस कारण मदन मोहन की ख़ास ग़ज़ल शैली में इसे शामिल करने की चेष्टा उचित नहीं होगी। लेकिन 'दाना पानी' (1953) में मोहन जूनियर के नाम से संगीत देते हुए मदन मोहन ने ग़ज़ल की सम्राज्ञी बेगम अख़्तर से कैफ़ इरफ़ानी का कलाम 'ऐ इश्क मुझे और तो कुछ याद नहीं है' गवा कर ग़ज़ल के प्रति न सिर्फ़ अपने झुकाव को तरज़ीह दी बल्कि वर्षों बाद बेगम अख़्तर को फ़िल्मों में वापस लाकर इस विधा के सृजन में अपनी क़ाबिलीयत भी रेखांकित की। यह तथ्य कम महत्त्वपूर्ण नहीं है कि हिंदी फ़िल्मों में पाँचवें दशक के बाद बेगम अख़्तर ने यदि किसी के लिए गाया तो वे मदन मोहन ही थे।

'एहसान' (1954) के 'हमें दिल में बसा भी लो' का भी इस संदर्भ में ज़िक्र किया जा सकता है।

'धुन' (1953) के 'बड़ी बर्बादियाँ लेकर दुनिया में प्यार आया' (लता) में मदन मोहन की गज़ल एक परिपक्व मुकाम पर पहुँचती है। भावनाओं के अतिरेक से बचती हुई यह एक सम्भ्रांत और संयत धुन और शैली थी, जो मदन मोहन की आगे की कई रचनाओं में और भी परिष्कृत हो कर उभरी। किसी भी गाने की धुन बनाते समय निकाली गई कई तानों में से गीत के लिए उपयुक्त सबसे सटीक तान चुनने में मदन मोहन का कोई सानी नहीं था—ठीक उसी तरह जैसे इस तथ्य के बावजूद कि ऑरकेस्ट्रेशन उनका सशक्त पहलू नहीं था और इसके लिए वे अपने सहायकों चिक चॉकलेट, घनश्याम आदि पर निर्भर रहते थे, उनके पास गीत के लिए सही वाद्ययंत्र चुनने की नैसर्गिक क्षमता थी और उनकी इस क्षमता का ज़िक्र सी. रामचंद्र ने भी किया था।

लेकिन अपनी एक विशिष्ट शैली और गज़ल के प्रशंसनीय प्रयोगों के बावजूद मदन मोहन की लोकप्रियता सीमित रही। उनका दुर्भाग्य था कि उनकी संगीतबद्ध फ़िल्में बॉक्स ऑफ़िस पर पिट जाती थीं। यह भी एक कारण था कि छठे दशक के मध्य में मदन मोहन ने हलके-फुलके गीतों के सृजन से और उस ज़माने के लोकप्रिय संगीतकारों शंकर-जयकिशन और ओ.पी. नैयर की शैलियों की नकल करके भी लोकप्रियता हासिल करने की कोशिश की। 'इंतज़ाम' (1954) का 'ABC, ABC मेरे सपनों में चोरी-चोरी आया करो जी' (आशा, किशोर), शंकर-जयकिशन शैली का 'फ़िफ़्टी-फ़िफ़्टी' (1956) का मैंडोलिन और गिटार के कॉर्ड्स से सजाया 'नादान बलम ऐसे भी कहीं' (लता), इसी फ़िल्म के क्रमशः मुज़रा और कव्वाली-पद्धति के 'ये तो बता रसिया' (लता) और 'ये भूल हुई भूले से' (रफ़ी), 'मस्ताना' (1954) का 'कँवारों का भी दुनिया में ख़ुदा होता' (किशोर, शमशाद) जैसी इस तरह की कोशिशें भी कामयाब नहीं रहीं लेकिन ए.व्ही.एम. प्रोडक्शन्स, मद्रास की 'भाई-भाई' (1956) में ओ.पी. नैयर की मचलती शैली में 'ऐ दिल मुझे बता दे तू किस पे आ गया है' गीता के स्वर में सुपर हिट हो गया। इस गीत पर आम श्रोताओं का एक बहुत बड़ा वर्ग झूम उठा और 'भाई-भाई' की सफलता से मदन मोहन ने व्यावसायिक असफलता के लगे ग्रहण को तोड़ दिया। यह गीत मदन मोहन की ख़ास शैली में कोमल सुरों के साथ सृजित 'मेरा छोटा सा देखो ये संसार है' (लता) और सरोद के सुंदर प्रयोग के साथ रचे गये 'भगवान जो तू है मेरा इंसाफ़ करेगा' (लता) पर तो भारी पड़ा ही, हलके-फुलके अंदाज़ में किशोर के लिए बनाए 'मेरा नाम अब्दुल रहमान' (किशोर, लता) और तबले, सितार के अद्‌भुत प्रयोग के साथ कम्पोज़ किए गए मुजरा गीत 'शराबी जा जा जा' (लता) के आकर्षण को भी फीका कर गया। हालाँकि यह तथ्य कम रोचक नहीं है कि 'शराबी जा जा जा' के आरम्भ की शैली को ही लेकर वर्षों बाद राम-लक्ष्मण ने 'कबूतर जा जा जा' को उसी लता की आवाज़ में गली-गली का गीत बना दिया, पर इस मूल प्रेरणा की ओर ध्यान कम गया है।

लेकिन 'भाई-भाई' का जो गीत मदन मोहन की परिपक्व होती शैली का प्रतिनिधि गीत था, वह था लता की आवाज़ में 'कदर जाने ना मेरा बालम बेदर्दी'। राजेंद्र कृष्ण के साथ मदन मोहन की जोड़ी अब तक स्थापित हो चुकी थी, और राजेंद्र कृष्ण के इन ठुमरीनुमा बोलो को मदन ने एक द्रुत लय की भैरवी में इतनी खूबसूरती से पिरोया कि बेगम अख़्तर भी इस गीत पर निछावर हो गईं। यह कहानी तो मशहूर हो चुकी है कि बेगम अख़्तर ने मदन मोहन को फ़ोन करके इस गीत को मदन के स्वर में सुनने की फ़रमाइश की, और मदन मोहन ने फ़ोन पर ही इस फ़रमाइश को पूरा भी किया।

'भाई-भाई' के बाद का दौर मदन मोहन की बढ़ती परिपक्वता, आत्मविश्वास और संगीतात्मक विकास का दौर है। बड़े नामों का सहारा तो उन्हें कभी नहीं चाहिए था क्योंकि उनके गीत अपनी काबिलीयत के सहारे ही खड़े रह सकते थे, लेकिन 'भाई-भाई' के बाद उनकी कम्पोज़ीशन्स पर ध्यान अधिक गया। मदन मोहन ने अपनी रचनाओं की कसावट को और तराशा, तथा मेलोडी और वाद्य-संयोजन को एक दूसरे का पूरक बनाने में बहुत मेहनत की। बकौल नितिन नायक ('An Individual – A legend' at www.dhadkan.com) उनके इंटरल्यूड का संगीत हमेशा मूल गीत के साथ एकात्मक-सा रिश्ता बनाता था। फ़िलर्स के रूप में वॉयलिन का इतना सुंदर उपयोग कम ही संगीतकार कर पाए हैं। हालाँकि उनके अरेंजर के रूप में सोनिक की मदद भी रहती थी, पर वाद्य-संयोजन की लाक्षणिकता तो मदन मोहन की ही रहती थी। भले ही ओमी ने मदन मोहन की मृत्यु के बाद तात्कालिक दम्भ के किसी क्षण में यह दावा भी कर दिया था कि मदन मोहन की कई रचनाएँ वस्तुतः सोनिक की सृजनशक्ति का परिणाम थीं, पर यह इतना हास्यास्पद था कि शायद ओमी स्वयं शर्मिंदा हो गए हों। अगर यह सच था, तो स्वतंत्र संगीतकार के रूप में सोनिक-ओमी की जोड़ी क्यों एक भी गीत मदन मोहन की असंख्य रचनाओं के बराबर का नहीं दे पाए? सच तो यह है कि मदन मोहन की कृतियाँ खालिस मदन मोहनी भंगिमाएँ, पहलू और अभिव्यक्तियाँ लेकर आती थीं जिसको कोई और

कभी दुहरा भी नहीं पाया (प्रेरित करने की बात तो दूर ही रही है)। मदन मोहन के अंदर शब्दों की संगीतात्मक लय पहचानने की अभूतपूर्व क्षमता थी। हारमोनियम के पर्दों को ध्वनित करते हुए वे मानों शब्दों के सुरों को टटोलते थे, सहलाते थे और फिर बार-बार तराशते थे। एक ही गीत की कई-कई धुनें बनती थीं। 'मौसम' के 'दिल ढूँढ़ता है' की तो उन्होंने दस धुनें बनाई थीं, और इस गीत की अलग-अलग धुनों से गुज़रते हुए अंतिम धुन तक पहुँचने की रचना-प्रक्रिया की झलक एच.एम.व्ही. द्वारा हाल ही में रिलीज़ किए गए 'मदन मोहन—लेजेंड्स' कैसेट्स में श्रोताओं के लिए बखूबी प्रस्तुत की गई है। आदर्श और सम्पूर्णता की ललक उनमें असीमित थी, और यही कारण है कि लता के साथ कई रिहर्सलों के बाद ही उन्हें संतोष होता था। ऑरकेस्ट्रा के साथ खुद गाकर बारीकियों को निखारते जाना उनका शगल था। यह भी एक मशहूर कहानी है कि किसी और काम में लगे मदन मोहन के सुर दक्ष कानों ने पास के कमरे में ऑरकेस्ट्रा की रिहर्सल के दौरान एक वॉयलिन के हलके-से सुर से भटकते ही ग़लती पकड़ ली और क्रोध में आपा खो दिया था। मेलोडी और ऑरकेस्ट्रा का परिशुद्ध मेल इसी कारण जितना उनकी कम्पोज़ीशन्स में प्रत्यक्ष होता है उतना कम ही संगीतकारों की रचनाओं में। यह ख़ासियत 'भाई-भाई' के बाद के दौर के उनके संगीत में अधिकाधिक स्पष्ट है। 'शेरू' (1957) के 'नैनों में प्यार डोले' (लता) की रिद्म भरी मेलोडी के साथ बाँसुरी और मैंडोलिन भी डोलने लगते हैं, 'पॉकेटमार' (1956) के 'तेरी गली कैसे आऊँ सजना' (लता) में लय की लोच के साथ एकॉर्डियन संग पूरा ऑरकेस्ट्रा ही उसी लय में प्रवाहित होता है, 'छोटे बाबू' (1951) की 'आने वाली कल की तुम तस्वीर हो' (लता) की भैरवी के साथ बाँसुरी और मैंडोलिन की मिठास भी मानो खिल उठती है, 'जागीर' (1959) के 'माने न बलम' की कल्याण थाट आधारित कहरवा की रिद्म और जलतरंग की संगत एक सम्पूर्ण कलाकृति की तरह उभरती है, तो 'जेलर' (1958) की मल्हार आधारित 'बूँदनिया बरसन (लता) का जल तरंग और बाँसुरी के प्रयोग के साथ एकीकरण मदन मोहन के स्वर और वाद्य के बीच के आदर्श समन्वयन का बेजोड़ उदाहरण बनकर निखरता है। इसी संदर्भ में 'चंदन' (1958) के भैरवी आधारित बहुप्रशंसित गीत 'लोग कहे मेरे नैन बावरे' की चर्चा भी अवश्यम्भावी हो जाती है। तबले की सुंदर संगत से शुरुआत करके पहले अंतरे के बाद कोरस के साथ सस्पेंसनुमा संगीत का परिवर्तन, पुनः परिवर्तन के साथ सितार और crackers और फिर उत्प्रेरक मार्चिंग सांग शैली का प्रयोग—एक ही गीत में लय, धुन और ऑरकेस्ट्रेशन में लगातार होती विविधता के बीच मेलोडी की संरचना का यह एक अनुपम प्रस्तुतीकरण था। 'नया आदमी' (1956) की भैरवी 'भजन है ये दुनिया' के साथ पियानो और बाँसुरी का कितना सुंदर मिश्रण मदन मोहन ने किया था! ढोलक, एकॉर्डियन के साथ 'बलमा अनाड़ी मँगा दे घोड़ागाड़ी' (लता—पॉकेटमार, 1956) की एकात्मकता तो निराली ही थी।

मदन मोहन के लिए कम्पोज़ीशन मेलोडी की पूरी संरचना थी। रिद्म उसका एक अंग ज़रूरत के अनुसार रहता था, पर ओ.पी. नैयर की तरह रिद्म के अतिरेक-भरे सम्मोहन से वे बचते ही रहे। मदन मोहन जैसे परिष्कृत कम्पोजर को ज़ाहिर था पंजाब के ग्रामीण रिद्म का, या यूँ कहें तो 'छोटे बाबू' के गरबा 'मैं खड़ी-खड़ी सोच रही' और 'सेनापति' की कजरी 'हिंडोला झूलन आए बलमा' (लता, साथी) जैसे सुंदर अपवादों को छोड़कर लोकसंगीत का भी अधिक लगाव नहीं था। उनका संगीत आधुनिक, aristocratic, उच्चवर्गीय तबके का संगीत था। उनके यहाँ 'ये नई नई प्रीत है' (लता, तलत—पॉकेटमार, 1956) की लय संयम को तोड़ कुलाँचे नहीं भरती थी बल्कि हलके माधुर्य और नज़ाकत से सहलाती चलती थी। 'तेरी चमकती आँखों से' (लता, तलत—छोटे बाबू, 1959) के यमन कल्याण का प्यार झकझोड़ता नहीं बल्कि बहुत ही लुभावने तरीके से छू जाता है। 'चल दिया दिल मेरा तोड़ के' (लता, फ़िफ़्टी-फ़िफ़्टी, 1956), 'आ जा कहीं से आ जा दिल का क़रार ले के' (लता, समुंदर, 1957), 'मैं तो तुम संग नैन मिला के हार गई' (लता—मनमौजी, 1962) जैसे गीतों का दर्द अगर अतिरंजित और कृत्रिम न लगकर सहज और अपना लगता था तो 'वो चाँद मुस्काया ये तोर शरमाए हमारा भी दिल न मचलने लगे' (लता, मन्ना डे—आखिरी दाँव, 1958) की सिंधु भैरवी और 'छोड़ कर तेरे प्यार का दामन ये बता दे कि हम किधर जाएँ' (महेंद्र, आशा—वो कौन थी, 1964) के प्यार का फुहार ज़िंदगी को अलमस्त नहीं करता था बल्कि एक खुशनुमा रंग देता था। 'इक मंज़िल राही दो' (लता, मुकेश, संजोग 1961), 'बदली से निकला है चाँद' (लता, संजोग, 1961) जैसे लोकप्रिय गीतों में भी प्यार का उद्‌गार मदन मोहन ने छलकने नहीं दिया, बल्कि हमेशा संयत और गरिमायुक्त ही रखा।

मदन मोहन के लिए आशा की जगह सीमित ही रही। भले ही 'दिल दिल से मिला कर देखो' (मेम साहिब, 1956) जैसे 'ब्रिज ऑन द रिवर क्वाई' के संगीत से प्रेरित क्लब सांग को आशा ने पूरी तन्मयता से गाया हो, 'झूम के चले' (नाइट क्लब, 1958—जिस प्रचलित बंदिश पर ही पॉकीज़ा का 'पी के चले' गुलाम मुहम्मद द्वारा रेकॉर्ड किया गया था), 'सबा से ये कह दो

एक-दूसरे के पूरक लता एवं मदन मोहन

कि कलियाँ बिछा दे' (बैंक मैनेजर, 1959) की नाजुक सुगंधित बयार जैसी तर्ज़ को सुन कर लाजवाब हो जाने को जी चाहता हो, सारंग की छाया लिए 'मेम साहिब' की गज़ल 'इश्क एक ज़हर सही' को सुनकर बरबस वाह-वाह निकल जाता हो और 'मदिरा छलके मेरे नैनों में' (सेनापति, 1961) का क्लासिकल रंग आशा के सुर नियंत्रण पर सुननेवाले को निसार करता हो, पर मदन के लिए तो जैसे बस लता थीं। लता ने कहा भी था कि और कई संगीतकार उनके लिए गाने बनाते थे, मदन मोहन उनके लिए 'गाना' बनाते थे। गाने की धुन मदन मोहन को कहीं भी सूझ सकती थी। लिफ़्ट से ऊपर जाते हुए 'आपकी नज़रों ने समझा' या नीचे जाते हुए 'कदर जाने ना' की धुन सूझती, उसे तत्काल जाकर अपने हारमोनियम पर तराशते और फिर लता को बुलाकर प्रारम्भिक सुर-रियाज़ शुरू हो जाता। आसानी यह भी थी कि लता के पेड्डर रोड स्थित 'प्रभु-कुंज' के ठीक सामने 'मकानी मैनर' अपार्टमेंट्स में मदन मोहन रहते थे, और लता के आने में वक्त भी नहीं लगता था। दरअसल, मदन मोहन लता से अधिक फ़ासले पर रह ही नहीं सकते थे। महानगर के उच्च वर्ग की सुरुचिपूर्ण सम्भ्रांत युवती को प्रस्तुत करता उनका संगीत लता के बिना अधूरा था। लता जब मदन मोहन के लिए गातीं तो हमें लगता कि यहाँ कोई अल्हड़ता नहीं है, कोई कच्चापन नहीं है, भावुकता की अतिरंजना, फूहड़पन या तड़क-भड़क नहीं है। महसूस होता है जैसे शिफ़ॉन की साड़ी पहने और आभूषण के नाम पर एक परिष्कृत डायमंड नेकलेस (गहनों से लदी-फदी नहीं) से सुशोभित होती एक शिष्ट, संयत, शालीन युवती अपने व्यक्तित्व की संवेदनशीलता से सम्मोहित कर रही हो। 'मोहर' (1959) का 'तुम हो साथ रात भी हसीं है' की मेलोडियस संयत अदायगी, 'रेलवे प्लेटफॉर्म' (1955) का मालकौंस की छाया लिए रात की निस्तब्धता को सजीव करता वह बहुप्रशंसित गीत 'चाँद मद्धम है आसमाँ चुप है' या 'गेटवे ऑफ़ इंडिया' (1951) की मदन मोहन के सितार के कमाल के प्रयोग के साथ वह सुकुमार सपनीली मेलोडी 'सपने में सजन से दो बातें' (लता)—गीताबाली हों या नलिनी जयवंत या फिर मधुबाला, भले ही पर्दे पर फ़िल्म के निर्देशक ने उनका व्यक्तित्व कैसा भी दिखाया हो पर मदन मोहन के गीतों पर अपने होंठ हिलाते हुए उनमें एक परिष्कार और आभिजात्य आ ही जाता है। मिश्र भैरवी और सितार वॉयलिन की जुगलबंदी के बीच 'देख कबीरा रोया' (1957) का 'तू प्यार करे या ठुकराए' (लता), 'मिनिस्टर' (1957) का गज़ब सी कशिश भरा 'उन आँखों में नींद कहाँ जिन आँखों में प्रीतम दूर बसे' (लता), 'दुनिया न माने' (1959) का भैरवी में मुलायम और संवेदनशील 'सजना लगन तेरी सोने न दे' (लता), 'बाप-बेटे' (1959) का नाजुक, लहराता, अद्भुत अंतरों और क्रैकर्स तथा सितार के मधुर टुकड़ों से लैस बेमिसाल अदायगी के रूप में 'दिल उनको उठा के दे दिया' (लता), बागेश्वरी का पुट लिए 'कदम बहके-बहके' (लता—बैंक मैनेजर, 1959) का खुशनुमा अंदाज़, 'जा जा रे जा साजना काहे सपनो में आए' (लता, अदालत, 1959) की मृदुता (यह भी कम रोचक नहीं है कि इसका दूसरा उदास भाग मदन मोहन ने आशा से गवाया था) से भरी धुन—लता और मदन मोहन के परिष्कार-भरे अंदाज़ की न जाने कितनी मुद्राएँ थीं, कितनी भंगिमाएँ थीं। 'एक बात पूछती हूँ ऐ दिल जवाब देना' (सुहागन, 1964) में लता यदि मदन मोहन के सुरों के बीच पूर्णतः तल्लीन लगती हैं, 'न आसमाँ न सितारे फ़रेब देते हैं' (लता—नीला आकाश, 1965) के बीच आत्ममनन-भरी दार्शनिकता के करीब लगती है, 'रिश्ते-नाते' (1965) के 'सखी री तुझे मन के मीत मिले' और 'आरी निंदिया की परी' में बड़ी सुकोमल लगती है तो 'दुलहन एक रात की' (1966) के रागेश्री के हलके सुरों पर विचरती 'सपनों में अगर मेरे तुम आओ' में गज़ब की elegant और आकर्षक लगती हैं। इतने खूबसूरत सपनीले गीत कम ही बने हैं।

मैं तो यह मानता हूँ कि साधना की शहरी उच्च एवं उच्च मध्यवर्ग की लड़कियों के बीच की लोकप्रियता के पीछे साधना कट हेयर स्टाइल और ग्लैमर का जितना हाथ था उतना ही मदन मोहन के संगीत का। साधना पर फ़िल्माए मदन मोहन के गीतों ने साधना की एक आधुनिक, परिष्कृत, सुरुचिसम्पन्न और चारु युवती की छवि को देखनेवालों के दिलो-दिमाग में स्थापित करने में बड़ी भूमिका निभाई। याद कीजिए 'वो कौन थी' (1964) का अभूतपूर्व 'लग जा गले कि फिर ये हसीं रात हो न हो'। पहाड़ी के सुरों को क्या खूब परिमार्जित किया है मदन ने—क्या गज़ब की कोमलता है, क्या अभिव्यक्ति है और साधना ने इसे पर्दे पर कितनी सम्मोहक प्रस्तुति दी है! अगर लता ने 1967 में अपने दस सर्वाधिक पसंदीदा गीतों में शामिल किया तो न्याय ही किया। और अगर उन दस गीतों में अकेले मदन मोहन ही ऐसे संगीतकार थे जिनके दो गीतों—'लग जा गले से' और 'बैरन नींद न आए'—को लता ने चुना तो भी आश्चर्य नहीं होता, क्योंकि 1967 तक तो लता बिना मदन मोहन के और मदन बिना लता के सोचे ही नहीं जा सकते थे। इसी तरह क्या साधना बिना मदन मोहन के 'नैना बरसे रिमझिम रिमझिम' का अपना व्यक्तित्व परिपूर्ण

'वो कौन थी' फ़िल्म के दृश्य

कर सकती हैं? इस गीत के साथ तो यहाँ तक हुआ कि वर्षों पहले की सृजित इस धुन पर राजा मेहँदी अली खान के बोलों को लता रेकॉर्ड करने में बीमारी की वजह से असमर्थ हो गईं, और गीत की शूटिंग तत्काल होनी थी तो मदन मोहन ने अपने स्वर में ही इस गीत को रेकॉर्ड कर दिया और शूटिंग के समय साधना दर्शकों के घोर आश्चर्य के बीच मदन मोहन के स्वर पर ही अपने होंठ हिलाती रहीं। जिस साधना को आज तक हम भूल नहीं पाए हैं, क्या उसकी कल्पना हम 'जो हमने दास्तां अपनी सुनाई आप क्यों रोए' (लता—'वो कौन थी', 1964) की कशिश-भरी अभिव्यक्ति के बिना कर सकते हैं? भले ही 'मेरा साया' (1966) के 'झुमका गिरा रे' (आशा) और 'नैनों वाली ने हाय मेरा दिल लूटा' (लता) को अपार लोकप्रियता मिली हो लेकिन इस फ़िल्म की जिस साधना का चिरस्थायी प्रभाव रहा है, वह तो भीमपलासी आधारित 'नैनों में बदरा छाए' और नंद आधारित 'तू जहाँ-जहाँ चलेगा मेरा साया साथ होगा' की सौम्य और सुसंस्कृत साधना ही रही है। 'नैनों में बदरा छाए' तो अद्‌भुत कम्पोज़ीशन है और 'गरबा' शब्द की मुरकी तो मदन मोहन ही डाल सकते थे। 'तू जहाँ-जहाँ चलेगा' के लिए तो अथक खोजबीन के बाद मदन मोहन ने राग नंद को चुना था। क्या वे जानते थे कि नंद के सुरों के साथ यह गीत सदाबहार गीतों की श्रेणी में आ जाएगा? आम गीतों की संरचना से अलग 'वो कौन थी' के गीत बड़ी ऊँची पट्टी से ही शुरू होते थे, और यह विशिष्टता पूरे गीत में सुरों को सँभाले हुए कायम रखना भी मदन मोहन को अन्य कई संगीतकारों से अलग और ख़ास बनाता था। 'वो कौन थी' ही मदन मोहन की पहली सिल्वर जुबली फ़िल्म थी—यह तमगा उन्हें 'भाई-भाई' (1956) के साथ मिल सकता था पर निर्माता-निर्देशक के झगड़े के कारण फ़िल्म बम्बई के रॉक्सी सिनेमा से 23 हफ़्ते बाद उतार दी गई।

लता के साथ एक रेकॉर्डिंग के वक्त मदन मोहन

पर साधना ही नहीं, अन्य अभिनेत्रियाँ भी लता और मदन मोहन के साथ अलग ही लगती थीं। 'दुलहन एक रात की' के 'सपनों में अगर मेरे तुम आओ' के साथ नूतन यदि और सुसंस्कृत लगती हैं तो 'कई दिन से जी है बेकल' की पियानो की तरंगों के बीच उनका शालीन सौंदर्य बढ़ा-सा लगता है। नंदा इतनी अच्छी कभी नहीं लगीं जितनी 'कोई शिक़वा भी नहीं कोई शिक़ायत भी नहीं' ('नींद हमारी ख्वाब तुम्हारे') के साथ और सिर्फ़ 'अनपढ़' या 'आपकी परछाइयाँ' ही नहीं बल्कि बाद के दौर में भी माला सिन्हा पर फ़िल्माए सधे हुए आरोह के साथ शीर्षक गीत 'जब याद किसी की आती है' और इसी फ़िल्म का तबले के अनूठे प्रयोग और सितार के झंकृत इंटरल्यूड्स के साथ भैरवी की अति सुंदर और अलग-सी अभिव्यक्ति वाले 'तेरे बिन सावन कैसे बीता तू क्या जाने बालमा' (लता) को सुनना क्या नायिका की छवि में अलंकार नहीं पैदा करता?

यह भी फ़िल्मफ़ेयर पुरस्कारों के पीछे की राजनीति का ही सूचक है कि मदन मोहन को कभी कोई फ़िल्मफ़ेयर पुरस्कार नहीं मिला। 'वो कौन थी' के लिए उम्मीद के बावजूद पुरस्कार न मिलना मदन मोहन को निराश तो कर गया, पर जब लता ने अफ़सोस ज़ाहिर किया तो मदन मोहन ने उनसे कहा कि क्या यह मेरे लिए कम बड़ा पुरस्कार है कि तुम्हें मेरे पुरस्कार न मिलने पर अफ़सोस हुआ। सड़कों वाली लोकप्रियता अपने संगीत में न दे पाना मदन मोहन के लिए व्यावसायिक रूप से भले

ही घातक रहा हो, पर यही उन्हें विशिष्ट भी बनाता है। यह दूसरी बात है कि एक प्रतिभाशाली इंसान की तरह उन्हें प्रतिभा के समकक्ष पूछ न होने का दुःख भी हमेशा सालता रहा। जब उनके बेटे संजीव कोहली ने अपने स्कूल के समारोह में मदन मोहन की रचना न गाकर अधिक लोकप्रिय 'बहारो फूल बरसाओ' गाया तो यही दुःख उनके मुँह से उलाहना-भरे शब्दों 'तुम भी?' के द्वारा बेटे को सम्बोधित हुआ। यह दुःख मदन मोहन के साथ उनके अंतिम दिनों तक चला।

लता ने बिलकुल सही फ़रमाया था कि फ़िल्मों में गज़लों के लिए तब तक प्रयुक्त हो रही सीमित शैलियों से अलग जाकर मदन मोहन ने फ़िल्मों को गज़ल के कई नये रूप दिए। मदन मोहन की गज़लें भी उनकी अन्य रचनाओं के समान ही प्रांजल और परिमार्जित होती थीं। 'बहाना' (1960) के 'गुज़रे हैं इस तरह से दुनिया में दिन हमारे' में राजेन्द्र कृष्ण के कलाम को शिवरंजनी का कितना शालीन आधार दिया था मदन मोहन ने! गज़ल को सस्पेंस संगीत के बीच भी कितना परिशुद्ध और स्तरीय वे बनाए रख सकते थे, वह 'रिश्ते नाते' (1965) के हसरत जयपुरी लिखित 'मुझे याद करने वाले तेरे साथ-साथ हूँ मैं' (लता) को सुन कर जाना जा सकता है। अंतरे की क्या सुंदर तर्ज, और लता के क्या गज़ब के आलाप थे। 'न हँसो हम पे ज़माने के हैं ठुकराए हुए' (गेटवे ऑफ़ इंडिया, 1957) बेहतर था या 'हम प्यार में जलने वालों को' (जेलर, 1958) यह आपकी व्यक्तिगत पसंद पर निर्भर है लेकिन मदन मोहन का पियानो तो इस दूसरे गीत में सब पर भारी है इससे कम ही लोग इनकार करेंगे। ओम प्रकाश ने क्या यह सोचा था कि जब वे मधुबाला, भारतभूषण अभिनीत 'गेटवे ऑफ़ इंडिया' का संगीत मदन मोहन को देंगे तो हिंदी फ़िल्म-संगीत के इतिहास में कुछ अविस्मरणीय गीत दर्ज हो जाएँगे? क्या ओम प्रकाश खुद कभी 'दो घड़ी वो जो पास आ बैठे, हम ज़माने से दूर जा बैठे' (रफ़ी, लता) की दिलकश तर्ज़ भूल पाए होंगे? 'हमसफ़र साथ अपना छोड़ चले' (रफ़ी, आशा—आखिरी दाँव, 1958) की राग गारा आधारित धुन अधिक बेहतर थी, या गज़ल को वाल्ट्ज शैली में पिरोई हुई रचना 'ज़मीं से हमें आसमां पर बिठा कर गिरा तो न दोगे' (रफ़ी, आशा—अदालत, 1958) इसका जवाब तो शायद मदन मोहन भी न दे पाएँ। वे तो बस कम्पोज़ करते थे, और सभी रचनाओं में इतनी सम्पूर्णता डाल देते थे कि इस प्रकार के फ़ैसले बहुत मुश्किल हो जाते थे। क्वात्रा फ़िल्म्स की नरगिस, प्रदीप कुमार अभिनीत 'अदालत' (1958) का संगीत मदन मोहन के लिए मीलस्तम्भ जैसा बन गया। शंकर-जयकिशन की धुनों पर जिस नरगिस के होंठों से हम रूमानी गीत सुनते थे, उसी नरगिस के होंठों से शायराना, परिमार्जित गज़लों को सुनना अभूतपूर्व आनंद देता है। 'जाना था हमसे दूर बहाने बना लिए', 'यूँ हसरतों के दाग मुहब्बत में धो लिए' और मालगूँजी में 'उनको ये शिकायत है कि हम कुछ नहीं कहते'—गज़ल क्या इतने रूपों में इतनी ऊँचाई कभी पा सकी थी? एक-एक सुर जैसे माँजकर लगाया हुआ—कम्पोज़ीशन की यह उत्कृष्टता ही मदन मोहन की पहचान थी। 'बड़ा ही CID है वह नीली छतरी वाला' (रफ़ी—चंदन, 1958) जैसे ओ.पी. शैली के गीत बीच-बीच में व्यावसायिक ज़रूरतों के चलते मदन मोहन ज़रूर बनाते रहे और ये गीत तात्कालिक लोकप्रियता भी पाते रहे, लेकिन मदन मोहन को अमरत्व तो 'हम चल रहे थे, तुम चल रहे थे मगर दुनिया वालों के दिल जल रहे थे' जैसे गीत ही प्रदान करते थे। 'दुनिया न माने' में वर्षों बाद वे मुकेश को वापस लाए थे और इसी फ़िल्म के रिद्म आधारित रूमानी गीत 'तुम चल रहे हो हम चल रहे हैं' (मुकेश, लता) के सौंदर्य को यमन कल्याण और केदार का पुट देकर गज़ल के रूप में 'हम चल रहे थे' की उदास धुन के द्वारा मदन मोहन ने अविस्मरणीय बना दिया। पार्श्व में घंटियों की आवाज़ के बाद सितार की झंकार और उसके बाद मुकेश की गम्भीर आवाज़ में 'भूली हुई यादो, मुझे इतना न सताओ' को कम्पोज़ करना मदन मोहन के ही बस की बात थी। 'संजोग' (1961) का यह गीत यदि दशकों बाद भी इतना ही ताज़ा लगता है तो हम इसे चिरस्थायी कम्पोज़ीशन कहेंगे ही। और यह मदन मोहन ही थे जो उसी 'संजोग' में 'वो भूली दास्तां जो हमने सुनाई आप क्यों रोए' जैसी एक और चिरस्थायी रचना उतनी ही सहजता से दे सकते थे।

पर मदन मोहन की गज़लों की बात हो तो 'अनपढ़' (1962) की बात होगी। बात होगी राजा मेहँदी अली खान की शायरी थी। राजेंद्र कृष्ण के बाद यदि मदन मोहन की जोड़ी खूब जमी तो वह राजा मेहँदी अली खान के साथ ही। रूपक ताल सात मात्रा और राग दरबारी की बंदिश 'आप की नज़रों ने समझा प्यार के काबिल मुझे' और भैरवी में 'है इसी में प्यार की आबरू' गाते हुए माला सिन्हा अपनी आम भूमिकाओं से कितनी अलग, कितनी परिष्कृत और कितनी विशिष्ट लगती थीं! गज़लों की ऐसी कम्पोज़ीशन के लिए अगर नौशाद अपनी सारी रचनाएँ निछावर करने को तैयार हो तो क्या आश्चर्य है? बेगम अख्तर और बरकत अली खाँ को पसंद करनेवाले मदन मोहन ने जब गज़लें कम्पोज़ कीं तो उनका एक अलग मौलिक अंदाज़ विकसित किया। यही कारण है कि उनकी गज़लों में हमेशा एक ताजगी रही, खिलते फूलों की सुगंध रही।

मदन मोहन के कई कम्पोज़ीशन्स गज़ल की शाब्दिक संरचना के न होते हुए भी गज़ल जैसे ही लगते थे। 'हक़ीक़त' (1964)

का यमन कल्याण आधारित 'ज़रा-सी आहट होती है तो दिल पूछता है, कहीं ये वो तो नहीं' (लता) और 'अनपढ़' (1962) का कोमल आसावरी पर सृजित 'वो देखो जला घर किसी का' (लता) की तर्ज़ों में गज़ल की तराश और निखार भरपूर मौजूद है। 'आपकी परछाइयाँ' (1964) के 'मैं निगाहें तेरे चेहरे से हटाऊँ कैसे' (रफ़ी) की दरबारी आधारित लाजवाब धुन और शैली क्या एक सुंदर रूमानी गज़ल की तरह नहीं लगती? वहीं इक़बाल की मशहूर गज़ल 'कभी ऐ हक़ीक़त-ए-मुंतज़िर नज़र आ लिबासे मजाज़ में' (लता, साथी) को 'दुलहन एक रात में' एक जबर्दस्त और लोकप्रिय कव्वाली के रूप में पेश करना भी मदन मोहन की रचनात्मकता का ही नमूना है।

'देख कबीरा रोया' में अनीता गुहा

मदन मोहन की गज़लों में कशिश के साथ-साथ भद्रता और शिष्टता का हमेशा ही एहसास होता है। दरबारी पर सृजित 'अगर मुझसे मुहब्बत है मुझे सब अपने ग़म दे दो' (लता, 'आपकी परछाइयाँ') में दादरा ताल छः मात्रा का खूबसूरत प्रयोग गज़ल को दिलकशी के साथ-साथ सौम्यता और शालीनता भी देता है। आज भी इस लोकप्रिय रचना को सुनकर लगता है जैसे एक बेहद सम्भ्रांत व्यक्ति ने पूरे शिष्टाचार के साथ इसे साकार किया है। और शिष्टाचार तो मदन मोहन में था ही। जब संगीतकारों की एक मीटिंग में सज्जाद ने आग बबूला होते हुए मदन मोहन पर उनकी अविस्मरणीय धुन 'ये हवा ये रात ये चाँदनी तेरी एक नज़र पे निसार है' की नकल कर 'आखिरी दाँव' (1959) की गज़ल 'तुझे' क्या सुनाऊँ मैं दिलरुबा तेरे सामने मेरा हाल है' बनाने का आरोप लगाया तो मदन ने पूरी शिष्टता के साथ अर्ज़ किया कि सज्जाद की तर्ज़ ही इतनी लाजवाब थी कि बंस वही एक नकल करने लायक धुन कही जा सकती थी। पर इस नकल में भी मदन मोहन ने अपना स्पर्श तो छोड़ा ही है, और यही कारण है कि मदन मोहन की यह रचना भी आज तक श्रोता बड़े चाव से सुनते हैं। आशा भोंसले की गज़ल गायकी का जो हुनर नवें दशक में जाकर चर्चित हुआ उसका आभास मदन मोहन हमें छठे और सातवें दशक में ही आशा के साथ दे चुके थे हालाँकि आशा के बारे में लिखनेवाले कई संगीत विशेषज्ञों ने इसे यथोचित महत्त्व नहीं दिया है। राजेंद्र कृष्ण लिखित 'अश्कों से तेरी हमने तस्वीर बनाई है' (देख कबीरा रोया, 1957), राजा मेहँदी अली खान का कलाम 'वफ़ाओं के बदले जफ़ा कर रहे हैं' (जागीर, 1959) को हम बड़ी आसानी से भूल गए हैं, पर 'नींद हमारी ख्वाब तुम्हारे' (1966) के वॉयलिन, मैंडोलिन और सोलो बॉक्स के बीच से उभरता काफ़ी थाट के सुरों पर 'कोई शिकवा भी नहीं कोई शिकायत भी नहीं' (आशा) को क्या हम लता द्वारा मदन के लिए गाई सर्वश्रेष्ठ गज़लों के समकक्ष नहीं रख सकते हैं? मदन मोहन की रचनाओं की परिपक्वता और तहजीब तो शम्मी कपूर जैसे उछल-कूद की छविवाले अभिनेता की भी 'मोहर' (1959) के 'खो गया जाने जहाँ' (हेमंत) और 'याद जब आए तेरी अपनी गुज़री ज़िंदगी याद कर लेता हूँ मैं' (तलत) जैसे गम्भीर गीतों से एक अलग ही वातावरण का निर्माण करती थी।

मदन मोहन के गज़ल-प्रेम ने उनके लिए तलत का महत्व हमेशा बनाए रखा। अन्य संगीतकार भले ही तलत को भूलते चले गए हो, पर मदन के लिए 'बेरहम आसमाँ मेरी मंज़िल बता है कहाँ' (बहाना, 1960), 'तेरी निगाहों में तेरी ही बाँहों में रहने को जी चाहता है' (बहाना, 1960—आशा के साथ) की दिलकश तर्ज़ों के लिए तलत से अधिक उपयुक्त कोई नहीं था। यही कारण था कि 'जहाँआरा' (1964) में ओमप्रकाश के विरोध के बावजूद ऐतिहासिक पृष्ठभूमि के अनुरूप गज़लों को स्वर देने के लिए प्रमुखता से मदन मोहन ने तलत का ही चुनाव किया। दादरा ताल पर बागेश्वरी में 'फिर वही शाम वही गम वही तन्हाई है' के साथ तलत के स्वर में एक धुँधली शाम के अकेलेपन की जो छू जानेवाली तस्वीर मदन मोहन ने खींची वह तो बेमिसाल ही है। इस गज़ल में शाम अपनी पूरी काव्यात्मकता के साथ उभरी है और उसे उभारने में हरिप्रसाद चौरसिया के मुलायम बाँसुरीवादन का भी कम हाथ नहीं है। वहीं शिवकुमार शर्मा के संतूर तथा रईस खान के सितार के साथ 'मैं तेरी नज़र का सुरूर हूँ तुम्हें याद हो कि न याद हो' और 'तेरी आँख के आँसू पी जाऊँ ऐसी मेरी तक़दीर कहाँ' में भावनाओं की लज़्ज़त और तलत के स्वर की स्वाभाविक लर्ज़िश में गज़ब की एकात्मकता है। लता के स्वर में मियाँ की मल्हार आधारित 'हाले दिल यूँ उन्हें सुनाया गया' की भंगिमा अगर अलग

मदन और तलत : ग़ज़लों की दोस्ती

थी, तो 'वो चुप रहें तो मेरे दिल के दाग़ जलते हैं' तो मुगलिया वैभव के अनुरूप उतनी ही शानदार प्रस्तुति रही। सितार का अविस्मरणीय प्रयोग, बसंत बहार के सुरों की छाया, अद्भुत कम्पोज़ीशन और अद्वितीय गायकी 'वो चुप रहें' को मदन मोहन की सर्वश्रेष्ठ गज़लों में से एक बनाते हैं। राग गारा में 'जब जब तुम्हें भुलाया तुम और याद आए' लता और आशा के सर्वश्रेष्ठ युगल गीतों में स्थान रखता ही है—स्वरों के उतार-चढ़ाव की बहुत अच्छी कम्पोज़ीशन के रूप में भी यह यादगार ही रहेगा। वैसे 'जहाँआरा' में रफ़ी भी थे—'किसी की याद में दुनिया को हैं भुलाए हुए' की सुंदर गज़ल-शैली और राग छायानट में एक अति सुंदर दोगाने (सुमन के साथ) 'बाद मुद्दत के ये घड़ी आई' के साथ। फ़िल्म का 'ऐ सनम आज ये क़सम खाएँ' (तलत, लता) ही एकमात्र रचना थी, जो ग़ज़ल की परिपाटी से हटकर एक सुंदर मेलोडीप्रधान गीत के रूप में मदन मोहन द्वारा ढाली गई थी। कल्याण थाट का बहुत सुंदर लालित्यपूर्ण रंग इस गीत को बहुत आकर्षक बना गया है।

जैसाकि हम पहले कह चुके हैं, फ़िल्म-संसार के व्यावसायिक तकाज़े ने मदन मोहन से हलकी-फुलकी रचनाएँ भी समय-समय पर बनवाईं। किशोर कुमार की कॉमेडियन जैसी छवि को ध्यान में रखकर 'मनमौजी' (1962) के 'एक था अब्दुल रहमान, एक थी अब्दुल रहमनिया' (किशोर, लता), 'बुरा लगता है लगे दुनिया को, अपनी मर्ज़ी से जिऊँगा मैं तो' (किशोर), अपने ज़माने का सुपरहिट और आज भी सुना जाने वाला 'ज़रूरत है ज़रूरत है ज़रूरत है एक श्रीमती की' (किशोर), 'अकेली मत जाइयो' (1963) के 'यह साइकिल का चक्कर' (आशा, रफ़ी), 'चल चल चल मेरे दिल' (मुकेश, जानी व्हिस्की), 'ये तो कहो कौन हो तुम (लता, रफ़ी), ओ.पी. नैयर की तरह ही ताँगे की बीट वाला 'ये हवा ये मस्ताना मौसम' (लता, रफ़ी), 'आपकी परछाइयाँ' (1964) का लोकप्रिय 'यही है तमन्ना तेरे दर के सामने मेरी जान जाए' (रफ़ी), किशोर की छवि के अनुरूप उनकी अभिनीत 'लड़का लड़की' (1966) का 'सुनिए सुनिए' (किशोर) जैसे गीतों में कुछ तात्कालिक रूप से चले भी, लेकिन मदन मोहन ने ऐसे गीत कम ही बनाए। उनकी पहचान तो उनकी विशिष्ट उदात्त रचनाओं और गज़लों ने ही बनाई। इसीलिए 'अकेली मत जाइयो' के ढेर सारे साधारण हलके गीतों के बीच भी मदन मोहन 'वो जो मिलते थे कभी हमसे दीवानों की तरह' (लता) जैसी बेहतरीन गज़ल पेश कर पाते थे।

साहिर, जॉनिसार अख़्तर, मदन मोहन, मीनू कक और रफ़ी

यह उपयुक्त ही था कि मीनाकुमारी, सुनील दत्त अभिनीत 'गज़ल' (1964) फ़िल्म का संगीत मदन मोहन के हिस्से ही आता। और क्या खूबसूरत गज़लें बनाईं इस फ़िल्म में मदन मोहन ने। शिवरंजनी का पुट लेकर पूरिया धनाश्री में 'रंग और नूर की बारात किसे पेश करूँ' (रफ़ी) एक तरफ़, तो भीमपलासी में 'नग़मा ओ शेर की सौगात किसे पेश करूँ' (लता) और काफ़ी में 'इश्क की गर्मिए जज़बात किसे पेश करूँ' (रफ़ी) दूसरी तरफ़। मदन पहली बार साहिर के शब्दों को सुरों में ढाल रहे थे और साहिर के रूमानी 'मुझे ये फूल न दे तुझको दिलबरी की क़सम' (सुमन, रफ़ी) और 'उनसे नज़रें मिलीं और हिजाब आ गया' (लता, सुमन, साथी) की भी क्या दिलक़श तर्जें मदन मोहन बना गए हैं!

कैफ़ी आज़मी के कलाम को संगीतबद्ध करने का मौका मदन मोहन को पहली बार 'हक़ीक़त' (1964) में मिला। 'ज़रा-सी आहट होती है' (लता) की गज़ल शैली का ज़िक्र हम पहले भी कर चुके हैं, पर 'हक़ीक़त' के साथ तो मदन मोहन के कई अन्य ऐतिहासिक गीत जुड़े हैं। व्हिस्लिंग के सुंदर प्रयोग के साथ आह्लाद-भरा 'मस्ती में छेड़ के तराना कोई दिल का' (रफ़ी), भैरवी में सदाबहार देशभक्ति गीत 'कर चले हम फ़िदा जानो तन साथियो' (रफ़ी, साथी), वॉयलिन, पियानो और वाइब्रोफ़ोन से दर्द के भावों को रफ़ी की गायकी की तरह ही अभिव्यक्त करती लाजवाब नज़्म 'मैं ये सोच कर उसके दर से उठा था', हमेशा जवां कव्वाली 'हो के मजबूर मुझे उसने भुलाया होगा' (जिसमें सीमा पर तैनात जवानों की कसक को रफ़ी, तलत और मन्ना डे के साथ फ़िल्मों में पहली बार गाते हुए भूपेंद्र ने क्या खूब अभिव्यक्त किया था), और अपने-आपमें अनूठा स्वरों के जबर्दस्त खेलवाला गुंजायमान 'खेलो न मेरे दिल से' (लता) जैसे गीतों की अनुगूँज तो आज तक विद्यमान है। संगीत-समीक्षक अनिरुद्ध बनर्जी (डेक्कन हेराल्ड, 15 जुलाई, 2001) के अनुसार 'खेलो ना' major chord में अप्रचलित शुद्ध निषाद से शुरू होकर बागेश्वरी के सुरों के बीच चलते हुए minor chord तक आता है, और पुनः 'खेलो ना' पर major chord में आ जाता है। शुद्ध निषाद का यह एकाकी प्रयोग या अंतरों की अंतिम पँक्तियों में कोमल रिद्म और कोमल मध्यम के प्रयोग से बहुत ही अप्रचलित तरीके

से बिना पंचम को बीच में लाए दो धमार के बाद दो मध्यमों को लाने की अप्रत्याशितता मदन मोहन को लीक से अलग एक विशिष्ट कम्पोज़र के रूप में स्थान देते हैं। बनर्जी का यह भी मानना है कि मदन मोहन के लिए गाते हुए लता 'श्रुति' का अधिकाधिक इस्तेमाल करती थीं जबकि आम तौर पर श्रुति हिंदुस्तानी शास्त्रीय संगीत में कम और कर्नाटक शास्त्रीय संगीत में कहीं अधिक इस्तेमाल होते हैं।

मदन मोहन की गज़लों में गायक या गायिका के साथ रईस खान का सितार भी बोलता था, वॉयलिन भी एक बयान के रूप में सामने आती थी। 'मेरी आँखों से कोई नींद लिए जाता है' (लता) सुनिए, और ख़माज के सुरों के बीच का सितार आपको सब कुछ समझा देगा। ऐसी शानदार कम्पोज़िंग मदन मोहन ही कर सकते थे। यदि 'पूजा के फूल' (1964) के 'दिल तोड़ना किसी का ये ज़िंदगी नहीं है' (लता) में सितार की कमी को मदन मोहन वॉयलिन से बख़ूबी पूरी करते हैं तो 'सपनों में अगर मेरे तुम आओ' (लता-दुलहन एक रात की) की सपनीली कलाकृति के बीच इंटरल्यूड्स में सितार को झरने की तरह बहाने का लोभ मदन मोहन नहीं रोक पाते। 'एक कली मुस्काई' (1968) के मशहूर दर्द भरे गीत 'न तुम बेवफ़ा हो न हम बेवफ़ा है' में लता के साथ-साथ वॉयलिन भी एक कहानी कहती चलती है। पारम्परिक गज़ल शैली में 'जाने क्या हाल हो, कल शीशे का' (आशा–'माँ का आँचल, 1970) में सितार के साथ तबले और सारंगी का प्रभाव तो एक समाँ ही बाँध देता है। 1972 में रईस खान से अनबन तक रईस खान का अद्भुत सितार मदन मोहन के गीतों का पूरक बना रहा।

गज़लों की बात हो, तो 'चिराग़' (1969) के 'तेरी आँखों के सिवा दुनिया में रखा क्या है' (रफ़ी, लता) को कोई कैसे भुला सकता है? इस बार राजेंद्र कृष्ण या राजा मेहँदी अली नहीं थे बल्कि मजरूह थे, और सितार की जगह गिटार, मैंडोलिन और वॉयलिन का समाँ था। पर क्या कोई गज़ल झिंझोटी पर आधारित इस रचना से बेहतर हो सकती है? यह कम्पोज़िंग का उत्कर्ष था, और इसके सामने फ़िल्म के लोकरंग-भरे 'भोर होते कागा पुकारे' (लता), 'छाई बरखा बहार' (लता, साथी) और आधुनिक ऑरकेस्ट्रेशन की रिद्म के साथ विषाद को सजीव करते 'चिराग दिल का जलाओ बहुत अँधेरा है' (रफ़ी) या 'मेरे बिछड़े साथी सुनता जा' (लता) जैसे अच्छे खासे गीत भी फीके लगते हैं। यह निर्विवाद है कि गज़लों की कम्पोज़ीशन में मदन के समकक्ष और कोई संगीतकार नहीं आ पाया, और लगातार सुसंगत तरीके से एक से बढ़कर एक गज़लें तो नहीं ही बना पाया। सातवें दशक के अंत में मदन की कम्पोज़ की गई कैफ़ी लिखित 'जाने क्या हाल हो कल शीशे का पैमाने का' (आशा–माँ का आँचल, 1970) की पारम्परिक रचना-शैली को आप बेहतर मानेंगे, या 'तुझसे बिछड़कर चैन कहाँ हम पाएँगे' (लता–महाराजा, 1970) की आधुनिक शैली को? फ़ैसला आप पर है, पर मेरी समझ से तो दोनों ही मदन की कभी न चुकनेवाली इस क़ाबिलीयत के बराबरी के उदाहरण है।

मदन मोहन स्वयं भी बड़े शौकीन इंसान थे। खुद भी छुट्टियों के समय क्रिकेट खेलना, टेस्ट क्रिकेट मैचों का बिना नागा रसास्वादन करना, स्वयं भी ल्वायड्स रिक्रिएशन (जहाँ अब वानखेड़े स्टेडियम है) में क्रिकेट खेलना या टेनिस खेलना एक ओर, तो एक से बढ़कर एक व्यंजन बनाने का शौक दूसरी ओर। बम्बई के ब्रेबोर्न स्टेडियम में हरेक क्रिकेट मैच में मदन मोहन की उपस्थिति मानो अनिवार्य ही थी और वहाँ उनसे आप संगीत की बात नहीं कर सकते थे–पूरी तरह क्रिकेट में डूबे रहते थे वे। दूसरी तरफ़ ब्रीच कैंडी का बॉम्बेलिस रेस्तराँ भी उनकी पसंदीदा जगह थी, जहाँ तलत महमूद और जयकिशन भी अकसर नज़र आते थे। तीनों में होड़-सी रहती थी कि कितनी लड़कियाँ किससे ऑटोग्राफ़ माँगती हैं। तलत इसमें अकसर जीत जाते थे। और इन सबके साथ था मदन का शराब का शौक। शराब के इसी किसी दौर के बीच राजेंद्र कृष्ण के साथ मिलकर 'शराबी' (1964) का वह खुमार-भरा नग़मा 'सावन के महीने में' कम्पोज़ किया गया था। और क्या गज़ब का नशा पैदा किया मदन ने इस गीत में। यह मदहोशी क्षणिक नहीं, बल्कि व्यापक थी। मदन मोहन की कई रचनाएँ एक नशीला प्रभाव छोड़ती हैं। 'सुहागन' (1964) का 'तू मेरे सामने है, तेरी ज़ुल्फें हैं खुली' (रफ़ी) सुनिए और सचमुच लगता है, जैसे होश खोता जा रहा हो। दादरा ताल छः मात्रा के बीच रफ़ी की आवाज़ कितनी दिलकश लगी है! यदि भीमपलासी में सृजित फ़िल्म के 'मेरे प्यार में तुझे क्या मिला' (रफ़ी) पर यह गीत भारी पड़ता है, तो क्या आश्चर्य है?

मदन मोहन के कम्पोज़ किए हुए दोगानों की संख्या कम है। 'क्या साथ मेरा दोगे' (लता, मुकेश–समुंदर, 1957), 'अब दो दिलों की मुश्किल आसान हो गई है' (लता, रफ़ी–पूजा के फूल, 1964), 'तुम हो हसीं कहाँ के, हम चाँद आसमां थे' (आशा, रफ़ी–शराबी, 1964), 'तुम्हीं तो मेरी पूजा हो' (लता, तलत–सुहागन, 1964), 'भींगी चाँदनी छाई बेखुदी' (लता, मन्ना डे–सुहागन, 1964), बेहद लुभावने अंदाज़ में गाया 'छोड़कर तेरे प्यार का दामन ये बता दे कि हम किधर जाएँ' (महेंद्र, आशा–'वो कौन थी',

1964), राग देस पर आधारित 'आपको प्यार छुपाने की बुरी आदत है', 'मेरे दिल से आ के लिपट गई' और 'तेरे पास आ के मेरा वक़्त गुज़र जाता है' (सभी आशा, रफ़ी—नीला आकाश, 1965) और 'आपने अपना बनाया मेहरबानी आपकी' (आशा, महेंद्र—'दुलहन एक रात की', 1965), गिटार के साथ बहुत लुभावना 'आँखों को मेरी तुम अपने ख्वाबों की इजाज़त दे दो' (आशा, महेंद्र—'लड़का लड़की', 1966), अपने ज़माने में खूब लोकप्रिय रहा 'कभी तेरा दामन ना छोड़ेंगे हम' (आशा, रफ़ी—'नींद हमारी ख्वाब तुम्हारे, 1966), 'क्यूँ मेरे दिल को क़रार आता नहीं' (लता, महेंद्र—'जब याद किसी की आती है, 1967), शिवरंजनी आधारित 'आ ढूँढ़े तुझको नैन दीवाने' (लता, महेंद्र—जब याद किसी की आती है, 1967) जैसे सुंदर उदाहरणों के बावजूद मदन मोहन मुख्यतः एकल गीतों के कम्पोज़र थे।

दरअसल मदन मोहन एकल गीतों में एक कलाकार के साथ जो आत्मीयता या intimacy की छाया अपनी रचनाओं में प्रकट कर सकते थे, वह युगल गीतों के साथ सम्भव नहीं था। 'नीला आकाश' के 'आखिरी गीत मुहब्बत का सुना लूँ तो चलूँ' में भावना की जिस गहराई तक मदन मोहन अकेले रफ़ी के साथ पहुँच पाते हैं, वह इसी फ़िल्म के ऊपर उल्लिखित दोगानों में नहीं आ पाती। 'दुलहन एक रात की' (1966) के 'एक हसीन शाम को दिल मेरा खो गया' में रफ़ी और शाम की फ़िज़ाँ यदि एक दूसरे में घुल मिल जाते हैं, तो 'मेरा साया' (1966) के 'आपके पहलू में आकर रो दिंए' में राजा मेहँदी अली खान की गज़ल रफ़ी की दिलकश आवाज़ और मदन मोहन की सुंदर तर्ज़ के साथ एक मुक़ाम पा लेती है। 'जब याद किसी की आती है' (1967) में महेंद्र कपूर 'अरी ओ शोख कलियो मुस्कुरा देना वो जब आए' की रूमानी अदायगी के साथ क्या खूब जमते हैं! नेहरू पर बनी फ़िल्म 'नौनिहाल' (1967) के कैफ़ी आज़मी के लिखे 'तुम्हारी जुल्फ़ के साए में शाम कर लूँगा' की गज़लनुमा कम्पोज़ीशन और कलावती पर आधारित 'मेरी आवाज़ सुनो' जैसे रफ़ी के गाए गीतों को भी कौन भुला पाया है? 'मेरी आवाज़ सुनो' के अंतरे तो इतने खूबसूरत बने हैं कि सुननेवाला अभिभूत हो जाता है।

हालाँकि मदन मोहन का शास्त्रीय संगीत का ज्ञान बहुत कम था, पर सुरों की नैसर्गिक पहचान इतनी सशक्त थी कि उनकी कई रचनाएँ शास्त्रीय रागों के मापदंड पर एकदम खरी उतरती थी। सी. रामचंद्र की मदन मोहन के बारे में की गई टिप्पणी—'अच्छा सुर लगाता था', और लता की श्रद्धांजलि कि 'बड़े ही सुरीले थे'—मदन मोहन की इसी ख़ासियत के बारे में की गई सटीक अभिव्यक्तियाँ थीं। 'मदहोश' के 'मेरी याद में तुम ना आँसू बहाना' की कशिश-भरी आसावरी हो, या 'वो देखो जला घर किसी का' (लता—अनपढ़) की कोमल आसावरी का ऊँची पट्टी पर प्रवाहित बहाव हो, 'अनपढ़' की ही मशहूर गज़ल 'आपकी नज़रों ने समझा प्यार के क़ाबिल मुझे' (लता) की दरबारी आधारित बंदिश का रूपक ताल सात मात्रा में वशीभूत करता प्रभाव हो, या दरबारी में ही 'मैं ये सोच कर उसके दर से उठा था' (रफ़ी—हक़ीक़त) की कसक, मदन मोहन की बंदिशों में सुरों का परिष्कार बड़े से बड़े शास्त्रीय संगीत समीक्षकों को भी कायल करने में सक्षम था। गीत चाहे अधिक लोकप्रिय न हुए हों, जैसे 'जेलर' का 'बूंदनिया बरसन लागी' की मल्हार आधारित तर्ज़, या 'बाप-बेटे' (1959) के 'मोरी पायल गीत सुनाए' (लता) और 'मैं तो जाऊँ न जमुना किनारे' (लता, साथी) की क्रमशः भैरवी और मल्हार आधारित तर्ज़ें या 'चंदन' (1958) का 'सुन राधा मोहन तेरा काला' (आशा), लेकिन कम्पोज़ीशन के मामले में खोट निकाले नहीं मिलता। कम प्रचलित रागों का उपयोग करके भी मदन मोहन ने कुछ बड़े प्रशंसित और लोकप्रिय गीतों का सृजन किया। उदाहरण के तौर पर छायावट का इस्तेमाल करके 'समुंदर' (1957) का 'चैन नहीं आए कहाँ दिल जाए सजनवा हो' (लता) और गारा का आधार लेकर 'बहाना' (1960) का 'बोल मेरे नंदलाल' (लता)। चारुकेशी पर आधारित 'दस्तक' का 'बैंया न धरो' (लता) तो उनकी अमर रचना ही हो गई, पर इस पर चर्चा हम बाद में करेंगे।

'देख कबीरा रोया' (1957) मदन मोहन की शास्त्रीय बंदिशों के सर्वश्रेष्ठ उदाहरणों में गिना जाएगा। 'तू प्यार करे या ठुकराए' की भैरवी से एक कदम आगे ही चला अहीर भैरव में 'मेरी वीणा तुम बिन रोए' (लता)। मदन मोहन की ये दोनों बंदिशें आज तक संगीत सुधी श्रोताओं की पसंद बनी हुई हैं। द्रुत ताल में राग तिलंग में 'लगन तोसे लागी बलमा' (लता) तो मदन मोहन के 'शराबी जा जा जा' का ही शास्त्रीय रूपांतरण लगता है। जयजयवंती की सुकोमल छाया लिए 'बैरन हो गई रैन' और रागेश्री में वह अविस्मरणीय रचना 'कौन आया मेरे मन के द्वारे पायल की झंकार लिए' तो मन्ना डे के सर्वश्रेष्ठ गीतों में शुमार है। 'कौन आया मेरे मन के द्वारे' के साथ तबले और सितार का हलका प्रयोग मदन मोहन की पूर्ण कम्पोज़िंग की मुहर तो लगाता ही है, और इन सबके बीच बागेश्वरी में तलत का 'हमसे आया न गया, तुमसे बुलाया न गया—सभी गीत बहुप्रशंसित और सभी विविध रागों, सितार और लय के खूबसूरत इस्तेमाल के नतीजे थे। ओम प्रकाश की ही निर्मित 'चाचा ज़िंदाबाद' (1959) में यदि किशोर का गाया 'ऐ हसीनो नाज़नीनो, मैं दिल हथेली पे ले के आ रहा हूँ' बेहद आकर्षक था, तो शास्त्रीय रंग लिए सितार के उसी

अद्‌भुत प्रयोग से सँवारा गया काफ़ी में 'बैरन नींद न आए' (लता) और राग ललित में कम्पोज़ 'प्रीतम दरस दिखाओ' (लता, मन्ना डे) बेमिसाल ही थे। 'बैरन नींद न आए' को तो लता एक ऐसा गीत मानती हैं जिसके गाने से वह पूर्णतः संतुष्ट थीं–ऐसे गीत उनकी निगाह में इक्का-दुक्का ही हुए हैं, और यही कारण है कि इस गीत को भी 1967 की अपनी बहुचर्चित दस सर्वश्रेष्ठ गीतों की उद्‌घोषणा में उन्होंने स्थान दिया।

फिर भी यदि मदन मोहन की श्रेष्ठतम शास्त्रीय रचनाएँ चुननी हों तो मैं यमन में उनकी दो कम्पोज़ीशन्स को ही चयनित करूँगा। 'बहाना' का 'जा रे बदरा बैरी जा रे जा रे' लता के स्वर में सुनना तो अलौकिक अनुभव है। आरम्भ में सितार और तबले की जबर्दस्त जुगलबंदी, इंटरल्यूड्स में बाँसुरी और जलतरंग का छू जाने वाले इस्तेमाल, अद्‌भुत कम्पोज़ीशन और लाजवाब गायकी–इससे बेहतर गीत फ़िल्म-संगीत में कम ही आए हैं। यमन में ही 'अनपढ़' (1962) का मशहूर गीत 'जिया ले गयो जी मोरा साँवरिया' (लता) क्या कम अच्छा है? शास्त्रीय संगीत की कोई अधिक शिक्षा नहीं लेने वाले कम्पोज़र में सुर, तान और स्वरग्राम की इतनी परिशुद्ध समझ होना आश्चर्य की बात है। मदन मोहन शास्त्रीय संगीत का बहुत मनमोहक प्रयोग करते थे। उनकी कई ग़ज़लों में भी शास्त्रीय रागों के बहुत सटीक स्वर लगते थे जिसके कई उदाहरण हम पहले ही देख चुके हैं। भले ही फ़िल्मफ़ेयर पुरस्कार उन्हें कभी नहीं दिया गया पर 'नैनों में बदरा छाए' और 'मैंने रंग ली आज चुनरिया' के लिए दो बार उन्हें सुर सिंगार संसद के स्वामी हरिदास पुरस्कार से सम्मानित किया गया।

यदि अपने आरम्भिक दौर में कुछ वर्षों तक मदन मोहन का भैरवी के प्रति आग्रह था, तो जल्द ही वे इससे मुक्त भी हो गए। रागों की विविधता भी शीघ्र ही स्पष्ट रूप से सामने आने लगी और यह भी ध्यान देने योग्य है कि यदि एक राग पर आधारित सर्वश्रेष्ठ फ़िल्मी गीतों की फ़ेहरिस्त बनाई जाए तो मदन मोहन का एक न एक गीत उसमें ज़रूर शामिल होगा। ओ. पी. नैयर ने भले ही पीलू का भरपूर इस्तेमाल किया हो, पर पीलू पर आधारित श्रेष्ठतम गीतों में मदन मोहन का 'मैंने रंग ली आज चुनरिया सजना तेरे रंग में' (लता–दुलहन एक रात की, 1966) उनके अधिकांश गीतों पर भारी पड़ेगा। मिश्र ख़माज के सर्वश्रेष्ठ उदाहरणों में 'रिश्ते-नाते' (1965) का खनकता 'खनक गयो हाय बैरी कँगना' (लता) क्या नहीं आएगा? मदन मोहन राजस्थानी नहीं थे, पर 'माँड' के फ़िल्म-संगीत के सबसे सुंदर इस्तेमालों में उनके 'दो दिल टूटे दो दिल हारे' (लता–हीर-राँझा, 1970) को न सिर्फ़ इस गीत पर मदन मोहन को बधाई देने वाले एस.डी. बर्मन बल्कि हम सभी एकमत होकर चुनेंगे। इसी प्रकार हमीर की छाया लिए 'चंदा जा रे जा रे' (लता–मनमौजी, 1962) यदि सुंदर रचना है, तो भीमपलासी आधारित 'नैनों में बदरा छाए' (लता–मेरा साया, 1966) अद्‌भुत ही है। 'गरबा' शब्द की अदायगी में मुरकी के प्रयोग से गीत के सौंदर्य को बढ़ाती हुई लता की आवाज़ इस पूरे गीत में तल्लीनता और संवेगात्मकता के चरम पर लगती है। वैसे शुद्ध क्लासिकल रंग के लिए मदन मोहन की संगीतबद्ध 'नवाब सिराजुद्दौला' (1967) का मन्ना डे का गाया 'आज मिले मन के मीत' को नहीं भुलाया जा सकता। भैरवी आधारित इस रचना में सितार और घुँघरू की जुगलबंदी तो अद्वितीय है। इसी प्रकार 'चिराग' के 'छाई बरखा बहार' में 'छाई' शब्द को जो सुंदर क्षणिक फैलाव मदन मोहन ने दिलवाया है, वह लाजवाब है। उनके पुत्र संजीव कोहली इस रेकॉर्डिंग पर मौजूद थे और मदन मोहन ने उन्हें स्वयं इस फैलाव की सुंदरता का ध्यान दिलाया था।

यह भी उल्लेखनीय है कि मदन मोहन का उनका पहला राष्ट्रीय पुरस्कार दिलाने में भी एक शास्त्रीय बंदिश का बड़ा योगदान था। राजेंद्र सिंह बेदी की संजीव कुमार और रेहाना सुलतान अभिनीत न्यू वेव फ़िल्म 'दस्तक' (1970) का सबसे प्रशंसित गीत रहा राग चारुकेशी पर आधारित 'बैयाँ न धरो ओ बलमा'। पूरी बंदिश में सितार का प्रयोग लाजवाब है, और कम्पोज़िंग शुद्ध शास्त्रीय है। वैसे 'दस्तक' का पूरा साउंडट्रैक ही बेमिसाल था। बागेश्वरी पर आधारित 'माई री मैं कासे कहूँ पीर अपने पिया की' की पीर तो अद्‌भुत है, और लता से भी अधिक यह मदन मोहन के गाए इस गीत के version में उभरी है। मजरूह की मशहूर ग़ज़ल 'हम हैं मताए-कूच-ओ-बाज़ार की तरह' (लता) की कम्पोज़ीशन में तो मदन मोहन ने कोठों के पारम्परिक ग़ज़लों की बंदिश का अपने सितार के बहुमूल्य टुकड़ों से सँवारकर बहुत ही सुंदर परिष्कृत रूप प्रस्तुत किया है। दरअसल तवायफ़ों के मुहल्ले में स्थित कथानक के अनुरूप पृष्ठभूमि में मदन मोहन ने ठुमरियाँ, दादरों और ग़ज़लों के कुछ बड़े आकर्षक टुकड़े डाले हैं। 'मेरी आँखों से एक तूफ़ान पैदा हो ही जाता है', 'मोहब्बत का होगा असर रफ़्ता रफ़्ता', 'वो जिस्म चिरागों के शोले मंज़िल पे इशारा करते हैं', 'दिए फ़रेब नज़ारों ने बार बार मुझे' और 'ये क्यूँ ज़ुल्फ़ शानो पे लहरा रहे हो' जैसी ग़ज़लों, 'मोरा पापी जिया' जैसा दादरा और लता के स्वर में 'न तड़पने की इज़ाज़त है न फ़रियाद की है' जैसी सुंदर कता तथा 'मैं वारी मुख फेर पिया रे' जैसी बंदिश के साथ-साथ 'बैंया न धरो' का ठुमरी शैली का अलग रूप भी पृष्ठभूमि में फ़िल्म के साउंडट्रैक पर उभरता है।

मदन मोहन ने 'दस्तक' के 'तुमसे कहूँ एक बात परों से हलकी हलकी हलकी' (रफ़ी) और इसी वर्ष के चेतन आनंद की 'हीर-राँझा' (1970) के 'मेरी दुनिया में तुम आयी' (लता, रफ़ी) को एक ही तरह से कोमल विरामों-भरी अदायगी की शैली में कम्पोज़ किया था। पर इस समानता के अलावा 'हीर-राँझा' और 'दस्तक' के संगीत में कोई समानता नहीं थी। कथानक के अनुरूप 'हीर-राँझा' के गीत लोकसंगीत से परिपूर्ण थे पर 'नाचे अंग वे' (जगजीत कौर, नूरजहाँ, शमशाद, साथी), 'तेरे कूचे में तेरा दीवाना आज दिल खो बैठा' (रफ़ी), 'डोली चढ़ते ही हीर ने नैन किए' (लता, साथी) जैसे पंजाबी लोकगीत आधारित रचनाएँ हों, या सचिन देव बर्मन द्वारा प्रशंसित माँड आधारित 'दो दिल टूटे दो दिल हारे' (लता) हो, या फिर बेहद लोकप्रिय रहे 'ये दुनिया ये महफ़िल मेरे काम की नहीं' (रफ़ी) हो, स्तर के हिसाब से मैं इन्हें मदन मोहन की कमज़ोर रचनाएँ ही मानता हूँ। दरअसल मदन की ज़मीन लोकसंगीत नहीं थी, उनके साथ तो उनका सम्भ्रांत या आभिजात्य-भरा संगीत ही जमता था।

'दस्तक' ने मदन मोहन को भले ही राष्ट्रीय पुरस्कार दिलाया हो, पर इससे व्यावसायिक द्वार मदन मोहन के लिए नहीं खुले, बल्कि आठवें दशक में तो राहुल देव बर्मन, लक्ष्मी-प्यारे और कल्याणजी-आनंदजी त्रिमूर्ति का वर्चस्व इतना बढ़ गया कि कई बार तो मदन मोहन को रेकॉर्डिंग के लिए स्टूडियो भी खाली नहीं मिलता था। हालाँकि अनुरोध करने पर ये संगीतकार भी मदन के लिए स्टूडियो खाली कर ही देते थे, लेकिन मदन मोहन जैसे स्वाभिमानी आदमी के लिए यह स्थिति सुखद तो नहीं ही थी। संगीत की प्रकृति भी बदलने लगी थी और पाश्चात्य ऑरकेस्ट्रेशन का प्रयोग दिनोंदिन बढ़ता जा रहा था। हालाँकि पाश्चात्य ऑरकेस्ट्रेशन के साथ मदन मोहन ने भी 'परवाना' (1971) में 'सिमटी-सी शरमाई सी किस दुनिया से तुम आई हो' (किशोर) जैसा कोमल कर्णप्रिय गीत बनाया जो खूब लोकप्रिय भी हुआ पर मदन मोहन की जान तो सितार में ही बसती थी। यही कारण है कि 'परवाना' के इस गीत या 'यूँ न शरमा फैला दे अपनी गोरी-गोरी बाँहें' (रफ़ी, किशोर) और 'जिस दिन से मैंने तुमको देखा है' (रफ़ी, आशा) जैसे लोकप्रिय गीतों की अपेक्षा मदन मोहन का कहीं बेहतरीन रूप हमें 'दिल की राहें' (1973) के संगीत में मिलता है। वैसे तो 'परवाना' में भी मदन ने परवीन सुल्ताना और आशा के साथ शास्त्रीय रूप का गौड़ मल्हार और कान्हड़ा का रंग लिए 'पिया की गली लागे भली' जैसा गीत डाल ही दिया था, लेकिन 'दिल की राहें' की तो बात ही कुछ और थी। राग मधुवती में 'रस्मे उल्फ़त को निभाएँ तो निभाएँ कैसे' (लता) जैसी गज़ल इस बार नक्श लायलपुरी के कलाम को लेकर कम्पोज़ की गई और सितार की जुगलबंदी के साथ क्या खूब रही! गज़लों को नए-नए रंगों में ढालने का मदन मोहन का हुनर तो अंत तक फीका नहीं पड़ा। सितार के झंकृत, जीवंत प्रयोग के साथ ख़माज में 'आपकी बातें करें या अपना अफ़साना कहे, होश में दोनों नहीं हैं किसको दीवाना कहें' ऐसा ही लाजवाब आधुनिक रंग लेकर आया था। इतना डूबकर तो लता इन दिनों कम ही गीत गाती थीं। 'दिल की राहें' में शुद्ध शास्त्रीय रंग की रागमाला लेकर एक तरफ़ 'आ मस्त मयूरा नाचे' (मन्ना डे) और राग ख़माज के सुरों को लेकर 'अपने सुरों में मेरे सुरों को बसा लो' (मन्ना डे, उषा मंगेशकर) जैसी सशक्त रचनाएँ थीं, तो दूसरी ओर आधुनिक अंदाज़ में बेहद कशिश-भरा 'ज़िंदगी के ग़म भुलाने के लिए शराब क़ा सहारा मैंने ले लिया' (मन्ना डे)। यह रचना तो मदन मोहन की पसंदीदा रचना थी, और कई महफ़िलों में मदन इसे स्वयं भी डूबकर गाते थे।

दरअसल व्यावसायिक निराशा, कम फ़िल्में मिलने का अवसाद और प्रतिभा की अपेक्षा सफलता का अभाव मदन मोहन को इन दिनों अधिकाधिक शराब की ओर ले जा रहा था। चेतन आनंद का विश्वास अभी भी उन पर कायम था और 'हिंदुस्तान की कसम' में संगीत देने का मौका उन्हें मिल जाता था, तथा गुलजार व हृषिकेश मुखर्जी जैसे कुछ अच्छे निर्देशक उन्हें कभी-कभार 'कोशिश' (1972) या 'बावर्ची' (1972) जैसी फ़िल्मों के लिए याद कर लेते थे, नहीं तो सभी सफल निर्माता-निर्देशक दशक की ऊपर उल्लिखित त्रिमूर्ति की ओर ही भाग रहे थे। यहाँ तक कि राज खोसला भी 'वो कौन थी' और 'मेरा साया' के बाद लक्ष्मी-प्यारे की ओर मुड़ गए। और यह सब मदन मोहन की श्रेष्ठतम संगीत देने की क़ाबिलीयत के बावजूद। 'बावर्ची' (1972) का ही संगीत लीजिए। भिन्न षड्ज और कौशिक तथा रागेश्री की छाया लिए 'तुम बिन जीवन कैसा जीवन' (मन्ना डे) का कविता जैसा सौंदर्य, लावणी की शैली की छाया लिए 'पहले चोरी फिर सीना जोरी' (कुमारी फ़ैयाज), ठुमरी शैली में 'काहे कान्हा करत बरजोरी' (लक्ष्मीशंकर), लक्ष्मीशंकर, निर्मला देवी जैसी शास्त्रीय गायिकाओं के साथ मन्ना डे और हरींद्रनाथ चटोपाध्याय को लेकर बिलावल के सुरों को कम्पोज़ किया गया 'भोर आई गया अँधियारा' और उसके दूसरे भाग के रूप में गिटार के कॉर्ड्स के साथ आधुनिक रंग वाला 'Good morning good morning O daddy' (किशोर, लक्ष्मीशंकर, निर्मला, हरींद्रनाथ, साथी), और गौड़ मल्हार तथा नट भैरवी जैसे सुरों को लेकर सृजित लाजवाब शास्त्रीय रचना 'मोहे नैना बहाएँ नीर' (लता) 'बावर्ची' के कम चर्चित साउंडट्रैक को मदन मोहन के विधिक कलात्मक पहलू के रूप में बखूबी प्रस्तुत करते हैं। मदन मोहन की कलात्मकता संवेदना की कई

बारीकियाँ लेकर आती थी। यह संवेदना स्थूल नहीं थी, इसमें चिंतन भी था और अंतःमंथन भी। ऐसे उदाहरणों में कैफ़ी आजमी लिखित 'हिंदुस्तान की कसम' में 'है तेरे साथ मेरी वफ़ा' (लता) की भैरव थाट आधारित कशिश-भरी धुन की दिलकशी, 'दुनिया बनाने वाले' (लता) का दर्द और उत्तम सिंह की वॉयलिन के साथ 'हर तरफ़ अब यही अफ़साने हैं' (मन्ना डे) की कोमल सुरों के साथ तीव्र संवेदना जगाती रूमानियत, और चेतन आनंद की ही 'हँसते ज़ख्म' (1973) में कव्वाली के अंदाज़ में सदाबहार गीत 'ये माना मेरी जां मुहब्बत सजा है' (रफ़ी, बलवीर, साथी), अपने सिद्धहस्त गज़ल अंदाज़ में 'बेताब दिल की तमन्ना यही है' (लता), आसावरी थाट पर आधारित 'आज सोचा तो आँसू भर आए' (लता) और 'शराबी' के 'सावन की रातों में' के नये आधुनिक रूप में मरीन ड्राइव की पृष्ठभूमि में बादल के गरजने के संगीतमय रूपांतरण और भूपेंद्र के बजाए गिटार के टुकड़ों के साथ ड्रम बीट्स और सैक्सोफ़ोन के अभिनव पर बेहद परिष्कृत प्रयोग के साथ 'तुम जो मिल गए हो' (रफ़ी) तथा गम्भीर आत्मविवेचना भरे इंदीवर लिखित 'एक मुट्ठी आसमान' (1973) का 'हर कोई चाहता है एक मुट्ठी आसमान' (किशोर) जैसे गीत प्रमुख हैं। इस दृष्टि से गुलज़ार की 'मौसम' (1975) में मदन मोहन का संगीत उनके इस दौर की बड़ी उपलब्धि मानी जाएगी। 'छड़ी रे छड़ी कैसे गले में पड़ी' (रफ़ी, लता) और 'मेरे इश्क में लाखों लटके' (आशा) में लोकप्रियता के तत्त्व थे, तो 'दिल ढूँढ़ता है फिर वही फ़ुर्सत के रात दिन' (भूपेंद्र / लता, भूपेंद्र) और 'रुके रुके से कदम एक के बार-बार चले' (लता) में गुलज़ार की शायरी और मदन का संगीत मिलकर कला के उत्कृष्ट बिम्ब रचते थे। मदन मोहन एक ही गीत की कई धुनें बनाते थे, और एच.एम. व्ही. द्वारा निकाले गये 'मदन मोहन—लेजेंड्स शृंखला के कैसेट्स में 'दिल ढूँढ़ता है' की सृजन प्रक्रिया को मदन मोहन के स्वर में अलग-अलग धुनों के साथ बड़े आकर्षक तरीके से प्रस्तुत किया गया है। अंततः इस गीत की जो धुन चुनी गई, उसमें मदन ने यमनी बिलावल के लाजवाब सुर लगाए थे। 'रुके रुके से कदम' (लता) में मदन मोहन ने गज़ल का रंग तो ढाला था, पर कुछ अलग हट के। मध्य लय और दादरा ताल 9 मात्रा के साथ यह धुन रूमानियत का एक exalted रूप प्रस्तुत करती है।

पर आठवें दशक के तेजी से बदलते परिदृश्य में मदन मोहन की शैली अपनी अहमियत खोती जा रही थी। राष्ट्रीयकरण और गरीबी उन्मूलन के नारों और नीतियों से उत्पन्न माहौल भले ही सामाजिक-आर्थिक विभेद को तोड़ने में कोई दूरगामी असर न कर पाया हो, पर इस माहौल ने विचार और चर्चा के कई नए मुहावरे पैदा किए। समाजवादी शब्दावली और शैली के इस वातावरण में सामंतवाद और कुछ हद तक पूँजीवाद के विरोध में जो mass culture उभरा, उसमें मदन मोहन के आभिजात्य-भरे संगीत की जगह स्वाभाविक रूप से कम होती गई। यही कारण है कि 'प्रभात' (1973) के 'साकिया करीब आ' (लता) और कलावती आधारित 'भरोसा कर लिया मैंने' (लता), 'साहिब बहादुर' (1977) का रहस्य-भरे haunting नोट्स और सैक्सोफ़ोन के साथ 'मुश्किल है जीना बेदर्दों की दुनिया में' (लता) और उनकी अंतिम प्रदर्शित फ़िल्म 'चालबाज़' (1980) की सितार के बेहतरीन टुकड़ों से सुसज्जित मुजरा-शैली की गज़ल 'जाइए हमसे खफ़ा हो जाइए' (लता) जैसे खूबसूरत गीतों को भी लोकप्रियता के पैमाने पर अधिक सफलता नहीं मिली।

इस परिस्थिति और निराशा-भरे माहौल ने मदन मोहन को भी कई बार अपनी शैली को बदलकर लोकप्रियता के लटके झटकों वाले गीत रचने पर मजबूर कर दिया। 'सुलताना डाकू' (1972) के 'भोर होते बलम चले जाएँगे' (आशा) की भैरवी आधारित दादरा शैली, 'एक मुट्ठी आसमान' (1973) के आर.डी. बर्मन शैली का 'प्यार कभी कम न करना सनम, हर कमी गवारा कर लेंगे' (किशोर, वाणी जयराम), 'चौकीदार' (1974) के 'चलूँ मैं जिधर से' (लता, साथी), 'ज़िंदगी-ज़िंदगी' (रफ़ी, मुकेश, आशा, साथी), 'ये दुनिया नहीं जागीर किसी की' (रफ़ी) जैसी साधारण चलताऊ धुनें, उनकी मृत्यु के बाद प्रदर्शित 'शराफ़त छोड़ दी मैंने' (1976) का 'इक सपना मैंने देखा है' (रफ़ी, आशा) की सामान्य-सी पेशकश, 'इंस्पेक्टर ईगल' (1978) के 'आओ पल भर को तुम रोशनी में' (आशा), 'जलन' (1978) के 'जो सोच के करेगा वह प्यार क्या करेगा' (रफ़ी, आशा) जैसे साधारण गीत मदन मोहन की प्रतिष्ठा के अनुरूप नहीं रहे।

वैसे यह भी एक विडम्बना ही है कि 'लैला-मजनू' (1976) में जब मदन मोहन ने अपने स्तर से समझौता करके आम आदमी के बीच चलनेवाली धुनें दीं तो उन्हें बेहद लोकप्रियता भी मिली, पर इस लोकप्रियता को देखने के लिए वे ज़िंदा न बचे। 'हुस्न हाज़िर है मुहब्बत की सज़ा पाने को' (लता) की मिश्र भैरवी तो इतनी लोकप्रिय हुई कि न सिर्फ़ बिनाका गीतमाला का चोटी का गीत बनी बल्कि 1977 के लोक सभा चुनावों में इस धुन को प्रयुक्त कर प्रचारात्मक उपयोग भी किया गया। दरबारी कानड़ का लोकप्रिय प्रयोग 'तेरे दर पे आया हूँ कुछ कर के जाऊँगा' (रफ़ी), अल्हैया बिलावल आधारित 'बर्बादे मुहब्बत की दुआ साथ लिए जा' (रफ़ी), भैरवी में रचित 'इस रेशमी पाजेब की झंकार के सदके' (लता), 'अब अगर हमसे खुदाई भी खफ़ा हो

जाए' (लता, रफ़ी) और कव्वाली 'हो के मायूस तेरे दर से सवाली न गया' (रफ़ी, अज़ीज़ नाज, शंकर शम्भू, अम्बर कुमार, साथी) जैसे गीत गली-गली में लाउड स्पीकर पर गूँजे। जीते-जी मदन मोहन के गीतों को इतनी जनलोकप्रियता तो कभी नहीं मिली थी, पर यह मदन मोहन को मृत्यु उपरांत अपना स्तर घटाकर ही मिल पाई। आठवें दशक में जो जनसंस्कृति पनप रही थी उसमें populist appeal का महत्त्व अधिक व्यापक था, उसकी hegemony भी अधिक सशक्त थी।

मदन मोहन के कई लाजवाब गीत तो फ़िल्मों का निर्माण अधूरा रह जाने या उनके अप्रदर्शित रह जाने के कारण उनके जीते जी सामने ही न आ पाए। उनकी मृत्यु के कई वर्ष बाद उनके पुत्र संजीव कोहली, जो एच.एम.व्ही. में ही काम करते थे, ने उनके ऐसे गीतों का एक एलबम 'मदन मोहन—ए ट्रेज़र रिवील्ड' के नाम से प्रदर्शित किया। लता के स्वर में 'खिले कमल की काया' और 'मेरे अश्कों का ग़म न कर ऐ दिल', रफ़ी के स्वर में 'क़दमों में तेरे ऐ सनम मैंने सर झुका दिया', किशोर के स्वर में 'आज मुझे जल जाने दो' और तलत महमूद की गाई गज़ल 'तुम जुदा होकर हमें कुछ और प्यारे हो गए' जैसी रचनाएँ तो भावना की कशिश और अभिव्यक्ति की कसावट के बेमिसाल उदाहरण कहे जा सकते हैं। अप्रदर्शित फ़िल्म 'जहाँ मिले धरती आकाश' में 'जहाँ मिले धरती आकाश', 'कैसे कटेगी ज़िंदगी तेरे बग़ैर' (रफ़ी), अप्रदर्शित 'फिर वही शाम' का 'फिर वही दर्द पुराने' (आशा), अप्रदर्शित 'सलमा' का 'मेरा पैगाम मुहब्बत के सिवा कुछ भी नहीं' (रफ़ी), लता के गाए 'मैं एक बालक बेसहारा' जैसे गीतों को इस एलबम के कारण श्रोताओं ने खूब सराहा। पर मदन के कम्पोज़ किए परंतु अप्रदर्शित 'ये दुनिया इक मैख़ाना है' (आशा—'मैंने तो मुहब्बत की है'), 'आज की शाम पहलू में तू' (आशा—'रहनुमा'), 'ऐ दिले नादाँ' (आशा-'सलमा'), 'कैसे कहें हम होश में थे' (आशा) जैसे न जाने कितने ही गीत तो हम आज भी सुनने से महरूम हैं।

मदन मोहन निराशा और frustration के कारण ही मरे। इस निराशा को शराब में डुबाने की आदत उनके लिए घातक बनी और 14 जुलाई, 1975 को अल्पायु में ही वे हमें छोड़ चले। यह विडम्बना ही है कि उनकी मृत्यु के बाद उनके काम की कद्र अधिक हुई। उनके पुत्र का एच.एम.व्ही. में कार्यरत रहना भी लाभप्रद रहा क्योंकि एच.एम.व्ही. से उनके कई एलबम और गीत निकलते ही रहे। हाल ही में उनके पुत्र ने 'मदन मोहन—फ़ॉर एवर' के नाम से उन पर एक डॉक्युमेंट्री फ़िल्म की सी.डी. भी निकाली है। यश चोपड़ा ने अपनी नई फ़िल्म 'वीरज़ारा' के लिए मदन मोहन की कभी प्रयुक्त न हुई धुनों को लेकर ही उसका संगीत तैयार करवाया है, और 'दो पल रुका ख्वाबों का कारवाँ', 'तेरे लिए हम हैं जिए होंठों को सिए' और 'मैं यहाँ हूँ यहाँ हूँ यहाँ हूँ यहाँ' जैसे गीतों की तर्ज़ें सुंदर भी लगती हैं पर समकालीन ऑरकेस्ट्रेशन और treatment के कारण इन गीतों में भी उस पुराने मदन मोहन की छाया कम ही दिखाई पड़ती है।

संदर्भ

1. राजू भारतन : लता मंगेशकर, ए बायोग्राफी

जमाल सेन

'सपना बन साजन आए, हम देख-देख मुस्काएँ'

'सपना बन साजन आए'! लता की आवाज़ जब इन शब्दों के साथ यमन की स्वर-यात्रा करती है तो सुनने वाला ठिठककर रह जाता है। ऐसी उत्कृष्ट और कलात्मक कम्पोज़ीशन फ़िल्मों में कम ही देखने को मिलती है। पर दुर्भाग्य है कि इस उत्तम रचना के सृजक का नाम कितने कम लोग जानते हैं। 'शोखियाँ' (1951) के इस अमर गीत के रचयिता थे जमाल सेन जिनके वंशज दिलीप सेन-समीर सेन आज के प्रचलित संगीतकार हैं।

मेहँदी हसन के साथ जमाल सेन

मूलतः सुजानगढ़ कस्बे, चुरू (राजस्थान) के वाशिंदे जमाल सेन ने कम फ़िल्मों में ही संगीत दिया, पर बहुत सुंदर संगीत दिया। ढोलक का लाजवाब प्रयोग अपने संगीत में वे अकसर करते थे। इस संगीतकार की जितनी कद्र होनी चाहिए थी, उतनी न उनकी कार्यावधि में हुई और न ही कालांतर में। जमाल सेन को संगीत का वातावरण उनके घर में ही मिला था। कहते हैं कि इनके एक पूर्वज केसरी सेन तानसेन के शिष्य रहे थे। जमान सेन के पिता जीवन सेन भी कई राज दरबारों अपने संगीत का फ़न दिखाया करते थे। पारसी शैली के रंगमंचीय नाटकों में भी जीवन सेन संगीत देते थे। जमाल सेन कत्थक नृत्य के भी पारंगत थे और उन्होंने कलकत्ता रेडियो स्टेशन पर गायक के रूप में भी नाम कमाया था। कहते हैं कि 'वंदे मातरम' को 1940 की हिन्दी फ़िल्म 'जंगे आज़ादी' में सर्वप्रथम जमाल सेन ने ही गाया था। तबला, ढोलक और पखावज बजाने में जमाल सेन सिद्धहस्त थे। लाहौर में जमाल सेन गुलाम हैदर के सहायक बने तथा

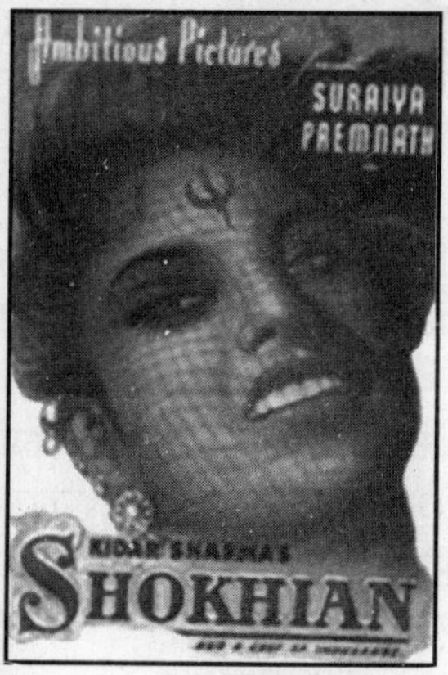

कई संगीत कार्यक्रमों और 'खजांची' जैसी हैदर की कई फ़िल्मों में तबला और ढोलक बजाया।[1] केदार शर्मा ने उनकी प्रतिभा को पहचानकर रणजीत मूवीटोन की 'शोखियाँ' (1951) में उन्हें अपने पारम्परिक संगीतकारों स्नेहल भाटकर और रोशन के स्थान पर अवसर दिया और निराश नहीं हुए। हलके वाद्य-संयोजन की रिद्म के साथ सुरैया का गाया 'रातों की नींद छीन ली आँखों के इंतज़ार ने' खूब लोकप्रिय हुआ और 'सपना बन साजन आए, हम देख देख मुस्काए, ये नैना भर आए, शरमाए' की तान तो कभी भुलाई नहीं जा सकती। एच.एम.व्ही. ने भी लता के 'रेयर जेम्स' कैसेट्स में इस गीत को यादों से निकालकर राग यमन का एक अद्भुत फ़िल्मी रूप हमें फिर से सुनने का अवसर दिया है। 'शोखियाँ' के अन्य गीत भी अच्छे थे। 'आधी आधी रात ढोला' (जिसे पहले सुरैया और मुकेश की आवाज़ में रेकॉर्ड किया गया था)[2] में जमाल सेन सुरैया और साथियों के साथ राजस्थानी लोकरंग लेकर आए, वहीं सुरैया, लता और साथियों के स्वर में 'ओ दूर देश में आ जा रे' के लोक और शास्त्रीय के मिश्रण तथा 'आई बरखा बहार' (लता, प्रमोदिनी,

साथी) का भी अपना अलग आकर्षण था।

'शोखियाँ' के बाद आई 'दायरा' (1953), और इस फ़िल्म का संगीत भी कुछ कम नहीं था। कमाल अमरोही द्वारा निर्मित—निर्देशित और मीनाकुमारी तथा नासिर खाँ अभिनीत इस फ़िल्म से ही मुबारक बेगम हिट हुईं। 'देवता तुम हो मेरा सहारा, मैंने थामा है दामन तुम्हारा' (मुबारक, रफ़ी, साथी) का थाट शायद बिलावल था, और धुन तथा गायकी इतनी प्यारी थी कि गाना सबकी ज़ुबान पर आ गया। इस गाने की प्रार्थना जैसी रचना के अंदर कुछ ऐसी एकाग्रता है कि आज भी इसे सुनकर मन अभिभूत हुए बिना नहीं रहता। फ़िल्म-संगीत में ऐसी प्रार्थनाएँ कम ही मिलती हैं। इस फ़िल्म का ही मुबारक का गाया 'सुनो मोरे नयना' भी हिट रहा था। यह जमाल सेन के लिए प्रतिष्ठा-भरी श्रद्धांजलि ही है कि एच. एम.व्ही. ने 'दायरा' के तलत महमूद के गाए दो गीतों को क्रमशः तलत के 'रेयर जेम्स' और 'रेयर मेलोडीज़' कैसेट्स में स्थान दिया है। मजरूह के लिखे 'आ भी जा मेरी दुनिया में कोई नहीं' में वॉयलिन के साथ-साथ दर्द के सुर ऐसे उठते हैं कि मन 'वाह' कह उठता है, और 'आँसू तो नहीं हैं आँखों में, पहलू में मगर दिल जलता है' की शायराना-सी धुन तलत के स्वर में बड़ी सहज और सुंदर लगती है। विरह लोकधुन की खूबसूरती लिए 'दीप के संग जलूँ मैं' (मुबारक) इतनी बेहतरीन रचना बनी है कि आश्चर्य होता है कि यह गीत लोगों की याददाश्त से क्यों उतर गया। मुबारक बेगम के स्वर में राग यमन पर आधारित ग़ज़ल 'जली जो शमां' भी बहुत खूब बनी थी।

मुबारक बेगम

पर 'शोखियाँ' और 'दायरा' जैसी सफलता जमाल सेन को फिर नसीब नहीं हुई। 'धर्मपत्नी' (1953) का 'रात कैसे कटी बता न सके' (मुबारक) कुछ लोकप्रिय अवश्य रहा पर ग़ज़ल शैली का लुभाने वाला 'प्यार की नज़रों ने छेड़ा है जिसे वो साज हूँ' (मधुबाला, झावेरी), 'लगी तुमसे लगन' (आशा), फड़कती धुन लिए 'दिल आज मेरा गाने लगा गीत प्यार के' (आशा, रफ़ी), हल्की शास्त्रीयता और हलकी लोकशैली की छाया लिए 'मतवाले नैनों वाले काहे हम पे जादू डाले' (रफ़ी, आशा) और लोकधुन पर 'लागे कलेजवा तीर (आशा, रफ़ी, साथी) जैसे भगवान की निर्मित 'रंगीला' (1953) के गीत कोई विशेष लोकप्रियता नहीं अर्जित कर पाए। पर इस असफलता के दौर में भी उनकी रचनात्मकता को दर्शाने वाले कुछ विशिष्ट गीतों का उल्लेख अनिवार्य है। 'कस्तूरी' (1954) का 'मुरली वाले से लागे नैन हाय मोहे आवे लाज सखी' की धुन को सुनिए। इसी लोक-धुन को बाद में भी थोड़े परिवर्तन के साथ या हूबहू उतार का 'प्रेमरोग' (1982) का 'भँवरे ने खिलाया फूल, फूल को ले गया राजकुँवर' और पुनः 'बन्नो कब से हुई जवान' जैसे हिट गाने बने हैं, पर इस धुन को फ़िल्म-संगीत के मध्य लाने वाले जमाल सेन को इसका श्रेय नहीं मिला। एक और उल्लेखनीय गीत था 'पतित पावन' (1955) का लता का गाया 'पलकन की पालकी आँसू सँवारता बचपन के साथी तुझको बचपन फकारता'। इसी फ़िल्म के 'ज्योति तुम बिन' (लता) में जमाल सेन ने चंद्रकौंस और मालकौंस का बहुत सुंदर मिश्रण किया था। 'जागो जागो रे द्वार गोपाल (रफ़ी) में भी भोर के बहुत सुंदर सुर लगे थे। वर्षों तक दरकिनार रहकर जमाल सेन तमिल से हिंदी में डब की गई फ़िल्म 'अमीर शहीद' (1960) में पुनः वापस आए और भले ही हिट न हुए पर उन्होंने क्या ग़ज़ब का संगीत दिया था! कहरवा ताल पर रचित 'झूमे मोरी बेलिया प्रीत रे' (लता, मन्ना डे) के लिए तो एक ही शब्द ज़हन में आता है और वह है 'लाजवाब'। यह गीत फ़िल्म-संगीत के शास्त्रीय गीतों को याद करते वक्त क्यों भुला दिया जाता है, और ऐसे गीतों के कम्पोज़र को अधिक अवसर क्यों न मिल पाया, यह फ़िल्म संगीत का दुःखद आश्चर्य है। बिलकुल अलग शैली का 'मत जा रे जा रे सजनवा' (लता) 'जगदम्बा जय जय माता' (मन्ना डे, सुमन, साथी), पारम्परिक छंद को तोड़कर सृजित 'नटवर हो ना' (सुधा, उषा) जैसे और भी कई अच्छे गीत इस फ़िल्म से थे, पर फ़िल्म नहीं चली और जमाल सेन की वापसी पर किसी ने गौर नहीं किया, वरना 'झूमे मोरी बेलिया' का शास्त्रीय शैली का कम्पोज़ीशन नौशाद, रोशन या किसी भी अन्य संगीतकार की शास्त्रीय शैली की सर्वश्रेष्ठ रचनाओं से टक्कर लेने लायक था।

यह कहना ही पड़ेगा कि कम फ़िल्मों के द्वारा ही जमाल सेन ने लोक रंग और शास्त्रीय संगीत दोनों पर अपनी पकड़ को बखूबी प्रदर्शित किया है। 'सपना बन साजन आए' और 'झूमे मोरी बेलिया' के रचनाकार की अप्रदर्शित फ़िल्म 'ऋतु विहार' (जिसके गानों की रेकॉर्डिंग दिसंबर, 1954 में सम्पन्न हुई थी)[3] के गीत तो इस तथ्य को और भी पुख़्ता करते हैं। प्रदीप के लिखे इस फ़िल्म की गीतों को जमाल सेन ने ऋतुओं के अनुसार कम्पोज़ किया था। 'देखो सर्दी की रात आई गुइयाँ' हेमंत शिशिर

का गीत था, 'देखो आया रे बसंत' (आशा, साथी) बसंत का, कोरस के अलग निराले प्रयोग वाला 'गरम गरम चले लू' (आशा, साथी) ग्रीष्म ऋतु का, तो 'अरेरेरेरे चले बुंदन के तीर' (आशा, साथी) और 'खिली शरद की पूर्णिमा' (आशा, साथी) क्रमशः वर्षा और शरद ऋतु के गीत थे। 'आल्हा ऊदल' (1962) में जमाल सेन ने लोकरंग की छटा फिर बिखेरी थी तथा छत्तीसगढ़ी फ़िल्म 'घर द्वार' (1971) और भोजपुरी फ़िल्म 'नाग पंचमी' (1964) में भी सुमन से उन्होंने 'पति के संगवा' जैसे कुछ लोकशैली के तथा शंकर स्तुति 'आदि देव हो महादेव' जैसे बेहतरीन शास्त्रीय रंग की के गीत गवाए थे। 1963 में ही 'मीरा' नामक संगीतमय बैले की रचना करके उन्होंने बहुत प्रशंसा भी पाई। पर यह कितना दुःखद है कि इतने सशक्त कम्पोज़र को अपने अंतिम दौर में 'बगदाद' (1961) जैसे स्पप्न चित्रों में 'कैसे दिल में ग़म यहाँ छोड़ें अल्ला' (सुमन) जैसे सामान्य अरबी शैली के चलताऊ गीतों की रचना के लिए विवश होना पड़ा। 'मनचली' (1962) के 'तुम दूर हुए हुए मजबूर हम जीने से' (लता) में 'सपना बन साजन आए' वाली शैली भी काम न आ सकी। आठवें दशक में उनकी संगीतबद्ध 'संकल्प' तो पर्दे पर भी न आ पाई। निराशा ने शराब का सहारा लेने पर मजबूर कर दिया। वैसे यह एक रोचक तथ्य है कि जमाल सेन की पहली फ़िल्म 'शोखियाँ' के लिए उनका रेकॉर्ड किया हुआ गाना 'बीता हुआ एक सावन इक याद तुम्हारी' (जिसे 'शोखियाँ' में शामिल नहीं किया गया था) केदार शर्मा ने अपनी 1980 में रिलीज़ फ़िल्म 'पहला कदम' में शामिल किया। शायद यह उस महान, पर उपेक्षित संगीतकार के प्रति उनकी श्रद्धांजलि थी जो बोरीवली में गुमनामी की ज़िंदगी जीता रहा था और जिसकी 12 अप्रैल, 1979 को हुई मृत्यु भी उपेक्षित रह गई थी। पर क्या एच.एम.व्ही. कभी जमाल सेन के संगीतबद्ध गीतों का एक कैसेट अलग से निकालकर उन्हें सम्मानित करेगा?

संदर्भ

1. डॉ. भवानीलाल भारतीय : फ़िल्मी सितारों की दुनिया
2. हरमिंदर सिंह 'हमराज़' : हिंदी फ़िल्म गीतकोश, खंड 3
3. वही

नारायण दत्त

'मेरा प्रेम हिमालय से ऊँचा, सागर से गहरा प्यार मेरा'

संगीतकार नारायण दत्त का नाम आज कम ही लोग जानते होंगे, पर मुकेश के गाए 'मेरा प्रेम हिमालय से ऊँचा, सागर से गहरा प्यार मेरा' को कई संगीतप्रेमी आज भी गुनगुनाते हैं, बिना यह जाने कि इस मधुर गीत के कम्पोज़र नारायण दत्त थे जिन्होंने 'पुजारिन' के लिए इस गीत को सुरों में बाँधा था। मूलतः राजस्थानी नारायण दत्त का जन्म जोधपुर रियासत के बिलावास गाँव में हुआ था। प्रसिद्ध बीकानेर नरेश गंगा सिंह के दरबार में राजगायक उनके पिता दुर्गा प्रसाद ने ही उन्हें संगीत की प्रारम्भिक शिक्षा दी थी, और इस प्रकार शास्त्रीय संगीत का ज्ञान उन्हें भरपूर था। फ़िल्म-संगीत में वे गायक बनने की इच्छा लेकर आए थे और पाँचवें दशक की 'रसीली' (1947) में हनुमान प्रसाद के निर्देशन में उन्होंने दो युगल गीत गाए—'आग़ाज चला अंजाम चला' (मुकेश के साथ) और 'नैनों की प्याली में' (गीता के साथ)। फ़िल्म 'नीलकमल' का गीत 'जइयो ना बिदेस मोरा जिया भर आएगा' में भी सम्भवतः आवाज़ उन्हीं की थी, हालाँकि रेकॉर्ड पर नाम स्नेहल भाटकर का दिया गया है।[1] नारायण दत्त ने मोहन पिक्चर्स की कई स्टण्ट फ़िल्मों के अतिरिक्त 'गौना', 'सेहरा' आदि फ़िल्मों में भी गाया, पर मुकेश, रफ़ी जैसे गायकों की प्रतिस्पर्धा में अपने को पीछे देखकर वे संगीत-निर्देशन के क्षेत्र में आ गए।

नारायण की संगीतबद्ध प्रथम फ़िल्म थी 'मोरध्वज' (1952) जिसके 'गिन गिन तारे रतियाँ बिताऊँ' (गीता), 'कित जाओगे घनश्याम मुरारी' (रफ़ी) और सुंदर गेय तत्व से भरा 'मेरा मन है मगन, मुस्काए गगन' (आशा, खान मस्ताना) जैसे गीत कुछ चले थे। भक्ति प्रधान फ़िल्म शाहू मोडक अभिनीत 'आस्तिक' (1956) का रफ़ी, साथियों के स्वर में 'जिसका साथी है भगवान', 'भगवान तेरा इंसान देख ले है कितना नादान' और 'है तुझसे प्यार' जैसी भक्ति-रचनाएँ भी उस वक्त लोकप्रिय हुई थीं। 'श्याम की जोगन' (1957) के 'कहाँ गई भगवान बता देकर के सूनी काया' (रफ़ी), 'मैं तो प्रेम दीवानी हो गई रे' (गीता), 'जाग रहा भगवान तो सुन ले' (रफ़ी) जैसे गीतों की भी कुछ चर्चा रही थी। 'नया कदम' (1958) में शिवराम के साथ संगीत देते हुए फ़िल्म का सर्वाधिक लोकप्रिय गीत रफ़ी के स्वर में 'कोई आता है कोई जाता है' उन्हीं की संगीत रचना थी। नारायण दत्त का संगीत मूलतः भारतीय परम्परा के भक्ति-संगीत धारा की परिपाटियों को लेकर ही चलता था। राजस्थान की लोकभक्ति संस्कृति, धार्मिक दर्शन और ग्रामीण छटाओं की रसरंजक विविधता उनके अधिकांश गीतों में रहती थी। पर भारतीय संगीत के भक्ति रस से थोड़ा अलग हटकर 'पुजारिन' (1969) का 'मेरा प्रेम हिमालय से ऊँचा' ही उनका श्रेष्ठतम गीत माना जाएगा। वैसे इस गीत में भी प्रेम का पूर्ण समर्पित भाव भक्ति की धारा की तरह ही विद्यमान है। इसी फ़िल्म का मुकेश के ही स्वर में दर्द भरा 'कैसे जिएँ रे साथी तेरे बिना कैसे जिएँ रे' में लोकरस की मेलोडी की छाया गीत को यादगार बना देती है। रफ़ी के स्वर में राग बागेश्वरी पर आधारित 'पिया की नगरिया तज के गोरी' भी एक अत्यंत सुंदर रचना थी, जो दुर्भाग्य से लोकप्रिय नहीं हुई। हेमलता के स्वर में 'संतोषी माँ दे संतोष का दान' भी चला पर मुकेश के उपरोक्त गीतों जैसा स्मरणीय उसमें कुछ नहीं था।

भारतीय संगीत के आधार वाले नारायण दत्त के लिए आठवें दशक की संगीत-शैली के बीच टिकना बहुत मुश्किल था, हालाँकि 'नारद-लीला' (1972) में उन्होंने लीला जोशी से 'गुलमोहर के लाल-लाल फुलवा खिल गए' और 'पिया लाख कहो हमसे तुम' जैसे लोकरंग-प्रधान मेलोडियस गीत, 'जय हनुमान' (1973) में महेन्द्र और आशा से तथा 'सीताराम राधेश्याम' (1973) में

रफ़ी और सुमन से सुंदर भक्ति और प्रणय गीत गवाए थे। 'जय हनुमान' का राग बहार पर आधारित 'रे रे बहार आई' (महेंद्र, आशा) एक उत्कृष्ट कम्पोज़ीशन थी और 'आया आया रे आया रे आया आया बसंत' (आशा) के लिए उन्होंने राग वृंदावनी सारंग का इस्तेमाल किया था। 'सरस्वती लक्ष्मी पार्वती' (1975—हिंदी में डब), 'सिंदूर का दान' (1984), 'हमसे मिले तुम' उनकी अन्य फ़िल्में थीं। 'सिंदूर का दान' का युगल गीत 'तुम जो साथ रहो तो मेरी रोज पूनम की रात हो' एक मेलोडी-भरी धुन थी जिसे कुछ लोकप्रियता भी मिली। राजस्थानी लोकसंगीत पर सजा 'हमसे मिले तुम' का आशा और शब्बीर कुमार के स्वरों में 'सावन आयो रे' सुनने में बड़ा सुंदर लगता है, हालाँकि इसे भी अधिक लोकप्रियता नहीं मिली। हिंदी के अलावा नारायण ने 'बाबा रामदेव पीर' (1963), 'म्हारी प्यारी चनणा' (1983) और 'नानीबाई को मायरो' (1988) जैसी राजस्थानी फ़िल्मों में भी संगीत दिया था। लोकधुनों पर उन्होंने कई गैरफ़िल्मी राजस्थानी गीत भी बनाए थे। नारायण ने वेदों पर शोध कर आर्य समाजी गीतों की संगीत-रचना भी की थी तथा जैन गीतों को भी कम्पोज़ किया था। रजनीश फाउंडेशन के लिए भी उन्होंने कुछ गीतों की धुनें रची थीं। नई प्रतिभाओं को उन्होंने 'सुर-ताल' नामक संस्था प्रशिक्षण के माधम से भी दी।[2] पर नारायण की उतनी कद्र न हो सकी जिसके वे हकदार थे। 16 जून, 1988 को उनकी मृत्यु हुई और एक अन्य सुर-सृजक निष्ठुर फ़िल्म-जगत को छोड़ गया।

संदर्भ

1. मुरलीधर सोनी : लिस्नर्स बुलेटिन, अंक 76, फरवरी, 1989
2. वही

बसंत प्रकाश

'साजन तुमसे प्यार करूँ मैं कैसे तुम्हें बतलाऊँ'

बसंत प्रकाश

संगीतकार खेमचंद प्रकाश के छोटे भाई बसंत प्रकाश अपने अग्रज की तरह नामी-गिरामी तो नहीं हुए, पर संगीतकार की हैसियत से कुछ सुंदर गीत उन्होंने भी फ़िल्म-जगत को अवश्य दिये। अपने बड़े भाई के साथ लतिका पिक्चर्स की पौराणिक फ़िल्म 'जय शंकर' (1951) में तो वे कुछ नहीं कर पाए, पर फ़िल्मिस्तान जैसे बड़े बैनर की डी.डी. कश्यप निर्देशित 'बदनाम' (1952) में उनका संगीत बेहद मधुर बनकर उभरा। बलराज साहनी और श्यामा अभिनीत इस फ़िल्म में यूँ तो 'जिया नहीं लागे हो' (लता, साथी), 'काहे परदेसिया को अपना बनाया' (लता), बेहद कर्णप्रिय और मुलायम 'घिर आई है घोर घटा' (गीता), 'यह इश्क नहीं आसां' (शंकर दासगुप्ता), 'ले जा अपनी याद भी ले जा' (लता) जैसे शैलेन्द्र और हसरत के लिखे कई सुंदर गीत थे, पर जो गीत लाजवाब था, वह था लता के स्वर में 'साजन तुमसे प्यार करूँ मैं कैसे तुम्हें बतलाऊँ'। क्या लोच है, क्या मेलोडी है, पृष्ठभूमि में बाँसुरी का और इंटरल्यूड्स में पियानो एकॉर्डियन की क्या खूबसूरत संगत है! यह आश्चर्य नहीं कि इस गीत को चुनकर एच.एम.व्ही. ने लता के 'रेयर जेम्स' कैसेट्स में प्रतिष्ठित स्थान देने लायक समझा। पं. मोहनलाल और अपने भाई के शिष्य रहे बसंत प्रकाश गायन और कत्थक दोनों में हुनरमंद थे।

जयंत देसाई की रंजन और श्यामा अभिनीत 'निशान डंका' (1952) में भी बसंत प्रकाश का संगीतबद्ध एक गीत 'शाम सुहानी नदी के किनारे मचलने लगे आज अरमाँ हमारे' (गीता, तलत, साथी) में कोरस के साथ harmony का प्रयोग बड़ा अनूठा और सराहनीय था। 'सलोनी' (1952) में बसंत प्रकाश ने लता से तीन खूबसूरत गीत गवाए थे। 'मेरी वीणा के सुर सात रे' शास्त्रीय रंगवाली एक मेलोडीप्रधान रचना थी जिसमें बसंत प्रकाश ने त्रिताल का बहुत अच्छा उपयोग किया था। 'ज़िंदगी के सहारे लौट आ' की धुन में भी प्यारी-सी कशिश और लोच थी। 'मुझे दर्द तूने ये क्या दिया' त्रिताल में बनाई गई बेहद खूबसूरत मेलोडीयुक्त ग़ज़ल थी। इस गीत को सुनना तो आज भी एक स्वर्गिक अनुभूति है। बसंत प्रकाश का संगीत मूलतः फ़िल्म-संगीत में प्रचलित छठे दशक के मेलोडीप्रधान दौर का प्रतिनिधि है। उनकी मेलोडी अकसर सौम्य और सुसंस्कृत रहती थी और ताल तथा लय के सुंदर संयोजनों से वे फ़िल्म-संगीत के इस विकासमान समय में गीतों को एक सुंदर निखार देने में सफल रहे।

जिम्मी और एस. मोहिंदर के साथ संगीत देते हुए बसंत प्रकाश ने भी फ़िल्मिस्तान की आई.एस. जौहर निर्देशित 'श्रीमती जी' (1952) में फ़िल्म के कथ्य के अनुरूप 'लिपस्टिक लगाने वाले' (शमशाद, साथी) और 'कभी हमारे घर भी आओ जी नकदनारायणजी' (शमशाद, साथी) जैसे हलके-फुलके गीतों की धुनें तैयार की थीं। फ़िल्मिस्तान की सुपरहिट फ़िल्म 'अनारकली' (1953) में सी. रामचंद्र की सदाबहार

धुनों के साथ बसंत प्रकाश का भी कम्पोज़ किया एक सुंदर गीत था—'आज ओ जाने वफ़ा' (गीता)। दरअसल पहले अनारकली के लिए बसंत प्रकाश ही अनुबंधित थे पर इस गीत की रेकॉर्डिंग के बाद मतभेद के कारण फ़िल्म उन्होंने छोड़ दी। फिर भी उनका यह रेकॉर्ड किया गीत फ़िल्म में शामिल किया गया।

पर बसंत प्रकाश को कुल मिलाकर अच्छी सफलता नसीब नहीं हुई। गुंजाल निर्देशित 'भक्त ध्रुव' (1957—अविनाश व्यास के साथ), अतुल चित्र की 'महारानी' (1957—जे.डी. मजुमदार के साथ), पी.एन. अरोड़ा की 'नीलोफ़र' (1957—अविनाश व्यास के साथ) जैसी फ़िल्मों का उनका संगीत पिट गया। फिर वर्षों खोए रहने के बाद फ़िल्मिस्तान ने एक बार फिर उन्हें नितिन बोस की निर्देशित 'हम कहाँ जा रहे हैं' (1966) में अवसर दिया। इस फ़िल्म में वैसे तो पैरोडी और हलके ही गीत थे, पर मेहँदी हसन के गाए मशहूर फ़िल्मी गीत 'रफ़्ता-रफ़्ता' को हमारे दिल के अरमां हो गए' की धुन को बदलकर आशा और महेंद्र से दोगाने की शक्ल में गवाक़र बसंत प्रकाश ने काफ़ी मक़बूल कराया था। इसी प्रकार सत्येन बोस निर्देशित 'ज्योत जले' (1968) में उन्होंने मुकेश से एक बहुत सुंदर दर्द-भरा गीत गवाया था—'और कितने ग़म उठाए आदमी।'

वर्षों की गुमनामी के बाद बतौर संगीतकार बसंत प्रकाश का नाम हमें जवाहरलाल नेहरू नेशनल यूथ सेंटर द्वारा निर्मित 'ईश्वर अल्लाह तेरे नाम' (1982) और फिर ए.बी.एस. फ़िल्म्स, बंगलौर की 'अबला' (1989) में मिलता है जिनमें उन्होंने क्रमशः भरत व्यास और रवींद्र जैन के लिखे गीत कम्पोज़ किए थे, पर यह वापसी औपचारिक ही रही। 19 मार्च, 1996 को बसंत प्रकाश की मुंबई में गुमनामी में ही मृत्यु हुई।

हेमंत कुमार

'हमने देखी है उन आँखों की महकती खुशबू'

हेमंत कुमार

बनारस में अपने ननिहाल में जन्मे हेमन्त कुमार रहे बंगाल में और थे भी विशुद्ध बंगाली। बंगाल में तो उनसे बड़ा गायक आज तक हुआ ही नहीं—हिंदी फ़िल्मों में भी चोटी के पार्श्वगायकों में उनकी गिनती की जाती है। पर यहाँ हम मुख्यतः संगीतकार हेमंत कुमार की हिंदी फ़िल्म-जगत की यात्रा करेंगे, हालाँकि संगीत में योगदान भी गायन की तरह ही हिंदी से कहीं अधिक उन्होंने बाँग्ला फ़िल्मों में दिया था।

हेमंत के पिता कालिदास मुखर्जी एक शिपिंग कम्पनी में साधारण से क्लर्क थे। परिवार एक निम्न-मध्यवर्गीय परिवार था—बंगाली मानसिकता की 'चाकरी' की भावना के इर्द-गिर्द सिमटा हुआ। संगीत से बस उतना ही ताल्लुक था जितना एक सामान्य बंगाली परिवार का होता है। पिता तो हेमंत से भी नौकरी ही कराना चाहते थे, पर हेमंत के मन में बंगाली बाबू बनने की ख्वाहिश से अधिक गाने की इच्छा थी। स्कूल से अकसर शिकायत आती कि हेमंत अपना ध्यान पढ़ाई में कम और गाने में ज्यादा लगाते हैं। एक दिन इस शिकायत से दुखी होकर उनके पिता अपने एक परिचित सुभाष मुखर्जी के पास यह रोना रो बैठे। सुभाष मुखर्जी ने तेरह वर्षीय हेमंत से कुछ गाकर सुनाने को कहा—हेमंत ने टैगोर की एक कविता गाई। सुभाष मुखर्जी को लगा कि लड़के में कुछ बात है और वे उन्हें ऑल इंडिया रेडियो ले गए जहाँ शालाओं के लिए प्रसारित कार्यक्रमों में हेमंत को जगह मिल गई। वहीं जगमोहन भी थे और दोनों की दोस्ती की शुरुआत वहीं से हुई। धीरे-धीरे दुर्गा पूजा आदि में गाकर नाम होने लगा था, पर पिता की 'चाकरी' मानसिकता के लिए तो यह एक निहायत असुरक्षित भविष्य था। इसलिए हेमंत का दाखिला उन्होंने इंजीनियरिंग की पढ़ाई के लिए जादवपुर विश्वविद्यालय में करा दिया।

पढ़ाई से हेमंत का मन उचटा ही रहा और सब कुछ छोड़-छाड़कर वे रेकॉर्डिंग कम्पनी में पहुँच गए। आश्चर्य की बात यह थी कि उस समय एक के बाद एक सभी रेकॉर्डिंग कम्पनियों ने उनकी आवाज़ को असफल घोषित कर दिया। मुश्किल हालात में टाइपिंग वगैरह आजमाया पर असफल रहे, और फिर उन्होंने 'वातायन' और 'देश' जैसी पत्रिकाओं में कहानी लिखना शुरू कर दिया। पर किस्मत ने फिर मोड़ लिया और 'वातायन' के सम्पादक ने कोलम्बिया कम्पनी के म्यूज़िक डायरेक्टर शैलेन दासगुप्ता से परिचय कराया जो इतना फला कि शैलेन दासगुप्ता की सलाह पर टैगोर के गीतों को सीखकर ट्रायल के लिए उन्हें 'कोलम्बिया' में मौका मिल गया। टैगोर का गीत 'जानी ते जदि गो तुमि' और 'बालोगो मोरे' से सभी को प्रभावित कर हेमंत ऐसे शुरू हुए कि एक ही वर्ष में कोलम्बिया से उनके 12 गीतों के रेकॉर्ड निकले।[1]

शैलेन दासगुप्ता की सलाह पर शास्त्रीय संगीत सीखने की कोशिश तो उन्होंने की पर बात बनी नहीं। एक तरह से यह अच्छा ही रहा क्योंकि हेमंत के सुगम संगीत की लोच किसी परिपाटी और दायरे में नहीं बँध पाई। फैयाज़ हाशमी के लिखे और कमल दासगुप्ता के कम्पोज़ किए गए 'आज शराबी आँखों में' और 'मुसीबतों को भुला रहा' जैसे गीत हिट रहे, साथ ही कमल

दासगुप्ता के साथ सहायक बनने का मौका मिला और फ़िल्म 'निमाई संन्यास' में पहली बार एकल गीत गाने का भी मौका मिला। संगीतकार हरिप्रसन्न दास इतने प्रभावित हुए कि उन्होंने हेमंत को अपना सहायक बना लिया। इसके बाद ही बाँग्ला फ़िल्मों में पार्श्वगायन का हेमंत का एक सफल दौर शुरू हुआ। साथ ही रवीन्द्र संगीत गायन में पहले आनंदी दस्तीदार की शिष्यता में और फिर पंकज मल्लिक की शैली में उनके गीत काफी मशहूर होने लगे। 1944 में पं. अमरनाथ के संगीत-निर्देशन में हेमंत को पहली बार हिंदी फ़िल्मों के लिए 'इरादा' में 'फिर मुहब्बत के पयाम आने लगे' और एक दोगाना 'आराम से रात कटे' गाने का भी अवसर मिला।

1945 का वर्ष हेमंत के लिए यादगार वर्ष रहा। इसी वर्ष उन्होंने अपनी शिष्या बेला मुखर्जी (जिसे वे अन्य कई लड़के-लड़कियों की तरह संगीत की शिक्षा देते थे) से शादी की और इसी वर्ष उन्हें स्वतंत्र संगीतकार के रूप में पहला अवसर मिला फ़िल्म 'पूर्वराग' में। फ़िल्म तो पिट गई और निराशा में हेमंत सिगरेट पीने लग गये। 'अभियात्री' (1947) में भी उनका संगीत पिटा, पर 'भूली नाई' (1948), 'प्रियतमा' (1948) 'दिनेर पर दिन' (1949), 'संदीपन पाठशाला' (1949), 'स्वामी' (1949) जैसी फ़िल्मों के साथ वे संगीत-निर्देशक के बतौर टिके रहे। हिंदी फ़िल्मों में भी कभी-कभी पार्श्वगायन का मौका बाँग्ला संगीतकार देते रहे, हालाँकि 'एक रात कभी ऐसी आए' (ज़मीन आसमान) जैसे अपवादों को छोड़कर ये गीत हिट नहीं रहे।

उन्हीं दिनों हेमंत का सलिल चौधरी से नवगठित 'इप्टा' के जरिये परिचय हुआ। सलिल के क्रांतिकारी, साम्यवादी विचारधारा के साथ आम आदमी के लिए लिखे गीतों से हेमंत प्रभावित तो हुए पर वे मानते थे कि 1948-49 के माहौल में ऐसे गीतों को रेकॉर्ड नहीं किया जा सकता। पर सलिल ने जब 'कोनो एक गायेर बधू' लिखा तो हेमंत खुशी से उछल पड़े। रेकॉर्डिंग की बात भी तय हो गई, पर कम्युनिस्ट होने के कारण सलिल को उसी रात पुलिस से बचने के लिए भूमिगत हो जाना पड़ा। उनके भूमिगत होने के दौरान ही हेमंत ने स्वयं ऑरकेस्ट्रेशन कर इस गीत को रेकॉर्ड कर लिया और यह गीत उस ज़माने का अत्यंत लोकप्रिय गीत साबित हुआ। बाद में सलिल की क्रांतिकारी, साम्यवादी विचारधारा के अनुरूप ज़मीन से जुड़ा उनका संगीत हेमंत के स्वर में गाँव के डाकिये पर लिखे गीत 'रनर', और 'झनक पृथ्वी', 'पालकी चले' आदि के रूप में प्रकट हुआ और बेहद लोकप्रिय रहा। सलिल के संसर्ग से ही हेमंत पंकज मल्लिक वाली अपनी शैली से अलग अपनी एक स्वतंत्र पहचान बनाने लगे। अजय कर की 'जिधांसा' (1951) से हेमंत एक अच्छे कम्पोज़र के रूप में भी पहचाने जाने लगे। 'भूली नाई' वाले हेमेन गुप्ता की ही 'आनंदमठ' में हेमंत का संगीत बहुत लोकप्रिय हुआ और जब यही फ़िल्म 1951 में ही हिंदी में फिल्मिस्तान के बैनर तले बनाई गई तो बाँग्ला संस्करण की पूरी टीम को ही बम्बई बुलाया गया और इस तरह हिंदी फ़िल्मों में हेमंत की संगीतबद्ध पहली फ़िल्म की नींव तैयार हुई।

'आनंदमठ' (1952) के संगीत की बात ही कुछ और थी। अपनी जिस humming के कारण हेमंत कुमार अलग से पहचाने गए, उसका प्रयोग तो उन्होंने 'वंदे मातरम्' गीत में ही शुरू कर दिया था। कितनी पावन, निश्छल और विलक्षण धुन बनाई थी हेमंत ने इस राष्ट्र गीत की! मूल में भैरवी के सुरों को लेकर बदलते रिद्म और लय के साथ यह गीत बढ़ते-बढ़ते तो पूरे अंतर्मन को आंदोलित कर जाता है। इसी गीत को अलग से लता और साथियों के स्वर में भी गवाया गया। लता ऊँची पट्टी पर कितनी सहजता से glide करती चलती हैं, यह इस गीत को सुनकर ही प्रकट होता है। 'वंदे मातरम्' की ही टक्कर का गीत था 'जय जगदीश हरे', जिसका आरम्भ हेमंत के पावन स्वर में 'हरे मुरारे मधुकर सारे' से होता है और फिर गीता के 'जय जगदीश हरे' की कर्णप्रिय अभिव्यक्ति के पीछे हेमंत के उच्चरित श्लोक गूँजते हुए एक बहुत सुंदर वातावरण रचते हैं। 'कैसे रोकोगे ऐसे तूफ़ान को' (गीता, तलत) में प्रेम के शारीरिक तत्त्व को उभारने के लिए हेमंत ने तलत से भी humming कराने में सफलता पाई। गीता, हेमंत के स्वर में लम्बा गीत 'नैनों में सावन, मन मेरे फागन' बंगाल के लोकसंगीत की मिठास के साथ ही दर्द की एक बहुत प्रभावशाली प्रस्तुति बनी थी। फ़िल्म के अन्य गीत अधिक तो नहीं सुने गये पर राजकुमारी के स्वर में द्रुत लय में 'दिल का पैमाना है आँख का मैखाना है' और गीता के स्वर में अठखेलियाँ करता 'आ रे भँवरे आ' का अपना आकर्षण तो है ही। फ़िल्म में जयदेव के 'गीतगोविंद' से उद्धृत 'धीरे समीरे तरनी तीरे' (हेमंत, गीता, साथी) भी साउंडट्रैक पर सुनने को मिलता है। फ़िल्म का पार्श्वसंगीत भी विलक्षण था।

'वंदे मातरम्' जैसी अभूतपूर्व सृष्टि के बावजूद व्यावसायिक रूप से 'आनंदमठ' चली नहीं, पर हेमंत पार्श्वगायक के रूप में अवश्य पहचाने जाने लगे। सचिन दा के निर्देशन में अपनी खास humming के साथ 'जाल' के 'ये रात ये चाँदनी फिर कहाँ' के द्वारा हेमंत स्वाधीनता के बाद के उभरते युवा वर्ग के रूमानी सपनों का ही स्वर बन गए। पार्श्वगायक के रूप में अवश्य

हेमंत का एक दिलकश अंदाज

'सजा' और 'जाल' से मिली ख्याति को 'अनारकली', 'आगोश', 'पतिता', 'रामी धोबन', 'राही', 'शिकस्त', 'शोले' आदि ने आगे ही बढ़ाया था। पर संगीतकार के रूप में फ़िल्मिस्तान की ही 'शर्त' के अलावा और कोई काम नहीं मिला। 'शर्त' के लिए उनकी बनाई कई धुनों को फ़िल्मिस्तान के मालिक शशधर मुखर्जी इस बिन्दु पर रदृद कर देते थे कि वे आम आदमी को पसंद आनेवाली नहीं हैं। हेमंत के प्रबुद्ध बंगाली व्यक्तित्व को इसमें बड़ी ठेस लगती थी। हेमंत गुप्ता निर्देशित 'फ़ेरी' (1954)–जिसमें हेमंत के पुत्र ने मास्टर बाबू के नाम से अभिनय किया था और बेबी बूला के साथ 'दूर देश से आई नैया' गीत भी गाया था–कमजोर ही रही हालाँकि फ़िल्म में हेमंत का एक अच्छा माँझी गीत 'नाव बढ़ा ले माँझी' था और अली अकबर खान तथा निखिल बनर्जी के सरोद-सितार का भी फ़िल्म में अच्छा उपयोग था। फ़िल्मिस्तान की ही 'सम्राट' (1954) भी 'ये खामोशियाँ ये समाँ' (लता, आशा) जैसी अच्छी धुन के बावजूद असफल ही रही। एक बार तो उन्होंने आहत होकर वापस कलकत्ता लौट जाने की ही ठान ली थी, पर शशधर उन्हें रोकने में कामयाब रहे और अगली फ़िल्म 'नागिन' का भी वादा किया।

कम्पोज़र के रूप में 'शर्त' (1954) में हेमंत कुमार काफी हद तक सफल रहे। विशेषकर 'न ये चाँद होगा न तारे रहेंगे' (हेमंत, गीता) तो अपनी सुंदर लय और हलके पर सारंगी, सितार और तबले के जीवंत वाद्य-संयोजन से सुपरहिट गीत रहा और आज तक हेमंत के सदाबहार गीतों में गिना जाता है। हेमंत और लता का दोगाना 'देखो वो चाँद छुप के करता है क्या इशारे' भी फ़िल्म-संगीत के कोमल रूमानी कर्णप्रिय धुनों में अपना स्थान तो रखता ही है। फ़िल्म का एक और गीत जो बहुत लोकप्रिय न होते हुए भी बहुत अच्छा लगता है, वह था 'पिया मैं तो हुई बावरी' (लता)। इस गीत को सुनकर 'नागिन' के आनेवाले गीतों का आभास हो जाता है। 'चाँद घटने लगा' (गीता, साथी), 'ऐ मेरे चमन मैं वो हूँ कली' (लता) जैसे गीत आज हमारी स्मृति से लुप्त हो गए हैं, पर हेमंत के स्वर में 'मुहब्बत में मेरी तरह जो लुटा हो' की तन्मयता आज भी कहीं-कहीं सुनाई देने पर प्रभावित करती है।

अगर 'शर्त' ने हेमंत को संगीतकार के रूप में प्रतिष्ठा दिलाई तो 'फ़िल्मिस्तान' की ही 'नागिन' (1954) ने उन्हें शीर्ष पर पहुँचा दिया। बैजयंतीमाला के नृत्यों के साथ सफलता के कीर्तिमान स्थापित करनेवाली इस फ़िल्म की सफलता में सबसे बड़ा हाथ तो हेमंत के संगीत का ही था। हेमंत के बाद में सहायक रहे कल्याणजी के क्ले वॉयलिन पर निकाले बीन के जादू के साथ भारतीय श्रोताओं का तन और मन दोनों डोल उठा और 'मन डोले मेरा तन डोले' (लता) तो वर्ष के सबसे हिट गीतों में से एक रहा। यों फ़िल्म के कथानक में कुछ नहीं था और पहले हफ़्ते में फ़िल्म देखने वालों का हुजूम भी नहीं उमड़ा था, पर शशधर मुखर्जी ने एक चाल खेली। उन्होंने एच.एम.व्ही. को 'नागिन' के एक हज़ार रेकॉर्डों के सेट को एक हफ़्ते में देने का ऑर्डर दिया और हफ़्ते-भर में ही उन्होंने कुछ चुने शहरों के छोटे-बड़े होटलों में इन रेकॉर्डों के सेट को मुफ्त बजाने के लिए बाँट दिया। बाज़ारों में जब लोगों के कानों में आते-जाते ये गीत गूँजने लगे और इन गीतों की मिठास ने अपना असर दिखाना शुरू किया तो लोग खुद ब खुद सिनेमा हॉलों में उमड़ने लगे। 2 गीतों के रेकॉर्ड भी खूब बिके और 'मन डोले' तो सुबह से शाम तक हर शहर, हर गली में बजता ही रहता था। 'नागिन' ही पहली फ़िल्म थी जिसने फ़िल्मों में electronic वाद्य-संगीत को प्रवेश दिलाया।

'नागिन' से ही हेमंत पूरी तरह लता की ओर उन्मुख हुए थे। गीत के स्वर के बंगालीपन से हटकर यह एक तरह से हिंदी फ़िल्म-जगत में स्वतंत्र रूप से अपने पैर जमाने का भी प्रतीक था। पीलू की छाया लिए 'मन डोले मेरा तन डोले' की लय विशुद्ध भारतीय मेलोडी और नृत्यात्मकता का मिश्रण लेकर क्ले वॉयलिन, दिलरुबा, सारंगी भी तबले के गत के साथ ऐसी आई कि हेमंत कुमार को 'नागिन' के लिए सर्वश्रेष्ठ संगीतकार का फ़िल्मफ़ेयर एवार्ड दिला गई। 'नागिन' के अन्य गीत भी एक से बढ़कर एक थे। कहरवा ताल में राग किरवानी पर आधारित 'मेरा दिल ये पुकारे आ जा' (लता), पहाड़ी के सुरों को लेकर सृजित 'सुन री सखी मोहे सजना बुलाए' (लता), बड़ी प्यारी और मीठी सी मनुहार लिए सारंग आधारित 'जादूगर सैंया छोड़ो मोरी बैंया' (लता), तोड़ी पर आधारित 'सुन रसिया काहे को जलाए जिया' (लता), क्ले वॉयलिन के ही जादू के साथ 'ऊँची-ऊँची दुनिया की दीवारें सैंया तोड़ के मैं आई रे' (लता), और 'मेरा बदली में छुप गया चाँद रे' जैसे गीत एक तरफ़ तो भूपाली तोड़ी में 'ओ ज़िंदगी के देने वाले' (हेमंत, साथी), झंकृत करता प्रणयगीत 'अरी छोड़ दे सजनिया छोड़ दे पतंग' (हेमंत, लता), बैरागी शैली में हमेशा सदाबहार रहने वाला 'तेरे द्वार खड़ा एक जोगी' (हेमंत) और लगभग ऐसी ही शैली को श्रृंगार के साथ जोड़कर बनाया

गया 'याद रखना प्यार की निशानी गोरी याद रखना' (हेमंत, आशा, साथी) जैसे गीत दूसरी तरफ़—इतनी प्रचुर मात्रा में लोकप्रियता एक ही फ़िल्म के गीतों में कम ही देखने को मिलती है।

1954 में ही हेमंत की कुछ अन्य फ़िल्मों का संगीत भी लोकप्रिय रहा। हरीश प्रोडक्शन्स की 'डाकू की लड़की' (1954) का 'दिल दिल से मिला...चाँद से पूछो सितारों से पूछो' (लता, हेमंत, साथी) के कोरस का प्रयोग 'वंदे मातरम' की तरह ही प्रभावी बन पड़ा था। 'नज़रों से छुप गया है तक़दीर का सवेरा' (लता, हेमंत) दर्दीली धुन लिए एक बहुत ही सुंदर धुन थी पर बहुत सफल नहीं रही। लता के स्वर में 'हम प्यार में जितने कदम चले' (लता) में पुनः क्ले वॉयलिन का प्रयोग मैंडोलिन के साथ मिलकर अरबी शैली के संगीत की अच्छी सृष्टि करता था। पर 'डाकू की लड़की' से कहीं अधिक लोकप्रिय रहा 'जागृति' (1954) का संगीत। फ़िल्मिस्तान की यह फ़िल्म न केवल सुपरहिट रही बल्कि इसका संगीत तो आज तक सभी विद्यालयों के देशभक्ति-प्रार्थना गीतों में गूँजता रहता है। प्रदीप, साथियों के स्वर में 'आओ बच्चो, तुम्हें दिखाएँ झाँकी हिन्दुस्तान की', आशा के स्वर में 'दे दी हमें आजादी बिना खड्ग बिना ढाल' और 'चलो चलें माँ सपनों के गाँव में' तथा रफ़ी के स्वर में 'हम लाए हैं तूफ़ान से कश्ती निकाल के' (जिसकी धुन हेमंत के सहायक और बाद के लोकप्रिय संगीतकार रवि ने बनाई थी) जैसे गीतों का जादू तो तब तक रहेगा जब तक हमारा देश रहेगा, यह सृष्टि रहेगी।

'नागिन' के बाद हेमंत कुमार संगीतकारों के बीच शीर्ष पर जा पहुँचे थे। उनके पास ढेर सारी फ़िल्मों के ऑफ़र आने लगे—आर्थिक संकट दूर हुआ और हेमंत ने 14वें रास्ता, खार में अपना बँगला भी बनवा लिया—'गीतांजलि'। सफलता के इस दौर में हेमंत कुमार के संगीत की विशिष्टता थी बाँसुरी, मैंडोलिन और क्ले वॉयलिन का भरपूर उपयोग। इस दौर का उनका संगीत भारतीय मेलोडी भक्ति-संगीत और नृत्यात्मकता के तत्त्वों को लेकर चला। हेमंत ने गीतों पर ऑरकेस्ट्रेशन को कभी हावी नहीं होने दिया। 'नागिन' का hangover भी जगह-जगह प्रकट होता है। साथ ही माँझी गीतों का उनका प्रेम ग्रामीण बंगाल के कथानकों के साथ अक्सर उभरा।

हेमंत के संगीत की यह ख़ासियत शक्ति सामंत निर्देशित प्रथम फ़िल्म 'बहू' (1955) के तबले की प्रमुखता वाले 'अंग-अंग में उमंग' (लता), 'ठंडी हवाओं में तारों की छाँव में' (गीता, तलत), 'देखो-देखो जी बलम' (गीता, तलत), माँझी गीत 'छोड़ दे नैया भँवर में' (हेमंत), सत्येन बोस निर्देशित 'बंदिश' (1955) के 'झूमती जवानी है रुत मस्तानी' (लता), माँझी गीत 'यह दुनिया एक सागर है' (हेमंत, साथी), फिल्मिस्तान की भक्ति फ़िल्म 'भागवत महिमा' (1955) के 'भागवत भगवान की है आरती' (हेमंत, साथी), 'दिगंत नाथ देवता' (हेमंत), 'इसी भाँति सागर कहानी कहता आता है' (हेमंत, साथी), 'लगन' (1955) के नृत्यात्मकता भरे 'पी की लगन में, छोटे से मन में' (लता), दर्द-भरे 'मुझे नज़र से उतार कर' (लता) तथा 'ले जा आज तेरी याद की निशानी' (लता), 'अनजान' (1956) के उल्लास भरे कबड्डी गीत 'आ छुआ छू छू' (लता, साथी), 'सावन की आई है बहार' (लता, साथी), होली गीत 'होली की आई है बहार' (लता, साथी) और लोक-माधुर्य को आत्मसात करती धुन वाले 'चंदनिया नदिया बीच नहाए' (हेमंत) जैसे गीतों में बिलकुल प्रखर है। एस.डी. नारंग निर्देशित प्रदीप कुमार और शशिकला अभिनीत 'अरब का सौदागर' (1956) में हेमंत एक बार फिर प्रदीप कुमार की आवाज़ और स्वरकार दोनों ही बने। 'तेरा ही आसरा है ओ दो जहान वाले' ख़ास हेमंत शैली में मक़बूल भी रहा। इसी फ़िल्म में गीता के स्वर में 'मुहब्बत का नतीज़ा हमने' तो गीता के 'रेयर जेम्स' कैसेट में भी शामिल है। प्रदीप कुमार और हेमंत तो इस दौर में एक दूसरे के पर्याय ही बन गए थे। सरदार प्रोडक्शन्स की 'बंधन' (1956) में भारतीय मेलोडी, लोक और भक्तिरस की हेमंत की शैली ने कुछ बेहतरीन गीत हमें दिए। 'जो मिलता है भगवान से' (हेमंत) की पवित्र धुन, 'जैसे पानी छुपा धरा में' (हेमंत) की भावना से ओत-प्रोत अभिव्यक्ति, लोकशैली से प्रेरित बहुत आकर्षक 'दुलह राम सिया दुलहिरी' (हेमंत, बेला मुखर्जी, साथी), 'करे ना जो बंदो से प्यार' (हेमंत) की बाँसुरी, सितार के साथ फैलती नैतिकता और इन सबसे बढ़कर शृंगार और माधुर्य के अप्रतिम संगम से निकला वह भूला-बिसरा गीत 'वृंदावन की कुंज गलिन में डोले राधा बावरिया' (लता) सभी इसी शैली के सुंदर उदाहरण हैं। वैजयंतीमाला और प्रदीप कुमार अभिनीत नंदलाल जसवंतलाल निर्देशित 'ताज' (1956) में हेमंत की उपरोक्त शैली अपने लाक्षणिक उत्कर्ष पर थी। तेज लय में 'गोरी बुलाए तेरा साँवरिया मनाए' (हेमंत) सम्भवतः सारंग के सुरों के साथ खूब लोकप्रिय रहा। आरम्भ में 'चली गोरी पी से मिलन' की धुन के साथ एक जबर्दस्त बदलाव लाकर तबले की सुंदर गत के साथ भैरवी में बनाई 'तुम संग लागे पिया मोरे नैना' (लता) तो इस दौर के लता के मधुरतम गीतों में अपना स्थान रखता ही है। 'झूम-झूम कर चली अकेली' (हेमंत) की लहराती धुन के साथ बाँसुरी, मैंडोलिन और क्ले वॉयलिन की क्या गजब संगत बनाई थी हेमंत ने! मैंडोलिन, बाँसुरी के बेहद सुंदर प्रयोग के साथ 'एक बात बता दे जोगी' (लता) और 'बंसी की

धुन सुन' (लता) 'नागिन' के ही हेमंत की याद दिलाते हैं।

हेमंत की माँग इन दिनों इतनी बढ़ गई थी कि बी.आर. चोपड़ा ने भी अपनी 'एक ही रास्ता' (1956) के संगीतकार के लिए उन्हें ही चुना। भैरवी में 'चली गोरी पी से मिलन को चली' (हेमंत) की द्रुत लय तो घर-घर में गूँजी थी और आज भी हेमंत के गाए सदाबहार गीतों में स्थान रखती ही है। द्रुत लय पर ही 'साँवरे सलोने आए दिन बहार के' तो इतना प्यारा गीत है कि कोई भी इसे हेमंत-लता के गाए सर्वश्रेष्ठ दोगानों में जगह देगा ही। देशभक्ति गीत 'चमका बन कर अमन का खास' (लता, हेमंत, साथी) भी अपने ज़माने में काफ़ी चला था।

हेमंत के संगीत का दूसरा पहलू था आधुनिक ऑरकेस्ट्रेशन और humming गूँजते प्रभाव वाले एक नई शैली के गीतों का सृजन, जो शहरों के उच्च एवं उच्च मध्यवर्ग की modern, elegant जीवन-शैली के बीच अपनी जगह बनाता था। इस शैली की शुरुआत तो हमें 'लगन' (1955) के लाजवाब गीत 'मुहब्बत की ज़ुबां चुप है सितारों तुम भी चुप रहना' और 'बहाए चाँद ने आँसू ज़माना चाँदनी समझा' जैसे खुद के गाए गीतों में ही मिल जाती है। 'अरब का सौदागर' (1956) का 'ये महफ़िल सितारों की' (आशा, हेमंत) में आधुनिक हलके ऑरकेस्ट्रेशन के साथ गूँजता प्रभाव भी बहुत खूब बन पड़ा था। 'एक ही रास्ता' की लोरी 'सो जा नन्हे मेरे तू तो सो जा' (लता, हेमंत) के इंटरल्यूड्स में हलके बयार की तरह बहने वाला ऑरकेस्ट्रेशन भी बेहद आधुनिक और आकर्षक था। 'इंस्पेक्टर' (1956) के 'मेरा अकेला जिया' (लता, हेमंत) में लता के गाए अंतरों की शुद्ध भारतीय मेलोडी के बीच में हेमंत ने अपनी humming के साथ बहुत ही लुभावना आधुनिक स्पर्श दिया था। हेमंत की आधुनिकता फ़िल्म 'हमारा वतन' (1956) के बेहद दिलकश गीत 'यह शोख सितारे, करते हैं इशारे आ बैठ के दो-चार घड़ी प्यार करो' (हेमंत, आशा) की धीमी slow ballroom dance वाली लय में खूब मुखरित हुई है। इस सुंदर गीत को एच.एम.व्ही. ने हेमंत कुमार के गाए गीतों के 'रेयर जेम्स' कैसेट में भी स्थान दिया है। 'इंस्पेक्टर' (1956) के 'दिल छेड़ कोई ऐसा नग़मा' (हेमंत) तो पियानों के इंटरल्यूड्स के साथ भावना और अभिव्यक्ति की एक दिलकश आकृति ही खड़ा कर देता है।

हेमंत की आधुनिकता कभी-कभी ही हलकी लगी। जैसे 'लालटेन' (1956) के 'दिल से हैं शहजादे' (हेमंत), 'ओ लिली लिली' (गीता, बलवीर), 'कभी अकड़ के बात न करना' (हेमंत, गीता) जैसे गीत बिलकुल चलते किस्म के ही थे। 'पुलिस' (1958) के 'ओ ओ ओ बेबी' (हेमंत, गीता) के लिए तो उन्होंने पूरी तरह ही मूल अँग्रेजी गाने की धुन चुरा ली थी जिस कारण उन पर मुकदमा भी चला था और बड़ी मुश्किल से उनके दोस्त और प्रसिद्ध वकील रजनी पटेल द्वारा माफ़ी माँगने की शर्त पर उन्हें सोलह लाख के हरजाने के दावे से मुक्ति मिली थी। 'पुलिस' के 'दिल पर कैसा खंजर मारा रे' (हेमंत, गीता), 'छुप जा हमारे दिल में' (हेमंत, गीता), 'सुन ले पिया' (हेमंत, गीता), 'मेरे तुम हो फिर क्या है' (हेमंत, गीता) जैसे गीत भी कमोबेश विदेशी धुनों पर ही आधारित थे।

पर यह हलकापन अपवाद ही रहा। मुख्यतः तो हेमंत के स्वरबद्ध आधुनिक ऑरकेस्ट्रेशन के गीत अपनी 'गुंजार' प्रकृति के कारण फ़िल्म-संगीत के इतिहास में एक अलग मुकाम ही पा गए हैं। 'दुर्गेश नंदिनी' के गीत मुख्यतः भारतीय मेलोडी और वाद्य-संयोजन पर आधारित थे, पर उनके बीच 'कहाँ ले चले हो, लता दो मुसाफिर' (लता, साथी) बाँसुरी के टुकड़े के साथ मूलतः भैरव की आधारित तर्ज़ के एक बेहद आकर्षक आधुनिक रूपांतरण के रूप में आज भी तन-मन आंदोलित करता है। गीतमाला हिट परेड कैसेट्स की शृंखला में अमीन सयानी ने इस गीत का अंश हेमंत के स्वर में एक stage performance के रूप में पेश किया है और हेमंत ने इस गीत की सारी सुंदरता अपने मुखर गायन में प्रस्तुत कर दी है। हेमंत के संगीत का आधुनिक तत्त्व 'बंदी' (1957) के 'यह मस्त नज़र शोख अदा किसके लिए है' (हेमंत, गीता) तथा 'फ़ैशन' (1957) के लहराते 'बहारों से पूछो नज़ारों से पूछो' (हेमंत, लता) और तालबद्ध स्पंदन-भरा 'तुम और हम भूल के गम, गाएँ प्यार भरी सरगम' (हेमंत, गीता) जैसे गीतों में बेहद मनोहारी था। हेमंत के संगीत की यह आधुनिकता भिन्न तरीकों से उनके गाए और संगीतबद्ध ग़ैरफ़िल्मी गीतों में पहले से ही प्रकट होने लगी थी। मधुकर राजस्थानी के लिखे सुन्दर गीत 'बुझते हुए चिराग पर', 'उन्हें पा लिया है', 'जब तुझे भूल गए', 'वो साथ हमारा दे न सके', या कँवर कुमार की रचनाएँ 'जब शाम का सूरज' और 'कोई मुझे रात को याद करे' अपने ज़माने के बड़े खूबसूरत गीत थे जिन्होंने सुगम संगीत की परिभाषा बनाई थी।

दरअसल छठे दशक के अंतिम वर्षों से हेमंत का झुकाव भारतीय मेलोडी और ऑरकेस्ट्रेशन की अपेक्षा आधुनिक ऑरकेस्ट्रेशन के साथ अपनी खास गूँजते, प्रतिध्वनित असर वाले संगीत की तरफ बढ़ने लगा। कई फ़िल्मों में इन दोनों प्रवृत्तियों का बहुत आकर्षक संगम इन वर्षों में हमें मिलता है। 'फ़ैशन' के 'होंठों पे तेरा नाम तू ही तो मेरा श्याम' (लता, हेमंत, गीता)

में पारम्परिक भजन के साथ लता और हेमंत की आवाजों का सम्मोहन एक तरफ और 'मद भरी हैं प्यार की पलकें हलके-हलके बुंदियाँ छलके' (गीता, लता) में वाद्यों के सहारे बूँदों के गिरने के प्रभाव के साथ अंतरों में गीता के नशीले क्लब शैली का आरोह दूसरी तरफ़ इसी प्रकार के संगम का बहुत अच्छा उदाहरण बनकर आया। यदि 'फ़ैशन' के 'माटी को लजाना ना' (हेमंत), बहुभाषी लोकगीत 'बिंदु नाशी दाओ मोर हाले' (मुबारक, सुलोचना) और 'धरती की गोद में' (हेमंत) में भारतीय मिट्टी की खुशबू और 'एक झलक' (1957) के 'बहारें भी देखी नज़ारे भी देखे' (हेमंत, आशा) में मेलोडी की छाप थी, तो दूसरी ओर 'एक झलक' के ही 'चल बादलों के आगे' (हेमंत, आशा) की धीमी लय का आग्रह चर्च के choir song की शैली में, 'ये हँसता हुआ कारवाँ' (हेमंत, आशा) सीटी के साथ आधुनिक फ़िक्र-रहित शैली में, 'गोरी चोरी-चोरी जाना बुरी बात है' (हेमंत), छेड़खानी के नए अंदाज़ में, 'ये रात है तारों भरी' (लता) आधुनिक elegant शैली को लेकर और 'आ जा ज़रा मेरे दिल के सहारे दिलरुबा' (हेमंत, गीता) पूरी तरह पाश्चात्य शैली में बनाए गीत थे। 'ये हँसता हुआ कारवाँ' और 'गोरी चोरी चोरी' के version records उस समय बुरे वक्त से गुज़र रहे मुकेश के स्वर में हैं और दोनों ही बहुत बेहतरीन तरीके से मुकेश ने गाए हैं।

इस दशक का हेमंत का संगीतबद्ध एक ख़ास गीत था बीना राय और प्रदीप कुमार अभिनीत तथा शक्ति सामंत द्वारा निर्देशित 'हिल स्टेशन' (1957) का 'नई मंज़िल नई राहें नया है मेहरबाँ अपना' (हेमंत, लता)। सम्भवतः पहाड़ी के सुरों से प्रभावित इस गीत में सुरों की चढ़ती-उतरती अभिव्यक्ति तो कमाल की ही थी। प्रसिद्ध आलोचक विश्वनाथ त्रिपाठी ने मुझे बताया था कि हिंदी के ही प्रसिद्ध आलोचक नामवर सिंह के साथ उन्होंने इस गीत को पर्दे पर देखने के लिए ही 'हिल स्टेशन' कई बार देखी थी। 'हिल स्टेशन' का एक और सुंदर गीत था हेमंत के स्वर में 'वो खुशनसीब है जिसको यहाँ करार मिला'—यहाँ भी हेमंत के खास अंदाज में दर्द की भावना अतिरंजना से बचकर एक बड़े संयत रूप में उभरती है। 'गोरी-गोरी पतली कलाई रे बलमवा' (रफ़ी-गीता) भी लोकप्रिय रहा था और 'मुहब्बत में तड़पने से करार आता है इस दिल को' (लता) ने शब्दों को अर्थ की अपेक्षा से अलग तेज लय में बनाकर हेमंत ने एक नया प्रयोग किया है।

बाँग्ला गीतों में तो गायक हेमंत इस वक्त तक सबसे ऊपर पहुँच चुके थे। सलिल चौधरी ने तो यहाँ तक कह दिया था कि यदि भगवान कभी गाता तो हेमंत की आवाज में गाता। उनके स्टेज प्रोग्राम भी अत्यन्त सफल होते थे। एक बार सिलचर में भीषण जुकाम से ग्रस्त होने के बावजूद उन्होंने गाया और उनका कमाल देखिए कि शुरुआत तो नीची पट्टी के गीतों से सँभलकर की, पर चौथे गीत तक आते-आते इस जुकाम के बावजूद वे अपने स्वाभाविक स्केल पर आ गए। कलकत्ता और बम्बई की फ़िल्म नगरियों में हेमंत की व्यस्तता इतनी बढ़ चुकी थी कि कई बार वे शाम की फ़्लाइट से कलकत्ता जाते, अगले दिन वहाँ रेकॉर्डिंग करते और फिर शाम की फ़्लाइट से वापस बम्बई आ जाते। इंडियन एयरलाइन्स ने तो उन्हें 'डेली पैसेंजर' होने पर इनाम तक दे डाला। दरअसल हेमंत की इच्छाशक्ति जबर्दस्त थी। व्ही. बलसारा के लिए एक बार दो गीतों की रेकॉर्डिंग के समय बिजली चली गई। हेमंत ने समय का सदुपयोग करते हुए अपने दंत चिकित्सक के पास जाकर दाँतों का ऑपरेशन कराया और फिर वापस आकर इतनी खूबसूरती से गीतों को रेकॉर्ड किया कि विश्वास ही नहीं होता था कि यह आदमी अभी-अभी इतने कष्टप्रद ऑपरेशन से वापस आया है। बाँग्ला फ़िल्मों के महानायक उत्तम कुमार की फ़िल्मों में हेमंत का संगीत अमर हो चुका है, चाहे 'शापमोचन' के 'बाशे अच्छी पथ छे', रूमानी शैली की 'सुरेर आकाशे', शास्त्रीय बंदिश 'त्रिवेणी तीर्थ' या 'झर उठेझे बाउल बाताश' हो, 'हरनो सुर' के 'तुमि जे आमार' और 'आज दुजेनार' हो, 'शप्तपदी' का 'एई पथ जेहि ना शेष', 'दुई माई' का 'तारे बोले दिओ' हो या 'मरुतीर्थ हिंगलाज' के 'तोमार युवनो मागो' हो। 'शापमोचन' में तो उन्होंने डी.वी. पलुस्कर से शास्त्रीय गायन भी कराया था।

लेकिन संगीतकार के रूप में सफल होना पार्श्वगायक के रूप में हेमंत के लिए एक अवरोध रहा। अन्य संगीतकारों में से कई अब हेमंत को प्रतिद्वंद्वी के रूप में देखने लगे थे और हालाँकि 'है अपना दिल तो आवारा' के रूप में हेमंत का गाया गीत सालाना बिनाका का चोटी का गीत बना तथा एस.डी. बर्मन, कुछ हद तक शंकर-जयकिशन (जिनका स्वरबद्ध 'आ नीले गगन तले प्यार हम करें' हेमंत के स्वर में यादगार गीत बन चुका है) और बाद में उनके सहायकों—रवि और कल्याणजी—ने उन्हें मौके दिए पर पार्श्वगायक के रूप में अधिकांश अवसर अब उन्हें अपनी ही स्वरबद्ध फ़िल्मों की सीमा में रहकर मिले।

संगीतकार के रूप में हेमंत कुमार की बेहद सफल फ़िल्म 'दुर्गेशनंदिनी' (1956) रही। प्रदीप कुमार, नलिनी जयवंत और बीनाराय अभिनीत फ़िल्मिस्तान की इस फ़िल्म में एक बार फिर 'नागिन' वाला जादू क्ले वॉयलिन और बाँसुरी के साथ फ़िल्म के शीर्षक संगीत से लेकर 'चंदन की नैया पे हो के सवार' (लता, साथी)—जिसे फ़िल्भ के साउंडट्रैक पर धीमी लय में हेमंत ने

भी बिना ऑरकेस्ट्रेशन के बड़ी खूबसूरती से गुनगुनाया है—नृत्यात्मकता-भरे 'मत मारो श्याम पिचकारी' (लता, हेमंत, साथी) की ठुमरी अंग जैसी प्रस्तुति, वैसी ही शैली में 'कैसे मैं आऊँ पिया पास तुम्हारे' (आशा), मैंडोलिन, बाँसुरी, क्ले वॉयलिन के साथ कोरस के सुंदर प्रयोग को लेकर थोड़ी पूरबी और थोड़ी लावणी की शैली में 'रात अँधेरी डर लागे' (आशा, साथी) जैसे गीतों तक बखूबी पैदा करने में हेमंत ने सफलता पाई। लता के स्वर में ग़ज़ल शैली में 'मेरी मजबूरियों पे जहाँ चुप रहा' और 'चाँद निकलेगा जिधर हम न उधर देखेंगे' की तर्ज़ के साथ इंटरल्यूड में ग़ज़ल से अलग हेमंत का गीतात्मक ऑरकेस्ट्रेशन उनके संगीत का एक नया अंदाज़ था। फ़िल्म के सबसे सफल गीत 'कहाँ ले चले हो' (लता, साथी) की चर्चा हम कर चुके हैं—यह वह गीत है जिसमें मेलोडी के साथ आधुनिक ऑरकेस्ट्रेशन का बेहद लुभावना संगम हेमंत ने प्रस्तुत कर इसे अपना यादगार गीत बना दिया।

सत्येन बोस निर्देशित 'बंदी' (1957) के 'चुप हो जा अमीरों की ये सोने की घड़ी है' (किशोर) में ताल का कमाल इस गीत को सालाना बिनाका के चोटी के गीतों में स्थान दिला गया। फ़िल्म के ही किशोर के हलके गीत 'घर की रौनक है घरवाली' से अधिक लोकप्रियता ने इस तथ्य को भी रेखांकित किया कि किशोर की आवाज़ का इस्तेमाल पार्श्वगायन में भले ही कम संगीतकार उस वक्त करते रहे हों, पर गम्भीर सुरों के साथ भी किशोर कम नहीं जमते थे।

'नागिन' से शुरू हुए एक विशेष शैली के मीठे सुरों की धारा 'चम्पाकली' (1957) और 'पायल' (1957) में भी हेमंत ने बखूबी कायम रखी। 'चम्पाकली' के झिंझोटी आधारित 'छुप गया कोई रे दूर से पुकार के' (लता) की दर्दीली धुन तो श्रोताओं के मन-प्राण तक जा बसी। क्ले वॉयलिन, बाँसुरी और मैंडोलिन के साथ बेहद नर्म और मृदुल 'न जाने ये चंदा, न जाने ये सितारे' (लता), मस्ती और उल्लास-भरा 'आ जाओ रसिया सावन के दिन आए' (लता, मन्ना डे, साथी), 'खुली हवा में डोले रे' (लता) का लहराता माधुर्य और 'ओ मेरे साँई बाबा' (हेमंत) की तन्मय करती तर्ज़ इस फ़िल्म में हेमंत के हुनर के बहुत अच्छे उदाहरण हैं। 'पायल' (1957) में पुनः पायल की झंकार के साथ 'पिया मिलन को चली' (लता) की कर्णप्रियता और 'जा रे साँवले सलोने' (लता) में तबले, घुँघरू और मैंडोलिन के साथ तेज गति की लयकारी तथा 'चलो चले सजना' (हेमंत, लता) की रिद्म एक तरफ और 'ऐ मेरी मौत ठहर होश में आ लूँ तो चलूँ' (हेमंत, लता) की गाम्भीर्य-भरी वेदना दूसरी तरफ़ बड़ी कुशलता से स्थापित थी।

पद्मिनी 'पायल' में

'मिस मेरी' (1957) की भारतीय मेलोडी आधारित धुनों में हेमंत कुमार 'नागिन' के hangover से काफ़ी हद तक मुक्त नज़र आते हैं। 'ओ रात के मुसाफिर, चंदा ज़रा बता दे' (लता, रफ़ी) में धुन की लोच और भावना का बहाव तो गजब का है और यही कारण है कि यह गीत भी सालाना बिनाका के चोटी के गीतों में एक रहा। 'वृंदावन का कृष्ण कन्हैया सब की आँखों का तारा' (रफ़ी) कहरवा ताल पर पहाड़ी और दुर्गा के सुरों के साथ आज भी अभिभूत कर देता है। तिलंग आधारित 'सखी री सुन बोले पपीहा उस पार' (लता, आशा) में शृंगार और प्रकृति का मिश्रण भी बेहद सुंदर था। 'सैंया लग जा गले' (लता) की मिठास पृष्ठभूमि में बजती बाँसुरी के साथ बड़े आकर्षक तरीके से बढ़ती चलती है और 'सो गया सारा जमाना नींद क्यूँ आती नहीं' (लता) में रात के निस्तब्ध वातावरण के बीच गूँजती स्वरलहरियों के साथ बिलकुल रोमांचित कर जाती है। 'मिस मेरी' का 'ये मर्द बड़े दिलसर्द बड़े बेदर्द न धोखा खाना' (लता, रफ़ी) की शरारत-भरी बयानबाज़ी तो अपने-आपमें निराली ही थी, और आज तक नवीन लगती है। गीता और साथियों के स्वर में 'आई रे घिर-घिर पहली-पहली बदरिया' पारम्परिक अंदाज़ में मेलोडी से परिपूर्ण एक बहुत सुंदर कृति के रूप में और किशोर के अपने ख़ास अंदाज़ में 'गाना न आया बजाना न आया' भी सशक्त रचनाएँ थीं। ये सभी गीत कुल मिलाकर 'मिस मेरी' को 'नागिन' और 'दुर्गेशनंदिनी' की तरह ही हेमंत कुमार की संगीतबद्ध एक बहुत महत्त्वपूर्ण फ़िल्म बनाते हैं। पर 'कितना बदल गया इंसान' (1957) के 'पाँव बढ़ाता चल' (हेमंत), 'है चार दिन की दुनिया' (हेमंत) और एच.एम.व्ही. द्वारा निकाले गए गीता के 'रेयर जेम्स' कैसेट्स में शामिल 'जब तुम नहीं तो चाँद सितारे मैं क्या करूँ' जैसे गीतों के बावजूद यह फ़िल्म इस दशक में हेमंत की एक कम चर्चित फ़िल्म ही रही।

हेमंत कुमार का अंतर्मुखी स्वभाव और सीधापन फ़िल्म-जगत की व्यावसायिक दुनिया में उनके लिए अच्छा नहीं रहा। सफल फ़िल्मों के बावजूद और कुछ संगीतकारों के लिए बेहतरीन पार्श्वगायन के बावजूद (याद कीजिए 'मंज़िल' का नशीला निराला 'याद आ गई वो नशीली निगाहें) दशक के अंत तक हिंदी फ़िल्म जगत में उन्हें मिलने वाली फ़िल्मों की संख्या कम होने लगी। इस

वक्त बाँग्ला फ़िल्म-जगत में उनका काम बढ़ गया और 'ताशेर घर', 'हरना सूर', 'लूका चोरी', 'मरुतीर्थ हिंगलाज', 'दीप जले जाए', 'सोना हरिण', 'कुहक', 'नील आकाशेर नीचे', 'नैशे श्रवण', 'शेष पर्यंत', 'स्वरलिपि', 'मध्य रातेर तारा', 'शप्तपदी' आदि अनेक फ़िल्मों में उनका संगीत बहुत लोकप्रिय रहा। पर हिंदी में संगीतकार के रूप में यह उनका अंधकारमय दौर था। 'दो मस्ताने' (1958) की असफलता, 'पुलिस' (1958) में पाश्चात्य गीत की नकल से उपजा विवाद, 'हर दुखड़ा सहने वाली' (हेमंत, बेला मुखर्जी) और 'मुझे तरके ताल्लुक के लिए समझाया जाता है' (सुधा) जैसी सुंदर तर्ज़ों के बावजूद 'सहारा' (1958) की विफलता, लता के रेयर जेम्स कैसेट्स में शामिल सम्भवतः सारंग की छाया लिए 'खोई-खोई अँखियाँ नींद बिना' और 'ऐ बादलो रिमझिम के' तथा 'आ जा री चाँदनी हमारी गली' जैसे लता के सुंदर गीतों के बावजूद 'चाँद' (1959) की भी अपेक्षाकृत उपेक्षा हेमंत के कॅरियर के लिए बहुत भारी पड़ी। 'हम भी इंसान है' (1959) में अपनी आवाज़ से मिलती-जुलती आवाज़ वाले सुबीर सेन को मौका देकर गवाया गया 'गोरी तेरे नटखट नैना' (गीता के साथ) और लोकसंगीत पर आधारित बेहद खूबसूरत 'फुलता बन महके देखो लहके डाली-डाली' (गीता, सुमन) अवश्य हिट रहे और 'दुनिया झुकती है' (1960) का हेमंत की लाक्षणिक गुंजित शैली का 'गुमसुम सा ये जहाँ' (हेमंत, गीता) और 'गर्लफ्रेंड' (1960) का धीमी लय में रोमांच पैदा करता 'कश्ती का ख़ामोश सफ़र है' (किशोर, सुधा) भी बेहद सराहे गए, पर कुछ ही वर्ष पहले तक एक-एक फ़िल्म में हिट गीतों की लड़ी बिखेरने वाले हेमंत के लिए इतनी ही सफलता उनके उतार का ही परिचायक थी।

इस तथ्य से इनकार नहीं किया जा सकता कि फ़िल्मिस्तान स्टूडियो का अंत भी हेमंत के लिए घातक रहा। शशधर मुखर्जी का फ़िल्मिस्तान छोड़ना और अपनी अलग 'फ़िल्मालय' की स्थापना हेमंत के लिए एक धक्का था क्योंकि दशक की उनकी अधिकांश हिट फ़िल्में 'फ़िल्मिस्तान' के ही बैनर तले बनी थी। 'फ़िल्मिस्तान' के बाद अन्य बैनरों से मौके न मिलना भी एक कारण था कि उन्होंने स्वयं अपनी प्रोडक्शन कम्पनी बनाने की सोची। इसका नाम उन्होंने गुरु रवीन्द्रनाथ ठाकुर की प्रसिद्ध रचना 'गीतांजलि' से प्रेरित होकर गीतांजलि पिक्चर्स रखा। हेमंत कुमार ने इस प्रोडक्शन के बैनर तले रहस्य रोमांच-भरी फ़िल्में बनाईं जिनमें पहली फ़िल्म थी सर आर्थर कॉनन डायल के प्रसिद्ध उपन्यास 'The Hound of the Baskervilles' से प्रभावित 'बीस साल बाद' (1961)। इसमें शरलक होम्स तो न थे, और चूँकि हिंदी फ़िल्म थी, अतः रोमांस के अवयव भी डालने ज़रूरी थे। फ़िल्म के रहस्यमय वातावरण को जीवंत करता गीत 'कहीं दीप जले कहीं दिल' तो आज भी लता के सर्वश्रेष्ठ haunting गानों में अपना स्थान रखता है। यह गीत इसलिए भी ऐतिहासिक है क्योंकि इसी गीत से लता की ज़िंदगी का एक बड़ा महत्त्वपूर्ण मोड़ जुड़ा है। दरअसल लता इन दिनों काफी बीमार हो गई थीं और बीमारी से उठने के बाद उन्हें लगने लगा था कि उनकी आवाज़ पर भी बीमारी का बुरा असर पड़ा है। लता को लग रहा था कि रिहर्सलों में बात बन नहीं पा रही है, पर हेमंत ने लता को बिना बताए उनके एक रिहर्सल को ही रेकॉर्ड कर लिया और उसी को रेकॉर्डिंग मानकर लता को सुनाया और विश्वास दिला दिया कि लता की आवाज़ अभी भी लता की ही आवाज़ थी। इस मुश्किल गीत को जब वे सफलतापूर्वक गा पाईं तो उन्हें एक बार फिर अपना खोया हुआ आत्मविश्वास वापस मिल गया। यह भी एक कारण है कि इस गीत को 1967 में उनके द्वारा उद्घोषित अपने दस सर्वश्रेष्ठ गीतों में लता ने स्थान दिया। यह भी कम ही लोग जानते हैं कि हेमंत इस गीत को पहले गीता दत्त से गवाना चाहते थे, पर उनके घर पर रिहर्सल में 'ज़रा मिलना नजर पहचान के' का वह आवश्यक 'नाजुक लहज़ा' जब गीता नहीं ला पाई तो हेमंत ने उनसे माफ़ी माँग लता को बुलवा लिया।

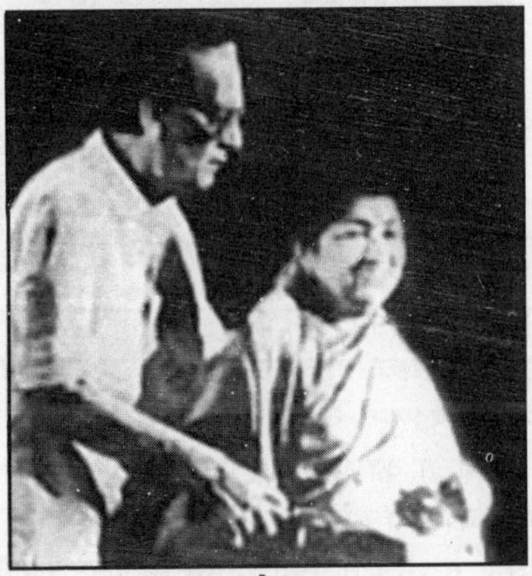

लता के साथ

बहरहाल, सोहनी और शिवरंजनी की छाया लिए यह गीत तो आज भी बेशुमार संगीतप्रेमियों को बेसुध कर देता है। वैसे तो 'बीस साल बाद' के सभी गीत अच्छे थे। हेमंत के स्वर में 'बेकरार करके हमें यूँ न जाइए' की chord आधारित रिद्म और 'ज़रा नजरों से कह दो जी निशाना चूक ना जाए' की तन्मयता पर आज भी हेमंत के प्रेमी कुर्बान होते ही हैं। वहीं भैरवी आधारित 'सपने सुहाने लड़कपन के' (लता) और दर्दीले सुरों के साथ 'ऐ मुहब्बत मेरी दुनिया में तेरा काम न था' (लता) को पसंद करने वाले भी असंख्य है। शकील बदायूँनी और हेमंत की इस फ़िल्म में जुगलबंदी फ़िल्म संगीत सफर का मील का पत्थर बन गई है।

फ़िल्मिस्तान के खत्म होने के बाद 'तस्वीरिस्तान' की लेखराज भाखरी निर्देशित कुछ फ़िल्मों में हेमंत को संगीतकार के रूप में चुना गया। 'दो मस्ताने' और 'सहारा' तो असफल रहीं, पर 'माँ बेटा' (1962) का संगीत कुछ सफल रहा। नायक के रूप में सम्भवतः मनोज कुमार की इस पहली फ़िल्म में हेमंत पहली बार बतौर पार्श्वगायक मुकेश को लाए और लता, मुकेश का प्यार भरा 'मैंने कहा एजी मैंने कहा, तुमको हमसे प्यार है' बहुत सुंदर बन पड़ा था। लता, हेमंत का 'मुहब्बत जिसको करते हैं वो एक धड़कन पुरानी हैं' कहरवा ताल पर बनी बड़ी मनोहारी रचना थी, जो आज भी लोकप्रिय है। लता के स्वर में 'मन मेरा उड़ता जाए बादल के संग' मूलतः रवींद्र संगीत पर आधारित हेमंत के ही गाए बाँग्ला गीत 'मन मेरो मेघेर संगिनी' का ही हिंदी रूप था, पर जहाँ हेमंत का बाँग्ला गीत पूरे बंगाल में धूम मचा गया था, वहाँ लता का गाया यह हिंदी रूपांतरण उपेक्षित सा रहा। 'वह कौन सी मुश्किल है' (रफ़ी) और 'छन छन छन छन पायल छनके' (लता, मन्ना डे, साथी) भी अच्छी कृतियाँ थीं पर अधिक लोकप्रिय न हो सकीं।

'साहब, बीवी और गुलाम' की छोटी बहू

यदि 'बीस साल बाद' शकील-हेमंत जोड़ी के लिए मील का पत्थर थी, तो इस जोड़ी का मीलस्तम्भ था गुरुदत्त की मशहूर फ़िल्म 'साहब, बीवी और गुलाम' (1962)। विमल मित्र के प्रसिद्ध उपन्यास पर आधारित इस फ़िल्म में सामंतवादी मूल्यों और मर्यादाओं की जकड़न और बदलते जमाने के साथ उसके विघटन की कहानी के बीच हेमंत का संगीत यादगार संगीत है। इस फ़िल्म में पहली बार उन्होंने गीता के समकक्ष आशा भोंसले को खड़ा किया, और संगीत पारखी समझ सकते हैं कि आरम्भ में गीता की तरह की ही शैली अपनाने वाली आशा इस फ़िल्म में उस शैली के साथ रहते हुए भी गीता से अलग अपना एक स्वतंत्र अस्तित्व बनाने में सफल रही हैं। वहीदा पर फ़िल्माए 'भँवरा बड़ा नादान है' में आशा के स्वर में झटकों और twist के सहारे मिश्र गारा में हेमंत ने एक नवयुवती की प्रेम और शृंगार की भावनाओं की बहुत ही अनूठी अभिव्यक्ति दी है जो फ़िल्म संगीत में अद्वितीय ही रही है। ज़मींदारी महफ़िल की समस्त तड़क-भड़क को जीवंत करता मुजरा गीत 'साकिया आज मुझे नींद नहीं आएगी' अपनी गति, लय और ताल का सिंधु भैरवी में मदमस्त करता समाँ बाँधता है, तो दूसरी तरफ़ कोठे का संगीत तबले की गत के साथ पायल की झंकार से दादरा ताल छः मात्रा का प्रभाव उत्पन्न करता 'मेरी जाँ हाँ मेरी जाँ अच्छा नहीं इतना सितम' के रूप में आशा की नशीली, sensuous अदायगी के साथ मदहोश कर जाता है। ये तीनों गीत आशा के पूरे फ़िल्मी जीवन के सर्वश्रेष्ठ गीतों में स्थान रखने लायक हैं। 'मेरी बात रही मेरे मन में' अवश्य इन गीतों के मुकाबले कमज़ोर है, हालाँकि इसे भी पसंद करने वाले कई श्रोता आज भी मिल ही जाते हैं।

रही बात गीता की, तो ऐसा नहीं कि गीता के हिस्से में कम गीत आए। यदि वहीदा के लिए आशा थीं, तो फ़िल्म में मीना कुमारी के सशक्त अभिनय के साथ गीता के गीत थे। पति के प्यार के लिए व्याकुल छोटी बहू का पति के इंतज़ार में सजते हुए राग मेघ पर आधारित 'पिया ऐसो जिया में समाए गयो रे' का गुनगुनाना कौन भूल सकता है? क्या ज़बर्दस्त तर्ज़ थी और कितनी परिपक्व गायकी थी! निस्संदेह गीता के सर्वश्रेष्ठ गानों में स्थान रखनेवाले इस गीत को आज भी सुनकर गायिका, संगीतकार और अभिनेत्री तीनों की कला के आगे सर झुक जाता है। गीता के इस फ़िल्म में दो और भी बड़े सशक्त गीत थे। 'कोई दूर से आवाज़ दे चले आओ' के निस्तब्धता में गूँजते सुरों को इतनी अच्छी अभिव्यक्ति गीता ही दे सकती थीं। भले ही 'बीस साल बाद' की रोमांचकारी रहस्यमयी पुकार के लिए हेमंत ने गीता को त्यागकर लता का स्वर लिया हो, पर 'साहब, बीबी और गुलाम' की इस डूबती-उतराती दिल की पुकार के लिए वे गीता के अलावा किसी और के बारे में सोच भी नहीं सके होंगे। गीता से बेहतर इस गीत को कोई गा भी नहीं सकता था। गीता का फ़िल्म का तीसरा गीत इन दोनों के सामने कमज़ोर ही कहा जाएगा, हालाँकि 'न जाओ सैंया छुड़ा के बैयाँ' की नशीली अभिव्यक्ति के भी कई दीवाने रहे हैं। फ़िल्म के लिए हेमंत ने भी एक गीत रेकॉर्ड किया था—'साहिल की तरफ कश्ती ले चल तूफां के थपेड़े सहना क्या'। हालाँकि यह गीत फ़िल्म में शामिल नहीं किया गया, पर कहा जाता है कि यह हेमंत के गाए सर्वश्रेष्ठ गीतों में से एक था।

हेमंत-शकील की जोड़ी की एक सुंदर प्रस्तुति 'बिन बादल बरसात' (1963) भी थी। हालाँकि फ़िल्म अधिक नहीं चली, पर गीत खूब सराहे गये। 'एक बार ज़रा फिर कह दो, मुझे शरमा के तुम दीवाना' (लता, हेमंत) की मूल धुन हेमंत की ही स्वरबद्ध

बाँग्ला फ़िल्म 'नील आकाशेर नीचे' की थी, पर गीत अपने गुनगुनाहट-भरे अंदाज में कर्णप्रियता की अद्‌भुत छटा बिखेरता आया था। 'दिल में तेरी याद सनम' (आशा, रफ़ी), 'जब जाग उठे अरमान तो कैसे नींद आए' (हेमंत), 'बिन बादल बरसात न होगी' (आशा) जैसे अच्छे गीतों के बीच ही फ़िल्म का सर्वश्रेष्ठ गीत था—'ज़िंदगी कितनी खूबसूरत है'। इसे हेमंत और लता दोनों ने ही गाया था, पर हेमंत के गाए गीत की तो बात ही कुछ और थी। यमन कल्याण पर आधारित धुन को कहरवा ताल में कौशल से बाँधकर हेमंत ने अपनी दिलकश रूमानी अंदाज में इतनी खूबसूरती से व्यक्त किया है कि मैं व्यक्तिगत तौर पर इसे हेमंत के गाए सबसे खूबसूरत गीतों में रखता हूँ।

इस दौर में तो हेमंत रहस्यप्रधान फ़िल्मों के साथ खूब जमे थे। 'बिन बादल बरसात' भी रहस्यप्रधान थी, और हेमंत के गीतांजलि के बैनर तले Daphne Du Maurier के प्रसिद्ध उपन्यास 'Rebecca' पर आधारित 'कोहरा' भी रहस्य से ही परिपूर्ण थी। 'कहीं दीप जले कहीं दिल' की जगह इस बार था पुनः लता के ही स्वर में 'झूम-झूम ढलती रात'। हालाँकि 'कहीं दीप जले' वाला जादू तो नहीं जग पाया, पर गीत यह भी जबर्दस्त ही कहा जाएगा। सस्पेंस संगीत के बीच लता की आवाज जैसे-जैसे फैलती है, लगता है, रहस्य उतना ही गहराता जा रहा है। पर 'कोहरा' का सबसे मशहूर गीत रहा हेमंत का ही स्वरबद्ध और गाया बाँग्ला फ़िल्म 'दीप जल जाए' के 'एइ रात तोमार आमार' पर आधारित 'ये नयन डरे-डरे'। 'एई रात तोमार आमार' ने बंगाल में लोकप्रियता के नए कीर्तिमान स्थापित किये थे, और इसकी humming और तर्ज़ को लेकर हेमंत ने हिंदी में दो गीतों की रचना की—एक तो 'ये नयन डरे-डरे' और दूसरा कुछ वर्षों बाद 'खामोशी' का 'तुम पुकार लो'। स्थायी में दुर्गा और अंतरे में यमन कल्याण की छाया लेकर सृजित 'ये नयन डरे-डरे' हिंदी फ़िल्मों में एक बिलकुल नए तरह का नई भंगिमा का गीत बनकर आया। यह हेमंत की आधुनिकता की सबसे विशिष्ट अभिव्यक्ति थी और उनकी humming और गुंजार प्रकृति बड़ी सुंदरता से मुखरित हुई थी। यह एक नई रूमानियत थी जो रोशन और रवि के मुशायरे की शायराना अंदाज़ की रूमानी अभिव्यक्ति से बिलकुल अलग थी। हेमंत का इस दौर का संगीत स्वतंत्र भारत के आधुनिक बंगाली भद्रलोक का संगीत बना। आंचलिकता अब खत्म थी और इस संगीत की भाषा और शैली में शहरों का आभिजात्य, महानगरों की रातों का नशा और चरित्र था। इसमें रूमानियत भी थी और alienation भी था जो 'खामोशी' के 'तुम पुकार लो' में बेहद गम्भीरता से प्रकट हुआ था। इस alienation के अंदर छिपी थी एक गहरी उदासी। याद कीजिए 'सन्नाटा' (1966) का गुलज़ार का लिखा 'बस एक चुप-सी लगी है' (हेमंत, लता) जो शहरों के बदलते परिदृश्य के बीच के एकाकीपन से ही उभरा लगता है। यहाँ गाँवों की रागात्मकता, आत्मीयता और पहचान कुछ भी नहीं है—बस, एक चुप-सी लगी है। हेमंत के संगीत में यह alienation कभी तो 'कोहरा' के 'राह बनी खुद मंज़िल' (हेमंत) और भीमपलासी पर रचित 'ओ बेकरार दिल (लता) जैसे गीतों में प्रचलित रिद्‌म के साथ दर्द को साथ लेकर चलता है तो कभी गुलज़ार के लिखे 'सूनी रात में खो गए चाँद के साए' (सन्नाटा) और 'वो शाम कुछ अजीब थी' (खामोशी) जैसे गीतों में आधुनिक संदर्भ का संगीत बनकर उदासी में पूरी तरह डूब जाता है। यह भी निर्विवाद है कि आधुनिक संदर्भ और परिवेश के बीच स्थित हेमंत का संगीत अधिक प्रभावित करता है। हेमंत का यह दौर व्यावसायिक दृष्टिकोण से हिंदी फ़िल्मों के लिए उनका अच्छा दौर नहीं था। उनको मिलने वाली फ़िल्में भी बहुत कम हो गई थीं, और हृषिकेश मुखर्जी ही ऐसे निर्देशक थे जो अपनी फ़िल्मों के लिए हेमंत को चुनते थे। गीतकार के रूप में इस दशक में गुलज़ार के लिए भी हेमंत कुमार और सलिल चौधरी जैसे संगीतकारों के पास ही थोड़ी बहुत जगह थी। पर हृषि दा के रचनात्मक दृष्टिकोण और गुलजार के आधुनिक बिम्ब विधान वाले गीतों ने हेमंत के संगीत की उपरोक्त वर्णित आधुनिक भंगिमा की अभिव्यक्ति में बहुत सहायता की। यह वह हेमंत नहीं हैं जिनकी छठे दशक की रिद्‌मों में एक नृत्यात्मकता और यदि हर जगह नृत्यात्मकता नहीं तो एक आश्वस्ति जरूर थी। इस दौर में हेमंत का संगीत दिलासा नहीं देता, वह अकेलेपन की आक्रांतता को पूरे पैनेपन से न केवल उभारता है बल्कि उसके विस्तार से झकझोड़ भी देता है।

हेमंत कुमार की निर्मित और असित सेन की निर्देशित 'खामोशी' (1969) तो आधुनिक रिश्तों के alienation की चरम अभिव्यक्ति एक पागलखाने के रूप में करता है, और फ़िल्म की पूरी कहानी एक पागलखाने के इर्द-गिर्द ही घूमती है। ज़ाहिर है, इस फ़िल्म के रूमानी और उदास गीतों में भी रिश्तों के मोहभंग और उससे उत्पन्न त्रासदी की छाया है। हेमंत कुमार का 'खामोशी' का संगीत भी इसी संदर्भ में स्थित है, और मेरे विचार से उनका सर्वश्रेष्ठ संगीत है। हलके कहरवा ताल के साथ यमन कल्याण की अनुभूति के बीच 'वो शाम कुछ अजीब थी' (किशोर) एक गहराती हुई उदासी का एहसास कराती है जो अद्‌भुत है। यूँ शब्द रूमानी हैं, पर फ़िल्म के कथानक के परिप्रेक्ष्य में हेमंत ने अपने संगीत के द्वारा आधुनिक समाज के प्रेम के अंदर

छुपी तमाम आशंकाओं को भी स्पर्श करते हुए इस गीत को एक कशिश-भरी उदास धुन दी है। प्रेम है, इसलिए सुर मुलायम हैं, पर इस प्रेम का भविष्य निश्चित और निश्चित नहीं है इसलिए सुरों का विस्तार एक हलकी उदास लहर को भी गहराता चलता है। Whistling और humming के साथ 'तुम पुकार लो' हेमंत के स्वर में मदहोश तो करता ही है, पर इस गीत की तर्ज़ में कहीं पुरानी छायावादी आकुलता या व्याकुलता नहीं है। धुन ऐसी है मानो इंतज़ार होते हुए भी यह एहसास है कि इंतज़ार बेमानी है। प्यार है मगर उसके अंदर एक अलगाव भी है। यह संगीत की एक नई परिभाषा थी जिसके सहारे गुलज़ार की 'हमने देखी है उन आँखों की महकती खुशबू' को हाथ से छू लिया जा सकता था, पर रिश्ते का नाम नहीं दिया जा सकता था। नए सामाजिक परिवेश में प्रेम के अनछुए यथार्थवादी पहलुओं को उभारने में हेमंत ने संगीत के नए पहलुओं को रेखांकित किया। दादरा ताल पर काफ़ी आधारित 'हमने देखी है' जितनी आधुनिक और स्तरीय प्रस्तुति फ़िल्म संगीत में शायद ही कोई और होगी। 'खामोशी' का पूरा संगीत एक अन्य संक्रमित मनःस्थिति का प्रतीक है, और यह मेरा पूर्वग्रह नहीं है कि ऊपर से हलके लगने वाले 'दोस्त कहाँ कोई तुमसा' (मन्ना डे) और आरती मुखर्जी की गुनगुनाहट 'आज की रात' की स्वर रचना भी प्रत्यक्ष के समानांतर एक alienation भरे नेपथ्य की रचना करते हैं।

इस नए आधुनिक संदर्भ में प्रेम के संशय की छाया न भी हो, तो भी अब प्रेम निर्द्वन्द्व भाव से उछाल नहीं लेता था। हेमंत के इस दौर के रूमानी गीत भी polished, संयत और सँभले हुए लगते हैं। चाहे 'फ़रार' (1965) के 'दिले नादाँ को सँभालूँ' (लता) हो, या पियानो, वॉयलिन, सितार और तबले के अद्भुत प्रयोग के साथ बीट्स में परिवर्तन के साथ humming के बिना भी humming का एहसास कराती वह आधुनिक धुन 'प्यार की दास्ताँ तुम सुनो तो कहे' (लता) हो। इस बार हेमंत के साथ कैफ़ी आज़मी थे, और उनके साथ यदि 'कैसे बने दिल की बाात हाय' में हेमंत दर्द के पहलू से अलग जाते हैं, तो 'लोग पीते हैं, लड़खड़ाते हैं' में पुनः अपने सामाजिक परिदृश्य में बड़ी शिद्दत से लौट कर आते हैं। हृषिकेश मुखर्जी और कैफ़ी आज़मी के साथ हेमंत एक बार फिर 'अनुपमा' (1966) में आए। धर्मेन्द्र, शर्मिला अभिनीत इस फ़िल्म के रूमानी गीत भी निर्बाध, उल्लसित बाढ़ की तरह अनियंत्रित नहीं रहते, बल्कि संयत तरीके से नर्म, कोमल सुरों के साथ सहलाते हैं। 'धीरे-धीरे मचल ऐ दिले बेक़रार कोई आता है' (लता) अल्हैया बिलावल और खमाज के सुरों के साथ हलकी बयार-सा बहता है और हमें अभिभूत कर जाता है। भीमपलासी की छाया लिए 'कुछ दिल ने कहा' (लता) की अलग-सी कम्पोज़ीशन, गायकी और कोमलता कुछ होने और साथ ही न होने के द्वंद्व को कितनी खूबसूरती से प्रकट करते हैं। इस गीत को कई संगीत समीक्षक यदि हेमंत की सर्वश्रेष्ठ कृति मानते हैं तो कोई आश्चर्य नहीं। आशा के गाए कर्णप्रिय 'भीगी भीगी फ़िज़ा' की भैरवी और 'क्यूँ मुझे इतनी खुशी दे दी कि घबड़ाता है दिल' की तीव्रता के बीच हेमंत का स्वयं गाया 'या दिल की सुनो दुनियावालो' फिर से बदलते संदर्भों के बीच उपेक्षित व्यक्ति की मनोगाथा लेकर आता है। इस बार हेमंत की शैली गुंजायमान मंथन की न हो कर intense और चुनौती भरी है। पर यह चुनौती परिवर्तन की नहीं है, यह अपनी व्यक्तिनिष्ठ identity को सुरक्षित रखने की है। देश के औद्योगिक परिवर्तनों और शहरीकरण के बीच के आदमी के एकाकीपन और अपने अस्तित्व को सुरक्षित रखने की उसकी कोशिश की संगीतमय अभिव्यक्ति सातवें दशक के हेमंत के कई हिंदी फ़िल्मी गीत बखूबी करते हैं। यह एकाकीपन 'सन्नाटा' के 'ऐसा होता तो नहीं ऐसा हो जाए अगर' (लता) में भी बड़ी तीव्रता से उद्भासित होता है।

'अनुपमा' में शर्मिला टैगोर

इस वक्त तक हेमंत को मिलनेवाली फ़िल्मों की संख्या बेहद घट चुकी थी। उनका अधिकांश वक्त अब कलकत्ता में बीतता था। हृषिकेश मुखर्जी निर्देशित 'दो दिल' (1965—जो शायद हृषि दा की निर्देशित सबसे खराब फ़िल्म होगी) और हेमंत द्वारा स्वयं निर्मित और हृषि दा द्वारा निर्देशित 'बीवी और मकान' (1966) का संगीत तो हिट रहा पर इससे हेमंत के हिंदी फ़िल्मी जीवन में कोई मोड़ आए, ऐसी बात नहीं हुई। 'दो दिल' का संगीत हेमंत के छठे दशक के दौर की याद दिलाता है—चाहे आरती मुखर्जी और रफ़ी का गाया मशहूर कर्णप्रिय दोगाना 'सारा मोरा कजरा चुराया तूने' हो, रफ़ी के गाए चिरपरिचित रूमानी अंदाज में 'तेरा हुस्न रहे मेरा इश्क रहे' हो, पहाड़ी लोकगीत की छाया लिए 'मन मोरा नाचे' (लता, साथी) हो, या लता के ही स्वर में वह बेहद मीठा, लोक शैली की छाया लिए 'प्यासी हिरणी बन बन डोले' हो। पर छठे दशक की नृत्यात्मकता और उत्फुल्लता की तुलना

में हेमंत अधिक संयत इन गीतों में भी लगते हैं। 'बीवी और मकान' (1966) के कथ्य के अनुरूप कुछ हलके-फुलके गीत 'अनहोनी बात थी' (मुकेश, जोगिंदर, तलत, मन्ना डे), 'आ था जब जन्म लिया' (मुकेश, हेमंत, मन्ना डे), 'जब दोस्ती होती है' (मन्ना डे, हेमंत, बलवीर, गुलाम मुहम्मत) खूब जमे थे। मन्ना डे का गाया व्यंग्य गीत 'रहने को घर दो' और हेमंत का बंगाल का प्रभाव लिए गाया 'सावन में बरखा सताए' गुलज़ार की लेखनी और हेमंत की तर्ज़ दोनों से ही प्रभावित करते हैं। रफ़ी एक अलग खूबसूरत अंदाज़ में 'जाने कहाँ देखा है' के साथ थे। गुलज़ार और हेमंत की यह जोड़ी विमल राय पिक्चर्स की शेक्सपियर के 'ए कॉमेडी ऑफ़ एरर्स' पर आधारित 'दो दूनी चार' (1968) में किशोर कुमार की मज़ेदार दोहरी भूमिका के साथ थी। यह फ़िल्म किशोर के दो खूबसूरत गीतों के कारण याद की जाएगी—हास्य का पुट लिए 'बड़ा बदमाश है ये दिल' और उससे बढ़कर राग मालकौंस पर आधारित हलकी हवा के स्निग्ध झोंकों का एहसास कराती 'हवाओं पे लिख दो हवाओं के नाम'।

पर शरत्‌चंद्र की प्रसिद्ध रचना पर आधारित मीना कुमारी, धर्मेन्द्र अभिनीत 'मँझली दीदी' (1967) में गुलजार नहीं बल्कि नीरज थे। हृषि दा की निर्देशित इस फ़िल्म में कथ्य और परिवेश के अनुरूप हेमंत ने एक बहुत सुंदर माँझी गीत बनाया और गाया था--'उमरिया बिन खेवक की नैया'। 'नदियों की भरी भरी गोद में' (हेमंत, साथी), 'मैं लाल लाल मुचकूँ' (लता, कमल बारोट, नीलिमा चटर्जी, साथी) और जात्रा के संगीत पर आधारित 'माँ ही गंगा' (लता)—इन सभी गीतों में बंगाल का ग्रामीण स्पर्श डालने की हेमंत ने कोशिश की थी। फिर भी, यह कोशिश छठे दशक की समान पृष्ठभूमि पर बनी फ़िल्मों में हेमंत के अविस्मरणीय संगीत के सामने फीकी ही रही।

आठवें दशक में तो हेमंत हिंदी फ़िल्मों में बस नाम के लिए ही रह गये थे। अपनी निर्मित 'बीस साल पहले' (1972) की असफलता व्यापक थी और 'अभी तो दुआ दे कि बचपन गया है' (किशोर, आशा), 'गीत इन होंठों पर मेरे आने को तो आ ही गए' (लता) और हेमंत की खास कशिश-भरी शैली में बहुत खूबसूरत 'पूछे तो कोई पूछे ये बात आसमाँ से' जैसे गीत भी इस असफलता का असर नहीं मिटा सके। कॉनरैड रूक की चर्चित फ़िल्म 'सिद्धार्थ' के भी वे संगीतकार थे। हिंदी में 'दो लड़के दोनों कड़के' (1978) और 'लव इन कनाडा' (1979) उनकी अंतिम फ़िल्में थीं। 'दो लड़के दोनों कड़के' के 'किसे ख़बर कहाँ डगर' (येसुदास) और 'चंदा की डोली में थी एक परियों की रानी' (आशा, येसुदास) या 'लव इन कनाडा' के 'खुशियाँ उनको मिलती हैं' (लता) या 'मेरे यार तू छोड़ गम छोड़ दे ये उदासी' (रफ़ी) जैसे गीतों ने भी कोई हलचल नहीं पैदा की। हेमंत भी बम्बई को छोड़ कलकत्ते रहने चले गए थे और वहीं सक्रिय रहे।

बाँग्ला में हेमंत कुमार के विराट व्यक्तित्व की चर्चा के लिए तो एक पूरी पुस्तक भी पर्याप्त नहीं है। रवीन्द्र संगीत या आधुनिक संगीत के महानतम गायक के अलावा एक महान कम्पोज़र के रूप में भी वे याद किए जाते हैं। गायक के रूप में तो उनके गीत चुनना भी आसान काम नहीं है। कम्पोज़र के रूप में भी 'बंधु तोमार पथे', 'आमि दूर होते तोमारे' (लता, हेमंत), 'के जैनो गो डेके छे' (लता, हेमंत), 'एमोन डगर डगर चोखो' (हेमंत) जैसे न जाने कितने सारे मधुर गीतों के सृजक हेमंत की 'शापमोचन', 'मरुतीर्थ हिंगलाज', 'शप्तपदी' जैसी फ़िल्मों का ज़िक्र हम पहले भी कर चुके हैं। 'अद्वितीय' (1967) के 'बूझो न कैनो जे तुमि' (लता), 'चंचल मयूरी ए रात' (लता), 'चंचल मन अनमना' (लता, हेमंत) आदि, 'अनिंदिता' (1972) के 'ओ रे मन पाखी' (लता) और 'के मौन तारेर तारा' (लता), 'अबाक पृथ्वी' (1959) का रिद्म परिवर्तन वाला 'एक जे छिलो' (हेमंत, साथी), 'बाघिनी' के 'ओ कोकिला' (मन्ना डे), 'जाकुन डाकला' (हेमंत) और बंगाल की लोकधुन पर आधारित अति मधुर 'जदि अरजनी' (लता), 'दीप जले जाए' के पहले उल्लिखित 'एइ रात तोमार आमार' (हेमंत) और पियानो पर सजाया 'आज जैनो नेर कोनो भावो ना' (लता), 'हरनाशूर' का बेहद तरल 'तुमि जे आमार' (गीता), 'कुहेली' (1971) के 'के जेगे' (लता) और 'एशो के एशो' (लता), 'कुहक' (1960) के 'नवल किशोरी गो' (हेमंत), 'विष्णुप्रिया गो' (हेमंत) आदि, 'लुकोचोरी' के रवीन्द्र संगीत की छाया लिए 'एइ तो हेताय' (किशोर, रूमा देवी), 'शुधु एकटुखानि' (किशोर, गीता), 'मनिहार' के मेलोडी प्रधान 'निझुम संध्या' (हेमंत, लता) लोक आलाप के साथ 'आमि होते पारि' (हेमंत), शास्त्रीय बंदिश 'कैनो गैलो' (लता), 'के जाएनो गो' (लता), 'नीलकाशेर नीचे' का काव्यात्मक गुरु-गम्भीर शीर्षक गीत (हेमंत), 'नायिका संवाद' के 'कैनो हृदय चंचल' (संध्या मुखर्जी), 'परिणीता' के लोक संगीत आधारित 'जागो रे कमलिनी' (हेमंत), 'शेष पोरजान्तो' के बेहद कोमल और मृदु 'एइ बालुका बेलाय' (हेमंत), 'मध्यरातेर तारा' के उदास सुरों वाले 'आहा आकाशे आज' (हेमंत) और 'आमि हिशाब मिलाते पारि नी' (हेमंत) जैसे उनके अनेक गीत बंगाली मध्यवर्गीय भद्रलोक के अंतर्मन का हिस्सा बने रहे। 'आलोर पिपासा' का अलग से ज़िक्र करना आवश्यक है क्योंकि इस फ़िल्म में उन्होंने न केवल हिंदी में 'अब के सावन घर आ जा' (राजेश कुमारी), 'बलम मतवारे' (राजेश कुमारी)

और 'घिर आई बदरिया' (लता) जैसे शास्त्रीय गीतों को स्थान दिया, बल्कि लता से हिंदी में 'न बजै हो बाँसुरी', 'पाथल बाज गई', 'फूलों में से फूल' और 'श्याम भई बिन श्याम' जैसे कई अन्य मीठे प्रेम और शृंगार के गीत भी गवाए। 'शेष परिचय' में भी 'चल ऐसी जगह ऐ दिल' (लता), 'झूम झूम कर गा ले' (लता) जैसे हिंदी गीत थे।

भोजपुरी फ़िल्म 'आएल बसंत बहार' में भी हेमंत ने संगीत देते हुए 'फुलवा के झुलवा' (मन्ना डे) जैसा दर्दीला गीत माँझी गीत की लय के साथ और 'मैया ठुमक ठुमक' (मन्ना डे, साथी) को ग्रामीण नृत्य की पूरी उत्फुल्लता के साथ सृजित किया था। 'बलमा बड़ा नादाम' (1964) में 'कबनी रहिया' (सुमन, हेमंत), 'जा रे जा बलमा' (लता) जैसी सुंदर लोक आधारित धुनों के साथ मुबारक बेगम से गवाया 'पायलिया छनकत' गीत तो अपनी नृत्यात्मक लय के कारण बहुत मशहूर रहा था।

रवीन्द्र भारती विश्वविद्यालय और कलकत्ता विश्वविद्यालय से संगीत में डी.लिट की उपाधि प्राप्त हेमंत बाद के दौर में भी 'संसार सीमांते' (1975), 'प्रतिश्रुति' (1976), 'प्रतिमा' (1977), 'स्वाति' (1977), 'गणदेवता' (1978), 'दादार कीर्ति' (1980), 'कपाल कुंडला' (1981), 'छोटो माँ' (1982), 'राजेश्वरी' (1983), 'दीदी' (1984), 'भालोबाशा भालोबाशा' (1985), 'पथभोला' (1986), 'प्रतिभा' (1987), 'सुरेर साथी' (1988), 'आगमन' (1988) जैसी कई महत्त्वपूर्ण फ़िल्मों में संगीतकार रहे तथा ग़ैरफ़िल्मी फ़लक पर भी उनके बाँग्ला गीत आते और रिझाते रहे। ब्लड प्रेशर, डायबिटीज, हृदयरोग से ग्रस्त हेमंत की 1989 में मृत्यु के पूर्व आत्मकथा 'आमार गानेर स्वरलिपि' (1988) भी प्रकाशित हुई थी।

संदर्भ

1. उपर्युक्त जानकारी—रजनी कुमार पंड्या : 'आपकी परछाइयाँ' से।
2. वही

ओ.पी. नैयर

'मैं शायद तुम्हारे लिए अजनबी हूँ, मगर चाँद-तारे मुझे जानते हैं'

ओ.पी. नैयर

ओंकार प्रसाद नैयर फ़िल्म-जगत के अकेले संगीतकार हैं, जिन्होंने अपने लम्बे संगीत सफ़र में जानबूझकर लता से कभी नहीं गवाया, और फिर भी बहुत बड़े अरसे तक चोटी पर बने रहे। जिस आशा भोंसले को आज हम नमन करते हैं, उन्हें सहनायिकाओं की पार्श्वगायिका या फिर 'बी' और 'सी' ग्रेड की फ़िल्मों से उठाकर चोटी तक पहुँचाने में ओ.पी. नैयर का ही योगदान है। आशा की आवाज़ की खरज को उभारने और उन्हें बहुआयामी पहचान दिलाने में भी सबसे बड़ा योगदान ओ.पी. नैयर का ही माना जाएगा।

ओ.पी. नैयर का अधिकांश संगीत मूलतः पंजाब की रिद्म पर आधारित था। चाहे 'कश्मीर की कली' का 'मेरी जाँ बल्ले-बल्ले' (आशा, रफ़ी) हो या 'ये देश है वीर जवानों का' का भाँगड़ा हो, नैयर का संगीत ऐसे गीतों में पूरी तरह खिल उठता था। मूलतः पंजाब के रहनेवाले नैयर ने पंजाब की लोकशैली की थिरकन को अपने संगीत में जितनी कुशलता से समाहित किया उतना शायद ही कोई और संगीतकार कर पाया। अपने कुशल ऑरकेस्ट्रेशन और वाद्यों की युगलबंदी के कारण भी नैयर का संगीत आज तक यादगार बना हुआ है। बाँसुरी और क्लैरिनेट का सामंजस्य, सारंगी और गिटार के कॉर्ड्स का लाजवाब प्रयोग, सारंगी और चेलो को एक साथ अलग-अलग अष्टक पर बजाना, वॉयलिन, मैंड्रोलिन और चेलो का असम्बद्ध रीति से प्रयोग उनके कई गीतों में रेखांकित होता है। साजों के फ़िलर्स का नैयर के संगीत में एक अलग अस्तित्व था, इतने मधुर फ़िलर्स कम ही संगीतकार दे पाए हैं। 'आना है तो आ राह में' (रफ़ी—'नया दौर') की सारंगी का अद्‌भुत प्रयोग कौन भूल सकता है? इसी प्रकार पियानो के खूबसूरत उपयोग में नैयर किसी भी तरह नौशाद या अनिल विश्वास से कम नहीं आँके जा सकते—चाहे 'आर पार' का 'जा जा जा जा जा बेवफ़ा' हो या 'नया अंदाज़' का 'मेरी नींदों में तुम'। महेंद्र कपूर के गाए 'बदल जाए अगर माली' और 'आँखों में कयामत के काजल' में गिटार के कॉर्ड्स पर अविलम्बित रिद्म गजब का है। पाश्चात्य शैली के क्लब डांस-शैली के 'मेरा नाम चिन चिन चू' (गीता), एकॉर्डियन के लय परिवर्तन के साथ 'बाबूजी धीरे चलना' (गीता), कॉर्ड्स पर आधारित 'दीवाना हुआ बादल' (रफ़ी, आशा) जैसे गीत यदि नैयर का एक पक्ष प्रस्तुत करते हैं, तो दो निषाद दो मध्यम के साथ सृजित लोकशैली का 'बूझ मेरा क्या नाम रे' (शमशाद), या तांगे के ट्रॉट रिद्म वाले 'पिया पिया पिया मेरा जिया पुकारे' या 'माँग के साथ तुम्हारा मैंने माँग लिया संसार' जैसे गीत उनका दूसरा पक्ष।

ओ. पी. नैयर का तीसरा पक्ष उनकी शास्त्रीय संगीत की पकड़ को भी उद्‌भासित करता है। उनके संगीत की विशेषता यह थी कि रागों के पारम्परिक स्वरूप को कायम रखते हुए उन्होंने माधुर्य के लिए सुकोमल स्वरों को राग से बाहर जाकर भी स्थान दिया। राग यमन पर आधारित 'ये रात फिर न आएगी' के 'फिर मिलोगे कभी इस बात का वादा कर लो' (रफ़ी, आशा) इसका एक अप्रतिम उदाहरण है। शास्त्रीय राग आधारित गीतों में सितार और सरोद का भी ओ. पी. नैयर ने भरपूर उपयोग किया, चाहे 'फिर मिलोगे कभी' हो या यमन कल्याण और केदार पर ही आधारित स्वर-रचना को मंद्र सप्तक से लेकर तार सप्तक

तक विस्तारित करता गीत 'आँचल में सजा लेना कलियाँ' हो। 'रागिनी' का राग तिलंग पर आधारित 'छोटा-सा बालमा' (आशा) में माधुर्य के लिए शुद्ध व कोमल दो गांधार एवं दो धैवत का प्रयोग, या राग बसंत बहार पर आधारित 'फिर वही दिल लाया हूँ' का 'देखो बिजली डोले', या आशा की आवाज़ की तमाम खनक, मुरकियों को सारंगी और सरोद के मोहक समन्वय के बीच उभरता राग शिवरंजनी में 'सम्बन्ध का 'अकेली हूँ मैं पिया आ' ओ. पी. नैयर के शास्त्रीय पक्ष के अद्वितीय उदाहरणों के रूप में हमेशा याद किए जाएँगे।

16 जनवरी, 1926 में लाहौर में जन्मे ओ. पी. नैयर ने विधिवत संगीत-शिक्षा ग्रहण नहीं की थी। यह उनकी नैसर्गिक प्रतिभा थी जो इसके बावजूद उन्हें शीर्ष पर ले आई। न्यू थियेटर्स के संगीत से वे बचपन से ही प्रभावित रहे और उनकी आरम्भिक कई रचनाओं में इसका असर दिखता है। बचपन से ही बच्चों के कार्यक्रम में लाहौर रेडियो से वे गाने लगे थे। प्रथम बार फ़िल्मों में गाने का मौका उन्हें रूप शोरी की फिल्म 'दूल्हा भट्टी' में मिला जहाँ गोविंदराम के संगीत निर्देशन में उन्हें 'इन दी जानव विचो' गाने का मौका मिला। परिवार से उन्हें इस संगीत-प्रेम के लिए प्रोत्साहन मिला नहीं, पर नैयर का मन पढ़ाई में कम और संगीत में अधिक रमता था। 17 वर्ष की आयु में ही एच.एम.व्ही. के लिए खुद की कम्पोज़ की गई 'कबीर वाणी' और फिर इनायत हुसैन तथा धनीराम के संगीत-निर्देशन में गाने का मौका मिला। परंतु ये गीत खास चर्चित न हुए और नैयर के दिन स्टूडियो के चक्कर लगाने में ही बीतने लगे।[1]

लेकिन इसी बीच नैयर की एक प्राइवेट कम्पोज़ीशन 'प्रीतम आन मिलो', जो उन्होंने सी. एच. आत्मा की आवाज में रेकॉर्ड कराई, बेहद मकबूल रही और ओ.पी. नैयर एक पहचाना नाम तो हो ही गया। 'प्रीतम आन मिलो' इतना मशहूर हुआ कि आज भी बड़े चाव से सुना जाता है। न्यू थियेटर्स की शैली का प्रभाव तो है, पर कम्पोज़ीशन बेमिसाल थी। इस सफलता से प्रभावित होकर प्रसिद्ध निर्माता दलसुख पंचोली ने भी नैयर को काम देने की सोची, पर इसी बीच विभाजन की त्रासदी ने सब कुछ इधर-उधर कर दिया और नैयर को भी लाहौर छोड़कर पहले पटियाला में संगीत शिक्षक बनना पड़ा, और फिर वहाँ से ऊबकर बम्बई आना पड़ा। बम्बई में संघर्ष जारी रहा, हालाँकि उनके एक पुराने मित्र कृष्ण कुमार की फ़िल्म 'कनीज़' में पार्श्व संगीत देने का मौका मिल गया। संगीतकार के रूप में पहला मौका उनके मित्र एस.एन. भाटिया की मदद से मिला जिन्होंने पंचोली को 'आसमान' के लिए नैयर को आजमाने की भरपूर सिफारिश की। 'आसमान' के लिए जो पहला गीत नैयर ने कम्पोज़ किया वह फिर सी. एच. आत्मा के ही स्वर में था, और बहुत कर्णप्रिय था—'इस बेवफा जहाँ में वफा ढूँढ़ते रहे'। गीता के स्वर में राग मल्हार में कम्पोज़ किया 'देखो जादू भरे मोरे नैन' लोकप्रिय भी हुआ। 'आसमान' के ही गीत 'पों पों पों बाजे बाजा ढोलक' (गीता, साथी) का संगीत टुकड़ा आगे चल कर बिनाका गीतमाला का भी शीर्षक संगीत बना। 'आसमान' में राजकुमारी के स्वर में 'मोरी निंदिया चुराए गयो' एक मीठी रचना थी जिसे सुनकर लगता है कि नैयर ने इसे लता के गले का ध्यान रखकर कम्पोज़ किया हो। हरीश भिमानी की पुस्तक 'इन सर्च ऑफ़ लता मंगेशकर' के अनुसार इस गीत को लता ही गाने वाली थीं, पर कुछ ऐसा हुआ कि दो तीन दिनों तक लगातार लता अन्य रेकॉर्डिंग की व्यस्तताओं के कारण रिहर्सल के लिए समय देकर भी न आ सकीं। नैयर ने भी कारण जानने की कोशिश किए बगैर पंचोली से शिकायत की। जब तक लता बात सँभालतीं तब तक इस वाकए को बढ़ा-चढ़ाकर ऐसा रंग दिया जा चुका था कि लता और नैयर के बीच एक अटूट गलतफ़हमी जन्म ले चुकी थी। दोनों ने फिर कभी साथ काम नहीं किया। वैसे लता और नैयर के मनमुटाव की एक और भी कहानी है जिसका ज़िक्र हम आगे करेंगे। बहरहाल, कुल मिलाकर 'आसमान' (1952) ने कोई लोकप्रियता के झंडे नहीं गाड़े, पर असफ़ल भी नहीं रही। 'छम छमा छम'(1952) के संतोषी के लिखे गीतों 'आ परदेसी बालमा' (आशा का नैयर के लिए गाया पहला गीत), 'तुम्हारी दुनिया से हमारी दुनिया निराली है' (आशा, किशोर), 'नैना मिला जरा चुपके से' (आशा, किशोर), 'तरसते हैं तड़पते हैं' (आशा, किशोर) आदि में भी नैयर ने अपनी रिद्म के कौशल का आभास तो दे दिया पर सफलता नहीं मिली। फिर भी नैयर की प्रतिभा से गीता इतनी प्रभावित हो चुकी थीं कि उन्होंने गुरुदत्त से नैयर की सिफारिश की और फिर गुरुदत्त के साथ नैयर का एक ऐसा दौर शुरू हुआ जो फ़िल्म-संगीत के इतिहास में अविस्मरणीय बन चुका है।

ओ. पी. नैयर का संगीत जब हिट होना शुरू हुआ तो उसने सभी सीमाएँ तोड़ डालीं। पंजाबी लोकशैली की थिरकन भरी रिद्म, घोड़े के टापों वाली उनकी लयपूर्ण रवानगी या मादकता-भरे उनके क्लब गीतों ने लोगों पर जादू-सा असर किया। हिट होने का सिलसिला गुरुदत्त की 'आर-पार' से ही शुरू हुआ। वैसे 'मुझे देखो हसरत की तस्वीर हूँ मैं' (तलत), 'माँझी अलबेले' (गीता), 'ऐ दिल ऐ दीवाने' (गीता) आदि गीतों वाली गुरुदत्त की 'बाज़' के संगीत की विफलता से तो नैयर इतने निराश हो

चले थे कि वापस पंजाब जाने का इरादा कर चुके थे। 'बाज़' का उनका कुछ पैसा लेना रह गया था और पंजाब जाने के पूर्व वे अपना बचा पैसा लेने गुरुदत्त के पास गए। गुरुदत्त के पास उस वक्त उतना पैसा था नहीं, और बदले में उन्होंने नैयर को 'आर-पार' का संगीत सौंप दिया। गुरुदत्त फिल्म में पाश्चात्य संगीत का असर चाहतें थे, और ओ. पी. नैयर ने भी गुरुदत्त द्वारा सुनाई पाश्चात्य धुनों से परहेज़ तो न किया, पर अपनी शैली की छाप इन गीतों पर भी डाल ही दी। 'आर-पार' (1954) इस कदर हिट हुई, और उसका संगीत इतना चला, इतना चला कि नैयर के पंजाब लौटने की बात तो खत्म हो ही गई, बल्कि वे तो रातोंरात संगीतकारों की पहली पायदान पर स्थापित हो गए। एकॉर्डियन के लय-परिवर्तन के साथ गीता की मादक आवाज़ में 'बाबूजी धीरे चलना' के साथ जो ज़माना मानो पागल हो गया। 'सुन सुन सुन सुन जालिमा' (गीता, रफ़ी) और 'जा जा जा बेवफ़ा' (गीता) के साथ यदि श्रोता झूम उठे तो गीता की नशीली रूमानियत से लबरेज़ आवाज़ में 'ये लो मैं हारी पिया' के साथ तो देश भर के युवा पुरुषों ने अपनी जगह पा ली। 'मुहब्बत कर लो जी भर लो अजी किसने रोका है' (गीता, रफ़ी) की थिरकती बानगी को तो यदि श्रोताओं ने सर-आँखों पर लिया, तो दर्द और कामुकता को एक साथ परिपक्व करता 'हूँ अभी मैं जवां' (गीता) और बिलकुल अलग शैली में पीलू आधारित 'कहीं आर कहीं पार लागा तीरे नजर' (शमशाद) की खनकती अभिव्यक्ति पर उन्होंने अपना दिलो-दिमाग निछावर किया। यह भी सर्वविदित है कि 'आर-पार' की सफलता से प्रेरित होकर निर्माताओं ने 'महबूबा' और 'मंगू' के संगीतकारों क्रमशः रोशन और मुहम्मद शफ़ी को कुछ गानों की रिकॉर्डिंग हो चुकने के बाद भी बदल कर ओ.पी. नैयर को संगीतकार के रूप में ले लिया था। 'आसमान' की गलतफ़हमी के बाद इस वाकये से क्षुब्ध लता इस प्रकरण को संगीतकारों के एसोसिएशन तक ले गई और परिणाम यह हुआ कि ओ.पी. नैयर के लिए इन फ़िल्मों में कोई गाने को तैयार ही नहीं हो सका था। इस वक्त ओ.पी. नैयर का साथ दिया शमशाद ने, और शमशाद के स्वर में 'महबूबा' का 'ऐ जी जानेमन अपने से यूँ नज़रें चुराना छोड़ दो' हिट भी हुआ, पर लता और ओ.पी. नैयर के बीच तो बहुत गहरी दरार पड़ ही चुकी थी।

'आर-पार' के गीतों की भी सफलता को पीछे छोड़ दिया गुरुदत्त की ही अगली फिल्म 'मिस्टर एंड मिसेज 55' के संगीत ने। निम्न मध्यवर्ग और कामकाजी लोगों का एक नया वर्ग तैयार हो रहा था जो अभी आत्म-विश्वास से भरपूर था और जो परम्परागत पारिवारिक मूल्यों को परे हटा (जैसे 'आर-पार') कुछ नया करना और देखना चाहता था। इसी वर्ग के लिए गुरुदत्त नैयर के द्वारा न केवल पाश्चात्य शैली का संगीत लेकर आए बल्कि पर्दे पर भी उन्होंने इन गीतों को उस ज़माने की विदेशी फ़िल्मों की तरह ही नाटकीयता को हटाकर बेखौफ़ खुलेपन से पेश किया। 'आर-पार' और 'मिस्टर एंड मिसेज 55' का संगीत एक नई ताज़ा लहर लेकर आया, एक नए प्रकार की रिद्म, पाश्चात्य खुलापन, बेबाकीपन और एक नई rollicking अलमस्ती। 'मिस्टर एंड मिसेज 55' के कई गीतों ने सालाना बिनाका में जगह बनाई और उनमें सबसे ऊपर रहा oscillating रिद्म-भरा 'उधर तुम हँसीं हो, इधर दिल जवां है' (गीता, रफ़ी)। 'जाने कहाँ मेरा जिगर गया जी' (रफ़ी, गीता), 'चल दिए बंदानवाज़' (गीता, रफ़ी)—सभी एक खास झूमती-झुमाती रिद्म लेकर आए जो ओ. पी. नैयर की विशिष्ट पहचान बन गई। 'मेरी दुनिया लुट रही थी' (रफ़ी, साथी) और सी.एच. आत्मा से गवाए अपने उस पुराने हिट गीत 'प्रीतम आन मिलो' के प्रयोग (इस बार गीता ने मादक स्वर में) को छोड़ दिया जाए तो सभी गीत मस्ती और बेफ़िक्री की एक नई दुनिया ही बनाते थे। 'ठंडी हवा काली घटा आ ही गई झूम के' (गीता, साथी) और 'अब तो जी होने लगा किसी सूरत का सामना' (शमशाद) के साथ तो उन दिनों युवावस्था को नई पहचान मिल गई थी।

गुरुदत्त और मधुबाला 'मिस्टर एण्ड मिसेज 55' में

गीता इस दौर में नैयर की प्रमुख गायिका रही थीं। शमशाद भी अपने रिद्मप्रधान गानों की विशेषता के कारण एकाध गीत में अवश्य रहती थीं। पर आशा भोंसले भी नैयर के खेमे में बड़ी तेजी से उभर रही थीं। यदि 'मुसाफिरखाना' (1955) के 'अच्छा जी माफ़ कर दो' (रफ़ी के साथ) और 'दिल दे डाला नजराना' में गीता फबती हैं, तो 'ज़रा सी बात का हुजूर ने फ़साना कर दिया' में आशा के स्वर की बारीकियाँ चुनौती की तरह प्रकट होती हैं। यदि 'मिस कोका कोला' (1955) के 'बन धड़कन कज़रारे नैना डोले रे' में गीता का प्रेयसी रूप अच्छा लगता है, तो उसी फ़िल्म के 'झुका-झुका के निगाहें मिलाए जाते हैं' (मुकेश

गीता दत्त

के साथ) की ग़ज़ल शैली में आशा ने अपनी आवाज़ के खरज को, मुरकियों को और मादकता को बड़ी जल्दी तलाश लिया, और ऐसा तलाशा कि फिर लता को छोड़कर उनके लिए कोई चुनौती बची ही नहीं। आशा का यह बहुरंगी रूप 'बाप रे बाप' (1955) के तांगे की trot शैली के 'पिया पिया पिया मेरा जिया पुकारे' (किशोर के साथ) जैसे सुपरहिट सदाबहार मस्ती-भरे गीत और 'तुम न आए घटा ग़म की छाने लगी' की तल्लीनता-भरी अदायगी को लेकर प्रकट हुआ।

भगवान की कॉमेडी फिल्म 'भागमभाग' (1956) में तो आशा गीता को पीछे छोड़ प्रमुख गायिका ही बन गईं, हालाँकि गीत अधिक लोकप्रिय न हुए। 'ढाके की मलमल' (1956) में तो बस आशा ही आशा थीं और 'जादूगर साँवरिया कैसी तान बजाई तूने' में खूब जमीं भी, पर फ़िल्म का लाजवाब गीत तो नैयर ने अपने पुराने चहेते सी.एच. आत्मा से गवाया–'दिया तो जला सब रात रे बालम'। आत्मा की गम्भीर आवाज़ में इस गीत को सुनना तो आज भी मत्रंमुग्ध कर देता है। 'प्रीतम आन मिलो' की तरह मशहूर तो यह न हुआ, पर स्तर में उससे कहीं भी कम इसे नहीं आँका जा सकता। 'फ़िल्मिस्तान' की आई. एस. जौहर निर्देशित 'हम सब चोर हैं' (1956) में एक बार फिर नैयर ने गीता को छोड़ आशा को लिया, और इस फ़िल्म में तो आशा अपने पूरे शबाब पर थीं। 'बेईमान बालमा, गई जान ज़ालिमा' की शोखी हो, या 'अंटम फंटम छोड़ के बाबू हो गई तेरी हार' और 'ओ मिस्टर बैंजों' (रफ़ी के साथ) की शरारत हो, ऐसा लगता है जैसे नैयर की रिद्‌म और आशा की स्वरलड़ियों में अब कोई अंतर बचा ही न हो।

पर ऐसा नहीं है कि नैयर के लिए गीता का ज़माना खत्म था। गुरुदत्त की फिल्मों में तो गीता को होना ही था, और 'सीआईडी' (1956) के सुपरहिट होने में फ़िल्म का संगीत बहुत बड़ा हिस्सेदार था। 'ऐ दिल है मुश्किल जीना यहाँ, ज़रा हट के ज़रा बच के ये है बॉम्बे मेरी जाँ' को अपने विशेष आधुनिक पाश्चात्य अंदाज़ की लय में रफ़ी और गीता से नैयर ने लाजवाब तरीके से गवाया। 'आँखों ही आँखों में इशारा हो गया' में तो गीता ने अपने चुलबुले अंदाज़ में रफ़ी को भी पीछे छोड़ दिया। 'जाता कहाँ है दीवाने, सब कुछ यहाँ है सनम' के नशीलेपन के दीवाने तो आज भी हज़ारों हैं। इस गीत को स्थायी में सामान्य लय और उसी की दूसरी लाइन में द्रुत लय में उठाना ओ. पी. नैयर की विशिष्ट शैली थी। अपनी खरी आवाज़ के साथ नैयर शमशाद को भी लाए दो अन्य सुपरहिट गीतों के साथ–'कहीं पे निगाहें कहीं पे निशाना' और लोक रिद्‌म पर आधारित 'बूझ मेरा क्या नाम रे'। 'सीआईडी' के सभी गीत सुपरहिट थे, और इन सबमें भी सदाबहार रहा हारमोनियम के सुंदर प्रयोग वाला 'ले के पहला पहला प्यार, भर के आँखों में खुमार'। इस गीत में आशा भी आईं, पर शमशाद और रफ़ी के पीछे। इसी प्रकार जॉनी वाकर और श्यामा अभिनीत 'छूमंतर' (1956) में भी प्रभुत्व गीता और रफ़ी का ही रहा। लेकिन 'गोरी गोरी रात है तारों की बारात है', 'रात नशीली रंग रंगीली मस्त हवा' और 'जब बादल लहराया' जैसे गीता के एकल गीतों से भी बढ़कर इस फ़िल्म में रफ़ी-गीता के गाए युगल और अलग से रफ़ी द्वारा अकेले गाए भैरवी आधारित 'गरीब जान के हमको न तुम मिटा देना' ने धूम मचा दी। रफ़ी और शमशाद के युगल स्वरों में 'हमने जब दिल था दिया कोई वादा था किया हुज़ूर आपने' की लयकारी भी अच्छी चली थी। मीना शोरी और जॉनी वाकर अभिनीत 'श्रीमती 420' (1956) के 'यहाँ हम वहाँ तुम' (गीता, रफ़ी), 'मेरी ज़िंदगी के हमसफर' (गीता), 'हमको छोड़ के कहाँ जाओगे' (गीता), 'मैं ढूँढ़ती हूँ कहाँ हो सनम' (आशा, रफ़ी) जैसे गीत भी उन दिनों लोकप्रिय रहे थे।

आशा भोंसले
जिन्हें नैयर ने चोटी पर पहुँचाया

इस समय तक ओ. पी. नैयर संगीतकारों की दौड़ में बिलकुल चोटी पर पहुँच गए थे। ज़माने को एक नई रिद्‌म उन्होंने दी और ज़माना उस रिद्‌म के जादू से अपने को बेहद युवा और अलग समझने लगा था। स्वतंत्रता-प्राप्ति के पहले दशक के उल्लास का दौर था, आशाओं का दौर था और गुरुदत्त भी इस दौर में 'मिस्टर एंड मिसेज 55', 'आर-पार' आदि से उल्लास और उत्फुल्लता का ही सृजन कर रहे थे। अभी टूटी आशाओं और निराशा को अभिव्यक्त करने वाली 'प्यासा' और 'कागज के फूल' के आने में वक्त था, और इसलिए ज़माने की उन्मुक्त खुली स्पंदन-धारा के बीच नैयर का संगीत अति उपयुक्त होकर फैल

रहा था। नैयर ने एस. मुखर्जी से (अनिल विश्वास द्वारा गीता को कराई जा रही एक रिहर्सल के दौरान एक मुश्किल तान को गाने में आ रही कठिनाई के दौरान) यह सीखा था कि गीत ऐसा हो जिसे साधारण आदमी भी गा सके और यह सीख उनके कम्पोज़ीशन्स का मूल मंत्र बनी।

शेख मुख़्तार की 'मिस्टर लम्बू' (1956) में नायिका सुरैया थी, और नैयर को सुरैया से ही गवाना था, पर 'याद करूँ तोरी बतियाँ' (सुरैया), 'तुम जरा सी बात पर खफ़ा न हो' (सुरैया, रफ़ी), 'सोई है कहाँ जाकर तकदीर मुहब्बत की' (सुरैया) जैसे गीतों में नैयर वह बात न ला पाए। गीता, रफ़ी का गाया युगल गीत 'आ मेरे दिलदार कर ले हमसे नैना चार' भी खास नहीं रहा। पर मीनाकुमारी, किशोर कुमार अभिनीत 'नया अंदाज़' (1956) में फिर नैयर का जादू सर चढ़कर बोला। 'चना जोर गरम बाबू मैं लाया मजेदार' में किशोर और शमशाद तो मस्ती की आसमानी ऊँचाइयों पर थे। 'तुम्हीं से प्यार तुम्हीं से करार' (शमशाद, किशोर), 'आज सुहानी रात रे' (शमशाद, किशोर, रफ़ी, साथी) भी ठीक थे, पर फिल्म को याद किया जाएगा किशोर के कुछ लाजवाब संजीदा नगमों के कारण। ओ. पी. नैयर भी अपनी मस्ती-भरी शैली में अगर किशोर से कव्वालीनुमा हिट गीत 'अपना तो ज़माने में इतना ही फसाना है' गवाने में सफल थे, तो दूसरी ओर संजीदा रूमानी गुनगुनाहट-भरे अंदाज में waltz शैली के परिवर्तित स्वरूप में पियानो और वॉयलिन के सामंजस्य के साथ 'मेरी नींदों में तुम ख्वाबों में तुम' (शमशाद के साथ) और 'हवा पिछले पहर जब दूर शहनाई बजाती है' के साथ एक नए प्रभावशाली रूप में हमारे सामने थे। नैयर और किशोर के साथ का सबसे लोकप्रिय नग़मा वैसे फिल्म 'कभी अँधेरा कभी उजाला' (1958) में आया जिसका किशोर की खास मस्ती-भरे अंदाज़ में 'सुरमा मेरा निराला' सुपरहिट रहा था। मन्ना डे, आशा का रूमानी लहराता 'बाँहों को ज़रा लहरा दे' फिल्म का दूसरा लोकप्रिय गीत रहा था।

'बड़े सरकार' (1957) की 'जवानी झूमती है दुलहन बन के' (आशा), 'दुनिया रंग रंगीली' (1957) में 'वो जो चाहने वाले हैं तेरे सनम' (आशा), 'जॉनी वाकर' (1957) की 'ठंडी ठंडी हवा पूछे उनका पता'(आशा, गीता), 'माई बाप' (1957) का नैयर की विशिष्ट चुलबुली रिद्म पर 'देखो जी देखो मीठी अदा से' (गीता, रफ़ी), 'कैदी' (1957) के 'यूँ ही बातें न बना' (शमशाद) और 'यूँ मुस्कुरा के सामने' (आशा, रफ़ी) जैसे गीतों को उस तरह की अपार लोकप्रियता तो नहीं नसीब हुई, पर 'नया दौर' (1957) की सफलता ने एक बार फिर नैयर के शीर्ष स्थान को रेखांकित कर दिया। बी.आर. चोपड़ा भी नैयर की अपार लोकप्रियता से प्रभावित होकर ही उन्हें 'नया दौर' के लिए लाए थे। हालाँकि नैयर ने पुनः अपनी पंजाबी रिद्म आधारित धुनों को ही इस फ़िल्म में प्रयुक्त किया, पर गाने सुपरहिट रहे। पंजाबी लोकशैली में 'उड़े जब जब ज़ुल्फें तेरी कँवारियों का दिल मचले' (रफ़ी, आशा), भाँगड़ा शैली का 'ये देश है वीर जवानों का' (रफ़ी, बलवीर, साथी), ताँगे की वही पुरानी trot शैली का राग गौड़ सारंग पर आधारित 'माँग के साथ तुम्हारा' (रफ़ी, आशा), चुलबुली पंजाबी शैली का 'रेशमी सलवार कुर्ता जाली का' (आशा, शमशाद), उत्प्रेरक अंदाज में 'साथी हाथ बढ़ाना' (रफ़ी, आशा, साथी) और सारंगी के उत्कृष्ट प्रयोग के साथ 'आना है तो आ राह में कुछ देर नहीं है' (रफ़ी) जैसे सभी गीत तो हिंदी फ़िल्म इतिहास में सदाबहार बन चुके हैं। नैयर को 'नया दौर' के संगीत के लिए फ़िल्मफ़ेयर पुरस्कार मिला और इस दौर में तो वे शंकर-जयकिशन को भी पीछे छोड़ गए। पर 'नया दौर' के संगीत की लोकप्रियता ही नैयर और बी.आर. चोपड़ा के बीच मनमुटाव का कारण बनी। फ़िल्म के रेकॉर्ड बिक्री की रॉयल्टी में हिस्से की नैयर की माँग चोपड़ा को रास नहीं आई और इसके बाद चोपड़ा ने ओ.पी. नैयर को फिर कभी अपनी फ़िल्मों के लिए नहीं लिया।

'नया दौर' में पहले मधुबाला का लिया जाना, फिर निकलना, मधुबाला के पिता द्वारा कोर्ट में मुकदमा करना और दिलीप कुमार का 'मैं उससे तब तक प्यार करूँगा जब तक वह मर न जाए' को अपनी खास शैली में कोर्ट में खुलेआम घोषित करना यदि महीनों चर्चा का विषय रहे तो 'नया दौर' का संगीत तो उससे भी आगे बढ़ कर वर्षों और आज तक चर्चित रहा है। 'नया दौर' से ही आशा भोंसले पूरी तरह अग्रणी गायिका के रूप में स्थापित हुईं। अब वे गीता की छाया नहीं बल्कि पूरी तरह आशा थीं और लता के लिए उभरती हुई चुनौती के रूप में प्रकट हो चुकी थीं।

'नया दौर' ही वह फिल्म थी जहाँ नैयर का आशा की ओर झुकाव पूर्णतः स्पष्ट हो गया। आशा की आवाज़ के बहुआयामी पक्ष को मुखरित करते-करते नैयर व्यक्तिगत तौर पर भी आशा के बेहद करीब हो गए। इसका एक अर्थ यह भी था कि अब गीता और शमशाद के लिए उनके पास अधिक वक्त न था, स्थान भी नहीं था। बाद में नैयर ने अपने कई साक्षात्कारों में इस पर अफसोस भी ज़ाहिर किया कि जिस शमशाद ने (जब कई गायिकाओं ने लता को नाराज़ न करने की ख्वाहिश के कारण 'महबूबा' में गाने की आनाकानी की) 'महबूबा' के गीतों को गाने के लिए सहर्ष तैयार होकर उनकी साख रखी और जिस गीता ने गुरुदत्त

के मन में उनके लिए जगह बनाकर अवसर का पहला द्वार खोला, उन्हें ही गए। और ऐसा भी नहीं था कि गीता 'उस्ताद' (1957) के आशा के 'किसी (रफ़ी के साथ) जैसे कई गीतों पर भारी वह लाजवाब सदाबहार गीत 'चोर लुटेरे ऊँची पायदान पर आया यह गीत आज है जो ऐसे गीतों के अपने विशिष्ट गाते हुए भी कभी हलकी नहीं लगीं। (1957) के राग पीलू और दादरा ताल जो हुए मेरे हमसफ़र' (रफ़ी के साथ)

'नया दौर' में दिलीप और वैजयंतीमाला

उनकी सभी सुपरहिट रही फ़िल्मों में आशा के प्रभाव में नैयर उपेक्षित कर चुक गई थीं। नानाभाई भट्ट निर्देशित का नाम जो होंठों पर बार-बार आए' बैठता था गीता की खास अदा से गाया डाकू'। वार्षिक बिनाका गीतमाला की भी उस गीता दत्त की याद दिला देता उन्मुक्तता भरे, कुंठा रहित अंदाज में जी. पी. सिप्पी की '12 ओ क्लॉक' में 'कैसा जादू बलम तूने डारा', 'तुम जैसे खूबसूरत गीतों के साथ गीता उतनी ही आकर्षक लगती थीं, जितना रफ़ी 'मैं खो गया यहीं कहीं' के साथ।

शक्ति सामंत की सुपर हिट फिल्म 'हावड़ा ब्रिज' (1958) में गीता ने अंतिम बार नैयर के लिए गाया, पर मधुबाला के सौंदर्य के ऊपर फ़िल्माए आशा के सभी गीतों से अधिक वजनदार रहा हेलेन की अदाओं के साथ थिरकता गीता का एकमात्र गीत 'मेरा नाम चिन चिन चू'। 'ईंट की दुग्गी' (रफ़ी), ओ. पी. के खास अंदाज़ में 'देख के तेरी नज़र बेक़रार हो गए' (आशा, रफ़ी), उसी परिचित पंजाबी रिद्म के साथ साँसों के गज़ब के नियंत्रण के साथ गाया 'आइए मेहरबान बैठिए जानेजां' (आशा) खूब लोकप्रिय रहे थे, पर 'मेरा नाम चिन चि चू' की buoyancy और gliding effect का समानांतर प्रभाव तथा वॉयलिन बैंड और गिटार के जादू का असर बाकी सभी गीतों को पीछे छोड़ गया। आज भी हेलेन के प्रशंसक उनके जादू का आगाज़ इसी गीत को मानते हैं। गिटार, मैंडोलिन और हवाइयन गिटार का प्रारंभ, इंटरल्यूड्स में ट्रम्पेट और क्लैरिनेट का प्रभुत्व, अंतरे के साथ ढोलक और उसका सहजता के साथ 'रॉक एंड रॉल' ड्रम बीट में रूपांतरण इस गीत को एक अद्भुत आकर्षण प्रदान करते हैं।

शम्मी कपूर वैसे शंकर-जयकिशन के साथ ही अपनी विशिष्ट अदाओंवाले संगीत के बतौर अधिक याद किए जाते हैं, पर शम्मी कपूर की उछलती-कूदती bohemian एल्विस प्रेसली जैसी शैली की पहली पहचान कराई नैयर के संगीत ने। नासिर हुसैन की 'तुम सा नहीं देखा' (1957) में पहली बार शम्मी कपूर अपनी उपरोक्त अदाओं और भंगिमाओं के साथ दिखे, और उनकी इन अदाओं को लोकप्रियता दिलाने में नैयर का रिद्म प्रधान, मस्ती-भरा उन्मुक्त संगीत बहुत काम आया। 'यूँ तो हमने लाख हसीं देखे हैं' में रफ़ी के स्वर में 'आ हा हा' का अदा-भरा प्रयोग, 'जवानियाँ ये मस्त मस्त बिन पिए' (रफ़ी) की तर्ज़ में खुमार और मस्ती का आलम तथा ऑरकेस्ट्रेशन का बेमिसाल इस्तेमाल, 'छुपने वाले सामने आ' (रफ़ी) का तरन्नुम, 'देखो कसम से कहते हैं तुमसे हाँ' (रफ़ी, आशा) की द्रुत रिद्म का जादू और 'सर पर टोपी लाल' (रफ़ी, आशा) की पंजाबी लोकनृत्य की नैयर की परिचित शैली—इन सबने 'तुम सा नहीं देखा' के गीतों को अपार लोकप्रियता दी। इन गीतों के साथ ही युवा वर्ग का एक बड़ा हिस्सा शम्मी कपूर शैली में उन्हीं भंगिमाओं और अदाओं के साथ नज़र आने लगा। यह एक नयी रूढ़ियुक्त प्रवृत्ति का आरम्भ था, जो गुरुदत्त की दशक के आरम्भ की फ़िल्मों से परम्परा को तोड़कर आए 'खुलेपन' का अगला कदम भी कहा जा सकता है। पर जिन परम्पराओं को तोड़कर ये भंगिमाएँ आई थीं, उनसे हटकर कोई प्रगतिशील मुहावरे इनमें नहीं थे। मर्द और औरत के प्रेम की खुली उछल-कूद-भरी अभिव्यक्ति तक ही यह आधुनिकता सीमित थी। इसका मनोरंजक मूल्य तो अवश्य था, पर आगे भी इसका कोई रचनात्मक मोड़ नहीं आया।

ओ. पी. नैयर के संगीत में विविधता कम थी, और यही उनकी सबसे बड़ी आलोचना का कारण भी रहा है। छठे दशक की लगभग हर फ़िल्म में पंजाबी लोकशैली की वही परिचित रिद्म, ताँगे की बीट पर बनाए गानों की प्रचुरता, कहीं टप्पा तो कहीं पीलू का पुनरावृत्त होता आग्रह, क्लब गीतों का भी rhu mbha रिद्म में एक खास नशीला अंदाज़ जो कई फ़िल्मों में प्रयुक्त किया गया—अपनी इन प्रवृत्तियों से नैयर बहुत कम ही अलग गए। उनकी प्रत्याशितता एक कम्पोज़र के रूप में उनकी पहचान को एक दायरे में बाँधती रही है। राज कपूर, मधुबाला अभिनीत 'दो उस्ताद' (1959) के 'तू लड़की मैं लड़का' (आशा, रफ़ी), 'तेरे दिल का मकान सैंया बड़ा आलीशान' (आशा, रफ़ी), शम्मी कपूर, नूतन अभिनीत 'बसंत' (1960) के 'इधर मैं खूबसूरत

हूँ' (रफ़ी, आशा) या 'जी चाहता है खींच लूँ तस्वीर आपकी' (रफ़ी, आशा), 'मिट्टी में सोना' (1960) के 'पूछो न हमें हम उनके लिए' (आशा) सभी नैयर के उसी typical अंदाज़ के गीत थे जिनमें विविधता का अभाव था।

पंजाबी लोकशैली पर पीलू का आग्रह 'फागुन' (1958) के गीतों में तो अपने चरम पर था। 'पिया पिया न लागे मोरा जिया' (आशा) की मचलती रिद्म हो, या 'मैं सोया अँखियाँ मींचे' (रफ़ी, आशा) की बहुप्रशंसित धीमी तर्ज़ हो, पीलू की छाया दोनों के ही आधार में थी। 'मैं सोया अँखियाँ मींचे' की रेकॉर्डिंग के समय आशा को कई जाम लेने पड़े थे। पर यह नैयर ही थे जिन्होंने आशा के स्वर के bass और रेंज को उभारकर उन्हें चोटी की गायिका बनाया।[2] बहरहाल 'फागुन' के पंजाबी लोक-शैली का 'इक परदेसी मेरा दिल ले गया' (रफ़ी, आशा) ने लोकप्रियता की कई मंज़िलें तय कीं, और 'तुम रूठ के मत जाना' (रफ़ी, आशा) की हीर भी मकबूल हुई, पर यह भी निर्विवाद है कि इन गीतों में नैयर अपने उसी परिचित पुराने अंदाज़ में थे। यह भी रोचक है कि नैयर को जब उस्ताद आमिर खान जैसी विराट हस्ती ने 'फागुन' के सभी गीतों को राग पीलू पर बनाने की बधाई दी, तो नैयर आश्चर्यचकित रह गए थे क्योंकि नैयर ने जान-बूझकर ऐसा किया ही नहीं था। दरअसल शास्त्रीय संगीत का कोई सीखा हुआ ज्ञान तो नैयर में नहीं के बराबर था। यह उनकी नैसर्गिक प्रतिभा थी जो संगीत धुनों के सहज उद्गार को भी रागों में परिवर्तित कर देती थी और चूँकि उनका सहज, स्वाभाविक उद्गार पंजाबी लोकरिद्म के साथ प्रकट होता था, अतः पंजाबी संगीत के आधार राग पीलू की अभिव्यक्ति भी बहुतायत से होती थी।

वैसे ओ. पी. नैयर शब्दों में डूबकर धुनें बनाते थे। हारमोनियम पर धुनें बनाना और फिर वाद्य-संयोजन की कल्पना पियानो पर करना, किस शब्द पर ज़ोर डालना है, कहाँ मुरकियाँ डालनी हैं—इस सबका हुनर उनमें बहुत ही ज्यादा था। आशा को बार-बार प्रोत्साहित करके, यह घोषणा करके कि आशा जैसी कोई दूसरी गायिका नहीं है, उन्होंने आशा में यह आत्मविश्वास लाने में सबसे बड़ी भूमिका निभाई कि वे मात्र सहनायिकाओं पर गाए जानेवाले गीतों की गायिका नहीं, बल्कि एक सम्पूर्ण गायिका हैं—शायद लता से भी बढ़कर विविध। नैयर ने खुद राजू भारतन को बताया था कि एक ज़माना था जब आशा, लता के प्रभाव से इतना आतंकित थी कि जब उन दोनों के घर काम करने वाली बाई आकर बताती थी कि लता ने एक बेहतरीन रेकॉर्डिंग फिर की है तो आशा कुंठित होकर अपना आत्म-विश्वास खो बैठती थीं। लेकिन नैयर ने आशा को इन कुंठाओं से मुक्त कर एक नया आत्म-विश्वास दिया। वे बताते हैं कि एक बार उन्होंने आशा से बड़े गुलाम अली खान की एक ठुमरी गवाई और चुपके से उसे टेप करके जब आशा को सुनाया तो आशा स्वयं भी अपने गाने के हुनर के निखार पर हैरान रह गईं। आशा की आवाज़ का निखार नैयर के उनके प्रति अगाध और अटूट विश्वास का ही परिणाम था।

यह भी निर्विवाद है कि पुनरावृत्ति के बावजूद नैयर की शैली इतनी लोकप्रिय हो गई थी कि कई संगीतकार अपने कई गीतों में उसी शैली की नकल करने लगे थे। चाहे शार्दूल क्वात्रा जैसे छोटे संगीतकार हों, या रोशन जैसे बड़े संगीतकार—ओ.पी. की शैली के प्रभाव से कोई नहीं बच पाया। मदन मोहन के 'भाई-भाई' के 'ऐ दिल मुझे बता दे' (गीता) की खूबसूरती की कितनी भी तारीफ़ की जाए, पर यह तो स्पष्ट ही है कि शैली पूरी तरह नैयर की थी। उषा खन्ना तो अपनी पहली फ़िल्म 'दिल दे के देखो' में पूरी तरह नैयर की ही शैली लेकर आ गईं, और मज़ा यह कि इस शैली के सभी गीत जबर्दस्त हिट भी हुए। यहाँ तक कि सचिन दा की 'प्यासा' का 'हम आपकी आँखों में' भी पूरी तरह नैयर की ही शैली थी। नैयर इस वक्त के सबसे महँगे संगीतकार थे और प्रति फ़िल्म के लिए एक लाख से ऊपर राशि उन्हें मिलती थी, जबकि शंकर-जयकिशन, सचिन दा और सी. रामचंद्र 50 से 75 हजार की श्रेणी में ही थे। मरीन ड्राइव पर रहने और कैडिलैक में घूमनेवाले नैयर की उन दिनों शानो-शौकत ही कुछ और थी। नैयर पहले संगीतकार रहे हैं जिन्होंने निर्माता से पूरी 10 प्रतिशत रॉयल्टी की माँग की और प्राप्त भी किया।

ओ. पी. नैयर ने कुछ इस हद तक अपनी शैली से हटकर संगीत दिया फिल्म 'रागिनी' (1958) में। शास्त्रीय संगीत का विधिवत ज्ञान न होने के बावजूद इस फिल्म में प्रसिद्ध शास्त्रीय गायक अमीर खान साहब से नैयर ने तीन ताल पर शीर्षक गीत 'जोगिया मेरे घर आए' गवाया, और अमानत अली तथा फतेह अली से भी राग ललित के शास्त्रीय अंदाज़ में पुनः तीन ताल पर ही 'छेड़ दिए मेरे दिल के तार क्यों, बाज रही पायल मदमाती' बेहद प्रभावशाली ढंग से गवाकर अपने एक नए पहलू को रेखांकित किया। रफ़ी के स्वर में 'मन मोरा बावरा' की तिलंग आधारित शास्त्रीय संरचना का अपना आकर्षण था। यह और भी रोचक है कि रफ़ी इस गीत में किशोर कुमार को प्लेबैक दे रहे थे। ऐसे अजूबे नैयर ही कर सकते थे। अपनी प्रिय सारंगी के लुभावने प्रयोग के लिए नैयर रोशन की तरह ही याद किए जाएंगे। इस बार वे सारंगी की खूबसूरत संगत के साथ राग तिलंग

पर आधारित 'छोटा-सा बालमा' (आशा) के साथ आए। तीन ताल की इस उत्कृष्ट कम्पोज़ीशन और सधी हुई गायकी ने आशा की विविधता को तो रेखांकित किया ही था, साथ ही उन्हें लता के समकक्ष खड़ा करने में महत्त्वपूर्ण भूमिका निभाई थी। 'तुझे देख के मचल गया' (आशा), पंजाबी रिद्म में 'मैं रात गुजारी तारे गिन गिन के' (आशा), ताँगे की रिद्म पर 'पिया मैं हूँ पतंग' (आशा), 'इस दुनिया से निराला' (आशा, गीता) और 'दिल तोड़ने वाले' (आशा) में नैयर अवश्य अपनी उसी चिरपरिचित शैली में थे, लेकिन 'रागिनी' में किशोर कुमार के गाए कुछ गीतों में नैयर ने अपनी शैली से अलग रिद्म का प्रयोग किया। 'मुझको बार-बार याद न आ' (आशा, किशोर) में किशोर की योडेलिंग के साथ वाल्ट्ज़ शैली का लहराता प्रभाव बहुत आकर्षक था, वहीं 'मैं बंगाली छोकरा करूँ प्यार को नमस्कारम्' (किशोर, आशा) और 'मुड़-मुड़ हमको देखता' (किशोर, आशा) जैसे गीतों में अलग-सी शरारती धुनें भी खूब लोकप्रिय रहीं। नैयर के इस दौर के लोकप्रिय गीतों में पाश्चात्य ऑरकेस्ट्रेशन पर 'जाली नोट' (1960) का 'रात सर्द सर्द है' (रफ़ी, आशा) भी एक अलग-सी सुंदर प्रस्तुति थी।

आशा भोंसले पर नैयर का संगीत कितना केंद्रित हो चुका था, यह इसी से पता चल जाता है कि 'कल्पना' (1960) के 11 गीतों में से 10 में आशा का स्वर था। हारमोनियम के लुभावने प्रयोग के साथ 'प्यारा प्यारा है समाँ' (आशा, रफ़ी), नशीले सुरों के साथ 'जाए जहाँ मेरी नज़रें' (आशा), मचलते बीट्स पर 'मैं खिड़की पर आऊँगी' (आशा, रफ़ी) सभी में आशा का प्रभुत्व था। पर 'कल्पना' में नैयर की उत्कृष्ट प्रस्तुति थी राग ललित पर आधारित 'तू है मेरा प्रेम देवता' (रफ़ी, मन्ना डे)। पद्मिनी और रागिनी जैसी शास्त्रीय नृत्यांगनाओं के लिए दो पुरुष स्वरों में पृष्ठभूमि प्रदान करता यह गीत सितारखानी ताल पर एक अनूठा प्रयोग था। वहीं 'बेकसी हद से जब गुजर जाए' में जाँ निसार अख्तर के कलाम को राग देस में बहुत खूबसूरत ग़ज़ल शैली में कम्पोज़ कर नैयर ने आशा के बहुआयामी हुनर की ऐसी मिसाल पेश की कि आज तक इस ग़ज़ल को हम भूल नहीं पाए हैं। मुजरा शैली में 'ओ जी सावन में हूँ बेकरार' (आशा) और 'हमें मारो न नैनों के बाण' (आशा) भी उस ज़माने के चर्चित गीत थे।

शोभना समर्थ, तलत और नूतन
'सोने की चिड़िया'

'सोने की चिड़िया' (1958) नैयर के संगीत का एक और नया पहलू लेकर आया। इस्मत चुगताई और शाहिद लतीफ की प्रगतिशील विचारधारा से उत्पन्न इस फ़िल्म के फ़िल्म उद्योग के अंदर के शोषण को रेखांकित करते गम्भीर कथ्य के अनुसार नैयर ने अपनी उन्मुक्त शैली से हट कर साहिर के लिखे शब्दों के लिए रोशन और खय्याम की तरह ही अलग शायराना किस्म की तर्ज़ों का प्रयोग किया। जाहिर है, रोशन और खय्याम की ही तरह ऐसे गीतों के लिए नैयर भी यमन कल्याण लेकर आए और यमन कल्याण तथा केदार के पुट के साथ तथा अंतरे में दोहरे सितार एवं मैंडोलिन के साथ सृजित 'प्यार पर बस तो नही है मेरा' (तलत, आशा) को तो नैयर ने स्वयं भी अपने दस सर्वश्रेष्ठ गीतों में गिना है। राग जोगिया पर आधारित 'रात भर का है मेहमां अँधेरा' (रफ़ी) भी एक उत्कृष्ट और बेहद मकबूल कृति थी जो पूँजीवादी व्यवस्था में निहित असुरक्षा और भ्रम की संरचना को पूरी शिद्दत से उभारती थी। मजरूह लिखित 'बेकस की तबाही के सामान हजारों हैं' (आशा), फिल्म में प्रयुक्त कैफ़ी आज़मी के स्वर में एक नज़्म 'आज की रात बड़ी गर्म हवा चलती है' जैसी शायराना प्रस्तुतियों ने 'सोने की चिड़िया' के साउंडट्रैक का एक अलग ही मंजर निर्मित किया था। तलत और आशा के स्वर में अत्यंत कर्णप्रिय और लुभावने रिद्म पर सृजित 'सच बता तू मुझ पे फ़िदा' में शब्द और धुन की खूबसूरती का संगम इतना लाजवाब बना था कि आज भी तलत, आशा के सर्वश्रेष्ठ दोगानों में इसकी गिनती होती है।

सातवें दशक की कई फ़िल्मों में नैयर ने रूमानी गीतों को कम्पोज़ करने की अपनी एक अलग शैली विकसित की। सितार और सारंगी के इंटरल्यूड्स के साथ 'फिर वही दिल लाया हूँ' (1963) का 'आँचल में सजा लेना कलियाँ' (रफ़ी), 'एक मुसाफिर एक हसीना' (1962) का 'मुझे देख कर आपका मुस्कुराना' (रफ़ी), 'कश्मीर की कली' (1964) के 'दीवाना हुआ बादल' (आशा, रफ़ी) और 'बलमा खुली हवा में' (आशा), 'मेरे सनम' (1965) के पहाड़ी पर आधारित 'टुकड़े हैं मेरे दिल के' (रफ़ी) और 'हमने तो दिल को आपके कदमों में रख दिया' (आशा, रफ़ी), 'बहारें फिर भी आएँगी' (1966) का अद्भुत शायराना खुमार से भरा 'आपके हसीन रुख पे आज नया नूर है' (रफ़ी) और 'ये रात फिर न आएगी' के गीतों जैसे कितने ही उदाहरण दिए जा सकते

हैं। बिना शास्त्रीय संगीत सीखे भी नैयर की संगीत की नैसर्गिक प्रतिभा ही उनसे ऐसे गीत कम्पोज़ करा लेती थी।

'एक मुसाफिर एक हसीना' में जॉय मुखर्जी

राज खोसला की जॉय मुखर्जी और साधना अभिनीत 'एक मुसाफ़िर एक हसीना' (1962) के उपरोक्त उल्लिखित 'मुझे देख कर आपका मुस्कुराना' की खुमार भरी धुन के अलावा राग चाँदनी केदार में कहरवा ताल पर रचित 'आप यूँ ही अगर हमसे' (रफ़ी, आशा), राग किरवानी पर आधारित 'मैं प्यार का राही हूँ' (रफ़ी, आशा), वार्षिक बिनाका की 15वीं पायदान पर आया बाबू सिंह के बजाए हारमोनियम और वॉयलिन के प्रचुर ऑरकेस्ट्रेशन के साथ स्वरों के बेहतरीन उतार-चढ़ाव वाला 'बहुत शुक्रिया बड़ी मेहरबानी' (रफ़ी, आशा), केदार आधारित 'हमको तुम्हारे इश्क ने क्या-क्या बना दिया' (रफ़ी) जैसे गीतों ने अपने ज़माने में खूब धूम मचाई थी। 'एक मुसाफिर एक हसीना' नैयर के संगीत के रूमानी पहलू की प्रतिनिधि फिल्म मानी जा सकती है। दरअसल सातवें दशक में नैयर ने अपने संगीत में कभी अपनी खास नज़ाकत और अभिव्यक्ति को प्रकट किया—अधिकतर पहाड़ी और यमन के सुरों के साथ, तो कभी पंजाबी शैली की पुरानी रिद्म को छठे दशक के मुकाबले कुछ अधिक परिष्कार के साथ, और कभी पाश्चात्य क्लब-शैली के गीतों का अपना खास अंदाज़ प्रस्तुत किया जो कई बार क्लब के बाहर के दृश्यों के लिए भी इस्तेमाल में लाया गया। और इन सब के साथ शम्मी कपूर की खास उत्प्लावक और प्रफुल्ल शैली का ही एक रूप जॉय मुखर्जी और विश्वजीत के लिए भी नैयर लाते रहे।

'हांगकांग' (1962) के 'होलोलुलू' (आशा), 'हाँगकाँग...चीना मीना' (आशा, साथी) और कथ्य के अनुरूप विदेशी प्रभाव के गीतों को यदि छोड़ दिया जाए तो इस दशक की अधिकांश फ़िल्मों में नैयर अपनी सभी शैलियों के सुंदर सम्मिश्रण के साथ थे। 'फिर वही दिल लाया हूँ' (1963) इसका सबसे बेहतरीन उदाहरण है। एक तरफ जॉय मुखर्जी की छवि से मेल खाते अंदाज में 'लाखों हैं निगाह में ज़िदंगी की राह में' (रफ़ी) 'अजी किबला मोहतरमा' (रफ़ी) और 'हमदम मेरे खेल न जानो' (रफ़ी, आशा) जैसे गीत, तो दूसरी ओर शास्त्रीय प्रधान सम्भवतः बसंत बहार (शायद छायानट का भी स्पर्श) के प्रयोग के साथ सृजित (नुसरत फ़तेह अली का भी पसंदीदा और जिसे सुनकर उस्ताद अमीर खान यह विश्वास करने को तैयार नहीं थे कि ओ.पी. नैयर को शास्त्रीय संगीत का 'ए बी सी' भी नहीं आता है) 'देखो बिजली डोले बिन बादल के' (आशा, उषा मंगेशकर), और तीसरी ओर अपनी नशीली रूमानी शैली में सृजित अति सुंदर 'आँचल में सजा लेना कलियाँ' (रफ़ी), 'ज़ुल्फ़ की छाँव में चेहरे का उजाला लेकर' (आशा, रफ़ी) और राग किरवानी के अद्‌भुत प्रयोग के साथ 'आँखों से जो उतरी है दिल में' (आशा)—ये सभी गीत सदाबहार हो चुके हैं। नैयर की लोकप्रियता के कारण यह आश्चर्य की बात नहीं है कि कई बड़े बैनर उन्हें संगीतकार अनुबंधित करने के लिए आतुर रहते थे। यदि नासिर हुसैन ने उन्हें 'फिर वही दिल लाया हूँ' के लिए चुना, तो शक्ति सामंत ने 'कश्मीर की कली' (1964) के लिए और शम्मी कपूर अभिनीत इस फ़िल्म के गीतों ने भी लोकप्रियता के कई कीर्तिमान बनाए। खास शम्मी कपूराना अंदाज़ में 'तारीफ़' के साथ शम्मी कपूर की हर उछलती, गिरती भंगिमा के साथ हर बार 'तारीफ़' के नए अंदाज में 'थ्रो' करते हुए अभिव्यक्त करना रफ़ी को छोड़कर और किसी के बस की बात नहीं थी। मजेदार बात यह है कि 'तारीफ़' को नए-नए अंदाज़ में गाने की सलाह शम्मी कपूर की थी और रफ़ी ने न केवल उनकी सलाह का समर्थन किया बल्कि अपनी अनूठी शैली में इसे साकार भी कर दिखाया।

'कश्मीर की कली' के 'बलमा खुली हवा में महकी हुई फिज़ा में' के साथ 'बहकना इधर उधर' को लेकर जो लोच नैयर ने डाली और जिसे आशा ने बेमिसाल ढंग से अभिव्यक्त किया, उसने इस गीत को एक संगीतमय कलाकृति ही बना डाली है। दीपचंदी ताल पर पहाड़ी के सुरों के साथ 'इशारों इशारों में दिल लेने वाले' (आशा, रफ़ी) के नशीले रोमांटिक स्वर हों, 'फिर ठेस लगी दिल को' (आशा) का गहराता सोज़ हो, मनोहारी सिंह के सैक्सोफ़ोन के साथ 'है दुनिया उसी की ज़माना उसी का' (रफ़ी) के प्रत्यायक उदगार हों, 'सुभान अल्लाह हसीं चेहरा' (रफ़ी) का शम्मी कपूरी रंग हो, 'दीवाना हुआ बादल' (आशा, रफ़ी) की नाजुक, कल्पनाशील, मर्मस्पर्शी शैली हो, या पंजाबी लोकरंग के बीच सारंग की छाया के सुंदर प्रभाव वाला 'मेरी जाँ बल्ले बल्ले' (आशा, रफ़ी) हो, 'कश्मीर की कली' नैयर की संगीत-शैलियों का स्वर्ग बनकर ही आज तक हमारे साथ है। इसी तरह आज तक हमारे साथ है आशा पारेख, विश्वजीत अभिनीत 'मेरे सनम' (1965) का संगीत जहाँ नैयर की कई शैलियों का हुनर

एक आधुनिक परिमार्जन के साथ हमारे सामने उभरता है। राग पीलू के साथ 'जाइए आप कहाँ जाएँगे' में रईस खाँ के सितार के साथ आशा की अप्रतिम अभिव्यक्ति तो केवल नैयर के लिए आ सकती थी। वहीं 'ये है रेशमी ज़ुल्फ़ों का अँधेरा न घबराइए' (आशा) तो क्लब सांग्स शैली की शृंखला में हिंदी फ़िल्म-संगीत का प्रतिनिधि गीत ही बन चुका है। पहली बार यदि आशा लता के लिए चुनौती बनकर उभरीं तो इसका श्रेय पूरी तरह ओ. पी. नैयर (और कुछ हद तक रवि) को जाना चाहिए। 'ये है रेशमी ज़ुल्फ़ों' में आशा के नशीले अंदाज़, अंतरों में ज़बर्दस्त झटकों की खूबसूरती और 'जाइए आप कहाँ जाएँगे' में शिवकुमार शर्मा के बजाए संतूर का अपना ही अस्तित्व—ये सभी मिलकर उपरोक्त दोनों गीतों को नैयर के संगीत-सफर में एक विशिष्ट स्थान दिलाते हैं। राग पहाड़ी के सुरों के साथ 'टुकड़े हैं मेरे दिल के ऐ यार तेरे आँसू' (रफ़ी) तो बेमिसाल रचना थी। क्या धुन थी और क्या खूब गायकी! यदि पीलू पिछले दशक में नैयर का प्रिय राग था, तो पहाड़ी और यमन सातवें दशक में, क्योंकि अब नैयर मात्र रिद्म के नहीं बल्कि अपनी खास शैली के रूमानी नज़ाकत-भरी भावनाओं के गीतों के भी सृजक थे। इसीलिए 'मेरे सनम' में यदि 'रोका कई बार मैंने दिल की उमंग को' (आशा, रफ़ी) की रिद्म एक तरफ थी, तो पहाड़ी पर आधारित 'हमने तो दिल को आपके कदमों में रख दिया' (आशा, रफ़ी) की शायराना तर्ज़ दूसरी तरफ। यमन पर आधारित 'हमदम मेरे मान भी जाओ' (रफ़ी) में यदि पिछले दशक के नैयर की छाया थी तो किरवानी आधारित 'पुकारता चला हूँ मैं' (रफ़ी) में अत्याधुनिक ऑरकेस्ट्रेशन और कोमल स्वरों का प्रयोग इसे पुराने रिद्म से अलग एक अत्यंत आकर्षक नवीनता प्रदान करता था। नैयर ने खुद भी माना है कि उनकी रचनाओं में 'रोमांस' का होना उन्हें अधिक पसंद आया था। एस. एच. बिहारी, अज़ीज कश्मीरी और शेवन रिज़वी जैसे गीतकार की कद्र नैयर द्वारा संगीतबद्ध उनकी रचनाओं से ही हुई। एस. एच. बिहारी और नैयर की जोड़ी तो शैलेंद्र-शंकर-जयकिशन की तरह ही लोकप्रियता का पर्याय बन गया था।

गीतकार एस.एच. बिहारी

अब तक नैयर इतने 'आशामय' हो चुके थे कि गीता को तो वे भूल ही गए। जैसाकि पहले कहा गया है, उस शमशाद को भी वे विस्तृत कर गए जिसने उस वक्त नैयर के लिए गाने की रज़ामंदी दी थी जब 'महबूबा' में रोशन के हटाए जाने के बाद के विवाद के कारण कोई और उनके लिए गाने को तैयार नहीं था। गीता ने 1964 में एक रात नैयर को फ़ोन करके भी पूछा था कि आखिर क्या कारण है, उसने क्या गलती की है कि नैयर उससे कभी नहीं गवाते? नैयर को यह ग्लानि खलती रही, पर उस वक्त वे आशा के साथ इस कदर जुड़ चुके थे कि उन्हें और किसी के लिए समय ही नहीं था। पुरुष गायकों में इसी तरह नैयर के लिए रफ़ी ही रफ़ी थे, पर यहाँ उन्होंने रफ़ी के साथ हुए एक मनमुटाव के कारण महेंद्र कपूर को भी इस दशक में मौका देना आरम्भ कर दिया। लता के साथ काम करने का तो प्रश्न ही नहीं था और भले ही एक बार टी.वी. पर नैयर के एक गीत को देख कर लता के मुँह से बरबस निकला हो कि 'क्या कम्पोज़िंग है', और नैयर ने भी कभी कहा हो कि मदन मोहन जैसा कोई कम्पोज़र और लता जैसी कोई गायिका कभी नहीं हुई, पर बाद की इन बातों के बावजूद लता और नैयर के सम्बन्ध कभी ठीक नहीं रहे। यहाँ तक कि मध्यप्रदेश शासन का लता मंगेशकर के नाम पर दिया जाने वाला पुरस्कार भी नैयर ने सिर्फ़ इसलिए ठुकरा दिया कि वह लता के नाम पर था।

सफेद वस्त्रों, धूम्रपान, शराब के शौकीन ओ.पी. नैयर अन्दर से बहुत कोमलहृदयी भी थे। संगीतकार विनोद जब बीमार थे एवं उनकी माली हालत ठीक नहीं थी तो उनके घर गये नैयर ने उनकी पुत्री का नृत्य सिर्फ़ इसलिए देखा ताकि इनाम के बहाने वे विनोद के परिवार की कुछ आर्थिक मदद कर सकें। पर ओ. पी. नैयर की एक बहुत बड़ी खामी रही है उनका अहम्। इसी अहम् के कारण रॉयल्टी के पैसों को लेकर हुए झगड़े ने बी.आर. चोपड़ा को 'नया दौर' की सफलता के बाद भी नैयर से विमुख किया, और पैसे की तकरार ने ही गुरुदत्त

'आपके हसीन रुख पे आज नया नूर है', 'बहारें फिर भी आएँगी' में माला सिन्हा और तनुजा

को भी नैयर को छोड़, एस.डी. बर्मन की ओर उन्मुख किया। लेकिन गुरुदत्त एक बार फिर वापस नैयर की ओर आए 'बहारें फिर भी आएँगी' (1966) के साथ। धर्मेन्द्र, तनुजा और माला सिन्हा के ऊपर फ़िल्माया 'आप के हसीन रुख पे आज नया नूर है' (रफ़ी) तो हिंदी फ़िल्मों के सर्वश्रेष्ठ फ़िल्माए गीतों में अपना स्थान रखेगा। तनुजा और माला सिन्हा के सौंदर्य को इतनी खूबसूरती से गुरुदत्त के बाद कोई भी फ़िल्मकार प्रस्तुत नहीं कर सका। प्यार के त्रिकोण को उद्भासित करते इस गीत में नैयर ने बेहद नाज़ुक सुरों का इस्तेमाल किया और रफ़ी की नशीली मादक गायकी इसे निस्संदेह रफ़ी के सर्वश्रेष्ठ रूमानी गीतों में स्थान दिलाती है। पियानो के सुंदर इंटरल्यूड्स के साथ गिटार के कॉर्ड्स और वॉयलिन का पृष्ठभूमि में फैलता प्रभाव इस गीत में नैयर के अद्भुत ऑरकेस्ट्रा मिक्सिंग का उदाहरण पेश करता है। नैयर का यही ऑरकेस्ट्रा कौशल माउथऑर्गन, सैक्सोफोन और बाँसुरी के साथ तबले की सुंदर रिद्म और राग यमन के सुरों को लेकर 'वो हँस के मिले हमसे हम प्यार समझ बैठे' (आशा) में पूरी कशिश से प्रकट हुआ है। गिटार के कॉर्ड्स का कमाल हमें 'दिल तो पहले से ही मदहोश है' (रफ़ी, आशा) में भी मिलता है। आशा के स्वर में 'कोई कह दे कह दे कह दे ज़माने से जा के' और महेंद्र के स्वर में 'बदल जाए अगर माली' फ़िल्म की अन्य लोकप्रिय रचनाएँ थीं। गुरुदत्त तो इस फ़िल्म के निर्माण के दौरान ही चल बसे और बाकी फ़िल्म उनके भाई आत्माराम ने पूरी की, पर यह नैयर की 'आशामयता' नहीं तो और क्या थी कि गुरुदत्त की इस फ़िल्म में गीता दत्त कहीं नहीं थीं, सिर्फ आशा ही आशा थीं।

व्यक्तिगत तौर पर यदि नैयर का सर्वश्रेष्ठ संगीत चुनना हो, तो मैं विश्वजीत और शर्मिला अभिनीत 'ये रात फिर न आएगी' (1966) को ही चुनूँगा। हर गीत ही एक रत्न है, और आशा के गाए उनकी ज़िंदगी के सबसे खूबसूरत गीतों में से दो तो इसी फ़िल्म से लिए जाने चाहिए। फ़िल्म के सस्पेंस के अनुरूप सृजित 'मैं शायद तुम्हारे लिए अजनबी हूँ, मगर चाँद-तारे मुझे जानते हैं' के सुंदर आलाप, लोच-भरी अभिव्यक्ति और ट्रम्पेट, वॉयलिन, सितार के खूबसूरत समाँ के साथ नैयर अपनी खूबियों के चरम पर लगते हैं। इससे भी बढ़कर है 'यही वो जगह है यही वो फ़िज़ाएँ, यहीं पर कभी आप हमसे मिले थे'। एस. एच. बिहारी और नैयर की जोड़ी ने एक से बढ़कर एक गीत दिए हैं, पर इससे सुंदर तो शायद ही कोई और गीत हो सकता था। पहाड़ी की गूँजती शैली में nostalgic सी कशिश लेकर रचित यह बेमिसाल गीत मेरे विचार से हिंदी फ़िल्मों का सबसे सुंदर nostalgic गीत है। खय्याम आशा के साथ 'उमराव जान' के 'ये क्या जगह है दोस्तों' में भी वह प्रभाव नहीं ला पाए जो नैयर ने आशा के साथ 'यही वो जगह है' में पैदा किया था। खय्याम आशा के साथ अपनी जगह तलाश रहे थे, पर नैयर तो हमेशा से जानते थे कि वह जगह यही है जहाँ आशा हैं, और कोई जगह तो हो ही नहीं सकती थी। 'ये रात फिर न आएगी' के रूमानी गीत नैयर के श्रेष्ठतम रूमानी गीत हैं। यमन पर आधारित सितार के सुंदर प्रयोग के साथ कोमल नज़ाकत से भरपूर 'फिर मिलोगे कभी इस बात का वादा कर लो' (रफ़ी, आशा) की दर्द-भरी अभिव्यक्ति हो, या फिर सितार के सुंदर इस्तेमाल के साथ सम्भवतः भीमपलासी में 'मेरा प्यार वो है कि मर कर भी तुमको जुदा अपनी बाँहों से होने न देगा' (महेंद्र कपूर) की शायराना तबीयत हो—इन सभी लोकप्रिय गीतों को इसका प्रत्यक्ष प्रमाण माना जा सकता है। नैयर का रिद्म इस फिल्म के एक ही गीत में झलका पर ऐसा ज़बर्दस्त रहा कि 'हुज़ूरेवाला जो हो इजाज़त' (आशा, मीनू पुरुषोत्तम) गली-गली और डगर-डगर का गीत बन गया और वार्षिक बिनाका की छठवीं पायदान पर भी आया।

शिवकुमार शर्मा का संतूर, हरिप्रसाद चौरसिया की बाँसुरी, रईस खान का सितार, अब्दुल सत्तार का ढोलक, पहले मास्टर इब्राहिम और फिर बाबू सिंह का हारमोनियम—यह सभी नैयर की कई orchestral विभूतियों का आधार बनीं। सारंगी और बाँसुरी की लाजवाब जुगलबंदियाँ, बाँसुरी और क्लैरिनेट का एकीकृत प्रयोग और किसी संगीतकार में इतना सुंदर नहीं मिलता। यदि अपने खास पंजाब 'अंग' की रचनाओं के लिए नैयर ने ढोलक को एक नई प्रतिष्ठा दी (जो गुलाम हैदर के इस वाद्य के प्रयोग से कहीं अधिक व्यापक थी), और साथ ही पंजाब की टप्पा गायन शैली की तानों और मुरकियों के लिए हारमोनियम को संगत के लिए व्यापक तौर पर इस्तेमाल किया, तो साथ ही गिटार chords के नए प्रयोग के साथ पाश्चात्य रिद्म के नए प्रकार भी वे हिंदी फ़िल्म-संगीत में लेकर आए। अपने संगीत के मामले में नैयर बेहद अनुशासित भी थे। राम नारायण, हरिप्रसाद चौरसिया और रईस खान जैसे कलाकारों से भी देर से आने पर वे काम से मना कर देते थे। यही अनुशासन उनकी रचनाओं में भी झलकता है। बेहद कसी हुई कम्पोज़ीशन्स उनकी खासियत ही बन गई थी।

ओ.पी. नैयर की संगीत-शैली के उपरोक्त वर्णित आकारों के अन्य सुंदर उदाहरणों में धर्मेन्द्र, राजश्री अभिनीत और जगदीश निरूला की निर्देशित 'मुहब्बत ज़िंदगी है' (1966) के शृंगार गीत 'रातों को चोरी-चोरी बोले मोरा कँगना' (आशा) और भैरवी पर

आधारित शायराना गीत 'न जाने क्यों हमारे दिल को तुमने दिल नहीं समझा' (रफ़ी), शक्ति सामंत की ही मनोज, शर्मिला अभिनीत 'सावन की घटा' (1966) का नैयर की चिरपरिचित ताँगा या trot बीट पर आधारित अत्यन्त कर्णप्रिय 'जरा हौले-हौले चलो मोरे साजना' (आशा) और शायराना रूमानी तर्जों पर 'मेरी जान तुझ पे सदके एहसान इतना कर दो' (आशा) तथा 'ज़ुल्फों को हटा ले चेहरे से' (रफ़ी) जैसी लाजवाब रचनाएँ, फ़िरोज खान, मुमताज़ अभिनीत 'सी.आई.डी. 909' का दिलक़श क्लब सांग 'यार बादशाह, यार दिलरुबा' (आशा) और जय मुखर्जी, माला सिन्हा अभिनीत 'हमसाया' (1968) के पाश्चात्य रिद्म के बेहतरीन प्रयोग के साथ 'वो हसीन दर्द दे दो जिसे मैं गले लगा लूँ' (आशा), भैरवी में 'आजा मेरे प्यार के सहारे अभी-अभी' (आशा) तथा अपने ज़माने में खूब बजने वाले 'दिल की आवाज़ भी सुन मेरे फ़साने पे न जा' (रफ़ी) जैसे गीतों को तो हिंदी फ़िल्म-संगीत के श्रोता कभी भुला न पाएँगे।

पर नैयर की सिद्धांतवादिता और अहम् इसी दौर में एक बार फिर उनके आड़े आए। 'लव एंड मर्डर' (1966) की रफ़ी के साथ एक रेकॉर्डिंग थी। नैयर और कम्पोज़र्स तैयार थे। लेकिन रफ़ी एक घंटे से भी ज़्यादा देरी से आए। उनका देरी से आना नैयर को उतना नहीं खला जितना रफ़ी का कारण देना कि किसी दूसरे कम्पोजर की रेकॉर्डिंग में देर लगने की वजह से विलम्ब हुआ। नैयर ने कुछ कहा तो नहीं और रेकॉर्डिंग भी पूरी कर ली लेकिन अंदर ही अंदर उनके अहम् ने इस बात को नहीं स्वीकारा कि रफ़ी ने किसी और कम्पोजर के कारण उनसे इंतजार कराया। इसके बाद ओ.पी. नैयर ने रफ़ी से मुँह मोड़ लिया। महेंद्र कपूर को कुछ अवसर तो वे पहले भी दे ही रहे थे पर इसके बाद महेंद्र उनके प्रमुख गायक हो गये। 'नसीहत', (1967) 'दिल और मुहब्बत' (1968), 'सी.आई.डी. 909' (1967), 'कहीं दिन कहीं रात' (1968), 'किस्मत' (1968), 'श्रीमान जी' (1968), 'सम्बन्ध' 81969), 'द किलर्स' (1969) में रफ़ी नहीं बल्कि महेंद्र थे। रफ़ी फिर वर्षों बाद 'ऐसा भी होता है' (1971) में नैयर के साथ आए। नैयर के साथ महेंद्र कपूर भी कम नहीं जमे और 'नसीहत' (1967) का पंजाबी अंग और यमन के साथ 'या कि तुम पे मेरी जाँ शबाब आ गया', 'कहीं दिन कहीं रात' (1968) का trot शैली का राग देस का पुट लिए सृजित 'ओ यारों की तमन्ना है', 'तुम्हारा चाहने वाला खुदा की दुनिया में' तथा 'तुम्हारे ये नखरे तुम्हारी शरारत' और विश्वजीत की ख़ास अदा के साथ हजारा सिंह के गिटार के chords के लाजवाब प्रयोग के साथ सृजित 'लाखों है यहाँ दिलवाले' और 'आँखों में कयामत के काजल' जैसे 'किस्मत' (1968) के गीत बहुत लोकप्रिय रहे। 'किस्मत' के 'कजरा मुहब्बत वाला' (आशा, शमशाद) में नैयर का पंजाबी रिद्म एक बार फिर गली-गली गूँजा जब कि 'आओ हुज़ूर तुमको सितारों में ले चलूँ' (आशा) की लय भी आसमानी ऊँचाइयों तक पहुँची। किशोर कुमार अभिनीत 'श्रीमान जी' (1968) में किशोर की विशिष्ट शैली को ध्यान में रखकर रचे गए 'पहलू में यार हो तो किस बात की कमी है' (किशोर, आशा) को भी अच्छी लोकप्रियता मिली।

पर इस सबसे बढ़कर स्तरीय संगीत नैयर ने एस. मुखर्जी प्रोडक्शन की 'सम्बन्ध' (1969) में दिया। शास्त्रीय अंदाज में राग शिवरंजनी को आधार बना कर कम्पोज़ किया गया 'अकेली हूँ मैं पिया आ' को गुणी संगीत-समीक्षक यदि आशा के सर्वश्रेष्ठ गीतों में मानते हैं तो आश्चर्य नहीं है। महेंद्र के गम्भीर स्वर में 'अँधेरे में जो बैठे हैं नज़र उन पर भी कुछ डालो' भी बहुत अच्छी कम्पोज़ीशन थी। रफ़ी से विमुख होने का एक नतीजा यह भी निकला कि नैयर उन पुरुष गायकों की ओर मुड़े जिन्हें वे भूले रहते थे। 'सम्बन्ध' में उन्होंने हेमंत से 'हे जगत पिता परमात्मा' और 'जो दिया था तुमने एक दिन' (महेंद्र के साथ) जैसे सुंदर गीत गवाए। पर 'सम्बन्ध' का जो गीत सबसे लोकप्रिय रहा, वह था—मुकेश के स्वर में 'चल अकेला चल अकेला चल अकेला'। मुकेश को नैयर पसंद नहीं करते थे, पर जब भैरवी आधारित इस गीत ने लगातार अठारह सप्ताह तक बिनाका गीतमाला में जगह बनाई तो नैयर को मुकेश की सफलता का राज़ समझ में आ गया।

लेकिन अब तक नैयर का ज़माना बीत रहा था। शंकर-जयकिशन उन्हें इस दशक में पीछे छोड़ चुके थे और अब आर. डी. बर्मन, लक्ष्मी-प्यारे और कल्याणजी-आनंदजी की संगीत-शैलियों की ताज़गी के आगे ज़माना झूम रहा था। शैली की पुनरावृत्ति नैयर की खामी हमेशा रही थी और संगीत-ध्वनि की जो नई परिभाषा दशक के अंत में बन रही थी, उसके सामने नैयर की धुनें पुरानी लगने लगी थीं। एस.डी. बर्मन और सलिल चौधरी को छोड़कर और किसी भी पुराने संगीतकार में वह ताज़गी नहीं थी कि इस नये लहर के सामने टिक सकता। यही कारण है कि नैयर को मिलने वाली फ़िल्में भी कम होती गईं और अगले दशक में 'एक बार मुस्कुरा दो' (1972) की नैयर की कुछ नया करने की कोशिश भी उनके पतन पर स्थायी विराम लगाने में असफल रही। हालाँकि इस फ़िल्म में भी मुकेश और आशा के 'ये दिल लेकर नज़राना' में नैयर अपने उसी पंजाबी अंग के रंग में मशगूल थे, पर 'चेहरे से ज़रा आँचल' (आशा, मुकेश), राग नंद को इस्तेमाल कर 'रूप तेरा ऐसा दर्पण में ना समाए' (किशोर), द्रुत लय

में 'कितने अटल थे तेरे इरादे' (किशोर) और इस सबसे बढ़कर यमन आधारित ख़यालनुमा उस लाजवाब गीत 'सवेरे का सूरज तुम्हारे लिए है' (किशोर) में नैयर ने एक नई शैली विकसित करने की कोशिश की थी। यह दूसरी बात है कि किशोर की इतनी सुन्दर गायकी से भी नैयर प्रभावित नहीं हुए थे, बल्कि रेकॉर्डिंग के बाद तो वे यह मान रहे थे कि किशोर ने गीत को बिगाड़ दिया।

लोकप्रियता के बावजूद 'एक बार मुस्कुरा दो' और 'प्राण जाये पर वचन न जाए' (1973) नैयर के संगीत सफ़र की आखिरी चमक ही बनकर रह गए। 'प्राण जाए पर वचन न जाए' में मुजरा शैली के 'एक तू है पिया' (आशा) में नैयर ने लाजवाब अभिव्यक्ति का पुनः उदाहरण पेश किया और 'आ कि दर्द जवाँ है' (आशा) में गिटार और बाँसुरी का एक साथ सुंदर उपयोग करने के साथ-साथ ऑरकेस्ट्रा में पाश्चात्य रिद्म के साथ-साथ भारतीय शैली के ठेके का खूबसूरत एकीकरण भी दिखाया। फ़िल्म के सबसे चर्चित गीत 'चैन से हमको कभी आपने जीने न दिया' में नैयर ने आशा के स्वर के दर्द को कहरवा ताल आठ मात्रा के साथ अद्भुत सौंदर्य से उभारा। बिलावल थाट पर रचित इस गीत में कोमल 'ग' और 'नी' के प्रयोग से नैयर ने इसकी खूबसूरती में इतनी वृद्धि कर दी कि यह गीत आशा को सर्वश्रेष्ठ गायिका का फ़िल्मफ़ेयर पुरस्कार दिला गया।

लेकिन यह दर्द-भरी प्रस्तुति ही आशा और नैयर के अविस्मरणीय साथ की अंतिम प्रस्तुति रही। ज्योतिष में विश्वास करने वाले नैयर उनके और आशा के अलगाव को पूर्व निर्धारित ग्रहों का खेल मानते हैं। अब आशा और आर.डी. का ज़माना था, नैयर और आशा का जमाना चुक गया था। हालाँकि दूसरी गायिकाओं के साथ भी नैयर के कुछ गीत कुछ लोकप्रिय होते रहे पर 'प्यार करते हो यार' (कृष्णा कल्ले–टैक्सी ड्राइवर, 1973), 'ज़ुल्फ़ लहराई तो सावन का महीना आ गया' (वाणी जयराम–खून का बदला खून, 1978), 'घर अपना बंगाल' (वाणी, उत्तरा, पुष्पा–खून का बदला खून, 1978), 'जो रात को जल्दी सोए' (पुष्पा पागधरे–बिन माँ के बच्चे, 1979), 'तुम खुद को देखते हो' और 'सौ साल जियो तुम जान मेरी' (दिलराज कौर–हीरा-मोती, 1979) जैसे गीत नैयर की उसी पुरानी पंजाबी रिद्म पर आधारित थे, और नैयर नई संगीत-शैलियों की लहर में अपने को ढालने में असमर्थ रहे। 'जाने महबूब' में नूर देवासी की नज़्मों को संगीत में ढालने की उनकी अच्छी कोशिश भी फ़िल्म के पूरी न हो पाने के कारण असफल ही रही।

फ़िल्मों से अलग जाकर नैयर ने ज्योतिष और होम्योपैथी में अपना ध्यान लगाया और सफल भी रहे। कला, ज्योतिष और चिकित्सा तीनों में पारंगत होने के कारण ओ.पी. नैयर यदि अपने-आपको सच्चा गंधर्व कहते हैं तो गलत नहीं है। नैयर की ज़िंदगी में औरतें भी कई आईं, पर अपने परिवार से अलगाव उनका काफ़ी बाद में हुआ। एच.एम.व्ही. के एक ज़माने में सर्वाधिक रॉयल्टी प्राप्त संगीतकार का एक वक्त ऐसा भी आया कि आर्थिक रूप से भी वे संकट में रहे। अनेक शहरों में चुपचाप घूमते रहे और मुंबई में पेइंग गेस्ट बनकर भी रहना पड़ा। पर नैयर का अहम् कभी कम न हुआ। मध्यप्रदेश शासन का लता मंगेशकर पुरस्कार उन्होंने इसलिए ठुकरा दिया कि संगीतकार को पुरस्कार किसी गायक के नाम का नहीं, किसी कम्पोज़र के नाम का मिलना चाहिए। और यह भी सच है ही कि चाहे लता को महान गायिका वे मानते रहे (और लता भी अंदर ही अंदर उनके कम्पोज़ीशन्स की कायल रही ही हैं), पर जिसे अपने संगीत में कभी नहीं गवाया, उसके नाम का पुरस्कार वे कैसे लेते? ओ.पी. नैयर का अहंकार वक्त के साथ भी कम नहीं हुआ है। भले ही 'मँगनी' (1992), 'निश्चय' (1992), 'ज़िद' (1993) और आंध्र प्रदेश सरकार द्वारा पुरस्कृत तेलगू फ़िल्म 'नीरजानम' (1992) में उनकी वापसी की कोशिशें नाकाम रही हों, फ़िल्मों से अलग हटकर रूना लैला, पीनाज मसानी और अशोक खोसला के साथ निकाले उनके एलबमों को भी अपेक्षित सफलता न मिली हो, पर नैयर हतोत्साहित और निराश छवि लेकर कभी सामने नहीं आए। और आएँ भी क्यों–आज भी उनके चाहनेवाले लाखों हैं, दुबई हो, पाकिस्तान हो या महाराष्ट्र का कोई छोटा शहर हो या सीरियल 'TVS सा रे गा मा' हो–सभी जगह ओ.पी. नैयर के गीतों के स्टेज शो आज भी होते और ज़बर्दस्त सफल रहते हैं। एक जीवित legend भला निराश क्यों होगा?

संदर्भ

1. ए. पुरुषोत्तम : ओ. पी. नैयर, हिज़ सांग्स, हिज़ सोल–विश्वास नेरुरकर (सम्पा.) : 'द लेजेंडरी ओ.पी. नैयर' में
2. राजू भारतन : 'Guts' – Another Name for O.P. Nayyar

सलिल चौधरी

'मैंने तेरे लिए ही सात रंग के सपने चुने'

सलिल चौधरी

सलिल चौधरी—हिन्दी फ़िल्म संगीत का अकेला बुद्धिजीवी संगीतकार। एक ऐसा संगीतकार जो न सिर्फ़ साम्यवादी था बल्कि जिसने संगीत को साम्यवाद का संदेश प्रसारित करने का महत्त्वपूर्ण माध्यम बनाया। एक ऐसा संगीतकार जो न सिर्फ विलक्षण कम्पोज़र था बल्कि बाँग्ला का बहुत अच्छा कवि, गीतकार और संगीत समीक्षक भी था। सलिल की रचनाएँ मात्र फ़िल्मों तक ही सीमित नहीं थीं। इससे भी महत्त्वपूर्ण थीं उनकी असंख्य बाँग्ला गैरफ़िल्मी रचनाएँ जिनमें एक बड़ा हिस्सा था सर्वहारा वर्ग को जनसंघर्ष के लिए उत्प्रेरित करते बेहद आकर्षक, और अक्सर उनके स्वयं के लिखे गीतों का। अपने इन गीतों के द्वारा सलिल ने बंगाल के संगीत को एक नई परिभाषा दी। यह संगीत का एक बिलकुल नया पहलू था जिसने बंगाल के संगीत में व्याप्त हो रही क्षेत्रीय संकीर्णता की दीवारों पर प्रहार किया। छठे दशक में लिखे अपने एक आलेख 'The Crisis of Modern Bengali Music' में सलिल ने संगीत के लिए साम्यवादी विचारधारा के अनुरूप स्थानीय और क्षेत्रीय अभिव्यक्ति के दायरों से निकलकर अंतर्राष्ट्रीय लोक-प्रभावों को अपनाने की आवश्यकता को रेखांकित किया। चाहे मध्य यूरोप हो, या कुमाऊँ या बंगाल, सलिल का मानना था कि आम आदमी की आकांक्षाएँ, आह्लाद या विषाद के क्षण और जीवन-दृष्टि में साम्य उन स्थानों के लोकसंगीत में स्पष्ट रूप से प्रकट होता है, और अपने संगीत के माध्यम से सीमाओं को तोड़कर सलिल ने चाहा कि इन सभी लोकसंगीतों के बीच कई पुल बनें जो कि जनचेतना और जन-आन्दोलन के प्रसार में अपनी महत्वपूर्ण भूमिका निभाएँ।

ज़ाहिर है, अपनी इस विचारधारा के कारण संगीत में सामूहिक अभिव्यक्ति सलिल के लिए बेहद आवश्यक रही। अपने गैरफ़िल्मी और फ़िल्मी संगीत में choir को स्थापित करने का श्रेय सलिल को ही जाएगा। हालाँकि उनसे पहले अनिल विश्वास ने भी जनचेतना और राष्ट्र-प्रेम के गीतों के लिए कोरस का बहुत अच्छा प्रयोगात्मक उपयोग शुरू कर दिया था, पर choir को लोकसंघर्ष और विरोध तथा शोषण के विरोध व जनचेतना के लिए उत्प्रेरक माध्यम के रूप में निश्चितता, वैधता, परिष्कार और महत्ता सलिल ने ही दी। आरम्भिक वर्षों में बॉम्बे यूथ क्वॉयर (जिसमें मन्ना डे, मुकेश, लता, रूमा गाँगुली आदि भी गाते थे) और बाद में कोलकाता यूथ क्वॉयर से सलिल ने ऐसे असंख्य अविस्मरणीय गीत गवाए।

संकुचित प्रांतीयता या क्षेत्रीयता से हटकर संगीत के अंतर्राष्ट्रीय विस्तार और प्रगति के हिमायती सलिल की रचनाओं में संगीत की व्याप्त परिपाटियों को तोड़ने का प्रयास भी आरम्भ से ही झलकता है। न सिर्फ़ पाश्चात्य लोकसंगीत की भंगिमाएँ बल्कि पाश्चात्य सिम्फ़नी और हार्मनी का व्यापक प्रयोग अपने संगीत में शुरू करके सलिल ने भारतीय संगीत को एक नई दिशा दी। सलिल की कम्पोज़िंग लीक से हटकर बिलकुल ही अलग और मौलिक थी। रोशन ने एक बार उनको कम्पोज़ करते देखा था और आश्चर्यमिश्रित स्वर में यह उद्‌गार व्यक्त किए थे कि कम्पोज़िंग की ऐसी रीति उन्होंने पहले कभी नहीं देखी। और सच भी था। सलिल की कम्पोज़िग संगीत में प्रचलित विधियों और अनुक्रम से हटकर बिलकुल नए, अपरिभाषित तरीके से चलती

थी। हार्मनी और मेलोडी का सम्मिश्रण और अंतः प्रकीर्णन को एक साथ ही गेलियन द्वन्द्ववाद जैसी वैज्ञानिक कुशलता से बनाए रखना, संगीत में स्वरग्राम की सभी विधाओं को तोड़कर अभूतपूर्व स्वरग्राम या scale परिवर्तन, मीटर या छंद के प्रचलित आकारों से बिना बँधे धुनों का सृजन, पाश्चात्य शैली के chord progression को पहली बार भारतीय संगीत में स्वतंत्र पहचान दिलाना, पाश्चात्य शास्त्रीय संगीत का भी व्यापक प्रयोग—इन सभी ने सलिल के संगीत के रूप में भारतीय संगीत परिदृश्य में एक नई खुशबू बिखेरी जो तब तक असंख्य भारतीय श्रोताओं के लिए अपरिचित थी।

19 नवम्बर, 1925 को सोनारपुर, बंगाल में जन्मे सलिल चौधरी के पिता आसाम के चाय बागानों में डॉक्टर थे। पिता के पास पाश्चात्य शास्त्रीय संगीत का बड़ा संग्रह था, और सलिल का बचपन असम और बंगाल -बिहार के मजदूरों के लोकगीतों के साथ-साथ इस विशाल संग्रह को आत्मसात करते हुए भी बीता। लोकसंगीत और पाश्चात्य शास्त्रीय संगीत के बीज इस तरह बचपन से ही सलिल के अंतःकरण में पड़ चुके थे। सलिल के पिता स्वाभिमानी पुरुष थे और एक ब्रिटिश मैनेजर द्वारा प्रजातीय अपमान किए जाने पर गुस्से में उसके दाँत भी तोड़ चुके थे। चाय बागानों के मजदूरों के शोषण के विरुद्ध वे अकसर अपनी बात रखते थे और मजदूरों के साथ मिलकर कई नाटकों का मंचन भी उन्होंने किया था। सलिल के साम्राज्यवादी विरोधी और साम्यवादी विचारों की नींव असम के चाय बागानों की जिंदगी और अपने पिता के व्यक्तित्व के कारण बहुत पुख्ता बनी। बाँसुरी तो सलिल आठ साल की उम्र से ही बहुत अच्छा बजाने लगे थे, और बाद में तो वॉयलिन, इसराज, पियानो सभी के पारंगत हो गए। सलिल के भाई निखिल चौधरी ने भी 'मिलन परिषद' नामक एक ऑरकेस्ट्रा समूह बना रखा था जिसका संसर्ग भी सलिल को बचपन से ही मिला। कलकत्ता के बंगवासी कॉलेज में अध्ययन से उनकी राजनीतिक और संगीत की समझ में और भी परिपक्वता आई, और द्वितीय विश्वयुद्ध, बंगाल के अकाल की पृष्ठभूमि में उनकी सामाजिक प्रतिबद्धता उन्हें मार्क्सवादी विचारधारा की ओरं ले गई। उन्होंने कम्युनिस्ट पार्टी में शामिल होने के साथ-साथ अपने-आपको 'इप्टा' से भी जोड़ा, और जनजागरण के अनेक गीतों की रचना कर 'इप्टा' के माध्यम से उन्हें लोगों के बीच ले गए।

हिन्दी फ़िल्मों का अकेला
बुद्धिजीवी संगीतकार

सामाजिक और आर्थिक शोषण के खिलाफ़ राजनीतिक प्रतिबद्धता, लोगों को संघर्ष के लिए प्रेरित करते सलिल के लिखे और स्वरबद्ध किए इन गीतों का भारतीय संगीत के इतिहास में कालजयी महत्त्व है। संगीत के पटल पर भी यह एक क्रांतिकारी पहल थी। संगीत मात्र पुराने शास्त्रीय रागों की शुद्ध अदायगी, महफ़िलों की ग़ज़लें और ठुमरियाँ, मंदिरों में गूँजता भजन-कीर्तन या साहित्य की कलावादी अभिव्यक्ति नहीं रह गया। सलिल के साथ संगीत को नई परिभाषा मिली और संगीत में आम आदमी, गरीब मजदूरों और कामगारों को आवाज़ मिली। सलिल ने संगीत को आभिजात्य वर्गों के एकाधिकार से निकालकर उसमें आम आदमी की कराहों, पसीने और आशाओं का रंग भरा। और सलिल की कम्पोज़िंग का कमाल था कि उन्होंने साधारण आदमी के संगीत को भी अद्‌भुत कलात्मकता दी। उन्होंने न सिर्फ़ विभिन्न देशों और प्रदेशों के लोकसंगीत का समाकलन किया, बल्कि इन लोक-शैलियों को अपने नए जनसंघर्ष के तेवर और ऑरकेस्ट्रेशन तथा कम्पोज़िंग की नई चेष्टाओं से एक सर्वथा नया उद्‌देश्य और अभिव्यक्ति दी। सलिल ने संगीत में कलात्मकता को एक नई परिभाषा, और कलात्मकता को देखने की एक नई दृष्टि का भी आगाज़ किया। उनका संगीत कलात्मक था, पर कलावादी नहीं था, और उन्होंने अपने अद्‌भुत आकर्षक कम्पोज़ीशन्स से यह सिद्ध किया कि दुरूह रागों की बारीक विशुद्ध अभिव्यंजना या रवींद्र संगीत की प्राकृतिक, रूमानी अभ्यर्थना से कला की दृष्टि से भी उनके जनगान और विद्रोह गीत कम नहीं आँके जा सकते।

इस दौर के सलिल के गीत मात्र ब्रिटिश साम्राज्यवाद के खिलाफ़ न होकर भारतीय समाज में व्याप्त वर्ग शोषण के विरुद्ध भी उतने ही मुखर थे। यदि एक तरफ़ 'कारार दुआरो माँगो' और 'भाँगो भाँगो भाँगो कारा' से लोगों को जेल की दीवारें तोड़ डालने का आह्वान और पाश्चात्य हार्मनी के विलक्षण प्रयोग के साथ 1946 के नौसैनिक विद्रोह का 'धेऊ उठे छे, कारा टूटे छे' जैसे शब्दों के साथ अभिनंदन था, तो दूसरी और 'आए रे ओ आए रे' के माध्यम से गरीब किसानों के जमींदारों द्वारा शोषण का विरोध और 'हे समालो धान हो' द्वारा तिभागा आंदोलन की क्रांतिकारी माँगों का समर्थन था। सलिल चौधरी के जिस गीत

ने उन्हें अपार लोकप्रियता दिलाई, वह था 'बिचारपति तोमार बिचार कोरबे जारा'। बंगाली कीर्तन शैली के साथ हार्मनी के अद्भुत प्रयोग के साथ रचित यह गीत ब्रिटिश न्यायिक प्रणाली की विसंगतियों पर कठोर आघात करता है। मातृभूमि की अभ्यर्थना करते 'आलोर देश ढेके आधार पार होए', 'धन्न आमि जनमेछि माँ', विश्व के नौजवानों को एक होने का आह्वान करते 'गौरीशृंग टुले छे', 'नौजवान, नौजवान विशेषे जागे छे', स्वतंत्रता, शिक्षा और घर के अधिकार की माँग करता 'मानबो ना बंधन', शोषण का विरोध करता 'आमार प्रतिबादेर भाषा', ब्रिटिश शासन के साथ-साथ स्वतंत्रता के बाद के शासकों पर भी व्यंग्य करता 'नाकेर बदले नोरून पेलाम', 1948-49 के हड़तालों और आंदोलनों के दौर में कवि और सलिल के मित्र सुकांत भट्टाचार्य की मृत्यु के दिन लिखा गया 'तोमार बुकेर खूनेर चीन्हो', स्वतंत्रता के बाद के शासन से मोहभंग और उन पर व्यंग्य करता 'शोनो शोनो भाई रे', लोगों की संघर्ष शक्ति को जगाते और शासक वर्ग की बाँटने और फोड़ने की नीतियों की खिलाफ़त करते 'ओ मोदेर देशवाशी रे', 'हारे मोदेर के देवे के देवे', 'ओ आलेर पथो जात्री', 'आमादेर नाना माटी', पश्चिम बंगाल के शिक्षकों के हड़ताल के समय बहुत ही आकर्षक ढंग से कम्पोज़ किया गया 'पथे एबार नामो साथी' जैसे इस दौर के अनेक गीत सलिल की प्रगतिशील दृष्टि और संगीत बोध को रेखांकित करते हैं। रवींद्रनाथ की 'कृष्णकली आमि तारे बोलि' की मृगनयनी नायिका का अगला भाग सलिल के शब्दों में 'सेई येथे, होय तो तारे देखेनी किउ' के रूप में बंगाल के अकाल का लोमहर्षक संदर्भ लेकर आया, और इस गीत को बंगाल के संगीत इतिहास में मीलस्तम्भ बना गया। सलिल चौधरी का 'कोरस', या दूसरे शब्दों में जन चेतना का सामूहिक स्वर तो कई रचनाओं में मुख्य गायन का स्थान ले लेता था, और विशिष्ट गायक या गायिका की आवाज़ उसकी सहायक लगने लगती थी।

इप्टा के परचम तले सुकांत भट्टाचार्य लिखित 'अवाक पृथ्वी' और 'रनर' तो सलिल की कम्पोज़ीशन्स के रूप में बंगाल के संगीत फ़लक पर सदा प्रज्वलित तारों की तरह चमकते रहेंगे। 'इप्टा' के माध्यम से 'गण संगीत' यदि संगीत की नई परिभाषा लेकर आया, तो सलिल इसके आधार स्तम्भ थे। यह दुखद है कि 'धानकाटेर गान', 'जन्मभूमि', 'पालकीर गान' (जो हेमंत का पसंदीदा गीत था और जिसके आधुनिक बंगाली संगीत की एक नई धारा का सूत्रपात किया) के रचयिता को बाद में 'इप्टा' ने अपनी गुटबंदी से इतना परेशान कर दिया कि सलिल अपने गीतों के एक समिति से पूर्व परीक्षण और अन्य बंदिशों तथा इंतज़ामों से परेशान होकर 'इप्टा' छोड़ गए। पर 'इप्टा' के बाहर भी जनचेतना के गीत वे बनाते और गवाते ही रहे।

ऋत्विक घटक ने 'कोमल गांधार' में और 'मृणाल सेन' ने 'अकालेर संध्याने' में सलिल के संगीत को बंगाल के पाँचवें दशक के जनआंदोलनों की संवेदना को दिखाने के लिए प्रयुक्त किया। सलिल का यह प्रगतिशील रूप हमें उनकी संगीतबद्ध आरम्भिक हिंदी फ़िल्मों में भी दिखाई देता है। बंगला में 'परिवर्तन' (1949), 'बरजात्री' (1951), बेहद लोकप्रिय रहे 'पाशेर बाड़ी' (1952), बाँशेर केल्ला' (1953), 'भोर होए एलो' (1953), रिक्शावाला' (1953) जैसी फ़िल्मों के बाद सलिल की ही कहानी पर 'रिक्शावाला' का हिंदी संस्करण बिमल राय के निर्देशन में 'दो बीघा ज़मीन' (1953) के रूप में आया और सलिल के संगीत ने इस फ़िल्म में एक नई धारा ही बहा दी। इप्टा के अपने आरम्भिक गीतों में से एक 'उरू टाका टाका ताधिना' में अपने खेतों और फ़सलों से कृषकों के रागात्मक लगाव की उल्लास-भरी तर्ज़ को सलिल 'हरियाला सावन ढोल बजाता आया' (मन्ना डे, लता साथी) में बड़ी कुशलता से लेकर आए। सोवियत रूस की रेड आर्मी के मार्चिंग सांग से प्रेरणा ले कर 'धरती कहे पुकार के' (मन्ना डे, लता) के रूप में अपनी अंतर्राष्ट्रीयता का परिचय देती सलिल की रचना ने भारतीय फ़िल्म-संगीत की एक नई धारा का सूत्रपात किया। हिंदी फ़िल्मों में 'दो बीघा ज़मीन' जैसी फ़िल्मों की अधिक गुंजाइश नहीं थी, फिर भी इस शैली के गीत सलिल बीच-बीच में देते ही रहे। कोरल गायन और पाश्चात्य सिम्फनी के अद्भुत प्रयोग के साथ मखदूम की लिखी 'जाने वाले सिपाही से पूछो वो कहाँ जा रहा है' (मन्ना डे, बबिता बनर्जी, साथी) और क्रमिक आरोह के सुंदर प्रयोग के साथ 'चलते ही जाना' (रफ़ी, मन्ना डे, साथी) फ़िल्म 'उसने कहा था' (1960) की ऐसी ही रचनाएँ थीं। 'जवाहर' (1960) के बेहर मधुर गीत 'ओ दुनिया बदल दे जिस दुनिया में बच्चों की मुस्कान नहीं' (लता, साथी), 'ज़माना' (1957) के 'हिम्मत न हार' (मन्ना डे), बाँग्ला फ़िल्म 'रिक्शावाला' के 'रे हे पौषाली बाताशे' का हिंदी रूपांतर 'नाच रे धरती' (लता, हेमंत, साथी—'हीरा मोती', 1959 जिसने अन्य गीतों के कम्पोज़र रोशन थे), बॉम्बे यूथ क्वॉयर के लिए कम्पोज़ किया गया 'तू ज़िंदा है तो ज़िंदगी की' (1957) और बाद में 'मेम दीदी' (1961) के लिए कोरस गायन और कॉर्ड्स के साथ मार्चिंग सांग के अंदाज़ में इसी धुन पर सृजित मशहूर गीत 'भुला दो ज़िंदगी के ग़म' (लता, साथी) जैसे गीतों के साथ सलिल ने प्रगतिशील जनआंदोलन के गीतों की धारा को चलायमान रखा। 'नेताजी सुभाषचंद्र बोस' (1966) में तो सलिल ने ढेर सारे ऐसे गीत कम्पोज़ किए। बॉम्बे यूथ क्वॉयर के दिनों का 'झंकारो झंकारो

रूद्रवीणा' हेमंत और सविता के स्वरों में 'झंकारो झंकारो' के रूप में आया, तो 'हमारा भारत हमारा देश' (रफ़ी), 'सुनो रे सुनो देश' (मन्ना डे), 'अब जंग शुरू कल से' (रफ़ी), 'दुश्मनों सावधान' (रफ़ी, हेमंत) और 'जन्मभूमि माँ' (हेमंत) जैसे गीत भी सलिल के आरम्भिक दौर की ही याद दिलाते हैं। यह अवश्य है कि संगीत की दृष्टि से सलिल के 'नेताजी सुभाषचंद्र बोस' के ये गीत उनके आरम्भिक गीतों के सामने फीके ही कहे जाएँगे। पर यह बात 'अनोखा दान' (1972) के 'माना कि है ज़िंदगी में सफ़र' (मन्ना डे) के बारे में नहीं की जा सकती जो निस्संदेह बड़ी उत्कृष्ट कम्पोज़ीशन थी।

संगीत की इस शैली और मुहावरे को सलिल ने कुछ फ़िल्मों में दूसरी तरह के गीतों के लिए भी बहुत सफलतापूर्वक प्रयुक्त किया। 'आवाज़' (1955) के 'झुन झुन झुना मेरे लाड़ले' (लता) और 'लो भोर हुई' (रफ़ी), 'जवाहर' (1960) के 'बच्चे क्यों रोते हैं' (मन्ना डे), 'मेम दीदी' (1961) के 'बचपन ओ बचपन' (लता, साथी) इसके उदाहरण के रूप में याद किए जा सकते हैं। संगीत की इस शैली में सलिल द्वारा पाश्चात्य सिम्फ़नी, कोरल गायन, हार्मनी का हिंदी फ़िल्मों में पहली बार व्यापक और बेहद रचनात्मक प्रयोग किया गया। यह कहा जा सकता है कि भारतीय संगीत और पाश्चात्य शास्त्रीय संगीत की शैलियों का fusion एक सर्वथा मौलिक अंदाज़ से पहली बार करने का श्रेय सलिल को ही जाएगा। प्रयोगात्मकता तो सलिल की पहचान ही बन गई। वाद्य संयोजन और स्वरग्राम के क्षेत्र में उन्होंने परम्परा से हटकर नई शैलियाँ विकसित कीं। प्रसिद्ध बाँग्ला गीत 'सुरेर झरना' में उन्होंने पहलो बार किसी भारतीय गीत में हार्मनिक गायन का प्रयोग करके चमत्कृत ही कर दिया था। 'उज्जल एक झँक प्यारा' की सिम्फ़नी भी भला कौन भूल सकता है?

पाश्चात्य शास्त्रीय संगीत का प्रभाव सलिल की कई रचनाओं पर स्पष्ट दिखाई देता है। पर दो-एक अपवादों को छोड़कर इसे नकल नहीं बल्कि प्रेरणा ही कहा जा सकता है, क्योंकि सलिल ऐसी अधिकांश रचनाओं में अपनी मौलिक रचनात्मकता अवश्य ला देते थे। ऐसे अपवादों में मोत्सार्ट की 40वीं सिम्फ़नी पर आधारित 'छाया' (1961) का मशहूर गीत 'इतना न मुझसे तू प्यार बढ़ा' (तलत, लता) और 'अन्नदाता' (1972) का शॉपिन के 'नॉक्टर्नो' पर आधारित 'रातों के साए घने' (लता) का ज़िक्र किया जा सकता है, हालाँकि 'इतना न मुझसे तू प्यार बढ़ा' का भी विस्तार सलिल ने अपने अंदाज़ में इतनी खूबसूरती से किया कि रचना भैरवी के आसपास लगने लगती है। सलिल ने स्वयं भी इसे 'रचनात्मक नकल' माना और इसे ग़लत न मानते हुए प्रत्युत्तर में यह तक कहा था कि शेक्सपियर ने भी नकल की थी।[1]

सलिल की रचनाओं में रात अपनी पूरी रहस्यात्मकता और सजीवता से उभरती है। सलिल की रातें महानगरों की रातें थीं और उनकी स्वर लहरियाँ ऐसी रातों में पाश्चात्य सिम्फ़नी के उतार-चढ़ाव की तीव्र संवेदनाएँ लेकर आती थीं। 'रातों के साए घने' में alienation का घनत्व इस उतार-चढ़ाव के बीच पूरी प्रगाढ़ता से उभरता है। 'एक गाँव की कहानी' (1957) के 'रात ने क्या-क्या ख्वाब दिखाए' (तलत) में रात के रोमांच को जीवंत करता ऑरकेस्ट्रेशन तथा धुन और वाद्य-संयोजन की एकात्मकता भी बेहद प्रभावशाली थी, और बिलावल के इस जटिल रूप में दादरा ताल को पाश्चात्य सिम्फ़नी की पृष्ठभूमि में सफलतापूर्वक स्थापित करने के हुनर का इस गीत की लोकप्रियता में कम योगदान नहीं था। 'माया' के चैपलिन की 'Lime light theme' पर आधारित 'ज़िंदगी है क्या सुन मेरी जाँ' (रफ़ी), 'फिर इक बार कहो' (लता, द्विजेन) और 'सनम तू चल दिया रस्ता' (रफ़ी) जैसे गीतों में भी सलिल ने पाश्चात्य रिदम और शैली के सुंदर प्रयोग किए थे।

'माया' (1961) के 'ऐ दिल कहाँ तेरी मंज़िल' (लता, सुबीर) तो हार्मनी और मेलोडी के बेहद खूबसूरत और संतुलित प्रयोग का अप्रतिम उदाहरण ही बन गया है। कोरस का सिम्फ़नी जैसा प्रयोग इस गीत की लीक से हटकर बनाई धुन की मुख्य विशेषता थी। 'अमानत' (1955) के 'मेरी वफ़ाएँ तुम्हारी जफ़ाएँ' (आशा) का दोलन, या रहस्य फ़िल्म 'अपराधी कौन' (1958) के रॉक एंड रोल के रचनात्मक परिवर्तन के साथ 'फिर वही दर्द है' (मन्ना डे) और एकॉर्डियन के सुंदर प्रयोग वाला क्लब सांग 'मेरा दिल दिल दिल दिल दिल ला' (आशा), या कोरस को क्लब सांग शैली में अपने खास अंदाज़ में ढालकर कम्पोज़ किया गया 'पिंजड़े के पंछी' (1966) का 'झूम ले ऐ मतवाले दिल' (आशा) जैसे पाश्चात्य शैली के गीतों की लोकप्रियता यदि सीमित रही, तो दूसरी तरफ़ 'ताँगेवाली' में मशहूर पाश्चात्य धुन 'The Wedding Samba' पर आधारित ट्रॉट बीट पर सृजित 'हलके-हलके चलो साँवरे' (लता, हेमंत) और 'परख' (1960) का 'मेरे मन के दिए' (लता) ने अपार लोकप्रियता हासिल की। चर्च के ऑर्गन संगीत, इंग्लिश फ़्लूट और choir शैली के साथ कम्पोज़ किया गया 'मेरे मन के दीये'

लता के साथ रिहर्सल का एक क्षण

तो अपने-आपमें एक अभूतपूर्व रचना है। ऐसा प्रयोग हिंदी फ़िल्मों में पहले कभी नहीं हुआ था। मेलोडी के साथ सिम्फ़नी और हार्मनी के तत्त्वों का एकीकरण सलिल की कुछ रचनाओं में बहुत ही लुभावने तरीके से प्रत्यक्ष होता है। याद कीजिए 'आवाज़' (1956) के 'मजबूरे मुहब्बत ने फिर हमको पुकारा है' (लता) को। मेलोडी और तर्ज़ के खूबसूरत परिवर्तनों के पीछे सिम्फ़नी और मार्चिंग सांग शैली के इंटरल्यूड्स तथा दूसरा अंतरा इस गीत को प्रयोगधर्मिता का एक बेमिसाल उदाहरण बनाता है। इसी फ़िल्म के 'उल्फ़त के हैं काम निराले' (लता) की ऊँची पट्टी की स्वरलहरियों के साथ पृष्ठभूमि में सिम्फ़नी जैसा ऑरकेस्ट्रेशन, 'जवाहर' (1960) के 'जाने कहाँ खोया मेरा लाल' (लता) में मेलोडी के बीच इंटरल्यूड्स में सिम्फ़नी का प्रभाव, 'लालबत्ती' (1957) के 'हाय झिलमिल झिलमिल में शाम के साए (लता, साथी) में सुंदर मुलायम कोरस में humming का प्रयोग, 'झूला' के 'मेरे पहले प्यार' (लता) की मेलोडी के बीच सिम्फ़नी की लहर की तरह चढ़ता आलाप जैसे कितने सुंदर उदाहरण हैं जो सलिल की इस ख़ासियत के नायाब नमूने हैं।

सलिल की कई रचनाओं में कभी पाश्चात्य सिम्फ़नी के तत्वों, तो कभी भारतीय रिद्म, तो कभी दोनों के सम्मिश्रण से एक प्रवाहित तरंग की सृष्टि होती है, जो सलिल की शैली की लाक्षणिकता ही बन गई है। रवानगी और झूम के आकर्षक तत्त्वों को समाहित करती इस शैली के बेहद सुंदर उदाहरणों में 'तांगेवाली' (1955) का 'रिमझिम झिन झिम बदरवा बरसे' (लता), 'एक गाँव की कहानी' (1957) का आह्लाद भरा सदाबहार 'झूमे रे, मेरा दिल भी झूमे' (तलत) और 'मेरे संग पिया' (लता, तलत), 'उसने कहा था' (1960) का अल्हैया बिलावल के सुरों के ऊपर मचलता अतिलोकप्रिय 'आहा रिमझिम के ये प्यारे-प्यारे गीत लिए' (लता, तलत), विलक्षण ऑरकेस्ट्रेशन और कम्पोज़ीशन वाला बहुप्रशंसित 'परख' (1960) का अप्रतिम बाँसुरी के प्रयोग को रेखांकित करता 'मिला है किसी का झुमका' (लता), 'हनीमून' (1960) के लय परिवर्तन की सलिल की खास भंगिमा समाहित करता 'छेड़ो न छेड़ो न अलबेले मेरे सैंया' (मुकेश, सविता चौधरी), द्रुत प्रवाह में 'दुनिया न देखे' (लता, द्विजेन) और इन सबसे बढ़कर अनवरत तरंगिनी के समान रवानगी की निरंतरता लिए हुए अभूतपूर्व 'आहा रे मगन मेरा ज़ुल्मी सजन' (लता) जैसे गीतों को तो भुलाया नहीं जा सकता। तरंग-भरी इस शैली को सलिल के बाद कोई न तो दुहरा पाया, न ही किसी की सृजन शक्ति आह्लाद और उल्लास के इस बहती धारा को इतने विविध रंग दे पाया। इस संरचना के भीतर कहीं तो 'दिल से दिल की डोर बाँधे' (लता, मुकेश—छाया, 1961) की तरह निरंतरता को बिना तोड़े गति और लय का सहज परिवर्तन बाँध लेता है, तो कहीं लोकसंस्कृति 'जादू डाले है मचल-मचल' (आशा, साथी—माया, 1961) में फूलों के झुरमुट की तरह खिलती और झूमती है, कहीं लोकरंग सलिल की खास तरंग और झंकार के साथ 'सपने सुहाने' (1961) के 'नाम मेरा निम्मो मक़ाम लुधियाना' में मुखरित होता है, तो कहीं झूमता प्रवाह इसी फ़िल्म के 'दिल कहता है ज़रा तो दम ले ले' (मन्ना डे), 'आवाज़' (1956) के 'दिल दीवाना' (लता, तलत), 'चारदीवारी' (1961) के 'झुक झुक झुक झूम घटा छाई रे' (लता), 'झूला' (1962) के 'सजना मेरा दिल तेरा दिल' (लता) और 'मेरे पहले पहले प्यार' (लता) या शरत्चंद्र की कहानी पर आधारित 'मेम दीदी' (1961) के 'मैं जानती हूँ तुम झूठ बोलते हो' (लता, मुकेश) के साथ कभी झूमते बादलों की तरह, कभी खिलखिलाती नदी की तरह तो कभी पहाड़ी झरने की तरह बहता चलता है। अपनी कम्पोज़ीशन्स में सलिल स्वरों को कभी टुकड़ों में तोड़कर तो कभी गहराकर भी अपनी तरंगित शैली के नए बिम्ब बनाते थे। 'चारदीवारी' (1961) के 'अकेला तुझे जाने न दूँगी' (लता) में 'जाने' शब्द को तोड़कर किया गया संगीतमय विस्तार इसका प्रखर उदाहरण है। 'पूनम की रात' (1965) के बेहद खूबसूरत गीत 'तुम कहाँ ले चले हो' (लता, मुकेश) के मुखड़े के अंत में 'बताओ तो' की गहरी की गई पुनरावृत्ति समुद्री लहरों की तरंग को चट्टान से टकरा देने का अहसास कराता है। प्रकृति की विभिन्न सुंदर ध्वनियों और लय की अनुभूति सलिल की तरंगित शैली और लोकरंग की ढेर सारी रचनाएँ बड़े आकर्षक ढंग से कराती हैं। इसका सर्वाधिक उपयुक्त उदाहरण 'चाँद और सूरज' (1965) के उस लाजवाब गीत 'बाग में कली खिली' (आशा) में देखा जा सकता है। जैज़ शैली के ज़बर्दस्त ऑरकेस्ट्रेशन के साथ इस गीत को अपनी विलक्षण झंकार भरी तर्ज़ पर सलिल ने आशा से इतनी सुंदरता से गवाया है कि मैं इसे निस्संदेह आशा के गाए सर्वश्रेष्ठ गीतों में शुमार करता हूँ। सलिल का रिद्म मात्र तबले या ढोलक पर केंद्रित नहीं था। विभिन्न प्रकार के वाद्यों को उन्होंने रिद्म के लिए विविधता से इस्तेमाल किया। यहाँ तक कि पियानो को भी उन्होंने अपनी कई रचनाओं में रिद्म का प्रमुख वाद्य बनाया। 'सुरेर झरना' में तो कई समूह तंत्र वाद्यों को रिद्म के लिए लाकर उन्होंने अनुपम कृति ही रच डाली थी।

सलिल का संगीत-लोक उनकी विचारधारा के अनुरूप क्षेत्रीय सीमाओं को तोड़ता हुआ हर इलाके के आम लोगों के बीच प्रचलित गीतों को लेकर आया। लोकसंगीत के अपने इस प्रयोग में अपने उत्प्रेरक और जनसंघर्ष के गीतों की तरह ही सलिल

ने कोरस के बहुत सुंदर और भरपूर इस्तेमाल से जनता के सामूहिक स्वर को मुखरित किया। 'दो बीघा ज़मीन' (1953) के पूरबी लोकरंग से भरी मार्मिक कृति 'गजब तेरी दुनिया हो मोरे रामा' (रफ़ी, साथी) को भला कौन भुला सकता है! इसी फ़िल्म की लोरी 'आ जा री आ निंदिया तू आ' (लता) में न केवल लोक रंजित मिठास थी, बल्कि सलिल ने अपने विशिष्ट अंदाज़ में इसे इतने हुनर से कम्पोज़ किया था कि पंक्तियों के बीच साँस लेने की भी जगह न थी। इसे लता ही गा सकती थीं और उन्होंने इस कौशल से इसे गाया कि यह फ़िल्म जगत की सर्वश्रेष्ठ लोरियों में मानी जाती है। सलिल ने इसे दो बार रेकॉर्ड किया—एक बार बिना ऑरकेस्ट्रेशन के और एक बार हलके ऑरकेस्ट्रेशन के साथ। पर्दे पर इसे मीना कुमारी पर फ़िल्माया गया था। मीना कुमारी 'दो बीघा ज़मीन' की आम फ़िल्मों से अलग कहानी और फ़िल्मांकन से ढंग से इतनी प्रभावित हुई थीं कि उन्होंने माँगकर यह छोटी-सी अतिथि भूमिका ली थी, पर इस लोरी के कालजयी संगीतात्मक प्रभाव ने उनकी इस अतिथि भूमिका को भी अमर बना दिया। बिमल रॉय ने तो अपनी फ़िल्मों के लिए सलिल चौधरी को स्थायी संगीतकार ही मान लिया था, और उनकी कई फ़िल्मों में सलिल ने लोकसंगीत की बेहतरीन भंगिमाएँ पेश कीं। शरत्चंद्र के मशहूर उपन्यास और कामिनी कौशल के यादगार अभिनय से सजी फ़िल्म 'बिराज बहू' (1954) में बंगाल का ग्रामीण संगीत बड़े सुंदर रूप में प्रस्तुत हुआ। बैरागी शैली में 'मेरा मन भूला भूला' (हेमंत), नाविकों का माँझी गीत 'माँझी रे' (जिसे सलिल ने 'शोहग चाँद बदनी धनि नाचो तो देखी' जैसे मशहूर गीत गाने वाले बंगाल के सुप्रसिद्ध लोकगीत गायक निर्मलेन्दु चौधरी से गवाया), विदाई गीत 'जा रे दुलहनिया' (लता, श्यामल मित्रा) और इन सबसे बढ़ के कीर्तन शैली में अपने नवीन प्रभावों और बाँसुरी के अति सुंदर प्रयोग वाले 'झूम झूम मनमोहन रे' (हेमंत, साथी) जैसे गीतों के साथ सदी के प्रारम्भिक वर्षों का बंगाली ग्रामीण परिवेश मानो सजीव हो उठा है। बिमल रॉय निर्देशित किशोर कुमार अभिनीत 'नौकरी' (1954) के 'झूमे रे कली' (गीता) की बेहद लुभावनी अदायगी और शृंगार में भी स्पष्ट बंगाली लोक-स्पर्श मिलता है। वहीं किशोर और शैला बेले के स्वर में अपने वर्ष का बेहद लोकप्रिय गीत 'छोटा-सा घर होगा बादलों की छाँव में' में सलिल ने नेपाली लोकधुन 'बोलाउँदा न बोलने कस्तो हुज़ूर' का बहुत ही सुंदर प्रयोग किया। वर्षों बाद सलिल ने अपनी बेटी अंतरा चौधरी से इसी धुन को बंगाली में 'आक जे हिलो' के रूप में उतनी ही खूबसूरती से गवाया था। बिमल रॉय प्रोडक्शन्स की ही 'अमानत' (1955) में सलिल चौधरी असम का लोकसंगीत 'हो जब से मिली तोसे अँखियाँ जियरा डोले रे' (हेमंत, गीता) में और पुनः ग्रामीण बंगाल की छाया लेकर 'रे मूरख तू क्या जाने' (मन्ना डे, आशा) में खूब ही जमे थे। सलिल के लोकसंगीत का एक अद्‌भुत उदाहरण महबूब प्रोडक्शन्स की जिया सरहदी निर्देशित 'आवाज़' के 'धितंग धितंग बोले दिल तेरे लिए डोले' (लता, साथी) में मिलता है। लावणी की ताल से शुरू करके सलिल इस गीत को गोवा के लोकसंगीत की रिद्‌म की ओर बड़ी कुशलता से ले गए। कैरेबियन बीट 2-4 इस गीत में दादरा ताल 6-8 मात्रा बनकर अचम्भित कर देती है। ढोलक की तेज गति से लावणी का आभास देकर झटके से कोमल सुरों के साथ एकॉर्डियन और हारमोनियम की तरंग और फिर कोरस के साथ 'आए रे आए प्यार के दिन आए' के साथ लहराते सुरों में इस गीत को बाँधना सलिल की रचनात्मकता का अनुपम उदाहरण है।

जनचेतना का संगीत : 'दो बीघा ज़मीन'

बिमल रॉय

इसी फ़िल्म के 'बाबा तेरी सोन चिरैया' (लता, साथी) को हम भूल चुके हैं, लेकिन द्रुत गरबा शैली का इसमें बड़ा आकर्षक प्रयोग था। 'परिवार' (1957) के 'झिर झिर बदरवा बरसे' (लता, हेमंत) की लाजवाब मेलोडी में भी पूरबी लोकरंग का हलका स्पर्श बहुत सुंदर लगता है। 'एक गाँव की कहानी' (1957) का 'दिन होली का आ गया' (लता, मन्ना डे) भी उत्तर भारतीय और पूरबी रसिया की बेहतरीन प्रस्तुति थी। पूरबी लोकरंग के सलिल के दो सर्वश्रेष्ठ उदाहरणों में 'चारदीवारी' (1961) का मुकेश का गाया अहीर भैरव की छाया लिए 'कैसे मनाऊँ पियवा' (जिसे वर्षों बाद सलिल ने भिन्न ऑरकेस्ट्रेशन के साथ अरुणधति होम चौधरी से बंगला में 'चंचल शोनाली पखना' के रूप में अतीव सुंदरता से गवाया था) और 'जागते रहो' (1956) का आशा का गाया 'ठंडी ठंडी सावन की फुहार' जैसे बिरहा शैली के गीतों के नाम लिए जा सकते हैं। पारम्परिक आराध्य शैली के साथ पृष्ठभूमि में सिम्फ़नी शैली के कोरस और मार्चिंग शैली के ऑरकेस्ट्रेशन का सम्मिश्रण भी सलिल ने 'ज़माना' (1957—जो अभिनेता

फ़िरोज़ खान की भी प्रथम फ़िल्म थी) के 'नैया का मेरी तू ही खेवैया' (रफ़ी, साथी) में करके अपनी प्रयोगवादी प्रवृत्ति को पुनः रेखांकित किया है। 'उसने कहा था' का 'मचलती आरज़ू खड़ी बाँहें (लता) भी पहाड़ी लोकसंगीत के साथ सलिल के विलक्षण ऑरकेस्ट्रेशन का अनूठा जीवंत उदाहरण है।

सलिल के पंजाबी लोकसंगीत के भिन्न रूपों को भी प्रशंसनीय तरीके से फ़िल्मों में प्रयुक्त किया। 'जागते रहो' (1956) का भाँगड़ा 'ते कि मैं झूठ बोलियाँ' (रफ़ी, बलबीर, साथी) तो आज तक हिंदी फ़िल्मों का सर्वश्रेष्ठ भाँगड़ा है। लेखराज भाकरी निर्देशित 'ताँगावाली' (1955) में अपने इप्टा के ही साथी प्रेम धवन के लिखे गीतों के लिए सलिल पंजाबी लोकसंगीत का व्यापक प्रयोग लेकर आये। 'मैं लुट गई दुनियावालो' (लता) यदि पारम्परिक हीर का उदाहरण था तो 'देखो टाँगा मेरा निराला' (रफ़ी) और 'तेरे नैनों ने जादू किया' (लता, रफ़ी) पंजाबी लोकशैली और 'बोलियाँ' शैली की चिरपरिचित प्रस्तुतियाँ थीं। लोकसंगीत का एक जबर्दस्त सामूहिक उदाहरण 'सपन सुहाने' (1961) का 'घूँघट हटा न देना गोरी ये चंदा शरम से डूबेगा' (लता, साथी) माना जाना चाहिए। रिद्म और प्रवाह की दृष्टि से यह सलिल के सर्वश्रेष्ठ गीतों में जगह पाने लायक है और इस रिद्म के पीछे पार्श्व में लगातार बजती बाँसुरी से एक अलग ही धारा को बहाकर countermelody का प्रयोग तो अनुपम ही कहा जाना चाहिए। इसी प्रकार 'चाँद और सूरज' (1965) का 'मेरी और उनकी प्रीत पुरानी' (आशा) हिंदी फ़िल्मों में लावणी के बेहतरीन उदाहरणों में जगह रखेगा। 'जवाहर' (1960) के बेहद मधुर गीत 'जागिए गोपाल लाल' (लता) के शास्त्रीय आधार की शुरुआत के बाद एकाएक रिद्म परिवर्तन कर असमिया लोकसंगीत का प्रयोग तो सलिल की इस शैली को बेजोड़ उदाहरण है ही। 'एक गाँव की कहानी' के 'बोले पीहू पीहू रे पपीहरा' की लोक आधारित मिठास तो आज तक लोकप्रिय है।

सलिल ने लोकसंगीत के प्रयोग में देश की सीमाओं से अलग जाकर दूसरे देशों के लोकगीतों से भी प्रेरणा ली। यदि 'काबुलीवाला' (1961) का 'गंगा आए कहाँ से' (हेमंत) में बंगाल का भटियाली प्रभाव था, तो फ़िल्म का सदाबहार गीत 'ऐ मेरे प्यारे वतन' (मन्ना डे) एक दर्दीले अफ़गान लोकगीत पर आधारित था। क्या गज़ब की कम्पोज़ीशन थी यह भी! विदेश में अपने देश की याद करते अफ़गान काबुलीवाले के दर्द को इससे बेहतर प्रस्तुति शायद ही कोई और दे सकता था। इस गीत के रेकॉर्डिंग के समय मन्ना डे ने इसे जब नीचे के स्वरग्राम में गाना शुरू किया तो सलिल ने उन्हें रोका। पर मन्ना डे के अनुसार इस गीत का असर निचले स्वरग्राम के साथ और भी प्रभावशाली होने की संभावना थी। सलिल उनकी बात मान गए और असर देखिए! 'बेमिसाल' शब्द ऐसे ही गीतों के लिए प्रयुक्त होता है। अफ़गानी प्रभाव सलिल फ़िल्म के 'आ कुर्बान' (रफ़ी, साथी) गीत में भी लेकर आए थे हालाँकि इस गीत को उतनी सफलता नहीं मिल पाई थी। बाँग्ला फ़िल्म 'गंगा' में 'इच्छा कोरे पोरंदरे' में ग्रामीण हास्य-व्यंग्य का बेहतरीन इस्तेमाल और 'आमे दुबारली रे' की भटियाली के पीछे पियानो का पार्श्वसंगीत जैसे अनेक उदाहरण सलिल की लोकविधा के प्रयोगात्मक उदाहरणों के रूप में याद किए जाते हैं। पूर्व यूरोपियन लोकसंगीत सलिल का पसंदीदा लोक-संगीत था, और इसके टुकड़े सलिल ने अपने कई गीतों में या ऑरकेस्ट्रेशन में समय-समय पर इस्तेमाल किए थे। 'मधुमती' का मशहूर गीत 'दिल तड़प तड़प के कह रहा है आ भी जा' (मुकेश, लता) भी हंगरी-चेकोस्लोवाकिया की लोक धुन पर ही आधारित था।

दरअसल बिमल रॉय की दिलीप कुमार, वैजयंतीमाला अभिनीत 'मधुमती' (1958) सलिल के लिए लोकसंगीत की सबसे लोकप्रिय प्रस्तुति साबित हुई, जहाँ सलिल ने असमिया और कुमाऊँनी लोकसंगीत का बहुत सुंदर थिरकता इस्तेमाल करते हुए बहुत ही लोकप्रिय गीतों का सृजन किया। 'घड़ी घड़ी मोरा दिल धड़के' (लता) की सुंदर बागेश्वरी आधारित लोक मेलोडी और मैंडोलियन की सुंदर संगत तो आज तक हमारे मन में समाई हुई है। पहाड़ियों का आकर्षक लोक-स्वर 'कंचा ले कंची' (आशा, सविता, गुलाम मुहम्मद, साथी) के साथ अपनी पूरी नृत्यात्मकता के साथ उभरा। शैलेन्द्र के लिखे 'जुल्मी संग आँख लड़ी' (लता, साथी) और उस सदाबहार नृत्य गीत 'बिछुआ' (लता, मन्ना डे, साथी) की पुकार तथा लोक ताल और लय का वह स्वच्छन्द रूप भला कौन संगीत-प्रेमी भूल सकता है!

'मधुमती' के गीत इतने लोकप्रिय हुए कि सलिल चौधरी को सर्वश्रेष्ठ संगीतकार का फ़िल्मफ़ेयर पुरस्कार भी दिला गए। पक्षियों और नदियों की कलकलाहट-भरे स्वरों का वास्तविक और अभूतपूर्व इस्तेमाल करते हुए सलिल ने मुकेश और साथियों के स्वर में 'सुहाना सफ़र और ये मौसम हसीं' जैसा सदाबहार ताज़गी-भरा गीत इसी फ़िल्म के लिए कम्पोज़ किया। दरअसल सलिल पहले यह गीत तलत से गवाना चाहते थे, लेकिन तलत को अपने स्टेज प्रोग्राम के लिए

विदेश जाना था, और हीरो बनने के चक्कर में पार्श्वगायन को उपेक्षित कर गुमनाम हो रहे मुकेश का नाम सुझाया। कहते हैं कि दिलीप कुमार भी शुरू में मुकेश के लिए हिचकिचाए, लेकिन मुकेश ने इस गीत को इतनी खूबसूरती से गाया कि यह गीत वार्षिक बिनाका गीतमाला की पायदान का गीत बन गया। यहीं से सलिल और मुकेश का भी साथ प्रगाढ़ हुआ जो वर्षों जारी रहा।

न जाने कितने दुर्लभ गीतों के सृजक : सलिल चौधरी और शैलेन्द्र

'मधुमती' के लिए ही सलिल ने मुबारक बेगम से मुजरा-शैली में मात्र सारंगी, तबले और हारमोनियम के साथ 'हम हाले दिल सुनाएँगे सुनिए कि न सुनिए' और रफ़ी से दरबारी में दर्द-भरे सुरों के साथ वह लाजवाब गीत 'टूटे हुए ख्वाबों ने हमको ये सिखाया है' गवाए थे। लेकिन 'मधुमती' का सबसे प्रशंसित गीत रहा लता के स्वर में कहरवा ताल पर बागेश्वरी की छाया लिए 'आजा रे परदेसी'। रचनादृष्टि, सातवें chord की मूल मेलोडी के बीच कम्पोज़ीशन की कसावट और लय की दृष्टि से यह संगीत-समीक्षकों का पसंदीदा गीत रहा है। गीत में बाँसुरी मनोहारी सिंह से सलिल ने अद्‍भुत सुंदरता से बजवाया था। इसकी रेकॉर्डिंग के समय लता ने ही सुझाव दिया कि पंचम से शुरू किया जाए और शुरुआत का ही असर देखिए—पहली पँक्ति ही मुग्ध कर देती है। इस गीत की रेकॉर्डिंग से सभी इतने प्रसन्न थे कि गीतकार शैलेंद्र ने जहाँ लता को फूलों का गुलदस्ता भेंट किया, वहीं बिमल रॉय तो अभिभूत होकर देर तक लता की हथेली थामे रह गए। लता और सलिल का साथ तो हिंदी और बाँग्ला में कई बेमिसाल रचनाओं को लेकर आया। एक ज़माने में लता और सलिल अँधेरी के पार की झील के पास घंटों बैठकर संगीत की बारीकियों पर चर्चा करते रहते थे। सलिल की कई धुनों का विस्तार इन्हीं चर्चाओं के बीच हुआ था। यह कहानी तो सर्वविदित है कि बम्बई की मशहूर संगीत दुकान 'रिद्‍म हाउस' से सलिल उस ज़माने में भी पाश्चात्य सिम्फ़नी के ढेरो रेकॉर्ड खरीदकर लता को सुनने के लिए दिया करते थे।

'मधुमती' सलिल की विविधता का सर्वाधिक चर्चित उदाहरण है, वरना सलिल ने संगीत की भिन्न विधाओं में और शैलियों में कम्पोज़ करने का अपना हुनर तो आरम्भ से ही दिखाया था। यदि सलिल द्वारा लोरी का कम्पोज़ीशन देखना हो, तो 'दो बीघा ज़मीन' की वह अद्‍भुत (और आज तक फ़िल्म संगीत की सर्वश्रेष्ठ लोरियों में से एक) 'आ जा री आ निंदिया तू आ' कौन भूल सकता है? कई लोग मानते हैं कि बाँसुरी के हलके स्वरलहरियों से सजी यह लोरी मीना कुमारी पर फ़िल्माए गीतों में सर्वश्रेष्ठ है—'पाकीज़ा' से भी बढ़कर। वर्षों बाद 'चारदीवारी' (1961) में सलिल ने एक और बेहतरीन लोरी कम्पोज़ की—'नींद परी लोरी गाए' (लता)। सम्भवतः बिहाग की छाया लेकर कम्पोज़ की गई इस रचना के आरोह में शुद्ध मध्यम और अवरोह में तीव्र मध्यम का प्रयोग इसके आकर्षण को अद्‍भुत तरीके से बढ़ाता है।

सलिल के कम्पोज़ किए गए शोख सुंदर गीतों में गीता के गाए और एकॉर्डियन के लाजवाब प्रयोग वाले 'बाँकी अदाएँ देखना जी देखना' (अमानत, 1955), 'अपराधी कौन' (1957) के बाँसुरी के साथ हलका लहराता 'कोई देखे तो कहे तुझको कही दीवाना ना' (आशा), 'मेम दीदी' (1961) के 'हम तो घर में चूल्हा फूँके' (लता, महेंद्र, साथी), 'बेटा बाव बाव बाव' (जिसमें लता के साथ कुत्ते का स्वर भी था) और 'लालबत्ती' (1957) के 'छुक छुक छइयाँ' (मन्ना डे, साथी) का भी अपना ही रंग था। मज़ाकिया, हलके-फुलके गीतों में तो सलिल और किशोर कुमार की जोड़ी ने इस दौर के बेहद लोकप्रिय गीत पेश किए। 'नौकरी' (1954) के 'एक छोटी-सी नौकरी का तलबगार हूँ' (किशोर, शंकर दासगुप्ता, श्यामल मित्रा) और 'ये मर्ज़ी हमारी', किशोर कुमार ही अभिनीत 'परिवार' (1956) के दो भागों में अपने ज़माने में वार्षिक बिनाका की ऊँची पायदान पर पहुँचा अभूतपूर्व ढंग से कम्पोज़ किया गया गीत 'कुएँ में कूद के मर जाना, यार तुम शादी मत करना' और 'आवाज़' (1956) का 'अररम तररम दुनिया के कैसे कैसे गम' (किशोर) अगर सलिल के इस विधा के कौशल को इंगित करते हैं, तो 'हाफ़ टिकट' (1962) के गीतों ने तो उन्हें इस विधा का भी उस्ताद ही बना दिया। 'चिल चिल चिल्ला के' (किशोर, साथी), 'वो एक निगाह क्या मिली' (आशा, किशोर), दो तरह की आवाज़ें निकालने के किशोर के अद्‍भुत कौशल को रेखांकित करता 'आके सीधी लगी दिल पे जैसे कटरिया', 'अरे ले लो जी दिल का हीरा' (लता, किशोर), 'आँखों में तुम' (गीता, किशोर), 'चाँद रात तुम हो साथ' (लता, किशोर) जैसे सुपरहिट गीतों का फ़िल्म की लोकप्रियता में उतना ही बड़ा हाथ था जितना मधुबाला और किशोर की ज़बर्दस्त कॉमेडी का। 'मुसाफ़िर' (1957) में किशोर के स्वर में 'मुन्ना बड़ा प्यारा मम्मी का दुलारा' की अच्छी अदायगी भी उन दिनों खूब चली थी

और वार्षिक बिनाका की ऊँची पायदान पर जा पहुँची थी।

अपनी तरंग-भरी शैली से हटकर भी सलिल ने कुछ बेहतरीन रूमानी गीत कम्पोज़ किए थे। गुनगुनाहट भरी लय में 'हैं प्यार के दो मतवाले' (गीत, मन्ना डे–अपराधी कौन, 1957), मीठी-सी मेलोडी लिए 'दिल के सहारे जान से प्यारे' (लता–ताँगावाली, 1955), नशीली तर्ज़ के साथ 'आँखों में मस्ती शराब की' (तलत–छाया, 1961) खूबसूरत-सी रवानगी लिए 'ये प्यार का ज़माना' (लता, मन्ना डे–जवाहर, 1960) जैसे गीत सलिल की प्यारी कम्पोज़ीशन्स में गिने जाएँगे। सबिता के स्वर में 'हनीमून' (1960) के 'तुम जो मिले तो खिला है गुलाब मेरे दिल का' की सुंदर कर्णप्रिय धुन को अधिक लोकप्रियता न मिलना आश्चर्य का ही विषय है, वरना सलिल ने सबिता बनर्जी (बाद में जिनसे सलिल ने शादी भी की) से भी एक से एक सुंदर गीत (हिंदी से अधिक बँगला में) गवाए थे और लता के अलावा सविता को ही अपनी पसंदीदा गायिका मानते थे। अप्रदर्शित फ़िल्म 'रात की उलझन' में बड़ी लुभावनी लय पर 'इन बहारों की कसम' (हेमंत, कृष्णा कल्ले) तो लगभग अनसुना ही गुज़र गया।

ऐसे रूमानी गीतों में सलिल के कम्पोज़ किए गए बिमल रॉय की साधना और शशि कपूर अभिनीत 'प्रेम पत्र' (1962) के गीतों का अलग ही स्थान है। कोमल वाद्य-संयोजन के साथ प्रेम के नर्म सुरों को सलिल ने सुंदर सहलाने वाले अंदाज़ में प्रस्तुत किया था! गुलज़ार के लिखे 'सावन की रातों में' (लता, तलत) की अलग शैली के बिम्बात्मक शब्दों को मल्हार में सितार के बेहद दिलकश टुकड़ों के साथ सलिल ने क्या गज़ब कम्पोज़ किया था! गुलज़ार के लिए सलिल की यह पहली रचना थी– आगे चलकर गुलज़ार के कई अन्य गीतों को भी सलिल ने अपना खास रंग दिया। 'प्रेमपत्र' के अन्य खूबसूरत गीतों में पियानो की लहरों के साथ यमनी बिलावल में कम्पोज़ किए गए 'ये मेरे अँधेरे उजाले न होंगे' (तलत, लता), बाँसुरी के अलग से प्रयोग के साथ 'दो अँखियाँ झुकी झुकी सी' (मुकेश, लता), इंटरल्यूड्स में सितार के बहुत सुंदर इस्तेमाल को दर्शाता 'खुश हो रहे थे' (लता), और बाँसुरी के सुंदर आरम्भ को सितार के इंटरल्यूड्स से विस्तार देता यमन कल्याण पर आधारित 'अब और न कुछ भी याद रहा' (लता) जैसे अद्वितीय उदाहरण इस फ़िल्म को सलिल की एक विशिष्ट उपलब्धि बनाते हैं।

तलत के साथ सलिल चौधरी

यह कम उल्लेखनीय नहीं है कि 'एक दिन रात्रे' को जब हिंदी में राज कपूर ने 'जागते रहो' (1956) के रूप में बनाया तो संगीतकार के रूप में शंकर-जयकिशन को न लेकर सलिल चौधरी को ही बनाए रखा। और इस फ़िल्म में भोर के सुरों को लेकर भैरव की पूरी पवित्रता के साथ 'जागो मोहन प्यारे' (लता–इसी धुन में बाँग्ला में 'जागो प्रीतम प्यारे') और उसके साथ का प्रभावशाली कोरस न सिर्फ़ नरगिस के लिए आर.के. फ़िल्म्स की आखिरी भूमिका साबित हुआ, बल्कि हिंदी फ़िल्म संगीत का मीलस्तम्भ भी बन गया। मोतीलाल पर फ़िल्माए 'ज़िंदगी ख्वाब है' में शैलेंद्र की दार्शनिकता मुकेश के स्वर में (यह भी रोचक है कि इसका version रेकॉर्ड मन्ना डे के स्वर में निकला था) सलिल की बेहद आधुनिक और नई तर्ज़ लेकर इतनी लोकप्रिय हुई कि वार्षिक बिनाका के चोटी के गीतों में शामिल होने जा पहुँची। लोक और पाश्चात्य स्पर्श लेकर कम्पोज़ की हुई 'मैंने जो ली अंगड़ाई' (संध्या, बलवीर, साथी) भी हटकर बनाई हुई एक सम्मोहक रचना की। 'जागते रहो' का तो पूरा पार्श्वसंगीत ही सिम्फ़नी में है। वहीं दूसरी तरफ़ देव आनंद की शैली को ध्यान में रखकर सृजित 'माया' (1961) का 'कोई सोने के दिलवाला' (रफ़ी) तो आज तक रफ़ी के सदाबहार गीतों की श्रेणी में रखा जाता है।

भिन्न विधाओं में सलिल के हुनर की चर्चा के संदर्भ में मुजरा शैली में 'ताँगावाली' (1955) का 'पर सैंया बेईमान ने' (लता) का विशुद्ध प्रस्तुतीकरण और 'ज़माना' (1957) का 'उलझ जाए नैना', नौटंकी शैली में हारमोनियम के साथ 'टेढ़ी-टेढ़ी हमसे फिरे' (शमशाद, मन्ना डे–मुसाफ़िर, 1957) और कव्वाली-शैली में 'लो सुन लो मेरा अफ़साना' (मन्ना डे, साथी–'सपन सुहाने', 1961) का ज़िक्र किया जा सकता है। हृषिकेश मुखर्जी की 'मुसाफ़िर' (1957) में सलिल ने पारम्परिक ठुमरी 'लागी नहीं छूटे राम' के साथ एक अभूतपूर्व प्रयोग किया। उन्होंने इस ठुमरी को न सिर्फ़ लता से बल्कि फ़िल्म के नायक अभिनेता दिलीप कुमार से भी गवा दिया। फ़िल्मी जगत में उन दिनों यह प्रयोग दो सुपरस्टारों के मुक़ाबले का प्रयोग बनकर काफ़ी चर्चित भी रहा था और राजू भारतन ने अपनी किताब 'लता मंगेशकर–ए बायोग्राफ़ी' में इसके साथ जुड़ी कुछ रोचक यादों

'जागो मोहन प्यारे'
राज कपूर और नरगिस
पर्दे पर आखिरी बार साथ-साथ

प्रकाश डाला है। सलिल ने भी अपने एक साक्षात्कार में बताया कि कैसे इस गीत की रेकॉर्डिंग से पहले दिलीप कुमार को एक के बाद एक तीन ब्रांडी के ग्लास पीने पड़े थे।

'झूला' के 'आग पानी में लगे कैसे' (लता, मन्ना डे, साथी) में थोड़ा महफ़िली कव्वालीनुमा तो थोड़ा लोकरंग देकर इंटरल्यूड्स में सिम्फ़नी जैसे इंटरल्यूड्स के साथ सलिल ने सभी विधाओं को और उनके सफल integration के अपने हुनर को ही रेखांकित किया है। 'मधुमती' के 'हम हाले दिल सुनाएँगे' में अंतरे से मुखड़े के पास वापसी के समय तबले का जैसा प्रयोग सलिल ने किया है, वह इस रचना को मुज़रा-शैली के गीतों के बीच भी कुछ खास ही बनाता है।

'लागी नहीं छूटे राम' की रेकॉर्डिंग पर दिलीप कुमार और लता

अपनी रचनाओं में भारतीय शास्त्रीय संगीत का भी प्रयोग सलिल ने कई बार और सूक्ष्म बारीकियों के साथ किया। कर्नाटक शैली के कम प्रचलित राग हंसध्वनि को लेकर 'परिवार' (1956) के लिए कम्पोज़ किया हुआ उनका अद्भुत गीत 'जा तोसे नहीं बोलूँ कन्हाई' (लता, मन्ना डे) तो अमर हो चुका है। 'जागते रहो' के 'जागो मोहन प्यारे' के भैरव की चर्चा हम पहले कर ही चुके हैं। फ़िल्म 'छाया' (1961) के लिए राग वसंत बहार पर आधारित 'छम छम नाचत आई बहार' (लता) और यमन कल्याण पर तलत से उनके विशिष्ट अंदाज़ में गवाए 'आँसू समझ के क्यूँ हमें आँख से तुमने गिरा दिया' आज तक सलिल के यादगार गीत बने हुए हैं। भैरव में ही कीर्तन 'मन रे हरि के गुण गा' (लता–मुसाफ़िर, 1957) भी एक सुंदर रचना थी जो आज विस्मृत हो चुकी है। सलिल अपनी शास्त्रीयमूलक रचनाओं में भी कई बार पाश्चात्य सिम्फ़नी या लोकसंगीत आधारित कोरस का बड़ा प्रयोगात्मक सम्मिश्रण करते थे। उदाहरण के तौर पर 'माया' (1961) के मशहूर भैरवी आधारित गीत 'जा रे उड़ जा रे पंछी (लता) की पृष्ठभूमि और इंटरल्यूड्स में chord पर crescendo का बहुत असरदार प्रभाव पैदा किया गया है। वही 'हनीमून' (1960) के 'साँझ भई सुन री सखी' (लता, उषा मंगेशकर) के शास्त्रीय आधार के साथ अपना विशेष तरंग-भरा स्पर्श इस रचना को बड़े सुंदर तरीके से अलग खड़ा करता है। 'जवाहर' के 'जागिए गोपाल लाल' (लता) के शास्त्रीय शुरुआत के बाद असमिया लोक-रंग के प्रयोगात्मक प्रवेश का ज़िक्र हम पहले ही कर चुके हैं। 'झूला' के 'एक समय पर दो बरसातें' (मन्ना डे) के शास्त्रीय रंग के साथ स्वरों का उतार-चढ़ाव भी बहुत ही प्रभावी असर पैदा करता है। बाँग्ला में धनंजय भट्टाचार्य से गवाई 'झनन झनन बाजे' की राग कलावती आधारित प्रस्तुति बेमिसाल ही मानी जाती है।

सलिल की रचनाओं की अभिव्यक्ति को विश्लेषित करना आसान काम तो नहीं ही है। लेकिन यह भी सच है कि भले ही रविशंकर ने आरोप लगाया हो कि सलिल अपनी रचनाओं में अनावश्यक जटिलता पैदा करते थे, पर इस complexity को सलिल इतनी खूबसूरती से बुनते थे कि सुनकर तब मन अभिभूत हो जाता है। 'चाँद और सूरज' (1965) की भैरवी 'तेरी याद न दिल से जा सकी' (लता) जटिल अवश्य थी, पर इतनी खूबसूरत थी कि उसके सामने फ़िल्म के दो लोकप्रिय गीतों 'तुम्हें दिल ने चाहा तुम्हें दिल दिया है' (सुमन, रफ़ी) और 'किसी ने जादू किया मैं करूँ क्या' (मुकेश) की सादी संरचनाएँ सुधी श्रोताओं को तो फीकी ही लगेगी। स्वरों में बारीक उतार-चढ़ाव के साथ 'दूर बहुत आबादी से' (लता, मुकेश–झूला, 1962) और इंटरल्यूड्स में choral प्रभाव का crescendo वाला असर लिए 'दिल तड़पे तड़पाए' (रफ़ी–पूनम की रात, 1965) भी कम्पोज़र के रूप में सलिल की अद्वितीय परिपक्वता और मौलिकता ही रेखांकित करते हैं। एक ही संगीत कृति के भीतर कई स्वतंत्र संगीत-धाराओं को एक साथ समाहित करना, स्केल परिवर्तन की अनूठी शैली को पूर्व संगीतकारों की अपेक्षा कहीं अधिक व्यापक और संश्लिष्ट रूप में प्रस्तुत करना सलिल की ऐसी विशेषताएँ हैं जो उनके गीतों में जगह-जगह प्रकट होती हैं। कभी-कभी तो सलिल अपने किसी एक गीत की धुन किसी दूसरे गीत की बिलकुल अलग की धुन के बावजूद उसके इंटरल्यूड्स के ऑरकेस्ट्रा में इतनी कुशलता से डालते थे कि भिन्न धुनों के बावजूद संगीत धारा की एकाग्रता खत्म नहीं होती थी। जैसे 'आजा रे परदेशी' के बीच में 'घड़ी-घड़ी मेरा दिल धड़के' की धुन या 'साथी रे तुझ बिन जिया उदास' के बीच 'बाग में कली खिली' की धुन अलग होकर भी इतनी कुशलता से मूल रचना में मिलती है कि सलिल के कौशल पर हम कायल हो जाते हैं।

सलिल का मानना था कि उन्हें कोई राष्ट्रीय ख्याति के वादकों की उतनी ज़रूरत नहीं रहती थी जितनी उन वादकों की

जो उनकी precise कम्पोज़िंग के अनुरूप बिलकुल सटीक और उनके समयक्रम का ध्यान रखकर बजाएँ। यही कारण है कि 'परख' (1960) के 'ओ सजना बरखा बहार आई' (लता) की लाजवाब धुन के साथ सितार के अद्भुत टुकड़ों को बारीक सटीकता से जयराम आचार्य की उँगलियों ने समाहित किया था। माँझ खमाज और कलावती की छाया लिए इस धुन की प्रेरणा सलिल को बारिश में कार चलाते हुए wipers की आवाज़ से मिली थी। हिंदी से भी पहले यह गीत बाँग्ला में पूजा के गीतों की रेकॉर्डिंग के दौरान बनाया गया था और रेकॉर्ड भी हुआ था। इस गीत को लता ने भी हमेशा अपना पसंदीदा गीत माना और 1967 में अपनी सिल्वर जुबली के अवसर पर अपने बहुचर्चित टॉप टेन में पहला नाम इसी गीत का लिया था। 'परख' सलिल की विशिष्ट उपलब्धि मानी जाती है। Choir शैली के साथ 'मेरे मन के दिए' (लता) की चर्चा हम पहले भी कर चुके हैं, 'मिला है किसी का झुमका' (लता) की लावण्य भरी मेलोडी और बाँसुरी के सुंदर प्रयोग पर फ़िदा होने वाले लाखों हैं, पर उतनी ही सुंदर बाँसुरी को इंटरल्यूड्स में सिम्फ़नी की हार्मनी के साथ प्रस्तुत करता 'ये बंसी क्यूँ गाए' (लता) भी कम सुंदर रचना नहीं थी, भले ही इसकी चर्चा अधिक नहीं हुई हो।

सलिल उन संगीतकारों में हैं जिनके हिट गीतों से उनके कम लोकप्रिय रहे गीत किसी भी तरह से कम नहीं थे, बल्कि कभी-कभी तो बेहतर ही थे। सलिल चौधरी की स्वयं निर्देशित 'पिंजड़े के पंछी' (1966) भले ही बॉक्स ऑफ़िस पर पिट गई हो, लेकिन मीना कुमारी और बलराज साहनी अभिनीत इस फ़िल्म में लता के स्वर में एक लाजवाब गीत था—'मंज़िल तेरी खोज में कितनी सदियाँ हो गईं' (लता)। हलकी लय पर कोमल-सी मेलोडी और उसमें सलिल का खास स्पर्श। यह अफ़सोसजनक है कि यह गीत अधिक सुनने को नहीं मिलता। इसी फ़िल्म में 'मेरे नयन पाखी' (लता) भी सलिल की लाक्षणिक शैली का ही प्रतीक था पर यह गीत भी अधिक चला नहीं। इसी प्रकार 'पूनम की रात' (1965) में यदि एक तरफ़ लता के 'साथी रे तुझ बिन जिया उदास रे' की सिम्फ़नी और harmonic progression आधारित haunting धुन बेहद लोकप्रिय रही, तो इंटरल्यूड्स में कोरस से वही मार्चिंग सांग शैली का असर लिए बहुत अलग-सा 'ता दिम ताना दिम...कह दो कोई बेदर्दी से' (आशा, साथी) और सलिल की परिचित शैली की छाप लिए 'भोले पिया जाने क्या तुमने किया' (आशा, साथी) बिलकुल नहीं चले। आशा भोंसले हमेशा ही सलिल के साथ गाने को तैयार रहती थीं और इस जीनियस कम्पोज़र का अभिवादन 'चमत्कार को नमस्कार' के साथ करती थीं, पर सलिल ने कमोबेश अपने सर्वश्रेष्ठ गीत लता और सविता को ही दिए।

कम्पोज़र के रूप में सलिल की एक बड़ी विशेषता थी अपने गीत के अंदर 'स्केल' का तुरत-तुरत परिवर्तन। यह भी एक बड़ा कारण था कि उनकी कई ऐसी रचनाओं को गाना आसान नहीं था। इसका सटीक उदाहरण 'तस्वीर तेरी दिल में' (माया, 1961) में देखा जा सकता है। मुखड़े में ही 'स्केल' के ऐसे परिवर्तन हैं कि गाने की रेकॉर्डिंग के दौरान लता तो पार पा गई, पर रफ़ी ग्यारह बार उलझे और अंत में बारहवीं बार जाकर ही यह रेकॉर्डिंग सफलतापूर्वक सम्पन्न हो पाई। इतनी जटिल रचना के बीच बेहद मीठी मेलोडी भी और मज़े की बात तो यह थी कि यह मेलोडी कहीं-कहीं भैरवी का भी आभास देती है। स्केल परिवर्तन के अन्य परिचित उदाहरणों में 'ये बंसी क्यूँ गाए' (लता—'परख'), 'मचलती आरज़ू खड़ी बाँहें पसारे' (लता—'उसने कहा था'), 'झूला' के 'दूर बहुत आबादी से' (लता, मुकेश) और 'उनसे बिछड़ के जब हम' (लता), 'सपन सुहाने' का 'नज़र से मिल गई नज़र' (सविता, द्विजेन), 'अमानत' का 'जब तुमसे मुहब्बत थी नहीं' (आशा), 'हनीमून' का मशहूर बहुप्रशंसित गीत 'मेरे ख्वाबों में ख़यालों में' (मुकेश, लता) और 'पूनम की रात' का कम जाना परंतु बेहद मौलिक 'सपनों में मेरे कोई आए जाए' (मुकेश, लता, उषा मंगेशकर) जैसे सुंदर गीत सीधे ज़हन में आते हैं।

पर स्केल परिवर्तन का सबसे अनूठा उदाहरण था 'अन्नदाता' (1972) का किशोर कुमार का गाया 'गुज़र जाए दिन दिन दिन'। सलिल ने भी माना कि हालाँकि शुरू में इस गीत की जटिल संरचना को देखकर किशोर ने अपने खास अंदाज़ में ज़मीन पर गिरने और सपने में भी इस गीत को न गा सकने पर चिल्लाने जैसे स्वाँग भी किए पर अंततः इस मुश्किल गीत को किशोर ने इतनी सहजता से गाया कि वे पूरी तरह उनकी प्रतिभा के कायल हो गए। यह तथ्य भी गौर तलब है कि सलिल मुकेश को अपना पसंदीदा गायक मानते थे। मुकेश के बारे में यह धारणा है कि उनका रेंज सीमित था और बहुत मुश्किल गीतों को गाने के लिए मुकेश को नहीं चुना जाता था। लेकिन सलिल के साथ उनकी मुश्किल कम्पोज़ीशन्स को भी मुकेश ने बेहद खूबसूरती से गाया है। सलिल का मानना था कि भले ही मुकेश का रेंज अधिक न रहा हो, पर आवाज़ में जो 'timbre, intonation और feeling' मुकेश लाते थे, वह अद्वितीय था। छठे दशक के अंत और सातवें दशक के आरम्भ की कुछ फ़िल्मों के लिए सलिल ने मुकेश से कुछ अविस्मरणीय गीत गवाए। हृषिकेश मुखर्जी की बहुचर्चित फ़िल्म 'आनंद' (1970) में मुकेश के पियानो के साथ

'मैंने तेरे लिए ही सात रंग के सपने चुने' और 'कहीं दूर जब दिल ढल जाए' को आज भी मुकेश के गाए सर्वश्रेष्ठ गीतों में स्थान प्राप्त है। शैलेंद्र की मृत्यु के बाद सलिल के लिए अधिकांश गीत गुलज़ार और योगेश ने ही लिखे। गुलज़ार लिखित 'मैंने तेरे लिए ही सात रंग के सपने चुने' सलिल की पिछले दशकों के तरंग से अलग एक नया परिष्कार और grace ले कर आया था। वही योगेश लिखित 'कहीं दूर जब दिन ढल जाए' के गम्भीर सुरों में व्यक्तिगत विषाद की जो छाया सलिल लेकर आए थे, वह उनके सामूहिक अभिव्यक्ति के गीतों से कम सशक्त नहीं थी। इसी धुन को बँगला में 'आमार प्रश्न करे नील ध्रुव तारा' के रूप में हेमंत गा चुके थे, पर हिंदी रूपांतर के लिए मुकेश को चुना गया और यह निर्विवाद है कि मुकेश ने इसे हेमंत से बेहतर गाया है। मुकेश से बाँग्ला में भी 'मन माताल साँझ साकाल' और 'झुन झुन मयना नाचो ना' जैसी क्रमशः गम्भीर और तरंगित प्रकृति के गीत सलिल ने गवाए। 'मन माताल' की ही धुन को हिंदी की अनिर्मित 'मिट्टी का देव' के लिए सलिल ने 'शाम से आँख में नमी नमी सी है' के रूप में मुकेश से गवाया। गुलज़ार लिखित इस गीत को बाद में आशा भोंसले ने भी आर.डी. बर्मन के निर्देशन में और जगजीत सिंह ने भी हाल में गाया, पर जो बात सलिल की धुन और मुकेश की गायकी में आई है, वह तो बेमिसाल है।

'आनंद' : जटिल संवेदनाओं के अनुरूप संगीत

दरअसल आठवें दशक के इस दौर में सलिल तकनीकी रूप से अधिक प्रयोगात्मक, अधिक elegant हो गए थे। जन-चेतना और लोकसंस्कृति के ज़मीनी गीतों को जगह देने वाली बिमल रॉय जैसे निर्देशकों की फ़िल्मों का दौर समाप्त हो चला था, और हृषिकेश मुखर्जी, गुलज़ार, बासु चटर्जी जैसे निर्देशक मध्यम वर्ग की व्यक्तिपरक आशाओं, आकांक्षाओं, विडम्बनाओं और अंतर्विरोधों पर फ़िल्में बना रहे थे। ऐसी फ़िल्मों के लिए सलिल की बौद्धिकता तो चाहिए थी, पर उनके जन संघर्ष की भावनाओं के लिए यहाँ जगह कम थी। यही कारण है कि हिंदी फ़िल्मों में सलिल के इस दौर का संगीत अधिक urbane, अधिक सुरुचिपूर्ण और अधिक तराशा हुआ हो चला था। ज़मीन की गंध उसमें कम थी। 'आनंद' की नायिका के अपने ड्राइंग रूम में गुनगुनाने के अनुरूप ही 'ना जिया लागे ना' की रचना मालगूँजी के सुरों को लेकर हुई। कम्पोज़िंग अभी भी लाजवाब थी और सलिल इसे अपना पसंदीदा गीत भी मानते थे, लेकिन यहाँ मध्यवर्गीय संयत बेचैनी थी, लोकरंग से उद्भूत गहरा विरह नहीं। 'ज़िंदगी कैसी है पहेली' (मन्ना डे, साथी) के साथ सलिल का crescendo में उठता कोरस अभी भी उतना ही प्रभावी था, पर मिश्र बिलावल पर आधारित रचना का यह कोरस गीत में कोई सामूहिक चेतना नहीं जगाता था बल्कि उसकी introspective दार्शनिकता को ही गहराता था। 'मेरे अपने' (1971) के बेहद कर्णप्रिय गीत 'कोई होता जिसको अपना' (किशोर) में भी उदासी का एक आलम था जो गीत के विस्तार के साथ-साथ और भी गहन होता जाता था। नज़रूल गीति से प्रभावित शैली को लेकर कम्पोज़ किया गया 'रोज़ अकेली आए' (लता—जो गुलज़ार का भी पसंदीदा गीत रहा है) और लोकशैली से प्रेरित 'गंगा की गोद में गंगा के राही चले रे' (मन्ना डे) में भी सलिल ने दुःख और विषाद के अद्भुत सुर लगाए थे। 'हालचाल ठीक-ठाक है' (किशोर, मुकेश) अवश्य गुलजार के शब्दों की व्यंग्यात्मकता और तीव्र धुन और वाद्य-संयोजन के साथ समाज के अंतर्विरोधों पर प्रहार करता है।

सलिल की यह सुशिष्ट शैली इस दौर के कई गीतों में दिखाई देती है। गुलज़ार लिखित 'अनोखा दान' (1972) का 'मद भरी ये हवाएँ पास आ कर मुझे बुलाएँ' (लता) एक परिष्कृत स्वर संरचना के ऊपर बड़ी निर्बाधता से बढ़ती चलती है। एक तरफ़ यदि बहुत सुंदर हलकी मुरकियाँ हैं, तो दूसरी तरफ़ इसी गीत में scale परिवर्तन तो मुखड़े के अंदर ही glide करता चलता है। वही अंतरे में तो पूरी धुन ही बदल जाती है—एक ही संगीत-रचना के भीतर स्वतंत्र उपरचनाओं के अस्तित्व और फिर उनके integration का इतना सुंदर उदाहरण और कहाँ मिलेगा। वहीं दूसरी तरफ़ मन्ना डे, साथियों के स्वर में 'माना कि है ज़िंदगी ये सफ़र' में सलिल की लाक्षणिक crescendo जैसी बढ़ती स्वरलहरियों की शैली उतनी ही सुंदरता से प्रकट होती है। फ़िल्म का एक और बड़ा सुंदर गीत का लता के स्वर में 'हमें याद कभी तुम कर लेना जब रोता हुआ सावन आए। तबले की सुंदर ताल के साथ गज़ल जैसी कशिश-भरी शैली के इस गीत से सलिल यदि एक माहौल बनाते हैं, तो गिटार और वॉयलिन के साथ interludes में एक बिलकुल अलग संगीत शैली का समाँ बाँधते हैं।

'मेरे भैया'

'मेरे भैया' (1972) की रचना 'मर्ज़ी है तुम्हारी' (लता, मन्ना डे) में जब हारमोनियमवादक वह असर नहीं ला पा रहा था जो सलिल चाहते थे, तो सलिल स्वयं हारमोनियम के सामने बैठ गए और इस गीत का अद्भुत हारमोनियम सलिल का ही बजाया हुआ है। फ़िल्म का सबसे लाजवाब गीत था 'प्यास लिए मनवा हमारा ये तरसे' (लता)। भजन जैसी पावनता को लेकर चलती इस गीत की धुन इतनी कर्णप्रिय है कि आदमी पूरी तरह अभिभूत हो जाता है। विदाई गीत शैली में 'छोड़ चली घर तेरा' (लता) या 'अनोखा मिलन' (1972) के लोक गीत प्रेरित 'ये मन डोले' (मन्ना डे) और 'मन न मोरे सता' में सलिल पुनः लोकसंगीत के करीब हैं तो 'अनोखा दान' के 'हमराही मंज़िल के' (किशोर) और 'मेरे सैंया के चंचल मन पर छाए रंग के बादल' (मन्ना डे) में उनका तरंगित गतिमान अंदाज़ प्रखर होता है।

गीतकार योगेश के साथ लता

'अन्नदाता' के कुछ गीतों को तो हम भूल ही नहीं सकते। Scales पर चढ़ती उतरती सलिल की शैली 'रातों के साए घने' (लता) में हर शब्द पर अलग-अलग प्रभाव डालती इतनी खूबसूरती से चलती है कि रात का वातावरण एक स्तब्ध माहौल में भावनाओं की तीव्रता को और भी गहराई से प्रकट करता है। शॉपिन की प्रसिद्ध रचना 'Nocturna' से प्रेरित इस गीत में सलिल ने इंटरल्यूड्स में सिम्फ़नी जैसी choral huming के द्वारा रात्रि की निस्तब्धता में गुंजित होती ध्वनियों से बहुत ही असरदार वातावरण निर्मित किया है। वहीं 'निसदिन निसदिन' (लता) में सलिल की तरंगित शैली, 'नैन हमारे साँझ सकारे' (मुकेश) का गाम्भीर्य और अंतर्मन्थन तथा 'चम्पावती तू आ जा' (किशोर, सबिता चौधरी, साथी) का लोक-हास्य अपनी अलग ज़मीन बनाते हैं। इस दौर के सलिल की स्वरबद्ध अधिकांश धुनों को शब्द देने का काम योगेश ने किया था, और सलिल की जटिल से जटिल धुनों पर भी गज़ब की काव्यात्मकता लाने में योगेश सफल रहे।

सलिल अपनी खास संगीत शैलियों के और भी अधिक विकसित रूप के साथ इस दशक के अनेक गीतों में नज़र आते हैं। अपनी अनेक रचनाओं में उन्होंने metre या छंद को बदलने की कला का अद्भुत उदाहरण प्रस्तुत किया है। मूल बँगला धुन से प्रेरित 'सबसे बड़ा सुख' (1972) के शीर्षक गीत (मन्ना डे, साथी) में सिम्फ़नी की शैली के बीच स्केल परिवर्तन के साथ छंद को पुनः बेजोड़ लीक विहीनता के साथ प्रस्तुत किया गया है। हृषिकेश मुखर्जी निर्देशित इस फ़िल्म में उनके सहायक रहे नितिन मुकेश पर उनकी ही आवाज़ में एक गीत भी फ़िल्माया गया था— 'दिल दिल से मिलेगा, Oh yes' । न सिर्फ़ हृषिदा बल्कि बासु चटर्जी की कुछ कलात्मक फ़िल्मों में भी इस दौर में सलिल ही संगीतकार रहे। 'छोटी-सी बात' का 'न जाने क्यों होता है यूँ ज़िंदगी के साथ' (लता) तो अपनी विशिष्ट परिवर्तित स्केल की शैली के प्रयोग के कारण आज भी सलिल के विशिष्ट गीतों में स्थान रखता है। फ़िल्म के 'ये दिन क्या आए लगे फूल हँसने' (मुकेश) को ऐसे गीतों के लिए आम तौर पर प्रयुक्त छंद विधान और प्राकृतिक विहंगमता से मुक्त रखते हुए कॉर्ड आधारित सिम्फ़नी का सहारा सलिल ने अभूतपूर्व कौशल से दिया। वहीं 'जानेमन जानेमन तेरे दो नयन' (आशा, येसुदास) तो सलिल की तरंगित बहती शैली में पूरी की पूरी सिम्फ़नी ही है तथा पूर्व यूरोप की संगीत-शैली की कई छायाएँ इस गीत में प्रतिध्वनित होती हैं। बासु चटर्जी की 'रजनीगंधा' (1974) के 'रजनीगंधा फूल तुम्हारे महके यूँ ही जीवन में' (लता) की खूबसूरत धुन की पीछे लावण्य, कोमलता, खुशबू और मिठास का अद्भुत सामंजस्य है। स्थायी में आसावरी थाट और अंतरे में मिश्र पीलू को लेकर सलिल के मधुरतम गीतों में स्थान रखनेवाले इस गीत को अपने ज़माने में अपार लोकप्रियता मिली थी। जैसाकि पहले भी कहा गया है, सलिल का इस दौर का संगीत आम आदमी का संगीत कम और शहरी मध्यमवर्ग की आशाओं,

रजनीगंधा की रेकॉर्डिंग पर सलिल, विद्या सिन्हा, दिनेश ठाकुर, अमोल पालेकर आदि

आकांक्षाओं और फ़लसफ़े का संगीत अधिक लगता है। सामाजिक या आर्थिक संरचनाओं के विरुद्ध संघर्ष के संगीत की जगह मध्यवर्गीय मन के संघर्ष ने ले ली थी। मुकेश को उनका पहला राष्ट्रीय पुरस्कार दिलाने वाला 'रजनीगंधा' का ही 'कई बार यूँ ही देखा है, ये जो मन की सीमा रेखा है, मन तोड़ने लगता है' सलिल के इस दौर के संगीत का प्रतिनिधि गीत माना जाएगा जहाँ सिम्फ़नी और हार्मनी की संरचना को मानसिक द्वंद्व की उलझी विचार रेखाओं को उभारने के लिए अद्वितीय तरीके से इस्तेमाल किया गया है। यही धुन बाँग्ला में भी 'आमि चलते चलते थेमे गेछि' के रूप में लता मंगेशकर ने गाई है, और पिंटू भट्टाचार्य ने भी और मेरे विचार से तो सभी रूपांतरणों में पिंटू भट्टाचार्य का गीत सर्वाधिक प्रभावशाली बना है।

वैसे इस दौर में सलिल की अगर किसी एक फ़िल्म को चुनना हो, तो मैं 'संगत' (1975) को चुनूँगा। बासु भट्टाचार्य की इस व्यावसायिक रूप से बुरी तरह असफल फ़िल्म के गीतकार योगेश नहीं बल्कि जाँनिसार अख़्तर थे और इस फ़िल्म के 'कान्हा बोले ना, कान्हा बोले ना पूछूँ बार बार' (लता, मन्ना डे) को व्यक्तिगत तौर पर तो मैं हिंदी में सलिल की सर्वश्रेष्ठ रचना मानूँगा। इस गीत के बोलों को देख कर कई संगीतकार इसकी एक पारम्परिक या अर्थशास्त्रीय शैली की धुन बनाते, पर सलिल ने इन बोलों को आरोहों और अवरोहों से परिपूर्ण अपनी विशिष्ट तरंगित शैली में ढाला है। पूर्णतः chord आधारित इस रचना में वॉयलिन और सितार दोनों के व्यापक, प्रयोगात्मक उपयोग के साथ बोलों को crescendo की तरह ऊपर उठाना, 'बार-बार' शब्दों के बीच विराम दे कर उन्हें लहराना, 'बोलो' के scale में लगातार, निरंतर चकाचौंध करने वाले अंदाज़ में परिवर्तन करते जाना शायद सलिल के ही बस की बात थी। वहीं 'बलमा मोरा आँचरा महके रे' (लता, मन्ना डे) को सलिल ने अर्द्धशास्त्रीय अंदाज़ और 'देखते देखते एक धुआँ छा गया' (मन्ना डे) को वैचारिक काव्यात्मक शैली में ढालकर दो अन्य खूबसूरत रचनाएँ दी थीं। यह दुर्भाग्यपूर्ण था कि फ़िल्म की घोर असफलता के कारण 'संगत' के गीत अधिक सुने नहीं जा सके।

मृणाल सेन निर्देशित और मिथुन चक्रवर्ती को राष्ट्रीय पुरस्कार दिलाने वाली 'मृगया' (1976) के ग्रामीण शैली की दिनचर्या को उभारते 'गाएँ गरुआ से भरती है' और 'सुहाग हीन अतौरी चेतना को' जैसे गीतों का तो रेकॉर्ड ही नहीं निकला। 'मीनू' (1977) के अपनी छोटी-सी बेटी अंतरा चौधरी से गवाए गीत 'काली रे काली रे तू तो काली काली है', शास्त्रीय संगीत शैली के 'तेरी गलियों में हम आए' (मन्ना डे, अंतरा चौधरी) और लोरी के अंदाज़ में 'धीरे-धीरे हौले रे' (आशा, अंतरा) को काफ़ी लोकप्रियता मिली, वैसे फ़िल्म का 'हम हैं फुटपाथी' (रानू, सबिता चौधरी) पुनः कुछ हद तक सलिल के उस जनचेतना वाले पुराने रूप की याद दिला देता है। ए.व्ही.एम., मद्रास की 'जीवन-ज्योति' (1976) को मैं इस दौर में सलिल की सबसे कमज़ोर फ़िल्म मानूँगा, भले ही 'जिस द्वारे पर घर की बहू रंगोली सजाती है' (लता), लोकशैली का 'मौजों की डोली चली रे' (किशोर) और 'दुनिया रंग बदलती जाए' (लता) अपने ज़माने में कुछ लोकप्रिय रहे हों। इस फ़िल्म में सलिल की प्रयोगधर्मिता बहुत कम दिखाई देती है।

पर 'जीवन ज्योति' अपवाद ही है। हालाँकि सलिल को व्यावसायिक मुख्य धारा की फ़िल्में तो इस दौर में मिलीं नहीं, और दशक के अंत तक कलात्मक फ़िल्मों की लहर का दौर समाप्त हो जाने से सलिल को मिलने वाली फ़िल्मों की संख्या भी घट रही थी, फिर भी मन्नू भंडारी की कहानी 'एखाने आकाश नेई' पर आधारित 'जीना यहाँ' (1979) के 'हम नहीं दुख से घबराएँगे' (लता, येसुदास),

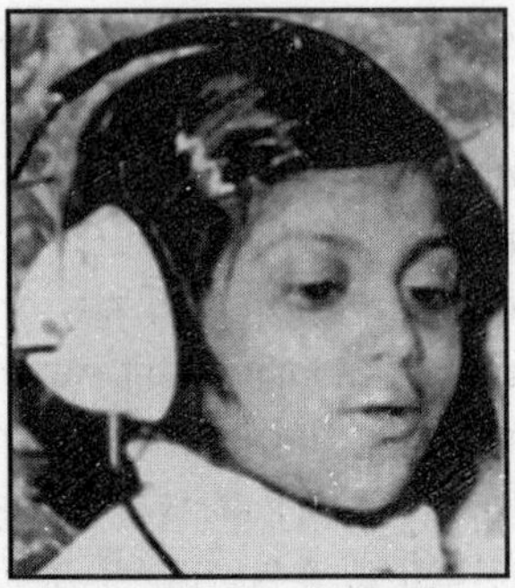

छोटी अंतरा चौधरी

'यही तो है ख्वाबों का जहाँ' (सबिता चौधरी) और 'ओ शाम आई रंगों में रँगी हुई' (लता) सलिल के खास अंदाज़ में सँवारे गए अर्थपरक या संवेदनशील गीत थे। फ़िल्म 'आनंद महल' प्रदर्शित न हो पाई, वरना सलिल ने इस फ़िल्म में विद्यापति की रचना 'त्वमसी मत भूषणम्', कालिदास की 'आषाढ़स्य प्रथम दिवसे' और 'ओम इति ब्रह्म' को येसुदास से बिलकुल श्लोक अंदाज़ में बड़े शुद्ध ढंग से गवाया था। 'आ आ रे मितवा' (येसुदास, सविता चौधरी) शास्त्रीय ढंग में सलिल की खास शैली की छाप ले कर कम्पोज़ किया एक गीत था जो कुछ चर्चित भी रहा था। बिहार के निर्देशक अमरेंद्र सिन्हा की 'कुहासा' भले ही बुरी तरह असफल रही हो, पर इस ऑफ़ बीट फ़िल्म में नूतन सहाय के स्वर में लम्बा गीत 'हो गए क्यों हो गए' तथा येसुदास के स्वर में 'जाने क्या राज़ है' सलिल के संगीत की विलक्षण ताक्षणिकताओं के अच्छे उदाहरण थे। 'रूम नं. 203' (1980) के आशा के गाए 'कल का मेरा' और 'है जवां दिल के मेरे अरमां' तो अधिक न सुने जा सके, पर मलयालम फ़िल्म 'चेम्मीन' के हिंदी रूपांतरण में 'लहर लहर डोले रे' (हरिहरन) का माँझी संगीत प्रभाव, 'मैना के मैना के रस भरे नैना' (अंतरा, सुरेश वाडकर, साथी) का लोकरंजित असर, 'सुन मितवा रे' (हरिहरन, सुरेश वाडकर, अंतरा, सविता साथी) का उत्प्रेरक सामूहिक असर और सबसे बढ़ कर 'प्यासा है मन क्या करें' (हरिहरन) की उदास, अंतर्मुखी फैलती संवेदना बहुत सराहे गए।

'चेम्मीन' की रेकॉर्डिंग के अवसर पर पुत्री अंतरा, निर्माता बाबू और सुरेश वाडकर के साथ सलिल

अगले दशक में श्रोताओं की बदलती मानसिकता और सस्ती व्यावसायिकता के इस दौर में सलिल हाशिए पर ही रहे। 'अग्नि परीक्षा' (1981) के 'ओ रे मन गुनगुन' (लता) की सपनीली खूबसूरती और सितार के हलके नोट्स तथा वॉयलिन के crescendo से भरे इंटरल्यूड्स, या 'प्यार प्यार है' (आशा) और 'आज कोई नहीं अपना' (लता) की तबले, सितार, वॉयलिन और बाँसुरी के क्रमिक विस्तार के बीच की ऑफ़ बीट लाक्षणिक सलिल-शैली इस दौर के श्रोताओं के लिए बहुत भारी-भरकम रचनाएँ थीं। 'दिल का साथी दिल' (1982) के 'मेरे प्रेम की गाए रागिनी' (येसुदास, एस. जानकी) में सलिल ने पुनः छंद को तोड़कर एक तरंगित हवा चलाई, तो 'छलके साँझ के नैना छलके' (एस. जानकी) में अपनी ही प्रचलित बाँग्ला धुन को एक कोमल आवरण में प्रस्तुत किया। 'ये मातम की धुन' (येसुदास) तो गिटार के कॉर्ड्स पर रचित एक लाजवाब धुन थीं जिसे सलिल ने अपनी कई भाषाओं के रूपांतरों में भी प्रयुक्त किया। Western oldies जैसी इस गीत की बनावट आज भी संवेदना के धरातल पर असर करती है। 'ऐ मेरे दिल गा' (एस. जानकी, साथी) में सलिल ने बाँग्ला में बहुतायत से प्रयुक्त अपनी हार्मनिक सिंगिंग को, 'प्यार में जो भी' (येसुदास) में अपनी रेंज परिवर्तन को और 'सागर निढाल हो गया' (येसुदास) में अपनी छंदविहीन रूमानी काव्यात्मकता को सितार की झंकार के बीच बहुत सुंदरता से प्रयुक्त किया था। यह दुर्भाग्य ही है कि इतना सुंदर साउंडट्रैक एक हंगामेदार दौर में पूरी तरह उपेक्षित रह गया। इसी प्रकार बौद्ध मठों की जीवन शैली के अंतर्विरोधों को मानवीय ढंग से प्रस्तुत करनेवाली फ़िल्म 'त्रिशाग्नि' में सलिल ने गुंजित स्वरों के साथ आशा के बहुत सुंदर आलापों को साउंडट्रैक पर जगह दी थी, और आशा से वैसी ही शैली में एक संवेदनात्मक गीत 'ऐसा लगे कहीं दूर से' भी गवाया था।

सलिल के अंतिम दौर की फ़िल्मों में मलयालम फ़िल्म 'चुवन्ना चिराक्कुकल' का हिंदी संस्करण 'डेज़ी' (1980) कुल मिला कर साधारण ही रहा। 'बिछड़ मोरे साथी गए' महेंद्र कपूर की आवाज़ में प्रभावित नहीं कर पाता, हालाँकि धुन सुंदर है और इसी धुन को पुनः 'आखिरी बदला' (1989) में 'मन करे याद वो दिन' के रूप में किशोर से सलिल ने अत्यन्त खूबसूरती से गवाया भी। 'अनोखा दान' की धुन 'हमें याद कभी तुम कर लेना' की 'डेज़ी' में वाणी जयराम के स्वर में 'भूमि नाच रही आज' के रूप में पुनः प्रस्तुति भी मूल के सामने फीकी ही रही। 'आखिरी बदला' के उपरोक्त गीत के अलावा 'जाने कैसा जादू ये चल गया' (आशा) तथा 'ओ मेरे साथी रे' (लता, किशोर) भी सलिल के स्तर के हिसाब से साधारण ही कहे जाएँगे। चिल्ड्रेंस

फ़िल्म सोसायटी की 'त्रियात्री' (1990) या भोजपुरी ऑफ़ बीट फ़िल्म 'तिरियाचरित्तर' का संगीत भी सामान्य ही था। हिंदी में अपने अंतिम दौर के छिट-फुट प्रयासों में सलिल की उत्कृष्टता यदि अपनी अंतिम फ़िल्म 'स्वामी विवेकानंद' के पहले कभी झलकती है तो 'माँगे मिले न प्यार' और 'जवाहर' के गीतों में। अप्रदर्शित 'माँगे मिले न प्यार' के 'हर फूल का ये सपना है' (सविता, अंतरा) और 'साँसों में कयामत की' (सविता) सलिल की पाश्चात्य हार्मनी और भारतीय मेलोडी के सम्मिश्रण पर उनकी चिरपरिचित पकड़ को बहुत खूब प्रदर्शित करते हैं। 'जवाहर' (1992) में मुकेश की गाई दो पँक्तियाँ तो उनकी पुरानी गज़ल से ही ली हुई हैं, पर आशा के स्वर में 'हटो छोड़ो साँवरिया' और 'नैन चुभत साजन बिना' अर्द्धशास्त्रीय ठुमरी गायन की बहुत प्रयोगात्मक अभिव्यक्ति के रूप में याद रखने लायक हैं। 'कभी धूप कभी छाँव' (1992), 'मेरा दामाद' (1995) आदि के बाद अपनी अंतिम फ़िल्म (उनकी मृत्यु के बाद प्रदर्शित) 'स्वामी विवेकानंद' में सलिल पुनः अपने उत्कर्ष पर हैं। इस फ़िल्म के लिए सलिल लता मंगेशकर को ही चाह रहे थे, पर लता की अनुपलब्धता (राजू भारतन के अनुसार सम्भवतः लता उम्र के अपने इस दौर में सलिल की दुरूह रचनाओं के साथ न्याय न कर पाने की आशंका से कतरा रही हों)[2] के कारण उन्हें कविता कृष्णमूर्ति से काम चलाना पड़ा। 'स्वामी विवेकानंद' कम्पोज़र के रूप में सलिल के उत्कर्ष का प्रतीक है। 'नहीं सूरज नहीं ज्योति' (येसुदास) बाँग्ला में गाई एक काव्यात्मक रचना थी, तो 'बिना प्रेम धीरज नहीं' (येसुदास) तो श्लोक जैसी शुद्धता और पावनता ले कर आया था। सितार और बाँसुरी के बहुत सुंदर प्रयोग के साथ 'वनमाली' (कविता कृष्णमूर्ति) यमन कल्याण पर मौलिकता से रची कृति थी, तो 'प्रभु जी मोरे अवगुण चित न धरो' (कविता कृष्णमूर्ति) भैरवी पर आंधारित बहुत सुंदर भजन। 'रे मन कृष्ण नाम' (अनूप जलोटा) में कीर्तन शैली थी तो 'माँझी रे' (अंतरा चौधरी) में बाँसुरी के सुंदर छोटे टुकड़ों के साथ बंगाल का भटियाली प्रयोग। सितार के झंकृत प्रयोग के साथ 'चलो मन जाएँ घर अपने' (येसुदास) अहीर भैरव की अनूठी प्रस्तुति थी तो 'ओ संन्यासी' (आशा, येसुदास) सलिल की लाक्षणिक छंद को तोड़कर रचित शैली का उदाहरण था।

सलिल चौधरी के संगीत की चर्चा में उनके पार्श्वसंगीत का अलग से ज़िक्र करना आवश्यक हो जाता है, विशेषकर इसलिए कि पार्श्वसंगीत के सलिल इतने बड़े विशेषज्ञ थे कि कई बार संगीत भले ही अन्य संगीतकार का हो लेकिन पार्श्वसंगीत के लिए सलिल को खास तौर से बुलाया जाता था। बिमल रॉय की 'देवदास' में अंतिम दृश्यों के लिए जब सचिन देव बर्मन उपयुक्त संगीत नहीं दे पा रहे थे तो देर रात में विमल रॉय सलिल के पास पहुँचे और अगली सुबह सलिल ने बिना श्रेय लिए चार रीलों के लिए पार्श्वसंगीत तैयार किया था। बी.आर. चोपड़ा की गीत विहीन 'कानून' और 'इत्तफ़ाक' जैसी फ़िल्मों का पार्श्वसंगीत सलिल का था, तो गुलज़ार की 'अचानक' और यश चोपड़ा की 'काला पत्थर' में भी सलिल ने ही पार्श्वसंगीत दिया था। रोशन की मृत्यु के बाद 'अनोखी रात' का पार्श्वसंगीत सलिल ने तैयार किया था। यहाँ तक कि हृषिकेश मुखर्जी की 'नौकरी' के गीत यदि राहुल देव बर्मन के हिस्से आए थे, तो पार्श्वसंगीत के लिए यहाँ भी सलिल थे। 'मौसम' में मदन मोहन की मृत्यु के बाद गुलज़ार को पार्श्वसंगीत के लिए सलिल को छोड़कर और कोई याद आ भी नहीं सकता था। सलिल इतने अच्छे कम्पोज़र थे कि दृश्यों की संवेदना के अनुरूप मेलोडी और सिम्फ़नी के उपयुक्त notations उन्हें बिना अधिक परिश्रम के सूझ जाते थे और उनका पार्श्वसंगीत उनकी इस प्रतिभा के कारण तुरत फुरत तैयार हो जाता था।

सलिल भारत के अकेले ऐसे संगीतकार रहे हैं जिन्होंने अनेक भाषाओं हिंदी, मलयालम, बाँग्ला, गुजराती, तेलगू आदि की ढेर सारी रचनाओं को संगीतबद्ध किया। कई बार एक ही धुन को उन्होंने अलग-अलग भाषाओं के गीतों के लिए सफलतापूर्वक प्रयुक्त किया। बँगला में तो आधुनिक संगीत को उन्होंने नई परिभाषा दी तथा रवींद्र संगीत और नज़रूलगीति की एकरसता से मुक्त कर बंगाल के संगीत को विविध और रंजक बनाया। बाँग्ला के आधुनिक गीतों में सलिल की संगीतबद्ध (और अधिकांशतः सलिल द्वारा ही लिखी) रचनाओं का तो भंडार ही है। मेलोडी की नई दिशाओं, नए chord विस्तार, हार्मनी और कोरस से बँगला आधुनिक संगीत में उन्होंने एक नई शैली ही विकसित की जो कि गौतम चौधरी (www.salilda.com) के अनुसार एक तरह से एक 'सलिल-घराना' की ही स्थापना कहा जाना चाहिए। कोलकता यूथ क्वॉयर के साथ 'धन्य आमि जन्मछि माँ', 'दूर नेइ दूर नेइ' जैसे कई गीतों के सहारे उन्होंने क्वॉयर गायन को पहली बार भारत में एक विशिष्ट दर्ज़ा दिलाया। लता मंगेशकर को तो बाँग्ला की भी प्रमुख गायिका बनाने में सलिल की रचनाओं का बहुत बड़ा योगदान रहा है। लता के गाए कई मशहूर गैर-फ़िल्मी बँगला गीतों में (कोष्टक में जिन हिंदी फ़िल्मों में उन्हीं धुनों को सलिल ने फिर प्रयुक्त किया उनके नाम भी दिए गए हैं) 'जा रे जा रे उड़े जा रे पाखी' (माया), 'ना जिओ ना' और 'ओ बंसी हाय' (परख), 'ओगो आज किछु तो ना' (माया), 'सात भाई चम्पा' (मेरे भैया), 'की जे कोरी' (चारदीवारी), 'निशदिन निशदिन' (अन्नदाता), हार्मनिक ऑरकेस्ट्रेशन की अभूतपूर्व प्रस्तुति 'ओ

झर झर झरना', 'ना मोनो लागे ना' (आनंद), 'ओ प्रजापति प्रजापति', 'अंतविहीन', 'झिलिक झिलिक झिनुक', 'ओ मोर मयना गो' (जीवन ज्योति), 'आज नोय गुन गुन', 'एकार आमि आमार थेके', 'ओ आमार प्राण सजनी' और 'सबार आदाले' (अन्नदाता) 'एइ जीबन' (दिल का साथी दिल) जैसी न जाने कितनी धुनें हैं जो आज भी बंगाली श्रोताओं के तन मन में बसी हुई हैं। इसी प्रकार सबिता चौधरी के गाए 'सुरेर झरना', 'मोरी हाय गो हाय', 'एने दे एने दे झुमका' (परख), 'घूम आय', 'ओ झिलमिल झउएर' (सपन सुहाने), 'जा रे जा आमार आशार' (चाँद और सूरज), 'लागे डोल पाते पाते', 'घुम घुम घुमन्तो' (अनोखा दान), 'मन मयूरी', 'शुधु तोमारी' (ऑल इंडिया रेडियो के लिए), 'आमि की बोली बोलो', 'ओ सखी', 'प्रजापति प्रजापति', 'गुरु गुरु मेघेरो', 'किछु आर भाले लागे ना', 'होलुर गांदार फूल' (मधुमती), 'संध्या नेमे एलो जे संध्या' (दिल का साथी दिल), 'मोन आमार होलो कानो जे', 'आमाके प्रश्नो कोरो ना', 'जा रे जा रे जा मन पाखी', 'झिलमिल झिलमिल' (लालबत्ती), 'आर किछु नाए' (अन्नदाता), 'दु चोखे आशार नदी', 'शबरा उपरे' जैसे न जाने कितने गीतों में सबिता का जो झंकृत और अलंकृत रूप हमें मिलता है, वह अत्यन्त दुर्लभ है। हेमंत यदि बंगाल में अपने गाए रवींद्र संगीत और अपनी कम्पोज़ीशन के लिए जाने जाते हैं, तो उतनी ही श्रद्धा से उन्हें सलिल की सृजित जनचेतना केंद्रित आम जनता की क्रांतिकारी आकांक्षाओं के पूर्व में उल्लिखित गीतों के लिए याद किया जाता है। 'गानयेर बधु', 'अबाक पृथ्वी', 'पालकीर गान', 'धान काटार गान', 'रनर', 'नौका बाओआर गान' 'पथे आमार नामो' जैसे गीत यदि एक श्रेणी में आते हैं तो सलिल की स्वरबद्ध हेमंत के स्वर में 'आमार प्रश्न करे ध्रुव नील तारा' ('आनंद' के 'कहीं दूर जब दिन ढल जाए' की धुन), 'ठिकाना', 'आर दुर नेइ दिगंतर', 'आरबोनो आमार माने', 'बेश तबे ओइ कथा', 'दूर तो घुरमी', 'जेते जेते पथ भूले छि', 'आर किछु ना' जैसी रचनाएँ एक दूसरी पर उतनी ही प्रभावशाली संवेदनाप्रधान श्रेणी में। संध्या मुखर्जी से गवाए 'उज्जल एक झाक' तो 1953 के संदर्भ में एक बिलकुल नई शैली का अद्‌भुत गीत ही था। संध्या से भी सलिल ने 'जा रे जा फिरे जा', 'गुन गुन मन भँवरा', 'जीवने ना किछु छिलो', 'जदि नाम धोरे तारे डाकी' (बाद में 'डेज़ी' फ़िल्म में प्रयुक्त धुन), ऑल इंडिया रेडियो के लिए गवाए 'गोधुलिर शांतो छायाय' और 'के जानो पथेर', 'गा गा रे पाखी गा', 'गहनो राति घने' (बाद में 'अन्नदाता' के 'रातों के साए घने की धुन), 'सजनी गो सजनी', किछु आर कहिबो ना', 'ओ नील नील पाखी' जैसे कई बेहद कर्णप्रिय गीत गवाए। आठवें दशक के अंत से तो सलिल ने अपनी बेटी अंतरा चौधरी से बच्चों के लिए 'बुलबुल पाखी', 'ऐ जे छिलो दुष्टु छेले', 'तेलेर शीशी', 'होबुचंद्र राजा' जैसे कई लोकप्रिय गीत गवाना प्रारम्भ कर दिया। बाद के वर्षों में वर्षा का अद्‌भुत प्रभाव उत्पन्न करता 'आमोनो शधना बराशे' के अलावा पाँच मात्रा में कम्पोज़ 'ओ भोला मोन' (जिसे 'दर्पण' सीरियल के शीर्षक संगीत की धुन के रूप में प्रयुक्त किया गया) जैसी अद्वितीय रचनाओं के लिए भी सलिल ने अंतरा का ही स्वर लिया। सलिल के बाँग्ला आधुनिक गीतों की शृंखला में श्यामल मित्र के गाए 'ओए आँका बाँका जे पक', 'जा जा रे जा पाखी', 'जदि किछु आमारे शुधाओ' और 'चोले जे जाय दिन दिन दिन' (जिसकी धुन को बाद में 'गुज़र जाए दिन दिन दिन' के लिए 'अन्नदाता' में प्रयुक्त किया गया), माधुरी चटोपाध्याय की गाई 'निजेरे हराए खुंजी' और 'कि आर कटिबो बोलो', 'ओइ जे शबुज' और 'गुन गुन फागुन शेष होले' जैसी जटिल उतार-चढ़ाव वाली रचनाएँ, सुबीर सेन के गाए 'धरनीर पके पके', 'जानि ना जानि ना', 'अधिकार के काके देर', जटिलेश्वर मुखोपाध्याय के गाए 'पागोल हवा' ('छोटी सी बात' के 'न जाने क्यों' की धुन), श्यामल मित्र के पुत्र सइकत मित्र के गाए 'आर किछु नेइ बालार', हेमंती शुक्ला के गाए 'एइ बार शपने बंधन खुल्लम', 'सजबो बंधु भूल', 'चंचल झिलमिल पाखनाय', अरुणधिति होम चौधरी के गाए 'चंचल शोनाली पखनाय' (जो मुकेश के गाए 'कैसे मनाऊँ पियवा' का ही आधुनिक ऑरकेस्ट्रेशन के साथ एक अद्‌भुत प्रस्तुति है), 'के जाबी आय', 'पारे थाक पीछे एइ गान', शिवाजी चट्टोपाध्याय के गाए 'जाखोन असझ्झो होय' और अरुणधिति-शिवाजी के साथ गाए अति सुंदर 'आर की बोलबो', द्विजेन मुखर्जी के गाए 'श्यामल बरनी ओ गो कन्या', 'एक दिन फिरे जाओ' और 'पल्लविनी गो संचारिनी', मानवेंद्र मुखोपाध्याय के गाए 'आमि पारिनी बुझिते पारिनी', धनंजय भट्टाचार्य के राग कलावती पर आधारित 'झनन झन बाजे', अभिनेता विश्वजीत के गाए 'जाए जाए दिन', इंद्राणी सेन के गाए 'बाजे गो वीणा', निर्मलेंदु चौधरी के गाए 'हाय हाय की किलाम', देवव्रत विश्वास के स्वर में 'आमार प्रतिवादेर भाषा', प्रतिमा बंद्योपाध्याय के गाए 'घूम आए रे आए' और 'नाओ गान भोरे' जैसे अनेक गीत भुलाए नहीं जा सकते। 'Happy Birthday' की धुन को लेकर सलिल ने द्विजेन मुखर्जी के गाए मशहूर गीत 'क्लांति नामे गो' के आरम्भिक पँक्तियों की धुन बनाई थी। उत्पला सेन के गाए 'प्रांतारेरो गान आमार' तो

सबिता चौधरी

आज तक लोकप्रिय बना हुआ है। सलिल ने मुकेश से भी दो अद्‌भुत बाँग्ला गीत गवाए—'मोन माताल साँझ साकाल' और मचलती धुन वाला 'झुन झुन मैना नाचो'। जैसाकि पहले भी कहा गया है, 'मोन माताल' की ही धुन को लेकर एक अनिर्मित फ़िल्म 'मिट्टी का देव' के लिए सलिल ने गुलज़ार के लिखे 'शाम से आँख में नमी नमी सी है' की लाजवाब धुन बनाकर इसे मुकेश से गवाया था, यह तथ्य कम ही ज्ञात है। मज़ेदार बात यह है कि गुलज़ार के इस गीत को बाद में आर.डी. बर्मन के संगीत में आशा ने और फिर जगजीत सिंह ने भी गाया पर वह बात जो सलिल और मुकेश ले कर आए थे फिर नहीं आ पाई है। दुर्भाग्य यह है कि इस लाजवाब गीत को कभी किसी म्यूज़िक कम्पनी ने पुनः रिलीज़ करने की नहीं सोची। गुलज़ार के गीतों 'जाने क्या सोच कर नहीं गुज़रा' (जिसे बाद में 'किनारा' फ़िल्म में आर.डी. बर्मन ने एक अलग धुन दी) तथा 'तारे दामन से गरेबाँ' को भी सलिल ने फ़िल्मों से अलग सबिता चौधरी से बड़ी खूबसूरती से गवाया था।

बँगला फ़िल्मों में सलिल का संगीत कम समृद्धशाली नहीं है। 'पाशेर बाड़ि' के 'नयनेतारि' और 'झिर झिर बरसा' (धनंजय भट्टाचार्य), 'आज शंघाय' (1954) के 'मेघे रिमझिम' (अल्पना बनर्जी) और हिंदी गीत 'तारे उदास' (गायत्री बसु), 'मोहिला महल' (1954) के 'तोमार के बोल मोनेर', 'रिक्शावाला' (1953) के 'आए रे ओ' (कोरस) और हिंदी गीत 'सियाराम सियाराम' (सतीनाथ मुखर्जी), 'रात भोरे' (1956) के 'रिमझिम झिम' (संध्या मुखर्जी) और 'ए माँझी रे' (श्यामल मित्र), 'जागते रहो' के बँगला संस्करण 'एक दिन रात्रे' (1956) के 'जागो मोहन प्यारे' का बाँग्ला संस्करण 'जागो प्रीतम प्यारे' (लता) तथा दार्शनिक अंदाज़ में 'एइ दुनियाए भाई शबे होय' (मन्ना डे), 'बाड़ी थेके पालिए' (1959) का पाश्चात्य शास्त्रीय संगीत की पृष्ठभूमि लेकर कम्पोज़ किया गया लाजवाब 'मा गो आमार' (सबिता चौधरी), 'गंगा' (1960) के प्रसिद्ध लोकगायक निर्मलेंदु चौधरी के गाए 'गंगा गंगार तरंगे', 'सजनी ओ सजनी' तथा 'ओरे ओ शुन नाएर माँझी', 'इच्छा करे परानडारे' (पंकज मित्र), 'किनु गवालार गलि' के शास्त्रीय शैली के 'दखिना बताश' (सविता चौधरी) जैसे गीतों को बाँग्ला फ़िल्मों की एक अलग श्रेणी में रखा जा सकता है जो अन्य संगीतकारों से बिलकुल अलग, अनूठी और प्रयोगात्मक थी। 'राय बहादुर' (1961) का सलिल का संगीत तो उत्कृष्ट ही कहा जाएगा और इसके कई गीतों की धुनें तो बाद में हिंदी फ़िल्मों में सलिल ने पुनः आजमाई। जैसे 'रात कुहेली चरणो' (सविता चौधरी) को 'सपन सुहाने' में, 'अहा की रूप' (सविता, मृणाल चक्रवर्ती) और 'जाए दिन एमनी' (हेमंत) को 'हनीमून' में और 'के डाके आमाए' (हेमंत) को 'प्रेमपत्र' में। इसी प्रकार का उच्च स्तरीय संगीत सलिल ने 'किनु गोआलार गोलि' (1964), 'अयाओनंतो' (1964), 'पारी' (1966—जिस पर 'अनोखा मिलन' फ़िल्म हिंदी में बनी थी) में भी दिया। सलिल की संगीतबद्ध विशिष्टतम फ़िल्म 'लाल पाथोर' (1964) में 'देखो ना मोरे देखो ना' (श्यामल मित्रा, सबिता चौधरी) की शास्त्रीय बंदिश और 'आलो आमार आलो' (रवींद्र संगीत) के अलावा 'जा जा जा बंसी जा रे' (सबिता), 'सखी दे साजाए फूलो साज' (सुजात मुखर्जी) जैसे बाँग्ला गीत, 'O dieu, O mein' जैसा जर्मन गीत और गुलज़ार के लिखे दो हिंदी गीत भी थे—'साँस के ज़ख्म' (मन्ना डे) और मुबारक बेगम के स्वर में 'रुके रुके से'। सलिल के संगीतबद्ध 'मरजीना अब्दुल्लाह' (1972) के 'हाय हाय प्राण जाए' (लता), 'बाजे गो बिना' (मन्ना डे) और 'ओ भाई रे भाई' (मन्ना डे) जैसे गीत खूब लोकप्रिय रहे थे, पर स्तर के पैमाने से 'कोबिता' (1977) के गीत कहीं श्रेष्ठ थे। 'हाकाल बिशोन भालो लागे छे' (लता), 'आमि तो कुमीर' (मन्ना डे), 'शोनो शोनो गो' (किशोर—जिसे बाद में 'चेम्मीन लहरें' में भी प्रयुक्त किया गया), गिटार के chords और बाँसुरी के साथ सज्जित 'बूझ ना' (लता) और 'धत तेरी मारो गुली' (सबिता) जैसे सरस गीत अब कहाँ मिलते हैं? उत्तम कुमार अभिनीत 'सिस्टर' (1977) को तो हम चर्च क्वॉयर की शैली के अद्‌भुत गीत 'विश्वपिता तुमि हे प्रभो' के लिए ही याद करेंगे, तो 'श्रीकांतेर विल' (1979) को 'नाम शकुंतला तार' की अनूठी धुन के लिए जिसे सलिल ने हिंदी और मलयालम में 'चेम्मीन' में भी प्रयुक्त किया था। 'जीबोन जे रकम' (1979), 'ब्यापिका बिदाय' (1980 जिसमें मन्ना डे के स्वर में बहुत सुंदर और सौम्य गीत 'कुआशा आँचलो खोलो' शामिल था), 'ओर मोन गुन गुन' (सबिता) वाले 'परबेश' (1980), 'अकालेर संघाने' (1980—जिसमें इप्टा का मशहूर गीत 'हेई समाला धान हो' शामिल था), 'ओ आमार सजनी गो' (लता, किशोर) वाले 'अंतर्धात' (1980), 'प्रतिज्ञा' (1985), 'देबिका' (1985) 'जीबोन' (1990) आदि फ़िल्मों का सलिल का संगीत हिंदी की ही तरह इस तथ्य की पुष्टि करता है कि सलिल की कम्पोज़ीशन्स का परिष्कार और उनकी कलात्मकता उम्र के साथ-साथ बढ़ती ही जा रही थी। 'मउचोर' (1985) जैसे अपवादों को छोड़कर सलिल के संगीत में प्रयोगधर्मिता इस दौर में अपने प्रखरतम पर थी। यहाँ तक कि 'महाभारती' (1994) में पूरनदास बाउल से गवाया बाउल गीत भी आम परिपाटी के बाउल गान से इतना हटकर था कि पूरनदास बाउल को उसे सीखने में तीन दिन लग गए। अप्रदर्शित 'सेइ समय' (1994) के अंतरा चौधरी के गाए 'नील आकाश' की सुंदर कम्पोज़ीशन सलिल द्वारा कन्नड़ फ़िल्म 'ओंडे रूपा एनाडु गुना' (1975) में

प्रयुक्त धुन का ही परिष्कृत रूप था।[3]

यह सलिल की प्रतिभा का ही कमाल है कि सलिल मलयालम फ़िल्मों में भी सबसे लोकप्रिय और प्रतिष्ठित संगीतकारों में से रहे हैं। अपनी पहली मलयालम फ़िल्म 'चेम्मीन' के लिए ही उन्हें राष्ट्रीय पुरस्कार मिल गया। शैलेन्द्र, योगेश और गुलज़ार की तरह मलयालम में उनकी बनाई धुनों पर वयलार और कुरूप जैसे प्रतिष्ठित गीतकारों ने गीत लिखे। मलयालम की भी कई फ़िल्मों में उन्होंने अपनी पूर्व में बाँग्ला या हिंदी गीतों के लिए बनाई धुनों को ही प्रयुक्त किया। 'चेम्मीन' (1965) के 'पेन्नाले पेन्नाले' (येसुदास, साथी), 'कादली नक्कारा' (येसुदास), 'पुथन वलक्कारे' (येसुदास, पी.लीला, आदि), 'मनसामेने वारू' (मन्ना डे), 'स्वप्नम' (1973) के 'नीवरूकाण्यदेवते' (येसुदास), 'माने माने' (येसुदास), 'सारिके' (एस. जानकी), 'नेल्लु' (1974) के 'चेम्बा चेम्बा' (मन्ना डे, पी. जयचंद्रन), 'केदली चेकादली' (लता) 'नीलापोनमाने' (येसुदास, माधुरी), 'रासलीला' (1975) के 'आयिलम पदाथे' (येसुदास वाणी जयराम), 'मनक्कले थाते' (येसुदास), 'निशासुरविकल' (पी. जयचंद्रन), 'नीलापोनमन' (1975) के 'पोन्नुशासिन' (पी. जयचंद्रन), 'थैयमथिवम' (पी. सुशीला, जयचंद्रन), 'कन्नील' (ए. जानकी, वी. करूंता), 'कारू करूत्थाकाडु' (येसुदास) ओर 'पूनला पूनकुड़ाली' (एस. जानकी), 'मदनोलसवम' (1977) के 'संध्ये' (एस. जानकी), 'मेले पूनमाला' (येसुदास, सविता चौधरी), 'नीमयुम नीलविंदे' (येसुदास), 'मद प्रवीवा' (येसुदास, साथी), 'सागरामे' (येसुदास), 'इ मालकायकल' (एस. जानकी, साथी), 'एयर हॉस्टेस' (1980) के 'ओन्नम कुन्नील' (येसुदास, एस. जानकी), 'उनरूनरू' (येसुदास, वाणी जयराम), 'विषुक्कनी' (1977) के 'मालरकोडिपोले' (येसुदास), 'पूविलि पूविलि' (येसुदास), 'राप्पडी पदुन्ना' (पी. सुशीला), 'पोन्नुशासिन' (पी. जयचंद्रन), 'सेंट टॉमस' (1975) के 'धूम धूम ताना' (वाणी जयराम), 'वृचिकापेन्ने' (येसुदास, सविता चौधरी), 'रागम' (1975) के 'नादानपट्टिले' (वाणी जयराम), 'ओमनिथिंकाल' (पी. सुशीला), 'एविडोकाटिन्नु' (येसुदास, एस. जानकी), 'आकयितो' (येसुदास), 'देवदासी' (1978) के 'पोन्नलयिला' (येसुदास, वाणी जयराम), 'मानसेश्वरी' (एस. जानकी), 'एरूरात्रिकाल' (1968) के 'कक्काकुरूम्बिकाले' (येसुदास, लता आदि), 'एठो ओरू स्वप्नम' (1977) के 'श्रीपदम' (येसुदास), 'पूमनम' (येसुदास), 'ओरूमुखम' (येसुदास) और 'पूनिरंजल' (येसुदास), 'समयामयिल्लापोलम' (1977) के 'श्याममेधामे' (येसुदास), 'देवी देवी' (येसुदास), 'ओन्नम थुम्बी' (पी. सुशीला), 'मायिलुकलादम' (येसुदास, सविता), 'ए गानम मरक्कुमो' (1979) के 'ओनप्पूवे' (येसुदास), 'कुरूमोरिमुल्लापूवे' (येसुदास, वाणी जयराम), 'राक्कुमिले उरंग', (येसुदास, सविता) और 'एक कैकलील' (एस. जानकी) जैसे न जाने कितने गीत मलयाली जनमानस की संगीतधर्मिता का हिस्सा ही बन चुके हैं। कई अन्य भाषाओं में भी सलिल की संगीतबद्ध फ़िल्मों के गीत बेहद प्रशंसित रहे हैं, चाहे तमिल में 'दूरकु इधि मुझक्कम' हो, तेलगू में 'चेयरमैन चलमय्या हो', कन्नड़ में 'समशायाफला' या 'ओंडरूपे एराडु गुना' हो या फिर असमिया में बेहद प्रयोगात्मक 'अपराजेय'।

टेलीविज़न सीरियलों के दौर में सलिल ने कुछ चर्चित सीरियलों को भी संगीतबद्ध किया था। 'दर्पण' (1985) सीरियल का उनका संगीत शीर्षक गीत में उनके लाक्षणिक प्रभावों के कारण याद किया जा सकता है। 'कुरुक्षेत्र', 'चरित्रहीन', 'अलग' जैसे अन्य सीरियलों में भी उन्होंने संगीत दिया। 5 सितम्बर, 1995 को अपनी मृत्यु के पूर्व तक वे कलकत्ता में स्वयं के निर्मित रेकॉर्डिंग स्टूडियो में संगीत और ऑरकेस्ट्रेशन के नए प्रयोगों में अपने को व्यस्त बनाए हुए थे। सलिल जैसा विलक्षण संगीतकार पता नहीं हमें फिर मिलेगा भी या नहीं!

संदर्भ

1. राजू भारतन : लता मंगेशकर - ए बायोग्राफी
2. वही
3. सलिल के बाँग्ला संगीत के अति विस्तृत वर्णन के लिए गौतम चट्टोपाध्याय का www.salilda.com (इंटरनेट) पर देखा जा सकता है।

अरुण कुमार मुखर्जी

'चली राधे रानी, अँखियों में पानी'

अरुण कुमार मुखर्जी

अरुण कुमार मुखर्जी का जन्म कलकत्ता में हुआ था, पर बाद में वे नागपुर में व्यवसाय करने लगे थे। नागपुर का अपना व्यवसाय छोड़कर वे अपने मौसेरे भाई अशोक कुमार के कहने पर फ़िल्म-नगरी में दाखिल हुए और अशोक कुमार ने ही उन्हें साठ रुपए मासिक पर बॉम्बे टॉकीज़ में नौकरी दिलाई जहाँ वे गायक की हैसियत से शामिल हुए। 'कंगन' के गाए उनके गीत 'बंदे नाव का लंगर छोड़' लोकप्रिय रहा, पर असली लोकप्रियता 'बंधन' के 'चना जोर गरम' से मिली, जो आज तक सदाबहार है। 'पुनर्मिलन', 'फूल', 'अनजान', 'बसंत', 'किस्मत', 'ज्वार-भाटा', 'मशाल' आदि फ़िल्मों में उनके गाए गीत खूब चले। संगीतकार के रूप में उनका नाम अशोक कुमार निर्मित 'परिणीता' (1953) के गीतों से चमका। शरत्‌चंद्र के प्रसिद्ध उपन्यास पर बनी इस फिल्म में मन्ना डे से बंगाल की लोकशैली में गवाया 'चली राधे रानी, अँखियों में पानी', सुपरहिट रहा था और आज भी याद किया जाता है। नौटंकी शैली में आशा, किशोर का दोगाना 'ऐ बाँदी तुम बेगम बनी' भी खूब लोकप्रिय रहा था। फिल्म का एक बहुत सुंदर, झमकता हुआ पूरबी विवाह गीत माधुर्य का सारा रस लेकर सृजित गीत था 'गोरे गोरे हाथों में मेहँदी रचा के, नयनों में कजरा डाल के' (आशा, साथी) जो आज भी सुनना बड़ा दिलकश लगता है। 'चाँद है वहीं, सितारे हैं वहीं' (गीता) की कोमल उदास धुन, रवींद्र संगीत की छाया लिए 'टूटा है नाता मीत का' (असित बरन) और छायावादी काव्यात्मकता सा उद्‌गार बना 'कौन मेरी मीत के पहले' (आशा) जैसे अन्य गीतों के साथ 'परिणीता' अरुण कुमार का नाम फिल्म संगीत के इतिहास में जीवित रखेगी।

अरुण कुमार की संगीतबद्ध 'शमशीर' (1953) तो असफल रही पर अशोक कुमार ने अपनी प्रोडक्शंस कम्पनी 'अशोक कुमार प्रोडक्शन' की अन्य फ़िल्म 'समाज' (1954) में भी अरुण कुमार को मौका दिया। 'समाज' के 'आ बिरना मोरे बिरना' (गीत, शंकर दासगुप्ता, साथी) बंगाली लोकधुन पर कोरस के अच्छे प्रयोग के कारण एक अच्छी प्रस्तुति थी। 'कई दिन से सावन बरसता है' (आशा, शैलेष), 'रुखसत ऐ दुनिया तेरी महफिल मेरी महफिल नहीं' (लता) और मुजरा शैली में 'तुम हमको चाहो' (आशा) भी अच्छे गीत थे। डी.पी. प्रोडक्शन की 'तीन भाई' (1955) में मल्हार पर आधारित बाँसुरी के सुंदर प्रयोग से सजा 'बिन बरसे लौट रही घनघोर घटा सावन की' (आशा) एक कर्णप्रिय गीत था, पर दुर्भाग्य से अधिक लोकप्रिय न हो सका। अरुण कुमार को संगीतकार के रूप में अन्य कई फ़िल्मों में अवसर मिल सकता था यदि वे असामयिक रूप से 6 दिसम्बर, 1955 को अशोक कुमार के साथ कार में 'बंदिश' का ट्रायल शो देखकर आते हुए अचानक दिल के दौरे से न गुज़रे होते। यह भी अज़ीब इत्तफ़ाक है कि जिस अशोक कुमार ने उन्हें फ़िल्मों में अवसर दिलाया उन्हीं की गोद में सिर रखकर उनका निधन हुआ। अरुण कुमार की याद में उनके सहायक और प्रसिद्ध तबला तथा बाँसुरीवादक निखिल घोष ने 1965 में 'अरुण संगीतालय' की स्थापना की, जिसने बाद में संगीत महाभारती का स्थान ग्रहण किया।

'तीन भाई'

शिवराम

'तुम कहाँ छुपे हो साँवरे, दो नयना भए मोरे बावरे'

शिवराम

फ़िल्मों की शृंखला पर अगर एक सरसरी निगाह भी फेंकी जाए तो हम पाएँगे कि छठे और सातवें दशक में भी भक्तिप्रधान और पौराणिक फ़िल्मों का निर्माण जारी रहा। ऐसी फ़िल्मों के संगीत की एक विशेषता थी उसकी मेलोडी और उसका झंकार। यह झंकार न सिर्फ भक्तिमय गीतों में नज़र आती है बल्कि इन फ़िल्मों के प्रणयगीतों में भी मुखर है। इन फ़िल्मों में कुछ तो झंकारयुक्त और कुछ हलकी-सी वाद्य-तरंगता लिए बड़े ही मीठे से लगने वाले गानों का सृजन हुआ। ऐसे भक्तिपूर्ण पौराणिक फ़िल्मों के संगीतकारों के रूप में एस.एन. त्रिपाठी, चित्रगुप्त और अविनाश व्यास की चर्चा अकसर की जाती है। पर जिस संगीतकार को ऐसी चर्चाओं में अकसर छोड़ दिया जाता है वह हैं शिवराम, हालाँकि मीठे, मधुर तरल गीत हों या झंकृत, चमत्कृत संगीत का सृजन हो, या फिर शास्त्रीय और युगल संगीत का समन्वय हो, शिवराम का हुनर इन चर्चित संगीतकारों से कम नहीं था। यह अवश्य है कि शिवराम के संगीत में झंकार का तत्व उतना प्रखर कभी नहीं रहा जितना सुकोमल मेलोडी का।

वैसे 22 मार्च, 1927 को जोधपुर में जन्मे और जोधपुर के महाराज उमैद सिंह के यहाँ कार्यरत रहने के बाद लाहौर में पं. अमरनाथ और गुलाम हैदर के पास तथा उसके बाद लखनऊ में एच.एम.व्ही. में नौकरी कर चुके शिवराम कृष्ण ने फ़िल्म-संगीत में कदम सामाजिक फ़िल्मों के माध्यम से रखा था। उन्हें खोजा था प्रसिद्ध निर्माता-निर्देशक व्ही.शांताराम ने जिन्होंने 1953 में प्रदर्शित अपनी दो फ़िल्मों 'सुरंग' और 'तीन बत्ती चार रास्ता' के लिए वसंत देसाई को न लेकर शिवराम को अवसर दिया। 'सुरंग' में लता के स्वर में 'गुज़री थी रात आधी खामोश था ज़माना' अपने समय में अच्छा चला था। लता के ही सुंदर मुरकियों वाले 'छलके न ग़म के प्याले' और 'गहरी गहरी नदियों में बही जाऊँ रे' भी कोमल स्वरलहरियों पर बसी धुनें थीं। दरअसल शिवराम के संगीत की विशेषता उसकी कोमलता और नर्मी है। ऐसा लगता है जैसे एक तरल, स्निग्ध सी धुन और हलके ऑरकेस्ट्रेशन के साथ मेलोडी पूरे वातावरण में मंद-मंद फैलने लगती है। 'सुरंग' का ही 'जिसको तूने घर समझा ये दुनिया मुसाफ़िरखाना है' (मन्ना डे, सुलोचना कदम) इसी प्रकार की मीठी रचना है। सुलोचना के स्वर की परिपक्वता कुछ संगीत-समीक्षकों को इस गीत में 'ढोलक' (1951) की अपेक्षा अधिक नज़र आती है, हालाँकि 'ढोलक' जैसी लोकप्रियता यहाँ उन्हें नहीं मिली।[1] 'सुरंग' का एक और उल्लेखनीय गीत मन्ना डे का गाया 'चल ऐ दिले मजबूर' शास्त्रीय, भक्तिरस के आम गानों से हटकर मन्ना डे का एक अलग अंदाज़ प्रकट करता है जिसका श्रेय शिवराम को दिया जाना चाहिए।

शिवराम की अपनी लाक्षणिक शैली की ही रचना है 'तीन बत्ती चार रास्ता' (1953) का लता का गाया वह रस-भरा गीत 'कितना मीठा होता है, कितना प्यारा होता है किसी का हो जाना'। ऐसा कहा जाता है कि 'तीन बत्ती चार रास्ता' फ़िल्म लता मंगेशकर की अपनी जिंदगी से प्रेरित है। ऐसा शायद इसलिए भी कहा जाता हो क्योंकि फ़िल्म का कथानक एक साँवली-सलोनी युवती के इर्द-गिर्द घूमता है जो स्वयं भी अच्छा गाती है। संध्या ने पूरे शरीर पर काला रंग लगाकर यह भूमिका निभाई थी, और सभी महिला एकल गीतों को लता ने स्वर दिया था। अतः फ़िल्म के प्रदर्शित होने के बाद कई दर्शकों ने इसे लता की जीवनकथा

समझा।[2] 'तीन बत्ती चार रास्ता' की सर्वाधिक उल्लेखनीय विशेषता थी एक बहुभाषी गीत जिसे वास्तविकता का जामा पहनाने के लिए व्ही. शांताराम ने उन्हीं भाषाओं के गीतकार और संगीतकार का उपयोग किया। इस गीत के कई टुकड़े थे। जहाँ बाँग्ला, तमिल, सिंधी, मराठी और गुजराती टुकड़ी का संगीत क्रमशः कनु घोष, नटराज, गुलशन सूफ़ी, वसंत देसाई और अविनाश व्यास ने दिया, वहीं हिंदी और पंजाबी भागों के लिए फ़िल्म के मूल संगीतकार शिवराम कृष्ण को ही रखा गया। चूँकि यह एक अलग तरह का हलका-फुलका बहुभाषी प्रयोग था, अतः इन भागों का संगीत भी शिवराम कृष्ण की अपनी विशिष्ट शैली से हटकर था। इस गीत के अतिरिक्त इस फ़िल्म का तलत का गाया 'एक दो तीन चार पाँच नाच मेरे संग नाच' भी प्रचलित रहा जिसमें इसाक मुजावर के अनुसार 'अति उल्लसित हीरो को गाते हुए सीढ़ियों से उतरते हुए दिखाया गया था (और) सीढ़ी उतरने की लय को संगीतकार ने बखूबी पकड़ा था'।[3] तलत का ही 'इश्क, प्रीत, प्यार, हाँ प्यार, तुमसे है प्यार मुझे' और लता का 'अपनी अदा पर मैं हूँ फिदा' भी अच्छी मक़बूल रचनाएँ थीं, जिनमें शिवराम ने क्रमशः तलत की आवाज़ में तन्मयता और लता की आवाज़ में ख़नक पैदा करने में सफलता पाई है। 'कोई हमको न देखे' (लता, साथी) में मुखड़े और अंतरे के बीच गति और लय का स्पष्ट परिवर्तन इस गीत को शिवराम के अन्य गीतों से अलग ठहराता है।

'ऊँची हवेली' में निरुपा राय

शिवराम के सामाजिक फ़िल्मों के इस आरम्भिक दौर में 'ऊँची हवेली' (1955) का 'दौलत के झूठे नशे में हो चूर, गरीबों की दुनिया से रहते हो दूर' अपनी मार्मिक धुन और बोलों के कारण लोकप्रिय हुआ। रोचक तथ्य यह है कि गोल्डेन जुबली मनानेवाली इस फ़िल्म में शिवराम ने स्वयं भी आशा भोंसले के साथ दो गीत गाए थे। उनमें से 'सपनों के गाँव में' (आशा, शिवराम) की मूल धुन भारतीय होते हुए भी इसमें पश्चिमी ऑरकेस्ट्रेशन का शिवराम ने अपनी शैली से हटकर अच्छा सम्मिश्रण किया है। निर्माता-निर्देशक के रूप में गीतकार जे. नक्शब ने अपनी फ़िल्म 'रफ़्तार' (1955) में भी संगीत-निर्देशन के लिए इस बार नाशाद की अपेक्षा शिवराम को चुना। इस बार भी चुनाव ग़लत नहीं रहा और 'रफ़्तार' के गीत काफ़ी चले। तलत महमूद का गाया 'सहारा कोई मिल जाता तो हम कब के सम्भल जाते' बिलावल थाट पर बनाई बड़ी सुंदर रचना है जिसमें पियानो का प्रयोग भी लुभावना है। शमशाद का गाया 'जादू भरे नयना तिहारे बलम' और तलत, आशा के तादात्मयता से गाए गीत 'मुहब्बत में जीना है तूफ़ां में जीना' में ऑरकेस्ट्रेशन पर शिवराम की पकड़ स्पष्ट नज़र आती है। पर इस फ़िल्म का सबसे अच्छा गीत तलत के ही गाए 'क्या करूँ सीने में हूक उठती है घबराता है दिल' को माना जाना चाहिए जिसकी मद्धिम लय अच्छा प्रभाव छोड़ती है। इस गाने को तलत के 'रेयर मेलोडीज़' कैसेट में एच.एम.व्ही. ने सही ही शामिल किया है।

फ़िल्म 'रफ़्तार' में तलत और नादिरा

'ऊँची हवेली' के निर्माता शरद प्रोडक्शन्स ने जब 'सती अनुसूया' (1956) नामक धार्मिक फ़िल्म बनाई तो पुनः शिवराम को ही संगीत का मौका दिया और इसी फ़िल्म से शिवराम का भक्ति-फ़िल्मों के क्षेत्र में पदार्पण माना जा सकता है। यों स्वर्ण जयंती मनानेवाली इस फ़िल्म के गाने ख़ास लोकप्रिय नहीं हुए, पर रफ़ी के स्वर में 'बड़े प्यार से मिलना सबसे दुनिया में इंसान रे' अपनी उपदेशात्मकता, भैरवी में बनाई गई सुंदर तर्ज़ और अच्छी गायकी के कारण यादगार गीत बन गया है। मन्ना डे के गाए 'एक दिन तेरा भी सवेरा आएगा' भी अच्छी तर्ज़ का नीतिप्रधान गीत था। एक बार शुरुआत हुई तो शिवराम के लिए भक्ति-फ़िल्मों में संगीत देने का सिलसिला बाक़ायदा चल निकला। पर 'काली घटाएँ आकाश में' (लता, मन्ना डे, साथी—'जय अम्बे', 1957) और 'मन गीत प्रीत के गा मन तू' (आशा—'गौरी शंकर', 1958) जैसे सुंदर गीतों का सृजन भी शिवराम को विशेष लोकप्रियता नहीं दिला सका। 'नया कदम' (1958), राजकमल कला मंदिर की 'फूल और कलियाँ' (1960) जैसी सामाजिक फ़िल्में या 'रंगीला राजा' (1960) जैसी स्टण्ट फ़िल्म का पाश्चात्य ऑरकेस्ट्रेशन भी शिवराम को वह विशिष्ट स्थापत्य नहीं दे सका जिसके लिए शिवराम अपनी आरम्भिक सफलता के बाद संघर्षरत हो चले थे। राजकमल चित्र की राम गबाले निर्देशित 'काले गोरे' (1960-61) भी दुर्भाग्य से रिलीज़ न हो सकी वरना इसमें शिवराम ने पंचतंत्र नृत्य-नाट्य का प्रभावशाली कम्पोज़ीशन किया था। इस निराशा के दौर में आशा की किरण बनकर आंई पौराणिक फ़िल्म 'श्रवण कुमार' (1960) जिसके 'बिछवा ने मारा मोहे डंक'

(सुमन, महेंद्र), 'काँधे पे काँवर ले के चला' (रफ़ी), 'जो जैसा बोए यहाँ, वैसा ही वो फल खाता' (रफ़ी), 'ओ इंसान तू अपना घर पहचान' (महेंद्र कपूर) जैसे गीतों को सफलता मिली। पर इन सबसे बढ़कर सुंदर गीत था लता का गाया 'तुम कहाँ छुपे हो साँवरे, दो नयना भए मोरे बावरे', हालाँकि यह गीत आज श्रोताओं की याददाश्त से पूर्णतः विस्मृत हो चला है । इस फ़िल्म में शिवराम ने मैंडोलिन का बहुत सुंदर उपयोग किया था जिसे किशोर देसाई ने बजाया था। ये वही किशोर देसाई थे जिन्होंने मुकेश के लाजवाब गैरफ़िल्मी गीत 'मिल न सका दिल को अगर प्यार तुम्हारा' को स्वरबद्ध किया था ।

'श्रवण कुमार' की सफलता के बाद शिवराम की छवि भी भक्ति-फ़िल्मों के संगीतकार की हो चली। यह भुला दिया गया कि दशक के पूर्वार्द्ध में पूर्णतः सामाजिक फ़िल्मों में उन्होंने अधिक सफल संगीत दिया था। भक्ति-पौराणिक फ़िल्मों के क्षेत्र में भी एस.एन. त्रिपाठी और अविनाश व्यास के प्रभुत्व को शिवराम तोड़ नहीं पाए। हिंदी फ़िल्म-जगत में उनका अस्तित्व हाशिए पर ही रहा। सातवें दशक की उनकी फ़िल्मों में आदर्शलोक की 'दुर्गापूजा' (1962) और 'महासती बेहुला' (1964), रूपकला पिक्चर्स की 'कण-कण में भगवान' (1963), रूपेश प्रोडक्शन्स की 'सती नारी' (1965) और 'सम्पूर्ण तीर्थयात्रा' (1970), मधुर फ़िल्म्स की 'शंकर सीता अनुसूया' (1965), आर.एम.आर्ट प्रोडक्शन्स की 'श्री राम भरत मिलन' (1965), पीपुल पिक्चर्स की लोक बिरहा की शैली में 'पिंजरे की मैना' (आशा) जैसे गीत लिए 'वीर बजरंग' (1966) और मेवाड़ फ़िल्म्स की भैरवी में 'चल चल रे पथिक चल' (महेंद्र) जैसे भक्तिगीत लिए 'बद्रीनाथ यात्रा' (1966) शामिल हैं। ऐसी भक्ति-पौराणिक फ़िल्मों के गीतों के लिए तलत की आवाज़ तो ठीक नहीं बैठती थी, अतः अपने पूर्व के पसंदीदा गायक तलत को त्यागकर शिवराम ने महेंद्र कपूर, मुकेश और रफ़ी का सहारा लिया। गायिकाओं में अब लता हाशिए पर के संगीतकार के लिए अकसर उपलब्ध नहीं रहती थीं, अतः सुमन कल्याणपुर उनकी मुख्य गायिका बनीं। 'दुर्गा पूजा' (1962) में उन्होंने नई गायिका उषा तिमोथी को पहली बार गाने का अवसर दिया।

परंतु रुकावटें जैसी भी हों, शिवराम का माधुर्य या उनके संगीत की कोमलता इन फ़िल्मों में भी प्रखर हो उठती थी। 'महासती बेहुला' का 'चमके चाँद पूनम का, छलके प्यार शबनम का' (मुकेश, सुमन) इसका सबसे विशिष्ट उदाहरण है। क्या खूब तरलता और क्या मिठास है इस गीत-संगीत में और क्या लाजवाब धुन बनाई है शिवराम ने! इसका स्थायी बिलावल थाट में है या अंतरा यमन कल्याण में, इस जटिलता में हमें इस सहज रचना के लिए न पड़कर इतना ही कहना चाहिए कि एच.एम.व्ही. ने अपने 'रोमांटिक डुएट्स' के 'रेयर जेम्स' में इस गीत को शामिल करके शिवराम के साथ न्याय ही किया है। इसी फ़िल्म का 'परदेसी तुम कौन कहाँ से आए हो' (सुमन, मुकेश) 'चमके चाँद पूनम का' की तुलना में ही कम पड़ता है, अन्यथा यह भी बड़ी सुंदर, कोमल रचना है। 'सती नारी' (1965) में भी मुकेश का 'चल रे चल मुसाफ़िर चल, जब तक साँस चले' एक अच्छी उपदेशात्मक रचना है। ऐसे संदेशात्मक गानों की कम्पोज़ीशन शिवराम ने हमेशा अच्छी की है। 'बद्रीनाथ यात्रा' (1966) का भैरवी पर आधारित 'चल चल रे पथिक चल रे' (महेन्द्र) भी इसका एक अच्छा उदाहरण है। 'सती नारी' में सुमन, महेंद्र कपूर का गाया 'बताओ तो बताओ तो कहाँ हो, तुम कहाँ हो तुम' भी काबिलेतारीफ है पर इस फ़िल्म का सबसे मशहूर गीत रहा महेंद्र कपूर के स्वर में नीरज लिखित 'तुम नाचो रस बरसे, भींगे घूँघट, भीगे आँचल'। बड़ी ज़बर्दस्त कम्पोज़ीशन है और उतने ही सुंदर शब्द हैं। यमन कल्याण आधारित इस गीत की कम्पोज़ीशन के लिए शिवराम को स्वामी हरिदास पुरस्कार से भी नवाजा गया था। नीरज के लिखे गीतों को स्वरबद्ध करने वाले प्रारम्भिक संगीतकारों में शिवराम प्रमुख थे। एस.डी.बर्मन तो बाद में आए। एच.एम.व्ही. द्वारा निकाले गये एलबम 'वर्षा ऋतु' में नरेन्द्र शर्मा की रचना 'सतरंग चूनर' को भी महेन्द्र कपूर की आवाज़ में शास्त्रीय संगीत का आधार देकर शिवराम ने बड़ी खूबसूरती से गवाया था।

नीरज के गीतों की तरह ही कवि प्रदीप की लिखी और गायी 'हमने जग की अजब तस्वीर देखी, इक हँसता है दस रोते हैं' (शंकर सीता अनुसूया, 1965) भी पण्डित शिवराम के संगीत खजाने का एक अनमोल रत्न बन चुका है। यह गीत आज भी अकसर रेडियो या लाउडस्पीकर्स पर सुनाई दे जाता है। 'कण-कण में भगवान' (1963) का मार्चिंग के बीट्स पर रचा शीर्षक गीत (महेंद्र), कर्णप्रिय लोच से भरा 'जा जा जा छोड़ दे ओ छलिया' (सुमन, मुकेश) और 'ये दुनिया बनाना' (महेंद्र), 'नदिया न पिये कभी अपना जल' (महेंद्र), 'सबको नाच नचाता फिर भी

नज़र नहीं वो आता' (मन्ना डे) भी काफ़ी पसंद किये गये पर इस प्रकार की लोकप्रियता शिवराम के हिस्से में यदाकदा ही आई, और कुल मिलाकर उनका भक्ति-संगीत भी इस दशक में अधिक लोकप्रिय नहीं हो सका।

दरअसल इस दशक में असली पहचान शिवराम ने राजस्थानी फ़िल्मों में बनाई जहाँ वे शीर्ष संगीतकार बन कर 'बाबा सी लाडली' (1961), 'बाबा रामदेव' (1963), 'रानीबाई को मायरो' (1963), 'धणी लुगाई' (1964), 'गणगोर' (1964), 'गोगाजी पीर' (1969) और 'गोपीचंद भरथरी' जैसी फ़िल्मों में चमके । कोमलता, झंकार, उल्लास, करुणा—सभी रसों से भरपूर है शिवराम का राजस्थानी संगीत चाहे 'ओ रंग रंगीलो आलीजो आयो रे आंगणिये' (बाबा सी लाडली) हो या 'मिस्टर मिजाजी आया चौरास्ते पर अटक्या जी' (शमशाद, मुकेश—'धणी लुगाई') या फिर 'चाँद तूं म्हारे घरां मती आ' (उषा तिमोथी, महेंद्र—'गणगोर') और 'भिक्षा दे दे मैया' (आशा, महेंद्र) या 'प्रीत जगे हो सजनी थारो मुखड़ो निराख्यां' (आशा, महेंद्र—'गोपीचंद भरभरी') जैसे गीत हों। शिवराम आज भी राजस्थानी फ़िल्म संगीत-प्रेमियों के बीच एक जानी-पहचानी शख्सियत के रूप में याद किए जाते हैं, पर हिंदी फ़िल्म-संगीत ने उन्हें सदा हाशिए पर ही रखा और वहीं से वे धीरे-धीरे गुमते चले गए 'महापावन तीर्थ यात्रा' (1975) में उन्होंने उदय खन्ना लिखित 'सारे जग में महिमा जिनकी वो तीरथ है महान' की धुन बनाई जो 70 मिनट लम्बा गीत था, और निस्संदेह फ़िल्म-संगीत के इतिहास का सबसे लम्बा गीत कम्पोज करने का श्रेय पाया। 2 फरवरी, 1980 को शिवराम हमेशा के लिए हमें छोड़ गए। उनके पुत्रों—जुगल किशोर और तिलकराज—ने भी संगीत के क्षेत्र में 'भींगी पलकें' से कदम रखा था, पर उन्हें भी आगे विशेष मौके न मिल पाए।

संदर्भ

1. इसाक मुजावर—'गीत गाता चल', जी स्टार, 15 मई, 1997
2. स्नेहल ओझा : इंटरनेट—'अभी तो मैं जवान हूँ' शृंखला, गाना नं. 163
3. इसाक मुज़ावर—'गीत गाता चल', जी स्टार, 15 मई, 1997

विपिन-बाबुल

'मैंने पी है, पी है, पर मैं तो नशे में नहीं'

विपिन दत्ता और बाबुल की जोड़ी ने मिलकर भी संगीत दिया और अलग-अलग स्वतंत्र रूप से भी की। इनके कई गीत बेहद हिट भी रहे, फिर भी इस संगीतकार जोड़ी की अधिक चर्चा नहीं हुई है। शायद एक कारण यह भी था कि इसे बड़े बैनर की फ़िल्में नसीब नहीं हुईं, और 'बी' तथा 'सी' ग्रेड की फ़िल्मों के साथ ही इनका फ़िल्मी सफर शुरू हुआ और खत्म भी हुआ। लेकिन जहाँ तक हुनर का प्रश्न है, चाहे तर्ज़ों की रचना हो या ऑरकेस्ट्रेशन, दोनों में ही इन संगीतकारों की पकड़ बहुत अच्छी थी। विपिन और बाबुल दोनों संगीतकार मदन मोहन के सहायक थे और यहीं से उनकी दोस्ती की शुरुआत हुई थी। बाबुल की तमन्ना तो थी गायक बनने की और लखनऊ के मॉरिस कॉलेज से शिक्षा लेने के बाद विभाजन के पूर्व वे लखनऊ, दिल्ली और लाहौर रेडियो स्टेशन में कार्यरत भी रहे, पर गायक के रूप में मौके नहीं मिलने के कारण संगीत-निर्देशन के क्षेत्र में ही उन्होंने किस्मत आजमाई।

विपिन-बाबुल के स्वतंत्र कैरियर की शुरुआत ताज फ़िल्म्स की 'शाही मेहमान' (1955) से हुई। छठे दशक में उनकी कई फ़िल्मों के सुंदर गीत भी दुर्भाग्य से अनसुने ही रह गए। फ़िल्म 'बादल और बिजली' (1956) में गीता का एक बेहद खूबसूरत क्लब सांग था—'मोरे सैंया मोरी नैंया छोड़ो जी' जिसे एच.एम.व्ही. ने गीता के 'रेयर जेम्स' कैसेट में भी जगह दी है। इसी फ़िल्म के रवानगी-भरे 'रात कितनी हसीं ज़िंदगी मेहरबाँ' (तलत, मुबारक) में तलत के स्वर में आलाप और मुबारक बेगम के स्वर में humming का सुंदर उपयोग है। मोहन सिन्हा निर्देशित 'सुलताना डाकू' (1956) में मुबारक बेगम के स्वर में कैफ़ी आज़मी लिखित

मुजरा गीत 'तिरछी नजर से न देखो मोहे पर गवाया दर्दीला गीत 'है किस्मत का की द्वारका खोसला निर्देशित 'ताजपोशी' के' (आशा, तलत) भी एक मधुर तेज लय का अच्छा प्रयोग था। विपिन-बाबुल वाकई द्वारका खोसला द्वारा ही निर्देशित 'बस स्वरों में एक रवानगी-भरा युगल गीत में रंग भरा है प्यार का'। फ़िल्म में एक सांग था—'दाँव चलने को है, बात बनने पिक्चर्स की शम्मी कपूर अभिनीत 'रात के उनके खास खुमार-भरे अंदाज में एक है पर मैं तो नशे में नहीं'। इस गीत में किस्म की दी है, और इंटरल्यूड में रात के तरीके से ऑरकेस्ट्रेशन द्वारा अनूठी ध्वनियों

शम्मी कपूर और ज़बीन फिल्म 'रात के राही' में

सैंया' और लता के स्वर में ऊँची पट्टी खेल' अच्छी रचनाएँ थीं। ज़ार प्रोडक्शन्स (1957) में 'तुम हो कहीं के, हम हैं कहीं का सुंदर युगल गीत था जिसमें मैंडोलिन बहुत सुंदर युगल गीत कम्पोज़ करते थे। कंडक्टर' (1959) में पुनः आशा, रफ़ी के उन्होंने अच्छा कम्पोज़ किया था—'ज़िंदगी बार फिर गीता का एक दिलकश क्लब को है, प्यार की रात है'। पुष्पांजलि राही' (1959) में विपिन-बाबुल ने रफ़ी से दिलकश गीत गवाया था—'मैंने पी है, पी विपिन-बाबुल ने बीट्स बिलकुल अलग वातावरण का प्रभाव भी बहुत आधुनिक के सृजन से किया है। 'जंगल किंग'

(1959) में उमा देवी और सुमन के साथ बाबुल ने खुद भी गीत गाए थे, पर इस फ़िल्म का संगीत उपेक्षित ही रह गया। इसी प्रकार अप्रदर्शित फ़िल्म 'सलाम-ए-मोहब्बत' में तलत के स्वर में एक सुंदर गीत था–'मैं तुझको अगर एक फूल कहूँ', जिसे एच. एम.व्ही. ने तलत के 'रेयर मेलोडीज़' कैसेट्स में भी स्थान दिया है।

द्वारिका खोसला निर्देशित कई फ़िल्मों में विपिन-बाबुल का संगीत था। ज़ार प्रोडक्शन्स के ही बैनर तले बनी अपराध फ़िल्म 'चौबीस घंटे' (1958) संगीत की दृष्टि से विपिन-बाबुल की सफल फ़िल्म रही। प्रेमनाथ, शकीला और के.एन. सिंह अभिनीत इस फ़िल्म में मुकेश के स्वर में 'दुनिया मुझको पागल समझे या समझे आवारा' खूब लोकप्रिय रहा था, और शंकर-जयकिशन की शैली इस गीत में साफ झलकती है। पर इससे भी सुंदर था ओ.पी. नैयर शैली में 'हमें हाले दिल तुमसे कहना है' (तलत, आशा)। यह गीत भी अच्छा चला था। आशा के स्वर में क्लब गीत 'आज का सलाम लो', मुजरा शैली की तरह सृजित 'वे जवानी जला' (आशा, शमशाद), देशभक्ति गीत की पैरोडी पर रचित 'छन छन करती दौलत बोले' (आशा, रफ़ी, साथी), आशा की विशिष्ट शैली में गवाया गया 'हाय किसी का रंगी आँचल' और 'प्यासा' के 'सर जो तेरा चकराए' तथा पाश्चात्य बीट से प्रेरित होकर सृजित 'एक दिल हमारे पास है नीलाम करेगा' (रफ़ी) फ़िल्म के साधारण गीत थे जिनमें कुछ खास बात नहीं थी।

कुछ ही वर्षों में विपिन और बाबुल ने अलग-अलग संगीत देना भी प्रारम्भ कर दिया। बाबुल द्वारा संगीतबद्ध इन्हीं अभिनेताओं के लेकर ज़ार प्रोडक्शन्स के ही बैनर तले द्वारिका खोसला निर्देशित एक और अपराध फ़िल्म 'चालीस दिन' (1959) का संगीत 'चौबीस घंटे' से बेहतर था। 'चौबीस घंटे' में यदि मौलिकता की कमी स्पष्ट थी, तो 'चालीस दिन' में बाबुल ने इस दोष से मुक्त होने का प्रयास किया था। 'मैं दीवाना मस्ताना' (मुकेश) की लोकप्रियता भले ही शंकर-जयकिशन के प्रभाव के कारण रही हो, पर 'कहो आ के बहार करे मेरा सिंगार' (आशा, मुकेश) वाकई एक सुंदर मौलिक रचना थी जिसे एच.एम.व्ही. ने आशा और मुकेश के 'रेयर जेम्स' कैसेट्स में शामिल कर न्याय किया है। फ़िल्म का सबसे उल्लेखनीय गीत था दर्दीले सुरों को साथ लेकर सृजित कैफ़ी आज़मी का लिखा 'बैठे हैं रहगुज़र पर दिल का दिया जलाए'। एच.एम.व्ही. द्वारा निकाले गए आशा के 'मेलो गोल्ड' कैसेट में शामिल इस रचना से बाबुल ने गज़लों की कम्पोज़ीशन में अपने हुनर को बखूबी प्रदर्शित किया है। यह रचना आज भी कई संगीत-प्रेमियों के दिलोदिमाग में बैठी हुई है। हारमोनियम और तबले के सुंदर इस्तेमाल के साथ-साथ इंटरल्यूड में आशा के आलाप का प्रभावी असर उत्पन्न करता 'नसीब होगा मेरा मेहरवां कभी न कभी' (आशा, मन्ना डे) भी एक बड़ी सशक्त रचना थी। इस फ़िल्म से बाबुल ने यह सिद्ध कर दिया कि अकेले संगीत देते हुए वे बेहतर संगीतकार थे।

अकेले संगीत देते हुए विपिन के हिस्से आई वकील प्रोडक्शन्स की नानूभाई वकील निर्देशित 'क्या ये बम्बई है' (1959)। 'चालीस दिन' वाला असर तो विपिन नहीं पैदा कर पाए, पर फ़िल्म का एक गीत तो रफ़ी के गाए अच्छे गीतों में अवश्य गिना जाना चाहिए। 'ये बम्बई शहर का बड़ा नाम है' शहर की विसंगतियों पर आक्षेप करता नूर देवासी का अच्छा लिखा गीत था, जिसे विपिन दत्ता ने बहुत सुंदर तर्ज़ और ताल में बाँधा था और रफ़ी ने बड़ी ही खूबसूरती से गाया था। प्रसिद्ध संगीत-समीक्षक राजू भारतन ने भी रफ़ी पर अपने एक आलेख में खास तौर पर इस गीत की चर्चा की है। बाबूभाई वकील की ही निर्देशित 'आलमआरा की बेटी' (1960) में विपिन ने इस्माइल आज़ाद कव्वाल और जानी बाबू से कुछ अच्छी कव्वालियाँ भी गवाईं जिनमें 'क्या शान है तुम्हारी हाजी मलंग दूल्हा' (इस्माइल आजाद, पार्टी) तो खास तौर से उल्लेखनीय है। चित्र भारती, बम्बई की 'डायमंड किंग' (1961) में विपिन ने मुकेश से पुनः कुछ शंकर-जयकिशन के अंदाज में ही एक अच्छा गीत गवाया था–'मैं हूँ अपनी लगन का मारा, जिधर चल पड़ा'। पाश्चात्य ऑरकेस्ट्रेशन पर आधारित 'बस में नहीं जी दिल' (मन्ना डे, गीता) और ओ.पी. नैयर शैली में कम्पोज़ 'ज़रा हँस के नजर मिलाना' (मन्ना डे, सुधा, साथी) साधारण गीत थे, जिनमें कुछ उल्लेखनीय नहीं था।

यह भी सहज ही स्पष्ट हो जाता है कि विपिन में बाबुल की अपेक्षा आधुनिक ऑरकेस्ट्रेशन का आग्रह अधिक था। बाबुल की कम्पोज़ीशन्स में भारतीय मेलोडी और भारतीय संगीत के विभिन्न रूपों का असर अधिक था। पर यह अंतर विशुद्ध नहीं था। ज़ार प्रोडक्शन्स की 'रेशमी रूमाल' (1961) में शंकर-जयकिशन शैली में मुकेश से गवाया बेहद मशहूर गीत 'गर्दिश में हो तारे ना घबड़ाना प्यारे' में भारतीय वाद्यों के साथ-साथ पियानो एकॉर्डियन और अन्य पश्चिमी वाद्यों का भी खूब उपयोग है। यह गीत अपने ज़माने में बेहद लोकप्रिय रहा था। इसी फ़िल्म के मशहूर और बेहद कर्णप्रिय गीत 'जुल्फों की घटा लेकर सावन की परी आई' (मन्ना डे, आशा) में सितार का अति सुंदर उपयोग गीत के लावण्य में चार चाँद लगा देता है। मन्ना डे के सर्वश्रेष्ठ युगल गीतों में यह गीत अपना स्थान रखता है। 'रेशमी रूमाल' में तो बाबुल ने कमाल ही कर दिया था। तलत के स्वर में झिंझोटी में 'जब छाए कभी सावन की घटा रो-रो के न करना याद मुझे' की भावाभिव्यक्ति, लोच और कशिश तो संगीत-प्रेमी आज तक

नहीं भुला पाए हैं। जैसाकि पहले ही लिखा गया है, युगल गीतों में तो विपिन और बाबुल का कौशल कुछ अलग ही नज़र आता है। 'रेशमी रूमाल' के मन्ना डे के झटकों के साथ 'आँख में शोखी लव पे तबस्सुम' (मन्ना डे, सुमन) जैसा चुटीला गीत हो, या मुकेश, आशा के स्वरों में हलका-फुलका सवाल-जवाब करता 'क्यों जी आखिर कौन हो तुम' हो, बाबुल की कम्पोज़ीशन का कायल होना पड़ता है। पंजाबी लोकशैली का 'सर पे चुनरिया काली' (आशा) और लोक-सुरों पर ही आधारित 'मुहब्बत का मौसम' (सुमन, साथी) जैसे इस फ़िल्म के गीतों से बाबुल ने विपिन की अपेक्षा भारतीय मूल संगीत की ओर अपने अधिक झुकाव की पुष्टि ही की है।

प्रकाश छाबड़ा निर्देशित 'सारा जहाँ हमारा' (1961) के 'भरे हैं आँख में आँसू खुशी गम होती जाती है' (आशा, मुकेश) की खूबसूरती तो आज तक कम नहीं हुई है। इंटरल्यूड्स में पाश्चात्य ऑरकेस्ट्रेशन का प्रभुत्व और विशुद्ध भारतीय तर्ज। मुकेश ने इस गीत में हमेशा की तरह जो तन्मयता भरी है, वह लाजवाब ही कही जाएगी। फ़िल्म का शीर्षक गीत 'है वो ज़मीं हमारी' भी मुकेश ने बेमिसाल ढंग से ही गाया है। मुकेश के इन दो गीतों के कारण 'सारा जहाँ हमारा' का अपना एक महत्त्व मुकेश के प्रेमियों के लिए तो हमेशा ही रहेगा।

ज़ार प्रोडक्शन्स की 'रेशमी रूमाल' की तरह मनोज कुमार अभिनीत 'नकली नवाब' (1962) में पुनः बाबुल ही संगीतकार रहे। बाबुल को बड़े बैनर तो नहीं मिले, पर ज़ार प्रोडक्शन्स उनके प्रति लगातार वफादार रहा। फ़िल्म में मुकेश के स्वर में 'फूलों से रंगीं जमीं है' कुछ लोकप्रिय अवश्य रहा था, पर गीत में कुछ विशेष नहीं था। 'मस्त आँखें हैं कि पैमाने दो' (आशा, तलत) फ़िल्म का एक सुंदर गीत था। पर सबसे विशिष्ट और बाबुल का सदाबहार गीत रहा रफी के स्वर में पुनः कैफ़ी आज़मी लिखित 'तुम पूछते हो इश्क बला है कि नहीं है'। यह भी एक रोचक तथ्य है कि कैफ़ी आज़मी के लिखे कई गीतों के संगीतकार बाबुल रहे हैं। बहरहाल, 'तुम पूछते हो इश्क भला' तो रफ़ी के सर्वश्रेष्ठ गीतों में आज तक गिना जाता है। मूल मुशायरे की शैली में परिवर्तन करते हुए 'है कि नहीं है' की प्रश्न रूपक अदायगी इतनी आकर्षक रही कि यमन कल्याण आधारित यह गीत हमेशा के लिए संगीत-प्रेमियो के मन-मस्तिष्क में बैठ गया। यह भी कम ही लोग जानते हैं कि बाबुल की असमय मृत्यु के बाद उदार दिल रफ़ी वर्षों तक हर माह बाबुल की पत्नी को मासिक सहायता भेजते रहे। बाबुल ने अपने जमाने की प्रसिद्ध गायिका ज़ीनत बेगम से शादी की थी, और उन्हीं के साथ बाबुल बाद में पाकिस्तान चले गये थे। बाबुल ने कुछ मशहूर गैरफ़िल्मी गज़लों और गीतों को भी कम्पोज़ किया था। महेश चंदर के स्वर में 'मुहब्बत जब सुकूने ज़िंदगी बर्बाद करती है', 'सिलसिला ज़ुल्फ का जब रुख़ पर', सी.एच. आत्मा के स्वर में न्याय शर्मा लिखित 'जो किसी के प्यार की देन' जैसे कुछ गीतों का इस संदर्भ में उल्लेख किया जा सकता है।

बाबुल से अलग विपिन दत्ता का संगीत सफर फीका ही रहा। उनके पास बाबुल जैसी विविधता का भी अभाव था हालाँकि 'बागी शहजादा' (1964) में अपने खास पाश्चात्य ऑरकेस्ट्रेशन की शैली के साथ किशोर से गवाए 'ऐ दिल बहक न जाना' के अलावा विशुद्ध परम्परागत रूमानी शैली में नूर देवासी का ही लिखित 'मैं इस मासूम चेहरे को अगर छू लूँ तो क्या होगा' (रफ़ी, सुमन) एक बहुत सुंदर अपवाद के रूप में आई थी। इंटरल्यूड्स में सैक्सोफोन का पाश्चात्य प्रयोग तो विपिन नहीं रोक पाए, पर मुखड़े और अंतरे के साथ तबले की ताल और कहीं-कहीं सारंगी और सितार के साथ विपिन ने अपनी शैली से हटकर एक सुंदर कोशिश अवश्य की थी। गीत की तर्ज़ इतनी सुंदर थी कि एच.एम.व्ही. ने वर्षों बाद निकाले अपने रोमांटिक डुएट्स के 'रेयर जेम्स' कैसेट्स के आखिरी गीत के रूप में इस गीत को जगह दे ही दी।

बड़े बैनर की फ़िल्में न मिलने की त्रासदी ने विपिन और बाबुल को जल्द ही हमसे दूर कर दिया। वैसे एक बड़े अंतराल के बाद बी.आर. इशारा निर्देशित 'दावत' (1974) में पुनः संगीतकार के रूप में विपिन-बाबुल का नाम आया था। मुकेश और आशा के स्वर में 'ऐसे भी न रूठो तुम कि जीना मुश्किल हो' ने एक बार फिर हमें इस बात की याद दिला दी कि युगल गीतों के वे कितने अच्छे कम्पोज़र थे। कोई आश्चर्य की बात नहीं है कि मुकेश, आशा के रेयर जेम्स डुएट्स के कैसेट्स में इस गीत को मिलाकर बाबुल-विपिन-बाबुल के तीन गीत शामिल हैं।

एन. दत्ता

'यहाँ तो हर चीज़ बिकती है, कहो जी, तुम क्या-क्या ख़रीदोगे'

साहिर के लाजवाब गीतों के साथ आम तौर पर रोशन, रवि और ख़य्याम की धुनों का ज़िक्र तो खूब आता है पर एन. दत्ता को हम अकसर भूल जाते हैं। लेकिन अगर साहिर के लोकप्रिय गीतों का आकलन किया जाए तो एन. दत्ता द्वारा संगीतबद्ध गानों का स्तर रोशन, खय्याम या रवि के समकक्ष ही बैठेगा। शायराना ग़ज़लनुमा फ़िल्मी गीतों की धुनें बनाने में एन. दत्ता किसी से भी पीछे नहीं थे। शायद यही कारण भी है कि एक ज़माने में बी.आर. चोपड़ा और यश चोपड़ा ने अपनी फ़िल्मों में साहिर के लिखे गीतों को सुरों में ढालने के लिए एन. दत्ता को ही चुना था। गोवा के रहनेवाले एन. दत्ता को संगीत का इतना शौक था कि पढ़ाई छोड़कर बम्बई के देवधर संगीत विद्यालय में सीखने पहुँच गए और फिर गुलाम हैदर और फिर सचिन दा के सहायक बन गए।

पर ऐसा भी नहीं है कि साहिर और एन. दत्ता को पास लाने वाले बी.आर. चोपड़ा थे। वस्तुतः तो एन. दत्ता उर्फ दत्ता नाइक ने अपनी प्रारंभिक फ़िल्मों क्रमशः राज खोसला और जी. पी. सिप्पी निर्देशित 'मिलाप' (1955) और 'मैरीन ड्राइव' (1955) से ही साहिर लुधियानवी का साथ पाया। खूबसूरत शब्दों की काया उन्हें आरम्भ में ही मिली और बेहद दिलकश धुनों का सृजन भी उन्होंने शुरुआत से ही किया। 'मिलाप' के 'ये बहारों का समाँ, चाँद तारों का समाँ' (हेमंत, लता) की वादियों में लहराती-सी धुन, 'हम से भी तो कर लो कभी-कभी तो मीठी-मीठी दो बातें' (गीता) की अठखेलियाँ करती तर्ज़, सुंदर मैंडोलिन के साथ 'पिया खुल के न नैन मिलाए' (आशा) की कर्णप्रियता और 'बचना ज़रा ये जमाना है बुरा' (गीता, रफ़ी और साथी) के शरारतपूर्ण मस्ती-भरे अंदाज़ के द्वारा अपनी विविधता से तो उन्होंने अपनी पहली फिल्म 'मिलाप' से ही श्रोताओं को परिचित करा दिया था। वैसे 'बचना ज़रा ये ज़माना है बुरा' की मूल धुन सरदार मलिक के अनुसार उन्होंने 'हूरे-अरब' (1955) के लिए कम्पोज़ की थी, पर बाद में जब उन्हें हटाकर गुलाम मुहम्मद को लाया गया तो यही धुन 'तारा रा रा रम मेरे दिल में सनम' के रूप में सामने आईं। कहा यह भी जाता है कि एस. डी. बर्मन के सहायक के रूप में फिल्म 'बहार' (1951) के शमशाद के लोकप्रिय गीत भी एन. दत्ता के ही थे। एन. दत्ता का वाद्य-संयोजन भी आरम्भ से ही आधुनिकता की छाप लिए था। एकॉर्डियन के प्रयोग के लिए शंकर-जयकिशन जाने जाते हैं, पर एन. दत्ता ने भी इस वाद्य का एक अलग ढंग से बहुत प्रभावशाली उपयोग किया। इसका सर्वश्रेष्ठ उदाहरण है फ़िल्म 'मैरीन ड्राइव' का साहिर का मदहोश करता गीत 'अब वो करम करें कि सितम, मैं नशे में हूँ' (रफ़ी)। यदि शंकर-जयकिशन का एकॉर्डियन अधिकतर अपनी intensity और तीव्रता से चमत्कृत करता था तो एन. दत्ता का एकॉर्डियन साहिर के रूमानी अल्फ़ाज़ के साथ हलके mellow अहसास जगाता था। रफ़ी का यह गीत आज भी सुनने पर उतना ही ताज़ा लगता है जितना 50 वर्ष पूर्व लगता था। ऑरकेस्ट्रेशन में एक रोमांचक, haunting

साहिर और एन. दत्ता—अभूतपूर्व जोड़ी

आधुनिक वातावरण का निर्माण 'मैरीन ड्राइव' के अन्य गीत—अपनी आकर्षक मौलिकता के साथ 'रातें जगा के (आशा) तथा 'रात सुनसान है ज़िंदगी वीरान है' (आशा) और 'अपने ख़यालों को समझा दीजिए क्यों रातों की नींद चुराने आते हैं' (लता)—भी बख़ूबी करते हैं। उस वक्त जी.पी. सिप्पी के पास 'मैरीन ड्राइव' के चार बँगले थे और इसलिए 'मैरीन ड्राइव' भी सिप्पी के लिए प्रासंगिक ही थी।

'मैरीन ड्राइव' के गीतों से प्रभावित होकर जी.पी. सिप्पी ने अपनी अगली फ़िल्म 'चंद्रकांता' (1956) के लिए भी एन. दत्ता को ही लिया। बीना राय, भारतभूषण अभिनीत यह फ़िल्म यदि आज किसी को याद है तो रफ़ी के सदाबहार ग़ज़ल 'मैंने चाँद और सितारों की तमन्ना की थी' के लयात्मक, दर्दीले सुरों के ही कारण। साहिर के लिखे और सम्भवतः भीमपलासी में स्वरबद्ध किए इस गीत में वाद्य-संयोजन पर एन. दत्ता की ज़बर्दस्त पकड़ एक बार फिर प्रकट होती है, विशेषकर सितार के आकर्षक प्रयोग में। नवकला निकेतन की 'मोहिनी' (1957) में 'छुप छुप के दिल की धड़कनों' (आशा), भैरवी आधारित 'दिल के क़रीब आ गए' (आशा), 'दर बदर की ठोकरें हैं' (आशा) और 'क्या क्या न सितम तुझपे हुए महलों की रानी' (रफ़ी) जैसे कर्णप्रिय गीत लोकप्रिय न हुए पर 'क्या क्या न सितम' की धुन को हूबहू कुछ वर्ष बाद 'तू हिन्दू बनेगा न मुसलमान बनेगा' (धूल का फूल) में फिर इस्तेमाल कर बेहद लोकप्रिय बनाकर एन. दत्ता ने यह सिद्ध किया कि असफलता उनकी धुन की नहीं बल्कि फ़िल्म की थी, जिसके कारण उनकी धुन व्यापक रूप में सुनी नहीं गई। वैसे व्यावसायिक दृष्टि से तो 1958 एन. दत्ता का एक बेहद सफल वर्ष रहा, क्योंकि 'मि. एक्स' का 'रॉक एंड रोल' पर आधारित 'लाल लाल गाल जान के हैं लागू' (रफ़ी) वार्षिक बिनाका के दूसरी पायदान का गीत रहा। धुन भले ही पश्चिम से ली गई हो, पर सैक्सोफ़ोन, ड्रमों, क्लैरिनेट आदि का सुंदर सुगठित प्रयोग इस गीत में भी स्पष्ट है। आशा का गाया 'कितना हसीं है जहाँ जादू भरा है समां' और सुधा मल्होत्रा के स्वर में 'सपनों का चंदा आया' इस फ़िल्म के अन्य आकर्षण थे।

'मि. एक्स' की सफलता ने तो एन. दत्ता के लिए फ़िल्मों के द्वार खोल दिए। हालाँकि 'मिस 58' (1958) असफल रही, पर सिप्पी फ़िल्म्स की 'लाइट हाउस' (1958) का रूमानी सुरों में ढला संगीत आज भी याद किया जाता है, विशेषकर साहिर की लिखी और आशा भोंसले की गाई दो गज़लें—काफ़ी थाट में स्वरबद्ध 'तंग आ चुके हैं कशमकशे ज़िन्दगी से हम' और भैरवी पर आधरित 'किस जगह जाएँ, किसको दिखलाएँ जख़्मे दिल अपना'। गज़ल गायकी मं आशा की bass वाली आवाज़ कितनी उपयुक्त है, यह तो ख़य्याम ने वर्षों बाद 'उमराव जान' से सिद्ध कर दिया, पर आशा के स्वर की इस खूबी को अपने आरंभिक चरण में खोजने का श्रेय एन. दत्ता को अवश्य मिलना चाहिए। यह भी अजीब बात है कि आशा के स्वर की विभिन्न खूबियों को खोज निकालने में हम ओ. पी. नैयर और आर.डी. बर्मन का नाम तो लेते हैं, पर एन. दत्ता और रवि सरीखे गीतकारों का योगदान गौण कर देते हैं। 'लाइट हाउस' में ही उपरोक्त दोनों गीतों में जहाँ आशा की ख़रज को एन. दत्ता ने सुंदरता से उभारा, वहीं रवानगी-भरे रिद्मप्रधान 'नैनों से नैना लागे' में आशा की चपलता को भी उतनी ही सुंदरता से उन्होंने उद्भासित किया। बहरहाल, 'मि. एक्स' की सफलता के बाद एन. दत्ता के लिए सबसे महत्त्वपूर्ण बात रही कि उनकी प्रतिभा को पहचान कर बी.आर. चोपड़ा ने उन्हें अपनी फ़िल्मों में संगीतकार के रूप में चुन लिया। दरअसल 'नया दौर' की रेकॉर्ड की बिक्री की रॉयल्टी में हिस्से की माँग को लेकर ओ.पी. नैयर से उनका मतभेद हो चुका था और वे किसी नई प्रतिभा की तलाश में थे। साहिर बी.आर. चोपड़ा की फ़िल्मों के स्थायी गीतकार थे ही और साहिर एन. दत्ता की दोस्ती भी साथ-साथ काम करते हुए जम ही चुकी थी। इन सभी कारकों का खूबसूरत परिणाम रही 'साधना' (1958) जिसके 'औरत ने जन्म दिया मर्दों को' (लता) के गाम्भीर्य, 'ऐसे वैसे ठिकानों पे जाना बुरा है' (लता) की अदा, 'तोरा मनवा क्यों घबराए रे' (गीता) की तन्मयता, 'सँभल ऐ दिल तड़पने और तड़पाने से क्या होगा' (आशा, रफ़ी) की मन को छूती लयकारी और फ़िल्म-संगीत में सदाबहार हो चुकी तरंग-भरी कव्वाली 'आज क्यों हम से परदा है' (रफ़ी, बलवीर) के द्वारा विविध छटा बिखेरता एन. दत्ता का संगीत अपने चरम पर पहुँचा फ़िल्म के कथ्य के अनुरूप लिखे और फ़िल्माए उस अभूतपूर्व यादगार गीत 'कहो जी तुम क्या क्या खरीदोगे' (लता) के साथ। गीत में था कोठे के संगीत के अनुरूप पारंपरिक वाद्य-संयोजन तथा देस या सोरठ की छाया, पर उसमें भी एक नई तर्ज़ लिए शोख़ी थी जिसने इस गीत को बिनाका वार्षिक गीतमाला में भी ऊँचे स्थान

सुनील दत्त और वैजयंतीमाला फिल्म 'साधना' में

पर पहुँचाया। क्या तबला था, क्या ताल थी और क्या अद्‌भुत गायकी थी इस गीत में!

'साधना' की ज़ोरदार सफलता ने एन. दत्ता को संगीतकारों की प्रथम श्रेणी में पहुँचा दिया। अब एन. दत्ता न सिर्फ सिप्पी फ़िल्म्स और बी.आर. फ़िल्म्स के प्रतिष्ठित संगीतकार बन चुके थे, बल्कि पेडर रोड स्थित 'प्रेम कोर्ट' के उनके फ़्लैट पर अब निर्माता-निर्देशकों की भीड़ लगी रहने लगी। दत्ता का सहयोगी रमाकांत उनसे डेट्स दिलवाने का काम करता था। जिनको डेट्स उपलब्ध हो जाती थी, वह अपने को भाग्यशाली समझते थे।[1] दत्ता की फ़िल्मी ज़िन्दगी में यह वक्त उनका व्यस्ततम वक्त रहा। न सिर्फ सिप्पी फ़िल्म्स की 'भाई-बहन' (1959), 'ब्लैक कैट' (1959) और बी.आर. फिल्म्स की 'धूल का फूल' (1959), और 'धर्मपुत्र' (1961), बल्कि अन्य बैनरों की 'दीदी', 'नाचघर', 'जालसाज', 'मि. जॉन' (सभी 1959), 'डॉ. शैतान' (1960), और 'दो भाई' (1961) में भी उनका कर्णप्रिय संगीत श्रोताओं तक पहुँचा। 'भाई-बहन' में सुधा मल्होत्रा की आवाज़ में साहिर की दो रचनाएँ तो आज भी सराही जाती हैं। भैरवी में स्वरबद्ध 'मेरे नदीम मेरे हमसफ़र उदास न हो' तो साहिर की व्यक्तिगत ज़िन्दगी की रूह ही लगती है—वह व्यक्तिगत ज़िंदगी जिसमें कभी कहा जाता है कि सुधा मल्होत्रा का भी अपना महत्त्व था। वहीं सम्भवतः पहाड़ी धुन को लेकर कम्पोज़ किया 'उठ जाएँगे जहाँ से हम यूँ ही रोते रोते' कम सुना अवश्य है पर है निस्संदेह एन. दत्ता की आम रचनाओं की तरह ही दिलकश। 'इन उजले महलों के तले हम गन्दी गलियों में पले' (आशा) में शाब्दिक अर्थव्यंजकता के साथ धुन भी बड़ी दिलकश थी पर 'भाई-बहन' की सबसे उत्कृष्ट उपलब्धि थी इकबाल के 'सारे जहाँ से अच्छा' (आशा, साथी) की संगीत-रचना। इस गीत को तो अनेक ने कम्पोज़ किया है, पर आज भी एन. दत्ता की कम्पोज़िंग सर्वश्रेष्ठ लगती है। साहिर अपनी सामाजिक प्रतिबद्धता लेकर आए थे 'दीदी' के 'तुम मुझे भूल भी जाओ तो ये हक़ है तुमको' (सुधा, मुकेश), पर वास्तव में यह धुन एन. दत्ता की न होकर, सुधा मल्होत्रा की थी। वैसे 'दीदी' में एन. दत्ता ने भी लता के स्वर में 'मेरे भैया को संदेश पहुँचना रे चंदा तेरी जोत बढ़े' जैसा हिट गीत दिया था। इसके अतिरिक्त नैतिक उपदेशात्मकता पर व्यंग्य करता साहिर का खूबसूरत गीत 'हमने सुना था एक है भारत' (आशा, रफ़ी, सुधा), स्कूल-स्कूल में बजने वाला 'बच्चो तुम तक़दीर हो कल के हिन्दुस्तान की' (आशा, रफ़ी) और 'मामाजी के रॉकेट पर हम चाँद की सैर को जाएँगे' (आशा, रफ़ी) जैसे 'दीदी' के गीत तो एक से बढ़कर एक थे। साहिर और एन. दत्ता के सामाजिक-आर्थिक विषमता पर प्रहार करते गीतों में ही 'रिक्शावाला' (1960) का रफ़ी के गाए 'जैसे चाहे रख लो दाता अपना क्या है जी रूखी-सूखी खा के ठण्डा पानी पी' का भी अपना अलग स्थान है। इस दौर का सुपरहिट गीत था सिप्पी फिल्म्स की अपराध फिल्म 'ब्लैक कैट' का लता, रफ़ी के स्वर में 'मैं तुम्हीं से पूछती हूँ मुझे तुमसे प्यार क्यों' है। एन. दत्ता का एकॉर्डियन इसमें बड़े हुनर के साथ इस्तेमाल हुआ है और गाने की मेलोडी को आधुनिकता का रंग देता है। 'मिलाप' और 'लाइट हाउस' में haunting धुनों में अपनी सिद्धि का उदाहरण देनेवाले एन. दत्ता ने इस फ़िल्म के 'सितारे राह तकते हैं चले आओ' (लता) से इस परम्परा को आगे बढ़ाया है, तो 'नशे में हम नशे में तुम क्या ख़बर दिल किधर' (रफ़ी, आशा) से अपने स्थापित रूमानी अंदाज़ को।

एन. दत्ता और सुधा मल्होत्रा

बी.आर. फिल्म्स की यश चोपड़ा निर्देशित 'धूल का फूल' (1959) एन. दत्ता की सबसे प्रसिद्ध फिल्म मानी जाएगी। वैसे संगीत की दृष्टि से 'साधना' का संगीत मैं श्रेष्ठतम समझता हूँ। 'मोहिनी' (1958) के 'क्या क्या न सितम' की धुन को दुहरा कर बनाया 'तू हिन्दू बनेगा न मुसलमान बनेगा' (रफ़ी) हिन्दी फिल्म-संगीत का एक सदाबहार गीत बन ही चुका है। 'धूल के फूल' के अन्य गीतों में महेंद्र कपूर राजेन्द्र कुमार की आवाज़ बने। वैसे 'तेरे प्यार का आसरा' की धुन कोई मौलिक नहीं थी—मलिका पुखराज की एक ग़ज़ल से प्रेरित होकर विनोद ने 1950 में 'अनमोल रतन' के 'दर्द मिला है तेरे प्यार की निशानी' और हेमंत कुमार ने 'शर्त' (1954) के 'मुहब्बत में मेरी तरह जो मिटा हो' जैसे गीतों में इसी धुन को आधार बनाया था। 'धड़कने लगी दिल के तारों की दुनिया' (महेंद्र, आशा) की अनोखी बीट और लय, 'झुकती घटा गाती हवा सपने जगाए' (महेन्द्र, आशा) का लहराता अंदाज़ और सम्भवतः तिलक कामोद के सुरों की छाया लेकर सृजित 'तेरे प्यार का आसरा चाहता हूँ' (महेंद्र, लता) की शायराना शैली ने साहिर के फ़िल्म के इन गीतों को बेहद लोकप्रिय बनाया। साहिर की शब्दावली की खूबसूरती को चरम पर

पहुँचाता 'तू मेरे प्यार का फूल है कि मेरी भूल है' में लता की गायकी यदि उदात्त है तो एन. दत्ता की तर्ज़ भी उतनी ही उत्तम। फिल्म का एक और मधुर गीत जो अकसर हम भूल जाते हैं, वह था काफ़ी में स्वरबद्ध सुधा मल्होत्रा का गाया 'कासे कहूँ मन की बात, बैरी बलमवा दुखिया कर गए'। रफ़ी के स्वर में ऊँची रेंज पर गवाया 'दामन में आग लगा बैठे' में एन. दत्ता ने शहनाई का लाजवाब प्रयोग किया था।

सृजन का पल : एन. दत्ता

एन. दत्ता के कई गीत आज विस्मृत हो चुके हैं, पर आज भी उन्हें सुनकर अहसास हो जाता है कि एन. दत्ता अपने आधुनिक मुहावरे और ऑरकेस्ट्रेशन के बीच मेलोडी का कितना सुंदर बाना बुनते थे। उदाहरण के रूप में हम 'जालसाज', 'नाचघर' और 'मि. जॉन' के गीत ले सकते हैं। 'जालसाज़' के किशोर, आशा के स्वर में 'प्यार का जहाँ हो छोटा-सा मकां हो' की वॉल्ट्ज़ जैसी लय और आधुनिक ध्वनि-संयोजन पर आधारित तर्ज़ इसे एक अद्भुत सुंदर गीत के रूप में यादगार बनाती है। इस फ़िल्म के अन्य दोगानों 'रुक अरे कहाँ चली कित्थे चली' (किशोर, आशा, साथी) और भैरवी पर आधारित 'मेरे दिल मेरी जान' (किशोर, आशा) में भी एन. दत्ता का वाद्य-संयोजन अच्छा है, पर 'प्यार का जहाँ हो' के सामने ये नहीं ठहरते। 'मि. जॉन' के मुलायम स्वरों के साथ लता के गाए 'आओ हम प्यार करें' और मैंडोलिन के शानदार प्रयोग वाले 'ओ मेरे बिछड़े बालम तूने ऐसा दिया ग़म' को भी एन. दत्ता के सुंदर विस्मृत गीतों में शामिल किया जा सकता है, पर इस तरह में गीतों में ऊपर रहेगा 'नाचघर' (1959) का 'ऐ दिल जुबां न खोल'। साहिर के खूबसूरत अल्फाज़, पृष्ठभूमि में हलके कोरस का प्रयोग और लता की सुमधुर गायकी के साथ क्लब सांग की संरचना के अंदर मालकौंस आधारित मेलोडी इस गीत को एक गज़ब का कम्पोज़ीशन बनाती है। ऐसा ही एक सुंदर गीत है 'डॉ. शैतान' (1960) का झंकृत ऑरकेस्ट्रेशन और झूमती तर्ज़ लिए मुकेश, गीता का 'मौसम सुहाना है दूर कहीं चल'। इस गीत के लिए पहली बार एन. दत्ता ने मुकेश की आवाज़ ली और मुकेश ने अपने परिचित अंदाज़ से हटकर भी इस गीत के साथ पूरा न्याय किया। मुकेश को एन. दत्ता फिर लाए विश्राम बेडेकर निर्देशित 'दो भाई' (1961) के 'ऐ दिल ये बता क्या मुझे हो गया' की आकर्षक धुन के साथ और इसी फ़िल्म के 'कौन जाने हर बहाने क्यों मेरा दिल लगा मुस्कुराने' में आशा भोंसले के साथ। 'कौन जाने हर बहाने' तो हर दृष्टि से एक खूबसूरत गीत है। बिलकुल अलग किस्म की धुन लिए इस गीत में खींचने की गज़ब की शक्ति है और एच.एम.व्ही. ने इस गीत को मुकेश, आशा के 'रेयर जेम्स' कैसेट में शामिल किया है। वैसे 'दो भाई' का सबसे मक़बूल गीत रहा था आशा और साथियों के स्वर में 'चाचा दौड़ियो रे कि चुहिया काटने को आई'। यह गीत आज भी बच्चों के कार्यक्रम में रेडियो पर यदा-कदा सुनाई दे जाता है। अनिर्मित फ़िल्म 'पिकनिक' के लिए एक खूबसूरत शायराना गीत 'कितना रंगीन है ये चाँद-सितारों का समां' (आशा, रफ़ी) भी एन. दत्ता ने कम्पोज़ किया था, पर यह गीत कभी सामने नहीं आ पाया।

'नाच घर' में हेलेन की एक भंगिमा

पर इन कमोबेश भूले-बिसरे गीतों से अलग हटकर था बी.आर. फ़िल्म्स का यश चोपड़ा निर्देशित 'धर्मपुत्र' का संगीत। विभाजन की खूनी पृष्ठभूमि में पनपते प्यार के क्षणों को पूरी फ़िल्म में सँजोकर रखने में साहिर के गीतों और एन. दत्ता की धुनों ने बड़ा योगदान दिया था। फ़िल्म बॉक्स ऑफिस पर नहीं चली थी, पर गीत आज तक याद रह गये हैं। किस अद्भुत कोमल अदायगी से एन. दत्ता ने महेन्द्र कपूर से बिलावल थाट में 'भूल सकता है भला कौन ये प्यारी आँखें' गवाया था और सम्भवतः बागेश्वरी का पुट देकर काफी थाट में 'मैं जब भी अकेली होती हूँ, तुम चुपके से आ जाते हो' में आशा की गायकी के द्वारा किस खूबी से प्यार के लम्हों को जीवंत करने में एन. दत्ता सफल रहे थे, यह गीतों को सुनकर ही पता चलता है। प्रेम में मिलन की संवेदनाओं को 'आज की रात नहीं शिकवा शिकायत के लिए' (महेंद्र कपूर) की नाजुक अदायगी से मूर्तरूप देने में साहिर के शब्द जितने सफल रहे, उतना ही रहा एन. दत्ता का संगीत। 'धर्मपुत्र' का संगीत मूलतः कोमल संगीत के ही रूप में याद आता है, हालाँकि 'जो ये दिल दीवाना मचल गया' (रफी, साथी) जैसा गीत भी उस वक्त खूब लोकप्रिय हुआ था। पता नहीं

क्यों संगीत पर लिखे आलेखों में साहिर के साथ खय्याम, रबि और रोशन के नाम ही दोहराए जाते हैं वरना एन. दत्ता के स्वरबद्ध किए साहिर के गीत तो न सिर्फ चर्चित फ़िल्मों में बल्कि गुमनाम फ़िल्मों में भी किसी तरह उन चर्चित संगीतकारों से कम नहीं थे। क्या 'काला समुंदर' (1962) के 'मोहब्बत करो तो करो छुपा छुपा कर' (आशा, रफ़ी, साथी) और 'मेरी तस्वीर लेकर क्या करोगे तुम, मेरी तस्वीर लेकर' (आशा, बलवीर, रफ़ी साथी) की शानदार कव्वाली हम कभी भूल सकते हैं और क्या उस उस असफल फ़िल्म 'सच्चे मोती' (1962) में 'मेरे मुन्ने रे सीधी राह पे चलना' (गीता) का संगीत पक्ष भाव पक्ष के समकक्ष नहीं था? क्या 'दिल्ली का दादा' (1962) में साहिर—एन. दत्ता के 'हमने भी मुहब्बत की थी मगर कुछ भी न मिला हसरत के सिवा' (आशा, महेन्द्र) और सितार, तबले की जुगलबंदी के साथ मल्हार आधारित 'रिमझिम-रिमझिम सावन बरसे' (आशा, मन्ना डे) मेलोडी से उतने ही परिपूर्ण नहीं थे जितने इसी फ़िल्म के जाँनिसार अख्तर-एन. दत्ता के रूमानी 'ढूँढ़े नज़र-नज़र, मेरा चाँद है किधर' (आशा, महेन्द्र साथी) और सामाजिक व्यंग्य-भरे 'हम दिल्ली के दादे हैं' (महेंद्र, मुकेश)?

पर साहिर के साथ शुरू से ही निरंतर काम करने का एक पक्ष यह भी था कि एन. दत्ता को बेहतरीन शायरी की आदत-सी पड़ गई। अच्छा संगीत देने के लिए उन्हें साहिर या साहिर की ही तरह का बेहतरीन शायर चाहिए था और यह एक तरह से आवश्यक बन गया था। इसलिए ख्वाज़ा अहमद अब्बास की 'ग्यारह हज़ार लड़कियाँ' (1962) में, जहाँ अब्बास ने मजरूह और कैफ़ी आजमी की सुंदर रचनाएँ सम्मिलित कीं, वहाँ उनका संगीत भी फीका नहीं पड़ा और नए समाज में नारी के बदलते रूपों का सशक्त चित्रण करती 'काम की धुन में हैं रवाँ, मस्त मगन हसीं जवाँ, ग्यारह हजार लड़कियाँ' (महेंद्र, साथी), आधुनिकतम शैली से युक्त 'सब लोग जिधर वो हैं उधर देख रहे हैं' (आशा), 'दिल की तमन्ना थी मस्ती में' (रफ़ी), 'ग़म गया तो ग़म न कर' (आशा), तथा बिलावल थाट में 'मेरे महबूब मेरे साथ ही चलना है तुझे' (रफ़ी) जैसी दिलकश तर्ज़ों की रचना हुई। 'काला समुंदर में जब आनंद बख्शी ने 'आपकी बातें आपकी कसमें, सब झूठे अफ़साने हैं' जैसा सुंदर गीत लिखा तो एन. दत्ता ने उसे बेहतरीन धुन से सँवारकर अत्यंत कर्णप्रिय बना दिया। वहीं 'अकेला' (1963), 'आवारा अब्दुल्ला' (1963), 'बादशाह' (1964), 'हरक्यूलस' (1964) जैसी फ़िल्मों के गीतों की शब्द रचना जहाँ इस स्तर की नहीं थी, वहाँ एन. दत्ता का संगीत भी अनमना सा कामचलाऊ ही लगता है। 'बादशाह' का भैरवी आधारित 'आज हम को हँसाए न कोई (कमल बारोट) ज़रूर एक अपवाद है।

'होलीडे इन बॉम्बे' (1963), 'मेरे अरमान मेरे सपने' (1963) और 'चाँदी की दीवार' (1964) एन. दत्ता के इस दौर की उल्लेखनीय फ़िल्में थीं, विशेषकर 'होलीडे इन बॉम्बे' के 'ऐ चंदा तू देना गवाही' (आशा, रफ़ी), 'प्यार की चाँदनी दिल की दुश्मन बनी' (आशा), शास्त्रीय रंग लिए 'पीहू पीहू पपीहे न बोल' (लता) और मुकेश का वह मशहूर गीत 'आज ये आँचल मुँह क्यों छुपाए' और 'मेरे अरमान मेरे सपने' के 'आँखें तुम्हारी हों सपने तुम्हारे हों' (आशा, रफ़ी), आशा की सुंदर ग़ज़ल 'उनसे पहचान हुई जाती है', 'तेरा आना भी एक धोखा था' (रफ़ी) जैसे कर्णप्रिय गीत और 'चाँदी की दीवार' का साहिर लिखित वह सदाबहार यमन कल्याण की छाया लिए कशिश-भरा 'अश्कों में जो पाया है वो गीतों में दिया है' (तलत) तो खा़स तौर से मधुर रचनाएँ हैं। 'चाँदी की दीवार' का ही एक अन्य भूला बिसरा सुंदर गीत था साहिर लिखित 'कहीं करार न हो और कहीं खुशी न मिले, हमारे बाद किसी को ये जिंदगी न मिले' जिसे रफ़ी ने बड़ी तन्मयता से गाया है। इस गीत को एच.एम.व्ही. ने भी मोहम्मद रफ़ी के 'रेयर जेम्स-सेंटिमेंटल सांग्स ऑफ द सिक्सटीज़' में जगह दी है। वहीं कल्याण पर आधारित लाजवाब शास्त्रीय रचना 'लागे तोसे नैन' (तलत, आशा) को आज हम क्यों भूल गये हैं? एन. दत्ता ने केवल सुलभ लोकप्रिय गीत ही नहीं दिए बल्कि कई दुर्लभ नगीनों की भी रचना की। ज़रूरत है तो इन दुर्लभ रत्नों को खोजकर ही एन. दत्ता के संगीत के सही मूल्यांकन की।

एन. दत्ता का दुर्भाग्य यह रहा कि एक ज़माने में चोटी पर पहुँचकर भी वे इस पूछ और लोकप्रियता को कायम नहीं रख सके। कुछ तो स्वास्थ्य ने भी साथ नहीं दिया, कुछ किस्मत ने। बी.आर. चोपड़ा भी इसी दौर में रवि की ओर मुड़ गए और एन. दत्ता के लिए बड़े बैनर्स की फिल्मों का रास्ता सदा के लिए बंद हो गया। हालत यह हुई कि एन. दत्ता को छोटे बजट की स्टंट फ़िल्मों में या फिर मराठी फ़िल्मों की ओर मुड़ना पड़ा। 'गोपाल कृष्ण' (1965), 'ख़ाकान' (1965), 'बहादुर डाकू' (1966), 'दिलावर' (1966), 'जवां मर्द' (1966), 'अलबेला मस्ताना' (1967), 'राजू' (1966—जो कि 'सच्चे मोती' 1963 के गीतों को लेकर ही बनी थी), 'एक मासूम' (1969), 'उस्ताद 420' (1969), 'पत्थर के ख्वाब' (1969) और 'इन्स्पेक्टर' (1970) जैसी फ़िल्मों की असफलता ने एन. दत्ता के कैरियर पर और भी बुरा प्रभाव डाला। इन फ़िल्मों के गीतों की शायरी भी अमूमन साधारण कोटि की थी, और एन. दत्ता का संगीत भी अपवादों को छोड़कर अनमना-सा ही लगता है। कुछ गीतों में अवश्य उनकी प्रतिभा की

झलक नज़र आ ही जाती हे, जैसे 'गोपाल कृष्ण' के 'ना जाओ कन्हैया' (आशा, साथी) में 'ना जाओ' के बाद कोरस का अद्भुत गूँजता प्रयोग, 'उस्ताद 420' के बेहद कर्णप्रिय lilting धुन पर सृजित 'न मानो तो कोई शिकायत नहीं' (सुमन, रफ़ी), 'अलबेला मस्ताना' के शीर्षक गीत (किशोर कुमार) में मस्ती के सुरों का सुंदर इस्तेमाल और 'फिर दिल में दर्द जागा' (आशा) में कशिश-भरी धुन का सुंदर विस्तार, 'एक मासूम' के 'जो न पूरे हुए उन अरमानों ने सोने न दिया' (आशा) और 'एक वो भी हैं जिनको मुरादें मिलीं' (रफ़ी) की कर्णप्रिय धुनें, 'इंस्पेक्टर' के 'बुरा तुम न मानो तो एक बात कह दूँ' (आशा, रफ़ी) की प्यारी-सी तर्ज़ और इन सबसे बढ़कर 'पत्थर के ख्वाब' में फिर से तलत महमूद को लेकर गवाई बेहतरीन ग़ज़ल 'यादों का सहारा ना होता हम छोड़ के दुनिया चल देते' के कशिश-भरे स्वर। यह कितना रोचक है कि जब एन. दत्ता को एक बार फिर साहिर के गीत मिले तो 'नया रास्ता' (1970) के उनके कई गीत सुपरहिट हो गए। आशा की खनकती आवाज़ का इस फ़िल्म के 'जान गई मैं तो जान गई' से बेहतर उदाहरण तो शायद फ़िल्मी इतिहास में मुश्किल से ही मिलेगा और एन. दत्ता ने इस ख़नक को प्रकट करने के लिए रिद्म और लय का लाजवाब उपयोग इस गीत में किया है। 'ज़ुल्फ़ों के महकते साए हैं' (आशा), 'ईश्वर अल्ला तेरे नाम' (रफ़ी, साथी) और रफ़ी का सुपरहिट झकझोड़ देनेवाला 'पोंछ कर अश्क अपनी आँखों से मुस्कुराओ तो कोई बात बने' इस फ़िल्म के खूबसूरत रत्न थे। सैक्सोफोन और पश्चिमी ऑरकेस्ट्रा के साथ 'मैंने पी शराब, तुमने क्या पिया-आदमी का खून' (रफ़ी) इस फ़िल्म की एक लाजवाब कृति थी जिसमें शब्द, धुन और गायकी तीनों का ही उत्कर्ष मिलता है।

पर 'नया रास्ता' अपवाद ही रही। साधारणतः तो एन. दत्ता की हालत इतनी गिर गई कि आठवें दशक में तो वे छुप-छुप कर दूसरे संगीतकारों के ऑरकेस्ट्रा में वादक के रूप में शामिल होने लगे। दत्ता की हालत देखकर लक्ष्मीकांत-प्यारेलाल ने उन्हें अपने ऑरकेस्ट्रा में रख लिया और दत्ता मौजूद न भी हों, तो भी रेकॉर्डिंग के बाद उनके पारिश्रमिक का पैकेट उन तक पहुँच जाता था। आर्थिक तंगी उन्हें पेडर रोड से बांद्रा और अंततः अंधेरी पहुँचा गई। एन. दत्ता की पत्नी भी कोरस में गाने को मजबूर हो गईं।[2] साहिर की दोस्ती बरकरार थी पर आठवें दशक के संगीत में साहिर के नाज़ुक रूमानी या तुर्श सामाजिक गीतों को भी कम ही मौके मिलते थे। 'आग और दाग' (1971), 'बदनाम फ़रिश्ते' (1971), 'रिटर्न ऑफ जॉनी' (1972), 'गंगा' (1974), 'दो जुआरी' (1974), 'आग और तूफान' (1975), 'फंदा' (1975), 'मिस तूफ़ान मेल' (1980) जैसी फ़्लॉप आई गईं फ़िल्मों में 'तेरे इस प्यार का शुक्रिया' (रफ़ी–'आग और दाग'), 'तुझे जाने वफ़ा कह दूँ' (रफ़ी–'फंदा') जैसी शायराना धुनों के बावजूद असफलताओं के सिलसिले से गुज़रते हुए एन. दत्ता को उनकी आखिरी फ़िल्म 'चेहरे पे चेहरा' भी अंततः साहिर की सिफ़ारिश से ही मिली। वर्षों बाद साहिर और एन. दत्ता साथ थे, पर यह साथ अंतिम बार का था। यह उल्लेखनीय है कि दोनों के शानदार अतीत की याद दिलाता उनकी आखिरी शमा के रूप में 'चेहरे पे चेहरा' का एक बेहद दिलकश नग़मा बनकर आया रफ़ी और सुलक्षणा पंडित के स्वर में 'आज सोचा है ख़यालों में बुलाकर तुमको, प्यार के नाम पे थोड़ी-सी शिकायत कर लें'। यह गीत इतना मधुर है कि आठवें दशक के फ़िल्म-संगीत की दिशा एक विडम्बना लगने लगती है।

बहरहाल, यह एन. दत्ता की आखिरी फ़िल्म रही। एन. दत्ता भूली-बिसरी याद बन गए। सी. रामचन्द्र और पटकथा लेखक मधुसूदन कालेलकर के घर वे अकसर जाते रहते थे और वहीं लोगों को वे नज़र आते थे। सी. रामचन्द्र की 1982 में मृत्यु और मधुसूदन कालेलकर की 1986 में मृत्यु के बाद वह सिलसिला भी टूट गया।[3] अस्वस्थ दत्ता अंततः अपने में सिमट चुके थे और अपना दर्द लिए 30 सितम्बर, 1987 को इस दुनिया को अलविदा कह गए। कभी चाँद और सितारों के बीच विचरने वाले एन. दत्ता अंततः 'रातों की सियाही' के बीच एक अपेक्षाकृत गुमनाम मौत मरे। उनकी मृत्यु के बाद अलबत्ता महाराष्ट्र सरकार ने उन्हें सम्मानित किया और उनके घर के पास वाले मार्ग का नामकरण भी उनके नाम पर किया गया।

संदर्भ

1. इसाक मुजावर : श्रद्धांजलि : एन. दत्ता, माधुरी, 29 जनवरी, 1988
2. वही
3. वही

रवि

'जियो तो ऐसे जियो जैसे सब तुम्हारा है'

संगीतकार रवि शंकर शर्मा

3 मार्च, 1926 को जन्मे रवि बनना चाहते थे पार्श्वगायक और बन गए संगीतकार। इंटरमीडियेट के बाद दिल्ली के डाक-तार विभाग में पाँच साल तक नौकरी भी की। जी स्टार, 15 अगस्त, 1995 के एक आलेख में उन्होंने बताया कि 1947 में जब वे नौकरी में थे, तो रफ़ी एक बार दिल्ली आए थे और रवि उनसे फ़तेहपुरी कारोनेशन में मिले और उन्होंने रवि को आवश्यक सुझाव भी दिए। पार्श्वगायकी के शौक ने रवि को इस कदर पागल किया कि वे 1949 में दफ़्तर से छुट्टी लेकर बम्बई आ गए। महीने-भर सी.पी. टैंक की हीरा बाग धर्मशाला में रहे, फिर दूर के एक रिश्तेदार के यहाँ टिक गए। घर से पैसे मँगा कर जैसे-तैसे गुज़ारा किया, गरूढ़िया बैंक की सीढ़ियों पर सुबह एक कप चाय पी ली, कालबा देवी में एक बार भोजन कर लिया और जीविका के लिए पंखे, मोटर रिपेयरिंग का काम करते रहे। हालत ख़राब हो गई, तार-तार कपड़े और टूटी चप्पल लिए अपनी मंज़िल के लिए रास्ता तलाशते रहे। आखिर फ़िल्मिस्तान में तबलावादक बन गए। संगीतकार ने अपना सहायक बनाने का लालच दिया था, पर नहीं ही बनाया।[1] फ़िल्मिस्तान में काम करने से कइयों से सम्पर्क करने का मौका अवश्य मिल गया और इसी तरह एक दिन उन्होंने अपने-आपको हेमंत कुमार का सहायक पाया। 'जागृति' (1954) के 'हम लाए हैं तूफ़ान से कश्ती' की धुन वास्तव में रवि की ही थी। 'नागिन' का 'बीन' संगीत (वास्तव में क्लेवॉयलिन) हेमंत कुमार के सहायकों कल्याणजी और रवि के योगदान से पैदा हुआ था। 'नागिन' के समय ही रवि की देवेन्द्र गोयल से मुलाकात हुई और उन्हें अपने गीत सुनाकर प्रभावित करने में रवि सफल रहे। परिणामस्वरूप देवेन्द्र गोयल ने अपनी फ़िल्म 'वचन' (1955) का संगीतकार रवि को बनाया और एक संगीतकार के रूप में रवि का सफ़र शुरू हुआ।

वास्तव में रवि के संगीत सफ़र को दो दौरों में बाँटा जा सकता है : एक छठे और सातवें दशक के मध्य तक का दौर जब उन्होंने अपने-आपको स्थापित किया और दूसरा वह जब स्थापित रवि बी.आर. चोपड़ा कैम्प के संगीतकार के रूप में चुने गए और साहिर के साथ उनकी बड़ी ही दिलक़श जोड़ी बनकर उभरी और श्रोताओं को मदहोश कर गई। रवि की प्रथम फ़िल्म 'वचन' ने ही सिल्वर जुबली मनाई थी और उसका गीत 'चंदा मामा दूर के पुए पकाए गुड़ के' (आशा) तो आज तक भारतीय बच्चों का बेहद पसंदीदा गीत बना हुआ है। इस गीत के मुखड़े और अंतरे के बीच के इंटरल्यूड में रवि ने गणेश चतुर्थी पर बजनेवाली एक धुन को पिरोया था, और वर्षों बाद इसी धुन पर लक्ष्मी-प्यारे ने 'तेजाब' (1989) का सुपरहिट रहा गीत 'एक दो तीन चार पाँच छः सात' बनाकर माधुरी दीक्षित को रातोंरात सुपरस्टार बना दिया। 'वचन' में रवि ने भी आशा भोंसले के

साथ एक गीत गाया था–यूँ ही चुपके-चुपके बहाने-बहाने'। 'इस जहाँ में हमें ऐसे जीना पड़ा' (आशा) और 'जब लिया हाथ में हाथ' (आशा, रफ़ी) भी अच्छे लोकप्रिय गीत रहे थे, पर 'चंदा मामा दूर के' तो जनमानस में हमेशा के लिए बैठ ही गया है। इसी वर्ष की देवेन्द्र गोयल निर्देशित 'द फैबुलस सेनोरिटा' पर आधरित 'अलबेली' में भी 'मुस्कुराती हुई चाँदनी' (लता, हेमंत) में बाँसुरी और रिद्म का हलका प्रयोग और मधुर धुन आकर्षक थे तथा हेमंत के गाए 'गोरी तुझे आना पड़ेगा और 'हम तो पी के चले' भी उत्तम रचनाएँ थीं।

सृजन का एक क्षण

रवि की विशिष्टता कही जाएगी कि फ़िल्म की पृष्ठभूमि को ध्यान में रखकर ही उन्होंने अपनी शैली भी बनाई। आरम्भिक दौर में भक्ति-पौराणिक फ़िल्मों में उन्होंने भक्ति रस से परिपूर्ण गीतों की सफल रचना की, वहीं 'मुस्लिम सोशल' फ़िल्मों में परिवेश को ध्यान में रखकर शेरो-शायरी वाले नग़मों को भी उपयुक्त नाज़ुक तहज़ीबी तर्ज़ों से नवाज़ा तथा रिश्तों की अहमियत पर केंद्रित हिन्दू परिवारोंवाली सामाजिक फ़िल्मों के संगीत में एक हिली-मिली संस्कृति से सम्पृक्त घरेलू बिम्बों और उपमाओं का सृजन करता संगीत दिया। 'प्रभु की माया' (1955) में अपने गुरु हेमंत कुमार की आवाज़ में 'राम ऱाजा राम परजा राम का संसार है', 'चलो देने को बधाई गुरु आँगन में' (आशा, साथियों के साथ), 'घूम रहा है चक्र जगत का', 'भज मन नारायण नारायण', 'गंगे तुम्हीं करो उद्धार' और 'जब जब होता नाश धर्म का' जैसी भक्ति प्रधान रचनाएँ, 'अयोध्यापति' (1956) के 'छोड़ चले आज हमारे राम अयोध्या छोड़ चले' (हेमंत) में विदा गीत की शैली में भक्ति रस का सामंजस्य, 'आओ सजाओ सखी फूलों से पालना, जनम भयो प्यारे ललना की' (आशा, साथी) में सोहर की छटा वाला संगीत, और 'नरसी भगत' (1957) में केदार के तन्मय सुरों में डूबकर रचा गया वह चिरस्थायी भजन 'दर्शन दो घनश्याम नाथ मोरी अंखियाँ प्यासी रे' (हेमंत, मन्ना डे, सुधा मल्होत्रा), भावविभोर करता ख़माज आधारित 'वैष्णव जन तो तेने कहिए' (मन्ना डे, साथी) तथा श्रृंगार और भक्ति के समागम को उद्‌भासित करते 'राधा के रसिया गोकुल के बसिया' (सुधा मल्होत्रा, साथी) और 'लो बजी श्याम की बाँसुरिया सुन के राधा बावरिया' (सुधा मल्होत्रा, साथी) जैसी रचनाओं की विशेषताएँ रवि की मौसीकी की एक पक्ष थीं, तो दूसरी ओर कोमल अनुभूतियों और पाक, मुलायम तहज़ीब को सुरों में ढाल कर 'मेहँदी' (1958), 'पहली रात' (1954) और 'चौदहवीं का चाँद' (1960) के गीत उनकी संगीत विविधता का दूसरा पक्ष।

यह दूसरा पक्ष कितना सशक्त था, इसके लिए हमें बेहद चर्चित 'चौदहवीं का चाँद' तक जाने की ज़रूरत नहीं है। ए.ए. नडियाडवाला की जयश्री, अजीत अभिनीत 'मेहँदी' ही इस तथ्य को भली भाँति रेखांकित कर देती है। फ़िल्म का सर्वाधिक हिट गीत हालाँकि हेमंत, लता का गाया 'बेदर्द ज़माना तेरा' और आशा, चाँदबाला, साथियों के स्वर में 'झूलो ललना चाँदी की डोली सोने का पालना' ही रहे हैं, पर सबसे खूबसूरत तो रफ़ी और लता के आवाज़ में स्वरबद्ध दो मुशायरे हैं जिनमें कामिल रशीद की शायरी को परम्परागत ढंग से ही सही, पर बड़ी सुंदर तर्ज़ें दी गई हैं। लता के स्वर में खुमार लिए 'अपने किए पे कोई पशेमान हो गया', 'अदाओं में शोखी, अज़ब दास्तां है' और 'प्यार की दुनिया लुटेगी हमें मालूम न था' की संगीत 'रचना में भी बड़ी मुलायम-सी लरज़िश है और ये सभी रवि की काबिलीयत के बेहतरीन नमूने हैं। नाडियाडवाला की ही 'पहली रात' में 'क्यूँ दिल हमको दे डाला जनाब कहिए' (आशा, मन्ना डे) की शोखी तो है ही, साथ ही लोकप्रिय रहे 'बता ऐ आस्मां मैं अब जाऊँ कहाँ' (आशा) और 'हमको दुआएँ दो तुम्हें' (रफ़ी, सुधा, आशा, साथी) के माध्यम से सलीकेदार कशिश और इबादत-भरा संगीत भी कायम रखने में रवि सफल रहे हैं। पर यह निर्विवाद है कि जिस फ़िल्म में रवि का संगीत उत्कृष्टता के चरम पर पहुँचा और जिसके सहारे रवि भी चोटी के संगीतकारों की फ़ेहरिस्त में शामिल हुए, वह 'चौदहवीं का चाँद' (1960) ही रही। गुरुदत्त फ़िल्म्स की एम. सादिक निर्देशित इस फ़िल्म के शीर्षक गीत 'चौदहवीं का चाँद हो या आफ़ताब हो' में वहीदा का सौंदर्य बेहतर था या शक़ील की शायरी, रफ़ी की गायकी बेहतर थी या फिर पहाड़ी में कम्पोज़ की गई रवि की तर्ज़–यह बताना विवादों को जन्म देता है, पर इतना तो सभी स्वीकार करेंगे कि यह गीत फ़िल्मी परदे पर प्यार के जज़्बात को पेश करनेवाले सर्वश्रेष्ठ गीतों

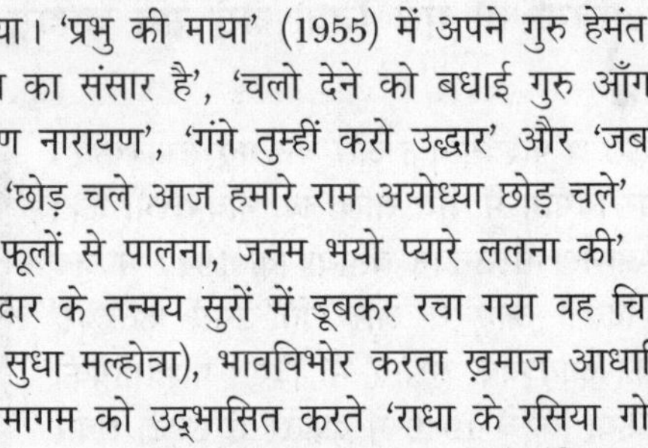

'चौंदहवी का चाँद' : वहीदा का सौंदर्य और रवि की रूमानियत

में आज तक गिना जाता है। उस वक्त तो यह लोगों को दीवाना ही बना गया था। 'चौदहवीं का चाँद' के अन्य गीत भी बड़े मक़बूल रहे थे। 'शरमा के यूँ फिर पर्दानशीं आँचल को सँवारा करते हैं' (आशा, शमशाद, साथी) की कव्वाली, 'बदले बदले मेरे सरकार नज़र आते हैं' (लता) का जयजयवंती आधारित नाज़ुक-सा तरन्नुम, 'मिली ख़ाक में मुहब्बत' (रफ़ी) का गाम्भीर्य और 'बालम से मिलन होगा' (गीता, साथी) की छेड़छाड़–इन सभी गीतों की विशेषताएँ रवि के संगीत के पहलू बनकर उभरे। 'चौदहवीं का चाँद' की सफलता से एकाएक रवि की माँग ऊँची हो गई वरना इस वक़्त तक तो यह हाल था कि वे कांदीवली के एक गोदाम में ही रहते आए थे और नाडियाडवाला ने जब उन्हें बतौर पारिश्रमिक एक प्लाट दिया तो उस पर घर भी वे पूरा नहीं बना पाए थे तथा 'चौदहवीं का चाँद' के लिए शकील के साथ बैठक भी उस बन रहे घर की अधूरी दीवारों के बीच ही उन्होंने की थी।

देवेन्द्र गोयल के लिए तो रवि स्थायी संगीतकार बने रहे। 'वचन' और 'अलबेली' के बाद 'एक साल' (1957), 'चिराग कहाँ रोशनी कहाँ' (1959) और 'नई राहें' (1959) जैसी छठे दशक की सामाजिक फ़िल्मों में भी रवि ने लुभावना अपनापन-भरा संगीत दिया। अशोक कुमार, मधुबाला अभिनीत 'एक साल' में हेमंत, लता के स्वर में 'उलझ गए दो नैना' की राग देस आधारित धीमी, आत्मिक लय और धुन हो, या 'तू जिये हज़ारों साल गोरी' (आशा, साथी) की तेज, हर्षित संगीत रचना हो, 'किसके लिए रुका है' (रफ़ी) की शालीनता हो या 'छुम छुम चली पिया की गली' (लता) का हेमंत की शैली का प्रभाव दिखाता रस-माधुर्य हो, या फिर फ़िल्म के सबसे लोकप्रिय रहे नग़मे 'सब कुछ लुटा के होश में आए तो क्या किया' (तलत, लता) की गहरे विषाद की छाया से प्रभावित तर्ज़ हो, 'एक साल' का संगीत वस्तुतः सालों याद रखनेवाला संगीत बना। 'चिराग कहाँ रोशनी कहाँ' (1959) की भी एक रचना 'टिम टिम करते तारे, यह कहते हैं सारे, सो जा तो हे' लता की सुमधुर आवाज़ में चिरस्मरणीय लोरी के रूप में याद की जाती है। 'वचन' के 'चंदा मामा दूर के' के बाद वात्सल्य प्रधान यह रवि की दूसरी हिट रचना थी। देवेन्द्र गोयल की अशोक कुमार, गीताबाली अभिनीत 'नई राहें' का भी संगीत 'एक साल' की ही तरह सुमधुर और कोमल था, विशेषकर एच. एम.व्ही. द्वारा निकाले गए हेमंत के 'रेयर जेम्स' कैसेट्स में शामिल 'कल के चाँद आज के सपने तुझको प्यार' (हेमंत, लता) की धीमी छू जाने वाली धुन तो बेहद आकर्षक थी। वात्सल्य रसप्रधान गीतों के सृजन में रवि का नाम बहुत ऊँचा रहेगा। 'ये झूमते नज़ारे, तुम पास हो हमारे' (हेमंत, लता), 'कहाँ तेरी मंज़िल कहाँ है ठिकाना' (रफ़ी) और भैरवी पर आधारित 'तोसे लागे नैंना सैंया हो' (रफ़ी, आशा) भी सुंदर रचनाएँ थीं पर अधिक लोकप्रिय नहीं हुईं। अपने आरम्भिक वर्षों में ही रवि ने हेमंत कुमार से न सिर्फ़ कई फ़िल्मों के गीत बल्कि गैरफ़िल्मी रचनाओं को भी गवाया। स्वलिखित 'ज़माना क्या कहेगा', हसरत जयपुरी का लिखा 'कल तेरी तस्वीर को' और 'हमें तुम याद करोगे' तथा इन सबसे बढ़कर अति लोकप्रिय रहा रवि का स्वयं का लिखा 'पत्थर की तरह हो दिल जिसका' जैसे गीत आज भी रेडियो पर यदा-कदा सुनाई दे ही जाते हैं।

अपने गीतों के लिए अपार मेहनत रवि ने आरम्भ से ही की। खाने पीने में शाकाहारी तथा सिगरेट-पान से परहेज़ करने वाले रवि गीतों की सिचुएशन पर बहुत ध्यान देते थे और शायद यह भी एक कारण है कि रवि के स्वरबद्ध कई गीतों का फ़िल्मांकन भी बहुत आकर्षक लगता है। एक गीत की कई धुनें बनाकर फिर सर्वश्रेष्ठ गीत चुनना और फिर उसकी कई बार रिहर्सल भी उनकी रचना प्रक्रिया की विशेषताएँ थीं। रवि के पास अपने आरंभिक वर्षों में गाने की रिहर्सल कराने लायक कोई घर या पर्याप्त जगह भी नहीं थी, और अकसर वे गायकों को गाड़ी में समुद्र तट पर रिहर्सल कराने ले जाते थे। रफ़ी के साथ एक हारमोनियम समेत समुद्र तट पर रवि की रिहर्सलों के कई रोचक वाकये रहे हैं। रवि काम के प्रति अपनी लगन के लिए हमेशा से सराहे गए हैं। 'घूँघट' के संगीत-निर्देशन के समय का वाक़या है मद्रास में सुबह 4 बजे तक काम चला और फिर रवि ने कहा कि सुबह 8 बजे से रश प्रिंट देखेंगे और कहाँ कैसा पार्श्वगीत देना है, यह तय करेंगे। पूरी रात काम के बाद भी सुबह 8 बजे से नया काम प्रारम्भ कर देना उनकी निष्ठा और परिश्रम की कहानी कहता है।[2]

हालाँकि 'यह कैसी रुत आई अजब रंग लाई' (आशा) और 'नागिन' के 'ऊँची-ऊँची दुनिया की दीवारें' से मिलता-जुलता वॉयलिन के बेहद सुंदर आरम्भ के साथ भैरवी में रचा 'किसे थी ख़बर कि यूँ हद से गुज़र के' (आशा) जैसे सुंदर गीत भी 'देवर भाभी' (1958) को संगीत की दृष्टि से लोकप्रिय नहीं बना सके, पर अमूमन पारिवारिक थीमवाली सामाजिक फ़िल्मों के लिए कथ्य के अनुरूप ही दिया गया संगीत रवि को लगातार मक़बूलियत और प्रतिष्ठा देता गया। नाडियाडवाला की 'दुलहन' (1958) में पियानो और मैंडोलिन के धीमे आरम्भ के बाद तेज़ रिद्म को लेकर सृजित 'कैसे जाऊँ मैं पिया' (आशा) के अलावा आशा के 'नारी जीवन गहरा सागर' और हेमंत, साथियों के स्वर में 'आज चिता पर लेटी एक भारत की बेटी' जैसे नैतिक आख्यानात्मक

गानों के संगीत या 'ट्रंक कॉल' (1960) के गीतों पर तो विशेष कुछ नहीं कहा जा सकता, पर नडियाडवाला की ही 'घर-संसार' (1958) के 'छेड़ो धुन मतवालों की' (रफ़ी, आशा, साथी) वार्षिक बिनाका गीतमाला के ऊँची पायदान का गीत बनने जितना लोकप्रिय हुआ और भैरवी में कम्पोज़ किए गए 'ये हवा ये नदी का किनारा' (मन्ना डे, आशा, साथी) की लयात्मक शैली, 'सपनों की डोरी बंधी थी' की कोमल शैली और 'होंठ गुलाबी गाल कटोरे' (रफ़ी, आशा, साथी) की भाँगड़ा शैली की अपनी अलग खूबसूरती थी। एस. सादिक निर्देशित 'जवानी की हवा' (1959) असफल रही पर 'जा रे जा मेरा दिल न जला' (रफ़ी), 'कौन जाने रे बाबा दुनिया में पीर परायी' (रफ़ी, आशा, गीता, साथी) और 'बहार ले के आई, करार ले के आई रात सितारों वाली' (आशा, साथी) सुंदर बन पड़े थे। यही बात नडियाडवाला की 'नई माँ' (1960) के 'झुक जाएगा एक दिन' (रफ़ी), 'दिल तेरा है दीवाना खुदा सनम' (आशा) और 'सुन ले छोटी-सी अरजिया हमार बबुआ' (रफ़ी) तथा रमेश व्यास की 'घर की लाज' (1960) के 'उजड़ गये पंछी अब तेरा बसेरा' (रफ़ी) के बारे में कही जा सकती है। पर यह तथ्य भी दृष्टिगोचर होता है कि रवि के संगीतबद्ध किए गए आख्यानात्मक या दार्शनिक गीत अधिक लोकप्रिय न रहे। वहीं रूमानी, नाजुक शायराना या घरेलू, पारिवारिक जीवन शैली को समाहित करने वाले गीत खूब पसंद किए गए। 'अपना घर' (1960) का मुकेश, गीता का गाया 'तुमसे ही मेरी ज़िन्दगी मेरी बहार तुम' भी अपनी सुंदर शब्दावली और मधुर धुन के कारण मशहूर रहा। मुकेश ने इस वर्ष रवि के संगीत-निर्देशन में पहली बार गाया और 'तू नहीं और सही' (1960) का शीर्षक गीत भी मुकेश की दर्दीली आवाज़ में यादगार बना। यह बात बहुत लोग नहीं जानते कि रामानंद सागर की फ़िल्म 'घूँघट' (1960) के लिए रवि ने मुकेश के स्वर में 'रहा गर्दिशों में हरदम' गीत रेकॉर्ड किया था पर उसे फ़िल्म में शामिल नहीं किया गया। बाद में इसी गीत को रफी के स्वर में गवाकर फ़िल्म 'दो बदन' (1966) में शामिल कर लिया गया और गीत यादगार रहा।[3] पर सोचिए कि कितना अद्‌भुत रहेगा अगर मुकेश के स्वर में इस रेकॉर्डिंग को ढूँढ़कर एच.एम.व्ही. रिलीज़ करे और हमें सुनने को मिले। बहरहाल 'घूँघट' का संगीत रवि के लिए मील का पत्थर रहा। जैमिनी पिक्चर्स, मद्रास के परचम तले बनी थी यह फ़िल्म और यहीं से रवि का जैमिनी के साथ एक ऐसा सफ़र शुरू हुआ जिसने कई झण्डे गाड़े। पारिवारिक रिश्तों के ताने-बाने को लेकर बुनी गई कहानी को ध्यान में रखकर था जैमिनी की 'घूँघट' (1960) और 'घराना' (1961) का संगीत। 'घूँघट' में यूँ तो 'ये ज़िन्दगी का मौसम' (रफ़ी, आशा, साथी), 'दो नैन मिले दो फूल खिले' (आशा, महेन्द्र) और 'मेरी पत राखो गिरधरी' (लता) जैसे सुंदर गीत थे पर यादगार रहे शिवरंजनी पर आधारित लता की बेमिसाल गायकी के साथ 'लागे न मोरा जिया' और भैरवी में मैंडोलिन के सुंदर प्रयोग के साथ कम्पोज़ किया गया लता का सदाबहार गीत 'मोरी छम छम बाजे पायलिया' जिसकी शास्त्रीयता को रवि ने एक अद्‌भुत घरेलू स्पर्श दिया है। वहीं 'घराना' (1961) का तो लगभग हर गीत ही हिट था। 'हुस्नवाले तेरा जवाब नहीं' में शकील की सुंदर शब्दाभिव्यक्ति को उतनी ही नाजुक धुन देकर रवि ने रफ़ी के सर्वश्रेष्ठ गीतों में शुमार कराया। 'जब से तुम्हें देखा है आँखों में तुम्हीं तुम हो' (आशा, रफ़ी) की racy तर्ज़, 'दादी अम्मा दादी अम्मा मान जाओ' (आशा, कमल बारोट) की छू जाने वाली नटखट अदा, 'ये ज़िंदगी की उलझनें' (आशा) का दर्द और यमन पर आधारित 'जय रघुनन्दन जय सियाराम' (आशा, रफ़ी) की अपनत्व-भरी भक्ति के बीच 'घराना' कथ्य की पृष्ठभूमि के बिलकुल अनुरूप ही संगीत हस्ताक्षर बना। 'घराना' के लिए रवि को फ़िल्मफ़ेयर पुरस्कार भी मिला।

भाव के अनुरूप संगीत रवि की विशेषता थी और संगीत में कर्णप्रियता तथा धुन की गेयता का वे विशेष ध्यान रखते थे। यदि वातावरण के निर्माण में धुन फिट नहीं बैठती थी तो उसे हटाने से भी वे नहीं हिचकते थे। यही कारण है कि दिल्ली का ठग' (1958) और 'बम्बई का चोर' (1962) जैसी किशोर कुमार अभिनीत हास्य फ़िल्मों में भी उनका संगीत फ़िल्म के भाव में पूर्णतः सामंजस्य बैठाने में सफल रहा। 'हम तो मुहब्बत करेगा, दुनिया से नहीं डरेगा' (किशोर) सुपरहिट रहा, तो 'चल री अमीरन' (किशोर) और 'सीख ले बाबू प्यार का जादू' (आशा) भी चर्चित हुए। 'CAT कैट, कैट माने बिल्ली' (आशा, किशोर) अगर सालाना बिनाका की दूसरी पायदान का गीत बनकर शीर्षस्थ हुआ और क्लैपर के अद्‌भुत प्रयोग के साथ 'ये बहार ये समाँ' (आशा, साथी) मशहूर हुआ तो 'ये रातें ये मौसम नदी का किनारा, ये चंचल हवा' (किशोर, आशा) अपने मुलायम वाद्य-संयोजन, मैंडोलिन के सुंदर प्रयोग और संभवतः किरवानी की अपनी सहलाती धुन के कारण आज भी गुनगुनाया जाता है। इसी तरह 'बम्बई का चोर' का 'हैल्लो हैल्लो जी कहो क्या है जी' (किशोर, आशा) की खींचने वाली शरारती धुन अगर अच्छी चली तो किशोर के संजीदा रूप की दुर्लभ छटा बिखेरते 'हसरत ही रही हमसे भी कभी कोई प्यार करता' में धुन और ताल का अनूठा सामंजस्य-भरा प्रयोग गीत को यादगार बना गया। इसी प्रकार मूड के अनुरूप संगीत-सृजन के अन्य लोकप्रिय उदाहरणों में 'मॉडर्न गर्ल' (1962) के सम्भवतः बिलावल थाट पर कम्पोज़ किए गए 'ये मौसम रंगी समाँ, ठहर ज़रा ओ जाने जाँ' (मुकेश, सुमन), 'राखी'

(1962) के 'सैंया छोड़ दे बैंया मेरी पतली कलइया मुड़ जाएगी' (मुकेश, लता) और 'या मेरी मंजिल बता' (रफ़ी) की प्यारी तर्ज़ें, 'सलाम मेम साहब' (1961) के 'ज़रा-सी बात प्यार की ज़बान से निकल गई' (सुमन, रफ़ी), 'वांटेड' (1961), के लरज़िश भरे 'मैंने भी हुस्न की नज़रों में जगह पाई है' (तलत), 'अपना बना कर देखो' (1962) के 'हम प्यार तुम्हें करते हैं, हमें अपना बना कर देखो' (आशा, रफ़ी) और 'राजे दिल उनसे छुपाया न गया' (रफ़ी) की मनोहारी धुनों को याद किया जा सकता है। इसी फ़ेहरिस्त में 'गृहस्थी' (1963) के पंजाबी शैली के 'जाने तेरी नज़रों ने' (लता, रफ़ी), 'गर्ल्स हॉस्टल' (1962) के मुकेश के एच.एम.व्ही. द्वारा रिलीज़ किए गए रेयर जेम्स कैसेट में शामिल शायराना तबीयत का 'सुलझाओ न उलझी ज़ुल्फ़ों को' और रफ़ी, आशा का 'ये हसीन रात, ये बहार ये समाँ' जैसे कर्णप्रिय नग़मों को तथा 'चाइना टाउन' (1962) का रॉक एंड रॉल पर बनाया गया सुपरहिट गीत 'बार-बार देखो हज़ार बार देखो' (रफ़ी–जो हिंदी फ़िल्मों का पहला गीत बना जिसे विधिवत अनुमति के बाद एक विदेशी संगीत ग्रुप ने कॉपी किया) और कव्वाली शैली का 'बड़ा क़ाबिल-भरा दिलदार चिना चिन चिन चूं' (आशा, रफ़ी, साथी) और 'इसी का नाम दुनिया है' (1962) की सुंदर-सी रचना 'मुझको सहारा देने वाले ये दिल कहे तेरा शुक्रिया' (आशा) को शामिल किया जा सकता है।

रवि ने मुकेश से बहुत नहीं गवाया, पर 'प्यार का सागर' (1961) 'नज़राना' (1961) और 'टावर हाउस' (1962) के बेहद कर्णप्रिय और मेलोडी प्रधान संगीत में रवि के साथ मुख्यतः मुकेश थे। 'नज़राना' में राज कपूर के लिए 'मेरे पीछे एक दीवाना (आशा, मुकेश) और 'बिखरा के ज़ुल्फ़ें चमन में न जाना' (लता, मुकेश) जैसे रोमांटिक गीतों के अलावा उदास तर्ज़ पर आधारित मुकेश का सदाबहार दीवाली गीत 'एक तो भी दीवाली थी' भी था। इस गीत के बारे में एक बड़ा रोचक प्रसंग अभिमन्यु अनत (मॉरिशस के प्रसिद्ध हिंदी साहित्यकार) ने मुकेश की मृत्यु पर प्रकाशित माधुरी में लिखा था। हुआ यूँ कि नवम्बर, 1975 की दीवाली के समय मुकेश मॉरिशस में थे और मुकेश, नितिन, अभिमन्यु अनत सभी कार में कहीं जा रहे थे। कार में रेडियो चालू था और किसी गीत की बड़ी लम्बी-चौड़ी फ़रमाइश की लिस्ट के नाम सुनाए जा रहे थे। मुकेश ने आश्चर्य व्यक्त करते हुए कहा कि पता नहीं यह कौन-सा गीत है जिसके लिए इतनी सारी फ़रमाइशें आ रही हैं। थोड़ी देर बाद जब गीत बजा तो यह कार में बैठे सभी लोगों के लिए सुखद आश्चर्य रहा, क्योंकि यह गीत था मुकेश द्वारा ही गाया 'नज़राना' का 'एक वो भी दीवाली थी।'

रवि और मुकेश के 'प्यार का सागर' के पीलू पर आधारित 'वफ़ा जिनसे की बेवफ़ा हो गए', तिलक कामोद पर आधारित 'सदा खुश रहे तू जफ़ा करने वाले' और बेहद प्यारी तर्ज़ लिए 'प्यार का सागर देखा है किसी के चंचल नैनों में (मुकेश, आशा) क्या रफ़ी, आशा के इसी फ़िल्म के 'मुझे प्यार की जिंदगी देने वाले' से किसी तरह कम थे? कदापि नहीं, बल्कि 'प्यार का सागर' में तो मुकेश की आवाज़ में एक अजब-सी रूमानी कैफियत उभारने में रवि सफल रहे हैं। इसी प्रकार 'टावर हाउस' के 'ऐ मेरे दिले-नादां तू ग़म से न घबड़ाना' (लता) की haunting लोकप्रियता को तो कोई कम नहीं कर सकता, पर मुकेश, लता के 'मैं खुशनसीब हूँ मुझको किसी का प्यार मिला' की सम्भवतः बागेश्वरी की छाया लिए पियानो का साथ लेकर बनाई गई धुन का नशा भी कुछ कम नहीं था। यह अफ़सोस ही रहेगा कि रवि और मुकेश का साथ अधिक नहीं हुआ वरना हमें और भी यादगार गीत मिलते।

रवि के सातवें दशक के मध्य वर्षों के संगीत को अगर एक शब्द में परिभाषित किया जाना हो तो 'आभिजात्य' शब्द की ही याद आएगी। ऐसे गीतों के लिए रवि ने अकसर पियानो और सितार का भरपूर उपयोग किया। साहिर, शकील, राजेन्द्र कृष्ण जैसे बेहतरीन शायरों के कलाम में शब्दों की सुंदरता और स्तर इतना ऊँचा था कि ऐसे स्तर के गीतों को स्वरबद्ध करने के लिए तर्ज़ और संगीत में भी एक परिष्कार, एक तराश और एक संयत तहज़ीब की आवश्यकता थी और यह रवि की प्रतिभा का ही कमाल था कि इस प्रकार का संगीत भी उन्होंने उतने ही कौशल से रचा जैसा वे घर-संसार या धर्मिक भावानुरूप गीतों के लिए रचा करते थे। उदाहरण के लिए 'आज और कल' (1963) में आसावरी का गाम्भीर्य लिए 'मुझे गले से लगा लो बहुत उदास हूँ मैं' (आशा, रफ़ी) या पहाड़ी का उत्कर्ष लिए 'ये वादियाँ ये फ़िजाएँ बुला रही हैं तुम्हें' (रफ़ी) जैसे साहिर के गीत, ओ.पी. रल्हन की 'गहरा दाग' (1963) का सचिन देव बर्मन की शैली में उतनी ही खूबसूरती से कम्पोज़ 'कैसे कहूँ मैं बात जिया की साँवरिया' (आशा) और मेघ पर आधारित 'तुम्हें पा के हमने जहाँ पा लिया है' (आशा, रफ़ी), जैमिनी मद्रास की एक बार फिर परिचित भूमि पर 'गृहस्थी' (1963) का सोहनी पर रचित 'जीवन ज्योत जले' (आशा–जिस पर रवि को वर्ष का सुर सिंगार संसद पुरस्कार भी मिला) या बेहद सुंदर 'ज़रा देख सनम मेरा जज़्बा-ए-दिल' (लता) की माउथऑर्गन के साथ झूमती मेलोडी, मदन मोहन के 'तुझे क्या सुनाऊँ मैं दिलरुबा' की याद दिलाता पर बेहद दिलकश 'कौन अपना कौन पराया' (1963) का 'ज़रा सुन

'नर्तकी' में नंदा

हसीना-ए-नाज़नी मेरा दिल तुझी पे निसार है' (रफ़ी), 'मुलज़िम' (1963) का 'दीवाना कह के आज मुझे फिर पुकारिए' (रफ़ी) जिसे रवि ने 1966 के अपने विदेश दौरे पर लंदन में विशेष आग्रह पर खुद गाकर सुनाया था तथा रफ़ी का ही एच.एम.व्ही. द्वारा रिलीज़ किये गये 'रेयर जेम्स' कैसेट्स में शामिल अद्‌भुत तन्मयता लिए 'नर्तकी' (1963) का 'जिन्दगी के सफर में अकेले थे तुम' (रफ़ी) तथा 'ज़िंदगी की उलझनों को भूल कर' (आशा) एवं 'हम तुमसे मोहब्बत कर बैठे' (महेन्द्र) जैसे शकील के गीत, दर्द के सुरों को समेटता 'भरोसा' (1963) का भैरवी में रचित 'इस भरी दुनिया में कोई हमारा न हुआ' (रफ़ी) और एक बार फिर पहाड़ी के स्वरों को लेकर सृजित इसी फ़िल्म का 'वो दिल कहाँ से लाऊँ तेरी याद जो भुला दे' (लता), 'प्यार का बंधन' (1963) का झिंझोटी आधारित 'इक प्यार के बंधन की खातिर' (आशा) एवं 'ये रास्ते हैं प्यार के' (1963) के शीर्षक गीत (आशा) और 'ये खामोशियाँ ये तन्हाइयाँ' (रफ़ी, आशा) जैसे राजेन्द्र कृष्ण के गीतों की परिष्कृत तर्ज़ों का नाम लिया जा सकता है। अशोक कुमार और प्रदीप कुमार अभिनीत फ़िल्म 'उस्तादों के उस्ताद' (1963) का नाम भले ही हल्का-फुल्का हो, पर फ़िल्म के गीतों में ग़ज़ब की मँजी हुई कसावट थी। सम्भवतः कौशिक कानड़ा पर आधारित हलके परिष्कृत ऑरकेस्ट्रेशन के साथ 'सौ बार जनम लेंगे' (रफ़ी) की haunting धुन आज भी श्रोताओं के बीच लोकप्रिय है, हालाँकि रवि की लाक्षणिक शैली की 'रात चुप है चाँदनी मदहोश है' (रवि, आशा) और 'मेरे दिल को जिसकी तलाश थी मैंने वो सितमगार पा लिया' (रफ़ी, आशा) जैसे असद भोपाली द्वारा लिखे गीत आज दुर्भाग्य से भुला दिए गए हैं। 'दूर की आवाज़' (1964) में देवेन्द्र गोयल ने पुनः रवि को चुना था और शकील के लिखे 'हुस्न में चाँद भी शरमाया है' (रफ़ी) की लरजती धुन, 'हम भी अगर बच्चे होते' (आशा, मन्ना, रफ़ी, साथी) की प्यारी तर्ज़ और 'इक मुसाफिर को दुनिया में क्या चाहिए' (रफ़ी) की तेज़ रिद्म इसी फ़िल्म की सदाबहार देन हैं।

गम्भीर गीतों के सृजन में रवि का एक classy understated पक्ष उभरता है जो उतना ही (या शायद अधिक) सशक्त था जितना 'काहे इतना गुमान गोरिए ये मेला दो दिन का' (आशा, रफ़ी, साथी), 'आज की मुलाकात बस इतनी' (लता, महेंद्र), 'ये झुके झुके नैना ये लट बलखाती', 'कभी दुश्मनी कभी दोस्ती कभी बात बात में दिल्लगी' (आशा, रफ़ी) जैसे 'भरोसा' के या 'खिले हैं सखी आज फुलवा मन के' (लता, आशा, उषा मंगेशकर), 'डिंग डांग डिंग डांग डिंग' (लता, गीता) जैसे 'गृहस्थी' के या रागेश्री आधारित 'मोहन न छेड़ मुझे बजरिया में' (आशा–आज और कल) या फिर 'संग संग रहेंगे तुम्हारे जी हुज़ूर' (आशा, रफ़ी-मुलज़िम, 1963), 'हम तुमसे मुहब्बत कर बैठे' (महेंद्र कपूर–नर्तकी), 'घोड़ा पिशोरी मेरा तांगा लाहोरी मेरा' (रफ़ी–'प्यार का बंधन', 1963), 'मुकद्दर आज़माना चाहता हूँ' (रफ़ी–दूर की आवाज़), मालकौंस पर आधारित 'जाने बहार हुस्न तेरा बेमिसाल है' (रफ़ी–प्यार किया तो डरना क्या, 1963) जैसे फड़कते, मनचले, इज़हार करते गीतों का। 'उस्तादों के उस्ताद' (1963) का 'मैंने कहा आना संडे को संडे को' (आशा, रफ़ी) अलबत्ता एक बेहद लोकप्रिय अंग्रेज़ी गीत 'You can kiss me on a Monday' की पूरी की पूरी नकल है जो अखर जाती है। रवि की संगीतबद्ध उल्लेखनीय फ़िल्मों में एस.डी. नारंग की 'शहनाई' (1964) का ज़िक्र करना आवश्यक हो जाता है। जैसाकि इस फ़िल्म के नाम से स्पष्ट है, गीतों में शहनाई का लाजवाब प्रयोग है और शहनाई की वेदना को ध्यान में रखकर बनाई गई करुण रचना 'क्या अजब साज़ है ये शहनाई, दो ही सुर का ये खेल सारा है' रफ़ी के श्रेष्ठ दर्दीले गीतों में हमेशा जगह रखेगी। लोकरंग और वात्सल्य की छटा लिए 'पवन मोरे अँगना में धीरे-धीरे आना' (आशा) एक बड़ी आकर्षक रचना है जो अफ़सोसजनक रूप से विस्मृत हो गई है। इस फ़िल्म का सर्वाधिक चर्चित गीत 'न झटको जुल्फ़ से पानी ये मोती फूट जाएँगे' को रवि ने राग पीलू पर बाँधा था और रफ़ी ने इसे अद्‌भुत लयकारी से गाया भी है। 'सिंदबाद, अलीबाबा, अलादीन' (1965) जैसी असफल फ़िल्म में भी रवि ने एक आकर्षक रूमानी गीत कम्पोज़ किया था–'क्या जवां रात है बहारों की, शम्माँ रोशन है चाँद-तारों की' (आशा, रफ़ी)।

रवि की ज़िन्दगी का सर्वोत्तम परिष्कृत और 'साहित्यिक' संगीत हमें बी.आर. चोपड़ा की फ़िल्मों में मिलता है। एन. दत्ता

के बाद बी.आर. चोपड़ा ने अपनी फ़िल्मों के सशक्त संगीत पक्ष की प्रतिष्ठा को कायम रखने के लिए रवि को ही चुना, यह तथ्य ही रवि की उच्च कोटि की प्रतिभा को रेखांकित करने के लिए पर्याप्त है। बी.आर. चोपड़ा की सभी फ़िल्मों में साहिर ही गीतकार रहे, इसलिए शाब्दिक सौंदर्य लिए अर्थपरक साहित्यिक रचनाएँ बी.आर. फ़िल्म्स (और बाद में उनके भाई यश चोपड़ा की यशराज फ़िल्म्स) की विशेषता रही हैं। पहाड़ी और भूपाली के सुरों का प्रयोग कर ढालकर अमर बना दिया। 'गुमराह' (1963) (आशा, महेन्द्र) और भूपाली पर आधारित में तरंगित होते सुर प्रवाह इसका जीवंत गीत है महेंद्र कपूर द्वारा बेहद खूबसूरती से की छाया लिए 'चलो इक बार फिर से सुंदरता का इतना अच्छा उदाहरण फ़िल्म-जिसे अंजाम तक लाना न हो मुमकिन, उसे जैसे अभिभूत करनेवाले शब्दों को रवि ने वह निस्संदेह तारीफ़ के काबिल है। साहिर साथ अपने असफल प्रेम को ढूँढ़ रहे थे। की थीं और अंततः जो धुन चुनी गई वह

साहिर के साथ : स्तरीय साहित्य, स्तरीय संगीत

ऐसे गीतों के लिए रवि ने अधिकांशतः शाब्दिक सौंदर्य को नर्म, कोमल लय में के 'इन हवाओं में इन फिज़ाओं में' 'ये हवा ये फिज़ा ये हवा' (महेंद्र) के हवा उदाहरण हैं। वैसे 'गुमराह' का चिरंजीवी गाया सम्भवतः शुद्ध कानड़ा व भीमपलासी अजनबी बन जाएँ हम दोनों'। शाब्दिक संगीत में अन्यत्र नहीं मिलता—'वो अफ़साना एक खूबसूरत मोड़ देकर छोड़ना अच्छा' जिस भावप्रवण ढंग से सुरों में बाँधा है, सम्भवतः इन शब्दों में सुधा मल्होत्रा के इस गीत के लिए रवि ने 31 धुनें तैयार वास्तव में लाजवाब थी। महेंद्र कपूर का चयन बी.आर. चोपड़ा द्वारा 'धर्मपुत्र' की कव्वाली को लेकर रफ़ी से हुए मनमुटाव के बाद किया गया और बी.आर. चोपड़ा इस कदम को लेकर कभी पछताए नहीं। इसी फ़िल्म का महेन्द्र कपूर का 'आप आए तो ख़याले दिले नाशाद आया' भी महेंद्र कपूर के सर्वाधिक लोकप्रिय गीतों में शुमार है।

वैसे रवि का संगीत एक निश्चित ढाँचे का संगीत था। उनकी कम्पोज़ीशन्स की नोटेशन्स एक ख़ास स्वरक्रम के इर्द-गिर्द ही घूमती थीं। उनका संगीत उस दौर का प्रतीक है जब भारतीय प्रजातंत्र की परिभाषा में एक स्थायित्व आने लगा था—आशाओं का मोहभंग तो था पर यह मोहभंग भी सामाजिक-राजनीतिक चेतना के संगीत में कम और व्यक्तिगत अजनबीपन तथा असंतोष के domain में अधिक प्रकट हो रहा था। यहाँ प्रतिकार कम था, स्वीकार्य न भी हो तो तीव्र प्रतिवाद द्वारा बदलाव की बातें भी कम ही थीं। रवि भी उस निश्चित संरचना के भीतर बहुत खूबसूरत लगते थे—संरचना को तोड़ने या अधिक प्रयोगात्मक होने की उन्होंने कोशिश कम ही की।

बहरहाल, महेन्द्र कपूर को चोटी का गायक बनाने में सर्वाधिक योगदान बी.आर. चोपड़ा, साहिर और रवि का ही रहा है। बी.आर. फ़िल्म्स के स्थायी गायक के रूप में महेंद्र कपूर ने अपनी ज़िन्दगी के सर्वश्रेष्ठ गीत गाए, जो सभी साहिर के लिखे थे और इन सभी को धुनों और वाद्यों से सजाने का काम रवि ने किया। बी.आर. चोपड़ा की 'वक्त' (1965) और 'हमराज़' (1967) के बेहद लोकप्रिय रहने के पीछे उसके पहाड़ी शैली की धुनों का बड़ा मोहक चमक जाग उठी' (आशा) की खनक, 'हम (आशा, महेंद्र) की वादियों के बीच बहती की लयपूर्ण धुन हो या ट्रम्पेट और गिटार गए आशा के सर्वश्रेष्ठ गीतों में से एक हो। राग पहाड़ी पर बनी फ़िल्मी धुनों में रवि के संगीत-निर्देशन में पहाड़ी संगीत में इतिहास रच गया है। आशा के 'चेहरे

'वक्त का एक दृश्य'

संगीत का भी बड़ा योगदान था। 'वक्त' में इस्तेमाल था—'कौन आया कि निगाहों में जब सिमट के आपकी बाँहों में खो गए' शैली या 'दिन हैं बहार के' (आशा, महेन्द्र) के बेहतरीन ऑरकेस्ट्रेशन के साथ बनाए 'आगे भी जाने न तू' की अद्भुत शैली तो रवि खय्याम से टक्कर ले सकते हैं। शैली का आधुनिक प्रयोग आशा के स्वर पे खुशी छा जाती है' के रिद्म और बीट्स तो बेमिसाल हैं ही। इस गीत के फ़िल्मांकन के समय ठंड के कारण लोकेशन पर बैटरी फ़ेल हो गई। गाना बजा ही नहीं। पर पहाड़ों की ठंड का मुकाबला करने के लिए रवि की पहाड़ी संगीत समझ मौजूद थी और उन्होंने इस गीत की लय और गति के टाइमिंग को मन ही मन सोचकर ही इस गीत की शूटिंग को क्रमवार सम्पन्न करा दिया। फ़िल्म के सर्वाधिक लोकप्रिय सदाबहार

गीत 'ऐ मेरी ज़ोहरा जबीं तुझे मालूम नहीं' के लिए रवि मन्ना डे को लाए और इस कव्वालीनुमा गीत को आज भी उतनी ही मस्ती से याद किया जाता है जितना मस्त-सी छटा उसने उस वक्त बिखेरी थी। भैरवी में कम्पोज़ 'वक्त' का रफ़ी के स्वर में शीर्षक गीत 'वक्त से दिन और रात' (रफ़ी) सालाना बिनाका का 12वें नम्बर का गीत बना था। 'हमराज़' (1967) का पहाड़ी, भूपाली का मिश्रण लिए 'नीले गगन के तले धरती का प्यार पले' प्रकृति की अभ्यर्थना का शायद सर्वश्रेष्ठ फ़िल्मी उद्गार है, और महेंद्र कपूर को इस गीत पर सर्वश्रेष्ठ पार्श्वगायक का फ़िल्मफ़ेयर पुरस्कार भी मिलना कोई आश्चर्य की बात नहीं है। 'न मुँह छुपा के जियो और न सर झुका के जियो' में महेंद्र कपूर से अभूतपूर्व ऊँची पट्टी पर गवा कर रवि चमत्कृत करते हैं और 'किसी पत्थर की मूरत से मुहब्बत का इरादा है' में राग पीलू की छाया के साथ एक आकर्षक रूमानी धुन का सृजन करने में रवि सफल रहे। 'तू हुस्न है मैं इश्क़ हूँ तू मुझमें है मैं तुझमें हूँ' (आशा, महेन्द्र) की lilting पंजाबी धुन आज भी मोह लेती है। और इन सबसे बढ़कर 'तुम अगर साथ देने का वादा करो' में शब्दों की खूबसूरती तो अद्‌भुत है ही, रवि के लाजवाब धुन का सृजन और महेंद्र कपूर की तन्मयतापूर्ण गायकी इस गीत को एक अमर रचना बनाती है। 'हमराज़' महेंद्र कपूर की सर्वश्रेष्ठ फ़िल्म ही कही जाएगी। इस फ़िल्म के एक नृत्य दृश्य में पृष्ठभूमि से संगीत का एक बड़ा मोहक टुकड़ा बजता है–इसी टुकड़े को विस्तृत करके आगे रवि ने 'धुंध' फ़िल्म के 'संसार की हर शै का' गीत की धुन बनाई थी। सातवें दशक में रवि और बी. आर. चोपड़ा के साथ वाली एक और फ़िल्म थी 'आदमी और इंसान' (1969) जिसे बी.आर. फ़िल्म्स के बैनर तले यश चोपड़ा ने निर्देशित किया था। यह फ़िल्म व्यावसायिक दृष्टि से असफल रही थी और संगीत भी 'गुमराह', 'वक्त' और 'हमराज़' की अपेक्षा कमजोर था, पर इतना कमज़ोर भी नहीं कि पुनः पहाड़ी पर बनाए गए 'नीले पर्वतों की धारा' (आशा, महेन्द्र) और तालियों की संगत वाला भाँगड़ा शैली का 'यारा दिलदारा मेरा दिल करता' (महेंद्र, बलवीर, जोगिन्दर, साथी) जैसे गीतों का उल्लास या 'ज़िन्दगी इत्तफ़ाक़ है' (आशा) की तालबद्धता आकर्षित न करे।

सातवें दशक के बीच के वर्ष रवि के सफलतम वर्षों में गिने जाएँगे। साहिर और रवि की जोड़ी के उत्कर्ष के वर्ष भी यही थे। बी.आर. चोपड़ा की फ़िल्मों से हटकर भी साहिर के साथ रवि के गीतों में अद्‌भुत साहित्यिक खूबसूरती नज़र आती है। 'बहू बेटी' (1965) का 'जियो तो ऐसे जियो जैसे सब तुम्हारा है, मरो तो ऐसे कि जैसे तुम्हारा कुछ भी नहीं' की दो पंक्तियों से ही अगर साहिर ज़िंदगी का सारा फ़लसफ़ा खोलकर रख देते हैं, तो रवि की यमन पर आधारित उत्कृष्ट तर्ज़ और रफ़ी की भावपूर्ण गायकी गीत के विस्तार के साथ-साथ चलते हुए अनुभूति की कई भंगिमाएँ प्रकट करने में सफल रहती हैं। इसी फ़िल्म के 'सब में शामिल हो मगर सबसे जुदा रहती हो' (रफ़ी) भी बहुत सुंदर गीत है, पर 'जियो तो ऐसे जियो' के सामने फीका पड़ जाता है। साहिर और रवि की जोड़ी की सफलतम फ़िल्मों में 'काजल' (1965) का नाम तो भुलाए नहीं भूलेगा। रफ़ी के 'छू लेने दो नाजुक होंठों को' के मालकौंसी रंग ने तो कई पीढ़ियों को आन्दोलित किया है। कई धुनों को आज़माकर और नकार कर अंततः एक अनूठी ताल में स्वरबद्ध 'ये ज़ुल्फ़ अगर खुल कर विखर जाए तो अच्छा' में 'अच्छा' पर स्वर का जोर डालकर रवि ने एक बेमिसाल धुन इसी फ़िल्म के लिए तैयार की थी। छायावट और यमन कल्याण के पुट लिए हुए इस गीत के कई धुनों के प्रयोग के बाद अंततः अंतिम धुन चुनने के बारे में रवि ने विस्तार से फौजी भाइयों के लिए पेश अपनी जयमाला में भी बताया था। इसी गीत को आशा के स्वर में 'कबिरा निर्भय राम जपे' की अलग धुन के साथ मिलाकर रवि ने एक और अनुपम रचना पेश की। धुनों की सहजता रवि की लोकप्रियता का सबसे बड़ा कारण रही है। दरबारी या जौनपुरी पर आधारित 'तोरा मन दर्पण कहलाए' (आशा) ने अगर समीक्षकों की वाहवाही लूटी और आशा भोंसले के सर्वश्रेष्ठ गीतों में स्थान बनाया, तो 'मेरे भइया मेरे चंदा मेरे अनमोल रतन' ने अपनी माधुर्य-भरी सहजता से घर-घर की बहनों को अभिभूत किया। वहीं 'आपके भींगे हुए जिस्म से आँच आती है' (महेंद्र), 'मुद्दत की तमन्नाओं का सिला जज़्बात को अब मिल जाने दो' (महेंद्र) और 'अगर मुझे न मिली तुम तो मैं ये समझूँगा' (आशा, महेन्द्र) की शायराना मिजाज़ी के अनुकूल नाजुक रूमानी संगीत तो रवि-साहिर का trademark ही था। शास्त्रीय बंदिश में 'छम छम घुघरू बोले' (आशा) और हीर की धुन पर 'समझी थी ये घर मेरा है' (आशा) इस अविस्मरणीय फ़िल्म की अन्य संगीतमय प्रस्तुतियाँ थीं।

1965 का वर्ष तो हर तरह से रवि का वर्ष था। सालाना बिनाका के चोटी के गीतों में तीन गीत रवि के थे। इस वर्ष

के लिए 1966 में रवि को सर्वश्रेष्ठ संगीतकार का फ़िल्मफ़ेयर पुरस्कार 'खानदान' के लिए मिला, पर वह 'काजल' और 'वक्त' के लिए भी मिलता तो कोई आश्चर्य नहीं होता। इस वर्ष की अन्य संगीतकारों की उल्लेखनीय फ़िल्मों में 'तीन देवियाँ', 'मेरे सनम', 'आरज़ू', 'हिमालय की गोद में' के नाम थे (अंतिम दोनों एवार्ड के लिए नामांकित हुई थीं—आश्चर्य है कि 'काजल' और 'वक्त' नामांकित भी नहीं हुईं) जिनका संगीत रवि की उपरोक्त तीनों फ़िल्मों के संगीत से कमज़ोर ही ठहरता है। वैसे फ़िल्मफ़ेयर पुरस्कारों का तर्क आसानी से समझ में नहीं आता। रवि के मुकाबले का संगीत यदि चुनना हो तो इस वर्ष रोशन की 'नई उमर की नई फसल', खय्याम की 'मुहब्बत इसको कहते हैं', चित्रगुप्त की 'ऊँचे लोग' और कुछ हद तक कल्याणजी-आनंदजी की 'पूर्णिमा' को चुना जा सकता है, पर ये फ़िल्में नामांकित भी नहीं हुईं। बहरहाल 'खानदान' का संगीत लता के मिठास की पराकाष्ठा पर पहुँचे 'तुम्हीं मेरे मंदिर तुम्हीं मेरी पूजा' के कारण विशिष्ट तो था ही। रवि की मुख्य गायिका हमेशा आशा ही रहीं, पर जहाँ बेहद मिठास की ज़रूरत होती थी, वहाँ रवि लता को ही चुनते थे। भैरवी में लता के स्वर में 'तुम्हीं मेरे मंदिर तुम्हीं मेरी पूजा' सुनना ऐसा लगता है मानो प्यार की अनुभूति को पवित्र फूल चढ़ाए जा रहे हों। यह स्वच्छ आत्मिक अनुभूति आशा अपनी कमाल की गायकी के बावजूद 'तोरा मन दर्पण कहलाए' में नहीं ला पाई हैं। 'तोरा मन दर्पण कहलाए' के भी नुमाइन्दे अनेक होंगे पर यही कारण है कि 'तुम्हीं मेरे मंदिर' के लिए लता को आशा के 'तोरा मन दर्पण कहलाए' की अपेक्षा सर्वश्रेष्ठ गायिका का फ़िल्मफ़ेयर पुरस्कार मिलना जायज़ लगता है। इस वर्ष की सालाना बिनाका के तीसरे नंबर के इसी गीत के लिए राजेन्द्र कृष्ण को भी सर्वश्रेष्ठ गीतकार का फ़िल्मफ़ेयर पुरस्कार मिला था।

'खानदान' के कुछ अन्य गीत भी बेहद चर्चित रहे थे। कलावती और खमाज का पुट लेकर दर्द को सजीव करते 'कल चमन था आज एक चर्चा हुआ' (रफ़ी) के स्वर, 'बड़ी देर भई नंदलाला' (रफ़ी, साथी) के पारंपरिक उल्लास-भरे सुर और सालाना बिनाका गीतमाला के 14वें नंबर पर आए 'नील गगन पर उड़ते बादल आ आ आ' (आशा, रफ़ी) के आह्वान को खूब सराहा गया था, पर जहाँ तक लोकप्रियता की बात है, 'वक्त' के 'ऐ मेरी ज़ोहरा ज़बीं तुझे मालूम नहीं तू अभी तक है हसीं और मैं जवां' (मन्ना डे) की सिंधु भैरवी के आगे सब कमतर ही रहे। इस गीत को पर्दे पर बलराज़ साहनी के सहज अभिनय की बुलंदियों के साथ देखना आज भी रोमांचित कर जाता है।

'दो बदन'

'वक्त' जैसा ही ऐसा ही लाजवाब आधुनिक ऑरकेस्ट्रेशन रवि फिर आशा के साथ 'दो बदन' (1966) के 'जब चली ठंडी हवा' की मदमाती पहाड़ी शैली की धुन के साथ लेकर आए। इस गीत में मैंडोलिन का बेहद सुदर उपयोग कर रवि ने इसे भी यादगार गीतों की शृंखला में शामिल कर दिया है। इस बार गीतकार शकील थे, और शकील के लिखे और रवि के स्वरबद्ध 'दो बदन' के सभी छः के छः गीत सुपरहिट रहे थे। विशेष बात यह है कि इन गीतों की लोकप्रियता क्षणिक नहीं थी। आज भी ये सभी गीत हिन्दी फ़िल्म-संगीत के श्रोताओं के चिर-परिचित गीत बने हुए हैं—चाहे लता के 'लो आ गई उनकी याद वो नहीं आए' की उदास तान हो, आशा की 'मत जैयो नौकरिया छोड़ के तोरे पैंया पड़ूँ बलमा' का मोहक मनुहार हो, रफ़ी के 'नसीब में जिसके जो लिखा था' की कशिश हो या फिर क्रमशः भैरवी और दरबारी में कम्पोज़ किए गए 'भरी दुनिया में आखिर दिल को समझाने कहाँ जाएँ' और 'रहा गर्दिशों में हरदम मेरे इश्क का सितारा' के सोज़-भरे स्वर हों।

प्रसिद्ध सिने तारिका बबिता यदि अपनी पहली फ़िल्म के रूप में 'दस लाख' (1966) को याद रखेंगी तो रवि भी 'ग़रीबों की सुनो वो तुम्हारी सुनेगा' के घर-घर में लोकप्रिय हुए धुन के कारण इसे भूल नहीं पाएँगे। आशा को इस गीत के लिए सर्वश्रेष्ठ पार्श्वगायिका का फ़िल्मफ़ेयर पुरस्कार मिला। इसलिए उनके लिए भी यह गीत चिरस्मरणीय हो गया। वैसे भैरवी में रचे गए 'अजब तेरी कारीगरी करतार' (रफ़ी, कृष्णा कल्ले) और शंकर-जयकिशन के शम्मी कपूर स्टाइल की तरह ही रवि द्वारा संजय के लिए कम्पोज़ किया 'आ लग जा गले दिलरुबा' (रफ़ी) भी अच्छे चले थे। रवि इस समय लोकप्रियता के शिखर पर थे। यह इस तथ्य से भी रेखांकित होता है कि सर्वश्रेष्ठ गायक और गायिका का फ़िल्मफ़ेयर पुरस्कार दोनों रवि के स्वरबद्ध गीतों पर ही मिले थे। आशा को 'दस लाख' के उपरोक्त गीत के लिए, तो महेन्द्र कपूर को 'हमराज़' के 'नीले गगन के तले' के लिए पहली बार

फ़िल्मफ़ेयर पुरस्कार मिला। वैसे तुलनात्मक दृष्टि से 'फूल और पत्थर' (1966) का संगीत आशा के 'शीशे में पी या पैमाने में पी' और 'सुन ले पुकार आई आज तेरे द्वार आई' के बावजूद कमज़ोर था, पर फ़िल्म हिट थी इसलिए कमोबेश गाने भी चल गये। 'सगाई' (1966) में भी महेन्द्र कपूर के 'हुस्न और इश्क के टकराने की रात आई है' और 'ख़फा न होना अगर मैं पूछूँ' महेन्द्र कपूर के अन्य उल्लेखित गीतों से कमज़ोर ही ठहरेंगे। पर 'सगाई' का 'न ये ज़मीं थी न आसमां था' (आशा, रफ़ी) भैरवी की कम्पोज़ीशन, ऑरकेस्ट्रेशन की तेज़ रफ़्तार और गिटार तथा मैंडोलिन के संयुक्त प्रयोग से अनूठा बन गया है। 'सगाई' का ठुमरी अंग में आशा का नृत्य गीत 'सजन तोरी प्रीत रात भर की' तबले, घुँघरू और सारंगी के प्रयोग से बेहद सरल और मोहक बन पड़ा। 'ये ज़िन्दगी कितनी हसीन है' (1966) के 'जीने का अगर अंदाज़ आए' (आशा) जैसी रवि की लाक्षणिक शैली के गीत भी विशेष सफल नहीं हुए और यही बात जैमिनी कम्बाइन, मद्रास की 'औरत' (1967) तथा 'मेहरबान' (1967) के गीतों के बारे में कही जा सकती है। 'औरत' का 'मैं कौन हूँ' (महेंद्र, आशा) और 'हमें तुमसे मुहब्बत है' रवि की पुरानी धुनों के समान थी। 'मेहरबान' का लता का 'सारी दुनिया में देखें हैं दो अनपढ़ नादान एक तुम दूजे भगवान' राजेन्द्र कृष्ण के चौंकाने वाले मुखड़े के बावजूद संगीत की दृष्टि में रवि की श्रेष्ठ कृतियों में नहीं माना जा सकता। मालकौंस में रचित 'सावन की रात कारी कारी' (आशा) के बारे में भी यह कहा जा सकता है। रफ़ी के स्वर में भैरवी पर आधारित 'ऐ मेरे दोस्त मेरे हमदम' रवि और रफ़ी के अन्य लुभावने गीतों के सामने फीका ही लगता है।

रवि का श्रेष्ठ संगीत एक बार फिर 'नई रोशनी' (1967) में नज़र आता है। रफ़ी के स्वर में 'किस तरह जीते हैं ये लोग बता दो यारो' अनुपम सौंदर्य और कशिश लिए है। 'जितनी लिखी थी मुकद्दर में हम उतनी जी चुके' (रफ़ी), पहाड़ी शैली की परिचित छाया लिए 'मैं गुनहगार हूँ जो चाहो सजा दो मुझको' (महेंद्र, आशा) और 'सपने हैं सपने कब हुए अपने' (लता) भी धीमी लय में खूबसूरत धुनें थीं जबकि 'तेरी आँख का जो इशारा न होता, तो बिस्मिल कभी दिल हमारा न होता' (रफ़ी) की धुन में तेजी के साथ-साथ माधुर्य का अच्छा संतुलन है। उत्कृष्ट संगीत की इस परंपरा को रवि ने 'आँखें', 'दो कलियाँ' और 'नील कमल' (सभी 1965) में कायम रखा। 'आँखें' के राग चारुकेशी की छाया लिए सृजित 'मिलती है ज़िन्दगी में मोहब्बत कभी कभी' (लता) और 'तुझको रक्खे राम तुझको अल्ला रक्खे' (आशा, मन्नाडे) की लोकप्रियता आज तक कायम है। वैसे इस फ़िल्म का सबसे खूबसूरत गीत था बेहद कशिश-भरा राग काफ़ी पर आधारित 'गैरों पे करम अपनों पे सितम ऐ जाने वफ़ा ये जुल्म न कर' जिसे लता ने अद्भुत तल्लीनता से गाया भी है। इसी प्रकार 'दो कलियाँ' में रवि का संगीत महारथ लता, रफी के racy दोगाने 'तुम्हारी नज़र क्यों ख़फा हो गई' की कर्णप्रिय धुन, आशा के राग झिंझोटी पर आधारित तबले और घुँघरू के लाजवाब प्रयोग वाला नृत्य गीत 'चित्तनंदन आगे नाचूँगी' और लता की मीठी आवाज़ में भैरवी के सुरों के साथ 'बच्चे मन के सच्चे' के कारण हमेशा याद किया जाएगा। 'नीलकमल' का संगीत भी बेहद हिट हुआ था और रफ़ी के स्वर में 'बाबुल की दुआएँ लेती जा' शादी-विवाह के अवसर पर स्थायी विदाई गीत ही बन चुका है, पर इस गीत में रफ़ी के द्वारा दर्द की अभिव्यक्ति अतिरंजित और contrived लगती है जो अखर जाती है। इस गीत के लिए मुकेश के स्वर का सहज दर्द अधिक उपयुक्त रहता, पर रवि इस दौर में मुकेश को पूरी तरह भुला बैठे थे। नीलकमल' में ही रवि ने फिर से राग पहाड़ी पर 'आ जा तुझको पुकारे मेरा प्यार' (रफ़ी) जैसा लोकप्रिय गीत, आशा के स्वर में 'हे रोम-रोम में बसने वाले राम' जैसा सुंदर भजन और 'ये ज़िन्दगी जो थी अब तक तेरी पनाहों में' जैसा मधुर सोज-भरा गीत कम्पोज़ किया था। मन्ना डे का लोकप्रिय मस्ती-भरा 'खाली डब्बा खाली बोतल' और साहिर की खूबसूरत शब्दावली के साथ रफ़ी के स्वर में रूमानियत में डूबी 'शरमा के यूँ न देख अदा के मुक़ाम से' की मेलोडी भी 'नीलकमल' की ही देन हैं।

विनोद खन्ना की पहली फ़िल्म 'मन का मीत' (1968) और 'पैसा या प्यार' (1969) का संगीत रवि की खास शायराना तर्ज़ वाली 'अपनी आँखों के झरोखे में बिठा लो मुझको' (आशा, महेंद्र) के बावजूद कुछ खास नहीं जम पाया और 'गौरी' (1968) भी रफ़ी के रेयर जेम्स केसेट में शामिल 'लोग तो मर कर जलते होंगे' (रफ़ी), 'मोर बोले चकोर बोले' (लता) और 'बाजे री मोरी पायलिया' जैसे गीतों के बावजूद व्यावसायिक दृष्टि से पिट गई। एस.डी. नारंग की 'अनमोल मोती' (1969) के गीत भी महेंद्र कपूर के 'ऐ जाने चमन तेरा गोरा बदन जैसे खिलता हुआ गुलाब' के अपवाद को छोड़कर असफल रहे। 'बड़ी दीदी' (1969) के 'सजना मैंने देखा कल एक सपना' (आशा) और 'इश्क की माला हाथ में लेकर' (मन्ना डे), 'डोली' (1969) के 'डोली चढ़ के दुलहन ससुराल चली' (महेंद्र) और 'सजना साथ निभाना' (आशा, रफी) तथा 'समाज को बदल डालो' (1970) के 'अम्मा एक रोटी दे' (लता, उषा) जैसे गाने खूब चले थे, पर गुणवत्ता की दृष्टि से सातवें दशक की अंत की फ़िल्मों में देवेन्द्र गोयल का

'एक फूल दो माली' (1969) ही शीर्ष पर रहेगा। 'सैंया ले गई जिया तेरी पहली नज़र' (आशा) की मेलोडी, 'औलाद वालो फूलो फलो' (आशा, रफ़ी) की संदेशात्मकता, 'ये पर्दा उठा दो ज़रा मुखड़ा दिखा दो' (आशा, रफ़ी) की आकर्षक धुन, 'सजना सजना ओ सजना' (आशा) का रस और इन सबसे बढ़कर 'ओ नन्हे से फरिश्ते तुमसे ये कैसा नाता' (रफ़ी) तथा 'तुम्हें सूरज कहूँ या चंदा' (मन्ना डे) की भावनात्मक तर्ज़ें आज तक हमें आन्दोलित करती हैं। रवि की उपलब्धियों पर उन्हें 1971 में पद्मश्री से भी नवाज़ा गया, पर इस सबके बावजूद सातवें दशक के अंत और आठवें दशक के आरम्भ में लक्ष्मी-प्यारे, आर.डी. बर्मन और कल्याणजी-आनंदजी की लहर के सामने रवि को मिलनेवाली फ़िल्मों की संख्या और महत्त्व दोनों ही कम होने लगे थे। ज़माना किशोर कुमार का था। ज़माना तेजी से पाश्चात्य ऑरकेस्ट्रेशन की तरफ़ भी जा रहा था और रवि को भी इस नए परिवर्तन के साथ कुछ फ़िल्मों में समझौता करना पड़ा। रवि के लिए शायरी हमेशा महत्त्वपूर्ण रही थी। वे हमेशा लिखे हुए गीतों की धुन बनाते थे। पर अब बी.आर. चोपड़ा जैसे कुछ निर्माताओं को छोड़कर फ़िल्मकारों के लिए अच्छी शायरी उतनी महत्त्वपूर्ण नहीं रह गई थी। 'गंगा तेरा पानी अमृत' (1971) में साहिर और 'उम्मीद' (1971) में शकील के गीतों पर धुन बनाने के जरूर अवसर मिले और 'उम्मीद' में 'मुझे इश्क है तुम्हीं से मेरी जाने ज़िन्दगानी' (रफ़ी) और 'मेरा दिल है प्यार का आशियाँ' (रफ़ी) जैसी दो बेहद दिलकश धुनें भी थीं, पर ऐसे मौके कम हो गये थे। 'पड़ोसी' (1971) के गीत साधारण ही रहे, हालाँकि 'वो प्यार हमसे करते हैं' (आशा) की धुन लोकप्रिय रही थी। 'बाबुल की गलियाँ' (1971) में भी 'एक चीज़ माँगते हैं हम तुमसे पहली बार' (किशोर, आशा) जैसे गीतों में रवि लोकप्रियता के नये प्रचलित मापदण्डों के साथ समझौता करते दिखते हैं। 'गंगा तेरा पानी अमृत' (1971) के भी 'इक धरती इक खुले गगन' (रफ़ी, आशा) में शंकर-जयकिशन की नकल साफ झलकती है। देवेन्द्र गोयल की 'धड़कन' (1972) में पाश्चात्य ऑरकेस्ट्रेशन का पुनः लाजवाब प्रयोग करके किशोर से अनूठी धुन में 'मैं तो चला जिधर चले रस्ता' गवाने में रवि खूब सफल रहे थे। वहीं 'नागपंचमी' (1972) में इंदीवर के लिखे गीतों के साथ यदि रवि असफल रहे (फ़िल्म के गीत 'नदिया की धारा' के लिए उन्होंने 'तुझे सूरज कहूँ या चंदा' की धुन उधार ली) और 'सोने के हाथ' (1973) में ज़माने की माँग पर 'ले लो चंपा चमेली गुलाब ले लो' (आशा) जैसे गीत देने के लिए मजबूर हुए तो बी.आर. चोपड़ा की 'धुंध (1973) के साथ एक बार फिर साहिर-रवि ने अपने गौरवशाली दिनों की याद ताज़ा कर दी। 'एक पल की पलक पर है ठहरी हुई ये दुनिया, एक पल के झपकने तक हर खेल सुहाना है' जैसे अद्भुत शब्दों को लेकर आए साहिर के शीर्षक गीत 'संसार की हर शै का बस इतना फ़साना है' (महेंद्र कपूर) की भूपाली आधारित रोमांचक कम्पोज़ीशन एवं 'उलझन सुलझे ना' (आशा) जैसा मधुर गीत देकर रवि ने यह सिद्ध किया कि सही अवसर मिले तो वे आठवें दशक में भी मेलोडी की खो रही छटा को बचा सकते हैं। 'घटना' (1974) की लुभावनी गज़ल 'हजार बातें कहे ज़माना' (लता) और 'मेरे देवता' की पावन मेलोडी–जिसकी दूसरी पंक्ति 'कैसे बने दिल की बात' (कल्याणजी-आनंदजी के 'मजबूर' का गीत) की याद दिलाती है, 'वंदना' (1975) की मिश्र भैरवी में कम्पोज़ 'ओ जग के पालनहारे' (लता, साथी) तथा 'आपकी इनायतें आपके करम' (लता) जैसी अद्भुत मेलोडी, 'मेहमान' (1974) का नर्म सुरों के साथ सृजित 'खुले गगन के नीचे' (मीनू पुरुषोत्तम) और 'अमानत' (1975) में साहिर के लिखे कलावती पर सृजित 'दूर रहकर न करो बात' (रफ़ी) और 'मतलब निकल गया तो पहचानते नहीं' (रफ़ी) को सुनकर रवि की उसी पुरानी मौजूदगी की याद आती है, जिसके सहारे वे शीर्ष पर पहुँचे थे। 'एक महल हो सपनों का' (1975) में किशोर से उनके सदाबहार गीतों में से एक 'देखा है ज़िंदगी में कुछ इतना क़रीब से', रफ़ी, लता के युगल स्वरों में 'एक महल हो सपनों का', लता के मधुर स्वर में 'दिल में किसी के प्यार का जलता हुआ दिया' और रफ़ी से दिलक़श अंदाज़ में 'ज़िंदगी गुज़ारने को साथी एक चाहिए' जैसे गीत गवा कर रवि ने देवेन्द्र गोयल के लिए हिट संगीत देने का क्रम जारी रखा। अपनी पुरानी ही शैली में 'झुका झुका के नज़र यूँ उठाई जाती है' (रफ़ी) वाली 'मेरे सरताज़' (1975) भले ही पिट गई हो, पर उषा खन्ना की तरह रवि की भी यह ख़ासियत रही है कि वे चुके कभी नहीं। जब ऐसा लगता था कि रवि भूले-बिसरे हो गए हों तो वे अचानक हिट संगीत देकर फिर से अपनी याद दिला देते थे। ऐसा ही 'आदमी सड़क का' (1976) के साथ उन्होंने किया और इस फ़िल्म का 'आज मेरे यार की शादी है' (रफ़ी, रवि आदि) तो इतना हिट रहा कि आज भी हिंदुस्तान की हर बारात में यह गीत बैंड द्वारा अनिवार्य रूप से बजाया जाता है। आज भी हर बारात के साथ इस गीत के साथ सभी युवा बंधु मटकते और नाचते हैं भले ही उन्होंने रवि का नाम भी न सुन रखा हो।

वर्षों बाद 'प्रेमिका' (1977) में रवि मुकेश के साथ फिर वापस आए, पर 'जब जब तुझे देखूँ मेरा दिल ये बोले' जैसे एक साधारण गीत के साथ। इस फ़िल्म में रवि ने अपनी आवाज़ में अपनी लिखी एक खूबसूरत ग़ज़ल भी गाई थी 'वस्ले यार का

इंतजार था, न मैं सो सका न वो आ सके' पर यह चली नहीं। फ़िल्म 'प्रेमिका' मुकेश की मृत्यु के बाद रिलीज़ हुई। मुकेश से इस दौर में उन्होंने एक सुंदर गीत 'मेरी दुनिया को बहारों से सजाया तुमने, जाने तुम कौन हो' भी रेकॉर्ड कराया था जो मुकेश की मृत्यु के चार वर्षों बाद फ़िल्म 'साँझ की बेला' (1980) में आया। इस गीत को अलबत्ता एच.एम.व्ही. ने मुकेश के 'रेयर जेम्स' कैसेट्स में शामिल किया है। आठवें दशक में रवि का सुंदर संगीत हमें कल्पनालोक की फ़िल्म 'चिंगारी' में भी मिलता है। यह फ़िल्म तो रिलीज़ नहीं हुई, पर साहिर के लिखे गीतों में रवि ने जैसे फिर से अपनी परिचित भूमि पा ली थी। आशा और महेंद्र के स्वरों में 'मैं कौन हूँ मैं क्या हूँ इतना तो कभी पूछो' और 'हर वक्त तेरे हुस्न का होता है समाँ और' में रूमानियत की वही शायराना छाया लेकर रवि ने बड़ी सुंदर धुनें बनाईं, और मन्ना डे से 'तेरी काम कहानी तेरी आत्मा भी जाने' को भी छू जाने वाले अंदाज़ में गवाया था। 'बेर नी वलुसात' के संगीत के लिए 1979 में रवि को गुजरात सरकार ने भी पुरस्कृत किया।

सलमा आग़ा

नवें दशक में भी रवि ने अपनी पहचान बनाए रखी, शायद पुराने दौर के (कुछ हद तक कल्याणजी-आनंदजी को छोड़कर) अकेले संगीतकार के रूप में। 'जोगी' (1982) के 'जोगी ओ जोगी' (आशा), पियानो पर अपनी पुरानी मेलोडी की याद दिलाता 'एक भूली याद ने फिर दिल मेरा तड़पा दिया' (आशा) और 'अब मुझे चाँद- सितारों की ज़रूरत न रहीं (रफ़ी, आशा) जैसे सुंदर गीत यदि उपेक्षित हुए तो दूसरी तरफ़ उनके प्रति अपनी वफ़ादारी प्रदर्शित करते हुए बी.आर. चोपड़ा ने पुनः अपनी फ़िल्म 'निकाह' (1982) में रवि के साथ अत्यन्त मक़बूल संगीत प्रस्तुत किया। पाकिस्तानी अभिनेत्री और गायिका सलमा आगा के अलग से स्वर में 'दिल के अरमां आँसुओं में बह गए' सुपरहिट हुआ। पुराने मुस्लिम सोशल्स के दौर की याद दिलाता 'निकाह' का संगीत 'दिल की ये आरज़ू थी कोई दिलरुबा मिले' (महेंन्द्र, सलमा आगा) और 'बीते हुए लम्हों की कसक' (महेंद्र) के साथ शायर हसन कमाल और रवि की नई जोड़ी को सामने लाया। फ़िल्म में गुलाम अली की मशहूर हसरत मोहानी लिखित गज़ल 'चुपके-चुपके रात दिन आँसू बहाना याद है' भी अपने मूल रूप में शामिल थी, पर सम्भवतः सबसे सुंदर रचना तो रवि की ही स्वरबद्ध और गुंजित प्रभाव से रोमांचित करती 'फ़िज़ाँ भी है, जवां जवां' (सलमा आगा) को ही माना जाना चाहिए। वैसे रवि सलमा आगा के पक्ष में नहीं थे क्योंकि 'दिल के अरमां' की उनकी बनाई अलग-अलग 18 धुनों के साथ भी सलमा न्याय नहीं कर पा रही थीं और रवि आशा भोंसले को लाने की सोचने लगे थे। सलमा आगा को पता चला तो वे भागी-भागी बी.आर. चोपड़ा के पास गईं और बी.आर. चोपड़ा की सिफ़ारिश पर ही सलमा की गायकी बची। 'दिल की ये आरज़ू थी' में भी सलमा आग़ा ऊँची पट्टी पर नहीं गा पाईं, लेकिन उनकी अलग-सी पाकिस्तानी शैली की गायकी का अपना आकर्षण तो था ही।

'हम दो हमारे दो' (1984) और 'मुझे शक्ति दो' (1984) जैसी फ़िल्मों में रवि का संगीत कुछ विशेष नहीं कर पाया। बी. आर. फ़िल्म्स की 'आज की आवाज़' (1984) के रवि की चिरपरिचित शैली में 'दिल ही दिल में ले लिया दिल मेहरबानी आपकी' (महेंद्र कपूर) और 'मेरा छोटा सा घर' (महेंद्र कपूर) अलबत्ता लोकप्रिय और कर्णप्रिय थे। 'ये प्रीत न होगी कम' (1985) का मेलोडी प्रधान 'तुम हमें चाहो या न चाहो' अवश्य लोकप्रिय रहा था, पर अन्य गीतों ने कोई खास प्रभाव पैदा नहीं किया। लोकप्रियता के लिहाज़ से रवि की संगीतबद्ध 'तवायफ़' (1985) ने एक बार फिर रवि की मौजूदगी का दिलकश अहसास कराया। 'हुज़ूर आते आते बहुत देर कर दी' (आशा) मुज़रा गीत की एक बेहतरीन प्रस्तुति थी और बेहद मक़बूल हुई। महेंद्र कपूर के स्वर में 'तेरे प्यार की तमन्ना' सातवें दशक के रवि की बरबस याद दिला देता है। बी.आर. फ़िल्म्स की ही 'दहलीज़' (1986) में फिर हसन कमाल लिखित 'बेवफ़ा जा तेरा वादा देखा' (महेंद्र), 'तुम आए तो हम को आज वो फिर भूला हुआ किस्सा याद आया' (महेंद्र, आशा) जैसे शायराना गीत धूम धड़ाके के इस दौर में स्नेहिल खुशबू की तरह आए। पुरानी रिद्म वाले 'जानेजां कह के बुलाया' (आशा, सुरेश वाडकर) की फ़िल्म 'घर का सुख' (1987) और 'मनु द ग्रेट' (1987) का संगीत कुल मिलाकर कमज़ोर ही था।

'मेरा सुहाग' उर्फ़ 'तन्हा तन्हा' (1987) में पाश्चात्य बीट्स पर 'जा तू बड़ा अनाड़ी' (आशा, पंकज धीर), दर्द भरी तर्ज़ लिए 'किस्मत वालों को मिलता है प्यार के बदले प्यार' (आशा), 'बहारों का ये मौसम सुहाना' (किशोर) कई लोकप्रिय गीतों को

लेकर बना 'पैरोडी गीत' (आशा, पंकज धीर), 'मेरा दिल ते ते ते तेरा' (आशा, किशोर) जैसे गीत बेहद साधारण थे और रवि की प्रतिष्ठा के बिलकुल अनुरूप नहीं थे। पर 'अवाम' (1987) में आशा भोंसले के स्वर में शास्त्रीय संगीत आधारित 'कैसे मुरली बजाए घनश्याम' एक उत्कृष्ट रचना थी और इसने सुर सिंगार संसद का पुरस्कार भी जीता। एक बार फिर बी.आर. चोपड़ा, हसन कमाल और रवि की तिकड़ी साथ थी। महेंद्र, आशा के स्वर में रवि की परिचित शैली के 'ये रात ये बरसात ये तन्हाई का आलम' और 'तेरी आँखों में ढूँढ़ ली मैंने प्यार की दुनिया' जैसे गीत भी इसी फ़िल्म में थे। रवि ने बी.बी.सी. के लिए एक धारावाहिक में भी संगीत दिया था जहाँ गालिब की गज़लों को उन्होंने लावणी, हीर, भरतनाट्यम, गरबा आदि की शैली में भिन्न-भिन्न तरीकों से कम्पोज़ किया था।

पर सुर सिंगार संसद पुरस्कार मिलना अलग बात है और व्यावसायिक रूप से सक्षम बने रहना अलग। बी.आर. चोपड़ा भी अब थकने लगे थे, और रवि के हिस्से में 'औलाद की ख़ातिर' (1989), 'वैशाली' (1989), 'औरत और परिंदा' (1991) जैसी फ़िल्में ही आ रही थीं। 'वो सुबह कभी तो आएगी' (1991) के 'कुछ भी नहीं कुबूल तुम्हारी वफ़ा के बाद' (आशा, महेंद्र), 'खिलते हुए चेहरों की इनायत है ज़िंदगी' (आशा) और 'दिल का दिया जला लिया तेरी खुशी के वास्ते' (आशा) जैसे गीतों की वफ़ा मेहठी और सागर निज़ामी की खूबसूरत शायरी भी अनसुनी रह गई। 'ख़ामोश निगाहें' (1983) की अच्छी haunting धुन 'अब तक न आए साँवरिया' (लता) किसी के ध्यान में भी नहीं आई। हिंदी में उपेक्षा ने उन्हें मलयालम फ़िल्मों की ओर मोड़ा और उन्हें 'सरगम' के लिए फ़िल्मफ़ेयर तथा 'नकक्षथंगल' फ़िल्म के संगीत के लिए राष्ट्रीय पुरस्कार तक मिल गया। सदी के अंतिम दशक में भी 'परिणयम' और 'सुखरूथम' के उनके गीतों को पुरस्कार मिलना यह सिद्ध करता है कि रवि की प्रतिभा कायम थी, बस हिंदी फ़िल्म नगरी के पास उन्हें देने को मौके नहीं थे।

संदर्भ

1. माधुरी, अंक 296
2. सुधीर दामले : 'मेरे गीत तुम्हारे हैं', माधुरी, 6 मई, 1966
3. हरमिंदर सिंह हमराज : हिंदी फ़िल्म गीतकोश, 1951-60 (परिवर्तित संस्करण)

सन्मुख बाबू उपाध्याय

'जिस दिन से मिले तुम-हम'

सन्मुख बाबू उपाध्याय

छठे दशक के फ़िल्म-संगीत के साथ अन्याय होगा यदि हम सन्मुख बाबू उपाध्याय का उल्लेख नहीं करेंगे। कुछ फ़िल्मों में अविनाश व्यास के सहायक सन्मुख बाबू ने इस दशक की कई ऐतिहासिक और सामाजिक फ़िल्मों में संगीत दिया था। 1920 में जन्मे और मूलतः सूरत के रहनेवाले सन्मुख बाबू ने संगीत शिक्षा रामकृष्ण महाराज और दिनकर राव अमेमबेल से पाई थी। एक बहुत अच्छे वॉयलिनवादक के रूप में भी वे शास्त्रीय संगीत जगत में जाने जाते थे। कुछ दिनों तक रेडियो में काम करने के बाद वे संगीतकार अविनाश व्यास के सहायक बने और उनकी कई फ़िल्मों में पार्श्वसंगीत दिया।

हिमालय फ़िल्म्स, बम्बई की 'ललकार' (1956) में पंडित मधुर, भरत व्यास और प्रदीप के लिखे सुंदर गीतों को उन्होंने स्वरबद्ध किया। सन्मुख बाबू के संगीत में राजस्थानी और गुजराती लोकसंगीत और नृत्यकला की छटा अक्सर मिलती है। 'ललकार' के बेहद लोकप्रिय हुए लता, मुकेश के दो गाने 'जिस दिन से मिले तुम हम, नया दिन लागे नई रात लागे', शमशाद के 'चुनरी रँगी रँगरेज़ ने' और प्रसिद्ध बंगाली गायिका जूथिका राय के 'मेरे प्रीतम हैं घनश्याम रे' में धुन और वाद्य-संयोजन दोनों ही पक्षों में लोकरंग का यह रूप प्रत्यक्ष था। 'अमर सिंह राठौर' (1957) के आख्यान गीत 'जय-जय राजस्थान' (मन्ना डे, साथी), 'चिठिया री ओ पतिया री' (आशा), 'चोरी-चोरी चोरी, मत देखो भंवरजी' (मन्ना डे, सुधा, साथी) और इन सबसे बढ़कर माधुर्य से धुले 'जान न पहचान घर आए मेहमान मेरे' (आशा) की मेलोडी का आधार भी मिट्टी से जुड़ा लोकरंग ही था। 'सती परीक्षा' (1957) में सन्मुख बाबू ने सरस्वती कुमार दीपक के लिखे कई गीत आशा भोंसले से गवाए थे जिन्हें बाँसुरी के सुन्दर छोटे टुकड़ों से सुशोभित किया गया था। 'आया है मौसम सुहाना' (आशा) का उल्लास अच्छा उभरा था। 'नाग पद्मिनी' (1957) में बीन की तान के साथ संगीत में ढाला गया 'सपेरा बीन बजाय गयो रे' (गीता, कृष्ण गोयल) और एच.एम.व्ही. द्वारा रिलीज गीता, तलत के 'डुएट्स टु रिमेम्बर' कैसेट में शामिल बेहद मधुर गीत 'सारे जग से नैन चुराकर हो गई साजन तोरी' जैसे गीत हों या 'राज प्रतिज्ञा' (1958) का मगध और मालवा के यश को रेखांकित करता लम्बा कथात्मक गीत 'राधा प्यारी, प्यारी' (लता, पुरुष स्वर, साथी) जैसा पारम्परिक होली गीत हो या तेज कहरवा में 'दो अँखियाँ दो अँखियाँ से लड़ गईं' (लता) और 'सपनों के गाँव में' जैसा बेहद खूबसूरत आधुनिकता की छाप लिए गीत हो, सन्मुख बाबू के संगीत में हमेशा ही लोकजीवन का शृंगार-स्पंदित होता रहता है। 'अमर प्रेम' (1960) के गीतों और सातवें दशक की ऐतिहासिक फ़िल्म 'हमीर हठ' (1964) के 'जा जा बेदर्दी, जा झूठी रे तोरी पिरतिया' (सुमन) में यह पक्ष पुनः प्रकट हुआ, पर इस फ़िल्म में सन्मुख बाबू ने अपनी परिचित शैली से थोड़ा हटकर मन्ना डे से शास्त्रीय रंग लिए राग जोगकौंरू पर आधारित 'बाजे रे पायल बाजे, सुंदर सपने नैन बिराजे' और मुबारक बेगम से आधुनिक शैली का ऑरकेस्ट्रेशन लिए गीत 'निगाहों से दिल में चले आइएगा' (मुबारक बेगम) भी गवाई थी। मुबारक बेगम का यह गीत तो बेहद मशहूर हुआ था और मुबारक के सर्वश्रेष्ठ हिट गीतों में शामिल है। इसके बाद सन्मुख बाबू हिन्दी फ़िल्म-संगीत से विलुप्त ही रहे और 24 फरवरी, 1984 को बंबई में उनका निधन हो गया।

दिलीप ढोलकिया

'मिले नैन गया चैन पिया आन मिलो रे'

गुजराती के एक प्रमुख संगीतकार रहे दिलीप ढोलकिया हालाँकि हिंदी फ़िल्मों में अधिकांश समय चित्रगुप्त, एस.एन. त्रिपाठी और फिर लक्ष्मी-प्यारे के सहायक के रूप में ही कार्यरत रहे, पर स्वतंत्र रूप से संगीतबद्ध उनकी कुछ फ़िल्में ही उन्हें एक बेहद प्रतिभावान कम्पोज़र के रूप में स्थापित करने के पर्याप्त हैं। जूनागढ़ के एक नागर परिवार में 1921 में जन्मे दिलीप ढोलकिया बचपन से ही बाँसुरी और तबले में सिद्धहस्त थे। ढोलकिया ने पांडुरंग अम्बेडकर और पं. शिवकुमार शुक्ल से शास्त्रीय संगीत सीखा था। उन्होंने संस्कृत और गुजराती साहित्य में बी.ए. किया और 1942 से 1944 तक गुजरात सरकार की नौकरी भी की, पर संगीत के प्रति अनुराग ने नौकरी छुड़ा दी और फ़िल्म नगरी की ओर उन्मुख किया। संघर्ष के दिनों में उन्होंने मात्र पाँच रुपए के लिए रेडियो में भी गाया। एच.एम.व्ही. में कार्यरत स्नेहल भाटकर की मदद से दिलीप ढोलकिया के दो गीतों–'मीन फाहीने पीपलो उग्यो' और 'आधा तेल और पानी' का रेकॉर्ड भी निकला। यह तथ्य रोचक है कि 'जुगनू' का गीत 'यहाँ बदला वफा का' पहले दिलीप ही गानेवाले थे पर रफ़ी के पंजाब से बम्बई आ जाने के कारण फ़िरोज निजामी ने यह गीत रफ़ी को दे दिया। 'भँवरा' फ़िल्म के. सहगल के गीत 'ठुकरा रही है दुनिया' में कोरस में दिलीप ढोलकिया की भी आवाज़ है।[1] उन्हें शांति कुमार देसाई और रतनलाल के संगीत-निर्देशन में 'किस्मतवाला' (1944) में गाने का अवसर भी मिला और 'साक्षी गोपाल', 'नया रास्ता', 'महासती सावित्री' जैसी फ़िल्मों में बाद में भी चित्रगुप्त उनसे यदाकदा गवाते रहे, पर प्रमुखतः वे 1951 से सहायक संगीतकार के रूप में ही जमे।

दिलीप ढोलकिया

सहायक संगीतकार से हटकर पूर्ण संगीतकार के रूप में प्रथम अवसर 'बगदाद की रातें' के लिए 1956 में मिला, पर फ़िल्म छः वर्ष बाद 1962 में जाकर रिलीज़ हुई। इस बीच एन.टी. रामाराव अभिनीत 'भक्ति-महिमा' (1960) में उन्होंने 16 गाने स्वरबद्ध किए और लता, उषा मंगेशकर, मन्ना डे, सुमन तथा एस. जानकी से गीत गवाए। हरिहरन फिल्म्स, मद्रास की जेमिनी गणेशन और अंजलि देवी अभिनीत 'सौगंध' (1961) का उनका संगीत बड़ा प्यारा था। लता का 'फूल भरूँ मैं बालों में' कुछ दक्षिण भारतीय शैली में बड़े ही शोख, चंचल अंदाज़ से गाया गया है, जबकि लता और तलत के 'चली हवाएँ मतवारी', लोकसंगीत की छाप लिए 'खनके कंगना' (लता, रफ़ी) और 'आ जा रे चाँद मेरे आ जा रे', (लता, तलत) की धुनें भी मधुर रूमानियत के साथ रची गई हैं। 'तीन उस्ताद' (1961) के 'सुन रसिया मोरे मन बसिया' (लता) और 'खोए खोए हम खोए खोए तुम' (सुमन, तलत) का माधुर्य भी दिलीप ढोलकिया की प्रतिभा का परिणाम है। पर दिलीप ढोलकिया की सबसे उल्लेखनीय फिल्म थी अशोक कुमार और जयश्री गडकर अभिनीत 'प्राइवेट सेक्रेटरी' (1962) जिसके 'मिले नैन गया चैन पिया आन मिलो रे' (लता) की लहराती मेलोडी आज भी झूमने पर विवश कर देती है। शुद्ध सारंग में कम्पोज़ किए गए 'ओ साँवरे आ जा प्यार लिए' (लता) और बागेश्वरी में स्वरबद्ध तथा मन्ना डे के रेयर जेम्स कैसेट्स में शामिल 'जा रे बेईमान तुझे जान लिया' और 'पी के दरस को तरसे अँखियाँ' (लता) फ़िल्म की अन्य उल्लेखनीय रचनाएँ थीं। 'बगदाद की रात' (1962) के लम्बे अंतराल के बाद रिलीज़ होने से

लता के गाए 'तेरी आँखों के इशारे', 'देखो जी देखो कैसी हार हो गई' और 'दुनिया तेरी न दुनिया मेरी' जैसे गीत सामने तो आए पर यहाँ सफलता हाथ नहीं लग पाई।

हिंदी फ़िल्मों में बतौर संगीतकार अधिक सफल न रहने के कारण वे उसके बाद सहायक संगीतकार ही रह पाए। 1972 से वे लक्ष्मी-प्यारे के सहायक बने और कहते हैं कि 'अच्छा तो हम चलते हैं' गीत की आरम्भिक धुन उन्होंने ही सुझाई थी। अपनी भाषा गुजराती की फ़िल्मों और गैरफ़िल्मी गीतों के वे काफी सफल संगीतकार और गायक के रूप में जाने जाते हैं। उनके स्वर में 'तारी आँखनो अफ़ीनी' नामक भक्तिगीत जबर्दस्त हिट रहा था और आज तक बड़े चाव से सुना जाता है। 'सत्यवान सावित्री', 'कंकु', 'भगवान स्वामी नारायण', 'दिवादंडी' जैसी कई गुजराती फिल्मों में दिलीप ढोलकिया का संगीत बहुत लोकप्रिय रहा। 'डाकू रानी गंगा' (1976) में मुकेश और अनुराधा से 'चाँदनी राते ओ हँसी' जैसा सुंदर गीत उन्होंने गवाया था।

अपने बाद के वर्षों में दिलीप ढोलकिया अध्यात्म और भक्ति की ओर मुड़ गए। स्वामी नारायण सम्प्रदाय के लिए उन्होंने कई संगीत रचनाएँ भी कीं। श्री प्रमुखस्वामी महाराज के साथ वे काफी अरसे से जुड़े हैं, और आजकल अहमदाबाद में रहते हैं। उनके पुत्र रजत ढोलकिया 'होली', 'मिर्च मसाला', 'धारावी' जैसी फिल्मों के संगीतकार रहे हैं, और दो बार राष्ट्रीय पुरस्कार भी जीत चुके हैं।

संदर्भ

1. उर्विश कोठारी : लिस्नर्स बुलेटिन, मार्च, 1998

रामलाल

'पंख होती तो उड़ आती रे'

रामलाल

प्रसिद्ध संगीतज्ञ रामलाल अपनी बाँसुरी और शहनाई के कारण फ़िल्मी संगीतकार बनने के पहले भी प्रसिद्ध रहे हैं। 'झाँसी की रानी', 'मुगले आज़म', 'नवरंग' जैसी कई फ़िल्मों में बजानेवाले रामलाल ने ही 'रानी रूपमती' के प्रसिद्ध गीत 'आ लौट के आजा मेरे मीत' में शहनाईवादन किया था। बनारस में अपने बड़े भाई से शहनाई सीखने वाले रामलाल 1944 में बम्बई में आकर पहले पृथ्वी थियेटर्स में संगीतकार राम गाँगुली के सहायक रहे थे तथा 'आग' के कई गीतों में रामलाल की बजाई बाँसुरी ही गूँजी थी। 'ज़िन्दा हूँ इस तरह' में उन्होंने पहली बार फ़िल्मों में बाँसुरी बजाई थी। व्ही. शांताराम ने उनसे प्रभावित होकर उन्हें रुपये 200/- महीने का पारिश्रमिक देना स्वीकारा तो राम गाँगुली ने पृथ्वी थियेटर्स छोड़ दिया और व्ही. शांताराम के साथ आ गये तथा उनकी सभी फ़िल्मों में बाँसुरी और शहनाई वादन किया। शिवराम, वसंत देसाई, नौशाद, सी. रामचंद्र, आर.सी. बोराल, गुलाम मोहम्मद जैसे कितने ही संगीतकारों के साथ उन्होंने वादन किया। 'गूँज उठी शहनाई' में बिस्मिल्ला खाँ के साथ रामलाल की भी शहनाई थी, बल्कि पूरी फ़िल्म में बिस्मिल्ला खाँ से कहीं अधिक उनकी शहनाई बजी थी। पर इसका उचित श्रेय निर्माता विजय भट्ट ने उन्हें नहीं दिया तथा इस कारण नाराज़ रामलाल ने अपने एक साक्षात्कार में बताया कि उन्होंने इस फ़िल्म को देखा ही नहीं।

फ़िल्मों में संगीत देने का सिलसिला उन्होंने संतोषी की राज कपूर, वैजयंतीमाला अभिनीत 'ताँगावाला' (1950) से शुरू किया पर यह फ़िल्म ही रिलीज़ न हुई। संगीत-समीक्षक योगेश यादव के अनुसार एक कान में हीरा और दूसरे में पन्ना पहनने के कारण रामलाल अपने नाम के साथ-साथ 'हीरा-पन्ना' भी लगाते थे। 'नकाबपोश' (1956) और शकीला और महीपाल अभिनीत 'हुस्नबानो' (1956) के साथ संगीतकार के रूप में उनका नाम आया। दरअसल अप्रदर्शित 'ताँगावाला' के गीतों को ही रामलाल ने 'हुस्नबानो' में फिर से इस्तेमाल किया था तथा लता के गाए 'प्यार करने का आया बहाना' को अच्छी लोकप्रियता मिली थी। यह फ़िल्म कानपुर में 28 हफ़्ते चली थी। पर सुधा मल्होत्रा के 'हम तुम्हारे हैं तलबगार तुम्हें क्या मालूम', आशा के 'या नबी सलाम अलैका' या 'मुझसे नज़रें मिलाना सम्भाल के' जैसे गीत भी कुछ खास असर करने में असफल रहे। इसी प्रकार धूमी खान के साथ संगीतबद्ध 'नकाबपोश' (1956) के अरबी ऑरकेस्ट्रेशन वाले 'ओ रे दिलवाले' (आशा) और हसरत जयपुरी लिखित 'ऐ रात तेरे साथी हैं चाँद और तारे' (आशा) को कोई खास सफलता नहीं मिली। रामलाल हीरापन्ना की संगीतबद्ध बाबूभाई मिस्त्री निर्देशित 'नागलोक' (1957) के 'जो सबको नचाए' (लता, साथी), 'ये अबला करे पुकार' (लता), 'चंद्रनाथ नाथ भोले' (आशा, रफ़ी, साथी), 'चाहे विधाता बैर निकाले' (आशा), 'घर आग सती के लागी' (आशा) जैसे नैतिक धार्मिक गीतों के भाव के अनुरूप संगीत को थोड़ी-बहुत तात्कालिक लोकप्रियता ही मिल पाई। बाबू भाई मिस्त्री की ही 'माया मछेंद्र' (1960) में पुनः रामलाल हीरापन्ना को संगीतकार लिया गया था। इस फ़िल्म में मजे की बात यह है कि लक्ष्मीकांत-प्यारेलाल उनके सहायक थे। फ़िल्म में महेंद्र कपूर के गाए 'यह वह धरती है कि जहाँ भगवान मिले' में चारों धामों का वर्णन मिलता है, पर सुंदर मेलोडीप्रधान गीतों में लता के गाए lilting धुनवाले 'आया रे आया रे मेरे मन का चाँद', 'जब से नैना ये लड़े हैं', 'रुन झुन झुन पायल झनके' (रफ़ी के साथ), 'जादूनगरी से नहीं जाना हो रसिया' (उषा मंगेशकर

के साथ) का ज़िक्र करना पड़ेगा–भले ही ये गीत विशेष लोकप्रिय न हुए हों। 'जब से नैना ये लड़े' की रेकॉर्डिंग का एक बड़ा रोचक वाक़या है। दरअसल लता उस दिन बहुत व्यस्त थीं और उन्हें 15 मिनट में पंडित रविशंकर की रेकॉर्डिंग पर जाना था। यह रामलाल का कमाल था कि उन्होंने 15 मिनट में ही एक ही टेक में इस गीत को रेकॉर्ड भी करा लिया। अपने एक साक्षात्कार में रामलाल ने बताया था कि उनके अधिकांश गाने एक ही टेक में रेकॉर्ड होते थे। श्री मीनाक्षी पिक्चर्स, मद्रास की 'राजमहल' (1961) में पुनः रामलाल-हीरापन्ना को मौका मिला पर एम.बी. रामचन्द्रन और अंजलि देवी अभिनीत इस फ़िल्म के संगीत की भी विशेष चर्चा नहीं हुई।

रामलाल की यादगार फ़िल्में रहीं व्ही. शांताराम की 'सेहरा' (1963) और 'गीत गाया पत्थरों ने' (1964)। यह रामलाल की अंदरूनी संगीत-प्रतिभा का ही कमाल था कि उपरोक्त असफलताओं के बावजूद व्ही. शांताराम ने अपनी फ़िल्म के लिए उन्हें चुना। 'सेहरा' के लिए संगीतकार बनाने से पहले व्ही. शांताराम ने एक महीने तक लगातार रामलाल की बनाई धुनें सुनीं और तत्पश्चात ही उनका चयन किया। 'सेहरा' के सभी गीतों के शब्द धुनों के ऊपर बाद में लिखे गये हैं। 'सेहरा' (1963) के 'पंख होती तो उड़ जाती रे' (लता) के कारण तो रामलाल अमर ही हो गये हैं। राग भूपाली के ऊँचे सुरों पर अभूतपूर्व गूँजते अमर से गवाए इस गीत को संगीतप्रेमी लता के सर्वश्रेष्ठ गीतों में तो गिनते ही हैं। गीत का प्रारम्भ ही आलाप के अद्भुत नियंत्रण से होता है, और पूरे गीत में समय-समय पर आलाप और इंटरल्यूड्स में जलतरंग का बेहतरीन उपयोग रामलाल ने किया था। फ़िल्म में एक से एक सरस गीत रामलाल ने दिए थे। यदि एक ओर भूपाली के बेजोड़ आलाप रूप सुर थे, तो दूसरी ओर राग देस में सुरों का उतार-चढ़ाव और हवाइयन गिटार के साथ 'तकदीर का फ़साना जाकर किसे सुनाएँ' (लता, रफ़ी) बड़ी शिद्दत से मन-मस्तिष्क में फैलता जाता है। वहीं तीसरी ओर मारू विहाग में बड़ी नाजुक-सी रूमानियत के साथ 'तुम तो प्यार हो सजना' (लता, रफ़ी) अभिभूत करनेवाले हुनर से कम्पोज़ की गई रचना बनकर सदाबहार ही हो गई है। यदि एक तरफ हेमंत कुमार के गुरुगम्भीर स्वर में 'ना घर तेरा न घर मेरा' की पँक्तियाँ गहराती चलती हैं, तो दूसरी ओर 'हम हैं नशे में' (आशा, साथी) के साथ आशा का ख़ुमार मदहोश करता जाता है और तीसरी तरफ़ शोखी भरे सुरों के साथ 'जा जा जा रे तुझे हम जान गए' में लता और रफ़ी के साथ हम सभी झूम उठते हैं। वाकई 'सेहरा' तो इस दशक की बेहतरीन संगीतमय उपलब्धि थी।

'सेहरा' की सफलता से प्रभावित होकर 'गीत गाया पत्थरों ने' (1964) में शांताराम पुनः रामलाल को लेकर आए और एक बार फिर रामलाल ने अपने ज्ञानी संगीतज्ञ होने का सिक्का जमा दिया। फ़िल्म के शीर्षक गीत को राग दुर्गा में कम्पोज़ कर उन्होंने प्रसिद्ध शास्त्रीय गायिका किशोरी आमोनकर से गवाया। इसी गीत को आशा, महेंद्र के स्वरों में भी दुर्गा के सुरों के साथ कम्पोज़ किया गया। गीत के दोनों ही versions खूब लोकप्रिय रहे। गूँजते सुरों का प्रभाव पैदा करते 'तेरे ख़्यालों में हम' (आशा) के मेघ मल्हार के दवजमे भी रामलाल ने बड़ी कुशलता से सँवारे थे। इस गीत के अंतरे में भैरव का स्पर्श डालकर रामलाल ने इसे एक बड़ी सुंदर रचना बना दी है। फ़िल्म की एक विशिष्ट उपलब्धि थी सी.एच. आत्मा से गवाए गये दो गीत–'मंडवे तले गरीब के' और 'एक पल को मिला है'। ख़माज पर आधारित 'रात नौजवां झूमता समाँ' (आशा), 'जाने वाले ओ मेरे प्यार' (आशा) और लम्बा गीत 'आइए पधारिए' (आशा, महेंद्र, साथी) जैसे अन्य कर्णप्रिय गीतों के साथ 'गीत गाया पत्थरों ने' का संगीत सराहा भी खूब गया और लोकप्रिय भी रहा। पर यह भी विडम्बना है कि इसके बावजूद किसी अन्य निर्माता ने रामलाल को संगीतकार के रूप में फिर मौका नहीं दिया। उन्होंने 'त्यागी' नाम की एक फ़िल्म का निर्माण भी शुरू किया था, पर यह निर्माण भी अधूरा रह गया और उन्हें काफ़ी घाटा उठाना पड़ा। कन्नड़ में रामलाल 'सेहरा' के नाम से 'बलुआ प्रपन्न मजोड़ी', 'दाहा' और 'डोमरा कृष्णा' में भी रामलाल ने संगीत दिया था तथा एस. जानकी, येसुदास और एस.पी. बालसुब्रमण्यम से गीत गवाए थे।

जितेन्द्र-राजश्री
'गीत गाया पत्थरों ने' में

फ़िल्मों से सेवानिवृत्ति के बाद रामलाल का अधिकांश वक्त पूजा पाठ में ही गुजरा। महाराष्ट्र सरकार से सात सौ रुपये मासिक उन्हें पेंशन भी मिला करती है, पर कुल मिलाकर एक ज़माने में कोलाबा जैसे धनाढ्य इलाक़े में रहनेवाले रामलाल को आर्थिक विपन्नता के कारण खेतवाड़ी, ग्राण्ट रोड की एक खोली में गुज़ारा करना पड़ रहा है।

दत्ताराम

'आँसू भरी हैं ये जीवन की राहें'

दत्ताराम ने फ़िल्म-संगीत की दुनिया में अपना सर्वाधिक योगदान शंकर-जयकिशन के सहायक के रूप में दिया। स्वतंत्र रूप से कुछ फ़िल्में मिलने के बाद भी सहायक के रूप में वे कार्य करते ही रहे। दत्ताराम बड़े गरीब घर से थे, और अपनी माँ के उत्साहवर्धन के कारण ही बचपन में उन्होंने तबला बजाना सीखा था। चालीस के दशक में बम्बई आने के बाद उन्होंने कुछ दिनों तक docks

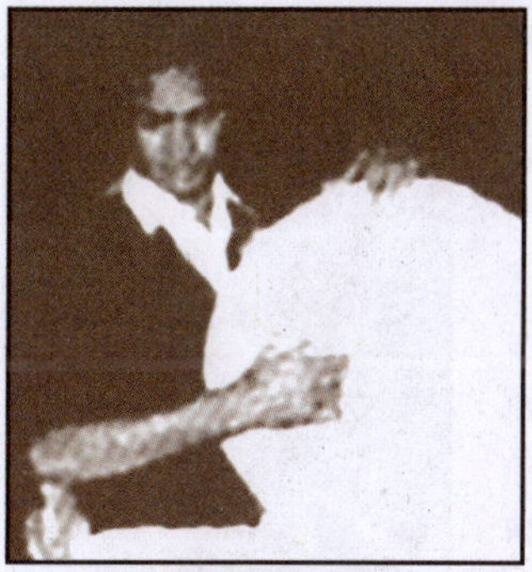

डफ बजाते हुए दत्ताराम

पर मजदूर के रूप में भी काम किया। संगीतकार शंकर से उनकी मुलाकात एक gym में हुई और इसके फलस्वरूप उन्होंने तबले में शंकर की शागिर्दी भी की और उसी माध्यम से पृथ्वी थियेटर्स में भी गए। 'नगीना' में पहली बार उन्होंने शंकर-जयकिशन के सहायक के रूप में काम किया। डफ़ बजाने में दत्तराम बहुत कुशल थे और 'मेरा नाम राजू घराना अनाम' में उनका बजाया डफ़ तो जादू ही बिखेरता है। इसी प्रकार 'बेगुनाह' फ़िल्म के 'गोरी गोरी गोरी मैं परियों की छोरी' में उनका बजाया ढोलक लाजवाब ही था। शंकर-जयकिशन की संगीत की शैली का असर उनके स्वतंत्र रूप में सँवारे गीतों में भी मिलता है, यह आश्चर्य की बात नहीं है। पर शंकर-जयकिशन की शैली का असर अपनी जगह रहा हो, इस तथ्य से फिर भी कोई इनकार नहीं कर सकता कि जिन गिनी-चुनी फ़िल्मों में दत्ताराम संगीत-निर्देशक रहे, उनके कई गीत शंकर-जयकिशन के गीतों से कम मधुर नहीं थे। दत्ताराम अपनी जिस ख़ासियत के कारण फ़िल्म-संगीत में हमेशा याद किए जाएँगे, वह थी एक विशेष 'बीट' का प्रयोग जिसे बाद में 'दत्ताराम-बीट' ही कहा जाने लगा। यह मूलतः एक पारम्परिक बीट का ही परिष्कृत रूप था ('माता के यश' के गीतों में इसका मूल कहीं न कहीं झलक जाता है)[1]। इस रवानगी-भरे बीट पर 'मस्ती भरा है समाँ, हम तुम हैं दोनों यहाँ', 'प्यार भरी ये घटाएँ', 'बोले ये दिल का इशारा', 'मिल गए दुनिया में जीने के सहारे' जैसे कई दिलकश युगल गीत दत्ताराम ने सृजित किए और लगभग सभी में पुरुष स्वर के लिए मन्ना डे को चुना। यदि शंकर-जयकिशन ने 'चोरी-चोरी' से मन्ना डे के स्वर की छिपी रूमानी बारीकी को उभारा था, तो दत्ताराम ने अपने तेज रिदम के साथ उतार-चढ़ाववाले सुरों के द्वारा इस रूमानी बहाव और स्पंदन के सभी पहलुओं को उत्कर्ष पर पहुँचा दिया। इस दृष्टि से भी मन्ना डे की गायकी के नए पहलुओं को प्रकट करने में दत्ताराम के संगीत का हमेशा योगदान रहेगा।

दत्ताराम के संगीत में मन्ना डे की अलग ही छवि बनी

स्वतंत्र संगीतकार के रूप में दत्ताराम को पहला अवसर राज कपूर की 'अब दिल्ली दूर नहीं' (1957) में मिला। फ़िल्म में कुल आठ गीत थे। फ़िल्म तो पिट गई पर कुछ गीत काफ़ी लोकप्रिय हुए और उनमें से एक 'छुन छुन करती आई चिड़िया' (रफ़ी) तो आज भी बच्चों के लिए बने सर्वश्रेष्ठ फ़िल्मी गीतों में गिना जाता है। राग यमन पर आधारित मधुर गीत 'ये चमन हमारा अपना है' (आशा, कोरस) तथा 'मालिक तेरे जहाँ में कोई नहीं हमारा' (सुधा

मल्होत्रा) भी सुंदर कृतियाँ थीं। पर कुल मिलाकर 'अब दिल्ली दूर नहीं' के संगीत ने आर. के. फ़िल्म्स के अन्य फ़िल्मों के संगीत की तरह कोई झंडे नहीं गाड़े और दत्ताराम के लिए बड़ी बैनर्स के फिल्मों का द्वार आरम्भ में ही बंद-सा हो गया।

1958 में दत्ताराम को राज कपूर की सिफ़ारिश पर रूपकला पिक्चर्स की 'परवरिश' मिली, और शंकर-जयकिशन की ही तरह उन्होंने भी राज कपूर की आवाज़ के लिए मुकेश और मन्ना डे को चुना। इस फ़िल्म के एक गीत के रेकॉर्डिंग की कहानी बड़ी मज़ेदार है। इस रेकॉर्डिंग के वक्त शायद दत्ताराम ने भी नहीं सोचा था कि इस तरह casual ढंग से रेकॉर्ड किया गया यह गाना अकेले ही अपने दम पर दत्ताराम को फ़िल्म-संगीत के इतिहास में सदा के लिए एक जगह दे जाएगा। यह मशहूर गीत था मुकेश की आवाज़ में 'आँसू भरी हैं ये जीवन की राहें'। रेकॉर्डिंग के समय साजिंदों की हड़ताल थी, दत्ताराम के पास साजिंदे नहीं थे, पर मात्र तबले की झपताल और ज़हूर अहमद की बजाई सारंगी के साथ राग यमन के इस गीत में उन्होंने दर्द के ऐसे सुर ढाले और मुकेश ने इसे ऐसी कशिश से गाया कि आज भी इस गीत को सुनकर पूरा अंतर्मन अभिभूत हो जाता है। मुकेश के एक से बढ़कर एक दर्दीले गीतों के बीच भी इस गीत का स्थान तो कोई अन्य गीत ले ही नहीं सकता। इस गीत की रेकॉर्डिंग जब राज कपूर ने सुनी तो वे इतने भावुक हो उठे कि सारी रात यह गीत सुनते रहे थे। मुकेश के एक अनजाने कंसर्ट की रेकॉर्डिंग मेरे पास है, उसमें यही गीत है जिस पर सबसे ज़्यादा तालियाँ भी बजी हैं और 'वादे भुला दे कसम तोड़ दे वो' अंतरे के उठाव पर मुकर्रर की आवाज़ें भी आई हैं जिस पर मुकेश ने इस अंतरे को दुहराया भी है।

इस गीत के अतिरिक्त 'परवरिश' में मन्नाडे-लता के दो झूमते युगल गीत हैं जो अपनी शैली और संगीत-संयोजन से शंकर-जयकिशन के 'चोरी-चोरी' की याद दिलाते है—'मस्ती भरा ये समाँ' और 'बेलिया भीगी-सी बहारों में'। साथ ही लता के स्वर में 'लुटी ज़िंदगी ग़म मुस्कुराए' भी अच्छा गीत था। पर तत्कालीन लोकप्रियता की दृष्टि से इस फ़िल्म का जो गाना उस वर्ष बिनाका की वार्षिक गीतमाला में भी स्थान पा गया, वह था मन्नाडे और रफ़ी का हलका-फुलका 'मामा हो मामा'। लोकप्रियता और गुणवत्ता में उन दिनों भी आज की तरह विडम्बना-भरी स्थिति निर्मित हो सकती थी यह इसी से सिद्ध जो जाता है कि आज 'मामा हो मामा' का कहीं निशान भी नहीं है पर 'आँसू भरी हैं' आज भी ज़िंदा है और अभिभूत होकर सुना जाता है।

दत्ताराम के सर्वश्रेष्ठ गीत मुकेश के स्वर में रहे

'आँसू भरी हैं' जैसी उदात्त रचना दत्ताराम फिर कभी नहीं सृजित कर पाए। पर 'कैदी न. 911' (1959) की 'मीठी-मीठी बातों से बचना ज़रा' (लता, डेज़ी ईरानी) में उसके करीब ज़रूर आ गए। क्या गजब धुन थी, और लता की आवाज़ इतनी मीठी कम ही गानों में हुई है। इस फ़िल्म के हरेक गीत में लता की आवाज़ में गजब की मिठास है। भैरवी आधारित 'तेरे तीर को हमने प्यार से दिल में रख लिया वई वई वई' लता के शरारतपूर्ण हलके-फुलके गीतों में बहुत ऊपर रखा जाएगा। यही कारण है कि एच.एम.व्ही. ने भी लता के 'रेयर जेम्स' कैसेट में इस गीत को जगह दी है। मन्नाडे और लता की आवाज़ में इसी फ़िल्म का एक हिट युगल गीत 'प्यार भरी ये घटाएँ' पुनः दत्ताराम-बीट की एक श्रेष्ठ रचना है जो किसी भी तरह से 'चोरी-चोरी' के युगल गीतों से कम मधुर नहीं है। वहीं हारमोनियम और तबले की बहुत अच्छी जुगलबंदी के साथ 'तूने मेरा मैंने तेरा दिल' (लता) और लाक्षणिक दत्ताराम-बीट पर 'ये खिले-खिले तारे' (लता, मन्ना डे) भी अच्छी रचनाएँ थीं।

दरअसल दत्ताराम के संगीत के विश्लेषण से यह बात उभरती है कि मन्ना डे के सबसे खूबसूरत युगल गीतों को अगर चुना जाए तो उस शृंखला में दत्ताराम की संगीतबद्ध चार-पाँच रचनाएँ तो अवश्य आएँगी। फ़िल्म 'संतान' (1959) का मन्ना डे और लता का 'बोले ये दिल का इशारा' की धुन और बीट 'प्यार भरी ये घटाएँ' के समान ही है। इसी फ़िल्म का लता और हेमंत का अलग-अलग गाया हुआ 'कहता है प्यार मेरा ओ मेरे लाड़ले' भी एक मधुर रचना है, पर इस फिल्म का सबसे मक़बूल गीत रहा है 'दिल ने उसे मान लिया जिसका अंदाज़ नया' (मुकेश)। मुझे तो यह ख़ास पसंद नहीं है पर मुकेश के कई चाहने

वाले आज भी इस गीत को बड़े चाव से सुनते हैं। 'संतान' में दत्ताराम बीट का एक बच्चों का भी बड़ा प्यारा गीत है–'छोटी-सी दुलहनिया की शादी' (लता, साथी)।

शंकर-जयकिशन के प्रभाव से अलग कम्पोज़ की रचनाओं में 'आँसू भरी हैं ये जीवन की राहें' के बाद यदि दत्ताराम के किसी गीत को चुनना हो तो वह होगा मुकेश की ही आवाज़ में 'काला आदमी' (1960) का 'दिल ढूँढ़ता है सहारे-सहारे'। क्या कशिश है और भाव में डूबी हुई क्या अभिव्यक्ति है इस गीत में! इसी फ़िल्म का लता और साथियों का गाया 'अँखियाँ मिला के तूने मुझको ही जीत लिया' भी एक अच्छा दिलकश गीत है।

जहाँ एक तरफ़ दत्ताराम को मन्ना डे के कुछ मधुर युगल गीतों के सृजन का श्रेय जाएगा, वहीं दूसरी तरफ़ मुकेश के भी कुछ सर्वश्रेष्ठ intense भावनाप्रधान गीतों का श्रेय भी जाएगा 'आँसू भरी हैं ये जीवन की राहें' हो या 'दिल ढूँढ़ता है सहारे-सहारे' या फिर 'श्रीमान सत्यवादी' (1960) का 'हाले दिल हमारा'–इन सभी गीतों में मुकेश की आवाज की कशिश और दर्द अनूठे रूप में उभरे हैं। दत्ताराम का संगीत 'श्रीमान सत्यवादी' में काफ़ी सराहा गया है और 'हाले दिल हमारा' अपनी लोच-भरी संगीत संरचना के लिए काफी चर्चित रहा है। वहीं इसी फ़िल्म का मन्ना डे और सुमन का युगल गीत 'भीगी हवाओं में तेरी अदाओं' में अपने मटकेदार उतार-चढ़ाव की खास दत्ताराम शैली के कारण से आकर्षित करता है। मुकेश के ही अन्य गीत 'रुत अलबेली मस्त समाँ', 'ऐ दिल देखे हैं हमने बड़े-बड़े संगदिल' और मुकेश, सुमन, महेन्द्र कपूर द्वारा सामूहिक रूप से गाया 'इक बात कहूँ वल्लाह' भी लोकप्रिय रहे पर शंकर-जयकिशन की छाप इन सभी गीतों में साफ़ नज़र आती है।

शायद यही कारण रहा हो कि दत्ताराम के लिए स्वतंत्र संगीतकार के रूप में सफलता का यही चरमोत्कर्ष रहा और सातवें दशक में उन्हें कम अवसर मिला। एक ही प्रकार का संगीत देने के लिए अगर चुनाव की बात आती तो शंकर-जयकिशन को ही सभी चुनते, विशेष तौर से यह देखते हुए कि 1961 से 1970 तक शंकर-जयकिशन धूमकेतु की तरह फ़िल्म-संगीत में छा गए थे। फिर भी सातवें दशक की कुछ फ़िल्मों में दत्ताराम का संगीत आता रहा और कुछ हद तक सफल भी रहा। नटराज प्रोडक्शन्स की 'फ़र्स्ट लव' (1961) और शंकर मूवीज़ की 'डार्क स्ट्रीट' (1961) के कुछ गीत तो बेहद कर्णप्रिय थे। 'डार्क स्ट्रीट' (1961) में पुनः मन्ना डे का दत्ताराम-बीट पर सुमन के साथ एक लुभावना दोगाना था–'मिल गए दुनिया में जीने के सहारे'। सुमन के स्वर में इंदीवर लिखित 'इतने बड़े जहाँ में अपना भी कोई होता' की सुहावनी तर्ज़ तो बहुत मशहूर हुई थी। 'कैद में है बुलबुल सय्याद मुस्कुराया' से मिलती-जुलती शैली वाली 'प्यार से देखे तो बहक बहक जाऊँ मैं' (सुमन) भी भैरवी पर आधारित एक कर्णप्रिय रचना थी, जिसमें शंकर-जयकिशन की तरह ही एकॉर्डियन का अच्छा प्रयोग था। इसी प्रकार 'फर्स्ट लव' (1961) के कुछ गीत काफ़ी मकबूल रहे थे। वॉयलिन के साथ दर्द की अनुभूति को तीव्र करते हुए 'मेरे प्यार में या वफ़ा नहीं' (मुकेश) एक सुंदर गीत था, पर तिलक कामोद पर आधारित 'मुझे मिल गई है मुहब्बत की मंज़िल' (मुकेश) एक गतिमान रचना थी, जो खूब हिट रही थी। बीट्स का इस्तेमाल पुनः इस गीत में बहुत सुंदर था। फ़िल्म का सबसे सुंदर गीत तो था इठलाती अदा के साथ लोच-भरी धुन के साथ सृजित 'मानो या न मानो, मेरी ज़िंदगी की बहार हो' (सुमन, मुकेश)। मीना कुमार, राजेन्द्र अभिनीत 'ज़िंदगी और ख्वाब' (1961) भी दत्ताराम की उल्लेखनीय फ़िल्म रही–चाहे मुकेश का दर्दीला गीत 'कभी किसी की खुशियाँ कोई लूटे ना' और कहरवा का पाश्चात्य रूपांतरण कर सितार के सुंदर प्रयोग वाला द्रुत गति का 'न जाने कहाँ तुम थे, न जाने कहाँ हम थे' (मन्ना डे, सुमन) जैसे लोकप्रिय गीत हों या 'हे हो फूल बगिया में भँवरे आए' (मुबारक) और 'कहती है झुकी झुकी नज़र' (सुमन) जैसे कम चर्चित किंतु सुंदर कर्णप्रिय गीत हों। वैसे दत्ताराम की सबसे स्तरीय संगीतवाली इस दशक की फ़िल्म थी प्रदीप कुमार, गीताबाली अभिनीत 'जब से तुम्हें देखा है' (1963)। मियाँ की मल्हार पर आधारित 'मुहम्मद शाह रंगीले गावत आज प्रेम राग सुर बड़े नशीले' तो दत्ताराम की एक बेहद सशक्त कम्पोज़ीशन थी जो मन्ना डे के श्रेष्ठ गीतों में होने के बावजूद आज विस्मृत-सी हो गई है। 'खोया-खोया चाँद' के आलाप से मिलते आलाप के साथ प्रारम्भ 'ये दिन दिन है खुशी के' (मन्ना डे, सुमन) तो एक बार फिर एक बहुत कर्णप्रिय गतिशील दोगाना बनकर उभरा और एच.एम.व्ही. के 'रेयर जेम्स रोमांटिक डुएटस' कैसेट्स में भी शरीक किया गया है।

मुकेश और जयकिशन के साथ दत्ताराम

पर फ़िल्म का सबसे चर्चित गीत तो रहा रफ़ी के स्वर में 'हम आपकी महफ़िल में भूले से चले आए'। लाजवाब धुन, अविस्मरणीय गायकी और पूरे गीत का एक मादक-सा सम्मोहन मेरे विचार से इसे रफ़ी के श्रेष्ठतम गीतों में से एक बनाता है। इस गीत में तो दत्ताराम शंकर-जयकिशन के प्रभाव से पूरी तरह मुक्त भी नज़र आते हैं।

फ़िल्म 'नीली आँखें' (1962) के भी दो गीत बड़े सुंदर बने थे। माँझी संगीत के कोरस के बीच मुकेश के स्वर में 'ऐ मेरी जाने वफ़ा मैंने देखा है ये क्या' का उद्‌गार पूरे वातावरण को सजीव करता चलता है। इस गीत को तो एच.एम.व्ही. ने अपने मुकेश के 'विंटेज' गीतों के ख़ास कैसेट में शामिल किया है। एक बार फिर मन्ना डे और सुमन से दत्ताराम ने एक बेहद आकर्षक रवानगी-भरा दोगाना इस फ़िल्म में गवाया था–'ये नशीली हवा, छा रहा है नशा'। यह दुखद है कि इस अच्छी कम्पोज़ीशन की याद आज संगीतप्रेमियों के ज़ेहन से भी मिट गई है और फ़रमाइशी प्रोग्रामों में भी यह गीत सुनाई नहीं देता।

फ़िल्में अधिक भले ही न मिली हों, पर दत्ताराम 'टारज़न कम्स टु डेल्ही' (1965) जैसी गौण फ़िल्म में भी लता से 'हुस्न इक़रार करे इश्क इनकार करे' जैसा आकर्षक गीत, 'बालक' (1969) जैसे छोटे बजट की फ़िल्म में भैरवी पर सुमन से 'सुन ले बापू ये पैगाम' जैसा मशहूर गीत (वैसे कहते हैं कि यह गीत वास्तव में शंकर ने कम्पोज़ किया था) देने में अभी भी सक्षम थे। एक मगधी फ़िल्म 'मोरे मन मितवा' (1965) में लोक धुन पर 'मोरे मन मितवा' (सुमन, मुकेश) जैसे मीठे गीत के अलावा उन्होंने मुबारक बेगम से उनकी ज़िंदगी का सम्भवतः सर्वश्रेष्ठ गीत गवाया–'मेरे आँसुओं पे न मुस्करा'। इस गीत की तर्ज़ और गायकी तो बेमिसाल है और आज भी यह गीत बेहद लोकप्रिय बना हुआ है। इसी फ़िल्म का होरी गीत 'मधुबन में रास नचाए' (मन्ना डे, सुमन) और प्रसिद्ध लोक विदाई गीत 'बड़ रे जतन से' (सुमन, साथी) तो लोकरंग की आत्मिक रंजना और अभिव्यक्ति के कारण बेमिसाल रचनाएँ ही कही जाएँगी। भोजपुरी फ़िल्म 'बिधना नाच नचावे' (1965) में भी 'रेशम की डोरिया' और 'देख-देख हँसेला' जैसे लता के मीठे गीत दत्ताराम ने रचे थे।

किस्मत नए दशक के आते-आते दत्ताराम से और भी विमुख हो गई और 'बेकसूर' (1969) 'चोरों का चोर' (1970), रूमानी शैली में 'आप आए तो उजाला-सा हुआ महफ़िल में' (रफ़ी) वाले 'एक दिन आधी रात' (1971), अप्रदर्शित 'हम सब एक हैं' जैसी गौण फ़िल्मों के साथ दत्ताराम का अस्त हो गया। शायद अपने टर्नर रोड के घर में बैठकर दत्ताराम इस दशक में शंकर के सहायक के रूप में शंकर के भी डूबते सूरज के साथ यही सोचा करते रहे होंगे कि जब इस दशक में शंकर नहीं बचे तो उनकी क्या हैसियत थी! फ़िल्मी जगत को अलविदा कर दत्ताराम गोआ में जा बसे हैं।

संदर्भ

1. इस मत के लिए मैं बैतूल के प्रो. के.के. चौबे का आभारी हूँ।

छठे दशक के अन्य संगीतकार

स्वतंत्रता के बाद आशाओं और उत्साह के संचार तथा पाँचवें दशक तक फ़िल्म उद्योग के विस्तार का अर्थ यह हुआ कि इस माहौल में फ़िल्म-कला के विभिन्न पक्षों में अपनी तक़दीर आजमाने आए कलाकारों का सिलसिला छठे दशक के आरम्भ में भी जारी रहा। विभाजन के बाद लाहौर का पाकिस्तान में जाना, और कलकत्ते में धीरे-धीरे हिंदी फ़िल्मों के निर्माण की कमी का मतलब यह भी था कि हिंदी-उर्दू या यूँ कहें तो हिंदुस्तानी भाषा की फ़िल्मों का एक तरह से एकमात्र केंद्र बम्बई ही बन गया। छठे दशक की मुख्य प्रवृत्तियों और इस दशक के बड़े संगीतकारों की चर्चा हम पहले ही कर चुके हैं। आइए, अब हम निगाह डालते हैं कुछ अन्य संगीतकारों पर जिन्होंने भी इस दशक में अपनी पारी खेली। इनमें से कुछ तो अगले दशकों तक भी सक्रिय रहे (ऐसी दशा में निरंतरता की दृष्टि से अगले दशकों में इनके काम की चर्चा भी यहीं की गई है) और आज भले ही ये विस्मृत हो गए हों, पर हिंदी फ़िल्म-संगीत के कुछ बहुत दिलकश और यादगार नग़मों का श्रेय इन्हीं गुमनाम मौसीकारों के नाम आएगा।

बहुत सारे भूले-बिसरे संगीतकारों में एक नाम **मनोहर** का भी आता है। मूलतः पंजाबी, मनोहर की संगीतबद्ध 'रईस' (1948), 'जोश' (1950), 'रंगीले मुसाफिर' (1950), 'भूले भटके' (1952), 'जींगो' (1952), 'उषा किरण' (1952–हनुमान प्रसाद के साथ) आदि तो गौण फ़िल्में थीं, पर को-ऑपरेटिव पिक्चर्स की 'चिंगारी' (1955) का उनका संगीत यादगार है। शैलेन्द्र के लिखे 'बड़ी मुश्किल है अजब मेरा दिल है' की बिलावल थाट पर अनूठे रिद्म के साथ बनाई इस धुन को लता मंगेशकर के एच.एम.व्ही. द्वारा रिलीज़ 'रेयर जेम्स' कैसेट्स में स्थान मिला है। इस फ़िल्म में लता के गाए कई एकल गीत हैं और 'धक धक धड़के जियरा', 'या रब्बा पेरी पेरी' या 'कह दे गोरी कह दे हाय' जैसे गीत मनोहर की प्रतिभा का आभास देते हैं। साहिर लुधियानवी का लिखा और बहुत ही कोमल तथा सहज संगीत टुकड़ों से सजा 'जिऊँगा जब तलक तेरे फसाने याद आएँगे' तलत महमूद के 'रेयर जेम्स' कैसेट्स में शामिल है। 'चिंगारी' के दो गीतों को लता और तलत जैसे महान गायकों के 'रेयर जेम्स' में स्थान मिलना यह सिद्ध करता है कि 'चिंगारी' का साउंडट्रैक कितना असरदार है। गायिका मधुबाला झावेरी को प्रथम अवसर देने का ब्रेक भी मनोहर को जाता है, जिन्होंने मास्टर भगवान की फ़िल्म 'भूले भटके' (1952) में उनसे पहली बार गवाया था। पर कुल मिलाकर मनोहर को बड़े कम मौके मिले। 'पासिंग शो' (1956), 'मिस्टर क्यू' (1958), 'डॉक्टर ज़ेड' (1959), 'चोरों की बारात' (1960) जैसी स्टण्ट और छोटे बज़ट की फ़िल्में ही उनके नसीब में आईं। इसके बावजूद 'डॉक्टर ज़ेड' में रफ़ी के स्वर में 'भगवान इक इंसान की सुनाता हूँ कहानी', गीता, तलत के स्वरों में 'दिल को लगा के भूल से दिल का निशां मिटा दिया' और गीता, रफ़ी के स्वरों में ओ.पी. नय्यर शैली की 'यह भींगी-भींगी रात, गगन पर तारों की बारात' जैसी मेलोडीज़ उन्होंने दी थीं। वर्षों बाद को-ऑपरेटिव पिक्चर्स की ही फ़िल्म 'दो दुश्मन' (1967) में उन्हें शायद अंतिम अवसर मिला, जिसमें कव्वालीनुमा और मचलता संगीत उन्होंने दिया, पर फ़िल्म भी पिटी और इसका संगीत भी।

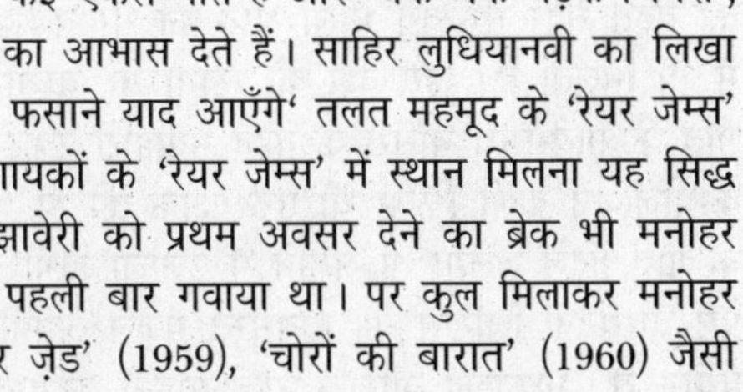

अपनी पुत्री सुषमा के साथ भोला श्रेष्ठ

एक अन्य गुणी संगीतकार, जिन्हें आज हम भूल चुके हैं, **भोला श्रेष्ठ** थे। भोला श्रेष्ठ तबलावादन के उस्ताद थे और उनके तबलावादन से प्रभावित होकर गुरु रवींद्रनाथ ठाकुर ने उन्हें इनाम में चाँदी का तबला भेंट किया था। कलकत्ता में भोला श्रेष्ठ का आरम्भिक संगीत-जीवन के.सी.डे और मन्ना डे

के साथ बीता, और उन्हीं के साथ पाँचवें दशक में वे बम्बई आए। बम्बई में 'महल' फ़िल्म तक वे खेमचंद प्रकाश के सहायक के रूप में काम करते रहे। 'दरोगा जी' (1949) में वे संगीतकार बुलो सी. रानी के सहायक थे। 'मुकद्दर' (1950) में उन्होंने खेमचंद प्रकाश के साथ मिलकर कुछ गीत कम्पोज़ किए थे, जिनमें पश्चिमी ऑरकेस्ट्रा का स्पर्श लिए 'जब नैनों में कोई आन बसे', नलिनी जयवंत के गाए राजा मेहँदी अली खाँ लिखित 'देख गगन में काली घटा क्या कहती है' और 'आहें भर भर के तुझे याद किया करती हूँ' भी शामिल थे। गीताबाली, सज्जन और बेगम पारा अभिनीत 'नजरिया' (1952) में भोला श्रेष्ठ के संगीत-निर्देशन में कोरस के सुंदर प्रयोग के साथ लोकशैली का 'ये काली घटा, काली घटा है बादे सबा' (किशोर, महिला स्वर, साथी), तबले की सुंदर संगत के साथ 'लो जी हमें भी हिचकी आई' (लता), दर्दीले सुर लिए 'हँसते हँसते रोना पड़ा' (लता), किशोर कुमार के मस्ती भरे स्वर में 'कारें हैं बेकार सभी' और 'अजी माना कि आपका जवाब' और लता के मीठे स्वर में लोच भरी शैली में गवाए मेलोडी प्रधान 'धूप छैंया में सैंया से नैना' जैसे गीतों में भोला श्रेष्ठ ने अपनी प्रतिभा का सिक्का जमा दिया था। खेमचंद प्रकाश के सहायक के रूप में किशोर कुमार की प्रतिभा से वे वाकिफ़ हो चुके थे। भोला श्रेष्ठ के लिए किशोर इतने महत्त्वपूर्ण थे कि न केवल 'जिस दिन से मुहब्बत' जैसे गैरफ़िल्मी गीतों के लिए वे किशोर का स्वर लेते थे बल्कि इस दौर में जब कि सचिन देव बर्मन को छोड़कर बहुत कम संगीतकार पार्श्वगायन के लिए किशोर को याद करते थे, उन्होंने 'नजरिया' में एकमात्र पुरुष पार्श्वगायक के रूप में किशोर को चुना। किशोर कुमार व्यक्तिगत तौर पर भी उनके बहुत अच्छे दोस्त बन चुके थे। इस सिलसिले को जारी रखते हुए फ़िल्म 'नौलखा हार' (1953) में भी किशोर कुमार की आवाज़ को उन्होंने शीर्षक गीत 'मोहे ला दे नौलखा हार' में बड़ी ही अच्छी तरह से इस्तेमाल किया और यह गीत उन दिनों खूब लोकप्रिय रहा। वैसे इस फ़िल्म का सबसे खूबसूरत गीत था आशा भोंसले के स्वर में रिद्म और मेलोडी के सुंदर संगम से युक्त 'लगता मधुर-मधुर मुझे बंधन'। क्लैरिनेट और बाँसुरी के सुंदर प्रयोगवाला यह गीत आज पूर्णतः भुला दिया गया है, पर अपने आरम्भिक दौर के आशा के सर्वश्रेष्ठ गीतों में इस गीत की गिनती की जा सकती है। इसी फ़िल्म का मधुबाला झावेरी का गाया मधुर गीत 'सुन सुन ओ प्यारे हंसा' भी हिट रहा था।

भोला श्रेष्ठ ने कम फ़िल्मों में संगीत दिया, पर अल्प अवसर के बावजूद बहुत सुंदर मेलोडी उन्होंने कई बार दी। गुलाम हैदर के पाकिस्तान जाने के बाद उनकी अधूरी छोड़ी 'आबशार' (1953) के संगीत को पूर्ण करने का जिम्मा मोहम्मद शफ़ी और भोला श्रेष्ठ को दिया गया और इस फ़िल्म में भी लता के गाए 'चले आओ तुम्हें आँसू हमारे याद करते हैं' तथा 'मुझको है तुमसे प्यार क्यूँ यह ना बता सकूँगी मैं' में मेलोडी का तत्त्व बखूबी झलकता है। 'मुझको है तुमसे प्यार क्यूँ' (लिंग के ज़रूरी परिवर्तन के साथ) जगमोहन की गाई प्रसिद्ध रचना 'दिल को है तुझसे प्यार क्यूँ' की शब्दावली की याद दिलाता है। मेलोडी और रिद्म का बहुत सुंदर समन्वय भोला श्रेष्ठ की संगीतबद्ध 'लाखों में एक' (1955) के 'मंज़िल की तरफ अपनी बढ़ते ही जाएंगे' (तलत) में भी मिलता है। 'इस देश को रखना मेरे बच्चों सँभाल के' से मिलती-जुलती इस धुन को सजाने में पृष्ठभूमि में पियानो और गीत के साथ-साथ बाँसुरी के बेहद मनोहारी टुकड़ों का प्रयोग भोला श्रेष्ठ ने किया था। पर भोला श्रेष्ठ की सर्वश्रेष्ठ मेलोडी और कम्पोज़ीशन वाली फ़िल्म थी छठे दशक की ही 'यह बस्ती यह लोग' जो दुर्भाग्य से प्रदर्शित नहीं हो सकी। इस फ़िल्म में लता के गाए 'दिल जलेगा तो ज़माने में उजाला होगा' की तर्ज़ और गायकी बहुत चर्चित हुई थी और आज भी दिल को छू लेती है। प्रेम वारबर्टनी लिखित यह खूबसूरत गज़ल अपनी शब्दावली से जितना मोहित करती है, उतनी ही तबले के ठेकों के प्रशंसनीय प्रयोग से। मधुबाला और बलराज साहनी अभिनीत इस फ़िल्म में भोला श्रेष्ठ ने आशा भोंसले से 'इधर तो देखो' जैसा क्लब सांग और आशा तथा तलत से 'यह तारों की महफ़िल' जैसा कर्णप्रिय दोगाना भी गवाया था। भोला श्रेष्ठ द्वारा संगीतबद्ध कई फ़िल्में रिलीज नहीं हो पाईं, और उनकी आखिरी रिलीज़ फ़िल्में 'कीमत' और 'तनखा' (1956) भी फ़्लॉप रहीं, हालाँकि 'तनखा' में 'सो जा दिले नाशाद सो जा' और 'टकराई है, जिस दिन से नज़र तेरी नज़र से' आशा की सुंदर गायकी का उदाहरण थे। अवसरों की कमी ने भोला श्रेष्ठ को फ़िल्मों से अलग कर दिया। बाद के वर्षों में भोला श्रेष्ठ की पुत्री सुषमा श्रेष्ठ ने बाल गायिका के रूप में 'तेरा मुझसे है पहले का नाता कोई' और 'क्या हुआ तेरा वादा' जैसे गीतों से खूब नाम कमाया। आज की पार्श्वगायिका पूर्णिमा सुषमा श्रेष्ठ का ही नाम है। पर सुषमा श्रेष्ठ के पहले स्टेज प्रोग्राम (दस वर्ष की उम्र में) के एक दिन पहले ही दिल के दौरे से भोला श्रेष्ठ का निधन हो गया था। भोला श्रेष्ठ तबले पर एक किताब लिखना चाहते थे, पर उनकी यह इच्छा भी अधूरी ही रह गई।

पंडित हरबंस लाल भी छठे और सातवें दशक में कुछ फ़िल्मों में संगीतकार के रूप में आए थे। 'घर की नुमाइश' (1949)

में मोतीबाबू और अमर सिंह के साथ वे संगीतकार थे। निर्देशक निरंजन की 'सच्चा प्यार' (1950) के बाद निरंजन की ही निर्देशित 'जौहरी' (1951) के सुंदर reverberating बीट्स और वॉयलिन, हवाइयन गिटार और बाँसुरी के सुंदर वाद्य-संयोजन वाला 'आज मिले कल बिछड़ गए उल्फ़त हमको रास न आई' (गीता) तथा 'मेरे सर से सरक गई चुनरी' (शमशाद) अच्छे गीत थे। 'राइफ़ल गर्ल' (1958) में हरबंस ने सुधा मल्होत्रा, सुरेंद्र कोहली, निर्मल कुमार और सविता चटर्जी जैसे नए गायक गायिकाओं से गीत गवाए थे, पर फ़िल्म और गाने पिट गए। हरबंश को स्टण्ट फ़िल्में ही अकसर मिलीं और 'हंटरवाली' (1959), 'सफेद घोड़ा काला सवार' (1960), 'ब्लैक शैडो' (1961), 'हरीकेन एक्सप्रेस' (1961) का उनका संगीत असफल ही रहा। पर वेशभूषा प्रधान फ़िल्म 'शाही फ़रमान' (1961) में हरबंस के मेलोडीप्रधान गीत 'कोई किसी का मीत नहीं है' (तलत, सुमन) और शोखी भरा 'दिल है जिसका दीवाना' (सुधा मल्होत्रा) अच्छे लोकप्रिय रहे थे। 'घर की नुमाइश' (1949) पुनः 1961 में 'जय हो मोहब्बत की' के नाम से जारी की गई थी। स्टण्ट फ़िल्म 'मैडम झपाटा' (1962) में हरबंश ने एक लम्बा गीत कम्पोज़ किया था–'आओ आओ तुम्हें दिखाएँ, शहर-शहर की सैर कराएँ'। निर्देशक बलवंत भट्ट की 'नागिन और सपेरा' (1966) का दर्द-भरा भजन 'लौट भी आओ ओ गिरधारी, राधा नीर बहाए' (रफ़ी) भी एक अच्छी रचना थी, पर कुल मिलाकर हरबंस अपने संगीत से अपने लिए कोई विशेष स्थान नहीं बना पाए। वैसे यह एक रोचक तथ्य है कि पंजाबी फ़िल्म 'कीकली' में संगीत देते हुए हरबंस ने हेमंत कुमार से पहली बार पंजाबी में गीत गवाया था।

ऐसे कई संगीतकार फ़िल्म-संगीत के इस दौर में भी आए जिन्होंने मात्र दो-तीन फ़िल्मों में संगीत दिया और फिर सदा के लिए ओझल हो गए। ऐसे ही एक संगीतकार थे **राजहंस कटारिया**। मीरा पिक्चर्स लिमिटेड की 'अफ़साना' (1949 के आसपास) में भारत की स्वतंत्रता का अभिनंदन करता 'आज़ादी का सूरज निकला' (माला, रामनाथ, साथी) के अलावा गायक बलबीर के भी छः गीत थे और वे हर तरह के गीत थे। बलबीर को इतने गीत फिर एक साथ किसी फ़िल्म में नहीं मिले। पर फ़िल्म में कटारिया का संगीत कुछ विशेष असर नहीं दिखा पाया। गीताबाली, भारत भूषण अभिनीत चित्रमहल की 'एक था लड़का' (1951) में मुरारी के साथ उन्होंने संगीत दिया था, पर अधिकांश गाने मुरारी के ही हिस्से आए। मुकेश का गाया दुर्लभ नगमा 'दिल में उमगें, मन में तरंगें, आई मिलन की रात' मुरारी द्वारा संगीतबद्ध था। शमशाद, दुर्रानी के स्वरों में 'एक दिन तुमने कहा था जी हम तुम्हारे और तुम हमारे' एक ठीक-ठाक गीत था जो राजहंस के संगीत से सजा था। 'छोटी दुनिया' (1953) के 'सौ बार मिले मिल कर बिछड़े' (सुलोचना कदम) और 'एक थी ग्वालन एक था ग्वाला' (मीनाक्षी विश्नीलाल) जैसे कुछ गीतों के साथ राजहंस का नाम जुड़ा था पर सफलता नहीं मिली। मुरारी भी मोहन सिन्हा निर्देशित 'नई ज़िंदगी' (1951) में कुछ विशेष न कर पाए।

चिक चॉकलेट

सी. रामचंद्र के लिए ऑरकेस्ट्रा अरेंजर के रूप में वर्षों तक कार्यरत रहे थे गोवा निवासी **चिक चॉकलेट**। यह भी कारण है कि सी. रामचंद्र की आरम्भिक कई फ़िल्मों के संगीत में गोवा के लोकसंगीत की झलक यदाकदा मिल जाती है। चिक चॉकलेट का असली नाम ए.एक्स. वाज़ था। वे पश्चिमी नृत्य-संगीत तथा ट्रम्पेट के विशेषज्ञ माने जाते थे। उन्होंने 'नादान' (1951) और 'रंगीली' (1952) में बड़ा सुरीला संगीत दिया था। मधुबाला, देव आनंद अभिनीत 'नादान' में संगीत-निरीक्षक स्वयं सी. रामचंद्र थे और इस फ़िल्म को हम 'सारी दुनिया को पीछे छोड़कर' (लता, साथी), तलत के सुमधुर 'आ तेरी तस्वीर बना लूँ' (जो देवानंद के लिए गाया तलत का पहला गीत था) और लता के 'अच्छा होता जो दिल में तू आया न होता' के लिए याद कर सकते हैं। 'नादान' के कई गीतों जैसे कोली गीत 'ओ माई मछुआ' (लता, चितलकर, साथी), 'चलती हुई गाड़ी' (लता, चितलकर, साथी), 'दिल के मेलों का नाम पिकनिक' (गीता, चितलकर, साथी) में गोवा के लोकसंगीत का प्रभाव स्पष्ट नज़र आता है। 'रंगीली' में भी सी.रामचंद्र के संगीत निरीक्षण का प्रभाव स्पष्टतः प्रकट होता है और 'हम नैनों में लाए हैं प्यार' (लता, साथी) की तेज रिद्म तथा 'कोई दर्द हमारा क्या समझे' (लता) और 'हमने ये दिल के लगाने की सजा पाई है' (लता) की मेलोडी सी. रामचंद्र की शैली से काफ़ी मिलती है। चिक चॉकलेट ने अरेंजर के रूप में ओ.पी. नैयर और 'आखिरी खत' में खय्याम के साथ भी काम किया था। 1978 में 55 वर्ष की आयु में उनका निधन हो गया।

भगवान ब्रदर्स, बम्बई की 'कर भला' (1956) में संगीतकार के रूप में सी.रामचन्द्र को न लेकर चिक चॉकलेट और **निसार** को लिया गया था। इस फ़िल्म में लता के 'बलम जी बड़े नादान, दरद मेरा जाने न' और लता, रफ़ी के 'चले कहाँ ले के मेरे दिल का करार' में तबले की तालबद्धता और रवानगी, 'दरद' शब्द को रोककर की गई विलम्बित-सी लाजवाब अदायगी और धुनों

का माधुर्य बरबस खींचता है। निसार की खासियत थी कि वे अपनी तर्ज़ों को डबल गांधार में बनाते थे। उनकी रचनाएँ अकसर सफेद चार के स्केल में रहती थीं। निसार उर्फ निसार बाज़मी वही संगीतकार हैं, जिन्होंने पाँचवें दशक की कई फ़िल्मों से अपनी संगीत-यात्रा शुरू की थी। खानदेश के नसीराबाद में 1924 में जन्मे सैयद निसार अहमद के परिवार में संगीत का कोई माहौल न था लेकिन इसके बावजूद संगीत का उनका ज़बर्दस्त शौक बढ़ता गया। खान साहब अमान अली खान से उन्होंने संगीत सीखा, 1939 में ऑल इंडिया रेडियो में बतौर कलाकार काम करना शुरू किया और 1944 में बम्बई रेडियो के लिए नादिर शाह नाटक हेतु कम्पोज़ किए उनके गीत इतने मशहूर हुए कि 'जमना पार' (1946) में संगीत देने का काम मिल गया। उसके बाद नारीमन घड़ियाली निर्देशित 'जेबकतरा' (1946) में 'नैननवा रस के प्याले' में निसार ने आरम्भ ऑरकेस्ट्रा की लम्बी अच्छी मिक्सिंग से किया है और उसके बाद गीत को ठुमरी जैसी शैली देकर बहुत सुंदर बना दिया। 'दगाबाज़ दोस्त' (1947), 'राज सिंहासन डोल रहा है', 'क्या कहियो किधर', 'कहाँ देख रहे हो' और 'ज़रवार की दुनिया में' जैसी नज़्मों वाली 'खौफ़नाक आँखें' (1947), नारी घड़ियाली निर्देशित 'हमारी किस्मत' (1949, जिसमें उन्होंने रानी के साथ 'मुफ़लिसी ओ मुफ़लिसी, इस घर से तू जाने को है' गीत भी गाया था), 'जियो राजा' (1949), 'रूपलेखा' (1949–खान मस्ताना और सज्जाद के साथ), 'बड़े साहब' (1951), 'गज़ब' (1951–नौशाद के साथ), 'वादा' (1952), 'क्यूँ जी' (1952) जैसी कई फ़िल्मों में उन्होंने संगीत दिया था।

निसार

निसार बाद में पाकिस्तान चले गए और वहाँ एक बहुत बड़े संगीतकार बन गए। पर भारत में जब तक रहे, उन्हें स्टण्ट और फ़ंतासी फ़िल्में ही मिलती रही थीं। निसार की संगीतबद्ध 'खोज' (1953) का रफ़ी का गाया, राजा मेहँदी अली खाँ का लिखा 'चंदा का दिल टूट गया, रोने लगे हैं सितारे' एक ज़माने में रेडियो सीलोन का अकसर बजनेवाला गीत था। निसार जब रफ़ी के पास 'चंदा का दिल टूट गया' गाने का प्रस्ताव लेकर गए थे तो फ़िल्म-निर्माता की हैसियत इतनी ही थी कि निसार रफ़ी को अधिकतम 50 रुपए ही ऑफर कर पाए थे। पर रफ़ी की महानता इतनी थी कि उन्होंने टोकन मात्र एक रुपया लेकर ही इस गीत को रेकॉर्ड किया और इसे एक नगीना बना दिया (राजू भारतन : रफ़ीयाना, इलस्ट्रेटेड वीकली ऑफ़ इंडिया, 1993)। इस गीत में दर्द की अभिव्यक्ति के लिए वॉयलिन का बड़ा मोहक प्रयोग है। बाद में वॉयलिन के इसी लाजवाब प्रयोग के साथ निसार ने पाकिस्तान में मेहँदी हसन और नूरजहाँ जैसे कलाकारों के लिए बेमिसाल धुनें बनाईं। अप्रदर्शित फ़िल्म 'ज़रीना' के 'देखो तो चाँद' (रफ़ी, आशा) में अरबी वाद्य संयोजन और भारतीय मेलोडी का सुंदर संगम निसार ने दिया था। 'हल्ला-गुल्ला' (1956) में 'दिल धड़का में फड़का' (आशा, रफ़ी) और 'दिल पुकारे आना ना तड़पाना' (आशा, रफ़ी, साथी) में ऑरकेस्ट्रा संचालक फिर निसार के साथ चिक चॉकलेट थे और इसी कारण वाद्य-संयोजन में पाश्चात्य प्रभाव भरपूर मिलता है, पर 'जाने क्या बात हुई' (आशा, रफ़ी) और 'होने वाली हो के रहेगी' (आशा, रफ़ी, साथी) में पुनः तबले की तालबद्धता पर आधारित ठीक-ठाक मेलोडी का सृजन निसार करने में सफल रहे थे। 'सितमगर' (1954), गरबा रिद्म पर 'प्यार किया नहीं जाता' (आशा, रफ़ी) जैसे 'प्यारा दुश्मन' (1955) के गीतों 'आदमखोर', 'फ़ाइटिंग क्वीन' के गीतों 'जंगल क्वीन' (1956) के मुबारक, खुर्शीद बावरा, शंकर शम्भु के गाए गीतों और कव्वालियों को तथा 'भला आदमी' (1958–जिसमें आनंद बक्शी ने पहली बार 'धरती तेरे लिए तू धरती के लिए' गीत लेखन का कार्य किया था), 'कल क्या होगा' (1958), 'सच्चे का बोलबाला' (1958), 'तीर और तलवार' (1960) और 'शोला जो भड़के' (1961) जैसी फ़िल्मों के गीतों को भी सफलता नहीं मिली और निसार ने अंततः 1962 में पाकिस्तान का रुख किया। पाकिस्तान में निसार एक बहुत बड़े संगीतकार बन गए। 'कभी हम भी तुम भी थे आशना', 'मन मंदिर का देवता', 'लाखों में एक' (1967) का 'चलो अच्छा हुआ तुम भूल गए' (नूरजहाँ), 'आग' के 'यूँ ज़िंदगी की राह में' (मेहँदी हसन) और 'बीते दिनों को याद करो' (नूरजहाँ), मेहँदी हसन के गाए 'भूलता ही नहीं', 'बरहम है वो', 'कोई न मेरे', 'एक सितम और मेरी जाँ', 'गैरों से अब सुना करो' तथा नूरजहाँ के गाए 'तेरा किसी पे आए दिल' जैसे गीतों ने धूम मचाई। 'अंजुमन', 'अंडलीब', 'अनमोल', 'तलाश', 'बोल री गुड़िया बोल' (नय्यारा नूर) वाली 'आस', 'पहचान', 'तहज़ीब', 'मुहब्बत', 'मेरी ज़िंदगी है नगमा',

'ख़ाक और खून', 'हम एक हैं' जैसी उनकी कितनी ही फ़िल्में सुपरहिट रहीं। उन्हें पाँच बार निगार एवार्ड मिला। अपनी वृद्धावस्था में उन्होंने क़ुरान को याद करने में भी काफ़ी समय लगाया है।

कई दक्षिण भारतीय संगीतकारों ने भी हिंदी फ़िल्मों के इस दौर में उत्कृष्ट संगीत दिया था। उनके संगीत की विशेषता होती थी मेलोडी के साथ शास्त्रीयता का सुंदर मिश्रण। **सी.आर. सुब्बारमन, घंटसला, बालकृष्ण कल्ला, एस.डी. पार्थसारथी** और **ई.शंकर शास्त्री** के नाम इस संदर्भ में लिए जा सकते हैं। सी.आर. सुब्बारमन की 'एक था राजा' (1951) में एम.जी.आर. नायक थे और 'पूरी हो गई मन की बात, मन कहता था एक नदी हो' (लता) और 'दुनिया ने छेड़ी कहानियाँ' (शमशाद, मुकेश) जैसे लुभावने गीत थे। सुब्बारमन और विश्वनाथन के संगीत-निर्देशन में 'चंडीरानी' (1953) का 'चंदा तले मुस्काए जवानियाँ' (तलत, पी. भानुमती) भी अपने लहराते माधुर्य के कारण याद किया जा सकता है। पिछले दशक में आई जेमिनी की 'चंद्रलेखा' में कल्ला ने भी दो-एक गीतों की धुन तथा एस.डी. पार्थसारथी और आर. वैद्यनाथन ने पार्श्वसंगीत दिया। कल्ला का स्वरबद्ध 'मेरा हुस्न लूटने' (ज़ोहरा, मोती, साथी) अच्छा चला था। कल्ला ने एस.के. पाल और भरत व्यास के साथ 'रंगीला राजस्थान' (1949) और 'कृष्ण कन्हैया' (1952–शफ़ी के साथ) में भी संगीत दिया था। पार्थसारथी, कल्ला और शंकर शास्त्री ने साथ मिलकर जेमिनी पिक्चर्स की 'मंगला' (1950) के पंद्रह गीतों की धुन बनाई थी पर परिवर्तित बीट्स पर आधारित 'झनन झनन झनवा' (गीत) जैसे गाने मशहूर न हुए। इन्हीं तीनों की संगीतबद्ध की हुई फ़िल्म जेमिनी की 'संसार' (1951) में लता और तलत के कई गीत थे, जिसमें लता के स्वर में 'जिया लहर लहर लहराए' की मचलती कम्पोज़ीशन आकर्षक थी। मेलोडी का शास्त्रीय आधार हमें भैरव आधारित 'अम्मा रोटी दे' (लता, साथी) और सारंग आधारित 'प्यारा हमारा मुन्ना' (लता) जैसे गीतों से प्रत्यक्ष होता है। आर.के. नारायण की कहानी पर बनी मोतीलाल और पद्मिनी अभिनीत जेमिनी की चर्चित फ़िल्म 'मि. सम्पत' (1952) के संगीतकार भी कल्ला और ई. शंकर शास्त्री ही थे। गीता, शमशाद और तलत के अलावा श्रीनिवास, पी.जी. कृष्णावेणी और बसंत कुमारी जैसे दक्षिण भारतीय गायक-गायिकाओं ने भी इस फ़िल्म में पार्श्वगायन किया था, पर संगीत पक्ष की दृष्टि से कल्ला और ई. शंकर शास्त्री की सर्वश्रेष्ठ फ़िल्म वासन निर्मित निर्देशित 'बहुत दिन हुए' (1954) मानी जाएगी। भारत के पारम्परिक दरबारी, शास्त्रीय और भक्ति संगीत की छाप लिए कल्ला द्वारा स्वरबद्ध 'हौले-हौले झूले हो झूला', पूरबी शैली का मुजरा 'औ सैंया तेरे प्रेम की दीवानी बन आई हूँ', 'क्यों चमेली खिलखिलाती' और 'हे गणेश गणनायक गणपति दया करो' जैसे लता के कोकिल कंठी गीत, 'स्वागत राजकुमार, 'शुभ मंगल, दिन आया', 'रंगमहल में बसंत छाया' जैसे अभिनंदन गीत तथा शंकर शास्त्री द्वारा स्वरबद्ध लता के ही स्वर में बेहद मधुर शास्त्रीय रंग लिए बागेश्वरी में 'चंदा चमके नीलगगन में, प्रीतम चमके मोरे नैनन में' लता का एक विस्मृत पक्ष प्रस्तुत करते हैं। इस फ़िल्म में वीणा का शास्त्रीय ढंग से किया गया उपयोग लाजवाब है–विशेषकर 'क्यों चमेली खिलखिलाती है बता' में तो इसका रूप बहुत ही लावण्य-भरा है। यह आश्चर्यजनक नहीं है क्योंकि ई. शंकरशास्त्री शास्त्रीय कर्नाटक संगीत दुनिया में वीणा वादक के रूप में एक मानी हुई हस्ती थे (उन्हें अनेक पुरस्कारों के साथ भारत सरकार का 'पद्मश्री' खिताब भी प्राप्त हुआ था)। 'बहुत दिन हुए' ही वह फ़िल्म थी जिसकी मद्रास में चल रही शूटिंग के दौरान मधुबाला सख्त बीमार हुई थीं और उनके हृदयरोग की पहचान यहीं हुई थी। बी.एस. कल्ला ने शफ़ी के साथ जुपिटर पिक्चर्स, मद्रास की 'कृष्ण कन्हैया' (1952) में कई भजनों की रचना की थी, पर स्वतंत्र रूप से उनकी फ़िल्म 'दो दूल्हे' (1954) का संगीत बेहतर था और लता के दर्द-भरे 'प्यार की निशानियाँ, गुज़री हुई कहानियाँ' को तो आज भी सभी श्रोता चाव से सुनते हैं। रफ़ी के 'तय न कर पाए जिसे तू, कौन सी मंजिल है यह', ट्रेन की रिद्म पर बने 'जीवन की गाड़ी' (लता, तलत) और लता, तलत के माधुर्य से सराबोर 'चंदा चमकती रात ओ जी मेरे प्रीतम सुनियो मन की बात' जैसे 'दो दूल्हे' के गीत भी कल्ला के हिंदी फ़िल्म-जगत के छोटे सफ़र के यादगार हमराही के रूप में याद रहेंगे।

घंटसला

घंटसला के संगीत-निर्देशन में एन.टी. रामाराव (बाद मे आंध्र के मुख्यमंत्री) अभिनीत 'पाताल भैरवी' (1952) का तलत का गाया 'बिछुड़ गए जो साथी, फिर न मिलेंगे क्या' एवं गीता, तलत की आवाज़ों में दादरा ताल पर अनूठे प्रयोग की लय लिए 'कहीं प्रीत से भरा कोई गीत गा रहा' जैसी मेलोडीज़ भी आज हमसे खो गई है। 'झंडा ऊँचा रहे हमारा' (1964, गंधर्व के साथ) के 'पर्वत डेरा प्यार भरा' (रफ़ी) और 'वादी का समाँ' (एस. जानकी) और 'पांडव वनवास' (1973) तथा 'लव-कुश' (1974) के कई रसपूर्ण गीत भी घंटसला की देन हैं।

एक अन्य भूले बिसरे संगीतकार थे **बी. लक्ष्मण** जिनकी फ़िल्म 'विश्वामित्र' (1952) में

आशा भोंसले के गाए कुछ दुर्लभ मधुर गीत थे। 'तोहे नैनों की मदिरा पिलाऊँगी, सजनवा आन मिलो' और 'मन के मेरे झूलो पिया प्रेम का हिंडोलना' जैसे गीतों से आशा के मद-भरे स्वर की असीम सम्भावनाओं का अहसास हो जाता है और 'नीलकमल पर डोले भँवरा गुन गुन गुन क्या गाए' की शास्त्रीय रचना दुरूह गीतों पर भी आशा के अद्भुत नियंत्रण की उस क्षमता का परिचय कराती है, जिसे निखार देकर आगे के वर्षों में जयदेव ने आशा से कई लाजवाब गीत गवाए। संगीतकार आर. सुदर्शनम ने धनीराम के साथ ए.व्ही.एम. की 'लड़की' (1953) में हिट संगीत दिया था तथा 'शादी शादी शादी, किस्मत की बात है' (किशोर) और शास्त्रीय रंग से पूर्ण गीता के 'रेयर जेम्स' कैसेट्स में भी शामिल 'बात चलत नई चुनरी रंग डाली' जैसे लाजवाब गीत कम्पोज़ किए थे। पर उन्हें हिंदी फ़िल्मों में यदा-कदा ही (जैसे 'मतवाला', 1958, 'महावत', 1961) अवसर मिला। हालाँकि 'मतवाला' का मैंडोलिन के अद्भुत प्रयोग वाला बेहद मेलोडियस उल्लास गीत 'दिल में समाए कोई' (लता, साथी) तो लता के बेहतरीन गीतों में स्थान रखने के काबिल है। एस.वी. वेंकटरमण और टी.आर. रामनाथन ने भी मिलकर 1954 की एक फ़िल्म 'मनोहर' (1954) में लता, संध्या मुखर्जी और हेमंत कुमार के गीत गवाए थे, पर वे गीत अब पूरी तरह खो चुके हैं। जैसा कि हम पूर्व दशक के आलेख में देख चुके हैं, एस.वी. वेंकटरमन ने नरेश भट्टाचार्य और रामनाथ के साथ मिलकर 'मीरा' (1947) में सुब्बूलक्ष्मी से अमर गीत गवाए थे। 'बसो मोरे नैनन में नंदलाल', 'वृंदावन कुंज भवन नाचत गिरधारी', 'चाकर राखोजी', 'मेरे हो गिरधर गोपाल' जैसे कितने ही लाजवाब गीत शास्त्रीय रागों पर आधारित कर उन्होंने अपना नाम अमिट कर लिया है।

रमेश नायडू तेलगू फ़िल्मों के एक बहुत बड़े कम्पोज़र रहे हैं और तेलगू में तो 'मेघसंदेशम', 'आनंद भैरवी' और अनेक फ़िल्मों के उनके शास्त्रीय संगीत आधारित मेलोडी की चर्चा घर-घर की जाती है। हिन्दी में भी उन्होंने कुछ फ़िल्मों को संगीतबद्ध किया था। संगीतकार रमेश नायडू ने निर्माता किशोर साहू की 'हैमलेट' (1954) में 'आ जाओ मेरे प्यारे' जैसा सुमधुर गीत कम्पोज़ किया था तथा रफ़ी और जगमोहन से एक लोकप्रिय दोगाना गवाया था—'घिर घिर आए बदरवा रे कारे'। रमेश ने 'पिया मिलन' (1955) में लता से 'दिल लगा के जाना ना', सुरों के ज़बर्दस्त चढ़ाव-उतार वाला 'याद आ के हरदम सताए', 'दिल का सुन ले तू अफ़साना' तथा बेहद मीठी धुनवाला गीत 'पल भर तुझे जो देख ले' और 'जय सिंह' (1954) में लता, मन्ना डे से 'ये चाँद ये तारे तू, हो तो लगे प्यारे', एवं 'मन वीणा मधुर बोले, मैं राग तू मेरी सरगम' और लता, उषा से लावण्य से सराबोर 'मन सूना तेरे बिन होए' जैसे मेलोडी प्रधान गाने गवाए थे, पर गीतों को अपेक्षाकृत सफलता नहीं मिली। वर्षों बाद रमेश नायडू ने 'नर्तकी चित्र' (1965) और फिर आठवें दशक में 'गंगा भवानी' (1979), 'आज़ादी की ओर' (1986) तथा 'हम भी कुछ कम नहीं' (1991) में संगीत दिया पर पुनः असफल ही रहे। पर यह अवश्य कहना होगा कि रमेश नायडू में माधुर्य का अंश अपने समकालीन बड़े संगीतकारों से कम नहीं था।

आदिनारायण राव

संगीतकार **आदिनारायण राव** 'सुवर्ण सुंदरी' (1958) के संगीत के कारण फ़िल्म संगीत इतिहास में हमेशा याद किए जाते रहेंगे। अन्य दक्षिण भारतीय संगीतकारों की ही तरह शास्त्रीय संगीत की आधारशिला पर लुभावनी मेलोडी का सृजन इनकी विशेषता रही। आंध्र प्रदेश में जन्मे पं. आदिनारायण राव ने पं. सीताराम शास्त्री से शास्त्रीय संगीत सीखा था और वर्षों थियेटर की दुनिया में सक्रिय रहे थे। ये बहुत अच्छे हारमोनियम वादक थे। फ़िल्मों में लेखक के रूप में इन्होंने प्रवेश किया। 'वंदेमातरम' (1939), 'सुमंगली' (1940), 'देवता' (1941) के तेलगू फ़िल्म संगीतकार चित्तूर नागच्या के अधीन आदिनारायण राव ने कई वर्ष काम किया और फ़िल्म-संगीत की कई बारीकियों से परिचित हुए। 'वरुधिनी' (1946), 'गोल्लभामा' (1947), 'पल्लेटूरी पिल्ला' (1950) के जरिए तेलगू फ़िल्मों में संगीतकार के रूप में आए

आदिनारायण राव ने लोक संगीत के साथ-साथ 'पल्लेटूरी पिल्ला' में स्पेनिश धुनों का भी सफल प्रयोग किया। 'अन्नदाता', 'परदेशी', 'अनारकली' (1955) जैसी फ़िल्मों से तेलगू के प्रमुख संगीतकारों में अपना नाम लिखाने के उपरांत तेलगू 'सुवर्ण सुंदरी' के हिंदी रीमेक (1958) से हिंदी फ़िल्मों में उन्होंने पदार्पण किया था। इस फ़िल्म के 14 गीतों में अद्भुत सृजनात्मकता झलकती है चाहे घंटसला के स्वर में 'लक्ष्मी क्षीर समुद्रराज तनयाम' हो या लता, सुधा के स्वरों में राग हमीर पर सृजित अनूठा-सा तराना। 'हट हट हट जा रे नटखट पिया' (सुधा), 'चंदा से प्यारे अँखियों के तारे' (लता, मन्ना डे), 'मैं हूँ परी रसिया रस की भरी, उतरी गगन में मैं' (लता) जैसे लालित्य-भरे गीत एक तरफ और मालकौंस पर आधारित 'मुझे न बुला, छुप छुप छलिया रे मुझे न बुला' (लता) तथा सोहिनी, बहार, जौनपुरी, भजन की रागमाला पर आधारित 'कुहू कुहू, बोले कोयलिया' (लता, रफ़ी) जैसी मशहूर रचनाएँ दूसरी तरफ़। क्या खूब संगीत था इस फ़िल्म में आदिनारायण राव का! इस फ़िल्म में उनकी पत्नी अंजली देवी ने नायिका का रोल किया था।

'हैमलेट' में किशोर साहू और माला सिन्हा

अशोक कुमार, मनोज कुमार और वैजयंतीमाला की अजंलि पिक्चर्स, मद्रास की 'फूलों की सेज' (1964) के साथ आदिनारायण राव पुनः हिंदी फ़िल्म-संसार में आए। इस बार 'सुवर्ण सुंदरी' वाली बात तो न आ सकी, पर 'आ तू आ जरा दिल में आ' (लता, मुकेश) अपने ज़माने में लोकप्रिय हुआ था। 'आएगा कोई हमराज़ मेरे प्यार का' (लता, साथी) तो साधारण रचना है, पर 'तारों की आँखों का तारा है तू' (लता), 'आज की रात मुहब्बत का नशा' (लता, आशा, साथी), 'जाने मुझे क्या हो गया' (लता) और शुद्ध शास्त्रीय तान लिए 'आ भी जा रसिया' (लता, मन्ना डे) अपनी अच्छाइयों के बावजूद लोकप्रिय न हो सकीं। वर्षों बाद 'गनफ़ाइटर जॉनी' (1972), 'जादू नगरी' (1972), 'सती अनसूया' (1974–एस. रंगाराव के साथ) और 'इंकलाब ज़िंदाबाद' (1975) जैसी फ़िल्मों के साथ आदिनारायण पुनः आए थे पर ये फ़िल्में या इनका संगीत चर्चा योग्य भी नहीं कहा जाएगा।

विश्वनाथन

अपने ज़माने के बेहद लोकप्रिय रहे गीत 'लौट गया गम का जमाना, और खुशी लहराती' (लता, हेमंत) की lilting धुन के रचयिता थे **विश्वनाथ-राममूर्ति** जिन्होंने फ़िल्म 'नया आदमी' (1956) के लिए यह गीत कम्पोज़ किया था। 'नया आदमी' में मदन मोहन के कम्पोज़ किए भी दो गीत थे, पर मक़बूलियत विश्वनाथ-राममूर्ति के इस गीत को ही मिली थी। फ़िल्म के नायक एन.टी. रामाराव थे जो बाद में राष्ट्रीय स्तर के नेता बने। 'जगत का रखवाला भगवान' (रफ़ी) की इसी फ़िल्म की विश्वनाथ-राममूर्ति की एक अन्य रचना थी, वह भी कुछ लोकप्रिय रही थी। एम.एस. विश्वनाथन और राममूर्ति दरअसल तमिल फ़िल्मों का एक बड़ा नाम है जिन्होंने तमिल फ़िल्मों के वाद्य-संगीत में आमूल परिवर्तन किए। गिटार और ड्रम्स के साथ पाश्चात्य संगीत को तमिल फ़िल्मों में बहुआयामी रूप में लाने वाले इस द्वय ने पी. सुशीला के कई सुप्रसिद्ध गीतों को कम्पोज़ किया था। शंकर-जयकिशन की तरह ही एकॉर्डियन का बहुल प्रयोग करने वाली इस जोड़ी की एक और खासियत थी–अप्रत्याशित तरीके से मूल संरचना में एक भिन्न स्वर लगाना। एम.एस. विश्वनाथन हिंदी फ़िल्मों में बीच-बीच में आते रहे। पर 'बच्चे मेरे साथी' (1972), 'आखिरी निशान' (1973), 'बागी लुटेरा' (1975), 'बारह घंटे' (1975), 'जीसस' (1976–येसुदास और जोसेफ़ कृष्णा के साथ) जैसी फ़िल्मों का उनका संगीत फ़िल्मों की असफलता के कारण अनसुना ही बीत गया।

टी.जी. लिंगप्पा शिवाजी-गणेशन अभिनीत 'सुहाग' (1958) के संगीतकार थे। पर हिंदी फ़िल्मों में उनकी उल्लेखनीय फ़िल्म शिवाजी गणेशन और एन.टी. रामाराव की अभिनीत 'रामायण' (1960) थी जिसके कई भक्ति-गीतों में श्रेष्ठतम था 'छोड़ चले राम अयोध्या छोड़ चले' (रफ़ी)। लिंगप्पा ने आगे भी एस. बारमुरली कृष्ण के साथ 'आखिरी गीत' (1975) और एस. रंगाराव के साथ 'वीर अर्जुन' (1977) में संगीत दिया था।

मुकुल राय

छठे दशक में ऐसे कई संगीतकार हुए जिनकी कुछ फ़िल्मों या गानों ने तो खूब धूम मचाई, मगर वे आगे विशेष नहीं कर पाए। प्रसिद्ध पार्श्वगायिका गीता दत्त के भाई **मुकुल राय** का नाम इनमें शुमार है। 6 अगस्त, 1926 को बेजिनपुरा, पूर्वी बंगाल में जन्मे मुकुल राय का आरम्भिक जीवन अपने गाँव

और फिर कलकत्ता में बीता। 1941 में उनका परिवार बम्बई आया। हरेंद्रनाथ नंदी से संगीत सीखे हुए मुकुल राय ने कॉलेज की पढ़ाई बीच में ही छोड़कर फ़िल्मों की ओर रुख किया। 'भेद' (1950), 'दो बहादुर' (1953) तो उनकी असफल फ़िल्में थीं, पर 'सैलाब' (1958) और 'डिटेक्टिव' (1958) के गीत खूब चर्चित रहे। मुकुल राय ने स्वयं 'सैलाब' फ़िल्म का निर्माण किया था, जिनके निर्देशक गुरुदत्त थे। मुकुल राय के संगीत में हेमंत कुमार की शैली की छाप स्पष्ट नजर आती है, विशेषकर 'है ये दुनिया कौन सी, ऐ दिल मुझे क्या हो गया' (हेमंत, गीता) की गुंजायमान मेलोडी में। गीता का 'ये रुत ये रात जवाँ' भी सुंदर रचना थी। शक्ति सामंत निर्देशित 'डिटेक्टिव' (1958) के 'मुझको तुम जो मिले ये जहाँ मिल गया' (हेमंत, गीता) की शैली भी बिलकुल हेमंत की संगीत शैली से प्रभावित लगती है। 'डिटेक्टिव' के इस गीत एवं गीता के शांत स्वर में 'दो चमकती आँखों में कल ख्वाब सुनहरा था कितना' के कारण मुकुल राय आज तक यादों में बने हुए हैं, वैसे 'आ जा कर ले मुकाबला' (रफ़ी, गीता) और 'राही चल सँभल-सँभल के' (आशा) भी अच्छी ही रचनाएँ थीं। मुकुल राय हिन्दी की अपेक्षा बाँग्ला में अधिक सफल रहे और 'सचि माल गो' जैसा नारी के 4000 वर्ष पूर्व के मुद्दों पर लिखा और गीता का गाया गीत तो आज भी बंगाल का यादगार गीत है।

उस जमाने के गायकों की एक तस्वीर : बायें से तीसरे सैलेष मुखर्जी

राज कपूर की 'आग' के 'देख चाँद की ओर', 'रब मेरी अरज़ सुन' जैसे गीतों के पार्श्वगायक **शैलेश मुखर्जी** ने बॉम्बे टॉकीज़ की 'मिलन' के अलावा राम गांगुली के निर्देशन में 'विधाता', 'अनमोल मोती', 'दीपक' आदि में गीत गाए थे। 'विधाता' के 'जब से बदल', 'बाम्बे टॉकीज गए हैं वो' और 'अनमोल मोती' का 'तुम ही कल्पना बन के' मशहूर भी हुए थे। आगे चल कर कुछ फ़िल्मों में सैलेष ने संगीत भी दिया था। कलकत्ता में 3 जून, 1926 को जन्मे सैलेष मैट्रिक पास करने के बाद ही फ़िल्म नगरी बम्बई चले गए थे। 'सुहाग सिंदूर' (1953) में सुरेश कुमार के साथ उनका भी संगीत था, पर विशेष बात नहीं बनी। सत्येन बोस निर्देशित 'परिचय' में वेदपाल के साथ सैलेष के संगीतबद्ध गीत भी थे, जिनमें लता के स्वर में 'जल के दिल खाक हुआ, आँख से रोया न गया' की संजीदा धुन खूबसूरती लिए हुए थी। इस गीत में ऑरकेस्ट्रेशन के नाम पर मात्र वॉयलिन का हलका प्रयोग अत्यंत आकर्षक था। इसी फ़िल्म के 'आँसुओं की छाँव में' (लता) में तबले का बहुत प्रभावशाली प्रयोग था। सैलेष की सर्वाधिक हिट फ़िल्म भी सत्येन बोस की ही निर्देशित और अशोक कुमार, मीना कुमारी अभिनीत 'सवेरा' (1958) मानी जाएगी। शैलेंद्र के लिखे और लता के गाए 'नदिया के पानी ओ रे नदिया के पानी' और 'आँख मिचौली खेल रही है मुझसे मेरी तकदीर' जैसे गम्भीर सुंदर गीतों के अलावा बेहतरीन गज़ल शैली की राग बिलावल आधारित कम्पोज़ीशन 'ठहरो जरा सी देर को' (मीना), हलका-फुलका गीत 'छुपा छुपी और छुपी आगड़' (लता, मन्ना डे, साथी) और गीता की चंचल आवाज़ में स्वरों के बेहतरीन उतार-चढ़ाव के साथ मुजरा शैली में 'माने न, माने ना तेरे बिन मोरा जिया माने ना' जैसे गीतों का उल्लेख किया जा सकता है। 'मोनिका', 'मियाँ-बीवी राजी', 'प्यार की प्यास' में सैलेष ने नायक बनकर अभिनय भी किया था। साथ ही गायन भी यदाकदा चलता ही रहा। अरुण कुमार की संगीतबद्ध 'समाज' में आशा भोंसले के साथ गाया उनका दोगाना 'कई दिन से सावन बरसता है' खूब हिट हुआ था। बाद में वे फ़िल्मों से संन्यास लेकर तारदेव के पास 'रोशनी' नाम की एक इंटीरियर डेकोरेशन फर्म चलाने लगे थे।

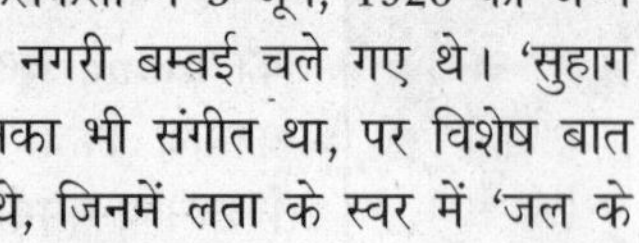

शंकर दासगुप्ता

संगीतकार **हीरेन बोस** अपनी निर्देशित 'रामी धोवन' (1953) में बंगाल की छटा लेकर छा गये थे। बंगाल की पारम्परिक धुनों के मिश्रण पर आधारित 'सौ बरस पर प्रीतम आए' (हेमंत, गीता), मार्मिक-सी गत पर आधारित फ़कीरी गीत 'पंछी उड़ गया प्रीत लगा के' (हेमंत), लोक-शृंगार की रसपूर्ण मिठास लिए 'कानन मोरे श्याम रंग घोले' (गीता, हेमंत) और

'मैं प्रेम दीवानी' (गीता), बैरागी शैली का 'सुन सुन सुन मानुस माई' (गीता, हेमंत, अन्य स्वर) जो अंत में एक कीर्तन जैसी शैली का रूप धर लेती है, लोकशैली के वाद्यों और धुन से सजा 'पिया इन चरनन बलि जाऊँ' (गीता, हेमंत) और इन सबसे बढ़कर हेमंत के स्वर में बंगाल की लोकधुन 'कौन अलबेली अकेली जमुना नहाए' जैसे खूबसूरत गीत इस फ़िल्म के संगीत को अविस्मरणीय अनुभव बनाते हैं। 'विद्याभूषण' और 'संगीत-रत्न' जैसी उपाधियों से विभूषित हीरेन बोस बड़े कलामर्मज्ञ थे और अनिल विश्वास को बम्बई लाकर फ़िल्म 'धर्म की देवी' में मौका भी उन्होंने ही दिया था।

1927 में ढाका में जन्मे और बरेली में पले प्रसिद्ध बंगाली गायक **शंकर दासगुप्ता** को बचपन से ही संगीत का शौक था जिसे उनकी माँ ने प्रोत्साहित किया। बचपन से ही वे शास्त्रीय संगीत सीखते और वॉयलिन बजाने लगे थे। छुट्टियों में बम्बई आए शंकर दासगुप्ता ने रूइया कॉलेज की संगीत प्रतियोगिता में गाया तो श्रोताओं में मौजूद अनिल विश्वास की निगाह उन पर पड़ी। गायक के रूप में अनिल विश्वास की संगीतबद्ध 'मिलन' (1945) के 'ऊपर है बदरिया कारी', 'जीत' के 'चाहे कितनी कठिन', 'दोराहा' के 'तेरा मेरा प्यार', खेमचंद प्रकाश की संगीतबद्ध 'जान-पहचान' के 'दुख से भरा हुआ', बुलो. सी रानी की संगीतबद्ध 'हुस्न का चोर' के 'धीरे-धीरे दिल में' जैसे गीतों से उन्हें ख्याति मिली। संगीतकार बनते हुए उन्होंने एशियाटिक प्रोडक्शन्स की 'सदमा' (1954), मनमोहन पिक्चर्स की 'शीशे की दीवार' (1954–जिसमें उन्होंने स्वयं एक उम्दा गीत गाया था : 'दिल की लगी को कोई न जाने'), गीताबाली अभिनीत 'होटल' (सुरेश–तलवार के साथ) और 'पहली मुलाकात' (1957) में संगीत दिया था। वे अनिल विश्वास और जयदेव के सहायक भी रहे थे। 'This is India' जैसे कई वृत्त चित्रों में भी उनका संगीत था। उन्होंने दूरदर्शन में भी काम किया और बाद में लंदन में एक कोरल ग्रुप 'पुकार' के नाम से चलाया जिसका प्रसारण बी.बी.सी. पर भी हुआ। शंकर दासगुप्ता की खुद की गाई गज़लों के एलबम 'कुछ यादें' और 'दामन' को अच्छी लोकप्रियता मिली थी। 1997 में दुःखद तरीके से ट्रेन के नीचे गल्ती से आ जाने के कारण माटुंगा रोड स्टेशन पर उनकी मौत हो गई।

संतोष मुखर्जी नामक एक और बंगाली संगीतकार फ़िल्म फ़ाइनेंसियर्स, कलकत्ता की 'अनमोल सहारा' (1952) में गीता दत्त के कुछ लुभावने गीत लेकर हिंदी फ़िल्म जगत में आए, पर उनका सितारा भी चमक नहीं पाया। प्रणव डे भी उन बंगाली संगीतकारों में हैं जिन्होंने हिन्दी फ़िल्मों में कदम भर रखा पर आगे नहीं चल पाए। न्यू थियेटर्स, कलकत्ते की 'बकुल' (1955) में उनका संगीत था।

संगीतकार **बी.डी. बर्मन** ने 'चार पैसा' (1955) और 'मोहब्बत ज़िंदाबाद' (1962) में संगीत दिया था। 'चार पैसा' में लता से उन्होंने कई एकल गीत गवाए थे, जिनमें 'माँझी मेरी नैया को जी चाहे जहाँ ले चल' जैसा सरताज का लिखा गीत भी था, जिसमें लता के आलाप और स्वर के उतार-चढ़ाव धुन को आकर्षक बनाते हैं। यह रोचक है कि कुछ वर्षों बाद लगभग इन्हीं शब्दों में थोड़ा परिवर्तन के साथ 'हम हिंदुस्तानी' का मशहूर गीत 'माँझी मेरी किस्मत को जीचाहे जहाँ ले चल' का मुखड़ा राजेन्द्र कृष्ण द्वारा लिखा गया।

एक और संगीतकार का नाम इस श्रृंखला में अवश्य लिया जाना चाहिए। वह थे **अमरनाथ**। हुस्नलाल भगतराम टीम के बड़े भाई अमरनाथ नहीं, बल्कि एक अलग व्यक्ति, एक अलग व्यक्तित्व जिसने अपनी एकमात्र फ़िल्म और समीक्षकों के बीच आज तक चर्चित राजेंद्र सिंह वेदी निर्मित और बलराज साहनी अभिनीत 'गरम कोट' (1955) में अद्भुत सुंदर संगीत दिया था। अमरनाथ शास्त्रीय संगीत के अच्छे ज्ञाता और अमीर खान साहब के शिष्य थे। इस फ़िल्म में उन्होंने एक समूह गीत के अलावा लता से पाँच एकल गीत गवाए थे। 'नन्हा मोरा डोले मोरी अँगनैया' की लोकशैली की प्रस्तुति एक अभूतपूर्व मिठास लेकर लता के स्वर में आई थी। 'कहियो रोए दुखिया रे, जा रे पंछी जा रे कागा देश' में दर्द का सागर यदि प्रभावित करता है तो 'घर आजा मोरे राजा' अपने राग अडाना आधारित और 'प्रीत किए दुख होए' का मीरा भजन अपने जोगिया आधारित क्लासिकी रंग से एक चिरस्थायी रचना की सृष्टि करने में सफल रहे थे। लता इस फ़िल्म की संगीत कम्पोजीशन से इतनी प्रभावित हुईं कि उन्होंने इन गीतों के लिए कोई पारिश्रमिक नहीं लिया था।

संगीतकार **कमल मित्रा** फ़िल्म 'यहूदी के बेटी' (1956) के दो मधुर गीतों 'यह प्यार भरा दिल है मोहब्बत का खजाना' (आशा, हेमंत) और 'प्यार बेकरार है प्यार की पुकार सुन' (लता) के कारण फ़िल्म जगत में याद रहेंगे। फ़िल्म 'बंसरीबाला' (1957) में भी उन्होंने 'चुप-चुप आँखें' (आशा) जैसे आशा और सुधा से कुछ अच्छे गीत गवाए थे, पर सफलता हाथ नहीं लगी। इसी प्रकार संगीतकार **कनु घोष** को अपनी प्रतिभा दिखाने का हिंदी फ़िल्मों में बहुत कम अवसर मिला। सलिल चौधरी के साथ कई फ़िल्मों में सहायक रहे इस संगीतकार ने 'नया ज़माना' (1957) में लता से 'चाँद हँसा तारे खिले', 'घबरा के मुहब्बत कर बैठे',

'कहाँ जाते हो टूटा दिल हमारा' जैसे कुछ सुंदर गीत गवाए, पर उनका यादगार चिरस्थायी गीत रहा 'प्यार की राहें' (1959) का मुकेश का गाया राग गारा पर आधारित दर्द-भरा 'दो रोज़ में वो प्यार का आलम गुज़र गया'। इसी फ़िल्म में लता, हेमंत का एक सुंदर दोगाना भी था–'तुमसे दूर चले, हम मजबूर चले', पर यह गीत अब विस्मृत-सा हो गया है। बाँग्ला में अवश्य कनु घोष अधिक सफल रहे हैं और 'आए रे आए रे छूटे', 'पद्मा कोहे', 'ओगो आमार मोनेर चिरो उदास अनमना', 'रुमझुम झरना', लीक से हट कर कम्पोज़ 'शोने ढेके अंग' जैसे गीता के कुछ अत्यंत लोकप्रिय गीतों के संगीतकार कनु घोष ही हैं। साथ ही तलत के गाए 'अरेक संध्या तारा', 'जे आखिते एरो हाशिले' जैसे उनके संगीतबद्ध गीत यदि अपनी रूमानी कोमलता के कारण आज तक सुने जाते हैं तो दूसरी तरफ़ उनके संगीत-निर्देशन में मन्ना डे के शैलेन्द्र लिखित उत्प्रेरक देशभक्ति गीतों 'अमन का सिपाही मेरा देश', 'इस बार लड़ाई लाने वाला', 'मेरी प्यारी जन्मभूमि' आदि के भी अपने श्रोता रहे ही हैं।

संगीतकार **जेम्स सिंह** उर्फ **जिम्मी** ने पाँचवें दशक की कुछ फ़िल्मों में गाने भी गाए और इसी दशक में संगीतकार बनकर भी उभरे। बॉम्बे टॉकीज की 'मुकद्दर' (1950) में (खेमचंद प्रकाश और भोला श्रेष्ठ के अलावा) संगीत देते हुए उन्होंने 'बाउलामा, है दिया तुझको दिल' (आशा, किशोर, साथी), 'एक दो तीन चार बागों में आई बहार' (आशा, किशोर) जैसे मस्त किशोर के योडेलिंग प्रधान गीत बनाए थे। आशा और किशोर के आरम्भिक युगल गीतों में इनकी गिनती की जा सकती है। किशोर की मशहूर 'योडेलिंग' को प्रथम बार प्रस्तुत करने का श्रेय भी जिम्मी को ही मिलना चाहिए। इसके अलावा 'मधुर प्यार का तार' (आशा, अरुण) जैसा मीठा गीत भी उन्होंने कम्पोज़ किया था। इस प्रकार की हास्य फ़िल्मों के गीतों का दौर 'श्रीमतीजी' (1952) के शमशाद, किशोर के स्वर में 'आशिकों के हुस्न को उलट-पलटकर दिया' और 'मन मिला लो' जैसे हलके-फुलके गीतों के साथ जारी रहा। वैसे इसी फ़िल्म में जिम्मी ने गीता दत्त से 'तक़दीर ने लूटा मुझे' जैसा संजीदा गीत भी गवाया था। पर जिम्मी की तकदीर स्टण्ट और रोमांचकारी फ़िल्मों के ही इर्दगिर्द मँडराती रही। 'स्मगलर' तो रिलीज़ भी न हो पाई, और 'आवारा शहज़ादी' (1956) की कव्वाली 'नबी के चाहने वाले निराली शान रखते हैं' (दुर्रानी, साथी), 'शेरे-बगदाद' (1957) के 'शाहेमर्दा ऐ मौलाअली' (शमशाद) और 'नेक खातून' (1959) में गीता और खान मस्ताना (फ़िल्मों में अपना आखिरी गीत खान मस्ताना ने इसी फ़िल्म के लिए गाया था) द्वारा अल्लाह की शान में गाए 'मौला अब तो सुन ले सुन ले' जैसे गीतों के जरिए जिम्मी मुस्लिम धार्मिक गीतों के कम्पोज़र की छवि वाले छोटे संगीतकार बनकर रह गए। यह एक तरह की विशेषता तो थी, पर इसका दायरा बहुत सीमित था। दूसरी शैलियों के अच्छे गीत अपने इस दौर में जिम्मी ने कम ही बनाए। 'पठान' (1962) में तलत के स्वर में 'आ जा कि बुलाते हैं तुझे अश्क हमारे' अवश्य अपवाद स्वरूप अधिक चर्चित रहा।

'मिस चालबाज़' (1961) और 'टारज़न एंड गोरिल्ला' (1963) जैस फ़िल्मों में जिम्मी के पास कुछ अधिक दिखाने का अवसर भी नहीं था। मोतीलाल और श्यामा अभिनीत 'दुनिया है दिलवाले की' (1966) में रफ़ी और साथियों की कव्वाली 'ये तो किस्मत है हमारी' के अलावा आशा भोंसले के स्वर में 'दिल दिया गम दिया क्या किया' और 'बहकी-बहकी चाल मेरी नशा है शराब का' जैसे एकल गीत भी सफल नहीं रहे। 'टारज़न इन फ़ेरीलैंड' (1968) का उत्कर्ष भरा 'गर प्यार हमारा सच्चा है हर ताकत को ललकारेगा' (रफ़ी, कमल वारोट, साथी) जैसी फ़िल्मों के साथ जिम्मी धीरे-धीरे गुमनाम हो गए। काफ़ी अरसे बाद वे पुनः वापस आए तथा 'खून और सजा' (1984) और 'सच्ची इबादत' (1987) उनकी आखिरी फ़िल्में रहीं।

स्टंट फ़िल्मों और वेशभूषा प्रधान चलचित्रों की छठे और सातवें दशक में भी बहुतायत रही थी। ऐसी फ़िल्में छोटे बैनर की 'बी' या 'सी' ग्रेड की फ़िल्में हुआ करती थीं और ऐसी फ़िल्मों के संगीतकार भी अधिक प्रकाश में नहीं आ पाते थे, पर कई बार इन फ़िल्मों में भी कुछ बड़े मधुर और दिलकश गीत हुआ करते थे। ऐसी फ़िल्मों में कव्वालियाँ भी अकसर ही शामिल रहती थीं, और उनमें से भी कुछ बड़ी अच्छी रचनाएँ थीं, भले ही आज हम उन्हें पूरी तरह विस्मृत कर चुके हो।

ऐसी ही फ़िल्मों के एक संगीतकार थे **इकबाल**। कॉमेडी पिक्चर्स की 'मलिका सलोनी' (1953) में कृष्णदयाल के साथ संगीत देते हुए उन्होंने मीना कपूर और मधुबाला झावेरी से गीत गवाए थे। ईगल फ़िल्म्स की 'जादूगर' (1954) के पश्चात् फ़िरदौस फ़िल्म्स की 'जासूस' (1955) में मालकौंस पर आधारित कर मुबारक बेगम से मुखड़े के बाद सुंदर आलाप से सुसज्जित करते हुए 'दिल टूट गया उल्फ़त की कसम' उन्होंने बड़ी खुसूमियत से गवाया था। ईगल फ़िल्म्स की 'सखी लुटेरा' (1955) में भी आशा की एक बड़ी मधुर lyrical रचना 'तुमसे करते न अगर प्यार तो अच्छा होता', 'अनोखा जंगल' (1956) में प्रसिद्ध कव्वाल इस्माइल आज़ाद एवं पार्टी के गाए 'खेल हर ख़ौफ़ से', 'सिपहसलार' (1956) के बेहद लोकप्रिय और शायराना धुन लिए तलत और आशा के 'डुएट्स टु रिमेम्बर' कैसेट तक में शामिल 'दिल ने छेड़ा है तराना', 'जिप्सी' (1957) में स्वयं गाया मुजफ्फर शाहजहाँपुरी लिखित

दार्शनिक गीत 'वरना कभी न भूल ये दुनिया सराय है', 'चेतक और राणा प्रताप' (1958) के 'हाय सैंया ने बैंया मरोड़ डाली रे' (मुबारक बेगम), 'ब्लैक मेलर' (1959) के 'नज़र उठा के चले', (मुबारक) और कव्वालीनुमा 'मुहब्बत न करना' (महेंद्र, सुमन), हीरो नं. 1 (1959) के 'किया मुझको दीवाना काफ़िर अदा ने' और 'नज़र नचाए सर झुका के लूट लिया' (मुबारक बेगम), 'तूफ़ानी तीरंदाज' (1959) के मैंडोलिन के सुंदर प्रयोग वाला 'जादूगर बालमा ने मेरा दिल लूट लिया' (सुधा), 'रांग नम्बर' (1959) के 'मेरी हर नज़र है बिजली' (शकील बानो, साथी) जैसे गीत इकबाल के दशक के फ़िल्मी सफ़र के उल्लेखनीय गीतों में शुमार किए जा सकते हैं। भगवती प्रोडक्शन्स की 'दिलेर हसीना' (1960) में इकबाल ने महेंद्र कपूर से कई गीत गवाए थे जिनमें 'चाँदनी रात, जियरा डोले' (महेंद्र, सुमन, साथी) असमिया लोक-नृत्य से प्रभावित लगता है। इकबाल ने शायर मुज़फ्फर शाहजहाँपुरी के लिखे कई गीतों को संगीतबद्ध किया था। 'गन फ़ाइट' (1960) के मुज़फ्फर के लिखे कर्णप्रिय 'नैना ये बड़े-बड़े, जिसके भी पीछे पड़े' को गवाने के लिए इकबाल एस. बलबीर के साथ किशोर कुमार को भी लाए थे। पर सुल्तान निर्मित 'ज़ालिम जादूगर' (1960) का 'कैसी बीन बजाई तूने साँवरिया' (मुबारक), 'नाइट बर्ड' (1961) का 'बरसे जादू दिल बेकाबू' (सुमन), 'आहें न भरी शिकवे न किए' की नकल पर कम्पोज़ कव्वाली 'आँसू भी पिए ताने भी सहे' (चाँदवाला, मुबारक, साथी), बड़ी मीठी धुन लिए 'बालों का गजरा' (सुमन) और कव्वाली 'हम तो आए हैं ज़माने में हसीनों के लिए' (इस्माइल आज़ाद, पार्टी), 'तूफानी टारज़न' (1962) की कव्वाली 'रात कटती नहीं हाय तारों भरी', 'काला जादू' (1963) का 'चुप न रहो कुछ तो कहो इस बहार में', 'पहाड़ी नागिन' (1964) का 'तेरे तीरों से दिल हुआ घायल' (मीर पुरुषोत्तम), 'ब्लेक ऐरो' (1965) की कव्वाली 'नज़र आते हो तुम' (मुबारक बेगम, जानी बाबू, पार्टी), लोक धुन आधारित 'फ़ौलादी मुक्का' (1965) का 'आ जा रे आ पिया तड़पे जिया' (सुमन) जैसे गीत लोकप्रिय नहीं हुए और अंततः इकबाल का स्टंट फ़िल्मों के संगीतकार का फ़िल्मी जीवन भी 'सी.आई.डी. एजेन्ट 302' (1963), अप्रदर्शित 'जिप्सी' तथा 'देखिए आप हमें इस तरह न देखा कीजे' (सुमन, रफ़ी) जैसे रूमानी, शायराना गीत वाली 'राजकुमार सूरज' (आठवाँ दशक) जैसी फ़िल्मों के साथ समाप्त हो गया। पर इकबाल ने भले ही फ़िल्मों में कोई स्थायी प्रभाव नहीं छोड़ा हो, गैरफ़िल्मी कुछ अमर रचनाएँ उन्हीं की कम्पोज़ की हुई लगती हैं। विशेषकर मुकेश के गाए मुस्लिम इबादती गीत, 'अकद का एहसास होता है' (फ़ातिमा ज़ोहरा की शादी), 'उम्रे फ़ारूके आज़म की', 'ज़ेहरा के मिन्नती रोज़े', 'है बहुत मशहूर किस्सा' अपने ज़माने में चर्चित रहे थे, और आज भी रेडियो पर सुनाई दे जाते हैं। ये फ़िल्मों वाले इकबाल थे या कोई और, इसके बारे में वैसे निश्चित जानकारी मेरे पास नहीं है। इकबाल ने बाद के वर्षों में शैलेन्द्र सिंह की गाई कुछ गजलों को भी कम्पोज़ किया था (यदि ये वही इक़बाल थे)–जिगर का कलाम 'अब तो ये भी नहीं रहा', ज़फ़र की शायरी 'मुझको मत रोको', शौकत परदेसी की गज़ल 'एक एक दाग़' सुनने में अच्छी ही लगती है।

स्टण्ट फ़िल्मों के सबसे सफल संगीतकारों में **सुरेश–तलवार** का नाम प्रमुखता से लिया जाना चाहिए। स्टण्ट, काल्पनिक और वेशभूषा प्रधान छठे दशक की कई फ़िल्मों में उन्होंने संगीत दिया और इस जरिए ही इतनी हैसियत बना ली कि कुछ सामाजिक फ़िल्मों में भी काम मिलने लगा। 'होटल' (1958), 'सैर-ए-परिस्तान' (1958) जैसी फ़िल्मों का संगीत आजकल सुनने को नहीं मिलता पर 'सैर-ए-परिस्तान' में सुरेश–तलवार ने मन्ना डे से 'ज़बां पर जब कभी घबरा के' बड़ी उदात्त शैली में गवाया था। 'तीर्थयात्रा' (1958) के भी मन्ना डे और सुमन के 'गंगा के नीर', 'हमारे तीर्थ न्यारे हैं' जैसे कुछ भक्ति युगल गीतों को तात्कालिक मकबूलियत भी मिली और यही बात सामाजिक फ़िल्म 'फ़ैशनेबल वाइफ़' (1959) के 'जीवन पल में कहाँ पथिक तुझे आराम' (मन्ना डे), 'शिरडी के साईं बाबा' (गीता), 'झूमने के दिन आए' (गीता, महेन्द्र) के बारे में भी कही जा सकती है।

सुरेश–तलवार की सबसे मशहूर और ख्यातिनाम फ़िल्म 'साहिल' (1959–डी.सी. दत्त के साथ) रही। 'साहिल' में गीता के स्वर में रहस्यमय संगीत के साथ 'आजा रे मँझधार में' की शुरुआत कर अंतरों में सुरेश-तलवार ने रिद्म परिवर्तन की अच्छी प्रस्तुति की थी। आशा के गाए और जनार्दन मुक्तिदूत के लिखे काव्यात्मक गीत 'शीतल पवन सनासन डोले' को पूरबी लोकशैली में बहुत सुंदर तरीके से ढाला गया था। फ़िल्म का सबसे लोकप्रिय गीत था हेमंत, आशा के युगल स्वरों में 'तुम्हारी मुहब्बत है इक चीज़' जो कि एक बहुत सुंदर मेलोडी थी। वहीं गीता के गाए 'खत्म कर दे दास्ताँ' को तो एच.एम.व्ही. द्वारा गीता के 'रेयर जेम्स' कैसेट्स में भी शामिल किया गया है।

सुरेश-तलवार की एक अन्य उल्लेखनीय फ़िल्म 'लेडी ऑफ द लेक' (1960) थी, जो शायद गीतकार अनजान की भी गीतकार के रूप में प्रथम फ़िल्म थी। सुधा मल्होत्रा और साथियों के स्वर में 'झुन झुन झुन झुन बाजे मोरी पायलिया' सुधा के हिट गानों में शामिल है और एच.एम.व्ही. द्वारा निकाले गए 'द बेस्ट ऑफ सुधा मल्होत्रा' कैसेट में भी इसे स्थान दिया गया है। इस गीत

में एस.एन. त्रिपाठी की शैली से प्रभावित 'सुन रे ओ छलिया' (गीता, महेंद्र) भी कर्णप्रिय गीत था, हालाँकि मौलिकता की कमी अखरती है। फ़िल्म 'ऐलिफ़ैंट क्वीन' (1961) में सुरेश-तलवार ने लोकसंगीत की अच्छी मिसाल पेश की थी। 'तेरा गोरा गोरा मुखड़ा हाय कर गया कोई जादू' (सुधा, महेंद्र) में पंजाबी लोकशैली और 'छाई री बदरिया' (आशा, साथी) में भी ग्रामीण लोक कलात्मकता की छटा मिलती है। वहीं 'जंगल ब्वॉय' (1963) के 'यह धक धक क्या है' (सुधा) और 'साँसों की महकी हवाएँ' (गीता) पाश्चात्य ऑकेस्ट्रेशन से सजे गीत थे। अनजान के साथ सुरेश-तलवार पुनः 'राष्ट्रवीर शिवाजी' (1962) में आए, पर गीत चले नहीं। यही हाल 'तिलस्मी दुनिया' (1962), 'टार्ज़न और जादूगर' (1963) और 'चार चक्रम' (1965) के गीतों का रहा।

यह पता नहीं कि सुरेश-तलवार जोड़ी के ही सुरेश, सुरेश कुमार के नाम से स्वतंत्र रूप से भी संगीत देते थे या नहीं, पर संगीतकार **सुरेश कुमार** का नाम भी कई फ़िल्मों में संगीतकार के रूप में आया। मूलतः गुजराती, सुरेश कुमार ने गुजरात के संगीत के भिन्न रूपों का अपनी संगीतबद्ध फ़िल्मों में कई बार प्रयोग किया। शैलेश मुखर्जी के साथ सहायक के रूप में उन्होंने 'सुहाग सिंदूर' (1953) के 'चुपके से हो गया प्यार' (आशा, शैलेश) जैसे गीतों की धुन बनाई थी। सुरेश कुमार के संगीत को अगर ध्यान से सुना जाए तो उसमें हमें एक तरफ तो नृत्यात्मक और शृंगार का उभार मिलता है, वहीं दूसरी ओर कहीं-कहीं पाश्चात्य शैली और क्लब सांग की थिड़कन भी नज़र आती है। 'बुझ गया दिल का दिया' (सुबीर सेन–जादुई अंगूठी, 1964) 'कौन ये दिल में समाया' (महेंद्र–जादुई अंगूठी, 1964), 'कृष्णावतार' (1964) के गरबा शैली पर सुमधुर 'हो जाने कैसे बजाई बंसी' (सुमन, साथी) और रसपूर्ण तथा शृंगार युक्त 'मन भाए तोरी शाम मुरलिया', 'बार-बार गई रे हार में सखी' और 'आज मन गगन मयूर मेरा नाचे' जैसे सुमन के गीत, 'रुस्तमे-रोम' (1964) का रवानगी-भरा 'ये बहकती घटाएँ' (आशा, रफ़ी), 'टारज़न की महबूबा' (1966) के सुमन के गाए 'पलकों की छाँव तले' और 'उफ़ ये मौसम खुशनुमा', 'लुटेरा और जादूगर' (1968) का रूमानी सुरों से सजाया 'मेरे महजबीं मेरे हमनशीं' (सुमन, महेंद्र), 'S.O.S जासूस 007' (1969) के मनहर के गाए दिलकश 'मेरे दोस्त ऐ मेरे हमनशीं' और 'कौरव-पांडव' (1970) के 'झनक झनक बाजी मगन लहरों की पायलिया' (सुमन), 'मोरनी चुगने गई रे हंसनी मानसरोवर तीर' (सुमन), 'बाँकी चितवन के रूप-रंग' (मन्ना डे) जैसे कर्णप्रिय गीत सुरेश कुमार की देन थे, पर ये गीत कमोबेश गुमनाम ही रहे हैं। वर्षों बाद 'राजकुमारी' (1979) में योगेश के लिखे गीतों के साथ सुरेश कुमार का नाम फिर आया, पर 'उसी को दूँगी दिल' (प्रीति सागर), 'हमदम मेरे कुछ दिनों की मुलाकात है' (प्रीति सागर, नितिन मुकेश), 'ओ जा रे हट झटपट' (कृष्णा कल्ले), 'नाचे जिया मोरा' (मन्ना डे), 'ओ सपेरे इस मौसम में बीन बजा मत' (कृष्णा कल्ले) तथा 'कब से भटक रही हूँ' (कृष्णा कल्ले) जैसे अच्छे खासे गीत चल नहीं पाए। 'बहू हो तो ऐसी' (1982) और 'वक्त से पहले' (1985–जिसमें उन्होंने नितिन मुकेश से कई गीत गवाए थे) भी असफल रहे। यह दूसरी बात है कि 'वक्त से पहले' में सुरेश कुमार ने अपनी शैली को बदलकर पाश्चात्य oldies की शैली को 'Make memories' (नितिन, प्रीति सागर), 'रुको राम' (नितिन, प्रीति सागर) और 'तन्हाई तुझको सताने' (नितिन, सुषमा श्रेष्ठ) जैसे गीतों में लाने का सुंदर प्रयास किया था। सुरेश कुमार ने कई गुजराती फ़िल्मों में भी लोकप्रिय संगीत दिया है, विशेषकर 'घरचा भेदी', 'गड़बड़ घोटाला', 'कुलदीपक' आदि।

मराठी संगीत का एक बड़ा नाम **बसंत पवार** का रहा है। मराठी संगीत-शैलियों विशेषकर तमाशा, लावणी, सवाल-जवाब और नांदी को समाहित करते हुए पवार के कम्पोज़ीशन्स मराठी संगीत जगत में बहुत प्रशंसित रहे हैं। पवार के साथ यह प्रसिद्ध रहा है कि वे शराब के साथ ही अपनी रचनाएँ कम्पोज करते थे तथा एक ही महफ़िल में बिना साज़िन्दों के ही कई-कई धुनें कम्पोज़ कर डालते थे। बसंत पवार की संगीतबद्ध प्रमुख मराठी फ़िल्मों में अतिलोकप्रिय 'सांगत्ये एका', 'लोक शाहीर', 'पंचारनी', 'धाकरी जाऊ', 'रंगत्या रात्रि', 'शशि' (जिसमें लता के गाए मृदुल 'गाई घरा' और 'फुलाचे फूल मी' में भावगीत विधा की सुन्दर प्रस्तुति थी) के नाम लिए जा सकते हैं। हिंदी फ़िल्म-जगत में पदार्पण करते हुए बसंत पवार ने राजा परांजपे निर्देशित 'दो कलियाँ' (1948) में एक गीत 'जवानी बार-बार नहीं आए' की संगीत-रचना के अलावा फ़िल्म का स्टेज संगीत भी दिया था। 'शिवलीला' (1952) में उन्होंने आशा भोंसले से कई शिव स्तुति गीत भी गवाए थे। पर सही तरह से बसंत पवार उभरे रामचंद्र बढ़ावकर के साथ मिल के जिनकी बसंत रामचंद्र के नाम से बनी जोड़ी ने छठे दशक की न सिर्फ मराठी बल्कि कुछेक हिंदी फ़िल्मों में भी कुछ सरस गीत कम्पोज किए। आह्लाद चित्र, पूना की दत्ता धर्माधिकारी निर्मित 'नन्हे-मुन्ने' (1952) के प्रसिद्ध शास्त्रीय गायक वसंत देशपांडे, आशा भोंसले और साथियों के गाए 'हाथों से करो काम' में उन्होंने बसंत देशपांडे से अच्छे तान लगवाए थे। हरमिंदर 'हमराज़' के 'गीतकोश' के अनुसार इसी गीत को फ़िल्म के मराठी संस्करण 'चिमणी पाखरे' (1952) में भी शामिल किया गया था। आह्लाद चित्र की दत्ता धर्माधिकारी की ही 'महात्मा' (1953) के 'नैना भर आए नीर दाता' (मन्ना डे) और 'कौन ये लुट

के हँस दिया' (आशा, मा. प्रकाश), 'कलाकार' (1954) के 'मेरे ग़म की उनको ख़बर क्यों नहीं' (आशा) और मचलते बीट्स में थोड़ा लावणी का प्रभाव लिए 'सैंया सपने में मिले कल रात' (आशा), 'सावधान' (1954) का बाँसुरी और तबले पर गज़ल-शैली का साहिर लुधियानवी का लिखा 'नज़र से दिल में समाने वाले' (आशा), 'सुहागन' (1954) का शास्त्रीय आधार लिए 'जमुना के तीरे राधे' (लता) और सुंदर लोरी 'मेरे लल्ला को सुनाएगी' (आशा) जैसी उनकी कुछ रचनाएँ याद की जा सकती हैं। बसंत पवार की मृत्यु बड़ी त्रासद परिस्थितियों में कोल्हापुर में हुई।

प्रसिद्ध मराठी फ़िल्मों और मराठी गैरफ़िल्मी गीतों के संगीतकार **बसंत प्रभु** ने भी कुछ हिंदी फ़िल्मों में संगीत दिया था। दिनकर पाटिल निर्देशित 'घरबार' (1953) में उन्होंने लता से 'माँ की ममता प्यार पिता का', धीमे लहराते सुरों के साथ बेहतरीन गीत 'बर्बाद हो रहा है इक घर बसा बसाया' और 'कसम है तुझे मेरे प्राण' जैसे घरेलू गीत गवाए थे। आशा और तलत के युगल स्वरों में 'तेरी मर्ज़ी है जहाँ, मुझे ले चल वहाँ' की धुन उन्होंने मचलते बीट्स पर बनाई थी।

जिन शास्त्रीय संगीत के विद्वानों ने कुछ हिंदी फ़िल्मों में संगीत दिया उनमें **अली अकबर खाँ** का नाम भी प्रमुखता से आता है। जोधपुर के राजघराने से उन्हें नवकेतन की फ़िल्मों में संगीत देने के लिए चेतन आनंद लाए। इप्टा से सम्बद्ध रहे चेतन हमेशा स्तरीय सिनेमा देने के प्रयास में रहते थे। इसी स्तर की तलाश में वे पहले रविशंकर को भी बतौर संगीतकार लाए थे, और छठे दशक में 'आँधियाँ' (1952) के लिए अली अकबर खाँ को चुना गया। इस फ़िल्म में तीन भागों में रेकॉर्ड किया लता के स्वर में 'है कहीं पर शादमानी और कहीं नाशादियाँ' की संजीदा धुन के साथ अली अकबर खाँ का सरोद क्या खूब बजा है! इस गीत की तारीफ़ संगीतप्रेमी आज तक करते हैं। वहीं फ़िल्म के लोकप्रिय रूमानी गीत 'वो चाँद नहीं है दिल है किसी दीवाने का' (हेमंत, आशा) को तो एच.एम.व्ही. ने वर्षों बाद रिलीज हेमंत कुमार के रेयर जेम्स कैसेट्स में भी शामिल किया है। इन दोनों गीतों में मिठास को बढ़ाने के लिए बाँसुरी का भी बड़ा लुभावना प्रयोग अली अकबर खान ने किया। लक्ष्मीशंकर के स्वर में 'नैन मन मोर बना' भी फ़िल्म की एक अच्छी कम्पोज़ीशन थी। हल्के ऑरकेस्ट्रेशन के साथ की मेलोडी 'आँधियाँ' की विशेषता रही है।

अली अकबर खान

यह भी एक रोचक तथ्य है कि संगीतकार जयदेव 'आँधियाँ' (1952) और अली अकबर द्वारा स्वरबद्ध नवकेतन की ही 'हमसफ़र' (1953) में अली अकबर खान के सहायक रहे थे। 'हमसफ़र' में अली अकबर खान को साहिर लुधियानवी के गीतों को स्वरबद्ध करने का मौका मिला। किशोर कुमार और साथियों के स्वर में 'लीला अपरम्पार प्रभुजी' कुछ लोकप्रिय अवश्य रहा था, पर कम्पोज़ीशन में कोई खास बात नहीं थी। तलत और आशा के गाए रूमानी दोगाने 'किसी ने नज़र से नज़र जब मिली दी' भी कोई असर नहीं छोड़ती। गीता के स्वर में 'हसीं चाँदनी भींगी-भींगी हवाएँ' और बाँसुरी के सुंदर प्रयोग वाली 'कोई दूर बजाए बाँसुरी' (लता) ठीक-ठाक रचनाएँ थीं, पर कुल मिलाकर 'हमसफ़र' का स्कोर कमज़ोर ही माना जाएगा और शायद यही कारण हो कि नवकेतन ने इस फ़िल्म के बाद बतौर संगीतकार अली अकबर खान को पुनः अवसर नहीं दिया।

अली अकबर खान सरोदवादक के रूप में तो अंतर्राष्ट्रीय स्तर पर मशहूर रहे ही हैं और शास्त्रीय संगीत की दुनिया में उनकी महारत से तो सभी परिचित हैं। राहुल देव बर्मन ने भी अली अकबर खान से ही सरोद सीखा था। अली अकबर खान को कुछ बाँग्ला फ़िल्मों में भी संगीत देने का अवसर मिला। सत्यजित राय की प्रसिद्ध फ़िल्म 'देवी' में संगीत देते हुए उन्होंने राग चंद्रनंदन का बहुत सुंदर इस्तेमाल किया। 'देवी' में सत्यजित राय के लिखे एक गीत को रामप्रसादी लोक धुन में सजाया गया था। इसी प्रकार फ़िल्म 'क्षुधिता पाषाण' में अमीर खान साहब से 'पिया के आवन की' और 'घिमता घिमता', अमीर खान तथा

प्रतिभा बनर्जी से 'कैसे करे रजनी' तथा 'अंतरिक्ष' में प्रतिभा बनर्जी और स्वरूपलता से 'तरस तरस गाए नैन' और 'सुरेर प्यासी' में ए.टी. कानन और प्रतिभा बनर्जी से 'पिया बिन जिया मोरा' जैसे विशुद्ध शास्त्रीय गीत उन्होंने हिंदी में गवाए। अभी कुछ वर्षों पहले पंद्रहवी से उन्नीसवीं सदी के संगीत की याद लेकर सृजित आशा भोंसले के साथ उनके एलबम 'द लेगेसी' की भिन्न रागों में ख़याल, तराना, प्रार्थना, होरी जैसी रचनाएँ बहुत चर्चित और लोकप्रिय रही थीं।

शास्त्रीय संगीत के उस्ताद **पंडित मोतीराम** बहुत कम फ़िल्मों में संगीतकार रहे, पर गीत उन्होंने बेहद दिलकश बनाए थे। श्री फ़िल्मस की 'लचक' (1951) में लता के स्वर में संगीतबद्ध उनका गीत 'टूटते ही दिल मुहब्बत के मजे आने लगे' अपनी सुघड़ कम्पोज़ीशन और बड़ी ख़ूबसूरत शैली के कारण लता के अच्छे मेलोडीप्रधान गीतों में गिना जाएगा। 'दिल को वो छेड़ती है' (रफ़ी, आशा), 'लचक मेरी देखते जाना' (शमशाद) और 'प्यार किया जी मैंने' (लता) जैसे अन्य गीत भी इस फ़िल्म में थे। 'ईमान' (1951) की रेकॉर्डिंग भी इसी वक्त सम्पन्न हुई थी। भले ही फ़िल्म प्रदर्शित न हो सकी हो, पर इस फ़िल्म के अति सुंदर 'तुम बड़े वो हो मुहब्बत का मज़ा क्या जानो' (तलत, आशा) की लोच-भरी धुन को भला कौन संगीत-प्रेमी एक बार सुनकर भुला पाएगा? 'ईमान' में और भी कई अच्छे गीत थे—'बचपन का ज़माना याद है' (आशा, तलत), 'मेरा जी चाहता है इक बार प्यार कर लूँ' (आशा), 'सैंया छम छम आना' (आशा), 'कोई आ जाए पास मेरे' (आशा) आदि। पंडित मोतीराम एक ज़माने में नौशाद के सहायक भी रहे थे। सितम्बर, 1976 में इनका निधन हो गया।

गायकों की पिकनिक

जगमोहन

कुछ नामी-गिरामी गायक भी इस दशक में कुछ फ़िल्मों में संगीतकार के रूप में आए। हेमंत कुमार पर तो अलग से एक पूरा आलेख ही है, पर कुछ अन्य ऐसे कलाकारों की चर्चा यहाँ करना लाज़िमी हो जाता है। प्रसिद्ध गायक **जगमोहन सुरसागर** ने भी संगीतकार के रूप में ज्ञान मुखर्जी प्रोडक्शन्स की 'सरदार' (1955) द्वारा संगीत-निर्देशन के क्षेत्र में कदम रखा था। इस फ़िल्म में जगमोहन ने बड़ा सुंदर संगीत दिया था और उनका संगीतबद्ध 'बरखा की रात में हे हो हा' (गीता, साथी) तो वर्ष की बिनाका गीतमाला की ऊँची पायदान पर पहुँचा था। पर फ़िल्म का सबसे ख़ूबसूरत गीत तो था लता का गाया 'प्यार की ये तल्ख़ियाँ' जिसे यमन कल्याण और भूपाली के सुरों में पिरोकर जगमोहन ने बड़ी ऊँची पट्टी पर गवाया था। 'चल री चल नैया' (हेमंत), 'जी दिल तो हमको दीजिए' (लता), 'जियरा कलपे है सारी रात परदेसी राजा तोरे बिना' (आशा) आदि फ़िल्म के अन्य उल्लेखनीय गीत थे। पर जगमोहन की ख्याति संगीतकार के रूप में न होकर 'मुझे न सपनों से बहलाओ' जैसे प्राइवेट गीतों के गायक और 'मेघदूत' के फ़िल्मी पार्श्वगायक के रूप में कहीं अधिक है।

प्रसिद्ध गायक **मुकेश** ने स्वयं भी अपनी निर्मित और अभिनीत फ़िल्म 'अनुराग' (1956) में संगीत दिया था। फ़िल्म तो पिट गई और मुकेश ने यह तय कर लिया कि हीरो बनना उनके भाग्य में नहीं है, पर फ़िल्म के गीत बहुत सराहे गये और यह आश्चर्यजनक है कि मुकेश ने आगे किसी फ़िल्म में संगीत क्यों नहीं दिया। 'किसे याद रखूँ किसे भूल जाऊँ' के बेहद प्रभावशाली संजीदा सुर और 'पल भर की ही पहचान में परदेसी सनम से' की रिद्म तो स्वयं उनके ही स्वर में फ़िल्म के यादगार गीत है। पर फ़िल्म में लता से भी उन्होंने कुछ अच्छे गीत गवाए थे। 'तेरे बिन सूना सूना लागे दुनिया का मेला' और 'जिसने प्यार किया उसका दुश्मन ज़माना' की धीमी मेलोडी और 'नज़र मिलाकर नज़र चुराना' की भैरवी आधारित शंकर-जयकिशन शैली की तर्ज़ अच्छी बन पड़ी थी। जिस तरह मन्ना डे ने अपनी स्वरबद्ध 'चमकी' में मुकेश से एक गीत गवाया था, उसी तरह मुकेश ने भी 'अनुराग' के 'हो सका दो दिलों का न मेल रे' के लिए मन्ना दा की आवाज़ ली थी। मुकेश ने अपने गाए कुछ ख़ूबसूरत गैरफ़िल्मी गज़लों की भी धुन स्वयं बनाई थी। बहादुर शाह जफ़र की 'दिया अपनी खुदी को जो हमने मिटा' और 'गई यक-ब-यक जो हवा पलट' तो लाजवाब गज़लें थीं जो बहुत मक़बूल भी रही थीं। कैफ़

मुकेश

इरफ़ानी के लिखे 'जिएँगे मगर मुस्कुरा न सकेंगे कि अब ज़िंदगी में मुहब्बत नहीं है' में तो कशिश अपनी इंतहा पर ही जा पहुँची है, और कहते हैं कि इस गीत को भी मुकेश ने ही स्वयं कम्पोज़ किया था। कहा जाता है कि एक ज़माने में इस गीत को गाते हुए राज कपूर और मुकेश अपनी कई शराब की महफ़िल भरी शामें बिताया करते थे।

प्रसिद्ध गायिका **सुधा मल्होत्रा** ने भी बतौर संगीतकार फ़िल्मों में एक यादगार गीत कम्पोज़ किया है। 'दीदी' (1959) के निर्माण के समय संगीतकार एन. दत्ता के बीमार पड़ जाने के कारण साहिर की रचना 'तुम मुझे भूल भी जाओ तो ये हक है तुमको' की धुन सुधा मल्होत्रा ने बनाई और मुकेश के साथ गाकर इस गीत को फ़िल्म-जगत के सदाबहार गीतों में स्थान दिला दिया।

गायक **मन्ना डे** ने कई फ़िल्मों में संगीत भी दिया था, यह बात कई लोग नहीं जानते। गायक के रूप में उन्हें पाँचवें दशक में आगे बढ़ाने वाले प्रसिद्ध संगीतकार एच.पी. दास ने ही अपने साथ उन्हें लक्ष्मी प्रोडक्शन्स की नंदलाल जसवंतलाल निर्देशित 'सती तोराल' (1947) और 'वीरांगना' (1947) में संगीतकार बनने का अवसर दिया। फ़णि मजुमदार ने अपनी निर्देशित फ़िल्म 'हम भी इंसान हैं' (1948) में एच.पी. दास और मन्ना डे की जोड़ी को पुनः अवसर दिया। फ़िल्म 'जान पहचान' (1950) में खेमचंद प्रकाश के साथ मन्ना डे का भी संगीत था। पर इस फ़िल्म के गीतों की लोकप्रियता का श्रेय खेमचंद प्रकाश के हिस्से गया।

खेमचंद प्रकाश के साथ जयंत देसाई की मशहूर फ़िल्म 'श्री गणेश जन्म' (1951) में भी मन्ना डे का संगीत था। 'जय गणपति विजय हमारी हो' (सुलोचना कदम, साथी), 'आया है मंगल त्यौहार' (मन्ना डे, सुलोचना कदम, साथी), 'जय दुर्गे जगदम्बे' (सुलोचना, गीता, साथी) जैसे स्तुति गीत काफ़ी सराहे गये थे, भले ही आज ये कभी सुनाई भी न पड़ते हों। वैसे मन्ना डे का संगीत चमका जे.के. नंदा द्वारा निर्देशित 'चमकी' (1952) में। मुकेश के स्वर में 'कैसे ज़ालिम से पड़ गया पाला रे' में मन्ना दा ने मुकेश से इस प्रकार का हलका-फुलका गीत न सिर्फ बेहतरीन तरीके से गवाया है, पर साथ में तबले की क्या खूब संगत दिलाई है। 'नहीं मालूम क्यों पिया जब से मिले तुम' (लता) में एक लुभावनी-सी रूमानियत थी, 'ओ बावालू अरे ओ बावालू' (लता) में विदेशी बीट्स की अदा, 'मैं तो जंगल की चंचल हिरणिया' में गीता के स्वर की सारी अठखेलियाँ तो 'प्यार को मत कहो कोई प्यार' में लता के स्वर का सारा दर्द विद्यमान था। बॉम्बे टॉकीज़ की 'तमाशा' (1952) में खेमचंद प्रकाश की मृत्यु के बाद संगीत का काम मन्ना डे और एस.के. पाल ने ही पूरा किया। मन्ना डे के संगीतबद्ध 'खाली पीली काहे को अक्खा दिन' (किशोर), 'भूल सके न हम तुम्हें' (लता), 'मेरे छोटे से दिल को' (लता) और 'रात काहे मीठा मीठा' (गीता) गीत उस जमाने में लोकप्रिय भी रहे थे। रवीन्द्र दवे की निर्देशित गीता बाली अभिनीत 'नैना' (1953) में गुलाम मुहम्मद के संगीतबद्ध यदि तीन गीत थे तो मन्ना डे के संगीतबद्ध चार। 'जग कहता है मैं हूँ अंधी' (लता), 'जिया चाहे करूँ तोसे प्यार' (लता), 'मेरी जिंदगी एक ऐसा दिया' (आशा) और 'भूल गई सुध बुध' (आशा, आशिमा बनर्जी) जैसे गीत भले ही चले नहीं, पर मन्ना डे ने इनमें मेलोडी अच्छी ही दी थी।

संगीतकार के रूप में मन्ना डे के गीतों की लोकप्रियता सीमित ही रही। चाहे 'शुक रम्भा' (1953) के आशा और गीता के गाए गीत हों', या 'महापूजा' (1954—अविनाश व्यास और शंकरराव व्यास के साथ) का 'हंसा रे ओ हंसा रे करके प्रीत पछताना क्या' जैसा मार्मिक गीत, 'जय महादेव' (1955) का 'चली चली चली प्रेम पंथ की कामिनी' (आशा, मन्ना डे) जैसा सुंदर सरस गीत, 'गौरी पूजा' (1956) का पूरबी शैली का 'पनघट पे जाऊँ' (आशा) जैसा लोक आधारित गीत या फिर 'नाग चम्पा' (1958) के 'छोड़ गए अटरिया गए साँवरिया', 'ओ नैनो में गोरी किसे बसा लिया', 'एक जाओ गरमा भइया, 'बोलो बोलो नाग देवताओ' जैसे लता के मेलोडी प्रधान गीत हों, ये गीत कभी भी लोकप्रियता की ऊँचाई नहीं पा सके। बाँग्ला में तो कई गैरफ़िल्मी गीतों के अलावा 'राम धाका' और 'बाबू मोशाय' जैसी फ़िल्मों का उनका संगीत खूब लोकप्रिय रहा, पर हिंदी में वे अगले दशकों में मुख्यतः गायन तक ही सीमित रहे।

अपने गाए और संगीतबद्ध मन्ना डे के 'दर्द उठा फिर हलके-हलके', 'मेरी भी एक मुमताज़ थी', बेहद आधुनिक और संवेदनशील 'ये आवारा रातें', 'पल भर की पहचान आपसे', 'बिंदिया जाने कहाँ खोई', 'बिरही नैना जोगी भए' जैसे गैरफ़िल्मी गीतों को उन्होंने यादगार बना दिया है पर हिंदी फ़िल्मों में तो फिर वर्षों बाद आठवें दशक में ही मल्लिका साराभाई अभिनीत और प्रभात

मुखर्जी निर्देशित 'सोनल' (1973) में योगेश के लिखे गीतों को संगीतबद्ध करने का अवसर पुनः मन्ना दा को मिला और इस बार ज़माने के हिसाब से काफी आधुनिक संगीत लेकर वे आए। सलिल चौधरी की शैली जैसी **'ये महका मौसम'** (लता) की लय और थिरकन आकर्षक थी, वहीं 'हलका-हलका छलका-छलका' (लता) में आधुनिक दिलकश शैली के साथ गिटार के chords का अच्छा उपयोग था। सलिल की शैली का ही प्रभाव 'साथी अलबेले कब से हैं अकेले' (मन्ना डे, उषा मंगेशकर) की रवानगी और 'दीवानगी ये प्यार की' (मन्ना डे, उषा) की प्रयोगात्मकता में अभिव्यक्त होता है।

संगीतकार **सादत खान** ने कई फ़िल्मों में गीत भी गाए, विशेषकर तीन-चार गायकों की गाई कव्वालियों में एक नाम अकसर सादत खान का रहता था। संगीतकार के रूप में पाँचवें दशक में अल्मास पिक्चर्स की सादिक निज़ामी द्वारा निर्देशित **'भक्ति मैना'** (1947) के संदर्भ में उनका नाम लिया जा सकता है।

छठे दशक की 'बहराम डाकू' (1959) और सातवें दशक की 'आँख का सितारा' (1961) के संगीतकार सादत भी सम्भवतः वही सादत खान हैं। 'बहराम डाकू' में सादत ने बहुत दिलकश संगीत दिया था। जानी बाबू कव्वाल और साथियों से गवाई 'यह हुस्न वाले भी कैसा कमाल करते हैं' के अलावा मुबारक बेगम के स्वर में एक खूबसूरत गज़ल 'तेरे सितम की दास्ताँ हम न ज़बाँ पे लाएँगे' और तलत के स्वर में एक शानदार गज़ल 'बेताब है दिल बेचैन नज़र, अंजाम हो क्या मालूम नहीं' तो काबिलेतारीफ हैं। तलत की इस गज़ल को एच.एम.व्ही. ने तलत महमूद की 'रेयर मेलेडीज' कैसेट्स में भी शामिल किया है। फ़िल्म में लता और गीता के भी गाए कुछ गीत थे। 'अरब का सितारा' (1961) में भी सादत ने शमशाद, इस्माइल आज़ाद और पार्टी से एक बहुत अच्छी कव्वाली 'कभी हमसे कभी गैरों से शनासाई है, बात कहने की नहीं तू भी तो हरजाई है' गवाई थी। मुबारक बेगम की एक बहुत अच्छी रचना 'शमा गुल करके न जा यूँ कि जला भी न सकूँ' भी इसी फ़िल्म की देन थी।

दशक के आरंभ में तो कई संगीतकारों ने हिंदी फ़िल्म-जगत का रुख किया पर कुल मिलाकर छठे दशक में पाँचवें दशक के मुकाबले नए संगीतकारों का आगमन कम रहा। फ़िल्मी दुनिया की बढ़ती व्यावसायिकता का एक अर्थ यह भी था कि सफलता के फ़ॉर्मूले विकसित हो चले थे, कई पैटर्न बन गए थे, और प्रयोगधर्मिता कम हो चली थी। कुछ सफल गुरों की पहचान और स्टार सिस्टम का मजबूतीकरण सफलता के ठोके परखे पैमाने बन चुके थे। नये संगीतकारों के साथ खतरा उठाने को कम ही लोग तैयार थे। संगीतकारों में भी एक स्टार सीढ़ी बन रही थी, और बेहद गुणी नामी-गिरामी संगीतकारों की पकड़ को बेधना आसान नहीं था। यही कारण है कि पाँचवें दशक के मुकाबले इस दशक में ऐसे संगीतकारों की संख्या कम रहीं जो कुछ फ़िल्मों में संगीत देने का खतरा उठाने के लिए आए।

फिर भी इस दशक में भी छोटे-मोटे संगीतकारों की संख्या नगण्य नहीं है। हिंद पिक्चर्स की 'बुलबुल' (1951) में संगीत देने के लिए आए थे **विनोद कुमार** और **सी.एस. रागी**। **रागी–राजन** की स्वरबद्ध 'सिसकियाँ' (1952) हालाँकि प्रदर्शित न हो सकी, पर रागी, किशोरी के गाए 'कोई किसी का दर्द न जाने' की बड़ी प्यारी कशिश-भरी तर्ज़ थी। **गौर गोस्वामी** और **सौरेन पाल** भारत आर्ट प्रोडक्शन की 'माला' (1951) में बतौर संगीतकार आए और हेमंत कुमार तथा उत्पला सेन के स्वरों में उन्होंने एक लम्बा गीत 'कौन मुसाफ़िर ले के आया' कम्पोज किया। एक संगीतकार **अज़ीज़ दीवाने** भी हुए थे जिन्होंने कबीर फ़िल्म प्रोडक्शन्स की 'इबरत' (1954) में टी. एस. तारा रसियाकर से कई गीत गवाए थे। **अर्जुन हिंगोरानी** ने हफ़ीज़ खाँ के साथ 'शरीफ डाकू' (1960) की एक कव्वाली 'नाज़नीनो' से हसीनो से तुम उलझा न करो' की तर्ज बनाई थी।

पं. गोपाल राव (वासना, 1952), **उमापति सील** (विद्यासागर, 1952) और **जेड शरमन** (ज़माने की हवा, 1952—खान मस्ताना, गुलशन सूफी और अज़ीज़ खान के साथ) ने भी इस दौर में अपनी क़िस्मत आजमाई पर विफल ही रहे। **जगन्नाथ** और **कुंदनलाल** दत्ता डावजेकर के साथ गोलकुंडा के कैदी' (1954) के लिए प्रेमनाथ द्वारा अपनी ही निर्मित फ़िल्म में संगीतकार के रूप में लाए गये थे। सुधा मल्होत्रा के मधुर, बेहद खूबसूरत गीत 'लहर ये डोले' की धुन दत्ता डावजेकर के अनुसार उन्हीं की थी, पर रेकॉर्ड पर जगन्नाथ का भी नाम था।

बेनी माधव प्रोडक्शन्स, कलकत्ता की फिल्म '25 जुलाई' (1951) के संगीत-निर्देशक **नचिकेता घोष** हिंदी फ़िल्मों में यही तक सीमित रह गए। बाँग्ला में अवश्य नचिकेता घोष एक बहुत बड़ा नाम है और ढेर सारी फ़िल्मी-गैरफ़िल्मी गीतों के कम्पोज़र के रूप में उन्हें घर-घर में जाना जाता है।

एक संगीतकार छठे दशक में **रामनाथ** भी हुए थे, जिन्होंने नासिर और बेगम पारा की जोड़ी को लेकर बनी **'आदमी'** (1957) में रफ़ी और साथियों से एक बड़ा लम्बा गीत 'दुनिया दूर से सुहानी दुनिया दूर से' गवाया था। इस गीत की खासियत गीत के

साथ-साथ बाँसुरी का सुंदर प्रयोग है। अब यह मैं नहीं जानता कि वे पाँचवें दशक की 'मीरा' के रामनाथ या 'दुश्मनी' (1950) के संगीतकार बी. रामनाथ उर्फ़ वाधवा ही थे या कोई और।

गजानन चित्रगुप्त के साथ 'कल हमारा है' (1959) के दूसरे संगीतकार थे। इस फ़िल्म में उन्होंने आशा से 'ऐसे न देखो रसिया' और रफ़ी से सितार के सुंदर इंटरल्यूड्स के साथ दर्द-भरी तर्ज़ पर 'ये सच है हमें दुनियावालो, जीना नहीं आया' गवाया था। **एस.एल. मर्चेंट** की संगीतबद्ध 'डाकू भूपत' (1960) तो पिट गई, पर 'सती रेणुका' (1961—श्रीराम के साथ) में एक मीठा सा गीत 'चंदा सलोने इतना बता दे' (सुमन, सुबीर सेन) अवश्य कुछ लोकप्रिय हुआ था। गुरुदेव पिक्चर्स, बम्बई की नलिनी जयवंत और मोतीलाल अभिनीत 'मुक्ति' (1960) के संगीतकार थे **मलय चक्रवर्ती**। इस फ़िल्म का उल्लेखनीय गीत था लता के स्वर में बेहद प्रभावशाली तर्ज़ पर वॉयलिन और अन्य वाद्यों के आधुनिक प्रयोग के साथ, सृजित 'दिल लुभा के मेरे साथी भूल जाना ना' पूरबी लोक शैली का, मोहे कारी कारी बदरिया (आशा) भी अच्छी कृति थी। छत्तीसगढ़ी फ़िल्म 'कही देबे संदेस' (1965) में भी उन्होंने संगीत दिया था।

कुछ ऐसे संगीतकार भी थे जिनके रेकॉर्डेड गीत भी फ़िल्मों में अप्रदर्शित रह जाने के कारण लुप्त हो गये। **हरिलाल ठाकुर** और (जयंती जोशी के साथ) चेतना प्रोडक्शन्स की अप्रदर्शित फ़िल्म 'चेतना' (1953) के संगीतकार थे। **देवराज** ने बहारिस्तान फ़िल्म्स की अप्रदर्शित 'ज्वालामुखी' (छठा दशक) में रफ़ी, दुर्रानी, गीता और सुमन से कुछ गीत गवाए थे। **देवीचंद** की संगीतबद्ध 'मालिक' भी इसी प्रकार रिलीज़ न हो पाई। ऐसे ही दुर्भाग्यशाली संगीतकार थे अप्रदर्शित फ़िल्म 'सालगिरह' के **एच. विजय** और डॉली कात्रक के गाए गीतों वाली 'तीर' के **सुलेमान डाफ़रानी**।

शंकर राव कुलकर्णी ('छबीला', 1955), **एस. हरिदर्शन** (शादी बाजार, 1957—धनीराम के साथ), **आर. दत्त**, **सुमंत राज** (तीन सरदार, 1955, भोला शिकार, 1957) **एन.ए. डागर** (जानी दुश्मन, 1957), **जुगल बनर्जी** (जंगल की दुनिया, 1959), **चंद्रकांत** (दो दोस्त, 1960) जैसे संगीतकारों की फ़िल्मों का सिर्फ़ अकादमिक महत्त्व ही है।

सातवें दशक की कुछ प्रवृत्तियाँ

हिंदी फ़िल्म-संगीत का सातवाँ दशक स्थायित्व और स्थापना का दशक कहा जा सकता है। स्वतंत्रता के बाद आए उल्लास का ज़माना बीत चुका था, और इस उल्लास से उत्पन्न उन्मुक्त आशाओं और परम्परा से अलग एक बेलौस जीवन-शैली के (देवानंद और शम्मी कपूर की फ़िल्मों में प्रतिनिधि तौर पर प्रयुक्त) संगीत का भी धीरे-धीरे एक pattern बनने लगा था। वह ताज़गी, जो इस धारा के संगीत के साथ आई थी, वह लुप्त होने लगी थी और इस धारा की विशेषताएँ तथा परिभाषाएँ भी crystallize होकर स्वीकार की उस संरचना का हिस्सा बन चुकी थीं जो फ़िल्म-संगीत के इस दशक की लाक्षणिकता रही है। यह भी उल्लेखनीय है कि जहाँ पाश्चात्य संगीत की नई धाराओं के पीछे सामाजिक-राजनीतिक धरातल पर भी प्रचलित मान्यताओं और विषमताओं के विरुद्ध एक बेहद चेतन स्वर रहता था, वहाँ हिंदी फ़िल्म-संगीत में यह सामाजिकता अकसर पारिवारिक धरातल पर स्त्री-पुरूष प्रेम जैसे विषयों तक ही सीमित रह जाती थी। यह भी एक कारण है कि हिंदी सिने-संगीत के सातवें दशक की खूबसूरती धुनों, वाद्य अलंकरणों और भाव पक्ष की ही खूबसूरती अधिक लगती है, इसका चिंतन पक्ष और राजनीतिक-सामाजिक पक्ष कमज़ोर ही रहा। नेहरू-युग के मोहभंग को लेकर पिछले दशक में 'प्यासा' जैसे जो एकाध प्रयास हुए, वे भी विस्तार न पा सके। हेमंत कुमार का इस दशक का संगीत अवश्य इस मोहभंग से उत्पन्न निराशा, उदासी और एकाकीपन का संगीत बनकर कुछ फ़िल्मों में अत्याधुनिक ऑरकेस्ट्रेशन के साथ उभरा, पर यह मोहभंग भी प्रत्यक्ष समाज के स्तर पर उद्‌भासित न होकर आधुनिक शहरी मध्यवर्ग की व्यक्तिगत वेदनाओं और कुंठाओं के माध्यम से ही प्रकट हुआ। दशक का संगीत मूलतः लोकसंगीत के श्रृंगार या त्यौहार के रसरंजक रूप में, गज़लों के परिष्कृत आकार में या भक्तिसंगीत और मेलोडीप्रधान रूमानी गीतों की शक्ल में ही आता रहा। इस सभी प्रचलित शैलियों का स्थापित और सुसज्जित रूप हमें इस दशक के संगीत में मिलता है। चाहे एस.एन. त्रिपाठी, चित्रगुप्त जैसे संगीतकारों की लोकरस से भरपूर मिठास से सराबोर गीत हों, या मदनमोहन और रोशन की सौष्ठव-भरी गज़लें तथा कव्वालियाँ हों, अविनाश व्यास और शिवराम की भक्ति-रचनाएँ हों, या रवि के गम्भीर खूबसूरत रूमानी नग़में और कल्याणजी-आनंदजी तथा लक्ष्मी-प्यारे की पहचानी सुंदर तालबद्ध अभिव्यक्तियाँ हों, इन सभी विधाओं का पुख्ता और परिमार्जित होना इस दशक के हिंदी फ़िल्मी गीतों की विशेषता रही है। यहाँ तक कि पिछले दशक के सचिन देव बर्मन, ओ.पी. नैयर और शंकर-जयकिशन की परम्पराओं को तोड़ती नई शैली भी इस दशक तक आते-आते बड़ी जानी-पहचानी और नैयर तथा शंकर-जयकिशन के साथ तो कुछ हद तक एकरस भी होने लगी थी। हालाँकि सचिन देव बर्मन ने अपने संगीत में ताज़गी बरकरार रखी और सलिल चौधरी अवश्य पाश्चात्य सिम्फ़नी, हार्मनी और कोरल संगीत के अभिनव प्रयोगों को जारी रखते रहे, पर अपवादों को छोड़ कुल मिलाकर भिन्न विधाओं का परिपक्वता पाया हिंदी फ़िल्म-संगीत दशक के अंत तक माधुर्य के बावजूद एक निश्चित ढाँचे का ही संगीत बनकर रह गया था। दशक के अंतिम वर्षों में राहुल देव बर्मन और कुछ अन्य संगीतकारों ने अवश्य नए बीट्स और शैली से एक ताजे प्रयोगात्मक झोंके की तरह अपने संगीत को प्रस्तुत किया, पर पश्चिम के युवा विद्रोह की भिन्न धाराओं से उत्पन्न शैलियों से प्रभावित उनके संगीत का व्यापक असर तो अगले दशक के आरम्भिक वर्षों में देखने को मिला।

पश्चिम की विद्रोही प्रवृत्तियों से उद्‌भूत शैलियों का कुछ असर तो दशक के अंतिम वर्षों में परिलक्षित होने लगा था, इससे इनकार नहीं किया जा सकता, पर कुल मिलाकर इस दशक की मुख्य धारा तो प्रचलित शैलियों के परिष्कार के मँजे हुए परिणाम के रूप में आए फ़िल्म-संगीत की ही रही। ऑरकेस्ट्रेशन के क्षेत्र में विस्तार इस दशक की एक विशेषता रही है, पर चाहे गिटार

के कॉर्ड्स पर रिदम को सजाने की व्यापकता हो या वावा पेडल और जैज़ के ब्रास सेक्शन का बढ़ता प्रयोग हो, अधिकांशतः वाद्य-संयोजन भी इन प्रचलित शैलियों के अंदर ही (सलिल, सचिन दा और राहुल देव बर्मन जैसे कुछ अपवादों को छोड़कर) समाहित किया गया। ऑफ़ बीट या लय-ताल के विधान को तोड़कर गीत को एक नया कलेवर देने के अधिक प्रयास अगले दशक में ही हुए। शंकर-जयकिशन के संगीत के अंदर जैज़ का बढ़ता प्रयोग तो आया, पर जैज़ के पीछे की विचारधारा से उसका कोई सम्बन्ध न रहा और कुल असर इस कारण से बहुत ही लाउड और अखरने वाला रहा।

इसी दशक में 78 आर.पी.एम. रेकॉर्ड की जगह एल.पी. और ई.पी. रेकॉर्ड के आगमन ने भी समय के बंधन को समाप्त कर गीतों की सज्जा और विस्तार में सहायक भूमिका निभाई। चूँकि 78 और आर.पी.एम. वाली समय-सीमा अब नहीं थी, अतः संगीतकारों के पास गायन की भंगिमाओं को या ऑरकेस्ट्रा के बड़े, तराशे टुकड़ों को गीत के अंदर विस्तृत रूप में डालने की सहूलियत हो गई। फ़िल्म-संगीत की भिन्न शैलियों के जिस परिष्कार का ज़िक्र हमने ऊपर किया है, उसमें भी रेकॉर्डों की इस नई प्रक्रिया और विकास से काफ़ी सहयोग मिला। रेकॉर्डिंग की गुणवत्ता में भी वृद्धि सुखदायी रही।

जयदेव

'तुम्हें हो न हो मुझको तो इतना यकीं है, मुझे प्यार तुमसे नहीं है, नहीं है'

फ़िल्म-संगीत के 'मेलोडी' की बात होने पर अकसर ही जयदेव का नाम लिया जाता है। और इस 'मेलोडी' की पृष्ठभूमि बेहद शास्त्रीय होती थी, यह अचंभित करता है। वसंत देसाई की शास्त्रीयता कभी-कभी अखर जाती है, पर जयदेव लगभग उतने ही शास्त्रीय और अधिक जटिल होते हुए भी अपनी धुनों में बेहद सरस और 'मेलोडियस' लगते हैं। 'बिलावल' जयदेव का एक प्रिय राग था और अपने कई हिट गाने उन्होंने उसी राग पर आधारित किए—चाहे वह 'हम दोनों' का फ़िक्र को धुएँ में उड़ाने की अदा से सृजित 'मैं ज़िंदगी का साथ निभाता चला गया' हो या फिर 'मुझे जीने दो' का लोकधुन को परिष्कृत कर निर्मित हुआ 'नदी नारे न जाओ शाम पैंया पड़ूँ'। जयदेव की कई रचनाएँ इस तथ्य को रेखांकित करती हैं कि स्वरों के लगाव और माधुर्य का जयदेव विशेष ध्यान रखते थे—चाहे वह शास्त्रीय संगीत हो या लोकसंगीत।

वैसे जयदेव का संगीत-जीवन हमेशा संघर्षमय रहा । वर्षों तक वे सचिनदेव बर्मन के सहायक रहे तथा स्वतंत्र रूप से उन्हें फ़िल्में कम ही मिलीं । आर्थिक सम्पन्नता भी अधिक नसीब नहीं हुई । यह सुनने में अजीब लगता है कि वे मुंबई के चर्चगेट में एरोस सिनेमा के पीछे लिलीकोर्ट एपार्टमेंट में पेइंग गेस्ट की तरह रहते थे (आजीवन अविवाहित) तथा भले ही उनके रेकॉर्ड हजारों की संख्या में बिके हों पर उनके पास अपना रेकॉर्ड प्लेयर भी नहीं था।

जयदेव मूलतः पंजाबी थे। उनकी माता की मृत्यु हो चुकी थी, पिता अफ्रीका में व्यवसाय करते थे (जहाँ नैरोबी में 3 अगस्त, 1918 को जयदेव पैदा हुए थे) और जयदेव अपने फूफा के साथ रहकर पढ़ते थे। पर मात्र 15 वर्ष की उम्र में 'अली बाबा चालीस चोर' फ़िल्म में जहाँआरा कज्जन का गीत 'ये बिजली दुख की गिरती है' सुनकर इतने प्रभावित हुए कि बरकत राय से संगीत शिक्षा लेने लगे और फिर फ़िल्म स्टार बनने बम्बई भाग आए तथा वाडिया फ़िल्म-कम्पनी की 'वामन अवतार', 'वीर भारत', 'हंटर वाली', 'काला गुलाब', 'मिस फ्रंटियर मेल' जैसी आठ फ़िल्मों में उन्होंने बाल भूमिकाएँ भी कीं। 'वीर भारत' में उन्होंने दो गीत भी गाए थे। 1936 में फूफा की मृत्यु के कारण उन्हें वापस एक वर्ष के लिए लुधियाना लौटना पड़ा पर वर्ष बीतते- बीतते वे फिर बम्बई में थे। बंबई के प्रवास के दौरान उन्होंने कृष्णराव चोंकर से संगीत-शिक्षा ग्रहण की थी। 1940 में पिता के भारत लौटने पर उनकी बीमारी के कारण वे पुनः लुधियाना लौटे। संगीत की दुनिया में वे फिर वापस लौट सके। 1943 में जब पिता की मृत्यु उपरांत अपनी बहन की शादी निपटाने के बाद वे पहले अल्मोड़ा में उदय शंकर की वाद्य शाला में रहे और फिर लखनऊ गए जहाँ मशहूर सरोदवादक अली अकबर खान से शिक्षा ग्रहण करने का सौभाग्य मिला। सरोद का यह ज्ञान जयदेव के संगीत में हर जगह झलकता है। उनकी धुनों में जहाँ-तहाँ उसके स्वर तथा 'मुरकी', खटके आदि सुनाई पड़ते हैं, जैसे 'गमन' का 'आपकी याद आती रही रात भर'।[1] बहरहाल लखनऊ प्रवास के दौरान अस्वस्थ होने पर वे अपनी बहन के घर शिमला आराम करने चले गये और फिर हृषिकेश में स्वामी शिवानंद के आश्रम में छः महीने बिताकर उज्जैन गए। उसके उपरांत वे दिल्ली आए और वहाँ एक बैंक में नौकरी भी की । 1946 में उन्होंने अपने छोटे भाई का विवाह भी सम्पन्न किया, पर साल भर में ही छोटे भाई की असामयिक मृत्यु ने उन्हें बेहद सदमा पहुँचाया। 1947 से जयदेव रेडियो पर गाने लगे थे, पर कुछ दिनों बाद ही वे पुनः अली अकबर खान के पास जोधपुर चले गये जो शाही संगीतकार के रूप में जोधपुर महाराज के बुलावे पर वहाँ बस गये थे ।

जब अली अकबर खान ने नवकेतन की दो फ़िल्मों 'आँधियाँ' तथा 'हमसफ़र' में संगीत दिया तो जयदेव उनके सहायक रहे। 'नवकेतन' के साथ जयदेव का साथ अली अकबर खान के बाद भी चलता रहा क्योंकि 'टैक्सी ड्राइवर' (1954) से वे नवकेतन के नए संगीतकार सचिन देव बर्मन के सहायक बन गए। इस वक्त उनकी तनख्वाह मात्र 200 रूपये महीने थी। स्वतंत्र रूप से संगीत देने का मौका भी उन्हें चेतन आनंद द्वारा निर्देशित फ़िल्म 'जोरू का भाई' (1955) में ही मिला जिसमें विजय आनंद ने भी पहली बार अभिनय किया था। इस फ़िल्म के साहिर के लिखे गीत 'सुबह का इंतज़ार कौन करे' (लता) और 'सुरमई रात ढलती जाती है, तेरी जुल्फों से प्यार कौन करे' (तलत) की जयदेव ने शायराना तर्ज़ें बनाई और गाने मक़बूल भी हुए। लता का भैरवी की छाया लिए और बाँसुरी, सितार और वॉयलिन के अच्छे प्रयोग वाला 'तू सच बतला मुझे जोगी' उन दिनों अच्छा चला था। इसी फ़िल्म में उन्होंने आशा भोंसले से एक अच्छी ठुमरी भी गवाई 'हम संग नैना काहे को लगाए'। सचिन दा का प्रभाव किशोर के गाए योडेलिंग शैली वाले 'काली काली तारों वाली रात' में अवश्य नज़र आया। उनकी अगली फ़िल्म 'समुंदरी डाकू' (1956) का तलत, आशा का गाया, 'दिल जवाँ है आरजू जवाँ' एक अनूठी धुन से सजा गीत है जिसमें एकॉर्डियन का बेहद लुभावना प्रयोग है।

स्वतंत्र संगीतकार के रूप में अगली मिली फ़िल्म 'अंजलि' (1957) भी चेतन आनंद द्वारा ही निर्देशित की और इस फ़िल्म का अहीर भैरव पर सृजित 'किस किस को दीपक प्यार करे' (लता, साथी) भी एक यादगार गीत साबित हुआ है। 'अंजलि' के ही गीत सम्भवतः मालकौंस पर आधारित 'रात के पिछले पहरों में' को आशा भोंसले ने अपने सबसे पसंदीदा गानों में से एक माना है और एच.एम.व्ही. द्वारा 1988 में निकाले गए आशा भोंसले के चार कैसेट्स के सेट 'माई फ़ेवरिट्स' में इस गाने को स्थान मिला है। पर आम श्रोताओं को इससे मधुर लगेगा आशा और कोरस का गाया 'दीपक से दीपक जल गए' और लता का लोक धुन पर आधारित 'जियरा हौले हौले बोल सजनवा'। 'अंजलि' का एक अन्य अनुपम गीत था यमन आधारित 'जोगिया तोसे नैना लगा के पछताई'। इस गीत में सरोद का इस्तेमाल तो जयदेव ने लाजवाब ही किया था।

वैसे जयदेव ने विपिन बाबुल के साथ दूसरे संगीतकार के रूप में काम करते हुए 'रात के राही' (1959) के दो गीतों की भी तर्ज़ बनाई थी। पर जयदेव सही सामने में पहचान में आए नवकेतन की ही 'हम दोनों' (1961) से। 'अल्ला तेरो नाम ईश्वर तेरो नाम' तो भारत की composite, secular संस्कृति का मानक गीत बन ही चुका है, और गौड़ सारंग पर रचे इस गीत को सुनने से एक अजीब-सी आस्था आज के इस कपटी माहौल में भी हो ही जाती है। चीनी आक्रमण के समय दिल्ली में आयोजित सिने कलाकारों की रात्रि के विशाल मंचीय आयोजन का आरम्भ लता ने 'अल्ला तेरो नाम' के शब्दों से आस्था जगाते हुए ही किया था। क्रिकेट क्लब ऑफ़ इंडिया, मुंबई में आयोजित ऐसे ही एक अन्य समारोह में (जिसमें पं. नेहरू भी उपस्थित थे) लता और आशा के गाए पहले तीनों गानों के स्वरकार जयदेव ही थे। जयदेव से एक बार पूछा गया कि वे एक 'जयदेव नाइट' का आयोजन क्यों नहीं करते। जयदेव का उत्तर था कि दो नाइट्स पं. नेहरू के समक्ष तो हो ही चुके हैं। अब नेहरू जैसा दर्शक उन्हें और कहाँ मिलेगा कि वे और किसी 'जयदेव नाइट' की सोचें। 'अल्ला तेरो नाम' की रेकॉर्डिंग की कहानी भी कुछ कम दिलचस्प नहीं है। 'सितारों से आगे' फ़िल्म की रेकॉर्डिंग के समय लता और सचिन देव बर्मन के बीच की गलतफहमी का वाकया हम सचिन दा के ऊपर के आलेख में देख ही चुके हैं जब दोनों ने एक दूसरे से जयदेव के माध्यम से बात की थी। लता और एस.डी. बर्मन के मनमुटाव के अंदर जयदेव भी अपनी उपरोक्त भूमिका से चाहे अनचाहे शामिल हो चुके थे। 'अल्ला तेरो नाम' की रचना जयदेव ने इन्हीं दिनों की और आरम्भ में इसे एम.एस. सुब्बूलक्ष्मी से गवाने की योजना थी। पर बाद में लता का नाम

तय हुआ। अब लता जयदेव के लिए कैसे गाती जिससे उनका घोर मनमुटाव चल रहा था? जब रशीद खान को लता के पास भेजा गया तो उन्होंने साफ इनकार कर दिया। पर फिर जब लता को यह संदेश पहुँचाया गया कि यदि इस गीत को आप नहीं गाएँगी तो इस फ़िल्म से ही जयदेव को हटाकर किसी और को ले लिया जाएगा, तो लता हिचकीं। वे यह कभी नहीं चाहती थीं

लता के साथ जयदेव

कि उनके कारण किसी का मौका छिन जाए। साथ ही यह भी लता सुन चुकी थीं कि जयदेव ने इस गाने की अलौकिक-सी कम्पोज़ीशन की है। बहरहाल कारण जो भी रहा हो–लता की दरियादिली हो या व्यावहारिकता वाला careerist पहलू हो, पर यह भी तय है कि परिणामस्वरूप हिंदी फ़िल्म-संगीत को एक मीलस्तम्भ जैसी रचना तो मिल ही गई। पंडित जसराज ने स्वयं स्वीकार किया है कि इस भजन को रात में सुनकर उनकी आँखों में आँसू आ गए और अभिभूत होकर वे आधी नींद से जाग गए। लता ने 1967 में घोषित अपने दस सर्वश्रेष्ठ गीतों में तो इसे शामिल किया ही किया। इस रचना के दुरूह scales के साथ लता ही न्याय कर सकती थीं। वैसे भी जयदेव की रचनाएँ आसान तो कभी नहीं रहीं। सचिन देव बर्मन अकसर उन्हें इस बात की उलाहना देते थे कि वे बहुत जटिल रचनाएँ बनाते थे जो आम श्रोताओं के पल्ले नहीं पड़ती थीं। आरोह-अवरोह का मुश्किल क्रम, पारम्परिक छंद से हटकर अपनी अलग लय और शैली और स्वरों की शुचिता का उनका आग्रह जयदेव को एक विराट संगीत व्यक्तित्व के रूप में हमारे सामने लाता है। चाहे शास्त्रीय आधार का गीत हो, या ग़ज़ल और कोई साहित्यिक काव्यात्मकता लिए रचना हो–जयदेव ऐसी स्थितियों में अपने रचनात्मक उत्कर्ष पर रहते थे। यह भी रोचक तथ्य है कि ग़ज़लों के मामले में उनकी काबिलीयत सचिन दा से इतनी अधिक थी कि 'काला पानी' का 'हम बेखुदी में तुमको पुकारे चले गए' सचिन दा ने जयदेव से ही कम्पोज़ कराया था, और जयदेव ने इसे राग छायानट का आधार देकर कालजयी बना दिया।

'हम दोनों' का तो हर गीत ही सोना है। बिलावल पर आधारित 'मैं ज़िंदगी का साथ निभाता चला गया' (रफ़ी) यमन कल्याण और दादरा ताल पर जलतरंग के अद्‌भुत उपयोग के साथ सृजित 'अभी न जाओ छोड़कर' (रफ़ी, आशा) और 'जहाँ में ऐसा कौन है' (आशा), राग धानी पर रचित कहरवा ताल लिए 'प्रभु तेरो नाम' (लता) या गारा पर आधारित 'कभी खुद पे कभी हालात पे रोना आया' (रफ़ी) सभी के सभी गीत इतने मधुर हैं कि आज तक गुनगुनाए जाते हैं। चेतन आनंद निर्देशित 'किनारे-किनारे' (1963) में भी जयदेव अपनी रचनात्मकता के उत्कर्ष पर नज़र आते हैं। तलत के 'देख ली तेरी जुदाई बस मेरा दिल भर गया' बिलावल थाट के साथ अपनी धीमी लय से मन के अंदर प्रवेश करता है तो मुकेश के 'जब गमे इश्क सताता है तो हँस लेता हूँ' की भैरवी अपनी तीक्ष्ण तीव्रता के साथ दिलोदिमाग पर छा जाती है। लता अगर बिलावल आधारित 'हर आस अश्कबार है' और 'आज अचानक टूट गये मन क्यों मन वीणा के तार' के साथ अनुभूति के शिखर पर हैं, तो मन्ना डे अपनी लोच-भरी रवानगी के साथ 'चले जा रहे हैं मुहब्बत के मारे, किनारे-किनारे, किनारे-किनारे' में अद्‌भुत लगे हैं। 'सुलग उठी है दिल की लगी' (लता), 'तेरी तस्वीर भी तुम जैसी है हसीं लेकिन' (रफ़ी) और 'ओ पगले देर न होगी पल छिन की' (उषा मंगेशकर, रफ़ी) सभी सुनने में बड़े आकर्षक लगते हैं। 'ओ पगले देर न होगी' के साथ जयदेव की अपनी माँ की याद जुड़ी थी। वे रोज़ सबेरे तुलसी को पानी देते हुए इस आशय का गीत गुनगुनाती थी, और इसी याद को आधार बनाकर जयदेव ने यह गीत रचा। ऐसा ही एक सुंदर गीत 'दिया जले सारी रात' उन्होंने आशा से ,967 में गवाया था, पर इसकी फ़िल्म ही नहीं मुकम्मल हो पाई।

'किनारे-किनारे' के बाद उनके संगीत के मीलस्तम्भों के रूप में 'मुझे जीने दो' (1963), 'नैहर छूटल जाए' (भोजपुरी, 1964) 'रेशमा और शेरा' (1971), 'दो बूँद पानी' (1971), 'मान जाइए' (1972), 'प्रेम पर्वत' (1973), 'परिणय' (1974), 'आलाप' (1977), 'घरौंदा' (1977), 'गमन' (1978) और 'तुम्हारे लिए' (1978) के नाम लिए जा सकते हैं। यूँ सातवें दशक में उन्हें कम ही फ़िल्में मिलीं, पर आठवें दशक में 'आषाढ़ का एक दिन' (1971) में पार्श्वसंगीत देने के बाद से उन्हें सिनेमा की नई लहर या छोटे बजट की समानांतर सिनेमा-कला फ़िल्मों में से कई में संगीत देने के लिए चुना गया। कारण यह तो था ही कि जयदेव के संगीत में गुणवत्ता पर ध्यान दिया जाता था और चूँकि नई धारा की इन फ़िल्मों का भी आग्रह स्टार कास्ट की अपेक्षा फ़िल्म की गुणवत्ता या प्रयोगधर्मिता की ओर अधिक था अतः जयदेव की छवि उनके लिए उपयुक्त थी। साथ ही लोकल ट्रेन में सफर करनेवाले मध्यवर्गीय जयदेव का व्यक्तित्व भी इस प्रकार की फ़िल्मों के spirit से मेल खाता था। जयदेव ने अपनी कई धुनें लोकल ट्रेन में सफ़र के दौरान ही बनाई थीं। आम लोगों के पसीने, आपाधापी और रोजमर्रा की ज़िंदगी के मध्य सृजित संगीत उन फ़िल्मों के लिए उपयुक्त था जो एक आम आदमी की ज़िंदगी, उसके मोह और उसके मोहभंगों की कथा पर्दे पर लाने का प्रयास कर रही थीं।

वैसे जयदेव के संगीत का विश्लेषण सबसे सही ढंग से उनके गीतों के तीन प्रकार के वर्गीकरण से ही किया जा सकता

है : (1) ऐसे गीत जो शास्त्रीय प्रधान होते हुए भी मेलोडी के कारण शास्त्रीय और बोझिल नहीं लगते, (2) लोकसंगीत पर आधारित या उसके परिमार्जित स्वरूप के गीत और (3) गज़लें, नज़्म और साहित्यिक रचनाएँ।

पहली श्रेणी में गौड़ सारंग पर आधारित 'अल्ला तेरो नाम' के तुरंत बाद धानी पर रचित 'प्रभु तेरो नाम जो ध्याये सुख पाये' सुनिए और आप इससे सहमत होंगे कि दूसरी रचना कम लोकप्रिय होते हुए भी कम सशक्त नहीं है। 'किनारे-किनारे' (1963) का 'आज अचानक टूट गए क्यों मन वीणा के तार' में लता की आवाज़ के उतार-चढ़ावों के बीच भी गजब का नियंत्रण है। भोजपुरी फ़िल्म 'नैहर छूटल जाए' (1964) तो नहीं चली पर फ़िल्म में लता की आवाज़ में 'बाबुल मोरा नैहर छूटो जाए' को भैरवी में कम्पोज़ कर जयदेव ने चिरस्मरणीय बना दिया है। शास्त्रीय संगीत और लोकसंगीत के मिश्रण के अभिनव प्रयोग के लिए उनकी फ़िल्म 'रेशमा और शेरा' (1971) हमेशा याद की जाएगी। इस फ़िल्म के संगीत के लिए जयदेव को राष्ट्रीय पुरस्कार मिला था। राजस्थान की पारम्परिक पृष्ठभूमि पर बनी इस फ़िल्म में लता की 'इक मीठी-सी चुभन' राजस्थानी माँड का अद्भुत मीठा क्लासिकल प्रयोग है (जो इसके बीस साल बाद बनी 'लेकिन' में ही इतने प्रभावशाली ढंग से दुहराया जा सका) और 'तू चंदा मैं चाँदनी' (लता) में भी माँड का प्रयोग परम्परागत पृष्ठभूमि को अधिक तीव्रता से प्रकट करने में सफल हुआ है। 'दो बूँद पानी' (1971) में आशा भोंसले की आवाज़ पुनः राग माँड पर आधारित 'जा री पवनिया पिया के देस जा' में अपने स्वर की नई बारीकियों से परिचित कराती है। इसी कड़ी में 'एक थी रीटा' (1971) का वह विस्मृत गीत 'जाने क्यूँ प्रीतम न आए' (आशा) में न सिर्फ़ बाँसुरी का प्रयोग बेहद सटीक है बल्कि 'रेशमा और शेरा' के उपरोक्त गीतों से मिलती-जुलती शैली का यह गीत जयदेव की उभरती शख्सियत का एक सुंदर उदाहरण माना जाना चाहिए।

इस यात्रा में जयदेव के दो महत्त्वपूर्ण पड़ाव 'प्रेम-पर्वत' (1973) और 'परिणय' (1974) माने जाएँगे। पहाड़ी पर आधारित 'ये दिल और उनकी निगाहों के साये' (लता) का आरम्भ शुद्ध गांधार से होता है और इसी राग पर आधारित इसके विशेषज्ञ ख़य्याम के 'बहारो मेरा जीवन भी सँवारो' से यह गाना इक्कीस ही ठहरता है। इस गीत को मूलतः जयदेव ने गैरफ़िल्मी गीत के रूप में कम्पोज़ किया था, पर निर्देशक वेद राही को यह इतना पसंद आया कि उन्होंने इसे अपनी फ़िल्म में ले लिया। इस गीत में प्रयुक्त बाँसुरी और संतूर के टुकड़े तो पहाड़ी जैसे राग के साथ बिलकुल सटीक बैठते हैं। 'यह नीर कहाँ से बरसे है' (लता–प्रेम पर्वत) तिलक कामोद पर आधारित फ़िल्मी गानों में सदा अपना स्थान रख सकता है। वहीं 'परिणय' का 'जैसे सूरज की गर्मी से जलते हुए तन को मिल जाए तरुवर की छाया' (शर्मा बंधु) में जयदेव ने सम्भवतः राग जौनपुरी को ऐसी chant जैसी मोहक शैली में बाँधा है कि गाना आज भी लोकप्रिय बना हुआ है। वहीं मन्ना डे और वाणी जयराम का 'मितवा मितवा मोरे मन मितवा, आ जा रे' बागेश्वरी का पुट लिए काफ़ी थाट का एक सुंदर उदाहरण है। 'आंदोलन' (1975) की शास्त्रीय शैली के 'पिया से मिलन कैसे होए री' को आज हम पूर्णतः भूल गए हैं वरना व्यक्तिगत तौर पर तो इसकी कम्पोज़ीशन इतनी सशक्त थी कि दशक के आशा के गाए श्रेष्ठतम गीतों में इसे स्थान दूँगा।

'आलाप' फ़िल्म का तो कथानक ही संगीत-साधना पर बसा था और इस फ़िल्म में जयदेव की प्रतिभा को निखरने का अवसर भी बख़ूबी मिला । राग देस पर आधारित 'आई ऋतु सावन की' (भूपेंद्र, फय्याज़) और खमाज थाट पर रचित 'चाँद अकेला जाए सखी री' (येसुदास) में किसे श्रेष्ठ माना जाए, यह कहना मुश्किल होगा। शायद इस फ़िल्म का सर्वश्रेष्ठ गीत होगा हरिवंशराय बच्चन लिखित और अभिताभ पर फ़िल्माया येसुदास का गाया 'कोई गाता मैं सो जाता'। सम्भवतः बिहाग और अल्हैया बिलावल पर आधारित इस गीत में जो तन्मयता है वह जितना गायक का कमाल है उतना ही संगीतकार का भी। लता के स्वर में 'काहे मनवा नाचे हमारा' की चर्चा कम हुई है पर ख़माज आधारित यह गीत उत्कृष्ट सृजन क्षमता का एक विशिष्ट उदाहरण है। 'आलाप' के लिए जयदेव का चयन भी कम रोचक नहीं है। आठवें दशक के मध्य में कम काम होने से जयदेव पंजाब चले गए थे। इसी बीच वे एक बार दिल्ली आए और वहाँ एन.सी. सिप्पी को फ़ोन किया। एन.सी.सिप्पी ने उनसे पूछा कि तुम कहाँ हो, हम कब से तुम्हे ढूँढ़ रहे हैं। जिस फ़िल्म के लिए उन्हें ढूँढ़ा जा रहा था, वह यही 'आलाप' थी। पंडित विष्णु दिगम्बर की परम्परागत रचना 'माता सरस्वती शारदा' को इस फ़िल्म में जयदेव ने लता, दिलराज कौर, मधुरानी और येसुदास के स्वरों में क्या खूब रंग दिया है ! अहीर भैरव पर रचित 'ज़िन्दगी को सँवारना होगा' (येसुदास) और 'नई री लगन और मीठी बतियाँ' (येसुदास, मधुरानी, फय्याज़) भी शास्त्रीय आधार पर

कम्पोज़ की गई बड़ी दिलकश
और तानपूरे का प्रयोग वातावरण
अनुभूति से भर देता है।

जयदेव की रचनाएँ
उनमें हरकतों का जो समावेश
था। गांधार लगाने की कला
थी। पर इस जटिलता के
वे नहीं आने देते थे। जयदेव
न हो, पर इसके भीतर सरस
स्वरूप 'तुम्हारे लिए' (1978)
'तुम्हें देखती हूँ तो लगता है
जानती हूँ' की मिश्र शिवरंजनी
चाहिए। या फिर इसी फ़िल्म

संगीत पर केंद्रित फ़िल्म 'आलाप'

रचनाएँ थीं। पूरी फ़िल्म में सितार
को एक अनुपम स्वर्गिक

जटिल तो होती थीं, और
वे करते थे, वह भी अनुपम
पर तो उनकी पूरी ही पकड़
कारण कर्णप्रियता में कोई कमी
की शास्त्रीयता सरल भले ही
मेलोडी थी इसके उदाहरण
के अप्रतिम माधुर्य से भरे
ऐसे कि जैसे युगों से तुम्हें
को लता के स्वर में सुनना
के 'बाँसुरिया मन हर गईं'

(लता) या 'सपना' (1969) के लता का गया अहीर भैरव पर आधारित 'जाने कितनी बार हृदय में' सुनिए। जयदेव का फ़न विलक्षण था। परम्परागत भैरवी में प्रसिद्ध ठुमरी गायिका हीरादेवी मिश्रा से 'आ जा साँवरिया तोहे गरवा लगा लूँ रस के भरे तोरे नैन' (गमन) में जो मिश्री उन्होंने घोली है उसका कोई विकल्प आठवें दशक में फ़िल्मी संगीतकारों के बीच तो नहीं था। 'गमन' के संगीत और फिर अपने अंतिम दौर में 'अनकही' (1985) के शास्त्रीय आधारित संगीत ने जयदेव को राष्ट्रीय पुरस्कार तक दिलाया। 'अनकही' के 'कौनो ठगवा नगरिया लूटन हो' (आशा), 'ठुमक-ठुमक' (भीमसेन जोशी) और 'रघुवर तुमको मेरी लाज' (भीमसेन जोशी) हिन्दी फ़िल्म-संगीत की दुर्लभ उपलब्धियाँ हैं।

जयदेव की उत्कृष्टता ग़ज़लों, नज़्मों और साहित्यिक कृतियों को संगीतबद्ध करने में भी उतनी ही स्पष्ट थी। साहिर लुधियानवी ने एक बार उनके बारे में कहा था कि मैं जब भी जयदेव के लिए लिखने को बैठता था तो वह गालिब, मीर और ज़ौक के शेर सुनाता जाता था और कहता था कि इससे बेहतर लिखकर दो। बच्चन के 'कोई गाता मैं सो जाता', साहिर के 'कभी खुद पे कभी हालात पे रोना आया' या न्याय शर्मा के 'जब ग़मे इश्क सताता है' तथा 'तेरी तस्वीर तुम जैसी हसीं' की चर्चा हम ऊपर कर चुके हैं। पर 'मुझे जीने दो' (1963) जैसी चर्चित फ़िल्म में साहिर के लाजवाब गीत 'तेरे बचपन को जवानी की दुआ देती हूँ' को लता के स्वर में उन्होंने जिस मार्मिकता से कम्पोज़ किया वह अद्वितीय था। दूसरी तरफ़ 'रात भी है कुछ भीगी-भीगी' (लता) में घुँघरू की छमछम की पुनरावृत्ति से श्रृंगार को डाकुओं के बियाबान खँडहरों में पैदा करने में भी वे उतने ही सफल रहे हैं। इस प्रकार के साहित्यिक फ़िल्मी गीतों ग़ज़लों में 'हमारे ग़म से मत खेलो' (1967) के 'ग़र ये ज़मीं नही तो मेरा आसमां तो है' (महेन्द्र), 'आँसू छिपाए आँखों से खूने जिगर पिया करूँ' और मुजरा शैली में 'शौके बेपायाँ का इज़हार करूँ या न करूँ', (आशा), 'जियो और जीने दो' (1969) के 'जो ख्वाब सजा है पलकों में वो ख्वाब हकीकत' (उषा मंगेशकर) और 'आज की रात है बस जलवा दिखाने के लिए' (रफ़ी), आधुनिक बीट्स के साथ सितार और बाँसुरी के सम्मिश्रण से सँवारा गया 'मैं किसे अपना कहूँ' (मुकेश, लता–एक थी रीटा, 1971), 'आलिंगन' (1974) का आधुनिकता की छाप लिए लुभावने बीट्स पर कम्पोज़ किया गया जाँ निसार अख्तर के 'प्यास थी फिर भी तक़ाजा न किया' (मन्ना डे) और 'हमारे दिल को तुमने दिल बना दिया' (आशा, रफ़ी) तथा सितार के सुंदर प्रयोग के साथ रवि जैसी रूमानियत की शैली लिए हुए 'इस तरह जाओ नहीं' (रफ़ी), 'फ़ासला' (1974) के कैफ़ी आजमी लिखित तथा आत्मकेन्द्रित कवितामय शुरुआत एवं सुंदर रिद्म के विस्तार वाला 'ज़िंदगी सिगरेट का धुआँ' (भूपेन्द्र), ग़ज़लनुमा 'दिल ने तड़प तड़प के' (भूपेंद्र) तथा 'घरौंदा' का पूर्वाभास लिए हुए 'निगाहें चुराओ' (भूपेंद्र, मीनू पुरुषोत्तम), 'परिणय' (1974) का बहुत कर्णप्रिय 'कवि रे कवि' (राजेन्द्र मेहता), 'आंदोलन' (1975) का बिस्मिल लिखित 'दरो दीवार पे हसरत से नज़र रखते हैं' (भूपेन्द्र), 'आई तेरी याद' (1980) का 'फिर तेरी याद नए दीप जलाने आई' (भूपेन्द्र) और 'ये ख्वाब-सा देखा था' (हरिहरन) और इन सबसे बढ़कर 'गमन' के गीतों को शामिल किया जा सकता है। 'अजीब-सा नेहा मुझ पर गुज़र गया यारो' (हरिहरन) की गम्भीरता और 'सीने में जलन आँखों में तुफान सा क्यों है' (सुरेश वाडकर) की कशिश जयदेव की उस दौर की देन है जब फ़िल्म-संगीत अपनी मेलोडी तेजी से खोता जा रहा था। यह आश्चर्य नहीं कि 'सीने में जलन'

की अपार लोकप्रियता ने सुरेश वाडकर के लिए आगे कई दरवाज़े खोल दिए। छाया गाँगुली के स्वर में 'आप की याद आती रही' तो एक विराट रचना है जिसने छाया गाँगुली को राष्ट्रपति पुरस्कार भी दिलाया। स्वतंत्र कुमार ओझा ('सरगम का सफ़र', नई दुनिया, जून 1989) के अनुसार शुद्ध गांधार से आरम्भ होकर सरोद की सुंदर संगत के साथ धीमे कहरवा के साथ गाने का अंत बहुत प्रभावशाली था।

शास्त्रीय और लोकसंगीत की पकड़ के लिए नौशाद जाने जाते हैं पर जयदेव भी इन विधाओं में बराबर की कुशलता रखते थे । 'नदी नारे न जाओ शाम पैयाँ पड़ूँ' (आशा) का जादू तो आज तक कम नहीं हुआ है। 'मुझे जीने दो' के ही लोकरंग पर आधारित 'मोहे न यूँ घूर-घूर कर देखो' (लता, साथी), 'मोको पीहर में मत छेड़ बालम' (आशा) और 'माँग में भर ले रंग सखी री' (आशा, साथी) का सहज आकर्षण 'मुझे जीने दो' को लोकसंगीत को प्रतिध्वनित करने वाला एक विशिष्ट चित्रपट बनाता है। लोकसंगीत का फ़िल्मों में बड़े दिलकश तरीके से प्रयोग जयदेव ने 'मैं तो विनती कर हारी रे' (सुमन, 'जियो और जीने दो'), 'रात पिया के संग जागी रे' (मीनू पुरुषोत्तम–'प्रेम पर्वत'), 'हो रामा डर लागे' (असरानी–आलाप) बेहद लोकप्रिय रहे गागरों या मटकों की कहरवा ताल पर आधारित पहाड़ी लोकधुन का स्पर्श लिए 'पीतल की मोरी गागरी' (परवीन सुल्ताना, मीनू पुरुषोत्तम, साथी–'दो बूँद पानी', 1971) जैसे गीतों या फिर 'बन्नो तेरी बिंदिया की ले लूँ रे बलैया' (लक्ष्मीशंकर, साथी– 'दो बूँद पानी') और 'बड़ी धूम से आयो रे नौशा अमीरों का' (हीरा देवी मिश्रा, साथी– 'गमन') या 'बन्नो चूड़ी न खनका' ('प्रेम पर्वत') जैसे विवाह के लोकगीतों में किया है। यहाँ तक कि नेपाली फ़िल्म 'माइती घर' में भी जयदेव ने संगीत दिया। नेपाल नरेश ने जयदेव को अपने खुद के दो गीतों को स्वरबद्ध करने की अनुमति भी दी थी। भोजपुरी फ़िल्म 'नैहर छूटल जाए' में तो जयदेव ने लोकसंगीत के एक से एक उदाहरण पेश किए। भोजपुरी कजरी 'अरे रामा रिमझिम' (मन्ना डे) हो, या रफ़ी और आशा के द्वारा अलग-अलग गाए मचलता गीत 'जिया कसक मसक' हो, ऊपर वर्णित पारम्परिक विदा गीत 'बाबुल मोरा नैहर' (लता, साथी) हो या पारम्परिक विरह गीत 'चढ़ेला असाढ़' (मीनू पुरुषोत्तम, मुबारक बेगम) की बाँसुरी के साथ दर्द को गहराती तर्ज़ हो या फिर लोक फाग का थोड़ा शास्त्रीय रंग डालकर कम्पोज़ किया गया 'जमुना तट श्याम खेलत होली' (आशा, मन्ना डे, साथी) हो, जयदेव ने तो भोजपुरी फिल्म-संगीत के इतिहास में एक मीलस्तम्भ ही रच दिया।

'माइती घर' के रिहर्सल के समय जयदेव और नर शमशेर

दरअसल समांतर सिनेमा के पसंदीदा संगीतकार जयदेव की यह खासियत भी कम उल्लेखनीय नहीं है कि जहाँ बड़े स्थापित संगीतकार पुराने प्रतिष्ठित आवाज़ों पर ही कायम थे वहाँ जयदेव ने नए स्वरों को आज़माने में कभी परहेज़ नहीं किया। 'आलाप' में फय्याज़, 'एक थी रीटा' में सरला कपूर, 'परिणय' में शर्मा बंधु और राजेंद्र मेहता, 'दो बूँद पानी' में नूरजहाँ, 'जीने के लिए' में नीलम साहनी, 'गमन' में छाया गांगुली, हरिहरन और सुदेश वाडकर और न जाने कितनी फ़िल्मों में भूपेंद्र को जयदेव ने ही मौका दिया। यहाँ तक कि जब प्रतिष्ठित संगीतकार कई जाने-अनजाने कारणों से रूना लैला को गवाने में हिचकिचा रहे थे तो जयदेव ने ही 'घरौंदा' में रूना लैला की तीखी, दिलकश, झंकृत करनेवाली आवाज़ से 'तुम्हें हो न हो मुझको तो इतना यकीं है' गवा कर नई प्रतिभाओं में अपने यकीन को सिद्ध कर दिखाया। रूना के स्वर में जयदेव की एक अलग रचना 'बोलो बोलो कान्हा बोलो छलिया' भी उस ज़माने में बड़ी सराही गई थी।

कलात्मक समांतर, छोटे बजट की फ़िल्मों में जयदेव के संगीत ने कथ्य और भावना दोनों ही पक्षों के पत्तों को मजबूत किया। दिलीप राज, निवेदित अभिनीत 'सपना' (1969) के स्वप्निल क्षणों को साकार करने में लता के अहीर भैरव आधारित 'जाने कितनी बार हृदय से मैंने उसे पुकारा' और उषा मंगेशकर के कलावती पर सृजित 'साँझ भई झाँझ भेद जियरा के खोले' का बड़ा हाथ था। मणि कौल ने अपनी प्रयोगात्मक गीतविहीन फ़िल्म 'आषाढ़ का एक दिन' (1971) में मोहन राकेश की अमर रचना को प्रस्तुत करने में जयदेव के पार्श्वसंगीत का सहारा लिया था। वहीं हम देख ही चुके हैं कि राजस्थान की पृष्ठभूमि पर बनी सुनील दत्त की प्रशंसित फ़िल्म 'रेशमा और शेरा' (1971) के लिए जयदेव ने राजस्थानी लोकसंगीत को परिमार्जित कर बेहद सुंदर रचनाएँ गढ़ीं। माँड पर आधारित 'एक मीठी-सी चुभन' (लता) और 'तू चंदा मैं चाँदनी' (लता) अद्भुत हतप्रभ करनेवाली

रचनाएँ थीं। आशा के स्वर में 'जब से लगन लगाई रे' इन दोनों उदात्त कृतियाँ के सामने अलबता फीका लगता है। ख्वाज़ा अहमद अब्बास ने 'अपने वतन में आज दो बूँद पानी नहीं' (मुकेश, नूरजहाँ और साथी) के द्वारा फ़िल्म के कथ्य को जयदेव के संगीत की मदद से उभारा। 'एक थी रीटा' (1971) जैसी नई खोजों से भरी फ़िल्म में भी जयदेव ने मुकेश और लता से सितार, बाँसुरी और पाश्चात्य ऑरकेस्ट्रा के मिश्रण के साथ 'मैं किसे अपना कहूँ आज मेरा कोई नहीं' जैसा अलग-सा गीत गवाया था। इस फ़िल्म का एक अनसुना बेहद सुंदर गीत था 'कभी हाथ हमसे छुड़ा तो न लोगे' (आशा) जिसकी तर्ज़ और गायकी की कशिश लाजवाब थी। समांतर और छोटे बजट के सिनेमा के इस दौर में जयदेव ने मुकेश की आवाज़ का बड़ा सुंदर उपयोग किया। 'भावना' (1972) का 'फिर मिलेंगी कहाँ ऐसी तन्हाइयाँ' (मुकेश, आशा, साथी) एक ऐसा ही गीत है। 'मान जाइए' (1972) का 'ले चलो ले चलो फिर कहीं ले चले' (मुकेश, वाणी जयराम) में मुकेश के स्वर में इस दिलकश धुन के विस्तार में मुरकियों का-सा असर भी जयदेव ने पैदा करने में सफलता पाई। इस गीत की चर्चा कम होती है, पर मुकेश के अच्छे दोगानों में इसकी गिनती की जानी चाहिए, कम-से-कम मैं तो ऐसा ही सोचता हूँ। 'मान जाइए' (1972) छोटे बजट के समांतर फ़िल्मों के सबसे प्रसिद्ध निर्माता-निर्देशक बी.आर. ईशारा की फ़िल्म थी, और इसी फ़िल्म का एक और बेहद, मधुर, लोकप्रिय गीत था 'ये वही गीत है जिसको मैंने धड़कन में बसाया' जिसे मैं किशोर के सर्वश्रेष्ठ गीतों में गिनता हूँ। पर 'मान जाइए' का सबसे खूबसूरत गीत तो लता के स्वर में था–'बदरा छाए रे'। शास्त्रीय संगीत आधारित होते हुए भी इतनी मीठी, ऑफ़ बीट धुन कि आदमी सुनकर मंत्रमुग्ध रह जाए। यह आश्चर्य है कि फ़िल्म का सबसे कम लोकप्रिय गीत यह रहा, वरना जयदेव के संगीत कौशल के सभी अवयव इस गीत में मौजूद हैं। 'प्रेम-पर्वत' (1973), 'आलिंगन' (1974), 'आंदोलन' (1975), 'परिणय' (1974), 'फासला' (1974), 'आलाप' (1977), 'गमन' (1978) जैसे कलात्मक फ़िल्मों के संगीत की चर्चा तो हम पहले ही कर चुके हैं। इसी क्रम में चर्चित निर्देशक अवतार भोगल की 'एक हंस का जोड़ा' (1975) के 'साथी मिलते हैं बड़ी मुश्किल से' (किशोर) को भी छोड़ा नहीं जा सकता। इंदीवर लिखित यह गीत तो आज भी रेडियो पर फ़रमाइशी गानों के प्रोग्राम में सुनाई दे जाता है। इस फ़िल्म में आशा के स्वर में गजब कशिश-भरी धुन 'मेरे दिल में तेरी तस्वीर सदा रहती है' की अधिक चर्चा क्यों नहीं हुई, आश्चर्य का विषय है। 'प्यार से तुम मिले' (किशोर, आशा) भी चमत्कारी सुर प्रभावों से भरी एक बहुत अच्छी कृति थी।

जयदेव की प्रतिष्ठा इतनी थी कि मदन मोहन जैसे स्तरीय संगीतकार की मृत्यु पर 'लैला-मजनू' (1976) का बचा संगीत पूरा करने के लिए जयदेव को चुना गया और उन्होंने अपने अंदाज़ में नए गायक-गायिकाओं राजकुमार रिज़वी (जो बाद में राजेंद्र मेहता की ही तरह मशहूर गज़ल गायक बने), प्रीति सागर और अनुराधा से 'लैला-मजनू दो बदन इक जान थे' जैसा अनूठा गीत भी गवा लिया। वैसे भी व्यावसायिक फ़िल्म-जगत द्वारा उपेक्षित मदन मोहन और जयदेव शराब के एक दूसरे के पार्टनर तो पहले ही हो चुके थे। वहीं दूसरी तरफ़ अर्थपरक फ़िल्म-निर्देशक भीमसेन ने 'घरौंदा' (1977) के लिए गुलज़ार और जयदेव की जोड़ी को पहली बार साथ प्रस्तुत किया। 'तुम्हें हो न हो मुझको तो इतना यकीं है, मुझे प्यार तुमसे नहीं है नहीं है' (रूना लैला) एक अद्भुत ताजगी लेकर आया था। गुलज़ार के सुंदर शब्दों को बिलकुल ऑफ़ बीट शैली में ढालकर भी लय की सृष्टि गजब की थी। इस गीत का फ़िल्मांकन भी बेहद कलात्मक था। पर घरौंदा के ज़्यादा मशहूर गीत रहे रूना लैला और भूपेंद्र के युगल स्वरों से सम्भवतः मिश्र भूपाली की छाया लिए 'दो दीवाने एक शहर में, रात में और दोपहर में', तथा भूपेंद्र की आवाज़ में इसी गीत का धीमा उदास संस्करण 'एक अकेला इस शहर में'। ये गीत आज भी बड़े चाव से सुने जाते हैं। भूपेंद्र के उदय में गुलज़ार और आर.डी. बर्मन के साथ-साथ जयदेव का भी बड़ा हाथ माना जाना चाहिए। जयदेव ने भी भूपेंद्र से आर.डी. की तरह ही बड़े खूबसूरत और लोकप्रिय रहे गीत गवाए। भीमसेन निर्देशित 'दूरियाँ' (1979) में भूपेंद्र और अनुराधा के स्वरों में भैरवी में कम्पोज़ 'जिंदगी में जब तुम्हारे ग़म नहीं थे' अपनी संरचना में जितना मधुर है, उतना ही आधुनिक भी। यही आधुनिकता 'जिंदगी मेरे घर आना' (भूपेंद्र, अनुराधा) और 'खोटा पैसा नहीं चलेगा' (प्रीति सागर, रानू मुकर्जी, के.एन. शर्मा, साथी) जैसे गीतों में भी झलकती है। 'आई तेरी याद' (1980) में तो सभी गीत खूबसूरत थे। 'फिर तेरी याद नए दीप जलाने आई' (भूपेंद्र), 'सौ बार कहा आँखों ने यही अफ़साना' (भूपेंद्र, पीनाज़ मसानी), 'तुम्हारा प्यार शामिल है मेरे दिल की उड़ानों में' (पीनाज़ मसानी) और 'ये ख्वाव-सा देखा था बस जाने वफ़ा हो तुम' (हरिहरन) इस असफल फ़िल्म के बड़े सुंदर नगीने थे। वैसे प्रसिद्ध अभिनेत्री श्रीदेवी की नायिका के रूप में

रूना लैला
एक ताजा हवा का झोंका

पहली फ़िल्म 'सोलवाँ सावन' (1978) में भी जयदेव ने ही संगीत दिया था और 'पी कहाँ, धीरे से हौले से' जैसा सुंदर गीत वाणी जयराम से गवाया था। 'एक गुनाह और सही' (1980) के गीत चले नहीं वरना सुनील दत्त और परवीन बॉबी अभिनीत इस फ़िल्म के भी 'रात आती है तो हर दर्द चमक उठता है' (भूपेन्द्र), 'यही है तमन्ना यही है इरादा' (आशा) और 'बलमा रे अब तोसे लागे रे नयन' (कृष्णा कल्ले, पुष्पा पागधरे) जैसी कृतियों में जयदेव का वही सुरुचिपूर्ण कलात्मक रंग पुनः उत्कर्ष पर है।

भूपेन्द्र के साथ जयदेव

नवें दशक के बप्पी लाहिड़ी युग में शनैः-शनैः जयदेव को मिलने वाली फ़िल्मों की संख्या कम होती गई। 'राम नगरी' (1982), 'एक नया इतिहास' (1984), 'त्रिकोण का चौथा कोण' (1986) 'वही बात' (1982) और 'जुम्बिश' (1986) जैसी फ़िल्में अच्छे संगीत के बावजूद कम ही चलीं। पर जयदेव का संगीत इन फ़िल्मों में भी विशिष्ट था। 'वही बात' की आशा की ग़ज़ल 'ज़हर देता है मुझे कोई दवा देता है' जयदेव की ख़ास हरकतों के साथ एक बेमिसाल रचना थी। 'जुम्बिश' में तो ऐसा लगता है मानो जयदेव अपनी कला की सर्वोत्तम ऊँचाइयों को पा गए हो। पीनाज़ मसानी और शैला गुलवाडी के स्वरों में 'धीरे धीरे शाम आ रही है' तो शाब्दिक सौंदर्य और अप्रतिम धुन के कारण जयदेव की विशिष्टतम रचनाओं में गिनी जानी चाहिए–भले ही लोकप्रिय न रहा हो। 'सिमट के बाँहों में' (भूपेंद्र) जयदेव की ख़ास गज़ल शैली की एक सुंदर रचना थी जो कुछ लोकप्रिय भी रही। 'आसमाँ पर एक सितारा', 'कोई पुरानी मगन', 'सनसनी-सी साजिश हो, हमारे शहर में काले परों की बारिश हो' (भूपेंद्र, पीनाज़ मसानी) और लोकसंगीत आधारित 'हरियाली मोरे रस्ता जाने दे' तो लाजवाब कृतियाँ थी जिनका लोकप्रिय न हो पाना दुर्भाग्य ही कहा जाएगा। यह जयदेव की ही फ़िल्मों में सम्भव था कि फ़िल्म का सबसे साधारण गीत रहा लता की गाई लोरी 'जग को सुलाना' और उनसे कहीं कमतर गायक-गायिकाओं के लिए कहीं बेहतर कम्पोज़ीशन्स आईं। जयदेव अपनी धुनों को नए गायक-गायिकाओं से भी गँवाकर अमर बनाने का माद्दा रखते थे। 'रामनगरी' का 'मैं तो कब से तेरी शरण में हूँ' (हरिहरन तथा अंग्रेजी में M.A. और लंदन के ट्रिनिटी कॉलेज से पियानो में डिप्लोमा प्राप्त गायिका नीलम साहनी) और 'त्रिकोण का चौथा कोण' का 'हौले-हौले रस घोले बोले मुझसे जिया' (छाया गाँगुली) भले ही बहुत कम सुने गए हों, पर इनकी कम्पोज़ीशन भी बेमिसाल थी। अहीर भैरव पर आधारित 'मैं तो कब से तेरी शरण में हूँ', जयदेव की ख़ास रूमानी शैली में 'मन के दर्पण में चेहरा खिला आपका' (हरिहरन, अनुराधा), लोक नौटंकी शैली में 'रातों को माँगे है साजन से गहने गोरिया' और मज़ाकिया गोअन शैली की छाया लिए 'तेरा नाम लिखा है इस दिल पे' कुल मिला कर 'रामनगरी' को एक बड़ा अच्छा musical track बनाते थे, पर हमेशा की तरह जयदेव का दुर्भाग्य था कि इस ऑफ़ बीट फ़िल्म के गीत सुने ही नहीं गए। जयदेव कितने स्तरीय कम्पोज़र थे, यह इसी तथ्य से सिद्ध हो जाता है कि हिंदी फ़िल्मों के वे अकेले संगीतकार रहे हैं जिन्हें तीन बार सर्वश्रेष्ठ संगीतकार का राष्ट्रीय पुरस्कार मिला–'रेशमा और शेरा', 'गमन' और 'अनकही' के लिए। अमोल पालेकर की 'अनकही' (1985) पूरी तरह शास्त्रीय संगीत पर आधारित थी। इस फ़िल्म में आशा भोंसले के साथ भीमसेन जोशी भी थे तथा 'मुझको भी राधा बना लो' और कबीर की रचना 'कौनो ठगवा नगरिया लूटल हो' में आशा की ख़नकदार आवाज़ एक तरफ थी तो 'ठुमक-ठुमक' तथा 'रघुवर तुमको मेरी लाज' में भीमसेन जोशी की भारी गम्भीर आवाज़ दूसरी तरफ़। 'अनकही' के लिए जयदेव को सुर सिंगार संसद का पुरस्कार तो मिलना ही था। यह पुरस्कार भी उन्हें चार बार मिला। अपने अंतिम दौर में जयदेव को मध्य प्रदेश शासन का लता मंगेशकर पुरस्कार भी प्राप्त हुआ, और जीवन-भर पेइंग गेस्ट की तरह रहनेवाले जयदेव को उनके अंतिम दिनों में पता नहीं कैसे महाराष्ट्र सरकार ने बांद्रा में एक फ़्लैट भी आवंटित कर दिया। इस वक्त जयदेव को घर की सख्त ज़रूरत थी क्योंकि 'लिली कोर्ट' से मकान मालिक ने उन्हें बाहर कर दिया था और कुछ दिन नेपियन की रोड पर दोस्त के घर रुकने के बाद जयदेव होटल साउथ ग्रीन में रुकने

'अनकही' में दीप्ति नवल

पर मजबूर हो गए थे, पर इस घर में वे रह नहीं पाए। 3 जनवरी, 1987 को कफ़ के साथ खून आने पर उन्हें बीच कैन्डी अस्पताल में दाखिल किया गया, जहाँ 6 जनवरी की सुबह उन्होंने अंतिम साँस ली। उनकी अंत्येष्टि में कोई भीड़-भाड़ न थी। व्यावसायिक फ़िल्मी दुनिया तो उन्हें हमेशा भूली ही रही थी।

जयदेव के संगीत की चर्चा उन फ़िल्मों के बिना पूरी नहीं हो सकती जो अधूरी रह गईं या रिलीज़ न हो सकीं, पर जिनके कुछ गाने रेकॉर्ड हो गए थे। सिमी और सोहराब मोदी अभिनीत 'आतिश' उर्फ 'दौलत का नशा', 'आज़ादी पच्चीस बरस की' और 'शादी कर लो' आठवें दशक की ऐसी ही फ़िल्में थीं। 'शादी कर लो' में तो उन्होंने परवीन सुलताना से भी गीत गवाए थे। 'आतिश' में उन्होंने आशा से मुजरा शैली में 'हाय मैं मरी' और अपनी विशिष्ट शैली में 'अजी ज़रा-सी बात पर' जैसे सुंदर गीत गवाए थे। इसी प्रकार धर्मवीर भारती के मशहूर उपनाम 'गुनाहों के देवता' पर अभिताभ जया को लेकर बनी फ़िल्म 'एक था चंदर एक थी सुधा' डिब्बे से तो बाहर नहीं आ सकी, पर इसी फ़िल्म में आशा के स्वर में 'बेला महका' जैसा लाजवाब गीत जयदेव ने कम्पोज़ कर रखा था। आशा ने भी इस गीत को महान कम्पोज़ीशन की संज्ञा दी थी। जयदेव की स्वरबद्ध 'खुन्नस', 'अमर ज्योति', 'फुटपाथ', 'अन्नदा दीदी', 'शगुन' के गीत तो फ़िल्म रिलीज़ न हो पाने के कारण सुने नहीं जा सके, वरना 'खुन्नस' के शास्त्रीय मुजरा शैली में 'साँवरिया रे काहे मारो नजरिया रे' (लता, उषा मंगेशकर) तो हिंदी फ़िल्मों के सर्वश्रेष्ठ मुजरा गीतों में शामिल किए जाने लायक है। वहीं भूपेंद्र, पीनाज़ मसानी आदि के स्वर में 'मेरे आ जाने से महफ़िल पे शबाब आया तो है, प्यार की प्यासी निगाहों में हिजाब आया तो है' जयदेव की 'घरौंदा' के संगीत की खुशबू की याद दिला देता है। 'खुन्नस' का ही 'इश्क में क्या-क्या मेरे जुनूँ की की न बुराई लोगों ने' तो अपने अंतिम दौर में रफ़ी के गाए श्रेष्ठतम गीतों में रखा जाना चाहिए। पियानो की नियंत्रित ध्वनियों के बीच से उठती यह गज़ल आज भी ऐसी बंदिशों के लिए रफ़ी की बेमिसाल अभिव्यक्ति की याद दिला देती है। इसी प्रकार 'अमर ज्योति' में क्लासिकी रंग लिए 'कजरारे कारे बदरा रस बरसाए' (आशा, हरिहरन), 'जनम जनम का है ये नाता' (आशा) और 'राहे मुहब्बत राहे वफ़ा' भी अच्छी रचनाएँ थीं। आशा के स्वर में 'शगुन' के लिए रेकॉर्ड हुआ 'प्रीत किए दुख होए' और किसी अनाम फ़िल्म के लिए 'कल रात गिरी थी शबनम' को सुन न पाना बहुत सालता है। इसी प्रकार अभी हाल में 1997 के निर्माता रमेश खोसला के पुत्र रॉबिन खोसला ने अपने पिता की 24 वर्ष पूर्व प्रस्तावित फ़िल्म को 'चंद्रग्रहण' नाम से रिलीज़ किया जिसके गीत 1973 में ही रेकॉर्ड हो गए थे। इस फ़िल्म में जयदेव के संगीत-निर्देशन में मुकेश के दो अद्भुत गीत हैं–'तुझको यूँ देखा है' और 'तुम ही ने दिल को दिल'। इनको सुनकर यह निर्विवाद लगता है कि जयदेव के संगीत-निर्देशन में मुकेश के सर्वश्रेष्ठ गीत यही हैं। इसी फ़िल्म का लता का 'आ प्यार की बाँहों में' और 'मैं जानूँ नहीं', 'रेशमा और शेरा' के लता के गीतों जैसी शैली का आभास देते हैं। वास्तव में इस फ़िल्म को पुनः रिलीज़ करके कोई व्यावसायिक सफलता भले ही रॉबिन खोसला ने न पाई हो, पर उन्होंने लता और मुकेश के ऐसे खोए हुए दुर्लभ रत्नों को सामने लाकर एक अमूल्य काम किया है। इसी प्रकार फ़िल्म 'मुलाक़ात' में भी मुकेश और अनुराधा के स्वरों में एक दिलकश गीत था पर फ़िल्म ही प्रदर्शित नहीं हुई, न ही रेकॉर्ड रिलीज़ हुए। जयदेव के इस तरह के कई बेहतरीन गीत रेकॉर्ड न बनने और फ़िल्म रिलीज़ न हो पाने के कारण हमारे सामने ही नहीं आ पाए हैं। वैसे जो आए हैं, वही उन्हें फ़िल्म संगीत के महानतम संगीतकारों में से एक बनाने के लिए पर्याप्त है।

जयदेव का फ़िल्म-संगीत जितना स्तरीय है, उतना ही उनका गैरफ़िल्मी संगीत सफ़र। साहित्यिक कृतियों को संगीतबद्ध करने वाले कम संगीतकार रहे हैं, पर उनमें हिंदी साहित्य के क्षेत्र में जयदेव का नाम सबसे ऊपर रहेगा। बच्चन की मधुशाला को मन्ना डे से गवानेवाले जयदेव ही थे और 'मधुशाला' का उनका यह कैसेट आज भी बेहद लोकप्रिय है। 'मधुशाला' में शराबखाने की लज़्ज़त और 'मधुशाला' जानेवालों के फ़लसफ़े को बहुत ही जीवंत और काव्यात्मक धुनों में जयदेव ने ढाला था। छायावादी कवियों की छंद, लय युक्त खूबसूरत उपमानों वाली रचनाओं को उतने ही खूबसूरत तर्ज़ों में जयदेव ने ही बाँधा। जयशंकर प्रसाद की 'तुमुल कोलाहल कलह में मैं हृदय की बात रे मन' को आशा से उन्होंने इतने सुंदर तरीके से गवाया है कि तारीफ़ के शब्द नहीं मिलते। आशा ने इस रचना को एच.एम.व्ही. द्वारा रिलीज़ अपने 'माइ फ़ेवरिट्स' कैसेट में शामिल किया है। महादेवी वर्मा की 'कैसे उनको पाऊँ आली' और अन्य रचनाओं को भी आशा के स्वर में अमर बनाने का श्रेय उन्हें ही जाता है। मीरा की 'आली रे मेरे नैना', 'कैसी लगन', 'फागुन के दिन' और 'बना ले नंदलाला', गालिब की गज़लें 'कभी नेकी भी उसके जी में गर आ जाए है मुझसे' (जिनकी आलापयुक्त कुछ-कुछ अरबी शैली में बेहद लोच-भरी धुन जयदेव ने बनाई थी) और 'शौक हर रंग रक़ीब', जिगर का कलाम 'कभी शाख-ओ-सब्ज़-ओ-बाग़' फ़ानी बदायूँनी का 'कारवाँ गुज़रा किया', नरेंद्र शर्मा के 'जो समर में हो गए अमर',

'जो तुम आ जाती एक बार', 'मुकर पिक हौले बोल', 'मोरे नैना जागे सारी रैना' (जो अप्रदर्शित 'फुटपाथ' के लिए मूलतः रेकॉर्ड हुआ था), 'मधुर मधुर मेरे दीपक', 'तुम सो जाओ मैं जागूँ', 'महलों में आई' (जो भी 'फुटपाथ' के लिए ही पहले रेकॉर्ड किया गया था) 'नगरिया', 'ना मैं लड़ी थी' और बिस्मिल की अमर रचना 'सरफ़रोशी की तमन्ना' आदि गीतों के साथ जयदेव और आशा भोंसले के ग़ैरफ़िल्मी सफ़र के माधुर्य से एक अध्याय की परिभाषा बनती है। दिनकर की 'उर्वशी' को भी संगीत से सजाने का काम जयदेव ने ही किया।

यह एक रोचक तथ्य है कि 'जो समर में हो गए अमर' को जयदेव ने लता से पहले गवाया था। इस गीत की शब्दावली और धुन दोनों ही इतनी मार्मिक है कि जटिल कम्पोज़ीशन होने के बावजूद आज भी इसे सुनकर श्रोता मंत्रमुग्ध रह जाते हैं। छाया गाँगुली के स्वर में सूरदास का भजन 'मोहे अब के बेर उबारो' भी जयदेव की एक चर्चित रचना रही है। उद्धत कुमार के गीत 'सत्यमेव जयते' को संगीतबद्ध करके हिंद-पाक युद्ध के समय 12 दिसम्बर, 1971 को लता से रामलीला मैदान, दिल्ली में गवाकर श्रोताओं को मंत्रमुग्ध करने का श्रेय भी जयदेव को ही मिलता है। चंदन दास की गाई मशहूर ग़ज़ल 'शबो रोज़ मौसम बदलते रहे' के स्वरकार जयदेव ही थे, यह तथ्य कम लोग जानते हैं। पीनाज़ मसानी और हरिहरन की कई आरम्भिक रचनाओं के कम्पोज़र जयदेव ही थे। पीनाज़ के गाए 'तुमको हम दिल में', 'वादा-ए-शाम-ए-फ़र्दा पे' आदि कई ग़ज़लों के कम्पोज़र जयदेव रहे हैं। हरिहरन ने लेस्ली लुइस के साथ निकाले अपने एलबम 'Colonial Cousins–Aatma' की रचना 'Guiding Star' की मूल धुन की प्रेरणा जयदेव की बनाई धुन से ही ली है।

उनकी अंतिम रेकॉर्डिंग फ़िराक गोरखपुरी की ग़ज़लों की थी। 'हम भी फ़िराक इंसान थे आखिर तर्के मुहब्बत से क्या होता' को रेकॉर्ड करते समय वे अभिभूत हो गए थे और बोल उठे थे कि अब जिस काम को मैं वर्षों से पूरा करना चाहता था, वह पूरा हो गया...अब मौत बेशक मुझे ले जाए। उस समय क्या पता था कि हफ़्ते-भर के भीतर सचमुच मौत उन्हें ले जाएगी।

संदर्भ

1. सरगम का सफ़र, 1989 (नई दुनिया, विशेषांक)
2. स्नेहल ओझा : 'अभी तो मैं जवान हूँ' शृंखला–इंटरनेट

कल्याणजी-आनंदजी

'चंदन-सा बदन चंचल चितवन धीरे से तेरा ये मुस्काना'

आठवें दशक के सबसे लोकप्रिय और सफल तीन संगीतकारों में से एक नाम कल्याणजी-आनंदजी का था। दुर्भाग्य रहा कि अपने समकालीन अन्य दोनों संगीतकार नामों राहुल देव बर्मन और लक्ष्मीकांत-प्यारेलाल के मुकाबले उनका 'मीडिया प्रोजेक्शन' कम हुआ, वरना उनकी कई संगीत-रचनाएँ इन दोनों संगीतकारों की श्रेष्ठ रचनाओं के मुकाबले कहीं से भी उन्नीस नहीं ठहरती हैं । आम धारणा है कि अपने-अपने संगीत सफ़र में लक्ष्मी-प्यारे ने लता के कंठ के लिए बेहद दिलकश धुनें बनाई, वहीं राहुल देव बर्मन ने आशा की नशीली, खनकती आवाज को ध्यान में रखकर श्रेष्ठ संगीत रचना की। धारणा गलत भी नहीं है, पर यह कभी-कभी अनुचित लगता है कि कल्याणजी-आनंदजी, जिन्होंने कम आकर्षक धुनें नहीं बनाई, का नाम लता की चर्चा में अक्सर नज़रअंदाज कर दिया जाता है। यदि कल्याणजी-आनंदजी की संगीत यात्रा पर एक सरसरी निगाह भी डाली जाए तो भी लता के लाजवाब गीतों की एक फेहरिस्त तैयार हो जाती है। उदाहरण के लिए लता की एकल आवाज़ मे छठे दशक में 'दिल झूम झूम लहराए', 'जालिम ज़माने ने इतना सताया है', 'आँखों में तुमको छुपा के सनम मैं दुनिया बसा लूँ नई', 'जरा-सा मुस्करा दूँ तो रस्ता भुला दूँ', 'तुम्हारे प्यार का नशा', 'मुझ को इस रात की तन्हाई में आवाज न दो', 'बाजे पायल छुन छुन हो के बेकरार', 'तेरी राहों में खड़े हैं दिल थाम के', सातवें दशक में 'हमने तुमको प्यार किया है जितना, कौन करेगा उतना', 'दिल बेकरार सा है हमको खुमार सा है', 'एक तू ना मिला सारी दुनिया मिली भी तो क्या है', 'ये समाँ समाँ है ये प्यार का', 'खुशी भी आई तो कुछ ऐसी अदा से आई', 'खाई थी कसम इक रात सनम', 'ऐ जी जरा सुनना उनसे नहीं कहना', 'छोड़ दे सारी दुनिया किसी के लिए', 'मैं तो भूल चली बाबुल का देस', 'चंदन सा बदन', 'गंगा मैया में जब तक कि पानी रहे', 'तेरे नैना क्यूँ भर आए', 'ओ नटखट नन्हीं लाड़ली तुझे देखे तेरा मामा चंदा मामा', 'ओ बाबुल प्यारे', 'तुम हमसे मिलो हम तुमसे मिले', 'मेरा परदेसी ना आया', 'हम थे जिनके सहारे', आठवें दशक में 'मेरे दिल ने जो माँगा मिल गया', 'मोहे न मारो कान्ह मुस्कानों के बाण', 'वो आए वो बैठै', 'प्रीत की डोरी सैंया तुम संग बाँधी', 'थोड़ा-सा ठहरो करती हूँ तुमसे वादा', 'समझौता गमों से कर लो', 'बना के क्यों बिगाड़ा रे', 'किसी मेहरबाँ के सहारे', 'मेरा पढ़ने में नहीं लागे दिल', 'रूठे रूठे पिया मनाऊँ कैसे', 'दिन-ब-दिन वो मेरे दिल से', 'अपने जीवन की उलझन को मैं कैसे सुलझाऊँ', तथा नवें दशक में 'मुझे ऐसा मिला मोती' आदि इस तथ्य के जीते-जागते उदाहरण हैं कि लता की मधुर आवाज़ के हर पहलू को श्रोताओं तक पहुँचाने में कल्याणजी-आनंदजी का अपना योगदान रहा है। कल्याणजी के घर कच्ची लजीज़ खाना खाने के लिए अकसर पहुँचनेवाली लता कल्याणजी-आनंदजी के संगीत-निर्देशन में अपनी विविधता की मिठास से हमेशा प्रभावित करती रही हैं। यह ज़रूर सच है कि आशा के एकल कंठ के लिए एक गलतफ़हमी के परिणामस्वरूप छठे और सातवें दशक में कल्याणजी-आनंदजी ने नहीं के बराबर गीत बनाए और जो बनाए, वह भी कुछ विशेष नहीं रहे। पर इससे यही सिद्ध होता है कि केवल लक्ष्मी-प्यारे ही नहीं बल्कि

कल्याणजी-आनंद जी

कल्याणजी-आनंदजी के लिए भी लता उतनी ही महत्त्वपूर्ण थीं ।

एक और गलत धारणा यह भी है कि मुकेश ने सबसे ज्यादा गीत शंकर-जयकिशन के लिए गाए । वस्तुस्थिति यह है कि मुकेश के गानों में कल्याणजी-आनंदजी के स्वरबद्ध किए गीतों की संख्या सबसे अधिक है और यह बात और भी उल्लेखनीय हो जाती है जब हम पाते हैं कि इन गीतों की फ़िल्मों में राज कपूर की अभिनीत मात्र दो फ़िल्में हैं। शंकर-जयकिशन मुख्यतः राज कपूर के लिए ही मुकेश की आवाज़ लेते थे, पर कल्याणजी-आनंदजी ने अन्य कई अभिनेताओं के लिए मुकेश की आवाज़ चुनी । मुकेश के कंठ की विशेषताओं को देखते हुए खास तौर से इस द्वय द्वारा गीतों की संरचना की जाती थी और इन गीतों को गाते हुए पर्दे पर न सिर्फ़ राज कपूर बल्कि धर्मेन्द्र (दिल भी तेरा हम भी तेरे, पूर्णिमा), राजेश खन्ना (राज़, मर्यादा), फिरोज़ खान (सफर, धर्मात्मा) भी उतने ही स्वाभाविक लगते थे। मनोज कुमार के लिए कल्याणजी-आनंदजी ने मुकेश और महेन्द्र कपूर की आवाजें तय-सी कर ली थीं (उपकार, पूरब और पश्चिम) और यह दुर्भाग्य रहा कि मनोज कुमार और कल्याणजी-आनंदजी का साथ कुछ व्यक्तिगत कारणों से छूट गया।[1] मनोज कुमार लक्ष्मीकांत-प्यारेलाल की तरफ मुड़ गये। उन्होंने मुकेश और महेन्द्र कपूर को तो न छोड़ा पर कल्याणजी-आनंदजी से विमुख हो गए ।

कल्याणजी का जन्म 30 जून, 1928 को कच्छ के कुंदरोडी में हुआ था। कल्याणजी और उनके अनुज आनंदजी वीरजी शाह नामक एक कच्छी गुजराती व्यवसायी के पुत्र थे। पिता गिरगाम, बम्बई इलाके में दुकान चलाते थे। कल्याणजी-आनंदजी को संगीत का शौक बचपन से ही रहा जो गिरगाम की गलियों में बढ़ा।

बहुत पहले की बात है जब कल्याणजी संगीतकार नहीं बने थे। एक बार माटुंगा में स्थित अरोड़ा सिनेमा के पास की सड़क पर पत्थर गिरने की आवाज़ से प्रेरणा ली कि पत्थरों से भी सुरीले नोट्स निकाले जा सकते हैं और इस कला में भी पारंगत हो गए। उन्होंने 'पत्थर सांग' नाम का कार्यक्रम भी प्रस्तुत किया था। कल्याणजी ने असंख्य वाद्य बजाने की उस्तादी हासिल की और उन्होंने अपना ऑरकेस्ट्रा ग्रुप भी बनाया और स्टेज शो भी गिज़इसी रूप में कल्याणजी आरम्भ में हेमंत कुमार के सहायक बने थे। 'नागिन' (1954) में 'मन पर बीन कग़ज़ सदाबहार धुन शंकर-जयकिशन के ऑरकेस्ट्रा में स्वतंत्र संगीतकार के रूप में उन्होंने फ़िल्म 'सम्राट चंद्रगुप्त' (1958) से अपना पहला गीत उन्होंने किसी काम करते हुए कम्पोज़ किया था, 'भर भर आई अँखियाँ' के रूप में कुछ ही फ़िल्मों के बाद उनके साथ कल्याणजी-आनंदजी की जोड़ी के आरम्भ की फ़िल्मों में कुछ समीक्षकों जयकिशन की शैली नजर आती

सृजन के एक आत्मीय पल में कल्याणजी-आनंदजी

डोले मेरा तन डोले' में क्लेवॉयलिन कल्याणजी की ही बजाई हुई थी। भी कल्याणजी कार्यरत रहे थे। कल्याणजी वीरजी शाह के नाम से अपना सफर आरम्भ किया। हालाँकि और फ़िल्म के लिए रसोईघर में पर फ़िल्म बनी नहीं और यह गीत 'सम्राट चंद्रगुप्त' में लिया गया। आनंदजी भी आ गए और फिर नाम से ही संगीत दिया जाने लगा। को उनके ऑरकेस्ट्रेशन में शंकर-है।[2] 'सम्राट चंद्रगुप्त' की धुनों में चित्रगुप्त की मेलोडियस शैली का असर भी दिखता है। पर जो भी हो गीत बेहद मधुर बने थे—'चाहे पास हो चाहे दूर हो मेरे सपनों की तुम तस्वीर हो', 'भर भर आई अँखियाँ', 'जा तोसे नहीं बोलूँ' (लता, रफ़ी) या फिर दत्ताराम बीट्स वाला 'ये समाँ मेरा दिल जवाँ' (लता, मन्ना डे)। उनकी आरम्भिक फ़िल्मों में 'तुम्हें याद होगा कभी हम मिले थे' (लता, हेमंत—'सट्टा बाज़ार'), राग किरवानी पर आधारित 'नींद न मुझको आए' (लता, हेमंत—'पोस्ट बाक्स 999', 1958) 'दूर कहीं तू चल' (लता, रफ़ी—'बेदर्द ज़माना क्या जाने' 1959), दत्ताराम बीट्स की छाप लिए 'मैं यहाँ तू कहाँ मेरा दिल तुझे पुकारे' (लता, रफी—बेदर्द जमाना क्या जाने, 1959), 'ये वादा करें जहाँ भी रहें' (लता, मुकेश—'दिल भी तेरा हम भी तेरे' 1960) 'दिल ले के जाते हो कहाँ' (सुबीर सेन, कमल बारोट—'ओ तेरा क्या कहना', 1959) जैसे गीत भारतीय और पश्चिमी ऑरकेस्ट्रा के सुंदर संयोजन से सँवारे तेज रिद्म वाले गीत थे जो गली-गली में गुनगुनाए जानेवाले रूमानी युगल गीतों के रूप से प्रचलित हुए। कानों में मिश्री घोलते 'मुझे देख चाँद शरमाए' (लता), 'कल कल छल छल बहती जाऊँ' (लता) या 'रंगीले मोरे राजा' (लता, कोरस) जैसे 'सम्राट चंद्रगुप्त' के ही गीत भी बेहद कर्णप्रिय बने थे। 'पोस्ट बॉक्स 99' का 'मैं तो गिरी रे गिरी रे' (लता) तो बिलकुल अलग ढंग की कम्पोज़ीशन्स

की। 'चंद्रसेना' (1959) की रचना 'दिल झूम झूम लहराए' और 'ज़रा-सा मुस्करा दूँ' (लता) भी कम्पोज़ीशन के हिसाब से बेहद आकर्षक थीं। शंकर-जयकिशन की तरह ही भैरवी पर आधारित थे 'सम्राट चंद्रगुप्त' के 'ऐ दिलदार आ जा' और 'कल कल छल छल' जैसे लता के गीत। पर साथ ही कल्याणजी-आनंदजी द्वारा विशुद्ध लोकसंगीत की भारतीय धुनों और संगीत-संयोजन के साथ अलग प्रयोग भी इस समय से ही कुछ गानों में करना शुरू कर दिया गया था। राग सोहनी की छाया लिए 'नैना हैं जादू भरे ओ गोरी तोरे' (मुकेश–'बेदर्द जमाना क्या जाने', 1959), 'दिल लूटने वाले जादूगर अब मैंने तुझे पहचाना है' (लता, मुकेश–'मदारी', 1959), 'अकेली मोहे छोड़ न जाना' (लता, कमल बारोट–'मदारी', 1959), 'आज आज कि दिल को तेरी याद आई' (लता–ओ तेरा क्या कहना, 1959) आदि भारत की मिट्टी में रची-बसी धुनें हैं जो आज भी प्रिय लगती हैं। 'चंद्रसेना' (1959) के लता, साथियों के गाए 'मैं क्या जानूँ काहे लागे ये सावन मतवाला रे' में लोकसंगीत के उल्लास की छाप स्पष्ट उभरती है। 'मदारी' के ही 'प्यार मेरा मजबूर परदेसी सैंया' और 'कोई कहे रसिया' भी लता के स्वर में बड़ी मीठी लगती हैं। एक और बेहद खूबसूरत मेलोडी जो दुर्भाग्य से बहुत हिट नहीं हुई फ़िल्म 'मदारी' में ही लता के स्वर में है–'तुम्हारे प्यार का नशा हमारे दिल पे छा गया। पर छठे दशक के गीतों की चर्चा में यदि कल्याणजी-आनंदजी के सर्वश्रेष्ठ गीत को चुनना हो तो मैं 'घर-घर की बात' (1959) के गीत 'ये समाँ ये खुशी कुछ बोलो जी बोलो जी' को ही चुनूँगा। लता-मुकेश के मधुरतम युगल गीतों में से एक इस गीत में लता की आवाज की मुलायमियत बेमिसाल है और शब्दों को अपनी आवाज़ के स्वर माधुर्य से जो भाव लता ने दिया है उसने इस बेहतरीन धुन को अलौकिक बना दिया है। संगीत-विशेषज्ञ बता सकेंगे कि यह कौन-सा राग है–क्या यह बागेश्वरी है या और कुछ?

'छलिया' में नूतन और राज कपूर

1960 कल्याणजी-आनंदजी के संगीत के लिए बेहद सफल वर्ष रहा। मनमोहन देसाई की निर्देशित प्रथम फिल्म 'छलिया' में 'डम डम डिगा डिगा' की जौनपुरी के साथ पूरा देश झूम उठा। मुकेश को एक नए अंदाज़ में पेश करने का श्रेय भी मिला। कल्याणजी-आनंदजी ने अपने गानों से सिद्ध किया कि शास्त्रीय रागों के सरल लोकप्रिय प्रयोग में वे शंकर-जयकिशन से कम नहीं थे। कुछ समीक्षकों का मानना है कि लक्ष्मीकांत-प्यारेलाल, जो इस समय कल्याणजी-आनंदजी के सहायक थे, ही इस गीत के असली रचयिता थे क्योंकि तबला और अन्य वाद्यों ने इस गीत में जिस तरह का लय बाँधा है वह लक्ष्मी प्यारे की ही शैली थी। जो भी हो, 'छलिया' का लगभग हर गीत हिट हुआ और 'बाजे पायल छुन-छुन' का थिरकती ताल हो या 'तेरी राहों में खड़े हैं दिल थाम के' की भावानात्मक धुन, भैरवी आधारित 'छलिया मेरा नाम' का वाद्य-संयोजन हो या 'मेरी जान कुछ भी कीजिए' और 'मेरे टूटे हुए दिल से कोई तो आज ये पूछे' में तबले पर मुकेश के स्वर के साथ अनूठे लय-ताल का मेल हो, यह निर्विवाद है कि इस फिल्म से कल्याणजी-आनंदजी फ़िल्म-संगीत में एक चौंकानेवाली चुनौती के साथ उभरे थे।

'दिल भी तेरा हम भी तेरे' (1960) ने इस चुनौती को और मजबूत किया। भैरवी के सुरों में बाँधा गया 'मुझको इस रात की तन्हाई में आवाज न दो' मुकेश की 'हांटिंग' आवाज़ और बाँसुरी की प्रयोग के तादात्मकता से और 'क्या बुरा किया है हूज़ूर मैंने' अपनी दिलकश शैली के कारण सदाबहार गीत बन चुके हैं। 'छेड़ न सजना' (सुमन, साथी) की धुन तो फिर 'जौहर महमूद इन गोआ' में दुहरा कर कल्याणजी-आनंदजी ने खूब हिट कराई थी। इसी प्रकार 'दिल्ली जंक्शन' (1960) में लता का 'ज़ालिम ज़माने ने इतना सताया है' की धुन इतनी प्रांजल है कि इसे लता के लिए कल्याणजी-आनंदजी द्वारा सृजित किए सर्वश्रेष्ठ गानों में से एक भी माना गया है।[3] इसी फ़िल्म में लता, साथियों के स्वर में लोकशैली में रवानगी भरी मेलोडी 'नाम तेरा ले के मोहे छेड़े है ज़माना' भी बड़ा आकर्षक लगता है। प्यासे पंछी (1961) के गाने भी मकबूल हुए–'प्यासे पंछी नीलगगन में गीत मिलन के गाएँ' (मुकेश), 'बड़ा खुशनसीब हैं जिसे तू नसीब है' (मुकेश), जो इंदीवर और कल्याणजी-आनंदजी के वर्षों रहनेवाले साथ का शुरुआती गीत है, और सबसे बढ़कर सुमन और हेमंत का वही अभिलक्षक कल्याणजी-आनंदजी शैली का तेज रिद्म का राग किरवानी पर सजाया युगल गीत 'तुम्हीं मेरे गीत हो तुम्हीं मेरी प्रीत हो'।

पर आगे के कुछ वर्षों में कल्याणजी-आनंदजी को उतनी सफलता नहीं मिली जितनी अपेक्षा 'छलिया' के बाद की जाने लगी थी। गानों का सृजन जरूर मधुर था जैसे, 'मेहँदी लगी मेरे हाथ' (1962) में सिंधु भैरवी पर आधारित 'मेहँदी लगी मेरे हाथ

रे' (लता), दादरा ताल पर 'कंकड़िया मारे' (सुमन) और ग़ज़ल शैली का 'आपने यूँ ही दिल्लगी की थी' (मुकेश), 'कहीं प्यार न हो जाए' (1963) का 'ठुमक ठुमक मत चलो' (मुकेश) जिसे एच.एम.वी. द्वारा मुकेश के 'रेयर जेम्स', कैसेट में भी शामिल किया गया है, और 'तुनक तुन तुन' (लता, रफ़ी), 'सुनहरी नागिन' (1963) के लता का चंद्रकौंस आधारित 'तू ही तू मैं देखा करूँ' या पीलू पर आधारित लता-तलत का 'मिल के भी हम मिल न सके' और मुकेश-लता का 'तुझे चाँद कहूँ या फूल कहूँ', बिरजू उस्ताद (1964) का 'तू लाखों में है एक सनम' (जो मुकेश के अच्छे रूमानी गीतों में माना जाना चाहिए), 'फूल बने अंगारे' (1963) का तोड़ी पर आधारित 'वतन पे जो फ़िदा होगा', बाँसुरी, सितार, तबले के साथ 'ओ राधा ओ' (लता) और वॉयलिन, गिटार, सितार, तबला और पियानो के खूबसूरत संयोजन से सजा लता का कोमल गीत 'सम्भल तो दिल दीवाना' आदि गीत। पर अच्छी सफलता मिली सिर्फ मुकेश के 'फूल बने अंगारे' के मिश्र मालकौंस का पुट लिए हमेशाजवां रूमानी गीत 'चाँद आहे भरेगा फूल दिल थाम लेंगे' को और फ़िल्म 'ब्लफ़ मास्टर' (1963) के गीतों को जिनमें शामिल थे हेमंत का दर्द भरा गूँजता भैरवी पर सृजित गीत 'ऐ दिल अब कहीं ले जा', मुकेश की विशिष्ट शैली में 'सोचा था प्यार हम ना करेंगे', बागेश्वरी पर आधारित लता का 'बेदर्दी दगाबाज जा तू' और इन सबको पीछे छोड़ता हुआ रफ़ी और साथियों की आवाज में लोकधुन की स्वच्छंदता और और उसके आह्लाद को उभारता हुआ वह सुपर हिट गाना 'गोविंदा आला रे आला जरा मटकी सँभाल बृजबाला'।

'सुनहरी नागिन' की रेकॉर्डिंग के समय तलत महमूद के साथ

कल्याणजी-आनंदजी के संगीत की एक प्रमुख विशेषता थी गलियों और सड़कों की प्रचलित, पहचानी बीट्स को लेकर बनाए गीत। इस संगीत में एक तरह की अनौपचारिकता और सहजता थी जिसके साथ श्रोता आसानी से जुड़ सकते थे। प्रचलित पद्धतियों को अपनाने में कल्याणजी-आनंदजी को कभी कोई हिचक नहीं हुई। वे हमेशा ज़माने और जनता के साथ चलने वाले संगीतकार रहे। चाहे उनके मूल निवास कच्छ का पारम्परिक गरबा जैसा लोकसंगीत हो ('मैं तो भूल चली बाबुल का देस'–'सरस्वतीचंद्र' और 'मीठे मधु से सिमटी'–'प्रिया'), या जन्माष्टमी जैसे त्यौहार के उल्लास को प्रकट करते सुर हो ('गोविंदा आला रे'–'ब्लफ़ मास्टर'), मिट्टी में रची बसी लोक गंध हो ('काहे तू बीन बजाए रे सपेरे'–'सहेली', 'मोहे लागे रे लागे रे'–'सुहाग रात', 'बिना बदरा के बिजुरिया कैसे चमके'–'बंधन', 'पुरबा सुहानी आई रे'–'पूरब और पश्चिम', या फिर शहरों का थिरकता आधुनिक संगीत हो–इन सभी की ताल के साथ-साथ कल्याणजी के कई गीत बने जो आज तक याद किए जाते हैं। दरअसल कल्याणजी-आनंदजी ने धीरे-धीरे पश्चिम भारत के पारम्परिक लोकसंगीत को भी अपनी खास शैली से सँवार कर अपनी फ़िल्मों में जगह देना शुरू कर दिया था। 'मदारी' के शीर्षक गीत के दूसरे भाग 'ज़मीं पर चाँद का नूर देखो' (लता, मुकेश) में तो राजस्थानी लोकशैली और अरबी संगीत शैली दोनों के ही रिद्मों का बहुत सुंदर मिश्रण उन्होंने प्रस्तुत किया है। Compact ऑरकेस्ट्रेशन उनके संगीत का दूसरा बहुत प्रभावशाली गुण था। ऑरकेस्ट्रा का उपयोग 'फ़िलर' की तरह न होकर संगीत का मूल तत्त्व उभारने के लिए किया जाता था। कल्याणजी-आनंदजी अपनी धुनों में कर्णप्रियता पर बहुत अधिक ध्यान देते थे। इसीलिए अपवादों को छोड़कर उनकी धुनें complex नहीं होती थीं, धुनों की इसी सरलता और प्रचलित बीट्स के उपयोग के कारण ही उनके हिट गीतों की संख्या बहुत ज्यादा है, और उनके गीत सहज ही श्रोताओं की ज़ुबान पर आ जाते थे। लक्ष्मीकांत-प्यारेलाल की तुलना में उनके द्वारा बीट्स की मिक्सिंग बहुत कम की गई है। ढोलक का इस्तेमाल उन्होंने भरपूर किया है–याद कीजिए, फ़िल्म 'हीरा' के 'देर ना करो' (लता) में ढोलक का अद्भुत उपयोग। नागिन में क्लेवॉयलिन बजा कर मशहूर होनेवाले कल्याणजी ने इसी क्लेवॉयलिन से बीन का प्रभाव 'मदारी', 'सुनहरी नागिन', 'सहेली' जैसी कई फ़िल्मों में उत्पन्न किया। आधुनिक 'वावा पेडल' का इस्तेमाल भी कल्याणजी-आनंदजी की एक विशेषता थी। 'रफ़्ता-रफ़्ता देखो आँख मेरी लड़ी है' इसका एक प्रशस्त उदाहरण है। बाँसुरी और वॉयलिन ग्रुप का alternation भी कल्याणजी-आनंदजी की कई कृतियों में मिलता है–'तमन्ना' (1969) के लता के गाए 'इक झोंका पवन का आया' इसका एक सुंदर प्रतिनिधि उदाहरण है।

उनके संगीत की विविधता उनके हर दौर के गीतों में उभरकर सामने आती है–'दीवाना कह के लोगों ने' (मजबूर, 1964), 'मुझे कहते हैं कल्लू कव्वाल' और 'जुम्मे की रात हो या दिन जुम्मे रात का' (दूल्हा-दुलहन, 1964) जैसे मचलते झमकते-धमकते गीत हों, भैरवी पर आधारित 'अँखियों का नूर है तू' (जौहर महमूद इन गोवा, 1965), राग अडाना की छाया लिए 'तुम्हें जो भी

देख लेगा' (हेमंत–मजबूर, 1964), मालगूँजी पर आधारित 'बदली है ज़माने की नज़र' (लता–मजबूर, 1964) और सैक्सोफ़ोन के सुंदर प्रयोग के साथ 'हमसफर मेरे हमसफर पंख तुम परवाज हम' (लता, मुकेश–पूर्णिमा, 1965) जैसे हवा में लहराते रूमानी गाने हों, सम्भवतः मिश्र काफ़ी के सुर लिए 'हम छोड़ चले हैं महफ़िल को' (जी चाहता है, 1964), सम्भवतः मिश्र जोग पर रचा 'खुश रहो हर खुशी है तुम्हारे लिए' (सुहागरात 1968) और भैरवी में 'जिस दिल में बसा कर प्यार तेरा' (सहेली, 1965) जैसे मुकेश के दर्द जगानेवाले गीत हों या संतूर के अनुपम प्रयोग के साथ बिलावल थाट पर 'फूल तुम्हें भेजा है खत में' (लता, मुकेश–सरस्वतीचंद्र) और पियानो, वॉयलिन, सितार, गिटार और तबले के सुंदर सम्मिश्रण वाला 'फूल बने अंगारे' का 'सँभल तो ले दिल दीवाना' (लता) जैसे मृदु प्रणय गीत हों, या फिर बिलावल थाट पर ही सँवारी 'ओ नटखट नन्हीं लाड़ली तुझे देखे तेरा मामा' (लता-नन्हा फरिश्ता) की बाल सुलभ तर्ज़ हो और 'इशारा' की गज़लनुमा 'नहीं जहाँ में नादान' (लता, महेंद्र) की दिलकश अदायगी हो। इसी प्रकार 'प्रीत न जाने रीत' (1966) की 'ओ जाने वाले सुन ज़रा' (लता, रफ़ी) की शरारती शैली और 'ओ मैंने माना मेरे मीत' (लता) की रवानगी हो अथवा 'तेरी जुल्फ़ें परेशां' (रफ़ी) या 'मैं बेवफ़ा नहीं हूँ' (रफ़ी) की रूमानियत और खुमार भरी तर्ज़ें हो या बाँसुरी के सुंदर प्रयोगवाले 'चाहे पास हो चाहे दूर हो' की शैली में 'अरे हो कान्हा' (लता) का माधुर्य हो और रहस्यात्मक ढंग से गूँजती 'खाई थी कसम एक रात सनम' (लता 'दिल ने पुकारा') की सपनीली स्वरलहरियाँ हों, या फिर 'आमदनी अठन्नी खर्चा रुपैया' (महेंद्र, आशा, कोरस–तीन बहूरानियाँ) जैसा हास्यप्रधान गीत हो या 'एक श्रीमान एक श्रीमती' (1969) के रूमानी शैली के 'चाँदनी रात में यूँ दिल को जला के' (रफ़ी) या 'जीवन पथ पर प्यार ने' (लता, रफ़ी) जैसे गीत हों, कल्याणजी-आनंदजी की मेलोडी और कर्णप्रियता हर गाने में उतनी ही सम्पूर्ण थी। 'सहेली' का 'जिस दिल में बसा था प्यार तेरा' 1965 की बिनाका की सालाना पायदान का गीत नम्बर एक बना तो मुकेश की ही आवाज में गूँजता वादियों के रोमांस को जीवंत करनेवाला शायद गुजरी तोड़ी पर आधारित 'मैं तो एक ख्वाब हूँ' ('हिमालय की गोद में', 1965) ने म्यूज़िक डायरेक्टर्स एसोसिएशन द्वारा प्रदत्त सर्वश्रेष्ठ गीत का पहला पुरस्कार जीता। 'दूल्हा-दुलहन' के 'पिया खिंचे हुए बँधे हुए चले आएँगे' में कल्याणजी-आनंदजी ने एक बेहद मधुर और द्रुत गति का समाँ बाँधा और लता तथा कमल बारोट को उस पर अद्वितीय तरीके से सहजता से तैराया और 'बने तो बन जाए ज़माना दुश्मन' (लता, मुकेश) की भैरवी में भी गति पर नियंत्रण का कमाल दिखाया तो दूसरी तरफ गुलज़ार के कवितामय गीत 'तुम्हें ज़िंदगी के उजाले मुबारक' (पूर्णिमा) में मुकेश की कशिश को अपने उत्कर्ष पर पहुँचाने में सफलता पाई। दरबारी कानड़ पर आधारित इस गाने की कम्पोज़ीशन और गायकी बेमिसाल ही है। फ़िल्म का लता, मुकेश का गाया गुलज़ार का लिखा सुंदर गीत 'हमसफर मेरे हमसफर पंख तुम परवाज हम', सुमन का गाया 'शरदचंद्र की पूर्णिमा' और मुकेश का गाया 'गोरी नैन तुम्हारे क्या कहने' भी सराहे गए थे। 'सरस्वतीचंद्र' के लाजवाब गीत 'छोड़ दे सारी दुनिया' (लता) वाली कशिश उसी राग चारुकेशी में लाकर 'हिमालय की गोद में' का गीत 'एक तू न मिला सारी दुनिया मिले भी तो क्या है' के विपरीत भाव के लिए भी प्रभाव उतना ही ज़ोरदार बनाने में कल्याणजी-आनंदजी सफल रहे और पियानो के साथ भैरवी में 'खुशी भी आई तो कुछ ऐसी अदा से आई' (लता) के साथ दर्द का अप्रतिम सौंदर्य प्राप्त करने में भी सक्षम रहे।

मुकेश तो इस दौर में कल्याणजी-आनंदजी के पर्याय ही बन चुके थे और मुकेश की आवाज़ में उनका हर गाना ही सुपरहिट हो रहा था। दादरा ताल छः मात्रा में मध्य लय पर सृजित 'चाँद-सी महबूबा हो मेरी कब ऐसा मैंने सोचा था' (हिमालय की गोद में) एक अलग ही किस्म का रूमानी गीत था जिसकी शायद दरबारी पर आधारित धुन में एक बड़ी निर्दोष सी अभिव्यक्ति लेकर कल्याणजी-आनंदजी आए थे। वहीं दूसरी तरफ वे खमाज थाट पर आधारित 'धीरे रे चलो मोरी बाँकी हिरणिया' (जोहर महमूद इन गोवा) में मुकेश की आवाज़ की लोच को केन्द्र में रखकर बनाई गई मदमस्त धुन से भी उतना ही प्रभाव छोड़ने में सफल थे। इसी फ़िल्म के भैरवी पर आधारित 'न कोई रहा है न कोई रहेगा' (मुकेश, उषा खन्ना) में देशभक्ति का उल्लास रिद्म की तेजी से बखूबी उभारा गया है। जहाँ पियानो की तरंगों पर तैरता संभवतः अहीर भैरव पर बनाया गया 'दिल ने पुकारा' (1967) का 'वक्त करता जो वफ़ा आप हमारे होते' मुकेश के सर्वश्रेष्ठ दर्दीले गीतों में शुमार किया जा सकता है, वहीं भैरवी के अनूठे प्रयोग के साथ मचलते बीट्स पर रचा 'चल मेरे दिल लहरा के चल' (इशारा, 1964) मुकेश के जो भी

मुकेश ने सर्वाधिक गाने कल्याणजी-आनंदजी के लिए ही गाए थे

थोड़े-बहुत उल्लास से भरे गाने हैं, उनमें शीर्ष स्थान का दावेदार कहा जा सकता है। एक अन्य बेहद खूबसूरत गीत था 'जुआरी' (1964) का मुकेश, लता का गाया सम्भवतः गुजरी तोड़ी की छाप लिए 'हमसफ़र अब ये सफ़र कट जाएगा'। 'दूल्हा- दुलहन' के ही दर्द भरे गीत 'जो प्यार तूने मुझको दिया था', 'तुम सितम और करो' तथा बेहद लोकप्रिय रहे 'हमने तुमको प्यार किया है जितना' मुकेश और कल्याणजी-आनंदजी के साथ के सदाबहार नग़मों के रूप में आज भी याद किए जाते हैं। गुजराती फ़िल्म 'अखण्ड सौभाग्यवती' में भी कल्याणजी-आनंदजी ने मुकेश से 'नैन नैन मरे च्याँ' (सुमन के साथ) और 'नज़र ना जाम छलकावी' जैसी सुंदर रचनाओं को खूब लोकप्रिय बनाया था।

वैसे 1964-65 के इस दौर की उनकी सबसे सफल फ़िल्म 'जब जब फूल खिले' (1965) ही एक ऐसी फ़िल्म थी जिसमें मुकेश नहीं, रफ़ी थे । 'एक था गुल और एक थी बुलबुल' (रफ़ी, नंदा), 'ना ना करते प्यार तुम्हीं से कर बैठे' (रफ़ी, सुमन) और रोशन की 'सारी सारी रात तेरी याद सताए' (अजी बस शुक्रिया, 1959) से कुछ हद तक मिलती-जुलती धुन वाली 'परदेसियों से न अँखियाँ मिलाना' (रफ़ी) ने सफलता के कई सोपान तय किए, पर मेरे विचार से इस फ़िल्म का सबसे खूबसूरत गीत था लता के स्वर और कोमल ऑरकेस्ट्रेशन से सजा पहाड़ियों के बीच पहले हवा के हलके बयारों का एहसास दिलानेवाला लहराता, झूलता 'ये समाँ, समाँ है ये प्यार का'। पश्चिमी ऑरकेस्ट्रेशन और प्रेरणा के बावजूद कल्याणजी-आनंदजी ने गीत की मधुरता और मेलोडी से कहीं समझौता नहीं किया। 'इशारा' का लता की आवाज़ में 'दिल बेकरार सा है' पश्चिमी वाद्ययंत्रों की रिद्म पर थिरकता एक ऐसा गीत है जिसमें अगर रूमानियत का खुमार है तो प्यार का उतना ही माधुर्य भी। 'इशारा' का ही यमन के सुर लेकर सृजित 'तोसे नैना लगा के' (लता) भी अच्छी कृति थी। 'घर घर की कहानी' (1970) का किशोर का 'समाँ है सुहाना सुहाना' भी ड्रम की बीट्स पर इस प्रगीतात्मक ढंग से लहराता है मानो बहार अपने पूरे उत्कर्ष के साथ आ गई हो। वैसे 'घर-घर की कहानी' में भटियार पर सृजित 'जय नंदलाल जय गोपाल' और सितार, बाँसुरी के सुंदर प्रयोगवाला 'ऐसे देखो कान्हा' जैसे लता के दो अन्य सुंदर गीत भी थे। 'घर घर की कहानी' के लिए एक बहुत कर्णप्रिय भजन 'हे रे दयामय अपनी दया से' भी मुकेश, आशा और साथियों के स्वर में रेकॉर्ड किया गया था, पर यह गीत शामिल नहीं किया गया। पश्चिमी ऑरकेस्ट्रेशन पर बेहतरीन रचनाओं में 'बाज़ी' की चा चा चा रिद्म पर 'आ मेरे गले लग जा' (लता) तो अद्भुत आकर्षक रचना के रूप में याद की जानी चाहिए।

'राज' में राजेश और बबीता

इस दौर में कल्याणजी-आनंदजी ने जिन गीतकारों के लिए सबसे ज्यादा धुनें बनाईं, उनमें इंदीवर, गुलशन बावरा और कमर जलालाबादी थे (अनजान बाद में आए), हालाँकि आनंद बक्शी का लिखा सम्भवतः चारुकेशी में ही स्वरबद्ध 'कभी रात दिन हम दूर थे दिन रात का अब साथ हैं' ('आमने सामने'—लता, रफ़ी) गुणवत्ता की दृष्टि में उनके स्वरबद्ध किए गीतों में बहुत ऊपर माना जाएगा। कमर जलालावादी के 'ओ जानेवाले सुन जरा' ('प्रीत न जाने रीत'), 'बधाई हो बधाई जनम दिन की तुमको' (मेरा मुन्ना), 'ऐ जी ज़रा सुनना' और चारुकेशी पर ही सृजित 'अकेले हूँ चले आओ जहाँ हो' (लता-राज), गुलशन बावरा के 'हमने जो देखे सपने' (लता, महेंद्र—परिवार) और 'देखते ही तुझे' (महेंद्र—परिवार) था, खमाज थाट पर बनाया 'दिल सम्हाले सम्हलता नहीं आज तो' (राज़) और गज़ल शैली लिए खुमार-भरे अंदाज़ में गाया 'हमने देखा है' (रफ़ी, जी चाहता है, 1960) सभी बड़े हिट गाने थे। पर इन सबको पीछे छोड़ दिया 'उपकार' और 'सरस्वतीचंद्र' में इंदीवर के गानों ने। उपकार (1967) में यूँ तो कल्याणजी-आनंदजी के साथ ये तीनों गीतकार थे और सबसे हिट गाना महेंद्र कपूर की आवाज में सदाबहार देशभक्ति गीत 'मेरे देश की धरती सोना उगले' बनकर गुलशन बावरा की कलम से निकला, पर गुलशन के इस गीत और 'हर खुशी हो वहाँ तू जहाँ भी रहे' तथा कमर जलालावादी के लिखे और विशेष तौर पर मुकेश के गले के लिए आसावरी थाट पर सृजित गीत 'दीवानों से ये मत पूछो दीवानों पे क्या गुजरी है' की अपार लोकप्रियता के बावजूद 'उपकार' का एक गीत यदि चुनना हो तो इंदीवर के शब्दों और मन्ना डे के स्वर में

एक गीत की रेकॉर्डिंग पर

'सरस्वतीचंद्र' में नूतन

प्राण पर फिल्माया वह अमर गाना 'कस्मे वादे प्यार वफ़ा सब बातें हैं बातों का क्या' ही चुना जाएगा। मन्ना डे अपने कुछ गानों में किस कदर सोज़ पैदा कर देते थे इसके उदाहरणों में काबुलीवाला के 'ऐ मेरे प्यारे वतन' के बाद 'कस्मे वादे प्यार वफा सब' का ही स्थान माना जाना चाहिए। 'मेरे देश की धरती' पर महेन्द्र कपूर को राष्ट्रपति पदक मिला था। इस गीत की रेकॉर्डिंग दिन के तीन बजे से रात के दो बजे तक चली थी। ऑरकेस्ट्रा में करीब 125 वादक थे, और कोरस में इतने ही गायक। यह कल्याणजी-आनंदजी का इस गीत पर किया अपार परिश्रम ही था, जिसने इस गीत को स्वतंत्र भारत का एक ऐतिहासिक गीत बना दिया है। गुलशन बावरा को इस गीत के लिए सर्वश्रेष्ठ गीतकार का फ़िल्मफ़ेयर पुरस्कार भी मिला। गीत में दो दुःख के अंतरे भी थे, जो फ़िल्म में शामिल नहीं किए गए। गुलशन बावरा ने इस गीत के लिए कोई पैसा भी नहीं लिया था, मनोज कुमार की पत्नी ने अलबत्ता उन्हें स्नेहस्वरूप एक अंगूठी भेंट की थी। 'उपकार' का 'दीवानों से ये मत पूछो' मूलतः दिलीप कुमार की एक फ़िल्म के लिए कल्याणजी-आनंदजी ने रेकॉर्ड किया था। मनोज कुमार को यह गीत इतना पसंद आया कि उन्होंने मुँहमाँगे दाम पर इसे ख़रीद लिया। वहीं 'सरस्वतीचंद्र' के इंदीवर के लिखे गीतों में यमन पर सजाया 'चंदन-सा बदन चंचल चितवन धीरे से तेरा ये मुस्काना' (मुकेश, लता) तो सातवें दशक की युवा पीढ़ी का प्रेम गीत बनकर स्थापित है ही लेकिन उससे कहीं भी कम दिलकश नहीं है 'फूल तुम्हें भेजा हैं खत में' (मुकेश, लता) का सौंदर्य जो उस जमाने की आहिस्ता-आहिस्ता चलनेवाली अपेक्षाकृत कम भाग-दौड़ की जिंदगी के बीच पनपी रूमानी भावनाओं को बड़े ही मधुर आग्रह से प्रतिध्वनित करती है। 'हमने अपना सब कुछ खोया प्यार तेरा पाने को' और पुनः चारुकेशी पर आधारित 'छोड़ दे सारी दुनिया किसी के लिए' जैसे खूबसूरत गीत भी उपरोक्त दोनों गीतों के सामने ठहर नहीं पाते, इतनी ऊँचाई पर पहुँचा है कल्याणजी-आनंदजी का संगीत इस फिल्म में। इस फ़िल्म के संगीत के लिए कल्याणजी-आनंदजी को राष्ट्रीय पुरस्कार मिलना कोई आश्चर्य का विषय नहीं है। 'मैं तो छोड़ चली बाबुल का देस' के गरवा संगीत की चर्चा हम पहले भी कर चुके हैं। इंदीवर के ही 'आँसू और मुस्कान' (1970) के लिखे 'तारे टूटा करते हैं' (लता), 'तारा कोई भी आज गगन में टूटा नहीं' (लता) और 'न देखो बदल ही बदन' (सुमन) भी कम चर्चित पर बड़े प्यारे गीत थे।

अगर फिल्मी शब्दावली में कहें तो 'उपकार' और 'सरस्वतीचंद्र' के बाद कल्याणजी-आनंदजी 'टॉप' पर पहुँच चुके थे। चोटी के संगीतकारों में उनकी गिनती होने लगी थी और 'उपकार' के बाद मनोजकुमार की अभिनीत 'यादगार' और 'पूरब और पश्चिम' के द्वारा उन्होंने अपना एक 'कैम्प' भी बना लिया था। मुकेश और महेन्द्र कपूर उनके मुख्य पुरूष पार्श्व गायक थे और लता प्रमुख पार्श्व गायिका। मुकेश से 'बिना बदरा के बिजरिया कैसे चमके' ('बंधन', 1969) जैसा फड़कता लोकशैली का गीत गवाना 'डम डम डिगा डिगा' के रचयिता के बस की ही बात थी। 'विश्वास' (1969) का दरबारी पर आधारित 'चाँदी की दीवार न तोड़ी' (मुकेश) और 'ले चल मेरे जीवन साथी' (मुकेश, हेमलता) भी काफ़ी मकबूल हुए। इसी फ़िल्म के 'आपसे हमको बिछड़े हुए एक जमाना बीत गया' गाने की रेकॉर्डिंग के समय मुकेश की अस्वस्थता के कारण तब तक के लिए एक नए गायक मनहर की आवाज में गाने का डब कराया जाना और मुकेश की विशाल हृदयता को दिखाता वह वाक़या जब मुकेश ने मनहर की आवाज़ को ही बाद में भी रेकॉर्ड पर रहने दिया तो मशहूर है ही। पर यह भी महत्त्वपूर्ण है कि इसी वाक़ये से मनहर का फिल्मी जगत में पदार्पण हुआ और मुकेश के निधन के बाद कल्याणजी-आनंदजी को मुकेश की शैली के लिए कम्पोज किए गानों को आवाज देने के लिए किसी को ढूँढ़ने की ज़हमत नहीं उठानी पड़ी। 'कुर्बानी', 'जांबाज़' जैसी फिल्मों में मनहर ने उन दिलकश दर्दीले धुनों के साथ पूरा न्याय किया जिन्हें मुकेश के लिए बनाते-बनाते कल्याणजी-आनंदजी को महारत हासिल हो चुकी थी। ऐसी दर्दीली धुनों में बहुत ऊपर स्थान था और भैरवी तथा अहीर भैरव के मिश्रित सुरों पर आधारित 'कोई जब तुम्हारा हृदय तोड़ दे' (मुकेश—पूरब और पश्चिम) का

जो छोटे शहरों के मुहल्लों में रोजमर्रा होने वाले असफल या मूक प्रेम के मारों के लिए आस और आवाज़ बना और बेहद प्रचलित हुआ। इस गीत के लिए कल्याणजी-आनंदजी और मुकेश ने कितनी मेहनत की थी, यह इसी से पता चलता है कि इस गीत की अंतिम रेकॉर्डिंग से पहले 52 रिटेक हुए थे।

पर देव आनंद के लिए कल्याणजी-आनंदजी को भी किशोर कुमार की तरफ ही मुड़ना पड़ा। 'महल' (1969) का 'आँखों आँखों में हम-तुम हो गए दीवाने' (किशोर, आशा), 'ओ तू क्या जाने दिन रात' (किशोर) और 'ये दुनियावाले पूछेंगे मुलाकात हुई क्या बात हुई' (किशोर, आशा) और 'जॉनी मेरा नाम' (1970) के 'पलभर के लिए कोई मुझे प्यार कर ले', 'ओ मेरे राजा' और लता की आवाज़ में 'ओ बाबुल प्यारे' गली-गली में गूँजे थे। उसी तरह मनोज कुमार अभिनीत 'यादगार' (1970) का 'इक तारा बोले टुन टुन' (महेन्द्र) तो घर-घर का गीत बना। इस गीत की कहानी बड़ी मज़ेदार है। गीतकार वर्मा मलिक ने इसे पहले प्रणय गीत के रूप में लिखा था और अपने संघर्ष के दिनों में कल्याणजी के घर मनोज कुमार को सुनाने का अवसर मिला। मनोज कुमार प्रभावित हुए और कल्याणजी के इस गीत को पहले 'उपकार' के लिए प्रणय गीत के रूप में चुन लिया। किसी कारणवश इसे 'उपकार' में नहीं लिया जा सका। पर मनोज कुमार ने इसे छोड़ा नहीं बल्कि 'यादगार' के लिए एक सामाजिक व्यंग्य गीत के रूप में वर्मा मलिक से पुनः लिखवाकर इस्तेमाल किया। 'यादगार' का ही 'जिस पथ पर चला' (लता) भी अत्यंत खूबसूरत मेलोडीप्रधान रचना थी। 'गोपी' (1970) का 'रामचंद्र कह गए सिया से' (महेन्द्र और साथी), बेहद मार्मिक ढंग से कम्पोज़ किया और गाया 'सुख के सब साथी' (रफ़ी), 'कब क्यों और कहाँ' (1970) का 'दिल तो दिल है किसी दिन मचल जाएगा' (रफ़ी) 'हो गए तेरे हो गए' (लता) और 'प्यार से दिल भर दे, नहीं नहीं' (रफ़ी, आशा), 'पूरब और पश्चिम' (1970) का 'पुरवा सुहानी आई रे', 'दुलहन चली हाँ पहन चली', 'है प्रीत यहाँ की रीत सदा' और 'ट्विंकल ट्विंकल लिट्ल स्टार' और 'मेरे हमसफ़र' (1970) का फिर चारुकेशी के सुर लेकर सृजित 'किसी राह में किसी मोड़ पर' (मुकेश, लता) सभी न सिर्फ सुपर हिट गाने हुए बल्कि संगीत की दृष्टि में भी बेहद कर्णप्रिय थे। नट भैरव पर आधारित 'मेरे हमसफ़र' का 'मेरा परदेसी न आया' (लता) भी उस ज़माने में अच्छा चला था। पर 'मेरे हमसफ़र' का ही एक और गीत जो ज्यादा हिट तो नहीं हुआ पर अपनी मधुरता और लता की लाजवाब गायकी से एक अभिभूत करने वाली छाप छोड़ जाता है वह था 'तुम हमसे मिले हम तुमसे मिले ये लोगों को मंज़ूर नहीं'। फ़िल्म में शर्मिला पर इस गीत का छायांकन भी दुलाल गुहा के निर्देशन का प्रभाव छोड़ता है। इसी प्रकार 'होली आई रे' (1970) में भी मुकेश के गाए 'मेरी तमन्नाओं की तकदीर तुम सँवार दो' और 'तेरे हसीं बदन में जो दिल भी हसीं होता' जैसे दो खूबसूरत गीत आज भी कर्णप्रिय लगते है। 'प्रिया' (1970) का 'हमने किया है सबसे दिखावा' भी बिलकुल मुकेश की शैली को ध्यान में रखकर बनाई रचना की पर अधिक मशहूर न हुई। 'महल' के 'बड़े खूबसूरत हो' (लता) में कल्याणजी-आनंदजी ने एक बार फिर 'वावा पेडल' का अच्छा उपयोग किया था। इस दौर की कल्याणजी-आनंदजी की एक अत्यंत सफल फ़िल्म थी 'गीत' (1970)। इस फ़िल्म के गीतों में बाँसुरी का प्रयोग अद्भुत था। हालाँकि रफ़ी का गाया 'आ जा तुझको पुकारे मेरे गीत रे' बेहद लोकप्रिय रहा था और महेन्द्र, लता का युगल गीत 'जिनके सपने हमें रोज आते रहे' भी खूब गुनगुनाया गया था, पर फ़िल्म का सबसे विशिष्ट गीत था अहीर भैरव की छाया लेकर सितार और बाँसुरी के आकर्षक टुकड़ों से अलंकृत गीत 'तेरे नैना क्यूँ भर आए' (लता)।

इंदीवर, आनंदजी और मुकेश :
बी.बी.सी., लंदन, 1972

आठवाँ दशक मुख्यतः तीन संगीतकारों का दशक माना जाता है—राहुल देव बर्मन, लक्ष्मीकांत-प्यारेलाल और कल्याणजी-आनंदजी। और सभी संगीतकार धीरे-धीरे गौण होते गए। यह भी कहा जाता है कि इन तीनों ने रेकॉर्डिंग स्टूडियो पर जोड़-तोड़ से 'एडवांस बुकिंग' करानी शुरू कर दी थी कि और किसी संगीतकार को अपने गीतों की रेकॉर्डिंग के लिए स्टूडियो ही नहीं मिल पाता था। 'आराधना' की सफलता के बाद यह ज़माना राजेश खन्ना और किशोर कुमार के सुपर स्टारडम का भी था। कल्याणजी-आनंदजी भी इस लहर में बहे और 1970 में राजेश खन्ना की दो सुपर हिट फिल्मों 'सच्चा झूठा' और 'सफ़र' के लिए उन्होंने मुख्यतः किशोर कुमार को ही लिया। वैसे वस्तुनिष्ठ निगाह से देखा जाए तो 'सच्चा-झूठा' का संगीत लोकप्रिय तो बहुत हुआ पर 'यूँ ही तुम मुझसे बात करती हो' (लता, रफ़ी) को छोड़कर कलात्मक दृष्टि से कोई विशेष बात नहीं थी। दूसरी

'सफ़र' में राजेश खन्ना

तरफ 'सफ़र' का संगीत उदात्त और विशिष्ट था। 'ज़िन्दगी का सफ़र है ये कैसा सफ़र' में किशोर की आवाज के छुपे हुए गाम्भीर्य को एक मर्मस्पर्शी धुन और ताल की पूरकता के साथ उभारा गया तो 'जीवन से भरी तेरी आँखें मजबूर करे जीने के लिए' की वह सौम्य सी रूमानियत-भरी लय आज भी श्रोताओं को मदहोश कर देती है। 'हम थे जिनके सहारे' (लता), 'नदिया चले चले रे धारा' (मन्ना डे) और खास मुकेश शैली का बनाया गया भैरवी पर आधारित 'जो तुमको हो पसंद वही बात कहेंगे' भी बेहद पसंद किए गए और आज भी यहाँ वहाँ सुनाई दे जाते हैं।

इस दशक में अपनी इस शिखर की यात्रा पर किशोर कल्याणजी-आनंदजी के मुख्य साथी बन चुके थे। मुकेश अब मात्र अब एक पड़ाव रह गये थे, अलबत्ता एक खूबसूरत पड़ाव जबकि रफ़ी और महेन्द्र आई-गई याद हो चुके थे । किशोर कुमार की आवाज़ के विभिन्न पहलू इस दौर में बड़ी प्रखरता से श्रोताओं के सामने आए और उन्हें सामने लाने में आर.डी. बर्मन के बाद कल्याणजी-आनंदजी का ही नाम लिया जाएगा। किशोर के खुशदिल शरारतपूर्ण गीतों की अनवरत श्रृंखला में कल्याणजी-आनंदजी के स्वरबद्ध किए काफ़ी के सुरों की छाया लिए 'प्रिय प्राणेश्वरी हृदयेश्वरी' (हम, तुम और वो) वावा पेडल के उपयोग के साथ 'रफ़्ता रफ़्ता देखो आँख मेरी लड़ी है' (कहानी किस्मत की, 1973), 'गुस्सा इतना हसीन है' और लता के साथ 'चुपके से दिल दे दे नहीं ते' (मर्यादा), 'हमारे सिवा तुम्हारे और कितने दीवाने हैं' (अपराध), 'बरस गई रे तरस गई रे' (जोरू का गुलाम), 'खाना मिलेगा पानी मिलेगा' (मालिक), 'तू न मिली तो हम जोगी बन जाएँगे' (विक्टोरिया नं. 203), 'हमारा नाम बनारसी बाबू', 'मेरे पीछे एक लड़की' और आशा के साथ 'आप यहाँ से जाने का क्या लोगे' (सभी 'बनारसी बाबू'), 'शरबती तेरी आँखों की' (ब्लैक मेल), 'पीने वालों को पीने का बहाना चाहिए' (हाथ की सफाई), 'हम बोलेगा तो बोलोगे कि बोलता है' (कसौटी) 'काहे को मेरे पीछे पड़ी है' (आशा के साथ–'चोरी मेरा काम', 1975) की अपनी स्थायी जगह हमेशा ही रहेगी। पर इससे भी अधिक मौलिक उपलब्धि थी की किशोर की आवाज़ के bass और गति को पहचानकर और उस पर आधारित कर ऐसे रूमानी गीतों और धुनों के लिए ऑरकेस्ट्रेशन का सामंजस्य बैठाना जिनमें कभी 'तुम मिले प्यार से मुझे जीना गवारा हुआ' (किशोर, आशा–अपराध) जैसी रवानगी थी तो कभी 'पल पल दिल के पास तुम रहती हो' जैसा शाम की हलकी बयार की लय को जीवंत करता संगीत। 'पल पल दिल के पास' फ़िल्म संगीत का एक स्वर्णिम गीत है जिसके शब्दों को उसकी धुन, आवाज़ और ऑरकेस्ट्रेशन मानो पूर्णतः मग्न कर देते हैं। आँख बंद करके सुनिए 'हर शाम आँखों पर तेरा आँचल लहराए'...और क्या ऐसा नहीं लगता जैसे शाम के लम्बे साए हवा के साथ-साथ बढ़ रहे हैं और वैसा सब कुछ महसूस हो रहा है जिसका वर्णन इन पंक्तियों में है? इस गाने का थाट तो यमन या बिलावल जैसा ही लगता है, पर मैं जानना चाहता हूँ कि वह कौन-सा राग है जो अनुभूति को इस कदर झकझोरने में सक्षम हुआ है। किशोर, आशा के स्वर में 'तुम्हीं हो तुम्हीं हो जानेजां' (रंगीला रतन, 1976) की रवानगी भरी सुंदर धुन, किशोर, लता की आवाज़ों में मृदु-सी अनुभूति लिए हुए 'जाने मुझे क्या हुआ रे' और 'जीवन एक पथ है' (जानवर और इंसान, 1972), 'जोरू का गुलाम' (1972) के 'नैनों में निंदिया है' (लता, किशोर) और 'हम दो मोहब्बत के मारे कहाँ जाए' (आशा, किशोर) जैसे प्रेम गीत, 'तेरे विशाल हृदय ने पाई सातों सागर की गहराई' (मानवता, 1972), 'जो तुम हँसोगे तो दुनिया हँसेगी' (कठपुतली, 1971) या 'मिला जो प्यार तो हम इस प्यार के' (प्रीत की डोरी 1971) जैसे भावनात्मक गीत, 'हे रे कन्हैया किसको कहेगा तू मैया' (छोटी बहू, 1971) जैसा मार्मिक गीत, 'मिले दो बदन' (लता, किशोर) जैसी 'ब्लैक मेल' फ़िल्म के पार्श्व में बजती अपने आप में अनुपम धुन या 'तुमको मोहब्बत हो गई है हमसे' (किशोर, लता–'हाथ की सफ़ाई') जैसी अलमस्त प्यार की धड़कनें, 'तेरे चेहरे में ओ जादू है' (किशोर–धर्मात्मा, 1975) जैसा मोहक खिंचाव, 'मैं प्यासा तुम सावन' (फ़रार, 1975), 'जितना ज़रूरी मन का मिलन' (कशमकश, 1973) और 'लुक छिप लुक छिप जाओ ना' (दो अनजाने, 1976) जैसे कोमल भावनाओं के गीत–इन सभी के द्वारा किशोर की आवाज़ के रूमानी timbre को कल्याणजी-आनंदजी ने बेहतरीन ढंग में उभारा। किशोर से 'समझौता' (1973) में 'समझौता गमों से कर लो', 'एक कुँआरी एक कुँआरा' (1973) में 'अगर दिल हमारा शीशे के बदले पत्थर का होता', 'उलझन' (1975) में 'अपने जीवन की उलझन को' जैसे दर्द-भरे गीत गवाने वाले कल्याणजी-आनंदजी ने 'कोरा कागज़' (1974) के लिए किशोर से शंकरा का प्रभाव लिए 'मेरा जीवन कोरा कागज कोरा ही रह गया' जैसा गम्भीर गीत और लता से 'रूठे-रूठे पिया मनाऊँ कैसे' और 'मेरा पढ़ने में नहीं लागे दिल' जैसे शोख गीत गवाकर 'कोरा कागज' के लिए अपना प्रथम फ़िल्मफ़ेयर पुरस्कार जीता। लता को अपना पहला राष्ट्रीय पुरस्कार भी 'रूठे-रूठे पिया' ने ही दिलवाया। कंजूस माने जानेवाले किशोर कुमार

ने अपने घर पर जो अकेली पार्टी दी थी, वह भी 'कोरा कागज़' के लिए स्वयं और कल्याणजी-आनंदजी को फ़िल्मफ़ेयर पुरस्कार मिलने के ही उपलक्ष्य में। वैसे 'कोरा कागज' से कहीं बेहतर रचनाएँ कल्याणजी-आनंदजी ने अपनी पूर्व की कई फिल्मों में दी थी, पर फ़िल्मफ़ेयर पुरस्कारों के तर्कशास्त्र को तो आसानी से नहीं ही समझा जा सकता।

किशोर इस युग के गायक नम्बर एक थे, पर कल्याणजी-आनंदजी मुकेश के गले के लिए अभी भी, अपनी यात्रा के पड़ाव के रूप में ही सही, पर बड़े सुन्दर गीतों की रचना करते रहे। 'जौहर महमूद इन हाँगकाँग' (1971) में 'प्यार की गाड़ी चलती रहे' (मुकेश, उषा खन्ना और साथी) और 'आयो आयो नवरात्र त्यौहार' (मुकेश, रफ़ी, साथी) जैसे लोकप्रिय कोरस गीतों से मुकेश 'बंधन' के 'बिन बदरा के बिजरिया' जैसा जादू भले ही न जगा सके हों, पर 'मर्यादा' के शिवरजंनी के दर्दीले स्वरों पर आधारित 'जुबाँ पे दर्द भरी दास्ताँ चली आई' में वे इतनी तन्मयता से जमे कि गीत भुलाए नहीं भूलता। 'दर्पण को देखा तूने जब जब किया सिंगार' (उपासना, 1971) की भैरवी को सुनकर तो ऐसा लगता है कि मुकेश कल्याणजी-आनंदजी की ऐसी धुनों पर अपने शरीर और आत्मा दोनों ही से गाते थे। 'दो कदम तुम भी चलो दो कदम हम भी चलें' (मुकेश, लता—एक हसीना दो दीवाने, 1972) की सम्भवतः मिश्र भैरवी और पीलू के सुरों पर सृजित कॉर्ड आधारित धुन पर तो हम आज भी बिना अवरोध के बहते चले जाते हैं। वहीं इसी गाने के दर्दीले रूपांतर 'दो कदम तुम न चले' (मुकेश) और 'कहानी किस्मत की' (1973) के शीर्षक गीत आज भी यह एहसास दिला देते हैं कि दर्द की इतनी स्वाभाविक सहजता से अभिव्यक्ति मुकेश से बेहतर कोई और नहीं कर पाया। 'मुझे नहीं पूछनी तुमसे बीती बातें' (अनजान राहें, 1974) का भैरवी के दिलकश सुरों में आग्रह, 'तेरे होंठों के दो फूल प्यारे प्यारे' (लता, मुकेश—पारस, 1971) की आसावरी थाट पर सृजित मधुरता का पर्याय बनी तर्ज़, 'क्या खूब लगती हो' और 'तुमने किसी से कभी प्यार किया है' (मुकेश, कंचन—धर्मात्मा, 1975) की सुपरहिट हुई लोच-भरी धुनें क्या कोई कभी भूल सकता है? 'मेरा चिमटा बोले छिनक छिनक' (मुकेश, आशा—चट्टान सिंह, 1974), 'तेरे मेरे प्यार की बंध गई जो डोर' (मुकेश, कंचन—पाप और पुण्य, 1974) या 'अपना देश-विदेश के आगे हाथ न फैलाए' (मुकेश, साथी—अनोखा, 1975) जैसी साधारण धुनों के अपवाद को रहने दे तो मुकेश के साथ कल्याणजी-आनंदजी का लगभग हर गीत कर्णप्रिय था और हर गीत हिट था। 'ज़िंदगी क्या है यादों की बारात'—(फ़रार, 1975) की वॉयलिन के बेजोड़ प्रयोग के साथ उभरते दर्द के सुर हों या 'अदालत' (1976) में अमिताभ के लिए गाए 'बहना ओ बहना तेरी डोली मैं सजाऊँगा' जैसा ढोलक के अद्भुत प्रयोग वाला भावनाप्रधान विदाई गीत हो या 'हमका ऐसा वैसा न समझो हम बड़े काम की चीज़' जैसा मस्ती भरा गीत हो, कल्याणजी-आनंदजी के साथ मुकेश के साथ का रिश्ता अपनी मधुरता बरकरार रखने में सफल रहा। कल्याणजी अपने चुटकुलों और मज़ाकिया अंदाज़ के लिए तो मशहूर थे ही। मुकेश ने अपनी शादी की पच्चीसवीं सालगिरह सन एंड सैंड होटल में मनाई थी। आमंत्रितों में कल्याणजी भी थे। मुकेश ने मुस्कुराकर उनका स्वागत किया। कल्याणजी ने अपने चिरपरिचित अंदाज़ में मुकेश से पूछा, 'क्या आपकी शादी को वाक़ई 25 साल हो गए?' मुकेश ने ताज्जुब से कहा 'हाँ, मगर क्यों?' कल्याणजी छूटते ही बोले, 'आश्चर्य है, शादी के 25 साल बाद कोई मुस्कुरा कैसे सकता है?' यह मधुर रिश्ता मुकेश की मृत्यु तक निभा। मुकेश की मृत्यु के पश्चात् भी कल्याणजी-आनंदजी के स्वरबद्ध मुकेश के कुछ गीत आए जो बेहद हिट हुए—'फ़रिश्ता या कातिल' (1977) का 'कुछ ऐसे बंधन होते हैं' (लता के साथ), अहीर भैरव पर रचा 'खेल खिलाड़ी का' का 'दिल से दिल की डोर बँधी है' (लता के साथ) और 'दरिंदा' (1977) का 'चाहे मुझे आज नापसंद करो'। इन तीनों गीतों में मुकेश के स्वर की तन्मयता गज़ब की उभरी है, विशेषकर 'चाहे आज मुझे नापसंद करो' की पंक्तियाँ 'मेरे हँसने पे हँसना, रोने पर रोना होगा' को ध्यान से सुनिए। ऐसा लगता है कि मुकेश गाने के भाव में अपनी आवाज़ को सराबोर कर चुके हैं। यह और भी उल्लेखनीय इसलिए हैं कि इसकी रेकॉर्डिंग के पहले मुकेश को एक और दिल का दौरा पड़ चुका था और गाने की रिहर्सल में ऊँचाई पर जाते हुए 'ब्लड प्रेशर' ने उनका पूरा चेहरा लाल हो जाता था। कल्याणजी-आनंदजी घबड़ाकर उन्हें आराम करने की सलाह देते, पर मुकेश गाते ही रहते और इस अवस्था में भी कितने चमत्कारिक तरीक़े से उन्होंने बिना सुर टूटे ऊँची रेंज में इस गाने को अंजाम दिया है, यह गीत को सुनकर ही पता चलता है। मुकेश के गाए कल्याणजी-आनंदजी के संगीतबद्ध 'भरोसा', 'मेरी दुनिया' और 'हमारा दौर' जैसी फ़िल्मों के गीत तो फ़िल्म पूरी न हो पाने के कारण सामने ही न आ पाए।

जैसाकि हमने ऊपर के उदाहरणों में देखा है, यह भी एक रोचक तथ्य है कि कम लोकप्रिय राग चारुकेशी पर कल्याणजी-आनंदजी ने कई गीत कम्पोज़ किए। चारुकेशी के सुरों की छाया लिए 'छोड़ दे सारी दुनिया किसी के लिए' (लता—सरस्वतीचंद्र), 'मोहब्बत के सुहाने दिन' (रफ़ी—मर्यादा), 'किसी राह में किसी मोड़ पर' (लता, मुकेश—'मेरे हमसफ़र'), 'अकेले हैं

चले आओ' (रफ़ी–'राज'), 'एक तू न मिला' (लता–'हिमालय की गोद में'), 'कभी रात दिन हम दूर थे' (लता, रफ़ी –'आमने सामने'), 'बेखुदी में सनम' (लता, रफ़ी–'हसीना मान जाएगी'), 'जा जा तेरी सूरत देखूँ' (जाँबाज़) जैसे गीतों की याद कल्याणजी-आनंदजी के द्वारा इस राग के विविध प्रयोगों के उदाहरण के रूप में फ़िल्म-संगीत में जीवित रहेगी। चारुकेशी का इतना व्यापक इस्तेमाल शायद ही किसी अन्य संगीतकार ने किया। शास्त्रीय रागों में मिश्रण से मेलोडी में इजाफ़ा करने से कल्याणजी-आनंदजी कभी न हिचके। लय की कर्णप्रियता का उन्होंने हमेशा ध्यान रखा और यही कारण है कि उनके बनाए गीत लोकप्रिय बहुत रहते थे। सुख, दुख, आशा, निराशा जैसी मानवीय भावनाओं को उनका संगीत आम जनता के द्वारा स्वीकार्य मुहावरों के साथ ही प्रस्तुत करता था। प्रत्येक अनुभूति की वस्तुस्थिति के लिए उपयुक्त संगीत ही उनकी कार्यशैली रही। संगीत के लिए कोई बहुत अधिक काल्पनिक या प्रतीकात्मक धरातल पर वे कम ही गए। एक तरह से मध्यवर्ग की प्रचलित मान्यताओं और व्यवहारों द्वारा सुरक्षित रहने की प्रवृत्ति के वे प्रतिनिधि संगीतकार कहे जा सकते हैं।

कल्याणजी-आनंदजी की खूबी यह भी थी कि उन्होंने कई नए गायक-गायिकाओं को अवसर दिया और साथ ही पुरानी भुला दी गई गायिकाओं से भी गीत गवाए। जैसे मनहर को 'विश्वास' और 'यादगार' में, कृष्णा कल्ले को 'पूर्णिमा' और 'राज' में, उषा तिमोथी को 'बिरजू उस्ताद' (1964), 'हिमालय की गोद' (1965), 'मेरा मुन्ना' (1967) व 'विश्वास' (1969) में, हेमलता को 'विश्वास' और 'घर घर की कहानी' में, कमल बरोट को 'गंगू' (1961), 'फूल बने अंगारे' (1963), 'सुनहरी नागिन' (1963), 'दूल्हा-दुलहन' में आदि। कमल बारोट से कल्याणजी-आनंदजी ने कुछ बड़े सुंदर ग़ैरफ़िल्मी गीत भी गवाए और आज भी 'पिया रे प्यार', 'पास आओ कि मेरी' जैसे गीतों का अपना अलग आकर्षण है। बाद के दौर में कंचन को 'धर्मात्मा', 'पाप और पुण्य', 'कुर्बानी' आदि में और साधना सरगम को तो नवें दशक की कई फ़िल्मों में उन्होंने गवाया। पुरानी गायिकाओं में मुबारक बेगम से 'सरस्वतीचंद्र' में 'वादा हमने किया', 'जुआरी' में 'नींद उड़ जाए तेरी', चट्टान सिंह (1974) में 'बालमा तू हर वादे पे करता है नया ही वादा' गीत बड़ी खूबसूरती से गवाया तो शमशाद बेगम से 'जौहर महमूद इन हाँगकाँग'(1975) में 'नथनिया हाले तो बड़ा मज़ा आए' गवा कर एक भूली बिसरी हस्ती को वापस लाने की कोशिश की। सुमन कल्याणपुर से भी–'क्या है इस बाँसुरिया में जो मुझमें नही साँवरिया' ('गीत' 1970), 'मन मेरा तुझको माँगे' (पारस, 1971) जैसे सुंदर गीत वे गवाते रहे।

आशा भोंसले और रफ़ी ने कल्याणजी-आनंदजी के लिए अपेक्षाकृत कम गाया, अलबत्ता उनके कुछ गीतों की चर्चा न करना नाइंसाफ़ी होगी। 'सम्राट चंद्रगुप्त', 'पोस्ट बॉक्स 999' और 'गंगू' जैसी आरम्भिक फ़िल्मों के बाद कल्याणजी-आनंदजी के संगीत- निर्देशन में रफ़ी के अच्छे गीतों में पूर्व उल्लिखित 'ब्लफ़ मास्टर' के 'गोविंदा आले रे', 'इशारा' का 'दिल बेक़रार सा है', 'जी चाहता है' के 'हमने देखा है तुम्हे ऐसा गुमां होता है', 'मेरी ज़िंदगी तेरे प्यार में' तथा और 'ऐ जाने तमन्ना, ऐ जाने बहारों' (सुमन के साथ), 'मजबूर' का जयजयवंती आधारित अति सुंदर 'ये बात होती है', 'जब जब फूल खिले' के ऊपर उल्लिखित बेहद लोकप्रिय गीत, 'आमने-सामने' के अति सुंदर 'कभी रात दिन हम दूर थे' (लता के साथ) और 'ओ मेरे बेचैन दिल', 'राज़' का कोमल स्पंदन भरा मिश्र भूपाली आधारित 'सोचता हूँ कि तुम्हें मैंने कहीं देखा है' (कृष्णा कल्ले के साथ) और इसी फ़िल्म का लोकप्रिय चारुकेशी आधारित 'अकेले हैं चले आओ', प्रकाश मेहरा निर्देशित पहली फिल्म 'हसीना मान जाएगी' (1968) का सदाबहार गीत 'बेखुदी में सनम' (लता के साथ), 'एक श्रीमान, एक श्रीमती' (1969) का 'जीवन पल पर प्यार से छेड़ी मधुर-मधुर सरगम' (लता के साथ), 'राजा साहब' (1969) का 'तू जंगल की मोरनी तो मैं बागां दा मोर' (सुमन के साथ), 'गोपी' (1970) में 'सुख के सब साथी दुःख में न कोई', 'कब क्यों और कहाँ' (1970) के बेहद लोकप्रिय रहे 'दिल तो दिल है किस दिन मचल जाएगा' और 'प्यार से दिल भर दे' (आशा के साथ), 'गीत' (1970) का 'आ जा तुझको पुकारे मेरे गीत रे', 'छोटी बहू' (1971) का राग पीलू पर आधारित दादरा ताल पर सृजित दिलकश नगमा 'ये रात है प्यासी-प्यासी', 'मर्यादा' का चारुकेशी पर सृजित 'मुहब्बत के सुहाने दिन', 'कठपुतली' (1971) का बेहद मकबूल रहा 'एक बात पूछूँ' (लता के साथ), 'रखवाला' (1971) का 'ये कैसी मैंने मधुर-मधुर-सी अजब-अजब-सी आज सुनी सरगम', और 'दिल ने दिल से न जाने क्या कहा' (लता के साथ), 'उपासना' (1971) का गिटार के सुंदर उपयोग के साथ मिश्र भैरवी में 'आओ तुम्हें मैं प्यार सिखा दूँ' (लता के साथ), 'ललकार' (1972) के 'बोल मेरे साथिया' और 'आज गाले मुस्कुरा ले', विशिष्ट कल्याणजी-आनंदजी शैली का 'अनोखी पहचान' (1972) का रूमानी 'आपका शुक्रिया आपकी मेहरबानी', 'गुलाम बेगम बादशाह' (1973) का सदाबहार शादी गीत 'घोड़ी पे हो के सवार चला है', 'हीरा' (1973) का खूब लोकप्रिय रहा 'मैं तुमसे मिलने आई आई मंदिर जाने के बहाने' (लता के साथ), 'समझौता' (1973) का हमेशाजवां गीत 'बड़ी दूर से आए हैं' (मुकेश के साथ), 'ज़ंजीर' (1974) का 'दीवाने

हैं दीवानों को न घर चाहिए' (लता के साथ), 'हाथ की सफाई' (1974) का राग बसंत मुखरी की छाया लिए 'वादा कर ले साजना' (लता के साथ), 'वरदान' (1974) का 'कुछ लोग यहाँ पर ऐसे हैं', 'अदालत' (1976) का 'तुमसे दूर रह के' (आशा के साथ), 'उल्फ़त' का कल्याणजी-आनंदजी की लाक्षणिक धुन पर 'बहारों से कहेंगे नज़ारों से कहेंगे' (लता के साथ) जैसे गीतों की याद सहज ही आती है।

जैसाकि आरम्भ में कहा जा चुका है, आशा के तो कल्याणजी-आनंदजी के साथ सातवें और आठवें दशक के मध्य तक कम ही उल्लेखनीय गीत हैं। आशा भोंसले आश्चर्यजनक रूप से कल्याणजी-आनंदजी खेमे में गायब सी रही हैं। यदि लता नहीं उपलब्ध हुई तो कल्याणजी-आनंदजी ने सुमन कल्याणपुर, गीता दत्ता या फिर नई गायिकाओं जैसे कमल बरोट, उषा तिमोथी, हेमलता, कृष्णा कल्ले को मौका दिया पर आशा को सातवें दशक के मध्य तक तो बिलकुल ही नहीं। इस तथ्य की और अधिक ध्यान नहीं दिया गया है, हालाँकि कारण सम्भवतः किसी निर्माता द्वारा आरम्भ में ही दोनों के बीच न चाहते हुए एक गलतफ़हमी ही रही। पर उसके बाद 'दिल ने पुकारा' (1967) के 'किस पर जालिम हो कातिल' (आशा, मन्नाडे), 'उपकार' (1967) के 'गुलाबी गुलाबी रात' और 'आई झूम के बसंत' (कई अन्य गायक-गायिकाओं के साथ), 'तीन महारानियाँ' (1968) के 'दिल्ली के बाज़ार की बलमा सैर करा दें' (आशा), 'बंधन' (1969) के 'जाना है तो जाओ मनाएँगे नहीं' (आशा, महेन्द्र), 'एक श्रीमान, एक श्रीमती' (1969) के 'प्यार तो एक दिन होना था, हो गया हो गया' (आशा, रफ़ी), 'महल' (1969) के 'आँखों-आँखों में हम-तुम हो गए दीवाने' (आशा, किशोर) और 'ये दुनिया वाले पूछेंगे' (आशा, किशोर), 'विश्वास' (1969) के मुकेश, आशा के 'रेयर जेम्स' कैसेट में भी शामिल 'मुस्कुरा के हमको लूटा आपने', 'जॉनी मेरा नाम' (1970) के 'ओ मेरे राजा' (आशा, किशोर) और 'हुस्न के लाखों रंग' (आशा), 'कब क्यों और कहाँ' (1970) का 'प्यार से दिल भर दे' (आशा, रफ़ी), 'पारस' (1971) का शोख और चंचल 'सजना के सामने मैं तो रहूँगी चुप' (आशा), 'रखवाला' (1971) का 'रहने दो गिले-शिकवे छोड़ो भी तकरार की बातें' (रफ़ी, आशा), 'उपासना' (1971) का 'तुम्हें अपना ना बनाया तो' (आशा), 'अपराध' (1972) का गुंजित और चलायमान 'तुम मिले प्यार में' (आशा, किशोर), 'जोरू का गुलाम' (1972) का मेलोडियस 'हम दो मुहब्बत के मारे कहाँ जाएँ' (आशा, किशोर), 'कशमकश' (1973) का 'प्यार तुमसे ऐसा करूँगी सनम' (आशा), 'ज़ंजीर' (1974) का 'दिलवालों का दिल जला के' (आशा), 'अदालत' (1976) का पूर्व उल्लिखित लालित्य-भरा 'तुमसे दूर रह के' (आशा, रफी), 'हेराफेरी' (1976) के ज़बर्दस्त लोच-भरे 'मुझे प्यार से खत लिखा है' (आशा) जैसे गीतों के साथ उन्होंने भी आशा की विविधता को बखूबी उभारा।

आठवें दशक के कल्याणजी-आनंदजी के लोकप्रिय और उल्लेखनीय गीतों की फ़ेहरिस्त बहुत लम्बी है। अनेक गीतों की चर्चा हम ऊपर कर चुके हैं पर इसके अतिरिक्त भी कई गीत है जो चर्चा के काबिल है। 'कंगन' (1972) का 'झुके जो तेरा नैना तो चूड़ी तेरी ख़नकी' (महेन्द्र, उषा खन्ना) और भैरवी पर आधारित कल्याणजी-आनंदजी के ख़ास ठेके के साथ 'सताए सारी रैना' (लता), 'ललकार' (1972) का अलग-सी भैरवी आधारित धुन लिए 'कभी हमने नहीं सोचा था' (लता), 'मालिक' (1972) के लोकप्रिय 'कन्हैया-कन्हैया तुझे आना पड़ेगा' (महेन्द्र, साथी) और कम लोकप्रिय रहे कहरवा के सुंदर प्रयोग के साथ 'ओ मन से मन की डोर बँधी' (लता, महेन्द्र), कई परिवर्तनों को समाहित करता गरबा बीट्स के सुंदर इंटरल्यूड्स के साथ 'ओ मालिक मेरे' और 'हे नंदलाला हे रे गोपाला' (लता, महेन्द्र, साथी), 'प्रीत की डोरी' (1971) का विस्मृत खूबसूरत मेलोडीप्रधान 'प्रीत की डोरी मैया तुझ संग बाँधी' (लता), 'अनोखी पहचान' (1971) का दर्द भरा 'तेरे बाबा परदेस गए' (लता), 'बनारसी बाबू' (1973) का उपरोक्त उल्लिखित गीतों के अलावा लता का 'यह जो पीने की आदत आज हो गई', 'एक कुँवारी एक कुँवारा' (1974) का 'अगर दिल हमारा शीशे का बदले पत्थर का होता' (किशोर), 'गुलाम, बेगम, बादशाह' (1973) के 'चोर चोरी से जाए' (लता), 'अलबेली' (1974) का 'बार बार मेरा प्यार' (मुकेश), 'अनजान राहें' (1974) का 'किसके सीने पर सर मैं रखूँगी' (लता), '5 राइफ़ल्स' (1974) का 'जब से सरकार ने नशाबंदी तोड़ दी' (किशोर),

नई गायिकाओं को मौका : कमल बारोट, कंचन और साधना सरगम

'पत्थर और पायल' (1974) का 'तोहे लेने आई मैं और साँवरिया' (लता) और 'रस्ते-रस्ते जाने वाली' (किशोर, आशा), 'कसौटी' (1974) का 'हो जाता है प्यार, प्यार किया नहीं जाए' (किशोर, लता), 'हिमालय से ऊँचा' (1975) का बड़ी अनुपम पहाड़ी बीट्स और शैली लिए 'प्यार जिस को कहते हैं' (लता), 'एक से बढ़कर एक' (1976) का शीषर्क गीत (रूना लैला) और 'हेराफेरी' (1976) का शीर्षक गीत इस संदर्भ में गिनाए जा सकते हैं। इस ज़माने की कल्याणजी-आनंदजी की दो बेहद हिट फ़िल्में थीं : 'विक्टोरिया नं. 203' (1972) और 'ब्लैकमैल' (1973)। 'विक्टोरिया नं. 203' के 'दो बेचारे बिना सहारे' (किशोर, महेन्द्र), 'तू न मिली तो हम जोगी बन जाएँगे' और 'देखा मैंने देखा सपनों की एक रानी को' की मस्ती पूरे देश में फैली और sensuous शैली का 'थोड़ा-सा ठहरो' (लता) भी खूब मक़बूल रहा। जैसाकि हम पहले भी कह चुके हैं, 'ब्लैकमैल' का 'पल पल दिल के पास' तो मीलस्तम्भ गीत बन ही चुका है। 'शरबती तेरी आँखों की' (किशोर), अलग-सा अपनी तरह का 'मिले दो बदन' (लता, किशोर) और 'नैना मेरे रंग भरे सपने तो सजाने लगे' (लता) भी खूब चले थे। 'हर हर महादेव' (1974) के महेन्द्र कपूर के गाए 'द्वादश ज्योतिर्लिंग', 'बोले शिव शिव शम्भू' और 'ओम हर हर हर महादेव' भी हिट रहे थे। एक गीत जो अक्सर चर्चा में छूट जाता है, पर शास्त्रीय रंग पर सुलक्षणा पंडित से कल्याणजी-आनंदजी ने बेहद खूबसूरती से गवाया था, वह था 'संकोच' (1976) का 'बाँधी री काहे प्रीत पिया के संग अंजाने में'। इस गीत को सुनकर यह लगता है कि यदि सुलक्षणा को और मौके मिले होते तो वे बहुत आगे जातीं। इसी प्रकार 'राजा काका' (1973) में लता का गाया 'किसी मेहरबाँ के सहारे' भले ही आज सुनाई नहीं देता पर इस गीत की धुन बड़ी ऑफ़बीट और सुंदर बनी थी। एक अन्य गीत जो चला तो नहीं पर कल्याणजी-आनंदजी की प्रतिभा का दुर्लभ उदाहरण माना जाएगा, फ़िल्म 'मानवता' (1972) का लता के स्वर में 'मोहे न मारो कान्ह मुस्कानों के बाण' था। कहरवा की बड़ी सुंदर शैली और पीलू पर आधारित इस शास्त्रीय शैली के गीत की चर्चा अकसर छूट जाती है, पर लता के गाए दशक के विशिष्ट गीतों में इसे माना जाना चाहिए। जहाँ एक तरफ़ इस दशक तक कल्याणजी-आनंदजी की एक लाक्षणिक शैली की पुनरावृत्ति 'दो फूल ज़िंदगी के' (लता, कबीला, 1976), 'जैसे मोती सीप...मैं रहूँ न रहूँ' और 'आज पवन की चाल' (लता–'लगाम', 1976) जैसे गीतों में एक तरह की एकरसता पैदा करती थी, वहीं दूसरी तरफ़ इससे अलग कई गीतों में उनकी प्रतिभा एक विशिष्टता पैदा करने में भी सक्षम थी। कल्याणजी-आनंदजी के दुर्लभ खूबसूरत गीतों में 'सब का साथी' (1972) का नाज़ुक, रूमानी बेहद कर्णप्रिय 'वो आए वो बैठे' (लता), बाँसुरी और ढोलक के सुंदर प्रयोग के साथ 'अग्निरेखा' (1972) के 'तुम्हारी प्रेम डगरिया है भारी' (लता), 'हेराफ़ेरी' (1976) का 'मुझे प्यार में किसी ने खत लिखा' (आशा), झपताल पर सजाया अप्रदर्शित फ़िल्म 'निर्लज्ज' का मुकेश का गाया 'मेरी आरज़ू थी तुझे इतना चाहूँ' और खूबसूरत-सी रवानगी लिए 'कभी हवाओं के पीछे मैं कभी हवा मेरे पीछे' (लता), अप्रदर्शित 'बहादुर जिसका नाम' का बहुत ही मीठा गीत 'मैं तो नहीं जाऊँगी' (लता, मुकेश) जैसे गीतों का आज सुनाई न देना वाकई दुर्भाग्यपूर्ण है। 'तृष्णा' (1978) का एक गीत 'दिन ब दिन वो मेरे दिल में क्यों दूर दूर होने लगे' (लता) को भी बहुत सुंदर धुन और शैली के गीतों की श्रेणी में रखा जा सकता है। यह दूसरी बात है कि लीक से हटकर बनाई गई यह रचना लीक के प्रेमी श्रोताओं के बीच अधिक लोकप्रिय नहीं हुई। इसी प्रकार 'अतिथि' (1978) का 'गा के जिओ तो गीत है ये ज़िंदगी' (किशोर, अनुराधा, कंचन) भी एक बहुत मार्मिक कर्णप्रिय धुन थी, जिसे अधिक लोकप्रिय होना चाहिए था।

इसी तरह प्रकाश मेहरा की अमिताभ बच्चन को स्टारडम दिलानेवाली ऐतिहासिक फ़िल्म 'ज़ंजीर' (1974) के गानों ने भी धूम मचाई थी। मन्ना डे और साथियों का गाया प्राण पर फ़िल्माया 'यारी है ईमान मेरा यार मेरी ज़िंदगी' अपनी शैली और फ़िल्मांकन के कारण वर्ष के चोटी के गानों में रहा था। 'दीवाने हैं दीवानों को न घर चाहिए' की हारमोनियम के साथ झूमते मस्ती-भरे स्वर, 'दिलजलों का दिल जला के' का कैबरे और 'बना के क्यों बिगाड़ा रे' (लता) की शिवरंजनी पर आधारित दर्द-भरी धुन भी खूब लोकप्रिय रहे। कल्याणजी-आनंदजी के लिए मनोज कुमार छूट गए तो प्रकाश मेहरा मिल गए और 'हसीना मान जाएगी' तथा 'ज़ंजीर' के बाद 'हाथ की सफ़ाई' (1974) में भी उन्हीं का संगीत था। धमाकेदार बीट्स पर 'तुमको मोहब्बत हो गई है हमसे' (किशोर, लता), अलमस्त-सा 'पीने वालों को पीने का बहाना चाहिए' (किशोर, हेमामालिनी) और माधुर्य-भरा 'वादा कर ले साजना' (लता, रफ़ी) अपने ज़माने के मशहूर गीत रहे। प्रकाश मेहरा की ही तरह फ़िरोज़ खान ने भी निर्माता के रूप में कल्याणजी-आनंदजी को ही चुना। 'धर्मात्मा' (1975) के सुपर हिट गीतों की चर्चा हम पहले ही कर चुके हैं। दशक के अंत में 'कुर्बानी' और अगले दशक में 'जांबाज़' में पुनः फ़िरोज खान और कल्याणजी-आनंदजी का संगीत धूम मचा गया, पर इसकी चर्चा हम आगे करेंगे। प्रसिद्ध निर्देशक नरेन्द्र बेदी की 'रफ़ूचक्कर' (1975) में भी कल्याणजी-आनंदजी को संगीतकार के

रूप में अनुबंधित किया गया मिश्र शिवरंजनी में 'तुमको मेरे (शैलेन्द्र सिंह, कंचन) और 'किसी होता है' (शैलेन्द्र सिंह, आशा) और उन दिनों हर लाउडस्पीकर तक' (आशा, उषा और महेश (कंचन) भी आकर्षक थे और बिना चैन आए राम' (अज़ीज रचना थी। इसी कलावती राग 'उलझन' (1975) का 'सुबह और

फिल्म 'जंजीर' : 'यारी है ईमान मेरा'

और इसके गीत भी सुपर हिट रहे। दिल ने पुकारा है बड़े नाज़ से' पे दिल अगर आ जाए तो क्या की कम्पोज़ीशन बेहद कर्णप्रिय थीं से गूँजती थीं। 'बॉम्बे से बड़ोदा कुमार), 'ऐ ज़माने तू क़र ले सितम' कलावती में सजाया गया 'भजन नाज़ाँ, कंचन, साथी) भी एक अच्छी पर कल्याणजी-आनंदजी ने लता से शाम काम ही काम' गवाया, पर

'कोरा कागज़' वाली बात गीत की थीम समान होते हुए भी न आ सकी। 'उलझन' का बेहतर गीत था अपने प्रिय राग अहीर भैरव पर आधारित उनकी रचना 'अपने जीवन की उलझन को कैसे मै सुलझाऊँ' (किशोर, सुलक्षणा पंडित)। सुभाष घई की 'कालीचरण' (1976) का 'एक बटा दो, दो बटे चार' (अनुराधा, कंचन, साथी) तो बच्चों का सदाबहार गीत ही बन चुका है। भैरव आधारित 'जा रे जा ओ हरजाई' (लता) भी उस समय चला था पर कुछ विशेष बात इस गीत में नहीं थी। 'रंगीला रतन' (1976) का 'तुम्हीं हो, तुम्हीं हो जानेजां' (लता, किशोर) अलबत्ता लोकप्रिय और मधुर दोनों था। इस फिल्म का मुकेश का 'जाग रे जाग मुसाफिर' भी ठीक-ठाक ही था। 'कलाबाज' (1977) के 'अरे रूठे हैं तो मान जाएँगे' और 'प्यारा प्यारा समा है प्यार कर लें' जैसे किशोर के गीत, 'हीरा और पत्थर' का सुहाना गीत 'प्यार कागज़ पे लिखी कहानी नहीं' (किशोर, लता), 'खेल किस्मत का' (1977) का बेहद दिलकश 'चंदा छोड़े चाँदनी' (किशोर), 'खून-पसीना' (1977) का शीर्षक गीत (किशोर), 'बनी रहे जोड़ी राजा रानी जोड़ी की रे' (किशोर, साथी) और 'राजा दिल माँगे चवन्नी उछाल के' (आशा), 'अनजाने में' (1978) का ऋषि, नीतू की मस्ती-भरी जोड़ी पर फ़िल्माया 'दिल का रिश्ता जोड़ लिया है तुझसे दिल्ली वाली' (किशोर, आशा), 'आहुति' (1978) का मधुर गीत 'काश, ऐसा होता' (लता, किशोर, साथी), 'कर्मयोगी' (1978) का 'इक बात कहूँ मैं सजना' (लता) और कव्वाली 'तुम नहीं या हम नहीं' (आशा, किशोर, रफ़ी, साथी), 'नसबंदी' (1978) का पैरोडी गीत, 'बॉम्बे 405 माइल्स' के 'अरे क्या करूँ समझ न आए' (लता), 'अरे हो गए हम आपके कसम से' (रफ़ी, आशा) और 'कसम न ले कोई हमसे' (आशा, किशोर), 'ज्वालामुखी' (1980) के 'हम तेरे बिना भी नहीं जी सकते' (किशोर, महेन्द्र, आशा, हेमलता) व 'कभी तुमने किसी को फाँसा' (आशा, किशोर), 'कशिश' (1980) का गुलज़ार का लिखा 'किसी आसमां पे तो साहिल मिलेगा' (रफ़ी), 'सौ दिन सास के' (1980) का 'सौ-सौ साल जीओ हमारी सासुजी' (आशा, हेमलता) जैसे गीत कुछ अर्से तक लोकप्रिय हुए, पर कुल मिलाकर इस दशक में लक्ष्मी-प्यारे और आर.डी. बर्मन के मुकाबले कल्याणजी-आनंदजी पीछे ही रहे। उनकी ऐसी कोई भी अनूठी फ़िल्म नहीं आई, जिसके संगीत विशेष की चर्चा हर कहीं की गई हो। गाने मशहूर हुए, आम लोगों में गुनगुनाए भी गए पर इस दशक में उनकी कोई भी फ़िल्म ऐसी नहीं थी कि जिसका संगीत बहुत उच्चस्तरीय या अलग रहा हो। उनकी प्रयोगात्मकता भी धीरे-धीरे समाप्त हो चली थी। थोक में संगीत देने का एक मतलब था कि संगीत के भी कुछ फ़ार्मूले बन गए थे और उन्हीं के बीच वे बँध गए थे।

'सब का साथी' (1972), 'अग्निरेखा' (1973), 'राजा काका' (1973), 'जय बाँग्लादेश' (1971), 'हर हर महादेव' (1974), 'हमराही' (1974) भारतीय स्वतंत्रता आंदोलन के 'कामागातामारू' संघर्ष पर गदर पार्टी को चित्रित करनेवाली 'जीवन संग्राम' (1974), 'पत्थर और पायल' (1974), 'शुभ दिन' (1974), 'अपने दुश्मन' (1975), 'भूला-भटका' (1975), 'चोरी मेरा काम' (1975), 'दो ठग' (1975) 'मोंटो' (1975), 'ज़ोरो' (1975), 'बजरंग बली' (1976), 'दो शत्रु' (1976), 'खान दोस्त' (1976), 'लगाम' (1976), 'कबीला' (1976), 'आखिरी गोली' (1977) जैसी कई फ़िल्में ऐसी भी आईं जिनका संगीत कुल मिलाकर फ़्लॉप ही रहा। आठवें दशक के अंतिम वर्षों में तो 'आखिरी डाकू' (1978), 'अंजाम' (1978), 'बेगम' (1978), 'चोर के घर चोर' (1978), 'दो मुसाफ़िर' (1978), 'नालायक' (1978), 'राहु-केतु' (1978), 'अहिंसा' (1979), 'बगुला भगत' (1979), 'देश द्रोही' (1979), 'गुरु हो जा शुरू' (1979), 'नीयत' (1980) जैसी फ़िल्मों का संगीत तो बिलकुल ही असफल रहा, पर दूसरी तरफ सुपर स्टार नंबर-1 पर पहुँचे अभिताभ बच्चन अभिनीत कई फ़िल्मों में संगीत देकर कल्याणजी-आनंदजी अपनी व्यावसायिक हैसियत

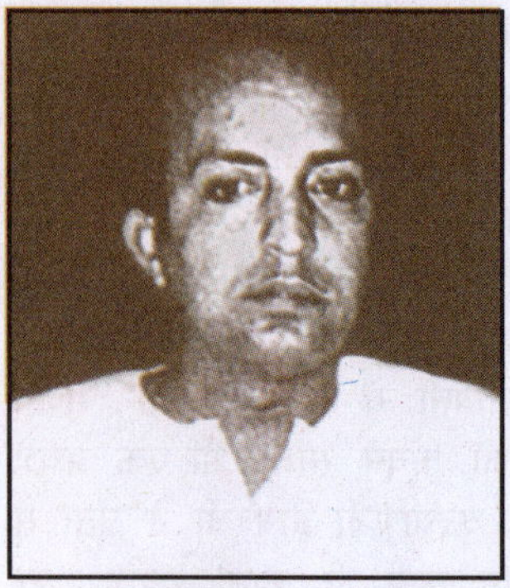

कल्याणजी-आनंदजी के साथ सफल जोड़ी गीतकार अनजान

बढ़ाते ही रहे। अनजान के गीत और कल्याणजी-आनंदजी के गीत संगीत के साथ अभिताभ पर फ़िल्माए 'डॉन' (1978) के संगीत ने तहलका मचाया। 'ये मेरा दिल यार का दीवाना' के लिए आशा को फ़िल्मफ़ेयर पुरस्कार मिला, 'ई है बम्बई नगरिया तू देख बबुआ' (किशोर), 'मैं हूँ डॉन' (किशोर, साथी) 'जिसका मुझे था इंतज़ार' (लता किशोर) ने ढेर सारी लोकप्रियता हासिल की और इन सबसे बढ़कर 'खाइके पान बनारस वाला' (किशोर) में ठेठ बनारसी ढंग का धोबी बस्ती में किया अभिताभ, ज़ीनत का नृत्य तो पूरे देश में धूमकेतु की तरह छा गया। 'गंगा की सौगंध' (1978) में भी अनजान के ही लिखे अभिताभ, रेखा पर फ़िल्माय 'धन्नो रानी तेरी नानी मर जाएगी' (किशोर, आशा) ने समाँ बाँधा था। लता के स्वर में फ़िल्म की कास्टिंग के समय पार्श्व में बजता 'मानो तो मैं गंगा माँ हूँ' भी एक मधुर धुन लेकर आया था। प्रकाश मेहरा की 'मुकद्दर का सिंकदर' (1978) में अभिताभ, अनजान और कल्याणजी-आनंदजी अपने चरम पर पहुँच चुके थे। फ़िल्म का शीर्षक गीत (किशोर), 'दिल तो है दिल, दिल का एतबार' (लता), 'वफ़ा जो न की तो जफ़ा भी न कीजे' (हेमलता) 'सलामे इश्क मेरी जां' (किशोर, लता) खूब बजे पर सर्वाधिक चर्चित और प्रशंसित रहा आशा-किशोर के स्वर में कल्याणजी-आनंदजी के पसंदीदा राग शिवरंजनी पर आधारित 'ओ साथी रे तेरे बिना क्या जीना'। पर इन सबसे बढ़कर जिस फ़िल्म ने लोकप्रियता के कीर्तिमान स्थापित किए, वह थी फ़िरोज खान निर्मित, निर्देशित और अभिनीत 'कुर्बानी' (1980) हालाँकि इस फ़िल्म का 'आप जैसा कोई मेरी जिंदगी में आए' (नाज़िया हसन), जो युवा वर्ग का क्रेज बनकर छाया था, बिद्दू के संगीत में था, पर 'क्या देखते हो, सूरत तुम्हारी' (आशा रफ़ी), 'लैला मैं लैला' (कंचन), तुम पर कुर्बां मेरी जां' (अज़ीज नाजाँ, किशोर और अनवर) और सर्वाधिक खूबसूरत गीत (जो अब मुकेश के अवसान के कारण मनहर के स्वर में था) 'हम तुम्हें चाहते है ऐसे' (मनहर, कंचन) ने भी काफी व्यावसायिक लोकप्रियता अर्जित की और कल्याणजी-आनंदजी को शीर्ष के प्रथम तीन स्थानों में बनाए रखा।

असफल फ़िल्मों के बीच कुछेक बेहद सफल फ़िल्में देकर अपने-आपको चोटी पर बनाए रखने का सिलसिला नवे दशक के प्रारम्भिक वर्षो में भी चलता रहा। 'आखिरी मुज़रा' (1981) में तो कल्याणजी-आनंदजी का संगीत क़ाबिलेतारीफ़ था। आशा के स्वर में शास्त्रीय आधारित 'बिंदिया मोरी निंदिया कहना मोरा माने ना' तो उत्कृष्ट कम्पोज़ीशन थी। वहीं लता के स्वर में मुज़रा गीत 'तुम्हारे ख्वाब सुजाने को हक़ीकत छोड़ के आए हैं' को तो आज भी बार-बार सुनने को जी चाहता है। जहाँ 'इतनी-सी बात', 'खून का रिश्ता', 'ये रिश्ता न टूटे' (सभी 1981), 'धरम और कानून', 'यहाँ वहाँ' (1984), 'एक चिट्ठी प्यार-भरी', 'करिश्मा कुदरत का' (1985), 'बात बन जाए', 'पहुँचे हुए लोग', 'नसीहत' (सभी 1986), व्ही. शांताराम की 'झंझार' (जिसमें वे अपनी कुछ पुरानी धुनों को ही थोड़ा बदलकर कुछ गीतों में काम चला रहे थे), 'कलयुग और रामायण' और 'ठिकाना' (1987) आदि फ़िल्मों का संगीत पिट गया और प्रमोद चक्रवर्ती की अभिताभ अभिनीत 'नास्तिक' (1981), राजकुमार कोहली की 'राजतिलक' (1984), गुलशन राय की 'युद्ध' (1985), मुकुल आनंद निर्देशित 'सल्तनत' (1981) का संगीत भी सफल नहीं रहा, वहीं 'कमांडर' (1981) के 'दुनिया वाले' (मनहर), 'हकदार' (1981) के 'नई जिंदगी, नई बहारें', 'कातिलों के कातिल' (1981) का 'यक-ब-यक' (किशोर, आशा), 'राजमहल' (1982) का 'मेरे प्यार की आवाज़ में चले आना' (रफ़ी, लता), 'रुस्तम' (1982) का 'जीना कोई खेल नहीं' (मनहर), 'बंद होंठ' का 'आवारा सदियों से' (आशा), 'अफ़सर' का 'आइना हूँ आइना' (नितिन, अलका याग्निक), 'प्रोफ़ेसर प्यारेलाल' (1981) का 'तेरे सिवा ना किसी का बनूँगा' (रफ़ी, आशा) और 'गा गा गा गाए जा' (आशा) जैसे गीत ठीक-ठाक चले। लता मंगेशकर के साथ नवे दशक में कल्याणजी-आनंदजी को रेकॉर्डिंग को लेकर भी परेशानी होती थी, क्योंकि कहते हैं कि लता लक्ष्मी-प्यारे को प्रश्रय देती थीं। इस समय की सुपरहिट फ़िल्म रही प्रकाश मेहरा की ही 'लावारिस' (1983)

जिसके लोकगीत 'मेरे अँगने में तुम्हारा क्या काम है' (जिसे अमिताभ अपने कलकत्ते के दिनों में प्राइवेट महफ़िलों और स्टेज कार्यक्रमों में गाते रहे थे) को स्वयं गाकर और पर्दे पर तरह-तरह के वेशों में अभिनीत कर अमिताभ ने पूरे देश को पागल बना दिया। 'अपनी तो जैसे-तैसे' (किशोर), खूबसूरत धुनवाला 'कल के बिछड़े हम आज कहाँ आ के मिले' (किशोर, आशा) भी अच्छे चले। अलका याग्निक से भी 'मेरे अँगने में' गवाकर कल्याणजी-आनंदजी ने इस गीत को अलका याग्निक का पहला हिट गीत बना दिया। सुभाष घई की 'विधाता' की 'सात सहेलियाँ खड़ी खड़ी' सुपरहिट गीत बना, पर अपनी द्विअर्थी शब्दावली के कारण विवादों में भी घिरा रहा। इसी फ़िल्म के 'उड़ी बाबा' (आशा) और 'हाथों की चंद लकीरों का' (सुरेश वाडकर, अनवर) भी बहुत लोकप्रिय गीत रहे थे। ज़माने की पसंद के हिसाब से संगीत देने की कला या मजबूरी कल्याणजी-आनंदजी के अंतिम दौर तक कायम रही थी।

इस वक्त का कल्याणजी-आनंदजी का सर्वश्रेष्ठ संगीत 'जांबाज़', 'पिघलता आसमान' और 'कलाकार' में आया। 'जांबाज़' के पाश्चात्य ऑरकेस्ट्रेशन के बीच सितार और तबले का प्रयोग एक प्रकार से fussion music का बहुत सुंदर प्रयोग था। 'हर किसी को नहीं मिलता यहाँ प्यार ज़िंदगी में' (मनहर, साधना सरगम) फ़िल्म का सुपरहिट गीत रहा। 'जब जब तेरी सूरत' (सपना) और 'तेरा साथ है कितना' (किशोर, सपना) को भी अच्छी लोकप्रियता मिली। इलैयाराजा की धुन से प्रेरित 'नीले नीले अंबर पर' (किशोर) 'कलाकार' का सुपरहिट गीत रहा। मुकेश की मृत्यु के बाद मुकेश के गले को ध्यान में रखकर सृजित धुनें अब कल्याणजी-आनंदजी मनहर से या सुरेश वाडकर से गवाते थे और इस फ़िल्म में भी 'मेरा प्यार मुझसे रूठा' और 'मैं दूर चला' ऐसे ही गीत थे। 'पिघलता आसमान' का संगीत तो वाकई लाजवाब था। विशेषकर लता के स्वर में 'मुझे ऐसा मिला मोती' तो अपनी दिलकश धुन और रवानगी-भरे रिद्म के कारण इस दशक के लता के गाए सर्वश्रेष्ठ गीतों में अपना स्थान रखेगा। 'हमसे न सही, गैरों से सही' (मनहर, अलका, साधना) की दर्दीली तर्ज़, 'तेरी मेरी प्रेम कहानी किताबों में' (किशोर, अलका) की लोच-भरी लय और 'जिया नाहीं लागे' (साधना सरगम) की शास्त्रीय बंदिश—सभी मिलकर 'पिघलता आसमान' को नवें दशक के संगीत फ़लक पर एक उद्दीप्त तारे की तरह स्थापित करते हैं।

'मंगल दादा' (1986) का कर्णप्रिय 'कदम कदम तेरा प्यार हम पाते रहे सनम' (लता, मनहर—जिसे सुनकर मुकेश के कुछ गीतों की याद ताजा हो जाती है), प्रकाश मेहरा की 'मुहब्बत के दुश्मन' (1988) का 'बहुत कर चुका है सफ़र हौले-हौले' (आशा), 'रुखसत' (1987) का कल्याणजी-आनंदजी की परिचित शैली का कशिश-भरा 'तेरा मेरा प्यार अमर' (सुरेश वाडकर, साधना सरगम), 'ईमानदार' (1987) का 'और इस दिल में क्या रखा है' (आशा, सुरेश वाडकर) की कर्णप्रिय धुनें जहाँ बहुत लोकप्रिय हुईं, वहीं 'ईमानदार' में 'मितवा' (सुरेश वाडकर, अलका याग्निक, साधना सरगम) में 'मोरे घर आए सजनवा' की बंदिश डालकर शुद्ध शास्त्रीय गायकी का अभूतपूर्व कमाल कल्याणजी-आनंदजी ने प्रस्तुत किया। 'बात बन जाए' का 'एक था बंजारा' (मनहर), मुकेश की मृत्यु के सात वर्ष बाद रिलीज़ 'कैप्टेन कर्ण' (1983) का वह खूबसूरत दुर्लभ गीत 'रखना ये याद सावन के बाद' (मुकेश), 'हकदार' का 'नई ज़िंदगी नई बहारें' (मनहर) जैसे गीत कल्याणजी-आनंदजी के इस दौर की यादगार हैं।

वैसे 'त्रिदेव' (1989) का उनका संगीत सुपरहिट रहा, पर उसके सर्वाधिक लोकप्रिय गीत 'ओए ओए' का श्रेय कल्याणजी के पुत्र विजु शाह को मिलना चाहिए—वैसे भी यह पूर्णतः विदेशी धुन की नकल ही थी। 'गज़र ने किया है इशारा' (अलका, साधना सरगम, सपन मुखर्जी) फ़िल्म का दूसरा लोकप्रिय गीत था। कल्याणजी-आनंदजी के अंतिम दौर की प्रभावशाली प्रस्तुतियों में 'गलियों का बादशाह' (1990) का कशिश-भरा 'मुझे ज़िंदगी की दुआ न दे मेरी ज़िंदगी से बनी नहीं' (लता) अपना अलग स्थान रखता है। इसी फ़िल्म का 'क्या कहूँ क्या न कहूँ' (येसुदास, साधना सरगम) भी नर्मी भरा एक मधुर गीत था। वर्षों से बन रही फ़िल्म 'उल्फ़त की नई मंज़िलें' 1994 में जाकर रिलीज़ हुई। वैसे इस अंतिम दौर में कल्याणजी-आनंदजी ने 'युद्ध' के 'क्या हुआ क्या नहीं' और 'युद्ध कर' जैसे गीतों के लिए पुनः (कल्याणजी के पुत्र) विजु शाह की धुनें लीं। 'मोहरा' में तो विजु शाह ने कल्याणजी द्वारा मुकेश से गवाया 'ना कजरे की धार' (जो रिलीज़ नहीं हुआ था) की धुन और शब्द हूबहू लेकर पंकज उधास से गवा लिया। मुकेश का गाया मूल गीत सुनिए और आप भी मानेंगे कि अगर विजु शाह इसी मूल रचना को रखते तो न केवल मुकेश प्रेमियों के लिए एक उपहार देते बल्कि गीत की बेहतर प्रस्तुति भी होती।

फ़िल्मों से हटकर कल्याण जी व्यक्तिगत जीवन में आचार्य रजनीश के भक्त थे। कल्याणजी-आनंदजी ने बच्चों की संगीत शिक्षा के लिए विधिवत स्कूल खोले—कल्याणजी की कलावीर अकादमी और 'Little Wonders' ग्रुप तथा आनंदजी का 'Little Stars' ग्रुप। ऐसे प्रशिक्षित बच्चों ने विदेशों तक में शो किए और नाम कमाया। आज की मशहूर गायिका सुनिधि चौहान 'Little

Wonders' ग्रुप की ही देन हैं। पाश्चात्य म्यूज़िकल हिट्स का भारतीय संस्कृति के हिसाब से adaptation का उनका एक एलबम 'Bombay the hardly' भी निकला, पर अधिक चर्चित न रहा। पर यह भी अज़ीब विडम्बना है कि कल्याणजी-आनंदजी को पद्मश्री 1997 में तब मिला जब वे फ़िल्मों से लगभग अलग ही हो चुके थे। अपने स्टेज शो के कारण भी कल्याणजी-आनंदजी अकसर चर्चित रहे।

अगस्त, 2000 में कल्याणजी की मृत्यु के बाद आनंदजी ने कुछ विशिष्ट संगीत एलबम निकाले—इनमें फ़िल्मों से अलग, भारतीय संगीत की सांस्कृतिक आत्मा की खोज करनेवाले स्वरों और अलंकारों का सुंदर परिचय था। आनंदजी अभी भी कुछ स्टेज शोज़ और बच्चों के अपने संगीत विद्यालयों में मसरूफ़ रहते हैं।

संदर्भ

1. नई दुनिया विशेषांक : सरगम का सफ़र, जून, 1989
2. स्नेहल ओझा : 'अभी तो मैं जवान हूँ' शृंखला, इंटरनेट
3. वही

इकबाल कुरैशी

'मुझे रात-दिन ये ख़याल है, वो नज़र से मुझको गिरा न दे'

इकबाल कुरैशी

छः फीट लम्बे और तगड़े तथा लम्बी ज़ुल्फ़ोंवाले इकबाल कुरैशी फ़िल्मी संगीत दुनिया के केन्द्र में तो कभी जम नहीं पाये, पर हाशिये पर भी नहीं रहे। फ़िल्म-संगीत के कठोर प्रतिद्वंद्वी वातावरण में अपने 'नर्वस' स्वभाव के बावजूद बीच-बीच में कुछ सशक्त गीतों के ज़रिए कुछ चमकते भी रहे, पर इस चमक को स्थायी न बना पाए। औरंगाबाद में जन्मे इक़बाल कुरैशी का झुकाव आरम्भ से ही भारतीय संगीत की ओर था। फलस्वरूप औरंगाबाद रेडियो स्टेशन पर बच्चों के प्रोग्राम में बतौर कलाकार शामिल कर लिए गए। 'नर्वसनेस' की अभिव्यक्ति भले ही उनके माथे पर हमेशा चमकती पसीने की बूँदों को माना जाए, पर इक़बाल कुरैशी में साहस की कमी नहीं थी। एक बार रेडियो स्टेशन के अधिकारी श्री जयपाल राव से रेडियो स्टेशन के गेट पर मुलाकात हुई। राव से अपने गाने का शौक जाहिर किया और राव के यह पूछने पर कि आप क्या गा सकते हैं, इक़बाल कुरैशी ने कहा, 'गीत, गज़ल कुछ भी,' और सीधे ही रेडियो स्टेशन के गेट पर ही गाना शुरू कर दिया। जयपाल राव ने हिम्मत की भी दाद की और गायकी से भी प्रभावित हुए तथा इक़बाल कुरैशी को बतौर 'सिंगर' रख लिया। पर इकबाल कुरैशी को मात्र इसमें संतोष नहीं था। औरंगाबाद से कम उम्र में ही वे हैदराबाद आ गए और वहाँ एक फ़ाइन आर्ट अकादमी में काम किया। साथ ही गाने का शौक भी बरकरार रहा और मख़दूम मोइनुद्दीन की उनकी गाई ग़ज़लों को सुनकर ही लेखराज भाकड़ी ने फ़िल्म 'पंचायत' में पहली बार उन्हें संगीतकार के रूप में अवसर दिया।[1]

'पंचायत' (1960) का संगीत कुल मिलाकर सफल ही रहा। 'ता थैया करते आना ओ जादूगर मेरे सैंया' की थिरकन तो श्रोताओं को खूब पसंद आई। लता और गीता के संयुक्त रूप से गाए कुछ गीतों में यह शायद सर्वश्रेष्ठ ही हो। 'आई आई बहार आज रे' अच्छा बना था, और थिरकन का एक अन्य (उतना लोकप्रिय नहीं) प्रयोग था रफ़ी, गीता का 'छुनक छुनक ठुनक ठुनक तरम थट थैया'। सबसे रोचक तथ्य तो यह है कि इसी फ़िल्म का एक गीत था कैफ़ी आज़मी द्वारा लिखित 'मैं ये सोचकर उनके दर से उठा था' जिसे रफ़ी ने गाया था। बाद में इसी शायरी को मदन मोहन रफ़ी के ही स्वर में अपनी फ़िल्म 'हकीक़त' (1964) में लेकर आए और गाना सुपरहिट रहा।

'लव इन शिमला'

वैसे संगीत की दृष्टि से ए.व्ही.एम. प्रोडक्शन की बलराज साहनी और पद्मिनी अभिनीत 'बिंदिया' (1960) इक़बाल कुरैशी की अधिक सफल फ़िल्म मानी जाएगी। पाश्चात्य वाद्ययंत्रों से सजाया लता का 'नशा सा छा गया सनम तेरे प्यार का' और बिलावल थाट पर रचा तथा क्लैरिनेट के सुंदर प्रयोग के साथ लता का ही 'इतना ना सता कि कोई जाने ओ दीवाने' की धुनें इक़बाल कुरैशी ने बहुत प्यारी बनाई थी। 'शाम को कहां मिलोगे? किसलिए जी' (लता, रफ़ी) तो कुछ ख़ास नहीं बन पाई, पर मुकेश, उषा खन्ना का युगल गीत 'देखिये यूँ न शरमाइएगा' में रूमानीपन को

बड़े कौशल से उभारने में इक़बाल कुरैशी ने सफलता पाई थी। इस फ़िल्म का सबसे हिट गीत था बड़ी अनूठी सी धुन लिए सम्भवतः राग तिलंग पर तरंगित रफ़ी का 'मैं अपने आप से घबरा गया हूँ, मुझे ऐ ज़िन्दगी दीवाना कर दे'। राजेन्द्र कृष्ण लिखित इस शायराना गीत की कम्पोज़ीशन सुनकर यह यक़ीन हो जाता है कि वास्तव में अपने हैदराबाद निवास के दौरान इक़बाल कुरैशी ने मखदूम की गज़लों को बेहतरीन लय से बाँधा रहा होगा।

यूँ तो साधना की नायिका के रूप में और जय मुखर्जी की नायक के रूप में पहली फ़िल्म 'लव इन शिमला' (1960) की सफलता के कारण इसका संगीत भी अधिक चर्चित हुआ और 'दिल थाम चले हम आज किधर' (रफ़ी, साथी), 'लव, लव, लव का मतलब है प्यार' (आशा, रफ़ी), 'गाल गुलाबी किसके हैं' (रफ़ी साथी), 'ए बेबी, ए जी इधर आओ' (आशा, रफ़ी) जैसे गीत कुछ दिनों तक गुनगुनाए भी गए, पर संगीत की दृष्टि से 'बिंदिया' के गीतों के मुकाबले में इसके दो ही गीतों को गिना जा सकता है—मुकेश का गाया और हिट हुआ 'दर पे आए हैं कसम ले' जिसकी शैली में शंकर-जयकिशन की छाप झलक जाती है, और दूसरा रफ़ी का गाया और खूबसूरती से लयबद्ध 'यूँ ज़िन्दगी के रास्ते सँवरते चले गये'। वाकई शायराना छाप लिए लिखे गीतों में इक़बाल कुरैशी की मौलिकता और प्रतिभा सबसे अधिक झलकती थी।

इसका एक अभिनव उदाहरण है फ़िल्म 'उमर कैद' (1961) का मुकेश का गाया उनका अमर हो चुका गीत 'मुझे रात-दिन ये ख़याल है वो नज़र से मुझको गिरा न दे'। सम्भवतः काफी थाट की स्वरलहरियों पर बने इस गीत की तर्ज़ ज़बर्दस्त है। इक़बाल कुरैशी ने गाने के बीच में गांधार का अप्रत्याशित-सा प्रयोग किया है और रूपक ताल सात मात्रा पर इसकी क्या दिलक़श रिद्म बाँधी है! इसी फ़िल्म के 'दिल का फ़साना कोई न जाना' (आशा, महेन्द्र कपूर) या 'सुनो जी एक बात तुम' (सुमन, मुकेश) इस लाज़वाब कम्पोज़ीशन के सामने कहीं नहीं ठहरते। आशा के मनुहार-भरे स्वर में 'ओ पिया जाना ना' का अलबत्ता एक अलग आकर्षण है।

'मैं अपने आपसे घबरा गया हूँ', 'यूँ जिन्दगी के रास्ते सँवारते चले गये', 'मुझे रात दिन ये ख़याल है' जैसा कोई भी गीत 'ज़माना बदल गया' (1961) में नहीं था और इक़बाल कुरैशी का संगीत भी असफल ही रहा। पर अख़्तर वारसी लखनवी, प्रेम धवन, हसरत रोमानी और अज़ीज़ कैफ़ी जैसे गीतकारों की रचनाओं से सजा लेखराज भाखरी का ही 'बनारसी ठग' (1962) संगीत के दृष्टिकोण से कामयाब रहा। शायराना ढंग के न होते हुए भी गीत सुंदर थे और 'खुली-खुली जुल्फों को बाँध भी लो हो जाए न दुनिया में शाम कहीं' (मुकेश, उषा मंगेशकर) तथा 'एक बात पूछता हूँ गर तुम बुरा न मानो' (मुकेश, उषा मंगेशकर) की lilting रिद्मों ने अच्छी लोकप्रियता पाई। 'एक बात पूछता हूँ' को तो एच.एम.वी. ने अपने कैसेट 'पॉपुलर डुएट्स ऑफ़ उषा मंगेशकर' में भी शामिल किया है, पर इसी फ़िल्म का 'याद सुहानी बनी ज़िन्दगानी मेरी' (लता) सुंदर धुन और ताल के बावजूद चला नहीं।

शशि कपूर अभिनीत 'ये दिल किसको दूँ' (1963) लोकप्रियता के हिसाब से इक़बाल कुरैशी का सफल प्रयास कहा जाएगा। 'जब तक दुनिया रही, रहेगा तेरा नाम मेरा नाम' (आशा, रफ़ी) और 'फिर आने लगा याद वही प्यार का आलम' (रफ़ी, उषा खन्ना) में रिद्म का सुंदर और अलग-सा प्रयोग किया गया जो अच्छा लगता है। 'फिर आने लगा' में उन्होंने रिद्म में नवीनता लाने के लिए vibrating glass platelets का भी इस्तेमाल किया था।[2] 'हमें दम दइके सौतन घर जाना' (आशा, मुबारक़ बेगम) तो अपनी मुजरा शैली और कर्णप्रिय धुन और ताल के कारण आज भी लोकप्रिय है। इस गीत के फ़िल्मांकन के समय निर्माता दोस्त ने स्वयं इक़बाल कुरैशी को भी बैठा दिया और इस इस गीत में हम उन्हें परदे पर भी देख सकते हैं।

इक़बाल कुरैशी की कई संगीत-रचनाओं में ताल पर विशेष बल मिलता है। और जब गीत शायराना हो, तो लगता था मानो इक़बाल कुरैशी को अपनी ज़मीन ही मिल गई हो। 'चा चा चा (1963) में यही हुआ। नीरज के गीत (शायद पहली बार फ़िल्मों में आए) 'वो हम न थे वो तुम न थे, वो रहगुज़र की प्यार की' (रफ़ी) को एक तेज आकर्षक लय और ताल के साथ बाँधकर इक़बाल कुरैशी ने एक यादगार गीत बना दिया है। वहीं नीरज के दूसरे शायराना गीत 'सुबह न आई शाम न आई' को भैरवी में कम्पोज़ कर धीमी गति के इस गीत को रफ़ी के सदाबहार गीतों में शामिल कराने का श्रेय भी उन्हें मिलना चाहिए। 'चा चा चा' में मात्र नीरज से संतोष न कर इस बार इक़बाल कुरैशी अपने हैदराबाद के जमाने के पसंदीदा शायर मख़दूम मोइनुद्दीन को भी ले आए। मख़दूम की ग़ज़लें वे अपने हैदराबाद के गुज़रे ज़माने में गाया करते ही थे। इस बार मख़दूम के गीत 'एक चमेली के मंडवे तले' की बिलकुल अलग-सी और बेहद खूबसूरत धुन बनाकर आशा और रफ़ी से उन्होंने इस एतमाद से गवाया कि यह गीत फ़िल्म संगीत के दुर्लभ रोमांटिक गीतों की फ़ेहरिस्त में हमेशा ही नज़र आएगा। वैसे यह गीत उन्होंने बहुत पहले ही रेकॉर्ड कर लिया था, पर जिस फ़िल्म

के लिए रेकॉर्ड किया था वह बनी नहीं।

'चा चा चा' के शायराना गीतों की सफलता के साथ ही जुड़ी है 'कव्वाली की रात' (1964) के कव्वालियों और शायराना नगमों की कम्पोज़ीशन। 'कव्वाली की रात है कव्वाली की रात' (आशा, बलवीर, मन्ना डे, रफ़ी, साथी), 'हुस्न वाले हुस्न का अंजाम देख' (आशा, रफ़ी, साथी) जैसी कव्वालियाँ तो लोकप्रिय हुईं ही, पर इस फ़िल्म को याद किया जाना चाहिए रफ़ी के 'वह चाँद सा चेहरा लिए छत पर तेरा आना' की शायराना धुन और 'देख कर मेरी तरफ़ खामोश रह जाना ज़रा' (रफ़ी, मुबारक़ बेगम) की धीमी, सितार की संगत के साथ बनाई नज़्म जैसी तर्ज़ के लिए। 'मुझे तुमसे मुहब्बत है' (सुमन), 'दिल गया दिल का एतबार गया' (सुमन, रफ़ी) और 'प्यार की हसरतें ख़ाक में मिल गईं' (आशा, रफ़ी) जैसे गीत भी सुनने में अच्छे लगते हैं।

पर सुंदर शायराना धुनों के सृजन के बावजूद इक़बाल कुरैशी की चमक अस्थायी ही रही। कुछ अर्से तक बिलकुल ही गायब रहने के बाद उन्हें 'सरहदी लुटेरा' (1966), 'मुहब्बत और जंग' (1967), 'दो ठग' (1970), जैसी स्टंट या 'सी' ग्रेड की फ़िल्मों के साथ समझौता करना पड़ा। अधिक फ़िल्में मिलीं नहीं। 'सरहदी लुटेरा' के 'दीवाना है दीवाना ऐ मलिका' (रफ़ी) जैसे गीतों में सफलता के लिए शंकर-जयकिशन शैली अपनाने की उनकी कोशिश भी असफल रही हालाँकि इस फ़िल्म में भी 'आज इस बज़्म' (रफ़ी) और 'कहोजी तुम्हें' (आशा, रफ़ी) जैसे कर्णप्रिय गीत थे। 'प्यार बना अफ़साना' जैसी फ़िल्म अधूरी ही रह गई। इक़बाल कुरैशी को अपनी जीविका के लिए गैरफ़िल्मी गीतों और प्रादेशिक फ़िल्मों की ओर भी मुड़ना पड़ा। भारत-चीन युद्ध के दौरान बनाया गया उनका गैर-फ़िल्मी गीत 'चलो सिपाही चलो' (महेन्द्र कपूर, साथी) उस समय की प्रासंगिकता के कारण बजा करता था पर बाद में भुला दिया गया। 'कब होइहे गवनवा हमार' (1964) जैसी भोजपुरी फ़िल्म भी उनके लिए कुछ विशेष नहीं कर पाई। आठवें दशक में भी कुछ मुस्लिम धार्मिक या सामाजिक फ़िल्मों में दिया संगीत भी विशेष सहायक न हो सका। 'आलमआरा' (1973) के 'लौ लगाई है मैंने ख्वाजा' (महेंद्र, साथी), 'सुनो फ़रियाद तुम मेरी मोइनुद्दीन अज़्मेरी' (शंकर शंभू, साथी) ओर 'ऐ जी, जी जी सरकार' (रफ़ी, चंद्राणी मुखर्जी) या 'दास्तान-ए-लैला-मजनूं' (1974) का जाँनिसार अख़्तर लिखित 'आजा आ भी जा आ जाने तमन्ना आ भी जा प्यार की राहें प्यारी हैं' (रफ़ी), गुँजित प्रभाव लिये 'पुकारती है मुहब्बत करीब आ जाओ' (रफ़ी, सुमन) या फिर 'सुलताने हिन्द' (1978) का 'देहली तो दुलहन बनी' (साबरी बन्धु) जैसे गीत नाकाम ही रहे। 'बॉम्बे बाइ नाइट' (1976) भी फ़्लॉप ही रही। अलबत्ता इस फ़िल्म में इक़बाल कुरैशी को एक से एक अच्छे गीत गवाने का अवसर मिला। 'बहारों ने किए सजदे गुलों ने सर झुकाया है' के रूप में काफी थाट पर रची यह धुन अन्य शायराना मिजाज़ के गीतों की तरह इक़बाल कुरैशी ने बेहद सुन्दर बनायी है और आज भी मुकेश के प्रेमी इस गीत को मुकेश के अच्छे रूमानी गीतों में शुमार करते हैं। एच.एम.व्ही. ने भी मुकेश के रेयर जेम्स कैसेट्स में इस गीत को जगह दी है। इसी फ़िल्म में इक़बाल कुरैशी ने किशोर कुमार से पहली बार गवाया, हालाँकि किशोर, सुलक्षणा पंडित, साथियों का गाया 'धीरे-धीरे ढल न जाए रात की महफ़िल' अपनी आधुनिक शैली के बावजूद विशेष लोकप्रिय न हो सका। वैसे अपने अंतिम दौर में भी इक़बाल कुरैशी ने 'नेक परवीन' (1982) में लाज़वाब संगीत देकर खुसरो की अमर रचना 'आज रंग है ए माँ' (इक़बाल, अफज़ल, साथी), मुजरे के महफ़िली ढंग में 'मोहब्बत ऐसी होती है' (अनुराधा, कृष्णा कल्ले), अपनी विशिष्ट गज़ल शैली में 'सज-धज के समझाने आई' (रफ़ी) और बेहद खूबसूरत धुन और शैली लिए 'भींगी फिज़ा महक़ी हवा' (सुरेश वाडेकर, अनुराधा) जैसी दिलक़श रचनाओं का सृजन किया था और 'प्रीत न जाने रीत' (1982) में आशा से 'बता ऐ दिल वफ़ा अभी न इतना करीब' (अनवर के साथ) और 'मुझे उस प्यार की दुनिया' जैसी ग़ज़लनुमा अच्छी कम्पोज़ीशन्स गवाई थीं, पर व्यावसायिक सफलता मिली नहीं। 'इन्साफ़ कहाँ है' (अप्रदर्शित), 'दिल और पत्थर' (1978), 'ख्वाज़ा की दीवानी' (1981), 'सौतेला पति' (1985), 'मुकाबले की रात' (अप्रदर्शित), 'बिस्मिल्लाह की बरकत' (1983), 'बेड रूम स्टोरी'

रफ़ी, इकबाल कुरैशी एवं चंद्राणी मुखर्जी
'आलमआरा' की रेकॉर्डिंग के समय

(1988), 'मेरा नसीब' (1989), 'जीने की सज़ा' (1990), 'लखपति' (रफ़ी के कुछ अच्छे गीतों वाली यह फ़िल्म बहुत बाद में जाकर 1991 में रिलीज़ हुई), 'हुक्मराना' (1998) और 'प्यार दो प्यार लो' (1995) जैसी असफल फ़िल्मों के साथ शायराना धुनों का यह संगीतकार हाशिये से भी ओझल होता गया। 21 मार्च, 1998 को इक़बाल कुरैशी लगभग गुमनामी की हालत में ही बम्बई में चल बसे।

संदर्भ

1. इंदीवर : 'नए संगीत हस्ताक्षर जो मुझे पसंद हैं', माधुरी, 22 अक्टूबर, 1965
2. मानेक प्रेमचंद : यस्टरडेज मेलोडीज़, टुडेज़ मेमोरीज़

रॉबिन बनर्जी

'तुम जो आओ तो प्यार आ जाए'

रॉबिन बनर्जी

संगीतकार रॉबिन बनर्जी ने सातवें दशक की कई फ़िल्मों में बहुत सुंदर गीत कम्पोज़ किए। वैसे बम्बई के सांस्कृतिक कार्यक्रमों में गायक के रूप में उनकी अलग पहचान पहले से ही थी। 15 वर्ष की छोटी उम्र में ही संगीतकार बनने कलकत्ता से केवल एक हाफ़ पैंट और एक शर्ट लेकर बम्बई भाग आनेवाले रॉबिन बनर्जी उन दिनों दूसरे कपड़े न होने के कारण जुहू के समुद्र में नंगे ही नहाते। बम्बई सेंट जेवियर्स कॉलेज की नाट्य प्रतियोगिता में सुनील दत्त की टीम द्वारा प्रदर्शित नाटक में संगीत-निर्देशन और गाने का काम मिला। फिर वे धीरे-धीरे आगे बढ़े। 'हे बाबू हे बंधु' (हेमंत, साथी) और 'तुझे दूँ मैं क्या' (गीता, हेमंत) जैसे गीतों वाली उनकी प्रथम संगीतबद्ध फ़िल्म 'इंसाफ कहाँ है' (1958) तो रिलीज़ ही न हो सकी, पर उन्होंने हिम्मत नहीं हारी।

फ़िल्म 'मासूम' (1960) में संगीतकार यूँ तो हेमंत कुमार थे और उन्होंने अपनी बेटी रानू से 'नानी तेरी मोरनी को मोर ले गए' जैसा सदाबहार गीत रेकॉर्ड भी करा लिया था, पर फिर उन्हें अचानक विदेश जाना पड़ गया और शेष काम रॉबिन बनर्जी के हिस्से आया। 'हमें उन राहों पर चलना है जहाँ गिरना और सँभलना है' (सुबीर सेन, साथी) और 'ये हाथ ही अपनी दौलत है' (सुधा मल्होत्रा) जैसे 'मासूम' के अन्य लोकप्रिय गीतों के संगीतकार रॉबिन बनर्जी ही थे। पूरी तरह से स्वतंत्र संगीतकार के रूप में उनकी पहली फ़िल्म थी 'वज़ीर-ए-आज़म' (1961) जो चली नहीं, पर गीत सराहे गए। सुमन के दो एकल गीत 'न हम तुम न जालिम ज़माना रहेगा' और 'तू कहाँ मैं कहाँ मुँह छुपाए हुए चाँदनी रो रही है' की इस संदर्भ में चर्चा की जा सकती है। रॉबिन बनर्जी का सबसे मशहूर और क़ाबिलेतारीफ़ गीत स्टण्ट फ़िल्म 'सखी रॉबिन' (1962) में है—'तुम जो आओ, तो प्यार आ जाए'। योगेश के लिखे और सुमन, मन्ना डे द्वारा अद्भुत कोमलता से गाए कल्याण थाट में कम्पोज़ किए गए इस शहद-सी मीठी धुन का रूमानी स्पंदन हमें आज भी गुदगुदा जाता है। यह एक रोचक तथ्य है कि गीतकार योगेश के कई शुरुआती गीतों के संगीतकार रॉबिन बनर्जी ही थे। 'रॉकेट टार्ज़न' (1963) जैसी वाहियात स्टण्ट फ़िल्म में भी योगेश के लिखे एक खूबसूरत गीत की बेहद लुभावनी धुन रॉबिन बनर्जी ने तैयार की थी। यह अफ़सोसजनक है कि 'उनको हमसे बड़ी शिकायत है, प्यार करना हमारी आदत है' (सुमन, साथी) जैसा सुंदर गीत सरलता से आज ढूँढ़े नहीं मिलता। सुमन कल्याणपुर रॉबिन की प्रमुख गायिका रही हैं और 'जंगली राजा' (1963) में भी योगेश और सुमन के साथ ही रॉबिन बनर्जी ने संगीत रचनाएँ दी थीं। कामरान फ़िल्म्स की दारा सिंह, मुमताज़ अभिनीत हिट फ़िल्म 'आँधी और तूफ़ान' (1964) में भी रॉबिन ने कई लोकप्रिय गीत दिए थे। 'इरादा न था आपसे प्यार का' (सुमन, रफ़ी) तो एच.एम.व्ही. ने अपने 'रोमांटिक डुएट्स—रेयर जेम्स' में भी शामिल किया था। उषा मंगेशकर के स्वर में 'बाजे पग पग पायल मोरी' भी उल्लेखनीय रचना है।

'मारवेल मैन' (1964) में अलबत्ता सुमन के गीतों की अपेक्षा योगेश का लिखा मुबारक बेगम के स्वर में 'आँखों-आँखों में हरेक रात गुज़र जाती है' ही याद रखने लायक कृति रही। यह गीत आज भी फ़रमाइशी गीतों के कार्यक्रम में यदा-कदा सुनाई दे जाता है। 'टारज़न एंड डेलिला' (1964) के 'दिल की धड़कन पुकारे, सूने हैं चाँद तारे' (सुमन) और 'ओ दूर गगन के चंदा' (उषा मंगेशकर), 'टारज़न एंड सर्कस' (1965) के 'एक मासूम कली जो बहारों में पली' (उषा मंगेशकर) और कर्णप्रिय कम्पोजीशन 'बुझा दो दीपक करो अँधेरा' (सुमन), 'फ़्लाइंग सर्कस' (1965) में योगेश का लिखा 'कितने हसीन हो तुम हमको खबर नहीं' और 'भरी महफिल में हमसे किस तरह दामन छुड़ाते हो' (दोनों सुमन), 'रुस्तम कौन' (1966) में पुनः योगेश और सुमन को लेकर 'समाँ हो नशीला, हो आलम रंगीला', 'हम चाहें न चाहें फिर भी कभी वो सामने जब आ जाते हैं' और 'तुझे देखा तो याद आ गया कोई सपना' जैसे लुभावने एकल गीत, 'हुस्न का गुलाम' (1966) में रूमानी गीत 'देखा है जब से आपका चेहरा' (महेंद्र) और 'स्पाई इन गोवा' (1966) के 'ये समाँ खुशनुमा' (उषा खन्ना, जिन्होंने विधिवत रॉबिन बनर्जी से संगीत सीखा भी था) और 'सँभालो ज़रा दिल को ओ बंदापरवर' (सुमन) जैसे नग़मे रॉबिन बनर्जी के वैसे गीत हैं जो सुंदर होने के बावजूद लोकप्रिय नहीं हुए। रॉबिन बनर्जी के बारे में यह भी उल्लेखनीय है कि लता ने उनके लिए कभी नहीं गाया, पर सुमन के साथ भी उन्होंने लता की कमी नहीं खलने दी। दो दुर्घटनाओं और लम्बी बीमारी के कारण आठवें दशक में रॉबिन बनर्जी फ़िल्म दुनिया से लगभग अलग ही हो गए। 'फिर आया तूफ़ान' (1973) और अप्रदर्शित 'राज़ की बात' उनकी अंतिम फ़िल्में रहीं, हालाँकि 'राज़ की बात' में भी उन्होंने पियानों की तरंगों पर 'मुझको पहचानो मेरे दर्द का अंदाज़ा करो' (आशा) और 'दो घड़ी ज़रा चैन से जीने मुझे हमराज दो' (रफ़ी) में गज़ब की कशिश-भरी धुनें दी थीं। 27 जुलाई, 1986 को उनकी मृत्यु हुई।

वेदपाल वर्मा

'तुम न आए सनम शमा जलती रही'

वेदपाल वर्मा

सिरसा (हरियाणा) के आर्यसमाजी परिवार में जन्मे वेदपाल वर्मा को बचपन में पिता अकसर भजन सुनाने मंदिर में ले जाते थे। संगीत के मूल तत्त्व उन्हें यहीं से प्राप्त हुए। बाद में संगीत की शिक्षा भी ली, कुछ दिनों तक मैकेनिक भी रहे, फिर ऑल इंडिया रेडियो में संगीतकार बने और मोतीराम जी तथा जीतूराम जी जैसे संगीतज्ञों से सीखते भी रहे। उनके काम से प्रभावित होकर एस.एस. ओबेरॉय और गीतकार मधुकर ने उन्हें बम्बई में काम का न्यौता दिया। छठे दशक में अन्य कई संगीतकारों की तरह वे बम्बई गायक बनने चले गए। संघर्ष करते रहे, पर उन्हें सही अवसर नहीं मिला। तभी एक बार गीतकार रमेश शास्त्री ने निर्माता राधेश्याम झुनझुनवाला और निर्देशक सत्येन बोस की 'परिचय' (1954) में शैलेश के साथ संगीतकार के रूप में काम दिलवाया। इस फ़िल्म में वेदपाल ने 'मेरा घोड़ा बड़ा है निगोड़ा' (किशोर), 'देखा जो बालमा ने मेरी तरफ' (शमशाद) और 'मैं जनम जनम से हूँ दुखिया' (आशा) की धुनें बनाई थीं पर गीत खास लोकप्रिय नहीं हुए। वैसे इससे पहले वेदपाल ने 'आई फिर से बहार' नाम की एक फ़िल्म में संगीत दिया था। ज़्यादा गीत फ़िल्म के तमिल वर्ज़न से ही डब थे, और फ़िल्म रिलीज़ न हो सकी थी। वैसे इस फ़िल्म में भी लता और साथियों के स्वर में 'शर्मीली शाम है' एक अच्छी मेलोडी थी जिसमें कोरस का सुंदर प्रयोग किया गया था। 'परिचय' की असफलता के बाद 'सारंग' रिलीज नहीं हुई। वेदपाल ने बाँग्ला फ़िल्म 'सॉरी मैडम' (1962) में मुकेश से एक बाँग्ला गीत 'सॉरी मैडम सॉरी सिस्टर' इसी दरमियान गवाया और पंजाबी फ़िल्म 'छोड़ियाँ दी टोली' में भी संगीत दिया।

वर्षों खोए रहने के उपरांत नानाभाई भट्ट निर्देशित 'भूतनाथ' (1963) में उन्हें फिर मौका मिला। यह फ़िल्म कुछ चली भी थी पर हम इसे याद करेंगे लता के दो अत्यंत मेलोडियस नगमों के लिए। वैसे तो उषा मंगेशकर का गाया 'मेरे महबूब सुन' भी हिट रहा था, पर लता के 'तुम न आए सनम शमा जलती रही' का पहाड़ी आधारित अनुकम्पन और 'भूले से कर लिया प्यार, हो गई नादानी' की झूमती धुन आज भी प्रभावित किए बिना नहीं रहती। 'संत तुकाराम' (1965) के गीत भी कुछ चले थे विशेषकर 'राम जिसे तारे तो कौन उसे मारे' (मन्ना डे, साथी), 'अब तो बना दे अवगुण मेरे' (रफ़ी), 'ओ भोले जोगी सुन मेरी पायलिया' (मन्ना डे, साथी)। 'संत तुकाराम' में वेदपाल ने बहुत कल्पनाशील पार्श्वसंगीत दिया था तथा जहाँ भी आवश्यकता देखी वहाँ स्थानीय वाद्ययंत्रों का भी बखूबी इस्तेमाल किया। 'गुनहगार' (1967) में भी वेदपाल ने अच्छा ही संगीत दिया था भले ही आधुनिक ऑरकेस्ट्रा वाला 'नई-नई हैं मंज़िलें नए नए हैं रास्ते' (महेंद्र, उषा मंगेशकर) या 'शाम ढली, शमा जली, झूम उठी ज़िंदगी' (आशा) जैसे गीत न चले।

फ़िल्मों में अच्छे अवसर न मिलने से वेदपाल गैरफ़िल्मी गीतों की ओर भी मुड़े और एच.एम.व्ही. के लिए भी उन्होंने कुछ गीत रेकॉर्ड कराए जो रेडियो पर बजे भी। वेदपाल ने ढेर सारे jingles, वृत्तचित्रों और नाटकों में भी संगीत दिया। उनका 'निरमा' का विज्ञापन तो बेहद मशहूर हुआ। वेदपाल को गीत लिखने का भी शौक था और कल्याणजी-आनंदजी संगीतबद्ध 'सुनहरी नागिन' में

बाद के वर्षों में वेदपाल

उनका लिखा भी एक गीत था 'लेते लेते तेरा नाम मैं तो हो गई रे बदनाम'। 'माया सुंदरी' (1967) में संगीत देने के अलावा उन्होंने गीत लेखन में भी सहयोग किया था, हालाँकि नाम सिर्फ सरस्वती कुमार 'दीपक' का ही रहा। हरमिंदर सिंह 'हमराज' के हिंदी फ़िल्म गीतकोश, खण्ड 4 के अनुसार मूल तमिल से डब की गई इस फ़िल्म की डबिंग कलकत्ता में हुई थी और शायद इसी कारण 'किरणों की डोरी चाँद का पलना', 'आज मिले हैं दो प्यार भरे दिल' जैसे सुंदर, नाजुक गीतों को आरती मुखर्जी, मानवेंद्र मुखर्जी जैसे गायक-गायिकाओं से वेदपाल ने गवाया।

वेदपाल मानते थे कि फ़िल्मों में संगीतकार को निर्बाध स्वतंत्रता नहीं रहती—उसे कहानी, चरित्र और निर्माता-निर्देशकों की माँग का बहुत ध्यान रखना पड़ता है। वेदपाल का दुर्भाग्य यह था कि उनको मिलनेवाली अधिकांश फ़िल्में बॉक्स ऑफिस पर इतनी असफल थीं कि उनके गीत सुने ही नहीं जा सके, जैसे 'भीमा मेरा हाथी' (1973) के स्वलिखित 'हजार दिल में हों तो ऐसे निकलें वो अरमाँ' (मुकेश, हेमलता) और 'नन्ही- मुन्नी मेरी कलियन की अँखियन में मीठी नींद सजा ले' (मन्ना डे), 'हम जंगली हैं' (1973) का भी खुद का ही लिखा हुआ 'बातों बातों में मेरे दिल को चुराया तुमने' (रफ़ी, उषा मंगेशकर), 'कोरा बदन' (1974) का 'झुरमुट बोले' (मनहर, कृष्णा बोस), 'वफ़ादार' (1976) का मुकेश का दुर्लभ गीत 'रोने को तो रात पड़ी है' एवं इसी फ़िल्म के 'ऐ मेरी जाने वफ़ा ऐ मेरी जाने हयात' (महेंद्र, कृष्णा बोस) और 'कभी दिल और कभी शमाँ जलाकर रोए' (उषा मंगेशकर)।

वेदपाल को पहली बार एक बड़े निर्माता के साथ काम करने का अवसर मिला 1980 में जब सावन कुमार ने अपनी पत्नी उषा खन्ना से सम्भवतः मनमुटाव के कारण 'ओ बेवफ़ा' का संगीत उन्हें सौंपा। 'ओ बेवफ़ा' में कहानी की सिचुएशन के हिसाब से धुन और वाद्य-संयोजन क़ाबिलेतारीफ़ था तथा धुनों में एक ताजगी भी थी, जो शोरगुल के आ चुके दौर में और भी आकर्षक लगती है, विशेषकर हेमलता के गाए पीलू पर आधारित 'भरी बरसात में दिल जलाया' तथा 'अब वफ़ा का नाम न ले कोई' में। वहीं 'प्रीत न करियो मन ने कहा था' (हेमलता) और 'मेरा दिल किसने लिया' (हेमलता, सुरेश वाडकर) में लोक धुनों और खय्याम की शैली का प्रभाव साफ नजर आता है। 'ज़ख्मी दिल' (1984) तथा 'गर्ल फ्रॉम इंडिया' जैसी फ़िल्मों से वेदपाल को कोई विशेष फायदा नहीं हुआ, पर सावन कुमार ने पुनः उन्हें 'सौतन की बेटी' (1988) में लिया। गीतों को 'सौतन' की तुलना में तो कुछ भी लोकप्रियता नहीं मिली, पर यह निर्विवाद है कि इस फ़िल्म में वेदपाल ने लता से 'भूतनाथ' की तरह फिर दो बड़े मीठे मेलोडी प्रधान गीत गवाए थे—'हम भूल गए रे हर बात' और 'कहाँ थे आप'। 'मेरा पति मेरी ज़िंदगी' (1993) और 'पिया का घर' (1997) में भी वेदपाल का संगीत था। पर कुल मिलाकर वेदपाल कामयाब संगीतकारों की श्रेणी में नहीं ही आ पाए। गोरेगाँव के प्रसाद शॉपिंग सेंटर के तीसरे माले के एक छोटे-से कमरे में वे रहते थे और अंततः 19 दिसम्बर, 1996 को अपनी गुमनाम-सी ज़िंदगी की तरह ही गुमनामी में उनका निधन हो गया।

सी. अर्जुन

'बहुत खूबसूरत है आँखें तुम्हारी अगर ये कहीं मुस्करा दें तो क्या हो'

सी. अर्जुन

ग़ज़लों की बात जब-जब होती है तो मदन मोहन की चर्चा होती है, खय्याम और रोशन के संदर्भ दिए जाते हैं, नौशाद और लता की अप्रतिम जोड़ी का ज़िक्र किया जाता है, पर एक संगीतकार को हम अकसर भूल जाते हैं, जिसके संगीत में ग़ज़लों को एक क़ाबिलेतारीफ़ शख्सियत हासिल हुई और जिसने ग़ज़लों में अदायगी और मेलोडी का इतना खूबसूरत संतुलन प्रस्तुत किया कि आज भी सुनकर तबीयत खुश हो जाती है। वह संगीतकार थे सी. अर्जुन। 1 सितम्बर, 1933 को जन्मे सी. अर्जुन मूलतः सिंधी थे और विभाजन के बाद बड़ौदा में बसने वाले इस परिवार में अपने गायक पिता की तरह सी. अर्जुन को भी संगीत का शौक था। कुछ दिनों तक रेलवे में क्लर्की करने के बाद फ़िल्म-जगत में उनका प्रवेश एक अन्य सिंधी संगीतकार बुलो सी. रानी के सहायक के रूप में हुआ। बुलो सी. रानी भी, जैसा हम पहले ज़िक्र कर चुके हैं, ग़ज़लों को खूब कम्पोज़ करते थे और यह सम्भव है कि ग़ज़लों की ओर सी. अर्जुन का झुकाव बुलो सी. रानी के प्रभाव से ही हुआ हो। पर जहाँ बुलो सी. रानी की ग़ज़लों की शैली अधिकतर पारम्परिक थी, वहीं सी. अर्जुन ने मेलोडी और आधुनिक वाद्य-संयोजन के बीच में स्थापित कर ग़ज़लों की एक अलग अदायगी विकसित की जो गीतों से कम रसपूर्ण नहीं थी।

वैसे सिंधी फ़िल्म 'अबाना' से चर्चित हुए सी. अर्जुन ने अपनी प्रथम हिंदी फ़िल्म 'रोड नं 303' (1960) में उस समय के चोटी के संगीतकार ओ.पी. नैयर की शैलीवाला संगीत देने का प्रयास किया जो फ़िल्म के 'पहली पहली बार मिले हैं दो दीवाने अच्छा जी' (रफ़ी, आशा) और 'सॉरी, सॉरी, वेरी सॉरी, आपकी कसम कोई देख लेगा' (रफ़ी, आशा) जैसे शोख, चटकदार गीतों में झलकता है। पर 'मैं और मेरा भाई' (1961) से उन्होंने फ़िल्मों में अपनी शैली की ग़ज़लों को स्थान देना प्रारम्भ कर दिया। आशा, मुकेश के स्वरों में कहीं-कहीं मिश्र देस का पुट लिए हुए 'मैं अभी गैर हूँ मुझको अभी अपना ना कहो' में गायन शैली और ताल को लोच भरी मिठास देकर सी. अर्जुन ने अमर बना दिया है। जाँनिसार अख्तर की लिखी इस खूबसूरत ग़ज़ल को एच.एम.व्ही ने मुकेश और आशा के रेयर जेम्स डुएट्स कैसेट्स में शामिल किया है। आशा के ही स्वर में 'आए हो तो जाने का बहाना ना मिलेगा, इस दिल के सिवा कोई ठिकाना न मिलेगा' भी एक कर्णप्रिय रचना थी जो आज पूर्णतः विस्मृत हो चुकी है। फ़िल्म का हिट गीत 'गोरी जुल्म करे जुल्फ का बिखर जाना' (रफ़ी) अवश्य दूसरी शैली का झटकेदार गीत था, जो आज भी फ़रमाइशी प्रोग्रामों में खूब बजता है। इसी फ़िल्म का एक अन्य खूबसूरत गीत था कोरस के सुंदर इस्तेमाल के साथ आधुनिक वाद्य-संयोजन से सजा Choir वाली रवानगी लिए 'भींगी भींगी हवा शोख धारा' (आशा, मन्ना डे, साथी)।

यदि 'मैं और मेरा भाई' में जाँ निसार अख्तर थे, तो 'पुनर्मिलन' (1946) में इंदीवर थे और इंदीवर के लिखे 'पास बैठो तबीयत बहल जाएगी' में सी. अर्जुन ने गांधार और कोमल धैवत के अद्‌भुत उपयोग से चमत्कार-सा पैदा कर दिया है। तबले की घटती, बढ़ती ताल पर इस रचना को इस खूबसूरती से पिरोया गया है कि इसे निःसंदेह रफ़ी की सर्वश्रेष्ठ प्रस्तुतियों में गिना जा सकता है। इसी फ़िल्म में राजा मेहँदी अली खाँ की ग़ज़ल 'चाह करनी थी चाह कर बैठे, ज़िंदगी हम तबाह कर बैठे' को

आशा और मुबारक बेगम से बेहद लयपूर्ण अंदाज़ में गवाकर सी. अर्जुन ने एक खूबसूरत प्रस्तुति दी है। फ़िल्म के आशा, रफ़ी के बेहद लोकप्रिय रहे दो गाने 'इन प्यार की राहों में तेरा ही सहारा है' की कर्णप्रिय, मस्ती-भरी रफ़्तार और आशा के खूबसूरत आलापों का अपना ही सौंदर्य है।

खूबसूरत गज़लों और गीतों का यह सिलसिला सी. अर्जुन ने 'एक साल पहले' (1965) में भी जारी रखा। इंदीवर लिखित 'तुम अगर आ सको तो आ जाओ, फिर न कहना हमें बुलाया नहीं' में धीरे-धीरे ऊँचे रेंज पर सुमन की गूँजती आवाज़ से बड़ा आकर्षक प्रभाव पैदा करने में सी. अर्जुन सफल रहे। जाँनिसार अख़्तर के लिखे 'नज़र उठा कि ये रंगी समाँ रहे न रहे' (तलत, आशा) की भी बेहद सुंदर अलग सी मोहक धुन सी. अर्जुन ने बनाई। जाँनिसार अख़्तर के ही लिखे 'ज़िंदगी डूब गई दर्द के तूफ़ानों में' (सुमन) की सुंदर धुन को भी सी. अर्जुन ने वॉयलिन और सितार के इंटरल्यूड्स द्वारा निखार दिया है। इसी प्रकार 'चले हैं ससुराल' (1966) जैसी छोटे बजट की फ़िल्म में भी सी. अर्जुन ने सुमन और रफ़ी के स्वरों में एक बड़ा दिलकश नगमा कम्पोज़ किया 'हमने तेरी वफ़ा का जफ़ा नाम रख दिया' जो उस ज़माने में लोकप्रिय भी हुआ था।

सी. अर्जुन के ग़ज़ल कम्पोज़र के रूप में उनकी सबसे कामयाब फ़िल्म 'सुशीला' (1966) को ही माना जाना चाहिए। इस फ़िल्म में एक बार फिर जाँनिसार अख़्तर और सी. अर्जुन का साथ हुआ। तलत, रफ़ी के युगल स्वरों में ख़माज थाट और बिलावल की छाया लिए 'ग़म की अँधेरी रात में दिल को न बेक़रार कर, सुबह जरूर आएगी सुबह का इंतज़ार कर' एक स्वर्गिक अनुभूति जगाता है। रेशमी धुन, तलत और रफ़ी की मखमली आवाज़ें, तबले, वॉयलिन और सितार द्वारा बेहतरीन संगत—सभी मिलकर इस शानदार शायरी को एक अनूठी संगीत सृष्टि में परिवर्तित करते हैं। लगभग इतनी ही सशक्त कम्पोज़ीशन है राग शंकरा में मुबारक बेगम की आवाज़ में 'बेमुरव्बत बेवफ़ा बेगानाए दिल आप हैं'। रदीफ़ को धीरे से ऊँची पट्टी पर ले जाना और काफ़िया को उसी तरह नीचे लाने के कमाल ने शायरी को आवश्यकतानुसार भाव-व्यंजना देकर इस रचना को यादगार बना दिया है। रफ़ी और मुबारक बेगम के स्वरों में 'बहुत खूबसूरत है आँखें तुम्हारी अगर ये कहीं मुस्करा दें तो क्या हो' सुंदर शायरी, रूमानियत-भरी अदायगी और दिलक़श धुन के सम्मिश्रण का उदाहरण प्रस्तुत करती है, तो महेंद्र कपूर की आवाज़ में 'नज़र नवाज़ नज़ारों में खो गया हूँ मैं' की संजीदा धुन सुनकर यह आश्चर्य होता है कि महेंद्र कपूर के हिट नग़मों की फेहरिस्त में यह क्यों कर शामिल न हो पाया। वास्तव में 'सुशीला' का साउंडट्रैक गज़ल कम्पोज़ीशन के लिए चर्चित किसी भी संगीतकार की श्रेष्ठ फ़िल्मों से टक्कर ले सकता है। यह दूसरी बात है कि सी. अर्जुन हमेशा प्रतिभा के बावजूद उपेक्षित ही रहे। दो-तीन वर्षों के अंतराल पर एकाध मौका मिल जाता था, और फिर खालीपन ही रहता था।

सी.अर्जुन, महेन्द्र कपूर और रेकॉर्डिस्ट रॉबिन चटर्जी

यह भी गौर करने योग्य तथ्य है कि जिस प्रकार साहिर की शायरी पर रोशन, एन. दत्ता, रवि, खय्याम और जयदेव ने दिलक़श कम्पोज़ीशन्स बनाए, कैफ़ी की शायरी पर एस.डी. बर्मन ने सुंदर धुनें रचीं, उसी तरह जाँनिसार अख़्तर की शायरी पर सबसे सुंदर धुनें बनाने वाले संगीतकारों में सी. अर्जुन अग्रणी माने जाएँगे। न सिर्फ़ फ़िल्मी, बल्कि मुबारक बेगम से उन्होंने जाँ निसार अख़्तर की गैर-फ़िल्मी गज़लें भी रेकॉर्ड कराईं जो बेतहाशा लोकप्रिय हुईं और रेडियो पर फरमाइशी प्रोग्रामों में आज भी सुनी जाती हैं। 'आहों में कहेंगे', 'दिल सरापा आरजू है इन दिनों' (जिसका आधार हमें 'हसीना', 1955 के 'दिल से कैसी बेरुखी छाने लगी' (आशा) में मिलता है जहाँ सी. अर्जुन फ़िल्म के संगीतकार बुलो सी. रानी के सहायक थे और इस धुन का श्रेय उन्हें ही जाना चाहिए), 'हाय वो एक रात', 'सिर्फ एहसास जताने के लिए' जैसी सुंदर धुनों से सजी खूबसूरत ग़ज़लों को सुनकर सी. अर्जुन की ग़ज़लों के मेलोडियस कम्पोज़ीशन की शैली का लोहा कोई भी मान सकता है।

बहरहाल फ़िल्मों में तो सी. अर्जुन को 'लम्बू इन हाँगकाँग' (1967), 'मंगू दादा' (1970), 'उस्ताद पेड्रो' (1971), 'गुरु और चेला' (1973) जैसी सी ग्रेड फ़िल्मों से ही काम चलाना पड़ा। यह दूसरी बात है कि इनमें भी उन्होंने कुछ बेहद सुंदर कम्पोज़ीशन्स दिए। 'लम्बू इन हाँगकाँग' का 'हाय मेरे दिल का दिल, हाय मेरी जान की जान क्या कहते हो' (आशा, रफ़ी) और 'शाम है जाम है' (मन्ना डे) के हलकेपन में भी एक आकर्षण है। वहीं 'मंगू दादा' की जाँनिसार अख़्तर लिखित रचना 'जितनी हसीन हो तुम उतनी ही बेवफ़ा हो' को क्या गज़ब रवानगी-भरी धुन और शैली सी. अर्जुन ने दी है! रफ़ी ने इसे इतनी खूबसूरती और प्यार-भरे खुमार के अंदाज़ में गाया है कि इस गीत को आसानी से रफ़ी के बेहतरीन गीतों में गिना जा सकता है। इसी फ़िल्म का

‘पीने वाले मेरी आँखों से पिया करते हैं’ (आशा) एक सुंदर मुजरा गीत था और ‘ढूँढ़े न मिलेगा तुम्हें दिलदार’ (आशा) की धुन तो अच्छी चली थी। शेख मुख्तार अभिनीत ही एक अन्य फ़िल्म ‘उस्ताद पेड्रो’ (1971) का आशा, रफ़ी का गाया ‘बेमुरब्बत तुझे समझेंगे ज़माने वाले’ भी शुद्ध मेलोडी से भरी एक बड़ी मधुर पेशकश थी।

सी. अर्जुन ग़ज़लों के underrated कम्पोजर के रूप में ही हमसे बिछुड़ जाते, यदि आठवें दशक के मध्य में उन्हें छोटे बजट की ‘जय संतोषी माँ’ न मिली होती। फ़िल्म के निर्माता के पास इतने कम पैसे थे कि बड़े संगीतकारों की तो वह सोच ही नहीं सकता था और अंततः सी. अर्जुन का ही उसने चुनाव किया। गीतकार प्रदीप के इस फ़िल्म के गीतों ने तो धूम मचा दी और पूरे देश में यह फ़िल्म इतनी हिट हुई कि कई जगह इसने ‘शोले’ का रेकॉर्ड तोड़ दिया। ‘यहाँ-वहाँ जहाँ-तहाँ मत पूछो कहाँ कहाँ है संतोषी माँ’ (महेंद्र, प्रदीप), ‘करती हूँ तुम्हारा व्रत मैं स्वीकार करो माँ’ (उषा मंगेशकर), ‘मदद करो संतोषी माता’ (उषा मंगेशकर) और राग धानी पर खेमटे ठेके के बेहतरीन उपयोग से सजाए गए ‘मैं तो आरती उतारूँ रे संतोषी माता की’ (उषा मंगेशकर) जैसे गीतों के दौरान लोगों ने सिनेमा के पर्दे पर पैसे तक फेंके। गली-गली में लाउडस्पीकर से ये गीत गूँजे। यदि इस बात की खोज की जाए कि ऐसी लोकप्रियता इन गीतों को क्यों मिली, तो यह बात तो है ही कि छोटे शहरों, कस्बों की धार्मिक अनुभूतियों को इस फ़िल्म और इसके गीतों ने प्रभावित किया, पर साथ ही इस तथ्य से भी इनकार नहीं किया जा सकता कि सभी गीतों की धुनें और उनके ताल इतने कर्णप्रिय और सरल थे कि सहज ही श्रोताओं की ज़ुबान तक आ जाते थे। सी. अर्जुन ने मेलोडी से कभी समझौता नहीं किया। चाहे भारी-भरकम शब्दावली की ग़ज़लें हों, या सरल शब्दों के भक्तिगीत हों सभी की धुनों को रचते हुए गेय तत्व, माधुर्य और कर्णप्रियता का ध्यान सी. अर्जुन ने सदैव रखा। सी. अर्जुन नम्र स्वभाव, छरहरे बदन, रोज मंदिर जानेवाले और कुछ भाग्यवादी अवश्य थे। सिगरेट, शराब तो उन्होंने छू ही नहीं। गुलाम हैदर, श्यामसुंदर, पंडित अमरनाथ उन्हें विशेष तौर पर पसंद थे। एक बार लाहौर में 1941-42 में नूरजहाँ की एक रिकॉर्डिंग में वे मौजूद रहे थे और इस वाक़ये को अकसर याद करते थे।

बहरहाल ‘जय संतोषी माँ’ की सफलता ने सी. अर्जुन के लिए नए द्वार खोल दिए। उन्हें अधिक फ़िल्में मिलने लगीं, पर अब कई फ़िल्में भक्तिगीतों की माँग वाली होने लगीं और ग़ज़लों के इस कम्पोज़र को अपनी पसंद को तिलांजलि कर ऐसे गीतों पर आना पड़ा। ‘रक्षाबंधन’ (1976) का गरबा पर आधारित ‘पूनम की प्यारी प्यारी रात’, ‘आँख का तारा’ (1977), ‘करवा चौथ’ (1980) और अप्रदर्शित ‘हमारी कहानी’ के रफ़ी के गाये ‘देश हमारा एक है’ तथा उषा मंगेशकर के गाए गीत इसी श्रेणी में रखे जा सकते हैं, पर इन गीतों को ‘जय संतोषी माँ’ के मुकाबले सफलता नहीं मिली। ‘सुशीला’ (1966) के ही गीतों को पुनः ‘सुबह जरूर आएगी’ (1977) (जो ‘सुशीला’ की ही थोड़ी बदली हुई पुनः प्रस्तुति थी) में शामिल कर रिलीज़ किया गया, पर ‘जय संतोषी माँ’ के बाद जिस फ़िल्म ने सी. अर्जुन को फिर तारीफ दिलाई वह थी, राजिंदर सिंह बेदी निर्देशित ‘नवाब साहब’ (1978)। इस बार पहली बार सी. अर्जुन और साहिर लुधियानवी का साथ हुआ, सी. अर्जुन को पुनः ग़ज़लों की तरफ़ लौटने का मौका मिला तथा रफ़ी के गाए ‘हम में है क्या कि हमें कोई हसीना चाहे’ और उषा मंगेशकर की तेज लय में गाई रचना ‘अब से पहले तो ये दिल की हालत न थी, आज क्या हो गया, आज क्या हो गया’ काफ़ी लोकप्रिय रहे। आशा के स्वर में ‘एक ख्वाब-ए-तमन्ना भूले थे’ की धुन और गायकी बेहतरीन थी, ‘उस जाने दो आलम का जलवा’ (रफ़ी, मन्ना डे, साथी) भी एक अच्छी कव्वाली थी और ‘लड़के की आज मैं मुबारकवादी’ (जॉनी व्हिस्की, साथी) भी पारम्परिक हिज़ड़े गीत का एक दिलक़श प्रयोग था। स्तर के हिसाब से ‘नवाब साहब’ भी सी. अर्जुन की अच्छी उपलब्धि कही जाएगी। इसी प्रकार सी. अर्जुन की संगीतबद्ध ‘मर्डर ऑन हाइवे’ में भी ‘आप जब याद करेंगे’ (रफ़ी), ‘वह जो आँखों से पिला दे’ (मुबारक), ‘आप खूबसूरत हैं’ (आशा), ‘सावन की परी’ (रफ़ी, आशा) जैसे अच्छे गीत थे, पर फ़िल्म पर्दे पर ही न आ पाई।

सी. अर्जुन ने हिंदी के अलावा कई सिंधी, गुजराती और हरियाणवी फ़िल्मों में भी संगीत दिया। सिंधी फ़िल्म ‘अबाना’ में महेन्द्र कपूर तथा भगवती नवनानी एवं ‘झूलेलाल’ में राम पंजवानी और भगवती नवनानी के गाए गीत सिंधी श्रोताओं के बीच बहुत मशहूर रहे थे। ‘हाल ता भाजी हालून’ (1983) में उन्होंने लता से मशहूर मधुर गीत ‘मुन्हींजा सुपरीन’ गवाया था। उनके अंतिम दौर की रिलीज़ हिंदी फ़िल्मों में ‘कानून और मुज़रिम’ (1981), ‘सती नागकन्या’ (1983), ‘मिस हिम्मतवाली’ (1988), और ‘जय माँ करवा चौथ’ (1994) जैसी गौण फ़िल्में ही थीं। सिंधी गैर-फ़िल्मी गीतों के एक एलबम के लिए जुहू के एक स्टूडियो में रेकॉर्डिंग करते हुए ही उन्हें दिल का दौरा पड़ा और 59 वर्ष की अवस्था में ही वे हमसे बिछड़ गए। मृत्यु के समय तक वे ‘संत वाल्मीकि’ और ‘ओ मेरे जाने जिगर’ फ़िल्मों की रेकॉर्डिंग पूर्ण कर चुके थे तथा ‘गुनाहों का मंदिर’ के दो गीतों की रेकॉर्डिंग बाकी थी।

जी.एस. कोहली

'तुमको पिया दिल दिया कितने नाज़ से'

जी.एस. कोहली

जी.एस. कोहली भी एक ऐसे संगीतकार रहे जो प्रतिभावान होते हुए भी संगीत सर्जकों की प्रथम पंक्ति तक न पहुँच सके। कोहली वर्षों तक ओ.पी. नैयर के सहायक रहे और नैयर की रिद्म की स्वर और शैली कोहली के संगीत में भी खूब झलकती है। स्वतंत्र संगीतकार के रूप में उनकी पहली फ़िल्म 'लम्बे हाथ' (1960) का रफ़ी का गाया 'प्यार की राह दिखा दुनिया को रोके जो नफरत की आँधी' गाँधीवादी दर्शन को उद्भासित करता एक प्रशंसित और चर्चित गीत बना था, लेकिन कोहली के हिस्से में अधिकतर छोटे बजट की या स्टण्ट फिल्में ही आईं। नैयरनुमा रिद्म 'कहाँ चली छम से बचा के आँख हमसे' (आशा, रफ़ी–'मिस इंडिया', 1961), 'ओ मतवारे साजना' (आशा–'फौलाद' 1963), 'ओ जानेजान यूँ न देखो' (आशा) और आशा के बहुलोकप्रिय गीत 'याद तोरी आई तो मैं छम छम रोई रे' ('फौलाद', 1961) में बड़ी खूबी से प्रयुक्त हुआ था।

हेलेन 'मिस इंडिया' में

जी.एस. कोहली को याद मुख्यतः उनकी सबसे सफल फिल्म 'शिकारी' (1963) के संगीत को लेकर किया जाता है जिसका हर गीत ही हिट हुआ था। 'तुमको पिया दिल दिया कितने नाज़ से' (लता, उषा मंगेशकर) तो बदलते रिद्म और कर्णप्रिय धुन के समागम की एक सदाबहार मिसाल के रूप में याद की जाती है। 'माँगी है दुआएँ हमने सनम' (आशा, उषा मंगेशकर) भी इन्हीं खूबियों को लेकर सृजित एक सुंदर गीत था। 'बाजे घुँघरू छुन छुन छुन' (लता) की द्रुत गति और 'ये रंगीन महफ़िल गुलाबी गुलाबी' (आशा) की मध्यम नशीली लय, 'चमन के फूल भी तुझको गुलाब कहते हैं' (लता, रफ़ी) का रूमानी अंदाज़ो-बयां–ये सभी मिलकर 'शिकारी' के संगीत को सदाबहार बना चुके हैं।

कोहली ने हालाँकि ओ.पी. नैयर की शैली अकसर अपनाई, पर नैयर की तरह वे लता से विमुख न रहे। कोहली के संगीत निर्देशन में लता को सुनकर हलका-सा आभास तो हो ही जाता है कि अगर लता नैयर के लिए गाती तो नैयर के रिद्म के साथ कैसी जमतीं। कोहली का संगीत भी नैयर और 'पंजाब स्कूल' के कई अन्य संगीतकारों की ही तरह बीट्स प्रधान रहा है। ढोलक का बहुत अच्छा प्रयोग कोहली के संगीत की विशेषता थी। प्रसिद्ध ढोलकवादक उदय कुमार दुबे से पहली बार फ़िल्मों में कोहली ने ही बजवाया था। रूमानी, शायराना तबीयत के गीतों की कम्पोज़ीशन में भी कोहली सिद्धहस्त थे। शब्दों की मुलायमियत को अदायगी की नज़ाकत से किस प्रकार निखारा जा सकता है, यह कोहली द्वारा स्वरबद्ध और बेहद लोकप्रिय रहे 'माना मेरे हसीन सनम' (रफ़ी–एडवेंचर्स ऑफ रॉबिनहुड–1965) को सुनकर जाना जा सकता है। राग देस पर आधारित इस गीत को रफ़ी के सर्वश्रेष्ठ गीतों में शामिल करना अतिशयोक्ति नहीं होगी। गिटार के कॉर्ड्स पर आधारित 'सँवार दे जो प्यार से' (रफ़ी) ओ.पी. नैयर शैली की ही जी.एस. कोहली के अन्य उल्लेखनीय गीतों में 'प्यार की बात निगाहों से जताया न करो' (लता, महेंद्र–'एडवेंचर्स

ऑफ रॉबिनहुड', 1965), 'प्यार के दामन से लिपटे हम कहाँ तक आ गए' (रफ़ी–'संगदिल, 1967'), थोड़ी ग़ज़ल और थोड़ी कव्वाली शैली में बड़ी खूबसूरत कृति 'नज़र ने उठते ही कुछ इस अदा से काम किया' (लता–'गुंडा', 1969), चा चा चा बीट पर आधारित 'अजी ओ सुनो तो' (महेंद्र, आशा–'दो मतवाले', 1966) और 'नमस्ते जी' (1965) के गीतों को शामिल किया जा सकता है। 'शिकारी' की ही तरह डी.एम. मूवीज़ के बैनर तले बनी 'नमस्ते जी' के नाज़ुक रूमानी 'बहारो थाम लो अब दिल मेरा महबूब आता है' (लता, मुकेश), 'मेरे दो नैना मतवारे किसके लिए' (लता) और दर्दीली कशिश-भरी धुन 'हमें क्या जो हरसू उजाले हुए हैं' (रफ़ी) अपने ज़माने में खूब सराहे गए थे।

परंतु प्रतिभा के बावजूद बड़े बैनरों की फ़िल्में कोहली को मिलीं नहीं और 'नौजवान' (1966), 'दो मतवाले' (1966), 'जंग और अमन' (1968), 'गुंडा' (1969), 'जालसाज़' (1969) जैसी स्टण्ट फिल्मों से गुज़रते हुए वे धीरे-धीरे गुमनाम होते गए। आठवें और नवें दशकों में कोहली की स्वतंत्र संगीतकार के रूप में भूमिका बहुत सीमित रही।

वर्षों के अंतराल पर फिल्म 'पैग़ाम' (1988) में जी.एस. कोहली ने यूनुस मलिक के साथ मिलकर संगीत दिया था। 'एक नज़र देख कर मुस्कुरा दे' ने कोहली के रिद्म का कौशल कायम था। फिल्म में 'नबी उन नबी' और 'अली अली' (रफ़ी, मन्ना डे, साथी) जैसे खूबसूरत इबादती गीत भी थे। यह दूसरी बात है कि 'पैग़ाम' का संगीत हमारे बीच से अनसुना ही गुज़र गया। 25 जुलाई, 1996 को जी.एस. कोहली का बम्बई में निधन हो गया।

उषा खन्ना

'माँझी मेरी किस्मत के जी चाहे जहाँ ले चल'

उषा खन्ना

पुरुषप्रधान फ़िल्म-संगीत के क्षेत्रा में सरस्वती देवी के बाद जिस महिला ने अपना विशेष स्थान बनाने में सफलता पाई है, वह उषा खन्ना हैं। उषा खन्ना के संगीत की विशेषता को यदि एक शब्द में कहना हो तो वह होगा उसका 'elegance'। इस शब्द का वैसा हिंदी रूपांतर मैं कर नहीं सकता, जिसमें elegance वाली अर्थव्यंजकता हो। 'एक सुनहरी शाम थी, बहकी-बहकी ज़िंदगी' में लता को एक परिष्कृत, sophisticated ढंग से सुरों की लहरों पर glide कराना या 'चाँद को क्या मालूम चाहता है उसे कोई चकोर' में मुकेश के स्वर और घोड़े की टापों के बीट्स का संतुलन शुरू से अंत तक अनुशासित तरीके से कायम रख जाना उषा खन्ना के इसी elegance के उदाहरण हैं। संगीतकारों के पुरुष प्रभुत्ववाले क्षेत्र में अपनी इसी elegance के सहारे उषा खन्ना बड़े बड़े महारथियों से सफलतापूर्वक प्रतिद्वन्द्विता करती रह सकीं ।

उषा खन्ना के पिता मनोहर खन्ना ग्वालियर रियासत के वाटर वर्क्स विभाग में सहायक अधीक्षक की नौकरी छोड़कर फ़िल्मों के शौक़ के चलते बम्बई आए थे। उन्होंने कई फ़िल्मों में गीत लिखे। जावेद-अनवर की गीतकार जोड़ी के जावेद मनोहर खन्ना ही थे। पुत्री उषा खन्ना ने मैट्रिक तक की शिक्षा ग्रहण करने के बाद प्रोफ़ेसर देवधर के संगीत महाविद्यालय में शास्त्रीय संगीत की शिक्षा ग्रहण की। उसके बाद संगीतकार रॉबिन बनर्जी से सुगम संगीत सीखा। यह गीतकार इंदीवर ही थे जिन्होंने उषा खन्ना को गायिका बनने का सपना त्याग कर संगीत-निर्देशक बनने की सलाह दी और निर्माता एस.मुखर्जी से उनका परिचय कराया। उषा खन्ना की प्रतिभा से एस.मुखर्जी इतने प्रभावित हुए कि उन्होंने अपनी फ़िल्म 'दिल दे के देखो' (1959) में उषा खन्ना को संगीतकार के रूप में उतारा। वैसे हमराज़ के गीतकोश के अनुसार बकौल उषा खन्ना उन्होंने पहली बार इज़रा मीर निर्देशित फ़िल्म 'पम्पोश' (1953) में संगीत दिया था, भले ही रेकॉर्डों पर संगीतकार के रूप में उनके पिता मनोहर खन्ना का नाम दिया गया है, पर इस फ़िल्म के मोती सागर और सीता कल्याणपुर के गाए गीत अनसुने ही रह गए और 'दिल दे के देखो' ही उनकी पहली फ़िल्म के रूप में जानी जाती है। एस. मुखर्जी की उन दिनों ओ.पी. नैयर से अनबन चल रही थी और 16 वर्ष की उषा खन्ना ने जब बिलकुल नैयर शैली की धुनें उन्हें सुनाईं तो वे उछल पड़े। वादक उन्हें गम्भीरता से लें, इस कारण इस किशोरी को साड़ी पहनकर रेकॉर्डिंग रूम में आना पड़ता था। शंकर-जयकिशन और लक्ष्मीकांत-प्यारेलाल के बाद उषा खन्ना ही ऐसी संगीतकार होंगी जिनकी पहली ही फ़िल्म का संगीत इतना सुपरहिट रहा। शम्मी कपूर के typical style को ध्यान में रखकर बनाए गए 'दिल दे के देखो दिल दे के देखो' (रफ़ी), 'हाय दिलरुबा मेरी नीता' (रफ़ी आशा), 'यार चुलबुला है' (रफ़ी, आशा), 'बोलो बोलो कुछ तो बोलो' (रफ़ी) तथा रॉक एंड रोल शैली में 'बड़े हैं दिल के काले' (रफ़ी, आशा) और 'रॉक रॉक रॉक रॉक, बेबी रॉक' (रफ़ी, आशा) एक लहर की तरह आए और खूब सुने-सुनाए गए। इस शैली पर उस समय के चोटी के संगीतकार ओ.पी. नैयर का प्रभाव तो स्पष्ट था, फिर भी शम्मी कपूर की उछल-कूद शैली से अलग शम्मी पर एक रूमानी अंदाज़ में फिल्माए 'हम और तुम और ये समाँ, क्या नशा नशा सा है' में उषा

खन्ना ने रफ़ी से एक संतुलित सुरूर-भरी आवाज़ में इतनी कुशलता से गवाया है कि विश्वास नहीं होता कि यह उनकी पहली फ़िल्म का गाना है।

उषा खन्ना के elegance का सबसे प्रशस्त पहलू उन गीतों में उभरता है जिनमें संगीत के द्वारा प्रकृति या दिन-रात के विभिन्न पहरों के संदर्भ में दृश्यांकन को जीवंत करने की कोशिश की गई है। 'हम और तुम और ये समाँ' (रफ़ी—दिल दे के देखो), 'एक सुनहरी शाम थी' (लता—आओ प्यार करें, 1960), 'नीली नीली घटा ओ भीगी भीगी हवा' (मुकेश, आशा—हम हिंदुस्तानी, 1960), 'रात बिखरी हुई ज़ुल्फ बिखरी हुई' (मुकेश—हम हिंदुस्तानी, 1960), 'मेरी जान न ज़ुल्फें खोलो कहीं रात ठहर न जाए' (मुकेश—आवारा बादल, 1960), 'ऐ शाम की हवाओं उनसे सलाम कहना' (लता—एक रात, 1967), 'शाम देखो ढल रही है' (रफ़ी, उषा खन्ना—अनजान है कोई, 1969) जैसे गीतों की कम्पोज़ीशन smooth और polished है और ऑरकेस्ट्रेशन में एक आधुनिक परिष्कार है जो प्रकृति के विभिन्न रूपों को एक आधुनिक संदर्भ के बीच स्थित कर समकालीनता के साथ प्रस्तुत करता है। 'आज उनसे दूर हो कर ऐसे रोया मेरा प्यार' (मुकेश—एक रात, 1967) के शब्दों में भले ही भाव का अतिरेक हो, पर गाने की कम्पोज़ीशन में एक संयत-सा संतुलन और poise है जो भावविह्वलता से बचाता है। देशभक्ति के गानों में अकसर जोश और उत्साह की अति से संगीतकार बच नहीं पाते हैं। पर 'छोड़ो कल की बातें, कल की बात पुरानी' (मुकेश—हम हिंदुस्तानी) में उषा खन्ना की धुन बड़ी संयत किस्म की है जो अर्थ को एक कृत्रिम से शोर-शराबे में खोने नहीं देती और फिर भी काफ़ी लोकप्रिय रही है। बजाज स्कूटर के विज्ञापन में यह धुन वर्षों तक बजाई जाती रही है।

'हम हिन्दुस्तानी' में आशा पारेख

इन्दीवर के साथ उषा खन्ना

दूसरे शब्दों में उषा खन्ना का संगीत एक नए किस्म का संगीत था जो भावनाओं की अतिरंजना से बचकर आधुनिकता के शालीन मुहावरों को लेकर चलता था। इस संगीत के साथ 'माँझी मेरी किस्मत के जी चाहे जहाँ ले चल' (लता, साथी—हम हिंदुस्तानी, 1960) में लता अपने आत्मनियंत्रण और संतुलन से सम्भवतः काफ़ी थाट पर बनाई इस तराशी धुन को चार चाँद लगाते हुए उषा खन्ना का सम्भवतः सर्वश्रेष्ठ गीत बना जाती हैं। बीट्स का लुभावना प्रयोग, कोमल आलाप का प्रभावशाली इस्तेमाल, बाँसुरी के साथ अद्‌भुत अंत, कोरस का गीत के साथ integration और अद्वितीय तर्ज़—निस्संदेह 'माँझी मेरी किस्मत' जितनी बार सुना जाए, उतना अधिक सुंदर लगता है।

'हम हिंदुस्तानी' में तो उषा खन्ना अपने चरम पर ही थीं। 'चोरी-चोरी तोरी आई है राधा' की बाउल-शैली के साथ यह कर्णप्रिय गीत हेमंत या सचिन दा के बंगाली वाउल-शैली के श्रेष्ठतम गीतों से मुकाबला कर सकता है। 'हम जब चले तो' (रफ़ी, साथी) में माउथ-ऑर्गन के साथ बढ़ती गत भले ही शंकर-जयकिशन की शैली से प्रभावित लगती हो, पर शास्त्रीय रंग के साथ 'छेड़ो न मोरे कान्हा' को लेकर लता की अपने कलात्मक चरम पर प्रस्तुति और 'बालमा मोरी लट सुलझा दे' के साथ आशा की इठलाती शैली की रसपूर्ण अभिव्यक्ति तो कमाल की लगती है। इसी संगीत को लेकर नशीले romanticism से भरे गानों पर भी उषा खन्ना की पकड़ अकसर कसी रही। 'ये तेरी सादगी, ये तेरा बॉकपन' और 'मैंने रखा है मुहब्बत तेरे अफ़साने का नाम' (शबनम, 1964) जैसे अरब की शैली के गानों में रफ़ी की आवाज़ का नशा एक mellow सा खुमार पैदा करता है, जो कहीं भी असंयत नहीं होता—यही उषा खन्ना की रचनात्मकता का कमाल है। 'गा दीवाने झूम के, रात की ज़ुल्फ़ें चूम के' (मुकेश, फ्लैट नं. 9, 1961) में स्वर और वाद्य का संतुलन कहीं भी बहकता नहीं है और यह आश्चर्य नही है कि एच.एम.व्ही की 'यादों के मंज़िल' 1961-63 के कैसेट में यह गाना उषा खन्ना का प्रतिनिधि गीत बना है। इसी फ़िल्म के दादरा ताल के परिवर्तन और ढोलक के सुंदर प्रयोग वाला 'धीरे चलो मोरे सैंया' एक उत्तम कृति थी, 'आँखों से मैंने' (लता) बड़ी अच्छी-सी नशीली-सी रचना थी और 'जादूगर मुझको इतना' (लता) की मनुहार-भरी धुन भी मीठी थी। 'आओ प्यार करें' (1964) फ़िल्म भले ही न चली हो, पर उषा खन्ना का संगीत सर्वत्र सराहा गया। 'एक सुनहरी शाम थी' के सहज elegance के अलावा 'जहाँ तू है वहाँ फिर

चाँदनी को कौन पूछेगा' (जो रफ़ी के 'रेयर जेम्स' कैसेट में भी प्रतिष्ठित स्थान रखता है), 'तुम अकेले तो कभी बाग़ में जाया न करो' (लता, रफ़ी), जयजयवंती की छाया और बेहद प्यारी-सी तर्ज़ लिए 'तमन्नाओं को खिलने दे इरादों को जवां कर लें' (लता), 'दिल के आइने में तस्वीर तेरी रहती है' (रफ़ी) और सारंगी, तबले और वॉयलिन पर सजा कलावती की छाया लिए वह बेहतरीन रचना 'मेरी दास्तां मुझे ही मेरा दिल सुना के रोए' (लता) जैसे गीत 'आओ प्यार करें' को एक अद्भुत साउंडट्रैक बनाते है। गीत के मुखड़े 'मेरी दास्तां मुझे ही मेरा दिल' से मिलती गज़ल बाद में तलत अज़ीज ने लगभग उसी धुन में गाकर नवें दशक में बड़ी मशहूर की थी। पर कितनों ने इस धुन का उषा खन्ना के संगीत से सजा वह सुंदर मूल गीत सुना? कुछ भी हो, उषा खन्ना की परिष्कृत identity इस फ़िल्म में अपने चरम पर है।

'उठाओ जाम चलो दोनों साथ-साथ पिएँ' (सुमन–'एक सपेरा एक लुटेरा', 1965) असद भोपाली के बेबाक शब्दों के कारण विविध भारती पर भले ही कई महीनों तक प्रतिबंधित रहा हो, पर गाना इतना खूबसूरत बना था कि अंततः श्रोताओं की बढ़ती माँग को देखते हुए उच्चाधिकारियों ने उसके प्रसारण की अनुमति दे ही दी।[1] इसी तरह का सौंदर्य 'फ़ैसला' (1965) के मुकेश के गाए सुपरहिट गीत 'गोरी तेरे चलने पे मेरा दिल कुरबाँ' में नज़र आता है। उषा खन्ना ने इस गीत को एकताल में बाँधा है जबकि एकताल में बहुत कम फ़िल्मी गीत मिलते है।[2] 'तेरा भी किसी पे दिल आए' और 'मेरा बन जाए कोई ये मेरी तकदीर नहीं' (एक सपेरा, एक लुटेरा, 1965), 'बहुत हसीं हो बहुत जवां हो' (मैं वही हूँ, 1966) 'हाय तबस्सुम तेरा' (निशान, 1965) और 'सौ बार बना कर मालिक ने सौ बार मिटाया होगा' (एक रात, 1967) जैसे लोकप्रिय गीतों में रफ़ी की आवाज़ के रोमांटिक शायराना पहलू को उभारने में उषा खन्ना अपने किसी भी समकालीन संगीतकार से कम नहीं थीं।

वैसे उषा खन्ना के साथ भी यह हुआ कि उनके कई सौम्य गाने तो उतने लोकप्रिय नहीं हुए, पर कई गाने जिनमें उनका वह elegance नज़र नहीं आता बड़े हिट हुए। पहली श्रेणी में बाउल लोकशैली के अद्भुत प्रयोग के साथ लता के गाए 'चोरी-चोरी तोरी आई है राधा' (हम हिंदुस्तानी), सुमन, मुकेश के लुभावने दोगाने 'बोलो जी बोलो, कुछ बोलो जी बोलो परवाना तेरी महफ़िल में आया है' (निशान) एवं 'आजा बाँहों में दिल की राहों में (अलीबाबा और चालीस चोर, 1966), लता की लाजवाब प्रस्तुति 'चली मथुरा की गुजरिया मुख पे घूँघट ताने' (दादा, 1966), मुकेश, आशा का एच.एम.व्ही.के 'रेयर जेम्स' कैसेट में शामिल वह सुहावना गीत 'ये तूने क्या कहा, कहा होगा' और बीट्स के सुंदर इस्तेमाल वाला लता का गाया 'आया रे मेरा जाने बहारा' (इंसाफ़, 1966), महेन्द्र कपूर की बेहद आकर्षक अंदाज़ में गाई ग़ज़लनुमा रचना 'बहुत सताने लगा दौरे इंतज़ार मुझे' (आग, 1967) जैसे गीतों को शामिल किया जा सकता है। दूसरी श्रेणी में मैं शामिल करूँगा लता का 'ज़ुल्मी साँवरिया ने हँस के मारा' (फ़ैसला), रफ़ी का 'हम तुमसे जुदा हो के मर जाएँगे रो-रो के' (एक सपेरा, एक लुटेरा), जिसमें उषा खन्ना का भावनाओं का वह graceful संतुलन नहीं रह पाता और दरबारी पर कम्पोज़ किए इस गीत में रफ़ी की आवाज़ में दर्द की एक contrived सी अतिरंजना है जो अखरती है, और मुकेश का भैरवी पर कम्पोज़ शंकर-जयकिशन शैली जैसा वह सुपरहिट गाना 'तेरी निगाहों पे मर-मर गए हम' (शबनम) जिसमें वाद्य यंत्रों की प्रखरता कहीं-कहीं शोरयुक्त-सी लगती है।

अरबी शैली का दिलकश संगीत देने में तो उषा खन्ना ने विशेषज्ञ का ही दर्जा प्राप्त कर लिया था। 'शबनम' के रफ़ी के उपरोव न उल्लिखित गीतों के अतिरित 'हस्नुन अली हबा हब्बी' (लता, साथी) लाजवाब ही था। 'अनाड़ी हूँ शिकारी' (आशा, उषा खन्ना) का ऑरकेस्ट्रेशन गजब का था। 'अलीबाबा और चालीस चोर' के गीत भी इसी अरबी शैली के उदाहरण थे। वैसे 'अलीबाबा, अलीबाबा, ख्वाबों में होता है तू जलवानुमा' (आशा) और 'सादगी में शोखी अदाएँ बेमिसाल' (कृष्णा कल्ले) इस शैली के बावजूद 'शबनम' के गीतों के मुक़ाबले हीन ही रहे। 'देखिए ज़रा प्यार में' (लता), 'आ जा बाँहों में दिल की राहों में' (सुमन, मुकेश) और रफ़ी के 'सेंटीमेंटल' गानों की 'रेयर जेम्स' कैसेट में शामिल 'अल्लाहो अकबर बनाए जा बिगाड़े जा' अवश्य सुंदर रचनाएँ थीं, पर 'शबनम' वाली बात इस फ़िल्म में उषा खन्ना नहीं दे पाईं। बहरहाल, अरबी शैली का संगीत बीच-बीच में आगे भी उनकी कुछ फ़िल्मों में उभरता ही रहा।

उषा खन्ना की धुनों की लोकप्रियता के बावजूद बड़े स्टार्स की फ़िल्मों में संगीत देने का अवसर उन्हें कम ही मिला। एस. मुखर्जी की 'दिल दे के देखो' और 'हम हिन्दुस्तानी' के बाद बड़े बैनर्स का अभाव ही रहा और उन्हें शेख मुख़्तार और दारा सिंह की फ़िल्मों से ही संतोष करना पड़ा। उषा खन्ना का स्वयं भी मानना था कि महिला होने के कारण पुरुषप्रधान फ़िल्मी समाज के कई चोटी के स्टार्स उनकी क़ाबिलीयत को हमेशा हीन ही मानते रहे। पर उषा खन्ना ने हिम्मत नहीं हारी। एक शालीन महिला की तरह छोटे स्टार्स की फ़िल्मों में भी बेहद दिलकश और लोकप्रिय संगीत वे देती रहीं। असद भोपाली के गीतों पर उषा खन्ना

का संगीत होना तो एक मुहावरा-सा बन गया था। इंदीवर और अपने पिता जावेद (अनवर) के गीतों को भी कई फ़िल्मों में उन्होंने संगीतबद्ध किया। अपने पसंदीदा गायकों मुकेश और रफ़ी से हटकर 'बादल' (1966) में मन्ना डे से 'अपने लिए जिए तो क्या जिए' जैसा जावेद अनवर लिखित शानदार गीत गवाकर और 'दादा' के लिए 'तेरा मेरा प्यार कोई आजकल की बात नहीं' (मुकेश, उषा खन्ना) जैसी असद की मुश्किल रचना को इतनी सहज और मनोहर धुन देकर उन्होंने अपनी प्रतिस्पर्धा जारी रखी। 'मैं वही हूँ' (1966) के असद के लिखे 'सैंया तोरे पनघट पे हो गई चोरी' (लता) को उन्होंने लोकधुन से सँवारा था। सातवें दशक के मध्य की उनकी फ़िल्मों में 'लाल बँगला' (1967) का विशेष रूप से उल्लेख अनिवार्य है। 'चाँद को क्या मालूम चाहता है उसे कोई चकोर' न सिर्फ़ मुकेश के सर्वश्रेष्ठ गीतों में माना जाता है बल्कि इस गीत में उषा खन्ना का ऑरकेस्ट्रेशन भी उच्चस्तरीय है। रफ़ी का 'हसीन वादियों फ़िज़ाओं से कह दो' भी खूब लोकप्रिय हुआ, पर इस फ़िल्म का सबसे विशिष्ट गाना था सुमन की आवाज़ में 'सुनाई दे न दे तुमको तुम्हें आवाज़ देते हैं'। क्या मेलोडी है, क्या गायकी और क्या गजब कम्पोज़ीशन! यदि सुमन किसी गाने में लता के बहुत नज़दीक आ पाई हैं, तो शायद वह यही गाना हो। फ़िल्म में सुमन का एक और सुंदर आधुनिक सा गीत है–'रूठे हो सनम तो फिर क्या है हमको भी मनाना आता है' पर 'सुनाई दे न दे तुमको' इतना प्रभावशाली गीत है कि इसके सामने 'रूठे हो सनम' फीका लगने लगता है।

सातवें दशक के उत्तरार्द्ध में उषा खन्ना की लोकप्रियता भले ही कम हुई हो, पर उनकी रचनाओं की शोभा और सौंदर्य में कमी नहीं आई। इन्हीं दिनों उनके संगीत की एक और ख़ासियत मुखर हुई जब उन्हें 'मैं वही हूँ', 'वो कोई और होगा', 'कौन हो तुम' जैसी रहस्य और संस्पेंस वाली फ़िल्मों के लिए रहस्यमयी, भुतही धुनों वाले गीत सृजित करने का अवसर मिला। 'इंसाफ़' (1966) की supernatural, रहस्यमयी शैली में 'इंतज़ार है तेरा', 'मैं वही हूँ' (1966) का पश्चात्य ऑरकेस्ट्रा की गूँजती संस्पेंस-भरी स्वरलहरियों वाला 'मैं वही हूँ जिसे तुम प्यार किया करते थे', 'कौन हो तुम' (1970) की उसी शैली की गूँजती रहस्यमयी धुन 'मैं जनम जनम से उदास हूँ', ऑरकेस्ट्रेशन से गुंजन की अनुभूति देनेवाला 'जागा हुआ है दर्दे जिगर आपके लिए' (वो कोई होगा, 1967) जैसे लता के गाए खूबसूरत गीत उषा खन्ना के इसी दौर की देन हैं। वस्तुतः इस दौर में उषा खन्ना ने लता और सुमन से कुछ बड़े सुंदर से गीत गवाए थे जो अब दुर्भाग्य से सुनाई नहीं पड़ते। 'इशारों में इशारों में समझो तो जानूँ' (खून का खून, 1966), 'साथी बोलो क्या तुम मेरे बन के रहोगे' (सरदार, 1967), राग बागेश्वरी पर आधारित रूपक ताल के अति सुंदर प्रयोग वाला 'सैंया सैंया प्यार न जाने' और मेलोडीप्रधान 'दूर न जा जाने वफ़ा' (ट्रिप टु मून', 1967), पियानो और गिटार के आकर्षक प्रयोग के साथ 'ऐ ज़िंदगी के साथी' (फ़रेब, 1968), मचलते बीट्स पर 'मचल गया हाय मेरा दिल' (हाय मेरा दिल, 1969) जैसे खूबसूरत गीतों को इस श्रेणी में शुमार किया जा सकता है। इसी प्रकार अप्रदर्शित फ़िल्म 'पहले पैसा फिर भगवान' की आधुनिक शैली का 'हमदम हमराज़ हमनशीं' अपने smooth elegance और उषा खन्ना के प्रिय पियानो और गिटार की रवानगी के साथ एक लाजवाब प्रस्तुति थी। फ़िल्म का 'चल झूठे तेरे वादे हैं झूठे' की कम्पोज़ीशन में भी सैक्सोफ़ोन, गिटार, पियानो का इस्तेमाल और साथ में लता की नशीली क्लब शैली की अदायगी भी आकर्षित करती ही है। मुकेश से भी इस दौर में कुछ असफल फ़िल्मों के लिए उषा खन्ना ने बड़ी दिलक़श और परिपक्व धुनें बनाईं जो कुछ चली थीं, और आज भी मुकेश के यादगार गीतों में गिनी जाती हैं। ऐसे गीतों में 'फ़रेब' (1968) का 'नाज़ था जिस पे मेरे सीने में वो दिल ही नहीं' मुकेश के एच.एम.वी द्वारा निकाले गए 'रेयर जेम्स' कैसेट में शामिल है और अपनी अलग रिद्म और बीट्स से लुभाता है। 'इल्ज़ाम' (1970) का 'देख सकते नहीं तुमको जी भर के हम' भी उसी रेयर जेम्स कैसेट की एक और खूबसूरत कड़ी है जिसे मुकेश ने क्या खूब तन्मयता से गाया है! 'दीदार' (1970) का 'तेरे होंठों को तेरी लाली को' उत्कृष्ट ऑरकेस्ट्रेशन से सजा एक खूबसूरत रूमानी गीत है, 'सस्ता खून महँगा प्यार' (1970) का 'होली आई रे' (आशा के साथ) और हम एक हैं (1969) का 'हिंदू की नहीं है किसी मुस्लिम की नहीं है' होली और देशभक्ति के अच्छे गीतों में शामिल किए

आनन्दजी एवं मुकेश के साथ उषा खन्ना

जाने योग्य है, और इन सबसे बढ़कर है 'कौन हो तुम' (1970) का 'धड़कनों के साज पर क्या गा रही है जिंदगी' जिसे दो भागों में गति के अंतर के साथ मुकेश ने यदि पूर्णतः दिल से गाया है तो उषा खन्ना ने इसकी रचना में परिपक्वता और परिष्कृतता का मुक़ाम छू लिया है। इसी क्रम में 'बंदिश' (1969) के रफ़ी के 'अभी तो रात बाकी है ये ढल जाए तो सो जाना' की चर्चा विशेष रूप से करनी होगी। न सिर्फ इसलिए कि यह गाना उषा खन्ना के कई अन्य गानों की तरह किसी कलाकार के (इस बार रफ़ी के) 'रेयर जेम्स' कैसेट्स में शामिल है बल्कि इसलिए भी कि रफ़ी के जिस रूमानी, नशीले अंदाज़ को 'शबनम', 'निशान' जैसी फ़िल्मों में उषा खन्ना ने उभारा था, वह अंदाज़ इस गीत में अपने चरम पर पहुँचा है और असर एकदम चमत्कारी है। 'बंदिश' में ही गायक जसपाल सिंह को अपना पहला गाना गाने का अवसर उषा खन्ना ने दिया–'देखो लोगो, ये कैसा ज़माना' गीत में। 'अनजान है कोई' (1968) में जसपाल सिंह और महेंन्द्र कपूर का गाया 'बेटे खेल मत मटका' काफ़ी लोकप्रिय हुआ था। 'रात अँधेरी थी' (1967) का 'रातों की सियाही है' (रफ़ी) भी अपने ज़माने का लोकप्रिय गीत था।

इस दौर में उषा खन्ना की सर्वाधिक लोकप्रिय फ़िल्म 'हाय मेरा दिल' (1968) थी जिसके नायक थे किशोर कुमार और इसलिए उषा खन्ना ने पहली बार किशोर से गवाया। परिणाम दो बेहद दिलक़श गीतों के रूप में हमारे सामने है। 'बस क़यामत हो गई' किशोर के गाए अच्छे रूमानी गीतों में शामिल होने का हक़दार है तो 'इजाज़त हो तो मैं कुछ आपसे गुस्ताखियाँ लूँ' की धुन और गायकी इतनी जानदार है कि यह गाना आज भी फ़रमाइशी गानों के कार्यक्रमों में अकसर बजता है। फ़िल्म का मन्ना डे और उषा खन्ना का युगल गीत 'जानेमन जानेमन' पाश्चात्य रिद्म का एक सुंदर प्रयोग था। किशोर कुमार की आवाज़ के soft timbre का प्रभावी इस्तेमाल उषा खन्ना ने 'दीदार' (1970) के 'जी भर के देख लूँ मैं तुम्हें जुल्फें इधर कर लो' में भी किया और यही कारण है कि यह गीत किशोर के 'रेयर जेम्स' कैसेट में एच.एम.व्ही. द्वारा चुना गया है। इस दौर के उषा खन्ना के गिने-चुने लोकप्रिय गीतों में सुमन का 'राखी कहती है तुमसे भैया' ('एक फूल एक भूल', 1968) अकसर रक्षाबंधन के दिन रेडियों पर सुनाई दे जाता है। इसी फ़िल्म का रफ़ी का गाया 'मेरे दिल पे अँधेरा होने लगा' कर्णप्रिय के साथ-साथ लोकप्रिय भी रहा था। पर तीन अन्य गाने जो अच्छे लोकप्रिय हुए थे और आज भुला दिए गए हैं, वे हैं–'जाइए जाइए आपको किसने रोका है' (रफ़ी, कृष्णा कल्ले–'बंदिश' 1969), 'शाम देखो ढल रही है' (रफ़ी, उषा खन्ना–'अंजान है कोई' 1969) और 'दिल करने लगा है प्यार तुम्हें' (रफ़ी, हेमलता–'नतीजा' 1969)। ये तीनों गाने एच.एम.व्ही. के द्वारा जारी हुए रफ़ी के डुएट्स के 'रेयर जेम्स' कैसेट के पहले तीन गाने हैं और तीनों गानों की धुन इतनी मधुर है कि बार-बार सुनने को जी चाहता है। 'दिल करने लगा है प्यार तुम्हें' की रिद्म उषा खन्ना ने इतनी जानदार बनाई है कि गाने के साथ-साथ सुननेवाला ताल देने और गुनगुनाने के लिए मजबूर हो जाता है। ऐसे गीतों में उषा खन्ना की प्रतिभा का क़ायल हुए बिना नही रहा जाता। पर साथ ही यह भी आश्चर्य होता है कि 'कृष्ण अगर तुम राधा होते मैं होती घनश्याम' (मुकेश, सुमन–मेरा नाम जौहर, 1967) जैसा विभोर कर देने वाला गीत, 'तेरी रेशमी जुल्फ़ों छू कर वादे समा आती है' (आशा, महेंद्र–आग, 1967) जैसी सुंदर तालबद्ध रचना, 'बचपन की हसीं मंज़िल से जब हुस्न गुज़र के आए' (मन्ना डे, उषा मंगेशकर–जौहर इन बॉम्बे, 1967) जैसी मचलती, फड़कती धुन और 'बोले रे बोले मोरनी बोले' (लता–हम एक हैं, 1969) की लोकशैली से प्रेरित तर्ज़ें अधिक लोकप्रिय क्यों नही हो सकीं।

आ।ठवें दशक में भी उषा खन्ना की प्रतिभा और कर्णप्रिय धुनों को बनाने की सृजन शक्ति कम नहीं हुई थी। इस दशक के प्रारम्भिक वर्षों में कुछ गीत लोकप्रिय भी होते रहे जिनमें 'अब तो आ जा ढलने लगे हैं उजली रात के घुँधले साए' (सुमन–एक पहेली, 1971), 'पानी में जले मेरा गोरा बदन' (सुमन–'मुनीमजी, 1972), 'जीवन है इक सपना' (आशा, किशोर, साथी–हनीमून, 1973) आदि उल्लेखनीय हैं। 'सबक' (1973) में मुकेश का गाया 'बरखा रानी ज़रा जम के बरसो' और सुमन का गाया 'वो जिधर देख रहे हैं हम उधर देख रहे हैं' उत्कृष्ट रचनाएँ थीं और आज भी संगीत-प्रेमियों को याद होंगी। पर कुछ गीत अच्छी रचना के बावजूद फ़िल्मों की असफलता या अन्य कारणों से अधिक सुने नहीं जा सके। ऐसे क़िस्मतहीन गीतों में 'मैं तुझे प्यार करूँ हरदम' (मन्ना डे–बहके कदम, 1971), 'मेरा तुम्हारा साथ तो सदियों का साथ है' (रफ़ी, सुमन–एक पहेली, 1971 जिसे एच.एम.व्ही. ने रफ़ी के उसी 'रेयर जेम्स' के दोगानों के कैसेट में शामिल किया है) 'बोलो, तुम मेरे हो, बोलो' (श्यामा हेमाडी, रफ़ी–'मर्डर इन सर्कस', 1971 जो पुनः रफ़ी के दोगानों के उसी 'रेयर जेम्स' कैसेट में शामिल है), 'जरा हमसे मिलो हमसे मिलो हमसे मिलो जान' (मुकेश, आशा–शेरे वतन, 1971), एस.डी. और आर.डी. बर्मन शैली में 'भँवरे सुन सुन' (महेन्द्र, आशा, 'बहुरुपिया', 1971), 'भींगे हुए आँचल में समेटो न बदन को' (किशोर–तन्हाई, 1972–यह गीत किशोर के 'रेयर जेम्स' कैसेट में शामिल है) और 'कामना' (1972) के गीतों को शामिल किया जा सकता है। 'कामना' का एक बड़ा मधुर गीत था–'तुम कभी सामने आ

जाओ तो पूछें तुमसे, किस तरह दर्दे मुहब्बत में जिया जाता है'। गायक का नाम रेकॉर्ड पर पंकज लिखा है। यह पंकज और कोई नहीं बल्कि आज के चोटी के ग़ज़ल गायक पंकज उधास ही थे और यह उनका पहला फ़िल्मी गीत था। कामना का ही 'मैं आँखें मूँद के सो जाऊँ, जब गहरी नींद में खो जाऊँ, तुम चुपके-चुपके एक सुहाना सपना बनकर आ जाना' (चंद्राणी मुकर्जी) तो रस और लोच से भरी एक बड़ी सुदर रचना थी जो आज दुर्भाग्य से किसी को याद भी नहीं। इसी प्रकार 'अपराधी' (1974) में मुकेश के स्वर में उनकी ख़ास शैली में 'मैं धूल का उड़ता बादल' और पाश्चात्य बीट्स पर आधारित सुमन के स्वर में 'जाने मुझे रातों को नींद नहीं आती है' भी बहुत अच्छी रचनाएँ थीं जो चली नहीं।

उषा खन्ना ने फ़िल्म-निर्माता, निर्देशक एवं गीतकार सावन कुमार से विवाह किया। सावन कुमार की ही फ़िल्म 'हवस' (1974) ने उषा खन्ना के संगीत को महत्त्वपूर्ण सफलता दिलाई। 'आओ यारो गाओ' (आशा, साथी) तो typical कैबरे शैली का गीत था और अच्छा चला भी, पर विशेष सफलता मिली रफ़ी के 'तेरी गलियों में न रखेंगे कदम आज के बाद' को। यह गाना गली, मुहल्ले के हर लाउडस्पीकर पर महीनों गुंजायमान रहा था और रफ़ी के गर्दिश के इस दौर में उनके लिए एक बड़ा सम्बल बना। वहीं 'दो खिलाड़ी' (1976) में उषा खन्ना ने जानी बाबू से 'रात अभी बाकी है, बात अभी बाकी है' कव्वाली गवाई जो लोकप्रियता में 'तेरी गलियों' के बराबर ही ठहरा। पर इन सफलताओं के बावजूद लक्ष्मी-प्यारे, आर.डी.बर्मन और कल्याणजी-आनंदजी के प्रभुत्व के इस दौर में उषा खन्ना को मिलनेवाली फ़िल्में कम होती गईं। उनके स्वरबद्ध किए कुछ गानों में अभी भी उनका पुराना elegance झलक जाता था, जैसे 'गुमराह' (1974) के किशोर की आवाज़ के उसी नाजुक, रूमानी पुट को उभार कर बनाया गया 'खुले खुले नर्म नर्म गेसू फिजाँ में बिखरे हो' (जो भी किशोर के उसी 'रेयर जेम्स' कैनेट में शामिल है) और अप्रदर्शित फ़िल्म 'पत्थरों का शहर' की रफ़ी और महेश चंदर की गाई बहुत सुंदर ग़ज़लें 'ये तो पत्थरों का शहर है' (रफ़ी) और 'जो ज़बान-ए-दिल न समझ सके' (महेश चंदर) पर कुल मिलाकर एकाध गानों—जैसे 'अब क्या होगा' (1977) के 'यारो अब क्या होगा' (रफ़ी, आशा, साथी) या आशा का गाया 'मैं रात भर न सोई रे बेईमान बालमा' और 'आजा सनम' (1975) की ग़ज़ल 'आज की रात मेरे वास्ते क्या लाई है' (आशा)—जैसे अपवादों को छोड़कर 'आ जा सनम' (1975), 'लड़की भोली भाली' (1976) 'मज़दूर जिंदाबाद' (1976), 'अलीबाबा मरजीना' (1977) 'सोने का दिल लोहे के हाथ' (1978) जैसी फ़िल्में असफल ही मानी जाएँगी। ऐसा लगने लगा था कि सातवें दशक के कई अन्य संगीतकारों की तरह उषा खन्ना का भी वक्त समाप्ति पर था।

'हवस' में बिन्दु

पर उषा खन्ना ने इस दौर में भी, जब फिल्मों का संगीत पक्ष अपना महत्व खोता जा रहा था, 'दादा' (1978) के हर गाने को हिट बना कर बड़े जबर्दस्त तरीके से अपने वापसी की। वैसे 'दादा' के संगीत में कुछ भी विशेष उल्लेखनीय नहीं था। सभी धुनों में अलबत्ता लोकप्रियता के लिए आवश्यक तत्त्व जरूर मौजूद थे और उनकी 'पैकेजिंग' बड़े पेशेवर अंदाज़ से की गई थी। 'गड्डी जाँदी ए छलाँगा मार दी' (रफ़ी, शैलेंद्र सिंह, हेमलता, दिलराज कौर), 'हमने माना हमसे साजन जोवनवा भरपूर है' (सुमन), 'पर्दे में कोई बैठा है पर्दा कर के' (रफ़ी, शैलेंद्र सिंह) ऐसी ही रचनाएँ हैं। 'अल्लाह करम करना, मौला तू रहम करना' (सुमन) बेहतर होते हुए भी उषा खन्ना के स्तरीय गीतों से कम ही ठहरता है। फ़िल्म का सबसे हिट गीत था येसुदास के स्वर में सम्भवतः भीमपलासी पर कम्पोज़ 'दिल के टुकड़े-टुकड़े करके मुस्कुरा कर चल दिए' पर रफ़ी और किशोर से गवाए पुराने रोमांटिक गानों के सामने उषा खन्ना की यह धुन सामान्य ही कही जाएगी। दरअसल, फिल्म संगीत की गुणवत्ता इस वक्त तक ऐसे संक्रांतिकाल में गुजर रही थी कि साधारण थोड़े ठीक-ठाक धुनोंवाली फ़िल्म का संगीत भी हिट हो जाता था, अन्यथा 'दादा' संगीत की दृष्टि में उषा खन्ना के सातवें दशक की लोकप्रिय फ़िल्मों के सामने कहीं कमज़ोर थी। यह बात 'साजन बिना सुहागन' (1978) के पियानो आधारित सुपरहिट गीत 'मधुबन खुशबू देता है' (येसुदास, अनुराधा) के बारे में भी कही जा सकती है अन्यथा उषा खन्ना ने सातवें दशक में इससे बेहतर कितने ही गीत बनाए थे जो सुपरहिट तो क्या, हिट भी नहीं हुए।

कुछ भी हो, इन फ़िल्मों की सफलता ने उषा खन्ना को फिर से फ़िल्म-जगत में एक नए रूप में पहचान दिला दी। हेमलता और येसुदास इस दौर में उनके लिए प्रमुख गायक-गायिका बने। हेमलता का गाया 'भयानक' (1979) का शिवरंजनी आधारित

'भीगा भीगा मौसम आया बरसे घटा घनघोर' एक भयावह रात के वातावरण की सृष्टि करने में पूर्णतः सफल रहा और खूब लोकप्रिय भी हुआ। 'बिन फेरे हम तेरे' (1979) के शीर्षक गीत में किशोर कुमार की आवाज़ के कोमल अवयवों को उषा खन्ना ने प्रभावी ढंग से प्रयुक्त किया और इस गीत को भी अच्छी लोकप्रियता मिली। इसी फ़िल्म का दर्द-भरा 'दोस्त बन के आए थे' (रफ़ी, उषा खन्ना) और 'मैं क्या माँगू मेरे कन्हाई' (आशा) की कशिश-भरी तर्ज़ें भी सराही गईं। 'रामदुलारी मैके गई' (मेरी बीबी की शादी, 1979) जैसे हलके गीत भी खूब चले हालाँकि ऐसे गीतों में उषा खन्ना कम्पोज़ीशन के साथ समझौता करती दिखाई देती हैं। पर इसी फ़िल्म में 'आ ज़िंदगी कैसे कटेगी' (लता) और माउथ ऑर्गेन के सुंदर इटरल्यूड्स वाले 'मुझसे शाम सुहानी' (रफ़ी, आशा) जैसे अच्छे गीतों में उषा खन्ना कुछ हद तक अपने पुराने elegance को कायम रखने में सफल रहीं। अपने पुराने प्रतिष्ठित elegance को पुनःस्थापित करने का मौका उन्हें अम्बरीश संगल निर्देशित 'आप तो ऐसे न थे' (1980) में जाकर मिला जिसकी रूमानी कहानी के अनुरूप बनाया गया निदा फ़ाज़ली लिखित गीत 'तू इस तरह से मेरी ज़िंदगी में शामिल है' बेहद मेलोडियस और कशिश-भरा था। इस गाने को मनहर, हेमलता और रफ़ी—तीनों ने ही स्वर दिए, पर मनहर की आवाज़ में इस गाने में जो बात आई है, वह उषा खन्ना के बीते स्वर्णिम गीतों की याद ताजा कर देती है। यदि मुकेश ज़िंदा होते तो यह गीत उषा निस्संदेह मुकेश से ही गवातीं क्योंकि इस गीत के सुर खास तौर पर मुकेश के गले के लिए बने लगते हैं, पर मनहर ने इसे इतनी खुसूसियत से गाया है कि कम से कम एक बार तो मुकेश की कमी नहीं अखरती है। इसी प्रकार 'कारण' (1980) का गीत 'कारण न जाने कोई' (किशोर) भी एक परिष्कृत आकर्षक प्रस्तुति थी, भले ही इसके कुछ सुर छठे दशक की 'कठपुतली' के शंकर-जयकिशन की बनाई 'मीनी मीनी चीची' (लता, मुकेश) से मिलते से लगते हों। 'साजन की सहेली' (1980) का 'बूँदें नहीं सितारे टपके हैं कहकशाँ से' (रफ़ी) भी वॉयलिन की पृष्ठभूमि लेकर कम्पोज़ किया एक सुंदर शायराना गीत था, भले ही उसे अधिक मकबूलियत न मिली हो।

पर इस दौर में जहाँ संगीत अपनी मेलोडी खोता जा रहा था, उषा खन्ना की भी कई फ़िल्मों का संगीत साधारण ही दर्जे का रहा। 'बम्बई का महाराजा' (1980), 'लड़ाकू' (1981) 'अनोखा बंधन' (1982), 'प्यारा दोस्त' (1982), 'सती और भगवान' (1982), 'वक्त के शहजादे' (1982), 'अच्छा बुरा' (1983), 'जय बाबा अमरनाथ' (1983), 'रास्ते और रिश्ते' (1983), 'पाँचवीं मंज़िल' (1983) जैसी फ़िल्में कुछ विशेष नहीं कर पाईं। इसके बावजूद उषा खन्ना की खासियत रही कि बीच-बीच में कुछ फ़िल्मों में कभी स्तरीय, कभी लोकप्रिय गीत और कभी-कभी दोनों ही देकर वे प्रमुख संगीतकारों की जमात में अपने को कायम रखने में सफल रहीं। 'मेरी बीवी की शादी' (1979) का स्वयं का गाया 'श्याम की बाँहों में राधिका खेले', 'कारण' (1980) का 'सावन आग लगाए रे' (येसुदास), 'साजन की सहेली' (1980) का मेलोडियस 'जिसके लिए सबको छोड़ा' (रफ़ी, सुलक्षणा पंडित) और शायराना 'ऐसे न थे हम' (रफ़ी), बहुत बाद में अप्रदर्शित 'दूर देश' का 'आपको हमसे प्यार है' (लता, येसुदास), 'आदत से मजबूर' (1982) का 'राम करे कि उमर कैद हमें साथ-साथ मिल जाए' (शैलेन्द्र सिंह), 'डिवोर्स' (1984), का मधुर रूमानी 'धीरे धीरे बोलो' (येसुदास, आशा), 'मान-मर्यादा' (1987) का फटाकेदार 'उई अम्मा काहे मैं' (उषा मंगेशकर), 'नया खून' का कर्णप्रिय 'हम जिससे लिपट कर' (सुरेश वाडेकर, अनुराधा), 'सलाम-ए-मुहब्बत' का शायराना रंग लिए 'गुलों के रंग' (रफ़ी), 'लैला' (1982) के तेज रिद्म वाला 'दोस्तों की हकीकत' (किशोर), धीमी लय पर 'साथ जिएँगे, साथ मरेंगे' (लता, मनमोहन सिंह) और कर्णप्रिय तर्ज़ पर 'गीतों से सरगम' (लता, मनमोहन सिंह), 'बेशक' (1981) के पियानो के लाक्षणिक बेहतरीन प्रयोग वाले 'प्रियतम तुम मेरे रहोगे सदा' (सुरेश वाडेकर, उषा खन्ना), इसी फ़िल्म के 'हसीं हसीं वादियों' (अनवर) और 'उठाओ जाम' (अनवर) तथा 'सरदार' (1984) का बिलकुल अलग-सी धुन लिए 'एक अकेला मन का पंछी' (जो मेरे विचार से शब्बीर कुमार का गाया सर्वश्रेष्ठ गीत होगा) ऐसे ही गीत थे। 'लक्ष्मी' (1982) में उषा खन्ना ने आशा भोंसले से 'शाम पीने की फिर न आएगी' और 'हालात से लड़ना मुश्किल है' जैसे दो अच्छे मचलते मुजरा गीत गवाए थे, और इनसे भी बढ़कर हारमोनियम और वॉयलिन के सुंदर इंटरल्यूड्स के साथ तेज गति के साथ गज़ल-शैली में 'कभी देखी खुशियाँ कभी देखे ग़म' जैसी दिलकश

रचना को प्रस्तुत किया था। 'पत्थर की लकीर' (1982) में उषा खन्ना की typical elegance के साथ 'नशे में हूँ' (किशोर, चंद्राणी मुखर्जी), प्यारी-सी घरेलू मिठास लिए 'छोटा-सा ये सुंदर घर' (आशा, किशोर) और बड़ी लुभावनी-सी शोखी के साथ 'किस थाने में रपट लिखवाऊँ अनाड़ी मेरा दिल खो गया' (आशा), 'कुँवारी बहू' (1984) में बेहद कर्णप्रिय और परिष्कृत 'रिश्ते जो ज़िंदगी में' (भूपेन्द्र), खय्याम की शैली में 'ये जब की बात है' (आशा), बेहद मशहूर आधुनिक गज़ल को आधुनिक बीट्स पर संयोजित करता 'सफ़र में धूप तो होगी जो चल सको तो चलो' (शब्बीर कुमार) और मचलती, अठखेलियाँ करती धुन पर 'हमें तुमसे तुमसे तुम्हें हमसे हमसे कहीं प्यार हो गया' (शैलेन्द्र सिंह, अलका याग्निक) जैसे नग़मे उषा खन्ना की इस खूबी के सशक्त उदाहरण थे। उषा खन्ना की एक और ख़ासियत थी कि वे कई बार अन्य संगीतकारों की शैली लेकर भी बहुत अच्छे गीत बना लेती थीं। जैसे 'स्वीकार किया मैंने' और 'शमाँ' का संगीत खय्याम की शैली के काफ़ी पास था, वहीं ऊपर उल्लिखित 'रिश्ते जो ज़िंदगी में' आर.डी. बर्मन की शैली के नज़दीक था, तो 'होटल' (1981) के कोमल सुरों वाले लुभावने गीत 'जीना है तो जी भर हँस लो' (अमित कुमार) में वे राजेश रोशन के बहुत करीब लगीं। 'होटल' के ही 'प्यार करते हैं हम तुम्हें इतना' (आशा, मनहर) में वे कल्याणजी-आनंदजी और इसी फ़िल्म के 'देखो प्यार में ऐसा नहीं करते' (आशा, अमित) में राहुल देव बर्मन की शैली की नकल करती दिखीं। उषा खन्ना ने वैसे अपनी पहली फ़िल्म 'दिल दे के देखो' में भी ओ.पी. नैयर की ही शैली अपनाई थी, और वर्षों बाद राज कपूर अभिनीत 'गोपीचंद जासूस' (1982) के 'छोटा-सा गिलासी' (आशा, कमलेश अवस्थी), 'मैं हूँ शेर पंजाब' (लता, कमलेश अवस्थी) और 'चीन नहीं जापान (कमलेश अवस्थी) में वे शंकर-जयकिशन की शैली में धुनों और वाद्यों का संयोजन लेकर आईं। उषा खन्ना के इस दौर की फ़िल्मों में स्तर की दृष्टि में 'शमाँ' (1983) बेहद उल्लेखनीय हैं। 'शमां' का संगीत फ़िल्म की मुस्लिम पृष्ठभूमि के अनुरूप और, जैसाकि ऊपर उल्लिखित है, कहीं कहीं तो खय्याम की संगीत शैली के बहुत पास लगता है। 'चाँद अपना सफ़र ख़त्म करता रहा' (लता), 'हम तुम दोनों रहेंगे' (लता, उषा मंगेशकर), 'खुशबू बन तोहरे आँगन में महकूँ' (आशा) और 'एक बार मुस्कुरा दे' जैसे गीत मेलोडीप्रधान और कर्णप्रिय थे। खय्याम की ही शैली 'स्वीकार किया मैंने' के लुभावने गीत 'अजनबी कौन हो तुम, जब से तुम्हें देखा है' (लता) में बहुत प्रखर रूप से सामने आती है और यही कारण है कि गीत बेहद सुंदर होते हुए भी पहले सुना-सुना-सा लगता है। 'प्यार तो सपना है' (लता) और 'चाँद के पास जो सितारा' (लता, किशोर) भी अच्छे ही गीत थे, पर फ़िल्म की विशिष्टता थी हेमंती शुक्ला के स्वर में 'भोर भई भैरव' जैसी शास्त्रीय रचना।

वर्ष की सफलतम फ़िल्मों में रही सावन कुमार की ही राजेश खन्ना, टीना मुनीम अभिनीत 'सौतन' (1983)। हालाँकि सावनकुमार और उषा के बीच अलगाव पूरी तरह आ चुका था, पर अपनी फ़िल्मों में संगीत के लिए सावन कुमार अब तक उषा खन्ना को ही चुनते थे। उषा ने उन्हें इस मामले में कभी निराश भी नहीं किया और 'सौतन' के भैरवी आधारित 'शायद मेरी शादी का खयाल' (लता, किशोर) और 'ज़िंदगी प्यार का गीत है' (किशोर) वर्ष के सफलतम गीतों में रहे। 'शायद मेरी शादी का ख्याल' तो कॉलेज, विश्वविद्यालयों में रोज-रोज गाया गुनगुनाया गया। 'जब अपने हो जाएँ बेवफ़ा तो दिल टूटे' (आशा) को भी अच्छी लोकप्रियता मिली। इसी दौर में निदा फ़ाज़ली के लिखे और उषा खन्ना के कम्पोज़ किए और स्वयं गाए गैरफ़िल्मी गज़लों का एक एलबम भी निकला था।

यह आश्चर्यजनक है कि 'सौतन' की रेकॉर्ड सफलता के बाद भी अच्छे बैनर की फ़िल्में उषा खन्ना के हिस्से में नही आईं। उषा खन्ना का महिला होना पुरुषप्रधान संगीतकारों की दुनिया में शायद इतना सबसे बड़ा कारण था। उषा खन्ना ने स्वयं भी अपने कई साक्षात्कारों में यह आरोप लगाया है कि निर्माता-निर्देशक और अभिनेता एक महिला संगीतकार के साथ काम करने में हिचकिकाते ही रहे और कई बार उनको मिली फ़िल्में भी दूसरों को दे दी गईं। बहरहाल उषा खन्ना के हिस्से में 'तजुर्बा' (1981–जिसमें उन्होंने शब्बीर कुमार को पहली बार मौका दिया था), 'कैप्टेन बेरी' (1984), 'प्यासी अँखियाँ' (1984), 'महक' (1985) 'पैसा ये पैसा' (1985), 'मार कसम' (1985), 'ज़माना' (1985), 'सस्ती दुलहन महँगा दूल्हा' (1986), 'दूर देश' (1986), 'प्रीति' (1986), 'जवानी की कहानी' (1986), 'औरत' (1986), 'डाकू हसीना' (198), 'बदकार' (1987), 'विशाल' (1987), 'कानून कानून है' (198), 'यातना' (1987), 'कच्ची कली' (1987), 'बेशरम' (1987), 'खरीददार' (1988) जैसी छोटी-मोटी फ़िल्में ही आती रहीं। हालाँकि इन फ़िल्मों के भी कई गीत बड़े मधुर बने थे और 'महक' (1985) के 'तरस रही है नज़र अब तेरी ज़रूरत है' और 'आँखें छलक पड़ीं तो कोई याद आ गया' जैसे भूपेंद्र के दिलकश ग़ज़लनुमा गीत, 'ज़माना' (1985) के लोकशैली वाले जबर्दस्त मजाकिया गीत 'प्यारे ननदोइया सरौता कहाँ भूल आए' (किशोर, साथी), 'प्रीति' (1986) का पियानो की मधुरता से आग़ाज करता गीत 'कुछ लोग अनजाने भी अपनों से लगते हैं' (किशोर) और लोकप्रिय रहा 'साँची साँची साँची' (लता, मनमोहन सिंह),

'कच्ची कली' (1987) के सुरों के उतार-चढ़ाव वाला 'नाम बता तेरा क्या' (किशोर, उषा खन्ना), कर्णप्रिय धुन लिए 'आज तुमसे कहता हूँ' (मो. अज़ीज) और सितार के सुंदर प्रयोग के साथ मर्मस्पर्शी तर्ज़ लिए 'आँधियाँ कैसी चली' (अनुराधा), 'आँखों के सामने' के ऑफ़ बीट शब्दों वाली 'आज हम आपके मकान में है' (मनहर, हेमलता) और elegant सी धुन लिए electric गिटार के सुंदर प्रयोग वाला 'ऐ सनम ये वहाँ' (सुरेश वाडेकर, हेमलता), 'विशाल' (1987) के मेलोडी प्रधान 'सुन रे पीपल तेरे पत्ते शोर मचाते है' (लता), 'खरीददार' (1988) के बेहद कर्णप्रिय 'ना जा रे ना जा रे साँवरिया' (लता) और दो धुनों की एक साथ समाहित करता अत्यंत मधुर 'छोड़ो जी सैंया' जैसे गीतों से उषा खन्ना अपनी क़ाबिलीयत प्रदर्शित करती रहीं। पर इन फ़िल्मों को अधिक लोकप्रियता मिली नहीं। सावन कुमार की 'प्यार की जीत' भी पिट गई और दशक के मोड़ पर नए संगीतकारों और नई संगीत-शैलियों के आगमन ने उषा खन्ना को भी पीछे धकेल दिया। धीरे-धीरे फ़िल्मों की संख्या भी कमती गई। सावनकुमार भी 'सौतन की बेटी' में वेदपाल को ले आए, वैसे 'दिल परदेसी हो गया' के लिए उन्हें पुनः उषा खन्ना की याद आई और पियानो पर 'तू कौन कहाँ से' (उदित), तबले के सुन्दर इस्तेमाल के साथ शीर्षक गीत (सोनू निगम, अलका) तथा रिद्म आधारित 'छम-छम' (उदित, अलका) जैसे अच्छे गीत उषा खन्ना ने इस फ़िल्म के लिए भी कम्पोज़ किए। सक्रिय वैसे उषा खन्ना इस दशक में भी रहीं पर 'पक्का बदमाश' (1991), 'बेवफ़ा से वफ़ा' (1992), 'जय काली' (1992) 'घर बाज़ार' (1995), 'लाश' (1998), 'खूनी महल' (1999) जैसी फ़िल्में चर्चा में नहीं रहीं। पर जो भी कहा जाए, यह निर्विवाद है कि संगीतकारों के पुरुष-प्रधान क्षेत्र में चार दशकों तक कायम रहना और समय समय पर बेहद हिट संगीत देते रहकर अपनी एकल चुनौती को बरकरार रखना आसान नहीं था, फिर भी उषा खन्ना ने इसे कर दिखाया।

संदर्भ

1. माधुरी, 23 सितम्बर, 1966, पृष्ठ 28
2. वही

किशोर कुमार

'आ चल के तुझे मैं ले के चलूँ एक ऐसे गगन के तले'

किशोर कुमार

खण्डवा में जन्मे किशोर कुमार को गायक के रूप में तो सभी जानते और सराहते हैं पर किशोर कुमार को संगीत की कितनी अच्छी अनुभूति और परख थी, यह उनकी संगीतबद्ध फ़िल्मों के गीतों को सुनने से और भी सिद्ध हो जाता है। शंकर मुखर्जी निर्देशित और स्वयं किशोर और मधुबाला की हिट जोड़ी द्वारा अभिनीत 'झुमरू' (1961) तो आज भी किशोर के संगीत और गीतों के कारण लोगों के ज़हन में बसी हुई है। 'मैं हूँ झुन झुन झुन झुन झुमरू' (किशोर), 'बाबू आना सुनते जाना' (किशोर, आशा, साथी), 'हे झूमेरे झूमेरे दिल मेरा' (आशा, किशोर), 'ऐ भोला भाला मन' (आशा, किशोर) जैसे गीतों से किशोर ने अपनी येडोलिंग युक्त शरारती अभिनय शैली को ही संगीत में रूपांतरित किया, और इतनी खूबसूरती से किया कि सभी गीत बेहद लोकप्रिय रहे। अपने भाई अशोक कुमार के बाम्बे टॉकीज़ की 'जीवन प्रभात के लिए गाए गीत 'कोई हमदम न रहा' में थोड़ा परिवर्तन कर के (हालाँकि मूल धुन वही थी) किशोर ने झिंझोटी के सुर लगाए और आज तक इस गीत को किशोर कुमर के गाए बेहतरीन गीतों में से एक समझा जाता है। 'ठंडी हवा ये चाँदनी सुहानी' (किशोर) का शीतल सौंदर्य और 'मतवाले हम मतवाले तुम' की तन्मयता किशोर के बहुआयामी व्यक्तित्व की संगीत रचनादृष्टि को बखूबी रेखांकित करते हैं।

पर किशोर कुमार का सर्वश्रेष्ठ संगीत आया उनकी निर्मित 'दूर गगन की छाँव में' (1964)। एक संवेदनशील फ़िल्म में बाँसुरी के गूँजते स्वरों के साथ पहाड़ी की शैली में 'आ चल के तुझे मैं ले के चलूँ एक ऐसे गगन के तले' और भैरवी के सुरों के साथ 'जिन रातों की भोर नहीं है' किशोर के स्वयं के गाए दो बेहद संवेदनशील गीतों के रूप में आज तक याद किए जाते हैं। खण्डवा के दिनों के अपने बचपन के प्रति मरते दम तक nostalgic किशोर के स्वर में 'कोई लौटा दे मेरे बीते हुए दिन' सुनना यदि आज भी अभिभूत करता है, तो उनकी संगीतबद्ध शृंगारप्रधान रचना 'छोड़ मेरी बैयाँ बलम बेईमान' (आशा), नीतिप्रधान रचनाएँ 'राही तू रुक मत जाना' (हेमंत) और 'ओ जग के रखवाले' (मन्ना डे) तथा बेहद लुभावनी पर विस्मृत कृतियाँ 'पथ भूला इक आया मुसाफ़िर' और 'खोया खोया चंदा खोए खोए तारे' (दोनों आशा) इस पूरी फ़िल्म के संगीत को अनुभूति की एक विरल यात्रा के रूप में यादगार बनाती हैं।

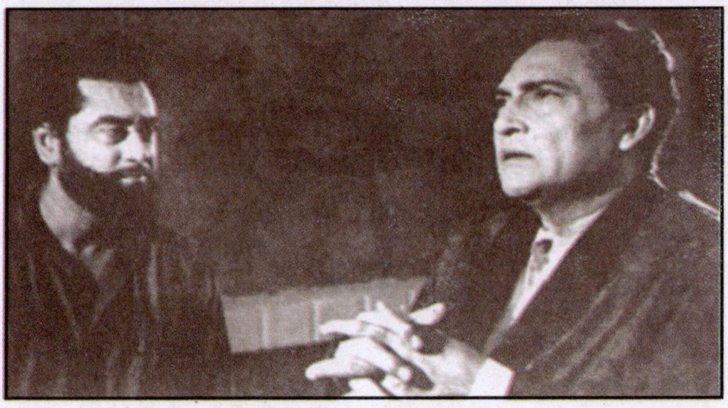
'दूर का राही' : मर्मस्पर्शी संगीत

'हम दो डाकू' (1967) का गिटार पर तेज रिद्म और सितार के तीव्र इंटरल्यूड्स से सजा 'जब दो दिन की है' (किशोर, अनूप कुमार) जैसे गीतों को तो सफलता नहीं मिली, पर पुनः अपनी निर्मित 'दूर का राही' (1971) और 'ज़मीन आसमान' (1972) में उन्होंने अहसास-भरा संगीत दिया। सुलक्षणा पंडित के साथ गाया उनका 'बेकरार दिल तू गाए जा' तो किरवानी आधारित अपनी कशिश-भरी धुन के कारण आज भी याद किया जाता है। पहाड़ी के सुरों को लेकर सृजित 'जीवन से न हार' (किशोर, साथी), बाँग्ला लोकशैली की छाया लेकर रचित 'पंथी हूँ मैं उस पथ का' (किशोर), 'मैं एक पंछी मतवाला रे' (अमित कुमार का गाया पहला गीत) तथा बेहद दार्शनिक अंदाज़ में सृजित 'चलती चली जाए ज़िंदगी की डगर' (हेमंत), 'मुझे खो जाने दो' (किशोर), 'खुशी दो घड़ी की मिले न मिले' (किशोर) तथा 'एक दिन और गया' (मन्ना डे) जैसे सभी गीत बहुत प्रभावशाली थे, भले ही अधिक लोकप्रिय न हुए हो।

किशोर भले ही हास्य अभिनेता रहे हों और गायक के रूप में भी उन्होंने ढेर सारे हलके-फुलके गीत गाए हों, पर अपनी संगीतबद्ध रचनाओं में उन्होंने दार्शनिकता का जो चित्र खींचा, वह उन्हें संगीतकार के रूप में भी विशिष्ट और दूसरों से अलग बनाता है। 'ज़मीन-आसमान' (1972) में 'आँखें तुम्हारी दो जहाँ' (किशोर) और 'हम तुम चले' (किशोर, आशा) में भले ही किशोर का लोकप्रिय उत्फुल्ल रूप ही सामने आता हो, पर 'न रो ऐ मेरे दिल यहाँ' (लता) और 'किसने यहाँ किसको जाना' (आशा) जैसे संजीदा गीतों में पुनः वही दार्शनिकता बड़े संवेदनशील तरीके से सामने आती है।

उनकी बाद की संगीतबद्ध फ़िल्मों में कुछ ही गीत अच्छे रहे। 'बढ़ती का नाम दाढ़ी' (1974) में उन्होंने बप्पी लाहिड़ी से गायक के रूप में उनका पहला गीत गवाया था 'ये जवानी चार दिन, प्यार कर ले मेरे यार', पर यह गीत तो बस यूँ ही था। 'फिर सुहानी शाम ढली, फिर बढ़ चली बेकली' (किशोर, साथी) ही फ़िल्म का ठीक-ठाक गीत कहा जा सकता है। 'शाबास डैडी' (1978) के 'दौर-ए-खिजाँ का दिल के चमन में' (अमित), 'चलता चला जाऊँ मैं' (अमित, अपर्णा) और 'चलती का नाम ज़िंदगी' (1981) के 'रात आज की, रात दिलकशी की ये' (अमित, साथी) जैसे गीत अच्छे होते हुए भी किशोर के उस पुराने स्तर के तो नहीं ही माने जाएँगे। 'दूर वादियों में कहीं' (1982) तो एक गीतविहीन फ़िल्म ही रही।

अपनी अंतिम फ़िल्म 'ममता की छाँव में' (1989—उनकी मृत्यु के दो वर्ष बाद रिलीज़) में उन्होंने शैलेंद्र के लिखे एक पुराने गीत 'मेरा गीत अधूरा है कोई बिखरे तार सजा दे' (किशोर) की बड़ी मार्मिक धुन बनाई थी। फ़िल्म में नायिका के रूप में अभिनय कराने के अलावा उन्होंने अपनी पत्नी लीना चंदावरकर से भी 'ना रे ना मुझसे दूर न जाना' और 'अँधियारी राहों में माँ कोई दीप जला' (अमित के साथ) जैसे गीत गवाए थे। पर फ़िल्म ठीक से प्रदर्शित न हो पाई और इन गीतों को कम ही सुना गया।

किशोर की कम्पोज़ कुछ अन्य फ़िल्मों के गीत तो फ़िल्मों के अधूरे रह जाने के कारण हम सुनने से वंचित रह गए हैं। उनकी खुद की निर्माणाधीन 'नीला आसमान' का 'अकेला हूँ मैं इस जहाँ में' (किशोर), 'सुहाना गीत' के 'लो शाम हुई दिन डूब गया', 'दीप जले दीप बुझे', 'गुन गुन भँवरे सुन' (लता—जिसकी धुन बाद में हेमा मालिनी से गवाए एक बाँग्ला गीत में किशोर ने प्रयुक्त की), 'प्यार अजनबी है' (जिसके निर्माण के दौरान ही किशोर ने लीना चंदावरकर से शादी का निश्चय किया था) के 'प्यार अजनबी है' (लता, किशोर), 'तुमसे सजे हैं मेरे सपने सुनहरे' (आशा, किशोर), सुदर्शन फ़ाकिर लिखी मशहूर गज़ल 'ज़िंदगी कुछ भी नहीं फिर भी जिए जाते हैं' (शंकर), 'बैंड मास्टर चिक चिक बूम' का शीर्षक गीत (किशोर), 'दीनू का दीनानाथ' का 'प्रभु कैसे रंगों में' (भक्ति) और 'जमुना के तीर' का 'जमुना के तीर राधे चोरी-चोरी जाए' (किशोर) ऐसे ही बदनसीब गीत हैं।

बाँग्ला में उनके कम्पोज़ किए और गाए 'शेर राते रात छिलो पूर्णिमा' गिटार और सैक्सोफ़ोन की सुंदर सज्जा के साथ सुंदर रूमानी रचना के रूप में याद की जाती है। अमित कुमार के लिए तो उन्होंने ढेर सारे बाँग्ला गीत कम्पोज किए थे। लता के स्वर में उनकी संगीतबद्ध 'कि लिखि तोमाय' और 'भालो बाशार आगुन जेले' जैसी रचनाएँ बहुत सराही गई थीं। बाँग्ला के उनके खुद के कम्पोज़ और गाए अनेक गीतों में 'आमार दीप नेमानो रात', 'कैनो तुमि चुपि चुपि', 'शे दिन ओ आकाशे', 'मानुष जानो लिए विधि', 'हे प्रियतमा आमि तो तोमाए बिदाए' आदि भी बड़े मशहूर रहे हैं।

जे.पी. कौशिक

'मैं आहें भर नहीं सकता, मैं नगमे गा नहीं सकता'

जे.पी. कौशिक

प्रसिद्ध लेखक-निर्माता-निर्देशक ख्वाजा अहमद अब्बास की अधिकांश फ़िल्मों में जिन्होंने संगीत दिया, वे थे जे.पी. कौशिक। जगफूल कौशिक का संगीत प्रयोगों का संगीत है। उन्होंने संगीत में नवीनता देने की कोशिश आरम्भ से ही की। 'शहर और सपना' (1963) में उन्होंने बहुत यथार्थपरक पार्श्वसंगीत तैयार किया था—व्यावसायिक बम्बई का संगीत जिसमें हथौड़ों की ठक-ठक, बसों के हॉर्न, मशीनों की भारी-भरकम आवाज़ें और साइकिलों की घंटियाँ थीं। यह संगीत की एक अलग दिशा थी, जिसमें साधारण आदमी की रोजमर्रा की ज़िंदगी में कदम-कदम पर अनुभूत ध्वनियों में संगीत तलाशा गया था। 'शहर और सपना' का थीम म्यूजिक भी बेहद मधुर था जो फ़िल्म में विभिन्न जगहों पर विभिन्न वाद्यों द्वारा दुहराया गया और अलग-अलग प्रभाव उत्पन्न करने में सफल रहा। एक सीन में जहाँ नव वर-वधू कमरे में हैं और एक पात्र बाहर वॉयलिन बजा रहा है, वहाँ वॉयलिन की धुन रूमानियत की अद्भुत सृष्टि करती है।[1] पार्श्वसंगीत का महत्त्व जे.पी. कौशिक का संगीत सुनकर ही जाना जा सकता है। यह भी बड़ी अद्भुत और रोचक बात थी कि इस फ़िल्म का एकमात्र पार्श्वसंगीत चार भागों में मनमोहन कृष्ण ने गाया था। प्रसिद्ध उर्दू शायद अली सरदार जाफ़री लिखित इस गीत के साथ ऑरकेस्ट्रा के पैंतालीस टुकड़े प्रयोग में लाए गए थे।[2] 1963 के लिए राष्ट्रपति के गोल्ड मेडल से पुरस्कृत 'शहर और सपना' की विशिष्टताओं में जगफूल कौशिक का संगीत भी महत्त्वपूर्ण रूप से शामिल था।

ख्वाजा अहमद अब्बास की 'हमारा घर' (1966) और 'आसमान महल' (1965) में जे.पी. कौशिक फिर से प्रयोगों के संगीत के साथ हमसे मुखातिब हुए। इक़बाल का 'सारे जहां से अच्छा' उन्होंने 'हमारा घर' में विजया मजुमदार नामक नई गायिका से गवाया, पर विजया का जो गीत विशिष्ट था, वह था—धीमी हवा की गति को प्रत्यक्ष अनुभूत कराता बेहद मधुर और कर्णप्रिय 'चले हवा पुरवाई, उषा जगमग जगमग आई'। सरदार जाफ़री की यह रचना आज भी कानों में रस ही घोलती है। 'आसमान महल' हैदराबाद की नवाबी के सामंतवादी काल और उसके विघटन को पूरे अंतर्विरोधों के साथ प्रस्तुत करने की एक कोशिश थी। पृथ्वीराज कपूर के विराट अभिनय के अलावा इस फ़िल्म की विशिष्टता उसकी थीम के अनुरूप संगीत की थी। 'आसमान महल' का थीम म्यूजिक अपने-आपमें एक वैभव लिए हुए था। जब 'आसमान महल' का परिचय दिया जाता है उस समय यह थीम म्यूजिक दर्दीला बन जाता है। एक ही संगीत को विभिन्न परिस्थितियों के अनुसार बदल-बदलकर प्रस्तुत करना जे.पी. कौशिक की प्रतिभा को रेखांकित करता है। 'आसमान महल' का एक अद्भुत संगीतात्मक दृश्य है जहाँ नायक को नशे में एक कोठे से निकाल दिया जाता है, कोठे पर नृत्य हो रहा है और वहीं दूसरे कोठे पर दो नृत्यांगनाएँ नाच रही हैं। ये तीनों गाने एक साथ बजते हैं—एक का अंतरा बजता है, फिर दूसरे का और फिर तीसरे का—और इन तीनों के सुर-ताल का मेल बैठाती यह अद्भुत कृति अपने तीन मुखड़ों 'मैं शराबी हूँ', 'हज़ारों ख्वाहिशें ऐसी' और 'पी के हम तुम जो चले झूमते मैखाने में' (महेंद्र, विजया मजुमदार) की संतुलित कम्पोज़ीशन से प्रभावित किए बिना नहीं रहती। इसी प्रकार एक दृश्य में एक तरफ 'आसमान महल' में जश्न मनाया जा रहा है और गीता के मधुर स्वर में 'ऐ रात ज़रा आहिस्ता गुज़र'

मन को छू रहा होता है और वहीं दूसरी तरफ एक पायल कर्कश स्वर में 'तन तना तन मौत की बजती है झांझन' के साथ मौत का आह्वान कर रही होती है और इन दोनों अलग-अलग परिस्थितियों को साथ बाँध कर जे.पी. कौशिक अपनी प्रयोगधर्मिता का सिक्का जमा लेते हैं।[3] 'असमान महल' में सरदार जाफ़री और मजाज़ की खूबसूरत शायरी को उतनी ही खूबसूरत तर्जों में जे.पी. कौशिक ने बाँधा था–'तूने समझा ही नहीं क्या है हक़ीकत मेरी' (विजया), 'खूबसूरत है तेरी तरह शिकायत तेरी' (महेंद्र), 'मैं आहें भर नहीं सकता मैं नगमे गा नहीं सकता' (महेंद्र, विजया) आदि।

कौशिक का संगीत-प्रयोगों का संगीत होकर भी मूलतः यथार्थवादी रहा है। फ़िल्मों के परिवेश के यथार्थ को उसकी तमाम बारीकियों और बिम्बों के साथ उभारने में ही उनकी प्रयोगधर्मिता सामने आई है। सामंतवादी परिवेश के लिए महफ़िलों की संगीत-शैलियाँ, आधुनिक शहरी यांत्रिकता के लिए संगीत के प्रतीकात्मक उपयुक्त टुकड़े, ग्राम्य जीवन के अनुरूप लोकरंजक संगीत–आवश्यकता के हिसाब से सभी प्रकार का संगीत उन्होंने दिया। यह दूसरी बात है कि ग़ज़लों और शायराना धुनों में ही उनकी रचनात्मकता का कौशल सबसे खूबसूरती से उभरा। पर प्रतिभा के बावजूद जे.पी. कौशिक केवल ख्वाजा अहमद अब्बास के ही संगीतकार बनकर रह गए। अन्य निर्माताओं का ध्यान उनकी ओर गया ही नहीं। अब्बास की ही 'बम्बई रात की बाँहों में' (1967) में फिर उनका संगीत था पर हसन कमाल के गीत सरदार जाफ़री वाली चीज़ न ला सके। वैसे 'दिल जो दुनिया के ग़मो-दर्द से घबराया है' (महेंद्र, सुलक्षणा पंडित) और 'उसने जो कहा मुझसे एक गीत सुना दो न' (कृष्णा कल्ले) अच्छे ही गीत थे। अमिताभ बच्चन की प्रथम फ़िल्म 'सात हिंदुस्तानी' (1969) में भी अब्बास ने जगफूल कौशिक को ही संगीत का दायित्व सौंपा, पर देशभक्ति के इन गीतों में कोई विशेषता पैदा करने में जे.पी. कौशिक असफल रहे। इसी बीच जे.पी. कौशिक ने एक-दो रील की 'भारत-कथा' नामक फ़िल्म का संगीत भी दिया, जिसमें रामायण की लोकधुनों से लेकर, रागमालिका, कव्वाली, गज़ल सभी का खूबसूरत समावेश था। इसके बाद के दशक में जे.पी. कौशिक गायब से रहे। वैसे 'बस्ती और बाजार' (1977) में 'अगर आहे करते बदनाम होते' (मन्ना डे, बेला सावेर) एक अच्छी कृति थी। जे.पी. कौशिक की संगीतबद्ध मुकेश के गाए रूमानी 'आज गगन से चंदा उतरा' और कशिश-भरे 'बात अधूरी रह गई' जैसे गैरफ़िल्मी गीत भी अपने ज़माने में बहुत लोकप्रिय रहे थे।

बहुत बाद में 'आँखिन देखी' (1978), 'धमाका' (1980), और 'सिस्टर' (1980) में संगीतकार के रूप में जे. कौशिक का नाम हमें फिर मिलता है। 'आँखिन देखी' में राग जोगिया कलिंगड़ा में रफ़ी से पारम्परिक रचना 'उठ जाग मुसाफिर भोर भई' उन्होंने बहुत ही अच्छा गवाया था। इसी फ़िल्म का रफ़ी, सुलक्षणा पंडित का लोकशैली पर बनाया 'सोना रे तुझे कैसे मिलूँ' अच्छा गीत था जो लोकप्रिय भी रहा था। 'धमाका' में कौशिक ने निदा फ़ाजली के कलाम 'मौसम अपने मीत पुराने' को महेन्द्र कपूर से गवाया था। 'सिस्टर' (1980) में जे. कौशिक ने खोई हुई गायिका मुबारक बेगम से एक अच्छी गज़ल 'जिंदगी हम तेरी हद से गुज़र गए' के साथ सितार, तबले और सारंगी का अच्छा समाँ बाँधा था। इसी फ़िल्म में राजदीप नामक नये गायक से मुशायरे की शैली में 'जुल्फें सँवारने' गीत भी बहुत अच्छा बना था। फ़िल्म 'अधूरा मिलन' के लिए उन्होंने नितिन मुकेश के स्वर में एक बहुत सुंदर रचना 'बावफ़ा हम हरदम रहे' गवाई थी (जिसके बीट्स आर.डी. बर्मन के 'तेरी कसम' के 'क्या हुआ एक बात पर बरसों का याराना गया' से काफ़ी मिलते हैं)। 'साँझी' (1984) में भी जे.पी. कौशिक ने विविध रंगों की कम्पोज़ीशन्स का अपना हुनर एक बार फिर दिखाया। 'रात में तारों भरी तन्हाइयाँ', 'मुहब्बत से हमें अपना' जैसी शायराना रूमानी रचनाएँ, राजस्थानी लोकशैली में 'बादल रूठया री सखी', या 'बबम बम बम लहरी', 'मस्जिद में जा के' जैसी ग्रामीण रंग की कव्वाली, पंजाबी लोकशैली की 'मन्ने आवै हिचकी' और मुजरा-शैली में 'तोरे मुखड़े पे जम गई नजरिया' जैसे गीतों का अपना आकर्षण था, पर बाज़ार नहीं था। 'चंद्रावल' (1988) और हरियाणवी फ़िल्म 'लाड्डो बसंती' में संगीत देते हुए कौशिक के दिलराज कौर, विजया मजुमदार, भाल सिंह, भूपेंद्र आदि से गवाए गीतों को क्षेत्रीय लोकप्रियता मिली थी, पर हिंदी फ़िल्मों की उनकी यात्रा अब समाप्त-सी ही थी।

संदर्भ

1. 'रंगमंच' : जगफूल कौशिक : प्रयोग और सपना, माधुरी, 29 जुलाई, 1966
2. हरमिंदर सिंह हमराज : हिंदी फ़िल्म गीतकोश, भाग 4 (1961-70)
3. माधुरी, 29 जुलाई, 1966–वही

लक्ष्मीकांत-प्यारेलाल

'चंदा को ढूँढने सभी तारे निकल पड़े'

लक्ष्मीकांत-प्यारेलाल शंकर-जयकिशन की ही तरह उन विरले संगीतकारों में थे जिनकी पहली ही फ़िल्म का हर गाना सुपरहिट हुआ, और बहुत जल्द ही व्यावसायिक रूप से वे उस चोटी को पा गए जिसके लिए कई संगीतकार दशकों तक संघर्ष के बाद भी असफल रहते थे। यूँ लक्ष्मीकांत की ज़िन्दगी के आरम्भिक वर्ष बड़ी ग़रीबी और तंगहाली में गुज़रे। पारला (पूर्व) की झोपड़पट्टी में कीचड़ के बीच में वे रहते थे। संगीत में बचपन से ही रुचि थी और बालमुकुन्द जी से मैंडोलिन सीखते थे। मुफ़लिसी इतनी थी कि रास्ते में चौकन्ने होकर चलते थे कि कहीं गिरे पैसे ही मिल जाएँ। एक बार गिरी अठन्नी मिल गई तो दादर में ठाठ से बटाटा-बड़ा और पाव-भाजी खाई। रोजी-रोटी की तलाश में एक बार डबिंग के दौरान गुजराती निर्देशक मनहर रस कपूर ने फ़िल्मों में बाल कलाकार के रूप में काम करने का न्यौता दिया। पाँच-छः फ़िल्में साइन भी कीं–कुछ तो बंद हो गईं और कुछ बनीं भी, पर इसी बीच ज़बर्दस्त रूप से न्यूमोनिया ने उन्हें जकड़ लिया और जब मौत के मुँह से उबरे तो संगीत का सहारा ही बचा था। संघर्ष के इसी दौर में रेडियो क्लब के एक कार्यक्रम में वे मैंडोलिन बजा रहे थे जहाँ लता भी आई थीं। लता मंगेशकर को किसी ने लक्ष्मीकांत की कठिन परिस्थिति के बारे में बताया तो लता ने लक्ष्मीकांत को शंकर-जयकिशन, बसंत देसाई, सचिन देव बर्मन आदि कई संगीतकारों से मिलाया और उनके ऑरकेस्ट्रा में काम दिलाया। इसी बीच हृदयनाथ मंगेशकर ने 'सुरेल कला केंद्र' के नाम से बच्चों के ऑरकेस्ट्रा की

युवा लक्ष्मीकांत-प्यारेलाल

योजना बनाई और लक्ष्मीकांत को उसमें शामिल किया। लक्ष्मीकांत ने एक हमउम्र बालक को एक कार्यक्रम में वॉयलिन बजाते सुना था और उससे प्रभावित हुए थे। पता चला कि वह बालक कैडल रोड पर क्रिकेट खेलने आता था। ढूँढ़-ढाँढ़कर लक्ष्मी ने उसे खोज निकाला और इस तरह प्यारेलाल का साथ मिला। प्यारेलाल अपने समय के प्रसिद्ध संगीतकार और कई संगीतकारों के गुरु रामप्रसाद के पुत्र थे और वाद्य-यंत्रों का ज्ञान उन्हें विरासत में ही अपार मिला था। प्यारेलाल ने भी लक्ष्मीकांत की तरह ही 'डोलती नैया' और 'मुन्ना' फ़िल्मों में छोटे रोल किए थे। प्यारेलाल संगीतकार बुलो. सी. रानी के सहायक के रूप में संगीत की दुनिया में आए। लक्ष्मीकांत-प्यारेलाल ने पंडित हुस्नलाल से भी वॉयलिन सीखा था और वे फ़िल्म-जगत में वर्षों तक कल्याणजी-आनंदजी के सहायक रहे (और कहा जाता है कि 'डम डम डिगा डिगा' जैसे वाद्य-संयोजन में लक्ष्मीकांत-प्यारेलाल की स्पष्ट छाप

थी), और बाद में 'बहू बेगम' में रोशन के भी अरेंजर रहे। छठे दशक के कई मशहूर गीतों में लक्ष्मीकांत ने मैंडोलिन बजाया था। उदाहरण के लिए 'लाजवंती' के 'कोई आया धड़कन कहती है' में उनका बज़ाया मैंडोलिन तो आज तक चमत्कृत करता है। कद में लक्ष्मीकांत इतने छोटे थे कि कई बार स्टूल पर उन्हें खड़े होकर बजाना पड़ता था। पर स्वतंत्र रूप से पहली बार 'तुमसे प्यार हो गया', 'पिया लोग क्या कहेंगे' और 'छैला बाबू' में संगीत देने का अवसर मिला। 'तुमसे प्यार हो गया' और 'छैला बाबू' दोनों के लिए चार-चार गाने भी रेकॉर्ड हो गये पर 'तुमसे प्यार हो गया' के निर्माता ही भाग निकले और 'छैला बाबू'– रुक गई (बाद में कुछ वर्षों बाद जाकर यह पूरी हो रिलीज़ हुई)। 'सिंदबाद' के लिए भी रेकॉर्डिंग हुई पर फिल्म पूरी न हुई। 'तुमसे प्यार हो गया' के लिए उनकी पहली रेकॉर्डिंग 'कल रात एक सपना देखा' (लता, सुबीर सेन) तो आज तक विलुप्त ही है, पर 'पिया लोग क्या कहेंगे' के इसी मुखड़े के लता के गाए शीर्षक गीत की धुन उन्होंने आगे जाकर 'दोस्ती' के 'चाहूँगा मैं तुझे साँझ-सवेरे' में इस्तेमाल कर लिया। इसी बीच बाबूभाई मिस्त्री की 'पारसमणि' जैसी 'सी' ग्रेड फ़ैंटेंसी फ़िल्म मिली। यों तो 'पारसमणि' (1963) एक स्वप्न चित्र ही था और बैनर भी बड़ा नहीं था, पर इस 'सी' ग्रेड फिल्म का भी हर गाना सुपरहिट कराकर लक्ष्मी-प्यारे ने उन तमाम संगीतकारों को चुनौती-सी दी जो अपनी असफलता का कारण बड़े बैनर और बड़े स्टार्स की फिल्म में अवसर न मिलना बताते थे। दरअसल लक्ष्मी-प्यारे में शंकर-जयकिशन की ही भाँति कर्णप्रियता के साथ-साथ संगीत की वह दुर्लभ पकड़ थी जो गीतों को न सिर्फ गुणवत्ता की दृष्टि से बल्कि श्रोताओं की पसंद को ध्यान में रखकर व्यावसायिक दृष्टि से भी लोकप्रिय और सफल बनाती थी। इसी कारण यह इत्तफ़ाक़ नहीं है कि सातवें दशक में शंकर-जयकिशन के वर्चस्व को चुनौती देनेवाले लक्ष्मी-प्यारे ही बने। लक्ष्मीकांत-प्यारेलाल ने शंकर-जयकिशन के अस्त्र से ही उनके प्रभुत्व को ललकारा और फ़िल्म-जगत में अपनी पैठ बनाने के लिए शंकर-जयकिशन की तरह ही चालें चलने से भी न चूके।

वयस्क लक्ष्मीकांत-प्यारेलाल

'पारसमणि' (1963) तो 'बरसात' की तरह बड़े सितारों या कोई नई शैली लेकर भी नहीं आई थी, फिर भी लक्ष्मी-प्यारे ने फ़िल्म का हर गीत लोकप्रियता की चोटी तक पहुँचाया। लता और कमल बारोट का भैरवी आधारित 'हँसता हुआ नूरानी चेहरा' (जो कि मूलतः 'सिंदबाद' के लिए रेकॉर्ड किया गया था) और लता, साथियों का 'उई माँ उई माँ ये क्या हो गया' अपने गज़ब के रिद्म और ताल से श्रोताओं के मन-मस्तिष्क पर छा गया। जहाँ एक तरफ़ मीठी-सी रवानगी लिए सम्भवतः अल्हैया बिलावल में 'चोरी-चोरी जो तुमसे मिली तो लोग क्या कहेंगे' (लता, मुकेश) जैसा गीत था, वहीं दूसरी तरफ रूमानियत का नर्म सा ख़ुमार लिए 'मेरे दिल में हलकी-सी जो खलिश है' (लता) और यमन कल्याण के सुरों पर कहरवा में तैरती 'वो जब याद आए बहुत याद आए' (रफ़ी, लता) और पहाड़ी में 'रोशन तुम्हीं से दुनिया' (रफ़ी) जैसी धुनें थीं। उस वक्त रेडियो सीलोन के 'बिनाका गीतमाला' के समय लक्ष्मी-प्यारे अपने छज्जे पर जाकर पास की पान की दुकानों से गानों को सुना करते थे। जब भी 'पारसमणि' का कोई गीत बजता था तो सभी दुकानवाले लक्ष्मी-प्यारे से पहचान के कारण जोर से जयघोष करते थे। दरअसल लक्ष्मी-प्यारे के संगीत में ढोलक और तबले के रिद्म का महत्त्व तो था, पर ओ.पी. नैयर की तरह रिद्म के obsession के इल्ज़ाम से उन्होंने अपने को बचाए रखा। लक्ष्मी-प्यारे के संगीत में धुन के साथ-साथ ऑरकेस्ट्रेशन का भी कमाल का प्रयोग आरम्भ से ही मिलता है। कहा जाता है कि प्यारेलाल जैसा अरेंजर तो कोई दूसरा हुआ ही नहीं। मेलोडी के साथ ऑरकेस्ट्रा का कर्णप्रिय सामंजस्य ही लक्ष्मी-प्यारे की विशेषता बना–कभी लोक, कभी शास्त्रीय, कभी आधुनिक तो कभी पारम्परिक सभी तरह के गानों को वे बड़ी मेहनत से सजाते-सँवारते थे। विले-पार्ले के म्यूज़िक रूम में दिन-रात की मेहनत उनकी सफलता का एक बहुत बड़ा कारण था, विशेषकर उस समय जब शंकर-जयकिशन सफलता की चकाचौंध में थोड़े complacent हो चले थे।

लक्ष्मी-प्यारे की सफलता के पीछे एक और बहुत बड़ा कारण था उन पर लता मंगेशकर की कृपादृष्टि। लता द्वारा लक्ष्मी को ऑरकेस्ट्रा में काम दिलाने का ज़िक्र पहले ही आ चुका है। लता मंगेशकर ने आरम्भ से ही लक्ष्मी-प्यारे को न सिर्फ़ प्रोत्साहन दिया बल्कि उनके लिए गाने को लता का हमेशा तैयार रहना फिल्म-संगीत में लक्ष्मी-प्यारे की प्रतिष्ठा और हैसियत के लिए वरदान सिद्ध हुआ। दरअसल यह वह ज़माना था, जब 'संगम' के बाद लता आर.के. कैम्प और शंकर-जयकिशन से कुछ कारणों से खिंची-खिंची रहने लगी थीं, लक्ष्मी-प्यारे को इसका पूरा फ़ायदा मिला और उन्होंने उठाया भी। प्रतिभा के धनी तो वे थे ही और 'हरिश्चन्द्र-तारामती' (1963) जैसी पौराणिक फ़िल्म में भी कलावती पर 'मेघवा गगन बीच झाँके' (लता) और 'जगत भर की रोशनी

के लिए' (हेमंत) जैसे उदात्त तथा 'आया तूफ़ान' (1964) जैसी स्टंट फ़िल्म में भी 'अभी कमसिन हो नादाँ हो जाने जाना' (रफ़ी के 'रेयर जेम्स' कैसेट में शामिल), 'ज़रा सँभालना मेरी जां अपनी निगाहें' (मुकेश, लता, कमल बारोट), 'तोहर नाम लइके छोड़ा है ज़माना' (लता, उषा मंगेशकर), 'आपने क्या कहा मैंने क्या सुन लिया' (लता) और 'हम प्यार किए जाएँगे, कोई रोक सके तो' (लता, साथी) जैसे मधुर और लोकप्रिय गीत दे सकते थे। पर फ़िल्मफ़ेयर पुरस्कारों पर शंकर-जयकिशन के कुछ जायज और कुछ नाजायज तरीके के वर्चस्व को उनसे बढ़कर नाजायज़ी से तोड़ना और 'संगम'को पछाड़ कर 'दोस्ती' (1964) के लिए तिकड़मबाज़ी से फ़िल्मफ़ेयर पुरस्कार प्राप्त करना सफलता के लिए इनके हदों को तोड़नेवाली महत्त्वाकांक्षा दर्शाता है। लक्ष्मी-प्यारे ने वर्षों बाद स्वयं कबूल किया कि 'दोस्ती' के लिए सर्वश्रेष्ठ संगीत का फ़िल्मफ़ेयर पुरस्कार उन्होंने तिकड़म से प्राप्त किया था।[1] ऐसा नहीं था कि 'दोस्ती' का संगीत उत्कृष्ट नहीं था। पहाड़ी पर आधारित 'चाहूँगा मैं तुझे साँझ सवेरे' (रफ़ी), 'जाने वालो ज़रा मुड़ के देखो (रफ़ी), 'मेरा तो जो भी कदम है वो तेरी राह में है' (रफ़ी) और कलावती पर रचित माउथ ऑर्गन के सुंदर प्रयोगवाले 'राही मनवा दुःख की चिंता क्यों सताती है' (रफ़ी) जैसी दर्दीली धुनें तथा पुनः पहाड़ी की ही छाया लिए 'गुड़िया हमसे रूठी रहोगी' (लता) जैसी वात्सल्य से परिपूर्ण तर्ज़ का अपना आकर्षण था, पर मुद्दे की बात यह थी कि शंकर-जयकिशन को उन्हीं की चाल से मात देकर लक्ष्मी-प्यारे ने फ़िल्म-जगत में चोटी के सर्वाधिक प्रमुख दावेदार के रूप में अपने नाम का ऐलान-सा कर दिया। छोटे बजट की फ़िल्मों के सहारे इतनी सफलता फ़िल्म-संगीत के इतिहास में इतने अल्प समय में किसी अन्य संगीतकार ने अर्जित नहीं की थी। यह भी एक रोचक तथ्य है कि 'चाहूँगा मैं तुझे साँझ सवेरे' की धुन मूलतः लक्ष्मी-प्यारे ने नायिका पर फ़िल्माने के लिए 'पिया लोग क्या कहेंगे' फ़िल्म के लिए (जैसा ऊपर लिखा गया है) बनाई थी और गाने की रेकॉर्डिंग के बाद भी वे इस गीत को लेकर सशंकित थे और इसे निकाल देना चाहते थे। पर रफ़ी और मजरूह ने इस गीत के बारे में इतना विश्वास दिखाया कि गीत रहने दिया गया। बाद में यह गीत 'दोस्ती' का सबसे यादगार गीत बना, यह सबसे मजेदार विडम्बना थी।

कहते हैं कि प्यारेलाल से अच्छा अरेंजर दूसरा नहीं हुआ

शास्त्रीय संगीत पर अपनी मजबूत पकड़ और शास्त्रीयता को सुगम स्वरों में ढालने की कला का लक्ष्मी-प्यारे का इस दौर का सर्वश्रेष्ठ उदाहरण बनकर 'संत ज्ञानेश्वर' का संगीत आया जिसमें बहुलोकप्रिय भैरवी आधारित 'जोत से जोत जगाते चलो' (मुकेश, लता) के अलावा मिश्र शिवरंजनी आधारित प्रशंसित गीत 'खबर मोरी ना लीनी बहुत दिन बीते' (लता), तोड़ी आधारित 'जागो रे जागो प्रभात आया' (मन्ना डे, साथी) और पुनः तोड़ी ही आधारित 'हर नई किरण' (मन्ना डे) जैसे गीत शामिल थे।

लक्ष्मी-प्यारे अपनी कई धुनों में एक बड़ी मोहक ताजगी लेकर आए थे। 'मि. एक्स इन बॉम्बे' (1964, में किशोर का सदाबहार गीत 'मेरे महबूब क़यामत होगी' की धुन की खूबसूरती तो अप्रतिम थी। इस गीत को जिस क़शिश से लक्ष्मी-प्यारे ने बनाया है, यह इस गीत के आज तक न कम हुए जादू का कारण है। 'मि. एक्स इन बॉम्बे' ही वह फ़िल्म है जिसके साथ पहली बार आनंद बक्शी और लक्ष्मी-प्यारे का गीतकार-संगीतकार के रूप में साथ हुआ जो वर्षों तक जारी रहा। लता तो उनके लिए अपना सर्वश्रेष्ठ गायन प्रदान कर ही रही थीं। 'जुल्मी हमारे साँवरिया हो राम' (मि. एक्स इन बॉम्बे, 1964), कलावती पर सृजित 'कभी तो मिलोगे जीवन साथी' (सती सावित्री, 1964), शुद्ध कल्याण रूपक ताल पर रचित मन्ना डे के साथ गाया वह अनुपम, कोमल प्रणय से विभोर गीत 'तुम गगन के चंद्रमा हो' (सती सावित्री, 1964), यमन पर आधारित 'जीवन डोर तुम्हीं संग बाँधी' और बिहाग या झिंझोटी की छाया लिए 'सखी री पी को' की शास्त्रीय धाराएँ हों या 'खुदाया खुदाया मुहब्बत न होती (बॉक्सर, 1965) 'किसी को पता न चले बात का' (लुटेरा, 1965), मिश्र पहाड़ी पर आधारित 'पायल की झंकार रस्ते-रस्ते' (मेरे लाल, 1966) और 'एक तो ये बहार' (डाकू मंगलसिंह, 1966) की तालबद्ध गति हो, अत्यन्त कर्णप्रिय 'सनम राह भूले यहाँ आते-आते' (लुटेरा, 1965), 'नींद कभी रहती थी आँखों में अब रहते हैं साँवरिया' (आसरा, 1966), बेहद खूबसूरत 'तुम कौन हो बताओ तुम्हारा नाम है क्या' (आसरा, 1966), 'सुनो सजना पपीहे ने' (आए दिन बहार के, 1966) और 'निंदिया न आए' (छोटा भाई, 1966) की कलात्मकता हो, या फिर 'माँ मुझे अपने आँचल में छुपा लो' (छोटा भाई, 1966) की वेदना हो, लता के साथ लक्ष्मीकांत-प्यारेलाल हर विधा में अपनी प्रतिभा और व्यावसायिक कौशल को साथ लेकर बढ़ रहे थे।

शंकर-जयकिशन की लोकप्रिय रचनाओं को चुनौती देता इस दौर के लक्ष्मी-प्यारे का संगीत जहाँ एक ओर लता को लेकर चला, वहीं दूसरी ओर 'रुक जा रोकता है ये ज़माना' (किशोर–मि. एक्स इन बॉम्बे, 1964), भैरवी में 'चली रे चली रे गोरी पनिया

भरन को' (किशोर, लता—मि. एक्स इन बॉम्बे, 1964), 'हम सब उस्ताद हैं' (1965) के यमन आधारित 'अजनबी तुम जाने-पहचाने से लगते हो' (किशोर, लता), 'सुनो जानाँ सुनो जानाँ मेरे पहलू से मत जाना' (किशोर), 'क्या तेरी ज़ुल्फें हैं' (आशा, किशोर) और 'प्यार बाँटते चलो' (किशोर, साथी) जैसे गीतों तथा 'श्रीमान फंटूश' (1965) के 'सुल्ताना सुल्ताना तू न घबराना' (लता, किशोर) की ताल, 'यह दर्द भरा अफ़साना' (किशोर) की वेदना और 'वो झरोखे से जो झाँके तो इतना पूछूँ मैं रुकूँ या चला जाऊँ' (किशोर) की गति और रिद्म के सहारे कई किशोर कुमार अभिनीत फ़िल्मों के संगीत की विशेष शैली को उभारकर मजबूत बना। ये फ़िल्में बॉक्स ऑफ़िस पर सफल नहीं थीं, पर संगीत बेहद लोकप्रिय हुआ और लक्ष्मीकांत-प्यारेलाल ने असफल फ़िल्म-असफल संगीत के मिथक को इस दौर में लगातार तोड़ा।

धर्मेन्द्र, आशा पारेख अभिनीत 'आए दिन बहार के' (1966) लक्ष्मी-प्यारे की बड़े सितारों वाली पहली महत्त्वपूर्ण फिल्म थी जिसके सभी गीत मेलोडी और ऑरकेस्ट्रेशन के नायाब मिश्रण की मिसाल पेश करते हैं। लता के 'मेरा महबूब है बेमिसाल' और यमन आधारित 'सुनो सजना पपीहे ने कहा सबसे पुकार के', आशा व लता का 'ऐ काश किसी दीवाने को हमसे भी मुहब्बत हो जाए', आशा का ख़माज पर सृजित 'खत लिख दे साँवरिया कि नाम बाबू', रफ़ी का 'मेरे दुश्मन तू मेरी दोस्ती को तरसे' और इन सबसे बढ़कर लय के अनूठे प्रयोग के साथ 'ये कली जब तलक फूल बनकर खिले इंतज़ार इंतज़ार इंतज़ार करो' (लता, महेन्द्र) जैसे नग़मों ने सिद्ध कर दिया कि लक्ष्मी-प्यारे बहुत आगे तक जाएँगे। 'हम जी लेंगे बिन तुम्हारे' (लता, मुकेश—दिल्लगी, 1966) 'पास आकर तो न यूँ शरमाइए' (आशा, रफ़ी—लाडला, 1966), 'आँखों की दुनिया' (लता—लाडला, 1966), 'धागिना धिनक धिन' (मुकेश, उषा मंगेशकर—मेरे लाल, 1966), 'सुनो जी सुनो नया एक गीत सुनाऊँ' (लता—नागमंदिर, 1966) 'रात को बाग में मेरे दिलवर ने'(आशा, किशोर—दुनिया नाचेगी, 1967), 'क्यूँ झुकी झुकी हैं पलकें' (लता, मुकेश—छैला बाबू, 1967) और 'तेरे प्यार ने मुझे ग़म दिया' (रफी—छैला बाबू, 1967) जैसे गीतों में माधुर्य के साथ विविध तालों का बड़ा लुभावना प्रयोग था। तबले या ढोलक का जादू शंकर-जयकिशन के क्रमशः लाउड होने जा रहे ब्रास बैंड और एकॉर्डियन के लिए चुनौती की नई और तेजी से बढ़ती लहर ले कर आया। 'प्यार किये जा' (1966) के 'किसने पुकारा मुझे मैं आ गई' (लता, महेन्द्र) की नर्म मिठास और 'फूल बन जाऊँगा शर्त ये है मगर' (लता, महेन्द्र) के लय एवं ताल का संगम, 'सौ साल बाद' (1966) के 'ये रात भी जा रही है' (लता) की तान, 'न जइयो राधे' (रफ़ी) की वृंदावनी सारंग या 'जिया नाहीं लागे' (लता) की झिंझोटी कान्हड़ आधारित मेलोडी या 'इक ऋतु आए इक ऋतु जाए' (लता, मन्ना डे) की अहीर भैरवी, बागेश्वरी, मल्हार और बसंत बहार की रागमलिका की गत, 'अनीता' (1967) के 'पिछवाड़े बुड्ढा खाँसता' (लता) का उल्लास, भैरवी में 'मैं देखूँ जिस ओर सखी री सामने मेरे साँवरिया' या 'करीब आ कि नज़र' (लता) का माधुर्य और मुकेश के दो बेहतरीन सदाबहार प्रेम गीतों—ख़माज में स्वर्गिक delicacy लिए हुए 'गोरे-गोरे चाँद से मुख पर काली-काली आँखें हैं' और यमन कल्याण या तिलक श्याम की लहरों पर धीरे-धीरे उठता 'तुम बिन जीवन कैसे बीता पूछो मेरे दिल से' की रूमानियत—ये सभी इसी लहर के उदाहरण हैं। 'दिल्लगी' (1966) में तो लक्ष्मी-प्यारे के कम्पोज़ लता के दो गीतों की चर्चा अलग से करनी चाहिए। नर्म सुरों और आधुनिक वाद्य संयोजन के साथ ऑफ़-बीट शैली की 'मेरे दिल पे चल रहे हैं' में कहरवा का चमत्कृत करनेवाला आधुनिकीकरण और बेहत अलग-सी धुन लिए 'क्या कहूँ आज क्या बात है' अपनी ऑफ़-बीट शैली, गिटार के प्रयोग और लहराते अंदाज़ से लता और लक्ष्मी-प्यारे की जुगलबंदी की चरम कलात्मकता के उदाहरणों के रूप में याद रखने लायक है। यह आश्चर्य ही है कि ये गीत आज लगभग विस्मृत-से हो चुके हैं।

लक्ष्मीकांत-प्यारेलाल, लता और रफ़ी

लता के लिए लक्ष्मीकांत-प्यारेलाल कितने महत्त्वपूर्ण हो चुके थे, यह प्रकट हुआ जब 1967 में अपनी सिल्वर जुबली पर एच.एम.व्ही. द्वारा आयोजित सार्वजनिक सम्मेलन में लता ने अपने तब तक के सर्वश्रेष्ठ 10 गीतों में लक्ष्मी-प्यारे के 'जीवन डोर तुम्हीं संग बाँधी' को स्थान दिया जबकि शंकर-जयकिशन और सचिनदेव बर्मन जैसे वरिष्ठ संगीतकारों के एक भी गीत को नहीं चुना। सचिन देव से उनका एक समय वर्षों तक रहा मनमुटाव और शंकर-जयकिशन से बढ़ रहा अनमनापन कहाँ तक इस तथ्य के कारण थे, यह तो बहस के मुद्दे हैं (और बने थे), पर यह निर्विवाद था कि लता ने अपने विराट, प्रश्नातीत और भव्य प्रतिष्ठा से भरी उद्घोषणा में लक्ष्मी-प्यारे जैसे कनिष्ठ संगीतकारों को शामिल करके यह संकेत दे दिया था कि भविष्य लक्ष्मी-प्यारे का

था और लता इस भविष्य को अपने महत्व के कारण सुनिश्चित करने में सक्षम थीं।[2] यह भी बड़ा रोचक है कि 1967 ही वह वर्ष बना जब लक्ष्मी-प्यारे ने लोकप्रियता में शंकर-जयकिशन समेत सभी संगीतकारों को पीछे छोड़ने में सफलता प्राप्त की। शंकर-जयकिशन की 'दीवाना', 'छोटी-सी मुलाकात', 'गुनाहों का देवता', 'एराउंड द वर्ल्ड', 'हरे काँच की चूड़ियाँ', और 'रात और दिन' जैसी फ़िल्मों के गीत लक्ष्मी-प्यारे की 'अनीता', 'फ़र्ज़', 'मिलन', 'शागिर्द', 'नाइट इन लंडन', 'पत्थर के सनम' और 'तकदीर' के गानों की लोकप्रियता के आगे कमतर ही रहे। 'अनीता' में मुकेश को एक अद्‌भुत रूमानी अंदाज़ में पेश करनेवाले लक्ष्मी-प्यारे की 'मिलन' को तो मुकेश की वापसी की फ़िल्म भी कहा जाता है। 'मिलन' का तो हर गाना ही सुपरहिट था। लोकशैली में पहाड़ी के सुरों की छाया लेकर सृजित 'सावन का महीना पवन करे सोर' (लता, मुकेश) और 'तोहे साँवरिया नाहीं खबरिया' (लता), भैरवी में रचित 'हम-तुम युग-युग से ये गीत मिलन के' (लता, मुकेश), लोरी की शैली में मुकेश द्वारा मानो अपनी आत्मा से गाया गया सम्भवतः काफ़ी आधारित 'राम करे ऐसा हो जाए', दर्द की शिवरंजनी आधारित तालों से अभिभूत करता 'मुबारक हो सबको समाँ ये सुहाना' (मुकेश), जिसकी धुन निर्माता से मुलाकात के आधे घंटे पहले प्रभादेवी की एक पान दुकान में लक्ष्मीकांत को सूझी थी, चारुकेशी में रचित 'आज दिल पे कोई ज़ोर चलता नहीं' (लता) और नोक-झोंक को मेलोडी में पिरोता 'बोल गोरी बोल तेरा कौन पिया' (मुकेश, लता)—ये सभी गीत सुबह, दोपहर, शाम हर गली, हर मुहल्ले और हर बाज़ार में बजे। 'सावन का महीना पवन करे सोर' 1967 की वार्षिक बिनाका का चोटी का गीत भी बना, और अंत तक मुकेश इसे अपने हर कंसर्ट में गाते रहे। 'मुबारक हो सबको समाँ ये सुहाना' की तरह पान के बेहद शौकीन लक्ष्मीकांत की कई धुनें पान चबाते और उसका आनंद लेते ही बनती थीं।

मुकेश और लता 'मिलन' की रेकॉर्डिंग पर

1967 में तो फ़रमाइशी गानों पर लक्ष्मी-प्यारे का ही वर्चस्व था। फ़र्ज़' के 'मस्त बहारों का मैं आशिक' (रफ़ी), 'तुमसे ओ हसीना कभी मुहब्बत न मैंने करनी थी' (रफ़ी, सुमन), 'बार-बार दिन ये आए' (रफ़ी, साथी), 'देखो, देखो जी, सोचो जी, कुछ समझो जी' (लता) और 'हम तो तेरे आशिक हैं सदियों पुराने' (लता, मुकेश) रिद्म और बीट्स का एक प्रवाह बनकर हर रेडियो, हर ग्रामोफ़ोन पर गूँजे तो 'जाल' के 'रोकना है अगर रोक लीजे मगर' (लता) और 'मेरी ज़िन्दगी के चराग को' (लता) की मेलोडी और गिटार के कॉड्र्स पर 'धड़का है दिल में प्यार तुम्हारा' (लता) की रिद्म, 'मिलन की रात' के 'ग़म की बदली छाई जुदाई ले के आई लिन की रात' (मुकेश) के गम्भीर सुर, 'नाइट इन लंडन' के खुमार-भरे 'बाहोशो हवास में दीवाना' (रफ़ी), 'नज़र न लग जाए किसी की राहों में' (रफ़ी) और 'सुन सुन बहारे हुस्न' (लता, महेन्द्र) तथा 'मेरा नाम है जमीला' (लता) जैसे नाइटक्लबनुमा गीत या 'तक़दीर' की सदाबहार मेलोडी 'जब जब बहार आई और फूल मुस्कुराए, मुझे तुम याद आए' (लता, रफ़ी, महेन्द्र, उषा मंगेशकर, उषा तिमोथी) और क़शिश-भरा 'मुझे भूल जाना' (रफ़ी) भी अधिक पीछे नहीं रहे। मनोज कुमार, वहीदा और मुमताज़ की फ़िल्म 'पत्थर के सनम' के लिए लक्ष्मी-प्यारे ने जहाँ रफ़ी से इस फ़िल्म का गम्भीर शीर्षक गीत 'पत्थर के सनम तुझे हमने मुहब्बत का खुदा जाना' गवाया, वहीं मुकेश को एक नए अंदाज़ में 'तौबा ये मतवाली चाल' में पेश किया। लता के 'बता दूँ क्या लाना' और 'कोई नहीं है फिर भी है मुझको' भी हिट रहे पर सबसे उल्लेखनीय और लोकप्रिय रहा शंकर-जयकिशन की ही पसंदीदा भैरवी को अपने रिद्म के जादू में बाँधकर पेश किया गया 'महबूब मेरे, महबूब मेरे तू है तो दुनिया कितनी हसीं है' (मुकेश, लता)।

'मिलन' की ही तरह सुबोध मुखर्जी की प्रोडक्शन्स की 'शागिर्द' (1967) भी लोकप्रिय संगीत की दृष्टि से लक्ष्मी-प्यारे के लिए एक मील का पत्थर साबित हुई। बिलावल थाट पर रफ़ी का शरारतपूर्ण 'बड़े मियाँ दीवाने ऐसे न बनो' के शोख सुरों से होता हुआ और 'दिल-विल प्यार-व्यार मैं क्या जानूँ रे' (लता) की चरम लहरों से गुज़रता हुआ लक्ष्मी-प्यारे का संगीत कहीं नर्म और कोमल बन कर 'वो है ज़रा खफ़ा-खफ़ा' (लता, रफ़ी) के मद्धिम तरंगों को छूता है तो कहीं 'रुक जा ऐ हवा, उड़ के पवन के संग चलूँगी' (लता) के संग उड़ते हुए 'कान्हा आन पड़ी मैं तेरे द्वार' के साथ माँझ खमाज की एक उत्कृष्ट रचना प्रस्तुत करता है। 'शागिर्द' के गाने अगले वर्ष भी खूब चले और सालाना बिनाका गीतमाला में सर्वोच्च रहा लता का 'दिल-विल प्यार-व्यार मैं क्या जानूँ रे'। लता ने इस गीत के सृजन की एक रोचक कहानी बताई है। हुआ यूँ कि एक दफ़ा लता ने मज़रूह से

ज़िक्र किया कि वे एक व्यक्ति को जानती हैं जो हमेशा तुकों में बोलता है–'चाय-वाय लाऊँ', 'खाना-वाना खाएँ'। इसी से मज़रूह को इस गीत के मुखड़े की प्रेरणा मिली। मुखड़े के अंत में 'अइया' शब्द की अदायगी तो गली-गली दुहरानेवाली अदायगी बन गई।

1967 की शानदार सफलता से फिर तो फ़िल्मों की कतार ही लग गई। लक्ष्मी-प्यारे की व्यस्तता भी काफ़ी बढ़ गई थी और एक बार तो रफ़ी की विदेश-यात्रा को देखते हुए उन्होंने एक ही दिन में रफ़ी से 'अनजाना', 'प्यासी शाम' और 'मन की आँखें' के गीतों की रेकॉर्डिंग तक की थी। पर दशक के अंत तक 3 वर्षों में लगभग 40 फिल्मों में संगीत देकर भी लक्ष्मी-प्यारे ने मूलतः अपने संगीत को स्तरहीन नहीं होने दिया। 'साधु और शैतान' (1968), 'स्पाई इन रोम' (1968) जैसी इक्का-दुक्का फ़िल्मों को छोड़ दिया जाए, तो लक्ष्मी-प्यारे ने शेष फ़िल्मों में भारतीय मूल की मेलोडी और रिद्म का सहारा इस दशक में तो नहीं छोड़ा। यह भारतीयता स्पष्ट रूप से 'राजा और रंक' (1968) के 'ओ फिरकी वाली' (रफ़ी), 'मेरा नाम है चमेली मैं हूँ मालनिया अलबेली' (लता), 'संग बसंती अंग बसंती रंग बसंती छा गया' (लता, रफी, साथी), 'तू कितनी अच्छी है' (लता), 'इज़्ज़त' (1968) के आज की मुख्यमंत्री जयललिता पर फ़िल्माए 'जागी बदन में ज्वाला सैंया तूने क्या कर डाला' (लता, साथी) और 'क्या मिलिए ऐसे लोगों से जिनकी फ़ितरत छुपी रहे' (रफ़ी), 'मेरे हमदम मेरे दोस्त' के चारुकेशी पर रचा गीत 'चलो सजना जहाँ तक घटा चले' (लता), 'अनजाना' (1969) के तेज गति वाले 'वो कौन है वो कौन है' (लता, मुकेश, साथी), 'हम बहनों के लिए मेरे भैया' (लता), 'कि जान चली जाए जिया नहीं जाए' (सुमन, रफ़ी) और कशिश-भरा 'मैं राही अनजान राहों का' (रफ़ी), 'आया सावन झूम के' (1968) के 'साथिया नहीं जाना कि जी ना लगे' (लता, रफ़ी), 'आया सावन झूम के' (लता, रफ़ी, साथी) और गाँधीवाद को अपने निराले ढंग से प्रकट करता 'बुरा मत सुनो, बुरा मत देखो' (रफ़ी), 'ज़िगरी दोस्त' (1969) के ज़मीन की गंध लेकर रचा 'मेरे देश में पवन चले पुरवाई' (रफ़ी), 'मेरा दोस्त' (1969) के 'डालेंगे रंग डालेंगे' (लता, मुकेश, साथी), 'साजन' (1969) के 'साजन-साजन पुकारूँ गलियों में' (लता), लोकशैली में 'रेशम की डोरी' (लता, रफ़ी) और अरबी शैली के 'ऐ मेरे मेहरबां' (लता, साथी), 'वापस' (1969) के 'झुन झुना झुन झुना झुन झुना' (उषा मंगेशकर) और तिलंग राग की शास्त्रीयता का पुट लिए 'पैजनिया छनके रामा' (रफ़ी), 'आन मिलो सजना' (1970) के 'तेरे कारण तेरे कारण' (लता) व 'जवानी ओ दीवानी तू ज़िन्दाबाद' (किशोर), 'हिम्मत' (1970) के 'डस गई नागिन सी जुल्फ़ तेरी' (रफ़ी, लता), 'अभिनेत्री' (1970) के बिलावल आधारित 'गा रे मेरे संग मेरे साजना' (लता, किशोर), कलावती आधारित 'ओ घटा साँवरी' (लता) और मेलोडीप्रधान 'सजना ओ सजना' (लता), 'जवाब' (1970) के 'किस कारण जोगन जोग लिया' (रफ़ी), 'मस्ताना' (1970) का शानदार सदाबहार होली गीत 'नंदलाल होली खेलें बिरज में धूम मची है' (मुकेश, आशा, रफी, साथी), 'बचपन' (1970) के लाजवाब 'पर्दा उठने वाला है' (लता), 'आया रे खिलौने वाला' (रफ़ी) और 'मुनिया रे मुनिया' (किशोर), 'शराफ़त' (1970) का 'शराफ़त छोड़ दी मैंने' (लता), 'दो भाई' (1969) के 'ओ हम अहले वफ़ा कर लें' (सुमन, रफ़ी), 'गीत नहीं बन सकते' (आशा, रफ़ी) और मर्म-भरा 'इस दुनिया में ओ दिलवाले' (रफ़ी), 'प्यासी शाम' (1969) के 'आवारा माँझी जाएगा कहाँ' (रफ़ी), और शीर्षक गीत (लता), 'सुहाना सफर' के 'चूड़ियाँ बाज़ार से मंगवा दो' (आशा, रफ़ी) और 'सारी खुशियाँ है' (रफ़ी), 'मन की आँखें' (1970) के 'दिल कहे रुक जा रे रुक जा' (रफ़ी), 'चला भी आ, आ जा र सैया' (लता), बेहद खूबसूरत 'क्या तुम वही हो' (रफ़ी, सुमन) और इन सबसे बढ़कर 'धरती कहे पुकार के' (1969), 'दो रास्ते' (1969) और 'जीने की राह' (1969) के गीतों में द्रष्टव्य होती है। दुलाल गुहा निर्देशित नंदा-जितेन्द्र अभिनीत 'धरती कहे पुकार के' में लता के 'दीये जलाएँ प्यार के चलो इसी खुशी में' की पियानो आधारित सुंदरता अद्‌भुत थी, पर इससे भी भारी पड़ता है यमन की छाया लिए दर्द में डूबकर गाया मुकेश का 'खुशी की वो बात आ गई कोई गीत जगने दो गाओ रे झूम झूम' जिसका वाद्य संयोजन भी ग्रामीण परिवेश के ही अनुरूप था। पर फ़िल्म के दो सबसे मशहूर गीत थे–लोकशैली का ख़माज थाट में बड़ी प्यारी सी धुन लिए 'जे हम तुम चोरी से बँधे एक डोरी से' (लता, मुकेश) और लोकशैली में ही नटखट ग्राम बाला के मनोभावों को अभिव्यक्त करता 'जा रे कारे बदरा बलमा के द्वार वो हैं ऐसे बुद्धू न समझे रे प्यार' (लता)। इन गीतों की याद तो भुलाए नहीं भूलेगी। राजेश खन्ना की 'दो रास्ते' ने अगर लोकप्रियता के आयाम बनाए तो इसका संगीत भी इसके पीछे एक महत्त्वपूर्ण कारण था। किशोर के दर्दीले गीतों में अनुपम यमन कल्याण पर 'खिजाँ के फूल से आती कभी बहार नहीं', मुकेश के गुरु-गम्भीर स्वर में 'दो रंग दुनिया के और दो रास्ते', उषा मंगेशकर की बेबाक आवाज में 'अपनी-अपनी बीवी पे सबको गुरूर है' तो मशहूर हुए ही पर इनसे भी अधिक चले काफ़ी थाट में बड़ी अदा से बनाया और गाया गया 'ये रेशमी जुल्फें ये शरबती आँखें' (रफ़ी), सम्भवतः भैरवी में कम्पोज़ किया 'छुप गये सारे नज़ारे ओए क्या बात हो गई' (लता, रफ़ी) और काफ़ी

में ही सृजित लता का वह लाजवाब चमत्कृत करनेवाला scintillating गीत 'बिंदिया चमकेगी चूड़ी खनकेगी'। पर लता को फ़िल्मफ़ेयर पुरस्कार दिलाया, 'जीने की राह' (1969) के आसावरी थाट के गीत 'आप मुझे अच्छे लगने लगे' ने। वैसे 'बिंदिया चमकेगी' कहीं अधिक लोकप्रिय हुआ और 1970 की वार्षिक बिनाका गीतमाला में चोटी का गीत बना। 'जीने की राह' (1969) के यूँ तो 'आने से उसके आए बहार' (रफ़ी), 'आ मेरे हमजोली आ' (लता, रफ़ी, साथी), 'एक बनजारा गाए जीवन के गीत सुनाए' (रफ़ी) जैसे सभी सुंदर गीत ही थे, पर भैरवी में 'चंदा को ढूँढ़ने सभी तारे निकल पड़े' (रफ़ी, आशा, उषा, हेमलता) का माधुर्य तो आज भी सुनने में स्वर्गिक-सी अनुभूति देता है। ऐसी खूबसूरत मेलोडीज़ लक्ष्मी-प्यारे ने इस दौर में भरपूर दिए। 'रात सुहानी जाग रही है धीरे धीरे चुपके चुपके' (सुमन, रफ़ी-ज़िगरी दोस्त, 1969) की हलकी-सी थपथपाहट, बैडमिंटन के शॉट्स की तरह आगे-पीछे करता 'ढल गया दिन हो गई शाम' (आशा, रफ़ी–हमज़ोली, 1970), 'निगाहें क्यों भटकती हैं, कदम क्यों डगमगाते हैं' (लता–बहारों की मंज़िल, 1968), 'ये दिल तुम बिन कहीं लगता नहीं हम क्या करें' (लता, रफ़ी–इज़्ज़त, 1968), 'हमें तो हो गया है प्यार तुम्हें हो न हो' (लता–मेरे हमदम मेरे दोस्त, 1968), 'कोई नज़राना लेकर आया हूँ मैं दीवाना तेरे लिए' (रफ़ी–आन मिलो सजना, 1970), वह अनुपम बेमिसाल रिद्म आधारित गीत 'खिंचे हमसे साँवरे इतने क्यों हो' (लता–अभिनेत्री, 1970), 'दर्पण झूठ न बोले' (मन्ना डे–दर्पण, 1970), 'बुझा दो दीपक अँधेरा कर दो' (किशोर–दर्पण, 1970), ख़माज आधारित 'शाम ढली जमुना किनारे' (मन्ना डे, लता, साथी–पुष्पांजलि, 1970), 'खुश रहे तू सदा ये दुआ है मेरी' (रफ़ी–खिलौना, 1970) और कलावती पर आधारित 'अगर दिलवर की रूसवाई हमें मंजूर हो जाए' (लता–खिलौना, 1970) ऐसे ही उदाहरण हैं। कुछ गीत तो लक्ष्मीकांत-प्यारेलाल ने इतने खूबसूरत बनाए कि आज भी उनको सुनकर रचनाकार की सुरों पर पकड़ का लोहा मानना पड़ता है। 'मेरी भाभी' (1969) का 'पवन झकोरा संग मेरे गाए कि गुन 8 हवा चले' लता के स्वर में ऐसी ही श्रुति मधुर कृति की तरंगें प्रवाहित करती हैं और 'पुष्पांजलि' (1970) का शायद बिलावल थाट पर मर्मस्पर्शी, उदास 'जाने चले जाते हैं कहाँ' (मुकेश) भी ऐसा ही एक उदाहरण है। 'आँसू बन गए फूल' (1969) का 'जाने कैसा है मेरा दीवाना' (आशा, किशोर), 'मेरी भाभी' (1969) का ही ऑफ़-बीट शैली में बनाया गया कर्णप्रिय 'लो हम चले घर छोड़ के' (रफ़ी, सुमन), 'अनजाना' (1969) का कहरवा ताल पर मिश्र शिवरंजनी की छाप लिए 'रिमझिम के गीत सावन गाए हाय भींगी भींगी रातों में' (लता, रफ़ी), मधुर तरंगों के साथ बनाया 'तुम मेरे सपनों में आना छोड़ दो' (रफ़ी, आशा) और मालकौंस आधारित दादरा ताल पर 'नंदकिशोर नंद गोपाल' (लता, आशा, साथी), 'सत्यकाम' (1969) के आवर्ती तालबद्धता के साथ फड़कता हुआ 'बुअप्पा बुअप्पा' (किशोर, महेंद्र, मुकेश, साथी) और लक्ष्मी-प्यारे की खास शैली में बेहद मधुर 'अभी क्या सुनोगे' (लता), 'अभिनेत्री' (1970) का प्रकृति को सजीव करता कलावती के सुरों पर लहराता 'ओ घटा साँवरी थोड़ी थोड़ी बावरी' (लता), 'माँ और ममता' (1970) के गिटार के chords पर आधारित 'अपने नैनों को समझा दें' (रफ़ी, लता) और आधुनिक लाजवाब धुन 'रुत बेकरार है' (रफ़ी) 'मस्ताना' (1970) का मार्मिक 'मैंने माँ को देखा है' (लता), 'जीवन-मृत्यु' (1970) के कल्पनाशील 'झिलमिल सितारों का आँगन होगा' (लता, रफ़ी) और कलावती पर आधारित 'ज़माने में अजी' (लता) और 'इंतकाम' (1970) के संभवतः अल्हैया बिलावल पर सृजित कहरवा ताल में 'गीत मेरे साज का' (लता) एवं मुजरा शैली में यमन आधारित 'ज़माने में नहीं' जैसे गीत वास्तव में संगीत रस में डुबा देने में सक्षम हैं। 'इंतकाम' (1969) का ही चारुकेशी का स्पर्श लिए खुमार भरा 'कैसे रहूँ चुप कि मैंने पी ही क्या है' (लता) तो इतना लोकप्रिय हुआ कि बिनाका गीतमाला का चोटी का गीत बना। इसी प्रकार 1970 में 'आन मिलो सजना' (1970) का 'अच्छा तो हम चलते हैं' (लता, किशोर), 'हिम्मत' (1970) का 'मान जाइए मान जाइए' (आशा, रफ़ी), 'हमजोली' (1970) का 'हाय रे हाय नींद नहीं आए' (रफ़ी, लता), 'देवी' (1970) का 'शादी के लिए रज़ामंद कर ली' (रफ़ी) और

'खिलौना' में मुमताज

'सत्यकाम' का एक दृश्य

'खिलौना' (1970) का 'खिलौना जान कर तुम तो' अनवरत रूप से बजते ही रहे थे। लता इस पूरी यात्रा में उनका साथ trumpcard थीं। यहाँ तक कि आमतौर पर आशा का क्षेत्र माना जाने वाला कैबरे गीत (जिन्हें लता अकसर गाने से मना कर दिया करती थी) 'आऽऽ जाने जाँ' भी लक्ष्मी-प्यारे के लिए 'इंतकाम' (1969) में लता ने गाया और बहुत ही खूब गाया। सातवें दशक में लता और लक्ष्मी-प्यारे की जोड़ी के तो सभी गीत कम्पोज़ीशन के मामले में एक से बढ़कर एक लगते हैं। कुछ गीत बहुत हिट नहीं हुए, पर खूबसूरती के मामले में वे कहीं से कम नहीं थे। 'बहारों की मंज़िल' का तल्लीन करने वाला 'ये दामन अब न छूटेगा', 'इंतकाम' का कैबरे स्टाइल का 'महफिल सोई', शहनाई और अपने पसंदीदा तबले के सुंदर संगम वाली 'मेरा दोस्त' की विस्मृत मेलोडी 'शहनाइयाँ बजने लगीं', 'अभिनेत्री' का झूमता-झुमाता 'धड़कन हर दिल की', 'मेरे लाल' की अद्‌भुत गुनगुनाती मेलोडी 'बादल रोया नैना रोए', 'नाग मंदिर' का बहता बहाता 'चला ओ चला' और गूँजता पुकारता 'मेरे ओ सनम', 'तकदीर' का उत्प्रेरक 'आइए बहार को हम बाँट लें', 'साजन' का 'ऐ मेरे मेहरबाँ', 'माँ और ममता' (1970) की मीठी मेलोडी प्रधान रचना 'हो रामा काहे रे मोहे प्रीत हो गई', 'पुष्पांजलि' (1970) का सुंदर-सा 'छम छम छम छम बाजे पायल आज सुनो', 'शराफत' (1970) का पहाड़ी शैली में 'मेरा रास्ता रोक रहे हैं ये पर्वत अनजाने' और माँझ ख़माज में 'जीवन दाता जगत पिता' (लता) और 'बहारों की मंज़िल' (1968) का ही गोअन शैली का रॉक एंड रॉल 'आ जा पिया खिलने लगे' जैसे गीत इसके उदाहरण हैं।

यह उल्लेख करना आवश्यक हो जाता है कि पहली बार किसी संगीतकार के गीतों ने लगातार चार वर्षों तक बिनाका गीतमाला की चोटी का गीत बनने का श्रेय हासिल किया। आम दर्शकों पर लक्ष्मी-प्यारे की इसी पकड़ के कारण शंकर-जयकिशन को पीछे छोड़ने के इच्छुक कई संगीतकारों में से अपेक्षाकृत जूनियर होते हुए भी लक्ष्मी-प्यारे ही सफल रहे। 1969 में ही लक्ष्मी-प्यारे को ईरान में बनने वाली एक फ़िल्म में भी संगीत के लिए अनुबंधित किया गया, यह तथ्य भी उनकी ख्याति को रेखांकित करता है। बाद में तो उनकी प्रतिष्ठा इतनी बढ़ गई थी कि मोहन सहगल ने 'मोम की गुड़िया' (1972) के पोस्टरों पर लक्ष्मी-प्यारे की तस्वीर छापी थी।

इस तरह आठवें दशक में लक्ष्मीकांत-प्यारेलाल ने चोटी के संगीतकार के रूप में प्रवेश किया। चोटी की होड़ में उनके प्रमुख दावेदार अब आर.डी. बर्मन और कल्याणजी-आनंदजी ही थे। इस त्रयी ने इस दशक में फ़िल्म-संगीत पर अपना संयुक्त अधिकार-सा बना लिया था और रेकॉर्डिंग स्टूडियो महीनों इन्हीं के नाम पर बुक रहते थे। यह फ़िल्मी संगीतकारों की प्रतिद्वंद्विता का एक नया पहलू था जो आठवें दशक की बढ़ती व्यावसायिकता का एक प्रतीक माना जा सकता है। आठवें दशक के फ़िल्म संगीत को एक तरह से इन तीनों संगीतकारों की आपसी होड़ के परिप्रेक्ष्य में भी देखा जा सकता है। इस होड़ ने किस तरह शनैः-शनैः अपवादों को छोड़कर, व्यावसायिक सफलता को संगीत के लिए प्रमुख और गुणवत्ता को गौण बना दिया, मेलोडी के स्थान पर चमक-दमक वाले ऑरकेस्ट्रेशन को प्रश्रय दिया, घंटों रियाज़ के स्थान पर बिकाऊ नामों के साथ आनन-फ़ानन में अल्प या शून्य रिहर्सल के साथ रेकॉर्डिंग की प्रथा का सूत्रपात किया—यह सब इस दशक के फिल्म-संगीत के क्रमवार विश्लेषण में देखा जा सकता है। चूँकि अंततः इस होड़ में लक्ष्मी-प्यारे विजयी रहे, अतः इस पूर्ण विश्लेषण को लक्ष्मी-प्यारे के संदर्भ में करना ही सर्वाधिक उपयुक्त रहेगा।

पर दशक के प्रारम्भिक वर्षों में मेलोडी का महत्त्व कायम था। ऑरकेस्ट्रेशन का ज़ोर बढ़ा ज़रूर था, पश्चिमी वाद्ययंत्रों का प्रयोग भी विपुल था, पर मूलतः कर्णप्रिय धुनें बनाने का प्रयास जारी था। 'मैं जहाँ चला जाऊँ बहार चली आए' (किशोर—बनफूल, 1971), 'मैं आज चलूँ ऐसे' (लता—बनफूल, 1971), 'ओ सपनों के राजा' (लता, रफ़ी—बनफूल, 1971), 'ये जो लड़की है ये जो लड़का है' (रफ़ी, लता—बिखरे मोती, 1971, रफ़ी के डूएट्स के 'रेयर जेम्स' कैसेट में भी शामिल), 'हमें तुमसे तुम्हें हमसे शिकायत हो तो ऐसी हो' (रफ़ी, आशा—चाहत, 1971, यह भी रफ़ी के डूएट्स के 'रेयर जेम्स' कैसेट में शामिल किया गया है), 'रूबी ओ रूबी जाने महबूबी' (मुकेश, लता—चाहत, 1971), 'मेरे दिल की सुन ले कहानी' (रफ़ी, लता—चाहत, 1971), दिलकश-सी मिठास लिए 'पलकों के द्वारे पे निंदिया खड़ी रे' (लता—लगन, 1971), 'सूनी रे नगरिया सूनी रे सेजरिया' (लता—उपहार, 1971), 'जादूगर तेरे नैना' (किशोर, लता—मनमंदिर, 1971), शिवरंजनी आधारित 'यार जिन्हें तुम भूल गए हो' (लता—वो दिन याद करो, 1971) जैसे लक्ष्मी-प्यारे के संगीतबद्ध किए गीतों में भी एक सुंदर गेय तत्त्व मौजूद था। 'वो दिन याद करो' (1971) का लता के स्वर में शीर्षक गीत भी बहुत सुंदर धुन लेकर आया था। लता के साथ तलत महमूद को वापस लाकर 'मोहब्बत की कहानियाँ सुनाने लगी हैं जंबानियाँ' जैसी कर्णप्रिय रचना को भी उन्होंने बड़े कौशल से कम्पोज़ किया था। ख़माज थाट में मुकेश का 'माँझी नैया

ढूंढ़े किनारा' (उपहार, 1971) बड़ी प्रभावशाली रचना थी और रफ़ी के गाए 'मैं एक राजा हूँ' में लक्ष्मी-प्यारे ने राग बैरागी का सुंदर प्रयोग किया था। 'मन मंदिर' (1971) की लोरी 'ऐ मेरे आँखों के पहले सपने' (मुकेश, लता) तो अपनी विशिष्ट धुन, दादरा ताल छः मात्रा की मध्यम लय और बेमिसाल गायकी से फ़िल्म-संगीत की एक बहुमूल्य उपलब्धि कही जाएगी। 1971 में लक्ष्मी-प्यारे की जो फ़िल्में सर्वाधिक लोकप्रिय हुईं, उनमें 'आप आए बहार आई', 'मेरा गाँव मेरा देश', 'दुश्मन', 'हाथी मेरे साथी', 'मेहबूब की मेहँदी' और संगीत की दृष्टि से 'जल बिन मछली नृत्य बिन बिजली' को गिना जाएगा। 'आप आए बहार आई' राजेन्द्र कुमार अभिनीत कई अन्य फ़िल्मों की तरह अपने संगीत में ग्रामीण प्राकृतिक गंध लिए हुई थी। 'कोयल क्यों गाए' (रफ़ी, लता, साथी), 'पूछे जो कोई मुझसे बहार कैसी होती है' (रफ़ी), 'सारे ज़माने में मौसम सुहाने में' (रफ़ी), 'तुमको भी तो ऐसा ही कुछ होता होगा ओ सजना' (किशोर, लता), और 'तारे तारे कितने नील गगन पे तारे' (रफ़ी, हेमलता, साथी) में वही रोमांटिक ग्रामीण अलमस्तता की लय थी जो फ़िल्मों में अकसर गाँव के आदर्श रूप की तरह दिखाई जाती है। पर इस फ़िल्म का बेहतरीन गीत था भैरवी पर आधारित रफ़ी और लता का दर्द और उत्कंठा से गाया 'मुझे तेरी मुहब्बत का सहारा मिल गया होता'। 'मेरा गाँव मेरा देश' में भी जैसाकि नाम से ही ज़ाहिर है, संगीत ग्रामीण परिवेश की छाप लेकर आया और 'कुछ कहता है ये सावन' (लता, रफ़ी), 'आया-आया अटरिया पे कोई चोर' (लता) 'सोना लई जा रे' (लता), 'हाय शरमाऊँ किस-किसको बताऊँ' (लता) तथा बेहद लोकप्रिय हुआ लक्ष्मी छाया, धर्मेन्द्र और आशा पारेख पर फ़िल्माया 'मार दिया जाए या छोड़ दिया जाए' (लता) जैसे गीतों के साथ ग्रामीण बाला का फ़िल्मी स्वीकृत रूप प्रदर्शित करने में अति सफल रहा। यही परिवेश और इसी तरह का संगीत 'दुश्मन' में भी था जहाँ 'देखो देखो देखो बाइस्कोप देखो' (लता), 'बलमा सिपहिया हाय रे तेरी दम्बूक से डर लागे' (लता), 'मैंने देखा तूने देखा' (लता, किशोर) की एकरसता को किशोर का गाया कुछ कव्वालीनुमा 'मैं इंतज़ार करूँ मैं दिल निसार करूँ' ही कुछ हद तक तोड़ता है। 'हाथी मेरा साथी' का संगीत अवश्य कुछ फ़र्क लिए था। 'चल चल मेरे हाथी' (किशोर) जहाँ हर बच्चे का लोकप्रिय गीत बनकर उनके होंठों पर उतरा, और 'नफ़रत की दुनिया को छोड़कर' (रफ़ी) तथा 'दुनिया में रहना है तो काम करो प्यारे' (किशोर) भी अच्छे चले, वहीं 'तक-8 कैसे चलती है गाड़ी छक-9 जैसे कहता है दिल, धक-8' (किशोर, लता), 'सुन जा आ ठण्डी हवा' (लता, किशोर) और 'दिलवर जानी चली हवा मस्तानी' (किशोर, लता) अपने द्रुत, उल्लासपूर्ण और जोशीली शैली के कारण नवयुवकों बहुत प्रचलित रहे। 'हाथी मेरे साथी' हिंदी का पहला एलबम था जिसने बिक्री के लिए विक्रय disc जीता—एच.एम.व्ही. का रजत डिस्क। 'नफ़रत की दुनिया' गीत के लिए Society for Prevention of Cruelty to Animals ने आनंद बक्शी को पुरस्कृत किया—यह अपने-आप में अकेला वाक़या है। 'महबूब की मेहँदी' की लता के 'जाने क्यों लोग मुहब्बत किया करते हैं' की क़शिश-भरी धुन, तिलंग आधारित 'मेरे दीवानेपन की कुछ दवा नहीं' (किशोर) और मिश्र तिलंग आधारित 'इतना तो याद है मुझे' (रफ़ी, लता) जैसे गीत तो आज तक धूम मचा रहे हैं। लक्ष्मी-प्यारे ने खुद भी दावा किया था कि पंजाबी लोकसंगीत का इस्तेमाल उन्होंने गुलाम हैदर से भी अधिक किया था। पंजाबी लोकसंगीत उनका पसंदीदा लोकसंगीत था—शायद उनके संगीत की रिद्म वाली विशिष्टता के तत्त्व उन्हें पंजाबी लोकसंगीत में ही सर्वाधिक मिलते थे। यही कारण है कि 'बिंदिया चमकेगी चूड़ी खनकेगी', 'नी मैं यार मनाना नीं', 'हाय शरमाऊँ किस-किसको बताऊँ',

लक्ष्मी छाया

अपने ऑरकेस्ट्रा के साथ लक्ष्मीकांत-प्यारेलाल

'जीवन चलने का नाम' और 'हाय हाय ये मजबूरी' जैसे कितने ही बेहद लोकप्रिय गीतों में उन्होंने पंजाब की लोकशैली का समावेश किया।

इन सभी से अलग था व्ही. शांताराम की 'जल बिन मछली नृत्य बिन बिजली' का संगीत। लक्ष्मी-प्यारे की प्रतिष्ठा संगीतकार के रूप में कितनी बढ़ गई थी, यह इसी बात से प्रकट हो जाता है कि व्ही. शांताराम ने संगीतकार के रूप में उन्हें अनुबंधित किया। इस फ़िल्म में लक्ष्मी-प्यारे ने लता से चार बड़े मीठे एकल गीत गवाए–'मन की प्यास मेरे मन से न निकली', राग कुंकुभ पर रचित 'कजरा लगा के बिंदिया सजा के हो आई मैं तो आई, 'जो मैं चली फिर ना मिलूँगी' और 'ओ मितवा ओ मितवा ये दुनिया तो क्या है'। मुकेश, लता का 'बात है एक बूँद-सी दिल के प्यार में' और मुकेश, लता का ही 'झूम के गा ए दिल' तो साधारण रचनाएँ थीं, पर अपने ऑरकेस्ट्रेशन में वेस्टर्न cowboy संगीत की झलक लिए 'The good, bad & the ugly' के पार्श्वसंगीत से प्रेरित और कहीं भैरवी, कहीं मालकौंस का पुट लिए 'तारों से सज के अपने सूरज से देखो धरती चली मिलने' (मुकेश) की धुन भारतीय संदर्भ में एक नवीनता और आकर्षण लेकर आई।

पर इस सबके बावजूद 1971 में लक्ष्मी-प्यारे 'पाकीज़ा' के अद्वितीय संगीत, 'गुड्डी' की ताजगी, 'कारवाँ' की रवानगी, 'अमर प्रेम' के कशिश भरे संगीत, 'शर्मीली' तथा 'तेरे मेरे सपने' की शीतल हवा और 'दम मारो दम' (हरे रामा हरे कृष्णा) के उफ़ान के सामने कुल मिलाकर कम ही रहे। 'दम मारो दम' तो बिनाका गीतमाला वार्षिकी में पहले पायदान का गीत बना और आशा भोंसले ने अगले वर्ष 'कारवाँ' के गीत 'पिया तू अब तो आजा' के लिए सर्वश्रेष्ठ गायिका का पुरस्कार जीता, तथा इन दोनों के संगीतकार आर.डी. बर्मन थे, लक्ष्मी-प्यारे नहीं। पंचम की नई छंद-ताल-विधान वाली आधुनिकता की लहर के सामने लक्ष्मी-प्यारे का संगीत पीछे ही रहा।

बहरहाल 1972 में लक्ष्मी-प्यारे की सुरीली यात्रा में जिन नगीनों का ज़िक्र किया जाएगा उनमें वादियों में गुंजित स्वरों का एहसास दिलानेवाला 'पुकारो मुझे फिर पुकारो' (किशोर, लता), कशिश-भरा 'मोहब्बत अच्छी चीज़ है' (लता) और आधुनिक शैली का विरह गीत 'दर्दे दिल बढ़ता जाए' (लता)–तीनों फ़िल्म 'बुनियाद', गज़ब-सी लचक वाला आशा के सर्वश्रेष्ठ गीतों में एक 'लो कोई आया लचक गई काया' और मिश्र भैरवी पर सृजित रफ़ी का सदाबहार गीत 'नं तू ज़मीं के लिए' (दास्तान), फ़रमाइशी गानों में प्रचलित 'हो नैना तेरे नैना' (मुकेश, लता–एक बेचारा), ग्रामीण परिवेश को रूमानी ढंग से प्रकट करता 'रामा हो रामा हमने गाँव के पनघट पे' (मुकेश–'एक बेचारा'), अपने ज़माने में बेहद लोकप्रिय रहा माधुर्य रस भरा 'धीरे-धीरे बोल कोई सुन ना ले'(लता, मुकेश–गोरा और काला), इसी फ़िल्म में शंकर-जयकिशन की 'ओ प्रिया' शैली में सृजित 'तू मेरे सपनों की रानी' (रफ़ी), शोख़ी से भरपूर 'जीत' के 'बबलू मियाँ जाओ तुम बड़े वो हो' (लता), 'चल प्रेम नगर जाएगा बतला ओ ताँगे वाले' (लता, रफ़ी), 'शीशी भरी गुलाब की पत्थर पे तोड़ दूँ' (लता) और हर शादी में बजता रहा 'कि दुलहन बनती हैं नसीब वालियाँ (लता, साथी), आनंद बक्शी द्वारा कुछ कुछ मुकेश से मिलती आवाज़ में पार्श्वगायन के रोचक तथ्य को रेखांकित करते 'मोम की गुड़िया' के 'बागों में बहार आई' (लता, आनंद बक्शी), 'मैं ढूँढ़ रहा था सपनों में' (आनंद बक्शी), 'नैनों की गाड़ी चली छुक छुक' (आशा) और हलका क्लासिकी रंग लिए 'बंधन टूटे ना' (लता), एक नए अंदाज़ में लता के स्वर में 'ए बी सी डी छोड़ो' (राजा जानी) 'दुनिया का मेला मेले में लड़की' (राजा जानी), इसी फ़िल्म का किशोर का पुकार भरा 'जानी ओ जानी' और सबसे बढ़कर कुछ गज़लनुमा और कुछ गीतनुमा 'कितना मज़ा आ रहा है तीरे-नज़र चल रहे हैं' (लता), 'वफ़ा' का खुमार भरा किशोर की खास शैली में 'आँखों से यार जो पिलाए' और लक्ष्मी-प्यारे के

'एक नजर' में जया भादुड़ी

ढोलक की द्रुत गति के साथ इसी फ़िल्म का 'ओ सैंया तेरे लिए' (लता), अमिताभ बच्चन पर फ़िल्माए 'रास्ते का पत्थर' का हिट गीत 'रास्ते का पत्थर किस्मत ने मुझे बना दिया' (मुकेश) और अपेक्षाकृत कम मक़बूल पर सुंदर दोगाने whistling के सुंदर प्रयोग के साथ 'मैं हरदम किसी को ढूँढ़ता हूँ' (मुकेश, आशा) और 'इब तुम पास न आना दूर ही रहना' (आशा, मुकेश), प्रतिध्वनि के बेहद सुंदर प्रभाव के साथ रचित 'दिल की बातें दिल ही जाने' (लता, किशोर–रूप तेरा मस्ताना) और कशिश की बेमिसाल अभिव्यक्ति के 'बड़े बेवफ़ा हैं ये' (रफ़ी–रूप तेरा मस्ताना, 1972) को तो शामिल किया ही जाएगा, पर जिन संगीतमय फ़िल्मों की चर्चा अलग से की जानी चाहिए उनमें 'एक नज़र', 'पिया का घर' और 'शोर' का नाम आएगा। 'एक नज़र' का पूरा संगीत

कथानक के अनुसार कोठे का संगीत था, ओर 'पहले सौ बार इधर और उधर देखा है' (लता), 'हमीं करें कोई सूरत उन्हें बुलाने की' (लता) और पहाड़ी पर आधारित 'पत्ता-पता बूटा-बूटा हाल हमारा जाने है' (लता, रफ़ी) जैसी सुंदर मोहक ग़ज़लों का फ़िल्म में सुंदरता से समावेश किया गया था। किशोर के 'प्यार को चाहिए बस एक नज़र एक नज़र' और महेंद्र के 'ऐ ग़मे यार बता कैसे जिया करते हैं' को भी अच्छी लोकप्रियता मिली थी। 'पिया का घर' बम्बई जैसे महानगर में घर की समस्या को लेकर राजश्री द्वारा बनाई गई और बासु चटर्जी द्वारा निर्देशित एक बेहद ख़ूबसूरत फ़िल्म थी जिसमें 'पिया का घर है रानी हूँ मैं' (लता) और 'ये ज़ुल्फ़ कैसी है ज़ंजीर जैसी है' (रफ़ी, लता) जैसे मधुर गीतों के आलावा वह अविस्मरणीय गीत भी था–'ये जीवन है इस जीवन का यही है यही है यही है रंग'। किशोर ने कोमलतम सुरों से रचित इस गीत को बेहद सौम्य और भावुक अंदाज़ में गिटार की कोमल तरंगों की संगत पर गाकर अमर बना दिया है। आधुनिक जीवन के मुहावरे से लैस इस गीत से लक्ष्मी-प्यारे ने यह सिद्ध कर दिया कि वे मात्र ग्रामीण रंगों के गीतों के महारती ही नहीं थे। इसी प्रकार 'गाँव हमारा शहर तुम्हारा' (1972) जैसी एक अनजान फ़िल्म में भी लक्ष्मी-प्यारे ने कहरवा पर यमन के सुरों के साथ अपनी सुपरिचित शैली में एक बड़ा ख़ूबसूरत गीत बनाया था 'जाना जाना है दूर कहीं जाना है'। दुर्भाग्य से यह सुंदर गीत अब बहुत कब सुनाई देता है। इसी प्रकार 'हार-जीत' (1972) में लता की एक बड़ी अनूठी धुन और शैली का 'ये सच है नहीं सपना है' को भी अच्छी कृति के बावजूद लोकप्रियता अधिक नसीब नहीं हुई। 'शादी के बाद' (1972) की कर्णप्रिय धुन और सुंदर ऑरकेस्ट्रेशन वाली लोरी शैली की 'सो जा रे सो जा' (लता) का भी यही हाल रहा।

'शोर' के लिए मनोज कुमार ने अपने पसंदीदा कल्याणजी-आनंदजी से कुछ मनमुटाव के कारण लक्ष्मी-प्यारे को चुना और लक्ष्मीकांत-प्यारेलाल ने फ़िल्म में 'इक प्यार का नग़मा है' (मुकेश, लता) जैसा अमर मृदु गीत देकर अपने-आपको मनोज कुमार के कैम्प में स्थापित कर लिया। एक बेहद आधुनिक और नवीन ऑरकेस्ट्रेशन के प्रयोग के साथ यमन और बिलावल का स्पर्श लिए यह गीत सदा गुंजायमान गीत है जिसका मनोज कुमार और नंदा पर फ़िल्मांकन भी बड़ी कलात्मकता के साथ हुआ है। 'शोर' के अन्य गाने 'जीवन चलने का नाम' (महेन्द्र, मन्ना डे, श्यामा चित्तार, साथी), 'जरा सा उसको छुआ तो उसने' (लता), ख़माज थाट और शायद कलावती की छाप लिए 'बन के दुलहनियाँ आज चली हूँ', (लता) और 'पानी रे पानी तेरा रंग कैसा' (लता, मुकेश) भी सुंदर रचनाएँ थीं और खूब चलीं। वैसे इस वर्ष के लिए 1973 में प्रदत्त सर्वश्रेष्ठ संगीतकार का पुरस्कार 'बेईमान' को मिलना फिर से यह सिद्ध करता था कि शंकर का फ़िल्मफ़ेयर एवार्ड कैम्प में प्रभुत्व अभी भी अवांछित रूप से कायम था, वरना 'पाकीज़ा' (गुलाम मुहम्मद) 'अन्नदाता' (सलिल चौधरी), 'बावर्ची' (मदन मोहन) 'अनुराग' (एस.डी. बर्मन) या लक्ष्मी-प्यारे के ही उपरोक्त तीनों फ़िल्मों का संगीत 'बेईमान' से तो कहीं बेहतर ही था।

लोकप्रियता में अवश्य लक्ष्मी-प्यारे और आर.डी. बर्मन के बीच काँटे की टक्कर रही जो अगले वर्ष भी चली। जैसाकि ऊपर के कुछ उदाहरणों से स्पष्ट है, पंचम की चुनौती ने लक्ष्मी-प्यारे पर भी असर तो किया ही, और उनके द्वारा भी ढोलक और तबले के रिदम से हटकर कॉर्ड आधारित आधुनिक संगीत-रचनाओं की सृष्टि में वृद्धि दृष्टिगोचर होती है। 1973 में 'अनोखी अदा' के 'तेरे दिल में ज़रा-सी जगह अगर मिले' (लता, रफ़ी), 'सुंदरी आय हाय सुंदरी' (किशोर) और 'हाल क्या है दिलों का न पूछो सनम' (किशोर), 'अनहोनी' के लोकप्रिय रहे 'बलमा हमार मोटरकार ले के' (आशा), 'गाय और गोरी' के 'गोरी ओ गोरी प्रेम कर ले' (किशोर), 'गहरी चाल' के 'शाम भींगी भींगी बदन जल रहा है' (आशा), 'कुकरूँ कुरूँ बड़ा प्यारा लागे तू' (आशा), 'जयपुर की चोली मँगवा दे रे सैंया' (आशा, किशोर), 'ज्वार भाटा' के 'दाल रोटी खाओ प्रभु के गुण गाओ' (किशोर), मैंडोलिन के खूबसूरत प्रयोग के साथ 'कच्चे धागे' के भैरवी आधारित 'मेरे बचपन तू जा' (लता), 'हाय हाय इक लड़का मुझको खत लिखता है' (लता), 'लोफ़र' के जबर्दस्त तन्मयता के साथ गाये 'मैं तेरे इश्क में मर न जाऊँ कहीं' (लता), 'आज मौसम बड़ा बेईमान है' (रफ़ी), फुलझड़ी की तरह मस्त 'कोई शहरी बाबू दिल लहरी बाबू' (आशा) एवं 'मोतियों की लड़ी हूं मैं' (आशा), 'मनचली' के इसी मस्ती के तरन्नुम को आगे बढ़ाते 'ओ मनचली कहाँ चली' (किशोर), 'ग़म का फसाना बन गया अच्छा' (किशोर, लीना चंदावरकर), 'कली कली चूमे' (लता), और यमन कल्याण पर आधारित ऊँची पट्टी पर बड़े कौशल से मुकेश से गवाया 'तन मन धन सब है तेरा', 'कीमत' का अलमस्त 'माफ़ करो ओ बाबा माफ़ करो' (किशोर, लता), 'बरखा बहार' का चारुकेशी पर आधारित 'छम छम छम ऋतु बरसे' (लता), 'सूरज और चंदा' के 'तेरे नाम का दीवाना' (रफ़ी) और 'पूरब दिशा से परदेसी आया रे' (लता) 'स्वीकार' का दिलकश धुन वाला 'अँगड़ाइयाँ लेकर तन्हाइयों में अकसर' (आशा) और 'जलते बदन' के 'मुबारक हो सबको समाँ ये सुहाना' की अनुगूँज लिए शिवरंजनी आधारित 'हम वो हैं जो अपना घर जला कर' (लता), और लक्ष्मी-प्यारे की

लाक्षणिक शैली में 'वादा भूल न जाना' (लता, रफ़ी) जैसे गीतों में यदि कुछ लक्ष्मी-प्यारे की लाक्षणिक रिद्म और मेलोडी आधारित रचनाएँ थीं, तो कुछ में पाश्चात्य ऑरकेस्ट्रेशन और बीट्स का बहुत प्रखर प्रभाव नज़र आता है। इस वक़्त लक्ष्मी-प्यारे की असली उपलब्धि रही संगीतकार के रूप में राज कपूर और यश चोपड़ा जैसे निर्माता-निर्देशकों द्वारा उनका क्रमशः 'बॉबी' और 'दाग' के लिए चुना जाना। आर.के. फ़िल्म्स 'बरसात' के बाद पहली बार (दत्ताराम के 'अब दिल्ली दूर नहीं' और सलिल के 'जागते रहो' को छोड़कर) किसी बड़ी, प्रचारित फ़िल्म में शंकर-जयकिशन की जगह किसी अन्य संगीतकार को लेकर आया था। जयकिशन की मृत्यु के बाद शंकर वैसे भी अधूरे थे, और लक्ष्मी-प्यारे के चुनाव में उनकी हमेशा की तरफ़दार लता ने भी अपनी भूमिका अवश्य निभाई होगी, विशेषकर यह देखते हुए कि राज कपूर के मन में भी यह अंधविश्वास जैसी कसक थी कि अगर लता उनके 'मेरा नाम जोकर' में गातीं तो शायद फ़िल्म का अंजाम कुछ और होता। इसलिए लता का 'बॉबी' में गाने के लिए राज से 2.5 प्रतिशत रॉयल्टी भुगतान की अपनी पुरानी माँग मनवाना और जयकिशन के बिना अधूरे रह गए शंकर को त्याग देने की उनकी शर्त उनकी व्यावहारिक, व्यावसायिक बुद्धि के अनुकूल ही था। शुरू में लक्ष्मी-प्यारे शंकर को बुरा लगेगा, यह सोचकर हिचकिचा गये थे, पर मुकेश ने उन्हें समझाया कि यदि वे नहीं करेंगे तो किसी और को यह मौका मिलेगा, शंकर को नहीं।[3] यह अवश्य था कि चूंकि आर.के. फ़िल्म्स की कई आगामी फ़िल्मों का संगीत भी शंकर-जयकिशन द्वारा राज कपूर के साथ कई निजी बैठकों में बैठकर तैयार कर लिया गया था, जो टेपों पर सुरक्षित था, अतः 'बॉबी' की 'झूठ बोले कौआ काटे' और 'घे घे रे साइबा' जैसी धुनों में राज कपूर ने कितनी उन पुरानी धुनों का सहारा लिया और लक्ष्मी-प्यारे की मौलिकता को कितना अवसर मिला होगा, यह सोचने का विषय है। पर जो भी हो, 'बॉबी' का हर गाना सुपरहिट रहा। ऋषि कपूर के लिए नयी आवाज़ शैलेन्द्र सिंह का किरवानी आधारित 'मैं शायर तो नहीं', 'अक्सर एक लड़की इक ख्वाब में' (लता, शैलेन्द्र), 'हम तुम एक कमरे में बंद हों' (लता, शैलेन्द्र),

युवाओं का नया संगीत : 'बॉबी'

डिम्पल 'बॉबी' में

उत्तरी मध्य प्रदेश के लोकगीत के शब्दों को आधार बनाकर बनाया 'झूठ बोले कौआ काटे' (लता, शैलेन्द्र), गोवन कार्निवाल संगीत पर आधारित 'ना माँगू सोना चाँदी' (मन्ना डे, शैलेन्द्र, साथी), पारम्परिक पंजाबी धुन लिए भैरवी में 'बेशक मंदिर मस्जिद तोड़ो' (नरेन्द्र चंचल–जिन्हें इस गीत के लिए 1974 में सर्वश्रेष्ठ गायक का फ़िल्मफ़ेयर पुरस्कार मिला), 'अँखियों को रहने दो' और 'ए फँसा' (लता) सभी गीत वर्ष के सबसे ज़्यादा चलनेवाले गीतों में थे। 'बॉबी' के लिए एच.एम.व्ही. द्वारा पहली बार 'गोल्ड शील्ड' रिलीज़ किया गया। इससे पहले 'पाकीज़ा' और 'हरे रामा हरे कृष्णा' के लिए रजत शील्ड निकाला गया था। इस फ़िल्म के गीत 'हम तुम एक कमरे में बंद हों और चाभी खो जाए' के पीछे भी एक मज़ेदार वाक़या है। लक्ष्मीकांत जूहू में बन रहे अपने बँगले (जिसका नाम भी उन्होंने अपनी पहली हिट फिल्म 'पारसमणि' के नाम पर ही रखा) को आनंद बक्शी को दिखाने ले गए थे। पूरा घर देखने के बाद आनंद बक्शी ने कहा कि घर तो अच्छा है पर कोई अंदर रह जाए और चाभी खो जाए तो फिर वह बाहर नहीं आ सकता। इसी वाक़ये ने 'बॉबी' के उस सुपरहिट गीत के बोलों की प्रेरणा दी थी। 'दाग' में यश चोपड़ा के पंजाबी लोक-संगीत के झुकाव को अभिव्यक्त करता 'नी मैं यार मनाणा नी चाहे लोग बोलियाँ बोलें' (लता, मीनू पुरुषोत्तम), 'अब चाहे माँ रूठे या बाबा यारा' (किशोर, लता), बेमिसाल प्रवाह लिए 'हवा चली कैसे' (लता), साहिर के शब्दों के गाम्भीर्य को उद्‌भासित करता 'जब भी जी चाहे नई दुनिया बसा लेते हैं लोग' (लता), परिवर्तित गति के साथ बनाया गया 'हम और तुम, तुम और हम खुश हैं यूँ' (लता, किशोर) और इन सबसे बढ़कर किशोर का शायद मिश्र भैरवी में रचित सदाबहार गीत 'मेरे दिल में आज क्या है तू कहे तो मैं बता दूँ'–इन सभी गीतों ने लक्ष्मी-प्यारे को लोकप्रियता के साथ-साथ प्रतिष्ठा भी दी। यह दूसरी बात है कि लक्ष्मी-प्यारे की 'बॉबी' या 'दाग'; आर.डी. बर्मन की 'आ गले लग जा', 'अनामिका', 'हीरा पन्ना', 'जोशीला', 'राजा रानी', एवं 'यादों की बारात'; कल्याणजी-आनंदजी की 'ब्लैकमेल', 'ज़ंजीर', या जयदेव की 'प्रेम पर्वत' और मदन-मोहन की 'दिल की राहें', 'हिन्दुस्तान की कसम', 'हँसते जख्म' जैसी इस वर्ष की संगीतमय फिल्में भी दादा एस.डी. बर्मन के 'अभिमान' के स्वर्गिक

संगीत के सामने न ठहर सकीं और दादा ने ही इस वर्ष के लिए 1974 में प्रदत्त सर्वश्रेष्ठ संगीतकार का पुरस्कार जीता।

'बॉबी' की रेकॉर्डिंग के अवसर पर

लक्ष्मी-प्यारे के गीत इस दौर में बढ़-चढ़कर बजे और बजाए गए और कुछ गाने भी उत्कृष्ट और सदाबहार वे बनाते रहे, पर 'अभिमान' की टक्कर की कोई ऐसी फ़िल्म जिसका पूरा संगीत याद रह जाए, वे नहीं दे पा रहे थे। 'बैठ जा बैठ गई खड़ी हो जा' (लता, किशोर–अमीर गरीब, 1974), 'सोनी और मोनी की जोड़ी अजीब' (लता–अमीर गरीब, 1974), 'हम कशमकशे ग़म' (लता–फ्रीलव, 1974), खूबसूरत सीटी के इंटरल्यूड्स के साथ गूँजने का प्रभाव देता 'कोई नहीं तो सितारे' (रफ़ी, वाणी–जुर्म और सज़ा 1974), 'शोर मच गया शोर देखो आया माखन चोर' (किशोर, साथी–बदला, 1974), 'कभी खोले न तिजोरी का ताला', (किशोर–विदाई, 1974), 'गाड़ी बुला रही है सीटी बजा रही है' (किशोर–दोस्त, 1974), शायराना शैली का 'बंदा परवर मैं कहाँ' (रफ़ी–पॉकेटमार, 1974) 'आएगी ज़रूर चिट्ठी मेरे नाम की' (लता–दुलहन, 1974) 'दारू की बोतल में साहब पानी भरता है' (किशोर, साथी–मजबूर, 1974), 'हो कोई प्यार से मोहे देखे' (रफ़ी, आशा–निर्दोष, 1974), कशिश-भरा 'कुसूर तेरी नज़रों का था' (किशोर–निर्दोष, 1974) 'दीदी तेरी शादी देखना कब होएगी' (लता–नया दिन नई रात, 1974), 'गोरे रंग पे न इतना गुमान कर' (किशोर, लता–'रोटी' 1974), 'यार हमारी बात सुनो' और 'नाच मेरी बुलबुल' (किशोर–रोटी, 1974), खास लक्ष्मी-प्यारे का ठेका लिए 'सुनिए ज़रा देखिए ना' (लता–गीता मेरा नाम, 1974), 'मैं तो डरती ना डालूँ कजरवा (लता–पैसे की गुड़िया, 1974), 'मेरी काली कलूटी के नखरे बड़े' (किशोर, लता–अपने रंग हज़ार, 1975), 'गंगा में डूबा न जमुना में डूबा' (लता–'अपने रंग हज़ार', 1975), 'वो मेरे पीछे पड़ी हुई है' (किशोर, साथी– पोगा पंडित, 1975), 'मैं जट यमला पगला दीवाना' (रफ़ी–प्रतिज्ञा, 1975), 'आपकी कसम एक दिन सनम' (रफ़ी–लफंगे, 1975), 'प्रेम कहानी में एक लड़का होता है', 'चल दरिया में डूब जाएँ' (लता, किशोर–प्रेम कहानी, 1975) और इसी फिल्म का कव्वाली बीट्स पर 'दोस्तों में कोई बात चल जाती है' (रफ़ी), 'शाम सुहानी आई खुशियाँ बन के पहली बार' (शैलेंद्र, लता, महेन्द्र, साथी–ज़िंदादिल, 1975), 'चाँदनी चाँद में होती है' (किशोर, आशा–आज का महात्मा, 1976), 'कल की हसीं मुलाकात के लिए' (किशोर, लता–चरस, 1976), 'ये दुनिया एक नम्बरी' (मुकेश, साथी), 'मुझे दर्द रहता है' (लता, मुकेश), 'न तुम हो यार आलू' (मुकेश, मन्ना डे), 'तूने मेरी जान बड़ा काम किया है' (लता) जैसे मनोज कुमार की 'दस नम्बरी' (1976) के गीत, 'कीगल है कोई नहीं' (लता, किशोर–जानेमन, 1976) 'इलाहाबाद में पैदा हुई' (लता–जानेमन, 1976), 'ओ ऐसी कोई बात' (लता, किशोर–माँ, 1976), 'तेरे संग प्यार मैं नहीं तोड़ना', (लता–नागिन, 1976), 'ज़रा जल्दी जल्दी मिला करो ना जी', (लता–आपबीती, 1976), 'तेरे इश्क का मुझपे हुआ ये असर है' (रफ़ी, आशा–'नागिन, 1976), 'तेरा मेरा मेरा तेरा' (किशोर, सुमन–नागिन, 1976), 'पप्पू की मम्मी तू बड़ी निकम्मी' (किशोर, आशा, साथी–संतान, 1976), 'तेरे संग जीना तेरे संग मरना' (रफ़ी, लता, साथी–नाच उठे संसार, 1976) जैसे कई गीत चले, खूब-खूब बजे पर उनका कोई स्थायी प्रभाव नहीं था। कभी-कभी अत्यधिक ऑरकेस्ट्रेशन भी उनके गानों की सुंदरता कम कर देता था। उदाहरण के तौर पर 'पोंगा पंडित' (1975) के 'तेरे मिलने से पहले' (लता) की सुंदर मेलोडी दूसरे अंतरे में लाउड संगीत से बिगड़-सी जाती है। कुछ गीत वाकई याद रखने योग्य भी लक्ष्मी-प्यारे ने अवश्य बनाए जैसे 'इम्तिहान' (1974) का बेहद ऊँची पट्टी पर एक नई बेहद आकर्षक आधुनिक शैली में 'रोज़ शाम आती थी मगर ऐसी न थी' (लता), इसी फ़िल्म का 'रुक जाना नहीं तू कहीं हार के' (किशोर), 'पॉकेटमार' (1974) का अलग-सा पाश्चात्य शैली में धीमी नशीली सहलाती लय लिए 'आ जा आ जा मुझे है तेरा इंतज़ार' (लता), 'मजबूर' (1974) के 'आदमी जो कहता है आदमी जो सुनता है' (किशोर) और 'देखा फूलों को काँटों पे सोते हुए' (किशोर, लता), यमन कल्याण की सुरीली धुन पर आज भी मोहित कर देनेवाला 'मैं ना भूलूँगा' (मुकेश, लता–रोटी कपड़ा और मकान, 1974), बीट्स के जबर्दस्त

प्रयोग वाले 'हाय हाय ये मजबूरी' और 'पंडितजी मेरे मरने के बाद' (लता–रोटी, कपड़ा और मकान, 1974) और अपने ज़माने की आर्थिक स्थिति को बड़ी खूबसूरती से पेश करने वाला 'महँगाई मार गई' (मुकेश, लता, चंचल, जानी बाबू साथी–रोटी कपड़ा और मकान, 1974), वादियों के गुंजन का चित्र प्रकट करनेवाला बेहद सुंदर 'ये मौसम आया है कितने सालों में' (किशोर–आक्रमण, 1975), किशोर के ही 'रेयर जेम्स' कैसेट में शामिल 'तेरे बग़ैर जाने जाना' (अनाड़ी, 1975), कल्याण थाट के सुरों पर बाँधा गया 'धरती अम्बर नींद से जागे' (लता, मन्ना डे–चैताली, 1975), खुमार भरा 'ऐसा न हो' (रफ़ी–आखिरी दाँव, 1975), अपनी कोमलता से स्नायुओं पर असर करनेवाला 'मैंने कुछ खोया है मैंने कुछ पाया है' (किशोर–मेरे सजना, 1975), 'पानी रे पानी' रचना से थोड़ा मिलता संभवतः मिश्र शिवरंजनी पर लाजवाब धुनवाला 'फूल आहिस्ता फेंको फूल बड़े नाज़ुक होते हैं' (मुकेश, लता–प्रेम कहानी, 1975), मन को अपने साथ उड़ाने वाली खूबसूरती से कम्पोज़ की गई मेलोडी 'उड़ चला पंछी' (लता–लफंगे, 1975), आकर्षक रवानगी लिए 'शहरों से दूर मस्ती में चूर' (लता–माँ, 1976), पश्चिमी ऑरकेस्ट्रा के साथ कर्णप्रिय 'तेरा दिल क्या कहता है' (किशोर–आशिक हूँ बहारों का), उतनी ही खूबसूरत कोमल धुन और कशिश से कम्पोज़ किया गया 'जानेमन, जानेमन' (किशोर–जानेमन, 1976), कर्ण प्रिय धुन वाला 'टिप टिप टिप टिप पड़े बूँदनिया' (लता–प्रायश्चित्त) और सम्भवतः खमाज थाट की वह निराली, उदात्त रचना जिसमें मुकेश ने अपने गले का सारा दर्द उड़ेल दिया था–'एक हसरत थी कि आँचल का मुझे प्यार मिले' (ज़िंदगी और तूफान, 1975)। 'रोटी कपड़ा और मकान' के गीतों पर एच.एम.व्ही. ने 50,000 रेकॉर्ड बिक्री पर रजत शील्ड अवश्य निकाला पर कोई फ़िल्म जिसका हर गीत पिछले दशक की 'सती सावित्री' या 'संत ज्ञानेश्वर' की तरह संगीतकार की उपलब्धि मानी जाए–ऐसी फ़िल्म का उन्हें इंतज़ार ही था। 'रोटी, कपड़ा और मकान' के जिस गीत 'और नहीं बस और नहीं' के लिए महेन्द्र कपूर को 1975 का सर्वश्रेष्ठ गायक का फ़िल्मफ़ेयर पुरस्कार मिला, वह भी कुछ विशेष नहीं था। 1975 के लिए कल्याणजी-आनंदजी (कोरा काग़ज), 1976 के लिए राजेश रोशन (जूली) और 1977 के लिए चिरस्मरणीय रूप से 'कभी-कभी' के लिए सर्वश्रेष्ठ संगीतकार का फ़िल्मफ़ेयर पुरस्कार लिया ख़य्याम ने। लोकप्रियता के पैमाने पर अवश्य लक्ष्मी-प्यारे और आर.डी. बर्मन ही चोटी पर थे। 'महँगाई मार गई' गाना 1975 के वार्षिक बिनाका गीतमाला में पहली पायदान पर आया। 1978 का फ़िल्मफ़ेयर पुरस्कार भी अंततः लक्ष्मी-प्यारे ने जीत ही लिया 1977 की फ़िल्म 'अमर अकबर ऐंथनी' के लिए पर इसका कारण भी प्रतिभा और गुणवत्ता न होकर कुछ और ही था, वरना 'अमर अकबर ऐंथनी' के 'पर्दा है पर्दा है', 'तय्यब अली प्यार का दुश्मन' (रफ़ी, साथी), 'हमको तुमसे हो गया है प्यार क्या करें' (रफ़ी, किशोर, मुकेश, लता–अकेला गीत जो लता ने एक साथ इन तीनों गायक सम्राटों के साथ गाया) जैसे गीत साधारण थे, और उसी वर्ष प्रदर्शित जयदेव की 'आलाप' और 'घरौंदा', वनराज भाटिया की 'भूमिका', राजेश रोशन की 'दूसरा आदमी' और 'स्वामी', आर.डी. बर्मन के 'किनारा' और 'हम किसी से कम नहीं' और खय्याम के 'शंकर हुसैन' के गीतों के आसपास भी नहीं आते हैं। यहाँ तक कि लक्ष्मी-प्यारे की ही 'अनुरोध' के 'आते-जाते खूबसूरत आवारा सड़कों पे' (किशोर), यमन पर आधारित 'आपके अनुरोध पर मैं ये गीत' (किशोर), 'मेरे दिल ने तड़पकर' (किशोर) और कशिश-भरा 'तुम बेसहारा हो तो किसी का सहारा बनो' (मन्ना डे) जैसे गीत भी अमर अकबर ऐंथनी के गीतों से तो कहीं बेहतर ही थे। 'अमर अकबर ऐंथनी' फ़िल्म का एक गीत 'माइ नेम इज़ ऐंथनी गोंज़ाल्विस' (किशोर) अपनी शैली के कारण अवश्य अनूठा लगता है। यह बात वैसे कई लोग नहीं जानते होंगे कि हक़ीक़त में भी ऐंथनी गोंज़ाल्विस नाम के एक व्यक्ति लक्ष्मी-प्यारे के ऑरकेस्ट्रा में वादक थे और उन्हीं के नाम पर इस फ़िल्म का वह गाना बना।

गुणवत्ता में पीछे रहने के बावजूद लक्ष्मी-प्यारे की लोकप्रियता अधिक रहने के कई राज़ थे–धुनों को सादा रखना जो सड़क चलते आदमी को रास आए, ढोलक का व्यापक प्रयोग जिससे आम भारतीय श्रोता की संगीत मानसिकता झूमने के लिए सदा ही सबसे सहज ढंग से अपनी पहचान बनाती थी, वाद्य-संयोजन की विशालता और उसका आकर्षक कमाल। सातवें दशक में लक्ष्मी-प्यारे प्रयोगात्मक थे और बहुत सारी अलग लगती हुई रचनाएँ भी दे जाते थे, पर आठवें दशक में तो लोकप्रियता की दौड़ में उन्होंने बिलकुल आम श्रोताओं की जुबान पर चढ़नेवाली धुनों की बाढ़ लगा दी। उनकी रचनाओं में जटिलता कम रहती थी बल्कि कोशिश यही रहती थी कि गीत सुनते ही आसानी से उसे गुनगुनाया जा सके। लक्ष्मी-प्यारे और आर.डी. में एक बड़ा फर्क यह भी था कि जहाँ आर.डी. की कृतियों में रचनात्मक प्रयोगात्मकता और बारीकियाँ अधिक रहती थीं तथा उनका असर दिमाग पर भी होता था, वहीं कुछ गीतों और कुछ उत्कृष्ट फ़िल्मों (जिनकी चर्चा हम बीच-बीच में करेंगे) को छोड़कर लक्ष्मी-प्यारे की रचनाएँ मेलोडी और रिद्म के सीधे स्वीकार्य रास्ते पर चलती थीं। उनकी रचनाओं को समझने की ज़रूरत कम रहती थी–श्रोता सीधे ही उनपर पैरं थपथपाने लगते थे। यही दशक के अंतिम वर्षों तथा अगले दशक के कई वर्षों में लक्ष्मी-प्यारे की आर.डी.

से अधिक लोकप्रियता का कारण भी था, पर संगीतात्मक आकलन में यही उनकी सीमा भी बन जाती थी। आर.डी. के मुकाबले नवीन दृष्टि, सूक्ष्मता की तलाश, लय और ताल के प्रयोगात्मक अवयव उनमें कम रहते हुए भी आम जनता की सरल, आसान पसंद के पैमानों को उन्होंने बेहतर पहचाना और पहचानकर उसकी आकांक्षाओं, मनोभावों और अनुकूलता की ज़मीन का ध्यान रखते हुए ही अपने संगीत को सुसज्जित कर परोसा। लक्ष्मी और प्यारे एक दूसरे के काम में बहुत कम ही हस्तक्षेप करते थे पर आपसी तालमेल गज़ब का था।

इसी दौर में लक्ष्मी-प्यारे ने किशोर से एक मुलायम-सा कर्णप्रिय गीत 'ये रात एक सी होती है' फ़िल्म 'आधा दिन' (1977) और रफ़ी से शायराना रूमानी सुंदर सुरों के प्रयोग के साथ 'उन्हें वो भीगी हुई रात', फ़िल्म 'ऊपर वाला जाने' (1977) के लिए गवाया था। पर ऐसा लगता है कि लक्ष्मी-प्यारे के लिए फ़िल्मों की व्यावसायिक सफलता बहुत महत्त्वपूर्ण बन चुकी थी। संगीत चल जाए तो सब ठीक मानने वाले लक्ष्मी-प्यारे अब 'आदमी मुसाफ़िर है आता है जाता है' (रफ़ी, लता, साथी—अपनापन, 1977), 'क्यूँ भई चाचा' (रफ़ी, शैलेन्द्र) और 'माँ ने कहा था ओ बेटा' (शैलेन्द्र—चाचा भतीजा, 1977), 'धर्मवीर' (1977) के 'सात अजूबे इस दुनिया में' (रफ़ी, मुकेश), 'हम बंजारों की बात मत पूछो जी' (किशोर, लता साथी), 'मैं गलियों का राजा' (रफ़ी), 'बंद है मुठ्ठी (आशा, लता), ओ मेरी महबूबा' (रफ़ी), तेरी मेरी शादी सीधी सादी', 'सकूल में क्या पढ़ोगे' (किशोर, आशा—'दिलदार, 1977), 'कुंचम कुंचम' (मुकेश, महेन्द्र, आशा, साथी—ईमान धरम, 1977), 'डाकिया डाक लाया' (किशरे—पलकों की छाँव में, 1977), 'किसी शायर की ग़ज़ल' (किशोर, साथी—ड्रीम गर्ल, 1977), 'हम प्रेमी प्रेम करना जाने' (रफी, किशोर, शैलेन्द्र—परवरिश, 1977) या 'ऐ मेरे नन्हे गुलफ़ाम' (आशा—जागृति, 1977) जैसी चलती फिरती धुनों को लोकप्रियता की मंज़िल की ओर दौड़ा कर ही खुश हो रहे थे। यह ज़रूर है कि फ़िल्म संगीत में गुणवत्ता और अर्थवत्ता का पतन सामान्यतः भी बड़ी तेजी से हो रहा था और लोग भी अब फ़िल्में एक्शन और डायलॉग के लिए अधिक देखने उमड़ते थे, संगीत के लिए कम इस माहौल में लक्ष्मी-प्यारे को अपनी प्रतिभा दिखाने के लिए एक अलग संगीत केंद्रित फ़िल्म की आवश्यकता थी, और यह उनका सौभाग्य था कि ऐसा मौका लेकर आए राज कपूर 'सत्यम् शिवम् सुंदरम्' (1978) में। मनमोहन देसाई के चहेते बने लक्ष्मी-प्यारे के लिए इस बार एक अलग माहौल था, अलग माँग थी और लक्ष्मी-प्यारे का संगीत इस फ़िल्म में सत्य, शिव और सुंदर बनकर बिखरा। 'सत्यम् शिवम् सुंदरम्' फ़िल्म का थीम राज कपूर के मन में वर्षों से था, और यह थीम लता के व्यक्तित्व से प्रभावित होकर ही कल्पना में आया था—एक ऐसी स्त्री जो देखने में साधारण-सी हो, पर उसकी आवाज़ उसके आत्मिक सौंदर्य की महानता का प्रतिबिम्ब हो। 'सूरत और सीरत' के नाम से राज कपूर ने इस थीम की कल्पना की थी, पर वह 'सत्यम् शिवम् सुंदरम्' बनकर सामने आया। यह दूसरी बात है कि ज़ीनत अमान जैसी ग्लैमरस नायिका का चयन इस थीम के हिसाब से उपयुक्त नहीं था। लता और राज कपूर में 'संगम' के बाद से ही गायिका को मिलनेवाली रॉयल्टी को लेकर हुआ मनमुटाव 'बॉबी' के बाद भी पूरी तरह तो खत्म नहीं ही हुआ था, क्योंकि लता की विदेश-यात्रा के दो दिन पूर्व फ़िल्म के आखिरी गीत की रेकॉर्डिंग नियत थी, पर लता ताड़देव के फ़ेमस स्टूडियो में आईं और बिना रेकॉर्ड किए ही लौट गईं। राजू भारतन के अनुसार राज कपूर हाथ जोड़कर रेकॉर्डिंग की विनती करते रहे (क्योंकि रेकॉर्डिंग उस दिन न होने पर तो फिर लता के लम्बे विदेश दौरे से लौटने पर ही सम्भव थी और इसका अर्थ महीनों का विलम्ब था) पर लता नहीं रुकीं, और गीत की रेकॉर्डिंग फिर लता के विदेश से लौटने पर ही हुई। लता ने अपना महत्त्व कइयों को समझवाया है और राज कूपर भी इससे बचे नहीं रहे। बहरहाल, लता की शांत, शीतल आवाज़ में एक ही टेक में रेकॉर्ड किया गया 'सत्यम् शिवम् सुंदरम् ...ईश्वर सत्य है' एक पवित्रता लेकर आया। राज कपूर अभिनीत पाँचवें दशक की—'गोपीनाथ' के नीनू मजुमदार के स्वरबद्ध गीत 'आई गोरी राधिका, बृज में बल खाती' की धुन (जो राज कपूर की सलाह पर ही ली गई होगी) पर आधारित 'यशोमती मैया से बोले नंदलाला' (मन्ना डे, लता) और भैरवी में 'भोर भए पनघट पे मोहे नटवर श्याम सताए' (लता) जैसे

मुकेश की अंतिम यात्रा

लक्ष्मीकांत, जीनत, मुकेश, राज कपूर : रात गए की गई 'चंचल शीतल' की रेकॉर्डिंग

गीतों के साथ लक्ष्मीकांत-प्यारेलाल की जोड़ी वर्षों बाद उदात्त संगीत लेकर आई। सम्भवतः मिश्र शिवरंजनी में कम्पोज़ की गई 'सैंया निकस गए मैं ना लड़ी' (लता, भूपेन्द्र) की बंदिश भी चर्चित रही थी। 'सत्यम् शिवम् सुंदरम्' ही मुकेश की आख़िरी फ़िल्म साबित हुई। 'चंचल शीतल निर्मल कोमल संगीत की देवी स्वर सजनी' की रेकॉर्डिंग की कहानी भी बड़ी touching है। हुआ यूँ कि मुकेश को सुबह-सुबह अमेरिका-कनाडा के अपने कंसर्ट दौरे की फ़्लाइट पकड़नी थी। मुकेश चाहते थे कि रेकॉर्डिंग करके जाएँ, और इसलिए वे घर से सीधे रेकॉर्डिंग स्टूडियो पहुँचे। वहाँ उन्होंने राज कपूर के एक सहायक को शराब की एक बोतल दी कि रेकॉर्डिंग के बाद इसे खोलना। पर लक्ष्मी-प्यारे, राज और ज़ीनत अमान के साथ इस रेकॉर्डिंग में इतना वक़्त लग गया कि देर हो गई और बिना वह बोतल खोले ही मुकेश सीधे एयरपोर्ट चले गये। मुकेश की मृत्यु के कई दिनों बाद एक बार राज को जब तुरत शराब चाहिए थी तो वही बोतल उपलब्ध थी और राज ने अपने परम मित्र को याद करते हुए वह बोतल खोली।[4] मुकेश की मृत्यु का अर्थ था कि 'वो औरत है तू महबूबा' में लता का साथ नितिन मुकेश ने दिया। पर 'सत्यम् शिवम् सुंदरम्' का जो गीत कम्पोज़ीशन में बेजोड़ था और अनसुना-सा रह गया था, वह था पारम्परिक महफ़िल शैली की तर्ज़ पर बनाया 'सुनी जो उनके आने की आहट ग़रीबखाना सजाया हमने' (लता, साथी)। क्या लयकारी है, क्या गायकी है और कोरस का क्या खूब प्रयोग है इस गाने में! राग था महफ़िली रंग जमाने में सबसे उपयुक्त राग यमन कल्याण। यह गीत तो बार-बार सुनने की इच्छा होती है।

हालाँकि स्थायी में पूरिया कल्याण और अंतरे में पूरिया धनाश्री की छाया लिए 'मेरी साँसों को जो महका रही है' (लता, महेन्द्र), 'ना जाने कैसे पल में बदल जाते हैं' (सुमन, किशोर, रफ़ी), 'गुमसुम सी खोई खोई' (किशोर, अनुराधा) और 'वो वो न रहे जिनके लिए हम थे बेक़रार' (रफ़ी) जैसे 'बदलते रिश्ते' (1978) के कुछ कर्णप्रिय गीत, 'मैं तुलसी तेरे आँगन की' (1978) का पहाड़ी पर रचा शीर्षक गीत (लता) या शोभा गुर्टू के गाए पारम्परिक ठुमरी-दादरा शैली के पीलू आधारित 'सैंया रूठ गए मैं मनाती रही' एवं 'चले जा रहे हो बेदर्दी मैं रोए मरी हूँ' और 'फाँसी' (1978) के हिट गीत 'जब आती होगी याद मेरी' (रफ़ी, सुलक्षणा पंडित) को छोड़कर लक्ष्मी-प्यारे के अधिकांश गीत इस वर्ष चलताऊ ही रहे (भले ही 'अपनापन', 1977 के 'सोमवार को हम मिले' और 'फूल खिले हैं गुलशन-गुलशन' के 'मन्नू भाई मोटर चले पम पम पम' की तरह चल निकले हों), फिर भी अकेले 'सत्यम् शिवम् सुंदरम्' का ही संगीत अन्य फ़िल्मों के मुकाबले इतना विराट था कि लक्ष्मी-प्यारे को इसके लिए 1979 का फ़िल्मफ़ेयर पुरस्कार मिलना इस बार पूर्णतः जायज़ और सही चयन था।

गुलज़ार की 'मीरा' के लिए भी लक्ष्मी-प्यारे का नाम प्रस्तावित था। पर लता की इच्छा थी कि गुलज़ार 'मीरा' का संगीत हृदयनाथ मंगेशकर को सौंपें, चूँकि लता के गैरफ़िल्मी मीरा भजनों के कम्पोज़र के रूप में हृदयनाथ पहले ही अपने को बेमिसाल सिद्ध कर चुके थे। लक्ष्मी-प्यारे लता को नाराज़ तो कभी करने का सोच भी नहीं सकते थे, और इसीलिए उन्होंने बहाने के रूप में यह तर्क दिया कि लता ने 'नौबहार' में 'ऐ री मैं तो प्रेम दीवानी' को इस उत्कर्ष तक पहले ही पहुँचा दिया है कि अब लक्ष्मी-प्यारे उससे बेहतर कुछ बना ही नहीं सकते।[5]

पर संगीत का यह उत्कर्ष अपवाद ही था। 1979 की बिनाका का चोटी का गीत 'डफली वाले डफली बजा' (लता, रफ़ी– 'सरगम', 1979) और 1980 के बिनाका गीतमाला में चोटी पर आया उनका लोकप्रिय गीत 'आशा' (1980) का 'शीशा हो या दिल हो' (लता) संगीत की दृष्टि से अद्भुत नहीं कहे जा सकते। 1980 का फ़िल्मफ़ेयर पुरस्कार 'सरगम' को मिलना अलग बात है, पर सरगम का उपरोक्त गीत या 'पर्वत के इस पार' (लता, रफ़ी), 'हम तो चले परदेस' (रफ़ी), 'कोयल बोली दुनिया डोली' (रफ़ी) आदि डफली और पायल के बेहद खूबसूरत अलंकरण के बावजूद चलताऊ धुनें ही थीं। यह भी विडम्बना है कि 'डफ़ली वाले' को रद्द कर दिया था, पर बाद में दूसरों के दबाव में ले लिया गया और वही गीत सुपरहिट रहा। 'सरगम' की अपेक्षा कहीं अधिक उत्कृष्ट था 'गृह प्रवेश' (कनु राय) और 'मीरा' (पं. रविशंकर) का संगीत पर फ़िल्मफ़ेयर पुरस्कारों ने तो यदा-कदा ही गुणवत्ता को पैमाना समझा है। लक्ष्मी-प्यारे की 'जानी दुश्मन' (1979) के 'चलो रे डोली उठाओ कहार' (रफ़ी), 'तेरे हाथों में पहना के चूड़ियाँ' (रफ़ी, आशा, साथी) और 'सारे रिश्ते नाते तोड़ के आई' (लता), 'काली घटा' (1979) का 'काली घटा छाई प्रेम रुत आई' (रफ़ी), 'कर्त्तव्य' (1979) के 'छैला बाबू तू कैसा दिलदार निकला' (लता), 'चंदा मामा से प्यारा मेरा मामा' (रफ़ी, उषा मंगेशकर) और 'दूरी न रहे कोई आज इतने क़रीब आओ' (लता), 'लोक-परलोक' (1979) का 'हम-तुम जीत गए दुश्मन हार गए' (किशोर, आशा, साथी) और 'बादल कब बरसोगे' (आशा, किशोर), 'मुकाबला' (1979) का 'तीन बत्ती वाला गोविन्दा आला' (रफ़ी, किशोर, साथी), 'प्रेम विवाह' (1979) का लक्ष्मी-प्यारे की परिचित शैली का 'जिसके आने से पहले शाम

आ गई' (लता) और पियानो के सुंदर प्रयोग वाला 'कागा मेरा एक काम करना', 'बेरहम' (1980) की लाजवाब जिगर मुरादाबादी लिखित कम्पोज़ीशन 'इस लफ़्ज़े मुहब्बत का अदना-सा फ़साना है' (आशा, अनूप जलोटा), 'निशाना' (1980) का सस्पेंस भरा 'कितनी दर्द भरी ये बात है' (लता), 'सुहाग' (1979) के 'अठरह बरस की तू' (रफ़ी, लता), 'तेरी रब ने बनादी जोड़ी' (रफ़ी, आशा, शैलेन्द्र), 'हो शेरों वाली' (रफ़ी, आशा, साथी), 'आज इम्तहान है' (लता) और 'ऐ यार सुन यारी तेरी' (रफ़ी, आशा, शैलेन्द्र सिंह), 'आशा' (1980) का 'तूने मुझे बुलाया शेराँवालिए' (रफ़ी, चंचल, साथी), 'धक धक से धड़कता' (रफ़ी) और आशाओं के सावन में' (रफ़ी, लता), 'गौतम गोविन्दा' (1979) का राग भटियार पर आधारित खूबसूरत गीत 'एक ऋतु आए' (किशोर), 'आसपास' (1980) के 'तुम जो चले गए तो' (लता, किशोर), और 'हम को भी ग़म ने मारा' (लता), 'अमरदीप' (1980) का 'हलकी-सी कसक मसक' (लता, किशोर) और 'तुम नहीं मानोगे' (किशोर, आशा), 'दो प्रेमी' (1980) का 'पायलिया छनकी किना' (रफ़ी, अनुराधा), 'दोस्ताना' (1980) के 'भले चाहे दुश्मन जमाना हमारा' (रफ़ी, किशोर), 'मेरे दोस्त किस्सा ये क्या हो गया' (रफ़ी) और 'दिल्लगी ने दी हवा' (आशा, किशोर), 'चोरों की बारात' (1980) का 'आखिरी वक्त कोई दुआ माँग ले' (लता), 'हम पाँच' (1980) के 'क्या जानू मैं सजनियाँ (लता, अमित) और 'हम पाँच पांडव शकुनी मामा' (शैलेन्द्र, अमित, अनवर, सुरेश वाडेकर), 'जुदाई' (1980) का 'मार गई मुझे तेरी जुदाई' (किशोर, आशा) और 'मौसम सुहारे आ गए' (रफ़ी, आशा), 'माँग भरो सजना' (1980) का 'हम बरसों बाद मिले' (किशोर, आशा), 'राम बलराम' (1980) के 'इक रस्ता दो राही' (रफ़ी, किशोर), 'अच्छा कहो चाहे बुरा कहो' (किशोर, आशा) और 'यार की खबर मिल गई' (आशा, किशोर, साथी), 'बंदिश' (1980) का 'रंग भरे मौसम' (आशा, किशोर, साथी) जैसे गीत खूब चले और लक्ष्मी-प्यारे की लोकप्रियता में कोई कमी नहीं हुई, भले ही इन गीतों में से कई तो एकदम ही साधारण किस्म के गीत थे। यह भी अज़ीब इत्तफाक था कि मुकेश की तरह रफ़ी ने भी अपना आखिरी गीत लक्ष्मी-प्यारे के लिए ही 'आसपास' में गाया–'तेरे आने की आस है दोस्त'। पर रफ़ी, किशोर, लता, किसी में वह पहली वाली बात नहीं थी–सभी व्यावसायिकता की भाग-दौड़ में थोक के भाव गीत रेकॉर्ड करने में लगे थे। लोगों की रुचि भी बदल चुकी थी और तेज ऑरकेस्ट्रेशन वाले कामचलाऊ धुन के गीत भी चल निकलते थे। इसी तरह का संगीत लेकर पर्दे पर ऋषि कपूर 'मेरी उमर के नौजवानों' के लिए 'कर्ज़' (1980) में आए और धूम मचा दी। 'पैसा ये पैसा' (किशोर, साथी), पहली बार फ़ोर ट्रैक स्टीरियोफ़ोनिक साउंड पर रेकॉर्ड किया गया 'ओम शांति ओम' (किशोर, साथी), 'दर्द दिल दर्दे जिगर' (रफ़ी) जैसे गीतों के बीच वैसे कर्ज़ के जार्ज बेंसन के 'We As Love' पर आधारित सुंदर थीम म्यूज़िक पर बना गीत 'एक हसीना थी, एक दीवाना था' (किशोर, आशा, साथी) वास्तव में सुंदर रचना थी। 'कर्ज़' के लिए ज़ाहिर था, 1981 के लिए फ़िल्मफ़ेयर पुरस्कार लक्ष्मी-प्यारे को ही मिला और पहली बार किसी संगीतकार ने लगातार चार वर्षों के लिए फ़िल्मफ़ेयर पुरस्कार जीतकर एक कीर्तिमान स्थापित किया।

नवें दशक के आरम्भ में ही ख़य्याम ने 'उमराव जान' (1981) में चिरस्मरणीय संगीत देकर लक्ष्मी-प्यारे के पुरस्कारों की इस कड़ी को तोड़ा। व्यावसायिकता और लोकप्रियता के पायदान पर नम्बर एक पर स्थापित लक्ष्मीकांत-प्यारेलाल को ख़य्याम के अतिरिक्त आर.डी. बर्मन की 'कुदरत' 'याराना', 'साथी' और 'लव स्टोरी', शिव हरि की 'सिलसिला', वार्षिक बिनाका में चोटी के गीत 'मेरे आंगन में' वाले कल्याणजी-आनंदजी की 'लावारिस' और बप्पी लहरी की 'अरमान' ने कड़ी चुनौती दी और मिश्र शिवरंजनी में 'तेरे मेरे बीच में कैसा है ये बंधन अनजाना' (लता, एस. पी. बालसुब्रमण्यम), अहीर भैरवी में 'सोलह बरस की बाली उमर' (लता) और 'हम बने तुम बने इक दूजे के लिए' (लता, एस. पी. बालसुब्रमण्यम) जैसे गीतों के साथ 'एक दूजे के लिए' ही उनका उत्तर बनी। एस. पी. बालसुब्रमण्यम को इस फ़िल्म में गायन के लिए 1982 का राष्ट्रीय पुरस्कार तक मिला। मनोज कुमार ने अपनी 'क्रांति' (1981) के लिए पुनः लक्ष्मी-प्यारे को ही चुना और 'ज़िंदगी की न टूटे लड़ी, प्यार कर ले घड़ी दो घड़ी' (नितिन, लता) बहुत प्रसिद्ध हुआ। राज कपूर की 'प्रेमरोग' (1982) में भी फिर से लक्ष्मी-प्यारे ही थे और 'भँवरे ने खिलाया फूल' (लता, मुकेश वाडेकर), 'मेरी किस्मत में तू नहीं शायद' (लता, सुरेश वाडेकर), 'ये गलियाँ ये चौबारा' (लता) आदि गीतों को अच्छी लोकप्रियता मिली। फ़िल्म में सुधा मल्होत्रा और अनवर को लेकर फ़िल्म में राग ललित पर सृजित 'ये प्यार था या कुछ और था' जैसा अच्छा गीत भी था भले ही यह लोकप्रिय न रहा। पर 'प्रेम रोग' के बाद राज कपूर से लक्ष्मी-प्यारे का नाता टूट गया। कारण–राज कपूर चाहते थे कि लक्ष्मी-प्यारे सबसे ज्यादा प्राथमिकता उनकी फ़िल्म को दें, पर लक्ष्मी-प्यारे कोई शंकर-जयकिशन नहीं थे और यह उन्होंने ज़ाहिर कर दिया कि उनके लिए दूसरे निर्माताओं का भी कम महत्त्व नहीं है। ज़माना भी बदल चुका था, और राज को संगीतकारों के साथ लम्बी-लम्बी म्यूज़िकल सिटिंग्स की जो आदत थी, उसे लक्ष्मी-प्यारे जैसे

रफ़ी की अंतिम यात्रा

व्यस्त कलाकार तुष्ट नहीं कर सकते थे। वर्ष का फ़िल्मफ़ेयर पुरस्कार भी लक्ष्मी-प्यारे ने नहीं बल्कि 'सनम तेरी कसम' के लिए आर.डी. बर्मन ने जीता और इस वर्ष आर.डी. बर्मन की 'नमकीन', 'बेमिसाल', 'तेरी कसम' और 'ये वादा रहा' के गीतों ने लक्ष्मी-प्यारे से अधिक धूम मचाई, पर पुरस्कार के सही हक़दार तो 'बाज़ार' (1982) के लिए ख़य्याम थे। बप्पी लाहिड़ी की धूम-धाम वैसे भी इस वक्त फ़िल्म संगीत के मुहावरों को बदलने में लगी थी। लक्ष्मी-प्यारे के 'तौबा कैसे हैं नादान घुँघरू' (लता, साथी) 'परदेस जा के' और 'असा हुन' (सभी 'अर्पण', 1982), 'चलो बुलावा आया है माता ने बुलाया है' (आशा, रफ़ी, चंचल–'अवतार', 1983), 'देखो कोई प्यार न करना' (लता–'अपना बना लो', 1982), 'चल मेरे भाई', और 'जॉन, जानी, जनार्दन' (नसीब, 1981) 'कहानियाँ सुनाती है पवन' (रफ़ी–'राजपूत', 1981), 'शाम है कुछ खोई-खोई' (शब्बीर, लता) और 'आदमी दीवाना है' (शब्बीर–प्रेम तपस्या, 1982), 'तुम याद न आया करो' (लता, शब्बीर–जीने नहीं दूँगा, 1984), 'ज़िन्दगी के इस सफ़र की' (येसुदास–एक नई पहेली, 1984), 'मैं तुममें समा जाऊँ' (लता–रास्ते प्यार के, 1982) 'मेरे लिए ज़िन्दगी' (मेरा जवाब), 'पूरब न जइयो पश्चिम न जइयो' (पंकज–जवाब, 1985), 'ज़िन्दगी हर कदम एक नई जंग है' (नितिन) और 'बोल बेबी बोल' (किशोर, एस जानकी–'मेरी जंग', 1985), 'चल चमेली बाग में' ('क्रोधी'–1981), 'तुझे इतना प्यार' (लता, मुहम्मद अज़ीज–'कुदरत का कानून'), 'दुनिया में कितना ग़म है (मुहम्मद अज़ीज–अमृत), 'आपका खत मिला' (लता, शारदा), 'जानेमन जाने जिगर' (अमित कुमार–ग़ज़ब, 1982) जैसे गीत लोकप्रिय होते हुए भी आर.डी. की 'मासूम' (1983) और ख़य्याम की 'रजिया सुल्तान' (1983) के उत्तम संगीत के आगे फीके ही माने जाएँगे। वैसे इस दौर में भी लक्ष्मी-प्यारे यमन कल्याण में 'आए वो फूलों के रथ पर' (लता–'दीदार-ए-यार', 1982), 'गाड़ी छुक छुक चलती है' (आशा–बेकरार, 1983), क्लासिकी रंग लिए 'मोर पपीहा कोयल बोले' और अपनी बेटी राजेश्वरी से गवाया 'ये अपना याराना' (दावेदार–1982), 'कब तलक शमाँ' (महेंद्र, लता, साथी) और 'जब याद की बदली' (महेंद्र–'पेंटर बाबू', 1983) जैसी सुंदर रचनाएँ देने में सक्षम थे पर इस क्षमता का पूर्ण उदाहरण पेश करने के लिए उन्हें 'हीरो' (1984), 'सुर संगम' (1985) और 'उत्सव' (1985), के लिए इंतज़ार करना पड़ा।

'कर्ज' में ऋषि कपूर

'हीरो' के 'निंदिया से जागी बहार' (लता) की लाजवाब कम्पोज़ीशन, 'लम्बी जुदाई' (रेशमा), 'तू मेरा जानू है' (लता, मनहर–जो सालाना बिनाका का चोटी का गीत था), 'मुहब्बत ये मुहब्बत' (लता, सुरेश वाडकर), 'डिंग डांग ओ बेबी' (अनुराधा) और 'प्यार करने वाले कभी डरते नहीं' (लता, मनहर) जैसे गीतों के लिए लक्ष्मी-प्यारे को बंगाल फ़िल्म जर्नलिस्ट एसोसिएशन के पुरस्कार से भी सम्मानित किया गया। दक्षिण भारतीय शास्त्रीय संगीत आधारित फ़िल्म 'शंकरभरनम' की रीमेक 'सुर संगम' के लिए राहुल देव बर्मन की पाश्चात्य संगीत छवि आड़े आई और यह बड़ा काम लक्ष्मी-प्यारे को सौंपा गया। 'सुर संगम' में शास्त्रीय संगीत की अद्भुत बहार के लिए लक्ष्मी-प्यारे लता के साथ राजन-साजन मिश्र को ले कर आए और राग भूपाली में 'तोरे चरण कमल' (लता, राजन-साजन), शिवरंजनी में 'हे शिवशंकर' (राजन-साजन), कलावती में 'मैका पिया बुलावे' (लता, सुरेश वाडकर), 'साध रे मन' (राजन-साजन), 'आयो प्रभात' (राजन, साजन, एस. जानकी) आदि रचनाओं के साथ संगीत की एक विराट उपलब्धि हासिल की। फ़िल्म संगीत के बदलते दौर का यह दुर्भाग्य था कि इन गीतों को आम लोगों में लोकप्रियता नहीं मिली। 'उत्सव' (1985) का कहरवा चार मात्रा की लय पर 'बेला महका री महका आधी रात को' (लता, आशा) तो माधुर्य और मेलोडी का उत्कर्ष ही था, इतनी सुंदर रचना तो फ़िल्म-संगीत के इस दौर में विरल हो चली थी। 'उत्सव' के राग विभास पर आधारित 'साँझ ढले'

'उत्सव' : पीरियड फिल्म का अद्भुत संगीत

(सुरेश वाडकर) और 'नीलम के नभ' (लता, आशा) तथा 'मोरे मन बाजा मृदंग' (सुरेश वाडकर, अनुराधा) जैसी रचनाएँ भी फ़िल्म की प्राचीन भारतीय पृष्ठभूमि को जीवंत करने में बहुत सक्षम रही थीं। 'उत्सव' के लिए लक्ष्मी-प्यारे ने विशुद्ध हिंदुस्तानी वाद्यों का प्रयोग किया—वीणा, मृदंग, तुरही, तूतड़ी, नगाड़े, नादरचरम, आदि। 'साँझ ढले गगन तले' में सालबॉक्स का उपयोग किया गया जिसमें बारी-बारी से अलग-अलग वाद्यों के झंकारों का असर पैदा करने में लक्ष्मी-प्यारे बड़े सफल सिद्ध हुए। 'बेला महके' में चीन के वाद्य मुहचंग, तूतड़ी, नगाड़े, नादरचरम आदि से तथा 'मेरे तो नयनों में किरणों के पारखी' के साथ पूरा संगीत लकड़ियों की तीली से सँवारा गया। 'उत्सव' का सम्पूर्ण संगीत कथ्य के ऐतिहासिक, सामाजिक परिदृश्य को जीवंत करनेवाली एकरूपता लेकर आया था, पर इस एकरूपता के अंदर भी अपने शिल्प से लक्ष्मी-प्यारे ने एकरसता का आरोप नहीं लगने दिया।

व्यावसायिक फिल्मों में भी इस दौर के सफल निर्माता के.सी. बोकाडिया के पसंदीदा संगीतकार लक्ष्मी-प्यारे ही थे। 'प्यार झुकता नहीं', 'नसीब अपना अपना', 'जानू', 'तेरी मेहरबानियाँ' और 'अमृत' का संगीत अच्छा चला। 'प्यार झुकता नहीं' का शिवरंजनी आधारित 'तुमसे मिलकर न जाने क्यूँ और भी कुछ याद आता है' (लता, शब्बीर), 'जानू' के 'छोड़ो मुझे' (मनहर), 'जितना कभी किसी ने' (मनहर, अनुराधा, साथी) आदि गीतों को उन दिनों काफ़ी सुना-सुनाया गया। 'सौगंध' या 'नगीना' के झटकेदार गीत या 'नाच मयूरी' के शास्त्रीय रंग लिए 'पग पादम संगीत गीत' (एस. जानकी), 'ना तुमने' (लता, सुरेश वाडेकर) या 'झूम झूम नाम मयूरी' (लता, साथी), 'प्यासा सावन', का 'इन हसीं वादियों' (लता, सुरेश वाडेकर), चारुकेशी पर आधारित 'मेघा रे मेघा रे' और 'तेरा साथ है तो तुझे क्या कमी' (कमलेश अवस्थी), 'शुरुआत' (1987) का 'बादल की बाँहों में' (अनुराधा, मनहर), 'सिन्दूर' का 'पतझड़ सावन बसंत बहार' (लता, मुहम्मद अज़ीज), 'यादों की कसम' (1985) का 'बैठ मेरे पास तुझे देखती रहूँ' (लता), 'जनमं-जनम' का शीर्षक गीत 'जनम-जनम की प्यासी अँखियाँ', 'खुदा कसम' का 'ये आपने क्या कह दिया' (आशा, रफ़ी), 'नज़राना प्यार का' का 'मुस्कुराते रहो ग़म छुपाते रहो' (रफ़ी, आशा), 'संतोष' (1989) में हारमोनियम के व्यापक प्रयोग के साथ जफ़र अली की पाकिस्तानी गज़लों जैसी ताल पर सृजित 'बताओ तुम्हें प्यार' (नितिन, मुकेश, आशा) और 'यूँ लगने लगी आजकल' (लता, नितिन मुकेश), 'दो दिलों की दास्तां' (1988) का 'हमराही मेरे हमराही' (लता, सुरेश वाडकर) और शास्त्रीय आधारित 'बंसी वाले ने घेर लई' (लता), 'दयावान' (1988) का 'आज फिर तुम पे प्यार आया है' (अनुराधा, पंकज उधास), 'मुहब्बत की आग' (1987) का पंकज उधास की खास शैली में 'मेरी ज़िंदगी मुहब्बत', 'भ्रष्टाचार' का 'तेरे नैना मेरे नैनों से मीठी मीठी बातें करते हैं' (सुरेश वाडेकर, अनुराधा) की सुरीली तर्ज़ और शैली, तलत अज़ीज़ अभिनीत 'धुन' के 'याद आने वाले क्यों भूल जाते हैं', 'हो लागी प्रेम धुन लागी', 'इस दरिया में सात समुंदर', तलत-मेहँदी हसन का साथ गाया 'मैं आत्मा तू परमात्मा', 'जब से मैं ज़रा सा' (विनोद राठौड़) और 'मैं तेरा आशिक हूँ' (रूप कुमार राठौड़), 'पापी देवता' का 'उसका नाम है पिया' (अलका याज्ञनिक), 'बेदर्दी का 'न मेरी ज़ुबा पे तेरा नाम आया' (अलका, कुमार शानू), 'तेजस्विनी' का 'वो लड़की जब घर से निकलती थी' (पंकज उधास), 'त्रिवेणी' का 'सदियाँ बीत गईं'—ऐसे गीतों से लक्ष्मी-प्यारे ने बप्पी लाहिड़ी शैली की लहर के बीच भी अपना वर्चस्व बनाए रखा, भले ही स्तर की दृष्टि से वे अब बेहद टाइप्ड हो चले थे। बढ़ते बाज़ारवाद के इस दौर में उनकी शैली भी एक बिकाऊ माल के mass production की शक्ल लेने लगी थी।

'नाम' (1986) का 'चिट्ठी आई है' (पंकज उधास), 'कर्मा' (1986), के 'ऐ सनम तेरे लिए', 'न जाओ परदेस' और 'मैंने रब से तुझे', 'अंजाम' (1986) का 'तारों भरी थी रात' (अनुराधा), 'संजोग' का कहरवा चार मात्रा की ताल पर 'यशोदा का नंदलाला' जैसी सुरीली रचनाएँ हों, लक्ष्मी-प्यारे की प्रतिभा समय-समय पर उभरती अवश्य थी। पर बहुत अधिक सफलता का मतलब एक साथ ढेरों फ़िल्मों का अनुबंध मिलना और इस कारण से स्तर के साथ बहुत अधिक समझौता भी हो गया। इस दशक में कुछ फ़िल्में यदि सुपरहिट होती थीं तो कई फ़िल्में बुरी तरह पिटती भी थीं। यदि एक 'गुलामी' (1985) के मिश्र भूपाली और देस आधारित 'मेरे पी को पवन' (लता) जैसे गीत हिट होते और यदि एक 'घर एक मंदिर' (1984) चलती थी तो 'आलराउंडर', 'आशा ज्योति', 'जीने नहीं दूँगा', 'मेरा दोस्त मेरा दुश्मन', 'पाखण्डी', 'शरारत', 'जख्मी शेर' जैसी कई फिल्में इसी वर्ष बुरी तरह असफल रहती थीं। 'स्वर्ग से सुंदर' (1986), आदि का संगीत यदि औसत रहा तो 'पत्थर दिल', सरफरोश', 'मेरा घर मेरे बच्चे', 'काली बस्ती', (सभी 1985), 'कत्ल', 'लव 86', 'त्रिवेणी', 'काला धंधा गोरे लोग', 'असली नकली', 'मजलूम', 'दोस्ती-दुश्मनी' (सभी 1986), 'संसार', 'औलाद', 'लोहा', नज़राना', 'मददगार', 'खजाना', 'मर्द की जवान' आदि (सभी 1987) या 'चरणों की सौगंध', 'शूरवीर', 'रामअवतार', (1986) जैसी अनेक फिल्मों का संगीत-चर्चा के काबिल भी नहीं है।

दरअसल इस दौर में लक्ष्मी-प्यारे की सफलता धुनों से अधिक ऑरकेस्ट्रेशन या वाद्य-संयोजन-अलंकरण और सुभाष घई जैसे बड़े निर्माताओं के विश्वास के कारण थी। 'मि. इंडिया' (1987) के 'हवा हवाई', शीर्षक गीत या 100 वाद्यों के समानान्तर एक सितार को साथ-साथ इस्तेमाल कर कम्पोज़ किए गए 'काटे नहीं कटते ये दिन ये रात' जैसे सुपरहिट गीतों के बारे में भी ये कहा जा सकता है और 'रामलखन' (1989) के 'माइ नेम इज़ लखन' के बारे में भी। 'राम-लखन' के 'माई नेम इज लखन' जैसे गीतों की धुन अगर चलताऊ थी तो ऑरकेस्ट्रेशन गज़ब का था, और लक्ष्मी-प्यारे ने यह भी सिद्ध कर दिया कि कामचलाऊ गानों को भी अच्छे, कसे हुए ऑरकेस्ट्रेशन से बहुत लोकप्रिय बनाया जा सकता है।[6] 'रामलखन' पहली फ़िल्म थी जिसके गानों की बिक्री दस लाख की संख्या पार कर गई। Compact disc पर जारी यह प्रथम हिंदी फ़िल्म एलबम भी था। फ़िल्म के लता के गाए और वर्ष के सुर सिंगार संसद सम्मान से नवाज़े यमन पर आधारित 'बड़ा दुख दीना' (लता), 'तेरा नाम लिया' (मनहर, अनुराधा) और 'मेरे दो अनमोल रतन' (मो. अज़ीज़, कविता) जैसे गीत भी लोकप्रिय रहे थे।

1987 में रेकार्ड की गई पर 1992 में प्रदर्शित 'हीर-राँझा' के 'रब ने बनाया तुझे', 'हम' (1990) के मोरी कांटे के 'तमा तमा' की धुन की नकल पर 'जुमा चुमा दे दे' और मोरी कांटे के ही 'Inchallar' से प्रेरित 'एक दूसरे से करते हैं प्यार हम', 'कर्ज़' के 'एक हसीना थी' की शैली की पुनरावृति 'सनम मेरे सनम' (अमित, अलका याग्निक), 'सौदागर' (1992) के 'इलू इलू' या 'इमली का बूटा' ये सभी गीत पब्लिक की पसंद को ध्यान में रखकर बनाए गए गीत थे। थोड़ी सी चलने वाली धुन और ऑरकेस्ट्रेशन का चमत्कार दोनों को मिलाकर लोगों को खटाखट परोसने में लक्ष्मी-प्यारे सिद्ध हो चले थे। लोकप्रियता के लिए वे द्विअर्थी गीत 'चोली के पीछे क्या है' (खलनायक–1994) देने से भी नहीं हिचके, और इसी प्रकार इस दौर की उनकी सर्वाधिक हिट फ़िल्म 'तेज़ाब' (1989) में भी उन्होंने गणेश चतुर्थी पर बजनेवाली एक पारम्परिक धुन (जिसका रवि ने 'चंदा मामा दूर के' वाले गीत के इंटरल्यूड्स में 35 वर्ष पहले इस्तेमाल किया था) को पॉलिश कर के 'एक दो तीन चार पांच छः सात' (अलका याग्निक) के साथ पूरे भारत को नचा कर माधुरी दीक्षितमय बना दिया। वैसे 'तेज़ाब' का सर्वाधिक खूबसूरत गीत 'सो गया ये जहाँ सो गया आसमां' (नितिन, अलका, शब्बीर कुमार) तो निस्संदेह उत्कृष्ट कृति थी, जिसका मुम्बई की रात की वीरान सड़कों पर गाड़ी चलाते हुए फिल्मांकन और रात्रि को सजीव करने वाली स्वरलहरियाँ लाजवाब बन पड़ी थीं। निस्संदेह इसे नितिन मुकेश के सर्वश्रेष्ठ गीतों में रखा जा सकता है। नितिन से पुनः 'सो गया ये जहाँ' के ही आरम्भिक नोट्स को लेकर 'देशवासी' (1989) के 'कल किसने देखा' और 'मेरे देशवासियो' (अनुराधा के साथ) जैसे गीत लक्ष्मी-प्यारे ने गवाए। नितिन को ही पुनः लेकर 'ईश्वर' का संगीत एक बार फिर प्रशंसनीय और लोकप्रिय रहा था। 'बज उठा साँसों में' (नितिन, कविता कृष्णमूर्ति) एवं बहुत अच्छी कम्पोज़ीशन की। 'आगे सुख तो' (नितिन, कविता) भी एक मधुर रचना थी। गुमराह (1993) के 'हो तेरे प्यार को सलाम' (अलका) और 'ये ज़िंदगी का सफ़र' (तलत, अजीज, कविता) भी तारीफ़े काबिल थे।

पर लक्ष्मी-प्यारे के अंतिम दौर की सर्वश्रेष्ठ फ़िल्म 'भैरवी' (1994) को ही माना जाएगा। कविता कृष्णमूर्ति के स्वर में कशिश भरे सुरों को समेटे 'अब के सावन में बरखा नहीं' 'बालम केसरिया' (कविता, उदित), 'चल रे पवन' (कविता), 'बीच भँवर से' (कविता) और 'कुछ इस तरह' (कविता, उदित) जैसे गीतों में शास्त्रीय संरचना के भीतर भी सुगमता की क़ाबिलेतारीफ़ धारा प्रवाहित हुई थी।

यहाँ हमें 'राजकुमार' (1995) की लाजवाब कव्वाली 'आ जा आ जा तू आ जा' (इक़बाल अफ़जल साबरी, सुखविंदर, जयश्री शिवराम) को भी नहीं भूलना चाहिए। कई वर्षों बाद फिल्मों में इतनी स्तरीय कव्वाली बनी–पूरे सूफ़ियाना मस्ती, तानों और तरानों के साथ। 'औरत औरत औरत' (1996) के लता, तलत अज़ीज़ के गाए 'ये दिल तुम्हारे दिल' और 'ये छोटा-सा घर' या 'खुदागवाह' के 'तू मुझे कुबूल' (लता) जैसे गीतों का भी जिक्र किया जा सकता है। पर सदी के आखिरी दशक में नदीम श्रवण, अनु मलिक, आनंद मिलिंद और फिर ए.आर. रहमान के आगमन और उनके साथ आए मेलोडी के नए रूप (भले ही कुछ दिनों के लिए ही, क्योंकि बाद में ये संगीतकार भी बुरी तरह टाइप्ड और अमौलिक हो गए) की लहर ने लक्ष्मी-प्यारे के वर्चस्व को हिलाकर रख दिया। लक्ष्मी-प्यारे के संगीत में नवीनता तो कुछ अपवादों को छोड़कर पहले ही खत्म हो चली थी। अब लता का गाना भी बहुत कम हो चला था। प्रयोगात्मक तो वे सत्तर और अस्सी के दशक में भी अधिक नहीं रहे थे, और अब ज़माने की बदलती संगीत अभिरुचियों के बीच उनकी संगीत-शैली नए संगीतकारों की चुनौतियों के सामने अशक्त-सी ही थी। 'हीरो', 'राम-लखन' और 'सौदागर' के लिए लक्ष्मी-प्यारे को लेनेवाले सुभाष घई का भी 'त्रिमूर्ति' की रेकॉर्डिंग के दौरान प्यारेलाल से झगड़ा हो गया और वे भी नदीम श्रवण की ओर मुड़ गए।

लक्ष्मीकांत की मई, 1998 में मृत्यु ने फ़िल्म-जगत से इस जोड़ी का बचा नाता भी खत्म-सा कर दिया। गिरीश कर्नाड की 'स्वराजनामा' या फिर 'आम्रपाली' जैसी फ़िल्मों का काम अधूरा ही रह गया। लक्ष्मीकांत की मृत्यु के बाद प्यारेलाल ने भी फ़िल्म-जगत से नाता लगभग तोड़-सा लिया है। कुछ टी.वी. सीरियलों के संगीत में वे अपने को थोड़ा व्यस्त रखते हैं। पुणे में अपने पिता रामप्रसाद शर्मा की याद में एक संस्था बनाने के प्रयास में वे जुटे हैं।

संदर्भ

1. राजू भारतन : लता मंगेशकर–ए बायोग्राफी
2. वही
3. वही
4. बनी रूबेन : राज कपूर, द फ़ैबुलस शोमेन
5. राजू भारतन : लता मंगेशकर–ए बायोग्राफी
6. जयप्रकाश चौकसे : सरगम का सफ़र, नई दुनिया, जून, 1989

प्रेम धवन

'जोगी हम तो लुट गए तेरे प्यार में'

प्रेम धवन को यूँ तो हम गीतकार के रूप में जानते हैं, पर उन्होंने कई हिट फिल्मों में संगीत भी सफलतापूर्वक दिया था। 'शहीद' (1965) में संगीतकार भी वही थे और भैरवी में 'मेरा रंग दे बसंती चोला' (महेंद्र, मुकेश, राजेंद्र मेहता) जैसे सदाबहार गीत की संगीत रचना का श्रेय उनका ही था। शहीद के अन्य बेहतरीन देशभक्ति गीतों 'पगड़ी सँभाल जट्टा' (रफ़ी, साथी), 'ऐ वतन, ऐ वतन, हमको तेरी कसम' (रफ़ी, साथी), दरबारी काबड़ में 'सरफरोशी की तमन्ना अब हमारे दिल में है' (रफ़ी, मन्ना डे, राजेंद्र मेहता) के अलावा लता के स्वर में पंजाबी रंग में रँगा 'जोगी हम तो लुट गए तेरे प्यार में' जैसा लुभावना गीत भी प्रेम धवन की ही देन है। 13 जून, 1923 को अम्बाला में जन्मे और लाहौर की गलियों में पले-बढ़े प्रेम धवन के पिता लाहौर जेल में वार्डन थे और वहीं राजनीतिक कैदियों से मुलाक़ात ने उनके युवा जहन में भी सामाजिक-राजनीतिक प्रतिबद्धता जगाई। लाहौर के एफ.सी. कॉलेज से पढ़ाई खत्म कर वे 'इप्टा' में शामिल होने बम्बई चले आए, जहाँ पं. रविशंकर, सलिल चौधरी, बलराज साहनी, कैफ़ी आज़मी, चेतन आनंद और दीना पाठक के साथ उनका बुद्धिजीवी विकास भी हुआ और रविशंकर तथा उदय शंकर से संगीत और नृत्य की शिक्षा भी मिली। प्रेम धवन ने कई भाषाएँ सीखी थीं और वे बहुत अच्छे वक्ता भी थे।

फिल्म 'शहीद' में मनोज कुमार की एक भंगिमा

'ज़िद्दी' का 'चंदा रे जा रे जा रे' उनका लिखा पहला फ़िल्मी गीत था। 'अंदाज़', आरज़ू', 'परदेशी', 'तराना', 'हम हिंदुस्तानी' के उनके लिखे गीत घर-घर में गूँजे ही थे। संगीतकार चित्रगुप्त के अधिकांश गीतों के रचयिता प्रेम धवन ही थे। प्रेम धवन बहुत अच्छे नृत्य-निर्देशक भी थे और 'हरियाला सावन ढोल बजाता आया', 'उड़ीं जब-जब जुल्फ़ें तेरी' जैसे गीतों में नृत्य-निर्देशन उन्हीं का था।

जहाँ तक संगीत का प्रश्न है, 'ऐ मेरे प्यारे वतन' जैसे मार्मिक गीत के इस लेखक ने 'शहीद' के अलावा कोई बहुत अधिक उल्लेखनीय संगीत नहीं दिया। पर उनकी कुछ रचनाएँ अवश्य बहुत खूबसूरत बनी हैं। पंजाबी लोकसंगीत का इस्तेमाल उनकी संगीतबद्ध रचनाओं में अकसर दिखाई देता है। हालाँकि राजनीतिक-देशभक्ति धारा की तरफ़ अपने झुकाव को फ़िल्मों में भी उन्होंने अपने गीतों और संगीत के माध्यम से समय-समय पर प्रकट किया, पर सातवें दशक के बाद की फ़िल्मों में इस धारा की बहुत कम होती गई जगह ने उन्हें भी मुख्यतः फ़िल्मों की प्रचलित व्यक्तिनिष्ठ रूमानी प्रवृत्तियों में ही मसरूफ़ रहने पर विवश कर दिया। 'रात के अँधेरे में' (1969) के पंजाबी रिद्म पर सृजित कर्णप्रिय गीत 'न जाने पीर दिल की बेपीर बालमा' (लता) की प्रथम पंक्ति में अप्रत्याशित ढंग से filler का प्रयोग बहुत लुभावना था। इसी फ़िल्म का 'अगर बेवफ़ा तुझको पहचान जाते' (लता, रफ़ी), 'पवित्र

पापी' (1970) का दर्दीले सुरों के साथ 'तेरी दुनिया से हो के मजबूर चला' (किशोर) और पंजाबी शैली में 'लागे जिसको वही ये दुख जाने' (लता) जैसे गीत प्रेम धवन के सुपरहिट गीतों में स्थान रखते हैं।

'वीर अभिमन्यु' (1970), 'वीर अमर सिंह राठौड़' (1970), सुभाष घई के नायक के रूप में अभिनीत 'भारत के शहीद' (1972) का उनका संगीत असफल रहा। 'शायर-ए-कश्मीर महजूर' (1973) के 'ओ खेतों की शहजादी' (तलत), 'तमन्ना कब से है दिलबर' (सुमन) और 'फिर मुझे दीदाए-तर' (महेंद्र) जैसे सुंदर गीत भी अनसुने ही गुज़र गए। 'मेरा देश मेरा धरम' (1973), 'किसान और भगवान' (1974), 'फर्ज़ और कानून' (1978), ख्वाजा अहमद अब्बास की 'नक्सलाइट्स' (1980), 'गंगा माँग रही बलिदान' (1981) जैसी फ़िल्मों का संगीत भी पिटा-पिटा ही रहा। 'नक्सलाइट्स' में नक्सलाइट पुत्र के पुलिस अफ़सर पिता के दुःख और क्रोध की मनःस्थिति को सितार के एक लम्बे और तीव्र टुकड़े से प्रेम धवन ने अतीव सुंदरता से प्रकट किया था। रूमा गुहा ठाकुरता ने अपने गैरफिल्मी एलबम 'वक़्त की आवाज' में प्रेम धवन के लिखे और कम्पोज किए 'लाखों उसे सलाम' को कोलकाता यूथ क्वॉयर से बड़ी खूबसूरती से गवाया था।

फ़िल्मों से अलग होकर प्रेम धवन ने अपना अधिकांश समय नेपियन सी रोड के अपने फ़्लैट में पढ़ने-लिखने में ही बिताया। 7 मई, 2001 को मुम्बई के जसलोक अस्पताल में उनका निधन हो गया।

सोनिक-ओमी

'ये दिल है मुहब्बत का प्यासा, इस दिल का तड़पना क्या कहिए'

सियालकोट के रहनेवाले चाचा-भतीजा मनोहर लाल सोनिक और ओम प्रकाश सोनिक को सोनिक ओमी के नाम से जाना जाता है। 26 नवम्बर, 1926 को जन्मे सोनिक की ढाई वर्ष की उम्र में ही आँखे छिन गईं, पर वे संगीत से जुड़े रहे तथा लाहौर के संगीत महाविद्यालय से और फिर लखनऊ से शिक्षा लेकर निकले। पं. अमरनाथ के साथ सहायक रहने के बाद विभाजन ने उन्हें दिल्ली के ऑल इंडिया रेडियो पहुँचा दिया। सोनिक एच.एम.व्ही. से भी सम्बद्ध रहे, कुछ फ़िल्मों में गाया भी और फिर 'कुस्मत' (1949–पंजाबी फ़िल्म) 'ईश्वर भक्ति' (1952) तथा 'ममता' (1952) में संगीत दिया। 'ममता' में उनके संगीत में मुकेश का गाया 'भोर भई एक परी गगन से उतरी' बहुत सुंदर गीत था, पर व्यावसायिक सफलता न मिलने के कारण सोनिक आगे मुख्यतः एरेंजर के रूप में ही कार्यरत रहे तथा मदनमोहन के सहायक भी बने। रेडियो पर सुन-सुनकर ही हारमोनियम में सोनिक पारंगत हो गए थे और 'आगे तेरी मर्ज़ी', 'पायल की झंकार रस्ते रस्ते', 'अल्ला दुहाई है दुहाई है' जैसे कई गीतों में उन्हें हारमोनियम बजाने के लिए बुलवाया गया। संगीतकार के रूप में सोनिक का दूसरा दौर अपने भतीजे ओमी के साथ शुरू हुआ। ओमी दिल्ली रेडियो में गाया करते थे और बम्बई से हताश होकर कई बार लौट चुके थे। रोशन के सहायक के रूप में रावल ब्रदर्स ने 'दिल ही तो है' में ओमी का काम पसंद किया और अपनी अगली फ़िल्म 'दिल ने फिर याद किया' का संगीत उन्हें और सोनिक को सौंप दिया।

'दिल ने फिर याद किया' की रेकॉर्डिंग पर
रफ़ी, मुकेश, सोनिक और ओमी

अपनी पहली फ़िल्म 'दिल ने फिर याद किया' (1966) से ही धूम मचानेवाले सोनिक-ओमी कभी भी शीर्षस्थ संगीतकारों की श्रेणी में तो नहीं आ सके, पर फ़िल्म-जगत के कुछ यादगार गीतों के साथ उनका नाम अवश्य जुड़ गया है। 'दिल ने फिर याद किया' के तो कई गाने खूब चले और धुनों की विविधता का भी प्रदर्शन बखूबी था। रफ़ी का मस्ताना गीत 'लो चेहरा सुर्ख शराब हुआ' और मालकौंस के एक बिलकुल अलग से प्रयोगवाला 'कलियों ने घूँघट खोले' आज भी विविध भारती के फरमाइशी प्रोग्रामों में अकसर सुनाई देते हैं। 'आ जा रे प्यार पुकारे, नैना तो रो रो हारे' को एच.एम.व्ही.द्वारा लता के हॉटिंग सॉग्स के रेकार्ड में 'नैना बरसे रिमझिम रिमझिम' और 'कहीं दीप जले कहीं दिल' के समकक्ष ही स्थान दिया गया है जो इस फ़िल्म के संगीत की प्रतिष्ठा की ओर इंगित करता है। मुकेश का 'ये दिल है मुहब्बत का प्यासा, इस दिल का तड़पना क्या कहिए' आसावरी थाट पर सृजित एक कशिश-भरा चमत्कृत करनेवाला रूमानी गीत है और मुकेश के सर्वश्रेष्ठ रूमानी गीतों में किसी के द्वारा भी शामिल किया जाएगा। इस गीत में सरोद का बहुत सुंदर प्रयोग है। 'मैं सूरज हूँ तू मेरी किरण' (आशा, रफ़ी) की धुन भी कर्णप्रिय है। इस फ़िल्म का शीर्षक गीत 'दिल ने फिर याद किया वर्क सी लहराई है', (रफ़ी, सुमन, मुकेश)

फ़िल्म-संगीत के अच्छे दर्दीले गीतों में गिना जा सकता है। वैसे 'दिल ने फिर याद किया' से भी पहले 'आँसू' फ़िल्म के लिए सोनिक-ओमी ने रफ़ी, मुकेश और आशा के स्वर में एक गीत रेकॉर्ड किया था, पर फ़िल्म अधूरी रह गई। सोनिक ओमी को इस दौर में 'नज़मा' और 'भैरवी' जैसी फ़िल्मों का भी काम मिला पर दुर्भाग्य से ये फ़िल्में बन न पाईं। सोनिक ने कुछ गैरफ़िल्मी गीतों को भी संगीतबद्ध किया जिनमें रफ़ी का गाया जिगर मुरादाबादी का 'दूर से आए थे साथी' कुछ चर्चित भी रहा था।

रावल फ़िल्म्स के संगीतकार के लिए तो 'दिल ने फिर याद किया' की सफलता से अब सोनिक-ओमी की जगह पक्की ही हो गई और उनकी अगली फ़िल्म 'आबरू' (1968) में मुकेश के दर्दीले कंठ से उन्होंने भैरवी में 'जिन्हें हम भूलना चाहें वो अकसर याद आते हैं' गवाकर सदाबहार गीतों की शृंखला में अपना नाम दर्ज़ करा लिया। रफ़ी का गाया 'हर चेहरा यहाँ चाँद तो हर ज़र्रा सितारा' कुछ खास लोकप्रिय तो न हुआ पर धुन इसकी भी अच्छी थी। पर जिस गाने से सोनिक-ओमी उत्तरी भारत के छोटे शहरों और कस्बों के बैण्ड और ऑरकेस्ट्रा ग्रुप्स के बीच छा गये और आज भी छाये हुए हैं वह था 'महुआ' (1969) का 'दोनों ने किया था प्यार मगर मुझे याद रहा तू भूल गई' (रफ़ी)। इस गाने में निहायत कस्बई मानसिकता को प्रभावित करनेवाले हताश प्रेम की वाचाल पुकार थी, जिसे किन्हीं कारणों से शहर-शहर ऑरकेस्ट्रा में गानेवाले स्टारडम का सपना देख रहे गायकों ने खुलूस से अपनाया है। इस दशक के सोनिक ओमी की एक और चर्चित फ़िल्म थी 'बेटी' (1969) जिसका आसावरी थाट पर सृजित 'ये क्या किया रे दुनिया वाले' मुकेश के अच्छे लोकप्रिय गीतों में आज भी अपना स्थान रखता है। उषा मंगेशकर और आशा के स्वर में चुलबुली, शरारती शैली का 'लहँगा मँगा दे मेरे बाबू, मँगवा दे रे छैला आज नैनीताल से' उन दिनों गली-गली में गूँजा था। लता के स्वर में 'शाम धुन लागी हरिनाम धुन लागी' और 'आ जा निंदिया सुहानी' भी कर्णप्रिय रचनाएँ थीं। 'ट्रक ड्राइवर' (1970) में राग ललित पर आधारित 'कान्हा रे कान्हा तूने लाखों रास रचाए' (लता) भी अपने ज़माने की प्रशंसित रचना थी, हालाँकि इसकी मूल धुन शिव बटाल्वी के 'माई री मैं शिकरा यार बनाया' से प्रेरित थी। यह दूसरी बात है कि 'शिकरा यार' में आशिक का दर्द प्रकट होता है और 'कान्हे रे कान्हा' में एक भक्त की चिराकुलता। इस भजन की धुन निर्माता-निर्देशक को पसंद नहीं आई थी, पर इस गीत ने लता के श्रेष्ठ गानों में स्थान प्राप्त किया है।

संगीतकार सोनिक

सोनिक-ओमी के संगीत में यूँ विशिष्ट कुछ नहीं था, जो उन्हें एक अलग स्थान दिलाता, पर कुछ फड़कते लोकप्रिय गीत वे देने में सफल होते ही रहे । 'कान में झुमका चाल में ठुमका' (रफ़ी–सावन भादों, 1970) गीत गली छाप, रोमियो नौजवानों के बीच इतना चला कि सोनिक-ओमी 'दिल ने फिर याद किया' के स्तर की ओर लौटने की अपेक्षा चलताऊ गीतों के सृजन में ही लगे रहे । इस गीत को निर्माता मोहन सहगल एक शरारत-भरी धुन देना चाहते थे और इसलिए उन्होंने सोनिक ओमी को भी सेट पर बुलाया, ताकि वे हीरोइन को भी देख लें, जिसके लिए यह गीत बन रहा था। रेखा की वह पहली फ़िल्म थी और सोनिक ओमी रेखा का साँवला मोटा रूप देखकर थोड़े हिचकिचा गए थे, पर इस गीत में रेखा ने गजब ढाकर निर्माता के चयन को सही ठहरा दिया। 'हे नजरबाज़ सैंया नजरिया न मारो' (आशा–सावन-भादों), 'सुन सुन सुन ओ गुलाबी कली' (रफ़ी आशा–सावन-भादों), ऑर्गेन, गिटार, muted ट्रम्पेट और सैक्सोफ़ोन के साथ पॉप गीत 'आँखें मेरी मैखाना' जैसे गाने तो चलताऊ थे और चले भी पर आगे चलताऊ गाने देने की कई कोशिशें, जैसे 'मान भी जाओ सनम' (रफ़ी–लड़की पसंद है, 1972), 'होंठ गुलाबी कुर्ता लाल' (किशोर–दो बच्चे दस हाथ, 1972) 'कजरे की धार है कटार मारे राजा' (आशा–दो यार, 1972), 'हाय रे मोहे लागे रे मोहे सर्दी' (आशा, मेमसाहब, 1972), 'नजरिया झुका के मारूँगी' (आशा–बिंदिया और बंदूक, 1973), 'मेरी पायल छनके छनक-छनक' (लता–जग्गू, 1975) नाकाम साबित हुईं। सोनिक और ओमी की कई फ़िल्में जैसे 'धरती की गोद में'

लड़की पसंद है

(1971), 'दो भाई' (1972) 'डॉ. एक्स' (1972), 'एक खिलाड़ी बावन पत्ते' (1972), 'सजा' (1972), 'दो चट्टानें' (1973), 'खून की कीमत' (1973), 'प्ले ब्वाय' (1975), 'जग्गू' (1975), 'रंगा खुश' (1975) आदि संगीत की दृष्टि से असफल ही साबित हुईं। इस दौर में सोनिक-ओमी के संगीतबद्ध कुछ ही गीत ऐसे मिलेंगे जो या तो लोकप्रिय हुए या लोकप्रिय न होते हुए भी मधुर लगते हैं। इनमें 'लड़की पंसद है' (1971) का मुकेश, हेमलता का गाया 'तू कर दे नज़र से मस्ताना' मुकेश की तन्मय आवाज़ और दिलकश धुन के कारण बड़ा सुंदर लगता है, तो 'अपना तो फैसला है लड़की पसंद है' (रफ़ी, हेमलता) भी अपनी रवानगी से आकर्षित करता है। 'मेमसाहब' (1972) का 'मुझे ढूँढ़ ले आकर सैंया' (लता) न केवल लोकप्रिय रहा, बल्कि इसके वॉयलिन इंटरल्यूड्स और echo प्रभाव तो स्वर्गिक था। इसी फ़िल्म का 'सुनो-सुनो इक बात सुनाऊँ' (लता, रफ़ी) भी खूब चला था। 'बोल मेरी गुड़िया गुड्डे के संग जाएगी' (लता–भाई हो तो ऐसा, 1972), 'जब तलक आसमां में सितारे रहेंगे' (मुकेश, सुलक्षणा पंडित–आँगन, 1973), 'यौवन' (1973) का किशोर का वह रूमानी दुर्लभ गीत–'तुम्हारी बेरुखी में परेशां हैं नज़ारे' (जिसे एच.एम.व्ही. ने भी किशोर के 'रेयर जेम्स' कैसेट में शामिल किया है), 'तीन चोर' (1973) का 'बेशर्मी से शर्म न कर' (रफ़ी, मुकेश, मन्ना डे) और 'बिंदिया और बंदूक' (1973) का श्रृंगारिक 'बिंदिया लगाऊँगी' (आशा) जैसे गीत बहुत ज्यादा लोकप्रिय न होते हुए भी सुनने में अच्छे लगते हैं। असफल फ़िल्म 'महमिल' (1972) में ओमी का माउथ आर्गन के साथ स्वयं गाया 'कितना है सूना सूना महमिल हमारा रे' भी बड़ी कर्णप्रिय धुन है। जहाँ तक लोकप्रियता का प्रश्न है, 'सावन-भादों' के गीतों के स्वर की लोकप्रियता तो 'धर्मा' (1973) की कव्वाली 'राज़ की बात कह दूँ तो जाने महफिल में फिर क्या हो' (आशा, रफ़ी) को ही मिली। सोनिक-ओमी को जानी बाबू और एक महिला की कव्वाली का मुकाबला देखकर ही इस प्रकार की कव्वाली बनाने का ख़्याल आया था। यों फ़िल्म 'उमर कैद' (1975) का यमन पर आधारित मुकेश, लता का दोगाना 'याद रहेगा प्यार का वो रंगीन ज़माना याद रहेगा' भी अच्छा खासा चला। मुझे याद है कि बचपन में जब रात में मैं बिस्तर पर जाता था तो दूर लाउड स्पीकर से यह गाना अकसर ही बजता सुनाई देता था और रात्रि की नीरवता में इस गीत की गुंजन और उतार-चढ़ाव वाली धुन मुझे मंत्रमुग्ध कर जाया करती थी। यह भी अजीब इत्तफ़ाक़ है कि मुकेश की आवाज़ में सोनिक-ओमी के गीत आज भी याद रहते हैं। 'संसार है इक नदिया' ('रफ़्तार', 1974) के रूप में मुकेश, आशा का यह दोगाना शिवरंजनी पर आधारित कर्णप्रिय धुन के कारण तो अमर ही हो चला है। वॉयलिन का बेहद सुंदर प्रयोग है इस गीत में। शायद एक वजह यह भी हो कि मुकेश की गम्भीर शैली के लिए चलताऊ गाने तो बनाए ही नहीं जा सकते थे, इसलिए सोनिक-ओमी को भी कुछ अलग किस्म का प्रयास करना पड़ता था। यह तथ्य इस बात को और भी इंगित करता है कि अगर सोनिक-ओमी इसी प्रकार की मेहनत अपने आम गानों के साथ भी करते तो काफ़ी आगे जा सकते थे। 'अँधेरा' (1975) का 'रंग दूँगा सब को मैं प्यार-भरी बातों से' (किशोर) का धीमा भाग इसका स्पष्ट उदाहरण है–बेहद मुलायम और भावप्रधान शैली का यह गीत सुनने में बहुत ही अच्छा लगता है। पृष्ठभूमि में तेज रिद्म की स्वायत्तता के साथ गीत की लय अपना अलग धीमा अस्तित्व रखते हुए इस गीत को अपनी तरह का अकेला होली गीत बनाती है।

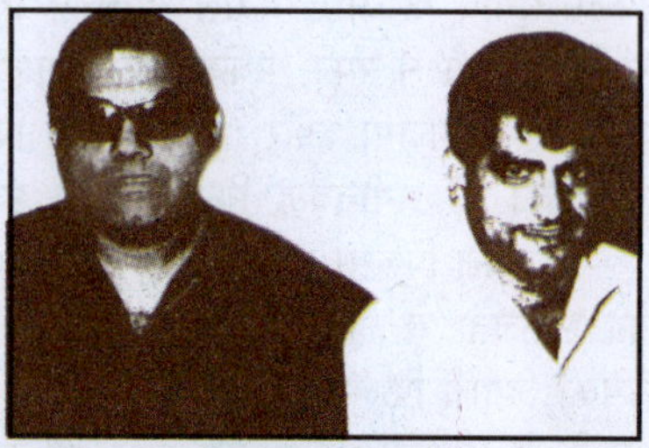
सोनिक और ओमी

पर कुछ तो आठवें दशक की मधुर संगीत से विरक्त होती हुई फ़िल्मों का दौर और कुछ सोनिक-ओमी की सीमित प्रतिबद्धता के कारण आगे की 'फौजी', 'दो शोले', 'शाही लुटेरा', 'पंडित और पठान', 'ज़मानत', 'भूख', 'राखी की सौगंध', 'जुल्म की पुकार' जैसी उनकी फ़िल्मों में कुछ भी उल्लेखनीय नहीं था। 'प्रेमी गंगाराम' (1978) के 'कुंडा खोल' (ओमी, उमा देवी) के रूप में उमा देवी से उनका आखिरी फ़िल्मी गीत गवाने का श्रेय अवश्य उन्हें मिला। 'लड़की जवान हो गई' का 'साथ हम तुम चले थे' (रफ़ी) भी एक खूबसूरत शायराना गीत था। 'दो चेहरे' (1977) के लिए भरत व्यास के लिखे सुंदर गीत 'इस रात के सन्नाटे में मैं बन के पवन आती हूँ, हर भोर चली जाती हूँ' (आशा) को सोनिक-ओमी ने सस्पेंस भरी धुन दी थी। 'रंगा और राजा' (1977) का 'राजा मेरे दिल के' (आशा, रफ़ी) और 'अपना खून' (1978) का 'सुन सजना' (आशा, रफ़ी) लाक्षणिक सोनिक-ओमी शैली के लोकप्रिय गीत थे। इसी प्रकार 'अपना खून' (1978) का भी पाश्चात्य ऑरकेस्ट्रेशन के साथ धीमी लय में 'मुझपे भी तो डाले एक नज़र' (आशा) बहुत अच्छा नशीला प्रभाव पैदा करता है। 'प्रीत की रीत निभाना' (दो चेहरे–येसुदास), 'जीवन पथ पे एक रथ के दो पहिए' (आशा, येसुदास–'अगर' 1977) और माउथ ऑर्गन के प्रयोग के साथ 'मम्मी मुझे गुड़िया-सी बहना चाहिए' (आशा, सुषमा श्रेष्ठ, अमोल पालेकर, मास्टर राजू–'अगर'), 'कहीं हो ना मुहल्ले में हल्ला' (शोभा गुर्टू–'चौकी नं. 11') और 'कजरे

की कसम गजरे की कसम' (लता, रफ़ी–'रामकसम'), 'भक्ति में शक्ति' (1978) का बेहद श्रुतिमधुर और भावविभोर कर देनेवाला 'मन तेरा मंदिर आँखें दिया बाती' (महेन्द्र, दिलराज कौर, साथी) और 'माँ तेरे दरबार झुके सारा संसाधन मेरी सुन पुकार जोताँवालिये' (रफ़ी), 'बदला और बलिदान' (1980) के मुज़रा शैली के 'इशारा चाहिए' (लता), 'मेरे लाश की मिट्टी ख़राब न हो' (रफ़ी) और 'प्यार किया है प्यार निभाना' (रफ़ी, सुलक्षणा पंडित), 'दुर्गा' (1985) के 'कुछ कहने वाला था' (रफ़ी, लता) जैसे गीत बीच-बीच में आकर कुछ चले ज़रूर पर अच्छा संगीत अब तेजी से सोनिक-ओमी से दूर होता जा रहा था। अब बस संख्या थी और व्यवसाय था। बदलते दौर के साथ वे भी घटते गए। 'ज्वाला डाकू' (1981), 'मान गए उस्ताद' (1981), 'हीरों का चोर' (1982), 'चार महारथी' (1985), 'फ़र्ज़ की कीमत' (1985), 'रामकली' (1985), 'जुल्म का बदला' (1985), 'आदमखोर' (1986), 'राम मिलाई जोड़ी' (1986), 'चम्बल का बादशाह' (1986), 'जॉनी उस्ताद' (1987), 'हमारी जंग' (1987), 'कच्ची जवानी' (1987), 'फ़कीर बदमाश' (1987), 'सीतापुर की गीता' (1987), 'डाकूरानी तलवारवाली' (1987), 'तेरा करम मेरा धरम' (1987), 'जवानी के जलवे' (1987), 'गौरा' (1987), 'जागो हुआ सबेरा' (1987), आदि कितनी ही वाहियात फ़िल्में आईं और इनमें फ़िल्म के अनुरूप सोनिक-ओमी का संगीत भी लचर ही कहा जाएगा। इन सभी फ़िल्मों में कथ्य और रिवाज़ या परिपाटी के अनुसार ढेर सारे मुज़रा गीतों का सोनिक-ओमी ने सृजन किया, पर शायद ही उनमें से किसी को स्तरीय कहा जा सकता है। 'तेरा करम मेरा धरम' (1987) के मेलोडी पूर्ण 'आज सारे सहारे जुदा हो गए' (उषा मंगेशकर) जैसे एकाध गीतों को छोड़ दिया जाए तो 'चालू पे चालू' (1988), 'फ़रार कैदी' (1989) 'जवानी की जलन' (1990), 'माँ कसम बदला लूँगा' (1990), 'डाकू मुन्नी बाई' (1991), 'कानून और सज़ा' (1991), 'गंगा और रंगा' (1993), 'लेडी किलर' (1995), 'हिंद की बेटी' (1996), 'बीवी नं. दो' (2000) जैसी उनकी न जाने कितनी सस्ती या डाकूप्रधान फ़िल्मों का उनका संगीत पिटा-पिटा ही रहा। चालू संगीत की भी परिभाषा और शैली बदल चुकी थी, और सोनिक-ओमी के पुराने चालू माल जैसे संगीत के लिए तो अब बिलकुल स्थान नहीं था।

9 जुलाई, 1993 को लम्बी बीमारी के बाद सोनिक का देहांत हुआ।

गणेश

'मन गाए वो तराना जिसे सुन के आ जाना'

गणेश

संगीतकार प्यारेलाल के छोटे भाई गणेश जब फ़िल्म-जगत में आए तो उनकी प्रतिभा की चर्चा काफ़ी हुई थी। लक्ष्मी-प्यारे की टीम में रहते हुए ही कहा जाने लगा था कि लक्ष्मी-प्यारे की कई रचनाओं के पीछे गणेश के बहुमूल्य सुझाव और विचार का योगदान है। दरअसल यह चर्चा इतनी असरदार रही थी कि बिना कोई फ़िल्म प्रदर्शित हुए भी उनके पास दसेक फ़िल्में थीं, और कई फ़िल्में उन्होंने अस्वीकार करनी भी शुरू कर दी थीं। सुंदर और आकर्षक व्यक्तित्व के धनी गणेश गाते भी बहुत अच्छा थे, और अपने पिता पं. रामप्रसाद से उन्होंने संगीत के कई गुर सीखे थे। 'ठाकुर जरनैल सिंह' (1966) कोई विशेष बड़े बैनर की फ़िल्म न थी, अभिनेता भी कोई सुपरस्टार न होकर दारा सिंह थे, पर इस फ़िल्म में गणेश ने आशा भोंसले से उनके संगीत-जीवन का एक ऐसा ज़बर्दस्त गीत गवाया कि आशा ने भी इसे अपने 'माइ फ़ेवरिट्स' कैसेट में स्थान दिया है। यह गीत था सदाबहार सुपरहिट गीत 'हम तेरे बिन जी न सकेंगे सनम'। सरल कम्पोज़ीशन को भी रिद्म के सहारे कितना दिलकश और जीवंत बनाया जा सकता है, यह तो इस गीत से प्रकट हो ही सकता है। रिद्म का ही प्रयोग हमें फ़िल्म के 'सैंया से वादा था नाजुक घड़ी थी' (लता) और 'काहे छेड़े हाय काहे छेड़े रे मोहे बालेपन में सजना' (लता, उषा मंगेशकर) में भी मिलता है। 'हुस्न और इश्क़' (1966) के 'ऐ मेरे दिल तेरी मंज़िल अभी आने वाली है' (मुकेश), 'नहीं-नहीं तेरी बातों का एतबार नहीं' (उषा मंगेशकर, कृष्णा कल्ले), जैसे गीतों में भी इसी रिद्म का झंकृत रूप हमें मिलता है। इससे हटकर फ़िल्म में गणेश ने रफ़ी से एक लयपूर्ण रूमानी गीत 'जिनकी तस्वीर निगाहों में लिए फिरता हूँ' और आशा से 'मज़ा बरसात का चाहो तो इन आँखों में आ बैठो' तथा 'अरे सितमगर इक और ठोकर' गवाया। सभी गीतों के आधार में तबले और ढोलक का प्रयोग प्रमुखता से परिलक्षित होता है। 'शेरा डाकू' (1966) के 'इंतजार का आलम तन्हाई और हम' (लता) में गणेश ने गिटार, ड्रम के आधुनिक ऑरकेस्ट्रेशन के साथ सस्पेंस के लिए उपयुक्त गूँजती आवाज़ का अच्छा प्रभाव उत्पन्न किया था पर गीत विशेष चला नहीं। वहीं 'स्मगलर' (1966) के 'मेरा तबला कहे धिक है' (लता) में एकॉर्डियन और माउथ ऑर्गन के साथ मीठी मेलोडी थी, और 'सुन लिया ना' (लता, रफ़ी) में भी ऑरकेस्ट्रेशन का आकर्षण था। 'सब का उस्ताद' (1967) में रफ़ी के स्वर में खुमार-भरा 'पिला दे मगर शर्त ये होगी साथी, मैं जितनी पिऊँगा पिलानी पड़ेगी' एक सुंदर रचना की, पर दुर्भाग्य से इस फ़िल्म को सफलता नहीं मिली।

गणेश की संगीतबद्ध फ़िरोज खान और शाहिदा अभिनीत 'अंजाम' (1968) का संगीत हिट रहा था, विशेषकर मुकेश का गाया 'ज़ुल्फ़ों का रंगीं साया है तौबा खुदाया'। इस गीत को एच.एम.व्ही. ने मुकेश के 'रेयर जेम्स' कैसेट्स में भी शामिल कर इज़्ज़त बख़्शी है। वैसे यह गीत भी रिद्म प्रधान ही था। ऐसा ही एक रवानगी-भरा गीत था 'ऐ दिलरुबा कल की बात' जिसे मुकेश के साथ सुमन कल्याणपुर ने गाया था। दरअसल, गणेश रिद्म के प्रभुत्व वाली आकर्षक संगीत रचनाएँ बनाने में तो कुशल थे, पर उनकी त्रासदी रही कि उनकी शैली और तबले, ढोलक के प्रयोग का अंदाज़ बिलकुल लक्ष्मी-प्यारे की शक्ल का ही था।

शायद यही कारण था कि अपने आगमन से पहले भले ही उनकी बेहद चर्चा हुई हो, पर एक बार फ़िल्म-जगत में आने के बाद मौलिकता की इस कमी के कारण अधिकांश निर्माता लक्ष्मी-प्यारे की ओर ही मुड़ गए–विशेषकर इस दौर में तो लक्ष्मी-प्यारे न सिर्फ़ रिद्म को लेकर बल्कि बेहतरीन मेलोडी की सृष्टि पर भी बेहद चौकन्ने थे और लता सें एक से बढ़कर एक दिलकश और नए अंदाज़ के गीत दे रहे थे।

'एक नन्ही-मुन्नी लड़की थी' (1970) में गणेश ने वैसे रफ़ी से बड़ी मर्मस्पर्शी धुन पर फ़िल्म का शीर्षक गीत गवाया था। 'कहीं आर कहीं पार' (1971) में किशोर के स्वर में 'जवानी का ये आलम है' या आशा के गाए 'दिल में बड़ी-बड़ी बाते हैं' कोई विशेष प्रभाव पैदा न कर सके। 'कुंदन' (1972) का लता का गाया 'दिल का करार लाई' और अन्य गीत भी खास नहीं रहे। पर मनमोहन देसाई निर्देशित 'शरारत' (1972) के कुछ गीत हिट रहे थे–'कल रात सपने में आए थे तुम' (आशा, रफ़ी) उस वक्त कुछ चला था। लता के गाए 'दिल की लगी ऐसी है' और 'हम तो कोई भी नहीं हमको भुला दो ऐसे' तो विशेष असर पैदा नहीं कर पाए, पर फ़िल्म में रफ़ी का गाया, पियानो के सुरों पर आधुनिक शैली का 'दिल ने प्यार किया है इक बेवफ़ा से' वाकई अच्छा गीत था। इसी तरह राधा सलूजा और किरण कुमार अभिनीत 'चालाक' (1973) के भी कुछ गीत लोकप्रिय हुए थे। 'मन गाए वो तराना जिसे सुन के आ जाना' (सुमन) और 'दिल का नज़राना ले ओ दिलदार ले ये सच्चा प्यार है मेरा प्यार ले' (किशोर, आशा) अपनी आकर्षक तर्ज और वाद्य-संयोजन के कारण खूब बजे थे। इसी प्रकार 'धमकी' (1973) का 'कली से बहारों से नज़रों से' (किशोर) और उससे भी बढ़कर रिद्म की जादूगरी प्रदर्शित करता 'चाँद क्या है, रूप का दर्पण' (किशोर, आशा) बेहद चले ।

पर इन सभी लोकप्रिय गीतों में भी गणेश अपनी कोई अलग शैली नहीं विकसित कर पाए। लक्ष्मी-प्यारे के विराट व्यक्ति के आगे बिना अलग-सी पहचान बनाए न चल पाना ही उनकी सफलता को सीमित करती थी। 'एक नारी दो रूप' (1973) में रफ़ी का गाया हिट गीत 'दिल का सूना साज तराना ढूँढ़ेगा', सुंदर कर्णप्रिय 'मेरे मन पवन संग उड़ चल' (आशा) या लक्ष्मी-प्यारे की लोफ़र के 'मैं तेरे इश्क में मर न जाऊँ कहीं' की शैली में बनाया 'ज़िंदगी में सदा मुस्कुराते रहो' (आशा), या फिर 'सा रे ग म प' (1973) का बेहद लोकप्रिय गीत 'मैं प्यार माँगू प्यार दे दे ओ साँवरिया ओ बाँके साँवरिया' (लता) भी मूलतः लक्ष्मी-प्यारे की शैली से ही प्रभावित थे। काफ़ी अरसे तक गुमनाम रहने के बाद फ़िल्म 'दोजख़' (1986) में गणेश का नाम फिर आया, पर 'खामोशी हद से बढ़ी' (अनुराधा, सुरेश वाडेकर) के अलावा कोई भी गीत उल्लेखनीय न रहा। 28 मार्च, 2000 को इस संगीतकार का बम्बई में 58 वर्ष की आयु में निधन हो गया।

दान सिंह

'पुकारो, मुझे नाम लेकर पुकारो'

दान सिंह

एक अत्यन्त प्रतिभाशाली किन्तु उपेक्षित कम्पोज़र रहे दान सिंह। मूलतः राजस्थान के रहनेवाले दान सिंह बहुत अच्छे गायक भी थे और खेमचंद प्रकाश के शागिर्द भी रहे थे। ऑल इंडिया रेडियो, दिल्ली से एक बार इन्होंने पंत की कविता गाई थी, और पंत इतने प्रभावित हुए थे कि उनसे मिलने रेडियो स्टेशन पहुँच गए और फिर अपनी कार से ही दान सिंह को घर छोड़ा था। बम्बई आने पर पार्टियों और महफ़िलों में अपनी कम्पोजीशन्स गाकर दान सिंह बहुत मशहूर हो गए और फ़िल्मी संगीतकार के रूप में उनके उज्ज्वल भविष्य की बातें की जाने लगीं। लेकिन दुर्भाग्य कि उनको स्वतंत्र संगीतकार के रूप में फ़िल्म डिवीजन के भास्कर राव तथा निर्देशक शांताराम आठनेले द्वारा 'रेत की गंगा' में दिया मौका काम न आ सका क्योंकि फ़िल्म पर्दे पर ही न आ सकी। और भी मिलने वाली फ़िल्में 'भूल न जाना', 'बहादुरशाह जफर', 'मतलबी' या तो पूरी न हो सकीं या रिलीज़ होने से रह गईं। इसके बावजूद 'भूल न जाना' का उनका कम्पोज़ किया गीत 'पुकारो मुझे नाम लेकर पुकारो, मुझे तुमसे अपनी खबर मिल रही है' बेहद मकबूल रहा। मुकेश के गाए और गुलजार के लिखे इस गीत में सब कुछ है–'बड़ी सरचढ़ी हैं ये जुल्फें तुम्हारी, ये जुल्फे मेरे बाजुओं में उतारो' जैसी खूबसूरत शायरी, बाँसुरी और सितार के साथ यमन कल्याण आधारित सुंदर रूमानी धुन और मुकेश की बेमिसाल गायकी। यह आश्चर्य नहीं है कि यह गीत आज भी मुकेश के लोकप्रिय गीतों में शुमार किया जाता है।

'भूल न जाना' के तेज लय में 'गोरा गोरा मुखड़ा ये तूने कहाँ पाया है' (मुकेश), दर्दीले सुरों के साथ 'गमे दिल किससे कहूँ कोई भी गमख्वार नहीं' (मुकेश), 'मेरे हमनशीं मेरे हमनवाँ मेरे पास आ' (गीता) और 'झुका लो बड़े-बड़े नैना हिरणों का धोखा होता है' (आशा) जैसे गीत मेलोडियस भी थे और संतुलित कम्पोज़ीशन के भी उदाहरण, पर फ़िल्म के पर्दे पर न आ पाने के कारण इनकी मक़बूलियत सीमित ही रही। दान सिंह फ़िल्म-जगत के उन कम्पोज़र्स में से हैं जिनमें मेलोडी और ऑरकेस्ट्रेशन का संतुलन हमेशा प्रभावी रहा है। मुकेश उनके पसंदीदा गायक थे, और अपनी हर फ़िल्म में वे मुकेश का गीत लेते ही थे। दारा सिंह अभिनीत सरगम चित्र की 'तूफ़ान' (1969) के तेज रिद्म वाला गाना 'हमने तो प्यार किया प्यार प्यार प्यार' मुकेश और आशा के स्वरों में कुछ चर्चित भी रहा था, पर असली लोकप्रियता मिली अतुल आर्ट्स, बम्बई की एस. सुखदेव निर्देशित और शशि कपूर, शर्मिला अभिनीत 'माई लव' (1970) के मुकेश के गाए दो गीतों को। गज़ल-शैली में आसावरी थाट के सुरों–'जिक्र होता है जब क़यामत का तेरे जलवों की बात होती है'–की रूमानी तहज़ीब को चाहने वाले आज भी हजारों हैं। वहीं गिटार के chords के बेहतरीन प्रयोग के साथ 'वो तेरे प्यार का ग़म एक बहाना था सनम, अपनी किस्मत ही कुछ ऐसी थी कि दिल टूट गया' तो टूटे हुए पुरुष दिलों का चिरस्थायी गीत है ही।

पर यह कितना दुखदायी है कि इतने प्रतिभाशाली कम्पोज़र की और कोई फ़िल्म पर्दे पर ही न आ पाई। प्रतिभा के साथ किस्मत का होना भी हमारे फ़िल्म-जगत में बहुत ज़रूरी है, और एक ऐसा संगीतकार जिसके पास किसी का वरदहस्त न था, फ़िल्मी

बवंडर

दुनिया के षड्यंत्रों और तिकड़मों के सामने टिक न पाया। कई संगीतकारों ने तो पार्टियों में सुनाए गए दान सिंह के गीत अपने नाम से फ़िल्मों में इस्तेमाल कर लिए। पूरी तरह हताश और उपेक्षित दान सिंह वापस जयपुर लौट गए जहाँ वे अपनी डॉक्टर पत्नी के साथ जीवन बिताने लगे। मुकेश के गाए तीन अमर गीतों के कम्पोज़र दान सिंह जयपुर के मंच पर सक्रिय रहे।

वर्षों बाद दान सिंह की वापसी हुई जगमोहन मूंदरा की राजस्थान के भँवरी बाई प्रकरण पर बनाई फ़िल्म 'बवंडर' (1999) के साथ जिसका संगीत इस उपेक्षित संगीतकार को सौंपा गया। कथ्य के अनुरूप दान सिंह ने इस फ़िल्म में राजस्थानी लोकसंगीत की छटा बिखेरी और 'आयो होली' (सपना अवस्थी, रामशंकर), 'पनघट' (रिचा शर्मा), 'हर आयो' (परमेश्वरी, साथी), 'घाघरियो' (सपना अवस्थी), 'केसरिया' (रीता गाँगुली), 'जगया सरसी' (दीप्ति नवल, नंदिता दास, साथी) और उत्प्रेरक गीत 'अब तो जगना ही होगा बहनो सबको मिल के' (महालक्ष्मी अय्यर, साथी), तथा 'अब तो जाग्या सरसी बहना' (सोनाली वाजपेयी, साथी) जैसे कई सुंदर गीत कम्पोज़ किए जिनमें रावणहत्था, मोरचंग, सारंगी जैसे लोकवाद्यों का प्रयोग था (भावदीप जयपुर वाले और यूमन बोगम अरेंजर थे)। पर जैसा अकसर होता है, यह ऑफ़-बीट फ़िल्म भी कई जगह प्रदर्शित ही न हुई और दान सिंह की यह वापसी भी उपेक्षित ही रही।

हृदयनाथ मंगेशकर

'यारा सिली-सिली बिरहा की रात का ढलना'

हृदयनाथ मंगेशकर

मंगेशकर बहनों के अकेले भाई हृदयनाथ अपने क्षेत्र में किसी भी तरह से अपनी गुणी बहनों से कम नहीं हैं। यदि गुणवत्ता और स्तर की बात की जाए तो हृदयनाथ जैसे संगीतकार फ़िल्म-जगत में कम हुए हैं। मराठी की अपेक्षा हिंदी में वे कम सक्रिय रहे, पर हिंदी में भी उनका एक-एक फ़िल्मी और गैरफ़िल्मी गीत सुनने लायक रहा है। यदि एक ओर मराठी में संत ज्ञानेश्वर की रचना 'मोगरा फूले ला' की मुलायम नाजुक स्वर-रचना चमत्कार से कम नहीं लगती, तो दूसरी तरफ गुलज़ार की 'लेकिन' के गीतों की कम्पोज़ीशन हिंदी-फ़िल्मों में अलौकिक उपलब्धि का मीलस्तम्भ निर्मित करती है।

साँगली में जन्मे हृदयनाथ की प्रारम्भिक संगीत-शिक्षा उनके पिता दीनानाथ मंगेशकर की छत्रछाया में शुरू हुई थी। पर पिता की शीघ्र ही मृत्यु हो गई और उसे बाद उन्होंने हुस्नलाल से वॉयलिन और पंडित रामप्रसाद से पाश्चात्य संगीत सीखा। कुछ दिनों तक हृदयनाथ ने उस्ताद अमीर खाँ से भी सीखा था। बचपन में ही स्टेज पर गाने-बजाने का शौक परवान चढ़ा और 'बैजू बावरा', 'दीवाना', 'बावला' जैसी छठे दशक के आरम्भ की फ़िल्मों में बाल गायक के रूप में उन्होंने स्वर भी दिया। बारह वर्ष की उम्र में ही एच.एम.व्ही. ने उनके गाए गीतों के रेकॉर्ड निकाले और उनके गाए 'निसदिन बरसत' और 'बरसें बुंदियाँ सावन की' बहुत मशहूर हुए थे। उन्होंने 'सुरेल कलाकेन्द्र' नामक बच्चों की संगीत-संस्था भी चलाई जिसमें लक्ष्मीकांत भी शामिल हुए थे।

बालक हृदयनाथ रफी के साथ 'बैजू बावरा' के गीत की रिहर्सल के समय

हृदयनाथ की पहली फ़िल्म थी मराठी की 'आकाशगंगा' (1955)। बाद में कई मराठी फ़िल्मों में संगीत देनेवाले हृदयनाथ को मराठी फ़िल्मों 'पवनाकढचा घोड़ी' और 'धर्मकन्या' के लिए लगातार दो वर्षों तक सुर सिंगार संसद का पुरस्कार भी मिला था। राग आधारित अपनी रचनाओं में भी हृदयनाथ की मेलोडी की दिशा और विस्तार हमेशा एक नवीनता और innovation लेकर आती थी। कम सुने रागों को भी उन्होंने कई बार अपनी कम्पोज़ीशन्स में स्थान दिया, विशेषकर गैरफ़िल्मी गीतों में।

हिंदी फ़िल्मों में हृदयनाथ की पहली संगीतबद्ध फ़िल्म थी 'प्रार्थना' (1969)। शास्त्रीय संगीत का अपना प्रकांड ज्ञान उनकी इस पहली फ़िल्म में ही झलक जाता है। आशा भोंसले के स्वर में पूरिया धनाश्री में 'ओ बावरी जाएगी तू कैसे पिया द्वारो' एक उत्कृष्ट रचना की, और हृदयनाथ के perfection के प्रति आग्रह को जानते हुए आशा ने रेकॉर्डिंग के बाद अपने भाई से यह भी पूछ लेना ही मुनासिब समझा कि अगर वे संतुष्ट नहीं हों तो वे दस और 'टेक' देने के लिए तैयार थीं बशर्ते कि हृदयनाथ बाद में गीत के किसी पहलू को लेकर मीन-मेख न निकालें।[1] पर साथ ही इस पहले हिंदी गीत के लिए किसी मौलिक धुन को न लेकर हृदयनाथ द्वारा मराठी के अपने एक गीत की नकल करना अखरता है। हृदयनाथ में आत्मविश्वास की कमी

थी या और कुछ यह तो कहना मुश्किल है, पर पूरे तौर पर हिंदी फ़िल्मों की ओर वे कभी नहीं आए। 'प्रार्थना' के ही 'ओ बावरी' (आशा) और लता के गाए लाजवाब 'हरि तुम हरो' जैसी सुंदर रचनाओं के बाद हृदयनाथ पुनः 'हरिश्चंद्र-तारामती' (1970) की बेहद आकर्षक सामूहिक भैरवी 'रिमिम झिमिमवा' (लता, साथी) और 'राजा बेटा सोया मेरा' (लता), 'मंदिर में आया है' (लता), 'हम जिएँ या मरे' (उषा मंगेशकर, आशा), 'एक है झरना' (रफ़ी) के साथ प्रस्तुत थे पर इन फ़िल्मों को अपेक्षित सफलता नहीं मिली। वर्षों बाद 'चानी' (1977) का संगीत लेकर हृदयनाथ पुनः हिंदी फ़िल्म-जगत में पुनः प्रकट हुए जिसका 'तुम्हीं हो मेरे अपने' (लता) मेघ का पुट लेकर बियाबान में गुंजन का प्रभाव उत्पन्न करती एक बड़ी मौलिक कृति थी (बाद में इसी शैली को 'लेकिन' के 'यारा सिली सिली' में उन्होंने दुहराया)। यही बात लता के गाए 'मैं तो जाऊँगी जाऊँगी रे उस पार' के विलक्षण सुरों के बारे में भी कही जा सकती है। फ़िल्म 'वाजिद अली शाह' बन तो नहीं सकी पर इसका संगीत अभूतपूर्व ही कहा जाएगा–चाहे 'बज्में दुनिया सराए फानी है' जैसी ग़ज़ल हो, 'छेड़ो न छेड़ो ना मोहे साँवरिया' जैसी लता, येसुदास की गाई (दोनों का पहला दोगाना) लाजवाब लयपूर्ण प्रस्तुति हो, या 'दिल में लेकर तुम्हारी याद चले' जैसे गूँजती ग़ज़ल के सुर हो (जिसके कुछ नोट्स में भी हमें 'लेकिन' का पूर्वाभास मिलता है)। इसी फ़िल्म के लिए लता के स्वर और पंडित चतुरलाल के तबले के बीच लाजवाब जुगलबंदी का समाँ बाँधकर हृदयनाथ ने 'केसरिया बालमा' कम्पोज किया था जिसे बाद में लता मंगेशकर की ही निर्मित और अपनी संगीतबद्ध चर्चित फ़िल्म 'लेकिन' के लिए हृदयनाथ ने ले लिया।

अनूठी धुनों के सृजक

'धनवान' (1981) का 'ये आँखें देखकर हम सारी दुनिया भूल जाते हैं' (लता, सुरेश वाडेकर) हृदयनाथ का बहुत लोकप्रिय गीत रहा था, पर शैली पूरी तरह खय्याम के प्रभाव से युक्त थी। लता का गाया 'कुछ लोग मुहब्बत को' भी हृदयनाथ के स्तर के हिसाब से साधारण ही था। 'बल्ले बल्ले' भी भाँगड़ा शैली का साधारण ही गीत था। वहीं 'मशाल' के संगीत में एक तरफ हृदयनाथ ने 'ओम नमः शिवाय' (लता, साथी) जैसी तन्मयता-भरी लावण्यमयी भक्ति रचना दी थी, तो दूसरी तरफ यमन में 'ज़िंदगी आ रहा हूँ मैं' (किशोर) और 'मुझे तुम याद करना' (लता, किशोर) जैसे आधुनिक रिद्म आधारित गीत। 'होली आई' (किशोर, लता, महेंद्र, साथी) को पारम्परिक रसिया या फाग शैली से हटकर पंजाबी लोकशैली की बीट्स पर रचकर हृदयनाथ ने एक भिन्न प्रयोग किया।

'आस और प्यास' (1983) के कोरस गीत 'सुमर साईं बाबा' (लता, साथी) के बारे में तो विशेष कुछ नहीं कहा जा सकता, पर मराठी फ़िल्म के रूपांतर 'सुबह' (1983) में हृदयनाथ का संगीत बहुत ही विशिष्ट था। यमन कल्याण पर आधारित 'तुम आशा विश्वास हमारे' में शास्त्रीय सुरों के सुगम प्रयोग के साथ ही तानों का बहुत सुंदर उपयोग था। 'खिले थे कल जो गुलाब लाखों' जैसी कर्णप्रिय रचना में भी स्वरक्रम में चढ़ाव के लिए तानों का बहुत रचनात्मक इस्तेमाल था। पर ये तानें मराठी नाट्य संगीत की प्रचलित तानों से अलग गीतों की स्वाभाविक काव्यात्मकता से ही उत्पन्न लगती थीं। 'हम दोनों गाते रहे' में रिद्म का गुनगुनाहट की पुनरावृत्ति जैसी शैली में प्रयोग, 'चंद रोजा ज़िंदगी' में पारम्परिकता से हटकर लय की अलग अभिव्यक्ति और इंटरल्यूड्स में वॉयलिन का सुंदर प्रयोग तथा 'चैती पूनम का चंदा' में लोकशैली की ताल का लुभावना इस्तेमाल कुल मिलाकर 'सुबह' को हृदयनाथ की अविस्मरणीय फ़िल्म बनाते हैं। यह दूसरी बात है कि लता के गाए इन सभी गीतों में मात्र 'तुम आशा विश्वास हमारे' ही बहुत लोकप्रिय हुआ। हृदयनाथ की संगीतबद्ध 'ज़िंदगी इम्तहान लेती है' (1984) में पुनः उन्होंने लता से नरेंद्र शर्मा लिखित 'राम है महान' की बड़ी उदात्त धुन बनाई थी।

'लेकिन' के पूरे संगीत में राजस्थान का लोक और शास्त्रीय संगीत का अभूतपूर्व मिश्रण है। 'चला वाही देस' और 'चानी' के संगीत सुरों की छाया 'लेकिन' में और परिष्कृत होकर उभरी है। 'यारा सिली सिली' का रिद्म रेगिस्तानी रहस्यात्मकता के बीच गूँजते तानों के साथ इतनी सुंदरता से प्रकट हुआ कि यह गीत लोगों की जुबान पर चढ़ गया। वहीं 'केसरिया बालमा' में लता मांड के प्रचलित, बेहतरीन रूप में हमारे सामने आईं। 'जा जा रे, रे पथिकवा' की बेहतरीन गुजरी तोड़ी में लता के साथ हृदयनाथ स्वयं थे। फ़िल्म की उत्कृष्ट और जटिल रचना थी विलक्षणी तोड़ी में सुरों की बेमिसाल बंदिश 'झूठे नैना बोले'। आशा अगर इसे अपने पसंदीदा गीतों में मानती हैं तो कोई आश्चर्य नहीं है। सारंगी, सितार और तबले की संगत इस गीत में बहुत प्रखर होकर उभरती है। 'मैं एक सदी से बैठी हूँ' (लता) में स्वरों से रहस्य की सृष्टि, 'सुनियो जी एक अरज' (लता) में जटिल शास्त्रीय

बंदिश के बीच भी मेलोडी का प्रवाह या 'सुरमई शाम इस तरह आए' (सुरेश वाडेकर) की सुंदर काव्यात्मक गुलज़ार के खूबसूरत शब्दों को साकार करती सुगमता—ये सभी विशेषताएँ 'लेकिन' को सदी के अंतिम दशक की सम्भवतः सर्वश्रेष्ठ संगीतात्मक फ़िल्म बनाते हैं।

'लेकिन' के संगीत ने हृदयनाथ को संगीत का राष्ट्रीय पुरस्कार दिलवाया। लता को भी 'लेकिन' के लिए सर्वश्रेष्ठ पार्श्वगायिका का राष्ट्रीय पुरस्कार मिला। मराठी फ़िल्म 'जाइत रे जाइत' के लिए इसके पहले हृदयनाथ को राष्ट्रीय पुरस्कार मिल चुका था। सिमोन दि बुउआ के चर्चित उपन्यास 'मादाम बोवारी' पर बनी 'माया मेमसाहब' (1993) का संगीत कथ्य के अनुरूप बिलकुल भिन्न प्रकृति का था। 'ओ दिल बंजारे' (लता) ही अकेली रचना थी जिसमें पुनः राजस्थानी बंजारा लोकशैली का अलंकरण मिलता है, वरना 'एक हसीन निगाह का दिल पे साया है' (लता, कुमार शानू) की बंधनों को तोड़नेवाली उन्मुक्तता के मुहावरे बिलकुल आधुनिक और urbane हैं, 'खुद से बातें करते रहना' (लता) की सपनीली काव्यात्मकता, 'ये शहर बड़ा पुराना है' (लता) का गूँजता, फैलता प्रभाव और 'मेरे सिरहाने जलाओ सपने' (लता) की अंतर्मुखी-सी उत्कंठा भी छंद और लय के संगीत के स्थापित मापदंडों से अलग नई जमीन पर स्थित और स्थापित लगते हैं।

हृदयनाथ का संगीत बेहद भावनात्मक है, पर मराठी भावगीतों की आम परिपाटी से हटकर अत्यंत रचनात्मक और मौलिक रहा है। उनके रिद्म और लय के पैटर्न भी आम मराठी भावगीतों से अलग हटकर संश्लिष्ट और जटिल होते हैं, पर इस जटिलता के अन्दर भी कर्णप्रियता भरपूर रही है। बी.आर. ताम्बे, आरती प्रभु जैसे रचनाकारों के लिखे भावगीतों को हृदयनाथ ने अकसर ही स्वरबद्ध किया। 'धनमति शुक्र बाग राज्य करी' जैसी रचनाएँ मराठी संगीत फ़लक पर सदाबहार बन चुकी हैं। हृदयनाथ के मराठी कम्पोजीशन्स में संत तुकाराम की रचना 'रुनझुन रुनझुन रे भ्रमरा' की आत्मिक सुंदरता को सराहने वाले भी लाखों हैं। 'या डोल्यांची' (आशा) के स्थायी में चंद्रकौंस का स्पर्श तो बेमिसाल ही कहा जाएगा। संत ज्ञानेश्वर की कई रचनाओं को हृदयनाथ ने अद्भुत संगीत-सज्जा दी है। उदाहरण के तौर पर सबसे पहले तो याद आती है लता के स्वर में वह प्रसिद्ध रचना 'मोगरा फूले ला'। भारतीय संगीत के फलक पर इतनी कोमल, भावप्रधान सृष्टि कम ही मिलती है, और लता ने तो इसके गायन में अपनी आत्मा ही उड़ेल दी है। संत ज्ञानेश्वर की ही 'अरे अरे ज्ञाना झालासी' (लता), रामानंद की प्रसिद्ध कृति 'उठा उठा हो सकलीक' (लता, साथी), बी.आर. तेम्बे की चर्चित कृति 'धन तमि शुक्र' (लता), 'कान्हड़ा वो विट्ठल' (आशा), 'मेंदीच्या पांवावर' (लता), कोली लोकधुन पर 'मी डोलकर दरयाचा राजा' (लता, हेमंत कुमार), 'उषाकाल होते-होते' (आशा), 'अरुणोदय झाला' (लता), 'त्या फुलयांचा गंध' (लता), 'तुझ माँगतो मी आता' (लता) में लय का ऊपर नीची पट्टियों पर फैलता प्रवाह—सभी एक ऐसी संरचना के अंदर स्थित है जो भारतीय संगीत-परम्परा के अनुरूप भी है, पर साथ ही अत्यंत आधुनिक ढंग से भी अभिव्यक्त होती है। हृदयनाथ मंगेशकर का संगीत इस प्रकार मात्र संरचना से परिभाषित न होकर उसके अंदर स्थित और बदलते अवयवों के पहलुओं के क्रम परिवर्तनों और संयोजन से बनता है।

'मावलून टाक दीप' में आलापों के अंदर खूबसूरत हरकतों का समावेश इस संदर्भ में याद आता है। यह गौरतलब है कि संगीत इस गीत की काव्यात्मक intensity को उत्कर्ष पर पहुँचाती है। 'बादल वार सुल्लंग' (लता, साथी) का लोकसंगीत आधारित प्रवाह, 'असा बेभान हा वारा' (लता) की काव्यात्मक, आधुनिक गति, 'रंग खेलतो हरि' (लता, साथी) की रसीली झूलती तन्मयता, 'राजा सारंगा माझ्या सारंगा' (लता) की लोक आधारित हलकी झूमती लय, एकॉर्डियन के प्रवाह के साथ 'आनंदी आनंद गहे' (लता) की मिठास एक ओर तो दूसरी ओर 'सावर रे सावर रे उँच उँच झुला' (लता) का irregular रिद्मिक पैटर्न, 'केण्हा तरी पहारे उलटून रात गेली' (आशा) का सितार के सुंदर टुकड़ों से सजी अंतर्मंथन-भरी अभिव्यक्ति, 'त्या फुलांच्या गंधकोषी' (हृदयनाथ) का काव्यात्मक सौंदर्य, 'रुनझुन रुनझुन रे भ्रमरा' (लता) का सौष्ठव भला कौन संगीत प्रेमी भूल सकता है? इस संदर्भ में 'मावल्त्या दिनकरा' की पावन सी धुन के बाँसुरी के हलके प्रवाह के बीच फैलते असर का विशेष तौर पर उल्लेख करना पड़ेगा। इस गीत को तो लता ने 1967 में अपने सिल्वर जुबली के अवसर पर घोषित अपने दस सर्वश्रेष्ठ गीतों में भी स्थान दिया था।

मराठी फ़िल्म-संगीत में भी हृदयनाथ अपनी इन विशिष्टताओं के कारण बहुत ऊँचा स्थान रखते हैं। 'महानंदा' के 'मागे उमा मंगेश' (आशा) की शास्त्रीय आधारित बंदिश, गोवा की लोकशैली में बहुलोकप्रिय 'माझ्ये रानी माझ्ये मोगा' (लता, सुरेश वाडेकर), 'संसार' का 'दयाघना' (सुरेश वाडकर) जैसे न जाने कितने गीतों में नाम लिए जा सकते हैं। बाँग्ला तक में हृदयनाथ की कई रचनाएँ, जैसे 'ओगो माँ गंगा' (लता), 'बादल काले' (लता), 'दे दोल दोल दोल' (हेमंत, लता) आदि, काफ़ी लोकप्रिय रही हैं। बाँग्ला में 'बेहाया वंशी' (लता), सलिल चौधरी की लिखी रचनाएँ 'बादल काले' (लता), 'दूरे आकाश' (लता), 'दुओ दुओ

आदि बोलवो ना' (लता), 'तुमि पाथो चोखे' (लता) तथा हिंदी में हाल में ही हृदयनाथ के संगीत-निर्देशन में 'झीनी झीनी झीनी चदरिया', 'जय राम श्री राम', 'अब मैं नाच्यो', 'हरि बिन कौन गति' जैसे लता के भजनों वाले एलबम 'मीरा, सूर, कबीर' को बेहिसाब लोकप्रियता मिली है।

इसी प्रकार मीरा की प्रसिद्ध रचनाओं को राजस्थानी लोकसंगीत और वाद्य-संयोजन के साथ अलंकृत कर हृदयनाथ ने लता से अनूठे ढंग से गवाया। 'चला वाही देस', 'जोगी मत जा', 'कर्मन की गति न्यारी', 'को विरहिणी को दुख जाने', 'म्हारे रे गिरधर गोपाल', 'माई माई कैसे जिऊँ री', 'पपीहा रे पिउ की बानी', 'बरसें बूँदियाँ सावन की', 'राधा प्यारी', 'सखी री लाज बैरन भई', 'उड़ जा रे कागा' और इन सबसे बढ़कर बड़ी आकर्षक-सी रिद्म से बँधा 'थाणे काई काई' (लता) का जादू तो श्रोताओं के तन मन में आज तक बसा है। प्रसिद्ध कवि भूषण की मशहूर रचना 'इंद्र जिमि जम्भ पर' को भी हृदयनाथ ने अत्यंत सुंदरता से शिवाजी की अभ्यर्थना पर निकाले अपने एलबम 'शिवकल्याण राजा' में लता से गवाया था। लता के स्वर में सुमित्रा कुमारी लाहिड़ी की रचना 'घिरी घटाएँ', पं. नरेन्द्र शर्मा का लिखा खूबसूरत गीत 'मैं केवल तुम्हारे लिए गा रही हूँ' जैसे कई गीत-संगीत और साहित्य के खूबसूरत संगम के रूप में आज तक हमारी यादों में हैं।

लता मंगेशकर से ही हृदयनाथ ने बड़े विशिष्ट अंदाज में भागवत गीता के श्लोक और गुरुबाणी भी गवाया है। ऐसी रचनाओं में न केवल पावनता बल्कि संगीत में एक बौद्धिक झुकाव भी मिलता है जो इन्हें विशिष्ट और कालजयी बनाता है। इसी प्रकार लता के स्वर में गालिब की ग़ज़लों को भी हृदयनाथ ने ग़ज़ल अदायगी के प्रचलित छंद विधान से अलग ले जाकर एक smooth और elegant तल्लीनता दी है जो 'दर्द मिन्नत कशे दवा न हुआ', 'कोई उम्मीद बर नहीं आती', 'कभी नेकी भी उसके', 'फिर मुझे दीदा-ए-तर याद आया', 'रोने से और इश्क में' आदि में बखूबी झलकती है।

पर इधर के प्रयासों में 'लाल सलाम' (2002) का संगीत हृदयनाथ की अन्य फ़िल्मों की तुलना में कमज़ोर ही कहा जाएगा। 'जरा-सा आओ ना' (रूप कुमार राठौड़, रवींद्र साठे), 'मितवा' (लता, रूप कुमार राठौड़), 'हुंकारा जागे' (लता, साथी), 'बीता मौसम फिर आया है' (लता, रूप कुमार राठौड़) और 'चाँद गुफ़ा में' (लता) जैसे गीतों में मेलोडी या लोकशैलियों के प्रयोग के मामले में हृदयनाथ अपनी प्रतिष्ठा की तुलना में फीके ही लगते हैं। ऑरकेस्ट्रेशन का विविध प्रयोग अवश्य व्यापक था, पर कुल मिलाकर फ़िल्म की कोई भी रचना यादगार बनने लायक नहीं है।

संदर्भ

1. राजू भारतन : लता मंगेशकर—ए बायोग्राफी

सातवें दशक में आनेवाले अन्य संगीतकार

जैसाकि हम पहले भी इंगित कर चुके हैं, सातवें दशक तक फ़िल्म-संगीत की कई विधाओं और शैलियों में एक स्थिरता और टिकाऊपन आ गया था। हर शैली के कुछ बड़े नाम प्रतिष्ठित और इस कदर स्थापित हो चुके थे कि उनसे प्रतिद्वन्द्विता आसान नहीं थी। फ़िल्मों के बढ़ते बजट के कारण भी निर्माता प्रतिष्ठित नामों की तरफ़ ही झुकते थे जहाँ उन्हें व्यावसायिक रूप से भी निश्चितता और आश्वस्ति मिलती थी। ज़ाहिर है, इस दशक में उपरोक्त कारणों से नए संगीतकारों का हिंदी फ़िल्मों की दुनिया में प्रवेश पिछले दशकों के मुकाबले कम रहा।

वर्ष 1962 में मधुबाला प्राइवेट लिमिटेड द्वारा 'पठान' फ़िल्म निर्मित हुई थी। फ़िल्म में यूँ तो कुछ भी विशेष नहीं था, पर फ़िल्म-इतिहास में यह हमेशा इस कारण से याद की जाएगी कि इसमें नौ संगीतकार थे—**फ़कीर मुहम्मद, जिम्मी, असर, शम्भू, दत्तराज, राजभूषण, डेविड, बृजभूषण** और **श्यामबाबू**। इनमें असर और बृजभूषण ने तो आगे चलकर फ़िल्मों में अच्छा नाम कमाया। असर ने लाला और सत्तार के साथ मिलकर संगीतकारों के अकेली तिकड़ी के रूप में अपना नाम लिखाया था। फ़कीर मुहम्मद और असर का संगीतबद्ध तलत का 'चाँद मेरा बादलों में खो गया' एक सुंदर, कोमल रचना के रूप में मशहूर हुआ था। फ़िल्मों से अलग फ़कीर मुहम्मद ने कुछ मुस्लिम सांस्कृतिक और विवाह-गीतों की भी रचना की थी जिन्हें कलंदर आज़ाद ने गाया था। ब्रजभूषण अधिक अगले दशक में ही सक्रिय रहे इसलिए इनकी चर्चा हम आठवें दशक के अन्य संगीतकारों के आलेख में ही करेंगे।

सातवें-आठवें दशक के संगीत की बदलती प्रवृत्तियों के दौर में कई संगीतकार ऐसे भी आए जो बड़ी आशाएँ लगाकर आए थे, पर अधिक दूर न जा पाए। **राजरतन** ने भी 'देखा प्यार तुम्हारा' (1963) की सुमन की सुंदर लोरी 'तारों की गोरी, चाँद की गुड़िया जागे ही बिंटिया आ जा तू' और लता के लोकशैली के 'आई बहार मेरे अँगना में आली' के साथ दो अलग-अलग दिशाओं में संगीत चलाकर भी एकात्मकता और मेलोडी के प्रति सी. रामचंद्र जैसी आस्था जगाई थी। फ़िल्म का शीर्षक गीत (सुमन) भी कुछ लोकप्रिय रहा था। 'देखा प्यार तुम्हारा' ही वह फ़िल्म थी जिसकी शूटिंग के दौरान अभिनेत्री नाज़ और सुब्बीराज ने प्रतापगढ़ के किले में अपनी शादी की नींव रखी थी। सुब्बीराज ने नाज़ को अकेले पाकर उसके माथे पर टीका लगा दिया था।

एस. मदन

पर संगीत के आठवें दशक के परिवर्तन के दौर में राजरतन को अधिक नहीं पूछा गया। 'रामू उस्ताद' (1971) तो कुछ विशेष प्रभाव नहीं जमा पाई थी, पर 'मदीने की गलियाँ' (1979) का उनका संगीत बड़ा आकर्षक था। रफ़ी के स्वर में 'हर एक शय से आला' तो इतना सुंदर है कि इसे रफ़ी के अंतिम वर्षों के श्रेष्ठतम गीतों में रखा जाना ही चाहिए। अनुराधा के स्वर में 'आप जब से ख़यालों में आने लगे' को तो निःसंदेह अनुराधा भी अपने इस आरम्भिक दौर के श्रेष्ठ गीतों में गिनती होंगी।

ऐसे भूले-बिसरे संगीतकारों में **एस. मदन** और **एस. किशन** भी शामिल किए जाने चाहिए। एस. मदन का जन्म मोगा (पंजाब) में 1922 में हुआ था। उस्ताद नज़ीर खाँ से इन्होंने शिक्षा ग्रहण की। 1942 में वे संगीतकार विनोद के सहायक बने और वर्षों उनके साथ काम किया। विनोद की मृत्यु के बाद अज़ीज़ हिंदी के साथ 'डंका' जैसी फ़िल्मों में वे सहायक रहे।

प्रदीप कुमार, निरुपा राय अभिनीत 'बँटवारा' (1961) एस. मदन की पहली हिन्दी फ़िल्म थी

और इसका संगीत हिट भी रहा था, विशेषकर इस फ़िल्म का दिलकश गीत 'ये रात ये फिज़ाएँ, फिर आएँ या न आएँ' (आशा, रफ़ी, साथी) जिसे एच.एम.व्ही. ने अपनी 'यादों की मंज़िल' कैसेट शृंखला में भी शामिल किया था पर जो आज दुर्भाग्य से विस्मृत हो चला है। दारा सिंह अभिनीत 'डंका' (1961) में एस. मदन ने पंजाबी शैली का संगीत दिया। 'डंका' तो सफल न रही पर एस. मदन ने इस बीच 'मामाजी' जैसी कई पंजाबी फ़िल्मों में बहुत लोकप्रिय संगीत दिया ('न मैं कोई वली औलिया' उनका सुपरहिट गीत था)। पंजाबी के चोटी के संगीतकारों में उनका नाम लिया जा सकता है। हिंदी में उनका नाम यदाकदा ही आया, और वह भी 'अम्बे माँ काली माँ', 'तेरी पूजा करे संसार' (1985), 'ये प्यार नहीं' (1988) 'टेस्ट ट्यूब बेबी' (1991) और 'दुनिया की रंगीन रातें' (1991) जैसी असफल फ़िल्मों में जिनकी असफलता के कारण 'मुझे आप-सा मेहरबाँ मिल गया' जैसी 'ये प्यार नहीं' की सुंदर गज़ल भी अनसुनी रह गई।

एस. किशन भी कामरान अभिनीत 'जेंटिलमैन डाकू' (1960), 'लालच' (1960) और 'अफ़लातून' (1961) में कुछ विशेष न कर पाए। रहस्य प्रधान 'प्राइवेट डिटेक्टिव' (1962) में भी उनका संगीत था। इस फ़िल्म का सविता बनर्जी का गाया हैरत सीतापुरी का लिखा एक गीत था 'मेरी घघरी में घुँघरू लगा दे तो फिर मेरी चाल देखना' जिससे बेहद मिलते-जुलते शब्द लेकर शकील और नौशाद 'मेरे पैरों में घुँघरू बँधा दे तो फिर मेरी चाल देख ले' (रफ़ी) के साथ 'संघर्ष' (1968) में आए। 'संघर्ष' का यह गीत तो सुपरहिट रहा, पर एस. किशन और हैरत सीतपुरी की रचना अनजानी ही रह गई। एस. किशन स्टण्ट, वेशभूषा और रहस्यात्मक फ़िल्मों तक ही सिमटे रहे–'अरब का लाल' (1964), 'खूनी खज़ाना' (1965), 'तातार की हसीना' (1968) में कोई भी सफल फ़िल्म नहीं थी, हालाँकि 'ऐ दिल बता हम कहाँ आ गए' (मुबारक बेगम–'खूनी खज़ाना') बेहद खूबसूरत और चर्चित गीत रहा था और एच.एम.व्ही. ने 'फ़िल्म हिट्स ऑफ़ मुबारक बेगम' कैसेट में इस गीत को पुनः रिलीज़ किया है। वैसे 'तातार की हसीना' में भी एस. किशन ने रफ़ी से एक बड़ा सुंदर गीत गवाया था–'अब मदद फ़रमाइए महबूब-ए-सुबहानी मेरी' पर यह विशेष लोकप्रिय न रहा। सुमन, महेंद्र के सुंदर दोगाने 'रंगीं है नज़ारा' वाली 'परियों की शहज़ादी', या 'बदले की आग' और 'आखिरी मुकाबला' में तो फ़िल्म के प्रदर्शित न हो सकने के कारण एस. किशन का संगीत अनसुना ही रह गया। अप्रदर्शित फ़िल्म 'कव्वालीज़ ऑफ़ इस्माइल आज़ाद' के भी संगीतकार एस. किशन ही थे।

शिमला में जन्मे और दिल्ली में अपना बचपन बिताने वाले संगीतकार **सतीश भाटिया** मूलतः रेडियो पर कार्यरत थे और कई रेडियो कार्यक्रमों, नृत्य, बैले, ऑपेरा तथा ग़ैरफ़िल्मी रचनाओं के प्रसिद्ध संगीतकार रहे। वर्षा ऋतु पर आधारित बंदिशों को लेकर निर्मित उनका संगीतबद्ध एलबम काफ़ी चर्चित रहा था। इस एलबम में पारम्परिक बंदिशों और संगीत-शैलियों का लाजवाब प्रयोग ऑरकेस्ट्रेशन और गायकी के संतुलन की मिसाल माना जा सकता है। कभी आप एलबम में से खुसरो की रचना 'अम्मा मेरे', नज़ीर अकबराबादी का कलाम 'ओ यार चल के देखें', 'सुरूर' की रचना 'उठे वो झूम के' (सलाहुद्दीन, शिप्रा बोस), मुहम्मद शाह 'रंगीला' की बंदिश 'झूला किन डारो', पारम्परिक कजरी 'पिया ले सावन' और 'झुक आई बदरिया' (गुलाम सादिक खान), 'ज़फ़र' की कम चर्चित रसीली रचना 'मेरे दिल की कुंजी', पारम्परिक बंदिशें 'सावन बरसे भादों बरसे' (शिप्रा बोस) और 'सावन आया' जैसे दुर्लभ नगीनों को सुनिए–ऐसा लगेगा जैसे मध्ययुगीन उत्तर भारतीय संस्कृति अपने लोक, दरबारी, नैसर्गिक और रचनात्मक सभी रूपों में साकार हो चुकी है। जहाँ तक फ़िल्मों का सवाल है, इस क्षेत्र में भाटिया कभी-कभी ही आए। सन् 1950 में 'मालदार' फ़िल्म में उन्होंने हेमंत कुमार, रोशन और उषा भाटिया से गीत गवाए थे पर फ़िल्म चली नहीं और फिर वर्षों वे फ़िल्म जगत में नहीं आए। 1967 में व्ही. शांताराम ने उनसे प्रभावित होकर फ़िल्म 'बूँद जो बन गई मोती' का संगीत उन्हें सौंपा जो बेहद लोकप्रिय रहा। मुकेश के स्वर में शाब्दिक सौंदर्य से भरपूर 'हरी-हरी वसुंधरा पे नीला-पीला ये गगन' की भैरवी आधारित अनुगूँज आज तक कायम है और अपनी काव्यात्मक लयकारी के कारण मुकेश के सर्वश्रेष्ठ गीतों में शुमार है। मुकेश, सुमन के स्वरों में 'हाँ, मैंने भी प्यार किया' की सुंदर सपनीली धुन और पहाड़ी शैली की बाँसुरी से सजा वाद्य-संयोजन भी इसी फ़िल्म की देन थी। फ़िल्म के शीर्षक गीत (मन्ना डे, आशा) की शैली और बाँसुरी का प्रयोग बिलकुल संगीतकार के जन्मस्थान शिमला की पहाड़ी धुनों की याद दिलाता था। इसी पहाड़ी जैसी धुन से आरम्भ होता था 'अँखिया तरसन लागी' (सुमन) का ऑरकेस्ट्रेशन और इंटरल्यूड्स की बाँसुरी। पर गीत विशेष में बिलकुल

'हरी-हरी वसुंधरा' के रिहर्सल के समय मुकेश, भरत व्यास, सतीश भाटिया और शांताराम

अलग अंदाज़ का गौड़ मल्हार का हलका शास्त्रीय रंग देकर और ढोल की रिद्‌म को अद्धा त्रिताल में बजवाकर सतीश भाटिया ने इस गीत को अनुपम बना दिया है। इस एक फ़िल्म से ही सतीश भाटिया फ़िल्म-जगत में हमेशा-हमेशा याद किए जाएँगे।

फ़िल्म-संगीत में हर दशक में कई नए संगीतकार आए—कुछ आए और एकाध गीतों से बड़ी आशाएँ जगायीं, पर फिर विलुप्त हो गए। कुछ को फ़िल्में तो मिलती रहीं पर कोई बड़ी उपलब्धि हाथ नहीं आई। बिरले ही थे जो टिके भी और नाम तथा धन भी कमाया। आज भी रेडियो पर फरमाइशी गीतों में मुकेश, आशा का 'साथ हो तुम और रात जँवा' (काँच की गुड़िया, 1961) खूब बजता और सुना जाता है पर इसके संगीतकार **सुहृद कर** इस फ़िल्म के बाद हिंदी फ़िल्म-जगत से ओझल ही रहे। सुहृद कर कुछ फ़िल्मों में सचिन देव बर्मन के सहायक भी रहे थे। गुजराती फ़िल्मों के प्रसिद्ध संगीतकार **जयंती जोशी** की 'चेतना' तो प्रदर्शित न हुई पर उन्होंने 'मतलबी दुनिया' (1961) में कुछ अमर गीत अवश्य दिए। मुकेश के गाए 'काँटों में रहनेवाले काँटों से क्या डरेंगे' और 'सब प्यार की बातें करते हैं' आज तक मुकेश के अजर अमर गीतों में शुमार किए जाते हैं। वैसे इस फ़िल्म में जयंती जोशी के अलावा सुशांत बनर्जी, भरत मेहता और वर्मा का भी संगीत था। इस फ़िल्म का एक बड़ा प्यारा रोचक गीत था—'हमको इंडिया बहुत पसंद, यहाँ हमारा फ़ेवरिट सिंगर, ब्यूटीफुल सिंगर, हैंडसम सिंगर मुकेशचंद'। किसी पार्श्वगायक की खूबियों को उभारनेवाला फ़िल्म-संगीत का यह अनूठा ही गीत होगा—'तीरुलिल्ला तीरुलिल्ला...गाए लता' और 'बम बम नाचे किशोर कुमारम' तो नाम के उल्लेख मात्र थे जबकि इस गीत में पार्श्वगायक मुकेश की प्रशस्ति पूरे विस्तार से इसके मुखड़े में की गई है। बहरहाल, जयंती जोशी का नाम भी हिंदी फ़िल्मों से 'मतलबी दुनिया' के बाद गायब ही रहा। गुजराती संगीत-जगत में जयंती जोशी की स्वरबद्ध रचनाओं में मुकेश के ही गाए 'भमरा सरखु' और 'म्हारे भोले दिलनु' को अवश्य अपार लोकप्रियता मिली है। गुजराती फ़िल्म 'जेवी छुं तेवी' (1963) के लिए जयंती जोशी को गुजरात सरकार द्वारा पुरस्कृत भी किया गया था।

इक्की-दुक्की अनजानी फ़िल्मों में अच्छा संगीत देकर भी गुमनामनी के अँधेरे में खो जानेवाले संगीतकारों में एक थे **परदेसी** जिनकी फ़िल्म 'बंजारिन' (1960) का मुकेश-लता का दोगाना 'चंदा रे मोरी पतियाँ ले जा' राग दुर्गा पर आधारित अपनी धीमी मधुर स्वरलहरियों के बीच आज भी उतना ही ताज़ा लगता है जितना चालीस वर्ष पूर्व। इसी फ़िल्म का मुकेश, गीता का 'दिल तूने दिया दिल मैंने लिया' भी अपने दोलन के कारण लोकप्रिय हुआ था। मुकेश, साथियों का 'एक बार धरती पर आकर देख ज़रा भगवान' और लता का संगीतमय 'हो मोर बोले हो चितचोर बोले हो' भी अच्छे ही गीत थे। पर 'बंजारिन' जैसी सीमित सफलता भी परदेसी को फिर नसीब नहीं हुई। 'खुफ़िया महल' (1964) अपने नृत्य-संगीतात्मक 'मेरे दिल में भरा है प्यार' (आशा, उषा मंगेशकर) जैसे गीतों के बावजूद असफल रही और 'बाँकेलाल' (उर्फ़ रसिया, 1972) भी मात्र मुकेश के एक मधुर दर्दीले गीत 'बेरहम ये ज़मीं बेरहम आसमां रह गए हम यहाँ चल दिया कारवाँ' के लिए ही याद किया जा सकता है। राजस्थानी फ़िल्म 'ढोला मखणा' (1964) में भी 'छाई है उदासी श्याम' (आशा) जैसे गीतों के साथ परेदसी का सुंदर संगीत था। परदेसी को मौका यदि और मिलता तो शायद और भी स्मरणीय गीत हमारी फ़िल्मी दुनिया को मिलते पर ऐसा हुआ नहीं और आज परदेसी का नाम भूल-सा गया है।

सातवें दशक में कुछ फ़िल्मों में हमें संगीतकार द्वय **रॉय-फ्रैंक** का नाम मिलता है। रॉय का मूल नाम मुकुन्द राय त्रिवेदी था और वे बालाघाट के एक खनिज व्यवसायी परिवार से थे। (इस जानकारी के लिए मैं जबलपुर के श्री आर.के. अग्रवाल का आभारी हूँ।)। फ्रैंक छठे दशक की 'चिराग कहाँ रोशनी कहाँ', 'जवानी की हवा', 'अपना घर', 'नई राहें' आदि फ़िल्मों में संगीतकार रवि के सहायक रहे थे। महिपाल और हेलेन अभिनीत 'चोर दरवाज़ा' (1965) में फ्रैंक संगीतकार थे। सुमन के गाए 'मिली सजा ये प्यार में' (सुमन) अरबी शैली की छाया लेकर अच्छा ही बना था। 'निगाहों में तुम हो' (उषा मंगेशकर), रवि की शैली की पूरी छाप लिए 'तुम जहाँ जाओगे मुझको भी वहीं पाओगे' (रफ़ी), ओ.पी. नैयर शैली की छाया लिए 'नजरिया मिला के बाँसुरिया बजा के' (सविता बनर्जी) जैसे गीत भी ठीक ही थे, पर मौलिकता की कमी स्पष्ट थी। ऑरकेस्ट्रेशन ज़रूर बहुत अच्छा रहा था। रॉय-फ्रैंक की संगीतबद्ध 'गोगोला' (1966) के गीत अलबत्ता अधिक लोकप्रिय रहे विशेषकर 'ज़रा कह दो फ़िज़ाओं से' और 'आ जा आ जा आ जा आ जा प्यार करें' जैसे मुबारक बेगम और महेंद्र कपूर के कर्णप्रिय दोगाने। यह बालकवि बैरागी की फ़िल्म थी, पर गीतों की लोकप्रियता के बावजूद फ़िल्म अधिक न चली।

दक्षिण भारतीय संगीतकार **पी. नागेश्वर राव** ने एन.टी. रामाराव अभिनीत पद्‌मश्री पिक्चर्स, मद्रास की 'भगवान बालाजी' (1961) में 15 गीत कम्पोज़ किये थे जिनमें 'आओ आ जाओ हे मनमोहन' (लता), बागेश्वरी आधारित आशा की कर्नाटक शैली की तानोंवाली 'सजना हिलमिल चलना' (आशा, तलत), 'छम छम कोयल बोले' (आशा), 'चंदो चंदनिया सी है तू' (गीता, महेंद्र),

'सुन सुन रे साँवरे किशन कन्हाई' (पी. शांता कुमारी), 'पाहि हरे प्रतिपाल हरे' (मन्ना डे) जैसे कई मधुर गीत थे। कई गीतों में कर्नाटक संगीत के रागों, गायकी और वाद्यों का सुंदर कर्णप्रिय प्रयोग था, जो बेहद आकर्षित करता है। मद्रास में ही निर्मित एन.टी. रामाराव अभिनीत 'चक्रवर्ती विक्रमादित्य' (1964) में रफ़ी, सुमन के स्वरों में मैंडोलिन और बाँसुरी के साथ 'ओ चंदा रे दूर न जा रे' भी भीमपलासी पर आधारित नागेश्वर राव की एक बहुत ही मीठी, मेलोडीप्रधान रचना थी। इसी दशक में **के. बालकृष्ण** ने पद्मिनी पिक्चर्स, मद्रास की 'दानवीर कर्ण' (1965) में आशा, रफ़ी से एक सुंदर कर्णप्रिय दोगाना 'हरदम रहे तू मोरे संग' के अलावा 'कैसे कहूँ री, कहतो सखी री' (सुमन), नीतिप्रधान 'भय न कर अर्जुन' (मन्ना डे) और 'मुझ पर ही है भार देखो पृथ्वी का सारा' (मन्ना डे) जैसे गीत गवाए थे।

संगीतकार **सुदर्शन** ने 'माल रोड' (1962) में सुमन से एक प्यारा गीत गवाया था–'ठंडी ठंडी हवा मुझे छेड़े यहाँ'। इसी प्रकार **समीक मणि** की संगीतबद्ध 'मुजरिम कौन' (1966) का 'रुत जवाँ रंगीं मौसम' (आशा, लता के.एम. सभी) भी एक दिलकश गीत था। **विजन पाल** की संगीतबद्ध 'एक सूरत दो दिल' (1968) में बंगाली शैली में हेमंत कुमार के अंदाज़ से प्रभावित 'जागी अनजानी राजकुमारी' (सुबीर सेन, आरती) कर्णप्रिय गीत था पर चला नहीं।

प्रसिद्ध कव्वाल **जानी बाबू** ने भी कुछेक फ़िल्मों को संगीतबद्ध किया है। 'नूर महल' (1965) इस दृष्टि से उनकी सर्वाधिक उल्लेखनीय फ़िल्म है जिसका राग कलावती पर कम्पोज़ किया गया 'मेरे महबूब न जा आज की रात न जा' (सुमन) तो सदाबहार गीत बन चुका है। फ़िल्म के 'राधा गोरी गोविंदा है काला' (मन्ना डे) को भी एच.एम.व्ही. ने मन्ना डे के 'रेयर जेम्स' कैसेट्स में जगह दी है। 'फ़िरते हो मारे-मारे' (मन्ना डे, सुरेश राजवंशी आदि), 'नैनों में कजरा माशा अल्लाह' (रफ़ी) जैसे और भी गीत उस फ़िल्म में जानी बाबू ने कम्पोज़ किए थे। आगे के वर्षों में भी 'औलिया-ए-इस्लाम' (1979) में जानी बाबू की कम्पोज़ कुछ अच्छी कव्वालियाँ थीं–'चाँदी का झूला तेरा सोने का पलंग, बाबा हाजी मलंग बाबा हाजी मलंग' (यूसुफ़ आजाद, पार्टी), निजामुद्दीन आलिया बना दो बिगड़े काम हमारे' (जानी बाबू, साथी), 'बात सुन लो मेरी' (शंकर शम्भु, साथी), 'ये जाएगा है, ख्वाजा ए बंदा नवाज है' (अजीज, अहमद बारसी, साथी) आदि–जो उन्होंने सिर्फ़ खुद न गा के उस ज़माने के मशहूर कव्वालों से गवाई थीं। उनकी संगीतबद्ध 'कूवत-ए-परवर दिगार' में भी कई अच्छी कव्वालियाँ थीं, पर फ़िल्म प्रदर्शित न हो पाई।

जानी बाबू के अतिरिक्त भी कुछ कव्वालों ने फ़िल्मों में संगीत दिया था। **यूसुफ आज़ाद** की कव्वालियों पर ही आधारित फ़िल्म 'किंग ऑफ़ कव्वाल्स' में उन्हीं की कम्पोज़ की और गाई कव्वालियाँ थीं पर फ़िल्म प्रदर्शित न हो पाई।

इक्का-दुक्का फ़िल्मों में दिखाई देने वाले संगीतकारों में एक थे **कृष्ण कमल**। उनकी 'डाकू मंसूर' (1961) में मुबारक बेगम के स्वर में 'ए जी ए जी याद रखना सनम' एक कर्णप्रिय रचना थी। ऐसे संगीतकारों में **अरुण राघवन** (मेरा सुहाग, 1961), **एस. एम. सुब्बैया** (रामचंद्रन की 'हमें भी जीने दो, 1962), **मनमोहन** और **प्रेम टंडन** (किंग ऑफ कार्निवाल, 1963), **पीटर-नवाब** (कैप्टेन आज़ाद, 1964), **भानु ठाकुर** (हिज़ हाइनेस, 1964), **मेघराज** (सन ऑफ हरक्यूलस, 1964), **टी.आर. पापा** (तीन दोस्त, 1964), **पी.डी. शर्मा** (नागी हसीना, 1965), **द्वारकेश** (अजनबी, 1966–के. दत्ता के साथ और अप्रदर्शित 'दिलेर शहज़ादा'), **मोमिन** (टारज़न एण्ड हरक्यूलस, 1966), **शौकत** (टारज़न और जादुई चिराग, 1966–शफ़ी के साथ), **चंदन** (शीबा एण्ड हरक्यूलस, 1967), **एस. बालचंद्र** (अप्रदर्शित 'गुड़िया') के नाम भी गिनाए जा सकते हैं।

विजय होनावर ने मोती सागर, मुबारक बेगम और आशिमा बनर्जी के 'फ़्लाइंग हॉर्स' (1962) में कुछ अच्छे गीत गवाए थे, पर फ़िल्म पिट गईं। पर विजय होनावर के संगीत-निर्देशन में मोती सागर की गाई कुछ गैरफ़िल्मी गज़लों का ई.पी. वाकई क़ाबिलेतारीफ़ था। मोती सागर की अनूठी आवाज़ में शकील की रचनाएँ 'आँखों से दूर सुबह के' और 'हुस्न की याद जो दी' सुनना वाकई एक संयत रूमानी लज्ज़त से भर देता है। अब यह मैं नहीं जानता कि आगे के वर्षों में मोती सागर की 'प्रेरणा' को संगीतबद्ध करनेवाले संगीतकार विजय कुमार यही विजय होनावर हैं या कोई और। संगीतकार **प्रभाकर जोग** ने बसंत पिक्चर्स की दत्ता धर्माधिकारी निर्देशित 'सुभद्रा हरण' (1964) में कुछ मेलोडीप्रधान गीत कम्पोज़ किए थे, पर 'मिलन की जाग उठी भावना' (आशा, महेंद्र), 'नयन बावरे होने लगे' (लता, महेंद्र) और 'आया बसंत है आया' (आशा, साथी) जैसे गीत लोकप्रिय न हो सके।

कुछ संगीतकार ऐसे भी हर दशक में हुए हैं जो एक ही गीत के कारण फ़िल्मी संगीत इतिहास में अमर हो गये हैं। **रोनोदेव मुखर्जी** की निर्मित और संगीत निर्देशित 'तू ही मेरी ज़िंदगी' (1965) का नीरज का लिखा कवितामय, सुरीला और स्वरलहरियों से थपकियाँ देता गीत 'ये कौन थक के सो रहा है गुलमोहर की छाँव में' (आशा) ऐसा ही गीत है। इस गीत को कई संगीत समीक्षक आशा के सर्वश्रेष्ठ गीतों में भी मानते हैं। वैसे तो इस फ़िल्म में 'ऐ मेरे वतन, मेरे प्यारे वतन' (रफ़ी), 'जिधर भी मैं

देखूँ उधर तू ही तू है' (आशा, रफ़ी), 'सुहाना समाँ तुम कहाँ' (रफ़ी, आशा) जैसे अन्य गीत भी थे, पर 'ये कौन थक के सो रहा है' के सामने तो अच्छे-अच्छे गीत भी फीके ही लगने लगते हैं।

सरदार सिंह ने 'प्रोफ़ेसर एण्ड जादूगर' (1966) में मुबारक बेगम से 'खुद व खुद इज़हार हुआ जाता है' और उषा मंगेशकर, महेंद्र कपूर से 'तुम्हीं ने सिखाया मुझे प्यार करना' जैसे रूमानी गीत बनाए थे, पर फ़िल्म और उसका संगीत दोनों ही पिट गये। उनकी संगीतबद्ध 'बगावत' तो प्रदर्शित ही न हो सकी। उषा खन्ना की कुछ फ़िल्मों में वे उनके सहायक भी रहे थे। शंकर के सहायक **सेबेस्टियन** ने सूरज नाम से कुछ फ़िल्मों में संगीत दिया था। वस्तुतः यह शंकर का ही जयकिशन से अलग स्वतंत्र रूप से दिया गया संगीत था। 'स्ट्रीट सिंगर' (1966) का 'जिगर का दर्द बढ़ता जा रहा है' (शारदा, रफ़ी) एक मेलोडीप्रधान रचना थी जिसे एच.एम.व्ही. ने 'डुएट्स ऑफ़ रफ़ी–रेयर जेम्स' कैसेट्स में भी जगह दी है। रफ़ी का गाया 'बिन तुम्हारे मजा क्या है ऐसे जीने में', 'आ जा आ जा गले लग जा', 'घर की मुरगी दाल बराबर' या शारदा के गाए 'बना के आशियाँ अपना तुझ पर निसार कर बैठे' जैसे गीत कुछ विशेष प्रभाव उत्पन्न करने में असफल ही रहे।

प्रसिद्ध गायक **सुबीर सेन** ने भी 'मिड नाइट' नामक एक फ़िल्म में अद्‌भुत संगीत दिया था, पर फ़िल्म के प्रदर्शित न हो पाने के कारण यह बात बहुत कम लोग जानते हैं। गीता दत्त के स्वर में 'तेरी याद में सजन' हलकी बंगाली शैली की मिठास लिए एक बहुत ही अच्छा गीत था, और गीता के गाए अच्छे गीतों में इसकी गिनती होती यदि इसे सुना जाता। इसी तरह रफ़ी का गाया 'ज़िंदगी का है ये फ़साना, कहीं मेरा दिल कहीं मैं' रफ़ी के श्रेष्ठ शायराना गीतों में गिना जाना चाहिए। इंटरल्यूड्स में सितार का सुंदर प्रयोग और आधुनिक-सी तल्लीन करनेवाली धुन इस गीत की विशेषताएँ हैं। सुबीर सेन का स्वयं गाया कर्णप्रिय 'कोई मेरा हो गया', तलत और गीता के युगल स्वरों में आधुनिक शैली का 'तुम सा मीत मिला' और रफ़ी के स्वर में अपनी तरह का अलग-सा गीत 'लंडन की एक मिल में' जैसे फ़िल्म के अन्य गीत थे।

वेद सेठी ने 'आँचल के फूल' (1967) में 'एक नन्ही-सी कली रोए डाली के लिए' (रफ़ी) और राग भटियार पर आधारित 'जागो बृज के वासी जागो नंदलाल' (मन्ना डे) जैसे अच्छे गीत कम्पोज़ किए, पर बाक्स ऑफिस की सफलता नसीब नहीं हुई। वेद सेठी ने फ़िल्मों से अलग शारदा सिन्हा के गाए कुछ भोजपुरी गीतों की संगीत-रचना करके बाद में कुछ लोकप्रियता ज़रूर अर्जित की। फ़िरोज़शाह मिस्त्री के पुत्र एवं गुजराती तथा गैरफ़िल्मी गीतों के प्रसिद्ध कम्पोज़र **केरसी मिस्त्री** ने नवीन शाह के साथ 'वीर बालक' में संगीत दिया था पर फ़िल्म ही प्रदर्शित न हो पाई। अगले दशक में भी मिस्त्री की कम्पोज 'कोई न जाने रे' (1986) और 'हमारे बच्चे' (1987) उपेक्षित ही रही। केरसी अच्छे ऑरकेस्ट्रा संचालक थे। 1942 से 1972 तक वे एच.एम.व्ही. से सम्बद्ध रहे। '1857' में सुरैया के गाए दो गीतों के लिए उन्होंने पियानो बजाया था तथा 'हमराज़' के अनुसार 'दीवाली की रात' के तीन गीतों की धुनें वास्तव में उनकी थीं। नौशाद की 'साथी' फ़िल्म का ऑरकेस्ट्रेशन भी उन्होंने ही किया था। सी. एच. आत्मा के गाए कुछ बड़े अच्छे और रस-भरे गैरफ़िल्मी गीत केरसी मिस्त्री के संगीत-निर्देशन के अनुपम उदाहरण हैं। 'बेजुबान सपनों को', 'कब तक भटकूँ मैं तन्हा', 'मेरा दर्द न कोई जाने', 'एक जाम उठाया शोर हुआ' जैसी रचनाओं को चाहने वाले अनेक रहे हैं। गुजराती में भी मिस्त्री की कुछ रचनाएँ बड़ी मकबूल रही हैं। तलत के स्वर में 'शाने गुमान करते', 'जवाब दे ते क्या छे तू' गुजराती ग़ज़ल विधा के अच्छे उदाहरण हैं। मुकेश के गाए बेहद लोकप्रिय गुजराती गीतों 'सनम तू जो बने गुल' और अँग्रेज़ी गीत 'Que sera sera' पर आधारित 'जानो जिगर न मीठो प्यार' को केरसी की संगीतबद्ध रचनाओं के रूप में गुजरात में आज तक याद किया जाता है।

जैसा हम इंगित कर चुके हैं, छठे दशक में कई नामी गिरामी संगीतकारों के स्थापित होने का परिणाम यह भी था कि गौण संगीतकारों या नये महत्त्वाकांक्षी संगीतकारों के लिए अधिक जगह नहीं बची थी। सातवें दशक का हाल भी यही रहा, पर दशक के अंतिम वर्षों में ओ.पी. नैयर और शंकर-जयकिशन के घटते प्रभुत्व के कारण एक तरफ़ तो लक्ष्मी-प्यारे, कल्याणजी-आनंदजी और आर.डी. बर्मन जैसे संगीतकारों ने शीर्ष की तरफ़ पाँव तेजी से बढ़ाना प्रारम्भ कर दिया, वहीं दूसरी ओर इस सक्रांति और परिवर्तन के दौर में कई छोटे-मोटे संगीतकारों को भी अवसर अधिक मिलने लगे।

मैंडोलिनवादक **कमलकांत** ने कई दिनों तक सितारा देवी और मधुमती की नृत्य-मंडलियों में भी काम किया था। कई संगीतज्ञों के साथ अरेंजर रहे कमलकांत ने शंकर से बहुत कुछ सीखा। कमलकांत ने जयंत फ़िल्म्स की 'खूनी साया' (1970) में सर्वप्रथम संगीत देते हुए कृष्णा कल्ले, बलवीर और शारदा से गीत गवाए थे। कृष्णा कल्ले के स्वर में 'रहते हो मेरी आँखों में' एक मधुर प्रणय गीत था पर दुर्भाग्य से अनसुना ही रह गया। 'जय ज्वाला' (1972) भी पिट गई। शाहू मोडक अभिनीत 'श्रीकृष्ण-भक्ति'

(1974) में 'कहाँ हो कन्हैया कहाँ हो मुरारी' (सुमन), 'बाज उठे मंजीरे' और 'आई दासी प्रेम की प्यासी' (वाणी जयराम) जैसे सुंदर भक्ति भावप्रधान गीत थे, पर फ़िल्म सफल नहीं रही। बाबूभाई मिस्त्री निर्देशित 'महाबली हनुमान' (1980), 'कौन है वो' (1983), 'आज के शोले' (1984), 'मुहब्बत की कसम' (1986), 'नागफनी' (1987), 'रामपुर की सीता' (1987), सुपरमैन (1987), 'जादू मंतर' (1988), 'मेरा 'मुकद्दर' (1988), हेमा मालिनी अभिनीत 'इंदिरा' (1991), 'कसम काली की' (1991), 'फौलादी टक्कर' (1992), 'जेठा' (1992), 'फिर वही आवाज' (1998) जैसी फ़िल्मों में संगीत देते हुए वे वर्षों तक सक्रिय रहे, पर उनकी धार्मिक या नृत्यात्मक शैली का प्रभाव श्रोताओं के एक बड़े वर्ग में पहुँच नहीं पाया।

संगीतकार **विष्णु खन्ना** ने सर्वप्रथम इसी दशक के अंत में मौका पा कर 'पत्नी' (1970) में इंदीवर के लिखे गीतों को स्वरबद्ध किया था पर सफल नहीं रहे। फिर बृज कत्याल की निर्देशित सिमी गरेवाल अभिनीत 'पसंद अपनी अपनी' (1972) में उन्होंने हेमलता से 'मेरे होंठों पे तुम्हारा नाम आया' और 'आई आई आई मैं आ गई रे' तथा रफ़ी-सुमन से 'मेरे यार मेरे यार' एवं मुकेश से पियानो और वॉयलिन पर एक अच्छा गीत 'बड़ी खूबसूरत ज़िंदगी तू इसे सँवार दे' गवाया, पर यह फ़िल्म भी चली नहीं। इसी प्रकार **सुधीर सेन** ने प्रदीप कुमार और मीना कुमारी अभिनीत 'सात फेरे' (1970) में संगीत देने के अलावा कैफ़ी आज़मी के साथ फ़िल्म के कुछ गीत भी लिखे थे। फ़िल्म में आशा के स्वर में 'तुमसे दिल की तो कोई बात नहीं होती' और रफ़ी के स्वर में 'होंगे अगर दो लाल' कुछ उल्लेखनीय गीत थे, पर फ़िल्म पिट-पिटा गई। **डी.एम. टैगोर** का संगीतबद्ध 'रामभक्त हनुमान' भी प्रदर्शित न हो सका।

दशक के अंत में आए ऐसे संगीतकारों में नितिन पिक्चर्स की 'दगाबाज़' (1970) में संगीतकार **दिलीप राय** ने लता से 'ओ मेरे कन्हैया मेरे श्याम सलोने', मुकेश से बड़ी सुंदर धुन पर एकॉर्डियन और माउथ ऑर्गन के साथ 'हम मनमौजी राही मस्ताने' और महेंद्र कपूर से कैफ़ी आजमी लिखित सुंदर गीत 'चाँद भी हैं सितारे भी हैं बज़्म में, जाने क्या राज़ है क्यूँ उजाला नहीं' तथा 'आ मेरी बाँहों में' (आशा के साथ) गवाए थे पर लोकप्रियता नहीं नसीब हुई। नितिन फ़िल्म्स की ही अगली पेशकश 'वीर घटोत्कच' (1970) में पुनः दिलीप राय का संगीत था। इस फ़िल्म में मुकेश के स्वर में एक सुंदर गीत था 'उस प्रथम–प्रथम परिचय में ही मैंने खोया था अपनापन'। इसके अतिरिक्त मन्ना डे से उन्होंने एक अच्छा भक्तिभाव गीत 'लीला है तेरी अपार कन्हैया' भी गवाया था। मन्ना डे, से ही गवाई 'माता वैष्णो देवी' (1971) में 'मन के कोरे काग़ज़ पर तस्वीर खींच लो राम की' भी एक अच्छी ही रचना थी।

मुस्तफा यूसुफ ने सज्जाद के निरीक्षण में 'ज़ियारत गाहे हिंद' (1970) में 'ऐ आसमाँ वाले इस वक्त तू कहाँ है' (रफ़ी) और 'जिसे चाहे ख्वाजा नवाज़ दे' (मुबारक) जैसे इबादती गीत कम्पोज़ किए थे। **पामार्थी और अश्वत्थामा** (राम और रहीम, 1968), **हरीश धवन** (टारज़न 303, 1970), **मोहिंदर कौर** (अप्रदर्शित 'आज वतन ने हमको पुकारा') **मदन जैन** (अप्रदर्शित 'ये कदम नहीं रुकेंगे'), **जुगल किशोर** (अप्रदर्शित 'आजाद चैम्पियन') जैसे संगीतकार भी आए-गए ही रहे। **दुलाल सेन** ने 'ब्लैक प्रिंस' में रफ़ी से दर्द-भरा गीत 'निगाहें न फेरो चले जाएँगे हम' गवाया था, पर फ़िल्म ही प्रदर्शित न हो सकी। पौराणिक फ़िल्म 'तू ही राम तू ही कृष्ण' (1976) में भी उनका संगीत था। प्रसिद्ध मैथिली फ़िल्म 'कन्यादान' (1971) में विन्ध्यवासिनी देवी के साथ संगीत देते हुए उन्होंने चंद्राणी मुखर्जी से विद्यापति का एक सुंदर गीत 'सखी रे हमर दुखक नहीं ओर' गवाया था।

अजय एवं **विश्वनाथ** की संगीतबद्ध और रफ़ी के सुंदर गीत 'इसमें ऐसे बिगड़ने' वाली 'जान बची तो लाखों पाए' तो प्रदर्शित ही न हो पाई। उनकी 'हनुमान विजय' (1974) के 'चंदा की सुंदरता चंदन की शीतलता' (सुमन) और 'काहे ढूँढ़े राम को' (रफ़ी) जैसे गीत भी व्यावसायिक रूप से असफल साबित हुए, पर विश्वनाथ की संगीतबद्ध 'रोमियो इन सिक्किम' (1975) में आधुनिक बीट्स पर मुकेश के स्वर में 'तुम ही तो हो जिसका सपना मैंने देखा था' एक अच्छा अलग-सा गीत था।

लाला-असर-सत्तार

फ़िल्म संगीत में दो संगीतकारों की जोड़ियाँ तो कई रहीं, पर तीन संगीतकारों की तिकड़ी का पहला नाम **लाला-असर-सत्तार** के रूप में ही मिलता है। इस तिकड़ी से कुछ फ़िल्मों में एक नाम निकल कर बची हुई जोड़ी का भी संगीत रहा, पर सातवें दशक के मध्य से लेकर आठवें दशक के शुरुआती दौर की कुछ फ़िल्मों में इन संगीतकारों ने कुछ कर्णप्रिय गीतों की सृष्टि की।

जहाँ लाला और सत्तार रिद्म के विशेषज्ञ थे, वहीं असर हारमोनियम में कुशल थे। यह कारण है इनके संगीत में रिद्म और मेलोडी दोनों का ही अच्छा सम्मिश्रण नज़र आता है। बाबूभाई मिस्त्री की फ़िल्म इंडिया के बैनर तले बनी दारा सिंह अभिनीत 'संग्राम' (1965) से इस तिकड़ी का उदय हुआ। यह भी दिलचस्प तथ्य है कि लक्ष्मीकांत-प्यारेलाल (पारसमणि), 'कल्याणजी' (सम्राट चंद्रगुप्त) और रामलाल को अवसर देने वाले भी बाबूभाई मिस्त्री ही थे। 'संग्राम' में लता का गाया शोख गीत 'निकला सैंया चालबाज रे, देके दगा वो तो चला गया' अपने रिद्म के कारण खूब लोकप्रिय रहा। 'डम डम डम डमरू बाजे' (लता, कमल बारोट), 'हो मस्ती में डोले जियो हो' (लता), 'ओ तेरा छुप-छुप के आना' (कमल बारोट, रफ़ी) भी उस ज़माने में अच्छे चले थे। पर फ़िल्म का सबसे खूबसूरत गीत था रूमानियत-सी लर्ज़िश लिए राग गारा पर आधारित रफ़ी के स्वर में 'मैं तो तेरे हसीन खयालों में खो गया'। धुन, लय और गायकी तीनों के हिसाब से यह एक विशिष्ट रचना थी।

'संग्राम' वाली सफलता 'जहाँ सती वहाँ भगवान' (1965) को तो नसीब नहीं हुई, पर 'आजा मेरे मीत रे सुन के मेरे गीत रे' (लता) की भावनाप्रधान मेलोडी बहुत खूब बनी थी और आज भी सुनने में अच्छी लगती है। लाला और सत्तार ने 'शमशीर' (1967) और 'अरबियन नाइट्स' (1967) का संगीत दिया था, पर बात कुछ जमी नहीं। बसंत पिक्चर्स की वाडिया के अंतिम दौर की फ़िल्म 'खिलाड़ी' (1968) के आशा, रफ़ी के दोगाने 'आओ जी आओ ना, दिल में समाओ ना' और 'प्यार कोई कम-कम करें', 'वतन से दूर' (1968) का 'आए सजनवा नाचे रे मनवा' (सुमन), 'अपना खून अपना दुश्मन' (1969) का 'तुम्हारी चाँद-सी सूरत पे हमको प्यार आया है' (आशा, रफ़ी) जैसे गीत ठीक ही ठाक कम्पोज़ीशन्स कहे जा सकते हैं, पर लाला-सत्तार (बिना असर के) की ये फ़िल्में कोई विशेष असर जन मानस पर न कर सकीं। कामरान निर्देशित 'चालबाज़' (1969) में अवश्य लाला-सत्तार का संगीत हिट रहा था, विशेषकर आशा, रफ़ी का मशहूर इठलाता दोगाना 'शुक्रिया आपकी इनायत का मेहरबाँ शुक्रिया' और 'सूनी सूनी लग रही है चाँदनी तेरे बगैर'।

आठवें दशक में लाला सत्तार की संगीतबद्ध बाबूभाई मिस्त्री निर्देशित 'सात सवाल' (1971) के 'जाने—मोहब्बत जाने तमन्ना मुझको तुमसे प्यार है' (रफ़ी, आशा), 'प्यार दीवाना' (1972) के 'किसको चाहूँ किसको न चाहूँ' (किशोर) और 'अब मैं जाऊँ मगर क्यों अभी इतनी जल्दी' (किशोर, आशा) आदि गीत अपनी सामान्यता के कारण अनसुने से गुज़र गए और इस प्रकार लाला, असर और सत्तार भी धीरे-धीरे गुमनाम हो चले।

प्रसिद्ध हारमोनियम वादक और रेवाशंकर, गुलशन सूफ़ी, रोशन, शंकर-जयकिशन, ओ.पी. नैयर जैसे कई संगीतकारों के ऑरकेस्ट्रा में लगभग स्थायी रूप से कार्यरत रहे **बाबू सिंह** की स्वतंत्र संगीतकार के रूप में पहली फ़िल्म 'विद्यार्थी' (1966) थी जिसका रफ़ी और उषा तिमोथी के स्वर में गाया 'नैन से नैन मिला' उस वक्त कुछ लोकप्रिय भी रहा था। बाबू सिंह कांति किरण की संगीतबद्ध 'झूम उठा आकाश' (1973) में उनके सहायक रहे पर अवसरों की कमी ने आजीविका के लिए उन्हें मुख्यतः वादक ही बनाए रखा। हिंदी फ़िल्मों ने उन्हें संगीतकार के रूप में अधिक अवसर नहीं दिया तो वे क्षेत्रीय भाषाओं की ओर मुड़ गये। भोजपुरी फ़िल्म 'सोलहो सिंगार करे दुलहनिया' (1965) में उन्होंने आशा भोंसले, सुमन, मन्ना डे, रफी और उषा तिमोथी से गीत गवाए थे। राजस्थानी लोकसंगीत को आधार बना आशा भोंसले से उन्होंने 'साँवरिया मुरली बजाओ', 'लुक लुख देखो', 'रो रो पुकारे' जैसे सरस गैरफ़िल्मी रचनाएँ भी गवाई थीं। गैरफ़िल्मी रचनाओं की कम्पोज़ीशन बाबू सिंह द्वारा बहुत पहले से की जाती रही थी। 15 अगस्त की वार्षिकी पर 'पन्द्रह अगस्त की पुण्यतिथि' नामक किशोर कुमार के गाए जिस गीत को पुण्यतिथि के अर्थ की विसंगति को देखते हुए प्रतिबंधित किया गया था, उसके कम्पोज़र बाबू सिंह ही थे। बाबू सिंह ने मुबारक बेगम से गवाई कई खूबसूरत गज़लों 'आँखों में ये शाम यूँ ढली', 'दूर तक छा गई फिर परेशानियाँ', 'उलफत का जब लिया किसी ने नाम रो पड़े' और 'बेबात हमसे करके मुहब्बत न कीजिए' को भी कम्पोज़ किया था।

भूषण उन संगीतकारों में हैं जिन्हें अवसर बहुत कम मिले, पर अन्य मौकों पर ही उन्होंने अपनी बेहतरीन प्रतिभा का सिक्का

भूषण

जमा दिया। वैसे वे मूलतः गायक बनने के लिए ही बम्बई आए थे। 15 नवम्बर, 1933 को पंजाब के भोन गाँव में जन्मे भूषण एक बड़े जागीरदार परिवार से थे। घर में ग्रामोफ़ोन पर रेकॉर्ड सुनकर गुनगुनाने की आदत-सी थी। बाद में विभाजन के बाद जब परिवार लखनऊ आया, तो भूषण भी लखनऊ रेडियो स्टेशन से गाने लगे। कुछ वर्षों बाद बम्बई आने पर भी गायक के रूप में जीवन-संघर्ष भरा ही रहा। कभी कोरस में तो कभी 'ऊँची हवेली', 'बागी सरदार', 'बादल और बिजली', 'भला आदमी', 'मुराद' जैसी इक्का-दुक्का फ़िल्मों में कुछ गीत मिले पर गायक के रूप में भविष्य अंधकारमय ही था।[1] कुछ समय तक भूषण ने सी. रामचन्द्र के सहायक के रूप में भी काम किया।

केदार शर्मा ने अपनी फ़िल्म 'मैखाना' (1967) में भूषण की अंदरूनी प्रतिभा को पहचानकर उन्हें संगीत-निर्देशन का अवसर दिया। इस फ़िल्म में भूषण का संगीत लाजवाब ही था। उभरते गायक महेश चंदर से गवाया 'एक शब के मुसाफ़िर' अपनी लाजवाब धुन और पृष्ठभूमि में सैक्सोफ़ोन की निरंतर पृष्ठभूमि से एक बेहद आकर्षक वातावरण को सृजित करने में सफल रहा। यह गीत उन दिनों खूब लोकप्रिय भी हुआ था, पर आज हम इसे भूल गए हैं। इसी फ़िल्म में रफ़ी के गाए 'बैठे बैठे दिले नादाँ ये ख़्याल आया है' एक लाजवाब कम्पोज़ की हुई गज़ल थी। सितार के बहुत सुंदर टुकड़े और असामान्य-सी रेंज की सृष्टि इस गज़ल की विशेषताएँ थीं। वहीं सुमन के स्वर में 'लो ग़म का मारा एक बुलबुल बेचारा' एक सशक्त दर्दीली रचना थी जिसमें ऑरकेस्ट्रेशन बहुत कम था और गिटार तथा बाँसुरी का पूरे गीत के साथ निरंतर प्रयोग गीत की सुंदरता में चार चाँद लगाता था। आशा के स्वर में बाँसुरी और सितार के सुंदर फ़िलर्स के साथ 'ये तमन्ना ही रही उनका ख़याल आएगा' भी एक अच्छी गज़ल थी।

भूषण की कई कम्पोज़ीशन्स गज़ल शैली के इर्द-गिर्द घूमती हैं। गज़लों का उनका शौक उनकी रचनाओं में साफ़ झलकता है। केवल मिश्रा निर्देशित 'पुरानी पहचान' (1971) में भूषण का संगीत हालाँकि 'मैखाना' के मुकाबले कमज़ोर था और 'ये न हमसे पूछिए मिल गया है क्या हमें' (रफ़ी, आशा), 'आज की रात नहीं दिल को जलाने के लिए' (आशा) जैसे गीत कुछ विशेष न थे, पर रफ़ी के स्वर में Waltz रिद्म पर रेंज के कमाल के साथ अलग सुरों को तलाशता 'ऐ जाने बहाराँ रूहे चमन पहलू में मेरे जब आओगी' एक बड़ी अच्छी कम्पोज़ीशन थी। आशा के स्वर में 'मुरली न छेड़ कान्हा' भी एक अच्छी कर्णप्रिय रचना थी।

यह फ़िल्म-जगत का दुर्भाग्य है कि भूषण जैसे अतिप्रतिभाशाली संगीतकारों को अवसर अधिक न मिल सका। बाद में भूषण रवींद्र जैन जैसे कई संगीतकारों के सहायक बनकर रह गये।

संदर्भ

1. योगेश स. यादव : हिंदी फ़िल्म सिंगर्स

आठवें दशक की कुछ प्रवृत्तियाँ

सातवें दशक की स्थापित संगीत प्रवृत्तियाँ दशक के अंतिम वर्षों में और आठवें दशक के आरम्भ में आई कई सामाजिक-राजनीतिक लहरों के संदर्भ में दहलने लगी थीं। एक तरफ़ राष्ट्रीय स्तर पर साम्यवाद का extreme रूप नक्सलवादी आंदोलन के रूप में देश को झकझोड़ गया था, और कई इलाकों, विश्वविद्यालयों और संस्थाओं में युवा वर्ग का एक बहुत बड़ा हिस्सा प्रचलित संरचनाओं से पूरी तरह असंतुष्ट होकर वर्ग संघर्ष के माध्यम से दुनिया को उलट देने की बात कर रहा था, वहीं दूसरी ओर विदेशों से LSD कल्चर, हिप्पी संस्कृति और Beatles जैसी क्रांतिकारी गायन शैली का प्रभाव भी व्यापक रूप से असर कर रहा था। इस नए युवा वर्ग के लिए संगीत के नए मुहावरों की ज़रूरत थी—नैतिकता की पुरानी परम्पराओं को तोड़कर निकला एक ऐसा संगीत जो उनकी आशाओं, मान्यताओं और आकांक्षाओं का प्रतीक हो।

हिंदी फ़िल्म-संगीत भी सामाजिक और राजनीतिक परिवर्तनों की धारा से प्रभावित तो हुआ लेकिन यह मानना पड़ेगा कि यहाँ नई धाराओं की संगीत-शैलियाँ तो आईं, पर उन शैलियों के पीछे की विचारधारा का संगीतमय विस्तार अपेक्षाकृत कम हुआ। शंकर-जयकिशन का संगीत सातवें दशक के अंत से जैज़ के ऑरकेस्ट्रा को अपने संगीत में प्रचुरता से प्रयुक्त करने लगा, पर उनके गीतों में इस दशक में पश्चिम में आए नए avant garde जैज़ के पीछे की राजनीतिक और सामाजिक चेतना की विचारधारा का कोई पर्याय न होकर इस पुनर्जीवित जैज़ के ऑरकेस्ट्रा के brass section और कोलट्रेन के सोपरानो सैक्सोफ़ोन की लहर का विशुद्ध सिद्धांतहीन संगीतमय रूपांतरण ही अधिक दिखा।[1]

अतः कुल मिलाकर हिंदी फ़िल्म-संगीत पर जैज़ का प्रभाव बहुत कृत्रिम ही रहा है, पर आठवें दशक के फ़िल्म-संगीत परिदृश्य पर नए जैज़ की तुलना में नए रॉक रिद्मों का प्रभाव कहीं अधिक व्यापक रहा। 'रॉक' के अंदर तकनीकी क्रांति के बीज थे—रॉक के रूप में संगीत में पहली बार acoustic वाद्यों की जगह electronic वाद्यों का व्यापक इस्तेमाल हुआ। 'रॉक' वह पहली संगीत शैली थी जिसने ध्वनि और रेकॉर्डिंग स्टूडियो के तकनीकी विशेषज्ञों की भी संगीत उत्पादन में महत्त्वपूर्ण भूमिका बनाई। अति तीव्र amplification, निरंतर चलनेवाला रिद्म और कई बार सिम्फ़नी और रिद्म की अनुपूरकता से निर्मित 'symphonic rock' (जिसका एक बहुप्रशंसित उदाहरण हमें 'Beatles' के 'Sergeant Pepper' में मिलता है) जैसी संगीत की प्रवृत्तियों और प्रभावों ने आठवें दशक में फ़िल्म-संगीत का परिदृश्य काफ़ी हद तक बदल दिया। ऑरकेस्ट्रेशन में नए वाद्ययंत्रों और इलेक्ट्रॉनिक वाद्यों का आगमन, नई पाश्चात्य और लैटिनी बीट्स का बढ़ता प्रयोग, भारतीय और पाश्चात्य शैलियों का fusion जैसी कई प्रवृत्तियाँ तेजी से भारतीय संगीत में आईं। अमेरिकन 'बीटनिक' परम्परा और उसमें अंतर्निहित बोहेमियन जीवन शैली, यौन आज़ादी, मादक पदार्थों का सेवन और पूर्व के दर्शन और अध्यात्म के मिले-जुले रूप में उभरे 'हिप्पी' संस्कृति की भंगिमाओं ने भी दशक के आरम्भ में फ़िल्म संगीत पर अपना प्रभाव डाला। राहुल देव बर्मन इस आधुनिक संगीत लहर के प्रतिनिधि संगीतकार बने और उनके संगीत में ध्वनि और भावना के नए उपमानों ने बदलती मानसिकता वाले युवावर्ग को सम्मोहित करके रख दिया। राहुल के संगीत के ऐसे विभिन्न पहलुओं की चर्चा हम विस्तार से

उनपर लिखे आलेख में करेंगे। यहाँ यह कहना पर्याप्त होगा कि आठवें दशक में इन नई संगीत-धाराओं के संदर्भ में मेलोडी भी एक बदले रूप में अभिव्यक्त हुई। लक्ष्मीकांत-प्यारेलाल जैसे संगीतकारों ने यदि मेलोडी की आधारभूत संरचना को कायम रखने की कोशिश की, तो भी उसकी सज्जा अधिकाधिक इन नए संगीत प्रतिमानों की भाषा में ही करना लाज़िमी हो गया था।

संदर्भ

1. जैज़ के नए रूपों के लिए देखें, Eric Hobsbawm : Uncommon People–Resistance, Rebellion and Jazz

राहुल देव बर्मन

'अच्छी नहीं सनम दिल्लगी दिले बेक़रार से'

राहुल देव बर्मन

फ़िल्म-संगीत में अपने-अपने ज़माने के हिसाब से आधुनिकता की लहर लानेवाले तो कई संगीतकार रहे हैं, पर समकालीन संगीत में आधुनिकता की जिस परिभाषा को हमने ग्रहण किया है, उसे एक विराट लहर की तरह रचनात्मकता के समस्त पहलुओं के साथ लाने का श्रेय राहुल देव बर्मन को ही जाएगा।

27 जून, 1939 को कलकत्ते में सचिन दा के पुत्र राहुल देव बर्मन का जन्म हुआ था। सचिन दा के बम्बई चले जाने के बाद वे कलकत्ते में अपनी दादी के पास ही पले। छोटे राहुल अपने स्कूल के साइक्लिंग चैम्पियन भी थे और साथ ही संगीत का भी बेहद शौक था। बीच-बीच में पिता के पास बम्बई भी जाना लगा ही रहता था। उन दिनों सचिन देव बर्मन बम्बई के सायन इलाके में रहते थे और वहीं पास में अनादि बनर्जी के घर संघर्षशील कलाकारों की जमघट लगा करती थी। वहीं अपने ज़माने के मशहूर गीत 'डोल रही है नैया मेरी' की रिहर्सल हुई थी जिसके दौरान अशोक कुमार राहुल देव बर्मन से भी सुर लगाने को कहते। छोटे राहुल अक्सर 'प' पर अटक जाते, और इसी अटकने को लेकर मजाक-मजाक में उनका नामकरण 'पंचम' हो गया जो पूरी ज़िंदगी उनके साथ रहा।

पंचम को बचपन से ही धुनें बनाने का शौक था। 'फ़ंटूश' के 'ऐ मेरी टोपी पलट के आ' की मूल धुन उनकी ही थी, और जब यह गाना हिट हुआ तो उन दिनों कलकत्ते में रह रहे पंचम को पत्र लिखकर दादा ने सूचित किया कि उनकी बनाई धुन बहुत लोकप्रिय हो चली है। आगे चलकर तो पंचम ने दादा के कई लोकप्रिय गीतों जैसे 'आँखों में क्या जी रूपहला बादल', 'अरे यार मेरी तुम भी हो गज़ब', आदि की धुनें बनाईं, भले ही उन पर नाम सचिन दा का आया।

माउथ ऑर्गन बजाने का शौक भी पंचम को बचपन से ही था। यह बात कम ही लोग जानते हैं कि 'है अपना दिल तो आवारा' में और 'दोस्ती' में बजाया गया माउथ ऑर्गन पंचम की ही कलाकारी थी। संगीतकार बनने की तमन्ना भी पंचम को बाल्यावस्था से ही थी। कलकत्ता के अपने स्कूल के उत्सव में जब उन्होंने हारमोनियम में कमाल दिखाया तो दर्शकों में बैठे उनके पिता ने प्रभावित होकर उनसे पूछा कि वे बड़े होकर क्या बनना चाहते हैं, और पंचम ने बिना हिचकिचाहट के जवाब दिया– 'संगीतकार'। पंचम के संगीतकार बनने की ख्वाहिश को देखते हुए सचिन दा ने पहले उन्हें ब्रजेन विश्वास से तबला सिखवाया। लय का यह ज्ञान आगे चलकर उनके अभूतपूर्व रिद्म आधार के कौशल को निखारने में बहुत काम आया। फिर पंचम ने उस्ताद अली अकबर खान से सरोद की शिक्षा भी ली। अली अकबर खान, रविशंकर और अन्नपूर्णाजी की बंदिशों और धुनों के सृजन की कई बैठकों में पंचम भी मौजूद रहते थे, और इस प्रकार संगीत-निर्माण की प्रक्रिया के कई महत्त्वपूर्ण नुस्खे उन्होंने इन दिनों सीखे।

गुरुदत्त अपनी पत्नी गीता को नायिका लेकर 'गौरी' नामक फ़िल्म बनाना चाहते थे और इसके लिए उन्होंने पंचम को

अनुबंधित कर दो गीत भी रेकॉर्ड कर लिए थे। पर फ़िल्म बनी नहीं, और संगीतकार के तौरं पर पंचम की पहली कोशिश अधूरी ही रह गई। पहला मौका फलीभूत हुआ जब उनके मित्र महमूद ने 'छोटे नवाब' (1961) के लिए नामी-गिरामी संगीतकारों को छोड़कर पंचम की प्रतिभा पर विश्वास किया।

यूँ देखें तो पंचम फ़िल्म-संगीत की प्रचलित शैलियों से अलग अपना मौलिक अत्याधुनिक अंदाज़ लेकर शुरू से ही आए थे। उनकी पहली प्रदर्शित फ़िल्म 'छोटे नवाब' (1961) में यदि एक तरफ़ लता के स्वर में 'घर आजा घिर आई बदरा' के रूप में मालगूँजी की अनुपम शास्त्रीय बंदिश थी (यह वही गीत था जिसकी रिहर्सल लता दादा बर्मन के घर की सीढ़ियों पर बैठकर करती थीं क्योंकि दादा से उनकी अनबन चल रही थी और उनके घर के अंदर जाना उन्हें गवारा नहीं था) और 'चुरा के दिल बन रहे हैं भोले जैसे कुछ जानते नहीं' (लता, साथी) में मेलोडी केंद्रित बंदिश की अभिव्यक्ति थी, तो दूसरी ओर 'आज हुआ मेरा दिल मतवाला' (लता, रफ़ी) और 'मतवाली आँखों वाले' (लता, रफ़ी) में आर.डी. यूरोपियन रिद्म का रचनात्मक रूपांतर लेकर आए, और 'इलाही तू सुन ले हमारी दुआ' (रफ़ी) को उन्होंने चर्च के प्रार्थना गीत और ऑर्गन संगीत की अद्‌भुत आधुनिक छाप दी। यह भी रोचक है कि इस फ़िल्म में लक्ष्मी-प्यारे उनके सहायक रहे थे। 'भूत बँगला' (1965) के 'ओ मेरे प्यार आ जा' (लता) में abrupt pauses के सहारे लय को एक अत्याकर्षक आधुनिक मोड़ देना हो, 'Come let us twist' को पहले स्वयं अभूतपूर्व शैली में गाकर मन्ना डे को चमत्कृत करना और उसके उपरांत उनसे उसी धुन पर 'आओ ट्विस्ट करें' में twist को एक अद्वितीय अंदाज़ में हिंदी फ़िल्मों के अंदर प्रस्तुत कराना हो, 'बहारों के सपने' (1967) के 'आ जा पिया तोहे प्यार दूँ' (लता) में प्यार की कोमलता का विरल एहसास देकर गीत को कर्णप्रियता की बेमिसाल रचना बनाना हो, पंचम हर स्थिति में उस वक्त की प्रचलित शैली से बहुत अलग और बहुत ताज़े लगे। और ऐसा भी नहीं था कि और विधाओं में वे पारंगत नहीं थे। 'पति-पत्नी' (1966) में 'कजरे बदरवा रे कजरे बदरवा' (लता) के रूप में बेहतरीन शास्त्रीय बंदिश, अंतरे के हलके-हलके चढ़ते आकर्षक आरोह के साथ 'बहारों के सपने' के 'ज़माने ने मारे जवाँ कैसे-कैसे' (रफ़ी) के रूप में चिंतनशील शायराना गीत, 'चंदन का पालना' (1967) के कलावती की छाया लिए दादरा ताल पर 'तुम्हें देखा है मैंने गुलसिताँ में' (रफ़ी) की आकृति में सुंदर गज़ल और 'बहारों के सपने' के ही बहुलोकप्रिय 'चुनरी सँभाल गोरी उड़ी चली जाए रे' (लता, मन्ना डे–जिसमें बोलों के बीच की यति को 'आहा' से भरने की सलाह पंचम ने पिता सचिन देव बर्मन से ली थी) का आकार लिए रवानगी-भरी लोकधुन भी पंचम का ही कमाल बनकर आए, पर आरम्भ से ही उनकी छवि एक ऐसे आधुनिक, पाश्चात्य संस्कृति से प्रेरित संगीतकार की बन गई कि जब 'चंदन का पालना' के 'ओ गंगा मैया पार लगा दे' (लता) की प्रभाती आधारित धुन को सुर सिंगार संसद पुरस्कार के लिए विचार में लिया गया तो उनकी यही छवि आड़े आ गई और वे पुरस्कार से वंचित रह गए। ऐसा भी नहीं था कि पाश्चात्य संगीत से प्रभावित गीतों में पंचम की मौलिकता या रचनात्मकता नहीं झलकती थी। सच तो यह है कि ऐसे गीतों में भी उनकी प्रतिभा इतने खूबसूरत संगीतात्मक टुकड़ों को डालती थी और उनका विस्तार इतने मौलिक तरीके से करती थी कि आज भी सुनकर रोमांच हो आता है। 'चंदन का पालना' के 'शराबी शराबी मेरा नाम हो गया' को सुनिए–एक अलग नशीले बीट में इस गीत के बोलों को तोड़-तोड़कर कितनी खूबसूरत लय दी है पंचम ने! और मज़े की बात यह है कि इसे उन्होंने आशा से नहीं बल्कि लता से गवाया है, तथा लता ने इसे इतनी खूबसूरती से गाया है कि अपनी छवि से हटकर लता के गाए सर्वश्रेष्ठ गीतों में यह एक है। आशा से गवाया उनका 'पति-पत्नी' (1966) का 'मार डालेगा दर्दे जिगर' तो हिंदी फ़िल्म-संगीत में अपना खास स्थान रखता है क्योंकि आम परिपाटी से हटकर पंचम ने पहली बार इसमें बीसानोवा बीट का प्रयोग किया। इस गीत की रेकॉर्डिंग से आशा इतनी प्रभावित हुईं कि उन्होंने गीत गाने के बाद एक तरह से भविष्यवाणी ही कर दी कि यह संगीतकार बहुत आगे तक जाएगा। 'तीसरा कौन' (1965) के 'प्यार का फ़साना बना ले दिल दीवाना' (मुकेश, लता) में गिटार का आधुनिक प्रयोग, 'अभिलाषा' (1968) के भैरवी आधारित 'वादिया मेरा दामन रास्ते मेरी बाँहें' (रफ़ी, लता) में pitch के साथ लय का परिवर्तन, 'एहसान' (1970) के 'आ जा तुझे प्यार कर लूँ ओ जाने जानाँ' में swing का खूबसूरत समावेश, 'बहारों के सपने' के 'दो पल जो तेरी आँखों से पीने को मिले' (आशा, उषा) और 'गूँज' के 'ओ मेरी जाँ' (लता) में superimposition की नई तकनीक का प्रभावकारी इस्तेमाल, 'सास भी कभी बहू थी' (1970) के 'सुनो जी तुम, तुम बड़े वो हो' (किशोर, सुमन) और 'रातों का राजा' (1970) के 'मुहब्बत से तुम्हें देखा' (लता, रफ़ी) में लय के नए प्रतिमानों का उपयोग, 'पुरस्कार' (1970) के 'नतीजा हमारी मुहब्बत का क्या है' (मुकेश, आशा) और 'ऐ मेरी जाँ चाँद सा गोरा मुखड़ा आपका' (मुकेश, आशा) में अत्याधुनिक ऑरकेस्ट्रेशन का साथ और 'द ट्रेन' (1970) के रिद्म, मेलोडी और ऑरकेस्ट्रेशन के नए मुहावरे का बेहद लुभावने गीत 'किसलिए मैंने प्यार किया' (लता) में सुरुचिपूर्ण उपयोग–

इस सभी विशिष्टताओं के साथ राहुल देव बर्मन सातवें दशक में ही एक अलग व्यक्तित्व और एक आधुनिक तरंग की तरह फ़िल्म-जगत में अपनी चुनौती मजबूती से दर्ज़ कराने लगे थे। 'प्यार का मौसम' का 'तुम बिन जाऊँ कहाँ' याद कीजिए। उल्लेखनीय सिर्फ़ यह नहीं है कि यह गीत पंचम ने किशोर और रफ़ी दोनों से गवाया बल्कि सबसे महत्त्व की बात यह है कि इसका विधान फ़िल्मों में तब तक प्रयुक्त रूमानी दर्दीले गीतों से बिलकुल अलग और वायवीय है। 'पड़ोसन' के संगीत को ही लें। 'शर्म आती है मगर' (लता) की मीठी संरचना यदि पारम्परिक थी तो 'भाई बत्तूर' (लता) अभिव्यक्ति की नई पथिका इतनी खूबसूरती से बना गया कि लता स्वयं भी इसे अपने पसंदीदा गीतों में गिनती हैं। और 'कहना है आज तुमसे ये पहली बार' (किशोर) तो खूबसूरती की इंतहा ही है। गीत ऐसा कि अनवरत चल रही गुनगुनाहट का एहसास हो, धुन ऐसी कि खुशबू-भरी बयार फैलती जा रही हो, और लय इतनी परिष्कृत जैसे रूमानीयत की शहरी सुरुचिपूर्ण नई तस्वीर ही बन गई हो। मैं तो इस गीत को आज भी किशोर के गाए सर्वश्रेष्ठ गीतों में रखता ही हूँ। 'मेरे सामने वाली खिड़की में एक चाँद का टुकड़ा रहता है' (किशोर) सातवें दशक के शहरी मध्यवर्गीय मुहतलों के लाखों रूमानी दिलों के अव्यक्त प्रेम को अभिव्यक्ति देकर गली-गली में गूँजा तो 'एक चतुर नार' (मन्ना डे, किशोर) के द्वारा शास्त्रीय संगीत जुगलबंदी एक नए विनोदी रूप में प्रकट हुई (इस गीत में किशोर ने शास्त्रीय संगीत का ज्ञान न होते हुए भी ऐसी तानें और मुरकियाँ ली थीं कि शास्त्रीय संगीत के कुशल गायक मन्ना डे तक चमत्कृत रह गए थे)। बंगाल की बाउल शैली का 'मेरी प्यारी बिंदु' अलबत्ता किशोर के संगीत मस्तिष्क की शूटिंग के दौरान पैदा हुई उपज का ही आकर्षक परिणाम था।

नई भंगिमाओं के संगीतकार

पंचम की आधुनिकता एक क्रांतिकारी आधुनिकता थी। फ़िल्म-संगीत की सभी मान्यताओं और विधानों को तोड़कर ही उनका संगीत आया। पश्चिम के सातवें दशक के युवा विद्रोह, हिप्पी कल्चर, परिवार और समाज के स्तर पर पारम्परिक ढाँचों को नकारती लहर (जो जैज़, Beatles, आदि के रूप में परिदृश्य पर छा रही थी) के माहौल में राहुल देव बर्मन का संगीत भी मान्यताओं से हटकर युवा वर्ग की नई आकांक्षाओं और नए तेवर का प्रतिनिधि बना। 'माधुरी' के अपने एक आलेख में नीरा चतुर्वेदी के अनुसार तो यदि पंचम के संगीत में शोर था, तो इस शोर की भी रचनात्मकता थी—लीक से हटकर संबंधों की अनिवार्यता को नकारते युवा वर्ग के इस तेवर का प्रतीक बनकर ही यह शोर उभरा।[1] 'भूत बँगला' के 'जागो सोने वालो, सुनो मेरी कहानी' (किशोर), 'एक सवाल है तुमसे ये मेरा' (किशोर), 'प्यार करता जा' (मन्ना डे) जैसे intense ऊँची pitch पर गवाए गीत और पूरा पार्श्वसंगीत ही अपने इस नए तेवर से चौंका देते हैं। 'हरे रामा हरे कृष्णा' का मशहूर मारूफ़ सदाबहार गीत 'दम मारो दम' (आशा, साथी) तो पंचम की इस नई शैली का प्रतिनिधि गीत बनकर पूरे देश के युवावर्ग को झकझोर गया। पंचम के साथ संगीत आदर्श की वस्तु नहीं रह गया था, बल्कि वह भूपेन्द्र के बजाय electric गिटार के chords के साथ 'दम मारो दम' में उठती नशीली आवाज़ और 'हरे कृष्णा हरे राम' के सामूहिक स्वर के साथ प्रचलित मान्यताओं और आस्थाओं को नकारने का उद्घोष करते हुए हिप्पी समाज की तरह जीवन की एक अलग अपनी ही परिभाषा को रेखांकित करता है। 'दम मारो दम' की इंतहा के रूप में 'I love you' (उषा उथुप, आशा) अपनी निर्बाध गति और swing से युवाओं की अंतर्राष्ट्रीय स्तर पर विरोध की समकालीन प्रवृत्ति को उद्भासित करते हुए पंचम को उसका प्रतिनिधि संगीतकार घोषित करता था। 'प्यार का मौसम' (1969) के पहाड़ी सुरों का स्पर्श लिए 'ओ निसुल्ताना रे' (लता, रफ़ी), 'चेखुश नज़ारे' (लता, रफ़ी) और बाद में 'मेला' जैसी कुछ फ़िल्मों के कुछेक गीतों को छोड़ दिया जाए, तो यह भी स्पष्ट है कि पंचम का यह आधुनिक रूप पूर्णतः शहरी था। नीरा चतुर्वेदी के अनुसार पंचम ग्राम्य संगीत के पास उतना नहीं गए जितना आदमी के गुप्त मनोविज्ञान के पास। सातवें दशक के अंतिम वर्षों और आठवें दशक के आरम्भ में स्वतंत्र भारत के तेज औद्योगीकरण से निकले शहरीकरण के संदर्भ में आदमी

'हरे रामा हरे कृष्णा' : हिप्पी कल्चर का नया संगीत

की नई कुंठाओं, मनोवृत्तियों और सोच के विभिन्न पहलुओं को पंचम के संगीत ने अपनी तरह से प्रकट किया। पंचम के संगीत में नए औद्योगिक शहरीकरण से उपजी बेचैनी और अकुलाहट हेमंत कुमार की तरह आत्मकेंद्रित गहन उदासी की तरह कम प्रकट होती है और तिलमिलाहट, खलबली तथा कभी-कभी कोलाहल के रूप में इसमें पूरी तरह झकझोर देने की प्रवृत्ति कहीं अधिक है। 'अपना देश' के 'दुनिया में लोगों को धोखा कभी हो ही जाता है' (आशा, पंचम), 'द ट्रेन' के 'ओ मेरी जाँ मैंने कहा' (आशा, पंचम), 'शोले' के डाकुओं के लोलुप मनोविज्ञान को उभारता 'महबूबा महबूबा' (पंचम), 'राजा रानी' के 'जब अँधेरा होता है' (आशा, भूपेंद्र) जैसे गीतों में कभी अपनी या भूपेंद्र की grunting खरज़-भरी आवाज़ से, तो 'प्यासा मेरा दिल कितनी शाम से' (लता–'एहसान') अदायगी की sensuous नई तकनीक से, 'मेरा नाम है शबनम' (आशा–'कटी पतंग') पर्दाफ़ाश करते अपने विस्फोटक अंदाज़ से और 'गुलाबी आँखें जो मैंने देखीं' (रफ़ी–'द ट्रेन') रोमांस के नए हिलानेवाले अंदाज़ से मन-मस्तिष्क को झंझोड़ देते हैं। राहुल देव बर्मन की आधुनिकता कभी रिद्म को 'आ आ', 'हा हा' या 'प प प' जैसे बोलों की पुनरावृत्ति से एक बिलकुल नए अंदाज़ में उभारकर 'मोनिका ओ माइ डार्लिंग' की युग प्रवर्तक पुकार के साथ 'पिया तू अब तो आजा' (आशा, आर.डी.–कारवाँ, 1971) की sensual अभिव्यक्ति के बीच प्रवेश करती थी, तो कभी 'दुनिया में लोगों को धोखा कभी हो जाता है' (आशा, आर.डी.–अपना देश, 1972) में हुंकार और हाँफ़ने के विकल्पी स्वरों में रूपांतरित होती थी, और कभी 'जब अँधेरा होता है आधी रात के बाद एक चोर निकलता है' (आशा, भूपेंद्र–'राजा रानी', 1973) तथा 'मैं एक चोर तू मेरी रानी' (किशोर, लता–'राजा रानी') में महानगर की रातों की खामोशी को आधुनिक रहस्य-भरे बिम्बों से ही तोड़ते हुए अपना अलग मूल्यबोध कराती थी।

पर राहुल देव बर्मन का नया संगीत मात्र झकझोरने वाला संगीत ही नहीं था। उनके संगीत का मनोविज्ञान आदमी और औरत के प्रेम के क्षणों को भी बड़ी सूक्ष्म बारीकी से उसके भिन्न अवयवों के साथ कभी प्रत्यक्ष तो कभी परोक्ष रूप से प्रकट करता था। 'प्यार का मौसम' के 'आपसे मिलिए प्यार था इनको' और 'आप चाहे मुझको आरजू है जिनको' में लता के स्वर में पारम्परिक छंद-विधान प्रेम के अबाध उद्‌गार के सामने टूट जाता था, तो 'चरित्रहीन' का 'तेरी-मेरी यारी बड़ी पुरानी' (आशा) याद को लेकर कुंठित कम और पुनः जीने की आतुरता से अधिक प्रभावित संगीत लेकर आता था। 'कटी पतंग' का 'प्यार दीवाना होता है मस्ताना होता है' और 'ये शाम मस्तानी मदहोश किए जाए' किशोर को एक उन्मुक्त, बेफ़िक्र, whistling अंदाज़ में प्रकट करते थे, तो इसी फ़िल्म के 'ये जो मुहब्बत है' (किशोर) से प्यार के औचित्य पर प्रश्नचिन्ह लगाते हुए पंचम का संगीत-प्रेम की उन्मुक्तता और भौतिकता से होते हुए भैरवी आधारित 'जिस गली में तेरा घर न हो बालमा' (मुकेश) और 'न कोई उमंग है' (लता) के द्वारा प्रेम की अंतर्निहित निराशा को भी टटोलते हुए संश्लिष्टता की नई परिभाषा बनाता है।

यदि आर.डी. की आधुनिकता के बिम्बों का वृहद आकलन करना हो तो इसके लिए नासिर हुसैन की कुछ फ़िल्मों में उनके संगीत का विश्लेषण अति उपयुक्त रहेगा। शम्मी कपूर, आशा पारेख अभिनीत 'तीसरी मंज़िल' (1966) भारतीय फ़िल्मों के पटल पर अपने क्रांतिकारी संगीत के कारण हमेशा याद रहेगी। शम्मी कपूर तो अपनी छवि के अनुरूप संगीत के लिए शंकर-जयकिशन के अभ्यस्त हो चुके थे और वे 'तीसरी मंज़िल' के लिए भी शंकर-जयकिशन को ही चाहते थे। पर एक बार जब उन्होंने पंचम की धुनें सुनीं तो इतने कायल हो गए कि इस फ़िल्म में उनकी boisterous छवि इस संगीत के साथ और भी झकझोरने वाले रूप में उभरी। दरअसल 'तीसरी मंज़िल' में पंचम का ऑरकेस्ट्रेशन 'जैज़' का वह प्रभावी रूप लेकर आया जो शंकर-जयकिशन इस दौर की फ़िल्मों में कई प्रयासों के बावजूद नहीं ला पाए। ड्रम्स, सैक्सोफ़ोन electric organ और गिटार के चमत्कारिक प्रयोग के बीच 'आ जा आ जा मैं हूँ प्यार तेरा' (आशा, रफ़ी), 'ओ हसीना ज़ुल्फ़ोंवाली जाने-जहाँ' (आशा, रफ़ी), 'देखिए साहबो, वो कोई और थी' (आशा, रफ़ी) जैसे गीत sensuality को सरगोशी से नहीं बल्कि एक आक्रामकता के साथ प्रस्तुत कर स्थापित करते थे। यह एक नए युवावर्ग की प्रत्यक्ष आक्रामकता थी जो प्रेम के पुराने, निष्काम रूप से अलग उसके ज्वलंत ऐंद्रिक रूप को उद्‌घोषण की तरह सामने लेकर आती थी। 'आ जा आ जा मैं हूँ प्यार तेरा' की शैली इतनी भिन्न और मादक थी कि जब आशा ने रेकॉर्डिंग के बाद इसे घर पर गुनगुनाकर लता को सुनाया तो लता भी वाह-वाह कर उठीं। 'ओ मेरे सोना रे सोना रे सोना रे' (आशा, रफ़ी) की रूमानियत भी एक चुनौती लेकर आती थी जो इस वक्त के युवा मिजाज के बीच बहुत सटीक बैठती थी। 'तुमने मुझे देखा हो कर मेहरबाँ' (रफ़ी) और नेपाली धुन 'ए कांछा मलाई सुन' पर आधारित 'दीवाना मुझसा नहीं इस अम्बर के नीचे' (रफ़ी) की अभिव्यक्तियाँ भी एक नए आत्मविश्वास को लेकर ही चलती थीं जो एक नए माहौल की उपज भी था और पंचम की रचनात्मकता की बारीकियों से उसे प्रभावित भी साथ-साथ कराता चलता था।

नासिर हुसैन की 'यादों की बारात' (1973) और 'हम किसी से कम नहीं' (1977) में गिटार का बेहतरीन बहुआयामी उपयोग था और इसके लिए पंचम ने भूपेंद्र की गिटार वादन-कला का बहुत प्रभावशाली इस्तेमाल किया। Chord आधारित कम्पोज़ीशन्स के इतने खूबसूरत नमूने कम ही देखने को मिले हैं जैसी इन दोनों फ़िल्मों में। एकांतर major एवं minor chords के प्रगमन से अपनी रचनाओं को सजाना पंचम की विशेषता ही रही है। इन दोनों फ़िल्मों में medley of songs की स्टेज पर फ़िल्मांकित प्रस्तुति की अपनी अलग ही विशेषता थी। 'चुरा लिया है तुमने जो दिल को' (आशा, रफ़ी) तो गिटार के chords पर आधारित नशीली रूमानी गायकी का प्रमाणक बनकर पूरे देश में छा गया। 'आपके कमरे में कोई रहता है' (आशा, किशोर, आर.डी.) और 'दिल मिल गए तो हम खिल गए' (आशा, किशोर, साथी) की निरंतर रवानगी के बीच 'दम मारो दम' का प्रयोग हो, 'यादों की बारात निकली है आज दिल के द्वारे' के बहुरंगी उपयोग हों, 'मेरी सोनी मेरी तमन्ना' (आशा, किशोर) का तरन्नुम हो या फिर 'लेकर हम दीवाना दिल' (आशा, किशोर) की निर्बाध उत्तरोत्तरता हो, पंचम इतने ताज़े, इतने लुभावने थे कि पूरा ज़माना झूम उठा। 'हम किसी से कम नहीं' में पुनः हलके मुलायम गिटार के रूमानी स्पर्श से सजे 'चाँद मेरा दिल चाँदनी हो तुम' (रफ़ी) के बाद medley के रूप में कई-कई electric गिटारों के बहुआयामी प्रयोग के साथ 'दिल क्या महफ़िल है तेरे क़दमों में आ' (किशोर, साथी), 'तुम क्या जानो मुहब्बत क्या है' (आर.डी. बर्मन) और 'मिल गया हमको साथी मिल गया' (आशा, किशोर) की ऊँचे pitch के गायन ने जैसे फ़िल्म-संगीत को एक ऐसे नए युग में प्रविष्ट करा दिया था, जहाँ प्रदर्शन कला के समानान्तर अपना वजूद रखने लगा था। रॉक एण्ड रॉल के परिवर्तित रूप में 'बचना ऐ हसीनो, लो मैं आ गया' (किशोर, साथी) और कलावती पर आधारित कव्वाली 'हम किसी से कम नहीं' (रफ़ी, आशा, साथी) की लोकप्रियता यदि तात्कालिक थी तो पुनरावृत्त गिटार के नोट्स के साथ 'ये लड़का हाय अल्ला कैसा है दीवाना' (आशा, रफ़ी) की उत्फुल्लता तो आज तक रूमानी गायकी का नमूना बनकर गूँजती ही रहती है। इन सबसे बढ़ कर 'क्या हुआ तेरा वादा' (रफ़ी, सुषमा श्रेष्ठ) के कशिश-भरे सुरों ने तो तहलका ही मचा दिया। साजिद पर फ़िल्माए गिटार और ड्रम्स के सुंदर प्रयोगवाले इस गीत ने रोमांस की पुरानी अवधारणा को आधुनिक रूप में प्रस्तुत तो किया ही, साथ ही इसी गीत से रफ़ी की पुनः चोटी पर वापसी भी हुई। इसी वापसी को लेकर आगे के वर्षों में 'ज़माने को दिखाना है' के 'पूछो न यार क्या हुआ' (आशा के साथ) के साथ रफ़ी रिद्म की आधुनिक दुनिया में भी बहुत जमे।

बहरहाल, दशक में वापस चलें तो नए मुहावरों और नवीन रीति का राहुल देव बर्मन का यही संगीत ऋषि कपूर और नीतू सिंह की युवावर्ग की प्रतिनिधि जोड़ी के साथ बेलौस खुलेपन के साथ 'खुल्लम खुल्ला प्यार करेंगे हम दोनों' (आशा, किशोर), 'एक मैं और एक तू' (आशा, किशोर) और 'हमने तुमको देखा तुमने हमको देखा' (शैलेन्द्र सिंह) के साथ पूरे देश में छा गया और 'खेल खेल में' (1975) के ही 'सपना मेरा टूट गया' (आशा, आर.डी.) के साथ विषाद को भी एक अद्भुत नृत्यात्मकता दे गया। बर्मन का संगीत वाकई भावनाओं के निर्वचनों के नए पहलू लेकर आया। भावनाओं का उद्गार फ़िल्म संगीत की कई धाराओं से अलग एक अभिनव ढंग से होता था–चाहे खुशी हो या दर्द या फिर 'इक अजनबी हसीना से यूँ मुलाकात हो गई' (किशोर) और 'भींगी भींगी रातों में' (लता, किशोर) जैसे 'अजनबी' (1974) के गीतों की रूमानियत ही क्यों न हो। लोकसंगीत भी बर्मन के साथ कई बार एक आधुनिक ढाँचे में अलग भंगिमाओं की छाप दे ही जाता था–'अजनबी' के 'हम दोनों दो प्रेमी दुनिया छोड़ चले' (किशोर, लता) या 'ज़माने को दिखाना है' के 'ओ कुंचम' (शैलेन्द्र सिंह) के पार्श्व में आधुनिक ट्रेन की ताल का समाँ हो या 'कटी पतंग' के होली गीत 'आज न छोड़ेंगे हम हमजोली' (किशोर, लता, साथी) में शुद्ध 'ग' और कोमल 'न' के प्रयोग के साथ मांड के पारम्परिक दर्दीले सुरों को उल्लास का कलेवर देना हो या फिर 'काला सोना' के 'सुन-सुन कसम से' (आशा, डैनी) की पहाड़ी लोकधुन को आधुनिक संदर्भ में प्रस्तुत करना हो।

पंचम का स्वर नए ज़माने का बेबाक, कुंठारहित उत्तेजक आमंत्रण से भरा स्वर था जो 'कारवाँ' (1971) के कई परम्परागत मेलोडी भरे गीतों–'कितना प्यारा वादा है' (रफ़ी, लता), 'चढ़ती जवानी मेरी चाल मस्तानी' (लता, रफ़ी), 'गोरिया कहाँ तेरा देस रे' (रफ़ी, आशा) के बीच भी 'अब तो मिले हैं तो बाँहों को बाँहों में रहने दे ऐ साजना' (आशा), 'दिलबर दिल से प्यारे' (लता,

साथी) या 'दैया रे मैं कहाँ आ फँसी' (आशा) की हर अंतरे के बाद स्केल परिवर्तन की निर्बाध गति को लेकर प्रकट होता था। यह स्वतंत्रता के बाद पैदा हुए आठवें दशक के युवावर्ग का नया स्वर था जो अपने आसपास एक नई स्वपरिभाषित आशा के साथ 'जोगी ओ जोगी प्यार में क्या होगा' की ताजी रिद्म के बाद 'हर दिन सुहाना होगा, हर रात सुहानी होगी' (लता, किशोर– लाखों में एक, 1971) जैसे महत्त्वपूर्ण बयान की शक्ल लेता था। 'आओ झूमें गाएँ' (किशोर, आशा, साथी–'पराया धन', 1971) की योडेलिंग भरी शैली या 'आज उनसे पहली मुलाकात होगी' (किशोर–पराया धन, 1971), सिंधु भैरवी की आधुनिक पेशकश 'ओ मेरे दिल के चैन' (किशोर–मेरे जीवन साथी), 'कितने सपने कितने अरमाँ' (किशोर–मेरे जीवनसाथी), 'दीवाना करके छोड़ोगे' (किशोर, लता), 'दीवाना ले के आया है' (किशोर) और 'चला जाता हूँ किसी की धुन में' (किशोर–सभी 'मेरे जीवन साथी'), 'यारी हो गई यार से लक टुनूं दुनूं' (लता–दो चार, 1972), 'समाधि' (1972) के 'बँगले के पीछे' (लता–जो आज remix के साथ पुनः जगह-जगह सुनाई देता है) या 'जाने जानाँ जाओ कल फिर आना' (किशोर), 'सीता और गीता' (1972) के 'हवा के साथ-साथ घटा के संग-संग' (आशा, किशोर), 'आ गले लग जा' (1973) के 'वादा करो नहीं छोड़ोगी तुम मेरा साथ' (किशोर, लता) और 'न कोई पहलू में आया' (किशोर), 'जोशीला' (1973) का 'कुछ भी कर लो इक दिन तुमको मेरी होना होगा' (किशोर, लता) आदि इसी बयान के प्रकटीकरण के कई उदाहरण हैं जो दशक के युवावर्ग की मानसिकता का अंतरंग हिस्सा बनकर स्थापित हुए।

रूढ़ियों को तोड़ती और विचारधारा तथा व्यवहार के स्तरों पर नई परिपाटियों का सृजन करती नई पीढ़ी का प्रतिनिधि संगीत लेकर राहुल देव बर्मन नरेंद्र बेदी की निर्देशित 'जवानी दीवानी' (1972) में उस समय के कॉलेजों में पढ़नेवाले शहरी युवावर्ग के बीच छा गए थे। आधुनिक electronic वाद्य-संयोजन, और विशेषकर गिटार के लाजवाब प्रयोग से सजा था इस फ़िल्म का संगीत, और पंचम ने इसमें युवावर्ग के अबाध नई मान्यताओं को रणधीर कपूर और जया भादुड़ी पर फ़िल्माए गीतों के माध्यम से बड़े सशक्त तरीके से उभारा था। 'ये जवानी है दीवानी' (किशोर), 'सामने ये कौन आया दिल में हुई हलचल' (किशोर, साथी), 'अगर साज छेड़ा तराने बनेंगे' (किशोर, आशा) और 'मेरी नज़र ने यह दिल तेरे नाम कर दिया' (आशा) जैसे गीतों ने अपने नए धमाकेदार रिद्म और प्रवाह से पुरानी भावुकता-भरी भंगिमाओं को तोड़कर नए ज़माने के प्रेम की नयी अदा का जैसे आख्यायन ही कर दिया था। हलके गिटार के chords के बीच 'नहीं नहीं अभी नहीं अभी करो इंतज़ार' (आशा, किशोर) की नशीली, sensuous धुन ने प्रेम के platonic रूप से अलग जाकर उसके शारीरिक पहलू को भी क्रांतिकारी तरीके से रेखांकित किया। फ़िल्म का सर्वश्रेष्ठ गीत था 'जाने जाँ ढूँढ़ता फिर रहा' (किशोर, आशा) जिसमें echo effect के साथ ऊँचे scale और फिर bass के द्वारा आशा के स्वर की असीम सम्भावनाओं को पंचम ने चमत्कारिक तरीके से प्रकट कर दिया। गुंजित, प्रतिध्वनित प्रभाव, scale परिवर्तन और बदलते रिद्म का इतना खूबसूरत उदाहरण हिंदी फ़िल्म संगीत में कम ही देखने को मिला है।

आर.डी. के संगीत की आधुनिकता कभी बहुत सौम्य और सम्भ्रांत तरीके से ताल के अपने अनूठे अंदाज़ के साथ 'अच्छी नहीं सनम दिल्लगी दिले बेक़रार से' (आशा, किशोर–राखी और हथकड़ी, 1972) की free style गिटार के साथ प्रकट होती थी, तो कभी अपने पूरे सस्पेंस के साथ ज़ीनत अमान की नायिका के रूप में पहली फ़िल्म 'हलचल' (1971) के पार्श्वसंगीत में उभरती थी। आर.डी. बर्मन की आधुनिकता का विशिष्ट उदाहरण था 'बँधे हाथ' (1973) का माँझी गीत 'ओ माँझी' (आशा, साथी)। माँझी गीत के पारम्परिक शब्दों को पंचम ने प्रचलित माँझी लोकधुन में न ढालकर नए बीट्स के साथ पुनरावृत्त और superimpose किए बोलों के सथ अद्भुत उठान दी थी जो अत्यंत आकर्षक बनी थी। उसी तरह पारम्परिक शब्दावली के 'अब के सावन में जी डरे' (लता, किशोर–जैसे को तैसा, 1973) में एक परिष्कृत रवानगी और आधुनिक वाद्य-संयोजन से बौछारों का नया प्रभाव था।

आर.डी. बर्मन के संगीत ने कैबरे को एक संगीत विधा के रूप में नई पहचान दी। 'कारवाँ' (1971) का 'पिया तू अब तो आजा' (आशा, आर.डी.) की husky, यौनोत्तेजक अभिव्यक्ति या 'अपना देश' (1972) के 'दुनिया में लोगों को' (आशा, आर. डी.) की loud grunting कैबरे की सर्वथा नई भंगिमाएँ थीं जो राहुल देव बर्मन की विशिष्ट लाक्षणिकता ही बन गई थी। 'मेरे जीवनसाथी' (1972) का 'आओ न गले लगा लो ना' (आशा) में भी न सिर्फ़ brass और chord आधारित संगीत का बल्कि एक निस्संकोच नए प्रकार का sensuous आमंत्रण था। इस गीत के साथ बाँसुरी को समाहित कर कैबरे गीतों में पंचम ने एक सर्वथा अभिनव प्रयोग किया। 'चरित्रहीन' (1974) का 'तेरी मेरी यारी बड़ी पुरानी' (आशा), 'गरम मसाला' (1972) के आर. डी. की खास 'पा पा पा ऽ' से गुँथा 'आ फिर मैं कहाँ फिर तू कहाँ सनम' (आशा), 'रानी मेरा नाम' (1972) का 'अँधेरा और कुछ नहीं मेरी ज़िंदगानी में' (आशा), 'अनामिका' (1973) का 'आज की रात कोई आने को है' (आशा), 'नफ़रत' का 'लो मेरा

प्यार ले लो' (आशा, पामेला चोपड़ा), 'काला सोना' (1975) का 'इक बार जाने जाना' (आशा) जैसे आर.डी. की कैबरे की इस नई शैली के न जाने कितने उदाहरण दिए जा सकते हैं। 'चला मुरारी हीरो बनने' (1977) के 'दो पल की ये ज़िंदगानी' (आशा) को आर.डी. ने पूरी तरह ओ.पी. नैयर की क्लब साँग-शैली में ढाल दिया तो 'जागीर' (1984) के आकर्षक 'आज की रात रात भर जागेंगे' (आशा) को अपना ख़ास बहिर्मुखी स्पर्श दिया। कैबरे या कैबरे की शैली के ऐसे गीतों को उन्होंने लता से भी बख़ूबी गवाया। 'चंदन का पलना' का 'शराबी शराबी मेरा नाम हो गया' की विलक्षण बीट को कैबरे की शैली देकर लाजवाब बनाना यदि एक पहलू था, तो 'सीता और गीता' (1972) के 'हाँ जी, हाँ, मैंने शराब पी है' का नशा इसका दूसरा पहलू। 'झील के उस पार' (1973) के 'चल चलें ऐ दिल करें चल कर किसी का इंतज़ार', 'बाबुल तेरे बागाँ दी मैं बुलबुल' और 'कह रहे हैं ये आँसू बरसते हुए' में लता को रूमानी, शोख और उदास रूपों में पेश करने के अलावा आर.डी. बर्मन ने सबसे विशिष्ट ढंग से 'दो घूँट मुझे भी पिला दे शराबी देख फिर होता है क्या' के झूमते अंदाज़ में प्रस्तुत किया।

ऑरकेस्ट्रेशन का क्रांतिकारी रूप पंचम के संगीत की नई चेतना और नई प्रवृत्तियों का एक अभिन्न अंग था, और आर. डी. बर्मन ने नए वाद्ययंत्रों के साथ प्रचलित वाद्ययंत्रों को भी एक नई पहचान दी। विश्व में कहीं भी कोई नया वाद्ययंत्र बजता था तो पंचम उसे हासिल करने की पूरी कोशिश करते थे। अपने खास double paced rhythm के प्रयोग से उन्होंने अपने कई गीतों को विलक्षण बनाने में सफलता पाई। 'बँधे हाथ' (1973) के 'नाचो रे नाचो' (लता), 'छलिया' (1973) का गिटार आधारित 'ऐ जाने वफ़ा ऐसा भी क्या' (रफ़ी), 'हिफ़ाज़त' (1973) का भी गिटार आधारित 'मेरे हमराही मेरे प्यार' (आशा), 'झील के उस पार' (1973) के 'दो घूँट मुझे भी पिला दे शराबी' (लता) और 'क्या नज़ारे' (किशोर) की यमन कल्याण आधारित रचनाओं जैसे न जाने कितने ऐसे उदाहरण दिए जा सकते हैं। 'इश्क इश्क इश्क' (1974) के 'चल साथी चल चलता जाए हर एक पल' (किशोर, साथी) में गिटार और माउथ ऑर्गन का सुंदर प्रयोग, 'गोमती के किनारे' (1972) के 'तरसे जिसको दिल' (मन्ना डे, आशा) की पाश्चात्य धुन के बीच में अरबी शैली के ऑरकेस्ट्रेशन का आधुनिकीकरण, 'सीता और गीता' (1972) के खुमार-भरे 'अभी तो हाथ में जाम है' (मन्ना डे) के बीट्स में शायराना ख़ुमार की जगह नए ज़माने का मॉडर्न नशा ऐसी आधुनिक प्रवृत्तियाँ थीं जो उस दौर के किसी अन्य संगीतकार के पास नहीं थीं। जैसाकि पहले भी कहा गया है, 'राखी और हथकड़ी' के लाजवाब कोमल रूमानी गीत 'अच्छी नहीं सनम दिल्लगी' (किशोर, आशा) के साथ finger style गिटार का जो अद्भुत प्रयोग पंचम ने किया वह दुर्लभ था। शुद्ध accoustic ड्रमों के उपयोग वाला 'एक जानिब शामे महफ़िल' (रफ़ी, मन्ना डे–'अभिलाषा, 1970), electronic ऑरकेस्ट्रेशन और अनवरत ड्रमिंग के बीच 'उलझन हज़ार कोई डाले' (आशा, किशोर, मन्ना डे, साथी–चाँदी सोना, 1977) की नशीली धुन और 'नीना नीना' की पुनरावृत्ति, पाश्चात्य cowboy संगीत और country songs के ऑकेस्ट्रेशन के साथ 'राजू चल राजू' (किशोर–'आज़ाद', 1978), electric गिटार के बहुआयामी इस्तेमाल को समाहित करता 'देखो मेरा जादू' (आशा–'झूठा कहीं का, 1979) जैसे न जाने कितने गीतों में ऑरकेस्ट्रेशन की नई भंगिमाओं ने परम्पराओं को तोड़ती अभिव्यक्ति का नया रूप ग्रहण किया। पंचम का संगीत-प्रयोगों की नई ज़मीन बनाता था। 'खुशबू' के 'ओ माँझी रे' में सोडावाटर की बोतल में पानी भर फूँक मारने पर निकली आवाज़ों का प्रयोग पंचम जितना रचनात्मक संगीतकार ही क्रियान्वित कर सकता था। 'शोले' में शिवकुमार शर्मा से बजवाए ईरानी संतूर को रेकॉर्डिंग के द्वारा एक नए ही tone में विकसित करना भी पंचम से ही सम्भव था। 'ये जो मुहब्बत है' (किशोर–'कटी पतंग') में सैक्सोफ़ोन का नशीला प्रयोग, 'मार डालेगा दर्दे जिगर' (आशा–'पति पत्नी') में बीसनोवा बीट पर संयोजित ऑरकेस्ट्रेशन जैसे उदाहरणों की चर्चा तो हम पहले ही कर चुके हैं। हम आगे देखेंगे कि राहुल देव बर्मन ने कई बार शास्त्रीय संगीत के संदर्भ में भी विदेशी वाद्ययंत्रों का अनूठा इस्तेमाल किया। यह कोशिश और भी महत्वपूर्ण इसलिए हो जाती है क्योंकि उन्होंने शास्त्रीयता आधारित सुरीलेपन को बरकरार रखते हुए ही इसे अंजाम दिया।[2]

दरअसल आठवें दशक के आरम्भिक वर्षों के फ़लक पर निगाह डालते ही न जाने कितने ही पंचम के गीतों की याद ज़हन में कौंध जाती है। कितनी ही उस वक्त की सुनी-सुनाई धुनों की मधुरता हमें अपनी ज़िंदगी की ढेर सारी यादों के पहलुओं के पास खींच ले जाती है। 'डबल क्रॉस' (1973) के 'जीवन भर के लिए सनम' (किशोर, आशा) के लय को लहराने का आर.डी. का खास आधुनिक अंदाज़, 'बड़ा कबूतर' (1973) का मीठा-सा 'चंदा मामा बोले' (आशा) और शरारतपूर्ण 'हाय रे हाय रे' (किशोर, आशा), 'अधिकार' (1971) का अपने-आपमें निराला 'रेखा ओ रेखा जब से तुम्हें देखा' (रफ़ी), 'हरे रामा हरे कृष्णा' (1971) के यमन आधारित 'देखो ओ दीवानो, तुम ये काम ना करो' (किशोर), नेपाली लोकधुन पर केंद्रित पहाड़ी के सुरों को लेकर सृजित 'कांछी रे कांछी रे' (लता, किशोर), लोकशैली का ही 'धुंघरू का बोले' (लता) और अपने ज़माने में भाई-बहनों का पसंदीदा गीत

'फूलों का तारों का सब का कहना है' (लता, आर.डी., किशोर), 'हंगामा' (1971) का लचकदार 'कच्ची कली कचनार की' (मन्ना डे, आशा), प्रकाश मेहरा की 'मेला' (1971) के अपनी शैली से अलग रफ़ी के अंदाज़ को ध्यान में रखकर सृजित 'रुत है मिलन की साथी मेरे आ रे', 'एक बार रख दे कदम ज़रा झूम के', और 'गोरी के हाथ में जैसे ये छल्ला' (लता के साथ), 'वारंट' (1975) के 'रुक जाना ओ जाना' (किशोर) और 'मैं तुमसे मोहब्बत करती हूँ' (लता), 'प्यार की कहानी' का नशीला रूमानी 'कोई और दुनिया में तुम सा हसीं है' (रफ़ी—इस धुन को कुछ बदलाव के साथ कई वर्षों बाद 'अब्दुल्ला' में पंचम ने पुनः प्रस्तुत किया), गली-गली में बजने वाले 'उमर है सत्रह साल' (लता, उषा मंगेशकर, साथी) और 'एक पते की बात बताऊँ' (रफ़ी), 'अपना देश' का पुनः गलियों की ध्वनि को मुखरित करता 'ले लो रे ले लो बाबू पी लो नारियल पानी' (लता), 'बॉम्बे टु गोआ' (1972) का बेबाक 'दिल तेरा है मैं भी तेरी हूँ सनम' (किशोर, लता), 'रामपुर का लक्ष्मण' (1972) के 'प्यार का समय कम है जहाँ' (लता, किशोर, रफ़ी) और रिद्म के नए प्रयोग के साथ 'अलबेला रे' (लता), 'दो फूल' (1973) का अपने-आप में सबसे अलग 'मुसु कुल्ली का वारी' (आशा, महमूद) जैसी न जाने कितनी यादें मन को रोमांचित कर देती हैं।

आर.डी. की विशेषता यह थी कि अपने कम लोकप्रिय गीतों में भी वे कोई न कोई विशिष्टता भर ही देते थे, और इस कारण ये गीत भी यदि आज सुने जाएँ तो अच्छे लगते हैं। 'सवेरा' (1972) के 'ये ज़िंदगी है चार पल' (भूपेंद्र) का 'प प प' का वही लहराता आधुनिक प्रभाव और 'तेरा प्यार ले के डोलूँ बहारों में' (लता) का स्वरों का चढ़ाव-उतार, 'शहज़ादा' (1972) के 'ना जइयो छोड़ के न जइयो मेरी रानी' (किशोर, लता) में शोखी की जगह कोमलता के सुरों का इस्तेमाल, 'गोमती के किनारे' (1972) की आधुनिक रिद्म पर सजाई शायराना सी धुन 'ख्वाब की तस्वीर आँखें लब छलकते जाम से' (मनहर)ऋ 'भोला भाला' (1978) का 'काली काली रातों में नींद नहीं आती' जैसे साधारण शब्दों में डाली गई प्यारी सी लचक, 'नहले पे दहला' (1976) से लचीले 'मैं चोरों की रानी हूँ' (आशा) और रूमानी 'सावन का महीना आ गया' (लता, किशोर) जैसे कई उदाहरण दिए जा सकते हैं। 'मिस्टर रोमियो' (1973) का 'न सोएँगे न सोने देंगे' (लता, किशोर) तो इस संदर्भ में अपनी खूबसूरती, प्रयोगात्मकता और जटिलता के बावजूद कर्णप्रियता के कारण विशेष तौर से याद आता है। इसी फ़िल्म का 'जा रे जा मैं तोसे ना बोलूँ' (लता) की पुरानी शब्दावली को आर.डी. ने गज़ब का आधुनिक स्विंग दिया है। 'गूँज' (1974) का 'जाओ जी जाओ हमने तुम्हें देख लिया' (किशोर, आशा) में लय को हलकी-सी लोच देकर कर्णप्रिय बनाने की कला हो, या 'फंदेबाज' (1978) का 'मुहब्बत में अजी क्या' (लता, रफ़ी) में ऐसी ही लोच से मेलोडी का सृजन हो, 'शैतान' (1974) की 'अपना समझ के चली आई हूँ मैं अलबेली' (लता) की फिर वही लाक्षणिक आर.डी. ऑफ़ बीट मेलोडी हो 'रिक्शावाला' (1973) के 'फूलों की दुनिया से तारों की दुनिया में' (आशा, किशोर) की सपनीली रूमानियत होऋ या 'रेड रोज़' (1980) का तरन्नुम-भरी रवानगी वाला 'किसकी सदाएँ मुझको बुलाएँ' (आशा, किशोर) राहुल देव बर्मन का संगीत मेलोडी की भी एक नई परिभाषा बनाता था। पहाड़ी पर आधारित 'करवटें बदलते रहे सारी रात हम' (किशोर, लता) या बातचीत के अंदाज़ वाला चुलबुला गीत 'सुनो कहो सुना कहा कुछ हुआ क्या' (किशोर, लता), रिद्म के मस्त उद्गार वाला 'जय-जय शिवशंकर' (लता, किशोर, साथी), लचीली सुराभिव्यक्ति के साथ 'पास नहीं आना दूर नहीं जाना' (लता, किशोर) और खमाज आधारित 'चोरी चोरी चुपके चुपके' (लता) जैसे 'आप की कसम' के गीतों में इसी सुरीली परिभाषा के बहुलोकप्रिय उदाहरण पंचम ने पेश किए। 'हमशक्ल' (1974) के 'काहे को बुलाया मुझे बालमा प्यार के नाम से' (लता, रफ़ी) में यह सुरीलापन यदि लक्ष्मी-प्यारे की शैली के करीब लगता है, तो भी ऐसे कुछ उदाहरण अपवाद ही कहे जाएँगे। और इन अपवादों में भी आर.डी. अपना रंग डालने से नहीं चूकते, जैसे 'धन-दौलत' (1979) के एकॉर्डियन के साथ शंकर-जयकिशन शैली में 'शिकवा कोई तुमसे' (आशा) में लय और ताल में पंचम ने अपना प्रयोगात्मक अंदाज़ डाल ही दिया है। अंततोगत्वा आर.डी. बर्मन की शैली न सिर्फ़ मौलिक और path breaking थी, बल्कि उसके अवयवों में कला, ध्वनि, रिद्म और वाद्य अलंकरण के कई पारस्परिक घुली-मिली छायाएँ थीं जो कोई और नहीं ला पाया।

यदि ओ.पी. नैयर ने आशा भोंसले के स्वर के bass को उभारकर उन्हें एक प्रमुख गायिका बनाया, तो आर.डी. बर्मन ने एक क़दम आगे जाकर आशा के स्वर की तमाम बारीकियों और पहलुओं को उभारकर उन्हें एक ऐसा विविध रूप दिया कि इस मामले में वे लता को भी पीछे छोड़ गईं। आशा के स्वर की sensuality को यदि एक ओर 'परछाइयाँ' (1972) के 'गरम गरम काया ठंडा ठंडा पानी', 'रामपुर का लक्ष्मण' (1972) के 'साँवला रंग है मेरा' या 'कारवाँ' (1971) के 'अब जो मिले हैं तो बाँहों को' जैसे गीतों से उन्होंने अपूर्व ढंग से अभिव्यक्त किया, तो दूसरी ओर 'जीवन के हर मोड़ पर' (किशोर, साथियों के साथ), 'बारह बजे की सुइयों जैसे' (किशोर के साथ) और 'झूठा कहीं का मुझे ऐसा मिला' जैसे 'झूठा कहीं का' (1979) के

आशा और आर.डी.

गीतों से, और 'द ग्रेट गैम्बलर' (1979) की वेनिस की लोकधुन पर आधारित 'दो लफ़्ज़ों की है ये कहानी', 'तुम कितने दिन बाद मिले' और 'पहले पहले प्यार की मुलाकातें याद हैं' (किशोर के साथ) से उन्होंने आधुनिक रिद्म और थ्रो पर आशा की पकड़ को उभारा। वहीं तीसरी ओर उन्होंने 'अधिकार' (1971) के 'तुम तो हो सबके रखवाले', 'समाधि' (1972) के 'जब तक रहे तन में जिया', 'नया दौर' (1978) के 'चले कहीं और चलते हैं' (किशोर के साथ), 'कस्मे वादे' (1978) के 'आती रहेंगी बहारें' (किशोर, अमित के साथ), 'मिले जो कड़ी कड़ी' (किशोर, रफ़ी के साथ) और 'गुमसुम क्यों है सनम' में आशा के स्वर के सहज तरन्नुम और bass दोनों को विविधता से प्रस्तुत किया। 'भला मानुस' (1979) के 'कैसे कहूँ मन की बात सजन से' में हारमोनियम, घुँघरू और तबले के बीच राहुल देव बर्मन ने पारम्परिक मुजरा बंदिश को आशा के स्वर में ठुमरी अंग में भी बड़ी खूबसूरती से पेश किया पर पंचम के साथ आशा का एक नया urbane, अत्याधुनिक रूप ही अधिक चर्चित रहा जो 'शरीफ़ बदमाश' (1973) के 'नींद चुरा के रातों में' (किशोर के साथ), 'बेनाम' (1974) के वाल्ट्ज़ शैली के 'आ रात जाती है' (रफ़ी के साथ—जिसके फ़िल्मांकन के लिए हेलेन ने अमिताभ को वाल्ट्ज़ के steps सिखाए थे) और 'हिफ़ाजत' (1973) के उन्मुक्त झूमते 'ये मतवाली डगर' के रूप में एक बेबाक संगीतमय वक्तव्य के रूप में प्रकट होता था। 'मज़ाक' (1975) के 'टकरा गए दो बादल' में प्राकृतिक सौंदर्य का प्रतीक लिए रूमानियत आधुनिक बाँग्ला संगीत का खूबसूरत लोच लेकर एक उदात्त रचना की सृष्टि करती है। 'जीवन मुक्त' (1997) जैसी कम चर्चित फ़िल्म में आर.डी. ने आशा से चारों गीत गवाए और 'लहरा के गगन', 'आओ वहीं हम चले' में प्रवाह तथा 'हे शाम कहूँ कैसे' में आराधना की उन्मुक्त धारा बहाई थी।

हालाँकि चर्चा राहुल देव बर्मन के ऑरकेस्ट्रेशन और ध्वनि-संयोजन के विभिन्न प्रयोगों की अधिक हुई है, पर यहाँ पर इंगित करना अत्यंत आवश्यक है कि पंचम बेहद खूबसूरत धुनों के सृजन में भी अपने समकालीन अनेक संगीतकारों से आगे थे। पंचम की बनाई धुनें बरबस होंठों पर चढ़ जाती थीं, पर उनमें कहीं भी हलकापन लाकर लोकप्रिय बनाने की कोशिश नहीं मिलती। यह खूबसूरती बड़ी सम्भ्रांत और सुकोमल अहसास जगानेवाली खूबसूरती थी। इसमें उच्च वर्ग का आभिजात्य नहीं था बल्कि शहरों के आधुनिक मध्यवर्ग की संवेदनाओं और स्पंदनों की अनुभूति थी।

यह अनुभूति कभी नर्म सहलाते अंदाज़ में 'बहुत दूर मुझे चले जाना है, बहुत नज़दीक मुझे आना है, तेरी बाँहों में मुझे आज मर जाना है' (किशोर, लता—हीरा पन्ना, 1973) के रूप में, तो कभी राग छायानट के स्पर्श के साथ अति मधुर 'तुम मेरी ज़िंदगी में कुछ इस तरह से आए' (किशोर, लता—बॉम्बे टु गोआ, 1972) और बड़ी मोहक-सी रवानगी लेकर 'ज़िंदगी में आप आए हो गई दुनिया हसीं' (मुकेश, वाणी जयराम—छलिया, 1973) के साथ जागती थी। राहुल देव बर्मन ने युगल गीतों को एक अपना विशिष्ट अंदाज़ दिया और इस अंदाज़ में मेलोडी के साथ-साथ कभी बहुत खुली-सी तरंग रहती थी तो कभी सूक्ष्म और सुकुमार सी संवेदनशीलता जो इन गीतों को कर्णप्रिय और ताज़ा बनाती थीं। 'अधिकार' (1971) के कोई माने या न माने जो कल तक थे दीवाने' (किशोर, आशा), 'पराया धन' (1971) के 'आओ झूमे गाएँ' (किशोर, आशा, साथी), 'गोमती के किनारे' (1972) के तरंगित और उत्फुल्लित 'जीने का दिन मर जाने का मौसम' (किशोर, लता) और 'आओ आओ जाने जहाँ' (आशा, किशोर), 'परछाइयाँ' (1972) का 'हँस के पुकार के दो बोल प्यार के' (क़िशोर, लता) की लोकशैली का पंचमी रूप और 'साँसों में कभी' (रफ़ी, आशा) की झुमाती रिद्म, 'सीता और गीता' (1972) का lilting 'कोई लड़की मुझे कल रात सपने में' (किशोर, लता), 'समाधि' (1972) का 'मैंने देखा इक सपना' (किशोर, लता), 'चाँदी-सोना' (1977) का 'उलझन हज़ार कोई डाले' (किशोर, आशा, मन्ना डे, साथी), 'अब्दुल्लाह' (1980) का 'प्यार की कहानी' के 'कोई और दुनिया में तुमसा हसीं है' की ही धुन को थोड़ा परिवर्तित कर सृजित मैंने पूछा चाँद से' (रफ़ी) जैसे कई उदाहरण दिए जा सकते हैं। वहीं 'हंगामा' (1971) का सुकून-भरी स्वरलहरियों के साथ 'सूरज से जो किरण का नाता' (मुकेश, लता), 'रामपुर का लक्ष्मण' (1972) के सदाबहार सहलाता हुआ 'गुम है किसी के प्यार में दिल सुबह-शाम' (किशोर, लता) और कीर्तन-शैली में 'काहे अपनों के काम नहीं आए तू' (आशा, किशोर), 'शहज़ादा' (1972) का प्यार-भरा 'रिमझिम रिमझिम' (किशोर, लता), 'लाखों में एक' (1971) का सहलाते सुरों वाला 'चंदा ओ चंदा' (लता, किशोर), 'पराया धन' (1971) का प्यार की कशिश-भरा 'तेरा मेरा जुदा होना' (किशोर, लता), 'दो चोर' (1972) के रूमानी 'चाहे रहो दूर रहो पास' और 'काली पलक तेरी गोरी' (किशोर, लता), 'चरित्रहीन' (1974) का माधुर्य-भरा 'दिल से

दिल मिलने का कोई कारण होगा' (किशोर, लता), 'चलता पुर्ज़ा' (1977) के 'बंद लिफ़ाफ़े में जैसे' (लता, किशोर), 'कर्म' (1977) का कशिश-भरा 'समय तू धीरे-धीरे चल' (किशोर, आशा), 'आज़ाद' (1978) का उन्मुक्तता-भरा 'जान की कसम सच कहते हैं हम' (किशोर, लता), 'बुलंदी' (1980) का सितार की सुंदर संगत के साथ मेलोडीप्रधान 'हम जब एक साथ हैं' (रफ़ी, आशा)—ये सभी गीत भी पंचम की सूक्ष्म अनुभूतिप्रधान दृष्टि के अन्य बिम्बों को बड़ी सुंदरता से प्रकट करते हैं। 'हीरा-पन्ना' (1973) के अन्य गीतों में 'मैं तस्वीर उतारता हूँ' (किशोर) और 'एक पहेली है तू' (आशा, किशोर) भी कर्णप्रिय ही थे, पर खमाज थाट पर कहरवा 8 मात्रा लगाकर सृजित 'पन्ना की तमन्ना है कि हीरा मुझे मिल जाए' (किशोर, लता) की मिठास तो आज तक कायम है। इस गीत के अंतरे में रवींद्र संगीत का बहुत सुंदर प्रयोग पंचम ने किया।

कई समीक्षकों ने यह माना है कि आर.डी. भले ही आशा के साथ अधिक चर्चित रहे हों, पर अपने सबसे खूबसूरत गीत वे लता को ही देते थे। कलात्मक, रुचिपूर्ण फ़िल्मों के ऐसे गीतों की चर्चा तो हम अलग से करेंगे, पर व्यावसायिक फ़िल्मों में भी ऐसे कई उदाहरण हैं। साहिर लुधियानवी लिखित 'जोशीला' (1973) का बेहद लुभावना और स्तरीय 'जो बात इशारों में कही तुम नहीं समझे' यदि लाजवाब कहा जाएगा, तो 'आज़ाद' (1978) के 'मैं हूँ तेरी प्रेम दीवानी मेरे सैंया' की लोच-भरी धुन मर्मस्पर्शी। इसी प्रकार 'बुलेट' (1976) के नशीले 'चोरी-चोरी चुपके-चुपके' (किशोर, आशा) पर कहीं भारी पड़ता है गिटार के कॉर्ड्स पर सृजित बेहद कर्णप्रिय लता का 'जब तुम चले जाओगे तो याद बहुत आओगे'। 'गूँज' (1974) का सस्पेंस-भरा 'आ मेरी जाँ', 'भोला-भाला' (1978) की बेहद कर्णप्रिय और elegant धुन 'झुक गई आँखें' (किशोर के साथ), 'शालीमार' (1978) के हर्ष और विषाद दो रूपों में रेकॉर्ड किया गया 'आइना वही रहता है चेहरे बदल जाते हैं', 'जलमहल' (1980) का रहस्य भरा 'मैं हूँ दिया सूनी रात का', 'फिर वही रात' (1980) का धीमी लय में कहरवा चार मात्रा में 'बिंदिया तरसे' जैसे लता के गाए गीतों का ज़िक्र इसी संदर्भ में किया जाएगा। इसी प्रकार सरोद के खूबसूरत इस्तेमाल के साथ यमन कल्याण पर बनाई 'बंडलबाज' (1976) की उस लाजवाब धुन 'नगमा हमारा गाएगा में ज़माना' के लिए आर.डी. ने रफ़ी के साथ आशा को नहीं बल्कि लता को चुना। इसी फ़िल्म में 'बेमौसम बहार के दिन' (किशोर के साथ) में लता की आवाज़ न सिर्फ़ मीठी लगती है, बल्कि मुकेश गर्ग के अनुसार अंत में गुनगुनाने के दौरान तीन मात्रा में 'ओ' की अदायगी 'स्वर के मारों को तड़पाने के लिए काफ़ी है'।[3] लता के साथ तो आर.डी. ने एक से एक खूबसूरत रूमानी युगल गीत बनाए। 'त्रिमूर्ति' (1974) का लोच-भरा 'मिलेगी एक नई ज़िंदगी मिलेगी' (किशोर के साथ), 'पाँच दुश्मन' (1973) का रवानगी-भरा 'जाना है हमें तो जहाँ करार मिले' (किशोर के साथ), 'रिक्शावाला' (1973) का इठलाता 'मैंने कहा ज़िद छोड़ दे' (किशोर के साथ), 'कस्मे वादे' (1978) का शीर्षक गीत और पहले ही उल्लिखित ढेर सारी लोकप्रिय धुनों में लता के कई विविध रूप मिलते हैं।

किशोर कुमार के स्वर की विविधता को उत्कर्ष तक पहुँचाने में पंचम जैसा किसी और संगीतकार का हाथ नहीं रहा है। यह हम मान भी लें कि किशोर के स्वर के शरारती या शोख रूमानियत को तो वर्षों पहले से एस.डी. बर्मन पहचान चुके थे तो भी इस शोखी को व्यापक आधार दिलाने और इसमें भी रूमानियत के अन्य (न सिर्फ शोख) रंगों के लिए किशोर की आवाज़ को सर्वश्रेष्ठ साबित करने में आर.डी. बर्मन जैसा दूसरा कोई नहीं हुआ। 'परछाइयाँ' (1972) के 'खुली-खुली ज़ुल्फ़ें खोए-खोए नैन', 'शहज़ादा' (1972) का 'ठोकर है मेरी सारा ज़माना', 'डबल क्रॉस' (1973) का 'मैं झोंका मस्त हवा का', 'पराया धन' (1971) का एक बिलकुल नई शैली के उद्गार के साथ 'दिल हाय मेरा दिल', 'संजोग' (1972) का 'रूप ये तेरा जिसने बनाया', 'दिल दीवाना' (1974) के झूमती लचक के साथ 'किसी से दोस्ती कर लो' (आशा के साथ) और उत्फुल्लता के साथ 'सुन बीत मैं तेरे प्यार के गीत गाने लगा हूँ', 'गूँज' (1974) का लालित्यपूर्ण 'तुमसे कितना प्यार है' (लता के साथ), 'इश्क इश्क इश्क' (1974) का 'मुझको अगर इजाजत हो तो' और 'खोटे सिक्के' (1974) का अमेरिकी संगीत की पृष्ठभूमि लिए उत्प्रेरक गीत 'जीवन में तू डरना नहीं' जैसे इस विविध

किशोर, आशा और लता के साथ आर.डी.

बहुआयामी पक्ष के कई उदाहरण दिए जा सकते हैं। 'प्यार की कहानी' (1971) के 'गोरी ओ गोरी, चोरी हो चोरी' में कस्बाई बाँका शैली की मजनूनुमा अदायगी, या फिर इसी फ़िल्म के 'एक ख़बर आई सुनो' (लता के साथ) की छोटे शहरों के गली-मुहल्ले की ध्वनियों को समाहित करती धुन या फिर 'अपना देश' (1972) के 'सुन चम्पा सुन तारा' (लता, साथियों के साथ) और 'कजरा लगा के' (लता के ही साथ), 'बॉम्बे टु गोआ' का धमकदार 'देखा ना हाय रे सोचा ना', 'जैसे को तैसा' (1973) के 'जैसे को तैसा मिला' और 'चलते-चलते पीछे मुड़ के देख ज़रा', 'ढोंगी' (1976) का 'घुँघटा' शब्द पर आकर्षक झटका देता 'हाय रे हाय मेरा घूँघटा' (आशा के साथ), 'भोला-भोला' (1978) का प्रचलित बीट्स वाला 'धीरे-धीरे नाच रे जोगन', 'बुलंदी' (1980) की गिटार strumming के साथ रूमानी, तन्मयता-भरा 'कहो कहाँ चले' (आशा के साथ) जैसे गीत तो इस दौर में युवा होते वर्ग की ताज़िंदगी याद का हिस्सा ही बन गए हैं। किशोर के साथ पंचम का संगीत इस वर्ग की उद्भूत सहज इच्छाओं का संगीत बनकर आया था, और इन इच्छाओं के अवशेष की तरह वक्त गुज़रने के बावजूद अपना वजूद कायम रख पाया है।

यदि 'बुड्ढा मिल गया' का 'रात कली एक ख्वाब में आई' में किशोर का एक अभूतपूर्व elegant रूमानी रूप प्रकट हुआ, तो 'अपना देश' के 'रोना कभी नहीं रोना' में यह elegance संवेदना के धरातल पर नई भावाभिव्यक्ति को एक और परिष्कृत रूप में लेकर प्रकट हुआ। 'तेरा मुझसे है पहले का नाता कोई' (आ गले लग जा, 1973) का वात्सल्य हो, या 'इक मैं हूँ इक तू' (आशा के साथ—डार्लिंग डार्लिंग, 1977) की रूमानी आकांक्षा या 'ऐ खुदा हर फ़ैसला तेरा मुझे मंज़ूर है' (अब्दुल्ला, 1980) का इबादत-भरा समर्पण या फिर 'कुछ तुम करो, कुछ हम करें मिल-जुलकर कुछ ग़म कम करें' (लता के साथ) की सहज अभिव्यक्ति, किशोर हर रंग में आर.डी. के साथ अतिविशिष्ट लगते थे। राहुल देव बर्मन में अनुसार ही जब-जब वे गाने की धुन टेप में रेकॉर्डिंग के दो-तीन दिन पहले किशोर को भेज दिया करते थे, तो किशोर की गायकी और भी निखर उठती थी।

किशोर की आवाज़ के अंतर्निहित softness को राजेश रोशन ने यदि रूमानी रंग दिया तो आर.डी. बर्मन ने उसमें एक फलसफ़े की छाया भी डालकर किशोर को एक extrovert ही नहीं बल्कि एक introspective गायक के तौर पर भी उभारा। 'झील के उस पार' (1973) का 'क्या नज़ारे क्या सितारे सबको है इंतज़ार', 'जोशीला' (1973) का बेहद खूबसूरत 'किसका रस्ता देखे ऐ दिल ऐ सौदाई', 'भोला-भाला' (1978) का 'कल तक मैं अकेला था', 'चला मुरारी हीरो बनने' (1977) का यमन के सुरों पर सजाया 'न जाने दिन कैसे जीवन में आए', 'शालीमार' (1978) का 'हम बेवफ़ा हरगिज़ न थे', 'चाँदी सोना' (1977) का फुसफुसाहट-भरी तन्मयता के साथ 'सोचा था मैंने तो ऐ मेरी जान' (आशा के साथ), और इन सबसे बढ़कर गिटार के कॉर्ड्स पर दी गई रिद्म के साथ सौम्य और स्नेहशील सुरों के साथ गाया 'ऐसे न मुझे तुम देखो सीने से लगा लूँगा' (डार्लिंग-डार्लिंग, 1977) जैसे न जाने कितने उदाहरण दिए जा सकते हैं। ऐसे गीतों में सर्वश्रेष्ठ गीत तो मैं 'पाँच दुश्मन' (1973) के 'जीना तो है पर ऐ दिल कहाँ' को मानूँगा। मजरूह के शब्दों में मानो कविता छुपी है, 'मैं उड़ना चाहूँ तो दूर आसमाँ' के अंदर जो आत्मविश्लेषी अंदाज किशोर लाए हैं, वह हलके ऑरकेस्ट्रेशन से सजे इस गीत में बेमिसाल ढंग से उभरा है। इसी प्रकार 'आप की कसम' (1974) के 'ज़िंदगी के सफर में गुज़र जाते हैं जो मकाम' में बिहाग और तीसरे अंतरे में मियाँ की मल्हार का पुट डालकर किशोर के स्वर की मुलायमियत को विषाद का खूबसूरत मोड़ पंचम ने दिया है। 'हमारे तुम्हारे' (1979) के 'हम और तुम के साथी, अभी है कल की बात' की भावनात्मक प्रस्तुतियाँ, 'नौकर' (1979) के 'चाँदनी रे झूम' (इसे लता से भी गवाया गया था) का शीतल वात्सल्य मिश्रित प्यार—ऐसे गीतों के साथ पंचम के साथ किशोर का एक बहुत लुभावना रूप सामने आता है।

मुकेश से आर.डी. बर्मन ने बहुत कम गवाया, पर जो भी गवाया वह बहुत अच्छा और लोकप्रिय साबित हुआ। 'तीसरा कौन' (1968) के खूबसूरत ऑरकेस्ट्रेशन-भरे 'प्यार का फ़साना बना ले दिल दीवाना' (लता के साथ) के साथ शुरू होकर यह सफ़र 'कटी पतंग' (1970) की बेमिसाल भैरवी 'जिस गली में तेरा घर न हो बालमा' के साथ लोकप्रियता के चरम पर जा पहुँचा। 'फिर कब मिलोगी' (1972) की स्पैनिश धुन से प्रेरित अत्यंत कर्णप्रिय 'कहीं करती होगी वो मेरा इंतज़ार' (लता के साथ) तो आज भी रीमिक्स वालों का पसंदीदा गीत बना हुआ है। 'छलिया' (1973) का 'ज़िंदगी में आप आए हो गई दुनिया हसीं' (वाणी जयराम के साथ) तेज कॉर्ड आधारित वाद्य-संयोजन के बीच मेलोडी की अपनी बेमिसाल रवानगी के कारण अपने ज़माने में खूब लोकप्रिय रहा था। 'हंगामा' (1971) के 'सूरज से फिर किरण का नाता' (लता के साथ) की चर्चा हम पहले ही कर चुके हैं। 'राजा रानी' का 'हाँ, तो मैं क्या कह रहा था' (लता के साथ) भी अपने ज़माने का लोकप्रिय गीत था। 'चाँदी सोना' (1977) में भी एक लम्बा गीत 'तुझे भूलकर माटी की पुतली पर' मुकेश के स्वर में था। पर मुकेश के साथ पंचम के सबसे लोकप्रिय गीत राज कपूर पर फ़िल्माए 'धरम-करम' (1976) में ही रहे। 'इक दिन बिक जाएगा माटी के मोल' की धुन को तो राज कपूर

ने सुनते ही पहली बार ही पसंद कर लिया था और फ़िल्म में बार-बार आनेवाला यह गीत तो इतना लोकप्रिय रहा कि वार्षिक बिनाका की दूसरी पायदान का गीत बना। इसी फ़िल्म का एक दूसरा दिलकश गीत था 'तेरे हम सफ़र गीत हैं तेरे' (मुकेश, आशा, किशोर) जो भी उन दिनों गली-गली में गूँजता था। मुकेश के स्वर में राज कपूर पर फ़िल्माए 'नौकरी' के 'ऊपर जाकर याद आई नीचे की बातें' को तो लोकप्रियता नहीं मिली, पर 'मुक्ति' (1977) में शशि कपूर पर फ़िल्माए मिश्र भैरवी पर आधारित 'सुहानी चाँदनी राते' हमें सोने नहीं देती और 'लल्ला लल्ला लोरी' की कर्णप्रिय धुनें आज भी बहुत अच्छी लगती हैं।

दरअसल आर.डी. के साथ फ़िल्म-संगीत का हर पहलू ही बदल गया। मेलोडी का पुराना ढाँचा हो, वाद्य-संयोजन की परम्परागत क्रमिक संरचना हो, या ताल की परिभाषा हो–स्वर और ध्वनि के हर shade के अंदर कई विभिन्न धाराएँ एक दूसरे से कभी मिलती, तो कभी अप्रत्याशित ढंग से एक दूसरे को काटती चलती थीं। सलिल चौधरी से जब पूछा गया कि अपने अलावा वे फ़िल्म-संगीत में किस संगीतकार को प्रतिभावान समझते हैं तो उनका निस्संकोच उत्तर था–आर.डी. बर्मन। और वह इसलिए कि जहाँ नौशाद हमेशा प्रत्याशित थे, वहीं राहुल देव बर्मन अकसर अप्रत्याशित। यह अप्रत्याशितता राहुल देव बर्मन के व्यक्तित्व का भी हिस्सा थी। विनोद की प्रवृत्ति भी उनमें बहुत थी और अपने परम मित्र गुलज़ार को तो वे 'सफेद कव्वा' कहकर चिढ़ाया करते थे। आशा भोंसले से जब उन्होंने विवाह किया, तो आशा के सफ़ाई mania को देखते हुए उन्हें मज़ाक में उन्होंने झाड़ू का उपहार दिया था। संगीत के रस की तरह भोजन में भी वे चटखार खोजते थे। अपने टेरेस गार्डेन में तो उन्होंने चालीस प्रकार की हरी मिर्ची लगा रखी थी। खाने और खाना बनाने के वे इतने शौकीन थे कि सूप के पैकेट हाँगकाँग से मँगवाया करते थे। अपने पिता की तरह फ़ुटबॉल के भी वे शौकीन थे और मोहन बागान के मैचों के बारे में बड़ी बारीकी से जानकारी रखते थे।

राहुल देव बर्मन को आरम्भ से ही परम्परावादियों और समीक्षकों की आलोचना भी झेलनी पड़ी–विशेषकर पाश्चात्य संगीत की नकल का इंतज़ाम उन पर बहुतायत में लगाया गया। वैसे अगर गौर से देखा जाए तो यह स्पष्ट है कि भले ही कुछ गीतों की धुनें पंचम ने हुबहू पाश्चात्य धुनों की नकल करके बनाई हों, पर अधिकतर जब भी उन्होंने पाश्चात्य संगीत से प्रेरणा ली तो उसमें अपने कलात्मक परिवर्तन का हुनर और रचनात्मकता को प्रदर्शित कर अंतिम रचना में अपनी मौलिकता की छाप भी छोड़ी। एक तरफ यदि 'झूठा कहीं का' का 'जीवन के हर मोड़ पर' एज़रबैजान के गीत 'गुलसेनिम' की, 'हम किसी से कम नहीं' का 'मिल गया हमको साथी मिल गया' ABBA के 'Mama mia' की, 'लव स्टोरी' का 'कैसा तेरा प्यार' ABBA के 'I love a dream' की, 'भूत बँगला' का पहले इंगित 'आओ ट्विस्ट करें' चबी चेकर के 'Come let us twist' की, 'आ गले लग जा' का 'तेरा मुझसे है पहले का नाता कोई' एल्विस प्रेस्ली के 'The Yellow Rose of Texas' की, 'बॉम्बे टु गोआ' का 'ओ महकी महकी ठंडी हवा' Beach Boys के 'Help me Rhonda' की, 'सीता और गीता' का 'कोई लड़का कोई लड़की' ली हैजलवुड और नैन्सी सिनात्रा के 'Did you ever' की, 'सत्ते पे सत्ता' का 'ज़िंदगी मिल के बिताएँगे' पॉल ऐंका के 'The Longest Day' की, 'डबल क्रास' के 'मैंने तुमको चाहा पहली बार' और 'मैं झोंका मस्त हवा का' क्रमशः जोस फेलिसिआनो के 'Listen to the falling rain' और फ़्रैंक सिनात्रा के 'What now my love' की, 'बर्निंग ट्रेन' का 'तेरी है ज़मीं' प्रसिद्ध क्रिसमस carol गीत 'The first noel' की, 'दो चोर' का 'मेरी जाँ कहना मानो' क्लिफ़ रिचर्ड के 'Falling in love again' की काफ़ी हद तक नकल होकर आपत्तिजनक लगते हैं, तो दूसरी तरफ़ कई ऐसे गीत हैं जहाँ थोड़ी-सी प्रेरणा लेकर पंचम ने उसे अपने रंग में खूबी से ढाल कर उत्कृष्ट रचनाएँ दी हैं। उदाहरण के लिए हम याद कर सकते हैं 'यादों की बारात' के 'चुरा लिया है तुमने जो दिल को' जहाँ 'If it is Tuesday it must be Belgium' की प्रेरणा को पंचम ने अपना खास नशीला पंचमी रंग बड़ी कुशलता से दिया था, या फिर 'घर' के 'फिर वही रात है' को जहाँ Carpenters के 'Sing a Song' के आरम्भ की शैली को लेकर उन्होंने एक अभूतपूर्व elegant धुन का विस्तार दिया था। हरबर्ट बुला और हिजुआना ब्रास के 'The Lonely Bull' की स्पैनिश मैटेडोर धुन का 'फिर कब मिलोगी' के 'कहीं करती होगी वो मेरा इंतज़ार' के रूमानी, मखमली रूपांतरण का कमाल हो, या प्रोकोल हेरम के 'A whiter shade of pale' की हलकी-सी प्रेरणा का एकदम अलग 'मंज़िल' के 'तुम हो मेरे दिल की धड़कन' के रूप में अद्‌भुत गुनगुनाहट भरा अंजाम, पंचम की प्रतिभा उपरोक्त आलोचकों की अतिरंजित आलोचना को झुठलाती ही चलती है। यह पंचम ही थे जो 'The Good, The Bad and the Ugly' के 'The Story of a Soldier' के आरम्भिक हिस्से को लेकर बिलकुल अपने अंदाज़ से 'सपना मेरा टूट गया' जैसी अविस्मरणीय कृति के रूप में विकसित कर सकते थे, जो चैपलिन के 'Theme from limelight' के शरीर में अपनी आत्मा डालकर 'तुम मेरी ज़िंदगी में' (बॉम्बे टु गोआ) का अतिसुंदर छायानटी रंग डाल सकते थे, जो प्रोकफ़ियेव की सिम्फ़नी को 'काहे अपनो को भी' (रामपुर का लक्ष्मण) जैसी भारतीय धुन में ढाल सकते थे और जो

रूसोस के 'Say You Love Me' को हेलेन के belly dance के बीच अपने ही खास स्वर और शैली में 'महबूबा महबूबा' की शक्ल दे सकते थे।

फ़िल्म-संगीत के फ़लक पर कई संगीतकार जोड़ियाँ खूब चर्चित रही हैं—साहिर-रोशन, शैलेंद्र-शंकर-जयकिशन, नीरज-सचिन देव बर्मन, शकील-नौशाद, साहिर-रवि आदि ऐसी कई जोड़ियों ने अर्थपरक एवं भावानुकूल शब्दावली तथा उन्हें प्रतिबिम्बित करने वाले अनुभूतिप्रधान संगीत को लेकर लोकप्रियता के कई आयाम तय किए। पर यदि पूरे फ़िल्म-संगीत के इतिहास से किसी एक जोड़ी को चुनना हो तो गुलज़ार—आर.डी. बर्मन का द्वय शीर्ष पर रहेगा। इस जोड़ी के सामंजस्य से निकला संगीत न केवल दिलोदिमाग पर बल्कि शरीर के एक-एक स्नायु पर असर करता है। उसकी कशिश के साथ न सिर्फ़ जीने का बल्कि उसपर मर जाने का भी जी चाहता है। गुलज़ार की शायरी, या यूँ कहिए, कवितामय गीत-फ़िल्मों में प्रयुक्त गीतों की या गज़लों की परिपाटी से हटकर एक बिलकुल नया अंदाज़, नई अभिव्यक्ति, नवीन मुहावरों और नए प्रतीकों को लेकर आए। ऐसे गीतों के लिए एक ऐसे कम्पोज़र की ज़रूरत थी जिसकी रचनात्मकता और innovation गुलज़ार की हर अनूठी कृति के समकक्ष संगीत के उपयुक्त सुर खोज निकालने में सक्षम हो। गीत चाहे छंद युक्त हो या छंद विहीन, आर.डी. बर्मन के पास उसके लिए संगीत की नई बारीकियाँ थीं, नया स्पंदन था, नए रास्ते थे, नया मोड़ था। यह मोड़ कभी कमलेश्वर के उपन्यास 'काली आँधी' पर इंदिरा गाँधी की ज़िंदगी की छाया लेकर निर्मित 'आँधी' (1975) के बाँसुरी, सरोद और सितार की तरंगों के बीच पहाड़ी और यमन कल्याण के सुरों को कहरवा आठ मात्रा में 'इस मोड़ पे जाते हैं' (लता, किशोर) के द्वारा एक नवीन मुकाम पर पहुँचाता था, तो कभी 'नमकीन' (1982) के 'राह पे चलते हैं' (किशोर) और 'नरम गरम' (1981) के 'हमें रास्तों की ज़रूरत नहीं है हमें तेरे कदमों के निशाँ मिल गए हैं' (आशा) के साथ नई मंज़िलों को इंगित करता था। यह नया स्पंदन कभी सितार, वॉयलिन, एकॉर्डियन और बाँसुरी के साथ सिंधु भैरवी के बेहद कशिश-भरे सुरों के साथ 'आँधी' के ही 'तेरे बिना ज़िंदगी से कोई शिकवा तो नहीं' (लता, किशोर) के बीच धड़कता था तो कभी 'परिचय' (1972) के 'बीती न बिताए रैना' (लता, भूपेंद्र) या रागेश्री आधारित 'मितवा बोले मीठे नैन' (भूपेंद्र) और 'किनारा' (1977) के 'मीठे बोल बोले' (भूपेंद्र), 'अब के ना सावन बरसे' (लता), 'नाम गुम जाएगा' (लता, भूपेंद्र) और 'जाने क्या सोच कर नहीं गुज़रा' (किशोर) जैसी भैरवी, खमाज, यमन और केदार की सुरीली लहरियों को नई परिभाषा देता था। वह कभी पीलू बन कर 'घर' (1978) के 'मैं तो कारे बदरवा से हारी' (लता) के साथ गुदगुदाता था तो कभी 'खूबसूरत' (1980) के 'पिया बावरी' (आशा) में गौड़ सारंग को वॉयलिन की पाश्चात्य शैली की सिम्फ़नी के साथ मिलाकर प्रस्तुत करता था। यदि 'इजाज़त' के लिए गुलज़ार एकदम छंदविहीन 'मेरा कुछ सामान तुम्हारे घर में है' (आशा) के शब्द लेकर आते, तो पंचम भले ही यह मज़ाक कर डालते कि अब तो यही बाकी रह गया है कि गुलज़ार 'Times of India' की ख़बर ले कर आएँ और उसकी भी धुन बनाने को कहें, पर उसके बाद अद्भुत रचनात्मकता से इन शब्दों को भी लय का ऐसा अनुपम विधान दे डालते थे कि मुक्त छंद की इस कविता से भी अत्यंत कर्णप्रिय गीत निकल आता था।

एक गीत की रेकॉर्डिंग पर गुलज़ार, आर.डी., आशा और किशोर

गुलज़ार और आर.डी. बर्मन का परिचय तो पुराना था क्योंकि गुलजार ने अपना पहला फ़िल्मी गीत 'बंदिनी' में पंचम के पिता सचिन देव बर्मन के लिए ही लिखा था। पर उनका संगीतमय साथ वर्षों बाद एक दूसरे 'परिचय' के रूप में शुरू हुआ, जब प्रसिद्ध अंग्रेजी फ़िल्म 'The Sound of Music' से प्रेरित होकर गुलजार ने हिंदी में फ़िल्म 'परिचय' (1972) का निर्माण शुरू किया और इसके संगीत के लिए राहुल देव बर्मन को चुना। संगीत के सात सुरों पर ज़िंदगी को लेकर दोनों कितनी खूबसूरती से अल्हैया बिलावल में सारे के 'सा रे ग म को ले कर गाते चले' (आशा, किशोर, साथी) के साथ चल निकले थे! 'परिचय' के लिए राहुल देव बर्मन ने गुलज़ार का जो पहला गीत कम्पोज़ किया, उसकी कहानी भी बड़ी मज़ेदार है। गुलजार उन दिनों एक होटल में रहते थे और पंचम उनके लिए गीत कम्पोज़ करने में लगे थे। एकाएक देर रात एक बजे पंचम को पूरी धुन सूझ गई तो वे गुलजार के होटल आ पहुँचे, उन्हें नींद से जगाया और अपने साथ गाड़ी में बिठाकर dashboard पर हाथों से बीट देते हुए कैसेट पर उस गीत को सुनाते, सुधारते, बढ़ाते रात भर गाड़ी चलाते हुए जुहू और बांद्रा की सुनसान सड़कों पर घूमते रहे,

घुमाते रहे। यह गीत था आज तक सदाबहार बना हुआ 'मुसाफ़िर हूँ यारो न घर है न ठिकाना, मुझे चलते जाना है बस चलते जाना'। किशोर कुमार के सर्वश्रेष्ठ गीतों में आज तक इसकी गिनती होती है।

गुलज़ार के गीतों की ख़ासियत नए उपमाओं और नए उपमानों का बेहतरीन प्रयोग रही है। अनुभवों और क्रियाओं के पहलुओं को परम्परा से हटकर एक नए संदर्भ में उन्होंने स्थापित किया। यह गुलज़ार ही थे जिनके गीतों में कहानी ख़ामोश भी रह सकती थी ('खामोश सा अफ़साना'—लता, लिबास, 1988), दिन रात के समान लग सकता था ('दिन जा रहे हैं कि रातों के साए'—लता, दूसरी सीता, 1974), आँखों तले एक सपना जल सकता था ('रोज़ रोज़ आँखों तले'—आशा, अमित, जीवा 1986), या रात कई प्रतीकों के रूप में कभी ख्वाब की तरह बार-बार आती थी और 'घर' (1978) के 'फिर वही रात है' (किशोर) जैसी अपूर्व और अद्भुत रचना बनती थी तो कभी आधुनिक शहरी युवा वर्ग की तरह बोतल का काग उड़ाती चलती थी ('बोतल से एक बात चली है, काग उड़ा कर रात चली है'—आशा, रफ़ी—घर, 1978)। ऐसे गीत गीत कम और कविता अधिक हैं, और ऐसे गीतों के लिए राहुल देव बर्मन का संगीत भी संगीत कम और भावना की नदी अधिक लगता है। 'जीवा' के 'रोज़-रोज़ आँखों तले' की धुन मात्र रूमानी नहीं है, उस धुन में अपने परिवेश के प्रति एक संवेदना भी है, एक प्यार भी है और वह गिटार के chords और बाँसुरी के fillers के बीच बहुत आहिस्ता से थपथपाता है। 'लिबास' (1988) के ही 'सिली हवा छू गई, सिला बदन छिल गया' (लता) में गुलजार—आर.डी. की जोड़ी के गीत-संगीत की अनुभूति में हवा की नमी से भी बदन छिलता है पर साथ ही नीली नदी के परे गीला-सा चाँद निकल आता है। इस खूबसूरत गीत को न गाने की कसक आशा भोंसले के मन में हमेशा रही, और गुलजार, आर.डी. के साथ रेडियो पर एक बातचीत में उन्होंने न सिर्फ इस गीत को स्वयं गुनगुनाया बल्कि आर. डी. बर्मन को यह भी उलाहना दिया कि अपने अच्छे गीत वे हमेशा लता को ही देते थे। बात पूरी तरह गलत भी नहीं है। उदाहरण यदि गुलज़ार के गीतों से भी दिया जाए तो न केवल 'लिबास' का उपरोक्त गीत (जो कि फ़िल्म अभिनेता अमिताभ बच्चन का भी पसंदीदा गीत है) बल्कि 'आँधी' (1975) का अलग-सी रिद्म पर सिंधु भैरवी में 'तुम आ गए हो नूर आ गया है नहीं तो चिरागों से लौ जा रही थी' (किशोर के साथ) की छंदविहीन संरचना के बीच भी अभूतपूर्व मेलोडी का अहसास जगाती धुन याद आती है, और याद आते हैं केदार आधारित धुन के साथ 'घर' (1978) का 'आपकी आँखों में कुछ महके हुए से ख्वाब हैं' (किशोर के साथ), 'लिबास' का ही अत्यंत कर्णप्रिय 'फिर किसी शाख ने हाथ हिलाया', 'बसेरा' का उत्कंठा-भरा 'जाने कैसे बीतेंगी ये बरसातें' और 'गोलमाल' (1979) का 'इक बात कहूँ गर मानो तुम' जैसे गीत। पर ऐसा भी नहीं कि राहुल देव बर्मन ऐसे गीतों के लिए आशा को कभी नहीं चुनते थे। लता के इन गीतों को एक तरफ़ रखें और आशा का गाया सिर्फ़ 'नरम गरम' (1981) का बेहतरीन उपमा वाला 'मेरे चेहरे में छुपा है मेरी माँ का चेहरा, मेरी आँखों से मेरी माँ की महक आती है' दूसरी तरफ़ लें। यह अकेला गीत अपने खूबसूरत शब्दों, संगीत सौष्ठव, कलात्मक संरचना और अद्भुत गायकी से लता के इन सभी गीतों के ऊपर ही ठहरेगा। वहीं लता की शालीन रूमानियत से क्या कम आँका जा सकता है 'बसेरा' (1981) की 'आऊँगी एक दिन आज जाऊँ' की आशामय शोखी या 'जीवा' (1986) के 'यह जगमगाता चाँद आज जगमगाता चाँद है' की सौंदर्य-भरी शीतलता?

'बसेरा' में रेखा

गुलज़ार कई बार बातचीत के अंदाज़ में गीतों को लेकर आते थे और यह आर.डी. बर्मन का ही हुनर था कि ऐसे गीतों को भी वे लाजवाब तर्ज़ देने में सक्षम रहे। मुश्किल से मुश्किल लय के साथ कर्णप्रियता के ऐसे मिसाल कम ही मिलते हैं जैसा हम 'घर' के 'आजकल पाँव ज़मीं पर नहीं पड़ते मेरे, बोलो देखा है कभी तुमने मुझे उड़ते हुए' (लता) या 'गोलमाल' (1979) के राग किरवानी आधारित' आने वाला पल जाने वाला है, हो सके तो इसमें ज़िंदगी बिता दो' (किशोर) या हेमामालिनी, गिरीश कर्नाड अभिनीत 'रत्नदीप' (1979) के सितार और बाँसुरी के साथ यमन कल्याण आधारित 'ऐसा हो तो कैसा होगा' (आशा) और भावनात्मक विमर्श के उद्गार-भरे 'कभी कभी सपना लगता है, कभी ये सब अपना लगता है, तुम समझा दो मन को क्या समझाऊँ' (किशोर, आशा) में देखते हैं। कभी-कभी तो यह बातचीत खुद से होती हुई आत्ममंथन का रूप ले लेती है। 'लिबास' का ही 'क्या बुरा है क्या भला, हो सके तो जला दिल जला' ऐसी ही एक अभिव्यक्ति है, और खास बात यह है कि यह आर.डी. बर्मन का लता के साथ

गाया अकेला युगल गीत है।

राहुल देव बर्मन के संगीत का विशिष्ट तत्त्व था ध्वनि के अंदर निहित संगीत की पकड़। कभी यह ध्वनि बच्चों की घुड़दौड़ की आपाधापी ('लकड़ी की काठी, काठी पे घोड़ा, 'मासूम', 1983) या स्कूल में डेस्क बजाने की रिद्म को प्रत्यक्ष करती थी (मास्टर जी की आई चिट्ठी', 'किताब', 1977) तो कभी ग्रामीण महिलाओं के ओखल कूटने के स्वरों को ('आँकी चली बाँकी चली', 'नमकीन' 1982) और कभी घर में इधर-उधर बिखरी हँसी या खाँसी के छितराए टुकड़ों को (एक ही ख्वाब कई बार देखा है मैंने—भूपेंद्र, हेमा मालिनी, 'किनारा', 1977)। 'एक ही ख्वाब' को फ़िल्म में गुलज़ार इसकी एक-एक पंक्ति पढ़ते गए, और पंचम उसे धुन में डाल कर गाते गए और एक अविस्मरणीय गीत की सृष्टि हो गई। ध्वनि से भाव की सृष्टि तो कई संगीतकार कर पाते थे, पर पंचम की तरह भाव से उपयुक्त ध्वनि इतनी खूबी से कोई नहीं निकाल पाया। 'खूशबू' (1975) के 'घर जाएगी तर जाएगी' (आशा) से शोखी का इतना सुंदर समाँ, इसी फ़िल्म के 'बेचारा दिल क्या करें' (आशा) से रूमानी-सी अल्हड़ता का अहसास, 'मासूम' (1983) के 'दो नैना और इक कहानी' (आरती मुखर्जी) से वेदना की धारा, 'दूसरी सीता' (1974) के 'तू जहाँ मिले मुझे' (नितिन, मुकेश) से एकाकी अहसास या 'आए रे, नन्हे मुन्ने राजा को' (आशा) से मृदुल वात्सल्य की मुखरित होती ध्वनि, 'बसेरा' के 'तुम्हें छोड़कर जीने को जी तो नहीं' (आशा, किशोर) में तेज ऑरकेस्ट्रेशन का झकझोरने वाला स्वर—ऐसे न जाने कितने उदाहरण दिए जा सकते हैं।

वहीं गुलज़ार के शृंगारिक गीतों के लिए आर.डी. बर्मन कभी हलका क्लासिकी तो कभी अपने पिता एस.डी. बर्मन की सुगंध लिए ताजे बयार की गुनगुनाहट भरी शैली ले कर आते थे। 'अंगूर' (1981) के यमन कल्याण आधारित उत्कृष्ट कम्पोज़ीशन 'रोज़ रोज़ डाली डाली' (आशा) और 'होंठों पे बीती बात आई है' (आशा), 'नरम गरम' (1981) के भीमपलासी आधारित 'मेरे अँगना आए रे घनश्याम आए रे' (आशा), या फिर 'बसेरा' (1982) का सितार के सुंदर टुकड़ों से सजा 'साँवरे सुनाओ बाँसुरी' (लता) जैसे गीतों की खुशबू कभी कम हो ही नहीं सकती।

गुलज़ार के साथ आर.डी. बर्मन के कई गीत आज के शहरों की आधुनिक व्यस्तताओं के बीच से तलाशे गए क्षणों को लेकर सृजित लगते हैं। 'सितारा' (1980) के खमाज, बिलावल, देस और भैरव सभी का पुट लेकर रची वह उत्कृष्ट रचना 'थोड़ी-सी ज़मीं थोड़ा आसमां, तिनकों का बस एक आशियाँ' (भूपेंद्र, लता) या 'ये साए हैं ये दुनिया है परछाइयों की' (आशा), या 'इजाजत' (1987) का 'खाली हाथ शाम आई है खाली हाथ जाएगी' (आशा) ऐसे ही पलों के गीत हैं, जहाँ ज़िंदगी की कटुताएँ अपने सायों के साथ फ़ुर्सत के इन लम्हों में भी मौजूद रहती है। गुलज़ार और आर.डी. बर्मन का प्रेमी युगल दूर वादियों में कम भटकता है। वह चाँद तो चुराता है पर उसे चुरा कर 'देवता' के गीत (किशोर, लता) के समान पास के ही चर्च के पीछे बैठ लेता है। गुलज़ार के साथ आर.डी. बर्मन का संगीत उन व्यक्तियों का संगीत है जो मध्यवर्गीय मनोवृत्ति के कारण जीवन की विसंगतियों को बदलने के लिए क्रांति की कल्पना नहीं कर पाते—वे ज़िंदगी से नाराज़ नहीं हैरान से लगते हैं ('तुझसे नाराज़ नहीं ज़िंदगी हैरान हूँ मैं'—लता, अनूप घोषाल, मासूम, 1983)। ऐसे गीतों के साथ राहुल देव बर्मन का संगीत मात्र शब्दों को नहीं बल्कि शब्दों के मर्म को सुरों से सहलाता है। ऐसे संगीत में कोमलता तो है, पर यह कोमलता आदर्श और सपनों की दुनिया की न हो कर हमारे युग की तुर्श ज़मीन पर स्थित है। इस कोमलता में शहरी मध्यवर्ग की ज़िंदगी में आने कम्पन और स्पंदन के कई झकझोरने वाले अवयव भी शामिल रहते हैं। इसमें आशा भी है पर इस आशा में क्रांतिकारी बदलाव की उत्तेजना या सामाजिकता न होकर एक व्यक्तिगत सा घरेलूपन भी है जैसा कि 'सितारा' (1980) के ऑरकेस्ट्रेशन में रात का असर लिए सुरों के साथ 'साथ-साथ तुम चलो तो रात-रात भर चलें, रात काट कर सुबह, एक सुबह के घर चलें' (भूपेंद्र, आशा) या 'रत्नदीप' (1979) के 'कभी-कभी सपना लगता है' (किशोर, लता) या फिर 'खुशबू' (1975) के 'दो नैनों में आँसू भरे हैं निंदिया कैसे समाए, डूबी डूबी आँखों में सपनों के साए' (लता) और 'मुसाफिर' (1984) के अनसुने रह गए पर बेहद खूबसूरत 'बहुत रात हुई मैं थक गया हूँ मुझे सोने दो' (किशोर—जिसके पार्श्व में माँझी शैली का पंचम का अद्‌भुत आलाप भी है) जैसे गीतों में प्रत्यक्ष होता है।

लोकसंगीत का इस्तेमाल गुलज़ार के साथ पंचम ने कम किया पर जब किया तो लाजवाब ही किया। 'खुशबू' (1975) का माँझी गीत 'ओ माँझी रे अपना किनारा नदिया की धारा है' (किशोर) की भटियाली लोकधुन हो, या 'नमकीन' (1982) का तिलक कामोद आधारित पूरबी चैती का 'बड़ी देर से मेघा बरसे हो रामा' (आशा) जैसा रूप हो या 'फिर से आइयो बदरा बिदेसी' (आशा) का प्यारा-सा ग्रामीण इसरार हो, या फिर 'रत्नदीप' (1979) के 'हो साजन आए हो सजनी के साजनवा साजन आए हो' (भूपेंद्र, सपन चक्रवर्ती) या 'सितारा' (1980) के 'सजना का कंगना, कंगना में हीरा, हीरा मैं खाई के मरूँ' (भूपेंद्र, आशा) की चंचलता

हो, राहुल देव बर्मन उतने ही सहज लगते हैं जितने अपने परिचित शहरी मध्यवर्गीय परिवेश के साथ।

गुलज़ार की ग़ज़लें भी उर्दू की परम्परागत ग़ज़लों से अलग उनके ख़ास अंदाज़ में नई भंगिमाओं और चेष्टाओं के साथ ही बयान होती हैं। इस बयान को राहुल देव बर्मन का संगीत पुराने महफ़िलों की परिपाटी से हटाकर आज के महानगरों की ज़िंदगी के पार्टी कल्चर के बीच लाजवाब तरीके से स्थापित करता है। 'मासूम' (1983) के 'हुज़ूर इस कदर भी न इतरा के चलिए' (भूपेंद्र, सुरेश वाडकर) की यमन कल्याण आधारित धुन की चर्चा तो बेहिसाब हुई है, पर साथ ही इस संदर्भ में हमें याद करना चाहिए 'मुसाफिर' (1984) की वह बेहतरीन ग़ज़ल 'आपसे इतनी सी गुज़ारिश है, आइए भींग लें कि बारिश है' या फिर 'सितारा' (1980) की ही मुजरा शैली की ग़ज़ल 'आप आए गरीबखाने में आग-सी लग गई ज़माने में' (आशा) को भी।

बच्चों के लिए बनी फ़िल्म 'चत्रण' (1988) के 'ज़िंदगी ज़िंदगी ज़िंदगी खूबसूरत है तू जन्म लेती हुई', 'धूप छाँव में ऐसी बुनी ज़िंदगी', 'न वो दरिया रुका न किनारा मिला' और 'सूखे गीले से मौसम गुज़रते हुए' जैसे आशा के गाए काव्यात्मक गीतों का न सुना जाना वाकई दुर्भाग्यपूर्ण है। गुलज़ार और आशा भोंसले के साथ तो पंचम का गैरफ़िल्मी एलबम 'दिल पड़ोसी है' काव्यात्मकता और संगीतमय रचनात्मकता का उत्कर्ष ही माना जाएगा। गुलज़ार, आशा और पंचम के कई गैरफ़िल्मी गीत तो रचनात्मकता की दृष्टि से हमेशा यादगार बने रहेंगे। 'भीनी भीनी भोर' में भोर की ध्वनियों के बीच तोड़ी के सुर लगाना हो, या 'झूठे तेरे नैन' में अद्भुत जटिलता के बीच लय को पकड़कर साढ़े आठ मात्रा के सुर लगाने हों, पंचम का हुनर शास्त्रीय संगीत की परम्परागत परिभाषा को भी नए आधुनिक विस्तार देता है। 'कोई दिया जले कहीं' एक अत्याधुनिक और जटिल कॉर्ड आधारित रचना थी जिसका सौंदर्य जितना शब्दों में था उतना ही उसके ताल-विन्यास में। 'जाने दो मुझे' में गिटार और तबले आधारित रिद्म को पारम्परिक काफ़िया से हटकर मुक्त विधान की शैली के साथ संयोजन की कला, 'सावन ससुरा सताए' में लोक बंदिश शृंगार की पूरी ग्रामीण शुद्धता के साथ प्रस्तुत करने का कौशल, आधुनिक यंत्रप्रधान युग में रिश्तों की अस्थिरता और नए अर्थों को 'रिश्ते बनते हैं बड़े धीरे से बनने देते, कच्चे लम्हों को ज़रा शाख पर पकने देते' के द्वारा रेखांकित करने का हुनर, भटियाली और जोगी संगीत के साथ 'माँझी रे माँझी' के शब्दों को फैलाने, समुद्र की लहरों की निरन्तरता के किनारे 'रात चुपचाप दबे पाँव चली जाती है' के संगीत को पदचापों की तरह व्यवस्थित करने, शास्त्रीय और लोकरंग की मिली-जुली गंध के बीच 'सातों बार बोले बंसी' की करतबों को जादूगरों की तरह पेश करने और पार्टी की पृष्ठभूमि में कैरोल संगीत के समानान्तर 'रात क्रिसमस की थी' को क्रिसमस के उत्सव के विभिन्न रंगों के साथ पेश करने की कलाकारी राहुल देव बर्मन के विराट और अभिनव रचनात्मक व्यक्तित्व के पहलुओं की तरह हमारे ज़हन में सदा सदा बसी रहेगी।

यह राहुल देव बर्मन की संगीत की हर विधा पर पकड़ और उनकी अद्वितीय रचनात्मकता का ही परिणाम था कि आठवें दशक में मध्यवर्ग को ध्यान में रखकर बनाई गई सुरुचिपूर्ण कलात्मक छोटे बजट की फ़िल्मों में भी संगीत देने के लिए अकसर उन्हें चुना गया। शक्ति सामंत ने 'अमर प्रेम' (1971) के उदात्त नैतिक प्रेम की संवेदनाओं को ज़माने के अंतर्विरोधों के बीच उभारने के लिए पंचम का दामन थामा। पंचम ने इस फ़िल्म में बाँग्ला स्पर्श लेकर राग खमाज का बेहद लालित्यपूर्ण उपयोग किया। लता के स्वर में 'बड़ा नटखट है ये कृष्ण कन्हैया' ख़माज की दुर्लभ वात्सल्यपूर्ण प्रस्तुति थी। इस गीत के लिए पंचम ने आरम्भ में तो आम भजन की शैली ही ली थी। पर पिता सचिन देव बर्मन ने उन्हें सुझाव दिया कि फ़िल्म के कथ्य के मुताबिक इसमें उस नाचनेवाली लड़की के दर्द को व्यक्त करना अधिक उपयुक्त होगा, जो जानती है कि वह कभी परिवार का हिस्सा नहीं बन सकती। पंचम इस सुझाव के अनुसार दर्द का वह हलका कशिश-भरा स्पर्श बखूबी लाने में सफल रहे।

'अमर प्रेम'

किशोर कुमार की मस्ती-भरे रूमानी गायक की छवि से अलग एक कोमल, संवेदनशील गायक का नया रूप उभारते हुए खमाज पर ही आधारित 'कुछ तो लोग कहेंगे लोगों का काम है कहना' की दर्दीली अभिव्यक्ति या 'ये क्या हुआ कैसे हुआ' के विमर्श को त्यागती अनुभूति को पंचम ने संगीत की सर्वथा नई अभिव्यंजनाएँ दीं। 'चिंगारी कोई भड़के तो सावन उसे बुझाए' बर्मन की इस दौर की विशिष्ट रचना मानी जाती है। चिंतनशीलता को आकार देने के लिए कश्ती के हलके तैरने की आहटों के बीच मिश्र भैरवी के सुरों का उपयोग सर्वथा सराहा गया है। 'अमर प्रेम' में 'डोली में बिठाए के कहार' की लोकधुन के गायक और रचयिता तो सचिन देव बर्मन को ही माना

जाता है। लेकिन फ़िल्म के अन्य गीतों के द्वारा राहुल देव बर्मन ने यह सिद्ध कर ही दिया कि स्तरीय, रचनात्मक और प्रयोगात्मक संगीत देने में वे अपने पिता की छाया नहीं थे बल्कि अपना अलग व्यक्तित्व रखते थे। फ़िल्म की सबसे सुंदर कम्पोज़ीशन की राग तोड़ी पर आधारित 'रैना बीती जाए शाम न आए' (लता)। कोमल सुर के बाद शुद्ध सुर के प्रयोग से पंचम ने इस रचना में जो मिठास पैदा की है, वह बेमिसाल है।

राग खमाज का सुंदर उपयोग 'बुड्ढा मिल गया' (1971) के प्रशंसनीय 'जिया ना लागे मोरा' (लता) और 'आयो कहाँ से घनश्याम' (मन्ना डे) जैसी शास्त्रीय संगीत की शैली वाली रचनाओं में भी मिलता है। वहीं दूसरी तरफ़ हृषिकेश मुखर्जी निर्देशित इस फ़िल्म में आधुनिक रिद्म और लय का इस्तेमाल 'भली भली सी एक सूरत' (किशोर, आशा) और सर्वाधिक खूबसूरती से 'रात काली इक ख्वाब में आई और गले का हार हुई' (किशोर) में प्रत्यक्ष होता है। किशोर कुमार के कोमल रूमानी गीतों में 'रात कली' की लोकप्रियता और स्थान यदि आज तक बहुत ऊपर बना हुआ है तो कोई अधिक आश्चर्य की बात नहीं है। इतनी कर्णप्रिय मेलोडी आधुनिक रिद्म के बीच राहुल देव बर्मन ही ला सकते थे। इसका उदाहरण उन्होंने संजीव कुमार, जया भादुड़ी अभिनीत 'अनामिका' (1973) के 'मेरी भींगी भींगी सी' (किशोर) में पुनः दिया। राग किरवानी पर आधारित इस गीत की धुन में बेमिसाल कशिश थी, लेकिन यदि आप मूल बाँग्ला में इसी धुन को कुछ अलग ऑरकेस्ट्रेशन के साथ 'मोनो परो रूबी राय' के रूप में स्वयं आर.डी. बर्मन के स्वर में सुनेंगे तो किशोर की गायकी फीकी लगेगी—इतनी खूबसूरती से पंचम ने इसे गाया है कि आश्चर्य होता है कि क्यों पंचम ने इस तरह के कशिश-भरे रूमानी गीत हिंदी में न गाए और क्यों वे हिंदी फ़िल्मों में अधिकांशतः बिगाड़ी आवाज़ निकालकर 'महबूबा महबूबा' और 'यम्मा यम्मा' में ही उलझकर रह गए। बहरहाल, 'अनामिका' में कैबरे शैली के 'आज की रात कोई आने को है' और 'लोगों न मारो इसे' जैसे आशा भोंसले के गीतों के अलावा पंचम ने लता के स्वर में आशा की शैली का एक बेहतरीन विमोहक गीत भी प्रस्तुत किया था—फुसफुसाहट-भरे अंदाज़ में मुलायम नशीले सुरों से भरा 'बाँहों में चले आओ हमसे सनम क्या पर्दा' लता का पसंदीदा गीत भी है और उनके गाए गीतों में एक अलग-सा स्थान भी रखता है। इस गीत की रेकॉर्डिंग से पंचम इतने खुश हुए थे कि मुक्त कंठ से उन्होंने लता को कहा था—'क्या खूब गाया आपने'।

हृषिकेश मुखर्जी के लिए सचिन दा के साथ-साथ अब राहुल भी आवश्यक हो चले थे। राजेश खन्ना, अमिताभ अभिनीत 'नमक हराम' (1973) में पंचम एक ओर तो 'सूनी रे सेजरिया' (आशा, उषा मंगेशकर) और 'होली है' जैसे गीतों में लोकसंगीत की छाप लेकर आए तो दूसरी ओर पुनः उन्होंने किशोर कुमार से 'दीये जलते हैं' और 'मैं शायर बदनाम' जैसे कशिश-भरे गीत और 'नदिया से दरिया' जैसा उत्तेजक नशीला गीत गवाया।

बंगाल के लोकसंगीत पर पंचम की पकड़ अपने पिता से कम नहीं थी, भले ही इसकी अभिव्यक्ति उनकी रचनाओं में सचिन दा के मुकाबले कम थी। तरुण मजुमदार निर्देशित सुरुचिपूर्ण फ़िल्म 'बालिका वधू' (1976) के 'डोली में सवार सजनी का प्यार चलो रे कहार' को उन्होंने अपने पिता से कम खूबसूरती से नहीं गाया है, और कहारों की चाल की लय को 'हुम हुमना' की बड़ी सुंदर कोरस अभिव्यक्ति दी है। लोकसंगीत फ़िल्म के 'आओ रे आओ खेलो होली बिरज में' (सपन चक्रवर्ती, साथी), जोगिया आधारित 'जगत मुसाफ़िरखाना लगा है आना जाना' (आनंद बक्शी) और देवगिरि बिलावल पर आधारित फ़िल्म के सुंदर मशहूर गीत 'बड़े अच्छे लगते हैं ये धरती ये नदिया ये रैना और तुम' (अमित कुमार, रजनी शर्मा) में भी कहीं ब्रज तो कहीं बंगाल के प्रभाव के साथ प्रभावित करता है। बंगाल का संगीत यदि 'बालिका वधू' में अपने लोकरूप में था, तो हृषिकेश मुखर्जी की ही 'जुर्माना' (1979) में अपने रवींद्र संगीतीय रूप में (रवींद्र संगीत के इस नकल पर बंगाल के संगीतप्रेमियों ने कुछ हंगामा भी किया था)। पहाड़ी के हलके सुरों के साथ 'सावन के झूले पड़े तुम चले आओ' (लता) और खेमटा ताल छः मात्रा में 'छोटी-सी एक कली खिली थी' (लता) वैसे बहुत सुंदर कृतियाँ थीं, और यही बात शास्त्रीय अंदाज के 'हे सखी राधिके बावरी हो गई' (लता, मन्ना डे) के बारे में भी कही जा सकती है।

पर 'जुर्माना' (1979) से भी अधिक प्रभावशाली है राहुल देव बर्मन का 'मंज़िल' (1979) का संगीत। अमिताभ की ही बासु चटर्जी निर्देशित इस फ़िल्म में किशोर के स्वर में 'रिमझिम गिरे सावन सुलग सुलग जाए मन' की कितनी भी तारीफ़ की जाए, कम है। रवींद्र और क्लासिकी संगीत का हलका रंग लिए यह गीत राहुल देव बर्मन की प्रतिनिधि शैली का बहुत अच्छा उदाहरण है। स्वरों को हलकी-सी लहराहट के साथ थोड़े ऊँचे मान पर ले जाकर भावप्रवण या intense कर देने से जो अपनी खास सुंदरता पंचम लाते थे, वह इस गीत में (जिसे लता ने भी गाया है) बहुत स्पष्ट है। किशोर के ही स्वर में गुनगुनाहट-भरे

अंदाज़ में तरन्नुम जैसी रिद्म के साथ 'तुम हो मेरे दिल की धड़कन' और आशा के शोख रसीले स्वर में बड़ी सुंदर धुन और शैली के साथ 'मन मेरा चाहे मेहँदी रचा लूँ' जैसे गीतों को लेकर 'मंज़िल' कुल मिलाकर आर.डी. बर्मन की विशिष्ट संगीत उपलब्धि मानी जाएगी। वहीं 'बरसात की एक रात' (1981) में पूर्वांचल के चाय बागानों का सुंदर संगीत 'नदिया किनारे पे हमरा बगान' (लता, साथी) और 'हाय वो परदेसी मन में' (लता) तथा 'अपने प्यार के सपने सच हुए' (लता, किशोर) जैसे वादियों में गूँजते गीतों के साथ आया।

इस चर्चा में हमें हृषिकेश मुखर्जी की निर्देशित माला सिन्हा और विश्वजीत की असफल फ़िल्म 'फिर कब मिलोगी' (1974) को भी याद करना पड़ेगा क्योंकि इस फ़िल्म में पंचम ने अपनी ज़िंदगी के दो श्रेष्ठतर गीत हमें दिए हैं। पूर्व उल्लिखित 'कहीं करती होगी वो मेरा इंतज़ार' तो मुकेश और लता के सबसे सुन्दर दोगानों में अपनी जगह रखेगा। सुंदर धुन और विशिष्ट लय का संयोजन गीत को किस तरह कालजयी बना देता है, इसका उदाहरण पंचम ने हमें इस गीत में दिया है। कोई आश्चर्य नहीं कि यह गीत आज भी रिमिक्स की एक लोकप्रिय प्रस्तुति बनी हुई है। उतना ही सुंदर है लता के स्वर में अत्यंत मधुर गीत 'तुम मुझसे रूठे हो चलो माना'। इतने मीठे गीत कम ही बनते हैं और यह आश्चर्य है कि इस गीत को अधिक लोकप्रियता क्यों नहीं मिली। 'मुड़ के देखो' और 'ना' के बीच जो हलका-सा pause राहुल देव बर्मन ने दिलवाया है, वह तो स्वर्गिक है। और अंतिम अंतरे में 'ना' के बाद वॉयलिन का जो छोटा टुकड़ा आर.डी. ने डाला है, वह innovation का चरम ही कहा जा सकता है। हृषिकेश मुखर्जी द्वारा ही निर्देशित ही राज कपूर और राजेश खन्ना अभिनीत 'नौकरी' (1978) में पुनः आर.डी. ने लता से 'मैंने तुमको पिया कर दिया' जैसा एक मीठा गीत गवाया था। इस फ़िल्म में मुकेश से गवाया 'ऊपर जाकर याद आई नीचे की बातें' सम्भवतः राज कपूर पर फ़िल्माए मुकेश के अंतिम गीतों में से होगा।

सनलाइट फ़िल्म्स की 'आँचल' (1980) के 'भोर भए पंछी धुन ये सुनाए' (लता) को शास्त्रीय बंदिश में ढालने के अंदाज़ के पीछे, या सैक्सोफ़ोन के इंटरल्यूड्स के साथ चलायमान रिद्म पर इसी फ़िल्म के 'बस मेरी जाँ बस' (किशोर, लता) की संरचना के पीछे एक विलक्षण प्रतिभा वाले संगीतकार की कुशल रचनात्मक बुनावट झलकती है जो संजीदा और हल्लके-फुलके गीत में समान रूप से प्रखर है। अप्रदर्शित फ़िल्म 'आज रात को' के 'अँधेरी है रात सजन' (आशा) में यह रचनात्मकता रवींद्र संगीत की छाया लेकर उसे एक अलग ही रूप देती है।

हृषिकेश मुखर्जी की 'नामुमकिन' (1983) बॉक्स ऑफ़िस पर बुरी तरह पिटी, पर इस फ़िल्म के गीत पंचम ने बड़ी कलात्मकता से कम्पोज़ किए थे। 'साथी ऐसा लगता है प्यासी मेरी साँसें' (लता) में सस्पेंस का पुट डालकर भी पंचम इसे आम सस्पेंस-भरे गीतों की लीक से हटा ले गए हैं। 'ऐ जिंदगी हुई कहाँ भूल' (किशोर) में सितार और तबले के बीच रवींद्र संगीतनुमा छाया ने गीत को बहुत सुंदर मध्यवर्गीय सुसंस्कार दिया है। फ़िल्म का सबसे सुंदर गीत भी पंचम ने किशोर से ही गवाया। 'बहुत दूर हो के बहुत पास हो तुम' पंचम की संवेदनशील गीतों के लिए प्रयुक्त काव्यात्मक, introspective शैली में सृजित है, जिसके अंतरों में पुनः बंगाल के संगीत की सुरुचिपूर्ण छाप बहुत प्यारी लगती है। वहीं दूसरी तरफ़ 'रंग-बिरंगी' (1983) में 'कभी कुछ पल जीवन के' (आरती मुखर्जी, अनुराधा) जैसी elegant धुन के साथ-साथ राहुल देव बर्मन ने महाराष्ट्र के प्रसिद्ध गायक वसंतराव देशपांडे से 'मृगनयनी चंद्रमुखी' जैसी शास्त्रीय बंदिश राग देस में बहुत ही खूबसूरती से गवाई थी।

न सिर्फ़ गुलज़ार या हृषिकेश मुखर्जी की कलात्मक फ़िल्में बल्कि अपनी कई अन्य फ़िल्मों में भी पंचम ने शास्त्रीय संगीत का बेहतरीन इस्तेमाल किया। जैसाकि हम पहले देख चुके हैं, 'चंदन का पलना' (1967) का 'ओ गंगा मैया' (लता) तो प्रभावी में सृजित इतनी सुंदर रचना थी कि वर्ष के सुर सिंगार संसद पुरस्कार के लिए भी इस पर विचार किया गया, और यदि आर. डी. बर्मन की पाश्चात्य संगीत के दीवाने वाली छवि (जो ग़लत होते हुए भी उनके साथ पूरी ज़िंदगी चिपकी रही) का पूर्वग्रह न होता तो सम्भव है, यह पुरस्कार भी उन्हें मिलता। कलात्मक फ़िल्मों में शास्त्रीय रागों का अद्भुत प्रयोगात्मक उपयोग तो हम पहले भी इंगित कर चुके हैं, पर अब ज़रूरत है कि पंचम की बहुमुखी प्रतिभा का और संगीत के शास्त्रीय पक्ष पर भी उनकी उस्तादाना पकड़ को विस्तृत रूप से जानने के लिए याद किया जाए 'महबूबा' (1976) के मारू बिहाग आधारित 'जमुना किनारे आजा' (लता) और शिवरंजनी आधारित अतिलोकप्रिय 'मेरे नैना सावन-भादों फिर भी मेरा मन प्यासा' (लता, किशोर) को, भैरवी से आरम्भ होकर परिवर्तित होते 12 मात्रा ताल की 'शुभकामना' (1983) की उस विस्मृत रचना 'हवाएँ प्रभाती सुनाएँ' (लता) को, और भोर के लिए भी भैरव का प्रयोग न करते हुए ललित के सुरों में बाँधे गए 'आँचल' (1980) के 'भोर भए पंछी धुन ये सुनाए' (लता) को। 'जैसे को तैसा' (1973) के मधमाद सारंग आधारित 'चलते चलते पीछे मुड़ के देख ज़रा' (किशोर) और

'बरसात की एक रात' (1981) के कलावती पर सृजित 'हाय रे वो परदेसी' (लता) की सरसता को भी कैसे भुलाया जा सकता है? अपने कई कम लोकप्रिय गीतों के पीछे भी बर्मन का शास्त्रीय रागों का सहज उपयोग प्रशंसनीय रहा है। उदाहरण के लिए 'भला मानुष' (79) के काफ़ी आधारित 'आ कैसे कहूँ मन की बात' (आशा), 'कर्म' (1977) के गारा आधारित 'मैंने देखा तुझे' (आशा) या 'घुँघरू की आवाज़' (1981) के जयजयवंती आधारित 'अँखियों का कजरा' (आशा) जैसे गीत सीधे ज़हन में उभरते हैं। यदि एक तरफ़ पंचम की परवीन सुल्ताना से अपूर्व सुंदरता से मालकौंस का आधार देकर गवाई (जिसे किशोर ने भी गाया पर परवीन सुल्ताना के सामने किशोर का गीत फीका ही रह जाता है) 'कुदरत' (1981) की बहुलोकप्रिय रचना 'हमें तुमसे प्यार कितना ये हम नहीं जानते', 'पति पत्नी' (1966) के भैरवी आधारित 'विनती करूँ घनश्याम' और पीलू आधारित 'कजरे बदरवा रे' (लता) का शास्त्रीय आधारित संजीदा सौन्दर्य हमें अभिभूत करता है, तो दूसरी तरफ़ कई हलके-फुलके गीतों के लिए भी शास्त्रीय रागों का मिश्रित प्रयोगात्मक इस्तेमाल हमें पंचम की प्रतिभा का कायल बना देता है। यह जानना कितना रोचक है कि 'शोले' (1975) के 'कोई हसीना जब रूठ जाती है' (किशोर), 'सागर' (1985) के 'चेहरा है ये' (किशोर) और 'सत्ते पे सत्ता' (1981) के 'दुग्गी पे दुग्गी हो' के पीछे भैरवी के सुरों का प्रयोग है। गीत की मिठास बढ़ाने के लिए रागो का शुद्ध उपयोग न करके मिश्रित या कुछ भिन्न उपयोग पंचम भी किया करते थे। 'बेनाम' (1974) के खूबसूरत गीत 'एक दिन हँसाना एक दिन रुलाना' (लता) में बिलावल के साथ निषाद का उपयोग उन्होंने सिर्फ़ स्थायी की चौथी पंक्ति में एक जगह करके राग की छाया को परिवर्तित कर दिया है और गीत में मौलिक-सी विशेषता ला दी है।

आर.डी. के लोकसंगीत आधारित कई गीतों में हमें पूर्वांचल या नेपाल की पहाड़ियों के गूँजते लोकसुरों की छाया मिलती है। 'प्यार का मौसम' के कई गीतों में नेपाली लोकधुनों का दिलकश प्रयोग था। 'तीसरी मंज़िल' के भी 'दीवाना मुझ-सा नहीं' के पीछे नेपाली धुन के आधार का ज़िक्र भी हम पहले कर ही चुके हैं। 'महबूबा' (1976) का पहाड़ियों की गूँजती शैली में 'चलो री चलो री' (लता, साथी) जैसे उनके अनेक गीतों में हमें पहाड़ों की ठंडी हवा और प्राकृतिक ध्वनियों की छटा का भरपूर आभास मिलता है। 'टक्कर' (1980) के 'माखनचोर नंदकिशोर' (रफ़ी, लता) में परम्परागत गीत को सुंदर नया अंदाज़ यदि आर.डी. ने दिया, तो 'हमारे-तुम्हारे' के 'जादू डार गयो रे मोवे बाँके बिहारी' (किशोर) तो पूरबी लोकशैली का एक अद्भुत अलमस्त रूप ही था। 'नौकर' (1979) के प्रसिद्ध गीत 'पल्लो लटके रे म्हारो पल्लो लटके' (आशा) राजस्थान का लोकरंजित रूप था तो 'रत्नदीप' (1979) का 'साजन आए हो' (भूपेंद्र, सपन चक्रवर्ती, साथी) में बृज और बुंदेलखंड की लोकछटा थी। 'शौकीन' (1981) का 'जब भी कोई कँगना बोले' (किशोर) तो बंगाल की लोकशैली का ही एक सुंदर विलक्षण रूप था। 'तड़प ऐसी भी होती है के 'ऐ भूल जा' (आशा, शैलेंद्र सिंह) में पंचम कोंकणी लोकसंगीत लेकर आए।

'सागर' (1985) में राहुल देव बर्मन गोवा के संगीत के साथ रिद्म के अपने विविध प्रयोगों को लेकर आए थे। 'ओ मारिया' (आशा, एस.पी. बालसुब्रमण्यम) इसका एक प्रतिनिधि उदाहरण है, जहाँ इंटरल्यूड्स में गोवा का पारम्परिक संगीत मोह लेता है। 'जाने दो ना पास आओ ना' (आशा, शैलेन्द्र सिंह) तो आर.डी. की विलक्षण कोमल रूमानी धुन है जिसका लहराता प्रभाव समुद्र की लहरों की याद दिला देता है। 'सच मेरे यार है' (एस.पी. बालसुब्रमण्यम) कशिश को भी लहराकर अपने खास अंदाज़ में पेश करने का अद्भुत नमूना है तो 'सागर किनारे, दिल ये पुकारे' (किशोर, लता) अपने पिता सचिन दा की 'ठंडी हवाएँ' की पहाड़ी आधारित धुन का ही छंद बदलकर किया गया लुभावना और बहुत लोकप्रिय प्रयोग है।

यह निर्विवाद है कि भले ही आर.डी. बर्मन फ़िल्मफ़ेयर पुरस्कारों के मामले में भाग्यशाली न रहे हों, पर नवें दशक के आरम्भ में वे लोकप्रियता के पैमाने पर लक्ष्मी-प्यारे और कल्याणजी-आनंदजी के समकक्ष ही थे। 'बरसात की एक रात', 'नमकीन', 'मासूम', 'बसेरा', 'अंगूर', 'बेमिसाल', 'नामुमकिन', 'रंग बिरंगी' जैसी कलात्मक फ़िल्मों के उनके संगीत की चर्चा हम पहले भी कर चुके हैं, पर अन्य मसालेदार व्यावसायिक फ़िल्मों का उनका संगीत भी दशक के आरम्भ में अपनी कर्णप्रियता और माधुर्य तथा उनके अद्वितीय ऑरकेस्ट्रेशन के कारण काफी लोकप्रियता अर्जित कर रहा था। 'धुआँ' (1981) के बेहतरीन ऑरकेस्ट्रेशन वाले 'हाँ फिर आँख फड़की सनम' (आशा), पंचम के वफ़ादार रमेश बहल की 'हरजाई' (1981) के कोमल ऑरकेस्ट्रेशन के बीच रूमानी शायरी समाहित किए 'कभी पलकों पे आँसू हैं' (किशोर), क्लासिकल छाया के साथ बेहतरीन लोकप्रिय शृंगार गीत 'तेरे लिए पलकों की झालर बुनूँ' (लता), पंचम की खासमखास आधुनिकता-भरे 'जीवन में जब ऐसे पल आएँगे' (किशोर, आशा), 'तुझ-सा हसीन देखा न कहीं' (किशोर), अत्यंत कोमल सुरों के साथ 'ये रुत है हसीन' (किशोर) और नए गायक चंद्रशेखर गाडगिल से अरबी शैली में गवाया 'मी रक्सम', 'मंगलसूत्र' (1981) के लोच-भरी सुंदर धुनवाले 'रात बनूँ मैं और चाँद बनो तुम' (भूपेंद्र

चिर आधुनिक संगीतकार

आशा) और पुकार भरे 'जागो महादेव जागो त्रिपुरारी' (लता), 'दौलत' (1981) के रवानगी भरे 'ज़िंदगी रे ज़िंदगी' (लता) और काव्यात्मक मुलायमियत को रेखांकित करता 'मोती हो तो बाँध' (किशोर), 'जेल यात्रा' (1981) का अनूठी-सी रिद्म लिए आकर्षण से भरा 'ये जो नज़र' (लता, किशोर), 'कालिया' (1981) के रवानगी भरे 'तुम साथ हो जब अपने दुनिया को दिखा देंगे' (आशा, किशोर) और 'LOVE' (आशा, किशोर), 'शौकीन' (1981) के गतिमान 'आ वहीं चल मेरे दिल' (सुरेश वाडेकर), बंगाल की लोकधुन पर आधारित 'जब भी कोई कंगना बोले' (किशोर), चंचल और मृदुल 'सुहानी शाम आई है' (आशा) और अशोक कुमार से वर्षों बाद गवाया (चिरायु भट्टाचार्य के साथ) 'चलो हसीन गीत एक बनाएँ', 'रक्षा' (1981) का झुमाने वाला 'जानी दिलबर जानी', या फिर 'कच्चे हीरे' (1981) की पारम्परिक बंदिश 'काँटा लागो रे देवरिया' (लता) की पंचमी शैली की दिलकश प्रस्तुति जैसे गीत हों या फिर 'कुदरत' (1981), 'रॉकी' (1981), 'ज़माने को दिखाना है' (1981), 'सत्ते पे सत्ता' (1981), 'अगर तुम न होते' (1983), 'मासूम' (1983), 'सनम तेरी कसम' (1982) के सुपरहिट गीत हों, बर्मन का संगीत दशक के आरम्भ का प्रभुत्व परिभाषित करता था। 'कुदरत' (1981) के मालकौंस आधारित 'हमें तुमसे प्यार कितना' (किशोर, परवीन सुलताना) को अपार लोकप्रियता मिली तो 'तूने ओ रंगीले कैसा जादू किया' (लता) की मेलोडी और 'छोड़ो सनम काहे का गम' (किशोर, ऐनेट) का पाश्चात्य ऑरकेस्ट्रेशन भी खूब मकबूल रहे। आशा के स्वर में 'सजती है यूँ ही महफ़िल' और चंद्रशेखर गाडगिल के स्वर में 'दुख सुख की' जैसी संजीदा और मार्मिक प्रस्तुतियाँ राहुल देव बर्मन की विविधता पर मुहर लगाती हैं। संजय दत्त के 'रॉकी' (1981) के साथ फ़िल्मों में आगमन के स्वागत के लिए पंचम का ही संगीत चुना गया, और इसी दौर में कुमार गौरव और सनी देओल जैसे स्टार-पुत्रों की परिचयात्मक फ़िल्मों 'लव स्टोरी' (1981) और 'बेताब' (1982) के संगीत के लिए भी पंचम का ही चयन दशक के आगमन में पंचम के अन्य संगीतकारों से बढ़कर महत्त्व ही रेखांकित करता है। और यह भी निर्विवाद है कि इन तीनों स्टार-पुत्रों का अभिनय कितना ही कच्चा रहा हो, पंचम का संगीत ताज़गी लेकर भी परिपक्व था। पंचम का आधुनिक ऑरकेस्ट्रेशन के साथ भी धुनों की कर्णप्रियता के साथ समझौता न करना 'रॉकी' (1981) के 'हम तुमसे मिले' (लता, किशोर), 'क्या यही प्यार है' (लता, किशोर), 'गीत सुनोगे हुज़ूर' (आशा), 'लव स्टोरी' (1981) के 'देखो मैंने देखा है ये एक सपना' (लता, अमित कुमार), 'तेरी याद आ रही है' (अनिल, लता), 'ये लड़की ज़रा सी' (अमित, आशा) और 'कैसा तेरा प्यार' (लता, अमित) तथा 'बेताब' (1982) के 'जब हम जवाँ होंगे' (लता, शब्बीर), 'तुमने दी आवाज़' (लता, शब्बीर), 'बादल क्यूँ गरजता है' (लता, शब्बीर) और 'अपने दिल से बड़ी' (लता, शब्बीर) जैसे कोमल, रूमानी और अत्यंत लोकप्रिय रहे नगमों में बखूबी झलकता है। अपने पिता की ही तरह पंचम इस नई पीढ़ी के साथ भी उतने ही युवा थे। नासिर हुसैन की अपेक्षाकृत असफल फ़िल्म 'ज़माने.को दिखाना है' (1981) में भी पहाड़ी शैली पर कम्पोज़ ट्रेन की रिद्म को आत्मसात करता 'होगा तुमसे प्यारा कौन' (शैलेंद्र सिंह), 'परी हो आसमानी' (शैलेन्द्र सिंह, आशा) और अत्याधुनिक अंदाज़ वाला 'पूछो न यार क्या हुआ' (आशा, रफ़ी) जैसे गीत अत्यंत लोकप्रिय रहे। 'सत्ते पे सत्ता' (1981) में कथ्य के अनुरूप 'दुग्गी पे दुग्गी हो', 'झुका कर सर को', 'ज़िंदगी मिल के बिताएँगे', 'मौसम मस्ताना', 'परियों का मेला हो' और इन सबसे बढ़कर परिवर्तित लय वाले खूबसूरत गीत 'प्यार तुम्हें किस मोड़ पे ले आया' में नए ज़माने की सामूहिक उत्फुल्लता की जो तस्वीर पंचम ने अपने संगीत से खींच दी, वह अन्यत्र दुर्लभ है। 'सत्ते पे सत्ता' का संगीत एक तरह से सिद्धांतों से मुक्त उस बेफ़िक्र पीढ़ी का आगाज़ करता है जो आगे के वर्षों में मूल्यों से अलग विश्वव्यापी आधुनिकता के ऊपरी मुहावरों पर और अधिक निर्भर होती गई। पंचम इस प्रकार दो दशकों की युवा पीढ़ी की बदलती धाराओं के प्रतिनिधि संगीतकार रहे, भले ही इस दूसरी पीढ़ी की मुख्य धारा के साथ वे आगे अधिक चल नहीं पाए हों। 'शक्ति' (1982) का कथानक तथा दिलीप-अमिताभ का द्वंद्व भले ही 'जाने कैसे कब कहाँ इकरार हो गया' और 'हमने सनम को खत लिखा' जैसे गीतों पर भारी रहा हो, पर न केवल 'मासूम' (जिसके गीतों की चर्चा हम पहले कर चुके हैं) की कलात्मकता के अनुरूप संगीत देकर बल्कि 'सनम तेरी कसम' (1982) के संगीत से आधुनिक लहर का प्रभाव पैदा करके इन दोनों फ़िल्मों के लिए राहुल देव बर्मन ने अंततः सर्वश्रेष्ठ संगीतकार का फ़िल्मफ़ेयर पुरस्कार भी प्राप्त कर ही लिया—एक ऐसा पुरस्कार जिसके हकदार वे वर्षों से थे। 'कितने भी तू कर ले सितम' और 'शीशे के घरों में देखो तो

पत्थर दिलवाते रहते हैं' जैसे किशोर के गीत हों, या 'जाने जाँ ओ मेरी जाने जाँ' (आशा, आर.डी. साथी) और 'जानी ओ मेरी जानी' (आर.डी.) जैसे धिड़कते गीत हों, 'सनम तेरी कसम' से पंचम गति और रिद्म की एक बेमिसाल बानगी प्रस्तुत कर रहे थे। वहीं दूसरी तरफ़ 'बड़े दिलवाला' (1983) के शानदार कांगो बीट पर 'कहीं न जा' (लता, किशोर), 'जीवन के दिन छोटे सही' (किशोर, लता, उदित), 'कहो कैसे' (लता, किशोर) और 'तुझमें क्या है दीवाने' (लता, किशोर) आधुनिक मेलोडी की नई परिभाषा लेकर आ रहा था। 'अगर तुम न होते' (1983) में 'हमें और जीने की चाहत न होती' (किशोर, लता) की कोमल अदायगी और 'धीरे धीरे ज़रा ज़रा' (आशा) की नशीली रिद्म एक साथ पंचम ही पैदा कर सकते थे। 'ये वादा रहा' (1982) के शीर्षक गीत की ताल का क्या कहना, और इसका ऋषि, पूनम ढिल्लो के ऊपर एक आधुनिक दम्पती का घर में डांस करता फ़िल्मांकन तो गज़ब का था। 'ये वादा रहा' के 'जीने को तो जीते हैं' (किशोर, आशा), 'मिल गई आज दो लहरें' (आशा, साथी), 'इश्क मेरा बंदगी' (किशोर, आशा), 'मैं तुझे कभी' (किशोर, आशा) और 'ऐसा कभी हुआ नहीं' (किशोर, साथी) जैसे गीतों में ऑरकेस्ट्रेशन के क्षेत्र में राहुल देव बर्मन अपने उत्कर्ष पर थे।

यह सच है कि अपने इस दौर में 'बीबी ओ बीबी' (1981), 'गहरा ज़ख्म' (1981), 'आमने-सामने' (1982), 'गंगा मेरी माँ' (1982), 'स्वामी दादा' (1982), 'जाने जाँ' (1983), 'कौन कैसे' (1983), 'महान' (1983), 'मैं आवारा हूँ' (1983) या 'ये तो कमाल हो गया' (1982) के गीत उतने स्तरीय नहीं थे, पर कुल मिलाकर यह ऐसा वक्त था जब अधिकांश संगीतकारों के इस दौर की फ़िल्मों में मेलोडी के स्तर की कमी कुछ अपवादों को छोड़कर अखरती थी, वहीं पंचम नए ज़माने की रुचियों के साथ भी कर्णप्रिय धुनों पर अपना कौशल बरकरार रखने में सफल थे। 'तेरी कसम' (1982) के 'ये ज़मीं गा रही है' की बेहद खूबसूरत मुलायम धुन इसे अमित कुमार का गाया सर्वश्रेष्ठ गीत बनाती है। साथ ही फ़िल्म के 'हम जिस रस्ते पे चले' (लता, अमित), अनूठे रिद्म के साथ 'दिल की बात कहीं लब पर न आ जाए' (अमित कुमार) और दर्दीले सुरों के साथ 'क्या हुआ एक बात पर बरसों का याराना गया' (अमित कुमार) जैसे गीत भी सुरीले थे और उन दिनों लोकप्रिय भी रहे थे। 'क़यामत' (1982) का 'उधर से तुमको जो फुर्सत' (आशा) तो गज़ब की खूबसूरत ग़ज़ल थी जो दुर्भाग्य से लोकप्रिय न हुई। 'मज़दूर' (1983) में न सिर्फ़ 'हम मेहनतकश इस दुनिया से जब अपना हिस्सा माँगेंगे' जैसे समाजवादी गीत की उतेजक लाजवाब धुन मौजूद थी, बल्कि इस फ़िल्म में आर.डी. बर्मन ने शुद्ध पाकिस्तानी अंदाज़ में सलमा आगा की शैली को ध्यान में रखकर उनसे अत्यंत खूबसूरती से 'पहला पहला प्यार न भूले' जैसा लाजवाव गीत भी गवाया था। आकर्षक रिद्म पर इस कशिश-भरी धुन को तो व्यक्तिगत तौर पर मैं सलमा आगा के 'निकाह' के गीतों से भी ऊपर रखूँगा। आशा के स्वर में 'तुम्हें भूल जाने का हक है मगर' फ़िल्म का एक और सुंदर और मक़बूल गीत था।

रामानंद सागर की 'रोमांस' (1983) बॉक्स ऑफ़िस पर भले ही पिट गई हो, पर पंचम का संगीत उत्तम था। 'माँग लूँगा मैं तुझे तकदीर से' (अमित कुमार, लता) की लयपूर्ण धुन तो खूब चली भी, पर फ़िल्म का श्रेष्ठतम गीत था पंचम का स्वयं का गाया 'ये ज़िंदगी कुछ भी सही पर ये मेरे किस काम की'। गिटार के कॉर्ड्स पर सृजित इस कशिश-भरी धुन को पंचम ने अपने चिंघाड़ने वाले अंदाज़ से अलग हटकर इतनी खूबसूरती से गाया है, और शब्दों में इतनी सहज भावना उड़ेली है कि हिंदी फ़िल्मों में तो यह निस्संदेह पंचम का गया सर्वश्रेष्ठ गीत ही है। वहीं के. विश्वनाथ की 'शुभकामना' (1983) की असफलता के बावजूद इस फ़िल्म के दो लालित्य-भरे श्रृंगार-भरे गीतों की चर्चा तो करनी ही पड़ेगी। अपने पिता की शैली से कुछ-कुछ मिलता 'बागों में खिले हैं कैसे कैसे फुलवा' (आशा, एस.पी. बालसुब्रमण्यम) में प्रणय का प्रतीक प्रकृति है या राहुल देव बर्मन का संगीत, इसका फैसला बहुत मुश्किल है। वहीं 'इस दिल ने सोचा है जो' (आशा, एस.पी. बालसुब्रमण्यम) जैसी गुनगुनाहट-भरी कर्णप्रिय धुन को सितार, गिटार, वॉयलिन और तबले के मौलिक सम्मिश्रण के बीच इतनी चारूता से आर.डी. बर्मन के अलावा और कौन स्थापित कर सकता था? 'शुभकामना' का पंचम की उपेक्षित फ़िल्म रहना वाकई दुर्भाग्यपूर्ण है वरना इसी फ़िल्म में पहले उल्लिखित लता के स्वर में 'हवाएँ प्रभाती' बारह मात्रा ताल की क़ाबिलेतारीफ़ रचना थी। 'बिंदिया चमकेगी' (1983) में तो वे राजेश रोशन की तरह पार्श्व में muted violin और फ़्ल्यूट के साथ 'ना तेरी हाँ बनी' (लता) के रूप में एक आकर्षक प्रस्तुति लेकर आए तो 'आन और शान' (1983) में 'दिया हमने दिल तुमको अपना समझकर' (लता) में मुजरा की शैली के बीच इंटरल्यूड में फ़्ल्यूट का बहुत कोमल प्रयोग लेकर प्रभावित कर गए। 'फ़रिश्ता' (1984) में भी 'ज़माने में कोई हमारा नहीं' (किशोर) की नर्म धुन के बीच भी फ़्ल्यूट का यही प्रयोग रचना को एक अलग-सी छाप तो दे ही देता है। अगर एक तरफ़ आर.डी. बर्मन अमिताभ बच्चन अभिनीत बड़े बैनर की फ़िल्म 'पुकार' (1983) में 'समुंदर में नहा के' (आर.डी.), 'बच के रहना रे बाबा' (किशोर, आशा,

आर.डी.), 'जाने जिगर' (किशोर, आर.डी.), 'तू मैके मत जाना' (अमिताभ, आर.डी.) जैसे अपने grunting अंदाज के चलताऊ गीत बना रहे थे, तो दूसरी ओर कम चर्चित 'चोर-पुलिस' (1983) में लता से 'तुमसे मिल के' जैसा मेलोडियस गीत और व्यावसायिक रूप से असफल 'लवर्स', (1983) में 'आ मुलाकातों का मौसम' (लता, अमित कुमार) जैसा आलापों-भरा सुंदर रूमानी दोगाना गवा रहे थे। यह इत्तफ़ाक नहीं तो और क्या कहा जाएगा कि बड़े बैनरों की दो बहुप्रचारित फ़िल्में—रमेश सिप्पी की 'शान' (1980) और रवि चोपड़ा की 'द बर्निंग ट्रेन' (1980) व्यावसायिक रूप से पिट गईं और दोनों में संगीत आर.डी. बर्मन का था। वैसे इन फ़िल्मों का संगीत कोई बहुत अच्छा संगीत नहीं कहा जा सकता, भले ही ऑरकेस्ट्रा की तेज रिद्म की पार्श्वभूमि में स्वर की लय के स्केल को कम करके रचित 'प्यार करने वाले प्यार करते हैं शान से' (आशा) हो, या केदार पर आधारित कव्वाली 'पल दो पल का साथ हमारा' जैसी 'बर्निंग ट्रेन की कव्वाली हो। 'वादा हाँ वादा' (आशा, किशोर—द बर्निंग ट्रेन), 'पहली नज़र में' (रफ़ी, किशोर, आशा, उषा मंगेशकर—द बर्निंग ट्रेन), आर.डी. की उसी grunting के साथ 'यम्मा-यम्मा' (रफ़ी के साथ—शान) या 'जानू मेरी जान' (रफ़ी, किशोर, आशा, उषा मंगेशकर—शान) जैसे गीत भी बेहद साधारण ही थे। बी.आर. फ़िल्म्स की अन्य फ़िल्मों की तरह 'द बर्निंग ट्रेन' के गीतकार साहिर थे, और फ़िल्म का उनका एक गीत वाकई यादगार है—'तेरी है ज़मीं तेरा आसमाँ तू बड़ा मेहरबाँ'। भले ही इसकी धुन चर्च के prayer song से प्रेरित हो, पर धुन और प्रार्थना की तन्मयता के साथ तेज होती लय वाकई बड़ी प्यारी बनी थी।

राहुल देव बर्मन कितने अव्यावहारिक थे, इसका अंदाज़ा हमें इस तथ्य से होता है कि उन्होंने एक साक्षात्कार में स्वयं यह कबूल कर लिया कि उनकी संगीतबद्ध नवें दशक की 23 फिल्में एक के बाद एक फ्लॉप हुई हैं। यह तथ्य लोगों के ध्यान में नहीं था और आर.डी. की छवि को हिट या फ्लॉप फिल्मों के साथ जोड़कर देखा भी नहीं जाता था, पर स्वयं ही इस तथ्य की ओर ध्यान दिलाना और उसे इतने विकराल रूप में प्रस्तुत करना व्यावसायिक रूप से उनके लिए बड़ा घातक रहा। नवें दशक के मध्य से शुरू हुए इस असफल दौर ने लक्ष्मी-प्यारे को उनसे व्यावसायिक रूप से आगे कर दिया, और तमाम कोशिशों के बाद भी पंचम इस फ़ासले को नहीं पाट पाए।

पर ऐसा भी नहीं था कि इन फ़्लॉप फ़िल्मों में राहुल देव बर्मन का संगीत भी बहुत कम स्तर का था। कुछ फ़िल्मों को छोड़ दिया जाए तो अपनी फ़्लॉप फ़िल्मों में भी पंचम ने कुछ उत्कृष्ट कम्पोज़ीशन्स हमें दी थीं। चाहे खूबसूरत धुनों का उनका हुनर हो, या बेहतरीन ऑरकेस्ट्रेशन का उनका कौशल, यह सभी इस दौर में भी कायम थे। 'आनंद और आनंद' (1984) के झंकृत गिटार पर झूमता 'वादों की शाम आई' (किशोर, आशा, अभिजीत) और कोमल अहसास जगाता 'नशा है मुझे भी तुम्हारा' (आशा, अभिजीत), 'अंदर बाहर' (1984) का बेहतरीन रिद्म और ऑरकेस्ट्रेशन लिए 'मेरी आँखों में ज़रा झाँको तो' (आशा) और 'अंदर बाहर बाहर अंदर (सुरेश वाडेकर, साथी), 'ज़मीन आसमान' (1984) के intense संगीत नोट्स के संग 'ऐसा समाँ नहीं होता' (लता), 'ये फ़ासले ये दूरियाँ...ज़मीन-आसमां नहीं मिलते' (लता), पंचम की खास रूमानी झूमती शैली में 'मैंने दिल दिया दिल दिया दिल दिया' (किशोर, लता), 'आवाज़' (1984) के चुलबुले 'बोलो प्यार करोगी' (किशोर, आशा), 'हम दोनों' (1984) के अंतिम स्वर को लहराते अंदाज़ में विलम्बित करते 'सुन ले ज़मीन आसमान' (किशोर, आशा), 'बॉक्सर' (1983) का उल्लासपूर्ण 'है मुबारक आज का दिन' (हरिहरन, कविता, वनिता), 'दुनिया' (1984) के गम्भीर सुरों के साथ 'मैं और मेरी आवारगी' (किशोर), आर.डी. की कशिश-भरी विलक्षण लय के साथ बाँसुरी के सुंदर fillers से सुसज्जित 'तेरी मेरी ज़िंदगी' (लता) और 'गहरे हलके-हलके गहरे छाए शाम के साये' (लता, किशोर), 'हम हैं लाजवाब' (1984) के मुजरा जैसी शैली की छाया लिए, 'आया शबाब आया' (लता) और लोकप्रिय मेलोडी 'दुनिया बदल गई है या हम बदल गए हैं' (अनवर, लता), 'जागीर' (1984) की आकर्षक मेलोडी 'चोर तेरा नाम है चितचोर तेरा नाम है' (किशोर, लता) और कैबरे शैली का 'आज की रात रात भर जागेंगे' (आशा), 'जवानी' (1984) का बेहद मक़बूल पाश्चात्य और भारतीय ऑरकेस्ट्रेशन का समन्वय लिए रिद्म प्रधान 'तू रूठा तो मैं दो दूँगी सनम' (आशा, अमित कुमार) और 'साजना मैं सदा तेरे साथ हूँ' (लता), 'झूठा-सच' (1984) का खास अदा से इठलाता माधुर्य लिए 'जहाँ बिन हवा के पर्दा हिले' (आशा), मुजरे शैली का 'क्या करूँ मैं तो निकली छुपा के' (आशा) और electronic orchestration के बीच प्रतिबिम्बित हो रही लाक्षणिक मेलोडी 'कैसी लग रही हूँ मैं' (किशोर, लता), 'माटी माँगे खून' (1984) का मुजरा शैली का 'लो साहिब फिर भूल गई मैं' (लता)· और 'मैं घूँघट नहीं खोलूँगी' (लता) जैसे गीतों में यदि कुछ उत्कृष्ट थे, तो शेष भी उस ज़माने में चल रहे संगीत की तुलना में अच्छे ही कहे जा सकते हैं। 'मंज़िल-मंज़िल' (1984) के 'ओ मेरी जान' (आशा, शैलेंद्र सिंह) के रूमानी आग्रह में एक गज़ब-सी कशिश थी जो राहुल देव बर्मन ही ला सकते थे। वहीं फ़िल्म के 'झलक दिखा के कर

गई दीवाना' (शैलेंद्र सिंह) और 'लुट गए हम तो राहों में' (शैलेंद्र, आशा) में लय, मेलोडी और ऑरकेस्ट्रेशन का संतुलन प्रशंसनीय था। 'आर पार' (1985) के खुद के गाए 'माँझी तेरी नैया से' को तो सचिन दा के माँझी गीतों के समकक्ष रखा जा सकता है। यह गीत चला नहीं यह श्रोताओं का दुर्भाग्य है, न कि पंचम का। 'अर्जुन' (1985) का 'भूरी-भूरी आँखों वाला एक लड़का है' (लता) में नाज़ुक शब्दों के साथ शरारत का पुट डालकर पंचम ने इस गीत को दशक के श्रेष्ठ गीतों में जगह दी है। राज खोसला की सनी देओल अभिनीत 'सनी' (1984) भले ही व्यावसायिक दृष्टि से सफल न रही हो, पर इसके गीतों में जो कलात्मकता राहुल ने डाली थी, वह इस फ़िल्म के संगीत को आज तक लोकप्रिय और चर्चित बनाता है। 'मेरी याद आएगी आती रहेगी' (लता, सुरेश वाडेकर) का माधुर्य हो, 'जाने क्या बात है नींद नहीं आती' (लता) का खास पंचम शैली में सितार की संगत के साथ हलके क्लासिकी रंग का रस हो, या फिर ग़ज़ल के पंचमी स्पर्श के साथ 'और क्या अच्छे वफ़ा होते हैं' (आशा) का अदम्य आकर्षण हो, 'सनी' में राहुल देव बर्मन लाजवाब ही हैं। इसी प्रकार 'अलग-अलग' (1985) के गीतों में पंचम का संगीत एक अलग ढंग से खिलता है, चाहे दरबारी के सुरों के साथ कव्वाली जैसी शैली में मुरकियों के साथ किशोर से गवाए और सितार, तबले, जलतरंग की सज्जा लिए 'कभी बेकसी ने मारा' हो, या सितार और पाइप के अद्‌भुत संगम के साथ 'कुछ हमको तुमसे कहना है' (लता, किशोर) और ढोलकी तथा पेटी के सुंदर इस्तेमाल के साथ 'दिल में आग लगाए सावन का महीना' (किशोर) हो, या फिर जलतरंग की लहरों पर फैलता 'जब से तुमको देखा है' (लता, किशोर) हो। 'हम नौजवान' (1985) के 'तेरा आना इक पल मेरी साँसों का थम जाना' (आशा), 'इक पल प्यार का कभी' (आशा) की पाश्चात्य शैली या 'आ जाना आ जाना' (आशा) का भारतीय और पश्चिमी ऑरकेस्ट्रेशन का सुंदर क्रम, 'राही बदल गए' (1985) के मनोहारी धुन वाले 'एक बात दिल में आई है कहूँ या ना कहूँ' (लता, किशोर), 'मेरी दुआ है फूलों सी तू खिले' (किशोर), पहाड़ी लोकधुन लिए 'हिल्लोरी' (किशोर, साथी), 'ज़बर्दस्त' (1985) का खुमार-भरी धुन लिए 'ऐसे ना ठुकराओ ऐ सनम' (आशा), 'एक मैं और एक तू' (1988) का इठलाहट-भरे सौंदर्य वाला 'झर झर बहता है हमसे कहता है झरना' (आशा), 'अर्जुन' (1985) का बेहतरीन वाद्य-संयोजन वाला 'धड़कन पल पल बढ़ती जाए' (आशा), 'सवेरे वाली गाड़ी' (1986) का तबले और घुँघरू की संगत के साथ शास्त्रीय आधार लिए 'बिन पायल के छम छम करती कौन चली ऐसी मतवाली' (सुरेश वाडकर) तथा मेलोडी प्रधान 'देखो ये कौन आया' (सुरेश वाडेकर, आशा) और अद्‌भुत माधुर्य को अपने में समाहित करता 'दिन प्यार के आएँगे सजनिया' (लता), 'राम तेरे कितने नाम' (1985) के ऊँची पट्टी पर पियानो के साथ कर्णप्रिय रचना 'मंज़िल थी कहीं जाना था कहीं' (लता), मेलोडी और ऑरकेस्ट्रेशन की सुंदर संतुलित छटा बिखेरते 'मचल मचल जाता है दिल' (लता—'शौकीन' के बंगाल की लोकधुन वाले 'जब भी कोई कंगना बोले' की ही तर्ज़ लिए) या 'ओ मेरी जान' (किशोर), 'समुंदर' (1985) के कशिश-भरे 'उस दिन मुझको भूल न जाना जिस दिन मुझसे जी भर जाए' (लता, किशोर) और रवानगी-भरे 'ऐ सागर की लहरो' (किशोर, लता), 'पाले खाँ' (1985) की 'सलमा को मिल गया बलमा' (लता, साथी), 'शत्रु' (1985) का रवींद्र गीत की छाया लिए 'सूरज चंदा सागर पर्वत' (नंदू, किशोर, साथी)—संगीत के ऐसे कितने ही विविध सुंदर क्षणों के साथ राहुल देव बर्मन अभी भी मौजूद थे, भले ही व्यावसायिकता के पैमाने से लक्ष्मी-प्यारे और बप्पी लाहरी को उनके पंचम से कम स्तर के संगीत के बावजूद अधिक भाग्यवान माना जा रहा हो। 'लावा' (1985) के 'हम तुम दोनों मिल के दिल के गीत बनाएँगे' की मेलोडी को तो ठीक-ठाक कहके निकला जा सकता है, पर 'जीने दे ये दुनिया' (आशा, मनमोहन सिंह) में स्वरों की संवेदनाएँ और खास राहुल देव बर्मन शैली में उनका हलका क्लासिकी और थोड़े रवींद्र संगीत की छाया के साथ उनके फैलाव को तो अद्‌भुत ही कहा जा सकता है। इस गीत को सुनकर पंचम की 'अमर प्रेम' और 'जुर्माना' वाली वही सुंदर शैली याद आ जाना कोई आश्चर्य नहीं है। वहीं 'ऊँचे लोग' (1985) के 'दिल क्या चाहे' (किशोर), 'आज तू गैर सही' (किशोर) और 'तेरा घर तेरी गलियाँ हम तो छोड़ चले' (किशोर, साथी) के साथ राहुल देव बर्मन ने इस तथ्य को पुनः रेखांकित किया कि किशोर कुमार की विविधता को उसके अपूर्व सौंदर्य के साथ उनसे अच्छी तरह कोई और संगीतकार नहीं उभार पाया। 'सितमगर' (1985) के 'हम कितने नादान थे यारो, आज ये समझे आज ये जाना' में किशोर के स्वर के दर्द की बारीकियों को अपने तीव्र ऑरकेस्ट्रेशन के बीच राहुल देव बर्मन ने बड़े प्रभावशाली ढंग से उद्‌भासित किया। संजीदा सुरों के साथ 'चंद रोज़ और मेरी जाँ चंद रोज़' 'प्यार जब न दिया ज़िंदगी' और 'तेरी है ज़मी तेरा आसमां' वाले चर्च के choir गीत के नोट्स को रूमानी शक्ल में ढाल कर सृजित 'मौसम प्यार का' (आशा के साथ) जैसे गीतों के साथ 'सितमगर' इस दशक के किशोर और आर.डी. बर्मन की जोड़ी का श्रेष्ठतम साउंडट्रैक भी माना जा सकता है। 'रूसवाई' (1985) के 'मेरी तन्हाई को शहनाई का पैगाम न दो' (किशोर, आरती मुखर्जी) को तो पंचम ने इतनी खूबसूरत दिलकश धुन दी है कि पुराने दिनों का शायराना रूमानी

समाँ बँध जाता है। इस फ़िल्म में पहली बार आर.डी. बर्मन ने प्रदीप के लिखे गीतों को भी स्वरबद्ध किया था—'ये बात है बिलकुल सच्ची' (लता) और 'कोई हम पर दया करो रे' (दिलराज कौर, साथी)। 'ईनाम दस हज़ार' (1987) जैसी वाहियात फ़िल्म में भी 'चाँद कोई होगा तुम सा कहीं' और 'जाने भी दो यार' जैसे किशोर के सुंदर गीतों को कम्पोज़ कर पंचम ने अपने स्तर को बरकरार रखने की ही कोशिश की। 'हिफ़ाज़त' (1987) का गिटार के chords पर कम्पोज़ 'मुहब्बत है क्या ये नहीं कोई जाना' (आशा, सुरेश वाडेकर), 'डकैत' (1987) के 'किस कारण नैया डोली' (सुरेश वाडकर, आशा), 'मैंने कहा तुमने सुना' (आशा, सुरेश वाडेकर) और अति सुंदर तथा सशक्त कम्पोज़ीशन 'वो तेरी दुनिया नहीं वो तेरी महफ़िल नहीं' (लता) भी आर.डी. के इस असफल दौर के सुंदर संगीतमय उदाहरण हैं।

पर हमें यह नहीं भूलना चाहिए कि भले ही व्यावसायिक रूप से उनका यह दौर असफल रहा हो, लेकिन 'इज़ाज़त' और 'लिबास' (जिनकी चर्चा हम पहले कर चुके हैं) जैसा अभूतपूर्व संगीत भी उन्होंने इसी दौर में दिया, और 'इज़ाज़त' के लिए तो उन्हें संगीत का राष्ट्रीय पुरस्कार नहीं मिलना दुर्भाग्यपूर्ण है। पाश्चात्य संगीत के नकल करने वाली आर.डी. बर्मन की जो छवि बहुत पहले से, भले ही पूर्णतः अनुचित रूप से, बन गई थी वह वर्षों तक और हर स्तर पर एक पूर्वग्रह निर्मित करती रही जिसका अभिशाप उन्हें समय-समय पर झेलना पड़ा, वरना इतना रचनात्मक, विविध और सशक्त कम्पोज़र फ़िल्म-जगत ने कम ही देखा होगा। आज इस तथ्य को अधिक व्यापकता से स्वीकार भी किया जाने लगा है पर आज इसका लाभ लेने के लिए आर.डी. हमारे बीच ही नहीं हैं। उनकी ज़िंदगी के आखिरी कुछ वर्ष तो ऐसे भी हुए कि उनसे कहीं कमज़ोर स्तर की रचनाएँ देनेवाले संगीतकार लोकप्रिय हो रहे थे, और उनके पास निर्माताओं की भीड़ रहती थी जबकि राहुल देव बर्मन की यह हालत थी कि आशा भोंसले को एक साक्षात्कार में यह कहना पड़ा कि उनके जैसे क़ाबिल कम्पोज़र की फ़िल्म जगत द्वारा की जा रही उपेक्षा दुर्भाग्यपूर्ण है। इस दौर में आर.डी. बर्मन के कई उत्कृष्ट गीत भी उपेक्षित रहे, तो कभी सफल होने के बावजूद भी उन पर छाया ग्रहण नहीं हटा सके। याद कीजिए 'रामा ओ रामा' (1988) की वह अद्भुत लाजवाब गज़ल 'बरसों के बाद देखा महबूब दिलरुबा-सा'। दरबारी की छाया लिए सितार और संतूर से सुशोभित इकबाल सिद्दीकी के स्वर में इस गजल को सुनना एक दिलकश अनुभूति है। नवें दशक के श्रेष्ठ फ़िल्म संगीत की कम्पोजीशन्स की शृंखला में मैं तो इसे रखूँगा ही। इसी प्रकार रमेश बहल की 'अपने-अपने' (1987) का 'ज्ञान का दान ही सबसे बड़ा है' (लता, साथी) की सुंदर प्रार्थनामय धुन और 'अपने अपने से लगे' (लता, सुरेश वाडेकर) की अबाध मेलोडी का अधिक न सुना जाना भी अफ़सोसजनक ही माना जाना चाहिए।

यह भी सच है कि इसी दौर में आर.डी. बर्मन की कई फ़िल्मों और कई गीतों का स्तर निम्न या काम चलाऊ भी रहा। 'आवाज़' का 'ज़िंदगी आवाज़ देती है' (आशा), 'हम दोनों' का 'डॉक्टर बाबू' (आशा), 'जागीर' का 'नया नया होता है पुराना पुराना' (आशा, किशोर), 'राम तेरे कितने नाम' का 'जूनी-जूनी महबूबी' (किशोर), 'शिवा का इंसाफ़' का 'जा जा रे मनाली' (आशा), 'ज़बर्दस्त' का 'करेगा ज़माना क्या' (आशा, किशोर), 'जोशीले' का 'धक धक जिया करे' (आशा, उषा मंगेशकर), 'अनोखा रिश्ता' का 'चल सहेली झूम के' (आशा, साथी), 'मर्दों वाली बात' (1988) के 'मर्दों वाली बात करके मान जाऊँगी' (आशा), 'ये मेरी आँखें ये मेरी ज़ुल्फ़ें' (आशा) और 'नशा हुस्न का' (आशा, सुरेश वाडेकर), 'ज़लज़ला' (1988) का 'दिल है कब किस पे' (आशा), 'हिफ़ाज़त' (1987) का 'दिल का दरवाज़ा खोल दे' (आशा), 'मिल गई मंज़िल मुझे' (1988) के 'जा मैं तोसे' (आशा) और 'जानम कहीं न जाया करो' (आशा) जैसे गीत स्तरहीन ही कहे जाएँगे। 'भीमा' (1984), 'करिश्मा' (1984), 'आवारा बाप' (1985), 'एक से भले दो' (1985), 'यह देश' (1984), 'बांड 303' (1986), 'ज़िंदगानी' (1987), 'जलियाँवाला बाग' (1987), 'बेलगाम' (1987) आदि फ़िल्मों का संगीत भी पिटा-पिटा ही रहा। किशोर कुमार की मृत्यु से उत्पन्न खालीपन और 1988 में पड़े दिल के दौरे ने भी पंचम की रचनात्मकता को आघात पहुँचाया, और इसके बाद की उनकी 'आग से खेलेंगे' (1989), 'आक्रोश' (1989), 'जानकार' (1989), 'जुर्रत' (1989), 'बहूरानी' (1989), 'जीने दो' (1990), 'गुनहगार कौन' (1991), 'इंद्रजीत' (1991), 'झूठी शान' (1992), 'सरफिरा' (1992), 'खुलेआम' (1992), 'द्रोही' (1992) आदि कई फ़िल्मों का संगीत बहुत फीका रहा। सुरेश वाडेकर और आशा के 'परिंदा' (1989) के दो लाजवाब रूमानी गीत 'तुमसे मिल के ऐसा लगा तुमसे मिलके' और 'प्यार के मोड पे छोड़ोगे जो बाँहें मेरी' अवश्य बर्मन की कलात्मकता की याद दिला जाते हैं। राहुल देव बर्मन के अंतिम दौर के 'दुश्मन' (1990) के रूमानी 'होंठों पे तुमने प्यार' (अमित, साधना सरगम), 'गर्दिश' (1993) के कशिश-भरे 'हम न समझे थे बात इतनी सी' (एस.पी. बालसुब्रमण्यम) और लचीली धुन लिए 'बादल जो बरसे तो भीगे तुम' (आशा), 'तुम करो वादा' (1993) के 'आई फिर आई तेरी याद' (लता, मनहर) और 'गुरुदेव' (1993) के 'मेरा कहा मानोगे' (आशा), 'एक दिन तेरा धीरे से' (अमित) और

'आजा सुनले सदा' (आशा, आर.डी.) जैसे गीत भी अधिक मक़बूल न रहे। आर.डी. की जीते जी तो वापसी न हो सकी, पर उनकी मृत्यु के बाद रिलीज हुई '1942–A Love Story' (1994) ने लोकप्रियता के कई कीर्तिमान अर्जित किए और पंचम को मृत्योपरांत उनका अंतिम फ़िल्मफ़ेयर पुरस्कार भी दिला दिया। इस फ़िल्म के लिए पंचम ने मेहनत भी बहुत की थी, और इसके गीतों में उनकी रचनात्मकता का कोई न कोई तत्त्व पुनः प्रभावित कर जाता था। 'रूठ न जाना तुम से कहूँ तो' (शानू) की शोखी में पंचम की संगीतात्मकता का वही पुराना हलका लहराता लोच मौजूद था, तो पूरी फ़िल्म में कई versions में आया 'कुछ न कहो कुछ भी न कहो' (लता, शानू, साथी) रवींद्र संगीत का स्पर्श ले कर कवितामय कोमलता से प्रभावित कर जाता था। 'रिमझिम रिमझिम रूमझुन रूमझुन' (शानू, कविता) तो आर.डी. की आठवें दशक की मोहक शैली की याद दिला जाता था। 'ये सफर बहुत है कठिन मगर' (शिवाजी चट्टोपाध्याय) तो लाजवाब कशिश-भरी धुन थी जिसमें पंचम ने 'प्यासा' और 'मुनीम जी' के गीतों के सुंदर interludes की छाया लेकर बाँसुरी के सुंदर छोटे टुकड़ों के साथ एक अत्यंत कर्णप्रिय रचना की सृष्टि की थी। इसी प्रकार सितार के झंकृत प्रयोग के साथ बहुत ही काव्यात्मक सुंदरता लेकर राग देस के साथ बंगाली स्पर्श लेकर आया था 'प्यार हुआ चुपके से' जो आज भी कविता कृष्णमूर्ति के सर्वश्रेष्ठ गीतों में अपना स्थान रखता है। फ़िल्म का सर्वाधिक लोकप्रिय गीत रहा जावेद अख़्तर का लिखा ख़ूबसूरत कवितामय 'एक लड़की को देखा तो ऐसा लगा' (शानू) जिसको पंचम ने शब्दों की पूरी मुलायमियत को बरकरार रखते हुए एक लुभावनी रिद्म में ढाला था। सपना मुखर्जी के साथ पंचम का गैरफ़िल्मी एलबम 'दिल तेरा हुआ' और फ़िल्म 'अन्याय ही अन्याय' भी पंचम की मृत्यु के बाद ही रिलीज हुए।

कुछ बेहद मशहूर बाँग्ला गीतों के रचयिता भी पंचम रहे हैं। चाहे 'पूजा' के अवसर पर रेकॉर्ड किए गए आधुनिक गीत हों, या फ़िल्मों का संगीत (उन्हीं धुनों को लिए जिनका रूप हिंदी फ़िल्मों में भी कई बार आया) इन सभी में अपनी विशिष्टता के कारण पंचम बंगाल के संगीत फ़लक पर भी बहुत चर्चित रहे हैं। लता के स्वर में 'आमि बोले तुमि', गिटार के chords पर सज्जित बेहद मधुर 'आमार मालती लता' (जिस पर बाद में हिंदी में 'हम तुम दोनों साथी' की रचना हुई), किशोर के स्वर में 'चढ़े जाए चढ़े जाए' आदि गीत आज भी बंगाली श्रोता गुनगुनाते रहते हैं। आशा से गवाए 'के जे आमार मन', 'गुन गुन भ्रमरा', 'के जे आमार', 'केइ जाने ना', 'रिमझिमी सावने', 'रूपसी बोले ना' (आओ ना गले लगाओ ना' की धुन), 'छोटो-से एलबेलो' (छोटी-सी कहानी है' की धुन), 'लूकावो प्रेम की करे' ('बेचार दिल क्या करे' की धुन), 'मानो करले कि जाए शोनेक था' ('जीना क्या अजी प्यार बिना' की धुन), 'जले जाए गो' ('घर जाएगी तर जाएगी' की धुन) आदि में आशा के स्वर की विविधता को बाँग्ला भाषा में भी उतनी ही ख़ूबसूरती से पंचम ने उभारा। 'भाबिनी कोनो दिन', 'मेघे रोदे मेले', 'रिम झिम वृष्टि' जैसे सभी गीतों को बंगाल में उतनी ही लोकप्रियता मिली जितनी इनके हिंदी रूपांतरों को हिंदी भाषा-भाषी क्षेत्रों में। राहुल देव बर्मन के स्वयं के गाए 'मोने परे रूबी राय' की चर्चा हम पहले भी कर ही चुके हैं। जो भी इसे सुनेगा, वह निर्विवाद रूप से मानेगा कि इसकी ही धुन पर आधारित किशोर के गाए 'मेरी भींगी भींगी से' से पंचम का गाया मूल गीत कहीं बेहतर है। राहुल देव की आवाज़ अपनी अलग-सी कशिश-भरी रूमानियत से बहुत आकर्षित करती है। बँगला में ही राहुल देव के गाए 'तुमि कतो जे दूरे' (आशा के साथ) की पुकारती धुन (जिसमें 'आजा मेरे प्यार आजा' की भी छाया मिलती है), 'शुनो एइ तो समय' और 'फिरे ऐलो' (आशा के साथ) का आधुनिक अंदाज़, 'क्या दिए छिले तुमि जे मोरे' का भटियाली को दिया गया आधुनिक स्पर्श—सभी बहुत सराहे गए थे। मन्ना डे के गाए 'अदालत-अदालत', उषा उथुप के गाए 'आमि जानि तुमि आमरे', 'मोनो-मोनो', 'कोलकाता ते बाति', इंद्राणी सेन के साथ उनके एलबम को भी बाद के वर्षों में अच्छी लोकप्रियता मिली थी। बाँग्ला फ़िल्मों में 'अमर प्रेम' की धुन 'ये क्या हुआ' लिए हुए 'ए की होलो' (किशोर), 'यादों की बारात' के 'आपके कमरे में कोई रहता है' की धुन लिए 'बंधु धारेर अंधकारेर' (आशा, किशोर), पुनः 'कटी पतंग' के 'प्यार दीवाना होता है' की धुन वाले 'गुन गुन गुन गुंजे आमार' (आशा) के साथ 'राजकुमारी' फ़िल्म के संगीत ने लोकप्रियता के कई कीर्तिमान स्थापित किए। हिंदी फ़िल्म 'बरसात की एक रात' का बाँग्ला रूप 'अनुसंधान' के गीत, 'एकांत अपन' के 'हाय रे काला एथि जाला' (आशा) आदि भी बंगाल में खूब चर्चित रहे हैं। बाद के वर्षों में लैटिन अमेरिकी संगीतकार जोस फ़्लोर्स के साथ पंचम का एक अंतर्राष्ट्रीय एलबम 'Pantera' भी रिलीज़ हुआ था, पर उसे अपेक्षित सफलता न मिल सकी। '1942 ए लव स्टोरी' की लोकप्रियता पंचम अपने जीते-जी नहीं देख पाए। अगर वे जीवित रहते तो निस्संदेह इस फ़िल्म की सफलता से प्रेरित होकर फ़िल्म-संगीत में उनका नया अध्याय ही शुरू हुआ होता। पर 4 जनवरी, 1994 को हृदयघात से उनकी असमय मृत्यु ने फ़िल्म-संगीत का एक अत्यंत प्रतिभावान संगीतकार हमसे जल्दी ही छीन लिया। एक दिन पहले ही 'स्वामी विवेकानंद' के गीत की रेकॉर्डिंग पर वे गुलज़ार से मिले थे, और अपने हमेशा

के अंदाज़ में 'मिलते हैं' कह के गुलज़ार से विदा ली थी। पर होनी को कुछ और मंजूर था। गुलज़ार से वे फिर कभी नहीं मिल पाए। गुलज़ार आज भी सक्रिय हैं, पर विशाल भारद्वाज के संगीत में लाख कोशिशों के बाद भी वह बात नहीं है जो पंचम में थी। पंचम को गुज़रे एक दशक से अधिक हो चुका है, पर आज का युवा वर्ग भी उनकी रचनाओं को उतना ही ताज़ा और प्रासंगिक पाता है, जितना तीन दशक पहले का युवावर्ग—एक संगीतकार के अमरत्व के लिए. इससे बड़ी बात और क्या हो सकती है?

संदर्भ

1. नीरा चतुर्वेदी : 'माधुरी', 6 मई, 1977
2. हरीश तिवारी : 'माधुरी', 9 मई, 1975
3. मुकेश गर्ग : फ़िल्म संगीत, 1977

सपन-जगमोहन

'मैं तो हर मोड़ पर तुझको दूँगा सदा'

सपन सेनगुप्ता और जगमोहन बक्शी! एक बंगाली तो दूसरा मूलतः कश्मीरी। पंजाबी फ़िल्म 'शौकन मेले दी' से उन्होंने अपनी संगीत-यात्रा की शुरुआत की जिसे पुरस्कार भी मिला। पर दोनों ने मिलकर हिंदी फ़िल्मों में जो धुनें दी उन पर न तो बंगाल का प्रभाव था और न ही कश्मीर-पंजाब का। सपन-जगमोहन की शैली बिलकुल मौलिक थी और फ़िल्मों के कथ्य और परिवेश को ध्यान में रखकर ही उन्होंने संगीत दिया। हालाँकि सपन और जगमोहन वर्षों तक कोरस गायक रहे और फिर 'बम्बई यूथ क्वॉयर' से जुड़े रहे और सलिल चौधरी के साथ पूरे देश में लोकसंगीत को फैलाने के उद्देश्य के साथ उन्होंने भी देशभर की लोकधुनों का जबर्दस्त संग्रह तैयार कर रखा था, पर अपनी फ़िल्मों में इन धुनों को इस्तेमाल उन्होंने कम ही किया। शायद इसकी वजह यह भी रही हो कि सातवें दशक के अंत और आठवें दशक के प्रारंभ में मध्यवर्गीय और उच्च मध्यवर्गीय ज़िदंगी की विसंगतियों को उद्भासित करती समांतर फ़िल्मों की जो लहर आई थी, उसके बीच उनके हिस्से अधिकतर ऐसी ही फ़िल्में आई तथा चूँकि ऐसी फ़िल्मों का कथ्य तथा भौतिक और मानसिक परिवेश अधिकांशतः शहरी और आधुनिक था अतः लोकधुनों को स्थान देने की अधिक गुंजाइश नहीं थी।

फ़िल्मों में किस प्रकार का संगीत देना चाहिए, इस बारे में सपन-जगमोहन किसी पूर्वग्रह से ग्रस्त नहीं थे। हालाँकि सपन के पड़ोसी किसी ज़माने में पंकज मल्लिक थे, और उनसे सपन को प्रेरणा भी मिली थी पर न तो सपन और न ही लखनऊ के मॉरिस कॉलेज में शिक्षित और कभी आकाशवाणी लखनऊ से जुड़े तथा 'टैक्सी ड्राइवर' के लोकप्रिय गीत 'देखो माने नहीं रूठी हसीना' के गायक जगमोहन किसी व्यक्ति या 'स्कूल' के प्रभाव में अपने को बाँधने के पक्षधर थे। जिस प्रकार बम्बई यूथ क्वॉयर में रहते हुए वे यह मानते थे कि लोकसंगीत को अपने क्षेत्र विशेष की बंधनों से निकालकर सर्वव्यापी बनाना चाहिए, उसी प्रकार फ़िल्म-संगीत को भी परम्परा के दायरों से हटाकर कहानी, चरित्र और संदर्भ के अनुसार ही सृजित करने में उनका विश्वास था। हालाँकि सपन ढाक बहुत अच्छा बजाते थे और यह उनका प्रिय वाद्य था, पर अपने संगीत को उन्होंने मात्र ढाक की रिद्म में सीमित न कर हर प्रकार के वाद्य-यंत्रों का आवश्यकतानुसार सुंदर उपयोग किया। हिन्दी फ़िल्म-जगत में सपन-जगमोहन को जो पहली फ़िल्म मिली थी, वह थी 'चायना ब्रिज'। इस फ़िल्म के लिए उन्होंने आशा के स्वर में गीत 'चाँद से प्यारा है तेरा बचपन' रेकॉर्ड भी किया, पर फ़िल्म भी यहीं पर बंद हो गई। पंजाबी फ़िल्म 'जीजाजी' (1961) भी उनकी महत्त्वपूर्ण प्रदर्शित फ़िल्म थी।

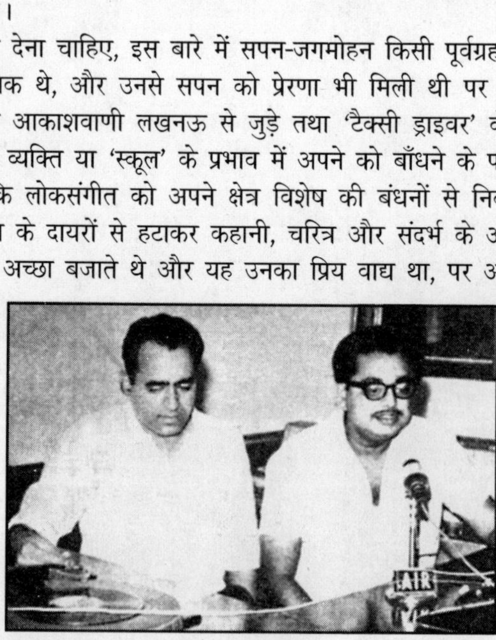

सपन और जगमोहन

सपन-जगमोहन हिन्दी में अपनी पहली ही प्रदर्शित फ़िल्म 'बेगाना' (1963) से चर्चा में आ गए। शैलेन्द्र लिखित गीत 'फिर वो भूली-सी याद आई है' ज़बर्दस्त रूप से हिट हुआ और रफ़ी के

सदाबहार गीतों में शुमार किया जाता है। एच.एम.व्ही. ने अपनी 'यादों की मंजिल' शृंखला के 1961-63 के गानों में इसे शामिल कर प्रतिष्ठित किया है। मुकेश का 'न जाने कहाँ खो गया वो ज़माना' अधिक लोकप्रिय तो नहीं हुआ, पर इस गाने के साथ का पियानो आधारित ऑरकेस्ट्रेशन गज़लनुमा गीत के हिसाब से पूर्णतः आधुनिक था और इस गीत को सुनना सलिल के कम्पोज़ किए गीतों को सुनने के समान ही अपनी अप्रत्याशितता से मुग्ध करता है। इसी प्रकार लता का 'बुलाती है बहार चले हम दोनों कोयल बोले कुहू-कुहू' पारम्परिक प्राकृतिक गीतों से बिलकुल अलग था। अकसर भारतीय ग्रामीण परिवेश का रंग ही भारतीय फ़िल्म संगीत के ऐसे गीतों में दिया जाता रहा है, पर सपन-जगमोहन ने इसे बिलकुल पाश्चात्य रंग की रवानगी दी है और पारम्परिक भारतीय नारी की लजीली शैली के स्थान पर एक उन्मुक्त, फैलता-सा विस्तार दिया है। 'सागर का झिलमिल पानी' (मन्नाडे, आशा, साथी) में सपन-जगमोहन अवश्य अपने लोकसंगीत के खजाने से एक मोती ढूँढ़कर लाए, नहीं तो कुल मिलाकर 'बेगाना' का संगीत एक ताज़गी लिए हुए था । मगर दुख की बात है कि जो गाना सर्वाधिक लोकप्रिय हुआ—'आय गयो मोरे मन भाय गयो' वही फ़िल्म से निकाल दिया गया। इसी प्रकार सुदर्शन बाबर की निर्देशित फ़िल्म 'गुम्बद' (1967) में सपन-जगमोहन को बतौर संगीतकार लिया गया, पर फ़िल्म ही पूरी न हो पाई।

कुछ वर्षों तक विस्मृत रहने के बाद निर्देशक केवल मिश्रा ने अपनी लीक से कुछ हटकर बनाई गई फ़िल्मों 'आएगा आने वाला' (1967) और 'तेरी तलाश में' (1968) में सपन-जगमोहन को अवसर दिया। 'आएगा आनेवाला' में मुकेश का 'हम वो नहीं जो आपके कदमों में दिल को रख दें' नक्श लायलपुरी द्वारा लिखित एक अलग किस्म का गीत था। पर लोकनृत्य के अंदाज़ में 'होय रुत झुन तोरी पायल' (मन्ना डे, कृष्णा कल्ले) में कोई विशेष नवीनता नहीं थी। इसी फ़िल्म में नक्श लायलपुरी और सपन-जगमोहन की जोड़ी का आग़ाज हुआ जो कई फ़िल्मों तक कायम रही। 'तेरी तलाश में' के गाने लोकप्रिय भी हुए और अच्छे भी बन पड़े थे। आशा भोंसले का गाया शीर्षक गीत 'तेरी तलाश में' में सपन-जगमोहन एक mystic, ethereal विशेषता लाने में सफल रहे। आशा के 'राजे दिल हमसे कहो हम तो कोई ग़ैर नहीं' में इंटरल्यूड में सितार से गीत की धुन निकालने का और दूसरे interlude में सैक्सोफ़ोन का प्रयोग बड़ा सुंदर है। उषा, आशा, साथियों का गाया 'किसने कहा आपसे प्यार हमें कीजिए' की रचना भी सुंदर है। रफ़ी का गाया 'तेरी आवाज़ की जादूगरी से' भी अपने ज़माने में लोकप्रिय रहा था। 'हवेली' (1970) फ़िल्म में भी सपन-जगमोहन का सुंदर संगीत था, विशेषकर 'सोए गयो बैरी मोहे नींद से जगाए' (कृष्णा कल्ले, लक्ष्मीशंकर) और आशा के गाए 'गेसुओं की हसीन छाँव में' और 'न हम गैर हैं न तुम अजनबी' जैसे गीतों में।

यह वक्त समांतर फ़िल्मों की लहर का था। इसमें एक ओर तो 'भुवन शोम' जैसी आर्ट फ़िल्में बन रही थीं, दूसरी ओर बी.आर. इशारा जैसे निर्देशक शहरी जीवन की विसंगतियों पर एक नई शैली में छोटे बजट की ऐसी फ़िल्में बना रहे थे जो पूरी तरह आर्ट फ़िल्में भी नहीं थीं, पर अछूते विषयों और नवीन प्रस्तुतीकरण के कारण सामान्य व्यावसायिक फ़िल्मों से अलग हटकर थी। ऐसे निर्देशकों के लिए नक्श लायलपुरी और सपन-जगमोहन दोनों ही अपनी शैली, पृष्ठभूमि, गीत और संगीत के कारण उपयुक्त रहे। बी.आर. इशारा निर्देशित 'इंसाफ़ का मंदिर' (1969) का गीत 'सुन प्यारे सजना रे मन गाए गीत सुहाने' आशा और मुकेश के दोगानों के एच. एम.व्ही. द्वारा निकाले गए कैसेट्स 'रेयर जेम्स' में शामिल किया गया है। इसी फ़िल्म का एक अन्य उल्लेखनीय गीत था शब्दों को जीवंत करती तर्ज़ के साथ रफ़ी का गाया 'शायर तो नहीं हूँ लेकिन शायर की नज़र पाई है'।

सपन-जगमोहन और नक्श लायलपुरी ने कई समांतर फिल्मों में साथ-साथ काम किया

बी.आर. इशारा की ही क्रांतिकारी फ़िल्म 'चेतना' (1970) न सिर्फ़ अपने नवीन कथ्य और प्रस्तुति बल्कि सपन-जगमोहन के संगीत के कारण भी बेहद हिट रही। गीत दो ही थे—एक 'मैं तो हर मोड़ पर तुझको दूँगा सदा' (मुकेश) जिसके एक भाग की गति सामान्य थी और दूसरे की धीमी, और दूसरा सुमन का गाया 'जीवन है एक भूल सजनवा बिन तेरे'। सम्भवतः अहीर भैरवी पर आधारित 'मैं तो हर मोड़ पर' कहीं से भी शास्त्रीय नहीं लगता, बल्कि इसकी रचना और संगीत-सौष्ठव आधुनिकता

की स्पष्ट छाप लिए है। मुकेश ने इसे इस खूबसूरत अंदाज़ से गाया है कि यह गाना सपन-जगमोहन का निस्संदेह सर्वश्रेष्ठ गीत माना जाएगा। इस गीत के धीमे भाग में मंद लहर-सा बड़ा ही संगीतमय प्रवाह है जो श्रोताओं को अभिभूत कर जाता है।

बी.आर. इशारा की ही 'गुनाह और कानून' (1970) का आशा द्वारा गाया 'अब जाने दो सैंया मुलाक़ात हो गई' और रफ़ी के स्वर में 'ऐसा तो कभी मुमकिन ही नहीं' में तो कुछ विशेष नहीं था पर लोकप्रियता के मामले में फ़िरोज चेनॉय निर्देशित 'दोराहा' (1971) उल्लेखनीय मानी जाएगी। फ़िल्म के तीनों गीत आशा भोंसले ने ही गाए जो सपन-जगमोहन की मुख्य गायिका बन चुकी थीं। यह भी रोचक है कि 'बेगाना' (1963) के बाद लता और सपन-जगमोहन का साथ फिर नहीं हुआ। 'दोराहा' का 'तुम्हीं रहनुमा हो मेरी ज़िंदगी के' कैबरे शैली का ख़ास आशा के गले के लिए बनाया गया गाना था। 'डोले झुमका मोरा बोले प्यारा कँगना' परम्परागत शैली की धुन लिए हुए है जबकि 'मेरी बगिया की कली तुम सदा ही खिलना' एक उदास लोरी है जिसे आशा ने बड़ी कशिश से गाया है। इस फ़िल्म के गीत नक्श लायलपुरी के न होकर इंदीवर के थे, पर लोकप्रियता के बावजूद इस फ़िल्म के संगीत में वह नवीनता नहीं झलकती जो अभी तक उनके संगीत में नज़र आती रही थी।

आशा भोंसले यदि सपन-जगमोहन की मुख्य गायिका बन चुकी थीं, तो मुकेश उनके मुख्य गायक। 'मन तेरा तन मेरा' (1971) में भी सपन-जगमोहन ने यही आवाज़ें लीं। बी.आर. इशारा निर्देशित यह फ़िल्म पूरी तरह असफल रही थी। वैसे मुकेश का गाया 'ज़िंदगी के मोड़ पर हम तुम मिले और खो गए' दर्द की भावयुक्त अभिव्यक्ति के कारण सुनने में अच्छा लगता है। रूपक ताल में कम्पोज़ इस गीत में अंतरे के बाद और मुखड़े पर वापस लौटने के बीच सरोद का तीव्र प्रयोग बहुत प्रभावशाली बन पड़ा है। आशा के स्वर में 'कहीं काँटों में महक है' भी एक सुंदर रचना थी पर लोकप्रियता इसे भी नसीब नहीं हुई। 'बाज़ीगर' (1972) और 'रॉकी मेरा नाम' (1973) का संगीत भी फ़िल्मों की असफलता में डूब गया, वैसे 'रॉकी मेरा नाम' के रफ़ी के गाए 'दिल कभी तुमने दिया था' और 'सो जा सनम, तेरी जवाँ पलकों तले नींदें सजा दूँ में' बेहद अच्छे गीत थे। दरअसल ये दोनों गीत सपन-जगमोहन ने 'तेरे मिलने के बाद' फ़िल्म के लिए कम्पोज़ किए थे, पर फ़िल्म रिलीज़ न हो सकी। गीत इतने अच्छे थे कि सपन-जगमोहन इसे पुनः 'रॉकी मेरा नाम' में लेकर आए। 'सो जा सनम' तो बेहद मुलायम सुरों को लेकर आधुनिक ऑरकेस्ट्रेशन के साथ बनाई गई एक अद्‌भुत रचना है। इस गीत को सुनकर तो आदमी मंत्रमुग्ध रह जाता है। रफ़ी ने इसे गाया भी लाजवाब ढंग से है और मैं तो इसे रफ़ी के इस दौर के सर्वश्रेष्ठ गीतों में स्थान दूँगा। इसी प्रकार 'समर्पण' फ़िल्म के लिए सपन-जगमोहन ने मुकेश से एक बहुत सुन्दर शृंगारिक गीत गवाया था—'एक छवि है वो नैनन में', पर यह फ़िल्म भी पूरी नहीं हो पाई।

इसी बीच रामसे बंधुओं ने एक नई विधा की शुरुआत की 'हॉरर' फ़िल्मों से। बेहद चर्चित रही फ़िल्म 'दो गज़ ज़मीन के नीचे' में भी संगीत के लिए सपन-जगमोहन को चुना गया जो इस फ़िल्म में आशा के साथ-साथ वाणी जयराम को भी ले कर आए। संगीत कुछ विशेष लोकप्रिय नहीं रहा पर वाणी जयराम के स्वर में दरबारी की छाया लिए 'मैं हूँ तेरी जोगनिया श्याम' में मंद्र और मध्य सप्तक में सुरों के चलन में सपन जगमोहन एक प्रभावशाली-सी गम्भीरता लाने सफल रहे थे।

यह एक रोचक तथ्य है कि सपन-जगमोहन के संगीत सहायक के रूप में आज के लोकप्रिय संगीतकार उत्तमसिंह ने कई फ़िल्मों में काम किया। ऑरकेस्ट्रेशन के जिस शिखर पर आज उत्तमसिंह पहुँचे हैं, उसकी नींव सपन-जगमोहन के साथ ही पुख्ता हुई थी।

सपन-जगमोहन का दुर्भाग्य रहा कि उनके कई गीत अच्छे होते हुए भी इसलिए अधिक लोकप्रिय न हो सके क्योंकि छोटे बजट की उनकी संगीतबद्ध की हुई फ़िल्में मसालादार फ़िल्मों के दौर में स्टारविहीनता के कारण फ्लॉप हो गई या कई छोटे शहरों में तो रिलीज़ ही नहीं हुई। 'जीवन-सुख' (1973) के आर.डी. बर्मन शैली के 'दो निगाहें तेरी दो निगाहें मेरी' (आशा, किशोर) या सैक्सोफ़ोन के सुंदर प्रयोग वाला 'हँस ले गा ले' (मन्ना डे) या नसीम बानू का गाया ग़ज़लनुमा 'अब किसलिए उठाएँ एहसान ज़िंदगी के' या 'नई दुनिया नए लोग' (1973) के एक ही धुन पर बने 'दो होंठ हिले इक गीत सुना' (मुकेश) तथा 'ऐ प्यार मुझे रो लेने दे' (मुकेश, सुमन) इसी श्रेणी के गीत हैं। वरना 'दो होंठ हिले इक गीत सुना' की लय इतनी अच्छी है कि यह गाना एच.एम.व्ही. के मुकेश के 'रेयर जेम्स' कैसेट में अपना स्थान रखता है। सफलता सपन-जगमोहन के हिस्से में मिली-जुली रही। इस मिली-जुली सफलता का उदाहरण है कि जहाँ एक तरफ 'दिल किसी को जो दिया न हो' (आशा, किशोर) जैसे ठीक ठाक गीतों वाली 'दो नम्बर के अमीर' (1974) और 'राखी और राइफ़ल' (1976) जैसी फ़िल्में पूर्णतः असफल रहीं, वहीं 'कॉल गर्ल' (1974) और 'कागज़ की नाव' (1975) के गीत बेहद लोकप्रिय हुए। 'काग़ज़ की नाव' का सबसे लोकप्रिय गीत 'हर जनम

में हमारा मिलन' (आशा, मनहर) में एक बार फिर एक आधुनिक शैली का कम्पोज़ीशन था तथा छोटे बीट्स के साथ लम्बी तान का अत्यंत प्रभावपूर्ण उपयोग इस गीत को एक दुर्लभ नर्म गीत बनाता है। वहीं आशा का 'मैं तुम्हारे ख़यालों में खोई रही' अधिक लोकप्रिय न होते हुए भी बड़ी कर्णप्रिय रचना है। मन्नाडे के स्वर में 'आज सखी मैं बाबुल का घर' और आशा के ही स्वर में अभोगी कानड़ पर कम्पोज़ 'न जइयो रे सौतन के घर' भी क़ाबिलेतारीफ़ कम्पोज़ीशन्स है। इसी प्रकार 'मेरा जीवन' (1976) का शीर्षक गीत 'मेरा जीवन कुछ काम न आया' (किशोर) भी अपने जमाने में अपनी संजीदा धुन के कारण पसंद किया गया था। 'रईस' (1976) की नाजुक प्यारी धुन 'ऐ मुन्ने राजा' (लता) भले ही अधिक चली न हो, पर आज भी सुनने में बड़ी अच्छी लगती है।

'सज्जो रानी' (1976) में परिवेश के हिसाब में सपन-जगमोहन ने मुजरा शैली का संगीत दिया और शोभा गुर्टू से 'नथनिया ने हाय राम बड़ा दुख दीना' जैसे गीत गवाए। दरअसल 'सज्जोरानी' से सपन-जगमोहन का एक नया पहलू प्रकाश में आया—वह था मुजरा शैली के गीतों के सृजन में लाजवाब हुनर और कौशल। 'नथनिया' तो इतना लोकप्रिय हुआ कि गली-गली में गूँजा। 'सज्जोरानी' तो संगीत की दृष्टि से सपन-जगमोहन की सबसे विराट फ़िल्म मानी जाएगी। आशा के स्वर में 'सैंया के गाँव में तारों की छाँव में' न सिर्फ लोकप्रिय था बल्कि इसके अंतरों की लहरदार कर्णप्रिय कम्पोज़ीशन लाजवाब थी। उसी प्रकार 'जिया माने ना खड़ी ताकूँ' (आशा) के रूप में सचिनदा और पंचम की शैली से मिलती शैली में सपन-जगमोहन ने एक बेहतरीन गाना बनाया था। मुजरा गीत 'मोरी बाली उमरिया' (आशा) एवं लोरी-शैली में आरती मुखर्जी के स्वर में 'साँसों में चंदन का' भी बड़े अच्छे गीत थे। वहीं 'कॉलगर्ल' में भी कथ्य और परिवेश को ध्यान में रखते हुए सपन-जगमोहन ने रानू मुखर्जी के अंग्रेज़ी गाने 'I am a call girl' में विदेशी धुन का प्रयोग किया। पर इस फ़िल्म का सुपरहिट गाना रहा किशोर कुमार का गाया राग कलावती पर आधारित 'उल्फ़त में ज़माने की हर रस्म को ठुकराओ'। नक्श लायलपुरी की इस शायराना रचना की मदन मोहन के समान बंदिश तो सपन-जगमोहन नहीं बाँध पाए हैं, पर फिर भी बड़ी ही मोहक तर्ज़ में उसे सजाया है और किशोर ने इसे पूरी तल्लीनता से गाया भी है। यों यह गाना लता मंगेशकर की आवाज़ में भी है, पर किशोर का version ही अधिक चर्चित रहा है। 'आज की धारा' (1977) में भी किशोर का गीत 'यह महफ़िल यूँ ही सजेगी' सुंदर रचना होने के साथ साथ लोकप्रिय भी हुआ। वैसे इस शैली के धीमे मधुर रोमांटिक गीतों में सर्वश्रेष्ठ गीत माना जाना चाहिए, किशोर, आशा के स्वरों में 'अभी तो जी लें' (1977) का 'तू लाली है सवेरे वाली' जिसमें इंदीवर के खूबसूरत शब्दों में अपनी उतनी ही खूबसूरत धुन और संगीत से सपन-जगमोहन ने वास्तव में लालिमा भर दी है। तबले की सुंदर संगत के साथ इसी फ़िल्म का 'मैं ज़िंदगी की तलाश में सभी रास्तों से' (आशा) भी एक बेहद खूबसूरत रचना थी, जिसका अधिक लोकप्रिय न होना दुर्भाग्य ही कहा जाएगा। इसी प्रकार पीकॉक फ़िल्म्स, कलकत्ते की बंगाली परिवेश की रहस्यमय फ़िल्म 'लाल कोठी' (1978) के मकबूल रहे 'क्या कहूँ कौन हूँ मैं जानूँ ना मैं यार' (किशोर), आधुनिकता की छाप लिए haunting धुनों वाले 'ऐ मेरे दिल दीवाने' (आशा) तथा 'दिल में भुलाई गई न तेरी याद' (आशा) तथा ताजगी के झोंके समान संगीत तरंग लिए 'ढला दिन ऐसे डूब गया' (अमित कुमार, आशा) जैसे गीत वाकई अच्छी कम्पोज़ीशन्स के उदाहरण माने जाएँगे—भले ही व्यावसायिक स्तर पर इनकी बहुत पूछ न हुई हो। इस दौर में सपन-जगमोहन की सर्वश्रेष्ठ प्रस्तुतियाँ 'शादी से पहले' (1980) में नज़र आती हैं। रफ़ी के स्वर में 'एक खूबसूरत लड़की मुझे रात को मिली थी' और रफ़ी, आशा के युगल स्वरों में नर्म सुकून-भरी धुन लिए 'तेरी साँसों में कैसी खूशबू है' को अच्छी लोकप्रियता भी मिली थी। पर फ़िल्म का सबसे सुंदर गीत था सितार की कई बारीकियों से सँवारा गया रूमानी गीत 'ये सुर्ख जोड़ा ये बदन और ये तुम्हारा बाँकपन'। रफ़ी के स्वर में इस गीत को आज भी सुनना एक सुखद अनुभूति है और यह गीत निस्संदेह रफ़ी के गाए आखिरी गीतों में बहुत ऊपर रखा जाएगा। 'हबारी' (1978) के 'प्यारा लगे, प्यार की राहों का प्यार सफ़र' (रफ़ी, सुलक्षणा पंडित), 'दरवाज़ा' (1978) का बेहद नाजुक 'होश में हम कहाँ' (अमित कुमार) और 'सिसकियाँ' (1981) का बेहद मधुर और लोकप्रिय 'अब और न मुझसे शरमाओ मनचाहा प्यार मुझे दे दो' (किशोर, सुलक्षणा) जैसी कृतियाँ सपन-जगमोहन के पाश्चात्य ऑरकेस्ट्रेशन के साथ मेलोडी का संतुलन बनाए रखने के गुण को ही रेखांकित करती है।

आठवें दशक के अंत तक छोटे नजर की कथ्य प्रधान समांतर फ़िल्मों का दौर भी मल्टीस्टार कास्ट वाली फ़िल्मों की धूमधाम के सामने निर्जीव-सा हो चला था तथा 'जॉनी उसका नाम' जैसी फ़िल्मों के पर्दे का मुँह न देख पाने के बाद सपन-जगमोहन को भी 'गंगा धाम' (1980) और 'शीतला माता' जैसी धार्मिक फ़िल्मों के लिए संगीत-रचना करनी पड़ी। 'गंगा धाम' में सपन-जगमोहन लोकसंगीत लेकर आए। 'जी न लगे' में उन्होंने पहाड़ी लोकशैली का सुंदर प्रयोग किया और सुरेश वाडेकर, आशा और साथियों

के स्वर में यह गीत इसी शैली के आर.डी.बर्मन के कई गीतों की याद दिलाता है। वहीं 'मोर भंगिया का' (रफ़ी, आशा) में उन्होंने बनारस का रंग डालने का प्रयास किया था। दशक के आरम्भ में प्रकट हुए शहरी बुद्धिजीवी के विचारात्मक, प्रयोगात्मक झुकाव को कोई ठोस जनाधार कभी मिला नहीं और तेजी से बढ़ती वाणिज्यीकरण की लहर के सामने छोटे बजट की बुद्धिजीवी सोचवाली फ़िल्में गौण हो चुकी थीं। सपन-जगमोहन का फ़िल्मी जगत में कैरियर ग्राफ़ भी विचारों की अवनति और व्यवसायीकरण के आच्छादन की रेखाओं के साथ ही चलता है।

'एक और संग्राम' (1982), 'दुश्मनों का दुश्मन' (1984—जिसमें चंद्राणी मुखर्जी और दीपक चौहान के स्वरों में 'नैन तेरे ज्योति' जैसा सुन्दर गीत भी था), 'प्रतिभा' (1984), 'प्रेमयुद्ध' (1985), 'अम्बर' (1985—अप्रदर्शित) और 'स्वार्थी' (1986) जैसी व्यावसायिक रूप से असफल फ़िल्मों के साथ-साथ सपन-जगमोहन का नाम भी धीरे-धीरे भूलता गया। ऐसा नहीं था कि सपन-जगमोहन की प्रतिभा चुक गई थी। 'प्रतिभा' (1984) का 'यूँ हक दोस्ती का' (अनुराधा, सुरेश वाडेकर) न सिर्फ कर्णप्रिय था बल्कि खूब लोकप्रिय भी हुआ था। 'उतरे जो ज़िंदगी तेरी गहराइयों' (भूपेन्द्र) भी अच्छी सशक्त रचना थी। रवींद्र संगीत की छाया लिए 'अम्बर' का 'झिलमिल सितारों से नैना' (किशोर) भी बड़ी सुन्दर कृति थी। 'मिलेंगे कभी' में भी कोमल सुरों के साथ लाए 'तुम्हारे लिए ही लिया है जनम' (अनुराधा, सुरेश वाडेकर), 'ओ मितवा' (अनुराधा, शैलेन्द्र सिंह) और 'तेरे बिना मेरा' (अनुराधा, सुरेश वाडेकर) भी अच्छे गीत थे पर चल नहीं पाए। 'सज्जोरानी' के बाद मुजरा गीतों के लिए सपन-जगमोहन का ज़िक्र भी होने लगा था और 'गीत गंगा' (1982) में उन्होंने मुजरा-शैली में 'हम रोज दुलहन बन जाते हैं' और लोक नौटंकी शैली में 'ले गयो रे डाका डाल के मोरी कोरी नथनिया' आशा के स्वर में बहुत ही खूब बनाए थे। यह दूसरी बात है कि 'सज्जोरानी' वाली सफलता इस बार नहीं मिली। वैसे फ़िल्म का 'किसे छू के पवन ये चली' कुछ चला था। 'माँ की सौगंध' में मुजरा-शैली का पुनः प्रयोग भी असफल ही रहा।

सपन-जगमोहन की अंतिम फ़िल्में 'घर का कानून' (1995), 'कुँआरी माँ' (1996) भी उनको फिर से सामने लाने में असफल रही। 'अमानत' जैसे कुछ टी.वी. सीरियल्स में अवश्य वे संगीत देते रहे। अनूप जलोटा की गाई 'पीते हैं झूम झूम के' और 'तुम जहाँ चाहो' जैसी कुछ ग़ज़लों को भी उन्होंने संगीतबद्ध किया था। जगमोहन की मृत्यु 26 फरवरी, 1999 को बम्बई के एक नर्सिंग होम में हुई।

कनु राय

'आप अगर आप न होते तो भला क्या होते'

कनु राय फ़िल्म-संगीत के उन विशिष्ट संगीतकारों में स्थान रखते हैं जिन्हें फ़िल्में तो कम मिलीं, पर जिनका कलात्मक पक्ष इतना मर्मस्पर्शी था कि उनकी लगभग सभी रचनाएँ समीक्षकों की सराहना का पात्र बनीं। वैसे कनु राय कलकत्ते से बम्बई पार्श्वगायक बनने आए थे, पर बम्बई में 'इप्टा' में काम शुरू किया तो लोगों की सलाह पर 'इप्टा' के लिए संगीत-निर्देशन का दायित्व सँभाल लिया। 'इप्टा' में ही कनु राय ने एक ऐसी धुन बनाई थी जिसे रूसी भी गुनगुनाते थे। 'इप्टा' में ही सलिल चौधरी से मुलाकात हुई। सलिल ने आशा भोंसले के साथ कनु से 'परिवार' (1957) में एक दोगाना तो गवा लिया पर साथ ही उन्हें गायक की बजाय संगीतकार बनने की सलाह दी।[1]

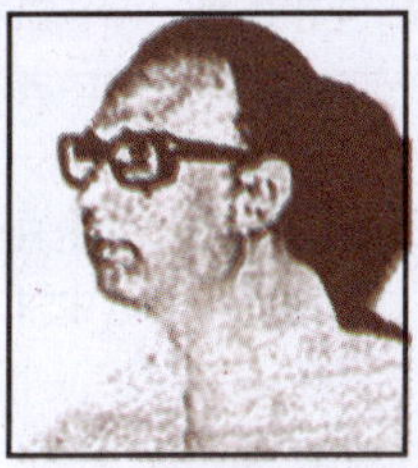
कनु राय

पर सलाह तो पर्याप्त नहीं होती। संगीतकार बनने के लिए अवसर की भी आवश्यकता थी, और अवसरों की कमी जारी रही। वे कनु राय के बेहद संघर्ष के दिन थे। एक बार बारिश में भींगते हुए कनु राय दस-ग्यारह मील पैदल चलकर अनिल विश्वास के पास काम माँगने गए, और इस कदर बेबस हो चुके थे कि उन्होंने अनिल विश्वास से गुज़ारिश की कि और कोई काम न हो तो वे उनकी ड्राइवरी भी करने को तैयार हैं। अनिल विश्वास ने पसीजकर उन्हें एक कोरस में गाने का मौका दे दिया।[2] बस, इसी प्रकार कोरस में गा-गाकर—कभी सलिल के लिए, कभी सचिन देव बर्मन के लिए—जीवन की गाड़ी खिंचती रही। इसी दौरान बासु भट्टाचार्य से दोस्ती हो गई। फ़िल्म 'मधुमती' के निर्माण के दौरान बासु भट्टाचार्य ने सलिल से कहा भी था कि वे कनु राय को अपने एक सहायक के रूप में ले लें, पर सलिल का मानना था कि कनु राय उनकी शैली के संगीत में योगदान नहीं दे सकते। जब बासु भट्टाचार्य ने यह बात कनु राय को बताई तो उनका दिल टूट गया क्योंकि वे सलिल के साथ रहा करते थे, जब ड्राइवर न हो तो उनकी गाड़ी भी चला दिया करते थे और उनके शिष्य जैसे थे। बासु भट्टाचार्य 'तीसरी कसम' (1966) निर्देशित कर चर्चित हो चुके थे पर व्यावसायिक रूप से असफल ही थे। बासु से दोस्ती अच्छी चली और इसी दोस्ती ने उन्हें एक दिन बासु की फिल्म 'उसकी कहानी' (1969) के लिए संगीतकार का ऑफ़र भी दिला दिया। बासु भट्टाचार्य को अपनी फिल्मों के लिए जैसा संगीत चाहिए था, वह कनु ही दे सकते थे। बासु भट्टाचार्य ने कनु राय के संगीत और चिंतन में एक अद्भुत मीठा दर्द पाया था जिसकी उन्हें ज़रूरत थी।

'अनुभव' का एक दृश्य

इस वक्त कनु राय इतनी तंगहाल ज़िंदगी जी रहे थे कि उनके पास अपना हारमोनियम तक न था। इस फ़िल्म की धुनें भी उन्होंने बिना हारमोनियम के ही बनाई थीं। फिल्म में मात्र दो गीत थे पर दोनों ही बड़े सुंदर थे। गीता के स्वर में कोमल अनुभूतियों को लेकर कम्पोज़ किया कैफ़ी आजमी का लिखा 'आज की कालीघटा' अपनी उसी मुलायमियत और हलके ऑरकेस्ट्रेशन के कारण आकर्षित करता है जिसे लेकर बाद में कनु राय ने गीता से 'अनुभव'

में चिरस्मरणीय गीत बनाए। हेमंत के स्वर में 'तेरा है जहाँ सारा' मूलतः बंगाल की लोकशैली की रचना की ही आधुनिक प्रस्तुति थी।

कनु राय ने 'अनुभव' के साथ वर्षों से खोई और उपेक्षित गीता दत्त की वापसी का मार्ग प्रशस्त किया था। यह दूसरी बात है कि इसके कुछ ही दिनों बाद गीता दत्त अपनी बीमारी से दुनिया को ही विदा कह गई, पर क्या संगीत था 'अनुभव' में, और क्या गायकी थी गीता दत्त की! बिलकुल हलके सितार, सरोद और तार शहनाई का ऑरकेस्ट्रेशन, यहाँ तक कि रिद्म को भी दरकिनार करके कोमल सुरों में 'मेरा दिल जो मेरा होता', 'कोई चुपके से आ के सपने सुला के मुझको जगा के बोले', 'मेरी जाँ मुझे जाँ न कहो मेरी जाँ' जैसे कितने खूबसूरत हलके पवन की सहलाहट-भरे गीत बनाए थे कनु राय ने! इनको सुनकर तो आज भी मन गुदगुदा-सा जाता है। 'अनुभव' में मन्ना डे से भी राग देस पर आधारित एक मुलायम सा रूमानी गीत गवाया था कनु राय ने। 'फिर कहीं कोई फूल खिला' में उन्होंने मन्ना डे की आवाज़ के उस कोमल तत्त्व को उभारा जिसे शायद उतनी कुशलता से सिर्फ़ सलिल ही 'ऐ मेरे प्यारे वतन' में उभार पाए। पर सलिल, या फिर कल्याणी-आनंदजी के 'कस्मे वादे प्यार वफ़ा' में उस कोमलता में दर्द हावी था। यहाँ तो विशुद्ध कोमल रूमानियत थी। वैसे 'अनुभव' में साउंडट्रैक का संगीत भी प्रयोगात्मक नई धारा के बासु भट्टाचार्य की फ़िल्मों की शैली से संगति बैठाता था। संगीत में फ़ोन की घंटी, घड़ी की टिकटिक, रेडियो की आवाज़, घरेलू ध्वनियाँ सभी शामिल थे। फ़िल्म के साउंडट्रैक पर एक बाँग्ला गीत तक था।

मन्ना डे के स्वर के दर्द को कितनी खूबसूरती से उभारा था कनु राय ने 'आविष्कार' (1973) के 'हँसने की चाह ने इतना मुझे रुलाया है' में! यह गीत न सिर्फ़ बेहद लोकप्रिय हुआ बल्कि आज भी मन्ना डे के सर्वश्रेष्ठ गीतों में इसकी गिनती होती है। बासु भट्टाचार्य की इस चर्चित फिल्म में कनु राय ने आशा से भी एक सुंदर गीत 'नैना हैं प्यासे मेरे' गवाया था, जिसकी संगीत समीक्षकों ने बहुत तारीफ़ की थी। उस समय तक अनजान जगजीत चित्रा की जोड़ी से भी उन्होंने इस फ़िल्म में प्रसिद्ध पारम्परिक गीत वाजिद अली शाह का 'बाबुल मोरा नैहर छूटो जाए' गवाया।

कनु राय की अगली फ़िल्म थी बासु भट्टाचार्य की ही 'तुम्हारा कल्लू' (1975–शंकर शम्भू के साथ)। इसे समीक्षकों ने बहुत सराहा था, और इसमें कनु राय ने पूरबी लोकशैली में एक गीत कम्पोज किया था 'दरदियो न जाने ओ मोरे राजा' (मदन चोपड़ा, साथी)। पूरी फ़िल्म में हलके रसीले एकतार का प्रयोग था।

पर कनु राय का मीलस्तम्भ था बासु भट्टाचार्य की ही 'गृहप्रवेश' (1979) का संगीत। राग बिहाग में 'बोलिए सुरीली बोलियाँ' (भूपेन्द्र, सुलक्षणा पंडित), खुशबू की तरह स्वर तरंगें बिखेरती 'ज़िंदगी फूलों की नहीं' (भूपेंद्र), एकाकीपन को सजीव करता 'लोगों के घर में रहता हूँ' (भूपेंद्र), लाजवाब की ग़ज़ल 'मचलकर जब भी आँखों में छलक जाते हैं दो आँसू' (भूपेंद्र) जैसे गुलज़ार के लिखे और कनु राय के स्वरबद्ध किए गीत प्रभावशाली थे। पंकज मित्रा के स्वर में एक अलग ही शैली में गवाया 'पी के याद आए पिया' एक लीक से हटकर बनाई हुई रचना थी। पर यदि फ़िल्म के श्रेष्ठतम दो गीतों को चुनना हो तो पहले नम्बर पर मैं रखूँगा सुलक्षणा पंडित के स्वर में 'आप अगर आप न होते तो भला क्या होते, लोग कहते हैं कि पत्थर के मसीहा होते'। गुलज़ार के इस काव्यात्मक गीत को दादरा ताल पर कनु राय ने इतनी संवेदना से तराशा है और सुलक्षणा पंडित से इतनी सुंदर अभिव्यक्ति दी है कि यह गीत बहुत देर तक मन मस्तिष्क पर हावी रहता है। इस गीत को सुनकर लगता है कि यदि सुलक्षणा पंडित को अवसर मिलते तो वह बहुत आगे तक जा सकती थीं। दूसरे नम्बर पर मैं रखूँगा चंद्राणी मुखर्जी के गाए 'पहचान तो थी पहचाना नहीं, मैंने अपने आपको जाना नहीं'। बेहद हलका ऑरकेस्ट्रेशन, खूबसूरत और हर शब्द पर बल देती तर्ज़ और अद्भुत गायकी! कनु राय का यह गीत हमारे दिलो-दिमाग पर छाता जाता है।

सई परांजपे की अंधों की मानसिकता और उनके दर्द का संवेदनशील चित्रण करनेवाली 'स्पर्श' (1980) में कनु राय ने सुलक्षणा पंडित से खुशी और गम दोनों ही मनःस्थितियों के सुंदर गीत 'प्याला छलका उजला दर्पण जगमग मन आँगन' और 'खाली प्यारा धुँधला दर्पण, खाली खालीमन' के माध्यम से पुनः भावनाओं को स्पर्श करती कृतियाँ दीं। फ़िल्म में उन्होंने उस्ताद अमजद अली खाँ के सरोद वादन का भी उपयोग किया था। फ़िल्म 'मयूरी' के लिए कनु राय ने अभिनेत्री नूतन से भी गीत गवाए। हालाँकि नूतन कोई विशिष्ट गायिका नहीं थीं और कनु राय की हिचकिचाहट जायज़ थी, फिर भी अंतिम परिणाम मर्मस्पर्शी देने में कनु राय सफल सिद्ध हुए। 'मेरा जीवन एक बफ़ीर्ली धारा', 'ये कैसी है खामोशी' और अमित कुमार के साथ 'तुम तुम न रहे' जैसे गीत नर्म, कोमल कम्पोजीशन्स के अच्छे उदाहरण थे।

यह कहा जा सकता है कि कनु राय भावनाओं के संगीतकार थे, और संगीत के माध्यम से उन्होंने बासु भट्टाचार्य की

फ़िल्मों की ही तरह नारी की अंतर्चेतना की गुत्थियों और द्वंद्वों को प्रकट करने की कोशिश की। यहाँ आधुनिक शहरी जीवन की चुनौतियों और विषमताओं का संदर्भ तो था, पर यह संदर्भ प्रत्यक्ष न होकर कहीं हाशिए पर था। मनःस्थितियों का संगीत इतना हावी और सूक्ष्म था कि वह अपना अलग अस्तित्व रखता था। इस दृष्टि से कनु राय हिंदी फ़िल्म-संगीत के जैनेंद्र कुमार कहे जा सकते हैं।

नूतन ने बाकायदा संगीत सीखा था

कनु राय ने अधिक वादकों का इस्तेमाल जिस गीत में किया, वह था–'बलमा मेरे बलमा' (दिलराज कौर, मुकेश–'श्यामला', 1979)। फ़िल्म के इस गीत के लिए कनु राय ने चालीस वादकों का इस्तेमाल किया था हालाँकि यह गीत कनु राय के अन्य गीतों के मुकाबले कमज़ोर ही ठहरता है। 'वह फिर नहीं आई' का संगीत पक्ष हालाँकि सशक्त था, पर फ़िल्म चली नहीं। अपने अंतिम दिनों में कनु राय बासु भट्टाचार्य की बाँग्ला फ़िल्म 'श्मशान' के संगीत पर काम कर रहे थे।

कनु राय का नाम आज कम ही लोग जानते हैं। वे जीवन-भर आर्थिक रूप से परेशान रहे, अविवाहित रहे। उनका कोई मकान नहीं था। वे स्वाभिमानी, अंतर्मुखी थे, किसी के पास काम माँगने नहीं गए और यही कारण है कि उन्हें अच्छे संगीतकार होने के बावजूद बहुत कम काम मिला। जीवन के अंतिम दिनों में निराशा के बीच ही उन्हें कैंसर ने बहुत सताया। सरदर्द से बेहद परेशान रहने लगे थे। उनकी मृत्यु 20 दिसम्बर, 1982 को कैंसर से ही बम्बई के जे.जे अस्पताल में हुई। फ़िल्म-जगत यूँ ही चलता रहा, पर फ़िल्म-संगीत में कोमल, दर्दीले गीतों की बात आएगी तो कनु राय का नाम लेना ही पड़ेगा। जब किसी की ज़िंदगी का दर्द उसकी रचना में उतरता है तो अभिव्यक्ति बड़ी सशक्त होती है। यही कनु राय की त्रासदी थी और यही उनकी उपलब्धि।

संदर्भ

1. माधुरी, 18 अप्रैल, 1980
2. वही

रघुनाथ सेठ

'ये पौधे ये पत्ते ये फूल ये हवाएँ'

रघुनाथ सेठ को बाँसुरीवादक के रूप में, और फ़िल्म्स डिवीजन की बेशुमार documentaries के संगीतकार के रूप में तो सभी जानते हैं, पर कुछ व्यावसायिक फ़िल्मों के भी वे संगीतकार बने, यह कम ही लोगों को विदित है। लखनऊ आकाशवाणी, दिल्ली दूरदर्शन और फ़िल्म्स डिवीज़न में अपनी कला का जादू बिखेरनेवाले रघुनाथ सेठ को फिल्म्स डिवीज़न के लघुचित्र 'Umbrella' के पार्श्वसंगीत के लिए राष्ट्रपति पुरस्कार तक मिल चुका है। 1961 में रघुनाथ सेठ ने सिर्फ एक गायक कलाकार की आवाज़ को कोरस में बदलकर एक अभिनव प्रयोग भी किया था।

रघुनाथ सेठ

कमलेश्वर की प्रसिद्ध कहानी पर निर्मित चर्चित कलात्मक फ़िल्म 'फिर भी' (1971) में संगीत देने के लिए रघुनाथ सेठ को ही चुना गया। फ़िल्म में मन्ना डे के स्वर में 'क्यूँ प्याला छलकता है' एक लाजवाब कम्पोज़ीशन थी जिसमें तबले और सारंगी के संगत के साथ मन्ना डे की आवाज़ को एक खूबसूरत-सी तरलता देने में रघुनाथ सेठ सक्षम रहे थे। हेमंत की गुरु-गंभीर आवाज़ में 'हम चाहें या न चाहें' अपनी गूँजती शैली और सुंदर धुन के कारण एच.एम.व्ही. द्वारा रिलीज हेमंत के 'रेयर जेम्स' कैसेट्स में भी अपनी जगह बना गया है। फिल्म में बच्चन का लिखा एक बड़ा खूबसूरत गीत 'साँझ खिले भोर झरे फूल हरसिंगार के' (हेमंत, रानू मुखर्जी) दुर्भाग्य से फ़िल्म के साउंडट्रैक पर ही उपलब्ध है। साउंडट्रैक पर पं. जसराज और वाणी जयराम के स्वरों में शास्त्रीय आलापों और तानों का भी अपना ही अदम्य आकर्षण था। कथ्य के रोमांस और अंतर्द्वन्द्व के क्षणों को रघुनाथ सेठ के संगीत ने जीवंत कर दिया।

इमरजेंसी में प्रतिबंधित अमृत नाहटा की विवादास्पद और अत्यंत चर्चित फ़िल्म 'किस्सा कुर्सी का' संगीतकार के रूप में रघुनाथ सेठ की अगली फ़िल्म थी। हालाँकि इस फ़िल्म के लिए पहले जयदेव अनुबंधित थे और उन्होंने एक गीत भी रेकॉर्ड कराया था, पर इमरजेंसी के दौरान फ़िल्म के प्रथम संस्करण को नष्ट कर दिया गया था और दूसरे संस्करण के लिए रघुनाथ सेठ को लिया गया। फिल्म के गीत कहानी के अनुरूप ही व्यंग्य और राजनीतिक संदेश लिए हुए थे–'जनता की जय बोलो' (आशा, महेंद्र, साथी) और 'ये रेडियो और मेरी जबान को आफ़त है' (कई गायक-गायिकाएँ)।

जब निर्माता-निर्देशक विनोद पांडे ने अपनी चर्चित और परम्पराओं को तोड़नेवाली फ़िल्म 'एक बार फिर' का निर्माण किया, तो रघुनाथ सेठ को ही बतौर संगीतकार चुना। इस फ़िल्म के काव्यात्मक गीत 'ये पौधे ये पत्ते ये फूल ये हवाएँ' (अनुराधा, भूपेंद्र) की रूमानी धुन को रघुनाथ सेठ ने गिटार के सहारे बड़ी संवेदना के साथ उभारा था। दर्द-भरे सुरों के साथ 'जाने ये मुझको क्या हो रहा है' (भूपेंद्र) में रघुनाथ सेठ बेहद प्रयोगधर्मी भी लगे। भूपेंद्र से 'कहाँ तक आसमां है' (1984) में 'जब भी चूम लेता है', 'कोई जब से शरीके कारवाँ है' और 'आओ यहाँ तन्हाई में' जैसी लाजवाब रूमानी रचनाएँ रघुनाथ सेठ ने गवाई थीं। 'शांत' (1982), 'The Last Tiger' (1983), 'दामुल' (1984) और 'परिणति' (1986) जैसी ऑफ़-बीट फ़िल्मों में भी सेठ का संगीत था। विनोद पांडे की

'एक बार फिर'

'ये नज़दीकियाँ' (1982) संगीत की दृष्टि से रघुनाथ सेठ की व्यावसायिक रूप से सफल फिल्म रही। तलत अजीज के मखमली स्वर में 'आवारगी हमारी', भूपेंद्र के संजीदा स्वर में 'दो घड़ी बहला गई परछाइयाँ', अनुराधा के स्वर में खूबसूरत मेलोडीप्रधान 'एक दौर वो भी था' तथा 'मैंने एक गीत लिखा था' और आशा भोंसले के गाए 'कितनी हसीन है नशीली-नशीली ये नज़दीकियाँ' जैसे गीतों को सुनना आज भी अच्छा लगता है। इसी प्रकार 'सीपियाँ' (1982) में भूपेंद्र की खास शैली में नज्म का तरन्नुम लिए 'क्या कहें किससे कहें' भी आकर्षक रचना थी। 'आगे मोड़ है' (1987) चर्चित तो न हुई पर रघुनाथ सेठ ने इसमें आशा से लोकशैली के परिष्कृत रूप में एक सुंदर गीत गवाया था–'दुपहरिया बँसवरिया पीछे'। इसी फ़िल्म में 'अब तो भुला दो मोरी' लोकशैली पर आधारित बहुत सुंदर विदाई गीत था। 'महका करते हैं खिजाँ में भी...साथ हर हाल में देती हैं तुम्हारी जुल्फें' को अनूप जलोटा के विशिष्ट ग़ज़ल गायकी अंदाज़ में रघुनाथ सेठ ने ढाला था। हलके ऑरकेस्ट्रेशन के बीच रात की निस्तब्धता को प्रकट करता 'दूर कहीं रातों को' (भूपेंद्र) और लोक-रंग के बिरहा 'एक साल बिरहा' के साथ 'आगे मोड़ है' रघुनाथ सेठ की उल्लेखनीय फ़िल्म थी, पर दशक की धूम-धड़ाके-भरे संगीत की मुख्य धारा के कारण इस फ़िल्म का संगीत कमोबेश अनसुना ही गुजर गया। 'आकांक्षा' (1993) और 'चक्रव्यूह' (1996) जैसी ऑफ़-बीट फिल्मों का उनका संगीत कैसा था, यह तो विरले ही जानते होंगे।

रघुनाथ सेठ के संगीतबद्ध कुछ गैरफ़िल्मी गीत भी बहुत प्रसिद्ध रहे हैं। उषा मंगेशकर के स्वर में 'अब सौंप दिया', आशा भोंसले के स्वर में कबीर की प्रसिद्ध रचनाएँ 'हमन हैं इश्क मस्ताना' और 'नैहरवा हमका ना' हरिओम शरण के स्वर में, 'खन खन नृत्य', सुधा मल्होत्रा से गवाया 'मैंने किया द्वारिका वास', मुबारक बेगम की आवाज़ में 'सावन मास', वाणी जयराम का गाया 'सम्पत्ति वंदना' आदि प्रसिद्ध रचनाएँ रही हैं। पीनाज़ मसानी की गाई कई मशहूर ग़ज़लों के कम्पोज़र रघुनाथ सेठ ही रहे हैं। कतील शिफाई का मशहूर कलाम 'वो दिल ही क्या', या फिर अन्य शायरों की 'ख़याल आपका बहुत', 'कभी ख़याल की सूरत', 'क्या भला दिल के तड़पने', 'आँख जब बंद किया' जैसी ग़ज़लें भी काफ़ी लोकप्रिय रही हैं।

भूपेन हज़ारिका

'चुपके-चुपके हम पलकों में कितनी सदियों से रहते हैं'

आसाम का लोकसंगीत हो तो केवल भूपेन हज़ारिका ही याद आते हैं। चाहे आसाम का बीहू संगीत हो, या वहाँ की पहाड़ियों और नदियों में प्रतिध्वनित होती स्वरलहरियाँ हों, इन सबको गायक और संगीतकार दोनों रूपों में जन-जन तक पहुँचाने में भूपेन हज़ारिका अग्रणी रहे हैं। हिंदी फ़िल्मों में भी आसाम की मिट्टी की गंध बिखेरने का काम उन्होंने कुछ फ़िल्मों में संगीत देकर किया, और उनके सृजित ये गीत अपना एक ऐतिहासिक महत्व रखते हैं।

भूपेन हज़ारिका

1 मार्च, 1926 को नेफा के पास सदिया में जन्मे भूपेन हज़ारिका के पिता संत शंकर देव वैष्णव भक्त थे और अपने उपदेश गेय रूप में ही देते थे। बचपन से जगी संगीत रुचि को भूपेन ने ज्योतिप्रसाद और विष्णुप्रसाद जैसे लोकसंगीत के पारखी व्यक्तियों के साथ निखारा और 11 वर्ष की आयु में ही उनके स्वर में पहला रेकॉर्ड भी बन गया। 'गैरफ़िल्मी गीतों के अलावा फ़िल्म 'इंद्र मालती' के लिए उन्होंने बाल कलाकार की भूमिका भी की और अपना पहला गीत गाया—'विश्व विजय नौजवान'।

तेजपुर से मैट्रिक और गौहाटी से इंटर पास करने के बाद जापानी हमले के दौरान भूपेन हज़ारिका बनारस हिंदू विश्वविद्यालय गए और राजनीति शास्त्र में एम.ए. करने के साथ-साथ शास्त्रीय संगीत भी सीखते रहे। 1942 में साम्प्रदायिक एकता पर लिखा उनका एक गीत काफ़ी लोकप्रिय रहा जो बाद में 'शीराज़' फ़िल्म में भी लिया गया। गौहाटी में कुछ दिनों तक अध्यापन के बाद भूपेन हज़ारिका आकाशवाणी में नौकरी करने लगे और वहीं से स्कॉलरशिप पर 'मास कम्यूनिकेशन' में डॉक्टरेट करने के लिए अमेरिका की कोलम्बिया यूनिवर्सिटी गए। वहीं फ़िल्म माध्यम का भी गहन अध्ययन किया—राबर्ट स्टेन्स और राबर्ट फ्लैहर्टी से भी काफी कुछ सीखा। शिकागो युनिवर्सिटी से फ़ेलोशिप भी मिला, लोकसंगीत का अध्ययन भी जारी रहा और अमेरिका के नीग्रो लोकगायक पॉल रॉबसन के साथ गाना सीखने जाने पर 7 दिनों की जेल भी हुई। डॉक्टरेट के बाद लम्बे जहाजी सफ़र के द्वारा भारत लौटते समय जगह-जगह के लोकगीतों का संग्रह भी भूपेन ने बड़े शौक से किया था।

कुछ दिनों तक गौहाटी में अध्यापन के बाद वे पूरे मनोयोग से फ़िल्मों और संगीत से जुड़ गए। असम की 'इप्टा' के वे सक्रिय सदस्य थे और 1948 में उनका पहला रेकॉर्ड 'महात्मेर महाप्रयम' भी रिलीज़ हुआ। असम के बीहू, बन गीत और बागानों के लोकसंगीत को राष्ट्रीय फ़लक पर स्थापित करने का श्रेय हज़ारिका को ही जाएगा। मध्ययुगीन संत कवि शंकरदेव और माधव देव की रचनाओं से भी वे बहुत प्रभावित रहे। असमिया फ़िल्म 'सती बेहुला' (1954) से वे पहली बार संगीत निर्देशक बने। 'मनीराम देवान' और 'एरा बातोर सुर' की सफलता के साथ-साथ उनके लिखे, निर्देशित और संगीतबद्ध 'शकुंतला', 'प्रतिध्वनि'

और 'लटिघटि' के लिए उन्हें लगातार तीन बार राष्ट्रपति पदक भी मिला। बाँग्ला में भी 'माहुत बंधु रे', 'जीवन तृष्णा' आदि कई फ़िल्मों के संगीत-निर्देशन के अलावा उन्होंने पी.सी. बरुआ के जीवन पर 'एखाने पिंजर' नामक फ़िल्म भी बनाई। भूपेन हज़ारिका का बुद्धिजीवी संगीतकार व्यक्तित्व इतना विराट और लोकप्रिय रहा कि लोगों ने उनसे 1967 में विधान सभा चुनाव भी लड़वाया और जीत भी हासिल करवाई। 1967-72 तक विधान सभा सदस्य के रूप में उन्होंने असम में पहले स्टूडियो की स्थापना करवाई।

बाँग्लादेश के जन्म के उपलक्ष्य में भूपेन हज़ारिका की रचित 'जय जय नवजात बाँग्लादेश' को अपार लोकप्रियता मिली थी। कोलम्बिया विश्वविद्यालय के दिनों में प्रसिद्ध अमेरिकी अश्वेत गायक पॉल रोबसन के मित्र रहे हज़ारिका अश्वेतों के अधिकारों के लिए लड़ाई से बहुत प्रभावित रहे हैं। रोबसन की प्रसिद्ध रचना 'Old Man River' से प्रेरणा लेकर ही हज़ारिका ने ब्रह्मपुत्र पर अपनी यादगार रचना का सृजन किया था। आम आदमी के लिए लिखी उनकी रचना 'मनुहे मनुहर बाबे' को भी आज तक उनकी विशिष्ट उपलब्धि माना जाता है, जिसमें समाज की विसंगतियों के बीच आम आदमी के संघर्ष और उसकी मानवीयता-भरी जिजीविषा की अभ्यर्थना की गई थी। बाँग्ला फ़िल्म 'सिमाना पेरिए' (1978) के उत्कृष्ट संगीत के लिए उन्हें बाँग्लादेश फ़िल्म-उद्योग तथा बाँग्लादेश पत्रकार संघ के द्वारा पुरस्कृत किया गया।

हिंदी में उनकी संगीतबद्ध पहली फ़िल्म थी 'आरोप' (1974)। इस फ़िल्म में एक ओर यदि उन्होंने प्रचलित बीट्स पर 'नैनों में दर्पण है' (लता, किशोर) जैसा लोकप्रिय गीत रचा, तो दूसरी ओर अपनी गाई एक पुरानी बेहद मार्मिक आसामिया रचना 'हे माई जखुआ' की राग शहबरी आधारित धुन को लेकर लक्ष्मी शंकर से एक बहुत ही सुंदर गीत गवाया—'जब से तूने बंसी बजाई रे'। 'चले आओ ना सताओ' (आशा) और 'सब कुछ मिला' (आशा, उषा मंगेशकर) तो क्रमशः चलताऊ भोजपुरी लोकधुन और क्लब शैली के ही गीत थे, पर 'हे यशोदा नंदन' (भूपेन हज़ारिका, के.एन. शर्मा) एक सुंदर पारम्परिक कीर्तन शैली की रचना थी और बसंत बहार पर आधारित 'ओ फूलों के देशवाली' (मन्ना डे) और 'टूट गया मेरा सपना' (मन्ना डे) बड़े ख़ूबसूरत काव्यात्मक गीत थे। दरअसल भूपेन हज़ारिका के संगीत की एक विशिष्ट पहचान न केवल आसाम की धरती के लोकरंग के विविध रूपों की प्रस्तुति बल्कि संगीत में एक कोमल सी काव्यात्मकता का स्पर्श भी रही है। यह काव्यात्मकता हज़ारिका की साहित्यिक पृष्ठभूमि का ही सहज परिणाम थी और इसकी अभिव्यक्ति में साहित्यिक लावण्य और लालित्य दोनों ही रहता था।

अरुणाचल प्रदेश सरकार द्वारा निर्मित और भूपेन हज़ारिका द्वारा निर्देशित 'मेरा धरम मेरी माँ' (1976) में संगीत देते हुए भूपेन इस बार अरुणाचल का लोकसंगीत लेकर आए और 'नीला नीला आसमाँ', 'अरुण किरण शीश भूषण' और अरुणाचल के गायक गुमसी मेरवा बाओ पिंजी आदि के गाए 'ऐंबो जा' जैसे गीत भले ही बहुत कम लोग ही सुन पाए, पर संगीत की दृष्टि से इस फ़िल्म का संगीत हिंदी फ़िल्म-संगीत के अध्यायों में एक नवीन पहलू तो जोड़ता ही है।

असमी फ़िल्म 'चमेली मेमसाहब' (1975) के संगीत के लिए हज़ारिका को सर्वश्रेष्ठ संगीतकार का राष्ट्रीय पुरस्कार भी मिला। इसके हिंदी रूपांतरण की फ़िल्म में भी हज़ारिका ने मूलतः वहीं संगीत रखा और असमिया लोकसंगीत की अभूतपूर्व छटा बिखेरी। 'ओ विदेशी बंधु' (भूपेन हज़ारिका, अरुणधिति होन चौधरी) तो बाँसुरी के सुंदर तानों के साथ पहाड़ियों में गूँजता प्रभाव उत्पन्न करनेवाली एक बड़ी प्रभावशाली रचना थी। 'इंसान इंसान के लिए' (भूपेन हज़ारिका, कमल गाँगुली, साथी) देशभक्ति के कोरस गीतों की शैली में सृजित एक अच्छी प्रस्तुति थी। 'वशीकरण काजल करे नैना' (अरुणधिति होम चौधरी, इला बोस, भूपेन हज़ारिका) में तो असमी लोकसंगीत की कई विधाएँ एक-दूसरे से मिली-जुली चलती हैं—बीहू की तरंग, प्रणय गीतों की संवेदना, विरह की दर्द-भरी आशंका—सभी शैलियों का स्पर्श इस सुंदर गीत में है। यह दूसरी बात है कि हिंदीभाषी श्रोताओं के बीच इस संगीत की उपेक्षा ही हुई।

दरअसल, हिंदी फ़िल्म-संगीत में असम का संगीत लाना यदि एक तरफ भूपेन हज़ारिका की उपलब्धि और हिंदी फ़िल्म-संगीत की समृद्धि को रेखांकित करता है, तो दूसरी ओर यही भूपेन हज़ारिका की सीमा भी बन गई। हिंदी श्रोताओं के एक बहुत बड़े वर्ग के लिए यह संगीत-शैली अनजानी थी, और इसकी अपरिचितता इसके व्यापक स्वीकार्य के लिए बाधक ही रही।

शबाना आजमी और फारूख शेख अभिनीत चर्चित फ़िल्म 'एक पल' (1985) में भूपेन हज़ारिका ने आसामी लोकसंगीत और भावसंगीत का बहुत ही लावण्यमय उपयोग 'फूले दाना दाना' (भूपेंद्र, नितिन मुकेश, भूपेन हज़ारिका), बिदाई गीत 'ज़रा धीरे ज़रा धीमे' (उषा मंगेशकर, हेमंती शुक्ला, भूपेंद्र, भूपेन हज़ारिका) जैसे गीतों में किया। 'जाने क्या है जी डरता है' तो लता के स्वर में चाय बागानों के खूबसूरत वातावरण में तैरती एक सुंदर कविता ही लगती है। 'मैं तो संग जाऊँ बनवास' (लता, भूपेन

हज़ारिका), 'चुपके-चुपके हम पलकों में कितनी सदियों से रहते हैं' (लता) और 'आने वाली है बहार सूने चमन में' (आशा, भूपेंद्र) जैसे गीतों में बहुत हल्के और मीठे ऑरकेस्ट्रेशन के बीच धुन का उपयोग भावनाओं को उभारने के लिए बड़े सशक्त तरीके से किया गया है। यह अफ़सोसजनक है कि ऐसी कलात्मक फ़िल्मों का व्यावसायिक बाज़ार सीमित रहता है, और ये सुंदर गीत लगभग अनसुने ही गुजर गए।

लेख टंडन की 'मिल गई मंज़िल मुझे' (1997) में आसामी लोकनृत्य 'कौन मिला मोहे' (आशा, साथी) में अपने लुभावने उत्कर्ष पर है। 'कहती है पुरवाई' (सुदेश भोंसले, भूपेन हज़ारिका) के इंटरल्यूड्स में पहाड़ी शैली की बाँसुरी, 'शाम ढली वन में' (उदित, कविता) में पूर्वांचल के गुंजित स्वरों का लहर-सा फैलाव बहुत आकर्षक बन पड़े हैं। इन सबसे अलग 'आई नींद धीरे से' (कविता कृष्णमूर्ति) आधुनिक ऑरकेस्ट्रेशन के बीच स्थापित लोरीनुमा गीत है तो 'पास मेरे आओ' (उदित) को ट्रेन की रिद्म के बीच स्थापित करके हज़ारिका ने लीक से हटकर एक अच्छी प्रयोगात्मक रचना दी है।

कल्पना लाज़मी की फ़िल्मों के भूपेन हज़ारिका स्थायी संगीतकार ही रहे हैं। उनकी सबसे चर्चित फ़िल्म राष्ट्रीय पुरस्कार प्राप्त 'रूदाली' (1994) रही है जिसमें हज़ारिका ने अपने पुराने लोकप्रिय आसामिया गीत 'बुकु हुम हुम करे' का रूपांतर 'दिल हुम हुम करे' के रूप में प्रस्तुत किया। लता की आवाज़ बेहद मोटी लगने के बावजूद गीत बड़ा लोकप्रिय रहा। यह राग भूपाली का बहुत ही प्रभावशाली आसामिया लोक रूपांतरण है। वृंदावनी सारंग पर आधारित 'झूठी मूठी मितवा' (लता) की मीठी श्रृंगारिक धुन, आसामी लोकधुन पर आधारित 'मौला ओ मौला' (भूपेन हज़ारिका), उदास स्वरलहरियों के साथ 'बीते ना बीते ना रैना' (लता) और भीमपलासी पर आधारित राजस्थानी लोकधुन की छाया लिए 'समय ओ धीरे चलो' के साथ 'रूदाली' सम्भवतः हिंदी फ़िल्मों में हज़ारिका की सबसे सफल प्रस्तुति रही।

'रूदाली' का एक दृश्य

कल्पना लाज़मी की 'दरमियान' (1997) का संगीत भले ही लोकप्रिय न हो सका हो, पर संगीत की दृष्टि से भूपेन हज़ारिका इस फ़िल्म में भी प्रभावित करते हैं। 'दरमियान' के जावेद अख़्तर के लिखे 'पिघलता हुआ ये समाँ हवाओ में ये नमियाँ' (आशा, उदित) में बड़ी परिष्कृत-सी रूमानियत थी जिसे भूपेन हज़ारिका ने काव्यात्मक संगीत से सजाया है। दरअसल हज़ारिका का साहित्यकार रूप उनके संगीत में भी इतनी खूबसूरती से आया है कि न केवल पूर्वांचल की लोकसंस्कृति से प्रेरित गीत बल्कि आधुनिक संवेदनाओं से साक्षात्कार कराने वाले गीतों को भी वे बड़े सुरुचिपूर्ण तरीके से कम्पोज़ करते हैं। जैसाकि हम कह चुके हैं, संगीत की यह काव्यात्मकता भूपेन हज़ारिका की एक विशिष्टता बनकर उनकी हर फ़िल्म में उभरी है। वहीं 'दरमियान' के 'नदिया पे लहरे' (आशा) में भूपेन हज़ारिका पुनः लोक रंग के कलकल-छलछल सुरों के साथ भी उतने ही जमे हैं। 'बाबू दरोगा जी' (सपना, भूपेन हज़ारिका) में हज़ारिका का संगीत अगर काम चलाऊ लगता है तो 'स र र र रा' (आशा, सुदेश भोंसले, साथी) में होली की पारम्परिक रसिया के सुर बहुत अच्छे लगे हैं।

'साज़' (1996) में मात्र एक गीत में भूपेन हज़ारिका का संगीत था और एक तरह से वह फ़िल्म का प्रतिनिधि गीत था जिसमें एक गायिका बहन अपनी दूसरी गायिका बहन को अपने समकक्ष नहीं आने देना चाहती है (लता और आशा की प्रतिद्वंद्विता को लेकर ही इस फ़िल्म के थीम के होने की उन दिनों चर्चा भी खूब रही थी), पर 'बादल चाँदी बरसाए' (देवकी पंडित, ज्योत्स्ना हार्डीकर) संगीत की दृष्टि से विशेष प्रभावित नहीं करता, भले ही इसका फ़िल्मांकन बहुत अच्छा हुआ था।

पूर्वोत्तर राज्यों पर बनाए गए दूरदर्शन के 'Misty Lands of Seven Sisters' सीरियल और 'लोहित किनारे' जिसमें असम और अरुणाचल की कई लोक-कथाओं को बहुत सुंदर तरीके से प्रस्तुत किया गया था, उनकी विशिष्ट उपलब्धियाँ रही हैं। 'लोहित किनारे' में उनकी गम्भीर आवाज में गाई रचना 'ये महाविशाल ब्रह्मपुत्र' भला कौन भूल सकता है। उनके लिखे गीतों, कहानियों और निबंधों की आसामिया में ढेरों पुस्तकें प्रकाशित हैं और आसाम में तो वे साहित्यकार के रूप में भी प्रतिष्ठित हैं। कला पत्रिका 'गति' के वे बहुत सफल सम्पादक रहे हैं। 'पद्मश्री' (1977), संगीत नाटक अकादमी पुरस्कार, राष्ट्रीय नागरिक सम्मान, आसाम का सर्वोच्च शंकरदेव पुरस्कार जैसे न जाने कितने पुरस्कारों से विभूषित हज़ारिका को 1993 में दादा साहब फालके पुरस्कार से भी नवाज़ा गया। आसामिया और बाँग्ला में तो न जाने कितने ही सदाबहार गीतों के कम्पोज़र हज़ारिका रहे हैं। ब्रह्मपुत्र और

गंगा पर उनकी प्रसिद्ध रचनाओं ('गंगा आमार माँ' को तो उन्होंने रूना लैला से भी गवाया) के अलावा भी 'आमि अखमिया नाहीं दुखिया', 'अनामिका बिदाय', 'अपरूपा' (लता), 'भालो कोरे तुमि' (लता), 'डुग डुग डुग डुग डमरू' (भूपेन हज़ारिका), 'माइ एति यायावर' (भूपेन हज़ारिका), 'हारो दी रानी' (भूपेन हज़ारिका), 'स्नेहे आमार हत सावनर' (भूपेन हज़ारिका), 'समयर अग्रगति' (भूपेन हज़ारिका) 'आटो रिक्शा चलाओ', आदि ढेर सारे सदाबहार आसामिया गीत हज़ारिका की ही कम्पोज़ीशन है। आसामिया फ़िल्मों में भी 'एरा बातोर सुर' के असमी लोकगुंजन पर आधारित 'जोना करे राति' (लता), 'हागर हंगामा' (भूपेन हज़ारिका), 'प्रतिध्वनि' के बाँसुरी की मीठी तानों के साथ 'हे हे ढोले डगरे' (भूपेन हज़ारिका), कोमल सुरों के साथ 'लिएन मका' (तलत महमूद, भूपेन हज़ारिका), 'लति घटी' के 'सहस्त्र जने मुक प्रश्न करे' (भूपेन हज़ारिका), 'मोए आरू मोर खाँ' (भूपेन हज़ारिका) और कव्वाली शैली में 'रमजान रे रोज़ा गोल' (रफ़ी, साथी) जैसे गीत असम के घर-घर में गुनगुनाए गए।

'मनिराम दीवान' के सुप्रसिद्ध 'बुकु हूम हूम करे' (भूपेन हज़ारिका–जिसका रूपांतर वर्षों बाद 'रूदाली' के दिल हूम हूम करे' के रूप में देश भर में प्रसिद्ध हुआ, पर हज़ारिका की गाई मूल रचना ही बेहतर लगती है) और 'हे माइ जखुआ' (भूपेन हज़ारिका–जिसका भी रूपांतर 'आरोप' के 'जब से तूने बंसी बजाई रे' के रूप में वर्षों बाद लोकप्रिय रहा था, पर यहाँ भी हज़ारिका के कशिश-भरे स्वर में मूल रचना का तो जवाब नहीं है) तो हज़ारिका की श्रेष्ठतम कृतियों में गिनी जानी चाहिए। 'चमेली मेमसाहब' के मूल आसामी रूप में भी 'ओ विदेसी बंधू', 'अखम देशन', 'जिगि जागि जाउ' में आसाम के बीहू लोकनृत्य एवं अन्य विधाओं का अत्यंत खूबसूरत प्रयोग था। 'चिकमिक बिजली' में तो उन्होंने हिंदी फ़िल्मों के प्रसिद्ध गायक-गायिकाओं की आवाज़ों का इस्तेमाल करके मज़ाकिया अंदाज़ में 'पंखीराज घोड़ा' (किशोर, आशा), उत्तर भारतीय कव्वाली अंदाज़ में 'शमा थाकले जुरूर जुरूर' (भूपेन हज़ारिका, साथी), संवेदना-भरे सुरों के साथ 'घर आमार माटी' (मुकेश) जैसे गीतों की सफल रचना की थी। बाँग्ला फ़िल्म 'जीवन तृष्णा' के 'कखोनो तो होइ नइ क्लांतो' (भूपेन हज़ारिका) का धीर, गम्भीर प्रभाव, 'कारी ओ कोमल' का गुंजित असर लिए 'तीर पँखा पाखि' (लता) जैसे उनके कई गीत बंगाल के संगीत फ़लक पर भी बहुत लोकप्रिय रहे हैं। 'मानुष मानुषेर जन्ने' (भूपेन हज़ारिका) के रूप में उनकी रिद्मप्रधान प्रसिद्ध रचना का बाँग्ला रूपांतर भी उतना ही लोकप्रिय रहा है।

इधर के वर्षों में भूपेन हज़ारिका हिंदी फ़िल्मों में रवीना टंडन को राष्ट्रीय पुरस्कार दिलानेवाली फ़िल्म 'दमन' (2000) और एम.एफ. हुसैन की चर्चित माधुरी दीक्षित obsession को लेकर बनी फ़िल्म 'गजगामिनी' (2002) के संगीत के साथ पुनः चर्चित हुए हैं। कल्पना लाजमी की 'दमन' में हज़ारिका पुनः असमिया संस्कृति को विवाह गीत 'हे राम राम' (अलका याग्निक), 'सर सर हवा' (हेमा सरदेसाई), और 'गुम सुम' (भूपेन हज़ारिका, कविता) के रूप में कहीं पारम्परिक तो कहीं काव्यात्मक आधुनिकता के साथ प्रस्तुत करते हैं। जसपिंदर नरूला के स्वर में मंत्रोच्चार के आरम्भ के साथ भगवती गीतों की पावनता की लाजवाब पेशकश भी 'दमन' के साउंडट्रैक का एक दुर्लभ रत्न है। 'हू तू पागल पवन चले' (कविता, ईशान) आधुनिक ऑरकेस्ट्रेशन के बीच भी संगीत की कोमल बिम्बात्मकता को सहेजकर चलने का अनुकरणीय उदाहरण है। यह दुखद है कि 'दमन' का संगीत उपभोक्तावादी दौर के मापदंडों पर असफल रह गया। 'गजगामिनी' (2002) में हज़ारिका ने एक तरफ तो शंकर महादेवन से 'दीपक राग' गवाया तो दूसरी ओर पूरबी लोकधुन आधारित 'हंसा रे हंसा' (कविता कृष्णमूर्ति) कम्पोज़ किया। कविता कृष्णमूर्ति के स्वर में 'मेरी पायल बोली छम' में वादियों में गूँजती रिद्म, और 'ये गहरी साँस की तरह' में आख्यानात्मक शैली का सुंदर इस्तेमाल था। फ़िल्म के शीर्षक गीत 'गजगामिनी' को भूपेन हज़ारिका ने अपनी विशिष्ट पुकार-भरी शैली में गाया था। 'दो सदियों के संगम' (उदित, कविता) में कुछ खास बात हज़ारिका अलबत्ता नहीं ला पाए।

2004 लोकसभा चुनाव के द्वारा भूपेन हज़ारिका की पुनः राजनीति में सक्रिय होने की कोशिश तो सफल नहीं रही, पर संगीत में वे आज भी सक्रिय हैं। हिंदी फ़िल्म-संगीत में आसाम की पहाड़ियों, चाय बागानों और वादियों का विशिष्ट संगीत देकर हज़ारिका ने हिंदी फ़िल्म-संगीत को एक अलग आयाम तो दिया ही है।

श्याम सागर

'पवन हिंडोले चढ़ी रे निंदिया'

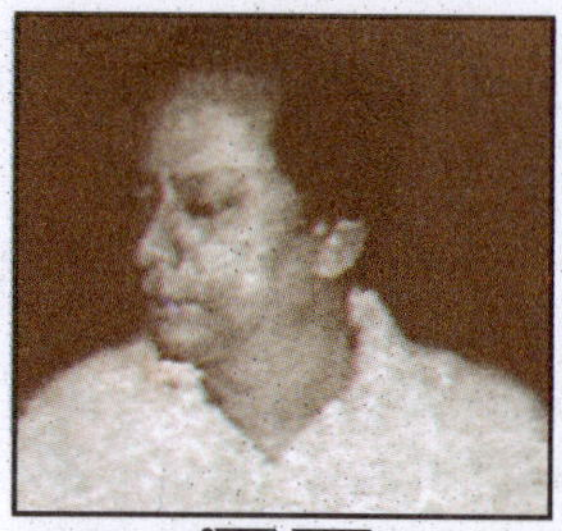
श्याम सागर

तलत महमूद का एक गैरफ़िल्मी गीत है–'फूल की आँख में आँसू हैं'। यह गीत इतना मशहूर था कि तलत जब भी किसी स्टेज शो में इसे गाते तो हमेशा 'वंस मोर' की आवाज़ उठती। इस गीत के कम्पोज़र थे श्याम सागर जो गैरफ़िल्मी गीतों की दुनिया में जाने-पहचाने नाम रहे हैं। फ़िल्मों ने उन्हें मौके कम दिए, वरना उन्होंने जब भी कम्पोज़ किया, अच्छा ही किया। सिमी गरेवाल अभिनीत गिरीश रंजन की चर्चित फिल्म 'डाक बँगला' (1974) के लिए श्याम सागर को अनुबंधित किया गया था और इस फ़िल्म के दोनों गीत बड़े अच्छे कहे जाएँगे। सुमन के स्वर में लोरी 'पवन हिंडोले चढ़ी रे निंदिया' अपनी लुभावनी धुन और लय के कारण सुमन के श्रेष्ठ गानों में शुमार होने लायक है। खमाज थाट और कहरवा चार मात्रा में बने इस गीत में श्याम सागर ने स्थायी के अंत में एक जगह कोमल 'ध' और अंतरे के अंत में कोमल 'रे' और 'ग' का बहुत सुंदर इस्तेमाल किया है। आसामी लोक तर्ज़ पर 'कोयलिया की कुहू, कहे आया रे बीहू' (सुमन, साथी) भी लाजवाब गीत था, जो फ़िल्म के कथानक के साथ मधुरता से तादात्म्य बैठाने में सफल रहा था। श्याम सागर के संगीतबद्ध कुछ गैरफ़िल्मी गीतों ने अपार लोकप्रियता पाई है। बहुत ही स्निग्ध और एकाकी सुरों के साथ उदासियों में तैरता 'कुछ ऐसी भी पल होते हैं' (मन्ना डे) की तो जितनी भी तारीफ़ की जाए, कम होगी। इसी प्रकार योगेश के ही लिखे 'ओ रँगरेजवा रंग दे' (मन्ना डे) का रसपूर्ण क्लासिकी-भरा लोकरंग आज भी मुग्ध कर देता है।

श्याम सागर का एक कम जाना-पहचाना, पर आधुनिकता की छाप लिए गीत था 'अनुरागी मन सब कुछ सह ले'। मुकेश की आवाज़ में 'पल दो पल का साथ' (1978) के लिए इसे श्याम सागर ने मुकेश की मृत्यु के कुछ ही दिन पहले रेकॉर्ड किया था। यह गीत अपनी नवीन शैली और गम्भीर गायकी के कारण बड़ा दिलकश लगता है। ऐसे गीतों के लिए बी.आर. इशारा हमेशा मुकेश को ही चुनते थे, और श्याम सागर के ही शब्दों में (माधुरी, 24 सितम्बर, 1976) जब गीत तैयार करके वे मुकेश के यहाँ पहुँचे तो मुकेश हारमोनियम लेकर पहले से ही बैठे थे। श्याम सागर के पहुँचते ही वे हँस पड़े और बोले कि गाना ज़रूर जोरदार बना होगा, क्योंकि आपकी स्टाइल मुझे बहुत पसंद है, पर मेरी एक गुज़ारिश है कि पहले मेरे कैसेट में आप स्वयं इस गीत के तबीयत से गा दीजिए, फिर मैं रिहर्सल करूँगा। श्याम सागर के अनुसार अजीब ही दृश्य था–हाथों में माइक लिए उनके मुँह से लगाए मुकेश बैठे थे और श्याम सागर गा रहे थे। यह थी मुकेश की सादगी! जब इस गीत को रेकॉर्डिंग का दिन आया तो श्याम सागर को मुकेश ने कहा कि तैयारी इतनी अच्छी है कि बस, आप सुन लें और पार्टी के लिए मेरी ओर से ही तैयार रहें। गीत तो

मुकेश के साथ श्याम सागर

मुकेश ने वाकई बहुत अच्छा गाया, पर वह पार्टी कभी हो नहीं सकी–इससे पहले ही मुकेश इस संसार को अलविदा कर गए। बहरहाल यह गीत फिल्म के अन्य गीतों पर भारी पड़ता है वरना मन्ना डे के स्वर में 'एक मंदिर में दो दीप जले, एक दीप की ज्योत में जागे' और तीव्र झटकों के साथ बड़ी अलग-सी धुन पर 'चुपके से पीछे से आ के' (रफ़ी) भी सशक्त रचनाएँ थीं।

श्याम सागर ने बहुत कम फ़िल्मों में संगीत दिया और फ़िल्मों के बॉक्स ऑफिस पर पिट जाने के कारण 'खेल मुकद्दर का', 'कल हमारा है' (1981), 'लालच', 'सती सीता लव कुश' (1983), 'दूर-दूर पास-पास' (1985), 'जय माँ विंध्यवासिनी' (1985) और उनकी मृत्यु के बाद प्रदर्शित 'तीसरा किनारा' (1985) के गीत कम ही सुने गए। वैसे 'तीसरा किनारा' के रूमानी, मचलते 'झील रखूँ, कमल रखूँ' (शब्बीर कुमार), मार्मिक-सी धुन में बड़ी सुंदर गायकी वाली 'दिया तो जले' (अनुराधा) और 'हम कितने खुशनसीब हैं ये जानते हैं हम' (शब्बीर कुमार) एक प्रतिभावान कम्पोज़र की अच्छी श्रद्धांजलि के रूप में ही उभरे थे, लेकिन लोकप्रियता इन्हें नहीं मिली। उनकी संगीतबद्ध भोजपुरी फ़िल्में 'पिया निर्मोहिया', 'बाँसुरिया बाजे गंगा तीर' आदि भी विशेष सफलता नहीं अर्जित कर पाईं। पर उनकी गैरफ़िल्मी रचनाएँ तो अमर हो चुकी हैं और आज भी रेडियो पर खूब बजती हैं। विशेषकर योगेश के लिखे और मन्ना डे के गाए 'कुछ ऐसे भी पल होते हैं' में तो रातों का उदास अजनबीपन साकार हो उठता है।

एक नाम श्याम शर्मा का भी आता है–वे श्याम सागर ही हैं या कोई और, मैं यक़ीन से नहीं कह सकता। पहली मैथिली फ़िल्म 'ममता गावै गीत' में श्याम शर्मा ने संगीत दिया था और सुमन से एक और अत्यंत मीठी लोरी 'भरी नगरी में सोर, बउआ मामी तोहर गोर, मामा चाँद सन' तथा बिरह गीत 'तोहे जब जाह विदेस' गवाया था। भोजपुरी फ़िल्म 'हमार संसार' (1965) में भी 'का बोलूँ सैंया बतभोले न जाए' (सुमन, तलत) बड़ी मीठी-सी धुन थी। श्याम शर्मा ने ग्रामोफ़ोन रेकॉर्ड कम्पनी के लिए 1966 में 'आओ बच्चो सुनो कहानी' में बच्चों की रुचि को ध्याम रखते हुए भारत के प्रमुख लोकगीतों का समावेश किया था जो कि एक नया प्रयोग था। श्याम शर्मा के संगीतबद्ध और गीता दत्त के गाए गैरफ़िल्मी गीत 'ना चंदन ना दीप', 'तूने जी भर उजाले दिए थे' और 'मैं तो हो गई रे' भी अपने ज़माने में रेडियो पर खूब बजते थे। मन्ना डे के स्वर में पंडित नरेन्द्र शर्मा की रचना 'नैनों से बात कहे है' भी काफ़ी मकबूल रचना थी और मन्ना डे के ही स्वर में 'दो पंछी बेचैन' भी काफ़ी चर्चित गीत था।

श्यामजी घनश्यामजी

'तेरी झील-सी गहरी आँखों में कुछ देखा हमने क्या देखा'

संगीतकार श्यामजी घनश्यामजी एक ही व्यक्ति का नाम है जिसने आठवें दशक में कुछ दिनों तक कई बड़े लोकप्रिय गीत दिए, पर फिर फ़िल्मी दुनिया से तिरस्कृत-से हो गए। उनकी प्रथम फ़िल्म थी किशोर साहू निर्देशित 'धुएँ की लकीर' (1974) जिसका कोमल अहसासों भरा 'तेरी झील सी गहरी आँखों में कुछ देखा हमने क्या देखा' (नितिन मुकेश, वाणी जयराम) अपनी बेहद रूमानी काव्यात्मक शैली और धीमी लय के कारण खूब लोकप्रिय रहा। एच.एम.व्ही. द्वारा हिंदी फ़िल्म-संगीत का प्रतिनिधित्व करनेवाले गीतों की दस-दस वर्षीय शृंखला के 'द स्विंगिंग इयर्स' (1966-76) वाले पड़ाव में इस गीत को शामिल किया गया है। इसी वर्ष आई फ़िल्म 'गाल गुलाबी नैन शराबी' (1974) के रफ़ी, कृष्णा कल्ले द्वारा गाए 'मेरी हसरतों की दुनिया तू मिले कहीं जो मुझको' की सुंदरता को ध्यान में रखकर एच.एम.व्ही. ने इसे रफ़ी के रेयर डुएट्स कैसेट में रिलीज़ किया था। इसी फ़िल्म का कव्वालीनुमा गीत 'तेरा वादे पे वादा होता गया' (कृष्णा कल्ले, प्रीति सागर) तो अपने ज़माने में खूब चला भी।

दरअसल श्यामजी घनश्यामजी को संगीत का शौक बचपन से ही था और अपने स्कूली जीवन में वे स्कूल के होनहार गायक के रूप में जाने जाते थे। उन्होंने 20 वर्ष की उम्र में गायक बनने का इरादा किया और अपनी ही कम्पोज़ की हुई एक रचना गाकर एस.डी. बर्मन को सुनाया भी। आवाज़ का तो पता नहीं, पर गाने की धुन पर एस.डी. बर्मन रीझ गए और श्यामजी घनश्यामजी को संगीतकार बनने की सलाह दी। वहीं से एक नए इरादे ने जन्म लिया और अंततः श्यामजी घनश्यामजी संगीतकार बनकर रहे।

श्यामजी घनश्यामजी के गीतों की लोकप्रियता का एक राज़ यह भी था कि उन्होंने वैसा ही संगीत दिया जैसा जनता चाहती थी। एकाध अपवादों को छोड़कर उन्होंने अपने संगीत में यह ध्यान रखा कि तर्ज़ें लोगों की जुबान पर आने वाली हों। 'ठोकर' (1974) के मुकेश के गाए 'मैं ढूँढ़ता हूँ जिनको, रातों को ख्यालों में' में यही विशेषता थी और यही बात 'धोती लोटा और चौपाटी' के शीर्षक गीत (मुकेश) के बारे में भी कही जा सकती है, भले ही दूसरा गीत स्तर में पहले के सामने न ठहरता हो। मध्यम और तेज लय दोनों में ही श्यामजी घनश्यामजी ने अच्छी कम्पोज़ीशन्स दी हैं। उदाहरण के तौर पर 'ठोकर' (1974) का ही 'अपनी आँखों में बसा कर कोई इक़रार करूँ' (रफ़ी) जैसी खूबसूरत ग़ज़ल और 'अभी तो पूरे होंगे ये सपने सुहाने' (मुकेश, कृष्णा कल्ले–सपने सुहाने, 1974) के उदाहरण दिए जा सकते हैं। पर कुल मिलाकर श्यामजी घनश्यामजी को आठवें दशक के देश के बढ़ते मध्यवर्ग और इस वर्ग के बहुमत की लीक पर चलने की प्रवृत्ति के बीच उभरे संगीतकारों का ही एक प्रतिनिधि माना जा सकता है। प्रयोगधर्मिता या ढर्रे को तोड़ने की प्रवृत्ति उनमें नहीं थी।

'डाकू' के गीत की रेकॉर्डिंग के वक्त लता के साथ श्यामजी घनश्यामजी

अपने आगमन के साथ ही श्यामजी घनश्यामजी को खूब फ़िल्में मिलीं। कृष्णा कल्ले के कई लोकप्रिय गीतों के संगीतकार श्यामजी घनश्यामजी ही रहे हैं। गायक बाबला को भी बम्बई लानेवाले श्यामजी घनश्यामजी ही थे। लता मंगेशकर से पहली बार उन्होंने बासु भट्टाचार्य निर्देशित 'डाकू' (1975) में गवाया, हालाँकि 'तू आज अपने हाथ से कुछ बिगड़ी सँवार दे, ऐ खुदा' को उनके अन्य गीतों जैसी लोकप्रियता नहीं मिली। वैसे इस गीत की कम्पोज़ीशन बड़ी अच्छी है और कहते हैं, लता ने इस गीत पर कोई पारिश्रमिक भी नहीं लिया था। 'हरफ़नमौला' (1976) में भी उनकी कुछ धुनें बड़ी अच्छी बनी थीं, विशेषकर 'डोरी प्यार की ना टूटे' (रफ़ी, आशा) को तो कुछ लोकप्रियता भी मिली थी। 'नियाज़ और नमाज़' (1977) का उदास, इबादती तर्ज़ का 'सता ले ज़माना मुझे बेबसी में' (लता) तथा 'या रब तेरे क़रम से है', 'तीन चेहरे' (1979) के 'जो भी जिसने माँगा' (चेतन, मधु चंद्रा) और कुछ कुछ कव्वाली शैली में 'कहने पे गर मैं आया एक बात कहूँगा' (रफ़ी, उषा मंगेशकर), 'दीन और ईमान' (1979) का 'तुझ पर नाज़ल हुआ कुरान' (आशा, रफ़ी, साथी), अप्रदर्शित फ़िल्म 'फ़िल्मी दुनिया फ़िल्मी लोग' का देशभक्ति गीत 'हर लब पे अफ़साना है' (मोती सागर, प्रीति सागर) और 'हीरोइन एक रात की' की कव्वाली 'मुकाबला है' (रफ़ी, उषा मंगेशकर) तथा 'ये क्या ज़िंदगी है' (रफ़ी), 'किस्मत में तबाही' (आशा) और 'मैं जाम पिलाती' (आशा), 'लाल चुनरिया' (1983) के 'आजा कि तेरी याद में पलकें बिछा के हम' (चंद्राणी मुखर्जी), 'तेरे ही नाम की' (लता), 'ग़म दिया है प्यार ने' (महेंद्र) और 'ना मोहब्बत के लिए' (अनुराधा) जैसी सुंदर धुनों के साथ श्यामजी घनश्यामजी बीच-बीच में आते रहे, पर कुल मिलाकर आर.डी., कल्याणी-आनंदजी , लक्ष्मी-प्यारे के प्रभुत्व वाले वटवृक्ष के नीचे उनका संगीत अधिक नहीं पनप पाया। कैंसर से पीड़ित श्यामजी घनश्यामजी की इसी हालत में मृत्यु हुई। 'बंधन फेरों का' (1985) और 'भेदभाव' (1985) उनकी अंतिम रिलीज़ फ़िल्में थीं। 'बँधन फेरों का' में नितिन मुकेश से उन्होंने एक बेहद खूबसूरत गज़ल 'हमको ढूँढ़ोगे रंगीन नज़ारों की तरह' गवाई थी, हालाँकि इसे लोकप्रियता नहीं मिली।

रवीन्द्र जैन

'अँखियों के झरोखों से तूने देखा जो साँवरे'

रवीन्द्र जैन के अधिकांश गीतों में हमें एक पुकार का एहसास होता है—ग्रामीण परिवेश की खुली उन्मुक्त पुकार जो राजश्री की ग्रामीण कथानक पर बनी फ़िल्मों के भाव के बिलकुल अनुकूल लगती थी। रवीन्द्र जैन के गीतों में प्रेमी-प्रेमिका एक-दूसरे से कोमल सुरों में गुफ़्तगू या प्रेम की अभिव्यक्ति नहीं करते। उनका प्रेम पूरी दुनिया को सुनाते हुए एक नाद की तरह गूँजता है और कभी एक-दूसरे को तो कभी अपने प्रेम के प्रतीकों को ऊँचे सुरों से बुलाता है। याद कीजिए राजश्री की 'सुनयना' (1979) का येसुदास के स्वर में 'सुनयना' की वह ऊँचे pitch की वह प्रेमासक्त पुकार या इसी फ़िल्म का हेमलता के स्वर में 'मेघा ओ मेघा' से अभ्यावेदन का उच्च, तीव्र स्वर, और इसी प्रकार की आह्वान करती अन्य रचनाएँ जैसे 'गीत गाता चल' (1976) की 'श्याम तेरी बंसी पुकारे' में आरती की लोच-भरी आवाज़ में व्यापती मार्मिक-सी गूँज, 'दुलहन वही जो पिया मन भाए' (1977) की हेमलता के स्वर में 'ले तो आए हो हमें सपनों की छाँव में' की आकांक्षा-भरी पुकार—इन गीतों को सुनते ही रवींन्द्र जैन की इस विशिष्ट शैली का अहसास हो जाता है।

अलीगढ़ के रहनेवाले रवींद्र जैन के घर का वातावरण पढ़ने-लिखने वाला था। बचपन से ही अपने बड़े भाई प्राध्यापक डी. के. जैन के संसर्ग का असर रहा। जन्म से ही आँखों से कमज़ोर रवीन्द्र जैन बचपन से ही साहित्यकारों की कृतियाँ अपने भाई के मुख से सुनते रहे। रवींद्र जैन इसी कारण बहुत सफल गीतकार भी रहे हैं। साहित्य प्रेम के कारण ही गीत-संगीत दोनों ही में अलंकरण से अधिक भावनात्मकता की ओर उनका झुकाव रहा। बचपन में पंडित घमंडीलाल, पंडित जनार्दन शर्मा और पंडित नाथूराम शर्मा से संगीत की कुछ बारीकियाँ सीखने वाले रवीन्द्र जैन ने प्रयाग संगीत समिति से शास्त्रीय संगीत की शिक्षा ली थी। गायक भी वे अच्छे खासे रहे हैं। नागपुर में कुछ दिनों के प्रवास के बाद अलीगढ़ में उन्होंने अपना छोटा-सा संगीत विद्यालय भी चलाया। हारमोनियम-वादक के रूप में उनकी चर्चा इन दिनों काफ़ी रही थी। फिर अपने ताऊ के पुत्र के पास कलकत्ते में अपनी किस्मत आजमाने आए। वहीं परिचितों के माध्यम से निर्माता राधेश्याम झुनझुनवाला के सम्पर्क में आए। संगीत सिखाना और संगीत रसिकों से मुलाकात का दौर भी चलता रहा। कलकत्ते में रवींद्र जैन हेमलता के पिता पं. जयचंद भट्ट के सम्पर्क में आए और यह रोचक है कि वही हेमलता बाद में उनकी प्रमुख गायिका बनीं। रवींद्र जैन ने बंगाल में अपना काफ़ी वक्त गुज़ारा तथा यही कारण है कि बंगाल के लोकसंगीत और रवींद्र संगीत की छाया भी उनकी कई रचनाओं में हमें मिलती है। 'पहेली' (1977) का 'सोना करे झिलमिल झिलमिल' (सुरेश वाडेकर, हेमलता)—जो कि सुरेश वाडेकर का भी सम्भवतः प्रथम फ़िल्मी गीत था—में रवींद्र संगीत का प्रभाव इसका सबसे स्पष्ट उदाहरण है। 'तपस्या' के 'जो राह चुनी तूने' (किशोर), 'राधा और सीता' (1979) के 'मन की बात जब होंठों पे आने को हो' (हेमलता) जैसे कई गीतों में बंगाल के संगीत की मिठास का असर स्पष्ट रहा है।

कलकत्ता में ही मंचीय गायन के साथ-साथ बाँग्ला में उनका पहला गीत भी रेकॉर्ड हुआ था। आरती मुखर्जी से भी उन्हीं दिनों वे सम्पर्क में आए जो भी बाद में उनकी प्रमुख गायिकाओं में रहीं। संगीतकार वेदपाल वर्मा के सहायक के रूप में भी उन्होंने कुछ दिनों काम किया। फिर 1969 में राधेश्याम झुनझुनवाला रवींद्र जैन को बम्बई ले आए फ़िल्म 'लोरी' में संगीत देने के लिए। फ़िल्म तो बनी नहीं, पर कुछ गीत रेकॉर्ड अवश्य किए गए जिसमें मुकेश के स्वर में दो अति सुंदर और दुर्लभ गीत थे—'दुख तेरा हो कि

दुख मेरा हो' और 'पल-भर जो बहला दे'। 'पल-भर जो बहला दे' तो इतना सुंदर लोच-भरा गीत है और मुकेश ने इसे भावना में इतना आकंठ डूबकर गाया है कि व्यक्तिगत तौर पर मैं इसे मुकेश के सर्वश्रेष्ठ गीतों में स्थान देता हूँ। इस गीत का श्रोताओं तक न पहुँच पाना वाकई दुखद है। 'लोरी' में ही लता के स्वर में 'जो दर्द तुमने दिया गीतों में पिरो लेंगे' भी रेकॉर्ड किया गया। इससे पहले एन.एन. सिप्पी ने उन्हें एक समारोह में सुनकर उन्हें अपनी फ़िल्म 'सिलसिला है प्यार का' का संगीत सौंप दिया था और रवींद्र जैन ने रफ़ी के स्वर में 'माना कि तेरे होंठ मेरे जाम नहीं है' रेकॉर्ड भी कर लिया, पर यह फ़िल्म भी बनी नहीं।

फ़िल्म-जगत में उनके पदार्पण की पहली ही प्रदर्शित फ़िल्म 'काँच और हीरा' (1972) से ही वे हिट हो गए। फ़िल्म में संगीत देने के साथ-साथ गीत लिखने की शुरुआत भी यहीं से हो गई। दर्द भरे सुरों को लेकर कम्पोज़ किए गए 'नज़र आती नहीं मंज़िल' (रफ़ी, चंद्राणी मुखर्जी) को श्रोताओं ने खूब सराहा। रफ़ी और हेमलता के स्वरों में 'ये भीगी फ़िज़ाएँ, इन्हीं में खो जाएँ' भी एक सुंदर रचना थी। नए कलाकारों को मौका उन्होंने अपनी पहली फ़िल्म से ही दिया। आरती मुखर्जी, चंद्राणी मुखर्जी, जसपाल सिंह, सुरेश वाडेकर और हेमलता का फ़िल्मी सफ़र रवींद्र जैन के बिना नहीं चल सकता था। हेमलता—जो उनके गुरु की पुत्री थीं—तो उनके लिए लता का पर्याय ही बन गईं, और हेमलता से उन्होंने एक से बढ़कर एक गीत गवाए। वैसे भी 'सौदागर' के समय लता ने रवींद्र जैन को पर्याप्त समय नहीं दिया और स्वाभिमानी रवींद्र जैन इसे भूल नहीं पाए। रवींद्र जैन के निर्देशन में लता और आशा के बाद हेमलता ही इस दशक की सबसे हिट गायिका साबित हुईं। वाणी जयराम, सुलक्षणा पंडित या रूना लैला की तरह हेमलता लता के लिए कोई धमाकेदार चुनौती की तरह प्रकट नहीं हुई थीं, पर रवींद्र जैन के साथ उनका पग-पग निखरता गायन धीरे-धीरे ही राजश्री जैसे बैनर्स की छोटे बजट की फ़िल्मों में दृढ़ता के साथ लता का स्थान लेता गया।

एक मधुर क्षण : रवीन्द्र जैन और लता मंगेशकर

रवींद्र जैन की संगीतबद्ध बी.आर. इशारा निर्देशित 'हाथी के दाँत' (1973) तो असफल रही, पर राजश्री के साथ उनके साथ की पहली फ़िल्म नूतन, अमिताभ और पद्मा खन्ना अभिनीत 'सौदागर' (1973) के गीत बहुत हिट रहे। आशा भोंसले के मादक स्वर में कोमल सुरों के साथ शृंगार की क्रिया को अपनी तमाम sensuality के साथ उभारता 'सजना है मुझे सजना के लिए' तो एक अनुपम कृति थी। कुछ-कुछ एस.डी. बर्मन की शैली में 'तेरा मेरा साथ रहे' (लता) और 'हर हसीं चीज़ का मैं तलबगार हूँ' (किशोर) अपने ज़माने में खूब चले थे। फ़िल्म के ग्रामीण बंगाल के कथानक अनुरूप बनाया माँझी गीत 'दूर है किनारा' (मन्ना डे) तो अपनी गायकी और बाँसुरी तथा सरोद के कुशल प्रयोग के कारण अद्भुत रचना ही बन गई थी। शिबू मित्रा निर्देशित 'शतरंज के मोहरे' (1974) का नीरज लिखित और मुकेश से गवाया 'जन्नत है देखनी तो किसी दिल में आशियाँ बना' भी एक अद्भुत, जबर्दस्त कृति थी जो दुर्भाग्य से अधिक सुनी नहीं गई, वरना मुकेश के गाए गीतों में यह एक दुर्लभ नगीना ही है। रवीन्द्र जैन की संगीतबद्ध इसी दौर की मुकेश की गाई कुछ गैरफ़िल्मी भक्ति रचनाएँ भी अत्यन्त लोकप्रिय रही हैं। 'बिगड़ी बात बना दे राम', 'प्रभु का नाम जपो मन में ही', 'प्रभु में आप ही आप भुलाया' जैसे भजन आज भी रेडियो पर अकसर सुनाई देते हैं।

रवींद्र जैन की प्रतिभा के चर्चे फ़िल्मी जगत में इन आरम्भिक फ़िल्मों से ही होने लगे थे, और राज कपूर तथा राजेंद्र कुमार अभिनीत 'दो जासूस' (1975), राजश्री की 'गीत गाता चल' (1975), एन.एन. सिप्पी की ही 'चोर मचाए शोर' (1974) और 'तपस्या' (1975) के गीतों ने तो उन्हें हिट से बढ़ाकर सुपरहिट की श्रेणी में ला खड़ा किया। फ़िल्मी जगत में हिट और सुपरहिट के बीच का फ़ासला बहुत बड़ा होता है, और कई संगीतकार तो इसे पूरी ज़िंदगी तय नहीं कर पाते। पर रवींद्र जैन ने इसे कुछ ही वर्षों में पाट लिया। 'चोर मचाए शोर' (1974) के 'ले जाएँगे ले जाएँगे दिलवाले दुलहनिया ले जाएँगे' (किशोर) तो इतना चला कि आज तक शादी में ऑरकेस्ट्रा वाले उसकी धुन जम कर बजाया करते हैं। 'एक डाल पर तोता बोले' (रफ़ी, लता) भी खूब मक़बूल रहा। पर फ़िल्म का सबसे सुंदर गीत का राग झिंझोटी पर आधारित मर्म और अनुभूति दोनों ही स्तरों पर झकझोरता 'घुँघरू की तरह बजता ही रहा हूँ मैं' (किशोर)। 'दो जासूस' (1975) के राज कपूर के ऊपर राज कपूर के विशिष्ट अंदाज़ को ध्यान में रखते हुए रचे गए हलके-फुलके 'दो जासूस करे महसूस' (मुकेश, रफ़ी), 'चढ़ गई चढ़ गई चढ़ गई अंगूर की बेटी चढ़ गई (रफ़ी, मुकेश) और 'साल मुबारक साहेब जी' (मुकेश, रफ़ी) उन दिनों गली-गली में गूँजे थे। दूसरी ओर एक भिन्न शैली में गोवा और कोली लोकसंगीत से प्रारम्भ कर 'पुरवैया

आरती मुखर्जी

ले के चली मेरी नैया' (शैलेंद्र सिंह, लता, साथी) की कम्पोज़ीशन रवींद्र जैन ने इतनी प्यारी बनाई कि आज भी सुनकर मन हिलोरे लेने लगता है। 'Happy happy New Year to you' (शैलेन्द्र सिंह, साथी) 'मैं बिजली हूँ बिजली हूँ' (शैलेन्द्र सिंह, लता) और 'अल्ला तेरी तौबा निगाहें न मिलाऊँगी' (आशा)–सभी उन दिनों खूब बजे और बजाए गए कर्णप्रिय गीत थे।

जसपाल सिंह

'दो जासूस' से भी बढ़कर गूँजा था 'गीत गाता चल' का संगीत। जसपाल सिंह और साथियों के स्वर में फ़िल्म के शीर्षक गीत को रवींद्र जैन ने ख़माज थाट में सजाया था, और 'ओ बंधु रे' के आलाप से मर्म को छूने वाली अपनी पुकार की शैली का आगाज़ किया था। यही पुकारती ऊँची पट्टी पर लहराती शैली 'धरती मेरी माता पिता आसमान' (जसपाल सिंह) की ख़माज और कल्याण थाटों के मिश्रण के साथ कहरवा चार मात्रा में और उत्कंठा-भरे सुरों के साथ दादरा ताल में बाँसुरी के साथ आरती मुखर्जी के स्वर में (जसपाल सिंह के साथ) राग चारुकेशी की छाया लेकर 'श्याम तेरी बंसी पुकारे राधा नाम' के साथ मुखरित हुई, और इसी पुकारती शैली का थोड़ा भिन्न पहलू बनकर श्रोताओं को सराबोर कर गया था बैरागी के स्थायी के साथ भैरव थाट में 'कर गया कान्हा मिलन का वादा' (आरती) और 'मंगल भवन अमंगल हारी' (जसपाल सिंह, साथी) का आराध्य भाव। अपनी इस पुकारती शैली से भिन्न भी दो गीत इस फ़िल्म में बड़े सुंदर बने थे–किशोर, साथियों के स्वर में झूमता-झुमाता 'बचपन हर ग़म से बेगाना होता है', और आशा की चंचल आवाज़ में बेहद लोकप्रिय रहा आह्लादित करता 'मैं वही दर्पण वही ना जाने ये क्या हो गया, कि सब कुछ लागे नया-नया'।

राजश्री की ही चर्चित फ़िल्म 'तपस्या' (1975) में तो रवींद्र जैन का कृतित्व अपने उत्कर्ष पर ही था। किशोर के गाए 'जो राह चुनी तूने उस राह पे राही चलते जाना रे' को रवींद्र जैन ने इतना मार्मिक और खूबसूरत बना दिया था कि आज भी बंगाली प्रभाव का पुट लिए इस गीत को कई श्रोता किशोर के सर्वश्रेष्ट गीतों में गिनते हैं। ख़माज थाट रवींद्र जैन का प्रिय थाट रहा है और मिश्र कलावती के पुट ने इस गीत की संवेदना में अतिरिक्त गहराई ला दी है। 'दो पंछी दो तिनके कहो ले के चले हैं कहाँ' (किशोर, भारती) की रवानगी-भरी रिदृम और 'भाभी की उंगली में हीरे का छल्ला' (हेमलता, चंद्राणी, साथी) की छलकती खुशी के रूप में दो अन्य सुंदर गीत भी 'तपस्या' की ही देन थे।

'एक गाँव की कहानी' (1975), 'तूफ़ान' (1975), एक ही गीत की रेकॉर्डिंग के बाद एस.डी. बर्मन की मृत्यु के कारण शेष बचे गीतों की रचना के लिए मिली सुबोध मुखर्जी प्रोडक्शन की 'दीवानगी' (1976), 'रईसजादा' (1976) और 'ज़िद' (1976) जैसी फ़िल्में भले ही कुछ ख़ास सफलता न अर्जित कर पाई हों, पर रवींद्र जैन की सफल फ़िल्में इतनी जबर्दस्त रूप से अपने संगीत को लेकर चर्चित होती थीं कि असफल फ़िल्मों का प्रभाव दब-सा जाता था। ऐसी ही उनकी एक बेहद चर्चित फ़िल्म थी राजश्री की ही बासु चटर्जी निर्देशित 'चितचोर' (1976)। प्रसिद्ध मलयालम गायक येसुदास के लिए हिंदी फ़िल्मों में जगह इसी फ़िल्म की सफलता से बनी थी और उनके गाए राग धानी पर आधारित 'गोरी तेरा गाँव बड़ा प्यारा' (जिसमें शिवकुमार शर्मा का संतूर और हरिप्रसाद चौरसिया की बाँसुरी भी शामिल थी) और 'आज से पहले आज से ज़्यादा' खूब लोकप्रिय रहे। पर 'चितचोर' के जो दो गीत खूब लोकप्रिय रहने के साथ-साथ रचनात्मक श्रेष्ठता के कारण भी आज तक चर्चित होते हैं, वे थे–शुद्ध कल्याण या यमन कल्याण पर आधारित तीन ताल में सृजित (जिसे मूलतः कलकत्ता में 'मृच्छकटिकम' नाटक के लिए रवींद्र जैन ने बनाया था) 'जब दीप जले आना, जब शाम ढले आना (येसुदास, हेमलता), तथा पीलू और मालगूँजी के सुरों के साथ सँवारा गया 'तू जो मेरे सुर में सुर मिला ले' '(येसुदास, हेमलता)। इन दोनों गीतों की बंदिश में न सिर्फ़ माधुर्य और कोमलता है, बल्कि एक ऐसी पावनता है कि कोई आश्चर्य नहीं होता कि इस रचनात्मक उपलब्धि के लिए रवींद्र जैन को वर्ष का सुर सिंगार संसद पुरस्कार मिला।

गुणवत्ता की दृष्टि से तो उतना नहीं, पर लोकप्रियता के मापदंड से तो उन दिनों रवींद्र जैन की संगीतबद्ध 'फ़कीरा' (1976) के गीत भी सर चढ़कर बोले थे। रवींद्र जैन की विशिष्ट 'पुकार' को लेकर इस बार भैरवी में 'फ़कीरा चल चला चल' (महेंद्र, हेमलता) के साथ ज़माना ही चल निकला था। हर अंतरे को कुछ परिवर्तन के साथ दो बार गवाना रवींद्र जैन का उल्लेखनीय प्रयोग था। रफ़ी की तबीयत खराब होने से यह गीत महेंद्र कपूर के हिस्से में आया था। 'एक डाल पर तोता बोले' को दो वर्षों में ही पुराना करार देकर इस बार रवींद्र जैन 'तोता-मैना की कहानी तो पुरानी, पुरानी हो गई' (लता, किशोर) लिखकर रच लाए थे, जिसके साथ-साथ

हेमलता

उन्होंने 'आधी सच्ची आधी झूठी तेरी प्रेम कहानी' (लता, रफ़ी) का सामंजस्य भी बखूबी बैठाया था। गुणात्मक रूप से फ़िल्म का सर्वश्रेष्ठ गीत था लता के स्वर में पावन, कोमल सुरों के साथ राग धानी पर सृजित 'दिल में तुझे बिठा के, कर लूँगी मैं बंद आँखें, पूजा करूँगी तेरी'। इस गीत का सौंदर्य तो हर अंतरे के साथ बढ़ता चलता है।

येसुदास

रवींद्र जैन का संगीत आठवें दशक के पाश्चात्य प्रभाव के बीच भी भारतीय मूल का ही संगीत था। ख़माज उनका प्रिय थाट था, पर अन्य थाटों और रागों में भी उन्होंने सुंदर रचनाएँ कीं। शास्त्रीय आधार के बावजूद वे स्वरों के मिश्रण से तथा लोकसंगीत के पुट देकर दुरूहता से बचाते हुए एक आकर्षक लावण्य और माधुर्य दे पाते थे। बाँसुरी, सितार, तबला, संतूर, वॉयलिन ही उनके ऑरकेस्ट्रा का आधार रहे, तथा पाश्चात्य बीट्स और वाद्य संयोजन से उन्होंने लगभग हमेशा ही परहेज किया। राजश्री की फ़िल्में हो या अलग, उनके संगीत में देशी प्रकृति और घरेलूपन तथा उससे उपजी सामाजिक धार्मिकता के पहलू अकसर विद्यमान रहे हैं।

'बोलो हे चक्रधारी' (1977), 'डाकू और महात्मा' (1977–जिसके बाद बतौर पारिश्रमिक रवींद्र जैन को फ़िएट गाड़ी नसीब हुई), 'महाबदमाश' (1977), 'आखिरी कसम' (1978), 'हमारा संसार' (1975), 'सरकारी मेहमान', (1979), 'राजा हरिश्चंद्र' (1979) जैसी फ़िल्मों में रवींद्र जैन का संगीत कुछ विशेष प्रभाव नहीं डाल पाया, पर हमेशा की तरह दशक के उत्तरार्द्ध में भी उनकी हिट फ़िल्मों और उल्लेखनीय गीतों ने इस तथ्य का असर उनके कॅरियर पर नहीं होने दिया। जहाँ एक तरफ़ अपनी लाक्षणिक पुकारती गूँजती शैली में 'सलाखें' (1975) के 'चल चल कहीं अकेले में' (सुलक्षणा पंडित, साथी) और 'कोतवाल साहब' (1977) के लावण्य भरे 'सुमन समान तुम अपना खिला-खिला मन रखना' (हेमलता) ने ताजे फूलों जैसी खुशबू बिखेरी, और आशा के 'माइ फ़ेवरिट्स' कैसेट में शामिल 'साथी रे भूल न जाना मेरा प्यार' ने रवींद्र जैन की संगीतमय पुकार-भरी शैली को एक नई दिशा दी, वहीं 'पहेली' (1977) के भूपाली और दुर्गा का पुट लिए रवींद्र संगीत आधारित 'सोना करे झिलमिल-झिलमिल' में वॉयलिन से जल का प्रभाव और 'तन भीजे मन भीजे' (हेमलता) की मधुर धुन के साथ इस बार सितार से पानी का प्रभाव वे लेकर आए और 'मनमोहक ये प्यारा प्यारा गाँव' (हेमलता, सुरेश वाडेकर) की अपनी लाक्षणिक धुन को उन्होंने माउथ ऑर्गन से सँवारा तथा 'राम भरोसे' (1977) के खूब लोकप्रिय रहे चल चल रे काठमंडू, मिलेंगे वहाँ शम्भू' (किशोर) में अपनी शैली से हटकर अलग शैली विकसित की। 'अँखियों के झरोखों से' (1978) से तो उन्होंने लोकप्रियता के नए आयाम स्थापित किए। इस फ़िल्म के शीर्षक गीत की तो जितनी भी तारीफ़ की जाए, कम है। एक अज़ीब-सी सम्मोहक नर्मी से भरपूर इस प्यार भरे गीत की धुन, ऑरकेस्ट्रेशन और गायकी सभी के लिए एक ही शब्द प्रयुक्त हो सकता है–'बेमिसाल'। हेमलता का सर्वश्रेष्ठ गीत तो यह है ही, इस गीत को सुनकर तो लगता है कि शायद लता भी इससे अच्छा इस गीत को नहीं गा सकती थीं। पारम्परिक दोहों को लेकर सृजित 'बड़े बड़ाई न करें' (हेमलता, जसपाल सिंह) की मेलोडी, 'कई दिन से मुझे कोई सपनों में' (शैलेन्द्र सिंह, हेमलता) की सुहानी अनुगूँज, 'एक दिन तुम बहुत बड़े बनोगे एक दिन' (हेमलता, शैलेंद्र सिंह) की झूमती-झुमाती लय–इन सभी से 'राजश्री' की इस ग्रामीण परिवेश से अलग कथानक की फ़िल्म में रवींद्र जैन ने भी अपने संगीत के द्वारा प्रेम की भावना को ग्रामीण संदर्भ की अपनी पुकारती, आह्वान करती शैली से अलग एक बेहद आकर्षक आधुनिक रंग दिया।

यह आधुनिकता 'दुलहन वही जो पिया मन भाए' (1977) की उनकी लाक्षणिक शैली से बिलकुल अलग थी। 'दुलहन वही जो पिया मन भाए' में भी परिवेश ग्रामीण नहीं था, पर पारम्परिक संस्कारवादी अवश्य था, और यही कारण है कि इस फ़िल्म में रवींद्र जैन की शैली 'राजश्री' की ही कई अन्य फ़िल्मों की भाँति थी। फ़िल्म के सुपरहिट गीत 'ले तो आए हो हमें सपनों के गाँव में' (हेमलता), 'पुरवैया के झोंके आए' (हेमलता), 'जहाँ प्रेम के पावन दियरा जरे' (हेमलता), 'अधरा में फुलवा लहके' (रवींद्र जैन)–इन सभी गीतों में कहीं रवींद्र जैन की पहचानी पुकार, संस्कारवादी अभिव्यक्ति तो कहीं लोकसंगीत की स्पष्ट छाप का ही प्रभुत्व था। अलग हट करके बने दो ही गीत थे–एक तरंग-भरा 'खुशियाँ ही खुशियाँ हो दामन में जिसके' (येसुदास, हेमलता, वनश्री सेनगुप्ता) जिसकी रवानगी

में आधुनिकता का व्यापक पुट था और दूसरा कम चर्चित किंतु मिश्र माँड में दादरा ताल छः मात्रा में धीमी लय में रचित सुंदर सा 'अब रंग से खुशी से बहारों से क्या' जो रवींद्र जैन की अपनी शैली से अलग एक दिलकश प्रयोग था। रवींद्र जैन ख़ुद भी मानते थे कि कोमल सुरों के प्रति उनकी कमज़ोरी रही है। राग यमन, पूरबी और माड़वा की छाया भी उनके कई गीतों में नज़र आती है।

'अँखियों के झरोखों से' : अविस्मरणीय संगीत

इस दौर में रवींद्र जैन की कई सामाजिक और धार्मिक फ़िल्में आईं। उनके उल्लेखनीय और लोकप्रिय गीतों में 'श्याम तेरे कितने नाम' (1977) का कल्याण थाट पर मैंडोलिन, संतूर, वॉयलिन और तबले के साथ अंतरे में उतार-चढ़ाव के सुंदर प्रयोग के साथ सृजित 'जब जब तू मेरे सामने आए, मन का संयम टूटा जाए' (जसपाल सिंह) को मैं बहुत ऊपर रखूँगा। यह रवींद्र जैन की शैली से अलग प्रस्तुति न होते हुए भी भाव और धुन के अपूर्व संगम के कारण बहुत लुभावनी रचना बन पड़ी है। रवींद्र जैन के संगीत के अन्य सुंदर उदाहरणों में इसी फ़िल्म का गरबा की शैली में रचित और रवींद्र जैन की लाक्षणिक शैली में 'आज तक जो सुना' (हेमलता) और 'साथी रे कभी अपना साथ न छूटे' (जसपाल सिंह), अपने ज़माने में बेहद लोकप्रिय रहा 'सोलह शुक्रवार' (1977) का 'सोलह शुक्रवार विधि अनुसार मैया का व्रत जो करे, उसे मनचाया फल दे माँ संतोषी' (आरती, चंद्राणी, साथी), 'अत्याचार' (1978) का बेहद सुंदर लोकधुन पर आधारित और double rhythm में प्रयोग के साथ ऑरकेस्ट्रा में वॉयलिन से complex pattern बनाते हुए उतार-चढ़ाव भरा 'सुन सुन सुन ओ मेरे मनमीत हो' (चंद्राणी मुखर्जी) 'गंगा सागर' (1978) के भक्ति भाव भरे 'ओ गंगा मैया' (हेमलता, साथी), 'व्रत ये करवा चौथ का' (हेमलता, चंद्राणी मुखर्जी, साथी), 'नाग देवता मेरी विनती सुनो' (हेमलता), 'पवित्र पाविनी गंगा' (रवींद्र जैन, साथी) जैसे गीत, 'मधुमालती' (1978) का मुकेश के स्वर में नीतिप्रधान 'जो सिर्फ़ खुशी का मोल करे', और कर्णप्रिय 'दुनिया से दूर इक नई दुनिया, चले हम बसा लें' (हेमलता, सुरेश वाडेकर) की श्रोताओं को अपने साथ शामिल करती धुन, 'प्रेम-बंधन' (1978) का अनुपम 'साँवरिया तोरी प्रीत नये-नये रूप दिखाए' (चन्द्रू आत्मा), 'मेरा रक्षक' (1978) के कम चर्चित किंतु लावण्य-भरे 'बहती हुई धारा मैं भी तेरी तरह' (लता) और 'तेरे होंठों के प्याले से जो छलके' (लता, येसुदास), विवादास्पद फ़िल्म 'मन का आँगन' (1979) का 'ये रंग भरे दिन, उमंग भरे दिन' (हेमलता), 'राधा और सीता' (1979) का लोकप्रिय रवींद्र जैन की विशिष्ट पहचानी शैली में 'कौन है ऐसा जिसे फूलों से, गीतों से, पंछियों से प्यार न हो' (येसुदास, हेमलता) और पूर्व उल्लेखित बंगाली प्रभाव लिए अति सुंदर 'मन की बात जब होंठों पे आने को हो' (हेमलता) जैसे गीतों का ज़िक्र तो आवश्यक है।

रवींद्र जैन की लोकप्रियता और प्रतिष्ठा तो इतनी बढ़ गई थी कि दशक के अंतिम वर्षों में तो राजश्री ही नहीं, बल्कि बड़े बैनर्स की फ़िल्में भी उन्हें मिलने लगी थीं। बी.आर. चोपड़ा ने अपनी 'पति-पत्नी और वो' (1978) तथा बेहद चर्चित रही 'इंसाफ़ का तराज़ू' (1980) के लिए रवि को त्याग कर रवींद्र जैन को संगीतकार चुना। 'पति, पत्नी और वो' जैसी कॉमेडी के लिए रवींद्र जैन को भी अपनी शैली त्यागकर खूब हिट रहे गीत 'ठंडे-ठंडे पानी से नहाना चाहिए' (महेंद्र, आशा, सुषमा श्रेष्ठ) और 'लड़की साइकिल वाली दे गई' (महेंद्र, आशा) जैसे हास्य गीतों की रचना करनी पड़ी। 'इंसाफ़ का तराज़ू' (1980) में भी संगीत के लिए कोई विशेष जगह न थी, और रवींद्र जैन को 'हज़ार ख्वाब हक़ीकत का रूप ले लेंगे' (महेंद्र, आशा) और 'लोग औरत को फ़कत जिस्म समझ लेते हैं' (आशा) जैसे साहिर के गीतों के लिए बी.आर. चोपड़ा की फ़िल्मों में साहिर के ऐसे गीतों के लिए प्रयुक्त होता रहा कुछ रवि, कुछ ख़य्याम की शैली का ही संगीत देना पड़ा। बड़ा बैनर अपनी जगह रहा हो, पर रवींद्र जैन का संगीत इस फ़िल्म में उनका अपना न लगकर बी.आर. फ़िल्म्स का typical संगीत ही लगता है। चाहे कोई कुछ भी कहे, पर रवींद्र जैन राजश्री जैसे प्रोडक्शन्स की घरेलू, सामाजिक, धार्मिक फ़िल्मी कथानकों के बीच ही जमते थे। यही कारण है कि बी.आर. फ़िल्म्स का उनका संगीत आज याद नहीं आता, याद आते हैं तो 'गोपाल कृष्ण' (1979), 'सुनयना' (1979), 'नैया' (1979), 'ख़्वाब' (1980) और 'मान अभिमान' (1980) के गीत। याद आती है 'नैया' (1979) की उनकी विशिष्ट पुकारती शैली में 'ओ गोरिया रे, तेरे आने से सज गई हमरी ये टूटी-फूटी नाव' (येसुदास) की सरलता, उसी फ़िल्म के भूपाली की छाया लिए 'बेपरवा बेदर्दी पगला दीवाना' (हेमलता) की सहज लटक-झटक, 'गोपाल कृष्ण' (1979) का अभिभूत करती 'तू मन की अति मोटी ओ मैया मोरी' (चंद्राणी) और उनकी उसी परिचित शैली में 'नीर भरन का करके बहाना' (येसुदास, हेमलता) की विभोरती स्वरलहरियाँ, 'ख्वाब' (1980) के 'बंजारा मैं नहीं मगर' (येसुदास) और 'हम ख्वाब'

को बदल देंगे हक़ीकत में' (येसुदास) की उत्साह-भरी संशय मुक्त रवानगी, 'सुनयना' (1979) की प्रेम-भरी 'सुनयना सुनयना' (येसुदास) की पुकार, मेघ-मल्हार की सुर-तरंगों के साथ हेमलता की 'मेघा ओ मेघा' की प्रतीकात्मक याचना और 'मान-अभिमान' (1980) के चलते सुरों और ताल के साथ फिर उनके विशिष्ट अंदाज़ में 'ऐ मेरे उदास मन चल दोनों कहीं दूर चले' (येसुदास), उनके अपने स्वर में 'यूँ कब तक रूठी रहोगी राधा रानी' और मुखड़े के आरम्भ में भूपाली की छाया तथा इंटरल्यूड के सितार के टुकड़ों में यमन कल्याण का पुट लिए कहरवा आठ मात्रा की वह अति सुंदर रचना 'क्या लिखूँ कैसे लिखूँ' (हेमलता)। यह अफ़सोसजनक है कि फ़िल्म 'तानसेन' के रवींद्र जैन और हेमलता के गीत जनता के बीच नहीं आ पाए, वरना प्रकृति के कण-कण में संगीत जैसे गीतों का अपना रसपूर्ण प्रभाव होता। 'तानसेन' में उन्होंने खयाल का लाजवाब प्रयोग किया था। 'जलसुंदरी' में शिवरंजनी पर आधारित 'हे नटराज लाखो मोरी लाज' (हेमलता) हिट न होते हुए भी उत्कृष्ट कृति थी।

दशक के अंत में फ़िल्म संगीत के बदलते परिदृश्य के बीच भी रवींद्र जैन टिके रहे, पर उनका माधुर्य अगले दशक में अपनी नवीनता को कायम नहीं रख पाया। 'ज़ख्मों के निशान' (1979), 'बद्रीनाथ धाम' (1980) 'हम नहीं सुधरेंगे' (1980), 'खून-ख़राबा' (1980), 'परछाईं' (1980) 'प्रतिशोध' (1980), 'ये कैसा इंसाफ़' (1980), 'राज' (1981) 'जीना इसका नाम है' (1982), 'गृहस्थी' (1985), 'नवरात्र' (1985), 'कहानी फूलवती की' (1985), 'मुझे कसम है' (1985), 'माटी बलिदान की' (1986), 'दुर्गा माँ' (1986), 'गुलामी की ज़ंज़ीर' (1987) जैसी ढेर सारी फ़िल्मों में उनका संगीत असफल रहा। राजश्री के साथ राम-लक्ष्मण और राजकमल जैसे संगीतकारों का आना भी उनके कॅरियर के लिए नुकसानदेह ही रहा। पर रवींद्र जैन की गुणी संगीतकार के रूप में प्रतिष्ठा इतनी स्थापित हो चुकी थी कि नवें दशक की फ़िल्मी धूम-धड़ाके के बीच भी एक जगह वे समय-समय पर अपने लिए निकालते रहे।

उनके इस दौर के उल्लेखनीय गीतों में रवींद्र जैन के विशिष्ट अंदाज़ का 'ऐयाश' (1982) का 'ये सुबह सुहानी' (येसुदास), 'दासी' (1981) के शास्त्रीय रंग लिए 'निंदिया जगाए' (मन्ना डे) और भूपेंद्र के गाए दो बड़े अच्छे गीत 'पिया बिन जिया नहीं' और 'थोड़ी शराब पी लूँ' तथा आशा के स्वर में 'पुरानी चिल्मनें उठा', 'सम्पर्क' (1983) का 'इन बल खाती बाँहों में' (येसुदास), 'ससुराल' (1984) का रवींद्र जैन की ख़ास शैली में 'न जाने कब कैसे नाते जुड़ गए ऐसे' (किशोर, साथी), 'भाग्य' (1982) के बड़ी कोमल शैली में 'कोई फूल न महकें' (किशोर) और सुरों के उतार-चढ़ाव के साथ 'मैं हूँ प्रेम दीवानी' (हेमलता), 'बाबुल' (1986) के रवींद्र जैन के उसी परिचित पुनरावृत्त अंदाज़ में 'तेरी भोली मुस्कानों ने' (येसुदास, हेमलता), 'ना कहो ना हाँ कहो' (सुरेश वाडेकर), 'तेरे प्रेम में मैंने पाई नहीं कहीं वासना' (हेमलता), खुसरो की पहेलियाँ, मुकरियो के अंदाज़ में 'कहे मुकरी' (हेमलता, अनुपमा), 'नदिया के पार' (1982) के पूरबी रंग लिए रवींद्र जैन के खास अंदाज़ में 'जब तक पूरे न हो फेरे सात', 'जोगी जी धीरे-धीरे', 'साँची कहे तोरी आवन से', ब्रजभाषा में बनी 'ब्रजभूमि' (1982) की पारम्परिक मल्हार आधारित रचना 'झूला तो पड़ गए अमुआ की डार पर जी' (चंद्राणी, सुशील), माधुरी दीक्षित की प्रथम फ़िल्म 'अबोध' (1984) के 'घिर आए मेघ अम्बर पे बिजुरिया चमके' और सुरेश वाडेकर की गाई सुंदर गज़ल 'तुझे देखने को तरसती है आँखें', 'पिया मिलन' (1985) का लोकशैली का विवाह गीत 'चढ़ रही हल्दी' (रत्नेश सिंह) जैसे गीतों को शामिल किया जा सकता है।

यह भी रवींद्र जैन की संगीत पर पकड़ का ही परिणाम था कि लक्ष्मी-प्यारे से विमुख हुए राज कपूर ने अपनी फ़िल्म 'राम तेरी गंगा मैली' (1985) के लिए बतौर संगीतकार रवींद्र जैन को चुना। यह एक बहुत बड़ा सम्मान था क्योंकि राज कपूर स्वयं ही संगीत के बड़े जानकार और पारखी थे, और संगीत उनकी फ़िल्मों में एक प्रमुख तत्त्व के रूप में आता रहा था। यह दूसरी बात है कि राज कपूर ने अपने आरम्भिक दिनों में ही शंकर-जयकिशन के साथ घंटों अपने चेम्बूर के कमरे में रात-रात भर बैठकर कई धुनों की रचना कर रखी थी जिसे वे वर्षों बाद तक की फ़िल्मों में भी प्रयुक्त करते रहे थे। शायद यही कारण है कि 'राम तेरी गंगा मैली' के सुप्रसिद्ध गीत 'सुन साहिबा सुन' की मूल धुन रवींद्र जैन की न होकर जयकिशन की कही जाती है, और शायद यही कारण है कि सर्वश्रेष्ठ संगीतकार का इस फ़िल्म के लिए फ़िल्मफ़ेयर पुरस्कार मिलने की रवींद्र जैन की खुशी उस वक्त धूमिल हो गई जब लता मंगेशकर ने पुरस्कार समारोह की शाम मंच पर यह कह डाला कि संगीत चाहे कोई भी दे, पर राज कपूर की फ़िल्मों में संगीत अंततः राज कपूर ही देते हैं। यह भी निर्विवाद है कि राज कपूर की फ़िल्मों में जिस स्वर का संगीत हुआ करता था, उसके मुक़ाबले 'प्रेम रोग' और 'राम तेरी गंगा मैली हो गई' का संगीत कमज़ोर ही कहा जाएगा। हालाँकि पहाड़ी पर आधारित 'हुस्न पहाड़ों का', अहीर भैरवी पर आधारित 'राम तेरी गंगा मैली हो गई' और किरवानी पर आधारित 'एक राधा, एक सीता' में रवींद्र जैन का प्रयास सराहनीय था, पर शंकर-जयकिशन वाला जादू नहीं जग पाया।

वैसे इस दशक में रवींद्र जैन की उपलब्धि थी रामानंद सागर के मशहूर दूरदर्शन धारावाहिक 'रामायण' का संगीत। 'रामायण'

को देखने के लिए उन दिनों शहरों की सड़कें वास्तव में सूनी हो जाती थीं—भौतिक आधुनिकता के साथ-साथ धार्मिक identities का बढ़ना अधिक आश्चर्यजनक नहीं है, मध्यवर्ग का झुकाव प्रगतिशीलता से अधिक हमेशा अपनी पूँजी की रक्षा और उसके विस्तार की तरफ़ रहा है और इसके लिए धर्म और भौतिकवादी उपभोक्तावाद दोनों की तरफ़ वह जाता रहा है। रवींद्र जैन का संगीत इस दौर में धर्म के इस पहलू को ले कर ही 'रामायण' या 'चिंतामणि सूरदास' (1987), 'दुर्गा माँ' (1986), 'जय करौली माँ' (1988) जैसी फ़िल्मों के साथ कायम रहने की कोशिश करता रहा नहीं तो 'राम तेरी गंगा मैली' (जिसके मुहावरे भी धार्मिक पवित्रता के इर्द गिर्द ही घूमते थे) के अलावा सामाजिक फ़िल्मों के संगीत में उनकी सफलता बहुत कम होती जा रही थी। 'परख' (1987) के 'कैसे निभेगी अपनी प्रीत रे गोपाला' या 'अधरों में कुछ रह गई, नैनों से कुछ बह गई, मैं कोई कविता हूँ अनकही', या 'प्यार का सावन' (1989) के 'जो बैठे चरणों में निहारे' (येसुदास, अनूप जलोटा) और 'दो मतवारे सरयू किनारे' (येसुदास, भारती) या फिर उपेक्षित फ़िल्म 'प्रिंसेस ऑफ काठमांडू' (1996) के 'मधुमय स्वर है मधुमय स्वभाव' (कविता कृष्णमूर्ति), 'जेलखाना' (1995) के 'जान लेवा तुम्हारी मुहब्बत में हम' (दिलराज कौर), 'हिमालय के आँचल' (1994) के 'ज़िंदगी से भागकर तू जहाँ भी जाएगा' (रवींद्र जैन) जैसे कुछ अच्छे गीत भी अनसुने ही रह गए। आर.के. फ़िल्म्स की 'हिना' (1991) का संगीत भी कुल मिलाकर साधारण ही कहा जाएगा। 'चिट्ठिया दर्द फ़िराक वालिए' की पारम्परिक धुन की रेकॉर्डिंग के समय राज कपूर का अचानक स्टूडियो पहुँच जाना और वहाँ मौजूद रवींद्र जैन तथा रणधीर कपूर द्वारा अरेंज किए गए विदेशी वाद्ययंत्रों को हटाकर इस गीत को विशुद्ध लोकरंग के साथ रेकॉर्ड कराने की कहानी का ज़िक्र तो राजू भारतन ने लता मंगेशकर पर अपनी किताब में किया ही है, और इस गीत का श्रेय राज कपूर को ही जाना चाहिए, जो बचपन के पेशावर के ज़माने से इन बोलों से प्रभावित रहे थे। जहाँ तक शेष गीतों का प्रश्न है 'बेदर्दी तेरे प्यार ने' (लता) अगर अच्छा था, तो अन्य गीतों से कोई विशेष प्रभाव नहीं बन पाया था। रवींद्र जैन 'सेनूर' (1982), 'गंगा से ना नाता हमार' (1991) जैसी भोजपुरी, 'ब्रह्मर्षि विश्वामित्र' (1991) जैसी तेलगू और 'पति परम गुरु' (1991) जैसी बाँग्ला फ़िल्मों में भी कभी-कभी संगीत देते रहे तथा 'रामायण' के अलावा भी 'वंश', 'जय हनुमान', 'नुपुर', 'दुर्गा' जैसे टेलीविज़न सीरियल और 'मोहिनी' जैसी टेलीफ़िल्म में भी संगीतकार रहे। 'मोहिनी' का कविता कृष्णमूर्ति का गाया 'चाहे किस नाम से तू मुझे पुकार ले' एक अच्छा, कर्णप्रिय गीत था जो यूँ ही गुज़र गया। राज कपूर जिस फ़िल्म को बनाने की ख़्वाहिश मन में लिए ही गुज़र गए उसे मेजर अशोक कौल ने बनाया और 'परमवीर चक्र' (1995) में 'मेरे महबूब मेरे वतन' के रूप में रवींद्र जैन ने संसद परिसर में आयोजित कवि गोष्ठी की अपनी रचना को खूबसूरती से शामिल भी किया, पर कुल मिलाकर यह कहा जा सकता है कि रवींद्र जैन के अच्छे वर्ष आठवें दशक के ही थे जहाँ उनकी अलग संगीत शैली ने कुछ वर्षों तक बड़े रसपूर्ण गीतों से हमारा परिचय कराया था। नवें दशक में फ़िल्म संगीत की गुणवत्ता की कमी और शोरगुल-भरे स्वरों के माहौल में रवींद्र जैन ने जिस धार्मिक संगीत के मार्ग को अधिक अपनाया, उसकी अपनी सीमाएँ थीं, परम्पराएँ थीं तथा नए प्रयोगों या रचनात्मकता के लिए जगह कम थी। फ़िल्म-संगीत में कर्णप्रियता की अगले दशक में कुछ हद तक वापसी के मुहावरे भी उदारीकरण और बाज़ारवाद के अंतर्राष्ट्रीय दौर में इतने अलग से थे कि रवींद्र जैन के लिए वहाँ कम स्थान था, पर आज भी 'अँखियों के झरोखों से' जब भी कहीं सुनाई देता है तो इतने वर्षों बाद भी आदमी मंत्रमुग्ध रह जाता है।

रवींद्र जैन के लिखने का शौक फ़िल्मों से अलग भी जारी रहा है। 1987 में उनकी लिखी गज़लों और मुक्तकों का संग्रह 'उजालों का सिलसिला' प्रकाशित हुई थी। 'सुनहरे पल' के नाम से उनकी आत्मकथा भी निकली है। जसपिंदर नरूला के साथ उनके एलबम 'नमोकार महामंत्र' को हाल में अच्छी लोकप्रियता मिली है। भजन-संध्या या स्टेज प्रोग्रामों में रवींद्र जैन अभी भी काफ़ी व्यस्त और सक्रिय रहते हैं।

राजकमल

'इस नदी को मेरा आईना मान लो'

संगीतकार राजकमल

राजकमल भी मुख्यतः राजश्री के ही संगीतकार रहे हैं। शायद यही कारण है कि राजश्री की फ़िल्मों का एक ख़ास ग्रामीण या पारिवारिक रंग से युक्त संगीत रवींद्र जैन और राम-लक्ष्मण की तरह उनकी रचनाओं में भी झलकता है। वैसे संगीत से लगाव राजकमल को भी बचपन से ही रहा था। तबला वे बहुत अच्छा बजाते थे, और तबलावादन के लिए 1957 में शासकीय सम्मान भी उन्हें प्राप्त हुआ था। राजकमल बड़े होकर मुम्बई में अपनी धुनों पर गाकर स्टेज कार्यक्रम भी देने लगे जहाँ एक बार ताराचंद बड़जात्या ने उन्हें सुना और भविष्य में काम देने का आश्वासन भी दिया। पर यह आश्वासन फलीभूत हुआ चौदह वर्षों के बाद जब 'सावन को आने दो' में राजश्री ने उन्हें बतौर संगीतकार अनुबंधित किया।

राजश्री की फ़िल्मों के लिए राजकमल इसलिए भी बेहद उपयुक्त थे क्योंकि लोकसंगीत का उनका अच्छा अध्ययन था और इसके लिए उन्हें स्कॉलरशिप भी मिली थी। पर राजश्री के पहले भी राजकमल ने कुछ फ़िल्मों में संगीत दिया था, हालाँकि 'दोस्त और दुश्मन' (1971), 'अच्छा बुरा' (1972) का संगीत अनसुना ही रह गया।

लेकिन राजश्री द्वारा प्रस्तुत चंद्रलेखा पिक्चर्स की 'सावन को आने दो' (1979) के गीतों के तो लोकप्रियता के कई रेकॉर्ड तोड़ डाले। इस फ़िल्म के संगीत में एक घरेलू और पवित्र-सी प्रेम की धारा बहती सुनाई देती है। 'चाँद जैसे मुखड़े पे बिंदिया सितारा' (येसुदास), 'तुझे देख कर जगवाले पर' (येसुदास), 'कजरे की बाती' (येसुदास, सुलक्षणा पंडित), 'गगन ये समझे चाँद सुखी है' (जसपाल सिंह, साथी) जैसे गीतों में मिठास और माधुर्य के सुंदर संगीतमय बिम्ब थे। केदार के सुरों के साथ बिलावल की छाया लिए 'बोले तो बाँसुरी' (येसुदास) बहुत सुंदर रचना थी, तो 'तेरी तस्वीर को सीने से लगा रखा है' (येसुदास) की संवेदना बहुत सुंदर धुन के साथ उभरकर सामने आती थी। 'तुझे गीतों में ढालूँगा, सावन को आने दो' (जसपाल सिंह, कल्याणी मित्रा, साथी) की पुकारती धुन हमें रवींद्र जैन की शैली की याद दिलाती है। राजश्री की फ़िल्मों के घरेलू पारम्परिक परिवेश के लिए कुछ खास संगीत नोट्स और शैलियाँ ट्रेड मार्क बन गई थीं, और सभी संगीतकारों ने राजश्री की फ़िल्मों के लिए उनका प्रचुर इस्तेमाल किया। राजकमल अपनी सादी धुनों में भी बेहद मधुरता घोलते थे। शास्त्रीय आधारित रचनाओं की सुगमता भी क़ाबिलेतारीफ़ रहती थी।

'सावन को आने दो' के सामने राजकमल की संगीतबद्ध 'जज़्बात' (1980) का संगीत फीका रहा। मुशायरे की शैली में 'उफ़ ये बरसात' (सुलक्षणा पंडित, साथी) और राजेश रोशन की शैली से प्रभावित 'जाने क्यूँ है आजकल खोई-खोई ज़िंदगी' (राजकमल, साथी) जैसे गीत बिलकुल न चले। 'मेरा सलाम' (1980) के भी 'आया हूँ मेरे दिलवर तेरी अंजुमन' (रफ़ी), 'मेरे महबूब

है मेरा मेहमान यहाँ पर' (आशा) भी खास नहीं रहे पर 'मेरी जाँ तुमसे मुहब्बत है मगर कैसे कहूँ' (रफ़ी, सुलक्षणा पंडित) की शायराना रूमानी धुन बहुत खूब बनी थी। राजश्री प्रोडक्शन्स द्वारा प्रस्तुत रुचि फ़िल्म्स की सत्येन बोस निर्देशित 'पायल की झंकार' (1980) में भारतीय सांस्कृतिक परम्परा के अनुरूप दोहों, कजरी, होरी जैसे लोकसंगीत के साथ-साथ शास्त्रीय संगीत का भी बहुत सुंदर प्रस्तुतीकरण था। जसपाल सिंह के स्वर में 'जिन खोजा तिन पाइयाँ' पारम्परिक दोहे का कर्णप्रिय संगीत रूपांतर था, 'झिरमिर झिरमिर सावन आयो' (सुलक्षणा पंडित, आनंद कुमार, साथी) कजरी का एक उल्लसित रूप था, 'सारी डाल दई मोए' (सुलक्षणा पंडित, पी.डी. जलोटा) बिलकुल अर्द्धशास्त्रीय होरी और दादरा का बहुत मधुर फ़िल्मी परिवर्तन था। 'जय माँ गंगा माँ' (चंद्राणी मुखर्जी, साथी) लोकरंग से सराबोर रचना थी, 'रामा पानी भरवे' (सुलक्षणा पंडित, आनंद कुमार) में भी इंटरल्यूड्स में शहनाई, ढोलक के साथ ग्रामीण प्रभाव पैदा करने की कोशिश थी। 'नन्हा सा फूल हूँ मैं' (सुलक्षणा पंडित) भजन शैली लेकर आया था तो 'देखो कान्हा नहीं मानत' (येसुदास, सुलक्षणा पंडित) शास्त्रीय संगीत की एक बड़ी सरस प्रस्तुति थी। 'सुर बिन तान नहीं', (आरती, सुलक्षणा) भी दरबारी का अच्छा फ़िल्मी रूपांतर रहा था। 'पायल की झंकार' ही आज की चोटी की गायिका अलका याज्ञनिक की पहली फ़िल्म थी जिसमें राजकमल ने उनसे कुछ पंक्तियाँ गवाई थीं। भक्ति की यह धारा राजकमल की संगीतबद्ध 'अखंड सौभाग्यवती' (1981) के 'गूँजे गूँजे रे गोकुल धाम' (राजकमल, हेमलता), 'ओम नमः शिवाय' (राजकमल, हेमलता), 'ढोला ढोल मजीरा बाजे रे' (सुषमा श्रेष्ठ, साथी) जैसे गीतों के साथ जारी रही।

सई परांजपे की लोकप्रिय कॉमेडी 'चश्मे-बद्दूर' (1981) में राजकमल ने उत्कृष्ट संगीत दिया था। शास्त्रीय शैली में राग मेघ और काफ़ी पर सृजित क्रमशः 'कहाँ से आए बदरा' (येसुदास, हेमंती शुक्ला) और 'काली घोड़ी द्वारा खड़ी' (येसुदास, हेमंती शुक्ला) बहुत सशक्त रचनाओं के रूप में सराही गईं। हेमंती शुक्ला के स्वर में 'आँसू की आरती' में राजकमल एक बार फिर हलकी-सी लोकगीत की छाया लेकर अपनी राजश्री की फ़िल्मों के करीब लगते हैं। पर फ़िल्म का सबसे सुंदर गीत था बदलती लय पर सितार और तबले की सुंदर ताल के साथ शैलेंद्र सिंह और हेमंती शुक्ला के स्वरों में काव्यात्मक बिम्बों से भरा 'इस नदी को मेरा आइना मान लो।' राजकमल ने स्वयं भी फ़िल्मी गानों के आम सिचुएशन पर हास्य करता एक गीत गाया था (हेमंती शुक्ला के साथ)–'कैसे हो पागल'।

'कथा' (1983) का संगीत बिलकुल दूसरी प्रकृति का था। पाश्चात्य बीट्स पर 'तुम सुंदर मैं सुंदर' (प्रीति सागर, विनी जोगलेकर, राजकमल आदि), या फिर लोकशैली का बम्बई की चालों की सामूहिक संस्कृति के अनुसार बिलावल में रूपांतरण कर सृजित गीत 'कौन आया कौन आया' (हरिहरन, पीनाज़ आदि) और 'क्या हुआ क्या हुआ' (हरिहरन, पीनाज़, आदि) के द्वारा राजकमल ने निम्न मध्यवर्गीय नागरिकों के मनोभावों, कौतूहलों, चाहों और जिज्ञासाओं को प्रतिबिम्बित करती एक नई धारा निकाली। फ़िल्म में राजकमल ने किशोर कुमार से उनकी खास मुलायम गीतों वाली शैली में 'मैंने तुमसे कुछ नहीं माँगा' भी गवाया था।

राजकमल की संगीतबद्ध राजश्री की 'फुलवारी' (1983) में पुनः शास्त्रीय संगीत आधारित गीतों की बहार थी। 'जाओ सैंया ऐसे न चुराओ' (हेमंती शुक्ला), 'साँवरी सलोनी ऐसी सज रही रात' (येसुदास), 'चंचल नैना मोहिनी चितवन' (येसुदास) जैसे गीतों में राजकमल ने सितार की झंकार और बाँसुरी के साथ शास्त्रीयता को एक नृत्यात्मकता और शृंगार भी प्रदान किया जो अनुपम था। 'मैंने तुमको ही माँ जाना' (हेमंती, राजकमल, साथी) में तो दक्षिण भारतीय शास्त्रीय संगीत वाद्यों के भी प्रयोग ने इस भक्ति रचना को प्रभावशाली बनाया था।

राजकमल की शास्त्रीय संगीत की पकड़ को देखते हुए ही बी.आर. चोपड़ा ने अपने बहुलोकप्रिय टी.वी. सीरियल 'महाभारत' का संगीत उन्हें सौंपा था। राजकमल ने 'महाभारत' में विभिन्न भावों के लिए भिन्न रागों का बहुत सुंदर इस्तेमाल किया। प्रेम के लिए राग देस का प्रयोग था, तो 'महारास' के समय 'एकमेव भाव' का पावन संगीत रस था, और विरह के लिए भैरवी प्रयुक्त हुई। महेंद्र कपूर और अनुराधा पौडवाल के अतिरिक्त उन्होंने नितिन मुकेश (सूरदास के भजनों के लिए), सुरेश वाडेकर और कविता कृष्णमूर्ति की आवाज़ें ली थीं। दूसरी तरफ़ टी.वी. सीरियल 'बहादुर शाह ज़फ़र' के संगीत के लिए भी राजकमल ही चुने गए।

इस बार दौर गज़लों का था और ज़ौक के कलाम 'अब तो घबड़ा के ये' (अनुराधा, कविता कृष्णमूर्ति), ग़ालिब की गज़ल 'आह को चाहिए एक उम्र असर होने तक' (सोनाली जलोटा), वाज़िद अली शाह की शायरी 'दरो दीवार पे हसरत से' (महेन्द्र कपूर), जफ़र की कालजयी रचनाएँ 'न किसी की आँख का नूर हूँ' (महेंद्र कपूर) और 'लगता नहीं है जी मेरा' (महेंद्र कपूर, आदि), खुसरो का प्रसिद्ध गीत 'छाप तिलक सब छीनी' (मुनव्वर मासूम, आनंद कुमार, साथी) जैसी रचनाओं का कैसेट भी निकाला गया था।

पर राज बब्बर, स्मिता पाटिल अभिनीत 'कानून मेरी मुट्ठी में' (1984), राखी, अशोक कुमार अभिनीत 'अम्मा' (1986), शर्मिला और नवीन निश्चल अभिनीत 'सात साल बाद' (1987), 'रज़िया' (1988) जैसी फ़िल्मों की असफलता ने कई वर्षों तक राजकमल को फ़िल्मों से दूर ही कर दिया। वर्षों बाद 'गंगा माँगे खून' (1995) के 'चाँद कहे जो रात से' (सानू, साधना सरगम), 'हे नागेश्वर हे गंगेश्वर हे भोले नटराज' (कविता, साधना सरगम), 'कली को है प्यारा भँवरा' (साधना सरगम, विनोद राठौड़) और 'साजन साजन मेरे साजन' (साधना सरगम, सुदेश भोंसले) जैसे गीतों में राजकमल ने भक्ति और शृंगार की अपनी परिचित धारा फिर से बहाने की कोशिश की पर सफल न रह पाए। 'सिंदूर की होली' (1996) के गीतों का भी यही हश्र रहा। लता और आशा की पेशेवर प्रतिद्वंद्विता को प्रतीकात्मक ढंग से उभारनेवाली 'साज़' (1996) में ज़ाकिर हुसैन, भूपेन हज़ारिका और यशवंत देव के साथ राजकमल भी संगीतकार थे, और उन्होंने बाँसुरी, सितार, गिटार–सभी के सुंदर संयोजन से 'आज हम रोशन करेंगे प्रेम के लाखों दीये' (देवकी पंडित) और लोरी शैली में 'बिंदिया है सपना है' (कविता कृष्णमूर्ति) जैसे दो मेलोडियस गीतों से हमें वाकिफ़ कराया, पर फ़िल्मों की मुख्य धारा का संगीत भूमण्डलीकरण के दौर में इतनी तेज़ी से बदल चुका था कि राजकमल के शास्त्रीय और लोकसंगीत के लिए स्थान बहुत कम रह गया था।

राम-लक्ष्मण

'मेरे बस में अगर कुछ होता तो आँसू तेरी आँखों में आने न देता'

संगीतकार राम-लक्ष्मण का असली नाम है विजय पाटिल। संगीत का शौक बचपन से ही था, और वे पहले कॉलेज के ज़माने में नागपुर में और फिर बम्बई में स्टेज कार्यक्रमों में बजाया करते थे। विजय पाटिल एकॉर्डियन बहुत अच्छा बजाते थे। फिर उन्होंने मुम्बई में अपना एक दल बनाया और अपनी बनाई तर्ज़ों को ही स्टेज पर प्रस्तुत करना प्रारम्भ किया। ऐसे ही एक कार्यक्रम में दर्शक थे दादा कोंडके। वे इतने प्रभावित हुए कि उन्हें अपनी फ़िल्म 'पांडु हवलदार' का संगीत उन्हें सौंप डाला। उन्होंने ही विजय पाटिल का नाम भी बदला। वास्तव में राम और लक्ष्मण दो व्यक्ति थे, पर उनमें से एक साथी राम की मृत्यु हो गई। लेकिन नाम दोनों का ही चलता रहा है।

राम-लक्ष्मण

25 जनवरी, 1980 की 'माधुरी' में उन पर छपे एक लेख में उन्होंने माना है कि लोकप्रियता उसी गीत की होती है जिसे सड़क चलता आदमी भी गुनगुनाए। अपने संगीत में इस तत्त्व का ध्यान राम-लक्ष्मण ने हमेशा ही रखा। दीपक बाहरी निर्देशित 'एजेंट विनोद' (1977) में राम-लक्ष्मण का संगीत उन दिनों हिट रहा था। 'लवलीना, आ गया हूँ मैं' (आशा, शैलेन्द्र सिंह), 'बंद कमरे में एक अकेली लड़की' (आशा, महेंद्र संधू), 'सबसे निराला रंगीला दिलवाला' (किशोर, साथी), 'महफ़िल में आए हो' (आशा, मन्ना डे) जैसे गीतों की लोकप्रियता ने राम-लक्ष्मण के लिए हिंदी फ़िल्मों का मार्ग प्रशस्त किया। सत्येन बोस द्वारा निर्देशित 'साँच को आँच नहीं' (1979) में पुनः राम-लक्ष्मण का संगीत लोकप्रिय रहा। विशेषकर 'मेरे बस में अगर कुछ होता तो आँसू तेरी आँखों में आने न देता' की कशिश-भरी धुन और शैलेंद्र सिंह की भावों में डूबी हुई गायकी को खूब पसंद किया गया।

पर राम-लक्ष्मण की पहली सुपरहिट फ़िल्म रही राजश्री प्रोडक्शन्स द्वारा प्रस्तुत 'तराना' (1979)। इस फ़िल्म ने संगीत का वह तराना प्रस्तुत किया कि श्रोता झूम-झूम उठे। रिद्म के मचलते स्पंदनों के बीच से गिटार और पियानो के इंटरल्यूड के साथ उभरते 'गुँचे लगे हैं कहने फूलों से भी सुना है तराना प्यार का' (शैलेन्द्र सिंह), कोरस के साथ 'सुलताना सुलताना मेरा नाम है सुलताना' (उषा मंगेशकर, साथी), lilting धुन वाला 'हम तुम दोनों साथ में भींग जाएँगे बरसात में' (शैलेन्द्र सिंह, उषा मंगेशकर) या 'जो बहारों से नजरों से चुने वही रंग लौटाता हूँ (शैलेंद्र सिंह), शास्त्रीय रंग लिए 'छोड़ो बैयाँ' (आरती), ज़बर्दस्त कशिश-भरा 'मेरी दिलरुबा तुझको आना पड़ेगा' (शैलेंद्र सिंह) और कुछ-कुछ हीर शैली में 'कैसी ये जुदाई है' (उषा मंगेशकर, शैलेंद्र सिंह) जैसे गीतों का अपना अदम्य आकर्षण था जो बहुत सराहा गया।

गीतकार असद भोपाली के साथ राम-लक्ष्मण ने ढेर सारी रचनाएँ तैयार कीं लेकिन उनमें से अधिकांश तो रेकॉर्ड भी न हो सकीं। राजश्री और दादा कोंडके के अलावा प्राणलाल मेहता और दीपक बाहरी ने अपनी फ़िल्मों के लिए राम-लक्ष्मण के संगीत को अकसर चुना और इसलिए राम-लक्ष्मण को मौकों की कमी तो कभी नहीं रही है।

'हमसे बढ़कर कौन' (1981) का अतिलोकप्रिय रहा 'देवा हो देवा गणपति देवा', 'उस्तादी उस्ताद से' (1982) का 'साथी तेरा नाम एक दिन', राजश्री की 'जियो तो ऐसे जियो' (1981) के 'आँगन में तुलसी' (उषा मंगेशकर), 'कोयलिया काली है' (उषा

मंगेशकर, भूपेंद्र) और 'तू दुलहन है दीवाने की' (महेंद्र, उषा मंगेशकर), 'तुम्हारे बिना' (1982) के 'हँसते ही हँसते कटेंगी ये राहें' (भूपेंद्र, गुरप्रीत) और 'लब तक आई है जो बात' (भूपेंद्र, बहरोज़ चटर्जी), प्राणलाल मेहता की 'बेज़ुबान' (1982) के 'छोड़ो छोड़ो मेरा हाथ' (बहरोज़), 'ये मेरा छोटा-सा जहाँ' (किशोर) और 'हर एक जीवन है इक कहानी' (लता) जैसे गीतों के साथ राम-लक्ष्मण ने दशक की शुरुआत आशाजनक तरीके से की। राजश्री प्रोडक्शन्स की 'सुन सजना' (1982) और 'सुन मेरी लैला' (1983) के 'सुन सजना' (येसुदास, अनुराधा पौडवाल) की trot रिद्म पर मेलोडी, राजश्री की फ़िल्मों की पहचानी ग्रामीण आंचलिक धुन पर 'बिछुआ ने डंक मारा' (सपन चक्रवर्ती, उषा मंगेशकर), 'Vicky, I love you' (सुरेश वाडकर, बहरोज़ चटर्जी), 'तेरे बिन लैला कैसे जिएगा' (शैलेन्द्र सिंह, उषा मंगेशकर) की रूमानी धुनों और प्रसिद्ध गजल गायक अशोक खोसला से गवाए भावनात्मक गीत 'माँगी है हमने दुआएँ' को भी तात्कालिक लोकप्रियता मिली थी।

'वो जो हसीना' (1983) के कर्णप्रिय 'चाँद चल तू ज़रा' (किशोर), बहुत अच्छे रिद्म पर 'दुलहन बनूँगी' (लता, मन्ना डे), धीमी लय पर 'लग जा गले' (नितिन, उषा मंगेशकर), या 'दर्दे दिल' (1983) का एकॉर्डियन के साथ शंकर-जयकिशन शैली में 'झटक के दामन' (नितिन, साथी) या 'भींगा भींगा मौसम है' (नितिन, उषा मंगेशकर) और रिद्म प्रधान 'सनम हो खुदा हो' (भूपेंद्र, उषा मंगेशकर) जैसे गीतों को भी कुछ तात्कालिक लोकप्रियता मिली, पर इन आशाओं के बावजूद आगे के कुछ वर्ष राम-लक्ष्मण के लिए बहुत निराशाजनक रहे। 'गुमनाम है कोई' (1983), 'तेरे मेरे बीच में' (1984), 'मुझे वचन दो' (1983), 'ये कैसा फ़र्ज़' (1984), 'पत्थर' (1985), 'अनाड़ी खिलाड़ी' (1986) जैसी फ़िल्मों में राम-लक्ष्मण का संगीत साधारण दर्जे का था और पिट भी गया। दादा कोंडके की द्विअर्थी संवादों वाली फ़िल्म 'अँधेरी रात में दिया तेरे हाथ में' (1986) में राम-लक्ष्मण का संगीत भी कम स्तरीय ही रहा। गौतम भाटिया की 'दीवाना तेरे नाम का' (1987), महेंद्र संधू की 'कौन कितने पानी में' (1987), दादा कोंडके की 'आगे की सोच' (1988), सनिल खोसला की 'जवानी की लहरें' (1988), कमल जैन की 'वासना की आग' (1988), दादा कोंडके की ही 'खोल दे मेरी जुबान' (1989) और रणजीत जैन की 'पाप की सजा' (1989) जैसी 'सी' ग्रेड फ़िल्मों से काम चलाने की नौबत आ गई जिनमें राम-लक्ष्मण का संगीत काबिले ज़िक्र भी नहीं है।

मराठी फ़िल्मों 'पांडु हवलदार' या 'माला घिउन चाला' की अपार लोकप्रियता से प्रेरित होकर 1989 में राम-लक्ष्मण ने मीनल राव के साथ स्वयं गाकर 'मराठी हिस्का' नाम से एक मराठी पॉप एलबम भी निकाला था। वैसे व्यक्तिगत ज़िंदगी में राम-लक्ष्मण अत्यंत आध्यात्मिक व्यक्ति हैं और मुंबई के एक पारसी cult से भी सम्बद्ध रहे हैं।

लेकिन हिन्दी फ़िल्मों के इस असफल दौर के बावजूद राजश्री ने राम-लक्ष्मण का साथ नहीं छोड़ा, और राजश्री की ही 'मैंने प्यार किया' (1989) के लोकप्रियता के कीर्तिमान स्थापित करनेवाले संगीत से वे फिर प्रमुखता से सामने आ गए। राग पहाड़ी और शिवरंजनी के लोकधुनों का इस फ़िल्म में राम-लक्ष्मण ने प्रचुरता से इस्तेमाल किया और आधुनिक रिद्म के साथ पहाड़ी के लोक-सुरों के सम्मिश्रण से सृजित 'दिल दीवाना बिन सजना के माने ना' (लता) तो महीनों तक भारत के हर शहर, हर गाँव में गूँजता ही रहा। इस गीत की धुन मूलतः राम-लक्ष्मण ने 'एजेंट विनोद' के लिए बनाई थी पर इसका इस्तेमाल वर्षों बाद किया। लता ने फ़िल्म के पाँच गीत एक ही दिन में रेकॉर्ड किए थे। 'कबूतर जा जा जा' की मिठास लता के पुराने दिनों की याद कुछ हद तक तो दिलाती ही थी। 'आजा शाम होने आई', 'आया मौसम दोस्ती का', 'आते जाते हँसते गाते', 'मेरे रंग में' जैसे गीतों ने एस.पी. बालसुब्रमण्यम को भी नई पहचान दी।

'मैंने प्यार किया' : अभूतपूर्व सफलता

'मैंने प्यार किया' की अभूतपूर्व सफलता ने राम-लक्ष्मण को वर्षों बाद लोकप्रियता का स्वाद चखाया। इस फ़िल्म के गीत इतने लोकप्रिय हुए कि एच. एम.व्ही. भी घाटे से बंद होने के खतरे से उबरकर फिर से लाभ में आ गई। लता का पार्श्वगायन छोड़ने का इरादा भी इन गीतों की सफलता से टल गया, यह अपने-आपमें कम महत्त्वपूर्ण तथ्य नहीं है।

'सातवाँ आसमान' (1992) राम-लक्ष्मण की अन्य उल्लेखनीय फ़िल्म मानी जाएगी। ख़य्याम की शैली में 'तेरी मेरी मुरादों के दिन हैं' और 'सोचा तुम्हें खत लिखूँ' लता के गाए इस दौर के अच्छे युगल गीतों में गिने जाने चाहिए। प्रीति उत्तम से गवाए 'Where is the time to halt' को अपार लोकप्रियता मिली। यह फ़िल्म राम-लक्ष्मण के संगीत का एक अलग आधुनिक

पक्ष प्रस्तुत करती है जो राजश्री की फ़िल्मों में नहीं था।

इस दौर में राम-लक्ष्मण की लोकप्रिय धुनों में 'पत्थर के फूल' (1991) के 'कभी लिंकिंग रोड', 'आ जा, आ जा', 'मन के चैना तेरे लिए व्यकुल मेरे नैना' (लता), 'दीवाना दिल बिन सजना के' (लता, एस.पी. बालसुब्रमण्यम), 'कभी तू छलिया लगता है' (लता, एस.पी. बालसुब्रमण्यम) और 'सजना तेरे बिना क्या जीना' (लता, बालसुब्रमण्यम), '100 डेज़' (1991) के 'ले ले दिल' (लता, अमित), 'प्यार तेरा प्यार' (लता), 'सुन बेलिया' (लता, एस.पी. बालसुब्रमण्यम), 'सुन सुन सुन दिलरुबा' (लता, बालसुब्रमण्यम) 'ताना देरे ना' (लता, बालसुब्रमण्यम), 'गब्बर सिंह ये कह कर गया' (अमित, अलका), 'पुलिस पब्लिक' (1990) का 'मैं जिस दिन भुला दूँ तेरा प्यार' (लता, अमित), 'बहारों की मंज़िल' (1991) के 'तुम ताना ना ताना' (पूर्णिमा, अमित), 'तेरा नाम लिख दिया' (पूर्णिमा, उदित), 'जब तक रहे धरती गगन' (पूर्णिमा, उदित) आदि गीतों के ज़िक्र में जो बात उभरकर आती है वह है लता का राम-लक्ष्मण के लिए लगातार गाना। लता के कारण राम-लक्ष्मण का संगीत एक विशेष मिठास और स्तर पा जाता था, और राम-लक्ष्मण की लोकप्रिय अभिरुचि के हिसाब से बनाई धुनों में निखार आ जाता था। राम-लक्ष्मण ने कुछ अपवादों को छोड़कर अपनी रचनाओं में हमेशा एक पारिवारिक, घरेलू स्पर्श दिया और इसीलिए उनके गीतों में एक अपनापन अकसर रहता है। मनमोहन देसाई की 'अनमोल' (1993) में लता के गाए 'दिल की लगी', 'दिल लगाने की न दो सजा', 'आ गई वो आ गई' (उदित के साथ), 'बताओ तुम कौन हो' (उदित के साथ) और 'सुन सुन सुन साथिया' की मेलोडी के साथ-साथ राम-लक्ष्मण परवीन सुल्ताना को भी 'कोई दिल का रोग लगाए ना' के लिए लाए थे। इस फ़िल्म में उन्होंने एकॉर्डियन का बहुत अच्छा प्रयोग किया था। 'दिल की बाजी' (1993) के 'रुक भी जाओ जाना' (लता, उदित), 'ये बादल आसमाँ में' (लता, बालसुब्रमण्यम) और 'तुम साज छेड़ों मैं गीत गाऊँ' (लता), 'प्यार का तराना' (1993) के 'कहा था जो तुमने' (लता), आकर्षक गीत 'कितना अच्छा होता जो मैं पियानो होती' (लता) तथा 'तुमसे जो कहूँगी' (लता, उदित), 'जज़्बात' (1994) के 'दिल उड़ता', 'हर किसी को किसी न किसी की तलाश है', 'करन' (1994) के 'आसमाँ पे चाँद निकला' और 'कब तक प्यार छुपाओगे', 'प्रेम शक्ति' (1994) के 'कब तक मैं सहूँ ये सितम' (लता), 'कृष्णा तू मैं करिश्मा हूँ' (लता, उदित) और 'दिल करता है दूर चलें कहीं' (लता, उदित) और 'कानून' (1994) के 'मैं बनी हूँ सिर्फ़ तेरे लिए' (लता, सानू), 'मेरे दिल पे किया है' (लता, बालसुब्रमण्यम), 'Jack & Jill' (लता, बालसुब्रमण्यम), 'क्या खता है' (लता, सानू), 'ओ बलमा' (लता) आदि गीतों के द्वारा राम-लक्ष्मण बाज़ारवाद के इस दौर में भी अपनी मेलोडी का घरेलू अंश कायम रखने की कोशिश कर रहे थे। वैसे इस घरेलूपन का भी अपना बाज़ारीकरण था जो राजश्री की 'हम आपके हैं कौन' से प्रकट होता है। मारवाड़ी व्यावसायिक घरों के रीति-रिवाजों को भी बाज़ार में एक वस्तु की तरह भुनाने की कोशिश में निकला संगीत राम-लक्ष्मण को एक बार फिर चोटी पर बैठा गया। राजश्री की 'हम आपके हैं कौन' (1994) में लता और बालसुब्रमण्यम की जोड़ी के स्वरों में 'दीदी तेरा देवर दीवाना', 'जूते दे दो', 'चॉकलेट लाइम जूस' और 'माई न माई' जैसे गीतों ने तो धूम मचा दी। घरेलू शादी के माहौल के बीच स्थित इन गीतों को देखने के लिए लोग सपरिवार बार-बार सिनेमा हॉलों में जाते रहे। भारतीय व्यावसायिक परिवारों में परिभाषित भारतीय संस्कृति का यह रूप बाज़ारवाद के बीच पनप रहे मध्यवर्ग की उस समझ का ही प्रतिबिम्ब था, जहाँ संस्कृति को आम आदमी की ज़िंदगी के संघर्षों से अलग रस्मों, रिवाज़ों का पालन और इस पालन का भव्य रूप से प्रदर्शन समझा जाता है।

'हम आपके हैं कौन' वाली सफलता राम-लक्ष्मण दुहरा नहीं पाए हैं। 'निर्भय' (1995) और 'वर्तमान' (1995) का उनका संगीत नहीं चला। 'मेघा' (1996) के भी 'बजा के बंसी' (लता, नितिन), 'दिलदार जब तक न मिले' (सानू, कविता), 'कुछ लोग जीती बाजी' (लता) या 'लव कुश' (1997) के 'कथा ये राम की है' (लता, आशा), 'राम वर्षों का ऋण चुकाने' (लता, बालसुब्रमण्यम) आदि ढेर सारे भक्ति गीत तथा 'दुलहन बनूँ मैं तेरी' (1999) के गीत या 'मनचला' (1999) के 'ऐ मेरे हमसफ़र' (सानू, कविता), 'घड़ी से कहो ज़रा कम के चले' (लता, सानू), 'नीली-नीली आँखें' (सोनू निगम, प्रीति उत्तम) और 'प्यारा प्यार का नशा' (सानू, कविता) जैसे गीतों को भी सफलता नहीं मिली। राजश्री की 'हम साथ साथ हैं' (1999) तक राम-लक्ष्मण और लता मंगेशकर में भी मनमुटाव हो चला था और यह भी एक कारण माना जा सकता है कि इस फ़िल्म में कुछ हद तक 'म्हारी हिवड़ा में नाचे मोर' और 'ABCDEFGI' जैसे गीतों के अलावा और कोई गीत श्रोताओं की ज़बान पर नहीं चढ़ा।

श्यामल मित्रा

'दिल ऐसा किसी ने मेरा तोड़ा'

1929 में बंगाल के नैहाती में जन्मे श्यामल मित्रा के चाचा एक प्रसिद्ध गायक थे और संगीत के इस पारिवारिक वातावरण में बचपन से ही श्यामल मित्रा का रूझान गाने की ओर होना स्वाभाविक था। विद्यार्थी जीवन से ही कई संगीत समारोहों में गानेवाले श्यामल मित्रा का गीत सुनकर बंगाल के संगीतकार सुधीर चक्रवर्ती ने उन्हें अपना शिष्य बना लिया। चिन्मय लाहिड़ी, सुदीलालजी आदि से संगीत शिक्षा प्राप्त श्यामल मित्रा मूलतः बंगाली के प्रमुख गायक और संगीतकार रहे हैं तथा बाँग्ला में उनके गाए 'अहा आँका बाँका', 'दूर नेई...जग छूटा', 'जदि किछू आमारे', 'जा जा जा रे पाखी' जैसे सलिल चौधरी के स्वरबद्ध गीत खूब लोकप्रिय रहे हैं। श्यामल मित्रा ने पहली बार पार्श्वगायन बाँग्ला फिल्म 'सुनंदर बिये' (1951) में किया पर पार्श्वगायक के रूप में मक़बूलियत उन्हें 'शागोरिका' (1956) के 'आमार स्वप्न देखा' से मिली। संगीतकार के रूप में उनकी पहली फिल्म थी 'जय माँ काली बोर्डिंग' (1955—जिसका बाद में हिंदी रूपांतर 'बीबी और मकान' के नाम से प्रदर्शित हुआ था)। 50 से अधिक बाँग्ला फ़िल्मों में संगीत तथा 300 से अधिक फ़िल्मों में हज़ार से अधिक बाँग्ला गीत गाने वाले श्यामल मित्रा के उल्लेखनीय गीतों में बाँग्ला फ़िल्म 'अंतराल' के स्वयं के गाए 'सारा दिन तोमार' और 'तोमार समाधि फूले फूले', 'अमानुष' के खुद स्वरबद्ध किए 'की आशाएँ बँधी' (किशोर) और 'जदि होए चारुकंठी' (किशोर, आशा), 'बन पलाशी पदबोली' के संगीतबद्ध और गाए 'अहा मुरी मुरी', 'लाल पत्थर' में सलिल के निर्देशन में गाए 'देका न मोरे' (सविता के साथ), 'आनंद आश्रम' का उनका स्वरबद्ध 'आमार स्वप्न' (किशोर, आशा), 'पृथ्वी आमार छाए' में नचिकेता घोष के निर्देशन में 'किउ नए साहेब' (अल्पना बंद्योपाध्याय के साथ) और 'देयो नेओ' (जिसका रूपांतर बाद में हिंदी में 'अनुरोध' बनकर आया) के गीतों के नाम लिए जा सकते हैं। हिंदी फ़िल्म-जगत में भी पहले गायक के रूप में सलिल चौधरी ही उन्हें लाए 'नौकरी' (1954) के 'एक छोटी-सी नौकरी का तलबगार हूँ' में किशोर कुमार और शंकर दासगुप्ता के साथ। सलिल ने उनसे लता के साथ 'बिराज बहू' (1945) का बिदाई गीत 'तेरा घर आबाद रहे, जा री दुलहनिया जा' और 'मुसाफ़िर' (1957) का शीर्षक गीत 'इक आए इक जाए मुसाफ़िर' भी गवाया था। पर इन गीतों को लोकप्रियता नहीं मिली और हिंदी फ़िल्म-जगत के लिए श्यामल अनजान ही रहे। हिंदी फ़िल्म-जगत में उनकी पहचान तब बनी, जब बँगला 'अमानुष' के हिंदी संस्करण (1975) का संगीत भी शक्ति सामंत द्वारा उन्हें ही दिया गया और 'दिल ऐसा किसी ने मेरा तोड़ा' (किशोर) ने धूम मचा दी। बंगाल की गंध लेकर भी अपने रिद्म और तान में नवीन मिश्र झिंझोटी पर आधारित इस खूबसूरत गीत ने किशोर को सर्वश्रेष्ठ गायक का और इंदीवर को सर्वश्रेष्ठ गीतकार का फ़िल्मफ़ेयर पुरस्कार तक दिलाया था। 'न पूछो कोई हमें ज़हर क्यों पी लिया' (किशोर) और मिश्र भैरवी पर आधारित 'ग़म की दवा तो प्यार है, ग़म की दवा शराब नहीं' (आशा) की खुमार-भरी धुनें भी उस वक्त अच्छी चली थीं। 'तेरे गालों को चूमू झुमका बन के' (किशोर, आशा) का बंगाली स्पर्श भी आकर्षक था। राग गारा पर आधारित 'कल के अपने आज न जाने क्यूँ' (आशा) भी उत्कृष्ट, पुरस्कृत रचना बनी।

संगीतकार श्यामल मित्रा

'अमानुष' में उत्तम कुमार और शर्मिला

श्यामल मित्रा की धुनों में बंगाल के लोकरंग का प्रभाव तो था ही, साथ ही कम्पोज़ीशन्स की कसावट शास्त्रीय संगीत का उनका ज्ञान भी बखूबी प्रदर्शित करती है। लोकरंग की माटी के साथ संवेदना संवर्धक ऑरकेस्ट्रा का प्रयोग उनकी ख़ासियत रही है। पुनः शक्ति सामंत की उत्तम कुमार और शर्मिला अभिनीत ही 'आनंद आश्रम' का 'सारा प्यार तुम्हारा मैंने बाँध लिया है आँचल में' में प्यार की भिंगोने वाली छलछलाहट है जो ग्रामीण बंगाल के नदियों और तालाबों की याद दिलाती है। 'राही नए-नए रस्ता नया-नया' (किशोर) की बीट्स लोकशैली का आधार लेकर भी एक आधुनिकता लिए हुए है और यही बात 'तुम इतनी सुंदर हो सारी दुनिया दीवानी होगी' (प्रीति सागर, येसुदास) के लिए भी कही जा सकती है। 'आनंद आश्रम' के गीत भी खूब हिट रहे थे।

हिंदी में श्यामल मित्रा कुछ अन्य प्रशंसित फ़िल्मों के भी संगीतकार रहे हैं। बासु चटर्जी ने अपनी 'सफेद झूठ' (1977) के लिए उन्हें चुना और शास्त्रीय रंग, लोकशैली और आधुनिक प्रस्तुति का बेहद लुभावना संगम लेकर इस फिल्म के 'चोरी-चोरी जइयो राधे जमुना किनारे' (आशा, श्यामल मित्रा) में सरोद और बाँसुरी के लुभावने मिश्रण, 'तेरे मेरे लिए तारों के दिए' (येसुदास) की मोहक धुन में सितार की सज्जा, और 'नीले अम्बर के तले' (येसुदास) और 'मतवाले पल ये कह गए पागल से' (आशा) जैसे आधुनिक गीतों के साथ वे आए थे। यह दूसरी बात है कि फ़िल्म पिट जाने से इन गीतों को 'अमानुष' या 'आनंद आश्रम' के गीतों जैसी सफलता नहीं मिली। यही बात फणि मजुमदार निर्देशित 'ममता' (1977) के 'है ये पल चंचल बड़ी हलचल' (आशा, श्यामल मित्रा, साथी) और 'हम ग़म से न हारेंगे' (लता) जैसे गीतों के बारे में कही जा सकती है। आलो सरकार निर्देशित 'बंदी' (1978) के 'जिसे यार का सच्चा प्यार मिले उसे सारे जहाँ की दौलत क्या' (किशोर, सुलक्षणा पंडित) को ज़रूर अच्छी लोकप्रियता मिली थी। बाँग्ला फ़िल्म 'देओ नेओ' का उनका संगीत बेहद सफल रहा था और इसी पर शक्ति सामंत ने 'अनुरोध' बनाई पर संगीत श्यामल को न सौंपकर लक्ष्मी-प्यारे को सौंपा।

श्यामल मित्रा ही वे संगीतकार थे जिनके साथ रफ़ी ने अपने संगीतमय व्यावसायिक जीवन के आखिरी क्षण बिताए थे। 31 जुलाई, 1980 को श्यामल मित्रा रफ़ी के घर गए थे जहाँ दोपहर तक दुर्गा पूजा के लिए कुछ बाँग्ला गीतों की रिहर्सल चलती रही। दोपहर बाद ही रफ़ी के सीने में दर्द उठा था, और उन्हें अस्पताल ले जाया गया जहाँ उनकी मौत हो गई।

नवें दशक में धूम-धड़ाके के बीच श्यामला मित्रा के लिए हिंदी फ़िल्मों में जगह कम बची। उत्तम कुमार के असामयिक निधन ने उनकी बाँग्ला रूपांतरित हिन्दी फ़िल्मों का द्वार भी श्यामल मित्रा के लिए बंद कर दिया। इस दौर की श्यामल मित्रा की संगीतबद्ध 'अतृप्त आत्मा' भी उपेक्षित ही रही। 'मैं तो हूँ तेरी प्रेम दीवानी' और 'ओ तेरे बिन सूना मन का आँगन' की धुन और संगीत हालाँकि इस प्रकार की सस्पेंस, haunting theme के लिए प्रयुक्त होनेवाली आम धुनों की ही तरह थी, पर 'मुझको ये क्या हो गया न जाने' और 'दे रहा है दुआ मेरा दिल तुझे' जैसे पाश्चात्य ऑरकेस्ट्रेशन के गीतों के साथ मेलोडी को बरकरार रहने की कोशिशें भी नाकाम ही रहीं।

राजेश रोशन

‘माइ हार्ट इज़ बीटिंग, कीप्स ऑन रिपीटिंग’

शंकर-जयकिशन और लक्ष्मी-प्यारे अपनी पहली प्रदर्शित फ़िल्म से ही धूमकेतु की तरह फ़िल्म-जगत पर छा गये थे। राजेश रोशन की ‘जूली’ उनकी पहली नहीं बल्कि दूसरी फ़िल्म थी, पर एक बिलकुल अलग-सा, ताजे झोंके-सा उनका संगीत सुनने वालों को मदमस्त करने में उतना ही कामयाब रहा था जितना ‘बरसात’ या ‘पारसमणि’ का संगीत। महान संगीतकार रोशन के पुत्र राजेश रोशन को संगीत के बीज तो विरासत में ही मिले थे। लेकिन राजेश रोशन ने बचपन में संगीत में कोई विशेष दिलचस्पी नहीं दिखाई। पिता रोशन की अल्पायु में मृत्यु के कारण आई आर्थिक परेशानियों ने संगीत की ओर मोड़ा। रोशन की पत्नी इरा रोशन ने फ्य्याज अहमद खान से सीखना शुरू किया तो छोटे राजेश को भी वहाँ बैठने पर मजबूर किया और धीरे-धीरे राजेश रोशन की दिलचस्पी बढ़ने लगी। खान साहब राजेश को कुछ शब्द देते थे और उनकी धुन बनाने को प्रेरित करते थे। यह एक बहुत लाभकारी शिक्षा साबित हुई। राजेश रोशन ने बाबा रामप्रसाद से भी बहुत कुछ सीखा और फिर लक्ष्मी-प्यारे के ऑरकेस्ट्रा में पाँच वर्षों तक ‘अरेंजिंग’ के काम ने भी फ़िल्म-संगीत की कई बारीकियाँ सिखाईं। शायद यही कारण है कि राजेश रोशन के संगीत में उनका ऑरकेस्ट्रा एक महत्त्वपूर्ण भूमिका निभाता है। उनकी खासियत यह है कि ऑरकेस्ट्रा के व्यापक और विस्तीर्ण प्रयोग के बावजूद धुन का सुरीला प्रवाह ही मुख्य रहता है, ऑरकेस्ट्रा के आगे दबता नहीं है।

राजेश रोशन

अपने भाइयों के दोस्त राजेश रोशन को संगीतकार के रूप में पहला अवसर महमूद ने अपनी फ़िल्म ‘कुँआरा बाप’ (1975) में दिया था। यह फ़िल्म आज भी सम्भवतः हिन्दी फ़िल्मों के सर्वश्रेष्ठ हिजड़ा गीत के लिए याद की जाती है। ‘सज रही गली मेरी माँ सुनहरे गोटे में’ (रफ़ी, महमूद, साथी) आज भी स्कूल-कॉलेज के छात्रों को पिकनिक पर ले जाती बसों में गूँजता सुनाई देता है। ‘मैं हूँ घोड़ा ये है गाड़ी’ (किशोर, महमूद, साथी) भी अपने ज़माने में खूब बजा था। पर फ़िल्म का सबसे सुंदर गीत था कोमल मेलोडी से परिपूर्ण ‘आ री आ जा निंदिया, तू ले चल कहीं’ (किशोर, लता, महमूद)। शुद्ध स्वरों का उपयोग करके इस गीत में राजेश रोशन ने अपनी मौलिकता का परिचय तो दिया ही है, साथ ही पूरे वाद्य-संयोजन को भी एक संतुलित तरंग के रूप में प्रकट करने में सफलता प्राप्त की है।

राजेश रोशन की दूसरी फ़िल्म ‘जूली’ तो एक ताजी, नई शैली लेकर आई। इस शैली के मुहावरे आधुनिक थे, पर यह आधुनिकता शोरगुल वाली आधुनिकता न होकर एक परिष्कृत, नर्म, छू लेने वाली आधुनिकता थी जो अंग्रेज़ी पढ़े-लिखे शहरों के युवा वर्ग को बहुत पसंद आई। इस आधुनिकता में जो शैली थी, वह रोशन की शैली से बिलकुल भिन्न थी। जहाँ रोशन की मेलोडी बाँसुरी और सारंगी के साथ उभरती थी, वहीं राजेश रोशन की धुनें percussion पर केंद्रित थीं। प्रीति सागर को रातों-रात मशहूर बनानेवाला गीत ‘माइ हार्ट इज़ बीटिंग’ एक अंग्रेज़ी गीत था जो अपने बीट्स और प्रवाह के साथ शब्दों को एक अद्‌भुत तरीके से साकार करता हुआ बड़े शहरों के युवावर्ग को पागल बना गया। ‘ये रातें नई पुरानी’ (लता) का मूल सम्भवतः ख़माज थाट था, पर गीत में दो शब्दीय छोटे-छोटे टुकड़ों की lilting बदलते उतार-चढ़ाव की मीठी निरंतरता पूरे गीत को एक

आधुनिक नई शैली का प्रतीकात्मक गीत बना गई। यही उतार-चढ़ाव का अद्भुत कौशल 'जूली' के सुपरहिट गीत 'भूल गया सब कुछ, याद नहीं अब कुछ' (किशोर, लता) में भी उभरा है। इसी प्रकार शब्दों के छोटे समूहों के बीच प्रभावशाली pause के द्वारा धुन को आगे बढ़ाने का कौशल हमें किशोर के 'दिल क्या करे, जब किसी को किसी से प्यार हो जाए' में भी मिलता है। यह धुनों को प्रभावशाली बनाने की एक ताजी शैली थी जिसकी तालबद्धता भी परम्परा से हटकर थी। 'साँचा नाम तेरा' (आशा, उषा मंगेशकर) अवश्य परम्परागत शैली में था पह यहाँ भी ढोलक द्वारा बीट्स का प्रभावी उपयोग खूब जमा है।

युवा राजेश रोशन

राजेश रोशन को 'जूली' के लिए वर्ष के सर्वश्रेष्ठ संगीतकार का फ़िल्मफेयर पुरस्कार मिलना कोई आश्चर्य नहीं था। यह भी गौर करने लायक है कि इस नई शैली को आठवें दशक के अपने संगीत के द्वारा वे विकसित ही करते रहे। उनकी सबसे खास विशिष्टता थी एक muted congo रिद्म का प्रयोग जो न सिर्फ़ गीतों में एक झंकार लाता था, बल्कि पूरे गाने के साथ श्रोताओं को एक चलायमान प्रवाह की अनूभूति देता था।[1] ऐसे गानों के उदाहरणों में 'काला पत्थर' (1978) के 'एक रास्ता है ज़िंदगी' (किशोर, लता), 'लूटमार' (1980) के 'हँस तू हरदम' (किशोर, वर्षा भोंसले, शिवांगी), देस परदेस (1978) के 'नज़राना भेजा किसी ने प्यार का' (किशोर कुमार) आदि गीत प्रमुखता से उभरते हैं। कौंगो या ड्रम्स के supporting beats के साथ धुनों का एक फैलता प्रवाह देना राजेश रोशन के संगीत की विशिष्टता रही है। इस फैलते प्रवाह का असर आधुनिकता की एक लहर जैसा था जो 'स्वामी' (1977) के 'पल दो पल ये क्या हो गया' (लता), 'यादों में वो सपनों में है' (किशोर) और 'आज की रात कुछ होगी ऐसी बात' (आशा, येसुदास) जैसे गीतों में बेहद मुखर है और इसी कारण से 'स्वामी' के साउंडट्रैक को राजेश रोशन की एक विशिष्ट उपलब्धि बनाता है। इस विशिष्ट बीट्स की शैली को प्रवाह के लिए राजेश रोशन ने कई गीतों में खूबसूरती से इस्तेमाल किया, जैसे कौंगो और ड्रमों के साथ 'लूटमार' (1980) के बेहद लोकप्रिय हुए 'जब छाए मेरा जादू' (आशा) में, या सिर्फ़ ड्रमों के साथ 'खुद्दार' के 'ऊँचे नीचे रास्ते और मंज़िल तेरी दूर' में।[2] राजेश रोशन की इस शैली का अनुपम उदाहरण हमें 'बातों-बातों में' में मिलता है, जहाँ percussion के साथ 'सुनिए, कहिए, कहिए, सुनिए, कहते-सुनते बातों-बातों में प्यार हो जाएगा' (किशोर, आशा) या तेज रवानगी के साथ वॉयलिन, पियानो और गिटार की स्वरलहरियों के बीच नर्सरी राइम 'Polly wolly, doodle' पर आधारित 'उठे सबके कदम देखो रम पम पम' (लता, अमित, पर्ल पद्मसी) और सैक्सोफ़ोन, वॉयलिन तथा एकॉर्डियन के साथ अमेरिकी गृह-युद्ध के गीत 'When Johnny comes marching home' से प्रेरित 'न बोले तुम न मैंने कुछ कहा' (लता, अमित, साथी) जैसे गीत थिरकने को मजबूर कर देते हैं। राजेश रोशन के रिद्म में bass और sharpness दोनों का बहुत सुंदर समन्वय मिलता है। अपने कई गीतों में राजेश रोशन गाने की गति और रवानगी को धीरे-धीरे बढ़ाते हैं और यह विस्तार इतनी सुंदरता और कलात्मकता के साथ होता है कि वह संगीत की निरंतरता के लिए अपरिहार्य लगता है। 'बातों बातों में' के 'सुनिए, कहिए, कहिए, सुनिए' की धीमी शुरुआत 'कहते-सुनते बातों-बातों में' के द्वारा हलकी गति पकड़ते हुए 'प्यार हो जाएगा' के साथ सम्पूर्ण लगने लगता है। उसी तरह 'खट्टा मीठा' (1977) के 'थोड़ा है थोड़े की ज़रूरत है' (लता, किशोर) अपनी धीमी थपकाने वाली लय में शुरू हो कर 'सुन-सुन-सुन हवा चली' के बाद तेजी पकड़ते हुए 'बादल पे उड़ना होगा' के साथ चरम सौंदर्य पर पहुँचकर इस गीत को अविस्मरणीय बना देता है।[3] बढ़ते प्रवाह के ऐसे गीतों के असंख्य उदाहरणों में इस दशक के 'कोई रोको ना दीवाने को' (किशोर–'प्रियतमा', 1977), 'प्यार का बदला मुझे देखो कैसा मिला' (किशोर–'यही है ज़िंदगी', 1977), 'सूरज से आँखें मिला' (आशा, रफ़ी, उषा, साथी 'मुकद्दर', 1978) 'उम्र तो प्यार करने की आई' (लता, किशोर–'ज़िंदगी', 1976), 'आँखों में काजल है' (लता, किशोर–'दूसरा आदमी', 1977), 'दिलरुबा आ मेरी' (लता, किशोर–'यही है ज़िंदगी'), 'नज़रों से कह दो प्यार में मिलने का मौसम' (लता, किशोर–'दूसरा आदमी', 1977), 'बिन साथी के जीवन' (किशोर, अनुराधा–'एक ही रास्ता', 1977), 'सुनो रानी तुमने'

(लता, किशोर–'मामा भांजा', 1977), 'छोड़ो ये निगाहों का इशारा' (किशोर, आशा–'इनकार', 1977), 'ना ना जाने ना' (रफ़ी, उषा–'प्रियतमा', 1977) जैसे अनेक गीत हैं। ऐंग्लो इंडियन पृष्ठभूमि की 'जूली', 'बातों बातों में', 'खट्टा-मीठा' जैसी फ़िल्मों के लिए राजेश रोशन का संगीत ज़माने के हिसाब से सर्वाधिक उपयुक्त साबित हुआ। 'मि. नटवरलाल' (1979) में अमिताभ बच्चन से पहली बार गवाने का श्रेय भी राजेश रोशन ने लिया–'मेरे पास आओ दोस्तो, एक किस्सा सुनो' में भी ड्रमों की मदद से वृत्तांत प्रभाव डालने में राजेश रोशन खूब सफल रहे थे।

पर ऐसा नहीं कि राजेश रोशन को बीट्स का अपना विशिष्ट प्रभाव लाने के लिए हमेशा विदेशी वाद्ययंत्रों का ही सहारा लेना पड़ता था। इस असर को वे ढोलक और तबले से भी पैदा करने में उतने ही सक्षम थे। 'मि. नटरवरलाल' (1979) के 'परदेसिया ये सच है पिया सब कहते हैं तूने मेरा दिल ले लिया' (किशोर, लता, साथी) अपनी रवानगी में उतना ही मोहक है जितना इसी फ़िल्म के कौंगो के ढोलक की तरह इस्तमाल वाले 'ऊँची-ऊँची बातों से किसी का पेट भरता नहीं' (रफ़ी, उषा, साथी) या 'तौबा-तौबा क्या होगा' (आशा) की धीमी-धीमी बढ़ती लय और ताल। तबला या ढोलक के उपयोग के 'बाँहों में तेरी मस्ती के घेरे' (लता, रफ़ी–काला पत्थर), 'भोले ओ भोले' (किशोर–याराना, 1978), 'लूटमार' का मुज़रा गीत 'पास हो तुम मगर करीब नहीं' (लता), 'बेलिया, अब के ये बहार कोई गुल नया खिलाएगी' (लता, रफ़ी, महेंद्र आदि–काला पत्थर, 1979), 'मेरी दूरों से आई बारात' (लता, साथी–काला पत्थर, 1979) जैसे उदाहरण इस तथ्य को सिद्ध करते हैं कि अपना ख़ास रिद्म और बीट भारतीय वाद्यों के द्वारा भी सफलता से सृजित करने में राजेश रोशन सक्षम थे। 'जूली' के साथ लाए गए उनके आधुनिक मुहावरे ने हर प्रकार के निर्माताओं को प्रभावित किया था। इसीलिए तो एक ओर यदि कलात्मक फ़िल्मों के निर्माता बासु चटर्जी उन्हें 'स्वामी' के लिए चुनने लगे, तो दूसरी ओर यश चोपड़ा और देवानंद जैसे बड़े बैनरों के निर्माताओं ने भी 'काला पत्थर', 'देस परदेस' जैसी व्यावसायिक टॉप बैनर फ़िल्मों के लिए भी राजेश रोशन को ही चुना। राजेश रोशन इस तथ्य को भी नकारते हैं कि आठवें दशक के लक्ष्मी-प्यारे, पंचम और कल्याणजी-आनंदजी के प्रभुत्व के कारण उन्हें कोई कठिनाई हुई या रेकॉर्डिंग के लिए स्टूडियो मिलने की परेशानी रही। पंचम ने तो एक बार अपनी रेकॉर्डिंग रद्द कर किशोर कुमार को उनके लिए खाली छोड़ दिया। लक्ष्मी-प्यारे और कल्याणजी-आनंदजी भी उनकी हमेशा किस तरह हौसला आफ़ज़ाई करते रहे, यह स्वयं राजेश रोशन ने माधुरी (9 अप्रैल, 1976) के अपने साक्षात्कार में स्वीकारा था। लक्ष्मीकांत के तो वे ख़ास चहेते उस समय से थे जब वे उनके सहायक के रूप में संगीत सीखा करते थे। 'मि. नटवरलाल', 'काला पत्थर', 'दो और दो पाँच', 'याराना' जैसी सुपर स्टार अमिताभ बच्चन की फ़िल्मों में बतौर संगीतकार चुना जाना इस तथ्य को रेखांकित करता है कि दशक के अंत तक राजेश रोशन चोटी के संगीतकारों में अपनी उपस्थिति दर्ज करवा चुके थे। निर्देशक बासु चटर्जी ने तो 'जूली', 'खट्टा मीठा', 'बातों बातों में' जैसी अपनी कई फ़िल्मों में राजेश रोशन को ही संगीतकार चुना। इसी प्रकार दशक के अंतिम वर्षों में देव आनंद भी 'देस परदेस' के बाद 'मनपसंद' और 'लूटमार' के लिए भी आर.डी. बर्मन को छोड़ राजेश रोशन के पास आए।

लता के साथ एक सुरीला क्षण

राजेश रोशन ने अपनी अलग शैली बनाई, और यही कारण है कि उन्होंने अपनी अलग पहचान भी बनाई। फ़िल्म-संगीत का स्तर आठवें दशक के अंतिम वर्षों में बड़ी तेजी से घट रहा था। संगीत में एक हलकापन आ रहा था, कम मेहनत पर जल्दी माल तैयार कर पेश करने की प्रवृत्ति समाज में बढ़ती उपभोक्तावादी प्रवृत्तियों के साथ-साथ फ़िल्म-संगीत में भी आती जा रही थी। राजेश रोशन इससे अछूते न रहे, पर फिर भी अपनी लाक्षणिक शैली में और कभी-कभी तो शैली से हटकर भी कर्णप्रिय रचनाएँ वे समय-समय पर देते ही रहे। मुकेश के साथ काम करने का उन्हें बहुत कम अवसर मिला, पर मुकेश की मृत्यु के पूर्व उनके द्वारा रेकॉर्ड किए गए सभी गीत ही लोकप्रिय हुए–चाहे 'उधार का सिंदूर' (1976) का 'परी रे तू कहां की परी' (उषा मंगेशकर के साथ, जिसमें बीमारी के बाद की मुकेश की आवाज़ बड़ी भारी लगकर अखरती है) हो, या 'तुम्हारी कसम' (1979) का सुपरहिट रहा 'हम दोनों मिल के कागज़ पे दिल के' (आशा भोंसले के साथ–मुकेश और आशा के 'रेयर जेम्स' कैसेट्स में

भी शामिल) या बड़ी ऊँची पट्टी पर एक नई ही शैली में गवाया 'चरणदास' (1977) का 'मैया मोरी, मैं नहीं माखन खायो' हो।

राजेश रोशन के संगीत की एक और विशिष्टता थी पृष्ठभूमि में निरंतर हलके या muted violin का प्रयोग। यह विशेषता उनके कई बीट्सप्रधान गीतों में भी थी और कई अन्य शैली के गीतों में भी। 'तुमसे नहीं पहचान मेरी लेकिन ऐसा लगता है' (रफ़ी–एक ही रास्ता, 1977) की सुंदर धुन के साथ-साथ पृष्ठभूमि में वॉयलिन का ऊँची पट्टी पर साथ-साथ चलना या 'ओ माता भवानी' (लता–'जय विजय') की कशिश-भरी तर्ज़ के समानांतर पीछे से वॉयलिन की हलकी-सी सतत अनुगूँज गीतों में तीव्र संवेदना जगाते हैं। इसी तरह 'तुम्हारी कसम' (1979) के हलकी लय में बढ़ते हुए असर के साथ 'ऐ मस्त हवा ये तो बतला' (लता) के पीछे हलके वॉयलिन का प्रयोग बहुत आकर्षक रहा। 'जिन्नी और जॉनी' (1976) के 'जॉनी को मैंने तो जाना है आज' (किशोर, विजयता पंडित) की रवानगी, 'एक ही रास्ता' (1976) के 'इतनी जल्दी कहाँ जाते हो' (आशा, किशोर), 'इंकार' (1977) के 'छोड़ो ये निगाहों का इशारा' (किशोर, आशा), 'जय विजय' (1979) के 'सब जानूँ रे' (उषा मंगेशकर) के साथ पृष्ठभूमि का वॉयलिन बहुत आकर्षक लगता है। 'देस परदेस' (1978) के 'ये देस परदेस' (किशोर) के कहीं रिद्म तो कहीं लहराती लय के पीछे, 'दो और दो पाँच' (1980) के सिम्फ़नी जैसी 'सोती है यह रात सोने दो' (किशोर, अनुराधा) के प्रवाह के साथ, 'मनपसंद' (1980) के 'होंठों पे गीत जागे' (लता) की फैलती स्वरलहरियों के बीच, 'विश्वनाथ' के 'हवा से हलकी हूँ मैं' (लता) के कोरल फैलते प्रभाव और 'इनकार' (1977) के 'दिल की कली यूँ ही सदा खिलती रहे' (रफ़ी) की विस्तार को छूती स्वरलहरियों की पृष्ठभूमि में वॉयलिन के समानांतर बजते नोट्स एक अलग ही प्रभाव पैदा करते हैं। 'मामा-भाँजा' (1977) के 'इक बात मेरे होंठों तक आ-आ के पलट जाती है' (लता) में गीत के एक स्केल नीचे ही पूरे ऑरकेस्ट्रा को संचालित कर राजेश रोशन ने बहुत दिलकश प्रयोग किया था, भले ही गीत लोकप्रिय न हुआ हो।

जैसाकि हम पहले कह चुके हैं, राजेश रोशन की प्रतिष्ठा इतनी बढ़ चुकी थी कि यश चोपड़ा ने भी उन्हें 'दूसरा आदमी' (1977) और 'काला पत्थर' (1979) जैसी फ़िल्मों में बतौर संगीतकार चुना। 'दूसरा आदमी' संगीत की दृष्टि से राजेश रोशन की उल्लेखनीय फ़िल्म मानी जाएगी। प्रेम या अनुराग के पारम्परिक ढाँचे को चुनौती देती इस फ़िल्म में रिश्तों के आधुनिक अवयवों को उभारने के लिए राजेश रोशन की संगीत-शैली बेहद उपयुक्त थी। 'आओ मनाएँ जश्ने मुहब्बत जाम उठाएँ जाम के बाद, शाम से पहले कौन ये सोचे क्या होना है शाम के बाद' (किशोर, लता) के द्वारा प्रेम के आत्मिक संबंधों से अलग प्रेम के ephemeral, तात्कालिक सुख और ऐन्द्रिय लालसा की आकांक्षाओं को रेखांकित करते हुए इस गीत में राजेश रोशन का लहरों के समान फैलता और विलीन होता संगीत भारतीय समाज के उस दौर का भी प्रतीक है, जब स्वतंत्रता के बाद जन्मे युवा वर्ग ने समाज और परिवार के स्वीकार्य मूल्यों से हटकर सुख की अलग परिभाषाएँ और अलग आत्मबोध तलाशना शुरू कर दिया था। 'आँखों में काजल है, काजल में मेरा दिल है' (लता, किशोर), 'नज़रों से कह दो प्यार में मिलने का मौसम' (लता, किशोर) और 'क्या मौसम है ऐ दीवाने दिल, चल कहीं दूर निकल जाएँ' (लता, किशोर) जैसे गीतों में राजेश रोशन का रिद्म आधारित बढ़ता प्रवाह और muted वॉयलिन का निरंतर पृष्ठभूमि मिश्रित संगीत अपने चरम पर था और खूब सराहा गया।

राजेश रोशन अपने कई गीतों मे प्रवाह को waltz जैसी शैली में ढालते थे। 'विश्वनाथ' (1977) के 'जब जब जो जो होता है' (लता, किशोर) या 'मनपसंद' (1979) के कवितानुमा 'मैं अकेला अपनी धुन' (किशोर) जैसे गीत इसके सशक्त उदाहरण हैं। जैसा किसी भी संगीतकार के साथ होता है, राजेश रोशन के कई साधारण गीत तो हिट हो गए लेकिन कई बेहद अच्छी कम्पोज़ीशन्स अधिक लोकप्रिय न हुईं। उदाहरण के तौर पर अपनी चिरपरिचित प्रवाह और muted violin की शैली के साथ भी अलग लगते हुए 'पलकों को चूम गई पुरवा हवा' (आशा–प्रियतमा, 1977), 'तेरे बिन कैसे दिन बीते सजना' (लता–प्रियतमा) या 'भींगी-भींगी पलकें कब तक छुपाऊँगी' (लता–उधार का सिंदूर) जैसे गीत तो अधिक न चले पर 'ओ दिल जानी बोल मेरी रानी' (किशोर, अनुराधा–उधार का सिंदूर) या 'मैं जो बोलू हाँ तो हाँ' (किशोर, उषा–प्रियतमा) जैसे गीत चल गये।

ऐसा भी नहीं है कि राजेश रोशन का पाश्चात्य ऑरकेस्ट्रेशन के प्रति आग्रह उन्हें भारतीय संगीत से पूरी तरह विमुख करता था। देव आनंद की 'लूटमार', 'मनपसंद' और 'देस-परदेस' जैसी फ़िल्मों में राजेश रोशन ने पाश्चात्य और भारतीय दोनों ही संगीत शैलियों की सुंदर विविधता प्रस्तुत की थी। 'लूटमार' (1980) में जहाँ एक तरफ़ पाश्चात्य रिद्म पर सुपरहिट रहे 'जब छाये मेरा जादू कोई बच न पाए' (आशा) और 'हँस तू हरदम' (लता, साथी किशोर, आदि) थे, वहीं दूसरी तरफ़ गज़ल शैली में मदन मोहन के 'बाद मुद्दत के ये घड़ी आई' से प्रेरित 'पास हो तुम मगर क़रीब नहीं' (लता) की बेहतरीन प्रस्तुति भी थी। 'मनपसंद' (1980) में जहाँ एक तरफ़ पूरी तरह पाश्चात्य शैली में 'My Fair Lady' के 'I could have danced all night' से प्रभावित 'होंठों पे

गीत जागे' (लता) में रिद्‌म विहीन मुखड़े और रिद्‌म प्रवाहित अंतरे के बीच शब्द मधुरता से बहते चलते हैं और उनके समानांतर इंग्लिश फ्लूट और वॉयलिन के नोट्स फैलते चलते हैं और 'My Fair Lady' के ही 'Wouldn't it be loverly' पर ही 'रहने को एक घर होगा' को आधारित करते हैं, और दूसरी ओर एस.डी. बर्मन शैली में 'लोगों का दिल अगर हाँ जीतना है तुमको तो बस मीठा-मीठा बोलो' (रफ़ी, टीना मुनीम) हमें गुनगुनाने पर मजबूर करता है तो वहीं तीसरी तरफ़ राजेश रोशन बाँग्ला संगीत के मृदंग, पखावज और तबले की विलक्षण गत के बीच यमन कल्याण में 'सुमन सुधा रजनीगंधा आज अधिक क्यों भाए' (लता) और 'चारुचंद्र की चंचल चितवन' (लता, किशोर) की अद्‌भुत प्रस्तुतियों के साथ अपनी बेटियों को शास्त्रीय संगीत सिखानेवाले मध्यवर्ग के घरों में भी खूब सुने गये। इसी तरह 'देस-परदेस' (1978) में अपनी चिर-परिचित फैलते प्रवाह-भरी शैली में 'नज़राना भेजा किसी ने प्यार का' (किशोर) और 'जैसा देस वैसा भेस फिर क्या डरना' (किशोर, लता) जैसे लोकप्रिय गीतों के साथ-साथ राजेश रोशन यमन के मिश्रण के साथ 'आप कहें और हम न आएँ ऐसे तो हालात नहीं' (लता) और शंकरा की छाया लेकर 'ये देस-परदेस' (किशोर, साथी) जैसे गीतों में भी उतने ही सफल लगे। राजेश रोशन ने अपने संगीत में लोकशैली का प्रयोग कम ही किया है, पर जब भी किया, पूरी कुशलता से किया। 'इनकार' (1977) के 'तू मुँगड़ा-मुँगड़ा, मैं गुड़ की डली' (उषा मंगेशकर) की लावणी को तो अभूतपूर्व लोकप्रियता मिली और यह गीत तो आज भी उषा अपने हर कंसर्ट में गाती हैं। 'एक ही रास्ता' के 'अरे धीरे-धीरे सुन' (लता), 'दिल्लगी' (1978) के होली गीत 'ओ रँगरेजबा तू रँग ऐसी चुनरी हमार' (किशोर, सुमन, साथी) और 'काला पत्थर' के लिए यश चोपड़ा की फ़िल्मों में अनिवार्य रूप से प्रयुक्त पंजाबी लोकशैली के ऊपर उल्लिखित गीतों जैसे कुछ उदाहरण ज़हन में उभरते हैं। संख्या अलबत्ता बहुत कम है।

आठवें दशक के अंतिम वर्ष राजेश रोशन के लिए चरम लोकप्रियता के वर्ष थे। न केवल 'लूटमार', 'देस परदेस', 'मन पसंद', 'मि. नटवरलाल', 'काला पत्थर' जैसे बड़े बैनर की फ़िल्में बल्कि छोटे बजट की फ़िल्मों का भी उनका संगीत काफ़ी चला था। बासु चटर्जी की 'दिल्लगी' (1978) भले ही बॉक्स ऑफ़िस पर खास न चली हो, पर राजेश रोशन की लाक्षणिक शैली में 'मैं कौन-सा गीत सुनाऊँ' (लता), 'प्रेम है प्रेम है पिया मन की मधुर इक भावना' (लता, नितिन मुकेश) और 'बादल तो आए लहरा के छाए' (लता) जैसे योगेश के लिखित गीतों को अच्छी मक़बूलियत मिली थी। महमूद की 'एक बाप छः बेटे' (1978) में उनका संगीत 'कुँआरा बाप' के स्तर का तो नहीं था, फिर भी 'घड़ी मिलन की आई आई, तू छुट्‌टी लेकर आ जा' (रफ़ी, सुलक्षण पंडित) अपने ज़माने में खूब बजा था। 'स्वर्ग-नरक' (1978) का 'आग है लगी हुई हर तरफ़ धुआँ-धुआँ' (रफ़ी) अपनी तरह का तीव्र संवेदनाओं को जगानेवाला अलग ही गीत था। 'बातों-बातों में' (1979) के सुंदर गीतों का ज़िक्र हम पहले भी कर ही चुके हैं। रिद्‌म और प्रवाह की राजेश रोशन की शैली के 'देखो मौसम कह रहा है' (लता, अमित, साथी), 'अरे कभी न हुई जो बात, बात तो हो जाने दे' (किशोर, आशा) और 'ठोकर पे है सारा ज़माना' (किशोर, आशा, साथी) जैसे 'दुनिया मेरी जेब में' (1979) के गीत, गज़ल की शैली में 'तेरी आँखों की चाहत में तो मैं सब कुछ लुटा दूँगा' और 'हमसे का भूल हुई जो ये सजा हमको मिली' जैसे अनवर के 'जनता हवलदार' (1979) के गीत, 'आप के दीवाने' (1980) के 'तुमको खुश देखकर मैं बहुत खुश हुआ' (किशोर, रफ़ी, साथी) और 'तेरा जलवा तौबा है' (रफ़ी, किशोर), 'दो और दो पाँच' (1980) के तेज लय के 'तूने अभी देखा नहीं' (किशोर, साथी), 'प्रेम से हमको जीने दो' (लता, किशोर, अमित, महमूद, साथी) और बेहद नर्म स्वरों को लेकर सृजित 'मेरी ज़िंदगी ने मुझ पे एहसान क्या किया है' (किशोर) तथा प्यारी-सी oscillating धुन में पिरोई 'ये ज़ुल्फ़ों की बिखरी घटा क्या कहती है' (आशा), 'उन्नीस-बीस' (1980) खूबसूरत रूमानी धुन लिए 'नाराज़गी ये आपकी हमें जीने नहीं देगी' (रफ़ी, सुमन–जो रफ़ी के डुएट्स के रेयर जेम्स कैसेट में भी शामिल है) और 'मीत मेरे मन के मेरा ये वादा है (रफ़ी, सुलक्षणा पंडित) जैसे गीतों को भी श्रोताओं के विभिन्न वर्गों ने सराहा।

लेकिन राजेश रोशन की लाक्षणिक शैली उनके सृजित गीतों में इतनी बार दुहराई जाने लगी कि दशक के अंत तक उनका संगीत भी typed संगीत बन गया था। शायद यह भी एक कारण रहा हो कि राजेश रोशन आठवें दशक के अंतिम वर्षो से अपने संगीत में नएपन के लिए कोमल सुरों और इससे match करते हलके ऑरकेस्ट्रेशन का प्रयोग भी अधिक करने लगे, और यह भी उनके संगीत की एक ख़ासियत बन कर उभरी। 'जय विजय' (1977) का 'तेरी पलकों में काजल ऐ हसीना, तुमसे बेहतर है' (रफ़ी, सुमन), 'खट्‌टा मीठा' (1977) का 'थोड़ा है थोड़े की ज़रूरत है' (किशोर, लता), 'बातों-बातों में' का 'कहाँ तक ये मन को अँधेरे छलेंगे' (किशोर), 'स्वयंवर' (1980) का 'मुझे छू रही हैं तेरी नर्म साँसें' (रफ़ी, लता), 'दो और दो पाँच' (1980) के 'ये ज़ुल्फ़ों की बिखरी घटा क्या कहती है' (आशा) और 'मेरी ज़िंदगी ने मुझपे एहसान क्या किया है' (किशोर) जैसे सहलाहट

भरे मुलायम से गीत राजेश रोशन के इसी दौर के परिणाम है। एक soft singer के रूप में किशोर कुमार को राजेश रोशन के संगीत ने नई पहचान दिलाई। किशोर के स्वर के रूमानी तत्त्व को तो पहले भी कई संगीतकार पकड़कर इस्तेमाल कर चुके थे, पर राजेश रोशन के ऐसे गीतों में यह रूमानियत मात्र न होकर एक अलग मखमली-सा एहसास बनकर उभरा। इसका प्रशस्त उदाहरण बनकर आया 'याराना' (1981) का नाजुक स्पर्श-भरा सोलो कौंगो के सुंदर प्रयोग वाला 'छूकर मेरे मन को किया तूने जो इशारा'। यह गीत सुपरहिट रहा, लेकिन रचना मौलिक नहीं थी। रवींद्र संगीत की किशोर की ही गाई रचना (और भी कइयों ने इसे गाया है) 'तोमार होले शुरू आमार होलो शारा' की यह नकल थी, और इससे क्रुद्ध होकर कलकत्ते में दर्शकों ने हंगामा भी किया था। लेकिन हिंदी भाषी क्षेत्र में गीत की अपार लोकप्रियता के कारण राजेश रोशन को कोई विशेष फ़र्क नहीं पड़ा। फ़िल्म 'इंतहा' (1984) में उन्होंने पुनः इसी शैली की छाया ले कर किशोर से 'तू ही मेरा सपना तू ही मेरी मंज़िल' जैसा सुंदर गीत गवाया। 'श्रीमान श्रीमती' (1982) का 'ओ री हवा धीरे से चल', 'निशान' (1983) का 'लहरों की तरह यादें', 'काश' (1987) का 'बाद मुद्दत के हम तुम मिले' जैसे किशोर के कोमल गीत राजेश रोशन के संगीत-निर्देशन में एक नई प्रवृत्ति की तरह उभरे।

राजेश रोशन के संगीत की यह नाजुक नर्म पद्धति 'हमारी बहू अलका' (1982) के 'हम तुम रहेंगे अकेले वहाँ' (अमित कुमार, अलका याग्निक, जो कि अलका याग्निक का पहला पूरा गाना था) और 'ज़िंदगी जीने के लिए' (1984) के गिटार के सुंदर प्रयोग के साथ 'आजा री निंदिया' (आशा) जैसे गीतों में भी बखूबी प्रकट होती है। पर ऐसे कोमल गीतों में यदि सर्वश्रेष्ठ गीत चुनना हो तो भले ही आप आश्चर्य करें, लेकिन मैं 'इंतहा' (1984) के 'तुम जब भी याद आओगे, ये दिल भर आएगा ये आँख छलक जाएगी' (लता) को चुनूँगा। पियानो, सितार, बाँसुरी, वॉयलिन और तबले के हलके थपथपाते प्रयोग के साथ बेहद कशिश-भरी धुन, 'ये दिल भर आएगा' का हलका आरोह, 'ये आँख छलक जाएगी' का अवरोह और गाने के अंत में धुन की सितार और बाँसुरी से अभिव्यक्ति–क्या खूब रचना है यह भी! इस दशक के लता के श्रेष्ठतम गीतों में मैं इसे रखूँगा, इतने खूबसूरत गीत का इस धूम धड़ाके के दौर में उपेक्षित रह जाना बहुत सालता है।

राजेश रोशन ने शास्त्रीय संगीत का भी अपनी रचनाओं में कम ही उपयोग किया–ऐसे कथानक और ऐसी फ़िल्में जिनमें इनका उपयोग हो सकता भी अब कम ही बनती थीं। फिर भी उन्होंने जब भी शास्त्रीय गीत रचे तो वे बेहद सुंदर बने। 'स्वामी' (1977) का पीलू और जोगिया आधारित 'का करूँ सजनी आए न बालम' (येसुदास) तो आज भी उनकी अविस्मरणीय कृति मानी ही जाती है। 'एक ही रास्ता' (1977) का सम्भवतः माँड और मालगूँजी की छाया लिए 'पिया पिया बोले मेरा कंगना' (लता) और सितार के सुंदर प्रयोग के साथ 'ज़िंदगी' (1976) का 'मैं ना बोलूँ ना बोलूँ रे' (लता) भी उत्कृष्ट रचनाएँ थीं। 'जाग उठा इंसान' (1984) का 'तड़पत बीते तुम बिन ये रैना' (लता) के शास्त्रीय अंदाज़ में तबले की प्रभावशाली गत के साथ पार्श्व में अपना वही muted वॉयलिन डालकर राजेश रोशन ने प्रशंसनीय प्रयोग किया था। 'आखिर क्यों' (1985) का राग देस पर आधारित 'शाम हुई चढ़ आई रे बदरिया' (लता) तो इस दौर के धूम धड़ाके-भरे संगीत के बीच एक सुकून-भरे स्पर्श की तरह ही था।

नवें दशक के आरम्भिक वर्षों में राजेश रोशन के गीतों को कमोबेश अच्छी लोकप्रियता मिली। माँग के अनुसार हर तरह का मसालेदार गीत भी रोशन रोशन देने ही लगे थे। 'सन्नाटा' (1981) का विदेशी गाने की नकल पर 'सुपरमैन, सुपरमैन–You know how much I love you' या रहस्य-भरी मेलोडी 'सुनसान रातों में जब तू नहीं आता' (लता) हो, 'शाका' का अपनी लाक्षणिक शैली का 'मुहब्बत हुई मेरे सैंया' (रफ़ी, उषा मंगेशकर) या 'हमारी बहू अलका' (1982) का 'सूना सूना सूना घर होता है एक नारी बिना' (लता) की बाँसुरी के सुंदर इंटरल्यूड्स और पार्श्व में हलके वॉयलिन के साथ प्रभावित करती लय हो, अमिताभ बच्चन अभिनीत 'खुद्दार' (1982) का चटपटा 'अँग्रेज़ी में कहते हैं कि I love you' या 'गोविंदा आला रे आला' हो, 'श्रीमान-श्रीमती' (1982) का पुनः इसी चुटीले अंदाज़ में 'मैं तेरा हस्बैंड, तू मेरी वाइफ़' (किशोर, लता) और waltz शैली का प्रयोग कर के 'सबके आगे हमको बचाया' (लता, किशोर) हो, 'दिल तुझको दिया' (1985) का रिद्म प्रधान बहुलोकप्रिय 'वादा न तोड़' (लता) और 'दिल तुझको दिया' (लता) हो, या फिर गोयल सिने कार्पोरेशन की 'रिश्ता कागज़ का' (1983) के 'छोटा-सा भैया हमारा' (लता) और 'सजना सुन सुन' (लता), 'जॉनी आई लव यू' (1982) का 'जानी दिलबर जानी' (लता, किशोर) और इसी फ़िल्म का ताल प्रधान 'कभी-कभी बेजुबान पर्वत बोलते हैं' (लता), 'जाग उठा इंसान' (1984) के पुनः वॉयलिन के हलके पार्श्व प्रयोग को आत्मसात करता 'तेरी ज़िंदगी की रागिनी पर मेरा नाम लिख दे' (किशोर, आशा) या मचलते बीट्स के साथ 'मैं नाचूँ तू बंसी बजा' (किशोर, आशा) जैसे गीत हों–ये सभी अपने ज़माने में खूब बजे।

इस दौर की राजेश रोशन की सबसे लोकप्रिय फ़िल्म रही उनके भाई अभिनेता राकेश रोशन की ही निर्मित 'कामचोर'

(1982)। 'तुझ संग प्रीत लगाई सजना' (किशोर, लता) और 'तुमसे बढ़कर दुनिया में न देखा कोई और' (किशोर, लता) को अपार लोकप्रियता मिली। 'तुमसे बढ़कर दुनिया में' में राजेश रोशन ने अपना वही लहराता, रवानगी-भरा प्रभाव एक नये अंदाज़ में रिद्म के खूबसूरत परिवर्तन को धुन का आधार बनाते हुए किया। इस गीत को राजेश रोशन ने चंदू आत्मा से भी गवाया था। फ़िल्म में तो इसका एक छोटा टुकड़ा ही आया इसलिए पिता सी.एच. आत्मा जैसी ही आवाज़ वाले इस प्रतिभाशाली पुत्र का गायन अनसुना-सा ही रह गया, पर गीत रेकॉर्ड पर पूरा आया है और चंद्रू की धीर, गम्भीर आवाज़ में इसे सुनना अभूतपूर्व आनंद देता है। 'तुम मेरे स्वामी' (लता, किशोर) बहुत मकबूल तो नहीं हुआ, पर राजेश रोशन की परिचित शैली की कई विशिष्टताओं का यह भी एक अच्छा उदाहरण था। राजेश रोशन की लाक्षणिक शैली के बेहद लोकप्रिय रहे उदाहरणों में 'निशान' (1983) के 'बेलिया अब के ये बहार क्या दिखाएगी' (किशोर, लता) और 'अँखियों ही अँखियों में तेरी मेरी बात चली' (किशोर, लता) का ज़िक्र भी अनिवार्य है। 'निशान' का ही 'ऐ बाबू मेरी चाल में झटके' (लता) और 'बाबू' (1985) के ताल आधारित सौंदर्य से भरा 'ऐ हवा मेरे संग संग चल' (लता) और 'ये मेरा जीवन' (किशोर, अलका यागिनक) भी इस दौर के राजेश रोशन के अच्छे लोकप्रिय गीत थे। 'आखिर क्यों' (1985) का 'दुश्मन न करे दोस्त ने वो काम किया है' (लता, अमित, साथी) की कशिश-भरी धुन भी वर्षों तक मक़बूल रही।

राजेश रोशन ने कभी-कभी दूसरे संगीतकारों की typical शैली में भी कुछ गीत रचे। 'मनपसंद' का एस.डी. बर्मन शैली का 'लोगों का दिल अगर जीतना है' (रफ़ी, टीना मुनीम), 'विश्वनाथ' का कुछ 'दस नम्बरी' के लक्ष्मी प्यारे और कुछ 'संन्यासी' के शंकर की शैली में 'दुनिया ने मुझको' (लता, किशोर) जैसे उदाहरण यदि पिछले दशक से दिए जा सकते हैं तो नवें दशक में विनोद के वर्षों पुराने 'लारा लप्पा' की शैली जैसी शुरुआत वाले 'वक्त वक्त की बात' (1982) के 'कब से नज़र' (लता, मन्ना डे) और छठे दशक के शंकर-जयकिशन की याद दिलाता 'मक्कार' (1986) के 'पिया रंग तेरे रंग ली चुनरिया...सब खो दिया' (लता, मन्ना डे) जैसे गीत थे। 'पिया रंग तेरे' तो लाजवाब गीत था जिसमें ऊँची पट्टी पर गुंजित स्वरों के साथ मन्ना डे ने कमाल कर दिया है। खोए हुए मन्ना डे को इस गीत के लिए चुनना राजेश रोशन की सूक्ष्म पारखी दृष्टि का कमाल था। शंकर-जयकिशन की पियानो एकॉर्डियन आधारित शैली को राजेश रोशन 'दरिया दिल' (1987) के 'वो कहते हैं मुझसे ये उमर नहीं है प्यार की' की खूबसूरत धुन के साथ लाए। मुकेश तो थे नहीं, तो इस गीत को नितिन मुकेश से उन्होंने गवाया और यह गीत नितिन के सर्वश्रेष्ठ गीतों में अपनी जगह रखता है। इस गीत के साथ एक विवाद भी जुड़ा है। वास्तव में इस गीत का मुखड़ा विट्ठल भाई पटेल ने राज कपूर की किसी सम्भावित फ़िल्म के लिए लिखा था पर इंदीवर ने हूबहू यह मुखड़ा उठा लिया और गीत लिख डाला। गाना रेकॉर्ड भी हो गया। गुस्से से भरे राज कपूर ने तो अदालत तक जाने की तैयारी कर ली थी और यदि यह गीत उनके अभिन्न मित्र मुकेश के पुत्र ने न गाया होता तो शायद वे चले भी जाते। बड़ी मुश्किल से यह मामला ठंडा हुआ था। गीत लोकप्रिय हुआ पर उतना नहीं जितना इसे होना चाहिए था।

समय के साथ-साथ राजेश रोशन की शैली में भी कुछ परिवर्तन आए। पार्श्व में वॉयलिन का हलका निरंतर प्रयोग तो वे अभी भी अधिकाधिक करते थे, लेकिन साथ ही बाँसुरी का प्रयोग भी उनकी रचनाओं में अधिक प्रखर हो चला था। कोमल स्वरों और हल्के वाद्य-संयोजन के गीतों में उनकी विशिष्टता सराहनीय थी, पर साथ ही व्यावसायिक कारणों से हर तरह का चालू संगीत भी उनकी रचनाओं को प्रभावित करने लगा था। जहाँ एक तरफ़ मार्मिक फ़िल्म 'काश' (1987) के अपने परिचित लहराते अंदाज़ में 'ओ यारा' (किशोर, अनुपमा देशपांडे), कोमल शैली में 'बाद मुद्दत के हम तुम मिले' (किशोर, साथी) और कवितामय 'छोटी-सी है बात' (आशा, मोहम्मद अज़ीज़), 'खुदगर्ज' (1987) के फिर से शंकर-जयकिशन शैली में नितिन मुकेश से गवाया 'ज़िंदगी का नाम दोस्ती', थोड़ी लोकशैली की मेलोडी लिए 'यही कहीं जियरा हमार' (नितिन, साधना सरगम) और शायराना रूमानी धुनों के साथ 'लोग कहते हैं कि पीला चाँद है सब से हसीं' (मोहम्मद अज़ीज़, साधना सरगम) और 'आपके आ जाने से' (मोहम्मद अज़ीज़, साधना सरगम), 'क़ब्ज़ा' (1988) का ख़ास राजेश रोशन की रिद्म पर 'तुमसे मिले बिन चैन नहीं आता मैं क्या करूँ' (किशोर, अनुपमा देशपांडे), अपने ज़माने की सुपरहिट फ़िल्म 'खून भरी माँग' (1988) का बेहतरीन ऑकेस्ट्रेशन से सजा झूमता 'जीने के बहाने लाखों हैं' (आशा) और 'किशन कन्हैया' (1990) के 'आपको देख के, देख देख के राज़ गया ये जान' जैसे गीतों के सहारे राजेश रोशन ने अपने को कायम रखा, वहीं दूसरी तरफ़ उनकी असफल फ़िल्मों की संख्या भी अब कम नहीं थी। 1985 में 'एक और सिकंदर', 'एक डाकू शहर में', 'टेलीफ़ोन', 1986 में 'अनुभव', 'भगवान दादा', 'माँ की सौगंध', 1987 में 'जंगल की बेटी', 'धर्म युद्ध' जैसी फ़िल्मों का संगीत कमोबेश पिटा-पिटा ही रहा। वैसे इस दौर में राजेश रोशन ने नितिन मुकेश के

साथ कुछ अच्छे गीत अवश्य दिए–'दरियादिल' और 'खुदगर्ज़' के उपरोक्त गीतों के अलावा 'खून भरी माँग' का 'हँसते-हँसते' (साधना सरगम के साथ), 'मारधाड़' (1988) का 'सुन ले हसीना' (साधना सरगम के ही साथ), 'जैसी करनी वैसी भरनी' (1989) का शीर्षक गीत और इस सिलसिले के जारी रखते हुए 'किंग अंकल' (1992) का खूबसूरत रूमानी गीत 'इस जहाँ की नहीं हैं तुम्हारी आँखें' (लता के साथ)। अपने भाई राकेश रोशन की फ़िल्में–जिनकी शुरुआत 'K' अक्षर से होती थी–'खून भरी माँग', 'खुदगर्ज़' आदि की सफलता में राजेश रोशन के संगीत का योगदान अधिक नहीं था फिर भी भाई की फ़िल्मों ने राजेश रोशन का व्यावसायिक स्तर बनाये रखा।

नितिन मुकेश

इस दौर में राजेश रोशन जिस फ़िल्म में सबसे अधिक सराहे गये, वह थी महेश भट्ट की 'डैडी' (1989)। एक भूले-बिसरे गायक की ज़िंदगी पर आधारित इस कथानक में संगीत के लिए खूब जगह थी, और राजेश रोशन इस गायक (अनुपम खेर) की आवाज़ के लिए गज़ल गायक तलत अज़ीज़ की रेशमी आवाज़ लेकर आए। तलत अज़ीज़ के स्वर में सूरज सनीम का लिखा हुआ 'आइना मुझसे मेरी पहली-सी सूरत माँगे' एक बेहतरीन कृति थी जिसे यमन कल्याण का आधार देकर राजेश रोशन ने सितार के सुंदर टुकड़ों से सजाया था। इस रचना की लोकप्रियता तो चिरस्थायी है। तलत अज़ीज़ के ही स्वर में 'वफ़ा जो तुमसे कभी मैंने', 'सपनों के घर की' और 'कभी ख्वाब में या ख़याल में' (दिलराज कौर के साथ) की शायराना नज़्मों को भी राजेश रोशन ने बहुत आकर्षक धुनें दी थीं। तलत अज़ीज़ और अनुराधा पौडवाल के स्वरों में 'बहार आने तक' (1990) के 'दिल के करीब कोई छुपा है तो आप हैं' की कोमल, शायराना खय्याम की शैली की तर्ज़ को भी राजेश रोशन ने बाँसुरी और वॉयलिन की लाजवाब सज्जा दी थी।

फ़िल्म-संगीत के इस दौर में नदीम श्रवण, अनु मलिक और आनंद मिलिंद के साथ बहुप्रचारित मेलोडी की वापसी इन संगीतकारों के वर्चस्व को इस कदर स्थापित करने लगी थी कि राजेश रोशन अपने-आपको हाशिए पर पाने लगे। 'जुर्म' (1990) का 'जब कोई बात बिगड़ जाए' (कुमार, शानू, साधना सरगम) लोकप्रिय तो रहा, पर यह अँग्रेजी गाने 'If you miss the train I am on, you will know that I have gone, you can hear the whistle blow a 100 miles' के धुन की हूबहू नकल थी। 'काला बाज़ार' (1989) जैसी फ़िल्मों के संगीत की सफलता भी सीमित ही थी। 'दो पल' (1991), 'जीवनदाता' (1991), 'कर्ज चुकाना है' (1991), 'लम्बू दादा' (1991), 'शिवराम' (1991), 'स्वर्ग यहाँ नर्क यहाँ' (1991), 'विष्णु देवा' (1991), 'प्रतीक्षा' (1992), 'कसक' (1992) 'ये रात फिर न आएगी' (1992), 'आँसू बने अंगारे' (1993), 'आपातकाल' (1993), 'बेगुनाह' (1993), 'ज़ख़्मों का हिसाब' (1993), 'जीना नहीं बिन तेरे' (1995), 'सबसे बड़ा खिलाड़ी' (1995) और 'छोटा-सा घर' (1996) जैसी फ़िल्मों के संगीत में ऐसा कुछ भी नहीं था जो राजेश रोशन को एक अलग पहचान देता। 'किंग अंकल' (1992) के 'इस जहाँ की नहीं हैं तुम्हारी आँखें' (लता, नितिन), गुंजित शैली के सुंदर प्रयोग वाले 'तारे आसमां के धरती पर किसने उतारे' (साधना सरगम) और गोआ की शैली में 'फेनी ने मुझे' (सुदेश भोंसले, आशा) के सुंदर गीतों की भी अधिक चर्चा नहीं हुई और यही हश्र 'खेल' (1992) के अमित कुमार के गाए बेहतरीन एकल गीत 'सूने शाम सबेरे' का हुआ। भाई राकेश रोशन की 'करन अर्जुन' (1994) के 'जाती हूँ मैं जरूरी है क्या' (कुमार शानू, अलका, साथी) और भावनात्मक गीत 'ये बंधन तो प्यार का बंधन है' (कुमार शानू, उदित नारायण, अलका, साथी) की लोकप्रियता ने अवश्य कठिनाई के इस दौर में सहारा दिया, पर राजेश रोशन की वापसी की फ़िल्म रही 1996 की 'पापा कहते हैं'। अपने पिता रोशन के पसंदीदा राग यमन कल्याण के द्वारा ही यह वापसी परिभाषित हुई, यह भी एक रोचक इत्तफ़ाक है। यमन कल्याण पर अपने पिता की ही तरह राजेश रोशन ने भी कई गीत बनाए, पर उनकी शैली अपने पिता की शैली से काफ़ी हद तक अलग और मौलिक रही है। एक बिलकुल अलग शैली में यमन कल्याण पर आधारित 'घर से निकलते ही कुछ दूर चलते ही' (उदित नारायण) बहुत सुंदर रचना थी। यह synthesiser का ज़माना था, पर synthesiser से ही बाँसुरी और जलतरंग के बहुत सुंदर छोटे टुकड़ों को इस oscillating रिद्मवाली रचना में समाहित किया गया था। यमन कल्याण पर ही आधारित 'प्यार में होता क्या है जादू' (कुमार शानू, अलका), राग छायानट पर सृजित पुनः मदन मोहन के 'बाद मुद्दत के ये घड़ी' से प्रेरित 'मुझसे नाराज़ हो तो हो जाओ, खुद से लेकिन खफ़ा ख़फ़ा न रहो' (सोनू निगम) और एक बार पुनः अपनी वर्षों पुरानी लहर जैसी रवानगी के अंदाज़ का 'पहले प्यार का पहला गम' (कविता कृष्णमूर्ति) फ़िल्म के अन्य सुंदर गीत थे। फ़िल्म तो सफल नहीं हुई, पर इसके गीतों ने राजेश रोशन को हाशिए से निकालकर एक बार फिर चर्चा में ला दिया।

राजेश रोशन ने इधर के वर्षों में अपनी शैली और भी बदली है। बीट्स के साथ गीतों को फैलते प्रवाह के साथ बढ़ाने की बहुप्रयुक्त शैली की जगह synthesiser के दौर के ऑरकेस्ट्रेशन में mixing के कई अभिनव प्रयोगों के साथ उनके गीत आने लगे हैं। द्रुत लय के 'रामजी परवानों से बचाए' (अलका और साथी–हफ़्ता वसूली, 1997) और 'गगन छू लूँ मैं' (कुमार शानू, सुचित्रा कृष्णमूर्ति–हफ्ता वसूली, 1997), digital संगीत के साथ पाश्चात्य रॉक एण्ड रोल शैली के आधुनिकीकरण के साथ 'हसीना गोरी गोरी' (उदित नारायण, अलका–तराज़ू, 1997), पूर्णतः पाश्चात्य शैली का 'दे दिया दिल पिया साथिया' (आलिशा, सोनू निगम–क़ीमत, 1998), अपने ज़माने का सुपरहिट 'मुकाबला मुकाबला होगा' (कुमार शानू, अलका और साथी–सबसे बड़ा खिलाड़ी, 1995), मेलोडी के साथ बीट्स के सुंदर मिश्रण के साथ 'चंचल हवाओं से' (अलका और साथी–कौन सच्चा कौन झूठा, 1997) जैसे गीत इसके उदाहरण हैं। इस दौर में राजेश रोशन कई गीतों में पाश्चात्य शैली और धुनों की नकल में भी अछूते नहीं रहे। 'मेरे दो अनमोल रतन' (1998) के 'तन्हा मैं अकेली' (डोमिनिक मैनुअल), 'ईमान-बेईमान' का 'तीखी तू जितनी है मीठी तू उतनी सनम' (अभिजीत, अलका), पेटुला क्लर्क के 'Windmills of your heart' की नकल पर आधारित 'दस्तक' (1996) का 'तुम्हें कैसे मैं बताऊँ' (अभिजीत) के उदाहरण दिए जा सकते हैं। वैंगेलिस की धुनों की नकल तो उन्होंने कई बार की है–उदाहरण के लिए 'Conquest of Paradise' पर आधारित 'बदन जुदा' (कोयला) और 'तन्हाई तन्हाई' (कोयला), 'Messages' पर आधारित 'हमको प्यार है' (मोक्ष) के नाम लिए जा सकते हैं। इसी तरह 'खून भरी माँग' में भी 'Chariots of fire' पर आधाारित 'मैं तेरी हूँ जानम', चैपलिन के 'Theme from Limelight' पर आधारित 'गुनाह' के 'ये रात में तन्हाइयाँ', 'Raindrops keep falling on my head' पर आधारित 'खोटे सिक्के' के 'झिलमिल सितारों ने कहा', रेडनेक्स के 'Cotton eye Joe' पर आधारित 'कोई नहीं तेरे जैसा' और 'In The Summertime' पर हूबहू आधारित 'तराज़ू' के 'हसीना गोरी गोरी' को गिना जा सकता है।

'कहो न प्यार है'

उनकी बाद की फ़िल्मों में 'मेरे दो अनमोल रतन' का 'तितली के पंखों जैसी' (कुमार शानू, अनुराधा) कुछ लोकप्रिय रहा, पर रफ़ी की शैली में सोनू निगम से गवाया इसी फ़िल्म का 'मुहब्बत का यही हासिल' सुंदर होते हुए भी चल नहीं सका। नदीम श्रवण की शैली में अनुराधा से गवाया 'दिल दीवाना ना जाने कब खो गया' (दाग, द फ़ायर, 1999) अलबत्ता बहुत चला। इसी फ़िल्म का 'दिल धक धक धड़के' (जसपिंदर नरूला) पंजाबी लोकसंगीत का प्रचलित प्रयोग ही था। वैसे लोक संगीत का अलग, सुकोमल ग्रामीण-सा प्रयोग राजेश रोशन ने 'ईमान बेईमान' फ़िल्म में बड़ी सुंदरता से किया था–'धवली बछिया कपिला गाय' (उदित, अलका) और 'राम जी की चिड़िया' (उदित नारायण) इसके अच्छे उदाहरण हैं। फ़िल्म का 'मेरी ज़िंदगी के मालिक' (उदित, अलका) भी हिट रहा था। दूसरी तरफ़ 'युगपुरुष' का 'बंधन खुला' तो पूरी तरह रवींद्र संगीत था।

शाहरूख खान और माधुरी दीक्षित अभिनीत भाई राकेश रोशन की निर्मित 'कोयला' (1997) तो पिट गई, पर फ़िल्म का 'घूँघटे में चंदा' (उदित नारायण, साथी) अपनी बेहतरीन कम्पोज़ीशन और झंकृत शैली के कारण खूब लोकप्रिय रहा। 'खट्टा-मीठा' के पार्श्वसंगीत की धुन पर आधारित 'तन्हाई-तन्हाई' भी बहुत मेलोडियस रचना थी। इसके बावजूद राजेश रोशन चोटी का अपना स्थान पाने में 1999 तक असफल ही रहे। लेकिन 1999 राजेश रोशन के लिए एक अति सफल वर्ष बनकर आया। 'क्या कहना' का संगीत एक जबर्दस्त झोंके की तरह आया, और शीर्षक गीत 'क्या कहना' (कविता कृष्णमूर्ति, हरिहरन) की catchy धुन और मचलता ऑरकेस्ट्रेशन धूम मचा गया। 'इन क़दमों के नीचे' (अलका, कुमार शानू) और 'देखिए अजी जानेमन' (अलका, उदित नारायण) की रूमानी रिद्म-भरी धुनों को भी खूब लोकप्रियता मिली। 'लावारिस' (1999) का संगीत भी राजेश रोशन को एक अलग पहचान दिलाने में कामयाब रहा। एक फरानी धुन से प्रेरित 'मेरे दोस्तो मुझे आजकल न तो चैन है न करार है' (उदित नारायण, साथी), पाश्चात्य धुन से प्रेरित 'सीने में सुलगता है दिल' (रूप कुमार राठौर, अलका याग्निक, साथी), बीट्स प्रधान 'तुमने जो कहा' (अभिजीत, कविता) और बेहद लोकप्रिय रहे 'आ कहीं दूर' (उदित, अलका) जैसे गीतों में मौलिकता भले ही कम रही हो, पर सुंदरता काफ़ी थी।

लेकिन इन सबसे बढ़कर क़ामयाबी मिली 'कहो न प्यार है' (1999) को। अपने भाई राकेश रोशन की बनाई इस फ़िल्म ने न सिर्फ़ उनके भतीजे हृतिक रोशन को रातोंरात युवा दिलों की धड़कन बनाकर सफलता के नये परचम खड़े किए बल्कि इन फ़िल्म के संगीत ने 'जूली' के 25 वर्षों बाद राजेश रोशन को अपनी ज़िंदगी का दूसरा फ़िल्मफ़ेयर पुरस्कार भी दिलाया। वाद्य-

संयोजन को बीट्स का निरंतर आधार देकर अपनी पारम्परिक रवानगी की शैली से अलग गति के अलग smooth फैलाव के साथ कम्पोज़ किया गया फ़िल्म का शीर्षक गीत 'कहो न प्यार है' (उदित, अलका) बहुत लोकप्रिय हुआ। 'न तुम जानो न हम' (लकी अली, रम्या) की पाश्चात्य शैली की धुन, 'प्यार की कश्ती में है' (लकी अली, साथी) की रवानगी, ताज़ा-ताज़ा कली की दीवानगी की वकालत करता और Vangelis के 'Voices' की humming के टुकड़े को लेकर सृजित 'चाँद सितारे' (लकी अली), थीम संगीत 'Believe in love' और लैटिन तथा पाश्चात्य प्रभावों के मिश्रण वाले 'एक पल का जीना' (लकी अली) जैसे गीत भूमंडलीकरण और खुली अर्थ-व्यवस्था के इक्कीसवीं सदी के भारतीय नगरों के सिद्धांत से महरूम, सफलता और ऐश्वर्य के shortcut की तलाश में पागलपन की हद तक महत्त्वाकांक्षी और ostentatious युवावर्ग के प्रतिनिधि गीत बनकर उभरे। यह वह युवावर्ग था जिसके लिए चिंतन से उभरी मौलिकता का, या सामाजिक मूल्यों के प्रश्न का कोई विशेष मतलब नहीं रह गया था। वह सफलता के नये मापदंडों को अपनाने निकला था–जल्द से जल्द लाखों की नौकरी या व्यवसाय, विदेश का चस्का, गाड़ियों के बदलते मॉडलों पर भागते उपभोक्तावादी दौड़ में विजय या फिर व्यक्तिगत धरातल पर आधुनिक परिवेश के किसी रोल मॉडल नायक से प्रेम में सफलता। 'कहो न प्यार है' जैसी फ़िल्मों का प्रेम भी इसी भूमंडलीकृत बाज़ार केंद्रित अर्थव्यवस्था के बीच स्थित था और राजेश रोशन का संगीत भी इसके अनुरूप ही eclectic और सफल था।

'कहो न प्यार है' की अभूतपूर्व सफलता ने राजेश रोशन को एक बार फिर चोटी पर खड़ा कर दिया है। इधर के वर्षों में उनके कई गीत हिट होते रहे हैं और उन्होंने अपनी शैली भी आठवें दशक की अपनी शैली से पूरी ही बदल दी है। पर आधुनिक से अत्याधुनिक ऑरकेस्ट्रेशन के इस्तेमाल के बावजूद उन्होंने कई अन्य संगीतकारों की तरह ऑरकेस्ट्रेशन को पूरी तरह हावी नहीं होने दिया है। उनके गीतों में सुंदर धुन का स्थान बहुत महत्त्वपूर्ण रहता है। 'कुदरत' के 'दीवाने दो दिल मिले' (उदित नारायण, अलका) और गुंजन तथा whistling के सुंदर प्रयोग के साथ 'तुझे देने को मेरे पास आज कुछ नहीं' (अभिजीत, कविता), 'न तुम जानो न हम' (2001) की कोमल और सुंदर मेलोडी 'हाय राम' (पामेला जैन, अभिजीत) और अभी हाल ही की सुपरहिट फ़िल्म 'कौन मिल गया' (2003) के 'इन पंछियों' और 'जादू' इस तथ्य के समकालीन उदाहरण हैं। मौलिकता अब फ़िल्म-संगीत में मूल्य की दृष्टि से आवश्यक नहीं है। आवश्यकता आज के दौर के लिए अनुरूपता की है और राजेश रोशन के बारे में इतना तो कहा ही जा सकता है कि भले ही अन्य कई संगीतकारों की तरह वे भी नकल करते हैं लेकिन इस नकल में पाश्चात्य रॉक और हेवी मेटल के शोर को वे अलग रखते हैं तथा oldies और country songs की मेलोडी को अधिक प्रेरणादायी समझते हैं।

संदर्भ

1. रेणु थम्मा : इंटरनेट पर आलेख
2. वही
3. वही

हेमंत भोंसले

'आईने कुछ तो बता उनका हमराज़ है तू'

आशा भोंसले के पुत्र हेमंत भोंसले ऐसे संगीतकारों में से हैं जिनमें प्रतिभा तो बहुत थी पर वे फ़िल्म-जगत में लम्बी पारी नहीं खेल पाए। हालाँकि आठवें दशक में उनके कुछ गीत न केवल उत्कृष्ट रचनाएँ थीं, बल्कि उन्हें लोकप्रियता भी खूब मिली थी। अमोल पालेकर और ज़ाहिरा अभिनीत 'टैक्सी-टैक्सी' (1977) के गीतों से हेमंत भोंसले चर्चा में आ गए। फ़िल्म में किशोर कुमार के स्वर में 'जीवन में हमसफ़र मिलते तो हैं ज़रूर' न सिर्फ़ बेहद मक़बूल रहा बल्कि अपनी लय, ताल और आधुनिक ऑरकेस्ट्रेशन के कारण इसे आठवें दशक की शैली का प्रतिनिधि गीत भी माना जा सकता है। हेमंत भोंसले सम्भवतः पारिवारिक रिश्ते के कारण आर.डी. बर्मन के संगीत से काफ़ी प्रभावित रहे और आर.डी. की छाप उनके संगीत पर कई बार दिखती है। 'टैक्सी-टैक्सी' (1977) के आधुनिक शैली के 'लाई कहाँ से ज़िंदगी' (लता, आशा) में राहुल देव बर्मन की शैली की छाप स्पष्ट है। 'टैक्सी-टैक्सी' में हेमंत ने अपनी माँ से एक सुंदर गज़ल 'हमें तो आज इसी बात पर हँसी आई' भी गवाई थी, पर फ़िल्म का सबसे सुंदर गीत था बाँसुरी, मैंडोलिन और पियानो के अच्छे fillers तथा दूसरे अंतरे के पहले सितार और एकॉर्डियन के लुभावने प्रयोग के साथ कम्पोज़ किया गया बेहद मधुर 'भँवरे की गुन-गुन गाए मेरी धुन' (आशा)। इतना ही सुंदर था गज़ल शैली में 'जादूटोना' (1977) का उनका येसुदास से गवाया 'आइने कुछ तो बता उनका हमराज़ है तू'। यह दुर्भाग्य ही है कि ये दोनों सुंदर गीत अधिक लोकप्रिय न हो पाए।

यह फ़िल्म-जगत की विडम्बना ही है कि हेमंत भोंसले के कुछ बहुत अच्छे गीत लोकप्रिय नहीं रहे, पर 'अनपढ़' (1978) का बिलकुल साधारण दर्जे का संगीत और विशेषकर 'नग़मे गाओ, कलियाँ बरसाओ, यारों के मिलन की रात है' (किशोर, साथी) चल गया। रजत रक्षित निर्देशित हास्य फ़िल्म 'दामाद' (1978) में हेमंत भोंसले ने पुनः एक बहुत अच्छी धुन दी थी 'ज़िंदगी के सफ़र में न जाने' (रफ़ी, आशा) जो लोकप्रिय भी रही। फ़िल्म का एक बहुत सुंदर गीत था 'जागे–जागे नैनों में' (आशा) जिसकी शैली आर.डी. बर्मन से प्रभावित लगती है। रफ़ी और आशा का 'मुझे तड़पाती रही, रोज़ मिलती रही' जैसा तेज गति का चुलबुला गीत भी फ़िल्म में था पर 'दामाद' में हेमंत भोंसले की विशिष्ट उपलब्धि 'जागे -जागे नैनों में' की मेलोडी ही मानी जाएगी।

'नज़राना प्यार का' (1980) में हेमंत भोंसले का संगीतबद्ध 'ग़म छुपाते रहो मुस्कुराते रहो' (रफ़ी, आशा) अपने ज़माने में अच्छा चला था। 'स्वीटी' (1980) में भी हेमंत भोंसले ने आशा से कुछ अच्छे गीत गवाए थे–'आज अकेली मैं और जहाँ के सितम', 'ले के दिल कहाँ चला गया', 'आइए और पास और पास' जैसे एकल गीतों के अलावा अमित कुमार के साथ दो युगल गीत भी थे–'जलता है दिल का जानेमन' और 'आते-जाते तुझे देखा था'। हेमंत भोंसले अपनी हर फ़िल्म में एकाध सुंदर

धुन अवश्य दे देते थे। 'बैरिस्टर' के भी 'न तुम भूले' (आशा) और 'आया रंगीला सावन' (आशा) अन्य चलताऊ गीतों से अलग ही लगते हैं। 'श्रद्धांजलि' (1981) का हेमंत भोंसले का संगीत वाकई प्रशंसनीय था, विशेषकर कोमल सुरों से सजा रूमानी गीत 'जाने क्यों ऐसा लगता है' (आशा, भूपेंद्र) और पारम्परिक बंदिश 'सैंया डोली ले के आए' (शोभा गुर्टू)। इसी प्रकार 'तेरी मेरी कहानी' (1982) का सितार के लुभावने इंटरल्यूड्स के साथ 'इक साँस की डोरी है' (आशा) की मेलोडी-भरी रवानगी और 'ज़िंदगी है चार दिन' का तरन्नुम बहुत प्रभावशाली था। 'सनसनी' के haunting सस्पेंस-भरे धुन वाले 'फिर तेरी याद आ गई' को तो आशा भोंसले स्वयं अपने पसंदीदा गीतों में मानती हैं। 'बंधन कच्चे धागे का' (1983) का शीर्षक गीत (लता, किशोर) भी हेमंत की उल्लेखनीय रचना है।

आठवें दशक की मेलोडी और ऑरकेस्ट्रेशन के समन्वय से निकली संगीत धाराओं का एक परिष्कृत और सुरुचिपूर्ण रूप हमें हेमंत भोसले के संगीत में मिलता है। शास्त्रीय, लोक आधारित, ग़ज़ल या सुगम रुमानी गीत–इन सभी विधाओं में भी हेमंत भोसले ने अपने छोटे संगीत सफ़र में प्रभावित किया है। यह एक रोचक तथ्य है कि अपने इस दौर में हेमंत भोंसले ने मनोज कुमार और रवि को छोड़कर अन्य संगीतकारों द्वारा उपेक्षित महेंद्र कपूर से कुछ सुंदर युगल गीत गवाए। पंजाबी हीर शैली में 'बेटा' (1983) में 'सावन के झूले पड़े' (आशा के साथ), और बड़ी सुरीली-सी धुन लिए 'धरती आकाश' (1982) में 'मुझे कुछ दिनों से ये क्या हो गया है' (आशा के ही साथ) इसके प्रशस्त उदाहरण हैं। 'बेटा' में हेमंत भोंसले द्वारा पंजाब के पारम्परिक लोकसंगीत का उदाहरण आशा और साथियों के गाए 'मेरे माथे पे चमक उठी बिंदिया' में भी बखूबी मिलता है। पर इस दशक की हेमंत भोंसले की सर्वश्रेष्ठ कृति चुननी हो तो 'धरती आकाश' के 'पिया नहीं आए' (आशा) को रेखांकित करना होगा। शास्त्रीय और पूरबी लोकरंग से सम्मिश्रण से रचित यह गीत इस तथ्य को प्रमाणित करने के लिए पर्याप्त है कि हेमंत भोंसले जितने प्रतिभाशाली थे, उस मुकाबले उन्हें अवसर यदि और मिलते तो वे काफ़ी आगे जा सकते थे। 'राजा जोगी' (1983) का 'तू अंग लग जा मिलन संध्या' (आशा) अधिक नहीं सुना गया, पर कोई भी कहेगा कि शास्त्रीय संगीत आधारित इस बंदिश में भी हेमंत भोंसले ने जान डाल दी है।

मानस मुखर्जी

'दिन-भर धूप का पर्वत काटा, शाम को पीने निकले हम'

आज के प्रसिद्ध गायक-गायिका शान और सागरिका के पिता मानस मुखर्जी बंगाल के प्रसिद्ध संगीतकार जहर मुखर्जी के पुत्र थे। संगीत का शौक विरासत में ही मिला था और 13 वर्ष की उम्र में कलकत्ता आकाशवाणी से उन्होंने अपना पहला गीत गाया। आकाशवाणी के साथ काफ़ी दिनों तक सम्बद्ध मानस मुखर्जी का पहला गीत हिंदुस्तान रेकॉर्ड कम्पनी ने रेकॉर्ड किया था। भातखंडे संगीत विद्यालय, लखनऊ में भी उन्होंने शिक्षा ग्रहण की थी।

बाँग्ला फ़िल्म 'अपराजिता' तथा असमिया फ़िल्म 'हेग्रास' के संगीतकार मानस को बम्बई की फ़िल्मी दुनिया में जमने में हेमंत कुमार और सलिल चौधरी का सहयोग मिला। कुछ दिनों तक कल्याणजी-आनंदजी के साथ भी उन्होंने काम किया। प्रेम धवन की संगीतबद्ध 'भारत के शहीद' (1972) में उन्होंने एक लम्बा गीत गाया था। उसी वर्ष संगीतकार नारायण दत्त ने 'नारद लीला' में उनसे एक गीत गवाया—'फूल चला रे फुलवारी से'। संगीत का ज्ञान मानस मुखर्जी को खूब था, और अभिनेत्री माला सिन्हा को उन्होंने कुछ अरसे तक संगीत सिखाया भी था। बाँग्लादेश पर उन्होंने एक सुंदर गीत 'आ जा उड़े ओ पाखी' सृजित किया था जो रेकॉर्ड भी हुआ था।

काफ़ी संघर्षों से गुजरने के बाद स्वतंत्र संगीतकार के रूप में उन्हें मिली फ़िल्म 'शायद' (1979), और इसी में मानस ने अपनी प्रतिभा की छाप छोड़ दी। उल्लास-भरे सुरों के साथ खुशियाँ बिखेरता 'मौसम आएगा जाएगा, प्यार सदा मुस्काएगा' (मन्ना डे, आशा भोंसले) खूब लोकप्रिय रहा था। निदा फाज़ली की खूबसूरत शायरी 'दिन भर धूप का पर्वत काटा, शाम को पीने निकले हम' को आकर्षक-सी सरसता के साथ मन्ना डे से गवाकर मानस ने इसी फ़िल्म में पेश किया था। दुष्यंत कुमार की प्रसिद्ध रचना 'ये ज़ुबाँ हमसे सी नहीं जाती' को उषा मंगेशकर से गवाने वाले मानस ही थे। शायद फ़िल्मों में यही दुष्यंत की एकमात्र रचना, या कम से कम पहली रचना तो है ही। वॉयलिन के जबर्दस्त आरम्भ के साथ 'मैं सूरज की रोशनी' (आशा, रफ़ी) और लोकसंगीत पर आधारित 'दो दिलों को ऐसे मिला लो' (प्रीति सागर, नितिन मुकेश, सुधाकर आठले, साथी) भी 'शायद' में मानस की बहुत ही प्रभावशाली प्रस्तुतियाँ थीं।

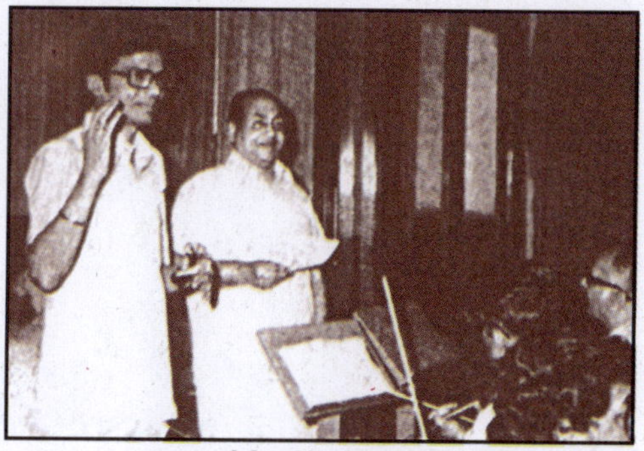

'लुबना' की रेकॉर्डिंग के अवसर पर रफी के साथ मानस मुखर्जी

सईद मिर्ज़ा की ऑफ़-बीट फ़िल्म 'अल्बर्ट पिंटो को गुस्सा क्यों आता है' (1980) में गीत भी बस कहानी को आगे बढ़ाने या पात्र का चरित्र उभारने के हिसाब से ही थे और 'अच्छा, अल्बर्ट को अच्छा नहीं लगता' आदि गीतों में संगीत के हिसाब से कुछ उल्लेखनीय नहीं था। 'गुरु सुलेमान चेला पहलवान' (1980) में भी मानस का संगीत असफल रहा। 'लब्बैक' (1980) के 'दरिया-ए-मुस्तफ़ा में सर झुकाए जिसका जी' (मन्ना डे, यूनुस काजमी, साथी) और 'है आसमां खुदा का' (चंचल, मजीद शोला, साथी) जैसे इबादती

गीत भी आए-गए ही होकर रह गए। अप्रदर्शित 'तीसरा पत्थर' में संगीत देते हुए मानस मुखर्जी ने स्वयं शंकर शम्भू के साथ 'आल्हा' भी गाया था। यह बुंदेलखंडी पारम्परिक लोकसंगीत की शुद्धता को बरकरार रखते हुए एक बहुत अच्छी कोशिश थी।

नवें दशक की कुछ ही फ़िल्मों में मानस मुखर्जी को अवसर मिला। 'आओ प्यार करें' (1983), के 'घड़ी घड़ी' (उषा मंगेशकर, सुरेश), 'क्या ज़िंदगी है' (सुरेश, गौरी शंकर), 'शिव जी के चेलो' (आरती, यूनुस काज़मी) और 'तेरे कजरारे' (मानस मुखर्जी स्वयं और सुरेश) जैसे गीत भी असफल रहे। पर पियानो के सुंदर प्रयोग के साथ 'लुबना' में मानस मुखर्जी ने 'मुबारकबाद बिस्मिल्लाह' (आशा, साथी), 'शादी मुबारक हो' (लता) और 'मेरी निगाह ने ये कैसा ख्वाब देखा है' (रफ़ी) जैसे सुंदर गीतों को 'मुस्लिम सोशल' के रूप में प्रदर्शित तहज़ीब के परिप्रेक्ष्य में बड़ी सुंदरता से प्रस्तुत किया था। 'दिलाबर' (1984) के मुजरा गीत 'मोरे जोवन की धार से न खेल रसिया' (आशा), पंजाबी लोकशैली के विरह गीत के आरम्भ में नेपाली लोकसंगीत का 'कांछा ओ कांछा' जैसा मिश्रण लिए 'जब जब मेरा प्यार पुकारे, याराँ हो याराँ दिलावरा' (आशा, हरिहरन) में कुछ भी विशिष्ट देने में मानस मुखर्जी असफल ही कहे जाएँगे।

मानस मुखर्जी की खासियत रही कि फ़िल्म के कथ्य और परिवेश के अनुसार उनके पास संगीत अपने विविध रंगों में खिलता था। बंगाली होने के बावजूद बंगाल के संगीत के पूर्वग्रह से उन्होंने अपने-आपको काफ़ी हद तक मुक्त रखा। मानस मुखर्जी की इस दशक की सर्वश्रेष्ठ फ़िल्म थी 'महानंदा' (1984)। 'मेरे तेरे नाम नए हैं ये दर्द पुराना है' में वॉयलिन के फैलते उदास सुरों की पृष्ठभूमि में कुछ-कुछ आर.डी. बर्मन की शैली की प्रस्तुति तथा 'सपने में चुपके से' (आशा) की सपनीली, 'बावरा कन्हैया देखो' (लता) की क्लासिकी और 'मितवा मन नहीं लागे' (मानस मुखर्जी) की कर्णप्रिय पेशकश के साथ मानस मुखर्जी ने प्रभावित तो बहुत किया, पर व्यावसायिक सफलता तो शायद उनके नसीब में ही नहीं थी।

बासु चटर्जी की 'लाखों की बात' (1984) के 'जीवन की राहों में' (शब्बीर, चंद्राणी मुखर्जी) और 'एक तुम हो जैसे' (अनुराधा पौडवाल) जैसे गीतों को भी अधिक नहीं सुना गया। उनकी फ़िल्में 'वहम' (1986) और 'बंदानवाज़' (1988) भी पिट गईं और अपनी मृत्यु तक मानस मुखर्जी एक उपेक्षित संगीतकार ही रहे। बाँग्ला संगीत क्षेत्र में अवश्य मानस मुखर्जी को कुछ अधिक सफलता मिली और लता के गाए 'तोमारे आमि आज', 'तोमार गायिर भालो बाशा', 'जेते चाए तोमारी भालोबाशा' बाँग्ला संगीत फ़लक के चर्चित गीत रहे हैं, पर कुल मिलाकर आज यदि कोई उन्हें याद भी करता है तो शान या सागरिका के पिता के रूप में ही।

आठवें दशक के विस्मृत नाम

यूँ तो आठवें दशक में पाश्चात्य ऑरकेस्ट्रेशन और शैलियों का हिन्दी फ़िल्म-संगीत में प्रभाव बहुत तेजी से बढ़ा, परन्तु इनके साथ भी मेलोडी की मूल संरचना अभी भी कई संगीतकारों के साथ कायम थी। नामी-गिरामी संगीतकारों की चर्चा तो हमने अलग से की ही है, आइए, अब कुछ ऐसे संगीतकारों पर ध्यान केन्द्रित करें, जो बहुत आगे तो नहीं जा पाए पर जिनमें से भी कई ने फ़िल्म-संगीत को कुछ बहुत सुन्दर रचनाएँ दीं। इनमें से कुछ संगीतकार तो आगे के दशकों में भी सक्रिय रहे।

जैसाकि हम पहले के आलेख में देख चुके हैं, **बृजभूषण** का आगमन तो 'पठान' (1962) के नौ में से एक संगीतकार के रूप में हुआ। अभिनेत्री मधुबाला के पिता (जिनकी छोटी पुत्री चंचल से बाद में बृजभूषण ने शादी भी की) की निर्मित 'पठान' (1962) में बृजभूषण की स्वरबद्ध अकेली रचना 'सो जा सलोने सो जा' लता के स्वर में एक लोरी थी। पर उसके बाद वर्षों तक बृजभूषण को कोई अवसर ही नहीं मिला। रेडियो एनाउंसर के रूप में अलबत्ता उन्होंने फ़िल्मों में आने से पहले ही बहुत नाम कमाया था। नई प्रतिभाओं को मौका देने के लिए ख्यातिप्राप्त निर्माता-निर्देशक बी.आर. इशारा की मशहूर चर्चित फ़िल्म 'ज़रूरत' (1972, जिसने रीता राय को परिचित कराया था) में बृजभूषण को संगीतकार के रूप में मौका मिला, पर फ़िल्म गीतविहीन थी और बृजभूषण को पार्श्वसंगीत से ही समझौता करना पड़ा। पर बी.आर. इशारा की ही शत्रुघ्न सिन्हा, रीना राय अभिनीत 'मिलाप' (1972), जो कि साथ नायक-नायिका के रूप में इस चर्चित रहे युगल की सम्भवतः पहली फ़िल्म थी, में बृजभूषण ने एक सदाबहार गीत से अपना सिक्का जमा लिया। यह गीत था मुकेश का आज भी गुनगुनाए जाने वाला चिरपरिचित गीत 'कई सदियों से कई जन्मों से तेरे प्यार को तरसे मेरा मन'। मिश्र शिवरंजनी में कम्पोज़ किए इस गीत को बृजभूषण ने मुकेश से काफी ऊँची पट्टी पर गवाया है (जो कि अमूमन संगीतकार मुकेश के साथ करने का साहस नहीं करते थे) और बेहद सफल रहे हैं। इसी फ़िल्म में रफ़ी के स्वर में 'कहीं ऐसा न हो तुम अजनबी राहों में खो जाओ' की मिश्र यमन आधारित धुन में और वाद्य-संयोजन में गूँजने का बेहद अच्छा असर पैदा करने में भी वे सफल रहे।

बी.आर. इशारा अपनी 'एक नाव दो किनारे' (1973) में बृजभूषण को पुनः लाए। बी.आर. इशारा की फ़िल्मों के कथ्य पक्ष पर तो बहुत कुछ लिखा गया है, पर उनका संगीत पक्ष भी उनकी फ़िल्मों के कथ्य की तरह ही आधुनिक शैली का था। आधुनिक वाद्य-संयोजन और पारम्परिक मेलोडी से हटकर बनाई गई धुनें जो कथ्य को उभारने में सहायक थीं, बी.आर. इशारा की फ़िल्मों के संगीत पक्ष की विशिष्टता थी। चाहे उनके संगीतकार सपन-जगमोहन रहे या बृजभूषण, ऑरकेस्ट्रेशन का यह आधुनिक मुहावरा उनके संगीत में हमेशा रहा। शायद इसकी महत्त्वपूर्ण वजह यह भी थी कि सपन-जगमोहन और बृजभूषण दोनों ही के लिए ऑरकेस्ट्रेशन का काम उत्तम सिंह और केरसी लॉर्ड ही करते थे, इसीलिए बृजभूषण के संगीत में भी वही सपन-जगमोहन वाली समांतर ऑफबीट मेलोडी और नई शैली के ऑरकेस्टेशन दोनों का सुंदर सम्मेलन द्रष्टव्य होता है। 'एक नाव दो किनारे' (1975) के आधुनिक ड्रम बीट्स के सतत परिवर्तन के साथ 'तुम हमसफ़र बनो तो जहाँ चले हम जिधर चले हम ये बहार साथ आए' (मुकेश) और 'ये शाम है धुआँ धुआँ' (रफ़ी, आशा) इस तथ्य के सटीक उदाहरण हैं। ऑरकेस्ट्रेशन का यह smooth elegance हमें बृजभूषण के (उत्तम और केर्सी लॉर्ड के ही साथ) 'कामशास्त्र' (1975) के 'खिंचे-खिंचे से क्यों हो रात जा रही है' (आशा) में भी देखने को मिलता है। बी.आर. इशारा निर्देशित 'यह सच है' (1975) में भी बृजभूषण ने मुकेश से 'मेरा हसीं साथी है मेरी बाँहों में' जैसा अच्छा रिद्मप्रधान गीत गवाया था, पर यह गीत गुमनाम ही रह गया।

जमाल सेन के पुत्र **शम्भु सेन** ने संगीत से अधिक नृत्य में अपना कमाल दिखाया था। नृत्य की प्रारम्भिक शिक्षा पिता से ही

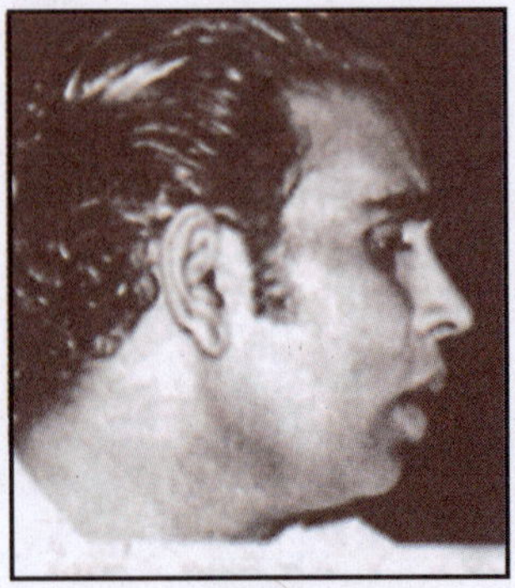

शम्भु सेन

मिली। शोखियाँ (1951) में जमाल सेन ने उन्हें गाने का भी अवसर दिया था—'आओ सजन नैनन में' (सुरैया, साथियों के साथ) गीत में। हेमा मालिनी, योगिता बाली, कुमुद छुगानी जैसी कई अभिनेत्रियों को शम्भु सेन ने नृत्य की शिक्षा दी थी। जमाल सेन की संगीतबद्ध 'दायरा', 'रंगीला' और 'कस्तूरी' के सहायक नृत्य-निर्देशक भी वे रहे। रंगमंच पर 'वृंदावन की एक शाम', 'महारानी पद्मिनी', 'मीराबाई', 'मेघदूत', 'विश्वामित्र' जैसी उनकी नृत्य नाटिकाएँ काफ़ी सराही गई थीं। शम्भु सेन ने लोकनृत्य और लोकसंगीत के कई बैले आदि की प्रस्तुति विदेशों में भी की और प्रशंसित हुए। फ़िल्मों में संगीतकार की हैसियत से उनकी यात्रा बड़ी छोटी-सी रही। 'मृगतृष्णा' (1975) के गीतकार और संगीतकार दोनों वे स्वयं थे। इस फ़िल्म में उनकी कम्पोज़ की हुई रफ़ी के स्वर में शास्त्रीय संगीत आधारित 'नव कल्पना नवरूप से रचना रची जब नार की' सुनना एक अलौकिक अनुभूति देता है। लता का गाया 'सुन मन के मीत मेरे प्रेम गीत तू आ जा' तो काफ़ी लोकप्रिय भी हुई थी। मदन सेन के स्वर में 'केहि कारन सुंदर हाथ' और प्रसिद्ध गायक मेहँदी हसन से गवाए 'माटी कहे कुम्हार से' में राजस्थान का लोकरंग अपने परिष्कृत रूप में सजीव हो उठा है। तबले के सुंदर ठेके के साथ लोकशैली का 'मोरे सजना संग आई बहार' (आशा) यदि अच्छा लगता है तो सितार के बेहतरीन प्रयोग के साथ राग कलावती पर आधारित 'नैन थके घड़ी पल गिनते-गिनते' (लता) तो बेजोड़ ही रचना थी। शम्भु सेन को सुधेंदु राय निर्देशित 'पाठशाला' और अशोक राय निर्देशित 'पिंकू और रिंकू' जैसी फ़िल्में भी मिली थीं, पर ये पूरी नहीं हुईं। वर्षों बाद 'बन्नो' (1987) में हमें फिर उनका नाम संगीतकार की हैसियत से दिखा था। शम्भु सेन ने वर्षों शोध के बाद 'संगीत वेद' नामक शोध ग्रंथ की रचना की थी। 13 जनवरी, 1998 को उनका निधन हुआ।

'मृगतृष्णा' की रेकॉर्डिंग के समय
लता के साथ शम्भु सेन

राम कदम मराठी फ़िल्मों के बेहद सफल संगीतकार के रूप में जाने जाते हैं और मराठी में 'गावगुंड', 'रंगपंचमी', 'गल गौलण', 'सोंगाड्या', 'देवकीनंदन गोपाल', 'सख्या सजणा', 'पिंजरा' जैसी कई फ़िल्मों का उनका मराठी लोकसंगीत से प्रभावित संगीत बहुत सफल रहा है। ट्रम्पेट को कुशलता से बजाने वाले रामकदम ने हिंदी फ़िल्म-जगत में कम ही फ़िल्मों में संगीत दिया और हिंदी प्रदेशों के श्रोताओं के बीच तो वे आठवें दशक में ही चर्चा में आए, इसलिए उनका उल्लेख इसी दशक के संगीतकारों के बीच किया गया है। छठे दशक में उनकी संगीतबद्ध 'पतिव्रता' तो प्रदर्शित ही न हो सकी हालाँकि इस फ़िल्म में उन्होंने शास्त्रीय गायकों भीमसेन जोशी और लक्ष्मीशंकर के 'ऐ री माई आज शुभ मंगल गाओ' और 'पिया बिन नाहीं आवत चैन' जैसे शास्त्रीय गीत कम्पोज़ किए थे। 'रास्ते और मंज़िल' (1968) में उन्होंने कृष्णा कल्ले से 'कैसे कह दूँ कि मुलाकात नहीं होती' और 'आऊँगा मैं आऊँगा मैं ये कह गया' जैसे एकल गीत और रफ़ी से 'मैं बहुत दूर चला आया हूँ' तथा 'खत्म हुआ दिन जलते-जलते' जैसी संजीदा रचनाएँ गवाई थीं पर इस फ़िल्म का संगीत फ़िल्म की असफलता के कारण अनसुना ही रह गया। 'संत तुलसीदास' (1972) में राम कदम ने पुनः शास्त्रीय गायक भीमसेन जोशी से कुछ भजन गवाए थे, जिनमें 'राम प्रभु आधार जगत के' और 'पिता मातुश्री बंधु कांता प्रजा के सुखदाता' भीमसेन जोशी की गुरुगम्भीर आवाज में बड़े प्रभावशाली बन पड़े हैं। पर राम कदम की सर्वाधिक सफल फ़िल्म थी मूलत मराठी में बनी और हिंदी में भी प्रदर्शित व्ही. शांताराम की 'पिंजरा' (1973) जिसमें राम कदम ने मराठी लोकसंगीत का बहुत ही लुभावना उपयोग किया। स्टीनबर्ग की चर्चित फ़िल्म 'द ब्ल्यू ऐंजेल' (1930) पर आधारित इस फ़िल्म में मराठी तमाशा, लोकनाट्य संगीत, लावणी तथा शास्त्रीय संगीत पर आधारित रचनाएँ थीं। 'कैसी किस्मत ने की है ये ठिठोली' (लता, मन्ना डे, अन्य), 'मैं पटने की हूँ नार' (लता, मनहर, अन्य), 'ओ

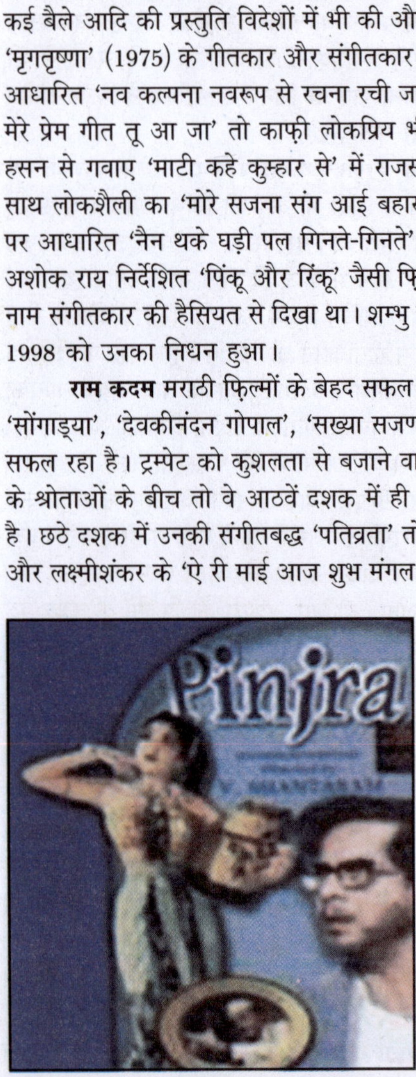

नटखट कान्हा चुराई चोली चुनरी' (लता, मनहर, अन्य), शास्त्रीय आधार लिए बेहद लुभावना 'सजन मत जा रे' (लता), 'पिंजरा सो पिंजरा' (मन्ना डे), 'नजरियों ने ले ली हज़ारों की जान' (लता, अन्य स्वर), 'कौनो जुल्मी ने हमें याद किया' (लता, मनहर, अन्य) और सबसे बढ़कर लावणी पर आधारित 'चमका रे चंदा मोरा, छबीला छैला मोरा' (लता, अन्य स्वर) इस फ़िल्म की विशिष्ट संगीत-शैली के यादगार उदाहरण हैं। 'पिंजरा' (मराठी) डॉ. श्रीराम लागू की अभिनीत पहली हिंदी फ़िल्म थी।

प्रसिद्ध शास्त्रीय वादक और कम्पोज़र **भास्कर चंदावरकर** ने भारत के विभिन्न लोकसंगीतों पर आधारित कई वाद्य एलबम निकाले हैं, पर कम लोग ही यह जानते हैं कि उन्होंने कुछ फ़िल्मों में भी संगीत दिया था। ये सभी 'आर्ट' फ़िल्में थीं जिनमें अर्थात्मक, सुरुचिपूर्ण संगीत की आवश्यकता के कारण एक स्तरीय संगीतकार के रूप में ख्यातिप्राप्त भास्कर चंदावरकर को लिया गया। फ़िल्म इंस्टीट्यूट ऑफ़ इंडिया की महेश कौल निर्देशित 'राखी राखी' (1969) उनकी पहली फ़िल्म थी। कुमार शाहनी की चर्चित फ़िल्म 'माया दर्पण' (1972) में पुरानी हवेली के बीच कालबोध को तीव्र बनाती वाणी जयराम के स्वर में लोरी 'लाल बिछौना' या नायिका की कल्पना में उभरती उपजाऊ आसाम की धरती को साकार बनाता छाउ नृत्य-संगीत इस फ़िल्म में भास्कर चंदावरकर जैसा रचनात्मक काल्पनिक संगीतकार ही कहानी की अर्थव्यंजकता के अनुरूप प्रस्तुत कर सकता था। FTII, पुणे द्वारा निर्मित 'जय जवान जय मकान' (1971) के संगीतकार भी भास्कर राव ही थे। दयाभाई भक्त निर्देशित मधुछंदा और पवन दत्त जैसे नए कलाकारों को लेकर बनाई गई 'समस्या' (1975) में भास्कर चंदावरकर के संगीत-निर्देशन में नृत्य गीत 'गीत धुन को तक धीम' (रानी वर्मा, पार्वती सुंदरम) और उपदेशात्मक गीत 'आज अकेले चलते चलते सबको राह दिखा देना' (मन्ना डे) के अलावा उषा मंगेशकर के गाए दो बड़े सुंदर गीत भी थे–'दूर होती जा रही है कल्पना, पास आती जा रही है ज़िंदगी' तथा 'हमको प्यास लगी है, जो भी बादल होगा वो जानेगा'। चिल्ड्रेंस फ़िल्म सोसायटी की सई परांजपे की 'सिकंदर' (1976), गिरीश कर्नाड और बी.वी. कारंथ निर्देशित चर्चित यथार्थवादी फ़िल्म 'गोधूलि' (1977), सईद मिर्ज़ा की प्रयोगात्मक और प्रतीकात्मक अरविंद देसाई की 'अजीब दास्तान' (1978) और 'आघात' के संगीतकार भास्कर चंदावरकर ही थे। चंदावरकर ने 'घासीराम कोतवाल', 'सर्वसाक्षी', 'गरमबिचा बापू', 'नवलकका' जैसी कई मराठी फ़िल्मों में भी संगीत दिया है। 'घासीराम कोतवाल' का उनका प्रयोगधर्मी संगीत बहुत सराहा गया था। मृणाल सेन की प्रसिद्ध फ़िल्म 'खंडहर' (1983), जिसके द्वारा वे इप्टा के प्रभाव से बाहर आए थे, में नायिका की यादों के एकाकीपन को रेखांकित करनेवाला संगीत चंदावरकर का ही था। 'परमा' (1985), 'राव साहब' (1986), चेलवी (1992) और 'कैरी' (1999) जैसी ऑफ़ बीट फ़िल्मों में उनका संगीत आता रहा है। मध्यप्रदेश फ़िल्म विकास निगम की 'थोड़ा-सा रूमानी हो जाएँ' में भी भास्कर चंदावरकर का ही संगीत था और इसमें उन्होंने छाया गाँगुली से गीत गवाए थे।

विजय राघव राव

विजय राघव राव फ़िल्मों से अधिक अपने बाँसुरीवादन और गैरफ़िल्मी वाद्य-संगीत के अपने कम्पोज़ किए रचनात्मक एलबमों के लिए प्रसिद्ध हैं। विभिन्न क्षेत्रों के लोकसंगीत, शास्त्रीय संगीत, विभिन्न मूड्स के संगीत का सुंदर मिश्रण वाले उनके कई रेकॉर्ड बड़े चर्चित रहे हैं। कई वृत्तचित्रों में भी उन्होंने संगीत दिया था। 1947 में भारत की स्वाधीनता के अवसर पर लाल किले से राष्ट्रीय गान के वाद्यवृंद को संयोजित करनेवाले विजय राघव राव ही थे। 'अकबर', 'ट्रिप', 'एक्सप्लोरर', 'अनंत', 'Through the eyes of a painter', 'Ode to Peace', 'Destiny', 'मुक्ति' और 'Jungle Book' जैसी उनकी कई फ़िल्मों और ballets का संगीत प्रशंसित रहा है। हिंदी की पहली नई धारा की 'आर्ट' फ़िल्म कहलाने वाली 'भुवन शोम' (1969) के लिए विजय राघव राव को ही मृणाल सेन ने बतौर संगीतकार रखा था। हालाँकि फ़िल्म में कोई गीत नहीं था, पर नई विधा की अर्थव्यंजना और बिम्बों के अनुरूप ही फ़िल्म का पार्श्वसंगीत भी विजय राघव राव ने सशक्त बनाया था।

कमलेश्वर के उपन्यास 'बदनाम गली' पर आधारित प्रेम कपूर की निर्मित 'बदनाम बस्ती' (1971) में पुनः विजय राघव राव को संगीत देने का अवसर मिला। इस फ़िल्म में प्रसिद्ध कवि बच्चन के स्वर में 'मेले में खोई गुजरिया' और कमल शबनम के स्वर में मुजरा गीत 'गोदनिया गुदवाय ले' के अतिरिक्त गुलाम मुस्तफ़ा खान से शास्त्रीय अंदाज में ठुमरी 'सजना काहे नहीं आए' और सतीश भूटानी से बेहद धीमी और आकर्षक लय पर 'तारों भरा मेला' गवाकर विजय राघव राव ने बिलकुल अलग शैली के गीत संगीत का सृजन किया था। इस फ़िल्म के कथ्य के अनुरूप नौटंकी के दृश्य का बड़ा महत्त्व था और इसके लिए विजय राघव राव नौटंकी गानेवालों के खेमे में भवानीपुर गए और अपने वादकों को असली नौटंकी वादकों की टोली के मध्य बैठाकर गीतों का ध्वनिमुद्रण किया। फ़िल्म-संगीत में यह स्वाभाविकता निराली थी। ऐसी नई धारा के फ़िल्मों के गीतों के अधिक संग्रह एच.एम.व्ही. क्यों नहीं

निकालता, यह भी विचार योग्य है। 'बदनाम बस्ती' के संगीतकार और निर्माण-पद्धति पर अमेरिका के जेम्स बैवरीज़ ने बीस मिनट की टेलीफ़िल्म भी बनाई थी।

मृणाल सेन की ही निर्देशित सुबोध घोष की बाँग्ला कहानी 'गोत्रांतर' पर आधारित 'एक अधूरी कहानी' (1971) जैसी गीत-विहीन फ़िल्म में भी विजय राघव राव ने अच्छा पार्श्वसंगीत दिया था। पर उनका संगीत चर्चित हुआ जया और अमिताभ अभिनीत 'बंसी बिरजू' (1972) में। हालाँकि फ़िल्म तो पिट गई पर चित्रा दत्त के स्वर में 'हरे रामा हरे कृष्णा' भजन के मर्मस्पर्शी सुर, मन्ना डे के स्वर में रवानगी-भरा गीत 'नैनों के ये दो पंछी' और वाणी जयराम की आवाज़ में मुजरा शैली का 'हाय रे सैंया मोसे काहे करे बरजोरी', राग केदार पर आधारित 'आया कोई ख़याल' और मन्ना डे का गाया लोकशैली का 'तूने जब सजना से नेहा लगाए' संगीत समीक्षकों द्वारा सराहे गए थे।

विजय राघव राव ने चिल्ड्रेंस फ़िल्म सोसायटी की 'अनमोल तस्वीर' (1978) में पार्श्वसंगीत और 'कफ़न' (1981) में संगीत भी दिया था। भारत में सिनेमा के विकास को बड़े ही रोचक तरीके से दिखाने वाली कृष्णा शाह की 'सिनेमा सिनेमा' (1978) के भी वे ही संगीतकार थे। पद्मश्री, संगीत नाटक अकादमी पुरस्कार, Golden Bear of Berlin Film Festival जैसे अनेक पुरस्कारों से उन्हें नवाज़ा गया है।

आठवें दशक की मद्रास में निर्मित ढेर सारी स्टण्ट और जासूसी हिंदी फ़िल्मों में संगीत दिया था **सत्यम** ने। इनमें से अधिकांश फ़िल्में हिंदी में डब फ़िल्में थीं। सत्यम दक्षिण भारतीय फ़िल्मों के बहुत सफल संगीतकार थे, पर हिंदी में वे असफल ही रहे। 'कौन सच्चा कौन झूठा' (1972), 'लेडी जेम्स बॉंड' (1972), 'रत्ना डाकू' (1972), 'रानी और जानी' (1973), 'अलख निरंजन' (1975), के.एस.आर. पिक्चर्स, मद्रास की 'हंटरवाली' (1972), रवि चित्र फ़िल्म्स, मद्रास की 'उस्ताद मेरा नाम' (1972), 'खूनी कौन' (1974), सूर्योदय पिक्चर्स, मद्रास की 'जासूस लड़की' (1973), मयूर मूवीज़, मद्रास की 'जॉनी मेरा यार' (1973), जी.वी.एन. इंटरप्राइजेस, मद्रास की 'इंस्पेक्टर रेखा' (1973), चंदा फ़िल्म्स इंटरनेशनल, बम्बई की 'पाँच दोस्त' (1974), एन. एंड एन. कम्बाइंस, बम्बई की 'आदिमानव' (1977), आनंद लक्ष्मी आर्ट मूवीज, मद्रास की 'महाशक्ति' (1980) जैसी फ़िल्मों में अधिकांशतः उनका संगीत धूम-धड़ाके वाला चलताऊ किस्म का ही था। 'रानी और जानी' (1975) का 'मेरे दिल झूम झूम तू गाए जा' (किशोर) लोकप्रिय अवश्य हुआ था, पर तर्ज़ हूबहू एक पाश्चात्य गीत की नकल थी। अपवाद थी मधुर, भारतीय शैली के संगीत से युक्त एन.टी. रामाराव अभिनीत 'अलख निरंजन' (1975) जिसमें सत्यम ने वाणी जयराम से 'मान जा रे पिया मान जा', 'मधुर हास विलासिनी' (पुरुष स्वर के साथ), 'छनन छनन पायलिया बोले' और 'आ जा सजन आ जा ना' जैसे गीत गवाए थे, तथा रफ़ी और एस. जानकी से भी क्रमशः 'हरि नाम में मधु है भरा' तथा 'सुधा पी ले पी ले साँवरिया' जैसी अच्छी रचनाएँ प्रस्तुत कराई थीं, तथा 'महाशक्ति' (1980) जिसके सभी सात गीतों में वाणी जयराम का स्वर था और 'छन छन पायल बोल उठी' (वाणी जयराम, वसंता), 'वक़्त न बीते कहीं' (वाणी जयराम, जयचंद्रन) और 'देखो गुलाबी फूल खिला' (वाणी जयराम, जय चंद्रन) जैसे मेलोडीप्रधान गीत थे। पर इन दोनों फ़िल्मों का संगीत भी हिंदी फ़िल्म-जगत में कम ही सुना गया। सत्यम की आठवें दशक की 'बिल्ला रंगा' (1984), 'डाकू रानी हिम्मतवाली' (1984), 'ताकतवाला' (1984), 'गलियों का गुंडा' (1985), 'मौत का बदला मौत' (1985), 'तूफ़ान रानी' (1985), 'बदला औरत का' (1987) जैसी फ़िल्मों के संगीत के बारे में कुछ भी विशेष उल्लेखनीय नहीं है। 12 जनवरी, 1989 को सत्यम की मृत्यु हो गई।

आठवें दशक में भी अन्य दशकों की तरह कई संगीतकार आए जिन्होंने छिटपुट फ़िल्मों में काम किया, एकाध हिट गीत भी दिया, पर शीघ्र ही फ़िल्मी दुनिया की व्यावसायिक प्रतिद्वंद्विता से परास्त होकर विलुप्त हो गए। ऐसे एक संगीतकार थे **जगदीश जे.** जिनकी फ़िल्म 'जीवनरेखा' (1974) में मुकेश का गाया 'न अपना था न कल गुजरा' और रफ़ी का गाया खूबसूरत तर्ज़ वाला 'यार मेरे मेरी बाँहों में आ जा' काफ़ी हिट रहे थे। मन्ना डे और चंद्राणी मुखर्जी के स्वरों में 'गीत है ये ज़िंदगी, गुनगुनाते और गाते चले चलो' भी अच्छी ही रचना थी। 'जीवनरेखा' के बाद जगदीश जे. की 'श्री सत्यनारायण की महापूजा' (1975) का 'जय लक्ष्मी रमणा सत्यनारायण' (हरिओम शरण, चंद्राणी मुखर्जी, अम्बर कुमार, साथी) भी कुछ लोकप्रिय रहा था। फ़िल्म 'पत्थर के लोग' में भी उनका संगीत था। इस फ़िल्म में 'पत्थर के लोग सारे पत्थर की मूरते हैं' अपने शाब्दिक अर्थपरकता और बेहद दिलकश धुन और गायकी (महेंद्र कपूर) के कारण एक लाजवाब रचना बन गई है तथा यह दुखद है कि महेंद्र के गाए सर्वश्रेष्ठ गीतों में से एक रहने वाले इस गीत की चर्चा नहीं हुई है। 'सजना साथ निभाना' (1986) में जगदीश जे. ने माया गोविंद के लिखे गीतों को और 'आवारा ज़िंदगी' (1984) में हसन कमाल, अजीज़ वारसी आदि की लिखी गज़लों को संगीतबद्ध किया पर सफलता कुछ खास मिली नहीं। 1982 में प्रदर्शित फ़िल्म 'शुभचिंतक' में जगदीश जे. के संगीत-निर्देशन में मुकेश का वर्षों पूर्व रेकॉर्ड किया हुआ आधुनिक ड्रम बीट्स के

ऑरकेस्ट्रेशन के साथ एक बड़ा लुभावना गीत था—'माना कि तेरे प्यार में रुसवाइयां' तो हैं।

संगीतकार द्वय **रतनदीप हेमराज** का नाम भी आठवें दशक की कुछ फ़िल्मों में नज़र आता है। वैसे उन्होंने अपने फ़िल्मी सफ़र की शुरुआत सातवें दशक के अंत में फ़िल्म 'जंगल किंग' (1969) के संगीत से की थी, पर यह फ़िल्म बुरी तरह पिट गई थी। यही हाल रोशन फ़िल्म्स की 'रुत रंगीली आई' (1972) का रहा। पर ईश्वर आर्ट इंटरनेशनल की 'प्यासी नदी' (1973) में उन्होंने काफ़ी थाट पर दोनों गांधारों का सुंदर उपयोग करके एक बहुत ही लुभावना गीत बनाया था—'ओ रे सजनवा सागर में क्यों आते हैं तूफ़ान' (मुकेश, चंद्राणी मुखर्जी) जो उन दिनों लोकप्रिय भी हुआ था। 'शहजादी मुमताज़' (1977) और 'शैतान मुजरिम' (1980) कोई खास असर नहीं पैदा कर पाईं हालाँकि 'शैतान मुजरिम' में मुकेश का उनकी मृत्यु से कुछ अरसे पहले रेकॉर्ड किए गए 'पिए जाओ जिए जाओ न जीत अपनी न हार अपनी' मुकेश के खास अंदाज में गवाया गया एक अच्छा गीत था। मुकेश, हेमलता और साथियों से ही रतनदीप-हेमराज ने एक उत्प्रेरक लम्बा गीत 'हमने देखा था एक सपना', 'बापू का सपना' फ़िल्म के लिए रेकॉर्ड कराया था, पर दुर्भाग्य से फ़िल्म ही प्रदर्शित न हो पाई। ताजदार ताज के लिखे गीतोंवाली 'इंसान और इंसान' का भी यही हश्र रहा, पर इसके बावजूद इस फ़िल्म का 'लट उलझी है सुलझा रे मोरे बालमा' (गीता) अपनी शोख गायकी और शैली के कारण काफ़ी लोकप्रिय रहा। इसी फ़िल्म में शायराना मिजाज का 'ऐ मुसव्विर मेरे महबूब की तस्वीर बना' (रफ़ी) भी बहुत अच्छी कम्पोज़ीशन थी। शायद रतनदीप-हेमराज के सबसे सुंदर गीतों में इन्हीं दोनों को गिना जाएगा। अप्रदर्शित 'सूरज ढलने के बाद' (जिसमें सस्पेंस शैली में आशा से उन्होंने 'आएगा कोई मेरे पास सूरज ढलने के बाद' गवाया था) और 'राख और चिंगारी' (1981) की उपेक्षा के बाद दोनों ने अलग-अलग होकर भी संगीत दिया, पर रतनदीप की संगीतबद्ध 'खूनी दरिंदा' (1987) और हेमराज की संगीतबद्ध 'अनोखा इंसान' (1985) और 'अंधा युग' (1989) भी उनका फ़ायदा पहुँचाने में असफल ही रहीं। नवें दशक में **नरेश-हेमराज** की जोड़ी बनी और 'दौड़धूप' में उन्होंने अच्छा संगीत दिया। सुंदर धीमी लय पर 'मेरी जान कुछ दिन निभाया तो होता' और रफ़ी के स्वर में खुमार-भरी तर्ज लिए 'उफ़ ये ज़िंदगी' तथा रफ़ी, सुलक्षणा पंडित के स्वरों में मेलोडी प्रधान रचना 'ये बादल ये काजल' जैसे अच्छे गीतों का इस फ़िल्म में शुमार था।

'ओ रे सजनवा' गीत के रिहर्सल पर
मुकेश और चन्द्राणी मुखर्जी

आठवें दशक में कुछ और संगीतकार जोड़ियाँ भी उभरीं, पर कुछेक फ़िल्मों तक ही सीमित रह पाईं। **गोविंद-नरेश** की जोड़ी की स्वरबद्ध 'बालक ध्रुव' (1974) के भक्ति गीत और आशा भोंसले के स्वर में वह सुंदर-सा महकता गीत 'नागन हूँ मैं चंदन वन की' तो बिलकुल नहीं चले, पर एस.एन. त्रिपाठी निर्देशित 'माया मच्छिन्द्र' (1975) का आशा भोंसले का गाया 'छलक रही बूँदें मितवा' तो बेहद चर्चित रहा था। राग बागेश्वरी पर तराशी गई इस रचना को सुनना तो आज भी मुग्ध कर देता है। गोविंद स्वयं बहुत अच्छे शास्त्रीय गायक थे। यूँ गोविंद-जी ने चंद्राणी मुखर्जी और उषा मंगेशकर के साथ क्रमशः 'अलख निरंजन' और सितार तथा घुँघरू के सुंदर इंटरल्यूड्स वाले 'मोहे अंग लगा ले रे जोगी' में अपना स्वर भी दिया था, पर 'छलक रही बूँदें' के सामने बाकी गीत कमज़ोर ही रहे। सतीश कुमार, निर्देशित कानन कौशल और आशीष कुमार अभिनीत 'मीरा श्याम' (1976) के प्रणय और भक्तिगीतों की सरसता में पुनः गोविंद-नरेश की प्रतिभा का परिचय बखूबी मिला और 'साँवरे मत जा' (लता), 'इतनी विनती सुनो मोरी' (आशा), 'मन रे परस हरि के चरण' (कृष्णा कल्ले), 'पग घुँघरू बाँधि मीरा नाची रे' (कृष्णा कल्ले), 'माई मोहे लागे वृंदावन नीको' (कृष्णा कल्ले), 'अँखियाँ श्याम मिलन की प्यासी' (आशा) आदि गीतों में लोकरस और शास्त्रीय हुनर का मिश्रण बड़ा जानदार था। 'साँवरे मत जा' को तो मैं दशक के लता के श्रेष्ठतम गीतों में स्थान दूँगा। कृष्णा कल्ले की फ़िल्मी ज़िंदगी के गाए सर्वश्रेष्ठ गीत भी मेरे विचार से 'मीरा श्याम' में ही मिलेंगे। गोविंद-नरेश की 'महिमा श्रीराम की' अप्रदर्शित ही रह गई और रामचरितमानस की पारम्परिक धुन पर 'महिमा श्रीराम की' (रफ़ी, गोविंद प्रसाद, साथी), 'ओ निष्कलंक गंगे' (आशा) जैसे गीत अनसुने ही रह गए। यह अफ़सोसजनक था कि इन गीतों को पर्याप्त लोकप्रियता नहीं मिली और यही कारण है कि 'घमंडी' (1980), 'हँसते-खेलते' (1984) जैसी एकाध फ़िल्मों के बाद

यह जोड़ी आगे नहीं चल पाई, हालाँकि 'घमंडी' (1980) में भी 'भींगे नैना दुआ माँगते हैं' (कमला सिस्टा राव), 'घुँघरू में नैना' (आशा), 'कहता है मन का पंछी' (आशा, सुरेश वाडेकर, साथी), 'साथी हैं हम जन्मों के' (आशा) और 'हँसते-खेलते' में 'तुम्हें हम बहुत प्यार करने लगे हैं' (हरिहरन, साधना सरगम) जैसे मेलोडीप्रधान गीत थे।

गोविंद-नरेश के साथ-साथ ही **महेश-नरेश** की जोड़ी भी निकली थी। मूलतः गुजरात के रहनेवाले इस कनोडिया संगीतकार जोड़ी की 'आवारा लड़की' (1975), शकीला बानू भोपाली के गाए गीतोंवाली 'मज़े ले लो' (1975–शकीला बानू और क्रिस पेरी के साथ) जैसी फ़िल्में सफल नहीं हुईं। यह एक रोचक तथ्य है कि 'मज़े ले लो' में नरेश के स्वर में वही पारम्परिक गीत 'मेरे अँगने में तुम्हारा क्या काम है' था जिसे अमिताभ शुरू से ही स्टेज प्रोग्रामों में गाते थे और बाद में 'लावारिस' में गाकर सुपरहिट बना गए। महेश-नरेश की उल्लेखनीय फ़िल्म कमल इंटरनेशनल, बम्बई की 'मेरी दोस्ती तेरा प्यार' (1980) मानी जाएगी जिसमें लता के स्वर में 'तेरा नाम ले के जिए जाते हैं हम' और सुमन के स्वर में लोकसंगीत की छाया लिए 'सजना रे मोहे तेरे बिन फीका फीका लागे' (जिसमें 'फीका' की पुनरावृत्ति बड़ी आकर्षक बनी थी) के अलावा उन्होंने मुकेश से एक सुंदर दर्द-भरा गीत 'मैं उम्र भर तेरी खुशी के लिए गाऊँगा' भी गवाया था जो कुछ लोकप्रिय भी रहा था। यह जोड़ी भी ज़्यादा नहीं चल पाईं और स्वयं नरेश के नायक के रूप में अभिनीत 'छोटा आदमी' (1986) जैसी एकाध फ़िल्मों का अवसर भी सफल न हो सका। वैसे गुजराती संगीत के क्षेत्र में महेश-नरेश की जोड़ी काफ़ी सफल रही है। इनकी संगीतबद्ध कई गुजराती फ़िल्में बड़ी लोकप्रिय रही हैं। नरेश ने कई गुजराती फ़िल्मों में नायक की भूमिका भी की है। अपनी तड़क-भड़कवाली फैशन डिज़ाइनर केयूर देसाई की डिज़ाइन की हुई पोशाकों के कारण भी महेश-नरेश चर्चित होते रहे हैं। पिछले गुजरात विधान सभा चुनावों में जीत कर महेश अब राजनीति के क्षेत्र में भी सक्रिय हैं।

एक गुजराती फ़िल्म में नरेश

राहुल देव बर्मन की कई फ़िल्मों में सहायक संगीतकार और गायक **सपन चक्रवर्ती** ने आठवें दशक की कुछ फ़िल्मों में स्वतंत्र रूप से संगीत भी दिया था। नंदा और रणजीत मल्लिक अभिनीत अपने समय की प्रासंगिक फ़िल्म 'नया नशा' (1973) का प्रासंगिक गीत 'कश पे कश लगाने दे' (आशा, साथी) में 'दम मारो दम' वाली बात तो कतई नहीं थी, पर फ़िल्म के ही 'एक लड़की ले गई दिल' (किशोर) और 'आओ करें बातें', ओ बातें मुलाकातें' (लता) को कुछ लोकप्रियता मिली थी। सपन द्वारा संगीतबद्ध दीपक बाहरी निर्देशित 'जब अँधेरा होता है' (1974) के गीतों में 'हुआ यूँ प्यार जवां' (आशा, नितिन मुकेश) अपनी रवानगी-भरी कर्णप्रिय धुन और ऑरकेस्ट्रेशन के कारण कुछ लोकप्रिय रहा था। सपन चक्रवर्ती की हिट फ़िल्मों में राजतिलक निर्देशित 'छत्तीस घंटे' (1974) और बी. आर. फ़िल्म्स की अमिताभ बच्चन अभिनीत 'ज़मीर' (1975) का नाम लिया जा सकता है। 'छत्तीस घंटे' (1974) में सपन चक्रवर्ती को साहिर लुधियानवी के लिखे खूबसूरत गीतों को स्वरबद्ध करने का अवसर मिला था। मुकेश का गाया माँझी शैली का गीत 'यहाँ बंधु आने को है जाना' अपनी मार्मिक स्वर-रचना के कारण बेहद लोकप्रिय हुआ था। वहीं तेज लय में 'चुप हो आज कहो क्या है बात ज़रा बोलो ना' (किशोर) और 'जाने आज क्या हुआ' (किशोर, आशा) भी अच्छे गीत रहे। 'ज़मीर' बी.आर. चोपड़ा की फ़िल्म थी, इसलिए साहिर तय से थे और 'तुम भी चलो हम भी चलें चलती रहे ज़िंदगी' अपनी हर्ष और विषाद के दोनों संस्करणों के साथ किशोर और आशा की मदहोश करनेवाली गायकी को लेकर सुपरहिट रहा था। यूँ तो 'बड़े दिनों में खुशी का दिन आया' (महेंद्र), सिंधु भैरवी में 'ज़िंदगी हँसने-गाने के लिए है पल दो पल' (किशोर) और 'फूलों के डेरे हैं' (किशोर) को भी उस समय लोकप्रियता मिली थी, पर याद रखनेवाला गीत तो किशोर के स्वर में 'तुम भी चलो' का उदास संस्करण ही रहा।

जैसा हम पहले भी ज़िक्र कर चुके हैं, बाबू भाई मिस्त्री ने कई नए संगीतकारों को मौका दिया। लक्ष्मी-प्यारे और कल्याणजी का नाम तो प्रमुखता से आता है। ऐसे ही एक संगीतकार थे **जयकुमार पार्टे**। और जैसाकि बाबूभाई मिस्त्री के हर उस मौके की फ़िल्म के साथ रहा, जयकुमार पार्टे की भी पहली फ़िल्म 'भगवान परशुराम' (1970) का संगीत उल्लेखनीय रहा। इस फ़िल्म का एक गीत

तो न केवल अद्भुत था, बल्कि आशा भोंसले स्वयं इसे अपने पसंदीदा गीतों में मानती हैं। वह गीत था 'मेरे मन के मानसरोवर में तुम कमल समान खिले हो सजन'। मियाँ की मल्हार के सुरों की छाया लिए क्या अद्भुत कोमल-सी धुन थी, क्या गायकी थी, क्या प्रभाव था! इस एक गीत से ही जयकुमार चिरस्थायी रह सकते हैं। इस गीत को 1970 से सुर सिंगार संसद ने वर्ष का सर्वश्रेष्ठ गीत माना तो कोई आश्चर्य की बात नहीं लगती। 'भगवान परशुराम' (1970) में मुकेश से गवाए 'कोई रोए क़ोई गाए कैसा तेरा संसार' में दर्द और कशिश का सुंदर संगम और लता से गवाए 'जब से गया लड़कपन मेरा' में रिद्म के परिवर्तन से आकर्षक प्रभाव पैदा करने में भी जयकुमार पूर्णतः सफल रहे थे।

वैसे बचपन से ही संगीत के शौकीन जय कुमार ने 'भगवान परशुराम' से भी पहले मराठी फ़िल्म 'मंगलसूत्र' में संगीत दिया था। वे पृथ्वी थियेटर से भी जुड़े रहे थे, और कल्याणी-आनंदजी के अरेंजर के रूप में भी काफ़ी दिनों तक कार्यरत रहे। कई फ़िल्मों में वे उषा खन्ना के भी संगीत सहायक रहे थे। जय कुमार की संगीतबद्ध फ़िल्में कम हैं, पर हर फ़िल्म में उनका संगीत काबिलेतारीफ़ रहा है। डाकुओं पर आधारित फ़िल्म 'पुतली बाई' (1972) में जयकुमार ने कथ्य के अनुरूप बहुत अच्छे गीत कम्पोज़ किए जिनकी लोकप्रियता सर चढ़कर बोली। 'मेरे घुँघरू के बोल अनमोल रसिया' (आशा), 'मेरे मीत बता मुझसे कब प्यार हुआ और कैसे' (किशोर, आशा), 'ढूँढ़ा तुझे लाखों में' (किशोर) और इन सबसे बढ़कर कव्वाली 'कैसे बेशर्म आशिक हैं ये आज के' (यूसुफ़ आज़ाद, रशीदा खातून, साथी) जैसे गीत देश की गली-गली में लाउड स्पीकरों से गूँजते थे।

'जान हाजिर है' के गीत की रेकॉर्डिंग के समय

जयकुमार पार्टे की संगीतबद्ध 'जान हाज़िर है' (1975) के भी कुछ गीत बेहद लोकप्रिय रहे थे। 'हम न रहेंगे तुम न रहोगे, प्यार हमारा हमेशा रहेगा' (दिलराज कौर, अमित कुमार, मनहर) की ज़ुबान पर चढ़ने वाली तर्ज़ तो उस वक्त शहर-शहर में गुनगुनाई गई थी। वहीं बिलावल पर आधारित 'सावन आया बादल आए मेरे पिया नाहीं आए' (दिलराज कौर) की रचना एक गहन उदासी की सृष्टि से अभिभूत करती थी। इस गीत में कोमल 'ध' और 'नी' के प्रयोग से जय कुमार ने और भी सुंदरता भर दी है। इसी गीत ने दिलराज कौर को पार्श्वगायिका के रूप में चर्चित बनाया था। पर जयकुमार की सफलताओं के बावजूद स्वतंत्र संगीतकार के रूप में अवसर की उन्हें हमेशा तलाश रही। कल्याणजी आनंद जी के सहायक के रूप में ही उन्हें अधिक देखा गया। स्वतंत्र संगीतकार के रूप में 'गवाह' (1979) की असफलता ने एक झटका अवश्य दिया होगा। वैसे 'गवाह' में कव्वाली की शैली में 'कहीं छम-छम बरसता है' (चेतन, असगर सुलतान) और 'दुनिया मेरी दीवानी' (आशा) जैसे गीत जयकुमार के स्तर के मुकाबले कमज़ोर ही थे।

संगीतकार **विजय सिंह** राजघराने से ताल्लुक रखते थे और छः साल की उम्र से ही उन्होंने संगीत सीखना शुरू कर दिया था। देहरादून के वासुदेव जी से वर्षों उन्होंने सीखा। वायलिन उनका प्रिय वाद्य था, पर बाद में बम्बई में इंजीनियरिंग की पढ़ाई करते हुए एकॉर्डियन, बौंगो, कौंगो सभी प्रकार के वाद्य उन्होंने सीख डाले। इंजीनियरिंग की नौकरी को तिलांजलि देकर वे संगीत की दुनिया में आए। उनकी संगीतबद्ध 'रोड टु सिक्किम' (1969) फ़िल्म तो पिट गई, पर मुकेश के एक अति सुंदर दुर्लभ गीत के लिए उसे आज भी याद किया जा सकता है। पहाड़ी जैसे सुरों को लेकर रूपक ताल सात मात्रा में सृजित 'तुम जहाँ हो वहाँ क्या ये मौसम नहीं' दर्द भरे गुंजित स्वरों से बिलकुल अभिभूत कर जाता है। एच.एम.व्ही. ने इसे मुकेश के 'रेयर जेम्स' कैसेट्स में स्थान दिया है।

विजय सिंह

पर संगीतकार के रूप में विजय सिंह को अधिक अवसर नहीं मिला। फ़िल्म 'खून, खून' (1973) में मनमोहन कृष्ण पर फ़िल्माए 'माटी के जलते दीपक की जोत तो एक दिन' (रफ़ी) या नए गायक तीरथ से (आशा के साथ) गवाए 'कितनी ठंडी पवन' जैसे गीत बुरी तरह असफल रहे। इस असफलता के बाद विजय सिंह ने फ़िल्म निर्माण-निर्देशन में कदम रखा और इंद्रजीत, रीता भादुड़ी जैसे नए कलाकारों के साथ फ़िल्म 'डिम्पल' (1977) में संगीत दिया। प्राकृतिक, गुंजित सुरों के साथ 'हैं वादियाँ दिलनशी' (चंद्राणी मुखर्जी), गज़लनुमा शैली के साथ 'न आँखें बंद कर साकी' (तीरथ) या आधुनिक अंदाज़ में स्वयं के गाए 'ओ डिम्पल शलाला' जैसे गीत भी चले नहीं और फ़िल्म असफल रही। फिर भी विजय सिंह ने फ़िल्म निर्माण-निर्देशन के साथ उन फ़िल्मों में संगीत देने का सिलसिला छोड़ा नहीं।

'अपमान' (1982) या 'महफ़िल है मेरी ये तन्हाइयाँ' (अशोक खरे) और 'शनिवार की शाम हसीन है' (विजय सिंह, उषा मंगेशकर) जैसे गीतों वाली 'पार्टनर' (1982) तो असफल रहीं, पर क्रिकेट खिलाड़ी संदीप पाटिल को नायक के रूप में लेकर निर्मित 'कभी अजनबी थे' (1984) में उनका संगीत ऊँचे दर्जे का था। सुरों में गुंजन पैदा करता 'कभी अजनबी थे जमीं आसमां' (लता, सुरेश वाडेकर), खूबसूरत मेलोडी के साथ शायराना तबीयत का 'दिल की इस दहलीज तक जो मेहमां बनकर आए' (लता), बाँसुरी के मीठे प्रयोग से सुसज्जित सुरों से अठखेलियाँ कराता 'गीत मेरे होंठों को दे गया कोई' (लता) और 'इस दफ़ा हम ना घटाओं की तरह छाएँगे' (लता) के काव्यात्मक फैलते सुर सभी बहुत आकर्षक थे। अपने दौर से शोर-शराबेवाले संगीत में ये सुंदर कृतियाँ दब गईं, यह वाकई दुर्भाग्यपूर्ण है।

रवींद्र पीपट की 'हम तो चले परदेस' (1988) के लता के गाए शीर्षक गीत या शब्बीर और आशा के स्वरों में 'मिल गए हम और तुम' तथा पीपट की ही 'घर आया मेरा परदेसी' (1992) के 'चाँद से दूर कर ना रोको न जाने जाँ' और 'प्यारी-प्यारी सूरत तेरी' जैसे गीत भी विजय सिंह की असफलता के खाते में ही जाएँगे।

कमल राजस्थानी की संगीतबद्ध 'फिर बहार आई' दुर्भाग्य से प्रदर्शित न हो सकी, वरना इस फ़िल्म में उन्होंने 'सरेशाम बेखुदी में' (रफ़ी) तथा 'आँखों में हया था' (रफ़ी) जैसे बेहतरीन ग़ज़लनुमा गीत, 'निगाहों में हसीन सपने' (रफ़ी, उषा बलसावर) जैसा बहुत अच्छा आधुनिक रूमानी दोगाना और 'जब कभी दिल मुस्कुराया' (सुमन) जैसी मेलोडी कम्पोज़ की थी। कमल राजस्थानी को शोहरत मिली शकील पिक्चर्स की 'मेरे ग़रीब नवाज़' (1973) से। यूँ तो फ़िल्म में 'ख्वाजा निराले मेरे अजमेर वाले' (रफ़ी साथी), 'या खुदा सोई किस्मत जगा दे' (रफ़ी, साथी), 'नाम आपका होंठों पे है फ़रियाद नहीं', (रेहाना) जैसे इबादती गीतों की भरमार थी, पर उल्लेखनीय रहीं दो ग़ज़लें—अनवर के स्वर में काफ़ी लोकप्रिय रही राग गारा पर आधारित 'कसमें हम अपनी जान की खाए चले गये' और उससे भी खूबसूरत रफ़ी की आवाज में 'कल मेरी तरह मुझ को सलाम आप करेंगे'। रफ़ी की इस गज़ल को तो मैं रफ़ी के श्रेष्ठतम गीतों में शुमार करूँगा। रफ़ी से ही कमल राजस्थानी ने दो अच्छे गीत 'मैं तो राहों में पड़ा पत्थर हूँ' और 'तेरी यादों का दीपक' (रेहाना, बाबूलाल के साथ) फ़िल्म 'राहों में पड़ा पत्थर हूँ' के लिए गवाए थे, पर फ़िल्म प्रदर्शित न हो पाने के कारण अनसुने ही रह गये। कमल राजस्थानी ने मुस्लिम इबादती फ़िल्मों के साथ-साथ कुछ अन्य फ़िल्मों जैसे 'ईद का सलाम', 'आपसे प्यार हुआ', 'मेरा यार पॉकेटमार', 'मेरी पायल तेरे गीत', 'इस देश का यारो क्या होगा' में संगीत दिया, पर कई तो प्रदर्शित ही न हो पाईं। धीरूभाई देसाई निर्देशित 'ईद मुबारक' में 'मदीने वाले सुनिए मेरी फ़रियाद' (सुलक्षणा, अनुराधा), 'है पसंद अल्लाह की सब्रो रज़ा' (छोटे नवाब) उल्लेखनीय रचनाएँ थीं। 'मेरा यार पॉकेटमार' में उन्होंने गुलज़ार के लिखे 'एक ही ख्वाब कई बार देखा मैंने' की लाजवाब धुन बनाई थी और किशोर इसकी धुन से इतने प्रभावित हुए थे कि रेकॉर्डिंग के बाद उन्होंने तुरंत पाँच सौ रुपये बतौर इनाम कमल राजस्थानी को दिये। दुर्भाग्य से यह फ़िल्म पूरी ही न हो पाई और गुलज़ार ने अपने इसी गीत को 'किनारा' में आर.डी. के संगीत-निर्देशन में भूपेंद्र से एक अलग बातचीत जैसी धुन में बड़ी खूबसूरती से गवा लिया। कमल का संगीतबद्ध यह गीत तो अब कहीं मिलता ही नहीं। कमल भी उन संगीतकारों में गिने जाएँगे जो प्रतिभा के बावजूद अधिक न चल पाए।

संगीतकार **घनश्याम** 'परवाना', 'बावर्ची' जैसी कुछ फ़िल्मों में मदन मोहन के सहायक रहे। स्वतंत्र संगीतकार के रूप में उनकी प्रथम फ़िल्म 'कुँआरा बदन' (1973) 'कुछ भूली हुई यादें, कुछ बिसरे हुए अफ़साने' (किशोर) और राग गारा पर आधारित मदन मोहन के प्रभाव की छाया लिए 'अपनी खुशी से अपना ही दिल तोड़ना पड़ा' (लता) की कर्णप्रिय धुनों के कारण उल्लेखनीय रही। ये दोनों ही गीत खूब पसंद किए गए थे और फ़रमाइशी गीतों के कार्यक्रमों में बजे भी खूब ही। दुर्भाग्य से उनकी संगीतबद्ध बालकवि बैरागी के लिखे गीतोंवाली 'मौसम बदला है' पर्दे पर ही नहीं आ पाई।

बाबूभाई मिस्त्री निर्देशित 'श्रीकृष्ण अर्जुन युद्ध' (1971) में पुनः नए संगीतकार थे—**नंदू-प्यारे**। और पं. मधुर के लिखे गीतों को बड़े ही मधुर संगीत से नवाज़ा था नंदू-प्यारे ने। रफ़ी और श्यामा हेमाडी के स्वरों में 'यह चाँद तो मृदंग है तारे हैं मंजीरे' बहुत ही मीठा कोमल युगल गीत था जिसे एच.एम.व्ही. ने रफ़ी के 'रेयर जेम्स डुएट्स' कैसेट्स में भी शामिल किया है। मुकेश के स्वर में 'किसकी धरती किसका गाम' उन दिनों कुछ चला भी था। हरियाणवी फ़िल्म 'चौधरी हरफूल सिंह' (1974) में भी नंदू प्यारे का ही संगीत था।

नंदू-प्यारे उषा मंगेशकर के साथ एक गीत की रेकॉर्डिंग पर

के.बी. महादेवन

कई दक्षिण भारतीय संगीतकारों ने इस दशक की भी कई हिंदी फ़िल्मों में संगीतकार की भूमिका निभाई थी। **पांडुरंग दीक्षित** ने प्रसिद्ध फ़िल्म 'शिरडी के साँई बाबा' (1977) में अच्छा संगीत दिया था। विशेषकर मनोज कुमार द्वारा लिखा गीत 'साँई नाथ तेरे हज़ारों हाथ' (रफ़ी, उषा मंगेशकर) तो उन दिनों खूब लोकप्रिय भी हुआ था। **एस. हनुमंतराव** (हिम्मतवाली, 1974, वीर परशुराम, 1978) का नाम भी इस संदर्भ में लिया जा सकता है। **कोंडडपाणी** 'भूत मेरा साथी' (1974) और **महादेवन-एस. रंगाराव** 'आशिक सी.आई.डी.' (1973) के संगीतकार थे। के.बी. महादेवन तेलगू संगीत का एक विराट नाम है, जिन्होंने शास्त्रीय आधार कायम रखते हुए मेलोडीप्रधान गीतों का सिलसिला जारी रखा था और 'शंकरभरनम' जैसी महान संगीतमय फ़िल्म दी थी। के.पी. महादेवन ने 'सम्पूर्ण रामायण' (1973) में 20 गीत कम्पोज़ किए थे। मन्ना डे, वाणी जयराम, एस.पी. बालसुब्रमण्यम से उन्होंने कई रसपूर्ण भक्तिगीत गवाए। **एम. रंगाराव** 'बागी लुटेरा' (1975–विश्वनाथ के साथ), 'भक्ति में भगवान' (1975–सी.के. वेंकटेश के साथ) 'चालीस चोर' (1976–देवराज के साथ), 'दशावतार' (1976–एस. राजेश्वर राव के साथ), 'जय बालाजी' (1976), 'मयूरा' (1976–जी.के. वेंकटेश के साथ) तथा महेंद्र और वाणी जयराम के गाए ढेर सारे भक्तिगीतों वाली 'सीता स्वयंवर' (1976) के संगीतकार थे।

एच. परशुराम का नाम आज शायद ही कोई जानता हो, पर जैन इंटरप्राइजेज़ की फ़िल्म 'बीवी किराए की' (1975) में उन्होंने मुकेश और आशा में एक बेहद खूबसूरत दोगाना 'तमन्नाएँ परेशां दिल ने फिर तुमको पुकारा है' गवाया था। इस गीत की धुन इतनी intense और आकर्षक है कि एच.एम.व्ही. ने इसे आशा और मुकेश के डुएट्स के 'रेयर जेम्स' कैसेट्स में भी स्थान दिया है।

तमिल फ़िल्मों की मशहूर संगीतकार जोड़ी **शंकर-गणेश** ने हिंदी में भी 'यह चोर यह लुटेरे' (1974), 'जवानी की भूल' (1981), 'आखिरी संग्राम' (1981), 'आखिरी भूल' (1984), 'पाताल ज्वाला' (1985), 'डाकू रानी' (1986), 'खूनी जवानी' (1986), 'रंगा' (1987), 'स्वामी अयप्पा' (1991), 'देवी और दुर्गा' (1997) में संगीत दिया, पर ये सभी फ़िल्में असफल रहीं।

बड़े-बड़े संगीतकारों के नामों के बीच अकसर हम एक बेहद प्रतिभासम्पन्न संगीतकार **चाँद परदेसी** का नाम भूल जाते हैं। बेहद कर्णप्रिय धुनों के रचयिता चाँद परदेसी हारमोनियम भी बहुत अच्छी बजाते थे। हिंदी फ़िल्मों में उनका सफ़र डी.एस. सुल्तानिया की चर्चित विवादास्पद फ़िल्म 'परिवर्तन' (1972) के साथ शुरू हुआ—साथ में एक दूसरे संगीतकार भी थे—एस.के. पुजारी। 'परिवर्तन' में चाँद परदेसी ने तेज और आधुनिक ऑरकेस्ट्रेशन के साथ मन्ना डे और हेमलता से नीरज का लिखा एक गीत गवाया था 'तन भी जले मन भी जले'।

पर चाँद परदेसी जिस गीत के कारण हमेशा याद किए जाएँगे, वह है डी.एस. सुल्तानिया की ही 'कितने पास कितने दूर' (1976) का सदाबहार 'मेरे महबूब शायद आज कुछ नाराज़ हैं मुझसे'। राग दरबारी के सुरों पर सजा यह गीत आज भी चंद्राणी मुखर्जी का सर्वश्रेष्ठ गीत माना जाता है और इसका जादू सुधी संगीतप्रेमियों के मन पर आज भी अपना कमाल दिखाकर मंत्रमुग्ध कर जाता है।

पर इतने प्रतिभाशाली संगीतकार को भी फ़िल्म-जगत ने उपेक्षित ही रखा और उन्हें 'बन मानुष' (1979) जैसी फ़िल्म से संतोष करना पड़ता था। राजस्थानी फ़िल्म 'लाज राखो राणी सती' (1973) भी इसी दशक की संगीतबद्ध उनकी एक फ़िल्म थी। पर नवें दशक में अपनी दो फ़िल्मों 'ये कैसा नशा है' और 'एक बार चले आओ' में उन्होंने बहुत सुंदर संगीत दिया। 'ये कैसा नशा है' का शीर्षक गीत (शैलेंद्र सिंह), 'हम हैं तुम्हारे तुम्हारे रहेंगे' (चंद्राणी मुखर्जी), 'कैसा ये नशा है' (सुरेश वाडेकर, सुलक्षणा पंडित), 'मैंने शायद तुम्हें' (सुरेश वाडेकर, चंद्राणी) जैसे गीतों में चाँद परदेसी ने मेलोडी को एक आधुनिक परिधान देकर रिद्म और अदायगी का एक बहुत आकर्षक रूप प्रस्तुत किया था जो बहुत लोकप्रिय भी रहा था। फ़िल्म की सबसे स्तरीय कृति थी चंद्राणी मुखर्जी के स्वर में 'कैसे बताऊँ मैं तुझको अच्छा लगे पिया मुझको तेरा साथ' जिसमें लोकरस की भीनी महक को शृंगार के सुरों के साथ चाँद परदेसी ने बेहद सुंदरता से मिश्रित किया था। चंद्राणी मुखर्जी तो अपनी ज़िंदगी के सर्वश्रेष्ठ गीतों का श्रेय चाँद परदेसी के अतिरिक्त किसी और को दे ही नहीं सकती हैं।

'एक बार चले आओ' के संगीत को 'ये कैसा नशा है' के समकक्ष तो नहीं ठहराया जा सकता, फिर भी 'प्यारी मेरी चिरमी रे' (आशा) में लोकशैली के द्वारा दुःख की, 'चिरमी बाबुल की लाडली' (आशा) में पंजाबी विवाह गीतशैली में विदाई की, 'मेरी तकदीर तू ... मैं हूँ तेरे लिए' (नितिन, आशा) में प्रेम की कशिश की और 'एक बार चले आओ' (लता) में प्रणय-भरी पुकार की अच्छी ही अभिव्यक्ति हुई थी। फ़िल्म को अधिक सफलता मिली नहीं, और यही हश्र 'महबूब की कसम' के 'दिल गया तो गया' (आशा) जैसे गीतों का भी रहा। 'भाई आखिर भाई होता है' (1983) के मुस्लिम इबादती गीत 'या खुदा या नबी', बिदाई गीत 'पिया के घर आ

जाए दुलहनिया', पाश्चात्य बीट पर 'आ भी जा मेरी जाँ', स्तुति गीत 'जय अम्बे जय काली' और रोमांच तथा दर्द के सुरों के साथ 'खो गए साजना तुम न जाते कहाँ' में चाँद परदेसी अवश्य साधारण ही लगते हैं।

फ़िल्मों में और अवसर न मिल पाने के कारण चाँद परदेसी को बतौर वादक काम करके गुज़ारा करना पड़ा। पीनाज़ मसानी के कई स्टेज कार्यक्रमों में चाँद परदेसी हारमोनियम पर गायिका का साथ देते हुए दिखते थे।

बासु चक्रवर्ती और **मनोहारी सिंह** ढेर सारी फ़िल्मों में राहुल देव बर्मन के सहायक रहे। वासु चक्रवर्ती बहुत अच्छे चेलो (मेलो) वादक थे। हिंदुस्तान ऑरकेस्ट्रा के प्रसिद्ध संगीतकार दक्खिना टैगोर ने पहली बार उनका audition लिया था और उनसे प्रभावित हुए थे। पहली बार उनसे चेलो अनुपम घटक ने अपनी संगीत-रचनाओं के लिए बजवाया। फिर कुछ दिनों तक बासु ने मद्रास में ई. शंकरशास्त्री और एस.बी. वेंकटरामन जैसे संगीतकारों के लिए बजाया। जैसाकि कई बंगाली संगीतकारों के साथ हुआ, उन्हें बम्बई लाने वाले थे सलिल चौधरी जिन्होंने उनके इस शहर में रहने और खाने-पीने का भी इंतजाम किया था। पर उनकी किस्मत चमकी जब आर.डी. बर्मन ने उन्हें अपना सहायक बनाया। आर.डी. के पहले सचिन दा की 'बंदिनी' के 'ओ जाने वाले हो सके तो लौट के आना' में बासु ने चेलो के सुंदर सोलो टुकड़े बजाए थे, और आर.डी. के साथ 'ना कोई उमंग है' तथा सचिन दा के साथ 'बड़ी सूनी सूनी है ज़िंदगी ये ज़िंदगी' जैसे प्रसिद्ध गीतों में भी बासु का ही चेलो गूँजा था।

मनोहारी सिंह

वहीं 'तुम्हें याद होगा कभी हम मिले थे' और 'ओ सजना' आदि गीतों में इंग्लिश फ़्ल्यूट और सैक्सोफ़ोन का जादू बिखेरनेवाले मनोहारी सिंह ब्रास बैंड के विशेषज्ञ थे। मूलतः नेपाली मनोहारी सिंह ने बाँग्ला फ़िल्मों में 1945 से ही ऑरकेस्ट्रा कंडक्टर की हैसियत से काम किया था। हेमंत और सलिल चौधरी के सहायक रहे मनोहारी ने बम्बई में सचिन देव बर्मन, कल्याणजी-आनंदजी, लक्ष्मी-प्यारे और फिर अंततः राहुल देव के सहायक के रूप में अपने को स्थापित किया।

स्वतंत्र संगीत-निर्देशकों के रूप में बासु-मनोहारी की पहली फ़िल्म 'सबसे बड़ा रुपैया' (1976) का संगीत अपने ज़माने में बेहद लोकप्रिय रहा था। 'ना बीबी ना बच्चा ना बाप बड़ा ना भैया, the whole thing is that कि भैया सबसे बड़ा रुपैया' (महमूद, साथी), गजब की तेज गति के साथ कम्पोज़ 'दरिया किनारे एक बँगले ओ मोरी जई गो जई' (किशोर, लता) और 'वादा करो जानम न छोड़ेंगे ये दामन' (लता, किशोर) उन दिनों हर नुक्कड़ की पान दुकानों पर गूँजनेवाले गीतों में अग्रणी थे।

पर 'सबसे बड़ा रुपैया' वाली बात फिर बासु मनोहारी न ला पाए। 'कन्हैया' (1980) चली नहीं, 'यास्मीन' भी प्रदर्शित न हो पाई। पर 'यास्मीन' का लता, किशोर का गाया 'आ हमसफ़र प्यार की सेज़ पर' एक बहुत सुंदर रूमानी गीत था जिसे बासु-मनोहारी ने अपनी फ़िल्म 'चटपटी' (1982) में पुनः शामिल करके गीत और श्रोताओं दोनों के ही साथ न्याय किया। गिटार के chords के साथ यह गीत अपनी कोमलता से मन के हर स्नायु पर असर करता है। 'चटपटी' का ही खुमार भर 'मैंने कहाँ पी' (आशा) और कशिश-भरे 'न ये बेरुखी दिल भूल पाएगा' (आशा) भी अच्छे गीत थे। बासु–मनोहारी की 'बिन बाप का बेटा' प्रदर्शित न हो सकी और 'देखो रे देखो लहर मेरी' (मन्ना डे, लता) और 'ताना ना रे दाना' (लता) जैसे बाँग्ला स्पर्श वाले मीठे गीत सुने नहीं गये। पर फ़िल्म के सबसे सुंदर गीत 'दोनों के दिल हैं' (लता, येसुदास) को बासु मनोहारी ने भुलाया नहीं और वर्षों बाद बासु चक्रवर्ती ने अपनी संगीतबद्ध 'नरगिस' में इसी गीत को पुनः इस बार लता और जगजीत सिंह से गवाकर प्रस्तुत किया। बासु-मनोहारी ने कुछ यादगार बाँग्ला गीतों को भी कम्पोज़ किया है, विशेषकर रफ़ी से गवाए 'कथे छिलो', 'कोनो चल बाजेर मुखे', 'तोमा देर आशीर्वा ढेर', 'तार चोखे नेमे आशा' और सबसे लोकप्रिय गीत 'गुलमोहरे फूल झरे'।

'ना ज़िंदगी मिली ना रोशनी मिली' और रवींद्र संगीत की छाया लिए 'ग़म की राहों में' जैसे किशोर कुमार के दो बेहद खूबसूरत गीतोंवाली बासु–मनोहारी की संगीतबद्ध 'जीना है प्यार में' (1983) के बाद बासु चक्रवर्ती ने स्वतंत्र रूप से भी संगीत देते हुए बासु चटर्जी की प्रशंसित गीतविहीन फ़िल्म 'एक रुका हुआ फ़ैसला' (1985) में जूरी के अंतर्द्वंद्वों और तनावों को प्रभावशाली पार्श्वसंगीत के माध्यम से प्रकट किया। 'मैं कातिल हूँ' (1985) के कोमल, सुंदर गीत 'आओ नए सपने बुने' (अमित) में बंगाल के संगीत-शैली की छाप स्पष्ट थी। बासु की संगीतबद्ध 'प्रेम-संदेश' (1988) में निदा फ़ाज़ली के लिखे गीतों के अलावा शकीला बानो भोपाली का भी गीत था। ख़ालिद मुहम्मद की निर्मित हेमा मालिनी, नसीरूद्दीन शाह और ज़ेबा अख़्तियार की अभिनीत 'नरगिस' (1993) में बासु

चक्रवर्ती ने बहुत सुंदर संगीत दिया था। 'मैं कैसे कहूँ जाने मन तेरा दिल सुने मेरी बात' (जगजीत सिंह) की नर्म, मखमली तर्ज़ हो, या 'बिन बाप का बेटा' के पुनः प्रस्तुत 'दोनों के दिल हैं मजबूर प्यार से' (लता, जगजीत सिंह) की रूमानी सुगंधित स्वरलहरियाँ हों, 'अरे तू पवन बसंती' (लता, साथी) और 'काहे अब की ये बहार' (लता, साथी) की नृत्यात्मक उत्फुल्लता हो, बासु चक्रवर्ती ने सचमुच मेलोडी वापस ला दी थी। यह दूसरी बात है, 1990 से हिंदी फ़िल्म-संगीत में मेलोडी की वापसी का बढ़-चढ़कर शौर मचाने वालों का भी ध्यान 'नरगिस' की तरफ़ नहीं गया। हिंदी फ़िल्म-संगीतकारों की कुलीन तंत्र-व्यवस्था में अब ज़माना नदीम-श्रवण, अनु मलिक और जतिन-ललित का था, बासु चक्रवर्ती जैसे लोगों की मेलोडी हाशिए पर ही रहती थी।

संगीतकार **नितिन मंगेश** की प्रथम फ़िल्म नितिन बोस निर्देशित 'समानता' (1972) का संगीत तो चला नहीं, पर आत्माराम निर्देशित माया गोविंद के लिखे गीतों वाली 'कैद' (1975) में उन्हें फिर अवसर मिला। लता का गाया 'यहाँ कौन है असली कौन है नकली अपने हैं या बेगाने, ये तो राम जाने' कुछ चला पर आत्माराम की ही निर्देशित और पुनः मामा गोविंद के लिखे गीतोंवाली 'आफ़त' (1977) के 'ये नशा जान मेरी है' (लता), 'मेरे पाँव के घुँघरू कहते हैं' (अंजलि) आदि गीत प्रभावहीन रहे। 'खंजर' (1979) में नितिन मंगेश ने कुछ अच्छे गीत कम्पोज़ किए थे—'तुम मेरी ज़िंदगी हो' (जसपाल सिंह, आरती), 'ज़िंदा हूँ मगर ज़िंदा हूँ नहीं' (आरती), और अज़ीज़ नाजाँ की गाई कव्वाली 'लो हम आ गए हैं फिर तेरे दर पर'।

पार्श्वगायिका **शारदा** ने भी कुछ फ़िल्मों में संगीत दिया था। 'गरीबी हटाओ' (1973) का 'कभी खिली दिल की कली' (किशोर) और 'माँ, बहन और बीबी' (1973) के कशिश-भरे 'अच्छा ही हुआ दिल टूट गया' (रफ़ी) को कुछ लोकप्रियता मिली थी। 'मंदिर मस्जिद' (1977) का 'दर्द में डूब गई शाम' (रफ़ी) और 'ज़माने से पूछो' (1976), 'ज़हरीली' (1977) का 'अपना गगन है अपनी ज़मीं हैं (शैलेंद्र सिंह, प्रीति सागर) ठीक-ठाक से गीत थे। शारदा का सबसे अच्छा संगीत था फ़िल्म 'हज़ार हाथ' (1978) में—विशेषकर प्रीति सागर के गाए 'है धुआँ धुआँ, क्यूँ वहाँ वहाँ' और अनवर के स्वर में 'ये हसरत है कोई ऐसा भी आईना नज़र आए' अच्छे बने थे। पर इस फ़िल्म के गीत भी लोकप्रिय नहीं हुए। 'तू मेरी मैं तेरा' (1980) में शारदा ने किशोर से नीरज का लिखा गीत गवाया था—'सूर्यमुखी है मुखड़ा तेरा बिजली-सी तेरी चितवन'। 'मैला आँचल' (1981) में मुकेश और सुमन के स्वरों में 'मेरा दिल कहता है' एक सुंदर रचना थी, पर फ़िल्म के पिटने के कारण सुनी ही नहीं जा सकी। इसी फ़िल्म में मुकेश और शारदा का एक दुर्लभ दोगाना भी था—'प्यार तेरा जब मिला न था'।

कांति किरण की संगीतबद्ध 'झूम उठा आकाश' (1973) यूँ तो असफल फ़िल्म थी, पर पुरुष और महिला स्वरों में अलग रिद्म और स्केल पर चलता और मिलकर एक प्रभावी असर पैदा करता गीत 'नदिया किनारे नैन हमारे तोहे निहारें' (मुकेश, हेमलता) इस फ़िल्म की विशेषता मानी जा सकती है। 'सावन आयो रे' (महेंद्र, हेमलता), 'तेरा मेरा साथ जैसे दिन और रात' (महेंद्र, हेमलता) भी बुरे गीत नहीं थे भले ही ख़ास लोकप्रिय न रहे हों। काफ़ी-काफ़ी अन्तराल के बाद मिली फ़िल्मों 'बेदर्द' (1982) और 'चुभन' (1994) के कांति किरण के स्वरबद्ध गीत तो अनसुने ही रह गए हैं। वैसे 'बेदर्द' का भूपेंद्र के स्वर में 'ज़िंदगी तू मेरा साथ देना' बड़ा अच्छा-सा गीत था।

हरि-अर्जुन की जोड़ी ने भी आठवें दशक की कुछ फ़िल्मों में संगीत दिया था। सुनील कुमार और नीतू सिंह अभिनीत 'आशियाना' (1974) के 'मन मेरा तेरा जोगी' (रफ़ी) और 'प्यार पुकारे सिंगार पुकारे' (आशा, महेंद्र) जैसे गीतों से फ़िल्म-जगत में प्रवेश करने वाली इस जोड़ी ने 'हम भी कुछ कम नहीं' (1979) में 'उन आँखों का जादू हैं' (सुरेश वाडेकर), 'मुझको बीते हुए' (अर्जुन छाबरा), 'चेहरे के पीछे हैं भेद लाखों' (प्रीति सागर, अर्जुन छाबरा) और सुंदर गज़लनुमा 'जब उठा दर्द' (अर्जुन छाबरा) जैसे गीत कम्पोज़ किए थे पर लोकप्रियता मिली नहीं। हरि-अर्जुन ने कई पंजाबी फ़िल्मों में संगीत दिया और पंजाबी संगीत के क्षेत्र में उन्हें अधिक सफलता भी मिली जहाँ 'खालसा मेरो रूप है खास' का उनका संगीत विशेष तौर पर सराहा गया था, पर हिंदी फ़िल्मों में अगले दशकों की उनकी 'अनोखी दुलहन' (1986), 'दो फंटूश' (1993) और 'जीजा साली' (1995) भी उपेक्षित ही रहीं।

उस्ताद विलायत खाँ न सिर्फ़ अपने सितार के लिए बल्कि अमृता प्रीतम के चर्चित उपन्यास 'धरती, सागर और सीपियाँ' पर आधारित 'कादम्बरी' के 'अम्बर की एक पाक सुराही, बादल का एक जाम उठाकर' (आशा) की कम्पोज़िंग के लिए भी जाने जाते हैं। क्या गजब धुन थी, और क्या लाजवाब गायकी थी इस गीत में! वैसे तो फ़िल्म का पृष्ठभूमि संगीत भी गजब का था, और

विलायत खाँ

विलायत खान तथा शुजात खान के सितार, इमरत खान के सुरबहार, ज़रीन दारूवाला के सरोद, सुलतान खान की सारंगी और शिवकुमार शर्मा के संतूर से सजे इस फ़िल्म के लुभावने पार्श्वसंगीत का भी एच.एम.व्ही. ने एक अलग एल.पी. ही निकाल दिया था। इस फ़िल्म में विभिन्न चरित्रों को उभारने के लिए विलायत खाँ ने अलग-अलग वाद्ययंत्रों का इस्तेमाल किया था। कादम्बरी गायिका कविता कृष्णमूर्ति की भी प्रथम फ़िल्म थी और 'आएगा आने वाला' गीत उनके ही स्वर में था।

जलसाघर

विलायत खाँ के पिता उस्ताद इनायत खाँ, चाचा उस्ताद वहीद खाँ और दादा उस्ताद बंदे हसन खाँ ने ही उन्हें प्रारम्भिक संगीत शिक्षा दी, और बाद में उन्होंने आगरा घराना के फ़य्याज खान से ख़याल सीखा। उस्ताद अल्लादीया खाँ का प्रभाव भी उन पर काफ़ी कुछ रहा है। मूलतः बाँग्लादेश के होने के कारण कुछ बाँग्ला फ़िल्मों में भी उन्होंने संगीत दिया। सत्यजित राय की 'जलसा घर' में विशुद्ध शास्त्रीय रागों पर आधारित पार्श्वसंगीत के अलावा सामंतवादी परिवेश के फ़िल्मांकन के अनुरूप उन्होंने बेगम अख्तर के भी उन्हीं पर फ़िल्माई गज़ल भी गवाई। बाँग्ला फ़िल्म 'गुरु' में शास्त्रीय रागों के साथ-साथ माँड जैसी लोकधुनों का भी उन्होंने सफल प्रयोग किया था। जौनपुरी पर आधारित मदन मोहन के प्रसिद्ध गीत 'मेरी याद में तुम न आँसू बहाना' के साथ सितार पर संगत उस्ताद विलायत खान की ही थी।

शंकर शम्भू की प्रसिद्ध कव्वाल जोड़ी ने बासु भट्टाचार्य की 'तुम्हारा कल्लू' (1975) में अपनी कम्पोज़ की हुई एक बहुत अच्छी कव्वाली गाई थी—'एक ही बार में फ़ैसला हो गया'। उनकी संगीतबद्ध नवाज़ फ़िल्म्स की 'आस', डी.जे.एस. फ़िल्म्स की 'दिल एक खिलौना' और एस.एन. के मूवीज़ की 'बिंदिया' तो प्रदर्शित ही न हो पाईं। यही हाल 'हिंद के वाली' का भी रहा। वैसे 'बिंदिया' की उनकी कम्पोज़ एक सौम्य-सी रूमानी धुन 'मस्ती भरी फ़िज़ाँ है' (महेंद्र कपूर, मीनू पुरुषोत्तम) एक याद रखने लायक रचना है और 'दिल एक खिलौना' की 'ये हुस्नवाले अगर इश्क से वफ़ा कर ले' एक अच्छी कव्वाली और 'ऐ काश कि सोज़-ए-ग़म' एक अच्छी मुजरा बंदिश थी। वर्षों बाद 'मेरे दाता ग़रीब नवाज़' (1994) नामक फ़िल्म में भी शंकर शम्भू का संगीत था।

प्रसिद्ध कव्वाल **अज़ीज़ नाज़ाँ** ने भी हंसराज बहल की संगीतबद्ध 'अलीबाबा' (1975) में एक कव्वाली कम्पोज़ की थी—'हमारे इश्क का इतना तो एहतराम करो' (आशा, अज़ीज़ बानाँ, साथी)। पर '5 Rifles' (1974) में उनकी कम्पोज़ और गाई कव्वाली 'झूम बराबर झूम शराबी' की अपार लोकप्रियता से ही उनका नाम यादगार बना। अज़ीज़ नाज़ाँ आत्माराम द्वारा निर्मित 'प्यार के राही' (1982) के भी संगीतकार थे, पर फ़िल्म पिट गई। **अज़ीज़ अहमद वारसी** की संगीतबद्ध एम.एस. सथ्यू की बेहद चर्चित और सराही गई 'गर्म हवा' (1973) की कव्वाली 'आक़ा सलीम चिश्ती' तो लाजवाव कव्वाली थी और पूरे फ़िल्म पर छाई रही।

आज की सुप्रसिद्ध पार्श्वगायिका अनुराधा पौडवाल के पति **अरुण पौडवाल अनिल मोहिले** के साथ संगीतकार सचिन देव बर्मन के सहायक कई वर्षों तक रहे। सचिन देव बर्मन की मृत्यु के बाद इस जोड़ी ने स्वतंत्र संगीतकारों के रूप में साथ-साथ 'भगवान समाए संसार में' (1976) में संगीत दिया जिसका शीर्षक गीत 'चाहे देखो जल में, चाहे देखो थल में' (मुकेश, अनुराधा) उन दिनों लाउडस्पीकर से जगह-जगह गूँजता था। गीत की धुन बेहद कर्णप्रिय थी। अनिल-अरुण की इस जोड़ी की 'आज का ये घर' (1976) कोई विशेष प्रभाव नहीं छोड़ पाई। पर मराठी संगीत जगत में इनकी संगीतबद्ध 'उठ मुकुंद उठ श्रीधर' (अनुराधा) जैसी कुछ रचनाएँ आज भी याद की जाती हैं।

वैसे अनिल मोहिले एस.डी. बर्मन की मृत्यु के बाद 'सिक्का', 'तूफ़ान और बिजली' जैसी कुछ गौण फ़िल्मों में चित्रगुप्त के भी सहायक रहे। बप्पी लाहिड़ी, इकबाल कुरैशी आदि कई संगीतकारों ने भी कई फ़िल्मों में भी अनिल को सहायक रखा। अनिल मोहिले ने कई सफल मराठी फ़िल्मों में भी संगीत दिया है। दरअसल अनिल मोहिले बहुत अच्छे अरेंजर माने जाते थे और यही कारण है कि सहायक के रूप में उनके पास काम की कमी कभी नहीं रही। लता मंगेशकर के विदेशों के कई स्टेज कार्यक्रमों में बतौर ऑरकेस्ट्रा अरेंजर अनिल मोहिले ने बहुत अच्छा प्रदर्शन दिया था। हिंदी फ़िल्मों के स्वतंत्र संगीतकार के रूप में अलग-अलग संगीत देते हुए अनिल मोहिले की 'गुनाहों की शतरंज' (1988), 'ऐ मेरी बेखुदी' (1993), 'हम दो बंडलबाज' (1995), 'खिलौना बना खलनायक' (1995), 'महात्मा' (1997) को तो व्यावसायिक सफलता नहीं मिली, पर अरुण पौडवाल की 'मीरा का मोहन' (1991) काफ़ी सफल रही। इसके पीछे अनुराधा पौडवाल के प्रश्रयदाता और फ़िल्म के निर्माता गुलशन कुमार के प्रचार-तंत्र का भी भरपूर योगदान रहा। मीडिया और संचार माध्यमों के विकास के इस दौर में कुशल प्रचार भी फ़िल्मों के और संगीत की सफलता का एक महत्त्वपूर्ण कारण

बनने लगा था और 'मीरा का मोहन' का टी सीरीज़ की वीडियो कैसेटों के माध्यम से लोगों की धार्मिक भावनाओं को केंद्रित करके किया गया प्रचार काफ़ी फलदायी रहा। 'आजा सनम' (1992) और 'शिव महिमा' (1992) में भी अरुण पौडवाल ने संगीत दिया। लेकिन दुर्भाग्य से कुछ ही अरसे बाद हृदयघात से उनकी मृत्यु हो गई।

अपने परिवार के साथ आनंद शंकर

प्रसिद्ध नृत्य निर्देशक और उदय शंकर के पुत्र **आनंद शंकर** ने भी एक बार हिन्दी फ़िल्मों में संगीत दिया था। फ़िल्म थी 'आरम्भ' (1976) और इसके गीतों में आनंद शंकर ने बहुत ही innovative वाद्य-संयोजन दिखाया था। 'वादियों में खो जाएँ हम तुम' (मुकेश, आरती मुखर्जी) तो रिद्म के हिसाब से भी एक सुंदर प्रयोगात्मक रचना थी जो बहुत लोकप्रिय भी रही। मुकेश का गाया 'सभी सुख दूर से गुज़रे गुज़रते ही चले जाएँ, मगर पीड़ा उमर भर साथ रहने को उतारू है' अधिक लोकप्रिय तो न हो सका पर यह एक बहुत ही कसा हुआ सुंदर शब्दावली का लम्बा गीत था जिसे मुकेश ने अत्यंत सुंदरता से गाया था। आरती मुखर्जी के गाए दो एकल गीत 'तुम्हारे बिना ओ सजना अधूरी हूँ मैं' एवं 'खुश रहे तू कि खुशी की शमाँ जलती रहे', भी अच्छे कम्पोज़ीशन्स थे पर चले नहीं। वैसे आनंद शंकर का असली स्थान फ़िल्मों के बाहर रहा है जहाँ fusion संगीत में उन्होंने अच्छे प्रयोग किए हैं। भारतीय संस्कृति की कई गुमनाम संगीत ध्वनियों को उन्होंने श्रोताओं के सामने रखा। उनके एलबम 'मेलोडीज़ फ्रॉम इंडिया' के 'द हिल ट्रेन', 'काज़ीरंगा बीट्स', 'डांसिंग पीकॉक्स' जैसे tracks लाजवाब ही रहे हैं। 'शुभ' और समकालीन नृत्य-संगीत का उनका चर्चित एलबम 'Temptations' बहुत लोकप्रिय रहे हैं। आनंद शंकर ने विश्व रेलवे खेल, रिलायंस विश्व कप, विल्स विश्व कप, साउथ एशियन फ़ेडरेशन गेम्स के थीम म्यूजिक अलावा नेहरू की जन्म शती पर कम्पोज़ किए गए राष्ट्रीय भारतनाट्यम की भी रचना की है। उन्होंने कई बाँग्ला फ़िल्मों में भी संगीत दिया है। मृणाल सेन की फ़िल्म 'कोरस' के संगीत के लिए उन्हें राष्ट्रीय पुरस्कार भी मिल चुका है।

लाहौर में 1937 में जन्मे और गाज़ियाबाद में शिक्षित **सुरिंदर कोहली** यूँ तो गायक बनने आए थे, पर जैसा कि अकसर गायकों के साथ होता है कोई विशेष सफलता हाथ नहीं लगी और वे बन गए संगीतकार। करतार सिंह निर्देशित 'फूल और इंसान' (1976) में उन्होंने संगीत देते हुए कुछ गीत भी गाए थे पर फ़िल्म चली नहीं। रमेश बेदी निर्देशित 'कसम' (1976) में उन्होंने पंजाबी शैली के कुछ गीत–'सोनिए हॉजी सोनिए' (रफ़ी, मीनू पुरुषोत्तम), 'तू मेरा राँझा मैं तेरी हीर' (रफ़ी, मीनू पुरुषोत्तम) आदि कम्पोज़ किए थे। उनकी संगीतबद्ध अप्रदर्शित फ़िल्म 'द रिवेंजर' में मुकेश का उनकी खास शैली में गाया एक गीत था–'होनी रहे हो कर, कोई क्या करे रो कर'। सुरिंदर कोहली के पास फ़िल्मों की कमी तो न रही, पर सभी छोटे बजट की चलताऊ फ़िल्में ही थीं। 'फ़र्ज और प्यार' (1981–गुरुवचन के साथ) में उन्होंने मुकेश के स्वर में एक सुंदर दर्दीला गीत प्रस्तुत किया–'काश कि मेरा कोई सहारा होता'। 'खिलते सुमन' (1981), 'नफ़रत' (1986), 'रात के अँधेरे में' (1987), 'आदम का जनम' (1988), 'वही भयानक रात' (1989), 'खूनी पंजा' (1971), 'सिसकती कलियाँ' (1991), 'बहू, बेटा और माँ' (1992), 'फूलवती' (1992), 'दोस्ती की सौगंध' (1993) की विफलता के बाद 'श्रीकृष्ण भक्त बरसी' (1993–नारायण के साथ), 'जय माँ वैष्णो देवी' (1994), 'तेरी ज्योत जले दिन-रात' (1995), 'चार धाम' (1997), 'प्यासी ममता' (1998) जैसी कुछ धार्मिक पारिवारिक फ़िल्मों व उनके गीत धार्मिक कारणों से कुछ-कुछ तो बज ही जाते हैं।

मुक्तिबोध की कहानियों, कविताओं और रेखाचित्रों पर आधारित मणि कौल की सतह से उठता आदमी' (1980) के लिए संगीतकार के रूप में प्रसिद्ध शास्त्रीय संगीत के ज्ञाता **ज़िया फ़रीदुद्दीन डागर** को चुना गया। यह एक गीतविहीन फ़िल्म थी।

प्रसिद्ध गज़ल गायक **डी.एस. रूबेन** ने 'चोर का भाई चोर' (1978), अप्रदर्शित 'मैं तुम्हारी हूँ' जिसमें उन्होंने 'शेखर मेरा नाम' (1981), 'जासूस 999' (1983) और 'मौत का बदला मौत' (1985) में संगीत भी दिया था। मंगेशकर बहनों की गायिका बहन **मीना मंगेशकर** ने कुछ मराठी फ़िल्मों में संगीत देने के अलावा हिंदी में भी 'कानून और शिकार' (1978) में संगीत दिया था। संगीतकार **माधव कुमार** ने 'नमस्कार' (1978) के संगीतकार के रूप में नितिन मुकेश और अरुण दाते से 'यह विश्व सारा', शैरोन प्रभाकर से अँग्रेजी गीत 'I wake up in the middle of night' और अरुण दाते से एकल गीत 'बोल और सुर' गवाए थे। संगीतकार **के. बाबूजी** ने 'परमात्मा' (1978) में संगीत देते हुए मुकेश से एक मार्मिक गीत गवाया था–'साथ किसी के कोई कब आता है'। 'नया बकरा' (1979) में भी उनका संगीत था। 'जाएँ तो जाएँ कहाँ' (1980) में 'न यहाँ न वहाँ कोई अपना न मिला' (शैलेंद्र सिंह) और 'साँवरिया

रे में बदली नहीं' (प्रीति सागर) जैसे उनके संगीतबद्ध गीत भी चले नहीं।

बप्पी लाहिड़ी के पिता **अपरेश लाहिड़ी** बाँग्ला के माने हुए गायक और संगीतकार थे। 'ओ आमार देशेर माटी' में बंगाल की मार्मिक लोकधुन पर लता से गवाया उनका गीत 'फन्दे पोड़िया' यादगार गीत है। हिंदी फ़िल्म-जगत में उनकी संगीतबद्ध 'सुभाष चंद्र' (1978) में मुकेश का गाया 'जय राधेश्याम' बेहद लोकप्रिय रहा था। फ़िल्म में ही 'नीर न बहा' (मन्ना डे), 'मुसाफ़िर मुझको' (हेमंत), 'नहीं माने जियरा' (बसंती लाहिड़ी) जैसे और भी सुंदर गीत थे। 'नीर न बहा' तो एक अनुपम कृति थी जिसमें बिना रिद्म के बड़ी ऊँची पट्टी पर मन्ना डे ने दर्द की सरिता ही बहा दी है। 'नहीं माने जियरा' की परम्परागत ठुमरी भी लाजवाब ही थी। इससे पूर्व सहगल के गीतों और फ़िल्मों के दृश्यों को लेकर नितिन बोस द्वारा निर्देशित 'अमर सहगल' (1955) में अपरेश लाहिड़ी ने ही पृष्ठभूमि संगीत दिया था।

बाँग्ला फ़िल्मों की संगीतकार **नीता सेन** ने भी इस दशक की कुछ हिंदी भक्तिफ़िल्मों में संगीत दिया था। 'कृष्ण-सुदामा' (1979) की 'तेरी शक्ति और मेरी भक्ति की आज कसौटी है' (भूपेन्द्र, साथी) को बंगाल की लोकशैली में बाँधकर उन्होंने कुछ लोकप्रिय बनाया था। 'कृष्ण सुदामा' के गीत वाकई अच्छे थे। 'अरे नाचा रे दे दे के ताल' (उषा मंगेशकर, साथी), 'आओ लिख दो माथे पे मेरे मुरारी' (आरती), 'होली में कौन कुँवारी' (उषा मंगेशकर, साथी आदि), 'मेरा साथ छोड़ दे' (अनुराधा), 'सुनो सुनो हे कृष्ण-सुदामा' (आरती) जैसे गीतों में सुंदर मेलोडी थी लेकिन नवीनता की कमी थी। 'बाबा तारकनाथ' (1980) में भी नीता सेन का संगीत चलती परिपाटी का ही था।

विश्वप्रसिद्ध निर्माता-निर्देशक **सत्यजित राय** ने यूँ तो अपनी निर्मित बाँग्ला फ़िल्मों में अक्सर ही संगीत दिया था, पर हिंदी में प्रेमचंद की प्रसिद्ध कहानी पर आधारित 'शतरंज के खिलाड़ी' (1977) के उनके संगीत की बात ही कुछ और थी। यूँ संगीत की मूलतः परिकल्पना ही उनकी थी वरना खमाज़ में ठुमरी 'कान्हा में तोसे हारी' (बिरजू महाराज) को कम्पोज़ बिरजू महाराज ने, राग देस पर आधारित रहस 'हिंडोला झूले श्याम' (समूह गीत—कोलकाता यूथ क्वायॅर) को भी बिरजू महाराज ने और अमज़द खान से गवाए वाजिद अली शाह की प्रसिद्ध ठुमरी 'तड़प तड़प सगरी रैन गुजरी' को पीलू में रेवा मुहुरी ने कम्पोज़ किया था। रेवा मुहुरी के गाए खमाज में ठुमरी 'छवि दिखला जा' और मिश्र खमाज में गाए दादरा 'बजाए बाँसुरिया श्याम जमुना किनारे' भी पारम्परिक रचनाएँ थीं जिनका प्रयोग सत्यजित राय ने अपनी फ़िल्म में किया था। यह दुर्भाग्य है कि 'शतरंज के खिलाड़ी' के संगीत का कोई कैसेट आज बाजार में ढूँढ़ने से भी नहीं मिलता है। प्रेमचंद की ही कहानी पर आधारित 'सद्‌गति' (1981) में पुनः सत्यजित राय ने स्वयं संगीत दिया था।

संगीतकार **जितिन श्याम** इस्लामी सांस्कृतिक गीतों के कम्पोज़र के रूप में अधिक जाने जाते हैं। कलंदर आज़ाद से उन्होंने कई मुस्लिम विवाह गीतों को गवा कर मशहूर बनाया था। फ़िल्म-जगत जितिन श्याम से रूठा ही रहा क्योंकि उनकी संगीतबद्ध 'अरब का सोना' और 'बाबा हाजी मलंग' प्रदर्शित ही न हो सकीं। वैसे 'अरब का सोना' में भी उन्होंने इस्लामी और सूफ़ी इबादती गीतों की कुछ अच्छी प्रस्तुतियाँ दी थीं। 'गफ़लत में सोने वालो' (रफ़ी), 'जब से पैदा हुआ' (रफ़ी, कृष्णा बोस), 'ग़म का सताया हुआ' (नितिन मुकेश), 'नेकी और बदी एक दिन' (नितिन मुकेश), प्रचलित कव्वाली की धुन पर 'देखिए आज महफ़िल में' (जानी बाबू, साथी) जैसे गीतों के उदाहरण दिए जा सकते हैं। 'बाबा हाजी मलंग' के भी मेहबक बानू के गाए 'मैं तो ख्वाजा की दीवानी' और 'शाफ़िए—महशर हक महबूबी' भी इसी प्रकार के गीत थे। पर 'निगाहे-करम' (1978) में तलत महमूद से 'शाम होते ही तेरे दस्ते करम यार आए' जैसी खूबसूरत नर्म-सी रचना, और पियानो के साथ तलत की विशिष्ट शैली का 'ऐ मेरी जाने गज़ल' गवाकर उन्होंने हमें दो यादगार रत्न दिए हैं। तलत महमूद वर्षों बाद फ़िल्मों में गा रहे थे, और उनके इस दौर के ये दोनों निर्विवाद रूप से सर्वश्रेष्ठ गीत माने जाएँगे।

जितिन-श्याम का नाम बीच-बीच में आता रहा, पर 'सिला' (1987), 'अबू कालिया' (1990), 'जंगल रोमांस' (1991), 'किस काम के ये रिश्ते' (1995), 'शान-ए-इलाही' (1995) और 'गलियों के बादशाह' (2000) जैसी उनकी संगीतबद्ध फ़िल्में बॉक्स ऑफ़िस पर बुरी तरह पिटीं।

दशक में एकाध फ़िल्मों में संगीत देनेवालों की शृंखला पर आएँ तो **राज रविंदर** ने सलिल चौधरी के साथ 'गहरा राज' (1971) में संगीत दिया था। मुकेश और कृष्णा कल्ले के स्वरों में 'ज़ुल्फ़ों को लहरा के' फ़िल्म का एक अच्छा कर्णप्रिय गीत था। इसी प्रकार **विट्ठल मुमताज** की संगीतबद्ध 'इरादा' (1971—मोहम्मद शफ़ी के साथ) का शायराना धुन लिए सुरेश राजवंशी के स्वर में 'चमन की जान हो रंगीनिए बहार हो तुम' उस ज़माने में अच्छा चला था, पर आज यह गीत पूर्णतः विस्मृत हो गया है। खय्याम और ओ.पी. नैयर शैली में 'देखिए आप बहुत प्यार न कीजे हमसे' (डेलफि व सुरेश राजवंशी) भी एक कर्णप्रिय रचना थी। विट्ठल मुमताज 'दुख

सुख' (1974) के भी संगीतकार थे, पर फ़िल्म असफल रही। आज के लोकप्रिय और स्थापित निर्माता-निर्देशक महेश भट्ट की निर्देशित प्रथम फ़िल्म 'मंज़िलें और भी हैं' (1974) के संगीतकार थे **भूपेंद्र सोनी**। उन्होंने इस फ़िल्म में स्वयं गीत भी गाए थे, पर सफलता हाथ नहीं लगी। संगीतकार **एस.के. पुजारी** ने डी.एस. सुल्तानिया की बहुचर्चित फ़िल्म 'परिवर्तन' (1972–चाँद परदेसी के साथ) में किशोर कुमार से एक अच्छा-सा गीत गवाया था–'रूठो ना सरकार हमसे प्यार करो ना'। पुजारी ने कई राजस्थानी फ़िल्मों में भी संगीत दिया।

सुरेंद्र (नन्हीं कलियाँ, 1971–पुनः 1976), **जगत सिंह** (आक्रांत, 1972), **सुधीर सेन** (मंगेतर, 1972), **उपेंद्र कुमार** (रोशनी और अँधेरा, 1974), **सलामत खान** (स्त्री पुरुष, 1975), **एल. चक्रवर्ती** (राजधानी एक्सप्रेस, 1972), **दिनकर पवार** (जय तीर्थदर्शन, 1975), **विक्रांत** (गोरा बाबू, 1976), **सुमनचंद्र पटेल** (महासती मैया सुंदरी, 1979), **शांतनु महापात्र** (शोध, 1980), **चेतन** (अप्रदर्शित फ़िल्म आहट, 1970) जैसे संगीतकारों ने बस अपना नाम भर लिखाया।

रोशनलाल खत्री की 'शिव भक्त बाबा बालकनाथ' (1972) असफल रही और 'कोरा आँचल' (1973) के 'उम्मीदों के खिलौने से यहाँ बहलाया जाता है' (आशा) और 'आप गर मुझको इजाज़त दे दें' (आशा, रफ़ी) जैसे गीतों का ज़िक्र मात्र किया जा सकता है। रफ़ी और आशा के गीतों वाली रोशनलाल खत्री की संगीतबद्ध 'आँसू' तो प्रदर्शित ही न हो सकी। 'बहारों ने छेड़ा खुशी का तराना' (रफ़ी) और 'बदनाम ज़िंदगी से शिकवा ही क्या करेंगे' (आशा) ठीक-ठाक गीत थे, पर उनमें कोई नवीनता नहीं थी।

नंदकिशोर मित्तल श्याम बेनेगल निर्देशित 'चरणदास चोर' (1975) के संगीतकार थे। वहीं प्रसिद्ध फ़िल्मकार और निर्देशक **बी. व्ही. कारंथ** ने भी चिल्ड्रेंस फ़िल्म सोसायटी की 'चोर चोर छुप जा' (1975) तथा एम.एस. सथ्यू निर्देशित 'कन्नेश्वर रामा' (1977) में संगीत दिया। 'कन्नेश्वर रामा' में ग्रामीण कथावाचक शैली में 'नरवीर कन्नेश्वर रामा' (बशीर अहमद, साथी) और कव्वाली की शैली में 'जो कुछ मैंने चुराया है' (बालप्पा हुक्केरी, साथी) बड़े ही कर्णप्रिय गीत थे। 'त्रिसंध्या' (1974) का संगीत दिया था प्रसिद्ध शास्त्रीय कलाकार **उस्ताद बहादुर खान** ने।

ऋषिकेश मुखर्जी की 'आनंद' से चर्चित होनेवाली सुमित्रा सान्याल की समित भंज के साथ अभिनीत 'अनजाने मेहमान' (1975) के संगीतकार थे **अजय दास**। अपने घर बंगाल के प्रसिद्ध गायक-गायिकाओं और संगीत शैली दोनों ही लाकर इस फ़िल्म में मन्ना डे से उन्होंने लोकशैली की छाया लेकर मार्मिक गीत 'मेरी बहन मेरे हाथों में जंजीर' और 'दुनिया एक मेला है' गवाया, श्यामल मित्रा से गवाए 'गाओ गाओ गीत ऐसा' में बहुत अच्छी धुन के साथ आधुनिक बौद्धिकता का स्पर्श दिया और हेमंती शुक्ला से आधुनिक बंगाल संगीत-शैली में कम्पोज़ किए गए 'अरे रे बटश्वर' को स्वर दिलाया। एक संगीतकार **राजन पाल** भी थे जिन्होंने 'बहारो फूल बरसाओ' (1972) में संगीत दिया था। राजन-नागेंद्र की जोड़ी ने 'मिस चालबाज' (1972) को भी संगीतबद्ध किया था पर फ़िल्म पिट गई।

प्रदीप राय चौधरी ने 'अंग से अंग लगा ले' (1974) में किशोर कुमार से एक बेहद सुंदर रूमानी गीत गवाया था–'बादल काला कोयल काली उसमें काली रात है'। अपने इस एक गीत के कारण ही प्रदीप राय चौधरी स्मरणीय है।

मेहसाणा (गुजरात) के रहनेवाले, अविनाश व्यास के शिष्य तथा 'गौरव', 'रूप सुंदरी', 'श्री चैतन्य महाप्रभु', 'मतलबी दुनिया' जैसी हिंदी फ़िल्मों तथा ढेर सारी गुजराती फ़िल्मों के गायक **पिनाकिन शाह** अप्रदर्शित फ़िल्म 'एक औरत दो जूते' के संगीतकार थे। संगीत बेहद साधारण था। पिनाकिन शाह को गुजराती फ़िल्मों के संगीत-निर्देशन और नृत्य-नाटिकाओं के संगीत-निर्देशन में अधिक सफलता मिली है।

इक्का-दुक्का फ़िल्मों में संगीत देने वाले अन्य संगीतकारों में **चक्रवर्ती** (मैं चोर हूँ, 1976, 'मीठी-मीठी बातें', 1977, कर्मवीर, 1980), **आलोक नाथ डे** (चिल्ड्रेंस फ़िल्म सोसाइटी की 'द्वीप का रहस्य', 1979), **विपिन-किशोर** (आदियुग, 1978, इंसाफ़ की जंग, 1987), **सोमदेव कश्यप** (कोब्रा, 1980), **कुक्कू सिंह** (दिलवाले दुलहनिया ले जाएँगे, 1980), **विजय सुधाकर** (अप्रदर्शित 'देश के नाम'), **राकेश राज** (अप्रदर्शित 'दास्तान-ए-कश्मीर' और 'तात्या टोपे'), **किशन प्रकाश** (अप्रदर्शित–'डंक' जिसमें सुमन और नितिन मुकेश के स्वरों में 'नैना मिला ले' और मन्ना डे के स्वर में 'विनती कर सखी' जैसे सुंदर गीत थे) के नाम लिए जा सकते हैं। 'आत्माराम' (1978) जैसी फ़िल्मों में शंकर-जयकिशन के सहायक रहे धीरज। बबलू भी बाद में मानस मुखर्जी जैसे संगीतकारों के सहायक रहे। **बबलू-धीरज** ने 'नूर-ए-इलाही' (1976) में स्वतंत्र रूप से संगीत दिया। 'नूर-ए-इलाही' की कव्वाली 'बड़ा लुत्फ़ था जब कुँवारे थे हम तुम' (यूसुफ़ आज़ाद, रशीदा खातून) तथा रूमानी गीत 'हम उनकी आरज़ू में' (अनवर, हेमलता) अपने ज़माने में बहुत मशहूर हुए थे।

आठवें दशक के ऐसे संगीतकारों में, जिनकी संगीतबद्ध फ़िल्में पर्दे पर भी नहीं आ पाईं, **ए.ए. राज** (जय जवान, जय किसान), **आबिद रशीद** (नया समाज), **सुमन जगदीश** (नेकलेस थीफ), **एजाज़ अशोक** (पुकार), **हिमांशु विश्वास** (सुबह कहीं शाम कहीं), **ओ.पी. व्यास** (त्रिशला का लाल), **मोहन निजामी** (उलाहना), **कार्तिक कुमार-बसंत कुमार** (वतन की खातिर) के नाम लिए जा सकते हैं। अगले दशक में इनमें से कुछ को एकाध अवसर और मिले, पर सफलता ने हमेशा पीठ ही दिखाई।

पर ऐसे संगीतकारों में भी एकाध की कुछ रचनाएँ तो याद रखने लायक हुई हैं। संगीतकार **विनय भूषण** की संगीतबद्ध 'कल सुबह' में मुकेश के उषा तिमोथी के साथ गाए दो अच्छे युगल गीत थे–'आज तो हैं साथ में, कल की क्यूँ फ़िकर करें' और 'कभी रोती, कभी हँसती, कभी बनती बिगड़ती है'। दुर्भाग्य से दोनों गीत अनसुने से ही रह गए हैं। पर इससे भी कहीं बढ़कर था संगीतकार **प्रेमकुमार** का स्वरबद्ध 'पैसा और ज़िंदगी' के लिए मुकेश का गाया 'लगा के दिल को किसी से ये क्या किया मैंने'। 'मासूम' की गज़ल को इतनी खूबसूरत कशिश-भरी धुन दी है प्रेमकुमार ने कि मन आंदोलित हो उठता है। सितार का सुंदर प्रयोग, तेज लय और ऊँची पट्टी पर मुकेश से गवाया गया बेहद सुंदर प्रयोग मेरे विचार से तो इस गीत को मुकेश के सर्वश्रेष्ठ गीतों में से एक बनाता है। मुकेश की आवाज़ की intensity अपने चरम पर है। यह फ़िल्म-संगीत का बहुत बड़ा दुर्भाग्य है कि ऐसा अद्भुत गीत और फ़िल्म के प्रदर्शित न हो पाने के कारण मुकेश के प्रशंसकों द्वारा भी अधिक नहीं सुना जा सका। उसी प्रकार फ़िल्म 'सोसायटी' में **नारायण नायडू** का स्वरबद्ध मुकेश के ही स्वर में 'दिल मेरे रे तू अकेला था तू अकेला है' भी एक बहुत अच्छी रचना थी। मुझे याद है, वर्षों पहले रेडियो सीलोन से इस गीत को सुनकर मैं अभिभूत रह गया था। इसी प्रकार एक अप्रदर्शित फ़िल्म थी 'किरचन' जिसमें **सुनीता-अनुराधा** का संगीत था और क्या लाजवाब संगीत था! सितार के बहुत सुंदर प्रयोग के साथ 'कुछ न होता अगर ज़िंदगी में मेरी' (सुनीता) भावनाओं की इतनी सुंदर अभिव्यक्ति थी कि सुनकर मन खुश हो जाता है। रफ़ी के गाए 'चाहूँ भी तो सोच न पाऊँ' पाश्चात्य ऑरकेस्ट्रेशन के साथ शैली में एक बेमिसाल गीत था, और यदि इसे अधिक सुना जाता तो सम्भव है, यह दशक के रफ़ी के सबसे सराहे गए गीतों में होता। 'हम लोग ज़मीं पर किरचों की मानिंद पिघलते हैं' (सुनीता) भी मुजरा शैली का एक अच्छा गीत था। इसी संदर्भ में गैरहिन्दी फ़िल्म 'जनमटीप' (1973) का जिक्र भी आवश्यक है, जिसमें **पी. सुमन भट्ट** ने मुकेश से बिलकुल सलिल चौधरी की शैली में एक खूबसूरत गीत 'ऐ दिल यूँ ही तू देखे जा सपने' गवाया था।

नवें दशक की कुछ प्रवृत्तियाँ

नवें दशक के फ़िल्म-संगीत की घटती मेलोडी और बढ़ते शोर का पर्याय माना गया है। एक तरफ़ तो बप्पी लाहिड़ी के नेतृत्व में पाश्चात्य डिस्को और रॉक की लहर फ़िल्म-संगीत की मुख्य धारा की परिभाषा ही बन गई। अर्थ-व्यवस्था के बढ़ते खुलेपन और बाज़ारवाद की प्रवृत्तियों का एक बड़ा असर यह भी था कि फ़िल्म-संगीत भी बाज़ार की इस व्यवस्था के अंदर एक मुनाफ़ा कमाने वाले 'उत्पाद' की शक्ल लेने लगा था। टी.वी. के विस्तार और वीडियो के शहर-शहर में आगमन का परिणाम यह भी हुआ कि हॉल में सिनेमा देखने जानेवालों की मध्यवर्ग और उच्चवर्ग से संख्या काफ़ी घट गई। हॉल में जाने वाले दर्शकों में अब बहुत बड़ा प्रतिशत निम्न आय वर्गों का रह गया था। ऐसे दर्शकों की अभिरुचि को ध्यान में रखकर बनाई फ़िल्मों में मार-धाड़, एक्शन, मसालेदार, सेक्स, भोंडी कॉमेडी पर जोर अधिक रहने लगा और फ़िल्म-संगीत के उस रूमानी मेलोडीप्रधान तत्त्व के लिए ऐसी फ़िल्मों के कथ्य में जगह कमती गई जो अभी तक फ़िल्म-संगीत की मुख्य प्रवृत्तियों को परिभाषित करता था। अधिकांश फ़िल्म-संगीत अब तड़क-भड़क के बीट्स और हंगामे के साथ क्षणिक आह्लाद प्रदान करने की ओर अधिक उन्मुख था, और संवेदना के स्तर पर स्थायी प्रभाव छोड़नेवाला संगीत अब मुख्य धारा से अलग हो चुका था। इसी दशक में, कुछ हद तक इस पूरी स्थिति के अंतस्सम्बन्ध के रूप में गैरफ़िल्मी गज़लों के एक परिवर्तित स्वरूप की लहर आई जहाँ जगजीत सिंह, तलत अज़ीज, पीनाज़ मसानी, अनूप जलोटा, पंकज उधास आदि ने गज़लों की पारम्परिक अदायगी से अलग उनका एक सरस, मेलोडीप्रधान कर्णप्रिय रूप प्रस्तुत किया। उच्च और मध्यवर्ग के श्रोताओं का एक बहुत बड़ा वर्ग अब मेलोडी की तलाश फ़िल्म-संगीत में नहीं बल्कि गैरफ़िल्मी गज़लों की इस धारा में करने लगा था।

ऐसा भी नहीं है कि फ़िल्म-संगीत पूरी तरह मेलोडीविहीन या बर्बाद हो चुका था। इसी दशक में राहुल देव बर्मन, राजेश रोशन, खय्याम, रवींद्र जैन, आदि कई बड़े संगीतकार अभी भी बहुत खूबसूरत संगीत बीच-बीच में दे ही रहे थे, पर फ़िल्म-संगीत में प्रभुत्व और आच्छादन अब बीट प्रधान rock और heavy metal आधारित संगीत का हो गया था, और लक्ष्मी-प्यारे जैसे संगीतकारों में मेलोडी का जो थोड़ा-बहुत रूप प्रकट हो रहा था, वह भी ('उत्सव' जैसे कुछ अपवादों को छोड़कर) बड़ा contrived, चालू और तात्कालिक लोकप्रियता को प्राप्त करने के उद्देश्य से प्रभावित लगता था। गज़लों की लहर का प्रभाव फ़िल्म-संगीत पर भी ज़रूर पड़ा, तथा जगजीत सिंह, कुलदीप सिंह जैसे संगीतकारों एवं ऑफ़बीट फ़िल्मों में वनराज भाटिया, अजित बर्मन तथा कई गौण संगीतकारों ने अवश्य फ़िल्म संगीत के इस दशक में अपनी एक समानांतर धारा का सूत्रपात किया, परंतु कुछ लोकप्रियता के बावजूद यह धारा व्यावसायिक सिने-संगीत की बीटप्रधान धारा के आगे दबी ही रही।

पश्चिम के electric गिटार आधारित 'heavy metal' संगीत का लेड जेपेलिन, ब्लैक सनाथ द्वारा उद्भूत व्यापक प्रभाव, या विद्रोही punk rock आंदोलन ('The Clash' जैसे कई groups का) का असर गड्डमड्ड होकर ही बप्पी लाहिड़ी जैसे संगीतकारों के इस दशक के संगीत का हिस्सा बना। पश्चिम में इस तरह के संगीत के पीछे एक विचारधारा भी काम करती थी, जिसका रूप हमें संगीत के साथ-साथ गीत के शब्दों में भी नज़र आता है, पर हिंदी सिने-संगीत में इन शैलियों का मिश्रण अकसर विचारशून्य मसालेदार गीतों के साथ ही हुआ।

'बाज़ारवाद' के आगमन का एक असर यह भी था कि एच.एम.व्ही. के एकाधिपत्य को चुनौती देते हुए कई नई म्यूज़िक कम्पनियाँ भी बाज़ार में आ गईं। टी. सीरीज़ के सस्ते कैसेटों की भीड़ और पुराने गीतों को नये गायकों से पुनः गवाने के फ़ार्मूले

ने एच.एम.व्ही. की वित्तीय स्थिति पर बहुत बुरा प्रभाव डाला। 'वीनस' कम्पनी और 'टिप्स' कम्पनी का क्रमशः 1985 और 1988 में आगमन भी इस क्षेत्र में प्रतिद्वन्द्विता के नए आयाम लेकर आया। इस प्रतिद्वंद्विता में सिने-संगीत भी पूरी तरह एक commodity ही बनता जा रहा था और इस क्षेत्र की पुरानी कई परम्पराएँ—जहाँ एक-एक धुन पर महीनों मेहनत और रिहर्सल किया जाता था—टूटने लगी थीं। एक मसालेदार ready made item की तरह ऐसे गीत पैदा करना जो तात्कालिक रूप से चल जाए (भले ही कुछ महीनों बाद ही याद न रहे), और ऐसे गीतों का mass production इस दशक के बदलते आर्थिक-सामाजिक संदर्भ में उभरी प्रवृत्तियाँ थीं। Electronic synthesizer, डिजिटल मिक्सिंग जैसी तकनीकें भी दशक के अंत तक इस उत्पादन में तेजी से सहायक होने लगी थीं। इन नए तकनीकों के अपने फ़ायदे थे पर साथ ही एक कृत्रिमता, छद्मता और ठगे जाने का अहसास भी होता ही था।

बप्पी लाहिड़ी

'तुम्हें कैसे कहूँ मैं दिल की बात'

बप्पी लाहिड़ी को आज हम फ़िल्मों में डिस्को संगीत की लहर लानेवाले के रूप में ही याद करते हैं, और यह भी निर्विवाद है कि नवें दशक की हिंदी फ़िल्मों में मेलोडी को समाप्त करने तथा शोरगुल-भरे धूम-धड़ाके को ही संगीत के नाम पर प्रस्तुत करने की प्रवृत्ति का दोषारोपण अकसर बप्पी लाहिड़ी पर ही होता है। लेकिन हमें यह भी याद रखना चाहिए कि बप्पी लाहिड़ी के शुरुआती दौर के आठवें दशक के अधिकांश गीत बड़े कर्णप्रिय और मेलोडीप्रधान थे, लाहिड़ी में प्रतिभा भी बहुत थी तथा शास्त्रीय संगीत और पाश्चात्य संगीत दोनों का ही ज्ञान भी विपुल था। यह दूसरी बात है कि बाद में अकसर उन्होंने प्रतिभा से अधिक प्रवृत्ति पर ध्यान दिया और नवें दशक के संगीत में डिस्को, पॉप और रॉक संगीत का एक ऐसा हंगामेदार स्वरूप हिंदी फ़िल्मों में प्रस्तुत किया कि हिंदी फ़िल्म-संगीत के स्तर में गिराव के लिए वे प्रमुख रूप से ज़िम्मेदार ठहराए गये।

बप्पी लाहिड़ी के माता-पिता दोनों ही शास्त्रीय संगीत के अच्छे गायक थे। पिता अपरेश लाहिड़ी ने तो 'बादशाह' जैसी फ़िल्मों में गाया भी और 'सुभाषचंद्र' (1978) में संगीत दिया था। माँ बंसरी लाहिड़ी ने न सिर्फ़ 'सुभाषचंद्र' में गाया था, बल्कि शास्त्रीय के अलावा श्यामा संगीत की भी वे प्रमुख गायिका थीं। इस माहौल में पले बप्पी चार साल की उम्र से ही तबला बजाने लगे थे। लता मंगेशकर का भी उनके घर आना था और लता की गोद में एक वर्ष के बप्पी की तस्वीर भी है। लता को वे आंटी ही कहते रहे। लता की सलाह पर ही बप्पी 6 वर्ष की उम्र से पंडित सामता प्रसाद से तबला सीखने लगे। 14 वर्ष की उम्र में ही उनका हाथ तबले और पियानो दोनों पर पारंगत हो चला था।

हालाँकि बप्पी ने पहली बार एक बाँग्ला फ़िल्म 'दादू' में मात्र 16 वर्ष की उम्र में ही संगीत दिया था (जिसमें लता, आशा और उषा–तीनों बहनों ने गाने गाये थे) पर हिंदी में उनकी पहली फ़िल्म थी 'नन्हा शिकारी' (1973)। उस वक्त उनकी उम्र मात्र 18 साल की थी। देव मुखर्जी अभिनीत इस फ़िल्म में मुकेश और सुषमा श्रेष्ठ के स्वरों में एक बड़ा प्यारा-सा गीत था–'तू ही मेरा चंदा तू ही तारा, तू न हो तो जग में हो अँधियारा'। बी.आर. इशारा की प्रसिद्ध क्रिकेट खिलाड़ी सलीम दुर्रानी को लेकर परवीन बाबी के साथ बनाई फ़िल्म 'चरित्र' (1973) में भी बप्पी लाहिड़ी का ही संगीत था, पर फ़िल्म में गीत न होकर पृष्ठभूमि से बप्पी लाहिड़ी के स्वर में रामायण के दोहे मात्र थे।

बप्पी लाहिड़ी

बप्पी लाहिड़ी की बाद में जो भी धूम-धड़ाके वाली छवि बनी हो, पर अपने आरम्भिक दशक में तो उनका संगीत आधुनिक ऑरकेस्ट्रेशन के साथ भी बहुत मधुर था। इस दौर की उनकी कई रचनाओं में बंगाल के रवींद्र संगीत, आधुनिक गान और लोकसंगीत की छाप उन्हें बहुत कर्णप्रिय बनाती है। बी.आर. इशारा के ही 'बाज़ार बंद करो' (1974) में मुकेश

के स्वर में पारम्परिक बिदाई गीत 'मोहे कर दे विदा' के अलावा बंगाल के संगीत का स्पर्श लिए 'नहीं छोड़ोगे कभी मेरा हाथ' (आशा, किशोर) और 'प्यासी निगाहों में साजन' (आशा) जैसे दो मीठे गीत भी थे। 'फिर जनम लेंगे हम' (1977) की कशिश भरी धुन 'सूनी सूनी राहें' (लता) को बप्पी ने बड़ी खूबसूरती से भटियाली रिद्म की पृष्ठभूमि दी थी। 'टूटे खिलौने' (1978) का 'नन्हा-सा पंछी रे तू बहुत बड़ा पिंजड़ा तेरा' (किशोर) बंगाल के लोकरंग के फ़कीरी शैली का सुंदर रूपांतर था। 'अहसास' (1979) के 'कितने राँझे तुझे देखकर बैरागी बन गए' (किशोर) में पुनः यही शैली भिन्न रूप में सामने आती है। बाँसुरी, सितार और संतूर के साथ और मुखड़े में तबले की तीव्र ताल के साथ 'आँगन की कली' (1979) के 'तुम्हें कैसे कहूँ मैं दिल की बात' (लता) के अंतरों में यमन कल्याण के साथ पुनः बंगाल के संगीत का स्पर्श देकर बप्पी लाहिड़ी ने इस गीत को तो लता के बेहद मीठे गीतों में से एक बना दिया है। यह गीत कहीं अधिक लोकप्रियता का हकदार था। 'लहू के दो रंग' (1979) के 'माथे की बिंदिया बोली' (रफ़ी, अनुराधा) की दर्द-भरी धुन के पीछे भी लोकसंगीत का स्पष्ट प्रभाव था, तो 'मनोकामना' (1979) के 'चंचल बड़ा मेरे मन का हिरन' (आरती) और 'मनोकामना है यही मनोकामना' (आरती) के पीछे बंगाल के संगीत का प्रभाव बहुत बारीक और मिश्रित। बंगाल का लोकसंगीत बासु चटर्जी निर्देशित और शरत्चंद्र के उपन्यास 'निष्कृति' पर आधारित 'अपने-पराए' (1980) में पूरी तरह खिल उठा है जहाँ बंगाल की कीर्तन-शैली और श्यामा संगीत 'श्याम रंग रँगा रे' (येसुदास, साथी), 'गाओ मेरे मन' (येसुदास, आशा) तथा माँझी गान शैली 'कैसे दिन जीवन में आए' (किशोर) जैसे अत्यन्त सुंदर गीतों के साथ मुखरित हुए हैं।

वैसे लोकप्रियता की दृष्टि से बप्पी लाहिड़ी की जिन फ़िल्मों ने धूम मचाई, वे थीं—सुनील दत्त, आशा पारेख अभिनीत 'ज़ख्मी' (1975), सिमी अभिनीत 'चलते-चलते' (1976) और विनोद खन्ना, रेखा अभिनीत 'आप की ख़ातिर' (1977)। 'ज़ख्मी' (1975) में आधुनिक ऑरकेस्ट्रेशन के साथ 'अभी अभी थी दुश्मनी अभी है दोस्ती' (लता) जैसी high scale की रचना और तेज़ रिद्म पर फुसफुसाहट-भरे अंदाज में 'जलता है जिया मेरा भीगी भीगी रातों में' (किशोर, आशा) बहुत लोकप्रिय रहे थे। वहीं शहरों की आधुनिक convent शिक्षित मनोवृत्ति के अनुरूप 'Jingle bells jingle bells jingle all the way' के साथ 'आओ तुझे चाँद पर ले जाएँ' की मेलोडी को (लता, सुषमा श्रेष्ठ) कई उच्च मध्यवर्गीय घरों की छोटी-मोटी पार्टियों में गाना उन दिनों आम चलन हो गया था। इन सबके बीच होली गीत 'आई मस्तानों की टोली' (किशोर, साथी) भी था, पर उसका असर इतना व्यापक नहीं रहा। स्कूलों और कॉलेजों में 'चलते-चलते' (1976) का शीर्षक गीत 'चलते-चलते मेरे ये गीत याद रखना, कभी अलविदा ना कहना' (किशोर, साथी) तो वर्षों तक farewell song के रूप में स्थापित ही हो गया था। वहीं शहरी युवावर्ग के बीच बप्पी के इस फ़िल्म के नए रूमानी अंदाज़ के 'जाना कहाँ है प्यार यहाँ है' (बप्पी, सुलक्षणा), 'प्यार में कभी-कभी ऐसा हो जाता है' (शैलेंद्र सिंह, लता), 'सपनों का राजा कोई मन में था' (शैलेंद्र सिंह, सुलक्षणा पंडित) और sensuous सरग़ोशी के अंदाज़ में 'दूर-दूर तुम रहे पुकारते हम रहे' (लता) जैसे गीतों ने बहुत धूम मचाई। ऐसे गीतों के साथ बप्पी संगीत में electronic वाद्यों के स्वर को तो स्थापित कर रहे थे, पर अभी भी संगीत-रचना में मेलोडी और कर्णप्रियता को वे काफ़ी महत्त्व दे रहे थे। यही कारण है कि 'आप की खातिर' (1977) के अलमस्त dance music को समाहित करते 'बम्बई से आया मेरा दोस्त' (बप्पी, साथी) और 'अरे शोला शोला रे' (बप्पी, शैलेंद्र सिंह, उषा मंगेशकर) जैसे गोअनीज़ शैली के गली-गली में गूँजनेवाले गीतों के साथ-साथ 'राजा मेरे तेरे लिए ये रूप ये श्रृंगार' (लता), 'हमने तो किया सभी कुछ आप की खातिर' (लता) और 'प्यारा इक बँगला हो' (लता, बप्पी) जैसी रचनाएँ भी साथ-साथ आ रही थीं। 'संग्राम' (1976) के 'चाँदी की पायलिया बोले छम छम छम' (लता) की पारम्परिक मेलोडी बप्पी लाहड़ी के इस दौर में उतनी ही लोकप्रिय रहती थी जितनी बप्पी की कोई विदेशी मूल की रचना। 'पापी' (1977) के 'बोल सजना मुझे छोड़ के कहाँ' (लता) की सुंदर उछलती धुन और बीच-बीच में सितार के सुंदर टुकड़ों का प्रयोग इसी फिल्म के पाश्चात्य शैली के उतार-चढ़ाव वाले 'शमां जले न जले' (लता) और 'आ जाने जाँ' (लता) पर भारी बैठता था। 'हैवान' (1977) के 'पागल पागल हाय ये मौसम' (हेमंत, आशा, साथी) का रिद्म, 'फिर जनम लेंगे हम' (1977) का शीर्षक गीत (किशोर, लता), 'प्रतिमा और पायल' (1977) का बोलों को तोड़कर खूबसूरती से सृजित 'बिन मेरे हर जगह एक कमी पाओगे' (लता) या शास्त्रीय संगीत के काव्यात्मक श्रृंगारयुक्त रूप 'कला हो तुम साकार' (मन्ना डे, आरती मुखर्जी), 'कॉलेज गर्ल' (1978) का सुंदर शायराना 'फूलों की तरह वो हँसती थी' (रफ़ी), 'दिल से मिले दिल' (1978) का मस्ती-भरी लय पर 'हाथों में मेरे भी मेहँदी लगाओ'

(सुलक्षणा, विजयता पंडित) जैसे गीतों में बप्पी मेलोडी के प्रति अपनी प्रतिबद्धता प्रकट करने लगते हैं। 'आँगन की कली' (1979) की राग पहाड़ी आधारित धुन 'सैंया बिना घर सूना' (लता, भूपेंद्र) सरोद के सुंदर टुकड़ों के साथ यदि प्रभावशाली रचना थी तो 'इकरार' (1979) के 'तुम सामने बैठी रहो' (लता) और 'साथी रे गम न करना' (रफ़ी, सविता सुमन) का अपना आकर्षण था। वहीं 'लहू के दो रंग' (1979) का तबले की सुंदर ताल पर ऊँची पट्टी पर गाए 'ज़िद न करो' (लता) का तो कोई जवाब ही नहीं था। इस गीत में वॉयलिन और सितार का क्रमशः तीव्र और हलका प्रयोग गीत की एक विशेषता थी। 'एग्रीमेंट' (1980) का सुंदर वॉयलिन पर 'जीना ये कोई जीना तो नहीं' (शैलेंद्र सिंह), 'भुला न देना' का गिटार के कॉर्ड्स पर कम्पोज़ शीर्षक गीत (शैलेंद्र सिंह, चंद्राणी), 'एक बार कहो' (1980) के स्वयं सुलक्षणा के साथ गाए शीर्षक गीत, येसुदास के स्वर में 'चार दिन की ज़िंदगी' और जगजीत सिंह के गाये 'हमने तन्हाई को' और 'राख के ढेर को', 'शिक्षा' (1978) का 'तेरी छोटी सी एक भूल' (येसुदास), अप्रदर्शित 'एक लड़की बदनाम सी' का बेहद मधुर 'रहें ना रहें चाहे हम और तुम' (लता, किशोर) जैसे कितने ही लालित्यपूर्ण गीत इस संदर्भ में याद आते हैं।

दरअसल एक मीठा-सा माधुर्य तो इस दौर में बप्पी के आधुनिक electronic आधारित वाद्य-संयोजन पर बनाई रचनाओं में भी साफ़ झलकता था, और यही कारण है कि बप्पी के इन वर्षों के कई ऐसे मुलायम आधुनिक रूमानी गीत यादगार रह गए हैं। 'कॉलेज गर्ल' (1978) का 'प्यार माँगा है तुम्हीं से न इनकार करो' (किशोर), 'दिल से मिले दिल' (1978) का शीर्षक गीत (किशोर) और 'ये नैना ये काजल' (किशोर), 'अहसास' (1979–जिसकी नायिका दीना पुरानी फ़िल्म 'खजांची' की हिरोइन रमोला की बेटी थी) के फिर उसी फुसफुसाहट-भरे अंदाज़ में 'कुछ खोने को दिल करता है' (आशा) तथा 'सपनों के शहर' (किशोर), 'और कौन' (1979) का 'हाँ, पहली बार' (किशोर), 'टूटे खिलौने' (1978) के whistling के प्रभाव के साथ 'माना हो तुम' (येसुदास) और 'डूब रहा है मेरा दिल' (लता), 'पतिता' (1980) का 'होंठों पे जान चली जाएगी' (किशोर), 'तेरे प्यार में' (1978) का humming के साथ 'आँखों में तुम' (बप्पी, सुलक्षणा), 'मनोकामना' (1979) का 'तुम्हारा प्यार चाहिए' (बप्पी) या 'एक बार कहो' (1980) का शीर्षक गीत (बप्पी, सुलक्षणा) जैसे ऐसे कई उदाहरण गिनाए जा सकते हैं। 'नई इमारत' (1979) के 'प्यार का पारस' (येसुदास, चंद्राणी मुखर्जी) की 'प्यार-भरी इल्तज़ा, 'हर जीवन हर युग में' (भूपेंद्र) की असीमता, 'नदिया बहती है' (लता, साथी) के प्रवाह और 'तुम अकेले तो कुछ भी नहीं' (सुलक्षणा, आरती) की नृत्यात्मकता के पीछे बप्पी ने मेलोडी और वाद्य-संयोजन के समन्वय की सुंदर धारा बहाई थी। 'अहसास' (1979) के 'रूठो ना घड़ी-घड़ी यूँ तुम' (लता) अपनी पाश्चात्य की प्रधानता के बावजूद कर्णप्रियता को भी साथ लेकर चलता है। 'सबूत' (1980) का 'जीना भी कोई जीना है' (लता, किशोर) भी गिटार और बाँसुरी के साथ कड़ी लयपूर्ण रचना थी। गिटार का बहुत सुंदर असर बप्पी ने 'टैक्सी चोर' (1980) के 'वादा है क्या' (किशोर, साथी), 'सबूत' (1980) के ही 'दूरियाँ सब मिटा दो' (लता), 'लहू के दो रंग' (1979) के 'मस्ती में जो निकली मुँह से' (किशोर, सुलक्षणा) और ऊपर वर्णित कई soft गीतों में बहुत रचनात्मकता से पैदा किया, वहीं 'अपने-पराये' की लोरी 'हलके-हलके आई चल के' (लता) में तो बप्पी की मेलोडी बड़ी निश्चल-सी लगी थी। वैसे इस दौर का बप्पी का यदि सर्वश्रेष्ठ गीत चुनना हो तो मैं 'पतिता' (1980) की उस बेमिसाल कृति 'बैठे-बैठे आज आई मेरे मन में, बन जाऊँ मैं घटा उड़ जाऊँ गगन में' (लता) को ही स्थान दूँगा। न केवल इसकी मेलोडी लाजवाब है बल्कि रिद्म का पक्ष तो बेहद प्रयोगात्मक और लुभावना है। 'उड़ जाऊँ' के साथ रिद्म में परिवर्तन यदि उड़ने का अहसास कराता है तो ढोलक के साथ परिवर्तित ताल और उसके समानांतर बाँसुरी, सितार और तबले के खूबसूरत टुकड़े तो इस गीत को कुल मिलाकर बेजोड़ ही बनाते हैं।

पर दशक के अंत तक बप्पी माधुर्य से दूर डिस्को और धमाकेदार dance music की ओर बढ़ चले थे। डिस्को संगीत बप्पी पहली बार 'सुरक्षा' फ़िल्म में लाए जो मिथुन चक्रवर्ती की अभिनीत थी। उसके बाद तो बप्पी के डिस्को संगीत पर मिथुन के नृत्य वाली फ़िल्मों का अम्बार ही लग गया। 'सुरक्षा' के 'कोई यहाँ नाचे-नाचे' और 'Gunmaster G 9' के साथ एक नई लहर ही आ गई। 'प्यारा दुश्मन' (1980) के 'One way ticket' की नकल पर बने 'हरि ओम हरि' (उषा उथुप, साथी) 'अरमान' (1981) के 'रम्भा हो' और 'मेरे जैसी हसीना का दिल' संगीत की एक नई प्रवृत्ति का उदाहरण थे जिसका प्रभुत्व नवें दशक की बढ़ती बाज़ारवादी उपभोक्तावादी और ऐंद्रिय सुखाय संस्कृति में बढ़ता चला गया।

'डिस्को डांसर' (1982) फ़िल्म न सिर्फ़ भारत में बल्कि रूस और चीन में भी अपने धमाकेदार संगीत के कारण चर्चित

रही। चीन ने तो बप्पी लाहिड़ी को इस फ़िल्म के संगीत के लिए पुरस्कृत भी किया–ये तथ्य यह भी इंगित करते हैं कि किस प्रकार साम्यवादी देशों में भी पूँजीवादी-भौतिकवादी और सांस्कृतिक वस्तुओं के प्रति इस दौर में ललक न सिर्फ़ बढ़ रही थी, बल्कि प्रत्यक्ष भी होने लगी थी। बप्पी का बदलता संगीत एक तरह से भूमंडलीकरण और खुले बाज़ार की वस्तुवादिता के आने वाले दौर की ओर संकेत करता है।

जैसाकि ऊपर भी इंगित किया गया है, बप्पी लाहिड़ी ने विदेशी धुनों की नकल भी भरपूर की और अधिकांशतः ऐसे गीतों में प्रेरणा कम और नकल अधिक रही। उदाहरण के तौर पर Dr. Hook की 'When you are' की नकल 'मेरे जैसी हसीना', Modern Talking के 'Brother Louie' की नकल 'जूनी जूनी', इटालियन डिस्को हिट की नकल 'रम्भा हो', Judas Priest के 'Oh Jesus' की नकल 'कृष्ण धरती पे आजा तू', मराठी लोकगीत की नकल 'ABCD', 'झोंपड़ी में चारपाई', बाँग्ला धुन पर बनी सचिन दा के 'अल्ला मेघ दे' की नकल 'दे दे प्यार दे', Cerrone के 'Love in C Minor' की नकल 'मौसम है गाने का', बीथोवेन के 'Fue Elise' की नकल 'ब्रह्मा' का 'हँस के गुज़ारे ज़िंदगी', खालिद के 'Elarbi' की नकल 'अमानत' का 'तुझसे मिलना मिलकर चलना', मोरी कांटे के 'Tamma Tamma' की नकल 'थानेदार' का 'तम्मा तम्मा', ओ सी बी सा के 'Kelele Kelele' की नकल 'टारज़न' का 'जी ले ले', Beverly Hills Cop (1984) के 'The heat is on' की नकल 'सैलाब' का 'पलकों के तले' जैसे न जाने कितने उदाहरण दिए जा सकते हैं।

बप्पी लाहिड़ी ने अपनी फ़िल्म 'रॉक डांसर' में ब्रिटिश पॉप स्टार समांथा फॉक्स से गवाया और कई वर्ष बाद 'लव 98' में ब्वॉय जॉर्ज तक से गवाया है। उनका हिट गीत 'हसीना' तो उन्हें बिलबोर्ड रेटिंग्स में शामिल होनेवाला पहला एशियाई व्यक्ति भी बना गया। अँग्रेजी फिल्म 'Divine Lovers' का पार्श्वसंगीत भी बप्पी लाहिड़ी का ही था।

जहाँ तक हिंदी फ़िल्मों का प्रश्न है, 'नौकर बीवी का' का 'ज़माना तो है नौकर बीवी का' (किशोर, निशि कोहली), 'हम मजनू तू लैला' (किशोर, उषा–कौन है खूबी), 'नैनों में सपना' (लता–हिम्मतवाला) गीत भले ही लोकप्रिय रहे हों पर यह लोकप्रियता तात्कालिक ही थी और बप्पी लाहिड़ी के संगीतबद्ध अधिकांश गीत स्तर की कमी के कारण कोई स्थायी प्रभाव छोड़ने में असफल ही रहे। 'दुनिया की ऐसी की तैसी' (इल्ज़ाम), 'साजन आ जाओ' (आग ही आग), 'बंधन टूटे ना' (पाप की दुनिया) जैसे शब्बीर कुमार के गीत, या फिर 'मवाली', 'आँधी तूफ़ान', 'साहेब', 'मुद्दत', 'आग ही आग' के गीत हों, इनकी लोकप्रियता के पीछे गुणवत्ता से अधिक जमाने की चलताऊ प्रवृत्ति को आत्मसात करने का कौशल ही अधिक था। 'दलाल' का 'गुटुर गुटुर', या 'थानेदार' का 'थम्मा थम्मा' बप्पी का जो रूप प्रस्तुत करता है, वह कहीं से भी आकर्षक नहीं है। 'शराबी' (1983) का संगीत जिसके लिए बप्पी लाहिड़ी को फ़िल्म फ़ेयर पुरस्कार भी मिला उनके आम संगीत से तो बहुत बेहतर था, विशेषकर 'मंज़िलें अपनी जगह हैं, रास्ते अपनी जगह' (किशोर) की संजीदा धुन और 'इंतहा हो गई इंतज़ार की' (किशोर, आशा) की बदलती लय और रिद्म प्रभावशाली थी, परंतु ऐसा कोई विशिष्ट तत्व तो उसमें भी नहीं था। 'दे दे प्यार दे' (किशोर) जैसे गीतों में पीलू राग को ढूँढ़ने पर हंगामेदार नकल ही मिलती है। उसी प्रकार 'नमक हलाल' के 'पग घुंघरू बाँध' में दरबारी का हलकापन बहुत अखरता है। उससे प्रभावशाली तो आधुनिक अंदाज़ में 'जवानी जानेमन' ही लगता है जिसे आशा भी अपने पसंदीदा गीतों में मानती हैं। अपने इस दौर में असंख्य वाहियात फ़िल्मों में व्यस्त बप्पी लाहिड़ी काफ़ी समय तक दक्षिण भारतीय बैनरों की ढेर फ़िल्में मिलने के कारण मद्रास में भी अपना कैम्प रखते थे। सफलता के प्रकाश में चमकते रहने के लिए बप्पी लाहिड़ी अजीबोगरीब पोशाक भी धारण करते थे और इसकी भी उन दिनों खूब चर्चा होती थी।

'शराबी' में अमिताभ और जयाप्रदा

ऐसा भी नहीं था कि अपने इस दौर में बप्पी की रचनात्मकता या कर्णप्रियता पूरी तरह समाप्त हो गई थी। बीच-बीच में कुछ खूबसूरत रचनाओं की सृष्टि वे करते रहे। 'प्यास' (1981) का लता का पसंदीदा 'दर्द की रागिनी', 'भावना' का कर्णप्रिय 'मेरे दिल में तू ही तू है' (जगजीत, चित्रा), मनहर के गाए 'मेरा धरम' के 'ढूँढ़ती है तुझे' (आशा के साथ) और 'हम तो तेरे

लिए' (जानकी के साथ) या 'महागुरु' का 'कुछ दिन पहले', 'हैसियत' (1984) का प्राकृतिक कोमलता भरा अहीर भैरवी आधारित 'धीरे-धीरे सुबह हुई' (येसुदास), 'हथकड़ी' (1982) का खास शोभा गुर्टू शैली का 'छैला रे छैला', 'जस्टिस चौधरी' का कर्णप्रिय 'ज़िंदगी के पहले' (लता, किशोर), बहुत आकर्षक रूमानी कवितामय लय में पिरोया हुआ 'पसंद अपनी अपनी' (1982) का 'तुम जो मिले हो गीत सजे हैं' (आशा, सुरेश वाडेकर), रवींद्र संगीत पर आधारित 'झूठी' (1986) का 'चंदा देखे चंदा' (किशोर, लता), 'हत्या' का रूमानी 'ज़िंदगी महक जाती' (येसुदास, लता) या 'जानी दोस्त' का 'जीवन बना जीवन' (लता, किशोर), स्निग्ध सी स्वरलहरियों के साथ 'सुगंध' का 'दिन भी खिले खिले हैं' (आशा, बालसुब्रमण्यम), कलात्मक फ़िल्म 'किसी से न कहना' (1983) के मेलोडीप्रधान 'फूलों तुम्हें पता है' (आशा), 'तुम जब से जीवन में' (आशा) और 'ढूँढ़े यशोदा चहुँओर' (आशा), 'सुराग' का 'भींगा-भींगा मौसम' (लता), 'पाताल भैरवी' का शिवरंजनी आधारित 'मुझको बना ले प्रियतमा', 'तकदीर का बादशाह' का भैरवी पर 'जो भजे हरि' (लता), 'अधिकार' (1986) का रवींद्र संगीत की छाया लिए 'मैं दिल तू धड़कन' (किशोर), 'ज्योति' (1981) का अति मधुर 'सुन मुन्ने मेरे आ मैं तुझे परियों की बातें सुनाऊँ' (लता), 'फ़रेब' (1983) का आधुनिक और elegant 'कभी तो आएगा लौट के मेरा प्यार' (लता) और मुलायम सुरों के साथ 'ये मौसम प्यार का' (किशोर, आशा), 'सलमा' (1985) के शायराना धुन वाले 'ऐ मेरे महबूब' (सलमा आगा, पीनाज़ मसानी, साथी) जैसी सुंदर रचनाएँ बीच-बीच में बप्पी अभी भी बना रहे थे। सलमा आगा के गाए कुछ श्रेष्ठ गीत बप्पी लाहिड़ी के हिस्से ही आते हैं। 'कसम पैदा करने वाले की' (1984) में डिस्को गीतों के अलावा 'जीना भी क्या है जीना' उनका अच्छा गीत था। 'कमला' (1984) के 'इंसानों को क्यों नीलाम करती है दुनिया' (पंकज उधास) के साथ सलमा आगा के स्वर में एक बहुत खूबसूरत गज़ल थी 'आज फिर आइने ने पूछा है, तेरी आँखों में ये नमी क्यूँ है'। वहीं 'शीशे का घर' (1983) में तो बप्पी अपनी लीक से हटकर हमें अद्भुत अर्द्धशास्त्रीय रचनाएँ दे गए। सलमा आगा के स्वर में दादरा शैली में 'चला है बलमवा नैना लगाई के', लाजवाब सारंगी और सितार के टुकड़ों के साथ गज़ल 'मुख्तसर-सी बात ये' और सोहनी तथा माड़वा में ठुमरी 'ना तोड़ो पिया पिया लाज का बंधन', शरद जाम्भेकर के साथ अद्भुत तराना और अनूप घोषाल के साथ सुंदर रूमानी रचना 'तुम साथ हो' जैसे गीत अधिक सुने नहीं गए, वरना बप्पी इस फ़िल्म में तो अपने रचनात्मक उत्कर्ष पर थे।

बप्पी अपने धमाकेदार संगीत को इतनी ज़्यादा फ़िल्मों में लेकर आए कि इस दौर में उनके साथ शोर और हंगामा जैसे विशेषण ही चिपक गए हैं। 'हिम्मतवाला', 'मवाली', 'आज का एम.एल.ए. रामअवतार', 'कसम पैदा करने वाले की', 'मकसद', 'मेरी अदालत', 'पेट प्यार और पाप', 'वक्त की पुकार', 'गिरफ्तार', 'कर्मयुद्ध', 'माँ कसम', 'दिलजला', 'मेरा धरम', 'सिंहासन', 'आग ही आग', 'डांस-डांस', 'पाप की दुनिया', 'तमाचा', 'मेरा शिकार', 'आज के अंगारे', 'प्रेम प्रतिज्ञा', 'कसम वर्दी की', 'पाप का अंत' 'तौहीन', 'आवारागर्दी' जैसी वाहियात मारधाड़ वाली फ़िल्मों का उनका संगीत इतना स्तरहीन था कि उनकी इस छवि को 'एतबार' की बैरागी भैरव आधारित खूबसूरत गज़ल 'किसी नज़र को मेरा इंतज़ार आज भी है', 'दूसरी दुलहन' के 'ये किस बंधन में' (भूपेंद्र) और 'लम्हा लम्हा' (किशोर), 'बेवफ़ाई' का 'हम अपनी वफा याद दिला भी नहीं सकते' (लता), 'मुहब्बत' के 'नैना ये बरसे' (लता) और 'साँसों से नहीं' (किशोर, साथी), 'दो उस्ताद' के 'कितने ही सालों से' (लता, भूपेंद्र) और 'उस रात की सुबह' जैसे अच्छे गीत नहीं तोड़ पाए। सदी के आखिरी दशक के मोड़ पर मेलोडी की नए रूप में वापसी और नदीम श्रवण, आनंद मिलिंद, रहमान और अनु मलिक के वर्चस्व की आँधी में बप्पी लाहिड़ी बिलकुल हाशिए पर चले गए।

'बॉम्ब ब्लास्ट' के कुछ गीत, या फिर 'घायल' का 'Lambada' से प्रेरित 'सोचना क्या' और 'माहिया तेरी कसम', 'दलाल' के 'ठहरे हुए पानी में' (शानू) और बड़ी खूबसूरत रिद्म के साथ 'चोरी-चोरी तेरे संग अँखियाँ मिलाई रे' (कविता, शानू), 'आँधियाँ' का 'ये वादा कर ले वादा' (मनहर, अनुराधा), 'सच्चे का बोलबाला' का कोमल 'तन्हा मैं अकेला' (किशोर), 'गीतांजलि' का शास्त्रीय सौंदर्य से पूर्ण 'बदरा छाए' (कविता कृष्णमूर्ति) 'आग का तूफ़ान' का 'मैं दिल भर के देखूँ तुम्हें' (सानू, अलका), 'आँखें' का 'ओ लाल दुपट्टे वाली तेरा नाम तो बता' (शानू, विनोद राठौड़) जैसे कुछ अच्छे गीत वे अभी भी दे रहे थे, और कुछ गीत लोकप्रिय भी हुए, पर कुल मिलाकर उनका ज़माना अब बीत चुका था। सक्रिय हो बप्पी अभी भी हैं, पर संगीतकारों की अग्रणी श्रेणी में अब उनकी गिनती नहीं होती है।

वनराज भाटिया

'राह में बिछी हैं पलकें आओ'

वनराज भाटिया

हिंदी में नई धारा की 'आर्ट' फ़िल्मों के संगीतकार अकसर वनराज भाटिया रहे हैं, विशेषकर श्याम बेनेगल की फिल्मों में तो उनका संगीत होना अवश्यम्भावी ही है। वनराज भाटिया को न सिर्फ हिंदुस्तानी बल्कि पाश्चात्य शास्त्रीय संगीत की भी बहुत अच्छी जानकारी है। 1927 में मुंबई में जन्मे भाटिया ने एलफिंस्टन कॉलेज से अँग्रेजी की शिक्षा के साथ-साथ संगीत की शिक्षा भी जारी रखी और उसके बाद वनराज भाटिया ने युवावस्था में Royal Academy of Music, लंदन से पाश्चात्य संगीत की शिक्षा ली। वहाँ उनके शिक्षकों में हावर्ड फ़रगुसन, एलन बुश और विलियम एल्विन जैसे बड़े नाम शामिल थे। वहीं उन्हें 1954 में स्वर्ण पदक भी मिला। उन्होंने पेरिस में नादिया बोलेंगर से भी सीखा और Opera संगीत का भी यूरोप में भ्रमण कर अध्ययन किया। यूरोप में पाश्चात्य संगीत कम्पोज़र बनने का उनका प्रयास अधिक सफल नहीं रहा, और वे भारत लौट आए जहाँ दिल्ली विश्वविद्यालय के पाश्चात्य संगीत विभाग में पाँच वर्षों तक कार्यरत रहने के बाद वर्षों तक वे वृत्तचित्रों और विज्ञापन फ़िल्मों में ही संगीत देते रहे। शक्ति सिल्क साड़ी के लिए बनाया उनका jingle पहली बार किसी भारतीय विज्ञापन फिल्म के लिए रेकॉर्ड किया मौलिक संगीत था।

फ़िल्मों में वनराज भाटिया को पहला अवसर मर्चेंट आइवरी की 'द हाउसहोल्डर' (1963) में तब मिला जब उनकी उम्र 37 वर्ष की थी। पर संगीतकार के रूप में उनकी पहचान शुरू हुई श्याम बेनेगल की बेहद चर्चित और सराही गई फ़िल्म 'अंकुर' (1974) से। गीतविहीन इस फ़िल्म में बेहतरीन पार्श्वसंगीत से भाटिया ने ग्रामीण सामंतवादी व्यवस्था में शोषण और विद्रोह के सूत्रपात को उल्लेखनीय तरीके से उभारा। बेनेगल की ही इसी शोषण के थीम पर बनी 'निशांत' (1975) में भाटिया ने कुछ बेहतरीन गीत भी कम्पोज़ किए। दक्कनी उर्दू ग़ज़ल के जन्मदाता कुली कुतुब शाह की मशहूर गज़लों 'पिया बाज प्याला पिया जाए ना' और 'पिया तुज आशना हूँ मैं' को क्रमशः प्रीति सागर और भूपेंद्र से भाटिया ने बड़े खुलूस से गवाया। हालाँकि यह आश्चर्यजनक और दुखद है कि ग्रामीण शोषण के विरुद्ध प्रेरित करनेवाली इस फ़िल्म में भी संघर्ष को प्रतिध्वनित करता सामाजिक, राजनीतिक चेतनावाला कोई गीत नहीं था। मसालेदार फ़िल्मों में तो यह बात समझ में आती है, पर बेनेगल और भाटिया जैसे प्रगतिशील विचारधारा के व्यक्तियों की इस थीम पर बनाई फ़िल्मों में भी संगीत के इस पक्ष की उपेक्षा पुनः इस तथ्य को रेखांकित करती है कि फ़िल्म-संगीत में समाज के वर्ग-विभेद को उभारने

प्रीति सागर

वाले गीतों का अभाव दिनोंदिन बढ़ता ही गया है।

लोकप्रियता की दृष्टि से सफलता मिली बेनेगल की ही 'मंथन' (1976) और 'भूमिका' (1977) के संगीत को। आनंद (गुजरात) के दुग्ध सहकारी आंदोलन पर बनी 'मंथन' में यूँ तो एक ही गीत था, पर लोकसंगीत पर आधारित इस 'मेरो गाम काठा पारे, जहाँ दूध की नदिया बहे' (प्रीति सागर) ने संगीत रसिकों को चमत्कृत कर दिया। यहाँ तक कि जब प्रिंस चार्ल्स भारत आए तो उन्होंने इस गीत को सुनने की फ़रमाइश की और प्रीति सागर ने फ़ोन पर उन्हें यह गीत सुनाया। प्रिंस चार्ल्स को पद्मिनी कोल्हापुरे द्वारा दिए गए चुम्बन को सनसनीखेज पत्रकारिता ने भले ही अधिक उछाला हो, पर प्रिंस चार्ल्स का पसंदीदा 'मंथन' का यह गीत अपनी गुणवत्ता और सरहदों की सीमाओं के भी परे अपनी पहुँच के कारण चर्चा के अधिक काबिल था। इस गीत पर प्रीति सागर को फ़िल्मफ़ेयर का सिल्वर जुबली पुरस्कार भी मिला था।

फ़िल्म 'भूमिका' का एक दृश्य

प्रसिद्ध मराठी अभिनेत्री हंसा वाडेकर की जीवनी पर आधारित 'भूमिका' संगीत के मामले में बेनेगल की सर्वश्रेष्ठ फ़िल्मों में से एक है। राग शुद्ध कल्याण पर फ़िल्म में कई बार बजा 'मोंदर बाजू रे' (सरस्वती राणे, मीना फातरपेकर, उत्तरा केलकर) का प्रभाव पूरी फ़िल्म पर रहता है। दरअसल 'भूमिका' में भाटिया ने चौथे और पाँचवें दशक में प्रचलित नाट्यसंगीत और फ़िल्म-संगीत की शैलियों का प्रयोग किया जो कि कहानी के परिवेश के अनुकूल था। बॉम्बे टॉकीज़ की फ़िल्मों में प्रयुक्त जलतरंग और आरम्भिक आर.के. फिल्म्स में प्रयुक्त ट्रम्पेट का 'भूमिका' में व्यापक इस्तेमाल है। प्रसिद्ध शास्त्रीय गायक फ़िरोज दस्तूर से राग ललित पर गवाया 'घर-घर में राम रमैया' भी एक पारम्परिक रचना का खूबसूरत प्रयोग था। सबसे सुंदर रचना थी चंदू आत्मा की गाई गम्भीर, intensity से भरपूर 'मेरी ज़िंदगी की कश्ती तेरे प्यार का सहारा'। भाटिया ने इसकी तर्ज़ भी बेहद कर्णप्रिय बनाई थी और चंदू आत्मा ने इसे गाया भी बहुत खूब था। लावणी के प्रयोग वाला 'मेरा जिस्कला बालम न आया' (प्रीति सागर) और शास्त्रीय आधार वाला 'सावन के दिन आए सजनवा आन मिलो' (प्रीति सागर, भूपेन्द्र) भाटिया के संगीत की विविधता के उदाहरण हैं। पर फिल्म का सबसे हिट गीत रहा राग तिलक कामोद पर आधारित प्रीति सागर के स्वर में 'तुम्हारे बिन जी ना लगे घर में', हालाँकि गुणवत्ता की दृष्टि से इससे अच्छी कई रचनाएँ फ़िल्म में थीं। पर यह तो फ़िल्म-संगीत का एक कटु सत्य है कि कई बार उत्कृष्ट रचनाओं को आम जनता उस तरह सम्प्रेषित नहीं करती जिस तरह एक साधारण पर catchy धुन को। इस फ़िल्म के लिए वनराज भाटिया को बंगाल फ़िल्म जर्नलिस्ट एसोसिएशन का पुरस्कार भी मिला। यही पुरस्कार उन्हें 'मंथन' के लिए भी मिला था।

श्याम बेनेगल निर्देशित 'कोंडूरा' (1977) में भाटिया का राग माड़वा पर आधारित थीम गीत 'इडि वरामो शापमो' वाला संगीत अनसुना ही रह गया, पर 1857 पर आधारित बेनेगल की बेहतरीन जीवंत फिल्म 'जुनून' (1978) ने इसकी कमी पूरी कर दी। जमील अहमद और साथियों के स्वर में जुनून की तरह उन्मादी खुसरो की कव्वाली 'आज रंग है ए माँ रंग है री' बिलकुल मदहोश कर देता है। रफ़ी के स्वर में पृष्ठभूमि में बार-बार उभरता जिगर मुरादाबादी का कलाम 'इश्क ने तोड़ी सर पे कयामत' अपनी उन्मुक्त शैली और वॉयलिन के बेहतरीन प्रयोग के कारण काफी लोकप्रिय रहा था। भाटिया ने फ़िल्म में शेक्सपियर की रचना 'Come live with me and be my love' को गुनगुनाने के लिए जेनिफ़र और शैरोन प्रभाकर की आवाजों का आकर्षक इस्तेमाल किया था। पर फ़िल्म का सबसे सुंदर गीत था अवध की कजरी की लोकधुन पर आधारित आशा के स्वर में 'घिर आई कारी घटा मतवारी'। उत्तरप्रदेश की पृष्ठभूमि में बनी इस फ़िल्म में यह प्रयोग बहुत सटीक बैठता था, और झूला झूलती नवयुवतियों पर इसका फ़िल्मांकन भी बेहतरीन था। इस गीत में भाटिया ने राग पीलू और तिलक कामोद का सुंदर इस्तेमाल किया था। 'जुनून' के पार्श्वसंगीत की तो जितनी तारीफ की जाए, कम होगी। 1857 की अनिश्चितता, आशा, हताशा, उन्माद–सभी भावनाओं का तेजी से बदलते परिदृश्य में संगीतात्मक चित्रण इस पार्श्वसंगीत के कारण भी अत्यंत प्रभावी बन पाया–इस तथ्य को नामंजूर नहीं किया जा सकता।

श्याम बेनेगल की पूँजिवादी व्यवस्था के आंतरिक द्वंद्वों को महाभारत के प्रतीकों के माध्यम से व्यक्त करती फिल्म 'कलयुग' (1981) में गीतों के लिए अधिक जगह नहीं थी। नए रॉक अंदाज़ में 'What's your problem?' (प्रीति सागर, साथी) भी बस यूँ ही था। 'सज़ा-ए-मौत' (1981), अपर्णा सेन की अँग्रेज़ी फ़िल्म '36 Chowrangee Lane' में पार्श्वसंगीत अलबत्ता हमेशा की

तरह बेहद प्रभावी था। संगीत के मामले में कोठों की ज़िंदगी पर बनी बेनेगल की 'मंडी' (1983) वनराज भाटिया की अभूतपूर्व फ़िल्म रही। 'शमशीर बरैना' (प्रीति सागर) जैसी ज़फ़र की मशहूर कृति को राग हमीर में अद्‌भुत सुंदरता से भाटिया ने सारंगी के टुकड़ों से सजाया था। आशा भोंसले से बागेश्वरी में 'इश्क के शोले को भड़काओ' को एक सजीव प्रज्वलित अंदाज से गवाने का श्रेय भी भाटिया को जाता है। हैदराबादी अंदाज़ में शबाना आजमी से 'मैं कित्ती बार बोला नक्को' की गुनगुनाहट भी बहुत आकर्षक बन पड़ी थी। सूफियाना अंदाज़ में 'हर में हर को देखा' (अजीज़ अहमद वारसी, पार्टी), लाजवाब गज़ल की मुजरा शैली में 'ज़माने बदलते हैं' (आशा), मुजरा शैली में ही इंशा की रचना 'चुभती है मुझे चुभती है भारी अँगियाँ' (आशा), शुद्ध शास्त्रीय बंदिश 'आई रे बरखा की ऋतु आई' (आशा) और 'रैन का सपना' (आशा) जैसे गीतों को सुनने के बाद कौन होगा जो वनराज भाटिया के आगे नतमस्तक नहीं हो जाएगा?

वनराज भाटिया के संगीत में कई स्थानों पर पाश्चात्य हार्मनी और हिंदुस्तानी राग-रागिनियों का सम्मिश्रण बहुत खूबसूरती से उभरा है। 'जाने भी दो यारो' (1983), 'मोहन जोशी हाज़िर हो' (1983), 'हिप-हिप हुर्रे' (1984) या चर्चित दूरदर्शन सीरियल 'खानदान' के पार्श्वसंगीत की अधिक चर्चा नहीं हुई, हालाँकि 'हिप-हिप हुर्रे' में गुलज़ार लिखित 'एक सुबह एक मोड़ पर' और 'जब कभी मुड़ कर देखता हूँ मैं' जैसे अच्छे गीत थे। भाटिया आर्ट फिल्मों के ही संगीतकार रहे हैं और इस कारण से उनकी कई फ़िल्मों में गीतों के लिए स्थान नहीं रहता था। 'आघात' (1985), 'खामोश' (1985), 'पेस्टनजी' (1987) आदि ऐसी ही फ़िल्में थीं, पर इन सबमें वनराज भाटिया ने अपने प्रभावशाली पार्श्वसंगीत से बेहद प्रभावित किया। 'सुस्मन' (1986) में शारंग देव के साथ संगीत देते हुए भाटिया ने कबीर के भजनों का सुंदर प्रयोग किया था। गुजराती फ़िल्म 'जे पीर परायी जाने ना' में संगीत देते हुए भाटिया ने प्रीति सागर से गरबा शैली में 'फुलड़ा बीनी रे राधा' जैसा मधुर गीत भी गवाया था।

कुमार शाहनी की चर्चित फिल्म 'तरंग' (1984) में उन्होंने आशा से 'मुन्ना बड़ा होगा' और लता से रघुवीर सहाय लिखित एक अद्‌भुत रचना 'संग सो जा' गवाई थी। इस गीत की कम्पोज़ीशन जटिल थी और रिद्‌म पैटर्न भी irregular था। पर लता इस गीत से इतना प्रभावित हुई कि उन्होंने रेकॉर्ड किया हुआ गीत सुनने की इच्छा ज़ाहिर की–ऐसा वे 1984 तक तो शायद ही कभी करती थीं। माँड, जोगिया और भीमपलासी तथा 12 मात्रा की धीमी धुन में इस रचना को सुनना रोमांचित कर देता है। संगीत की दृष्टि से भाटिया की एक महत्त्वपूर्ण पेशकश 'सुखियाँ' (1985) भी थी, पर 'दिल ज़िंदा रखने के लिए' (किशोर, आशा), 'क्या है आवाज़ यही' (आशा, साथी) और 'एक दोस्त जो मुझको खुदा-सा लगता है' (आशा) जैसे गीत लोकप्रिय न रहे। वैसे 'वो एक दोस्त' की धुन लाजवाब थी और पेनाज़ मसानी ने लगभग उसी धुन पर अपनी मशहूर गजल 'वो मेरा हो के भी मुझसे खफ़ा सा रहता है' गाई थी। गोवा के पुर्तगाली परिवारों की पृष्ठभूमि पर बनी 'त्रिकाल' (1985) में भाटिया का पाश्चात्य संगीत ज्ञान अपने चरम पर प्रदर्शित हुआ। आज के मशहूर गायकों रीमो फर्नांडीज और आलिश चिनाय को उन्होंने 'हिंदी मैंडो एंड डुलपोड', 'पाँच वरसम' जैसी विशिष्ट कृतियों में आवाज देने के लिए बुलाया। फ़िल्म चली नहीं और गीत अनसुने ही रह गए, वरना यह सम्भव था कि युवावर्ग इन गीतों को खूब पसंद करता। टी.वी. सीरियल फ़िल्म 'तमस' (1985) में विभाजन की पृष्ठभूमि में तेजपाल सिंह और सुरिंदर सिंह से भाटिया ने 'दे शिवा वर मोहे', 'जो लड़े दीन के हात' और 'अखर न सूझे दूवा' जैसे बड़े प्रभावशाली शबद गवाए। 'तमस' के संगीत में भाटिया ने जोगिया, मारवा, पूरिया धनाश्री का इस्तेमाल कर त्रासदी और दुःख के मनोभावों को सशक्त तरीक़े से अभिव्यक्त किया। प्रारम्भिक संगीत की उन्होंने 75 धुनें बनाईं और तब जाकर एक को चुना। इतनी मेहनत के लिए 'तमस' के संगीत हेतु भाटिया को राष्ट्रीय पुरस्कार भी मिला। 1989 में उन्हें संगीत नाटक अकादमी पुरस्कार से भी नवाजा गया। बेनेगल निर्देशित दूरदर्शन धारावाहिक 'भारत : एक खोज' में वैदिक संगीत का उनका प्रयोग भी लाजवाब ही था।

आरती अंकलेकर

'मोहरे' (1987), 'पर्सी' (1989), 'मेकिंग ऑफ़ ए महात्मा', 'पिता', 'जज़ीरें' (1989), 'कस्बा' (1990) और 'अंतर्नाद' (1992) में संगीत देने के पश्चात् बनराज भाटिया को धर्मवीर भारती की रचना पर केंद्रित 'सूरज का सातवाँ घोड़ा' (1992) और श्याम बेनेगल की 'सरदारी बेगम' (1996) में अवसर मिला। जहाँ 'सूरज का सातवाँ घोड़ा' में उन्होंने

शुभा जोशी

'सरदारी बेगम'

यमन पर आधारित खूबसूरत गीत 'ये शामें सब की' कम्पोज़ किया, वहीं एक पारम्परिक ठुमरी गायिका की ज़िंदगी पर आधारित 'सरदारी बेगम' में संगीत के लिए अवसर प्रचुर था, और भाटिया ने इसका फ़ायदा उठाकर लाजवाब संगीत दिया। मुज़रा-शैली में आशा भोंसले का गाया 'चाहे मार डालो राजा' लोकप्रिय रहा, पर वह फ़िल्म का सबसे कमजोर गीत था। राग केदार पर आधारित 'राह में बिछी हैं पलकें आओ' (आरती अंकलेकर, शुभा जोशी), राग पीलू और दादरा ताल पर आधारित 'मोहे कान्हा जो आएँ पलट कर', (आरती अंकलेकर, आशा भोंसले), मियाँ की मल्हार में एक ताल पर सृजित 'घिर-घिर आई बदरिया' (आरती अंकलेकर), ग़ज़ल-शैली में 'हुज़ूर इतना अगर हम पर करम करते तो अच्छा था', और ठुमरी-दादरा शैली में 'घर नहिं हमरे' (आरती अंकलेकर), साँवरिया देख ज़रा' (शुभा जोशी) और 'चली पी के नगर' (आरती अंकलेकर) सभी एक से बढ़कर एक रचनाएँ थीं, और 'भूमिका' तथा 'मंडी' की तरह ही 'सरदारी बेगम' को हिंदी फ़िल्म-संगीत के इतिहास में एक अविस्मरणीय उपलब्धि की तरह स्थापित करती हैं। 'सरदार' (1993), 'द्रोहकाल' (1994), 'नसीम' (1995) 'मजहब' (1996), 'चार अध्याय' (1997) जैसी कई कलात्मक फिल्मों में संगीत के लिए भाटिया को ही चुना गया, हालाँकि इन फ़िल्मों के संगीत ने कोई हलचल नहीं पैदा की।

श्याम बेनेगल की फ़रीदा ज़लाल की यादगार भूमिका के लिए याद की जाने वाली फिल्म 'मम्मो' (1995) में कथानक को मुखरित करता था गुलजार का गीत 'हज़ार बार रुके हम, हज़ार बार चले'। वनराज भाटिया ने इसे बड़ी कशिश-भरी धुन दी थी और जगजीत सिंह से गवाया था। वहीं 'समर' (1998) में भाटिया ने आज चर्चित हो रही गायिका सुनीधि चौहान से गवाया था। परिवार नियोजन और स्त्रियों के स्वास्थ्य पर केंद्रित फ़िल्म 'हरी भरी' (2001) में भी भाटिया ने (कुरतुल-ऐन-हैदर के एक उपन्यास के शीर्षक से लिए गए मुखड़े वाला) बड़ा सुंदर गीत कम्पोज़ किया था–'अगले जनम मोहे बिटिया न कीजो'।

फिल्म 'हरी-भरी' में शबाना आज़मी

Music Today के कई निर्माणों से भाटिया सम्बद्ध रहे हैं। 'Meditation', 'भागवत गीता', 'The Elements' जैसी उनकी संगीतबद्ध कई रचनाएँ भाटिया के विराट संगीत ज्ञान को रेखांकित करती हैं। पाश्चात्य और भारतीय शास्त्रीय संगीतों का एक साथ इतना विराट ज्ञान कम ही संगीतकारों के पास रहता है। भाटिया मानते हैं कि हिंदी फिल्में अधिकांशतः operatic होती हैं, और उनका सबसे नाटकीय क्षण तब आता है जब सभी क्रियाएँ रुक जाती हैं और गाना आ जाता है।

भाटिया ने 'तमस' और 'भारत : एक खोज' के अतिरिक्त 'खानदान', 'लाइफ लाइन', 'वागले की दुनिया' जैसे कई टीवी धारावाहिकों में भी संगीत दिया है। राष्ट्रीय नाट्य विद्यालय के कई नाटकों (जिसमें 'तुगलक' भी शामिल है) में उनका संगीत लिया गया। तीनमूर्ति भवन के साउंड ऐंड लाइट शो का संगीत भी भाटिया के ही नाम है। पेरिस में रह रहे भारतीय लेखक विजय सिंह की बनाई फिल्म 'जय गंगा' में गंगा की यात्रा का विविध संगीत उभारने के अलावा भाटिया ने फ्रेंच गायक एरिक पेडरियर से भी एक मार्मिक गीत गवाया। हाल में सोनी म्यूज़िक के बैनर तले उन्होंने एक पॉप एलबम 'श्रुतिका' को भी संगीतबद्ध किया पर लोकप्रियता नहीं मिली। पर कुल मिलाकर लीक से अलग अपने प्रयोगधर्मी और रचनात्मक संगीत के कारण भाटिया का स्थान फ़िल्म-संगीत के फ़लक पर एक अनूठे सितारे की तरह हमेशा जगमगाता रहेगा।

जगजीत सिंह

'आओ मिल जाएँ हम सुगंध और सुमन की तरह'

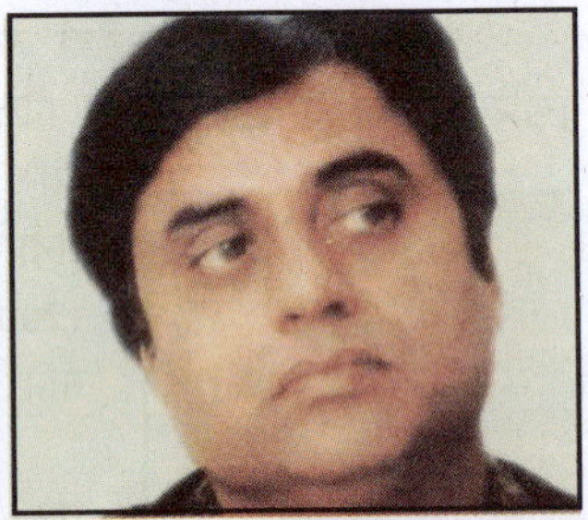

जगजीत सिंह

सुप्रसिद्ध गज़ल गायक जगजीत सिंह ने भी नवें दशक की कुछ फ़िल्मों में (अपनी पत्नी चित्रा के साथ) बेहतरीन संगीत दिया था। इसका आरम्भ तो उन्होंने पहले ही किया था पर आठवें दशक में उनकी संगीतबद्ध राजेंद्र सिंह बेदी निर्देशित 'अपनी धरती अपना देश' प्रदर्शित न हो पाई। वैसे इस फ़िल्म में उन्होंने रफ़ी और साथियों के स्वर में बिस्मिल लुधियानवी का गीत 'वतन के जर्रे-जर्रे पर' रेकॉर्ड किया था। मूलतः गंगानगर, राजस्थान के रहनेवाले जगजीत सिंह बचपन से ही संगीत के शौकीन थे तथा विद्यार्थी जीवन में भी महफ़िलों में गाकर उन्होंने खूब नाम कमाया था। उनकी प्राइवेट गज़लों के रेकॉर्ड यूँ तो काफ़ी पहले से बनने लगे थे, पर उनकी ग़ज़लों को भी अच्छी प्रसिद्धि आठवें दशक में जाकर ही मिली।

संगीतकार के रूप में उनकी प्रथम प्रदर्शित फ़िल्म 'प्रेमगीत' (1981) का संगीत सुपरहिट रहा। राग समीरिया पर आधारित 'होंठों को छू लो तुम' (जगजीत सिंह) और शिवरंजनी तथा पहाड़ी के सुरों को समेटे 'आओ मिल जाएँ हम सुगंध और सुमन की तरह' (सुरेश वाडेकर, अनुराधा) बहुत लोकप्रिय हुए। सुरेश वाडेकर के स्वर में 'ख्वाबों को सच कर दूँ' खूबसूरत शायराना प्रस्तुति थी। चंचल शैली का 'तेरे गीतों की मैं दीवानी' (आशा), मेलोडीपूर्ण 'देख लो आवाज़ दे कर', 'दूल्हे राजा' और पूरिया धनाश्री पर आधारित 'तुमने क्या-क्या किया' (आशा) जैसे और भी विभिन्न रंगों के गीत इस फ़िल्म में थे। 'अर्थ' (1982) अपने सशक्त कथानक के कारण जितनी चर्चित रही, उतनी ही जगजीत सिंह के संगीत-निर्देशन में 'तुम इतना जो मुस्कुरा रहे हो', 'कोई ये कैसे बताए', 'झुकी-झुकी-सी नज़र' (सभी जगजीत सिंह) और 'तू नहीं तो ज़िंदगी में' (चित्रा सिंह) जैसी कर्णप्रिय और रूमानी गज़लों के कारण। नवें दशक के लोकप्रिय गज़ल लहर का यह फ़िल्मों में आया सफल विस्तार था, और 'अर्थ' की आधुनिक गज़लों में लोकप्रिय तत्त्वों का समावेश था जो इन्हें पुराने सम्भ्रांत परिवेश से पृथक नई अर्थव्यवस्था में पनप रहे नए सम्भ्रांत वर्ग और मध्यवर्ग की बदली अभिरुचि के अनुरूप बनाता था।

'अर्थ' में शबाना आज़मी

शत्रुघ्न सिन्हा की निर्मित 'कालका' (1983) में शोभा गुर्टू से गवाए 'दरोगा जी से कहियो' तथा स्वयं के गाए 'कैसे कैसे रंग', 'तराना' और 'बिदेसिया' में जगजीत सिंह ने अर्द्धशास्त्रीय और लोकरंग की सुंदर छटा प्रस्तुत की थी। 'निर्वाण' (1983) का कथ्य के अनुरूप पार्श्वसंगीत जगजीत सिंह की उल्लेखनीय उपलब्धि थी। वहीं 'झूमते हैं लहराते हैं' जैसे मस्ती-भरे गीत में समूह स्वरों की अभिव्यक्ति और 'रातें हैं सूनी-सूनी दिन भी उदास मेरे' में दर्द का कोमल प्रस्तुतीकरण जगजीत

सिंह की विविध संगीत प्रतिभा को रेखांकित करते हैं।

'रावण' (1984) के गीत जगजीत सिंह की कम्पोज़ की हुई गैर-फ़िल्मी गज़लों की शैली के ही गीत थे। 'ज़िंदगी मेरी है टूटा हुआ शीशा कोई' (भूपेन हज़ारिका), 'हम तो यूँ अपनी ज़िंदगी से मिले' (जगजीत), 'इश्क से गहरा' (विनोद सहगल) आदि को सुनना उतना ही सुखद है जितना जगजीत सिंह की गज़लों का कोई एलबम। 'सितम' (1984) के 'सारा दिन जागी' और 'कौन गली से निकलूँ' में भी नज़्म और ठुमरी की संगीत अभिव्यक्ति क़ाबिलेतारीफ़ थी, भले ही इन गीतों को लोकप्रियता न मिली हो। कभी-कभी अपनी लोकप्रिय गैरफ़िल्मी गज़लों-गीतों को भी बाद में वे अपनी संगीतबद्ध फ़िल्मों में ले आए। जैसे 'ऐ मेरे दिल' में अपने मशहूर गीत 'हम तो हैं परदेस में' को।

अपनी गज़लों का पूरा हुनर जगजीत और चित्रा ने अपनी संगीतबद्ध भीमसेन की निर्मित 'तुम लौट आओ' (1983) में दर्शाया था। 'आज तुम से बिछड़ के' (जगजीत, चित्रा), 'एक सपनों का घर' (चित्रा), 'ज़ख्म तो आप की' (जगजीत, चित्रा), 'तेरे सपने मेरे सपने' (चित्रा, सुरेश वाडेकर), 'बिछड़ी मोरी सहेलियाँ' (शोभा जोशी, सरला कपूर) को काफ़ी सराहा गया। फ़िल्म 'ज्वाला' (1986) के 'अगर हम न होते' (आशा), 'मैया मैया मैया बोले रे कन्हैया' (देवकी पंडित) और 'राही' (1987) के 'मिलते थे कभी हम डर-डर के' (आशा, सुरेश वाडेकर) को तो अधिक लोकप्रियता न मिली, लेकिन 'आशियाना' (1986) और 'आज' (1987) के संगीत को प्रबुद्ध श्रोताओं ने बहुत सराहा। 'आशियाना' में यदि एक तरफ़ जगजीत सिंह की स्वयं की आवाज़ में 'हमसफ़र बन के हम साथ हैं आज भी' जैसी कशिश-भरी गज़ल थी तो दूसरी तरफ़ इला अरुण के स्वर में 'याद क्यूँ तेरी' जैसी दर्दीली राजस्थानी लोक प्रस्तुति थी। 'आज' के 'फिर आज मुझे तुमको इतना ही बताना है' (जगजीत सिंह) की हलकी-सी उत्प्रेरक धुन और 'ज़िंदगी रोज नए रंग में ढल जाती है' (घनश्याम वासवानी, आदि) का सामूहिक सूफ़ियाना अंदाज़ शानदार प्रस्तुतियाँ थीं।

जगजीत-चित्रा गज़लों की दुनिया के चोटी के सितारे होने के कारण फ़िल्मों में संगीत देने के काम को पेशेवर ढंग से नहीं ले पाए, बरना नवें दशक के फ़िल्म-संगीत के फ़लक पर उनका कम्पोज़ किया गया संगीत अपने स्तर के कारण एक अलग स्थान तो रखता ही है। 'जिस्म का रिश्ता' (1988), 'यादों का बाज़ार' (1988), 'बिल्लू बादशाह' (1989), 'कानून की आवाज़' (1989), 'ये शीशे ये सपने' (जगजीत सिंह) और 'उल्फत का जब किसी ने लिया नाम रो पड़े' (जगजीत सिंह) वाली 'खुदाई' (1991) के गीत खास लोकप्रिय न रहे। हाल में प्रदर्शित 'लीला' (2003) के अर्द्धशास्त्रीय अंदाज़ में 'जाग के काटी सारी रैना' (जगजीत सिंह) और गज़ल अंदाज में 'खुमारे गम है महकती फ़िज़ा में जीते हैं' (जगजीत सिंह) तथा 'धुआँ उठा है' (जगजीत सिंह) जैसे गुलज़ार के लिखे गीत और 'जब से करीब हो के चले ज़िंदगी से हम' (जगजीत सिंह) जैसी निदा फ़ाजली की रचना के साथ जगजीत सिंह पुनः संगीतकार के रूप में अपनी पुरानी परिचित गंध के साथ पुनः हमसे रूबरू हुए हैं।

शिव-हरि

'लगी आज सावन की फिर वो झड़ी है'

शिवकुमार शर्मा

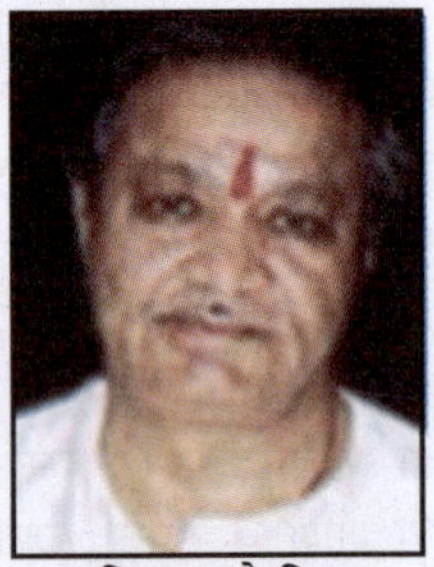

हरिप्रसाद चौरसिया

प्रसिद्ध संतूरवादक शिवकुमार शर्मा और प्रसिद्ध बाँसुरीवादक हरिप्रसाद चौरसिया का नाम कौन नहीं जानता है! फ़िल्मों में भी इन दोनों ने शिव-हरि के नाम से यादगार संगीत देकर अपनी धाक जमाई।

पहलवानों के परिवार में 1 जुलाई, 1938 को इलाहाबाद में जन्मे हरिप्रसाद ने पं. भोलाराम, पं. राजाराम और अन्नपूर्णा देवी (उस्ताद अलाउद्दीन खान की पुत्री) से शिक्षा पाई। वहीं 13 जनवरी, 1938 को कश्मीर में जन्मे शिवकुमार शर्मा ने बनारस घराने से संगीत शिक्षा पाई, और उनका पहला सोलो एलबम 1960 में ही निकल गया।

संतूर को लोकसंगीत के वाद्य की छवि से निकालकर शास्त्रीय संगीत के वाद्य के रूप में स्थापित करने में शिवकुमार शर्मा का ही बड़ा योगदान है। नए तकनीकों से 'मींड' का प्रभाव तथा गायकी और लयकारी का चरित्र संतूर को उन्होंने ही दिया। बाँसुरी जैसे तंतुविहीन वाद्य को भी tune करने की कला में सिद्धहस्त चौरसिया और संतूर जैसे मुश्किल वाद्य को हर तरह से बजाने वाले शर्मा का बृजभूषण काबरा के गिटार के साथ 'Call of the Valley' एलबम अति लोकप्रिय रहा है। चौरसिया ने 'हरिप्रिया' और 'मंगल ध्वनि' जैसे नए रागों को भी अपनी बाँसुरी से स्थापित किया। पद्मभूषण और संगीत नाटक अकादमी से नवाज़े गए चौरसिया तथा पद्मश्री से नवाज़े गये शर्मा के शास्त्रीय संगीत के कैसेटों से तो कोई भी संगीत की दुकान भरी ही रहती है।

आकाशवाणी कटक में बतौर आर्टिस्ट कुछ दिनों तक कार्यरत रहने के बाद हरिप्रसाद चौरसिया ने भुवन के साथ भुवन-हरि के नाम से आरम्भ में फ़िल्मों में संगीत दिया। अवतार कौल की '27 डाउन' (1973) जैसी कलात्मक फ़िल्म में उनका संगीत था। इसमें द्वंद्वात्मक मनोभावों को तबले के सहारे लाजवाब ढंग से उभारा गया है। उड़िया फ़िल्म 'समया' (1976) में उन्होंने मुकेश से 'रे प्रिया मोर कुह मुँ तुमरि' जैसा सुंदर प्रणय गीत और 'छुपा छुपी' (1981) में उन्होंने अनुराधा पौडवाल से 'लो शुरू हो गया' जैसी एक बहुत आकर्षक मेलोडी गवाई थी। बतौर संगीतकार आने के पूर्व भी शिवकुमार शर्मा और हरिप्रसाद चौरसिया को विभिन्न संगीतकारों द्वारा फ़िल्मों में कई गीतों में संतूर या बाँसुरी बजाने के लिए बुलाया जाता रहा था। मदन मोहन की प्रसिद्ध रचना 'फिर वही शाम वही ग़म वही तन्हाई है' में बाँसुरी का सुंदर उपयोग चौरसिया की ही देन है। शिवकुमार शर्मा का संतूर तो 'झनक-झनक पायल बाजे', 'बरसात की रात', 'हम दोनों', 'कश्मीर की कली' और 'ये रात फिर न आएगी' जैसी असंख्य फ़िल्मों के संगीत को झंकृत करता रहा है।

फ़िल्मों में शिव-हरि को लाने का श्रेय यश चोपड़ा को जाता है। अमिताभ, जया और रेखा को एक साथ अपनी चर्चित फ़िल्म 'सिलसिला' (1981) में लानेवाले यश चोपड़ा ने संगीत के लिए खय्याम को न चुनकर इस जोड़ी को लिया। यश चोपड़ा की फ़िल्मों में पंजाबी, पहाड़ी संगीत का प्रभुत्व रहता था, और इस जोड़ी के साथ भी उन्होंने अपनी शैली को कायम रखा। 'सिलसिला' फ़िल्म

तो खास नहीं चली, पर गीत काफी हिट रहे। 'देखा एक ख्वाब तो ये सिलसिले हुए' (किशोर, सो गया' (लता, अमिताभ बच्चन), भैरवी में (लता), काफ़ी में पंजाबी शबद 'बाँह जिन्हाँ दी गुंजित स्वरलहरियों के साथ फूलों के उपवन में गए हम' (लता, अमिताभ बच्चन), पंजाबी किशोर), गज़ल शैली में यश चोपड़ा की पत्नी चोपड़ा अपनी फिल्मों में रखते ही थे) का गाया जया, रेखा के प्रेम-त्रिकोण को उद्भासित करता (जो आज तक अमिताभ का गाया सर्वाधिक साथ शिव-हरि ने फ़िल्म संगीत का एक सुंदर

'सिलसिला' में रेखा की एक भंगिमा

दादरा ताल में राग भूपाली पर आधारित लता), पहाड़ी पर आधारित 'नीला आसमाँ बेहतरीन कम्पोज़ीशन 'जो तुम तोड़ो पिया' पकड़िए' (रागी हरबंस सिंह, साथी), रूमानी बेहतरीन तरीके से फ़िल्मांकित 'ये कहाँ आ लोकशैली का 'सर से सरके चुनरिया' (लता, पामेला (जिनका कम से कम एक गीत यश 'खुद से जो वादा किया था', तथा अमिताभ, पारम्परिक शैली का 'रंग बरसे भींगे चुनरवाली' लोकप्रिय गीत बना हुआ है) जैसे गीतों के विविध रूप प्रस्तुत किया।

संगीत का पंजाबी, पहाड़ी रूप 'फ़ासले' (1985) के संगीत में भी स्पष्ट था। 'चाँदनी तू है कहाँ' (लता, किशोर), 'इन आँखों के जीने से' (लता, किशोर), 'फ़ासले हैं बहुत' (आशा), 'हम चुप हैं' (लता, किशोर), 'सुन ले ये सारा ज़माना' (लता) और 'मेरा बन्ना दुलहन' (पामेला, चोपड़ा, शोभा गुर्टू, साथी) जैसे गीतों में कमोवेश यह रंग मुखर था। 'फ़ासले' का सबसे सुंदर गीत था बेहद आधुनिक धुन और ऑरकेस्ट्रेशन से सजा 'जनम-जनम मेरे सनम' (लता, किशोर) जिसके धुन की कशिश और लोच इसे शिव-हरि के सबसे खूबसूरत गीतों में से एक बनाती है। यश चोपड़ा की असफल फ़िल्म 'विजय' (1988) के 'बादल पे चल के आ' (लता, सुरेश वाडेकर), 'मेरी आँखें हैं आपकी' (लता) और 'जिंदगी हर जनम' (लता, सुरेश वाडेकर, विनोद राठौड़) जैसे गीतों की अपेक्षाकृत असफलता के बाद शिव-हरि की यश चोपड़ा के साथ दो सबसे लोकप्रिय फ़िल्में आईं–'चाँदनी' (1989) और 'लम्हे' (1991)। 'चाँदनी' में यश चोपड़ा की फ़िल्मों का पंजाबी पहाड़ीपन तो था ही, और इन रंगों से सराबोर 'मैं ससुराल नहीं जाऊँगी' (पामेला चोपड़ा), 'मेरे हाथों में नौ नौ चूड़ियाँ हैं' (लता), 'पर्वत पे काली घटा' (आशा, सुरेश वाडेकर), 'मितवा' (लता, बाबला) 'महबूबा' (लता, विनोद राठौड़) जैसे गीत खूब लोकप्रिय भी रहे, पर साथ ही 'चाँदनी' में शिव-हरि का संगीत एक नृत्यात्मकता भी लेकर आया था और 'चाँदनी ओ मेरी चाँदनी' (लता), 'आ मेरी जान' (लता) जैसे गीतों में इसकी सुंदर झंकृत प्रतिध्वनि की। पर फ़िल्म का सर्वश्रेष्ठ गीत माना गया 'लगी आज सावन की फिर वो झड़ी है' (सुरेश वाडेकर, अनुपमा देशपांडे)। हलके क्लासिकी आधार पर यह कर्णप्रिय धुन आज भी शिव-हरि की सदाबहार रचना के रूप में याद की जाती है। कथानक की पृष्ठभूमि के अनुरूप 'लम्हे' के संगीत में शिव-हरि ने राजस्थानी लोकसंगीत के रंग भी 'मेघा रे मेघा' (लता, इला अरुण), 'म्हारे राजस्थान मां' (मोइनुद्दीन) और 'चूड़ियाँ खनक गई' (लता, इला अरुण, साथी) जैसे गीतों में डाले, पर यश चोपड़ा की फ़िल्मों की खास रूमानी पंजाबीनुमा या पहाड़ी शैली के 'याद नहीं भूल गया' (लता, सुरेश वाडेकर), 'कभी मैं कहूँ' (लता, हरिहरन), 'गुड़िया रानी' (लता) या 'मेरी बिंदिया' (लता) जैसे गीत भी विद्यमान ही रहे। 'लम्हे' का सबसे विशिष्ट गीत था 'मोहे छेड़ो न शाम' (लता) जिसे शिव-हरि ने परम्परागत ठुमरी अंग के बेहद कर्णप्रिय रूपांतर के रूप में प्रस्तुत किया था।

यश चोपड़ा की 'डर' (1993) में भी यश चोपड़ा की फ़िल्मों के संगीत मुहावरे छाए रहे चाहे 'सोलह बटन' (लता, कविता, पामेला चोपड़ा, साथी) का पंजाबी लोकरंग हो, 'तू मेरे सामने' (लता, उदित नारायण) की रिद्म आधारित नृत्यात्मकता हो, या 'जादू तेरी नज़र' (उदित नारायण) और 'लिखा है ये' (लता, हरिहरन) की रूमानियत हो। 'अंग से अंग' (अलका, सुरेश, विनोद, राठौड़, देवकी पंडित) का पूरबी लोकरंग भी यश चोपड़ा की फ़िल्मों के परिवारों के उत्सवी माहौल के अनुरूप ही था।

'डर' यश चोपड़ा के साथ शिव-हरि की अंतिम पेशकश रही। फ़िरोज नाडियाडवाला की 'परम्परा' (1993) का शिव-हरि का संगीत कुछ विशेष नहीं रहा। 'तू सावन मैं प्यास पिया' (लता) को अवश्य कुछ लोकप्रियता मिली। रमेश तलवार की 'साहिबाँ' (1993) के 'कैसे जिऊँगा मैं अगर तू न बनी मेरी साहिबाँ' (अनुराधा, जॉली मुखर्जी) की पहाड़ी आधारित धुन में भी शिव-हरि की आम पहाड़ी वाली बात न आ पाई। अफरोज़ बानू के स्वर में 'पिहरवा हो प्रेम है दीपक राग' अवश्य एक उल्लेखनीय अर्द्धशास्त्रीय बंदिश थी।

कुल मिलाकर शिव-हरि का फ़िल्मी सफ़र उनकी विराट संगीत काबिलीयत के सामने कमतर ही रहा। यह मानना ही पड़ेगा कि उनका संगीत यश चोपड़ा की फ़िल्मों की खास पंजाबी पहाड़ी पारिवारिक या सांस्कृतिक शैली के दायरों में बँधकर ही रह गया, और चूँकि यश चोपड़ा से अलग उन्होंने बहुत कम फ़िल्में कीं, अतः उनके संगीत का एकरंगी प्रकार ही सामने आ पाया।

इलैयाराजा

'नैना बोले नैना'

इलैयाराजा

हालाँकि इलैयाराजा की संगीतबद्ध कुछ हिंदी फ़िल्में नवें दशक में ही आ चुकी थीं, पर हिंदी सिने संगीत-संसार में उनकी कृतियों की चर्चा सदी के आखिरी दशक में भी होती रही है। मदुरई जिले के पन्नईपुरम में 1943 में जन्मे इलैयाराजा मूलतः दक्षिण भारतीय फ़लक के ही संगीतकार हैं, और आज की स्थिति में दक्षिण भारतीय संगीतकारों में स्तर और गुणवत्ता के लिहाज से वह एक विराट हस्ती माने जाते हैं। उनके बड़े भाई पवलाट वर्दराजन (जो एक लोक-गायक थे) ने उन्हें प्रारम्भिक शिक्षा दी, और पहले इलैयाराजा ने हारमोनियम में पारंगत हासिल की। एम.एस. विश्वनाथन और जी.के. वेंकटेश से उन्होंने गिटार की बारीकियों को भी समझा। ट्रिनिटी कॉलेज की परीक्षा में शास्त्रीय गिटार विधा में उन्हें स्वर्ण पदक भी मिला। इस प्रकार लोकसंगीत और पाश्चात्य शास्त्रीय संगीत के गुर इलैयाराजा को कम उम्र में ही प्राप्त हो गए थे। प्रसिद्ध गायक और मृदंगवादक टी.वी. गोपालकृष्णन से उन्होंने कर्नाटक शास्त्रीय संगीत की शिक्षा ग्रहण की। एक ज़माने में सलिल चौधरी के ऑरकेस्ट्रा में वे गिटार भी बजाया करते थे।

तमिल फिल्म-संगीत में आमूल परिवर्तन लाने वाले इलैयाराजा ही थे। एक नई सुरुचिसम्पन्नता तथा ऑरकेस्ट्रेशन की अस्मिता इलैयाराजा के तमिल फ़िल्मों के संगीत की विशेषताएँ बन गईं। भारतीय और पाश्चात्य फ़्यूज़न संगीत पर उनका काम अंतर्राष्ट्रीय स्तर पर भी सराहा गया है। 'How To Name It', 'Nothing But Wind' जैसे उनके इस प्रकार के एलबम एक प्रकार से समाज की जटिलताओं और नाशक प्रवृत्तियों की ओर भी ध्यान खींचते हैं, मानो एक बार यदि समाज नष्ट हो जाता है तो वादक भी मजबूरन स्वीकार कर लेगा कि संगीत और कुछ नहीं बस हवा है। 'Nothing but wind' में राग मालकौंस और पं. हरिप्रसाद चौरसिया की बाँसुरी के साथ परम्परा से हटकर किया गया प्रयोग अत्यंत प्रभावशाली रहा था। इलैयाराजा का fusion संगीत अमेरिका के विश्वविद्यालयों तक में पढ़ाया जाता है। इलैयाराजा के एलबम 'I love you Mozart' में मोत्सार्ट की चालीसवीं सिम्फ़नी के साथ उन्होंने पंडित हरिप्रसाद चौरसिया के राग कल्याणी में बाँसुरीवादन का fusion अद्भुत कौशल से कराया था।

इलैयाराजा का संगीत प्रयोगों का संगीत है। 'भारिमारि निन्नि' जैसे त्यागराज की रचनाओं को भी उन्होंने परिवर्तित कर प्रस्तुत किया। इलैयाराजा अपने काम करने की गति के कारण भी मशहूर रहे हैं। धोती-कुर्ता पहनने वाले इलैयाराजा न सिर्फ भारतीय लोकसंगीत बल्कि मोत्सार्ट, बॉक और पॉल मॉरियल की शैलियों से भी बेहद प्रभावित रहे हैं। उन्होंने 'संगीत कनावुगल' (यात्रा वृत्तांत) और 'वेत्तेवेलियिल कोट्टित किदक्कुधु' (दार्शनिक पुस्तक) जैसे पुस्तकों की भी रचना की है।

इलैयाराजा की पहली फिल्म थी 'अन्नाकिली' (1976)। अपने बचपन के मित्र भरतिराजा की 'पथिनारू बयाथिनिले' (1977) का और कर्नाटिक, पाश्चात्य शास्त्रीय और पॉप संगीत के संगम के निकला 'राजा परवई' (1981) का उनका संगीत अत्यंत लोकप्रिय रहा था। रागों का आधार लेकर भी वे रचनाओं को ऐसा आकार देते थे कि मूल राग को पहचानना मुश्किल हो जाता

था–उदाहरण के लिए उनके प्रसिद्ध गीत 'बाबा अन्वे अन्वे' की शिवरंजनी की प्रकृति बिलकुल भिन्न लगती है। Chord आधारित गीत वे कम ही बनाते थे–अपवाद के रूप में 'इलाया नीला पोझी गिरधे' को गिना जा सकता है जिसका कल्याणजी आनंदजी द्वारा किया रूपांतर 'नीले नीले अम्बर पर' लोकप्रिय रहा था। मणिरत्नम की 'अग्नि नक्षत्रम' (1988) का उनका कम्पोज़ किया हुआ गीत 'राजा राजाधिराजन इंधा राजा' अत्यंत लोकप्रिय रहा था। 'सिंधु भैरवी' के संगीत के लिए उन्हें राष्ट्रीय पुरस्कार भी मिल चुका है।

हिंदी फ़िल्मों में इलैयाराजा की आरम्भिक फिल्में 'कन्याद्वीप' (1982), 'संध्यादीप' (1982) और 'लव इन सिंगापुर' (1983) इतनी गौण फिल्में थीं कि उनकी ओर किसी का ध्यान नहीं गया। पर 'कामाग्नि' के 'आ गया सपना कोई' (आशा, प्रीति, सुरेश वाडेकर) में शास्त्रीय पुट, बीच में लोकशैली में कोरस और बाँसुरी का प्रयोग और साथ-साथ गायन शैली को छंदों की परिपाटी से अलग रखते हुए पार्श्व में गिटार के काॅर्ड्स से रिद्म के साथ सिम्फ़नी जैसी शैली का प्रयोग इसे इलैयाराजा की शैली का प्रतिनिधि गीत बनाते हैं। अगले दशक में भी इलैयाराजा की संगीतबद्ध 'सीकरेट एजेंट राजा', 'कैप्टेन प्रभाकर', 'आखिरी इंसाफ़', 'सबसे बड़ा मवाली', 'रामपुर का राजा', 'आखिरी इंतकाम' आदि फ़िल्में तो कब आईं और गईं, पता भी न चला लेकिन उनकी दशक के उत्तरार्द्ध की कुछ फ़िल्में महत्त्वपूर्ण रही हैं।

'सदमा' (1983) हिंदी में इलैयाराजा की पहली लोकप्रिय फिल्म रही जिसके 'ऐ ज़िंदगी गले लगा ले' (सुरेश वाडेकर), 'ओ बबुआ' (आशा) और राग पीलू की कोमल स्वरलहरियों को लेकर सृजित गुलज़ार का गीत 'सुरमई अँखियों में' (येसुदास) बहुत मक़बूल रहे थे। फ़िल्म के संगीत में इलैयाराजा का ऑरकेस्ट्रेशन बहुत सशक्त था, और आधुनिक ऑरकेस्ट्रेशन की पृष्ठभूमि में गुलज़ार लिखित 'ओ बबुआ ये महुआ महकने लगा है' (आशा) भी बहुत ही लुभावनी रचना थी। पर दुर्भाग्य यह था कि हिंदी में इस दशक में इलैयाराजा के हिस्से 'भूखा शेर' (1984), 'छोटा चेतन' (1984–भारत की पहली 3डी फ़िल्म), 'आज का दादा' (1985), 'फौलादी मुक्का' (1985), 'मेरा बदला' (1985), 'जादू नगरी' (1986), 'नशीली जवानी' (1986), 'मेरा फर्ज़' (1988), 'लेडी टार्ज़न' (1989) 'रामपुर का राजा' (1993) आदि फंतासी या 'बी', 'सी' ग्रेड की फ़िल्में ही आती रहीं। इनमें भी इलैयाराजा ने अपनी अलग शैली और वजूद को प्रकट तो किया, पर हिंदी फ़िल्मों की मुख्यधारा से वे दूर ही रहे।

सदी के आखिरी दशक में उनकी फ़िल्म 'और एक प्रेम कहानी' में पियानो पर कम्पोज़ की गई 'नैना बोले नैना' (आशा) तो एक अभूतपूर्व रचना थी। पियानो का इतना सुंदर प्रयोग फ़िल्मों में कम ही देखने को मिलता है, और इसके साथ आशा के स्वर के खरज को उतार-चढाव की लहरों के साथ इलैयाराजा ने जिस हुनर से उभारा है, वह सब इस गीत को सदी के अंतिम दशक के सर्वश्रेष्ठ गीतों में एक बनाता है। 'सजा-ए-कालापानी' के लोकप्रिय गीत 'ज़िंदगी में तुम मिले' (हरिहरन, चित्रा) में भी कोमल स्वरों के साथ आधुनिक ऑरकेस्ट्रेशन के बीच बाँसुरी के टुकड़ों का तोड़-तोड़कर किया गया प्रयोग लुभावना है। कमल हसन की चर्चित फ़िल्म 'हे राम' (2000) से इलैयाराजा फिर कुछ चर्चा में आए, विशेषकर दक्षिण भारतीय संगीत-शैली को समाहित करता 'हर कोई समझे प्रेम की भाषा' (अजय चक्रवर्ती, साथी) और लावणी के प्रयोग वाले 'असा गा मदन बन' (प्रीति उत्तम, अनुपमा देशपांडे, साथी) जैसे गीत उल्लेखनीय रहे हैं।

नवें दशक के कुछ और नाम

नवें दशक के संगीत के बारे में धारणा यह है कि धूम धड़ाके वाले दौर में फ़िल्म संगीत से मेलोडी खत्म हो गई थी, और बप्पी लाहिड़ी के नेतृत्व में विदेशी डिस्को और रॉक संगीत की नकल के तूफ़ान तथा मार-धाड़ वाली फ़िल्मों की आँधी ने एक ऐसी धारा बहाई जहाँ संगीत का अर्थ सिर्फ़ वाद्ययंत्रों के शोर के बीच क्षणिक रूप से थिड़कने तक सीमित हो गया था। यह धारणा काफ़ी हद तक उचित है, पर पूर्णतः सत्य नहीं। जैसाकि हमने देखा है, इस दौर में भी आर.डी. बर्मन और राजेश रोशन जैसे संगीतकार कुछ बेहतरीन कृतियों के साथ मौजूद थे, और भले ही अधिक लोकप्रियता अकसर न मिली हो, पर ऑफ़बीट और छोटे बजट की कई फ़िल्मों में बहुत ही अच्छा और कर्णप्रिय संगीत भी लेकर कई संगीतकार आते ही रहे। यहाँ आवश्यक है कि मुख्य धारा से अलग के संगीतकारों और उनके संगीत पर भी एक निगाह अवश्य डाली जाए।

अजीत सिंह निर्माता, निर्देशक, नायक, गायक, संगीत-निर्देशक–सभी कुछ बनकर अपनी पहली फ़िल्म 'चालबाज़ लीडर' (1970) के साथ फ़िल्म-जगत में प्रविष्ट हुए थे पर फ़िल्म असफल रही। अमृता प्रीतम के प्रसिद्ध उपन्यास 'धरती, सागर, सीपियाँ' पर आधारित शबाना आज़मी और विजय अरोड़ा अभिनीत 'कादम्बरी' (1975) में यूँ तो संगीत के लिए उस्ताद विलायत खान ही याद आते हैं, पर अजीत सिंह ने भी इस फ़िल्म में अपना स्वरबद्ध एक गीत गाया था–'क्यों हम तुम रहें अकेले, क्यों न बाँहों में बाँहें ले लें'।

अजीत सिंह की शैली मूलतः पाश्चात्य संगीत शैलियों से प्रभावित रही–कई बार तो पाश्चात्य धुनों की नकल भी स्पष्ट दिखती है। पर इसके बावजूद आधुनिक ऑरकेस्ट्रेशन और धुनों का integration इतना आकर्षक बनकर निकलता था कि सुनने में आज भी बहुत अच्छा लगता है। एक कारण यह भी है कि पाश्चात्य संगीत के भी रॉक और हेवी मेटल शैलियों की उस दौर की तरह नकल न करके अजीत सिंह ने पुरानी ओल्डीज़ और country songs को ही अपनी प्रेरणा बनाया। इस वजह से उनकी रचनाओं में पाश्चात्य संगीत शोरगुल-भरा न होकर अपने elegant, स्निग्ध रूप में अधिक आया है। वैसे अजीत सिंह ने कुछ गैरफ़िल्मी धार्मिक एलबमों में भी संगीत दिया पर फ़िल्मों में उनका झुकाव पाश्चात्य संगीत की ही ओर था।

'पुराना मंदिर' (1984) के संगीत को अच्छी लोकप्रियता मिली। पाश्चात्य संगीत से प्रेरित किंतु बेहद दिलक़श 'वो बीते दिन याद हैं' (अजीत सिंह, आशा) अपनी सपनीली nostalgic धुन के कारण बहुत सुंदर लगता है। बाद में अली हैदर ने इस शैली को थोड़े परिवर्तनों के साथ प्रस्तुत करके अपने गीत 'पुरानी जीन्स' को लोकप्रियता के शिखर पर पहुँचाया था। 'मेरी कहानी' (1984) में गोआ संगीत शैली पर आधारित 'जीना है तो फ़ेनी पी', पियानो और गिटार पर पाश्चात्य संगीत शैली से प्रभावित 'तेरी क़सम हम को तेरी यादें जो आती हैं'–दोनों ही गीत सुनने में बहुत आकर्षक लगते हैं। 'पहचानना है मुश्किल' तो साधारण रचना थी, पर 'अजनबी तूफ़ान लाया' में पृष्ठभूमि में हलके पाश्चात्य ऑरकेस्ट्रेशन के साथ मेलोडी का एकाकीकरण बहुत प्रभावशाली था। 'पुराना मंदिर' की सफलता के बाद अजीत सिंह को कई भुतही फ़िल्में मिलीं पर रामसे बंधुओं की भुतहा फ़िल्म 'तहखाना' (1986) के 'मैं हूँ पागल', 'खुली सड़क पर प्यार करेंगे' (अमित, दिलराज कौर) या 'नज़रों से आज नज़रें और दिल से दिल मिलाएँ' (अनुराधा, सुषमा) या 'पुरानी हवेली' (1989) के 'कैसे मैं भुलाऊँ तेरा प्यार' (अनुराधा), 'आता है मुझको याद तेरा प्यार' (सुरेश वाडकर) या 'संगमरमर-सा था उसका बदन' (सुरेश वाडेकर, साथी) में अजीत सिंह 'पुराना मंदिर' वाला जादू नहीं जगा पाए। 'आकर्षण' (1988) और रामसे बंधुओं की 'अजूबा कुदरत का' भी असफल ही रहीं।

जगदीश खन्ना ने अपने संगीत सफ़र की शुरुआत दारा सिंह अभिनीत 'गुनाहों के रास्ते' (1970) से की थी जिसमें उन्होंने मुकेश से एक बड़ा दिलक़श नग़मा 'सजाया ना करो फूल बालों में' गवाया था। यह गीत एच.एम.व्ही. द्वारा रिलीज़ किया गया मुकेश के 'रेयर जेम्स' कैसेट्स में भी शामिल है। जगदीश फिर सपन-जगमोहन के सहायक बने—वहीं दूसरे सहायक और बहुत अच्छे अरेंजर उत्तम सिंह का सम्पर्क हुआ। कलात्मक फ़िल्म 'कस्तूरी' (1980) में **उत्तम सिंह** का संगीत था।

नवें दशक में जगदीश खन्ना ने प्रसिद्ध अरेंजर उत्तम सिंह के साथ मिलकर **उत्तम-जगदीश** के नाम से कुछ फ़िल्मों में संगीत दिया। वॉयलिनवादक उत्तम सिंह से बेहतर अरेंजर फ़िल्म-जगत में कम ही हुए हैं। गुरुद्वारों के कीर्तन वाले परिवार में जन्मे और बचपन से ही संगीत के शौकीन उत्तम सिंह के लिए वॉयलिन उनकी धुन बन गई। 1963 में मोहम्मद शफ़ी के साथ एक वृत्तचित्र के लिए पहली बार उन्हें वॉयलिन बजाने का मौका मिला। वर्षों तक सपन-जगमोहन के सहायक रहे उत्तम सिंह ने कई संगीतकारों के साथ फ़िल्मों में अरेंजर का काम किया और कई गैरफ़िल्मी ग़ज़लों के एलबमों के लिए भी संगीत अरेंजर का काम पूरी कुशलता से किया। शायद यही कारण है कि उत्तम-जगदीश की संगीतबद्ध या बाद में उत्तम सिंह की अकेले संगीतबद्ध फ़िल्मों का वाद्य-संयोजन बहुत प्रायोगिक और दिलकश रहा है। बड़े ऑरकेस्ट्रा को संयोजित करने में सिद्धहस्त उत्तम सिंह को शिकार, योग और ध्यान का भी शौक रहा है। 'मैंने प्यार किया' और 'हम आपके हैं कौन' के भी अरेंजर उत्तम सिंह ही रहे हैं।

उत्तम सिंह

अभिनेता-निर्माता-निर्देशक मनोज कुमार ने नवें दशक में लक्ष्मी-प्यारे से विमुख होकर अपनी फ़िल्मों के संगीत के लिए उत्तम-जगदीश को चुना और इस प्रकार बड़े बैनर के क्षेत्र में उनका प्रवेश हुआ। फ़िल्म 'रिक्की' में उत्तम-जगदीश का अच्छा संगीत था—विशेषकर 'आओ न कुछ बात करें' (लता, विशाल गोस्वामी) की धुन और रिद्म बहुत कर्णप्रिय थी। उत्तम-जगदीश की सबसे उल्लेखनीय फ़िल्म 'पेंटर बाबू' (1983) रही। इसमें लता और महेंद्र कपूर के गाए कई गीत थे, पर सबसे सुंदर गीत था—'कब तलक शमाँ जली, याद नहीं'। ग़ज़लनुमा शब्दों को द्रुत लय में बहुत खूब सजाया गया था। 'पेंटर बाबू' में 130 वादकों का ऑरकेस्ट्रा और 40 कोरस गायकों का इस्तेमाल भी अनूठा था। मनोज कुमार के कैम्प में लक्ष्मी प्यारे की जगह लेना एक बड़ी उपलब्धि थी, पर फ़िल्मों की असफलता के कारण इसका कुछ विशेष फ़ायदा न हो सका। मनोज कुमार की निर्मित 'क्लर्क' (1989) में 'रख गीता पे हाथ' (लता, नितिन) के अलावा किसी गीत को लोकप्रियता न मिली। 'तीसरा किनारा' (1985) के गीत भी असफल ही रहे और 'कब्रिस्तान' (1988) का भी यही हाल रहा। 'गवाही' में पंकज उधास और अनुराधा पौडवाल के गाए 'देख के तुम को', 'भूलभुलैया-सा' और 'दिल की बातें हैं' में धुन और ऑरकेस्ट्रेशन के सुंदर सम्मिश्रण ने गीतों को लोकप्रिय बनाया।

'वारिस' (1988) में किशोर के गाए कर्णप्रिय 'हुस्न की वादियों में', लता और सुरेश वाडेकर के स्वरों में 'घटा छा गई है', लता के स्वर में 'घूँघट उठा कर न देखा' और इन सबसे बढ़कर कशिश-भरे सुरों को समाहित करता 'मेरे प्यार की उमर हो इतनी सनम' (लता, मनमोहन सिंह) जैसे गीतों के साथ उत्तम-जगदीश का संगीत चर्चा में बना रहा। 'पाँच फ़ौलादी' (1989) इस जोड़ी की अंतिम फ़िल्म थी।

जगदीश खन्ना की मृत्यु के बाद उत्तम सिंह को (जिन्होंने पूर्व में कलात्मक फ़िल्म 'कस्तूरी', 1980 में भी संगीत दिया था) अकेले संगीतकार के रूप में सफलता बहुत बाद में मिली, पर मिली तो ऐसी मिली कि यश चोपड़ा की 'दिल तो पागल है' (1997) के संगीत ने लोकप्रियता के नए कीर्तिमान स्थापित किए। यश चोपड़ा की फ़िल्मों के संगीत की परिपाटी से अलग उत्तम सिंह का संगीत इस फ़िल्म में एक आधुनिक ताजगी लेकर आया। 'दिल तो पागल है दिल दीवाना है' (लता, उदित) की रिद्म, 'अरे रे अरे ये क्या हुआ' (लता, उदित) की humming का नशीला प्रभाव, 'भोली-सी सूरत' (लता, उदित), 'प्यार कर' (लता, उदित), 'कोई लड़की है' (लता, उदित) का उन्मुक्त, बेफ़िक्र अंदाज और 'ले गई, ले गई' (आशा, साथी) की आधुनिक aerobic नृत्यात्मकता ने भूमंडलीकरण ने ग्लैमर से ओतप्रोत नई सदी में प्रवेश को आतुर युवावर्ग को पागल कर दिया। 'दिल तो पागल है' का संगीत उस बढ़ रही मनोवृत्ति का संगीत था जहाँ अनुभूति या सुख की लालसा को किसी सिद्धांत या उद्देश्य के सामाजिक नैतिकता की आवश्यकता नहीं थी—यहाँ वर्तमान क्षण का अपना पृथक् अस्तित्व था और इस क्षण का उल्लास, उसकी नृत्यात्मकता और उसका संगीतमय परिधान ही महत्त्वपूर्ण था।

'दिल तो पागल है'

उत्तम सिंह की इस सफलता ने उन्हें सर्वश्रेष्ठ संगीतकार का फ़िल्मफ़ेयर पुरस्कार ही नहीं दिलाया, बल्कि उनकी ज़िंदगी एकाएक व्यस्त हो गई। उनकी संगीतबद्ध 'दुश्मन' (1998) में पुनः उन्होंने एक अत्यंत मार्मिक गीत की रचना कर डाली और जगजीत सिंह के स्वर में 'चिट्ठी न कोई संदेश' श्रोताओं को अभिभूत कर गया। उत्तम सिंह ने पुनः लता मंगेशकर से इस फ़िल्म में गवाया और हालाँकि लता के स्वर में 'चिट्ठी न कोई संदेश' जगजीत सिंह वाला प्रभाव तो पैदा नहीं कर पाता, पर लता, उदित के 'आवाज़ दो हमको' और 'प्यार को हो जाने दो' भी कर्णप्रिय रचनाएँ थीं। 'हम तुम पे मरते हैं' (1991) में पुनः लता (उदित और साथियों के साथ) फ़िल्म के शीर्षक गीत में थीं। सुपरहिट फ़िल्म 'गदर' (2001) में उत्तम सिंह का कम्पोज़ किया हुआ 'उड़ जा काले कावाँ' और 'हम जुदा हो जाएँ' खूब लोकप्रिय रहे, पर उनमें 'दिल तो पागल है' वाली कर्णप्रियता नहीं थी। फ़िल्म का विशिष्ट गीत तो शास्त्रीय शैली के 'आन मिलो सजना' को ही माना जाएगा, भले ही यह लोकप्रिय न रहा हो। अमृता प्रीतम की रचना पर बनी चर्चित फ़िल्म 'पिंजर' (2004) में पंजाबी लोकशैली का उनका संगीत 'शाबा ही शाबा', 'हाथ छूटे', 'मार उदारी', 'चरखा चलाती माँ', 'वारिश शाह नू' और 'दरदा मारिया' जैसे गीतों में उभरा जिसके लिए अन्य गायकों के अलावा कुछ गीतों में उन्होंने बडाली बंधुओं से भी गवाया। भूपेंद्र के गाए 'जीने वाले कज़ा से डरते हैं' जैसे उनके कम्पोज़ किए गए कुछ गैरफ़िल्मी गीत भी लोकप्रिय रहे हैं। अपनी पुत्री के लिए 'सुर' नाम का उनका सृजित एलबमं भी लोकप्रिय रहा है तथा लता के साथ 'ओम सांई राम' नामक उनका एलबम भी चर्चित रहा है।

आठवें दशक से प्रारम्भ कर नवें दशक की कई फ़िल्मों के एक संगीतकार थे **अजय स्वामी।** 'जय द्वारिकाधीश' (1977) में उन्होंने भरत व्यास के लिखे गीतों को स्वरबद्ध किया था पर कोई विशेष सफलता नहीं मिली। अजय स्वामी में प्रतिभा की कोई कमी नहीं थी, यह जैनेंद्र कुमार के प्रसिद्ध उपन्यास पर बनी 'त्यागपत्र' (1978) के गीतों को सुनकर जाना जा सकता है। 'क्या सच है क्या झूठ है' (जगजीत सिंह) में भावनाओं की गज़ब-सी intensity पैदा की थी अजय स्वामी ने। 'यह सिंदूरी शाम छेड़ती है मन के तार' (दिलराज कौर) और भैरवी में 'बिजुरी चमके जियरा काँपे' (सुमित्रा लाहिड़ी) भी सशक्त रचनाएँ थीं। यह दूसरी बात है कि फ़िल्म का संगीत लोकप्रिय नहीं हो पाया। अजय स्वामी का दुर्भाग्य रहा कि उन्हें ऑफ़बीट फ़िल्में भी कम ही नसीब हुई तथा 'बेआबरू' (1983), 'शाहीन' (1984), 'बदनसीब' (1985), 'नैन मिले चैन कहाँ' (1985), 'रहमदिल जल्लाद' (1985), 'बिस्तर' (1986), 'नशीली जवानी' (1986) जैसी सस्ती बाजारू फ़िल्मों के चक्र में ही उनकी प्रतिभा उलझकर रह गई। 'आपका प्यार' (1988), 'पूजा' (1988), 'प्रेम पैगाम' (1989), 'सनम आपकी खातिर' (1992) जैसी फ़िल्में भी बुरी तरह पिटीं और 'बदनाम' (1989), 'इज्जत-आबरू' (1989), 'सिंदूर और बंदूक' (1989), 'अब बदला मैं लूँगी' (1989), 'वासना' (1991), 'बागी सुल्ताना' (1992) जैसी फ़िल्में, ज़ाहिर है, सेक्स और हिंसा के फूहड़ प्रदर्शन के लिए ही दर्शकों के एक खास वर्ग द्वारा देखी जाती थीं जिनमें संगीत स्तरीय रखने की तो बात भी नहीं सोची जा सकती थी। इसके बावजूद 'रहम दिल जल्लाद' (1985) के 'दर्पण देख के आज हम खुद से भी शरमा गए' (चंद्राणी), 'बेआबरू' (1983) के 'प्यासे नैना प्यासा मन' (दिलराज कौर) और 'बिस्तर' (1986) के 'ख्वाब बन कर मेरी नींदों को सजाते रहिए' जैसे कुछ अच्छे गीत बीच-बीच में अजय स्वामी लाते रहे।

अजय स्वामी में प्रतिभा जबर्दस्त थी, यह इसी से सिद्ध हो जाता है कि अपवादस्वरूप परीक्षित साहनी और रेहाना सुलतान अभिनीत मिली थोड़ी ऑफबीट फ़िल्म 'सूरजमुखी' (1992) में अजय स्वामी ने बेहद रसपूर्ण संगीत दिया था। सुंदर छायावादी भंगिमा लिए गीत 'बाँहों में आओ सपने सजाओ, अभिसारिका हो शरमाओ ना' की सुमधुर धुन और सहलाती गायकी, तथा कोमल सुरों के साथ सृजित 'मुझे प्यार से आवाज़ देना मेरा नाम ले कर' जैसे गीतों का लोकप्रिय न हो पाना हिंदी फ़िल्म-संगीत का दुर्भाग्य ही दर्शाता है। व्यावहारिक सतह पर यह अजय स्वामी का दुर्भाग्य तो था ही क्योंकि उसके बाद वे फिर 'टाइम बम' (1996), इंस्पेक्टर रेशमा' (1997) और 'औरत माँगे इंसाफ़' (2000) जैसी वाहियात फ़िल्मों में ही उलझे रहने पर मजबूर रहे हैं।

सुप्रसिद्ध शास्त्रीय गायक पंडित जसराज के सुपुत्र संगीतकार **शारंग देव** बेहद प्रतिभाशाली होते हुए भी हिंदी फ़िल्म-जगत में कुछ फ़िल्मों तक ही सीमित रहे हैं। व्ही. शांताराम प्रोडक्शन्स की सुलभा देशपांडे निर्देशित 'राजा रानी को चाहिए पसीना' (1978) के हलके-फुलके गीतों के साथ वे फ़िल्म जगत में आए थे। आरती अंकलेकर और साथियों के गाए 'जंगल में मंगल', 'पसीना पसीना' आदि गीतों में संगीत-कौशल दिखाने की अधिक सम्भावना भी नहीं थी। नवें दशक में 'पुलिस स्टेशन', 'सुनील गावस्कर प्रेज़ेंट्स', 'कबीर', 'मालगुडी डेज़' जैसे कई सीरियलों में उन्होंने संगीत दिया। शैरोन प्रभाकर के साथ मिलकर हिंदी पॉप एलबम भी निकाला, पर अपने bohemian जीवन-शैली के लिए चर्चित शारंग देव को अधिक मौके कम मिले। श्याम बेनेगल की 'सुष्मन' (1986) में उन्होंने बलराज भाटिया के साथ संगीत दिया था, और अपने पिता पं. जसराज, इला अरुण और कुरुविल्ला से गाने

गंवाए थे। फ़िल्मों में शारंग देव की सबसे प्रभावशाली प्रस्तुति बासु भट्टाचार्य की 'आस्था' (1997) के संगीत में झलकती है—विशेषकर पूरिया धनाश्री पर आधारित गुलज़ार के लिखे और श्रीराधा बनर्जी के गाए 'लबों को चूम लो' तथा 'तन पे लगती काँच की बूंदें' जैसे गीतों में।

संगीतकार **जीतू-तपन** की जोड़ी ने 'सम्पूर्ण संत दर्शन' (1978) में रफ़ी, अनूप जलोटा आदि के भक्तिगीतों को स्वरबद्ध करते हुए हिंदी फ़िल्मी दुनिया में कदम रखा। वैसे उन्हें अधिक फ़िल्में अगले दशक में मिलीं। जीतू-तपन लोकप्रियता या स्तर किसी भी मामले में अपना स्थायी प्रभाव छोड़ने में असफल ही माने जाएँगे। 'ऊँची उड़ान' (1984), 'गंगा किनारे' (1985), 'नासमझ' (1986), 'नागिन और नगीना' (1988), विनोद पांडे की चर्चित बोल्ड फ़िल्म 'सच' (1989), 'अपराधिनी' (1990), 'दिन दहाड़े' (1990), 'रानी और महारानी' (1993), 'गंगापुर की गीता' (1994), 'हमारी प्रतिज्ञा' (1996), विनोद पांडे की ही 'अकेली (1999—भुवनेश्वर मिश्रा के साथ), 'इंतकाम औरत का' (1999) और 'एक और मौत' (2000) के साथ जीतू-तपन ने अपना नाम संगीतकारों की फ़ेहरिस्त में अवश्य कायम रखा।

उनके कुछ उल्लेखनीय गीतों में 'ऊँची उड़ान' के कोमल तथा sensuous 'रात भींगी जाए' (किशोर, आशा), 'गंगा किनारे' के भक्तिरसपूर्ण 'ऐसी कृपा प्रभु हम पर तेरी', 'जीवन में सुख पाना है' (आशा), 'नैनों में जल' (अनूप जलोटा), 'बड़ी देर हुई प्रभु' (सुरेश वाडेकर), 'इत ते आए राम' (अनूप जलोटा), 'कैसे ध्यान करूँ मैं भगवान' (अनूप जलोटा), 'नैनो में जल भर आए' (अनूप जलोटा), 'ये नन्हा सा दीप है मेरा' (अनूप, अनुराधा) और 'नासमझ' (1986) के 'चलूँगा मैं शोलों पे भी मुस्कुरा के' (अनवर, आशा), 'न वादा करो तुम निभा न सकोगे' (अनवर, आशा), 'मेरी मेहँदी रचाएँगी' (लता), 'साँसों में खुशबू है' (आशा, विनोद सहगल), 'तेरे आँसुओं का मैं बहाना बना हूँ' (सुरेश वाडेकर), 'तेरी मेरी कहानी' (आशा, सुरेश वाडेकर) के नाम लिए जा सकते हैं। जीतू-तपन के गीतों में माधुर्य तो था पर अपने दौर की प्रचलित शैली के साथ वे ठीक से तारतम्य न बैठा पाए।

गोविंद निहलानी की बहुप्रशंसित फ़िल्म 'आक्रोश' (1980) के संगीतकार **अजीत वर्मन** थे। इस फ़िल्म में उनका संगीत बहुत प्रभावशाली रहा था। माधुरी पुरंदरे के स्वर में लावणी 'तू ऐसा कैसा मरद' महाराष्ट्र की ग्रामीण लावणी की विशुद्ध प्रस्तुति थी, जब कि 'साँसों में दर्द, दर्द में साँसें' (माधुरी पुरंदरे) बेहद कर्णप्रिय धुन के साथ सितार, सारंगी और तबले की संगत से निस्तब्धता में ध्वनि के गुंजन सा ज़बर्दस्त असर पैदा करता है। वहीं धीमी लय में दर्द-भरी शैली के साथ अंतरे के बीच में कहीं-कहीं रात और कहीं भोर के सुरों के संग बढ़ता भैरवी में 'कान्हा रे पीर सही न जाए' (वंदना खांडेकर) भी बहुत अच्छी रचना ही कही जाएगी। 'अर्द्धसत्य' (1983) में भी पार्श्व में शास्त्रीय संगीत का बहुत प्रभावशाली उपयोग था। पाश्चात्य और भारतीय शास्त्रीय संगीत के उस्ताद अजीत बर्मन भी बलराज भाटिया की तरह आर्ट और ऑफ़बीट फ़िल्मों के संगीतकार के रूप में देखे जाते हैं। शशि कपूर की निर्मित और गोविंद निहलानी की निर्देशित बहुप्रशंसित फ़िल्म 'विजेता' (1983) में अहीर भैरव के सुरों के साथ शुद्ध शास्त्रीय अंदाज़ में सृजित 'मन आनंद आनंद छायो' (आशा, सत्यशील देशपांडे) के विभोर करनेवाले अंदाज़ का तो कोई जवाब ही नहीं था। वहीं लोकरसिया गीत 'मन बसा मोर वृदावन मां' (मन्ना डे, साथी) भी निराली ही रचना थी।

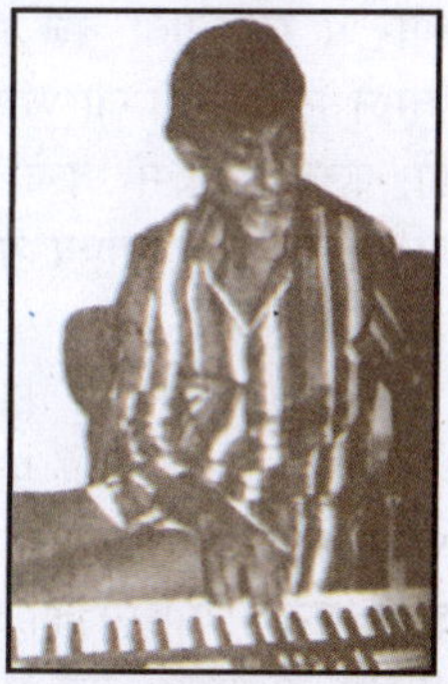
अजित वर्मन

अनुपम खेर के अभिनय के कारण बहुचर्चित 'सारांश' में अजित वर्मन ने दो सुंदर गीत कम्पोज़ किए थे। शाम की गहराइयों को जीवंत करती 'हर घड़ी ढल रही शाम है ज़िंदगी' (अमित कुमार) की धुन बहुत दिलकश थी पर चंदन दास की गाई गज़ल 'हर तरफ हर जगह बेशुमार आदमी' से बेहद मिलती थी। भूपेंद्र के स्वर में 'अँधियारा गहराया' भी फ़िल्म के कथ्य के अनुसार आम आदमी की व्यवस्था के आगे की हताशा को समाहित करता चलता है।

महेश भट्ट की निर्मित 'जनम' के आधुनिक रवानगी-भरी 'ज़िंदगी, ज़िंदगी, ज़िंदगी' (अमित कुमार) और 'जीवन-संध्या' के धीमी लय के 'बड़ी है बेक़रारी' (किशोर) जैसे गीतों में बर्मन कोई विशेष प्रभाव नहीं दर्शा पाए। पर नासिर अहमद की 'वास्ता'

(1984) में अजित वर्मन ने लाजवाब संगीत दिया था। ठुमरी अंग में शास्त्रीय रचना 'खेलन नहीं जाऊँ री' (आशा) कम्पोज़ीशन और गायकी के हिसाब से दशक के सर्वश्रेष्ठ गीतों में था, पर बिलकुल ही सुना नहीं गया। 'चली पुरवाई झूमे अँगड़ाई' (आशा) के अंतरों की ऑफ़बीट कम्पोज़ीशन के साथ मुखड़े का एकीकरण एक अद्‌भुत आधुनिकता लेकर आया था। भटियाली लोक-धुन पर 'माँ बोलो कब तलक यूँ जलना है' (आशा, अमित कुमार) की बहुत सुंदर दर्द-भरी तर्ज़ भी लोकप्रिय क्यों न हुई, यह ताज्जुब का विषय है। क्या आशा ने 'वास्ता' में 'उमराव जान' से कम अच्छा गाया था? पर जहाँ एक के लिए चर्चा ही चर्चा, वहाँ दूसरे के गीत लोग जानते भी नहीं। हमारे देश में ऑफ़बीट फ़िल्मों के संगीत के साथ अकसर यह त्रासदी रही ही है।

अजित वर्मन ने 'आघात' (1985–पार्श्व संगीत), 'मिसाल' 1985), 'दामाद चाहिए' (1986), 'अंधा युद्ध' (1986), 'गुरु दक्षिणा' (1988), 'स्वयं' (1989), 'कर्मयोद्धा' (1991) और 'ये आशिकी मेरी' (1991) जैसी ऑफ़-बीट और व्यावसायिक फ़िल्मों में भी संगीत दिया। 'ये आशिकी मेरी' (1998) का 'इतना तू कह दे' भी अच्छी रचना थी पर लोकप्रिय न हुई।

जगजीत सिंह की बतौर संगीतकार सफलता को देखते हुए कुछ निर्माताओं ने अन्य गज़ल गायकों को भी फ़िल्मों में बतौर संगीतकार अनुबंधित किया। लेकिन **अनूप जलोटा** की संगीतबद्ध 'पत्तों की बाज़ी' (1986), 'तोहफ़ा मुहब्बत का' (1988), 'कर्म कसौटी' (1989), 'मौत की सजा' (1989), 'समाज' (1995), 'सवा सेर गेहूँ' (1995) और 'महाबली हनुमान' (2000) के गीतों को जगजीत सिंह के गीतों की अपेक्षा कहीं कम लोकप्रियता मिली। **पंकज उधास** की भी संगीतबद्ध 'अग्निदाह' (1985) और 'औरत पैर की जूती नहीं है' (1985) असफल रहीं। अलबत्ता ओम पुरी, दिव्या राणा अभिनीत 'एक ही मक़सद' (1988) के गीतों को कुछ तात्कालिक लोकप्रियता अवश्य मिली थी। पर वह भी इसलिए कि इसमें पंकज उधास ने अपना मशहूर गैरफ़िल्मी गीत 'मोहे आई न जग से लाज मैं इतना जोर से नाची आज कि घुँघरू टूट गए' को ही अपने और आशा के स्वरों में शामिल किया था।

संगीतकार **असित गाँगुली** ने अप्रदर्शित फ़िल्म 'मौका' में मुकेश से एक रवानगी-भरा गीत गवाया था–'झूमता मुस्कुराता चल, प्यार में गुनगुनाता चल'। उनकी संगीतबद्ध 'खुशी' (1984) के कुछ गीतों को थोड़ी तात्कालिक लोकप्रियता अवश्य मिली थी। 'तुमने लिखा मुझे जो प्यारा ख़त' (आशा, अमित कुमार), 'तुम जब से गुम हो गए' (अमित कुमार) जैसे रूमानी या मुलायम गीत हों, गज़ल शैली में 'चलो ज़िंदगी को नया मोड़ दो' (आशा) या एक पाश्चात्य धुन की नकल पर 'आओ मेरे साथ आओ' (आशा, हरिहरन) जैसे कर्णप्रिय गीत हों, यह मानना पड़ेगा कि असित गाँगुली ने 'खुशी' से कई सम्भावनाएँ जगाई थीं जो अवसर की कमी से पूरी न हुई।

नवें दशक की कुछ फ़िल्मों में अच्छा संगीत देने वालों में संगीतकार शिवराम के पुत्रों **जुगल किशोर-तिलकराज** का नाम उल्लेखनीय है। 'भींगी पलकें' (1982) के 'जनम-जनम का साथ है तुम्हारा हमारा' (लता, रफ़ी) में एक बार फिर उन्होंने वर्षों पहले के रफ़ी-लता के दोगानों की मधुर धारा की याद ताजा कर दी। 'नैनों में सपने समाए थे' (आशा, अमित कुमार) तो एस. डी. बर्मन के माधुर्य की याद एक बार फिर बखूबी दिला जाता है। 'समय की धारा' (1985) में इस संगीतकार जोड़ी ने आशा भोंसले से दर्द-भरे सुरों में 'प्यार तो किया प्यार की प्यास रह गई' गीत में कशिश का बहुत अच्छा प्रभाव पैदा करने में सफलता पाई। इस गीत में पाश्चात्य वाद्य-यंत्रों के साथ सितार और तबले का बहुत अच्छा सम्मिश्रण था। 'घर से बेघर कर गईं' (किशोर) भी पियानो और वॉयलिन के साथ एक अच्छा गीत था। लेकिन यह संगीत जोड़ी भी और आगे न बढ़ पाई। नवें दशक की मुख्य धारा से इनका संगीत कभी जुड़ नहीं पाया और 'सुलगते अरमान' (1984), 'बंदूक दहेज की सीने पर' (1989), 'तेरे बिना क्या जीना' (1989) तथा अगले दशक में 'बिरजू' (1993), 'लाखा' (1994), 'सूरज' (1998) और 'बागी औरत' (2000) जैसी फ़िल्मों के साथ 'मोहब्बत का ज़माना आ रहा है' (आशा, शब्बीर–'तेरे बिना क्या जीना') जैसे एकाध गीतों को छोड़कर वे कुल मिलाकर असफल ही सिद्ध होते रहे।

मनोज भटनागर और ज्ञान वर्मा की जोड़ी ने **मनोज-ज्ञान** के नाम से फ़िल्मों में संगीत दिया है। ज्ञान वर्मा संगीतकार रवि के भी सहायक रहे। पर हिंदी फ़िल्मों से अधिक मलयालम और तमिल फ़िल्मों के संगीतकार के रूप में इस जोड़ी को अधिक ख्याति मिली। अभवनम की फ़िल्मों में उनका संगीत होता था। मनोज भटनागर ने 'एन्द्रेन्द्रम काघल' जैसी तमिल फ़िल्मों का निर्देशन भी किया। हिंदी फ़िल्मों में मनोज-ज्ञान की 'रूही' (1981) के 'सजना मुझको रूही कह के बुलाए' में आशा के स्वर के साथ कोरस का लोकशैली में सुंदर प्रयोग था। पर उसके बाद 'एक मिसाल' (1986), 'एक आसमान कई दिशाएँ' (1987), 'बहार' (1988), 'हम फ़रिश्ते नहीं' (1988), 'अंजाम खुदा जाने' (1989) और ज्ञान वर्मा की अकेली संगीतबद्ध 'आखिरी संग्राम' (1991) का संगीत

साधारण और असफल ही साबित हुआ।

कर्नाटक के कूर्ग के निवासी **बिद्दू** नाज़िया हसन के 'कुर्बानी' में गाए 'आप जैसा कोई मेरी ज़िंदगी में आए' के कम्पोज़र थे, और इस गीत ने लोकप्रियता के नए कीर्तिमान स्थापित किए। इंग्लैण्ड में जैज-पॉप कार्यशाला चलाने वाले बिद्दू ने हिंदी फ़िल्म संगीत में इस गीत के माध्यम से 'पॉप' को एक स्थायी पहचान दे दी। बिद्दू के Eastern Man और Rain Forest जैसे एलबमों को विदेश में भी सराहा गया। हिंदी फ़िल्मों में बिद्दू कम ही सक्रिय रहे। उनकी संगीतबद्ध 'स्टार' (1982) में नाज़िया और ज़ोएब हसन के गाए गीत तो कुछ चले, पर वर्षों बाद फिर संगीतबद्ध 'गूँज' (1989) असफल रही।

संगीतकार **विजय बटालवी** नवें दशक के उन चुनिंदा संगीतकारों के रूप में याद किए जाएँगे, जिन्होंने इस धूम-धड़ाके के दौर में भी कुछ फ़िल्मों में अलग स्तरीय संगीत दिया। पंजाब के संगीत क्षेत्र का एक जाने-पहचाने नाम विजय बटालवी (जिन्होंने कई फ़िल्मी और गैरफ़िल्मी पंजाबी रचनाओं को कम्पोज़ किया) की संगीतबद्ध 'बहू की आवाज़' (1985) भले ही कुछ विशेष असर पैदा न कर पाई हो, पर नसीरूद्दीन शाह, सुप्रिया पाठक का अभिनय चर्चित रहा था। 'मैं चुप नहीं रहूँगी' (1985) बटालवी के संगीत की श्रेष्ठतम प्रस्तुति रही। शास्त्रीय संगीत पर आधारित 'देखो देखो न छेड़ो कन्हाई', गज़ल शैली का 'प्यार का ख्वाब अधूरा है', सुंदर सी तर्ज़ पर आधारित नज़्म 'मैंने कल रात ख्वाब देखा था और वो ख्वाब याद है मुझको', कव्वाली जैसी शैली पर आधारित 'बदला तो है जीने का चलन' और पुराने क्लब सांग की शैली की कुछ-कुछ याद दिलाता 'मेरा सब कुछ है तेरे हवाले' जैसे अच्छे गीतों का लोकप्रिय न होना पाना इसी तथ्य को रेखांकित करता है कि इस दशक में धूम-धड़ाके के शोर में जो थोड़ा-बहुत अच्छा था, वह भी बुरी तरह दब गया था। इसी प्रकार 'बात है प्यार की' (1987) में अमीर कज़लवाश की रचना 'शिकवा भी नहीं लब पर तक़दीर के मारे हैं' को बटालवी ने गज़ल शैली में सुंदरता से कम्पोज़ किया था। बटालवी की संगीतबद्ध 'कालचक्र' (1987) अपनी कसी हुई कहानी और सामाजिक-राजनीतिक परिदृश्य के सजीव चित्रण के कारण चर्चित रही थी लेकिन बटालवी के संगीत की अधिक चर्चा न हुई। यह वह ज़माना था जब फ़िल्मों में संगीत का पक्ष गौण हो चला था। 'पति पैसा और प्यार' (1988), 'खून की प्यासी' (1990), 'मेरी ललकार' (1990), 'गंगा-जमुना की ललकार' (1991), 'मैं हूँ गीता' (1992) और 'एक का जवाब दो' (1995) जैसी फ़िल्मों में बटालवी भी अपना वह कौशल न दिखा पाए जिसकी उन्होंने अपनी आरम्भिक फ़िल्मों में आशा जगाई थी।

नवें दशक की संगीतात्मक उपलब्धियों में आर्ट फ़िल्मों और कलात्मक फ़िल्मों का संगीत ही अपना विशिष्ट स्थान रखेगा। कई बार तो शास्त्रीय संगीतकारों को एकाध फ़िल्मों के संगीत का काम सौंपा गया और उन्होंने बहुत ही दिलकश रचनाएँ बनाईं। फ़िल्म 'आश्रय' (1984) के लिए संगीतकार बने **उस्ताद दिलावर खान**। उन्होंने फ़िल्म में जटिल किंतु बेहद आकर्षक धुनों पर गज़लें कम्पोज़ कीं। 'शबे इंतज़ार में क्यूँ है गुमसुम', 'तेरी बेवफ़ाई का एहसान है मुझ पर...न माँग पैमानों से बेचैनी की दवा', 'कहूँ सारे निजाम', 'गर्दिशे तन्हा में' और 'ऐ मोहब्बत यूँ ही' जैसे उदाहरणों का इस संदर्भ में जिक्र किया जा सकता है। ग्रामीण नौटंकी-शैली में कम्पोज़ किया गया 'ठुमक चले तो मुन्ना जान बदरी में' भी एक बहुत ही लुभावनी रचना थी। पर फ़िल्म की सबसे विशिष्ट रचना थी परवीन सुलताना के स्वर में 'देख पूजी पूजी हिंदू मोए तुरक मोए'। शास्त्रीय रंग के साथ सल्तनत काल के संगीत की भी छाया लिए हुए यह रचना बिलकुल अभिभूत कर देती है।

इसी प्रकार पश्चिम बंगाल की साम्यवादी सरकार द्वारा श्याम बेनेगल के निर्देशन में बनी 'आरोहण' (1981) में **पी.डी. बाउल** को संगीतकार रखा गया। पारम्परिक बाउल संगीत के माध्यम से क्रांतिकारी और विद्रोही गीतों की रचना हुई। संगीत पारम्परिक था और संदेश साम्यवादी। 'चलती है विद्रोह की आँधी' गीत कई टुकड़ों में जगह-जगह फ़िल्म में छाया रहा।

एक संगीतकार **विजय कुमार** भी हुए हैं जिन्होंने मोतीसागर की 'प्रेरणा' फ़िल्म में कुछ अच्छी रचनाएँ कम्पोज की थीं। 'जीवन के सफर के तुम साथी, पग-पग पर हाथ पकड़ लेना' को सितार के सुंदर प्रयोग के साथ विजय कुमार ने एक सुंदर साहित्यिक रंग दिया था। 'कोई रोके न मुझको आज', 'भज मन राम नाम सुखदाई', बिदाई गीत 'जीजी दुलहन बनी' और 'पहले मोतियों की झालर' जैसे गीत पारम्परिक और लोकशैली की अच्छी प्रस्तुतियाँ थीं, तो 'ज़िंदा रहे तो हम कभी' प्रीति सागर के स्वर में एक सुंदर गज़ल थी। पर 'प्रेरणा' का संगीत पूर्णतः उपेक्षित ही रहा। फ़िल्म 'तपश' (1988) में भी विनय कुमार ने आरती मुखर्जी से एक बेहतरीन रचना गवाई थी—'आँसू की बूँद है' जिसे एच.एम.व्ही. ने 'रिद्म ऑफ आरती मुखर्जी' कैसेट में भी शामिल किया है। विजय कुमार की फ़िल्मों से अलग कम्पोज़ की हुई भक्ति-रचना 'इतना तो करना स्वामी' (ओम व्यास) की मार्मिक धुन को एच.एम.व्ही. ने '50 years of Glorious Bhajans' के सेट में भी शामिल किया है।

इसी प्रकार **समीर गाँगुली** का 'मैरेज ब्यूरो' (1983) का उत्कृष्ट संगीत भी शोरगुल, हिंसा और हंगामे-भरी फ़िल्मों के उस दौर में नहीं सुना गया, वरना 'तुम्हें क्या-क्या लिखूँ मेरे ईश्वर' की कोमल स्पंदन-भरी तर्ज़ तो बिलकुल अभिभूत कर देती है। फ़िल्म के 'बिखर गये वो सपने, सपने मेरे प्यार के' की भी समीर गांगुली ने बिलकुल अलग metre को तोड़कर प्रभावशाली धुन बनाई थी। **दृष्टांत ठकराल** की अभिनीत और संगीतबद्ध 'आदर्श' (1983) भी हिंदी फ़िल्मों में हेमंत कुमार के गाए अंतिम दौर के दो सुंदर गीतों के कारण याद रखने लायक है–खूबसूरत लय के साथ रूमानी प्रभाव छोड़ता 'जब दिल दीवाना हो जाए' (अपर्णा मयेकर के साथ) और थोड़ी माँझी गीतों की हिलोर शैली में सृजनात्मक परिवर्तन के साथ 'उस पार से धीरे-धीरे'।

सहसवान रामपुर घराना के प्रसिद्ध शास्त्रीय गायक **गुलाम मुस्तफ़ा खान** ने ऑफबीट फ़िल्म 'आगमन' का संगीत दिया था। गुलाम मुस्तफ़ा खान का स्वयं गाया 'निसार मैं तेरी गलियों में' और मुशायरे की शैली में कम्पोज़ 'अब टूट गिरेंगी जंज़ीरें' की उत्प्रेरकता बड़ी सशक्त थी। फ़ैज़ अहमद फ़ैज़ का कलाम गुलाम मुस्तफ़ा खान के संगीत से बिलकुल सँवर गया लगता है। 'जुनूँ की याद मनाओ कि जश्न का दिन है' और 'ये वो सहर तो नहीं' प्रगतिशील साहित्य का बहुत सटीक और कर्णप्रिय संगीत रूपांतर था। पारम्परिक मुजरा 'नज़रिया से दिल भर दूँगी' को छोड़कर सभी गीत एक क्रांतिकारी बयान की तरह ही फ़िल्म के कथ्य के अनुरूप आते हैं, पर यह बयान नीरस नहीं लगता बल्कि उर्दू की साहित्यिक परम्परा के सुंदर संगीतात्मक तत्त्वों को नई अर्थ व्यंजकता के साथ प्रकट करता है। इस हिसाब से 'आगमन' का संगीत भी साहिर-रोशन, साहिर-सचिन देव बर्मन या जे.पी. कौशिक की शैलियों की ही अगली कड़ी लगता है। गुलाम मुस्तफ़ा खान से खय्याम ने उमराव जान की रागमाला बड़े सशक्त ढंग से गवाई थी। 'बदनाम बस्ती', बाँग्ला फ़िल्म 'द्रुत', तेलगू फ़िल्म 'अनारकली', पश्चिम जर्मनी की फ़िल्म 'रेन मेकर' (अभिनय भी) और कई अन्य फ़िल्मों और वृत्तचित्रों में गुलाम मुस्तफा खान ने गीत गाए हैं। मन्ना डे, कमल बारोट, हरिहरन, गीता दत्त, अमित कुमार, रानू मुखर्जी, सोनू निगम जैसे कई नामी कलाकारों ने उनसे संगीत सीखा है। हरिहरन की गाई प्रसिद्ध गज़ल 'पत्थर सुलग रहे थे' के कम्पोज़र गुलाम मुस्तफ़ा खान ही थे। गुलाम मुस्तफा खान उपेक्षित तो इतने रहे कि एक समय उन्हें अखबार में यह विज्ञापित भी कराना पड़ा कि यदि किसी को अच्छे संगीत की ज़रूरत है तो वे अभी ज़िंदा है, पर इसके कुछ वर्षों बाद ही सरकार ने उन्हें पद्मश्री से नवाज़कर उनके महत्त्व को याद किया।

गुलाम मुस्तफा खान

मराठी संगीत के मीलस्तम्भ माने जानेवाले **यशवंत देव** ने यदा-कदा ही हिंदी फ़िल्मों में संगीत दिया। 1 नवम्बर, 1926 को जन्मे यशवंत देव 1968 में गंधर्व महाविद्यालय से संगीत विषारद की डिग्री पाने के बाद आकाशवाणी धारवाड़, नागपुर और बम्बई में सुगम संगीत के निर्माता और गीतकार के रूप में तथा मुंबई विश्वविद्यालय में संगीत के प्रोफेसर के रूप में कार्यरत रहे। 'आम्रपाली' नाटक के संगीत-निर्देशन के लिए महाराष्ट्र राज्य पुरस्कार से सम्मानित यशवंत देव ने भावगीतों और साँई बाबा के भक्ति-संगीत पर पुस्तकें भी लिखी हैं। प्रसिद्ध गायिका सुमन कल्याणपुर की खोज यशवंत देव ने ही की। सुमन यशवंत देव द्वारा संचालित संगीत विद्यालय में शिष्या थीं और देव ने ही पहली बार उनसे बम्बई ऑल इंडिया रेडियो में भजन और फिर अपनी संगीतबद्ध मराठी फ़िल्म 'शुक्राची चंदानी' (1953) में गाने का अवसर दिया था। मराठी फ़िल्म 'कामापुरता मामा' का देव का संगीत काफ़ी लोकप्रिय रहा था। हिंदी में भी यशवंत देव ने फ़िल्म 'साज़' (1996) में 'बादल घुमड़ बढ़ आए' (सुरेश वाडेकर) की बिलकुल शास्त्रीय शैली में धुन बनाई थी।

सुमित्र लाहिड़ी ने 'नादानियाँ' (1984) में 'दिल की ख़ामोशियों से' (हरिहरन) जैसी गज़ल और बंगाली लोक-स्पर्श के साथ 'नैनों में चोरी-चोरी' (आरती मुखर्जी) जैसे सुंदर गीत हमें दिए, पर व्यावसायिक सफलता नहीं मिली। समांतर या आर्ट फ़िल्मों के संगीत में एन.एफ.डी.सी. की 'गोदाम' (1983) के लिए तो प्रसिद्ध मराठी कवि **दिलीप चित्रे** स्वयं ही संगीतकार बन गए। इसी प्रकार सईद जाफ़री, रोहिणी हतंगड़ी अभिनीत 'असम्भव' (1985) में संगीत **विनय हासिब** ने दिया था। प्रसिद्ध संगीतकार **लुई बैंक्स** ने भी शशि कपूर और शर्मिला की अभिनीत राजनीति और पत्रकारिता के संबंधों को कुरेदती फ़िल्म 'न्यू डेल्ही टाइम्स' (1985) को संगीतबद्ध किया था। बच्चों की फ़िल्म 'दोस्त' (1990) और विनोद पांडे की ऑफ़बीट फ़िल्म 'अकेली' (1999–जीतू-तपन के साथ) में भी **भुवनेश्वर मिश्रा** ही बतौर संगीतकार चुने गये थे। आर्ट या ऑफ़बीट फ़िल्मों के संगीतकार के रूप में अपनी उपस्थिति उत्पल दत्त की निर्देशित 'इंकलाब के बाद' (1984) के लिए **प्रशांत भट्टाचार्य** और 'किश्ती' (1984) के लिए **अनिल मजुमदार** ने भी दर्ज़ कराई। 'दीक्षा' (1991) और 'मढ़ी का दीप' (1991) जैसी चर्चित फ़िल्मों में संगीत **मोहिंदरजीत सिंह** ने दिया।

'गिद्ध' में देवकी पंडित से 'येलम्मा मेरी येलम्मा' जैसा पारम्परिक गीत गवाने वाले थे **वसंत देव**। प्रसिद्ध कलाकार **एल. सुब्रमण्यम** ने मीरा नायर की चर्चित फ़िल्म 'सलाम बॉम्बे' (1988) को संगीतबद्ध किया। **रोशन शाहनी** ख़याल विधा पर बनी प्रशंसित फ़िल्म 'ख़याल गाथा' के संगीतकार रहे। 'राख' में **रजत बारोट** का दिया संगीत भी बहुत प्रशंसित रहा था।

पति-पत्नी की जोड़ी और बम्बई की कई संगीत-महफ़िलों की जान **कीर्ति-अनुराग** ने भी हीना फ़िल्म्स की वीडियो प्रोडक्शन्स 'सिपाही', 'शिंगोरा', 'सोने का पिंजड़ा', आदि में संगीत दिया। अनुराग का जन्म पटना में और शिक्षा ग्वालियर में हुई। पं. गोविंदप्रसाद जयपुरवाले के वे शिष्य थे। पर 'उपरांत' (1987), 'अल्लाह मेहरबान तो गधा पहलवान' (1997) जैसी उनकी फ़िल्मों का संगीत असफल ही रहा। गैरफ़िल्मी 'श्रीराम गीत गुंजन', 'आरती गीतमाला', 'श्री रामाय नमः', 'साईं गीतांजलि' जैसे उनके कुछ एलबमों को अवश्य लोकप्रियता मिली थी।

कीर्ति अनुराग

कुलदीप सिंह नवें दशक के प्रतिभाशाली संगीतकारों की फ़ेहरिस्त में एक जाना-पहचाना नाम रहा है। यह बात कम ही लोग जानते हैं कि कुलदीप सिंह 'इप्टा' के साथ भी वर्षों जुड़े रहे तथा 'इप्टा' के मशहूर नाटकों 'बकरी' और 'सफेद कुंडली' में उन्होंने लोकसंगीत का बहुत अच्छा प्रयोग किया था।

कुलदीप सिंह

कुलदीप सिंह फ़िल्मों में चमके फ़िल्म 'साथ-साथ' (1982) से। फ़ारूख शेख, दीप्ति नवल अभिनीत इस लोकप्रिय फ़िल्म की मकबूलियत में इसके संगीत का भी बड़ा हाथ था। कामोद पर आधारित गजल 'तुमको देखा तो ये ख़याल आया' (जगजीत सिंह) की मुलायम, कर्णप्रिय धुन ने युवा वर्ग को मदहोश ही कर दिया था। इस फ़िल्म का तो पूरा संगीत ही ग़ज़लों की एक सुरीली यात्रा लगता है। 'यूँ ज़िंदगी की राह में' (चित्रा सिंह) की कशिश-भरी धुन हो, या 'ये बता दे मुझे जिंदगी' (जगजीत, चित्रा) का दार्शनिक अंदाज़ हो, या फिर 'प्यार मुझ से तो' (जगजीत) की रूमानी धड़कने हों, सभी कुछ संवेदनाओं का सुरों में रूपांतर लगता है। 'ये तेरा घर ये मेरा घर' (जगजीत, चित्रा) आधुनिक शहरों में मध्यवर्गीय व्यक्तियों का अपना एक घर होने की लालसा और उसके प्रति अनुराग का बहुत सुंदर चित्रात्मक गीत है, तो 'कॉलेज का एक लड़का' (अशोक खोसला, मुरलीधर, पुष्पा, साथी) इस ज़माने के कॉलेज के उत्फुल्ल रोमांस का यथार्थवादी सजीव चित्रण।

'धत तेरे की' (1983) की कॉमेडी के बीच भी कुलदीप सिंह ने 'इस वक्त के पाँव में' और 'कोई तो होता जिसे' जैसी सुंदर शायराना धुनें कम्पोज़ कर डाली थीं। 'सूखा' (1983) के बाद 'अंकुश' (1985) में उन्हें फिर मौका मिला और 'अंकुश' का प्रार्थना गीत 'इतनी शक्ति हमें देना दाता मन का विश्वास कमजोर हो ना' अपनी लाजवाब धुन और भाव के कारण इतना लोकप्रिय रहा कि घर-घर और विद्यालयों का आज तक प्रार्थना गीत बना हुआ है। 'अल्लाह तेरो नाम' और 'हमको मन की शक्ति देना' से किसी भी तरह कम लोकप्रियता इस गीत की नहीं रही है।

'फिर आई बरसात' (1985) में कुलदीप की कम्पोज़ 'मेरी तरह तू किसी बेवफ़ा से' और 'ना मुहब्बत ना दोस्ती' (जगजीत सिंह) जैसी गज़लें खूबसूरत होते हुए भी लोकप्रिय न रहीं, और यही हश्र 'And rain comes agains' तथा 'Rain comes again to remind I love you' जैसे अँग्रेजी गीतों का रहा। 'तेरा नाम मेरा नाम' (1987) और 'दूरी' (1989) का उनका संगीत उनकी अन्य फ़िल्मों की अपेक्षा कमज़ोर रहा। 'नुक्कड़' टी.वी. सीरियल में भी कुलदीप सिंह ने ही संगीत दिया था। अपने शिष्य और मशहूर ग़ज़ल गायक अशोक खोसला के एलबम 'तार्रुफ़' का संगीत भी कुलदीप सिंह का ही था। अभी हाल में राजेश्वरी सचदेव के एलबम 'मुखड़ा प्यार का' की लोकप्रियता के पीछे भी कुलदीप सिंह का ही संगीत है।

कुलदीप सिंह की एक फ़िल्म जो अच्छे संगीत के बावजूद उपेक्षित रह गई, वह 'प्रकोप' (1990) थी। दर्दीले सुरों पर केंद्रित 'कौन जाने कि मंज़िल कहाँ है' और 'वक्त लेता ज़रा इम्तहाँ है' तथा तेज लय पर 'लहर-लहर कह गई कहानी' जैसे गीत अधिक सुने ही नहीं गये। खुशवंत सिंह के उपन्यास पर बनी 'ट्रेन टु पाकिस्तान' (1993) में पुराने माहौल को जीवंत करने के लिए उन्होंने रानू मुखर्जी से उस ज़माने के हिट गीतों 'चले जाना नहीं', 'अँखियाँ मिला के' और 'ये रातें ये मौसम' बड़ी सुंदरता से गवाया, पर इससे भी विशिष्ट था अमृता प्रीतम लिखित 'वारिस शाह' गीत की सुंदर पंजाबी हीरनुमा दर्दीली प्रस्तुति, और जसविंदर सिंह

के ही स्वर में कबीर की रचना 'अव्वल अल्लाह' और बुल्ले शाह की रचना 'सानू आ मिल यार' (विनोद सहगल के साथ) की पंजाबी सूफ़ियाना प्रस्तुति। कुलदीप सिंह फ़िल्म संगीत के उन प्रतिभाशाली संगीतकारों में गिने जाएंगे जिन्होंने उपेक्षा के बावजूद अपनी अधिकांश फ़िल्मों में बहुत स्तरीय रचनाएँ दीं।

अमर हल्दीपुर और अनिल विश्वास के पुत्र उत्पल विश्वास की जोड़ी ने **अमर-उत्पल** के नाम से इस दौर की कुछ चर्चित फ़िल्मों में संगीत दिया था। अमर हल्दीपुर मुख्यतः अरेंजर के रूप में या पार्श्वसंगीतकार के रूप में काफी दिनों से सक्रिय रहते आए हैं (नुसरत फ़तेह अली खान की संगीतबद्ध 'और प्यार हो गया' तथा 'कच्चे धागे' के भी वे ही अरेंजर रहे हैं—मशहूर गीत 'दिल परदेसी हो गया' की शिवरंजनी आधारित धुन में तो कुछ परिवर्तन भी उन्होंने ही किए और लता ने उनके पर्यवेक्षण में ही गीत की रेकॉर्डिंग की थी)।

सोनू निगम से उनका पहला गीत 'आ जा मेरी जान' के लिए अमर-उत्पल ने ही गवाया था, लेकिन बाद में एस.पी. बालसुब्रमण्यम से इसे डब कराया गया। फ़िल्म का पाकिस्तानी तर्ज़ पर 'इश्क में हम तुम्हें क्या बताएँ किस कदर चोट खाए हुए हैं' (सोनू निगम) ज़बर्दस्त हिट रहा था। सोनू निगम के गीतों को सुनकर ही गुलशन कुमार ने उन्हें 'बेवफा सनम' में गाने के लिए अनुबंधित किया।

अमर-उत्पल की संगीतबद्ध 'प्यार में सौदा नहीं' (1981) में लता के गाए 'तू तो न आए मैं क्या करूँ', 'हमको तो प्यार हो गया है तुमसे ऐ दिलरुबा' (आशा, किशोर), 'नताशा, I love you' (क़िशोर), 'मान लिया चलो प्यार नहीं है' (लता, किशोर) जैसे कुछ अच्छे ही गीत थे, पर इसके बावजूद उन्हें वर्षों तक फिर अवसर नहीं मिला। 'घर में राम गली में श्याम' (1987) के 'गणपति बप्पा मोरया' (सुरेश वाडकर) और 'तुझको दी सूरत परी-सी' (पंकज उधास) को कुछ तात्कालिक लोकप्रियता मिली।

अमिताभ बच्चन अभिनीत 'शहंशाह' (1988) में संगीत का अवसर अमर-उत्पल के लिए एक बड़ा ब्रेक था। 'अँधेरी रातों में' (किशोर) और 'जाने दो मुझे जाना है' (मुहम्मद अजीज़, लता) को पसंद भी किया गया लेकिन फ़िल्म की सीमित सफलता से अमर-उत्पल के कॅरियर को कोई विशेष लाभ नहीं हो सका। अमिताभ बच्चन के इस असफल दौर में 'मैं आजाद हूँ' (1989) का संगीत भी चला नहीं। 'हमने प्यार किया' (1991), 'नाच गोविंदा नाच' (1991), 'शहजादी' (1992), 'वक्त का बादशाह' (1992) जैसी फ़िल्मों की असफलता के बाद 'आ जा मेरी जान' (1993) के गीतों की लोकप्रियता ने अमर-उत्पल को सहारा दिया। यह उल्लेखनीय तथ्य है कि इस फ़िल्म में नौ गीतकार थे और 'अब तेरे इन गुलाब से होंठों को चूम लूँ' (अनुराधा, एम.पी. बालसुब्रमण्यम), 'हम अश्कों में सारे जहाँ को डुबोते' (अनुराधा, सुरेश वाडेकर), 'मेरे महबूब' (अनुराधा, सुरेश वाडकर), 'ओ आसमाँ वाले ज़मीं पर उतरकर देख' (सोनू निगम) और 'पागल दिल मेरा' (अनुराधा, एस.पी. बालसुब्रमण्यम) जैसे कई गीत थे जो अपनी मेलोडी और शैली के कारण कुछ लोकप्रिय भी रहे। पर अमर-उत्पल की 'मुट्ठी भर ज़मीन' (1993), पाकिस्तानी गायक ज़फ़र अली की नकल पर सृजित गीत 'जिंदगी की राहों में रंजोग़म के मेले हैं' और 'तुझको साँसों में बसाने की कसम खाई है' जैसे गीतों वाली 'कसम तेरी कसम' (1993)ऋ भोजपुरी लोकगीत की फूहड़ नकल 'रजाई बिन रतिया कैसे कटी' (उषा मंगेशकर, जयश्री) वाली 'घर की इज्जत' (1994), 'हे माँ जगदम्बे पहाड़ों वाली माँ' (सोनू निगम, साथी) और 'शेर पे सवार मेरी शेरॉवाली माँ' (सोनू निगम, साथी) जैसे गीतों वाली 'जय माँ वैष्णो देवी' (1996) जैसी फ़िल्मों में नया और विशिष्ट कुछ भी नहीं था जो इस संगीतकार जोड़ी को स्थायित्व देता। यह आश्चर्य है कि अमर हल्दीपुर और उत्पल विश्वास जैसे प्रतिभावान संगीतज्ञ भी साथ-साथ स्तरीय संगीत देने में कैसे असफल रहे। स्वंतत्र रूप से संगीत देते हुए भी उत्पल विश्वास की 'शेयर बाज़ार' (1997) और 'मेरा इंतक़ाम' (2000) पूर्णतः असफल ही रहीं। अमर हल्दीपुर की संगीतबद्ध 'शहीदे-मोहब्बत् बूटा सिंह' (1998), 'अमृता' (1999) और विशेषकर 'डॉ. बाबा साहब अम्बेडकर' (2000) का संगीत ज़रूर अपने स्तर के कारण सराहा गया। अंतिम फ़िल्म में तो 'बुद्धम् शरणम गच्छामि' (रूप कुमार राठौड़, जयश्री शिवराम), 'कबीरा कहे' (विनोद सहगल, रवींद्र साठे) या 'मन लागो मेरा यार फकीरी में' (विनोद सहगल, रूपकुमार राठौड़) में कहीं फ़कीरी तो कहीं निर्गुण शैलियों का बहुत सुंदर उपयोग किया गया है। अमर हल्दीपुर का कम्पोज़ किया गया और वडाली बंधुओं से गवाया गया सूफ़ियाना कलामों का एलबम 'पयाम-ए-इश्क' भी बहुत लोकप्रिय रहा है।

जतिन ने ललित के साथ अपनी जोड़ी बनाने के पूर्व मंधीर के साथ भी **मंधीर-जतिन** के नाम से संगीत दिया था। पंडित जसराज के परिवार की शास्त्रीय संगीत की पृष्ठभूमि उनकी संगीतबद्ध 'दिल ही दिल में' (1982) में नज़र आई जहाँ उन्होंने सुलक्षणा पंडित से 'तेरे बिना जिया न लगे' जैसा सुंदर शास्त्रीय आधारित गीत गवाया था। 'भींगी-भींगी वादी में' (रफ़ी, सुलक्षणा), 'गीत

वफ़ा के' (रफी, विजयता), 'जवाब जिसका नहीं' (रफ़ी, आशा) और 'नथ चेहरे पे सजा ले' (रफ़ी) जैसे अन्य सुंदर गीत भी फ़िल्म में थे। मंधीर-जतिन की जोड़ी ने 'भाई का दुश्मन भाई' (1988) और 'वफा' (1990) में भी संगीत दिया, पर ये दोनों फ़िल्में असफल रहीं।

इस दशक में कुछ ऐसे संगीतकारों की चर्चा भी आवश्यक है जिन्होंने एकाध फ़िल्मों में ही संगीत दिया, पर वह संगीत बहुत स्तरीय था। **रणजीत कपूर** ने चर्चित ऑफ़बीट फ़िल्म 'आधार शिला' (1983) में सुरेश वाडेकर और दिलराज कौर से एक सुंदर रूमानी गीत 'महका हुआ गुलाब' के अलावा भूपेंद्र से उनकी संजीदा शैली में 'सपनों का शहर' और अनुरा धा से 'ये जग झूठा' जैसी कर्णप्रिय रचनाएँ गवाई थीं। संगीतकार **पृथ्वी** ने फ़िल्म 'आत्मा और परमात्मा' में रफ़ी से बहुत ही दिलकश गज़लें गवाईं– 'आज की रात मुझे नींद नहीं आएगी' और 'गम ने हँसने न दिया'। **वसंत दलाल** ने 'मौसम सुहाना' में संगीत देते हुए मन्ना डे से 'तारे हैं तेरे क़दमों के निशाँ' जैसा सुंदर गीत गवाया। **गोपाल कृष्ण** ने 'रज़िया' (1982) में 'तस्वीर ख़यालों की उतर आई है' (एस.पी. बालसुब्रमण्यम) तथा 'फूलों की अंजुमन है' (एस. जानकी) जैसे खूबसूरत गज़लनुमा गीतों को कम्पोज़ किया था। इक्का-दुक्का फ़िल्मों में आनेवाले दशक के अच्छे संगीतकारों में **श्रीकांत** भी एक नाम था जिन्होंने 'सम्पूर्ण संतोषी माँ की महिमा' (1981) के लिए मुकेश से उनकी ख़ास तल्लीन शैली में एक बड़ा लोकप्रिय हुआ गीत 'मेरी भूल क्षमा कर माता' और 'संत ज्ञानेश्वर' (1981) में लता से 'ज्ञान की गीता' नामक एक बड़ा उदात्त गीत गवाया था। इसी प्रकार 'पोस्टर' (1984) में **गोपाल ज्वाला** ने लोकशैली में 'हवेली की चौखट पे' जैसा एक अत्यंत कर्णप्रिय गीत कम्पोज़ किया था। 'चेती का पोस्टर' (1987) में भी गोपाल ज्वाला का संगीत था। **एम. बालमुरली कृष्ण** ने 'आदि शंकराचार्य' (1986) में स्तरीय संगीत दिया। **सुधीर मोघे** ने कलात्मक फ़िल्म 'सूत्रधार' (1986) में संगीत देते हुए रवींद्र साठे से गीता का संस्कृत श्लोक गवाने के अलावा 'नाम लिया हरि का जिसने' (रवींद्र साठे, अरुणा इंगले) जैसा कीर्तन, 'रहना नहीं देस बिराना' (अनुपमा देशपांडे) जैसा कबीर का भजन और 'ये शाम के रंगीं साए' (ज्योत्स्ना हार्डीकर) जैसा आधुनिक काव्यात्मक गीत कम्पोज़ किया।

अपने कैरियर के आरम्भ में गाई जगजीत सिंह की गज़ल 'अपना ग़म भूल गए', 'साकिया होश कहाँ था' जैसी कई गैर-फ़िल्मी मशहूर रचनाओं के कम्पोज़र **सी.के. चौहान** ने 'रचना' (1982 जो कि कई फ़िल्मों में माँ की भूमिका करने वाली अभिनेत्री परवीन पाल की निर्मित फ़िल्म थी) में सुमन कल्याणपुर के बेहद श्रुति मधुर रवानगी-भरे 'माही रे, माही रे' और शास्त्रीय बंदिश 'पिया नहीं जाने' को बड़ी कुशलता से कम्पोज़ किया था, पर गीतों को लोकप्रियता नहीं मिली। 'तकदीर के रंग' (1991) में भी चौहान का संगीत था। **जय गोविंद** की संगीतबद्ध 'जागो' (1984) क़े गीत सुने ही नहीं गए, वैसे रफ़ी और कमला सिस्टा (जो आज की मशहूर पॉप गायिका सुनीता राव की माँ हैं) के स्वर में 'गुलों से रंग चुरा के' एक सुंदर रोमांटिक रचना थी। **मधु मुखर्जी** ने 'कहकशाँ' (1988) में लाजवाब संगीत रचना की। प्रसिद्ध रचना 'आज जाने की ज़िद ना करो' को उसी धुन में आशा और भूपेंद्र के स्वर में सुनना एक अद्भुत अनुभूति है। मेरा तो मत है कि आशा ने इसे फ़रीदा खानम से भी बढ़कर ही गाया है। उसी प्रकार आशा के स्वर में ही पाकिस्तानी रचना 'कोई हमनफ़स नहीं है, भूपेंद्र के स्वर में 'तेरे ख़याल को दिल', तथा भरतनाट्यम और कुचिपुड़ी नृत्य संगीत के साथ 'कहकशाँ' का साउंड ट्रैक वाकई दशक की एक उपेक्षित उपलब्धि मानी जानी चाहिए।

कमल मखदूम का 'भटके राही' (1984) का संगीत तो गौण रहा, पर राज ख़ोसला ने उन्हें अपनी फ़िल्म 'नक़ाब' (1988) का संगीत सौंपकर उनकी प्रतिभा से हमारा परिचय कराया। आशा भोंसले के स्वर में गज़ल की शैली में 'न किसी का दिल मुझे चाहिए' और 'आँखें मेरी बदलने लगीं' देखते हैं ख्वाब' जैसी अच्छी रचनाओं के अलावा सुरेश वाडेकर के स्वर में 'बोलूँगा नहीं मुँह से दीवाना हूँ दीवाना' तो गजब की प्रस्तुति थी। तबले और सितार की संगत के साथ इस कर्णप्रिय धुन में सुरेश वाडेकर की प्रतिभा प्रभावशाली ढंग से उभरती है। मदन मोहन की मृत्यु के बाद चेतन आनंद ने अपनी फ़िल्म 'हाथों की लकीरें' (1985) का संगीत **प्यारे मोहन** नामक एक अनजान संगीतकार को सौंपा और 'बेखुदी में तेरा लब पे नाम आ गया' (बेला सुलाखे) जैसी गज़लनुमा रचना तथा सैक्सोफ़ोन के अच्छे प्रयोग के साथ 'मेहँदी लगा के हाथों में' (बेला सुलाखे, साथी) जैसे गीत के साथ प्यारे मोहन बुरे नहीं रहे, भले ही इस फ्लॉप फ़िल्म के साथ अनजाने ही गुजर गए हों।

सुमन कल्याणपुर के गाए 'हर शाम सितम के दिए', 'इक आग सी वो दिल में' जैसे कई मशहूर गैरफ़िल्मी गीतों के कम्पोज़र **यूनुस मलिक** ने भी 'सदका कमली वाले का' में संगीत देते हुए ऐसी फ़िल्मों की आम गीतों की परिपाटी से अलग जाकर सुरेश वाडेकर से एक सुंदर लोरी गवाई थी–'नन्हे सो जा रे, मुन्ने सो जा रे'। 'माँ के आँसू' (1982) और 'पैग़ाम' (1988–जी.एस. कोहली के साथ) में भी उनका संगीत था।

इसी संदर्भ में हमें **चंदू** की संगीतबद्ध 'रामू तो दीवाना है' (1981) का ज़िक्र करना होगा। मुकेश के गाए कुछ सुंदर गीत वर्षों के इंतज़ार के बाद रिलीज़ हुई इस फ़िल्म में थे। मुकेश के खास अंदाज़ में गाए दर्द-भरे 'माँगा था प्यार मगर मुझको न प्यार मिला' के अलावा गुंजित स्वरलहरियों के साथ 'ख्वाबों की दुनिया ख़यालों की दुनिया' और 'तू सबसे हसीं है दिलरुबा' (आशा के साथ) जैसे गीत भी थे। मुबारक बेगम का गाया दर्दीले सुरों में बहुत कर्णप्रिय 'साँवरिया तेरी याद में' तो काफ़ी लोकप्रिय भी रहा था और 'हिट्स ऑफ मुबारक बेगम' कैसेट में भी शामिल है।

एकाध फ़िल्मों में संगीत देकर विलुप्त हो जाने का सिलसिला नवें दशक में भी जारी रहा। **ज़मीर बीकानेरी** ने 'हम बच्चे हिंदुस्तान के' (1984) में 'आँसू पोंछ ये माया है' जैसा मार्मिक गीत भी बनाया था, पर बच्चों को देशभक्ति का पाठ पढ़ाने वाले शेष गीत साधारण ही थे। **अमीन-संगीत** (ब्लैक कोबरा, 1981, बेचारा, 1984), **राज सोनिक** (चेतना दोराहे पर, 1981), अभिनेता संजीव कुमार के भाई और गुजराती फ़िल्मों की चर्चित हस्ती **किशोर जरीवाला** (कंचन और गंगा, 1981), अविनाश व्यास के पुत्र **गौरांग व्यास** (अंधेर नगरी, 1982, वीर भीमसेन, 1985), **अनिल गांगुली** (साहब, 1985), **आलोक गाँगुली** (वो दिन आएगा, 1986), **गौतम मुखर्जी** (अंतहीन, 1986), **विनय हसीब** (असम्भव, 1985), प्रसिद्ध वादक **एनॉक डैनियल्स** (सुजान, 1983, हाउस नं. 13, 1990ऋ गोरी, 1991), **देबू चटर्जी** (राज दुलारा, 1987), **विनोद कुमार** (आक्रांत, 1988), **रत्नेश सरकार** (वक्त की ज़ंजीर, 1989, ग्लैमर गर्ल, 2000), **सुमनजी सुमन** (प्यार का पहला सावन, 1988), **अनिल सिन्हा** (अनार, 1989), **अनिल नंदा** (विधान, 1989), **प्रशांत भट्टाचार्य** (इंकलाब के बाद, 1984), **पी. गजानन** (पंचतत्त्व) जैसे कितने संगीतकार आए और चले गए।

इस दशक में भी क़ई संगीतकार छोटे बजट की 'सी' ग्रेड फ़िल्मों में ही उलझे रह गए। भुतही, सेक्स-हिंसा प्रधान या डाकुओं पर केंद्रित ऐसी फ़िल्मों का देश के छोटे कस्बों में अपना बाज़ार रहा है। ऐसी फ़िल्मों का संगीत भी चालू किस्म का या सस्ता ऐंद्रिय सुख देने के हथकंडों से युक्त रहता था। **अनवर-उस्मान** ने इस दशक की कई ऐसी फ़िल्मों में संगीत दिया—'मेरी इज्जत बचाओ' (1984), 'मैं खिलौना नहीं' (1985), 'डाकू बिजली' (1986), 'दिलरुबा टाँगेवाली' (1987), 'बिजली और तूफ़ान' (1988), 'गीता की सौगंध' (1988), 'तू नागिन मैं सपेरा' (1989), 'चोरों की रानी हसीनों का राजा' (1990), 'बिजली और बादल' (1991), 'सीता सलमा सूजी' (1992) आदि। वैसे फ़िल्मों से अलग अनवर-उस्मान ने चंदन दास की गई 'मुझको भूले हुए याद', 'मुझको तो सिर्फ़ आपका फ़रमान चाहिए' जैसी मशहूर गज़लों की बड़ी कर्णप्रिय संगीत रचना की थी, पर फ़िल्मों में तो उनकी किस्मत में स्तरहीन चलचित्र ही रहे। एस. राजेश्वर राव के पुत्र कोटि ने भी राज के साथ **राज-कोटि** के नाम से 'तूफ़ान ही तूफ़ान' (1987), 'कमीना कहीं का' (1988), 'इंसाफ़ नागिन का' (1989), 'आज का परशुराम' (1992), 'एक अनाड़ी दो खिलाड़ी' (1996) आदि कई महत्त्वहीन फ़िल्मों में संगीत दिया था।

समकालीन संगीतकार

सदी के आखिरी दशक के फ़िल्म-संगीत का आगाज़ तो नवें दशक के डिस्को और मृदुहीन संगीत की प्रचुरता से हटकर एक बार फिर मेलोडी की वापसी से हुआ, लेकिन संदर्भ अब बदल चुका था और इस कारण इस मेलोडी के स्थायित्व या रूप जैसे प्रश्नों के इर्द-गिर्द बदलते दौर के नए परिमान और मापदंड थे। यह दौर खुले बाज़ार के बढ़ते प्रभुत्व का था और संगीत की भी अधिकाधिक पहचान एक उपभोक्तावादी तत्त्व के रूप में होने लगी थी। एक टी सीरीज़, वीनस, टिप्स जैसी संगीत कम्पनियाँ शक्तिशाली रूप से उभर रही थीं और उन्होंने कुछ खास संगीतकारों या गायकों तथा एक ख़ास 'फ़ायदेमंद' संगीत को प्रश्रय देना आरम्भ किया। टी.व्ही के या वीडियो के विज्ञापनों के द्वारा लोगों पर कुछ विशेष गीतों को ही थोपा गया, और पहली बार इतने पेशेवर ढंग से फ़िल्म-संगीत में 'हिट संगीत' का उपभोक्तावादी वस्तु की तरह निर्माण शुरू किया गया। इस पूरी प्रक्रिया में साधारण संगीत को भी दिखा-दिखाकर या बजा-बजाकर एक कृत्रिम तात्कालिक लोकप्रियता दिला दी जाती थी, और कई बार (जैसाकि 'माया मेम साहब', 'भैरवी', 'तमन्ना' आदि के संगीत के साथ हुआ) अच्छा संगीत उपेक्षित कर दिया जाता था। भारत जैसे अविकसित देश में बाज़ारवाद का प्रभाव कुछ विशेष तबकों की उन्नति के रूप में ही परिलक्षित हुआ है और संगीत के क्षेत्र में भी प्रतिभा से अधिक पूछ उनकी हुई जो प्रचलित प्रवृत्तियों को अपने लाभ के लिए सर्वाधिक इस्तेमाल कर सके।

'मेलोडी' की वापसी जल्दी ही चुक गई तथा उन्हीं धुनों की पुनरावृत्ति और नकल की प्रचुरता ही हावी हो गई। भूमंडलीकरण के इस दौर में यह अवश्य हुआ है कि फ़िल्म-संगीत में अब न केवल यूरोपियन बल्कि लैटिन अमेरिकी, स्पेनिश, पाकिस्तानी, लोक संगीत सभी के तत्व निस्संकोच रूप से लिए जाने लगे, पर इस विस्तृत फलक पर अच्छे रचनात्मक संगीतमय प्रयास कम हुए तथा सीधे-सीधे नकल कर बाज़ार में बेचने की प्रवृत्ति अधिक रही है। ए.आर. रहमान एक नई प्रकार की ध्वनि लेकर अवश्य आए, और इस ध्वनि में अंतर्राष्ट्रीयता के अंशों के साथ भारतीय लोकसंगीत तथा सूफ़ियाने संगीत-विधियों का भी सुंदर मिश्रण था, पर इस ध्वनि की ताजगी भी बहुत जल्दी खत्म होने लगी। 'रैप' संगीत की ताजगी भी थोक के रूप में उसके इस्तेमाल से 'अम्मा देख', 'Money Money या 'Stop that' के गीतों की लोकप्रियता के बावजूद ऊब पैदा करने लगी।[1]

खुले बाज़ारवाद का अर्थ यदि एक ओर NRI और आधुनिक शहरी युवा वर्ग की सैद्धांतिक विचारधारा से उन्मुक्त शुद्धतः भौतिकवादी धरातल के रोमांस-रूपी संगीत का प्रकट होना था, तो दूसरी ओर छोटे शहरों और कस्बों में भी इसका एक बाज़ारू प्रभाव 'चोली के पीछे क्या है', 'सरकाए लियो खटिया', 'मैं मालगाड़ी हूँ धक्का लगा' जैसे अश्लील द्विअर्थी गीतों के रूप में बहुतायत से लोकप्रिय होना था। इस खुलेपन में अब संगीत की भी खरीद-बिक्री एक बाज़ारी रणनीति थी। मीडिया और आधुनिक संचार के युग में अच्छे प्रचार से स्तरहीनता और mediocrity को भी अच्छा और लोकप्रिय बनाया जा सकता था।

इधर के वर्षों में एक और प्रवृत्ति जिसका दूरगामी प्रभाव रहा है, वह है टी.वी. चैनलों की बहुतायत और घर-घर में उनके विस्तार के कारण श्रव्य से अधिक दृश्य का प्रभुत्व। संगीत भी अब सुनने की नहीं, देखने की चीज़ अधिक होती जा रही है। गीतों की धुन और शिल्प से अधिक उसका प्रस्तुतीकरण महत्त्वपूर्ण हो गया है। आधुनिक नृत्य की ढेर सारी भंगिमाओं से दर्शकों को बाँधने की मनोवृत्ति संगीत की रचनात्मकता पर भारी पड़ने लगी है। संगीत के मन-मस्तिष्क पर कालजयी प्रभाव की बातें अब गौण हो चली हैं, visual का प्रत्यक्ष साकार और इस साकार को बार-बार दुहरा-तिहराकर उस दृश्य के क्षण से चमत्कृत करना ही इस तेज रफ़्तार ज़माने में सफलता का शॉर्ट-कट बन गया है। चाहे पुराने गीतों के remix की प्रस्तुति हो, या नए गीत–

सभी इसी प्रवृत्ति से उभरे ढाँचों के बीच स्थित लगते हैं। पर इस ढाँचे के अंदर भी कुछ गीत संगीत अभी भी बहुत अच्छा आ रहा है, भले ही रचनात्मकता और प्रतिभा की परिभाषाओं में इस नए fast-paced युग में कई सूक्ष्म अंतर आ गए हैं।

नदीम-श्रवण

बहरहाल, समकालीन संगीतकारों की चर्चा प्रारम्भ करें तो यह मानना होगा कि सदी के आखिरी दशक के मोड़ पर 'आशिकी' (1990) के गीत मेलोडी का एक नया रूप लेकर आए और अगर यह कहा जाता है कि नवें दशक के तूफ़ानी और माधुर्यविहीन संगीत की प्रचुरता के बाद **नदीम-श्रवण** की 'आशिकी' से पुनः मेलोडी की फ़िल्म-संगीत में वापसी हुई तो गलत नहीं है। 'आशिकी' की मेलोडी कोमल थी और उसमें रिद्म एक हलके स्पंदन के साथ आहिस्ता-आहिस्ता 'धीरे-धीरे से मेरी ज़िंदगी में आना', 'नज़र के सामने जिगर के पार', 'तू मेरी ज़िंदगी है', 'जाने ज़िगर जाने मन' के साथ बहुत खूब चली। 'आशिकी' के गीतों से कुमार शानू पार्श्वगायकों की चोटी पर जा पहुँचे।

'आशिकी' वाली शैली नदीम-श्रवण के संगीतबद्ध 'फूल और काँटे' के 'धीरे-धीरे प्यार को बढ़ाना है, हद से गुज़र जाना है', 'सड़क' के 'तुझे अपना बनाने की कसम खाई है', 'साजन' के 'मेरा दिल भी कितना पागल है', दरबारी आधारित 'देखा है पहली बार' और 'जिएँ तो जिएँ कैसे', 'दिल है कि मानता नहीं के शीर्षक गीत', 'तू प्यार है किसी और का' या 'अदाएँ भी हैं', 'दीवाना' के 'तेरी उम्मीद तेरा इंतज़ार' जैसे गीतों में बार-बार आई और बहुत लोकप्रिय रही।

नदीम-श्रवण के कई गीतों में रिद्म की एक खास शैली विकसित हुई जहाँ किसी खास बोल पर झटकेदार विराम दिया जाकर फिर नोट्स को आगे बढ़ाया जाता है। 'दीवाना' के यमन कल्याण का स्पर्श लिए 'सोचेंगे तुम्हें प्यार करें कि नहीं' (शानू) में 'नहीं' के बाद और 'दिल का क्या कुसूर' के कर्णप्रिय गीत 'मेरा सनम सबसे प्यारा है' (शानू, आशा) में 'मेरा' और 'सनम' के बाद इस विराम का असर बहुत लुभावना लगता है। 'साथी' (1991) को 'हुई आँख नम और ये दिल मुस्कुराया' (अनुराधा, साथी) में 'साथी' पर के विराम को बहुत सुंदर झूमते-लहराते अंदाज़ में इतनी खूबी से बढ़ाया गया है कि दर्द की अतिरंजना से बचते हुए भी प्रभाव अधिक होता है।

नदीम-श्रवण के अन्य लोकप्रिय गीतों में 'बेदर्दी' का विनोद राठौर का गाया 'एक दिन तो होनी थी मुहब्बत', 'दीवाना' का ही चारुकेशी पर आधारित 'तेरी उम्मीद तेरा इंतज़ार', 'बलमा' (1992) का 'जीने की तमन्ना हो' (आशा, नितिन), 'दिल तेरा आशिक' का 'मैंने छुपाया कई' (शानू, अलका), 'कल की आवाज़' (1992) के (शायद किसी प्रचलित पाकिस्तानी धुन पर) 'किसी मेहरबाँ ने आ के' (आशा, शानू), 'स्टंटमैन' (1994) का 'अम्मा देख तेरा मुंडा बिगड़ा जाए' (बाली ब्रह्मभट्ट, अलका), 'हम हैं राही प्यार के' का शीर्षक गीत (शानू, अलका, साथी) या 'मुझसे मोहब्बत का' (शानू, प्रिया), 'राजा' (1995) का 'Come September' की हूबहू नकल पर 'नज़रें मिलीं दिल धड़का' (उदित, अलका) और माधुरी दीक्षित के sensational नृत्य पर फ़िल्माया 'अँखियाँ मिलाऊँ कभी अँखियाँ चुराऊँ' (उदित, अलका), 'दामिनी' (1992) के 'जब से तुम्हें देखा', 'कागा तो उड़ गया' और 'गवाह है चाँद तारे', 'सड़क' (1991) का 'हम तेरे बिन कहीं रह नहीं पाते' (मनहर, अनुराधा) जैसे गीत शामिल किए जा सकते हैं। पर टी सीरीज़ के मालिक गुलशन कुमार की 1997 की हत्या में नदीम को आरोपी बनाए जाने के बाद उनका विदेश प्रवास और उनकी धुनों की पुनरावृत्ति की शैली ने उनकी लोकप्रियता को बाधित किया। एक समय में चोटी पर रहनेवाले नदीम-श्रवण का व्यावसायिक ग्राफ़ बड़ी तेजी से गिरा। फिर भी कुछ हद तक 'परदेस' (1997) के मुलायम से 'दो दिल मिल रहे हैं' और 'मेरी महबूबा', 'I love my India' जैसे नए NRI संस्कृति के उपयुक्त गीत, 'धड़कन' (2000) के 'दिल ने ये कहा' (शानू, अलका) और 'तुम दिल की धड़कन में' (अभिजीत), 'एक रिश्ता' (2001) के खय्याम की शैली के 'हम खुश हुए' (मो. अज़ीज़, शानू, अलका, सरला कपूर), 'कसूर' (2001) के 'कितनी बेचैन हो' (उदित, अलका) 'राज़' (2002) के 'जो भी कसमें' (उदित, अलका) जैसे गीतों के सहारे नदीम-श्रवण ने अपने-आपको कायम रखा है।

वर्तमान पीढ़ी के संगीतकारों में नकल करने की प्रवृत्ति बेहद बढ़ी हुई नज़र आती है, और नदीम-श्रवण के साथ भी यह दृष्टिगोचर होता रहा है। उदाहरण के लिए 'धड़कन' का 'दिल ने कहा है दिल से' आदिल मजीद अब्दुल्ला के गीत 'अहिबक्लैह' की और 'अकसर इस दुनिया में' लेबेनान के गायक नवजा करम के गीत 'आश्तानी' की हूबहू नकल है। वहीं 'सड़क' का 'तुम्हें अपना बनाने की कसम' की सुंदर धुन मुसर्रत नाज़िर के 'चले तू कह ही जाए', 'जुदाई' का 'मुझे एक पल' नुसरत फ़तेह अली

खाँ के 'सानू एक पल', 'राजा हिंदुस्तानी' का 'कितना प्यारा तुझे' 'नुसरत के ही 'किन्ना सोना', 'दिल है कि मानता नहीं' का 'ओ मेरे सपनों के सौदागर' क्लिफ़ रिचर्ड के 'बैचलर ब्वाय', 'आशिकी' का 'तू मेरी ज़िंदगी है' पाकिस्तानी गायिका तसव्वुर खानम के 'तू मेरी ज़िंदगी है', 'कसूर' का 'दिल मेरा तोड़ दिया' नूरजहाँ के 'वो मेरा हो न सका' की पूरी नकल के रूप में सामने आते हैं। यह तो समझ में आता है कि ग्रीक गायक 'डेमिस रूसो' के 'Lovely lady of Arcadia' से प्रेरणा लेकर नदीम श्रवण 'हम हैं राही प्यार के' का यूँ ही कट जाएगा सफ़र' और 'सलामी' का 'तुम्हें छेड़े हवा चंचल' जैसी कृतियों का सृजन करें पर यह भी स्पष्ट है कि अधिकांशतः नदीम-श्रवण ने मात्र प्रेरणा लेकर अपना रचनात्मक हुनर कम दिखाया है और हूबहू नकल ज़्यादा की है।

समकालीन संगीतकारों में सबसे चर्चित नाम **ए.आर. रहमान** का रहा है। मूलतः दक्षिण भारतीय इस संगीतकार ने हिंदी फ़िल्म संगीत फ़लक पर सर्वथा नई संगीत ध्वनियों को लाकर उसे एक नई दिशा दी। यह कहना पर्याप्त नहीं है कि रहमान के संगीत में जैज़, रॉक, फ़ंक, पाश्चात्य और भारतीय शास्त्रीय तथा लोकसंगीत–सभी मिलता है। रहमान की उपलब्धि यह है कि इन सभी के तत्त्वों के मिश्रण से जो स्वर और जो सुर वे निकालते हैं, उसके मुहावरे अब तक के प्रचलित फ़िल्म संगीत की शैलियों से सर्वथा भिन्न और अनसुने रहे हैं। भूमंडलीकरण के इस दौर में रहमान का संगीत भी देश या क्षेत्र की सीमाओं को तोड़कर एक अंतर्राष्ट्रीय गंध लेकर आता है।

ए.आर. रहमान

मणिरत्नम की 'रोजा' संगीत की दुनिया में एक ताजगी लेकर आई। एस.पी. बालसुब्रमण्यम के स्वर में 'रोजा जानेमन' और 'ये हसीन वादियाँ' एक नई शैली के संगीत का सूत्रपात करती हैं। छंद के प्रयुक्त विरामों की लोच के साथ संगीत के नोट्स एक बहुत ही आधुनिक तरीके से एक-दूसरे में घुलते मिलते हैं। कश्मीर की वादियों के बीच बहती नदी की कलकलाहट और आस्था को बहुत ही कोमल और मीठे ढंग से 'छोटी-सी आशा' (मिनमिनी) में उद्भासित कर रहमान ने प्राकृतिक संगीत को एक लुभावना और बहुलोकप्रिय आधुनिक परिवेश दिया।

'बॉम्बे' के 'तू ही रे' (कविता, हरिहरन) में संवेदना की तीव्रता की एक नई शैली में इंतहा है। यहाँ सिर्फ़ ऊँची पट्टी का कमाल नहीं है। इसमें आधुनिक जीवन की संवेदना और कसक अपनी पूरी प्रचंडता और प्रत्यक्ष आकुलता के साथ उभरते हैं। 'कहना ही क्या' (चित्रा) में ज़िंदगी का फ़लसफ़ा तो है, पर वह अमूर्त नहीं है बल्कि रोजमर्रा के जीवन की रिद्म पर आहिस्ते से स्थापित होते हुए भी बहुत स्पष्ट और मुखर लगता है। 'एक हो गए हम और तुम' (रीमो फ़र्नांडीज़) और 'कुची कुची रकमा' (उदित, कविता, आदि) तो रिद्म की हिंदी फ़िल्म-संगीत में एक नए अंदाज़ से इतनी प्रभावशाली प्रस्तुति थी कि श्रोताओं ने उन्हें हाथों-हाथ लिया। हेमा सरदेसाई को रातों-रात मशहूर करनेवाले 'सपने' का 'आवारा भँवरा' रिद्म की एक पाश्चात्य शैली में क्लासिकल आलापों, मुरकियों और लहरों को बुनने की एक बहुत सुंदर कोशिश थी, जिसका कलेवर आधुनिक भी था और काव्यात्मक भी। 'रंगीला' जैसी उनकी अनेक फ़िल्मों में रिद्म का एक ऐसा ढंग देखने को मिला, जो हिंदी फ़िल्म-जगत के लिए नया था। 'साथिया' (2002) के शीर्षक गीत में तो भावनाओं के काव्यात्मक बिम्बों को लहराते सुरों से सहलाने के बाद 'साथिया' की पुकार की अतिरेक को उभारने के लिए रिद्म का बहुत प्रभावशाली प्रयोग था।

पाश्चात्य संगीत, लातिन अमेरिकी संगीत और मध्य पूर्व एशियाई संगीत–सभी से प्रेरणा तो रहमान ने भी ली है, पर पूरी तरह नकल न करके उन्होंने अपनी रचनात्मकता और कलात्मकता से गीतों को एक अलग रूप देने का प्रयास अधिक किया है। डॉन मैक्लीन के 'Starry starry night' से समानता होते हुए भी रहमान का 'Bombay Dreams' कुछ अलग अवश्य है। 'वंदे मातरम' और 'माँ तुझे सलाम' जैसे गीतों में रहमान ने आधुनिक रचनात्मकता का अपना विशिष्ट अंदाज़ प्रस्तुत किया है–एक ऐसा अंदाज़ जिसमें न केवल गहनता है बल्कि जिसका संदर्भ भी बहुत व्यापक है।

नए वाद्ययंत्रों का उपयोग उनकी संगीत-शैली का एक अभिन्न हिस्सा है। 'दिल से' के लिए उन्होंने dobro गिटार का उपयोग किया, तो 'मुस्तफ़ा मुस्तफ़ा' गीत के लिए blues guitar का। अपने गीत 'Telephone telephone' के लिए उन्होंने अरबी ooud का प्रयोग किया।

रहमान के संगीत में कई बार एक सूफ़ियाना रंग उभरता है, पर उसे अपनी आधुनिक संगीत संरचना के बीच वे बड़ी सांसारिक अदा से ढालते हैं। इस दृष्टि से वे आधुनिक संगीत के नए सज्जादानशीं लगते हैं। 'दिल से' के 'चल छैयाँ छैयाँ' (सुखविंदर, सपना अवस्थी) में गुलज़ार के सूफ़ियाना कलाम के रूपांतर को सुरूर की हद तक ले जाकर भी वे इसे इबादती जामा

पहनाने से बचाते हैं। इतनी खूबसूरत कम्पोज़ीशन फ़िल्मों के इस दौर में कम ही हुई हैं। 'फ़िज़ा' (200) का 'पिया हाजी अली' भी बहुत प्रभावशाली कव्वाली रही है। 'तक्षक' का बेमिसाल गीत 'मुझे रंग दे रंग दे' (आशा) अपनी तन्मयता और रवानगी में अगर सूफ़ियाना है तो इसका परिधान और ऑरकेस्ट्रेशन अत्याधुनिक। यह निपवद का नया बिलकुल रहमानी रूप है जो बहुत विशिष्ट रहा है। 'साथिया' (2002) में खुसरों की 'नैना मिलाए के' (साधना सरगम, मधुश्री) को रहमान ने सारंगी पर एक बड़ी सुंदर मीठी शैली दी है। 'तहज़ीब' (2004) के 'मेहरबान मेहरबान' (आशा, सुखविंदर), 'खोई खोई आँखें' (शान) और 'सबक ऐसा' (सुजाता भट्टाचार्य) में भी यह सूफ़ियाना रंग पाश्चात्य वाद्य-संयोजन के साथ प्रभावशाली ढंग से समाकलित है। 'न शिकवा होता' (सुजाता भट्टाचार्य) इस फ़िल्म की सबसे खूबसूरत रचना मानी जाएगी, जिसमें पृष्ठभूमि में तेज़ पाश्चात्य रिद्म पर गज़ल को काफ़ी हद तक पारम्परिक लय में बड़ी सुन्दरता से बाँधा गया है। मोमिन की पारम्परिक रचना से प्रेरित 'मुझपे तूफ़ाँ उठाए' (सुजाता भट्टाचार्य) में भी पारम्परिक गज़ल की अदायगी का पाश्चात्य ऑरकेस्ट्रेशन के साथ प्रभावशाली fusion है। एम.एफ. हुसैन की 'मीनाक्षी' (2004) में पुनः 'धुआँ धुआँ' (आशा) के आलापों और तानों में इस्लामी इबादत के स्वर बहुत खूबसूरती से लगाए गए हैं। फ़िल्म का 'नूर-उन-अला-नूर' (मुर्तज़ा खान, कादिर खान) तो पूरी तरह सूफ़ियाना कव्वाली का रंग लिए ही है। 'युवा' (2004) के 'कभी नीम नीम' (मधुश्री, ए.आर. रहमान) के अंतरों को भी बहुत सुंदर सूफ़ियाना स्पर्श दिया गया।

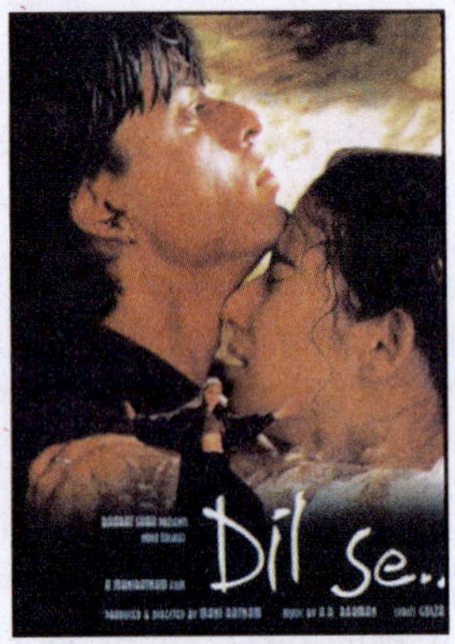

रहमान की सर्वश्रेष्ठ फ़िल्म मैं 'दिल से' (1998) को ही मानूँगा। मणिरत्नम की इस फ़िल्म में सूफ़ियाने कलाम का आधुनिक रिद्मिक रूप 'चल छैयाँ छैयाँ' (सुखविंदर, सपना अवस्थी) के रूप में आया, तो दूसरी ओर पाश्चात्य ऑरकेस्ट्रेशन के बीच इस्लामी आलापों के साथ स्वयं के गाए 'दिल से रे', भीमपलासी के सुरों को एक सुंदर रिद्म के बीच तराशकर सृजित 'ऐ अजनबी' (उदित, महालक्ष्मी) और अरबी शैली की धुन और वाद्य-संयोजन के साथ 'सतरंगी रे' (सोनू निगम, कविता कृष्णमूर्ति) बेमिसाल तरीके से प्रस्तुत हुए। दक्षिण भारतीय वाद्य-यंत्रों के बीच 'जिया जले जान जले नैनों तले धुआँ चले' (लता) तो भैरवी का एकदम ताजा और नवीन रूप था, और लता ने स्वयं भी इस गीत को फ़िल्म-संगीत में वर्षों बाद आए एक मीलस्तम्भी गीत की संज्ञा दी थी।

संगीत के क्लासिकी रंग को भी रहमान ने अपना अलग रिद्मप्रधान रंग दिया, जैसे 'रंगीला' के 'हाय रामा ये क्या हुआ' और 'लगान' के 'घनन-घनन' दोनों के पीछे पूरिया धनाश्री के सुरों का मिश्रण है। रहमान की प्रतिभा को इतनी प्रतिष्ठा मिल गई कि श्याम बेनेगल ने भी अपनी 'ज़ुबैदा' (2000) के लिए वनराज भाटिया को छोड़कर रहमान को लिया और 'धीमे धीमे' (कविता कृष्णमूर्ति), 'सो गए हैं' (लता), 'प्यारा सा गाँव' (लता) और ठुमरी शैली के 'छोड़ो मोरी बइयाँ' (ऋचा शर्मा) में रहमान ने धीमे, मुलायम सुरों के साथ इस खूबसूरत पीरियड फ़िल्म का सारा nostalgia और रोमांस जीवंत कर दिया। 'मंगल पांडे' (2005) का 'मैं वारी वारी' (कविता कृष्णमूर्ति) हलके क्लासिकी रंग के साथ मुजरे की बहुत आकर्षक प्रस्तुति बनकर उभरा है।

'प्रियंका' के 'खिली चाँदनी' (हरिहरन) 'सपना' का 'चंदा रे चंदा रे' (हरिहरन, साधना सरगम), 'वन टू का फ़ोर' (2001) का 'खामोशियाँ गुनगुनाने लगी हैं' (लता, सोनू निगम), 'साथिया' (2002) के 'चुपके-चुपके' (साधना सरगम, मुर्तज़ा, कादिर), 'सपना' का 'चंदा रे चंदा रे' (हरिहरन, साधना सरगम), 'साथिया' (2002) के 'चुपके-चुपके' (साधना सरगम, मुर्तज़ा, कादिर) आदि गीतों में रूमानी गीतों के लिए प्रयुक्त रहमान की विशिष्ट कोमल और कुछ हद्द तक काव्यात्मक शैली नज़र आती है। 'मीनाक्षी' (2004) के 'ये रिश्ता क्या कहलाता है' (रीना भारद्वाज) जैसे गीतों में रहमान ने रूमानी कोमल गीतों को कुछ हद तक अन्य दक्षिण भारतीय समकालीन संगीतकारों इलैयाराजा या एम.एम. क्रीम की तरह ही एक ख़ास शैली में कम्पोज़ किया, जिसमें शास्त्रीयता का हलका-सा पुट लेकर भी छंद की पारम्परिक लय से अलग जाकर स्वर और लय का नया विधान था। 'दिल ही दिल में' (1999) के अभिजीत के गाए 'ऐ नाज़नीन सुनो ना' में मेलोडी को अत्यंत आकर्षक रूप में रहमान ने ढाला था।

'1947 Earth' में नन्दिता दास

रहमान ने अपने संगीत में अकसर दक्षिण भारतीय लोक ध्वनियों, वाद्यों और शैलियों को एक आधुनिक अंदाज़ में पेश किया। 'कभी न कभी' के 'तू थी तू' में कर्नाटक

संगीत शैली का इस्तेमाल, 'हमसे है मुकाबला' का 'गोपाला गोपाला' (एम. जानकी, बालसुब्रमण्यम), 'मीनाक्षी' का 'रंग है' (अलका याज्ञनिक) और 'चिनम्मा चिकम्मा' (सुखविंदर, साथी) जैसे गीत इसके विशिष्ट उदाहरण हैं। दक्षिण भारतीय लोकरंग से अलग अन्य प्रदेशों की लोकशैलियाँ रहमान के संगीत में कम ही आई हैं। '1947 Earth' के 'बन्नो रानी बड़ी सयानी', 'ताल' (1999) के 'ताल से ताल मिला' (उदित, अलका) 'लगान' (2001) के 'घनन घनन', 'मितवा', 'राधा कैसे' और 'ओ पालनहारे' (या 'साथिया' का 'छलका छलका रे') जैसे गीतों में लोकशैली का अपने खास अंदाज़ में इस्तेमाल के कुछ उदाहरण अवश्य दिए जा सकते हैं।

वैसे तो रहमान पर भी typed होने या अपनी ही पुनरावृत्ति करने का आरोप आरम्भ से ही लगने लगा है। 'बॉम्बे' से ही रिद्म का 'हम्मा हम्मा' वाला रूप उनकी कितनी ही फ़िल्मों में थोड़े-बहुत परिवर्तन के साथ आता रहा है। फिर भी समकालीन दौर के वे सबसे विशिष्ट संगीतकार तो हैं ही।

प्रसिद्ध संगीतकार सरदार मलिक के पुत्र **अनु मलिक** ने सरदार मलिक की संगीतबद्ध 'निगाहें' में कुछ गीत भी गाए थे पर फ़िल्म चली नहीं। 'हंटरवाली' (1977) और 'एक जान हैं हम' के बाद 'सोहनी महीवाल' और 'मर्द' में उनका संगीत हिट तो रहा, पर 'मर्द टाँगेवाला' (मुहम्मद अज़ीज़) या 'जीते हैं शान से' के 'जूली जूली' (कविता कृष्णमूर्ति) जैसे गीतों में कोई स्तर नहीं था। अनु मलिक को बड़े बैनर की 'गंगा जमुना सरस्वती' जैसी फ़िल्में भी मिलीं, लेकिन उनका साधारण संगीत वर्षों तक उनपर असफलता की मुहर ही लगाता रहा। किशोर कुमार के गाए खूबसूरत रूमानी गीत 'तेरा चेहरा मुझे गुलाब लगे' (आपस की बात, 1982), 'सूर्खजोड़ा जो पहन' (किशोर–मंगल पांडे, 1982) या 'साजन मेरा उस पार' (लता–गंगा, जमुना, सरस्वती, 1988) या 'अपनो में है बेगाना' (बेगाना, 1986) इस दौर में अपवाद की तरह ही सामने आए।

अनु मलिक

अनु मलिक की स्तरीय शुरुआत हुई 'फिर तेरी कहानी याद आई' (1991) के सफल और कर्णप्रिय संगीत से। 'तेरे दर पर सनम चले आए' (शानू, साधना सरगम) भले ही प्रेरित हो, पर था बहुत सुंदर। 'शायराना-सी है ज़िंदगी की फ़ज़ा, आप भी ज़िंदगी का मज़ा लीजिए' (अलका) भी दरबारी की परिचित बंदिश की बहुत ही लुभावनी प्रस्तुति थी। 'दिल में सनम की सूरत' (शानू, प्रिया) में मेलोडी और ऑरकेस्ट्रेशन का संतुलन प्रभावशाली कहा जा सकता है।

'बाज़ीगर' के भी शीर्षक गीत, 'ये काली-काली आँखें', 'किताबें बहुत-सी', 'ऐ मेरे हमसफ़र' और विनोद राठौर के गाए 'छुपाना भी नहीं आता' में पुनः उन्होंने मेलोडी और ऑरकेस्ट्रेशन का सुंदर समन्वय प्रस्तुत किया जो मकबूल भी रहा। 'चाइना गेट' (1998) का 'छम्मा-छम्मा' (सपना अवस्थी, साथी) भी लोक रिद्म का आधुनिक संदर्भ में प्रयुक्त चर्चित उदाहरण रहा है। 'दिलजले' (1997) का 'हो नहीं सकता' (उदित), 'सोल्जर' (1999) का शीर्षक गीत और 'आएगा आएगा साजन', 'लज्जा' (2001) का 'आइए आ जाइए', 'मेला' (1999) का शीर्षक गीत–सभी में मेलोडी का एक आधुनिक रूप है। अनु मलिक में प्रतिभा की कमी नहीं है और यह उनके 'बोर्डर' (1997) के लिए कम्पोज़ सदाबहार नग़में 'संदेशे आते हैं' तथा 'जोश' (2000) के गोवा शैली के 'सैला री सैला री', 'हम तो दिल से हारे', 'हाय मेरा दिल', 'अपुन बोला', 'ज़िंदा हैं हम तो' और गुनगुनाहट-भरे सुरों के साथ 'मेरे ख़यालों की मलिका' जैसी कम्पोज़ीशन्स से स्पष्ट हो जाता है।

महेश भट्ट की 'तमन्ना' (1996) में संगीत देते हुए अनु मलिक ने शायराना क़लाम पर 'ये आइने जो तुम्हें', 'शब के जागे हुए तारों को भी नींद आने लगी' (अलका) और 'घर से मस्जिद है बहुत दूर' (सोनू निगम) जैसे गीतों को गज़लों के आकर्षक रूपों में ढाला था। 'डुप्लीकेट' (1998) में पारम्परिक ताल को 'मेरे महबूब मेरे सनम' (उदित) के आधुनिक स्वरूप में परिष्कृत करनेवाले, 'कत्थई आँखों वाली एक लड़की' (शानू) के द्वारा जावेद अख्तर के काव्यात्मक शब्दों को नर्म-सा आवरण देने वाले, और फिर बिल्कुल दूसरे ही मूड में 'A tasket A tasket' से प्रेरित 'लड़ना झगड़ना' जैसे गीतों को उत्फुल्ल से बीट पर निर्मित करने वाले भी अनु मलिक ही थे। Simon और Garfunkel की प्रसिद्ध रचना El condor Pasa से प्रेरित होने के बावजूद 'विरासत' के 'तारें है बाराती' में अनु मलिक ने अपनी रचनात्मकता का बहुत प्रभावशाली परिचय दिया है। इसी प्रकार 'जोश' का 'हाय मेरा दिल' अपने सुंदर गिटार के साथ Gypsy King के 'Djobi Djoba' और Bryan Hyland के 'Sealed with a kiss'

से प्रेरित होने के बावजूद अनु मलिक की रचनात्मकता को पर्याप्त स्थान देता है।

'फ़िलहाल' (2002) के शीर्षक गीत (आशा) और 'दिल के सन्नाटे' (पलाश सेन), 'इश्क' (1997) के 'देखो देखो जानम (उदित, अलका), 'आरज़ू' (2000) के 'अब तेरे दिल में', और शिवरंजनी आधारित 'साजन साजन तेरी दुलहन' तथा 'यादें' (2001) के 'चाँद तारे' (सुखविंदर, कविता) जैसी खूबसूरत धुनों से समय-समय पर अनु मलिक की प्रतिभा प्रकट होती रही है। परंतु यह दुखद रहा है कि 'मैं खिलाड़ी तू अनाड़ी' के 'चुरा के दिल मेरा' और 'ज़ुबाँ खामोश होती है', 'याराना' के 'मेरा पिया घर आया हो रामजी', 'विरासत' के 'ढोल बजने लगा', 'इश्क' के 'मि. लोवा लोवा', 'द जेंटिलमैन' के 'रूप सुहाना लगता है', 'अकेले हम अकेले तुम' के 'ऐसा ज़ख्म दिया है' और 'दिल मेरा चुराया क्यों', 'हमेशा', 'ढोल', 'औज़ार' के कितने ही लोकप्रिय गीतों में से कई में अनु मलिक नकल के इल्ज़ाम से नहीं बच सके हैं। 'चेहरा' (1999) के 'हद से ज़्यादा आती है', 'चेहरा अपना देखते हैं', और 'तेरे बदन में' जैसे गीतों में अनु मलिक अपने-आपको दुहराते नज़र आते हैं। 'बाज़ी' के गीत तो नकल से भरे हुए हैं–'डोले दिल डोले' यदि Come September की धुन लेकर आया, तो 'जाने मुझे क्या हुआ' और 'धीरे धीरे आप मेरे' क्रमशः Beethoven के 'Fur Elise' और मेहँदी हसन की गज़ल 'रफ़्ता रफ़्ता वो मेरी' पर आधारित लगते हैं। Dr. Hook का 'When you are in love with a beautiful woman' और Boney M का 'Bahama Bahama' क्रमशः 'चमत्कार' के 'ओ नींद चुराने वाले' और 'जवानी दीवानी' के रूप में प्रस्तुत हुआ। Laura Branighan का 'Self control' 'खिलाड़ियों के खिलाड़ी' का In the night बन कर आया, Jose Feliciano का 'Listen to the falling rain', 'सर' का 'सुन सुन सुन बरसात की धुन' बना, 'The good, the Bad and The Ugly' का थीम 'बेकाबू' का 'तू वो तू है' के रूप में प्रकट हुआ और Beatles का 'And I love her', Tolga का 'Sending All my love', Andrew Lloyd Webber का 'The Phantom of the Opera', तथा माइकेल जैकसन का 'They don't really care' क्रमशः 'जानम' का 'पागलपन छा गया', 'इश्क' का 'नींद चुराई मैंने', 'हमेशा' का 'ऐसा मिलन' और 'हमेशा' का ही 'नीला दुपट्टा' जैसे गीतों में पूरी नकल के साथ प्रयुक्त हुआ। पाकिस्तानी रचनाओं से प्रेरित उनकी कई लोकप्रिय रचनाएँ इधर फिर आई हैं–जैसे 'ज़हर' (2005) के श्रेया घोषाल के गाए 'अगर तुम मिल जाओ' और पाकिस्तानी बैंड 'जल' की रचना से प्रेरित 'वो लम्हे', या फिर 'मर्डर' (2004) का पाश्चात्य और सूफ़ियाना notes का सुंदर मिश्रण 'भींगे होंठ तेरे' (कुणाल गनजवाला)।

आनंद और मिलिंद

अनु मलिक बेहद लोकप्रिय बने हुए हैं और 'चेहरा' (1999) के 'हद से ज़्यादा' (अलका, शानू) और 'चेहरा अपना' (अलका, शानू), 'चोरी-चोरी चुपके-चुपके' (2001) के 'देखने वालों ने' (अलका, उदित), 'अजनबी' (2001) के 'मुहब्बत नाम है किसका' (अलका, उदित), 'मेरी ज़िंदगी में' (शानू, सुनीधि चौहान) और 'कसम से तेरी आँखें' (उदित, अलका, सोनू निगम, सुनिधि चौहान), 'अक्स' (2001) के 'ये रात' (सुनिधि चौहान) जैसे उनके गीत काफ़ी लोकप्रिय रहे हैं। यदि 'अशोका द ग्रेट' (2001) जैसी पीरियड फ़िल्म में भी 'सन सन नन', 'रोशनी से', 'आ तैयार हो जा' और 'रात का नशा' जैसी आधुनिक बीट्स वाली कृतियाँ मौर्यकालीन भारत की पृष्ठभूमि में पूरी तरह अनुपयुक्त लगती हैं, तो दूसरी तरफ़ अनु मलिक आज भी आधुनिक रिदम के बीच कव्वाली की लुभावनी शैली को स्थापित कर 'मैं हूँ ना' (2004) का 'तुमसे मिल के दिल का है ये हाल क्या कहें' जैसी शानदार कम्पोज़ीशन भी देने में सक्षम हैं। कभी-कभी लगता ही है कि उनकी प्रतिभा हद से ज्यादा फ़िल्में और हद से ज्यादा व्यस्तता के बीच दब-सी गई है।

प्रसिद्ध संगीतकार चित्रगुप्त के पुत्रों–**आनंद और मिलिंद**–ने 'अब आएगा मज़ा' (1984) से शुरुआत के चार वर्षों बाद मंसूर खान की सुपरहिट 'कयामत से कयामत तक' (1988) के अतिलोकप्रिय संगीत से अपनी मौजूदगी को बड़े धमाकेदार ढंग से जताया था। उदित नारायण का पहला सुपरहिट गीत 'पापा कहते हैं बड़ा नाम करेगा', 'गज़ब का है दिन', 'ऐ मेरे हमसफ़र', 'अकेले हैं तो क्या ग़म है' या पहाड़ी आधारित 'काहे सताए' जैसे गीतों में मेलोडी और रिदम का एक ताजा संगम था जो दशक के डिस्को

और शोरप्रधान संगीत के बाद एक स्वागतयोग्य मोड़ की तरफ़ इशारा करता था। 'न जाने कहाँ दिल खो गया' वाली 'दिल' और फिर 'बेटा' के माधुरी दीक्षित के उत्तेजक 'धक धक करने लगा' नृत्य की सफलता ने आनंद-मिलिंद को चोटी के कम्पोज़र्स की श्रेणी में ला खड़ा किया। गिटार और सिंथेसाइज़र के प्रभुत्व के बीच भी मेलोडी को उन्होंने अपने शुरुआती दौर में तो सँभाले रखा, लेकिन जल्दी ही उनके संगीत में से भी ताज़गी जाती रही। चित्रगुप्त जैसी खूबसूरत धुनों का खजाना उनके पास था नहीं, और डेविड धवन की गोविंदा अभिनीत 'बोल राधा बोल', 'राजा बाबू', 'कुली नम्बर 1', 'हीरो नम्बर 1' के 'तेरी नानी मरी तो', 'सोना कितना सोना है', 'तेरे बाप के डर से', 'आ आ इ इ उ उ रे', 'मैं तो रस्ते से जा रहा था' या फिर 'लाडला' के 'लड़की है क्या', 'सुहाग' के अति लोकप्रिय रहे 'गोरे गोरे मुखड़े पे काला-काला चश्मा', 'रक्षक' के 'शहर की लड़की' और 'सुंदरा सुंदरा' जैसे गीतों का लोकप्रियता के बावजूद बहुत हलका और कहीं-कहीं तो अश्लील स्तर भी था। ऐसे गीतों से आनंद मिलिंद का संगीत बाज़ारीकरण के बढ़ते दौर में छोटे शहरों और कस्बों की उस मानसिकता का प्रतिनिधित्व करता रहा है जिसने आधुनिकता को तड़क-भड़क और फूहड़पन से ग्रहण किया है, जहाँ परम्पराएँ टूटी तो हैं पर इस तोड़ से किसी प्रगतिशील मूल्य का सृजन न होकर आकांक्षाओं का एक बेढंगा और विकृत उपभोक्तावादी रूप प्रकट हुआ है। भूमंडलीकरण के इस दौर में नकल से भी उन्होंने कम ही परहेज किया है, और ABBA के 'Nini pretty ballerina' पर आधारित 'जीना प्यार से' ('ये तेरा घर ये मेरा घर'), Kenny के 'Breathless' पर आधारित 'ओ जाने जाना' ('इंसाफ़), Enrique Iglasius के 'Bailamos' पर आधारित 'खुल्लम-खुल्ला प्यार करेंगे' का शीर्षक गीत, इंग्लैंड के भाँगड़ा पॉप ग्रुप 'आलाप' के 'चुन्नी उड़ उड़ जाए' पर आधारित 'मुझे नींद न आए' ('दिल') जैसे कई उदाहरण इस संदर्भ में याद आते हैं।

अपवाद के रूप में अमोल पालेकर की 'दायरा' (1999) का संगीत माना जाना चाहिए। फ़िल्म उपेक्षित रह गई, और गीत भी अनसुने वरना गुलजार के काव्यात्मक बिम्बप्रधान गीतोंवाली इस फ़िल्म में आनंद-मिलिंद ने अपना सर्वश्रेष्ठ संगीत दिया था। हल्के ऑरकेस्ट्रेशन के साथ सहलाते सुरों के प्रयोग वाले 'पलों पे चलते चलते' (येसुदास, आशा) और 'बोलो क्या तुम इतना-सा मेरा काम करोगे' (आशा) बेहद आकर्षक रचनाएँ थीं। बैरागी शैली की लोकधुन पर 'छूटे नाहीं मौला छूटे ना' (येसुदास) का बाउल संगीत प्रयोग आनंद-मिलिंद की आम तौर पर प्रयुक्त लाउड फूहड़ लोकसंगीत के झटकों से कितना भिन्न, कितना श्रेष्ठ और कितना सुंदर है! देवकी पंडित के स्वर में मुजरा शैली में 'दायीं आँख बोले कभी' भी बड़ी प्रभावशाली रचना बनी है। अपनी इस प्रतिभा का प्रयोग करने के मौके आनंद-मिलिंद को और न मिलना वाकई अफ़सोसजनक है। वैसे 'वंश' (1991) के 'मैं तो दीवानी हुई' (लता, सुरेश वाडेकर, साथी) में लता के सुंदर आलापों का प्रयोग, 'हम दोनों' का 'एक लड़की है' (शानू, साधना सरगम) की कर्णप्रियता, 'दिल आशना है' (1992) के शीर्षक गीत की मेलोडी जैसे कुछ सुन्दर उदाहरण बीच-बीच में आते रहे हैं, पर कुल मिलाकर आनंद-मिलिंद भी लीक की चलताऊ रचनाओं में ही फँसे लगते हैं।

जतिन और ललित

पंडित जसराज के परिवार से ताल्लुक रखनेवाले और प्रसिद्ध शास्त्रीय संगीतज्ञ पंडित प्रताप नारायण के पुत्रों **जतिन** और **ललित** की जोड़ी भी आज की शीर्षस्थ संगीतकार जोड़ियों में से एक है। 'यादों की बारात' के बच्चों के कोरस में गा चुके तथा पियानो और गिटार बजाने मं पारंगत इन भाइयों के संगीत पर राहुल देव बर्मन का असर साफ़ दिखाई देता है। 'जो जीता वही सिकंदर' के 'पहला नशा, पहला खुमार' जैसे गीतों से जतिन-ललित ने रूमानी संगीत का एक ताजा पहलू प्रस्तुत किया।

जतिन-ललित की कर्णप्रियता से ही प्रभावित होकर यश चोपड़ा की 'दिलवाले दुलहनिया ले जाएँगे' (1996) का संगीत जतिन-ललित को सौंपा गया। यश चोपड़ा की फ़िल्मों के संगीत की परम्परा के अनुरूप पंजाबी पहाड़ी शैली के संगीत को शिव-हरि से अलग जतिन-ललित ने एक अलग लोच दिया जो 'तुझे देखा तो ये जाना सनम' (शानू, लता), 'हो गया है तुझको तो प्यार सजना' (लता, उदित) जैसी रूमानी धुनों या 'मेरे ख्वाबों में जो आए' (लता) और 'ज़रा-सा झूम लूँ मैं' (आशा, अभिजीत) जैसी रिद्मप्रधान रचनाओं में उभरा। यश चोपड़ा की फ़िल्मों के विवाह गीतों की परिपाटी इस बार 'मेहँदी लगा के रखना' (लता, उदित) और 'घर आजा परदेसी' (पामेला चोपड़ा, मनप्रीत कौर, साथी) जैसे गीतों के साथ लोकप्रिय हुई।

मेलोडी को अपने संगीत में सँभालकर इस दौर के संगीतकारों में जतिन-ललित ही सबसे अधिक चले हैं। 'भूकम्प' के 'तुम

जो मिले' (शानू, अलका), 'अशांत' का 'दीवाने तू है जहाँ' (शानू, अलका), 'फ़रेब' (1996) के 'ये तेरी आँखें झुकी-झुकी' (अभिनीत), 'आँखों से दिल में उतर के (शानू, अलका) और 'प्यार का पहला पहला' (शानू, अलका), 'राजू बन गया जेंटिलमैन' (1992) की आकर्षक धुन 'तू मेरे साथ-साथ आसमां से आगे चल' (शानू, अलका), 'बड़ा दिन' के 'कहता है ये सफ़र' (शानू) और 'सुनो ज़रा' (शानू, अलका), 'मि. आशिक' के झटकेदार रिद्म के आरम्भ वाले 'तेरी चाहत के दीवाने हुए हम' और 'मेरा चाँद तुझे', खामोशी के 'बाँहों के दरमियां' (अलका, हरिहरन), 'आज मैं ऊपर आसमां नीचे' (अलका, हरिहरन) या 'ये दिल सुन रहा है' (कविता), 'प्यार किया तो डरना क्या' के 'दीवाना मैं तो चला' और अतिलोकप्रिय 'ओ ओ जाने जाना' (कमाल खान), 'प्यार तो होना ही था' के 'जब किसी की तरफ़ दिल' (शानू) और रिद्म के आकर्षक झटकेदार आरम्भ के प्रयोगवाले 'अजनबी मुझको इतना बता दे' (आशा, उदित), 'खिलाड़ी' का बहुत ही आकर्षक और कर्णप्रिय 'वादा रहा सनम' (अलका, अभिजीत), 'कभी हाँ, कभी ना' का 'ऐ काश कि होश में' (कुमार शानू) जैसे उनके कई गीत इसके गवाह हैं। 'गुलाम' के 'आती क्या खंडाला' से आज के युवा वर्ग की सामाजिक सरोकारों से मुक्त बेफ़िक्री और ऐश के आलम का सुपरहिट प्रतिनिधित्व, या 'जादू तेरा ही जादू' और 'आँखों से तुमने ये क्या कह दिया' जैसे गीतों से मेलोडी और आधुनिकता का सुंदर सम्मिश्रण करनेवाले जतिन-ललित भी नकल के इल्ज़ाम से नहीं बच सके हैं। अभिजीत को सर्वश्रेष्ठ पार्श्वगायक का फ़िल्मफ़ेयर पुरस्कार दिलानेवाले 'येस बॉस' के 'मैं कोई ऐसा गीत गाऊँ' की सुंदर धुन और 'चाँद-तारे' बी.जे. टॉमस के Rain drops keep following on my head और किसी पाश्चात्य धुन से प्रेरित लगती है। 'संघर्ष' (1999) के 'मुझे रात दिन बस यूँ ही' तो ओ.पी. नैयर की रफ़ी से गवाई खूबसूरत-सी पुरानी धुन 'मुझे देखकर आपका मुस्कुराना, मुहब्बत नहीं तो फिर और क्या है' की हूबहू नकल है। करन जौहर की सुपरहिट फ़िल्म 'कुछ कुछ होता है' का शीर्षक गीत वाकई बहुत मेलोडियस था, भले ही शेष गीतों 'कोई मिल गया', 'लड़की बड़ी अनजानी है' और 'सजनजी घर आए' में वह स्तर जतिन-ललित कायम न रख पाए हों। 'दिल क्या करे', 'खूबसूरत', 'फिर भी दिल है हिंदुस्तानी', 'कभी हाँ, कभी ना' में जतिन-ललित की मेलोडी भी बिखरती महसूस होती है।

'सरफ़रोश' में जगजीत सिंह की गज़ल और 'ईना मीना डीका' की धुन पर contrast से बनाई गई 'वो हाल दिल का' (शानू, अलका), 'दिल क्या करे' (1999) का शीर्षक गीत और पुनः करन जौहर के ही 'कभी खुशी कभी ग़म' (2001) का लता से गवाया शीर्षक गीत, 'मुहब्बतें' (2001) का 'हमको हमीं से छुपा लो' या 'हम तुम' (2004) का अलग अंदाज़ का 'लड़की क्यों न जाने क्यों लड़कों सी नहीं होती' (शान, अलका याग्निक) और नर्म सुरों के साथ 'साँसों को साँसों में घुलने दो ज़रा' (बाबुल सुप्रियो, अलका याग्निक) जैसे उनके गीतों में कर्णप्रियता बरकरार है, पर कुल मिलाकर जतिन-ललित का संगीत भी अपनी ताज़गी खो ही चुका है। नकल का इल्ज़ाम उनपर भी भरपूर ही लगा है। 'दिल्लगी' का 'हाँ-हाँ, ये प्यार है' तो फ्रैंकी वैली के 'Can't take my eyes of you' की पूर्ण नकल है, तो 'येस बॉस' का 'सुनिए तो' में हिशाम अब्बास के 'Ahlama Faki' की पूरी अनुगूँज है। उन्होंने Dr. Albam के 'Its my life' को 'आ हा री बाली हारी' ('निशाना'), पॉल ऐंका के 'Bring the wine' को 'जाना सुनो हम तुमपे' ('खामोशी'), Stereo Nation के 'I have been waiting' को 'छोड़ ज़िद करना' ('प्यार किया तो डरना क्या'), Tommy James and The Shondells के 'Mony Mony' को 'कोई नहीं ऐसा' ('दिल्लगी'), संगीत नाटक 'Godspell' के 'Day by day' को 'ये वादा रहा' ('राजू चाचा') और Johney Wakelin तथा The Kinshasa Band के 'In Zaire' को 'सच्ची ये कहानी है' ('कभी हाँ, कभी ना') के रूप में प्रस्तुत कर नकल की अपनी इस प्रवृत्ति को ही रेखांकित किया है। थोड़ी-बहुत प्रेरणा तो ठीक है, जैसे Andrew Lloyd Webber के 'Take that look off your face' से प्रेरित 'कोई मिल गया' ('कुछ कुछ होता है') या 1964 की फ़िल्म 'Mary Poppins' के 'Chin Chin Chiree' से प्रेरित 'तुम हमको हम तुमको सनम' (लक्ष्य), पर पूरी की पूरी नकल के इल्ज़ाम से भी वे बच नहीं सकते।

आदेश श्रीवास्तव

इस वक्त का एक चर्चित नाम **आदेश श्रीवास्तव** का भी रहा है। ड्रम बजाने से शुरुआत करके सपन-जगमोहन, ओ.पी. नैयर, सलिल चौधरी, शंकर के साथ काम करते हुए उन्होंने लगभग 12 वर्षों तक लक्ष्मी-प्यारे के सहायक के रूप में भी काम किया। 'कन्यादान' (1993) के रूप में मिले अवसर के लिए उन्होंने लता मंगेशकर के स्वर में अपना पहला गीत भी रेकॉर्ड करवाया, लेकिन 'कन्यादान' और 'जाने तमन्ना' फ़िल्में प्रदर्शित ही न हो पाईं। 'आओ प्यार करें' (1994) उनकी पहली हिट फ़िल्म थी जिसका

गीत 'हाथों में आ गया जो कल रूमाल आपका' बहुत चला। 'क्या अदा क्या जलवा तेरे पारो' वाली 'शास्त्र', 'सलमा पे दिल आ गया' वाली 'अंगारे' (1998), 'कुँआरा', 'तरकीब', 'शिकारी' और 'बस इतना ख्वाब है' जैसी उनकी फ़िल्मों के गीतों को कुछ तात्कालिक लोकप्रियता अवश्य मिली लेकिन उनके फ़िल्म-संगीत में आज के ज़माने की परिपाटी से हटकर कोई विशिष्ट तत्व नहीं है जो उन्हें अलग स्थापित करे। दरअसल उनके संगीत जीवन का सबसे विशिष्ट संगीत उनके द्वारा कम्पोज़ किए गए चेतन आनंद की अनिर्मित फ़िल्म के लिए और फिर गैरफ़िल्मी एलबम के रूप में निकाले गए 'दिल कहीं होश कहीं' (2001) में ही दिखता है जहाँ उन्होंने लता से 'तुमसे मिल कर', जगजीत सिंह और आशा भोंसले के युगल स्वरों में 'जब सामने तुम आ जाते हो', आशा से 'जो हुआ सो हुआ' जैसी खूबसूरत गज़लें और शायराना गीत गवाए थे।

आनंदराज आनंद

सिविल इंजीनियरिंग के डिप्लोमा होल्डर **आनंदराज आनंद** 'मासूम' के 'छोटा बच्चा समझ के' से चमके, पर 'सोना सोना दिल मेरा सोना' (मेजर साहब) की पंजाबी लोकशैली, 'परदेसी बाबू' के 'It happens only in India', 'क्या है प्यार बताओ ना' या 'किला' के 'प्रेम है राधा' जैसे कुछ हिट गीतों के अलावा कोई विशेष उपलब्धि वे अभी तक अर्जित नहीं कर पाए हैं। फ़िल्म 'आक्रोश' के 'हैलो हैलो बोल के', 'इंडियन' का 'ये है प्यार' या 'काँटे' का 'रामा रे' जैसे उनके कई गीत मौलिक कम और पाश्चात्य धुनों की नकल अधिक हैं।

'दिल चाहता है' : भूमंडलीकरण की नई प्रवृत्तियों का संगीत

भूमंडलीकरण और नई सदी की बदली आर्थिक-सामाजिक प्रवृत्तियों के प्रतिनिधि के रूप में उभरी है **शंकर-एहसान-लॉय** की तिकड़ी। 'Breathless' जैसे गीतों के चर्चित गायक शंकर महादेवन, गिटार वादक और blues band 'Faces in the Dark' में काम कर चुके एहसान और पाश्चात्य तथा भारतीय शास्त्रीय संगीत के ज्ञाता और Godspell, West Side Story आदि ग्रुप बैंडों के साथ सम्बद्ध रहे लॉय ने मिलकर 'दस' (वीडियो), 'दिल्लगी', 'Rockford', 'शूल', 'भोपाल एक्सप्रेस', 'मिशन कश्मीर', 'दिल चाहता है' आदि के संगीत से भूमंडलीकरण के अनुरूप विभिन्न देशों और प्रवृत्तियों की संश्लिष्टता प्रकट की है। 'दस' के 'सुनो गौर से दुनिया वालो', 'माहिया' और 'चाँदनी रूप की', दिल्लगी' के शीर्षक गीत और खूबसूरत गीत 'क्या ये सच है' (शंकर, महालक्ष्मी अय्यर), 'भोपाल एक्सप्रेस' (1999) की इला अरुण की उसी धुन पर गवाई मशहूर रचना 'आज जाने की ज़िद न करो', हारमोनियम और तबले पर लोकशैली का 'तेरा उड़नखटोला', आधुनिक गज़ल-शैली में 'इस दुनिया में अपना क्या है' (जगजीत सिंह) और heavy rock beats के पार्श्व के साथ कविता जैसी अदायगी वाली रचना 'हम क्या लोग हैं' (सागरिका) शंकर एहसान लॉय की इस खासियत के विविध उदाहरणों के रूप में याद किए जा सकते हैं। वहीं दूसरी तरफ़ 'शूल' का 'मैं आई हूँ यू. पी.-बिहार लूट के' और मूलतः प्रसिद्ध कश्मीरी लोकगायिका राज बेगम के गाए 'भुम्बरो भुम्बरो' का रूपांतर (मिशन कश्मीर) शुद्ध भारतीय लोकशैली का भी इस दौर में व्यावसायिक उपयोग रेखांकित करते हैं।

'दिल चाहता है' का 'वो लड़की है कहाँ' स्कॉटिश बैगपाइपरों के अपने प्रयोग से स्कॉटलैंड के ग्रामीण इलाकों के pub संगीत का रंग लेकर आया और बेहद लोकप्रिय हुआ। इसी फ़िल्म के गीत 'जाने क्यों' में आस्ट्रेलियन वाद्य digi didoo की ध्वनि ली गई है। कमाल हसन की 'अभय' के गीत 'हँस दे' में उन्होंने चुटकुलों को गीत में पिरोकर एक नया प्रयोग किया है। करन जौहर की 'कल हो न हो' (2003) के 'कल हो न हो' (सोनू निगम) की कोमल दार्शनिक धुन, 'माही वे' और 'It's time to disco' की बीट्स और 'कुछ तो हुआ है' (अलका, शान) की पियानो, वॉयलिन पर गूँजती तर्ज़ के साथ शंकर-एहसान-लॉय ने यदि एक ओर आज की NRI संस्कृति की इच्छाओं और मनोभावों के अनुकूल बड़ा उपयुक्त वस्तुनिष्ठ संगीत दिया है तो साथ ही अंतर्राष्ट्रीय प्रवृत्तियों को भारतीय संदर्भ में स्थित करने के उनके प्रयास ने आधुनिक भौतिकवादी आकांक्षाओं की आपाधापी और व्यक्तित्व से लेकर सामाजिकता के बाज़ारीकरण के बीच मूल्यों और भावनाओं की क्षणभंगुरता से उभरे दर्द और उदासी को भी कुछ ज़मीन अवश्य दी है (भले ही इस ज़मीन का रूप व्यक्ति के स्तर तक ही सीमित रहा हो तथा समाज के स्तर तक इसका विस्तार न हो पाया हो)। यह आज के सबसे प्रतिभाशाली संगीतकार हैं और कभी आधुनिक छंद-विधान में प्रयोगात्मकता से 'लक्ष्य' (2004) के 'अगर मैं कहूँ' (उदित, अलका) द्वारा प्रभावित करते हैं तो कभी लोकरंग को खूबसूरत-सी आधुनिकता के साथ 'बंटी और

बबली' (2005) के 'कजरारे कजरारे' (शंकर, आलिशा, जावेद अली) में प्रस्तुत कर उसे घर-घर का बहुलोकप्रिय गीत बनाते हैं। Trendy music के इतने विविध रंग कम ही संगीतकारों के पास हैं।

आशुतोष पाठक और **ध्रुव घानेकर** ने 'बाम्बे ब्वायज़' (1998) में नए ज़माने के बीट्स के साथ-साथ 'पैसा पैसा पैसा' (मेहनाज़) में उस्ताद सुलतान खान से सारंगी भी बजवाई थी और Indus creed के 'Yeah Yeah' तथा Foxter के 'Lemon tree' जैसे गीतों को यदि एक तरफ़ शामिल किया था तो दूसरी ओर विनय मांडके का 'तबला और ढोलक' भी। यह इस ज़माने की बढ़ती और व्यापक प्रवृत्ति का ही उदाहरण था जब संगीत का कलेवर अंतर्राष्ट्रीय हो रहा था तथा देशी और विदेशी सभी प्रभावों को बिना किसी हिचकिचाहट के खुलेआम एक साथ रखा जा सकता था। इसी प्रकार गली-मुहल्लों के slang और मुहावरों को बेहिचक गीतों में प्रयुक्त करने की प्रवृत्ति का उदाहरण था फ़िल्म का जावेद जाफ़री का गाया गीत 'मुम्बई'। बाज़ारबाद के खुले माहौल में 'चारित्रिक विकृतियों' को भी प्रस्तुत करने के लिए किसी आवरण की ज़रूरत नहीं थी, सिर्फ़ एक बाज़ार की ज़रूरत थी।

विशाल भारद्वाज

स्थायित्व की और consistency की कमी आज के दौर के संगीतकारों की एक विशिष्ट कमी है। गीतकार राम भारद्वाज के पुत्र **विशाल भारद्वाज** (जिन्होंने नवें दशक में ही 'वहम' फ़िल्म से शुरुआत की थी और 'दाने अनार के', 'ज़ंगल बुक', 'गुच्छे' आदि टी.वी. सीरियलों में भी संगीत दिया था) ने 'माचिस' (1997) के 'चप्पा चप्पा चरखा चले' की खूबसूरत तालबद्धता, 'छोड़ आए हम' की कशिश या फिर 'तुम गए' (लता, संजीव अभ्यंकर) और 'पानी पानी रे' (लता) की मार्मिक धुनोंवाले गीतों से जो आशा जगाई थी, वह कभी-कभी ही 'सत्या' (1998) के 'सपने में मिलती है' (आशा, सुरेश वाडेकर–जिसकी whistling tune तो बेहद आकर्षक है), या 'दिल पे मत ले यार' (2001) की शास्त्रीय बंदिश 'लेइ जा ऐ रे बदरा', 'जहाँ तुम ले चले' (1998) के 'देखो तो आसमां' (सुरेश वाडेकर) की गुंजित धुन और पियानो आधारित 'ये कैसी चाप कदमों की' (रेखा) या 'गॉडफादर' (1999) के लोक आधारित वेदना-भरे गीत 'सुनो रे' (संजीव अभ्यंकर) और फ़िल्म के थीम ट्रैक जैसी रचनाओं में फलवती हुई, नहीं तो 'बेताबी', 'श्याम घनश्याम', 'हु-तु-तु', जैसी कितनी ही फ़िल्मों में उनका संगीत साधारण दर्जे का ही रहा है। इधर 'शेक्सपियर के 'मैकबेथ' को नए तरीके से पेश करने वाले 'मकबूल' (2004) में विशाल ने पुनः सुंदर सूफ़ियाना और क्लासिकल संगीत दिया है। 'झिन मिन झीनी' (उस्ताद सुलतान खान, साधना सरगम, अनुराधा श्रीराम, राकेश पंडित) के आलाप और तानों का सूफ़ियाना समाँ तो बहुत प्रभावशाली है, और यही बात 'तू मेरे 'रूबरू' (दलेर मेहँदी, राकेश पंडित, साबिर खान, डॉमिनिक) की कव्वाली के बारे में कही जा सकती है। 'रोने दो' (रेखा विशाल) गुलज़ार का लिखा बहुत बिम्बात्मक गीत है तो 'धीमो रे' (उस्ताद सुलतान खान) में लोकसंगीत की वेदना-भरी मार्मिक पुकार है। गुलज़ार के लिखे 'बूढ़े पहाड़ों पर', 'बैरागी बादल', 'तेरी आँखों से', 'कितनी सदियों से', 'जल भर दे', 'लॉकेट', 'आ चल डूब के' सूफ़ियाना कलाम 'इश्का-इश्का', 'कच्चे रंग' आदि को फ़िल्मों से अलग भी लगातार संगीतबद्ध करते हुए विशाल एक सुरुचिपूर्ण संगीतकार के रूप में चर्चा में बने रहते हैं।

संदीप चौथा

इसी प्रकार 'सत्या' में क़ाबिलेतारीफ़ पार्श्वसंगीत देने वाले **संदीप चौथा** ने राम गोपाल वर्मा की ही 'मस्त' में 'रुकी-रुकी-सी ज़िंदगी' (सुनिधि चौहान) और 'प्यार तूने क्या किया' (2001) के 'कमबख्त इश्क' (आशा, सुखविंदर, सोनू निगम–जो कि ऐफ़ो सेल्ट साउंड सिस्टम के 'ऐरिआन' गीत से प्रेरित है) जैसे लीक से अलग गानों का सृजन करके उतनी ही आशा जगाई थी, जितनी नागार्जुन की तेलगू फ़िल्म 'निन्ने पेल्लादाथा' के संगीत से। लेकिन चौथा का पार्श्वसंगीत यदि 'कौन' और 'जंगल' में भी सशक्त रहा तो उनकी संगीतबद्ध कई आगामी फ़िल्मों का संगीत कुछ विशेष असर नहीं कर पाया। प्रसिद्ध गुजराती संगीतकार विपिन रेशम्मिया के पुत्र **हिमेश रेशम्मिया** ने भी गुजराती सीरियलों की दुनिया से निकलकर 'प्यार किया तो डरना क्या' (1998) की 'ओढ़ ली चुनरिया' और विशेषकर 'हम तो तुम पे मरते यारा' में रिद्म का एक झंकृत झकझोरने वाला रूप प्रस्तुत करके बहुत आशान्वित किया था परंतु आगे की 'बंधन', 'हैलो ब्रदर' 'कुरुक्षेत्र', 'जोड़ी नम्बर 1', 'कहीं प्यार न हो जाए' जैसी फ़िल्मों में वे पुनः पुनरावृत्ति की ओर अग्रसर या लीक के संगीतकार ही नज़र आने लगे हैं। इधर 'आशिक बनाया आपने' (2005) के स्वयं के गाए शीर्षक

गीत और 'मैंने प्यार क्यों किया' (2005) के 'Just chill' से इन्होंने नई आशा जगाई है।

उस्ताद फ़य्याज़ अहमद खान के नाती और उस्ताद अब्दुल लतीफ़ खान के पोते **साजिद-वाजिद** की शास्त्रीय पृष्ठभूमि जो भी रही हो, फ़िल्मों में इस विरासत को लेकर जितना स्तरीय संगीत वे दे सकते थे, वैसा उन्होंने दिया नहीं। ज़माने के पॉप कल्चर और अपनी पृष्ठभूमि के बीच वे दुविधा में उलझे से लगते हैं। सोनू निगम के साथ उनके एलबम 'दीवाना' की सफलता के बाद 'हैलो ब्रदर' के शीर्षक गीत, 'हटा सावन की घटा', 'चुपके से कोई आ गया' की लोकप्रियता, 'बाग़ी' के शुभा मुद्गल के गाए 'पिया तू कहाँ है' के चर्चित होने के पीछे मेलोडी के प्रति उनका झुकाव स्पष्ट था, लेकिन इधर की 'माँ, तुझे सलाम', 'कहीं प्यार न हो जाए', 'चोरी-चोरी' और 'युद्ध' के कई गीतों ने उनकी यह मेलोडी कमज़ोर होती-सी लगती है।

कल्याणजी के पुत्र **विजु शाह** ने 'त्रिदेव' के 'नजर ने किया है इशारा', 'मैं तेरी मुहब्बत में' और 'गली-गली में फिरता है' जैसे गीतों की धुन बनाई थी (हालाँकि नाम कल्याणजी-आनंदजी का दिया गया), पर ग्लोरिया इस्टेफ़ैन की नकल में 'ओए-ओए' की पुकार ने उनपर नकलची की मोहर लगा दी और विजु शाह के अन्य गीतों की सुंदर मौलिकता की ओर ध्यान नहीं गया। वैसे विजु शाह भी आगे की फ़िल्मों में अपनी प्रतिभा के साथ यथोचित न्याय तो नहीं ही कर पाए हैं। 'मुकद्दर का बादशाह' (1990), 'विश्वात्मा' (साधना सरगम के 'सात समुंदर' वाली) आदि के गीत कोई विशेष सफलता नहीं अर्जित कर पाए। 'मोहरे' के 'तू चीज़ बड़ी है मस्त-मस्त' की लोकप्रियता के पीछे भी नुसरत फ़तेह अली की 'या अली अली' की ही प्रेरणा थी, तो इसी फ़िल्म का 'ना कजरे की धार' (पंकज उधास, साधना सरगम) मूलतः कल्याणजी की धुन थी जिसे मुकेश ने बड़ी खूबसूरती से गाया था और इसकी लय तेज करने के उपरांत भी विजु शाह मुकेश वाली बात नहीं ला पाए हैं। 'आँख मारे', 'मखना', 'किसी डिस्को में जाएँ', 'गुप्त गुप्त', 'मेरे सनम' जैसे 'तेरे-मेरे सपने', 'गुप्त', 'बड़े मियाँ, छोटे मियाँ' और फिर 'आर पार', 'विनाशक', 'बुलंदी', के गीतों के साथ विजु शाह समकालीन संगीत परिपाटी में तो जमे से हैं, पर एक अलग विशिष्टता उनमें नहीं है।

दिलीप सेन और समीर सेन

संगीतकार जमाल सेन के पुत्र **दिलीप सेन** और उनके भतीजे **समीर सेन** की जोड़ी ने भी यश चोपड़ा की 'आईना' और 'ये दिल्लगी' से एक सुनहरे भविष्य की आशा जगाई थी। यश चोपड़ा के फ़िल्मों की संगीत-शैली को ध्यान में रखकर 'आईना' (1993) में पंजाबी विवाह शैली का 'बन्नो की आएगी बारात' (पामेला चोपड़ा), और उनकी फ़िल्मों में खय्याम के दिए संगीत की शैली को ध्यान में रखकर कम्पोज़ किए गए 'ये रात खुशनसीब है' (लता), 'मेरी साँसों में तुम' (लता, कुमार शानू) और 'दिल ने दिल से' (लता, नितिन) वाकई बहुत कर्णप्रिय गीत थे जिसमें यश चोपड़ा की फ़िल्मों की संगीत–मेलोडी उभरकर सामने आई थी, तथा 'गोरिया रे गोरिया रे मेरा दिल चुरा के ले जा' (लता, जॉली मुखर्जी) तो बहुत लोकप्रिय भी रहा था। लेकिन उसके बाद 'मुझको तुमसे प्यार है' (बेचैन, 1993) जैसे कुछ गीतों की लोकप्रियता के बावजूद 'सलाखें', 'ज़िद्दी', 'तू चोर मैं सिपाही' जैसी उनकी कई फ़िल्में साधारण ही रहीं।

इस्माइल दरबार

प्रसिद्ध सैक्सोफ़ोन और क्लैरिनेटवादक हुसैन के पुत्र, पं. रामप्रसाद शर्मा तथा संगीतकार गणेश के शिष्य और कई संगीतकारों के ऑरकेस्ट्रा में वादक रहे **इस्माइल दरबार** ने 'हम दिल दे चुके सनम' का शीर्षक गीत पाश्चात्य ऑपेरा की छाया लेकर बहुत ही जटिल और प्रशंसनीय ढंग से सृजित किया था और इसे जसपिंदर नरूला ने गाया भी बहुत अच्छा था। राजस्थानी लोकसंगीत से प्रेरित 'निम्बुड़ा', या 'ढोली तारो' तथा 'आँखों की गुस्ताखियाँ', या फिर अहीर भैरव के सुरों के साथ 'अलबेला सजन आयो रे' से इस्माइल दरबार ने संगीत के विविध रूपों पर अपनी पकड़ का बहुत अच्छा उदाहरण प्रस्तुत किया था। राजस्थान और गुजरात के संगीत का प्रभाव उनकी इस फ़िल्म में स्थान-स्थान पर झलकता है।

हालाँकि इस्माइल दरबार ने संगीत की गुणवत्ता के पक्ष की आवश्यकता पर अपने कई साक्षात्कारों में जोर दिया, और इस लिहाज़ से उन्होंने कई फ़िल्में भी अस्वीकारीं, पर 'हम दिल दे चुके सनम' वाली बात वे फिर नहीं ला पाए। 'तेरा जादू चल गया' जैसी फ़िल्में साधारण ही रहीं, और संजय लीला भंसाली की 'देवदास' (2002) में अर्द्धशास्त्रीय तानों और आलापों का स्पर्श लेकर सृजित 'मार डाला' (कविता, के.के.), ठुमरी अंग की 'बैरी पिया' (उदित, श्रेया घोषाल) या 'छलक छलक ये मदिरा' (उदित, विनोद

राठौड़, श्रेया घोषाल) और शास्त्रीय तथा आधुनिक शैलियों के सम्मिश्रण वाले 'मोरे पिया' (जसपिंदर, श्रेया) में पुराने दोनों 'देवदासों' के संगीत जैसी बात तो नहीं ही रही। दरअसल फ़िल्म की सर्वश्रेष्ठ कम्पोज़ीशन 'काहे छेड़ मोहे' तो अपने लाजवाब नृत्यों की तान के साथ स्वयं बिरजू महाराज ने ही कम्पोज़ किया।

निखिल और विनय

निखिल-विनय की जोड़ी ने भी 'प्यार भरा दिल' के 'बाँके किताब तेरी' और 'बेवफ़ा सनम' के सोनू निगम के गाए 'अच्छा सिला दिया तूने मेरे प्यार का' की पाकिस्तान प्रेरित धुन और नितिन मुकेश के गाए 'वफ़ा न रास आई' के साथ सफल शुरुआत की थी। 'चोर और चाँद' संगीत की दृष्टि से उनकी सबसे अच्छी फ़िल्म कही जा सकती है जिसने अनुराधा और एस.पी. बालसुब्रमण्यम के गाए 'लगने लगा है मुझे आज कल', 'सपनों में आना', 'बात क्या है' और 'साँसों का क्या' जैसे योगेश के लिखे सुंदर रूमानी शब्दों को निखिल विनय ने लाउडनेस से बचते हुए अच्छे वाद्य-संयोजन के बीच कर्णप्रिय धुनों में ढाला था। पर 'हम तुम्हारे हैं सनम' का शीर्षक गीत तो पाकिस्तानी गीत 'बूहे बरियाँ' की पूरी नकल थी और 'उफ़', 'ये मुहब्बत', 'पापा द ग्रेट' या कई सीरियलों का उनका संगीत कुल मिलाकर साधारण ही कहा जाएगा। 'हम तुम्हारे हैं सनम' (2002) और सोनू निगम के सफल एलबम 'जान' के कम्पोज़र के रूप में निखिल-विनय पुनः कुछ चर्चा में आए हैं।

बाबुल बोस की 'कॉलेज गर्ल' (1990) के 'आँखों में बसा लो', 'हो गया तेरा मेरा जुदा रास्ता' और सुपर कैसेट इंडस्ट्रीज की निर्मित 'जीना तेरी गली में' (1990) के 'जाते हो परदेस पिया' (अनुराधा, नितिन), 'जीना तेरी गली में' (अनुराधा, एस.पी. बालसुब्रमण्यम), 'जीवन एक समुंदर है' (नितिन, अनुराधा), 'आ प्यार के रंग भरे' और 'मेरी ज़िंदगी तेरे हाथों में' (अनुराधा, मोहम्मद अज़ीज़), 'तेरे हम ऐ सनम' (अनुराधा, कुमार शानू) और 'तुमसे हमारा वादा है' (अनुराधा, उदित) की लोकप्रियता सुपर कैसेट इंडस्ट्रीज़ के संगीत के बाज़ारवाद में प्रमुख दावेदार की भूमिका को तो रेखांकित कर गया, पर बाबुल बोस बहुत आगे नहीं जा पाए। 'मीत मेरे मन के' (1991) का शीर्षक गीत (अनुराधा, मो. अज़ीज़), 'चले आओ' (सलमा आगा, मनहर), 'जब प्यार सदाएँ देगा' (सलमा आगा), 'सदियों का है सिलसिला' (अनुराधा, मो. अज़ीज़) और 'शमा हूँ मैं' (सलमा आगा) जैसे मधुर गीत भी अधिक लोकप्रिय न हुए और 'मेरा दिल तेरे लिए' (1991), 'मेरी जानेमन' (1991), 'प्यार दीवाना होता है' (1992), '7 डेज़' (1994), 'मेरा दामाद' (1995) और 'आज ही आज' (1998) की असफलता से बाबुल बोस भी हाशिए पर चले गए।

पं. रामप्रसाद के शिष्य **श्याम-सुरिंदर** की नीरज के लिखे गीतों वाली 'माशूक' (1992), 'जंगल का बेटा' (1992), 'बस एक बार' (1993), 'इश्क में जीना, इश्क में मरना' (1993), 'अजीब दास्तां है ये' (1994), 'गुनहगार' (1994), हम हैं प्रेमी' (1995), 'अफ़साना दिलवालों का' (1996) और 'फूल बने पत्थर' (1996) जैसी फ़िल्मों का संगीत श्रोताओं की मानसिकता पर कोई विशेष प्रभाव जमाने में असफल ही माना जाएगा। 'मैं तेरी दीवानी हूँ तू मेरा दीवाना है' (सानू, अलका–औलाद के दुश्मन, 1993), 'अरे बाबा ये दिल क्यों मचलने लगा' (सानू, साधना सरगम–इश्क में जीना, इश्क में मरना, 1993) जैसे गीतों की लोकप्रियता भी तात्कालिक ही रही। फ़िल्म 'संजय' का उनका संगीतबद्ध 'रात छोटी बात बड़ी' लोकप्रिय रहा था और 'हम और तुम, तुम और हम' में मौसम तथा लय के सम को मिलाकर उन्होंने एक मेलोडियस गीत बनाया था। 'ऐलान' (1994) में भी लता का गाया 'नैनों को बातें करने दो' एक मधुर गीत था। उनकी सबसे उल्लेखनीय फ़िल्म थी 'विश्वासघात' (1996) जिसमें लता मंगेशकर के इस सदी के अंत के कुछ खूबसूरत गीत थे। 'दीवानगी ये जो है प्यार की', 'इंतज़ार है, तेरा इंतज़ार है', 'जाने मन जानेजां' (कुमार शानू के साथ) और 'ये दिल क्यूँ धड़कता है' (कुमार शानू के साथ) जैसे लता के गीतों में माधुर्य और ताजगी का आकर्षक संगम श्याम-सुरिंदर की विशिष्ट उपलब्धि मानी जाएगी। यह दूसरी बात हैं कि 'अग्निमोर्चा' (1997), 'जियो शान से' (1997), 'बदमाश' (1998) या 'न्यायदाता' (1998) जैसी फ़िल्मों में वे अपनी इस उपलब्धि को कायम नहीं रख पाए।

दक्षिण भारत की फ़िल्मों के एक बड़े कम्पोज़र के रूप में राष्ट्रीय पुरस्कार और पाँच फ़िल्मफ़ेयर पुरस्कार जीतने वाले **एम. एम. क्रीम** के संगीत की विशेषता उसकी मुलायमियत रही है। 'क्रिमिनल' (1995) के लोकप्रिय गीत भीम पलासी के आधुनिक प्रयोग वाले 'तू मिले दिल खिले' (कुमार शानू, अलका याग्निक) या सुधीर मिश्र की चर्चित फ़िल्म 'इस रात की सुबह नहीं' (1996) के 'चुप हम रहें' (क्रीम, अलका याग्निक) में कोमल आधुनिक ऑरकेस्ट्रेशन के बीच सुर आहिस्ता से मिठास घोलते हैं। 'इस रात की सुबह नहीं' के 'मेरे तेरे नाम नए हैं (एस.पी. बालसुब्रमण्यम) और ऊँचे scale पर स्वयं के गाए 'जीवन क्या है' में रिद्म के भिन्न प्रयोग, या 'मौन' (1997) के 'बम बम भोला' (कविता, वेणुगोपाल) की तालबद्धता और 'क्या हसीन रात है'

(बालसुब्रमण्यम, चित्रा) तथा 'सजना मुझको ये क्या हुआ' (बालसुब्रमण्यम, चित्रा) की मेलोडी के अपने अलग अंदाज़ उतने सफल तो नहीं रहे जितना उनकी 'अन्नमय्या' जैसी तेलगू फ़िल्मों का संगीत, पर फिर भी क्रीम को हिंदी फ़िल्म-जगत में भी चर्चित करते रहे।

'मियाँ, बीवी और साली' (1996) के 'मौसम को रोक लो' (उदित, पूर्णिमा) या 'तेरी आँखें, तेरा काजल' (कुमार शानू, कविता कृष्णमूर्ति) या 'स्वाति' (1997), 'रंगीला राजा' (1996), 'बॉम्बे पुलिस' (1997), 'सजना डोली ले के आना' (1997) या 'मैं तेरे प्यार में पागल' (1998) के क्रीम के गीतों को अपेक्षित सफलता नहीं मिली। पर महेश भट्ट की 'ज़ख्म' (1998) का उनका संगीत लाजवाब ही कहा जाएगा। 'हम यहाँ तुम यहाँ' (अलका याग्निक) की संगीत रचना में आधुनिक शहरी रात का रोमांच और रहस्य और पार्श्व में humming भरे कोरस को भारतीय और पाश्चात्य रिद्म वाद्यों के सुंदर समन्वय के बीच स्थापित करते हुए एक ऑफ़बीट मेलोडी का सृजन लाजवाब ही है। इस गीत में वॉयलिन के छोटे-छोटे टुकड़ों का भिन्न शैलियों में किया गया प्रयोग क्रीम की रचनात्मकता को रेखांकित करता है। कोरस में हलका इस्लामी, इबादती स्पर्श और संगीत के ऐसे तत्त्वों के सहारे क्रीम भी उस आधुनिक प्रवृत्ति की ओर ही प्रतिबद्ध लगते हैं और जहाँ संगीत की कोई सीमा नहीं होती और वह भिन्न धर्मों और संस्कृतियों के बीच अंतर्राष्ट्रीय ध्वनि यात्रा करती है। 'ज़ख्म' के कथ्य के मुताबिक उनका यह प्रयास भारत के साम्प्रदायिक सद्भाव से उत्पन्न composite culture को ही महत्त्वपूर्ण ठहराते उल्लेखनीय संगीतात्मक बयान की शक्ल लेता है। 'रात सारी बेक़रारी में गुज़ारी, सौ दफ़ा दरवाज़े पे गई' (अलका) के इंटरल्यूड्स में सितार के टुकड़ों और सारंगी के स्वर हों, या बाँसुरी की छोटी तानें और पार्श्व से मस्जिद के अजान की तरह आता आलाप का स्वर, या फिर 'पढ़-लिख के बड़ा हो के तू इक किताब लिखना, अपने सवालों का तू खुद ही जवाब लिखना' (अलका) के साथ रिद्म की प्यारी-सी संगत में तबला बजता हो, और बीच-बीच में कोरस और आलाप के टुकड़े फैलते हों, या फिर 'गली में आज चाँद निकला' (अलका) की शृंगार-भरी तर्ज़ हो, 'ज़ख्म' का क्रीम का संगीत बहुत विशिष्ट और उल्लेखनीय संगीत माना जाएगा। इसी प्रकार 'कॉफ़ी और क्रीम' नामक अपने पॉप एलबम में क्रीम ने शास्त्रीय, पॉप, एसिड रॉक, जनजातीय संगीत–सभी का समावेश कर अपनी विविधता का परिचय दिया था। फ़िल्म 'सुर' (2003) का उनका संगीत पुनः लाजवाब था। वॉयलिन, फ्लूट, पियानो के बेमिसाल टुकड़ों से भरपूर रूमानी गीत 'आ भी जा' (लकी अली, सुनिधि चौहान) और प्रार्थना गीत 'Ave Maria' (मरीज के डिसूज़ा) अगर बहुत सुंदर कहे जाएँगे तो महालक्ष्मी के स्वर में तबले की संगत के साथ और वॉयलिन तथा फ़्लूट की अद्भुत जुगलबंदी वाला 'कभी शाम ढले तो मेरे दिल में आ जाना' की कर्णप्रिय धुन तो बेमिसाल ही मानी जानी चाहिए। ऑस्कर में नामांकित फ़िल्म 'पहेली' (2005) के 'धीरे जलना' (सोनू, श्रेया), 'फिर रात कटी' (सुनीधि चौहान, सुखविंदर), 'कंगना रे' (सोनू, श्रेया, आदि), 'खाली हैं तेरे बिना' (हरिहरन, बेला), 'लागा रे जल लागा' (क्रीम, सोनू, श्रुति सडोलिकर) जैसे गीतों में क्रीम ने राजस्थानी लोकसंगीत का आधुनिक संगीत-ध्वनियों के साथ बहुत सुंदर सम्मिश्रण प्रस्तुत किया है। वाकई एम.एम. क्रीम के रूप में हिंदी फ़िल्मों में एक उत्कृष्ट समकालीन कम्पोज़र हमें मिला है, भले ही उनके गीतों को कभी बहुत ज़्यादा लोकप्रियता नहीं मिली और न ही उनके गीतों का अधिक मीडिया प्रोजेक्शन ही हुआ।

फ़िल्म-संगीत के हर दौर की तरह आज भी कुछ स्तरीय रचनाएँ ऐसी आ ही जाती हैं जो अधिक लोकप्रिय न होते हुए भी प्रभावित करती हैं। **राहुल रानाडे** का कम्पोज़ किया 'पिता' का श्लोक आधारित संगीत या 'निदान' (2000) की शास्त्रीय बंदिश 'ओ करतार' (संजीव अभ्यंकर) और मुलायम लोरी के सुरों से सजी 'आ जा रे चंदा रथ पे सवार' (रवींद्र साठे, कविता कृष्णमूर्ति) इस संदर्भ में याद आते हैं। चर्चित ऑफ़-बीट फ़िल्म 'अस्तित्व' में नारी के स्वतंत्र अपने अस्तित्व को रेखांकित करता 'मैं थी मैं हूँ मैं रहूँगी' (कविता) में रानाडे ने अर्थ प्रभावी संगीत दिया, तो 'गाना मेरे बस की बात नहीं' (शंकर महादेवन, साधना सरगम) में शास्त्रीय बंदिश के सुर लगाए, और बाँसुरी के अत्यंत संवेदनशील प्रयोग से धीमी लय में 'कितने किस्से हैं' (हेमलता देसाई) को भी प्रभावी बनाया। इसी प्रकार **कैलाश प्रद्युम्न** नामक एक गुमनाम कम्पोज़र की संगीतबद्ध 'डेज़ी' (1992) में पारम्परिक भटियाली की याद दिलाता माँझी गीत 'नदिया के लहरों जैसी जीवन की धारा', सितार के सुंदर टुकड़ों और बाँसुरी की छोटी तानों से सजा आशा भोंसले के स्वर में बंगाल के ही संगीत की याद दिलाता 'दो पंछी उड़ते हैं नीले गगन', और काउंटर मेलोडी के सुंदर उदाहरण के रूप में 'क्या हुआ मुझे कैसी हवा चली' जैसे आकर्षक गीत थे, पर वे अनसुने ही गुज़र गए।

'ख्वाहिश' (2003) में पंडित रमेश जुले के सहयोग से **मिलिंद सागर** का संगीतबद्ध विशुद्ध राग मालकौंस में आशा भोंसले की प्रस्तुति 'रंग रलियाँ करत सौतन संग' तो आशा के लम्बे फ़िल्मी सफ़र में उनकी गाई शास्त्रीय बंदिशों में बहुत ऊँचा स्थान

रखेगा। महेश भट्ट की 'ये ज़िंदगी का सफ़र' (2001) में **डब्बू मलिक** के सौम्य सुंदर संगीतात्मक हुनर के उदाहरणों में 'दिल तो कहता है' (अलका), 'हालात न पूछो दिल की' (शानू), 'मैं कौन हूँ' (जसपिंदर नरूला) और इन सबसे बढ़कर हरिहरन की गाई गज़ल 'ज़माने में सभी को मिलते हैं ग़म तुम न घबड़ाना' के नाम लिए जा सकते हैं। 'वध' (2003) में संगीतकार **विशाल शेखर** ने जगजीत सिंह से निदा फ़ाजली का कलाम 'बहुत खूबसूरत हैं आँखें तुम्हारी', और 'हम हैं प्यार में' (2003) में संगीतकार **निषाद वैद्य** ने भूले-बिसरे गीतकार योगेश की रचना 'ऐ काश तो किसी दिन' को जगजीत सिंह से ही बड़ी सुन्दर धुनों के साथ गवाया। विशाल-शेखर की संगीतबद्ध 'दस' (2005) के 'दस बहाने' और 'दीदार दे' के techno music ने इधर लोकप्रियता को नया आयाम दिया है। आज से बीस साल आगे बढ़ते उपभोक्तावाद के भयानक रूप को प्रस्तुत करती गोविंद निहलानी की फ़िल्म 'देहम' (2003)—जिसमें अविकसित देशों के मानव शरीर ही उन्नत पूँजीवादी देशों के लिए सौदे की वस्तु बन जाते हैं—में निदा फ़ाजली के लिखे 'यूँ तो गुज़र रहा है हरेक पल खुशी के साथ, फिर भी कोई कमी-सी है क्यों ज़िंदगी के साथ' द्वारा इस परिस्थिति को उद्भासित करता गीत जगजीत सिंह से गवाने वाले संगीतकार थे **रॉय वेंकटरमन**। नए संगीतकारों में **प्रीतम** की संगीतबद्ध 'धूम' (2004) और 'चॉकलेट' (2005) जैसी फ़िल्मों का आधुनिक संगीत मशहूर रहा है। **संदेश शांडिल्य** 'कभी खुशी, कभी ग़म' के 'सूरज हुआ मद्धम' जैसे कोमल गीत के कारण चर्चित हुए हैं तो पाकिस्तानी गायक **अदनान सानी** की 'लकी' (2005) का नई कशिश-भरी शैली का 'सुन जरा' (सोनू निगम) और **शाही** का 'लागी तुमसे मन की लगन' ('पाप', 2004) भी लोकप्रिय रहे हैं।

भारतीय संगीत शैलियों के पाश्चात्य रिद्म के साथ को एक काव्यात्मक ढंग से प्रस्तुत करके **शांतनु मोइत्रा** ने 'लीला' (2003) के 'चम्पई धूप के साए' (शुभा मुद्गल) और 'कान्हा तेरी बाँसुरी' (फ़ालगुनी पाठक, के.के. देवचौधरी, करसन संगाथिया) जैसी रचनाओं से जो आशा जगाई थी उसे प्रीतिश नंदी कम्यूनिकेशन्स की 'हज़ारों ख्वाहिशें ऐसी' (2003) में उन्होंने न केवल साकार किया बल्कि इन फ़िल्म के द्वारा यादगार संगीत दिया। स्वानंद किरकिरे के लिखे और गाए 'बावरा मन देखने चला एक सपना' न केवल 'बावरी' ज़िंदगी पर लिखा अद्भुत खूबसूरत गीत है, बल्कि इसकी तालबद्ध फैलती कवितामय धुन और गायकी भी बेमिसाल है। वहीं स्वानंद किरकिरे तथा अजय झींगरन के स्वरों में 'मन ये बावरा' को सूफ़ियाना कव्वाली की एक अलग-सी जबर्दस्त शैली में ढाला गया है। शुभा मुद्गल के स्वर में 'हज़ारों ख्वाहिशें ऐसी' के गालिब को आधुनिक संदर्भ में पूरी संवेदना से उभारा गया है, तो शोभा जोशी के स्वर में 'न आए पिया' की ठुमरी शैली भी आकर्षण से सराबोर है। बिहार के प्रसिद्ध लोककवि भिखारी ठाकुर की विरह-भरी 'बिदेसिया' को दो रूपों में लाजवाब तरीके से शांतनु मोइत्रा ने पेश किया है—एक पारम्परिक ढंग से स्वानंद किरकिरे के स्वर में, तो दूसरा आधुनिक ऑरकेस्ट्रेशन के बीच रीमिक्स के रूप में। यह दुर्भाग्य नहीं तो क्या है कि इतना अद्भुत साउंडट्रैक श्रोताओं के बीच से लगभग अनसुना ही गुज़र गया। शरतचंद्र के उपन्यास पर बनी 'परिणीता' (2005) के 'पियु बोले' (सोनू, श्रेया) में शांतनु ने बंगाल के लोकसंगीत की मिठास को आधुनिक उपमानों के बीच बड़ी सुंदरता से स्थापित किया है और गीत लोकप्रिय भी रहा है। 'कस्तु मजा है...ये हवाएँ' (सोनू, श्रेया) में नेपाली, पहाड़ी लोकध्वनियों का समावेश भी बहुत प्रभावशाली रहा है और संगीतकार की प्रतिभा को रेखांकित करता है। शांतनु मोइत्रा फ़िल्मों से अलग अधिक सक्रिय हैं और उनके कम्पोज़ किए गए शुभा मुद्गल के एलबम 'मन के मंजीरे' में लोकशैली की आधुनिक मुहावरों के साथ सफलतापूर्वक प्रस्तुति को व्यापक मक़बूलियत भी मिली है।

रजत ढोलकिया

गौतम घोष और **आर्थर ग्रेशियस** का 'गुड़िया' (1998) का संगीत, विशेषकर मन्ना डे से गवाए 'बालम आन बसो', 'हम तुम हुए' (मन्ना डे, कविता कृष्णमूर्ति) जैसे गीतों का अनसुना रह जाना वाकई अफ़सोसजनक है। शायद मन्ना डे के गाए आखिरी गीत इसी हिंदी फ़िल्म में हों। इसी प्रकार एक संगीतकार **मसूद इकबाल** ने भी 'एक नंबर का चोर' (1990) और 'बेकाबू' (1996) में निदा फ़ाजली के लिखे क्रमशः 'मेरा चेहरा है अलग मेरी बातें हैं जुदा' और 'किसने सबसे चुराया रास्ता-रास्ता भुलाया' जैसी खूबसूरत शायरी को संगीतबद्ध किया था। पर ये गीत भी बिलकुल सुने नहीं गये।

कुछ अन्य प्रसिद्ध शास्त्रीय संगीतज्ञों, गायकों या निर्देशकों ने भी इस दशक की कुछ फ़िल्मों में संगीत दिया। सत्यजित रे के पुत्र **संदीप रे** ने 'टारगेट' (1994) में, प्रसिद्ध भजन गायक और मेहँदी हसन की कई गज़लों के कम्पोज़र रहे **ललित सेन** ने 'कुछ दिन ने कहा' (2000) और अभी हाल में प्रदर्शित जगजीत सिंह की गज़लों और वडाली बंधुओं के गायन वाली 'धूप' (2003) में, पॉप गायक **बाबा सहगल** ने 'डांस पार्टी' (1995) में, गायक और संगीतज्ञ शेखर सेन ने 'नवाब़ बूटा' (1997) में, प्रसिद्ध शास्त्रीय संगीतज्ञ **एल. वैद्यनाथन** ने ऑफ़बीट फ़िल्मों 'करेंट' (1991) और 'एक घर' (1991) में, **पंडित रामनारायण** ने 'तुलसीदास'

ज़ाकिर हुसैन

(1991) में तथा 'बंजारन' जैसे पॉप एलबमों की राजस्थानी लोकसंगीत गायिका **इला अरुण** ने 'रूक्मावती की हवेली' (1991) तथा 'मुझसे दोस्ती करोगे' (1992) में संगीत दिया था। प्रसिद्ध शास्त्रीय संगीतज्ञ **किशोरी आमोनकर** ने 'दृष्टि' (1990) में 'एक ही संझा', 'मेरा झर-झर बरसत रे' और 'सावनिया संझा में' जैसी बेमिसाल शास्त्रीय बंदिशों को स्वरबद्ध करने और गाने के अलावा पूरी फ़िल्म के पार्श्वसंगीत में अपने गाए अद्भुत आलापों का प्रयोग किया था।

प्रसिद्ध गायिका **मीनू पुरुषोत्तम** ने 'सबर' (1993) में संगीत दिया था। **तपन सिन्हा** 'एक डॉक्टर की मौत' (1990) जैसी चर्चित फ़िल्म के संगीतकार थे। वहीं प्रसिद्ध शास्त्रीय गायक **राजन-साजन मिश्र** ने 'गंगा के पार' (1995) में संगीत दिया। दिलीप ढोलकिया के पुत्र **रजत ढोलकिया** ने 'होली', 'मिर्च मसाला', 'धारावी', 'संडे', 'ये वो मंज़िल तो नहीं', 'आगे दरबार', 'काफ़िला', 'तर्पण' जैसी फ़िल्मों में बहुत रचनात्मक और कलात्मक संगीत दिया तथा 'धारावी' के लिए 1991 में और 'संडे' के लिए 1993 में उन्हें सर्वश्रेष्ठ संगीतकार का राष्ट्रीय पुरस्कार तक मिल चुका है, पर रजत इसके बावजूद सिनेमा की मुख्य धारा से अलग ही रहे हैं।

ऐसे संगीतकारों की श्रेणी में एक बेहद उल्लेखनीय नाम ए.आर. कुरैशी उर्फ़ अल्लारखा से भी बढ़कर नाम कमाने वाले तबलानवाज पुत्र **ज़ाकिर हुसैन** का रहेगा, जिन्होंने आइवरी मर्चेंट की 'In Custody' पर आधारित और भोपाल के एक शायर नूर पर केंद्रित फ़िल्म 'मुहाफ़िज' (1993) तथा लता मंगेशकर और आशा भोंसले के पेशेवर पहलू की प्रतिद्वंद्विता के कुछ चर्चित पहलुओं की प्रतीतात्मक प्रस्तुति वाली फ़िल्म 'साज़' (1996—भूपेन हज़ारिका, राजकमल, यशवंत देव के साथ) में लाजवाब संगीत दिया था। वैसे 1980 में भोजपुरी फ़िल्म 'बाजे शहनाई हमार अँगना' में भी उनका संगीत था, पर गीत साधारण ही थे। 'मुहाफ़िज' में उनके साथ प्रसिद्ध गायक और शहनाईनवाज़ उस्ताद सुलतान खान भी थे तथा तबले और शहनाई की युगल कलाकारी के साथ फ़ैज़ अहमद फ़ैज़ की लिखी 'राज़े उल्फ़त छुपा के देख लिया' (कविता कृष्णमूर्ति), 'तुम मेरे पास रहो, मेरे क़ातिल मेरे दिलदार मेरे पास रहो' (सुरेश वाडेकर से कहरवा पर कम्पोज़ इस गीत में संगीतकारों ने बड़ी सुंदर-सी एक मुरकी गवाई थी), 'नसीब आज़माने के दिन आ रहे हैं' (शंकर महादेवन), 'ग़म न कर' (सुरेश वाडेकर), 'आज बाज़ार में' (हरिहरन), 'आज एक हर्फ़' (सुरेश वाडेकर) और बहजाद लखनवी की लिखी 'ऐ जज़्ब-ए-दिल गर मैं चाहूँ' (कविता कृष्णमूर्ति) जैसी सुंदर गज़लों और नज़्मों की फ़िल्म में बड़ी हसीन बरसात थी। इसके अलावा संतूर, सारंगी, बाँसुरी, keyboard, डफ़, तबले सभी के अद्भुत सम्मिश्रण से फ़िल्म में पार्श्वसंगीत के 'Bus to Bhopal', 'Dewen's theme', 'Looking for Noor', 'बीभत्स', 'Skippling stones', 'Homage to Noor' और 'Pigeons Fly' आदि कई खूबसूरत टुकड़े थे।

'साज़' (1996) में भी ज़ाकिर हुसैन ही सबसे प्रमुख संगीतकार थे क्योंकि आठ में से चार गीत उनके ही हिस्से आए थे। जहाँ 'मुहाफ़िज' में परिवेश शायराना गज़लों और नज़्मों का था, वहीं 'साज़' के 'क्या तुमने है कह दिया' (कविता कृष्णमूर्ति) में गिटार के chords और तबले की रिद्म दोनों का ही इस्तेमाल था तथा 'रात ढलने लगी' (कविता कृष्णमूर्ति) में भी पाश्चात्य वाद्य-संयोजन के प्रभुत्व के बीच तबले की मिक्सिंग से नई धारा का fusion संगीत देने की कोशिश थी। 'सुनने वाले सुन' (सुरेश वाडेकर, श्वेता पंडित, श्रद्धा पंडित) तो साधारण ही रहा, पर 'फिर भोर भई जागा मधुबन' (देवकी पंडित) को बहुत सुंदर शास्त्रीय शैली का विस्तार देकर ज़ाकिर हुसैन ने प्रभावित किया था। अपनी संगीतबद्ध अगली फ़िल्म 'Every body Says I'm Fine' (2002) में अगर एक ओर 'I'm Fine', 'Secret Key', 'Somewhere' जैसे विदेशी गीतों को ज़ाकिर हुसैन ने जगह दी, तो दूसरी ओर 'ढूँढ़ती है अगर ज़िंदगी' जैसी अच्छी कव्वाली का भी फ़िल्म में समावेश किया। अपर्णा सेन की 'मि. एंड मिसेज अय्यर' (2004) में पुनः संगीत देते हुए जाकिर हुसैन ने पहली बार फ़िल्मों में गायन भी किया और उस्ताद सुलतान खान के साथ पंजाबी सूफ़ी शैली में 'कित्थे मेहर अली' की बहुत प्रभावशाली प्रस्तुति दी। उस्ताद सुलतान खान के आलाप के साथ सुंदर सम्मिश्रण समांथा के गाए 'Don't look away' और पंडित उदय भवालकर की शास्त्रीय बंदिश के साथ फ़िल्म के थीम संगीत का विस्तार ज़ाकिर हुसैन के संगीत की इस फ़िल्म में अन्य विशेषताएँ रही हैं।

सुखविंदर ने 'बेनाम रिश्ते' (1991), 'धर्म का इंसाफ़' (1993), 'सरहद' (1995), 'दिल्लगी' (1999), 'हिंदुस्तान की कसम' (1999), 'आघात' (2000), 'खौफ़' (2000) और 'अस्तित्व' (2000) में संगीत दिया। 'अस्तित्व' की उनकी संगीतबद्ध और स्वयं की गाई ऊँचे scale पर 'ज़िंदगी क्या बात है', माँझी बीट्स की पृष्ठभूमि में 'सबसे पहले संगीत बना' (कविता के साथ)—जिसकी

शैली 'चल छैयाँ-छैयाँ' से काफ़ी मिलती है—और पुनः माँझी गीतों की रिद्म पर ही 'चल, चल मेरे संग' प्रभावशाली रचनाएँ थीं। **भवदीप जयपुरवाले** की संगीतबद्ध 'आरण्यक' (1994), 'लावण्य प्रीति' (1996), 'नंदन' (1999) और 'कभी तुम कभी हम' (2000) का संगीत अनसुना ही रह गया। पर ऐसे गायक संगीतकारों में इस दौर में सबसे ऊपर नाम प्रसिद्ध कव्वाल **नुसरत फ़तेह अली खाँ** का आएगा। 'बैंडिट क्वीन' (1995) की शास्त्रीय आधारित बंदिशें 'मोरे सैंया तो हैं परदेस' और 'सजना तोरे बिन जिया' में आलापों और तानों की आधुनिक संदर्भ में प्रस्तुति फ़िल्म-संगीत की एक नई शैली के सूत्रपात की ओर संकेत करती थी। 'कारतूस' (1999) के 'इश्क दा रुतबा' की कशिश यदि प्रभावी है, तो 'और प्यार हो गया' (1997) में हलके वॉयलिन के पार्श्वसंगीत के बीच रिद्म परिवर्तन के साथ 'मेरी साँसों में बसा है' (उदित) लीक से अलग एक मोहक रचना लगती है—इंटरल्यूड्स में भारतीय लोक-वाद्यों के साथ तो और भी। 'ऊपर आसमां खुदा' (लता) भी एक उत्तम रचना थी जिसका स्वरों का खेल बहुत ही मोहक है। 'कच्चे धागे' का 'तेरे बिन नहीं जीना मर जाना' (लता) में रिद्म का गज़ब का प्रभाव आया है।

नरेश शर्मा

अन्य समकालीन संगीतकारों के विश्लेषण को आगे बढ़ाएँ तो श्रवण के पुत्रों—**संजीव-दर्शन**—के 'मन' में 'मेरा मन क्यों तुम्हें चाहे' और 'काली नागिन के जैसे' गीतों या 'दीवाने' आदि के संगीत में भी मौलिकता की कमी बहुत अखरती है। **कार्तिक राजा** की 'ग्रहण' (1997) को आर.डी. बर्मन पुरस्कार तो मिला पर इसके आगे वे भी कुछ खास नहीं कर पाए हैं। प्यारेलाल के भाई **नरेश शर्मा** भी 'हत्यारिन' (1990), 'फ़तह' (1991), 'मीना बाज़ार' (1991—जिसमें नितिन मुकेश और फ़ाल्गुनी सेठ के 'जाने जिगर तेरी' और 'ओ जब से देखा मैंने तुमको' जैसे अच्छे गीत थे), 'रूहानी ताक़त' (1991), 'इंसान बना शैतान' (1992), 'हम हैं कमाल के' (1993), 'कसम तेरी कसम' (1993), 'खिलौना' (1996) और 'पापी गुड़िया' (1996) जैसी गौण फ़िल्मों में ही उलझकर रह गए हैं। ओ.पी. नैयर के संगीत से प्रभावित **तुषार भाटिया** का 'अंदाज़ अपना अपना' (1993) का संगीत बिलकुल नैयर का ही संगीत लगता है। 'पुरुष' (1992) में भी उन्होंने संगीत दिया था। **चन्नी सिंह** 'यलगार' (1992), 'शक्तिमान' (1993) और 'तेरी मुहब्बत के नाम' (1999) में साधारण ही रहे। 'जी ना लगे बिन तेरे यारां' (उदित, कविता—शक़्तिमान, 1993) जैसे एकाध गीतों की तात्कालिक लोकप्रियता के बावजूद वे चलताऊ ही माने जाएँगे। **महेश-किशोर** सावन कुमार की 'सनम बेवफ़ा' (1990) के 'चूड़ी मज़ा न देगी कंगन मज़ा न देगा', 'बेइरादा नज़र मिल गई' 'तून दिल मेरा तोड़ा' और 'हरे दुपट्टे वाली जानम रुक जाना' जैसे लोकप्रिय गीतों से चर्चा में आए थे लेकिन 'बलवान' (1992), 'दुश्मन ज़माना' (1992) में उनका संगीत असफल रहा। 'कमसिन' (1992) के 'बनाने वाले ने' (शोभा जोशी, विपिन सचदेव), 'मैं नहीं जाऊँ सासरिया' (शोभा जोशी, साथी), 'तेरा नाम तेरा नाम' (मुहम्मद अज़ीज़, कविता कृष्णमूर्ति) और 'वफ़ा की कसम' (शोभा जोशी, विपिन सचदेव), 'एक ही रास्ता' (1993) के 'देखिए कलियों के खिल ज़ाने का मौसम' (उदित, बेला), 'प्यार का नशा' (कुमार शानू, साधना सरगम), सावन कुमार की ही 'खलनायिका' (1993) के 'दोस्त बेवफ़ा है' (साधना सरगम), 'मेरे महबूब से मिलती है' (कविता कृष्णमूर्ति), सावन कुमार की ही 'चाँद का टुकड़ा' (1994) के 'आज राधा को श्याम याद आ गया' (लता, साथी), 'दिल दीवाना ढूँढ़ रहा है' (लता, विपिन सचदेव) जैसे गीतों के साथ महेश-किशोर चर्चा में बने रहे। लेकिन गीतों में मेलोडी के बावजूद उनकी 'इक्के पे इक्का' (1994), 'नज़र के सामने' (1994), 'बैंक रॉबरी' (1995), 'आग और तेज़ाब' (1998), 'सूर्यकांत' (1998) और 'तूने मेरा दिल ले लिया' (1999) जैसी फ़िल्में असफल रहीं।

इक्का-दुक्का फ़िल्मों में संगीत देने वाले कई संगीतकार सदी के अंतिम दशक में भी आते-जाते रहे हैं। **नीरज उत्तांक** (पहला नशा, 1993), **मनोज सरन** (अनोखा प्रेम युद्ध, 1994), **अर्पित काज** (जगन्नाथ, 1994), **किशोर शर्मा** (तपिश, 2000), **सी.पी. भट्टी** (भूचाल, 1993), **लक्ष्मी-किरण** (अँधेरी रात, 1991), **मणि शर्मा** (रात, 1992), **ए.टी. उमर** (प्यासा सावन, प्यासी मोहब्बत, 1992), **चरणजीत आहूजा** (कोहरा, 1993, कर्मों की सजा, 1995), **त्रिणा चक्रवर्ती** (काकी, 1992, मज़हब, 1996), **विद्युत गोस्वामी** (प्यारी निगाहें, 1990), **खोकन चौधरी** (इस पार उस पार, 1990), **अंजन विश्वास** (कल का आदमी, 2000), **महावीर सिंह** (गैंगस्टर, 1995) आदि के नाम लिए जा सकते हैं।

भूतों, चुड़ैलों और डाकुओं की 'सी ग्रेड फ़िल्मों का चलन इस दशक में भी जारी रहा है, हालाँकि ऐसी फ़िल्में बड़े शहरों में कम ही दिखाई जाती रही हैं। भूमंडलीकरण की आधुनिक लहर भी बाज़ारवाद के इस पुराने मसालेदार पहलू को नहीं बदल

पाई है। ऐसी फ़िल्मों का संगीत भी सस्ते लटके-झटकों का ही संगीत रहा है। **सावन कुमार सावन** नामक संगीतकार ऐसी फ़िल्मों के विशेषज्ञ ही बन चुके हैं जिन्होंने 'मौत' (1998) से लेकर 'मुर्दा' (1999), 'चामुंडा' (1999), 'फूल बनी फूलन' (1999), 'भूत राज' (2000), 'काली पहाड़ी' (2000) और 'सुलताना मेरा नाम' (2000) जैसी न जाने कितनी ही फ़िल्मों में ऐसा संगीत दिया। **दिलीप दत्ता** की भी इस प्रकार की 'अँधेरा' (1994), 'अजनबी साया' (1997), 'बारूद के शोले' (1998), 'सूरज ढलने के बाद' (1998) जैसी अनेक संगीतबद्ध फ़िल्में रही हैं। वहीं **गुलाम अली** भी 'चुड़ैल नम्बर-1' (1999), 'खोपड़ी' (1999), 'कब्रिस्तान' (2000) आदि फ़िल्मों में इसी विधा के संगीतकार रहे हैं।

जैसाकि हमने इस दौर के कई प्रमुख संगीतकारों के साथ पहले देखा है, संगीत के भूमंडलीकरण का एक परिणाम हुआ है नकल की प्रवृत्ति का विस्तार। नकलें पहले भी होती थीं, पर पहले अकसर प्रेरणा लेकर संगीतकार अपना रचनात्मक पुट भी डालने का प्रयास करते थे। इस दौर में प्रेरणा लेकर अपनी रचनात्मकता से खूबसूरत कृतियाँ बनाने के लिए किसी के पास समय नहीं है, और हूबहू नकल ज़्यादा आसान है। संदीप चौथा, 'प्यार तूने क्या किया' का शीर्षक गीत 'Exorcist-II the Heretic' के थीम संगीत से पूरी तरह उतार लेते हैं, तो इसी फ़िल्म के 'रौंदते हैं' में 'Dracula' के 'Vampire Hunters' की पूर्ण नकल करते हैं। इसी प्रकार श्रवण के पुत्र संजीव-दर्शन 'आशिक' के 'तुम क्या जानो' को 'Godfather' के love theme पर, 'मन' के 'काली नागिन की जैसी' को रशीद ताहा के 'या रामाह' पर और 'तिनक तिन ताना' को एक मलेशियाई धुन पर ढालते हैं। हिमेश रेशमय्या का 'ओ प्रिया ओ प्रिया' ('कहीं प्यार न हो जाए') पूरी तरह Santana के 'Maria' की नकल है, तो विशाल भारद्वाज के 'माचिस' के गीत 'छोड़ आए हम' की whistling tune फ़िल्म 'Caro diaro' के साउंडट्रैक से ली गई है। इस्माइल दरबार का 'हम दिल दे चुके सनम' का गीत 'चाँद छुपा' भी फ्रांसिस लै के Love Story Theme से उतारा गया लगता है तो विजू शाह का 'गुप्त गुप्त' Deep Forest के गीत की नकल है। एम.एम. क्रीम के 'क्रिमिनल' का 'कीमती कीमती है ज़िंदगी' भी स्नो के 'Lonely lonely monday morning' की हूबहू नकल है, और दिलीप सेन–समीर सेन का 'ले पप्पियाँ झप्पियाँ' भी The Champs के 'Tequila' पर ही आधारित है।

पर उस नक़ल को कौन देखे जब आज remix के नाम पर हम अतीत के अपने हिंदी के ही खूबसूरत गीतों को नए धमाकेदार ऑरकेस्ट्रेशन के साथ पेश करने लगे हैं। एक तरह से यह उस तथ्य का स्वीकार तो है ही कि पुराने धुनों की खूबसूरती कालजयी है, और हमारे आज के संगीतकार कम ही वैसी कालजयी रचनाएँ दे पा रहे हैं, पर साथ ही यह भी सोचने को हमें बाध्य होना पड़ता है कि अगर हम आज वैसी धुनें कम बना पा रहे हैं, तो फिर पुरानी रचनाओं से छेड़छाड़कर उन्हें एक नए आवरण के साथ पेश करना कितना नैतिक या उचित है! संगीत का परिदृश्य पूरी तरह बदल गया है—लोकसंस्कृति, जनचेतना और सम्प्रेषण तथा आभिजात्य संस्कृति में भी कई स्तरों पर परिवर्तन आता जा रहा है। नए संदर्भ और नए मुहावरों के बीच समकालीन संगीत में अभी भी खूबसूरत रचनाओं का आते रहना यदि सुखद है तो यह भी आवश्यक है कि यह रचनात्मक सुंदर धारा यदि आज के परिवर्तनशील युग में कालजयी न भी बन पाए तो भी जनस्वीकार्य की ज़मीन पर इतनी सशक्त तो हो ही जाए कि remix और फूहड़ नकल की लहरों को परास्त कर सके। यही मेरी आशा है और यही अभिलाषा भी।

संदर्भ

1. राजीव विजयकर : Nineteen Ninetees : From Musical to Currency Notes (www.dhadkan.com)

●●●